D1785780
www.olioardoino.it
ARDOINO®
Oliandolo dal 1870
VIA SAN GIOVANNI, 36 - IMPERIA - ONEGLIA - ITALIA
Olio Extra Vergine di Oliva
FRUCTUS®
oliandoli
0,500 l ℮
100% Olio Italiano
Olio d'oliva di categoria superiore ottenuto direttamente
dalle olive e unicamente mediante procedimenti meccanici
Confezionato in Via Torino, 158 -PONTEDASSIO-IMPERIA-ITALIA
Conservare in luogo fresco ed asciutto
al riparo dalla luce e da fonti di calore
ARDOINO® Oliandolo dal 1870
ARDOINO® Oliandolo dal 1870
ARDOINO® Oliandolo dal 1870
ARDOINO® Oliandolo dal 1870

Gambero Rosso

2017

Vini d'Italia

VINI D'ITALIA 2017
GAMBERO ROSSO®

Gambero Rosso S.p.A.
via Ottavio Gasparri, 13/17 - 00152 Roma
tel. 06/551121 - fax 06/55112260
www.gamberorosso.it
email: gambero@gamberorosso.it

Curatori
Gianni Fabrizio
Eleonora Guerini
Marco Sabellico

Collaboratori Speciali
Antonio Boco
Paolo De Cristofaro
Lorenzo Ruggeri
Paolo Zaccaria

Responsabili Regionali
Nino Aiello
Giuseppe Carrus
Nicola Frasson
Massimo Lanza
Giorgio Melandri
Gianni Ottogalli
Nereo Pederzolli
Pierpaolo Rastelli

Hanno inoltre redatto le schede
Stefania Annese
Francesco Beghi
Sergio Bonanno
Michele Bressan
Pasquale Buffa
Dionisio Castello
Giacomo Mojoli
Franco Pallini
William Pregentelli
Leonardo Romanelli
Maurizio Rossi
Giulia Sampognaro
Herbert Taschler
Cinzia Tosetti

Hanno collaborato
Filippo Apollinari
Enrico Battistella
Claudia Cherchi
Lucio Chiesa
Francesca Ciancio
Mario De Benedittis
Mario Demattè
Pierluigi Fais
Maurizio Fava
Mario Josto D'Ascanio
Maurizio Marci
Leonardo Marco
Enrico Massidda
Enrico Melis
Michele Muraro
Nicola Piccinini
Michele Pico Palermo
Massimo Ponzanelli
Flavia Previtera
Walter Pugliese
Carlo Ravanello
Riccardo Rossetti
Simona Silvestri
Paolo Trimani
Vincenzo Verrastro
Liliana Zanellato
Danilo Zannella

Segreteria
Giulia Sciortino

Coordinamento tecnico e Impaginazione
Marina Proietti

Direttore Editoriale
Laura Mantovano

Responsabile Grafica
Chiara Buosi

Direttore Commerciale
Francesco Dammicco

Responsabile distribuzione e vendita prodotti editoriali
Eugenia Durando

Produzione
Angelica Sorbara

Ufficio Pubblicità
Responsabile Paola Persi
Mail: ufficio.pubblicita@gamberorosso.it
Tel. 06551121 - 065511206

Distribuzione in libreria
Messaggerie Libri S.p.A.
via Verdi, 8 - 20090 Assago (MI)
tel. 02/457741 - fax 02/45701032

Distribuzione in edicola
SO.DI.P. - Angelo Patuzzi S.p.A.
via Bettoia, 18 - 20092 Cinisello Balsamo (MI)
tel. 02/660301 - fax 02/66030320

Vini d'Italia
Iscrizione al Tribunale di Roma,
sez. stampa e informazione, n. 520 del 24.10.1995
Direttore Responsabile Paolo Cuccia

La guida è stata chiusa in redazione
il 2 settembre 2016

ISBN 978-88-6641-111-6

stampato per conto di Gambero Rosso S.p.A.
nel mese di ottobre 2016 da
Rotolito Lombarda Spa
Seggiano di Pioltello (Milano)

SOMMARIO

LE REGIONI

GLI INDICI

LA GUIDA

È difficile scrivere queste righe d'introduzione alla trentesima edizione senza scivolare, anche involontariamente, nella retorica dell'autocelebrazione. Però chi ha vissuto questa storia fin dagli esordi non può non provare una grandissima soddisfazione per aver raggiunto questo traguardo. Tre decenni sono lunghi: il mondo, non solo il mondo del vino, è cambiato completamente... Basti pensare che nell'estate del 1987, quando prendevano forma le prime pagine della prima edizione (redatte con una macchina da scrivere), il muro di Berlino, anche se scricchiolante, era ancora in piedi. E l'Italia enologica tentava faticosamente di uscire da uno dei periodi più neri della sua storia recente. Realizzare la Guida dei Vini è stato un grande atto di fede nei confronti dei mille vignaioli che già allora cercavano di esprimere con entusiasmo e creatività il grande potenziale enologico italiano, e soprattutto un servizio per una nuova generazione di appassionati e gourmet - tra i quali noi stessi - che erano alla ricerca di indicazioni e suggerimenti in un panorama produttivo in decisa e turbolenta evoluzione. Era il Rinascimento del vino italiano, com'è stato ribattezzato quel periodo, un'epoca straordinariamente ricca di fermenti e novità, nella quale sono state poste le basi per l'affermazione internazionale del nostro comparto vinicolo di questi anni. Il successo della Guida dei Vini, allora come oggi, è legato a una serie di fattori che cerchiamo di riassumere brevemente. Vini d'Italia è un'opera collettiva, dove gli assaggi vengono sempre fatti da commissioni di almeno tre persone, e dove le bottiglie sono esaminate "alla cieca", cioè sono coperte in modo da non influenzare il giudizio del degustatore. I vini più interessanti valutati dalle commissioni locali, che sono oltre 30, e coinvolgono oltre 70 degustatori di provata esperienza, vengono poi successivamente riesaminati da una commissione composta dai curatori della Guida e dai responsabili delle varie regioni. È in questa fase che da circa 1600 vini vengono selezionati i Tre Bicchieri, un'espressione che ormai significa "vino eccellente" in tutto il mondo. Quest'anno i vini premiati sono 429, sicuramente molti se paragonati ai 32 della prima edizione: ma allora avevamo assaggiato appena 1500 vini mentre ora dalle nostre sedute d'assaggio passano non meno di 45mila vini ogni anno. E le cantine valutate sono passate da 500 a 2400. Se il primo decennio di Vini d'Italia è stato dedicato al consolidamento dell'organizzazione e della struttura editoriale, fin dai primi anni sono state realizzate le traduzioni della Guida in tedesco e in inglese, cui poi in tempi più recenti si sono aggiunte quella in cinese e in giapponese, a conferma della vocazione internazionale del Gambero Rosso. Che ha speso l'ultimo decennio proprio nel consolidamento della sua immagine internazionale, arrivando a realizzare ogni anno oltre 40 eventi nel mondo, dove il vino italiano è il protagonista. Abbiamo trasformato nel tempo una geniale ma piccola pubblicazione rivolta al mercato italiano in un vademecum per gli appassionati di vino di tutto il mondo che è divenuto un formidabile strumento di lavoro per i professionisti del vino internazionale, al punto che i nostri punteggi di uno, due o Tre Bicchieri, hanno ormai la valenza di quelli di una vera e propria agenzia internazionale di rating finanziario. Un grande successo al quale hanno contribuito negli anni più di mille degustatori. A loro tutti, e a tutti gli enti, le associazioni e le istituzioni che con noi hanno collaborato, vanno i nostri più sentiti ringraziamenti per averci sostenuto negli anni fino a raggiungere questo straordinario traguardo. Eccoci allora a tirare le somme dei nostri assaggi per questa storica trentesima edizione. I 429 premi sono così suddivisi: 80 alla Toscana, 75 al Piemonte, 38 al Veneto, 27 all'Alto Adige, 26 al Friuli, 22 alla Lombardia e alla Campania, 21 alla Sicilia, 20 alle Marche, 14 all'Emilia Romagna, 12 all'Abruzzo, alla Sardegna e alla Puglia, 10 all'Umbria e al Trentino, 7 al Lazio, 6 alla Valle d'Aosta e alla Liguria, 4 alla Basilicata, 3 alla Calabria, 1 al Molise. Come ogni anno abbiamo sintetizzato il nostro lavoro nei Premi Speciali. Il Rosso dell'Anno è un grande Gioia del Colle Primitivo, il Muro Sant'Angelo Contrada Barbatto '13 di Chiaromonte. Il Bianco dell'Anno è un raffinatissimo elegante Verdicchio dei Castelli di Jesi, il Classico Superiore Misco '15 di Tenuta di Tavignano. Il premio Bollicine dell'Anno va alla ventesima annata di un iconico Valdobbiadene Extra Dry, il Giustino B. '15 della Ruggeri & C., decisamente uno dei migliori spumanti a base di uve glera che abbiamo mai assaggiato. Il premio Dolce dell'Anno va alla friulana Lis Neris che ci ha proposto un Tal Lùc Cuvée Speciale, un fantastico vino da meditazione frutto del taglio di due annate, la 2006 e la 2008. La Cantina dell'Anno va a Bellavista, la grande azienda franciacortina capofila del gruppo Terra Moretti che vanta una collezione di maison di livello tra Franciacorta e Toscana. Il Miglior Rapporto Qualità Prezzo va all'ottimo Pecorino '15 dell'abruzzese Tiberio, mentre il Viticoltore dell'Anno è Aimone Vio, un vigneron ligure di grande talento e straordinaria passione. La Cantina Emergente è la chiantigiana Istine, una bellissima realtà dal sicuro avvenire. Il premio per la Viticoltura Sostenibile, infine, che è una tematica a noi molto cara, va all'umbra Roccafiore, che oltre a produrre un eccellente Grechetto di Todi è dalla sua nascita impegnata in questo settore. Troverete infine la segnalazione dei Tre Bicchieri Verdi, quelli prodotti da aziende biologiche o biodinamiche certificate, che sono 88. Infine, sono ben 88 i vini premiati reperibili in enoteca entro la fascia dei 15 euro.

Ringraziamo la Camera di Commercio di Bolzano EOS, la Camera di Commercio di Cagliari, la Camera di Commercio di Perugia, il Coordinamento delle Strade del Vino e dell'Olio dell'Umbria, le strade del Vino di Arezzo, l'Istituto Marchigiano di Tutela Vini di Jesi (IMT) e la VINEA di Offida, l'ERSA del Friuli Venezia Giulia, l'Istituto Agronomico Mediterraneo di Valenzano, l'Ente Vini Bresciani, il Comune di Carcare (SV), il Comitato Grandi Cru della Costa Toscana, Assovini Sicilia, il Centro per l'Innovazione della Filiera Vitivinicola Ernesto del Giudice di Marsala e poi i Consorzi di Tutela: quello del Gavi, quello del Barolo, Barbaresco, Alba, Langhe e Roero, dei Vini dei Colli Tortonesi, dei Nebbiolo dell'Alto Piemonte, di Caluso, di Carema e del Canavese, dei Vini di Valtellina, dell'Oltrepò Pavese, del Franciacorta, della Valcalepio, dei Vini Mantovani, del Lugana, della Valtenesi, di Conegliano Valdobbiadene, del Soave, il Consorzio Vini Trentini, e poi quelli di Bolgheri, del Brunello di Montalcino, del Chianti Classico, di San Gimignano, di Montepulciano, del Chianti Rufina, del Morellino di Scansano, quello dei Vini della Maremma Toscana, del Montecucco, del Carmignano, di Orvieto, di Montefalco, il Consorzio di Tutela dei Vini Piceni e infine il Consorzio di Tutela dei vini Doc Sicilia. Ringraziamo inoltre, l'Enoteca Regionale della Lombardia di Cassino Po, quella del Roero, di Nizza Monferrato, di Canelli e dell'Astesana, la Cantina Comunale I Söri di Diano d'Alba, la Bottega del Vino di Dogliani, l'Università di Bologna – Corso di Laurea in Viticoltura ed Enologia, la Terre Naldi di Tebano, il ristorante Carpe Diem di Montaione, il Calidario di Venturina, l'Agriturismo Giuncola & Granaiolo di Rispescia, le Città del Gusto di Roma e di Napoli, l'Enoteca Regionale della Basilicata di Venosa, la Caneva di Mogliano Veneto, il ristorante Bouchon di Messina, l'Acqua San Martino di Codrongianus.

Ringraziamo infine tutta la squadra dei nostri collaboratori, che ci ha assistito con autentica passione nella realizzazione di questa Guida, dalle degustazioni sul territorio alla redazione delle schede fino alla realizzazione del volume, e a tutti quelli che con noi hanno collaborato nel corso degli anni. Con un ringraziamento particolare a Nereo Pederzolli che con immutata passione continua a seguirci dall'inizio della nostra storia.

Gianni Fabrizio, Eleonora Guerini, Marco Sabellico

DEGUSTARE CON IL GAMBERO ROSSO

Ho ricevuto un invito a far parte della commissione d'assaggio del Gambero Rosso nel novembre dello scorso anno durante Taste of Moscow. Potete immaginare la mia reazione. A quell'epoca avevamo già realizzato una serie di eventi insieme in Russia, in particolare avevo curato le masterclass, ma non avevo mai avuto il piacere di far parte della commissione dei curatori della Guida nell'assegnazione dei Tre Bicchieri. Certo, eravamo stati seduti allo stesso tavolo in qualche evento, ma questa era tutta un'altra cosa. E poi, un conto è prendersi la responsabilità di una lezione-degustazione, un altro il dare punteggi su una Guida che leggeranno migliaia e migliaia di persone nel mondo... All'inizio pensavo che avrei fatto parte di qualche panel regionale, con il risultato di approfondire la mia conoscenza di questa o quella zona vinicola, ma inaspettatamente ho passato diversi giorni seduto al tavolo delle degustazioni finali. Sicuramente la preselezione era stata fatta con molta cura, quindi la maggior parte dei campioni era - come punteggi - vicinissima alla soglia dei Tre Bicchieri. Vi sottolineo però una cosa: molto vicina, ma spesso i vini non ce l'hanno fatta, dato che il punteggio finale era la media dei punteggi dei degustatori. Non ho la media delle statistiche, ma solo un 25% circa dei campioni degustati alle finali ha poi avuto i Tre Bicchieri. Non pensate che sia una valutazione molto rigida e selettiva? Forse sì. Ma d'altro canto tutto questo non fa che rafforzare il valore di un Tre Bicchieri. Senza dubbio alcuno, questo significa che ognuno dei vini premiati è un riferimento assoluto nella sua categoria. La grande sfida è stata confrontare i miei punteggi con quelli del resto del panel. Non perché io tenda a sottovalutare la mia opinione, ma piuttosto perché è stato un ottimo modo per capire la filosofia dei degustatori del Gambero Rosso. Abbiamo discusso serenamente e ci siamo scambiati opinioni per capire il punto di vista di ognuno. Sicuramente questi dibattiti sono stati utili per scoprire la bellezza nascosta di vini che a volte sarebbe potuta passare inosservata, e per essere due volte più attenti degustando vini che magari inizialmente non mi avevano colpito o che addirittura per qualche ragione non mi piacevano proprio. E così i curatori della Guida m'hanno permesso di vedere da vicino il loro sistema di lavoro e di valutazione, aiutandomi ad ampliare gli orizzonti su alcuni stili e tipologie particolari del vino italiano. La mia esperienza personale di degustatore per la più nota e prestigiosa Guida dei vini d'Europa mi ha fatto capire veramente perché i punteggi del Gambero Rosso sono sinonimo di valutazione obiettiva e si sono guadagnati la credibilità e la stima di appassionati ed esperti di tutto il mondo. Questa Enciclopedia merita sicuramente di essere il loro primo riferimento se vogliono essere informati su quali sono veramente i migliori vini italiani.

Dmitry Fedotov
Wine Expert, Member of the Supervision Board
of the Union of Winegrowers and Winemakers of Russia

I TRE BICCHIERI 2017

VALLE D'AOSTA

Vino	Produttore	Pag.
Valle d'Aosta Chambave Muscat Flétri '14	La Vrille	31
Valle d'Aosta Chardonnay Élevé en Fût de Chêne '15	Maison Anselmet	26
Valle d'Aosta Cornalin '15	Rosset Terroir	31
Valle d'Aosta Petite Arvine '15	Elio Ottin	30
Valle d'Aosta Pinot Gris '15	Lo Triolet	29
Valle d'Aosta Syrah Côteau La Tour '14	Les Crêtes	27

PIEMONTE

Vino	Produttore	Pag.
Barbaresco Albesani S. Stefano Ris. '11	Castello di Neive	78
Barbaresco Angelo '13	Albino Rocca	148
Barbaresco Asili '13	Ceretto	81
Barbaresco Asili Ris. '11	Ca' del Baio	62
Barbaresco Asili Ris. '11	Bruno Giacosa	103
Barbaresco Costa Russi '13	Gaja	100
Barbaresco Currà '12	Sottimano	164
Barbaresco Gallina '12	Piero Busso	61
Barbaresco Pajé '11	Roagna	148
Barbaresco Rabajà '12	Bruno Rocca	149
Barbaresco Rombone '12	Fiorenzo Nada	127
Barbera d'Asti Pomorosso '13	Coppo	89
Barbera d'Asti Sup. Nizza '13	Tenuta Olim Bauda	131
Barbera d'Asti Sup. Nizza La Court '13	Michele Chiarlo	82
Barbera d'Asti Sup. V. La Mandorla Edizione La Grisa '14	Luigi Spertino	165
Barbera del M.to Sup. Bricco Battista '13	Giulio Accornero e Figli	36
Barbera del M.to Sup. Pico Gonzaga '13	Castello di Uviglie	79
Barolo '12	Cascina Fontana	72
Barolo '12	Bartolo Mascarello	119
Barolo Bric dël Fiasc '12	Paolo Scavino	159
Barolo Bricco Boschis '12	Cavallotto Tenuta Bricco Boschis	81
Barolo Bricco delle Viole '12	G. D. Vajra	170
Barolo Bricco Fiasco '12	Azelia	44
Barolo Bricco Pernice '11	Elvio Cogno	85
Barolo Brunate '12	Mario Marengo	117
Barolo Bussia 90 Dì Ris. '10	Giacomo Fenocchio	96
Barolo Bussia V. Mondoca Ris. '10	Poderi e Cantine Oddero	130
Barolo Cannubi '12	G. B. Burlotto	60
Barolo Cannubi '12	Marchesi di Barolo	116
Barolo Cerretta '12	Giovanni Rosso	152
Barolo Cerretta V. Bricco '10	Elio Altare - Cascina Nuova	39
Barolo del Comune di Barolo Essenze '12	Vite Colte	176
Barolo Francia '12	Giacomo Conterno	87
Barolo Giachini '12	Giovanni Corino	90
Barolo Ginestra Casa Maté '12	Elio Grasso	106
Barolo Ginestra Ris. '08	Paolo Conterno	88
Barolo Lazzarito Ris. '10	Ettore Germano	102
Barolo Liste '11	Giacomo Borgogno & Figli	52
Barolo Monprivato '11	Giuseppe Mascarello e Figlio	120
Barolo Monvigliero '12	F.lli Alessandria	37
Barolo Ornato '12	Pio Cesare	137
Barolo Paiagallo Casa E. di Mirafiore '12	Fontanafredda	99
Barolo Ravera '12	Vietti	172
Barolo Resa 56 '12	Brandini	54
Barolo Rocche dell'Annunziata '12	Mauro Veglio	170
Barolo Rocche di Castiglione '12	Brovia	60
Barolo San Bernardo Ris. '10	Palladino	132
Barolo Sorì Ginestra '12	Conterno Fantino	88
Barolo Sottocastello di Novello '11	Ca' Viola	64
Barolo V. Lazzairasco '12	Guido Porro	139
Barolo Vigna Rionda Ris. '10	Massolino	120
Barolo Vignarionda '12	Luigi Pira	138
Boca '11	Le Piane	136
Carema Et. Bianca '12	Ferrando	97
Dogliani Papà Celso '15	Abbona	34
Dolcetto di Ovada Sup. Du Riva '13	Tacchino	167

Erbaluce di Caluso La Rustìa '15	Orsolani	131
Gattinara Osso San Grato '12	Antoniolo	41
Gavi del Comune di Gavi Monterotondo '14	Villa Sparina	175
Gavi del Comune di Gavi Minaia '15	Nicola Bergaglio	48
Gavi del Comune di Gavi Pelöia '15	San Bartolomeo	155
Ghemme '11	Torraccia del Piantavigna	169
Grignolino del M.to Casalese '15	Vicara	171
Lessona '12	La Prevostura	141
Moscato d'Asti Canelli Sant'Ilario '15	Ca' d'Gal	62
Moscato d'Asti Casa di Bianca '15	Gianni Doglia	94
Moscato d'Asti Ciombo '15	Tenuta Il Falchetto	95
Nebbiolo d'Alba Sup. Cumot '13	Bricco Maiolica	58
Roero Gepin '12	Stefanino Costa	93
Roero Giovanni Almondo Ris. '13	Giovanni Almondo	39
Roero Mompissano Ris. '13	Cascina Ca' Rossa	69
Roero Printi Ris. '12	Monchiero Carbone	123
Roero Sudisfà Ris. '13	Angelo Negro e Figli	128
Roero V. Mombeltramo Ris. '12	Malvirà	113
Ruchè di Castagnole M.to La Tradizione '15	Montalbera	124

LIGURIA

Colli di Luni Vermentino Et. Nera '15	Cantine Lunae Bosoni	204
Colli di Luni Vermentino Il Maggiore '15	Ottaviano Lambruschi	203
Colli di Luni Vermentino Sarticola '15	La Baia del Sole - Federici	197
Dolceacqua Bricco Arcagna '14	Terre Bianche	208
Riviera Ligure di Ponente Pigato Bon in da Bon '15	BioVio	198
Riviera Ligure di Ponente Pigato Le Marige '15	La Ginestraia	202

LOMBARDIA

Brut '11	Monsupello	240
Brut Farfalla	Ballabio	217
Franciacorta Brut Rosé Boké '12	Villa Franciacorta	255
Franciacorta Dosage Zéro Vintage Collection '11	Ca' del Bosco	224
Franciacorta Extra Brut '12	Ricci Curbastro	249
Franciacorta Extra Brut '09	Lo Sparviere	251
Franciacorta Nature 61 '09	Guido Berlucchi & C.	218
Franciacorta Non Dosato Bagnadore Ris. '09	Barone Pizzini	217
Franciacorta Pas Dosé 33 Ris. '09	Ferghettina	234
Franciacorta Pas Dosé Girolamo Bosio Ris. '09	Bosio	222
Franciacorta Pas Operé '09	Bellavista	218
Franciacorta Zero '12	Contadi Castaldi	230
Lugana Molin '15	Cà Maiol	223
OP Brut 'More '12	Castello di Cigognola	228
OP Bonarda Vivace Campo del Monte '15	F.lli Agnes	214
OP Cruasé Oltrenero	Tenuta Il Bosco	221
OP Pinot Nero Brut 1870 '12	F.lli Giorgi	237
Pinot Nero Bertone '13	Conte Vistarino	230
Valtellina Sforzato Albareda '13	Mamete Prevostini	238
Valtellina Sfursat 5 Stelle '13	Nino Negri	243
Valtellina Sup. Grumello Buon Consiglio Ris. '07	Ar.Pe.Pe.	216
Valtellina Sup. Sassella Ris. '12	Aldo Rainoldi	248
Valtellina Sup. Valgella Cà Moréi '13	Sandro Fay	233

TRENTINO

Fojaneghe Rosso '12	Bossi Fedrigotti	274
San Leonardo '11	Tenuta San Leonardo	285
Teroldego Rotaliano Pini '12	Roberto Zeni	286
Trento Brut Altemasi Graal Ris. '09	Cavit	274
Trento Brut Domini '10	Abate Nero	272
Trento Brut Giulio Ferrari Riserva del Fondatore '05	Ferrari	277
Trento Brut Ris. '10	Letrari	279
Trento Dosaggio Zero Ris. '11	Maso Martis	279
Trento Extra Brut Tridentum '09	Cesarini Sforza	275
Trento Rotari Flavio Ris. '08	Mezzacorona	280

ALTO ADIGE

A. A. Cabernet Puntay Ris. '12	Erste+Neue	298
A. A. Chardonnay Löwengang '13	Tenute Alois Lageder	317
A. A. Gewürztraminer Auratus Crescendo '15	Tenuta Ritterhof	312
A. A. Gewürztraminer Brenntal Ris. '14	Cantina Kurtatsch	306

FRIULI VENEZIA GIULIA

Carso Malvasia Dileo '15	Castelvecchio	427
Chardonnay '15	di Lenardo	432
Collio Bianco Broy '15	Eugenio Collavini	428
Collio Bianco Solarco '15	Livon	444
Collio Friulano '15	Fiegl	437
Collio Friulano '15	Doro Princic	454
Collio Friulano '15	Russiz Superiore	463
Collio Friulano '15	Schiopetto	465
Collio Malvasia '15	Ronco dei Tassi	461
Collio Ribolla Gialla di Oslavia Ris. '12	Primosic	453
Collio Sauvignon '15	Tiare - Roberto Snidarcig	471
Desiderium I Ferretti '13	Tenuta Luisa	444
FCO Bianco Illivio '14	Livio Felluga	436
FCO Bianco LaLinda '14	La Tunella	473
FCO Friulano '15	Tenuta di Angoris	416
FCO Friulano No Name '15	Le Vigne di Zamò	478
FCO Pinot Bianco Myò '15	Zorzettig	483
FCO Pinot Grigio '15	Torre Rosazza	472
FCO Sauvignon Liende '15	La Viarte	475
FCO Sauvignon Zuc di Volpe '15	Volpe Pasini	481
Friuli Grave Pinot Bianco '15	Le Monde	443
Malvasia '13	Skerk	468
Pinot Grigio '15	Jermann	440
Ribolla Gialla '08	Gravner	439
Ribolla Gialla '12	Damijan Podversic	452
Tal Lùc Cuvée Speciale	Lis Neris	443

EMILIA ROMAGNA

Colli di Parma Rosso MDV '14	Monte delle Vigne	508
Colli di Rimini Cabernet Sauvignon Montepirolo '12	San Patrignano	518
Lambrusco di Modena Brut Rosé M. Cl. '12	Cantina della Volta	497
Lambrusco di Sorbara del Fondatore '15	Cleto Chiarli Tenute Agricole	500
Lambrusco di Sorbara Secco Rito '15	Zucchi	525
Lambrusco di Sorbara V. del Cristo '15	Cavicchioli	498
Reggiano Lambrusco Concerto '15	Ermete Medici & Figli	508
Romagna Albana Passito Regina di Cuori Ris. '12	Gallegati	506
Romagna Albana Secco I Croppi '15	Celli	499
Romagna Sangiovese Modigliana I Probi di Papiano Ris. '13	Villa Papiano	524
Romagna Sangiovese Modigliana Sup. V. 1922 Ris. '13	Torre San Martino	521
Romagna Sangiovese Sup. Godenza '14	Noelia Ricci	515
Romagna Sangiovese Sup. Limbecca '14	Paolo Francesconi	505
Romagna Sangiovese Sup. V. del Generale Ris. '13	Fattoria Nicolucci	510

TOSCANA

Baron'Ugo '12	Monteraponi	613
Bolgheri Camarcanda '13	Ca' Marcanda	550
Bolgheri Rosso Sup. '13	Podere Sapaio	649
Bolgheri Rosso Sup. Grattamacco '13	Grattamacco	598
Bolgheri Rosso Sup. Millepassi '13	Donna Olimpia 1898	586
Bolgheri Sassicaia '13	Tenuta San Guido	645
Bolgheri Rosso Sup. Le Gonnare '13	Fabio Motta	617
Bolgheri Sup. Ornellaia '13	Ornellaia	620
Bolgheri Sup. Podere Ritorti '13	I Luoghi	606
Bolgheri Sup. Sondraia '13	Poggio al Tesoro	629
Brunello di Montalcino '11	Le Chiuse	572
Brunello di Montalcino '11	Poggio di Sotto	631
Brunello di Montalcino AdAlberto Ris. '10	Caprili	554
Brunello di Montalcino Giodo '11	Giodo	596
Brunello di Montalcino Madonna delle Grazie '11	Il Marroneto	608
Brunello di Montalcino Nello Ris. '10	Baricci	541
Brunello di Montalcino Ris. '10	Biondi Santi - Tenuta Il Greppo	545
Brunello di Montalcino Ris. '10	Canalicchio di Sopra	552
Brunello di Montalcino Ris. '10	Capanna	553
Brunello di Montalcino Ris. '10	Tenuta di Sesta	655
Brunello di Montalcino Trentennale '11	Talenti	654
Brunello di Montalcino V. Schiena d'Asino '10	Mastrojanni	609
Brunello di Montalcino V. V. '11	Le Ragnaie	637
Carmignano Le Farnete Ris. '13	Le Farnete/Cantagallo	588

Carmignano Ris. '13	Piaggia	623
Castello del Terriccio '11	Castello del Terriccio	561
Cepparello '13	Isole e Olena	600
Chianti Cl. '14	Borgo Salcetino	545
Chianti Cl. '13	San Felice	643
Chianti Cl. '13	Val delle Corti	663
Chianti Cl. Bugialla Ris. '13	Poggerino	628
Chianti Cl. Cigliano '13	Cigliano	573
Chianti Cl. Gran Sel. '13	Castello d'Albola	561
Chianti Cl. Gran Sel. Colledilà '13	Barone Ricasoli	541
Chianti Cl. Gran Sel. Riserva di Fizzano '13	Rocca delle Macìe	639
Chianti Cl. Gran Sel. San Lorenzo '13	Castello di Ama	562
Chianti Cl. Lamole di Lamole Et. Bianca '13	Lamole di Lamole	601
Chianti Cl. Le Vigne Ris. '13	Istine	600
Chianti Cl. Ris. '13	Brancaia	547
Chianti Cl. Ris. '13	Castello di Radda	566
Chianti Cl. Ris. '13	Castello di Volpaia	567
Chianti Cl. Ris. '13	Tenuta di Lilliano	604
Chianti Cl. Ris. '13	Fattoria Nittardi	618
Chianti Cl. Villa Cerna Ris. '13	Famiglia Cecchi	570
Chianti Colli Fiorentini Badia a Corte Ris. '13	Torre a Cona	660
Chianti Rufina Nipozzano V. V. Ris. '13	Marchesi de' Frescobaldi	594
Colline Lucchesi Tenuta di Valgiano '13	Tenuta di Valgiano	664
Cortona Syrah Il Bosco '12	Tenimenti Luigi d'Alessandro	655
Do ut des '13	Fattoria Carpineta Fontalpino	555
Duemani '13	Duemani	586
I Sodi di S. Niccolò '12	Castellare di Castellina	560
Le Pergole Torte '13	Montevertine	615
Maremma Toscana Baffo Nero '14	Rocca di Frassinello	640
Maremma Toscana Ciliegiolo V. Vallerana Alta '14	Antonio Camillo	551
Maremma Toscana Sangiovese Carandelle '15	Podere San Cristoforo	643
Montecucco Rosso Ris. '13	Colle Massari	577
Montecucco Sangiovese Ad Agio Ris. '12	Basile	542
Morellino di Scansano Madrechiesa Ris. '13	Terenzi	657
Morellino di Scansano Ris. '13	Roccapesta	641
Nobile di Montepulciano '13	Maria Caterina Dei	584
Nobile di Montepulciano I Quadri '13	Bindella	544
Nobile di Montepulciano Il Nocio '12	Poderi Boscarelli	546
Nobile di Montepulciano Ris. '12	Tenuta di Gracciano della Seta	597
Nobile di Montepulciano Ris. '12	Tenute del Cerro	656
Orma '13	Orma	619
Paleo '13	Le Macchiole	607
Petra Rosso '13	Petra	622
Petresco '12	Le Cinciole	574
Pinot Nero '13	Podere della Civettaja	575
Rosso di Montalcino '14	Uccelliera	662
Saffredi '13	Fattoria Le Pupille	636
Sangioveto '10	Castello di Monsanto	565
Siepi '13	Castello di Fonterutoli	564
Terre di Pisa Nambrot '13	Tenuta di Ghizzano	595
Tignanello '13	Marchesi Antinori	534
Valdarno di Sopra Galatrona '13	Fattoria Petrolo	623
Valdarno di Sopra V. dell'Impero '13	Tenuta Sette Ponti	653
Vernaccia di S. Gimignano Albereta Ris. '13	Il Colombaio di Santa Chiara	579
Vernaccia di S. Gimignano Carato '12	Montenidoli	612
Vin Santo di Carmignano Ris. '09	Tenuta di Capezzana	553

MARCHE

Castelli di Jesi Verdicchio Cl. Crisio Ris. '13	CasalFarneto	700
Castelli di Jesi Verdicchio Cl. Lauro Ris. '13	Poderi Mattioli	713
Castelli di Jesi Verdicchio Cl. Salmariano Ris. '13	Marotti Campi	713
Castelli di Jesi Verdicchio Cl. San Paolo Ris. '13	Pievalta	718
Castelli di Jesi Verdicchio Cl. San Sisto Ris. '14	Fazi Battaglia	707
Castelli di Jesi Verdicchio Cl. Utopia Ris. '13	Montecappone	716
Castelli di Jesi Verdicchio Cl. Villa Bucci Ris. '14	Bucci	698
Conero Campo San Giorgio Ris. '11	Umani Ronchi	726
Kupra '13	Oasi degli Angeli	717
Offida Pecorino Artemisia '15	Tenuta Spinelli	724
Offida Pecorino Guido Cocci Grifoni '13	Tenuta Cocci Grifoni	702
Offida Pecorino Rêve '14	Velenosi	727

BASILICATA

PUGLIA

CALABRIA

SICILIA

SARDEGNA

I TRE BICCHIERI RISCOPERTI

Abbiamo la consuetudine, ogni dieci anni, di assegnare in retrospettiva i Tre Bicchieri a vini che all'epoca delle nostre degustazioni non ci avevano pienamente convinto, o che semplicemente ci erano sfuggiti, ma che nel corso degli anni, attraverso numerosi riassaggi, abbiano dimostrato tutto il loro valore oltre ad un'indubbia longevità.

Vino	Produttore	Pagina
PIEMONTE		
Barbaresco Rabajà '08	Giuseppe Cortese	92
Barbaresco Sorì Rio Sordo '06	Ca' Rome'	63
Barolo Cannubi '06	E. Pira & Figli Chiara Boschis	138
Barolo La Villa '10	F.lli Seghesio	161
Barolo Monvigliero Ris. '08	Castello di Verduno	80
Barolo Villero '10	Brovia	60
TRENTINO		
Trentino Vino Santo '98	Pisoni	282
VENETO		
Colli Euganei Rosso Gemola '04	Vignalta	400
FRIULI VENEZIA GIULIA		
Collio Bianco V.V. '08	Roncùs	462
Collio Bianco Jelka '11	Roberto Picéch	450
Collio Sauvignon '14	Tiare - Roberto Snidarcig	471
TOSCANA		
Brunello di Montalcino Ris. '06	Tenuta Le Potazzine	635
Chianti Cl. Ris. '10	Fattoria Nittardi	618
MARCHE		
Offida Pecorino Iosonogaia non sono Lucrezia '10	Le Caniette	699
Verdicchio di Matelica Collestefano '10	Collestefano	703
CAMPANIA		
Taurasi '10	Pietracupa	822
PUGLIA		
Primitivo di Manduria Archidamo '09	Felline	856
SICILIA		
Cerasuolo di Vittoria V. Para Para '02	Poggio di Bortolone	902

I MIGLIORI VINI DELL'ANNO

ROSSO DELL'ANNO

GIOIA DEL COLLE PRIMITIVO MURO SANT'ANGELO CONTRADA BARBATTO '13 - CHIAROMONTE

BIANCO DELL'ANNO

VERDICCHIO DEI CASTELLI DI JESI CL. SUP. MISCO '15 - TENUTA DI TAVIGNANO

BOLLICINE DELL'ANNO

VALDOBBIADENE EXTRA DRY GIUSTINO B. '15 - RUGGERI

DOLCE DELL'ANNO

TAL LÙC CUVÉE SPECIALE - LIS NERIS

CANTINA DELL'ANNO

BELLAVISTA

MIGLIOR RAPPORTO QUALITÀ PREZZO

PECORINO '15 - TIBERIO

VITICOLTORE DELL'ANNO

AIMONE VIO (BIOVIO)

CANTINA EMERGENTE

ISTINE

PREMIO PER LA VITIVINICOLTURA SOSTENIBILE

ROCCAFIORE

I TRE BICCHIERI SOTTO I 15 EURO

Come ogni anno la Guida vi segnala i vini più convenienti. Quest'anno sono ben 88 le etichette premiate che potrete trovare in enoteca entro i 15 euro. Si tratta di una percentuale che supera di poco il 20%, un dato in flessione rispetto allo scorso anno, che rispecchia l'andamento di leggera crescita dei prezzi dovuto all'aumento della domanda del mercato. Un dato interessante è che 26 di questi vini sono in commercio nella fascia dei 10 euro (evidenziati in rosso). In testa a questa classifica troviamo due regioni, la Campania e le Marche, con ben 10 vini. Seguono, a 9, l'Emilia Romagna, a 8 il Veneto, a 7 l'Abruzzo. Ben 5 regioni hanno 6 vini in questa categoria, e sono: Alto Adige, Friuli Venezia Giulia, Piemonte, Sicilia e Toscana. Abbiamo poi la Puglia con 4, il Lazio con 3, l'Umbria con 2. Un vino a regione per Basilicata, Liguria, Lombardia, Molise e Sardegna.

A. A. Gewürztraminer Vom Lehm '15	Castelfeder	**Alto Adige**
A. A. Lago di Caldaro Scelto Sup. Bischofsleiten '15	Castel Sallegg	**Alto Adige**
A. A. Santa Maddalena Cl. Rondell '15	Glögglhof - Franz Gojer	**Alto Adige**
A. A. Valle Isarco Grüner Veltliner '15	Kuenhof - Peter Pliger	**Alto Adige**
A. A. Valle Isarco Sylvaner '14	Garlider	
	Christian Kerschbaumer	**Alto Adige**
A. A. Valle Isarco Sylvaner '15	Taschlerhof	
	Peter Wachtler	**Alto Adige**
Aglianico del Vulture Gricos '14	Grifalco della Lucania	**Basilicata**
Bardolino Cl. V. Morlongo '14	Vigneti Villabella	**Veneto**
Brecciaro '14	Leonardo Bussoletti	**Umbria**
Caiati '14	Alois	**Campania**
Castelli di Jesi Verdicchio Cl. Crisio Ris. '13	CasalFarneto	**Marche**
Castelli di Jesi Verdicchio Cl. Salmariano Ris. '13	Marotti Campi	**Marche**
Castelli di Jesi Verdicchio Cl. San Paolo Ris. '13	Pievalta	**Marche**
Cerasuolo d'Abruzzo Villa Gemma '15	Masciarelli	**Abruzzo**
Cesanese del Piglio Sup. Hernicus '14	Antonello Coletti Conti	**Lazio**
Chardonnay '15	di Lenardo	**Friuli Venezia Giulia**
Chianti Cl. '14	Borgo Salcetino	**Toscana**
Chianti Cl. '13	San Felice	**Toscana**
Chianti Cl. Lamole di Lamole Et. Bianca '13	Lamole di Lamole	**Toscana**
Colli di Parma Rosso MDV '14	Monte delle Vigne	**Emilia Romagna**
Collio Friulano '15	Fiegl	**Friuli Venezia Giulia**
Collio Malvasia '15	Ronco dei Tassi	**Friuli Venezia Giulia**
Custoza Sup. Amedeo '14	Cavalchina	**Veneto**
Custoza Sup. Ca' del Magro '14	Monte del Frà	**Veneto**
Eloro Pachino Saro '13	Feudo Rudinì	**Sicilia**
Erbaluce di Caluso La Rustìa '15	Orsolani	**Piemonte**
Falanghina del Sannio Biancuzita '14	Torre a Oriente	**Campania**
Falanghina del Sannio Janare '15	La Guardiense	**Campania**
Falanghina del Sannio Svelato '15	Terre Stregate	**Campania**
Falanghina del Sannio Taburno '15	Fontanavecchia	**Campania**
Falconaro '11	Cantine di Dolianova	**Sardegna**
FCO Friulano '15	Tenuta di Angoris	**Friuli Venezia Giulia**
FCO Pinot Grigio '15	Torre Rosazza	**Friuli Venezia Giulia**
Fiano di Avellino '14	Rocca del Principe	**Campania**
Fiano di Avellino Pietramara '15	I Favati	**Campania**
Frascati Sup. Epos Ris. '15	Poggio Le Volpi	**Lazio**
Friuli Grave Pinot Bianco '15	Le Monde	**Friuli Venezia Giulia**
Gavi del Comune di Gavi Pelöia '15	San Bartolomeo	**Piemonte**
Gioia del Colle Primitivo Senatore '10	Coppi	**Puglia**

Greco di Tufo '15	Pietracupa	Campania
Lambrusco di Sorbara del Fondatore '15	Cleto Chiarli Tenute Agricole	Emilia Romagna
Lambrusco di Sorbara Secco Rito '15	Zucchi	Emilia Romagna
Lambrusco di Sorbara V. del Cristo '15	Cavicchioli	Emilia Romagna
Lorlando '15	Assuli	Sicilia
Maremma Toscana Ciliegiolo V. Vallerana Alta '14	Antonio Camillo	Toscana
Maremma Toscana Sangiovese Carandelle '15	Podere San Cristoforo	Toscana
Molise Tintilia '13	Di Majo Norante	Molise
Montepulciano d'Abruzzo '14	Villa Medoro	Abruzzo
Montepulciano d'Abruzzo Amorino '12	Castorani	Abruzzo
Montepulciano d'Abruzzo Chronicon '13	Ciccio Zaccagnini	Abruzzo
Montepulciano d'Abruzzo Luì '13	Tenuta Terraviva	Abruzzo
Montepulciano d'Abruzzo Mo Ris. '12	Cantina Tollo	Abruzzo
Moscato d'Asti Canelli Sant'Ilario '15	Ca' d'Gal	Piemonte
Moscato d'Asti Casa di Bianca '15	Gianni Doglia	Piemonte
Moscato d'Asti Ciombo '15	Tenuta Il Falchetto	Piemonte
Offida Pecorino Artemisia '15	Tenuta Spinelli	Marche
OP Bonarda Vivace Campo del Monte '15	F.lli Agnes	Lombardia
Paestum '15	San Giovanni	Campania
Pecorino '15	Tiberio	Abruzzo
Poggio della Costa '15	Sergio Mottura	Lazio
Primitivo di Manduria '15	Felline	Puglia
Primitivo di Manduria Passo del Cardinale '14	Cantine Paolo Leo	Puglia
Reggiano Lambrusco Concerto '15	Ermete Medici & Figli	Emilia Romagna
Riviera Ligure di Ponente Pigato Bon in da Bon '15	BioVio	Liguria
Romagna Albana Secco I Croppi '15	Celli	Emilia Romagna
Romagna Sangiovese Modigliana I Probi di Papiano Ris. '13	Villa Papiano	Emilia Romagna
Romagna Sangiovese Sup. Godenza '14	Noelia Ricci	Emilia Romagna
Romagna Sangiovese Sup. Limbecca '14	Paolo Francesconi	Emilia Romagna
Ruchè di Castagnole M.to La Tradizione '15	Montalbera	Piemonte
Salice Salentino Rosso 50° Vendemmia '14	Leone de Castris	Puglia
Shymer '13	Baglio di Pianetto	Sicilia
Sicilia Carricante Buonora Tascante '15	Tasca d'Almerita	Sicilia
Sicilia Mandrarossa Cartagho '14	Cantine Settesoli	Sicilia
Soave Cl. Campo Vulcano '15	I Campi	Veneto
Soave Cl. Le Bine de Costiola '14	Tamellini	Veneto
Soave Cl. Monte Carbonare '14	Suavia	Veneto
Soave Sup. Il Casale '15	Agostino Vicentini	Veneto
Soave Sup. Vign. Runcata '14	Dal Cero Tenuta di Corte Giacobbe	Veneto
SP 68 Rosso '15	Occhipinti	Sicilia
Todi Grechetto Sup. Fiorfiore '14	Roccafiore	Umbria
Trentenare '15	San Salvatore	Campania
Verdicchio dei Castelli di Jesi Cl. Sup. Il Priore '14	Sparapani - Frati Bianchi	Marche
Verdicchio dei Castelli di Jesi Cl. Sup. Misco '15	Tenuta di Tavignano	Marche
Verdicchio dei Castelli di Jesi Cl. Sup. Sabbionare '15	Sabbionare	Marche
Verdicchio di Matelica Collestefano '15	Collestefano	Marche
Verdicchio di Matelica Vign. B. '15	Belisario	Marche
Verdicchio di Matelica Vign. Fogliano '13	Bisci	Marche
Vernaccia di S. Gimignano Albereta Ris. '13	Il Colombaio di Santa Chiara	Toscana

I TRE BICCHIERI VERDI

Con i Tre Bicchieri Verdi segnaliamo i vini prodotti da uve di vigneti in coltura biologica o biodinamica (che indichiamo in rosso), che abbiano passato il vaglio di enti certificatori ufficiali. Quest'anno i vini sono ben 88, una percentuale in crescita, che supera ormai il 20% dei vini premiati. Un dato importante, che testimonia come nelle migliori aziende vinicole italiane l'istanza ecologica sia ormai irreversibile. Il discorso è ben più complesso, comunque, dato che molte aziende che lavorano con criteri simili non richiedono la certificazione. I protocolli di sostenibilità ambientale, infine, sono sempre più diffusi tra i produttori italiani: sulla scheda di ogni produttore impegnato in questo percorso troverete la dicitura Azienda Sostenibile.

A. A. Chardonnay Löwengang '13	Tenute Alois Lageder	**Alto Adige**
A. A. Terlano Pinot Bianco Eichhorn '15	Manincor	**Alto Adige**
A. A. Valle Isarco Sylvaner '14	Garlider Christian Kerschbaumer	**Alto Adige**
Aglianico del Vulture Gricos '14	Grifalco della Lucania	**Basilicata**
Aglianico del Vulture Il Repertorio '14	Cantine del Notaio	**Basilicata**
Alcamo Beleda '15	Rallo	**Sicilia**
Amarone della Valpolicella Cl. Vign. Monte Sant'Urbano '12	Viticoltori Speri	**Veneto**
Barbaresco Asili '13	Ceretto	**Piemonte**
Barolo Bricco Boschis '12	Cavallotto Tenuta Bricco Boschis	**Piemonte**
Barolo Bricco Pernice '11	Elvio Cogno	**Piemonte**
Barolo Bussia V. Mondoca Ris. '10	Poderi e Cantine Oddero	**Piemonte**
Barolo del Comune di Barolo Essenze '12	Vite Colte	**Piemonte**
Barolo Resa 56 '12	Brandini	**Piemonte**
Barolo Rocche di Castiglione '12	Brovia	**Piemonte**
Barolo Sorì Ginestra '12	Conterno Fantino	**Piemonte**
Baron'Ugo '12	Monteraponi	**Toscana**
Barrile '13	Attilio Contini	**Sardegna**
Bolgheri Rosso Sup. Grattamacco '13	Grattamacco	**Toscana**
Bolgheri Sup. Podere Ritorti '13	I Luoghi	**Toscana**
Brecciaro '14	Leonardo Bussoletti	**Umbria**
Brunello di Montalcino '11	Le Chiuse	**Toscana**
Brunello di Montalcino '11	Poggio di Sotto	**Toscana**
Brunello di Montalcino V. V. '11	Le Ragnaie	**Toscana**
Castelli di Jesi Verdicchio Cl. Lauro Ris. '13	Poderi Mattioli	**Marche**
Castelli di Jesi Verdicchio Cl. San Paolo Ris. '13	Pievalta	**Marche**
Castelli di Jesi Verdicchio Cl. Villa Bucci Ris. '14	Bucci	**Marche**
Chianti Cl. '13	Val delle Corti	**Toscana**
Chianti Cl. Bugialla Ris. '13	Poggerino	**Toscana**
Chianti Cl. Ris. '13	Castello di Volpaia	**Toscana**
Colli di Rimini Cabernet Sauvignon Montepirolo '12	San Patrignano	**Emilia Romagna**
Colline Lucchesi Tenuta di Valgiano '13	Tenuta di Valgiano	**Toscana**
Conero Campo San Giorgio Ris. '11	Umani Ronchi	**Marche**
Cortona Syrah Il Bosco '12	Tenimenti Luigi d'Alessandro	**Toscana**
Do ut des '13	Fattoria Carpineta Fontalpino	**Toscana**
Duemani '13	Duemani	**Toscana**
Etna Rosso Prephylloxera La V. di Don Peppino '14	Tenuta delle Terre Nere	**Sicilia**
Etna Rosso San Lorenzo '14	Girolamo Russo	**Sicilia**
Faro '14	Le Casematte	**Sicilia**

Vino	Produttore	Regione
Favinia La Muciara '14	Firriato	**Sicilia**
Franciacorta Nature 61 '09	Guido Berlucchi & C.	**Lombardia**
Franciacorta Non Dosato Bagnadore Ris. '09	Barone Pizzini*	**Lombardia**
Gioia del Colle Primitivo 17 '13	Polvanera	**Puglia**
Gioia del Colle Primitivo Muro Sant'Angelo Contrada Barbatto '13	Chiaromonte	**Puglia**
Gioia del Colle Primitivo Ris. '13	Cantine Tre Pini	**Puglia**
Grignolino del M.to Casalese '15	Vicara	**Piemonte**
Grisara '15	Roberto Ceraudo	**Calabria**
Habemus '14	San Giovenale	**Lazio**
Madre '14	Italo Cescon	**Veneto**
Malvasia '13	Skerk	**Friuli Venezia Giulia**
Maremma Toscana Ciliegiolo V. Vallerana Alta '14	Antonio Camillo	**Toscana**
Maremma Toscana Sangiovese Carandelle '15	Podere San Cristoforo	**Toscana**
Molise Tintilia '13	Di Majo Norante	**Molise**
Montecucco Rosso Ris. '13	Colle Massari	**Toscana**
Montecucco Sangiovese Ad Agio Ris. '12	Basile	**Toscana**
Montepulciano d'Abruzzo Amorino '12	Castorani	**Abruzzo**
Montepulciano d'Abruzzo Luì '13	Tenuta Terraviva	**Abruzzo**
Negroamaro '14	Carvinea	**Puglia**
Nero d'Avola Sosta Tre Santi '10	Cantine Nicosia	**Sicilia**
Orvieto Cl. Sup. Luigi e Giovanna '13	Barberani	**Umbria**
Petresco '12	Le Cinciole	**Toscana**
Pinot Nero '13	Podere della Civettaja	**Toscana**
Poggio della Costa '15	Sergio Mottura	**Lazio**
Primitivo di Manduria '15	Felline	**Puglia**
Primitivo di Manduria Passo del Cardinale '14	Cantine Paolo Leo	**Puglia**
Ribolla Gialla '12	Damijan Podversic	**Friuli Venezia Giulia**
Riviera Ligure di Ponente Pigato Bon in da Bon '15	BioVio	**Liguria**
Roero Mompissano Ris. '13	Cascina Ca' Rossa	**Piemonte**
Romagna Sangiovese Sup. Limbecca '14	Paolo Francesconi	**Emilia Romagna**
Salice Salentino Rosso Selvarossa Ris. '13	Cantine Due Palme	**Puglia**
Soave Cl. La Rocca '14	Leonildo Pieropan	**Veneto**
Soave Cl. Staforte '14	Graziano Prà	**Veneto**
SP 68 Rosso '15	Occhipinti	**Sicilia**
Taurasi Coste '11	Contrade di Taurasi	**Campania**
Teroldego Rotaliano Pini '12	Roberto Zeni	**Trentino**
Terre di Pisa Nambrot '13	Tenuta di Ghizzano	**Toscana**
Torgiano Rosso Rubesco V. Monticchio Ris. '11	Lungarotti	**Umbria**
Trebbiano d'Abruzzo Bianchi Grilli per la Testa '14	Torre dei Beati	**Abruzzo**
Trebbiano d'Abruzzo V. del Convento di Capestrano '14	Valle Reale	**Abruzzo**
Trentenare '15	San Salvatore	**Campania**
Trento Dosaggio Zero Ris. '11	Maso Martis	**Trentino**
Valpolicella Cl. Sup. Camporenzo '13	Monte dall'Ora	**Veneto**
Valpolicella Sup. Mithas '12	Corte Sant'Alda	**Veneto**
Verdicchio di Matelica Collestefano '15	Collestefano	**Marche**
Verdicchio di Matelica Vign. Fogliano '13	Bisci	**Marche**
Vernaccia di S. Gimignano Albereta Ris. '13	Il Colombaio di Santa Chiara	**Toscana**
Vernaccia di S. Gimignano Carato '12	Montenidoli	**Toscana**
Vin Santo di Carmignano Ris. '09	Tenuta di Capezzana	**Toscana**
Zagreo '15	I Cacciagalli	**Campania**

LA CLASSIFICAZIONE DELLE ANNATE DAL 1990 AL 2015

	BARBARESCO BAROLO	AMARONE	CHIANTI CLASSICO	BRUNELLO DI MONTALCINO	BOLGHERI	TAURASI	MONTEPULCIANO D'ABRUZZO
1990	5	5	4	5	5	5	4
1995	3	5	4	5	3	3	5
1996	5	3	3	2	3	3	4
1997	3	4	4	4	4	4	4
1999	5	3	5	5	5	5	2
2000	4	4	4	3	3	2	4
2001	5	5	5	5	5	4	5
2004	5	4	4	4	3	4	4
2005	4	4	3	2	3	4	4
2006	4	3	3	4	4	3	3
2007	3	5	5	4	5	4	5
2008	4	4	4	3	4	5	3
2009	3	3	3	2	5	3	2
2010	5	4	5	5	3	4	2
2011	4	3	3	3	4	2	4
2012	4	3	3		4	3	3
2013	4		4		5		4
2014			1				2

	ALTO ADIGE BIANCO	LUGANA SOAVE	FRIULI BIANCO	VERDICCHIO DEI CASTELLI DI JESI	FIANO DI AVELLINO	GRECO DI TUFO
2005	4	5	3	3	3	2
2006	3	3	5	5	4	5
2007	3	4	5	2	3	3
2008	3	4	3	4	5	4
2009	4	5	4	4	3	5
2010	5	4	2	5	5	5
2011	3	3	3	1	3	2
2012	4	3	4	4	4	4
2013	4	4	4	5	5	4
2014	3	3	3	3	4	4
2015	4	5	5	4	4	3

LE STELLE

★★★★★
54
Gaja (Piemonte)

★★★★
41
Ca' del Bosco (Lombardia)

★★★
38
La Spinetta (Piemonte)
35
Elio Altare - Cascina Nuova (Piemonte)
32
Allegrini (Veneto)
Castello di Fonterutoli (Toscana)
Valentini (Abruzzo)

★★
28
Bellavista (Lombardia)
Giacomo Conterno (Piemonte)
Felsina (Toscana)
Jermann (Friuli Venezia Giulia)
Masciarelli (Abruzzo)
Tenuta San Guido (Toscana)
Cantina Produttori San Michele Appiano (Alto Adige)
27
Castello della Sala (Umbria)
Ferrari (Trentino)
Planeta (Sicilia)
26
Tasca d'Almerita (Sicilia)
25
Marchesi Antinori (Toscana)
Castello di Ama (Toscana)
Poliziano (Toscana)
Cantina Tramin (Alto Adige)
Vie di Romans (Friuli Venezia Giulia)
24
Livio Felluga (Friuli Venezia Giulia)
Feudi di San Gregorio (Campania)
Bruno Giacosa (Piemonte)
Gravner (Friuli Venezia Giulia)
Ornellaia (Toscana)
Leonildo Pieropan (Veneto)
23
Argiolas (Sardegna)
Paolo Scavino (Piemonte)
22
Cantina Bolzano (Alto Adige)
Arnaldo Caprai (Umbria)
Domenico Clerico (Piemonte)
Fontodi (Toscana)
Nino Negri (Lombardia)
Schiopetto (Friuli Venezia Giulia)
Villa Russiz (Friuli Venezia Giulia)
21
Barone Ricasoli (Toscana)
Michele Chiarlo (Piemonte)
Falesco (Lazio)
Isole e Olena (Toscana)
Tenute Sella & Mosca (Sardegna)
Cantina Terlano (Alto Adige)
20
Ca' Viola (Piemonte)
Cascina La Barbatella (Piemonte)
Castello del Terriccio (Toscana)
Cantina Produttori Colterenzio (Alto Adige)
Dorigo (Friuli Venezia Giulia)
Montevetrano (Campania)
Tenuta San Leonardo (Trentino)
Vietti (Piemonte)
Elena Walch (Alto Adige)

★
19
Cantina di Caldaro (Alto Adige)
Les Crêtes (Valle d'Aosta)
Cusumano (Sicilia)
Elio Grasso (Piemonte)
Serafini & Vidotto (Veneto)
Venica & Venica (Friuli Venezia Giulia)
Volpe Pasini (Friuli Venezia Giulia)
18
Abbazia di Novacella (Alto Adige)
Ca' Rugate (Veneto)
Castellare di Castellina (Toscana)
Castello Banfi (Toscana)
Conterno Fantino (Piemonte)
Matteo Correggia (Piemonte)
Gioacchino Garofoli (Marche)
Lis Neris (Friuli Venezia Giulia)
Le Macchiole (Toscana)
Mastroberardino (Campania)
Montevertine (Toscana)
Ruffino (Toscana)
Luciano Sandrone (Piemonte)
Franco Toros (Friuli Venezia Giulia)
Le Vigne di Zamò (Friuli Venezia Giulia)
17
Brancaia (Toscana)
Casanova di Neri (Toscana)
Luigi Cataldi Madonna (Abruzzo)
Donnafugata (Sicilia)
Massolino (Piemonte)
Palari (Sicilia)
Querciabella (Toscana)
Cantina di Santadi (Sardegna)
Sottimano (Piemonte)
Fattoria Zerbina (Emilia Romagna)
16
Antoniolo (Piemonte)
Aldo Conterno (Piemonte)
Romano Dal Forno (Veneto)
Firriato (Sicilia)
Kuenhof - Peter Pliger (Alto Adige)
Livon (Friuli Venezia Giulia)
Masi (Veneto)
Miani (Friuli Venezia Giulia)
Monsupello (Lombardia)
Cantina Convento Muri-Gries (Alto Adige)
Fiorenzo Nada (Piemonte)
Fattoria Petrolo (Toscana)
Giuseppe Quintarelli (Veneto)
Albino Rocca (Piemonte)

Bruno Rocca (Piemonte)
Ronco dei Tassi (Friuli Venezia Giulia)
San Patrignano (Emilia Romagna)
Umani Ronchi (Marche)

15

Roberto Anselmi (Veneto)
Lorenzo Begali (Veneto)
Bucci (Marche)
Coppo (Piemonte)
Doro Princic (Friuli Venezia Giulia)
Velenosi (Marche)
Roberto Voerzio (Piemonte)

14

Avignonesi (Toscana)
Cav. G. B. Bertani (Veneto)
Biondi Santi - Tenuta Il Greppo (Toscana)
Bricco Rocche - Bricco Asili (Piemonte)
Cavit (Trentino)
Tenuta di Ghizzano (Toscana)
Librandi (Calabria)
Malvirà (Piemonte)
Franco M. Martinetti (Piemonte)
Bartolo Mascarello (Piemonte)
La Monacesca (Marche)
Oasi degli Angeli (Marche)
Produttori del Barbaresco (Piemonte)
Ronco del Gelso (Friuli Venezia Giulia)
Tenuta Sant'Antonio (Veneto)
Viticoltori Speri (Veneto)
Suavia (Veneto)
Uberti (Lombardia)
Tenuta Unterortl - Castel Juval (Alto Adige)
Vignalta (Veneto)
Viviani (Veneto)

13

Abbona (Piemonte)
Piero Busso (Piemonte)
Cavalleri (Lombardia)
Di Majo Norante (Molise)
Le Due Terre (Friuli Venezia Giulia)
Poderi Luigi Einaudi (Piemonte)
Falkenstein Franz Pratzner (Alto Adige)
Foradori (Trentino)
Grattamacco (Toscana)
Dino Illuminati (Abruzzo)
Edi Keber (Friuli Venezia Giulia)
Lungarotti (Umbria)
Maculan (Veneto)
Pecchenino (Piemonte)
Pietracupa (Campania)
Graziano Prà (Veneto)
Rocca di Frassinello (Toscana)
San Felice (Toscana)
Tormaresca (Puglia)
Tua Rita (Toscana)

12

F.lli Alessandria (Piemonte)
Azelia (Piemonte)
Poderi Boscarelli (Toscana)
Braida (Piemonte)
Castello dei Rampolla (Toscana)
Tenute Cisa Asinari dei Marchesi di Grésy (Piemonte)
Elvio Cogno (Piemonte)
Tenuta Col d'Orcia (Toscana)
Còlpetrone (Umbria)
Ferghettina (Lombardia)
Tenute Ambrogio e Giovanni Folonari (Toscana)
Marchesi de' Frescobaldi (Toscana)
Galardi (Campania)
Gini (Veneto)
Leone de Castris (Puglia)
Marchesi di Barolo (Piemonte)
Sergio Mottura (Lazio)
Piaggia (Toscana)
Fattoria Le Pupille (Toscana)
Dario Raccaro (Friuli Venezia Giulia)
Aldo Rainoldi (Lombardia)
Rocche dei Manzoni (Piemonte)
Russiz Superiore (Friuli Venezia Giulia)
Tenuta di Valgiano (Toscana)
Valle Reale (Abruzzo)
Villa Medoro (Abruzzo)
Villa Sparina (Piemonte)

11

Abate Nero (Trentino)
Giulio Accornero e Figli (Piemonte)
Gianfranco Alessandria (Piemonte)
Benanti (Sicilia)
Borgo San Daniele (Friuli Venezia Giulia)
Ca' del Baio (Piemonte)
Cavalchina (Veneto)
La Cerbaiola (Toscana)
Eugenio Collavini (Friuli Venezia Giulia)
Dorigati (Trentino)
Elena Fucci (Basilicata)
Ettore Germano (Piemonte)
Köfererhof - Günther Kerschbaumer (Alto Adige)
Cantina Kurtatsch (Alto Adige)
Mamete Prevostini (Lombardia)
La Massa (Toscana)
Monchiero Carbone (Piemonte)
Cantina Nals Margreid (Alto Adige)
Prunotto (Piemonte)
G. D. Vajra (Piemonte)
Vigneti Massa (Piemonte)
Zenato (Veneto)

10

Maison Anselmet (Valle d'Aosta)
Brigaldara (Veneto)
Brovia (Piemonte)
Cascina Ca' Rossa (Piemonte)
Castello d'Albola (Toscana)
Castello di Volpaia (Toscana)
Cavallotto Tenuta Bricco Boschis (Piemonte)
F.lli Cigliuti (Piemonte)
Corte Sant'Alda (Veneto)
Cantine Due Palme (Puglia)
Cantina Girlan (Alto Adige)
Franz Haas (Alto Adige)
Hilberg - Pasquero (Piemonte)
Tenuta J. Hofstätter (Alto Adige)
Monte Rossa (Lombardia)
Poderi e Cantine Oddero (Piemonte)
Pio Cesare (Piemonte)
Poggio Antico (Toscana)
Tenimenti Luigi d'Alessandro (Toscana)
Tenuta delle Terre Nere (Sicilia)
Tenute Alois Lageder (Alto Adige)
Torraccia del Piantavigna (Piemonte)
Torrevento (Puglia)
Villa Matilde (Campania)
Conti Zecca (Puglia)

COME LEGGERE LA GUIDA

DATI AZIENDALI

PRODUZIONE ANNUA
ETTARI VITATI
TIPO DI VITICOLTURA

I SIMBOLI

○ VINO BIANCO
⊙ VINO ROSATO
● VINO ROSSO

CLASSIFICAZIONE DEI VINI

🍷 VINI BUONI NELLE LORO RISPETTIVE CATEGORIE
🍷🍷 VINI DA MOLTO BUONI A OTTIMI NELLE LORO RISPETTIVE CATEGORIE
🍷🍷 VINI DA MOLTO BUONI AD OTTIMI CHE HANNO RAGGIUNTO LE DEGUSTAZIONI FINALI
🍷🍷🍷 VINI ECCELLENTI NELLE LORO RISPETTIVE CATEGORIE

I VINI VALUTATI NELLE PRECEDENTI EDIZIONI DELLA GUIDA SONO SEGNALATI CON I BICCHIERI BIANCHI (🍷, 🍷🍷, 🍷🍷🍷).

LA STELLA ★

SEGNALA LE AZIENDE CHE HANNO CONQUISTATO
PER OGNI STELLA 10 VOLTE I TRE BICCHIERI

FASCE DI PREZZO

1 fino a 5 euro	2 da € 5,01 a € 10,00
3 da € 10,01 a € 15,00	4 da € 15,01 a € 20,00
5 da € 20,01 a € 30,00	6 da € 30,01 a € 40,00
7 da € 40,01 a € 50,00	8 oltre € 50,01

I PREZZI INDICATI FANNO RIFERIMENTO ALLE QUOTAZIONI MEDIE IN ENOTECA.

L'ASTERISCO *

SEGNALA UN VINO CON UN RAPPORTO QUALITÀ/PREZZO PARTICOLARMENTE FAVOREVOLE

ABBREVIAZIONI

A. A.	Alto Adige
C.	Colli
Cl.	Classico
C.S.	Cantina Sociale
CEV	Colli Etruschi Viterbesi
Cons.	Consorzio
Coop.Agr.	Cooperativa Agricola
C. B.	Colli Bolognesi
C. P.	Colli Piacentini
Et.	Etichetta
FCO	Friuli Colli Orientali
M.	Metodo
M.to	Monferrato
OP	Oltrepò Pavese
P.R.	Peduncolo Rosso
P.	Prosecco
Rif. Agr.	Riforma Agraria
Ris.	Riserva
Sel.	Selezione
Sup.	Superiore
TdF	Terre di Franciacorta
V.	Vigna
Vign.	Vigneto
V. T.	Vendemmia Tardiva
V. V.	Vecchia Vigna/Vecchie Vigne

VALLE D'AOSTA

Il 2015 è stato per la Valle d'Aosta, forse, l'apice di un cambiamento climatico importante. Per anni i viticultori valdostani hanno affrontato la difficoltà di raggiungere con le loro uve maturazioni complete. Il riscaldamento globale li ha costretti ad affrontare problematiche diverse cui non erano abituati.

Il 2015 è iniziato con una primavera molto afosa, un luglio poi molto caldo e una settimana intera di piogge ad agosto. Un andamento climatico di questo genere ha limitato aree importanti e i vitigni di prima maturazione, zone come Morgex e La Salle sono state pesantemente penalizzate nella produzione, e molte uve sono state raccolte in sovramaturazione, con una produzione di vini più alcolici e meno equilibrati del solito. Tutto questo ha pesantemente influenzato le caratteristiche tipiche dei vini di montagna, soprattutto i bianchi, la loro mineralità e il loro corredo acido. È stata comunque un'annata di grande soddisfazione per i vitigni a maturazione tardiva, come fumin e syrah, e per quei produttori che hanno saputo gestire la sfida climatica con intelligenza. Alla fine dei nostri assaggi ben sei vini hanno ottenuto il nostro massimo punteggio, e tra questi quattro sono della vendemmia 2015. Si tratta dello Chardonnay Elevé en Fût de Chêne di Anselmet, della Petite Arvine di Ottin, del Pinot Gris di Lo Triolet e dell'ottimo Cornalin di Rosset Terroir che si conferma produttore di livello. Accanto a questi due vini del 2014, il Syrah Côteau de la Tour di Les Crêtes di Costantino Charrère, un nome che non ha certo bisogno di presentazioni, e un'altra affascinante versione dello Chambave Muscat Flétri de La Vrille. Sei piccoli capolavori che nascono in un ambiente unico, da piccole vigne (poche aziende in regione, cooperative a parte, superano i 5 ettari di vigna) e da una passione autentica per il vino e per queste montagne. Vini rari, che hanno pochi eguali in Italia e nel mondo, e che valgono la fatica della ricerca per chi non ha la fortuna e il piacere di acquistarli nella bellissima Valle d'Aosta.

★Maison Anselmet

FRAZ. LA CRÊTE, 194
11018 VILLENEUVE [AO]
TEL. 3484127121
www.maisonanselmet.vievini.it

VENDITA DIRETTA
VISITA SU PRENOTAZIONE
PRODUZIONE ANNUA 75.000 bottiglie
ETTARI VITATI 8,00

Giorgio Anselmet, titolare della Maison, ha saputo dare nuova vitalità all'azienda del padre Renato. Un connubio azzeccato tra tradizione e innovazione che solo una persona attenta e radicata sul territorio, innamorata delle tradizioni di famiglia e locali poteva realizzare. La nuova cantina è il risultato di una visione che, senza abbandonare il passato, ha saputo proporsi per il futuro, creando un'azienda con una interpretazione moderna dei vitigni della tradizione che si propongono anche al mercato internazionale. Le grandi capacità di comunicazione e il carattere innovativo della produzione hanno fatto di Maison Anselmet una delle cantine di riferimento della Valle d'Aosta. Quest'anno Anselmet torna ai Tre Bicchieri con lo Chardonnay Elevé en Fût de Chêne, che si fa apprezzare per l'eleganza dei profumi di fiori bianchi, mela e nocciola e per la freschezza del palato. Ottimo il Semel Pater, un vino di struttura dai sentori speziati. Buono anche Le Prisonnier, un uvaggio dai sentori di bacche rosse e dalla raffinata trama tannica.

Vino	Bicchieri	Prezzo
○ Valle d'Aosta Chardonnay Élevé en Fût de Chêne '15	🍷🍷🍷	5
● Le Prisonnier MMXIII	🍷🍷	8
● Valle d'Aosta Cornalin Broblan '14	🍷🍷	5
● Valle d'Aosta Pinot Noir Semel Pater '14	🍷🍷	6
● Valle d'Aosta Fumin Élevé en Fût de Chêne '14	🍷🍷	6
○ Valle d'Aosta Petite Arvine '15	🍷🍷	3
○ Valle d'Aosta Pinot Gris '15	🍷🍷	5
● Valle d'Aosta Syrah Henri '14	🍷🍷	6
○ Valle d'Aosta Chardonnay Élevé en Fût de Chêne '11	🍷🍷🍷	5
○ Valle d'Aosta Chardonnay Élevé en Fût de Chêne '10	🍷🍷🍷	5
○ Valle d'Aosta Chardonnay Élevé en Fût de Chêne '09	🍷🍷🍷	5
● Valle d'Aosta Pinot Noir Semel Pater '13	🍷🍷🍷	8

Château Feuillet

LOC. CHÂTEAU FEUILLET, 12
11010 SAINT PIERRE
TEL. 3287673880
www.chateaufeuillet.vievini.it

VENDITA DIRETTA
OSPITALITÀ E RISTORAZIONE
PRODUZIONE ANNUA 30.000 bottiglie
ETTARI VITATI 5,00

Abbiamo usato molti aggettivi per descrivere Maurizio Fiorano, l'intraprendente proprietario di Château Feuillet: la bontà e qualità dei suoi vini non ci sorprendono più, anzi, ogni anno ci aspettiamo vini migliori e novità. Puntuale quest'anno propone una nuova etichetta, un rosato da uve petit rouge in purezza, perfetto abbinamento con i salumi e gli insaccati locali. Château Feuillet si trova in uno dei terroir più vocati della regione, a Saint Pierre, a nord di Aosta, su pendii perfettamente esposti a meridione, dove danno ottima prova di sé tanto le uve bianche quanto le varietà a bacca rossa. La Petite Arvine arriva in finale, con i suoi profumi di albicocca e mandorla e la notevole struttura, piena ed equilibrata. Tipici i Torrette, dai sentori di bacche rosse mature con piacevoli note vegetali, pieni e strutturati in bocca. Da segnalare il Fumin, anche se ancora bisognoso di affinamento, che ha gradevoli note balsamiche. Fresco, complesso e piacevole lo Chardonnay.

Vino	Bicchieri	Prezzo
○ Valle d'Aosta Petite Arvine '15	🍷🍷	3*
○ Valle d'Aosta Chardonnay '15	🍷🍷	3
● Valle d'Aosta Fumin '15	🍷🍷	4
⊙ Valle d'Aosta Rosé '15	🍷🍷	4
● Valle d'Aosta Torrette '15	🍷🍷	3
● Valle d'Aosta Torrette Sup. '14	🍷🍷	3
○ Valle d'Aosta Petite Arvine '12	🍷🍷🍷	3*
○ Valle d'Aosta Petite Arvine '11	🍷🍷🍷	3*
○ Valle d'Aosta Petite Arvine '10	🍷🍷🍷	3*
○ Valle d'Aosta Chardonnay '14	🍷🍷	3
● Valle d'Aosta Fumin '14	🍷🍷	4
○ Valle d'Aosta Petite Arvine '14	🍷🍷	3*
○ Valle d'Aosta Petite Arvine '13	🍷🍷	3*
● Valle d'Aosta Syrah '14	🍷🍷	3
● Valle d'Aosta Torrette Sup. '13	🍷🍷	3*
● Valle d'Aosta Torrette Sup. '12	🍷🍷	3*

★Les Crêtes

Loc. Villetos, 50
11010 Aymavilles [AO]
Tel. 0165902274
www.lescretesvins.it

VENDITA DIRETTA
VISITA SU PRENOTAZIONE
PRODUZIONE ANNUA 180.000 bottiglie
ETTARI VITATI 20,00
AZIENDA SOSTENIBILE

Les Crêtes vale veramente una viaggio. La nuova cantina di Costantino Charrère, con i locali destinati all'accoglienza e alle degustazioni, è sicuramente una delle più belle d'Italia, e si trova accanto a quella storica. È un edificio in legno, vetro e pietra, "il rifugio del vino", che con le sue forme stilizzate e i materiali naturali si inserisce perfettamente nel panorama alpino che lo circonda. Ma non c'è solo questa novità a Les Crêtes: dal vecchio mulino alle bellissime vigne, prima tra tutte Côteau de la Tour, tutto merita di essere visitato, soprattutto se in compagnia di Costantino. I Tre Bicchieri quest'anno vanno a un rosso, al Syrah. Un vino dal colore rubino fitto e brillante. Al naso i toni di frutta rossa sfumano su note speziate e di tabacco. Equilibrato e finissimo in bocca. Particolare il cru Devin Ros di Petite Arvine, che al naso offre sentori di frutta matura e in bocca un grande equilibrio. La buona struttura del Cuvée Bois ne fa presagire un'eccellente evoluzione. Da segnalare lo Chardonnay '15, fresco e fruttato. Di piacevole beva il Pinot Nero.

- ● Valle d'Aosta Syrah Côteau La Tour '14 — 🍷🍷🍷 4*
- ○ Valle d'Aosta Chardonnay Cuvée Bois '14 — 🍷🍷 6
- ○ Valle d'Aosta Petite Arvine Fleur V. Devin Ros '15 — 🍷🍷 5
- ○ Valle d'Aosta Chardonnay '15 — 🍷🍷 3
- ● Valle d'Aosta Pinot Noir '15 — 🍷🍷 3
- ○ Valle d'Aosta Chardonnay Cuvée Bois '13 — 🍷🍷🍷 6
- ○ Valle d'Aosta Chardonnay Cuvée Bois '10 — 🍷🍷🍷 6
- ○ Valle d'Aosta Chardonnay Cuvée Bois '09 — 🍷🍷🍷 6
- ○ Valle d'Aosta Chardonnay Cuvée Bois '08 — 🍷🍷🍷 6
- ○ Valle d'Aosta Chardonnay Cuvée Bois '07 — 🍷🍷🍷 6
- ○ Valle d'Aosta Chardonnay Cuvée Bois '06 — 🍷🍷🍷 6
- ○ Valle d'Aosta Chardonnay Cuvée Frissonnière Les Crêtes Cuvée Bois '05 — 🍷🍷🍷 6
- ○ Valle d'Aosta Petite Arvine '13 — 🍷🍷🍷 3*

La Crotta di Vegneron

p.zza Roncas, 2
11023 Chambave [AO]
Tel. 016646670
www.lacrotta.it

VENDITA DIRETTA
VISITA SU PRENOTAZIONE
RISTORAZIONE
PRODUZIONE ANNUA 300.000 bottiglie
ETTARI VITATI 39,00

Sulla piazza principale del piccolo borgo di Chambave troviamo la Crotta di Vegneron. Un simpatico spaccio aziendale ci accoglie con personale preparato a illustrarci l'intera produzione, mentre la porta a fianco, invece, si apre sul ristorante dove naturalmente si possono degustare tutti i vini della Crotta. Questa cooperativa vanta oltre 120 conferitori, per una produzione che viene declinata in numerose tipologie e che anche numericamente, per una cantina valdostana, raggiunge quantitativi importanti. Fiore all'occhiello de La Crotta è sicuramente il Moscato Passito di Chambave, uno tra i migliori vini dolci d'Italia. Come sempre di grande qualità il Prieuré: ha naso intenso con note di uva passa, frutta matura e miele, e in bocca è equilibrato, fresco e lungo. Ci è piaciuto molto il Fumin, di grande tipicità, dal colore impenetrabile, deliziosi i sentori di bacche nere con il ribes in evidenza. Il tono vegetale lo rende magico, anche se in bocca è ancora severo. Piacevole novità il Syrah, tipici sentori di pepe, floreale, ricorda le viole. In bocca è equilibrato ed elegante.

- ○ Valle d'Aosta Chambave Moscato Passito Prieuré '14 — 🍷🍷 5
- ● Valle d'Aosta Fumin Esprit Follet '14 — 🍷🍷 5
- ● Valle d'Aosta Syrah Crème '14 — 🍷🍷 5
- ○ Valle d'Aosta Chambave Muscat '15 — 🍷🍷 3
- ○ Valle d'Aosta Nus Malvoisie '15 — 🍷🍷 3
- ○ Valle d'Aosta Chambave Moscato Passito Prieuré '13 — 🍷🍷🍷 5
- ○ Valle d'Aosta Chambave Moscato Passito Prieuré '12 — 🍷🍷🍷 5
- ○ Valle d'Aosta Chambave Moscato Passito Prieuré '11 — 🍷🍷🍷 5
- ○ Valle d'Aosta Chambave Moscato Passito Prieuré '08 — 🍷🍷🍷 5
- ● Valle d'Aosta Fumin Esprit Follet '09 — 🍷🍷🍷 3

Di Barrò

LOC. CHÂTEAU FEUILLET, 8
11010 SAINT PIERRE
TEL. 0165903671
www.dibarro.vievini.it

VENDITA DIRETTA
VISITA SU PRENOTAZIONE
PRODUZIONE ANNUA 20.000 bottiglie
ETTARI VITATI 2,50

Di Barrò è una piccola azienda situata nel comune di Saint Pierre, paesino con un bellissimo castello medievale, sulla strada che da Aosta va verso il Monte Bianco. Siamo nel cuore della denominazione Torrette, e qui il vitigno principe è il petit rouge, che in nessun altro distretto della regione riesce a dare risultati di questo livello. Il suo territorio si estende per undici comuni, e tra i suoi più accreditati interpreti ci sono proprio Andrea Barmaz ed Elvira Rini, che accanto alle uve locali coltivano anche vitigni internazionali per la loro piccola e curata produzione. Quest'anno l'azienda Di Barrò ha fatto una scelta importante e coraggiosa, quella di non presentare nuove annate. Sono vini di struttura che necessitano tempi lunghi di affinamento e d'accordo con loro aspetteremo per degustarli, ma se nel frattempo passate in Valle d'Aosta andate a trovarli: saranno contenti di farvi assaggiare la loro produzione in anteprima.

○ Valle d'Aosta Chardonnay '12	YYY 3*
● Valle d'Aosta Torrette Sup. V. de Torrette '06	YYY 6
○ Valle d'Aosta Chardonnay '14	YY 3
● Valle d'Aosta Fumin '11	YY 4
● Valle d'Aosta Syrah V. de Conzé '10	YY 3
● Valle d'Aosta Torrette Sup. Clos de Château Feuillet '12	YY 3
● Valle d'Aosta Torrette Sup. Clos de Château Feuillet '11	YY 3*
● Valle d'Aosta Torrette Sup. Clos de Château Feuillet '10	YY 3
● Valle d'Aosta Torrette Sup. Ostro '09	YY 5

Caves Cooperatives de Donnas

VIA ROMA, 97
11020 DONNAS [AO]
TEL. 0125807096
www.donnasvini.it

VENDITA DIRETTA
VISITA SU PRENOTAZIONE
PRODUZIONE ANNUA 150.000 bottiglie
ETTARI VITATI 26,00

Sui terrazzamenti che sovrastano il paese, sulla sinistra orografica della Dora Baltea, le antiche pergole sorrette da pilastrini in pietra e da una struttura in legno permettono al nebbiolo locale, il picotendro, di maturare e dare soddisfazione alla fatica eroica dei conferitori della cooperativa. Prima denominazione nel 1971, e poi sottodenominazione di quella regionale, il Donnas è uno dei vini simbolo di questa regione. La cooperativa è una delle realtà più importanti della Bassa Valle, ed è dotata di una monorotaia che raggiunge vigneti nelle posizioni più difficili e scoscese. La Cave di Donnas vanta anche un ristorante sempre aperto ai visitatori. Il vino che di più c'è piaciuto quest'anno è il Donnas Vieilles Vignes, dal colore intenso che ricorda il rubino, dai profumi eleganti di spezie, tabacco e liquirizia, che in bocca è equilibrato e di buona struttura. Non da meno il Donnas '13, appena più vegetale al naso, in bocca lungo e intenso. Anche il Napoléon è intenso, con delicati sentori di frutta e di legno nuovo. Ha bocca sapida e tannica con un finale lungo e di carattere.

● Valle d'Aosta Donnas '13	YY 4
● Valle d'Aosta Donnas Sup. V. V. '12	YY 5
● Valle d'Aosta Donnas Napoléon '13	YY 5
● Valle d'Aosta Donnas '11	YY 2*
● Valle d'Aosta Donnas Napoléon '11	YY 3
● Valle d'Aosta Donnas Napoléon '10	YY 3
● Valle d'Aosta Donnas Napoléon '07	YY 3
● Valle d'Aosta Donnas Sup. V. V. '07	YY 4
● Valle d'Aosta Donnas V. V. '09	YY 4

Lo Triolet

Loc. Junod, 7
11010 Introd [AO]
Tel. 016595437
www.lotriolet.vievini.it

VENDITA DIRETTA
VISITA SU PRENOTAZIONE
PRODUZIONE ANNUA 42.000 bottiglie
ETTARI VITATI 5,00

In un paesino, Introd, diventato famoso perché località di vacanza per gli ultimi pontefici, Marco Martin, titolare di Lo Triolet, interpreta il Pinot Grigio - e non solo questo - in modo magistrale. L'azienda, come molte altre in Valle, vanta una struttura d'accoglienza dove si possono degustare suoi vini ma anche programmare una bella vacanza in uno splendido ambiente di mezza montagna alle pendici del Gran Paradiso. Marco ormai, dopo anni di reimpianti e di ampliamenti, vanta un parco vigneti - per le dimensioni tipiche della Valle d'Aosta - di tutto rispetto, con bellissime vigne su suoli sabbiosi tra i 600 e i 900 metri d'altitudine. Al naso è fine e complesso nei suoi sentori di pera che virano su una mineralità avvolgente. Intenso e persistentissimo in bocca. Il Rosso Heritage è vino di grande piacevolezza dal color rubino cupo, fruttato e speziato al naso, al gusto possente e lungo. Sempre piacevole la versione barrique del Pinot Grigio. Notevoli il Fumin e il Muscat Petit Grain.

○ Valle d'Aosta Pinot Gris '15	🍷🍷🍷 5
○ Valle d'Aosta Pinot Gris Élevé en Barriques '14	🍷🍷 6
● Valle d'Aosta Rosso Heritage '14	🍷🍷 6
● Valle d'Aosta Fumin '14	🍷🍷 5
○ Vallèe d'Aoste Muscat Petit Grain '15	🍷🍷 4
○ Valle d'Aosta Pinot Gris '14	🍷🍷🍷 3*
○ Valle d'Aosta Pinot Gris '13	🍷🍷🍷 3*
○ Valle d'Aosta Pinot Gris '12	🍷🍷🍷 3*
○ Valle d'Aosta Pinot Gris '09	🍷🍷🍷 3
○ Valle d'Aosta Pinot Gris '08	🍷🍷🍷 3*
○ Valle d'Aosta Pinot Gris '05	🍷🍷🍷 3*
○ Valle d'Aosta Pinot Gris Élevé en Barriques '10	🍷🍷🍷 5
● Valle d'Aosta Fumin '13	🍷🍷 5
○ Valle d'Aosta Pinot Gris Élevé en Barriques '13	🍷🍷 5

Cave du Mont Blanc de Morgex et La Salle

Fraz. La Ruine
Chemin des Îles, 31
11017 Morgex [AO]
Tel. 0165800331
www.caveduvinblanc.com

VENDITA DIRETTA
VISITA SU PRENOTAZIONE
PRODUZIONE ANNUA 140.000 bottiglie
ETTARI VITATI 19,00

Uscendo dal casello autostradale di Morgex e percorrendo la statale che porta alla vicina Courmayeur, sulla destra spicca la bellissima costruzione della Cave du Vin Blanc de Morgex et de La Salle, in pietra e legno, i materiali tipici della regione. In un paesino di montagna, ad altitudini proibitive, non si potrebbe mai immaginare che la vite e il vino siano parti così importanti per la cultura, le tradizioni e l'economia locale. Il priè blanc, vitigno autoctono, ancora su piede franco, qui viene allevato e matura su pergole molto basse, sotto le quali ci si deve addirittura coricare per lavorare. Molto buono il Blanc de Morgex '15, profumi intensi di erbe di montagna e fieno: è un vino delicato e di ottimo equilibrio. Apprezzabile la versione Vini Estremi, una maggior struttura rispetto al vino base sacrifica un po' i profumi. Molte sono le versioni Metodo Classico di questo vino, dai profumi tipici di erbe montagna. Quest'anno consigliamo la Cuvée du Prince Brut Nature, che rispecchia la tipicità del vitigno e si propone con una struttura non indifferente.

○ Valle d'Aosta Blanc de Morgex et de La Salle '15	🍷🍷 2*
○ Valle d'Aosta Blanc de Morgex et de La Salle Brut Nature Cuvée du Prince M. Cl. '09	🍷🍷 2*
○ Valle d'Aosta Blanc de Morgex et de La Salle Cuvée Gerbollier '12	🍷🍷 5
○ Valle d'Aosta Blanc de Morgex et de La Salle Vini Estremi '15	🍷🍷 3
○ Valle d'Aosta Blanc de Morgex et de La Salle Chaudelune '13	🍷 2
○ Valle d'Aosta Blanc de Morgex et de La Salle '14	🍷🍷 2*
○ Valle d'Aosta Blanc de Morgex et de La Salle La Piagne '14	🍷🍷 5
○ Valle d'Aosta Blanc de Morgex et de La Salle Chaudelune '12	🍷🍷 2*

Elio Ottin

Fraz. Porossan Neyves, 209
11100 Aosta
Tel. 3474071331
www.ottinvini.it

VENDITA DIRETTA
VISITA SU PRENOTAZIONE
PRODUZIONE ANNUA 30.000 bottiglie
ETTARI VITATI 4,50
AZIENDA SOSTENIBILE

Sulle colline che fanno da contorno alla città di Aosta, dentro i confini cittadini, sulla strada che porta a Roisan e poi su verso il Gran San Bernardo, troviamo l'azienda agricola di Elio Ottin, personaggio del mondo del vino valdostano, produttore attento agli usi e costumi della tradizione locale, che ha saputo innovare con sensibilità ed intelligenza. La sua produzione è incentrata sulle varietà autoctone con qualche concessione alle uve internazionali. Dal 2007 Elio, che ha lavorato per anni come tecnico agrario per la Regione, ha deciso di imbottigliare con il proprio marchio la sua produzione, che prima conferiva a una cantina sociale locale. Tre Bicchieri, meritatissimi, vanno alla Petite Arvine: ha sentori fruttati che richiamano le albicocche, con sfumature agrumate; in bocca la potenza lascia spazio alla finezza e all'eleganza. Molto buono il Pinot Nero, un'esplosione di armonia. Immenso possiamo definire il Fumin, dal colore impenetrabile, splendido al naso e di grande pienezza. Il Torrette Supérieur è complesso, equilibrato e armonico.

Vino	Bicchieri	
○ Valle d'Aosta Petite Arvine '15	3 bicchieri rossi	5
● Valle d'Aosta Fumin '14	2 bicchieri rossi	5
● Valle d'Aosta Pinot Noir '14	2 bicchieri rossi	4
● Valle d'Aosta Torrette Sup. '14	2 bicchieri rossi	5
○ Valle d'Aosta Petite Arvine Nuances '14	2 bicchieri neri	5
● Valle d'Aosta Fumin '12	3 bicchieri bianchi	3*
○ Valle d'Aosta Petite Arvine '14	3 bicchieri bianchi	4*
○ Valle d'Aosta Petite Arvine '12	3 bicchieri bianchi	3*
○ Valle d'Aosta Petite Arvine '11	3 bicchieri bianchi	3*
○ Valle d'Aosta Petite Arvine '10	3 bicchieri bianchi	3*
● Valle d'Aosta Fumin '13	2 bicchieri bianchi	4
● Valle d'Aosta Fumin '11	2 bicchieri bianchi	3*
● Valle d'Aosta Fumin '10	2 bicchieri bianchi	3*
○ Valle d'Aosta Petite Arvine '13	2 bicchieri bianchi	3*
● Valle d'Aosta Torrette Sup. '13	2 bicchieri bianchi	4
● Valle d'Aosta Torrette Sup. '11	2 bicchieri bianchi	4

Ermes Pavese

S.da Pineta, 26
11017 Morgex [AO]
Tel. 0165800053
www.pavese.vievini.it

VENDITA DIRETTA
VISITA SU PRENOTAZIONE
PRODUZIONE ANNUA 35.000 bottiglie
ETTARI VITATI 5,00

Nel nord della Valle d'Aosta, tra le vigne in alta quota alle pendici del Monte Bianco, il Blanc de Morgex è un vero patrimonio della cultura locale ed Ermes Pavese è uno dei più fedeli interpreti della tradizione di questo vino. Ermes ha reinterpretato il priè blanc, il celebre vitigno locale, e ce ne propone versioni dal taglio moderno e accattivante. Siamo ai limiti fisiologici della coltura della vite, e non possiamo che incoraggiare il grande lavoro di vignaioli come lui che lottano ogni anno per conservare queste difficili vigne, che dal canto loro ci regalano vini di fascino indiscusso. Il Blanc de Morgex base anche quest'anno raggiunge le finali: vino fresco e armonico, al naso emergono piacevoli sentori di erbe di montagna avvolti da una delicata mineralità, leggera e sapida la struttura. Paglierino verdolino brillante Le Sette Scalinate. È intenso e fine nei bei profumi di erbe e di frutta bianca; bocca non enorme ma molto dinamica e anche abbastanza lunga. Armonico e fragrante lo spumante Pas Dosé.

Vino	Bicchieri	
○ Valle d'Aosta Vin Blanc de Morgex et La Salle '15	2 bicchieri rossi	4
○ Valle d'Aosta Vin Blanc de Morgex et La Salle Le Sette Scalinate '14	2 bicchieri neri	5
○ Valle d'Aosta Vin Blanc de Morgex et La Salle Pavese XVIII Pas Dosé '13	2 bicchieri neri	5
○ Valle d'Aosta Vin Blanc de Morgex et La Salle Nathan '14	1 bicchiere nero	5
○ Valle d'Aosta Vin Blanc de Morgex et La Salle '14	2 bicchieri bianchi	2*
○ Valle d'Aosta Vin Blanc de Morgex et La Salle '13	2 bicchieri bianchi	2*
○ Valle d'Aosta Vin Blanc de Morgex et La Salle Nathan '12	2 bicchieri bianchi	2*

Rosset Terroir

Loc. Torrent de Maillod, 4
11020 Quart [AO]
Tel. 0165774111
www.rosseterroir.it

VENDITA DIRETTA
VISITA SU PRENOTAZIONE
PRODUZIONE ANNUA 20.000 bottiglie
ETTARI VITATI 3,00

Nata nel 2001, l'azienda agricola Rosset è sicuramente una delle più moderne e innovative della Valle d'Aosta. Studi attenti di mercato, capacità di comunicazione, ecosostenibilità, hanno contribuito a portare, in breve tempo, i vini prodotti ad elevati standard qualitativi. Vitigni autoctoni e internazionali coesistono sapientemente, assistiti dal giovane enologo Matteo Moretto. L'esperienza del titolare, Nicola Rosset, maturata nel mondo della liquoristica internazionale, ha permesso ai vini di Rosset Terroir di confrontarsi fin da subito con il mercato globale. L'azienda è tra le realtà in crescita della regione. Rosset ha voluto presentarci due annate insieme; i vini sono diversi ma legati dal filo della qualità. Il Cornalin, vitigno autoctono, con il 2015 è da Tre Bicchieri. Fruttato e speziato, ha toni di noce e nocciola al naso: in bocca è pieno, equilibrato, di grande armonia. Entrambe le annate del Syrah, la 2014 e la 2015, sono di altissimo livello. In crescita lo Chardonnay.

● Valle d'Aosta Cornalin '15	🍷🍷🍷 4*
● Valle d'Aosta Syrah '15	🍷🍷 4
● Valle d'Aosta Syrah '14	🍷🍷 4
○ Valle d'Aosta Chardonnay '14	🍷🍷 4
● Valle d'Aosta Cornalin '14	🍷🍷 4
● Valle d'Aosta Syrah '13	🍷🍷🍷 4*
○ Valle d'Aosta Chardonnay '13	🍷🍷 4
○ Valle d'Aosta Chardonnay '12	🍷🍷 4
○ Valle d'Aosta Chardonnay '07	🍷🍷 4
● Valle d'Aosta Cornalin '13	🍷🍷 4
● Valle d'Aosta Syrah '12	🍷🍷 4
● Valle d'Aosta Syrah '07	🍷🍷 4
● Valle d'Aosta Syrah '06	🍷🍷 4

La Vrille

Loc. Grangeon, 1
11020 Verrayes [AO]
Tel. 0166543018
www.lavrille-agritourisme.com

VENDITA DIRETTA
VISITA SU PRENOTAZIONE
OSPITALITÀ E RISTORAZIONE
PRODUZIONE ANNUA 16.000 bottiglie
ETTARI VITATI 2,40
AZIENDA SOSTENIBILE

La Vrille, la bella azienda di Hervè e Luciana Deguillaume, è situata in uno scenario incantevole: si tratta di un anfiteatro naturale circondato dalle cime alpine, al centro del quale troviamo la piccola cantina, le sue vigne e l'agriturismo che utilizza tutti i prodotti della loro fattoria. Il vino è una delle voci principali della loro produzione. I Deguillaume, antesignani delle produzioni biologiche, ci propongono una piccola e curata gamma di etichette basate sui vitigni della tradizione, dove da sempre, accanto a Fumin e Cornalin, spiccano le diverse versioni di Moscato di Chambave. Tre Bicchieri al Muscat Flétri, vino di grande finezza e complessità, dai profumi di frutta stramatura avvolta dal caramello. In bocca poi è equilibrato e armonico di grande persistenza. Vino di entusiasmo, il Fumin è tipico: dal colore impenetrabile, fruttato e speziato, ha profumi di tabacco ed eleganti note vegetali, è equilibrato in bocca anche se ancora bisognoso di affinamento. Davvero buoni anche il Pinot Nero e il Cornalin.

○ Valle d'Aosta Chambave Muscat Flétri '14	🍷🍷🍷 7
● Valle d'Aosta Fumin '12	🍷🍷 5
● Valle d'Aosta Cornalin '14	🍷🍷 4
● Valle d'Aosta Pinot Noir '13	🍷🍷 4
○ Valle d'Aosta Chambave Muscat '12	🍷🍷🍷 4*
○ Valle d'Aosta Chambave Muscat Flétri '11	🍷🍷🍷 6
○ Valle d'Aosta Chambave Muscat Flétri '10	🍷🍷🍷 5
○ Valle d'Aosta Chambave Muscat Flétri '07	🍷🍷🍷 4*
○ Valle d'Aosta Chambave Muscat '13	🍷🍷 4
○ Valle d'Aosta Chambave Muscat Flétri '13	🍷🍷 7

La Crotta de Tanteun e Marietta

via Vevey, 23
11100 Aosta
Tel. 3341822471
www.lacrottadetanteunemarietta.it

Impegno e passione danno ottimi risultati: ci è piaciuto il Muscat di Federico Marcoz, anche se forse troppo sauvignoneggiante. È fruttato ed equilibrato. Notevole la freschezza olfattiva del Rouge Farouche, fine e persistente in bocca. Da segnalare il Pinot Grigio.

- ○ Valle d'Aosta Muscat Petit Grain '15 — 🍷🍷 5
- ● Valle d'Aosta Rouge Farouche '14 — 🍷🍷 5
- ○ Valle d'Aosta Pinot Gris Biselle '14 — 🍷 5

Feudo di San Maurizio

fraz. Maillod, 44
11010 Sarre [AO]
Tel. 3383186831
www.vinievino.com

Vola in finale il Pierrots di Michel Vallet, un vino dolce da uve rosse splendido nell'abbinamento con il cioccolato. Fine e complesso il Saro Djablo, un uvaggio elegante e fruttato. Da segnalare inoltre Torrette Supérieur, Fumin, Petite arvine e Chardonnay.

- ● Pierrots '14 — 🍷🍷 5
- ● Saro Djablo — 🍷🍷 3
- ○ Valle d'Aosta Chardonnay '14 — 🍷🍷 3
- ● Valle d'Aosta Fumin '14 — 🍷🍷 4

F.lli Grosjean

villaggio Ollignan, 1
11020 Quart [AO]
Tel. 0165775791
www.grosjean.vievini.it

In un anno difficile per i bianchi valdostani l'azienda dei Grosjean ha presentato un ottimo Petite Arvine Vigne Rovettaz, dal bel naso fruttato e agrumato, fine e fresco in bocca. Tipico il Fumin, ha note di frutti neri e piacevoli toni vegetali, in bocca buona dirompenza. Piacevole il Pinot Nero.

- ● Valle d'Aosta Fumin V. Rovettaz '12 — 🍷🍷 6
- ○ Valle d'Aosta Petite Arvine V. Rovettaz '15 — 🍷🍷 5
- ● Valle d'Aosta Pinot Noir '15 — 🍷🍷 5

Institut Agricole Régional

loc. Région La Rochère, 1a
11100 Aosta
Tel. 0165215811
www.iaraosta.it

Molti dei vini dello I.A.R. al momento delle degustazioni non erano ancora pronti, ma non il Vuillermin, che è intenso al naso, floreale e fine, di buon equilibrio gustativo e lungo. Tipicità per la Petite Arvine, fruttato con leggere note di speziatura. Da segnalare il Sang des Salasses.

- ● Valle d'Aosta Vuillermin '14 — 🍷🍷 5
- ○ Valle d'Aosta Petite Arvine '15 — 🍷 4
- ● Valle d'Aosta Pinot Noir Sang des Salasses '14 — 🍷 5

La Source

loc. Bussan Dessous, 1
11010 Saint Pierre
Tel. 0165904038
www.lasource.it

Non riusciamo a dare maggior spazio a questa azienda, ma di sicuro lo meriterebbe. Molto interessante il Torrette Superiore '13, armonico e pieno, dai bei toni fruttati e speziati. Fresco e di bella beva il Cornalin '14.

- ● Valle d'Aosta Torrette Sup. '13 — 🍷🍷 3
- ● Valle d'Aosta Cornalin '14 — 🍷 3

Maison Albert Vevey

fraz. Villair
s.da del Villair, 67
11017 Morgex [AO]
Tel. 0165808930
www.vievini.it

Continua a stupire questa microscopica azienda che lavora ai piedi del Monte Bianco. Produce solamente un Blanc de Morgex, ma è sempre di alto livello. Al naso è intenso, con sentori che ricordano le erbe di montagna e il fieno, equilibrato e fresco in bocca. Vino di grande pulizia.

- ○ Valle d'Aosta Blanc de Morgex et de La Salle '15 — 🍷🍷 4

PIEMONTE

Nessuno si è mai sognato di dubitare del predominio culturale e qualitativo dell'uva nebbiolo – ben 58 dei 75 Tre Bicchieri di Vini d'Italia 2017 sono prodotti con questa varietà – ma provare a ipotizzare almeno una svolta parziale non sarebbe una cattiva idea. In una terra che si sta lentamente - ma altrettanto sicuramente - nebbiolizzando la notizia la fanno gli altri, quelli a lungo considerati plebei come la barbera o il moscato, che comunque già godono di una certa notorietà internazionale, ma anche gli sconosciuti ai più, come dolcetto, cortese, erbaluce, o addirittura quelli che ai Tre Bicchieri non erano mai arrivati come il ruché o il grignolino, se non in tempi da considerarsi preistorici per il vino italiano (il Rouchet Bricco Rosa '90 della cantina Scarpa fu premiato in Vini d'Italia 1992). Il nostro modo per rimanere fedeli alle nostre idee per le quali due parole, sebbene senza alcun legame tra loro come laicità e biodiversità, possono convivere serenamente è proprio di tornare a portare sul gradino più alto del podio questi vitigni meno all'onore del mondo. Non si tratta comunque di premiare ogni vitigno, senza valutarne le reali qualità, ma di sbarazzarsi di un certo snobismo e di dare la possibilità ad altri vini eccezionali di farsi apprezzare. Con l'aiuto della fantastica vendemmia 2015 conquista per la prima volta i Tre Bicchieri un Grignolino. Si tratta di una novità assoluta perché coincide anche con il primo massimo riconoscimento per un'azienda che ha una lunga storia alle spalle: Vicara. Torna anche sull'olimpo il Ruché, questa volta dell'azienda Montalbera. L'ultima edizione ci ha presentato un quadro stravolto dell'Alessandrino: sono stati azzerati i Tre Bicchieri del Timorasso e quindi del Tortonese, in grande difficoltà con l'infausta annata 2014, e sono saliti in un solo colpo a 3 i Tre Bicchieri del Gavi, che ha saputo approfittare a pieno della fortunata vendemmia 2015, che ha giocato anche a favore del Moscato d'Asti, che torna a brillare dopo un periodo di leggero appannamento da attribuire a motivi climatici. Da notare, come tra i premiati, spunti anche un vino della pregevolissima sottozona di Canelli. Un plauso particolare va alle sei aziende che si aggiudicano per la prima volta la nostra ambita ricompensa, oltre ai già citati anche La Prevostura nell'Alto Piemonte, San Bartolomeo nella zona di Gavi, Palladino e Vite Colte in Langa.

460 Casina Bric

loc. Cascina Bricco
fraz. Vergne
via Sorello, 1a
12060 Barolo [CN]
Tel. 335283468
www.casinabric-barolo.it

VENDITA DIRETTA
VISITA SU PRENOTAZIONE
PRODUZIONE ANNUA 45.000 bottiglie
ETTARI VITATI 10,00

Il motto di Gianluca Viberti è "Ricerca e Pazienza", a indicare la sua passione per lo studio dei suoli come per le operazioni di cantina, che ogni anno si arricchiscono di progressi dettati dall'esperienza. I 460 metri di altitudine della Cascina Bric a Barolo sono addirittura superati dal vigneto posseduto a La Morra, in località Serradenari, utili a realizzare un Barolo sempre fresco e scattante. Lo stile enologico è classico, poco muscoloso, particolarmente nitido ed elegante, e si avvale di lunghe macerazioni e botti di medie dimensioni. Nella vendemmia 2012 è stato prodotto un solo Barolo, unione di tutte le uve dei sei cru aziendali posti nelle parti più elevate dei comuni di La Morra e Barolo. Il risultato è un vino dalle belle note di fiori ed erbe secche, seguite da accenni di tabacco e liquirizia; bocca armonica con tannini sensibili e grande acidità. Un vino vibrante e gradevolissimo. In attesa della prossima uscita del Nebbiolo d'Alba Metodo Classico, è già di sicuro interesse il Nebbiolo Charmat lungo Prêt-à-Porter.

Vino	
● Barolo '12	6
⊙ Nebbiolo d'Alba Brut Rosè Prêt-à-Porter Collezione N°8	4
● Ansj	4
● Ansj '11	4
● Barolo '11	6
● Barolo '10	6
● Barolo Bricco delle Viole '11	7
● Barolo Bricco delle Viole '10	7

★Abbona

b.go San Luigi, 40
12063 Dogliani [CN]
Tel. 0173721317
www.abbona.com

VENDITA DIRETTA
VISITA SU PRENOTAZIONE
PRODUZIONE ANNUA 350.000 bottiglie
ETTARI VITATI 50,00

La scelta di Marziano Abbona, sin da quando entrò nel modo del vino negli anni Settanta, è stata di non fermarsi di fronte al successo internazionale del suo Dolcetto Papà Celso, dedicandosi con pari determinazione al Barolo, attraverso l'acquisizione di prestigiosi cru a Novello e a Monforte d'Alba. Senza tralasciare le altre espressioni che possono giungere dall'uva più rappresentativa di quest'area (Barbaresco, Nebbiolo d'Alba e Langhe Nebbiolo) come dall'uva bianca tipica del vicino Roero, l'arneis. Unica incursione esterofila è il viognier, presente in purezza nel fortunato Langhe Bianco Cinerino. In una vendemmia fortunatissima per il vitigno dolcetto, il Papà Celso '15 sfodera ricchezza e potenza come non mai, senza rinunciare alla sua proverbiale eleganza e alla gustosa bevibilità: un Tre Bicchieri incantevole anche per i suoi profumi di mora e mandorla. Splendido per armonia il Barolo Cerviano '11. Non manca la componente fruttata nel severo e sicuramente longevo Barolo Pressenda '12, mentre è più esile il gradevole Ravera dello stesso anno.

● Dogliani Papà Celso '15	4*
● Barolo Cerviano '11	8
● Barolo Pressenda '12	7
● Barolo Ravera '12	7
● Dogliani San Luigi '15	3
○ Langhe Bianco Cinerino '15	4
● Nebbiolo d'Alba Bricco Barone '14	4
● Barbera d'Alba Rinaldi '15	4
● Barolo Cerviano '10	7
● Barolo Terlo Ravera '08	6
● Barolo Terlo Ravera '06	6
● Dogliani Papà Celso '13	4*
● Dogliani Papà Celso '11	3*
● Dogliani Papà Celso '09	3
● Dogliani Papà Celso '07	3
● Dogliani Papà Celso '06	3

Anna Maria Abbona

FRAZ. MONCUCCO, 21
12060 FARIGLIANO [CN]
TEL. 0173797228
www.annamariabbona.it

VENDITA DIRETTA
VISITA SU PRENOTAZIONE
PRODUZIONE ANNUA 75.000 bottiglie
ETTARI VITATI 14,00

Si avvicina ai vent'anni di attività la cantina di Anna Maria Abbona e Franco Schellino, una realtà sempre più solida e determinata nel ricco panorama del Doglianese. Il perno continua, ovviamente, a ruotare sull'uva dolcetto, da cui si ricavano tre versioni di Dogliani di diversa complessità e struttura. Ma negli anni non sono mancati sapienti arricchimenti nel mondo dei bianchi, tramite i Langhe Riesling e Nascetta, e del Barolo, giunto alla quarta vendemmia. Una crescita di etichette che si accompagna a un costante incremento qualitativo. Cresce il livello qualitativo del Barolo, che in questa vendemmia 2012 offre lunga persistenza e pregevole armonia, con accenni agrumati che vanno a completare un insieme aromatico di sicura classicità. Note di frutti scuri e liquirizia nel polposo Dogliani Superiore Maioli '14, sicuramente uno dei migliori vini da uve dolcetto dell'annata. Appena semplice ma di godibilissima bevibilità la giovane Barbera d'Alba '15.

● Barolo '12	🍷🍷 6
● Dogliani Sup. Maioli '14	🍷🍷 3*
● Barbera d'Alba '15	🍸🍸 2*
● Dogliani Sorì dij But '15	🍸🍸 2*
● Dogliani Sup. San Bernardo '13	🍸🍸 4
● Langhe Nebbiolo '13	🍸🍸 3
⊙ Rosà '15	🍸🍸 3
● Langhe Dolcetto '15	🍸 2
○ Langhe Riesling L'Alman '14	🍸 3
● Langhe Rosso Cadò '12	🍸 5
● Dogliani Sup. San Bernardo '12	🥂🥂🥂 4*
● Dogliani Sup. San Bernardo '11	🥂🥂🥂 4*
● Barolo '11	🥂🥂 6
● Barolo '10	🥂🥂 6
● Barolo '09	🥂🥂 6
● Dogliani Sup. Maioli '10	🥂🥂 3*

Orlando Abrigo

VIA CAPPELLETTO, 5
12050 TREISO [CN]
TEL. 0173630533
www.orlandoabrigo.it

VENDITA DIRETTA
VISITA SU PRENOTAZIONE
OSPITALITÀ E RISTORAZIONE
PRODUZIONE ANNUA 80.000 bottiglie
ETTARI VITATI 20,00
AZIENDA SOSTENIBILE

Ancora piuttosto giovane anche se può già contare su una lunga esperienza alle spalle, Giovanni Abrigo continua ad aggiungere mattone dopo mattone alla sua azienda. Oggi, può contare su vigneti di prim'ordine, che purtroppo per la loro posizione geografica, confinata nel lembo più meridionale e selvaggio del comprensorio del Barbaresco, non godono sempre della meritata considerazione. Lo stile aziendale predilige rossi fruttati e ricchi di polpa per contrastare la naturale durezza conferita dai terreni di queste sottozone. I numerosi vini innovativi prodotti da vitigni internazionali confermano la voglia di sperimentazione del titolare. La terna dei Barbaresco proposti è caratterizzata da profumi nitidi e suadenti, a riprova della maestria del cantiniere e della bontà delle uve. Il Montersino '13 si impone su tutti grazie a una polpa fruttata veramente godibile, mentre il naso affascina per note di bacche nere ed erbette. Tutto da provare il resto della batteria, con una nota di merito per il Livraie, un Merlot dotato di polpa e freschezza.

● Barbaresco Montersino '13	🍷🍷 7
● Barbaresco Rongalio Ris. '11	🍷🍷 8
● Barbaresco Meruzzano '13	🍸🍸 5
● Barbera d'Alba Roreto '14	🍸🍸 3
● Langhe Rosso Livraie '13	🍸🍸 4
○ Langhe Très Plus '14	🍸🍸 3
● Langhe Nebbiolo Settevie '14	🍸 3
○ Moscato d'Asti '15	🍸 2
○ Sauvignon D'Amblè '15	🍸 3
● Barbaresco Meruzzano '12	🥂🥂 5
● Barbaresco Meruzzano '11	🥂🥂 5
● Barbaresco Montersino '12	🥂🥂 7
● Barbera d'Alba Mervisano '10	🥂🥂 3*
● Barbera d'Alba Roreto '13	🥂🥂 3
● Langhe Nebbiolo Settevie '13	🥂🥂 3
● Nebbiolo d'Alba Valmaggiore '12	🥂🥂 5

★Giulio Accornero e Figli

Cascina Ca' Cima, 1
15049 Vignale Monferrato [AL]
Tel. 0142933317
www.accornerovini.it

VENDITA DIRETTA
VISITA SU PRENOTAZIONE
OSPITALITÀ
PRODUZIONE ANNUA 100.000 bottiglie
ETTARI VITATI 22,00
AZIENDA SOSTENIBILE

Le scelte di Ermanno in campo enologico nel tempo si sono sempre dimostrate vincenti. La sua ultima creatura, il Grignolino Vigne Vecchie, ha messo in moto un volano che sta coinvolgendo gran parte del comprensorio della denominazione. Con un vino che non teme di mettersi a confronto con piemontesi di fama mondiale. Ultimo step la richiesta del riconoscimento della tipologia Riserva, a opera del neonato Consorzio di Tutela, per uniformare la produzione con un disciplinare condiviso. Nel frattempo con cautela cresce la produzione, con ottimi risultati di gradimento da parte degli appassionati. Non delude le aspettative, Ermanno, presentando una batteria da gran premio, dove sono tre i campioni a contendersi il massimo riconoscimento. La spunta una magistrale versione del Bricco del Bosco Vigne Vecchie '11, intenso, complesso e dal finale interminabile. Non è da meno Bricco Battista che, in questa versione 2013, si rivela un vero fuoriclasse per la complessità olfattiva e per una maestosa fase gustativa.

● Barbera del M.to Sup. Bricco Battista '13	🍷🍷🍷	5
● Barbera del M.to Sup. Cima Riserva della Casa '11	🍷🍷	8
● Grignolino del M.to Casalese Bricco del Bosco V. V. '11	🍷🍷	6
● Barbera del M.to Giulìn '14	🥂🥂	3
● Cabernet Sauvignon Centenario '11	🥂🥂	5
● Casorzo Brigantino '15	🥂🥂	2*
○ Fonsìna '15	🥂🥂	2*
● Grignolino del M.to Casalese Bricco del Bosco '15	🥂🥂	2*
● M.to Girotondo '13	🥂🥂	4
● Piemonte Barbera Campomoro '14	🥂	2
● Barbera del M.to Sup. Bricco Battista '12	🍸🍸🍸	5
● Barbera del M.to Sup. Bricco Battista '11	🍸🍸🍸	5

Marco e Vittorio Adriano

Fraz. San Rocco Seno d'Elvio, 13a
12051 Alba [CN]
Tel. 0173362294
www.adrianovini.it

VENDITA DIRETTA
VISITA SU PRENOTAZIONE
PRODUZIONE ANNUA 160.000 bottiglie
ETTARI VITATI 27,00
AZIENDA SOSTENIBILE

È la piccola frazione di San Rocco Seno d'Elvio, comune di Alba, a ospitare la bella cantina dei fratelli Marco e Vittorio Adriano. Una storia a lieto fine, se pensiamo ai tanti sacrifici e inciampi atmosferici che hanno dovuto affrontare nei primi anni da trasformatori. La loro gamma è infatti ben conosciuta oggi per costanza qualitativa, riconoscibilità stilistica e per il favorevolissimo rapporto qualità prezzo. In particolar modo per quel che riguarda i nebbiolo da Barbaresco, provenienti dai cru Bricco e Frati (per il Sanadaive) e Basarin di Neive (utilizzato dal 2004 anche per la Riserva), maturati in rovere di Slavonia da 35 a 50 ettolitri. Le migliori indicazioni arrivano questa volta proprio dalla versione 2011 del Basarin Riserva: impatto di frutto dolce, leggermente confit, gioca con le suggestioni di spezie e radici, più evidenti nel sorso avvolgente e austero. Ancora piuttosto chiusi i Barbaresco Sanadaive e Basarin '13. Riuscita Particolarmente felice per il Sauvignon Basaricò '15.

● Barbaresco Basarin Ris. '11	🍷🍷	6
○ Ardì	🥂🥂	2*
● Barbaresco Basarin '13	🥂🥂	5
● Barbaresco Sanadaive '13	🥂🥂	4
● Barbera d'Alba '15	🥂🥂	2*
● Barbera d'Alba Sup. '13	🥂🥂	2*
● Dolcetto d'Alba '15	🥂🥂	2*
○ Langhe Sauvignon Basarico '15	🥂🥂	3
● Langhe Freisa '15	🥂	2
● Langhe Nebbiolo '14	🥂	3
○ Moscato d'Asti '15	🥂	3
● Barbaresco Basarin '12	🍸🍸	4
● Barbaresco Sanadaive '12	🍸🍸	4
● Langhe Nebbiolo '13	🍸🍸	3

Claudio Alario

via Santa Croce, 23
12055 Diano d'Alba [CN]
Tel. 0173231808
www.alarioclaudio.it

VENDITA DIRETTA
VISITA SU PRENOTAZIONE
PRODUZIONE ANNUA 46.000 bottiglie
ETTARI VITATI 10,00

Nato viticoltore, Claudio Alario ha dato ben presto prova di essere anche un abile cantiniere, realizzando con pregevole continuità vini ricchi di frutto, sempre puliti, gustosi e godibili grazie ad affinamenti mai troppo invasivi. E, dopo pochi anni in cui ha dimostrato di produrre uno dei migliori Dolcetto di Diano d'Alba, ha fatto il salto verso il Barolo, acquisendo vigneti nei cru Riva Rocca a Verduno e Sorano a Serralunga d'Alba. Il tutto mantenendo sempre prezzi amichevoli, facendolo apprezzare anche sui mercati esteri. Potente e incisivo il polposo Sorì Costa Fiore '15, destinato a ingentilirsi e armonizzarsi nei prossimi mesi di bottiglia. Appena più evoluto e vegetale il Sorì Pradurent '14, mentre offre una piacevolissima freschezza fruttata il Sorì Montagrillo '15, decisamente ancora molto giovane. Il raffinato Barolo Riva Rocca '12 offre un'importante speziatura olfattiva e al palato gioca più sull'eleganza che sulla potenza.

● Barolo Riva Rocca '12	TT	5
● Dolcetto di Diano d'Alba Costa Fiore '15	TT	2*
● Barolo Sorano '12	TT	6
● Dolcetto di Diano d'Alba Sorì Montagrillo '15	TT	2*
● Dolcetto di Diano d'Alba Sup. Sorì Pradurent '14	T	3
● Barolo Sorano '05	YYY	7
● Barolo Riva Rocca '11	YY	5
● Barolo Riva Rocca '10	YY	6
● Barolo Sorano '09	YY	6
● Dolcetto di Diano d'Alba Sorì Costa Fiore '14	YY	2*
● Dolcetto di Diano d'Alba Sorì Costa Fiore '13	YY	2*

★F.lli Alessandria

via B. Valfré, 59
12060 Verduno [CN]
Tel. 0172470113
www.fratellialessandria.it

VENDITA DIRETTA
VISITA SU PRENOTAZIONE
PRODUZIONE ANNUA 80.000 bottiglie
ETTARI VITATI 14,00

Pelaverga e nebbiolo: il tandem perfetto per esplorare le grandi potenzialità del territorio di Verduno e dei vini firmati fratelli Alessandria. Che si esprimono su livelli alti, non da oggi, grazie alla consapevolezza dei suoi artefici: Alessandro e Gian Battista, col figlio Vittore. Le etichette più rappresentative sono senza dubbio i cru di Barolo (Monvigliero e San Lorenzo a Verduno, Gramolere a Monforte d'Alba), veri e propri classici della denominazione con la loro tempra austera e a contempo ariosa. Affinano in tonneau e rovere francese da 20 e 30 ettolitri, ma le opzioni di cantina sono sempre più su lo sfondo rispetto alla coerenza interpretativa. C'è come sempre l'imbarazzo della scelta nell'autorevole batteria di Barolo: i Tre Bicchieri vanno al Monvigliero '12 per la raffinata delicatezza gustativa e gli eleganti aromi ricchi di frutta e spezie. Il San Lorenzo '12 è ricco di goudron ed erbe secche, con una bocca possente e mai asciutta. Grande classicità nel Gramolere '12, tra fragolina, tabacco e liquirizia.

● Barolo Monvigliero '12	TTT	6
● Barolo Gramolere '12	TT	6
● Barolo San Lorenzo di Verduno '12	TT	6
● Barolo '12	TT	5
○ Langhe Favorita '15	TT	2*
● Verduno Pelaverga Speziale '15	TT	3
● Barolo Gramolere '11	YYY	6
● Barolo Gramolere '10	YYY	6
● Barolo Gramolere '05	YYY	6
● Barolo Monvigliero '09	YYY	6
● Barolo Monvigliero '06	YYY	6
● Barolo Monvigliero '00	YYY	6
● Barolo S. Lorenzo '08	YYY	6
● Barolo S. Lorenzo '04	YYY	6
● Barolo S. Lorenzo '01	YYY	6

★Gianfranco Alessandria

Loc. Manzoni, 13
12065 Monforte d'Alba [CN]
Tel. 017378576
www.gianfrancoalessandria.com

VENDITA DIRETTA
VISITA SU PRENOTAZIONE
PRODUZIONE ANNUA 50.000 bottiglie
ETTARI VITATI 7,00

Nel diffuso ritorno alla tradizione e alle botti grandi che sta interessando molte cantine delle Langhe, Gianfranco Alessandria procede sicuro nel suo stile moderno, nell'uso delle barrique e nei diradamenti severi, convinto com'è che questo sia il metodo per ottenere prodotti sempre eleganti e raffinati. Ecco quindi che i vini, in particolare le due etichette di punta costituite dal Barolo San Giovanni e dalla Barbera d'Alba Vittoria, sono regolarmente ricchi di aromi speziati e decisamente fruttati, oltre che sempre piacevolmente tostati e affumicati. Il Barolo San Giovanni '12 si apre con eleganti note di tabacco e liquirizia, cui seguono anche cuoio e frutta rossa nitida e fresca: un finalista all'insegna della complessità; la bocca è ricca e di bella grassezza, con tannini eleganti a fare da morbida spina dorsale. È un raffinato insieme di frutti rossi maturi la godibilissima Barbera d'Alba Vittoria '13. Fresca e semplice la Barbera '14, mentre è ricco di polpa l'elegante Dolcetto d'Alba '15.

Vino	Bicchieri	Prezzo
● Barbera d'Alba Vittoria '13	🍷🍷 (rosso)	5
● Barolo S. Giovanni '12	🍷🍷 (rosso)	7
● Barolo '12	🍷🍷	6
● Dolcetto d'Alba '15	🍷🍷	3
● Barbera d'Alba '15	🍷	3
● Barbera d'Alba Vittoria '11	YYY	5
● Barolo S. Giovanni '04	YYY	7
● Barolo S. Giovanni '01	YYY	7
● Barolo S. Giovanni '00	YYY	7
● Barolo S. Giovanni '99	YYY	8
● Barolo S. Giovanni '98	YYY	7
● Barolo S. Giovanni '97	YYY	7
● Barbera d'Alba Vittoria '12	YY	5
● Barolo S. Giovanni '11	YY	7
● Barolo S. Giovanni '10	YY	7

Marchesi Alfieri

p.zza Alfieri, 28
14010 San Martino Alfieri [AT]
Tel. 0141976015
www.marchesialfieri.it

VENDITA DIRETTA
VISITA SU PRENOTAZIONE
OSPITALITÀ
PRODUZIONE ANNUA 100.000 bottiglie
ETTARI VITATI 20,00

La Marchesi Alfieri delle sorelle San Martino di San Germano da oltre trent'anni è tra le aziende protagoniste del territorio astigiano. Barbera – vitigno che costituisce più del 75 percento degli ettari vitati, con viti che arrivano agli 80 anni – grignolino, pinot nero e nebbiolo compongono una piccola gamma fatta esclusivamente di vini rossi votata alla qualità, per una produzione che vuole proporre vini strutturati, ricchi di frutto, complessi ma anche eleganti. La Barbera d'Asti Superiore Alfiera '13 si conferma come il vino di punta dell'azienda. Ai profumi di frutti rossi e terra bagnata fanno seguito sentori ancora piuttosto presenti di legno, mentre il palato è di grande struttura, buona grinta e tenuta. Il Piemonte Pinot Nero San Germano '12 ha i tipici sentori di piccoli frutti neri, un palato ricco di polpa e succoso, dai tannini fini e di buona freschezza. Ben realizzati il Piemonte Grignolino Sansoero '15, di bella acidità, e la Barbera d'Asti La Tota '14, scorrevole e immediata.

Vino	Bicchieri	Prezzo
● Barbera d'Asti Sup. Alfiera '13	🍷🍷 (rosso)	5
● Barbera d'Asti La Tota '14	🍷🍷	3
● Piemonte Grignolino Sansoero '15	🍷🍷	2*
● Piemonte Pinot Nero San Germano '12	🍷🍷	5
● M.to Rosso Sostegno '14	🍷	2
● Terre Alfieri Nebbiolo Costa Quaglia '12	🍷	4
● Barbera d'Asti Sup. Alfiera '07	YYY	5
● Barbera d'Asti Sup. Alfiera '05	YYY	5
● Barbera d'Asti Sup. Alfiera '01	YYY	5
● Barbera d'Asti La Tota '13	YY	3*
● Barbera d'Asti Sup. Alfiera '12	YY	5
● M.to Rosso Sostegno '13	YY	2*
● Piemonte Grignolino Sansoero '14	YY	2*

Giovanni Almondo

via San Rocco, 26
12046 Montà [CN]
Tel. 0173975256
www.giovannialmondo.com

VISITA SU PRENOTAZIONE
PRODUZIONE ANNUA 110.000 bottiglie
ETTARI VITATI 16,00
AZIENDA SOSTENIBILE

La famiglia Almondo è presente da secoli sul territorio roerino, mentre l'azienda è stata fondata nel 1978 e oggi è guidata da Domenico Almondo. I vigneti aziendali sono tutti situati nel comune di Montà d'Alba, a un'altitudine tra i 280 e i 360 metri, e vedono la presenza di veri e propri cru, come il Bricco delle Ciliegie per l'arneis e il Bric Valdiana per il nebbiolo. La produzione è orientata soprattutto verso l'arneis, visto che dei 16 ettari vitati aziendali ben 12 sono impiantati con questo vitigno. Anche nella versione 2013 il Roero Giovanni Almondo Riserva si conferma tra i migliori Roero di questi ultimi anni. Intenso al naso, con sentori di frutta rossa e tabacco, lampone e spezie, propone un palato sapido e succoso, di grande profondità. Di ottima fattura anche il Roero Arneis Bricco delle Ciliegie '15, dai toni di gelsomino e agrumi dolci, fresco, con un finale lungo e piacevole in cui spiccano note di frutta a polpa gialla. Ben realizzato il resto della produzione.

● Roero Giovanni Almondo Ris. '13	🍷🍷🍷 5
○ Roero Arneis Bricco delle Ciliegie '15	🍷🍷 3*
○ Langhe Riesling Sassi e Sabbia '15	🍷 4
● Roero '14	🍷 3
● Roero Bric Valdiana '11	🍷🍷🍷 5
● Roero Bric Valdiana '07	🍷🍷🍷 5
● Roero Bric Valdiana '03	🍷🍷🍷 5
● Roero Giovanni Almondo Ris. '11	🍷🍷🍷 5
● Roero Giovanni Almondo Ris. '09	🍷🍷🍷 5
● Barbera d'Alba Valbianchèra '13	🍷🍷 3*
○ Roero Arneis Bricco delle Ciliegie '13	🍷🍷 3
● Roero Bric Valdiana '13	🍷🍷 5
● Roero Giovanni Almondo Ris. '12	🍷🍷 5

★★★Elio Altare Cascina Nuova

fraz. Annunziata, 51
12064 La Morra [CN]
Tel. 017350835
www.elioaltare.com

VENDITA DIRETTA
VISITA SU PRENOTAZIONE
PRODUZIONE ANNUA 70.000 bottiglie
ETTARI VITATI 11,00

Il successo internazionale del documentario Barolo Boys ha reso merito una volta di più al ruolo pionieristico e visionario giocato in Langa da Elio Altare. Le sue sperimentazioni sulle macerazioni brevi e i legni piccoli hanno influenzato un'intera generazione di vignaioli in anni molto diversi dallo scenario attuale, e sembrano finalmente maturi i tempi per un ragionamento laico sull'eterna diatriba tradizione innovazione a tema nebbiolo. Oggi come allora resta centrale il lavoro sulle vigne dell'Annunziata a La Morra, più recentemente Bricco Cerretta a Serralunga e Cannubi a Barolo, che si configurano a tutti gli effetti come dei "neoclassici" della denominazione. Splendida l'impostazione olfattiva del Barolo Cerretta Vigna Bricco '10, un Tre Bicchieri dotato di un'ammaliante speziatura dolce e di piccola frutta rossa su uno sfondo fresco che, come spesso accade nei cru di Serralunga, suggerisce la mentuccia; ammirevole la struttura gustativa, che va a comporre un vino delicatamente moderno dal finale interminabile. Spezie intense e freschezza di piccoli frutti rossi in evidenza nell'armonico Barolo Arborina '12.

● Barolo Cerretta V. Bricco '10	🍷🍷🍷 8
● Barolo Arborina '12	🍷🍷 8
● Barbera d'Alba '15	🍷🍷 4
● Barolo '12	🍷🍷 8
● Langhe Giàrborina '14	🍷🍷 8
● Langhe La Villa '14	🍷🍷 8
● Langhe Larigi '14	🍷🍷 8
● Langhe Nebbiolo '15	🍷🍷 4
● Dolcetto d'Alba '15	🍷 3
● Barolo Arborina '09	🍷🍷🍷 8
● Barolo Cerretta V. Bricco '06	🍷🍷🍷 8
● Barolo Cerretta V. Bricco '05	🍷🍷🍷 8
● Langhe Arborina '08	🍷🍷🍷 8
● Langhe Larigi '13	🍷🍷🍷 8
● Langhe Larigi '12	🍷🍷🍷 8
● Langhe Larigi '07	🍷🍷🍷 7

Amalia Cascina in Langa

LOC. SANT' ANNA, 85
12065 CUNEO
TEL. 0173789013
www.cascinaamalia.it

VENDITA DIRETTA
VISITA SU PRENOTAZIONE
OSPITALITÀ
PRODUZIONE ANNUA 60.000 bottiglie
ETTARI VITATI 14,00
AZIENDA SOSTENIBILE

Prima l'esordio in guida l'anno scorso, poi una meritata scheda grande quest'anno. La famiglia Boffa tiene ai dettagli e alla qualità, come dimostrato anche dal grazioso B&B in località Sant'Anna di Monforte d'Alba e soprattutto dalla collezione d'arte esposta in cantina, che vanta opere di Lodola e Schifano. Anche nell'aspetto tecnico l'azienda ha compiuto in pochissimo tempo passi da giganti, con Barbere e Barolo che sanno trasmettere in modo armonico la grande potenza che deriva da questo lembo meridionale della denominazione Barolo. Contro ogni previsione, i Barolo 2011 targati Amalia privilegiano la freschezza delle sensazioni fruttate, senza perdere la complessità del nebbiolo. Il Le Coste, dalla fitta e densa trama tannica, si concede meno rapidamente dell'armonioso Barolo 2011, già estremamente godibile. Di impostazione stilistica diametralmente opposta – un'esplosione di frutto per la 2015, un bel carattere aristocratico per la Superiore 2013 – le due Barbere danno lo stesso piacere.

Vino	Bicchieri	
● Barolo '11	TT	6
● Barolo Le Coste di Monforte '11	TT	6
● Barbera d'Alba '15	TT	4
● Barbera d'Alba Sup. '13	TT	4
○ Langhe Rossese Bianco '14	TT	4
● Barbera d'Alba '13	YY	4
● Barolo Le Coste di Monforte '10	YY	5

Antichi Vigneti di Cantalupo

VIA MICHELANGELO BUONARROTI, 5
28074 GHEMME [NO]
TEL. 0163840041
www.cantalupo.net

VENDITA DIRETTA
VISITA SU PRENOTAZIONE
PRODUZIONE ANNUA 200.000 bottiglie
ETTARI VITATI 35,00

Comincia nei primi anni dell'800 l'avventura viticola della famiglia Arlunno, confluita nella creazione del marchio Antichi Vigneti di Cantalupo nel 1977 per volontà del signor Carlo. Oggi al timone c'è il figlio Alberto, che si prende cura di circa trentacinque ettari vitati, in buona parte destinati al nebbiolo spanna e alle altre varietà tipiche delle Colline Novaresi. Al centro della variegata gamma ci sono ben quattro Ghemme, un base e tre selezioni parcellari: declinati in base al millesimo con un mix di legni grandi e piccoli, sono rossi fitti e austeri che consigliano solitamente un plus di attesa per armonizzare qualche cupezza tostata e fenolica. Uno stile rappresentato con grande efficacia nel Ghemme Collis Breclemae '06: pienamente terziario negli aromi di tabacco, idrocarburi e tartufo, si offre al palato solido e sostanzioso, con tannini tutt'altro che acquietati. Pregevole connubio di ricchezza e tempra citrina nel Carolus Bianco, calore controllato nel Primigenia '13.

Vino	Bicchieri	
○ Carolus	TT	2*
● Colline Novaresi Primigenia '13	TT	2*
● Ghemme Collis Breclemae '06	TT	6
⊙ Colline Novaresi Nebbiolo Il Mimo '15	T	2
● Colline Novaresi Vespolina Villa Horta '13	T	2
● Ghemme '05	YYY	4
● Ghemme Collis Breclemae '00	YYY	6
● Colline Novaresi Agamium '09	YY	3
● Colline Novaresi Vespolina Villa Horta '12	YY	2*
● Ghemme Cantalupo Anno Primo '09	YY	5
● Ghemme Cantalupo Anno Primo '08	YY	5
● Ghemme Collis Breclemae '07	YY	6
● Ghemme Collis Carellae '09	YY	6
● Ghemme Collis Carellae '08	YY	6
● Ghemme Signore di Bayard '08	YY	6
● Ghemme Signore di Bayard '06	YY	6

Antico Borgo dei Cavalli

via Dante, 54
28010 Cavallirio [NO]
Tel. 016380115
www.vinibarbaglia.it

VENDITA DIRETTA
VISITA SU PRENOTAZIONE
PRODUZIONE ANNUA 25.000 bottiglie
ETTARI VITATI 3,00

Battezzata dal suggestivo borgo di Cavallirio, la piccola cantina della famiglia Barbaglia fu avviata nel secondo dopoguerra da Mario, che ha poi passato il testimone al figlio Sergio e alla nipote Silvia. Poco più di tre ettari dislocati nell'areale del Boca, piccola denominazione novarese tornata in auge anche grazie alle convincenti versioni firmate da Antico Borgo dei Cavalli nell'ultimo decennio, di stile saporito e solare. Ma non è l'unica etichetta degna di attenzione in una gamma ampia e composita, a dispetto dei volumi quasi garagisti: provare per credere i tre spumanti della linea Curticella, così come i monovarietali a base nebbiolo, uva rara, croatina, vespolina ed erbaluce. Affidabilità trasversale confermata dagli ultimi assaggi, cominciando da un Lucino Bianco '15 originale per le sfumature sulfuree e la bocca grassa ma bilanciata. E poi spicca il Boca '12: coniuga frutto fresco e approfondimenti terziari di ruggine ed erbe, con palato non enorme ma ben stratificato.

● Boca '12	🍷🍷 5
○ Colline Novaresi Bianco Lucino '15	🍷🍷 3
○ Curticella Brut M. Cl.	🍷🍷 5
○ Curticella Dosaggio Zero M. Cl.	🍷🍷 5
● Colline Novaresi Nebbiolo Il Silente '12	🍷 3
● Boca '11	🍷🍷 5
● Boca '10	🍷🍷 5
● Boca '09	🍷🍷 5
○ Colline Novaresi Bianco Biancaluce '14	🍷🍷 3
○ Colline Novaresi Bianco Lucino '13	🍷🍷 3
● Colline Novaresi Nebbiolo Il Silente '11	🍷🍷 3
● Colline Novaresi Nebbiolo Il Silente '09	🍷🍷 3
○ Curticella Caballi Regis Brut M. Cl.	🍷🍷 5
○ Curticella Caballi Regis Brut M. Cl.	🍷🍷 5

★Antoniolo

c.so Valsesia, 277
13045 Gattinara [VC]
Tel. 0163833612
antoniolovini@bmm.it

VENDITA DIRETTA
VISITA SU PRENOTAZIONE
PRODUZIONE ANNUA 60.000 bottiglie
ETTARI VITATI 12,00

Se i rossi di Gattinara, e i vini dell'Alto Piemonte nel loro insieme, sono tornati prepotentemente al centro della scena, moltissimo si deve alla tenacia della famiglia Antoniolo, alla signora Rosanna e ai figli Alberto e Lorella. Perché non era facile né scontato mantenere la barra dritta in anni decisamente non premianti per chi proponeva Nebbiolo tanto particolari nella loro ossuta purezza ed energia. Legati indissolubilmente agli umori di vigne come San Francesco, San Grato, Castelle, Borelle, e a un lavoro di cantina sottrattivo, basato su lunghi affinamenti. Coerenza ripagata da ammirazione e rispetto trasversali, alimentati a ogni nuova uscita. Non si può rimanere indifferenti davanti a 2012 così riusciti: già il base è un Gattinara magnifico per finezza e allungo, mentre il San Francesco propone un'aromaticità scura, che fa pendant con la bocca più fitta e arcigna. È per molti versi una fusione tra i due l'Osso San Grato: volume, complessità e finale interminabile.

● Gattinara Osso San Grato '12	🍷🍷🍷 8
● Gattinara '12	🍷🍷 5
● Gattinara S. Francesco '12	🍷🍷 8
● Gattinara Le Castelle '12	🍷🍷 7
● Gattinara Osso S. Grato '11	🍷🍷🍷 8
● Gattinara Osso S. Grato '10	🍷🍷🍷 8
● Gattinara Osso S. Grato '09	🍷🍷🍷 8
● Gattinara S. Francesco '08	🍷🍷🍷 7
● Gattinara S. Francesco '07	🍷🍷🍷 5
● Gattinara Vign. Osso S. Grato '06	🍷🍷🍷 6
● Gattinara Vign. Osso S. Grato '05	🍷🍷🍷 6
● Gattinara Vign. Osso S. Grato '04	🍷🍷🍷 6
● Gattinara Vign. S. Francesco '06	🍷🍷🍷 5
● Gattinara Vign. S. Francesco '05	🍷🍷🍷 6
● Gattinara Vign. S. Francesco '03	🍷🍷🍷 6

Odilio Antoniotti

v.lo Antoniotti, 5
13868 Sostegno [BI]
Tel. 0163860309
antoniottiodilio@libero.it

VENDITA DIRETTA
VISITA SU PRENOTAZIONE
PRODUZIONE ANNUA 10.500 bottiglie
ETTARI VITATI 4,50

Nel clima di generale e benvenuta ripresa produttiva che sta riguardando il Nebbiolo dell'alto Piemonte, meritano assolutamente di essere conosciuti il Bramaterra e uno dei suoi principali interpreti, la cantina Antoniotti. Come da tradizione locale, alle predominanti uve nebbiolo (attorno al 70%) si uniscono percentuali variabili di croatina e vespolina, a dare freschezza e spinta aromatica all'importante struttura di base. Piccolissima la denominazione e piccolissima l'azienda, splendidi i risultati. Al momento dei nostri assaggi era disponibile una sola etichetta. Giovanile, ricco di confettura di lampone e ciliegia, di grande finezza il Bramaterra '12, dalla bocca ben dotata di polpa ma anche di tannini ancora piuttosto incisivi. Le uve nascono da un vigneto di 40 anni e l'affinamento è avvenuto in botti usate di dimensioni medio grandi per oltre 30 mesi.

● Bramaterra '12	**ΨΨ** 4
● Bramaterra '10	ΨΨΨ 3*
● Bramaterra '11	ΨΨ 3*
● Bramaterra '09	ΨΨ 3*
● Bramaterra '08	ΨΨ 3*
● Bramaterra '07	ΨΨ 3*

Arbiola

loc. Arbiola
reg. Saline, 67
14050 San Marzano Oliveto [AT]
Tel. 0141856194
www.arbiola.it

VENDITA DIRETTA
VISITA SU PRENOTAZIONE
OSPITALITÀ E RISTORAZIONE
PRODUZIONE ANNUA 250.000 bottiglie
ETTARI VITATI 30,00
VITICOLTURA Biologico Certificato

La storica azienda della famiglia Terzano domina la valle del Nizza, al confine tra Monferrato e Langhe, e affianca alla cantina risalente al XVII secolo una moderna struttura per la vinificazione. I vigneti sono tutti situati nel comune di San Marzano Oliveto, su terreni a prevalenza marnosa. La barbera è il vitigno principale e costituisce oltre il 60 percento degli ettari vitati aziendali, con viti che superano i 60 anni di età, per vini moderni e di notevole precisione aromatica, esuberanti e ricchi di frutto. I vini proposti sono come sempre di buona fattura, ma quest'anno ci sono sembrati un po' meno brillanti che in altre occasioni. Il Moscato d'Asti '15 si presenta con belle note di frutta esotica e lime, muschio e salvia, seguite da un palato di buona struttura, equilibrato e con finale lungo e abbastanza polposo. La Barbera d'Asti Superiore Nizza Romilda '13 ha invece note di caffè e frutta rossa matura, con una materia notevole e un'acidità particolarmente spiccata.

● Barbera d'Asti Sup. Nizza Romilda '13	**ΨΨ** 5
○ Moscato d'Asti '15	**ΨΨ** 2*
● Barbera d'Asti Carlotta '14	**Ψ** 3
● Barbera d'Asti Sup. Nizza Romilda XIV '09	ΨΨΨ 5
● Barbera d'Asti Carlotta '13	ΨΨ 3
● Barbera d'Asti Carlotta '12	ΨΨ 2*
● Barbera d'Asti Carlotta '11	ΨΨ 2*
● Barbera d'Asti Carlotta '09	ΨΨ 2*
● Barbera d'Asti Sup. Nizza Romilda XV '10	ΨΨ 5
● Barbera d'Asti Sup. Nizza Romilda XVI '11	ΨΨ 5
● Barbera d'Asti Sup. Nizza Romilda XVII '12	ΨΨ 4
○ Moscato d'Asti Ferlingot '10	ΨΨ 2*
⊙ Nysus Brut M. Cl. '10	ΨΨ 5

L'Armangia

FRAZ. SAN GIOVANNI, 122
14053 CANELLI [AT]
TEL. 0141824947
www.armangia.it

VENDITA DIRETTA
VISITA SU PRENOTAZIONE
PRODUZIONE ANNUA 95.000 bottiglie
ETTARI VITATI 11,00
AZIENDA SOSTENIBILE

La famiglia Giovine è presente a Canelli fin dal XVII secolo e vinifica le proprie uve dal 1850, ma è solo nel 1993 che vennero prodotti i primi vini de L'Armangia. Oggi l'azienda conta su vigneti situati in vari comuni, da Canelli, dove vengono coltivate principalmente le uve bianche, a Moasca, San Marzano Oliveto e Castel Boglione, dove trovano spazio le uve rosse. I vini sono di stampo moderno, con una grande attenzione sia alle caratteristiche varietali che all'espressione del territorio. Davvero riuscite le due Barbera d'Asti Superiore Nizza presentate quest'anno. La Titon '13 ha sentori intensi ed eleganti di frutta nera, spezie dolci – il legno è ancora in primo piano – e china, un palato ricco e strutturato di carattere e grande lunghezza. La Vignali '11 evidenzia note di caffè e cacao, prugna e susina nera, per un palato che ha acidità e struttura, con un finale lungo e succoso. Ben riuscito il resto della gamma, tra i quali spicca un piacevole e fresco LorenzoMariaSole Extra Brut.

● Barbera d'Asti Sup. Nizza Titon '13	🍷🍷 3*
● Barbera d'Asti Sup. Nizza Vignali '11	🍷🍷 5
○ Lorenzomariasole Extra Brut M. Cl.	▼▼ 4
○ M.to Bianco Enneenne '14	▼▼ 2*
○ Moscato d'Asti Canelli '15	▼▼ 2*
○ Piemonte Chardonnay Pratorotondo '14	▼▼ 2*
○ Mesicaseu	▼ 3
● Piemonte Albarosso Macchiaferro '12	▼ 3
○ Piemonte Chardonnay Robi & Robi '14	▼ 4
● Barbera d'Asti Sopra Berruti '14	▽▽ 2*
● Barbera d'Asti Sup. Nizza Titon '12	▽▽ 3*
● Barbera d'Asti Sup. Nizza Titon '11	▽▽ 3*
○ Moscato d'Asti Canelli '14	▽▽ 2*

Paolo Avezza

REG. MONFORTE, 62
14053 CANELLI [AT]
TEL. 0141822296
www.paoloavezza.com

VENDITA DIRETTA
VISITA SU PRENOTAZIONE
PRODUZIONE ANNUA 25.000 bottiglie
ETTARI VITATI 7,00

Sono passati ormai sessant'anni da quando Natale Avezza decise di acquistare una bella cascina circondata dalle vigne sulle colline di Canelli, e quindici da quando suo nipote Paolo ne ristrutturò la cantina per farne l'azienda di famiglia. Dei sette ettari vitati aziendali quattro sono situati a Nizza Monferrato e tre a Canelli. Sono cinque le etichette proposte, due Barbera, un Moscato e due spumanti Metodo Classico, per prodotti di notevole eleganza e precisione aromatica. Anche nella versione 2013 la Barbera d'Asti Superiore Nizza Sotto La Muda si conferma come uno dei migliori vini della denominazione. Al naso si apre su note di frutta nera e tabacco di grande finezza e complessità, mentre il palato, nonostante un legno ancora un po' troppo presente, è fresco, strutturato e persistente. Decisamente fruttata nelle sue note di ciliegie fresche invece la Barbera d'Asti '15, immediata e di facile beva. Delicato ed equilibrato infine il Moscato d'Asti Canelli La Commenda '15.

● Barbera d'Asti Sup. Nizza Sotto la Muda '13	🍷🍷 4
● Barbera d'Asti '15	▼▼ 2*
○ Moscato d'Asti Canelli La Commenda '15	▼▼ 2*
○ Alta Langa Brut '12	▼ 4
● Barbera d'Asti Sup. Nizza Sotto la Muda '10	▽▽▽ 4*
● Barbera d'Asti Sup. Nizza Sotto la Muda '07	▽▽▽ 3*
● Barbera d'Asti '14	▽▽ 2*
● Barbera d'Asti '13	▽▽ 2*
● Barbera d'Asti '12	▽▽ 2*
● Barbera d'Asti Sup. Nizza Sotto la Muda '12	▽▽ 4
● Barbera d'Asti Sup. Nizza Sotto la Muda '11	▽▽ 4

★Azelia

FRAZ. GARBELLETTO
VIA ALBA-BAROLO, 53
12060 CASTIGLIONE FALLETTO [CN]
TEL. 017362859
www.azelia.it

VENDITA DIRETTA
VISITA SU PRENOTAZIONE
PRODUZIONE ANNUA 80.000 bottiglie
ETTARI VITATI 16,00
AZIENDA SOSTENIBILE

Quando il vino di Langa si raccontava attraverso obsolete dicotomie, l'azienda fondata quasi un secolo fa da Lorenzo Scavino era regolarmente citata tra i cosiddetti modernisti. Oggi che le carte si sono rimescolate, vale la pena di porre l'accento soprattutto sulla vocazione di cru prestigiosi come Bricco Fiasco, Margheria, San Rocco, Bricco Voghera (proposto in versione Riserva nelle migliori vendemmie). Vinificati con l'ausilio di rotofermentatori e affinati sia in barrique sia in botte grande, compongono un'autorevole gamma di Barolo curata dai coniugi Luigi e Lorella insieme al figlio Lorenzo, quinta generazione all'opera nella cantina di Castiglione Falletto. Solita magistrale prova d'orchestra per i Barolo di Azelia, partendo da un Bricco Fiasco '12 a dir poco classico nei ricordi di lampone e tabacco, polposo e reattivo. Si esprime sulla medesima falsariga il Margheria '12, appena più severo, mentre il San Rocco '12 compensa il leggero minus di struttura con armonia e dinamismo.

● Barolo Bricco Fiasco '12	🍷🍷🍷	8
● Barolo Margheria '12	🍷🍷	8
● Barolo S. Rocco '12	🍷🍷	8
● Barolo '12	🍷🍷	6
● Barolo Bricco Fiasco '09	🍷🍷🍷	8
● Barolo Bricco Fiasco '01	🍷🍷🍷	7
● Barolo Bricco Fiasco '96	🍷🍷🍷	7
● Barolo Bricco Fiasco '95	🍷🍷🍷	7
● Barolo Bricco Fiasco '93	🍷🍷🍷	7
● Barolo Margheria '06	🍷🍷🍷	7
● Barolo S. Rocco '11	🍷🍷🍷	8
● Barolo S. Rocco '08	🍷🍷🍷	8
● Barolo S. Rocco '99	🍷🍷🍷	7
● Barolo Voghera Brea Ris. '01	🍷🍷🍷	8

Banfi Piemonte

VIA VITTORIO VENETO, 76
15019 STREVI [AL]
TEL. 0144362600
www.castellobanfi.com

VISITA SU PRENOTAZIONE
PRODUZIONE ANNUA 2.000.000 bottiglie
ETTARI VITATI 76,00

Azienda con prodotti legati al territorio, Dolcetto d'Acqui e Albarossa, oltre ai vini da dessert ottenuti dai vitigni moscato e brachetto. In realtà il core business è legato all'attività spumantistica, con una gamma di prodotti Metodo Classico da pinot nero e chardonnay, cui si aggiunge il Tener, uno charmat da sauvignon blanc e chardonnay. Quest'ultimo prodotto anche nella versione Extra Dry, una tipologia dedicata agli appassionati delle bollicine dalla beva molto morbida. La batteria di vini presentata vede gli Alta Langa condurre i giochi, grazie al perlage fine e persistente, su aromi di frutti e note di crosta di pane. Segue un Piemonte Albarossa, con un buon equilibrio gusto olfattivo. Nutrita la schiera di 2015, con il Gavi Principessa Gavia caratterizzato da aromi fruttati su base minerale e una fase gustativa corposa e fresca. L'Ardì è un Dolcetto d'Acqui che esprime buone caratteristiche varietali. Il Moscato d'Asti ci accoglie con intensi aromi di pesca e salvia, su un palato fresco e intenso.

○ Alta Langa Cuvée Aurora '10	🍷🍷	4
⊙ Alta Langa Cuvée Aurora Rosé '13	🍷🍷	4
● Dolcetto d'Acqui L'Ardì '15	🍷🍷	2*
○ Gavi Principessa Gavia '15	🍷🍷	3
○ Moscato d'Asti Sciandor '15	🍷🍷	2*
● Piemonte La Lus '13	🍷🍷	4
● Brachetto d'Acqui Rosa Regale '15	🍷	3
○ Brut M. Cl.	🍷	5
○ Alta Langa Cuvée Aurora '09	🍷🍷	5
⊙ Alta Langa Cuvée Aurora Rosé '12	🍷🍷	6
● Dolcetto d'Acqui L'Ardì '14	🍷🍷	3
○ Gavi Principessa Gavia '13	🍷🍷	3
● Piemonte Albarossa La Lus '12	🍷🍷	5
● Piemonte Albarossa La Lus '11	🍷🍷	5

Osvaldo Barberis

B.TA VALDIBÀ, 42
12063 DOGLIANI [CN]
TEL. 017370054
www.osvaldobarberis.com

VENDITA DIRETTA
VISITA SU PRENOTAZIONE
PRODUZIONE ANNUA 20.000 bottiglie
ETTARI VITATI 8,00
VITICOLTURA Biologico Certificato

Nelle Langhe si è ormai vicini alla monocultura, avendo i vigneti preso spesso il posto di prati e boschi. L'azienda di Osvaldo Barberis prosegue invece la tradizione mista, continuando a mantenere in vita una piccola stalla con una ventina di vitelli. I vini costituiscono la più immediata e conseguente espressione del territorio, con uve dolcetto, barbera e nebbiolo per i rossi e una piccolissima parcella coltivata con l'uva bianca nascetta. Tra le etichette, tutte valide, brilla regolarmente il Dogliani Puncin, affinato in acciaio, assieme al Nebbiolo d'Alba Muntajà, che nasce a Monforte. Il Valdibà '15 si fa apprezzare per gli aromi molto giovanili che annunciano una bocca decisamente generosa e gradevole, che chiude con un tocco di mandorla. Più ruspante e rigido il Dogliani Avrì '15. Colorazione particolarmente intensa nel Pinot Nero Ciabot Maifrin '15, tannico e semplice al palato e dotato di aromi di frutta rossa. Semplice e scorrevole la Nascetta Aní.

● Dogliani Valdibà '15	🍷🍷 2*
● Langhe Pinot Nero Ciabot Maifrin '15	🍷🍷 3
● Dogliani Avrì '15	🍷 3
○ Langhe Nascetta Anì '15	🍷 3
● Barbera d'Alba Castella '12	◻◻ 3*
● Barbera d'Alba Cesca '13	◻◻ 3
● Dogliani Sup. Puncin '13	◻◻ 3*
● Dogliani Sup. Puncin '12	◻◻ 3
● Dogliani Sup. Puncin '11	◻◻ 3*
● Dogliani Valdibà '14	◻◻ 2*
● Dogliani Valdibà '13	◻◻ 2*
● Dogliani Valdibà '12	◻◻ 2*
● Nebbiolo d'Alba Muntajà '13	◻◻ 3
● Nebbiolo d'Alba Muntajà '12	◻◻ 3
● Piemonte Barbera Brichat '13	◻◻ 2*

Batasiolo

FRAZ. ANNUNZIATA, 87
12064 LA MORRA [CN]
TEL. 017350130
www.batasiolo.com

VENDITA DIRETTA
VISITA SU PRENOTAZIONE
PRODUZIONE ANNUA 2.500.000 bottiglie
ETTARI VITATI 107,00

Una gamma estremamente composita, derivante da oltre cento ettari di proprietà e incentrata sulle principali tipologie tradizionali di Langa, con qualche sperimentazione su varietà internazionali, spumanti e passiti. Sintesi a dir poco parziale dei progetti sviluppati dalla famiglia Dogliani da quando acquisì la storica cantina Kiola. Nel patrimonio aziendale ci sono vigne di primissimo piano come Cerequio e Brunate a La Morra, Boscareto (sede dell'omonimo Resort) e Briccolina a Serralunga, Bricco di Vergne a Barolo, Bussia Bofani a Monforte: solo un piccolo estratto delle cascine seguite da Batasiolo in area Barolo, protagonista con un base e ben cinque cru. Difficile scegliere nel magnifico team composto dai Barolo '12. Nel Boscareto si amalgamano tocchi eterei e suggestioni fruttate, per una bocca di grande potenza. Perfino più classico ed elegante il Briccolina, specialmente nella trama estrattiva, là dove il Brunate è continuamente ravvivato dal prorompente scheletro acido sapido.

● Barolo Boscareto '12	🍷🍷 (rossi) 7
● Barolo Briccolina '12	🍷🍷 (rossi) 8
● Barbaresco '13	🍷🍷 6
● Barbera d'Alba Sovrana '13	🍷🍷 4
● Barolo Brunate '12	🍷🍷 7
● Barolo Bussia Vign. Bofani '12	🍷🍷 7
● Barolo Cerequio '12	🍷🍷 7
● Barolo Ris. '07	🍷🍷 6
○ Gavi del Comune di Gavi Granée '15	🍷🍷 3
○ Langhe Chardonnay Vign. Morino '14	🍷🍷 5
● Barolo '12	🍷 6
● Barolo Ris. '10	🍷 6
● Barolo Boscareto '05	◻◻◻ 7

Fabrizio Battaglino

LOC. BORGONUOVO
VIA MONTALDO ROERO, 44
12040 VEZZA D'ALBA [CN]
TEL. 0173658156
www.battaglino.com

VENDITA DIRETTA
VISITA SU PRENOTAZIONE
PRODUZIONE ANNUA 25.000 bottiglie
ETTARI VITATI 5,00

La Fabrizio Battaglino è stata fondata nel 1996 per proseguire il lavoro di Riccardo Battaglino, che già negli anni Sessanta imbottigliava i propri vini, segnalati da Luigi Veronelli nel 1973, e propone i classici vini del Roero da uve arneis, barbera e nebbiolo. Le vigne di arneis e di nebbiolo sono situate sulla collina Colla a Vezza d'Alba, su terreni prevalentemente sabbiosi, mentre le vigne di barbera si trovano sulla collina di Montebello a Guarene. I vini proposti sono di notevole tipicità. Buona batteria quella presentata da Fabrizio Battaglino, anche se è mancato l'acuto. Il Roero Sergentin '13 è ricco e insieme fine al naso, con note di frutti rossi e neri, liquirizia e una sfumatura vegetale, ha un palato deciso e sapido, di buona polpa e struttura. Il Roero Sergentin Riserva '12 è più ambizioso, ma affianca ai toni di erbe aromatiche e frutti neri una nota di legno piuttosto marcata, che ritroviamo in un palato altrimenti avvolgente e vellutato. Piacevole e fresco il Nebbiolo d'Alba '14.

● Nebbiolo d'Alba '14	🍷🍷 3
● Roero Sergentin '13	🍷🍷 4
● Roero Sergentin Ris. '12	🍷🍷 5
● Barbera d'Alba Munbèl '14	🍷 3
○ Roero Arneis '15	🍷 2
● Nebbiolo d'Alba V. Colla '07	♀♀♀ 3*
● Barbera d'Alba Munbèl '13	♀♀ 3
● Barbera d'Alba Munbèl '12	♀♀ 3*
● Nebbiolo d'Alba '13	♀♀ 3
● Nebbiolo d'Alba '12	♀♀ 3
● Nebbiolo d'Alba Colla '13	♀♀ 4
● Nebbiolo d'Alba Colla '12	♀♀ 4
● Roero Sergentin '12	♀♀ 4

Bava

S.DA MONFERRATO, 2
14023 COCCONATO [AT]
TEL. 0141907083
www.bava.com

VENDITA DIRETTA
VISITA SU PRENOTAZIONE
OSPITALITÀ
PRODUZIONE ANNUA 490.000 bottiglie
ETTARI VITATI 55,00

Dalla creazione della cantina di Cocconato nel 1911 da parte della famiglia Bava sono ormai trascorse più di cento vendemmie e si sono avvicendate quattro generazioni. Oggi i vigneti aziendali sono situati sia in Monferrato, dove si coltiva principalmente barbera, insieme a vitigni bianchi, che in Langa, da dove arrivano le uve per il Barolo e per il Dolcetto d'Alba. Importante anche la produzione spumantistica e di aperitivi della Giulio Cocchi, proprietà della famiglia Bava da ormai quasi quarant'anni. Anche quest'anno l'azienda di Cocconato ci ha proposto una serie di vini affidabili e di qualità. Accede alle finali l'Alta Langa Brut Bianc 'd Bianc '10 della linea Giulio Cocchi, allo stesso tempo fresco e cremoso; valido il Pas Dosé '09, grintoso e dinamico. Il Barolo Scarrone '11 è aperto e solare nei suoi profumi di frutta rossa matura, dal palato ricco di frutto e sapido. Valide le Barbera d'Asti, come la Nizza PianoAlto '12, fine e di buon frutto e la Libera '14, piacevole e immediata.

○ Alta Langa Brut Bianc 'd Bianc Giulio Cocchi '10	🍷🍷 6
○ Alta Langa Brut Toto Corde Giulio Cocchi '11	🍷🍷 5
○ Alta Langa Pas Dosé Giulio Cocchi '09	🍷🍷 6
● Barbera d'Asti Libera '14	🍷🍷 3
● Barbera d'Asti Sup. Nizza PianoAlto '12	🍷🍷 4
● Barolo Scarrone '11	🍷🍷 7
○ Langhe Chardonnay Thou Bianc '15	🍷 3
● Malvasia di Castelnuovo Don Bosco Rosetta '15	🍷 3
○ Alta Langa Brut Bianc 'd Bianc Giulio Cocchi '09	♀♀ 6
○ Alta Langa Brut Toto Corde Giulio Cocchi '10	♀♀ 5
○ Alta Langa Pas Dosé Giulio Cocchi '08	♀♀ 6
● Barbera d'Asti Libera '13	♀♀ 3
● Barbera d'Asti Sup. Nizza Piano Alto '11	♀♀ 4

Bel Colle

FRAZ. CASTAGNI, 56
12060 VERDUNO [CN]
TEL. 0172470196
www.belcolle.eu

VENDITA DIRETTA
VISITA SU PRENOTAZIONE
PRODUZIONE ANNUA 180.000 bottiglie
ETTARI VITATI 14,00

Nell'agosto del 2015 la storica cantina fondata dai fratelli Franco e Carlo Pontiglione, con Giuseppe Priola, è entrata ufficialmente nella scuderia Bosio Family Estates di Santo Stefano Belbo. Da una dinastia di vignaioli a un'altra, chiamata a continuare l'opera di valorizzazione sulle vigne distribuite tra Verduno e La Morra, cui si sono aggiunte successivamente i poderi nell'Astigiano, nel Roero e a Barbaresco. Restano al centro dello scacchiere varietale pelaverga e nebbiolo, apprezzati con la precedente gestione per l'ispirazione tradizionale, ma non certo passatista, legata a soluzioni modulari per quanto riguarda macerazioni e affinamenti. Erba fresca e liquirizia presentano il riuscito Barolo Monvigliero '12; l'impatto in bocca è di presa sicura, quasi severa, di grande classe e rimarchevole persistenza in un contesto di ottima nitidezza. Meno ricco di polpa il Simposio dello stesso anno. Profumi di liquirizia ed elegante tannicità nel gradevole Barbaresco '12. Molto invogliante la speziata Pelaverga di Verduno.

● Barbaresco '12	🍷🍷	5
● Barolo Monvigliero '12	🍷🍷	6
● Barbera d'Alba Sup. Le Masche '14	🍷🍷	3
● Barolo Simposio '12	🍷🍷	5
● Nebbiolo d'Alba La Reala '13	🍷🍷	3
○ Roero Arneis '15	🍷🍷	6
● Verduno Pelaverga '15	🍷🍷	3
● Dolcetto d'Alba '15	🍷	2
○ Langhe Chardonnay '15	🍷	3
● Barbaresco Roncaglie Ris. '08	YYY	5
● Barolo Monvigliero '09	YYY	5
● Barolo Monvigliero '07	YYY	5
● Barolo Monvigliero '06	YYY	5
● Barbaresco Roncaglie '11	YY	5
● Barbaresco Roncaglie '09	YY	5
● Barolo Monvigliero '11	YY	5

Bera

VIA CASTELLERO, 12
12050 NEVIGLIE [CN]
TEL. 0173630500
www.bera.it

VENDITA DIRETTA
VISITA SU PRENOTAZIONE
RISTORAZIONE
PRODUZIONE ANNUA 140.000 bottiglie
ETTARI VITATI 26,00

Valter Bera dagli inizi degli anni Ottanta guida con passione e competehza la storica azienda di famiglia, che ha saputo portare ai vertici della produzione moscatista, sia nella versione tappo raso che in quella dell'Asti spumante. I vigneti – di un'età media di circa quarant'anni – sono situati principalmente vicino alla cantina, su terreni argillo tufacei, tra i 320 e i 380 metri di altitudine. Bera produce anche una serie di vini fermi secchi, dal Barbaresco a varie versioni di Barbera. Il Moscato d'Asti Su Reimond '15 ha profumi intensi e raffinati di melone, erbe officinali, agrumi e pesca, mentre il palato è di grande freschezza ed equilibrio, con un finale lungo e avvolgente. Ben realizzati l'Asti '15, fresco e floreale, il Barbaresco '12, di buona grinta e tenuta, il Barbaresco Rabajà Riserva '11, più complesso e profondo, con note di liquirizia e tartufo, disteso e persistente, e le due Barbera d'Alba, la 2015, immediata e di facile beva, e la Superiore La Lena '13, fitta e speziata.

○ Moscato d'Asti Su Reimond '15	🍷🍷	3*
○ Asti '15	🍷🍷	3
● Barbaresco '12	🍷🍷	5
● Barbaresco Rabajà Ris. '11	🍷🍷	5
● Barbera d'Alba '15	🍷🍷	2*
● Barbera d'Alba Sup. La Lena '13	🍷🍷	3
○ Langhe Arneis '15	🍷🍷	2*
● Barbera d'Asti Sup. '14	🍷	2
● Piemonte Brachetto '15	🍷	2
● Barbaresco '11	YY	5
● Barbera d'Alba Sup. La Lena '12	YY	3
● Barbera d'Asti Sup. '12	YY	2*
○ Moscato d'Asti '14	YY	2*
○ Moscato d'Asti Su Reimond '14	YY	3*

Cinzia Bergaglio

via Gavi, 29
15060 Tassarolo [AL]
Tel. 0143342203
www.vinicinziabergaglio.it

VENDITA DIRETTA
VISITA SU PRENOTAZIONE
PRODUZIONE ANNUA 30.000 bottiglie
ETTARI VITATI 9,00

Sono significative differenze pedoclimatiche e stilistiche a disegnare la microproduzione curata da Cinzia Bergaglio, tutta incentrata sul cortese coltivato nei circa dieci ettari di proprietà. La Fornace si origina dalle vigne di Tassarolo, caratterizzate da suoli di matrice tufacea, con inserti ferrosi, e viene lavorato con una classica vinificazione in bianco. Prima dell'affinamento in inox è prevista una breve macerazione pre-fermentativa per il Grifone delle Roveri, ottenuto con le parcelle di Gavi che insistono su marne di argilla e calcare. Variabili che trovano comunque brillante sintesi in un'espressività tipica e coerente, tutta giocata su freschezza e bevibilità. Doti che si rivelano preziose nell'accaldata vendemmia 2015, come testimonia l'ottimo Gavi La Fornace: frutto bianco e mentuccia su sfondo minerale, l'impatto è più morbido del solito, ma c'è lunghezza sapida. Disegno che caratterizza anche il Grifone delle Roveri, di maggiore presenza tattile e glicerica.

○ Gavi del Comune di Gavi Grifone delle Roveri '15	🍷🍷 2*
○ Gavi La Fornace '15	🍷🍷 2*
○ Gavi del Comune di Gavi Grifone delle Roveri '14	🍷🍷 2*
○ Gavi del Comune di Gavi Grifone delle Roveri '13	🍷🍷 2*
○ Gavi del Comune di Gavi Grifone delle Roveri '12	🍷🍷 2*
○ Gavi del Comune di Gavi Grifone delle Roveri '11	🍷🍷 2*
○ Gavi La Fornace '14	🍷🍷 2*
○ Gavi La Fornace '13	🍷🍷 2*
○ Gavi La Fornace '12	🍷🍷 2*
○ Gavi La Fornace '10	🍷🍷 2*

Nicola Bergaglio

fraz. Rovereto
loc. Pedaggeri, 59
15066 Gavi [AL]
Tel. 0143682195
nicolabergaglio@alice.it

VENDITA DIRETTA
VISITA SU PRENOTAZIONE
PRODUZIONE ANNUA 140.000 bottiglie
ETTARI VITATI 17,00
AZIENDA SOSTENIBILE

Gianluigi e Diego Bergaglio, padre e figlio, sono da tempo considerati i principali punti di riferimento per chi apprezza il cortese di Gavi come bianco da invecchiamento, capace di esprimersi nel lungo periodo su registri minerali e terziari degni delle più reputate tipologie europee. Merito soprattutto del Minaia, selezione delle migliori uve coltivate sulla collina di Rovereto, che si avvale di pazienti affinamenti in acciaio e raggiunge solitamente il suo apice molto al di là del suo momento di uscita in commercio. Ma è la proposta nel suo insieme a rappresentare un approdo sicuro per lo stile essenziale e diretto, senza ridondanze tropicaleggianti. Celebriamo l'ennesima accoppiata da urlo per i Gavi targati Nicola Bergaglio. Il 2015 è annunciato da un ricco fruttato di pesca bianca e susina, con le componenti floreali e minerali a ritmare il sorso pieno e nervoso. Il Minaia pari annata vi aggiunge ulteriore densità e persistenza, con i suoi tocchi di felce e pietra focaia.

○ Gavi del Comune di Gavi Minaia '15	🍷🍷🍷 4*
○ Gavi del Comune di Gavi '15	🍷🍷 2*
○ Gavi del Comune di Gavi Minaia '14	🍷🍷🍷 4*
○ Gavi del Comune di Gavi Minaia '11	🍷🍷🍷 4*
○ Gavi del Comune di Gavi Minaia '10	🍷🍷🍷 4
○ Gavi del Comune di Gavi Minaia '09	🍷🍷🍷 4
○ Gavi del Comune di Gavi '13	🍷🍷 2*
○ Gavi del Comune di Gavi '07	🍷🍷 2*
○ Gavi del Comune di Gavi Et. Bianca '14	🍷🍷 3*
○ Gavi del Comune di Gavi Minaia '13	🍷🍷 4
○ Gavi del Comune di Gavi Minaia '12	🍷🍷 3*
○ Gavi del Comune di Gavi Minaia '08	🍷🍷 3*
○ Gavi del Comune di Gavi Minaia '07	🍷🍷 2*
○ Gavi del Comune di Gavi Minaia '06	🍷🍷 2*
○ Gavi del Comune di Gavi Minaia '05	🍷🍷 2*
○ Gavi del Comune di Gavi Minaia '04	🍷🍷 2*

Bersano

P.ZZA DANTE, 21
14049 NIZZA MONFERRATO [AT]
TEL. 0141720211
www.bersano.it

VENDITA DIRETTA
VISITA SU PRENOTAZIONE
PRODUZIONE ANNUA 1.500.000 bottiglie
ETTARI VITATI 230,00

Presente sul territorio di Nizza Monferrato fin dai primi anni del secolo scorso, la Bersano, di proprietà da una trentina d'anni delle famiglie Massimelli e Soave, è senza dubbio una delle aziende di riferimento dell'Astigiano, grazie a un imponente patrimonio vinicolo che conta su svariate tenute, situate sia in Monferrato sia nelle Langhe, e alla capacità di produrre vini ben realizzati, in grado di evidenziare una notevole vocazione territoriale e di coniugare quantità e qualità. Resta ai vertici aziendali la Barbera d'Asti Superiore Nizza Generala '13, che propone dei profumi di ciliegia e terra bagnata di grande classicità, seguiti da una speziatura ben equilibrata. Il palato è ricco e succoso, di bella tensione acida e con una lieve tannicità, un finale molto lungo e particolarmente sapido. Fine e di notevole complessità l'Arturosé Brut Rosé, fresca ed equilibrata per l'annata la Barbera d'Asti Superiore Cremosina '14, di buon corpo e dai tannini ben fusi il Barolo Badarina '10.

● Barbera d'Asti Sup. Nizza Generala '13	TT	5
⊙ Arturosè Brut Rosé M. Cl.	TT	4
● Barbaresco Mantico '13	TT	6
● Barbera d'Asti Sup. Cremosina '14	TT	3
● Barolo Badarina '10	TT	7
○ Arturo Bersano Brut M. Cl. '13	T	4
○ Moscato d'Asti Monteolivo '15	T	3
● Ruché di Castagnole Monferrato S. Pietro '15	T	3
● Barbera d'Asti Sup. Generala '97	YYY	5
○ Arturo Bersano Brut M. Cl. '11	YY	4
● Barbera d'Asti Sup. Cremosina '12	YY	3*
● Barbera d'Asti Sup. Nizza Generala '12	YY	5
● Barolo Ris. '08	YY	7

Guido Berta

LOC. SALINE, 53
14050 SAN MARZANO OLIVETO [AT]
TEL. 0141856193
www.guidoberta.com

VENDITA DIRETTA
VISITA SU PRENOTAZIONE
PRODUZIONE ANNUA 3.000 bottiglie
ETTARI VITATI 12,00

Sono passati vent'anni da quando Guido Berta decise di creare la sua azienda in uno dei territori più vocati per la produzione della Barbera. La maggior parte dei vigneti sono situati a San Marzano Oliveto, su terreni calcareo argillosi, cui si affiancano delle vigne a Calamandrana e ad Agliano Terme. La barbera fa la parte del leone, sei ettari, con impianti risalenti al 1960 e al 1988, seguita da moscato e chardonnay. I vini prodotti sono di bella nitidezza aromatica, tipici e territoriali. Si conferma tra le migliori della denominazione la Barbera d'Asti Superiore Nizza Canto di Luna '13, dai complessi aromi di ciliegia, tabacco e spezie, e un palato fitto e avvolgente, ma di buona acidità. Ben realizzate anche la Barbera d'Asti Le Rondini '15, fresca e immediata, ricca di frutto, dal finale lungo e vibrante, la Barbera d'Asti Superiore '14, di notevole pienezza considerando l'annata, e il Monferrato Rosso '11, da nebbiolo con piccolo saldo di barbera, speziato e dalla bella trama tannica.

● Barbera d'Asti Sup. Nizza Canto di Luna '13	TT	5
● Barbera d'Asti Le Rondini '15	TT	3
● Barbera d'Asti Sup. '14	TT	3
● Monferrato Rosso '11	TT	5
○ Moscato d'Asti '15	T	3
○ Piemonte Chardonnay '15	T	3
● Barbera d'Asti Sup. '13	YY	3
● Barbera d'Asti Sup. '12	YY	4
● Barbera d'Asti Sup. Nizza Canto di Luna '12	YY	5
● Barbera d'Asti Sup. Nizza Canto di Luna '11	YY	5
○ Moscato d'Asti '14	YY	3
○ Moscato d'Asti '13	YY	3
○ Moscato d'Asti '12	YY	3

Enzo Boglietti

VIA FONTANE, 18A
12064 LA MORRA [CN]
TEL. 017350330
www.enzoboglietti.com

VENDITA DIRETTA
VISITA SU PRENOTAZIONE
OSPITALITÀ
PRODUZIONE ANNUA 100.000 bottiglie
ETTARI VITATI 22,50
VITICOLTURA Biologico Certificato
AZIENDA SOSTENIBILE

Il giovanile e simpatico Enzo Boglietti ha da poco superato le 25 vendemmie, avendo iniziato a imbottigliare nel 1991, affiancato 5 anni dopo dal fratello Gianni, che da allora si è particolarmente dedicato al lavoro in vigna. Qui si producono solo vini rossi, capeggiati da selezioni di Barolo provenienti per lo più da ottimi cru di La Morra (tra cui Brunate e Case Nere) ma anche da Serralunga d'Alba (vigneto Arione). Lo stile enologico è sempre moderno, con legno in evidenza e uve ben mature, anche se in cantina si usano legni di dimensioni assai diverse e vasche di cemento. Fascino ed equilibrio nella Barbera d'Alba Roscaleto '13, più fresca del solito, moderna, avvolgente, speziata e viva. Ottima prestazione del Barolo Boiolo '12, soprattutto grazie a una pregevole armonia gustativa in cui i tannini danno più struttura che astringenza. Rosa appassita e liquirizia presentano il Barolo Fossati '12, dalla bocca squisitamente fresca ed equilibrata. Ricca componente di frutta rossa matura e legno nel Barolo Brunate '12. Denso di spezie il Case Nere '12, di media statura gustativa.

● Barbera d'Alba Roscaleto '13	YY 5
● Barolo Boiolo '12	YY 6
● Barolo Brunate '12	YY 8
● Barolo Fossati '12	YY 8
● Barbera d'Alba '15	YY 3
● Barolo Arione '12	YY 8
● Barolo Case Nere '12	YY 8
● Barolo Ris. '08	YY 8
● Dolcetto d'Alba '15	YY 2*
● Barolo Arione '06	YYY 8
● Barolo Arione '05	YYY 8
● Barolo Brunate '01	YYY 8
● Barolo Brunate '97	YYY 8
● Barolo Case Nere '04	YYY 8
● Barolo Case Nere '99	YYY 8
● Barolo V. Arione '07	YYY 8

Bondi - Cascina Banaia

S.DA CAPPELLETTE, 73
15076 OVADA [AL]
TEL. 0131299186
www.bondivini.it

VENDITA DIRETTA
VISITA SU PRENOTAZIONE
PRODUZIONE ANNUA 20.000 bottiglie
ETTARI VITATI 5,00

L'attività della famiglia Bondi ha come fulcro l'enogastronomia e si divide tra l'azienda vitivinicola a Ovada e il ristorante Locanda dell'Olmo a Bosco Marengo. A fare da filo conduttore il territorio, con le sue tradizioni e i suoi prodotti, senza trascurare le contaminazioni di una zona sul confine, tra Piemonte e Liguria. Tornando ai vini, in produzione solo rossi, in prevalenza Barbera e Dolcetto di Ovada, vinificati in purezza o in assemblaggio nel Monferrato Rosso Le Guie. A guidare la batteria un Ovada D'Uien intenso al naso, con aromi di bacche rosse e china a precedere un palato con bella polpa e buona acidità, su un finale piuttosto rustico. Banaiotta presenta un buon corredo olfattivo - frutti rossi, spezie e cacao -, con una fase gustativa armonica dal finale piuttosto rapido. Ansensò '12 è ancora leggermente coperto dal legno, che comunque non esclude aromi di frutti maturi, su un finale abbastanza intenso e persistente.

● Banaiotta	YY 4
● Ovada D'Uien '13	YY 3
● M.to Rosso Ansensò '12	Y 4
● Barbera del M.to Banaiotta '10	YY 2*
● Barbera del M.to Ruvrin '10	YY 4
● Dolcetto di Ovada Nani '11	YY 2*
● M.to Rosso Ansensò '11	YY 4
● Ovada D'Uien '11	YY 4

Gilberto Boniperti

via Vittorio Emanuele, 43/45
28010 Barengo [NO]
Tel. 0321997123
www.bonipertivignaioli.com

VENDITA DIRETTA
PRODUZIONE ANNUA 12.000 bottiglie
ETTARI VITATI 3,50

Sta per compiere i 10 anni di imbottigliamento la cantina di Gilberto Boniperti, laureato in enologia e convinto interprete dei vitigni tradizionali del Piemonte del nord. Ecco quindi che la proposta più significativa è costituita da un Fara, una denominazione tanto piccola quanto interessante, a base prevalente di uve nebbiolo con uno speziato contributo di vespolina. L'affinamento del Bartön avviene in legni di diverse dimensioni, mentre i più freschi e immediati Colline Novaresi Nebbiolo e Vespolina si avvalgono di solo acciaio. È impostato sulla finezza e sulla piacevolezza il Fara Bartön '13, non particolarmente complesso ma vivo, pulito e scattante, con richiami olfattivi di genziana. Non scontato il gradevole e armonico Nebbiolo Carlin '14, dotato di un naso vegetale e speziato; in bocca è ben bilanciato ed elegante.

● Fara Bartön '13	🍷🍷 4
● Colline Novaresi Nebbiolo Carlin '14	🍷🍷 4
⊙ Colline Novaresi Nebbiolo Rosadisera '15	🍷 3
● Colline Novaresi Vespolina Favolalunga '14	🍷 2
● Colline Novaresi Barbera Barblin '10	♀♀ 4
● Colline Novaresi Nebbiolo Bartön '10	♀♀ 4
● Colline Novaresi Nebbiolo Bartön '08	♀♀ 4
● Colline Novaresi Nebbiolo Carlin '13	♀♀ 4
● Colline Novaresi Nebbiolo Carlin '12	♀♀ 4
● Colline Novaresi Nebbiolo Carlin '11	♀♀ 4
● Colline Novaresi Nebbiolo Carlin '10	♀♀ 4
● Colline Novaresi Vespolina Favolalunga '12	♀♀ 3
● Fara Bartön '12	♀♀ 4

Borgo Maragliano

via San Sebastiano, 2
14051 Loazzolo [AT]
Tel. 014487132
www.borgomaragliano.com

VENDITA DIRETTA
VISITA SU PRENOTAZIONE
PRODUZIONE ANNUA 315.000 bottiglie
ETTARI VITATI 29,00
AZIENDA SOSTENIBILE

Da oltre centocinquant'anni la famiglia Galliano coltiva la vigna a Loazzolo. Oggi sono Carlo e Silvia a condurre l'azienda. I vigneti aziendali vedono principalmente la presenza di moscato (che costituisce più del 50 percento della superficie vitata) e sono situati tra i 360 e i 570 metri di altitudine, in una zona ricca di boschi e condizionata dal Marin, un vento di mare che favorisce la maturazione e la ricchezza aromatica delle uve. Di rilievo anche la produzione di spumante Metodo Classico, a base di pinot nero e chardonnay. La tradizione spumantistica si conferma come la produzione di punta di quest'azienda. Il Francesco Galliano Blanc de Blancs Brut '13 è di notevole complessità al naso, con note di pane tostato, susina e mela, e di grande struttura al palato, fine e molto lungo, mentre il Giuseppe Galliano Brut '11 ha toni più maturi, un palato potente e cremoso ma anche fresco e di bella sapidità. Nota di merito per l'equilibrio e la finezza del Loazzolo Vendemmia Tardiva '12.

○ Francesco Galliano Blanc de Blancs Brut M. Cl. '13	🍷🍷 4
○ Giuseppe Galliano Brut M. Cl. '11	🍷🍷 4
○ Dogma Blanc de Noirs M. Cl. '12	🍷🍷 5
○ El Caliè '15	🍷🍷 2*
⊙ Giovanni Galliano Brut Rosè M. Cl. '12	🍷🍷 4
○ Loazzolo V. T. '12	🍷🍷 5
○ M.to Bianco PerFede '15	🍷 3
○ Piemonte Chardonnay Crevoglio '15	🍷 2
○ Giuseppe Galliano Ris. Brut M. Cl '01	♀♀♀ 4*
○ Francesco Galliano Blanc de Blancs Brut M. Cl. '12	♀♀ 4
⊙ Giovanni Galliano Brut Rosé M. Cl. '11	♀♀ 4
○ Giuseppe Galliano Brut M. Cl. Ris. '09	♀♀ 5
○ Loazzolo V. T. '10	♀♀ 5

Giacomo Borgogno & Figli

via Gioberti, 16
12060 Barolo [CN]
Tel. 017356108
www.borgogno.com

VENDITA DIRETTA
VISITA SU PRENOTAZIONE
PRODUZIONE ANNUA 110.000 bottiglie
ETTARI VITATI 16,00
AZIENDA SOSTENIBILE

Non ci proviamo nemmeno a compendiare in poche righe la storia secolare del marchio Borgogno, rilevato nel 2008 dalla famiglia Farinetti e diventato un po' il simbolo dell'avventura enoica di "Mister Eataly". Nella variegata gamma aziendale, infatti, dialogano provocazioni sperimentali (i progetti No Name, Le Teorie, I Colori del Barolo, Resistenza) con le tipologie classiche. Un doppio binario che si riflette anche nell'impronta stilistica, tradizionale ma ben lontana dai cliché abituali. Alla base di tutto una quindicina di ettari vitati di proprietà, concentrati in toponimi come Cannubi, Cannubi San Lorenzo, Fossati, Liste, San Pietro delle Viole, per oltre metà destinati a nebbiolo. La novità dell'anno in casa Borgogno è il Cesare, costruito assemblando vini a base di uva nebbiolo di diverse vendemmie, ben evidenziate in etichetta. Si rinuncia così all'utilizzo della denominazione Barolo ma si crea un mulinello di aromi e sapori che associano alla freschezza delle annate più recenti l'eterea complessità delle vendemmie storiche. Sentori complessi e grande struttura caratterizzano l'indimenticabile Liste '11.

● Barolo Liste '11	🍷🍷🍷	8
● Barolo Cannubi '11	🍷🍷	8
● Barolo Ris. '09	🍷🍷	8
● Cesare 04 96 98 82	🍷🍷	7
● Barolo '12	🍷🍷	7
● Barolo Fossati '11	🍷🍷	8
● Langhe Nebbiolo No Name '12	🍷🍷	5
○ Langhe Riesling Era Ora '14	🍷	5
● Barolo Cl. '98	🍸🍸🍸	7
● Barolo Liste '10	🍸🍸🍸	8
● Barolo Liste '08	🍸🍸🍸	8
● Barolo Liste '07	🍸🍸🍸	7
● Barolo Liste '05	🍸🍸🍸	7
● Barolo V. Liste '06	🍸🍸🍸	7
● Barolo '11	🍸🍸	7
● Barolo Cannubi '10	🍸🍸	8

Francesco Boschis

fraz. San Martino di Pianezzo, 57
12063 Dogliani [CN]
Tel. 017370574
www.marcdegrazia.com

VENDITA DIRETTA
VISITA SU PRENOTAZIONE
PRODUZIONE ANNUA 40.000 bottiglie
ETTARI VITATI 11,00

In vigna non si usano diserbanti né concimi chimici, in cantina ci si attiene a una moderna classicità, con l'uso dell'acciaio e del controllo della temperatura per garantire salubrità e pulizia dei vini. Il vitigno quasi incontrastato è il dolcetto, che dà luogo a quattro etichette derivanti da diversi cru, accompagnato da piccole proposte di Barbera (d'Alba e Langhe), di Freisa e di Grignolino. Si fa regolarmente notare per la propria esotica e nitida aromaticità anche una proposta a base di uva sauvignon, purtroppo meno di 2000 bottiglie l'anno. Struttura particolarmente ricca nel Dogliani Vigne in Pianezzo '15, con tannini ancora lievemente incisivi e aromi di sicuro fascino che spaziano dalla mandorla amara al ginepro passando per le ciliegie nere. Particolarmente riuscito, tenendo conto della non facile annata 2014, il Vigna dei Prey, dagli aromi più vegetali e dalla bocca comunque appagante. Delicati sentori di pompelmo ed erbette nel Sauvignon Vigna dei Garisin '15, dalla chiusura gradevolmente amarognola.

● Dogliani V. in Pianezzo '15	🍷🍷	2*
● Barbera d'Alba Sup. V. Le Masserie '13	🍷🍷	3
● Dogliani Sorì San Martino '14	🍷🍷	3
● Dogliani V. dei Prey '14	🍷🍷	2*
○ Langhe Sauvignon V. dei Garisin '15	🍷🍷	3
● Dogliani Sup. V. del Ciliegio '12	🍷	3
● Dogliani Sorì S. Martino '09	🍸🍸	2*
● Dogliani Sorì S. Martino '08	🍸🍸	2*
● Dogliani Sup. Sorì San Martino '12	🍸🍸	3*
● Dogliani Sup. V. dei Prey '11	🍸🍸	3*
● Dogliani V. dei Prey '10	🍸🍸	2*
● Dogliani V. dei Prey '09	🍸🍸	2*
● Dogliani V. dei Prey '08	🍸🍸	2*
● Langhe Rosso nei Sorì '09	🍸🍸	4
○ Langhe Sauvignon V. dei Garisin '12	🍸🍸	3*

Luigi Boveri

LOC. MONTALE CELLI
VIA XX SETTEMBRE, 6
15050 COSTA VESCOVATO [AL]
TEL. 0131838165
www.boveriluigi.com

VENDITA DIRETTA
VISITA SU PRENOTAZIONE
PRODUZIONE ANNUA 80.000 bottiglie
ETTARI VITATI 15,00

Vignaiolo pragmatico e appassionato, Luigi ha saputo valorizzare quanto di meglio i vigneti di Costa Vescovato possano dare. Con le sue versioni del Timorasso: il Filari, cui Luigi concede un ulteriore anno di affinamento in bottiglia, per fargli esprimere al meglio la potenza e l'eleganza di cui dispone, e il Derthona, di solito più pronto, ma non meno elegante. Altra chicca il vigneto quasi centenario, da cui provengono Vignalunga e Poggio delle Amarene, due Barbera potenti e intense, di cui solo la prima affinata in legno. Tra i vini presentati primeggia Filari di Timorasso, ormai abbonato alle finali. La versione 2013 mette in evidenza carattere e personalità, mentre il Derthona '14 risulta leggermente più sottile e paga lo scotto di un'annata poco felice dal punto di vista meteorologico. Vignalunga, intenso e complesso, è un po' frenato da una fase gusto olfattiva legata all'affinamento in legno. Molto interessanti la Barbera d'annata Boccanera e il Cortese Terre del Prete.

○ Colli Tortonesi Timorasso Derthona Filari di Timorasso '13	🍷🍷 5
● Colli Tortonesi Barbera Boccanera '15	🍷🍷 2*
● Colli Tortonesi Barbera Vignalunga '13	🍷🍷 5
○ Colli Tortonesi Cortese Terre del Prete '15	🍷🍷 2*
○ Colli Tortonesi Timorasso Derthona '14	🍷🍷 4
● Colli Tortonesi Croatina Sensazioni '13	🍷 4
○ Colli Tortonesi Timorasso Filari di Timorasso '12	🍷🍷🍷 5
○ Colli Tortonesi Timorasso Filari di Timorasso '07	🍷🍷🍷 3
● Colli Tortonesi Barbera Poggio delle Amarene '12	🍷🍷 4
● Colli Tortonesi Barbera Vignalunga '12	🍷🍷 5
○ Colli Tortonesi Timorasso Derthona '13	🍷🍷 4

Gianfranco Bovio

FRAZ. ANNUNZIATA
B.TA CIOTTO, 63
12064 LA MORRA [CN]
TEL. 017350667
www.boviogianfranco.com

VENDITA DIRETTA
VISITA SU PRENOTAZIONE
PRODUZIONE ANNUA 75.000 bottiglie
ETTARI VITATI 10,00

Gianfranco Bovio ci ha lasciato all'inizio del 2016, dopo una vita spesa, con grande successo, ad allietare torme di turisti che hanno frequentato i suoi ristoranti e degustato i vini della sua azienda agricola. Spetta ora alla figlia Alessandra e al marito Marco gestire un'attività così importante e complessa, con l'aiuto, per quanto riguarda i vini, di un enologo e di un agronomo di indubbia capacità. I vigneti si trovano a La Morra, dove spiccano i cru Arborina e Gattera. Al naso il Barolo Gattera '12 mostra una timida apparizione fruttata che lascia subito spazio alla complessità del sottobosco e delle erbe officinali, con un bel ricordo di rabarbaro e rosa appassita; la bocca è levigata e di media struttura. Un po' più giocato sulle note scure della china e del ginepro il tannico Barolo Arborina '12. Tra i migliori dell'annata il Barolo '12 nato dall'assemblaggio tra i vari cru.

● Barolo '12	🍷🍷 6
● Barolo Gattera '12	🍷🍷 6
● Barbera d'Alba Sup. Regiaveja '13	🍷🍷 4
● Barolo Arborina '12	🍷🍷 6
● Dolcetto d'Alba Dabbene '15	🍷🍷 2*
● Barbera d'Alba Il Ciotto '15	🍷 2
○ Langhe Bianco Alessandro '15	🍷 3
● Langhe Nebbiolo '14	🍷 3
● Barolo Bricco Parussi Ris. '01	🍷🍷🍷 6
● Barolo Gattera '11	🍷🍷🍷 6
● Barolo Rocchettevino '06	🍷🍷🍷 5*
● Barolo '11	🍷🍷 6
● Barolo Arborina '11	🍷🍷 6
● Barolo Arborina '10	🍷🍷 6
● Barolo Rocchettevino '10	🍷🍷 5
● Langhe Nebbiolo '13	🍷🍷 3

★Braida

Loc. Ciappellette
s.da Provinciale 27, 9
14030 Rocchetta Tanaro [AT]
Tel. 0141644113
www.braida.it

VENDITA DIRETTA
VISITA SU PRENOTAZIONE
OSPITALITÀ
PRODUZIONE ANNUA 650.000 bottiglie
ETTARI VITATI 65,00
AZIENDA SOSTENIBILE

La Braida è una delle aziende piemontesi più conosciute e un indiscutibile modello per la produzione di Barbera di alta qualità. Raffaella e Giuseppe Bologna stanno infatti dando continuità al successo dell'azienda familiare, confermando il ruolo di riferimento per tutto il territorio che il padre Giacomo aveva conquistato fin dagli anni Ottanta. I vigneti di proprietà sono situati a Rocchetta Tanaro – dove si trovano i cru aziendali di barbera – Costigliole d'Asti, Castelnuovo Calcea, Mango e Trezzo Tinella. Torna alla ribalta la Barbera d'Asti Montebruna con la versione 2014. Intensa e armonica al naso, con un bell'equilibrio tra la speziatura fine del rovere e la ciliegia matura, ha un palato fine, fresco e di grande acidità. Sempre ad alto livello anche la Barbera d'Asti Bricco dell'Uccellone, un convincente 2014 che si esprime nelle sue note di erbe fresche e liquirizia, tostatura e ciliegia nera, e un palato polposo con finale lungo e grintoso. Ben realizzato il resto della gamma.

- ● Barbera d'Asti Bricco dell'Uccellone '14 7
- ● Barbera d'Asti Montebruna '14 3*
- ● Barbera d'Asti Bricco della Bigotta '14 7
- ● Grignolino d'Asti Limonte '15 3
- ● M.to Rosso Il Bacialè '14 3
- ○ Moscato d'Asti V. Senza Nome '15 3
- ○ Langhe Bianco Il Fiore '15 3
- ○ Langhe Riesling Re di Fiori '15 3
- ● Barbera d'Asti Bricco dell'Uccellone '12 7
- ● Barbera d'Asti Bricco dell'Uccellone '09 6
- ● Barbera d'Asti Bricco della Bigotta '07 6
- ● Barbera d'Asti Bricco della Bigotta '06 6
- ● Barbera d'Asti Montebruna '11 3*

Brandini

fraz. Brandini, 16
12064 La Morra [CN]
Tel. 017350266
www.agricolabrandini.it

VENDITA DIRETTA
VISITA SU PRENOTAZIONE
OSPITALITÀ E RISTORAZIONE
PRODUZIONE ANNUA 80.000 bottiglie
ETTARI VITATI 15,00
VITICOLTURA Biologico Certificato
AZIENDA SOSTENIBILE

Nella panoramica cantina sulla sommità di La Morra si possono già vedere le botti in cui maturano le nuove selezioni, a base di uva nebbiolo, che vedranno la luce nei prossimi anni. Intento il Barolo Resa 56 si conferma a ogni vendemmia come un campione di razza assoluta, vinificato con voluta classicità, e con tannini sempre vellutati, da uve biologiche selezionate con cura attentissima. Il Langhe Nebbiolo, a sua volta, è tra i migliori della tipologia. Dal bordo della piscina annessa all'elegante agriturismo, dotato di ristorante, si gode di un panorama più che emozionante. Nel Barolo Resa 56 del 2012 il naso si apre su belle note di lampone, poi anche cannella e chiodo di garofano, con l'ausilio del tabacco e della liquirizia a dare complessità; bocca possente e ricca, con rimarchevole eleganza generale: un Tre Bicchieri all'insegna dell'equilibrio e della finezza. Fruttato e godibilissimo il Nebbiolo Filari Corti '14. Pregevole freschezza nell'Alta Langa Rosé '11.

- ● Barolo Resa 56 '12 8
- ● Barolo '12 7
- ⊙ Alta Langa Brut Rosé '11 6
- ● Dolcetto d'Alba Filari Lunghi '15 3
- ● Langhe Nebbiolo Filari Corti '14 5
- ● Barbera d'Alba Sup. Rocche del Santo '14 5
- ○ Langhe Bianco Le Coccinelle '15 5
- ● Barolo Resa 56 '11 7
- ● Barolo Resa 56 '10 7
- ● Barbera d'Alba Sup. Rocche del Santo '13 3
- ● Barolo '11 5
- ● Barolo '10 5
- ● Dolcetto d'Alba Filari Lunghi '14 3
- ○ Langhe Bianco Le Coccinelle '14 4
- ● Langhe Nebbiolo Filari Corti '13 3

Brangero

via Provinciale, 26
12055 Diano d'Alba [CN]
Tel. 017369423
www.brangero.com

VISITA SU PRENOTAZIONE
PRODUZIONE ANNUA 50.000 bottiglie
ETTARI VITATI 9,00

Bisogna salire sulla parte più alta della collina che guarda Diano D'alba per visitare la bella cantina di Marco Brangero, al comando di questa realtà dal 1999. I vitigni sono quelli tradizionali del luogo: dolcetto, barbera, nebbiolo e arneis, con qualche filare dedicato alle varietà internazionali. I vigneti circondano la cantina, ad eccezione del fiore all'occhiello aziendale: il vigneto di Monvigliero a Verduno. La cifra stilistica aziendale predilige estrazioni misurate, per vini che nelle ultime tornate di assaggi sembrano guadagnare in eleganza e definizione. La stessa proprietà dirige la virtuosa azienda ligure La Ginestraia in provincia d'Imperia. Il Barolo Monvigliero '12 è un vino intenso e raffinatissimo con affascinanti note di pepe appena macinato e rosa, su un fondo di tabacco e liquirizia. Ha un'evoluzione fine e sfaccettata, con tannini setosi e un finale lungo e polposo. Ben fatto il Langhe Chardonnay Centofile '15. Sfaccettata con toni di ciliere, fresca ed euli.

● Barolo Monvigliero '12	🍷🍷 6
● Barbera d'Alba La Soprana '13	🍷🍷 3
● Dolcetto di Diano d'Alba Sörì Rabino Soprano '15	🍷🍷 2*
● Nebbiolo d'Alba Quattro Cloni '14	🍷🍷 4
○ Langhe Chardonnay Centofile '15	🍷 3
● Barbera d'Alba La Soprana '12	🍷🍷 3
● Barbera d'Alba La Soprana '11	🍷🍷 3
● Barolo Monvigliero '11	🍷🍷 6
● Barolo Monvigliero '10	🍷🍷 6
○ Langhe Arneis Centofile '13	🍷🍷 3
○ Langhe Chardonnay Centofile '13	🍷🍷 3
● Langhe Rosso Tremarzo '11	🍷🍷 4
● Nebbiolo d'Alba Bricco Bertone '12	🍷🍷 4

Brema

via Pozzomagna, 9
14045 Incisa Scapaccino [AT]
Tel. 014174019
www.vinibrema.com

VENDITA DIRETTA
VISITA SU PRENOTAZIONE
PRODUZIONE ANNUA 150.000 bottiglie
ETTARI VITATI 25,00
AZIENDA SOSTENIBILE

La famiglia Brema produce vino a Incisa Scapaccino da ormai cinque generazioni. I vigneti aziendali sono situati in vari comuni dell'Astigiano, da Nizza Monferrato a Fontanile d'Asti, da San Marzano Oliveto a Incisa Scapaccino e Sessame d'Asti. Il vitigno di riferimento è chiaramente la barbera, da cui nascono i vini più importanti – a cominciare dal Nizza Dedicato a Luigi Veronelli – cui si affiancano dolcetto, grignolino, brachetto, moscato e cabernet sauvignon, per una gamma aziendale di notevole tipicità. La Barbera d'Asti Superiore Nizza A Luigi Veronelli '13 al naso ha intense note di frutta rossa, tabacco e spezie, e un palato di grande struttura con un lungo finale succoso. Davvero ben riusciti anche il Monferrato Rosso Umberto '13, un Cabernet Sauvignon dai toni vegetali e fruttati, ricco di polpa e di carattere, la Barbera d'Asti Superiore Volpettona '13, dai toni di erbe aromatiche secche e di buon frutto, e la Barbera d'Asti Ai Cruss '14, più sottile di altre annate ma di bella piacevolezza.

● Barbera d'Asti Sup. Nizza A Luigi Veronelli '13	🍷🍷 6
● Barbera d'Asti Ai Cruss '14	🍷🍷 2*
● Barbera d'Asti Sup. Volpettona '13	🍷🍷 5
● M.to Rosso Umberto '13	🍷🍷 4
● Barbera d'Asti Sup. Nizza A Luigi Veronelli '12	🍷🍷🍷 6
● Barbera d'Asti Sup. Nizza A Luigi Veronelli '06	🍷🍷🍷 6
● Barbera d'Asti Ai Cruss '13	🍷🍷 2*
● Barbera d'Asti Ai Cruss '12	🍷🍷 2*
● Barbera d'Asti Sup. Nizza A Luigi Veronelli '11	🍷🍷 6
● Barbera d'Asti Sup. Volpettona '11	🍷🍷 5
● Barbera del M.to Frizzante Castagnei '14	🍷🍷 2*
● Barbera del M.to Frizzante Castagnei '13	🍷🍷 2*
○ Moscato d'Asti Mariasole '12	🍷🍷 2*

Giacomo Brezza & Figli

via Lomondo, 4
12060 Barolo [CN]
Tel. 0173560921
www.brezza.it

VENDITA DIRETTA
VISITA SU PRENOTAZIONE
OSPITALITÀ E RISTORAZIONE
PRODUZIONE ANNUA 100.000 bottiglie
ETTARI VITATI 17,50
VITICOLTURA Biologico Certificato
AZIENDA SOSTENIBILE

Il tempo sembra fermarsi ogni volta che facciamo visita alla famiglia Brezza e restiamo nell'osteria-cantina ad ascoltare i mille racconti e aneddoti sempre inediti del signor Oreste. Autentica memoria storica delle Langhe, non solo per le faccende enoiche, ha passato da qualche anno il testimone al figlio Enzo, capace di elevare ulteriormente il blasone e la fama di Nebbiolo paradigmatici nella loro classicità. Si originano da grand cru del comune di Barolo come Cannubi, Castellero e Sarmassa (nelle migliori vendemmie viene prodotto il Bricco dalla parte più alta), con lunghe macerazioni e pluriennali affinamenti in botti di dimensioni medio grandi. Anche se non arriva il premio più importante Enzo Brezza mostra una mano felice nella vinificazione del Barolo. Un'austera classicità caratterizza il possente e polposo Barolo Cannubi '12, destinato a un'ulteriore crescita con l'affinamento in bottiglia. Appena più tannico il Sarmassa '12, dotato di ricca personalità: fragola, anice e tabacco in evidenza.

● Barolo Cannubi '12	🍷🍷	6
● Barolo Sarmassa '12	🍷🍷	7
● Barolo Castellero '12	▼▼	6
● Barolo Bricco Sarmassa '08	▽▽▽	7
● Barolo Bricco Sarmassa '07	▽▽▽	7
● Barolo Cannubi '01	▽▽▽	6
● Barolo Sarmassa '11	▽▽▽	6
● Barolo Sarmassa '05	▽▽▽	6
● Barolo Sarmassa '04	▽▽▽	6
● Barolo Sarmassa '03	▽▽▽	6
● Barolo Cannubi '11	▽▽	6
● Barolo Castellero '11	▽▽	6
● Barolo Sarmassa '10	▽▽	6

Gallino Domenico Bric Castelvej

Madonna Loreto, 70
12043 Canale [CN]
Tel. 017398108
www.briccastelvej.com

VENDITA DIRETTA
VISITA SU PRENOTAZIONE
PRODUZIONE ANNUA 100.000 bottiglie
ETTARI VITATI 12,40

Bric Castelvej è stata fondata da Domenico Gallino nel 1956, e oggi è gestita dal genero Mario Repellino insieme al figlio Cristiano. Nei suoi vigneti situati a Canale, su suoli prevalentemente sabbiosi, con inserti di limo e argilla, l'azienda coltiva principalmente i classici vitigni roerini, dal nebbiolo all'arneis, dalla barbera alla favorita. Entrata in Guida solo l'anno scorso, la Bric Castelvej approda nella sezione principale grazie a una serie di vini particolarmente convincente. Il Roero Panera Alta Riserva '13 presenta aromi di tabacco e macchia mediterranea su un bel fondo fruttato, mentre il palato ha densità ed equilibrio, è lungo e con tannini di buona finezza. Tra i migliori della sua denominazione anche il Roero Arneis Vigna Bricco Novara '15, dai profumi floreali con sfumature speziate, sapido, fresco e dal finale lungo e dinamico. Ben realizzati anche i rispettivi vini "base", il Roero '13 dai toni di frutti neri e di buona spinta, e il Roero Arneis '15, piacevole e sul frutto.

○ Roero Arneis V. Bricco Novara '15	🍷🍷	3*
● Roero Panera Alta Ris. '13	🍷🍷	6
● Roero '13	▼▼	4
○ Roero Arneis '15	▼▼	2*
● Barbera d'Alba '15	▼	2
● Barbera d'Alba Sup. V. Mompissano '14	▼	2
○ Langhe Favorita '15	▼	2
● Roero '12	▽▽	4
● Roero Panera Alta Ris. '12	▽▽	6

Bric Cenciurio

via Roma, 24
12060 Barolo [CN]
Tel. 017356317
www.briccenciurio.com

VENDITA DIRETTA
VISITA SU PRENOTAZIONE
PRODUZIONE ANNUA 45.000 bottiglie
ETTARI VITATI 15,00

Mettendo insieme forze e vigneti Franco Pittatore e il cognato Carlo Sacchetto creano, agli inizi degli anni Novanta, la cantina Bric Cenciurio. Oggi, Fiorella Sacchetto guida l'azienda, insieme ai figli Alessandro e Alberto e al fratello Carlo. I vigneti della famiglia si dividono tra Langa e Roero: dai terreni sabbiosi della collina Cenciurio di Castellinaldo nascono gli esotici bianchi a base arneis, sulle terre di Magliano Alfieri crescono le vecchie viti di barbera, all'origine della potente Barbera d'Alba Naunda, e dai filari posti tra Barolo e Monforte d'Alba, nei cru Coste di Rose e Monrobiolo di Bussia, prendono forma gli eleganti Barolo targati Bric Cenciurio. Pur non essendo un'annata di grande potenza i Barolo aziendali mostrano in generale una certa corposità e in particolare una tannicità ancora parzialmente da smussare. La Riserva di Coste di Rose '10 appare già in beva grazie alla complessità olfattiva e alla buona morbidezza. Grande classicità nei profumi per il Costa di Rose '12.

● Barbera d'Alba Sup. Naunda '13	🍷🍷 4
● Barolo '12	🍷🍷 5
● Barolo Coste di Rose '12	🍷🍷 6
● Barolo Coste di Rose Ris. '10	🍷🍷 7
● Barolo Monrobiolo di Bussia '12	🍷🍷 5
● Langhe Nebbiolo '14	🍷🍷 4
○ Roero Arneis Sito dei Fossili '14	🍷🍷 3
● Barbera d'Alba '14	🍷 2
○ Langhe Riesling '14	🍷 3
● Barolo '11	🍸🍸 5
● Barolo Monrobiolo di Bussia '11	🍸🍸 5
○ Langhe Riesling '13	🍸🍸 3
○ Roero Arneis Sito dei Fossili '13	🍸🍸 3

Bricco del Cucù

loc. Bricco, 10
12060 Bastia Mondovì [CN]
Tel. 017460153
www.briccocucu.com

VENDITA DIRETTA
VISITA SU PRENOTAZIONE
PRODUZIONE ANNUA 50.000 bottiglie
ETTARI VITATI 10,00

La cantina diretta da Dario Sciolla esprime al meglio i caratteri della zona produttiva del Dogliani, angolo del Piemonte ancora non del tutto esplorato. Nell'areale di Bastìa, altitudine e feroci escursioni termiche garantiscono una solida struttura acida e un buon potenziale d'invecchiamento. Il dolcetto è il grande protagonista, declinato in una batteria ben assortita, con vini in grado di fornire una freschezza di beva vibrante. Da non perdere la produzione pregiata di nocciole. Buonissimo il Dogliani '15 dal colore rubino violaceo impenetrabile e brillante; si offre intenso su toni di frutta in confettura, china e liquirizia; al palato è saporito e avvolgente, giovane ma di grande lunghezza, dal futuro garantito. Convincente anche il Langhe Rosso Diavoli Santi '13, intenso e armonico nei suoi toni di bacche nere, goudron e caffè tostato; al sorso è possente e denso, dai tannini fitti e dal finale lungo e fresco. Ben articolato tra la dolcezza fresca del frutto e le note tostate il Langhe Rosso Superboum '13.

● Dogliani '15	🍷🍷 (rosso) 2*
○ Langhe Bianco Livor '15	🍷🍷 2*
● Langhe Dolcetto '15	🍷🍷 2*
● Langhe Rosso Diavolisanti '13	🍷🍷 2*
● Langhe Rosso Superboum '13	🍷🍷 2*
● Dogliani Sup. Bricco S. Bernardo '09	🍸🍸🍸 2*
● Dogliani '13	🍸🍸 2*
● Dogliani Sup. Bricco S. Bernardo '12	🍸🍸 2*
● Dogliani Sup. Bricco S. Bernardo '11	🍸🍸 2*
● Langhe Dolcetto '13	🍸🍸 2*
● Langhe Rosso Diavolisanti '12	🍸🍸 2*
● Langhe Rosso Diavolisanti '11	🍸🍸 2*
● Langhe Rosso Superboum '12	🍸🍸 2*

Bricco Maiolica

FRAZ. RICCA
VIA BOLANGINO, 7
12055 DIANO D'ALBA [CN]
TEL. 0173612049
www.briccomaiolica.it

VENDITA DIRETTA
VISITA SU PRENOTAZIONE
OSPITALITÀ
PRODUZIONE ANNUA 110.000 bottiglie
ETTARI VITATI 24,00
AZIENDA SOSTENIBILE

Le etichette proposte ogni anno dalla valida cantina di Beppe Accomo sono arrivate a 12, con l'ultimo nato che è addirittura un Barolo. Il Contadin, proposto per la prima volta nella vendemmia 2012, nasce in un piccolissimo vigneto nella porzione del comune di Diano d'Alba che fa parte della zona del Barolo e va ad aggiungersi a un ventaglio di proposte che, pur essendo imperniate sui classici vitigni della zona, comprendono anche selezioni di Chardonnay, Sauvignon, Pinot Nero e Merlot. La cantina merita sicuramente la visita, ancor meglio se accompagnata da un soggiorno nel curato agriturismo aziendale. Ancora un Tre Bicchieri per lo splendido Cumot, annata 2013: perfetta e gioiosa armonia tra delicati tannini, molta polpa fruttata e rinfrescante acidità in questo che è un vero prototipo del grande Nebbiolo d'Alba. Prugna, ciliegia e cacao emergono da un elegante sfondo di rovere nella complessa Barbera d'Alba Vigna Vigia '13. Elegante avvolgenza nel moderno Chardonnay Pensiero Infinito '12. Struttura contenuta nel Barolo Contadin '12.

Vino	Bicchieri	
● Nebbiolo d'Alba Sup. Cumot '13	🍷🍷🍷	5
● Barbera d'Alba Sup. V. Vigia '13	🍷🍷	5
○ Langhe Bianco Pensiero Infinito '12	🍷🍷	6
● Barolo Contadin '12	▼▼	8
● Langhe Merlot Filius '13	▼▼	5
○ Langhe Sauvignon Castella '15	▼▼	3
● Barbera d'Alba '14	▼	3
● Dolcetto di Diano d'Alba '15	▼	3
○ Langhe Chardonnay Rolando '15	▼	3
● Langhe Pinot Nero Perlei '13	▼	5
● Diano d'Alba Sup. Sörì Bricco Maiolica '07	▽▽▽	3*
● Nebbiolo d'Alba Cumot '10	▽▽▽	4*
● Nebbiolo d'Alba Cumot '09	▽▽▽	4*
● Barbera d'Alba Sup. V. Vigia '12	▽▽	5
● Nebbiolo d'Alba Sup. Cumot '12	▽▽	5

Bricco Mondalino

REG. MONDALINO, 5
15049 VIGNALE MONFERRATO [AL]
TEL. 0142933204
www.gaudiovini.it

VENDITA DIRETTA
VISITA SU PRENOTAZIONE
PRODUZIONE ANNUA 80.000 bottiglie
ETTARI VITATI 14,00

Azienda di Vignale Monferrato, situata in località Mondalino, zona particolarmente suggestiva dal punto di vista paesaggistico. La produzione è strettamente legata alla tradizione monferrina. In produzione ottime interpretazioni di Barbera con o senza affinamento in legno e Grignolino, con una versione base e una selezione di grappoli. Da non sottovalutare i vini vivaci da Freisa e Barbera che, con la loro semplicità nella beva e un adeguato abbinamento, possono rappresentare un break interessante al tradizionale consumo di vini giovani nella versione ferma. Tra i vini presentati emerge prepotente il Monte della Sala '13, un Grignolino intenso, con note di spezie e tabacco, che si allungano in una fase gustativa ricca e avvolgente, dal finale molto persistente. A seguire un bella versione della Malvasia di Casorzo, in un'interpretazione di Mauro Gaudio di grande piacevolezza, grazie all'equilibrio tra zuccheri residui e acidità. Complessa, con un bel frutto croccante e un palato solido, la Barbera del Monferrato Superiore '14.

Vino	Bicchieri	
● Grignolino del M.to Casalese Monte della Sala '13	🍷🍷	4
● Barbera del M.to Sup. '14	▼▼	2*
● Malvasia di Casorzo Dolce Stil Novo '15	▼▼	2*
● Barbera d'Asti Il Bergantino '13	▼	3
● Grignolino del M.to Casalese '15	▼	3
● Barbera d'Asti Il Bergantino '12	▽▽	4
● Barbera d'Asti Il Bergantino '10	▽▽	3
● Barbera d'Asti Zerolegno '13	▽▽	4
● Barbera del M.to Gaudium Magnum '11	▽▽	6
● Grignolino del M.to Casalese '12	▽▽	2*
● Grignolino del M.to Casalese Bricco Mondalino '13	▽▽	2*
● Grignolino del M.to Casalese Bricco Mondalino '03	▽▽	2
● Malvasia di Casorzo Dolce Stil Novo '13	▽▽	2*
● Malvasia di Casorzo Dolce Stil Novo '12	▽▽	2*

Francesco Brigatti

VIA OLMI, 31
28019 SUNO [NO]
TEL. 032285037
www.vinibrigatti.it

VENDITA DIRETTA
VISITA SU PRENOTAZIONE
PRODUZIONE ANNUA 25.000 bottiglie
ETTARI VITATI 6,50

MötZiflon, Mötfrei, Campazzi: sono i tre toponimi principali della porzione collinare di Suno su cui si distribuiscono i circa sette ettari vitati curati da Francesco Brigatti, interprete sempre più apprezzato del comprensorio novarese. Parcelle piuttosto diverse per esposizioni e matrici pedologiche, che spaziano dalle argille alle sabbie, alle giaciture limose e ferrose. E si riflettono in soluzioni di cantina modulari per i rossi da nebbiolo più importanti: il MötZiflon e il Ghemme Oltre il Bosco affinano in rovere di Slavonia da 30 ettolitri, il Mötfrei in tonneau di Allier. Completano il quadro le etichette a base barbera, uva rara, vespolina ed erbaluce. Versatilità interpretativa ben evidenziata nella Vespolina Maria '15 e nel Nebbiolo MötZiflon '13: rossi solidi e slanciati, di ottima prospettiva. Si cresce in intensità e armonia nel Ghemme Oltre il Bosco '11, con le sue sensazioni di erbe secche e liquirizia, frutta rossa e genziana, i tannini eleganti, il finale lungo e salato.

● Ghemme Oltre il Bosco '11	🍷🍷 4
● Colline Novaresi Nebbiolo Motziflon '13	🍷🍷 3
● Colline Novaresi Vespolina Maria '15	🍷🍷 3
● Colline Novaresi Barbera Campazzi '15	🍷 3
● Colline Novaresi Uva Rara Selvalunga '15	🍷 2
● Colline Novaresi Barbera Campazzi '13	🍷🍷 3
○ Colline Novaresi Bianco Mottobello '14	🍷🍷 2*
● Colline Novaresi Nebbiolo Mötfrei '12	🍷🍷 3
● Colline Novaresi Nebbiolo Mötfrei '11	🍷🍷 3*
● Colline Novaresi Nebbiolo MötZiflon '12	🍷🍷 3*
● Colline Novaresi Nebbiolo MötZiflon '11	🍷🍷 3
● Colline Novaresi Uva Rara Selvalunga '13	🍷🍷 2*
● Colline Novaresi Vespolina Maria '14	🍷🍷 2*
● Colline Novaresi Vespolina Maria '13	🍷🍷 2*
● Ghemme Oltre il Bosco '10	🍷🍷 4

Broglia - Tenuta La Meirana

LOC. LOMELLINA, 22
15066 GAVI [AL]
TEL. 0143642998
www.broglia.it

VENDITA DIRETTA
VISITA SU PRENOTAZIONE
OSPITALITÀ
PRODUZIONE ANNUA 480.000 bottiglie
ETTARI VITATI 65,00

Con oltre sessanta ettari vitati, su un totale che sfiora i cento, la Meirana rappresenta una delle realtà agricole più importanti di Gavi. Sono i fratelli Gian Piero e Paolo Broglia a guidarla oggi, raccogliendo il testimone dal padre Bruno, che l'ha avviata puntando tutto sul vitigno cortese, non a caso protagonista assoluto della gamma. Lavorate esclusivamente in acciaio e caratterizzate da uno stile agile e nervoso, le versioni ferme sono Il Doge, La Meirana e la selezione Bruno Broglia, che affina più a lungo sulle fecce fini e si segnala per un fruttato più ricco e maturo. Senza dimenticare i due Roverello Spumante e il rosso Le Pernici, blend di barbera e dolcetto. Sono due millesimi molto diversi a dialogare nelle selezioni a tema Gavi di Gavi. L'essenziale magrezza della 2014 si avverte nel Bruno Broglia, comunque affascinante col suo corredo di erbe fresche e polvere pirica. La solare generosità della 2015 conferisce invece maturità fruttata e vigore sapido al La Meirana.

○ Gavi del Comune di Gavi La Meirana '15	🍷🍷 3*
○ Gavi del Comune di Gavi Bruno Broglia '14	🍷🍷 5
● Barbera d'Asti Sup. '13	🍷 3
○ Gavi del Comune di Gavi Roverello Brut '14	🍷 3
○ Gavi del Comune di Gavi Bruno Broglia '12	🍷🍷🍷 5
○ Gavi del Comune di Gavi Bruno Broglia '08	🍷🍷🍷 5
○ Gavi del Comune di Gavi Bruno Broglia '07	🍷🍷🍷 5
○ Gavi del Comune di Gavi Bruno Broglia '13	🍷🍷 5
○ Gavi del Comune di Gavi Bruno Broglia '11	🍷🍷 5
○ Gavi Il Doge '13	🍷🍷 2*
○ Gavi Il Doge '12	🍷🍷 2*

★Brovia

via Alba-Barolo, 145
12060 Castiglione Falletto [CN]
Tel. 017362852
www.brovia.net

VENDITA DIRETTA
VISITA SU PRENOTAZIONE
PRODUZIONE ANNUA 60.000 bottiglie
ETTARI VITATI 17,00
VITICOLTURA Biologico Certificato

Quando si dice uno stile, ancor prima che un marchio. Perché il nome Brovia evoca da lustri un'idea ben precisa di quel che può e vuole essere un grande Barolo: leggiadria ed eleganza quasi rarefatte, a restituire con chirurgica costanza gli umori di vigne di statura superiore come Rocche, Villero e Garblèt Sué di Castiglione Falletto o Cà Mia di Serralunga. Lavorati tradizionalmente con fermentazioni spontanee in cemento di 15-20 giorni e maturazioni in botti grandi per circa 3 anni, sono vini che soprattutto rendono merito alla sensibilità interpretativa dei suoi artefici attuali, le sorelle Cristina ed Elena, con Alejandro Sanchez Solana. Ancora una prova da incorniciare per i Barolo di Brovia. Per il lungo invecchiamento consigliamo il Brea Vigna Ca' Mia '12, sulle prime chiuso e contratto, ma di stoffa preziosa. È già pienamente leggibile nella sua magnificenza il Rocche di Castiglione '12, vero e proprio paradigma del grande nebbiolo con la sua sinfonia di lampone, anice e tabacco. Aromi di sicuro fascino nel classico Villero.

- ● Barolo Rocche di Castiglione '12 — 8
- ● Barolo Brea V. Ca' Mia '12 — 8
- ● Barolo Villero '12 — 8
- ● Barolo Garblèt Sué '12 — 8
- ● Barolo Brea V. Ca' Mia '10 — 8
- ● Barolo Ca' Mia '09 — 8
- ● Barolo Ca' Mia '00 — 8
- ● Barolo Ca' Mia '96 — 8
- ● Barolo Monprivato '90 — 8
- ● Barolo Rocche dei Brovia '06 — 7
- ● Barolo Villero '10 — 8
- ● Barolo Villero '11 — 8
- ● Barolo Villero '08 — 7
- ● Barolo Villero '06 — 7

G. B. Burlotto

via Vittorio Emanuele, 28
12060 Verduno [CN]
Tel. 0172470122
www.burlotto.com

VENDITA DIRETTA
VISITA SU PRENOTAZIONE
OSPITALITÀ
PRODUZIONE ANNUA 60.000 bottiglie
ETTARI VITATI 15,00

Le migliori cantine di Langa si riconoscono in primo luogo nella naturalezza dei passaggi generazionali. Emblematico in questo senso l'esempio della G.B. Burlotto, fondata a metà '800 dal "Commendatore" Giovan Battista e oggi condotta dal bravo Fabio Alessandria, enologo, insieme ai genitori Giuseppe e Marina. Lavorano su circa 15 ettari, metà dei quali destinati a nebbiolo (Monvigliero, Neirane, Breri, Rocche dell'Olmo a Verduno, Cannubi a Barolo). La restante parte si divide fra barbera, dolcetto, pelaverga, sauvignon e freisa, varietà protagoniste in una batteria di marca indubbiamente tradizionale, con affinamenti in rovere da 35 a 50 ettolitri per i Barolo. Classicità stilistica incarnata al meglio nel Cannubi '12, con brillanti richiami di lampone, radici, erbe medicinali, traghettati nel sorso solido ma ben bilanciato: Tre Bicchieri armonici e raffinati. Profilo aromatico più speziato e grana tannica molto misurata nell'affascinante Monvigliero '12. Appena più spigoloso l'Acclivi.

- ● Barolo Cannubi '12 — 7
- ● Barolo Monvigliero '12 — 7
- ● Barolo Acclivi '12 — 6
- ○ Langhe Sauvignon Viridis '15 — 3
- ● Verduno Pelaverga '15 — 3
- ○ Langhe Sauvignon Dives '14 — 3
- ● Barolo Acclivi '11 — 6
- ● Barolo Acclivi '07 — 6
- ● Barolo Monvigliero '10 — 7
- ● Barbera d'Alba Aves '13 — 4
- ● Barolo '11 — 6
- ● Barolo Cannubi '11 — 7
- ● Barolo Vign. Monvigliero '11 — 7
- ○ Langhe Sauvignon Dives '13 — 3
- ● Verduno Pelaverga '14 — 3

★Piero Busso

VIA ALBESANI, 8
12052 NEIVE [CN]
TEL. 017367156
www.bussopiero.com

VENDITA DIRETTA
VISITA SU PRENOTAZIONE
PRODUZIONE ANNUA 45.000 bottiglie
ETTARI VITATI 11,50
AZIENDA SOSTENIBILE

Albesani Borgese, Gallina, Santo Stefanetto, Mondino (da Balluro): sono i quattro cru di Barbaresco che svolgono regolarmente il ruolo di leader nella solida gamma firmata da Piero Busso. Assistito dalla moglie Lucia e dai figli Emanuela e Pierguido, si prende cura di una decina di ettari sparsi nei territori di Neive e Treiso, riservati praticamente in toto ai vitigni tipici di Langa. Interpretati senza dogmatismi tecnici, con scelte elastiche in rapporto al tipo di millesimo e alle caratteristiche delle parcelle: nebbiolo costantemente al passo coi tempi, non a caso apprezzati da una platea trasversale di appassionati. Assoluta classicità nel Barbaresco Gallina '12, un Tre Bicchieri che si presenta con note di china e fiori secchi, per poi passare a sentori di lampone e frutta di grandissima finezza e variegata complessità; bocca ricca e succosa con tannini fini e progressivi e lunghissimo finale. Struttura particolarmente robusta nel Vigna Borgese '12, che regala una rara soddisfazione gustativa. Tiratura purtroppo molto limitata per lo splendido Albesani Viti Vecchie '10.

● Barbaresco Gallina '12	8
● Barbaresco Albesani V. Borgese '12	7
● Barbaresco Albesani Viti Vecchie '10	8
● Barbaresco Mondino '13	5
● Barbaresco S. Stunet '13	7
● Barbera d'Alba S. Stefanetto '13	5
● Barbera d'Alba Majano '14	3
○ Langhe Bianco '14	3
● Langhe Nebbiolo '14	4
● Barbaresco Borgese '09	6
● Barbaresco Gallina '11	8
● Barbaresco Gallina '09	8
● Barbaresco S. Stunet '11	7

Ca' Bianca

REG. SPAGNA, 58
15010 ALICE BEL COLLE [AL]
TEL. 0144745420
www.cantinacabianca.it

VENDITA DIRETTA
VISITA SU PRENOTAZIONE
PRODUZIONE ANNUA 500.000 bottiglie
ETTARI VITATI 24,00

La cantina piemontese del Gruppo Italiano Vini ha le caratteristiche e i mezzi per elaborare al meglio le uve provenienti dai vigneti di proprietà. Una cantina tecnologica e bene organizzata, nella quale si vinificano diversi vini a denominazione. Nutrita la gamma di etichette: Arneis e Gavi per i bianchi; Barbera, Dolcetto d'Acqui, Nebbiolo e Barolo per i rossi. Moscato d'Asti, Asti Spumante e Brachetto d'Acqui per i vini da dessert. Batteria ristretta per Cà Bianca, che ci presenta solo una parte delle etichette in listino. A precedere il gruppo la Barbera D'Asti Superiore Chersì, con un buon corredo gusto olfattivo e un finale abbastanza persistente. L'Arneis ha un bouquet legato a note fruttate e un palato fresco e sapido, a sostegno di un finale piuttosto lungo. Il Dolcetto D'Acqui ha un buon corredo olfattivo: caratteristico e varietale. Mentre la Barbera Antè risente di un 2014 complicato dal punto di vista meteo.

● Barbera d'Asti Sup. Chersì '13	5
● Dolcetto d'Acqui '15	3
○ Roero Arneis '15	3
● Barbera d'Asti Sup. Antè '14	3
● Barbera d'Asti Sup. Antè '13	3
● Barbera d'Asti Sup. Antè '12	3
● Barbera d'Asti Sup. Antè '11	3
● Barbera d'Asti Sup. Chersì '12	3
● Barbera d'Asti Sup. Chersì '11	5
● Barbera d'Asti Teis '14	2*
● Barbera d'Asti Teis '13	2*
● Dolcetto d'Acqui '14	3
● Dolcetto d'Acqui '12	3

Ca' d'Gal

fraz. Valdivilla
s.da Vecchia di Valdivilla, 1
12058 Santo Stefano Belbo [CN]
Tel. 0141847103
www.cadgal.it

VENDITA DIRETTA
VISITA SU PRENOTAZIONE
OSPITALITÀ E RISTORAZIONE
PRODUZIONE ANNUA 95.000 bottiglie
ETTARI VITATI 12,00

Alessandro Boido è senza dubbio una delle firme più importanti del panorama moscatista per la storia dell'azienda e per la capacità di percorrere strade davvero poco battute, come quella di mettere sul mercato un Moscato d'Asti dopo cinque anni di affinamento in bottiglia. I vigneti aziendali si trovano soprattutto sulle colline di Santo Stefano Belbo, sorgono su terreni sabbiosi, bianchi e leggeri, con vigne di oltre sessant'anni di età, e vedono la presenza anche di chardonnay, sauvignon, pinot nero e freisa. Il Canelli Sant'Ilario '15 ha profumi intensi e raffinati di erbe officinali, menta e lime, e un palato straordinario per pienezza e complessità, ma anche fine e di grande freschezza. Molto validi anche il Lumine '15, più immediato ma sempre ricco e di carattere, e il Vigna Vecchia '10, vero "manifesto programmatico" di Alessandro, dalle note di agrumi, idrocarburi ed erbe aromatiche.

Vino	Bicchieri	
○ Moscato d'Asti Canelli Sant'Ilario '15	3 rossi	3*
○ Moscato d'Asti Lumine '15	2 rossi	3*
○ Moscato d'Asti V. Vecchia '10	2 rossi	7
○ Asti	2 neri	3
● Barbera d'Asti '13	1 nero	3
○ Langhe Bianco '15	1 nero	3
○ Moscato d'Asti V. V. '11	3 bianchi	3*
○ Moscato d'Asti Sant'Ilario '14	2 bianchi	3*
○ Moscato d'Asti V. V. '12	2 bianchi	4
○ Moscato d'Asti V. V. '07	2 bianchi	3*
○ Moscato d'Asti V. Vecchia '13	2 bianchi	4
○ Moscato d'Asti V. Vecchia '09	2 bianchi	7
○ Moscato d'Asti V. Vecchia '08	2 bianchi	3*

★Ca' del Baio

via Ferrere Sottano, 33
12050 Treiso [CN]
Tel. 0173638219
www.cadelbaio.com

VENDITA DIRETTA
VISITA SU PRENOTAZIONE
PRODUZIONE ANNUA 130.000 bottiglie
ETTARI VITATI 25,00

Una cantina di stampo prettamente familiare, con i genitori Giulio Grasso, cui abbiamo attribuito nel 2016 il premio di Viticoltore dell'Anno, e Luciana ormai sempre più validamente aiutati dalle tre giovani figlie. L'azienda guarda quindi decisamente al futuro e procede a un progressivo aumento della produzione. Ecco quindi che alle classiche e riuscitissime selezioni di Barbaresco (Marcarini, Vallegrande, Asili e Pora) si aggiunge dal 2011 una pregiata Riserva Asili, mentre i bianchi sono arricchiti da un riuscitissimo Riesling. Qualità a tutto campo. Molto sfaccettati gli aromi del raffinato e complesso Barbaresco Pora '12, con note di tabacco, liquirizia e bacche rosse fresche e sapidità al palato. Stramerita i Tre Bicchieri l'Asili Riserva '11, di particolare ampiezza e complessità olfattiva e dalla bocca potente ma di pregevole delicatezza. Ottimamente riuscito il Vallegrande '13. Degno interprete di un grandissimo vigneto il Barbaresco Asili '13, una profusione di erbe assolate e lamponi, elegante e potente.

Vino	Bicchieri	
● Barbaresco Asili Ris. '11	3 rossi	8
● Barbaresco Asili '13	2 rossi	6
● Barbaresco Pora '12	2 rossi	6
● Barbaresco Vallegrande '13	2 rossi	5
● Barbaresco Marcarini '13	2 neri	5
○ Langhe Riesling '14	2 neri	3
○ Moscato d'Asti 101 '15	2 neri	2*
○ Langhe Chardonnay Sermine '15	1 nero	3
● Barbaresco Asili '12	3 bianchi	6
● Barbaresco Asili '10	3 bianchi	6
● Barbaresco Asili '09	3 bianchi	5
● Barbaresco Asili '06	3 bianchi	5
● Barbaresco Pora '10	3 bianchi	6
● Barbaresco Pora '06	3 bianchi	6
● Barbaresco Pora '04	3 bianchi	6
● Barbaresco Valgrande '08	3 bianchi	5

Ca' Nova

via San Isidoro, 1
28010 Bogogno [NO]
Tel. 0322863406
www.cascinacanova.it

VENDITA DIRETTA
VISITA SU PRENOTAZIONE
OSPITALITÀ
PRODUZIONE ANNUA 35.000 bottiglie
ETTARI VITATI 10,00

È già passato un ventennio da quando Giada Codecasa cominciò a immaginare il suo ambizioso progetto produttivo e ricettivo a San Isidoro di Bogogno. Luogo di incantevole bellezza, che accoglie buona parte delle proprietà vitate, insieme al Golf Club, all'omonimo Relais Ca' Nova, la serra fotovoltaica per la produzione di ortaggi biologici ed energia pulita. Poco distante c'è vigna San Quirico, storico cru di nebbiolo alla base di quella che è l'etichetta di punta insieme al Ghemme. Nella gamma trovano spazio anche i due Metodo Classico della linea Jad'Or, il Rosé da nebbiolo e il Brut da erbaluce, utilizzato anche per il bianco fermo e secco Rugiada. Anche stavolta arrivano dalle selezioni a tema nebbiolo le indicazioni più convincenti. I Colline Novaresi Melchiòr e San Quirico, e il Ghemme Riserva '09 condividono il medesimo accento maturo e boscoso, le timbriche di ruggine e radici, lo scheletro gustativo all'insegna di calore e fittezza tannica. Più snello e disteso il Bocciolo '15.

● Colline Novaresi Nebbiolo Melchiòr '09	🍷🍷 3*
● Ghemme Ris. '09	🍷🍷 5
● Colline Novaresi Nebbiolo Bocciòlo '15	🍷🍷 2*
● Colline Novaresi Nebbiolo V. San Quirico '09	🍷🍷 4
○ Colline Novaresi Bianco Rugiada '15	🍷 2
⊙ Colline Novaresi Nebbiolo Aurora '15	🍷 2
○ Jad'or Brut M. Cl.	🍷 4
○ Colline Novaresi Bianco Rugiada '14	🍷🍷 2*
⊙ Colline Novaresi Nebbiolo Aurora '14	🍷🍷 2*
● Colline Novaresi Nebbiolo V. San Quirico '07	🍷🍷 4
○ Extra Brut M. Cl. Jad'Or	🍷🍷 3
● Ghemme '09	🍷🍷 5
● Ghemme '08	🍷🍷 4
● Ghemme '07	🍷🍷 4

Ca' Rome'

s.da Rabajà, 86
12050 Barbaresco [CN]
Tel. 0173635126
www.carome.com

VENDITA DIRETTA
VISITA SU PRENOTAZIONE
PRODUZIONE ANNUA 30.000 bottiglie
ETTARI VITATI 5,00

La cantina di Romano Marengo, che si avvale da qualche anno della determinante collaborazione dei figli Paola e Giuseppe, non è interessata alle luci della ribalta e mantiene un profilo appartato e schivo, almeno in Italia. Succede così che questi vini buonissimi si trovino più nei ristoranti di New York che in quelli delle Langhe o di Venezia, più sulle guide enologiche britanniche che su quelle italiane. I vini nascono in grandi vigneti sia a Barbaresco sia a Serralunga d'Alba e sono solo rossi a base di uve nebbiolo e barbera: robusti e potenti ma mai aggressivi, tradizionali ed eleganti, complessi e longevi. Nel Barolo Rapet '12 si colgono aromi di grande profondità e ben stratificati che iniziano con frutti freschi quali il lampone, per proseguire con tabacco e liquirizia, infine genziana; la bocca è importante e ricca, con finale lungo e avvolgente. Fiori secchi e frutta rossa matura nel Barbaresco Maria di Brun '11, sempre all'altezza della meritata fama che lo circonda.

● Barbaresco Sorì Rio Sordo '13	🍷🍷 6
● Barolo Rapet '12	🍷🍷 7
● Barbaresco Chiaramanti '13	🍷🍷 7
● Barbaresco Sorì Rio Sordo '06	🍷🍷🍷 7
● Barolo Rapet '11	🍷🍷🍷 7
● Barolo Rapet '08	🍷🍷🍷 7
● Barolo V. Cerretta '09	🍷🍷🍷 7
● Barbaresco Chiaramanti '12	🍷🍷 7
● Barbaresco Maria di Brun '11	🍷🍷 8
● Barbaresco Maria di Brun '10	🍷🍷 7
● Barbaresco Rio Sordo '12	🍷🍷 7
● Barolo Cerretta '11	🍷🍷 7
● Barolo Cerretta '10	🍷🍷 7
● Barolo Rapet '10	🍷🍷 7
● Barolo Rapet Ris. '09	🍷🍷 8

★★Ca' Viola

BORGATA SAN LUIGI, 11
12063 DOGLIANI [CN]
TEL. 017370547
www.caviola.com

VENDITA DIRETTA
VISITA SU PRENOTAZIONE
OSPITALITÀ E RISTORAZIONE
PRODUZIONE ANNUA 60.000 bottiglie
ETTARI VITATI 12,00

Beppe Caviola finge di non accorgersi di aver ormai superato i 25 anni di attività, per cui prosegue con giovanile passione l'attività sia di celebrato enologo consulente di cantine di prestigio in tutta Italia sia di produttore in prima persona, nella pregevole sede di cui si è dotato a Dogliani. I successi iniziali sono venuti dal Dolcetto e dalla Barbera d'Alba, entrambi derivanti da vigneti in Rodello d'Alba, poi è entrato in gara anche il Barolo, proposto dal 2006 e in continuo miglioramento anche grazie alla crescente maturità delle viti del cru Sottocastello di Novello. Affinato in cantina per oltre quattro anni prima della commercializzazione, il Barolo Sottocastello di Novello '11 (9000 bottiglie) conquista i Tre Bicchieri grazie ai raffinati aromi di frutta rossa fresca uniti a una componente balsamica; la bocca è in perfetto equilibrio, succosa e già godibilissima. Interessante novità sono le 5500 bottiglie dell'aromatico e citrino Langhe Riesling, proveniente da una vigna a oltre 600 metri di altitudine nel comune di Cissone. Un plauso alla Barbera Bric du Luv '14.

● Barolo Sottocastello di Novello '11	8
● Barbera d'Alba Bric du Luv '14	5
○ Langhe Riesling '14	5
● Barbera d'Alba Brichet '14	4
● Dolcetto d'Alba Barturot '14	4
● Dolcetto d'Alba Vilot '15	3
● Langhe Nebbiolo '14	5
● Barbera d'Alba Bric du Luv '12	5
● Barbera d'Alba Bric du Luv '10	5
● Barbera d'Alba Bric du Luv '07	5
● Barolo Sottocastello '06	7
● Barolo Sottocastello di Novello '10	7
● Barolo Sottocastello di Novello '08	7
● Dolcetto d'Alba Barturot '07	3
● Dolcetto d'Alba Barturot '05	3
● Langhe Nebbiolo '08	5
● Langhe Rosso Bric du Luv '05	5

Ca.Vi.Mon. - Cantina Iuli

FRAZ. MONTALDO
VIA CENTRALE, 27
15020 CERRINA MONFERRATO [AL]
TEL. 0142946657
www.iuli.it

VENDITA DIRETTA
VISITA SU PRENOTAZIONE
OSPITALITÀ
PRODUZIONE ANNUA 50.000 bottiglie
ETTARI VITATI 8,50
VITICOLTURA Biologico Certificato

La Cantina Viticoltori del Monferrato (Ca. Vi.Mon.), nata nel 1998, raggiunge la maggiore età. Diciotto vendemmie che hanno forgiato quella che oggi è una delle aziende leader del Monferrato Casalese, un territorio in crescita dal punto di vista della qualità ma che soprattutto si sta liberando dall'idea di poter produrre solo vini semplici da consumo quotidiano. Uno degli artefici di questa svolta è Fabrizio Iuli, pragmatico e illuminato vignaiolo, che ha perseguito la sua idea di qualità senza scendere a compromessi. La batteria di vini presentata, se pur orfana di alcuni pezzi pregiati dell'azienda, si difende alla grande, con una speciale versione della Barbera Rossore. Di colore rubino profondo, quasi impenetrabile, al naso ci accoglie con aromi fruttati, su note di incenso e spezie. Palato portentoso, per densità e persistenza finale. Nino, da uve pinot nero, ha caratteristiche gusto olfattive leggermente orientate al vegetale e una buona armonia complessiva.

● Rossore	5
● Nino	5
● Barbera del M.to Sup. Barabba '10	6
● Barbera del M.to Sup. Barabba '04	5
● Barbera del M.to Sup. Barabba '07	5
● Barbera del M.to Sup. Barabba '06	5
● Barbera del M.to Sup. Barabba '03	5
● Barbera del M.to Sup. Barabba Magnum '04	5
● Barbera del M.to Sup. Rossore '12	5
● Barbera del M.to Sup. Rossore '10	3*
● Barbera del M.to Sup. Rossore '09	3*
● Barbera del M.to Sup. Rossore '07	3*
● M.to Rosso Malidea '11	5
● M.to Rosso Malidea '07	5
● M.to Rosso Nino '10	5

Cantina del Glicine

via Giulio Cesare, 1
12052 Neive [CN]
Tel. 017367215
www.cantinadelglicine.it

VENDITA DIRETTA
VISITA SU PRENOTAZIONE
PRODUZIONE ANNUA 37.000 bottiglie
ETTARI VITATI 6,00

Cantina del Glicine è una piccola azienda a conduzione familiare appartenente ad Adriana Marzi e Roberto Bruno, ben conosciuta dagli abituali viaggiatori di Langa per la magnifica cantina interrata risalente al '600. Le varietà tradizionali dominano nei circa cinque ettari: i nebbiolo da Barbaresco sono vinificati separatamente per il Currà, il Marcorino e il Vigne Sparse, mentre la barbera confluisce nelle selezioni La Sconsolata e La Dormiosa. E nell'insieme vanno a comporre una batteria stilisticamente connotata per rigore e coerenza territoriale, oltre che estremamente conveniente per accessibilità e prezzi. Purtroppo l'affiatata coppia Adriana Marzi Roberto Bruno non ripete l'exploit dello scorso anno. I risultati ottenuti sono comunque di tutto rispetto, soprattutto quando si prendono in considerazione i cru di Barbaresco. Quest'anno non c'è lotta: la punta di diamante della cantina è il Currà 2013 che offre un insieme di grande equilibrio e finezza. Il Marcorino 2013 appare meno compiuto e ancora un po' grossolano.

● Barbaresco Currà '13	🍷🍷 5
● Barbaresco Marcorino '13	🍷🍷 5
● Barbaresco Vigne Sparse '13	🍷🍷 5
● Barbera d'Alba Sup. La Dormiosa '14	🍷🍷 3
● Dolcetto d'Alba Olmiolo '15	🍷🍷 2*
● Nebbiolo d'Alba Calcabrume '14	🍷🍷 3
● Barbera d'Alba La Sconsolata '14	🍷 3
○ Roero Arneis Il Mandolo '15	🍷 3
● Barbaresco Currà '10	YYY 4*
● Barbaresco Marcorino '12	YYY 5
● Barbaresco Currà '12	YY 5
● Barbaresco Vigne Sparse '12	YY 5
● Barbera d'Alba La Sconsolata '13	YY 2*
● Barbera d'Alba Sup. La Dormiosa '13	YY 3

Cantina del Nebbiolo

via Torino, 17
12050 Vezza d'Alba [CN]
Tel. 017365040
www.cantinadelnebbiolo.com

VENDITA DIRETTA
VISITA SU PRENOTAZIONE
PRODUZIONE ANNUA 300.000 bottiglie
ETTARI VITATI 300,00
VITICOLTURA Biologico Certificato

Questa storica cantina cooperativa, nata nel 1901 come Cantina Sociale Parrocchiale di Vezza d'Alba e ricostruita col nome attuale nel 1959, è una delle pochissime cantine sociali del territorio roerino. Oggi sono 175 i soci conferitori, con vigne situate in 18 diversi comuni nel Roero e nelle Langhe. La produzione, oltre ai vini da uve nebbiolo, vede etichette realizzate da molte altre uve autoctone. I vini, ben realizzati tecnicamente, intendono esprimere al meglio le caratteristiche del territorio. La selezione presentata ci è sembrata meno brillante di altre volte. Il Nebbiolo d'Alba Vigna Valmaggiore '14 presenta intensi profumi floreali con note di frutti rossi freschi e tabacco al naso, mentre il palato è di buona complessità e profondità. Il Barolo del Comune di Serralunga d'Alba '12 al naso è un po' segnato dal legno, nelle sue note di spezie dolci e carcadè, mentre il palato è invece più sul frutto e succoso, con note di lampone e ribes. Corretti gli altri vini.

● Barolo del Comune di Serralunga d'Alba '12	🍷🍷 6
● Nebbiolo d'Alba V. Valmaggiore '14	🍷🍷 3
● Barbera d'Alba '14	🍷 2
● Barolo '12	🍷 5
○ Langhe Favorita '15	🍷 2
○ Roero Arneis '15	🍷 2
○ Roero Arneis Arenarium '15	🍷 2
● Barbaresco '11	YY 4
● Barolo '10	YY 5
● Barolo Cannubi Boschis '11	YY 7
● Barolo del Comune di Serralunga d'Alba '11	YY 6
○ Langhe Nascetta Riveverse '14	YY 2*
● Nebbiolo d'Alba Valmaggiore '11	YY 2*

Cantina del Pino

S.DA OVELLO, 31
12050 BARBARESCO [CN]
TEL. 0173635147
www.cantinadelpino.com

PRODUZIONE ANNUA 38.000 bottiglie
ETTARI VITATI 7,00

Renato Vacca è il bisnipote di Domizio Cavazza, mitologico direttore della Real Scuola Enologica di Alba per oltre vent'anni, a cavallo tra fine '800 e inizio '900. Un'eredità culturale, ancor prima che produttiva, raccolta con ammirevole autorevolezza a Cantina del Pino. Tutto ruota attorno alle magnifiche parcelle di proprietà in cru importanti come Ovello e Albesani, interpretati in Nebbiolo di stile moderno, ma solo sulla carta, per l'utilizzo di legni piccoli negli affinamenti. Barbaresco classici fino al midollo, spensierati e al contempo austeri. I Barbaresco di Renato Vacca che necessitano tempo per smussare i propri spigoli escono sempre posticipati di un anno: in questa edizione abbiamo assaggiato i 2012. L'Ovello di Barbaresco sfiora i Tre Bicchieri grazie alla finezza dei profumi di anice e liquirizia e all'armonia generale che si sprigiona al palato. Il ruvido Albesani, proveniente da un vigneto di Neive, è destinato ai più pazienti, mentre il semplice Barbaresco non si può considerare un mero comprimario.

● Barbaresco Albesani '12	🔻🔻 6
● Barbaresco Ovello '12	🔻🔻 6
● Barbaresco '12	▼▼ 5
● Dolcetto d'Alba '15	▼▼ 3
● Langhe Nebbiolo '15	▼▼ 4
● Barbera d'Alba '14	▼ 4
● Barbaresco '04	▽▽▽ 5*
● Barbaresco '03	▽▽▽ 4*
● Barbaresco Albesani '05	▽▽▽ 6
● Barbaresco Ovello '07	▽▽▽ 6
● Barbaresco Ovello '99	▽▽▽ 5
● Barbaresco '10	▽▽ 5
● Barbaresco '09	▽▽ 5
● Barbaresco Albesani '10	▽▽ 6
● Barbaresco Ovello '10	▽▽ 6
● Barbaresco Ovello '09	▽▽ 6
● Barbera d'Alba '10	▽▽ 4

La Caplana

VIA CIRCONVALLAZIONE, 4
15060 BOSIO [AL]
TEL. 0143684182
www.lacaplana.com

VENDITA DIRETTA
VISITA SU PRENOTAZIONE
PRODUZIONE ANNUA 120.000 bottiglie
ETTARI VITATI 5,00

Liberamente ispirate ai celebri ritratti femminili dipinti da Amedeo Modigliani, le etichette de La Caplana raccontano la storia produttiva ultradecennale della famiglia Guido a Bosio. Una piccola realtà da sempre focalizzata su una doppia direttrice, bianchista con i Cortese di Gavi e rossista con i Dolcetto di Ovada, come da tradizione per una zona che fa da ideale confine tra l'Alessandrino e le prime propaggini dell'Appennino Ligure, con le sue vertiginose pendenze e le terre bianche ricche di argilla. Ne deriva una gamma composita d'impronta vigorosa e concreta, completata dalle Barbera provenienti dall'Astigiano, gli spumanti e lo Chardonnay. Sfida molto equilibrata tra i migliori vini targati La Caplana: il Gavi di Gavi '15 gioca più sul carattere che sui dettagli, la Barbera d'Asti Rubis '12 è intensa e seriosa nei suoi aromi di incenso e prugna, solo un po' scoperta negli apporti boisé. Mora, tabacco, cacao, il Dolcetto di Ovada Narcys '13 appare il più profondo e prospettico.

● Dolcetto di Ovada Narcys '13	🔻🔻 3*
○ Gavi Villa Vecchia '15	🔻🔻 2*
● Barbera d'Asti Rubis '12	▼▼ 3
● Dolcetto di Ovada '15	▼▼ 2*
○ Gavi del Comune di Gavi '15	▼▼ 2*
● Barbera d'Asti '14	▼ 2
○ Gavi '15	▼ 2
○ Piemonte Chardonnay '15	▼ 2
● Barbera d'Asti '13	▽▽ 2*
● Barbera d'Asti Rubis '11	▽▽ 3
● Dolcetto di Ovada Narcys '12	▽▽ 3*
○ Gavi '14	▽▽ 2*
○ Gavi del Comune di Gavi '14	▽▽ 2*
○ Gavi del Comune di Gavi '13	▽▽ 2*
○ Gavi Villa Vecchia '14	▽▽ 2*
○ Gavi Villavecchia '13	▽▽ 2*

Tenuta Carretta

LOC. CARRETTA, 2
12040 PIOBESI D'ALBA [CN]
TEL. 0173619119
www.tenutacarretta.it

VENDITA DIRETTA
VISITA SU PRENOTAZIONE
OSPITALITÀ E RISTORAZIONE
PRODUZIONE ANNUA 480.000 bottiglie
ETTARI VITATI 70,00

La Tenuta Carretta si trova in una zona, caratterizzata da un banco di gesso affiorante, conosciuta e citata fin dal XII secolo per i suoi vigneti. L'azienda è stata acquisita e completamente ristrutturata nel 1985 dalla famiglia Miroglio e conta su svariate tenute, dal corpo vitato vicino all'azienda, che dà vita ai classici vini roerini, a diversi vigneti nelle denominazioni Barolo e Barbaresco e alle vigne astigiane della Malgrà, grazie ai quali propone una gamma di vini ampia e diversificata. La Barbera d'Asti Superiore Fornace di Cerreto '13 presenta note di frutta rossa fresca con sfumature tostate e un palato di buona materia ben sostenuto dall'acidità, mentre è più scorrevole e su toni di erbe aromatiche la Barbera d'Asti Superiore Gaiana '13. Ben realizzati anche il Barolo Cannubi '11 intenso al naso, con note di china e tabacco e un palato piuttosto austero, il Barbaresco Cascina Bordino '12, piacevole e armonico, dai tannini ben integrati, e il Roero Arneis Cayega '15, aromatico e fresco.

Vino	Valutazione
● Barbaresco Cascina Bordino '12	🍷🍷 6
● Barbera d'Asti Sup. Fornace di Cerreto '13	🍷🍷 2*
● Barbera d'Asti Sup. Gaiana '13	🍷🍷 3
● Barolo Cannubi '11	🍷🍷 8
○ Roero Arneis Cayega '15	🍷🍷 3
● Barbera d'Asti Briga della Mora '15	🍷 5
● Barbera d'Asti Sup. Nizza Mora dei Sassi '13	🍷 5
● Barolo Vign. in Cannubi '00	YYY 7
● Barbaresco Garassino '12	YY 5
● Barbera d'Alba Sup. Bric Quercia '13	YY 3
● Barbera d'Asti Sup. Fornace di Cerreto '12	YY 2*
● Barolo Cascina Ferrero '11	YY 6
○ Roero Arneis Cayega '14	YY 3

La Casaccia

VIA D. BARBANO, 10
15034 CELLA MONTE [AL]
TEL. 0142489986
www.lacasaccia.biz

VENDITA DIRETTA
VISITA SU PRENOTAZIONE
PRODUZIONE ANNUA 25.000 bottiglie
ETTARI VITATI 6,70
VITICOLTURA Biologico Certificato

I coniugi Rava stanno valorizzando al meglio la loro piccola realtà monferrina. Consolidata la produzione vitivinicola su livelli di eccellenza, oggi accolgono anche i turisti in visita a Cella Monte. Magnifica fotografia di un angolo di Piemonte, riconosciuto dall'Unesco come insieme di paesaggi, storia e cultura legati alla produzione del vino, unico al mondo. Alla Casaccia fanno la loro parte: vini biologici da vitigni autoctoni da abbinare a formaggi e salumi locali, magari ascoltando un quartetto jazz. Tra i vini presentati è la Barbera Calichè a guadagnarsi la finale con una bella versione 2013. Di colore rubino quasi impenetrabile, al naso si apre su aromi di frutti maturi e note di spezie dolci, per convergere su un palato ricco e strutturato, sorretto da una bella acidità. Bricco dei Boschi è una Barbera legata ad aromi terziari: bacche nere e note di china, che mettono in risalto la personalità e l'equilibrio dell'insieme. Da segnalare la Freisa Monfiorenza e il Brut da chardonnay e pinot nero.

Vino	Valutazione
● Barbera del M.to Calichè '13	🍷🍷 3*
● Barbera del M.to Bricco dei Boschi '13	🍷🍷 3
● M.to Freisa Monfiorenza '14	🍷🍷 3
○ La Casaccia Brut M.Cl. '12	🍷 4
● Barbera d'Asti Sup. Calichè '06	YY 3*
● Barbera del M.to Sup. Bricco del Bosco '07	YY 2*
● Grignolino del M.to Casalese Poggeto '14	YY 2*
● Grignolino del M.to Casalese Poggeto '10	YY 2
● Grignolino del M.to Casalese Poggeto '08	YY 2*
● Grignolino del M.to Casalese Poggeto '07	YY 3*
○ La Casaccia Brut M.Cl. '10	YY 4
● M.to Freisa Monfiorenza '13	YY 3

Casalone

via Marconi, 100
15040 Lu [AL]
Tel. 0131741280
www.casalone.it

VENDITA DIRETTA
VISITA SU PRENOTAZIONE
PRODUZIONE ANNUA 50.000 bottiglie
ETTARI VITATI 10,00

Lu Monferrato è un paese di poco più di mille abitanti, al centro di un ipotetico triangolo i cui vertici sono Alessandria, Asti, Casale Monferrato. Con una storia che va dai Celti ai Romani, per arrivare ai Gonzaga e ai Savoia. In questo antico angolo di Piemonte Paolo Casalone prosegue nel solco tracciato dai suoi antenati nel coltivare la vigna, regalandoci vere perle di enologia contadina. In produzione oggi una dozzina di etichette, che spaziano dai vini da vitigni classici monferrini agli internazionali Merlot e Pinot Nero. Da segnalare l'ottimo lavoro fatto con il vitigno aromatico malvasia greca, da cui ottiene un bianco fermo, uno Spumante Metodo Classico e un Passito. Tra i vini presentati in degustazione fantastico il Grignolino '15 La Caplëtta: intenso al naso, con belle note di pepe e tabacco, ad anticipare un palato armonico ed equilibrato, dal finale tannico e persistente. Rubermillo è una Barbera d'Asti di ottima fattura, così come Monemvasia Brut e Bianco Affinato in Barrique, entrambe da malvasia greca.

● Piemonte Grignolino La Capletta '15	TT 3*
● Barbera d'Asti Rubermillo '13	TT 3
○ Monemvasia Affinato Barrique	TT 4
○ Monemvasia Brut M. Cl.	TT 4
● Barbera del M.to Bricco Santa Maria '14	T 2
● Barbera del M.to Sup. Bricco Morlantino '12	T 2
○ Monemvasia	T 2
● Barbera d'Asti Rubermillo '11	YY 3*
● Barbera d'Asti Rubermillo '05	YY 2*
● Barbera del M.to Bricco Morlantino Sup. '06	YY 2*
● Barbera del M.to Sup. Bricco Morlantino '07	YY 2*
● M.to Rosso Rus '08	YY 3
● M.to Rosso Rus '07	YY 3*

Cascina Barisél

reg. San Giovanni, 30
14053 Canelli [AT]
Tel. 0141824848
www.barisel.it

VENDITA DIRETTA
VISITA SU PRENOTAZIONE
PRODUZIONE ANNUA 35.000 bottiglie
ETTARI VITATI 4,50

La famiglia Penna è proprietaria della Cascina Barisel da oltre mezzo secolo e da oltre trent'anni produce e imbottiglia i propri vini. Il vigneto aziendale, che circonda la cascina, è situato su terreni calcarei e vede principalmente la presenza delle uve classiche della zona, barbera e moscato, con piante che in media vanno dai quaranta ai sessant'anni (alcune viti di barbera superano i settanta). È qui che nascono i vini più importanti dell'azienda, di grande tipicità e riconoscibilità territoriale. La Barbera d'Asti Superiore La Cappelletta è sempre tra le migliori della tipologia. La versione 2013 presenta esuberanti note di prugna al naso, con sfumature balsamiche e di tabacco, e un palato importante, lungo, ricco di frutto, piacevole e armonico. Ben riuscite anche la Barbera d'Asti '15, tutta giocata su vibrante acidità e frutto rosso fresco, immediata e accattivante, e la Barbera d'Asti Superiore Listoria '14, di buona polpa e persistenza.

● Barbera d'Asti Sup. La Cappelletta '13	TT 4
● Barbera d'Asti '15	TT 2*
● Barbera d'Asti Sup. Listoria '14	TT 2*
○ M.to Bianco Foravìa '15	T 2
○ Moscato d'Asti Canelli Barisel '15	T 2
● Barbera d'Asti '14	YY 2*
● Barbera d'Asti '12	YY 2*
● Barbera d'Asti Sup. La Cappelletta '12	YY 4
● Barbera d'Asti Sup. Listoria '13	YY 2*
● Barbera d'Asti Sup. Listoria '12	YY 2*
● Barbera d'Asti Sup. Listoria '11	YY 2*
○ Moscato d'Asti Canelli '14	YY 2*
○ Moscato d'Asti Canelli '13	YY 2*

Cascina Bongiovanni

Loc. Uccellaccio
via Alba Barolo, 3
12060 Castiglione Falletto [CN]
Tel. 0173262184
www.cascinabongiovanni.com

VENDITA DIRETTA
VISITA SU PRENOTAZIONE
OSPITALITÀ
PRODUZIONE ANNUA 35.000 bottiglie
ETTARI VITATI 7,20
AZIENDA SOSTENIBILE

È un'azienda a dimensioni artigianali quella di Davide Mozzone, custode di una tradizione viticola molto radicata, avviata dal nonno Giovanni. Siamo a Castiglione Falletto, nel cuore produttivo delle Langhe, oltre ai preziosi appezzamenti nel comune, Davide può contare su due vigneti in Casglione Falletto, altrettanti a Monforte d'Alba e un vigneto di dolcetto a Diana d'Alba. La batteria dei vini è ampia e ben segmentata, dalla cifra stilistica pacatamente estrattiva. Goloso e succosissimo il Diano d'Alba '15 che sfrutta al meglio le caratteristche vendemmiali, coniugando frutto fragrante, sapore e lunghezza ragguardevole. Molto buono anche il Dolcetto d'Alba di pari millesimo. Il Barolo '12 si offre intenso e sfaccettato con aromi fruttati e brillanti, impreziosito da un sottofondo di tabacco; al sorso mostra un profilo progressivo in virtù di tannini cremosi e acidità, ben bilanciati dalla polpa e dalla dolcezza dell'alcol. Ancora leggermente imbrigliato dal rovere nuovo il Barolo Pernanno '12.

Vino	Bicchieri	
● Barolo Pernanno '12	▼▼ (rossi)	7
● Dolcetto di Diano d'Alba '15	▼▼ (rossi)	3*
● Barolo '12	▼▼	6
● Dolcetto d'Alba '15	▼▼	3
○ Langhe Arneis '15	▼	3
● Barolo Pernanno '01	▽▽▽	6
● Barbera d'Alba '13	▽▽	3
● Barolo '11	▽▽	5
● Barolo '10	▽▽	5
● Barolo Pernanno '11	▽▽	6
● Barolo Pernanno '10	▽▽	6
● Dolcetto di Diano d'Alba '14	▽▽	2*
● Langhe Rosso Faletto '13	▽▽	4

★Cascina Ca' Rossa

Loc. Cascina Ca' Rossa, 56
12043 Canale [CN]
Tel. 017398348
www.cascinacarossa.com

VENDITA DIRETTA
VISITA SU PRENOTAZIONE
PRODUZIONE ANNUA 90.000 bottiglie
ETTARI VITATI 16,00
VITICOLTURA Biologico Certificato

La famiglia Ferrio propone alcuni tra i vini più autentici e affascinanti di tutto il Roero. L'azienda può contare su vigneti di proprietà in cru come Audinaggio e Mompissano per il nebbiolo e Mulassa per la barbera, che sono tra i più importanti e reputati del territorio e dai quali nascono i vini di punta, dai Roero alla Barbera d'Alba. Di impostazione tradizionale, sono vini che riescono a esprimere al meglio la finezza e l'eleganza tipiche dei terreni sabbiosi di questa zona. Angelo ha deciso di non produrre nel 2014 le selezioni. Quindi niente Roero Audinaggio e niente Barbera d'Alba Mulassa. Il Roero Mompissano Riserva '13 però non li fa rimpiangere e si conquista i Tre Bicchieri. Dai profumi floreali con note di anice e frutta rossa matura al naso, ha un palato fine e allo stesso tempo complesso, ricco di spezie, pieno e sapido, con un finale lungo e dai tannini eleganti. Ben realizzati il fresco Roero Arneis Merica '15 e il piacevole e immediato Langhe Nebbiolo '15.

Vino	Bicchieri	
● Roero Mompissano Ris. '13	▼▼▼ (rossi)	5
● Langhe Nebbiolo '15	▼▼	3
○ Roero Arneis Merica '15	▼▼	3
● Barbera d'Alba Mulassa '04	▽▽▽	4*
● Roero Audinaggio '07	▽▽▽	5
● Roero Audinaggio '06	▽▽▽	5
● Roero Mompissano Ris. '12	▽▽▽	5
● Roero Mompissano Ris. '10	▽▽▽	5
● Roero Mompissano Ris. '07	▽▽▽	6
● Barbera d'Alba '14	▽▽	3
● Barbera d'Alba Mulassa '11	▽▽	5
● Langhe Nebbiolo '12	▽▽	3
○ Roero Arneis Merica '14	▽▽	3

Cascina Chicco

via Valentino, 14
12043 Canale [CN]
Tel. 0173979411
www.cascinachicco.com

VENDITA DIRETTA
VISITA SU PRENOTAZIONE
PRODUZIONE ANNUA 410.000 bottiglie
ETTARI VITATI 46,00
AZIENDA SOSTENIBILE

Nata negli anni Cinquanta con l'acquisto di un ettaro di vigne a Canale, l'azienda della famiglia Faccenda ha saputo in questi anni affermarsi come una delle più importanti aziende vinicole del Roero. Sono sei i vigneti aziendali, situati in veri e propri cru in diversi comuni, come Mompissano a Canale, Valmaggiore a Vezza d'Alba o Ginestra a Monforte d'Alba, per una produzione complessiva di 14 etichette che vanno dai classici roerini, innanzitutto Roero e Roero Arneis, ai Barolo. Molto ben realizzato il Barolo Ginestra Riserva '09, dai toni di fiori secchi ed erbe officinali, disteso, lungo e dai tannini setosi. Tra i migliori prodotti aziendali ci sono anche due vini che provengono da veri e propri cru roerini: il Roero Valmaggiore Riserva '13, che ha toni fruttati con note di tabacco e spezie, mentre il palato è ricco di polpa e di notevole struttura, ma con tannini un po' troppo in evidenza, e il Nebbiolo d'Alba Mompissano '14, in cui spiccano sentori di lampone su un palato pieno e denso.

● Barolo Ginestra Ris. '09	🍷🍷	7
● Nebbiolo d'Alba Monpissano '14	🍷🍷	3*
● Roero Valmaggiore Ris. '13	🍷🍷	4
● Barbera d'Alba Bric Loira '14	🍷🍷	4
● Barbera d'Alba Granera Alta '15	🍷🍷	2*
● Barolo Rocche di Castelletto '12	🍷🍷	5
⊙ Cuvée Zero Rosé	🍷🍷	4
○ Arcass V.T.	🍷	4
○ Cuvée Zero Extra Brut M. Cl.	🍷	4
○ Roero Arneis Anterisio '15	🍷	2
● Roero Montespinato '14	🍷	3
○ Arcàss Passito '04	🍷🍷🍷	4
● Roero Valmaggiore Ris. '12	🍷🍷🍷	4*

Cascina Corte

fraz. San Luigi
b.ta Valdiberti, 33
12063 Dogliani [CN]
Tel. 0173743539
www.cascinacorte.it

VENDITA DIRETTA
VISITA SU PRENOTAZIONE
OSPITALITÀ
PRODUZIONE ANNUA 30.000 bottiglie
ETTARI VITATI 5,00
VITICOLTURA Biologico Certificato
AZIENDA SOSTENIBILE

Sandro Barosi, per tanti Sandrino, è lo specchio della sua azienda Doglianese: senza artifici, semplice nel contenuto come nella forma. Schiettezza di parola e di beva. Una conduzione biologica non strillata, quella di Barosi, che si prende anche i suoi rischi, condivisi con la compagna Amalia Battaglia. E cosa poteva fare se non il Dolcetto, il vino della quotidianità campestre langarola? Il suo Dogliani Superiore Pirochetta conta su piante di 60 anni. E l'idea di casa e di accoglienza torna nel grazioso B&B, poche camere in un casolare del '700 ristrutturato con materiali naturali. Con l'aiuto dell'ottima annata 2015, in particolar modo per l'uva dolcetto, Sandro torna a ottimi livelli con l'intera gamma, pur in assenza del Pirochetta non prodotto nella vendemmia 2014. Ovviamente, le nostre preferenze vanno al Dogliani 2015 per la sua esuberanza di bacche nere al naso e per l'ottima struttura che non preclude una beva vellutata. Fine nei profumi e sapido al gusto il Nebbiolo: uno dei migliori vinificato in azienda.

● Dogliani '15	🍷🍷	3*
● Barbetto	🍷🍷	2*
● Langhe Nebbiolo '14	🍷🍷	4
● Langhe Barbera '14	🍷	3
● Dogliani Vecchie V. Pirochetta '08	🍷🍷🍷	3*
● Dogliani '14	🍷🍷	3
● Dogliani '13	🍷🍷	3
● Dogliani Pirochetta V. V. '10	🍷🍷	3
● Dogliani Sup. Pirochetta V. V. '13	🍷🍷	3
● Dogliani Sup. Pirochetta V. V. '12	🍷🍷	3*
● Dogliani Sup. Pirochetta V. V. '11	🍷🍷	3*
● Langhe Barbera '11	🍷🍷	3
● Langhe Nebbiolo '13	🍷🍷	4
● Langhe Nebbiolo '11	🍷🍷	3

Cascina del Monastero

FRAZ. ANNUNZIATA
CASCINA LUCIANI, 112A
12064 LA MORRA [CN]
TEL. 0173509245
www.cascinadelmonastero.it

VENDITA DIRETTA
VISITA SU PRENOTAZIONE
OSPITALITÀ
PRODUZIONE ANNUA 40.000 bottiglie
ETTARI VITATI 12,00
VITICOLTURA Biologico Certificato
AZIENDA SOSTENIBILE

Giuseppe Grasso e la sua famiglia hanno realizzato una valida realtà, da visitare anche per la bellezza della struttura e per l'accogliente agriturismo che ne fa parte. Lo stile dei vini è complessivamente tradizionale, ma non è privo di quegli accorgimenti che consentono di donare eleganza e raffinatezza. Qui si utilizzano solo le uve rosse classiche della zona - nebbiolo, barbera e dolcetto - se non si vuole tenere conto delle minuscole quantità di merlot e cabernet sauvignon utilizzate per due vini di assemblaggio. Le etichette di Barolo nascono sia nella zona dell'Annunziata di La Morra sia in un vasto e pregiato vigneto di Monforte d'Alba. Ottimo equilibrio tra speziatura del legno, frutta rossa e tabacco nei profumi del Barolo Bricco Rocca Riund Riserva '10; la bocca è di buon corpo con bella fittezza tannica e un buon finale lungo e polposo, non privo di freschezza. Penetrante il profumo del Barolo Bricco Luciani 12, con frutta rossa e nera piuttosto matura unita a ricordi di cacao; palato di buon corpo, piuttosto alcolico. Una nota di merito va al delicato, complesso ed equilibrato Nebbiolo '12.

● Barolo Bricco Rocca Riund Ris. '10	▼▼ (rosso)	6
● Barbera d'Alba Sup. Parroco '13	▼▼	3
● Barolo Bricco Luciani '12	▼▼	6
● Barolo Perno '12	▼▼	5
● Langhe Nebbiolo Monastero '12	▼▼	3
● Dolcetto d'Alba Sup. '13	▼	2
● Barbera d'Alba Lepriè '10	▽▽	2*
● Barbera d'Alba Sup. Perno '12	▽▽	3
● Barolo Bricco Luciani '11	▽▽	6
● Barolo Bricco Luciani '10	▽▽	6
● Barolo Bricco Luciani '09	▽▽	5
● Barolo Bricco Rocca Riund Ris. '09	▽▽	6
● Barolo Perno '11	▽▽	5
● Barolo Perno '10	▽▽	5
● Barolo Perno '09	▽▽	5
● Barolo Riund Ris. '08	▽▽	7

Cascina Fonda

VIA SPESSA,29
12052 MANGO [CN]
TEL. 0173677877
www.cascinafonda.com

VENDITA DIRETTA
VISITA SU PRENOTAZIONE
OSPITALITÀ
PRODUZIONE ANNUA 110.000 bottiglie
ETTARI VITATI 12,00

L'azienda guidata dai fratelli Marco e Massimo Barbero è ormai una realtà ben conosciuta nell'ambito moscatista. Cascina Fonda conta svariati vigneti nei comuni di Mango, dove sorge la cantina, e Neive, tutti impiantati principalmente a moscato, cui si affiancano altri vitigni tradizionali, come il dolcetto, il nebbiolo o l'arneis. Le vigne sono situate per la maggior a circa 450 metri di altitudine, con piante che vanno dai trentacinque ai sessant'anni di età.
Quest'anno ci è particolarmente piaciuto il Moscato Spumante Tardivo '14, dalla spiccata nota aromatica, nitida e precisa, seguita da toni di arancia rossa, pesca matura e canditi, e con un palato fine e complesso, dolce e pieno ma perfettamente equilibrato dall'acidità. Ben realizzati anche l'Asti Spumante Bel Piasì '15, fresco al naso nei suoi aromi di lime e menta, ma con un palato ricco e dolce che rischia di risultare leggermente stucchevole nel finale, e il Dolcetto d'Alba Brusalino '14, piacevole e di facile beva.

○ Moscato Spumante Tardivo '14	▼▼ (rosso)	3*
○ Asti Spumante Bel Piasì '15	▼▼	2*
● Dolcetto d'Alba Brusalino '14	▼▼	2*
○ Moscato d'Asti Bel Piano '15	▼	2
○ Umberto Extra Dry	▼	4
○ Asti Spumante Bel Piasì '13	▽▽	2*
○ Asti Spumante Bel Piasì '12	▽▽	2*
● Barbaresco Bertola '12	▽▽	5
● Barbaresco Bertola '10	▽▽	5
○ Moscato d'Asti Bel Piano '14	▽▽	2*
○ Moscato d'Asti Bel Piano '13	▽▽	2*
○ Moscato Spumante Tardivo '12	▽▽	3*
○ Moscato Spumante Tardivo '11	▽▽	3

Cascina Fontana

loc. Perno
v.lo Della Chiesa, 2
12065 Monforte d'Alba [CN]
Tel. 0173789005
www.cascinafontana.com

VENDITA DIRETTA
VISITA SU PRENOTAZIONE
PRODUZIONE ANNUA 25.000 bottiglie
ETTARI VITATI 5,00
AZIENDA SOSTENIBILE

Mario Fontana è un cinquantenne pacato e ottimista, fiero di aver creato una propria autonoma azienda agricola poco più di vent'anni or sono. La sua idea di vino è particolarmente legata alla naturalezza e alla bevibilità, quindi niente legni invasivi - anzi cemento quando serve - e mai strutture troppo concentrate e muscolose, nel più preciso rispetto dell'uva e delle diverse vendemmie. Sino all'annata 2012 ha proposto un solo Barolo, frutto dell'unione delle uve di vigneti situati nei comuni di Castiglione Falletto e La Morra, mentre si annuncia la prossima uscita di una selezione del pregiatissimo cru Villero. Gradevoli note di erbe secche e spezie sono intercalate a richiami di liquirizia e lampone, costruendo un Barolo '12 di notevole complessità e finezza: un Tre Bicchieri dalla bocca molto classica, con tannini morbidi e grande finale sapido e avvolgente. Sottile, fresca e nitida la Barbera d'Alba '14; ricco e severo lo strutturato Nebbiolo dello stesso anno.

● Barolo '12	🍷🍷🍷 6
● Barbera d'Alba '14	🍷🍷 3
● Langhe Nebbiolo '14	🍷🍷 4
● Dolcetto d'Alba '15	🍷 2
● Barolo '10	🍷🍷🍷 7
● Barbera d'Alba '13	🍷🍷 3
● Barbera d'Alba '12	🍷🍷 5
● Barbera d'Alba '11	🍷🍷 5
● Barbera d'Alba '09	🍷🍷 3
● Barolo '11	🍷🍷 6
● Barolo '09	🍷🍷 7
● Barolo '08	🍷🍷 7
● Dolcetto d'Alba '11	🍷🍷 3
● Langhe Nebbiolo '13	🍷🍷 4
● Langhe Nebbiolo '10	🍷🍷 4
● Langhe Nebbiolo '09	🍷🍷 3

Cascina Gilli

via Nevissano, 36
14022 Castelnuovo Don Bosco [AT]
Tel. 0119876984
www.cascinagilli.it

VENDITA DIRETTA
VISITA SU PRENOTAZIONE
OSPITALITÀ
PRODUZIONE ANNUA 130.000 bottiglie
ETTARI VITATI 17,00

Sono davvero poche le aziende che propongono una produzione di alta qualità da vitigni autoctoni tanto tradizionali quanto poco praticati come la freisa e la malvasia di Castelnuovo. Cascina Gilli di Gianni Vergnano realizza diverse versioni di Freisa, da frizzante a ferma, d'annata a vino da invecchiamento, e di Malvasia di Castelnuovo, sia ferma che spumante, fornendo una pietra di paragone per le tipologie e un'interpretazione autentica del territorio. L'azienda produce anche vini da uve barbera e bonarda. Quest'anno a spiccare è la Barbera d'Asti Le More '15, dalle note terrose e con sentori di frutti neri, un palato fitto e opulento ma non pesante, tannini fini e acidità ben presente. Sempre di ottimo livello anche le Freisa d'Asti, Il Forno '14, dalle note di pepe e tabacco rialzate da sentori di frutta rossa al naso, con un palato lungo e severo dal finale amarognolo, e l'Arvelé '13, più fitta e densa, giocata tutta sul frutto. Ben realizzato il vino dolce da uve malvasia di Schierano Dlicà.

● Barbera d'Asti Le More '15	🍷🍷 2*
● Dlicà	🍷🍷 3
● Freisa d'Asti Arvelé '13	🍷🍷 3
● Freisa d'Asti Il Forno '14	🍷🍷 2*
○ Piemonte Chardonnay Rafé '15	🍷🍷 2*
● Freisa d'Asti Frizzante Luna di Maggio '15	🍷 2
● Piemonte Bonarda Sernù '14	🍷 2
● Barbera d'Asti Le More '13	🍷🍷 2*
● Barbera d'Asti Le More '12	🍷🍷 2*
● Freisa d'Asti Arvelé	🍷🍷 3
● Malvasia di Castelnuovo Don Bosco '14	🍷🍷 2*
● Piemonte Bonarda Sernù '11	🍷🍷 2*

Cascina Giovinale

S.da San Nicolao, 102
14049 Nizza Monferrato [AT]
Tel. 0141793005
www.cascinagiovinale.it

VENDITA DIRETTA
VISITA SU PRENOTAZIONE
PRODUZIONE ANNUA 25.000 bottiglie
ETTARI VITATI 7,00
AZIENDA SOSTENIBILE

Cascina Giovinale è nata all'inizio degli anni Ottanta dalla passione di Bruno Ciocca e Anna Maria Solaini, per realizzare vini di qualità e dalla forte identità territoriale. Le vigne, tutte situate sulla collina di San Nicolao, appena fuori Nizza Monferrato, sorgono su terreni calcareo sabbiosi, con una modesta quantità di argilla permeabile. Barbera, moscato, dolcetto, cortese e cabernet sauvignon sono i vitigni coltivati, con la maggior parte delle viti impiantate tra il 1960 e il 1970. Questa piccola azienda ci ha presentato solo le due Barbera d'Asti Superiore, ma sono entrambe di altissimo livello. La Nizza Anssèma '13 ha profumi intensi e ricchi, con note di china, liquirizia e frutti neri, e un palato sapido, di grande struttura e fittezza, ma anche grintoso e ben sostenuto dall'acidità, per un finale lungo e succoso, mentre la 2012 presenta classici aromi di prugna e ciliegia matura, accompagnati da note speziate, per un palato fresco e polposo, equilibrato e di grande piacevolezza.

● Barbera d'Asti Sup. '12	YY	2*
● Barbera d'Asti Sup. Nizza Anssèma '13	YY	3*
● Barbera d'Asti Sup. '11	YY	2*
● Barbera d'Asti Sup. '10	YY	2*
● Barbera d'Asti Sup. '09	YY	2*
● Barbera d'Asti Sup. '07	YY	2*
● Barbera d'Asti Sup. Nizza Anssèma '12	YY	4
● Barbera d'Asti Sup. Nizza Anssèma '11	YY	3
● Barbera d'Asti Sup. Nizza Anssèma '10	YY	3*
● Barbera d'Asti Sup. Nizza Anssèma '09	YY	3*
● Barbera d'Asti Sup. Nizza Anssèma '08	YY	4
● Barbera d'Asti Sup. Nizza Anssèma '07	YY	4
● Barbera d'Asti Sup. Nizza Anssèma '06	YY	4*

★★Cascina La Barbatella

S.da Annunziata, 55
14049 Nizza Monferrato [AT]
Tel. 0141701434
www.labarbatella.com

VENDITA DIRETTA
VISITA SU PRENOTAZIONE
PRODUZIONE ANNUA 25.000 bottiglie
ETTARI VITATI 4,00

La famiglia Perego gestisce con passione e competenza questa storica azienda, composta da un corpo unico di pochi ettari vitati posti ad anfiteatro attorno alla cascina situata sopra Nizza Monferrato. La barbera è l'uva di riferimento, con viti di oltre 70 anni di età, affiancata da cabernet sauvignon, pinot nero e meno di mezzo ettaro di uve bianche (cortese e sauvignon). I vini di punta dell'azienda sono un'interpretazione moderna e molto curata sia di Barbera in purezza che in blend con vitigni internazionali. La Barbera d'Asti Superiore Nizza La Vigna dell'Angelo '13 ha sentori di ciliegia nera e terra bagnata, china e liquirizia, palato ricco e succoso, con grande polpa ma anche tenuta acida, sapidità e un notevole allungo finale. Splendido anche il Monferrato Rosso Sonvico '11, blend paritario da barbera e cabernet sauvignon, ricchissimo di toni fruttati, dal ribes alla prugna, con ancora tracce di legno, e un palato fitto e polposo, con finale di splendida tensione e molto persistente.

● Barbera d'Asti Sup. Nizza V. dell'Angelo '13	YY	5
● M.to Rosso Sonvico '11	YY	6
● Barbera d'Asti La Barbatella '14	YY	3
● M.to Rosso Ruanera '13	YY	2*
○ La Badessa Brut M. Cl. '12	Y	4
● Barbera d'Asti Sup. Nizza V. dell'Angelo '11	YYY	5
● Barbera d'Asti Sup. Nizza V. dell'Angelo '07	YYY	5
● Barbera d'Asti Sup. Nizza V. dell'Angelo '01	YYY	5
● M.to Rosso Sonvico '09	YYY	6
● M.to Rosso Sonvico '06	YYY	5
● M.to Rosso Sonvico '04	YYY	5
● M.to Rosso Sonvico '03	YYY	5
● M.to Rosso Sonvico '10	YY	6

Cascina Montagnola

S.DA MONTAGNOLA, 1
15058 VIGUZZOLO [AL]
TEL. 3480742701
www.cascinamontagnola.com

VENDITA DIRETTA
VISITA SU PRENOTAZIONE
PRODUZIONE ANNUA 30.000 bottiglie
ETTARI VITATI 10,00

Azienda che nel tempo ha acquisito un suo spazio, nel panorama vitivinicolo del Tortonese. La produzione seguita dall'enologo Giovanni Bailo ha un taglio piuttosto moderno ma attento a un dosaggio degli affinamenti in legno, teso a non coprire le caratteristiche gusto olfattive, che vitigno e terreno trasmettono al prodotto finito. In produzione una dozzina di etichette, in prevalenza da uve autoctone - timorasso, cortese, barbera e croatina - e internazionali - sauvignon blanc, chardonnay e merlot. Batteria di vini equilibrata, con un Morasso '14 ancora non pienamente espresso ma con un bel carattere e acidità in evidenza. Margherita, da uve alloctone, ha dalla sua gioventù, potenza e persistenza, con un legno ancora evidente e un tannino energico nel finale. Per quanto riguarda i bianchi, risultano di ottima fattura il Cortese Dunin, con aromi di erbe fresche e note minerali, seguito dal Sauvignon Blanc Alcesti e dallo Chardonnay Risveglio.

○ Colli Tortonesi Cortese Dunin '15	TT	2*
○ Colli Tortonesi Timorasso Morasso '14	TT	4
● Margherita	TT	3
○ Alcesti '15	T	3
○ Risveglio '15	T	4
● Colli Tortonesi Barbera Amaranto '11	YY	2*
● Colli Tortonesi Barbera Rodeo '10	YY	5
● Colli Tortonesi Barbera Rodeo '09	YY	5
○ Colli Tortonesi Cortese Dunin '12	YY	2*
○ Colli Tortonesi Timorasso Derthona '10	YY	3*
○ Colli Tortonesi Timorasso Morasso '13	YY	4
○ Colli Tortonesi Timorasso Morasso '12	YY	4
○ Colli Tortonesi Timorasso Morasso '11	YY	4

Cascina Morassino

S.DA BERNINO, 10
12050 BARBARESCO [CN]
TEL. 0173635149
morassino@gmail.com

VENDITA DIRETTA
VISITA SU PRENOTAZIONE
PRODUZIONE ANNUA 20.000 bottiglie
ETTARI VITATI 4,50
AZIENDA SOSTENIBILE

Cascina Morassino è il classico esempio di cantina a gestione familiare langarola che può poggiare su una base agricola di prim'ordine: quattro curati ettari vitati di proprietà e una coppia di cru da sogno, per quanto ancora poco conosciuti. Sono solo due i vini prodotti con un'attenzione artigianale in tutta la gestione produttiva. Roberto Bianco, supportato dal padre Mauro, è fedele a una cifra stilistica tradizionale, con un uso saggio del legno e vini austeri e rigorosi, proposti a prezzi molto onesti. Il Barbaresco Morassino '13 possiede la magia del grande vino. È intenso e sfaccettato nei suoi freschi toni di lampone accompagnamenti a nitide note di viola e liquirizia; ha una struttura solida, con trama tannica fitta e progressiva, acidità pimpante e lungo finale maestoso. Il Barbaresco Ovello '13 offre sensazioni di erbe officinali e tabacco, con il frutto in secondo piano; al palato è essenziale, con un trama tannica asciutta e severa, e un'energia di fondo che fa ben sperare per i prossimi anni in bottiglia.

● Barbaresco Morassino '13	TT	5
● Barbaresco Ovello '13	TT	6
● Barbaresco Morassino '09	YYY	5
● Barbaresco Morassino '12	YY	5
● Barbaresco Morassino '11	YY	5
● Barbaresco Morassino '10	YY	5
● Barbaresco Morassino '08	YY	5
● Barbaresco Ovello '12	YY	6
● Barbaresco Ovello '11	YY	6
● Barbera d'Alba Vignot '09	YY	4
● Langhe Nebbiolo '09	YY	3
● Langhe Rosso '09	YY	4
● Langhe Rosso '08	YY	4

Cascina Pellerino

loc. Sant'Anna, 93
12040 Monteu Roero [CN]
Tel. 0173978171
www.cascinapellerino.com

VENDITA DIRETTA
VISITA SU PRENOTAZIONE
PRODUZIONE ANNUA 50.000 bottiglie
ETTARI VITATI 7,00
AZIENDA SOSTENIBILE

La Cascina Pellerino, fondata nel 1980 dalla famiglia Bono, dispone di vigneti di proprietà situati in diversi comuni del Roero, da Canale a Monteu Roero, da Santo Stefano Roero a Vezza d'Alba. Le uve coltivate sono quelle classiche del territorio, dalla favorita all'arneis, dal nebbiolo alla barbera. Oltre ai tipici vini roerini l'azienda propone un Metodo Classico realizzato con uve chardonnay, pinot nero e arneis. La cantina produce vini di stampo moderno, di buon frutto e bevibilità. In assenza dei vini di punta scheda in tono minore per l'azienda di Cristian Bono. Vista l'annata infatti non è stata prodotta la Barbera d'Alba Gran Madre '14, mentre il Roero Vigna del Padre Riserva '13 è stato imbottigliato solo a fine estate e dunque non in tempo per le nostre degustazioni. Nell'attesa ci sono piaciuti soprattutto il Roero Vicot '14, di media struttura ma succoso, di bella polpa fruttata, equilibrato e dai tannini piuttosto eleganti, e la piacevole e fruttata Barbera d'Alba Eleonora '15.

● Barbera d'Alba Eleonora '15	🍷🍷 3
● Roero Vicot '14	🍷🍷 4
○ Langhe Favorita Caterina '15	🍷 3
○ Roero Arneis Atipico '15	🍷 3
○ Roero Arneis Boneur '15	🍷 3
● Barbera d'Alba Gran Madre '13	🍷🍷 4
● Barbera d'Alba Gran Madre '12	🍷🍷 4
● Barbera d'Alba Sup. Gran Madre '11	🍷🍷 5
○ Roero Arneis Boneur '14	🍷🍷 3
○ Roero Arneis Boneur '13	🍷🍷 3
● Roero V. del Padre Ris. '12	🍷🍷 5
● Roero V. del Padre Ris. '10	🍷🍷 5
● Roero Vicot '13	🍷🍷 4
● Roero Vigna del Padre Ris. '11	🍷🍷 5

Cascina Salicetti

via Cascina Salicetti, 2
15050 Montegioco [AL]
Tel. 0131875192
www.cascinasalicetti.it

VENDITA DIRETTA
VISITA SU PRENOTAZIONE
PRODUZIONE ANNUA 25.000 bottiglie
ETTARI VITATI 16,00

Azienda in attività da generazioni, in quel di Montegioco, è oggi seguita dall'erede enologo, Anselmo Franzosi. La cantina in cima a una collina, con i suoi ripidi vigneti accorpati, è il regno di questo giovane dinamico, che segue l'intera filiera di produzione. I suoi sono vini ricchi e potenti, espressione di un territorio e della personalità di chi li crea. In produzione quasi esclusivamente vini da vitigni autoctoni, a eccezione del Cabernet Sauvignon. Quest'ultimo, vinificato in purezza, dà vita all'intrigante Colli Tortonesi Rosso Il Seguito. Tra i vini degustati è il Timorasso Ombra di Luna '13 a rubare la scena, con una fase gusto olfattiva che strizza l'occhio ai vini naturali per convergere in seguito in un finale intenso e persistente. La Barbera Morganti '13 presenta un intenso aroma di frutti rossi, sul quale emerge in seguito, un legno piuttosto evidente. La bocca è intensa e persistente, termina con un finale leggermente alcolico. Da segnalare il Colli Tortonesi Cortese Montarlino '15.

● Colli Tortonesi Barbera Morganti '13	🍷🍷 4
○ Colli Tortonesi Timorasso Ombra di Luna '13	🍷🍷 4
○ Colli Tortonesi Cortese Montarlino '15	🍷 4
● Colli Tortonesi Barbera Morganti '12	🍷🍷 4
○ Colli Tortonesi Cortese Montarlino '14	🍷🍷 4
○ Colli Tortonesi Cortese Montarlino '12	🍷🍷 2*
● Colli Tortonesi Croatina Risulò '12	🍷🍷 4
● Colli Tortonesi Dolcetto Di Marzi '12	🍷🍷 2*
● Colli Tortonesi Rosso Il Seguito '12	🍷🍷 2*
○ Colli Tortonesi Timorasso Ombra di Luna '12	🍷🍷 4
○ Colli Tortonesi Timorasso Ombra di Luna '11	🍷🍷 3*
○ Colli Tortonesi Timorasso Ombra di Luna '10	🍷🍷 3
○ Colli Tortonesi Timorasso Principio '10	🍷🍷 3

Cascina Val del Prete

s.da Santuario, 2
12040 Priocca [CN]
Tel. 0173616534
www.valdelprete.com

VENDITA DIRETTA
VISITA SU PRENOTAZIONE
PRODUZIONE ANNUA 55.000 bottiglie
ETTARI VITATI 11,00
VITICOLTURA Biologico Certificato

La Cascina Val del Prete è circondata dallo splendido vigneto aziendale disposto ad anfiteatro, considerato da molti come un vero e proprio cru. Fondata nel 1977 da Bartolomeo e Carolina Roagna, è gestita dal 1995 dal figlio Mario, che dal 2005 l'ha impostata secondo i principi della biodinamica. I vitigni coltivati sono quelli tipici della tradizione roerina: arneis, barbera e nebbiolo, per una gamma di vini altrettanto tipica, realizzata per dare una fedele interpretazione del territorio. A fronte di Roero risultati meno brillanti rispetto ad altre occasioni, hanno giocato il ruolo di protagonisti il Roero Arneis Luèt '15 – affascinante nei suoi toni di erbe aromatiche e frutta tropicale, e dal palato solido e pieno, con un finale piacevolmente amarognolo – e le due Barbera d'Alba. La Serra de' Gatti '15, dai profumi speziati con note di frutti neri, di buona spinta e lunghezza, e la Superiore Carolina '14, più segnata dal legno, ma comunque corposa e grintosa.

● Barbera d'Alba Serra de' Gatti '15	TT 3
● Barbera d'Alba Sup. Carolina '14	TT 5
○ Roero Arneis Luèt '15	TT 2*
● Roero Ris. '13	T 5
● Roero V. di Lino '13	T 5
● Nebbiolo d'Alba V. di Lino '00	YYY 5
● Roero '04	YYY 6
● Roero '03	YYY 6
● Roero '01	YYY 6
● Roero '00	YYY 6
● Roero Bricco Medica '12	YY 3
● Roero Vigna di Lino '12	YY 4
● Roero Ris. '11	YY 5

Francesca Castaldi

via Novembre, 6
28072 Briona [NO]
Tel. 0321826045
www.cantinacastaldi.it

VENDITA DIRETTA
VISITA SU PRENOTAZIONE
PRODUZIONE ANNUA 10.000 bottiglie
ETTARI VITATI 6,30

I guardiani del Fara, viene da dire, pensando al lavoro di valorizzazione sulla minuscola denominazione novarese ostinatamente portato avanti dai fratelli Francesca e Giuseppe Castaldi. La loro piccola azienda prende forma sulle colline moreniche di Briona, propaggine meridionale dell'areale, tra Pianazze, Val Ceresole e Belvedere: circa sei ettari reimpiantati nel 1997 e coltivati con protocolli bio a nebbiolo, vespolina, uva rara ed erbaluce. Varietà tradizionali che dialogano in un'autorevole batteria assolutamente consigliata a chi cerca vini luminosi e gastronomici, giocati sulla progressione più che sulla potenza. Con la vendemmia 2015 emerge tutta la personalità variopinta della gamma. Si va dalla grassezza bucciosa e speziata del Bianco Lucia alla sobria e dinamica fragranza del Rosato Rosa Alba, per non parlare dell'esuberanza agreste che accompagna la Vespolina Nina. Più cerebrale il Fara '12: tabacco e china, frutto quasi assente nel palato sottrattivo, in assestamento.

● Fara '12	TT 5
○ Colline Novaresi Bianco Lucia '15	TT 3
⊙ Colline Novaresi Rosato Rosa Alba '15	TT 3
● Colline Novaresi Vespolina Nina '15	TT 3
● Colline Novaresi Barbera Martina '13	T 3
● Colline Novaresi Nebbiolo Bigin '13	T 3
● Colline Novaresi Nebbiolo Bigin '12	YY 3
● Colline Novaresi Vespolina Nina '13	YY 3
● Colline Novaresi Vespolina Nina '12	YY 3
● Crepuscolo	YY 4
● Fara '11	YY 5
● Fara '10	YY 5
● Fara '09	YY 5

Castellari Bergaglio

FRAZ. ROVERETO, 136/R
15066 GAVI [AL]
TEL. 0143644000
www.castellaribergaglio.it

VENDITA DIRETTA
VISITA SU PRENOTAZIONE
PRODUZIONE ANNUA 90.000 bottiglie
ETTARI VITATI 11,00

Le ultime generazioni al timone di questa storica realtà gaviese sono rappresentate da Mario Bergaglio, che si occupa principalmente delle vigne, e dal figlio Marco, impegnato in cantina e sulla parte commerciale. Insieme curano una gamma interamente consacrata al cortese, coltivato su circa dieci ettari e declinato in ben sette versioni. Il Salluvii è per molti versi il base, Fornaci e Rolona segnalano le differenze di suoli ed esposizioni dei siti di Tassarolo e Gavi, il Rovereto gioca con la criomacerazione e la vigna più vecchia, il Pilin, matura in legno dopo una raccolta ritardata. Senza dimenticare il Metodo Classico Ardé e il passito Gavium. In questa tornata di assaggi si manifesta una volta di più la personalità multiforme dei Gavi di Castellari Bergaglio. Il Rovereto Vignavecchia '13 privilegia le sensazioni dolci e speziate, là dove il Rolona '15 evidenzia un profilo longilineo e scalpitante. La tipica possanza salina di Tassarolo illumina poi il notevole Fornaci '15.

○ Gavi del Comune di Tassarolo Fornaci '15	YY 2*
○ Gavi del Comune di Gavi Rovereto Vignavecchia '13	YY 3
○ Gavi del Comune di Gavi Pilin '13	Y 5
○ Gavi del Comune di Gavi Rolona '15	Y 3
○ Gavi del Comune di Gavi Rolona '13	YY 3*
○ Gavi del Comune di Gavi Rolona '12	YY 3
○ Gavi del Comune di Gavi Rovereto Vignavecchia '12	YY 3*
○ Gavi del Comune di Tassarolo Fornaci '14	YY 2*
○ Gavi Fornaci '13	YY 2*
○ Gavi Pilìn '12	YY 5
○ Gavi Salluvii '14	YY 2*
○ Gavi Salluvii '13	YY 2*
○ Gavi Salluvii '12	YY 2*

Castello di Gabiano

VIA SAN DEFENDENTE, 2
15020 GABIANO [AL]
TEL. 0142945004
www.castellodigabiano.com

VENDITA DIRETTA
VISITA SU PRENOTAZIONE
OSPITALITÀ E RISTORAZIONE
PRODUZIONE ANNUA 120.000 bottiglie
ETTARI VITATI 21,00

La splendida dimora dei Marchesi Cattaneo Adorno Giustiniani è oggi anche un punto di grande interesse turistico, sia dal punto di vista storico paesaggistico, che enogastronomico. Le eleganti suite e gli appartamenti situati nel borgo adiacente il castello e il ristorante ricavato dall'antica acetaia sono complementari a una esperienza decisamente affascinante. Tra i comprimari anche i prodotti dell'azienda vitivinicola, una decina le etichette in produzione da uve barbera, freisa, grignolino e pinot nero per i rossi, chardonnay e sauvignon blanc per i vini bianchi. Portabandiera della denominazione, il Gabiano Riserva ha naso ampio e articolato, per poi proseguire con palato possente, dal finale molto lungo. A seguire una versione elegante e speziata di Grignolino Il Ruvo. Tabacco e china su note ancora fruttate sono il preludio di Adornes '11: potente e fresco, dal finale persistente. Gavius, il Rubino di Cantavena e La Braja sono tutti di buona fattura.

● Gabiano A Matilde Giustiniani Ris. '10	YY 6
● Barbera d'Asti La Braja '14	YY 2*
● Barbera d'Asti Sup. Adornes '11	YY 6
● Grignolino del M.to Casalese Il Ruvo '15	YY 2*
● M.to Rosso Gavius '14	YY 3
● Rubino di Cantavenna '14	YY 3
○ M.to Bianco Corte '15	Y 3
● Piemonte Chardonnay Castello '14	Y 6
● Barbera d'Asti Sup. Adornes '10	YY 5
● Barbera d'Asti Sup. Adornes '07	YY 5*
● Gabiano Matilde Giustiniani Ris. '08	YY 6
● Grignolino del M.to Casalese Il Ruvo '13	YY 2*
○ M.to Bianco Corte '14	YY 3
⊙ M.to Chiaretto Castelvere '14	YY 2*
● M.to Rosso Gavius '12	YY 3*
○ Piemonte Chardonnay Castello '13	YY 5

Castello di Neive

c.so Romano Scagliola, 205
12052 Neive [CN]
Tel. 017367171
www.castellodineive.it

VISITA SU PRENOTAZIONE
PRODUZIONE ANNUA 170.000 bottiglie
ETTARI VITATI 26,00
AZIENDA SOSTENIBILE

Da qualche anno si è sdoppiata con l'ampia e moderna cantina utilizzata per le vinificazioni dei nebbiolo, ma il quartier generale della famiglia Stupino resta sempre lo storico castello che battezza l'azienda e ospita la suggestiva bottaia. Dove confluiscono le uve provenienti da circa trenta ettari, interamente compresi nel territorio di Neive: Basarin, Cortini, Gallina, Marcorino, Valtorta, solo alcune delle prestigiose parcelle declinate in una gamma completata dai vini a base barbera, dolcetto, pinot nero, grignolino e riesling. Il fiore all'occhiello sono comunque i Barbaresco del cru Santo Stefano, proposti anche in versione Riserva nelle migliori vendemmie. Tante opzioni di livello nella batteria di Castello di Neive ma il campione di casa è sempre l'Albesani Santo Stefano Riserva, magnifico anche in una versione sulla carta complicata come la 2011. Mirtilli e fiori secchi, tabacco e goudron, si snoda ampio e complesso in un sorso denso di forza e carattere, con tannini vellutati.

Vino	Bicchieri	
● Barbaresco Albesani S. Stefano Ris. '11	🍷🍷🍷	8
● Barbaresco Albesani S. Stefano '13	🍷🍷	6
● Barbaresco Gallina '13	▼▼	6
● Barbera d'Alba Sup. '13	▼▼	5
● Dolcetto d'Alba V. Basarin '15	▼▼	4
○ Langhe Arneis Montebertotto '15	▼▼	3
● Langhe Pinot Nero I Cortini '15	▼▼	5
● Piemonte Albarossa '13	▼▼	5
○ Piemonte Pinot Nero Brut M. Cl. '12	▼▼	5
● Barbera d'Alba V. S. Stefano '14	▼	4
● Barbaresco Albesani S. Stefano '12	▽▽▽	6
● Barbaresco S. Stefano Ris. '01	▽▽▽	7
● Barbaresco S. Stefano Ris. '99	▽▽▽	7
● Barbaresco '12	▽▽	5

Castello di Razzano

fraz. Casarello
via San Carlo, 2
15021 Alfiano Natta [AL]
Tel. 0141922124
www.castellodirazzano.it

VENDITA DIRETTA
VISITA SU PRENOTAZIONE
OSPITALITÀ
PRODUZIONE ANNUA 200.000 bottiglie
ETTARI VITATI 30,00

Tra Alfiano Natta e Cardona sulla provinciale 13 si trova la frazione Casarello. Sull'incrocio tra la provinciale e via San Carlo, che porta al Castello, ha sede la cantina dell'azienda. Qui si svolge tutta l'attività di vinificazione, imbottigliamento e stoccaggio. Nelle cantine del castello vengono affinati in legno i prodotti di punta dell'azienda. Tra i vini in produzione la denominazione prevalente è Barbera d'Asti, declinata in cinque versioni di cui quattro superiori. Altri vitigni utilizzati sono grignolino, ruché, moscato d'Asti, merlot, pinot nero, sauvignon blanc e chardonnay. In batteria una sola Barbera Superiore visto che le altre proseguono l'affinamento e verranno degustate nelle prossime edizioni della Guida. Una versione di Valentino Caligaris splendida in ogni fase della degustazione, a partire da un colore rubino impenetrabile, dal naso che profuma di prugna, caffè e cioccolato, per un palato straordinario, per concentrazione e trama tannica.

Vino	Bicchieri	
● Barbera d'Asti Sup. Valentino Caligaris '11	🍷🍷	5
● Barbera d'Asti La Leona '15	▼▼	2*
○ Costa al Sole '15	▼▼	2*
● Grignolino del M.to Casalese Pianaccio '15	▼	2
● Barbera d'Asti Sup. Campasso '07	▽▽	2*
● Barbera d'Asti Sup. Campasso '06	▽▽	2*
● Barbera d'Asti Sup. Del Beneficio '09	▽▽	4
● Barbera d'Asti Sup. Eugenea '11	▽▽	4
● Barbera d'Asti Sup. Eugenea '09	▽▽	4
● Barbera d'Asti Sup. Eugenea '06	▽▽	3
● Barbera d'Asti Sup. Eugenea '05	▽▽	3*
● Barbera d'Asti Sup. V. Valentino Caligaris '05	▽▽	5
● Barbera d'Asti Sup. V. Valentino Caligaris '04	▽▽	5

Castello di Tassarolo

Cascina Alborina, 1
15060 Tassarolo [AL]
Tel. 0143342248
www.castelloditassarolo.it

VENDITA DIRETTA
VISITA SU PRENOTAZIONE
PRODUZIONE ANNUA 130.000 bottiglie
ETTARI VITATI 20,00
VITICOLTURA Biologico Certificato
AZIENDA SOSTENIBILE

Il Castello di Tassarolo appartiene da oltre sette secoli ai Marchesi Spinola, proprietari di circa venti ettari vitati condotti con protocolli biodinamici già da diverse stagioni. Una scelta fortemente voluta dai fratelli Bonifacio e Massimiliana, assistiti da Vincenzo Muni e Henry Finzi-Constantine nell'interessante lavoro di rimodulazione stilistica, che passa anche attraverso etichette sperimentali realizzate senza aggiunta di solfiti, come il Monferrato Rosso (barbera e cabernet sauvignon) e la Barbera Titouan. Ma il fulcro della batteria è sempre sui bianchi da cortese: Spinola, Il Castello, Titouan, Alborina, cui si è aggiunto in tempi più recenti il Frizzante Sparkling. Solida prova d'insieme per la composita gamma del Castello di Tassarolo. Tra i Gavi '15 brilla per classicità, polpa e nerbo lo Spinola del Comune di Tassarolo: muschio e pietra focaia a dare ritmo aromatico. Incontriamo in fase decisamente più controversa l'Alborina '14, serrato a riccio ma robusto e verticale.

Vino	Bicchieri
○ Gavi del Comune di Tassarolo Spinola '15	🍷🍷 2*
○ Gavi del Comune di Tassarolo Alborina '14	🍷 3
○ Gavi del Comune di Tassarolo Spinola No Solfiti '15	🍷 2
○ Gavi Il Castello '15	🍷 3
● Piemonte Barbera Titouan '14	🍷 3
○ Gavi del Comune di Tassarolo Alborina '13	🍷🍷 3
○ Gavi del Comune di Tassarolo Alborina '13	🍷🍷 3*
○ Gavi del Comune di Tassarolo Il Castello '14	🍷🍷 2*
○ Gavi del Comune di Tassarolo Il Castello '13	🍷🍷 2*
○ Gavi del Comune di Tassarolo Il Castello '12	🍷🍷 2*
○ Gavi del Comune di Tassarolo Spinola '13	🍷🍷 2*
○ Gavi del Comune di Tassarolo Spinola '12	🍷🍷 2*
○ Gavi del Comune di Tassarolo Titouan '13	🍷🍷 3

Castello di Uviglie

via Castello di Uviglie, 73
15030 Rosignano Monferrato [AL]
Tel. 0142488132
www.castellodiuviglie.com

VENDITA DIRETTA
VISITA SU PRENOTAZIONE
PRODUZIONE ANNUA 90.000 bottiglie
ETTARI VITATI 25,00

Simone Lupano ha preso in mano l'azienda negli anni Ottanta e con serietà e pragmatismo l'ha trasformata nella bella azienda che conosciamo oggi. Grande qualità nella produzione, sin dai vini base, in un contesto storico importante come il Castello di Uviglie. A Simone dobbiamo anche riconoscere il coraggio di alcune scelte fatte nel tempo, puntando decisamente alla qualità del prodotto e scommettendo anche su tipologie poco presenti nel Monferrato Casalese come il 1491 da uve albarosssa, ma anche il Metodo Classico o il passito ottenuti da vitigni internazionali. Batteria di vini poderosa, che si apre con un Pico Gonzaga fantastico in ogni fase della degustazione. Al naso tabacco, spezie e liquirizia annunciano una complessità che al palato si trasforma in eleganza e armonia. Il San Bastiano Terre Bianche ci ha sorpresi con un naso strepitoso per eleganza e tipicità, per proseguire in un palato potente e ricco, dal finale lungo e raffinato.

Vino	Bicchieri
● Barbera del M.to Sup. Pico Gonzaga '13	🍷🍷🍷 5
● Grignolino del M.to Casalese San Bastiano Terre Bianche '12	🍷🍷 5
● Barbera del M.to Bricco del Conte '15	🍷🍷 2*
● Barbera del M.to Sup. Le Cave '14	🍷🍷 3
● Grignolino del M.to Casalese San Bastiano '15	🍷🍷 2*
○ Le Cave Extra Brut M. Cl. '12	🍷🍷 5
○ M.to Bianco San Martino '15	🍷🍷 2*
● M.to Rosso 1491 '13	🍷🍷 5
● Barbera del M.to Sup. Le Cave '13	🍷🍷🍷 3*
● Barbera del M.to Sup. Le Cave '09	🍷🍷🍷 3*
● Barbera del M.to Sup. Le Cave '07	🍷🍷🍷 3*
● Barbera del M.to Sup. Pico Gonzaga '07	🍷🍷🍷 4*
● Barbera del M.to Sup. Pico Gonzaga '12	🍷🍷 5
● Grignolino del M.to Casalese San Bastiano Terre Bianche '11	🍷🍷 5

Castello di Verduno

via Umberto I, 9
12060 Verduno [CN]
Tel. 0172470284
www.castellodiverduno.com

VENDITA DIRETTA
VISITA SU PRENOTAZIONE
OSPITALITÀ E RISTORAZIONE
PRODUZIONE ANNUA 68.000 bottiglie
ETTARI VITATI 10,00
AZIENDA SOSTENIBILE

Anche a un occhio distratto si palesa al primo sguardo la potenza evocativa del Castello di Verduno. Non soltanto per le secolari radici storiche e produttive, ma soprattutto per la sensazione di armonia e pace che si respira a pieni polmoni nel progetto guidato dai coniugi Gabriella Burlotto e Franco Bianco. Senza nulla togliere a una gamma priva di punti deboli, sono sempre i vini da pelaverga e nebbiolo a irradiare l'inconfondibile genius loci che si manifesta nel tratto versatile e spontaneo delle migliori riuscite. Con particolare riferimento ai cru di Verduno (Massara e Monvigliero) e Barbaresco (Faset e Rabajà), tutti affinati in botte grande. Una sfida più combattuta del solito, quella tra i nebbiolo di punta del Castello di Verduno. Il Massara '12 convince prima di tutto per la bocca potente e soave, là dove il Monvigliero Ris. '10 gioca maggiormente sui contrasti tra un naso leggiadro e la chiusura asciutta. Vigore balsamico ed equilibrio di beva nel riuscito Rabajà Ris. '11.

● Barbaresco Rabajà '13	6
● Barbaresco Rabajà Ris. '11	7
● Barolo Monvigliero Ris. '10	7
● Barbaresco '13	5
● Barbera d'Alba Bricco del Cuculo '14	4
● Barolo Massara '12	6
● Verduno Basadone '15	3
● Barbera d'Alba '15	3
● Langhe Nebbiolo '15	3
● Barbaresco Rabajà '04	6
● Barolo Massara '08	6
● Barolo Massara '01	6
● Barolo Monvigliero Ris. '08	7
● Barolo Monvigliero Ris. '04	7
● Barbaresco Rabajà '11	6
● Verduno Pelaverga Basadone '14	3

La Caudrina

s.da Brosia, 21
12053 Castiglione Tinella [CN]
Tel. 0141855126
www.caudrina.it

VENDITA DIRETTA
VISITA SU PRENOTAZIONE
PRODUZIONE ANNUA 200.000 bottiglie
ETTARI VITATI 24,00

Vigneti di più di quarant'anni di media, per una produzione in gran parte centrata sul moscato, è questa la realtà produttiva de La Caudrina, l'azienda della famiglia Dogliotti. Le vigne di moscato sono situate nel comune di Castiglione Tinella, su suoli principalmente marno calcarei, mentre nei vigneti di proprietà di Nizza Monferrato sono impiantati barbera, nebbiolo e dolcetto, e a Ottiglio Monferrato troviamo lo chardonnay. I vini sono improntati a una grande nitidezza e precisione aromatica. Sono i Moscato a fare la parte del leone. Il Moscato d'Asti La Caudrina '15 al naso presenta eleganti e freschi aromi di salvia e pesca, frutta tropicale e menta piperita, mentre al palato ha corpo e un importante residuo zuccherino, con un'acidità vibrante a dare equilibrio al tutto. Il Moscato d'Asti La Galeisa '15 presenta toni di frutta matura e candita, di buona ricchezza e lunghezza, mentre l'Asti La Selvatica è più aromatico, con note di salvia in primo piano, e un palato morbido e avvolgente.

○ Asti La Selvatica	3
○ Moscato d'Asti La Caudrina '15	3
○ Moscato d'Asti La Galeisa '15	3
● Barbera d'Asti La Solista '14	2
○ Lunatica Brut	4
○ Asti La Selvatica '12	3
● Barbera d'Asti La Solista '12	2*
● Barbera d'Asti La Solista '11	2*
● Barbera d'Asti Sup. Monte Venere '10	3
○ Moscato d'Asti '13	3*
○ Moscato d'Asti La Caudrina '11	3
○ Moscato d'Asti La Galeisa '12	3
○ Piemonte Moscato Passito Redento '11	4

★Cavallotto Tenuta Bricco Boschis

Loc. Bricco Boschis
via Alba-Monforte
12060 Castiglione Falletto [CN]
Tel. 017362814
www.cavallotto.com

VENDITA DIRETTA
VISITA SU PRENOTAZIONE
PRODUZIONE ANNUA 110.000 bottiglie
ETTARI VITATI 25,00
VITICOLTURA Biologico Certificato

Ai fratelli Alfio, Giuseppe e Laura Cavallotto va riconosciuto il merito speciale di tenere insieme un marchio dalla storia ultradecennale con un'immagine a dir poco fresca, giovane, al passo coi tempi. È l'ultima generazione all'opera alla tenuta Bricco Boschis di Castiglione Falletto, un corpo unico da circa 25 ettari condotto con protocolli bio. Ai nebbiolo da Barolo sono ovviamente destinate le migliori parcelle: San Giuseppe e Vignolo, proposte anche in versione Riserva nei millesimi più favorevoli, vinificate con l'ausilio di rotomaceratori e maturate in botte grande. Barbera, dolcetto, freisa, grignolino, pinot nero e chardonnay completano il quadro. Impressionante la proposta dei Barolo, capeggiata da un Bricco Boschis '12 che con i suoi Tre Bicchieri ben dimostra le potenzialità qualitative dell'annata. Qui c'è classicità a tutto tondo, con aromi che viaggiano tra il lampone e la fragolina di bosco, su un accenno di catrame e liquirizia, mentre il palato è al tempo stesso severo e ricco di polpa. Imperdibile la versione 2013 della Barbera Vigna del Cuculo, tra le più riuscite di sempre.

Vino	Bicchieri	
● Barolo Bricco Boschis '12	🍷🍷🍷	8
● Barbera d'Alba Sup. V. del Cuculo '13	🍷🍷	5
● Barolo Bricco Boschis V. San Giuseppe Ris. '10	🍷🍷	8
● Barolo Vignolo Ris. '10	🍷🍷	8
● Langhe Nebbiolo '14	🍷🍷	5
● Dolcetto d'Alba V. Scot '15	🍷	3
● Barolo Bricco Boschis '05	🍷🍷🍷	6
● Barolo Bricco Boschis '04	🍷🍷🍷	7
● Barolo Bricco Boschis V. S. Giuseppe Ris. '05	🍷🍷🍷	8
● Barolo Vignolo Ris. '06	🍷🍷🍷	8
● Barolo Vignolo Ris. '04	🍷🍷🍷	8
● Barolo Bricco Boschis V. S. Giuseppe Ris. '09	🍷🍷	8
● Barolo Vignolo Ris. '09	🍷🍷	8

Ceretto

Loc. San Cassiano, 34
12051 Alba [CN]
Tel. 0173282582
www.ceretto.com

VENDITA DIRETTA
VISITA SU PRENOTAZIONE
OSPITALITÀ
PRODUZIONE ANNUA 900.000 bottiglie
ETTARI VITATI 105,00
VITICOLTURA Biologico Certificato
AZIENDA SOSTENIBILE

La riconversione in biodinamica dell'intero parco vigne di proprietà Ceretto è una delle "notizie" degli ultimi anni per il vino piemontese. Non solo le parcelle più prestigiose in zona Barolo e Barbaresco (a partire da Bricco Rocche e Bricco Asili), ma anche le tenute nell'Astigiano dedicate principalmente al Moscato o quelle del Roero rese celebri dall'Arneis Blangé, e da altre etichette di concezione più innovativa. Una ristrutturazione a tutto tondo che si riflette sull'impronta stilistica di una gamma sempre più contemporanea, lasciando decisamente sullo sfondo le minuzie tecniche in merito a fermentazioni e affinamenti. Ulteriore conferma arriva dalla fantastica coppia dei Barbaresco '13. L'Asili incarna alla perfezione le doti di finezza, complessità ed energia universalmente associate a questo grand cru. Il Bernardot compensa la minore presenza materica con la vitalità olfattiva del frutto fresco e delle erbe officinali, nonché con la progressione nervosa e scattante. Validi anche se meno briosi i Barolo '12

Vino	Bicchieri	
● Barbaresco Asili '13	🍷🍷🍷	8
● Barbaresco Bernardot '13	🍷🍷	8
● Barbera d'Alba Piana '15	🍷🍷	4
● Barolo '12	🍷🍷	6
● Barolo Bricco Rocche '12	🍷🍷	8
● Barolo Brunate '12	🍷🍷	8
● Langhe Rosso Monsordo '14	🍷🍷	4
● Nebbiolo d'Alba Bernardina '15	🍷🍷	5
● Dolcetto d'Alba Rossana '15	🍷	3
○ Langhe Bianco Monsordo '15	🍷	5
● Barbaresco Asij '97	🍷🍷🍷	5
● Barolo Bricco Rocche '11	🍷🍷🍷	8
● Barolo Bricco Rocche '09	🍷🍷🍷	8
● Barolo Bricco Rocche '00	🍷🍷🍷	8
● Barolo Prapò '06	🍷🍷🍷	8
● Barolo Prapò '05	🍷🍷🍷	8

★★Michele Chiarlo

S.DA NIZZA-CANELLI, 99
14042 CALAMANDRANA [AT]
TEL. 0141769030
www.chiarlo.it

VENDITA DIRETTA
VISITA SU PRENOTAZIONE
OSPITALITÀ
PRODUZIONE ANNUA 1.100.000 bottiglie
ETTARI VITATI 120,00
AZIENDA SOSTENIBILE

La famiglia Chiarlo ha saputo costruire un'azienda di grande solidità e successo, che da più di 50 anni è tra le più conosciute e apprezzate cantine astigiane. I diversi vigneti aziendali si trovano nel Monferrato, nelle Langhe e nella zona del Gavi, garantendo alla Chiarlo la possibilità di proporre le più importanti denominazioni di origine piemontesi. Spicca la capacità di proporre una gamma così ampia (e proveniente da differenti zone) e allo stesso tempo di così alta qualità e affidabilità. Quest'anno i Tre Bicchieri sono andati alla Barbera d'Asti Superiore Nizza La Court '13. Ricchissima di frutto, è piena e polposa, ben sostenuta dall'acidità, lunga e sapida. Ottimi anche il Barolo Cerequio '12, dai toni di china, tabacco e liquirizia su una base fruttata integra e profonda, il Barolo Cannubi '12, con note di lampone ed erbe aromatiche e dalla trama tannica fitta e progressiva, e la Barbera d'Asti Superiore Nizza Vignaveja '11, di grande carattere e profondità.

Vino	Bicchieri	Prezzo
● Barbera d'Asti Sup. Nizza La Court '13	🍷🍷🍷	5
● Barbera d'Asti Sup. Nizza VignaVeja '11	🍷🍷	5
● Barolo Cannubi '12	🍷🍷	7
● Barolo Cerequio '12	🍷🍷	7
● Barbaresco Reyna '13	🍷🍷	5
● Barbera d'Asti Sup. Nizza Cipressi '14	🍷🍷	3
● Barolo Tortoniano '12	🍷🍷	5
○ Gavi del Comune di Gavi Rovereto '15	🍷	3
○ Moscato d'Asti Nivole '15	🍷	2
● Piemonte Albarossa MonTald '13	🍷	3
● Barbera d'Asti Sup. Nizza La Court '12	🍷🍷🍷	5
● Barolo Cerequio '10	🍷🍷🍷	7
● Barolo Cerequio '09	🍷🍷🍷	7

Chionetti

B.TA VALDIBERTI, 44
12063 DOGLIANI [CN]
TEL. 017371179
www.chionettiquinto.com

VENDITA DIRETTA
VISITA SU PRENOTAZIONE
PRODUZIONE ANNUA 83.000 bottiglie
ETTARI VITATI 15,00
VITICOLTURA Biologico Certificato

La cantina di Quinto Chionetti, unanimemente riconosciuto come una delle figure enologiche più importanti non solo di Dogliani ma delle Langhe, procede con sicurezza in una proposta incentrata sull'uva dolcetto, da cui nascono le celebri etichette del Briccolero e del San Luigi. Ma la collaborazione del nipote Nicola sta portando qualche ventata di novità, a partire da una piccola selezione di Dogliani affinata per un anno in botte grande: La Costa. Seguirà la proposta di un Barolo, frutto della recente acquisizione di un vigneto nella vocata località Pianpolvere di Monforte d'Alba. Impegnativo, concentrato e tannico il Dogliani Briccolero, caratterizzato nei profumi da ginepro e bacche scure: migliorerà ancora in bottiglia. Risulta oggi più equilibrato ed elegante il San Luigi dello stesso anno, in cui una buona componente acida sul palato garantisce una felice e convincente bevibilità. Lampone e mentuccia precedono una bocca tesa e serrata nel Langhe Nebbiolo La Chiusa '14.

Vino	Bicchieri	Prezzo
● Dogliani Briccolero '15	🍷🍷	3*
● Dogliani San Luigi '15	🍷🍷	3*
● Langhe Nebbiolo La Chiusa '14	🍷🍷	4
● Dolcetto di Dogliani Briccolero '07	🍷🍷🍷	3*
● Dolcetto di Dogliani Briccolero '04	🍷🍷🍷	3*
● Dogliani Briccolero '14	🍷🍷	3
● Dogliani Briccolero '13	🍷🍷	3
● Dogliani Briccolero '12	🍷🍷	3*
● Dogliani Briccolero '11	🍷🍷	3*
● Dogliani La Costa '13	🍷🍷	4
● Dogliani S. Luigi '12	🍷🍷	3
● Dogliani S. Luigi '11	🍷🍷	3*
● Dogliani San Luigi '13	🍷🍷	3
● Dolcetto di Dogliani Briccolero '09	🍷🍷	3*
● Langhe Nebbiolo '13	🍷🍷	3
● Langhe Nebbiolo La Chiusa '13	🍷🍷	4

Cieck

CASCINA CASTAGNOLA, 2
10090 SAN GIORGIO CANAVESE [TO]
TEL. 0124330522
www.cieck.it

VENDITA DIRETTA
VISITA SU PRENOTAZIONE
PRODUZIONE ANNUA 80.000 bottiglie
ETTARI VITATI 13,00

Battezzato dall'omonima cascina della frazione San Grato di Agliè, Cieck è uno dei marchi storici del comprensorio canavese con le sue trenta e più vendemmie alle spalle. Diretta oggi da Remo Falconieri e Domenico Caretto, è conosciuta in primo luogo per i vini da erbaluce, declinati in ogni versione possibile, dagli Spumanti Calliope e San Giorgio al Passito Alladium, passando per le più conosciute etichette ferme e secche. Il base e il Misobolo sono lavorati in acciaio, mentre la selezione T prevede un passaggio in legno e un affinamento prolungato prima della commercializzazione. Nebbiolo, freisa e barbera completano la tavolozza ampelografica. La cantina conferma la sua vocazione spumantistica con validi risultati in tutte le etichette. Particolarmente brillante il Calliope Brut '13, dai classici aromi di lieviti e crosta di pane seguiti da un sorso strutturato e denso ravvivato da una calibrata acidità. Nei bianchi fermi è sempre valido il Misobolo. Bel risultato anche con il Nebbiolo, che nella vendemmia 2014 riesce a essere elegante grazie ad aromi di lampone e genziana.

○ Erbaluce di Caluso Brut Calliope M. Cl. '13	4
● Canavese Nebbiolo '14	3
⊙ Cieck Rosé Brut M.Cl.	3
○ Erbaluce di Caluso Brut San Giorgio '13	4
○ Erbaluce di Caluso Misobolo '15	3
○ Erbaluce di Caluso '15	2
○ Erbaluce di Caluso Passito Alladium '06	5
○ Erbaluce di Caluso Calliope Brut '10	4
○ Erbaluce di Caluso Misobolo '14	2*
○ Erbaluce di Caluso Misobolo '13	2*
○ Erbaluce di Caluso Passito Alladium '08	5
○ Erbaluce di Caluso T '13	3*
○ Erbaluce di Caluso T '12	3

★F.lli Cigliuti

VIA SERRABOELLA, 17
12052 NEIVE [CN]
TEL. 0173677185
www.cigliuti.it

VENDITA DIRETTA
VISITA SU PRENOTAZIONE
PRODUZIONE ANNUA 30.000 bottiglie
ETTARI VITATI 7,50

Dopo qualche anno un po' in chiaroscuro, la bella cantina creata dalla famiglia Cigliuti oltre mezzo secolo fa sembra definitivamente tornata ai fasti di inizio millennio. Subentrato ai fratelli fondatori Leone e Romualdo, al timone c'è oggi Renato, aiutato dalla moglie Dina e delle figlie Claudia e Silvia: insieme si prendono cura di circa 7 ettari concentrati nell'enclave di Neive e alla base di una piccola ma fortemente caratterizzata batteria di tipologie tradizionali di Langa. Talvolta di difficile approccio giovanile, i vini più importanti provengono dai cru Serraboella (Barbaresco, Dolcetto e Barbéra) e Bricco di Neive (Barbaresco Vie Erte e Langhe Nebbiolo). Il Barbaresco Serraboella '12 è straordinario per definizione e delicatezza degli aromi, con tabacco dolce e rabarbaro che si uniscono al lampone fresco; il sorso è piuttosto austero, appagante e lunghissimo. Non è da meno il Vie Erte dello stesso anno, appena più maturo nei profumi e di rara, armonica potenza al palato.

● Barbaresco Serraboella '12	8
● Barbaresco Vie Erte '12	6
● Barbera d'Alba Campass '13	5
● Barbaresco Serraboella '10	7
● Barbaresco Serraboella '09	7
● Barbaresco Serraboella '01	6
● Barbaresco Serraboella '00	6
● Barbaresco V. Erte '04	6
● Barbaresco Vie Erte '11	5
● Barbaresco Vie Erte '10	5
● Barbaresco Vie Erte '09	5
● Barbera d'Alba Campass '12	4
● Barbera d'Alba Campass '10	4

★Tenute Cisa Asinari dei Marchesi di Grésy

S.DA DELLA STAZIONE, 21
12050 BARBARESCO [CN]
TEL. 0173635222
www.marchesidigresy.com

VENDITA DIRETTA
VISITA SU PRENOTAZIONE
PRODUZIONE ANNUA 200.000 bottiglie
ETTARI VITATI 35,00
AZIENDA SOSTENIBILE

Il quartier generale delle Tenute Cisa Asinari, guidate da Alberto de Grésy, si colloca da oltre quarant'anni nel cuore dalla splendida collina Martinenga di Barbaresco. Circa dodici ettari a corpo unico, da cui si originano i rossi da nebbiolo più importanti e famosi, il Camp Gros e il Gaiun. Vinificati con macerazioni relativamente brevi e maturazioni perlopiù in legno piccolo, non sono certo riconducibili agli stereotipi modernisti per finezza e longevità. Si sono poi aggiunti i poderi La Serra e Monte Colombo di Cassine, nel Monferrato (riservati principalmente a moscato, barbera e merlot) e quello a Monte Aribaldo di Treiso (coltivati a dolcetto, chardonnay e sauvignon). Esprime grande raffinatezza aromatica il Barbaresco Martinenga Gajun '12, con accenni di cacao e tabacco biondo su uno sfondo di bella rosa appassita; all'assaggio è decisamente ben bilanciato, con tannini eleganti e avvolgenti. Più severa e fitta la Riserva Camp Gros '11, che crescerà sicuramente con qualche tempo di affinamento in bottiglia. Ammaliante eleganza nel Villa Martis '13, frutto di uve nebbiolo e barbera.

● Barbaresco Camp Gros Martinenga Ris. '11	**TT**	8
● Barbaresco Martinenga Gaiun '12	**TT**	8
● Langhe Rosso Villa Martis '13	**TT**	3*
● Barbaresco Martinenga '13	TT	7
● Dolcetto d'Alba Monte Aribaldo '15	TT	3
○ Langhe Bianco Villa Giulia '15	TT	3
○ Langhe Chardonnay '15	TT	3
● Langhe Nebbiolo Martinenga '15	TT	4
○ Langhe Sauvignon '15	TT	3
○ Moscato d'Asti '15	TT	3
● Barbaresco Camp Gros '06	YYY	8
● Barbaresco Camp Gros Martinenga '09	YYY	8
● Barbaresco Camp Gros Martinenga '08	YYY	8

★★Domenico Clerico

LOC. MANZONI, 67
12065 MONFORTE D'ALBA [CN]
TEL. 017378171
www.domenicoclerico.com

VISITA SU PRENOTAZIONE
PRODUZIONE ANNUA 110.000 bottiglie
ETTARI VITATI 21,00

Le mani di Domenico Clerico raccontano meglio di qualsiasi scheda tecnica l'essenza del suo lavoro pluridecennale. Un grande uomo di vigna, nel senso più autentico del termine, amato trasversalmente per la sua contagiosa simpatia, abbinata a un senso dell'ospitalità fuori dal comune. Nonché per la capacità di traghettare nel bicchiere gli umori di veri grand cru come Ginestra e Mosconi di Monforte (nei Barolo Ciabot Mentin Ginestra, Pajana, Percristina) o Briccotto e Aeroplanservaj di Serralunga. A lungo interpretati in chiave moderna, con affinamenti in legno piccolo, ma con una progressiva rimodulazione piuttosto evidente nelle ultime vendemmie. Nelle degustazioni hanno primeggiato i Barolo Pajana e Ciabot Mentin '11. Il primo è particolarmente giovanile e fruttato, di notevole potenza gustativa; il secondo è più aperto nei profumi di bacche rosse mature, cui risponde un sorso dotato di benvenuta e vitale acidità. Non ha perso la sua moderna personalità fatta di spezie e rovere il Percristina, che esce dalla cantina dopo ben 10 anni di affinamento.

● Barolo Ciabot Mentin '11	**TT**	8
● Barolo Pajana '11	**TT**	8
● Barolo Percristina '06	**TT**	8
● Barolo '12	TT	6
● Barolo Aeroplanservaj '11	TT	7
● Barolo Ciabot Mentin '08	YYY	8
● Barolo Ciabot Mentin Ginestra '05	YYY	8
● Barolo Ciabot Mentin Ginestra '04	YYY	8
● Barolo Ciabot Mentin Ginestra '01	YYY	7
● Barolo Percristina '01	YYY	8
● Barolo '11	YY	6
● Barolo Pajana '10	YY	8
● Barolo Percristina '07	YY	8

★Elvio Cogno

via Ravera, 2
12060 Novello [CN]
Tel. 0173744006
www.elviocogno.com

VENDITA DIRETTA
VISITA SU PRENOTAZIONE
OSPITALITÀ
PRODUZIONE ANNUA 90.000 bottiglie
ETTARI VITATI 15,00
VITICOLTURA Biologico Certificato
AZIENDA SOSTENIBILE

Vigna Elena, Ravera, Bricco Pernice e Cascina Nuova: sono ben quattro i Barolo proposti nelle vendemmie più felici dai coniugi Valter Fissore e Nadia Cogno, figlia del signor Elvio che ha dato il nome alla bella cantina di Novello. Espressioni di nebbiolo già in partenza non paragonabili tra loro per le premesse pedoclimatiche, che fanno il paio con opzioni tecniche differenziate in rapporto a fermentazioni e affinamenti. Eppure si manifesta ugualmente un fil rouge stilistico all'insegna di fittezza e fibra sapido tannica, che ritroviamo anche nel Barbaresco Bordini e nelle altre etichette a base barbera, dolcetto e nascetta. Una compattezza di gamma ben raccontata dalla Barbera d'Alba Pre-Phylloxera '14, gustosa e articolata. Si sale in intensità e sfaccettature nel Barolo Vigna Elena Riserva '10, ricco di erbe officinali e tannini avvolgenti. La quadratura del cerchio si estrinseca con il Bricco Pernice '11: un Tre Bicchieri ancora austero, ma ricco di polpa e lunghissimo. Appena più delicato il Ravera '12.

● Barolo Bricco Pernice '11	8
● Barolo Ravera '12	8
● Barolo V. Elena Ris. '10	8
● Barbera d'Alba Pre-Philloxera '14	6
● Barolo Cascina Nuova '12	6
○ Langhe Nascetta del Comune di Novello Anas-Cëtta '15	4
● Langhe Nebbiolo Montegrilli '15	4
● Barbaresco Bordini '13	5
● Barbera d'Alba Bricco dei Merli '14	4
● Dolcetto d'Alba Mandorlo '15	3
● Barolo Bricco Pernice '09	8
● Barolo Bricco Pernice '08	8
● Barolo Ravera '11	7
● Barolo Ravera '07	7
● Barolo V. Elena Ris. '06	8

Poderi Colla

fraz. San Rocco Seno d'Elvio, 82
12051 Alba [CN]
Tel. 0173290148
www.podericolla.it

VENDITA DIRETTA
VISITA SU PRENOTAZIONE
PRODUZIONE ANNUA 150.000 bottiglie
ETTARI VITATI 26,00

Non tutti sanno che la famiglia Colla ha alle spalle oltre trecento anni di storia produttiva. E che prima di diventare famosa nel mondo per i suoi grandi Barolo e Barbaresco, contribuì a valorizzare tipologie in parte dimenticate come il "rosatello", il "vino negro", il "moscatello", il vermouth, gli spumanti astigiani. E poi arrivò l epopea dei fratelli Beppe e Tino, tra i primi a vinificare separatamente le uve dei vari cru in Langa nel secondo dopoguerra, oggi affiancati dai figli Federica e Pietro. Si prendono cura di circa 25 ettari dislocati tra Cascina Drago (vicino la cantina), Roncaglie (a Barbaresco) e Dardi Le Rose in Bussia (a Monforte), alla base di vini intimamente classici. Mirto, ginepro, pepe bianco, il Barbaresco Roncaglie '13 si mostra accattivante fin dal primo impatto, senza rinunciare ai chiaroscuri acido-tannici. Insospettabilmente più placido e accogliente il Barolo Bussia Dardi Le Rose '12, ricco di sfumature floreali e agrumate, sensuale e setoso nello sviluppo.

● Barbaresco Roncaglie '13	6
● Barolo Bussia Dardi Le Rose '12	6
● Barolo Bussia Dardi Le Rose '09	6
● Barolo Bussia Dardi Le Rose '99	6
● Barbaresco Roncaglie '12	6
● Barbaresco Roncaglie '11	6
● Barbera d'Alba Costa Bruna '13	3
● Barbera d'Alba Costa Bruna '12	3
● Barolo Bussia Dardi Le Rose '11	6
● Langhe Bricco del Drago '10	4
● Langhe Pinot Nero Campo Romano '12	4
○ Langhe Riesling '13	3
● Nebbiolo d'Alba '13	3
● Nebbiolo d'Alba '12	3

Colle Manora

s.da Bozzola, 5
15044 Quargnento [AL]
Tel. 0131219252
www.collemanora.it

VENDITA DIRETTA
VISITA SU PRENOTAZIONE
OSPITALITÀ
PRODUZIONE ANNUA 90.000 bottiglie
ETTARI VITATI 20,00

Giorgio Schön ha affidato le redini dell'azienda all'enologo Valter Piccinino e dal 2013 anche al consulente Piero Ballario. Questo recente sodalizio ci presenta sostanzialmente da quest'anno il lavoro fatto insieme, con i vini della vendemmia 2014, annata purtroppo non molto felice, dal punto di vista climatico. In produzione otto vini, ottenuti da vitigni tradizionali piemontesi e internazionali. Chardonnay, sauvignon blanc e viognier per i vini bianchi; pinot nero, cabernet sauvignon, merlot, barbera e albarossa per i vini rossi. A discapito dell'annata Mila '14 si presenta complesso al naso, con aromi di spezie dolci e note di albicocca e pesca, ad anticipare un palato intenso e armonico. La Barbera Manora in questa versione 2014 rivela un ottimo equilibrio gusto olfattivo. Piacevoli e di buona beva anche Ray, da uve albarossa, e Mimosa da sauvignon blanc.

● Barbera d'Asti Sup. Manora '14	🍷🍷 3
○ M.to Bianco Mila '14	🍷🍷 4
○ M.to Bianco Mimosa '15	🍷🍷 2*
● Piemonte Albarossa Ray '14	🍷🍷 3
● Barbera del M.to Pais '15	🍷 2
● M.to Rosso Barchetta '13	🍷 4
● Piemonte Pinot Nero Paloalto '13	🍷 4
● Barbera d'Asti Sup. Manora '13	🍷🍷 3
● Barbera d'Asti Sup. Manora '07	🍷🍷 3
● Barbera del M.to Manora '04	🍷🍷 3
● Barbera del M.to Manora '00	🍷🍷 3
○ M.to Bianco Mila '13	🍷🍷 4
○ M.to Bianco Mimosa '14	🍷🍷 2*
● M.to Rosso Palo Alto '05	🍷🍷 5
● M.to Rosso Ray '07	🍷🍷 3
● Piemonte Albarossa Ray '13	🍷🍷 3

La Colombera

s.da comunale per Vho, 7
15057 Tortona [AL]
Tel. 0131867795
www.lacolomberavini.it

VENDITA DIRETTA
VISITA SU PRENOTAZIONE
PRODUZIONE ANNUA 70.000 bottiglie
ETTARI VITATI 24,00
AZIENDA SOSTENIBILE

La famiglia Semino è oggi uno dei pilastri della comunità di produttori che ha dato vita al nuovo corso della viticoltura nel comprensorio dei Colli Tortonesi. La grande qualità della produzione ha portato l'azienda a conquistare il massimo riconoscimento su entrambi i vini da vitigni autoctoni più importanti del territorio: Timorasso e Barbera. Primato che vanta un solo precedente nel Tortonese. Rimettendo così in gioco le convinzioni di chi riteneva che il Tortonese non fosse in grado di esprimere grandi rossi. Nutrita la batteria di vini de La Colombera, con in testa i due Timorasso '14: Il Montino e Derthona. Entrambe figli di un'annata difficile hanno saputo mantenere complessità e carattere. Soprattutto il Derthona più immediato e pronto è già in possesso di una mineralità piuttosto complessa. Elisa è una Barbera dagli aromi intensi e articolati, con una fase gusto olfattiva equilibrata e armonica. Solo nel finale emerge un tannino piuttosto asciutto. Sorprendente la versione 2015 della Croatina La Romba.

○ Colli Tortonesi Timorasso Derthona '14	🍷🍷 3*
○ Colli Tortonesi Timorasso Il Montino '14	🍷🍷 5
● Colli Tortonesi Barbera Elisa '13	🍷🍷 4
● Colli Tortonesi Croatina La Romba '15	🍷🍷 3
● Colli Tortonesi Rosso Vegia Rampana '15	🍷🍷 2*
○ Colli Tortonesi Cortese Bricco Bartolomeo '15	🍷 2
● Colli Tortonesi Croatina Arché '13	🍷 4
● Colli Tortonesi Rosso Suciaja '14	🍷 4
● Colli Tortonesi Barbera Elisa '11	🍷🍷🍷 3*
○ Colli Tortonesi Timorasso Il Montino '13	🍷🍷🍷 5
○ Colli Tortonesi Timorasso Il Montino '09	🍷🍷🍷 5
○ Colli Tortonesi Timorasso Il Montino '06	🍷🍷🍷 4
○ Colli Tortonesi Cortese Bricco Bartolomeo '14	🍷🍷 2*
○ Colli Tortonesi Timorasso Derthona '13	🍷🍷 3*

Diego Conterno

via Montà, 27
12065 Monforte d'Alba [CN]
Tel. 0173789265
www.diegoconterno.it

VENDITA DIRETTA
VISITA SU PRENOTAZIONE
PRODUZIONE ANNUA 40.000 bottiglie
ETTARI VITATI 7,50

Correva l'anno 2000 quando Diego Conterno si convinse a creare un proprio marchio, dopo la ventennale collaborazione con i cugini Claudio Conterno e Guido Fantino. E gli ci è voluto poco per affermarsi tra le più interessanti "novità" di Langa, anche grazie al supporto del figlio Stefano: una gamma affidabile nel suo insieme da circa 7 ettari coltivati a barbera, dolcetto, nascetta e naturalmente nebbiolo. Rigorosi e prospettici, i Barolo prendono forma dai cru Le Coste e Ginestra di Monforte, con un lavoro di cantina non certo dogmatico, che prevede diversi strumenti di vinificazione e affinamento, tra cemento, acciaio, tonneau e botti più grandi. Nell'ultima versione del Barolo Ginestra prevale l'indole "moderna", nel senso migliore del termine: è un 2012 carico di frutto e accenni terziari, tra cacao, anice e menta, coerentemente sorretto da una bocca solida e possente, senza ridondanze tostate o legnose. Bella versione della Nascetta '15, un bianco autoctono, affinato in solo acciaio, che sta guadagnando terreno sui mercati.

● Barolo Ginestra '12	🍷🍷 7
○ Langhe Nascetta '15	🍷🍷 3
● Barbera d'Alba Ferrione '14	🍷 3
● Barolo Le Coste '09	🍷🍷🍷 6
● Barbera d'Alba Ferrione '12	🍷🍷 3
● Barolo '10	🍷🍷 6
● Barolo '09	🍷🍷 6
● Barolo '07	🍷🍷 6
● Barolo Ginestra '11	🍷🍷 6
● Barolo Ginestra '10	🍷🍷 6
● Barolo Le Coste '08	🍷🍷 6
● Barolo Le Coste '07	🍷🍷 6
● Barolo Le Coste di Monforte '10	🍷🍷 6
● Nebbiolo d'Alba Baluma '12	🍷🍷 3
● Nebbiolo d'Alba Baluma '10	🍷🍷 3

★★Giacomo Conterno

loc. Ornati, 2
12065 Monforte d'Alba [CN]
Tel. 017378221
www.conterno.it

VISITA SU PRENOTAZIONE
PRODUZIONE ANNUA 60.000 bottiglie
ETTARI VITATI 23,00

Per quanto lunare possa sembrare, è solo negli ultimi anni che la cantina fondata da Giacomo Conterno nei primi del '900 si è presa il posto che le spetta tra i "galacticos" del vino mondiale, prezzi inclusi. E moltissimo si deve alla determinazione di Roberto, ultima generazione all'opera, alla sua sensibilità sartoriale, la cura certosina dei dettagli, la consapevolezza storica che non manca di guardare al futuro. Vanno inquadrate in questa prospettiva le recenti acquisizioni in vigne come Cerretta e Arione di Serralunga, che si affiancano al cru-monopolio Francia, da dove arrivano gli omonimi Barolo e Barbera e, nelle migliori vendemmie, il mitico Monfortino Riserva. Quando in una cantina così prestigiosa manca il vino bandiera, ci sentiamo tutti un po' orfani, ma è senza contare sulle capacità di Roberto Conterno che riesce con un Barolo Francia 2012 in grande spolvero a farci dimenticare il Monfortino. Nei confronti della naturale armonica potenza del Francia, il Cerretta lascia trapelare tra i complessi aromi di lampone e tabacco una punta di alcol.

● Barolo Francia '12	🍷🍷🍷 8
● Barolo Cerretta '13	🍷🍷 8
● Barbera d'Alba V. Cerretta '14	🍷🍷 5
● Barbera d'Alba V. Francia '14	🍷🍷 5
● Barolo Cascina Francia '06	🍷🍷🍷 8
● Barolo Cascina Francia '05	🍷🍷🍷 8
● Barolo Francia '10	🍷🍷🍷 8
● Barolo Monfortino Ris. '08	🍷🍷🍷 8
● Barolo Monfortino Ris. '06	🍷🍷🍷 8
● Barolo Monfortino Ris. '05	🍷🍷🍷 8
● Barolo Monfortino Ris. '04	🍷🍷🍷 8
● Barolo Monfortino Ris. '02	🍷🍷🍷 8
● Barolo Monfortino Ris. '01	🍷🍷🍷 8

Paolo Conterno

loc. Ginestra, 34
12065 Monforte d'Alba [CN]
Tel. 017378415
www.paoloconterno.com

VENDITA DIRETTA
VISITA SU PRENOTAZIONE
OSPITALITÀ E RISTORAZIONE
PRODUZIONE ANNUA 72.000 bottiglie
ETTARI VITATI 37,00
AZIENDA SOSTENIBILE

Praticamente immersa nel cru Ginestra di Monforte d'Alba, l'azienda battezzata dal fondatore Paolo Conterno 130 anni fa vede oggi al timone Giorgio e Marisa. Sono circa tredici ettari, riservati quasi esclusivamente a nebbiolo, dolcetto e barbera, posizionati tra i 300 e i 350 metri in una fascia particolarmente acclive, con pendenze che superano il 40%. Le etichette più importanti sono senza dubbio i Barolo Ginestra (nella doppia versione annata e Riserva) e Riva del Bric, da tempo ai piani alti della denominazione grazie alla loro tempra succosa e concreta, ricercata anche con le maturazioni in rovere francese da 35 ettolitri. Si arricchisce la collezione delle grandi riuscite per il Barolo Ginestra di Paolo Conterno. La versione 2012 si concede da subito con le sue raffinate timbriche di fragola e arancia, erbe da cucina e iodio, per poi cambiare passo in una bocca quasi salata. Si aggiudica i Tre Bicchieri la Riserva Ginestra '08 grazie alla complessità olfattiva e alla potenza gustativa.

Vino	Bicchieri	Prezzo
● Barolo Ginestra Ris. '08	🍷🍷🍷	8
● Barolo Ginestra '12	🍷🍷	8
● Barbera d'Asti Bricco '15	🍷🍷	3
● Barolo Riva del Bric '12	🍷🍷	6
○ Langhe Arneis A Val '15	🍷	4
● Barolo Ginestra '10	🍷🍷🍷	8
● Barolo Ginestra '06	🍷🍷🍷	8
● Barolo Ginestra '05	🍷🍷🍷	8
● Barolo Ginestra Ris. '06	🍷🍷🍷	8
● Barolo Ginestra Ris. '05	🍷🍷🍷	8
● Barolo Ginestra Ris. '01	🍷🍷🍷	8
● Barbera d'Alba Ginestra '13	🍷🍷	3
● Barolo Ginestra '11	🍷🍷	8
● Barolo Riva del Bric '11	🍷🍷	6
● Langhe Nebbiolo Bric Ginestra '11	🍷🍷	5

★Conterno Fantino

via Ginestra, 1
12065 Monforte d'Alba [CN]
Tel. 017378204
www.conternofantino.it

VISITA SU PRENOTAZIONE
PRODUZIONE ANNUA 150.000 bottiglie
ETTARI VITATI 27,00
VITICOLTURA Biologico Certificato
AZIENDA SOSTENIBILE

Quello tra Claudio Conterno e Guido Fantino è senza dubbio uno dei sodalizi più longevi e virtuosi di Langa. Insieme hanno modellato alcuni tra i più celebrati Barolo di ispirazione moderna, specialmente a partire dai primi anni Novanta, senza mai perdere di vista il cuore agricolo del progetto, legato a cru di primo livello come Sorì Ginestra, Vigna del Gris, Mosconi. Una crescente attenzione è stata poi riservata al risparmio energetico e all'utilizzo di fonti rinnovabili nella cantina recentemente ampliata e ristrutturata. Quasi a inaugurare una nuova fase anche stilistica, all'insegna di maggiore souplesse, naturalezza di beva e autorevolezza evolutiva. Un percorso interpretativo che trova ottima sponda nella versione '12 del Barolo Sorì Ginestra. Ribes, cannella, caffè tostato, il naso annuncia un nebbiolo di impronta misuratamente moderna, ma lo sviluppo gustativo suggerisce un'idea assai più classica: nitido e polposo, vibra sulla croccante acidità e i tannini avviluppanti.

Vino	Bicchieri	Prezzo
● Barolo Sorì Ginestra '12	🍷🍷🍷	8
● Barolo Mosconi '12	🍷🍷	8
● Barolo V. del Gris '12	🍷🍷	8
● Dolcetto d'Alba Bricco Bastia '15	🍷🍷	2*
○ Langhe Chardonnay Bastia '14	🍷🍷	5
○ Langhe Chradonnay Prinsipi '15	🍷🍷	2*
● Langhe Nebbiolo Ginestrino '14	🍷🍷	4
● Barolo Sorì Ginestra '10	🍷🍷🍷	8
● Barolo Sorì Ginestra '07	🍷🍷🍷	8
● Barolo Sorì Ginestra '00	🍷🍷🍷	7
● Barolo Sorì Ginestra '99	🍷🍷🍷	8
● Barolo Sorì Ginestra '98	🍷🍷🍷	8
● Barolo V. del Gris '09	🍷🍷🍷	8
● Barolo V. del Gris '04	🍷🍷🍷	8
● Barolo V. del Gris '01	🍷🍷🍷	8

Vigne Marina Coppi

via Sant'Andrea, 5
15051 Castellania [AL]
Tel. 0131837089
www.vignemarinacoppi.com

VENDITA DIRETTA
VISITA SU PRENOTAZIONE
PRODUZIONE ANNUA 25.000 bottiglie
ETTARI VITATI 4,50

Francesco Bellocchio e la moglie Anna hanno condiviso, sin dalla prima vendemmia, l'avventura vitivinicola, che ha anche rappresentato una scelta di vita. Un ritorno alle origini della famiglia, con un approccio etico e morale rispettoso delle tradizioni e della storia di un territorio. In produzione solo vitigni autoctoni piemontesi: timorasso, favorita, barbera e nebbiolo. Vitigni che danno origine a sei etichette, sette dal prossimo anno, quando avremo in degustazione la prima annata di un fratello minore del Fausto,che anche quest'anno fa gli onori di casa, con una bella versione 2014. Intensa, con aromi fruttati e note minerali a dare complessità, in bocca mette in evidenza un grande corpo e una persistenza finale molto intensa. Concentrazione e polpa, per un'edizione del Sant'Andrea particolarmente intrigante e fresca. I Grop '12 ha un taglio piuttosto austero e una fase gustativa che esalta un tannino non ancora armonizzato. Discretamente complesso il Nebbiolo Lindin '13 e di buona beva l'accattivante Marine '14.

● Colli Tortonesi Barbera Sant'Andrea '15	🍷🍷 3*
○ Colli Tortonesi Timorasso Fausto '14	🍷🍷 6
● Colli Tortonesi Barbera Sup. I Grop '12	🍷🍷 5
○ Colli Tortonesi Favorita Marine '14	🍷🍷 5
● Colli Tortonesi Rosso Lindin '13	🍷🍷 5
○ Colli Tortonesi Timorasso Fausto '12	🍷🍷🍷 6
○ Colli Tortonesi Timorasso Fausto '11	🍷🍷🍷 6
○ Colli Tortonesi Timorasso Fausto '10	🍷🍷🍷 6
○ Colli Tortonesi Timorasso Fausto '09	🍷🍷🍷 6
● Colli Tortonesi Barbera Sant'Andrea '12	🍷🍷 3*
● Colli Tortonesi Barbera Sup. I Grop '11	🍷🍷 5
● Colli Tortonesi Barbera Sup. I Grop '10	🍷🍷 5
○ Colli Tortonesi Timorasso Fausto '13	🍷🍷 6

★Coppo

via Alba, 68
14053 Canelli [AT]
Tel. 0141823146
www.coppo.it

VENDITA DIRETTA
VISITA SU PRENOTAZIONE
PRODUZIONE ANNUA 400.000 bottiglie
ETTARI VITATI 52,00

Le origini della Coppo risalgono al 1892 e seguono le vicende della famiglia che l'ha resa un'azienda di riferimento per il territorio, tanto che recentemente ha visto le sue storiche cantine, risalenti al XVIII secolo e che scendono fino a 40 metri di profondità sotto la collina di Canelli, essere dichiarate dall'Unesco Patrimonio Mondiale dell'Umanità. L'ampia gamma aziendale è centrata soprattutto sulle Barbera, gli spumanti Metodo Classico e gli Chardonnay, e propone vini da lungo invecchiamento. Arriva un altro Tre Bicchieri per la Barbera d'Asti Pomorosso. La versione 2013 al naso si esprime con sentori di frutta matura ma fresca, un legno perfettamente dosato a dare pienezza e armonia, e un palato pieno e denso ma equilibrato, grazie alla spiccata acidità e a una notevole sapidità. Ottime la Barbera d'Asti Camp du Rouss '14, dai toni speziati con note di more e prugne, succosa e fresca, e la Riserva Coppo Brut '08, dai sentori di lieviti, frutta bianca e spezie, cremoso e raffinato.

● Barbera d'Asti Pomorosso '13	🍷🍷🍷 7
● Barbera d'Asti Camp du Rouss '14	🍷🍷 3*
○ Riserva Coppo Brut M. Cl. '08	🍷🍷 5
● Barbera d'Asti L'Avvocata '15	🍷🍷 2*
● Barbera d'Asti Sup. Nizza Riserva della Famiglia Ris. '07	🍷🍷 3
● Barolo '10	🍷🍷 8
⊙ Clelia Coppo Brut Rosé M. Cl. '11	🍷🍷 5
○ Luigi Coppo Brut M. Cl.	🍷🍷 4
○ Piemonte Chardonnay Costebianche '14	🍷🍷 3
○ Piemonte Chardonnay Monteriolo '14	🍷🍷 6
○ Moscato d'Asti Moncalvina '15	🍷 3
● Barbera d'Asti Pomorosso '12	🍷🍷🍷 7
● Barbera d'Asti Pomorosso '11	🍷🍷🍷 7

Giovanni Corino

FRAZ. ANNUNZIATA, 25B
12064 LA MORRA [CN]
TEL. 0173509452
www.corino.it

VENDITA DIRETTA
VISITA SU PRENOTAZIONE
PRODUZIONE ANNUA 45.000 bottiglie
ETTARI VITATI 8,00

Non era certo facile il passaggio da mezzadro a imprenditore nella Langa del secondo dopoguerra. L'infaticabile Giovanni Corino ci riuscì, con il fondamentale supporto dei figli Renato e Giuliano, che hanno poi deciso nel 2005 di dare vita a due marchi distinti e separati. Una bella storia ambientata nel magnifico scenario dell'Annunziata di La Morra, frazione-collina che ospita i circa otto ettari piantati a nebbiolo, barbera e dolcetto. Lavorati perlopiù in barrique, i quattro Barolo sono il base, il Giachini, l'Arborina e il Vecchie Vigne: hanno spesso bisogno di un plus di attesa per amalgamare gli apporti tostati e liberare la loro forza motrice tutta polpa e sapore. Il Giachini presenta sensazioni dolcemente speziate, che si amalgamano con le note più classiche di lamponi e radici, trovando puntuale sintesi in un palato superlativo per la felice unione di freschezza e morbidezza. Qualche tocco boisé più evidente nell'Arborina, nobilitato da tannini delicati. Le altre etichette del capace Giuliano Corino non erano ancora in bottiglia al momento dei nostri assaggi.

Vino	Bicchieri	Punti
● Barolo Giachini '12	🍷🍷🍷	7
● Barolo Arborina '12	🍷🍷	7
● Barolo '12	🍷🍷	6
● Barbera d'Alba V. Pozzo '97	🍷🍷🍷	5
● Barbera d'Alba V. Pozzo '96	🍷🍷🍷	5
● Barolo Giachini '11	🍷🍷🍷	7
● Barolo Rocche '01	🍷🍷🍷	7
● Barolo Rocche '90	🍷🍷🍷	7
● Barolo V. Giachini '89	🍷🍷🍷	7
● Barolo V. V. '99	🍷🍷🍷	8
● Barolo V. V. '98	🍷🍷🍷	8

Renato Corino

FRAZ. ANNUNZIATA
B.TA POZZO 49A
12064 LA MORRA [CN]
TEL. 0173500349
www.renatocorino.it

VENDITA DIRETTA
VISITA SU PRENOTAZIONE
PRODUZIONE ANNUA 50.000 bottiglie
ETTARI VITATI 7,00

Splendida la posizione panoramica dell'azienda, moderna e funzionale la cantina, indubbia la bravura di Renato Corino, cui si sta affiancando con crescente passione il figlio Stefano, sia in campagna sia in cantina. In appena 11 anni di attività questo nome è così divenuto un riferimento assoluto della denominazione Barolo, anche grazie ai bei vigneti di La Morra in località Rocche dell'Annunziata e Arborina. Nelle migliori annate, da vecchie viti con più di cinquant'anni, viene proposta anche una sempre affascinante e strutturata Riserva. Qui solo vini rossi, tutti e sempre di impeccabile fattura. Speziato, complesso e intenso il Barolo Rocche dell'Annunziata '12, un elegantissimo Nebbiolo che offre una bocca straordinaria per armonia e pulizia, con lunghissimo finale tannico e avvolgente di bella acidità. Molto fruttato e ricco di note di spezie da legno il Barolo Arborina '12; la bocca offre un valido equilibrio e gradevole dolcezza tannica.

Vino	Bicchieri	Punti
● Barolo Arborina '12	🍷🍷	7
● Barolo Rocche dell'Annunziata '12	🍷🍷	8
● Barolo '12	🍷🍷	5
● Barolo Rocche dell'Annunziata '11	🍷🍷🍷	8
● Barolo Rocche dell'Annunziata '10	🍷🍷🍷	7
● Barolo Rocche dell'Annunziata '09	🍷🍷🍷	7
● Barolo Vign. Rocche '04	🍷🍷🍷	8
● Barolo Vign. Rocche '03	🍷🍷🍷	8
● Barbera d'Alba V. Pozzo '10	🍷🍷	5
● Barolo '06	🍷🍷	5
● Barolo Arborina '11	🍷🍷	7
● Barolo Arborina '09	🍷🍷	7
● Barolo Arborina '08	🍷🍷	7
● Barolo Arborina '07	🍷🍷	7
● Barolo V. V. Ris. '05	🍷🍷	8

Cornarea

via Valentino, 150
12043 Canale [CN]
Tel. 017365636
www.cornarea.com

VENDITA DIRETTA
VISITA SU PRENOTAZIONE
OSPITALITÀ
PRODUZIONE ANNUA 90.000 bottiglie
ETTARI VITATI 14,00

Fondata nel 1981 dalla famiglia Bovone, la Cornarea lavora un corpo unico di vigneti, situati lungo la collina omonima attorno alla sede aziendale su terreni di tipo calcareo argilloso, con una forte componente di magnesio. Impiantati dai Bovone tra il 1975 e il 1978, vedono la presenza dei due più importanti vitigni del territorio: l'arneis, che costituisce i due terzi della superficie vitata, e il nebbiolo. Il Roero Arneis aziendale è da diversi anni un vero e proprio riferimento la denominazione. Davvero affascinante il Tarasco '12, passito da uve arneis dai classici sentori di frutta secca e miele, con sfumature di cacao, caffè e fichi secchi, mentre il palato è intenso e molto complesso, di notevole nitidezza, fresco, lungo e di bell'equilibrio tra dolcezza e acidità. Ottimo anche il Roero Arneis '15, dai toni di frutta a polpa gialla con note di spezie e macchia mediterranea, piacevole e di buona grinta. Ben realizzato infine il Roero '13, pieno e fruttato.

○ Roero Arneis '15	🍷🍷 3*
○ Tarasco Passito '12	🍷🍷 5
● Roero '13	▼▼ 4
● Nebbiolo d'Alba '11	▽▽ 3
● Nebbiolo d'Alba '10	▽▽ 3
● Roero '12	▽▽ 4
● Roero '11	▽▽ 4
○ Roero Arneis '14	▽▽ 3*
○ Roero Arneis '13	▽▽ 3
○ Tarasco Passito '11	▽▽ 5
○ Tarasco Passito '10	▽▽ 5
○ Tarasco Passito '09	▽▽ 5
○ Tarasco Passito '08	▽▽ 5

★Matteo Correggia

loc. Garbinetto
via Santo Stefano Roero, 124
12043 Canale [CN]
Tel. 0173978009
www.matteocorreggia.com

VENDITA DIRETTA
VISITA SU PRENOTAZIONE
PRODUZIONE ANNUA 150.000 bottiglie
ETTARI VITATI 20,00

Ornella Costa Correggia e il figlio Giovanni proseguono con successo il lavoro iniziato nel 1985 da Matteo. I suoli delle vigne aziendali sono in genere sabbiosi, poveri di argilla e di limo ma ricchi di sali minerali. Da vigneti esposti a sud, situati tra Santo Stefano Roero e Canale, provengono il nebbiolo e la barbera da cui si ricavano il Roero La Val dei Preti e la Barbera d'Alba Marun, in quelli più freschi nascono arneis e brachetto, mentre il Roero Ròche d'Ampsèj Riserva proviene da una ripida vigna che guarda le Rocche. Il Ròche d'Ampsèj '12 si presenta con profumi di bella complessità, con note di frutti rossi e tabacco, legno e spezie, mentre il palato è ricco e sapido, con un tannino armonico e un finale lungo e disteso. In assenza della Barbera d'Alba Marun '14 e del Roero Val dei Preti '14, che l'azienda ha deciso di lasciare per un altro anno in cantina ad affinarsi, ci hanno convinto il Roero '14, fitto e di buon frutto, e la Barbera d'Alba '14, succosa e piacevole.

● Roero Ròche d'Ampsèj Ris. '12	🍷🍷 6
● Barbera d'Alba '14	▼▼ 3
● Langhe Rosso Le Marne Grigie '13	▼▼ 6
● Roero '14	▼▼ 3
● Anthos '15	▼ 3
○ Roero Arneis '15	▼ 3
● Barbera d'Alba Marun '04	▽▽▽ 5
● Roero Ròche d'Ampsèj '04	▽▽▽ 6
● Roero Ròche d'Ampsèj Ris. '07	▽▽▽ 6
● Roero Ròche d'Ampsèj Ris. '06	▽▽▽ 6
● Barbera d'Alba '13	▽▽ 3
● Barbera d'Alba Marun '13	▽▽ 5
○ Langhe Sauvignon Matteo Correggia '13	▽▽ 5
● Roero '13	▽▽ 3

Giuseppe Cortese

s.da Rabajà, 80
12050 Barbaresco [CN]
Tel. 0173635131
www.cortesegiuseppe.it

VENDITA DIRETTA
VISITA SU PRENOTAZIONE
OSPITALITÀ
PRODUZIONE ANNUA 50.000 bottiglie
ETTARI VITATI 8,00

Quello di Giuseppe Cortese è ormai uno dei primissimi nomi che vengono in mente per disegnare sinteticamente la top chart del Barbaresco. Con la moglie Rossella e il figlio Piercarlo ha saputo dare ulteriore slancio a un lavoro di vigna e cantina rigoroso, coerentemente raccontato dall'intera batteria a base nebbiolo, dolcetto e barbera. Con una punta di diamante a entusiasmare, quel Rabajà proposto in versione annata e Riserva, maturato in rovere di diverse capacità e provenienze. Vino che stupisce sempre più per il magnifico connubio tra golosità fruttata e fibra tannica, immediatezza espressiva e resistenza temporale, lontano dagli stereotipi del cru solo "maschio". Aspettative pienamente mantenute dalla versione 2013: è un Rabajà quasi aereo, giocato sugli agrumi e i frutti di bosco, liquirizia e menta, fedelmente ancorato a un sorso sottile, leggiadro, senza fronzoli: un Barbaresco che punta più all'eleganza e alla finezza che alla potenza e alla struttura. Nella fresca annata 2014 brilla il Langhe Nebbiolo.

● Barbaresco Rabajà '13	🍷🍷 5
● Langhe Nebbiolo '14	🍷🍷 3*
● Barbera d'Alba '15	🍷🍷 3
● Dolcetto d'Alba '15	🍷🍷 2*
○ Langhe Chardonnay Scapulin '15	🍷 3
● Barbaresco Rabajà '11	▽▽▽ 5
● Barbaresco Rabajà '10	▽▽▽ 5
● Barbaresco Rabajà '08	▽▽▽ 5
● Barbaresco Rabajà Ris. '96	▽▽▽ 8
● Barbaresco Rabajà '12	▽▽ 5
● Barbaresco Rabajà Ris. '08	▽▽ 8
● Barbera d'Alba '14	▽▽ 3
● Barbera d'Alba Morassina '13	▽▽ 3
● Barbera d'Alba Morassina '12	▽▽ 3
● Langhe Nebbiolo '13	▽▽ 3
● Langhe Nebbiolo '12	▽▽ 3

Clemente Cossetti

via Guardie, 1
14043 Castelnuovo Belbo [AT]
Tel. 0141799803
www.cossetti.it

VENDITA DIRETTA
VISITA SU PRENOTAZIONE
OSPITALITÀ E RISTORAZIONE
PRODUZIONE ANNUA 500.000 bottiglie
ETTARI VITATI 28,00

La Cossetti ha raggiunto i 125 anni di attività. Fondata da Giovanni Cossetti nel 1891, oggi è guidata dalla quarta generazione della famiglia. I vigneti aziendali sono situati a Castelnuovo Belbo, nella zona del Nizza, su terreni di natura argillosa di medio impasto con una buona presenza di ferro e magnesio. L'azienda ai vini provenienti dalle uve di proprietà affianca un'attività di négociant che permette di proporre un'ampia gamma di etichette, con alcune delle più importanti denominazioni piemontesi. In primo piano troviamo il Piemonte Albarossa Amartè '14. Ai sentori di mora e spezie dolci fa seguito un palato pieno e vellutato, con tannini particolarmente fini per un vitigno come l'albarossa, e un finale lungo e fresco. Ben realizzati anche il Moscato d'Asti La Vita '15, di buon equilibrio tra dolcezza e acidità, con note aromatiche di agrumi, pesca e salvia, il Ruché di Castagnole Monferrato '15, floreale e giustamente aromatico, e la Barbera d'Asti Superiore Nizza '13, fruttata e piacevole.

● Barbera d'Asti Sup. Nizza '13	🍷🍷 4
○ Moscato d'Asti La Vita '15	🍷🍷 2*
● Piemonte Albarossa Amartè '14	🍷🍷 3
● Ruchè di Castagnole Monferrato '15	🍷🍷 3
● Barbera d'Asti La Vigna Vecchia '14	🍷 2
● Barbera d'Asti Venti di Marzo '15	🍷 3
● Barbera d'Asti La Vigna Vecchia '13	▽▽ 2*
● Barbera d'Asti La Vigna Vecchia '12	▽▽ 2*
● Barbera d'Asti Sup. Nizza '11	▽▽ 4
● Barbera d'Asti Venti di Marzo '14	▽▽ 3
● Barbera d'Asti Venti di Marzo '13	▽▽ 3
● Grignolino d'Asti '14	▽▽ 2*
● Ruchè di Castagnole Monferrato '13	▽▽ 3

Stefanino Costa

B.TA BENNA, 5
12046 MONTÀ [CN]
TEL. 0173976336
ninocostawine@gmail.com

VENDITA DIRETTA
VISITA SU PRENOTAZIONE
PRODUZIONE ANNUA 50.000 bottiglie
ETTARI VITATI 9,50

Nino Costa ha saputo in questi ultimi anni dare continuità alla sua produzione, che abbina lo stile tradizionale alla nitidezza e alla precisione aromatica. I vigneti aziendali, tra i quali si contano alcuni veri e propri cru come il Bric del Medic, sono situati su terreni a prevalenza sabbiosa nei comuni di Canale, Montà e Santo Stefano Roero, fra i 350 e i 400 metri di altitudine e con piante di quarant'anni di età. Le uve coltivate sono quelle tipiche del Roero: arneis, barbera, brachetto e nebbiolo. Il Roero Gepin '12 conquista i Tre Bicchieri grazie a delle intense note floreali, seguite da sentori di anice, frutti rossi e tabacco dolce, mentre il palato, di notevole complessità, è sapido, fresco e fitto allo stesso tempo, con tannini eleganti e un lungo finale disteso. Ottimo il Roero Arneis Sarun '15, ricco di polpa, sapido e con un buon sostegno acido, mentre è fruttata e di buona struttura la Barbera d'Alba Superiore Genna '13.

● Roero Gepin '12	🍷🍷🍷 4*
○ Roero Arneis Sarun '15	🍷🍷 3*
● Barbera d'Alba Sup. Genna '13	🍷🍷 2*
● Roero Gepin '11	🍷🍷🍷 4*
● Roero Gepin '10	🍷🍷🍷 4*
● Barbera d'Alba Cichin '12	🍷🍷 2*
○ Langhe Bianco Ricordi '13	🍷🍷 3
○ Roero Arneis Sarun '13	🍷🍷 3*
● Roero Bric del Medic '09	🍷🍷 3*
● Roero Bric del Medic '07	🍷🍷 3*
● Roero Medic '12	🍷🍷 3
● Roero Medic '10	🍷🍷 3*
● Roero V. V. '09	🍷🍷 4
● Roero V. V. '08	🍷🍷 4

Deltetto

C.SO ALBA, 43
12043 CANALE [CN]
TEL. 0173979383
www.deltetto.com

VENDITA DIRETTA
VISITA SU PRENOTAZIONE
PRODUZIONE ANNUA 170.000 bottiglie
ETTARI VITATI 21,00
VITICOLTURA Biologico Certificato
AZIENDA SOSTENIBILE

Antonio Deltetto, alla guida dell'azienda di famiglia dal 1977, ha saputo costruire anno dopo anno un'azienda riconosciuta tra le più significative del territorio roerino, affiancando alla storica produzione legata al territorio, le cui protagoniste sono le uve classiche di questa zona, come arneis, nebbiolo e barbera, quella spumantistica – in cui accanto a chardonnay e pinot nero troviamo anche il nebbiolo – fino a vini di alta qualità da altre denominazioni piemontesi come, tra le altre, Barolo o Gavi. Davvero convincente il Deltetto Extra Brut Metodo Classico '10, da pinot nero (60%) e chardonnay, che al naso è complesso, con note di lieviti e pane tostato su fondo di frutta bianca, e al palato è lungo e fresco. Si conferma ai vertici anche il Roero Braja Riserva '13, ricco di frutto, ancora tannico ma in buona spinta e grintoso. Ben realizzato il resto della gamma, come il Roero '13, piacevole e fresco, la Barbera d'Alba Superiore Bramé '14, morbida e fruttata, o il Brut Rosé, elegante e floreale.

○ Deltetto Extra Brut M. Cl. '10	🍷🍷 5
● Roero Braja Ris. '13	🍷🍷 4
● Barbera d'Alba Sup. Bramé '14	🍷🍷 3
● Barolo Bussia '11	🍷🍷 6
⊙ Deltetto Rosé Brut M. Cl.	🍷🍷 5
● Roero '13	🍷🍷 3
○ Deltetto Brut M. Cl. '11	🍷 4
○ Langhe Favorita '15	🍷 2
○ Roero Arneis Daivej '15	🍷 2
○ Roero Arneis San Michele '15	🍷 3
● Roero Braja Ris. '09	🍷🍷🍷 4*
● Roero Braja Ris. '08	🍷🍷🍷 4
● Roero Braja Ris. '07	🍷🍷🍷 4

Gianni Doglia

VIA ANNUNZIATA, 56
14054 CASTAGNOLE DELLE LANZE [AT]
TEL. 0141878359
www.giannidoglia.it

VENDITA DIRETTA
VISITA SU PRENOTAZIONE
PRODUZIONE ANNUA 80.000 bottiglie
ETTARI VITATI 8,00

L'impostazione produttiva di Gianni Doglia tende a interpretare al meglio la personalità dei singoli vitigni e le loro diverse possibilità: ecco quindi che, sia del Moscato d'Asti sia della Barbera d'Asti, presenta due versioni diverse. Una più semplice e immediata, come consentono facilmente questi tipi di uva, e due selezioni più complesse (Casa di Bianca per l'uva moscato, in solo acciaio, e Genio per la barbera, in legno), frutto di rese contenute e affinamenti prolungati. I risultati sono eccellenti su tutta la linea. Quando l'avvolgente e decisa aromaticità dell'uva moscato si unisce all'eleganza di decine di sfumature di erbe, frutta esotica e spezie, e quando la consueta morbidezza degli zuccheri lascia spazio a mille delicate sfaccettature gustative, allora si può parlare di grande Moscato d'Asti: Tre Bicchieri al Casa di Bianca '15. Grande maestria anche con la Barbera d'Asti: sfaccettata e fruttata la finissima Genio '14, fresca e immediata la nitida Boscodonne '15.

○ Moscato d'Asti Casa di Bianca '15	🍷🍷🍷	3*
● Barbera d'Asti Sup. Genio '14	🍷🍷	4
● Barbera d'Asti Boscodonne '15	🍷🍷	2*
● Grignolino d'Asti '15	🍷🍷	2*
● M.to Rosso ! '13	🍷🍷	5
○ Moscato d'Asti '15	🍷🍷	2*
● Barbera d'Asti Sup. Genio '12	🍷🍷🍷	4*
● Barbera d'Asti Boscodonne '14	🍷🍷	2*
● Barbera d'Asti Boscodonne '12	🍷🍷	2*
● Barbera d'Asti Sup. '10	🍷🍷	3*
● Barbera d'Asti Sup. '09	🍷🍷	3
● Barbera d'Asti Sup. '07	🍷🍷	3
● Barbera d'Asti Sup. Genio '11	🍷🍷	4
● M.to Rosso ! '12	🍷🍷	5
○ Moscato d'Asti Casa di Bianca '14	🍷🍷	3*
○ Moscato d'Asti Casa di Bianca '13	🍷🍷	3*
○ Moscato d'Asti Casa di Bianca '12	🍷🍷	3*

Dosio

REG. SERRADENARI, 6
12064 LA MORRA [CN]
TEL. 017350677
www.dosiovigneti.com

VENDITA DIRETTA
VISITA SU PRENOTAZIONE
OSPITALITÀ
PRODUZIONE ANNUA 65.000 bottiglie
ETTARI VITATI 11,00

Il cambio di proprietà di un paio d'anni fa, con l'intervento della famiglia Lanci, ha rilanciato i lavori di questa storica cantina langarola. I vigneti di proprietà sono collocati nella parte più alta di La Morra, con alcuni tra i cru più alti di tutta la denominazione, con punte che sfiorano i 500 metri di altitudine. La consulenza enologica è affidata all'esperto Marco Dotta, uno dei più brillanti interpreti regionali. Versione spettacolare per il Barolo Serradenari '12. Si apre lentamente nel bicchiere su toni di chiodi di garofano e piccoli frutti rossi. Al sorso è possente, su un registro scuro, note di terra e una freschezza acida in grado di bilanciare perfettamente la trama tannica finta e dare lunghezza. Fine il profilo aromatico del Barolo'12, dal frutto rosso croccante e immediato; al palato si rivela ampio e avvolgente, con un finale lungo e fresco, appena asciugato dal rovere. Molto piacevole il Roero Arneis '15.

● Barolo Serradenari '12	🍷🍷	6
● Barolo '12	🍷🍷	5
● Dolcetto d'Alba '15	🍷🍷	2*
● Langhe Eventi '12	🍷🍷	4
● Langhe Nebbiolo Barilà '13	🍷🍷	5
○ Roero Arneis '15	🍷🍷	2*
● Barbera d'Alba Sup. '14	🍷	3
● Nebbiolo d'Alba '13	🍷	3
● Barbera d'Alba '13	🍷🍷	2*
● Barolo '10	🍷🍷	5
● Barolo Fossati '11	🍷🍷	5
● Barolo Fossati Ris. '08	🍷🍷	8
● Langhe Nebbiolo Barilà '12	🍷🍷	3*

★Poderi Luigi Einaudi

loc. Cascina Tecc
b.ta Gombe, 31/32
12063 Dogliani [CN]
Tel. 017370191
www.poderieinaudi.com

VENDITA DIRETTA
VISITA SU PRENOTAZIONE
OSPITALITÀ
PRODUZIONE ANNUA 250.000 bottiglie
ETTARI VITATI 52,00

Matteo Sardagna ha raccolto l'eredità di un'azienda che, fondata nel 1897 dal primo Presidente della Repubblica Italiana, Luigi Einaudi, è stata per decenni un punto di riferimento dell'enologia piemontese. Importanti vigneti (a partire da Cannubi e Terlo per il Barolo, da Vigna Tecc per il Dogliani) garantiscono uve di alta qualità, lavorate in cantina da uno staff di rara preparazione tecnica. Di stile internazionale ma sempre assai ricco di personalità il Langhe Rosso Luigi Einaudi, da provare. Raffinato e accogliente il Relais dei Poderi, in splendida posizione panoramica vicino alla cantina. Lampone e viola precedono la liquirizia e il tabacco dolce, mentre la bocca ha struttura che piace soprattutto per la grande armonia. Così il Barolo Cannubi '12. Asciutto e deciso il Barolo Terlo Vigna Costa Grimaldi '12. Ancora un po' marcato dal rovere il Barolo Terlo '12. Posticipata l'uscita del nuovo Dogliani Tecc, c'è attesa anche per il Barolo che verrà realizzato con le uve dei quattro ettari acquistati nel luglio 2016 nel cru Bussia di Monforte d'Alba.

● Barolo Cannubi '12	🍷🍷 8
● Langhe Rosso Luigi Einaudi '11	🍷🍷 6
● Barolo Terlo '12	🍷🍷 6
● Barolo Terlo V. Costa Grimaldi '12	🍷🍷 7
● Dogliani '15	🍷🍷 3
● Piemonte Barbera '13	🍷🍷 3
● Langhe Nebbiolo '14	🍷 3
● Barolo Cannubi '11	🍷🍷🍷 8
● Barolo Cannubi '10	🍷🍷🍷 8
● Barolo Costa Grimaldi '05	🍷🍷🍷 8
● Barolo Costa Grimaldi '01	🍷🍷🍷 7
● Barolo nei Cannubi '00	🍷🍷🍷 8
● Barolo nei Cannubi '99	🍷🍷🍷 7
● Dogliani Sup. V. Tecc '10	🍷🍷🍷 3*
● Dogliani V. Tecc '06	🍷🍷🍷 4
● Langhe Rosso Luigi Einaudi '04	🍷🍷🍷 5

Tenuta Il Falchetto

fraz. Ciombi
via Valle Tinella, 16
12058 Santo Stefano Belbo [CN]
Tel. 0141840344
www.ilfalchetto.com

VENDITA DIRETTA
VISITA SU PRENOTAZIONE
PRODUZIONE ANNUA 280.000 bottiglie
ETTARI VITATI 47,00

La famiglia Forno è presente a Santo Stefano Belbo dalla metà del 1600. L'azienda è stata fondata nel 1940 e oggi è guidata dai fratelli Giorgio, Fabrizio e Adriano. I vigneti di proprietà sono composti da tre tenute nei comuni di Santo Stefano Belbo e Castiglione Tinella e altre tre nei comuni di Agliano Terme e Calosso. Dei vari vitigni coltivati i più importanti sono, come da tradizione in queste zone, moscato e barbera, che danno vita a vini di notevole intensità, fini e ricchi di frutto. Il Moscato d'Asti Ciombo '15 conquista di slancio i Tre Bicchieri, grazie a profumi che spaziano dalla pesca al lime, dalla salvia agli agrumi, e a un palato di grande potenza, in cui la ricchezza zuccherina trova il sostegno di una vibrante acidità. Non molto distante per qualità è il Moscato d'Asti Tenuta del Fant '15, più verticale e fresco, declinato su toni vegetali, con note di aghi di pino ed erbe officinali, accompagnati da aromi di frutta bianca. Ben realizzato il resto della gamma.

Vino	Valutazione
○ Moscato d'Asti Ciombo '15	🍷🍷🍷 2*
○ Moscato d'Asti Tenuta del Fant '15	🍷🍷 2*
● M.to Rosso La Mora '13	🍷🍷 3
○ Piemonte Chardonnay '15	🍷🍷 2*
○ Piemonte Moscato Passito '12	🍷🍷 4
● Barbera d'Asti Pian Scorrone '15	🍷 3
● Piemonte Pinot Nero Solo '13	🍷 3
○ Moscato d'Asti Tenuta del Fant '11	🍷🍷🍷 2*
○ Moscato d'Asti Tenuta del Fant '09	🍷🍷🍷 2*
● Barbera d'Alba Sup. La Rossa '11	🍷🍷 3
● Barbera d'Asti Pian Scorrone '12	🍷🍷 3
○ Moscato d'Asti Tenuta del Fant '14	🍷🍷 2*
● Piemonte Pinot Nero Solo '12	🍷🍷 3

Benito Favaro

S.DA CHIUSURE, 1 BIS
10010 PIVERONE [TO]
TEL. 012572606
www.cantinafavaro.it

VENDITA DIRETTA
VISITA SU PRENOTAZIONE
PRODUZIONE ANNUA 20.000 bottiglie
ETTARI VITATI 3,50

Per lungo tempo confinato in un ambito di diffusione poco più che locale, l'Erbaluce sta ritrovando pian piano entusiasmo e attenzione. E buona parte del merito va sicuramente attribuito al lavoro di Benito e Camillo Favaro, e alla brillante sequenza di notevoli riuscite firmate nell'ultimo decennio. Complessità teutonica, delicatezza calusiese, i bianchi de Le Chiusure restituiscono fedelmente i caratteri di circa tre ettari abbarbicati sulla Serra di Piverone. Il base affina in acciaio, il 13 Mesi fermenta e matura una parte della massa in legno. E non si accontentano certo del ruolo di comprimari i rossi prodotti con syrah, freisa, nebbiolo e barbera. Splendida vendemmia per l'Erbaluce Le Chiusure '15: grazie ad aromi netti e puri che ricordano la susina e la mandorla, mentre la bocca è di buona avvolgenza e sempre viva grazie a un delizioso e armonico tocco acido e quasi salino. Un po' più stretto sul palato il 13 Mesi '14, che si avvale di un parziale e delicato affinamento in legno.

○ Erbaluce di Caluso Le Chiusure '15	🍷🍷	2*
○ Erbaluce di Caluso 13 Mesi '14	🍷🍷	3
⊙ Rosacherosanonsei '15	🍷🍷	3
○ Sole d'Inverno '13	🍷🍷	5
○ Erbaluce di Caluso Le Chiusure '13	🍷🍷🍷	2*
○ Erbaluce di Caluso Le Chiusure '12	🍷🍷🍷	2*
○ Erbaluce di Caluso Le Chiusure '11	🍷🍷🍷	2*
○ Erbaluce di Caluso Le Chiusure '10	🍷🍷🍷	2*
○ Erbaluce di Caluso 13 Mesi '13	🍷🍷	3
○ Erbaluce di Caluso 13 Mesi '12	🍷🍷	3
○ Erbaluce di Caluso Le Chiusure '14	🍷🍷	2*
● Rossomeraviglia '13	🍷🍷	5
● Rossomeraviglia '12	🍷🍷	5

Giacomo Fenocchio

LOC. BUSSIA, 72
12065 MONFORTE D'ALBA [CN]
TEL. 017378675
www.giacomofenocchio.com

VENDITA DIRETTA
VISITA SU PRENOTAZIONE
PRODUZIONE ANNUA 90.000 bottiglie
ETTARI VITATI 15,00
AZIENDA SOSTENIBILE

È una vicenda per molti versi emblematica nell'attuale scenario di Langa, quella che si rivela nei vini dei fratelli Fenocchio. Azienda storica, salita alla ribalta dopo aver viaggiato lungamente a fari spenti, non solo per il favorevolissimo rapporto qualità prezzo della gamma a base nebbiolo, dolcetto, barbera, freisa. Del resto le vigne di proprietà hanno nomi importanti come Cannubi di Barolo, Villero di Castiglione Falletto, Bussia di Monforte, e l'impronta stilistica è da sempre tradizionale, ma non certo passatista. Pensati con lunghe macerazioni e pazienti affinamenti in rovere di Slavonia, sono Barolo che vivono su un doppio canale di immediatezza e longevità. Ancora una marcia trionfale per i Barolo targati Fenocchio con una grandissima Riserva Bussia 90 Dì che ci guida attraverso la complessità del vitigno nebbiolo con i suoi aromi di tabacco, liquirizia, fuliggine e amarene. Al palato il vino appare maestoso con trama tannica fitta e succosa che regala una bella sensazione di masticabilità. Tra gli ottimi 2012 spunta il Villero.

● Barolo Bussia 90 Dì Ris. '10	🍷🍷🍷	8
● Barolo Bussia '12	🍷🍷	6
● Barolo Villero '12	🍷🍷	6
● Barolo Cannubi '12	🍷🍷	6
⊙ Barolo Castellero '12	🍷🍷	6
● Barolo Bussia '11	🍷🍷🍷	6
● Barolo Bussia '09	🍷🍷🍷	6
● Barolo Bussia '10	🍷🍷	6
● Barolo Bussia Ris. '09	🍷🍷	7
● Barolo Cannubi '11	🍷🍷	6
● Barolo Cannubi '10	🍷🍷	6
● Barolo Castellero '11	🍷🍷	6
● Barolo Villero '11	🍷🍷	6
● Barolo Villero '10	🍷🍷	6

Ferrando

via Torino, 599
10015 Ivrea [TO]
Tel. 0125633550
www.ferrandovini.it

VENDITA DIRETTA
VISITA SU PRENOTAZIONE
PRODUZIONE ANNUA 50.000 bottiglie
ETTARI VITATI 5,00

È una storia di culto, quella incarnata dai vini della famiglia Ferrando, ben oltre le questioni produttive e organolettiche. Se oggi siamo qui a parlare di Carema, delle sue struggenti pergole terrazzate strappate alla roccia, del nebbiolo di montagna, moltissimo si deve all'azienda di Ivrea oggi guidata da Roberto. Una viticoltura decisamente antieconomica, che trova riscatto in tante versioni monumentali per carattere e longevità dell'Etichetta Bianca e Nera, che funge un po' da riserva nei migliori millesimi. Ma non vanno trascurati nemmeno gli Erbaluce di Caluso, con due versioni ferme (La Torrazza e il Cariola), una versione spumante e due dolci. Ritardata l'uscita della Riserva, Ferrando si impone con una superba interpretazione del Carema '12, che si merita i Tre Bicchieri. Al naso si colgono i più classici aromi dell'uva nebbiolo, dalla liquirizia ai fiori secchi, cui si aggiunge un piacevole e inusuale tocco di iodio; la bocca è imponente ed equilibrata, con acidità e tannini che sostengono a lungo una materia di sicura pienezza. Meno fresca e viva del solito l'Erbaluce di Caluso Cariola.

Vino	Valutazione
● Carema Et. Bianca '12	🍷🍷🍷 5
○ Caluso Passito '09	🍷🍷 5
○ La Torrazza Brut Cuvée Luigi Ferrando M. Cl.	🍷🍷 4
○ Erbaluce di Caluso Cariola '15	🍷 3
● Carema Et. Nera '11	ΥΥΥ 7
● Carema Et. Nera '09	ΥΥΥ 6
● Carema Et. Nera '08	ΥΥΥ 6
● Carema Et. Nera '07	ΥΥΥ 6
● Carema Et. Nera '06	ΥΥΥ 6
● Carema Et. Nera '05	ΥΥΥ 6
● Carema Et. Nera '01	ΥΥΥ 5

Roberto Ferraris

fraz. Dogliano, 33
14041 Agliano Terme [AT]
Tel. 0141954234
www.robertoferraris.com

VENDITA DIRETTA
VISITA SU PRENOTAZIONE
PRODUZIONE ANNUA 50.000 bottiglie
ETTARI VITATI 10,50

L'azienda della famiglia Ferraris, fondata nel 1923 da Stefano Ferraris nel cuore della zona storica della Barbera d'Asti, è gestita oggi dal nipote Roberto. Ben 8,5 dei 10,5 ettari vitati aziendali sono di barbera (gli altri due ettari sono divisi tra nebbiolo e grignolino), e vedono la presenza di viti piantate tra il 1923 e il 1930 su vitis rupestris. I terreni sono in genere bianchi e calcarei, con alte percentuali di limo (65%) e poca argilla. I vini sono d'impianto tradizionale e di notevole territorialità. Ci è particolarmente piaciuta la Barbera d'Asti Superiore La Cricca '13, dai ricchi profumi di frutti neri maturi ma freschi, con note di spezie, tabacco e caffè, e dal palato di bella pienezza e di buona trama tannica. Ben realizzate le altre Barbera d'Asti, dalla Superiore Bisavolo '13, dai toni di prugna e ciliegia nera, speziata e terrosa, sapida ed equilibrata, alla Suòrí '15, di media struttura, con un finale fresco, lungo e accattivante, alla Nobbio '14, immediata e scorrevole.

● Barbera d'Asti Sup. La Cricca '13	🍷🍷 3*
● Barbera d'Asti Nobbio '14	🍷🍷 2*
● Barbera d'Asti Suòrì '15	🍷🍷 2*
● Barbera d'Asti Sup. Bisavolo '13	🍷🍷 3
● Barbera d'Asti Suòrì '14	🍷 2
● M.to Rosso Grixa '13	🍷 3
● Barbera d'Asti '13	ΥΥ 2*
● Barbera d'Asti '12	ΥΥ 2*
● Barbera d'Asti Nobbio '12	ΥΥ 2*
● Barbera d'Asti Sup. Bisavolo '12	ΥΥ 3
● M.to Rosso Grixa '12	ΥΥ 3
● M.to Rosso Grixa '11	ΥΥ 3
● M.to Rosso Grixa '11	ΥΥ 3

Carlo Ferro

Fraz. Salere 41
14041 Agliano Terme [AT]
Tel. 0141954000
www.ferrovini.com

VENDITA DIRETTA
VISITA SU PRENOTAZIONE
PRODUZIONE ANNUA 15.000 bottiglie
ETTARI VITATI 12,00

Quest'azienda famigliare è presente nel territorio della barbera d'Asti da oltre un secolo, anche se imbottiglia i propri vini da poco più di vent'anni. Il vitigno più coltivato è chiaramente il barbera, cui vengono affiancati dolcetto, grignolino, nebbiolo e cabernet sauvignon, per una produzione esclusivamente rossista. I vini sono caratterizzati da uno stile tradizionale, con un occhio di riguardo per la bevibilità e il consumo quotidiano. Sempre solida e affidabile la gamma di vini proposta da questa piccola azienda, soprattutto per quanto riguarda le Barbera d'Asti. La Notturno '15 ha profumi di arancia rossa, tabacco, marasca e liquirizia, per un palato di stampo tradizionale, ricco di carattere ma forse un po' troppo maturo per una barbera d'annata, la Roche '13 è di notevole struttura e piuttosto alcolica, con tanta polpa ma anche con sentori di legno ancora in primo piano, mentre la Giulia '14 è più leggera e semplice, anche a causa dell'annata, ma fresca e piacevole.

● Barbera d'Asti Giulia '14	🍷🍷	2*
● Barbera d'Asti Sup. Notturno '15	🍷🍷	2*
● Barbera d'Asti Sup. Roche '13	🍷🍷	3
● Barbera d'Asti '15	🍷	2
● Langhe Nebbiolo Tre Lune '14	🍷	2
● M.to Rosso Paolo '12	🍷	3
● Barbera d'Asti '14	🍷🍷	2*
● Barbera d'Asti '13	🍷🍷	1*
● Barbera d'Asti Giulia '13	🍷🍷	2*
● Barbera d'Asti Giulia '11	🍷🍷	2*
● Barbera d'Asti Sup. Notturno '12	🍷🍷	2*
● Barbera d'Asti Sup. Roche '11	🍷🍷	3
● Barbera d'Asti Superiore Notturno '10	🍷🍷	2*

Fontanabianca

via Bordini, 15
12057 Neive [CN]
Tel. 017367195
www.fontanabianca.it

VENDITA DIRETTA
VISITA SU PRENOTAZIONE
PRODUZIONE ANNUA 60.000 bottiglie
ETTARI VITATI 14,00

Fontanabianca è un punto di riferimento delle colline di Neive. La svolta è avvenuta nel 1969 quando, dopo una lunga tradizione di conferitori di uve, viene fondata l'azienda e cominciano gli imbottigliamenti in proprio. Aldo Pola è stato tra gli interpreti della nuova fase del Barolo, con uno stile modernista che oggi lascia spazio a un'interpretazione più classica, con estrazioni misurate e utilizzo più parco dei legni nuovi. Una rimoduluzione stilistica ben eseguita, per vini che guadagnano in bevibilità senza perdere in termini di complessità aromatica. In una batteria di livello qualitativo medio elevato, segnaliamo la prova del Barbaresco Serraboella '13 che si propone su freschi toni di lampone e liquirizia. Fine e ben articolato, ha una struttrura snella e incisiva, dal finale lungo e pulito.Note di tabacco dolce e spezie caratterizzano il Barbaresco Bordini '13, dal sorso polposo, rigoroso, dal finale preciso ed essenziale.

● Barbaresco Bordini '13	🍷🍷	6
● Barbaresco '13	🍷🍷	5
● Barbaresco Serraboella '13	🍷🍷	5
● Barbera d'Alba Sup. '14	🍷🍷	3
● Langhe Nebbiolo '14	🍷	3
● Barbaresco Serraboella '06	🍷🍷🍷	6
● Barbaresco Sorì Burdin '05	🍷🍷🍷	6
● Barbaresco Sorì Burdin '04	🍷🍷🍷	6
● Barbaresco '12	🍷🍷	5
● Barbaresco Bordini '12	🍷🍷	6
● Barbaresco Serraboella '12	🍷🍷	5
● Barbera d'Alba Sup. '13	🍷🍷	3
● Langhe Nebbiolo '13	🍷🍷	3

Fontanafredda

via Alba, 15
12050 Serralunga d'Alba [CN]
Tel. 0173626111
www.fontanafredda.it

VENDITA DIRETTA
VISITA SU PRENOTAZIONE
OSPITALITÀ E RISTORAZIONE
PRODUZIONE ANNUA 7.500.000 bottiglie
ETTARI VITATI 100,00
AZIENDA SOSTENIBILE

Radici secolari, visione imprenditoriale moderna: è in quest'anima ambivalente che va ricercata la chiave del prestigio internazionale riconosciuto al marchio Fontanafredda. Autentica corazzata del vino piemontese, con oltre sette milioni di bottiglie e un centinaio di ettari in buona parte riconvertiti secondo i dettami dell'agricoltura naturale, rafforzatasi con la partnership tra Luca Baffigo, Oscar Farinetti e la galassia Eataly. Praticamente impossibile entrare nel dettaglio delle varie linee di gamma, dove trovano spazio selezioni e cru pensati con approccio per molti versi "artigianale", come i Barolo targati Casa E. di Mirafiore (Paiagallo e Lazzarito in testa). Negli ultimi test si impone all'attenzione il rigore stilistico del Barolo Paiagallo '12: frutto fresco, medio corpo, tannini carezzevoli e beva trascinante. Un meritato Tre Bicchieri. Intenso e ampio il Barolo Vigna La Rosa pari millesimo è irresistibile nei suoi ricordi di erbe medicinali e pepe rosa, di chirurgica definizione. Più severo e scuro negli aromi il Lazzarito '10.

● Barolo Paiagallo Casa E. di Mirafiore '12	🍷🍷🍷 7
● Barolo Fontanafredda V. La Rosa '12	🍷🍷 7
● Barolo Lazzarito Casa E. di Mirafiore '10	🍷🍷 6
● Barbaresco Coste Rubin '13	🍷🍷 6
● Barolo Casa E. di Mirafiore '12	🍷🍷 8
● Barolo Casa E. di Mirafiore Ris. '07	🍷🍷 6
● Barolo del Comune di Serralunga d'Alba '12	🍷🍷 6
● Barolo Ris. '10	🍷🍷 8
● Langhe Nebbiolo Ebbio '14	🍷🍷 3
○ Moscato d'Asti Moncucco '15	🍷🍷 3
○ Roero Arneis Pradalupo '15	🍷🍷 3
● Barolo '12	🍷 6
● Dolcetto d'Alba Casa E. di Mirafiore '15	🍷 3
○ Gavi del Comune di Gavi '15	🍷 3
○ Moscato d'Asti Le Fronde '15	🍷 3
● Barolo Fontanafredda V. La Rosa '07	🥂🥂🥂 7

Gabutti - Franco Boasso

b.ta Gabutti, 3a
12050 Serralunga d'Alba [CN]
Tel. 0173613165
www.gabuttiboasso.com

VENDITA DIRETTA
VISITA SU PRENOTAZIONE
OSPITALITÀ
PRODUZIONE ANNUA 25.000 bottiglie
ETTARI VITATI 7,00

È una sorta di seconda giovinezza, quella che sembra vivere la piccola cantina avviata negli anni Settanta dalla famiglia Boasso. Che dichiara fin dal nome il filo strettissimo che la lega al territorio di Serralunga d'Alba, nei cui confini si collocano le parcelle di proprietà a Gabutti, Meriame e Margheria. La piattaforma ampelografica comprende barbera, dolcetto, moscato, arneis, ma sono naturalmente i nebbiolo da Barolo a trainare la bella batteria, da godere anche nel delizioso agriturismo. Pensati con protocolli essenziali, perlopiù affinamenti in legno grande, rappresentano un punto fermo per chi cerca misura stilistica e incisività gustativa. Ennesima dimostrazione del brillante stato di forma arriva dal Barolo Gabutti '12: Nebbiolo magnifico per carattere e densità sapida, continuamente ravvivato dalle suggestioni di viola, china e macchia mediterranea. Appena un gradino sotto il Margheria '12, altrettanto possente e vitale nella progressione, ma un po' asciutto in chiusura.

● Barolo Gabutti '12	🍷🍷 6
● Barbera d'Alba Sup. '13	🍷🍷 2*
● Barolo Margheria '12	🍷🍷 6
● Dolcetto d'Alba '15	🍷 2
● Barolo Margheria '05	🥂🥂🥂 5*
● Barbera d'Alba '12	🥂🥂 2*
● Barbera d'Alba '11	🥂🥂 2*
● Barolo del Comune di Serralunga d'Alba '11	🥂🥂 5
● Barolo del Comune di Serralunga d'Alba '10	🥂🥂 5
● Barolo Gabutti '11	🥂🥂 6
● Barolo Gabutti '10	🥂🥂 5
● Barolo Margheria '11	🥂🥂 6
● Barolo Margheria '10	🥂🥂 5
● Dolcetto d'Alba '13	🥂🥂 2*

Gaggino

s.da Sant'Evasio, 29
15076 Ovada [AL]
Tel. 0143822345
www.gaggino.it

VENDITA DIRETTA
VISITA SU PRENOTAZIONE
PRODUZIONE ANNUA 150.000 bottiglie
ETTARI VITATI 20,00

Negli anni Venti del Novecento Leopoldo Gaggino avvia l'attività che si è poi tramandata di padre in figlio, fino a oggi. Erede contestatore e intransigente, Gabriele Gaggino è esattamente come i vini che produce, schietto e sincero. I suoi prodotti si caratterizzano per essere intensi e strutturati, a volte immediatamente esplosivi, altre più meditati e lenti a esprimersi, che nel tempo mantengono sempre le promesse. Nonostante l'annata difficile l'Ovada Convivio si presenta con un bel corredo olfattivo, giovane e intenso, che prosegue su una fase gustativa molto intensa e armonica. La batteria prosegue su un ottimo livello qualitativo, con una versione potente e ricca dell'Ovada Sant'Evasio. La Lazzarina si apre al naso, su belle note fruttate, e prosegue su un palato fresco e persistente. Da segnalare lo Spumante Courteisa e il Piemonte Bianco Pagliuzza.

● Ovada Convivio '14	TT	3*
● Barbera del M.to Lazzarina '14	TT	3
○ Brut Courteisa	TT	2*
● Ovada Sant'Evasio '12	TT	4
○ Piemonte Bianco Pagliuzza '15	TT	3
○ Cortese dell'Alto M.to '15	T	2
● Ovada Convivio '13	YYY	2*
● Barbera del M.to La Lazzarina '12	YY	2*
● Barbera del M.to Sup. Il Ticco '11	YY	3*
● Ovada S. Evasio '11	YY	2*
● Ovada S. Evasio '10	YY	2*

★★★★★Gaja

via Torino, 18
12050 Barbaresco [CN]
Tel. 0173635158
info@gaja.com

PRODUZIONE ANNUA 350.000 bottiglie
ETTARI VITATI 92,00

Oggi più che mai "venerabile maestro", per citare lo scrittore Alberto Arbasino e il suo celebre aforisma sulle tre fasi che ritmano la carriera degli italiani di successo. Calza a pennello per Angelo Gaja, senza dubbio il produttore più famoso all'estero, non solo per le grandi bottiglie firmate raccogliendo a suo modo la maestosa lezione ereditata dal padre Giovanni e dal nonno Angelo. I figli Gaia, Rosanna e Giovanni sono da tempo al suo fianco, insieme alla moglie Lucia, e la loro cantina di Barbaresco resta il cuore nevralgico di un lavoro minuzioso impostato su una batteria che vede come top di gamma i Langhe Nebbiolo Costa Russi, Conteisa, Sperss, Sorì San Lorenzo e Sorì Tildin. Sontuoso il tris di Barbaresco presentato. Il Costa Russi '13 ha la magia del grande vino: profumi finissimi ed eterei, di piccoli frutti rossi appena colti, un soffio di spezie e un sorso stratificato, lungo, infiltrante e cristallino. Il Sorì Tildin '13 ha un quid di peso in più, anchi qui l'estrazione tannica è di precisione sartoriale. Molto buono il Barbaresco '13.

● Barbaresco Costa Russi '13	TTT	8
● Barbaresco Sorì Tildin '13	TT	8
● Barbaresco '13	TT	8
● Barbaresco '09	YYY	8
● Barbaresco '08	YYY	8
● Langhe Nebbiolo Costa Russi '10	YYY	8
● Langhe Nebbiolo Costa Russi '08	YYY	8
● Langhe Nebbiolo Costa Russi '07	YYY	8
● Langhe Nebbiolo Costa Russi '05	YYY	8
● Langhe Nebbiolo Costa Russi '04	YYY	8
● Langhe Nebbiolo Sorì S. Lorenzo '06	YYY	8
● Langhe Nebbiolo Sorì Tildin '11	YYY	8
● Langhe Nebbiolo Sorì Tildin '07	YYY	8
● Langhe Nebbiolo Sorì Tildin '06	YYY	8
● Langhe Nebbiolo Sperss '11	YYY	8
● Langhe Nebbiolo Sperss '04	YYY	8

Filippo Gallino

FRAZ. VALLE DEL POZZO, 63
12043 CANALE [CN]
TEL. 017398112
www.filippogallino.com

VENDITA DIRETTA
VISITA SU PRENOTAZIONE
OSPITALITÀ
PRODUZIONE ANNUA 100.000 bottiglie
ETTARI VITATI 14,00
AZIENDA SOSTENIBILE

Briccola, Renesio, Mompissano. I vigneti della Filippo Gallino, azienda nata nel 1961 e che imbottiglia con successo i propri vini da più di vent'anni, sono situati nel comune di Canale su terreni argillos sabbiosi in alcuni dei più noti cru del Roero. La produzione è centrata sulle classiche uve del territorio – arneis, barbera e nebbiolo – e sui vini che ne derivano. Il risultato sono etichette dal carattere insieme tradizionale e moderno, piacevoli e ricche di frutto. Ci sono particolarmente piaciute la Barbera d'Alba Superiore '12, che si presenta con note di anice stellato abbinate a nitidi profumi di frutti rossi, mentre il palato è ricco e succoso, con ancora qualche nota legnosa, ma di buona acidità e lunghezza, e il Roero Arneis '15, dai toni di frutta gialla con sfumature vegetali, di buona materia e con un finale di carattere e in spinta. Il Roero '12 è ricco di frutto e di buona struttura ma con tannini leggermente ruvidi.

● Barbera d'Alba Sup. '12	🍷🍷	4
○ Roero Arneis '15	🍷🍷	2*
● Roero '12	🍷🍷	4
○ Seventy Brut M. Cl.	🍷	3
● Barbera d'Alba Sup. '05	🍷🍷🍷	4*
● Barbera d'Alba Sup. '04	🍷🍷🍷	4*
● Roero '06	🍷🍷🍷	4*
● Roero Sup. '03	🍷🍷🍷	3
● Roero Sup. '01	🍷🍷🍷	5
● Barbera d'Alba Sup. Bonora '10	🍷🍷	4
● Langhe Nebbiolo '13	🍷🍷	2*
○ Roero Arneis '14	🍷🍷	2*
○ Roero Arneis 4 Luglio '14	🍷🍷	2*
● Roero Sorano Ris. '11	🍷🍷	3*

Tenuta Garetto

S.DA ASTI MARE, 30
14041 AGLIANO TERME [AT]
TEL. 0141954068
www.garetto.it

VENDITA DIRETTA
VISITA SU PRENOTAZIONE
PRODUZIONE ANNUA 110.000 bottiglie
ETTARI VITATI 18,00

Alessandro Garetto da ormai vent'anni gestisce con grande passione l azienda familiare, che conta su un corpo unico di vigne posto sulla collina che circonda e sovrasta la cantina. Situato su terreni limoso argillosi con component calcareo marnose, il vigneto è piantato per l'80 percento a barbera, con viti che raggiungono i 70 anni di età, cui si aggiungono per il restante 20 percento dolcetto, grignolino e chardonnay. I vini proposti, in particolare le Barbera, sono esuberanti nel frutto e di grande tipicità. Le tre Barbera d'Asti presentate quest'anno da Alessandro Garetto sono risultate davvero centrate. La Tra Neuit e Dì '15 è una perfetta Barbera d'annata, fresca e piacevole, tutta sul frutto e con una notevole persistenza ben sostenuta dall'acidità, la Nizza Favà '13 è di maggiore struttura e profondità, ricca sia al naso sia al palato, con toni speziati e terrosi e note di frutti neri maturi, per un finale lungo e grintoso, mentre la In Pectore '14 è piena, fresca e grintosa.

● Barbera d'Asti Sup. Nizza Favà '13	🍷🍷	4
● Barbera d'Asti Sup. In Pectore '14	🍷🍷	5
● Barbera d'Asti Tra Neuit e Dì '15	🍷🍷	2*
● Barbera d'Asti Sup. Nizza Favà '04	🍷🍷🍷	4
● Barbera d'Asti Sup. In Pectore '13	🍷🍷	5
● Barbera d'Asti Sup. In Pectore '12	🍷🍷	5
● Barbera d'Asti Sup. Nizza Favà '12	🍷🍷	4
● Barbera d'Asti Sup. Nizza Favà '11	🍷🍷	4
● Barbera d'Asti Sup. Nizza Favà '10	🍷🍷	4
● Barbera d'Asti Sup. Nizza Favà '09	🍷🍷	5
● Barbera d'Asti Tra Neuit e Dì '14	🍷🍷	2*
● Barbera d'Asti Tra Neuit e Dì '13	🍷🍷	2*
● Barbera d'Asti Tra Neuit e Dì '12	🍷🍷	2*
○ M.to Bianco Il Biondo '13	🍷🍷	3

Generaj

B.TA TUCCI, 4
12046 MONTÀ [CN]
TEL. 0173976142
www.generaj.it

VENDITA DIRETTA
VISITA SU PRENOTAZIONE
PRODUZIONE ANNUA 50.000 bottiglie
ETTARI VITATI 12,00
AZIENDA SOSTENIBILE

L'azienda della famiglia Viglione nasce nel primo dopoguerra ad opera di Giuseppe Viglione, e oggi è il nipote che la guida con passione e successo. Le uve coltivate sono quelle tipiche del Roero, arneis, barbera e nebbiolo, cui si affianca una piccola quantità di bonarda e croatina. I vigneti aziendali sono situati nella parte più settentrionale del Roero su diversi terreni, che vanno da quelli a dominante sabbiosa, tipici di questo territorio, a suoli più calcarei ad altri più ghiaiosi. La Barbera d'Alba Superiore Ca' d'Pistola '13 è risultata tra le migliori della tipologia. Alle note di amarena e prugna fanno seguito sentori di cacao su fondo di spezie e di caffè tostato, per un palato avvolgente e di buona lunghezza. Il Roero Riserva Bric Aût '12 è ben realizzato, giocato più su toni di macchia mediterranea e piccoli frutti rossi, ma dai tannini forse un po' troppo severi. Piacevole e immediato il Roero Bric Aût '13, mentre è meno brillante di altre versioni il Roero Arneis Quindicilune '14.

Vino	Bicchieri	Prezzo
● Barbera d'Alba Sup. Ca' d' Pistola '13	🍷🍷 (rossi)	3*
● Roero Bric Aùt '13	🍷🍷	4
● Roero Bric Aût Ris. '12	🍷🍷	5
○ Roero Arneis Bric Varomaldo '15	🍷	3
○ Roero Arneis Quindicilune '14	🍷	3
● Barbera d'Alba Sup. Ca' d' Pistola '12	ŸŸ	3
○ Generaj Brut M. Cl. '11	ŸŸ	5
○ Generaj Brut M. Cl. '10	ŸŸ	5
○ Roero Arneis Quindicilune '13	ŸŸ	3
○ Roero Arneis Quindicilune '12	ŸŸ	3*
● Roero Bric Aût '12	ŸŸ	4
● Roero Bric Aût '11	ŸŸ	3

★Ettore Germano

LOC. CERRETTA, 1
12050 SERRALUNGA D'ALBA [CN]
TEL. 0173613528
www.germanoettore.com

VENDITA DIRETTA
VISITA SU PRENOTAZIONE
OSPITALITÀ
PRODUZIONE ANNUA 90.000 bottiglie
ETTARI VITATI 16,00

Nel competitivo distretto di Langa incontriamo tante realtà salite alla ribalta per le etichette di punta, più che per il livello generale della gamma. Non è il caso di Sergio Germano, che tante soddisfazioni si sta togliendo grazie a una proposta completa su tutti i fronti. Inizialmente conosciuto soprattutto per i suoi Barolo vigorosi e multidimensionali, provenienti da spettacolari vigne come Prapò, Cerretta e Lazzarito di Serralunga, ha poi saputo entusiasmare con i bianchi e gli spumanti da riesling, sauvignon, chardonnay e pinot nero impiantati nella tenuta di Agliè, in Alta Langa. E a ogni vendemmia il suo successo si consolida meritatamente. Di nuovo un'esaltante selezione quella firmata Germano, a cominciare dalla formidabile coppia composta dai Barolo Prapò e Cerretta '12, di espressività quasi complementare. Ma il fuoriclasse è ancora una volta il Lazzarito Ris. '10, monumentale in versione '10 coi suoi chiaroscuri aromatici, i tannini setosi, la profonda persistenza. Da non dimenticare il pregevole Riesling Hérzu.

Vino	Bicchieri	Prezzo
● Barolo Lazzarito Ris. '10	🍷🍷🍷 (rossi)	8
● Barolo Cerretta '12	🍷🍷 (rossi)	7
● Barolo Prapò '12	🍷🍷 (rossi)	7
○ Langhe Riesling Hérzu '14	🍷🍷 (rossi)	4
○ Alta Langa Brut '12	🍷🍷	5
● Barolo del Comune di Serralunga '12	🍷🍷	6
⊙ Brut Rosé Rosanna M. Cl. '14	🍷	4
● Barolo Cerretta '05	ŸŸŸ	8
● Barolo Cerretta '01	ŸŸŸ	6
● Barolo Lazzarito Ris. '08	ŸŸŸ	8
● Barolo Prapò '11	ŸŸŸ	7
● Barolo Prapò '04	ŸŸŸ	6
○ Langhe Bianco Hérzu '11	ŸŸŸ	4*
○ Langhe Bianco Hérzu '10	ŸŸŸ	4*
○ Langhe Bianco Hérzu '09	ŸŸŸ	5
○ Langhe Bianco Hérzu '08	ŸŸŸ	5

La Ghibellina

FRAZ. MONTEROTONDO, 61
15066 GAVI [AL]
TEL. 0143686257
www.laghibellina.it

VENDITA DIRETTA
VISITA SU PRENOTAZIONE
RISTORAZIONE
PRODUZIONE ANNUA 60.000 bottiglie
ETTARI VITATI 7,90

Principalmente uva cortese nei quasi otto ettari vitati che fanno da spartito alla bella realtà avviata nei primi anni 2000 da Alberto e Marina Ghibellina. Siamo a Monterotondo, toponimo di consolidata fama del comune di Gavi e dell'intero distretto, storicamente associato a bianchi intensi, minerali e longevi. Ne ritroviamo la tempra in un quadrilatero di etichette composto dai due Metodo Classico, il Mainin (vinificato classicamente in inox) e l'Altius (maturato per una quota in barrique). A fare da controcanto rossista ci sono poi le Barbera, lavorata in purezza nel Chiaretto Sandrino e nel Nero del Montone, in uvaggio col merlot nel Pituj. La parte del leone tocca ancora una volta ai Gavi di Gavi, cominciando da un Altius '14 di pregevole linfa agrumata, non sprovvisto di energia sapida. Più intenso e sfaccettato il Mainìn '15 fin dall'impatto di erbe officinali, mela Golden, roccia di fiume, preludio a un sorso teso e rigoglioso, dissetante e balsamico nello sprint finale.

○ Gavi del Comune di Gavi Altius '14	5
○ Gavi del Comune di Gavi Mainìn '15	3*
○ Gavi del Comune di Gavi Brut Cuvée Marina M. Cl. '11	7
○ Gavi del Comune di Gavi Cuvée Brut M. Cl. '13	5
● M.to Rosso Pituj '14	4
○ Gavi del Comune di Gavi Altius '13	3*
○ Gavi del Comune di Gavi Altius '11	3*
○ Gavi del Comune di Gavi Brut M. Cl. '11	4
○ Gavi del Comune di Gavi Mainìn '14	3*
○ Gavi del Comune di Gavi Mainìn '13	3*
○ Gavi del Comune di Gavi Mainìn '12	3
● M.to Rosso Nero del Montone '10	4
● M.to Rosso Pituj '13	3
● M.to Rosso Pituj '12	3

★★Bruno Giacosa

VIA XX SETTEMBRE, 52
12057 NEIVE [CN]
TEL. 017367027
www.brunogiacosa.it

PRODUZIONE ANNUA 300.000 bottiglie
ETTARI VITATI 19,00
AZIENDA SOSTENIBILE

Lo status totemico universalmente riconosciuto a Bruno Giacosa si deve ad almeno due ragioni. In primo luogo nessun altro produttore italiano ha saputo elevare ai suoi livelli la figura a lungo snobbata del négociant: molti dei suoi migliori vini, vale sempre la pena ricordarlo, sono stati realizzati con uve acquistate. Ma soprattutto è l'interprete che ha firmato riuscite epiche tanto sul Barolo quanto sul Barbaresco, con quel tocco inconfondibile di golosità e rigore, dolcezza fruttata e scheletro indomito. Affiancato dalla figlia Bruna, da tempo ha creato l'azienda agricola Falletto, con cui sono proposti i vini nati nelle vigne di proprietà. Lo stile Giacosa si manifesta in maniera paradigmatica nel Barolo Falletto '12: sottofondo di canfora e liquirizia, timbri terziari a nascondere inizialmente le sfumature fruttate più fresche, bocca di grande potenza sapida e tannica, a suggerire un lungo e radioso futuro. Ma quest'anno il premio non può che andare a uno straordinario Asili Riserva '11, che abbina l'irripetibile complessità del nebbiolo alla sua profondità gustativa.

● Barbaresco Asili Ris. '11	8
● Barolo Falletto '12	8
● Nebbiolo d'Alba V. Valmaggiore '14	5
○ Roero Arneis '15	4
● Barbaresco Asili '12	8
● Barbaresco Asili '05	8
● Barbaresco Asili Ris. '07	8
● Barbaresco Asili Ris. '04	8
● Barolo Falletto '07	8
● Barolo Falletto '04	8
● Barolo Le Rocche del Falletto '05	8
● Barolo Le Rocche del Falletto '04	8
● Barolo Le Rocche del Falletto Ris. '08	8
● Barolo Le Rocche del Falletto Ris. '07	8
● Barolo Le Rocche del Falletto Ris. '01	8

Carlo Giacosa

s.da Ovello, 9
12050 Barbaresco [CN]
Tel. 0173635116
www.carlogiacosa.it

VENDITA DIRETTA
VISITA SU PRENOTAZIONE
PRODUZIONE ANNUA 42.000 bottiglie
ETTARI VITATI 5,50

È il 1968 quando Donato Giacosa fonda la sua cantina di Barbaresco, acquisendo alcuni tra i migliori terreni del comprensorio. Opera portata avanti in maniera lungimirante da Carlo, che oggi affianca in cantina Maria Grazia Giacosa e Luca, pronipote del fondatore. Oltre al Montefico, la cantina possiede alcuni cru storici come Asili, Cole, Narin e Ovello. La produzione è particolarmente affidabile, costante, con un utilizzo parco del legno e un ottimo rapporto qualità-prezzo. Svetta il Barbaresco Montefico '13 dal colore rubino vivo e intenso. Si propone intenso su note di fiori freschi, liquirizia e tabacco dolce. Ha un frutto fragrante che ricorda i piccoli frutti di bosco: è fine e complesso, con tannini fitti, ma fini, e un finale lungo, austero e polposo. Esemplare per pulizia gustativa, concentrazione e freschezza gustativa la Barbera d'Alba Mucin '13. Etereo e sottile nei profumi di fiori e piccoli frutti di bosco il Langhe Nebbiolo Maria Grazia '14.

● Barbaresco Montefico '13	▼▼ 5
● Barbera d'Alba Mucin '15	▼▼ 3
● Langhe Nebbiolo Maria Grazia '14	▼▼ 3
● Dolcetto d'Alba Cuchet '15	▼ 2
● Barbaresco Montefico '08	▽▽▽ 5*
● Barbaresco Luca Ris. '10	▽▽ 6
● Barbaresco Luca Ris. '09	▽▽ 6
● Barbaresco Montefico '12	▽▽ 5
● Barbaresco Montefico '11	▽▽ 5
● Barbaresco Narin '12	▽▽ 5
● Barbera d'Alba Lina '12	▽▽ 3
● Barbera d'Alba Mucin '14	▽▽ 3
● Langhe Nebbiolo Maria Grazia '13	▽▽ 3

F.lli Giacosa

via XX Settembre, 64
12057 Neive [CN]
Tel. 017367013
www.giacosa.it

VENDITA DIRETTA
VISITA SU PRENOTAZIONE
PRODUZIONE ANNUA 500.000 bottiglie
ETTARI VITATI 50,00
AZIENDA SOSTENIBILE

Sempre affidabile la cantina dei fratelli Maurizio e Paolo Giacosa, forte di una tradizione di oltre 100 anni. Il nucleo produttivo si trova nel comune di Neive, con numerosi appezzamenti pregiati per la produzione di Barbaresco, fino alle vigne a Castiglione Falletto e Monforte d'Alba per la produzione del Barolo, ad Alba per il Dolcetto e a Trezzo Tinella per lo Chardonnay. Di riflesso, la batteria di vini è ampia e ben segmentata, con una costanza qualitativa solida su tutta la linea e prezzi centrati. Il Barolo Scarrone Vigna Mandorlo '11 mostra una brillante armonia armonia tra la ricca impronta fruttata e i toni più scuri di bacche di ginepro e fuliggine. Al sorso ha tanta struttura e un impiato dannico fitto e dolce, dal finale molto lungo. Intensi e affascinanti i profumi del Barolo Bussia '12, con note di bacche rosse e un leggero velo speziato; al sorso mette in mostra una strutta media con tannino ancora un po' donominanto e un finale lungo e sostenuto. Maturo, pieno e scattante lo Chardonnay Ca' Lunga '15.

● Barolo Scarrone V. Mandorlo '11	▼▼ 8
● Barbera d'Alba Maria Gioana '13	▼▼ 5
● Barolo Bussia '12	▼▼ 7
○ Langhe Chardonnay Ca' Lunga '15	▼▼ 5
● Nebbiolo d'Alba '14	▼ 5
● Barbaresco Basarin V. Gianmaté '12	▽▽ 6
● Barbaresco Basarin V. Gianmaté '11	▽▽ 6
● Barbera d'Alba Maria Gioana '12	▽▽ 5
● Barbera d'Alba Maria Gioana '11	▽▽ 4
● Barbera d'Alba Maria Gioana '10	▽▽ 4
● Barolo Bussia '11	▽▽ 6
● Barolo Scarrone V. Mandorlo '10	▽▽ 7
● Barolo V. Mandorlo '08	▽▽ 7
● Nebbiolo d'Alba '13	▽▽ 4

Giovanni Battista Gillardi

Cascina Corsaletto, 69
12060 Farigliano [CN]
Tel. 017376306
www.gillardi.it

VENDITA DIRETTA
VISITA SU PRENOTAZIONE
PRODUZIONE ANNUA 35.000 bottiglie
ETTARI VITATI 7,00

Il poliedrico Giacolino Gillardi con il vino ha molto lavorato ma anche giocato: è del 1993 l'uscita del suo Harys (da syrah), che ha sconvolto la tradizione langarola basata su nebbiolo, dolcetto e barbera. Sono seguiti altri giochi enologici, in piccola tiratura, basati su uve merlot, cabernet sauvignon e grenache, ma in realtà il cuore pulsante aziendale non riesce a staccarsi dalla tradizione locale, per cui al dolcetto - l'uva più presente in cantina - si è, dalla vendemmia 2011, unita la proposta del Barolo, con una piccola cantina acquisita e relativo vigneto proprio nel comune omonimo. Per Giacolino Gillardi l'annata 2015 è stata proprio difficile. Una fortissima grandinata ha colpito in pieno una delle sue vigne più importante, riducendo di metà la produzione di Cursalet. Dopo aver flirtato per anni con i vitigni d'Oltralpe, Giacolino è tornato al dolcetto il suo primo amore. In questa vendemmia straordinaria il Cursalet abbina alla spensieratezza fruttata del naso una rara sensazione di pienezza per il dolcetto. Ottimo il Barolo 2012, severo ma non privo di polpa.

● Barolo '12	🍷🍷 6 (rossi)
● Dogliani Cursalet '15	🍷🍷 3* (rossi)
● Dogliani Maestra '15	🍷🍷 3
● Langhe Harys '14	🍷🍷 7
● Langhe Ilmerlò '13	🍷🍷 8
● Langhe Nebbiolo '14	🍷🍷 4
● Langhe Fiore di Harys '14	🍷 4
● Barolo del Comune di Barolo '11	ΥΥ 3*
● Dogliani Cursalet '14	ΥΥ 3
● Dogliani Cursalet '13	ΥΥ 3*
● Dogliani Cursalet '12	ΥΥ 3*
● Dogliani Maestra '14	ΥΥ 2*
● Langhe Harys '13	ΥΥ 6
● Langhe Nebbiolo '13	ΥΥ 6
● Langhe Rosso Harys '12	ΥΥ 6
● Langhe Rosso Harys '11	ΥΥ 6

La Gironda

s.da Bricco, 12
14049 Nizza Monferrato [AT]
Tel. 0141701013
www.lagironda.com

VENDITA DIRETTA
VISITA SU PRENOTAZIONE
PRODUZIONE ANNUA 60.000 bottiglie
ETTARI VITATI 9,00
AZIENDA SOSTENIBILE

Fondata nel 2000 da Agostino Galandrino, in questi anni la Gironda ha saputo ritagliarsi un posto di primo piano nella produzione vinicola astigiana. Situata sul Bricco Cremosina, un vero e proprio cru per quanto riguarda la barbera, dove l'azienda vanta una vigna piantata nel 1963, propone poche etichette, in cui la parte del leone la fanno le varie versioni di Barbera. I vini prodotti, di stile moderno e di notevole precisione aromatica, puntano soprattutto alla freschezza del frutto e alla piacevolezza di beva. La Barbera d'Asti Superiore Nizza Le Nicchie '13 ha toni di china, con sentori di frutti neri maturi e spezie, e un palato denso e dalla trama tannica evidente. Ma tutta la gamma è ben realizzata, come le Barbera d'Asti La Lippa '15, dai profumi di bacche rosse con sfumature balsamiche e il giusto equilibrio tra struttura, acidità e alcol, e La Gena '14, più sottile ma di grande piacevolezza, con note di frutti rossi freschi, o il Piemonte Sauvignon l'Aquilone '15, varietale e di facile beva.

● Barbera d'Asti La Gena '14	🍷🍷 3
● Barbera d'Asti La Lippa '15	🍷🍷 2*
● Barbera d'Asti Sup. Nizza Le Nicchie '13	🍷🍷 5
○ Piemonte Sauvignon L'Aquilone '15	🍷🍷 2*
● M.to Rosso Soul '13	🍷 5
○ Moscato d'Asti '15	🍷 2
● Barbera d'Asti Sup. Nizza Le Nicchie '11	ΥΥΥ 5
● Barbera d'Asti La Gena '13	ΥΥ 3
● Barbera d'Asti La Gena '12	ΥΥ 3*
● Barbera d'Asti La Lippa '14	ΥΥ 2*
● Barbera d'Asti Sup. Nizza Le Nicchie '12	ΥΥ 5
● M.to Rosso Soul '12	ΥΥ 5
○ Moscato d'Asti '13	ΥΥ 2*

Tenuta La Giustiniana

FRAZ. ROVERETO, 5
15066 GAVI [AL]
TEL. 0143682132
www.lagiustiniana.it

VENDITA DIRETTA
VISITA SU PRENOTAZIONE
PRODUZIONE ANNUA 200.000 bottiglie
ETTARI VITATI 39,00

Costantemente ricordata come una delle prime cantine gaviesi a scommettere sui cru, La Giustiniana prende il nome da una splendida tenuta collocata nel cuore della frazione Rovereto. Circa quaranta ettari a conduzione bio, perlopiù destinati al vitigno cortese, che la famiglia Lombardini ha notevolmente rafforzato negli ultimi anni con la collaborazione di Enrico Tomalino. Le punte di diamante della gamma sono come detto i "single vineyard" differenziati per matrice geologica: marne grigie nelle parcelle del Lugarara, terreni argillosi ricchi di ferro nel Montessora, cui si aggiunge il Nostro Gavi, selezione di Rovereto che prevede un affinamento prolungato sur lie, sempre in acciaio. Termina con un sostanziale pareggio la sfida in famiglia tra i cru di Gavi '15: il Lugarara è ordinato e scorrevole, il Montessora ha più apertura aromatica e uno sviluppo maggiormente ammandorlato. Ancora meglio Il Nostro Gavi '12, ravvivato da fresche note officinali e agrumate nella bella scia salina.

Vino	Bicchieri	
○ Gavi del Comune di Gavi Il Nostro Gavi '12	ΥΥ (rossi)	4
○ Gavi del Comune di Gavi Lugarara '15	ΥΥ	3
○ Gavi del Comune di Gavi Montessora '15	ΥΥ	4
○ Gavi del Comune di Gavi Il Nostro Gavi '07	ΥΥΥ	4
○ Gavi del Comune di Gavi Il Nostro Gavi '10	ΥΥ	4
○ Gavi del Comune di Gavi Lugarara '14	ΥΥ	3
○ Gavi del Comune di Gavi Lugarara '13	ΥΥ	3*
○ Gavi del Comune di Gavi Lugarara '12	ΥΥ	3*
○ Gavi del Comune di Gavi Lugarara '11	ΥΥ	3
○ Gavi del Comune di Gavi Montessora '14	ΥΥ	4
○ Gavi del Comune di Gavi Montessora '13	ΥΥ	4
○ Gavi del Comune di Gavi Montessora '12	ΥΥ	4

★Elio Grasso

LOC. GINESTRA, 40
12065 MONFORTE D'ALBA [CN]
TEL. 017378491
www.eliograsso.it

VISITA SU PRENOTAZIONE
PRODUZIONE ANNUA 90.000 bottiglie
ETTARI VITATI 18,00
AZIENDA SOSTENIBILE

Tra le definizioni di "classico" proposte dall'autorevole enciclopedia Treccani leggiamo: "tale da poter servire come modello di un genere e che va a formare quindi una tradizione". Funziona perfettamente per inquadrare i nebbiolo di Elio Grasso e famiglia (la moglie Marina e il figlio Gianluca): inizialmente percepiti quasi come vini innovativi, sono rapidamente diventati paradigmi di tipicità nel dinamico scenario di Langa. Le schede tecniche segnalano affinamenti in rovere di Slavonia da 25 ettolitri per i Barolo Casa Maté e Gavarini Vigna Chiniera e in barrique per il Runcot Riserva, ma sono dettagli rispetto all'indole rigorosa e sfumata di tre spettacolari cru di Monforte d'Alba. L'abituale sfida in famiglia tra i cru di Barolo '12 si chiude a favore del Ginestra Casa Maté. Il Gavarini Chiniera si concede ricco e sfaccettato, con una bella integrazione tra i tannini fitti e la polpa rigogliosa. Il voluttuoso Ginestra Casa Maté propone ampi aromi di sottobosco, liquirizia e bacche di ginepro cui segue un palato di gustosa armonia e complessa persistenza.

Vino	Bicchieri	
● Barolo Ginestra Casa Maté '12	ΥΥΥ (rossi)	8
● Barbera d'Alba V. Martina '13	ΥΥ (rossi)	5
● Barolo Gavarini Chiniera '12	ΥΥ (rossi)	8
● Barolo Gavarini Chiniera '09	ΥΥΥ	8
● Barolo Gavarini V. Chiniera '06	ΥΥΥ	8
● Barolo Gavarini V. Chiniera '01	ΥΥΥ	7
● Barolo Gavarini V. Chiniera '00	ΥΥΥ	7
● Barolo Ginestra Casa Maté '07	ΥΥΥ	8
● Barolo Ginestra V. Casa Maté '05	ΥΥΥ	8
● Barolo Ginestra V. Casa Maté '04	ΥΥΥ	8
● Barolo Ginestra V. Casa Maté '03	ΥΥΥ	7
● Barolo Rüncot '01	ΥΥΥ	8
● Barolo Rüncot '00	ΥΥΥ	8

Silvio Grasso

FRAZ. ANNUNZIATA, 112
12064 LA MORRA [CN]
TEL. 017350322
www.silviograsso.com

VENDITA DIRETTA
VISITA SU PRENOTAZIONE
PRODUZIONE ANNUA 90.000 bottiglie
ETTARI VITATI 14,00

Sono 35 anni che la cantina di Federico Grasso si dedica all'imbottigliamento, con risultati di sicuro interesse che si ripetono costanti negli anni. Lo stile complessivo è decisamente moderno, con le due etichette di punta di Barolo, il Bricco Luciani e il Bricco Manzoni, maturate per due anni in piccoli legni nuovi. Il Barolo Turné si occupa invece di rispettare le pratiche storiche della zona: assemblaggio di uve di diversi vigneti, lunghissime macerazioni e una botte usata di grande dimensione. Brillanti risultati anche dagli altri vini, con una menzione di merito per la Barbera d'Alba Fontanile. Eleganti note di legno nuovo lasciano un bello spazio alla frutta rossa nel Barolo Bricco Luciani '12; il palato è ricco e denso, con tannini ben bilanciati dalla polpa. Bella frutta nera e rossa in prima battuta, poi anice e menta a dare fascino al tradizionalista Turne' '12. Connotato da richiami di sottobosco ed erbe secche il tannico e solido Barolo Annunziata Vigna Plicotti '12. Già ben aperto negli aromi il Bricco Manzoni '12. Poco potente ma di buona bevibilità e finezza il Barolo '12.

● Barolo Bricco Luciani '12	🍷🍷	7
● Barolo Turne' '12	🍷🍷	7
● Barbera d'Alba Fontanile '13	🍷🍷	5
● Barolo '12	🍷🍷	5
● Barolo Annunziata V. Plicotti '12	🍷🍷	7
● Barolo Bricco Manzoni '12	🍷🍷	8
● Barolo Bricco Luciani '04	YYY	7
● Barolo Bricco Luciani '01	YYY	6
● Barolo Bricco Luciani '96	YYY	6
● Barolo Bricco Luciani '95	YYY	6
● Barolo Bricco Luciani '90	YYY	6
● Barolo Bricco Manzoni '10	YYY	7
● Barolo Bricco Luciani '11	YY	7
● Barolo Bricco Luciani '10	YY	7
● Barolo Bricco Luciani '09	YY	7
● Barolo Bricco Manzoni '11	YY	7

Bruna Grimaldi

VIA PAREA, 7
12060 GRINZANE CAVOUR [CN]
TEL. 0173262094
www.grimaldibruna.it

VENDITA DIRETTA
VISITA SU PRENOTAZIONE
PRODUZIONE ANNUA 70.000 bottiglie
ETTARI VITATI 14,00

Il comune di Roddi è poco conosciuto dagli appassionati del Barolo, ma sono in aumento le cantine che utilizzano i piccoli ma validi vigneti qui vitati a nebbiolo. Bruna Grimaldi lo fa tramite il suo Barolo Bricco Ambrogio, sempre dotato di grande bevibilità e tannini mai troppo insistiti. I risultati più noti e meritati giungono comunque dal cru Badarina di Serralunga d'Alba, dove si realizza anche un importante Barolo Riserva, ma anche il più delicato Camilla, da uve di Grinzane Cavour, riesce in molte annate a dare belle soddisfazioni. Completano la proposta puliti e gradevoli Nebbiolo, Dolcetto e Barbera d'Alba, assieme a uno scampolo di Langhe Arneis che nasce a Neive. Il Barolo Badarina '12 ha un naso intenso e sfaccettato con belle note di tabacco e liquirizia a dare carattere e complessità alla frutta rossa matura; bocca di ottima struttura con tannini eleganti e ricca polpa. Valida carica fruttata e bocca appena ruvida nella convincente Riserva Badarina '10. Nel Barolo Bricco Ambrogio '12 piccoli frutti rossi quali lamponi e fragoline prevalgono su note speziate che arrivano a ricordare il pepe; la struttura è delicata e di buona piacevolezza.

● Barolo Badarina '12	🍷🍷	6
● Barolo Badarina Ris. '10	🍷🍷	7
● Barbera d'Alba Sup. Scassa '13	🍷🍷	3
● Barolo Bricco Ambrogio '12	🍷🍷	5
● Barolo Camilla '12	🍷🍷	5
● Dolcetto d'Alba '14	🍷	2
○ Langhe Arneis '15	🍷	2
● Nebbiolo d'Alba '13	🍷	3
● Barolo Badarina '11	YY	6
● Barolo Badarina '10	YY	6
● Barolo Badarina '09	YY	6
● Barolo Badarina Ris. '09	YY	6
● Barolo Badarina V. Regnola Ris. '06	YY	6
● Barolo Bricco Ambrogio '10	YY	5
● Barolo Bricco Ambrogio '09	YY	5
● Barolo Bricco Ambrogio '08	YY	5

Giacomo Grimaldi

via Luigi Einaudi, 8
12060 Barolo [CN]
Tel. 0173560536
www.giacomogrimaldi.com

VENDITA DIRETTA
VISITA SU PRENOTAZIONE
PRODUZIONE ANNUA 50.000 bottiglie
ETTARI VITATI 13,00

Adesso Ferruccio, prima Giacomo. Ancor prima Ernesto. Le tre generazioni di Grimaldi continuano a far vino a Barolo con grande accortezza. Lo stile è quello tradizionale, con vini austeri in gioventù e che distendono il passo dopo qualche anno, potendo contare su lunga vita. Il Barolo Le Coste si contraddistingue per una maggiore potenza, mentre il Sotto Castello di Novello punta molto di più sull'eleganza. Le vigne intorno alla cascina, quelle dell'ottimo cru Terlo, danno le uve che finiscono nel Barolo senza menzione geografica. Quest'anno la palma del migliore Barolo della cantina va al Sotto Castello di Novello che sfoggia un'aristocratica eleganza. Il naso esprime tutta la finezza del cru attraverso i classici aromi di rosa, pepe e lampone e la bocca, con la delicatezza dei tannini, non è da meno. Decisamente più cupo al naso e più grosso e ruvido al palato il Le Coste, destinato a lungo invecchiamento. Il Barolo 2012, proveniente dai vigneti Terlo e Ravera, mostra una certa austerità.

● Barolo Sotto Castello di Novello '12	🍷🍷 6
● Barbera d'Alba Pistìn '15	🍷🍷 3
● Barolo '12	🍷🍷 6
● Barolo Le Coste '12	🍷🍷 7
● Dolcetto d'Alba '15	🍷 2
○ Langhe Sauvignon '15	🍷 3
● Barolo Sotto Castello di Novello '05	🍷🍷🍷 6
● Barbera d'Alba Fornaci '12	🍷🍷 4
● Barbera d'Alba Pistìn '14	🍷🍷 3
● Barolo '11	🍷🍷 6
● Barolo Le Coste '11	🍷🍷 7
● Barolo Le Coste '10	🍷🍷 6
● Barolo Sotto Castello di Novello '11	🍷🍷 6
● Barolo Sotto Castello di Novello '10	🍷🍷 6
● Dolcetto d'Alba '14	🍷🍷 2*

La Guardia

pod. La Guardia, 74
15010 Morsasco [AL]
Tel. 014473076
www.laguardiavilladelfini.it

VENDITA DIRETTA
VISITA SU PRENOTAZIONE
PRODUZIONE ANNUA 100.000 bottiglie
ETTARI VITATI 35,00

Con i primi sette ettari di vigneto dell'azienda la famiglia Priarone ha iniziato l'attività negli anni Sessanta. Oggi gli ettari vitati sono circa trentacinque e la sede è la splendida Villa Delfini, a Morsasco, dimora del Seicento e custode dei vini di punta, in affinamento nelle antiche cantine, mentre il resto della struttura è utilizzato per cerimonie ed eventi. Tornando ai vini, in produzione etichette da vitigni autoctoni: barbera, dolcetto, albarossa, brachetto e cortese, mentre merlot, pinot nero, cabernet sauvignon e chardonnay sono i vitigni internazionali utilizzati. Ad aprire la batteria l'Ovada Riserva Il Gamondino, con aromi fruttati su fondo di spezie e note di tabacco. Al palato, bella progressione con un finale lungo. Il Monferrato Rosso 805 presenta aromi vegetali, su un palato di buona struttura e un tannino piuttosto rustico sul finale. Da segnalare il Doppio Rosso da Dolcetto e Barbera e il Piemonte Chardonnay Villa Delfini.

● M.to Rosso 805 '11	🍷🍷 3
● Ovada Il Gamondino Ris. '13	🍷🍷 3
● Doppio Rosso '13	🍷 3
○ Piemonte Chardonnay Villa Delfini '15	🍷 3
● Barbera del M.to Ornovo '11	🍷🍷 3
● Barbera del M.to Sup. La V. di Dante '08	🍷🍷 4
● M.to Rosso Innominato '09	🍷🍷 4
● M.to Rosso Leone '09	🍷🍷 4
● M.to Rosso Leone '08	🍷🍷 4
● M.to Rosso Sacro e Profano '09	🍷🍷 4
● M.to Rosso Sacro e Profano '07	🍷🍷 5
● Ovada Il Gamondino Ris. '11	🍷🍷 3
● Ovada Vign. Bricco Riccardo '10	🍷🍷 3

Clemente Guasti

c.so IV Novembre, 80
14049 Nizza Monferrato [AT]
Tel. 0141721350
www.guasti.it

VENDITA DIRETTA
VISITA SU PRENOTAZIONE
PRODUZIONE ANNUA 120.000 bottiglie
ETTARI VITATI 27,00

Azienda storica situata nel cuore di Nizza Monferrato, la cantina guidata da Andrea e Alessandro Guasti resta un riferimento per la Barbera d'Asti. I vigneti di proprietà si articolano in quattro tenute: Boschetto Vecchio, Fonda San Nicolao, Santa Teresa e Gessara - San Vitale, tre in territorio nicese e una nella zona di Mombaruzzo. Lo stile della produzione è di stampo tradizionale, inteso a realizzare principalmente vini atti all'invecchiamento. La Barbera d'Asti Superiore Severa '11 esemplifica lo stile aziendale: al naso sentori di tostatura, poi menta, erbe officinali, ciliegia sotto spirito, mentre il palato è ricco e succoso, con un bell'equilibrio tra ricchezza di polpa e freschezza acida. La Barbera d'Asti Superiore Boschetto Vecchio '11 è invece speziata, con un palato disteso ed evoluto. Pieno e dolce il Moscato d'Asti Santa Teresa '15, nei suoi toni di scorza d'arancia e frutti canditi, mentre è fitta, ricca di frutto e concentrata la Barbera d'Asti Superiore Nizza Barcarato '11.

Vino	Valutazione
● Barbera d'Asti Sup. Severa '11	🍷🍷 (rossi) 3*
● Barbera d'Asti Sup. Boschetto Vecchio '11	🍷🍷 4
● Barbera d'Asti Sup. Nizza Barcarato '11	🍷🍷 5
○ Moscato d'Asti Santa Teresa '15	🍷🍷 3
● Barbera d'Asti Desideria '13	🍷 3
● Barbera d'Asti Sup. Boschetto Vecchio '10	🍸🍸 4
● Barbera d'Asti Sup. Boschetto Vecchio '09	🍸🍸 4
● Barbera d'Asti Sup. Fonda San Nicolao '09	🍸🍸 4
● Barbera d'Asti Sup. Nizza Barcarato '09	🍸🍸 5
● Barbera d'Asti Sup. Severa '10	🍸🍸 3
● Grignolino d'Asti '14	🍸🍸 3
○ Moscato d'Asti Santa Teresa '13	🍸🍸 3
○ Moscato d'Asti Santa Teresa '12	🍸🍸 3

★Hilberg - Pasquero

via Bricco Gatti, 16
12040 Priocca [CN]
Tel. 0173616197
www.hilberg-pasquero.com

VENDITA DIRETTA
VISITA SU PRENOTAZIONE
PRODUZIONE ANNUA 24.000 bottiglie
ETTARI VITATI 6,50
VITICOLTURA Biologico Certificato

Michele Pasquero e Annette Hilberg hanno saputo creare a Bricco Gatti, su una collina che sovrasta Priocca, un'azienda tra le più conosciute e allo stesso tempo originali del territorio roerino (nessuno dei vini prodotti è iscritto alla denominazione Roero). I vigneti aziendali sono situati su terreni bianchi, limosi e marnosi, con una maggiore presenza di argilla rispetto al classico suolo sabbioso di queste zone, e vedono la presenza esclusivamente di uve a bacca rossa: barbera, brachetto e nebbiolo. Quest'anno ci è piaciuta soprattutto la Barbera d'Alba '15, intensa al naso nei suoi profumi di amarena e ciliegia matura, con sfumature terrose, per un vino allo stesso tempo polposo, di grande struttura e di piacevole beva. L'annata invece si fa sentire nella Barbera d'Alba Superiore '14, con note di cacao, spezie e tostatura, di buona materia ma con un'acidità piuttosto aggressiva. Ben realizzato anche il Vareij Rosso, blend di brachetto (70%) e barbera di grande aromaticità e tensione.

Vino	Valutazione
● Barbera d'Alba '15	🍷🍷 (rossi) 3*
● Barbera d'Alba Sup. '14	🍷🍷 5
● Vareij Rosso	🍷🍷 3
● Langhe Nebbiolo '14	🍷 4
● Barbera d'Alba Sup. '09	🍸🍸🍸 5
● Nebbiolo d'Alba '06	🍸🍸🍸 5
● Nebbiolo d'Alba '05	🍸🍸🍸 5
● Nebbiolo d'Alba '04	🍸🍸🍸 5
● Nebbiolo d'Alba '03	🍸🍸🍸 5
● Nebbiolo d'Alba '01	🍸🍸🍸 5
● Barbera d'Alba '14	🍸🍸 3
● Langhe Nebbiolo '13	🍸🍸 4
● Nebbiolo d'Alba '13	🍸🍸 5

Icardi

loc. San Lazzaro
s.da comunale Balbi, 30
12053 Castiglione Tinella [CN]
Tel. 0141855159
www.icardivini.it

VENDITA DIRETTA
VISITA SU PRENOTAZIONE
PRODUZIONE ANNUA 360.000 bottiglie
ETTARI VITATI 75,00
VITICOLTURA Biodinamico Certificato

Claudio e Mariagrazia Icardi guidano l'azienda di famiglia fondata nel 1914 al confine tra la bassa Langa e il Monferrato. I vigneti di proprietà spaziano dai terreni adiacenti alla cantina, a Castiglione Tinella, alle zone di maggior prestigio di Monferrato e Langa, dando vita a un'ampia gamma di etichette, dal Barolo al Barbaresco, dalla Barbera d'Asti al Moscato d'Asti. L'azienda propone vini nitidi, ricchi di frutto e, anche nel caso dei più strutturati, di grande bevibilità fin dall'uscita sul mercato. Bella prova d'insieme per le etichette prodotte dalla Icardi, pur senza una vera e propria punta di diamante. Approda alle finali il Parej '12, un Barolo sfaccettato al naso e armonico al palato. Il Barbaresco Montubert '13 è fruttato, con note di ribes, dal finale di buona lunghezza. Ben realizzati anche i vini bianchi, dal Piemonte Bianco Pafoj '15, un blend da sauvignon (60%) e chardonnay ricco di frutto, pieno e avvolgente, al Dadelio Bianco '15, aromatico e fresco blend da cortese (70%) e moscato.

- ● Barolo Parej '12 — 8
- ● Barbaresco Montubert '13 — 5
- ● Barbera d'Asti Sup. Nuj Suj '14 — 5
- ○ Dadelio Bianco '15 — 5
- ○ Moscato d'Asti La Rosa Selvatica '15 — 2*
- ○ Piemonte Bianco Pafoj '15 — 4
- ● Barbaresco Montubert '11 — 5
- ● Barbera d'Alba Surì di Mù '12 — 5
- ● Barbera d'Asti Nuj Suj '12 — 5
- ● Barolo Parej '11 — 8
- ● Langhe Rosso Dadelio Cascina San Lazzaro '11 — 5
- ● Langhe Rosso Pafoj '11 — 6
- ○ Piemonte Bianco Pafoj '14 — 4
- ○ Piemonte Bianco Pafoj '13 — 4

Ioppa

fraz. Mauletta
via delle Pallotte, 10
28078 Romagnano Sesia [NO]
Tel. 0163833079
www.viniioppa.it

VENDITA DIRETTA
VISITA SU PRENOTAZIONE
PRODUZIONE ANNUA 140.000 bottiglie
ETTARI VITATI 20,50

Quella guidata dai fratelli Giampiero e Giorgio Ioppa, insieme ai figli Marco e Andrea, non può certo considerarsi una realtà emergente nel comprensorio novarese. Abbiamo tuttavia l'impressione di un deciso cambio di marcia innestato negli ultimi anni sull'intera gamma, plasmata da circa venti ettari vitati tra Ghemme e Romagnano Sesia. Quote importanti sono riservate a erbaluce, uva rara, vespolina (proposta in versione Passito con lo Stransì), ma sono naturalmente i rossi da nebbiolo a trascinare il gruppo. D'impronta moderatamente innovativa, con qualche orpello estrattivo e boisé da smaltire in gioventù, il tris di Ghemme è formato dal base e dai cru Bricco Balsina e Santa Fé. La controversa vendemmia 2011 appare interpretata brillantemente dalla famiglia Ioppa. Il Santa Fé colpisce per la freschezza floreale e la delicatezza materica, là dove il Balsina appare più profondo nel quadro aromatico, ma anche più asciutto nello sviluppo. Nota di merito anche per la possente Vespolina.

- ● Colline Novaresi Vespolina '11 — 3*
- ● Ghemme '11 — 4
- ● Ghemme Santa Fé '11 — 6
- ● Ghemme Bricco Balsina '11 — 6
- ● Colline Novaresi Nebbiolo '11 — 2*
- ● Colline Novaresi Nebbiolo '09 — 2*
- ⊙ Colline Novaresi Nebbiolo Rusin '13 — 2*
- ● Colline Novaresi Vespolina '07 — 3
- ● Ghemme '08 — 4
- ● Ghemme '07 — 4
- ● Ghemme Bricco Balsina '08 — 6
- ● Ghemme Bricco Balsina '07 — 4
- ● Ghemme Santa Fè '08 — 6
- ● Ghemme Santa Fè '07 — 6
- ● Stransì — 5

Isolabella della Croce

Reg. Caffi, 3
14051 Loazzolo [AT]
Tel. 014487166
www.isolabelladellacroce.it

VENDITA DIRETTA
VISITA SU PRENOTAZIONE
PRODUZIONE ANNUA 90.000 bottiglie
ETTARI VITATI 14,00

L'azienda Isolabella della Croce è situata nella piccola denominazione di Loazzolo, nelle colline dell'Alta Langa Astigiana che dividono la valle Belbo dalla valle Bormida, a oltre 500 metri, in un anfiteatro naturale dove, immersi tra i boschi e rivolti a sud, si trovano i vigneti aziendali. Una dozzina le etichette proposte, prodotte sia con vitigni autoctoni sia internazionali, tra i quali spicca per importanza e potenzialità il pinot nero. Dalla tenuta di Calamandrana nasce invece il Nizza Augusta. Sempre valida la gamma di vini presentata, a cominciare dalla Barbera d'Asti Superiore Serena '13, dai profumi fini e complessi in cui spiccano note di frutti neri freschi, tabacco e terra bagnata, e dal palato equilibrato, ricco di frutto croccante e di vibrante acidità. La Barbera d'Asti Superiore Nizza Augusta '12 è ancora segnata dal legno, ma è di grande struttura e pienezza. Piacevole il Moscato d'Asti Valdiserre '15, mentre è piuttosto austero il Piemonte Pinot Nero Bricco del Falco '12.

Vino	Valutazione
● Barbera d'Asti Sup. Serena '13	🍷🍷 4
● Barbera d'Asti Sup. Nizza Augusta '12	🍷🍷 5
○ Moscato d'Asti Valdiserre '15	🍷🍷 3
● Piemonte Pinot Nero Bricco del Falco '12	🍷🍷 5
○ Loazzolo Soliò V. T. '07	🍷 5
○ Piemonte Chardonnay Solum '14	🍷 4
○ Piemonte Sauvignon Blanc '15	🍷 3
● Barbera d'Asti Sup. Nizza Augusta '11	🍷🍷 4
● Barbera d'Asti Sup. Serena '12	🍷🍷 4
● Barbera d'Asti Sup. Serena '11	🍷🍷 4
○ Moscato d'Asti Valdiserre '14	🍷🍷 3
○ Piemonte Sauvignon Blanc '14	🍷🍷 3
○ Piemonte Sauvignon Blanc '13	🍷🍷 3

Tenuta Langasco

Fraz. Madonna di Como, 10
12051 Alba [CN]
Tel. 0173286972
www.tenutalangasco.it

VENDITA DIRETTA
VISITA SU PRENOTAZIONE
PRODUZIONE ANNUA 60.000 bottiglie
ETTARI VITATI 22,00

La bella cantina di Claudio Sacco sorge in una magnifica posizione sulla collina che domina le torri della cittadina di Alba e che si avvale di un panorama di sicuro fascino, nonostante negli ultimi quarant'anni costruzioni edilizie di svariate fogge abbiano tolto parecchio spazio al verde. La scelta aziendale, certo non facile, è stata, sin dal 1979 quando nacque la struttura, di dedicarsi a tutti i vini della zona. Ecco quindi una valida proposta che spazia dal Langhe Arneis al Nebbiolo d'Alba, dal Moscato d'Asti al Dolcetto Madonna di Como, passando per il Piemonte Brachetto e il Langhe Favorita. E proprio un Dolcetto si aggiudica l'ingresso alle nostre finali. Si tratta del Vigna Miclet '15, dalle classiche note di frutta nera e mandorla amara e dalla bocca ricca e polposa, di gran carattere. Davvero buona anche la Barbera Sorì Coppa con sentori di bacche rosse e nere, arricchite da note tostate e sentori intriganti di china. In bocca ha struttura possente ravvivata da equilibrata acidità.

Vino	Valutazione
● Dolcetto d'Alba Madonna di Como V. Miclet '15	🍷🍷 3*
● Barbera d'Alba Sorì '14	🍷🍷 3
○ Gredo Brut M. Cl. '12	🍷🍷 4
● Nebbiolo d'Alba Sorì Coppa '14	🍷🍷 4
● Barbera d'Alba V. Madonna di Como '14	🍷 2
● Barbera d'Alba Madonna di Como '11	🍷🍷 2*
● Barbera d'Alba Sorì '13	🍷🍷 3
● Barbera d'Alba V. Madonna di Como '13	🍷🍷 2*
● Barbera d'Alba V. Madonna di Como '12	🍷🍷 2*
● Dolcetto d'Alba V. Madonna di Como '14	🍷🍷 2*
● Dolcetto d'Alba V. Miclet '14	🍷🍷 3
● Dolcetto d'Alba V. Miclet '13	🍷🍷 3*
● Nebbiolo d'Alba Sorì Coppa '13	🍷🍷 4
● Nebbiolo d'Alba Sorì Coppa '12	🍷🍷 4
● Nebbiolo d'Alba Sorì Coppa '11	🍷🍷 4

Ugo Lequio

via del Molino, 10
12057 Neive [CN]
Tel. 0173677224
www.ugolequio.it

VENDITA DIRETTA
VISITA SU PRENOTAZIONE
PRODUZIONE ANNUA 30.000 bottiglie
ETTARI VITATI

Vi consigliamo caldamente una deviazione verso Molino di Neive per fare visita a Ugo Lequio e godere della sua speciale ospitalità. Sempre affabile e sereno, da oltre trent'anni si dimostra un interprete di sicuro affidamento nel comprensorio di Barbaresco, con particolare riferimento agli umori di un cru aristocratico come il Gallina, proposto in versione base e Riserva. Focalizzati su macerazioni medio lunghe e affinamenti perlopiù in rovere da 25 ettolitri, privilegiano solitamente un'espressività rigogliosa e solare, ma non per questo dal passo corto. Una cifra stilistica che ritroviamo anche nel resto della gamma a base barbera e arneis. Non ci sono dubbi sulla bella riuscita del Barbaresco Gallina '13: una versione che ci mette un attimo a scrollarsi di dosso qualche impuntatura boisé, per poi lasciarsi andare alla finezza e alla complessità del tabacco biondo e del rabarbaro. Una doppia anima enfatizzata nel palato a opera dei tannini del legno ancora in evidenza, che si aggiungono alla classica austerità del nebbiolo di Langa.

● Barbaresco Gallina '13	5
● Barbaresco Gallina '12	5
● Barbaresco Gallina '11	5
● Barbaresco Gallina '10	5
● Barbaresco Gallina '09	5
● Barbaresco Gallina '08	5
● Barbaresco Gallina '07	5
● Barbaresco Gallina Ris. '10	6
● Barbaresco Gallina Ris. '07	6
● Barbera d'Alba Sup. '11	4
● Barbera d'Alba Sup. Gallina '12	4
○ Langhe Arneis '13	3
○ Langhe Arneis '12	3

Podere Macellio

via Roma, 18
10014 Caluso [TO]
Tel. 0119833511
www.erbaluce-bianco.it

VENDITA DIRETTA
VISITA SU PRENOTAZIONE
PRODUZIONE ANNUA 25.000 bottiglie
ETTARI VITATI 3,50

Risalgono addirittura alla seconda metà del '700 le radici produttive di Podere Macellio, tenuta tra le più vocate del territorio di Caluso, che ospita i circa tre ettari e mezzo di proprietà della famiglia Bianco. La scelta di imbottigliare e commercializzare con un proprio marchio si deve al signor Renato, successivamente affiancato dal figlio Daniele, e dagli anni Sessanta a oggi poco è cambiato nella composizione e nello stile di una proposta tradizionale nel senso migliore del termine. Pensati con vinificazioni essenziali e pazienti affinamenti, sono Erbaluce dal passo lungo, che si esprimono ad alti livelli sulle versioni secche e sui passiti, senza dimenticare i Metodo Classico. Ottima prestazione dell'Erbaluce di Caluso, una delle migliori della vendemmia 2015. Il profumo è particolarmente complesso grazie a note che spaziano dalle erbe officinali alla mentuccia, la bocca propone quindi un equilibrato e franco insieme di potenza e freschezza, con un finale assai gradevole e persistente. L'annata 2003 offre una magnifica versione di Caluso Passito, ricco e armonico allo stesso tempo.

○ Erbaluce di Caluso '15	2*
○ Caluso Passito Ris. '03	5
○ Erbaluce di Caluso Extra Brut M. Cl.	3
○ Caluso Passito '09	5
○ Caluso Passito '08	5
○ Caluso Passito '07	5
○ Caluso Passito '06	5
○ Erbaluce di Caluso '13	2*
○ Erbaluce di Caluso '12	2*
○ Erbaluce di Caluso '11	2*
○ Erbaluce di Caluso '10	2*

Malabaila di Canale

via Madonna dei Cavalli, 93
12043 Canale [CN]
Tel. 017398381
www.malabaila.com

VENDITA DIRETTA
VISITA SU PRENOTAZIONE
PRODUZIONE ANNUA 100.000 bottiglie
ETTARI VITATI 22,00
AZIENDA SOSTENIBILE

Le prime notizie relative alla produzione di vino da parte dei Malabaila risalgono al XIII secolo. Oggi la Malabaila di Canale conta su 22 ettari vitati, situati all'interno di una tenuta di 90 ettari, posti sui tipici terreni roerini, sciolti, di tipo marno sabbioso, facili all'erosione e poveri di acqua, con pendenze che possono superare anche il 50 percento e viti di oltre 60 anni. I vini si pongono all'interno di un'espressione territoriale, ma con particolare attenzione alla struttura e alla ricchezza di frutto. Il Roero Castelletto Riserva '12 è di grande struttura ed equilibrio, ricco nei suoi toni di frutti rossi e con un finale persistente in cui spicca una fresca nota di anice, mentre il Roero Bric Volta '13 ha profumi di frutti di bosco con sfumature balsamiche, è sottile ed elegante, coerente, sapido e lungo. Da notare che quest'anno ci ha convinto maggiormente il Roero Arneis '15, piacevole e floreale, del Roero Arneis Pradvaj '15, meno brillante e dai toni di frutta sovramatura.

● Roero Bric Volta '13	▼▼ 3*
● Roero Castelletto Ris. '12	▼▼ 4
● Barbera d'Alba Giardino '15	▼▼ 2*
○ Roero Arneis '15	▼▼ 2*
○ Langhe Favorita Donna Costanza '15	▼ 2
○ Roero Arneis Pradvaj '15	▼ 3
● Barbera d'Alba Mezzavilla '11	▽▽ 3
● Nebbiolo d'Alba Bric Merli '13	▽▽ 3
○ Roero Arneis '14	▽▽ 2*
○ Roero Arneis Pradvaj '14	▽▽ 3*
● Roero Bric Volta '12	▽▽ 3*
● Roero Bric Volta '11	▽▽ 3
● Roero Castelletto Ris. '11	▽▽ 4
● Roero Castelletto Ris. '10	▽▽ 5

★Malvirà

loc. Canova
via Case Sparse, 144
12043 Canale [CN]
Tel. 0173978145
www.malvira.com

VENDITA DIRETTA
VISITA SU PRENOTAZIONE
OSPITALITÀ E RISTORAZIONE
PRODUZIONE ANNUA 300.000 bottiglie
ETTARI VITATI 42,00

I fratelli Massimo e Roberto Damonte hanno portato la Malvirà ai vertici della vitivinicoltura roerina. L'azienda vanta vigne in rinomati cru del Roero, da Mombeltramo a Renesio, da Saglietto a San Michele, e ha il suo centro nell'anfiteatro formato dal vigneto Trinità a Canale, dove si trovano la cantina, il relais aziendale e il suo ristorante. I vini prodotti sono quelli tipici del territorio, a partire da arneis, barbera e nebbiolo, cui va aggiunta una piccola produzione di Barolo da una vigna situata nel comune di La Morra. Si conferma ai vertici il Roero Vigna Mombeltramo Riserva. La versione 2012 presenta al naso intense note di agrumi, tabacco e frutti rossi di bosco (lamponi e fragole), mentre il palato ha grande struttura e carattere, è lungo ed equilibrato. Ottimi anche il Roero Vigna Renesio Riserva '12, più sottile ma disteso e di bella finezza, e il Barolo Boiolo '12, complesso e affascinante nei suoi sentori di sottobosco, funghi porcini e foglie di tè. Meno brillanti del solito gli Arneis.

● Roero V. Mombeltramo Ris. '12	▼▼▼ 5
● Barolo Boiolo '12	▼▼ 7
● Roero V. Renesio Ris. '12	▼▼ 5
○ Roero Arneis V. Renesio '15	▼▼ 3
● Roero V. Trinità Ris. '12	▼▼ 5
○ Roero Arneis '15	▼ 2
○ Roero Arneis V. Sagliettto '14	▼ 3
○ Roero Arneis V. Trinità '15	▼ 3
● Roero Mombeltramo Ris. '11	▽▽▽ 5
● Roero Mombeltramo Ris. '10	▽▽▽ 5
● Roero Mombeltramo Ris. '05	▽▽▽ 5
● Roero Renesio Ris. '05	▽▽▽ 5
● Roero Trinità Ris. '07	▽▽▽ 5

Giovanni Manzone

via Castelletto, 9
12065 Monforte d'Alba [CN]
Tel. 017378114
www.manzonegiovanni.com

VENDITA DIRETTA
VISITA SU PRENOTAZIONE
PRODUZIONE ANNUA 45.000 bottiglie
ETTARI VITATI 7,50
AZIENDA SOSTENIBILE

La prima volta che vi arrampicherete alla frazione Castelletto di Monforte d'Alba, non sarà facile trovare subito la cantina di Giovanni e Mauro Manzone. Ma ne varrà la pena, perché i loro vini si inseriscono perfettamente nel solco della più fiera tradizione contadina e artigiana di Langa. Barolo con pochi fronzoli, talvolta di difficile approccio giovanile, ma di grande energia evolutiva e ulteriormente cresciuti nelle ultime vendemmie per precisione estrattiva, che rendono merito a vigne importanti come Gramolere, Bricat, Castelletto. Completa il quadro una convincente batteria dedicata alle classiche tipologie della zona, con la curiosa eccezione del Rossese Bianco. Anche in versione '12 il trio dei Barolo si conferma ben assortito. Il Bricat concede poco in esuberanza fruttata, privilegiando suggestioni silvestri e passo asciutto. In questa fase il Castelletto è più equilibrato e godibile del Gramolere. Intenso con note di menta e anice il Gramolere Riserva '09.

● Barolo Bricat '12	🍷🍷 (rossi)	6
● Barolo Gramolere Ris. '09	🍷🍷 (rossi)	8
● Barbera d'Alba Sup. La Marchesa '13	🍷🍷	5
● Barolo Castelletto '12	🍷🍷	6
● Barolo Gramolere '12	🍷🍷	6
○ Langhe Rossese Bianco Rosserto '14	🍷🍷	3
● Barolo Bricat '05	🍷🍷🍷	6
● Barolo Castelletto '09	🍷🍷🍷	5
● Barolo Gramolere Ris. '05	🍷🍷🍷	7
● Barolo Le Gramolere '04	🍷🍷🍷	6
● Barolo Le Gramolere Ris. '01	🍷🍷🍷	7
● Barolo Le Gramolere Ris. '00	🍷🍷🍷	7
● Barolo Le Gramolere Ris. '99	🍷🍷🍷	7

Paolo Manzone

loc. Meriame, 1
12050 Serralunga d'Alba [CN]
Tel. 0173613113
www.barolomeriame.com

VENDITA DIRETTA
VISITA SU PRENOTAZIONE
OSPITALITÀ
PRODUZIONE ANNUA 85.000 bottiglie
ETTARI VITATI 10,00
AZIENDA SOSTENIBILE

Il cru Meriame di Serralunga d'Alba è di dimensioni ridotte, per cui sino a qualche tempo fa questo nome non veniva riportato sulle etichette. Ma la terra e l'esposizione sono più che valide, come dimostrano da più di trent'anni i vini dell'esperto Paolo Manzone, ovviamente a partire dal Barolo. Stretta l'adesione al territorio, quindi solo vitigni nebbiolo, barbera e dolcetto nei vigneti, con un piccolo sconfinamento nel vicino Roero per proporre un fragrante Arneis. Poche le belle camere ma ristoro garantito nell'annesso agriturismo, gestito con cura da Luisella. Il Meriame '12 è un Barolo di assoluta classicità e tipico delle forti terre di Serralunga: gli aromi si aprono lentamente nel bicchiere offrendo tabacco e spezie su un bel fondo di lampone e di liquirizia; la bocca è ricca e sapida, con tannini un po' duri ma sostenuti da una polpa consistente. Buona personalità, con note di terra e frutti rossi, nella Barbera d'Alba Superiore Fiorenza '14.

● Barolo Meriame '12	🍷🍷 (rossi)	7
● Barbera d'Alba Sup. Fiorenza '14	🍷🍷	3
● Barolo del Comune di Serralunga d'Alba '12	🍷🍷	6
● Barolo Ris. '08	🍷🍷	7
● Langhe Rosso Ardì '14	🍷	2
● Nebbiolo d'Alba Mirinè '14	🍷	3
● Barbera d'Alba Sup. Fiorenza '13	🍷🍷	3
● Barolo del Comune di Serralunga d'Alba '12	🍷🍷	6
● Barolo del Comune di Serralunga d'Alba '10	🍷🍷	3*
● Barolo Meriame '11	🍷🍷	7
● Barolo Meriame '10	🍷🍷	7
● Barolo Meriame '09	🍷🍷	7
● Langhe Rosso Luvì '12	🍷🍷	3
● Nebbiolo d'Alba Mirinè '13	🍷🍷	3

Marcalberto

VIA PORTA SOTTANA, 9
12058 SANTO STEFANO BELBO [CN]
TEL. 0141844022
www.marcalberto.it

VENDITA DIRETTA
VISITA SU PRENOTAZIONE
PRODUZIONE ANNUA 30.000 bottiglie
ETTARI VITATI 5,00

Questa piccola azienda guidata da Marco e Alberto Cane, con la supervisione del padre Piero, è interamente dedicata alla produzione di spumanti Metodo Classico, che propone in quattro differenti versioni: senza annata, nature, rosé e millesimato. I vigneti aziendali sono situati nei comuni di Santo Stefano Belbo e Calosso e vedono la presenza di pinot nero e chardonnay. L'azienda sta aumentando il parco vigneti e anche ristrutturando la cantina, con la realizzazione di una sala degustazione di grande fascino. Il Marcalberto Millesimo2mila11 Extra Brut '11 quest'anno ha una marcia in più rispetto al resto della gamma aziendale: perlage molto fine e persistente, intensi profumi fruttati con sfumature di lieviti e un palato che gioca decisamente sulla freschezza acida e la bevibilità. Il Marcalberto Rosé ha sentori di frutta rossa, una buona materia, un'acidità molto marcata e un finale lungo e vibrante. Il Marcalberto Sansannée Brut è più vegetale, scorrevole, perfetto per l'aperitivo.

Vino	Valutazione
○ Marcalberto Extra Brut Millesimo2Mila11 M. Cl. '11	YY 5
○ Marcalberto Brut Sansannée M. Cl.	YY 4
⊙ Marcalberto Brut Rosé M. Cl.	YY 4
○ Marcalberto Brut Millesimo2Mila9 M. Cl. '09	YY 5
○ Marcalberto Brut M. Cl. '08	YY 5
○ Marcalberto Brut M. Cl. '07	YY 5
○ Marcalberto Brut M. Cl. '06	YY 5
○ Marcalberto Brut M. Cl. '05	YY 5
○ Marcalberto Extra Brut Millesimo2Mila10 M. Cl. '10	YY 5

Poderi Marcarini

P.ZZA MARTIRI, 2
12064 LA MORRA [CN]
TEL. 017350222
www.marcarini.it

VENDITA DIRETTA
VISITA SU PRENOTAZIONE
OSPITALITÀ
PRODUZIONE ANNUA 125.000 bottiglie
ETTARI VITATI 20,00

Nello scacchiere geostilistico del Barolo, il comune di La Morra è regolarmente associato alle interpretazioni più moderne e rotonde. Tra le virtuose eccezioni ci sono i Nebbiolo targati Marcarini, da sempre capaci di evocare atmosfere ottocentesche grazie a una coppia di vigne tra le meglio assortite del comprensorio. Brunate e La Serra: distano pochi metri in linea d'aria, eppure si esprimono su registri speculari, ferma restando l'ispirazione luminosa e al contempo quasi francescana. Maturati in rovere da 20 e 40 ettolitri, sono il fiore all'occhiello della produzione curata da Manuel Marchetti. Il confronto tra i due Barolo '12 evidenzia una diversità di stile. Annata calda, seppur tra molte virgolette, che si fa sentire in un Brunate già terziario (erbe secche, confettura, legna arsa), di indiscutibile fascino. Più delicato, fresco e armonico ma meno strutturato La Serra, che nasce in un vigneto posto più in alto.

● Barolo Brunate '12	YY 7
● Barolo La Serra '12	YY 7
● Barbera d'Alba Ciabot Camerano '13	YY 3
○ Moscato d'Asti '15	YY 2*
● Dolcetto d'Alba Boschi di Berri '14	Y 3
● Dolcetto d'Alba Fontanazza '15	Y 2
○ Roero Arneis '14	Y 2
● Barolo Brunate '05	YYY 6
● Barolo Brunate '03	YYY 6
● Barolo Brunate '01	YYY 6
● Barolo Brunate '99	YYY 6
● Barolo Brunate '96	YYY 6
● Barolo Brunate Ris. '85	YYY 6
● Dolcetto d'Alba Boschi di Berri '96	YYY 4*

Marchese Luca Spinola

fraz. Rovereto di Gavi
loc. Cascina Massimiliana, 97
15066 Gavi [AL]
Tel. 0143682514
www.marcheselucaspinola.it

VENDITA DIRETTA
VISITA SU PRENOTAZIONE
PRODUZIONE ANNUA 20.000 bottiglie
ETTARI VITATI 15,00

Si collocano per metà nel comune di Tassarolo, e per l'altra a Rovereto di Gavi, i circa dodici ettari vitati appartenenti da generazioni ai Marchesi Spinola. Due tenute storiche riservate interamente al vitigno cortese, protagonista in tre etichette ben distinte per concezione tecnica e provenienza territoriale. Prodotto con le uve di entrambi i blocchi viticoli e vinificato classicamente in acciaio, il Gavi di Gavi funge un po' da base. Là dove il Tenuta Massimiliana si propone come il bianco più importante e prevede una fermentazione più lenta condotta a temperature inferiori, sempre in inox. Infine il singolare Gavi del Comune di Tassarolo, proposto in versione Frizzante. In questa edizione della guida è il Gavi di Gavi a guadagnare una finale per i tre bicchieri e solo a un'incollatura il Tenuta Massimiliana. Più immediato il primo, con aromi di fiori bianchi ed erbe fresche su leggere note di tabacco, al palato ha un ingresso morbido, strutturato e un bel finale persistente. Tenuta Massimiliana si presenta profumato e strutturato.

- ○ Gavi del Comune di Gavi '15 — 2*
- ○ Gavi del Comune di Gavi Tenuta Massimiliana '15 — 3
- ○ Gavi del Comune di Gavi '12 — 2*
- ○ Gavi del Comune di Gavi '11 — 2*
- ○ Gavi del Comune di Gavi Et. Blu '14 — 2*
- ○ Gavi del Comune di Gavi Tenuta Massimiliana '14 — 3
- ○ Gavi del Comune di Gavi Tenuta Massimiliana '13 — 3
- ○ Gavi del Comune di Gavi Tenuta Massimiliana '12 — 3
- ○ Gavi del Comune di Tassarolo '13 — 2*

★Marchesi di Barolo

via Alba, 12
12060 Barolo [CN]
Tel. 0173564400
www.marchesibarolo.com

VENDITA DIRETTA
VISITA SU PRENOTAZIONE
RISTORAZIONE
PRODUZIONE ANNUA 1.500.000 bottiglie
ETTARI VITATI 194,00

Mutuando il tormentone pubblicitario, potremmo dire che alla famiglia Abbona piace vincere facile. Già da tempo ha rilevato dall'Agenzia della Tenuta Opera Pia il Castello Falletti, dove in pratica è nato il vino Barolo e la sua leggenda, da Juliette Colbert in poi. Non c'è bisogno di spiegare il valore aggiunto che arriva da un'eredità tanto gloriosa, armonicamente integrata con le esigenze di una progettualità contemporanea da Anna ed Ernesto, ultima generazione in capo alla Marchesi di Barolo. Un percorso immediatamente visibile nella composizione e nelle opzioni stilistiche di una batteria completa di vini prodotti dalle tenute di Langa, Roero e Monferrato. Il risultato d'insieme è entusiasmante, grazie soprattutto ai cru 2012. Alla gioviale progressione del Sarmassa, la morbida densità del Coste di Rose e la polposa spensieratezza del Barolo del comune di Barolo, preferiamo la solare classicità del Cannubi. Senza dimenticare il fresco e sottile Barbaresco Serragrilli '13.

- ● Barolo Cannubi '12 — 8
- ● Barolo Coste di Rose '12 — 7
- ● Barolo Sarmassa '12 — 8
- ● Barbaresco Serragrilli '13 — 6
- ● Barbera d'Alba Peiragal '14 — 5
- ● Barolo del Comune di Barolo '12 — 8
- ● Dolcetto d'Alba Madonna del Dono '15 — 3
- ○ Gavi del Comune di Gavi '15 — 4
- ○ Langhe Bric Amel '15 — 3
- ● Nebbiolo d'Alba Michet '14 — 4
- ● Barbera d'Alba Ruvei '14 — 3
- ○ Gavi '15 — 3
- ○ Roero Arneis '15 — 4
- ● Barolo Cannubi '11 — 8
- ● Barolo Cannubi '10 — 8
- ● Barolo Sarmassa '09 — 8

Marchesi Incisa della Rocchetta

via Roma, 66
14030 Rocchetta Tanaro [AT]
Tel. 0141644647
www.marchesiincisawines.it

VENDITA DIRETTA
VISITA SU PRENOTAZIONE
OSPITALITÀ E RISTORAZIONE
PRODUZIONE ANNUA 80.000 bottiglie
ETTARI VITATI 17,00

Tutta la famiglia Incisa della Rocchetta lavora nell'azienda, ristrutturata e rimodernata nel 1990. Le vigne aziendali, che si trovano in parte all'interno del parco naturale di Rocchetta Tanaro, sono situate su terreni di tipo sabbioso argilloso e impiantate soprattutto a barbera, affiancata da grignolino, pinot nero e merlot. Alle etichette provenienti da questi vigneti vanno aggiunti vini di altre denominazioni, come Barolo, Roero Arneis o Moscato d'Asti, per prodotti di ottima fattura e spesso ricchi di fascino. Particolarmente riuscita la Barbera d'Asti Valmorena '14, dai profumi di ciliegia nera e liquirizia, accompagnati da sentori balsamici e di cacao, e dal palato in bell'equilibrio tra alcol e acidità, dal tannino morbido e con un lungo finale sapido. La Barbera d'Asti Superiore Sant'Emiliano '14 è di buona freschezza ma con una nota di legno ancora da amalgamare, il Piemonte Pinot Nero Marchese Leopoldo '14 è di buona fattura e sul frutto, il Grignolino d'Asti '15 è speziato e di facile beva.

● Barbera d'Asti Valmorena '14	🍷🍷 3*
● Barbera d'Asti Sup. Sant'Emiliano '14	🍷🍷 5
● Grignolino d'Asti '15	🍷🍷 3
● Piemonte Pinot Nero Marchese Leopoldo '14	🍷🍷 5
● Piemnote Barbera Rollone '13	🍷 3
● Barbera d'Asti Sup. Sant'Emiliano '12	🍷🍷 5
● Barbera d'Asti Sup. Sant'Emiliano '11	🍷🍷 4
● Barbera d'Asti Valmorena '13	🍷🍷 3
● Grignolino d'Asti '13	🍷🍷 3
● Grignolino d'Asti '12	🍷🍷 3
● M.to Rosso Colpo d'Ala '13	🍷🍷 6
● M.to Rosso Rollone '12	🍷🍷 3
● Piemonte Pinot Nero Marchese Leopoldo '13	🍷🍷 4

Mario Marengo

loc. Serra Denari, 2a
12064 La Morra [CN]
Tel. 017350115
marengo1964@libero.it

VENDITA DIRETTA
VISITA SU PRENOTAZIONE
PRODUZIONE ANNUA 35.000 bottiglie
ETTARI VITATI 7,00

I primi Barolo imbottigliati dalla famiglia Marengo risalgono alla fine del diciannovesimo secolo, un'epoca decisamente pionieristica per il "re dei vini". E poco è cambiato da allora nell'impostazione artigianale, legata a circa sette ettari distribuiti tra i territori di La Morra, Castiglione Falletto e Barolo, riservati ai vitigni tipici di Langa come dolcetto, barbera e nebbiolo. Le fermentazioni brevi con ausilio di maceratori verticali, le estrazioni intense e gli affinamenti in barrique li collocano tra i modernisti, ma sono prima di tutto Barolo coerenti con l'espressività di cru prestigiosi come Brunate e Bricco delle Viole. I grandi vignaioli emergono soprattutto nelle annate meno uniformi, come è stata la 2012. Il Bricco delle Viole combina frutto fresco e vigore speziato, potenza fenolica e precisione estrattiva; il Brunate parte aromaticamente più timido, ma trova nel bicchiere una magnifica espansione di fragole e tabacco da pipa, con fusione tannica e persistenza da grande Tre Bicchieri.

● Barolo Brunate '12	🍷🍷🍷 7
● Barolo Bricco delle Viole '12	🍷🍷 6
● Barolo '12	🍷🍷 5
● Dolcetto d'Alba '15	🍷🍷 2*
● Barolo Brunate '11	🍷🍷🍷 7
● Barolo Brunate '09	🍷🍷🍷 6
● Barolo Brunate '07	🍷🍷🍷 6
● Barolo Brunate '06	🍷🍷🍷 6
● Barolo Brunate '05	🍷🍷🍷 6
● Barolo Brunate '04	🍷🍷🍷 6
● Barbera d'Alba Vign. Pugnane '13	🍷🍷 3
● Barolo '11	🍷🍷 5
● Barolo Bricco delle Viole '11	🍷🍷 6
● Dolcetto d'Alba '14	🍷🍷 2*
● Nebbiolo d'Alba Valmaggiore '13	🍷🍷 3

Claudio Mariotto

S.DA PER SAREZZANO, 29
15057 TORTONA [AL]
TEL. 0131868500
www.claudiomariotto.it

VENDITA DIRETTA
VISITA SU PRENOTAZIONE
PRODUZIONE ANNUA 100.000 bottiglie
ETTARI VITATI 32,00

Finita la giornata in vigna, in cantina o in officina, a riparare i suoi amati mezzi agricoli, Claudio Mariotto si trasforma nel produttore attento e curioso, che assaggia spesso vecchie annate dei suoi vini, per valutare l'evoluzione e probabilmente anche per trarre nuovi spunti, per i vini che verranno, notoriamente longevi, sia bianchi sia rossi, ottenuti da uve timorasso e cortese, barbera, dolcetto, croatina e freisa. La vendemmia più difficile degli ultimi anni non ha scalfito la solidità dei Timorasso di Claudio. Un tris di finalisti a certificare l'eleganza e la potenza di questo vitigno. Come spesso accade è Derthona il più pronto, ricco e intenso in ogni fase della degustazione, seguito da Cavallina e Pitasso, che cominciano a sviluppare una fase minerale e quelle note di idrocarburi che donano al Timorasso finezza ed eleganza. A seguire Barbera e Croatina, entrambe intense e ricche, giocate su aromi terziari. Frutta sotto spirito per il Poggio del Rosso '13, tabacco e china per la Montemirano '14.

Vino	Valutazione	Prezzo
○ Colli Tortonesi Timorasso Derthona '14	🍷🍷 (rossi)	5
○ Colli Tortonesi Timorasso Derthona Cavallina '14	🍷🍷 (rossi)	5
○ Colli Tortonesi Timorasso Derthona Pitasso '14	🍷🍷 (rossi)	6
● Colli Tortonesi Croatina Montemirano '14	🍷🍷	4
● Colli Tortonesi Freisa Braghè '15	🍷🍷	3
● Colli Tortonesi Rosso Poggio del Rosso '13	🍷🍷	5
○ Colli Tortonesi Bianco Pitasso '06	♀♀♀	5
○ Colli Tortonesi Bianco Pitasso '05	♀♀♀	4
○ Colli Tortonesi Bianco Pitasso '04	♀♀♀	4
○ Colli Tortonesi Timorasso Pitasso '13	♀♀♀	6
○ Colli Tortonesi Timorasso Pitasso '12	♀♀♀	6
○ Colli Tortonesi Timorasso Pitasso '08	♀♀♀	5
● Colli Tortonesi Croatina Montemirano '13	♀♀	4
○ Colli Tortonesi Timorasso Cavallina '13	♀♀	5

Marsaglia

VIA MADAMA MUSSONE, 2
12050 CASTELLINALDO [CN]
TEL. 0173213048
www.cantinamarsaglia.it

VENDITA DIRETTA
VISITA SU PRENOTAZIONE
PRODUZIONE ANNUA 80.000 bottiglie
ETTARI VITATI 15,00

L'azienda della famiglia Marsaglia, fondata nel 1900, è una delle più note del Roero. I vigneti di proprietà, con vigne che superano i cinquant'anni di età, sono tutti all'interno dei confini comunali di Castellinaldo ma situati su terreni differenti, più sabbiosi nella zona verso Canale, dove si trova il loro cru più noto, il Brich d'America, e più compatti invece in quella verso Castagnito. I vini prodotti sono quelli tipici del territorio roerino e sono d'impronta tradizionale e di notevole affidabilità. Il Roero Brich d'America si conferma ai vertici aziendali e tra i migliori della denominazione. La versione 2012 ha intensi profumi speziati e di frutta rossa, accompagnati da leggere note di liquirizia, tabacco e sottobosco, mentre il palato è sapido, di grande equilibrio e persistenza, con tannini fitti ma non aggressivi. Ben realizzata la Barbera d'Alba San Cristofaro '15, classica nelle sue note terrose, esuberante nel frutto e dal finale piacevolmente acido.

Vino	Valutazione	Prezzo
● Roero Brich d'America '12	🍷🍷 (rossi)	4
● Barbera d'Alba S. Cristoforo '15	🍷🍷	3
● Nebbiolo d'Alba '13	🍷	3
○ Roero Arneis Serramiana '15	🍷	3
○ Accordo Brut M. Cl.	♀♀	4
● Barbera d'Alba Castellinaldo '11	♀♀	4
● Barbera d'Alba S. Cristoforo '12	♀♀	3
● Nebbiolo d'Alba '12	♀♀	3
● Nebbiolo d'Alba San Pietro '11	♀♀	3
○ Roero Arneis Serramiana '14	♀♀	3
○ Roero Arneis Serramiana '13	♀♀	3
● Roero Brich d'America '11	♀♀	4
● Roero Brich d'America '10	♀♀	4

★Franco M. Martinetti

c.so Turati, 14
10128 Torino
Tel. 0118395937
www.francomartinetti.it

VISITA SU PRENOTAZIONE
PRODUZIONE ANNUA 140.000 bottiglie
ETTARI VITATI 5,00

Franco Martinetti è un perfezionista, nel cibo come nel vino e nel loro abbinamento conviviale. Per cui, per la realizzazione dei suoi vini, si è sempre avvalso di eccellenti produttori che gli hanno messo a disposizione le proprie uve e la propria esperienza. È così che sono nati e si sono ripetuti negli anni bianchi superlativi, quali il Colli Tortonesi Timorasso Martin e il Gavi Minaia, e riuscite selezioni di Barbera d'Asti, come Montruc. Negli ultimi tempi Martinetti (che amava scherzare definendosi Franco Senza Terra) ha però scelto di impegnarsi in prima persona nella conduzione di alcuni bei vigneti presi in affitto. Gli aromi ben fruttati della Barbera Montruc '13 sono resi evidenti da una buona spinta alcolica, mentre il palato riesce a rimanere sobrio e preciso pur in presenza di una notevole massa fruttata. Particolarmente ricco, avvolgente e strutturato sul palato, il riuscito Gavi Minaia '15, dotato di raffinata eleganza olfattiva. Splendida riuscita per lo Spumante Quarantatre '05, fresco in bocca e mieloso al naso.

● Barbera d'Asti Sup. Montruc '13	🍷🍷 5
○ Gavi Minaia '15	🍷🍷 5
○ Quarantatré Brut M. Cl. Ris. '05	🍷🍷 6
● Barbera d'Asti Bric dei Banditi '14	🍷🍷 3
● Barolo Marasco '12	🍷🍷 8
○ Colli Tortonesi Timorasso Martin '14	🍷🍷 6
○ Gavi del Comune di Gavi '15	🍷🍷 3
● M.to Rosso Sul Bric '13	🍷🍷 6
● Barbera d'Asti Sup. Montruc '06	🍷🍷🍷 5
● Barbera d'Asti Sup. Montruc '01	🍷🍷🍷 5
● Barolo Marasco '01	🍷🍷🍷 7
● Barolo Marasco '00	🍷🍷🍷 7
○ Colli Tortonesi Timorasso Martin '12	🍷🍷🍷 6
● M.to Rosso Sul Bric '10	🍷🍷🍷 6
● M.to Rosso Sul Bric '09	🍷🍷🍷 6
● M.to Rosso Sul Bric '00	🍷🍷🍷 5

★Bartolo Mascarello

via Roma, 15
12060 Barolo [CN]
Tel. 017356125

VENDITA DIRETTA
VISITA SU PRENOTAZIONE
PRODUZIONE ANNUA 30.000 bottiglie
ETTARI VITATI 5,00

Chissà cosa penserebbe il partigiano-vignaiolo più famoso di Langa vedendo il suo nome acclamato in tutto il mondo come quello di una rock star. Un lascito valoriale, ancor prima che enologico, percepito oggi più che mai determinante per la difesa e il rilancio di una precisa idea del Barolo, col senno di poi vincente. Ispirazione che sua figlia Maria Teresa ha raccolto in pieno e perfino sublimato, firmando un'incredibile sequenza di grandi riuscite. E il valore di parcelle storiche come quelle di Canubbi, San Lorenzo, Rué e Rocche torna definitivamente al centro della scena, più dei ragionamenti sulla durata delle macerazioni e la capienza delle botti. Il Barolo di Maria Teresa Mascarello, frutto di uve provenienti da quattro cru diversi, garantisce abitualmente una fedele interpretazione complessiva di ogni singola annata. Frutti di bosco e liquirizia compongono il quadro aromatico del Barolo '12. Completano l'assaggio di un grande Tre Bicchieri i tannini elegantissimi e il lungo finale.

● Barolo '12	🍷🍷🍷 8
● Barolo '11	🍷🍷🍷 8
● Barolo '10	🍷🍷🍷 8
● Barolo '09	🍷🍷🍷 8
● Barolo '07	🍷🍷🍷 8
● Barolo '06	🍷🍷🍷 8
● Barolo '05	🍷🍷🍷 8
● Barolo '01	🍷🍷🍷 8
● Barolo '99	🍷🍷🍷 8
● Barolo '98	🍷🍷🍷 8
● Barolo '89	🍷🍷🍷 8
● Barolo '85	🍷🍷🍷 8
● Barolo '84	🍷🍷🍷 8
● Barolo '83	🍷🍷🍷 8

Giuseppe Mascarello e Figlio

via Borgonuovo, 108
12060 Monchiero [CN]
Tel. 0173792126
www.mascarello1881.com

VENDITA DIRETTA
VISITA SU PRENOTAZIONE
PRODUZIONE ANNUA 60.000 bottiglie
ETTARI VITATI 13,50

Per livello medio e punte di eccellenza le Langhe sono da tempo un vero e proprio eldorado, ma si contano sulle dita di una mano le opzioni utili a chi cerca grandi rossi d'antan, nel senso più filologico del termine. Ecco perché la cantina di Mauro e Giuseppe Mascarello è costantemente meta di pellegrinaggio: i loro Nebbiolo cromaticamente trasparenti, apparentemente leggeri eppure capaci di attraversare i decenni, sanno regalare emozioni per molti versi dimenticate. Nascono da vigne maestose di Castiglione Falletto come Villero, Santo Stefano di Perno, Monprivato, declinato in versione Cà d' Morissio nelle vendemmie super (clone michèt in purezza). Da una cantina di simile prestigio ci si aspetta sempre il massimo, anche quando le avversità climatiche consiglierebbero il contrario. In questa edizione Mauro riesce comunque a stupirci presentando una meravigliosa batteria di Barolo 2011. La palma va al mitico Monprivato che, oltre a profumi di rara raffinatezza, offre una bocca maestosa e infinita. Armonia e lunghezza caratterizzano il Villero.

● Barolo Monprivato '11	🍷🍷🍷 8
● Barolo Perno V. Santo Stefano '11	🍷🍷 8
● Barolo Villero '11	🍷🍷 8
● Barolo Monprivato '10	🍷🍷🍷 8
● Barolo Monprivato '09	🍷🍷🍷 8
● Barolo Monprivato '08	🍷🍷🍷 8
● Barolo Monprivato '01	🍷🍷🍷 8
● Barolo S. Stefano di Perno '98	🍷🍷🍷 8
● Barolo dai Vigneti di Proprietà '09	🍷🍷 7
● Barolo Perno V. Santo Stefano '10	🍷🍷 8
● Barolo S. Stefano di Perno '09	🍷🍷 8
● Barolo Villero '10	🍷🍷 8
● Barolo Villero '09	🍷🍷 8

★Massolino

p.zza Cappellano, 8
12050 Serralunga d'Alba [CN]
Tel. 0173613138
www.massolino.it

VENDITA DIRETTA
VISITA SU PRENOTAZIONE
PRODUZIONE ANNUA 120.000 bottiglie
ETTARI VITATI 24,00
AZIENDA SOSTENIBILE

Se i Nebbiolo di Serralunga d'Alba sono costantemente inquadrati tra i più potenti, arcigni e prospettici, molto si deve anche al lavoro interpretativo della famiglia Massolino. Proprietaria di storiche parcelle sul versante occidentale come Parafada, Margheria, Vigna Rionda, cui si sono aggiunte in tempi più recenti quelle di Parussi a Castiglione Falletto. Al timone ci sono oggi i fratelli Franco e Roberto, cui va riconosciuto il merito di non cullarsi mai sugli allori, cesellando di vendemmia in vendemmia lo stile maison con un plus di tessitura e precisione estrattiva. Non solo sui Barolo più importanti, ma con l'intera gamma a base barbera, dolcetto, chardonnay e moscato. Impressioni rafforzate dalle ultime uscite, con i Barolo 2012 in testa. Il Parafada è inizialmente ritroso, ma nel bicchiere si apre su raffinati aromi di tabacco ed erbe officinali, lasciando spazio a un sorso fitto e sostenuto. Altrettanto prospettico, e ancor più integrato nella ricca trama tannica, il Margheria. Ma il vero campione rimane il potente Vigna Rionda, frutto della splendida vendemmia 2010.

● Barolo Vigna Rionda Ris. '10	🍷🍷🍷 8
● Barolo Margheria '12	🍷🍷 8
● Barolo Parafada '12	🍷🍷 8
● Barbera d'Alba '15	🍷🍷 3
● Barolo '12	🍷🍷 5
● Barolo Parussi '12	🍷🍷 8
● Dolcetto d'Alba '15	🍷🍷 2*
○ Langhe Chardonnay '14	🍷🍷 3
● Langhe Nebbiolo '14	🍷🍷 3
● Barolo Margheria '05	🍷🍷🍷 7
● Barolo Parafada '11	🍷🍷🍷 8
● Barolo Parafada '04	🍷🍷🍷 7
● Barolo V. Rionda Ris. '08	🍷🍷🍷 8
● Barolo V. Rionda Ris. '06	🍷🍷🍷 8
● Barolo Vigna Rionda Ris. '05	🍷🍷🍷 8
● Barolo Vigna Rionda Ris. '04	🍷🍷🍷 8

Tiziano Mazzoni

via Roma, 73
28010 Cavaglio d'Agogna [NO]
Tel. 3488200635
www.vinimazzoni.it

VENDITA DIRETTA
VISITA SU PRENOTAZIONE
PRODUZIONE ANNUA 20.000 bottiglie
ETTARI VITATI 4,50
AZIENDA SOSTENIBILE

Una classica azienda familiare, con Tiziano Mazzoni e la moglie affiancati dal patriarca Nino e sempre più dal giovane figlio Gilles. Una cantina che è stata ed è sempre più anche una scelta di vita, voluta fortemente per tornare alla natura e coglierne i frutti. L'uva più importante è il nebbiolo, che dà origine a tre vini, il Ghemme dei Mazzoni e il Ghemme ai Livelli, assieme al Colline Novaresi Nebbiolo Monteregio. Piccole selezioni, grande rispetto per l'ambiente, vini semplici e ricchi di personalità. Il naso della Vespolina Il Ricetto '15 è l'archetipo della tipologia: pepe e spezie in evidenza, poi frutta rossa matura; la bocca ricca e succosa, con finale lungo e appena spigoloso nella componente tannica. Paglierino con riflessi verdolini l'Iris, intenso e con belle note di erbe fresche e frutta bianca; al palato è ricco e di bella struttura, appena un poco vivo ma assai piacevole. Facile e beverino, ma non privo di tannini, il Nebbiolo del Monteregio '14. È prossima l'uscita del Ghemme dei Mazzoni '13.

● Colline Novaresi Vespolina Il Ricetto '15	🍷🍷 3
○ Iris	🍷🍷 3
● Colline Novaresi Nebbiolo del Monteregio '14	🍷 3
● Ghemme dei Mazzoni '12	🍷🍷🍷 5
● Colline Novaresi Nebbiolo del Monteregio '13	🍷🍷 3
● Colline Novaresi Vespolina Al Ricetto '13	🍷🍷 2*
● Colline Novaresi Vespolina Il Ricetto '14	🍷🍷 3
● Ghemme ai Livelli '11	🍷🍷 6
● Ghemme ai Livelli '10	🍷🍷 6
● Ghemme ai Livelli '09	🍷🍷 6
● Ghemme dei Mazzoni '11	🍷🍷 5
● Ghemme dei Mazzoni '10	🍷🍷 5
● Ghemme dei Mazzoni '09	🍷🍷 5
○ Passito Le Masche	🍷🍷 4

La Mesma

fraz. Monterotondo, 7
15066 Gavi [AL]
Tel. 0143342012
www.lamesma.it

VENDITA DIRETTA
VISITA SU PRENOTAZIONE
OSPITALITÀ
PRODUZIONE ANNUA 52.000 bottiglie
ETTARI VITATI 25,00

I vigneti delle sorelle Rosina si trovano a Monterotondo e nei comuni di Novi Ligure e Tassarolo. In quest'ultima località ha sede la cantina, La Bella Alleanza, il cui nome ha origine dalla firma di un trattato avvenuta in quella sede durante le guerre Napoleoniche. A dirigerla Ivano Rossi, valido collaboratore della proprietà e profondo conoscitore del Gavi e del Gaviese, coadiuvato dall'enologo Massimo Azzolini. Sei le etichette in produzione, di cui cinque da uve cortese e una a base di barbera, merlot e cabernet sauvignon. Ad aprire la batteria una splendida versione del Vigna della Rovere Verde '14. Intenso e raffinato, con eleganti aromi minerali su note di erbe fresche, a precedere una fase gustativa molto fresca che si allunga su una fase finale, sapida e molto persistente. Etichetta Gialla ha un corredo olfattivo elegante, giocato sul frutto e un palato ricco di polpa dal finale sapido. Chiude la batteria Etichetta Nera, con una prestazione decisamente intrigante e di carattere.

○ Gavi del Comune di Gavi Et. Gialla '15	🍷🍷 2*
○ Gavi V. della Rovere Verde Ris. '14	🍷🍷 5
○ Gavi del Comune di Gavi Et. Nera '14	🍷🍷 3
○ Gavi Brut M. Cl. '09	🍷🍷 4
○ Gavi del Comune di Gavi Et. Gialla '14	🍷🍷 2*
○ Gavi V. della Rovere Verde Ris. '13	🍷🍷 3

Moccagatta

s.da Rabajà, 46
12050 Barbaresco [CN]
Tel. 0173635228
www.moccagatta.eu

VENDITA DIRETTA
VISITA SU PRENOTAZIONE
PRODUZIONE ANNUA 65.000 bottiglie
ETTARI VITATI 12,00
AZIENDA SOSTENIBILE

Prima ancora che come cantinieri i fratelli Minuto si sono conquistati una bella fama di viticoltori proprio tra i loro colleghi vignaioli di Barbaresco, che di loro parlano da sempre con stima e rispetto per il lavoro svolto in campagna. Ma anche lo stile di cantina - complice Marc De Grazia e il vento innovatore degli anni Ottanta - si è fatto notare con decisione, basato com'è sull'uso di piccoli legni nuovi e su vini sempre piuttosto ricchi e potenti. Negli anni la cantina si è ampliata, non per consentire maggiori produzioni ma per garantire fermentazioni e affinamenti ottimali: vale sicuramente la visita. I vini dei fratelli Minuto sono rimasti inalterati nel tempo: impostazione moderna ed estrattiva con frutto nero molto maturo e legno abbondante e raffinato. In quest'ottica, il Barbaresco Bric Balin 2013 si fa notare per accattivanti note di cacao e per la bocca possente e masticabile con tannini dell'uva e del legno che danno severità e ruvidezza a un insieme di buona polpa.

- Barbaresco Bric Balin '13 — 6
- Barbaresco Basarin '13 — 6
- Barbaresco Bric Balin '05 — 6
- Barbaresco Bric Balin '04 — 6
- Barbaresco Bric Balin '01 — 6
- Barbaresco Bric Balin '90 — 6
- Barbaresco Cole '97 — 6
- Barbaresco Basarin '11 — 6
- Barbaresco Basarin '10 — 6
- Barbaresco Bric Balin '12 — 6
- Barbaresco Bric Balin '11 — 6
- Barbaresco Bric Balin '10 — 6
- Barbaresco Cole '12 — 7
- Barbaresco Cole '11 — 6
- Barbaresco Cole '10 — 6

Mauro Molino

fraz. Annunziata Gancia, 111a
12064 La Morra [CN]
Tel. 017350814
www.mauromolino.com

VENDITA DIRETTA
VISITA SU PRENOTAZIONE
PRODUZIONE ANNUA 95.000 bottiglie
ETTARI VITATI 12,00
AZIENDA SOSTENIBILE

Tecnico scrupoloso già attivo in altre aziende vinicole, Mauro Molino ha iniziato nel 1982 la propria attività autonoma, ricevendo subito notevoli consensi di critica. Fiore all'occhiello sono ovviamente le quattro etichette di Barolo, ma la gamma proposta comprende tutte le tipologie classiche di Langa, con una sola piccola concessione francese allo Chardonnay. Il convinto ingresso in azienda dei figli Martina e Matteo ha portato a un lieve aumento delle superfici aziendali, che oggi comprendono anche vigneti a Monforte d'Alba (uve nebbiolo), Guarene (per la Barbera d'Alba) e, dal 2015, a Costigliole d'Asti (Barbera d'Asti Leradici). Il lampone apre gli aromi del raffinato Barolo Conca '12, compatto, lungo e di notevole struttura. Gradevoli spezie dolci, con struttura levigata e morbida nello sviluppo tannico nel Bricco Luciani '12. Ancora avvolto nei sentori fortemente tostati del rovere l'asciutto Barolo La Serra '12. Purtroppo il resto della gamma non era ancora in bottiglia al momento delle nostre degustazioni.

- Barolo Conca '12 — 7
- Barolo Bricco Luciani '12 — 6
- Barolo La Serra '12 — 7
- Barbera d'Alba V. Gattere '00 — 5
- Barbera d'Alba V. Gattere '97 — 7
- Barbera d'Alba V. Gattere '96 — 7
- Barolo Gallinotto '11 — 6
- Barolo Gallinotto '03 — 6
- Barolo Gallinotto '01 — 6
- Barolo V. Conca '00 — 7
- Barolo V. Conca '97 — 7
- Barolo V. Conca '96 — 7

★Monchiero Carbone

via Santo Stefano Roero, 2
12043 Canale [CN]
Tel. 017395568
www.monchierocarbone.com

VENDITA DIRETTA
VISITA SU PRENOTAZIONE
PRODUZIONE ANNUA 180.000 bottiglie
ETTARI VITATI 25,00
AZIENDA SOSTENIBILE

La famiglia Monchiero è tra i protagonisti della crescita del panorama vitivinicolo roerino, per la qualità dei suoi prodotti e per l'impegno profuso nel promuovere territorio e vini del Roero. I vigneti aziendali, tra i quali si contano alcuni dei più bei cru della zona, come Monbirone, Renesio o Frailin, sono situati principalmente a Canale – su terreni che vanno da quelli tipici, ricchi di sabbia, a dei suoli più ricchi di scheletro e adatti a produrre vini ricchi e strutturati – ma anche a Vezza d'Alba, Monteu Roero e Priocca. I vini di quest'azienda hanno raggiunto una maturità stilistica davvero notevole. Tre Bicchieri per il Roero Printi Riserva '12, che presenta profumi di spezie e frutti di bosco neri al naso e un palato allo stesso tempo ricco ed elegante, complesso e fine, sapido e lungo. Molto belli anche il Roero Srü '13, succoso e di grande freschezza, la Barbera d'Alba MonBirone '13, grintosa e sul frutto, e il Roero Arneis Cecu d'La Biunda '15, probabilmente il migliore della sua tipologia.

● Roero Printi Ris. '12	🍷🍷🍷 5
● Barbera d'Alba MonBirone '13	🍷🍷 5
○ Roero Arneis Cecu d'La Biunda '15	🍷🍷 3*
● Roero Srü '13	🍷🍷 4
● Barbera d'Alba Pelisa '14	🍷🍷 2*
○ Roero Arneis Recit '15	🍷🍷 2*
● Barbera d'Alba MonBirone '10	🍷🍷🍷 4*
● Roero Printi Ris. '11	🍷🍷🍷 5
● Roero Printi Ris. '10	🍷🍷🍷 5
● Roero Printi Ris. '09	🍷🍷🍷 5
● Roero Printi Ris. '07	🍷🍷🍷 5
● Roero Printi Ris. '06	🍷🍷🍷 5
● Roero Srü '06	🍷🍷🍷 3

Monfalletto Cordero di Montezemolo

fraz. Annunziata, 67
12064 La Morra [CN]
Tel. 017350344
www.corderodimontezemolo.com

VENDITA DIRETTA
VISITA SU PRENOTAZIONE
PRODUZIONE ANNUA 240.000 bottiglie
ETTARI VITATI 35,00

Appartenuta per svariate generazioni alla famiglia Falletti, la Cascina Monfalletto di La Morra fu acquistata nel 1920 dai Cordero di Montezemolo, che l'hanno trasformata in una delle più suggestive tenute di Langa. Si configura come un monopole da circa 30 ettari, suddivisi in parcelle varietali, con le quote maggioritarie riservate a nebbiolo e dolcetto, cui si affiancano barbera, chardonnay e arneis. I Barolo prodotti sono ben quattro, Monfalletto, Bricco Gattera, Gorette e Enrico VI (dal cru Villero di Castiglione Falletto), legati tra loro da uno stile innovativo, ma senza forzature, con macerazioni tendenzialmente corte e maturazioni perlopiù in piccoli fusti di rovere francese. Svetta ancora una volta il Barolo Enrico VI che offre un buon equilibrio tra frutto e legno e un naso elegante, mentre al palato i tannini ci ricordano il suo importante pedigree. Nel Gattera dominano gli aromi di spezie orientali e di bacche rosse; il Monfalletto mostra aromi più tradizionali e un corpo un po' più snello.

● Barolo Enrico VI '12	🍷🍷 8
● Barbera d'Alba Sup. Funtanì '13	🍷🍷 5
● Barolo Gattera '12	🍷🍷 7
● Barolo Monfalletto '12	🍷🍷 6
○ Langhe Chardonnay Elioro '14	🍷🍷 5
● Barbera d'Alba '14	🍷 3
● Dolcetto d'Alba '15	🍷 3
● Barolo Enrico VI '04	🍷🍷🍷 7
● Barolo Enrico VI '03	🍷🍷🍷 7
● Barolo V. Bricco Gattera '99	🍷🍷🍷 8
● Barolo V. Enrico VI '00	🍷🍷🍷 7
● Barolo Bricco Gattera '11	🍷🍷 8
● Barolo Enrico VI '11	🍷🍷 8
● Barolo Enrico VI '10	🍷🍷 8

Montalbera

via Montalbera, 1
14030 Castagnole Monferrato [AT]
Tel. 0119433311
www.montalbera.it

VENDITA DIRETTA
VISITA SU PRENOTAZIONE
PRODUZIONE ANNUA 600.000 bottiglie
ETTARI VITATI 175,00

Circa trent'anni fa la famiglia Morando ha cominciato ad acquisire terreni per piantare nuove vigne. Oggi l'azienda è circondata da un corpo unico di vigneti di proprietà disposti ad anfiteatro, impiantati prevalentemente a ruché (affiancato da barbera, grignolino e viognier) su suoli che vanno dall'argilloso al calcareo. A questa tenuta vanno aggiunti 15 ettari impiantati completamente a moscato nella tenuta di Castiglione Tinella, e alcuni ettari di nebbiolo tra La Morra, Barbaresco e Neive. La batteria di Ruché di Castagnole Monferrato presentata quest'anno dalla Montalbera è davvero impressionante. La Tradizione '15 è aromatico con belle note varietali di rosa e di frutti rossi e un'affascinante nota speziata di pepe, mentre il palato è ricco di polpa, con un lungo finale di carattere e dalla morbidezza proverbiale: un profumato Tre Bicchieri. Laccento '15 è più fitto e concentrato, ma un po' meno elegante, il Vegan '15 è varietale e grintoso. Ottima anche la Barbera d'Asti Superiore Nuda '13, sapida e fresca.

● Ruchè di Castagnole M.to La Tradizione '15	🍷🍷🍷 3*
● Barbera d'Asti Sup. Nuda '13	🍷🍷 7
● Ruchè di Castagnole M.to Laccento '15	🍷🍷 3*
● Ruchè di Castagnole M.to Vegan '15	🍷🍷 3*
● Barolo Levoluzione '12	🍷🍷 6
● Grignolino d'Asti Grigné '15	🍷🍷 2*
● Ruchè di Castagnole M.to Limpronta '14	🍷🍷 5
● Barbera d'Asti Lequilibrio '14	🍷 3
● Barbera d'Asti Solo Acciaio '15	🍷 2
○ Moscato d'Asti '15	🍷 2
● Barbera d'Asti Sup. Nuda '12	🍷🍷 7
● Ruchè di Castagnole M.to La Tradizione '14	🍷🍷 3*
● Ruchè di Castagnole M.to Laccento '14	🍷🍷 3*

Cecilia Monte

via Serracapelli, 17
12052 Neive [CN]
Tel. 017367454
cecilia.monte@libero.it

VENDITA DIRETTA
PRODUZIONE ANNUA 19.000 bottiglie
ETTARI VITATI 3,50

Dagli inizi degli anni 2000 Cecilia Monte, seguendo la passione del padre Paolo, cui peraltro, con il millesimo 2011, ha dedicato un Barbaresco figlio di una piccola e particolarmente vocata parcella del cru Serracapelli, ha iniziato a occuparsi direttamente della proprietà vitivinicola di famiglia. In quasi 15 anni di attività, le poche e sperimentali bottiglie iniziali hanno progressivamente raggiunto una cifra qualitativa degna di nota. Elegante ed eterea, con note di china e bacche rosse, la riuscita selezione di Barbaresco dedicata a Paolo, dal palato lungo e potente, appena ancora un po' irrigidito dalla grande fittezza tannica: un esordio di tutto rispetto. Già più intenso e sfaccettato, con note di erbe officinali e tabacco unite a liquirizia e frutta rossa, il Vigneto Serracapelli '12. Complicata vendemmia nell'annata 2014 per la Barbera d'Alba.

● Barbaresco Serracapelli Dedicato a Paolo '11	🍷🍷 6
● Barbaresco Vign. Serracapelli '12	🍷🍷 5
● Barbera d'Alba '14	🍷 3
● Barbaresco Ris. '06	🍷🍷 5
● Barbaresco Serracapelli '11	🍷🍷 5
● Barbaresco Serracapelli '05	🍷🍷 5
● Barbaresco Serracapelli '04	🍷🍷 5
● Barbaresco Serracapelli '03	🍷🍷 5
● Barbaresco Vign. Serracapelli '09	🍷🍷 5
● Barbaresco Vign. Serracapelli '07	🍷🍷 5
● Dolcetto d'Alba Montubert '05	🍷🍷 3
● Langhe Nebbiolo '12	🍷🍷 3
● Langhe Nebbiolo '10	🍷🍷 3

Tenuta Montemagno

via Cascina Valfossato, 9
14030 Montemagno [AT]
Tel. 014163624
www.tenutamontemagno.it

VENDITA DIRETTA
VISITA SU PRENOTAZIONE
OSPITALITÀ E RISTORAZIONE
PRODUZIONE ANNUA 96.000 bottiglie
ETTARI VITATI 15,00

Tenuta Montemagno ha fatto registrare in pochi anni un trend di crescita decisamente notevole. Tutte le etichette in produzione non sono solo corrette ma viaggiano verso livelli di eccellenza. Nei vini di punta vengono utilizzati per l'affinamento legni di dimensioni diverse, anche fino a 25 ettolitri, soluzione che arricchisce i prodotti senza coprire gli aromi tipici dei vitigni. La produzione, piuttosto ampia, comprende vini bianchi e rossi con una buona dotazione aromatica: Sauvignon Blanc e Ruché, ma anche Malvasia di Casorzo. Mentre le altre etichette sono a base timorasso, grignolino, barbera e syrah. Quest'ultimo assemblato alla barbera nel Violae. A fare gli onori di casa la Barbera Superiore Mysterium. Una versione molto giovanile, a partire dal colore rubino intenso, che al naso esprime aromi di prugna e ciliegia, su note speziate cedute dal rovere. Ricca e succosa la fase gustativa, con bella trama tannica e finale persistente. Di pregevole fattura le altre etichette.

● Barbera d'Asti Sup. Mysterium '13	🍷🍷 (rossi) 4
● Grignolino d'Asti Ruber '15	🍷🍷 2*
○ M.to Bianco Musae '15	🍷🍷 2*
○ M.to Bianco Solis Vis '14	🍷🍷 2*
● Ruché di Castagnole M.to '15	🍷🍷 3
○ Tenuta Montemagno Brut 24 M. Cl.	🍷🍷 5
● Barbera d'Asti Austerum '14	🍷 2
○ M.to Bianco Nymphae '15	🍷 2
● M.to Rosso Violae '14	🍷 2
● Malvasia di Casorzo d'Asti Dulcem '15	🍷 2
● Barbera d'Asti Sup. Mysterium '12	🍷🍷 (vuoti) 4
● Barbera d'Asti Sup. Mysterium '11	🍷🍷 (vuoti) 4
○ M.to Bianco Musae '13	🍷🍷 (vuoti) 2*
○ M.to Bianco Nymphae '14	🍷🍷 (vuoti) 2*
○ M.to Bianco Nymphae '12	🍷🍷 (vuoti) 2*
○ M.to Bianco Solis Vis '13	🍷🍷 (vuoti) 2*

Monti

fraz. Camie
loc. San Sebastiano, 39
12065 Monforte d'Alba [CN]
Tel. 017378391
www.paolomonti.com

VENDITA DIRETTA
VISITA SU PRENOTAZIONE
PRODUZIONE ANNUA 50.000 bottiglie
ETTARI VITATI 16,00

Era il 1996 quando Pier Paolo Monti inaugurò la propria cantina nella zona della Bussia: da allora poco è cambiato, tanta è stata la cura con cui da subito iniziò a creare vini eleganti, sempre raffinati e pieni di sostanza. Nei vigneti regnano uve nebbiolo e barbera, ma la sfida è stata anche di affiancarvi vitigni bordolesi, utilizzati soprattutto nel Langhe Rosso e nel Langhe Merlot, assieme agli amati riesling e chardonnay, che uniti danno vita al bianco L'Aura. I vini sono ricchi di personalità, pura espressione dell'uva, appena segnati dal passaggio in rovere francese, per lo più di piccola dimensione. Si apre con intense note di fumo, spezie e tostatura il potente Barolo Bussia Riserva '10, di rilevante presa tannica al palato. Moderna e raffinata l'impenetrabile Barbera d'Alba '13, ricca di frutti neri al naso e di dolce polpa al palato, dove non mancano una ravvivante freschezza e un tocco di legno. Ancora avvolto dal rovere l'elegante Barolo del comune di Monforte d'Alba '12.

● Barbera d'Alba '13	🍷🍷 (rossi) 5
● Barolo Bussia Ris. '10	🍷🍷 (rossi) 8
● Barbera d'Alba Sup. '13	🍷🍷 7
● Barolo del Comune di Monforte d'Alba '12	🍷🍷 7
● Barbera d'Alba '12	🍷🍷 (vuoti) 5
● Barbera d'Alba '11	🍷🍷 (vuoti) 5
● Barbera d'Alba '09	🍷🍷 (vuoti) 5
● Barolo '09	🍷🍷 (vuoti) 7
● Barolo del Comune di Monforte d'Alba '11	🍷🍷 (vuoti) 7
● Barolo del Comune di Monforte d'Alba '10	🍷🍷 (vuoti) 7
● Langhe Dossi Rossi '11	🍷🍷 (vuoti) 5
● Nebbiolo d'Alba '12	🍷🍷 (vuoti) 4
● Nebbiolo d'Alba '11	🍷🍷 (vuoti) 4
● Nebbiolo d'Alba '10	🍷🍷 (vuoti) 4

Stefanino Morra

LOC. SAN PIETRO
VIA CASTAGNITO, 50
12050 CASTELLINALDO [CN]
TEL. 0173213489
www.morravini.it

VENDITA DIRETTA
VISITA SU PRENOTAZIONE
PRODUZIONE ANNUA 70.000 bottiglie
ETTARI VITATI 11,00
AZIENDA SOSTENIBILE

Da tre generazioni la famiglia Morra coltiva vigne a Castellinaldo, ed è nel 1990 che comincia a imbottigliare i propri vini. I vigneti di proprietà sono tutti situati sui terreni sabbiosi e calcarei tipici del Roero, e si trovano nei comuni di Canale, Castellinaldo e Vezza d'Alba. Le uve coltivate sono quelle classiche di queste zone, dall'arneis al nebbiolo, dalla barbera alla favorita, e danno vita a etichette in cui si esaltano ricchezza di frutto, corpo e aderenza alle caratteristiche del territorio. Davvero di alto livello la gamma di vini presentata da questa azienda. La Barbera d'Alba Castellinaldo '13 presenta intensi profumi di bacche nere, terra bagnata e liquirizia, spezie e caffè, e un palato vellutato, lungo e di grande equilibrio. La Barbera d'Alba Castlè '12 è potente e fruttata, ma anche con una brillante acidità che le dona freschezza e persistenza, mentre il Roero Arneis '15 è spiccatamente aromatico, con note di pesca gialla, e un palato di bella grinta e freschezza.

● Barbera d'Alba Castellinaldo '13	YY 4
● Barbera d'Alba Castlè '12	YY 5
○ Roero Arneis '15	YY 3*
● Barbera d'Alba '14	YY 3
● Roero '13	YY 4
● Roero Srai Ris. '12	YY 5
● Barbera d'Alba '13	YY 3*
● Barbera d'Alba '11	YY 3
● Barbera d'Alba Castellinaldo '12	YY 4
● Roero '12	YY 4
○ Roero Arneis '14	YY 3*
○ Roero Arneis '13	YY 3
● Roero Srai Ris. '11	YY 5

F.lli Mossio

FRAZ. CASCINA CARAMELLI
VIA MONTÀ, 12
12050 RODELLO [CN]
TEL. 0173617149
www.mossio.com

VENDITA DIRETTA
VISITA SU PRENOTAZIONE
OSPITALITÀ
PRODUZIONE ANNUA 50.000 bottiglie
ETTARI VITATI 10,00
AZIENDA SOSTENIBILE

Indiscutibile bravura e caparbietà hanno sempre caratterizzato la famiglia Mossio, che ha saputo imporsi all'attenzione dei mercati internazionali con il Dolcetto d'Alba, una tipologia che nelle Langhe ha sofferto la concorrenza dei vini a base di uve nebbiolo. La nostra preferenza va costantemente al ricco Bricco Caramelli e al più fruttato Piano delli Perdoni, ma gli amanti del Dolcetto più concentrato ameranno il potente Superiore Gamus, che si avvale di un passaggio in legno grande, o il passito Le Margherite. Sfrutta bene la ricca annata 2015 il Dolcetto d'Alba Bricco Caramelli, che sfodera ricchi aromi di frutta rossa e un palato particolarmente fresco, potente e avvolgente. Appena più tannico, e quindi più incisivo, il Piano delli Perdoni dello stesso anno, che si apre su note olfattive più severe che rimandano ai frutti neri e a un sottofondo di cuoio. Un po' segnato dall'affinamento in legno il corposo Nebbiolo '12.

● Dolcetto d'Alba Bricco Caramelli '15	YY 3*
● Barbera d'Alba '14	YY 4
● Dolcetto d'Alba Piano delli Perdoni '15	YY 2*
● Langhe Nebbiolo '12	YY 4
● Dolcetto d'Alba Bricco Caramelli '00	YYY 3*
● Dolcetto d'Alba Bricco Caramelli '14	YY 3*
● Dolcetto d'Alba Bricco Caramelli '13	YY 3*
● Dolcetto d'Alba Bricco Caramelli '11	YY 3*
● Dolcetto d'Alba Bricco Caramelli '10	YY 3*
● Dolcetto d'Alba Bricco Caramelli '09	YY 3*
● Dolcetto d'Alba Piano delli Perdoni '12	YY 2*
● Dolcetto d'Alba Piano delli Perdoni '11	YY 2*
● Dolcetto d'Alba Sup. Gamus '13	YY 4
● Dolcetto d'Alba Sup. Gamvs '12	YY 4
● Langhe Nebbiolo '09	YY 4

★Fiorenzo Nada

via Ausario, 12c
12050 Treiso [CN]
Tel. 0173638254
www.nada.it

VENDITA DIRETTA
VISITA SU PRENOTAZIONE
PRODUZIONE ANNUA 45.000 bottiglie
ETTARI VITATI 9,00
AZIENDA SOSTENIBILE

Entrato nel mondo del lavoro come insegnante, Bruno Nada ha tratto da questa professione un metodo fatto di attenzione al dettaglio e di precisa valutazione del messaggio da trasmettere, presentandosi sempre come appassionato e coinvolgente divulgatore, mai stanco di aggiornarsi. Con alcuni traguardi fermi, legati al meticoloso lavoro in vigna, di cui il padre Fiorenzo è stato maestro, e a interventi di cantina in grado di trarre la massima eleganza possibile dai suoi tre vitigni del cuore: nebbiolo, barbera e dolcetto. Oltre al pluripremiato Barbaresco Rombone a noi piace ricordare il Seifile, che rimane un punto di riferimento assoluto nella storia della denominazione Langhe Rosso. È destinato a una fulgida evoluzione il Barbaresco Rombone '12, un Tre Bicchieri intenso, complesso e penetrante su note di liquirizia e goudron che vanno ad abbinarsi al lampone; la bocca è piuttosto austera, con una trama tannica progressiva e di grande lunghezza. Più speziato e meno fruttato il riuscito Manzola '12. Splendida la densa e cioccolatosa Barbera d'Alba '14, tra le migliori dell'annata.

● Barbaresco Rombone '12	🍷🍷🍷 7
● Barbaresco Manzola '12	🍷🍷 6
● Barbera d'Alba '14	🍷🍷 4
● Dolcetto d'Alba '15	🍷🍷 2*
● Langhe Nebbiolo '14	🍷🍷 3
● Langhe Rosso Seifile '12	🍷🍷 7
● Barbaresco '01	🍷🍷🍷 6
● Barbaresco Manzola '08	🍷🍷🍷 6
● Barbaresco Manzola '06	🍷🍷🍷 6
● Barbaresco Rombone '10	🍷🍷🍷 7
● Barbaresco Rombone '09	🍷🍷🍷 7
● Barbaresco Rombone '07	🍷🍷🍷 7
● Barbaresco Rombone '06	🍷🍷🍷 7
● Barbaresco Rombone '05	🍷🍷🍷 7
● Barbaresco Rombone '04	🍷🍷🍷 7
● Langhe Rosso Seifile '01	🍷🍷🍷 6

Cantina dei Produttori Nebbiolo di Carema

via Nazionale, 32
10010 Carema [TO]
Tel. 0125811160
www.caremadoc.it

VENDITA DIRETTA
VISITA SU PRENOTAZIONE
RISTORAZIONE
PRODUZIONE ANNUA 65.000 bottiglie
ETTARI VITATI 17,00

Con circa 17 ettari seguiti da un'ottantina di soci, è di gran lunga la realtà più rilevante dell'enclave di Carema. Numericamente in primis, con tutto ciò che comporta per un territorio estremo sotto ogni punto di vista, col suo clima alpino, la parcellizzazione degli impianti, le pergole che affondano le radici sulla roccia viva. E stilisticamente, perché non è sempre stato agevole proporre e raccontare il tipo di Nebbiolo che qui prende forma, apparentemente scarno e quasi fragile, eppure capace di attraversare i decenni. Affinate in botte grande dai 24 ai 36 mesi, le due etichette principali sono il Carema vestito di nero, che funge un po' da base, e la Bianca Riserva. La vendemmia del 2013 è stata più prodiga di freschezza e ha apportato nel vino una carica fruttata che si ritrova sia negli aromi sia in bocca. Ecco quindi che il Carema Etichetta Nera si presenta più disinvolto e immediatamente godibile, mentre la Riserva '12 risulta un po' più chiusa e compatta, carente del guizzo gustativo portato dall'acidità. Una meritoria cantina che non delude mai, anche grazie a prezzi molto ragionevoli.

● Carema Et. Nera '13	🍷🍷 2*
● Carema Et. Bianca Ris. '12	🍷🍷 3
● Carema Et. Bianca '07	🍷🍷🍷 3*
● Carema Et. Bianca Ris. '11	🍷🍷🍷 3*
● Carema Et. Bianca Ris. '09	🍷🍷🍷 3*
● Carema Et. Bianca Ris. '08	🍷🍷🍷 3*
● Carema Et. Bianca '06	🍷🍷 3*
● Carema Et. Bianca '05	🍷🍷 3
● Carema Et. Bianca Ris. '10	🍷🍷 3*
● Carema Et. Nera '12	🍷🍷 2*
● Carema Et. Nera '11	🍷🍷 2*
● Carema Et. Nera '10	🍷🍷 2*
● Carema Et. Nera '08	🍷🍷 2*
● Carema Et. Nera '06	🍷🍷 2*
● Carema Ris. '04	🍷🍷 3*

Angelo Negro e Figli

FRAZ. SANT'ANNA, 1
12040 MONTEU ROERO [CN]
TEL. 017390252
www.negroangelo.it

VENDITA DIRETTA
VISITA SU PRENOTAZIONE
PRODUZIONE ANNUA 350.000 bottiglie
ETTARI VITATI 60,00
AZIENDA SOSTENIBILE

La famiglia Negro è presente sul territorio roerino fin dal XVII secolo. Oggi Giovanni e Marisa, insieme ai figli Angelo, Emanuela, Gabriele e Giuseppe, gestiscono una delle più importanti aziende del Roero. I vigneti di proprietà, da cui nascono i tradizionali vini di questo territorio, sono situati in diversi comuni, da Monteu Roero, dov'è la sede della cantina, a Canale, da Magliano Alfieri a Santo Stefano Roero, cui va aggiunta una tenuta a Neive, dove si producono Barbaresco e Dolcetto d'Alba. Il Roero Sudisfà Riserva '13 conquista meritatamente i Tre Bicchieri. Al naso si esprime con note di macchia mediterranea, liquirizia e piccoli frutti rossi con sfumature di tabacco, mentre il palato è ricco di polpa e di grande struttura, sapido e con tannini morbidi, un finale lungo e ben sostenuto dall'acidità. Ottimi anche il Roero Prachiosso '13, dai profumi floreali con note di spezie e frutti neri, e il Roero Arneis Serra Lupini '15, con piacevoli sentori di frutta bianca, ricco e sapido.

Vino	Valutazione
● Roero Sudisfà Ris. '13	🍷🍷🍷 6
○ Roero Arneis Serra Lupini '15	🍷🍷 3*
● Roero Prachiosso '13	🍷🍷 4
● Barbaresco Basarin '13	🍷🍷 5
○ Perdaudin Passito '11	🍷🍷 5
○ Roero Arneis Brut Giovanni Negro Dosage Zero '09	🍷🍷 5
○ Roero Arneis Perdaudin '15	🍷🍷 3
○ Roero Arneis Perdaudin '14	🍷🍷 3
● Roero San Giorgio Ris. '13	🍷🍷 5
● Roero Sudisfà Ris. '12	🍷🍷🍷 6
● Roero Sudisfà Ris. '10	🍷🍷🍷 6
● Roero Sudisfà Ris. '09	🍷🍷🍷 5
● Roero Sudisfà Ris. '08	🍷🍷🍷 5

Lorenzo Negro

FRAZ. SANT'ANNA, 55
12040 MONTEU ROERO [CN]
TEL. 017390645
www.negrolorenzo.com

VENDITA DIRETTA
VISITA SU PRENOTAZIONE
PRODUZIONE ANNUA 35.000 bottiglie
ETTARI VITATI 8,00
AZIENDA SOSTENIBILE

Dal 2006 Lorenzo Negro ha deciso di fare il salto di qualità e imbottigliare il proprio vino. I vigneti aziendali che circondano la cantina, situata sulla collina Serra Lupini, a circa 300 metri di altitudine, hanno un'età che va dai 16 ai 30 anni e sono posti su suoli sabbiosi con inserti di limo e argilla. I vitigni coltivati sono soprattutto arneis, nebbiolo e barbera, con l'aggiunta di piccole quantità di bonarda, dolcetto e albarossa. I vini di Lorenzo Negro sono sempre di buona fattura, ma ci sono sembrati meno brillanti rispetto ad altre edizioni. In particolare il Roero S. Francesco Riserva '12, cui manca un po' del carattere e della complessità ai quali ci aveva abituato. La Barbera d'Alba Superiore La Nanda '12 è ricca di frutto, con note di macchia mediterranea e spezie, e un lungo finale vellutato ben sostenuto dall'acidità. Piacevole, nelle sue note di frutta gialla matura e pasticceria, il Roero Arneis Metodo Classico Brut '10, ricco e fresco allo stesso tempo.

Vino	Valutazione
● Barbera d'Alba Sup. La Nanda '12	🍷🍷 3
○ Roero Arneis Brut M. Cl. '10	🍷🍷 4
○ Roero Arneis '15	🍷 2
● Roero San Francesco Ris. '12	🍷 3
● Barbera d'Alba '13	🍷🍷 2*
● Barbera d'Alba '12	🍷🍷 2*
● Barbera d'Alba Sup. La Nanda '09	🍷🍷 3
● Barbera d'Alba Sup. La Nanda '07	🍷🍷 3
● Langhe Nebbiolo '12	🍷🍷 2*
○ Roero Arneis '12	🍷🍷 2*
○ Roero Arneis '11	🍷🍷 2*
● Roero San Francesco Ris. '10	🍷🍷 3
● Roero San Francesco Ris. '09	🍷🍷 3

Nervi

c.so Vercelli, 117
13045 Gattinara [VC]
Tel. 0163833228
www.gattinara-nervi.it

VENDITA DIRETTA
VISITA SU PRENOTAZIONE
PRODUZIONE ANNUA 120.000 bottiglie
ETTARI VITATI 24,00

La più antica cantina di Gattinara fu fondata da Luigi Nervi nel 1906 e copre oltre venti ettari consacrati al nebbiolo, dislocati tra veri e propri grand cru come Casacce, Garavoglie, Valferana, per non parlare dello splendido anfiteatro di Molsino. Marchio storico rilevato poi da Erling Astrup e Christopher Moestue, in team con altri soci norvegesi: va loro riconosciuto il merito di una transizione all'insegna della continuità produttiva e stilistica, come testimonia anche la collaborazione tecnica con Enrico Fileppo. I vini più importanti sono quelli di sempre, rossi di indole vigorosa e aristocratica, esplorata attraverso scelte modulari per fermentazioni e affinamenti. Cresce il livello anche sulle etichette di più recente concezione come il Jefferson 1787 Metodo Classico Dosage Zéro Rosato, da nebbiolo: fragranza, potenza e grazia carbonica. Ma il campione di casa è ancora una volta il Gattinara Molsino, limitato in versione 2011 soltanto dalla ruvidezza tannica in questa fase.

● Gattinara Molsino '11	🍷🍷 5
● Gattinara '12	🍷🍷 4
● Gattinara Valferana '11	🍷🍷 5
○ Erbaluce di Caluso Bianca '15	🍷 4
⊙ Jefferson 1787 Rosé Dosage Zéro M. Cl.	🍷 5
● Gattinara Podere dei Ginepri '01	🍷🍷🍷 5
● Gattinara Vign. Molsino '00	🍷🍷🍷 5
○ Erbaluce di Caluso Bianca '14	🍷🍷 4
● Gattinara '10	🍷🍷 4
● Gattinara '08	🍷🍷 4
● Gattinara Molsino '09	🍷🍷 5
● Gattinara Molsino '08	🍷🍷 5
● Gattinara Valferana '09	🍷🍷 5

Andrea Oberto

b.ta Simane, 11
12064 La Morra [CN]
Tel. 017350104
www.andreaoberto.com

VENDITA DIRETTA
VISITA SU PRENOTAZIONE
PRODUZIONE ANNUA 100.000 bottiglie
ETTARI VITATI 16,00

La passione per la sua terra e per il vigneto ereditato dal papà ha spinto Andrea Oberto, viticoltore della Morra, a svolgere per anni un doppio lavoro, quello di autista di camion e di agricoltore. Dopo una dura settimana di lavoro Andrea trovava il tempo per coltivare i suoi tre ettari. Oggi, con l'aiuto del figlio Fabio gli ettari vitati totali sono ben sedici dislocati tra i terroir più vocati alla produzione di Barolo: Brunate e Rocche dell'Annunziata. Stessa scia qualitativa per la Barbera d'Alba Giada che Andrea ha prodotto per la prima volta nel 1988 e che ha contribuito a far conoscere l'azienda in Italia e all'estero. Difficile stabilire una gerarchia tra i due cru di Barolo. Il Barolo Rocche dell'Annunziata '12 offre intensi profumi di tostatura, ampliati da suggestioni speziate di cannella. Tannini fitti e maggiore austerità lo distaccano dalla versione della scorsa edizione. Intenso il Brunate '12, dove i tocchi fruttati e di tabacco si alternano a profumi floreali. L'equilibrio tra tannini e struttura non lascia spazio ad alcuna sensazione di ruvidità.

● Barolo Brunate '12	🍷🍷 6
● Barolo Rocche dell'Annunziata '12	🍷🍷 7
● Barbera d'Alba Giada '13	🍷🍷 5
● Barolo '12	🍷🍷 6
● Barolo Albarella '12	🍷🍷 7
● Barolo Vign. Albarella '01	🍷🍷🍷 7
● Barolo Vign. Brunate '05	🍷🍷🍷 8
● Barolo '11	🍷🍷 6
● Barolo Albarella '11	🍷🍷 7
● Barolo Brunate '11	🍷🍷 6
● Barolo Rocche dell'Annunziata '11	🍷🍷 7
● Dolcetto d'Alba '13	🍷🍷 2*
● Langhe Rosso Fabio '09	🍷🍷 7

Figli Luigi Oddero

loc. Borgata Bettolotti
fraz. Santa Maria
Tenuta Parà, 95
12604 La Morra [CN]
Tel. 0173500386
www.figliluigioddero.it

VENDITA DIRETTA
VISITA SU PRENOTAZIONE
PRODUZIONE ANNUA 110.000 bottiglie
ETTARI VITATI 35,00
AZIENDA SOSTENIBILE

Meritatamente ricordato tra i grandi personaggi del vino di Langa, Luigi Oddero creò nel 2006 una propria cantina dopo aver diretto per quasi cinquant'anni l'omonima Poderi e Cantine insieme al fratello Giacomo. Al timone ci sono oggi la moglie Lena e i figli, impegnati su un parco vigne decisamente importante per qualità ed estensione, dove troviamo cru storici come Rive-Parà, Plaustra e Bettolotti a La Morra, Rocche dei Rivera a Castiglione Falletto, Vigna Rionda e Baudana a Serralunga d'Alba. Il Moscato di Cascina Fiori, a Trezzo Tinella, completa la bella gamma, composta da Barbera, Dolcetto, Freisa, e conosciuta soprattutto per i Nebbiolo di stampo orgogliosamente tradizionale. Idea stilistica rispettata alla lettera nelle ultime proposte a base nebbiolo. Frutta rossa, erbe secche e rovere stagionato, il Barbaresco Rombone '13 oppone una bella polpa classica allo sviluppo un po' ruvido e granuloso. Più complesso e di decisa personalità, l'ottimo Barolo Rocche Rivera '10, tutto giocato sui frutti di bosco e le spezie.

● Barbaresco Rombone '13	5
● Barolo Rocche Rivera '10	6
● Barbera d'Alba '13	3
● Barolo '12	6
● Dolcetto d'Alba '15	2*
● Langhe Nebbiolo '12	3
● Barbaresco '11	5
● Barbaresco '10	5
● Barolo Rocche Rivera '09	8
● Barolo Rocche Rivera '08	8
● Barolo Specola '09	7
● Barolo V. Rionda '09	8
● Barolo V. Rionda '08	8
● Langhe Nebbiolo '11	3
● Langhe Nebbiolo '10	3

★Poderi e Cantine Oddero

fraz. Santa Maria
via Tetti, 28
12064 La Morra [CN]
Tel. 017350618
www.oddero.it

VENDITA DIRETTA
VISITA SU PRENOTAZIONE
PRODUZIONE ANNUA 150.000 bottiglie
ETTARI VITATI 35,00
VITICOLTURA Biologico Certificato

A Mariacristina e Mariavittoria Oddero l'onore e l'onere di guidare una della più importanti realtà viticole di Langa, con oltre 35 ettari di vigneto, poco meno della metà dei quali destinati a nebbiolo da Barolo e Barbaresco. E non è solo questione di numeri: il patrimonio aziendale è costituito da nomi come Villero e Rocche di Castiglione Falletto, Brunate di La Morra, Mondoca di Bussia Soprana di Monforte, Vigna Rionda di Serralunga, Gallina a Barbaresco. Veri grand cru interpretati con tocco rigoroso e infiltrante, frutto di un sapiente mix di legni grandi e fusti più piccoli. Completano il quadro Barbera, Dolcetto e qualche varietà internazionale. È un attacco a tre punte a guidare l'agguerrito team dei Barolo di Oddero. Il Bussia Vigna Mondoca Riserva '10 conquista con un fascino basato su complessità olfattiva e persistente vitalità gustativa. Schema diverso nel Vignarionda '06 e nel Rocche '12: giovanile e ancora austero il secondo, più complesso ed evoluto il primo.

● Barolo Bussia V. Mondoca Ris. '10	8
● Barbaresco Gallina '13	6
● Barolo Rocche di Castiglione '12	8
● Barolo Vignarionda Ris. '06	8
● Barbera d'Alba Sup. '13	4
● Barolo '12	6
● Barolo Brunate '12	8
● Barolo Villero '12	8
● Dolcetto d'Alba '15	3
○ Moscato d'Asti Cascina Fiori '15	3
○ Langhe Bianco Collaretto '14	3
● Langhe Nebbiolo '13	4
● Barbaresco Gallina '04	6
● Barolo Bussia V. Mondoca Ris. '08	8
● Barolo Mondoca di Bussia Soprana '04	7
● Barolo Rocche di Castiglione '09	7

Tenuta Olim Bauda

via Prata, 50
14045 Incisa Scapaccino [AT]
Tel. 0141702171
www.tenutaolimbauda.it

VENDITA DIRETTA
VISITA SU PRENOTAZIONE
PRODUZIONE ANNUA 183.000 bottiglie
ETTARI VITATI 30,00

Diana, Dino e Gianni Bertolino hanno saputo in questi ultimi anni portare la Tenuta Olim Bauda, l'azienda di famiglia nata nel 1961, ai vertici della produzione monferrina, in particolare con il vino più rappresentativo del territorio, la Barbera. La maggior parte dei vigneti di proprietà – piantati a barbera e moscato – sono situati a Nizza Monferrato. Troviamo le stesse uve, con una piccola quantità di grignolino, anche a Isola d'Asti, Fontanile e Castelnuovo Calcea. Nella gamma aziendale trovano spazio anche uno Chardonnay e due Gavi. La Barbera d'Asti Superiore Nizza '13 conquista i Tre Bicchieri grazie a profumi speziati e di frutta rossa, accompagnati da sentori di china e sottobosco, e a un palato ricco di polpa e di corpo, equilibrato e persistente. Ottimi anche la Barbera d'Asti Superiore Le Rocchette '14, fruttata e balsamica, dal palato meno fitto ma tesa ed elegante, e il Piemonte Moscato Passito San Giovanni '06, ricco e complesso, con la dolcezza ben bilanciata dall'acidità.

● Barbera d'Asti Sup. Nizza '13	🍷🍷🍷	5
● Barbera d'Asti Sup. Le Rocchette '14	🍷🍷	4
○ Piemonte Moscato Passito S. Giovanni '06	🍷🍷	5
● Barbera d'Asti La Villa '15	▼▼	3
○ Gavi del Comune di Gavi '15	▼▼	3
○ Moscato d'Asti Centive '15	▼▼	2*
● Grignolino d'Asti Isolavilla '15	▼	3
● Nebbiolo d'Alba San Pietro '13	▼	3
● Barbera d'Asti Sup. Nizza '12	YYY	5
● Barbera d'Asti Sup. Nizza '11	YYY	5
● Barbera d'Asti Sup. Nizza '08	YYY	5
● Barbera d'Asti Sup. Nizza '07	YYY	5
● Barbera d'Asti Sup. Nizza '06	YYY	5

Orsolani

via Michele Chiesa, 12
10090 San Giorgio Canavese [TO]
Tel. 012432386
www.orsolani.it

VENDITA DIRETTA
VISITA SU PRENOTAZIONE
PRODUZIONE ANNUA 140.000 bottiglie
ETTARI VITATI 19,00

È un vero e proprio inno alla duttilità dell'erbaluce, quello che risuona da oltre mezzo secolo a casa Orsolani. Nella cascina di San Giorgio Canavese furono condotte le prime prove di spumantizzazione nel secondo dopoguerra, si intuirono le potenzialità della tipologia ferma e secca - La Rustìa - per un vitigno fino ad allora esplorato quasi esclusivamente coi Passito (Sulé), fino ai primi ragionamenti sulle vinificazioni per cru. Un approccio dinamico che si è mantenuto nei passaggi generazionali, da Gian Francesco al figlio Gian Luigi, e trae linfa da un magnifico patrimonio di vigne dislocate anche sulle colline moreniche di Mazzé e Caluso. In un primo momento si colgono profumi ampi e maturi che si muovono dalla pera alla susina al miele di acacia, poi si aggiungono rinfrescanti erbette che vanno a costruire una complessa e seducente aromaticità; bocca lunga, dotata di grande materia e di altrettanto benvenuta freschezza: Tre Bicchieri all'Erbaluce La Rustìa '15. Ottima come sempre la versione 2009 del Passito Sulé che abbina eleganti aromi di frutta secca e caffè.

○ Erbaluce di Caluso La Rustìa '15	🍷🍷🍷	3*
○ Caluso Passito Sulé '09	🍷🍷	5
○ Caluso Brut Cuvée Tradizione M. Cl. '11	▼▼	5
○ Caluso Passito Sulé '04	YYY	5
○ Caluso Passito Sulé '98	YYY	5
○ Erbaluce di Caluso La Rustìa '13	YYY	3*
○ Erbaluce di Caluso La Rustìa '12	YYY	3*
○ Erbaluce di Caluso La Rustìa '11	YYY	3*
○ Erbaluce di Caluso La Rustìa '10	YYY	2*
○ Erbaluce di Caluso La Rustìa '09	YYY	2*

Paitin

LOC. BRICCO
VIA SERRABOELLA, 20
12052 NEIVE [CN]
TEL. 017367343
www.paitin.it

VENDITA DIRETTA
VISITA SU PRENOTAZIONE
OSPITALITÀ
PRODUZIONE ANNUA 80.000 bottiglie
ETTARI VITATI 17,00

Il nome Barbaresco, inteso come vino, è nato sul finire dell'Ottocento, ed è proprio nel 1893 che la famiglia Pasquero Elia ha iniziato a vinificare. L'azienda si è progressivamente ingrandita e oggi Silvano e Giovanni si trovano a disporre di una pregevole serie di vigneti, tutti in conversione biodinamica. Superata la fase del legno in evidenza, tipica di tanti vini degli anni Novanta, oggi le selezioni di Barbaresco Paitin si presentano pure e intatte, con il frutto sempre al centro dell'assaggio. Di particolare peso la Riserva Vecchie Vigne, da viti di oltre sessant'anni. Nel valido Barbaresco Serraboella 2013 si colgono intensi e nitidi sentori di lampone; bocca di buon corpo e complessivo equilibrio, appena turbato dai tannini giovanili. Rosa appassita, liquirizia e goudron stanno lentamente prendendo il posto della frutta rossa nel Sorì Paitin 2013, dal palato ricco e dal lungo finale. Un lieve tocco salmastro apre il naso del Barbaresco Sorì Paitin Vigne Vecchie Riserva 2011, dalla bocca di buon corpo, appena alcolica.

- ● Barbaresco Serraboella '13 — 🍷🍷 5
- ● Barbaresco Sorì Paitin '13 — 🍷🍷 6
- ● Barbaresco Sorì Paitin V. V. Ris. '11 — 🍷🍷 8
- ○ Langhe Arneis Elisa '15 — 🍷🍷 3
- ● Langhe Nebbiolo Starda '14 — 🍷 3
- ● Barbaresco Sorì Paitin '07 — 🍷🍷🍷 5
- ● Barbaresco Sorì Paitin '04 — 🍷🍷🍷 5
- ● Barbaresco Sorì Paitin '97 — 🍷🍷🍷 5
- ● Barbaresco Sorì Paitin '95 — 🍷🍷🍷 7
- ● Barbaresco Sorì Paitin V. V. '04 — 🍷🍷🍷 7
- ● Barbaresco Sorì Paitin V. V. '01 — 🍷🍷🍷 7
- ● Barbaresco Sorì Paitin V. V. '99 — 🍷🍷🍷 8
- ● Langhe Paitin '97 — 🍷🍷🍷 5
- ● Barbaresco Sorì Paitin '12 — 🍷🍷 6
- ● Barbaresco Sorì Paitin '11 — 🍷🍷 6
- ● Barbaresco Sorì Paitin '10 — 🍷🍷 6

Palladino

P.ZZA CAPPELANO, 9
12050 SERRALUNGA D'ALBA [CN]
TEL. 0173613108
www.palladinovini.com

VENDITA DIRETTA
OSPITALITÀ
PRODUZIONE ANNUA 200.000 bottiglie
ETTARI VITATI 11,00

Una cantina piuttosto grande, considerati gli standard langaroli, che unisce ai cru di proprietà l'acquisto di uve da conferitori selezionati. Maurilio Palladino ha da qualche anno deciso di imprimere un'accelerazione qualitativa alle sue selezioni di Barolo, che oggi costituiscono un valido punto di riferimento dello straordinario potenziale di Serralunga d'Alba. Impostazione classica ed elegante su tutte le etichette baroliste, con il Parafada e la Riserva San Bernardo che vanno a costituire i punti d'eccellenza gustativa. Degno figlio di una grande annata e di una bella vigna, il Barolo San Bernardo Riserva '10 si apre su toni di lampone, fragola e arance sanguinelle, seguiti da una raffinata nota di viola e liquirizia; il palato è splendido per finezza e armonia, tanto da portare per la prima volta i Tre Bicchieri in casa Palladino. Pregevole frutta fresca nel Barolo Parafada '12, dalla bocca possente e densa con tannini severi. Un po' più compatto e bisognoso di affinamento l'integro e strutturato Ornato '12.

- ● Barolo San Bernardo Ris. '10 — 🍷🍷🍷 6
- ● Barolo Parafada '12 — 🍷🍷 6
- ● Barbera d'Alba Sup. Bricco delle Olive '13 — 🍷🍷 2*
- ● Barolo del Comune di Serralunga d'Alba '12 — 🍷🍷 5
- ● Barolo Ornato '12 — 🍷🍷 6
- ● Barbera d'Alba Sup. Bricco delle Olive '12 — 🍷🍷 2*
- ● Barolo del Comune di Serralunga d'Alba '11 — 🍷🍷 5
- ● Barolo Ornato '11 — 🍷🍷 6
- ● Barolo Ornato '10 — 🍷🍷 6
- ● Barolo Parafada '11 — 🍷🍷 6
- ● Barolo Parafada '10 — 🍷🍷 6

Armando Parusso

loc. Bussia, 55
12065 Monforte d'Alba [CN]
Tel. 017378257
www.parusso.com

VENDITA DIRETTA
VISITA SU PRENOTAZIONE
PRODUZIONE ANNUA 125.000 bottiglie
ETTARI VITATI 23,00

La ricerca della naturalità e della massima espressione dell'uva procede sia in vigna, dove l'indirizzo biodinamico prende sempre più piede, sia in cantina, a partire da una sosta controllata di qualche giorno che i grappoli effettuano prima della pigiatura. Le sei tipologie di Barolo prodotte risultano così particolarmente ricche, molto mature, giocate più sull'avvolgenza che sulla finezza. Da non dimenticare la bravura dei fratelli Parusso nel campo dei bianchi: al sempre interessante Langhe Rovella, realizzato con uve sauvignon dal 1991, si è aggiunto da due anni un Brut Metodo Classico, da uve nebbiolo, di sicuro interesse. Aromi dolci e speziati del rovere dominano l'olfatto del Barolo Mariondino '12, coprendo un po' il frutto; il palato è di media struttura, con il legno che evidenzia i tannini. Stile analogo nel Bussia '12, adatto a chi ama un Barolo decisamente moderno e speziato. Ancora in balia del rovere il morbido, vegetale e più maturo Barolo '12. Avvolgente e ricco il Parusso Brut '12.

● Barolo Bussia '12	▼▼ 8
● Barolo '12	▼▼ 6
● Barolo Le Coste di Monforte '12	▼▼ 8
● Barolo Mariondino '12	▼▼ 7
○ Parusso Brut M. Cl. '12	▼▼ 6
● Barbera d'Alba Sup. '00	▽▽▽ 5
● Barolo Bussia V. Munie '99	▽▽▽ 8
● Barolo Bussia V. Munie '97	▽▽▽ 8
● Barolo Bussia V. Munie '96	▽▽▽ 8
● Barolo Le Coste Mosconi '03	▽▽▽ 7
● Barolo V. V. in Mariondino Ris. '99	▽▽▽ 8
● Langhe Rosso Bricco Rovella '96	▽▽▽ 8
● Barolo Bussia Et. Oro Ris. '06	▽▽ 8
● Barolo Le Coste Mosconi '09	▽▽ 8
● Barolo Le Coste Mosconi '08	▽▽ 8
● Barolo Mariondino '10	▽▽ 7

Massimo Pastura Cascina La Ghersa

via Chiarina, 2
14050 Moasca [AT]
Tel. 0141856012
www.laghersa.it

VENDITA DIRETTA
VISITA SU PRENOTAZIONE
OSPITALITÀ
PRODUZIONE ANNUA 150.000 bottiglie
ETTARI VITATI 23,00

Massimo Pastura in questi ultimi anni ha saputo trasformare la Cascina La Ghersa da una classica azienda monferrina, centrata quasi esclusivamente sulla Barbera e sul Moscato, in una realtà più complessa, in cui accanto alle selezioni sempre più importanti e qualitative di Barbera si sono affermati vini come il Gavi o il Colli Tortonesi Timorasso. Sono dodici le etichette proposte dall'azienda, articolate in tre linee (Vigneti Unici, I Classici e Piagè), per vini sempre ricchi di carattere. A fronte di un'annata poco brillante per i vini astigiani è la tenuta tortonese a dare il risultato migliore per l'azienda di Massimo Pastura, con il Colli Tortonesi Timorasso Timian Riserva '13, dai profumi di erbe secche e tabacco, menta e rosmarino, e un palato di grande pienezza, ben sostenuto da un'acidità che dà freschezza e dinamismo al lungo finale. Ben realizzata la Barbera d'Asti Superiore Le Cave '13, speziata con note di prugna e cacao, dal palato fitto ed estrattivo, bilanciato da una spiccata acidità.

○ Colli Tortonesi Timorasso Timian Ris. '13	▼▼ 4
● Barbera d'Asti Sup. Le Cave '13	▼▼ 3
● Barbera d'Asti Sup. Camparò '14	▼ 2
● Barbera d'Asti Sup. Muascae '13	▼ 6
● Barbera d'Asti Sup.Vignassa '13	▼ 5
● Colli Tortonesi Croatina Smentià Ris. '13	▼ 4
○ Colli Tortonesi Timorasso Sivoy '14	▼ 4
○ Moscato d'Asti Giorgia '15	▼ 2
● Barbera d'Asti Sup. Le Cave '12	▽▽ 3
● Barbera d'Asti Sup. Muaschae '12	▽▽ 6
● Barbera d'Asti Sup. Muaschae '11	▽▽ 6
● Barbera d'Asti Sup.Vignassa '12	▽▽ 5
○ Colli Tortonesi Timorasso Sivoy '12	▽▽ 4

★Pecchenino

B.TA VALDIBERTI, 59
12063 DOGLIANI [CN]
TEL. 017370686
www.pecchenino.com

VENDITA DIRETTA
VISITA SU PRENOTAZIONE
OSPITALITÀ
PRODUZIONE ANNUA 130.000 bottiglie
ETTARI VITATI 28,00
AZIENDA SOSTENIBILE

Orlando Pecchenino è stato eletto Presidente del Consorzio di Tutela Barolo, Barbaresco, Alba, Langhe e Dogliani nel maggio 2016: conoscendo la sua professionalità e la sua saggezza, siamo certi che saprà apportare il proprio intelligente contributo a una zona enologica che produce annualmente oltre 60 milioni di bottiglie avvalendosi di 11 diverse denominazioni. Novità anche nella cantina di famiglia, dove si stanno creando adeguati spazi per la produzione dei Barolo, mentre l'attuale splendida sede rimarrà attiva per le selezioni di Dogliani, che hanno reso meritatamente famosa l'azienda nel mondo. Il legno interpreta un ruolo importante ma non solitario nel riuscito Barolo Le Coste di Monforte 2012; la bocca è ricca e saporita, con ingresso tannico di bel carattere. Moderna, nitida e più morbida la bella Riserva 2008 dello stesso cru. Richiami di china e tabacco nei profumi della nuova etichetta di Barolo di casa Pecchenino, il Bussia, giocato più sulla solidità che sull'eleganza. Complesso e raffinato il Dogliani Superiore Bricco Botti 2013, dalla bocca piacevole e insolitamente sapida.

- ● Barolo Le Coste di Monforte '12 🍷🍷 7
- ● Barolo Le Coste di Monforte Ris. '08 🍷🍷 8
- ● Dogliani Sup. Bricco Botti '13 🍷🍷 4
- ● Barolo Bussia '12 ▼▼ 7
- ● Barolo San Giuseppe '12 ▼▼ 6
- ● Dogliani San Luigi '15 ▼▼ 3
- ○ Langhe Maestro '15 ▼▼ 3
- ● Langhe Nebbiolo Botti '14 ▼▼ 3
- ● Langhe Pinot Nero '13 ▼ 4
- ● Barolo Le Coste '05 ▽▽▽ 8
- ● Dogliani Bricco Botti '07 ▽▽▽ 4
- ● Dogliani Sirì d'Jermu '09 ▽▽▽ 3*
- ● Dogliani Sirì d'Jermu '06 ▽▽▽ 4
- ● Dogliani Sup. Bricco Botti '10 ▽▽▽ 4*
- ● Dolcetto di Dogliani Sirì d'Jermu '03 ▽▽▽ 3
- ● Dolcetto di Dogliani Sup. Bricco Botti '04 ▽▽▽ 4
- ● Langhe Pinot Nero '13 ▽ 4

Pelissero

VIA FERRERE, 10
12050 TREISO [CN]
TEL. 0173638430
www.pelissero.com

VENDITA DIRETTA
VISITA SU PRENOTAZIONE
PRODUZIONE ANNUA 250.000 bottiglie
ETTARI VITATI 40,00

Giorgio, che rappresenta la terza generazione dei Pelissero vignaioli, ha avuto la lungimiranza di conservare le vecchie vigne di famiglia, piantate in cru famosi per la produzione di Barbaresco (Tre Stelle, Marcarini e San Stefanetto). Quasi quaranta ettari di vigna, in buona parte a nebbiolo, barbera e dolcetto, per un totale di 250 mila bottiglie e una visione più moderna di vitivinicoltura (tecniche nuove, progresso, cantina all'avanguardia) fanno di questa azienda una delle realtà più dinamiche dell'intero Piemonte. I vini, che rispecchiano la nostra epoca, si distinguono per potenza e forza estrattiva. Le due selezioni di Barbaresco esprimono territori molto diversi: più civilizzato il Vanotu – che nasce al confine di tre cru famosi (Tre Stelle, Marcarini e Basarin) - ricco di sensazioni fruttate e di tannini severi ma armonici; più selvaggio e austero il prorompente Tulin, originato da una ripida vigna della menzione San Stefanetto al confine tra Treiso e Neviglie. Da notare il buon risultato del Riesling Rigadin alla prima uscita.

- ● Barbaresco Tulin '13 🍷🍷 7
- ● Barbaresco Vanotu '13 🍷🍷 8
- ● Barbaresco Nubiola '13 ▼▼ 5
- ● Dolcetto d'Alba Augenta '15 ▼▼ 3
- ● Dolcetto d'Alba Munfrina '15 ▼▼ 2*
- ○ Langhe Riesling Rigadin '15 ▼▼ 3
- ○ Langhe Favorita Le Nature '15 ▼ 2
- ● Langhe Nebbiolo '14 ▼ 3
- ● Barbaresco Vanotu '08 ▽▽▽ 8
- ● Barbaresco Vanotu '07 ▽▽▽ 8
- ● Barbaresco Vanotu '06 ▽▽▽ 8
- ● Barbaresco Vanotu '01 ▽▽▽ 7
- ● Barbaresco Vanotu '99 ▽▽▽ 7
- ● Barbaresco Vanotu '97 ▽▽▽ 6

Cantina Pertinace

Loc. Pertinace, 2
12050 Treiso [CN]
Tel. 0173442238
www.pertinace.com

VENDITA DIRETTA
VISITA SU PRENOTAZIONE
PRODUZIONE ANNUA 500.000 bottiglie
ETTARI VITATI 80,00

La forza di questa realtà cooperativa si racchiude nel lavoro e nella tenacia dei soci che negli anni hanno creato un marchio nuovo, simbolo di una terra vocata alla produzione di grandi vini. Tra la fine del 1972 e l'inizio del 1973 in località Pertinace, nel comune di Treiso, nasce la cantina diretta da Mario Barbero e da altri tredici soci viticoltori. Attualmente, la direzione dell'azienda è affidata a Bruno Fiori, presidente, e Cesare Barbero, enologo e direttore, figlio di Mario da cui ha ereditato la costanza e la professionalità nel garantire una produzione di notevole livello qualitativo a tutti i conferitori coinvolti. Tannini cremosi e un finale molto vivace sostengono la beva del Barbaresco Marcarini '13, che offre sentori di cannella e tabacco su classiche note di piccoli frutti rossi. Un filo meno complesso il Barbaresco Nervo '13: ricco di polpa e di solida struttura. Sfoggia tannini incisivi, ma per nulla invadenti.

Vino		
● Barbaresco Marcarini '13	▼▼ (rossi)	5
● Barbaresco '13	▼▼	5
● Barbaresco Castellizzano '13	▼▼	5
● Barbaresco Nervo '13	▼▼	5
● Dolcetto d'Alba '15	▼▼	2*
● Langhe Arneis '15	▼▼	3
● Barbera d'Alba '14	▼	2
● Langhe Nebbiolo '15	▼	3
● Barbaresco Castellizzano '12	▽▽	5
● Barbaresco Marcarini '12	▽▽	5
● Barbera d'Alba '13	▽▽	2*
● Dolcetto d'Alba '14	▽▽	2*
● Langhe Nebbiolo '13	▽▽	3

Pescaja

via San Matteo, 59
14010 Cisterna d'Asti [AT]
Tel. 0141979711
www.pescaja.com

VISITA SU PRENOTAZIONE
PRODUZIONE ANNUA 200.000 bottiglie
ETTARI VITATI 23,50

L'azienda nasce nel 1990, quando Giuseppe Guido acquisisce i suoi primi vigneti e costruisce la cantina a Cisterna d'Asti. Negli anni successivi acquista i vigneti delle tenute Pescaja Opera Pia (da cui il nome della cantina) nella zona del Nizza e impianta 4 ettari nella zona del Terre Alfieri. Arneis, barbera, nebbiolo, bonarda sono i vitigni principali coltivati nelle varie tenute. Pescaja entra nella sezione principale della Guida grazie a una serie di vini di ottimo livello. Ci è piaciuto il Monferrato Solo Luna '14, Arneis dagli intensi profumi fruttati di pesca e melone, con note di salvia e miele, e dal palato di grande armonia ma anche freschezza acida. Ben realizzati poi il Terre Alfieri Arneis '15, equilibrato, teso e con belle note di macchia mediterranea, e le due Barbera d'Asti, la Soliter '15, dai toni di frutta nera matura, di notevole struttura per una Barbera d'annata, e la Nizza Solneri '13, più segnata dal legno, ma di bella ricchezza e dal finale molto lungo.

Vino		
● Barbera d'Asti Soliter '15	▼▼	2*
● Barbera d'Asti Sup. Nizza Solneri '13	▼▼	4
● Monferrato Rosso Solis '13	▼▼	3
○ Monferrato Solo Luna '14	▼▼	5
○ Terre Alfieri Arneis '15	▼▼	2*
⊙ Piemonte Rosato Fleury '15	▼	2
● Terre Alfieri Nebbiolo Tuké '14	▼	3
● Barbera d'Asti Soliter '14	▽▽	2*
● Barbera d'Asti Sup. Nizza Solneri '12	▽▽	4
● Monferrato Rosso Solis '11	▽▽	3
○ Terre Alfieri Arneis '14	▽▽	2*
○ Terre Alfieri Arneis '13	▽▽	2*
● Terre Alfieri Nebbiolo Tuké '13	▽▽	3

Le Piane

P.ZZA MATTEOTTI, 1
28010 BOCA [NO]
TEL. 3483354185
www.bocapiane.com

VENDITA DIRETTA
VISITA SU PRENOTAZIONE
PRODUZIONE ANNUA 45.000 bottiglie
ETTARI VITATI 8,00
AZIENDA SOSTENIBILE

Christoph Künzli è menzionato, a giusta ragione, tra i "salvatori" del Boca, piccola denominazione novarese di antica tradizione e presente decisamente più incerto, almeno nei primi anni Novanta. La sua decisione di trasferirsi a Le Piane, dopo aver rilevato l'azienda dall'anziano viticoltore Antonio Cerri, è infatti uno dei momenti chiave per gli sviluppi successivi. Soprattutto per i risultati ottenuti dalle parcelle recuperate, alcune delle quali ancora allevate con il tradizionale sistema della maggiorina. E l'inserimento nella gamma a base nebbiolo, croatina e vespolina di nuove etichette come il Mimmo e il Plinius I testimonia una volta di più la lungimiranza del suo progetto. Mancando la Maggiorina e il Mimmo sono rimasti i due vini simbolo dell'azienda: il Piane prodotto con uva croatina raccolta in vigneti con età tra i 70 e i 100 anni e il Boca. Lo scettro va a quest'ultimo grazie al susseguirsi di aromi variegati (liquirizia, rabarbaro, sangue e iodio) che annunciano una bocca ricca e possente i cui tannini sono ingentiliti dalla profonda vena sapida.

Vino	
● Boca '11	🍷🍷🍷 8
● Piane '12	🍷🍷 6
● Boca '10	🍷🍷🍷 7
● Boca '08	🍷🍷🍷 7
● Boca '06	🍷🍷🍷 6
● Boca '05	🍷🍷🍷 6
● Boca '04	🍷🍷🍷 6
● Boca '03	🍷🍷🍷 6
● Boca '07	🍷🍷 7
● Boca '01	🍷🍷 6
● Colline Novaresi Le Piane '09	🍷🍷 5
● Colline Novaresi Le Piane '07	🍷🍷 5
● Colline Novaresi Le Piane '06	🍷🍷 5
● Mimmo '11	🍷🍷 5
● Mimmo '10	🍷🍷 4
● Piane '11	🍷🍷 5

Le Pianelle

S.DA FORTE, 24
13862 BRUSNENGO [BI]
TEL. 3478772726
www.lepianelle.com

VISITA SU PRENOTAZIONE
PRODUZIONE ANNUA 12.000 bottiglie
ETTARI VITATI 3,00

Le Pianelle sono un sogno grande 4 ettari nel nord Piemonte che parla soprattutto tedesco. Dieter Heuskel, tedesco e Peter Dipoli, altoatesino sono gli amici realizzatori di questa fantasia. La prima idea risale a metà anni '80 ma viene realizzata nel 2002. Hanno puntato da subito su nebbiolo, ma anche su vespolina e croatina. Due vini, il rosato Al Posto dei Fiori, che è la versione fresca e profumata della più famosa uva di Langa, primo e unico vino della cantina per diversi anni, affiancato poi dal Bramaterra, un rosso dalla personalità evidente. Come sovente per i vini di Le Pianelle manca la quantità – solo due etichette per una manciata di bottiglie – ma la qualità è sempre di casa. Il Bramaterra aziendale è il meno severo di tutti i Nebbioli dell'Alto Piemonte per la presenza nell'assemblaggio di varietà (croatina e vespolina) che ne mitigano il carattere indomito. Il 2013 è ricco di aromi fruttati mentre al palato la buona polpa estrattiva regala pienezza gustativa. Al Posto dei Fiori è un rosato profumato e strutturato in grado di fare impallidire la Provenza.

Vino	
● Bramaterra '13	🍷🍷 8
⊙ Coste della Sesia Rosato Al Posto dei Fiori '15	🍷🍷 3
● Bramaterra '12	🍷🍷 8
● Bramaterra '11	🍷🍷 8
⊙ Coste della Sesia Rosato Al Posto dei Fiori '14	🍷🍷 3
⊙ Coste della Sesia Rosato Al Posto dei Fiori '13	🍷🍷 3

Pico Maccario

via Cordara, 87
14046 Mombaruzzo [AT]
Tel. 0141774522
www.picomaccario.com

VENDITA DIRETTA
VISITA SU PRENOTAZIONE
PRODUZIONE ANNUA 650.000 bottiglie
ETTARI VITATI 70,00

Nel 1997 i fratelli Pico e Vitaliano Maccario decisero di creare la loro cantina in una tenuta costituita da un corpo unico di 70 ettari di vigne a Mombaruzzo, nell'Alto Monferrato. Sui terreni argillosi di medio impasto che caratterizzano il vigneto troviamo soprattutto, come di prammatica in queste zone, barbera (circa 60 ettari), affiancata da merlot, cabernet sauvignon, chardonnay, sauvignon, freisa e favorita. I vini sono d'interpretazione moderna, attenta alla ricchezza di corpo e di frutto. La Barbera d'Asti Superiore Tre Roveri '14 nonostante l'annata difficile al naso si propone con profumi intensi di frutti rossi, accompagnati da sfumature tostate, mentre il palato è equilibrato, ma già disteso e da bere, con un finale morbido e gradevole. Ben realizzato anche il resto della gamma, dalla Barbera d'Asti Superiore Epico '14, in cui, nonostante il legno copra un po' il frutto, il palato è di bella freschezza, al Monferrato Bianco Vita '15, un Sauvignon varietale di buona complessità.

Vino	Bicchieri	Prezzo
● Barbera d'Asti Sup. Tre Roveri '14	🍷🍷 (rossi)	4
● Barbera d'Asti Lavignone '15	🍷🍷	3
● Barbera d'Asti Sup. Epico '14	🍷🍷	5
○ M.to Bianco Vita '15	🍷🍷	4
● Barbera d'Asti Lavignone '14	🍷🍷 (bianchi)	3
● Barbera d'Asti Sup. Tre Roveri '13	🍷🍷 (bianchi)	4
● Barbera d'Asti Sup. Epico '12	🍷 (bianco)	5

★Pio Cesare

via Cesare Balbo, 6
12051 Alba [CN]
Tel. 0173440386
www.piocesare.it

PRODUZIONE ANNUA 400.000 bottiglie
ETTARI VITATI 70,00

È una piattaforma viticola da quasi settanta ettari a disegnare lo smagliante presente di una delle più longeve aziende piemontesi, fondata sul finire dell'800 e oggi guidata da Pio Boffa e Cesare Benvenuto. Bricco e Santo Stefanetto nell'areale del Barbaresco, Ornato, Colombaro, Gustava, Roncaglie, Ravera in quello del Barolo, sono parcelle di consolidata vocazione, che danno vita a una proposta ampia ed eclettica, di ispirazione sobriamente moderna sui rossi da nebbiolo più ambiziosi. Senza trascurare le etichette prodotte con le altre varietà tradizionali della regione (barbera, dolcetto, grignolino, cortese, arneis, moscato), e qualche deviazione a tema chardonnay. Le migliori indicazioni arrivano come prevedibile dai Barolo, a cominciare da un "base" '12 semplicemente delizioso nei richiami di fragolina, maggiorana, rosa appena colta, e non certo sprovvisto al palato di forza e fibra. L'Ornato pari millesimo vi aggiunge un bonus di spalla sapida e complessità terziaria, tanto da meritare i Tre Bicchieri. Sempre ad ottimo livello entrambi i Barbaresco della cantina.

Vino	Bicchieri	Prezzo
● Barolo Ornato '12	🍷🍷🍷 (rossi)	8
● Barbaresco '12	🍷🍷 (rossi)	8
● Barbaresco Il Bricco '12	🍷🍷 (rossi)	8
● Barolo '12	🍷🍷 (rossi)	8
● Barbera d'Alba Fides '14	🍷🍷	5
○ Langhe Chardonnay Piodilei '14	🍷🍷	4
● Langhe Rosso Il Nebbio '15	🍷🍷	4
● Barolo Ornato '11	🍷🍷🍷 (bianchi)	8
● Barolo Ornato '10	🍷🍷🍷 (bianchi)	8
● Barolo Ornato '09	🍷🍷🍷 (bianchi)	8
● Barolo Ornato '08	🍷🍷🍷 (bianchi)	8
● Barolo Ornato '06	🍷🍷🍷 (bianchi)	8
● Barolo Ornato '05	🍷🍷🍷 (bianchi)	8

Luigi Pira

via XX Settembre, 9
12050 Serralunga d'Alba [CN]
Tel. 0173613106
pira.luigi@alice.it

VENDITA DIRETTA
VISITA SU PRENOTAZIONE
PRODUZIONE ANNUA 50.000 bottiglie
ETTARI VITATI 12,00

Sono tutte concentrate sulle colline di Serralunga le vigne appartenenti alla famiglia Pira, attiva nel distretto di Langa fin dagli anni Cinquanta. Fu Luigi a fondare l'azienda, ma solo da un ventennio è stata intrapresa la scelta di imbottigliare con un proprio marchio. Oggi sono Gianpaolo e Romolo a dividersi un lavoro sempre più apprezzato sul fronte della costanza e della riconoscibilità, con uno stile parzialmente alleggerito nelle ultime vendemmie. Il Barolo e il cru Margheria sono affinati per circa due anni in rovere di medie dimensioni, mentre Marenca e Vignarionda maturano in barrique e tonneau per un anno e per altri dodici mesi in botte da 25 ettolitri. Minuzie tecniche sempre più in secondo piano rispetto alla marmorea costanza dei Barolo di punta. La vendemmia '12 plasma un Marenca arioso e proporzionato, speculare in rapporto al più rude ed introverso Margheria. Ma è il Vignarionda ad entusiasmare per forza e complessità, grazie all'ammaliante spina dorsale sapida.

- Barolo Vignarionda '12 🍷🍷🍷 8
- Barolo Marenca '12 🍷🍷 7
- Barolo del Comune di Serralunga '12 🍷🍷 5
- Barolo Margheria '12 🍷🍷 6
- Barolo Marenca '11 🍷🍷🍷 7
- Barolo Marenca '09 🍷🍷🍷 7
- Barolo Marenca '08 🍷🍷🍷 7
- Barolo V. Marenca '01 🍷🍷🍷 7
- Barolo V. Rionda '06 🍷🍷🍷 8
- Barolo V. Rionda '04 🍷🍷🍷 8
- Barolo V. Rionda '00 🍷🍷🍷 8

E. Pira & Figli Chiara Boschis

via Vittorio Veneto, 1
12060 Barolo [CN]
Tel. 017356247
www.pira-chiaraboschis.com

VENDITA DIRETTA
VISITA SU PRENOTAZIONE
PRODUZIONE ANNUA 35.000 bottiglie
ETTARI VITATI 8,50
VITICOLTURA Biologico Certificato

Figlia d'arte, Chiara Boschis ha fatto da sempre parte con autorevolezza di quel folto gruppo di produttori di Barolo che, a partire dagli anni Ottanta, ha scelto la via della modernità e dello svecchiamento per l'immagine di questo grande vino. La proprietà vitata a nebbiolo da Barolo è di pochi ettari, con la recente acquisizione di una bella vigna nel cru Mosconi di Monforte che è andata ad aggiungersi al meritatamente celebre Cannubi e al meno impegnativo Via Nuova. Per approfondire la conoscenza della personalità di Chiara si può utilmente leggere il bel ritratto che ne fa Mauro Fermariello nel suo volume sul Barolo. È intenso ed etereo, ma anche dotato di una bella base fruttata nitida e fresca, il Barolo Cannubi '12, con un cenno speziato che aggiunge complessità; un raffinato Tre Bicchieri dalla bocca possente e densa, con tannini fitti e alcol a dare dolcezza, poi anche discreta acidità e lungo finale. Moderna complessità nel Mosconi '12, ancora lievemente segnato dal legno il morbido Via Nuova '12.

- Barolo Cannubi '12 🍷🍷 8
- Barolo Mosconi '12 🍷🍷 8
- Barbera d'Alba Sup. '14 🍷🍷 4
- Barolo Via Nuova '12 🍷🍷 8
- Barolo '94 🍷🍷🍷 7
- Barolo Cannubi '11 🍷🍷🍷 8
- Barolo Cannubi '10 🍷🍷🍷 8
- Barolo Cannubi '06 🍷🍷🍷 8
- Barolo Cannubi '05 🍷🍷🍷 8
- Barolo Cannubi '00 🍷🍷🍷 8
- Barolo Cannubi '97 🍷🍷🍷 8
- Barolo Cannubi '96 🍷🍷🍷 8
- Barolo Ris. '90 🍷🍷🍷 8
- Barolo Cannubi '09 🍷🍷 8
- Barolo Mosconi '11 🍷🍷 8
- Barolo Mosconi '10 🍷🍷 8
- Barolo Mosconi '09 🍷🍷 8

Marco Porello

c.so Alba, 71
12043 Canale [CN]
Tel. 0173979324
www.porellovini.it

VENDITA DIRETTA
VISITA SU PRENOTAZIONE
PRODUZIONE ANNUA 130.000 bottiglie
ETTARI VITATI 15,00

È negli anni Trenta del secolo scorso che Cesare Porello trasforma la sua piccola proprietà in un'azienda specializzata nella produzione vinicola. Oggi è Marco, la terza generazione della famiglia, a guidare la cantina. I vigneti sono situati nei comuni di Vezza d'Alba, su suoli a prevalenza sabbiosi e ricchi di sali minerali, dove vengono coltivate arneis, favorita, brachetto e nebbiolo, e di Canale, su terreni di media densità di tipo calcareo argilloso, dove si coltivano barbera, brachetto e nebbiolo. Il Roero Torretta '13 ha profumi di frutti neri, macchia mediterranea e tabacco, con note di liquirizia, mentre il palato è di buona struttura e finezza, con un finale sapido, lungo e disteso. Molto piacevoli le due Barbera d'Alba, la Filatura '14, dai toni di bacche nere mature e spezie dolci, succosa e ricca di polpa, e la Mommiano '15, tutta giocata sul frutto e ben sostenuta dall'acidità. Il Roero Arneis Camestrì '15 ha invece note di frutta tropicale, è di discreta profondità e grinta.

Vino	Bicchieri	Prezzo
● Roero Torretta '13	🍷🍷 (rossi)	3*
● Barbera d'Alba Filatura '14	🍷🍷	3
● Barbera d'Alba Mommiano '15	🍷🍷	2*
○ Roero Arneis Camestrì '15	🍷🍷	3
○ Langhe Favorita '15	🍷	2
● Nebbiolo d'Alba '14	🍷	3
○ Roero Arneis '15	🍷	2
● Roero Torretta '06	🍷🍷🍷 (vuoti)	3*
● Roero Torretta '04	🍷🍷🍷 (vuoti)	3*
○ Langhe Favorita '14	🍷🍷 (vuoti)	2*
○ Roero Arneis '14	🍷🍷 (vuoti)	2*
○ Roero Arneis Camestrì '14	🍷🍷 (vuoti)	3
● Roero Torretta '11	🍷🍷 (vuoti)	3*

Guido Porro

via Alba, 1
12050 Serralunga d'Alba [CN]
Tel. 0173613306
www.guidoporro.com

VENDITA DIRETTA
VISITA SU PRENOTAZIONE
OSPITALITÀ
PRODUZIONE ANNUA 35.000 bottiglie
ETTARI VITATI 8,00

Non ha avuto bisogno di grandi proclami, Guido Porro, per imporsi come uno dei più rispettati viticoltori di Langa. La sua attenzione è tutta concentrata sul podere familiare che circonda la cantina, versante ovest di Serralunga, tra Lazzairasco e Santa Caterina. Sono cru confinanti, eppure danno forma a Barolo profondamente diversi per espressività aromatica e carattere gustativo. Decisamente maschio e arcigno il primo, più luminoso e delicato il secondo, sono entrambi vinificati in acciaio e cemento, prima della maturazione in rovere di Slavonia da 25 ettolitri. E attendiamo con ansia il primo Vigna Rionda realizzato con una parte delle parcelle che furono di Tommaso Canale. Merita attenzione il Barolo Gianetto, decisamente riuscito in versione '12: profilo classico di spezie e radici, gioca sulle proporzioni più che sui muscoli. Lo supera in dettagli e profondità un Lazzairasco '12 di maestosa presenza gustativa, che spazia dai piccoli frutti rossi estivi ai fiori, dal balsamico al sottobosco.

Vino	Bicchieri	Prezzo
● Barolo V. Lazzairasco '12	🍷🍷🍷 (rossi)	5
● Barolo V. Santa Caterina '12	🍷🍷 (rossi)	5
● Barbera d'Alba V. Santa Caterina '15	🍷🍷	3
● Barolo Gianetto '12	🍷🍷	5
● Dolcetto d'Alba L'Pari '15	🍷🍷	3
● Lange Nebbiolo Camilu '15	🍷🍷	4
● Barolo V. Lazzairasco '11	🍷🍷🍷 (vuoti)	5
● Barolo V. Lazzairasco '09	🍷🍷🍷 (vuoti)	5
● Barolo V. Lazzairasco '07	🍷🍷🍷 (vuoti)	5
● Barolo Santa Caterina '09	🍷🍷 (vuoti)	5
● Barolo V. Lazzairasco '10	🍷🍷 (vuoti)	5
● Barolo V. Lazzairasco '08	🍷🍷 (vuoti)	5
● Barolo V. Santa Caterina '10	🍷🍷 (vuoti)	5
● Barolo V. Santa Caterina '08	🍷🍷 (vuoti)	5*
● Lange Nebbiolo '09	🍷🍷 (vuoti)	3*

Post dal Vin
Terre del Barbera

FRAZ. POSSAVINA
VIA SALIE, 19
14030 ROCCHETTA TANARO [AT]
TEL. 0141644143
www.postdalvin.it

VENDITA DIRETTA
VISITA SU PRENOTAZIONE
PRODUZIONE ANNUA 80.000 bottiglie
ETTARI VITATI 100,00

Cento soci per cento ettari vitati, questa è la realtà – estremamente frammentata – della Post dal Vin - Terre del Barbera, cantina sociale nata nel 1959. I vigneti sono quasi tutti situati nei comuni di Rocchetta Tanaro, Cortiglione e Masio, per una produzione ovviamente centrata sulla Barbera, declinata in svariate versioni e tipologie, ma che vede la presenza di altri vitigni tipici del Monferrato, come grignolino, dolcetto, freisa o moscato, da cui nascono diverse etichette. Sempre affidabili le varie versioni di Barbera d'Asti proposte dalla Post dal Vin. La Castagnassa '14, pur evidenziando ancora delle note di legno, è di buon frutto e materia, con note di radici e sottobosco, mentre la BriccoFiore '14 è più sottile, con toni vegetali, ma complessivamente piacevole e con un'acidità che dà freschezza senza essere aggressiva. Particolarmente riuscita poi la Barbera del Monferrato frizzante La Matutona '15, dai toni fruttati con una leggera nota terrosa, scorrevole e divertente, tutta da bere.

● Barbera d'Asti Sup. BriccoFiore '14	▼▼ 2*
● Barbera d'Asti Sup. Castagnassa '14	▼▼ 2*
● Barbera del M.to La Matutona '15	▼▼ 2*
● Barbera d'Asti Maricca '15	▼ 2
● Barbera d'Asti Castagnassa '13	▽▽ 2*
● Barbera d'Asti Maricca '14	▽▽ 2*
● Barbera d'Asti Maricca '12	▽▽ 2*
● Barbera d'Asti Sup. Bricco Fiore '13	▽▽ 2*
● Barbera d'Asti Sup. BriccoFiore '12	▽▽ 2*
● Barbera d'Asti Sup. Castagnassa '12	▽▽ 2*
● Barbera d'Asti Sup. Castagnassa '11	▽▽ 2*
● Grignolino d'Asti '13	▽▽ 1*
● Grignolino d'Asti '12	▽▽ 1*

Giovanni Prandi

FRAZ. CASCINA COLOMBÈ
VIA FARINETTI, 5
12055 DIANO D'ALBA [CN]
TEL. 017369248
www.prandigiovanni.it

VENDITA DIRETTA
VISITA SU PRENOTAZIONE
PRODUZIONE ANNUA 20.000 bottiglie
ETTARI VITATI 5,00
AZIENDA SOSTENIBILE

Il Dolcetto di Diano d'Alba ha un'irresistibile e intensa carica fruttata che lo rende ideale compagno di tanti piatti, dalla pasta alle carni bianche. Alessandro Prandi ne è un preciso interprete e mette in risalto queste caratteristiche attraverso un affinamento che prevede solo acciaio per tutte le etichette, tra cui tende a primeggiare il Sörì Cristina. La realtà aziendale è decisamente piccola, di tipo classicamente familiare, ma particolarmente curata sia in vigna sia in cantina: uno dei punti di riferimento imprescindibili della zona. Per chi vuole deliziarsi con la suadente avvolgenza dell'uva dolcetto, queste due selezioni della vendemmia 2015 sono imperdibili: si offrono entrambe caratterizzate da giovanili frutti rossi al naso e da un elegante finale che rimanda alla mandorla amara, con il Sörì Cristina appena più tannico e gradevolmente sapido e il Sörì Colombè leggermente più morbido e vellutato. Sottile e delicato l'armonico Nebbiolo '14, fresca e di facile bevibilità la nitida Barbera '15.

● Dolcetto di Diano d'Alba Sörì Colombè '15	▼▼ (rossi) 2*
● Dolcetto di Diano d'Alba Sörì Cristina '15	▼▼ (rossi) 2*
● Barbera d'Alba '15	▼▼ 2*
● Nebbiolo d'Alba '14	▼▼ 3
○ Langhe Arneis '15	▼ 2
● Barbera d'Alba '14	▽▽ 2*
● Barbera d'Alba Santa Eurosia '12	▽▽ 2*
● Dolcetto di Diano d'Alba Sörì Colombè '14	▽▽ 2*
● Dolcetto di Diano d'Alba Sörì Cristina '14	▽▽ 2*
● Dolcetto di Diano d'Alba Sörì Cristina '13	▽▽ 2*
● Dolcetto di Diano d'Alba Sörì Cristina '12	▽▽ 2*
● Dolcetto di Diano Sörì Colombè '13	▽▽ 2*
● Dolcetto di Diano Sörì Colombè '12	▽▽ 2*
● Dolcetto di Diano Sörì Colombè '11	▽▽ 2*
● Nebbiolo d'Alba Colombè '12	▽▽ 3*
● Nebbiolo d'Alba Colombè '10	▽▽ 3

La Prevostura

Cascina Prevostura, 1
13853 Lessona [BI]
Tel. 0158853188
www.laprevostura.it

VENDITA DIRETTA
VISITA SU PRENOTAZIONE
RISTORAZIONE
PRODUZIONE ANNUA 15.000 bottiglie
ETTARI VITATI 4,00

Solo uve rosse nei vigneti ricchi di sabbia dei fratelli Bellini, con il nebbiolo in primissimo piano affiancato da vespolina e croatina. L'emblema aziendale è il Lessona, che nasce a un'altitudine vicina ai 400 metri e viene affinato per due anni in legni francesi di diverse dimensioni. Anche il più delicato Bramaterra riscuote i favori della critica, grazie al fresco e speziato apporto dei vitigni complementari del nebbiolo. Da segnalare il successo del fragrante Coste della Sesia Rosato Corinna, sempre da uve nebbiolo, dotato di vitale acidità. Raffinato, tipico e molto ricco di personalità già al naso il Bramaterra '12, dotato di un palato straordinario per finezza della trama tannica e per armonia complessiva. Appena più chiuso e giovanile il Lessona '12, che porta i Tre Bicchieri in casa Bellini grazie alle belle note di erbe secche e liquirizia, con bocca solida e potente: un Nebbiolo destinato a una grande evoluzione. Meno fresco e fruttato il Rosso Muntacc '12, che affascina per la bocca ben strutturata e avvolgente, di rara piacevolezza. Un risultato da incorniciare.

● Lessona '12	YYY 5
● Bramaterra '12	YY 5
● Coste della Sesia Rosso Muntacc '12	YY 3*
● Coste della Sesia Rosso Garsun '14	Y 3
● Bramaterra '11	YY 5
● Coste della Sesia Rosso Muntacc '11	YY 3
● Coste della Sesia Rosso Muntacc '10	YY 3
● Lessona '11	YY 5
● Lessona '10	YY 5
● Lessona '09	YY 5

Prinsi

via Gaia, 5
12052 Neive [CN]
Tel. 017367192
www.prinsi.it

VENDITA DIRETTA
VISITA SU PRENOTAZIONE
PRODUZIONE ANNUA 60.000 bottiglie
ETTARI VITATI 14,50

Daniele Lequio ha progressivamente affinato le proprie competenze enologiche e oggi guida con sicurezza una cantina che dispone di 13 ettari vitati. Ottimi i cru a disposizione delle uve nebbiolo da Barbaresco: Gallina, Fausoni e Gaia Principe. L'affascinante cantina, che merita una visita, contiene botti di diverse dimensioni provenienti sia dalla Francia sia dalla Slavonia. I vigneti si basano sulle classiche uve della zona, con piccole concessioni straniere nelle uve bianche. Splendidi risultati con le nuove selezioni di Barbaresco: la Riserva Fausoni 2011 è complessa, con aromi sfaccettati e ben armonizzati che si muovono tra il fruttato e lo speziato; la bocca si offre ben solida e polposa, priva di dolcezze legnose. Appena meno denso e strutturato il Gaia Principe 2013, che ha il suo punto di forza in un palato fitto e avvolgente, senza asperità.

● Barbaresco Fausoni Ris. '11	YY 5
● Barbaresco Gaia Principe '13	YY 5
● Barbaresco Gallina '13	YY 5
● Dolcetto d'Alba V. Basarin '15	Y 3
○ Langhe Arneis Il Nespolo '15	Y 3
○ Langhe Chardonnay Tre Fichi '15	Y 3
● Barbaresco Fausone Ris. '08	YY 5
● Barbaresco Fausoni Ris. '10	YY 5
● Barbaresco Gaia Principe '05	YY 5
● Barbaresco Gallina '12	YY 5
● Barbaresco Gallina '11	YY 5
● Barbaresco Gallina '05	YY 5
● Barbera d'Alba Sup. Il Bosco '11	YY 3
● Barbera d'Alba Sup. Vign. Much '07	YY 3

★Produttori del Barbaresco

VIA TORINO, 54
12050 BARBARESCO [CN]
TEL. 0173635139
www.produttoridelbarbaresco.com

VENDITA DIRETTA
VISITA SU PRENOTAZIONE
OSPITALITÀ
PRODUZIONE ANNUA 500.000 bottiglie
ETTARI VITATI 105,00

Al netto di ogni ridondanza retorica, non possiamo fare a meno di sottolineare una volta di più lo straordinario percorso compiuto in meno di un sessantennio dalla Cantina Produttori del Barbaresco. Autentica eccellenza del mondo cooperativo, non solo se confrontata al contesto piemontese e italico, nonché uno degli approdi più sicuri per gli appassionati attenti al rapporto qualità prezzo. Di stampo fieramente tradizionale, la gamma è interamente incentrata sui Nebbiolo conferiti da una cinquantina di soci (per circa 100 ettari totali), con nove dei migliori cru del comune di Barbaresco proposti in versione Riserva nelle annate favorevoli. Anche in versione '13 il "base" si conferma autorevole biglietto da visita per inquadrare la filosofia aziendale: un Barbaresco snello e godibile, senza inutili orpelli. Nella sempre affidabilissima proposta delle Riserve svettano quest'anno il Rabajà, dotato di raffinata classicità olfattiva e di un palato potente e fruttato, il Muncagota e il Montefico.

● Barbaresco Montefico Ris. '11	🍷🍷 (rossi)	6
● Barbaresco Muncagota Ris. '11	🍷🍷 (rossi)	6
● Barbaresco Rabaja' Ris. '11	🍷🍷 (rossi)	6
● Barbaresco '13	🍷🍷	5
● Barbaresco Montestefano Ris. '11	🍷🍷	6
● Barbaresco Ovello Ris. '11	🍷🍷	6
● Barbaresco Paje' Ris. '11	🍷🍷	6
● Barbaresco Pora Ris. '11	🍷🍷	6
● Langhe Nebbiolo '14	🍷	3
● Barbaresco Ovello Ris. '09	🍷🍷🍷 (vuoti)	6
● Barbaresco Vign. in Montestefano Ris. '05	🍷🍷🍷 (vuoti)	6
● Barbaresco Vign. in Ovello Ris. '08	🍷🍷🍷 (vuoti)	6
● Barbaresco Vign. in Pora Ris. '07	🍷🍷🍷 (vuoti)	6

Cantina Produttori del Gavi

VIA CAVALIERI DI VITTORIO VENETO, 45
15066 GAVI [AL]
TEL. 0143642786
www.cantinaproduttoridelgavi.it

VENDITA DIRETTA
VISITA SU PRENOTAZIONE
PRODUZIONE ANNUA 300.000 bottiglie
ETTARI VITATI 220,00

Sono ben otto le etichette a base cortese declinate nella sempre affidabile linea di quella che è a tutti gli effetti una delle più significative realtà cooperative piemontesi. Avviata nel secondo dopoguerra e ristrutturata negli anni Settanta con la menzione Cantina Produttori del Gavi, vede oggi impegnato un centinaio di viticoltori su oltre duecento ettari, per un progetto capace di proporre volumi importanti senza rinunciare a un certo carattere interpretativo. Con la parziale eccezione della selezione Aureliana, tutti i bianchi fermentano e affinano in acciaio senza svolgimento della malolattica, e tra le punte troviamo regolarmente il Gavi di Gavi Etichetta Nera, il G e il GG. Gerarchie parzialmente scompaginate con la prodiga annata '15, che porta alla ribalta il Gavi di Gavi La Maddalena, tutto giocato su sensazioni mediterranee e una bocca accattivante dal netto sottofondo marino. Perfino più classico il Gavi Primi Grappoli nei ricordi di timo, felci, cedro e pietra focaia.

○ Gavi del Comune di Gavi La Maddalena '15	🍷🍷 (rossi)	3*
○ Gavi Primi Grappoli '15	🍷🍷 (rossi)	2*
○ Gavi del Comune di Gavi Et. Nera '15	🍷🍷	2*
○ Gavi Il Forte '15	🍷🍷	2*
○ Gavi del Comune di Gavi Et. Nera '14	🍷🍷 (vuoti)	2*
○ Gavi del Comune di Gavi Et. Nera '13	🍷🍷 (vuoti)	2*
○ Gavi del Comune di Gavi Et. Nera '12	🍷🍷 (vuoti)	2*
○ Gavi del Comune di Gavi GG '13	🍷🍷 (vuoti)	3*
○ Gavi G '14	🍷🍷 (vuoti)	3*
○ Gavi G '13	🍷🍷 (vuoti)	2*
○ Gavi G '12	🍷🍷 (vuoti)	3
○ Gavi GG '14	🍷🍷 (vuoti)	3
○ Gavi Il Forte '14	🍷🍷 (vuoti)	2*
○ Gavi La Maddalena '13	🍷🍷 (vuoti)	2*
○ Gavi Primi Grappoli '14	🍷🍷 (vuoti)	2*
○ Gavi Primi Grappoli '12	🍷🍷 (vuoti)	2*

★Prunotto

c.so Barolo, 14
12051 Alba [CN]
Tel. 0173280017
www.prunotto.it

VENDITA DIRETTA
VISITA SU PRENOTAZIONE
PRODUZIONE ANNUA 850.000 bottiglie
ETTARI VITATI 55,00

L'avventura della famiglia Antinori nel vino piemontese si inaugura sul finire degli anni Ottanta, con l'acquisizione del marchio Prunotto dai fratelli Beppe e Tino Colla e Carlo Filiberti. Che a loro volta avevano preso in carico l'azienda rilevata dal fondatore Alfredo, precedentemente utilizzata dalla Cantina Sociale "Ai Vini delle Langhe". Una gloriosa storia di avvicendamenti confluita infine in un progetto solido e moderno, progressivamente ampliato con le proprietà in Bussia, Bric Turot, Costamiole, e con la ristrutturazione dei locali di vinificazione, dove le vecchie botti da 100 ettolitri hanno lasciato spazio alle barrique e al rovere di medie dimensioni. La rimodulazione stilistica dei nebbiolo targati Prunotto è ben spiegata dal Barbaresco Bric Turot '13: diafano fin dal colore, i tocchi vegetal-balsamici preludono ad una bocca stretta e nervosa. Ed è un vigoroso Barolo di stampo tradizionale il Bussia Vigna Colonnello Ris. '10, per i richiami tartufati e il sorso avvolgente.

● Barbaresco '13	🍷🍷 5
● Barbaresco Bric Turot '12	🍷🍷 6
● Barbera d'Alba Pian Romualdo '13	🍷🍷 4
● Barolo Bussia V. Colonnello Ris. '10	🍷🍷 8
● Nebbiolo d'Alba Occhetti '13	🍷🍷 4
● Barbera d'Alba '15	🍷 3
● Barbera d'Asti Fiulòt '15	🍷 2
● Barolo '12	🍷 6
● M.to Bricco Colma '12	🍷 5
○ Moscato d'Asti '15	🍷 2
○ Roero Arneis '15	🍷 3
● Barbera d'Asti Costamiòle '99	🍷🍷🍷 4*
● Barolo Bussia '01	🍷🍷🍷 8
● Barolo Bussia '99	🍷🍷🍷 8
● Barolo Bussia '98	🍷🍷🍷 8
● Barolo Bussia '96	🍷🍷🍷 8

La Raia

s.da Monterotondo, 79
15067 Novi Ligure [AL]
Tel. 0143743685
www.la-raia.it

VENDITA DIRETTA
VISITA SU PRENOTAZIONE
OSPITALITÀ
PRODUZIONE ANNUA 150.000 bottiglie
ETTARI VITATI 42,00
VITICOLTURA Biodinamico Certificato
AZIENDA SOSTENIBILE

Azienda del gruppo Tenimenti Rossi Cairo, La Raia è un'azienda biodinamica certificata Demeter. L'estensione è di oltre 180 ettari, tra vigneti, seminativi, pascoli e boschi, sulle colline che da Novi Ligure portano a Monterotondo. In cantina è l'enologo Piero Ballario a seguire le cinque etichette in produzione, di cui tre Gavi e due Barbera. Vini, soprattutto i Gavi, che hanno convinto, con una crescita qualitativa costante e una longevità inusuale per un prodotto considerato perlopiù di pronto consumo. A riprova di quanto sopra, una batteria di carattere che mette in evidenza la qualità dei vini. Il Vigna della Madonnina presenta aromi di susina, su note floreali e minerali, che proseguono su un palato fresco e sapido, dal finale lungo. Gavi base strepitoso, con un bouquet fruttato su note di erbe officinali e spezie, che convergono in un palato ricco e morbido, dal finale sapido. Non da meno il Pisé '14, ricco di aromi di mandorla e burro fuso, potente e ampio al palato.

○ Gavi '15	🍷🍷 3*
○ Gavi Pisé '14	🍷🍷 4
○ Gavi V. della Madonnina Ris. '14	🍷🍷 3*
● Piemonte Barbera Largé '11	🍷 5
○ Gavi '13	🍷🍷 3
○ Gavi Pisé '12	🍷🍷 4
○ Gavi Pisé '11	🍷🍷 3*
○ Gavi Ris. '12	🍷🍷 3*
○ Gavi V. della Madonnina Ris. '13	🍷🍷 3*
● Piemonte Barbera '13	🍷🍷 3
● Piemonte Barbera Largé '10	🍷🍷 5

Renato Ratti

FRAZ. ANNUNZIATA, 7
12064 LA MORRA [CN]
TEL. 017350185
www.renatoratti.com

VENDITA DIRETTA
VISITA SU PRENOTAZIONE
OSPITALITÀ
PRODUZIONE ANNUA 300.000 bottiglie
ETTARI VITATI 40,00

Se oggi il Barolo è tra le denominazioni italiane più prestigiose, parte del merito va ascritta anche a Renato Ratti.
Un'instancabile smania di ricerca e un sapere enciclopedico furono gli strumenti con i quali, tra la metà degli anni '60 e la fine degli anni '80, si adoperò per una riclassificazione della denominazione attraverso due punti fermi che oggi sembrano scontati ma che non lo erano all'epoca: la distinzione delle sottozone e il ruolo delle annate. Dal 1988 il figlio Pietro prosegue con sicurezza il percorso tracciato dal padre, realizzando vini in grado di coniugare i gusti del pubblico internazionale e della platea nostrana. Si aggiudica l'accesso alle nostre finali il Barolo Conca '12, dal bouquet intenso e complesso, di grande tradizione, con un frutto maturo e carnoso e un sottofondo di goudron. Al palato, in questa fase, si mostra ancora non del tutto disteso e imbrigliato dal legno, ma siamo certi sia solo un difetto di gioventù. Stesso registro per il Rocche dell'Annunziata '12, pur se leggermente più evoluto.

● Barolo Conca '12	🍷🍷 8
● Barbera d'Alba Battaglione '15	🍷🍷 3
● Barolo Rocche dell'Annunziata '12	🍷🍷 8
● Nebbiolo d'Alba Ochetti '14	🍷🍷 4
● Dolcetto d'Alba Colombè '15	🍷 3
● Barolo Rocche '06	🍷🍷🍷 8
● Barolo Rocche Marcenasco '84	🍷🍷🍷 6
● Barolo Rocche Marcenasco '83	🍷🍷🍷 6
● Barolo Conca '11	🍷🍷 8
● Barolo Marcenasco '11	🍷🍷 6
● Barolo Rocche dell'Annunziata '11	🍷🍷 8
● Dolcetto d'Alba Colombè '14	🍷🍷 3
● Nebbiolo d'Alba Ochetti '13	🍷🍷 4

Ressia

VIA CANOVA, 28
12052 NEIVE [CN]
TEL. 0173677305
www.ressia.com

VENDITA DIRETTA
VISITA SU PRENOTAZIONE
PRODUZIONE ANNUA 25.000 bottiglie
ETTARI VITATI 5,50

Da quasi un secolo la famiglia Ressia si occupa di vino, ma l'anno che segna la svolta in questa lunga tradizione è il 1997, quando con Fabrizio inizia un vero e proprio rinnovamento. Nel giro di un paio di decenni, l'azienda ha saputo posizionare le etichette ai vertici della denominazione Barbaresco, senza però tralasciare le altre uve e le altre zone sulle quali insistono i vigneti. Il centro nevralgico della produzione rimane comunque il vigneto nel cru Canova, esposto a sud, ubicato piuttosto in alto, in grado di fornire uve che, grazie a pratiche agricole rigorose e attente, danno vita a vini territoriali e dalla forte personalità. Caratteristiche che si ritrovano nel Barbaresco Canova '13: un'intensa scia fruttata mantiene un perfetto equilibrio olfattivo con la sponda speziata mentre la bocca, possente e piena all'inizio, fitta nella trama tannica, si snellisce in un finale lungo e vivo. Davvero interessante anche il Langhe Favorita Miranda '15, ricca, sontuosa e sapida. Corretto il resto della gamma.

● Barbaresco Canova '13	🍷🍷 5
○ Langhe Favorita La Miranda '15	🍷🍷 2*
● Langhe Nebbiolo '13	🍷 3
● Barbaresco Canova '06	🍷🍷🍷 5*
● Barbaresco Canova '12	🍷🍷 5
● Barbaresco Canova '11	🍷🍷 5
● Barbaresco Canova '09	🍷🍷 5
● Barbaresco Canova Ris. Oro '10	🍷🍷 6
● Barbaresco Canova Ris. Oro '09	🍷🍷 6
● Barbera d'Alba Sup. '12	🍷🍷 5
○ Evien '13	🍷🍷 2*
○ Evien	🍷🍷 2*
● Langhe Nebbiolo Gepù '11	🍷🍷 3

F.lli Revello

Fraz. Annunziata, 103
12064 La Morra [CN]
Tel. 017350276
www.revellofratelli.it

VENDITA DIRETTA
VISITA SU PRENOTAZIONE
OSPITALITÀ
PRODUZIONE ANNUA 45.000 bottiglie
ETTARI VITATI 8,00
AZIENDA SOSTENIBILE

Dopo più di vent'anni di lavoro in comune i fratelli Carlo e Lorenzo Revello, insieme alle rispettive famiglie, hanno deciso di percorrere strade separate; da fine 2015 la cantina Fratelli Revello è gestita da Lorenzo, mentre Carlo riparte con un nuovo marchio. Lo stile aziendale si può definire moderno, visto che non mancano rotomaceratori e legni piccoli, ma tutte le proposte di Barolo hanno un'eleganza e una bevibilità che conquistano. Si consiglia vivamente la visita e una degustazione nella splendida saletta panoramica, adiacente al piccolo agriturismo di famiglia. Spezie dolci e un delicato sfondo di rovere caratterizzano il naso del Barolo Gattera 2012, di grande piacevolezza sul palato nonostante la componente tannica sia ancora in evidenza. Ampi aromi fruttati nell'innovativo Barolo Rocche dell'Annunziata 2012, che darà il meglio di sé dopo un periodo di maturazione in bottiglia. Il legno, raffinato ed elegante, domina ancora l'assaggio del Conca 2012. Positiva unione di modernità e tradizione nel Giachini 2012.

● Barolo Gattera '12	YY 6
● Barolo Rocche dell'Annunziata '12	YY 8
● Barolo Conca '12	YY 7
● Barolo Giachini '12	YY 7
● Langhe Nebbiolo '14	YY 3
● Barbera d'Alba Ciabot du Re '05	YYY 5
● Barbera d'Alba Ciabot du Re '00	YYY 5
● Barolo Rocche dell'Annunziata '01	YYY 8
● Barolo Rocche dell'Annunziata '00	YYY 8
● Barolo V. Conca '99	YYY 7
● Barolo '11	YY 5
● Barolo Conca '11	YY 7
● Barolo Gattera '11	YY 6
● Barolo Giachini '11	YY 7
● Barolo Rocche dell'Annunziata '11	YY 8

Michele Reverdito

Fraz. Rivalta
B.ta Garassini, 74b
12064 La Morra [CN]
Tel. 017350336
www.reverdito.it

VENDITA DIRETTA
VISITA SU PRENOTAZIONE
PRODUZIONE ANNUA 70.000 bottiglie
ETTARI VITATI 16,00

Solo vitigni autoctoni: questa è la scelta che hanno fatto i genitori, Silvano e Maria, e che confermano con sicurezza i figli Michele e Sabina Reverdito. Un solo bianco, l'apprezzato Langhe Nascetta, e un rosso gradevolmente aromatico, il Verduno Pelaverga, aprono la pista a una proposta in cui il Barolo fa la parte del leone. I vigneti di nebbiolo comprendono validi cru – a La Morra, Serralunga e Monforte – da cui nasce, nelle migliori annate, una Riserva 10 anni. L'affinamento prevede legni di varie dimensioni. Armonia e finezza caratterizzano i profumi del Barolo Bricco Cogni '12, con bellissime note di tabacco e liquirizia su una solida base di polpa fruttata; palato molto ben costruito, con tannini fitti e un finale importante. Più severo e deciso il Barolo Badarina '12, di sicuro fascino con gradevoli note di tabacco che annunciano una bella evoluzione. Naso di media intensità nel Barolo Riva Rocca '12, poco ricco di frutto; la bocca non è molto strutturata ma è armonica.

● Barolo Badarina '12	YY 6
● Barolo Bricco Cogni '12	YY 6
● Barolo Ascheri '12	YY 5
● Barolo Riva Rocca '12	YY 5
● Verduno Pelaverga '15	Y 3
● Barolo Bricco Cogni '04	YYY 6
● Barolo 10 Anni Ris. '05	YY 8
● Barolo Ascheri '11	YY 5
● Barolo Badarina '11	YY 5
● Barolo Badarina '10	YY 5
● Barolo Bricco Cogni Ris. '09	YY 6
● Barolo Castagni '10	YY 5
● Barolo Riva Rocca '11	YY 5
● Barolo Riva Rocca '10	YY 5
● Langhe Nascetta '14	YY 2*

Giuseppe Rinaldi

via Monforte, 5
12060 Barolo [CN]
Tel. 017356156
carlotta.rinaldi@me.com

VENDITA DIRETTA
VISITA SU PRENOTAZIONE
PRODUZIONE ANNUA 35.000 bottiglie
ETTARI VITATI 6,50

La meravigliosa anarchia dei suoi Nebbiolo spiega meglio di tante parole l'incredibile personaggio che è Beppe "Citrico" Rinaldi. Entrato definitivamente nell'olimpo del vino mondiale, come testimonia la folle caccia alle sue bottiglie che si innesca a ogni nuova annata rilasciata. Consacrazione non a caso manifestatasi in concomitanza con l'impegno a tempo pieno delle figlie Marta e Carlotta: un'ulteriore iniezione di energia ed entusiasmo che si percepisce chiaramente nei due nuovi vecchi Barolo, che dalla vendemmia 2010 hanno cambiato menzione (Brunate e Tre Tine), ma non combinazione dei cru né protocolli di cantina, come sempre ridotti all'essenziale. Gli amanti dello stile Rinaldi troveranno pane per i loro denti con i Barolo '12. Il Tre Tine gioca con i fiori appassiti e la frutta sotto spirito, per poi lasciare spazio ad una trama tanto polposa nel succo quanto severa nello scheletro. Il Brunate è perfino più umorale nell'impatto olfattivo e scalpitante nell'incedere tannico.

● Barolo Brunate '12	🍷🍷 7
● Barolo Tre Tine '12	🍷🍷 7
● Barolo Brunate '11	▽▽▽ 7
● Barolo Brunate-Le Coste '07	▽▽▽ 7
● Barolo Brunate-Le Coste '06	▽▽▽ 7
● Barolo Brunate-Le Coste '01	▽▽▽ 6
● Barolo Brunate-Le Coste '00	▽▽▽ 6
● Barolo Cannubi S. Lorenzo-Ravera '04	▽▽▽ 6
● Barolo Brunate '10	▽▽ 7
● Barolo Brunate-Le Coste '09	▽▽ 7
● Barolo Cannubi S. Lorenzo-Ravera '09	▽▽ 7
● Barolo Tre Tine '11	▽▽ 7
● Barolo Tre Tine '10	▽▽ 7
● Langhe Nebbiolo '13	▽▽ 4

Francesco Rinaldi & Figli

via Crosia, 30
12060 Barolo [CN]
Tel. 0173440484
www.rinaldifrancesco.it

VENDITA DIRETTA
VISITA SU PRENOTAZIONE
OSPITALITÀ
PRODUZIONE ANNUA 70.000 bottiglie
ETTARI VITATI 11,00

Paola e Piera Rinaldi hanno raccolto un'eredità più che secolare, fatta di grandissimi vigneti e di uno stile legato alla più stretta classicità e territorialità. La cantina di Barolo si trova in splendida posizione sul vigneto Cannubi, da dove si può ammirare un altro bellissimo cru di proprietà situato nella parte centrale delle Brunate. Dopo anni di attesa arriva finalmente anche per questa storica cantina di Langa - la cui etichetta di stile antico è molto conosciuta - l'approdo alla parte più corposa della nostra guida. Il Barolo Brunate 2012 affascina grazie al classico sentore di rosa appassita, rinfrescata da uno sfondo di sottobosco; in bocca è solido e vivo, ben proporzionato e dotato di un finale piacevolissimo. Ancora più fresco nei profumi il portabandiera aziendale, il Barolo Cannubi 2012, sfaccettato su note di tabacco e liquirizia con frutto integro e giovanile; la bocca regala la perfetta armonia che ha reso celebre nel mondo questo cru.

● Barolo Brunate '12	🍷🍷 7
● Barolo Cannubi '12	🍷🍷 7
● Barbaresco '13	▼▼ 5
● Dolcetto d'Alba Roussot '15	▼▼ 2*
● Barbera d'Alba '14	▼ 3
● Barbera d'Alba '13	▽▽ 3
● Barolo '10	▽▽ 6
● Barolo Brunate '11	▽▽ 6
● Barolo Brunate '10	▽▽ 7
● Barolo Cannubi '11	▽▽ 7
● Barolo Cannubi '10	▽▽ 7
● Barolo Cannubi '08	▽▽ 6
● Barolo Le Brunate '08	▽▽ 6

Massimo Rivetti

VIA RIVETTI, 22
12052 NEIVE [CN]
TEL. 017367505
www.rivettimassimo.it

VENDITA DIRETTA
VISITA SU PRENOTAZIONE
PRODUZIONE ANNUA 70.000 bottiglie
ETTARI VITATI 25,00

Impronta fortemente maschile in questa azienda di Neive che può contare, oltre che su Massimo, su tre figli giovani e tutti impegnati con passione in questo lavoro. Agricoltura biologica certificata da quest'anno, con compostaggio fatto in casa grazie ai lombrichi. Ottimi terroir, come il famoso Serraboella, e vinificazioni attente e delicate, affinché il frutto non venga dominato dai contenitori di affinamento, fanno il resto. Da qualche mese i vini aziendali si possono degustare a Neive Alta - uno dei borghi più belli d'Italia - nella vineria " Porta San Rocco" proprietà della famiglia. Ritardi nell'imbottigliamento hanno costretto la famiglia Rivetti a presentare alle degustazioni poche etichette; oltre al Barbaresco Serraboella manca all'appello anche la Barbera Serraboella. Pur in assenza delle punte di diamante, brillano comunque il Barbaresco Froi e il Barbaresco 2013. Il primo, ricco del suo frutto baldanzoso e della sua perfezione gustativa, teme pochi confronti.

● Barbaresco Froi '13	🍷🍷 5
● Barbaresco '13	🍷🍷 5
● Langhe Garasin '13	🍷🍷 3
● Barbaresco Froi '12	🍷🍷 5
● Barbaresco Froi '11	🍷🍷 5
● Barbaresco Froi Ris. '09	🍷🍷 6
● Barbaresco Serraboella '12	🍷🍷 5
● Barbera d'Alba Sup. V. Serraboella '12	🍷🍷 4
● Barbera d'Alba V. Serraboella '10	🍷🍷 4

Rizzi

VIA RIZZI, 15
12050 TREISO [CN]
TEL. 0173638161
www.cantinarizzi.it

VENDITA DIRETTA
VISITA SU PRENOTAZIONE
OSPITALITÀ
PRODUZIONE ANNUA 70.000 bottiglie
ETTARI VITATI 38,00
AZIENDA SOSTENIBILE

La reputazione consolidata soprattutto nell'ultimo decennio dai vini della famiglia Dellapiana dimostra una volta di più quanto potente sia il passaparola e il tam tam tra gli appassionati più attenti e curiosi. Ma è un exploit che non arriva dal nulla: alle spalle ci sono oltre cinquanta vendemmie e un patrimonio viticolo da circa trenta ettari, concentrati sui pendii più vocati di Treiso, partendo dall'omonimo cru che battezza la cantina. Proposta a prezzi a dir poco amichevoli, il fulcro della gamma è rappresentato dai rossi a base dolcetto, barbera e naturalmente nebbiolo. I quattro Barbaresco (Rizzi, Pajorè, Nervo e Boito Riserva) affinano in rovere di Slavonia medio grande. Ci confrontiamo stavolta con due vendemmie molto diverse, interpretate al meglio dai cru di Rizzi. La classica '13 trova coerente sponda in un Pajorè fine, slanciato e saporito, sulle erbe e le bacche di bosco. La calda e solare '11 conferisce invece maturità fruttata e volume glicerico al Boito Riserva. Complessa e brillante la Barbera '13.

● Barbaresco Boito Ris. '11	🍷🍷 7
● Barbaresco Pajorè '13	🍷🍷 6
● Barbaresco Nervo '13	🍷🍷 5
● Barbaresco Rizzi '13	🍷🍷 5
● Barbera d'Alba '13	🍷🍷 3
● Langhe Nebbiolo '14	🍷🍷 3
● Barbaresco Boito Ris. '10	🍷🍷🍷 6
● Barbaresco Boito Ris. '09	🍷🍷 6
● Barbaresco Nervo '11	🍷🍷 5
● Barbaresco Nervo Fondetta '10	🍷🍷 5
● Barbaresco Pajorè '11	🍷🍷 6
● Barbaresco Pajorè '10	🍷🍷 6
● Barbaresco Rizzi '12	🍷🍷 5
● Barbaresco Rizzi '11	🍷🍷 5
● Barbaresco Rizzi '10	🍷🍷 5

Roagna

loc. Pajé
s.da Paglieri, 7
12050 Barbaresco [CN]
Tel. 0173635109
www.roagna.com

VENDITA DIRETTA
VISITA SU PRENOTAZIONE
PRODUZIONE ANNUA 50.000 bottiglie
ETTARI VITATI 15,00

Con un dream team di vigne come quello a disposizione della famiglia Roagna, era solo questione di tempo il ritorno ai piani altissimi dell'hit parade di Langa. Pajé, Montefico, Asili (a Barbaresco), Pira (a Castiglione Falletto), rispettate nei loro caratteri peculiari prima di tutto in un lavoro agricolo focalizzato sull'equilibrio ambientale e la vitalità del suolo. E poi da scelte di cantina essenziali, con fermentazioni spontanee, lunghe macerazioni e pazienti affinamenti in botte grande. Nella magnifica vendemmia 2011, i Barbaresco dei Roagna svettano come non mai. Si aggiudica i Tre Bicchieri il Pajé, di pregevole finezza e complessità al naso, armonico, delicatamente fresco e profondo, soave. Magnifica la potente struttura gustativa del Montefico Vecchie Viti, che nel finale si arricchisce di una delicata nota balsamica. Innata eleganza nel Crichët Pajé '07, incredibilmente fresco e giovanile. Notevolissimo anche l'ammaliante Barolo 2011 Vecchie Viti, che offre rosa e lampone.

● Barbaresco Pajé '11	🍷🍷🍷	8
● Barbaresco Crichët Pajé '07	🍷🍷	8
● Barbaresco Montefico V. V. '11	🍷🍷	8
● Barbaresco Pajé V.V. '11	🍷🍷	8
● Barolo Pira V. V. '11	🍷🍷	8
● Barbaresco Asili V. V. '11	🍷🍷	8
● Barolo Pira '11	🍷🍷	8
● Barbaresco Asili V. V. '07	🍷🍷🍷	8
● Barbaresco Crichët Pajé '06	🍷🍷🍷	8
● Barbaresco Crichët Pajé '05	🍷🍷🍷	8
● Barbaresco Crichët Pajé '04	🍷🍷🍷	8

★Albino Rocca

s.da Ronchi, 18
12050 Barbaresco [CN]
Tel. 0173635145
www.albinorocca.com

VENDITA DIRETTA
VISITA SU PRENOTAZIONE
PRODUZIONE ANNUA 100.000 bottiglie
ETTARI VITATI 18,00
AZIENDA SOSTENIBILE

Quello del vino che assorbe il carattere dei propri artefici è un cliché per molti versi abusato. Ma ogni volta che ci avviciniamo alle bottiglie della famiglia Rocca non possiamo fare a meno di pensare subito alla sorridente grazia che si respira nella bella cantina di Barbaresco. Prima col fondatore Albino e suo figlio Angelo, oggi nei volti delle sorelle Paola, Monica e Daniela, quarta generazione all'opera con l'aiuto di Carlo Castellengo. Nei circa 20 ettari di proprietà sono coltivati dolcetto, barbera, cabernet franc, cortese, chardonnay, moscato, ma sono sempre i rossi da nebbiolo provenienti dai cru Montersino, Ovello e Ronchi a guidare il gruppo. La gloriosa epopea continua con l'ennesima formidabile batteria di Barbaresco. L'Ovello Vigna Loreto '13 privilegia timbriche dolci di spezie e macchia mediterranea, che ritmano anche il sorso disteso. Più austero e inquieto, ma anche maggiormente dotato di classe e prospettiva, il Barbaresco Angelo '13: forza sapida e nerbo. Sempre tra i migliori bianchi piemontesi il Cortese La Rocca.

● Barbaresco Angelo '13	🍷🍷🍷	5
● Barbaresco Ovello V. Loreto '13	🍷🍷	6
● Barbaresco Ronchi Ris. '11	🍷🍷	6
○ Piemonte Cortese La Rocca '15	🍷🍷	4
● Barbaresco Montersino '13	🍷🍷	6
● Barbaresco Ronchi '13	🍷🍷	6
● Barbera d'Alba '15	🍷🍷	2*
● Barbera d'Alba Gepin '14	🍷🍷	5
● Dolcetto d'Alba '15	🍷🍷	2*
● Nebbiolo d'Alba '14	🍷🍷	3
● Barbaresco Ovello V. Loreto '11	🍷🍷🍷	6
● Barbaresco Ovello V. Loreto '09	🍷🍷🍷	6
● Barbaresco Ovello V. Loreto '07	🍷🍷🍷	6
● Barbaresco Ronchi '10	🍷🍷🍷	6
● Barbaresco Vign. Brich Ronchi Ris. '06	🍷🍷🍷	8
● Barbaresco Vign. Brich Ronchi Ris. '04	🍷🍷🍷	8

★Bruno Rocca

s.da Rabajà, 60
12050 Barbaresco [CN]
Tel. 0173635112
www.brunorocca.it

VENDITA DIRETTA
VISITA SU PRENOTAZIONE
PRODUZIONE ANNUA 70.000 bottiglie
ETTARI VITATI 15,00

Il tempo è galantuomo, si sa, e Bruno Rocca sta raccogliendo sempre più i frutti dell'infaticabile lavoro portato avanti all'agricola Rabajà, insieme ai figli Francesco e Luisa. I suoi Barbaresco di impostazione moderna, perlomeno secondo le vecchie dicotomie, si rivelano tra i più solidi e autorevoli nell'evoluzione e vale decisamente la pena attenderli con pazienza per cogliere le sfumature di cru prestigiosi come quello che circonda la cantina o il Currà di Neive di prossima uscita. Senza dimenticare le parcelle a Treiso o la tenuta Viglio Serra, dove si origina la Barbera d'Asti e trovano spazio anche il dolcetto, il cabernet e lo chardonnay, per una batteria senza punti deboli. China, lampone e spezie si susseguono nella fase olfattiva; il palato è portentoso con evidente presenza di tannini e alcol in equilibrio: un vino che è l'archetipo del magnifico cru Rabajà. Il Coparossa '13 è appena meno strutturato e di immediata piacevolezza, anche grazie ai suoi aromi di tabacco dolce e anice.

● Barbaresco Rabajà '12	🍷🍷🍷 8
● Barbaresco Coparossa '13	🍷🍷 8
● Barbaresco '13	🍷🍷 6
● Barbera d'Alba '14	🍷🍷 5
● Barbera d'Asti '14	🍷🍷 4
● Dolcetto d'Alba Trifolè '15	🍷🍷 3
○ Langhe Chardonnay Cadet '14	🍷🍷 4
● Barbaresco Coparossa '04	🍷🍷🍷 8
● Barbaresco Maria Adelaide '07	🍷🍷🍷 8
● Barbaresco Maria Adelaide '04	🍷🍷🍷 8
● Barbaresco Maria Adelaide '01	🍷🍷🍷 8
● Barbaresco Rabajà '11	🍷🍷🍷 8
● Barbaresco Rabajà '10	🍷🍷🍷 8
● Barbaresco Rabajà '09	🍷🍷🍷 8
● Barbaresco Rabajà '01	🍷🍷🍷 8
● Barbaresco Rabajà '00	🍷🍷🍷 8

Rocche Costamagna

via Vittorio Emanuele, 8
12064 La Morra [CN]
Tel. 0173509225
www.rocchecostamagna.it

VENDITA DIRETTA
VISITA SU PRENOTAZIONE
OSPITALITÀ
PRODUZIONE ANNUA 95.000 bottiglie
ETTARI VITATI 14,00

La carta d'identità aziendale riporta il 1841 come anno di nascita. Tra le aziende più antiche in Langa, Rocche Costamagna negli ultimi decenni ha subito un decisivo rinnovamento grazie al lavoro svolto da Claudia Ferraresi e dal figlio Alessandro Lucarelli, che hanno realizzato una nuova cantina in località Annunziata, corredata da un punto vendita e un agriturismo. Ne hanno giovato anche i vini, sempre più precisi nella loro caratterizzazione e nell'impostazione classica. Aromi molto tradizionali nel Barolo Bricco Francesco Riserva '10, con il fruttato che lascia spazio a sentori di liquirizia e viola epalato di buon corpo, con tannini levigati e carezzevoli. Un po' marcato dalla nota balsamica del rovere il Barolo Rocche dell'Annunziata '12. Delicato e gradevole negli arom di cuoio e scorza d'arancia il Barolo '12, di buona freschezza e sentita tannicità. Pregevole eleganza fruttata nella Barbera Rocche delle Rocche '13, da provare.

● Barbera d'Alba Sup. Rocche delle Rocche '13	🍷🍷 4
● Barolo Rocche dell'Annunziata Bricco Francesco Ris. '10	🍷🍷 6
● Barolo '12	🍷🍷 5
● Barolo Rocche dell'Annunziata '12	🍷🍷 6
○ Langhe Arneis '15	🍷 2
● Langhe Nebbiolo Roccardo '14	🍷 3
● Barolo Rocche dell'Annunziata '04	🍷🍷🍷 5
● Barbera d'Alba Sup. Rocche delle Rocche '11	🍷🍷 4
● Barolo Rocche dell'Annunziata '11	🍷🍷 6
● Barolo Rocche dell'Annunziata '10	🍷🍷 5
● Barolo Rocche dell'Annunziata '09	🍷🍷 5
● Barolo Rocche dell'Annunziata '07	🍷🍷 5
● Barolo Rocche dell'Annunziata Bricco Francesco Ris. '07	🍷🍷 6

★Rocche dei Manzoni

LOC. MANZONI SOPRANI, 3
12065 MONFORTE D'ALBA [CN]
TEL. 017378421
www.rocchedeimanzoni.it

VENDITA DIRETTA
VISITA SU PRENOTAZIONE
PRODUZIONE ANNUA 250.000 bottiglie
ETTARI VITATI 40,00

A livello architettonico è una delle più variegate e imponenti, ma anche bizzarre e affascinanti, cantine delle Langhe (il sito aziendale rende bene l'idea). Qui il geniale e lungimirante Valentino Migliorini iniziò oltre quarant'anni orsono una progressiva opera di creazione di un vero e proprio château di Langa, oggi guidato con passione dal figlio Rodolfo. I vini sono moderni e innovativi, ma le tipologie sono le più classiche di Langa, Barolo su tutte, con le due valide etichette di Metodo Classico che ben proseguono la ormai plurisecolare tradizione spumantistica piemontese. Abituati ad assaggiare una serie di cru di Baraolo da questa cantina, quest'anno ci si siamo accontentati di due sole etichette. Ed è proprio nel Barolo Perno Vigna Cappella di S. Stefano che Rodolfo Migliorini trova l'acuto: dopo un naso ancora un po' dominato dagli aromi del rovere, subentra una bocca straordinaria per corpo, polpa e lunghezza che non troverà difficoltà a equilibrare il legno. Tra gli altri vini spiccano un burroso Angelica e un'accattivante Riserva Elena.

● Barolo Perno V. Cappella di S. Stefano '12	🍷🍷 (rosso)	8
● Barolo '12	🍷🍷	8
○ Langhe Chardonnay L'Angelica '13	🍷🍷	8
● Langhe Rosso Bricco Manzoni '11	🍷🍷	8
⊙ Valentino Brut Zero Rosé '11	🍷🍷	8
○ Valentino Brut M. Cl. Riserva Elena '11	🍷🍷	7
● Barbera d'Alba La Cresta '12	🍷	6
● Langhe Nebbiolo '14	🍷	6
● Barolo V. Cappella di S. Stefano '01	🍷🍷🍷 (vuoti)	8
● Barolo V. d'la Roul '07	🍷🍷🍷 (vuoti)	8
● Barolo Big 'd Big '10	🍷🍷 (vuoti)	8
● Barolo La Villa V. Madonna Assunta Ris. 10 anni '04	🍷🍷 (vuoti)	8
● Barolo Perno V. Cappella di S. Stefano '11	🍷🍷 (vuoti)	8
○ Valentino Brut M. Cl. Riserva Elena '10	🍷🍷 (vuoti)	5

Il Rocchin

LOC. VALLEMME, 39
15066 GAVI [AL]
TEL. 0143642228
www.ilrocchin.it

VENDITA DIRETTA
VISITA SU PRENOTAZIONE
PRODUZIONE ANNUA 50.000 bottiglie
ETTARI VITATI 20,00

L'azienda ha sede e parte dei vigneti tra la salita che da Gavi porta a San Cristoforo e il torrente Lemme, in una zona a ridosso delle denominazioni dell'Ovadese. Qui Angelo e Francesca Zerbo proseguono l'attività di famiglia insieme al padre Bruno, che ha fondato l'azienda all'inizio degli anni Ottanta. In produzione prevalentemente Gavi con quantità piuttosto consistenti di Dolcetto e Barbera. A coadiuvare la famiglia Zerbo, in cantina, Mario Ronco, stimato enologo piemontese. L'accesso alla scheda grande coincide con una strepitosa versione del Gavi di Gavi Il Bosco, la 2015. Intensa al naso, con aromi di pesca e susina su fondo minerale, complesso anche nella fase gustativa, risultando potente e ricco, dal finale sapido e molto persistente. Leggermente più pronto il Gavi base che, grazie al grande equilibrio gusto olfattivo, si rivela di ottima beva, con un finale sapido e persistente. Chiude la batteria un Dolcetto '15 dalla fase olfattiva intensa e sfaccettata e palato armonico.

○ Gavi del Comune di Gavi '15	🍷🍷 (rosso)	2*
○ Gavi del Comune di Gavi Il Bosco '15	🍷🍷 (rosso)	3*
● Dolcetto di Ovada '15	🍷🍷	2*
○ Gavi del Comune di Gavi '14	🍷🍷 (vuoti)	2*
○ Gavi del Comune di Gavi '00	🍷🍷 (vuoti)	2*
○ Gavi del Comune di Gavi Vigna del Bosco '01	🍷🍷 (vuoti)	3*

Roccolo di Mezzomerico

Cascina Roccolo Bellini, 4
28040 Mezzomerico [NO]
Tel. 0321920407
www.ilroccolovini.it

VENDITA DIRETTA
VISITA SU PRENOTAZIONE
PRODUZIONE ANNUA 30.000 bottiglie
ETTARI VITATI 7,00

La bella azienda della famiglia Gelmini prende il nome da un edificio collocato nei pressi dell'antica fortezza di Mezzomerico, borgo del Novarese. Cascina Roccolo, appunto, che oggi si sviluppa su circa sette ettari, condotti con protocolli biocompatibili e coltivati a nebbiolo, uva rara, vespolina, erbaluce e chardonnay. Varietà trasformate, con la collaborazione di Claudio Introini, in una ricca gamma composta da oltre dieci etichette, alcune della quali dedicate alle figlie del patròn Pietro. Grande attenzione è riservata alla proposta dei vini passiti e da vendemmia tardiva, che prendono forma nella suggestiva passaia, realizzata appositamente per il progetto. Proprio sulle tipologie più inconsuete si accendono i riflettori in questa tornata di assaggi. Frutta rossa, spezie, timbri affumicati, nel Nebbiolo Valentina Vendemmia Tardiva '10 si fondono densità ed equilibrio. Armonia e bevibilità che caratterizzano anche il Siduri Francesca, passito da erbaluce e chardonnay.

Vino	Bicchieri	Prezzo
● Colline Novaresi Nebbiolo Valentina V.T. '10	🍷🍷	5
○ Siduri Francesca	🍷🍷	5
● Colline Novaresi Nebbiolo Valentina '11	🍷	3
○ Colline Novaresi Bianco Francesca '13	ŸŸ	2*
● Colline Novaresi Nebbiolo Valentina '10	ŸŸ	3
● Colline Novaresi Nebbiolo Valentina '07	ŸŸ	3*
● Colline Novaresi Nebbiolo Valentina '06	ŸŸ	3*
● Colline Novaresi Nebbiolo Valentina V.T. '11	ŸŸ	5
● Colline Novaresi Nebbiolo Valentina V.T. Et. Oro '10	ŸŸ	4
● Colline Novaresi Nebbiolo Valentina V.T. Et. Oro '09	ŸŸ	4
● Gilgamesh Valentina	ŸŸ	5
○ Siduri Francesca Passito	ŸŸ	4
○ Siduri Francesca Vign. Il Ponticello	ŸŸ	4

Flavio Roddolo

Fraz. Bricco Appiani
Loc. Sant'Anna, 5
12065 Monforte d'Alba [CN]
Tel. 017378535

VENDITA DIRETTA
VISITA SU PRENOTAZIONE
PRODUZIONE ANNUA 25.000 bottiglie
ETTARI VITATI 6,00

Per Flavio Roddolo la pazienza e l'attesa sono ingredienti fondamentali nel percorso di chi ambisce a produrre e bere grandi vini, a maggior ragione se parliamo di Langhe. È anche per questo che ha voluto fortemente l'ampliamento della cantina, dove lasciar riposare le sue bottiglie di Barolo (Ravera), Nebbiolo, Barbera, Dolcetto, Cabernet (Bricco Appiani) fino al momento di uscita da lui ritenuto opportuno, senza calendari prefissati. Declinazioni varietali che raccontano sempre e comunque il carattere di questa particolarissima zona di Monforte, grazie anche ai lunghi affinamenti perlopiù in legni esausti di piccole e medie dimensioni. Proposta poco omogena in questa tornata di assaggi. Svetta su tutti uno splendido Nebbiolo d'Alba '10, che apre con belle note di viola e lampone, cui fa seguito un palato ricco e polposo di grande densità tannica, con finale lungo e molto accattivante anche grazie alla complessiva freschezza. Più esuberante e persino ruspante il consistente e voluminoso Dolcetto d'Alba Superiore '12. Al momento molto segnato dai tannini il rustico Barolo Ravera '10.

Vino	Bicchieri	Prezzo
● Nebbiolo d'Alba '10	🍷🍷 (rossi)	4
● Barolo Ravera '10	🍷🍷	5
● Dolcetto d'Alba Sup. '12	🍷🍷	3
● Dolcetto d'Alba '13	🍷	2
● Barolo Ravera '08	ŸŸŸ	5
● Barolo Ravera '07	ŸŸŸ	5
● Barolo Ravera '04	ŸŸŸ	5
● Barolo Ravera '01	ŸŸŸ	5
● Barolo Ravera '97	ŸŸŸ	5
● Bricco Appiani '99	ŸŸŸ	5
● Dolcetto d'Alba '09	ŸŸ	2*
● Dolcetto d'Alba Sup. '11	ŸŸ	3*
● Dolcetto d'Alba Sup. '10	ŸŸ	3*
● Dolcetto d'Alba Sup. '09	ŸŸ	3*
● Nebbiolo d'Alba '08	ŸŸ	4
● Nebbiolo d'Alba '07	ŸŸ	4

Ronchi

s.da Ronchi, 23
12050 Barbaresco [CN]
Tel. 0173635156
info@aziendaagricolaronchi.it

VENDITA DIRETTA
VISITA SU PRENOTAZIONE
PRODUZIONE ANNUA 30.000 bottiglie
ETTARI VITATI 7,00

Giancarlo Rocca resta un sicuro punto di riferimento per chi ama vini di qualità a prezzi amichevoli. Forte di un valido vigneto impiantato a nebbiolo, propone due etichette di Barbaresco, con la selezione Ronchi a primeggiare grazie all'attenta scelta delle uve. Qui, attraverso coltivazioni molto rispettose dell'ambiente, si producono in piccole quantità anche Barbera e Dolcetto d'Alba assieme a Freisa e Chardonnay, cui si è da due anni unita la proposta del Langhe Arneis, proveniente da un vigneto situato nel Roero, a Guarene. Un po' perché i suoi vini lo richiedono e un po' perché il lavoro della campagna non gli permette di tirare il fiato, Giancarlo Rocca ha preso l'abitudine di imbottigliare tardi i suoi vini più blasonati. Mentre l'uscita del Barbaresco '12 è stata ancora posticipata, abbiamo potuto assaggiare il Ronchi 2012. Molto giovane e ancora parzialmente condizionato dal rovere, il Ronchi lascia intravvedere una grande longevità.

- ● Barbaresco Ronchi '12 — 5
- ○ Langhe Arneis '15 — 2*
- ● Barbaresco Ronchi '04 — 6
- ● Barbaresco '11 — 5
- ● Barbaresco '10 — 5
- ● Barbaresco '09 — 5
- ● Barbaresco '07 — 5
- ● Barbaresco Et. Blu '08 — 5
- ● Barbaresco Ronchi '11 — 5
- ● Barbaresco Ronchi '07 — 5*
- ● Barbaresco Ronchi '06 — 5*
- ● Barbera d'Alba Terlé '11 — 3
- ● Dolcetto d'Alba '12 — 2*
- ○ Langhe Chardonnay '13 — 3
- ○ Langhe Chardonnay Ronchi '12 — 3*

Giovanni Rosso

loc. Baudana, 6
12050 Serralunga d'Alba [CN]
Tel. 0173613340
www.giovannirosso.com

VENDITA DIRETTA
VISITA SU PRENOTAZIONE
PRODUZIONE ANNUA 130.000 bottiglie
ETTARI VITATI 18,00

Negli ultimi anni Serralunga d'Alba ha visto rinascere aziende che, un tempo prevalentemente impegnate nella sola viticoltura, si sono poi dedicate anche all'imbottigliamento, con risultati spesso eccellenti. Tra queste vi è anche la cantina oggi condotta da Davide Rosso, che brilla per una proposta complessiva ai massimi livelli di eleganza e di potenza. Le quattro etichette di Barolo sono una sinfonia di raffinatezza e di bevibilità, con tannini sempre ben fusi e mai aggressivi: merito di grandi cru e di un perfetto lavoro in cantina. Anche nella vendemmia 2012 viene proposta una strepitosa serie di Barolo, capeggiata da un Cerretta particolarmente raffinato e molto complesso che guadagna i Tre Bicchieri anche per merito di una bocca straordinaria per fittezza tannica e pienezza di polpa, con finale molto fresco. Struttura ancora più serrata e decisa nella rara selezione Vigna Rionda Ester Canale Rosso. Decisamente fruttato il riuscitissimo Barolo del comune di Serralunga d'Alba, più severo il compatto e importante Serra.

- ● Barolo Cerretta '12 — 8
- ● Barolo del Comune di Serralunga d'Alba '12 — 5
- ● Barolo Serra '12 — 8
- ● Barolo Vigna Rionda Ester Canale Rosso '12 — 8
- ● Langhe Nebbiolo '14 — 5
- ● Barolo Cerretta '06 — 7
- ● Barolo La Serra '09 — 7
- ● Barolo La Serra '08 — 7
- ● Barolo Serra '10 — 7
- ● Barolo Vigna Rionda Ester Canale Rosso '11 — 8
- ● Barolo Cerretta '11 — 8
- ● Barolo Cerretta '10 — 7
- ● Barolo Cerretta '09 — 7

Poderi Rosso Giovanni

P.ZZA ROMA, 36/37
14041 AGLIANO TERME [AT]
TEL. 0141954006
www.poderirossogiovanni.it

VENDITA DIRETTA
VISITA SU PRENOTAZIONE
PRODUZIONE ANNUA 45.000 bottiglie
ETTARI VITATI 12,00

L'azienda, nata nel 1930, è condotta da Lionello Rosso e conta su vigneti situati nel territorio di Agliano Terme – zona tra le più vocate per la produzione della Barbera – intorno alla Cascina Perno e alla Cascina San Sebastiano. Il vitigno di riferimento è quindi ovviamente il barbera, affiancato da una piccola quantità di cabernet sauvignon, per una gamma fino a oggi interamente rossista (è prevista la realizzazione di uno spumante).
Quest'anno le varie versioni di Barbera d'Asti si sono dimostrate di altissimo livello, tanto da conquistare la nostra sezione principale. La Gioco dell'Oca '13 ha profumi di frutti neri, con note di terra bagnata e cuoio, e un palato ricco, denso e fitto, ma dal finale succoso ben sostenuto dall'acidità. Sullo stesso piano la Carlinet '13, più fine ed equilibrata, con sentori di prugna e ciliegia accompagnati da note speziate. La Cascina Perno '14, fresca e scorrevole, ben interpreta la difficile annata, mentre la San Bastian '15 è tutta sul frutto e di piacevole beva.

● Barbera d'Asti Sup. Carlinet '13	🍷🍷 4
● Barbera d'Asti Sup. Gioco dell'Oca '13	🍷🍷 6
● Barbera d'Asti San Bastian '15	🍷🍷 2*
● Barbera d'Asti Sup. Cascina Perno '14	🍷🍷 3
● M.to Infine '13	🍷 4
● Barbera d'Asti Podere San Bastian '14	🍷🍷 2*
● Barbera d'Asti San Bastian '13	🍷🍷 2*
● Barbera d'Asti San Bastian '11	🍷🍷 2*
● Barbera d'Asti Sup. Cascina Perno '13	🍷🍷 3
● Barbera d'Asti Sup. Cascina Perno '12	🍷🍷 2*
● Barbera d'Asti Sup. Gioco dell'Oca '12	🍷🍷 6
● Barbera d'Asti Sup. V. Carlinet '12	🍷🍷 3
● M.to Infine '11	🍷🍷 4

Rovellotti

INTERNO CASTELLO, 22
28074 GHEMME [NO]
TEL. 0163841781
www.rovellotti.it

VENDITA DIRETTA
PRODUZIONE ANNUA 50.000 bottiglie
ETTARI VITATI 17,00

Quella di Antonello e Paolo Rovellotti è una delle aziende più sorprendenti e suggestive nel sempre più competitivo distretto alto piemontese. La loro splendida cantina si trova nel cuore dell'antico Ricetto di Ghemme, spazio ideale per una gamma di vini difficilmente riconducibili a un rigido schema tradizione-modernità, nella quale convivono varietà tradizionali come nebbiolo e vespolina con vitigni alloctoni come cabernet, merlot e pinot nero, interpretazioni classiche con etichette di recente concezione. Imbottigliati dopo lunghe soste in rovere, i rossi più importanti sono sempre i Ghemme Chioso dei Pomi e Salmino Riserva. Anche questa volta sono assolute protagoniste le selezioni a base nebbiolo. Ribes e ciliegia, china e liquirizia, il Colline Novaresi Valplazza '12 ha la struttura e il passo del vino importante, frenato solo dal generoso abbraccio alcolico. Più classico (pepe bianco, genziane, ruggine) e armonico, nonostante la rigidità tannica, il Ghemme Chioso dei Pomi '09.

● Ghemme Chioso dei Pomi '09	🍷🍷 4
● Colline Novaresi Nebbiolo Valplazza '12	🍷🍷 2*
⊙ Colline Novaresi Nebbiolo Rosato Valplazza '15	🍷 2
● Colline Novaresi Vespolina Ronco al Maso '15	🍷 2
○ Valdenrico Passito '12	🍷 6
● Ghemme Chioso dei Pomi '07	🍷🍷🍷 4*
○ Colline Novaresi Bianco Vitigno Innominabile Il Criccone '14	🍷🍷 2*
● Ghemme Chioso dei Pomi '08	🍷🍷 4
● Ghemme Costa del Salmino Ris. '07	🍷🍷 5
○ Vitigno Innominabile Dosaggio Zero M. Cl.	🍷🍷 2*

Podere Ruggeri Corsini

loc. Bussia Bovi 18
12065 Monforte d'Alba [CN]
Tel. 017378625
www.ruggericorsini.com

VENDITA DIRETTA
VISITA SU PRENOTAZIONE
PRODUZIONE ANNUA 75.000 bottiglie
ETTARI VITATI 9,80
AZIENDA SOSTENIBILE

Loredana Addari e Nicola Argamante hanno fatto studi di agronomia ed enologia, prima di dedicarsi vent'anni fa alla costruzione di una propria azienda. Dalle esperienze sui libri hanno ricavato sapere e curiosità, tanto che si dedicano anche alla coltivazione di vitigni che nelle Langhe sono poco abituali, quali il pinot nero e l'albarossa. Il fulcro rimane comunque il Barolo, proposto in versione moderna e strutturata nel Bussia Corsini e con stile classico nel Bricco San Pietro. Vibrante e dal carattere deciso la potente Barbera Armujan 2012, che migliorerà ancora. Il Barolo Bricco San Pietro 2012 è ricco di frutta rossa al naso; la bocca è di media struttura, con bella armonia e buona precisone stilistica, senza troppa personalità. Decisamente classico il Barolo Bussia Corsini 2012, di struttura contenuta e armonica, appena poco grintoso. Pulito e grassoccio il riuscito Langhe Bianco 2015, a base di uve arneis, chardonnay e sauvignon. Giovanile e fruttato il Langhe Nebbiolo 2013.

Vino	Bicchieri	Prezzo
● Barbera d'Alba Sup. Armujan '12	TT (rossi)	3*
● Barolo Bricco San Pietro '12	TT	5
● Barolo Bussia Corsini '12	TT	5
○ Langhe Bianco '15	TT	2*
● Langhe Nebbiolo '13	TT	3
⊙ Langhe Rosato Rosin '15	T	2
● Barbera d'Alba '13	YY	2*
● Barbera d'Alba Sup. Armujan '11	YY	3
● Barbera d'Alba Sup. Armujan '09	YY	3
● Barolo Bricco San Pietro '11	YY	5
● Barolo Bricco San Pietro '10	YY	5
● Barolo Bussia Corsini '11	YY	5
● Barolo Bussia Corsini '10	YY	5
● Barolo San Pietro '08	YY	5
● Langhe Rosso Autenzio '11	YY	4
● Langhe Rosso Autenzio '09	YY	4

Josetta Saffirio

loc. Castelletto, 39
12065 Monforte d'Alba [CN]
Tel. 0173787278
www.josettasaffirio.com

VENDITA DIRETTA
VISITA SU PRENOTAZIONE
PRODUZIONE ANNUA 30.000 bottiglie
ETTARI VITATI 5,00
AZIENDA SOSTENIBILE

La giovane Sara - figlia di Josetta Saffirio, laureata in agronomia, e dell'enologo Roberto Vezza - possiede ormai autonome capacità e buona conoscenza del processo produttivo. Lo stile dei vini è volto alla finezza e all'eleganza, con profumi piuttosto variegati e intensi anche nel vino di punta della cantina, il Barolo, proposto in tre versioni. Per avere un'idea della felice esposizione dei terreni, è interessante notare che qui, proprio in mezzo ai vigneti di proprietà, si produce anche una piccola quantità di olio extravergine d'oliva. Molto armonico e invitante il complesso naso del Barolo Persiera '12 – solo in magnum – con aromi di frutta rossa, tabacco e anche liquirizia; in bocca è equilibrato e polposo, con tannini eleganti e bella dolcezza alcolica. Classici aromi di frutta nera e bacche di ginepro nel Barolo Millenovecento48 Riserva '10; il palato è ancora molto compatto e un po' frenato nello sviluppo, con finale rigido. Particolarmente riuscito il Langhe Nebbiolo '14. Ricco e sapido il raro Rossese Bianco '15.

Vino	Bicchieri	Prezzo
● Barolo Persiera '12	TT (rossi)	8
● Barolo '12	TT	5
● Barolo Millenovecento48 Ris. '10	TT	7
● Langhe Nebbiolo '14	TT	3
○ Langhe Rossese Bianco '15	TT	3
● Barolo '89	YYY	6
● Barolo '88	YYY	6
● Barbera d'Alba '11	YY	3*
● Barolo '11	YY	5
● Barolo '10	YY	5
● Barolo '09	YY	5
● Barolo Francesco Millenovecento48 '07	YY	7
● Barolo Millenovecento48 Ris. '08	YY	7
● Barolo Persiera '10	YY	7
● Barolo Persiera '09	YY	7
● Barolo Persiera '08	YY	7

San Bartolomeo

LOC. VALLEGGE
CASCINA SAN BARTOLOMEO, 26
15066 GAVI [AL]
TEL. 0143643180
www.sanbartolomeo-gavi.com

VENDITA DIRETTA
VISITA SU PRENOTAZIONE
PRODUZIONE ANNUA 50.000 bottiglie
ETTARI VITATI 21,00
AZIENDA SOSTENIBILE

Festeggia il secolo di storia la bella azienda guidata da Fulvio Bergaglio, battezzata da un antico convento ubicato sulle sponde del torrente Lemme, poco fuori Gavi, consacrato per l'appunto a San Bartolomeo. Un podere ecclesiastico successivamente trasformato in masseria nobiliare, rilevata poi dal bisnonno Giuseppe nel 1916 per dare vita a una realtà oggi basata su una ventina di ettari vitati, coltivati esclusivamente a cortese. Ne deriva una piccola gamma di stile classico, con fermentazioni e affinamenti in inox a temperatura controllata, articolata su un Gavi "base" e la selezione Pelöia. Come è normale che sia in un millesimo maturo e materico come il 2015, i bianchi di San Bartolomeo sembrano richiedere più pazienza e attenzione rispetto alla scorsa edizione. Il Gavi Quinto si propone con aromi di frutta bianca e tocchi vegetal balsamici evidenti nel sorso bilanciato e gustoso; più timido e contratto, soprattutto al naso. Il Pelöia, primo fantastico Tre Bicchieri aziendale, si può conservare in cantina qualche anno.

○ Gavi del Comune di Gavi Pelöia '15	🍷🍷🍷 3*
○ Gavi Quinto '15	🍷🍷 2*
○ Gavi '09	YY 2*
○ Gavi del Comune di Gavi Pelöia '14	YY 3*
○ Gavi del Comune di Gavi Pelöia '13	YY 3*
○ Gavi del Comune di Gavi Pelöia '12	YY 3
○ Gavi del Comune di Gavi Pelöia '11	YY 3*
○ Gavi del Comune di Gavi Pelöia '09	YY 3
○ Gavi Quinto '14	YY 2*
○ Gavi Quinto '13	YY 3*
○ Gavi Quinto '12	YY 2*
○ Gavi Quinto '11	YY 2*
○ Gavi Quinto '10	YY 2*

Tenuta San Pietro

LOC. SAN PIETRO, 2
15060 TASSAROLO [AL]
TEL. 0143342422
www.tenutasanpietro.it

VENDITA DIRETTA
VISITA SU PRENOTAZIONE
PRODUZIONE ANNUA 250.000 bottiglie
ETTARI VITATI 30,00
VITICOLTURA Biologico Certificato
AZIENDA SOSTENIBILE

Azienda di Tassarolo certificata biologica, che ha instaurato in pochi anni un ciclo virtuoso, con un'ottima crescita qualitativa dei suoi prodotti. A seguire vigneti e cantina l'enologo Icardi, con il valido appoggio di un cantiniere esperto come Francesco Russo. In produzione sette etichette: quattro bianchi e tre rossi. I vitigni utilizzati sono cortese, barbera, albarossa, cabernet sauvignon e nibiö (dolcetto dal raspo rosso) Portabandiera dell'azienda, il Gavi del Comune di Tassarolo San Pietro è un vino intenso sin dalle prime fasi della degustazione, con un naso intenso e persistente, su note floreali e minerali di grande finezza. Segue un palato molto fresco con un finale sapido e persistente. Il Mandorlo è più impostato su un frutto fine ed elegante, che converge su un palato ricco e morbido, di buona armonia e intensità. Da segnalare il Nero San Pietro, dal buon corredo olfattivo e fase gustativa proporzionata e armonica.

○ Gavi del Comune di Tassarolo San Pietro '15	🍷🍷 3*
○ Gavi del Comune di Tassarolo Il Mandorlo '15	▼▼ 5
● M.to Rosso Nero San Pietro '13	▼▼ 3
⊙ Brut Rosé	▼ 4
○ Brut San Pietro	▼ 4
● M.to Rosso Bellavita Nero '12	▼ 5
○ Gavi del Comune di Tassarolo Gorrina '12	YY 6
○ Gavi del Comune di Tassarolo Il Mandorlo '14	YY 5
○ Gavi del Comune di Tassarolo San Pietro '14	YY 3

Tenuta San Sebastiano

Cascina San Sebastiano, 41
15040 Lu [AL]
Tel. 0131741353
www.dealessi.it

VENDITA DIRETTA
VISITA SU PRENOTAZIONE
PRODUZIONE ANNUA 70.000 bottiglie
ETTARI VITATI 9,00

Roberto De Alessi ci dimostra ogni anno di essere un ottimo interprete della Barbera. In realtà l'intera gamma dei prodotti, compresi i vini base, gode delle stesse attenzioni dei vini di punta. In affinamento un attento uso del legno - sia barrique sia tonneau -, permette di degustare vini che mantengono la tipicità di un territorio unico, insieme alla potenza, che contraddistingue i suoi vini. Nove le etichette in produzione, ottenute da uve di vitigni autoctoni monferrini e internazionali. Alla sua prima degustazione il Grignolino Monfiorato spicca il volo verso le finali. Una prestazione maiuscola, da vino complesso e articolato al naso quanto potente e ricco nella fase gustativa. Aromi classici di pepe su note floreali sono il biglietto da visita di un Grignolino '15 armonico ed equilibrato. La Barbera del Monferrato presenta aromi fruttati immediati e buon finale di bocca. Annata 2012 particolare per la Barbera Mepari, in questa fase ancora un po' chiusa su legno e tannini, ancora in evoluzione.

● Piemonte Grignolino Monfiorato '11	🍷🍷 4
● Barbera del M.to '14	🍷🍷 2*
● Piemonte Grignolino '15	🍷🍷 2*
● Barbera del M.to Sup. Mepari '12	🍷 4
○ M.to Bianco Sperilium '15	🍷 2
● Barbera del M.to '13	🍷🍷 2*
● Barbera del M.to Mepari '04	🍷🍷 3*
● Barbera del M.to Mepari '03	🍷🍷 3*
● Barbera del M.to Sup. Mepari '11	🍷🍷 4
● Barbera del M.to Sup. Mepari '08	🍷🍷 4
● Barbera del M.to Sup. Mepari '07	🍷🍷 4
● Barbera del M.to Sup. Mepari '06	🍷🍷 4
● Barbera del M.to Sup. Mepari '05	🍷🍷 3*
○ LV Quinquagesimaquinta Mansio Passito '13	🍷🍷 4
○ M.to Bianco '14	🍷🍷 2*
● M.to Rosso Sol-Do '05	🍷🍷 3*

★Luciano Sandrone

via Pugnane, 4
12060 Barolo [CN]
Tel. 0173560023
www.sandroneluciano.com

VISITA SU PRENOTAZIONE
PRODUZIONE ANNUA 100.000 bottiglie
ETTARI VITATI 27,00

Il 1978 è un anno chiave nella storia del vino di Langa per molte ragioni, e tra queste il debutto produttivo di Luciano Sandrone. Prima annata nella sua cantina-garage di Barolo, poche centinaia di bottiglie immediatamente contese dai collezionisti per il loro stile originale, legato anche alle maturazioni in legno piccolo. Come ogni innovazione ben riuscita, nell'immaginario collettivo si sono poi affermati piuttosto come Nebbiolo classicamente contemporanei, fedeli ai caratteri di vigne reputate come Cannubi Boschis, Baudana, Villero. Una fama perfino rafforzata negli ultimi anni, con il coinvolgimento a tempo pieno in azienda della figlia Barbara e del fratello Luca. La famiglia Sandrone continua da venticinque anni a proporre un'avvincente coppia di Barolo. Dalla vendemmia 2012 arriva un Cannubi Boschis giovanile e carnoso, che potrà solo crescere in vetro per armonia complessiva e fusione del rovere. Ancor più denso e possente il Le Vigne pari annata: ciliegia, cuoio, pepe verde, ha ritmo e vitalità.

● Barolo Cannubi Boschis '12	🍷🍷 8
● Barolo Le Vigne '12	🍷🍷 8
● Nebbiolo d'Alba Valmaggiore '14	🍷🍷 5
● Barolo Cannubi Boschis '11	🍷🍷🍷 8
● Barolo Cannubi Boschis '10	🍷🍷🍷 8
● Barolo Cannubi Boschis '08	🍷🍷🍷 8
● Barolo Cannubi Boschis '07	🍷🍷🍷 8
● Barolo Cannubi Boschis '06	🍷🍷🍷 8
● Barolo Cannubi Boschis '05	🍷🍷🍷 8
● Barolo Cannubi Boschis '04	🍷🍷🍷 8
● Barolo Cannubi Boschis '03	🍷🍷🍷 8
● Barolo Cannubi Boschis '01	🍷🍷🍷 8
● Barolo Cannubi Boschis '00	🍷🍷🍷 8
● Barolo Le Vigne '99	🍷🍷🍷 8

Cantine Sant'Agata

REG. MEZZENA, 19
14030 SCURZOLENGO [AT]
TEL. 0141203186
www.santagata.com

VENDITA DIRETTA
VISITA SU PRENOTAZIONE
RISTORAZIONE
PRODUZIONE ANNUA 150.000 bottiglie
ETTARI VITATI 12,00

Ha compiuto cento anni l'azienda della famiglia Cavallero, guidata dal 1992 dai fratelli Claudio e Franco. La Cantine Sant'Agata è un punto di riferimento per i vini prodotti da uve ruché, di cui propone svariate versioni, ma non vanno dimenticati il grignolino e la barbera, che provengono dai vigneti di Portacomaro, il moscato, coltivato a Canelli, e i Barolo della tenuta La Fenice, prodotti in collaborazione con la famiglia Ghisolfi a cavallo tra il comune di Barolo e quello di Monforte. Sempre affidabile la gamma proposta da Cantine Sant'Agata. La Barbera d'Asti Baby '15 presenta sentori di frutta rossa e tabacco, è fresca ed equilibrata, mentre la Barbera d'Asti Superiore Altea '14 è grintosa, ma un po' semplice. Tra i Ruché di Castagnole Monferrato il 'Na Vota '15 è aromatico, con note di china e rabarbaro, mentre Il Cavaliere '15 ha tannini più importanti e compatti. Ben realizzati anche i due Barolo: il Bussia La Fenice '10 più complesso e profondo, il La Fenice '10 più fresco e immediato.

● Barbera d'Asti Baby '15	2 bicchieri neri 2*
● Barbera d'Asti Sup. Altea '14	2 bicchieri neri 3
● Barolo Bussia La Fenice '10	2 bicchieri neri 6
● Barolo La Fenice '10	2 bicchieri neri 6
● Ruché di Castagnole M.to 'Na Vota '15	2 bicchieri neri 3
● Ruché di Castagnole M.to Il Cavaliere '15	2 bicchieri neri 2*
● Ruché di Castagnole M.to Pro Nobis '13	1 bicchiere nero 3
● Barbera d'Asti Sup. Altea '12	2 bicchieri 3
● Barbera d'Asti Sup. Cavalé '12	2 bicchieri 4
● Barbera d'Asti Sup. Cavalé '11	2 bicchieri 4
● Barolo Bussia '09	2 bicchieri 7
● Ruché di Castagnole M.to Genesi '10	2 bicchieri 6
● Ruché di Castagnole M.to Il Cavaliere '14	2 bicchieri 2*

Paolo Saracco

VIA CIRCONVALLAZIONE, 6
12053 CASTIGLIONE TINELLA [CN]
TEL. 0141855113
www.paolosaracco.it

VENDITA DIRETTA
VISITA SU PRENOTAZIONE
PRODUZIONE ANNUA 600.000 bottiglie
ETTARI VITATI 46,00

La famiglia Saracco è produttrice di Moscato fin dai primi anni del secolo scorso. L'azienda, guidata dal 1988 da Paolo, è ormai da diversi anni stabilmente ai vertici del panorama moscatista e può contare su 14 tenute, situate ad altitudini che variano dai 300 ai 460 metri su terreni composti principalmente da banchi di sabbia, limo e calcare. La piccola gamma aziendale è completata da un Pinot Nero, uno Chardonnay e un Riesling, realizzati con uve coltivate a Castiglione Tinella e Castagnole delle Lanze. Il Piemonte Moscato d'Autunno è uno dei Moscato più famosi e la versione 2015 si conferma tra le migliori della tipologia. Al naso evidenzia freschi profumi di frutta bianca con intense note aromatiche, mentre il palato è come sempre di grande pienezza e dolcezza. Molto ben realizzati anche il Langhe Riesling '14, dai toni di macchia mediterranea, complesso e di notevole struttura, il Piemonte Pino Nero '13, più semplice nei suoi toni di piccoli frutti di bosco, e il piacevole Moscato d'Asti '15.

○ Piemonte Moscato d'Autunno '15	2 bicchieri rossi 3*
○ Langhe Riesling '14	2 bicchieri neri 3
○ Moscato d'Asti '15	2 bicchieri neri 3
● Piemonte Pinot Nero '13	2 bicchieri neri 5
○ Langhe Chardonnay Prasuè '15	1 bicchiere nero 3
○ Piemonte Moscato d'Autunno '09	3 bicchieri 3*
○ Moscato d'Asti '14	2 bicchieri 3
○ Moscato d'Asti '13	2 bicchieri 3
○ Piemonte Moscato d'Autunno '14	2 bicchieri 3*
○ Piemonte Moscato d'Autunno '13	2 bicchieri 3*
● Piemonte Pinot Nero '12	2 bicchieri 5
● Piemonte Pinot Nero '11	2 bicchieri 5
● Piemonte Pinot Nero '10	2 bicchieri 5
● Piemonte Pinot Nero '09	2 bicchieri 5

Roberto Sarotto

via Ronconuovo, 13
12050 Neviglie [CN]
Tel. 0173630228
www.robertosarotto.com

VENDITA DIRETTA
VISITA SU PRENOTAZIONE
PRODUZIONE ANNUA 700.000 bottiglie
ETTARI VITATI 84,00

Roberto Sarotto è al timone questa realtà piemontese, forte di un patrimonio viticolo molto articolato con curati appezzamenti nelle più note denominazioni regionali, dal Barolo al Barbaresco, dal Gavi al Moscato d'Asti. Mettiamo in risalto due aspetti: in primo luogo, la cifra stilistica che predilige vini intensi, polposi e ricchi, dall'altra, una politica dei prezzi ben ragionata che invita all'acquisto. Approda in fiale il Gavi del Comune di Gavi Bric Sassi Tenuta Manenti '15. Offre toni fragranti di trutta bianca, pesca e melone, con cenni minerali e una bocca tesa e tirata. Il finale è lungo e sapido. Note d'incenso e frutto maturo nel Barbaresco Currà Riserva '08, che è sì molto maturo, ma anche complesso nella sua speziatura di zenzero e canella; al sorsa offre toni di frutta secca e una bocca grassa, alcolica ma anche molto lunga nel finale. Stile estrattivo per il Barolo Audace '12, dai toni di tabacco biondo e piccoli frutti rossi; al sorso si mostra cremoso e fine.

○ Gavi del Comune di Gavi Bric Sassi Tenuta Manenti '15	🍷🍷 (rossi)	2*
● Barbaresco Currà Ris. '11	🍷🍷	5
● Barbaresco Gaia Principe '13	🍷🍷	6
● Barbera d'Alba Elena '13	🍷🍷	5
● Barolo Audace '12	🍷🍷	6
○ Gavi Aurora '15	🍷🍷	2*
● Langhe Nebbiolo '13	🍷	3
● Barbaresco Currà Ris. '10	🍷🍷 (vuoti)	5
● Barbera d'Alba Elena La Luna '13	🍷🍷 (vuoti)	5
● Barolo Audace '11	🍷🍷 (vuoti)	6
○ Gavi Aurora '14	🍷🍷 (vuoti)	2*
○ Gavi del Comune di Gavi Bric Sassi Tenuta Manenti '14	🍷🍷 (vuoti)	2*
○ Piemonte Chardonnay Impuro '14	🍷🍷 (vuoti)	3

Scagliola

via San Siro, 42
14052 Calosso [AT]
Tel. 0141853183
www.scagliolavini.com

VENDITA DIRETTA
VISITA SU PRENOTAZIONE
PRODUZIONE ANNUA 200.000 bottiglie
ETTARI VITATI 37,00

Questa importante azienda del panorama moscatista da qualche anno ci propone una serie di Barbera di altissimo livello. La famiglia Scagliola, giunta ormai alla quarta generazione, può disporre di vigneti a Calosso, su terreni di tipo calcareo argilloso di medio impasto, dove trova spazio principalmente la barbera, e a Canelli, su un terreno di tipo marnosabbioso, dove invece viene coltivato soprattutto moscato. I vini proposti sono tutti giocati sull'eleganza e l'espressione territoriale. Il Moscato d'Asti Volo di Farfalle '15 profitta dell'ottima annata per questa tipologia per mostrarsi particolarmente ricco nelle sue note di canditi e di crema pasticcera, mentre il palato è comunque fresco e piacevole. Fa il suo esordio la denominazione Nizza con la Foravia '14, di buona finezza, con palato dinamico rinfrescato da una tesa acidità, mentre la Barbera d'Asti Superiore Sansì Antologia '13 ha sentori di spezie dolci e tostatura, prugna e ciliegia, e un palato denso e di grande struttura.

● Barbera d'Asti Sup. SanSì Antologia '13	🍷🍷 (rossi)	8
○ Moscato d'Asti Volo di Farfalle '15	🍷🍷 (rossi)	3*
● Nizza Foravia '14	🍷🍷 (rossi)	5
● Barbera d'Asti Sup. SanSì '14	🍷🍷	6
● M.to Rosso Azord '14	🍷🍷	5
● M.to Dolcetto Busiord '15	🍷	3
○ Moscato d'Asti Primo Bacio '15	🍷	3
○ Piemonte Chardonnay Casot Dan Vian '15	🍷	3
● Barbera d'Asti Sup. SanSì Sel. '01	🍷🍷🍷 (vuoti)	6
● Barbera d'Asti Sup. SanSì Sel. '00	🍷🍷🍷 (vuoti)	6
● Barbera d'Asti Sup. SanSì Sel. '99	🍷🍷🍷 (vuoti)	5
● Barbera d'Asti Sup. Nizza Foravia '13	🍷🍷 (vuoti)	5
● Barbera d'Asti Sup. SanSì '13	🍷🍷 (vuoti)	6

Giorgio Scarzello e Figli

via Alba, 29
12060 Barolo [CN]
Tel. 017356170
www.barolodibarolo.com

VENDITA DIRETTA
VISITA SU PRENOTAZIONE
PRODUZIONE ANNUA 25.000 bottiglie
ETTARI VITATI 5,50

Federico Scarzello è alla guida di questa piccola ma significativa realtà di Langa, un'azienda tra le più rispettose della lunga e prestigiosa tradizione vitivinicola locale. Da poco più di cinque ettari vitati vengono prodotti vini di gran carattere e personalità, essenziali, senza fronzoli, che rimangono ad affinare a lungo in cantina prima di essere imbottigliati e presentati al pubblico. E il successo riscosso sui mercati internazionali dimostra come la qualità non abbia bisogno di inseguire le mode. Il Vigna Merenda '11 approda agevolmente nelle nostre finali. Il profilo olfattivo molto tradizionale e intenso che gioca su note di frutta rossa, anice, erbe secche e tabacco, anticipa una bocca armonica, dal tannino fitto, fresca e dinamica grazie a una calibrata spalla acida che trascina il sorso verso un finale lungo e avvolgente. Buono e ben fatto anche il Barolo del Comune di Barolo '11, dal delicato tratto floreale, di buona materia, maturo e davvero piacevole.

● Barolo Sarmassa V. Merenda '11	🍷🍷 6
● Barolo del Comune di Barolo '11	🍷🍷 5
● Barolo V. Merenda '99	🍷🍷🍷 5
● Barbera d'Alba Sup. '10	🍷🍷 4
● Barbera d'Alba Sup. '08	🍷🍷 4
● Barolo '07	🍷🍷 5
● Barolo del Comune di Barolo '09	🍷🍷 5
● Barolo del Comune di Barolo '08	🍷🍷 5
● Barolo Sarmassa V. Merenda '09	🍷🍷 6
● Barolo Sarmassa V. Merenda '08	🍷🍷 6
● Langhe Nebbiolo '13	🍷🍷 3
● Langhe Nebbiolo '12	🍷🍷 3
● Langhe Nebbiolo '10	🍷🍷 3

★★Paolo Scavino

fraz. Garbelletto
via Alba-Barolo, 157
12060 Castiglione Falletto [CN]
Tel. 017362850
www.paoloscavino.com

VENDITA DIRETTA
VISITA SU PRENOTAZIONE
PRODUZIONE ANNUA 130.000 bottiglie
ETTARI VITATI 29,00

Enrico Scavino si è stabilmente posizionato ai vertici dell'enologia barolista grazie a un puntiglioso lavoro che non si ferma alla vigna ma prosegue in una cantina che è un vero gioiello, da visitare assolutamente. Le selezioni più celebri sono il Barolo Riserva Rocche dell'Annunziata e il Bric dël Fiasc, ma tutte le etichette sono di pregevole raffinatezza. Sulle figure femminili che hanno fatto e faranno la storia della cantina si veda un importante libro di Suzanne Hoffman, Labor of love: wine family women of Piemonte, pubblicato nel giugno 2016 dalla statunitense Under Discovered Publishing. Il Barolo Bric dël Fiasc '12 è un Tre Bicchieri in cui si percepiscono già aromi complessi che vanno dal tabacco alle erbe officinali per poi arrivare alla liquirizia e al goudron; il palato tende all'austero, con trama tannica molto fitta supportata da una buona polpa. Bellissima apertura sulla frutta nitida e fresca nel raffinato Monvigliero '12, dalla bocca molto giovane e dotata di ottima struttura e bella polpa. Giovanile, elegante e armonico il pregevole Rocche dell'Annunziata Riserva '10.

● Barolo Bric dël Fiasc '12	🍷🍷🍷 8
● Barolo Bricco Ambrogio '12	🍷🍷 8
● Barolo Monvigliero '12	🍷🍷 8
● Barolo Rocche dell'Annunziata Ris. 10	🍷🍷 8
● Barbera d'Alba '15	🍷🍷 3
● Barolo Cannubi '12	🍷🍷 8
● Barolo Carobric '12	🍷🍷 8
● Barolo Enrico Scavino '12	🍷🍷 7
● Langhe Nebbiolo '14	🍷🍷 4
● Dolcetto d'Alba '15	🍷 3
○ Langhe Bianco Sorriso '15	🍷 3
● Barolo Bric dël Fiasc '11	🍷🍷🍷 8
● Barolo Bric dël Fiasc '09	🍷🍷🍷 8
● Barolo Bric dël Fiasc '06	🍷🍷🍷 8
● Barolo Monvigliero '08	🍷🍷🍷 8
● Barolo Rocche dell'Annunziata Ris. 08	🍷🍷🍷 8
● Barolo Rocche dell'Annunziata Ris. 05	🍷🍷🍷 8

Schiavenza

via Mazzini, 4
12050 Serralunga d'Alba [CN]
Tel. 0173613115
www.schiavenza.com

VENDITA DIRETTA
VISITA SU PRENOTAZIONE
RISTORAZIONE
PRODUZIONE ANNUA 43.000 bottiglie
ETTARI VITATI 10,00
AZIENDA SOSTENIBILE

Quelli firmati Schiavenza corrispondono perfettamente all'identikit spesso ridondante del Barolo di Serralunga vigoroso e severo. Interpretati con lunghissime soste in botti di medie dimensioni, non sono i vini adatti a chi cerca tutto e subito, ma il tempo li incanala spesso verso una dimensione più quieta e risolta. È la mano ultratradizionale di Luciano Pira e famiglia, che amplifica la personalità rude di autentici "grand cru del mattino" come Prapò, Bricco Cerretta, Broglio, senza dimenticare le parcelle di Perno a Monforte. È una visita altamente consigliata anche per la tipica cucina piemontese proposta nell'omonima osteria, da godere sulla splendida terrazza vista vigne. Anche questa volta c'è solo da divertirsi con la batteria dei Barolo '12 di Schiavenza. Compatto e rigoroso il Prapò, ma meno ruvido del preventivabile; qualche spigolo legnoso da smussare nel Cerretta. Deliziosamente retrò il Broglio: frutta secca e tabacco, affascina col suo sorso essenziale e gustoso.

- ● Barolo Broglio '12 — TT (rossi) 6
- ● Barolo Prapò '12 — TT (rossi) 6
- ● Barbera d'Alba '15 — TT 3
- ● Barolo Cerretta '12 — TT 6
- ● Barolo del Comune di Serralunga d'Alba '12 — TT 5
- ● Barolo Broglio '11 — YYY 5
- ● Barolo Broglio '05 — YYY 5
- ● Barolo Broglio '04 — YYY 5
- ● Barolo Broglio Ris. '08 — YYY 7
- ● Barolo Broglio Ris. '04 — YYY 5
- ● Barolo Prapò '08 — YYY 6
- ● Barolo Bricco Cerretta '11 — YY 6
- ● Barolo Prapò '11 — YY 6
- ● Barolo Prapò '10 — YY 6
- ● Barolo Prapò Ris. '08 — YY 7

Mauro Sebaste

fraz. Gallo d'Alba
via Garibaldi, 222bis
12051 Alba [CN]
Tel. 0173262148
www.maurosebaste.it

VENDITA DIRETTA
VISITA SU PRENOTAZIONE
PRODUZIONE ANNUA 150.000 bottiglie
ETTARI VITATI 30,00

Mauro Sebaste può guardare con orgoglio ai propri primi 25 anni di attività enologica: i vigneti hanno raggiunto i 30 ettari, le viti sono maturate e danno ottima uva, l'apprezzamento dei suoi vini sui mercati cresce. Al centro dell'attività enologica ci sono tre etichette di Barolo: la Riserva Ghé e il Prapò provengono da un singolo cru di Serralunga d'Alba, mentre il Trèsüri è un assemblaggio di diverse vigne, secondo l'antica tradizione locale. La cantina è decisamente moderna e funzionale, con vasche d'acciaio a temperatura controllata e legni francesi di diversa dimensione. Stile moderno, con spezie che vanno dalla vaniglia alla cannella, nel Barolo Riserva Ghé 2010, dalla bocca di buona struttura, ma con l'apporto tannico del rovere ancora ben presente. Il Trèsüri 2012 non è un campione di potenza, ma piace per l'armonia generale che riesce ad imprimere al naso e al palato. Ancora piuttosto ruvido ma con grande potenziale d'invecchiamento per il Prapò 2012. Di buon livello generale il resto della gamma.

- ● Barbera d'Asti Valvedani '15 — TT 5
- ● Barolo Ghé Ris. '10 — TT 8
- ● Barolo Prapò '12 — TT 8
- ● Barolo Trèsürì '12 — TT 6
- ● Nebbiolo d'Alba Parigi '14 — TT 5
- ● Barbera d'Alba Sup. Centobricchi '14 — T 5
- ○ Langhe Bianco Centobricchi '15 — T 3
- ○ Roero Arneis '15 — T 3
- ● Barbera d'Alba Sup. Centobricchi '13 — YY 5
- ● Barbera d'Alba Sup. Centobricchi '12 — YY 4
- ● Barolo Ghé Ris. '09 — YY 8
- ● Barolo Ghé Ris. '08 — YY 8
- ● Barolo Prapò '11 — YY 7
- ● Nebbiolo d'Alba Parigi '11 — YY 4

F.lli Seghesio

loc. Castelletto, 19
12065 Monforte d'Alba [CN]
Tel. 017378108
www.fratelliseghesio.it

VENDITA DIRETTA
VISITA SU PRENOTAZIONE
PRODUZIONE ANNUA 55.000 bottiglie
ETTARI VITATI 10,00

La visita alla cantina è non solo istruttiva ma anche emozionante: superbo panorama che guarda verso le colline di Serralunga d'Alba, una famiglia - guidata da Riccardo - che si dedica con umiltà e competenza alla campagna e alla vinificazione, una dimensione a misura d'uomo, assolutamente artigianale. Regolarmente squisito il Barolo la Villa, cui si affianca una Barbera d'Alba La Chiesa che è tra le migliori della zona. Trent'anni di meritoria attività vinicola, con vini sempre validi e affascinanti. All'insegna della finezza il Barolo La Villa '12: si inizia con nitide e freschissime note di lampone e fragoline di bosco per poi passare a sentori di tabacco biondo e cannella, con una magnifica viola sullo sfondo. Il palato è straordinario per densità e carattere, con tannini setosi. Valida tutta la gamma, con una nota di merito al fruttato e denso Dolcetto della bella vendemmia 2015.

● Barolo La Villa '12	YY 7
● Barbera d'Alba '15	YY 3
● Barolo '12	YY 7
● Dolcetto d'Alba '15	YY 2*
● Langhe Nebbiolo '14	Y 4
● Barbera d'Alba Vign. della Chiesa '00	YYY 4*
● Barbera d'Alba Vign. della Chiesa '97	YYY 4*
● Barolo Vign. La Villa '10	YYY 6
● Barolo Vign. La Villa '04	YYY 6
● Barolo Vign. La Villa '99	YYY 7
● Barbera d'Alba '13	YY 3
● Barbera d'Alba La Chiesa '12	YY 4
● Barbera d'Alba Vign. della Chiesa '10	YY 4
● Barolo '11	YY 7
● Barolo La Villa '11	YY 7
● Barolo La Villa '10	YY 7
● Barolo La Villa '09	YY 7

Tenute Sella

via IV Novembre, 130
13060 Lessona [BI]
Tel. 01599455
www.tenutesella.it

VENDITA DIRETTA
VISITA SU PRENOTAZIONE
PRODUZIONE ANNUA 80.000 bottiglie
ETTARI VITATI 22,00

La gamma e le cantine della famiglia Sella sono, non da oggi, un passaggio obbligato per chi vuole esplorare i mille registri del nebbiolo biellese, maritato secondo tradizione con vespolina e croatina. A declinare le sabbie di Lessona o i porfidi di Bramaterra, trovando un fil rouge riconoscibile nel rigoroso lavoro di vigna e cantina, che prevede per i vini più importanti lunghi affinamenti in rovere di Slavonia da 25 ettolitri e barrique solo parzialmente nuove. Uno stile che si è mantenuto anche dopo una serie di avvicendamenti nel management tecnico, profondamente legato ai circa venti ettari di proprietà suddivisi in cru prestigiosi come San Sebastiano allo Zoppo. L'asse Bramaterra Lessona si conferma una volta di più sinergico con le ultime uscite. Targati 2011 e 2010, i base si esprimono su registri marini e silvestri, alternando forza tannica e slancio nervoso nel disegno gustativo. Maggiore stratificazione aromatica e trama più vellutata nel Lessona Omaggio a Quintino Sella '09.

● Lessona Omaggio a Quintino Sella '09	YY 7
● Bramaterra '11	YY 5
● Lessona '10	YY 5
⊙ Coste della Sesia Rosato Majoli '15	Y 3
● Coste della Sesia Rosso Castelletto '13	Y 4
● Bramaterra I Porfidi '07	YYY 5
● Bramaterra I Porfidi '05	YYY 5
● Bramaterra I Porfidi '03	YYY 5
● Lessona Omaggio a Quintino Sella '06	YYY 7
● Lessona Omaggio a Quintino Sella '05	YYY 6
● Lessona S. Sebastiano allo Zoppo '04	YYY 5
● Lessona S. Sebastiano allo Zoppo '01	YYY 5
⊙ Coste della Sesia Rosato Majoli '13	YY 3
● Coste della Sesia Rosso Orbello '13	YY 3

Enrico Serafino

C.SO ASTI, 5
12043 CANALE [CN]
TEL. 0173979485
www.enricoserafino.it

VENDITA DIRETTA
VISITA SU PRENOTAZIONE
PRODUZIONE ANNUA 500.000 bottiglie
ETTARI VITATI 12,00

La nuova proprietaria della Serafino, la famiglia Krause, in questi mesi è diventata famosa soprattutto per la "campagna acquisti" realizzata in Langa e nell'Astigiano con l'acquisizione della Vietti, ma questo non ha voluto dire trascurare la produzione di questa azienda roerina. I vini di punta sono sempre i classici del Roero e gli spumanti Alta Langa. I vigneti di proprietà sono tutti situati nel comune di Canale e vedono la presenza di nebbiolo, barbera e arneis, mentre chardonnay e pinot nero provengono da fidati conferitori. Sempre di ottimo livello gli Alta Langa. Il Brut '10 è ricco di profumi, con sentori di frutta bianca, agrumi e lieviti, mentre il palato è molto grintoso, teso e con belle note fruttate nel finale, il Brut Zero '10 ha invece toni di crema pasticcera, zafferano e zenzero, con un palato elegante, di buona tensione e freschezza. Ci è particolarmente piaciuta anche la Barbera d'Alba Parduné '13, con note di tabacco e ciliegia matura, equilibrata e di carattere.

○ Alta Langa Brut '10	YY 4
○ Alta Langa Brut Zero '10	YY 6
● Barbera d'Alba Parduné '13	YY 4
⊙ Alta Langa Brut Rosè '13	YY 5
● Barbera d'Alba Bacajé '15	YY 3
● Nebbiolo d'Alba Diauleri '14	YY 3
○ Roero Arneis Canteiò '15	YY 3
● Roero Pasiunà '13	YY 4
○ Alta Langa Brut Zero Cantina Maestra '09	YYY 6
○ Alta Langa Brut Zero Cantina Maestra '07	YYY 6
○ Alta Langa Brut Zero Cantina Maestra '06	YYY 6
○ Alta Langa Brut Zero Cantina Maestra Ris. '05	YYY 6
○ Alta Langa Brut Zero Sboccatura Tardiva Cantina Maestra '08	YYY 6

Sergio Grimaldi Ca' du Sindic

LOC. SAN GRATO, 15
12058 SANTO STEFANO BELBO [CN]
TEL. 0141840341
www.cadusindic.it

VENDITA DIRETTA
VISITA SU PRENOTAZIONE
PRODUZIONE ANNUA 100.000 bottiglie
ETTARI VITATI 17,00
AZIENDA SOSTENIBILE

I due Moscato di Ca' du Sindic – il Capsula Argento e il Capsula Oro – sono da diversi anni tra i vini di riferimento per tutta la produzione moscatista. I vigneti della famiglia Grimaldi sono situati accanto all'azienda, sulla collina di San Grato, e sulle colline di San Maurizio, Bauda e Moncucco, tutti nel comune di Santo Stefano Belbo, e vedono la presenza di piante di oltre sessant'anni. Dolcetto, barbera, cortese, brachetto, favorita, pinot nero e chardonnay danno vita al resto della gamma aziendale. Il Moscato d'Asti Capsula Oro '15 è tra i migliori della tipologia: intensi e classici profumi di mela e di aghi di pino, palato armonico e in equilibrio tra polpa e acidità, finale lungo e piacevole. Il Moscato d'Asti Vigna Moncucco '15 (ex Capsula Argento) è varietale, con le sue note di erbe aromatiche fresche, mentre il palato è allo stesso tempo ricco di frutto e sapido, per un finale grintoso e dinamico. Da segnalare anche l'immediato Dolcetto d'Alba '15 e lo scorrevole Ventuno Brut '14.

○ Moscato d'Asti Capsula Oro '15	YY 3*
○ Moscato d'Asti V. Moncucco '15	YY 3*
● Dolcetto d'Alba '15	YY 2*
○ Ventuno Brut '14	YY 3
● Barbera d'Asti '12	YY 2*
● Barbera d'Asti SanGrato '12	YY 2*
○ Moscato d'Asti Capsula Argento '14	YY 2*
○ Moscato d'Asti Capsula Argento '13	YY 2*
○ Moscato d'Asti Capsula Argento '12	YY 2*
○ Moscato d'Asti Capsula Oro '14	YY 3
○ Moscato d'Asti Capsula Oro '13	YY 3
○ Moscato d'Asti Capsula Oro '12	YY 3
○ Moscato d'Asti Capsula Oro '11	YY 2*

Giovanni Silva

CASCINE ROGGE, 1B
10011 AGLIÈ [TO]
TEL. 3473075648
www.silvavini.com

VENDITA DIRETTA
VISITA SU PRENOTAZIONE
PRODUZIONE ANNUA 50.000 bottiglie
ETTARI VITATI 12,00

Le proprietà viticole della famiglia Silla si stagliano in posizione dominante sulle colline moreniche di Agliè, attorno Cascina Rogge, in un'area confinante con il parco del Castello Ducale. Sono dodici ettari vitati, curati dal signor Giovanni insieme al nipote Stefano, terza generazione all'opera in circa un ventennio di attività. La loro composita gamma è incentrata principalmente sull'erbaluce, declinato in tutte le tipologie, dai bianchi fermo secchi Dry Ice e Tre Ciochè al Passito Poetica, senza dimenticare gli spumanti Charmat e Metodo Classico. Completano lo scacchiere varietale quote residuali destinate a nebbiolo, barbera, freisa e bonarda. Il lungo affinamento ha donato una doppia personalità all'interessante Erbaluce di Caluso Brut '09: i profumi volgono verso note mature e avvolgenti che ricordano miele e frutti bianchi maturi, mentre sul palato l'acidità si impone in modo deciso e pungente. Non particolarmente strutturato ma ben bilanciato il Dry Ice '15, piacevolmente scorrevole e invitante anche grazie a un finale in cui compaiono ricordi di mandorla.

○ Erbaluce di Caluso Brut M. Cl. '09	🍷🍷 5
○ Erbaluce di Caluso Dry Ice '15	🍷🍷 2*
○ Erbaluce di Caluso Tre Ciochè '15	🍷🍷 2*
○ Caluso Passito Poetica '03	🍷🍷 5
● Canavese Nebbiolo '08	🍷🍷 2*
○ Erbaluce di Caluso Dry Ice '14	🍷🍷 2*
○ Erbaluce di Caluso Dry Silva '12	🍷🍷 2*
○ Erbaluce di Caluso Passito Poetica '04	🍷🍷 5
○ Erbaluce di Caluso Tre Ciochè '14	🍷🍷 2*
○ Erbaluce di Caluso Tre Ciochè '13	🍷🍷 2*
○ Erbaluce di Caluso Tre Ciochè '12	🍷🍷 2*
○ Erbaluce di Caluso Tre Ciochè '06	🍷🍷 2*

La Smilla

VIA GARIBALDI, 7
15060 BOSIO [AL]
TEL. 0143684245
www.lasmilla.it

VENDITA DIRETTA
PRODUZIONE ANNUA 100.000 bottiglie
ETTARI VITATI 5,00

Il senso de La Smilla per il cortese di Gavi e per il Dolcetto di Ovada si manifesta da generazioni nel lavoro della famiglia Guido sulle colline di Bosio, il comune piemontese più vicino al mar Ligure, che dista in linea d'aria meno di dieci chilometri. Condizioni geoclimatiche che dicono già tutto, o quasi, sul carattere decisamente originale di una gamma capace di accoppiare spontaneità ed espansione, facilità di approccio e integrità evolutiva. Tutte le etichette sono affinate in acciaio, con l'eccezione della selezione di Gavi I Bergi e della Barbera Calicanto, maturate in rovere piccolo. Le migliori indicazioni arrivano in questa tornata di assaggi dai Gavi '15. La Smilla ha forza e brio da vendere in un palato sostenuto da originali nuance erbacee ed affumicate. Disegno simile, ma con maggiore intensità fruttata e spinta minerale nel La Smilla del Comune di Gavi: echi di susina e albicocca nel lungo finale. Perlage fine e scatto sapido nel Gavi Metodo Classico Brut '13.

○ Gavi '15	🍷🍷 2*
○ Gavi del Comune di Gavi '15	🍷🍷 2*
○ Gavi Brut M. Cl. '13	🍷🍷 3
● M.to Rosso Calicanto '12	🍷🍷 3
● Barbera del M.to '14	🍷 2
● Dolcetto di Ovada '14	🍷 2
○ Gavi I Bergi '14	🍷 3
● Dolcetto di Ovada '13	🍷🍷 2*
● Dolcetto di Ovada '12	🍷🍷 2*
○ Gavi '14	🍷🍷 2*
○ Gavi '13	🍷🍷 2*
○ Gavi del Comune di Gavi '14	🍷🍷 2*
○ Gavi del Comune di Gavi '13	🍷🍷 2*
○ Gavi del Comune di Gavi '12	🍷🍷 2*
○ Gavi del Comune di Gavi I Bergi '11	🍷🍷 3
● M.to Rosso Calicanto '10	🍷🍷 3

Socré

S.da Terzolo, 7
12050 Barbaresco [CN]
Tel. 3487121685
www.socre.it

VENDITA DIRETTA
VISITA SU PRENOTAZIONE
PRODUZIONE ANNUA 30.000 bottiglie
ETTARI VITATI 5,50

Qualche anno fa l'architetto Marco Piacentino, dopo anni passati a Torino per lavoro, si è ricordato di essere nato a Barbaresco e ha deciso di riprendere in mano le redini della cantina di famiglia. Il percorso di crescita qualitativa è costante e l'interesse per questi vini, testimoniato anche da importanti premi di riviste enologiche internazionali, avanza di pari passo, con esportazioni ormai consolidate in parecchi Paesi. Il fiore all'occhiello è il Barbaresco Roncaglie, che esce dopo un prolungato affinamento in cantina, ma tutta la proposta è ben curata. Personalità delicatamente moderna nel Barbaresco Roncaglie '12, con un filo di rovere a dare complessità a una fase gustativa ben dotata di frutto; bocca possente e ricca, di notevole armonia con finale lunghissimo e molto raffinato. Spezie in evidenza ma non manca la componente fruttata nel Barbaresco '13; il palato non è molto voluminoso ma risulta armonico e di bella avvolgenza.

● Barbaresco Roncaglie '12	6
● Barbaresco '13	5
● Cisterna d'Asti De Scapin '13	2*
● Langhe Nebbiolo '14	3
● Dolcetto d'Alba '15	2
● Barbaresco '12	5
● Barbaresco '11	5
● Barbaresco '10	5
● Barbaresco '08	5
● Barbaresco Roncaglie '11	6
● Barbaresco Roncaglie '10	7
● Barbaresco Roncaglie '09	7
● Barbera d'Alba Sup. '13	3
● Cisterna d'Asti De Scapin '12	2*

★Sottimano

Loc. Cottà, 21
12052 Neive [CN]
Tel. 0173635186
www.sottimano.it

VENDITA DIRETTA
VISITA SU PRENOTAZIONE
PRODUZIONE ANNUA 85.000 bottiglie
ETTARI VITATI 18,00

È una specie di "nazionale" del nebbiolo di Neive, quella che si configura nella proposta dei Barbaresco di Rino e Anna Sottimano, insieme ai figli Andrea ed Elena. Fausoni, Currà. Pajoré, Cottà: l'espressività di ciascun cru è cavalcata con un'impronta stilistica formalmente moderna, con molte virgolette. Per gli affinamenti vengono utilizzati principalmente legni piccoli (solo in parte nuovi), ma sono la qualità del frutto e la trama estrattiva a fare da perno nel lavoro di cantina. Nelle migliori vendemmie viene prodotto un Barbaresco Riserva (con le uve di Cottà e Pajorè), cui si affiancano il Dolcetto Bric del Salto, la Barbera Pairolero e il Brachetto Maté, vinificato secco. Consueta girandola di emozioni dalla batteria di Barbaresco. Svetta il Currà 2012 per l'armonico insieme di frutta e spezie, con un palato di pregevole austerità, fedele interprete dell'annata. Affascina il Pajoré 2013, grazie alle ricche sensazioni di frutta rossa, radici ed erbe, e alla sensazioni polpose e vellutate. Più fresco al naso e progressivo in bocca il Cottà 2013.

● Barbaresco Currà '12	8
● Barbaresco Cottà '13	7
● Barbaresco Pajoré '13	7
● Barbaresco Fausoni '13	7
● Barbera d'Alba Pairolero '14	4
● Maté '15	3
● Barbaresco Cottà '05	7
● Barbaresco Currà '10	8
● Barbaresco Currà '08	7
● Barbaresco Currà '04	6
● Barbaresco Pajoré '10	7
● Barbaresco Pajoré '08	7
● Barbaresco Ris. '10	8
● Barbaresco Ris. '05	8
● Barbaresco Ris. '04	8

Luigi Spertino

via Lea, 505
14047 Mombercelli [AT]
Tel. 0141959098
luigi.spertino@libero.it

VENDITA DIRETTA
VISITA SU PRENOTAZIONE
PRODUZIONE ANNUA 40.000 bottiglie
ETTARI VITATI 9,00

La famiglia Spertino da più di 35 anni coltiva vigneti inerpicati su colline dalla grande pendenza e che vedono la presenza di vecchie vigne - oltre settantacinque anni – di barbera, e poi grignolino, cortese e pinot nero. Mauro propone vini di grande originalità e allo stesso tempo di grande autenticità e aderenza territoriale, come la Barbera La Mandorla, per la quale ha scelto la strada dell'appassimento delle uve, o il Cortese Vilet, per il quale ha optato per una vinificazione sulle bucce. La versione 2014 della Barbera d'Asti Superiore La Mandorla porta la dicitura Edizione La Grisa, ma conferma la sua unicità e conquista i Tre Bicchieri. I profumi di prugna e ciliegia si alternano a quelli di china e terra bagnata, per un palato fitto e succoso, con un tannino elegante, ricco di polpa e fresco allo stesso tempo. Ottima anche la Barbera d'Asti La Grisa '14, dalle note di frutta nera, tabacco e bacche di ginepro, con un palato di grande pienezza, ben sostenuto dall'acidità e dal frutto croccante.

● Barbera d'Asti Sup. V. La Mandorla Edizione La Grisa '14	🍷🍷🍷 8
● Barbera d'Asti La Grisa '14	🍷🍷 4
● Grignolino d'Asti '15	🍷🍷 3*
● M.to Rosso '13	🍷🍷 7
○ Piemonte Cortese Vilet '15	🍷🍷 7
● Barbera d'Asti Sup. La Mandorla '13	🍷🍷🍷 8
● Barbera d'Asti Sup. La Mandorla '10	🍷🍷🍷 8
● Barbera d'Asti Sup. La Mandorla '09	🍷🍷🍷 8
● Barbera d'Asti Sup. La Mandorla '07	🍷🍷🍷 7
● Barbera d'Asti Sup. V. La Mandorla '12	🍷🍷🍷 8
● M.to Rosso La Mandorla '09	🍷🍷🍷 7
● M.to Rosso La Mandorla '07	🍷🍷🍷 5
● Barbera d'Asti '13	🍷🍷 4

★★★La Spinetta

via Annunziata, 17
14054 Castagnole delle Lanze [AT]
Tel. 0141877396
www.la-spinetta.com

VENDITA DIRETTA
VISITA SU PRENOTAZIONE
OSPITALITÀ
PRODUZIONE ANNUA 500.000 bottiglie
ETTARI VITATI 100,00
AZIENDA SOSTENIBILE

Lo stile dei vini di Giorgio Rivetti è principalmente legato all'avanzata maturità delle uve e alla buona concentrazione dei frutti, da cui si ricavano selezioni decise e avvolgenti negli aromi, sempre ricche di tannini e di grande materia gustativa. La vasta gamma produttiva comprende, oltre al giustamente celebre Moscato d'Asti, principalmente Barolo (dal vigneto Campé di Grinzane Cavour) e Barbaresco, da cru a Neive e Treiso. Grandi risultati con la Barbera, sia nella denominazione Asti (Bionzo) sia nella Alba (Gallina). Pregevoli risultati su tutta la linea produttiva, cui manca appena un tocco di freschezza per giungere sul gradino più alto del podio. Tra tanti campioni, il risultato più sicuro arriva dal Barbaresco Gallina '13, caratterizzato da intense note di pesca e rovere al naso, cui segue un sorso dall'enorme polpa fruttata e dai tannini ben sciolti. Sempre al vertice delle rispettive tipologie l'elegante Barbera d'Asti Bionzo e l'affascinante Moscato d'Asti Bricco Quaglia.

● Barbaresco Gallina '13	🍷🍷 8
● Barbaresco Starderi '13	🍷🍷 8
● Barbera d'Asti Sup. Bionzo '13	🍷🍷 6
● Barolo Campè '12	🍷🍷 8
○ Moscato d'Asti Bricco Quaglia '15	🍷🍷 3*
● Barbaresco Valeirano '13	🍷🍷 8
● Barbaresco Vign. Bordini '12	🍷🍷 7
● Barolo Vign. Garretti '12	🍷🍷 7
● Langhe Nebbiolo '13	🍷🍷 5
● M.to Rosso Pin '13	🍷🍷 6
○ Moscato d'Asti Biancospino '15	🍷🍷 3
○ Piemonte Chardonnay Lidia '13	🍷🍷 6
○ Piemonte Moscato Passito Oro '08	🍷🍷 6
○ Langhe Bianco '13	🍷 6
● Barbaresco Gallina '11	🍷🍷🍷 8
● Barolo Campè '08	🍷🍷🍷 8

Sulin

v.le Pininfarina, 14
14035 Grazzano Badoglio [AT]
Tel. 0141925136
www.sulin.it

PRODUZIONE ANNUA 220.000 bottiglie
ETTARI VITATI 19,50

I fratelli Mauro e Fabio Fracchia hanno deciso nel 2000 di dare una svolta all'attività di famiglia, iniziata negli anni Venti del secolo scorso. Spazio quindi a nuove tecnologie e moderni sesti d'impianto in vigna ma senza dimenticare la storia del territorio. Due anni di studi su diversi cloni di barbera, presenti nei vecchi vigneti di famiglia, hanno dato origine alla selezione clonale, da cui nasce il vigneto Ornella e la sua splendida Barbera. In produzione una dozzina di vini, tra i quali segnaliamo lo Chardonnay, vinificato in legno grande, un vino intrigante e varietale molto longevo. Mancato l'ingresso in Guida lo scorso anno per problemi di spazio, il Sulin centra il bersaglio quest'anno con una batteria di grande livello. Ornella '13 presenta aromi di bacche nere su note di pepe e cacao, che si allungano su un palato potente e fresco, dal finale lunghissimo. Mentre una ricca e armonica Barbera '14 precede uno Chardonnay fruttato e floreale e un Grignolino classico e varietale.

● Barbera del M.to Sup. Ornella '13	🍷🍷 5
● Barbera del M.to '14	🍷🍷 2*
● Grignolino del M.to Casalese '15	🍷🍷 2*
○ Piemonte Chardonnay '15	🍷🍷 2*

Sylla Sebaste

via San Pietro, 4
12060 Barolo [CN]
Tel. 017356266
www.syllasebaste.com

VENDITA DIRETTA
VISITA SU PRENOTAZIONE
RISTORAZIONE
PRODUZIONE ANNUA 120.000 bottiglie
ETTARI VITATI 7,00

Nebbiolista appassionato Fabrizio Merlo, a capo di questa azienda da oltre due decenni, presenta quest'anno un nuovo Barolo, il Bricco delle Viole 2012 che è soprattutto un omaggio alle terre di Langhe e Roero, entrate nella Heritage List dell' Unesco da poco più di un anno. In frazione Vergne, di fronte alla cantina, c'è una bella chiesa del XIV secolo, la cappella di San Pietro delle Viole ma è anche lì che si estende il magnifico vigneto in questione. Con la consulenza dell'enologo Luca Caramellino si è assistito ad una continua crescita qualitativa, con i Barolo al centro dell'attenzione. A raggiungere le nostre finali è proprio il neonato Bricco delle Viole 2012, un Barolo di ottima complessità olfattiva, dove si mescolano gli aromi fruttati di lampone con quelli più evoluti di tabacco e sottobosco, e un'invidiabile finezza gustativa, con tannini morbidi e risolti. Pur giocando la carta dell'eleganza, il Bussia 2012 offre un naso più sfaccettato, con il frutto che ha lasciato spazio ai ricordi di goudron e liquirizia.

● Barolo Bricco delle Viole '12	🍷🍷 5
● Barolo '12	🍷🍷 5
● Barolo Bussia '12	🍷🍷 6
● Langhe Nebbiolo '13	🍷🍷 3
○ Roero Arneis '15	🍷 3
● Barolo Bussia '85	🍷🍷🍷 6
● Barolo Bussia Ris. '84	🍷🍷🍷 6
● Barbera d'Alba '13	🍷🍷 3
● Barolo '11	🍷🍷 6
● Barolo '10	🍷🍷 6
● Barolo Bussia '11	🍷🍷 6
● Barolo Bussia '10	🍷🍷 6
● Nebbiolo d'Alba '12	🍷🍷 3
● Nebbiolo d'Alba '11	🍷🍷 3

Tacchino

via Martiri della Benedicta, 26
15060 Castelletto d'Orba [AL]
Tel. 0143830115
www.luigitacchino.it

VENDITA DIRETTA
VISITA SU PRENOTAZIONE
PRODUZIONE ANNUA 12.000 bottiglie
ETTARI VITATI 12,00

Tre generazioni in vigna sono il bagaglio di esperienze e cultura del territorio cui Romina e il fratello Alessio devono probabilmente quello che sono oggi, anche se è indiscutibile che il salto di qualità decisivo l'abbiano fatto loro. Modernizzando la filiera di produzione e cominciando a utilizzare il legno per gli affinamenti dei vini di punta. Senza trascurare l'iniziativa imprenditoriale, necessaria per internazionalizzare l'azienda, mossa fondamentale in anni di dura recessione del mercato interno. Chapeau. In questa edizione della Guida è ancora il Du Riva a emozionare, con aromi di mora e ribes su note speziate e una fase gustativa potente dal finale molto lungo. Un grande corpo e una persistenza infinita sono le caratteristiche peculiari di Albarola, una Barbera Monferrato armonica ed elegante. Seguono una buona versione del Monferrato Rosso Di Fatto e di due 2014, Barbera e Dolcetto, che a dispetto dell'annata godono di ottimi connotati gusto olfattivi.

Vino	Bicchieri	
● Dolcetto di Ovada Sup. Du Riva '13	🍷🍷🍷	4*
● Barbera del M.to Albarola '13	🍷🍷	5
● Barbera del M.to '14	🍷🍷	2*
● Dolcetto di Ovada '14	🍷🍷	2*
○ Gavi del Comune di Gavi '15	🍷🍷	3
● M.to Rosso Di Fatto '13	🍷🍷	4
○ Cortese dell'Alto M.to Marsenca '15	🍷	2
● Dolcetto di Ovada Sup. Du Riva '12	YYY	5
● Dolcetto di Ovada Sup. Du Riva '11	YYY	5
● Dolcetto di Ovada Sup. Du Riva '10	YYY	4*
● Dolcetto di Ovada Sup. Du Riva '09	YYY	4*
● Dolcetto di Ovada Sup. Du Riva '08	YYY	4*
● Dolcetto di Ovada '13	YY	2*
● Dolcetto di Ovada '12	YY	2*
● M.to Rosso Di Fatto '12	YY	4

Michele Taliano

c.so A. Manzoni, 24
12046 Montà [CN]
Tel. 0173975658
www.talianomichele.com

VENDITA DIRETTA
VISITA SU PRENOTAZIONE
PRODUZIONE ANNUA 60.000 bottiglie
ETTARI VITATI 12,00

L'azienda nasce nel 1930 con Domenico Taliano e oggi è gestita dalla terza generazione della famiglia, i fratelli Ezio e Alberto. Inizialmente i vigneti erano tutti all'interno del comune di Montà, nelle zone di Bossola, Rolandi e Benna, ma successivamente sono state acquisite vigne e una cascina a Montersino, nella zona del Barbaresco. I vigneti roerini sono piantati con uve autoctone come arneis, barbera, favorita e nebbiolo, mentre nei vigneti di Langa vengono coltivati nebbiolo, barbera, dolcetto e moscato. Davvero brillante il vino roerino di punta dell'azienda, il Roero Ròche Dra Bòssora Riserva '12, dai profumi speziati con note fruttate e di tabacco, e dal palato fitto e tannico ma equilibrato e sapido, con un finale lungo e succoso. Ben realizzati anche i due Barbaresco presentati, il Tera Mia Riserva '09, dai toni di fiori secchi e foglie di tè, ancora un po' segnato dal legno, ma anche di buon frutto, e l'Ad Altiora Montersino '12, abbastanza complesso e giocato più sulla freschezza acida.

Vino	Bicchieri	
● Roero Ròche dra Bòssora Ris. '12	🍷🍷	3*
● Barbaresco Ad Altiora Montersino '12	🍷🍷	5
● Barbaresco Tera Mia Ris. '09	🍷🍷	5
● Barbera d'Alba A Bon Rendre '15	🍷🍷	2*
● Barbera d'Alba Laboriosa Sup. '12	🍷	3
○ Roero Arneis Sernì '15	🍷	2
● Barbaresco Ad Altiora '11	YY	5
● Barbaresco Ad Altiora '10	YY	5
● Barbera d'Alba A Bon Rendre '13	YY	2*
● Barbera d'Alba Laboriosa '11	YY	3
● Nebbiolo d'Alba Blagheur '13	YY	2*
○ Roero Arneis Sernì '13	YY	2*
● Roero Ròche dra Bòssora Ris. '11	YY	3*

Tenuta Tenaglia

s.da Santuario di Crea, 5
15020 Serralunga di Crea [AL]
Tel. 0142940252
www.tenutatenaglia.it

VENDITA DIRETTA
VISITA SU PRENOTAZIONE
OSPITALITÀ
PRODUZIONE ANNUA 120.000 bottiglie
ETTARI VITATI 30,00
AZIENDA SOSTENIBILE

Azienda del Monferrato Casalese, con radici storiche molto profonde, Tenuta Tenaglia è uno dei punti di riferimento del comprensorio. In produzione vini con un taglio piuttosto moderno ma attenti a valorizzare le caratteristiche peculiari dei vitigni utilizzati. Barbera del Monferrato e Barbera d'Asti, che rappresentano la gran parte delle etichette in produzione, vengono declinate in diverse versioni in base alle rese e agli affinamenti. Lo chardonnay viene vinificato in purezza o assemblato al timorasso, nel Monferrato Bianco. Vinificate in purezza anche le uve syrah. Bella batteria che consegna in finale due grandi versioni di Barbera d'Asti. Emozioni e Giorgio Tenaglia esprimono aromi terziari complessi e intensi, con bocche armoniche, fini ed eleganti. Gli altri vini presentati evidenziano la qualità generale della produzione, che sia il Syrah Paradiso, piuttosto che il Grignolino o le Barbera d'annata.

● Barbera d'Asti Emozioni '10	🍷🍷 5
● Barbera d'Asti Giorgio Tenaglia '10	🍷🍷 3*
● Barbera d'Asti Bricco '15	🍷🍷 2*
● Barbera del M.to Cappella III '15	🍷🍷 2*
● Grignolino del M.to Casalese '15	🍷🍷 2*
● M.to Rosso Paradiso '10	🍷🍷 5
● Barbera del M.to Sup. 1930 Una Buona Annata '12	🍷 5
⊙ M.to Chiaretto Edenrose '15	🍷 2
○ Piemonte Chardonnay '15	🍷 2
● Barbera d'Asti Emozioni '99	🍷🍷🍷 4*
● Barbera del M.to Sup. 1930 Una Buona Annata '11	🍷🍷 5
● Barbera del M.to Sup. 1930 Una Buona Annata '10	🍷🍷 5
● Grignolino del M.to Casalese '13	🍷🍷 2*

Terre del Barolo

via Alba-Barolo, 8
12060 Castiglione Falletto [CN]
Tel. 0173262053
www.terredelbarolo.com

VENDITA DIRETTA
VISITA SU PRENOTAZIONE
PRODUZIONE ANNUA 3.800.000 bottiglie
ETTARI VITATI 650,00
AZIENDA SOSTENIBILE

650 ettari di vigneto sono un numero straordinariamente grande in Langa, anche per la sua cooperativa sociale più famosa che ha sede a Castiglione Falletto. Il suo stare in scena da oltre 60 anni testimonia l'attenzione verso il territorio e i suoi vini risultano affidabili e a prezzi contenuti, con un'ampia gamma di cru tra cui poter scegliere. 15 anni, fa con il Progetto Qualità, si è investito sulla conoscenza dettagliata delle diverse microzone presenti negli 11 comuni della zona di produzione del Barolo. Oggi, il risultato sta nelle tantissime etichette in grado di accontentare tasche e palati differenti. La selezione dei Barolo aziendali è assolutamente inappuntabile ad iniziare dalla base con un Barolo 2012 di buon corpo e ottima finezza, prodotto nel rispetto del Progetto Qualità. Con le selezioni dei singoli vigneti si torna qualche anno indietro pur conservando la medesima freschezza. Dei due 2010 preferiamo l'eleganza piena e classica del Ravera al Monvigliero, mentre le Riserve 2009 risultano più asciutte nei tannini.

● Barolo Monvigliero '10	🍷🍷 6
● Barolo Ravera '10	🍷🍷 6
● Barolo '12	🍷🍷 5
● Barolo Castello Ris. '09	🍷🍷 6
● Barolo Rocche di Castiglione Ris. '09	🍷🍷 7
● Barbera d'Alba Valdisera '12	🍷🍷 2*
● Barolo Cannubi '09	🍷🍷 7
● Barolo Cannubi '08	🍷🍷 7
● Barolo Castello Ris. '08	🍷🍷 6
● Barolo Castello Ris. '07	🍷🍷 6
● Barolo Monvigliero '09	🍷🍷 6
● Barolo Monvigliero '08	🍷🍷 6
● Barolo Ravera '09	🍷🍷 6
● Barolo Ravera '08	🍷🍷 6

★Torraccia del Piantavigna

VIA ROMAGNANO, 20
28074 GHEMME [NO]
TEL. 0163840040
www.torracciadelpiantavigna.it

VENDITA DIRETTA
VISITA SU PRENOTAZIONE
PRODUZIONE ANNUA 150.000 bottiglie
ETTARI VITATI 38,00
AZIENDA SOSTENIBILE

Non è un marchio di fantasia, come molti pensano, quello scelto dai fratelli Francoli per la loro azienda, trasversalmente riconosciuta tra le più solide e ambiziose del distretto altopiemontese. Torraccia è il toponimo di Ghemme che accolse la prima parcella di nebbiolo negli anni Settanta, Piantavigna era il cognome del nonno materno, ispiratore del progetto sviluppato successivamente, con quasi 40 ettari vitati acquisiti su almeno sei zone diverse della provincia di Novara e Vercelli. Da cui deriva una gamma ampia e variegata, impostata con la collaborazione di Beppe Caviola su rossi austeri e sostanziosi, maturati perlopiù in rovere grande, da apprezzare nel medio e lungo periodo. Corrisponde perfettamente al profilo la coppia di Gattinara e Ghemme '11: vivacità di frutto, densità materica, tannini grintosi, è solo l'ennesima grande prestazione di una lunga serie. Ne approfittiamo allora per sottolineare la bella riuscita del Bianco ErbaVoglio '15, dritto e al contempo sostanzioso.

● Ghemme '11	TTT 6
● Gattinara '11	TT 6
○ Colline Novaresi Bianco Erbavoglio '15	TT 3
● Colline Novaresi Vespolina La Mostella '15	TT 3
● Colline Novaresi Nebbiolo Ramale '13	T 4
⊙ Colline Novaresi Nebbiolo Rosato Barlàn '15	T 3
● Gattinara '09	YYY 5
● Gattinara '06	YYY 5
● Ghemme '10	YYY 5
● Ghemme '07	YYY 5
● Ghemme Ris. '07	YYY 5
● Ghemme Ris. '07	YYY 5
● Ghemme V. Pellizzane '10	YYY 6

Giancarlo Travaglini

VIA DELLE VIGNE, 36
13045 GATTINARA [VC]
TEL. 0163833588
www.travaglinigattinara.it

VENDITA DIRETTA
VISITA SU PRENOTAZIONE
PRODUZIONE ANNUA 250.000 bottiglie
ETTARI VITATI 49,00
AZIENDA SOSTENIBILE

Con quasi cinquanta ettari su un totale di poco superiore ai cento nell'intera denominazione, la storica azienda guidata da Cinzia Travaglini insieme al marito Massimo Collauto è punto di riferimento obbligato per il Nebbiolo gattinarese. Il suo temperamento inconfondibilmente leggiadro e ossuto si spiega con il particolare microclima, condizionato dal gioco di correnti da e verso il vicino arco alpino, e dalle rocce porfiriche che dominano nei terreni. Caratteri assecondati con sensibilità classica e affinamenti modulari per durata e tipologia di legni nel base, nella selezione Tre Vigne e nella Riserva, cui si aggiunge un Nebbiolo da uve stramature (Il Sogno). Classico e territoriale, il ruolo di base sta decisamente stretto al Gattinara '12: frutto chiaro, erbe officinali, rabarbaro, si dipana al palato tutto in progressione. Profilo simile, con un ulteriore tocco sanguigno, per la Riserva '11: struttura, polpa, lungo finale saporito e rugginoso a suggerire felici evoluzioni.

● Gattinara '12	TT 6
● Gattinara Ris. '11	TT 7
● Gattinara Tre Vigne '11	TT 7
○ Nebolé Dosaggio Zero M. Cl. '11	TT 8
● Coste della Sesia Nebbiolo '14	T 3
● Gattinara Ris. '04	YYY 5
● Gattinara Ris. '01	YYY 5
● Gattinara Tre Vigne '04	YYY 5
● Coste della Sesia Nebbiolo '13	YY 3
● Gattinara '11	YY 4
● Gattinara '10	YY 4
● Gattinara Ris. '09	YY 6
● Gattinara Tre Vigne '10	YY 5

★G. D. Vajra

Loc. Vergne
via delle Viole, 25
12060 Barolo [CN]
Tel. 017356257
www.gdvajra.it

VENDITA DIRETTA
VISITA SU PRENOTAZIONE
PRODUZIONE ANNUA 220.000 bottiglie
ETTARI VITATI 50,00

Il grande merito da tanti riconosciuto ad Aldo e Milena Vajra è di far dialogare armonicamente nel proprio progetto aziendale due anime solo in apparenza divergenti. Parliamo infatti di una realtà storica, alfiere della migliore tradizione di Langa, che non rinuncia ad ampliare la piattaforma viticola e a sperimentare con successo su tipologie meno esplorate nel distretto (ad esempio i vini da riesling renano o pinot nero, ma anche la freisa e gli spumanti). Il genius loci resta comunque su Nebbiolo eleganti e "femminili": Bricco delle Viole e Vergne a Barolo, Ravera a Novello, mentre le vigne rilevate dalla Luigi Baudana si collocano nei cru Cerretta e Baduana di Serralunga. Che provengano dal comune di Barolo o da Serralunga d'Alba i Barolo di Vajra sono sempre impeccabili. Come ben dimostrano i Tre Bicchieri al Bricco delle Viole, che esprime al meglio la classicità della Docg coi suoi ricordi di lampone e fragolina. Baudana stratificato e multidimensionale, con progressione e polpa da fuoriclasse e Ravera appena meno incisivo.

● Barolo Bricco delle Viole '12	ΥΥΥ	8
● Barolo Baudana '12	ΥΥ	6
● Barolo Ravera '12	ΥΥ	7
● Barbera d'Alba Sup. '13	ΥΥ	5
● Barolo Albe '12	ΥΥ	6
○ Langhe Riesling '15	ΥΥ	5
○ Moscato d'Asti '15	ΥΥ	3
● Langhe Freisa Kyè '12	Υ	5
● Barolo Baudana Luigi Baudana '09	ΥΥΥ	6
● Barolo Bricco delle Viole '10	ΥΥΥ	8
● Barolo Bricco delle Viole '05	ΥΥΥ	8
● Barolo Bricco delle Viole '01	ΥΥΥ	8
● Barolo Bricco delle Viole '00	ΥΥΥ	8
● Barolo Cerretta Luigi Baudana '08	ΥΥΥ	6

Mauro Veglio

fraz. Annunziata
Cascina Nuova, 50
12064 La Morra [CN]
Tel. 0173509212
www.mauroveglio.com

VENDITA DIRETTA
VISITA SU PRENOTAZIONE
PRODUZIONE ANNUA 80.000 bottiglie
ETTARI VITATI 14,00
AZIENDA SOSTENIBILE

Poco meno di quindici ettari vitati, distribuiti tra le colline di La Morra e Monforte d'Alba: è il pentagramma territoriale che fa spartito al lavoro di Mauro Veglio. Coadiuvato dalla moglie Daniela e dal fratello Elio, in pochi anni si è affermato come uno dei più autorevoli interpreti della scuola modernista, grazie a una misura esecutiva che lascia spesso in secondo piano i dettagli tecnici sulle macerazioni brevi o le maturazioni in piccoli fusti francesi. I Barolo in gamma sono ben cinque, con un base e i cru Arborina, Rocche dell'Annunziata, Gattera e Castelletto. Completano il quadro le parcelle destinate a barbera (tra cui il cru Cascina Nuova), dolcetto e cabernet sauvignon. Ottime prestazioni dei nebbiolo più importanti. Il Barolo Arborina '12 coniuga veemenza fruttata e delicatezza estrattiva, il Castelletto pari annata appare più introverso ma altrettanto puntuale e definito. Tocchi di cacao e canfora ad ampliare l'austera dolcezza del Rocche dell'Annunziata '12, mentre il palato ha grande materia, tannini levigati e affascinante freschezza: Tre Bicchieri.

● Barolo Rocche dell'Annunziata '12	ΥΥΥ	8
● Barolo Arborina '12	ΥΥ	7
● Barolo Castelletto '12	ΥΥ	7
● Barbera d'Alba Cascina Nuova '14	ΥΥ	5
● Barolo '12	ΥΥ	5
● Barolo Gattera '12	ΥΥ	7
● Langhe Nebbiolo '14	ΥΥ	3
● Langhe Nebbiolo Angelo '15	ΥΥ	3
● Langhe Rosso L'Insieme '13	ΥΥ	6
● Barbera d'Alba '15	Υ	3
● Barbera d'Alba Cascina Nuova '99	ΥΥΥ	5
● Barolo Arborina '10	ΥΥΥ	6
● Barolo V. Rocche '96	ΥΥΥ	8
● Barolo Vign. Arborina '01	ΥΥΥ	6
● Barolo Vign. Arborina '00	ΥΥΥ	6
● Barolo Vign. Gattera '05	ΥΥΥ	6

Giovanni Viberti

VIA DELLE VIOLE 30
12060 BAROLO [CN]
TEL. 017356192
www.viberti-barolo.com

VENDITA DIRETTA
VISITA SU PRENOTAZIONE
RISTORAZIONE
PRODUZIONE ANNUA 80.000 bottiglie
ETTARI VITATI 18,00

Cantina di lunga tradizione, che aveva iniziato quasi un secolo fa a produrre vini destinati al consumo degli ospiti della Locanda del Buon Padre, tuttora meta di buongustai. Nel tempo la produzione è aumentata e oggi il nome di Giovanni Viberti è noto anche al di là dell'oceano. I vigneti, tutti noti e molto valorizzati dall'azienda, si trovano principalmente nella parte vitata più alta del comune di Barolo, con il Bricco delle Viole che arriva a sfiorare i 500 metri di altitudine. Sentori di viola e liquirizia aprono gli aromi dell'affascinante Barolo Buon Padre 2012, reso ancora più complesso da un accenno vegetale di radici; la bocca è particolarmente viva e succosa, quasi croccante nella sentita e giovanile freschezza: un pregevole risultato nato dall'assemblaggio dei diversi cru. Lamponi e liquirizia sono già ben espressi nel classico Barolo Bricco delle Viole Riserva 2010, poi la bocca si presenta con una classica austerità basata su tannini molto fitti e un'acidità vibrante.

● Barolo Bricco delle Viole Ris. '10	🍷🍷 (rosso)	7
● Barolo Buon Padre '12	🍷🍷 (rosso)	6
● Barolo La Volta Ris. '10	🍷🍷	8
● Barolo San Pietro Ris. '10	🍷🍷	8
● Barbera d'Alba La Gemella '14	🍷	3
● Barbera d'Alba Sup. Bricco Airoli '11	🍷🍷 (bianco)	4
● Barolo Buon Padre '11	🍷🍷 (bianco)	6
● Barolo Buon Padre '10	🍷🍷 (bianco)	6
● Barolo La Volta Ris. '07	🍷🍷 (bianco)	8
● Barolo San Pietro Ris. '07	🍷🍷 (bianco)	8
● Langhe Nebbiolo '13	🍷🍷 (bianco)	3
● Langhe Nebbiolo '12	🍷🍷 (bianco)	3

Vicara

VIA MADONNA DELLE GRAZIE, 5
15030 ROSIGNANO MONFERRATO [AL]
TEL. 0142488054
www.vicara.it

VENDITA DIRETTA
VISITA SU PRENOTAZIONE
PRODUZIONE ANNUA 200.000 bottiglie
ETTARI VITATI 40,00
VITICOLTURA Biodinamico Certificato

Domenico Ravizza è un vignaiolo intraprendente e dinamico, nato e cresciuto in quel Monferrato Casalese che ora valorizza con i suoi vini e con la sua filosofia di produttore, legata alle tradizioni vitivinicole locali. Tra i vitigni utilizzati importante presenza di autoctoni piemontesi oltre ad alcuni vitigni internazionali. In cantina metodi di vinificazione personalizzati, per vini di pronto consumo e da invecchiamento. I primi con brevi macerazioni a temperature controllate e i secondi con lunghe macerazioni e affinamenti in legno. Con la Guida 2017 Domenico riesce a conquistare una cima, che fino a ieri sembrava inespugnabile, un Tre Bicchieri al Grignolino. Una versione 2015 dalle inebrianti note di pepe, china e tabacco, ad anticipare un palato strepitoso, con un tannino energico, dal finale persistente. Grande carattere. Ottima performance per le altre etichette presenti in batteria, a rimarcare la grande qualità della produzione Vicara.

● Grignolino del M.to Casalese '15	🍷🍷🍷 (rosso)	3*
● Barbera del M.to Sup. Vadmò '12	🍷🍷 (rosso)	4
● Barbera del M.to Sup. Cantico della Crosia '13	🍷🍷	4
● Barbera del M.to Volpuva '15	🍷🍷	3
● Grignolino del M.to Casalese L'Uccelletta '12	🍷🍷	4
● M.to Rosso Rubello '11	🍷🍷	4
○ M.to Airales '15	🍷	3
● Barbera del M.to Cascina Rocca 33 '13	🍷🍷 (bianco)	3*
● Barbera del M.to La Rocca '10	🍷🍷 (bianco)	3*
● Barbera del M.to Sup. Vadmò '11	🍷🍷 (bianco)	4
● Barbera del M.to Sup. Vadmò '10	🍷🍷 (bianco)	4
● Barbera del M.to Sup. Vadmò '06	🍷🍷 (bianco)	3*
● Grignolino del M.to Casalese '12	🍷🍷 (bianco)	3*

Giacomo Vico

via Torino, 80/82
12043 Canale [CN]
Tel. 0173970984
www.giacomovico.it

VENDITA DIRETTA
VISITA SU PRENOTAZIONE
PRODUZIONE ANNUA 92.300 bottiglie
ETTARI VITATI 18,00

La famiglia Vico è presente in ambito vitivinicolo sul territorio roerino fin dalla fine del XIX secolo. Dopo un lungo periodo di chiusura dell'attività nel secondo dopoguerra, all'inizio degli anni '90 è ripartita la produzione. I vigneti dell'azienda – che contano anche veri e propri cru, come Valmaggiore, San Michele o Patarrone – sono situati sul tipico suolo roerino, sciolto, sabbioso e calcareo, e vedono la presenza delle classiche uve del Roero, come arneis, nebbiolo, barbera, brachetto e favorita. Ci è molto piaciuto il Roero Bricco Patarrone '12, tra i migliori della denominazione, dai toni speziati e di frutta rossa fresca, con una notevole struttura ben sostenuta da una vibrante acidità che gli conferisce un finale molto lungo. Il Roero Riserva Giacomo '12 ha profumi floreali con sfumature di erbe aromatiche, è succoso e sapido, mentre il Barolo '12 è più giocato su note di tabacco e fiori secchi e un palato disteso, già molto aperto, con tannini morbidi e una buona tenuta acida.

- ● Roero Bricco Patarrone '12 — 4
- ● Barolo '12 — 5
- ● Roero Giacomo Ris. '12 — 4
- ● Barbera d'Alba Sup. '13 — 4
- ● Nebbiolo D'Alba V. Valmaggione '12 — 4
- ● Barbera d'Alba Sup. '12 — 4
- ● Barolo '10 — 5
- ● Barolo '09 — 5
- ● Langhe Nebbiolo '12 — 3
- ● Nebbiolo D'Alba Valmaggione '11 — 4
- ● Nebbiolo D'Alba Valmaggione '10 — 4
- ● Roero '11 — 4
- ○ Roero Arneis '14 — 3

★★Vietti

p.zza Vittorio Veneto, 5
12060 Castiglione Falletto [CN]
Tel. 017362825
www.vietti.com

VENDITA DIRETTA
VISITA SU PRENOTAZIONE
PRODUZIONE ANNUA 250.000 bottiglie
ETTARI VITATI 37,00

Luca Currado (amministratore delegato) e Mario Cordero (commerciale) restano alla guida – anche se la proprietà è recentemente passata in mano al gruppo Krause – di uno dei più importanti nomi del vino italiano. Merito di grandi vigneti, di una storia di eccellenza che tende sempre a superarsi, di uno stile enologico solido e sicuro in tutte le etichette presentate. Sono sei le tipologie di Barolo, tutte di squisita fattura, in cui brilla nelle annate più felici la rara Riserva Villero. Splendide le proposte di Barbera d'Asti (La Crena) e d'Alba (Vigna Scarrone). Vi è una nitida e giovanile frutta rossa al centro dei profumi del Barolo Ravera '12, un Tre Bicchieri dotato di godibilissima freschezza acida e di un'avvolgente trama tannica sul palato. Eleganti spezie e liquirizia presentano il più delicato Brunate '12, che regala poi un sorso di assoluto equilibrio. Tabacco dolce e spezie precedono un'intensa nota di bacche rosse mature nel Rocche di Castiglione '12; la bocca è di corpo medio e vellutata. Pregevole finezza su note di frutta rossa e liquirizia nel Barolo Lazzarito '12, dal sorso stupendo per carattere e avvolgenza.

- ● Barolo Ravera '12 — 8
- ● Barolo Brunate '12 — 8
- ● Barolo Lazzarito '12 — 8
- ● Barolo Rocche di Castiglione '12 — 8
- ● Barbera d'Alba Tre Vigne '14 — 3
- ● Barbera d'Asti Tre Vigne '14 — 3
- ● Barolo Castiglione '12 — 7
- ● Dolcetto d'Alba Tre Vigne '15 — 3
- ● Langhe Nebbiolo Perbacco '13 — 4
- ● Barbera d'Asti Sup. Nizza La Crena '09 — 5
- ● Barolo Rocche '08 — 8
- ● Barolo Rocche di Castiglione '11 — 8
- ● Barolo Villero Ris. '07 — 8
- ● Barolo Villero Ris. '06 — 8
- ● Barolo Villero Ris. '04 — 8

I Vignaioli di Santo Stefano

Loc. Marini, 26
12058 Santo Stefano Belbo [CN]
Tel. 0141840419
www.ivignaiolidisantostefano.it

VENDITA DIRETTA
VISITA SU PRENOTAZIONE
PRODUZIONE ANNUA 285.000 bottiglie
ETTARI VITATI 35,00
AZIENDA SOSTENIBILE

Sono passati quarant'anni da quando le famiglie Ceretto, Santi e Scavino decisero di creare un'azienda dedicata esclusivamente alla coltivazione e alla lavorazione dell'uva moscato: I Vignaioli di Santo Stefano. I vigneti sono situati principalmente a Santo Stefano Belbo (compreso l'affitto della prestigiosa tenuta San Maurizio), insieme ad altri appezzamenti a Calosso e a Canelli, tutti tra i 320 e i 450 metri di altitudine. La produzione è limitata al Moscato d'Asti tappo raso e all'Asti spumante. Il Moscato d'Asti '15 sfrutta in pieno la bella annata, presentando al naso profumi di erbe aromatiche, in particolare di timo e salvia, accompagnati dalle tipiche note di scorza d'arancia candita, mentre il palato è allo stesso tempo fresco e potente, con un residuo zuccherino piuttosto marcato ma sempre all'interno di un giusto equilibrio con l'acidità. Appena meno brillante l'Asti '15, nitido nei suoi aromi di frutta candita, di buona spinta e freschezza.

○ Moscato d'Asti '15	🍷🍷 3*
○ Asti '15	🍷🍷 3
○ Asti '14	🍷🍷 3
○ Asti '13	🍷🍷 3
○ Asti '12	🍷🍷 3
○ Asti '11	🍷🍷 3
○ Asti '10	🍷🍷 3
○ Moscato d'Asti '14	🍷🍷 5
○ Moscato d'Asti '13	🍷🍷 4
○ Moscato d'Asti '12	🍷🍷 4
○ Moscato d'Asti '11	🍷🍷 3
○ Moscato d'Asti '09	🍷🍷 4
○ Moscato d'Asti '08	🍷🍷 4

★Vigneti Massa

p.zza G. Capsoni, 10
15059 Monleale [AL]
Tel. 013180302
vignetimassa@libero.it

VENDITA DIRETTA
VISITA SU PRENOTAZIONE
PRODUZIONE ANNUA 120.000 bottiglie
ETTARI VITATI 25,00
AZIENDA SOSTENIBILE

La famiglia Massa si occupa di viticoltura da circa quattro generazioni e prima che prendesse in mano l'attività Walter (enologo) il prodotto veniva venduto sfuso. Un percorso comune a molti produttori, dettato anche dall'evoluzione del consumatore negli ultimi trent'anni. Con un'unica differenza comune a pochi produttori, quello spirito creativo o quel colpo di genio che cambia l'orizzonte e, nel giro di pochi anni, proietta un territorio su un mercato globale, altrimenti difficilmente raggiungibile. La batteria di vini presentata vede i Timorasso fare i conti con un 2014 che li ha resi più freschi di acidità e un po' meno complessi negli aromi. Si difendono bene in ogni caso Montecitorio e Derthona, che esprimono comunque una buona dose del loro potenziale. Monleale '12 è un vino intenso, con una fase gustativa portentosa, dal finale alcolico. Grande Anarchia Costituzionale, da uve moscato intenso negli aromi e splendido al palato, dove esprime concentrazione e pienezza, supportate da un'acidità proverbiale.

Vino	
○ Derthona '14	🍷🍷 5
○ Montecitorio '14	🍷🍷 6
○ Anarchia Costituzionale '15	🍷🍷 3
● Monleale '12	🍷🍷 6
● Pietra del Gallo '15	🍷 2
● Sentieri '15	🍷 4
○ Colli Tortonesi Bianco Costa del Vento '05	🍷🍷🍷 7
○ Colli Tortonesi Bianco Sterpi '04	🍷🍷🍷 6
○ Colli Tortonesi Timorasso Derthona '06	🍷🍷🍷 5
○ Colli Tortonesi Timorasso Sterpi '08	🍷🍷🍷 7
○ Colli Tortonesi Timorasso Sterpi '07	🍷🍷🍷 7
○ Costa del Vento '12	🍷🍷🍷 6
○ Derthona '09	🍷🍷🍷 5
○ Montecitorio '11	🍷🍷🍷 6
○ Montecitorio '10	🍷🍷🍷 6
○ Sterpi '13	🍷🍷🍷 6

Vigneti Valle Roncati

VIA NAZIONALE, 10A
28072 BRIONA [NO]
TEL. 3355732548
www.vignetivalleroncati.it

VENDITA DIRETTA
VISITA SU PRENOTAZIONE
PRODUZIONE ANNUA 40.000 bottiglie
ETTARI VITATI 10,00

Cecilia Bianchi sta procedendo con sicurezza verso il raggiungimento di una qualità enologica pregevole e costante, come iniziano a dimostrare anche i riconoscimenti di prestigiose riviste internazionali del settore, assieme ai nostri felici assaggi. Nei bei vigneti collinari è l'uva nebbiolo a prevalere, dando origine alle più classiche denominazioni della zona: Fara, Ghemme e Sizzano, assieme a diverse versioni di Colline Novaresi in bianco e in rosso. Da assaggiare anche un curioso e appagante passito da uve nebbiolo, il Pepin. Carattere deciso, con note di terra bagnata e china, nello splendido Ghemme Leblanque '11, dotato di un palato particolarmente fresco, polposo ed equilibrato. Si arriva sino alla genziana e al rabarbaro negli articolati aromi del Sizzano San Bartolomeo '12, dalla bocca potente e vellutata, appena amaricante nel finale. Una nota di merito per il Bianco Particella 40 '15, speziato, fine e con ottimo bilanciamento tra alcol e acidità.

● Ghemme Leblanque '11	5
● Sizzano San Bartolomeo '12	4
○ Colline Novaresi Bianco Particella 40 '15	2*
⊙ Colline Novaresi Nebbiolo Rosato Poderi di Sopra '15	3
● Colline Novaresi Vespolina '15	2
● Colline Novaresi Barbera V. di Mezzo '13	2*
● Colline Novaresi Nebbiolo V. di Sotto '09	2*
● Colline Novaresi Uva Rara '13	2*
● Colline Novaresi Vespolina '13	2*
● Colline Novaresi Vespolina '12	2*
● Fara Ciada '10	3*
● Fara V. di Sopra '10	3
● Sizzano San Bartolomeo '11	3*

Villa Giada

REG. CEIROLE, 10
14053 CANELLI [AT]
TEL. 0141831100
www.villagiada.wine

VENDITA DIRETTA
VISITA SU PRENOTAZIONE
OSPITALITÀ E RISTORAZIONE
PRODUZIONE ANNUA 180.000 bottiglie
ETTARI VITATI 25,00

L'azienda della famiglia Faccio conta su tre tenute: la sede a Canelli, sulla collina Ceirole, dove si trovano la cantina di vinificazione e 7 ettari di vigneti piantati a moscato, la Cascina del Parroco a Calosso e Dani ad Agliano Terme, con vigneti dedicati principalmente alla barbera. Nebbiolo, dolcetto, merlot, chardonnay, sauvignon, cortese e gamba di pernice completano la gamma dei vitigni presenti nei vigneti aziendali. Le varie etichette proposte sono affidabili e ben realizzate, a cominciare dai Moscato d'Asti. Il Surì '15 ha profumi di canditi e pasticceria e un palato dalla dolcezza equilibrata, mentre il Canelli '15 ha note di salvia, con sfumature di pesca bianca ed è fresco e di ottima beva. Il Gamba di Pernice, uno dei pochi vini realizzati con questo vitigno in purezza, è speziato, con una buona struttura e tannini morbidi. Piacevole e sul frutto la Barbera d'Asti Surì '15, mentre la Barbera d'Asti Superiore Nizza Dedicato '13 è più ricca ma meno grintosa.

● Barbera d'Asti Sup. Nizza Dedicato a... '13	5
● Barbera d'Asti Surì '15	2*
● Gamba di Pernice	2*
○ Moscato d'Asti Canelli '15	2*
○ Moscato d'Asti Surì '15	2*
● Barbera d'Asti Ajan '15	2
● Barbera d'Asti Sup. La Quercia '14	3
● Barbera d'Asti Sup. La Quercia '13	3
● Barbera d'Asti Sup. Nizza Bricco Dani '13	4
● Barbera d'Asti Sup. Nizza Bricco Dani '11	4
● Barbera d'Asti Sup. Nizza Dedicato a... '10	5
○ Moscato d'Asti '13	2*
○ Moscato d'Asti Surì '14	2*

★Villa Sparina

Fraz. Monterotondo, 56
15066 Gavi [AL]
Tel. 0143633835
www.villasparina.it

VISITA SU PRENOTAZIONE
OSPITALITÀ E RISTORAZIONE
PRODUZIONE ANNUA 550.000 bottiglie
ETTARI VITATI 65,00

Non è certo un caso se il nome di Villa Sparina ricorre spesso nelle cronache mondane come location di eventi che coinvolgono personaggi del jet set artistico. Merito dei fratelli Stefano, Massimo e Tiziana Moccagatta, che hanno trasformato la splendida tenuta a Monterotondo di Gavi in un approdo di ospitalità a 360 gradi, con il Resort, il ristorante, la spa. Senza mai perdere di vista il progetto produttivo, legato a oltre sessanta ettari occupati principalmente dal vitigno cortese, cui si aggiungono il dolcetto e la barbera dalle proprietà di Cassinelle e Rivalta Bormida. Per una batteria eclettica, dove trovano spazio anche gli spumanti e bianchi pensati per il lungo invecchiamento. Ruolo che spetta prima di tutto al Gavi di Gavi Monterotondo, dal naso ampio e variegato, con aromi di zenzero e erbe officinali in primo piano, e dal palato portentoso e molto fresco. Un Tre Bicchieri da seguire in invecchiamento. Sereno e disteso il Blanc de Blancs Brut '12, tra i migliori Metodo Classico dell'Alessandrino.

○ Gavi del Comune di Gavi Monterotondo '14	🍷🍷🍷 6
● Barbera del M.to Sup. Rivalta '13	🍷🍷 6
○ Gavi del Comune di Gavi Et. Gialla '15	🍷🍷 3
○ Villa Sparina Blanc de Blancs Brut '12	🍷🍷 3
○ Gavi del Comune di Gavi Monterotondo '12	🍷🍷🍷 6
○ Gavi del Comune di Gavi Monterotondo '11	🍷🍷🍷 6
○ Gavi del Comune di Gavi Monterotondo '10	🍷🍷🍷 6
○ Gavi del Comune di Gavi Monterotondo '09	🍷🍷🍷 6
○ Gavi del Comune di Gavi Monterotondo '08	🍷🍷🍷 6

Cantina Sociale di Vinchio Vaglio Serra

Fraz. Regione San Pancrazio, 1 S.P. 40 , Km. 3,75
14040 Vinchio [AT]
Tel. 0141950903
www.vinchio.com

VENDITA DIRETTA
VISITA SU PRENOTAZIONE
PRODUZIONE ANNUA 1.640.000 bottiglie
ETTARI VITATI 420,00

La cantina cooperativa Vinchio Vaglio Serra è nata nel 1959 da un gruppo di 19 produttori. Oggi sono 185 i soci conferitori che lavorano circa 420 ettari vitati, tra i quali alcuni ettari di vecchie vigne che superano i sessant'anni di età, situati principalmente nei comuni di Vinchio e Vaglio Serra, e in parte in quelli di Incisa Scapaccino, Cortiglione, Nizza Monferrato, Castelnuovo Belbo, Castelnuovo Calcea e Mombercelli. I vini sono tecnicamente ben realizzati e di notevole tipicità. Sempre solida la gamma presentata da questa cantina sociale. La Barbera d'Asti Superiore Nizza Laudana '13, di grande tipicità nelle sue note di frutta rossa e terra bagnata, è di buona finezza e ben sostenuta dall'acidità, che gli conferisce un finale lungo e che invita alla beva. Più immediata, ma sempre giocata su toni di frutti rossi croccanti, è la Barbera d'Asti Sorì dei Mori '15, il Grignolino d'Asti Le Nocche '15 è succoso e speziato, mentre il Moscato d'Asti Valamasca '15 è tipico e fresco.

● Barbera d'Asti Sorì dei Mori '15	🍷🍷 2*
● Barbera d'Asti Sup. Nizza Laudana '13	🍷🍷 3
● Grignolino d'Asti Le Nocche '15	🍷🍷 2*
○ Moscato d'Asti Valamasca '15	🍷🍷 2*
● Barbera d'Asti V. Vecchie '14	🍷 3
● Ruché di Castagnole Monferrato Rebus '15	🍷 2
● Barbera d'Asti Sup. Sei Vigne Insynthesis '01	🍷🍷🍷 6
● Barbera d'Asti Sup. I Tre Vescovi '13	🍷🍷 2*
● Barbera d'Asti Sup. I Tre Vescovi '12	🍷🍷 2*
● Barbera d'Asti Sup. Nizza Laudana '12	🍷🍷 3*
● Barbera d'Asti Sup. Nizza Laudana '11	🍷🍷 3
● Barbera d'Asti Sup. Vigne Vecchie '09	🍷🍷 4
● Barbera d'Asti Vigne Vecchie 50 '13	🍷🍷 3

Virna

via Alba, 24
12060 Barolo [CN]
Tel. 017356120
www.virnabarolo.it

VENDITA DIRETTA
VISITA SU PRENOTAZIONE
PRODUZIONE ANNUA 60.000 bottiglie
ETTARI VITATI 12,00

La vinificazione di uve provenienti dai cru storici della zona di Barolo e l'esperienza di Virna Borgogno, affiancata nella conduzione della cantina dalla sorella Ivana, hanno permesso a questa giovane realtà di offrire per anni una proposta enologica mai banale, ma sempre più convincente sia per la qualità espressa che per la politica dei prezzi proposti. Accanto ai Barolo provenienti da terroir tra quali Sarmassa, Preda e Cannubi Boschis, l'azienda produce anche Dolcetto d'Alba, Barbera d'Alba, Nebbiolo d'Alba e Langhe, oltre a diversi blend. Buona prestazione d'insieme per la batteria di Barolo, a cominciare dal Barolo Cannubi Boschis '12, dai cenni di cacao e liquirizia, cui segue una bocca decisamente succosa e ricca. Potente e persistente il Barolo Riserva '10. Si annuncia con sentori di sottobosco e incenso, ha una fitta trama tannica ancora in fase di risoluzione. Valido il BaRosé '15, rosato di facile e piacevole beva.

- ● Barolo Cannubi Boschis '12 🍷🍷 6
- ● Barolo '12 ▼▼ 5
- ● Barolo del Comune di Barolo '12 ▼▼ 6
- ● Barolo Ris. '10 ▼▼ 5
- ⊙ BaRosé '15 ▼▼ 3
- ○ Langhe Arneis Solouno '15 ▼▼ 2*
- ● Langhe Rosso Le Sorelle '13 ▼ 3
- ● Barolo '11 ▽▽ 5
- ● Barolo Cannubi Boschis '11 ▽▽ 6
- ● Barolo del Comune di Barolo '11 ▽▽ 6
- ● Barolo Preda Sarmassa Limited Edition 10 Anni '06 ▽▽ 8
- ● Barolo Sarmassa '11 ▽▽ 6
- ● Langhe Nebbiolo '13 ▽▽ 3

Vite Colte

via Bergesia, 6
12060 Barolo [CN]
Tel. 0173564611
www.vitecolte.it

VENDITA DIRETTA
VISITA SU PRENOTAZIONE
PRODUZIONE ANNUA 1.200.000 bottiglie
ETTARI VITATI 300,00
VITICOLTURA Biologico Certificato
AZIENDA SOSTENIBILE

Terredavino, la grande realtà cooperativa che ha il fulcro della propria base produttiva nelle Langhe e nel Monferrato, ha scelto di etichettare con il nome di Vite Colte, destinato solo al canale Horeca, le selezioni più importanti della propria produzione, frutto di un impegnativo lavoro sia agronomico sia enologico. Le proposte più celebri arrivano dalla Barbera d'Asti La Luna e i Falò, anche nella nuova versione Nizza e dai Barolo Essenze, senza dimenticare il Moscato Passito La Bella Estate. Il Barolo del Comune di Barolo Essenze '12 si apre con una bella nota di erbe fresche e tabacco su fondo di lampone, spezie e liquirizia; bocca rimarchevole per pienezza e fittezza della trama tannica, tanto da meritare Tre Bicchieri. Da sempre oggetto di grande attenzione aziendale, il ricco ed equilibrato Moscato Passito '12 è senza dubbio il migliore mai prodotto. Malgrado l'annata difficile, la Nizza '14 offre aromi intensamente fruttati e una grande pienezza gustativa.

- ● Barolo del Comune di Barolo Essenze '12 🍷🍷🍷 6
- ● Nizza La Luna e I Falò '14 🍷🍷 4
- ○ Piemonte Moscato Passito La Bella Estate '12 🍷🍷 5
- ● Barbaresco La Casa in Collina '13 ▼▼ 5
- ● Barbera d'Asti Sup. La Luna e I Falò '14 ▼▼ 4
- ● Barolo del Comune di Serralunga d'Alba Essenze '11 ▼▼ 7
- ● Barolo Essenze Ris. '07 ▼▼ 8
- ● Barolo Paesi Tuoi '12 ▼▼ 6
- ● Barbera d'Asti Sup. La Luna e I Falò '13 ▽▽ 4
- ● Barbera d'Asti Sup. La Luna e I Falò '12 ▽▽ 3
- ● Barbera d'Asti Sup. Nizza La Luna e I Falò '13 ▽▽ 5
- ● Barolo del Comune di Barolo Essenze '11 ▽▽ 6

F.lli Abrigo

loc. Berfi
via Moglia Gerlotto, 2
12055 Diano d'Alba [CN]
Tel. 017369104
www.abrigofratelli.com

Bella freschezza nel Nebbiolo d'Alba Tardiss 2014, dotato di valida struttura in una vendemmia non facile. Frutto puro e nitido nel Diano d'Alba Sorí dei Berfi 2015, uno dei migliori dell'annata. Appena semplice ma di buona finezza l'Alta Langa Sivà Brut 2013, con aromi di frutta bianca e lieviti.

● Diano d'Alba Sorì dei Berfi '15	🍷🍷 3*
○ Alta Langa Brut Sivà '13	🍷🍷 4
● Nebbiolo d'Alba Tardiss '14	🍷🍷 3
● Barbera d'Alba Piasusa '15	🍷 2

Annamaria Alemanni

fraz. Cherli Inferiore, 64
15070 Tagliolo Monferrato [AL]
Tel. 0143896229
doppiaa@libero.it

Azienda a conduzione familiare. Con Claudio agronomo appassionato, la moglie Annamaria e la figlia Chiara, a breve nuovo manager dell'azienda. In batteria due ottimi Dolcetto di Ovada e un sorprendente Riesling, decisamente varietale e di carattere.

● Dolcetto di Ovada Anvud '14	🍷🍷 2*
● Dolcetto di Ovada Sup. Ansè '13	🍷🍷 3
○ M.to Bianco Tre Lune '08	🍷🍷 2*

Alice Bel Colle

reg. Stazione, 9
15010 Alice Bel Colle [AL]
Tel. 014474413
www.cantinaalicebc.it

Bella conferma per le Barbera d'Asti di questa cantina sociale. Al Caso' '15 ha i classici profumi di frutti rossi e terra bagnata, è di grande struttura e succosa, la Alix '13 ha toni floreali, è di buon corpo e lunghezza, mentre la Filari Sociali '15 è gradevole e fresca.

● Barbera d'Asti Al Casò '15	🍷🍷 2*
● Barbera d'Asti Filari Sociali '15	🍷🍷 2*
● Barbera d'Asti Sup. Alix '13	🍷🍷 3
○ Asti Classic M. Cl.	🍷 4

Antica Cascina Conti di Roero

loc. Val Rubiagno, 2
12040 Vezza d'Alba [CN]
Tel. 017365459
www.oliveropietro.it

Molto piacevole e ben riuscito, anche in considerazione dell'annata, il Nebbiolo d'Alba '14, dai toni di frutti neri e terra bagnata, con una nota salmastra di grande complessità e tannini fini. Elegante e floreale, con note di erbe aromatiche e pesca gialla il Maria Teresa Brut Rosé.

⊙ Brut Rosé Maria Teresa M. Cl.	🍷🍷 4
● Nebbiolo d'Alba '14	🍷🍷 2*
○ Roero Arneis '15	🍷 2
● Roero V. Sant'Anna '13	🍷 3

L'Astemia Pentita

via Crosia, 40
12060 Barolo [CN]
Tel. 0173560501
www.astemiapentita.it

Accompagnata da vivaci polemiche sia sull'impatto paesaggistico della stravagante cantina sia sulla forma anomala delle bottiglie, la proprietaria Sandra Vezza risponde con una serie di vini di buona fattura, in cui primeggiano le due selezioni di Barolo.

● Barolo Cannubi '12	🍷🍷 8
● Barolo Terlo '12	🍷🍷 8
● Dinamico	🍷 5

La Ballerina

fraz. Tana, 8
14048 Montegrosso d'Asti [AT]
Tel. 0141 956118
www.laballerina.it

Ben realizzate le Barbera d'Asti Amoris '15, ricca di frutto al naso, ma ancora un po' coperta dal legno, e con un palato di peso e struttura, e La Notte '10, dagli intensi sentori di prugna e cacao, su un fondo di spezie e china, per un palato un po' rustico ma ricchissimo e lungo.

● Barbera d'Asti Amoris '15	🍷🍷 3
● Barbera d'Asti La Notte '10	🍷🍷 3
● Grignolino d'Asti Alè '14	🍷 3
● M.to Rosso Infinitum '11	🍷 3

Cantina Sociale Barbera dei Sei Castelli

via Opessina, 41
14040 Castelnuovo Calcea [AT]
Tel. 0141957137
www.barberaseicastelli.it

Sempre di alto livello le Barbera d'Asti di questa cantina sociale. Le Vignole '13 è speziata, fresca e con un bel dinamismo acido, 50 Anni di Barbera '14 è scorrevole e fruttata, mentre la Nizza '13 ha note di prugna, ciliegia e terra bagnata, un palato fine ed elegante.

- Barbera d'Asti 50 Anni di Barbera '14 🍷🍷 2*
- Barbera d'Asti Sup. Le Vignole '13 🍷🍷 3
- Barbera d'Asti Sup. Nizza '13 🍷🍷 4
- Barbera d'Asti '15 🍷 2

Battaglio

loc. Borbore
via Salerio, 15
12040 Vezza d'Alba [CN]
Tel. 017365423
www.battaglio.com

In assenza della produzione roerina, ci è piaciuto il Barbaresco '13, dai tipici sentori di violette, con note di spezie e tabacco, e un palato potente ma dai tannini un po' ruvidi. Ancora molto segnato dal legno invece il Barbaresco Serragrilli '13.

- Barbaresco '13 🍷🍷 6
- Barbaresco Serragrilli '13 🍷 6

Bea - Merenda con Corvi

s.da Santa Caterina, 8
10064 Pinerolo [TO]
Tel. 3356824880
www.merendaconcorvi.it

Francesco Romano prosegue nella sua attività di ricerca e sperimentazione sulle potenzialità enologiche del Pinerolese. Tra i vini proposti primeggia la Barbera del 2013, non molto concentrata e complessa ma di fragrante e invitante bevibilità. Valida e godibile anche la Foravia del 2015.

- Merlot '13 🍷🍷 5
- Pinerolese Barbera '13 🍷🍷 4
- Pinerolese Barbera Foravia '15 🍷🍷 3
- Bel Ami '13 🍷 7

Antonio Bellicoso

fraz. Molisso, 5a
14048 Montegrosso d'Asti [AT]
Tel. 0141953233
antonio.bellicoso@alice.it

Buona conferma per i vini di Bellicoso. La Barbera d'Asti Merum '14 ha toni di china e frutti neri, un palato di buona struttura e pienezza, soprattutto per una 2014, mentre la Barbera d'Asti Amormio '15 ha bei sentori floreali con sfumature di frutti rossi, è sapida ed equilibrata.

- Barbera d'Asti Amormio '15 🍷🍷 2*
- Barbera d'Asti Merum '14 🍷🍷 4
- Freisa d'Asti '15 🍷 2

Marco Bonfante

s.da Vaglio Serra, 72
14049 Nizza Monferrato [AT]
Tel. 0141725012
www.marcobonfante.com

Il Barolo Bussia '11 ha note balsamiche, è ricco di polpa e con tannini eleganti, il Piemonte Albarossa Albarone '13 è un po' segnato dal legno ma di grande pienezza, mentre la Barbera d'Asti Superiore Stella Rossa '14 è piacevole e fresca.

- Barbera d'Asti Sup. Stella Rossa '14 🍷🍷 2*
- Barolo Bussia '11 🍷🍷 6
- Piemonte Rosso Albarone '13 🍷🍷 5
- Langhe Nebbiolo Imma '13 🍷 4

F.lli Borgogno

via Crosia 12
12060 Barolo [CN]
Tel. 017356107
www.borgognoseriobattista.it

Lo stile della cantina esprime la più precisa classicità nell'interpretazione del Barolo, tutto proveniente da pregiati vigneti di proprietà. Belle note balsamiche ed erbette nel Cannubi 2011, dalla bocca particolarmente ricca, ancora appena tannica. Fresco e piacevole il Nebbiolo d'Alba 2013.

- Barolo Cannubi '11 🍷🍷 7
- Nebbiolo d'Alba '13 🍷🍷 3
- Barbera d'Alba Sup. '12 🍷 4

Boroli

fraz. Madonna di Como, 34
12051 Alba [CN]
Tel. 0173365477
www.boroli.it

Sta dando eccellenti risultati la scelta aziendale di dedicarsi esclusivamente alla produzione di Barolo, come ben dimostrano i risultati della vendemmia 2012. Maestoso ed elegante il Cerequio, lunghissimo e nitido nei suoi primi accenni di liquirizia. Finemente fruttato il Villero, appena più fresco.

● Barolo Cerequio '12	🍷🍷 7
● Barolo '12	🍷🍷 6
● Barolo Villero '12	🍷🍷 7

Agostino Bosco

via Fontane, 24
12064 La Morra [CN]
Tel. 0173509466
www.barolobosco.com

Erbe assolate e un tocco di rovere caratterizzano il Barolo La Serra del 2012, appena poco fresco sul palato. Ottimo risultato, anche in relazione alla vendemmia non facile, della Barbera d'Alba Superiore Volupta 2014, elegante e prugnosa. Raffinato il ciliegioso Dolcetto d'Alba Vantrin 2015.

● Barbera d'Alba Sup. Volupta '14	🍷🍷 3
● Barolo La Serra '12	🍷🍷 6
● Dolcetto d'Alba Vantrin '15	🍷🍷 2*
● Langhe Nebbiolo Rurem '14	🍷 3

Giacomo Boveri

via Costa Vescovato, 15
15050 Costa Vescovato [AL]
Tel. 0131838223
www.vignetiboveri.it

La batteria di vini di Giacomo Boveri si apre con una bella versione di Cortese Campo del Bosco '15, decisamente classica e varietale. Grande prestazione anche della Barbera Bricco della Ginestra '13, strutturata e ricca, allunga su un finale molto persistente.

● Colli Tortonesi Barbera Sup. Bricco della Ginestra '13	🍷🍷 3
○ Colli Tortonesi Cortese Campo del Bosco '15	🍷🍷 2*

Renato Buganza

loc. Cascina Garbinotto, 4
12040 Piobesi d'Alba [CN]
Tel. 0173619370
www.renatobuganza.it

Oltre alla particolare attenzione che l'azienda mette nel proporre alla vendita vecchie annate dei suoi migliori vini prosegue l'uscita di nuove etichette. La Barbera d'Alba Gerbole '12 è immediata e fresca, con un'acidità quasi aggressiva e note di macchia mediterranea e ribes rosso.

● Barbera d'Alba Sup. Gerbole '12	🍷🍷 2*
● Nebbiolo d'Alba Gerbole '11	🍷 2
○ Roero Arneis dla Trifula '15	🍷 2

Bussia Soprana

loc. Bussia, 88a
12065 Monforte d'Alba [CN]
Tel. 039305182
www.bussiasoprana.it

Gioca più sulla ricchezza che sull'eleganza il tannico Barolo Vigna Gabutti 2011, riccamente sfaccettato su note sia fruttate sia di cuoio. Grande tipicità nella viva Barbera d'Alba Mosconi 2013, di notevole freschezza gustativa, mentre è un po' più rustica la stagionata Vin del Ross del 2007.

● Barbera d'Alba Mosconi '13	🍷🍷 4
● Barbera d'Alba Vin del Ross '07	🍷🍷 5
● Barolo Bussia V. Gabutti '11	🍷🍷 8

Oreste Buzio

v. Piave, 13
15049 Vignale Monferrato [AL]
Tel. 0142933197
www.orestebuzio.altervista.org

Entra in Guida Buzio, azienda dalle radici storiche centenarie, in quel di Vignale Monferrato. Grandi interpreti del Grignolino, in questa edizione della Guida ci presentano un 2015 di gran classe e bella tipicità. Il 2014 è intenso e ricco, dal finale classico.

● Grignolino del M.to Casalese '15	🍷🍷 3*
● Grignolino del M.to Casalese '14	🍷🍷 3
● Barbera del M.to Sup. Riccardo II '11	🍷 4

Marco Canato

fraz. Fons Salera
loc. Ca' Baldea, 18/2
15049 Vignale Monferrato [AL]
Tel. 0142933653
www.canatovini.it

Batteria di vini giovani per Marco Canato, che presenta tre delle sue etichette. Gambaloita è una Barbera con aromi di ciliegia e prugna, su note finemente speziate. Celio è un Grignolino classico, varietale, e Piasì uno Chardonnay di buona beva.

- ● Barbera del M.to Gambaloita '15 — 🍷🍷 3
- ● Grignolino del M.to Casalese Celio '15 — 🍷🍷 3
- ○ Piemonte Chardonnay Piasì '15 — 🍷 3

Pierangelo Careglio

loc. Aprato, 15
12040 Baldissero d'Alba [CN]
Tel. 017240436
www.cantinacareglio.com

Tra i migliori della tipologia il Roero '13: ai profumi di frutti rossi, incenso, terra bagnata e spezie fa seguito un palato lungo e polposo, con tannini ancora un po' ruvidi, ma dai buoni toni fruttati, ricco e sapido. Meno brillanti gli altri vini proposti.

- ● Roero '13 — 🍷🍷 2*
- ● Barbera d'Alba '14 — 🍷 2
- ○ Langhe Favorita '15 — 🍷 2
- ○ Roero Arneis '15 — 🍷 2

Carussin

reg. Mariano, 27
14050 San Marzano Oliveto [AT]
Tel. 0141831358
www.carussin.it

Davvero brillante la gamma presentata dalla famiglia Ferro. La Barbera d'Asti Asinoi '15 è fruttata e di bella beva, la Barbera d'Asti Lia Ví '15 è di buona struttura e fine allo stesso tempo, mentre il Moscato d'Asti Filari Corti '15 ha aromi di pera matura e una marcata dolcezza.

- ● Barbera d'Asti Asinoi '15 — 🍷🍷 2*
- ● Barbera d'Asti Lia Ví '15 — 🍷🍷 3
- ○ Moscato d'Asti Filari Corti '15 — 🍷🍷 3
- ● Ciuchinoi — 🍷 3

Casavecchia

via Roma, 2
12055 Diano d'Alba [CN]
Tel. 017369321
www.cantinacasavecchia.com

Sempre più affidabile la proposta complessiva. Il Barolo del comune di Castiglione Falletto '10 è solido e austero. Di pregevole godibilità sul palato il Nebbiolo d'Alba 2012. Moderna e possente la Barbera 2013.

- ● Barbera d'Alba San Quirico '13 — 🍷🍷 2*
- ● Barolo del Comune di Castiglione Falletto '10 — 🍷🍷 5
- ● Nebbiolo d'Alba Piadvenza '12 — 🍷🍷 3

Cascina Castlet

s.da Castelletto, 6
14055 Costigliole d'Asti [AT]
Tel. 0141966651
www.cascinacastlet.com

Cascina Castlet ha presentato delle Barbera d'Asti di ottimo livello. La Passum '12 ha note di frutta fresca e menta, con un palato di medio corpo e buona finezza, la Litina '12 è più speziata e segnata da una forte tensione acida, mentre la "base" 2015 è floreale e immediata.

- ● Barbera d'Asti '15 — 🍷🍷 2*
- ● Barbera d'Asti Sup. Litina '12 — 🍷🍷 4
- ● Barbera d'Asti Sup. Passum '12 — 🍷🍷 5
- ○ Moscato d'Asti '15 — 🍷 2

Cascina Flino

via Abelloni, 7
12055 Diano d'Alba [CN]
Tel. 017369231
cascinaflino@gmail.com

Ottima prova per Cascina Flino: il Dolcetto di Diano d'Alba Sorì Cascina Flino '15 è intenso nei profumi e al palato. Note di cacao annunciano una bocca di grande potenza e un lungo finale. Buona prestazione anche per il Nebbiolo d'Alba '14 e il Barolo San Lorenzo '12.

- ● Barolo San Lorenzo di Verduno '12 — 🍷🍷 5
- ● Diano di Diano d'Alba Sorì Cascina Flino '15 — 🍷🍷 2*
- ● Nebbiolo d'Alba Sup. '14 — 🍷🍷 3

Cascina Galarin Giuseppe Carosso

via Carossi, 12
14054 Castagnole delle Lanze [AT]
Tel. 0141878586
www.galarin.it

Intensa al naso nelle sue note di prugna e tabacco, la Barbera d'Asti Le Querce '14 ha un palato lungo e pieno, denso e dal finale succoso. Ottimo anche il Moscato d'Asti Prá Dône '15, dai sentori di pesca con sfumature vegetali, fresco e delicato. Ben realizzati anche gli altri vini.

● Barbera d'Asti Le Querce '14	🍷🍷 2*
○ Moscato d'Asti Prá Dône '15	🍷🍷 2*
● Barbera d'Asti Superiore Tinella '13	🍷 5
● M.to Bricco Rorisso '12	🍷 4

Cascina La Maddalena

fraz. San Giacomo
loc. Piani del Padrone, 257
15078 Rocca Grimalda [AL]
Tel. 0143876074
www.cascina-maddalena.com

Una certa filosofia di vita, ha consentito ad Anna e Danilo di creare una nicchia ecologica in cui i turisti; appassionati enofili o solo amanti delle cose semplici e genuine, possono trovare un ambiente ricco di passione ma volutamente semplice e informale.

● Bricco della Maddalena	🍷 5
● Pian del Merlo	🍷 2

Renzo Castella

via Alba, 15
12055 Diano d'Alba [CN]
Tel. 017369203
renzocastella@virgilio.it

La bravura del cantiniere si esprime al meglio nel Dolcetto di Diano d'Alba Sorì della Rivolia 2015, uno dei più riusciti dell'annata: un Dolcetto di grande carattere, con bacche rosse e nere, mandorla e china a precedere una bocca sontuosa. Assai gradevole il più immediato Diano 2015.

● Dolcetto di Diano d'Alba Sorì della Rivolia '15	🍷🍷 2*
● Dolcetto di Diano d'Alba '15	🍷🍷 2*
● Langhe Nebbiolo Madonnina '14	🍷 2

Castello del Poggio

loc. Poggio, 9
14100 Portacomaro [AT]
Tel. 0141202543
www.poggio.it

Sempre di buon livello i vini di Castello del Poggio. La Barbera d'Asti '14 ha profumi di agrumi e china e un palato complesso e di carattere, il Grignolino d'Asti '15 è molto classico nelle sue note di pepe, mentre è equilibrato e con aromi di lime ed erbe officinali il Moscato d'Asti '15.

● Barbera d'Asti '14	🍷🍷 2*
● Grignolino d'Asti '15	🍷🍷 2*
○ Moscato d'Asti '15	🍷🍷 2*
○ Asti	🍷 3

Cavalier Bartolomeo

via Alba Barolo, 55
12060 Castiglione Falletto [CN]
Tel. 017362866
www.cavalierbartolomeo.com

Il Barolo San Lorenzo '12 si conferma quest'anno come vino di punta dell'azienda. Note eleganti di tabacco e liquirizia fanno da contorno ai sentori immediati di frutta rossa. Vino fine e sfaccettato, armonico e dal finale avvolgente. Elegante nei suoi toni di anice e menta il Barolo Altenasso '12.

● Barolo San Lorenzo '12	🍷🍷 5
● Barolo Altenasso '12	🍷🍷 5

Cerutti

via Canelli, 205
14050 Cassinasco [AT]
Tel. 0141851286
www.cascinacerutti.it

Bella batteria quella presentata da Cerutti. Il Moscato d'Asti Canelli Surì Sandrinet '15 ha note di frutta bianca, è ricco ed equilibrato, la Barbera d'Asti '15 è fruttata, di grande freschezza e piacevole beva, il Piemonte Chardonnay Riva Granda '14 è elegante e avvolgente.

● Barbera d'Asti '15	🍷🍷 2*
○ Moscato d'Asti Canelli Surì Sandrinet '15	🍷🍷 2*
○ Piemonte Chardonnay Riva Granda '14	🍷🍷 3
○ Enrico Cerutti Brut M. Cl.	🍷 3

Franco e Pierguido Ceste

c.so Alfieri, 1
12040 Govone [CN]
Tel. 017358635
www.cestevini.com

Ben realizzati il Barolo '12, dalle note di anice ed erbe aromatiche, di buona polpa e piacevole beva e il Langhe Rosso Tubleu '13, uvaggio bordolese, ricco di aromi fruttati e di buon carattere, equilibrato al palato.

- Barolo '12 — 🍷🍷 6
- Langhe Rosso Tubleu '13 — 🍷🍷 3
- Barbaresco '13 — 🍷 3

Erede di Armando Chiappone

s.da San Michele, 51
14049 Nizza Monferrato [AT]
Tel. 0141721424
www.eredidichiappone.com

Tra le migliori della tipologia, la Barbera d'Asti Superiore Nizza Ru '11 al naso ha note di ciliegia, prugna e china, mentre il palato è ricco di frutto e succoso, di grande struttura e carattere. Di ottimo livello anche la Barbera d'Asti Brentura '13, ricca di polpa e dinamica.

- Barbera d'Asti Sup. Nizza Ru '11 — 🍷🍷 4
- Barbera d'Asti Brentura '13 — 🍷🍷 2*

Il Chiosso

via le Guglielmo Marconi 45-47a
13045 Gattinara [VC]
Tel. 0163826739
www.ilchiosso.it

Festeggia i 10 anni di vita questa brillante realtà dell'Alto Piemonte. Ancora lievemente segnato dal legno il potente Gattinara Galizja 2011, dai profumi minerali ricchi di china. Potente e ancora molto compatto il Ghemme del 2010. Ancora in fase di assestamento il Fara 2012.

- Gattinara '11 — 🍷🍷 3
- Gattinara Galizja '11 — 🍷🍷 5
- Ghemme '10 — 🍷🍷 3
- Fara '12 — 🍷 3

Paride Chiovini

via Giuseppe Garibaldi, 20
28070 Sizzano [NO]
Tel. 3394304954
www.paridechiovini.it

Tutta la gamma è interessante, con una nostra preferenza per il Sizzano 2011, un vero vino di territorio, classico e fedele alla tradizione. Appena vegetale il Ghemme 2012, con liquirizia e tabacco sullo sfondo e bocca equilibrata di media struttura. Semplici e gradevoli i Colline Novaresi del 2015.

- Ghemme '12 — 🍷🍷 4
- Sizzano '11 — 🍷🍷 4
- Colline Novaresi Uva Rara '15 — 🍷 3
- Colline Novaresi Vespolina Afrodite '15 — 🍷 2

Ciabot Berton

fraz. Santa Maria, 1
12064 La Morra [CN]
Tel. 017350217
www.ciabotberton.it

I vigneti della famiglia Oberto occupano circa dodici ettari vitati sulle colline di Barolo. Barolo Rocchettevino '11 è intenso e notevolmente espressivo con note di erbe di montagna e confettura di fragole. Bocca di buon corpo, saporito e col giusto tannino.

- Barolo del Comune di La Morra '12 — 🍷🍷 5
- Barolo Rocchettevino '11 — 🍷🍷 6
- Barolo Rocchettevino Ris. '10 — 🍷🍷 8
- Barolo Roggeri '11 — 🍷 6

Cantina Clavesana

fraz. Madonna della Neve, 19
12060 Clavesana [CN]
Tel. 0173790451
www.inclavesana.it

Ottimi risultati per la cooperativa di Clavesana. Note di bacche rosse e palato fine nel Dogliani '15, armonico tra tannini, polpa e acidità. Fitto e cupo nei profumi il Dogliani Superiore '13, in bocca è armonico e ampio. Validi anche la Barbera Superiore Era '13 e Langhe Pinot Nero '14.

- Barbera d'Alba Sup. Era '13 — 🍷🍷 3
- Dogliani '15 — 🍷🍷 2*
- Dogliani Sup. 110 '13 — 🍷🍷 3
- Langhe Pinot Nero '14 — 🍷🍷 3

Aldo Clerico

loc. Manzoni, 69
12065 Monforte d'Alba [CN]
Tel. 017378509
www.aldoclerico.it

Prosegue senza incertezze la crescita qualitativa di questa piccola cantina, nata appena nel 2004. Il Barolo 2012 apre su delicate note floreali con la rosa in evidenza, poi accenna ad aromi più evolutivi quali tabacco e liquirizia, con palato di medio corpo. Assai piacevole il Dolcetto d'Alba 2015.

● Barolo '12	🍷🍷 6
● Dolcetto d'Alba '15	🍷🍷 2*
● Langhe Nebbiolo '14	🍷🍷 3
● Barbera d'Alba '15	🍷 3

Col dei Venti

via La Serra, 38
14049 Vaglio Serra [AT]
Tel. 0141793071
www.coldeiventi.com

Ci sono piaciuti soprattutto il Barbaresco Túfoblu '13, dai toni di anice e macchia mediterranea, dai tannini ben integrati, e le Barbera d'Asti, la Superiore '11, ancora un po' segnata dal legno ma di notevole struttura e tesa acidità,e la "base" 2015, fruttata e scorrevole.

● Barbaresco Túfoblu '13	🍷🍷 6
● Barbera d'Asti '15	🍷🍷 2*
● Barbera d'Asti Sup. '11	🍷🍷 3
● Barolo Debútto '12	🍷🍷 6

Collina Serragrilli

via Serragrilli, 30
12052 Neive [CN]
Tel. 0173677010
www.serragrilli.it

Moderno e speziato il Barbaresco Serragrilli 2013, con un accenno di frutti rossi sullo sfondo e palato equilibrato senza troppa incisività. Appena più ruvido lo Starderi. Gradevoli i due Langhe, il giovanile Grillobianco a base di chardonnay e il Grillorosso da uve nebbiolo, barbera e cabernet.

● Barbaresco Serragrilli '13	🍷🍷 5
● Barbaresco Starderi '13	🍷🍷 7
○ Langhe Grillobianco '15	🍷 2
● Langhe Grillorosso '13	🍷 3

Colombera & Garella

via Cascina Cottignano, 2
13866 Masserano [BI]
Tel. 01596967
colomberaegarella@gmail.com

Riscuotono sempre più successo i vini dell'azienda di Masserano. Il Lessona Pizzaguerra '12 è intenso e sfaccettato al naso con tabacco e erbe secche in primo piano. In bocca ha struttura e una fitta trama tannica. Armonico e tipico il Bramaterra '12 nei suoi toni di genziana e rabarbaro.

● Bramaterra Cascina Cottignano '12	🍷🍷 4
● Lessona Pizzaguerra '12	🍷🍷 4
● Costa della Sesia Rosato Cascina Cottignano '13	🍷 4

Colombo - Cascina Pastori

reg. Cafra, 172/B
14051 Bubbio [AT]
Tel. 0144852807
www.colombovino.it

Anche quest'anno il Pinot Nero Apertura si conferma il vino di punta dell'azienda. Ha sentori floreali e di frutti di bosco, con un palato di buona struttura e tenuta. Fresco e cremoso il Piemonte Chardonnay Spumante Andrè '12, dalle tipiche note di crosta di pane.

○ Piemonte Chardonnay Spumante Blanc de Blancs Andrè M. Cl. '12	🍷🍷 5
● Piemonte Pinot Nero Apertura '13	🍷🍷 3
⊙ Alta Langa Brut Rosé Silvì Ris. '11	🍷 5

Contratto

via G. B. Giuliani, 56
14053 Canelli [AT]
Tel. 0141823349
www.contratto.it

Sempre di ottimo livello la batteria di spumanti della Contratto. Spiccano i due For England Pas Dosé, il Blanc de Noirs '11, complesso nelle sue note di pane e nocciola, ricco e cremoso, e il Rosé '11, floreale ed equilibrato. Piacevole l'Extra Brut '11.

○ For England Pas Dosé Blanc de Noirs '11	🍷🍷 6
⊙ For England Pas Dosé Rosé M. Cl. '11	🍷🍷 6
○ Millesimato Extra Brut M. Cl. '11	🍷 5

Cuvage

Stradale Alessandria, 90
15011 Acqui Terme [AL]
Tel. 0144371600
www.cuvage.com

L'azienda spumantistica Acquese ci presenta le nuove versioni dei suoi Metodo Classico. Fine e complesso il Blanc de Blancs, con una eccellente armonia gustativa e un finale lungo, mentre il Pas Dosé è caratterizzato da una grande freschezza. Da segnalare il Brut Rosé

○ Brut Blanc de Blancs M. Cl.	🍷🍷 3
⊙ Brut Rosé M. Cl.	🍷 3
○ Pas Dosé Cuvage de Cuvage M. Cl.	🍷 3

Dacapo

s.da Asti Mare, 4
14041 Agliano Terme [AT]
Tel. 0141964921
www.dacapo.it

La Barbera d'Asti Superiore Valrionda '13 presenta note di tabacco e di frutti di bosco neri al naso, e un palato un po' severo, ma con tanta polpa e struttura. Ottimo anche il Ruché di Castagnole Monferrato Majoli '15, con sentori di frutti rossi, dal palato pieno e piacevole.

● Barbera d'Asti Sup. Valrionda '13	🍷🍷 3
● Ruchè di Castagnole M.to Majoli '15	🍷🍷 3
● Barbera d'Asti Sanbastiàn '14	🍷 2
● Piemonte Pinot Nero Cantacucco '13	🍷 5

Giovanni Daglio

via Montale Celli, 10
15050 Costa Vescovato [AL]
Tel. 0131838262
www.vignetidaglio.com

Il Timorasso Cantico '14 accoglie con aromi floreali e note di pietra focaia, ancora molto giovane ma già di gran carattere. La Barbera Pias '14 mette in evidenza un ottimo olfatto, che anticipa una bocca equilibrata e armonica.

○ Colli Tortonesi Timorasso Derthona Cantico '14	🍷🍷 4
● Colli Tortonesi Barbera Pias '14	🍷🍷 2*

F.lli Facchino

loc. Val del Prato, 210
15078 Rocca Grimalda [AL]
Tel. 014385401
www.vinifacchino.it

I fratelli Giorgio e Diego Facchino sono la nuova generazione di famiglia, impegnata nel settore vitivinicolo. In produzione una quindicina di etichette da uve barbera, dolcetto, albarossa, cabernet sauvignon, cortese, chardonnay e moscato.

● Dolcetto di Ovada Poggiobello '14	🍷🍷 2*
● M.to Rosso Note d'Autunno '11	🍷🍷 3
● Barbera del M.to Terre del Re '13	🍷 2

Fabio Fidanza

via Rodotiglia, 55
14052 Calosso [AT]
Tel. 0141826921
a.a.fidanza@gmail.com

Il Monferrato Rosso Que Duàn '14, blend di nebbiolo (80%) con saldo paritario di barbera e cabernet, ha un bel frutto croccante, è equilibrato e lungo. Altrettanto valido il Moscato d'Asti '15, dagli aromi di lime e clorofilla, di salvia e agrumi, fresco e di piacevole beva.

● M.to Rosso Que Duàn '14	🍷🍷 3
○ Moscato d'Asti '15	🍷🍷 2*
● Barbera d'Asti '14	🍷 2
● Barbera d'Asti Sup. Sterlino '14	🍷 4

Forteto della Luja

reg. Candelette, 4
14051 Loazzolo [AT]
Tel. 014487197
www.fortetodellaluja.it

Sono tra i migliori vini dolci della regione: il Piemonte Brachetto Passito Pian dei Sogni '13, dalle note aromatiche varietali e con una dolcezza ben bilanciata dalla freschezza, e il Loazzolo Vendemmia Tardiva Piasa Rischei '12, un po' segnato dal legno, ma ricco e teso allo stesso tempo.

○ Loazzolo V. T. Piasa Rischei '12	🍷🍷 6
● Piemonte Brachetto Passito Pian dei Sogni '13	🍷🍷 5
● Barbera d'Asti Mon Ross '15	🍷 2

La Fusina

B.GO SANTA LUCIA, 33
12063 DOGLIANI [CN]
TEL. 017370488
www.lafusina.com

Molto ben calibrato il Barolo del 2012, pulito, fresco, di media struttura e persistente. Particolarmente invitante il Dogliani Superiore Cavagné 2014, privo di asperità tanniche e dagli aromi puliti e assai sfaccettati. Bocca spessa e avvolgente nella bella Barbera d'Alba 2015.

- ● Barbera d'Alba '15 — 🍷🍷 3
- ● Barolo '12 — 🍷🍷 5
- ● Dogliani Sup. Cavagnè '14 — 🍷🍷 3
- ○ Langhe Chardonnay '15 — 🍷 2

Garesio

LOC. SORDO, 1
12050 SERRALUNGA D'ALBA [CN]
TEL. 3667076775
www.garesiovini.it

In attesa dell'uscita dei vini prodotti a Serralunga d'Alba continua ad affascinarci la loro Barbera d'Asti Superiore Nizza. La versione 2013 ha profumi di erbe aromatiche e ciliegia, con sfumature tostate, mentre il palato è elegante ed equilibrato, con un lungo finale succoso.

- ● Barbera d'Asti Superiore Nizza '13 — 🍷🍷 4

Cantine Garrone

VIA SCAPACCIANO, 36
28845 DOMODOSSOLA [VB]
TEL. 0324242990
www.cantinegarrone.it

Buone proposte dalla cantina portabandiera dell'eroica viticoltura della Val d'Ossola. Il Prünent del 2013, a base di uva nebbiolo, è ricco di spezie e frutti rossi, ben disteso e non aggressivo sul palato fresco e sapido. Ancora più vivo il Rosso Cà d'Maté 2013, dalle gradevoli note agrumate.

- ● Valli Ossane Rosso Cà d'Maté '13 — 🍷🍷 3
- ● Valli Ossolane Nebbiolo Sup. Prünent '13 — 🍷🍷 4
- ● Valli Ossolane Rosso Tarlàp '14 — 🍷 2

La Giribaldina

FRAZ. SAN VITO, 39
14042 CALAMANDRANA [AT]
TEL. 0141718043
www.giribaldina.com

Meno brillante del solito i vini dell'azienda della famiglia Colombo. Ben realizzata la Barbera d'Asti Superiore Vigneti della Valsarmassa '14, dai toni di frutta nera, tabacco e legno, per un palato pieno e dal lungo finale piacevole. Corretto il resto della gamma proposta.

- ● Barbera d'Asti Sup. Vign. della Val Sarmassa '14 — 🍷🍷 3
- ● Barbera d'Asti Sup. Nizza Cala delle Mandrie '13 — 🍷 4

Tenuta L'Illuminata

LOC. SANT'ANNA, 30
12064 LA MORRA [CN]
TEL. 0302279601
www.lilluminata.it

Nel 2001 Guido Folonari, discendente di una delle storiche famiglie italiane del vino, decide di dar vita alla Tenuta L'Illuminata. Tra i rossi spicca il Barolo Tebavio '12, dai tannini morbidi e dal finale piacevole. Bel frutto e grande equilibrio per il Dolcetto d'Alba Savincato versione 2015.

- ● Barbera d'Alba Colbertina '13 — 🍷🍷 3
- ● Barolo Tebavio '12 — 🍷🍷 6
- ● Dolcetto d'Alba Savincato '15 — 🍷🍷 3

Lagobava

CA' BERGANTINO, 5
15049 VIGNALE MONFERRATO [AL]
TEL. 3476900656
www.lagobava.it

Micaela Lago sommelier e Gabriele Bava enologo sono un coppia di appassionati esperti del settore. Gestiscono quattro ettari di vigneto a sole uve rosse: barbera, cabernet sauvignon, merlot e pinot nero. In evidenza un grande L'Ago, da uve barbera.

- ● L'Ago '10 — 🍷🍷 5
- ● M.to Rosso '09 — 🍷🍷 6
- ● Piemonte Barbera '14 — 🍷🍷 3
- ● M.to Rosso L'Amo '13 — 🍷 4

Maccagno

via Bonora, 29
12043 Canale [CN]
Tel. 0173979438
www.cantinamaccagno.it

Entra in Guida la Maccagno grazie a una serie di ottimi vini. Tra gli altri ci sono piaciuti soprattutto il Roero San Michele '12, dai profumi di ciliegia e cioccolato e dal palato con tannini fitti ma eleganti, succoso e di buona polpa, e il Maccagno Brut, fruttato, fine e complesso.

- ● Barbera d'Alba Sup. Arcalè '13 — 🍷🍷 3
- ○ Maccagno Brut M. Cl. — 🍷🍷 3
- ○ Roero Arneis Excellence by Nikki '14 — 🍷🍷 3
- ● Roero S. Michele '12 — 🍷🍷 3

Tenuta La Marchesa

via Gavi, 87
15067 Novi Ligure [AL]
Tel. 0143743362
www.tenutalamarchesa.it

Storica tenuta ubicata sulla strada tra Novi Ligure e Gavi. La sua estensione e di circa 76 ettari, tra vigneti e boschi. La direzione della struttura è affidata a Tiziano Pelanda enologo. In produzione sei etichette, tra bianchi, rossi e spumanti.

- ○ Gavi Etichetta Bianca '15 — 🍷🍷 2*
- ○ Gavi Etichetta Oro '15 — 🍷🍷 3

Marenco

p.zza Vittorio Emanuele II, 10
15019 Strevi [AL]
Tel. 0144363133
www.marencovini.com

La storica azienda dell'Acquese mette in evidenza la sua specializzazione, nelle denominazioni importanti del comprensorio. In vetta alla batteria una bella versione del Passrì Scrapona, un passito complesso al naso, quanto armonico ed equilibrato al palato.

- ● Brachetto d'Acqui Pineto '15 — 🍷🍷 3
- ○ Moscato d'Asti Scrapona '15 — 🍷🍷 3
- ○ Strevi Passri' di Scrapona '09 — 🍷🍷 6
- ● Dolcetto d'Acqui Marchesa '15 — 🍷 3

Le Marie

via San Defendente, 6
12032 Barge [CN]
Tel. 0175345159
www.lemarievini.eu

Valerio Raviolo da sempre è affiancato nel lavoro in cantina dalla moglie Luigina e dai figli Simona e Daniele. Continua l'ascesa qualitativa il Debárges '13. Intenso e complesso, con note di tabacco e spezie. Bocca solida e di ottima struttura, tannini fini ed eleganti e un finale fresco e persistente.

- ○ Blanc de Lissart — 🍷🍷 2*
- ⊙ Le Marie Pas Dosé Rosato M. Cl. — 🍷🍷 3
- ● Pinerolese Barbera Colombe '13 — 🍷🍷 3
- ● Pinerolese Rosso Debárges '13 — 🍷🍷 3

La Masera

s.da San Pietro, 32
10010 Piverone [TO]
Tel. 0113164161
www.lamasera.it

Rimarchevole risultato dell'Erbaluce di Caluso Macaria '14, ricco di frutta bianca e particolarmente denso in bocca. Gioca più sulla materia che sulla finezza il piacevole e ricco Anima '15. Cresce anche lo spumante, con un Masilé di sicuro equilibrio gustativo.

- ○ Erbaluce di Caluso Anima '15 — 🍷🍷 2*
- ○ Erbaluce di Caluso Brut Masile M. Cl. — 🍷🍷 4
- ○ Erbaluce di Caluso Macaria '14 — 🍷🍷 3
- ● Canavese Barbera Monte Gerbido '14 — 🍷 2

Tenuta La Meridiana

fraz. Tana Bassa
via Tana Bassa, 5
14048 Montegrosso d'Asti [AT]
Tel. 0141956172
www.tenutalameridiana.com

La Barbera d'Asti Superiore Bricco Sereno '13 ha toni di china, ginepro e prugna in confettura su di un palato ricco ed esuberante, polposo, dal finale ben sostenuto dall'acidità, mentre il Metodo Classico Joaçaba Brut è fine, con note di pane tostato, susine e agrumi.

- ● Barbera d'Asti Sup. Bricco Sereno '13 — 🍷🍷 4
- ● Barbera d'Asti Sup. Tra La Terra e Il Cielo '12 — 🍷🍷 4
- ○ Joaçaba Brut M. Cl. — 🍷🍷 5

F.lli Monchiero

via Alba-Monforte, 49
12060 Castiglione Falletto [CN]
Tel. 017362820
www.monchierovini.it

La Riserva Montanello 2010 è l'archetipo del Barolo più classico, già aperto com'è su pulite note di liquirizia, spezie dolci e frutti rossi; la bocca non è molto impegnativa ma di prestigiosa armonia. Ancora più fresco e accattivante il Barolo Rocche 2012, leggermente più tannico.

● Barolo Montanello Ris. '10	🍷🍷 5
● Barolo Rocche di Castiglione Falletto '12	🍷🍷 5
○ Langhe Arneis '15	🍷 2

Franco Mondo

reg. Mariano, 33
14050 San Marzano Oliveto [AT]
Tel. 0141834096
www.francomondo.net

Sempre affidabili i vini di Franco Mondo. La Barbera d'Asti Superiore Il Salice '13 è di buon corpo, speziata e con note di frutta rossa matura, mentre la Barbera d'Asti '15 è accattivante nei suoi sentori di frutti neri, fresca e immediata. Corretto il resto della produzione.

● Barbera d'Asti '15	🍷🍷 2*
● Barbera d'Asti Sup. Il Salice '13	🍷🍷 3
● Barbera d'Asti Sup. Nizza Le Rose '11	🍷 5
● M.to Rosso Di.Vino '13	🍷 3

Mongioia

fraz. Valdivilla, 40
12058 Santo Stefano Belbo [CN]
Tel. 0141847909
www.mongioia.com

Entra in Guida questa piccola azienda che si dedica completamente alla produzione di moscato. Il Meramentae Brut '14 è secco, fresco e di grande aromaticità, il Moscato d'Asti Crivella '11 ha un palato opulento ed esuberante, mentre il Moscato d'Asti Belb '15 è fresco e agrumato.

○ Meramentae Brut '14	🍷🍷 5
○ Moscato d'Asti Belb '15	🍷🍷 3
○ Moscato d'Asti Crivella '11	🍷🍷 6
○ Moscato d'Asti La Moscata '15	🍷 3

La Montagnetta

fraz. Bricco Cappello, 4
14018 Roatto [AT]
Tel. 0141938343
www.lamontagnetta.com

Entra in Guida l'azienda di Domenico Capello, grazie a una serie di vini di ottimo livello. Tra questi spiccano la Barbera d'Asti Superiore Piovà '13, di grande ricchezza e tenuta, con note di frutti neri ed erbe secche, e la Freisa d'Asti Bugianen '15, speziata e di carattere.

● Barbera d'Asti Sup. Piovà '13	🍷🍷 4
● Freisa d'Asti Bugianen '15	🍷🍷 2*
● Piemonte Bonarda Frizzante Insopita '15	🍷🍷 2*
● Barbera d'Asti Pi-Cit '15	🍷 2

Morgassi Superiore

Case Sparse Sermoria, 7
15066 Gavi [AL]
Tel. 0143642007
www.morgassisuperiore.it

Azienda fondata da Marino Piacitelli nel 1993, ha un'estensione di circa cinquanta ettari, di cui diciannove a vigneto. Le esposizioni sono a sud sud ovest, su pendii piuttosto ripidi. In produzione quattro etichette di cui tre Gavi e un Timorasso in purezza.

○ Gavi del Comune di Gavi Tuffo '15	🍷🍷 3
○ M.to Bianco Timorgasso '13	🍷🍷 4
○ Gavi del Comune di Gavi Volo '14	🍷 4

Diego Morra

via Cascina Mosca, 37
12060 Verduno [CN]
Tel. 3284623209
www.verdunopelaverga.it

Abbiamo assaggiato davvero una bella versione di Barolo '11, dal profilo olfattivo floreale e speziato, punteggiato da sentori di liquirizia. In bocca dimostra grande finezza nella tradizione, bocca austera ma equilibrata, finale lungo e sottile. Ricco e sapido lo Chardonnay '15.

● Barolo '11	🍷🍷 6
○ Chardonnay '15	🍷🍷 3
● Verduno Pelaverga '15	🍷 4

Ada Nada

loc. Rombone
via Ausario, 12
12050 Treiso [CN]
Tel. 0173638127
www.adanada.it

In assenza dei Barbaresco conferma l'affidabilità qualitativa che pone l'azienda tra le certezze vinicole della zona la Barbera d'Alba Pierin '15. Intensa al naso con aromi fruttati e vanigliati, ha buon corpo e lunghezza. Discreto il Langhe Sauvigno Neta '15, semplice e scorrevole.

- ● Barbera d'Alba Pierin '15 — 🍷🍷 3
- ○ Langhe Sauvignon Neta '15 — 🍷 2

Giuseppe Negro

via Gallina, 22
12052 Neive [CN]
Tel. 0173677468
www.negrogiuseppe.com

Media struttura in bocca e gradevoli aromi fruttati nel convincente Barbaresco Pian Cavallo 2013. Più complesso al naso ma anche dotato di una solida struttura con tannini ancora parzialmente austeri il Gallina 2013.

- ● Barbaresco Gallina '13 — 🍷🍷 6
- ● Barbaresco PianCavallo '13 — 🍷🍷 6
- ⊙ Langhe Rosato Monsù '15 — 🍷🍷 3

Cantina Sociale di Nizza

s.da via Alessandria 57
14049 Nizza Monferrato [AT]
Tel. 0141721348
www.nizza.it

La Cantina di Nizza propone una gamma di Barbera d'Asti di ottimo livello. La Progetto in Origine '15 presenta aromi di cioccolato e tabacco e un palato di grande beva e freschezza, mentre la Magister '14 è più sul frutto, ricca e succosa, ma tutte quelle segnalate sono di ottima fattura.

- ● Barbera d'Asti Le Pole '15 — 🍷🍷 2*
- ● Barbera d'Asti Sup. Magister '14 — 🍷🍷 2*
- ● Barbera d'Asti Sup. Nizza Ceppi Vecchi '14 — 🍷🍷 4
- ● Piemonte Barbera Progetto in Origine '15 — 🍷🍷 2*

Silvano Nizza

fraz. Balla Lora 29a
12040 Santo Stefano Roero [CN]
Tel. 017390516
www.nizzasilvano.com

Molto ben realizzati il Roero '13, dai sentori di agrumi, in particolare arancia rossa, tabacco e lamponi, e dal palato di buona struttura ed equilibrio, e la Barbera d'Alba Superiore '14, speziata con sfumature vegetali, lunga e di vibrante acidità.

- ● Barbera d'Alba Sup. '14 — 🍷🍷 4
- ● Roero '13 — 🍷🍷 5
- ○ Roero Arneis '15 — 🍷 3

Pace

fraz. Madonna di Loreto
Cascina Pace, 52
12043 Canale [CN]
Tel. 0173979544
dinonegropace@gmail.com

Ben realizzati il Roero '13, disteso e di notevole finezza nelle sue note di frutti neri, tabacco e china, e il Roero Riserva '12, equilibrato, dai tannini ben integrati e dai toni balsamici. Rispecchiano le rispettive difficili annate la Barbera d'Alba '14 e il Roero arneis '15.

- ● Roero '13 — 🍷🍷 3
- ● Roero Ris. '12 — 🍷🍷 5
- ● Barbera d'Alba '14 — 🍷 2
- ○ Roero Arneis '15 — 🍷 2

Agostino Pavia e Figli

fraz. Bologna, 33
14041 Agliano Terme [AT]
Tel. 0141954125
www.agostinopavia.it

Ben realizzata la Barbera d'Asti Superiore Moliss '13, dagli intensi profumi fruttati con sfumature speziate, di buona struttura e polpa, con una tensione acida a sostenerla. Corretti la Barbera d'Asti Casareggio '15, di buona immediatezza, e il Grignolino d'Asti '15, semplice e aromatico.

- ● Barbera d'Asti Sup. Moliss '13 — 🍷🍷 3
- ● Barbera d'Asti Casareggio '15 — 🍷 2
- ● Grignolino d'Asti '15 — 🍷 2

Magda Pedrini

via Pratolungo, 163
15066 Gavi [AL]
Tel. 0143667923
www.magdapedrini.it

L'azienda si trova sulla costa di Gavi che confina con Arquata. Elegante e ben attrezzata la cantina in cui si vinificano tre Gavi, un Monferrato Rosso e un Metodo Classico.

- ○ Gavi del Comune di Gavi Domino '14 — ♥♥ 4
- ○ Gavi del Comune di Gavi E' '15 — ♥♥ 3
- ○ Gavi del Comune di Gavi La Piacentina '15 — ♥♥ 3

Pelassa

b.go Tucci, 43
12046 Montà [CN]
Tel. 0173971312
www.pelassa.com

Una batteria davvero di qualità quella di Pelassa. Il Barolo '12 ha sentor di alloro e ciliegia, per un palato di grande grinta e tensione, il Barolo Bussia '11 è più segnato dal legno, con note di vaniglia e funghi porcini, mentre il Roero Riserva Antaniolo '12 è fresco ed elegante.

- ● Barolo '12 — ♥♥ 6
- ● Barolo Bussia '11 — ♥♥ 6
- ● Roero Antaniolo Ris. '12 — ♥♥ 4
- ● Barbera d'Alba Sup. San Pancrazio '14 — ♥ 3

Pasquale Pelissero

Cascina Crosa, 2
12052 Neive [CN]
Tel. 017367376
www.pasqualepelissero.com

Da questa piccola realtà condotta con saggezza da Ornella Pelissero giungono vini sempre più convincenti. Il Barbaresco San Giuliano Bricco 2013 è impostato più sulla freschezza fruttata che sulla complessità e la potenza, sfoderando bella polpa e gradevolissima armonia gustativa.

- ● Barbaresco Cascina Crosa '13 — ♥♥ 4
- ● Barbaresco San Giuliano Bricco '13 — ♥♥ 5

Elio Perrone

s.da San Martino, 3bis
12053 Castiglione Tinella [CN]
Tel. 0141855803
www.elioperrone.it

Annata in tono minore per l'azienda della famiglia Perrone. La Barbera d'Asti Superiore Mongovone '14 ai toni di frutti rossi affianca delle note di legno ancora un po' troppo in evidenza, per un palato di buona struttura e polpa. Corretti gli altri vini segnalati.

- ● Barbera d'Asti Sup. Mongovone '14 — ♥♥ 5
- ● Barbera d'Asti Tasmorcan '15 — ♥ 2
- ○ Moscato d'Asti Sourgal '15 — ♥ 2

Guido Platinetti

via Roma, 60
28074 Ghemme [NO]
Tel. 3389945783
platinettivini.com

Annata interlocutoria per questa valida cantina presente con le proprie etichette da oltre 40 anni. Un po' carente in freschezza il Ghemme Vigna Ronco al Maso '11, dal sorso compatto e ancora piuttosto tannico. Pregevole bevibilità nell'equilibrato e semplice Nebbiolo '14.

- ● Colline Novaresi Nebbiolo '14 — ♥♥ 3
- ● Colline Novaresi Vespolina '15 — ♥ 2
- ● Ghemme V. Ronco Maso '11 — ♥ 4

Poderi ai Valloni

via della Traversagna, 1
28010 Boca [NO]
Tel. 032287332
www.podereaivalloni.it

Annata da incorniciare per il Boca Vigna Cristiana 2010. Grande raffinatezza al naso, ricco di note di fiori rossi e genziana, e bocca fresca di notevole struttura, in cui i tannini sono ancora in leggera evidenza: avrà una perfetta evoluzione. Piccolo e vegetale il corretto Nebbiolo Gratus del 2014.

- ● Boca V. Cristiana '10 — ♥♥ 6
- ● Colline Novaresi Nebbiolo Gratus '14 — ♥ 3

Paolo Giuseppe Poggio

via Roma, 67
15050 Brignano Frascata [AL]
Tel. 0131784929
www.cantinapoggio.com

Il Timorasso Ronchetto regale una versione 2014 di gran classe: aromi di erbe secche, tabacco e spezie, preludio di una fase gustativa potente e densa. A seguire versioni interessanti di Cortese Campogallo '15 e Barbera Campo La Bà '14.

- ○ Colli Tortonesi Timorasso Derthona Ronchetto '14 — 2*
- ○ Campogallo '15 — 1*
- ● Colli Tortonesi Barbera Campo La Bà '14 — 2

Pomodolce

via IV Novembre, 7
15050 Montemarzino [AL]
Tel. 0131878135
www.pomodolce.it

L'azienda di Montemarzino presenta una versione della Barbera Marsèn '13 di buona fattura, strutturata e intensa. Il Timorasso Diletto '14, più semplice del solito, mette in evidenza le ragioni di un'annata difficile dal punto di vista meteorologico.

- ● Colli Tortonesi Monleale Marsen '13 — 4
- ○ Colli Tortonesi Timorasso Diletto '14 — 3

Punset

via Zocco, 2
12052 Neive [CN]
Tel. 017367072
www.punset.com

Marina Marcarino può essere fiera della splendida riuscita del suo Barbaresco Basarin Riserva 2011, elegante, fruttato e fresco al punto da arrivare a ricordare la canfora anche nel finale di una bocca polposa e godibilissima.

- ● Barbaresco Basarin Ris. '11 — 5
- ● Barbaresco San Cristoforo Campo Quadro '09 — 6

Gianmatteo Raineri

loc. Panerole, 24
12060 Novello [CN]
Tel. 3396009289
www.rainerivini.com

È una batteria compatta quella presentata dall'azienda di Farigliano alle nostre degustazioni. Spiccano il Barolo Monserra '12, con le spezie che sposano perfettamente la frutta rossa, fine e armonioso. Non male la Barbera Sagrin '14, dal bouquet sfaccettato, ricca e possente.

- ● Barbera d'Alba Sagrin '14 — 3
- ● Barolo Monserra '12 — 8
- ● Langhe Nebbiolo Snart '14 — 4
- ● Dogliani Cornole '15 — 3

Réva

loc. San Sebastiano, 68
12065 Monforte d'Alba [CN]
Tel. 0173789269
www.revamonforte.it

Contrariamente a quanto ci si potrebbe aspettare, nella vendemmia 2012 è il Barolo base non è lontano dal più blasonato cru Ravera. Ciò grazie a una pregevole dote di aromi che vanno dal tabacco alla liquirizia e a una bocca incantevole per delicatezza. Più corposo ma ancora chiuso il Ravera.

- ● Barolo '12 — 5
- ● Barolo Ravera '12 — 7
- ○ Langhe Sauvignon '15 — 3

Carlo Daniele Ricci

via Montale Celli, 9
15050 Costa Vescovato [AL]
Tel. 0131838115
www.aziendaagricolaricci.com

Bella versione de Il Giallo di Costa, con aromi di macchia mediterranea, legati a note di idrocarburi che donano complessità. La Barbera Castellania presenta aromi di bacche nere e note speziate, in bocca mette in evidenza una grande struttura.

- ● Castellania — 3
- ○ Il Giallo di Costa — 4

Pietro Rinaldi

fraz. Madonna di Como
12051 Alba [CN]
Tel. 0173360090
www.pietrorinaldi.com

Valido anche se leggermente carente in freschezza l'asciutto Barolo Monvigliero 2012. Più godibile e immediato il Nebbiolo Argante 2013, semplice negli aromi ma di gradevolissima pressione gustativa. Un po' evoluto al naso e ancora un po' ruvido il Barbaresco San Cristoforo.

- ● Barbaresco San Cristoforo '13 — 🍷🍷 5
- ● Barolo Monvigliero '12 — 🍷🍷 6
- ● Langhe Nebbiolo Argante '13 — 🍷🍷 4
- ○ Langhe Arneis Hortensia '15 — 🍷 2

Silvia Rivella

loc. Montestefano, 17
12050 Barbaresco [CN]
Tel. 0173635040
www.agriturismorivella.it

Delicate note di frutta fresca e tabacco su fondo di spezie dolci annunciano il Barbaresco Montestefano 2013, dal palato morbido e avvolgente ma anche ricco di vitale freschezza. Lievemente più tannico e piacevolmente ricco di aromi di lampone maturo il Barbaresco 2013.

- ● Barbaresco '13 — 🍷🍷 6
- ● Barbaresco Montestefano '13 — 🍷🍷 7

Rivetto

loc. Lirano, 2
12050 Sinio [CN]
Tel. 0173613380
www.rivetto.it

Il Barolo Riserva Leon '10 si apre lento nel bicchiere su toni terrosi e di cuioio che lasciano poi il campo a sensazioni ariose di spezie fini e un frutto ancora croccante. Al sorso rivela una struttura ampia e ben definita, con un finale caldo, lungo e di carattere.

- ● Barolo Leon Ris. '10 — 🍷🍷 8
- ● Barbera d'Alba Zio Nando '13 — 🍷 5

Rossi Contini

s.da San Lorenzo, 20
15076 Ovada [AL]
Tel. 0143822530
www.rossicontini.com

Fabio e Annalysa Rossi Contini ci presentano una bella versione della Barbera Superiore Cras Tibi, intensa e fine al naso, il palato rivela una bella struttura, su un finale classico e lungo. L'Ovada Ninan, ha una bella struttura, ma sconta un 2014 poco felice.

- ● Barbera del M.to Sup. Cras Tibi '13 — 🍷🍷 3
- ○ Cortese dell'Alto M.to Cortesia '15 — 🍷 2
- ● Ovada Viign. Ninan '14 — 🍷 4

Sant'Anna dei Bricchetti

s.da dei Bricchetti, 11
14055 Costigliole d'Asti [AT]
Tel. 3484420363
www.santanna-dei-bricchetti.it

Entra in Guida la piccola azienda della famiglia Lenti. La Barbera d'Asti Ricordi '14 ha note di ciliegia matura e spezie, e al palato è succosa, ricca di polpa per l'annata e di grande lunghezza, mentre la Barbera d'Asti Superiore Bricchetti '13 ha carattere ed equilibrio.

- ● Barbera d'Asti Ricordi '14 — 🍷🍷 3
- ● Barbera d'Asti Sup. Bricchetti '13 — 🍷🍷 4
- ○ Moscato d'Asti '15 — 🍷 3

Tenuta Santa Caterina

via Guglielmo Marconi, 17
14035 Grazzano Badoglio [AT]
Tel. 0141925108
www.tenuta-santa-caterina.it

L'azienda di Grazzano Badoglio presenta una pregevole batteria di vini, a evidenziare una costante crescita qualitativa. Due Barbera d'Asti a fare gli onori di casa, Setecàpita, raffinata e complessa e Vigna Lina, intensa e potente, dal finale alcolico.

- ● Barbera d'Asti Sup. Setecàpita '12 — 🍷🍷 3
- ● Barbera d'Asti Sup. V. Lina '13 — 🍷🍷 3
- ● Freisa d'Asti Sorì di Giul '12 — 🍷🍷 3
- ● Grignolino d'Asti Arlandino '14 — 🍷 2

Giacomo Scagliola

reg. Santa Libera, 20
14053 Canelli [AT]
Tel. 0141831146
www.scagliola-canelli.it

Sempre affidabili i vini della famiglia Scagliola. Opulento ma di buon equilibrio tra dolcezza e acidità il Moscato d'Asti Canelli SiFaSol '15, dai toni di cacao e scorza d'agrumi canditi, mentre la Barbera d'Asti Superiore Bric dei Mandorli '13 è immediata e di piacevole beva.

- ● Barbera d'Asti Sup. Bric dei Mandorli '13 — 2 bicchieri rossi 3*
- ○ Moscato d'Asti Canelli Sifasol '15 — 2 bicchieri 2*
- ● Barbera d'Asti '14 — 1 bicchiere 2
- ● Barbera d'Asti Sup. La Faia '14 — 1 bicchiere 2

Simone Scaletta

loc. Manzoni, 61
12065 Monforte d'Alba [CN]
Tel. 3484912733
www.simonescaletta.it

Dai suoi cinque ettari a Monforte d'Alba, Simone produce vini intensi e gradevoli. Il Bricco San Pietro Chirlet '12 ha naso un po' segnato dal legno anche se dotato di bella carica fruttata. Meglio in bocca dove è solido, polposo, e lungo nel finale balsamico. Il Dolcetto Viglioni '15 è estrattivo e fitto.

- ● Barolo Bricco San Pietro Chirlet '12 — 2 bicchieri 6
- ● Dolcetto d'Alba Viglioni '15 — 1 bicchiere 2
- ● Langhe Nebbiolo Autin 'd Madama '14 — 1 bicchiere 3

Segni di Langa

loc. Ravinali, 25
12060 Roddi [CN]
Tel. 3803945151
www.segnidilanga.it

Piccola cantina in fase di continuo miglioramento, da seguire e assaggiare. La Barbera d'Alba Greta 2015 è sicuramente un successo, reso possibile soprattutto dalle piante di 50 anni che la producono: è densa, complessa ed elegante. Piacevole e succoso il fresco e fruttato Pinot Nero 2015.

- ● Barbera d'Alba Greta '15 — 2 bicchieri 4
- ● Langhe Pinot Nero '15 — 2 bicchieri 4

Aurelio Settimo

fraz. Annunziata, 30
12064 La Morra [CN]
Tel. 017350803
www.aureliosettimo.com

È nato in uno dei cru più prestigiosi dell'intera zona del Barolo il Rocche dell'Annunziata 2012. Un vino al tempo stesso semplice e paradigmatico, ricco di frutta rossa e accenni di spezie fresche, dal palato lineare e scorrevole, senza eccessi dati dal tannino o dal legno.

- ● Barolo Rocche dell' Annunziata '12 — 2 bicchieri 6
- ● Barolo '12 — 1 bicchiere 5

Poderi Sinaglio

fraz. Ricca
via Sinaglio, 5
12055 Diano d'Alba [CN]
Tel. 0173612209
www.poderisinaglio.it

Il Dolcetto di Diano d'Alba Sorì Bric Maiolica 2015 è giocato più sulla struttura che sulla raffinatezza, ricco com'è di note di frutta nera e china cui segue un sorso di media struttura e di buon tenore alcolico. Valido il rustico e giovanile Nebbiolo d'Alba Giachet del 2014.

- ● Dolcetto di Diano d'Alba Sorì Bric Maiolica '15 — 2 bicchieri 2*
- ● Nebbiolo d'Alba Giachet '14 — 2 bicchieri 3
- ● Barbera d'Alba Erta '14 — 1 bicchiere 3

Sobrero Francesco

via Pugnane, 5
12060 Castiglione Falletto [CN]
Tel. 017362864
www.sobrerofrancesco.it

Flavio Sobrero, nipote di Francesco, fondatore dell'azienda, gestisce i suoi sedici ettari a Castiglione Falletto. Ci è piaciuto il Barolo tanasio '12: frutti maturi rossi e neri con contrappunti di chiodi di garofano anticipano una bocca fitta nella trama tannica. Austero il Pernanno Riserva '10.

- ● Barolo Ciabot Tanasio '12 — 2 bicchieri 6
- ● Barolo Pernanno Ris. '10 — 2 bicchieri 7
- ● Barbera d'Alba La Pichetera '13 — 1 bicchiere 3

Un ambiente perfetto per
la conservazione dei vini
www.bsdspa.it
LIEBHERR
Qualità, Design e Innovazione

1870
COLLESI
BIRRA
ARTIGIANALE
COLLESI
BIONDA
IMPERIALE
Birra Collesi... SensazionAle
www.collesi.com

La Spinosa Alta

C.NE CASCINA SPINOSA ALTA, 8
15038 OTTIGLIO [AL]
TEL. 0142921372
www.laspinosaalta.it

L'azienda di Paolo Lanzani è in attività dal 1991 e la sede si trova a Ottiglio in provincia di Alessandria. In produzione sei etichette da uve barbera, nebbiolo, grignolino e arneis. A guidare la batteria una versione intensa e corposa di Barbera La Punta '11.

● Barbera del M.to Sup. La Punta '11	🍷🍷 3
○ Solstizio	🍷🍷 3
● Grignolino del M.to Casalese '14	🍷 2

Tenuta Cucco

LOC. CUCCO
VIA MAZZINI,10
12050 SERRALUNGA D'ALBA (CN)
TEL. 0173613003
www.tenutacucco.it

Passata lo scorso anno nei tenimenti della famiglia Rossi Cairo, Tenuta Cucco ha iniziato con un profondo cambio di look: in assenza dei vini della nuova direzione tecnica affidata a Piero Ballario – dalla vendemmia 2015 – ci accontentiamo del restyling delle etichette. Ottima l'intera gamma.

● Barolo Cerrati Vigna Cucco Ris. '10	🍷🍷 8
● Barolo Cerrati '12	🍷🍷 7
● Barolo del Comune di Serralunga d'Alba '12	🍷🍷 6

La Toledana

LOC. SERMOIRA,5
15066 GAVI [AL]
TEL. 0141837287
www.latoledana.it

Il Barolo Ravera Lo Zoccolaio '11 è intenso e cupo nei profumi con note di china e fuliggine e il frutto in secondo piano. La bocca ha una tannicità ben decisa e un bel volume estrattivo a bilanciare. Pimpante il Gavi del Comune di Gavi '15, dal passo di fiori bianchi e agrumi.

● Barolo Ravera Lo Zoccolaio '11	🍷🍷 7
○ Gavi del Comune di Gavi La Toledana '15	🍷🍷 5

La Torretta

S.DA PROV.LE PER CAVAGLIO, 10
28074 GHEMME [NO]
TEL. 0163840764
www.latorrettavinighemme.it

La piccola cantina della famiglia Ferro prosegue nella sua artigianale ricerca della qualità nei 5 ettari vitati di proprietà. Ben aperto negli aromi di erbe secche accompagnate da un tocco di agrumi il Ghemme Il Motto 2009, di struttura ricca e ancora un po' segnata dai tannini.

● Ghemme Il Motto '09	🍷🍷 6
● Colline Novaresi Rosso Il Tordo '10	🍷 3

Tre Secoli

VIA STAZIONE, 15
14046 MOMBARUZZO [AT]
TEL. 014177019
www.tresecoli.com

Entra in Guida questa cantina sociale che conta 1200 ettari vitati e 420 conferitori. Davvero riuscita la batteria di Barbera d'Asti, dalla Sorangela '13, speziata e di grande struttura, alla Nizza '13, fruttata e di buon equilibrio, alla San Pietro '15, fine e succosa.

● Barbera d'Asti San Pietro '15	🍷🍷 2*
● Barbera d'Asti Sup. Nizza '13	🍷🍷 4
● Barbera d'Asti Sup. Sorangela '13	🍷🍷 3
● Piemonte Rosso Decoro '13	🍷 5

Trediberri

B.TA TORRIGLIONE, 4
12064 LA MORRA [CN]
TEL. 3391605470
www.trediberri.com

Decisamente variegato e appagante il Barolo Rocche dell'Annunziata 2012, basato più sull'armonia e sull'eleganza che sulla potenza. Più chiuso e terroso il Barolo 2012, ben fresco sul palato. Vivo e giovanile l'attraente Langhe Nebbiolo 2015, molto ricco di frutto e di buona densità.

● Barolo '12	🍷🍷 5
● Barolo Rocche dell'Annunziata '12	🍷🍷 7
● Langhe Nebbiolo '15	🍷🍷 2*
● Barbera d'Alba '15	🍷 3

F.lli Trinchero

via Gorra, 49
14048 Montegrosso d'Asti [AT]
Tel. 0141956167
www.fllitrincherovino.com

Quest'anno ci ha convinto soprattutto la Barbera d'Asti La Trincherina '15, una tipica Barbera d'annata, ricca di personalità, dal palato scorrevole ma di buon frutto e con un'acidità e una sapidità importanti, per un finale lungo e di piacevole beva.

- ● Barbera d'Asti La Trincherina '15 — 🍷🍷 2*
- ● Barbera d'Asti Sup. Rico '12 — 🍷 3

Poderi Vaiot

Borgata Laione, 43
12046 Montà [CN]
Tel. 0173976283
www.poderivaiot.it

Entra in Guida la Poderi Vaiot. Il Nebbiolo d'Alba '14 è equilibrato, con note floreali e di frutti neri, di bella sapidità e con una freschezza e un'eleganza tutta roerina, mentre il Roero Arneis '15 ha struttura e corpo, note di frutta bianca matura e una buona tensione acida.

- ● Nebbiolo d'Alba '14 — 🍷🍷 3
- ○ Roero Arneis '15 — 🍷🍷 2*
- ● Barbera d'Alba Lupestre '14 — 🍷 2

Valfaccenda

fraz. Madonna Loreto
loc. Val Faccenda, 43
12043 Canale [CN]
Tel. 3397303837
www.valfaccenda.it

Il Roero '14 al naso è intenso e molto profumato, con toni tipicamente roerini di piccoli frutti di bosco e sfumature floreali, mentre il palato è succoso e tannico allo stesso tempo. Da uve nebbiolo e presentato con tappo a corona il Vindabeive '15, aromatico e immediato.

- ● Roero '14 — 🍷🍷 4
- ● Vindabeive '15 — 🍷🍷 3
- ○ Roero Arneis '15 — 🍷 3

La Vecchia Posta

via Montebello, 2
15050 Avolasca [AL]
Tel. 0131876254
www.lavecchiaposta-avolasca.com

Rosso Ciliegio, da uve ciliegiolo, alla sua prima uscita si rivela un vino di ottima beva, con buone caratteristiche gusto olfattive. Il Timorasso Il Selvaggio '14, figlio di un'annata difficile, non riesce a esprimere al meglio il suo grande potenziale.

- ● Rosso Ciliegio — 🍷🍷 3
- ○ Colli Tortonesi Timorasso Il Selvaggio '14 — 🍷 3

Alessandro Veglio

fraz. Annunziata, 53
12064 La Morra [CN]
Tel. 3385699102
www.risveglioinlanga.it

Sta per compiere 10 anni la piccola cantina del giovane enologo Alessandro Veglio, che opera con passione sulle uve di quasi 5 ettari. Ciliegia matura e spezie dolci nel facile Barolo Gattera 2012, già vellutato e piacevolmente scorrevole sul palato. Erbaceo e semplice il fresco Barolo 2012.

- ● Barolo Gattera '12 — 🍷🍷 7
- ● Barolo '12 — 🍷 5

Alberto Voerzio

fraz. Annunziata, 103A
12064 La Morra [CN]
Tel. 3333927654
www.albertovoerzio.com

Questa recente cantina opera con capacità e passione su 4 ettari nei comuni di Barolo e La Morra. Gradevole fusione di spezie dolci e frutta rossa nel Barolo La Serra 2012, il cui sorso è fresco e con tannini in evidenza. Appena più fitto e chiuso il Barolo 2012, dagli aromi di bacche rosse mature.

- ● Barolo '12 — 🍷🍷 6
- ● Barolo La Serra '12 — 🍷🍷 6

LIGURIA

La Liguria del vino è una delle terre più affascinanti del panorama enologico italiano. E' la regione delle piccole aziende, delle vigne affacciate sul mare e strappate alla montagna, tenute su da muretti di pietre a secco, le "fasce", alle quali si accede da sentieri percorribili solo a piedi. Qui si produce poco, stiamo parlando di percentuali che oscillano tra lo 0,4 e lo 0,5 per cento della produzione italiana. Fortunatamente i numeri non raccontano tutto. I vini liguri negli ultimi anni si stanno ritagliando un posto significativo nelle carte dei vini della grande ristorazione e nel cuore degli appassionati. Figli del vento e del mare, dei vitigni autoctoni che da sempre caratterizzano questa viticoltura, sono vini di straordinario fascino, che siano bianchi o rossi poco importa, paradigma di uno stile mediterraneo, affilato, complesso, minerale, dove la sapidità e i profumi iodati sono il tratto distintivo. Quest'anno sono sei i vini premiati, quasi tutti figli di una vendemmia, la 2015, complessa, calda e poco piovosa, che ha donato struttura e alcolicità - e crediamo anche serbevolezza - ai bianchi. Unica presenza rossa un Dolceacqua seduttivo ed elegante, il Bricco Arcagna '14 di Terre Bianche. Per il resto, dicevamo, grandi bianchi. Ecco allora da Levante tre Vermentino dei Colli di Luni, quelli di Lunae Bosoni, Lambruschi e La Baia del Sole, premiato per la prima volta. A Ponente due ottimi Pigato, Le Marige de La Ginestraia, altro debutto tra i Tre Bicchieri, e il seducente Bon in da Bon di BioVio, un'azienda di Albenga a gestione familiare che si aggiudica anche il premio speciale di Vignaiolo dell'Anno. Nel complesso una bella fotografia di una regione che ha fatto della conservazione del proprio patrimonio enologico e del territorio un obiettivo principale. Dal pigato al vermentino, dal rossese all'ormeasco, dal bosco all'albarola, dalla bianchetta genovese alla lumassina, l'elenco è lungo, ma i vignaioli liguri sono ben determinati, e ne sentiremo parlare sempre di più nei prossimi anni. Le piccole aziende pian piano si ingrandiscono, ne nascono di nuove, e il modello ligure dell'azienda vinicola che fa anche ospitalità rurale e ristorazione, e vende gli straordinari prodotti del territorio accanto al vino sta dando nuova linfa a quest'economia, come accade in altre zone dove le vigne sono difficili da coltivare ma sono inserite in un paesaggio di suggestiva bellezza come la Valle d'Aosta, l'Etna o la Costiera Amalfitana.

Massimo Alessandri

via Costa Parrocchia, 42
18020 Ranzo [IM]
Tel. 018253458
www.massimoalessandri.it

VENDITA DIRETTA
VISITA SU PRENOTAZIONE
RISTORAZIONE
PRODUZIONE ANNUA 35.000 bottiglie
ETTARI VITATI 7,00

Continua l'investimento in vigna per Massimo Alessandri: nel 2015 un nuovo impianto di uve granaccia implementerà la produzione del vitigno a bacca rossa, iniziata già da alcuni anni. A questo il nuovo impianto di circa 4000 metri quadri di uve rossese, piantato tre anni fa nel comune di Ranzo, a circa 400 metri, più nuovi filari di roussanne e di viognier, andranno, negli anni a venire, ad aumentare la produzione totale aziendale. Produzione che si sviluppa principalmente con i vini bianchi, che sono la punta di diamante dell'azienda. Come il Pigato '15, dal vivido color paglierino scarico, che piace per i piacevoli sentori mediterranei su intense note minerali. Intrigante anche il Viorus '14, con intensi profumi di acacia e sambuco che virano alla camomilla e dove l'articolato corpo si disperde in un persistente retrogusto. Anche la Granaccia '14 raccoglie consensi, in bocca percepiamo evidenti sentori di frutti di bosco, mentre i morbidi tannini armonizzano la bocca.

● Ligustico '13	🍷🍷 6
● Riviera Ligure di Ponente Granaccia '14	🍷🍷 4
○ Riviera Ligure di Ponente Pigato Costa de Vigne '15	🍷🍷 3
● Riviera Ligure di Ponente Rossese '15	🍷🍷 2*
○ Viorus Costa de Vigne '14	🍷🍷 5
○ Riviera Ligure di Ponente Vermentino Costa de Vigne '15	🍷 3
● Riviera Ligure di Ponente Granaccia '13	🍷🍷 4
○ Riviera Ligure di Ponente Pigato Costa de Vigne '14	🍷🍷 3
○ Riviera Ligure di Ponente Pigato Costa de Vigne '13	🍷🍷 3*
○ Riviera Ligure di Ponente Pigato Vigne Vegie '14	🍷🍷 4
○ Viorus '13	🍷🍷 5

Laura Aschero

p.zza Vittorio Emanuele, 7
18027 Pontedassio [IM]
Tel. 0183710307
www.lauraaschero.it

VENDITA DIRETTA
VISITA SU PRENOTAZIONE
PRODUZIONE ANNUA 60.000 bottiglie
ETTARI VITATI 50,00

È finalmente finita la ristrutturazione della cantina Aschero, le grandi volte con mattoni a vista sono in bella mostra per i clienti e gli enoturisti che arrivano sempre più numerosi. La struttura è facile da raggiungere: è sita al di sotto della centrale piazza del piccolo comune di Pontedassio, all'interno di un antico palazzo del '400. Ad accogliere è Bianca, figlia di Carla e Marco Rizzo e nipote di Laura Aschero, laureata in marketing che si occupa a 360° dell'azienda. Oltre alla cantina infine, nel 2015, è terminato il lungo e duro lavoro di ripristino, in vigna, di tutti i muretti a secco. Dai freschi riflessi verdolini che si intravedono in un colore brillante e intenso, il Pigato '15 è ricco di note mediterranee e frutta bianca, che evolve alla nocciola. Di fattura classica il corpo è armonico, sapido, elegante ed equilibrato. Cede leggermente il passo il Vermentino '15, ricco di carattere, ma alla ricerca di armonia, con note di frutta e sentori minerali, regala un piacevole finale.

○ Riviera Ligure di Ponente Pigato '15	🍷🍷 3*
○ Riviera Ligure di Ponente Vermentino '15	🍷🍷 3
● Riviera Ligure di Ponente Rossese '15	🍷 3
○ Riviera Ligure di Ponente Vermentino '10	🍷🍷🍷 3*
○ Riviera Ligure di Ponente Pigato '14	🍷🍷 3
○ Riviera Ligure di Ponente Pigato '13	🍷🍷 3*
○ Riviera Ligure di Ponente Vermentino '14	🍷🍷 3
○ Riviera Ligure di Ponente Vermentino '12	🍷🍷 3*

La Baia del Sole - Federici

fraz. Luni Antica
via Forlino, 3
19034 Ortonovo [SP]
Tel. 0187661821
www.cantinefederici.com

VENDITA DIRETTA
VISITA SU PRENOTAZIONE
PRODUZIONE ANNUA 150.000 bottiglie
ETTARI VITATI 25,00

Bella azienda quella della famiglia Federici: inaugurata nel giugno del 2015 è concettualmente moderna, strutturalmente efficiente, tecnologicamente avanzata con un occho all'ambiente e aperta all'enoturismo. Poche aziende in Liguria possono competerle. I due fratelli Andrea e Luca, il primo addetto ai vigneti e al commerciale, il secondo al comparto enologico, hanno ormai preso le redini aziendali. La cantina guarda al futuro, con nuovi investimenti e grandissima qualità. E i risultati sono arrivati: il Sarticola '15 è un vino complesso, intenso, con note di rosmarino e salvia, di fiori gialli e frutti maturi, di salmastro ed erbe officinali. Importante e strutturato ha una grande personalità e un incisivo carattere. Anche l'Oro d'Isée '15 è un grande vino, con un naturale equilibrio è caldo, sapido e minerale, appagato da un intenso finale. Il Solaris '15 ha tanta personalità, il tempo gli darà maggiore compiutezza.

○ Colli di Luni Vermentino Sarticola '15	3 bicchieri rossi 4*
○ Colli di Luni Vermentino Oro d'Isée '15	2 bicchieri rossi 4
● Colli di Luni Eutichiano '15	2 bicchieri neri 3
○ Colli di Luni Vermentino Gladius '15	2 bicchieri neri 2*
○ Colli di Luni Vermentino Solaris '15	2 bicchieri neri 3
○ Colli di Luni Gladius '14	2 bicchieri vuoti 2*
● Colli di Luni Terre d'Oriente Ris. '09	2 bicchieri vuoti 5
○ Colli di Luni Vermentino Oro d'Isée '13	2 bicchieri vuoti 3
○ Colli di Luni Vermentino Oro d'Isée '12	2 bicchieri vuoti 4
○ Colli di Luni Vermentino Sarticola '14	2 bicchieri vuoti 4
○ Colli di Luni Vermentino Sarticola '12	2 bicchieri vuoti 5
○ Colli di Luni Vermentino Solaris '14	2 bicchieri vuoti 3*
○ Colli di Luni Vermentino Solaris '13	2 bicchieri vuoti 2*

Maria Donata Bianchi

via Merea, 101
18013 Diano Arentino [IM]
Tel. 0183498233
www.aziendaagricolabianchi.it

VENDITA DIRETTA
VISITA SU PRENOTAZIONE
OSPITALITÀ
PRODUZIONE ANNUA 30.000 bottiglie
ETTARI VITATI 4,00

Molto bella l'azienda di Maria Donata e del marito Emanuele Trevia, sita nel comune di Diano Arentino, ma geograficamente a metà strada con Diano Castello. Negli anni è cresciuta ed è stata ampliata, con strutture ricettive e turistiche e la nuova cantina produttiva. Emanuele è alla produzione, i suoi vini sono sempre piacevoli, caratterizzati da pregevole identità. Come l'Antico Sfizio un vino ottenuto da una lunga macerazione e una fermentazione spontanea, non indotta, senza controllo della temperatura. Un prodotto originale, che segue i canoni delle lavorazioni di un tempo. E si avverte nel bicchiere. Il 2015 ha un colore intenso, con note dorate, un sapore di fiori secchi e sentori lontani di gelatine al limone e un corpo armonioso di concentrazione ed estratto. Giovane e brillante il Pigato '15, ricco di sapori mediterranei e di mandorla. Sulla garbata struttura primeggia la sensazione alcolica che si ricompone in un dignitoso finale. Sapido e minerale, con note intense e mature, il Vermentino '15.

○ Riviera Ligure di Ponente Antico Sfizio '15	2 bicchieri neri 4
○ Riviera Ligure di Ponente Pigato '15	2 bicchieri neri 3
○ Riviera Ligure di Ponente Vermentino '15	2 bicchieri neri 3
○ Riviera Ligure di Ponente Pigato '12	3 bicchieri vuoti 3*
○ Riviera Ligure di Ponente Vermentino '09	3 bicchieri vuoti 3
○ Riviera Ligure di Ponente Vermentino '07	3 bicchieri vuoti 3*
○ Riviera Ligure di Ponente Pigato '14	2 bicchieri vuoti 3*
○ Riviera Ligure di Ponente Pigato '13	2 bicchieri vuoti 3*
○ Riviera Ligure di Ponente Pigato '11	2 bicchieri vuoti 4
○ Riviera Ligure di Ponente Vermentino '14	2 bicchieri vuoti 3
○ Riviera Ligure di Ponente Vermentino '13	2 bicchieri vuoti 3
○ Riviera Ligure di Ponente Vermentino '11	2 bicchieri vuoti 4
○ Riviera Ligure di Ponente Vermentino '10	2 bicchieri vuoti 3

BioVio

FRAZ. BASTIA
VIA CROCIATA, 24
17031 ALBENGA [SV]
TEL. 018220776
www.biovio.it

VENDITA DIRETTA
VISITA SU PRENOTAZIONE
PRODUZIONE ANNUA 40.000 bottiglie
ETTARI VITATI 6,00
VITICOLTURA Biologico Certificato

Caterina, Carolina e Camilla sono le tre figlie di Chiara e Aimone Vio – quest'anno premiato come Viticoltore dell'Anno per la dedizione che ha destinto alle sue vigne negli anni – e sono il futuro dell'azienda. Ognuna ha scelto una strada a supporto del lavoro, una enologia, la seconda l'accoglienza e la più piccola il commerciale. E l'azienda si espande: nasce con le erbe aromatiche, si ingrandisce con il vino e l'olio, e ora si è aperta all'accoglienza turistica con bellissimi appartamenti per il pernottamento. Gli investimenti non si fermano: due nuovi vigneti di granaccia e rossese, sono stati impiantati in regione Vallette, nell'entroterra di Albenga. Ma sono i bianchi a farla da padrone e quest'anno, su tutti, il Pigato Bon in da Bon '15 è superlativo. Riflessi vivi su un paglierino intenso, con sapori di sambuco, erbe officinali e mandorle. La bocca è complessa, elegante, con una giusta dose di freschezza, sapidità e aromaticità. Non lontano il Pigato Ma René '15, con le belle note di rosmarino e timo e aromi di frutti.

○ Riviera Ligure di Ponente Pigato Bon in da Bon '15	🍷🍷🍷 3
○ Riviera Ligure di Ponente Pigato Ma René '15	🍷🍷 2*
○ Riviera Ligure di Ponente Vermentino Aimone '15	🍷🍷 2*
● Granaccia Gigò '15	🍷 3
● Riviera Ligure di Ponente Rossese U Bastiò '15	🍷 2
○ Riviera Ligure di Ponente Vermentino Aimone '11	🍷🍷🍷 2*
○ Riviera Ligure di Ponente Pigato Albenganese Bon in da Bon '14	🍷🍷 2*
○ Riviera Ligure di Ponente Pigato Albenganese Ma René '14	🍷🍷 2*
○ Riviera Ligure di Ponente Vermentino Albenganese Aimone '14	🍷🍷 2*

Samuele Heydi Bonanini

VIA SAN ANTONIO, 72
19017 RIOMAGGIORE [SP]
TEL. 0187920959
www.possa.it

VENDITA DIRETTA
VISITA SU PRENOTAZIONE
PRODUZIONE ANNUA 7.000 bottiglie
ETTARI VITATI 1,50

Lo scorcio offerto dalle terrazze di Riomaggiore è certamente uno degli spettacoli naturali più affascinanti delle Cinque Terre. Il merito di ciò va ascritto a un manipolo di viticoltori che con fatica si prodiga alla salvaguardia dell'equilibrio geomorfologico grazie ai propri vigneti. Uno di questi è Samuele Heydi Bonanini, agricoltore audace che, nonostante le difficoltà di un terreno fragile e ostico, continua a lavorare duramente ottenendo vini di carattere e di forte identità, che rappresentano perfettamente la zona di provenienza. Le uve coltivate vanno dall'albarola al vermentino, dal bosco al rossese bianco, fino al canaiolo e altri vitigni rossi autoctoni. Avvincente e selvaggia la personalità di Er Jancu '15, il cui millesimo non viene riportato in etichetta: un bianco delle Cinque Terre coltivato a maggiore altitudine e a base prevalente di uva albarola, macerata per diverse settimane sulle bucce. Meno complesso e più ruspante il Cinque Terre '15. Un po' meno ricco del solito ma gradevolmente botritizzato lo Schiacchetrà '14.

○ Er Jancu '15	🍷🍷 4
● U Neigru	🍷🍷 5
○ Cinque Terre '15	🍷🍷 5
○ Cinque Terre Sciacchetrà '14	🍷🍷 8
○ Cinque Terre '13	🍷🍷🍷 5
○ Cinque Terre '12	🍷🍷🍷 5
○ Cinque Terre '14	🍷🍷 5
○ Cinque Terre Sciacchetrà '12	🍷🍷 8
○ Cinque Terre Sciacchetrà '11	🍷🍷 8
○ Cinque Terre Sciacchetrà '10	🍷🍷 8
○ Cinque Terre Sciacchetrà Ris. '10	🍷🍷 8
○ Cinque Terre Sciacchetrà Ris. '09	🍷🍷 8
● Passito '10	🍷🍷 8
● Passito La Rinascita '11	🍷🍷 8

Cantine Bregante

via Unità d'Italia, 47
16039 Sestri Levante [GE]
Tel. 018541388
www.cantinebregante.it

VENDITA DIRETTA
VISITA SU PRENOTAZIONE
PRODUZIONE ANNUA 100.000 bottiglie
ETTARI VITATI 1,00

Sergio Sanguineti, marito di Simona Bregante, gestisce la cantina sita nel centro di Sestri Levante, mentre i vigneti sono dislocati in collina, principalmente in località Sant'Anna dove è coltivato il vermentino, e a San Bernardo, sui declivi a ridosso della Baia delle Favole, dove cresce la bianchetta genovese. Sergio ama lavorare il vitigno trasformandolo in Metodo Classico: lo definisce uno spumante artigianale, essendo realizzato senza chiarifiche e con una leggera sosta del mosto sulle bucce. Dalle prime 700 bottiglie, oggi ne produce circa 2500, tutte senza dosaggio. Dolce e accattivante il Moscato '15, con una spuma intensa e fine con sapori mediterranei che si confondono a quelli varietali; un giusto equilibrio tra acidità e dolcezza ne eleva la piacevolezza. Paglierino intenso per la Bianchetta Genovese '15, col sapore di fiori gialli e tabacco, è fresca e minerale, ma in cerca di una più solida armonia.

Vino	Valutazione
○ Golfo del Tigullio Portofino Bianco '15	YY 2*
○ Golfo del Tigullio Portofino Moscato '15	YY 2*
○ Golfo del Tigullio Brut M. Cl. Baia delle Favole	Y 5
○ Golfo del Tigullio Portofino Bianchetta Genovese '15	Y 3
● Golfo del Tigullio Portofino Ca' du Diau '15	Y 3
○ Golfo del Tigullio Portofino Vermentino '15	Y 2
● Golfo del Tigullio Ca' du Diau '14	YY 3
○ Portofino Bianchetta Genovese Segesta Tigullorium '13	YY 2*
● Portofino Ca' du Diau '13	YY 2*
○ Portofino Moscato '14	YY 3
○ Portofino Moscato '13	YY 3
○ Portofino Passito Sole della Costa '12	YY 5

Bruna

fraz. Borgo
via Umberto I, 81
18020 Ranzo [IM]
Tel. 0183318082
www.brunapigato.it

VENDITA DIRETTA
VISITA SU PRENOTAZIONE
PRODUZIONE ANNUA 40.000 bottiglie
ETTARI VITATI 8,00

Dimenticata l'annata 2014, segnata da una brutta grandinata nella vigna di produzione del Pigato U Baccan, la vendemmia 2015 comunque si riscatta. Francesca e il marito Roberto hanno iniziato la vendemmia il 31 di agosto, nel vigneto più a valle, quello di Pogli, tra Ortovero e Ranzo, in quelle terre bianche dove si produce il Pigato Majé e dove, grazie al nuovo acquisto di una piccola fascia, impiantata nel 2015, l'azienda amplia i confini raggiungendo gli 8 ettari vitati di proprietà. Giallo paglierino intenso e vivo, il Pigato Majé '15, ha piacevoli profumi di salvia e timo che evolvono verso la frutta matura. In bocca si avverte la mineralità, la tenuta acida e il buon carattere. Intenso con note di erbe fresche, frutta bianca e mandorla il Pigato Le Russeghine '15, il palato è appagato dalle note minerali su un corpo strutturato e caldo. Interessante anche il Rosso Bansìgu '15 col sapore di viola mammola e belle note fruttate di mirtillo e mora, con finale di tabacco. In bocca dominano freschezza e armonia.

Vino	Valutazione
○ Riviera Ligure di Ponente Pigato Le Russeghine '15	YY 3*
○ Riviera Ligure di Ponente Pigato Majé '15	YY 3*
● Bansìgu '15	YY 3
● Pulin '14	Y 4
● Riviera Ligure di Ponente Rossese '15	Y 3
○ Riviera Ligure di Ponente Pigato U Baccan '13	YYY 5
○ Riviera Ligure di Ponente Pigato U Baccan '12	YYY 5
○ Riviera Ligure di Ponente Pigato U Baccan '11	YYY 5
○ Riviera Ligure di Ponente Pigato U Baccan '07	YYY 5
○ Riviera Ligure di Ponente Pigato U Baccan '06	YYY 4

Cantine Calleri

loc. Salea
reg. Fratti, 2
17031 Albenga [SV]
Tel. 018220085
www.cantinecalleri.com

PRODUZIONE ANNUA 55.000 bottiglie
ETTARI VITATI 6,00

Sita nel piccolo borgo di Salea di Albenga, l'azienda, nata nel 1968 da Aldo Calleri, continua a crescere grazie all'importante contributo in vigna e in cantina di Marcello, viticultore attento e molto stimato. I vitigni coltivati sono quelli autoctoni come il pigato - imbottigliato con la sottozona di Albenga -, il vermentino e il rossese nella piana di Albenga, l'ormeasco nella valle Arroscia, e da quest'anno, anche una piccola produzione di Dolceacqua. Giovane e di elegante fattura il Pigato Saleasco '15, con sentori mediterranei di salvia e rosmarino, è raffinato e vellutato, sorretto da un grande equilibrio. Non lontano il Pigato di Albenga '15, con intense note di erbe officinali e iodio e grande struttura ricca di sapidità e freschezza. Piacevole e armonico l'Ormeasco '15, dal colore brillante e vivo, ha sapori di frutti rossi e mandorla amara, su un corpo alcolico e di discreta struttura. Piacevoli note speziate su un corpo ricco di frutti rossi e una nota leggermente medicinale nel Dolceacqua '15 con buona struttura e lungo e alcolico finale.

Vino	Valutazione	Prezzo
○ Riviera Ligure di Ponente Pigato di Albenga Saleasco '15	TTT	3*
● Dolceacqua '15	TT	3
● Ormeasco di Pornassio '15	TT	2*
○ Riviera Ligure di Ponente Pigato di Albenga '15	TT	3
○ Riviera Ligure di Ponente Vermentino I Müzazzi '15	TT	3
○ Riviera Ligure di Ponente Pigato Albenga '12	YY	3
○ Riviera Ligure di Ponente Pigato di Albenga '14	YY	3*
○ Riviera Ligure di Ponente Vermentino I Müzazzi '14	YY	3
○ Riviera Ligure di Ponente Vermentino I Müzazzi '12	YY	3

Cheo

via Brigate Partigiane, 1
19018 Vernazza [SP]
Tel. 0187821189
bartolocheo@gmail.com

VENDITA DIRETTA
VISITA SU PRENOTAZIONE
PRODUZIONE ANNUA 13.000 bottiglie
ETTARI VITATI 2,00
AZIENDA SOSTENIBILE

Gli investimenti non hanno fine per Lise Bertram e Bartolomeo Lercari. Dopo l'alluvione e il ripristino dei muretti a secco e dopo l'acquisizione di nuovi appezzamenti, nel 2015 si è proceduto all'acquisto di un rudere che, vincoli paesaggistici permettendo, ospiterà la barricaia e la sala degustazione. I turisti in azienda sono sempre più numerosi e grazie alla qualità dei vini e alla bellezza del territorio le circa 13mila bottiglie prodotte finiscono velocemente. Tra i vini degustati ottimo il Cinqueterre Sciacchetrà '13, dal bel colore ambrato e intenso, con note di tabacco e frutta passita. Complesso ed elegante ha un finale lungo e molto armonico. Anche Perciò e Cheo, annata 2015, si fanno notare: il primo per le sue incisive note mediterranee di salvia e rosmarino che evolvono alla frutta, il secondo per la sua freschezza e i profumi che dal vegetale passano ai fiori bianchi, per una bocca vellutata.

Vino	Valutazione	Prezzo
○ Cinque Terre Sciacchetrà '13	TTT	8
○ Cinque Terre Cheo '15	TT	3
○ Cinque Terre Perciò '15	TT	4
● Cheo Rosso '14	T	4
○ Cinque Terre Cheo '14	YY	3
○ Cinque Terre Cheo '13	YY	3*
○ Cinque Terre Cheo '11	YY	3*
○ Cinque Terre Perciò '14	YY	4
○ Cinque Terre Perciò '13	YY	4
○ Cinque Terre Perciò '12	YY	4
○ Cinque Terre Perciò '11	YY	4
○ Cinque Terre Sciacchetrà '12	YY	8
○ Cinque Terre Sciacchetrà '11	YY	8

Cantina Cinque Terre

FRAZ. MANAROLA
LOC. GROPPO
19010 RIOMAGGIORE [SP]
TEL. 0187920435
www.cantinacinqueterre.com

VISITA SU PRENOTAZIONE
PRODUZIONE ANNUA 200.000 bottiglie
ETTARI VITATI 45,00

Per capire quanto è difficile coltivare la vite nelle Cinque Terre, in quello spazio vitale racchiuso nei comuni di Riomaggiore, Manarola, Corniglia, Vernazza e Monterosso vi riportiamo parte delle difficoltà affrontate dalla cantina lo scorso anno. Ovvero nel ripristino di un vecchio vigneto di circa 2 ettari, concentrato in un unico appezzamento (una rarità per il territorio!) di un nuovo socio conferitore a circa 400 metri, si è dovuti intervenire con un elicottero. I voluminosi pali indispensabili per il sostegno dei filari, a causa dei ripidi pendii del territorio, hanno richiesto circa 40 voli per il trasporto. Purtroppo nelle bottiglie percepiamo solo la piacevolezza del vino, non le difficoltà per produrlo. E di piacevolezza parliamo per il Cinque Terre Sciacchetrà '13, di color ambra intenso, ha invitanti sentori di erbe secche che si aprono al dolce dattero e al miele di castagno. Vellutato e armonico al palato, ha un giusto tono acido che lo rende sublime. Il Pergole Sparse '15 è complesso, con un retrogusto piacevolmente lungo.

○ Cinque Terre Sciacchetrà '13	🍷🍷 6
○ Cinque Terre Costa da' Posa '15	🍷🍷 3
○ Cinque Terre Pergole Sparse '15	🍷🍷 4
○ Cinque Terre '15	🍷 2
○ Cinque Terre Costa de Campu '15	🍷 3
○ Cinque Terre Vigne Alte '15	🍷 2
○ Cinque Terre '13	ΩΩ 2*
○ Cinque Terre Costa da Posa '14	ΩΩ 3
○ Cinque Terre Costa da' Posa '13	ΩΩ 3
○ Cinque Terre Costa de Sèra '14	ΩΩ 3
○ Cinque Terre Costa de Sèra '12	ΩΩ 3
○ Cinque Terre Pergole Sparse '13	ΩΩ 4
○ Cinque Terre Sciacchetrà '12	ΩΩ 6
○ Cinque Terre Sciacchetrà '11	ΩΩ 6

Fontanacota

FRAZ. PONTI
VIA PROVINCIALE, 137
18100 PORNASSIO [IM]
TEL. 3339807442
www.fontanacota.it

VENDITA DIRETTA
VISITA SU PRENOTAZIONE
PRODUZIONE ANNUA 40.000 bottiglie
ETTARI VITATI 6,00

Nessun cambiamento rilevante in azienda nel 2015, a parte l'ampliamento dei vigneti, che apprezzeremo solo negli anni a venire. Marina e il fratello Fabio Berta lavorano le uve di ormeasco, circa 13mila metri quadrati in frazione Ponti a Pornassio, mentre l'estensione più ampia è data dai vigneti a bacca bianca vermentino e pigato, e di rossese a bacca rossa, in tutto circa 35mila metri quadrati, coltivati più a valle, in val Prino, nel comune di Dolcedo, tutti in provincia di Imperia. La vendemmia è stata anticipata a fine agosto per i vini bianchi e finita a fine settembre nei vigneti di Pornassio. L'uva era sana e, nel complesso, sono stati effettuati contenuti trattamenti. Abbiamo apprezzato il Vermentino '15, dal color intenso e brillante con sapori di salvia, rosmarino ed erbe aromatiche. In bocca domina l'eleganza sul corpo che preserva armonicità e freschezza. Cede il passo il Pigato '15, di più celata struttura, ha sapori freschi e minerali, che virano alla mandorla nel retrogusto.

○ Riviera Ligure di Ponente Vermentino '15	🍷🍷 3*
● Pornassio '15	🍷🍷 3
○ Riviera Ligure di Ponente Pigato '15	🍷🍷 3
⊙ Pornassio Sciac-Trà '15	🍷 3
● Pornassio Sup. '14	🍷 3
○ Riviera Ligure di Ponente Pigato '11	ΩΩΩ 3*
● Ormeasco di Pornassio Sup. '11	ΩΩ 3
● Ormeasco di Pornassio Sup. '10	ΩΩ 3
● Pornassio Sup. '12	ΩΩ 3
○ Riviera Ligure di Ponente Pigato '14	ΩΩ 3*
○ Riviera Ligure di Ponente Pigato '13	ΩΩ 3*
○ Riviera Ligure di Ponente Pigato '12	ΩΩ 3
○ Riviera Ligure di Ponente Pigato '10	ΩΩ 2*
○ Riviera Ligure di Ponente Pigato '09	ΩΩ 2*
○ Riviera Ligure di Ponente Vermentino '14	ΩΩ 3
○ Riviera Ligure di Ponente Vermentino '12	ΩΩ 3*

Giacomelli

via Palvotrisia, 134
19030 Castelnuovo Magra [SP]
Tel. 0187674155
www.azagricolagiacomelli.it

VENDITA DIRETTA
VISITA SU PRENOTAZIONE
PRODUZIONE ANNUA 50.000 bottiglie
ETTARI VITATI 12,00
AZIENDA SOSTENIBILE

Nuovi apporti in azienda nel 2015, un reimpianto in uno storico vigneto andrà ad aumentare la produzione del vermentino. Si tratta di un appezzamento di circa 4000 metri quadri, un fondo chiuso, in origine il giardino dei Vescovi di Luni, situato a ridosso delle mura di Castelnuovo Magra. Un nuovo vigneto di 1,5 ettari invece è già in produzione e da quest'anno ha incrementato le bottiglie di Vermentino Pianacce, portandole a circa 35mila. Roberto Patacchi preferisce la selezione delle uve ai cru, con un'attenzione particolare in vigna, una coltivazione molto naturale e preservatrice dell'ambiente, e la raccolta dei grappoli più sani. Il Pianacce '15 convince a partire dal colore, fresco e brillante. Bocca complessa, ricca di note di ginestra e sambuco che evolvono alla frutta bianca, con un corpo pieno di sapidità e buona armonia. Il Boboli '15 è ancora molto giovane, ma già si avverte la prorompente struttura. Sicuramente passata l'estate avrà acquisito più garbata eleganza.

○ Colli di Luni Vermentino Pianacce '15	2*
○ Colli di Luni Vermentino Boboli '15	4
○ Paduletti '15	2
● Colli di Luni Rosso Canal di Bocco '11	4
○ Colli di Luni Vermentino Boboli '13	4
○ Colli di Luni Vermentino Boboli '11	4
○ Colli di Luni Vermentino Boboli '08	4
○ Colli di Luni Vermentino Boboli '05	4
○ Colli di Luni Vermentino Pianacce '14	2*
○ Colli di Luni Vermentino Pianacce '12	2*

La Ginestraia

via Steria
18100 Cervo [IM]
Tel. 3272583692
www.laginestraia.com

PRODUZIONE ANNUA 50.000 bottiglie
ETTARI VITATI 7,00

L'amore che Marco Brangero nutre verso la vigna e il vino annovera veramente pochi eguali. Bisogna ascoltarlo per capire la forte passione che lo ha spinto a investire oltre che in Piemonte, nell'azienda di famiglia Brangero, anche in terra ligure. La nuova cantina a San Bartolomeo al Mare è ancora in costruzione, qui è stato privilegiato il legno e la pietra che rendono la struttura ecosostenibile. Passato l'Appennino il microclima cambia completamente e la vicinanza al mare favorisce elegante mineralità e salinità al vino. Come nel caso de Le Marige '15, da un vigneto coltivato nel comune di Arnasco a soli 15 metri di altitudine, in quella terra rossa, ricca di ciotoli, ideale per la produzione del pigato. Ha note di erbe fresche e salvia, corpo vellutato e pieno, dal sapore di pietra focaia e mandorla. Un vino decisamente aristocratico. Note mediterranee che evolvono alla frutta bianca nel Pigato '15, bocca piena, supportata da ricca e piacevole salinità. Elegante ma di più semplice struttura il Vermentino '15.

Vino	
○ Riviera Ligure di Ponente Pigato Le Marige '15	3*
○ Riviera Ligure di Ponente Pigato '15	3*
○ Riviera Ligure di Ponente Vermentino '15	3
○ Riviera Ligure di Ponente Pigato Biancodamare '11	3
○ Riviera Ligure di Ponente Pigato Via Maestra '14	3*
○ Riviera Ligure di Ponente Pigato Via Maestra '12	3
○ Riviera Ligure di Ponente Pigato Via Maestra '11	3
● Riviera Ligure di Ponente Rossese '14	3
○ Riviera Ligure di Ponente Vermentino '14	3

Ka' Manciné

fraz. San Martino
via Maciurina, 7
18036 Soldano [IM]
Tel. 339 3965477
www.kamancine.it

VENDITA DIRETTA
VISITA SU PRENOTAZIONE
PRODUZIONE ANNUA 20.000 bottiglie
ETTARI VITATI 3,00

Soldano, dove ha sede l'azienda, è un piccolo borgo che si sviluppa sulle ripide rive del torrente Verbone: qui la vite esiste da sempre ed è la ricchezza del paese. Maurizio conosce bene il suo territorio, segue con competenza i vigneti e produce il vino mettendoci tutta l'anima. Quest'anno il vigneto del Beragna, coltivato da oltre cento anni, si arricchisce di due piccoli appezzamenti che ne portano l'estensione a circa un ettaro. La vinificazione delle uve si rifà, almeno in parte, alla tradizione del territorio, ovvero con l'aggiunta di circa 10-15% di grappoli interi e non diraspati durante la vinificazione. E il prodotto è davvero entusiasmante: il Dolceacqua Beragna '15 ha un bel colore rubino brillante, intenso all'olfatto con note di erbe secche, prugne e pepe nero. In bocca è un velluto grazie all'eleganza tannica e alla piacevole persistenza. Non da meno il Galeae Angè Riserva '14, vivace e brillante nel colore, sprigiona naturale eleganza di aromi fruttati sostenuti da un corpo caldo, setoso e piacevolmente infinito.

● Dolceacqua Beragna '15	🍷🍷 3*
● Dolceacqua Galeae Angè Ris. '14	🍷🍷 3*
● Dolceacqua Galeae '15	🍷🍷 3
⊙ Sciakk '15	🍷 3
○ Tabaka '15	🍷 3
● Dolceacqua Galeae '13	🍸🍸🍸 3*
● Dolceacqua Beragna '14	🍸🍸 3*
● Dolceacqua Beragna '13	🍸🍸 3
● Dolceacqua Galeae '14	🍸🍸 3
● Dolceacqua Galeae Angè Ris. '13	🍸🍸 3*
● Dolceacqua Galeae Angè Ris. '12	🍸🍸 3*
● Rossese di Dolceacqua Beragna '12	🍸🍸 3
● Rossese di Dolceacqua Beragna '11	🍸🍸 3*
● Rossese di Dolceacqua Galeae '12	🍸🍸 3*

Ottaviano Lambruschi

via Olmarello, 28
19030 Castelnuovo Magra [SP]
Tel. 0187674261
www.ottavianolambruschi.com

VENDITA DIRETTA
VISITA SU PRENOTAZIONE
PRODUZIONE ANNUA 36.000 bottiglie
ETTARI VITATI 10,00

Quando si pensa alla Liguria di Levante dal punto di vista enologico uno dei primi nomi che balzano alla mente è quello di Ottaviano Lambruschi. Capostipite della famiglia e lungimirante nella ricerca della qualità, ancora coordina i lavori, lasciando sempre più la gestione al figlio Fabio in vigna e alla giovane nipote Ylenia in ufficio e al marketing. Nessuna novità per il 2015, solo la conferma di una costante e inossidabile qualità. Difficile valutare il prodotto migliore, le differenze sono veramente minime. A partire da fresco Vermentino '15, che apre su belle note erbacee e minerali, per una bocca complessa e armonico, di corpo ed elegante, piena e prorompete, ci garbata raffinatezza. E che dire de Il Maggiore '15? Regale e raffinato, con note di frutta ed erbe officinali, complesso e rotondo, è capace di incantare la mente distraendola nella ricerca della sublime piacevolezza. Non lontano il Costa Marina '15. Piacevole e ricco dei tanti sapori del Mediterraneo.

○ Colli di Luni Vermentino Il Maggiore '15	🍷🍷🍷 5
○ Colli di Luni Vermentino '15	🍷🍷 3*
○ Colli di Luni Vermentino Costa Marina '15	🍷🍷 4
● Colli di Luni Rosso Maniero '15	🍷 2
○ Colli di Luni Vermentino Costa Marina '11	🍸🍸🍸 4*
○ Colli di Luni Vermentino Costa Marina '09	🍸🍸🍸 3
○ Colli di Luni Vermentino Il Maggiore '14	🍸🍸🍸 5
○ Colli di Luni Vermentino Il Maggiore '13	🍸🍸🍸 5
○ Colli di Luni Vermentino Il Maggiore '12	🍸🍸🍸 4*
○ Colli di Luni Vermentino Sarticola '08	🍸🍸🍸 3*
○ Colli di Luni Vermentino '14	🍸🍸 3*
○ Colli di Luni Vermentino Costa Marina '14	🍸🍸 4
○ Colli di Luni Vermentino Costa Marina '13	🍸🍸 4
○ Colli di Luni Vermentino Costa Marina '12	🍸🍸 4

Cantine Lunae Bosoni

FRAZ. ISOLA DI ORTONOVO
VIA BOZZI, 63
19034 ORTONOVO [SP]
TEL. 0187669222
www.cantinelunae.com

VENDITA DIRETTA
VISITA SU PRENOTAZIONE
OSPITALITÀ
PRODUZIONE ANNUA 450.000 bottiglie
ETTARI VITATI 65,00

Bosoni, una famiglia unita nella vita e nel lavoro: Paolo, il lungimirante capostipite, si occupa della lavorazione in vigna e in cantina, i figli Diego, che segue anche i rapporti con l'estero, e Debora, addetta agli eventi e alle vendite nella bella struttura di accoglienza, e la moglie Antonella, che gestisce la contabilità. E, grazie a loro, la Cantina Lunae cresce, acquisendo nel 2015, due nuovi appezzamenti nel comune di Ortonovo, a circa 250 metri: il primo, circa 2 ettari di albarola, in località Camporegio e il secondo di vermentino - 3 ettari circa -, nella famosa collina del Sarticola. I vini si confermano di elevata qualità: di un bel color paglierino con riflessi verdognoli l'Etichetta Nera '15 si distingue per l'ampiezza dei profumi che dal vegetale si aprono ai frutti tropicali di mango e ananas, su un corpo vellutato e strutturato, armonico e infinito nel retrogusto. Non da meno il Cavagino '15, ancora giovane ma ricco di frutti maturi con ricordi vegetali. Il corpo è intensamente caldo e piacevolmente lungo.

○ Colli di Luni Vermentino Et. Nera '15	🍷🍷🍷 4*
○ Colli di Luni vermentino Albarola '15	🍷🍷 4
○ Colli di Luni Vermentino Cavagino '15	🍷🍷 5
○ Colli di Luni Bianco Fior di Luna '15	🍷🍷 3
○ Colli di Luni Vermentino Et. Grigia '15	🍷🍷 3
○ Colli di Luni Vermentino Numero Chiuso '11	🍷🍷 6
● Colli di Luni Niccolò V '12	🍷 4
● Colli di Luni Niccolò V Ris. '09	🍷 5
○ Colli di Luni Vermentino Et. Nera '14	🍷🍷🍷 4*
○ Colli di Luni Vermentino Et. Nera '13	🍷🍷🍷 4*
○ Colli di Luni Vermentino Et. Nera '12	🍷🍷🍷 4*
○ Colli di Luni Vermentino Et. Nera '11	🍷🍷🍷 4*
○ Colli di Luni Vermentino Et. Nera '10	🍷🍷🍷 4
○ Colli di Luni Vermentino Et. Nera '09	🍷🍷🍷 4

Maccario Dringenberg

VIA TORRE, 3
18036 SAN BIAGIO DELLA CIMA [IM]
TEL. 0184289947
maccariodringenberg@yahoo.it

VENDITA DIRETTA
VISITA SU PRENOTAZIONE
PRODUZIONE ANNUA 23.000 bottiglie
ETTARI VITATI 4,00

San Biagio della Cima è un piccolo comune in alta Vallecrosia, arroccato a ridosso di Bordighera, nell'immediato entroterra imperiese. Qui Giovanna Maccario e il marito Goetz Dringenberg hanno costruito il loro feudo enologico fatto di costanza lavorativa e di alta qualità produttiva. La cantina, incastonata nell'antico borgo è piccola, e per nulla agevole, per lavorare serve molta fisicità e tanta attenzione. E qui, ormai da anni, nascono grandi vini rossi come il Dolceacqua '15, dal colore intenso che si apre a un bouquet floreale con sapori di frutti maturi che evolvono verso la corteccia e il pepe nero. Un corpo elegante, su un lungo finale. Cambia l'annata per il Dolceacqua Superiore Luvaira '14 ma non la qualità, sempre altissima. Le note mediterranee si arricchiscono di sapori orientali, di spezie, liquirizia e tabacco, mentre la bocca racconta l'austerità e l'eleganza di un grande corpo. Grande merito anche al Dolceacqua Posaù '14.

● Rossese di Dolceacqua '15	🍷🍷 3*
● Rossese di Dolceacqua Sup. Luvaira '14	🍷🍷 4
● Rossese di Dolceacqua Sup. Posaù '14	🍷🍷 3*
● Rossese di Dolceacqua Sup. Brae '15	🍷🍷 3
● Rossese di Dolceacqua Sup. Posaù Biamonti '14	🍷🍷 5
○ L'Amiral '15	🍷 3
● Dolceacqua Sup. Vign. Posaù '13	🍷🍷🍷 3*
● Rossese di Dolceacqua Sup. Vign. Luvaira '07	🍷🍷🍷 4*
● Rossese di Dolceacqua Sup. Vign. Posaù '10	🍷🍷🍷 3*
● Rossese di Dolceacqua Sup. Vign. Posaù '08	🍷🍷🍷 3
● Dolceacqua Brae '14	🍷🍷 3
● Dolceacqua San Biagio della Cima '14	🍷🍷 3

Maixei

LOC. PORTO
18035 DOLCEACQUA [IM]
TEL. 0184205015
www.maixei.it

VENDITA DIRETTA
VISITA SU PRENOTAZIONE
PRODUZIONE ANNUA 45.000 bottiglie

Da quest'anno la cantina Maixei ha in produzione un nuovo vino: il Mistral. Si tratta di un Syrah in purezza, prodotto con uve conferite da un socio conferitore, non più vinificatore. E il bravo Fabio Corradi, enologo e direttore, ha deciso di vinificarlo in purezza e in acciaio con un successivo soggiorno in barrique di secondo e terzo passaggio per rafforzarne il carattere. Nella gestione della cantina ritroviamo Giancarlo Cassini presidente e Pasquale Restuccio agronomo e vice presidente e anche i vini si riconoscono e si riconfermano con note di alta qualità. A convincere su tutti è il Dolceacqua Superiore '14: giovane e vivo nel colore, intenso e sfaccettato nel corpo, con frutti di corbezzolo e mirtillo, e belle note di tabacco e pepe nero. Il vino si apre su un tessuto elegante e raffinato, dove la trama dei tannini si intreccia con l'ordito minerale, formando un lungo e sapido finale. Intenso e non troppo esuberante il Mistral '15 è armonico e piacevolmente lungo.

● Dolceacqua Sup. '14	🍷🍷 4
● Dolceacqua '15	🍷🍷 3
● Mistral '15	🍷🍷 4
● Dolceacqua Sup. Barbadirame '14	🍷 4
● Dolceacqua '14	🍷🍷 3*
● Dolceacqua '12	🍷🍷 3
● Dolceacqua Rossese Sup. '10	🍷🍷 4
○ Dolceacqua Rossese Sup. '09	🍷🍷 4
○ Dolceacqua Rossese Sup. '08	🍷🍷 4
● Dolceacqua Sup. '13	🍷🍷 4
● Dolceacqua Sup. '12	🍷🍷 4
● Dolceacqua Sup. Barbadirame '12	🍷🍷 4

Il Monticello

VIA GROPPOLO, 7
19038 SARZANA [SP]
TEL. 0187621432
www.ilmonticello.it

VENDITA DIRETTA
VISITA SU PRENOTAZIONE
OSPITALITÀ
PRODUZIONE ANNUA 68.000 bottiglie
ETTARI VITATI 10,00

I fratelli Neri continuano nella coltivazione naturale dei propri vigneti, con trattamenti ponderati, col solo utilizzo di rame e calce. In cantina la lavorazione è diversificata: mentre il Poggio Paterno è un cru che nasce dalla vinificazione delle uve di un unico vigneto - di cui si producono poco più di 2000 bottiglie -, il Groppolo è imbottigliato dopo una selezione delle uve soggette a 3 vinificazioni differenti: una con criomacerazione, una con macerazione carbonica e una terza convenzionale. Nell'annata 2015 è il Poggio Paterno che raccoglie maggiori consensi: un color paglierino brillante intenso e vivo, con piacevoli profumi floreali e note mediterranee su un fondo minerale. Più elegante che complesso, è raffinato e armonico, con un finale non penetrante ma molto, molto piacevole. Intenso nel colore il Groppolo '15 ha carattere promettente. La bocca è ricca e grassa, bilanciata da una garbata acidità. Il tempo lo eleverà ulteriormente.

○ Colli di Luni Vermentino Poggio Paterno '15	🍷🍷 3*
● Colli di Luni Rosso Rupestro '15	🍷🍷 2*
○ Colli di Luni Vermentino Groppolo '15	🍷🍷 3
● Colli di Luni Rosso Poggio dei Magni Ris. '12	🍷 3
● Colli di Luni Rosso Serasuolo '15	🍷 2
● Colli di Luni Rosso Poggio dei Magni Ris. '11	🍷🍷 3
● Colli di Luni Rosso Rupestro '12	🍷🍷 2*
○ Colli di Luni Vermentino '12	🍷🍷 3*
○ Colli di Luni Vermentino Groppolo '14	🍷🍷 3*
○ Colli di Luni Vermentino Poggio Paterno '10	🍷🍷 3*
○ Passito dei Neri '12	🍷🍷 4
○ Poggio Paterno Il Bocciato '11	🍷🍷 3*

Conte Picedi Benettini

via Mazzini, 57
19038 Sarzana [SP]
Tel. 0187625147
www.picedibenettini.it

VENDITA DIRETTA
VISITA SU PRENOTAZIONE
OSPITALITÀ
PRODUZIONE ANNUA 30.000 bottiglie
ETTARI VITATI 7,00

La caparbietà e l'amore per le vigne e il territorio contraddistinguono da sempre il carattere dell'ingeniere Papirio (detto Nino), viticultore e viticoltore stimato, portabandiera di una generazione di irriducibili che ha cambiato la viticoltura italiana. Timidamente ma sempre più assiduamente si aggiunge la presenza del figlio Eugenio che comincia a dare nuovo impulso all'azienda, a partire dall'accoglienza: un casale vicino alla villa padronale e affacciato sui vigneti diverrà, ultimati i lavori, accessibile ai turisti. Particolamente interessante nell'annata 2015 è il Vermentino, dal colore intenso e brillante, con note di erbe officinali e rosmarino, di raffinato carattere. Non manca di eleganza e piacevole retrogusto. Giovane, intenso, fresco e brillante anche Il Chioso '15 con belle note fruttate di ananas e melone e ricordi di erbe secche. Da annotare anche il Passito del Chioso '14, con il bouquet di fiori e frutta passita, e una bocca ricca su un poderoso finale.

Vino	Bicchieri	Prezzo
○ Colli di Luni Vermentino '15	🍷🍷	2*
○ Colli di Luni Vermentino Il Chioso '15	🍷🍷	3*
● Colli di Luni Rosso Villa Il Chioso '15	🍷🍷	3
○ Colli di Luni Vermentino Stemma '15	🍷🍷	3
○ Passito del Chioso '14	🍷🍷	5
⊙ Ciliegiolo '15	🍷	2
○ Colli di Luni Vermentino Il Chioso '14	🍷🍷🍷	2*
○ Colli di Luni Vermentino '13	🍷🍷	2*
○ Colli di Luni Vermentino '12	🍷🍷	2*
○ Colli di Luni Vermentino Il Chioso '13	🍷🍷	2*
○ Colli di Luni Vermentino Stemma '14	🍷🍷	3
○ Colli di Luni Vermentino Stemma '13	🍷🍷	3
○ Colli di Luni Vermentino Stemma '12	🍷🍷	3
○ Colli di Luni Vermentino Stemma '11	🍷🍷	3*

La Pietra del Focolare

loc. Ortonovo
fraz. Isola di Ortonovo
via Isola, 76
19034 Ortonovo [SP]
Tel. 0187662129
www.lapietradelfocolare.it

VENDITA DIRETTA
VISITA SU PRENOTAZIONE
PRODUZIONE ANNUA 30.000 bottiglie
ETTARI VITATI 6,00
AZIENDA SOSTENIBILE

Ortonovo è il comune più orientale della Liguria, il confine con la Toscana è posto a pochi metri dall'azienda condotta da Laura Angelini e Stefano Salvetti. I vigneti invece sono suddivisi in 13 piccoli appezzamenti, quasi sette ettari siti nei comuni di Ortonovo e Castelnuovo Magra in provincia di La Spezia. Le lavorazioni in vigna e in cantina sono molto scrupolose e attente all'ambiente; nella passata vendemmia, per esempio, i vini rossi sono stati vinificati senza l'aggiunta di solfiti, mentre su talune etichette viene riposta, al posto della tradizionale capsula, una chiusura di naturale gommalacca, arricchita del sigillo aziendale. Ottimo il Villa Linda '15, dal colore brillante e molto vivo, ha profumi intensi di frutti maturi di albicocca e susina, preservando una nota fresca e minerale. Il corpo è complesso e caldo su un finale piacevolmente lungo. Piacevoli sentori mediterranei e di fiori bianchi nel Solarancio '15, dal corpo delicato e persistente.

Vino	Bicchieri	Prezzo
○ Colli di Luni Vermentino Sup. Villa Linda '15	🍷🍷	4
○ Colli di Luni Vermentino Augusto '15	🍷🍷	3
○ Colli di Luni Vermentino Solarancio '15	🍷🍷	4
● Colli di Luni Rosso La Merla dal Becco '12	🍷🍷	5
○ Colli di Luni Vermentino L'Aura di Sarticola '14	🍷🍷	6
○ Colli di Luni Vermentino Solarancio '11	🍷🍷	5
○ Colli di Luni Vermentino Solarancio '10	🍷🍷	4
○ Colli di Luni Vermentino Sup. Augusto '13	🍷🍷	3*
○ Colli di Luni Vermentino Villa Linda '14	🍷🍷	3*
○ Colli di Luni Vermentino Villa Linda '11	🍷🍷	3
○ Solarancio '13	🍷🍷	3

Poggio dei Gorleri

FRAZ. DIANO GORLERI
VIA SAN LEONARDO
18013 DIANO MARINA [IM]
TEL. 0183495207
www.poggiodeigorleri.com

VENDITA DIRETTA
VISITA SU PRENOTAZIONE
OSPITALITÀ
PRODUZIONE ANNUA 80.000 bottiglie
ETTARI VITATI 10,50

Bella e ricettiva la struttura della famiglia Merano. Sita sulle alture di Diano Gorleri, naturale spartiacque che divide i due piccoli golfi di Diano Marina a est e di Imperia a ovest, l'azienda ha diversificato la produzione enologica acquisendo terreni nelle province di Imperia e di Savona. Qui, nel vigneto di Arnasco ormai produttivo, dove le piante crescono in quella terra rossa ideale per il vitigno pigato, si raccolgono le uve che stanno incrementando la produzione del Cycnus. E si riconferma un grande vino il Cycnus '15: dal color paglierino brillante con note fresche e verdoline offre profumi mediterranei di rosmarino e salvia, pesca. Ricco di eleganza, su un corpo strutturato e setoso. Erbe officinali che evolvono alla camomilla, per aprirsi a note complesse di mandorla amara e tabacco, nell'Albium '14, ricco, intenso e piacevolmente caldo. Interessante il Pornassio Peinetti '15, con belle note di mora e lampone, è un vino di concentrazione e buona armonia.

Vino	Bicchieri	Prezzo
○ Riviera Ligure di Ponente Pigato Albium '14	🍷🍷 (rossi)	5
○ Riviera Ligure di Ponente Pigato Cycnus '15	🍷🍷 (rossi)	3*
● Ormeasco di Pornassio Peinetti '15	🍷🍷	3
● Riviera Ligure di Ponente Granaccia Shalok '14	🍷🍷	5
○ Riviera Ligure di Ponente Vermentino V. Sorì '15	🍷🍷	3
○ Riviera Ligure di Ponente Vermentino '15	🍷	3
○ Riviera Ligure di Ponente Pigato Albium '13	🍷🍷🍷 (vuoti)	5
○ Riviera Ligure di Ponente Pigato Cycnus '13	🍷🍷🍷 (vuoti)	3*
○ Riviera Ligure di Ponente Pigato Cycnus '12	🍷🍷🍷 (vuoti)	3*

Roberto Rondelli

FRAZ. BRUNETTI, 1
18033 CAMPOROSSO [IM]
TEL. 3280348055
rondellivini@gmail.com

VENDITA DIRETTA
VISITA SU PRENOTAZIONE
OSPITALITÀ E RISTORAZIONE
PRODUZIONE ANNUA 22.000 bottiglie
ETTARI VITATI 3,50

L'azienda non è facile da raggiungere, posta com'è all'estremo occidente d'Italia, non lontana dalla linea di confine che separa la costa ligure da quella francese, in un territorio impervio e quasi selvatico, a ridosso del mare, ricco di vegetazione mediterranea e di boschi. La struttura è piccola, splendidamente locata nel verde della collina, dove di sera regna solo l'imponente silenzio, ed è adatta alle ancora ridotte coltivazioni aziendali. I vigneti non sono vicini ma dal cortile si ammira la nuova coltivazione, mirabilmente esposta a sud, sudovest, nuovo gioiello appena entrato in produzione. I vini rispondono con una qualità sempre più marcata. Su tutti il Dolceacqua '15, elegante e imponente, con sapori che vanno dalla raffinata viola alla corteccia, passando per lo speziato pepe nero. In bocca si avvertono forza e carattere, sorretti da eleganza e lungo retrogusto. Di notevole interesse anche il Dolceacqua Migliarina '13, con imponenti note di legno che imprimono forte carattere. Elegante e delicato il Pigato Vigna Ciotti '15.

Vino	Bicchieri	Prezzo
● Dolceacqua '15	🍷🍷 (rossi)	3*
● Dolceacqua Migliarina '13	🍷🍷	3
○ Riviera Ligure di Ponente Pigato V. Ciotti '15	🍷🍷	3
○ Pepin '15	🍷	3
○ Riviera Ligure di Ponente Vermentino '15	🍷	3
● Dolceacqua Migliarina '12	🍷🍷 (vuoti)	3
○ Riviera Ligure di Ponente Pigato V. Ciotti '14	🍷🍷 (vuoti)	3*
○ Riviera Ligure di Ponente Vermentino '14	🍷🍷 (vuoti)	3

Terenzuola

via Vercalda, 14
54035 Fosdinovo [MS]
Tel. 0187670387
www.terenzuola.it

PRODUZIONE ANNUA 137.000 bottiglie
ETTARI VITATI 21,00

Ivan Giuliani conduce l'azienda (il socio Marco Nicolini interviene solo per la parte finanziaria) che si sviluppa su quasi 22 ettari, circa 2 nelle Cinque Terre, il restante in quel territorio della Lunigiana che scavalca i confini tra Liguria e Toscana. L'azienda non è aperta al pubblico e alla vendita diretta, non effettua e-commerce e non è presente nella grande distribuzione. Le bottiglie prodotte vengono distribuite nei ristoranti e nelle enoteche italiani e stranieri, grazie alla rete di 50 agenti e 20 importatori. In degustazione vini di altissimo livello: il Vermentino Vigne Basse '15 ha un colore brillante e vivo, con note di macchia mediterranea che evolvono alla frutta bianca e matura. In bocca l'incisiva freschezza conferisce carattere senza rompere la piacevole armonia. La Merla della Miniera '13, da uve canaiolo, massaretta e vermentino nero, presenta piacevoli sentori di erbe secche e liquirizia, in un corpo articolato e complesso ricco di forte personalità.

Vino	Bicchieri	
○ Colli di Luni Vermentino V. Basse '15	2 (rossi)	3*
● Merla della Miniera '13	2 (rossi)	4
○ Colli di Luni Vermentino Sup. Fosso di Corsano '15	2 (neri)	3
○ Colli di Luni Vermentino Sup. Fosso di Corsano '11	3 (bianchi)	3*
○ Cinque Terre '13	2 (bianchi)	4
○ Cinqueterre Sciacchetrà '09	2 (bianchi)	7
○ Cinqueterre Sciacchetrà Ris. '10	2 (bianchi)	4
○ Colli di Luni Vermentino Sup. Fosso di Corsano '14	2 (bianchi)	3
○ Colli di Luni Vermentino Sup. Fosso di Corsano '13	2 (bianchi)	3*
○ Colli di Luni Vermentino Sup. Fosso di Corsano '12	2 (bianchi)	3*
● Merla della Miniera '12	2 (bianchi)	4

Terre Bianche

loc. Arcagna
18035 Dolceacqua [IM]
Tel. 018431426
www.terrebianche.com

VENDITA DIRETTA
VISITA SU PRENOTAZIONE
OSPITALITÀ
PRODUZIONE ANNUA 55.000 bottiglie
ETTARI VITATI 8,50
AZIENDA SOSTENIBILE

Un importante accordo con una tenuta del territorio non più produttiva ha portato Flippo Rondelli e Franco Laconi, titolari dell'azienda, ad aumentare il raccolto di uve di rossese di Dolceacqua e di vermentino. Tale incremento ha permesso la selezione e la vinificazione dei grappoli del vigneto denominato Terre Bianche, appezzamento unico e importante, che ha dato il nome all'azienda. Un nuovo vino quindi è entrato nella gamma produttiva: il Terrabianca. Ed è proprio questo, millesimo 2014, uno dei vini che ha riscontrato maggiori consensi: note di viola e frutti maturi, di sottobosco e sentori di tabacco, elegante e complesso con un'importante e armonica struttura tannica. Non da meno il Dolceacqua '15, dal color rubino fitto e brillante è ricco di piacevoli sentori di frutti rossi, note salmastre e mediterranee e, sul finire, di pepe nero e corteccia. Ma è sempre il Bricco Arcagna '14 a far saltare il banco: vellutato e armonico, si disperde lasciando eleganti e articolati sapori speziati. Tre Bicchieri.

Vino	Bicchieri	
● Dolceacqua Bricco Arcagna '14	3 (rossi)	5
● Dolceacqua Terrabianca '14	2 (rossi)	5
● Rossese di Dolceacqua '15	2 (rossi)	3*
○ Riviera Ligure di Ponente Pigato '15	2 (neri)	3
○ Riviera Ligure di Ponente Vermentino '15	2 (neri)	3
○ Riviera Ligure di Ponente Pigato Arcana '15	1 (nero)	4
● Dolceacqua Bricco Arcagna '12	3 (bianchi)	5
● Rossese di Dolceacqua '12	3 (bianchi)	3*
● Rossese di Dolceacqua Bricco Arcagna '09	3 (bianchi)	4
● Rossese di Dolceacqua Bricco Arcagna '08	3 (bianchi)	5
● Dolceacqua '14	2 (bianchi)	3*
● Dolceacqua '13	2 (bianchi)	3*
● Dolceacqua Bricco Arcagna '13	2 (bianchi)	5

Il Torchio

via delle Colline, 24
19033 Castelnuovo Magra [SP]
Tel. 3318585633
gildamusetti@gmail.com

VENDITA DIRETTA
VISITA SU PRENOTAZIONE
OSPITALITÀ E RISTORAZIONE
PRODUZIONE ANNUA 60.000 bottiglie
ETTARI VITATI 12,00

Il Torchio è un'azienda che si sviluppa su due fronti: quello enologico seguito dallo zio Claudio in vigna, Edoardo in cantina e la sorella Gilda al commerciale e quello agrituristico che ricompatta la famiglia nella gestione dell'ampio ristorante che accoglie settimanalmente molti ospiti. Nel 2015 è entrato in produzione un nuovo vino da uve vermentino, lo Stralunato, e già il nome è tutto da raccontare. Dopo una vendemmia con la selezione delle uve più mature, il mosto permane tre giorni in fermentazione sulle bucce e prosegue una lunga macerazione sulle fecce nobili per circa tre mesi, poi travasato in luna calante, da ciò una specifica del nome. Per ora le bottiglie sono solo 1500, tutte numerate. In bocca il vino presenta tutta la sua forza con note evolute date dalla vinificazione e una lontana freschezza con aromi mediterranei. Aromi eterei di frutti maturi per il Vermentino '15, piacevolmente sapido ma timido di carattere. Da affinare Il Bianco '15, che gode di una grande ricchezza alcolica.

○ Colli di Luni Vermentino '15	🍷🍷 3
○ Stralunato '15	🍷🍷 3
○ Colli di Luni Vermentino Il Bianco '15	🍷 3
● Colli di Luni Rosso Il Torchio '13	🍷🍷 4
○ Colli di Luni Vermentino '14	🍷🍷 3*
○ Colli di Luni Vermentino Il Bianco '14	🍷🍷 3
○ Colli di Luni Vermentino Il Bianco '13	🍷🍷 3
○ Colli di Luni Vermentino Il Torchio '13	🍷🍷 3*

Vis Amoris

loc. Caramagna
s.da Molino Javè, 23
18100 Imperia
Tel. 3483959569
www.visamoris.it

VENDITA DIRETTA
VISITA SU PRENOTAZIONE
PRODUZIONE ANNUA 24.000 bottiglie
ETTARI VITATI 3,50
AZIENDA SOSTENIBILE

Roberto Tozzi e Rossana Zappa lavorano con soli vigneti di proprietà e producono quattro vini, tutti da uve pigato, incisivamente diversi tra loro. Il Vis Domé, vinificato in solo acciaio, nasce da un terreno argilloso con altitudine tra i 70 e gli 80 metri; il Verum è fermentato sulle bucce per 3 o 4 giorni e lavorato poi in acciaio; il Sogno, che è raccolto in una fascia più alta con terreno roccioso, fermenta parte in acciaio e parte in barrique; il Regis, fermentato e affinato in barrique, in commercio, così come il precedente, a due anni dalla vendemmia. Ricco di personalità, con note di pesca e albicocca che evolvono verso le erbe officinali e la mandorla, il Verum '15 è intenso e ricco, dalla persistente nota alcolica. Il Sogno '14 presenta, nel colore, belle note intense e brillanti, mentre in bocca, a braccetto con il fresco sapore, si apprezzano piaceri sentori di legno. Complesso, piacevole e di buona struttura il Regis '14.

○ Riviera Ligure di Ponente Pigato Sogno '14	🍷🍷 4
○ Riviera Ligure di Ponente Pigato Verum '15	🍷🍷 3
○ Riviera Ligure di Ponente Pigato Vis Domè '15	🍷 3
○ Riviera Ligure di Ponente Regis '14	🍷 5
○ Vis Amoris Brut M. Cl.	🍷 5
○ Riviera Ligure di Ponente Pigato Domè '13	🍷🍷 3*
○ Riviera Ligure di Ponente Pigato Sogno '13	🍷🍷 4
○ Riviera Ligure di Ponente Pigato Sogno '12	🍷🍷 4
○ Riviera Ligure di Ponente Pigato Vis Domè '14	🍷🍷 3*
○ Verum '14	🍷🍷 5

Carlo Alessandri

via Umberto I, 15
18020 Ranzo [IM]
Tel. 0183318114
az.alessandricarlo@libero.it

Chiare note di frutti rossi su fondo di cacao e piacevole mandorla per il Pornassio '15, dal corpo ricco, morbido e di buona persistenza. Giovane con note di fiori, rosmarino e salvia, il Vermentino '15, il cui piacevole corpo rotondo è ricco di intensa sapidità.

- ● Ormeasco di Pornassio '15 — 2 bicchieri, 3
- ○ Riviera Ligure di Ponente Vermentino '15 — 2 bicchieri, 2*
- ○ Riviera Ligure di Ponente Pigato '15 — 1 bicchiere, 3

Giovanni Ardissone

fraz. Gazzelli
via Dante Alighieri, 2
18027 Imperia
Tel. 018352527

Dal bel colore oro intenso e luminoso, il Passito Gianni '12 presenta piacevoli note di mela cotogna, datteri maturi e legno speziato. È armonico, di misurata dolcezza e raffinata freschezza, dal finale lungo e di elegante fattura. Intenso e di piacevole corpo il Cian di Previ '15.

- ○ Passito di Vermentino Gianni '12 — 2 bicchieri, 3
- ○ Ramato Cippa Passito '15 — 1 bicchiere, 3
- ○ Riviera Ligure di Ponente Vermentino Cian di Previ '15 — 1 bicchiere, 3

Bisson

c.so Gianelli, 28
16043 Chiavari [GE]
Tel. 0185314462
www.bissonvini.it

Vitigno quasi estinto, lo cimixa, è stato preservato e, grazie alla famiglia Lugano, riceve i primi onori. L'Antico '15 ha freschi sapori di albicocca e note di clorofilla, è complesso, sapido dal vellutato finale. Note di frutti bianchi e corpo armonico nell'Intrigoso '15.

- ○ Portofino Cimixià L'Antico '15 — 2 bicchieri rossi, 3*
- ○ Portofino Vermentino Intrigoso '15 — 2 bicchieri, 3
- ○ Portofino Bianchetta Genovese U Pastine '15 — 1 bicchiere, 2

Enoteca Andrea Bruzzone

via Bolzaneto, 94/96/98
16162 Genova
Tel. 0107455157
www.andreabruzzonevini.it

Di un bel paglierino brillante e vivace, la Bunassa '15 ha corpo di media intensità, con aromi di erbe e ricordi minerali. In bocca si percepisce freschezza su un fievole finale. Piacevolmente aromatico, con note di erbe fresche, salvia e pesca il Coronata '15.

- ○ Val Polcèvera Bianchetta Genovese Bunassa '15 — 2 bicchieri rossi, 2*
- ○ Val Polcèvera Coronata La Superba '15 — 2 bicchieri, 2*
- ○ Val Polcevera Vermentino Armentin '15 — 1 bicchiere, 2

Calvini

via Solaro, 76/78a
18038 Sanremo [IM]
Tel. 0184660242
www.luigicalvini.com

Piacevole il Vermentino '15, con belle note di erbe fresche, pino e macchia mediterranea, corpo rotondo e vellutato. Intense bollicine e un colore che evolve alla buccia di cipolla per il Prise de Mousse '15, dagli intriganti sentori di frutti gialli maturi e tropicali.

- ○ Riviera Ligure di Ponente Vermentino '15 — 2 bicchieri, 3
- ○ Prise de Mousse Brut '15 — 1 bicchiere, 3

Altare Bonanni Campogrande

via di Loca, 189
19017 Riomaggiore [SP]
Tel. 017350835
www.cinqueterre-campogrande.com

Simone Bonanni, studente di enologia a San Michele all'Adige, sta iniziando a occuparsi dei 2 ettari vitati, suddivisi in una ventina di affascinanti parcelle terrazzate. Come sempre grande carattere per i bianchi aziendali, con un grandioso Telemaco '15, mentre è in affinamento un passito che farà parlare di sé.

- ○ Telemaco '15 — 2 bicchieri rossi, 7
- ○ Cinque Terre '15 — 2 bicchieri, 7

Azienda Agricola Menconi Cantine Bondonor

via Isola Alta, 53
19034 Ortonovo [SP]
Tel. 3488713641

Colore paglierino intenso e brillante, con riflessi verdolini, per il Lunaris '15, ricco di personalità, con aromi di macchia mediterranea e iodio, di grande complessità. In bocca si percepisce la prorompente vena sapida che conferisce lunghezza, identità e carattere.

○ Colli di Luni Vermentino Aegidius Vintage '15	♥♥ 3
○ Colli di Luni Vermentino Lunaris '15	♥♥ 3
⊙ RosaLuna '15	♥ 3

I Cerri

via Garibotti
19012 Carro [SP]
Tel. 3485102780
www.icerrivaldivara.it

Invitante il Campo Grande '15, dal color paglierino intenso e vivo, con piacevoli riflessi verdolini e corpo raffinato, con note di pera e spezie dolci su un bouquet mediterraneo. Non ricco di complessità ma armonicamente morbido, con piacevole freschezza, il Fonte Dietro il Sole '15.

○ Campo Grande '15	♥♥ 3
● Fonte Dietro il Sole '15	♥♥ 3
○ Cian dei Seri '15	♥ 3

Azienda Agricola Durin

loc. Ortovero
via Roma, 202
17037 Ortovero [SV]
Tel. 0182547007
www.durin.it

Intensi profumi erbacei, di malva e note di mandorla, con leggera speziatura, per il Braie '15. Corpo vellutato, con sfondo minerale, esprime equilibrio e complessità, con un piacevole e persistente retrogusto. Oro antico per I S-cianchi '15, con profumi di tabacco e liquirizia e corpo imponente.

○ Riviera Ligure di Ponente Pigato Braie '15	♥♥ 3*
○ Riviera Ligure di Ponente Pigato I S-cianchi '15	♥♥ 3

Gajaudo Cantina del Rossese

loc. Bunda
via Roma, 33
18035 Imperia
Tel. 0184206958
www.cantinagajaudo.com

Davvero riuscito il Dolceacqua '15, dal color rubino granato, con note armoniche di erbe secche, china e tabacco. La sua elegante struttura è ricca di piacevoli tannini, che accompagnano il lungo retrogusto. Note fresche e fruttate nel Pigato '15, che piace per la vellutata struttura.

● Dolceacqua '15	♥♥ 3*
● Dolceacqua Arcagna '15	♥♥ 3
● Dolceacqua Luvaira '14	♥♥ 3
○ Riviera Ligure di Ponente Pigato '15	♥♥ 3

Nicola Guglierame

via Castello, 4
18024 Pornassio [IM]
Tel. 3475696718
www.ormeasco-guglierame.it

Belle note di frutti rossi e maturi, che evolvono verso le spezie, per il Pornassio Superiore '13. In bocca si percepiscono giovani tannini, in una piacevole ed elegante struttura. Rubino scarico, con note aranciate e profumi di frutti maturi nel Pornassio Sciac-Trà '14.

● Pornassio Sup. '13	♥♥ 3
● Pornassio '14	♥ 3
● Pornassio Sciac-Tra '14	♥ 3

Tenuta La Ghiaia

via Falcinello, 127
19038 Sarzana [SP]
Tel. 0187627307
www.tenutalaghiaia.it

Un colore paglierino intenso e brillante per il Vermentino Atys '14, accompagnato da un bouquet di profumi mediterranei e fiori gialli, con chiare note officinali su un piacevole fondo di agrumi. Il corpo è di buona struttura e intensa mineralità e lungo retrogusto.

○ Colli di Luni Vermentino Atys '14	♥♥ 3
● Colli di Luni Rosso 11 Nodi '14	♥ 3

Podere Lavandaro

via Castiglione
54035 Fosdinovo [MS]
Tel. 018768202
www.poderelavandaro.it

Splendido color paglierino e grande luminosità nel Vermentino '15, che presenta esplosivi profumi di fiori bianchi che si aprono alle ricche note di frutta e di clorofilla. Chiude con intensa sapidità e buona acidità, in un corpo equilibrato, strutturato e piacevolmente lungo.

- ○ Colli di Luni Vermentino '15 — 🍷🍷 3*
- ○ Maséro '14 — 🍷 3
- ⊙ Merlarosa '15 — 🍷 3

Cantine Levante

via Villa Ragone, 21
16039 Sestri Levante [GE]
Tel. 0185 42466
cantinelevante@gmail.com

Profumi tenui e garbati aromi fruttati e fini di erba secca e resina su un corpo importante e piacevolmente complesso per la Bianchetta Genovese '15, che chiude con un armonioso e lungo finale. Meno complesso ma ugualmente elegante e piacevole il Vermentino '15.

- ○ Portofino Bianchetta Genovese '15 — 🍷🍷 2*
- ● Portofino Ciliegiolo '15 — 🍷 2
- ● Portofino Cimixa '15 — 🍷 2
- ○ Portofino Vermentino '15 — 🍷 2

Podere Grecale

loc. Bussana
via Ciousse
18038 Sanremo [IM]
Tel. 01841956107
www.poderegrecale.it

Intensi sapori mediterranei, con sentori di torba e note di idrocarburi, per il Pigato '15. In bocca è pieno e di ampia struttura, con lungo e intenso finale. Aromi di spezie e tabacco per il Maèn '14, dal corpo intenso e possente, sorretto da un'incisiva nota alcolica.

- ○ Riviera Ligure di Ponente Pigato '15 — 🍷🍷 3*
- ○ Riviera Ligure di Ponente Vermentino '15 — 🍷 3
- ○ Riviera Ligure di Ponente Vermentino Maèn '14 — 🍷 3

Rossana Ruffini

via Tirolo, 58
19020 Bolano [SP]
Tel. 0187939988
g.brandani@libero.it

Dal bel colore intenso e brillante il Portolano '15 ha forte personalità, con aromi di susina e tabacco su classiche note di macchia mediterranea e un piacevole fondo minerale. In bocca si avvertono pienezza e densità, che accompagnano una fresca salinità.

- ○ Colli di Luni Vermentino Portolano '15 — 🍷🍷 2*
- ● Colli di Luni Rosso Logaiolo '14 — 🍷 2

Valdiscalve

loc. Reggimonti
s.da prov.le 42
19011 Bonassola [SP]
Tel. 0187818178
www.vermenting.com

Un bel color paglierino intenso e vivo accompagna il Terre del Salice '15, con un sapore intenso e pieno di aromi che, su una nota di frutto e di pesca, si ampliano alla resina e al tabacco. Il corpo è intenso, sostenuto da freschezza e note minerali, con un piacevole retrogusto.

- ○ Colline di Levanto Bianco Terre del Salice '15 — 🍷🍷 3
- ○ Colline di Levanto Bianco Costa di Macinara '15 — 🍷 2

La Vecchia Cantina

fraz. Salea
via Corta, 3
17031 Albenga [SV]
Tel. 3393733641
www.lavecchiacantinacalleri.it

Di color verdolino paglierino brillante e vivo, il Pigato Albenganese '15 è intenso, con note di fiori e susina che evolvono al tabacco. In bocca un deciso carattere, arricchito da una piacevole sesazione salina. Finale lungo e di personalità.

- ○ Riviera Ligure di Ponente Albenganese Pigato '15 — 🍷🍷 3*
- ○ Riviera Ligure di Ponente Albenganese Vermentino '15 — 🍷🍷 3

LOMBARDIA

Annata storica per la Lombardia, per il livello medio dei nostri assaggi e per il numero dei riconoscimento ricevuti, che arrivano a 23. Con questi risultati la regione si conferma una delle forze trainanti dell'enologia italiana. I suoi vini sono apprezzatissimi in Italia, ma siamo sicuri che dopo un anno di esposizione mediatica internazionale, grazie al successo di Expo Milano 2015 anche l'export ne trarrà beneficio. Sugli scudi la Franciacorta, che raccoglie ben dieci Tre Bicchieri. A oltre cinquant'anni dalla sua nascita si conferma come un distretto tutto centrato sulla sua vocazione, e le sue cuvée iniziano ormai a essere apprezzate in tutto il mondo. A una disamina dei vini premiati, nove su dieci sono Extra Brut o Non Dosato, tipologie dove ormai i produttori franciacortini dirottano il fior fiore della loro produzione. I risultati sono affascinanti, dato che le uve di chardonnay e pinot nero delle migliori vigne della denominazione hanno davvero poco bisogno di ritocchi e liqueur per raggiungere l'eccellenza. Unico Brut un fascinoso Rosé, il Boké '12 di Villa. Tra le aziende premiate spicca Bellavista, capofila di Terra Moretti, che è anche la Cantina dell'Anno per questa edizione del trentennale della Guida. Poco lontano l'Oltrepò procede spedito sulla strada della qualità, e si aggiudica ben sette premi. Per la prima volta è stata premiata una Bonarda, la Campo del Monte '15 dei fratelli Agnes, un vino elegante e fragrante che racconta perfettamente un volto di questo sfaccettato territorio. Il resto dell'affresco è composto da ottimi spumanti, bianchi o Cruasé, a denominazione o meno poco importa, sempre incentrati sul pinot nero; sui terreni calcarei di queste colline quest'uva ha trovato (e non da ora) un habitat straordinario, prova ne sia il successo anche delle versioni in rosso, quest'anno testimoniato dal Tre Bicchieri al Bertone '13 del Conte Vistarino. Altra grande uva, altro grande terroir: nebbiolo (o chiavennasca) e Valtellina. Cinque vini – cinque grandi rossi – si aggiudicano un premio, guidati dallo Sforzato 5 Stelle di Negri, vero classico. Chiude la rassegna dei vini premiati un bianco, lo straordinario Lugana Molin di Ca' Maiol, a suo quarto alloro, a sottolineare l'importanza di questa denominazione condivisa con il Veneto. Ma se queste sono le stelle vi ricordiamo che dalla Valcalepio al mantovano, dalla Valcamonica a Botticino la Lombardia del vino cammina spedita e ha sempre più da offrire.

Marchese Adorno

via Garlassolo, 30
27050 Retorbido [PV]
Tel. 0383374404
www.marcheseadorno-wines.it

VENDITA DIRETTA
VISITA SU PRENOTAZIONE
PRODUZIONE ANNUA 250.000 bottiglie
ETTARI VITATI 85,00

Dopo molti cambiamenti, l'azienda di proprietà del marchese Marcello Cattaneo Adorno ha trovato la quadra, ovvero la linea principale da seguire per valorizzare al meglio le grandi risorse disponibili e le potenzialità. Gli ingenti investimenti hanno incluso la costruzione della splendida cantina e la ristrutturazione di tutta la proprietà. La guida tecnica di un enologo di valore come Francesco Cervetti ha individuato in riesling, barbera e pinot nero i vitigni su cui maggiormente puntare per raggiungere le vette qualitative. Intanto abbiamo una gamma di assoluto spessore, con punteggi molto alti. La Barbera Vigna del Re '14, ancora giovane, ha bel frutto croccante e spezie. Molto buona anche la Bonarda '15, fresca e accattivante. Il Merlot Cliviano '14, vino del cuore del marchese, ha intensi profumi di ribes e fieno, è nitido e dotato di nerbo. Davvero ben fatto il Pinot Nero Brugherio '14, fine e profumato di erbe officinali.

● OP Barbera V. del Re '14	4
● OP Bonarda Vivace Costa del Sole '15	2*
● Cliviano '14	3
● OP Pinot Nero Brugherio '14	2*
○ OP Pinot Grigio Dama d'Oro '15	3
● OP Pinot Nero Rile Nero '14	5
● Cliviano '13	3
● OP Barbera V. del Re '12	4
● OP Barbera V. del Re '11	4
● OP Bonarda Costa del Sole '13	2*
● OP Pinot Nero Rile Nero '13	5
● OP Pinot Nero Rile Nero '11	5
● OP Pinot Nero Rile Nero Riserva Privata '10	5
○ OP Riesling Sup. Arcolaio '13	3*
○ OP Riesling Sup. Arcolaio '12	3*

F.lli Agnes

via Campo del Monte, 1
27040 Rovescala [PV]
Tel. 038575206
www.fratelliagnes.it

VENDITA DIRETTA
VISITA SU PRENOTAZIONE
PRODUZIONE ANNUA 120.000 bottiglie
ETTARI VITATI 21,00

Il paese di Rovescala è il regno indiscusso del Bonarda (maschile), come si dice soprattutto in questa zona orientale dell'Oltrepò Pavese verso il confine con l'Emilia. E nel corso degli anni i fratelli Sergio e Cristiano Agnes hanno dimostrato, con tenacia e passione, cosa sono capaci di fare con la croatina, anzi con la pignola, la varietà a grappolo piccolo e compatto. La gamma aziendale comprende tutte le possibili declinazioni di questo vitigno, frizzante e fermo, secco e amabile, giovane e invecchiato, con un'encomiabile costanza qualitativa. Uno storico Tre Bicchieri per il territorio grazie anche a un'annata particoramente felice, tocca al Campo del Monte '15, una vera delizia di frutto fragrante e profumato, con residuo zuccherino centrato. Non lontano il valore del Cresta del Ghiffi '15, più dolce ma altrettanto polposo. Più austera e terrosa la Possesione del Console '15.

● OP Bonarda Vivace Campo del Monte '15	2*
● OP Bonarda Millennium '13	4
● OP Bonarda Vivace Cresta del Ghiffi '15	2*
● Possessione del Console '15	3
● Loghetto '15	3
● Loghetto '14	3
● Loghetto '13	3
● OP Bonarda Campo del Monte '13	2*
● OP Bonarda Cresta del Ghiffi '13	2*
● OP Bonarda Millennium '11	4
● OP Bonarda Millennium '10	4
● OP Possessione del Console '13	3
● Poculum '12	4

Anteo

Loc. Chiesa
27040 Rocca de' Giorgi [PV]
Tel. 038599073
www.anteovini.it

VENDITA DIRETTA
VISITA SU PRENOTAZIONE
PRODUZIONE ANNUA 200.000 bottiglie
ETTARI VITATI 27,00

Stiamo parlando di una delle più belle cantine dell'Oltrepò Pavese per quanto riguarda la produzione di spumante Metodo Classico. Realizzata da Trento Cribellati, padre di Ettore Piero e Antonella, in età già piuttosto avanzata, offre uno spettacolo unico con le sue volte, le grandi cataste dove le bottiglie riposano sur lattes, le pupitre dove dopo il remuage manuale le bottiglie vengono avviate alla sboccatura. A 380 metri di quota, siamo nella zona d'elezione della spumantistica oltrepadana a base pinot nero, là dove nascono le valli Versa e Scuropasso. Quest'anno ci è particolarmente piaciuto il Nature Ecru '10, profumato di piccoli frutti e mentuccia, nitido e minerale, con bella bolla e sostanza. La Riserva del Poeta '08 ha colore dorato, impianto solido, materia ricca, uno stile evolutivo di personalità. Tra i due rosati, il Cruasé è più evoluto, col suo colore tendente al ramato, mentre il Sabrage ha colore più carico e profumi di erbe. Molto varietali e ben fatti la Bonarda e il Moscato d'annata, La Volpe e l'Uva.

○ La Volpe e l'Uva '15	🍷🍷 3
● OP Bonarda Vivace Staffolo '15	🍷🍷 2*
○ OP Pinot Nero Brut Riserva del Poeta '08	🍷🍷 6
○ OP Pinot Nero Nature Écru '10	🍷🍷 5
⊙ Brut Sabrage Rosé	🍷 4
⊙ OP Cruasé	🍷 4
○ OP Riesling Quadro di Mezzo '15	🍷 2
○ OP Pinot Nero Brut Cl. Nature Écru '03	🍷🍷🍷 4
○ OP Pinot Nero Brut Riserva del Poeta '07	🍷🍷 6
○ OP Pinot Nero Nature Écru '09	🍷🍷 5
○ OP Spumante Brut Tradition '09	🍷🍷 4

Antica Fratta

via Fontana, 11
25040 Monticelli Brusati [BS]
Tel. 030652068
www.anticafratta.it

VENDITA DIRETTA
VISITA SU PRENOTAZIONE
PRODUZIONE ANNUA 300.000 bottiglie
ETTARI VITATI 4,00

La famiglia Ziliani oltre alla Guido Berlucchi possiede un'altra azienda in Franciacorta. L'Antica Fratta è situata in un bel palazzo ottocentesco restaurato alla fine degli anni Settanta. Si tratta di quello che in zona, in virtù delle sue suggestive cantine sotterranee a volta, che formano una croce, è da sempre noto come "il Cantinon". Il palazzo, infatti, era la residenza di un ricco commerciante di vino, ed oggi è sede di eventi e ricevimenti. L'azienda ha vita autonoma rispetto alla Guido Berlucchi, e conta su un piccolo parco vigneti di proprietà oltre che su uve acquistate. Se numericamente l'Antica Fratta si mantiene su tirature "confidenziali" rispetto alla casa madre, a livello qualitativo non ha nulla da invidiare alle più blasonate maison del comprensorio. Prova ne sia la Riserva Quintessence '07, che si è distinta nelle nostre finali per il suo articolato equilibrio, la freschezza e la profondità espressive, la cremosità dell'insieme e le delicate note boisé e terziarie con cui sfuma, nitido e persistente.

○ Franciacorta Extra Brut Quintessence Ris. '07	🍷🍷 7
○ Franciacorta Nature Essence '11	🍷🍷 5
○ Franciacorta Rosé Essence '11	🍷🍷 5
○ Franciacorta Satèn Essence '11	🍷🍷 5
○ Franciacorta Brut Essence '08	🍷🍷 5
○ Franciacorta Essence Nature '09	🍷🍷 5
○ Franciacorta Extra Brut Quintessence Ris. '07	🍷🍷 7
○ Franciacorta Extra Brut Quintessence Ris. '06	🍷🍷 7
○ Franciacorta Rosé Essence '10	🍷🍷 5
⊙ Franciacorta Rosé Essence '09	🍷🍷 5
○ Franciacorta Satèn Essence '10	🍷🍷 5
○ Franciacorta Satèn Essence '09	🍷🍷 5

Antica Tesa

loc. Mattina
via Merano, 28
25080 Botticino [BS]
Tel. 0302691500

VENDITA DIRETTA
VISITA SU PRENOTAZIONE
PRODUZIONE ANNUA 40.000 bottiglie
ETTARI VITATI 10,00

Botticino è famoso per i suoi pregiati marmi, ma il rosso che qui si produce dalle belle vigne esposte a meridione e carezzate dai venti, da uve sangiovese, barbera, marzemino e schiava gentile ha carattere e distinzione. Pierangelo Noventa e la sua famiglia lavorano con passione in regime biologico i loro vigneti, in posizione panoramica, a 450 metri e perfettamente esposti. Ne ricavano una serie di etichette di ottimo livello che raccontano perfettamente questo terroir. Antica Tesa è l'azienda di riferimento di questa piccola denominazione bresciana. Vi segnaliamo quest'anno un eccellente Vigna del Gobbio 50 '12, che ha maturato per oltre cinquanta mesi, dove una parte delle uve è stata appassita. Ha un bel colore granata, profumi di frutti rossi maturi, cacao e spezie, una bella struttura e un equilibrio elegante. Il Pià de la Tesa '12 è di ottimo livello anche se ancora deve smussare alcuni spigoli. Più semplice e disteso il Colle degli Ulivi '14.

● Botticino V. del Gobbio 50 '12	🍷🍷 5
● Botticino Pià de la Tesa '12	🍷🍷 3
● Botticino Colle degli Ulivi '14	🍷 2
● Botticino Colle degli Ulivi	🍷🍷 2*
● Botticino Pià de la Tesa '11	🍷🍷 3
● Botticino Pià de la Tesa '10	🍷🍷 3
● Botticino Pià de la Tesa '09	🍷🍷 3
● Botticino Pià de la Tesa '07	🍷🍷 3*
● Botticino Pià de la Tesa '06	🍷🍷 3
● Botticino V. degli Ulivi '07	🍷🍷 2*
● Botticino V. del Gobbio '11	🍷🍷 5
● Botticino V. del Gobbio '10	🍷🍷 5
● Botticino V. del Gobbio '09	🍷🍷 5
● Botticino V. del Gobbio '08	🍷🍷 5
● Botticino V. del Gobbio '06	🍷🍷 5
● Botticino V. del Gobbio '05	🍷🍷 5

Ar.Pe.Pe.

via del Buon Consiglio, 4
23100 Sondrio
Tel. 0342214120
www.arpepe.com

VENDITA DIRETTA
VISITA SU PRENOTAZIONE
PRODUZIONE ANNUA 80.000 bottiglie
ETTARI VITATI 13,00

La pazienza è sempre stata una dote importante a casa Ar.Pe.Pe. La cantina della famiglia Pellizzatti Perego è stata tra le prime a credere nel potenziale evolutivo dei vini della Valtellina, proponendoli sul mercato anche a più di 10 anni dalla vendemmia. Lavoro sodo in vigna, lunghe macerazioni sulle bucce, solo botti grandi e lunghissimi affinamenti in bottiglia. Sono vini di dettagli e sfumature, per una batteria di Nebbiolo di montagna sempre più definita e territoriale. Nella vendemmia 2014 tutte le uve sono confluite nel Rosso di Valtellina, mentre bisognerà attendere altri 12 mesi per testare il Sassella Rocce Rosse Riserva '07. Risulta straordinaria l'eleganza di questo Grumello Buon Consiglio '07, con originali note di ruggine, sfumature di lampone e personale complessità. La bocca stupisce per armonia e finezza, il finale è lungo e aristocratico. Molto ricco e sfaccettato il Vigna Regina '07, con tabacco, liquirizia, ma anche frutti rossi e finissime note di rabarbaro. Al palato è incantevole, solido, pieno ed elegante nel lunghissimo finale.

● Valtellina Sup. Grumello Buon Consiglio Ris. '07	🍷🍷🍷 6
● Valtellina Sup. Sassella Stella Retica Ris. '11	🍷🍷 5
● Valtellina Sup. Sassella V. Regina Ris. '07	🍷🍷 8
● Rosso di Valtellina '14	🍷🍷 4
● Valtellina Sup. Grumello Rocca de Piro Ris. '11	🍷🍷 5
● Valtellina Sup. Inferno Fiamme Antiche Ris. '11	🍷🍷 5
● Valtellina Sup. Sassella Rocce Rosse Ris. '05	🍷🍷🍷 7
● Valtellina Sup. Sassella Stella Retica Ris. '10	🍷🍷🍷 5

Ballabio

via San Biagio, 32
27045 Casteggio [PV]
Tel. 0383805728
www.ballabio.net

VENDITA DIRETTA
VISITA SU PRENOTAZIONE
PRODUZIONE ANNUA 100.000 bottiglie
ETTARI VITATI 60,00

Fu Angelo Ballabio a fondare questa storica cantina nel 1905, e per anni rappresentò un punto di riferimento nella storia vinicola dell'Oltrepò Pavese. Ora naturalmente tutto è cambiato, la sede è un'altra – molto bella, sulle prime colline di Casteggio – ed è soprattutto attrezzata per la produzione spumantistica, vista la modernissima e vasta cantina con caduta dell'uva nelle presse per gravità. L'esperto enologo Carlo Casavecchia affianca Filippo Nevelli nel puntare a risultati di assoluto rilievo. Il Brut Farfalla bissa il successo dell'anno scorso e si aggiudica senza sforzo i Tre Bicchieri: croccante, nitido, elegante, verticale, ha i profumi dei piccoli frutti rossi del pinot nero con intriganti note di erbe aromatiche, bolla fine e finale di lunga e gustosa persistenza. Molto bene anche il Rosé, dal colore molto pallido come di consueto, dai profumi di fragola e lampone netti e integri. Armonioso e varietale il Pinot Grigio Clastidium '15; fragrante e saporita la Bonarda d'annata.

Vino	Bicchieri	
○ Brut Farfalla	🍷🍷🍷	4*
⊙ Brut Rosé Farfalla	🍷🍷	4
● OP Bonarda V. delle Cento Pertiche '15	🍷🍷	3
○ Pinot Grigio Clastidium '15	🍷🍷	2*
● Narbusto '13	🍷	3
○ Brut Farfalla	YYY	4*
● OP Bonarda V. delle Cento Pertiche '13	YY	3
● OP Bonarda V. delle Cento Pertiche '11	YY	2*
● OP Bonarda V. delle Cento Pertiche '10	YY	2*
● OP Bonarda Vivace V. delle Cento Pertiche '09	YY	2*
○ OP Pinot Grigio Clastidium '15	YY	2*
⊙ OP Pinot Nero Brut Cruasé '07	YY	4
⊙ OP Pinot Nero Brut Cruasé	YY	4

Barone Pizzini

via San Carlo, 14
25050 Provaglio d'Iseo [BS]
Tel. 0309848311
www.baronepizzini.it

VENDITA DIRETTA
VISITA SU PRENOTAZIONE
OSPITALITÀ
PRODUZIONE ANNUA 330.000 bottiglie
ETTARI VITATI 47,00
VITICOLTURA Biologico Certificato
AZIENDA SOSTENIBILE

La grande sfida della Barone Pizzini è stata vinta. L'azienda diretta da Silvano Brescianini ha dimostrato con anni di produzione di eccellenza che è possibile coniugare una viticoltura attenta all'ambiente - biologica e biodinamica - e strutture produttive ecosostenibili a bassissimo impatto con una produzione di alto livello che esprima fino in fondo le peculiarità del terroir. E questo non solo in Franciacorta ma anche nel satellite marchigiano della maison, la Pievalta, e nella maremmana Ghiaccioforte. Sugli scudi troviamo una delle migliori espressioni del Franciacorta Riserva, il Non Dosato Bagnadore '09, una cuvée di chardonnay e pinot nero che nasce da vigne di oltre vent'anni del vigneto Roccolo, situato in collina nei pressi di un bosco. Dopo oltre 70 mesi di maturazione sui lieviti si apre elegante e complesso, con un frutto polposo e sorretto da una fresca vena acida che lo rende guizzante e vitale fino al lungo finale all'insegna della vaniglia e del cedro. Eccellente anche il Dosaggio Zero Naturae '12.

Vino	Bicchieri	
○ Franciacorta Non Dosato Bagnadore Ris. '09	🍷🍷🍷	6
○ Franciacorta Brut Naturae Edizione '12	🍷🍷	5
○ Franciacorta Brut Animante	🍷🍷	5
⊙ Franciacorta Brut Rosé Edizione '12	🍷🍷	5
○ Franciacorta Satèn Edizione '12	🍷🍷	5
○ Curtefranca Bianco '15	🍷	3
● Curtefranca Rosso '14	🍷	3
○ Franciacorta Brut	🍷	5
○ Franciacorta Brut Naturae '11	YYY	5
○ Franciacorta Brut Nature '10	YYY	5
○ Franciacorta Brut Nature '09	YYY	5
○ Franciacorta Brut Nature '08	YYY	5
○ Curtefranca Polzina Bianco '12	YY	3
○ Franciacorta Brut Bagnadore Ris. 06	YY	5
⊙ Franciacorta Brut Rosé '09	YY	5
● San Carlo Sebino '09	YY	5

★★Bellavista

via Bellavista, 5
25030 Erbusco [BS]
Tel. 0307762000
www.bellavistawine.it

VENDITA DIRETTA
VISITA SU PRENOTAZIONE
PRODUZIONE ANNUA 1.400.000 bottiglie
ETTARI VITATI 190,00
AZIENDA SOSTENIBILE

A quarant'anni di distanza dalla sua fondazione Bellavista è una delle griffe più prestigiose dell'enologia Italiana, e rappresenta con successo la denominazione Franciacorta nel mondo. La maison di Vittorio Moretti, in cui è sempre più coinvolta la figlia Francesca accanto al talento enologico di Mattia Vezzola è la capofila di un gruppo che vede al suo interno anche Contadi Castaldi e le toscane Petra e La Badiola. Quarant'anni costellati di riconoscimenti e straordinarie cuvée di Franciacorta che sono capaci di sfidare il tempo. Per tutti questi motivi Bellavista è la nostra Cantina dell'Anno. Tre Bicchieri meritatissimi per il Pas Operé '09, un piccolo capolavoro di complessità e freschezza, ricco di note di frutto e di fresche sfumature agrumate, delicatamente equilibrato, profondo e di suadente bevibilità. Epitome dello stile Bellavista. Il Brut Teatro alla Scala '10 è polposo e di nerbo, sapido e di finissimo perlage. Assegniamo i Tre Bicchieri Non Dati alla straordinaria cuvée da riserva di Franciacorta che coprono l'arco di trent'anni, Meraviglioso.

- ○ Franciacorta Pas Operé '09 — 🍷🍷🍷 7
- ○ Franciacorta Brut Alma Cuvée — 🍷🍷 5
- ○ Franciacorta Brut Teatro alla Scala '10 — 🍷🍷 7
- ○ Curtefranca Convento SS. Annunciata '13 — 🍷🍷 6
- ○ Curtefranca Uccellanda '13 — 🍷🍷 6
- ⊙ Franciacorta Brut Rosé '11 — 🍷🍷 7
- ○ Franciacorta Satèn '11 — 🍷🍷 7
- ○ Franciacorta Extra Brut Vittorio Moretti Ris. '08 — 🍷🍷🍷 8
- ○ Franciacorta Extra Brut Vittorio Moretti Ris. '06 — 🍷🍷🍷 8
- ○ Franciacorta Gran Cuvée Pas Operé '06 — 🍷🍷🍷 8
- ○ Franciacorta Gran Cuvée Pas Operé '05 — 🍷🍷🍷 7
- ○ Franciacorta Gran Cuvée Pas Operé '04 — 🍷🍷🍷 7
- ○ Riserva Vittorio Moretti Meraviglioso — 🍷🍷🍷 8

Guido Berlucchi & C.

loc. Borgonato
p.zza Duranti, 4
25040 Corte Franca [BS]
Tel. 030984381
www.berlucchi.it

VENDITA DIRETTA
VISITA SU PRENOTAZIONE
OSPITALITÀ
PRODUZIONE ANNUA 4.400.000 bottiglie
ETTARI VITATI 550,00
VITICOLTURA Biologico Certificato
AZIENDA SOSTENIBILE

L'azienda che ha dato vita al "fenomeno" Franciacorta poco più di cinquant'anni or sono gode di ottima salute. Franco Ziliani, fondatore e presidente, può contare su uno straordinario team di collaboratori: sono i figli Arturo, enologo, Cristina e Paolo, coinvolti rispettivamente nel settore del marketing e commerciale. Insieme la famiglia, che da alcuni anni è tornata a elaborare cuvée esclusivamente con uve della Franciacorta, ha posizionato l'azienda nel ruolo di leader italiano del settore, con oltre quattro milioni di bottiglie annue, mentre cresce costantemente la quota dell'export. Mentre riposa ancora sui lieviti l'Extrême Riserva '08 la maison dimostra il suo straordinario potenziale con un'altra cuvée, il Nature '09 della linea 61 (dedicata all'anno di fondazione della Berlucchi). Un vino che riesce a coniugare finezza espressiva e profondità, complessità ed eleganza con una straordinaria facilità di beva. Tre meritatissimi Bicchieri. Nella stessa linea troviamo un Satèn e un Rosé di ottimo livello, come validi sono il Cellarius Brut '11 e il Brut 61. Bravi!

- ○ Franciacorta Nature 61 '09 — 🍷🍷🍷 5
- ○ Franciacorta Brut 61 — 🍷🍷 5
- ○ Franciacorta Brut Cellarius '11 — 🍷🍷 5
- ⊙ Franciacorta Rosé 61 — 🍷🍷 5
- ○ Franciacorta Satèn 61 — 🍷🍷 5
- ○ Franciacorta Brut Cellarius '08 — 🍷🍷🍷 5
- ○ Franciacorta Brut Cellarius '07 — 🍷🍷🍷 5
- ○ Franciacorta Brut Extrême Palazzo Lana '05 — 🍷🍷🍷 6
- ○ Franciacorta Brut Extrême Palazzo Lana Ris. '06 — 🍷🍷🍷 6
- ○ Franciacorta Extra Brut Extreme Palazzo Lana Ris. '07 — 🍷🍷🍷 7
- ○ Franciacorta Satèn Palazzo Lana '06 — 🍷🍷🍷 6

Cantina Bersi Serlini

Loc. Cereto
via Cereto, 7
25050 Provaglio d'Iseo [BS]
Tel. 0309823338
www.bersiserlini.it

VENDITA DIRETTA
VISITA SU PRENOTAZIONE
OSPITALITÀ E RISTORAZIONE
PRODUZIONE ANNUA 200.000 bottiglie
ETTARI VITATI 30,00
VITICOLTURA Biologico Certificato

Ci sono due donne al timone di questa azienda di 30 ettari nella zona delle Torbiere di Iseo che lavora solo le uve di proprietà: Maddalena Bersi Serlini e sua sorella Chiara. La famiglia ha acquisito nel 1886 questa bella tenuta di Provaglio, sulle sponde del Lago d'Iseo, che un tempo era una grangia del vicino convento benedettino di San Pietro in Lamosa. Dopo importanti lavori di ristrutturazione e ampliamento oggi si presenta come un affascinante complesso dove moderno e antico convivono armonicamente. Ottima come sempre la batteria dei vini presentati, con un Extra Brut '12 in bella evidenza. Ha perlage di grande finezza, profumi eleganti e morbidi di frutto maturo, cedro e sfumature floreali, e al palato è sapido, vitale, nervoso e fresco. Ottimo il Satèn, rotondo e ricco, mentre offre un carattere speziato e un bel nerbo la Cuvée n. 4 '12. Complesso e armonico il Brut Rosé, tra i migliori della tipologia.

○ Franciacorta Extra Brut '12	🍷🍷 6
○ Franciacorta Brut Anniversario	ΨΨ 6
○ Franciacorta Brut Anteprima	ΨΨ 5
○ Franciacorta Brut Cuvée n. 4 '12	ΨΨ 5
⊙ Franciacorta Brut Rosé	ΨΨ 4
○ Franciacorta Brut Satèn	ΨΨ 5
○ Franciacorta Non Dosato Mia Ris. '05	ΨΨ 6
○ Franciacorta Demi Sec Nuvola	Ψ 4
○ Franciacorta Brut '11	YY 5
○ Franciacorta Brut Cuvée n. 4 '10	YY 5
○ Franciacorta Brut Cuvée n. 4 '07	YY 5
⊙ Franciacorta Brut Rosé Rosa Rosae	YY 5
○ Franciacorta Extra Brut '08	YY 6
○ Franciacorta Satèn '10	YY 5

F.lli Bettini

Loc. San Giacomo
via Nazionale, 4a
23036 Teglio [SO]
Tel. 0342786068
bettvini@tin.it

VENDITA DIRETTA
VISITA SU PRENOTAZIONE
PRODUZIONE ANNUA 200.000 bottiglie
ETTARI VITATI 15,00

Forte di oltre 130 anni di attività, la cantina di San Giacomo in Teglio è uno dei marchi più conosciuti dell'enologia valtellinese. Siamo nel cuore della Valgella, la maggiore tra le sottozone del Valtellina Superiore con i suoi 137 vitati che si sviluppano verticalmente. Sono 15 gli ettari a disposizione dell'azienda, ben collocati in tutte le principali sottozone della Valtellina. La produzione è ampia e ben segmentata: mette in mostra uno stile ricco ed espressivo, con impronte fruttate pronunciate e impiego di legni nuovi per le selezioni di punta. Ritmata e costante la crescita qualitativa dello Sforzato Vigneti di Spina, soprattutto in questa versione 2011. È intenso, con note ben amalgamate tra cuoio, tabacco e ciliegia sotto spirito. La bocca è possente ma governata da fitti tannini, il finale molto lungo. Fine, con delicate note floreali e fruttate, venature di erbe officinali il Valgella Vigna La Cornella '11. La bocca è armonica, con buona acidità, finale lungo e personale.

● Sforzato di Valtellina Vign. di Spina '11	🍷🍷 7
● Valtellina Sup. Sant'Andrea '11	ΨΨ 5
● Valtellina Sup. Sassella Reale '11	ΨΨ 5
● Valtellina Sup. Valgella V. La Cornella '11	ΨΨ 5
● Sforzato di Valtellina Vign. di Spina '10	YY 6
● Valtellina Sfursat '11	YY 5
● Valtellina Sfursat '10	YY 5
● Valtellina Sup. Inferno Prodigio '10	YY 4
● Valtellina Sup. Inferno Prodigio '09	YY 3
● Valtellina Sup. Inferno Prodigio '08	YY 3
● Valtellina Sup. Sant'Andrea '10	YY 4
● Valtellina Sup. Sassella Reale '10	YY 4
● Valtellina Sup. Sassella Reale '09	YY 3
● Valtellina Sup. Valgella V. La Cornella '10	YY 4
● Valtellina Sup. Valgella V. La Cornella '09	YY 3

Bisi

loc. Cascina San Michele
fraz. Villa Marone, 70
27040 San Damiano al Colle [PV]
Tel. 038575037
www.aziendagricolabisi.it

VENDITA DIRETTA
VISITA SU PRENOTAZIONE
PRODUZIONE ANNUA 90.000 bottiglie
ETTARI VITATI 30,00

Claudio Bisi è un caso abbastanza emblematico di ciò che può accadere in una terra come l'Oltrepò Pavese. Lui non ama la luce dei riflettori, preferisce che siano i suoi vini a parlare per lui. E i suoi vini parlano, eccome: sono vini di forte personalità, capaci di esprimere fino in fondo il terroir dei vari appezzamenti che Claudio segue con cura maniacale. Suoli differenti, microclimi differenti, vitigni differenti, ma una coerenza di base e un livello qualitativo ed emozionale encomiabile. Una cantina che meriterebbe ulteriore notorietà. Sugli scudi quest'anno la Bonarda Vivace La Peccatrice '15, tra le migliori in assoluto di una vendemmia particolarmente felice: intensa senza essere eccessiva, profumata, secca, dai tannini di rara finezza. Molto buono anche il Riesling LaGrà '15, da renano in purezza, che coniuga polpa con finezza e profumi floreali, agrumati e di erbe aromatiche. Ben giocato sulle note speziate il Pinot Nero Calonga '13. Sempre molto buono il Passito da malvasia Villa Marone. Quanto alla Barbera Roncolongo '12, la sua materia imponente ha bisogno di essere addomesticata dal tempo.

● OP Bonarda Vivace La Peccatrice '15	🍷🍷 (rossi)	2*
● Barbera Senz'Aiuto '14	🍷🍷	3
○ Bianco Passito Villa Marone '12	🍷🍷	4
● OP Barbera Roncolongo '12	🍷🍷	3
● OP Pinot Nero Calonga '13	🍷🍷	3
○ OP Riesling LaGrà '15	🍷🍷	2*
● OP Barbera Pezzabianca '13	🍷	4
● Calonga '12	🍷🍷 (bianchi)	5
○ LaGrà '14	🍷🍷 (bianchi)	3
○ LaGrà '13	🍷🍷 (bianchi)	3*
● OP Bonarda Vivace La Peccatrice '14	🍷🍷 (bianchi)	2*
● Pramattone '13	🍷🍷 (bianchi)	3
● Roncolongo '11	🍷🍷 (bianchi)	4
● Ultrapadum '13	🍷🍷 (bianchi)	3

Castello Bonomi

via San Pietro, 46
25030 Coccaglio [BS]
Tel. 0307721015
www.castellobonomi.it

VENDITA DIRETTA
VISITA SU PRENOTAZIONE
PRODUZIONE ANNUA 100.000 bottiglie
ETTARI VITATI 20,00

La famiglia Paladin in Veneto è da sempre impegnata in ambito enologico e possiede anche un'azienda in Toscana, la Fattoria di Vescine nel Chianti Classico. Alcuni anni fa i fratelli Paladin hanno acquisito questa bella azienda ai confini meridionali della Franciacorta, avviandola in un percorso d'eccellenza. Castello Bonomi vanta un importante patrimonio di vigne, 20 ettari, in gran parte terrazzate, ai piedi del monte Orfano, sui suoli più antichi di questo territorio. Le cuvée di Castello Bonomi vantano in genere una straordinaria longevità. Il Franciacorta Dosage Zero '09 ha ben rappresentato la maison nelle degustazioni finali. Ottenuto da una cuvée paritaria da pinot nero e chardonnay, riposa lungamente sui lieviti prima della sboccatura. Ha un colore paglierino brillante e si apre su un naso evoluto e complesso dove alle note di frutta a polpa bianca succedono sfumature di vaniglia e crosta di pane di bella finezza. Chiude elegante e pieno al palato su toni di frutto ed erbe aromatiche.

○ Franciacorta Dosage Zero '09	🍷🍷 (rossi)	8
● Curtefranca Rosso Cordelio '11	🍷🍷	7
○ Franciacorta Brut Cru Perdü	🍷🍷	6
○ Franciacorta Extra Brut Cuvée Lucrezia Et. Nera '06	🍷🍷	8
⊙ Franciacorta Rosé	🍷🍷	7
○ Franciacorta Satèn	🍷🍷	7
○ Franciacorta Gran Cuvée	🍷	6
○ Franciacorta Brut Cru Perdu '04	🍷🍷🍷 (bianchi)	7
○ Franciacorta Extra Brut Lucrezia Et. Nera '04	🍷🍷🍷 (bianchi)	8
⊙ Franciacorta Brut Rosé	🍷🍷 (bianchi)	7
○ Franciacorta Dosage Zero '07	🍷🍷 (bianchi)	8
○ Franciacorta Extra Brut Lucrezia '04	🍷🍷 (bianchi)	8

La Boscaiola

via Riccafana, 19
25033 Cologne [BS]
Tel. 0307156386
www.laboscaiola.com

VENDITA DIRETTA
VISITA SU PRENOTAZIONE
PRODUZIONE ANNUA 50.000 bottiglie
ETTARI VITATI 7,00

La Boscaiola è stata fondata da Nelson Cenci, straordinaria figura di scrittore, medico e soldato. Nelson, riminese di nascita, si trasferì infatti negli anni Sessanta a Cologne per essere vicino ai "suoi" alpini, con i quali fortunosamente riuscì a tornare sano e salvo dalla terribile spedizione sul fronte russo dove era dislocato con la divisione Tridentina. Negli anni ha creato una bella azienda specializzata nel Franciacorta che oggi è condotta con passione dalle figlie Giuliana e Maria Grazia. L'azienda conta su sette ettari di belle vigne alle pendici del monte Orfano. Ottima la selezione dei vini presentati quest'anno. Il Brut La Capinera ha freschezza e tensione, e sfuma su frutto e note balsamiche; il Brut Sessanta '07 ha freschezza e un elegante bouquet che dal floreale sfuma su toni boisé. Il Rosé La Capinera è sottile, elegante, nervoso e scattate nelle sue note di piccoli frutti rossi, e l'Extra Brut Nelson Cenci, infine, ha un bel carattere fruttato e cremoso ed è sorretto da una vitale vena acida.

Vino	Valutazione
○ Franciacorta Brut La Capinera	🍷🍷 4
○ Franciacorta Brut Sessanta '07	🍷🍷 6
○ Franciacorta Extra Brut Nelson Cenci	🍷🍷 6
○ Franciacorta Pas Dosé Zero	🍷🍷 4
⊙ Franciacorta Rosé La Capinera	🍷🍷 4
○ Franciacorta Satèn La Via della Seta	🍷 5
○ Franciacorta Brut '04	🍷🍷 (bianchi) 4

Tenuta Il Bosco

loc. Il Bosco
27049 Zenevredo [PV]
Tel. 0385245326
www.ilbosco.com

VENDITA DIRETTA
VISITA SU PRENOTAZIONE
PRODUZIONE ANNUA 1.000.000 bottiglie
ETTARI VITATI 152,00

Da quasi trent'anni la famiglia Zonin ha acquistato questa bella tenuta oltrepadana facente parte, in epoca medievale, del Monastero di Santa Maria Teodote. Da allora gli ettari vitati sono passati da 30 a oltre 150, piantando soprattutto le varietà più diffuse nella zona come barbera, croatina e pinot nero. Quest'ultimo, in particolare, oltre a essere vinificato in rosso, è protagonista di una produzione spumantistica che, dopo alcune incertezze soprattutto a livello commerciale, guidata dalle capaci mani del direttore Piernicola Olmo sta dando risultati di assoluto rilievo. A distanza di due anni, il Cruase Oltrenero bissa i Tre Bicchieri. Si presenta con un bel colore ramato brillante, ha profumi intensi di piccoli frutti e mentuccia, ha sostanza e bolla fine, energia, nerbo e una vena minerale. La cremosità della bolla e la pienezza si ritrovano anche nel Pinot Nero Brut Oltrenero, morbido e aromatico. Esuberante e fruttata la Bonarda '15, molto fragranti i due Phileo.

⊙ OP Cruasé Oltrenero	🍷🍷🍷 (rossi) 5
● OP Bonarda Vivace '15	🍷🍷 2*
○ OP Pinot Nero Brut Martinotti Phileo	🍷🍷 3
○ OP Pinot Nero Brut Oltrenero	🍷🍷 5
⊙ Philèo Extra Dry Rosé Martinotti	🍷🍷 2
○ Brera '15	🍷 2
○ OP Malvasia Vivace '15	🍷 2
● OP Pinot Nero Poggio Pelato '13	🍷 3
○ OP Pinot Nero Brut Nature Oltrenero '10	🍷🍷 (bianchi) 6
● OP Pinot Nero Poggio Pelato '11	🍷🍷 (bianchi) 3

Bosio

FRAZ. TIMOLINE
VIA M. GATTI, 4
25040 CORTE FRANCA [BS]
TEL. 0309826224
www.bosiofranciacorta.it

VENDITA DIRETTA
VISITA SU PRENOTAZIONE
PRODUZIONE ANNUA 100.000 bottiglie
ETTARI VITATI 30,00

La Bosio è nata una quindicina d'anni fa dalla scommessa di due fratelli, Cesare e Laura Bosio, enologo e agronomo lui, laureata in scienze economiche lei, che mettendo insieme le loro competenze hanno accresciuto le vigne di famiglia, portandole a 30 ettari, e costruito una nuova e moderna cantina a Corte Franca. Il livello dei loro Franciacorta e dei loro vini è eccellente, grazie a vigne di qualità - gestite nel rispetto per l'ambiente - e, ovviamente, alla competenza di Cesare. Ecco finalmente il primo Tre Bicchieri in casa Bosio. Si tratta della Riserva Girolamo Bosio '09, dedicata al fondatore dell'azienda. È una cuvée di pinot nero (70%) e chardonnay che riposa oltre cinque anni sui lieviti, che si presenta con un'effervescenza cremosa e un finissimo bouquet dove spiccano frutti maturi e fiori gialli, con nuance di vaniglia e cioccolato bianco. La bocca è armonica e profonda, e il vino sfila lungo su suggestioni fresche di erbe aromatiche e frutto a polpa bianca. Eccellenti anche il Nature '11 e il Rosé '12.

Vino		
○ Franciacorta Pas Dosé Girolamo Bosio Ris. '09	TTT	5
○ Franciacorta Nature '11	TT	5
⊙ Franciacorta Brut Rosé '12	TT	5
○ Franciacorta Satèn	TT	5
○ Franciacorta Brut	T	5
○ Franciacorta Brut '08	YY	5
⊙ Franciacorta Brut Rosé '11	YY	5
⊙ Franciacorta Brut Rosé '09	YY	5
○ Franciacorta Extra Brut Boschedòr '10	YY	5
○ Franciacorta Extra Brut Boschedòr '09	YY	5
○ Franciacorta Extra Brut Boschedòr '09	YY	5
○ Franciacorta Nature '10	YY	5
○ Franciacorta Nature '09	YY	5
○ Franciacorta Pas Dosé Girolamo Bosio Ris. '07	YY	5

Alessio Brandolini

FRAZ. BOFFALORA, 68
27040 SAN DAMIANO AL COLLE [PV]
TEL. 038575232
www.alessiobrandolini.com

PRODUZIONE ANNUA 50.000 bottiglie
ETTARI VITATI 9,00

Ecco un altro giovane dell'Oltrepò che ci fa ben sperare nel futuro di questa terra. Alessio Brandolini si è trovato appena dopo la laurea in enologia a dover fare a meno del padre Costante, prezioso soprattutto per la sua esperienza nella gestione dei vigneti. Il ragazzo non si è scoraggiato e ha proseguito nella sua strada volta a far emergere tutto il potenziale dei terreni, vocati soprattutto per la produzione di vini rossi ma anche per il pinot nero che Alessio non ha resistito a voler spumantizzare, vista la sua passione per le bollicine, con risultati incoraggianti. Il Bardughino '15 è una Malvasia ferma dagli intriganti profumi di frutti tropicali molto maturi. Il Beneficio '12, classico uvaggio da Rosso Oltrepò, ha molta polpa e bisogno di vetro per levigare i tannini. Ben eseguita la Bonarda Vivace '15, secca e balsamica. La versione ferma, Il Soffio '15, è robusta e alcolica. Piacevoli i due Metodo Classico, più fine il Luogo d'Agosto '11, più grasso il Rosé Note d'Agosto '11.

○ Il Bardughino '15	TT	2*
● Il Beneficio '12	TT	2*
● OP Bonarda Vivace Il Cassino '15	TT	2*
○ Brut M. Cl. Luogo d'Agosto '11	T	3
⊙ Brut M. Cl. Rosé Note d'Agosto '11	T	3
● OP Bonarda Il Soffio '15	T	2
○ Brut M. Cl. Luogo d'Agosto '10	YY	3
○ Il Bardughino '14	YY	2*
○ Il Bardughino '13	YY	2*
● Il Beneficio '11	YY	2*
● OP Bonarda Vivace Il Cassino '14	YY	2*
● OP Bonarda Vivace Il Cassino '13	YY	2*

La Brugherata

FRAZ. ROSCIATE
VIA G. MEDOLAGO, 47
24020 SCANZOROSCIATE [BG]
TEL. 035655202
www.labrugherata.it

VENDITA DIRETTA
VISITA SU PRENOTAZIONE
PRODUZIONE ANNUA 40.000 bottiglie
ETTARI VITATI 7,00

Sempre tra le più meritevoli del territorio bergamasco l'azienda della famiglia Bendinelli, che ha la caratteristica rara di presentare una gamma di etichette limitata, precisa e identificabile anno dopo anno dal punto di vista stilistico e, naturalmente, qualitativo. L'enologo Beppe Bassi rappresenta un punto di riferimento di assoluta affidabilità e i risultati si vedono: vini puliti, nitidi, che conservano sempre la propria personalità annata dopo annata. Il Moscato di Scanzo Doge '13 è ancora giovane ma promette bene: profuma di fieno, erbe aromatiche, prugna secca e caucciù che sono due caratteristiche spesso riscontrabili nella tipologia; pastoso e voluttuoso in bocca, ha un'impronta decisa e un bel finale. Bel frutto integro, evoluto, di mora e mirtillo il Doglio Riserva '12, rosso importante e strutturato. Il Rosso di Alberico '15 è un Merlot fragrante e piacevole, mentre il bianco Vescovado del Feudo '15 ha una bella vena tropicale.

● Moscato di Scanzo Doge '13	🍷🍷 7
● Rosso di Alberico '15	🍷🍷 2*
● Valcalepio Rosso Doglio Ris. '12	🍷🍷 4
○ Vescovado del Feudo '15	🍷 2
● Moscato di Scanzo Doge '12	🍷🍷 7
● Moscato di Scanzo Doge '11	🍷🍷 7
● Moscato di Scanzo Doge '10	🍷🍷 7
● Moscato di Scanzo Doge '09	🍷🍷 7
● Moscato Rosso Vermiglio di Roxia '13	🍷🍷 3
● Priore '12	🍷🍷 5
● Priore '09	🍷🍷 3
● Valcalepio Rosso Vescovado '11	🍷🍷 2*
○ Vescovado del Feudo '14	🍷🍷 2*

Cà Maiol

VIA COLLI STORICI, 119
25015 DESENZANO DEL GARDA [BS]
TEL. 0309910006
www.camaiol.it

VENDITA DIRETTA
VISITA SU PRENOTAZIONE
PRODUZIONE ANNUA 1.500.000 bottiglie
ETTARI VITATI 160,00
AZIENDA SOSTENIBILE

Fabio e Patrizia Contato conducono con passione l'azienda di famiglia, una bella tenuta di oltre 150 ettari nel territorio del Lugana. Con un lavoro di anni Fabio e famiglia hanno portato questa azienda, un tempo nota come Provenza, a livelli eccellenti. Ristrutturazione di vigneti e cantina, studio sui legni e sulle maturazioni dei vini, un percorso agronomico verso il biologico ormai quasi terminato e una grande attenzione alla sostenibilità e alle energie rinnovabili sono solo alcuni degli ingredienti di questo successo. Ancora una volta il Lugana Molin, ora con l'annata 2015, si conferma una delle etichette più significative della denominazione e si aggiudica i Tre Bicchieri. È un vino che fa della freschezza dei toni fruttati, della pienezza espressiva e della profondità minerale un paradigma. Doti che lo rendono di beva intrigate da giovane ma anche capace di evolvere con grazia in bottiglia per anni. Molto ben riuscita anche la selezione Fabio Contato '14, maturata in legni nuovi.

○ Lugana Molin '15	🍷🍷🍷 3*
○ Lugana Sup. Sel. Fabio Contato '14	🍷🍷 5
○ Lugana Brut M. Cl. 60 Mesi	🍷🍷 4
○ Lugana Molin Bio '15	🍷🍷 5
○ Lugana Prestige '15	🍷🍷 3
○ Lugana Sup. Sel. Fabio Contato '12	🍷🍷 5
⊙ Valtènesi Chiaretto '15	🍷🍷 3
● Garda Cl. Groppello Joel '15	🍷 3
○ Lugana Molin '14	🍷🍷🍷 3*
○ Lugana Molin '13	🍷🍷🍷 3*
○ Lugana Molin '12	🍷🍷🍷 3*
○ Lugana Sel. Fabio Contato '07	🍷🍷🍷 5
○ Lugana Sup. Sel. Fabio Contato '11	🍷🍷🍷 5
○ Lugana Sup. Sel. Fabio Contato '10	🍷🍷🍷 5
○ Lugana Sup. Sel. Fabio Contato '09	🍷🍷🍷 5
○ Lugana Sup. Sel. Fabio Contato '06	🍷🍷🍷 5

★★★★Ca' del Bosco

via Albano Zanella, 13
25030 Erbusco [BS]
Tel. 0307766111
www.cadelbosco.com

VENDITA DIRETTA
VISITA SU PRENOTAZIONE
PRODUZIONE ANNUA 1.470.000 bottiglie
ETTARI VITATI 193,00
AZIENDA SOSTENIBILE

L'azienda guidata da Maurizio Zanella è una delle migliori cantine italiane in senso assoluto, e il palmarès di riconoscimenti che s'è saputa aggiudicare nei nostri 30 anni di Guida dei Vini è impressionante: siamo ai vertici dell'enologia italiana e nel Gotha delle migliori maison del mondo. Vi invitiamo a visitare la modernissima struttura dell'azienda: una cantina tra boschi e vigne, dotata delle più sofisticate tecnologie, accogliente e ricca di opere d'arte. La gamma dei prodotti, a partire dai Franciacorta, è ricca ed articolata e si muove, tutta, su livelli d'eccellenza. Tre Bicchieri ad una versione entusiasmante, la 2011, del Dosage Zéro Vintage Collection, uno dei grandi classici di Ca' del Bosco. Ha un colore paglierino verdolino brillante, perlage di straordinaria finezza, e s'apre elegante e complesso in un bouquet che gioca tra agrumi e florealità per sfumare elegante su note di vaniglia e cioccolato bianco. In bocca è secco senza esitazioni, profondo e verticale come pochi, e chiude straordinariamente persistente su fresche e cremose note di frutto.

Vino	Bicchieri	
○ Franciacorta Dosage Zéro Vintage Collection '11	**▼▼▼**	8
○ Curtefranca Chardonnay '12	**▼▼**	8
○ Franciacorta Dosage Zéro Noir Vintage Collection '07	**▼▼**	8
○ Franciacorta Satèn Vintage Collection '11	**▼▼**	8
● Carmenero '09	▼▼	8
○ Curtefranca Bianco '15	▼▼	5
● Curtefranca Rosso '13	▼▼	5
○ Franciacorta Brut Cuvée Prestige	▼▼	5
○ Franciacorta Brut Vintage Collection '11	▼▼	8
● Il Merlot '09	▼▼	8
● Maurizio Zanella '11	▼▼	8
● Pinéro '12	▼▼	8
⊙ Franciacorta Rosé Cuvée Prestige	▼	6
○ Franciacorta Dosage Zéro Noir Vintage Collection Ris. '06	▽▽▽	8

Ca' del Gè

fraz. Ca' del Gè, 3
27040 Montalto Pavese [PV]
Tel. 0383870179
www.cadelge.it

VENDITA DIRETTA
VISITA SU PRENOTAZIONE
PRODUZIONE ANNUA 180.000 bottiglie
ETTARI VITATI 40,00

Enzo Padroggi, fondatore di Ca' del Gè nell'85 e prematuramente scomparso da alcuni anni, ha lasciato l'azienda in ottime mani: i figli Carlo, Stefania e Sara sono ragazzi in gamba e continuano a condurre l'azienda di famiglia con cura e dedizione. 40 ettari vitati condotti a basso impatto ambientale tra Montalto Pavese, dove la sede coincide con la residenza della famiglia e i terreni calcarei e gessosi sono culla ideale per riesling e pinot nero, e Cigognola dove nascono i vini rossi tradizionali. Ritorna Il Marinoni, Riesling Renano vanto di Enzo Padrogg, in versione "giovanile". Un 2015 molto profumato di frutti gialli e mentuccia. Sempre molto buono il Metodo Classico, da pinot nero, saldo, di struttura ma anche di facile beva. Avvolgente e pastoso il Riesling Italico Brinà '15; più floreale il Filagn Long, sempre 2015. Piacevole come sempre il resto della gamma.

Vino	Bicchieri	
○ Il Marinoni '15	▼▼	2*
○ OP Pinot Nero Brut M. Cl. '11	▼▼	3
○ OP Riesling Brinà '15	▼▼	2*
● OP Bonarda Vivace Bricco del Prete '15	▼	2
○ OP Moscato Frizzante '15	▼	2
○ OP Riesling Filagn Long '15	▼	2
● OP Bonarda Vivace '13	▽▽	2*
● OP Bonarda Vivace '12	▽▽	2*
● OP Buttafuoco Fajro '10	▽▽	4
○ OP Moscato Frizzante '13	▽▽	2*
○ OP Pinot Nero Brut '09	▽▽	3
○ OP Pinot Nero Brut M. Cl. '10	▽▽	3*
○ OP Riesling Brinà '14	▽▽	2*

Ca' di Frara

via Casa Ferrari, 1
27040 Mornico Losana [PV]
Tel. 0383892299
www.cadifrara.com

VENDITA DIRETTA
VISITA SU PRENOTAZIONE
PRODUZIONE ANNUA 400.000 bottiglie
ETTARI VITATI 46,00

Sono passati ormai quasi vent'anni da quando l'allora giovanissimo Luca Bellani prese in mano le redini dell'azienda di famiglia, ereditando l'esperienza del padre Tullio, supportato dalla mamma Daniela e coadiuvato dal fratello Matteo. Ricordiamo un balzo in avanti a livello qualitativo che portò in breve tempo Ca' di Frara a essere una delle realtà oltrepadane più conosciute anche fuori dal territorio. Poi è arrivato l'ambizioso progetto Oltre il Classico, dedicato alle bollicine. Ancora oggi l'azienda è un punto di riferimento, da cui attendiamo solo il passo dell'eccellenza. Decisamente buoni i due Metodo Classico presentati, un sapido, fruttato, gustoso Nature e una Cuvée Rosé dal colore ramato, con bei profumi evoluti di agrumi e piccoli frutti rossi. Bene anche le due Bonarda '15, la ferma La Casetta e la Vivace Monpezzato: entrambe si caratterizzano per integrità di frutto e piacevolezza di beva. Franco e intenso il Riesling '15, dai sentori di agrumi ed erbe aromatiche.

○ Brut Oltre il Classico Nature	🍷🍷 4
○ Brut Oltre il Classico Cuvée Rosé	🍷🍷 5
● OP Bonarda La Casetta '15	🍷🍷 3
● OP Bonarda Vivace Monpezzato '15	🍷🍷 2*
○ OP Riesling '15	🍷🍷 4
○ OP Pinot Grigio Selezione dei Vent'Anni '15	🍷 4
● OP Pinot Nero '15	🍷 3
● OP Pinot Nero '12	YY 3
○ OP Pinot Nero Brut Oltre il Classico Nature Ris. '04	YY 5
⊙ OP Pinot Nero Brut Oltre il Classico Rosé Ris. '08	YY 5
○ OP Riesling Oliva '12	YY 3

Ca' Lojera

loc. Rovizza
via 1866, 19
25019 Sirmione [BS]
Tel. 0457551901
www.calojera.com

VENDITA DIRETTA
VISITA SU PRENOTAZIONE
RISTORAZIONE
PRODUZIONE ANNUA 120.000 bottiglie
ETTARI VITATI 20,00

Franco e Ambra Tiraboschi hanno dato vita ad una delle aziende più interessanti del comprensorio del Lugana. La loro Ca' Lojera, "la casa dei lupi", si estende su 20 ettari di vigneto: in posizione pianeggiante, nei pressi del lago, le vigne sulle classiche argille bianche dove nasce il Lugana, in posizione collinare quelle a bacca rossa. La cantina, modernamente attrezzata, sorge in un complesso dove c'è anche un bell'agriturismo e un ristorante. I Tiraboschi ci hanno presentato tre ottime versioni di Lugana, a conferma del fatto che Ca' Lojera è una delle aziende più costanti nell'espressione di questo terroir. Le nostre preferenze vanno alla Riserva del Lupo '14, da uve vendemmiate a maturità spinta, che ha un naso profondo e complesso, di bella espressione varietale, ricco di note floreali e fruttate. La bocca è ampia, fresca, nervosa e profonda, e sfuma lunga su suggestioni minerali. Il Superiore '14 ha polpa fruttata, corpo e ottima beva, mentre il 2015 si fa apprezzare per l'immediatezza dei toni di frutta esotica.

○ Lugana '15	🍷🍷 3
○ Lugana Riserva del Lupo '14	🍷🍷 5
○ Lugana Sup. '14	🍷🍷 3
⊙ Rosato Monte della Guardia '15	🍷 2
○ Lugana '14	YY 3
○ Lugana del Lupo '10	YY 4
○ Lugana Riserva del Lupo '13	YY 5
○ Lugana Riserva del Lupo '12	YY 5
○ Lugana Riserva del Lupo '11	YY 4
○ Lugana Sup. '13	YY 3
○ Lugana Sup. '12	YY 3
○ Lugana Sup. '11	YY 3
○ Lugana Sup. '10	YY 3

Ca' Tessitori

via Matteotti, 15
27043 Broni [PV]
Tel. 038551495
www.catessitori.it

VENDITA DIRETTA
VISITA SU PRENOTAZIONE
PRODUZIONE ANNUA 120.000 bottiglie
ETTARI VITATI 40,00

Passo dopo passo, senza eccessivo clamore, l'azienda della famiglia Giorgi, capitanata dal padre Luigi con i figli Giovanni e Francesco a supporto, ha saputo ritagliarsi uno spazio di tutto rispetto nel variegato panorama oltrepadano. Strutturata come un tempo – cantina in centro a Broni con vasche di cemento a fare da fondamenta all'abitazione, vigneti a Montecalvo Versiggia e a Finigeto – Ca' Tessitori dà vita a vini molto caratteriali, con poco o nulla uso di legno, recupero del cemento e molta attenzione alla tradizione. I risultati, in fatto di crescita qualitativa, si sono visti in modo palpabile. Il Brut M.V. che l'anno scorso aveva sfiorato il massimo riconoscimento anche nella versione 2011 si conferma spumante di razza, sempre giocato sullo stile evolutivo. Molto diverso nell'impostazione il nuovo Brut LB9, con un'etichetta verde acido che prelude a uno stile più fresco, minerale e immediato nonostante l'anno in più di permanenza sui lieviti. Bene le due Bonarda '15: Avita, rifermentata in bottiglia, e soprattutto quella tradizionale, la Vivace, approdata in finale.

● OP Bonarda Vivace '15	🍷🍷 3*
● OP Bonarda Avita '15	TT 3
○ OP Pinot Nero Brut M. V. '11	TT 4
● OP Rosso Borghesa '15	TT 2*
○ Agòlo '15	T 2
○ OP Pinot Nero Brut LB9 '10	T 4
○ Agòlo '14	YY 2*
● Gnese '11	YY 3
● OP Bonarda Avita '14	YY 2*
● OP Bonarda Vivace '13	YY 2*
○ OP Pinot Nero Brut '11	YY 4
○ OP Pinot Nero Brut M. V. '10	YY 4

Calatroni

loc. Casa Grande, 7
27040 Montecalvo Versiggia [PV]
Tel. 038599013
www.calatronivini.it

VENDITA DIRETTA
VISITA SU PRENOTAZIONE
RISTORAZIONE
PRODUZIONE ANNUA 80.000 bottiglie
ETTARI VITATI 15,00
AZIENDA SOSTENIBILE

In pochi anni l'azienda fondata nel 1964 da Luigi Calatroni acquistando i terreni al termine del contratto di mezzadria e ora condotta dalla quarta generazione, rappresentata dai fratelli Cristian e Stefano, ha bruciato le tappe. Scheda piccola, scheda grande, Tre Bicchieri. Merito della capacità di questi ragazzi nati negli anni Ottanta nel lavorare soprattutto le uve che danno i migliori risultati sui terreni in prevalenza bianchi di Montecalvo Versiggia, ovvero riesling e pinot nero. Ora naturalmente bisogna continuare con impegno e dedizione, e siamo sicuri che i risultati continueranno ad arrivare. Se l'anno scorso il Brut 64 era riuscito a conquistare di slancio il massimo riconoscimento - e quello del 2012 non è tanto inferiore, sempre caratterizzato com'è da una bella bolla cremosa e dalla nitidezza dei profumi - quest'anno è la Bonarda Vigiö '15 a ottenere i punteggi più alti, da quanto è vibrante, tesa, grintosa ed equilibrata. Molto bene anche i due Riesling, il 2013 più evoluto e minerale, il Campo del Dottore '15 più fresco e profumato di basilico e finocchietto.

○ Pinot Nero Brut 64 '12	🍷🍷🍷 5
● OP Bonarda Vivace Vigiö '15	TT 2*
○ OP Riesling '13	TT 2*
○ OP Riesling Campo del Dottore '15	TT 2*
● OP Sangue di Giuda '15	TT 3
○ Pinot Nero Brut 64 '11	YYY 5
● OP Bonarda Vivace Unico '13	YY 2*
⊙ OP Cruasé '10	YY 3
● OP Pinot Nero '13	YY 2*
○ OP Riesling '14	YY 2*
○ OP Riesling '09	YY 2*
○ OP Riesling '07	YY 2*

Camossi

via Metelli, 5
25030 Erbusco [BS]
Tel. 0307268022
www.camossi.it

VENDITA DIRETTA
VISITA SU PRENOTAZIONE
PRODUZIONE ANNUA 60.000 bottiglie
ETTARI VITATI 30,00

Dario e Claudio Camossi rappresentano la terza generazione di questa bella azienda franciacortina, fondata dal nonno Pietro. Nei primi anni Novanta inizia la produzione di vino, e nel 1996 escono le prime bottiglie di Franciacorta dei Camossi. Oggi i vigneti, 30 ettari, divisi tra Erbusco, Paratico e Provaglio d'Iseo forniscono materia prima di alto livello per una produzione di qualità, realizzata con la collaborazione tecnica di Nico Danesi, enologo, e Giovanni Arcari. In azienda collaborano i genitori e il nonno Pietro. Ottima la batteria dei vini presentati quest'anno. Abbiamo molto apprezzato la consistenza dell'Extra Brut '09, che ha freschezza e sapidità, profumi di frutto e di linfa, e al palato è polposo e persistente; il Satèn è all'insegna delle erbe aromatiche al naso come in bocca dove è armonico e nervoso. L'Extra Brut Riserva '08 è delicatamente evoluto, mentre la versione 2011 è giocata sulla freschezza del frutto e sulle note agrumate.

○ Franciacorta Extra Brut '11	🍷🍷 6
○ Franciacorta Extra Brut '09	🍷🍷 6
○ Franciacorta Extra Brut '08	🍷🍷 6
○ Franciacorta Extra Brut Ris. '08	🍷🍷 6
⊙ Franciacorta Extra Brut Rosé	🍷🍷 6
○ Franciacorta Satèn	🍷🍷 5
○ Franciacorta Brut	🍷 5
○ Franciacorta Extra Brut '08	♀♀ 6
○ Franciacorta Extra Brut '07	♀♀ 5
○ Franciacorta Extra Brut '07	♀♀ 5
○ Franciacorta Extra Brut Pietro Camossi Ris. '07	♀♀ 8

Cantrina

via Colombera, 7
25081 Bedizzole [BS]
Tel. 0306871052
www.cantrina.it

VENDITA DIRETTA
PRODUZIONE ANNUA 35.000 bottiglie
ETTARI VITATI 7,90

Cristina Inganni e Diego Lavo sono una coppia nella vita e nel lavoro. Dal '99 gestiscono insieme Cantrina e, negli anni, alle varietà internazionali hanno affiancato le uve autoctone come groppello e rebo, adatte al terroir dei colli morenici della Valtenesi. L'azienda è piccola, meno di otto ettari, e, come dichiarato ufficialmente, ha 33mila viti per una media di impianto di 5500 ceppi a ettaro. Come l'anno scorso, il Nepomuceno è il vino che ci è piaciuto di più. Taglio da merlot, rebo e marzemino, esce dopo un lungo affinamento in cantina, parte in legno e parte in bottiglia. Ha note di confettura di frutta, con accenni vegetali, di sottobosco e di spezie; buono l'impatto in bocca, progressivo e con buono slancio. Zerdì è invece un Rebo in purezza affinato per circa 10 mesi in piccole botti non nuove. Ha frutto evoluto, tannini ben levigati e finale speziato.

● Nepomuceno '11	🍷🍷 5
● Zerdì '13	🍷🍷 3
○ Rinè '14	🍷 3
⊙ Rosanoire '15	🍷 2
● Valtènesi '15	🍷 3
● Garda Cl. Groppello '12	♀♀ 2*
● Garda Cl. Groppello Libero Esercizio di Stile '11	♀♀ 2*
● Nepomuceno '09	♀♀ 5
○ Rinè '12	♀♀ 3
⊙ Rosanoire '14	♀♀ 2*
⊙ Rosanoire '13	♀♀ 2*
⊙ Rosanoire '11	♀♀ 2*
● Valtenesi '13	♀♀ 3
● Zerdì '09	♀♀ 3

CastelFaglia - Monogram

FRAZ. CALINO
LOC. BOSCHI, 3
25046 CAZZAGO SAN MARTINO [BS]
TEL. 0307751042
www.cavicchioli.it

VENDITA DIRETTA
VISITA SU PRENOTAZIONE
PRODUZIONE ANNUA 350.000 bottiglie
ETTARI VITATI 22,00

Sandro Cavicchioli elabora eleganti cuvée di metodo classico in Franciacorta per CastelFaglia, la bella maison di Cazzago San Martino che la sua famiglia ha acquisito alcuni anni fa come l'emiliana Bellei, altra azienda specializzata in bollicine oltre che nel Lambrusco, vino da sempre nel Dna di questa famiglia del vino modenese. L'azienda propone cuvée di Franciacorta su due linee, la CastelFaglia e la Monogram, dai 22 ettari di vigneti, in parte terrazzati, che sono ai piedi dell'antico castello dei Faglia. Nelle nostre degustazioni l'etichetta di punta è risultata la Cuvée Monogram Dosaggio Zero '12. Un Franciacorta dal taglio elegante e fruttato, dai toni di frutto bianco e agrume nitidi e tersi all'olfatto, che al palato, oltre a un'effervescenza cremosa frutto di una lunga presa di spuma, si apre fresco e intenso, ben bilanciato, sapido e minerale, persistente. Delicate note di sottobosco e vaniglia incorniciano il Satèn '11 della stessa linea, erbe officinali e camomilla caratterizzano invece l'elegante Monogram Brut '09.

○ Franciacorta Dosage Zero Cuvée Monogram '12	5
○ Franciacorta Brut Cuvée Monogram '09	5
⊙ Franciacorta Rosé Cuvée Monogram	5
○ Franciacorta Satèn Cuvée Monogram '11	5
○ Franciacorta Satèn Cuvée Monogram	5
○ Franciacorta Brut Blanc de Blancs Monogram	5
○ Franciacorta Brut Monogram '07	5
○ Franciacorta Brut Monogram '07	5
○ Franciacorta Brut Monogram '02	7
○ Franciacorta Dosage Zéro '09	5
○ Franciacorta Dosage Zero Monogram '11	5
○ Franciacorta Satèn Monogram '07	5

Castello di Cigognola

P.ZZA CASTELLO, 1
27040 CIGOGNOLA [PV]
TEL. 0385284828
www.castellodicigognola.com

VENDITA DIRETTA
VISITA SU PRENOTAZIONE
PRODUZIONE ANNUA 75.000 bottiglie
ETTARI VITATI 30,00

Oltre a essere un sito splendido, da cui si dominano la Pianura Padana e l'accesso alla valle Scuropasso, il Castello di Cigognola ha origini antiche: fondato nel 1212, dopo la fine del feudalesimo, fu corte rinascimentale e già all'inizio dell'800 divenne luogo di produzione vitivinicola. Ora la proprietà è di Gianmarco e Letizia Moratti che lo hanno ristrutturato e ne hanno fatto non solo un'azienda di produzione di vini di qualità con l'ausilio di Riccardo Cotarella e dell'enologo oltrepadano Emilio Defilippi ma anche un centro di ricerca in collaborazione con l'Università di Milano per il recupero di antiche varietà locali. Intanto, per il terzo anno consecutivo il Brut Metodo Classico 'More si aggiudica i Tre Bicchieri. Ulteriormente migliorato in eleganza è nitido, vigoroso, sapido, profumato di agrumi e mentuccia, con finale lungo e sostenuto. La versione Rosé '13 è più sottile, fin dal colore chiaro, giocata soprattutto sulla finezza e sull'eleganza. Polposa, piena, salda la Barbera Dodicidodici '14, profumata di marasca. Più elegante e speziata la Barbera La Maga '13, che ha ancora notevoli margini di miglioramento.

○ OP Brut 'More '12	4*
⊙ Brut 'More Rosé '13	4
● OP Barbera Dodicidodici '14	3
● OP Barbera La Maga '13	4
○ Bianca '15	3
○ Brut 'More '11	4*
○ Brut 'More '10	4*
● OP Barbera Castello di Cigognola '07	6
● OP Barbera Castello di Cigognola '06	6
● OP Barbera Dodicidodici '11	3*
● OP Barbera Poggio Della Maga '05	7
○ OP Pinot Nero Brut 'More '08	4*
○ La Bianca '14	3
● OP Barbera Dodicidodici '13	3
● OP Barbera Dodicidodici '12	3
● OP Barbera La Maga '12	4
● OP Barbera La Maga '11	4

★Cavalleri

via Provinciale, 96
25030 Erbusco [BS]
Tel. 0307760217
www.cavalleri.it

VENDITA DIRETTA
VISITA SU PRENOTAZIONE
PRODUZIONE ANNUA 250.000 bottiglie
ETTARI VITATI 45,00
VITICOLTURA Biologico Certificato

Già nel 1450 i Cavalleri sono citati in un atto notarile come proprietari terrieri in Franciacorta, anche se è "solo" nel 1968 che Gian Paolo e suo figlio Giovanni danno inizio alla produzione di vino e di Franciacorta. Oggi al timone dell'azienda ci sono le figlie di Giovanni, Maria e Giulia, e i nipoti Francesco e Diletta, con uno staff di validissimi collaboratori. L'azienda vanta ben 45 ettari di belle vigne nelle migliori esposizioni di Erbusco. Il Pas Dosé è una delle specialità di questa maison franciacortina. L'enologo Paolo Turra ci propone un 2011 da chardonnay in purezza davvero buono: ha un carattere fresco ed elegante, evidente sin dal colore paglierino con riflessi verdolini, dal perlage fine e dall'effervescenza cremosa. Al naso si apre suadente e fine su note di frutto bianco con sfumature floreali e di scorza di cedro. Al palato è sapido, carezzevole, ben equilibrato e persistente. Anche il resto della gamma si muove su livelli elevati.

○ Franciacorta Pas Dosé '11	🍷🍷 (rossi)	6
○ Curtefranca Bianco '14	🍷🍷	3
○ Franciacorta Blanc de Blancs	🍷🍷	5
⊙ Franciacorta Brut Rosé '11	🍷🍷	6
○ Franciacorta Brut Satèn	🍷🍷	5
○ Franciacorta Brut Collezione '05	🍷🍷🍷	6
○ Franciacorta Brut Collezione Esclusiva Giovanni Cavalleri '05	🍷🍷🍷	8
○ Franciacorta Brut Collezione Esclusiva Giovanni Cavalleri '04	🍷🍷🍷	7
○ Franciacorta Brut Collezione Esclusiva Giovanni Cavalleri '01	🍷🍷🍷	7
○ Franciacorta Collezione Grandi Cru '08	🍷🍷🍷	6
○ Franciacorta Pas Dosé '07	🍷🍷🍷	5
○ Franciacorta Pas Dosé R. D. '06	🍷🍷🍷	6

Battista Cola

via Indipendenza, 3
25030 Adro [BS]
Tel. 0307356195
www.colabattista.it

VENDITA DIRETTA
VISITA SU PRENOTAZIONE
PRODUZIONE ANNUA 70.000 bottiglie
ETTARI VITATI 10,00
AZIENDA SOSTENIBILE

Stefano Cola prosegue con entusiasmo e competenza il lavoro iniziato da suo padre Battista, erede di un'antica tradizione familiare, che nel 1985 iniziò a produrre vino e Franciacorta dalla sua piccola vigna sul Monte Alto di Adro. Le vigne sono ormai 10 ettari, la produzione oscilla sulle 70mila bottiglie, ma i Franciacorta e i vini dei Cola hanno mantenuto il carattere genuino delle produzioni "récoltant", dove le operazioni in vigna e in cantina sono prevalentemente manuali e artigianali. I Cola sono impegnati da sempre sul fronte della sostenibilità ambientale. Non si può sbagliare etichetta scegliendo tra quelle di Stefano Cola.
Anche quest'anno una batteria su livelli eccellenti, a partire dal Brut non millesimato, fresco e dai profumi agrumati, che ne è la base. Il Brut '11 è polposo, morbido e profondo, il Rosé Athena '12 è vibrante ricco di nerbo e di toni di frutti rossi, il Non Dosato '11 è complesso, polposo e armonico, il Satèn della stessa annata morbido e suadente nei sentori di frutto bianco maturo e vaniglia.

○ Franciacorta Brut '11	🍷🍷	5
○ Franciacorta Brut	🍷🍷	4
○ Franciacorta Extra Brut	🍷🍷	4
○ Franciacorta Non Dosato '11	🍷🍷	5
⊙ Franciacorta Rosé Athena '12	🍷🍷	5
○ Franciacorta Satèn '11	🍷🍷	5
○ Franciacorta Brut '10	🍷🍷 (vuoti)	5
○ Franciacorta Brut RD '06	🍷🍷 (vuoti)	5
○ Franciacorta Brut Ris. '07	🍷🍷 (vuoti)	5
○ Franciacorta Non Dosato '09	🍷🍷 (vuoti)	5
○ Franciacorta Satèn '10	🍷🍷 (vuoti)	5
○ Franciacorta Satèn '09	🍷🍷 (vuoti)	5
○ Franciacorta Satèn '07	🍷🍷 (vuoti)	5

Contadi Castaldi

loc. Fornace Biasca
via Colzano, 32
25030 Adro [BS]
Tel. 0307450126
www.contadicastaldi.it

VENDITA DIRETTA
VISITA SU PRENOTAZIONE
PRODUZIONE ANNUA 1.000.000 bottiglie
ETTARI VITATI 150,00
AZIENDA SOSTENIBILE

La Contadi Castaldi di Adro pur avendo una sua autonomia operativa e un suo importante parco vigneti, fa parte del gruppo Terra Moretti, lo stesso della capofila Bellavista. La cantina è stata ricavata dalla riconversione delle antiche fornaci di Adro, e oltre alle uve delle vigne aziendali può contare su vigneti in affitto e su acquisti da conferitori selezionati. La guida con talento e passione Gian Luca Uccelli, enologo, che si è formato negli anni presso la casa madre. Quest'anno i Tre Bicchieri vanno a un'eccellente versione dello Zero, quella dell'annata 2012. Cuvée paritaria di pinot nero e chardonnay (una parte del vino base matura in legno) ha riposato 40 mesi sui lieviti prima della sboccatura e altri sei prima della commercializzazione. Ha un bouquet dinamico e grintoso all'insegna del frutto bianco e dei frutti di bosco con sfumature di scorza d'agrume ed erbe aromatiche, e al palato ha struttura e freschezza, equilibrio e profondità, e una lunga persistenza aromatica. Eccellente il Satèn Soul e assai valide le altre etichette della maison.

○ Franciacorta Zero '12	5
○ Franciacorta Satèn Soul '09	6
○ Franciacorta Brut	4
⊙ Franciacorta Rosé	5
⊙ Franciacorta Rosé Soul '10	5
○ Franciacorta Satèn '11	5
○ Franciacorta Satèn Soul '06	6
○ Franciacorta Satèn Soul '05	6
○ Franciacorta Zero '09	5
○ Franciacorta Satèn Soul '07	6
○ Franciacorta Zero '11	5
○ Franciacorta Zero '10	5
○ Franciacorta Zero Pinònero Ris. '09	6

Conte Vistarino

fraz. Scorzoletta, 82/84
27040 Pietra de' Giorgi [PV]
Tel. 038585117
www.contevistarino.it

VENDITA DIRETTA
VISITA SU PRENOTAZIONE
PRODUZIONE ANNUA 400.000 bottiglie
ETTARI VITATI 200,00

Parlando di questa storica tenuta va ricordato come già nel 1865 il conte Giorgi di Vistarino e il conte Gancia individuarono nella parte alta della valle Scuropasso il terreno ideale per impiantare cloni francesi di pinot nero per la produzione di basi spumante. Per decenni le case vinicole piemontesi hanno sfruttato questa autentica miniera. Da qualche anno, con l'avvento della giovane Ottavia, l'azienda (oltre 800 ettari – in pratica quasi l'intera superficie del Comune di Rocca de' Giorgi – di cui 200 vitati) ha deciso di puntare a ottenere risultati d'eccellenza, come dimostrano i tre cru differenti di Pinot Nero '13 presentati quest'anno. Allo storico Pernice, ben sviluppato, profondo, elegante, balsamico, si sono affiancati il Tavernetto, più caldo, profumato di piccoli frutti rossi, e soprattutto il Bertone, che all'esordio guadagna i Tre Bicchieri in virtù di classe, eleganza, balsamicità profonda e armonia carezzevole. Tra i Metodo Classico da segnalare in particolare la bella trama articolata del Cruasé.

● Pinot Nero Bertone '13	5
● Pinot Nero Pernice '13	5
● OP Bonarda L'Alcova '15	2*
⊙ OP Cruasé Saignée della Rocca	5
○ OP Pinot Nero Brut Conte Vistarino 1865 '09	4
● Pinot Nero Tavernetto '13	3
○ Brut Cépage '13	4
○ Pinot Grigio Merlino '15	3
○ OP Pinot Nero Brut Conte Vistarino 1865 '08	4*
● OP Pinot Nero Pernice '06	4*
○ OP Pinot Nero Brut 1865 '09	5
● OP Pinot Nero Pernice '12	5
● OP Pinot Nero Pernice '11	5

La Costa

FRAZ. COSTA
VIA GALBUSERA NERA, 2
23888 PEREGO [LC]
TEL. 0395312218
www.la-costa.it

VENDITA DIRETTA
VISITA SU PRENOTAZIONE
OSPITALITÀ E RISTORAZIONE
PRODUZIONE ANNUA 40.000 bottiglie
ETTARI VITATI 12,00
VITICOLTURA Biologico Certificato

La cantina della famiglia Crippa è una delle più belle realtà lombarde con un curato corpo di vigneti all'interno del parco regionale di Montevecchia e della valle del Curone, nella Brianza lecchese. I 12 ettari di proprietà, lavorati in biologico, costituiscono un ripido anfiteatro naturale, con il bosco a fare da contesto. Protagonisti: riesling renano, pinot nero, merlot e syrah. I suoli sono calcarei, ricchi di minerali, mentre le escursioni termiche ottimali garantiscono vibranti supporti acidi. I vini denotano tratti misurati ed eleganti, sottili, ben sfumati, freschi e ricchi di sfumature. Curato nei dettagli, ormai avviato a "far scuola", il Solesta '14, un Riesling a tutto tondo, con frutta bianca e note d'agrumi molto fini. La bocca è tesa, importante, sostanziosa e di chiusura lunga. Frutto dell'annata 2014, il Quattordici (da merlot, syrah, pinot nero e cabernet) è sfaccettato e intrigante, con note fruttate e speziate. Al palato è armonico, con buona polpa.

Vino	Valutazione
○ Solesta '14	🍷🍷 4
● Vino del Quattordici '14	🍷🍷 3
● San Giobbe '13	🍷🍷 4
● San Giobbe '12	🍷🍷 4
● San Giobbe '11	🍷🍷 4
● Serìz '11	🍷🍷 3
○ Solesta '13	🍷🍷 4
○ Solesta '12	🍷🍷 3*
○ Solesta '11	🍷🍷 3*
○ Solesta '10	🍷🍷 3*

Costaripa

VIA COSTA, 1A
25080 MONIGA DEL GARDA [BS]
TEL. 0365502010
www.costaripa.it

VENDITA DIRETTA
VISITA SU PRENOTAZIONE
PRODUZIONE ANNUA 400.000 bottiglie
ETTARI VITATI 40,00

Mattia Vezzola è uno dei protagonisti della scena enologica italiana, grazie alle sue brillanti cuvée elaborate in una delle aziende storiche di Franciacorta. Ma i Vezzola hanno il cuore in Valtenesi da generazioni. Oggi Mattia si divide tra i due impegni, supportato dalla quarta generazione in azienda, i figli Nicole, che si occupa del marketing, e Gherardo, che studia enologia. La mission è portare i vini della Valtenesi ai vertici dell'enologia italiana. Ci ha molto convinto la versione "storica" del Chiaretto, quella che Mattia dedica al Senatore Molmenti, che già nell'800 realizzava grandi rosati su questa sponda del lago. Il 2012 esce dopo anni di maturazione in botte grande e bottiglia, e ha un bouquet intrigante e complesso dove le note boisé incrociano il frutto rosso ben tonico, e in bocca offre struttura, profondità ma anche beva accattivante. Ottimi gli altri vini, Rosamara e bollicine su tutti.

⊙ Valtènesi Chiaretto Molmenti '12	🍷🍷 2*
○ Lugana Pievecroce '15	🍷🍷 2*
○ Mattia Vezzola Brut '11	🍷🍷 5
⊙ Mattia Vezzola Rosé '11	🍷🍷 5
⊙ Mattia Vezzola Rosé	🍷🍷 5
⊙ Valtènesi Chiaretto Rosamara '15	🍷🍷 2*
● Valtènesi Rosso Campostarne '13	🍷 3
○ Costaripa Brut '08	🍷🍷 5
⊙ Garda Cl. Chiaretto Molmenti '11	🍷🍷 4
○ Lugana Pievecroce '14	🍷🍷 2*
○ Mattia Vezzola Brut '10	🍷🍷 5
⊙ Mattia Vezzola Rosé '10	🍷🍷 5
● Valtènesi Le Castelline '12	🍷🍷 3
● Valtènesi Maim '11	🍷🍷 3

Derbusco Cives

via Provinciale, 83
25030 Erbusco [BS]
Tel. 0307731164
www.derbuscocives.com

VENDITA DIRETTA
VISITA SU PRENOTAZIONE
RISTORAZIONE
PRODUZIONE ANNUA 90.000 bottiglie
ETTARI VITATI 12,00

Erbusco grazie alle sue maison e a un terroir di grande vocazione s'è meritata la fama di capitale della Franciacorta. Per sottolineare queste peculiarità un gruppo di cinque amici, guidato da Giuseppe Vezzoli, nel 2004 ha dato vita a questa maison intitolata molto semplicemente "cittadini di Erbusco". L'azienda vanta un parco vigneti (in Erbusco, ovviamente) di ben 12 ettari e lavora con metodi non proprio convenzionali, come la presa di spuma con mosto di Franciacorta e sboccature tardive. Fiore all'occhiello dell'azienda è il Doppio Erre Di (ritardado dégorgement-recentemente degorgiato): si tratta d'un Brut da uve chardonnay che dopo una lunga maturazione sui lieviti viene sboccato subito prima della consegna al cliente. Quello assaggiato quest'anno ha una bella pienezza gustativa, è ricco di fresche note agrumate al naso come al palato, dove si distende elegante, profondo e fruttato. Molto valido anche il Brut '10, da uve chardonnay, che coniuga la freschezza delle nuance di lime e cedro con toni eleganti e più evoluti di vaniglia e boisé.

Vino	Bicchieri	
○ Franciacorta Brut Doppio Erre Di	**🍷🍷**	5
○ Franciacorta Brut '10	🍷🍷	6
○ Franciacorta Brut Blanc de Noir Crisalis '10	🍷	6
○ Franciacorta Brut '09	(🍷🍷)	6
○ Franciacorta Brut '08	(🍷🍷)	6
○ Franciacorta Brut '07	(🍷🍷)	6
○ Franciacorta Brut Doppio Erre Di '05	(🍷🍷)	5
○ Franciacorta Extra Brut '10	(🍷🍷)	8
○ Franciacorta Extra Brut '09	(🍷🍷)	7
○ Franciacorta Extra Brut '08	(🍷🍷)	7
○ Franciacorta Extra Brut '07	(🍷🍷)	6
⊙ Franciacorta Extra Brut Rosé '09	(🍷🍷)	6

Dirupi

loc. Madonna di Campagna
via Grumello, 1
23020 Montagna in Valtellina [SO]
Tel. 3472909779
www.dirupi.com

VENDITA DIRETTA
VISITA SU PRENOTAZIONE
PRODUZIONE ANNUA 15.000 bottiglie
ETTARI VITATI 4,50

I Dirupi boys, Davide Fasolini e Pierpaolo di Franco, rappresentano una delle più belle novità del vino lombardo degli ultimi anni. La cantina si trova a Montagna in Valtellina, qui arrivano le uve di vigneti vecchi terrazzati, con pendenze da urlo: ecco spiegato il nome della cantina. Lavoro manuale, estro, tanto entusiasmo ed energia: i loro vini si sono già imposti in una folta cerchia di appassionati. Nel bicchiere arrivano rossi scarichi e brillanti nel colore, ma contagiosi per immediatezza e finezza aromatica. Di sviluppo verticale e bevibilità fuori dal comune. Portentoso, un vero must della categoria, il Dirupi '14, con note complesse di ruggine, sfumature di rabarbaro, ben amalgamate con lo sfondo di lampone. La bocca colpisce per freschezza e per il rapporto gusto olfattivo. Chiusura lunga e molto fine. Altra etichetta di prestigio il Riserva '13, intenso e molteplice nei profumi, con note di frutti di bosco, di erbe officinali e liquirizia. Al palato è strutturato, ricco di polpa e succoso, lungo nel finale.

Vino	Bicchieri	
● Valtellina Sup. Dirupi '14	**🍷🍷**	4
● Valtellina Sup. Dirupi Ris. '13	**🍷🍷**	6
● Sforzato di Valtellina Vino Sbagliato '14	🍷🍷	6
● Rosso di Valtelina Olè '15	🍷	3
● Valtellina Sup. Dirupi Ris. '12	(🍷🍷🍷)	6
● Valtellina Sup. Dirupi Ris. '11	(🍷🍷🍷)	6
● Valtellina Sup. Dirupi Ris. '09	(🍷🍷🍷)	6
● Rosso di Valtelina Olè '14	(🍷🍷)	3
● Sforzato di Valtellina Vino Sbagliato '12	(🍷🍷)	6
● Valtellina Sup. Dirupi '13	(🍷🍷)	4
● Valtellina Sup. Dirupi '12	(🍷🍷)	4
● Valtellina Sup. Dirupi '11	(🍷🍷)	4
● Valtellina Sup. Dirupi Ris. '10	(🍷🍷)	6

F.lli Berlucchi

FRAZ. BORGONATO
VIA BROLETTO, 2
25040 CORTE FRANCA [BS]
TEL. 030984451
www.fratelliberlucchi.it

VENDITA DIRETTA
VISITA SU PRENOTAZIONE
PRODUZIONE ANNUA 400.000 bottiglie
ETTARI VITATI 70,00

Famiglia storica della Franciacorta, quella dei Berlucchi vanta oggi 70 ettari di belle vigne, e al centro di questa grande tenuta, condotta con passione per conto dei fratelli da Pia Donata e da sua figlia Tilli Rizzo, troviamo a Borgonato la cinquecentesca villa di famiglia, la Casa delle Colonne, che ospita anche le cantine. La gamma aziendale è divisa in due linee, la Casa delle Colonne e Freccia Nera. Alla base troviamo il Brut 25, unico non millesimato. Il Freccianera Rosa '12 nasce da una cuvée di pinot nero in bianco (30%), in rosato (30%) e per il resto da chardonnay, e matura oltre 45 mesi sui lieviti. Ha un bel colore rosa pallido, perlage finissimo e profumi intriganti di frutti di bosco, vaniglia ed erbe officinali. Al palato è assertivo, profondo, sapido e fresco, e si aggiudica le nostre degustazioni finali. Nella ricca gamma aziendale vi segnaliamo anche gli eccellenti Freccianera Satèn e Nature, entrambi 2012.

⊙ Franciacorta Freccianera Rosa '12	🍷🍷	5
○ Franciacorta Nature Freccianera '12	🍷🍷	5
○ Franciacorta Brut Casa delle Colonne Ris. '09	🍷🍷	7
○ Franciacorta Brut Freccianera '11	🍷🍷	5
○ Franciacorta Casa delle Colonne Zero Ris. '09	🍷🍷	8
○ Franciacorta Satèn Freccianera '12	🍷🍷	5
○ Franciacorta Brut 25	🍷	4
○ Franciacorta Brut Freccianera '10	YY	6
○ Franciacorta Casa delle Colonne Brut Ris. '08	YY	7
○ Franciacorta Casa delle Colonne Zero Ris. '08	YY	8
⊙ Franciacorta Freccianera Rosa '11	YY	6
○ Franciacorta Satèn Freccianera '11	YY	7

Sandro Fay

LOC. SAN GIACOMO DI TEGLIO
VIA PILA CASELLI, 1
23030 TEGLIO [SO]
TEL. 0342786071
elefay@tin.it

VENDITA DIRETTA
VISITA SU PRENOTAZIONE
PRODUZIONE ANNUA 38.000 bottiglie
ETTARI VITATI 13,00

Pensi a Fay e pensi alla Valgella, una delle sottozone più affascinanti della Valtellina che prende il nome dai tanti piccoli torrenti, "valgel" nel dialetto locale, che l'attraversano. Fondata nel 1973 da Sandro Fay, è oggi guidata in modo brillante dal figlio Marco sempre più impegnato in una produzione all'insegna della sostenibilità ambientale. Attenti studi agronomici hanno indotto a spostare la produzione verso quote più alte, per esaltare i caratteri unici della viticoltura di montagna, valorizzando al massimo singoli vigneti, esposizioni e differenze altimetriche. Sapere e "saper fare" per questo progettuale Valgella Cà Moréi '13. Più passa il tempo e più diventa giovane e fresco nello stile, con stimolanti interazioni tra legno, frutta rossa e note ferrose a far da complemento. La bocca è straordinaria per densità del frutto, con progressione tannica, finale lungo e sapido. Tabacco, liquirizia, ritmi di lampone e note di ruggine per il Valgella Carterìa Riserva '13. Il palato è austero con tannini fitti sostenuti da buona polpa fruttata. Il finale è lungo e rivolto al futuro.

● Valtellina Sup. Valgella Cà Moréi '13	🍷🍷🍷	5
● Valtellina Sup. Valgella Carterìa Ris. '13	🍷🍷	5
● La Faya '13	🍷🍷	5
● Valtellina Sup. Sassella Il Glicine '13	🍷🍷	4
● Valtellina Sforzato Ronco del Picchio '10	YYY	6
● Valtellina Sforzato Ronco del Picchio '09	YYY	6
● Valtellina Sforzato Ronco del Picchio '02	YYY	6
● Valtellina Sforzato Ronco del Picchio '11	YY	6
● Valtellina Sup. Valgella Cà Moréi '12	YY	5

★Ferghettina

via Saline, 11
25030 Adro [BS]
Tel. 0307451212
www.ferghettina.it

VENDITA DIRETTA
VISITA SU PRENOTAZIONE
PRODUZIONE ANNUA 400.000 bottiglie
ETTARI VITATI 160,00
AZIENDA SOSTENIBILE

Roberto Gatti con il compatto apporto di tutta la famiglia ha costruito nel giro di un ventennio una delle migliori aziende della Franciacorta. Con la moglie Andreina al fianco e con la preziosa collaborazione dei figli Laura e Matteo, oggi enologi, da pochi ettari di vigne in affitto è passato a un patrimonio di oltre 160 ettari e a un centro aziendale bellissimo, con 6000 metri quadrati di cantina e a una produzione importante per numeri ma soprattutto per qualità. L'annata 2009 regala un altro Tre Bicchieri a Ferghettina: quest'anno è il Pas Dosé 33 Riserva, un Blanc de Blancs di straordinaria finezza che ha maturato sui lieviti per più di 80 mesi. Ha un colore paglierino brillante perlage finissimo e continuo, un bouquet di notevole complessità e finezza sottolineato da fresche nuance di cedro e vaniglia che impreziosiscono le nitida vena fruttata. Al palato ad onta del dosaggio è carezzevole, quasi morbido all'attacco, per poi aprirsi ampio sulle note del frutto e dell'agrume e sfumare lungo su preziose suggestioni di cioccolato bianco e menta.

- ○ Franciacorta Pas Dosé 33 Ris. '09 — 🍷🍷🍷 6
- ○ Franciacorta Brut Milledì '12 — 🍷🍷 5
- ○ Franciacorta Extra Brut '10 — 🍷🍷 6
- ○ Curtefranca Bianco '15 — ▼▼ 2*
- ○ Franciacorta Brut — ▼▼ 4
- ⊙ Franciacorta Brut Rosé Eronero '11 — ▼▼ 6
- ⊙ Franciacorta Rosé Milledì '12 — ▼▼ 5
- ○ Franciacorta Satèn '12 — ▼▼ 5
- ● Curtefranca Rosso '14 — ▼ 2
- ○ Franciacorta Extra Brut '09 — ▽▽▽ 5
- ○ Franciacorta Extra Brut '06 — ▽▽▽ 5
- ○ Franciacorta Pas Dosé 33 Ris. '07 — ▽▽▽ 6
- ○ Franciacorta Pas Dosé 33 Ris. '06 — ▽▽▽ 6

Fiamberti

via Chiesa, 17
27044 Canneto Pavese [PV]
Tel. 038588019
www.fiambertivini.it

VENDITA DIRETTA
VISITA SU PRENOTAZIONE
PRODUZIONE ANNUA 140.000 bottiglie
ETTARI VITATI 18,00

L'azienda della famiglia Fiamberti, con il padre Ambrogio a dedicarsi ai vini classici della tradizione e il figlio Giulio impegnato in particolare sul fronte del Metodo Classico e del Buttafuoco Storico (club di cui è attualmente presidente), possiede alcuni dei vigneti più vocati di Canneto Pavese, comune da cui nascono molti dei vini rossi migliori della zona. Come da tradizione, la cantina produce vini di tutte le tipologie, bianchi, rossi, fermi, frizzanti, spumanti, con un livello medio che ogni anno si alza in modo sensibile. Manca ancora lo scatto del campione che è di certo nelle sue possibilità. Ecco dunque un Brut che si sta alleggerendo di certe pesantezze passate per diventare più fine, elegante, dai bei profumi di piccoli frutti ed erbe aromatiche, mentre il Cruasé ha un frutto parecchio marcato. Di valore il Buttafuoco Storico '11, scuro, cupo, terroso, con aromi di liquirizia, tabacco e caffè. Buoni, franchi, fragranti tanto la Bonarda quanto il Sangue di Giuda d'annata, così come è ben fatto il Pinot Nero '13, pulito e varietale.

- ● OP Bonarda Vivace La Briccona '15 — ▼▼ 2*
- ● OP Buttafuoco Storico V. Sacca del Prete '11 — ▼▼ 4
- ○ OP Pinot Nero Brut Fiamberti — ▼▼ 4
- ● OP Pinot Nero Nero '13 — ▼▼ 2*
- ● OP Sangue di Giuda Lella '15 — ▼▼ 2*
- ● OP Buttafuoco Cacciatore '12 — ▼ 3
- ⊙ OP Cruasé Fiamberti — ▼ 4
- ● OP Buttafuoco Storico V. Sacca del Prete '09 — ▽▽ 4
- ○ OP Riesling Italico V. Croce Monteveneroso '13 — ▽▽ 2*
- ● OP Sangue di Giuda Lella '14 — ▽▽ 2*
- ● OP Sangue di Giuda V. Costa Paradiso '13 — ▽▽ 2*

Le Fracce

fraz. Mairano
via Castel del Lupo, 5
27045 Casteggio [PV]
Tel. 038382526
www.lefracce.com

VENDITA DIRETTA
VISITA SU PRENOTAZIONE
PRODUZIONE ANNUA 180.000 bottiglie
ETTARI VITATI 40,00

Si tratta di una delle più belle aziende di tutto l'Oltrepò, posta sui colli di Mairano, sopra Casteggio, dove la storia della produzione di vino ha tradizione millenaria. Da anni proprietà della Fondazione Bussolera Branca, merita una visita sia per i vini sia per la collezione di carrozze, di auto d'epoca e per lo splendido parco all'italiana. I terreni sono compositi, una parte più gessosa e calcarea per dare vita a bianchi eleganti, secondo lo stile dell'enologo Roberto Gerbino, e spumanti, una parte argillosa dove allignano le uve a bacca rossa tipiche del territorio. Va detto però che da un'azienda di questo genere ci aspettiamo ben altri risultati. Gli assaggi di quest'anno ci hanno lasciato più d'una perplessità, soprattutto se confrontati con quelli del passato anche recente. Il Bohemi '10 ha polpa e struttura ma è ancora un po' chiuso, va aspettato. Di buon frutto la Bonarda La Rubiosa '15. Riesling e Pinot Grigio d'annata sono varietali e di buona beva ma lontani dalla profondità riscontrata in altre annate.

● OP Bonarda Vivace La Rubiosa '15	YY 3
● OP Rosso Bohemi '10	YY 6
● Garboso '14	Y 3
○ OP Pinot Grigio Levriere '15	Y 3
● OP Pinot Nero '12	Y 5
○ OP Pinot Nero Extra Brut Martinotti Cuvée Bussolera '13	Y 3
○ OP Riesling Landò '15	Y 3
● OP Bonarda Vivace La Rubiosa '14	YY 3
● OP Bonarda Vivace La Rubiosa '13	YY 3
○ OP Riesling Landò '14	YY 3
○ OP Riesling Landò '13	YY 3
● OP Rosso Bohemi '08	YY 6

Frecciarossa

via Vigorelli, 141
27045 Casteggio [PV]
Tel. 0383804465
www.frecciarossa.com

VENDITA DIRETTA
VISITA SU PRENOTAZIONE
PRODUZIONE ANNUA 120.000 bottiglie
ETTARI VITATI 34,00

Anno dopo anno, Frecciarossa, una delle più belle tenute oltrepadane, con l'ottocentesca Villa Odero che domina sulla cantina e sui vigneti, aggiunge qualche piastrella sulla non facile strada che conduce verso l'eccellenza. La storia non manca – fu una delle prime aziende italiane a esportare vino negli USA – e promettente è il presente, con Valeria Radici, figlia di Margherita Odero, sempre più presente nel seguire la squadra composta dall'agronomo Pierluigi Donna, dall'enologo Gianluca Scaglione e da Cristiano Garella, commerciale ma anch'egli enologo, in un continuo confronto per il miglioramento costante della gamma. Nella versione 2013 il Pinot Nero Giorgio Odero sfiora appena il traguardo del massimo riconoscimento, forse perché ancora un po' indietro nell'evoluzione. Materia ed eleganza comunque non mancano per pronosticarne un radioso futuro. Sorprende in positivo invece la performance del nuovo Pinot Nero Carillo '14 profumato di fiori e piccoli frutti, vivo e vitale. Nervoso e profumato di erbe aromatiche il Riesling Gli Orti '14.

● OP Pinot Nero Carillo '14	YY 3*
● OP Pinot Nero Giorgio Odero '13	YY 5
○ Frecciarossa Brut M. Cl. '10	YY 6
○ I Moschettieri Brut M. Cl. '12	YY 6
○ OP Riesling Gli Orti '14	YY 2*
○ OP Bianco Margherita '15	Y 4
○ OP Pinot Nero in bianco Sillery '15	Y 2
● OP Pinot Nero Giorgio Odero '12	YYY 5
● OP Pinot Nero Giorgio Odero '11	YYY 5
● OP Pinot Nero Giorgio Odero '10	YYY 5
● OP Pinot Nero Giorgio Odero '08	YYY 5
● OP Pinot Nero Giorgio Odero '07	YYY 5
● OP Pinot Nero Giorgio Odero '05	YYY 5
● OP Pinot Nero Giorgio Odero '09	YY 5
○ OP Riesling Gli Orti '13	YY 2*
○ OP Riesling Renano Gli Orti '12	YY 2*

Enrico Gatti

via Metelli, 9
25030 Erbusco [BS]
Tel. 0307267999
www.enricogatti.it

VENDITA DIRETTA
VISITA SU PRENOTAZIONE
PRODUZIONE ANNUA 120.000 bottiglie
ETTARI VITATI 17,00

Lorenzo e Paola Gatti portano avanti con passione ed entusiasmo l'azienda fondata oltre quarant'anni fa dal padre Enrico, con la preziosa collaborazione di Enzo Balzarini, il marito di Paola. Questo affiatato team familiare ha portato la maison a livelli d'eccellenza. I Gatti lavorano solo le uve delle loro belle vigne: si tratta di 17 ettari, tutti in Erbusco, fattore questo che dona particolare struttura, pienezza, opulenza di frutto e un notevole nerbo acido a tutte le loro cuvée. Tra le tre etichette valutate quest'anno, come spesso accade, le nostre preferenze sono andate al Nature, che s'è guadagnato un posto alle nostre degustazioni finali. È la cuvée che meglio, a nostro avviso, rappresenta Gatti: un vino ricco di polpa fruttata ma allo stesso tempo dotato di una bella verticalità che nasce da una vena acida fuori del comune. Questo regala a un vino altrimenti molto ricco quella snellezza e piacevolezza di beva che ne sono le doti più evidenti. Sapido e minerale il Satèn '12, deliziosamente fruibile il Brut.

Vino	Bicchieri
○ Franciacorta Nature	▼▼ (rossi) 5
○ Franciacorta Brut	▼▼ 4
○ Franciacorta Satèn '12	▼▼ 5
○ Franciacorta Brut '05	▽▽▽ 6
○ Franciacorta Nature '07	▽▽▽ 5
○ Franciacorta Satèn '05	▽▽▽ 5
○ Franciacorta Satèn '03	▽▽▽ 5
○ Franciacorta Satèn '02	▽▽▽ 4
○ Franciacorta Satèn '01	▽▽▽ 4
○ Franciacorta Satèn '00	▽▽▽ 5
○ Franciacorta Brut Millesimo '09	▽▽ 6
○ Franciacorta Satèn '11	▽▽ 5
○ Franciacorta Satèn '09	▽▽ 5

I Gessi

fraz. Fossa, 8
27050 Oliva Gessi [PV]
Tel. 0383896606
www.cantineigessi.it

VENDITA DIRETTA
VISITA SU PRENOTAZIONE
OSPITALITÀ
PRODUZIONE ANNUA 160.000 bottiglie
ETTARI VITATI 41,00

Quella di Fabbio Defilippi è una bella realtà a conduzione biologica, con agriturismo. Consta di 41 ettari vitati, in prevalenza dislocati su terreni gessosi e calcarei, come dicono il nome stesso dell'azienda e del Comune dell'Oltrepò Centrale in cui è ubicata. La guida enologica è affidata al fratello Emilio, enologo di lungo corso, la cui abile mano si fa sentire in particolare sugli spumanti, come accadeva quando lavorava presso la Cantina di Casteggio. Quest'anno ci ha particolarmente colpito il Maria Cristina Pas Dosé '10, un Metodo Classico di stoffa, pieno e cremoso, profumato di pane tostato, resina ed erbe aromatiche, elegante e slanciato. Ben fatto il Rosé, anch'esso con note di erbette oltre al frutto ben calibrato. L'altro Brut Maria Cristina ha fragranze di frutti gialli e una certa dolcezza finale. Elastico e varietale il Pinot Grigio Crocetta '15, mentre la Bonarda ha sentori di frutti di bosco neri e buona sostanza.

Vino	Bicchieri
○ OP Pinot Nero Pas Dosé Maria Cristina '10	▼▼ (rossi) 5
● OP Bonarda I Gessi '15	▼▼ 2*
○ OP Pinot Grigio Crocetta '15	▼▼ 2*
⊙ OP Pinot Nero Rosé Maria Cristina	▼▼ 3
● OP Barbera I Gessi '14	▼ 2
○ OP Pinot Nero Brut Maria Cristina	▼ 3
○ OP Riesling I Gessi '15	▼ 1*
● OP Barbera '13	▽▽ 2*
○ OP Pinot Nero Brut Maria Cristina '10	▽▽ 3
○ OP Riesling '13	▽▽ 1*
○ OP Riesling '12	▽▽ 1*
○ OP Riesling I Gessi '11	▽▽ 1*

F.lli Giorgi

fraz. Camponoce, 39a
27044 Canneto Pavese [PV]
Tel. 0385262151
www.giorgi-wines.it

VENDITA DIRETTA
VISITA SU PRENOTAZIONE
PRODUZIONE ANNUA 1.600.000 bottiglie
ETTARI VITATI 30,00

L'azienda della famiglia Giorgi è una delle cantine private più grandi dell'Oltrepò, però ha sempre deciso di dedicarsi soprattutto all'imbottigliato. E sempre più, negli ultimi anni, sotto la spinta di Fabiano, figlio di Antonio, coadiuvato dalla sorella Eleonora e dalla moglie Ileana, puntando alle bottiglie di alto livello, come si vede anche dai risultati delle nostre degustazioni. Soprattutto nel campo del Metodo Classico, se si pensa che solo pochi anni fa la produzione era di poche migliaia di bottiglie mentre nell'ultima vendemmia ne sono state tirate oltre 100mila. A spiccare è sempre il 1870, intenso, cremoso ed elegante anche nella versione 2012. E con questo sono otto Tre Bicchieri consecutivi. Ma la crescita di etichette come Gianfranco Giorgi '13 - bolla finissima, profumi di erbe aromatiche, notevole persistenza - e anche del Fusion - fresco, sostenuto, di personalità - non va ignorata. Segnaliamo solo la profondità del Buttafuoco Storico '12, la pienezza e lo slancio del Riesling Il Bandito '15.

○ OP Pinot Nero Brut 1870 '12	🍷🍷🍷 5
○ Brut Fusion	🍷🍷 4
● OP Bonarda Gallina '15	🍷🍷 2*
● OP Bonarda Vivace La Brughera '15	🍷🍷 2*
● OP Buttafuoco Storico V. Casa del Corno '12	🍷🍷 3
○ OP Pinot Nero Brut Gianfranco Giorgi '13	🍷🍷 5
○ OP Pinot Nero Brut Rosé 1870 '13	🍷🍷 5
● OP Pinot Nero Monteroso '14	🍷🍷 3
○ OP Riesling Il Bandito '15	🍷🍷 4
○ Brut Top Zero	🍷 4
○ OP Pinot Nero Brut 1870 '11	🍸🍸🍸 5
○ OP Pinot Nero Brut 1870 '10	🍸🍸🍸 5
○ OP Pinot Nero Brut 1870 '09	🍸🍸🍸 5

Isimbarda

fraz. Castello
Cascina Isimbarda
27046 Santa Giuletta [PV]
Tel. 0383899256
www.isimbarda.com

VENDITA DIRETTA
VISITA SU PRENOTAZIONE
PRODUZIONE ANNUA 130.000 bottiglie
ETTARI VITATI 40,00

La zona dell'Oltrepò dove si trova Isimbarda, nella parte più interna del comune di Santa Giuletta verso Pietra de' Giorgi, è una delle più affascinanti dell'Oltrepò Pavese. Qui, dove nel XVII era il feudo dei marchesi Isimbardi e dove già nell'Ottocento si produceva vino di qualità, opera da 35 anni Luigi Meroni, con i suoi 40 ettari vitati, che da tempo si affida all'enologo veneto Daniele Zangelmi per ottenere dai suoli di composizione varia – qua calcareo marnosi, là più argillosi – vini di territorio, a partire dal Riesling Renano, con un occhio recente alla spumantistica. Il Riesling Vigna Martina '15 è ancora molto giovane, fa un po' fatica a esprimersi ma poi esce con la consueta eleganza e i profumi adolescenziali di camomilla ed erbe aromatiche, promettendo una bella evoluzione nei prossimi anni. Molto fruttata, fragrante, gustosa la Bonarda Vigna delle More '15. Piacevoli, giocati più sulla facilità di beva che sulla complessità, gli spumanti.

● OP Bonarda Vivace V. delle More '15	🍷🍷 2*
○ OP Riesling V. Martina '15	🍷🍷 3
○ Brut Martinotti Riserva degli Isimbardi	🍷 3
⊙ OP Cruasé	🍷 4
○ OP Pinot Nero Brut Blanc de Noir	🍷 4
● OP Bonarda Vivace V. delle More '13	🍸🍸 2*
● OP Pinot Nero V. del Cardinale '11	🍸🍸 4
○ OP Riesling Renano V. Martina '14	🍸🍸 2*
○ OP Riesling Renano V. Martina '13	🍸🍸 2*
○ OP Riesling Renano V. Martina '12	🍸🍸 2*
● OP Rosso Monplò '13	🍸🍸 3
● OP Rosso Monplò '10	🍸🍸 3

Lantieri de Paratico

LOC. COLZANO
VIA VIDETTI
25031 CAPRIOLO [BS]
TEL. 030736151
www.lantierideparatico.it

VENDITA DIRETTA
VISITA SU PRENOTAZIONE
OSPITALITÀ E RISTORAZIONE
PRODUZIONE ANNUA 140.000 bottiglie
ETTARI VITATI 18,00
VITICOLTURA Biologico Certificato

La presenza in Franciacorta dei Lantieri de Paratico è attestata dalle fonti sin dall'anno 930. Nel 1500 si erano stabiliti a Capriolo, e già allora il loro vino era conosciuto e apprezzato in Italia e nelle corti europee. Oggi è Fabio Lantieri a tenere viva la tradizione, e nella storica dimora di famiglia ha realizzato una cantina modernamente attrezzata dove vengono elaborate le sue ottime cuvée, ottenute dalle uve dei suoi 18 ettari di belle vigne allevate in regime biologico. Accede alle nostre finali il Franciacorta Brut Arcadia '12, una cuvée a base di chardonnay (70%) e pinot nero dalle migliori vigne dell'azienda che matura quarantadue mesi sui lieviti prima della sboccatura. È un Brut giocato tutto sull'eleganza e i morbidi toni di frutto, con un bel nerbo acido e una struttura solida. L'Extra Brut non millesimato con il suo incedere nervoso e fresco è tra le etichette che meglio rappresentano la tipologia. Ottimo il Satèn.

○ Franciacorta Brut Arcadia '12	🍷🍷	5
○ Franciacorta Brut	🍷🍷	4
○ Franciacorta Extra Brut	🍷🍷	4
○ Franciacorta Extra Brut Origines Ris. '10	🍷🍷	7
○ Franciacorta Satèn	🍷🍷	5
⊙ Franciacorta Brut Rosé	🍷	5
○ Curtefranca Bianco '12	🍷🍷	2*
○ Franciacorta Brut Arcadia '11	🍷🍷	5
○ Franciacorta Brut Arcadia '10	🍷🍷	5
○ Franciacorta Brut Arcadia '09	🍷🍷	5
○ Franciacorta Extra Brut Origines Ris. '09	🍷🍷	7
○ Franciacorta Extra Brut Origines Ris. '08	🍷🍷	7

★Mamete Prevostini

VIA DON PRIMO LUCCHINETTI, 63
23020 MESE [SO]
TEL. 034341522
www.mameteprevostini.com

VENDITA DIRETTA
VISITA SU PRENOTAZIONE
RISTORAZIONE
PRODUZIONE ANNUA 180.000 bottiglie
ETTARI VITATI 20,00
AZIENDA SOSTENIBILE

Mamete Prevostini è sempre più un personaggio chiave nel panorama vitivinicolo lombardo. È Presidente del Consorzio Vini di Valtellina e insieme Presidente di Ascovilo, l'Ente Regionale per la promozione internazionale dei vini lombardi. Senza trascurare la sua azienda che si conferma costantemente tra le migliori della Valtellina grazie a una batteria solidissima. Dalla sua nuova cantina in Valchiavenna, un modello di sostenibilità ambientale, arrivano vini intensi, ricchi di frutto e sfumature. Lo Sforzato è un grande vino. L'Albareda '13 lo testimonia, con disinvolta e dichiarata eleganza. È complesso, con note fini di tabacco che ben si abbinano a sfumature di frutta fresca. La bocca sorprende per pienezza ed equilibrio, con finale lungo e sapido. Complesso, ma non complicato, il Sassella San Lorenzo '13: sfaccettato, con sensazion di cioccolato e confettura, tabacco e frutta rossa, è morbido ma sempre scattante, con finale personale e assai lungo.

● Valtellina Sforzato Albareda '13	🍷🍷🍷	6
● Valtellina Sforzato Corte di Cama '13	🍷🍷	6
● Valtellina Sup. Sassella San Lorenzo '13	🍷🍷	6
● Valtellina Sup. Ris. '12	🍷🍷	5
● Valtellina Sup. Sassella '14	🍷🍷	4
● Valtellina Sup. Sassella Sommarovina '14	🍷🍷	5
● Valtellina Sforzato Albareda '09	🍷🍷🍷	6
● Valtellina Sforzato Albareda '08	🍷🍷🍷	6
● Valtellina Sforzato Albareda '06	🍷🍷🍷	6
● Valtellina Sforzato Albareda '05	🍷🍷🍷	6
● Valtellina Sup. Ris. '09	🍷🍷🍷	5
● Valtellina Sup. Sassella San Lorenzo '10	🍷🍷🍷	5
● Valtellina Sup. Sassella Sommarovina '13	🍷🍷🍷	5

Le Marchesine

via Vallosa, 31
25050 Passirano [BS]
Tel. 030657005
www.lemarchesine.it

VENDITA DIRETTA
VISITA SU PRENOTAZIONE
PRODUZIONE ANNUA 450.000 bottiglie
ETTARI VITATI 47,00

Giovanni Biatta ha dato vita a Le Marchesine solo a metà degli anni Ottanta, ma l'azienda è ora tra le più prestigiose del comprensorio. Il merito va oggi al figlio Loris e i suoi figli, Alice e Andrea, che proseguono l'opera di Giovanni con entusiasmo e competenza. La maison conta ormai su 47 ettari di belle vigne e una produzione che si avvicina al mezzo milione di bottiglie. La consulenza enologica è affidata a Jean Pierre Valade, enologo con esperienza internazionale nel metodo classico. È il Satèn '12 il Franciacorta che quest'anno ha rappresentato Le Marchesine nelle nostre degustazioni finali. Il vino proviene da un singolo cru di Paderno, e fermenta e matura in piccoli fusti prima della presa di spuma, che dura tre anni. Ha un bel colore paglierino brillante, naso intenso di frutta bianca, vaniglia ed erbe aromatiche, e al palato è morbido, sapido e teso.

○ Franciacorta Satèn '12	🍷🍷 5
○ Franciacorta Brut	▼▼ 4
○ Franciacorta Brut Blanc de Noir '12	▼▼ 6
⊙ Franciacorta Brut Rosé '11	▼▼ 5
○ Franciacorta Brut Secolo Novo '09	▼▼ 7
○ Franciacorta Extra Brut	▼ 5
○ Franciacorta Brut '04	▽▽▽ 5
○ Franciacorta Brut Blanc de Noir '09	▽▽▽ 5
○ Franciacorta Brut Secolo Novo '05	▽▽▽ 7
○ Franciacorta Brut Blanc de Noir '11	▽▽ 6
○ Franciacorta Brut Blanc de Noir '10	▽▽ 5
○ Franciacorta Brut Nature Secolo Novo Giovanni Biatta '07	▽▽ 5
○ Franciacorta Dosage Zero Secolo Novo Ris. '07	▽▽ 7

Tenuta Mazzolino

via Mazzolino, 34
27050 Corvino San Quirico [PV]
Tel. 0383876122
www.tenuta-mazzolino.com

VENDITA DIRETTA
VISITA SU PRENOTAZIONE
PRODUZIONE ANNUA 130.000 bottiglie
ETTARI VITATI 22,00

Mazzolino è una di quelle aziende che non si può non visitare quando si vuole fare un giro in Oltrepò Pavese. Si tratta di un vero e proprio piccolo borgo ottocentesco di proprietà della famiglia Braggiotti dal 1980; fu Giacomo Bologna a indurre Enrico Braggiotti a vinificare il pinot nero in rosso, all'epoca con Giancarlo Scaglione, due mostri sacri dell'enologia piemontese. Poi dalla Francia è arrivato Kyriakos Kinigopoulos, pinot nero e chardonnay si confermano come i vitigni principe, e da qualche anno è stata avviata anche la produzione spumantistica. Sfiora il massimo riconoscimento il pluripremiato Noir, che anche nella versione 2013 denota una bella mano, frutto elegante, spezie; come altri omologhi, mostra che l'annata è destinata a uscire col tempo. Sempre buono il Blanc '14, Chardonnay affinato in barrique dai sentori di miele, frutta tropicale matura e vaniglia. Vinosa e dal frutto rosso integro la Bonarda ferma Mazzolino '15. Particolarmente intrigante il Blanc de Blancs, un Metodo Classico da sole uve chardonnay elegante, salino, minerale e dalle belle nuance di erbe officinali.

Vino	
● OP Pinot Nero Noir '13	🍷🍷 5
○ Brut Mazzolino Blanc de Blancs	▼▼ 4
● OP Bonarda Mazzolino '15	▼▼ 2*
○ OP Chardonnay Blanc '14	▼▼ 3
○ Moscato '15	▼ 2
⊙ OP Cruasé Mazzolino	▼ 4
● Val di Prà '15	▼ 3
● OP Pinot Nero Noir '12	▽▽▽ 5
● OP Pinot Nero Noir '10	▽▽▽ 5
● OP Pinot Nero Noir '09	▽▽▽ 5
● OP Pinot Nero Noir '08	▽▽▽ 5
● OP Pinot Nero Noir '07	▽▽▽ 5
● OP Pinot Nero Noir '06	▽▽▽ 5
○ OP Chardonnay Blanc '13	▽▽ 3
● OP Pinot Nero Noir '11	▽▽ 5

★Monsupello

via San Lazzaro, 5
27050 Torricella Verzate [PV]
Tel. 0383896043
www.monsupello.it

VENDITA DIRETTA
VISITA SU PRENOTAZIONE
PRODUZIONE ANNUA 260.000 bottiglie
ETTARI VITATI 50,00

L'azienda di Pierangelo e Laura, gli eredi del mai dimenticato Carlo Boatti, uno dei primi uomini a credere nella qualità dei vini oltrepadani, resta punto di riferimento costante dell'enologia del territorio. Guidata in cantina con capacità non comuni dall'enologo Marco Bertelegni, fa della spumantistica il suo principale punto di forza, come dimostrano i premi raggranellati copiosamente nel corso degli anni. Tuttavia quest'azienda a conduzione familiare è capace di sfornare anche vini bianchi e rossi fermi e frizzanti senza mai sbagliare un colpo. È praticamente impossibile non assegnare almeno un Tre Bicchieri agli spumanti di questa azienda, visto che anche il Brut non millesimato strappa punteggi altissimi. Quest'anno assegnamo il premio a un 2011 di finezza e sostanza straordinari, caratterizzato da una vasta gamma di profumi e da un finale nitido e interminabile. Non da meno il "solito" pluripremiato Nature, ricco, vibrante, vigoroso. Più potente, ma senza perdere in nerbo ed eleganza, la Cuvée Ca' del Tava.

○ Brut '11	🍷🍷🍷	5
○ Brut Nature	🍷🍷	4
● Barbera I Gelsi '13	🍷🍷	3
○ Brut Cuvée Ca' del Tava	🍷🍷	6
○ Brut	🍷🍷	5
⊙ Brut Rosé	🍷🍷	4
● Cabernet Sauvignon Aplomb '09	🍷🍷	5
○ Chardonnay '15	🍷🍷	2*
● OP Bonarda Vivace Vaiolet '15	🍷	2
○ Brut '08	🍷🍷🍷	5
○ OP Brut Classese '06	🍷🍷🍷	5
○ OP Brut Classese '04	🍷🍷🍷	5
○ Brut M. Cl. '11	🍷🍷	5

Francesco Montagna

via Cairoli, 67
27043 Broni [PV]
Tel. 038551028
www.cantinemontagna.it

VENDITA DIRETTA
VISITA SU PRENOTAZIONE
RISTORAZIONE
PRODUZIONE ANNUA 800.000 bottiglie
ETTARI VITATI 18,00

Questa antica cantina (la fondazione è del 1895) da oltre quarant'anni è di proprietà delle famiglie Bertè e Cordini, che ne hanno mantenuto il nome originale. Come in molti altri casi analoghi nella zona, l'azienda si è evoluta con il cambiare dei tempi, e da commerciale, quale prevalentemente era, Natale Bertè è stato capace di traghettarla verso la situazione attuale, ossia quella di una cantina capace di produrre vini di qualità a prezzi abbordabili. L'avvento del figlio Matteo ha dato nuova linfa vitale, con una particolare attenzione nei confronti degli spumanti Metodo Classico.
Quest'anno ci è piaciuto particolarmente il Cuvée Tradizione '12, dai bei profumi agrumati, bolla cremosa, struttura e lungo finale. Bene anche il Cruasé, teso e intenso di piccoli frutti e scorza d'arancia, e la Cuvée de la Casa, più dosata, in cui emerge soprattutto il frutto rosso. Fragrante e succosa la Bonarda '15; ben fatto il Buttafuoco '13, carnoso e profumato di mora, prugna ed erbe aromatiche.

● OP Bonarda Sabion '15	🍷🍷	2*
● OP Buttafuoco Bertè & Cordini '13	🍷🍷	2*
⊙ OP Cruasé Bertè & Cordini	🍷🍷	5
○ OP Pinot Nero Brut Cuvée Tradizione '12	🍷🍷	4
○ OP Pinot Nero Brut M. Cl. Cuvée della Casa	🍷🍷	5
○ OP Pinot Nero Brut M. Cl. Cuvée Nero d'Oro	🍷	4
● OP Rosso Valmaga '12	🍷	2
● OP Sangue di Giuda Bertè & Cordini '15	🍷	2
⊙ OP Cruasé Bertè & Cordini	🍷🍷	5
○ OP Pinot Nero Brut Cuvée Tradizione '10	🍷🍷	4
● OP Sangue di Giuda Bertè & Cordini '14	🍷🍷	2*

★Monte Rossa

FRAZ. BORNATO
VIA MONTE ROSSA, 1
25040 CAZZAGO SAN MARTINO [BS]
TEL. 030725066
www.monterossa.com

VENDITA DIRETTA
VISITA SU PRENOTAZIONE
PRODUZIONE ANNUA 500.000 bottiglie
ETTARI VITATI 70,00

Monte Rossa è tra le aziende storiche e più rappresentative della Franciacorta. È nata nel 1972 dall'impegno dei coniugi Paolo e Paola Rabotti, e da allora è tra le aziende icona di questo territorio. Oggi è Emanuele Rabotti, in società con Oscar Farinetti, a portare avanti con passione, cura scrupolosa e creatività la maison di famiglia, forte di ben 70 ettari di vigne, su diverse esposizioni, dalle cui uve vengono elaborate ogni anno circa 500mila bottiglie di eccellente livello. Il Cabochon '11, la cuvée che ha ben rappresentato Monte Rossa nelle nostre degustazioni finali, è ottenuto da chardonnay (70%) e pinot nero vinificati e maturati in piccoli fusti. La presa di spuma, poi, si protrae per circa quattro anni. Ha un colore paglierino dai riflessi dorati, perlage finissimo e continuo, e un elegante bouquet di frutto maturo, erbe aromatiche e camomilla dove s'innestano note boisé e tostate di bella eleganza. Al palato è ricco, polposo, profondo. Ottimi anche il Satèn Sansevé e il Rosé Flamingo.

○ Franciacorta Brut Cabochon '11	🍷🍷 7
⊙ Franciacorta Brut Rosé Flamingo	🍷🍷 6
○ Franciacorta Non Dosato Coupé	🍷🍷 5
○ Franciacorta Satèn Sansevé	🍷🍷 5
○ Franciacorta Brut Prima Cuvée	🍷 4
○ Franciacorta Brut Cabochon '05	🍷🍷🍷 6
○ Franciacorta Brut Cabochon '04	🍷🍷🍷 6
○ Franciacorta Brut Cabochon '03	🍷🍷🍷 6
○ Franciacorta Brut Cabochon '01	🍷🍷🍷 6
○ Franciacorta Brut Cabochon '09	🍷🍷 7
○ Franciacorta Brut Cabochon '08	🍷🍷 7
○ Franciacorta Extra Brut Salvadek '09	🍷🍷 6
○ Franciacorta Extra Brut Salvadek '07	🍷🍷 6

Tenuta Montenisa

FRAZ. CALINO
VIA PAOLO VI, 62
25046 CAZZAGO SAN MARTINO [BS]
TEL. 0307750838
www.montenisa.it

VISITA SU PRENOTAZIONE
PRODUZIONE ANNUA 300.000 bottiglie
ETTARI VITATI 60,00

La fiorentina Antinori nel 1999 ha stretto un accordo con la famiglia Maggi per la gestione di questa bella tenuta di Calino. La Montenisa è stata seguita con passione dalle sorelle Albiera, Alessia e Allegra, che hanno ristrutturato la proprietà, che oggi vanta ben sessanta ettari di vigneto intorno agli antichi fabbricati, dove ora sono le cantine modernamente attrezzate. Nel complesso spicca il palazzetto dei conti Maggi, una bella costruzione cinquecentesca al centro di due grandi corti racchiuse da portici. Sulla scorta degli assaggi di quest'anno possiamo parlare di raggiunta maturità stilistica per questa maison lombarda dall'animo fiorentino. Accanto all'elegante Riserva Contessa Maggi '07, tonico, ricco e vitale, che si è aggiudicata le nostre finali, troviamo una serie di etichette di valore, dove spiccano un elegante polposo Brut Blanc de Blancs e il Satèn Donna Cora '11, fruttato e floreale, di notevole pulizia stilistica.

○ Franciacorta Brut Contessa Maggi Ris. '07	🍷🍷 7
○ Franciacorta Brut Blanc de Blancs	🍷🍷 5
○ Franciacorta Brut Satèn Donna Cora '11	🍷🍷 6
○ Franciacorta Brut Conte Aimo '09	🍷 8
○ Franciacorta Brut Cuvée Royale	🍷 5
⊙ Franciacorta Brut Rosé	🍷 5
○ Franciacorta Brut Conte Aimo '07	🍷🍷 8
○ Franciacorta Brut Contessa Camilla Maggi '02	🍷🍷 7
○ Franciacorta Brut Contessa Maggi '06	🍷🍷 7
○ Franciacorta Satèn '09	🍷🍷 6
○ Franciacorta Satèn '06	🍷🍷 6
○ Franciacorta Satèn '04	🍷🍷 6
○ Franciacorta Satèn '04	🍷🍷 6
○ Franciacorta Satèn '03	🍷🍷 6

Monterucco

Valle Cima, 38
27040 Cigognola [PV]
Tel. 038585151
www.monterucco.it

VENDITA DIRETTA
VISITA SU PRENOTAZIONE
PRODUZIONE ANNUA 100.000 bottiglie
ETTARI VITATI 20,00

Prima scheda grande per l'azienda fondata da Luigi Valenti e ora condotta dai figli Silvano (in vigna) e Roberto (in cantina). Già da tempo notavamo una crescita lenta, ma costante e significativa, dei vini di questa piccola cantina della valle Scuropasso, 20 ettari a vigneto tra i comuni di Cigognola, Castana e Canneto Pavese. Vini tradizionali dell'Oltrepò, caratterizzati tra l'altro da un rapporto qualità prezzo quasi imbattibile. In prima fila troviamo spesso il Metodo Classico e ciò non stupisce visto che in questa valle il pinot nero per la spumantizzazione è arrivato oltre centocinquant'anni fa. La versione 2011 è particolarmente carica e ricca, ma ciò non va a discapito della finezza; profumi nitidi di frutti di bosco, volume, finale coerente. Buono anche il Buttafuoco Sanluigi, dai sentori di mirtillo, mora, erbe aromatiche e violetta, tannino fine e bel frutto evoluto. Molto fragrante la Bonarda '15, succosa e fruttata; lo stesso il Sangue di Giuda '15, dalla giusta dolcezza.

○ Malvasia Valentina '15	🍷🍷 2*
● OP Bonarda V. Il Modello '15	🍷🍷 2*
● OP Buttafuoco Sanluigi '13	🍷🍷 3
○ OP Pinot Nero Brut '11	🍷🍷 3
● OP Sangue di Giuda '15	🍷🍷 2*
○ Malvasia Valentina '14	🍷🍷 2*
● OP Bonarda '13	🍷🍷 2*
● OP Buttafuoco Sanluigi '10	🍷🍷 3
○ OP Pinot Nero Brut '09	🍷🍷 3

Monzio Compagnoni

via Nigoline, 98
25030 Adro [BS]
Tel. 0307457803
www.monziocompagnoni.com

VENDITA DIRETTA
VISITA SU PRENOTAZIONE
PRODUZIONE ANNUA 170.000 bottiglie
ETTARI VITATI 17,00

Marcello Monzio Compagnoni, originario della Valcalepio, nel 1995 ha creato una bella azienda in Franciacorta, che oggi vanta una moderna e attrezzata cantina e un importante parco vigneti. Il livello della sua produzione franciacortina è sempre stato elevato, e accanto alle cuvée elaborate nella cantina di Adro troviamo anche i vini della sua tenuta in provincia di Bergamo, a Scanzorosciate. Marcello torna alla scheda grande e alle nostre degustazioni finali grazie a un ottimo Satèn '12 che incarna assai bene l'anima di questo stile: naso delicatamente fruttato con note vanigliate, una bella bocca ampia morbida e distesa all'insegna del frutto, che sfuma lunga e fresca su suggestioni d'agrume. Il Brut della stessa annata ha un carattere più profondo e complesso e offre ricche note floreali all'olfatto e una bella rotondità al palato. Molto buono anche il Riserva Barone Monti della Corte '08, più austero e verticale.

○ Franciacorta Satèn '12	🍷🍷 5
○ Franciacorta Brut '12	🍷🍷 5
○ Franciacorta Pas Dosé Barone Monti della Corte Ris. '08	🍷🍷 6
● Moscato di Scanzo Don Quijote '09	🍷🍷 6
● Valcalepio Rosso di Luna '10	🍷🍷 5
○ Curtefranca Ronco della Seta '15	🍷 3
○ Franciacorta Extra Brut '04	🍷🍷🍷 5
○ Franciacorta Extra Brut '03	🍷🍷🍷 5
○ Franciacorta Brut '10	🍷🍷 4
○ Franciacorta Brut '09	🍷🍷 4
○ Franciacorta Extra Brut '09	🍷🍷 5
○ Franciacorta Satèn '10	🍷🍷 5
○ Franciacorta Satèn '09	🍷🍷 5
● Moscato di Scanzo Don Quijote '08	🍷🍷 5

Il Mosnel

LOC. CAMIGNONE
VIA BARBOGLIO, 14
25040 PASSIRANO [BS]
TEL. 030653117
www.ilmosnel.com

VENDITA DIRETTA
VISITA SU PRENOTAZIONE
RISTORAZIONE
PRODUZIONE ANNUA 250.000 bottiglie
ETTARI VITATI 40,00

Emanuela Barboglio già negli anni Sessanta convertì alla viticoltura le terre di famiglia iniziando la produzione di vino e di Franciacorta al Mosnel. L'azienda oggi è gestita con passione e competenza dai figli Giulio e Lucia Barzanò, che hanno perfettamente restaurato il centro aziendale, un borgo cinquecentesco a Camignone di Passirano, al centro dei vigneti dell'azienda, che si estendono per ben 40 ettari in un unico corpo. La gamma dei vini è incentrata sul Franciacorta, com'è ovvio, anche se non mancano i vini fermi. Due vini, in particolare, hanno raggiunto le nostre selezioni finali: si tratta dell'Extra Brut EBB, dedicato alla fondatrice dell'azienda, dell'annata 2011, e del Satèn '12. Il primo ha un carattere armonioso e complesso, dove il frutto sfuma su toni eleganti e floreali, di pasticceria e vaniglia, il secondo è cremoso e morbido, ricco di frutto, ma sfoggia anche un'invidiabile vena acida che gli conferisce grinta e nerbo.

Vino	Bicchieri	Prezzo
○ Franciacorta Extra Brut EBB '11	🍷🍷	5
○ Franciacorta Satèn '12	🍷🍷	5
○ Franciacorta Brut	🍷🍷	4
⊙ Franciacorta Brut Rosé	🍷🍷	5
○ Franciacorta Pas Dosé	🍷🍷	4
⊙ Franciacorta Pas Dosé Parosé '10	🍷🍷	5
○ Franciacorta Extra Brut EBB '09	🍷🍷🍷	5
○ Franciacorta Pas Dosé QdE Ris. '04	🍷🍷🍷	6
○ Franciacorta Satèn '05	🍷🍷🍷	5
○ Curtefranca Bianco Campolarga '14	🍷🍷	2*
○ Franciacorta Extra Brut EBB '10	🍷🍷	5
○ Franciacorta Satèn '11	🍷🍷	5
○ Franciacorta Satèn '10	🍷🍷	5

★★Nino Negri

VIA GHIBELLINI
23030 CHIURO [SO]
TEL. 0342485211
www.ninonegri.it

VENDITA DIRETTA
VISITA SU PRENOTAZIONE
RISTORAZIONE
PRODUZIONE ANNUA 800.000 bottiglie
ETTARI VITATI 36,00
AZIENDA SOSTENIBILE

La Nino Negri ha fatto la storia della Valtellina, traghettandola in Italia e nel mondo. Fondata nel 1897, oggi di proprietà del Gruppo Italiano Vini, è tra le cantine più attrezzate dal punto di vista tecnico, puntando forte su ricerca e sperimentazione per valorizzare a pieno un patrimonio viticolo unico, forte di vigne curatissime nelle sottozone del Valtellina Superiore: Sassella, Grumello, Inferno e Valgella, dove ricade il vigneto Fracia. I vini combinano identità territoriale e piacevolezza di beva in uno stile pacatamente moderno. L'ambasciatore della cantina è lo Sfursat 5 Stelle, già Rosso dell'Anno con l'annata 2001. Il 2013 riassume la dinamica storia dello Sforzato. Balsamico nei profumi, con note d'incenso e tabacco, ciliegia sotto spirito, colpisce per le sfumature speziate simili allo zenzero. La bocca è sontuosa, con tannini importanti, finale lunghissimo e proiettato al futuro. Bellissima armonia e complessità per l'Inferno '13, con aromi di frutti di bosco neri, spezie ed erbe officinali. La bocca è polposa, con tannini fitti e progressivi, finale lungo e aristocratico.

Vino	Bicchieri	Prezzo
● Valtellina Sfursat 5 Stelle '13	🍷🍷🍷	8
● Valtellina Sfursat Carlo Negri '13	🍷🍷	6
● Valtellina Sup. Inferno Carlo Negri '13	🍷🍷	5
○ Ca' Brione '15	🍷🍷	5
● Valtellina Sup. Grumello V. Sassorosso '13	🍷🍷	4
● Valtellina Sup. Mazer '13	🍷🍷	4
● Valtellina Sup. Sassella Le Tense '13	🍷🍷	4
● Valtellina Sfursat '05	🍷🍷🍷	8
● Valtellina Sfursat 5 Stelle '11	🍷🍷🍷	8
● Valtellina Sfursat 5 Stelle '10	🍷🍷🍷	7
● Valtellina Sfursat 5 Stelle '09	🍷🍷🍷	7
● Valtellina Sfursat 5 Stelle '07	🍷🍷🍷	7
● Valtellina Sfursat 5 Stelle '06	🍷🍷🍷	7
● Valtellina Sfursat Carlo Negri '11	🍷🍷🍷	8
● Valtellina Sup. Vign. Fracia '08	🍷🍷🍷	6

Pasini - San Giovanni

FRAZ. RAFFA
VIA VIDELLE, 2
25080 PUEGNAGO SUL GARDA [BS]
TEL. 0365651419
www.pasinisangiovanni.it

VENDITA DIRETTA
VISITA SU PRENOTAZIONE
RISTORAZIONE
PRODUZIONE ANNUA 300.000 bottiglie
ETTARI VITATI 36,00
AZIENDA SOSTENIBILE

Una squadra ben affiatata, quella dei cugini Pasini. Terza generazione di una famiglia di viticoltori, hanno dato vita a questa ambiziosa realtà. 36 ettari di vigneto coltivati in regime biologico tra Valtenesi e Lugana, cantine moderne che ricavano energia da fonti rinnovabili, insomma un intero progetto studiato e realizzato per avere il minimo impatto ambientale. Attenzione e cura del territorio danno vita a una gamma di vini variegata, con punte di reale interesse e potenzialità di miglioramento ancora in buona parte inesplorate. Quest'anno ci è piaciuto molto Il Chiaretto '15, dal colore rosa tenue, elegante, con frutto ben dosato e mineralità; davvero un bello stile per questa tipologia. Il Centopercento è un Brut originale, 100% da uve groppello vinificate in bianco. Nella versione di quest'anno ha profumi di miele, ricordi di frutti rossi e buon nerbo. Bene gli altri vini, a partire dal Ceppo 326 '08, un altro Metodo Classico dal lungo affinamento sui lieviti nel quale al groppello si aggiunge un saldo di chardonnay, e un Lugana Bio '15 di bella tensione.

○ Brut M. Cl. Centopercento	🍷🍷 4
○ Brut M. Cl. Ceppo 326 '08	🍷🍷 5
○ Lugana Il Lugana Bio '15	🍷🍷 2*
⊙ Valtènesi Il Chiaretto '15	🍷🍷 2*
○ Garda Cl. Bianco Il Renano '12	🍷 2
○ Lugana Brut	🍷 2
○ Lugana Il Lugana '15	🍷 2
● Valtènesi Picedo '13	🍷 2
⊙ Garda Cl. Chiaretto Il Chiaretto '09	🍷🍷 (bianchi) 2*
● Garda Cl. Groppello Vign. Arzane Ris. '09	🍷🍷 (bianchi) 5
● Garda Cl. Groppello Vign. Arzane Ris. '08	🍷🍷 (bianchi) 3*
● Garda Cl. Groppello Vign. Arzane Ris. '07	🍷🍷 (bianchi) 3*

Perla del Garda

VIA FENIL VECCHIO, 9
25017 LONATO [BS]
TEL. 0309103109
www.perladelgarda.it

VENDITA DIRETTA
VISITA SU PRENOTAZIONE
PRODUZIONE ANNUA 120.000 bottiglie
ETTARI VITATI 30,00
VITICOLTURA Biologico Certificato

Giovanna Prandini, che è anche presidente della Strada del vino e dei Sapori del Garda dal 2006 ha affiancato la produzione di vino a quella del latte nell'azienda di famiglia. Oggi Perla del Garda ha un bel parco vigneti, 30 ettari, e una produzione di livello che vede anche la via dell'export. L'azienda, modernamente attrezzata, è particolarmente impegnata in un percorso - certificato - di sostenibilità e di basso impatto ambientale. Interprete del Lugana in tutte le sue tipologie, quest'anno ha presentato un valido Lugana Vendemmia Tardiva, annata 2013, ricco di note di frutti esotici, delicatamente dolce ed equilibrato. Il Lugana Perla '15 è fruttato e sapido come si conviene, più complesso e articolato il Superiore Madonna della Scoperta '13, dal bel finale minerale. Davvero valido il passito Drajibo, da turbiana, riesling e incrocio Manzoni, dai toni di agrume candito e confettura d'albicocca.

○ Drajibo Passito	🍷🍷 4
○ Lugana Perla '15	🍷🍷 3
○ Lugana Sup. Madonna della Scoperta '13	🍷🍷 4
○ Lugana V. T. '13	🍷🍷 4
○ Drajibo Passito '09	🍷🍷 (bianchi) 5
● Leonatus '09	🍷🍷 (bianchi) 4
○ Lugana Madreperla '11	🍷🍷 (bianchi) 4
○ Lugana Perla '13	🍷🍷 (bianchi) 3
○ Lugana Perla '11	🍷🍷 (bianchi) 3
○ Lugana Sup. Madreperla '10	🍷🍷 (bianchi) 5
○ Lugana V. T. '11	🍷🍷 (bianchi) 4

Andrea Picchioni

FRAZ. CAMPONOCE, 8
27044 CANNETO PAVESE [PV]
TEL. 0385262139
www.picchioniandrea.it

VENDITA DIRETTA
VISITA SU PRENOTAZIONE
OSPITALITÀ
PRODUZIONE ANNUA 70.000 bottiglie
ETTARI VITATI 10,00
VITICOLTURA Biologico Certificato
AZIENDA SOSTENIBILE

Sono ormai parecchi anni che Andrea Picchioni ha saputo imporre all'attenzione del pubblico e della critica i vini prodotti nella sua piccola cantina di Canneto Pavese con l'indispensabile aiuto della madre Rosa, del padre Antonio e della moglie Silvia. Vini orgogliosamente di territorio, provenienti soprattutto dai ripidi crinali della val Solinga, dove nascono croatina, barbera e ughetta di Canneto dalle quali Andrea ricava tanto vini giovani, di pronta beva, fermi e frizzanti come da tradizione, quanto vini rossi di sostanza e carattere, capaci di dare il meglio di sé soprattutto dopo vari anni dall'imbottigliamento. Quest'anno approda in finale il Buttafuoco Bricco Riva Bianca '12: solido, profumato di frutti di bosco a bacca nera, cacao, liquirizia, con una vena balsamica, si apre lentamente e in bocca è rigoroso, con tannini vivi di grana fine. Da attendere con pazienza. Più pronto il Rosso d'Asia sempre '12, fragrante e sostanzioso, con un bel finale ammandorlato. Tra le migliori del comprensorio la Bonarda Vivace '15, dall'intenso profumo di mirtillo, slanciata e armonica.

● OP Buttafuoco Bricco Riva Bianca '12	🍷🍷 4
● OP Bonarda Vivace '15	🍷🍷 2*
● Rosso d'Asia '12	🍷🍷 4
● OP Buttafuoco Cerasa '15	🍷 2
● OP Sangue di Giuda Fior del Vento '15	🍷 2
● OP Buttafuoco Bricco Riva Bianca '11	🍷🍷 4
● OP Buttafuoco Bricco Riva Bianca '10	🍷🍷 4
● OP Buttafuoco Cerasa '14	🍷🍷 2*
○ OP Profilo Brut Nature M. Cl. '00	🍷🍷 5
● Pinot Nero Arfena '12	🍷🍷 4
● Rosso d'Asia '11	🍷🍷 4

Piccolo Bacco dei Quaroni

FRAZ. COSTAMONTEFEDELE
27040 MONTÙ BECCARIA [PV]
TEL. 038560521
www.piccolobaccodeiquaroni.it

VENDITA DIRETTA
VISITA SU PRENOTAZIONE
RISTORAZIONE
PRODUZIONE ANNUA 35.000 bottiglie
ETTARI VITATI 10,00
VITICOLTURA Biologico Certificato

Piccolo Bacco, piccola azienda, ma vini che in certi casi possono diventare grandi. Questa realtà dell'Oltrepò Pavese orientale, a due passi dal confine con l'Emilia, dispone di quattro cru dislocati in tre comuni (oltre a Montù Beccaria, Castana e Bosnasco), con caratteristiche assai differenti fra loro. La conduzione naturale senza uso di pesticidi è della famiglia di Mario Cavalli e della moglie Laura Brazzoli, agronomi, che l'hanno acquistata nel 2001 e che ora sono coadiuvati dai figli Tommaso (enologo) e Giulia. Il Riesling Vigneto del Pozzo '13 guadagna l'accesso in finale per merito della bella evoluzione, che l'ha portato verso toni minerali senza perdere ancora nuance floreali e di erbe aromatiche; fine e profondo, ha grande persistenza. Molto buona anche la Bonarda Mons Acutus '15: bel frutto rosso, ampio respiro, bocca snella ed elegante, polposa e di grande bevibilità.

○ OP Riesling Vign. del Pozzo '13	🍷🍷 3*
● OP Bonarda Mons Acutus '15	🍷🍷 2*
● Il Moree '14	🍷 2
● OP Buttafuoco Ca' Padroni '12	🍷 3
● OP Barbera Gustavo '07	🍷🍷 2
● OP Bonarda Mons Acutus '11	🍷🍷 2*
● OP Bonarda Vivace Mons Acutus '07	🍷🍷 2*
● OP Buttafuoco Vign. Ca' Padroni 04	🍷🍷 3
⊙ OP Cruasé PBQ '10	🍷🍷 3
⊙ OP Cruasé PBQ '09	🍷🍷 3

Plozza Vini

via Cappuccini, 26
23037 Tirano [SO]
Tel. 0342701297
www.plozza.com

VENDITA DIRETTA
VISITA SU PRENOTAZIONE
PRODUZIONE ANNUA 350.000 bottiglie
ETTARI VITATI 25,00

E' Andrea Zanolare il titolare, ed enologo, di questo marchio storico del vino valtellinese fondato da Pietro Plozza nel 1919. Due le cantine: a Tirano, in provincia di Sondrio, e a Brusio, comune del Canton Grigioni in Svizzera. I vigneti, dedicati interamente al nebbiolo, si estendono tra i 400 e i 700 metri di quota e abbracciano le principali sottozone della Valtellina. Lo stile prefigura vini di più facile beva a selezioni decisamente più strutturate ed estrattive, affinate a lungo in legni piccoli. Complesso e di stile moderno il Numero 1 '13, con intense note di legno dolce ben amalgamate con sentori di confettura di frutta e sfumature di cacao. La bocca è calda, polposa, buona struttura, finale molto lungo ed elegante. Frutti rossi con note di erbe secche e tabacco per l'originale Sassella '12: al palato è di buon corpo, con fitti tannini e frutto pronunciato, finale persistente.

● Numero 1 '13	▼▼ 7
● Sforzato di Valtellina Blackedition '12	▼▼ 5
● Valtellina Sup. Inferno Rededition '12	▼▼ 4
● Valtellina Sup. Sassella Rededition '12	▼▼ 3
● Valtellina Numero Uno '01	▽▽▽ 7
● Sforzato di Valtellina Black Edition '11	▽▽ 6
● Valtellina Numero 1 '12	▽▽ 7
● Valtellina Numero Uno '11	▽▽ 7
● Valtellina Numero Uno '10	▽▽ 7
● Valtellina Sforzato Vin da Ca' '10	▽▽ 5
● Valtellina Sforzato Vin da Ca' '09	▽▽ 5
● Valtellina Sup. Inferno Red Edition '11	▽▽ 5
● Valtellina Sup. Inferno Ris. '10	▽▽ 3
● Valtellina Sup. Sassella La Scala Ris. '10	▽▽ 3*
● Valtellina Sup. Sassella Red Edition '11	▽▽ 5

Pratello

via Pratello, 26
25080 Padenghe sul Garda [BS]
Tel. 0309907005
www.pratello.com

VENDITA DIRETTA
OSPITALITÀ E RISTORAZIONE
PRODUZIONE ANNUA 600.000 bottiglie
ETTARI VITATI 70,00
VITICOLTURA Biologico Certificato

L'azienda del vulcanico Vincenzo Bertola è una delle più belle di tutto il comprensorio gardesano: sede a due passi dal Castello di Padenghe con grande villa dall'architettura bizzarra, vista strepitosa sul lago e sulla vallata, attrezzature d'avanguardia, 70 ettari distribuiti tra viti e ulivi in coltura biologica e una costante ricerca dedicata in particolare alla capacità di invecchiamento dei vini bianchi, con risultati spesso sorprendenti. Intanto premiamo con un bel punteggio il Lieti Conversari '15, Incrocio Manzoni fresco, sapido, profumato di pesca bianca ed erbe aromatiche. Bene anche il Torrazzo '15, Groppello dal bel frutto integro, con chiare possibilità di ulteriore evoluzione. Il Nero per Sempre è un Marzemino fragrante, anch'esso con bella componente fruttata e sentore di pepe. Tra i due Lugana '15 preferiamo il Catulliano, profumato di fiori e frutta esotica, saldo in bocca, mentre Il Rivale è più giocato sulla surmaturazione.

○ Lieti Conversari '15	▼▼ 4
○ Lugana Catulliano '15	▼▼ 4
● Valtènesi Torrazzo '15	▼▼ 3
○ Lugana Il Rivale '15	▼ 5
○ Riesling '15	▼ 3
⊙ Valtènesi Chiaretto Sant'Emiliano '15	▼ 3
○ Lugana Catulliano '14	▽▽ 3
○ Lugana Il Rivale '14	▽▽ 5
○ Lugana Il Rivale '12	▽▽ 5
● Nero per Sempre '12	▽▽ 5
● Rebo '08	▽▽ 4
○ Riesling '14	▽▽ 3
● Valtènesi Torrazzo '13	▽▽ 3

Quadra

via Sant'Eusebio, 1
25033 Cologne [BS]
Tel. 0307157314
www.quadrafranciacorta.it

VENDITA DIRETTA
VISITA SU PRENOTAZIONE
RISTORAZIONE
PRODUZIONE ANNUA 140.000 bottiglie
ETTARI VITATI 32,00

Ugo Ghezzi, imprenditore nel settore dell'energia rinnovabile, nel 2003 con i figli Cristina e Marco, decise di acquistare una piccola cantina e i vigneti circostanti, affidandone poi la direzione a Mario Falcetti, enologo con una lunga carriera di ricercatore. Oggi Quadra vanta ben 32 ettari di vigneti. Accanto allo chardonnay, Ghezzi e Falcetti stanno portando avanti un lavoro di valorizzazione del pinot bianco, per il quale sono stati individuati tre ambienti fortemente complementari tra loro, e del pinot nero, cui sono state destinate alcune parcelle collinari insediate sui depositi morenici. Il QSatèn '11 è l'etichetta che quest'anno ci ha maggiormente colpito. Da una cuvée di chardonnay con un 30% di pinot bianco, vede una piccola parte del vino base maturato in piccoli fusti, e dopo quattro anni sui lieviti si presenta con un bel colore paglierino verdolino brillante; al naso si apre elegante su note di frutta bianca, scorza di cedro, con coloriture floreali, d'erbe di montagna e una sfumatura vanigliata. Palato morbido, nervoso e suadente.

○ Franciacorta Brut QBlack	🍷🍷	4
○ Franciacorta Dosaggio Zero EretiQ '11	🍷🍷	6
○ Franciacorta Dosaggio Zero QZero '10	🍷🍷	5
○ Franciacorta Extra Brut Cuvée 55 '10	🍷🍷	5
○ Franciacorta QSatèn '11	🍷🍷	5
○ Franciacorta Brut Green Vegan	🍷	5
⊙ Franciacorta QRosé	🍷	5
○ Franciacorta Brut Q39 '08	♈♈	5
○ Franciacorta Dosaggio Zero EretiQ '10	♈♈	6
○ Franciacorta Dosaggio Zero EretiQ '10	♈♈	6
○ Franciacorta Extra Brut QZero '09	♈♈	5
○ Franciacorta QSatèn '10	♈♈	5
○ Franciacorta QSatèn '09	♈♈	5
○ Franciacorta Quvée 46 '09	♈♈	5

Francesco Quaquarini

loc. Monteveneroso
via Casa Zambianchi, 26
27044 Canneto Pavese [PV]
Tel. 038560152
www.quaquarinifrancesco.it

VENDITA DIRETTA
VISITA SU PRENOTAZIONE
PRODUZIONE ANNUA 650.000 bottiglie
ETTARI VITATI 60,00
VITICOLTURA Biologico Certificato

Quella della famiglia Quaquarini - papà Francesco con i figli Umberto e Maria Teresa - è un'azienda solida che, nonostante le dimensioni medio grandi in una realtà molto frazionata qual è quella dell'Oltrepò Pavese, riesce sempre a mantenere un livello qualitativo medio e rapporti qualità prezzo interessanti senza che manchino, in alcune annate, vini che spiccano. Molte le etichette prodotte, come è diffuso in una zona vitivinicola in cui le denominazioni prevedono decine di tipologie, e un occhio di riguardo per i vini frizzanti. Ben fatto, giocato sul tema dei frutti di bosco, con accenni agrumati, il Pinot Nero Blau '13, dalla bella beva con finale slanciato. Buona, succosa, fruttata, con residuo zuccherino avvertibile, la Bonarda Vivace '15; sempre d'annata, il Sangue di Giuda non delude con il suo stile concentrato e profumi di prugna e ribes nero. Affidabile come di consueto il resto della gamma.

● OP Bonarda Vivace '15	🍷🍷	2*
● OP Pinot Nero Blau '13	🍷🍷	3
● OP Sangue di Giuda '15	🍷🍷	2*
● OP Barbera Poggio Anna '13	🍷	3
● OP Buttafuoco Storico V. Pregana '10	🍷	6
⊙ OP Cruasé Bio '11	🍷	5
○ OP Pinot Nero Brut Classese '09	🍷	4
● OP Barbera Poggio Anna '12	♈♈	2*
● OP Barbera Poggio Anna '11	♈♈	3
● OP Buttafuoco Storico V. Pregana '09	♈♈	5
● OP Pinot Nero Blau '10	♈♈	3
● OP Sangue di Giuda V. Acqua Calda '13	♈♈	3

Cantina Sociale Cooperativa di Quistello

via Roma, 46
46026 Quistello [MN]
Tel. 0376618118
www.cantinasocialequistello.it

VENDITA DIRETTA
VISITA SU PRENOTAZIONE
PRODUZIONE ANNUA 1.000.000 bottiglie
ETTARI VITATI 330,00

Rispetto a quelli emiliani, i Lambrusco mantovani sono spesso - e a torto - ritenuti un po' come dei "parenti poveri". Invece in questo lembo sud-orientale di Lombardia, al di là del Po, lungo il fiume Secchia, ci sono realtà di valore e vini di assoluto interesse. Portabandiera di ciò è la Cantina di Quistello, fondata nel 1928, forte di 300 soci e 50mila quintali di uva pigiati all'anno. Oltre ai vini "da battaglia", la cantina produce anche etichette molto rappresentative del territorio. A partire dal Gran Rosso Del Vicariato di Quistello '15, Lambrusco da varietà ruberti e ancellotta rifermentato in bottiglia: colore rubino impenetrabile, profumi di frutti di bosco a bacca rossa e mentuccia, fragrante e persistente. Ricco, grasso, con uno spiccato sentore di ribes l'80 Vendemmie Rosso '15, anch'esso rifermentato in bottiglia a temperatura controllata. Il Rossissimo '15, blend di numerose varietà, ha anch'esso frutto a volontà e un tannino vispo e stuzzicante.

- ● 80 Vendemmie Rosso '15 — 🍷🍷 2*
- ● Gran Rosso del Vicariato di Quistello '15 — 🍷🍷 2*
- ● Lambrusco Mantovano Rossissimo '15 — 🍷🍷 2*
- ⊙ 80 Vendemmie Rosato '15 — 🍷 2
- ● 80 Vendemmie '13 — 🍷🍷 2*
- ● Gran Rosso del Vicariato di Quistello '13 — 🍷🍷 2*
- ● Gran Rosso del Vicariato di Quistello '12 — 🍷🍷 1*
- ● Lambrusco Mantovano Rossissimo '12 — 🍷🍷 2*

★Aldo Rainoldi

fraz. Casacce
via Stelvio, 128
23030 Chiuro [SO]
Tel. 0342482225
www.rainoldi.com

VENDITA DIRETTA
VISITA SU PRENOTAZIONE
PRODUZIONE ANNUA 180.000 bottiglie
ETTARI VITATI 9,60

E' una macchina solidissima la realtà di Chiuro guidata da Aldo Rainoldi, un punto di riferimento del vino valtellinese. Aldo ha portato la cantina fondata dallo zio Peppino verso nuovi orizzonti, rivedendo in maniera brillante la gestione dei vigneti, con acquisti di terreni mirati - la superficie vitata complessiva conta oggi circa 10 ettari - e raddoppiando gli sforzi sul piano della promozione internazionale. I vini, grazie anche alle selezioni, hanno una radicatissima identità territoriale, figli di lunghi e pazienti affinamenti in bottiglia. Tradizione e futuro dentro il bicchiere per questo magnifico Sassella Riserva '12. Al naso il tabacco si fonde con il frutto maturo all'insegna d'intensità e finezza. La bocca è rotonda, possiede tannini ben definiti, l'acidità è croccante, fresca, molto lunga nel finale. Di gran carattere il Grumello Riserva '10, con sfumature classiche di tabacco, china e liquirizia, ben fuse con le note di lampone. Al palato è importante, con tannini fitti e progressivi. Il finale è lungo e spiccatamente personale.

- ● Valtellina Sup. Sassella Ris. '12 — 🍷🍷🍷 5
- ● Valtellina Sup. Crespino '12 — 🍷🍷 5
- ● Valtellina Sup. Grumello Ris. '10 — 🍷🍷 6
- ● Valtellina Sup. Grumello '12 — 🍷🍷 3
- ● Valtellina Sup. Sassella '11 — 🍷🍷 5
- ● Valtellina Sfursat '08 — 🍷🍷🍷 5
- ● Valtellina Sfursat Fruttaio Ca' Rizzieri '11 — 🍷🍷🍷 6
- ● Valtellina Sfursat Fruttaio Ca' Rizzieri '10 — 🍷🍷🍷 6
- ● Valtellina Sfursat Fruttaio Ca' Rizzieri '09 — 🍷🍷🍷 6
- ● Valtellina Sfursat Fruttaio Ca' Rizzieri '06 — 🍷🍷🍷 6
- ● Valtellina Sfursat Fruttaio Ca' Rizzieri '02 — 🍷🍷🍷 6
- ● Valtellina Sup. Sassella Ris. '06 — 🍷🍷🍷 5

Ricci Curbastro

via Adro, 37
25031 Capriolo [BS]
Tel. 030736094
www.riccicurbastro.it

VENDITA DIRETTA
VISITA SU PRENOTAZIONE
OSPITALITÀ
PRODUZIONE ANNUA 200.000 bottiglie
ETTARI VITATI 27,00
AZIENDA SOSTENIBILE

La Ricci Curbastro, nata nel 1967, è una delle aziende storiche della Franciacorta. Al suo timone c'è oggi Riccardo, agronomo ed enologo, che è anche presidente della FederDoc italiana e dell'associazione europea delle denominazioni d'origine del vino, la EFOW. Riccardo da anni è impegnato anche sul fronte della sostenibilità ambientale, ed è presidente di Equalitas, la società che ha realizzato la normativa italiana di settore. La maison vanta 27 ettari di vigne nelle migliori esposizioni del comprensorio, ed esporta con successo le sue cuvée nel mondo. Tre meritatissimi Bicchieri per l'Extra Brut '12 vanno ad arricchire il palmarès dell'azienda. Questa cuvée paritaria di chardonnay e pinot nero ha un bel colore paglierino brillante dai riflessi ramati, e al naso si apre delicato e complesso su toni di frutto con eleganti nuance di caramella d'orzo e vaniglia. In bocca è sapido, solido, asciutto e profondo, dotato di grande equilibrio e freschezza, doti che ne rendono la beva accattivante. Bella prova anche per il Satèn della stessa annata, vibrante e nitido.

○ Franciacorta Extra Brut '12	🍷🍷🍷 (rossi)	5
○ Curtefranca Bianco V. Bosco Alto '11	🍷🍷	3
○ Franciacorta Extra Brut Museum Release '07	🍷🍷	5
⊙ Franciacorta Rosé	🍷🍷	5
○ Franciacorta Satèn '12	🍷🍷	5
● Curtefranca Rosso '13	🍷	2
○ Franciacorta Brut	🍷	4
○ Franciacorta Demi Sec	🍷	4
○ Pinot Bianco '15	🍷	2
○ Franciacorta Dosaggio Zero Gualberto '06	🍷🍷🍷 (vuoti)	6
○ Franciacorta Extra Brut '07	🍷🍷🍷 (vuoti)	5
○ Franciacorta Extra Brut '11	🍷🍷 (vuoti)	5
○ Franciacorta Extra Brut '10	🍷🍷 (vuoti)	5
○ Franciacorta Extra Brut '09	🍷🍷 (vuoti)	5

Ronco Calino

fraz. Torbiato
via Fenice, 45
25030 Adro [BS]
Tel. 0307451073
www.roncocalino.it

VENDITA DIRETTA
VISITA SU PRENOTAZIONE
PRODUZIONE ANNUA 70.000 bottiglie
ETTARI VITATI 10,00
VITICOLTURA Biologico Certificato
AZIENDA SOSTENIBILE

Paolo Radici nel 1996 decise di acquistare la tenuta di Torbiato di Adro che fu del celebre pianista Arturo Benedetti Michelangeli. L'azienda, specializzata nel Franciacorta, è diretta con passione da Lara Imberti, moglie di Paolo: si tratta di una boutique winery con dieci ettari di vigne nello spettacolare anfiteatro morenico, che si avvale della consulenza enologica di Leonardo Valenti affiancato da Pierluigi Donna, agronomo. Nella sua moderna cantina nasce una piccola ma curata gamma di Franciacorta e vini del territorio. Il Satèn è decisamente nelle corde di questa maison: anche quest'anno ci ha colpito per la sua morbida opulenza sorretta da una fresca vena acida che ci regala una beva godibile all'insegna del frutto e di una elegante vanigliata cremosità. Non è da meno il Nature '10, un vino di pienezza, sapido e verticale, che chiude complesso su note boisé e di torrefazione. Il Pinot Nero L'Arturo '12 è varietale, ricco di toni di frutta rossa e nera matura.

● Curtefranca Rosso Ponènt '12	🍷🍷	4
○ Franciacorta Brut	🍷🍷	4
○ Franciacorta Brut Nature '10	🍷🍷	5
○ Franciacorta Satèn	🍷🍷	5
● Pinot Nero L'Arturo '12	🍷🍷	5
○ Curtefranca Bianco Lèant '15	🍷	3
⊙ Franciacorta Rosé	🍷	5
○ Curtefranca Bianco Lèant '14	🍷🍷 (vuoti)	3
● Curtefranca Rosso Ponènt '11	🍷🍷 (vuoti)	4
● Curtefranca Rosso Ponènt '10	🍷🍷 (vuoti)	4
○ Franciacorta Extra Brut Centoventi '04	🍷🍷 (vuoti)	8
○ Franciacorta Nature '09	🍷🍷 (vuoti)	5
● Pinot Nero L'Arturo '11	🍷🍷 (vuoti)	5

San Cristoforo

FRAZ. VILLA D'ERBUSCO
VIA VILLANUOVA, 2
25030 ERBUSCO [BS]
TEL. 0307760482
www.sancristoforo.eu

VENDITA DIRETTA
VISITA SU PRENOTAZIONE
PRODUZIONE ANNUA 80.000 bottiglie
ETTARI VITATI 10,00
AZIENDA SOSTENIBILE

Bruno Dotti e sua moglie Claudia nel 1997 hanno rilevato questa piccola azienda franciacortina già nota per il buon livello della produzione. In quasi vent'anni di lavoro questa coppia di appassionati ha allargato il parco vigneti, oggi di dieci ettari, e ristrutturato la cantina dotandola delle più moderne attrezzature. La loro rimane una produzione "confidenziale", ma la qualità delle loro cuvée e dei loro vini è sempre crescente. Accanto a loro, che incarnano la filosofia dei récoltant-manipulant, collabora la figlia Celeste. I Dotti non producono Satèn, ma hanno una predilezione per i Non Dosati. Il loro 2011 è tra i più interessanti, ha finezza e struttura allo stesso tempo, un bel fruttato integro e croccante e un delizioso finale su note agrumate. Ottimo il Brut della stessa annata, che accede alle nostre finali: è ricco di frutto e freschezza, ha un'effervescenza cremosa e controllata; il Brut non millesimato è asciutto, tonico, teso e di ottima beva, mentre il Dosaggio Zero Celeste '08 si fa apprezzare per complessità e pulizia stilistica.

○ Franciacorta Brut '11	🍷🍷 6
○ Franciacorta Brut	🍷🍷 5
○ Franciacorta Dosaggio Zero '11	🍷🍷 6
○ Franciacorta Dosaggio Zero Celeste '08	🍷🍷 8
⊙ Franciacorta Rosé	🍷 5
○ Franciacorta Brut '09	🍸🍸 6
○ Franciacorta Brut '08	🍸🍸 6
○ Franciacorta Brut '07	🍸🍸 4
○ Franciacorta Brut '06	🍸🍸 4
○ Franciacorta Pas Dosé '10	🍸🍸 6
○ Franciacorta Pas Dosé '09	🍸🍸 6
○ Franciacorta Pas Dosé '08	🍸🍸 6
○ Franciacorta Pas Dosé '07	🍸🍸 5
○ Franciacorta Pas Dosé '06	🍸🍸 5

Cantine Selva Capuzza

FRAZ. SAN MARTINO DELLA BATTAGLIA
LOC. SELVA CAPUZZA
25010 DESENZANO DEL GARDA [BS]
TEL. 0309910381
www.selvacapuzza.it

VENDITA DIRETTA
VISITA SU PRENOTAZIONE
OSPITALITÀ E RISTORAZIONE
PRODUZIONE ANNUA 300.000 bottiglie
ETTARI VITATI 25,00

Selva Capuzza è un bel podere di 50 ettari, 25 dei quali a vigneto, che anni fa fu acquistato da Vincenzo Formentini, enologo, che ribattezzò la cantina Colli a Lago. Siamo infatti sull'anfiteatro morenico che delimita il lago a sud, dove insistono le denominazioni Lugana, San Martino della Battaglia e Garda. L'azienda vinifica solo uve della tradizione. Oggi alla sua guida c'è Luca Formentini. Selva Capuzza vanta anche un ottimo ristorante e un'avviata attività di ospitalità rurale. La gamma di vini presentata nelle varie denominazioni è ampia e di livello. Tra i Lugana segnaliamo il Riserva Menasasso '12, un bianco ricco di struttura e complessità, dal variegato bouquet che dal frutto vira su note minerali per sfumare poi su ricordi di zafferano. Al palato ha spessore e profondità. Sapido, godibile e ben articolato il San Vigilio '15. Tra gli altri vini menzione per il San Martino Campo al Soglio '15 e per l'ottimo Chiaretto San Donino '15.

⊙ Garda Cl. Chiaretto San Donino '15	🍷🍷 2*
● Garda Cl. Groppello San Biagio '15	🍷🍷 4
○ Lugana Menasasso Ris. '12	🍷🍷 3
○ Lugana San Vigilio '15	🍷🍷 2*
○ Lugana Selva '15	🍷🍷 2*
○ San Martino della Battaglia Campo del Soglio '15	🍷🍷 3
⊙ Garda Brut Rosé Hirundo	🍷 3
○ Lugana Dosaggio Zero Hirundo M. Cl.	🍷 3
⊙ Garda Cl. Chiaretto San Donino '14	🍸🍸 2*
● Garda Cl. Groppello San Biagio '14	🍸🍸 3
○ Lugana San Vigilio '14	🍸🍸 2*
○ Lugana Selva '14	🍸🍸 2*

Lo Sparviere

via Costa, 2
25040 Monticelli Brusati [BS]
Tel. 030652382
www.losparviere.com

VENDITA DIRETTA
VISITA SU PRENOTAZIONE
PRODUZIONE ANNUA 120.000 bottiglie
ETTARI VITATI 30,00

Ugo Gussalli Beretta è al timone di una delle più antiche aziende del mondo (è documentata dal 1526) e con sua moglie Monique condivide una grande passione per la terra e per il vino; questo li ha portati, negli anni, a creare il gruppo Agricole Gussalli Beretta, che oltre Lo Sparviere in Franciacorta comprende il Castello di Radda nel Chianti Classico, la Orlandi Contucci Ponno in Abruzzo e la Cascina Pressenda a Castelletto di Monforte d'Alba. La tenuta franciacortina si estende per 150 ettari, 30 dei quali vitati. L'azienda è ospitata in una bella villa cinquecentesca con annessi, perfettamente restaurata. L'Extra Brut '09 è una cuvée di chardonnay da vigne di oltre vent'anni da un vigneto di Monticelli Brusati. Una parte del vino base fermenta e matura in piccoli fusti, e la presa di spuma si protrae per almeno cinque anni. È sapido, materico, ricco, ha una struttura solida e assertiva sulla quale s'innestano sfumature eleganti d'agrume, frutto bianco, vaniglia. Lunga persistenza d'aromi che sfumano su toni di miele.

○ Franciacorta Extra Brut '09	🍷🍷🍷 5
○ Franciacorta Brut '11	🍷🍷 5
○ Franciacorta Satèn	🍷🍷 6
⊙ Franciacorta Rosé Monique	🍷 5
○ Franciacorta Dosaggio Zero Ris. '08	ΥΥΥ 6
○ Franciacorta Extra Brut '08	ΥΥΥ 5
○ Franciacorta Extra Brut '07	ΥΥΥ 5
○ Franciacorta Brut '09	ΥΥ 5
○ Franciacorta Brut	ΥΥ 5
○ Franciacorta Dosaggio Zero Ris. '07	ΥΥ 6
○ Franciacorta Dosaggio Zero Ris. '06	ΥΥ 8
○ Franciacorta Extra Brut	ΥΥ 5

Pietro Torti

fraz. Castelrotto, 9
27047 Montecalvo Versiggia [PV]
Tel. 038599763
www.pietrotorti.it

VENDITA DIRETTA
VISITA SU PRENOTAZIONE
OSPITALITÀ
PRODUZIONE ANNUA 40.000 bottiglie
ETTARI VITATI 18,00
VITICOLTURA Biologico Certificato

Ritorna alla scheda grande Sandro Torti, figlio di Pietro, di cui l'azienda porta ancora il nome. Il tenace e simpatico viticoltore di Montecalvo è ora supportato dalla giovanissima figlia Chiara, speriamo dunque che questa piccola ma significativa realtà della valle Versa prosegua nella sua storia. La gamma presentata rispetta la classica tradizione oltrepadana e quest'anno ha dato risultati significativi. In primo piano il Campo Rivera '12. Un'annata particolarmente felice ha regalato una Barbera di notevole intensità e profondità, dai netti sentori di amarena, frutti di bosco, spezie, sorretta da una bella acidità e lunga nel finale. Bene anche il Metodo Classico '12: ha nerbo profumi nitidi e fragranti, bolla fine. Sempre tra le migliori la Bonarda '15, dal frutto nero integro e croccante, polposa, con residuo zuccherino avvertibile come è nello stile di Sandro, ammandorlata nel finale. Ci è piaciuta anche l'Uva Rara '15, vinosa e fruttata, con l'inconfondibile nota di pepe.

● OP Barbera Campo Rivera '12	🍷🍷 4
● OP Bonarda Vivace '15	🍷🍷 2*
○ OP Pinot Nero Brut M. Cl. Torti '12	🍷🍷 3
● Uva Rara '15	🍷🍷 3
● Castelrotto '12	🍷 5
○ Fagù '15	🍷 3
● OP Bonarda Verzello '15	🍷 3
● OP Barbera Campo Rivera '10	ΥΥ 3
● OP Bonarda '13	ΥΥ 2*
● OP Bonarda Vivace '12	ΥΥ 2*
⊙ OP Cruasé '11	ΥΥ 3
⊙ OP Cruasé '10	ΥΥ 2*
○ OP Pinot Nero Brut M. Cl. Torti '10	ΥΥ 3

Travaglino

loc. Travaglino, 6a
27040 Calvignano [PV]
Tel. 0383872222
www.travaglino.it

VENDITA DIRETTA
VISITA SU PRENOTAZIONE
OSPITALITÀ E RISTORAZIONE
PRODUZIONE ANNUA 220.000 bottiglie
ETTARI VITATI 80,00

Travaglino è un'azienda storica dell'Oltrepò Pavese. In mano alla famiglia Comi da quasi centocinquant'anni, fu Vincenzo, negli anni Sessanta, tra i primi a capire l'importanza dei cru, piantando le varietà di vitigno in base alle differenti caratteristiche dei suoli. Ora la nipote Cristina Cerri ha preso in mano le redini dell'azienda affidandosi all'esperienza e alle capacità di un enologo di vaglia come Carlo Casavecchia, e i primi segnali di rilancio sono già evidenti. Il Brut Gran Cuvée raggiunge le finali grazie a pulizia e freschezza cui corrispondono una bella verticalità e bolla cremosa. Sempre in ambito spumantistico il Cruasé Monteceresino piace per il frutto di bosco integro e complesso, con note di caffè e buona eleganza, mentre la Riserva Vincenzo Comi '08 ha una base molto buona appesantita un po' dal legno. Interessante il Pinot Grigio Ramato '15, profumato di melagrana, pieno e di nerbo. Bene anche il Campo della Fojada e il Pernero '15, Riesling e Pinot Nero giovani e varietali dal bel frutto.

○ OP Brut Gran Cuvée	🍷🍷 4
○ Brut Cuvée 59 '13	🍷🍷 4
○ OP Pinot Grigio Ramato '15	🍷🍷 4
⊙ OP Pinot Nero Brut Cruasé Monteceresimo	🍷🍷 4
● OP Pinot Nero Pernero '15	🍷🍷 2*
○ OP Riesling Campo della Fojada '15	🍷🍷 3
● OP Pinot Nero Vincenzo Comi Ris. '08	🍷 5
○ OP Riesling Campo della Fojada Ris. '13	🍷 3
○ OP Brut Classese '09	🍷🍷 5
○ OP Brut Cuvée 59 '10	🍷🍷 5
⊙ OP Pinot Nero Brut Cruasé Monteceresimo '11	🍷🍷 4
○ OP Pinot Nero Brut Cuvée 59 '12	🍷🍷 3
○ OP Riesling Campo della Fojada '14	🍷🍷 3

★Uberti

loc. Salem
via E. Fermi, 2
25030 Erbusco [BS]
Tel. 0307267476
www.ubertivini.it

VISITA SU PRENOTAZIONE
PRODUZIONE ANNUA 180.000 bottiglie
ETTARI VITATI 25,00
VITICOLTURA Biologico Certificato

La famiglia Uberti ha radici antiche nella vitivinicoltura bresciana, che risalgono addirittura al 1793. Poi nel 1980 Agostino ed Eleonora hanno fondato la moderna cantina che ha raccolto dai suoi esordi una messe incredibile di riconoscimenti per la qualità della sua produzione con etichette ormai famose come Magnificentia e Comarì del Salem. Il segreto è probabilmente in un parco di vigneti d'eccellenza, 25 ettari in Erbusco, ma anche nella passione che tutta la famiglia riversa nell'azienda. Accanto ai genitori oggi ci sono anche Silvia, enologo, e Francesca, che segue l'amministrazione della maison. L'azienda è in regime biologico. Il Satèn Magnificentia '12 ha ben figurato nelle nostre degustazioni per la ricchezza espressiva, per la sapida profondità e l'equilibrio. Un vino che anno dopo anno mantiene il suo tipico carattere di morbida pienezza ben evidente, dal bel finale nervoso su suggestioni d'erbe aromatiche. Il Sublimis Riserva '06 ha un carattere ben evoluto e complesso, mentre tra i vini dal taglio più fresco, quelli della linea Francesco I, vi consigliamo soprattutto l'Extra Brut.

○ Franciacorta Satèn Magnificentia '12	🍷🍷 6
○ Franciacorta Extra Brut Francesco I	🍷🍷 5
○ Franciacorta Non Dosato Sublimis Ris. '06	🍷🍷 7
○ Franciacorta Brut Francesco I	🍷 5
⊙ Franciacorta Rosé Francesco I	🍷 5
○ Franciacorta Brut Comarì del Salem '00	🍷🍷🍷 6
○ Franciacorta Extra Brut Comarì del Salem '03	🍷🍷🍷 6
○ Franciacorta Extra Brut Comarì del Salem '02	🍷🍷🍷 6
○ Franciacorta Extra Brut Comarì del Salem '01	🍷🍷🍷 6

Vanzini

FRAZ. BARBALEONE, 7
27040 SAN DAMIANO AL COLLE [PV]
TEL. 038575019
www.vanzini-wine.com

VENDITA DIRETTA
VISITA SU PRENOTAZIONE
PRODUZIONE ANNUA 600.000 bottiglie
ETTARI VITATI 27,00

L'Oltrepò è un'entità vasta e variegata. C'è chi si dedica ai vini rossi da invecchiamento, chi al Metodo Classico, chi a vini soprattutto frizzanti con le uve classiche del territorio. In quest'ultimo caso, quello dei fratelli Antonio, Michela e Pierpaolo Vanzini è un indirizzo sicuro. La loro Bonarda esce sempre tra le migliori per fragranza, frutto ed equilibrio, così come i vini dolci, Sangue di Giuda e Moscato, proposti entrambi nella versione frizzante con tappo raso e nella versione spumante con tappo a fungo. Qualità sempre alta per gli Extra Dry Metodo Martinotti bianco e rosato, da solo uve pinot nero di proprietà. Proprio il Martinotti Extra Dry bianco approda quest'anno alle finali grazie a eleganza, finezza di bolla, equilibrio, profumi floreali e profondità. Bene come sempre anche la versione Rosé, caratterizzata da un frutto di bosco rosso grintoso e fragrante. L'Aedo, che ha una percentuale di uve bianche, sa di agrumi e frutta bianca. Frutto rosso a volontà per Bonarda e Sangue di Giuda '15, ricchi ed esuberanti. Varietale e ben fatto il Moscato Spumante.

○ Pinot Nero Extra Dry Martinotti	🍷🍷 (rossi) 3
○ Moscato Spumante	🍷🍷 3
● OP Bonarda Vivace '15	🍷🍷 2*
● OP Sangue di Giuda '15	🍷🍷 3
○ Pinot Nero Extra Dry Martinotti Aedo	🍷🍷 3
⊙ Pinot Nero Extra Dry Martinotti Rosé	🍷🍷 3
● Barbera '15	🍷 3
○ Pinot Grigio '15	🍷 4
○ Riesling '15	🍷 2
○ Moscato Spumante '14	🍸🍸 3
● OP Bonarda V. Guardia '13	🍸🍸 3
● OP Bonarda Vivace '14	🍸🍸 2*
● OP Sangue di Giuda '14	🍸🍸 3

Bruno Verdi

VIA VERGOMBERRA, 5
27044 CANNETO PAVESE [PV]
TEL. 038588023
www.brunoverdi.it

VENDITA DIRETTA
VISITA SU PRENOTAZIONE
PRODUZIONE ANNUA 90.000 bottiglie
ETTARI VITATI 12,00

Tante volte abbiamo raccontato delle capacità di Paolo Verdi. Non è facile trovarsi a vent'anni, data la prematura scomparsa del padre, a gestire da solo una cantina. Paolo ha fatto di più: con tenacia e bravura ha nel corso degli anni saputo trasformare quella che trent'anni fa era un'azienda fra le tante in una delle migliori realtà di tutto l'Oltrepò Pavese, capace di produrre vini rossi territoriali di assoluto valore, come dimostrano i numerosi approdi in finale, accanto a vini bianchi e spumanti Metodo Classico sorprendentemente longevi. Quest'anno Vergomberra Nature '11 sugli scudi: un Metodo Classico teso, verticale, profumato di agrumi - lime in particolare - ed erbe aromatiche, intenso e profondo. Molto buono e inconfondibile il Cavariola '12, un rosso potente, dal frutto integro, con sentori balsamici, di mentuccia e cacao, e gran slancio finale. Molto muscolare la Barbera Campo del Marrone '13, profumata di frutti neri. Bel frutto integro per Bonarda e Sangue di Giuda d'annata.

○ OP Pinot Nero Nature Vergomberra '11	🍷🍷 (rossi) 4
● OP Rosso Cavariola Ris. '12	🍷🍷 (rossi) 5
● OP Barbera Campo del Marrone '13	🍷🍷 3
● OP Bonarda Vivace Possessione di Vergombera '15	🍷🍷 2*
● OP Sangue di Giuda Paradiso '15	🍷🍷 2*
● OP Buttafuoco '15	🍷 2
○ OP Moscato '15	🍷 2
○ OP Pinot Grigio '15	🍷 2
● OP Rosso Cavariola Ris. '10	🍸🍸🍸 5
● OP Rosso Cavariola Ris. '07	🍸🍸🍸 4
● OP Barbera Campo del Marrone '12	🍸🍸 3*
⊙ OP Cruasé Vergomberra '10	🍸🍸 4
○ OP Pinot Nero Extra Brut Vergomberra '10	🍸🍸 4

Giuseppe Vezzoli

via Costa Sopra, 22
25030 Erbusco [BS]
Tel. 0307267579
www.vezzolivini.it

VENDITA DIRETTA
VISITA SU PRENOTAZIONE
PRODUZIONE ANNUA 190.000 bottiglie
ETTARI VITATI 63,00

Se la famiglia Vezzoli da generazioni ha consuetudine con la viticoltura è da 1994 che Giuseppe Vezzoli ha posto le basi per la sua moderna azienda. La Vezzoli è ormai arrivata a produrre la ragguardevole cifra di 190mila bottiglie, elaborate dalle uve degli oltre sessanta ettari di vigne (principalmente a Erbusco) controllate dalla maison, tra quelle di proprietà e quelle in affitto. Con Giuseppe collaborano ormai stabilmente anche i figli Jessica e Dario, che a loro volta hanno creato una piccola innovativa azienda, Sullali. Ottima anche quest'anno la batteria di vini presentati da Vezzoli. Ci è molto piaciuto il Satèn, cremoso e morbido comme il faut, accattivante nei suoi toni di frutta fresca e dotato di bella tensione; il Dosaggio Zero ha profumi floreali e una bella tonica vitalità, mentre il Nefertiti Dizeta '10 è un Dosaggio Zero complesso e fragrante che fa mostra d'una bella struttura e di toni polposi di frutto bianco.

○ Franciacorta Brut '12	🍷🍷 5
○ Franciacorta Brut	🍷🍷 4
○ Franciacorta Brut Satèn	🍷🍷 5
○ Franciacorta Dosaggio Zero	🍷🍷 6
○ Franciacorta Extra Brut Nefertiti Dizeta '10	🍷🍷 6
○ Franciacorta Extra Brut Vendemmia Zero	🍷 6
○ Franciacorta Brut '11	🍸🍸 5
○ Franciacorta Brut '10	🍸🍸 5
○ Franciacorta Brut '07	🍸🍸 5
○ Franciacorta Brut Nefertiti '05	🍸🍸 6
○ Franciacorta Extra Brut Nefertiti Dizeta '09	🍸🍸 6
○ Franciacorta Extra Brut Nefertiti Dizeta '07	🍸🍸 6

Villa Crespia

via Valli, 31
25030 Adro [BS]
Tel. 0307451051
www.arcipelagomuratori.it

VENDITA DIRETTA
VISITA SU PRENOTAZIONE
PRODUZIONE ANNUA 350.000 bottiglie
ETTARI VITATI 60,00
AZIENDA SOSTENIBILE

La famiglia Muratori ha solide radici nell'agricoltura e negli anni ha creato un gruppo di aziende agricole di livello, l'Arcipelago Muratori. Oltre alla franciacortina Villa Crespia abbiamo la tenuta di Rubbia al Colle in Maremma, Oppida Aminea nel Sannio e infine la Giardini Arimei sull'isola d'Ischia. Con sessanta ettari di vigne e una produzione importante, realizzata con rispetto per l'ambiente, la Villa Crespia è una delle aziende più importanti della Franciacorta. La direzione tecnica del gruppo è affidata a Francesco Iacono, enologo, che propone una serie di cuvée che esprimono i diversi terroir della Franciacorta. È il Dosaggio Zero Numerozero a rappresentare l'azienda nelle nostre finali. È ottenuto da uve chardonnay in purezza provenienti dai terreni morenici profondi, principalmente in Erbusco, e colpisce per la freschezza e la tonicità dell'insieme. Ha belle note agrumate all'olfatto, e al palato si apre ampio, sorretto da una nitida vena acida e da un'effervescenza cremosa, per sfumare lungo su note di frutto e floreali e ancora agrumi.

○ Franciacorta Dosaggio Zero Numerozero	🍷🍷 5
○ Franciacorta Brut Novalia	🍷🍷 4
○ Franciacorta Brut Satèn Cesonato	🍷🍷 5
⊙ Franciacorta Extra Brut Rosé Brolese	🍷🍷 5
○ Franciacorta Brut Millè '08	🍷 5
○ Franciacorta Brut Simbiotico	🍷 5
○ Franciacorta Dosaggio Zero Cisiolo	🍷 5
○ Franciacorta Dosaggio Zero Francesco Iacono Ris. '08	🍷 7
○ Franciacorta Dosaggio Zero Francesco Iacono Ris. '04	🍸🍸🍸 7
○ Franciacorta Brut Millè '07	🍸🍸 5
○ Franciacorta Dosaggio Zero Francesco Iacono Ris. '07	🍸🍸 7
○ Franciacorta Dosaggio Zero Francesco Iacono Ris. '05	🍸🍸 7

Villa Franciacorta

via Villa, 12
25040 Monticelli Brusati [BS]
Tel. 030652329
www.villafranciacorta.it

VISITA SU PRENOTAZIONE
OSPITALITÀ E RISTORAZIONE
PRODUZIONE ANNUA 300.000 bottiglie
ETTARI VITATI 40,00

Alessandro Bianchi negli anni Sessanta acquistò il cinquecentesco borgo di Villa, a Monticelli Brusati, e con anni di pazienti restauri l'ha trasformato in un lussuoso relais di campagna, con tanto di ristorante, recuperando gli antichi edifici e ripiantando le vigne a gradoni sull'adiacente Monte della Madonna della Rosa. Oggi l'azienda ha cento ettari di superficie, di cui 40 a vigneto, e una moderna cantina totalmente interrata, dove riposa un milione di bottiglie in attesa del rémuage. L'azienda oggi è gestita da Alessandra Bianchi e da suo marito Paolo Piziol. Se lo scorso anno ci era piaciuto molto il Rosé di Villa, quest'anno il vino s'è imposto nelle nostre degustazioni meritando senza tentennamenti i nostri Tre Bicchieri. Il Boké '12 ha un bellissimo colore rosa pallido, un bouquet intenso e persistente di piccoli frutti rossi con la fragolina selvatica e il ribes in primo piano, e al palato si distende assertivo, sapido, delicatamente fruttato, ricco di tensione, frutto e freschezza. Il Mon Satèn '12 è altrettanto buono, ricco di note floreali e di frutto bianco. Annata da incorniciare.

⊙ Franciacorta Brut Rosé Boké '12	🍷🍷🍷 5
○ Franciacorta Mon Satèn '12	🍷🍷 5
○ Franciacorta Brut Cuvette '08	🍷🍷 5
○ Franciacorta Brut Emozione '12	🍷🍷 5
⊙ Franciacorta Demi Sec Rosé Briolette	🍷🍷 5
○ Franciacorta Pas Dosé Diamant '10	🍷🍷 5
○ Curtefranca Pian della Villa '15	🍷 3
● Curtefranca Rosso Gradoni '12	🍷 5
○ Franciacorta Extra Brut Extra Blu '10	🍷 5
● Sella Collezione '12	🍷 3
○ Franciacorta Brut Emozione '09	♀♀♀ 5
○ Franciacorta Extra Brut '98	♀♀♀ 4*

Chiara Ziliani

via Franciacorta, 7
25050 Provaglio d'Iseo [BS]
Tel. 030981661
www.cantinachiaraziliani.it

VISITA SU PRENOTAZIONE
PRODUZIONE ANNUA 300.000 bottiglie
ETTARI VITATI 21,00

Chiara Ziliani gestisce con talento e passione la sua azienda, che occupa una collina morenica a Provaglio d'Iseo e si estende per 21 ettari, 17 dei quali di proprietà, che forniscono una materia prima di qualità che Chiara trasforma in un gran numero di etichette di Franciacorta e vini del territorio articolati su più linee. Le vigne sono coltivate a basso impatto ambientale e con elevata densità d'impianto (oltre 7000 ceppi per ettaro). La felice posizione, con le vigne a 250 metri di quota, esposte a sud e sudest e la grande cura nei lavori di cantina ci regalano etichette di ottimo livello. Tante, tantissime referenze per questa maison. Vi segnaliamo i nostri migliori assaggi. Nella linea Ziliani C ottimo il Non Dosato '11, dai profumi floreali, sapido e polposo, un cremoso Satèn '11, e il fruttato Brut dalle sfumature vanigliate. Il Satèn Gran Cuvée Maddalena Cavalleri '09 ha bei toni di boisé, torrefazione e brioche, è cremoso e armonico. Più fresco delicato e immediato il Satèn Conte di Provaglio.

○ Franciacorta Brut Duca d'Iseo	🍷🍷 5
○ Franciacorta Brut Ziliani C '11	🍷🍷 4
○ Franciacorta Non Dosato Ziliani C '11	🍷🍷 5
⊙ Franciacorta Rosé Conte di Provaglio	🍷🍷 3
○ Franciacorta Satèn Conte di Provaglio	🍷🍷 3
○ Franciacorta Satèn Duca d'Iseo	🍷🍷 3
○ Franciacorta Satèn Gran Cuvée Maria Maddalena Cavalieri '09	🍷🍷 5
○ Franciacorta Satèn Ziliani C '11	🍷🍷 4
○ Franciacorta Satèn Ziliani C	🍷🍷 3
○ Franciacorta Brut Conte di Provaglio	🍷 3
⊙ Franciacorta Brut Rosé Ziliani C	🍷 4
○ Franciacorta Extra Brut Ziliani C '10	♀♀ 4
○ Franciacorta Pas Dosé Ziliani C '09	♀♀ 4
○ Franciacorta Satèn Ziliani C '10	♀♀ 4

1701

P.ZZA MARCONI, 6
25046 CAZZAGO SAN MARTINO [BS]
TEL. 0307750875
www.1701franciacorta.it

L'azienda di Federico e Silvia Stefini, fondata nel XVIII secolo, oggi vanta 11 ettari di vigne coltivate in regime biodinamico e una produzione di qualità. Ottimo il Dosaggio Zero Vintage '11 dai toni vanigliati e floreali all'olfatto e di fresca persistenza al palato.

○ Franciacorta Dosaggio Zero '11	🍷🍷 8
○ Franciacorta Satèn	🍷🍷 6
○ Franciacorta Brut	🍷 6
⊙ Franciacorta Brut Rosé	🍷 6

Elisabetta Abrami

S.DA VICINALE DELLE FOSCHE
25050 PROVAGLIO D'ISEO [BS]
TEL. 0306857185
www.vinielisabettaabrami.it

Elisabetta Abrami è titolare di una delle più giovani aziende della Franciacorta. Ha 15 ettari di vigne tra Provaglio, Passirano e Paderno Franciacorta, condotti secondo i criteri dell'agricoltura biologica. Quest'anno segnaliamo un eccellente Pas Dosé e il Rosé, profondo e fresco.

⊙ Franciacorta Brut Rosé	🍷🍷 5
○ Franciacorta Pas Dosé	🍷🍷 6
○ Franciacorta Brut	🍷 5

Al Rocol

VIA PROVINCIALE, 79
25050 OME [BS]
TEL. 0306852542
www.alrocol.com

Gianluigi Vimercati conduce con passione e competenza la sua azienda di Ome. Il Brut Ca' del Luf è ben disteso, cremoso e sapido, il Castellini '12 è un Dosaggio Zero di notevole eleganza e nitidezza, dal bel finale boisé. Rotondo, vanigliato e polposo il Satèn'12.

○ Franciacorta Brut Ca' del Luf	🍷🍷 5
○ Franciacorta Dosaggio Zero Castellini '12	🍷🍷 6
○ Franciacorta Satèn Martignac '12	🍷🍷 5

Annibale Alziati

LOC. SCAZZOLINO, 55
27040 ROVESCALA [PV]
TEL. 038575261
www.gaggiarone.it

Annibale Alziati guida questa cantina storica di Rovescala a conduzione biologica con vinificazioni molto naturali senza uso di legni. Inevitabilmente i risultati possono essere altalenanti. Il Gaggiarone in certe annate è un gran vino di territorio.

● OP Barbera San Francesco '14	🍷 4
● OP Bonarda Gaggiarone V. V. '12	🍷 4

Tenute Ambrosini

VIA DELLA PACE, 58
25046 CAZZAGO SAN MARTINO [BS]
TEL. 0307254850
www.tenutambrosini.it

Lorenzo Ambrosini all'attività agrituristica ha affiancato una piccola e curata produzione di Franciacorta realizzati con cura artigianale. Abbiamo assaggiato due ottime etichette: il Franciacorta Satèn '12, dal taglio asciutto e nervoso, e un Brut '11 di bella struttura e dai toni agrumati.

○ Franciacorta Brut '11	🍷🍷 5
○ Franciacorta Satèn '12	🍷🍷 5

Avanzi

VIA TREVISAGO, 19
25080 MANERBA DEL GARDA [BS]
TEL. 0365551013
www.avanzi.net

Ottima prestazione per questa cantina. Il Lugana Sirmione '15 ha bella bocca sapida e fruttata. Il Groppello '14 sa di piccoli frutti rossi croccanti, ha profumo nitido e tannini ben levigati. Buono anche il Rebo '13, con i suoi sentori di prugna e liquirizia, giocato sulla sovramaturazione.

● Garda Cl. Groppello '14	🍷🍷 3
○ Lugana Borghetta Ris. '13	🍷🍷 3
○ Lugana Sirmione '15	🍷🍷 2*
● Rebo '13	🍷🍷 3

YouWine Shop
The best choice for your wine
www.youwine.it
Numero Verde Gratuito
800 177 552
NEVADA®
Cantine frigo per vino,
da 20 a 1000 bottiglie.
Semplicemente il meglio
Lavorazione Made in Italy
WWW.NEVADAEUROPE.COM
IL PUNTO DI RIFERIMENTO PER GLI AMANTI DEL VINO
VINUMdesign
Cantinette classiche
da 20 a 60 bottiglie.
Gioielli di alta classe
ed eleganza.
WWW.VINUMDESIGN.IT
LEADER WINE EQUIPMENT
WG WINE GUARDIAN
Climatizzatore professionale
deale per qualsiasi
ambiente ed esigenza.
Da 10 m³ a 250 m³
WWW.WINECLIMA.IT

Scelto da
GAMBERO ROSSO
CITTÀ DEL GUSTO
OKITE®. L'ESCLUSIVO PIANO...
...PER LA TUA ATTIVITÁ, LA TUA CUCINA, PER TE.

Barbacarlo - Lino Maga

S.DA BRONESE, 3
27043 BRONI [PV]
TEL. 038551212
barbacarlodimaga@libero.it

Sul Barbacarlo e su Lino Maga, il suo creatore, s'è detto di tutto e di più. Croatina, uva rara e vespolina per un vino unico in ogni annata e in ogni bottiglia. Questo 2014 ha vivacità tenue, frutto terroso che emerge dopo abbondante arieggiamento e corpo agile.

- ● Barbacarlo '14 — 🍷🍷 5

Barboglio De Gaioncelli

FRAZ. COLOMBARO
VIA NAZARIO SAURO
25040 CORTE FRANCA [BS]
TEL. 0309826831
www.barbogliodegaioncelli.it

Fondata nel 1875 la cantina della famiglia Costa propone una linea di Franciacorta di livello dalle vigne di proprietà. Quest'anno vi segnaliamo un Pas Dosé Claro '08 di elegante complessità, sapido e ricco di frutto, ed un Satèn di stile snello e scattante.

- ○ Franciacorta Pas Dosé Claro '08 — 🍷🍷 5
- ○ Franciacorta Satèn — 🍷🍷 4
- ○ Franciacorta Extra Dry — 🍷 4

La Basia

LOC. LA BASIA
VIA PREDEFITTE, 31
25080 PUEGNAGO SUL GARDA [BS]
TEL. 0365555958
www.labasia.it

Tra i vini dei cinque fratelli Tincani, figli della fondatrice Elena Parona, il Marzemino '13 è quello che ci è piaciuto di più: ha polpa, nerbo, frutto nitido, bel finale slanciato. La Botte Piena '14 ha polpa e tannino vivo.

- ● Garda Marzemino '13 — 🍷🍷 3
- ● Valtènesi La Botte Piena '14 — 🍷 3

Cantina Sociale Bergamasca

VIA BERGAMO, 10
24060 SAN PAOLO D'ARGON [BG]
TEL. 035951098
www.cantinabergamasca.it

Ancora buoni segnali dalla Cantina Sociale Bergamasca. I vini migliori sono sempre quelli nati sotto la recente denominazione Colleoni. L'Incrocio Manzoni '15 ha franchi sentori tropicali e minerali. Ricco, lungo e di stoffa il Brut '12. Molto gradevole e beverina la Schiava '15.

- ○ Terre del Colleoni Brut Colleoni '12 — 🍷🍷 4
- ○ Terre del Colleoni Incrocio Manzoni '15 — 🍷🍷 2*
- ⊙ Terre del Colleoni Schiava '15 — 🍷🍷 2*

Bertagna

LOC. BANDE
S.DA MADONNA DELLA PORTA, 14
46040 CAVRIANA [MN]
TEL. 037682211
www.cantinabertagna.it

Il Montevolpe Rosso '12 di Bertagna, blend da merlot, cabernet e corvina, è un vino strutturato, dal frutto maturo e legno ben dosato, non banale, fine ed equilibrato. Più fresco, pulito e varietale, il Garda Cabernet '15. Ben fatto, sapido, agile e lungo nel finale il Lugana '15.

- ○ Lugana '15 — 🍷🍷 2*
- ● Montevolpe Rosso '12 — 🍷🍷 3
- ● Garda Cabernet '15 — 🍷 1*

Cantine Bertelegni

FRAZ. GAMINARA
27052 ROCCA SUSELLA [PV]
www.oltrepovini.it

Esordio in Guida per l'azienda di Andrea Bertelegni. Premiamo innanzitutto la Bonarda Vergonia '15, dal bel frutto calibrato con sentori di sottobosco. Il Brut Alexander Magnus non ha grande volume ma un frutto piacevole.

- ● OP Bonarda Vergonia '15 — 🍷🍷 4
- ○ Brut M. Cl. Alexander Magnus — 🍷 8

Podere Bignolino

loc. Bignolino
s.da prov.le 44
27040 Broni [PV]
Tel. 0383870160
www.poderebignolino.it

Bei segnali dalla famiglia Contardi: il Rosso Tre Colli '13 ha frutto integro, ampio, dinamico, con note balsamiche. Buona anche la Barbera Costa Bercé '14, nitida e fragrante. Sapido e profumato di agrumi il Riesling '15.

● OP Barbera Costa Bercé '14	🍷🍷 3
● OP Rosso Tre Colli Ris. '13	🍷🍷 3
○ Riesling '15	🍷🍷 2*

Bonaldi - Cascina del Bosco

loc. Petosino
via Gasparotto, 96
24010 Sorisole [BG]
Tel. 035571701
www.cascinadelbosco.it

Meglio dello scorso anno, e non c'è da stupirsi vista l'annata, il Valcalepio Bianco '15, profumato di frutta tropicale, polposo e fresco. Il Controcanto '13 è un Cabernet di sostanza, ancora giovane. Territoriale il Valcalepio Rosso '14, che sconta l'annata poco felice.

○ Valcalepio Bianco '15	🍷🍷 3
● Controcanto '13	🍷 4
● Valcalepio Rosso '14	🍷 4

Bonfadini

via L. di Bernardo, 85
25049 Iseo [BS]
Tel. 0309826721
www.bonfadini.it

L'azienda di Graziano Bonfadini nasce oltre vent'anni fa, e oggi si estende su 5 ettari di vigneto, prevalentemente dedicati allo chardonnay. Validissime le etichette proposte, come il Nature Veritas, dal bouquet elegantissimo e fresco, con rimandi al lime, delicatamente equilibrato al palato.

○ Franciacorta Nature Veritas	🍷🍷 5
⊙ Franciacorta Rosé Opera	🍷🍷 5
○ Franciacorta Satèn Carpe Diem	🍷🍷 5
○ Franciacorta Brut Nobilium	🍷 5

Borgo La Gallinaccia

via IV Novembre, 15
25050 Rodengo Saiano [BS]
Tel. 030611314
www.borgolagallinaccia.it

Paolo Gazziero e il figlio Matteo seguono tutte le fasi produttive di questa piccola cantina fondata nel 2000. Di sicuro livello il Pas Dosé, che ha struttura piena sorretta dal bel nerbo acido, e il Brut, dal taglio vitale e fresco, ricco di nuance agrumate.

● Colmo dei Colmi '11	🍷🍷 4
○ Franciacorta Brut	🍷🍷 4
○ Franciacorta Pas Dosé	🍷🍷 5
○ Franciacorta Satèn	🍷🍷 4

Ca' del Santo

loc. Campolungo, 4
27040 Montalto Pavese [PV]
Tel. 0383870545
www.cadelsanto.it

Ben fatta, polposa e fruttata, con sentori di prugna e frutti di bosco, la Bonarda RossoPassione '15. Il Nero '13 è un Pinot Nero di stile abbastanza muscolare, profumato di frutti neri e corteccia.

● Il Nero '13	🍷🍷 3
● OP Bonarda RossoPassione '15	🍷🍷 2*

Patrizia Cadore

loc. Campagna Bianca
25010 Pozzolengo [BS]
Tel. 0309918138
www.vinicadore.eu

Originaria della provincia di Vicenza, la famiglia Cadore produce vino da oltre 200 anni, e dal 1954 s'è insediata nel Garda, a Pozzolengo. Oggi Patrizia, al timone dell'azienda, ci propone vini dal taglio fresco e curato, sia nel Lugana sia nel San Martino della Battaglia.

○ Lugana '15	🍷🍷 3
○ Lugana Ris. '13	🍷🍷 5
○ San Martino della Battaglia '15	🍷 3

Il Calepino

via Surripe, 1
24060 Castelli Calepio [BG]
Tel. 035847178
www.ilcalepino.it

Scheda piccola interlocutoria per l'azienda dei fratelli Plebani: le nuove annate degli spumanti e dei vini rossi importanti non sono ancora pronte, se ne riparla l'anno prossimo. Intanto lodiamo la verticalità netta del Brut, mentre il Valcalepio Bianco '15 è fragrante e profumato.

○ Terre del Colleoni Brut	🍷🍷 4
○ Valcalepio Bianco '15	🍷 2

Davide Calvi

fraz. Palazzina, 24
27040 Castana [PV]
Tel. 038582136
www.vinicalvi.it

Il Buttafuoco Storico Vigna Montarzolo '11 della famiglia Calvi sa di cacao e sottobosco, ha frutto molto evoluto e materia massiccia. Il Riesling Italico Kantaros '14 parte da una buona base anche se è un po' sovrastato dal legno.

○ Kantaros '14	🍷 3
● OP Buttafuoco V. Montarzolo '11	🍷 4

Le Cantorìe

fraz. Casaglio
via Castello di Casaglio, 24/25
25064 Gussago [BS]
Tel. 0302523723
www.lecantorie.it

Emiliano Bontempi con la moglie Maria, insieme ai figli Elisabetta, Erika e Gianluca hanno ingrandito le vigne di famiglia e costruito una nuova e moderna cantina. Realizzano una eccellente gamma di Franciacorta e Curtefranca che esprimono le doti dei terroir orientali della denominazione.

○ Franciacorta Pas Dosé Armonia Ris. '09	🍷🍷 6
⊙ Franciacorta Rosé Rosi delle Margherite	🍷🍷 7
○ Franciacorta Satèn Armonia '12	🍷🍷 5

Cascina Clarabella

via Enrico Mattei
25040 Corte Franca [BS]
Tel. 0309821041
www.cascinaclarabella.it

Si tratta di una cooperativa sociale che lavora 10 ettari di vigne in regime biologico favorendo l'inserimento di persone con disabilità fisiche o psichiche. Una produzione curata e di livello, dove vi segnaliamo i Pas Dosé E'ssenza, floreale ed elegante, e il 180, che matura 5 anni sui lieviti.

○ Franciacorta Pas Dosé 180 '09	🍷🍷 6
○ Franciacorta Pas Dosé E'ssenza	🍷🍷 5
⊙ Franciacorta Brut Rosé Annalisa Faifer '11	🍷 5

Castello di Gussago La Santissima

via Manica, 9
25064 Gussago [BS]
Tel. 0302525267
www.castellodigussago.it

I Gozio hanno ristrutturato antiche vigne dei monaci, 15 ettari, tra il colle della Santissima e Gussago. Dalle loro uve nascono Franciacorta di ottimo livello, come il Satèn '12, cremoso e morbido, dotato di bella freschezza, e un Brut armonico e ricco di frutto.

○ Franciacorta Brut	🍷🍷 5
⊙ Franciacorta Extra Brut Rosé '11	🍷🍷 5
○ Franciacorta Satèn '12	🍷🍷 5

Castello di Luzzano

loc. Luzzano, 5
27040 Rovescala [PV]
Tel. 0523863277
www.castelloluzzano.it

Dalla bella azienda di Giovannella Fugazza, posta al confine tra Oltrepò Pavese ed Emilia, una Bonarda Sommossa '15 di salda tradizione, profumata di mirtillo, polposa e ammandorlata nel finale. Varietale, semplice e godibile il Pinot Nero '15.

● OP Bonarda Vivace Sommossa '15	🍷🍷 2*
● OP Pinot Nero Umore Nero '15	🍷 2

Castello di Stefanago

LOC. CASTELLO DI STEFANAGO
27040 BORGO PRIOLO [PV]
TEL. 0383875227
www.baruffaldivini.it

I vini biologici di Antonio e Giacomo Baruffaldi sono piuttosto "estremi", quindi destinati a suscitare opinioni molto differenti. Il Riesling San Rocco '12, dal colore dorato, sa di mela rossa e spezie. Il Brut Ancestrale ha frutto rosso in quantità.

○ Brut Ancestrale 🍷4
○ Riesling San Rocco '12 🍷3

Cantine Cavallotti

VIA EUROPA, 9A
20080 BUBBIANO [MI]
TEL. 0290848829
www.cantinecavallotti.it

Si ripete con i buoni risultati dell'anno scorso il Cruasé Nero Puro: bel colore ramato, profumi di agrumi e melagrana, frutto croccante e bella sostanza. Ben fatta la Bonarda Passo Gaio '15, tipica e fragrante di frutti rossi.

● OP Bonarda Passo Gaio '15 🍷🍷4
⊙ OP Cruasé Nero Puro '11 🍷🍷4

Le Chiusure

FRAZ. PORTESE
VIA BOSCHETTE, 2
25010 SAN FELICE DEL BENACO [BS]
TEL. 0365626243
www.lechiusure.net

Il Chiaretto '15 di Alessandro Luzzago e Paola Casnigo ha nerbo, carattere, frutto nitido, con sentori di piccoli frutti e agrumi. Il Campei '12, da uve sangiovese, barbera e groppello, è un rosso robusto, di stile abbastanza rustico, così come il Malborghetto '13, da uve rebo e merlot.

⊙ Valtènesi Chiaretto '15 🍷🍷3
● Campei '12 🍷3
● Valtenesi Malborghetto '13 🍷5

Citari

FRAZ. SAN MARTINO DELLA BATTAGLIA
LOC. CITARI, 2
25015 DESENZANO DEL GARDA [BS]
TEL. 0309910310
www.citari.it

Tra le molte etichette dell'azienda vi segnaliamo un valido Lugana Torre '15, dal palato succoso, ricco di frutto e freschezza, e il Conchiglia '15, teso e scorrevole. Più semplice e magro il Sorgente '15, valido il Chiaretto della stessa annata, ricco di frutto.

○ Lugana Conchiglia '15 🍷🍷4
○ Lugana Torre '15 🍷🍷2*
⊙ Garda Cl. Chiaretto '15 🍷3
○ Lugana Sorgente '15 🍷3

AgriBioRelais Colletto

VIA COLLETTO, 6
24060 ADRARA SAN MARTINO [BG]
TEL. 035934253

Bell'esordio per gli spumanti di questo bellissimo AgriBioRelais posto sui colli sopra il lago d'Iseo lato bergamasco. Il Fiore '09 è uno Chardonnay in purezza fragrante, secco, verticale, dalla bolla fine. Buoni anche il Rosé '11, fruttato e gustoso, e il Blanc de Blanc '09.

○ Brut Blanc de Blanc Fiore '09 🍷🍷5
⊙ Brut Rosé '11 🍷🍷5
○ Brut Blanc de Blanc '09 🍷5

Conti Ducco

LOC. CAMIGNONE
VIA DEGLI EROI, 70
25040 PASSIRANO [BS]
TEL. 0306850566
www.contiducco.it

E' stato Piero Catturich nel 1967 a dare vita all'azienda che oggi è diretta dal figlio Giorgio. Si tratta di ben 125 ettari, di cui oltre 90 sono di vigneti, tra Monticelli Brusati e Camignone di Passirano, divisi in cru che vengono vinificati separatamente. Assai valido, quest'anno, il Rosé Brut '11.

⊙ Franciacorta Brut Rosé '11 🍷🍷5

Corte Anna

via Vigneto, 10
25019 Sirmione [BS]
Tel. 030919033
corte.anna@alice.it

Paolo Morandi e la moglie Anna Palvarini coltivano con passione le loro vigne di Sirmione, e vinificano Lugana di ottimo livello. La Riserva Antico Vigneto '12, da uve vendemmiate tardivamente, si fa apprezzare per la struttura solida e piena, per la complessità e l'eleganza.

○ Lugana Antico Vign. Ris. '12	🍷🍷 4
○ Lugana '15	🍷 4

Corte Aura

via Colzano, 13
25030 Adro [BS]
Tel. 030 7357281
www.corteaura.it

Ottimi risultati anche quest'anno per i vini di Federico Fossati, titolare di questa azienda di Adro. Vi segnaliamo un ottimo Satèn '10 dai toni dolci di frutto maturo e vaniglia al naso e al palato, dov'è asciutto e vibrante, e un Pas Dosé complesso e tonico, nervoso e lungo.

○ Franciacorta Pas Dosé	🍷🍷 5
○ Franciacorta Satèn '10	🍷🍷 6
○ Franciacorta Satèn	🍷🍷 4
⊙ Franciacorta Brut Rosé	🍷 5

Tenuta La Costa

fraz. Costa, 68
27040 Castana [PV]
Tel. 0385241527
tenutalacosta@libero.it

Il Metodo Classico '09 dell'azienda di Castana risulta ben evoluto, ricco, non privo di eleganza e di bolla fine. Robusto e caratteristico il Buttafuoco Vigna Costa '13, che chiude sulla mandorla amara. Semplice e beverino il Riesling.

● OP Buttafuoco V. Costa '13	🍷🍷 3
○ OP Pinot Nero Brut M. Cl. '09	🍷🍷 4
○ OP Riesling V. del Mattino '15	🍷 3

La Costaiola

fraz. Costaiola
via Costaiola, 25
27054 Montebello della Battaglia [PV]
Tel. 038383169
www.lacostaiola.it

Dalle famiglie Rossetti e Scrivani un Pinot Nero '15 fragrante, profumato di ribes, molto varietale e piacevole. Di buona struttura i due Metodo Classico, Brut e Brut Rosé. Tipica e profumata di violetta la Bonarda Giada '15.

● Pinot Nero Bricca '15	🍷🍷 3
● OP Bonarda Giada '15	🍷 2
○ Rossetti & Scrivani M. Cl. Brut	🍷 3
⊙ Rossetti & Scrivani M. Cl. Brut Rosé	🍷 3

De Toma

via Battisti, 7
24020 Scanzorosciate [BG]
Tel. 035657329

Sempre buono il Moscato di Scanzo di De Toma: poche bottiglie prodotte, ma molto curate. Anche quest'anno si rivela tra i migliori assaggiati con le sue note variegate di gomma arabica, spezie, prugna secca, tabacco e una bella pulizia finale.

● Moscato di Scanzo '13	🍷🍷 7

Delai

via Moro, 1
25080 Puegnago sul Garda [BS]
Tel. 0365555527

Il Groppello '14 di Sergio Delai ha un bel frutto ampio, molto accattivante, pieno e scorrevole, con finale aperto. Lo stile dell'azienda, che predilige l'immediatezza del frutto, si riscontra anche nel Chiaretto Notterosa '15 e nel Rosé Martinotti da uve groppello gentile, barbera e sangiovese.

● Garda Bresciano Groppello Mogrì '14	🍷🍷 2*
⊙ Brut Rosé	🍷 3
⊙ Garda Bresciano Chiaretto Notterosa '15	🍷 3

Diana

via Roma 63
27040 Castana [PV]
Tel. 0385249618
www.dianawine.it

L'azienda di Giovanni Barozzi, fondata dal nonno Angelo nel 1928, conferma una bella mano sulla Barbera '13: bel frutto di amarena viva, note speziate, bocca ampia. Cupo, profumato di frutti di bosco neri e inchiostro, il Buttafuoco '09.

- ● OP Barbera Sentiero della Guerra '13 🍷🍷 3
- ● OP Buttafuoco Pozzo della Tromba '09 🍷 3

Due Pini

loc. Picedo
via Novaglio, 16
25080 Polpenazze del Garda [BS]
Tel. 0365675123

La Due Pini è l'azienda biologica di Ermanno Coccoli, che qui si è trasferito da Botticino negli anni Novanta. Accanto a lui la moglie Laura e il figlio Marco, enologo. Vi segnaliamo un Groppello rubino brillante, complesso e fresco al naso, armonico e delicatamente tannico al palato.

- ● Garda Cl. Groppello '14 🍷🍷 3
- ● Garda Cl. Rosso Sup. '12 🍷🍷 4
- ⊙ Garda Bresciano Chiaretto '15 🍷 2

Luca Faccinelli

via Cesure, 19
23030 Chiuro [SO]
Tel. 3470807011
www.lucafaccinelli.it

Conferma e crescita costante per l'Ortensio Lando '13. Segnale promettente, da un vino intenso, con note balsamiche, aromi di ruggine su sfondo di lampone. Tannini fitti e armonici, con lungo e polposo finale.

- ● Valtellina Sup. Ortensio Lando '13 🍷🍷 5
- ● Rosso di Valtellina Matteo Bandello '14 🍷 3

Feliciana

loc. Feliciana
25010 Pozzolengo [BS]
Tel. 030918228
www.feliciana.it

Massimo Sbruzzi gestisce con passione il suo bell'agriturismo e l'annessa azienda agricola. Dalle sue vigne realizza una curata gamma di bianchi e spumanti dove protagonista è l'uva turbiana. Vi consigliamo i suoi Lugana, il fresco e vitale Felugan '15 e il più complesso ed evoluto Riserva '13.

- ○ Lugana Felugan '15 🍷🍷 3
- ○ Lugana Sercè Ris. '13 🍷 4

Il Feudo Nico

via San Rocco, 63
27040 Mornico Losana [PV]
Tel. 0383892452

Spunti incoraggianti dall'azienda di Edoardo Madama. Il Metodo Classico '06 è molto evoluto, sin dal colore dorato, e sa di canditi, miele e zafferano. Piacevole, fragrante, ben fatto il Rosso Edoardo '13. Polposa e piacevolmente rustica la Bonarda '15.

- ● Edoardo '13 🍷🍷 4
- ○ Maria Antonietta M. Cl. Cuvée dei 100 Mesi '06 🍷🍷 4
- ● Bonarda V. Castello '15 🍷 5

Finigeto

loc. Cella, 27
27040 Montalto Pavese [PV]
Tel. 328 7095347
www.finigeto.com

Da tenere d'occhio la giovane azienda di Aldo Dellavalle, in crescita costante. Bella, franca e gustosa la Bonarda '15. Fragrante, varietale e armonico il Moscato '15. Il Pinot Nero '14 ha una sua rusticità ma è balsamico e di sostanza.

- ○ Moscato '15 🍷🍷 3
- ● OP Bonarda La Grintosa '15 🍷🍷 2*
- ● OP Pinot Nero Il Nirò '14 🍷🍷 3
- ○ OP Riesling Lo Spavaldo '15 🍷 2

La Fiòca

FRAZ. NIGOLINE
VIA VILLA, 13B
25040 CORTE FRANCA [BS]
TEL. 0309826313
www.lafioca.com

La famiglia Gatti propone una serie di curate etichette di Franciacorta dalle sue vigne di proprietà in bella posizione collinare a Nigoline. Il Dosaggio Zero '10 ha struttura, pienezza e complessità, polpa e bei toni d'erbe aromatiche. Il Riserva '09 è elegante, sapido e fresco.

○ Franciacorta Dosaggio Zero '10	🍷🍷 5
○ Franciacorta Extra Brut Ris. '09	🍷🍷 6
○ Franciacorta Satèn	🍷🍷 5

La Fiorita

VIA MAGLIO, 14
25020 OME [BS]
TEL. 030652279
www.lafiorita.bs.it

L'azienda della famiglia Bono offre una ricezione a 360°: non solo cantina, ma anche ristorazione e alloggio. Vi segnaliamo un Dosaggio Zero agrumato e armonico, un Rosé cremoso dai bei toni di fragoline selvatiche, e la Riserva Eurosia '06 lungo, elegante, profondo.

⊙ Franciacorta Brut Rosé	🍷🍷 4
○ Franciacorta Dosaggio Zero	🍷🍷 4
○ Franciacorta Extra Brut Eurosia Ris. '06	🍷🍷 4
○ Franciacorta Satèn	🍷🍷 4

Franca Contea

VIA VALLI, 130
25030 ADRO [BS]
TEL. 0307451217
www.francacontea.it

L'azienda della famiglia Cavalleri ha sede in una bella cascina di Adro, e conta su 15 ettari di vigneti condotti con grande attenzione all'ambiente. La gamma dei Franciacorta è di livello. Da provare il Brut '11, armonico sapido e dai toni boisé, e il Mia Dusàt, dai fini toni fumé.

○ Franciacorta Brut '11	🍷🍷 5
○ Franciacorta Dosaggio Zero Mia Dusàt	🍷🍷 4
○ Franciacorta Satèn '11	🍷 5

Giubertoni

FRAZ. SAN NICOLÒ PO
VIA PAPA GIOVANNI XXIII
46031 BAGNOLO SAN VITO [MN]
TEL. 0376252762
www.cantinegiubertoni.it

Le due selezioni di Lambrusco di Giubertoni ci sono davvero piaciute. Il Vecchio Ponte '15 ha frutto pieno, ampio, franco, con spiccata nota di fragola. Il Bel Angelin '15, dedicato al fondatore dell'azienda, ha sentori più di mirtillo ed erbe aromatiche, sempre con bel frutto robusto.

● Il Bel Angelin '15	🍷🍷 2*
● Il Vecchio Ponte '15	🍷🍷 2*

La Pergola - Civielle

VIA PERGOLA, 21
25080 MONIGA DEL GARDA [BS]
TEL. 0365502002
www.cantinelapergola.it

Questa cooperativa fu fondata da Nino Negri nel 1920, ed è specializzata in vini della Valtenesi e Lugana. Controlla 80 ettari di vigneto. Valide le due versioni di Lugana Biocòra'15, di cui una Bio. Valido il Chiaretto Selene '14. Ottimo il Groppello Elianto '15, tra i migliori.

● Garda Cl. Groppello Elianto '15	🍷🍷 2*
○ Lugana Biocòra '15	🍷🍷 2*
○ Lugana Biocòra Bio '15	🍷 2
⊙ Valtènesi Chiaretto Selene '15	🍷 2

Lazzari

VIA MELLA, 49
25020 CAPRIANO DEL COLLE [BS]
TEL. 0309747387
www.lazzarivini.it

Il Capriano Bastian Contrario '13, da trebbiano raccolto in surmaturazione per metà fermentato in barrique, è intenso, sa di pesca bianca, con belle note floreali e minerali e una freschezza sorprendente per un vino di questo tipo. Varietale e piacevole il Berzamì '15.

○ Capriano del Colle Bastian Contrario '13	🍷🍷 5
● Capriano del Colle Marzemino Berzamì '15	🍷 2

Cantine Lebovitz

loc. Governolo
v.le Rimembranze, 4
46037 Roncoferraro [MN]
Tel. 0376668115
www.cantinelebovitz.it

Emerge prepotente quest'anno il frutto fresco, nervoso, vitale dello Scagarun '15, un Lambrusco dal colore impenetrabile, non privo di grazia. Il Rosso dei Concari '15 è secco e ha note nitide di mora e amarena. Di color rosa carico il Sedamat '15, Lambrusco amabile dai profumi agrumati.

● Lambrusco Mantovano Rosso dei Concari '15	🍷🍷 2*
● Scagarun '15	🍷🍷 1*
● Sedamat '15	🍷 1*

Lovera

via Lovera, 14a
25030 Erbusco [BS]
Tel. 0307760491
www.cantinalovera.it

La famiglia Betella quest'anno ha presentato una batteria di Franciacorta di livello elevato e senza punti deboli. Sono cuvée elaborate nella moderna ed attrezzata cantina della storica residenza Lovera di Erbusco. Le nostre preferenze vanno al Brut '09 elegante e profondo nei suoi toni di melissa.

○ Franciacorta Brut '09	🍷🍷 5
○ Franciacorta Brut La Gemma	🍷🍷 4
○ Franciacorta Dosaggio Zero '08	🍷🍷 5
○ Franciacorta Satèn	🍷🍷 5

Lurani Cernuschi

via Convento, 3
24031 Almenno San Salvatore [BG]
Tel. 035642576
www.luranicernuschi.it

L'Opis '15 è un Incrocio Manzoni profumato di albicocca e frutti tropicali, scorrevole e di buon nerbo. Il Lemine, sempre del 2015, è un Marzemino dalla spiccata nota di ciliegia molto fragrante e beverino. Generoso e corposo il Tornago '13, dal tannino levigato e sentori di prugna e mirtillo.

● Lemine '15	🍷🍷 2*
○ Opis '15	🍷🍷 2*
● Valcalepio Rosso Tornago '13	🍷 4

Majolini

loc. Valle
via A. Manzoni, 3
25050 Ome [BS]
Tel. 0306527378
www.majolini.it

I Majolini di Ome hanno creato negli anni una bellissima azienda a Ome, che conta su 24 ettari di vigneti in ottime esposizioni e offre una gamma di vini di livello. Simone Majolini quest'anno propone una valida serie di vini tra i quali spicca il Satèn '11, elegante e armonico.

○ Franciacorta Satèn '11	🍷🍷 5
○ Franciacorta Pas Dosé Aligi Sassu '08	🍷🍷 5
⊙ Franciacorta Rosé Altera	🍷 5

Malavasi

loc. Casina Sacco, 1
fraz. San Giacomo
25010 Pozzolengo [BS]
Tel. 0309918759
www.malavasivini.it

Giunta alla quarta generazione di vignaioli, la famiglia Malavasi presenta alcuni vini con uvaggi particolari, come il Bianco del Lago '15, 80% trebbiano e 20% sauvignon, ben fruttato, elegante e nitido. Il Nero del Lago '13 è un classico taglio bordolese con note di prugna e fieno.

○ Bianco del Lago '15	🍷🍷 3
● Nero del Lago '13	🍷 3

Manuelina

fraz. Ruinello di sotto, 3a
27047 Santa Maria della Versa [PV]
Tel. 0385278247
www.manuelina.com

La famiglia Achilli produce spumanti fatti con bella mano. Il Brut 137 è elegante, pieno e sostenuto da un buon nerbo. Sullo stesso stile cremoso, colore ramato chiaro e frutti rossi, il Cruasé 145. Piacevole l'Extra Dry, rifermentato in autoclave.

○ Brut M. Cl. 137	🍷🍷 3
⊙ OP Cruasé 145	🍷🍷 3
○ Extra Dry Martinotti	🍷 3

Marangona

LOC. MARANGONA 1
25010 POZZOLENGO [BS]
TEL. 030919379
www.marangona.com

Specialista del Lugana, questa azienda di Pozzolengo ci propone un 2015 di bella integrità, sapido fruttato e scorrevole come nelle precedenti annate. Il Riserva Il Rintocco '12 è valido ma dai toni un po' troppo evoluti.

○ Lugana '15	🍷🍷 2*
○ Lugana Bio '15	🍷 3
○ Lugana Il Rintocco Ris. '15	🍷 4

Marsadri

LOC. RAFFA DI PUEGNAGO
VIA NAZIONALE, 26
25080 PUEGNAGO SUL GARDA [BS]
TEL. 0365651005
www.cantinamarsadri.it

Di questa storica cantina, fondata nel 1879, ci è piaciuto in particolare il Rosso del Pioppo '14, complesso e nitido. Bene anche il Chiaretto '15, agrumato e nervoso. Nella linea Brolo, bel frutto aperto per il Groppello '15 e sentori di mela e bocca ampia, piuttosto rustica, per il Lugana '15.

⊙ Garda Bresciano Chiaretto '15	🍷🍷 2*
● Garda Cl. Rosso Del Pioppo Sup. '14	🍷🍷 4
● Garda Cl. Groppello Brolo '15	🍷 3
○ Lugana Brolo '15	🍷 3

Alberto Marsetti

VIA SCARPATETTI, 15
23100 SONDRIO
TEL. 0342216329
www.marsetti.it

Grande personalità per questo Grumello '12, con aromi vegetali fini, note di rabarbaro. Bocca armonica, con finezza tannica e corpo proporzionato. Buono Le Prudenze '13, sfaccettato nei profumi, la bocca è importante, il finale lungo.

● Valtellina Sup. Grumello '12	🍷🍷 5
● Valtellina Sup. Le Prudenze '13	🍷🍷 5
● Sforzato di Valtellina '11	🍷 6

Martilde

FRAZ. CROCE, 4A
27040 ROVESCALA [PV]
TEL. 0385756280
www.martilde.it

L'azienda di Antonella Tacci e Raimondo Lombardi propone due versioni ferme di Malvasia '15; la classica Piume è fragrante, floreale, molto piacevole; meno secca la Dedica, profumata di agrumi.

○ Malvasia Piume '15	🍷🍷 2*
○ Malvasia Dedica '15	🍷 3
● OP Bonarda '13	🍷 2

Marzaghe Franciacorta

VIA CONSOLARE, 19
25030 ERBUSCO [BS]
TEL. 0307267245
www.marzaghefranciacorta.it

La famiglia Lamberti coltiva con passione sei ettari di belle vigne tra il Monte Alto e il Monte Orfano, ed elabora una curata gamma di Franciacorta. Vi segnaliamo un Brut '11 armonico e fresco dagli eleganti toni floreali e di camomilla, e un valido Dosaggio Zero Superno.

○ Franciacorta Brut '11	🍷🍷 6
○ Franciacorta Dosaggio Zero Superno	🍷🍷 6
⊙ Franciacorta Brut Rosé	🍷 4
○ Franciacorta Satèn	🍷 4

Walter Menegola

VIA E. VANONI, 13C
CASTIONE ANDEVENNO [SO]
TEL. 349 6945516
www.cantinamenegola.it

Intenso, con note di cacao, frutta matura, erbe secche, l'Orante '11. Ingresso morbido, avvolgente, con molta polpa finale. Frutta fresca e tocco fumé per il Rupestre '10, dal palato armonico e finale medio.

● Valtellina Sup. Orante '11	🍷🍷 4
● Valtellina Sup. Sassella Rupestre '10	🍷🍷 5
● Valtellina Sforzato '11	🍷 6
● Valtellina Sup. Sassella Ris. '10	🍷 5

Cantine di Mezzaluna

LOC. CASA TACCONI, 13
27040 MONTALTO PAVESE [PV]
TEL. 0383870282
www.cantinedimezzaluna.it

L'azienda di Cristina ed Elisabetta Doria ha presentato un solo vino quest'anno ma lo segnaliamo perché si tratta di un Pinot Nero '09 di spessore, ben evoluto, dal naso che sa di caffè e spezie e bel nerbo a sostegno.

- ● OP Pinot Nero '09 — 🍷🍷 3

Mirabella

VIA CANTARANE, 2
25050 RODENGO SAIANO [BS]
TEL. 030611197
www.mirabellafranciacorta.it

50 ettari di vigneti e una cantina modernamente attrezzata, ecco le carte in mano al team di questa bella realtà franciacortina, guidata dai fratelli Schiavi e Francesco Bracchi. Ottimo il livello della produzione dove spicca un Satèn dai toni burrosi e vanigliati.

- ○ Franciacorta Brut Cuvée Demetra — 🍷🍷 4
- ○ Franciacorta Brut Satèn — 🍷🍷 5
- ○ Franciacorta Extra Brut '09 — 🍷🍷 5

Monte Cicogna

VIA DELLE VIGNE, 6
25080 MONIGA DEL GARDA [BS]
TEL. 0365503200
www.montecicogna.it

La storica azienda dei fratelli Materossi ha oltre un secolo di vita, e lavora vini delle denominazioni Lugana e Garda. Quest'anno vi segnaliamo un validissimo Lugana Imperiale '15, dalla bocca intensa armonica e profonda, un valido Santa Caterina '15 scorrevole e sapido. Ottimo Il Torrione '15.

- ○ Garda Cl. Il Torrione '15 — 🍷🍷 2*
- ○ Lugana Imperiale '15 — 🍷🍷 2*
- ○ Lugana S.Caterina '15 — 🍷 2

Montelio

VIA D. MAZZA, 1
27050 CODEVILLA [PV]
TEL. 0383373090
montelio.gio@alice.it

Bel colpo di classe il Pinot Nero Costarsa '12, evoluto ma di bella tipicità oltrepadana, caratterizzato da tannino setoso e finale lungo e preciso. Ben fatto anche il Müller Thurgau '15, polposo e profumato di pompelmo.

- ○ Müller Thurgau '15 — 🍷🍷 2*
- ● OP Pinot Nero Costarsa '12 — 🍷🍷 4

La Montina

VIA BAIANA, 17
25040 MONTICELLI BRUSATI [BS]
TEL. 030653278
www.lamontina.it

L'azienda della famiglia Bozza, nata nel 1987, conta su oltre 70 ettari di vigne in sette comuni della denominazione, e una produzione importante numericamente e qualitativamente. La gamma dei Franciacorta è vasta e copre tutte le tipologie della denominazione.

- ○ Franciacorta Brut — 🍷🍷 4
- ○ Franciacorta Brut Satèn — 🍷🍷 4
- ⊙ Franciacorta Extra Brut Rosé — 🍷🍷 5

Alfio Mozzi

VIA CA' BIANCA,19
23012 CASTIONE ANDEVENNO [SO]
TEL. 3393707018
www.alfiomozzi.com

Buono, con decise note fresche di lampone il Grisone Riserva '13: la bocca è ampia e fruttata, il finale lungo. Intense note di frutta sotto spirito per lo Sforzato '13, la bocca è strutturata con alcol in evidenza.

- ● Valtellina Sup. Sassella Grisone Ris. '13 — 🍷🍷 6
- ● Sforzato di Valtellina '13 — 🍷 7

Nettare dei Santi

via Capra, 17
20078 San Colombano al Lambro [MI]
Tel. 0371200523
www.nettaredeisanti.it

È un bel taglio bordolese il Franco Riccardi '11, vino potente e grintoso profumato di tabacco e caffè, profondo nel finale. Il Bianco del Santo '15 ha colore paglierino carico, franchi sentori di frutta tropicale e polpa. Note di frutto molto evoluto per il Vigna Roverone '13.

- ● Franco Riccardi '11 — 🍷🍷 4
- ○ San Colombano Bianco del Santo '15 — 🍷🍷 3
- ● San Colombano V. Roverone Ris. '13 — 🍷 3

Panigada - Banino

via della Vittoria, 13
20078 San Colombano al Lambro [MI]
Tel. 037189103
www.banino.it

Da Panigada arriva il riconoscibilissimo Vigna La Merla '10. Un vino rosso vecchio stile, lungamente affinato in botte, polposo e tannico, da dimenticare in cantina qualche anno prima di stapparlo. L'Aureum '13 è un passito dai sentori di frutta candita e panettone.

- ● San Colombano Banino V. La Merla Ris. '10 — 🍷🍷 4
- ○ Aureum '13 — 🍷 4

Angelo Pecis

via San Pietro delle Passere, 12
24060 San Paolo d'Argon [BG]
Tel. 035959104
www.pecis.it

L'Argo '12 di Pecis è un bell'esempio di Moscato Passito rosso con un naso variegato di mora, mirtillo, fieno, fiori secchi e una bocca intensa, viva, polposa. Cremoso, elegante e verticale il Brut Maximus '11. Fresco e piacevole coi suoi sentori di ananas e agrumi il San Pietro delle Passere '15.

- ○ Brut M. Cl. Maximus '11 — 🍷🍷 4
- ● Valcalepio Moscato Passito Argo '12 — 🍷🍷 4
- ○ Valcalepio Bianco San Pietro delle Passere '15 — 🍷 2

Pian del Maggio

via Iseo,108
25030 Erbusco [BS]
Tel. 3467163590
www.piandelmaggio.it

Simone Masina, Alberto e Ida Foresti, che vantano anni di esperienza nel settore enologico, hanno creato nel 2006 questa piccola azienda che ha preso in affitto una manciata di ettari di vigne a Gussago. Nella loro curata gamma spicca un Brut Proscenio ricco di frutto e morbida freschezza.

- ○ Franciacorta Brut Proscenio — 🍷🍷 4
- ○ Franciacorta Satèn Capriccio — 🍷🍷 5
- ⊙ Franciacorta Rosé...e Anna Sorrise — 🍷 5

Plozza Ome

via Lizzana, 13
25050 Ome [BS]
Tel. 0306527775
www.plozzaome.it

Di buon livello la produzione di questa piccola azienda della famiglia elvetica Plozza, impegnata nella produzione di vini anche in Valtellina e in Toscana. Vi segnaliamo un Satèn fresco, nervoso e scattante, che sfuma nitido su toni d'agrume.

- ○ Franciacorta Satèn — 🍷🍷 5
- ○ Franciacorta Brut — 🍷 5
- ⊙ Franciacorta Rosé — 🍷 5

Prime Alture

via Madonna, 109
27045 Casteggio [PV]
Tel. 038383214
www.primealture.it

Dal bellissimo resort realizzato da Roberto Lechiancole arrivano segnali incoraggianti di crescita qualitativa. Il Metodo Classico lo per Te, in particolare, è un Blanc de Noirs con profumi di fiori e mandarino, dalla bella bolla e di buona integrità.

- ○ Brut M. Cl. Io per te — 🍷🍷 5
- ○ Il Bianco '15 — 🍷 3
- ● OP Pinot Nero Centopercento '14 — 🍷 5

Le Quattro Terre

fraz. Borgonato
via Risorgimento, 11
25040 Corte Franca [BS]
Tel. 030984312
www.quattroterre.it

Marco, Matteo e Giorgio Vezzoli con lo zio Vincenzo hanno rilevato alcuni anni fa un antico casale a Corte Franca, circondato da quattro vecchie vigne, per un totale di sei ettari. Il Brut ha un taglio nitido ed accattivante nelle sue nuance di agrume, anice ed erbe aromatiche. Fine il Rosé '11.

○ Franciacorta Brut	🍷🍷 5
⊙ Franciacorta Brut Rosé '11	🍷🍷 5
○ Franciacorta Extra Brut	🍷🍷 5

Rebollini

loc. Sbercia
27040 Borgoratto Mormorolo [PV]
Tel. 0383872295
www.rebollini.it

L'azienda della famiglia Rebollini guidata dall'enologo Gabriele entra in Guida con un bel terzetto di vini. Franca e fragrante la Bonarda '15, sapido e con note minerali il Riesling Renano '14, ampio in bocca e di buon nerbo il Brut Millesimato '11.

● OP Bonarda '15	🍷🍷 4
○ OP Pinot Nero Brut M. Cl. '11	🍷🍷 4
○ OP Riesling '14	🍷🍷 4

Riccafana - Fratus

via F.lli Facchetti, 91
25033 Cologne [BS]
Tel. 0307156797
www.riccafana.com

Riccardo Fratus porta avanti con determinazione l'azienda fondata dal padre Giovanni sul finire degli anni Sessanta. Da quindici anni convertita al biologico, offre una curata gamma di Franciacorta che esprimono la tipicità del terroir del Monte Orfano. Quest'anno svetta un ottimo Satèn '11.

○ Franciacorta Satèn '11	🍷🍷 5
○ Franciacorta Zero Zero	🍷 6

Riva di Franciacorta

loc. Fantecolo
via Carlo Alberto, 19
25050 Provaglio d'Iseo [BS]
Tel. 0309823701
www.rivadifranciacorta.it

Alfredo e Alberto Riva nel 1990 hanno posto le basi della loro bella azienda che nella modernissima cantina di Provaglio lavora solo le uve dei 30 ettari aziendali. Riva è impegnata in un complesso percorso di sostenibilità ambientale, e il livello dei suoi vini è eccellente.

○ Franciacorta Pas Dosé Rivalto 75	🍷🍷 5
○ Franciacorta Satèn	🍷🍷 5
○ Franciacorta Brut	🍷 5

Romantica

via Vallosa, 29
25050 Passirano [BS]
Tel. 030657362
www.romanticafranciacorta.com

Gli Avanzi da oltre 80 anni sono vignaioli, e coltivano con passione 10 ettari di vigne a Passirano, dove hanno costruito una moderna e accogliente cantina accanto ai vigneti. Ottimo il Brut '12, elegante e articolato nelle sue note d'erbe aromatiche e fiori di zagara, morbido e fresco il Brut.

○ Franciacorta Brut '12	🍷🍷 4
○ Franciacorta Satèn	🍷🍷 5
○ Franciacorta Brut	🍷 5

La Rovere

via G.B. Marchesi, 18
24060 Torre de' Roveri [BG]
Tel. 0354528972

Buona prestazione per l'azienda di Vincenzo Magri. Il Moscato Passito '11 è intenso con i suoi profumi di fieno, incenso, fiori secchi, prugna, mirtillo. Buono il Concordia '15, da uve chardonnay e pinot grigio, ricco di frutto tropicale e pesca bianca. Ben fatto anche il Rosso Senesco '13, speziato e carnoso.

○ Valcalepio Bianco Concordia '15	🍷🍷 2*
○ Valcalepio Moscato Passito '11	🍷🍷 5
● Valcalepio Rosso Senesco '13	🍷🍷 4

Santus

via Badia, 68
25060 Cellatica [BS]
Tel. 0308367074
www.santus.it

Maria Luisa Santus e Gianfranco Pagano, agronomi, ricavano etichette di sicuro valore dai loro 10 ettari di vigne a Rovato. Il Dosaggio Zero '12 è complesso e profondo, il Rosé si fa apprezzare per i toni di frutto e la leggiadria dell'insieme, il Satèn per gli eleganti rimandi all'albicocca e ai fiori bianchi.

○ Franciacorta Dosaggio Zero '12	🍷🍷 5
⊙ Franciacorta Extra Brut Rosé	🍷🍷 4
○ Franciacorta Satèn	🍷🍷 4

Benedetto Tognazzi

fraz. Caionvico
via Sant'Orsola, 161
25135 Brescia
Tel. 0302692695
www.tognazzivini.it

Benedetto Tognazzi, viticoltore artigiano, ha vigne nel comprensorio del Botticino e del Lugana. Vi segnaliamo ancora il Cascina Ardea, un Lugana dai profumi floreali e agrumati, di bella armonia, e un valido Botticino, il Cobio '13, che ha struttura, personalità e un bel finale di frutti neri.

● Botticino Cobio '13	🍷🍷 4
○ Lugana Cascina Ardea '15	🍷🍷 2*

Torrevilla

via Emilia, 4
27050 Torrazza Coste [PV]
Tel. 038377003
www.torrevilla.it

Buono, ancor meglio dell'anno scorso, il Cruasé di Torrevilla, dal colore ramato, profumato di piccoli frutti rossi ed erbe aromatiche, maturo, pieno e slanciato. La Bonarda La Genisia '15 ha sentori di fieno e frutta secca, oltre al frutto.

⊙ OP Cruasé La Genisia '12	🍷🍷 4
● OP Bonarda La Genisia '15	🍷 2

F.lli Turina

via Pergola, 68
25080 Moniga del Garda [BS]
Tel. 0365502103
www.turinavini.it

I Turina sono eredi di una lunga tradizione, e coltivano con passione i loro 18 ettari di vigna, tra Lugana e Valtenesi. Vi consigliamo il Lugana Fenil Boi '15, dal taglio ricco, fruttato e profondo, e il più immediato Lugana '15. Ottimi il Marzemino '14, speziato, e il Chiaretto '15.

○ Lugana V. Fenil Boi '15	🍷🍷 2*
● Marzemino '14	🍷🍷 2*
○ Lugana '15	🍷 2
⊙ Valtènesi Chiaretto '15	🍷 2

La Valle

via Sant'Antonio, 4
25050 Rodengo Saiano [BS]
Tel. 0307722045
www.vinilavalle.it

Situata in una bella cascina ottocentesca a Rodengo Saiano, l'azienda di Eugenio e Giulia Pezzola si conferma in rapida ascesa. L'Extra Brut Naturalis '10 è uno dei migliori assaggiati quest'anno e s'è fatto apprezzare nelle nostre finali. Eccellente anche il Brut Satèn '11.

○ Franciacorta Extra Brut Naturalis '10	🍷🍷 5 (rossi)
⊙ Franciacorta Brut Rosé '12	🍷🍷 5
○ Franciacorta Satèn '11	🍷🍷 5

Vercesi del Castellazzo

via Aureliano, 36
27040 Montù Beccaria [PV]
Tel. 0385262098
www.vercesidelcastellazzo.it

L'azienda dei fratelli Vercesi ha portato in finale lo storico Pinot Nero Luogo dei Monti, che nel 2012 è risultato evoluto nel frutto e profumato di erbe aromatiche. Buona e succosa la Bonarda '15, vivace, fresco e beverino il Vespolino '15.

● OP Pinot Nero Luogo dei Monti '12	🍷🍷 3* (rossi)
● OP Bonarda Luogo della Milla '15	🍷 2
● Vespolino '15	🍷 2

Vigna Dorata

FRAZ. CALINO
VIA SALA, 80
25046 CAZZAGO SAN MARTINO [BS]
TEL. 0307254275
www.vignadorata.it

Vigilio e Luciana Mingotti a Calino elaborano Franciacorta di livello dai sei ettari di vigne di proprietà, per una produzione media di 70mila bottiglie l'anno. Validissimo l'Extra Brut sapido, nitido e di bella tensione, morbido e vanigliato il Satèn, snello, complesso e floreale il Satèn '09.

- ○ Franciacorta Extra Brut — ÿÿ 5
- ⊙ Franciacorta Rosé — ÿÿ 5
- ○ Franciacorta Satèn '09 — ÿÿ 6
- ○ Franciacorta Satèn — ÿÿ 5

Vigne Olcru

VIA BUCA, 26
27047 SANTA MARIA DELLA VERSA [PV]
TEL. 0385799958
vigneolcru.com

Massimiliano e Matteo Brambilla hanno compiuto un investimento importante realizzando quest'azienda in Valle Versa. Quest'anno registriamo una Bonarda dal bel frutto fragrante e l'Infinito, un blend da cloni di chardonnay dai profumi tropicali.

- ● OP Bonarda Buccia Rossa '15 — ÿÿ 4
- ○ Infinito — ÿ 3

Tenuta Vinea Scerscé

VIA STELVIO, 18
23037 TIRANO [SO]
TEL. 3461542970
www.tenutascersce.it

Intenso, sfaccettato, con buone note di tabacco, ruggine e lampone, l'Essenza '12. Bocca ricca, bella tenuta sapida, finale lungo e di carattere. Erbe secche, prugna e frutta sotto spirito per l'Infinito '10, di buona struttura e bell'armonia.

- ● Valtellina Sforzato Infinito '10 — ÿÿ 7
- ● Valtellina Sup. Essenza '12 — ÿÿ 5
- ● Rosso di Valtellina '13 — ÿ 4

Cantine Virgili

VIA M. DONATI, 2
46100 MANTOVA
TEL. 0376322560
www.cantinevirgili.com

Bella serie di Lambrusco dalle Cantine Virgili. L'Inciostar '15 tiene fede al suo nome (inchiostro) visto il colore impenetrabile. Sa di prugna matura, è polposo e secco, con bel nerbo. Il Pjafoc '15 sa di frutti di bosco, mentre il Rays '15 ha una bella sostanza cremosa e floreale.

- ● Inciostar '15 — ÿÿ 2*
- ● Lambrusco Mantovano Rays '15 — ÿÿ 2*
- ● Pjafoc '15 — ÿÿ 2*

Visconti

FRAZ. SAN MARTINO DELLA BATTAGLIA
VIA SELVA CAPUZZA, 1
25010 DESENZANO DEL GARDA [BS]
TEL. 0309910381
www.viscontiwines.it

Nome classico del panorama del Lugana, Visconti propone etichette di elegante fattura. Intrigante il Lugana Franco Visconti '15, dai rimandi di spezie e zafferano, e il classico Collo Lungo, dal carattere delicatamente aromatico, sapido e fresco. Valido l'Antica Casa '15.

- ○ Lugana Collo Lungo '15 — ÿÿ 2*
- ○ Lugana Franco Visconti '15 — ÿÿ 3
- ⊙ Garda Cl. Chiaretto '15 — ÿ 3
- ○ Lugana Antica Casa '15 — ÿ 3

Zamichele

VIA ROVEGLIA PALAZZINA, 2
25010 POZZOLENGO [BS]
TEL. 030918631
cantinazamichele@alice.it

Questa azienda di Pozzolengo, attenta alla sostenibilità, conta su sei ettari di vigne di proprietà, e propone etichette frutto di un lavoro artigianale in vigna e in cantina. Il Gardè '14, maturato in barrique, ha corpo, spalla e carattere. Il Lugana '15 ha grande ricchezza di frutto e freschezza.

- ○ Lugana Gardè '14 — ÿÿ 2*
- ○ Lugana '15 — ÿ 2

TRENTINO

Il Trentino del vino è uno dei territori italiani più ricchi di opportunità. Grandi spumanti metodo classico i Trento, rossi di pregio da vitigni autoctoni, come il Teroldego dei Campi Rotaliani, la consuetudine ai tagli bordolesi e ai vitigni internazionali che qui è radicata da oltre un secolo, le più estese vigne di chardonnay della Penisola e una serie di vini bianchi importanti da vigne di alta quota... E ancora: tanti vitigni autoctoni, bianchi e rossi, e piccole produzioni di straordinari vini dolci come il Trentino Vino Santo. Queste per sommi capi le potenzialità della regione. Quando, ogni anno, andiamo a tirare le somme del lavoro del comparto vinicolo della provincia di Trento vediamo però che i risultati ottenuti non rendono giustizia, ancora, a questo potenziale. È il Trento a tenere alto il vessillo trentino, con sette eccellenti cuvée che sono sicuramente tra le migliori d'Italia. Accanto a Ferrari, Mezzacorona, Abate Nero, Cavit, Letrari e Cesarini Sforza, che non sono nuovi a questi successi, debutta la Maso Martis dei coniugi Stelzer con un Dosaggio Zero '11 di livello assoluto. Il San Leonardo '11 è sui consueti altissimi livelli, mentre Zeni si ripete con un eccellente Teroldego Rotaliano. Vini che non si discutono. Così come il Fojaneghe Rosso '12 della Bossi Fedrigotti, al suo primo alloro. Ma ce ne potrebbero essere molti di più se solo questa terra del vino, tra grandi strutture cooperative e piccoli e piccolissimi vignaioli (divisi al loro interno, tra tradizionalisti e giovani propulsori del biologico e del biodinamico) trovasse la chiave, accanto alle istituzioni, per operare sinergicamente ed incidere di più sul mercato italiano e internazionale abbandonando le diatribe interne tra un mercato improntato sui grandi numeri, le scelte di coltivazione dei vigneti, il disciplinare delle denominazioni (non ultima quella riservata al Pinot Grigio Venezie: rese altissime che coinvolgono Trentino, Veneto e Friuli per business sul mercato americano). "In Trentino non mancano risorse economiche e viticole per far crescere la provincia tutta insieme e porla finalmente nella posizione che merita. È un peccato..." Con questa sintesi chiudevamo la presentazione della nostra Guida 1996. Vent'anni dopo le considerazioni sono quasi le stesse.

★Abate Nero

fraz. Gardolo
s.da Trentina, 45
38121 Trento
Tel. 0461246566
www.abatenero.it

VENDITA DIRETTA
VISITA SU PRENOTAZIONE
PRODUZIONE ANNUA 65.000 bottiglie
ETTARI VITATI 65,00

Legare maggiormente il Trento al Pinot Nero e farlo elevando ulteriormente il carattere di gran parte della gamma di spumanti elaborati da questa oramai storica azienda, da sempre improntata esclusivamente alla produzione di bollicine, è la missione di Abate Nero. Luciano Lunelli ed Eugenio de Castel Terlago - soci fondatori - portano avanti con caparbietà la loro certosina attività, coadiuvati dai rispettivi figli, Roberta e Andrea. Sette le tipologie, una produzione mirata, frutto di accurate selezioni di uve scelte ancora in vigna, tra i filari coltivati dai più preparati soci conferenti le vicine cantine sociali. Ancora una volta il Domini, da chardonnay in purezza, è in piena sintonia con le nostre valutazioni e si merita i Tre Bicchieri. Ottima struttura tra riflessi oro e ritmate bollicine, con sagace pastosità, armonica beva in lunga persistenza, davvero squisito. Gran bella figura pure per il Rosé: la frutta esotica nel bicchiere e una gioviale bevibilità.

○ Trento Brut Domini '10	🍷🍷🍷 5
○ Trento Brut	🍷🍷 4
⊙ Trento Domini Rosé '12	🍷🍷 5
○ Trento Extra Brut	🍷🍷 4
○ Trento Extra Dry	🍷 4
○ Trento Brut Cuvée dell'Abate Ris. '04	🍷🍷🍷 6
○ Trento Brut Cuvée dell'Abate Ris. '03	🍷🍷🍷 5
○ Trento Brut Domini '07	🍷🍷🍷 5
○ Trento Brut Domini '05	🍷🍷🍷 5
○ Trento Brut Domini Nero '10	🍷🍷🍷 5
○ Trento Brut Domini Nero '08	🍷🍷🍷 5
○ Trento Domìni Nero '09	🍷🍷🍷 5

Nicola Balter

via Vallunga II, 24
38068 Rovereto [TN]
Tel. 0464430101
www.balter.it

VENDITA DIRETTA
VISITA SU PRENOTAZIONE
PRODUZIONE ANNUA 80.000 bottiglie
ETTARI VITATI 10,00

La cantina proprio non si vede: è incastonata sotto le possenti mura di uno storico castelliere, costruzione testimone di una nobiltà rurale ottocentesca, ora custodita - e rilanciata - da Nicola Balter e dai suoi due giovanissimi figli, Giacomo e Clementina. Con i due rampolli sempre più coinvolti nelle dinamiche aziendali e - Clementina - nel ruolo dirigenziale del Consorzio Vignaioli del Trentino. Tutta la loro produzione è frutto delle vendemmie dei vigneti che circondano l'azienda, una sorta d'altopiano vitato situato sopra Rovereto, tra boschi e rocce dolomitiche. Nicola Balter aveva inizialmente mirato a vini rossi di stampo bordolese, ma da qualche vendemmia ha (giustamente) puntato sullo spumante. Con riscontri eccellenti. Il Trento Riserva riposa ancora sui lieviti. Ci consoliamo con un piacevolissimo Rosé. Non da meno i vini tranquilli, rossi in primis. Il Barbanico '13, bordolese con aggiunta di un goccio di lagrein, è integro, pieno, ricco di polpa e di eleganza.

⊙ Trento Brut Rosé	🍷🍷 5
● Barbanico '13	🍷🍷 5
○ Trento Brut	🍷🍷 4
● Lagrein-Merlot '15	🍷 2
○ Sauvignon '15	🍷 3
○ Trento Balter Ris. '06	🍷🍷🍷 5
○ Trento Balter Ris. '05	🍷🍷🍷 5
○ Trento Balter Ris. '04	🍷🍷🍷 5
○ Trento Balter Ris. '01	🍷🍷🍷 5
○ Trento Dosaggio Zero Ris. '10	🍷🍷🍷 7
○ Trento Pas Dosé Balter Ris. '09	🍷🍷🍷 5
○ Sauvignon '14	🍷🍷 3
○ Sauvignon '13	🍷🍷 3

Bellaveder

LOC. MASO BELVEDERE
38010 FAEDO [TN]
TEL. 0461650171
www.bellaveder.it

VENDITA DIRETTA
VISITA SU PRENOTAZIONE
PRODUZIONE ANNUA 70.000 bottiglie
ETTARI VITATI 12,00
AZIENDA SOSTENIBILE

Il conoide di Faedo, sopra San Michele all'Adige, ha vigneti tra i più fotografati del Trentino. Specialmente quelli che si diramano proprio da questa cantina - il nome Bellaveder lo dimostra - costruita con cipiglio manageriale da Tranquillo Lucchetta. Che trasferisce nella sua razionale struttura anche mirate vendemmie di suoi poderi collinari accuditi in valle di Cavedine, tra il Garda e le Dolomiti di Brenta. Due zone distanti - Faedo e Cavedine - orgogliosamente abbinate per una gamma di vini altrettanto identitari, dallo spumante classico a un sempre più autorevole Pinot Nero. Coltivazione biologica, vigneti come giardini e la direzione enologica affidata a Luca Gasperinatti, giovane molto più che competente. Sfiora il massimo riconoscimento il Trento Brut Nature Riserva '11: carico nella ritmata carbonica, di grande grinta gustativa, con un tocco aromatico di erbe alpine in sintonia con timbri agrumati. Bella performance del Pinot Nero '13, da qualche anno tra i protagonisti di questa tipologia.

Vino	Bicchieri	
○ Trento Brut Nature Ris. '11	🍷🍷 (rossi)	5
○ Sauvignon Faedi '15	🍷🍷	3
○ Trentino Müller Thurgau San Lorenz '15	🍷🍷	3
● Trentino Pinot Nero Faedi '13	🍷🍷	5
● Trentino Lagrein Dunkel Mansum Ris. '10	🍷🍷 (vuoti)	4
● Trentino Lagrein Mansum '12	🍷🍷 (vuoti)	4
● Trentino Lagrein Mansum '11	🍷🍷 (vuoti)	4
○ Trentino Müller Thurgau San Lorenz '14	🍷🍷 (vuoti)	3
● Trentino Pinot Nero '11	🍷🍷 (vuoti)	5
● Trentino Pinot Nero Faedi Ris. '12	🍷🍷 (vuoti)	5
○ Trentino Traminer '13	🍷🍷 (vuoti)	3
○ Trento Brut Nature Ris. '10	🍷🍷 (vuoti)	5

Borgo dei Posseri

LOC. POZZO BASSO, 1
38061 ALA [TN]
TEL. 0464671899
www.borgodeiposseri.com

VENDITA DIRETTA
VISITA SU PRENOTAZIONE
PRODUZIONE ANNUA 60.000 bottiglie
ETTARI VITATI 21,00
VITICOLTURA Biologico Certificato
AZIENDA SOSTENIBILE

La sfida era partita qualche anno fa. Con risultati più che positivi. Adesso vogliono ulteriormente rilanciare un progetto vitivinicolo decisamente coinvolgente: far rivivere un borgo contadino abbarbicato sui monti di Ala, lassù, sotto le Piccole Dolomiti. Qualche decina di ettari vitati, molti spazi lasciati al bosco, case rurali sparpagliate, testimonianze di fatiche, che ora diventano sprone per rispettare l'habitat originario, per dar valore a produzioni ancora in evoluzione, ma decisamente convincenti. Merito di Martin Mainenti e la sua famiglia, cooadiuvati da una loro amica, Maria Marangoni. Vini che si distinguono. In tutto. I vigneti in quota portano bene al loro Trento Tananai '12, verdolino nel colore quanto cristallino nella sua vivacità gustativa, sapido, per un bere spensierato. Buono anche il Merlot Rocol '14: profondo nei riflessi, altrettanto nella consistenza, mentre si propone agile e scattante nella godibile schiettezza finale.

Vino	Bicchieri	
● Merlot Rocol '14	🍷🍷	3
○ Müller Thurgau Quaron '15	🍷🍷	3
○ Traminer Arliz '15	🍷🍷	3
○ Trento Brut Tananai '12	🍷🍷	5
● Merlot Rocol '13	🍷🍷 (vuoti)	3
○ Müller Thurgau Quaron '14	🍷🍷 (vuoti)	3
○ Müller Thurgau Quaron '13	🍷🍷 (vuoti)	3
● Pinot Nero Paradis '13	🍷🍷 (vuoti)	3
○ Sauvignon Furiel '13	🍷🍷 (vuoti)	3
○ Traminer Arliz '13	🍷🍷 (vuoti)	3
○ Trento Brut Tananai '11	🍷🍷 (vuoti)	5
○ Trento Brut Tananai '10	🍷🍷 (vuoti)	5

Bossi Fedrigotti

via Unione, 43
38068 Rovereto [TN]
Tel. 0456832511
www.masi.it

VENDITA DIRETTA
VISITA SU PRENOTAZIONE
PRODUZIONE ANNUA 160.000 bottiglie
ETTARI VITATI 40,00
AZIENDA SOSTENIBILE

I Bossi Fedrigotti coltivano la vite sui pendii collinari che circondano l'azienda, a pochi passi dall'antico porto fluviale di Rovereto, dove l'Adige ha sedimentato terreni fertili e pazientemente modificato tutto il territorio della Vallagarina. Vitivinicoltori da tante generazioni, vendemmiano tra tradizione e nuove sfide, mantenendo alto il blasone della dinastia e il fascino della cultura, per una gestione che da qualche vendemmia si lega al gruppo Masi Agricola. Il Fojaneghe, primo vino di stampo bordolese nato in zona, nel lontano 1961, torna a essere un leader. Ha carattere contemporaneamente internazionale quanto dolomitico (è presente una piccola percentuale di teroldego), appaga per l'agilità dei sapori di frutta rossa in equilibrio con la rotondità dei tannini. Da una sapiente cuvée di chardonnay e traminer nasce invece il Vign'Asmara. Il 2014 è saporito e carico nel colore, pronto a sfidare anche un giusto affinamento in bottiglia.

● Fojaneghe Rosso '12	🍷🍷🍷	5
○ Vign'Asmara '14	🍷🍷	4
○ Valdadige Pinot Grigio Pian del Griso '15	🍷	3
● Fojaneghe Rosso '11	🍷🍷	5
● Fojaneghe Rosso '10	🍷🍷	5
● Fojaneghe Rosso '09	🍷🍷	5
● Fojaneghe Rosso '08	🍷🍷	5
● Mas'est '13	🍷🍷	3
● Mas'est '12	🍷🍷	3
● Trentino Marzemino '10	🍷🍷	3
○ Trentino Traminer '11	🍷🍷	4
○ Trento Brut Conte Federico '11	🍷🍷	5
○ Vign'Asmara '13	🍷🍷	4

★Cavit

via del Ponte, 31
38040 Trento
Tel. 0461381711
www.cavit.it

VENDITA DIRETTA
VISITA SU PRENOTAZIONE
PRODUZIONE ANNUA 70.000.000 bottiglie
ETTARI VITATI 5500,00

Potenza e gentilezza, impronta globale e rispetto della tipicità legata alla montagna, vini da condividere nel consumo più vasto e immediato, vini da centellinare in quanto rari testimoni di valori contadini. Cavit è tutto questo. E forse ancora di più. Unisce il globale con il locale, il mercato internazionale con la tutela di cru riservati a consumatori in cerca di esclusività. Forte di oltre 5000 soci viticoltori delle cantine sociali che fanno riferimento a questo brand, la Cavit prosegue la sua espansione con assoluta determinazione, proponendo una gamma di vini che dimostrano come anche grande sia bello. E buono. Austero nella sua lucentezza dorata, gamma aromatica altrettanto regale e una scorrevolezza gustativa decisamente appagante, l'Altremasi Graal Riserva '09 torna a essere un vero leader tra i Trento, e non solo. Ma tutti i vini presentati hanno riscosso giudizi positivi, compresi i classici della linea Bottega Vinai, schietti e per un consumo quotidiano.

○ Trento Brut Altemasi Graal Ris. '09	🍷🍷🍷	6
○ Trentino Chardonnay Maso Toresella '14	🍷🍷	4
○ Trentino Müller Thurgau Zeveri '15	🍷🍷	3
● Trentino Pinot Nero Bottega Vinai '14	🍷🍷	3
● Trentino Sup. Quattro Vicariati '12	🍷🍷	4
○ Trento Brut Altemasi '11	🍷🍷	4
● Teroldego Rotaliano Maso Cervara '07	🍷🍷🍷	4
○ Trento Altemasi Graal Brut Ris. '03	🍷🍷🍷	6
○ Trento Altemasi Graal Brut Ris. '02	🍷🍷🍷	6
○ Trento Brut Altemasi Graal Ris. '08	🍷🍷🍷	6
○ Trento Brut Altemasi Graal Ris. '06	🍷🍷🍷	6
○ Trento Brut Altemasi Graal Ris. '05	🍷🍷🍷	7
○ Trento Brut Altemasi Graal Ris. '04	🍷🍷🍷	7

Cesarini Sforza

fraz. Ravina
via Stella, 9
38123 Trento
Tel. 0461382200
www.cesarinisforza.com

VENDITA DIRETTA
VISITA SU PRENOTAZIONE
PRODUZIONE ANNUA 1.300.000 bottiglie
ETTARI VITATI 800,00

Il look è completamente rinnovato, con colori sgargianti, bottiglie immediatamente riconoscibili, per un subitaneo messaggio di piacevolezza e vini altrettanto accattivanti. La storica azienda spumantistica trentina legata al gruppo La Vis continua a mietere successi di mercato e di critica anche nelle recenti (ora superate) difficoltà gestionali della casa madre lavisana. Seleziona solo uve collinari, in val di Cembra, Valsugana e sul versante in quota del monte Baldo, verso il Garda, per una decina di elaborazioni Metodo Classico, più altre versioni ottenute in autoclave. Spumanti di ottima fattura, con alcune chicche davvero convincenti, come l'Aquila Reale. Potenziate le capacità spumantistiche di questa storica azienda, che con una strepitosa elaborazione di un Tridentum Extra Brut '09 si aggiudica i Tre Bicchieri. Da chardonnay in purezza racconta la generosità del vitigno - pot pourri tra l'esotico e la mela Golden - e la rotondità delle bollicine.

○ Trento Extra Brut Tridentum '09	🍷🍷🍷 4*
○ Cuvée Brut	🍷🍷 4
○ Trento Brut Tridentum '12	🍷🍷 4
○ Trento Dosaggio Zero Tridentum '12	🍷🍷 5
⊙ Trento Tridentum Rosé '10	🍷🍷 4
○ Trento Aquila Reale Ris. '05	🍸🍸🍸 7
○ Trento Aquila Reale Ris. '02	🍸🍸🍸 7
⊙ Trento Brut Rosé Tridentum '09	🍸🍸 4
⊙ Trento Brut Rosé Tridentum '08	🍸🍸 4
○ Trento Brut Tridentum '11	🍸🍸 4
○ Trento Dosaggio Zero Tridentum '11	🍸🍸 5
○ Trento Extra Brut Tridentum Ris. '08	🍸🍸 5
○ Trento Tridentum Aquila Reale Ris. '07	🍸🍸 6

De Vescovi Ulzbach

p.zza Garibaldi, 12
38016 Mezzocorona [TN]
Tel. 0461605648
www.devescoviulzbach.it

VENDITA DIRETTA
VISITA SU PRENOTAZIONE
PRODUZIONE ANNUA 20.000 bottiglie
ETTARI VITATI 3,50

È bello scoprire come in un bicchiere di Teroldego si riesca a scovare saperi tramandati da generazioni di cantinieri e contemporaneamente assaporare la godibilità di un vino attuale, perfettamente in sintonia con la modernità del gusto. Il merito è di questo giovane quanto preparato vignaiolo, Giulio De Vescovi, e della sua dinastia - quella gli Ulzbach - radicata nel vino trentino da quasi 4 secoli. Il Teroldego è la passione prioritaria, anche se non si tralascia di curare nel fondovalle piccoli campi di vite a bacca bianca, per future vinificazioni. Intanto si sperimenta pure un Metodo Classico, in due versioni, con viti piantate a 500 metri e altre a quasi 1000 di quota, sul monte che sovrasta la cantina. Il Teroldego '14 si conferma vino di gran razza, con l'indole da fuoriclasse. L'Empeiria '15, blend da pinot bianco, sauvignon e incrocio Manzoni, è quasi croccante al palato; godibile la versione rosata del Teroldego '15, profumata di piccoli frutti.

● Teroldego Rotaliano '14	🍷🍷 3*
○ Empeiria '15	🍷🍷 5
○ Sauvignon '15	🍷🍷 4
⊙ Teroldego Rotaliano Kretzer '14	🍷 3
● Teroldego Rotaliano Vigilius '12	🍸🍸🍸 5
● Teroldego Rotaliano '13	🍸🍸 3
● Teroldego Rotaliano '12	🍸🍸 3*
● Teroldego Rotaliano '11	🍸🍸 3
● Teroldego Rotaliano '10	🍸🍸 3
● Teroldego Rotaliano '07	🍸🍸 3
● Teroldego Rotaliano Vigilius '13	🍸🍸 5
● Teroldego Rotaliano Vigilius '11	🍸🍸 5
● Teroldego Rotaliano Vigilius '09	🍸🍸 5

★Dorigati

via Dante, 5
38016 Mezzocorona [TN]
Tel. 0461605313
www.dorigati.it

VENDITA DIRETTA
VISITA SU PRENOTAZIONE
PRODUZIONE ANNUA 100.000 bottiglie
ETTARI VITATI 10,00
AZIENDA SOSTENIBILE

Sono ormai cinque le generazioni che si tramandano i saperi della vigna. Lo fanno con competenza, visto che studio agronomico e ricerca enologica sono nell'indole stessa dei Dorigati, una famiglia via via divenuta azienda vitivinicola decisamente a tutto campo. Specialmente dopo l'entrata dei due giovani cugini, Michele e Paolo, entusiasti e molto preparati, si mostra con orgoglio l'anno di fondazione della cantina, nel 1858, recuperando proprio quanto sedimentato nelle esperienze di genitori, nonni e bisnonni. Con vini diversi: Teroldego e Trento, per onorare il passato e sfidare il futuro. Stavolta il Methius non rinnova l'abbonamento al massimo riconoscimento ma non per questo perde prestigio. La sua forte connotazione gustativa, il timbro vagamente resinoso, il connubio chardonnay e pinot nero, l'accorta vinificazione e una prodigiosa evoluzione in bottiglia lo rendono inconfondibile quanto prestante, gradevole, come pochi altri Trento. Il Diedri '13 è armonico, fruttato, con tannini setosi.

○ Trento Brut Methius '10	🍷🍷 6
● Teroldego Rotaliano '14	🍷🍷 3
● Teroldego Rotaliano Sup. Diedri '13	🍷🍷 5
○ Trentino Chardonnay Majerla '14	🍷🍷 3
● Trentino Lagrein '14	🍷🍷 3
⊙ Trentino Lagrein Kretzer '15	🍷 3
○ Trento Brut Methius Ris. '09	🍷🍷🍷 6
○ Trento Brut Methius Ris. '08	🍷🍷🍷 6
○ Trento Brut Methius Ris. '06	🍷🍷🍷 6
○ Trento Brut Methius Ris. '05	🍷🍷🍷 6
○ Trento Brut Methius Ris. '04	🍷🍷🍷 6
○ Trento Brut Methius Ris. '03	🍷🍷🍷 6
○ Trento Brut Methius Ris. '02	🍷🍷🍷 6

Endrizzi

loc. Masetto, 2
38010 San Michele all'Adige [TN]
Tel. 0461650129
www.endrizzi.it

VENDITA DIRETTA
VISITA SU PRENOTAZIONE
PRODUZIONE ANNUA 600.000 bottiglie
ETTARI VITATI 55,00
AZIENDA SOSTENIBILE

Conserva il fascino del tempo perduto, grazie a una struttura ottocentesca che in realtà custodisce nascosti spazi d'alta tecnica enologica. I vigneti attigui sono a coltivazione bio, accuditi con metodi agronomici sperimentali, connessi a centri di ricerca internazionali. Gli Endrici della Endrizzi - gioco fonetico legato alla parlata dialettale trentina - stanno trasformando la loro splendida struttura in una sorta di enohub, coinvolgendo i giovani rampolli di famiglia, diversificando le vendemmie delle loro proprietà, a dimostrazione dell'innata passione per vini capaci di confrontarsi con il mercato più selettivo. Ottimo il Teroldego Rotaliano Tradizione '14, penalizzato solo dal faticoso millesimo rispetto al Superiore '13: due vini molto convincenti e giusti alfieri aziendali. Poi in netta evidenza il Traminer '15, speziato quanto agrumato, affiancato da un paio di rossi altrettanto convincenti, Masetto Due '14, da teroldego e cabernet, e Masetto Nero '15, mix bordolese con teroldego e lagrein.

● Masetto Due '14	🍷🍷 5
● Masetto Nero '13	🍷🍷 3
● Teroldego Rotaliano Sup. '13	🍷🍷 3
● Teroldego Rotaliano Tradizione '14	🍷🍷 2*
○ Trentino Traminer Aromatico '15	🍷🍷 2*
○ Trento Brut Pian di Castello '11	🍷🍷 4
⊙ Trento Brut Rosé Pian di Castello '09	🍷🍷 4
● Gran Masetto '11	🍷🍷 7
○ Masetto Bianco '13	🍷🍷 3
○ Masetto Bianco '12	🍷🍷 3
● Masetto Nero '12	🍷🍷 3
● Masetto Nero '11	🍷🍷 3
● Teroldego Rotaliano '13	🍷🍷 2*
● Teroldego Rotaliano '11	🍷🍷 3

★★Ferrari

via Ponte di Ravina, 15
38123 Trento
Tel. 0461972311
www.ferraritrento.it

VENDITA DIRETTA
VISITA SU PRENOTAZIONE
RISTORAZIONE
PRODUZIONE ANNUA 4.450.000 bottiglie
ETTARI VITATI 120,00
AZIENDA SOSTENIBILE

L'apoteosi di pubblico è stata raggiunta a Expo 2015, legando Ferrari ai brindisi ufficiali e stimolando milioni di persone a degustare uno dei simboli dell'Italia del vino. Contemporaneamente la famiglia Lunelli ha affiancato alla sua prestigiosa gamma di bollicine altrettante distinte iniziative commerciali - Prosecco, in primis - senza tralasciare le tenute vitivinicole umbra e toscana. Bollicine rigorosamente Trento, rispetto delle origini strettamente in simbiosi con gestione ecologica dei tanti vigneti, ricerca genetica per le viti del futuro. Continuando a potenziare i gioielli di famiglia. La sorpresa è l'assaggio di un portentoso Maso Montalto '13, Pinot Nero decisamente elegante, vibrante, ricco in ogni sfumatura, di sicuro avvenire. I Trento si confermano di altissimo livello. Il Giulio Ferrari '05 sfida il tempo e propone un mosaico di complessità, risultando forse ancora più intrigante di altri millesimi. Encomio per i Perlé, col Nero '09 sempre ai vertici e un Rosé '10 vivace e coinvolgente.

○ Trento Brut Giulio Ferrari Riserva del Fondatore '05	YYY 8
● Trentino Pinot Nero Maso Montalto '13	YY 5
○ Trento Brut Perlé Nero '09	YY 6
○ Trento Brut Perlé '10	YY 6
⊙ Trento Brut Perlé Rosé '10	YY 7
○ Trento Extra Brut Lunelli Ris. '08	YY 7
○ Trento Brut Giulio Ferrari Riserva del Fondatore '04	YYY 8
○ Trento Brut Giulio Ferrari Riserva del Fondatore '01	YYY 8
○ Trento Extra Brut Lunelli Ris. '07	YYY 7
○ Trento Extra Brut Perlé Nero '07	YYY 8
○ Trento Extra Brut Perlé Nero '06	YYY 8
○ Trento Extra Brut Perlé Nero '05	YYY 8
○ Trento Extra Brut Perlé Nero '04	YYY 8

Fondazione Mach

via Edmondo Mach, 1
38010 San Michele all'Adige [TN]
Tel. 0461615252
www.ismaa.it

VENDITA DIRETTA
VISITA SU PRENOTAZIONE
PRODUZIONE ANNUA 250.000 bottiglie
ETTARI VITATI 60,00
VITICOLTURA Biologico Certificato

Il futuro della vite passa da qui, dai laboratori fantascientifici della Fondazione Mach, come si chiama da qualche anno la storica eno-scuola di San Michele all'Adige. Fondazione dedicata a Edmund Mach, luminare dell'enologia fine '800 e forse il primo a intuire l'importanza della scienza legata al vino. Qui è stato tracciato il DNA della vite, si studia la genetica di tante altre piante, si educano schiere di giovani a fare vino rispettando l'ambiente. Decisamente vasta la gamma dei vini che - nella mission originaria - devono fare scuola alle centinaia di futuri enotecnici che qui studiano. Conferme e rilanci per i vini di questa scuola enoica. Il Riesling Monastero '15 è davvero intrigante e succoso, e sicuramente evolverà ulteriormente nel tempo. Non da meno tutti gli altri vini, compreso un singolare Marzemino '15, esile nella struttura ma dalle ricche note fruttate. Croccante la Nosiola '15, floreale e fresca.

● Cabernet Franc Monastero '13	YY 3
○ Manzoni Bianco Castel San Michele '15	YY 4
● Trentino Marzemino '15	YY 3
○ Trentino Nosiola '15	YY 3
○ Trentino Riesling Monastero '15	YY 5
○ Trento Mach Riserva del Fondatore '09	YYY 5
○ Trento Mach Riserva del Fondatore '07	YYY 5
○ Trento Mach Riserva del Fondatore '04	YYY 5
○ Trentino Pinot Bianco '14	YY 2*
○ Trentino Pinot Bianco Monastero '13	YY 3*
● Trentino Pinot Nero Monastero '10	YY 6
○ Trento Mach Riserva del Fondatore '10	YY 5
○ Trento Mach Riserva del Fondatore '08	YY 5

Grigoletti

via Garibaldi, 12
38060 Nomi [TN]
Tel. 0464834215
www.grigoletti.com

VENDITA DIRETTA
VISITA SU PRENOTAZIONE
PRODUZIONE ANNUA 60.000 bottiglie
ETTARI VITATI 6,00

Grigoletti, un nome che a Nomi - e non è un gioco di parole - ha un solo significato: vino contadino, da vignaioli veraci, schietti, franchi, proprio come la loro variegata quanto contenuta produzione vitivinicola. Una famiglia completamente coinvolta nella gestione autonoma dell'azienda, con Carmelo Grigoletti al comando, garantendo un giusto riposo a Carmelo, suo padre, il fondatore. Coltivano vigneti disseminati lungo le colline e i terreni alluvionali della destra Adige, tra Trento e Rovereto. Nessuna concessione all'esclusività. Solo vinificazioni di uve nostrane, per vini altrettanto sinceri. Il Gonzalier '15 ha buon peso, supportato da una solida componente fruttata, acidità equilibrata, composto e lungo nel finale. Più elegante nella sua sinuosità il Merlot Antica Vigna '13, vino simbolo dell'azienda, gustoso, luminoso e persistente nel variegato finale. Citazione doverosa per il Marzemino '15, violaceo, in tutto, un must della categoria.

Vino	Bicchieri	
● Gonzalier '15	🍷🍷	5
● Trentino Marzemino '15	🍷🍷	2*
● Trentino Merlot Antica Vigna '13	🍷🍷	4
○ Retiko '14	🍷	3
○ San Martin Passito	🍷	4
○ Trentino Chardonnay '15	🍷	2
● Gonzalier '12	YY	5
● Gonzalier '11	YY	5
○ Retiko '13	YY	3
○ Trentino Chardonnay L'Opera '14	YY	3
○ Trentino Chardonnay L'Opera '13	YY	3
● Trentino Marzemino '13	YY	2*
● Trentino Merlot Antica Vigna '12	YY	4

La-Vis/Valle di Cembra

via Carmine, 7
38015 Lavis [TN]
Tel. 0461440111
www.la-vis.com

VENDITA DIRETTA
VISITA SU PRENOTAZIONE
OSPITALITÀ E RISTORAZIONE
PRODUZIONE ANNUA 1.000.000 bottiglie
ETTARI VITATI 850,00
AZIENDA SOSTENIBILE

La-Vis cambia tutto. La rinomata cantina sociale ha radicalmente rinnovato i suoi vertici superando - e questo è il dato più confortante - traversie di bilancio causate da precedenti gestioni. Adesso torna il sereno e gli oltre mille soci conferenti sono decisi a consolidare ogni aspetto produttivo, a partire dal pregio dei vini ottenuti grazie a vendemmie di uve maturate in campi in quota, terrazzamenti d'alta collina, riservati a varietà assolutamente montanare. Tanti vini, per un bere anzitutto popolare, per una capillare rete commerciale e per l'esclusività. Vini autenticamente trentini. Encomio per il Trento Oro Rosso 60 Mesi '12 della Valle di Cembra, decisamente di altissimo livello, come pochi altri tra le Dolomiti. Il Traminer Maso Clinga '15 è speziato, con timbri di pietra focaia, sapido in bocca, quasi opulento. Possente il Cabernet Sauvignon Riserva Ritratti '12, ricco di suggestioni fruttate, succoso, accattivante nel finale. In crescita anche il Gewürztraminer Ai Padri e il Teroldego Pergole Alte, da uve bio.

Vino	Bicchieri	
● Trentino Cabernet Sauvignon Ritratti '12	🍷🍷 (rossi)	3*
○ Trentino Traminer Maso Clinga '15	🍷🍷 (rossi)	4
○ Trentino Brut Oro Rosso 60 Mesi	🍷🍷 (rossi)	5
● Teroldego Pergole Alte Bio '15	🍷🍷	2*
○ Trentino Gewürztraminer Ai Padri Bio '15	🍷🍷	3
○ Trentino Müller Thurgau V. delle Forche '15	🍷🍷	3
○ Ritratto Bianco '07	YYY	4
● Ritratto Rosso '03	YYY	4
○ Trentino Müller Thurgau V. delle Forche '14	YYY	3*
○ Trentino Müller Thurgau V. delle Forche '13	YYY	3*
○ Trentino Müller Thurgau V. delle Forche '12	YYY	3*
● Maso Franch L'Altro Manzoni '10	YY	3*
○ Trentino Chardonnay Simboli '14	YY	2*

Letrari

via Monte Baldo, 13/15
38068 Rovereto [TN]
Tel. 0464480200
www.letrari.it

VENDITA DIRETTA
VISITA SU PRENOTAZIONE
PRODUZIONE ANNUA 160.000 bottiglie
ETTARI VITATI 23,00

Nello Letrari è unanimamente ritenuto il vero patriarca del vino trentino: sagace ultraottantenne, ha sempre previlegiato il confronto, discutere di tecnica enologica, di strategie innovative, per non disperdere preziosi metodi collaudati in quasi 70 anni di vendemmie. Tanti suoi saperi li ha trasferiti alla figlia Lucia, studi in enologia, tanta passione e una precisa determinazione nel fare vino, specialmente Metodo Classico. È anche per questo che i Letrari hanno ridotto il numero delle tipologie, valorizzando principalmente la gamma dei loro Trento spumeggianti. Bollicine di e con carattere, per una leggiadra briosità. Quattro le versioni più autorevoli dei Trento, con la Riserva '10 che non manca i Tre Bicchieri, forte della consueta piacevolezza. Dorata nella lucentezza cristallina, variegata nella gamma aromatica, rievoca fragranze esotiche che si legano poi a cioccolato bianco, agrumi canditi e una giusta persistenza vanigliata. Schietto il Millesimato '13, facile da capire, per un bere spensierato.

○ Trento Brut Ris. '10	🍷🍷🍷 (red)	5
○ Trento Brut '13	🍷🍷 (red)	5
● Cabernet Franc '11	🍷🍷	4
● Trentino Marzemino '15	🍷🍷	3
○ Trento Brut Riserva del Fondatore 976 '06	🍷🍷	8
○ Trento Brut Letrari Ris. '09	🍷🍷🍷 (outline)	5
○ Trento Brut Letrari Ris. '08	🍷🍷🍷 (outline)	5
○ Trento Brut Letrari Ris. '07	🍷🍷🍷 (outline)	5
○ Trento Brut Letrari Ris. '05	🍷🍷🍷 (outline)	5
○ Trento Brut Ris. '06	🍷🍷🍷 (outline)	5
○ Trento Brut Riserva del Fondatore 976 '05	🍷🍷🍷 (outline)	8
○ Trento Letrari Quore Ris. '09	🍷🍷 (outline)	5
○ Trento Letrari Riserva del Fondatore '04	🍷🍷 (outline)	8

Maso Martis

loc. Martignano
via dell'Albera, 52
38121 Trento
Tel. 0461821057
www.masomartis.it

VENDITA DIRETTA
VISITA SU PRENOTAZIONE
PRODUZIONE ANNUA 65.000 bottiglie
ETTARI VITATI 12,00
VITICOLTURA Biologico Certificato

Il nome dell'azienda richiama il dio Marte, un tempo venerato anche dalle genti trentine proprio sul pendio del monte Calisio, sopra l'attuale città di Trento. Stesso sito dove ora la famiglia Stelzer coltiva e vinifica le uve dei vigneti collinari. Coltivazione biologica, filari protetti dalle caratteristiche mura a secco, le vigne che si stagliano sulle montagne, in un habitat decisamente rurale. Ospitali e da quasi 30 anni promotori di eventi culturali legati al vino, Roberta e Antonio Stelzer hanno deciso di puntare prevalentemente sul Metodo Classico, con una batteria di Trento inconfondibile. I nostri Tre Bicchieri li meritavano da tempo. Per la costante evoluzione qualitativa dell'azienda, per l'impegno nella promozione della denominazione. Due i gioielli sugli scudi: la Riserva Madame Martis è decisamente entusiasmante (ma se ne producono neanche mille bottiglie) il Dosaggio Zero '11 è fuoriclasse nella categoria, con il pinot nero che domina la cuvée rendendola coinvolgente, grintosa quanto carezzevole.

○ Trento Dosaggio Zero Ris. '11	🍷🍷🍷 (red)	5
○ Trento Madame Martis '06	🍷🍷 (red)	6
○ Trento Brut Bio	🍷🍷	4
○ Trento Brut Ris. '08	🍷🍷	5
⊙ Trento Rosé Maso Martis Ris. '11	🍷🍷	5
○ Trento Brut Ris. '07	🍷🍷 (outline)	5
⊙ Trento Brut Rosé '11	🍷🍷 (outline)	5
○ Trento Dosaggio Zero '10	🍷🍷 (outline)	5
○ Trento Dosaggio Zero '09	🍷🍷 (outline)	5
○ Trento Madame Martis Ris. '05	🍷🍷 (outline)	6
○ Trento Madame Martis Ris. '04	🍷🍷 (outline)	6
○ Trento Dosaggio Zero Ris. '10	🍷🍷 (outline)	5
○ Trento Ris. '08	🍷🍷 (outline)	5

Maso Poli

LOC. MASI DI PRESSANO, 33
38015 LAVIS [TN]
TEL. 0461871519
www.masopoli.com

VENDITA DIRETTA
VISITA SU PRENOTAZIONE
OSPITALITÀ
PRODUZIONE ANNUA 80.000 bottiglie
ETTARI VITATI 13,00

Ha il fascino delle colture in quota, in una sorta di terrazzo sulla piana dell'Adige, panorama spettacolare tra le Dolomiti di Brenta e la Paganella. Un maso vocato alla vite già nel 1700 e da qualche vendemmia accuratamente gestito dalla famiglia Togn, dinastia di cantinieri operosi anzitutto a Roverè della Luna e conosciuti come Gaierhof, marchio di fidata qualità. Sulle colline sopra Lavis sono riusciti a coniugare territorio, viticoltura, tecnologia enologica e tanta passione per il lavoro in vigna. La gestione è tutta al femminile - Romina Togn e le sorelle Martina e Valentina -, per una gamma completa di vini tradizionalmente trentini, con la novità di un classico Trento Riserva '10 che si è subito distinto in degustazione: colore dorato, fitto, nitidamente aromatico, con la mela a dominare, bocca tagliante quanto succosa. Su tutti il Marmoram - da teroldego e lagrein - che risulta compatto nel riflesso granato e pieno della tipica confettura di ribes.

○ Trentino Nosiola '15	TT	3
● Trentino Sorni Rosso Marmoram '12	TT	3
● Trentino Sup. Pinot Nero '13	TT	3
○ Trentino Traminer '15	TT	3
○ Trento Brut Ris. '10	TT	5
○ Trentino Pinot Grigio '15	T	3
● Trentino Pinot Nero '12	YY	3
● Trentino Pinot Nero Sup. '08	YY	3
○ Trentino Riesling '13	YY	3
● Trentino Sorni Rosso Marmoram '11	YY	3
● Trentino Sorni Rosso Marmoram '10	YY	3
● Trentino Sup. Pinot Nero '11	YY	3
○ Trentino Traminer '13	YY	3

Mezzacorona

VIA DEL TEROLDEGO, 1E
38016 MEZZOCORONA [TN]
TEL. 0461616399
www.mezzacorona.it

VENDITA DIRETTA
VISITA SU PRENOTAZIONE
OSPITALITÀ
PRODUZIONE ANNUA 48.000.000 bottiglie
ETTARI VITATI 2800,00
AZIENDA SOSTENIBILE

Mezzacorona è un colosso enologico che poggia le basi su mirate strategie della cooperazione vitivinicola trentina. Che in pochi anni ha diversificato i suoi interventi - opera in Sicilia con due moderne strutture, a Feudo Arancio, verso Agrigento e Villa Albius, provincia di Ragusa - operando sul mercato più vasto del vino, recentemente anche con il portale e-commerce cinese Alibaba. Non vengono meno però gli autentici legami trentini, con il Teroldego Rotaliano e Trentodoc. Difficile sintetizzare le priorità della loro proposta vinaria, eterogenea quanto variegata, con vini tecnicamente ineccepibili, pronti a confrontarsi nel vincente rapporto prezzo qualità. Flavio '08 è un Trento di gran razza: austero nell'indole, pieno nel carattere brioso, sapido e succoso, subito annoverato tra i grandi di questa tipologia. Un riscontro da Tre Bicchieri che Rotari e il Gruppo Mezzacorona propongono affiancato da diverse tipologie di bollicine e altrettanti vini di territorio.

○ Trento Rotari Flavio Ris. '08	TTT	5
● Nerofino '13	TT	4
● Teroldego Rotaliano '15	TT	4
● Teroldego Rotaliano Castel Firmian Ris '13	TT	2*
○ Trentino Pinot Grigio Castel Firmian Ris. '14	TT	4
● Teroldego Rotaliano Nos Ris. '04	YYY	5
○ Trento Rotari Flavio Ris. '07	YYY	5
○ Trento Rotari Flavio Ris. '06	YYY	5
● Teroldego Rotaliano Castel Firmian Ris. '12	YY	2*
● Teroldego Rotaliano Nos '09	YY	5
○ Trentino Pinot Grigio Castel Firmian '13	YY	3
● Trentino Pinot Nero Castel Firmian '12	YY	3
○ Trento Extra Brut AlpeRegis '09	YY	5

Casata Monfort

via Carlo Sette, 21
38015 Lavis [TN]
Tel. 0461246353
www.cantinemonfort.it

VENDITA DIRETTA
VISITA SU PRENOTAZIONE
PRODUZIONE ANNUA 170.000 bottiglie
ETTARI VITATI 40,00
AZIENDA SOSTENIBILE

Il giovane Federico Simoni ha di fatto preso in mano l'azienda di famiglia, rispettando l'insegnamento dei suoi genitori e puntando comunque a rendere i vini di Casata Monfort ancora più emozionanti. Ha diversificato le selezioni, a seconda di strategie commerciali e destinazioni di mercato, dimostrando subitanee giuste intuizioni. Vasta la gamma dei vini e particolarmente curiosa la selezione Maso Cantanghel, un forte bellico austroaungarico a protezione di Trento, ora circondato da vigneti, sul versante che dalla città porta alla Valsugana. Qui Federico e il suo staff curano anzitutto pinot nero e pure varietà d'uve insolite, proprio per conservare la memoria enoica della gente trentina. La migliore performance dell'annata è sicuramente quella del Pinot Nero '12. Fragrante, tradizionale, dal frutto ben bilanciato, tra il ribes e un singolare timbro di resina, piacevole nella sua integrità gustativa, da uve a coltura bio. Buono anche il Traminer '15, vibrante nell'impatto speziato quanto succoso al palato.

Vino	Bicchieri
● Trentino Pinot Nero V. Cantanghel '12	🍷🍷 5
○ Sotsas '13	🍷🍷 3
⊙ Trentino Pinot Grigio Rosé '15	🍷🍷 3
○ Trentino Traminer Aromatico '15	🍷🍷 3
○ Trento Brut Monfort	🍷🍷 4
⊙ Trento Monfort Rosé	🍷 4
○ Blanc de Sers '13	🍷🍷 3
● Pinot Nero '13	🍷🍷 3
● San Lorenzo '14	🍷🍷 2*
○ Trentino Gewürztraminer '14	🍷🍷 3
○ Trentino Traminer Aromatico V. Caselle '12	🍷🍷 3
○ Trento Brut Ris. '09	🍷🍷 5
○ Trento Brut Ris. '08	🍷🍷 5

Moser

fraz. Gardolo di Mezzo
via Castel di Gardolo, 5
38121 Trento
Tel. 0461990786
www.cantinemoser.com

VENDITA DIRETTA
VISITA SU PRENOTAZIONE
OSPITALITÀ
PRODUZIONE ANNUA 120.000 bottiglie
ETTARI VITATI 17,00

I Moser tornano a essere protagonisti del ciclismo con il giovane Moreno, anche se suo zio, il campione del mondo Francesco, da tempo è sceso dalla bici per sedersi piuttosto sulla sella del trattore, coltivando il suggestivo podere a Gardolo di Mezzo, sulla collina a nord di Trento. Dove ha sede pure la cantina, diretta dai suoi due figli Carlo e Francesca. Azienda spettacolare, curata in ogni settore, dotata pure di un micromuseo della bici, le due ruote tra barrique e trofei, tra calici e coppe per vincenti corse. Per altrettanti brindisi con i vini di casa, comprese le versioni del classico Trento. Traguardi felici per le bollicine dei Moser che ora possono vantare pure un Rosé ricco di sensazioni di frutta rossa, leggermente vinoso, davvero appagante. Tiene il passo anche il Teroldego '13, prodotto con uve collinari, verso Trento. Gregari di livello - tanto per parlare in termini ciclistici - anche il Müller Thurgau e il Moscato Giallo, entrambi 2015.

Vino	Bicchieri
● Teroldego '13	🍷🍷 3
○ Trento Brut 51,151	🍷🍷 5
⊙ Trento Rosé '12	🍷🍷 5
○ Gewürztraminer '14	🍷 3
○ Moscato Giallo '15	🍷 3
○ Müller Thurgau '15	🍷 3
○ 51,151 '10	🍷🍷 5
● Lagrein Dea Mater '09	🍷🍷 3
● Lagrein Deamater '05	🍷🍷 3
○ Moscato Giallo '14	🍷🍷 3
○ Riesling '12	🍷🍷 3
○ Riesling '10	🍷🍷 2*
○ Trento 51,151 '09	🍷🍷 5

Opera Vitivinicola in Valdicembra

FRAZ. VERLA
VIA 3 NOVEMBRE, 8
38030 GIOVO [TN]
TEL. 0461684302
www.operavaldicembra.it

VENDITA DIRETTA
VISITA SU PRENOTAZIONE
PRODUZIONE ANNUA 60.000 bottiglie
ETTARI VITATI 15,00

Questa piccola realtà ha subito dimostrato di essere in grado non solo di competere ma pure di troneggiare sul podio dei Trento, con alcune versioni di Metodo Classico decisamente emozionanti. Un risultato che ha riempito di orgoglio i diretti autori e sancito l'alto valore di questi vini assolutamente cembrani, ovvero dalla valle di Cembra, finalmente riconosciuta come zona montana di vitivinicoltura eroica. Si tratta di un'azienda esclusivamente spumantistica, dalla struttura moderna, tutto acciaio, vetro e porfido, una pietra durissima ma gentile con la vite che imprime carattere ai vini e sorregge i vigneto grazie ai muri a secco. La Riserva '09 è portentosa: di colore oro con riflessi come schegge porfiriche, la mineralità della valle di Cembra, dove maturano le uve di questo classico Trento. Sapida, di bella trama, dalle note speziate, il suo carattere risalterà ancor più con qualche stagione sulle spalle. Fragranza e potenza alpina in particolare nell'Opera Blanc '10, da uve pinot nero in purezza.

○ Trento Nature Opera Ris. '09	TT 5
○ Trento Nature Opera '10	TT 5
○ Trento Brut Opera '11	TT 5
○ Trento Opera Blanc '10	TT 5
○ Trento Brut Dosaggio Zero Opera Ris. '08	YYY 7
○ Trento Brut Opera '09	YY 5
⊙ Trento Brut Rosé Noir '09	YY 5
○ Trento Nature '08	YY 4
○ Trento Nature Opera '09	YY 5

Pisoni

LOC. SARCHE
FRAZ. PERGOLESE DI LASINO
VIA SAN SIRO, 7A
0461 MADRUZZO
TEL. 0461564106
www.pisoni.net

VENDITA DIRETTA
VISITA SU PRENOTAZIONE
PRODUZIONE ANNUA 23.500 bottiglie
ETTARI VITATI 16,00

Anzitutto vignaioli, da quasi due secoli. Contadini per scelta di vita e legati alla vite grazie alle nozioni apprese frequentando la scuola agraria di San Michele all'Adige, per poi coltivare la terra, vinificare le uve, pure distillare le vinacce, per ottenere la tradizionale grappa. Una famiglia con rami enologici diversificati, comunque in sinergia tra loro. Marco e Stefano coltivano seguendo i metodi della biodinamica, mentre altri fratelli e cugini si occupano di gestione della cantina, della distilleria e pure della struttura riservata alla spumantistica. Una gamma completa di vini, con particolare attenzione al raro Vino Santo Trentino, vanto aziendale e simbolo dei Pisoni. Il Trento Riserva 80 Mesi '08 è davvero entusiasmante: complesso, evoluto, di grande trama aromatica e altrettanta carbonica, pieno, decisamente buono. Il Nature '12 è esile nella vivacità quanto mirato nella compostezza, buon naso, bocca ben diretta da una tonica acidità.

○ Trento Extra Brut 80 Mesi Ris. '08	TT 5
○ Nosiola '15	TT 2*
○ Trentino Vino Santo '02	TT 6
○ Trento Brut Nature '12	TT 4
⊙ Trento Rosé '12	TT 5
● Reboro '12	T 4
● Sarica Rosso '11	YY 4
○ Trentino Vino Santo '98	YYY 6
○ Trentino Vino Santo '01	YY 6
○ Trentino Vino Santo '00	YY 6
○ Trento Brut Nature '11	YY 4
○ Trento Extra Brut '10	YY 5
○ Trento Extra Brut 80 Mesi Ris. '07	YY 5
○ Trento Extra Brut Ris. '08	YY 5

Pojer & Sandri

loc. Molini, 4
38010 Faedo [TN]
Tel. 0461650342
www.pojeresandri.it

VENDITA DIRETTA
VISITA SU PRENOTAZIONE
OSPITALITÀ
PRODUZIONE ANNUA 200.000 bottiglie
ETTARI VITATI 32,00
VITICOLTURA Biologico Certificato

Un duo instancabile quanto istrionico, pronto a cogliere stimoli vitivinicoli da tramutare in vini dove la mano del viticoltore consegna all'enologo uve pregne di carattere, per vini altrettanto singolari. Con oltre 40 vendemmie alle spalle, l'aiuto dei rispettivi figli e l'entrata in produzione dei nuovi impianti in quota - nella vicina valle di Cembra - questa azienda di Faedo mantiere inalterato il suo prestigio, costante officina innovativa, per nuovi vini (da uve di viti interspecifiche, quelle naturalmente resistenti alle malattie) e per altrettante attività sperimentali, dalla grappa ai particolari aceti. Gli spumanti di casa sono fuori dal coro: da quello con i lieviti sul fondo alla Cuvée Rosé, che unisce le basi dei due millesimi 2011 e 2012, la filosofia non cambia, con metodi sperimentali in cantina come in campagna. Difficile una sintesi descrittiva. Certamente tutti i prodotti sottolineano uno stile avvolgente e intenso e una qualità media che la griglia può facilmente raccontare.

● Pinot Nero Rodel Pianezzi '13	🍷🍷 (rossi) 5
⊙ Spumante Rosé Cuvée 11-12	🍷🍷 (rossi) 5
○ Bianco Faye '12	🍷🍷 5
○ Chardonnay '15	🍷🍷 3
● Merlino	🍷🍷 5
○ Müller Thurgau Palai '15	🍷🍷 3
○ Traminer '15	🍷🍷 4
○ Bianco Faye '08	🍷🍷🍷 5
○ Bianco Faye '01	🍷🍷🍷 5
● Pinot Nero Rodel Pianezzi '09	🍷🍷🍷 5
● Rosso Faye '05	🍷🍷🍷 5
● Rosso Faye '00	🍷🍷🍷 5
○ Palai '14	🍷🍷 3*
● Rosso Faye '11	🍷🍷 6

Pravis

loc. Le Biolche, 1
0461 Madruzzo
Tel. 0461564305
www.pravis.it

VENDITA DIRETTA
VISITA SU PRENOTAZIONE
PRODUZIONE ANNUA 200.000 bottiglie
ETTARI VITATI 32,00

Tante le attrattive in zona: Castel Madruzzo, i vigneti che scandiscono il ritmo del paesaggio, con le Dolomiti di Brenta a corollario dei tanti laghi che portano al Garda. Una zona amena, baciata dall'aurea brezza che soffia dal grande lago, indispensabile all'escursione termica tra notte e giorno e quindi prioritaria per la maturazione delle uve. I tre soci della Pravis non hanno mai voluto ostentare la loro autentica indole di vignaioli. Coltivano piccoli campi, filari ordinati, nessuna concessione all'impatto ambientale. Coinvolgendo i loro giovani figli - Alessio Chistè in vigna, Erika e Giulia Pedrini in cantina - per mettere in bottiglia vini altrettanto singolari nella loro importante semplicità. Sugli scudi il Fratagranda '12, tra i migliori rossi del Trentino, gioca su componenti speziate al naso e risulta deciso al palato, con rigogliosa persistenza. Da conservare, per giuste evoluzioni. Elegante, quasi austero, con toni che richiamano spezie e sandalo anche l'altro rosso di casa, il Syrae '13. Tra i vini bianchi la spunta il Cros del Mont '15.

● Fratagranda '12	🍷🍷 (rossi) 4
● Syrae '13	🍷🍷 (rossi) 4
○ Kerner '15	🍷🍷 2*
○ Müller Thurgau St. Thomà '15	🍷🍷 2*
○ Sauvignon Teramara '15	🍷🍷 3
○ Traminer Cros del Mont '15	🍷🍷 4
● Fratagranda '10	🍷🍷🍷 4*
● Fratagranda '07	🍷🍷🍷 4
○ Vino Santo Arèle '06	🍷🍷🍷 6
○ l'Ora '12	🍷🍷 4
● Madruzzo '12	🍷🍷 3
○ Stravino di Stravino '12	🍷🍷 4
○ Stravino di Stravino '11	🍷🍷 4
● Syrae '12	🍷🍷 4

Revì

via Florida, 10
38060 Aldeno [TN]
Tel. 0461843155
www.revispumanti.com

VENDITA DIRETTA
VISITA SU PRENOTAZIONE
PRODUZIONE ANNUA 20.000 bottiglie
ETTARI VITATI 1,70
VITICOLTURA Biologico Certificato

I magnifici quattro di Revì ovvero come una microscopica azienda a gestione familiare riesca a presentare una batteria vincente di Trento. È il risultato di un costante impegno enologico, iniziato nel 1982 dal fondatore Paolo Malfer e portato avanti con grande cipiglio professionale dai figli, in particolare dal giovane Giacomo, laurea in marketing e spumantista ispirato. Revì, da un toponimo che indicava la zona dove si vendemmiavano le uve destinate al re dei vini. Ottimo sia il Dosaggio Zero '12, da sole uve chardonnay, setoso, quasi carezzevole, dai toni mielosi, con una vivacità carbonica di grandissima persistenza, ricorda la croccantezza delle mele e il pane sfornato, ben bilanciato da un'elegante sapidità, sia il Brut '11, verdolino e scattante nella sua fragranza tutta trentina. Il Cavaliere Nero '09, da pinot nero, è destinato a sicure evoluzioni. Non da meno il Rosé, di facile beva, immediato.

○ Trento Brut '11	🍷🍷 4
○ Trento Dosaggio Zero '12	🍷🍷 5
○ Trento Extra Brut Cavaliere Nero '09	🍷🍷 5
⊙ Trento Rosé '12	🍷🍷 5
○ Trento Brut Revì '09	🍷🍷 4
○ Trento Brut Revì Mill. '10	🍷🍷 4
○ Trento Brut Revì '11	🍷🍷 4
○ Trento Dosaggio Zero Revì '10	🍷🍷 5
○ Trento Dosaggio Zero Revì '09	🍷🍷 5
○ Trento Extra Brut Bio Revì Paladino '09	🍷🍷 7
○ Trento Extra Brut Paladino '10	🍷🍷 7
○ Trento Revì Brut Mill. '08	🍷🍷 4
⊙ Trento Rosé Revì '11	🍷🍷 5
⊙ Trento Rosé Revì '09	🍷🍷 5

Cantina Rotaliana

via Trento, 65b
38017 Mezzolombardo [TN]
Tel. 0461601010
www.cantinarotaliana.it

VENDITA DIRETTA
VISITA SU PRENOTAZIONE
PRODUZIONE ANNUA 1.000.000 bottiglie
ETTARI VITATI 330,00
AZIENDA SOSTENIBILE

Mezzolombardo è un comune ad alta densità viticola, quasi esclusivamente riservato al teroldego, vitigno autoctono per l'omonimo vino. Varietà d'uva censita già a metà del 1300 e che da oltre un secolo caratterizza tutta la rigogliosa campagna tra il torrente Noce e il fiume Adige, area chiamata da sempre Campo Rotaliano. Alle peculiarità geologiche, climatiche e colturali della zona è legata pure questa solida cantina cooperativa, Rotaliana in tutto e per tutto. Perché propone prevalentemente Teroldego, in varie versioni, affiancandolo con alcune selezioni di vini da bacca bianca e - non ultimo - un Trento di carattere. Il Redor '08 si conferma vino di razza, da chardonnay e pinot nero. Il vitigno principe della zona, e di casa, resta comunque il Teroldego, come dimostra il valore di Clesurae, Riserva ed Etichetta Rossa. Il primo ha struttura potente e un legno che deve solo conciliare l'impatto con i tannini. Armonica la Riserva '13, molto facile e accattivante l'Etichetta Rossa '15.

● Teroldego Rotaliano Clesurae '13	🍷🍷 6
● Teroldego Rotaliano Et. Rossa '15	🍷🍷 3
● Teroldego Rotaliano Sup. Ris. '13	🍷🍷 4
○ Trento Brut Redor Ris. '08	🍷🍷 5
○ Trentino Pinot Bianco '15	🍷 2
○ Trentino Pinot Grigio '15	🍷 2
● Teroldego Rotaliano Clesurae '06	🍷🍷🍷 5
● Teroldego Rotaliano Clesurae '02	🍷🍷🍷 5
● Teroldego Rotaliano Ris. '04	🍷🍷🍷 3
● Teroldego Rotaliano Clesurae '12	🍷🍷 6
● Teroldego Rotaliano Clesurae '11	🍷🍷 6
● Teroldego Rotaliano Et. Rossa '14	🍷🍷 2*
● Teroldego Rotaliano Ris. '11	🍷🍷 4
○ Trento Brut Redor Ris. '07	🍷🍷 5

★★Tenuta San Leonardo

FRAZ. BORGHETTO ALL'ADIGE
LOC. SAN LEONARDO
38060 AVIO [TN]
TEL. 0464689004
www.sanleonardo.it

VENDITA DIRETTA
VISITA SU PRENOTAZIONE
PRODUZIONE ANNUA 250.000 bottiglie
ETTARI VITATI 34,00
AZIENDA SOSTENIBILE

Autorevoli, in tutto e con uno stile talmente inconfondibile da renderli unici. Sono i vini dei Guerrieri Gonzaga, nobile dinastia che nella loro tenuta di Borghetto d'Avio, sul confine col Veneto, prosegue con instancabile dedizione nella cura della vite e di tutto quanto valorizza il carattere del paesaggio locale. Tra i vasti loro poderi boschivi hanno incastonato nuovi vigneti, solo per uve a bacca rossa, coltivando tutta l'azienda con pratiche biologiche. I vini hanno del magico, proprio come la bellezza e la suggestione dei luoghi dove nascono. Il marchese Carlo e suo figlio Anselmo si confermano ancora una volta protagonisti indiscussi del buon vino, non solo del Trentino. Armonia, complessità e spessore. E la magìa di un vino che evoca avvolgenti sensazioni. Il 2011 per il San Leonardo si dimostra millesimo meraviglioso. Gli speziati profumi sono sensuali e rimandano al sigaro e alla corteccia, un bosco autunnale. I tannini sono vellutati, bilanciati da una perfetta acidità. Decisamente un gran bel vino, senza se e senza ma.

● San Leonardo '11	🍷🍷🍷 8
● Villa Gresti '11	🍷🍷 5
● Terre di San Leonardo '13	🍷🍷 3
○ Vette di San Leonardo '15	🍷🍷 3
● Carmenère '07	🍷🍷🍷 8
● San Leonardo '10	🍷🍷🍷 7
● San Leonardo '08	🍷🍷🍷 7
● San Leonardo '07	🍷🍷🍷 7
● San Leonardo '06	🍷🍷🍷 7
● San Leonardo '05	🍷🍷🍷 7
● San Leonardo '04	🍷🍷🍷 7
● San Leonardo '03	🍷🍷🍷 7
● San Leonardo '01	🍷🍷🍷 7
● Villa Gresti '03	🍷🍷🍷 6

Toblino

FRAZ. SARCHE
VIA LONGA, 1
0461 MADRUZZO
TEL. 0461564168
www.toblino.it

VENDITA DIRETTA
VISITA SU PRENOTAZIONE
RISTORAZIONE
PRODUZIONE ANNUA 400.000 bottiglie
ETTARI VITATI 700,00
VITICOLTURA Biologico Certificato

È forse la prima cantina sociale che coinvolge tutti i suoi 600 soci in un progetto di vitivinicoltura completamente biologica, dando il via alla fondazione del Bio Distretto Valle dei Laghi, coinvolgendo il neonato comune di Madruzzo e tutta una serie di associazioni che operano nel settore agroalimentare della zona, in campi vitati che spaziano dal fondovalle verso il lago di Garda alle pendici del Bondone, con filari a quasi 800 metri di quota. Toblino, come l'omonimo lago, può contare su vigneti baciati dal particolare microclima, per vendemmie che consentono sia la surmaturazione dei grappoli che la miglior resa per la spumantistica trentina. La gamma è completa, dal Trento ad alcune novità legate al nascente distretto bio Valle dei Laghi. L'Antares '11 brilla tra i Trento, sempre impeccabile nella vivace effervescenza quanto nella carezzevole profondità espressiva. Traminer Aromatico e Chardonnay mostrano una certa rusticità ma anche un'impronta aromatica insolita, assolutamente piacevole, tra sentori di rosa e di frutta alpina.

○ Trentino Chardonnay Bio '15	🍷🍷 2*
○ Trentino Traminer Aromatico Bio '15	🍷🍷 2*
○ Trento Brut Antares '11	🍷🍷 3
○ Manzoni Bianco Bio '15	🍷 2
○ Trentino Müller Thurgau '15	🍷 2
○ Trentino Nosiola '15	🍷 2
○ L'Ora '11	🍷🍷 3
○ Largiller '07	🍷🍷 3
○ Manzoni Bianco '13	🍷🍷 2*
○ Moscato Giallo Bio '14	🍷🍷 2*
○ Trentino Chardonnay '13	🍷🍷 2*
○ Trentino Müller Thurgau '13	🍷🍷 2*
○ Trentino Nosiola '13	🍷🍷 2*
○ Trento Brut Antares '10	🍷🍷 3

Vallarom

FRAZ. VO' SINISTRO
FRAZ. MASI, 21
38063 AVIO [TN]
TEL. 0464684297
www.vallarom.it

VENDITA DIRETTA
VISITA SU PRENOTAZIONE
OSPITALITÀ E RISTORAZIONE
PRODUZIONE ANNUA 45.000 bottiglie
ETTARI VITATI 7,00
VITICOLTURA Biologico Certificato
AZIENDA SOSTENIBILE

Avio è zona vocata alla vite dai tempi remoti. Citata nei documenti dei padri Crociferi già due secoli prima del Mille, con gli impervi balzi rocciosi sulle sponde dell'Adige, nella bassa Vallagarina, pazientemente trasformati in vigneti nei Campi Sarni da secoli di fatiche contadine, produce vini fascinosi nella loro originalità. La famiglia di Barbara Mottini e Filippo Scienza intende proprio recuperare l'indole originaria di questo areale. Pazientemente e con una cura da manuale agronomico, hanno completamente convertito al biologico tutti i loro poderi, ristrutturando con bioedilizia pure il loro maso-cantina, trasformato in uno splendido agriturismo. Uvaggio da cabernet, merlot e syrah, il Fuflus '12 è vino singolare e brilla per l'avvolgente e rotonda suadenza. Gentile, come impone la tradizione, il Marzemino '15, vinoso e corroborante, più profondo del solito. In evidenza il Cabernet Sauvignon '13, con intensità ed equilibrio degni di un bordolese.

● Cabernet Sauvignon Bio '13	🍷🍷	3
○ Enantio '15	🍷🍷	3
● Fuflus '12	🍷🍷	4
● Trentino Marzemino Bio '15	🍷🍷	3
○ Vo'	🍷🍷	4
⊙ Vo' Rosé	🍷	4
● Campi Sarni Rosso '10	🍸🍸	4
● Trentino Marzemino '14	🍸🍸	3
● Trentino Marzemino '13	🍸🍸	3
○ Vadum Caesaris '01	🍸🍸	2
● Vallagarina Campi Sarni '11	🍸🍸	4
● Vallagarina Pinot Nero '13	🍸🍸	4
○ Vo' Dosaggio Zero '12	🍸🍸	4
○ Vo' Dosaggio Zero '10	🍸🍸	4

Roberto Zeni

FRAZ. GRUMO
VIA STRETTA, 2
38010 SAN MICHELE ALL'ADIGE [TN]
TEL. 0461650456
www.zeni.tn.it

VENDITA DIRETTA
VISITA SU PRENOTAZIONE
PRODUZIONE ANNUA 150.000 bottiglie
ETTARI VITATI 14,00
VITICOLTURA Biologico Certificato

La curiosità e le intuizioni enologiche sperimentate dai fratelli Andrea e Roberto Zeni in quasi 50 anni di vendemmie hanno spinto e incoraggiato il giovane Rudy a cimentarsi anche con un micro birrificio artigianale, allestito a Maso Nero, il cuore viticolo sulla collina di Lavis di questa bella azienda a gestione familiare. I loro vigneti principali sono quelli in riva all'Adige, vicino alla cantina, a Grumo. Vignaioli e spumantisti, hanno notevolmente potenziato il prestigio dei loro tanti vini, tutti ottenuti da gestioni agricole biologiche di vigneti disseminati nel fondovalle e su ripidissimi pendii collinari, riservati alle uve aromatiche e per il classico Trento. Un Teroldego con pochi rivali quello proposto dai Zeni. Pini '12 manifesta una grande potenza e torna a essere vero leader di categoria. Impatto visivo di rara intensità, scuro quanto lucente, con aromi tra liquirizia e bacche di bosco, materico e ricco di frutta matura, chiude molto lungo. Poco inferiore il Ternet '13, sempre da uve teroldego, di grande agilità e versatilità.

● Teroldego Rotaliano Pini '12	🍷🍷🍷 (rossi)	6
● Teroldego Ternet Schwarzhof '13	🍷🍷 (rossi)	5
○ Traminer Schwarzhof '15	🍷🍷	4
○ Trentino Nosiola Palustella '15	🍷🍷	2*
○ Trento Brut Nero Maso Ris. '10	🍷🍷	5
○ Trento Dosaggio Zero Maso Nero '11	🍷🍷	5
● Ternet Schwarzhof '10	🍸🍸🍸	5
● Teroldego Rotaliano Pini '09	🍸🍸🍸	6
○ Müller Thurgau Lecroci '14	🍸🍸	2*
● Rossara Legiare '14	🍸🍸	2*
● Teroldego Rotaliano Lealbere '13	🍸🍸	3
● Teroldego Rotaliano Pini '10	🍸🍸	6
● Teroldego Ternet Schwarzhof '12	🍸🍸	5
○ Trento Brut Nero Maso Ris. '09	🍸🍸	5

Cantina Aldeno

via Roma, 76
38060 Aldeno [TN]
Tel. 0461842511
www.cantina-aldeno.it

Storica cooperativa vitivinicola da qualche vendemmia impegnata nella produzione di vini biologici e vegani, senza tralasciare le sue radici, molto legate alla valorizzazione del merlot. L'uvaggio San Zeno si conferma di buon livello, come il Trento Altinum '10.

● Teroldego '15	🍷🍷 4
● Trentino San Zeno Ris. '11	🍷🍷 4
○ Trentino Traminer '15	🍷🍷 2*
○ Trento Extra Brut Altinum '10	🍷🍷 5

Barone de Cles

via G. Mazzini, 18
38017 Mezzolombardo [TN]
Tel. 0461601081
www.baronedecles.it

Una dinastia nobiliare che ha scandito non solo la storia del Trentino ma pure gran parte dell'evoluzione del Teroldego. Giorgio de Cles ha impostato nuovi vigneti nella piana Rotaliana e in Val di Non. In attesa dei nuovi vini il Cardinale '12 ha sfiorato il massimo riconoscimento.

● Teroldego Rotaliano Cardinale '12	🍷🍷 5
● Teroldego Rotaliano Maso Scari '13	🍷🍷 3
● Teroldego Rotaliano Primo '14	🍷 4

Bolognani

via Stazione, 19
38015 Lavis [TN]
Tel. 0461246354
www.bolognani.com

Viticoltori ma soprattutto cantinieri tra i più competenti della regione, con tante iniziative in corso. Tutti i vini sono tecnicamente perfetti, di giusta tipicità dolomitica. Il Teroldego Armilo '14 è succoso e fruttato, buoni i bianchi, Gewürztraminer Sanròc '14 su tutti.

● Teroldego Armilo '14	🍷🍷 3
○ Trentino Gewürztraminer Sanròc '14	🍷🍷 3
○ Moscato Giallo '15	🍷 2
○ Sauvignon '15	🍷 3

Cantina Sociale di Trento

via dei Viticoltori, 2-4
38123 Volano [TN]
Tel. 0461920186
www.cantinasocialetrento.it

È la cantina della città di Trento in tutti i sensi. Ha sede nell'area urbana e i suoi soci coltivano tutti i vigneti che circondano la città, sul pendio dei tre colli che danno il nome stesso a Trento. Davvero ben fatto il Brut Zell, luminoso e croccante, un vero Trento.

● Trentino Heredia '13	🍷🍷 3
● Trentino Merlot V. Novaline '13	🍷🍷 4
○ Trento Brut Zell	🍷🍷 5
○ Santacolomba Solaris '15	🍷 4

Cantina d'Isera

via al Ponte, 1
38060 Isera [TN]
Tel. 0464433795
www.cantinaisera.it

Il Marzemino nel Dna per questa cooperativa che riesce a diversificare le zone basaltiche sulla sponda destra del fiume Adige, vicino Rovereto, proponendo anche validi Trento e alcuni bianchi fragranti, a partire dal Sauvignon.

○ Sauvignon '15	🍷🍷 3
● Trentino Marzemino Sup. Et. Verde '13	🍷🍷 3
○ Trento Extra Brut	🍷🍷 4
⊙ Schiava Costa Felisa '15	🍷 4

Marco Donati

via Cesare Battisti, 41
38016 Mezzocorona [TN]
Tel. 0461604141
www.cantinadonatimarco.it

Azienda di stampo contadino gestita con competenza da Marco Donati e famiglia, vignaioli veraci da generazioni. Vino simbolo è il Teroldego, con la selezione Sangue di Drago, nervosismo aromatico, buona fuliggine, tanta sapidità. Marzemino e Nosiola di gradevole beva.

● Teroldego Rotaliano Sangue di Drago '13	🍷🍷 5
● Teroldego Rotaliano Bagolari '14	🍷 4
● Trentino Marzemino Orme '15	🍷 3
○ Trentino Nosiola Sole Alto '15	🍷 3

Gaierhof

via IV Novembre, 51
38030 Roverè della Luna [TN]
Tel. 0461658514
www.gaierhof.com

Luigi Togn è da sempre uno degli imprenditori vinicoli più accorti del Trentino e ogni anno seleziona una serie di vini per mercati variegati e molto selettivi. Vini di carattere, tutti di personalità. Molto coinvolgente il Trento Brut Siris, solo da chardonnay.

- ● Teroldego Rotaliano '14 — 🍷🍷 2*
- ● Teroldego Rotaliano Sup. '13 — 🍷🍷 3
- ○ Trento Brut Siris — 🍷🍷 4
- ○ Trentino Pinot Grigio '15 — 🍷 2

Bruno Grigolli

via San Bernardino,10
38065 Mori [TN]
Tel. 0464917368
www.grigollibruno.it

Solo vini da uve a bacca rossa e solo da vigneti di proprietà situati nei migliori campi che si trovano attorno l'abitato di Mori, tra Rovereto e il Garda. La produzione è contenuta nei numeri ma in costante crescita qualitativa. Il Noal '10 – Merlot in purezza – è il più riuscito.

- ● Trentino Cabernet Germano '09 — 🍷🍷 4
- ● Trentino Merlot Noal '10 — 🍷🍷 6
- ⊙ Vallagarina Dumalis '13 — 🍷 5

Tenuta Maso Corno

loc. Valbona
38061 Ala [TN]
Tel. 0464421130
www.tenutamasocorno.it

Una dozzina di ettari vitati protesi tra le colline di Ala e le Piccole Dolomiti, zona viticola quasi estrema, che Giulio Larcher ha trasformato in un ambito decisamente emozionante. Il Pinot Nero è profondo nel colore quanto elegante all'assaggio. I bianchi Chardonnay e Sauvignon molto varietali.

- ○ Trentino Chardonnay Villanova '13 — 🍷🍷 6
- ● Trentino Pinot Nero Santa Maria '11 — 🍷🍷 6
- ○ Trentino Sauvignon Declivi '13 — 🍷 4

Maso Grener

loc. Masi di pressano
38015 Lavis [TN]
Tel. 0461871514
www.masogrener.it

Davvero centrato FP, il singolare blend da chardonnay e sauvignon, molto sapido e dalla succosità persistente. Convince anche il Pinot Nero '14, vendemmiato sulla collina di Trento. Da un maso vicino alla cantina arrivano le uve per il Sauvignon '15, che profuma di fiore di sambuco.

- ○ FP Chardonnay&Sauvignon '15 — 🍷🍷 3
- ● Trentino Pinot Nero V. Bindesi '14 — 🍷🍷 5
- ○ Trentino Sauvignon '15 — 🍷 4

Giuliano Micheletti

via E. Conci, 74
38123 Trento
Tel. 3493306929
gm.limina@gmail.com

Limen, il confine, è il nome dei vini di Micheletti, vignaiolo con laurea in architettura che ha deciso di sfidare il limite coltivando la vite sia in città, sulla collina di Trento verso San Rocco, sia a Drena, tra le rocce che guardano il lago. Coltura biodinamica per vini di grande impatto gustativo.

- ● Merlot Limen '12 — 🍷🍷 4
- ○ Riesling Limen '15 — 🍷🍷 4

Mori - Colli Zugna

via del Garda, 35
38065 Mori [TN]
Tel. 0464918154
www.cantinamoricollizugna.it

Tecnologicamente all'avanguardia, con una struttura totalmente interrata e decisa a sperimentare anche vinificazioni in anfora. Grande impegno sul Marzemino e in un promettente Trento, e sempre piacevoli i vini delle colline tra l'Adige e il lago di Garda, come il Traminer.

- ● Trentino Sup. Marzemino Terra di San Mauro '14 — 🍷🍷 3
- ○ Trentino Traminer Pendici del Baldo '15 — 🍷🍷 2*
- ○ Trento Brut Morus Ris. '12 — 🍷🍷 5

Pedrotti Spumanti

via Roma, 2a
38060 Nomi [TN]
Tel. 0464835111
www.predottispumanti.it

La Riserva delle sorelle Donatella e Chiara Pedrotti maturata pazientemente nella suggestiva grotta scavata nella roccia in riva all'Adige ed è decisamente spettacolare, penalizzata solo dal contenuto numero di bottiglie. Uno dei più coinvolgenti Trento degustati recentemente in Trentino.

○ Trento Pas Dosé Ris. 111 '09	🍷🍷	6
⊙ Trento Brut Rosé Pedrotti '12	🍷🍷	5
○ Trento Dosaggio Zero Bouquet	🍷🍷	4
○ Trento Brut Bouquet	🍷	4

Pelz

loc. Cavade, 3
38034 Cembra [TN]
Tel. 0461683051
www.cantinapelz.com

Tre fratelli - Diego, Michele e Franco - caparbiamente vinificano quanto raccolgono in vigneti assolutamente arditi varietà antiche come balasi e paolina, ma specialmente riesling, che viene declinato anche in versione dolce, blend di 10 vendemmie. Fragrante il Müller Thurgau '15.

○ Müller Thurgau '15	🍷🍷	4
○ Riesling Dieci Vendemmie	🍷🍷	4
○ Trentino Riesling '13	🍷🍷	4
○ Trento Pas Dosé 3.Tre '12	🍷	5

Riva del Garda

loc. San Nazzaro, 4
38066 Riva del Garda [TN]
Tel. 0464552133
www.agririva.it

L'azienda cooperativa elabora negli ultimi anni Trento interessanti oltre e valorizzare al meglio i vini dei vitigni rivieraschi. Curiosa quanto piacevole la versione di Teroldego, uno dei più piacevoli tra quelli prodotti lontano dalla zona Rotaliana.

● Maso Lizzone '14	🍷🍷	3
● Teroldego Rivaldego '15	🍷🍷	2*
○ Trento Brut BrezzaRiva	🍷🍷	3
● Trentino Pinot Nero Maso Elesi '14	🍷	4

Cantina Sociale Roverè della Luna

via IV Novembre, 9
38030 Roverè della Luna [TN]
Tel. 0461658530
www.csrovere1919.it

Cantina quasi secolare, leader nella produzione di Pinot Grigio e di alcune uve destinate alla spumantistica. Vini per un consumo facile, sempre freschi e fragranti, e una particolare attenzione al Trento Vervè '12, pieno e avvolgente, dalla bolla cremosa.

○ Trento Brut Vervè '12	🍷🍷	4
● Trentino Lagrein '13	🍷	2
○ Trentino Pinot Grigio '15	🍷	3
○ Trentino Traminer V. Winchel '13	🍷	4

Arcangelo Sandri

via Vanegge, 4a
38010 Faedo [TN]
Tel. 0461650935
www.arcangelosandri.it

I vini di questa piccola azienda collinare, diretta da due giovani enologhe, le sorelle Nadia e Sonia Sandri, sono fruttati, fragranti, immediati e di facile beva. Qui si vinificano selezioni di uve autenticamente di Faedo, rispettando l'andamento annuale e le schiette potenzialità.

● Trentino Lagrein Capòr '12	🍷🍷	3
○ Trentino Müller Thurgau Cosler '15	🍷🍷	2*
○ Trentino Traminer Razer '15	🍷	2

Armando Simoncelli

via Navicello, 7
38068 Rovereto [TN]
Tel. 0464432373
www.simoncelli.it

Capofila di una pattuglia di vignaioli che hanno scritto – e continuano a farlo – la storia moderna del marzemino, Armando Simoncelli non vuole stupire con vini roboanti. Prosegue nella sua schietta proposta di vini freschi, di pronta beva, deliziosi e fragranti. Con il Marzemino e il Pinot Bianco in testa.

● Trentino Marzemino '15	🍷🍷	4
○ Trentino Pinot Bianco '15	🍷🍷	4
● Trentino Cabernet Franc '13	🍷	4

Enrico Spagnolli

via G. B. Rosina, 4a
38060 Isera [TN]
Tel. 0464409054
www.vinispagnolli.it

La cantina di Enrico Spagnolli è una certezza, con produzioni mirate, dall'ottimo rapporto col prezzo di vendita, versatili, volutamente semplici. Le più interessanti sono il Tebro '09, uvaggio tra cabernet e merlot, il Moscato Giallo '15, e il classico Marzemino.

● Tebro '09	3
● Trentino Marzemino '14	2*
○ Trentino Moscato Giallo '15	2*
○ Vallagarina Riesling '15	2

Marco Tonini

loc. Folaso
via Rosmini, 8
38060 Isera [TN]
Tel. 3404991043

Marco Tonini, vignaiolo verace, adesso è aiutato dal figlio Filippo, neo diplomato in enologia, giovane deciso a coltivare con pratiche biologiche i piccoli vigneti situati sul versante basaltico d'Isera. Il Marzemino ha carattere e setosità, il Trento è fragrante e di beva.

● Trentino Marzemino '14	4
○ Trento Brut '13	5

Villa Corniole

fraz. Verla
via al Grec', 23
38030 Giovo [TN]
Tel. 0461695067
www.villacorniole.com

Il porfido caratterizza i terreni dell'alta val di Cembra così come la struttura di questa cantina, scavata nella rossa roccia porfirica. La selezione delle uve è certosina, rispettose delle singole zone di provenienza, tanti piccoli cru per elevare il prestigio della vallata e sottolineare la validità delle scelte aziendali.

● Teroldego Rotaliano 7 Pergole '11	5
○ Trentino Müller Thurgau Petramontis '15	3
○ Trento Brut Salisa '12	5
○ Trento Dosaggio Zero Salisa '12	5

Vivallis

via per Brancolino, 4
38068 Nogaredo [TN]
Tel. 0464834113
www.vivallis.it

La cantina è tra le più importanti della Vallagarina, impegnata nella difesa del marzemino e di tutta una serie di vitigni tradizionali, veri campioni nel rapporto tra qualità e prezzo. Si staccano il Marzemino Superiore, il Moscato Giallo e il Trento dedicato ad Arminio Valentini.

○ Trentino Moscato Giallo Castel Beseno '15	4
● Trentino Sup. Marzemino '14	4
○ Trento Valentini di Weinfeld	5
● Vallagarina Suseya '13	3

Luigi Zanini

via De Gasperi, 42
38017 Mezzolombardo [TN]
Tel. 0461601496
www.zaniniluigi.com

È ritenuto uno dei patriarchi del Teroldego, vignaiolo capace, accorto, rispettoso dell'originaria tradizione enologica del Campo Rotaliano. Coadiuvato dai figli mette in bottiglia solo vini da uve di proprietà, produzioni contenute, di stampo contadino, fascinose proprio per questa singolarità.

● Teroldego Rotaliano '15	2*
● Teroldego Rotaliano Le Cervare '14	3
○ Trentino Chardonnay '15	2
● Trentino Lagrein '15	3

Zanotelli

v.le 4 Novembre, 52
38034 Cembra [TN]
Tel. 0461683131
www.zanotelliwines.com

I vigneti scandiscono il ritmo del paesaggio, filari di viti su pendii a prova di equilibrio, curati come giardini. I vini prodotti sono soprattutto i bianchi della val di Cembra, ma non va dimenticato il Trento Forneri '12, fresco e con la grinta dei veri vini di montagna.

○ Kerner Le Strope '15	4
○ Trentino Müller Thurgau '15	4
○ Trentino Riesling Le Strope '13	4
○ Trento Brut Forneri '12	5

ALTO ADIGE

Spesso si ha un'idea dell'Alto Adige viticolo come di una provincia che offra omogeneamente vini di alta qualità in tutte le sue zone produttive. I numeri dicono che è certamente un'affermazione corretta. Sempre più, però, il lettore attento può cogliere le sfumature che ogni sottozona può offrire, alla ricerca del perfetto equilibrio tra vitigni, zone viticole e mano del produttore. Proprio questi rappresentano realtà molto differenti tra loro, con le grandi strutture cooperative che lasciano spazio a produttori con minuscole proprietà, che a loro volta lasciano spazio alle storiche famiglie del vino atesino, forti di vigneti molto estesi e una fitta rete di viticoltori che conferiscono le uve. Sempre più le aziende si stanno specializzando sui vini che meglio rappresentano il loro territorio, come si può riscontrare in quella vera e propria fucina di vini di qualità che è la Valle Isarco, una stretta vallata che si incunea verso nord che esalta la fragranza e la profondità di Sylvaner, Riesling e Veltliner. Pinot Nero carnosi e raffinati nel versante orientale d'Oltradige, con Mazzon che rappresenta il vero Grand Cru italiano per questo vitigno, o ancora lo spessore e la classe che il Pinot Bianco dona nelle zone di Appiano e Terlano. Regione a tradizione bianca, con una presenza di vini di assoluto valore in tutte le aziende presenti in Guida, spesso Tre Bicchieri, altre volte fulgidi esempi della classe che questo territorio conferisce ai suoi vini. Ben 20 vini su un totale di 27 premiati sono bianchi, con Gewürztraminer e Sylvaner, a imporsi, vitigni che si esaltano in zone ben definite, la fascia collinare che si protende da Magrè a Caldaro per il primo e la Valle Isarco per il secondo. Poi un puzzle di vini premiati che occupa tutta la provincia, giocando con altitudini, esposizioni e suoli, che permettono ai produttori di esaltare caratteristiche a volte antitetiche. La potenza dei Lagrein che giungono dalla piana di Bolzano con la finezza dei Riesling di montagna della Val Venosta, la sapida e intrigante leggerezza dei Lago di Caldaro e Santa Maddalena con la profondità dei Terlaner. Infine segnaliamo la presenza sempre più diffusa di vini di altissimo profilo prodotti in quantità minuscole: Terlaner I Grande Cuvée della Cantina di Terlano, LR di Colterenzio e Appius di San Michele Appiano oggi sono seguiti dalle etichette di molte realtà che hanno scelto di osare e confrontarsi con i grandi di tutto il mondo.

★Abbazia di Novacella

FRAZ. NOVACELLA
VIA DELL'ABBAZIA, 1
39040 VARNA/VAHRN [BZ]
TEL. 0472836189
www.abbazianovacella.it

VENDITA DIRETTA
VISITA SU PRENOTAZIONE
RISTORAZIONE
PRODUZIONE ANNUA 650.000 bottiglie
ETTARI VITATI 20,00

La Valle Isarco è una delle zone dell'Alto Adige emergenti, forte di vigneti che si collocano quasi esclusivamente in alta collina e condizioni climatiche che spingono la vite a esaltare aromaticità e tensione. Nel cuore di questa vallata ha sede l'Abbazia di Novacella, inserita nel complesso dell'Abbazia dei Canonici Agostiniani, una realtà che può fare affidamento su una ventina di ettari distribuiti soprattutto nella valle ma anche in zone più a sud della provincia, come la piana di Bolzano e Oltradige. Arrivano comunque dalla zona più settentrionale i vini di maggior spessore della cantina, a partire da un ottimo Sylvaner Praepositus che, sfruttando il grande potenziale della vendemmia 2015, si pone come uno dei più riusciti. Al naso si colgono nette le sensazioni fiorite e di agrumi, che si dipanano in un sorso di grande austerità e lunghezza, che con il passare del tempo diviene più elegante e raffinato. Più affilato l'omonimo Riesling '14, dotato di un finale di grande pulizia.

○ A. A. Valle Isarco Sylvaner Praepositus '15	TTT 4*
○ A. A. Valle Isarco Grüner Veltliner Praepositus '14	TT 3*
○ A. A. Valle Isarco Riesling Praepositus '14	TT 4
● A. A. Pinot Nero Praepositus Ris. '12	TT 4
○ A. A. Valle Isarco Gewürztraminer Praepositus '15	TT 4
○ A. A. Valle Isarco Grüner Veltliner '15	TT 3
○ A. A. Valle Isarco Kerner '15	TT 3
○ A. A. Valle Isarco Kerner Praepositus '15	TT 4
○ A. A. Valle Isarco Müller Thurgau '15	TT 3
○ A. A. Valle Isarco Pinot Grigio '15	TT 3
○ A. A. Valle Isarco Sylvaner '15	TT 3
○ A. A. Valle Isarco Riesling Praepositus '13	YYY 4*
○ A. A. Valle Isarco Sylvaner Praepositus '12	YYY 4*
○ A. A. Valle Isarco Sylvaner Praepositus '11	YYY 4*
○ A. A. Valle Isarco Veltliner Praepositus '12	YYY 3

Tenuta Baron Di Pauli

VIA CANTINE, 12
39052 CALDARO/KALTERN [BZ]
TEL. 0471963696
www.barondipauli.com

VENDITA DIRETTA
VISITA SU PRENOTAZIONE
PRODUZIONE ANNUA 46.000 bottiglie
ETTARI VITATI 15,00

Baron di Pauli è una delle aziende che rappresentano il territorio d'Oltradige, la zona che fa da contorno al lago di Caldaro e che offre esposizioni e altitudini che permettono alle uve di maturare con gradualità e costanza. Due i corpi di vigneto per un totale di una dozzina di ettari, Arzenhof a Caldaro e Höfl unterm Stein a Söll. In cantina i processi produttivi sono volti al massimo rispetto della qualità delle uve e i vini vengono immessi nel mercato solo dopo un adeguato invecchiamento. Il calore di cui gode la zona prospiciente il lago ha permesso alle uve di cabernet e merlot di maturare perfettamente, dando all'Arzio un quadro olfattivo di grande espressione fruttata che trova sviluppo in un palato ricco, quasi denso, sostenuto da tannini precisi e setosi. L'Enosi, frutto di un blend di riesling, sauvignon e pinot bianco, rivela un sorso di spiccata sapidità, armonioso e molto lungo. Solido, croccante e di buona tensione il Lagrein Carano.

● A. A. Lagrein Carano Ris. '13	TT 5
● A. A. Merlot - Cabernet Arzio '12	TT 6
○ A. A. Sauvignon Kinesis '15	TT 3
○ Enosi '14	TT 3
○ A. A. Gewürztraminer Elix '15	T 6
○ A. A. Gewürztraminer Exilissi '12	T 6
● A. A. Lago di Caldaro Cl. Sup. Kalkofen '15	T 3
○ A. A. Riesling Dynamis '15	T 3
● A. A. Arzio Merlot Cabernet '11	YY 6
● A. A. Carano Lagrein Ris. '12	YY 5
○ A. A. Gewürztraminer Exilissi '11	YY 6
○ A. A. Gewürztraminer Exilissi '09	YY 6
● A. A. Lago di Caldaro Cl. Sup. Kalkofen '13	YY 3*
● A. A. Lago di Caldaro Cl. Sup. Kalkofen '10	YY 3
○ Enosi '13	YY 3

Baron Widmann

Endergasse, 3
39040 Cortaccia/Kurtatsch [BZ]
Tel. 0471880092
www.baron-widmann.it

VENDITA DIRETTA
VISITA SU PRENOTAZIONE
PRODUZIONE ANNUA 35.000 bottiglie
ETTARI VITATI 15,00

L'azienda della famiglia Widmann è una delle realtà storiche di questo territorio, forte di un vigneto che si estende per quindici ettari nella zona della Bassa Atesina. La cantina ha sede a Cortaccia e proprio su questi pendii non molto elevati, nei pressi del maso Auhof, trovano dimora la schiava e le varietà bordolesi a bacca rossa. Per le varietà bianche invece bisogna salire a 600 metri di altitudine al maso Sulzhof, a Penon, dove il clima più fresco consente alle uve di giungere a maturazione preservando l'integrità aromatica. Buona la prova del Gewürztraminer che, a dispetto della complicata vendemmia 2014, offre un corredo aromatico di buona intensità, con una preziosa inserzione minerale che accompagna le classiche note di frutto esotico e fiori. In bocca è pieno e dotato di una sapida acidità. Il Weiss, taglio di chardonnay, petit manseng e pinot bianco gioca la sua piacevolezza sulla pienezza del sorso.

Vino	Bicchieri
○ A. A. Gewürztraminer '14	🍷🍷 3
○ Weiss '15	🍷🍷 3
● A. A. Schiava '15	🍷 3
● A. A. Cabernet Feld '91	🍷🍷🍷 4*
● A. A. Cabernet-Merlot Auhof '97	🍷🍷🍷 4*
● A. A. Merlot '93	🍷🍷🍷 4*
○ Weiss '11	🍷🍷🍷 5
○ A. A. Gewürztraminer '13	🍷🍷 3
○ A. A. Gewürztraminer '12	🍷🍷 3
○ A. A. Sauvignon '12	🍷🍷 3
● A. A. Schiava '14	🍷🍷 3
● A. A. Schiava '12	🍷🍷 3
○ Weiss '14	🍷🍷 3
○ Weiss '13	🍷🍷 3*
○ Weiss '12	🍷🍷 5

★★Cantina Bolzano

p.zza Gries, 2
39100 Bolzano/Bozen
Tel. 0471270909
www.cantinabolzano.com

VENDITA DIRETTA
VISITA SU PRENOTAZIONE
PRODUZIONE ANNUA 3.000.000 bottiglie
ETTARI VITATI 350,00
AZIENDA SOSTENIBILE

Nel panorama delle strutture cooperative altoatesine abbiamo assistito, nel corso degli anni, alla fusione tra più di qualcuna di queste. Nel cuore di Bolzano ciò è avvenuto per le cantine di Gries e Santa Maddalena, riunitesi una quindicina di anni fa sotto la regia di Stephan Filippi, che oggi possono contare su un vigneto che si estende per oltre trecento ettari che interessano tutte le principali zone produttive. Lo stile di casa insegue ricchezza ed espressione varietale. Il campione di casa anche quest'anno è il Lagrein Taber, un vino che, complice l'annata più fresca, ha guadagnato in tensione e lunghezza, perdendo un pizzico dell'esuberanza tannica di qualche versione precedente per risultare più raffinato e agile. Straordinaria la prova del Gewürztraminer Kleinstein che, in una cantina rinomata per la produzione rossa, sfodera una versione da incorniciare, intensamente profumato di agrumi e frutti esotici, si distende con ricchezza e sapidità.

Vino	Bicchieri
● A. A. Lagrein Taber Ris. '14	🍷🍷🍷 6
○ A. A. Gewürztraminer Kleinstein '15	🍷🍷 5
● A. A. Santa Maddalena Cl. Huck am Bach '15	🍷🍷 2*
● A. A. Cabernet Mumelter Ris. '14	🍷🍷 6
○ A. A. Chardonnay Ris. '13	🍷🍷 5
● A. A. Lagrein - Merlot Mauritius '14	🍷🍷 5
● A. A. Lagrein Prestige Line Ris. '14	🍷🍷 4
○ A. A. Moscato Giallo Passito Vinalia '14	🍷🍷 3
○ A. A. Pinot Bianco Dellago '15	🍷🍷 4
● A. A. Pinot Nero Ris. '14	🍷🍷 5
○ A. A. Sauvignon Mock '15	🍷🍷 4
● A. A. Lagrein Taber Ris. '13	🍷🍷🍷 6
● A. A. Lagrein Taber Ris. '12	🍷🍷🍷 6
● A. A. Lagrein Taber Ris. '11	🍷🍷🍷 6
● A. A. Lagrein Taber Ris. '10	🍷🍷🍷 6

Josef Brigl

loc. San Michele Appiano
via Madonna del Riposo, 3
39057 Appiano/Eppan [BZ]
Tel. 0471662419
www.brigl.com

VENDITA DIRETTA
VISITA SU PRENOTAZIONE
PRODUZIONE ANNUA 1.000.000 bottiglie
ETTARI VITATI 50,00
AZIENDA SOSTENIBILE

Il territorio atesino vede protagoniste aziende dal profilo molto differente tra loro. Strutture cooperative, piccoli viticoltori e aziende storiche con produzioni importanti. A quest'ultima categoria appartiene l'azienda Brigl, da tempo immemore interprete dei vini di questa regione. La proprietà si dipana su un vigneto di cinquanta ettari, disseminato su esposizioni di gran pregio cui fanno eco le uve prodotte da numerosi viticoltori della zona che conferiscono le uve in cantina. Ottima la prova del Gewürztraminer Windegg, un bianco che giunge dalla vigna di Caldaro, che si sviluppa a 400 metri di altitudine su un suolo argilloso calcareo. L'ottima vendemmia 2015 ha consentito al vino di mettersi in evidenza per i profumi intensi che ricordano gli agrumi, la liquirizia e le spezie, mentre in bocca la ricchezza è ben contrastata dalla sapidità. Convincenti anche Riesling e Sauvignon, fedeli interpreti dei rispettivi vitigni, che donano al palato un sorso armonioso e di grande nitidezza.

○ A. A. Gewürztraminer Windegg '15	🍷🍷 3*
● A. A. Lagrein Briglhof Ris. '13	🍷🍷 5
● A. A. Merlot Windegg Ris. '13	🍷🍷 3
○ A. A. Pinot Bianco Haselhof '15	🍷🍷 3
○ A. A. Riesling '15	🍷🍷 3
○ A. A. Sauvignon '15	🍷🍷 3
● A. A. Pinot Nero Briglhof Ris. '13	🍷 5
○ A. A. Pinot Grigio Windegg '11	🍷🍷🍷 3*
● A. A. Lagrein Briglhof '11	🍷🍷 5
● A. A. Lagrein Kaltenburg '11	🍷🍷 5
● A. A. Merlot Windegg '12	🍷🍷 3
○ A. A. Pinot Bianco Haselhof '14	🍷🍷 2*
● A. A. Pinot Nero Briglhof '12	🍷🍷 5
● A. A. Schiava Grigia Kaltenburg '14	🍷🍷 3

★Cantina di Caldaro

via Cantine, 12
39052 Caldaro/Kaltern [BZ]
Tel. 0471963149
www.kellereikaltern.com

VENDITA DIRETTA
VISITA SU PRENOTAZIONE
PRODUZIONE ANNUA 2.000.000 bottiglie
ETTARI VITATI 300,00

La storica struttura cooperativa di Caldaro è da tempo una delle più grandi del territorio, interprete sopraffina della zona Oltradige, in particolar modo dei vini del Lago di Caldaro, il centro viticolo e culturale dell'azienda. Qui si sviluppano la maggior parte dei 300 ettari di vigneto gestiti da 400 soci, per una produzione che ogni anno non manca di far risaltare le qualità di questo territorio. Manca solo l'acuto in via Cantine quest'anno, con una produzione che ancora una volta mette al centro del mirino la Schiava, con un'ottima versione del Lago di Caldaro Pfarrhof, un rosso dai profumi raffinati e freschi, nei quali si colgono le note di frutto di bosco che si intersecano con le spezie e i ricordi floreali, per un sorso solido e di grande armonia. L'omonimo Cabernet è sempre uno dei più convincenti della provincia, dotato di un corredo aromatico articolato e un palato che coniuga potenza e agilità. Esempio di armonia e delicatezza il Passito Serenade.

● A. A. Cabernet Sauvignon Pfarrhof Ris. '15	🍷🍷 6
● A. A. Lago di Caldaro Scelto Cl. Sup. Pfarrhof '15	🍷🍷 3*
○ A. A. Moscato Giallo Passito Serenade '13	🍷🍷 6
● A. A. Cabernet Sauvignon Campaner Ris. '13	🍷🍷 4
● A. A. Lagrein Solos '14	🍷🍷 6
○ A. A. Pinot Bianco Hofstatt '15	🍷🍷 2*
○ A. A. Pinot Grigio Söll '15	🍷🍷 3
○ A. A. Sauvignon Castel Giovanelli '14	🍷🍷 5
○ A. A. Sauvignon Premstaler '15	🍷🍷 3
○ A. A. Kerner Carned '15	🍷 3
○ A. A. Pinot Bianco Vial '15	🍷 3
● A. A. Pinot Nero Saltner '14	🍷 4
● A. A. Lago di Caldaro Scelto Cl. Sup. Pfarrhof '13	🍷🍷🍷 3*

Castel Sallegg

v.lo di Sotto, 15
39052 Caldaro/Kaltern [BZ]
Tel. 0471963132
www.castelsallegg.it

VENDITA DIRETTA
VISITA SU PRENOTAZIONE
PRODUZIONE ANNUA 120.000 bottiglie
ETTARI VITATI 30,00

Giunti nel cuore del piccolo borgo di Caldaro, dalla piazzetta di Rottemburg si può ammirare un vigneto cinto da mura che risale in direzione del castello. Il breve sentiero che lo attraversa permette di vedere tutte le uve coltivate in Alto Adige, per giungere infine nel cortile dell'azienda, il castello dei Conti Kuenburg. Le vigne più importanti si dipanano attorno al lago di Caldaro, dove trovano dimora le più importanti varietà atesine, coltivate sugli splendidi vigneti di Preyhof, Leisenhof e Seehof. Dallo storico vigneto Bischofsleiten giunge un fragrante e speziato Lago di Caldaro, un rosso che senza offrire grande struttura e potenza conquista per la tensione del sorso e la raffinatezza della beva, meritandosi il massimo riconoscimento. Molto buono anche il Cabernet Riserva '13, che sfrutta l'assolato pendio in cui crescono le uve per donare ricchezza di suggestioni di frutto rosso ed erbe fini, per rivelare infine un palato solido e di ottima armonia.

Vino	Bicchieri
● A. A. Lago di Caldaro Scelto Sup. Bischofsleiten '15	🍷🍷🍷 2*
● A. A. Cabernet Sauvignon Ris. '13	🍷🍷 3*
○ A. A. Bianco Cuvée Ars Lyrica '14	🍷🍷 3
○ A. A. Gewürztraminer '15	🍷🍷 3
○ A. A. Pinot Bianco '15	🍷🍷 3
○ A. A. Pinot Bianco Pratum '14	🍷🍷 3
● A. A. Pinot Nero '14	🍷🍷 3
● A. A. Merlot Nussleiten '12	🍷 6
○ A. A. Pinot Grigio '15	🍷 3
○ A. A. Sauvignon '15	🍷 3
● A. A. Cabernet Sauvignon Ris. '11	🍷🍷 3
● A. A. Lago di Caldaro Scelto Bischofsleiten '14	🍷🍷 2*
⊙ A. A. Moscato Rosa Passito '12	🍷🍷 6
○ A. A. Terlano Pinot Bianco Pratum '13	🍷🍷 3*

Castelfeder

via Portici, 11
39040 Egna/Neumarkt [BZ]
Tel. 0471820420
www.castelfeder.it

VENDITA DIRETTA
VISITA SU PRENOTAZIONE
PRODUZIONE ANNUA 400.000 bottiglie
ETTARI VITATI 20,00

La bassa Atesina è una zona controversa, che offre produzioni di qualità semplice, spesso frutto di vigneti del fondovalle, alternate a vette qualitative indiscusse, figlie di vigne tra le più alte della provincia. In quest'area l'azienda della famiglia Giovannet è una delle migliori interpreti, forte di un vigneto che si estende per una ventina di ettari, cui vanno aggiunte le uve conferite da numerosi viticoltori della zona. Le vigne spaziano dai 200 metri fino a superare i 700, per una produzione consistente nella qualità e nei numeri. Batteria da incorniciare quella presentata dalla famiglia Giovannet, con il classico Pinot Bianco Tecum in finale. Prodotto solo in formato magnum è un bianco che presenta già una bella profondità olfattiva. In bocca colpisce per la solidità del sorso, che si allunga in un finale asciutto e raffinato. La buona vendemmia 2015 ha invece permesso al Gewürztraminer Vom Lehm di mettere in mostra esuberanza e sapidità, tanto da guadagnarsi i Tre Bicchieri.

Vino	Bicchieri
○ A. A. Gewürztraminer Vom Lehm '15	🍷🍷🍷 3*
○ A. A. Pinot Bianco Tecum '14	🍷🍷 3*
● A. A. Cabernet Burgum Novum Ris. '13	🍷🍷 4
○ A. A. Pinot Bianco Vom Stein '15	🍷🍷 2*
○ A. A. Pinot Grigio '15	🍷🍷 2*
● A. A. Pinot Nero Burgum Novum Ris. '13	🍷🍷 5
● A. A. Pinot Nero Glener '14	🍷🍷 3
● A. A. Schiava Breitbacher '15	🍷🍷 2*
● A. A. Santa Maddalena Schallerhof '15	🍷 2
○ Sauvignon Raif '15	🍷 3
○ A. A. Pinot Bianco Tecum '10	🍷🍷🍷 3*
○ A. A. Chardonnay Burgum Novum Ris. '12	🍷🍷 4
○ A. A. Pinot Bianco Tecum '13	🍷🍷 3*
● A. A. Pinot Nero Burgum Novum Ris. '12	🍷🍷 5
○ Sauvignon Raif '14	🍷🍷 3

★★Cantina Produttori Colterenzio

LOC. CORNAIANO/GIRLAN
S.DA DEL VINO, 8
39057 APPIANO/EPPAN [BZ]
TEL. 0471664246
www.colterenzio.it

VENDITA DIRETTA
VISITA SU PRENOTAZIONE
PRODUZIONE ANNUA 1.600.000 bottiglie
ETTARI VITATI 300,00
AZIENDA SOSTENIBILE

La Cantina di Colterenzio è stata fra le protagoniste del rilancio della provincia, capace di far emergere la qualità impressa da questo territorio ai suoi vini. Oggi è una struttura cooperativa che può contare sull'opera di trecento soci, che coltivano vigneti che si sviluppano soprattutto nelle zone di Oltradige e della Bassa Atesina. Qui i vigneti occupano suoli profondamente differenti che, uniti a un'importante escursione altimetrica, permettono a ogni vitigno di maturare nel miglior modo. Da sempre la Cantina di Colterenzio è fra le più apprezzate interpreti di varietà quali il sauvignon e i cabernet e anche quest'anno non tradisce le attese. Il Sauvignon Lafóa è un campione di eleganza aromatica, con le note di frutto bianco che abbracciano una soffusa mineralità che trova sviluppo in un sorso pieno, sapido e di grande lunghezza che gli vale i nostri Tre Bicchieri. Di poco inferiore l'omonimo Cabernet Sauvignon, dotato di un palato ricco, potente e ben sostenuto dai tannini.

○ A. A. Sauvignon Lafòa '14	🍷🍷🍷 5
● A. A. Cabernet Sauvignon Lafòa '13	🍷🍷 7
○ A. A. Chardonnay Formigar '14	🍷🍷 5
○ A. A. Chardonnay Altkirch '15	🍷🍷 2*
○ A. A. Gewürztraminer Perelise '15	🍷🍷 5
● A. A. Merlot-Cabernet Sauvignon Cornelius '13	🍷🍷 5
○ A. A. Pinot Bianco Weisshaus '14	🍷🍷 3
○ A. A. Pinot Grigio Puiten '14	🍷🍷 3
○ A. A. Sauvignon Prail '15	🍷🍷 3
● A. A. Pinot Nero St. Daniel Ris. '13	🍷 4
● A. A. Schiava Menzen '15	🍷 2
● A. A. Cabernet Sauvignon Lafòa '12	🍷🍷🍷 7
● A. A. Cabernet Sauvignon Lafòa '11	🍷🍷🍷 7
● A. A. Cabernet Sauvignon Lafòa '10	🍷🍷🍷 7
● A. A. Cabernet Sauvignon Lafòa '09	🍷🍷🍷 7

Hartmann Donà

VIA RAFFEIN, 8
39010 CERMES/TSCHERMS [BZ]
TEL. 3292610628
www.hartmanndona.it

PRODUZIONE ANNUA 35.000 bottiglie
ETTARI VITATI 4,65

Hartmann Donà conduce una manciata di ettari fra le colline sopra Merano e Cornaiano, dedicati ai classici vitigni atesini, soprattutto schiava e pinot nero, anche se non mancano varietà a bacca bianca. La grande esperienza maturata in più di vent'anni di attività ha portato ad Hartmann non solo la conoscenza del territorio e delle sue potenzialità, ma anche sviluppato una sua personalissima visione del vino, nella quale eleganza, tensione e longevità sono qualità imprescindibili. Le Riserva di casa sono rimaste ancora a riposare in cantina, così la nostra attenzione è stata catturata dal nuovo Pinot Nero, un rosso delicatamente profumato di frutto selvatico ed erbe aromatiche, dotato di un sorso teso, longilineo e di grande piacevolezza. Fra i vini più freschi abbiamo apprezzato la nitidezza aromatico dello Chardonnay, profumato di mela e susina bianca, in bocca rivela corpo asciutto e beva trascinante. Interessante il Gewürztraminer, sapido, asciutto e teso pur rimanendo fedele all'esplosività aromatica del vitigno.

○ A. A. Chardonnay '15	🍷🍷 3
○ A. A. Gewürztraminer '15	🍷🍷 3
● A. A. Pinot Nero '14	🍷🍷 3
○ A. A. Sauvignon '15	🍷🍷 3
○ A. A. Pinot Bianco '15	🍷 3
○ A. A. Gewürztraminer '13	🍷🍷 3
● A. A. Lagrein '13	🍷🍷 3
● A.A. Pinot Nero Donà Noir '11	🍷🍷 3*
● A.A. Pinot Nero Donà Noir '10	🍷🍷 3
○ A.A. Sauvignon '14	🍷🍷 3
○ Donà Blanc '11	🍷🍷 3
○ Donà Blanc '10	🍷🍷 3
● Donà Rouge '10	🍷🍷 3
● Donà Rouge '09	🍷🍷 3

Tenuta Ebner Florian Unterthiner

FRAZ. CAMPODAZZO, 18
39054 RENON/RITTEN [BZ]
TEL. 0471353386
www.weingutebner.it

VENDITA DIRETTA
VISITA SU PRENOTAZIONE
RISTORAZIONE
PRODUZIONE ANNUA 20.000 bottiglie
ETTARI VITATI 4,50

L'altopiano del Renon si trova a nord dell'abitato di Bolzano, delimitato dalla Val Sarentino a ovest e dalla Valle Isarco a est. Qui opera la famiglia Unterthiner, Florian e Brigitte, che nella loro Tenuta Ebner hanno dato sviluppo e futuro alle attività dei genitori. Una manciata di ettari che si sviluppano su vigneti differenti, quelli più caldi e soleggiati esposti a sud sono dedicati alle varietà a bacca rossa, mentre per quelle bianche si scelgono i vigneti più freschi esposti a sud est. Anno dopo anno la produzione è sempre più riuscita, e sono ben due i vini che giungono alle nostre finali. Si tratta del Sauvignon, che sfrutta l'ottima vendemmia per mettere in luce un quadro aromatico di grande finezza e ampiezza, che si traduce in un palato ricco e governato da una spiccata sapidità. Il secondo invece è un classico della Valle Isarco, un Grüner Veltliner dai profumi intensi di frutto bianco e fiori, con una sottile nota affumicata che fa capolino sullo sfondo. In bocca è asciutto, potente e lungo.

Vino	Valutazione	Prezzo
○ A. A. Sauvignon '15	🍷🍷 (rossi)	3*
○ A. A. Valle Isarco Grüner Veltliner '15	🍷🍷 (rossi)	3*
○ A. A. Pinot Bianco '15	🍷🍷	3
● A. A. Pinot Nero '14	🍷🍷	3
○ A. A. Valle Isarco Gewürztraminer '15	🍷🍷	4
● A. A. Schiava '15	🍷	2
● A. A. Schiava '14	🍷🍷 (vuoti)	2*
○ A.A. Pinot Bianco '14	🍷🍷 (vuoti)	3
○ A.A. Pinot Bianco '12	🍷🍷 (vuoti)	3
○ A.A. Sauvignon '14	🍷🍷 (vuoti)	3
○ A.A. Sauvignon '13	🍷🍷 (vuoti)	3
○ A.A. Valle Isarco Gewürztraminer '14	🍷🍷 (vuoti)	4
○ A.A. Valle Isarco Veltliner '14	🍷🍷 (vuoti)	3
● Zweigelt '13	🍷🍷 (vuoti)	3

Erbhof Unterganzner Josephus Mayr

FRAZ. CARDANO
VIA CAMPIGLIO, 15
39053 BOLZANO/BOZEN
TEL. 0471365582
www.tirolensisarsvini.it

VENDITA DIRETTA
VISITA SU PRENOTAZIONE
PRODUZIONE ANNUA 65.000 bottiglie
ETTARI VITATI 9,00

Josephus e Barbara Mayr nel corso degli anni hanno ampliato l'attività dell'azienda di famiglia, aggiungendo la proprietà del maso Pignater e giungendo a lavorare su un vigneto che sfiora i dieci ettari. Ogni tipologia viene interpretata sfruttando il miglior matrimonio tra vitigno e vigneto, lasciando occasionalmente spazio a interpretazioni più originali e di carattere. Nei vigneti più alti varietà a bacca bianca, in quelli più bassi lagrein, schiava e varietà bordolesi, con una presenza significativa quanto unica di olivi. Mano davvero felice quella di Josephus per i rossi, con una batteria di vini da incorniciare. Agli estremi stilistici troviamo il Lamarein, da uve appassite di lagrein, che si conferma un rosso di razza, potente e grintoso, mentre all'altro capo troviamo il Santa Maddalena, un vino che stupisce per eleganza e sapidità. Nel mezzo invece una straordinaria versione del Cabernet Kampill, solido, asciutto e armonioso, e un Lagrein Riserva che colpisce per la compostezza aromatica e la beva piena e al tempo stesso agile. Da Tre Bicchieri.

Vino	Valutazione	Prezzo
● A. A. Lagrein Ris. '13	🍷🍷🍷 (rossi)	5
● A. A. Cabernet Kampill Ris. '13	🍷🍷 (rossi)	5
● Lamarein '13	🍷🍷 (rossi)	6
⊙ A. A. Lagrein Kretzer Rosato V. T. '15	🍷🍷	3
● A. A. Santa Maddalena Cl. '14	🍷🍷	3
○ A. A. Sauvignon Platt & Pignat '15	🍷🍷	3
○ A. A. Chardonnay Platt&Pignat '15	🍷	3
○ A. A. Kerner '15	🍷	3
○ Marie Josephine Passito '14	🍷	5
● A. A. Lagrein Ris. '11	🍷🍷🍷 (vuoti)	5
● A. A. Lagrein Scuro Ris. '05	🍷🍷🍷 (vuoti)	4
● A. A. Lagrein Scuro Ris. '01	🍷🍷🍷 (vuoti)	4
● A. A. Lagrein Scuro Ris. '00	🍷🍷🍷 (vuoti)	4
● A. A. Lagrein Scuro Ris. '99	🍷🍷🍷 (vuoti)	4
● Lamarein '05	🍷🍷🍷 (vuoti)	6

Erste+Neue

VIA DELLE CANTINE, 5/10
39052 CALDARO/KALTERN [BZ]
TEL. 0471963122
www.erste-neue.it

VENDITA DIRETTA
VISITA SU PRENOTAZIONE
PRODUZIONE ANNUA 1.400.000 bottiglie
ETTARI VITATI 250,00

È l'ultima volta che dedichiamo una pagina alla cantina Erste+Neue, perché la struttura cooperativa si è fusa con la vicina Cantina di Caldaro per dare vita alla più grande struttura cooperativa della provincia. In dote porta un vigneto che si estende per 250 ettari, soprattutto attorno al lago ma anche nelle zone più fresche e alte, condotto da oltre 400 soci che con orgoglio conferiscono le uve in azienda. Non poteva esserci una chiusura migliore, con una serie di vini che ha convinto tutte le nostre commissioni di assaggio a partire da una sontuosa versione del Cabernet Puntay, un rosso che si apre lentamente per rivelare aromi di frutto rosso e spezie, con una sottile vena di erbe officinali che rinfresca il quadro. In bocca si fa apprezzare per potenza e sapidità, conquistando di slancio il massimo riconoscimento. Sempre uno dei migliori Lago di Caldaro è il Leuchtenburg, profumato di frutti di bosco e violetta, dotato di un palato scattante e succoso.

● A. A. Cabernet Puntay Ris. '12	🍷🍷🍷 5
● A. A. Lago di Caldaro Cl. Sup. Leuchtenburg '15	🍷🍷 2*
● A. A. Lagrein Puntay Ris. '12	🍷🍷 5
○ A. A. Chardonnay Salt '15	🍷🍷 3
○ A. A. Gewürztraminer '15	🍷🍷 3
● A. A. Lago di Caldaro Cl. Sup. Puntay '15	🍷🍷 3
○ A. A. Pinot Bianco Prunar '15	🍷🍷 3
○ A. A. Sauvignon Puntay '15	🍷🍷 5
○ Anthos Bianco Passito '13	🍷🍷 5
● A. A. Lago di Caldaro Cl. Sup. Leuchtenburg '14	🍷🍷🍷 2*
● A. A. Lago di Caldaro Cl. Sup. Leuchtenburg '12	🍷🍷🍷 2*
● A. A. Lago di Caldaro Cl. Sup. Puntay '10	🍷🍷🍷 3*
○ A. A. Sauvignon Puntay '06	🍷🍷🍷 4
○ Anthos Bianco Passito '10	🍷🍷🍷 5

★Falkenstein Franz Pratzner

VIA CASTELLO, 19
39025 NATURNO/NATURNS [BZ]
TEL. 0473666054
www.falkenstein.bz

VENDITA DIRETTA
VISITA SU PRENOTAZIONE
PRODUZIONE ANNUA 90.000 bottiglie
ETTARI VITATI 12,00

La Valle Venosta offre, senza possedere importanti estensioni vitate, un panorama vitivinicolo di alto profilo, disseminata di piccole ma importantissime aziende. Franz Pratzner è stato tra i pionieri di questa vallata, interprete che ha portato l'attenzione degli appassionati sul riesling che proviene da questa calda zona. Vigneti scoscesi esposti a sud che, grazie all'altitudine, permettono alle uve di maturare con ricchezza di sostanze aromatiche e senza perdere freschezza. Anche quest'anno è proprio il Riesling il campione di casa Pratzner, un bianco che offre al naso profumi intensi di fiori e frutto bianco, con una profonda e ancora poco espressa nota minerale che spinge per emergere dal fondo. In bocca rivela un sorso pieno, teso e grintoso, dotato di una sana e irrequieta rusticità che dona tensione e carattere. Medesimo percorso stilistico per il Pinot Bianco, più fruttato nell'espressione aromatica ma ugualmente ruvido e aggrappato in bocca.

○ A. A. Val Venosta Riesling '14	🍷🍷🍷 5
○ A. A. Val Venosta Pinot Bianco '14	🍷🍷 4
● A. A. Val Venosta Pinot Nero '13	🍷 5
○ A. A. Val Venosta Sauvignon '14	🍷 4
○ A. A. Val Venosta Pinot Bianco '07	🍷🍷🍷 4
○ A. A. Val Venosta Riesling '12	🍷🍷🍷 5
○ A. A. Val Venosta Riesling '11	🍷🍷🍷 5
○ A. A. Val Venosta Riesling '10	🍷🍷🍷 5
○ A. A. Val Venosta Riesling '09	🍷🍷🍷 5
○ A. A. Val Venosta Riesling '08	🍷🍷🍷 5
○ A. A. Val Venosta Riesling '07	🍷🍷🍷 5
○ A. A. Val Venosta Riesling '06	🍷🍷🍷 5
○ A. A. Val Venosta Riesling '05	🍷🍷🍷 5
○ A. A. Val Venosta Riesling '00	🍷🍷🍷 3
○ A. A. Valle Venosta Riesling '13	🍷🍷🍷 5

Garlider Christian Kerschbaumer

via Untrum, 20
39040 Velturno/Feldthurns [BZ]
Tel. 0472847296
www.garlider.it

VENDITA DIRETTA
VISITA SU PRENOTAZIONE
PRODUZIONE ANNUA 26.000 bottiglie
ETTARI VITATI 4,20
VITICOLTURA Biologico Certificato

Christian Kerschbaumer e la moglie Veronika hanno fatto di Garlider un piccolo gioiello della Valle Isarco. Nel volgere di una dozzina di anni l'azienda è stata convertita al regime biologico e oggi si coltivano vigneti che si sviluppano ad altitudini comprese tra i 550 e gli 800 metri. Tranne per una piccola produzione di pinot nero solo uve a bacca bianca in azienda, suddivise tra i vitigni classici della provincia e quelli tipici della vallata, grüner veltliner e sylvaner. Nel Grüner Veltliner gli intensi profumi sulfurei nascondono il frutto per qualche istante, per poi lasciar spazio a un turbinio di note affumicate, pera e frutta esotica che ritroviamo perfettamente espresse al palato, dove rivela tensione e una grande lunghezza. Ancor più restio nel concedere i suoi profumi il Sylvaner, che in bocca invece mostra una spiccata sapidità che dona tensione e pienezza al sorso, per un vino che difficilmente si farà dimenticare.

○ A. A. Valle Isarco Sylvaner '14	🍷🍷🍷	3*
○ A. A. Valle Isarco Grüner Veltliner '14	🍷🍷	4
○ A. A. Valle Isarco Sylvaner '13	ΥΥΥ	3*
○ A. A. Valle Isarco Sylvaner '09	ΥΥΥ	3*
○ A. A. Valle Isarco Veltliner '08	ΥΥΥ	3*
○ A. A. Valle Isarco Veltliner '07	ΥΥΥ	3
○ A. A. Valle Isarco Veltliner '05	ΥΥΥ	3*
● A. A. Pinot Nero '12	ΥΥ	4
○ A. A. Valle Isarco Grüner Veltliner '12	ΥΥ	4
○ A. A. Valle Isarco Müller Thurgau '13	ΥΥ	3
○ A. A. Valle Isarco Sylvaner '12	ΥΥ	3*
○ A. A. Valle Isarco Sylvaner '11	ΥΥ	3
○ A. A. Valle Isarco Veltliner '13	ΥΥ	4
○ A. A. Valle Isarco Veltliner '11	ΥΥ	3*
○ Pinot Grigio '13	ΥΥ	4

★Cantina Girlan

loc. Cornaiano/Girlan
via San Martino, 24
39057 Appiano/Eppan [BZ]
Tel. 0471662403
www.girlan.it

VENDITA DIRETTA
VISITA SU PRENOTAZIONE
PRODUZIONE ANNUA 1.500.000 bottiglie
ETTARI VITATI 220,00

In un territorio che sembra aver puntato gran parte delle sue speranze di successo sull'aromaticità che contraddistingue i vitigni altoatesini, la Cantina Girlan ha continuato a puntare anche sui vitigni storici come la schiava, il pinot nero e il pinot bianco. Gerhard Kofler lavora a stretto contatto con il direttore Oscar Lorandi e con tutti i soci per far emergere la grandezza di questo angolo d'Italia, con una produzione che esalta la simbiosi tra i vitigni e i migliori vigneti che li ospitano. Proprio dalle migliori vigne giungono i risultati più interessanti e fra queste tocca ancora una volta a Mazon esprimere la sua vocazione per l'uva pinot nero. Il Trattmann è il consueto campione di razza, profumato di frutti di bosco ed erbe officinali in bocca mette in luce un corpo solido e un'interessante trama tannica che, senza aggredire il palato lo accarezza, e accompagna il vino a un succoso finale. Pinot Bianco Plattenriegl solido e raffinato, mentre colpisce per profondità e tensione la Schiava Gschleier.

● A. A. Pinot Nero Trattmann Mazon Ris. '13	🍷🍷🍷	5
○ A. A. Pinot Bianco Plattenriegl '15	🍷🍷	3*
● A. A. Schiava Gschleier Alte Reben '14	🍷🍷	3*
○ 448 slm '15	🍷🍷	2*
○ A. A. Bianco Cuvée Flora Ris. '13	🍷🍷	5
○ A. A. Chardonnay Flora '14	🍷🍷	5
○ A. A. Gewürztraminer Flora '15	🍷🍷	6
○ A. A. Gewürztraminer Sandbichler H. Lun '15	🍷🍷	4
○ A. A. Pinot Bianco H. Lun '15	🍷🍷	3
○ A. A. Pinot Bianco Sandbichler H. Lun '15	🍷🍷	3
○ A. A. Pinot Grigio H. Lun '15	🍷🍷	2*
○ A. A. Sauvignon H. Lun '15	🍷🍷	3
○ A. A. Sauvignon Indra '15	🍷🍷	3
● A. A. Schiava Faß N° 9 '15	🍷🍷	2*
● A. A. Pinot Nero Trattmann Mazon Ris. '12	ΥΥΥ	5
● A. A. Pinot Nero Trattmann Mazon Ris. '11	ΥΥΥ	5

Glögglhof - Franz Gojer

fraz. Santa Maddalena
via Rivellone, 1
39100 Bolzano/Bozen
Tel. 0471978775
www.gojer.it

VENDITA DIRETTA
VISITA SU PRENOTAZIONE
OSPITALITÀ
PRODUZIONE ANNUA 55.000 bottiglie
ETTARI VITATI 7,40

L'azienda della famiglia Gojer ha sede a Santa Maddalena, completamente immersa nei vigneti ma a due passi dal centro di Bolzano. Nel maso Glögglhof Franz, Maria Luise e Florian trasformano le uve che giungono dai vigneti in una produzione fortemente legata alla tradizione ma con uno sguardo puntato al mondo. I vigneti si distribuiscono in quattro zone, attorno alla cantina le uve per i Santa Maddalena, nella piana di Gries, Rencio e nella zona di Ora quelle per i Lagrein e infine dai vigneti più alti di Cornedo all'Adige giungono le uve per i bianchi. Il cuore dell'azienda rimane però fedelmente legato alla schiava, e non poteva essere che il Santa Maddalena Rondell a conquistare le nostre commissioni. Al naso si percepiscono intense note di piccoli frutti e spezie, mentre in bocca il vino colpisce per una spiccata sapidità che allunga il vino e ne rende entusiasmante la beva. Molto convincente anche il Lagrein Riserva, un rosso potente ma capace di gestire la materia con tensione e grinta.

Vino	Bicchieri
● A. A. Santa Maddalena Cl. Rondell '15	TTT 3*
○ A. A. Kerner Karneid '15	TT 3
● A. A. Lagrein Ris. '13	TT 4
○ A. A. Pinot Bianco Karneid '15	TT 3
● A. A. Santa Maddalena Cl. '15	TT 2*
○ A. A. Sauvignon Karneid '15	TT 3
● A. A. Vernatsch Alte Reben '15	TT 2*
○ A. A. Kerner Karneid '13	YY 3
● A. A. Lagrein Ris. '12	YY 4
○ A. A. Pinot Bianco Karneid '14	YY 3
● A. A. Santa Maddalena Cl. '14	YY 2*
● A. A. Santa Maddalena Cl. '13	YY 2*
● A. A. Santa Maddalena Cl. Rondell '14	YY 3*
● A. A. Vernatsch Alte Reben '14	YY 2*
● A. A. Vernatsch Alte Reben '13	YY 2*

Griesbauerhof Georg Mumelter

via Rencio, 66
39100 Bolzano/Bozen
Tel. 0471973090
www.griesbauerhof.it

VENDITA DIRETTA
VISITA SU PRENOTAZIONE
PRODUZIONE ANNUA 30.000 bottiglie
ETTARI VITATI 3,80

La famiglia Mumelter si insedia al maso Griesbauerhof circa centocinquanta anni fa e da allora il rapporto fra la famiglia e la viticoltura è inscindibile. Oggi è Georg che, con la collaborazione della moglie Margareth, conduce i vigneti che si estendono per una manciata di ettari per una produzione che curiosamente non prevede varietà aromatiche. Grande attenzione ai vini di Bolzano, quindi Santa Maddalena e Lagrein, mentre per la produzione dei bianchi si ricorre al vigneto di Appiano. Buona la prova del Lagrein, intenso nelle note di frutto e spezie, porge al palato un sorso che si basa sulla ricchezza e la potenza, risultando un vino di grande sostanza. I soleggiati vigneti di casa permettono anche alle varietà bordolesi di giungere a perfetta maturazione, come testimonia l'assaggio del Cabernet Sauvignon Riserva, un vino dal carattere introverso che conquista poco a poco, rivelando corpo solido e ben sostenuto dai tannini.

Vino	Bicchieri
● A. A. Cabernet Sauvignon Ris. '13	TT 3
● A. A. Lagrein Ris. '13	TT 5
● A. A. Merlot Spitz '14	TT 3
● A. A. Lagrein '15	T 3
⊙ A. A. Lagrein Kretzer '15	T 3
○ A. A. Pinot Grigio '15	T 3
● A. A. Santa Maddalena Cl. '15	T 2
● A. A. Lagrein Ris. '09	YYY 5
● A. A. Cabernet Sauvignon Ris. '12	YY 3
● A. A. Lagrein '13	YY 3*
● A. A. Lagrein Ris. '12	YY 5
○ A. A. Pinot Bianco '14	YY 3
● A. A. Santa Maddalena Cl. '14	YY 2*
● Schiava Isarcus '13	YY 3

Gummerhof - Malojer

via Weggestein, 36
39100 Bolzano/Bozen
Tel. 0471972885
www.malojer.it

VENDITA DIRETTA
VISITA SU PRENOTAZIONE
PRODUZIONE ANNUA 100.000 bottiglie
ETTARI VITATI 18,00

La cantina della famiglia Malojer si trova al limitare del centro di Bolzano, quasi all'imbocco della Val Sarentino. Le vigne, estese per poco meno di una ventina di ettari, si sviluppano tutte attorno alla città e alle pendici dell'altopiano del Renon. Qui trovano dimora le classiche varietà altoatesine, lagrein e schiava soprattutto, ma non mancano le uve bianche aromatiche e le più internazionali merlot e cabernet, per una produzione affidabile e di ottimo livello qualitativo. Produzione suddivisa in molte etichette in casa Malojer, tra le quali quest'anno spicca il Lagrein Gummerhof zu Gries, un rosso che nonostante la difficile vendemmia si pone come uno dei più convincenti, ricco di sensazioni di frutto nero e spezie, in bocca riesce a governare la notevole potenza con sapidità e tensione. Più scontroso nell'espressione aromatica il Cabernet Riserva che ha bisogno di tempo per concedersi. Al palato si distende mettendo in luce tannini ben levigati e una pregevole armonia.

● A. A. Lagrein Gummerhof zu Gries '14	🍷🍷 3*
○ A. A. Bianco Cuvée Bautzanum '15	🍷🍷 4
● A. A. Cabernet Lagrein Bautzanum Cuvée Ris. '13	🍷🍷 4
● A. A. Cabernet Ris. '13	🍷🍷 4
○ A. A. Gewürztraminer Kui '15	🍷🍷 3
● A. A. Lagrein Ris. '13	🍷🍷 4
○ A. A. Müller Thurgau Kreiter '15	🍷🍷 2*
● A. A. Pinot Nero Gstrein '13	🍷🍷 3
● A. A. Pinot Nero Ris. '13	🍷🍷 4
○ A. A. Pinot Bianco Kreiter '15	🍷 3
● A. A. Santa Maddalena Cl. Loamer '15	🍷 2
○ A. A. Sauvignon Gur zur Sand '15	🍷 3
● A. A. Lagrein Gries '09	🍷🍷🍷 2*
● A. A. Cabernet Ris. '12	🍷🍷 4
● A. A. Lagrein Ris. '12	🍷🍷 4

Gumphof Markus Prackwieser

loc. Novale di Presule, 8
39050 Fiè allo Sciliar/Völs am Schlern [BZ]
Tel. 0471601190
www.gumphof.it

VENDITA DIRETTA
VISITA SU PRENOTAZIONE
PRODUZIONE ANNUA 45.000 bottiglie
ETTARI VITATI 5,00

Markus Prackwieser è fra gli interpreti della Valle Isarco che hanno fatto emergere il carattere inconfondibile che questa zona imprime nei suoi migliori vini. Tanto carattere è figlio di una situazione climatica e geologica particolare, nella quale si assiste all'alternanza del calore della conca bolzanina con le correnti fresche della vallata, così come la disgregazione del porfido di origine vulcanica che si mescola con i detriti di origine alluvionale. Pochi ettari di vigneto coltivati con perizia e rispetto per l'ambiente per una produzione solida e di grande affidabilità. Il Pinot Bianco Praesulis '15 è il consueto bianco di razza, profumato di fiori freschi, frutto a polpa bianca, con una sottile nota agrumata sullo sfondo. In bocca conquista non tanto per la potenza quanto per finezza e tensione, risultando uno dei più convincenti della regione. Molo buono anche l'omonimo Sauvignon, anch'esso un vino che non cerca potenza fine a sé stessa quanto invece la delicatezza e l'eleganza dell'armonia.

Vino	
○ A. A. Pinot Bianco Praesulis '15	🍷🍷🍷 3*
○ A. A. Sauvignon Praesulis '15	🍷🍷 4
○ A. A. Gewürztraminer Praesulis '15	🍷🍷 4
● A. A. Pinot Nero Praesulis '14	🍷🍷 5
○ A. A. Pinot Bianco Mediaevum '15	🍷 2
● A. A. Schiava Mediaevum '15	🍷 3
○ A. A. Pinot Bianco Praesulis '14	🍷🍷🍷 3*
○ A. A. Pinot Bianco Praesulis '06	🍷🍷🍷 3*
○ A. A. Sauvignon Praesulis '13	🍷🍷🍷 4*
○ A. A. Sauvignon Praesulis '09	🍷🍷🍷 3
○ A. A. Sauvignon Praesulis '07	🍷🍷🍷 3*
○ A. A. Sauvignon Praesulis '04	🍷🍷🍷 3*

★Franz Haas

via Villa, 6
39040 Montagna/Montan [BZ]
Tel. 0471812280
www.franz-haas.it

VENDITA DIRETTA
VISITA SU PRENOTAZIONE
PRODUZIONE ANNUA 350.000 bottiglie
ETTARI VITATI 55,00
AZIENDA SOSTENIBILE

La cantina di Franz Haas si trova a Montagna, a pochi metri dalla zona che oggi è considerata la culla del pinot nero italiano, Mazzon. Le vigne, ormai estese per più di cinquanta ettari fra proprietà, affitti e conferitori, invece sono disseminate in molti altri siti della regione, con particolare attenzione alle zone d'altura. La consapevolezza di un clima che anno dopo anno si scalda sempre più ha portato Franz a investire in vigneti di altissima collina, tanto da giungere ai 1150 metri dell'ultimo vigneto di pinot nero piantato. Produzione ampia nelle etichette e nelle interpretazioni, con l'eleganza e la tensione sempre al centro delle attenzioni. Il Manna è un intrigante blend di molte uve che sfrutta la loro spinta aromatica per rivelare profumi intensi di fiori e agrumi, che con il passare del tempo diventano meno pungenti e più armoniosi, per esaltarsi in un sorso sapido e di perfetto equilibrio. Più intenso e scattante il naso del Sauvignon, che si fa apprezzare per la ricchezza e la lunghezza al palato.

○ A. A. Sauvignon '14	🍷🍷 5
○ Manna '14	🍷🍷 5
○ A. A. Gewürztraminer '15	🍷🍷 4
● A. A. Pinot Nero '14	🍷🍷 5
○ A. A. Moscato Giallo '15	🍷 5
○ A. A. Pinot Bianco Lepus '15	🍷 3
● A. A. Moscato Rosa '12	🍷🍷🍷 5
● A. A. Moscato Rosa '11	🍷🍷🍷 5
● A. A. Moscato Rosa Schweizer '00	🍷🍷🍷 4
● A. A. Pinot Nero Schweizer '02	🍷🍷🍷 5
● A. A. Pinot Nero Schweizer '01	🍷🍷🍷 5
○ A. A. Sauvignon '13	🍷🍷🍷 5
○ Manna '07	🍷🍷🍷 4
○ Manna '05	🍷🍷🍷 4
○ Manna '04	🍷🍷🍷 4

Haderburg

fraz. Bucholz
loc. Pochi, 30
39040 Salorno/Salurn [BZ]
Tel. 0471889097
www.haderburg.it

VENDITA DIRETTA
VISITA SU PRENOTAZIONE
PRODUZIONE ANNUA 100.000 bottiglie
ETTARI VITATI 12,00
VITICOLTURA Biodinamico Certificato

Quella di Alois Ochsenreiter è una realtà con due anime distinte, quella squisitamente spumantistica e quella invece più legata alle tradizioni atesine. La prima lo pone al vertice non solo dell'espressione spumantistica della provincia, ma anche fra i precursori di quel movimento che comincia a interessare molte aziende della zona. La seconda invece si dipana in modo più classico, con la valorizzazione delle più belle esposizioni in riferimento ai singoli vitigni. Ad accomunare le due anime c'è l'uomo, custode della natura e dei luoghi che attraverso scelte importanti come quella della conduzione biodinamica esaltano i doni della terra. Ottima la prova del Pas Dosé, uno spumante ottenuto da uve chardonnay con un saldo di pinot nero che mette in luce un bellissimo quadro aromatico di frutto bianco e biscotto, con una sottile nota minerale che spinge dal fondo. In bocca è ricco e teso, dotato di un finale lungo e grintoso. Fra i vini fermi spicca la prova del Merlot Cabernet Erah.

○ A. A. Spumante Pas Dosé	🍷🍷 4
● A. A. Merlot-Cabernet Sauvignon Erah Hausmannhof '12	🍷🍷 5
● A. A. Pinot Nero Hausmannhof Ris. '13	🍷🍷 6
○ A. A. Spumante Brut	🍷🍷 5
○ A. A. Spumante Hausmannhof Brut Ris. '06	🍷🍷 5
○ A. A. Sauvignon Hausmannhof '15	🍷 4
⊙ A. A. Spumante Brut Rosé	🍷 5
○ A. A. Valle Isarco Sylvaner Obermairlhof '05	🍷🍷🍷 3*
● A. A. Pinot Nero Hausmannhof '13	🍷🍷 5
● A. A. Pinot Nero Hausmannhof Ris. '12	🍷🍷 6
○ A. A. Sauvignon Hausmannhof '14	🍷🍷 4
○ A. A. Spumante Pas Dosé '11	🍷🍷 5

Kettmeir

via delle Cantine, 4
39052 Caldaro/Kaltern [BZ]
Tel. 0471963135
www.kettmeir.com

VENDITA DIRETTA
VISITA SU PRENOTAZIONE
PRODUZIONE ANNUA 330.000 bottiglie
ETTARI VITATI 36,00

Sono trent'anni che la storica azienda di Caldaro è entrata nella galassia Santa Margherita, e di acqua sotto i ponti ne è passata molta. Oggi Kettmeier può contare su un vigneto che si distribuisce su tre corpi, attorno al lago per le varietà a bacca rossa e le basi spumanti nei vigneti più in alto, a Pochi di Salorno, al maso Reiner per lo chardonnay e i pinot e infine a Soprabolzano sull'altopiano del Renon per la coltivazione del müller del maso Ebnicher. Nella cantina affacciata come un belvedere sul paese di Caldaro Joseph Romen si dedica alla produzione di una gamma solida e molto affidabile. Non ci sono punti deboli quest'anno in casa Kettmeier, con una batteria di vini capitanata da una splendida versione di Pinot Bianco Athesis. I suoi profumi sono nitidi e giocati nell'intreccio tra frutto bianco e fiori, per poi liberarsi in un sorso sapido e di perfetta armonia. Molto convincente anche il Sauvignon che sfrutta l'ottima annata per offrire un corredo aromatico ampio e intenso, mentre in bocca conquista per la ricchezza.

○ A. A. Pinot Bianco Athesis '14	🍷🍷🍷 3*
○ A. A. Sauvignon '15	🍷🍷🍷 3*
○ A. A. Müller Thurgau Athesis '15	🍷🍷🍷 4
○ A. A. Chardonnay Maso Reiner '14	🍷🍷 3
○ A. A. Gewürztraminer '15	🍷🍷 3
● A. A. Moscato Rosa Athesis '12	🍷🍷 5
○ A. A. Pinot Bianco '15	🍷🍷 3
● A. A. Pinot Nero Maso Reiner '13	🍷🍷 4
○ A. A. Spumante Brut Athesis '13	🍷🍷 4
⊙ A. A. Spumante Rosé Brut Athesis	🍷🍷 4
⊙ A. A. Lagrein Rosato '15	🍷 2
○ A. A. Chardonnay '14	🍷🍷 3
○ A. A. Chardonnay Maso Reiner '13	🍷🍷 3*
○ A. A. Müller Thurgau Athesis '14	🍷🍷 4
● A. A. Pinot Nero Maso Reiner '12	🍷🍷 4
○ A. A. Spumante Brut	🍷🍷 3

Tenuta Klosterhof Oskar Andergassen

loc. Clavenz, 40
39052 Caldaro/Kaltern [BZ]
Tel. 0471961046
www.garni-klosterhof.com

VENDITA DIRETTA
VISITA SU PRENOTAZIONE
OSPITALITÀ E RISTORAZIONE
PRODUZIONE ANNUA 20.000 bottiglie
ETTARI VITATI 3,50

Oskar Andergassen, con l'aiuto del figlio Hannes, conduce la piccola azienda di famiglia a Caldaro, una manciata di ettari che si dividono tra le sponde del lago e i pendii che conducono a Pianizza di Sopra. Oltre alla gestione dell'azienda, gli impegni prevedono anche quella dell'albergo e, per completare l'offerta, la produzione di distillati. Sempre più importante è però quella enologica, con risultati che anno dopo anno si fanno più convincenti. Ottima la prova del Pinot Nero Panigl, frutto di un vigneto che si trova a sud del centro di Caldaro. I suoi profumi donano un frutto rosso maturo e disponibile, mentre in bocca il vino rivela corpo pieno e un sorso generoso e avvolgente. Di tutt'altro stile il Pinot Bianco Trifall che proviene dai vigneti più alti. I profumi si fanno più chiusi e pungenti per rivelarsi più maturi e armoniosi in bocca, dove il vino si distende con grazia e offre un lungo finale.

Vino	
○ A. A. Pinot Bianco Trifall '15	🍷🍷 3
● A. A. Pinot Nero Panigl '13	🍷🍷 5
● A. A. Pinot Nero Ris. '13	🍷🍷 4
○ A. A. Pinot Bianco V. T. '14	🍷🍷 4
● A. A. Lago di Caldaro Cl. Sup. Plantaditsch '15	🍷 2
● A. A. Lago di Caldaro Cl. Sup. Plantaditsch R. '15	🍷 3
○ Birnbaum '15	🍷 3
● A. A. Merlot Ris. '12	🍷🍷 4
○ A. A. Moscato Giallo Birnbaum '14	🍷🍷 3
○ A. A. Pinot Bianco Trifall '14	🍷🍷 3
● A. A. Pinot Nero Panigl '12	🍷🍷 5
⊙ A. A. Pinot Nero Rosé Summer '14	🍷🍷 4
● A. A. Lago di Caldaro Cl. Sup. Plantaditsch '14	🍷🍷 2*
○ A. A. Pinot Bianco Trifall '13	🍷🍷 3*

★Köfererhof Günther Kerschbaumer

fraz. Novacella
via Pusteria, 3
39040 Varna/Vahrn [BZ]
Tel. 3474778009
www.koefererhof.it

VENDITA DIRETTA
VISITA SU PRENOTAZIONE
RISTORAZIONE
PRODUZIONE ANNUA 80.000 bottiglie
ETTARI VITATI 10,00

Uscendo dalla conca di Bolzano e imboccando la Valle Isarco immediatamente si ha la sensazione che cambi il paesaggio, si faccia più aspro e che la dolcezza delle colline lasci via via più spazio ai profili dolomitici. Qui, a Varna, si sviluppa l'azienda di Günther Kerschbaumer, appena cinque ettari di vigneto di proprietà cui se ne aggiungono altrettanti in affitto, ad altitudini di poco inferiori ai mille metri. Esclusivamente vitigni a bacca bianca che danno vita a una produzione molto ricercata che coniuga la semplicità e l'immediatezza con la profondità e la classe. In questo territorio il vitigno principe è il sylvaner che in casa Kerschbaumer non manca di far sentire il suo peso, fatto di profumi affumicati e di pera, che si liberano in un sorso energico di grande persistenza. Ancor più convincente, tanto da guadagnare il massimo riconoscimento, il Pinot Grigio, che si dona ricco nelle suggestioni di frutto e fiori, che trovano sviluppo in un palato potente e di raffinata lunghezza.

Vino	Bicchieri	Prezzo
○ A. A. Valle Isarco Pinot Grigio '15	**🍷🍷🍷**	3*
○ A. A. Valle Isarco Riesling '14	**🍷🍷**	5
○ A. A. Valle Isarco Sylvaner '15	**🍷🍷**	3*
○ A. A. Valle Isarco Grüner Veltliner '14	🍷🍷	4
○ A. A. Valle Isarco Kerner '15	🍷🍷	3
○ A. A. Valle Isarco Müller Thurgau '15	🍷🍷	3
○ A. A. Valle Isarco Sylvaner R '14	🍷🍷	5
○ A. A. Valle Isarco Pinot Grigio '13	🥂🥂🥂	3*
○ A. A. Valle Isarco Pinot Grigio '12	🥂🥂🥂	3*
○ A. A. Valle Isarco Pinot Grigio '11	🥂🥂🥂	3*
○ A. A. Valle Isarco Pinot Grigio '09	🥂🥂🥂	3*
○ A. A. Valle Isarco Riesling '10	🥂🥂🥂	4
○ A. A. Valle Isarco Sylvaner R '13	🥂🥂🥂	5
○ A. A. Valle Isarco Sylvaner R '09	🥂🥂🥂	4
○ A. A. Valle Isarco Sylvaner R '08	🥂🥂🥂	4

Tenuta Kornell

fraz. Settequerce
via Bolzano, 23
39018 Terlano/Terlan [BZ]
Tel. 0471917507
www.kornell.it

VENDITA DIRETTA
VISITA SU PRENOTAZIONE
PRODUZIONE ANNUA 100.000 bottiglie
ETTARI VITATI 15,00

Risalendo l'Adige, in prossimità del capoluogo, la valle piega verso ovest e si allarga in una florida pianura nella quale vigneti e meleti si contendono la terra. Sui terreni a ridosso della collina invece sono le vigne ad aver la meglio, godendo di una situazione climatica ottimale grazie alle correnti calde che provengono da sud che si scontrano con quelle che scendono dalle Alpi. Qui, a Settequerce, si trova la cantina di Florian Brigl e una parte dei vigneti, mentre le altre vigne si trovano ad Appiano Monte e Gries. Il merlot ha trovato in questa zona condizioni perfette per maturare gradualmente e con continuità, come testimonia l'assaggio della Riserva Staves '13. Al naso si colgono profumi intensi di frutto rosso maturo e spezie, che ritroviamo perfettamente espresse in un sorso sapido e lungo, che lascia emergere curiose note affumicate e di erbe aromatiche. Convincente anche la prova del Sauvignon che oltre all'intensità aromatica offre anche buona ricchezza al palato.

Vino	Bicchieri	Prezzo
● A. A. Merlot Staves Ris. '13	**🍷🍷**	5
○ A. A. Gewürztraminer Damian '15	🍷🍷	3
● A. A. Lagrein Greif '15	🍷🍷	3
● A. A. Lagrein Staves Ris. '13	🍷🍷	5
○ A. A. Sauvignon Oberberg '15	🍷🍷	3
○ Eich '15	🍷	4
● Zeder '14	🍷	3
● A. A. Lagrein Staves Ris. '12	🥂🥂🥂	5
● A. A. Cabernet Sauvignon Staves Ris. '12	🥂🥂	5
● A. A. Lagrein Greif '14	🥂🥂	3
● A. A. Lagrein Greif '12	🥂🥂	3
● A. A. Merlot Staves Ris. '11	🥂🥂	5
○ A. A. Pinot Bianco Eich '13	🥂🥂	3
○ A. A. Sauvignon Oberberg '14	🥂🥂	3
● Zeder '13	🥂🥂	3

Tenuta Kränzelhof Graf Franz Pfeil

via Palade, 1
39010 Cermes/Tscherms [BZ]
Tel. 0473564549
www.labyrinth.bz

VENDITA DIRETTA
VISITA SU PRENOTAZIONE
PRODUZIONE ANNUA 35.000 bottiglie
ETTARI VITATI 6,00

La Tenuta Kränzel del Conte Franz Pfeil si trova a Cermes, sulla destra orografica dell'Adige, una splendida dimora di stile gotico di 650 anni contornata dal parco e dai vigneti. Questi si distendono per circa 6 ettari ad altitudini che oscillano tra i 300 e i 600 metri, permettendo a ognuno dei vitigni coltivati di trovare il suo habitat ideale. La produzione alterna le varietà internazionali a quelle storiche, per una produzione contenuta nei numeri ma di ottimo livello qualitativo. Buona la prova del Corona Segreto '15, un bianco di cui, volutamente, la proprietà non comunica la composizione. Al naso si coglie comunque la presenza del gewürztraminer che dona buona intensità aromatica ai profumi, mentre in bocca possiede un sorso energico che rivela grassezza e rotondità. Il Sagittarius '12, blend di cabernet sauvignon e lagrein, offre al naso note di frutto intrecciate alla tostatura e alla polvere di caffè. In bocca è solido e di buona potenza.

○ Corona Segreto '15	🍷🍷 4
● Pinot Nero '13	🍷🍷 6
● Sagittarius '12	🍷🍷 5
⊙ Blanc de Noir '15	🍷 3
○ Helios Ris. '13	🍷 3
○ Pinot Bianco '15	🍷 4
● A. A. Meranese '13	🍷🍷 3
● A. A. Meranese Baslan '12	🍷🍷 3*
○ Corona '14	🍷🍷 4
○ Dorado Passito '12	🍷🍷 5
● Merlot '13	🍷🍷 3
○ Pinot Bianco Helios '13	🍷🍷 4
● Pinot Nero '12	🍷🍷 6
● Pinot Nero '11	🍷🍷 6
○ Sauvignon Blanc '14	🍷🍷 3

★Kuenhof - Peter Pliger

loc. La Mara, 110
39042 Bressanone/Brixen [BZ]
Tel. 0472850546
pliger.kuenhof@rolmail.net

VENDITA DIRETTA
VISITA SU PRENOTAZIONE
PRODUZIONE ANNUA 38.000 bottiglie
ETTARI VITATI 6,00
AZIENDA SOSTENIBILE

Fra le aziende più apprezzate della Valle Isarco un posto di prim'ordine spetta a quella di Peter Pliger e della moglie Brigitte. Situata in località Mara, poco fuori Bressanone, si dipana su un vigneto esteso per soli sei ettari che Peter coltiva nel massimo rispetto per l'ambiente, per ottenere dei frutti che sappiano raccontare il territorio su cui crescono. In cantina la produzione si limita a quattro etichette, tutte dedicate ai vini bianchi che caratterizzano questa vallata. Esemplari i vini di casa Pliger per capire cosa caratterizzi la Valle Isarco. Profumi fini, intensi e profondamente minerali si traducono in un sorso che riesce a coniugare la ricchezza con la spiccata sapidità e la freschezza acida che questa valle imprime nei vini. Il Sylvaner è profondo e affumicato, dotato di un sorso energico e scattante. Più teso e affilato il Riesling, mentre il Veltliner mette in mostra un carattere deciso unito a una sana e irrequieta rusticità.

○ A. A. Valle Isarco Grüner Veltliner '15	🍷🍷🍷 3*
○ A. A. Valle Isarco Riesling Kaiton '15	🍷🍷 3*
○ A. A. Valle Isarco Sylvaner '15	🍷🍷 3*
○ A. A. Valle Isarco Gewürztraminer '15	🍷🍷 3
○ A. A. Valle Isarco Riesling Kaiton '12	🍷🍷🍷 4*
○ A. A. Valle Isarco Riesling Kaiton '11	🍷🍷🍷 4*
○ A. A. Valle Isarco Riesling Kaiton '10	🍷🍷🍷 4
○ A. A. Valle Isarco Riesling Kaiton '07	🍷🍷🍷 3*
○ A. A. Valle Isarco Riesling Kaiton '05	🍷🍷🍷 3*
○ A. A. Valle Isarco Sylvaner '14	🍷🍷🍷 3*
○ A. A. Valle Isarco Sylvaner '13	🍷🍷🍷 3*
○ A. A. Valle Isarco Sylvaner '08	🍷🍷🍷 3
○ A. A. Valle Isarco Sylvaner '06	🍷🍷🍷 3*
○ A. A. Valle Isarco Veltliner '09	🍷🍷🍷 3*

★Cantina Kurtatsch

S.DA DEL VINO, 23
39040 CORTACCIA/KURTATSCH [BZ]
TEL. 0471880115
www.cantina-cortaccia.it

VENDITA DIRETTA
VISITA SU PRENOTAZIONE
PRODUZIONE ANNUA 1.100.000 bottiglie
ETTARI VITATI 190,00

Cortaccia è uno dei primi paesi che si incontrano risalendo da sud, un piccolo borgo affacciato sulla piana Atesina e adagiato sui primi contrafforti che conducono ai monti che separano l'Alto Adige dal Trentino. Qui la Cantina di Cortaccia ha saputo dare sviluppo all'attività nata più di un secolo fa, e oggi può contare su poco meno di duecento soci che coltivano vigneti ad altitudini che giungono a superare i 900 metri. Vini dal carattere deciso e fortemente radicati in un territorio che vede le varietà rosse coltivate nei vigneti più caldi e le bianche che cercano la frescura dell'altitudine. Non scopriamo certo oggi che la Cantina di Cortaccia possieda alcune delle migliori esposizioni per il gewürztraminer, ma anche con la versione 2014 il Brenntal è uno dei più riusciti. L'annata fresca non ha impedito al vino di mettere in luce un corredo ampio e raffinato di aromi che trovano completamento in un sorso meno ricco che in altre versione ma di grande lunghezza e sapidità. Ricco di ricordi fruttati e di spezie è il naso del Merlot Brenntal, capace di coinvolgere per l'armonia che dona al palato.

○ A. A. Gewürztraminer Brenntal Ris. '14	🍷🍷🍷	5
● A. A. Cabernet Kirchhügel Ris. '13	🍷🍷	4
● A. A. Merlot Brenntal Ris. '13	🍷🍷	6
○ A. A. Müller Thurgau Graun '15	🍷🍷	3*
● A. A. Lagrein Freienfeld Ris. '13	🍷🍷	5
● A. A. Merlot-Cabernet Soma '13	🍷🍷	5
● A. A. Pinot Nero Glen Ris. '13	🍷🍷	5
○ Aruna Extreme Vintage '14	🍷🍷	6
○ A. A. Chardonnay Pichl '15	🍷	4
○ A. A. Pinot Grigio Penóner '15	🍷	4
● A. A. Schiava Grigia Sonntaler '15	🍷	3
○ A. A. Gewürztraminer Brenntal '02	🍷🍷🍷	5
○ A. A. Gewürztraminer Brenntal '00	🍷🍷🍷	5
○ A. A. Gewürztraminer Brenntal Ris. '12	🍷🍷🍷	5
● A. A. Lagrein Scuro Fohrhof '00	🍷🍷🍷	5

Laimburg

FRAZ. VADENA
LOC. LAIMBURG, 6
39040 ORA/AUER [BZ]
TEL. 0471969700
www.laimburg.bz.it

VENDITA DIRETTA
VISITA SU PRENOTAZIONE
PRODUZIONE ANNUA 95.000 bottiglie
ETTARI VITATI 15,00
AZIENDA SOSTENIBILE

L'azienda del Centro di Sperimentazione Agraria e Forestale coltiva più di quaranta ettari di vigneto disseminati nelle principali aree viticole della provincia, da Termeno ai dintorni di Merano, per concludere infine a Bressanone. Altitudini, forme di allevamento, suoli ed esposizioni differenti per studiare il comportamento delle varietà, che poi vengono vinificate e proposte in un'ampia gamma di vini varietali e una selezione denominata Maniero per i vini con maggiori ambizioni. Il Col de Réy è un blend di lagrein, petit verdot e tannat che proviene in parte dai vigneti di Gries e in parte da quelli di Ölleiten nei pressi di Caldaro, affinato a lungo in cantina per poi offrirsi ricco di sensazioni di frutto molto maturo e spezie. In bocca mette in mostra un corpo pieno e potente, tenuto a bada dalla fitta trama tannica che le uve conferiscono. Stile ricco e potente anche per il Lagrein Riserva Barbagòl, prodotto interamente nella piana di Gries.

● A. A. Cabernet Sauvignon Sass Roà Ris. '13	🍷🍷	5
● A. A. Lagrein Barbagòl Ris. '13	🍷🍷	5
○ A. A. Sauvignon Oyèll Ris. '14	🍷🍷	4
○ A. A. Sauvignon Passito Saphir '14	🍷🍷	6
● Col de Réy '11	🍷🍷	6
○ A. A. Kerner Auròna '13	🍷	6
○ A. A. Pinot Bianco '15	🍷	2
● A. A. Pinot Nero Ris. '15	🍷	4
○ A. A. Riesling '15	🍷	4
● A. A. Lagrein Scuro Barbagòl Ris. '00	🍷🍷🍷	5
○ A. A. Gewürztraminer Elyònd Ris. '13	🍷🍷	4
● A. A. Lagrein Barbagòl Ris. '12	🍷🍷	5
● A. A. Pinot Nero Ris. '13	🍷🍷	4
○ A. A. Sauvignon Oyèll '14	🍷🍷	4

Loacker Schwarhof

LOC. SANCT JUSTINA, 3
39100 BOLZANO/BOZEN
TEL. 0471365125
www.loacker.bio

VENDITA DIRETTA
VISITA SU PRENOTAZIONE
PRODUZIONE ANNUA 60.000 bottiglie
ETTARI VITATI 7,00
VITICOLTURA Biologico Certificato
AZIENDA SOSTENIBILE

L'azienda della famiglia Loacker si trova in località Santa Justina, all'imbocco della Valle Isarco. Qui Hayo e Franz Josef conducono l'azienda in regime biologico, adottando rimedi omeopatici e cercando il perfetto connubio tra natura e lavoro dell'uomo. I vigneti sono divisi in tre corpi differenti, il principale nei dintorni della cantina, cui vanno aggiunti i più piccoli vigneti di Kohlerhof e Kalter Keller, per una produzione di grande carattere. Batteria di tutto rispetto quella proposta quest'anno dalla famiglia Loacker, con il Lagrein Gran Lareyn Riserva in cima alle nostre preferenze. Se al naso si colgono le consuete note di frutto nero e spezie, è in bocca che il vino stupisce per come riesca a offrire grande concentrazione e potenza senza rinunciare all'agilità e alla progressione, risultando uno dei più interessanti. Il Merlot Ywain percorre il medesimo sentiero stilistico, giocando però su note di maggior freschezza.

● A. A. Lagrein Gran Lareyn Ris. '13	YY 4
● Merlot Ywain '13	YY 4
● A. A. Cabernet Lagrein Kastlet '13	YY 4
○ Chardonnay '14	YY 4
● Lagrein Gran Lareyn '14	YY 4
● A. A. Santa Maddalena Cl. '15	Y 3
○ Gewürztraminer Atagis '15	Y 5
○ Sauvignon Blanc Tasnim '15	Y 4
● A. A. Merlot Ywain '04	YYY 4*
● A. A. Lagrein Gran Lareyn '13	YY 4
● A. A. Lagrein Gran Lareyn '12	YY 4
○ Gewürztraminer Atagis '14	YY 5
● Kastlet '12	YY 5
● Kastlet '11	YY 5
● Merlot Ywain '12	YY 4

Manincor

LOC. SAN GIUSEPPE AL LAGO, 4
39052 CALDARO/KALTERN [BZ]
TEL. 0471960230
www.manincor.com

VENDITA DIRETTA
VISITA SU PRENOTAZIONE
PRODUZIONE ANNUA 300.000 bottiglie
ETTARI VITATI 50,00
VITICOLTURA Biodinamico Certificato
AZIENDA SOSTENIBILE

Nel corso degli ultimi decenni Manincor è diventata sempre più un punto di riferimento per gli amanti dei vini di questa provincia. Sophie e Michael Goëss-Enzemberg, con la preziosa collaborazione di Helmut Zozin, hanno convertito l'azienda alla biodinamica, realizzato la nuova cantina perfettamente integrata in un contesto agricolo, strutturata in modo da limitare al massimo il dispendio di energia. Ben cinquanta ettari di vigneto distribuiti in cinque appezzamenti racchiusi tra i 230 e i 500 metri di altitudine. Dalle vigne di Mason giunge una splendida versione di Pinot Nero, un rosso i cui profumi si aprono con grande lentezza, dapprima le erbe aromatiche, poi un frutto di bosco ancora acidulo, per poi amplificare la dolcezza in un palato raffinato e di grande lunghezza. Sul fronte dei bianchi il Sauvignon Tannenberg conquista per l'espressione esotica e speziata, capace di coinvolgere al palato con densità e armonia. Il Pinot Bianco Eichhorn invece offre un naso più nascosto e sommesso, mentre in bocca è solido e croccante.

○ A. A. Terlano Pinot Bianco Eichhorn '15	YYY 5
● A. A. Pinot Nero Mason di Mason '13	YY 7
○ A. A. Terlano Sauvignon Tannenberg '14	YY 5
○ A. A. Terlano Réserve della Contessa '15	YY 3
○ Le Petit Passito '14	YY 6
○ A. A. Moscato Giallo '15	Y 3
● Castel Campan '13	Y 8
○ A. A. Terlano Pinot Bianco Eichhorn '13	YYY 5
○ A. A. Terlano Pinot Bianco Eichhorn '12	YYY 5
○ A. A. Terlano Pinot Bianco Eichhorn '10	YYY 4
○ A. A. Terlano Pinot Bianco Eichhorn '09	YYY 4
○ A. A. Terlano Sauvignon '08	YYY 4
○ A. A. Terlano Sauvignon Tannenberg '13	YYY 5
○ A. A. Terlano Réserve della Contessa '14	YY 3*

K. Martini & Sohn

loc. Cornaiano
via Lamm, 28
39057 Appiano/Eppan [BZ]
Tel. 0471663156
www.martini-sohn.it

VENDITA DIRETTA
VISITA SU PRENOTAZIONE
PRODUZIONE ANNUA 230.000 bottiglie
ETTARI VITATI 30,00

Gabriel Martini e il figlio Lukas sono a capo dell'azienda di famiglia, fondata circa quarant'anni fa proprio da Gabriel e dal nonno Karl. Pur senza possedere grandi estensioni vitate l'azienda ha saputo conquistarsi un ruolo da protagonista nel panorama atesino, grazie a una rete di viticoltori che sfruttano le più belle esposizioni per conferire in azienda uve di prima qualità che Gabriel e Lukas, senza aiuti di collaboratori esterni, trasformano in una gamma di vini di ottima qualità. Nell'ampia gamma proposta dalla cantina di Appiano coesistono vini dalle anime ben differenti, semplici e fragranti nell'espressione varietale oppure ricchi e grandi interpreti dei migliori vigneti. Il Lagrein Maturum offre al naso profumi complessi e stratificati, con il frutto che lascia gradualmente spazio alle note selvatiche e di grafite. In bocca è pieno, potente e di ottima armonia. Il Pinot Bianco Palladium invece è nitido, rinfrescante negli aromi e dotato di un sorso scattante e molto succoso.

● A. A. Lagrein Maturum '13	🍷🍷 5
○ A. A. Pinot Bianco Palladium '15	🍷🍷 2*
○ A. A. Chardonnay Maturum '14	🍷🍷 4
● A. A. Lago di Caldaro Cl. Felton '15	🍷🍷 2*
● A. A. Pinot Nero Palladium '14	🍷🍷 3
○ A. A. Sauvignon Palladium '15	🍷🍷 3
○ A. A. Kerner Palladium '15	🍷 2
● A. A. Lagrein Gurzan Rueslhof '15	🍷 2
⊙ A. A. Lagrein Rosé Grieser '15	🍷 2
○ A. A. Müller Thurgau Palladium '15	🍷 3
● A. A. Santa Maddalena Cl. '15	🍷 2
● A. A. Schiava Palladium '15	🍷 2
○ A. A. Sauvignon Palladium '04	🍷🍷🍷 2*
○ A. A. Pinot Bianco Palladium '14	🍷🍷 2*
○ A. A. Sauvignon Palladium '14	🍷🍷 3

Maso Hemberg Klaus Lentsch

s.da Reinsperg, 18a
39057 Appiano/Eppan [BZ]
Tel. 0471967263
www.klauslentsch.eu

VENDITA DIRETTA
VISITA SU PRENOTAZIONE
PRODUZIONE ANNUA 50.000 bottiglie
ETTARI VITATI 6,00

Klaus Lentsch meno di dieci anni fa ha preso in mano le redini del maso Hemberg, in località Campodazzo, all'imbocco della Valle Isarco, cominciando con una manciata di bottiglie dedicate alle tipiche uve della vallata e andando ad ampliare vigneti e offerta rapidamente. Oggi nella nuova sede perfettamente immersa nei vigneti sopra San Paolo gestisce una produzione puntuale e riuscita, dedicando cura e attenzioni a ognuna delle fasi produttive. Molti i vini convincenti presentati quest'anno, a cominciare dal Pinot Nero Bachgart, un rosso che si fa apprezzare per la nitidezza degli aromi, con il frutto di bosco che lascia trasparire un ricordo di rovere e di spezie. In bocca è giocato sulla tensione e l'essenzialità, per un sorso poco appariscente ma di grande eleganza. La versione Riserva percorre il medesimo sentiero aromatico ma con maggior ricchezza e pienezza. Dalla Valle Isarco giunge invece il Grüner Veltliner Eichberg, un bianco solido e di grintosa bevibilità.

● A. A. Pinot Nero Bachgart '13	🍷🍷🍷 4
○ A. A. Pinot Bianco Amperg '15	🍷🍷 2*
● A. A. Pinot Nero Bachgart Ris. '12	🍷🍷 3
○ A. A. Valle Isarco Grüner Veltliner Eichberg '14	🍷🍷 3
○ A. A. Gewürztraminer Fuchslahn '15	🍷 2
○ A. A. Moscato Giallo Amperg '15	🍷 2
○ A. A. Sauvignon Amperg '15	🍷 2
○ A. A. Moscato Giallo '14	🍷🍷 2*
● A. A. Pinot Nero Bachgart '12	🍷🍷 2*

Cantina Meran Burggräfler

VIA CANTINA, 9
39020 MARLENGO/MARLING [BZ]
TEL. 0473447137
www.cantinamerano.it

VENDITA DIRETTA
VISITA SU PRENOTAZIONE
PRODUZIONE ANNUA 1.000.000 bottiglie
ETTARI VITATI 250,00

La cantina nata dalla fusione tra le due storiche cooperative del burgraviato è rimasta fortemente legata al suo territorio, con un vigneto esteso per circa 250 ettari suddivisi tra quasi quattrocento soci, con una proprietà media fra le più piccole della provincia. Vigneti che si dipanano attorno alla cittadina di Merano e dei comuni vicini, soprattutto in Val Venosta, per una produzione di ottimo livello strutturata su più linee, delle quali la Sonnenberg è proprio dedicata ai vini venostani. Splendida la prova del Sauvignon Mervin, frutto dei vigneti che si sviluppano a un'altitudine di circa 500 metri. Al naso si colgono intense le note di frutti esotici, impreziosite da una timida sensazione minerale che ne anticipa la complessità. In bocca è pieno e succoso, dotato di un sorso sapido e di un lungo finale, tanto da conquistare i nostri Tre Bicchieri. Splendido esempio di come un rosso possa essere buonissimo giocando su tensione e freschezza è la Schiava Schickenburg, mentre il Pinot Bianco Sonnenberg è armonioso e croccante.

○ A. A. Sauvignon Mervin '14	YYY 4*
● A. A. Schiava Schickenburg Graf von Meran '15	YY 2*
○ A. A. Val Venosta Pinot Bianco Sonnenberg '15	YY 3*
○ A. A. Chardonnay Goldegg '14	YY 4
○ A. A. Gewürztraminer Graf von Meran '15	YY 3
● A. A. Merlot Freiherr Ris. '13	YY 5
○ A. A. Moscato Giallo Passito Sissi '14	YY 6
○ A. A. Pinot Bianco Graf von Meran '15	YY 3
○ A. A. Pinot Bianco Tyrol '14	YY 4
● A. A. Pinot Nero Zeno Ris. '13	YY 4
○ A. A. Riesling Graf von Meran '15	YY 4
○ A. A. Sauvignon Graf von Meran '15	YY 4
○ A. A. Pinot Bianco Tyrol '13	YYY 4*
○ A. A. Valle Venosta Pinot Bianco Sonnenberg '13	YYY 3*

★Cantina Convento Muri-Gries

FRAZ. GRIES
P.ZZA GRIES, 21
39100 BOLZANO/BOZEN
TEL. 0471282287
www.muri-gries.com

VENDITA DIRETTA
PRODUZIONE ANNUA 700.000 bottiglie
ETTARI VITATI 55,00
AZIENDA SOSTENIBILE

Vanta circa un secolo di storia la Cantina Convento Muri Gries, da una cinquantina si imbottiglia in azienda e da una trentina il lagrein è diventato il vitigno più importante per la cantina benedettina. Da molti anni la supervisione viticola spetta a Walter Bernard che segue gli oltre cinquanta ettari di vigneto dislocati soprattutto nella zona nord occidentale di Bolzano, con l'unicità del Klosteranger, e nella zona di Appiano, dove vengono prodotte le uve a bacca bianca e in parte il pinot nero. In cantina invece il protagonista è Christian Werth che sa esaltare l'espressione dei singoli vitigni. È rimasto a riposare nelle cantine un altro anno il vino più importante di casa e la nostra attenzione si è concentrata su un'ottima versione di Bianco Abtei Muri. Dai vigneti di Appiano Monte giungono le uve di pinot bianco e grigio destinate a questo vino che affina in grandi botti di rovere. Al naso si colgono le note di frutto e fiori freschi che trovano sviluppo in un palato solido e di grande piacevolezza.

Vino	
○ A. A. Bianco Abtei Muri Ris. '14	YY 3*
● A. A. Lagrein '15	YY 3
⊙ A. A. Lagrein Rosato '15	YY 2*
● A. A. Moscato Rosa Abtei Muri V. T. '14	YY 5
○ A. A. Pinot Grigio '15	YY 3
○ A. A. Terlano Pinot Bianco '15	YY 3
● A. A. Pinot Nero '15	Y 3
● A. A. Lagrein Abtei Muri Ris. '12	YYY 5
● A. A. Lagrein Abtei Muri Ris. '11	YYY 5
● A. A. Lagrein Abtei Muri Ris. '10	YYY 5
● A. A. Lagrein Abtei Muri Ris. '09	YYY 5
● A. A. Lagrein Abtei Ris. '07	YYY 5
● A. A. Lagrein Abtei Ris. '06	YYY 4
● A. A. Lagrein Abtei Ris. '05	YYY 4
● A. A. Lagrein Abtei Ris. '04	YYY 4

★Cantina Nals Margreid

via Heiligenberg, 2
39010 Nalles/Nals [BZ]
Tel. 0471678626
www.kellerei.it

VENDITA DIRETTA
VISITA SU PRENOTAZIONE
PRODUZIONE ANNUA 950.000 bottiglie
ETTARI VITATI 160,00
AZIENDA SOSTENIBILE

La Cantina Nals Margreid si sviluppa per oltre centocinquanta ettari distribuiti un po' in tutta la provincia. Le uve più raffinate si trovano soprattutto nei dintorni di Nalles, con vigneti che dal fondovalle si ergono fino ai 700 metri di Sirmian. Attorno a Magrè invece le varietà bordolesi e quelle bianche, che hanno bisogno di più calore, mentre nella conca bolzanina albergano lagrein e schiava. In cantina spetta a Harald Schraffl il compito di esaltare tanta ricchezza, in una gamma di vini di carattere e finezza, mentre la direzione dell'azienda è affidata a Gottfried Pollinger. Una volta di più è il Pinot Bianco Sirmian a mettere d'accordo la nostra commissione d'assaggio, in virtù di un corredo aromatico raffinato che dietro al frutto bianco croccante manifesta la presenza di fiori e un accenno vegetale. In bocca il calore della vendemmia si traduce in un sorso pieno e avvolgente. Molto buono anche il Passito Baronesse, intensamente profumato di spezie, liquirizia e fiori secchi, in bocca colpisce per l'armonia e l'eleganza.

○ A. A. Pinot Bianco Sirmian '15	🍷🍷🍷 5
○ A. A. Moscato Giallo Passito Baronesse Baron Salvadori '13	🍷🍷 6
○ A. A. Sauvignon Mantele '15	🍷🍷 5
○ A. A. Chardonnay Magrè '15	🍷🍷 4
○ A. A. Gewürztraminer Lyra '15	🍷🍷 4
● A. A. Lagrein Gries Ris. '13	🍷🍷 5
○ A. A. Pinot Bianco Penon '15	🍷🍷 3
○ A. A. Pinot Grigio Punggl '15	🍷🍷 4
● A. A. Merlot-Cabernet Anticus Baron Salvadori Ris. '13	🍷 6
○ A. A. Sauvignon Gennen '15	🍷 3
● A. A. Schiava Galea '15	🍷 3
○ A. A. Pinot Bianco Sirmian '14	🍷🍷🍷 5
○ A. A. Pinot Bianco Sirmian '13	🍷🍷🍷 4*
○ A. A. Pinot Bianco Sirmian '12	🍷🍷🍷 4*
○ A. A. Pinot Bianco Sirmian '11	🍷🍷🍷 3*

Ignaz Niedrist

loc. Cornaiano/Girlan
via Ronco, 5
39057 Appiano/Eppan [BZ]
Tel. 0471664494
www.ignazniedrist.com

VENDITA DIRETTA
VISITA SU PRENOTAZIONE
PRODUZIONE ANNUA 45.000 bottiglie
ETTARI VITATI 10,00
AZIENDA SOSTENIBILE

L'azienda della famiglia Niedrist è dedita alla viticoltura da oltre 170 anni ma è con l'arrivo di Ignaz e della moglie Elisabeth che l'azienda compie il salto di qualità. Oggi le vigne si sono ampliate e sono giunte a una decina di ettari che si sviluppano in tre zone differenti. A Cornaiano sono poste a un'altitudine di circa 500 metri, un po' più alte ad Appiano Monte, mentre si torna a sfruttare il calore e il suolo ghiaioso del fondovalle per il lagrein a Gries. Tanti i vini convincenti di casa Niedrist quest'anno, a cominciare da una grande versione di Pinot Nero. I suoi profumi ricordano il sottobosco, con i piccoli frutti accompagnati da note di erbe officinali e terra umida. In bocca è sapido, teso e di grande eleganza. Più intenso e immediato il naso del Sauvignon, che risponde offrendo un sorso energico e di spiccata sapidità. Ricco, quasi carnoso, il Lagrein Berger Gei, che necessita ancora di un po' di affinamento per trovare la perfetta armonia.

● A. A. Lagrein Gries Berger Gei '13	🍷🍷 5
● A. A. Pinot Nero '13	🍷🍷 5
○ A. A. Terlano Sauvignon '15	🍷🍷 4
○ A. A. Riesling Berg '15	🍷🍷 4
○ A. A. Terlano Pinot Bianco Berg '15	🍷🍷 4
○ Trias '15	🍷🍷 4
○ A. A. Riesling Berg '11	🍷🍷🍷 4*
○ A. A. Terlano Pinot Bianco '12	🍷🍷🍷 3*
○ A. A. Terlano Sauvignon '10	🍷🍷🍷 3
○ A. A. Terlano Sauvignon '00	🍷🍷🍷 3*
○ Trias '14	🍷🍷🍷 4*
● A. A. Lagrein Berger Gei '12	🍷🍷 4
● A. A. Pinot Nero Vom Kalk '12	🍷🍷 6

Niklaserhof - Josef Sölva

Loc. San Nicolò
via delle Fontane, 31a
39052 Caldaro/Kaltern [BZ]
Tel. 0471963434
www.niklaserhof.it

VENDITA DIRETTA
VISITA SU PRENOTAZIONE
PRODUZIONE ANNUA 50.000 bottiglie
ETTARI VITATI 6,00

Josef Sölva e il figlio Dieter conducono l'azienda di famiglia nella parte alta di Caldaro, ai piedi del massiccio della Mendola che caratterizza il territorio d'Oltradige. Nonostante l'immagine di questa zona sia legata indissolubilmente alla schiava e al Lago di Caldaro, l'azienda si è fatta apprezzare per la nitidezza dei suoi bianchi, prodotti nei sei ettari di proprietà. Se Josef segue i vigneti, spetta a Dieter la gestione della cantina, una bellissima struttura praticamente scavata nella roccia. Produzione frammentata in tante etichette in casa Sölva, tra le quali spicca il Pinot Bianco Klaser Riserva '13. Proposto dopo un lungo affinamento in cantina ha bella veste brillante e luminosa, profuma di frutto e pepe bianco, con una sottile ma grintosa vena floreale che spinge per emergere. In bocca colpisce per ricchezza, tensione e agilità. Il Sauvignon è più intenso negli aromi e scattante in bocca, mentre grande prova ha dato anche il Pinot Bianco nella versione più fresca.

○ A. A. Pinot Bianco Klaser Ris. '13	🍷🍷 3*
○ A. A. Bianco Mondevinum Ris. '13	🍷🍷 4
○ A. A. Kerner '15	🍷🍷 2*
● A. A. Lago di Caldaro Cl. Charta '15	🍷🍷 2*
● A. A. Lago di Caldaro Scelto Cl. '15	🍷🍷 2*
● A. A. Lagrein Mondevinum Ris. '13	🍷🍷 4
● A. A. Lagrein-Cabernet Klaser Ris. '13	🍷🍷 4
○ A. A. Pinot Bianco '15	🍷🍷 2*
○ A. A. Sauvignon '15	🍷🍷 3
● A. A. Lagrein '15	🍷 2
● A. A. Lago di Caldaro Scelto Cl. '14	🍷🍷 2*
● A. A. Lagrein '13	🍷🍷 2*
● A. A. Lagrein Mondevinum Ris. '12	🍷🍷 4
○ A. A. Pinot Bianco '14	🍷🍷 2*
○ A. A. Pinot Bianco Klaser Ris. '12	🍷🍷 3

Pacherhof - Andreas Huber

fraz. Novacella
v.lo Pacher, 1
39040 Varna/Vahrn [BZ]
Tel. 0472835717
www.pacherhof.com

VENDITA DIRETTA
VISITA SU PRENOTAZIONE
OSPITALITÀ E RISTORAZIONE
PRODUZIONE ANNUA 90.000 bottiglie
ETTARI VITATI 8,50

Una delle aziende simbolo della Valle Isarco è quella di Andreas Huber, adagiata sul versante occidentale della vallata poco sopra Novacella. Qui gestisce vigne che si distribuiscono per otto ettari ad altitudini che consentono alle uve a bacca bianca di sviluppare un'intensa e raffinata aromaticità. In cantina, inserita nello splendido contesto di un edificio che vanta 900 anni di storia, Andreas insegue un'idea di vino che permetta al binomio territorio vitigno di esaltarsi, per una produzione di grande carattere. Le vigne più vecchie dell'azienda forniscono le uve per un Sylvaner Alte Reben di grande carattere, sulfureo e profondo al naso lascia emergere il frutto solo con grande lentezza, per poi donarsi al palato solido e grintoso e concludere con un finale lungo e asciutto. Il Riesling invece ha un'impostazione più tedesca, intensamente profumato di fiori e frutti bianchi, sviluppa un sorso giocato sull'equilibrio tra un'accennata dolcezza e la spinta poderosa dell'acidità.

○ A. A. Valle Isarco Riesling '15	🍷🍷 4
○ A. A. Valle Isarco Sylvaner Alte Reben '15	🍷🍷 5
○ A. A. Valle Isarco Grüner Veltliner '15	🍷🍷 4
○ A. A. Valle Isarco Müller Thurgau '15	🍷🍷 3
○ A. A. Valle Isarco Pinot Grigio '15	🍷🍷 4
○ A. A. Valle Isarco Sylvaner '15	🍷🍷 4
○ A. A. Valle Isarco Gewürztraminer '15	🍷 5
○ A. A. Valle Isarco Kerner '15	🍷 4
○ A. A. Valle Isarco Riesling '04	🍷🍷🍷 3
○ A. A. Valle Isarco Sylvaner '13	🍷🍷🍷 3*
○ A. A. Valle Isarco Sylvaner Alte Reben '05	🍷🍷🍷 4
○ A. A. Valle Isarco Kerner '14	🍷🍷 3
○ A. A. Valle Isarco Pinot Grigio '14	🍷🍷 4
○ A. A. Valle Isarco Riesling '14	🍷🍷 4
○ A. A. Valle Isarco Sylvaner Alte Reben '14	🍷🍷 5

Pfannenstielhof Johannes Pfeifer

via Pfannestiel, 9
39100 Bolzano/Bozen
Tel. 0471970884
www.pfannenstielhof.it

VENDITA DIRETTA
VISITA SU PRENOTAZIONE
PRODUZIONE ANNUA 43.000 bottiglie
ETTARI VITATI 4,00

Solo la ferrovia separa l'azienda della famiglia Pfeifer dalla periferia orientale di Bolzano, per il resto solo vigne che risalgono verso le colline di Santa Maddalena e Santa Justina. Johannes e la moglie Margareth coltivano una manciata di ettari in massima parte nei dintorni del maso, mentre un piccolo appezzamento dedicato al pinot nero si trova a Caldaro, in località Pianizza. Per il resto solo schiava e lagrein coltivate nel massimo rispetto per l'ambiente. Come ogni anno il Santa Maddalena di casa Pfeifer è uno dei più convincenti, fresco e al tempo stesso profondo nei suoi aromi di piccoli frutti, spezie e fiori freschi. In bocca il vino cambia passo, mettendo in evidenza un sorso energico, leggero ma dotato di una spiccata e succosa sapidità che allunga la beva nel finale asciutto e appagante. Con stili profondamente differenti sono piaciuti molto anche i due Lagrein, la Riserva ricca e potente, e il vom Boden giocato invece su un frutto croccante e immediato.

● A. A. Santa Maddalena Cl. '15	3*
● A. A. Lagrein Ris. '13	5
● A. A. Lagrein vom Boden '15	3
⊙ Lagrein Rosé '15	2*
● A. A. Santa Maddalena Cl. '14	3*
● A. A. Santa Maddalena Cl. '09	2*
● A. A. Lagrein Ris. '12	5
● A. A. Lagrein Ris. '11	5
● A. A. Lagrein vom Boden '14	3
● A. A. Lagrein vom Boden '13	3
● A. A. Pinot Nero '12	4
● A. A. Pinot Nero '10	4
● A. A. Santa Maddalena Cl. '13	3*

Tenuta Ritterhof

s.da del Vino, 1
39052 Caldaro/Kaltern [BZ]
Tel. 0471963298
www.ritterhof.it

VENDITA DIRETTA
VISITA SU PRENOTAZIONE
RISTORAZIONE
PRODUZIONE ANNUA 300.000 bottiglie
ETTARI VITATI 7,50

Risalendo la provinciale 14 in direzione di Caldaro, all'imbocco del paese si incontra la storica Ritterhof che alla fine dello scorso millennio è stata acquisita dai Roner. In poco più di un decennio Ludwig Kaneppele le ha ridato lustro e valore, giungendo a essere un punto di riferimento per tutti gli appassionati di Gewürztraminer. Le vigne di proprietà si estendono per meno di dieci ettari e per completare la ricca produzione si ricorre alla collaborazione con viticoltori della zona che lavorano una quarantina di ettari. Mano davvero felice quella di Ludwig Kanepele per il gewürztraminer, come testimonia l'assaggio di ben tre vini di Ritterhof. In cima alle nostre preferenze, tanto da conquistare il massimo riconoscimento, l'Auratus Crescendo, che sfrutta l'ottima vendemmia 2015 per ammaliare con la ricchezza dei suoi profumi e la pienezza di un sorso che sembra non aver mai fine. Molto buona anche il Passito Sonus, un vino dal carattere solare e avvolgente. Ricco, intenso e potente il Lagrein Manus.

○ A. A. Gewürztraminer Auratus Crescendo '15	4*
● A. A. Lagrein Manus Ris. '12	5
○ Gewürztraminer Passito Sonus '13	5
○ A. A. Gewürztraminer '15	3
● A. A. Lago di Caldaro Cl. Sup. Novis '15	3
○ A. A. Pinot Bianco '15	2*
○ A. A. Sauvignon '15	2*
○ A. A. Pinot Bianco Verus '15	3
● A. A. Pinot Nero Dignus '12	5
● A. A. Santa Maddalena Perlhof '15	2
○ A. A. Gewürztraminer Auratus Crescendo '14	5
○ A. A. Gewürztraminer Auratus Crescendo '13	4*
○ A. A. Gewürztraminer Auratus Crescendo '12	4*

Röckhof - Konrad Augschöll

via San Valentino, 22
39040 Villandro/Villanders [BZ]
Tel. 0472847130
roeck@rolmail.net

VENDITA DIRETTA
VISITA SU PRENOTAZIONE
RISTORAZIONE
PRODUZIONE ANNUA 20.000 bottiglie
ETTARI VITATI 3,50

Konrad Augschöll ha saputo dare forza al suo sogno di viticoltore, realizzando una nuovissima e moderna cantina che si inserisce perfettamente nel contesto agricolo di Villandro. Le vigne, appena un fazzoletto, si adagiano sul versante occidentale della Valle Isarco, perfettamente esposte a sud est e con vista sull'imponente monastero di Sabiona. La cantina vede la nascita di una piccola ma significativa produzione di vini bianchi, anche se non manca il tradizionale zweigelt, mentre nella cantina storica sostano speck e salumi che servono per l'attività agrituristica. Solo tre i vini presentati quest'anno da Konrad, ma il Caruess convince appieno. Si tratta di un originale blend di gewürztraminer, sylvaner e pinot grigio che affina quasi esclusivamente in acciaio, che colpisce al naso per la nitidezza degli aromi di fiori e agrumi, mentre in bocca appare pieno e di buona larghezza, per un finale rinfrescato da note di erbe officinali. Grüner Veltliner e Müller Thurgau invece appaiono più sottili e nervosi.

○ Caruess Weiß '15	🍷🍷🍷 3*
○ A. A. Valle Isarco Grüner Veltliner Gail Fuass '15	🍷🍷 3
○ A. A. Valle Isarco Müller Thurgau '15	🍷🍷 3
○ A. A. Valle Isarco Riesling Viel Anders '08	YYY 3*
○ A. A. Valle Isarco Veltliner '11	YYY 3*
○ A. A. Valle Isarco Müller Thurgau '14	YY 3
○ A. A. Valle Isarco Müller Thurgau '13	YY 3
○ A. A. Valle Isarco Riesling Viel Anders '14	YY 3*
○ A. A. Valle Isarco Riesling Viel Anders '13	YY 3
○ A. A. Valle Isarco Veltliner Gail Fuass '14	YY 3
○ A. A. Valle Isarco Veltliner Gail Fuass '13	YY 3
○ A. A. Valle Isarco Veltliner Gail Fuass '12	YY 3*
○ Caruess Weiß '14	YY 3
○ Caruess Weiß '13	YY 3

Tenuta Hans Rottensteiner

fraz. Gries
via Sarentino, 1a
39100 Bolzano/Bozen
Tel. 0471282015
www.rottensteiner-weine.com

VENDITA DIRETTA
VISITA SU PRENOTAZIONE
PRODUZIONE ANNUA 450.000 bottiglie
ETTARI VITATI 95,00

Rottensteiner è uno dei nomi storici del vino atesino, un'azienda a guida familiare attiva da più di cinquant'anni nella zona nordoccidentale del capoluogo. Fin dal debutto di questa realtà ha basato la sua produzione sulle uve provenienti dai vigneti di proprietà e su quelle di una sessantina di viticoltori che conferiscono le uve in azienda, per una produzione strutturata su tre linee, la Classic destinata ai vini varietali, la Cru per la valorizzazione delle più belle esposizioni e infine la Select per i vini più ambiziosi. Convincente l'assaggio del Sylvaner proveniente dai vigneti della Valle Isarco. Al naso il vino si concede con lentezza, prima la mela Golden, poi le sottili note floreali, infine una tipica e grintosa nota affumicata. In bocca non colpisce per la ricchezza del sorso quanto per la sua armonia, risultando sapido e dotato di un buon allungo. Pinot Bianco Carnol e Gewürztraminer Cancenai esaltano invece l'espressione varietale del vitigno, mentre il Lagrein Select Riserva è ricco ed equilibrato.

○ A. A. Gewürztraminer Cancenai '15	🍷🍷 4
● A. A. Lagrein Grieser Select Ris. '13	🍷🍷 5
○ A. A. Pinot Bianco Carnol '15	🍷🍷 3
○ A. A. Valle Isarco Sylvaner '15	🍷🍷 2*
● Prem '15	🍷🍷 3
○ A. A. Chardonnay '15	🍷 2
⊙ A. A. Lagrein Rosato '15	🍷 2
○ A. A. Müller Thurgau '15	🍷 2
● A. A. Pinot Nero Select Ris. '13	🍷 5
● A. A. Santa Maddalena Cl. Premstallerhof '15	🍷 2
○ A. A. Sauvignon '15	🍷 3
● A. A. Schiava Kristplonerhof '15	🍷 2
● A. A. Lagrein Ris. '02	YYY 2*
○ A. A. Pinot Grigio '14	YY 2*
● A. A. Santa Maddalena Cl. Premstallerhof '14	YY 2*

★★Cantina Produttori San Michele Appiano

via Circonvallazione, 17/19
39057 Appiano/Eppan [BZ]
Tel. 0471664466
www.stmichael.it

VENDITA DIRETTA
VISITA SU PRENOTAZIONE
PRODUZIONE ANNUA 2.200.000 bottiglie
ETTARI VITATI 380,00

La Cantina di San Michele Appiano è un punto fermo per qualsiasi appassionato di vino, una realtà che ha contribuito in maniera determinante all'affermazione dei vini altoatesini negli ultimi vent'anni. Al timone, oggi come allora, Hans Terzer, kellermeister di indubbia competenza tecnica, capace di intuizioni e conoscenza del territorio che ogni anno si traducono in una gamma di vini che associano le qualità alla personalità. Frutto di vigneti di Appiano Monte che si estendono fino ai 600 metri di altitudine, il Pinot Grigio Sanct Valentin affina in piccole botti di rovere per circa un anno per donarsi oggi intenso nelle note di fiori freschi e pera, con il rovere che appare sullo sfondo e ne allarga lo spettro. Bocca ricca, avvolgente e di grande sapidità, per un sorso pieno e appagante. Il Sauvigon dell'omonima linea è il consueto campione di razza, mentre segnaliamo l'ottima prova dello Chardonnay.

○ A. A. Pinot Grigio St. Valentin '14	🍷🍷🍷	5
○ A. A. Chardonnay Sanct Valentin '14	🍷🍷	6
● A. A. Pinot Nero Sanct Valentin '13	🍷🍷	5
○ A. A. Sauvignon Sanct Valentin '15	🍷🍷	6
○ A. A. Gewürztraminer Passito Comtess' Sanct Valentin '13	▼▼	7
○ A. A. Gewürztraminer Sanct Valentin '15	▼▼	6
○ A. A. Pinot Bianco Sanct Valentin '15	▼▼	6
○ A. A. Pinot Bianco Schulthauser '15	▼▼	4
○ A. A. Sauvignon Lahn '15	▼▼	5
○ A. A. Pinot Grigio Anger '15	▼	4
○ A. A. Riesling Montiggl '15	▼	5
○ A. A. Pinot Bianco St. Valentin '13	▽▽▽	5
○ A. A. Pinot Bianco St. Valentin '11	▽▽▽	5
○ A. A. Pinot Grigio Anger '11	▽▽▽	3*
○ A. A. Sauvignon St. Valentin '13	▽▽▽	5

Cantina Produttori San Paolo

loc. San Paolo
via Castel Guardia, 21
39050 Appiano/Eppan [BZ]
Tel. 0471662183
www.kellereistpauls.com

VENDITA DIRETTA
VISITA SU PRENOTAZIONE
PRODUZIONE ANNUA 1.200.000 bottiglie
ETTARI VITATI 175,00
AZIENDA SOSTENIBILE

La Cantina di San Paolo è una delle più antiche della provincia, attiva ormai da 110 anni. I soci, con il passare del tempo, sono divenuti più di duecento e coltivano vigneti che si estendono soprattutto Oltradige per circa 170 ettari. In cantina Wolfgang Tratter elabora le uve dei soci in una produzione suddivisa su due linee, la St. Paulus dedicata ai vini varietali più semplici, e la Passion, che invece ricerca la massima espressione del binomio territorio vitigno. Sono proprio due vini di questa linea i più convincenti, il Pinot Bianco Riserva e il Sauvignon. Il primo proviene da vigneti molto vecchi e affina per un anno e mezzo in grandi botti di rovere. Al naso si colgono accanto alle note di pera sfumature agrumate e di erbe fini, mentre in bocca il vino si fa apprezzare per la consistenza del sorso. Più giocato sull'intensità aromatica il secondo, ricco di profumi esotici e di liquirizia che al palato ritroviamo perfettamente espressi.

○ A. A. Pinot Bianco Passion Ris. '14	🍷🍷	5
○ A. A. Sauvignon Passion '15	🍷🍷	5
○ A. A. Gewürztraminer Kössler '15	▼▼	3
○ A. A. Gewürztraminer Passion '15	▼▼	5
● A. A. Lagrein Passion Ris. '14	▼▼	5
○ A. A. Pinot Grigio '15	▼▼	3
● A. A. Pinot Nero Passion Ris. '14	▼▼	5
○ A. A. Riesling '15	▼▼	3
○ A. A. Sauvignon Kössler '15	▼▼	2*
● A. A. Merlot Passion Ris. '13	▼	7
○ A. A. Pinot Bianco Kössler '15	▼	2
○ A. A. Pinot Bianco Plötzner '15	▼	3
○ A. A. Pinot Grigio Kössler '15	▼	2
○ A. A. Sauvignon Gfill '15	▼	3
○ A. A. Pinot Bianco Passion '09	▽▽▽	4
○ A. A. Pinot Bianco Passion Ris. '11	▽▽▽	4*

Peter Sölva & Söhne

via dell'Oro, 33
39052 Caldaro/Kaltern [BZ]
Tel. 0471964650
www.soelva.com

VENDITA DIRETTA
VISITA SU PRENOTAZIONE
PRODUZIONE ANNUA 75.000 bottiglie
ETTARI VITATI 12,00

I vigneti dell'azienda della famiglia Sölva si sviluppano nelle zone della Bassa Atesina e Oltradige, dove il calore si fa sentire più marcatamente, trasmettendo ricchezza e maturità ai vini. Una dozzina di ettari di vigneto costituiscono un importante punto di partenza per i vini di via dell'Oro, che vengono proposti in tre interpretazioni differenti. Se per la linea Vigneti l'idea è quella di uno stile fragrante e ben leggibile, Amistar e DeSilva invece propongono una lettura più articolata e personale del territorio e delle sue tradizioni. Proprio da queste due linee giungono i risultati più convincenti, a partire da un Sauvignon DeSilva che gioca con le note più verdi e intense del vitigno, per poi sviluppare il sorso su un binario di ricchezza e agilità. L'Amistar Rosso è un taglio bordolese impreziosito dalla presenza del lagrein con una piccola percentuale di uve raccolte in surmaturazione. Al naso il frutto appare maturo e polposo, mentre in bocca il vino è potente e di buona armonia.

Vino	
● Amistar Rosso '13	🍷🍷 5
● A. A. Lago di Caldaro Cl. Sup. Peterleiten DeSilva '15	🍷🍷 4
○ Amistar Bianco '14	🍷🍷 6
● A. A. Lago di Caldaro Scelto Cl. Sup. Peterleiten DeSilva '15	🍷 2
○ A. A. Terlano Pinot Bianco DeSilva '15	🍷 3
○ A. A. Terlano Pinot Bianco DeSilva '10	🍷🍷🍷 3
○ A. A. Terlano Pinot Bianco DeSilva '09	🍷🍷🍷 3
● A. A. Lago di Caldaro Scelto Cl. Sup. Peterleiten '14	🍷🍷 2*
○ A. A. Pinot Bianco DeSilva '14	🍷🍷 4
○ A. A. Pinot Bianco DeSilva '13	🍷🍷 4
○ Amistar Bianco '12	🍷🍷 4
● Amistar Rosso '12	🍷🍷 5

Stachlburg - Baron von Kripp

via Mitterhofer, 2
39020 Parcines/Partschins [BZ]
Tel. 0473968014
www.stachlburg.com

VENDITA DIRETTA
VISITA SU PRENOTAZIONE
PRODUZIONE ANNUA 30.000 bottiglie
ETTARI VITATI 7,00
VITICOLTURA Biologico Certificato

Nel panorama dell'Alto Adige, la Val Venosta è una zona che offre una quadro originale della viticoltura. Si insinua a est di Merano e rapidamente i vigneti raggiungono altitudini elevate. Qui le precipitazioni sono poche e unite a temperature elevate permettono la produzione di vini ricchi di fascino. In questo contesto opera Stachlburg, l'azienda del Barone Sigmund von Kripp, forte di vigne coltivate in regime biologico che si estendono per sette ettari. Vitigno poco presente in questa zona, il Pinot Nero di casa Kripp è sempre uno dei più convincenti. Al primo impatto colpisce la presenza del rovere, che con grande velocità lascia spazio alle note di frutti di bosco e spezie, rivelando una freschezza quasi inaspettata. In bocca si distende con grazia e leggerezza, per un lungo e sapido finale. Convincente anche la prova del Merlot, giocato più sull'immediatezza del frutto e la generosità del sorso. Il Sauvignon invece è ricco, succoso e di grande progressione.

● A. A. Pinot Nero '13	🍷🍷 3*
● A. A. Merlot '13	🍷🍷 4
○ A. A. Terlano Sauvignon '15	🍷🍷 4
○ A. A. Val Venosta Chardonnay '15	🍷🍷 3
● A. A. Lagrein '15	🍷 3
⊙ A. A. Lagrein Kretzer '15	🍷 2
○ A. A. Pinot Grigio '15	🍷 2
○ A. A. Val Venosta Pinot Bianco '15	🍷 3
● Le Petit Passito '15	🍷 2
○ Praesepium Bianco '13	🍷 3
○ A. A. Valle Venosta Pinot Bianco '13	🍷🍷🍷 3*
○ A. A. Valle Venosta Pinot Bianco '10	🍷🍷🍷 3*
● A. A. Merlot '12	🍷🍷 4
○ A. A. Terlano Sauvignon '14	🍷🍷 4
○ A. A. Valle Venosta Chardonnay '14	🍷🍷 3

Strasserhof Hannes Baumgartner

FRAZ. NOVACELLA
LOC. UNTERRAIN, 8
39040 VARNA/VAHRN [BZ]
TEL. 0472830804
www.strasserhof.info

VENDITA DIRETTA
VISITA SU PRENOTAZIONE
OSPITALITÀ
PRODUZIONE ANNUA 45.000 bottiglie
ETTARI VITATI 5,50

Collocato sulla sinistra orografica dell'Isarco, il maso di Hannes Baumgarner si trova a 700 metri di altitudine, in posizione quasi dominante l'Abbazia di Novacella, adagiato su una sorta di altopiano che permette ai vigneti di orientarsi verso sud est. Circa cinque ettari di vigneti che sono dedicati quasi completamente alle varietà tipiche della vallata, figlie di un suolo ricco di minerali che esalta l'aromaticità dei vitigni. In cantina quasi esclusivamente acciaio per una produzione solida e raffinata. Grande sensibilità di Hannes nel lavorare con il riesling, come testimonia l'assaggio del 2015. I profumi spaziano dal frutto bianco ai fiori, lasciando via via spazio a note speziate che ricordano il pepe bianco. In bocca la buona concentrazione è contrastata da un'acidità sapida e incisiva. Più aperto e disponibile nei profumi il Grüner Veltliner, ai cui profumi fa eco un sorso di grande solidità e grinta. Segnaliamo infine l'ottima prova dei due Sylvaner.

○ A. A. Valle Isarco Grüner Veltliner '15	🍷🍷	3*
○ A. A. Valle Isarco Riesling '15	🍷🍷	4
○ A. A. Valle Isarco Kerner '15	🍷🍷	3
○ A. A. Valle Isarco Sylvaner '15	🍷🍷	3
○ A. A. Valle Isarco Sylvaner Anjo '15	🍷🍷	4
○ A. A. Valle Isarco Gewürztraminer '15	🍷	4
○ A. A. Valle Isarco Müller Thurgau '15	🍷	3
○ A. A. Valle Isarco Riesling '12	🍷🍷🍷	3*
○ A. A. Valle Isarco Riesling '11	🍷🍷🍷	3*
○ A. A. Valle Isarco Veltliner '10	🍷🍷🍷	3*
○ A. A. Valle Isarco Veltliner '09	🍷🍷🍷	3*
○ A. A. Valle Isarco Kerner '14	🍷🍷	3
○ A. A. Valle Isarco Müller Thurgau '14	🍷🍷	3
○ A. A. Valle Isarco Riesling '14	🍷🍷	4
○ A. A. Valle Isarco Sylvaner '14	🍷🍷	3*

Stroblhof

LOC. SAN MICHELE
VIA PIGANÒ, 25
39057 APPIANO/EPPAN [BZ]
TEL. 0471662250
www.stroblhof.it

VENDITA DIRETTA
VISITA SU PRENOTAZIONE
PRODUZIONE ANNUA 40.000 bottiglie
ETTARI VITATI 5,20

Stroblhof è una bella realtà condotta da Rosmarie Hanny e Andreas Nicolussi-Leck ad Appiano, poco più di cinque ettari che si distribuiscono sul fianco dei monti che conducono alla Mendola. Qui, a cinquecento metri di altitudine, i vigneti sono dedicati alle classiche uve atesine, con grande attenzione per pinot nero e bianco, chardonnay e sauvignon, declinati con uno stile che accanto all'espressione tipica dei vitigni ricerca il legame con il territorio. Il Pinot Nero Pigeno matura un anno in rovere prima di donarsi intensamente profumato di piccoli frutti di bosco ed erbe aromatiche, conquista il palato per pienezza e cremosità, risultando armonioso e lungo. Il Pinot Bianco Strahler appare inizialmente chiuso e restio a concedere i suoi profumi, per poi liberarsi in un sorso succoso e di grande agilità, che conduce a un finale asciutto, sapido e molto lungo. Giocato sull'intensità aromatica e sulla beva scattante il Sauvignon Nico.

○ A. A. Pinot Bianco Strahler '15	🍷🍷	3
● A. A. Pinot Nero Pigeno '13	🍷🍷	5
○ A. A. Sauvignon Nico '15	🍷🍷	4
○ A. A. Chardonnay Schwarzhaus '15	🍷	3
○ A. A. Pinot Bianco Strahler '09	🍷🍷🍷	3*
● A. A. Pinot Nero Ris. '05	🍷🍷🍷	5
○ A. A. Chardonnay Schwarzhaus '13	🍷🍷	3
○ A. A. Chardonnay Schwarzhaus '12	🍷🍷	3
○ A. A. Pinot Bianco Strahler '14	🍷🍷	3
○ A. A. Pinot Bianco Strahler '13	🍷🍷	3
○ A. A. Pinot Bianco Strahler '12	🍷🍷	3
● A. A. Pinot Nero Pigeno '12	🍷🍷	5
● A. A. Pinot Nero Ris. '11	🍷🍷	6
⊙ A. A. Pinot Nero Rosato Pinot Rosé '13	🍷🍷	3
● Pinot Nero Ris. '12	🍷🍷	6

Taschlerhof - Peter Wachtler

Loc. Mara, 107
39042 Bressanone/Brixen [BZ]
Tel. 0472851091
www.taschlerhof.com

VENDITA DIRETTA
VISITA SU PRENOTAZIONE
PRODUZIONE ANNUA 30.000 bottiglie
ETTARI VITATI 4,20

L'azienda di Peter Watchler si trova adagiata sui pendii del versante occidentale della Valle Isarco, alle porte di Bressanone. Pendii fortemente scoscesi, che permettono alle uve di godere di tutta l'insolazione che la prima parte della giornata può offrire, perennemente accarezzati dalle brezze che giungono dalle Dolomiti. Solo varietà a bacca bianca, con particolare attenzione ai vitigni che meglio rappresentano questa vallata, riesling, kerner e sylvaner. Ben due vini di casa Taschler alle nostre finali, Riesling e Sylvaner. Il primo si mette in luce per la profondità dei suoi aromi, con il frutto bianco che abbraccia note di agrumi e fiori freschi. In bocca insegue l'equilibrio tra il residuo zuccherino e la tagliente acidità che ne allunga la beva. Il secondo invece appare più chiuso al naso, affumicato, per poi lasciar emergere nitida la sensazione fruttata. In bocca è particolarmente sapido e grintoso.

Vino	Bicchieri	Prezzo
○ A. A. Valle Isarco Sylvaner '15	🍷🍷🍷 (rossi)	3*
○ A. A. Valle Isarco Riesling '15	🍷🍷 (rossi)	4
○ A. A. Valle Isarco Kerner '15	🍷🍷	4
○ A. A. Valle Isarco Sylvaner Lahner '14	🍷🍷	4
○ A. A. Valle Isarco Riesling '14	ΥΥΥ	4*
○ A. A. Valle Isarco Kerner '14	ΥΥ	4
○ A. A. Valle Isarco Kerner '13	ΥΥ	3
○ A. A. Valle Isarco Kerner '12	ΥΥ	3*
○ A. A. Valle Isarco Riesling '13	ΥΥ	4
○ A. A. Valle Isarco Sylvaner '14	ΥΥ	3*
○ A. A. Valle Isarco Sylvaner '13	ΥΥ	3*
○ A. A. Valle Isarco Sylvaner '12	ΥΥ	3
○ A. A. Valle Isarco Sylvaner Lahner '13	ΥΥ	4
○ A. A. Valle Isarco Sylvaner Lahner '12	ΥΥ	4
○ A. A. Valle Isarco Veltliner '14	ΥΥ	3*

★Tenute Alois Lageder

Loc. Tòr Löwengang
v.lo dei Conti, 9
39040 Magrè/Margreid [BZ]
Tel. 0471809500
www.aloislageder.eu

VENDITA DIRETTA
VISITA SU PRENOTAZIONE
RISTORAZIONE
PRODUZIONE ANNUA 1.500.000 bottiglie
ETTARI VITATI 160,00
VITICOLTURA Biodinamico Certificato
AZIENDA SOSTENIBILE

L'azienda della famiglia Lageder è una delle maggiormente estese nel territorio atesino eppure, nonostante i numeri siano importanti, si ha sempre la sensazione di essere in una piccola realtà contadina. Pioniere della biodinamica in questo territorio, conduce 50 ettari di vigneti secondo questa filosofia e, consapevole del ruolo fondamentale dell'uomo nella gestione e tutela dell'ambiente, ha coinvolto in questo percorso molti dei viticoltori che conferiscono le uve in azienda. Come sempre ampia la gamma proposta dall'azienda di Magrè, con una batteria di vini di ottimo livello. In cima alle nostre preferenze ancora una volta i due Löwengang, Cabernet e Chardonnay. Il primo, frutto della vendemmia 2012, si porge al naso con la finezza delle erbe aromatiche e dei frutti rossi, per poi lasciar spazio a ricordi minerali e di spezie. In bocca è elegante e di bella lunghezza. Ricco, potente e asciutto lo Chardonnay, dotato di sapidità e armonia, dal lunghissimo finale. Tre Bicchieri.

Vino	Bicchieri	Prezzo
○ A. A. Chardonnay Löwengang '13	🍷🍷🍷 (rossi)	6
● A. A. Cabernet Löwengang '12	🍷🍷 (rossi)	7
○ A. A. Gewürztraminer Am Sand '14	🍷🍷	5
● A. A. Merlot '13	🍷🍷	3
● A. A. Pinot Nero Krafuss '12	🍷🍷	6
○ A. A. Sauvignon Lehen '14	🍷🍷	5
● Casòn '13	🍷🍷	6
○ Casòn Hirschprunn '13	🍷🍷	5
○ A. A. Riesling Rain '15	🍷	4
○ Forra '14	🍷	3
● A. A. Cabernet Löwengang '10	ΥΥΥ	7
● A. A. Cabernet Löwengang '07	ΥΥΥ	6
● A. A. Cabernet Sauvignon Cor Römigberg '11	ΥΥΥ	7
● A. A. Cabernet Sauvignon Cor Römigberg '08	ΥΥΥ	7

★★Cantina Terlano

via Silberleiten, 7
39018 Terlano/Terlan [BZ]
Tel. 0471257135
www.cantina-terlano.com

VENDITA DIRETTA
VISITA SU PRENOTAZIONE
PRODUZIONE ANNUA 1.000.000 bottiglie
ETTARI VITATI 165,00

La Cantina di Terlano, fondata alla fine del 1800, è espressione del lavoro di circa 150 soci che gestiscono piccoli appezzamenti nei dintorni del paese. I vigneti si distribuiscono soprattutto sul versante che guarda a sud ovest, sul fianco del monte Zoccolo, che con il suo porfido rosso dona carattere e mineralità ai vini di queste terre. Oggi, sotto la guida tecnica del kellermeister Rudi Kofler, l'azienda lavora prevalentemente uve bianche, per una produzione che viene proposta anche dopo lunghi affinamenti in cantina. Il Nova Domus è un blend di pinot bianco e chardonnay con uno spruzzo di sauvignon che affina in botti di varia pezzatura per offrire oggi al naso profumi intensi e raffinati, dominati dalla presenza di frutto bianco e fiori, lasciando solo sullo sfondo il rovere. In bocca coniuga potenza e tensione, risultando lungo e di succosa bevibilità. Più grintosa e profonda la Riserva Vorberg, mentre segnaliamo ancora una volta la magistrale prova del Pinot Bianco Rarità, un vino che attraversa gli anni con impressionante integrità.

○ A. A. Terlano Nova Domus Ris. '13	🍷🍷🍷	6
● A. A. Merlot Gant Andriano Ris. '13	🍷🍷	4
○ A. A. Pinot Bianco Rarità '04	🍷🍷	8
○ A. A. Terlano Pinot Bianco Vorberg Ris. '13	🍷🍷	5
○ A. A. Terlano Sauvignon Quarz '14	🍷🍷	6
○ A. A. Gewürztraminer Lunare '14	🍷🍷	6
○ A. A. Gewürztraminer Movado Andriano '14	🍷🍷	5
● A. A. Lagrein Andriano Tor di Lupo Ris. '13	🍷🍷	4
● A. A. Lagrein Porphyr Ris. '13	🍷🍷	6
○ A. A. Pinot Bianco '15	🍷🍷	2*
○ A. A. Pinot Bianco Finado Andriano '15	🍷🍷	2*
● A. A. Pinot Nero Anrar Ris. '13	🍷🍷	5
● A. A. Pinot Nero Montigl Ris. '13	🍷🍷	5
○ A. A. Terlaner Cl. '15	🍷🍷	3
○ A. A. Terlano Sauvignon Winkl '15	🍷🍷	3
○ A. A. Terlano Nova Domus Ris. '12	🍷🍷🍷	6

Tiefenbrunner

fraz. Niclara
via Castello, 4
39040 Cortaccia/Kurtatsch [BZ]
Tel. 0471880122
www.tiefenbrunner.com

VENDITA DIRETTA
VISITA SU PRENOTAZIONE
RISTORAZIONE
PRODUZIONE ANNUA 800.000 bottiglie
ETTARI VITATI 25,00

Il territorio della Bassa Atesina offre una gran parte di vigneti di fondovalle, al tempo stesso però giunge anche ai vigneti più alti della denominazione, con terreni che superano anche i mille metri di altitudine. Qui, da secoli, opera la famiglia Tiefenbrunner, 25 ettari di proprietà cui se ne aggiungono altri 40 gestiti da viticoltori della zona. Nelle storiche cantine di Niclara vedono la luce vini di ottima espressione varietale, cui si aggiungono selezioni di grande carattere e longevità. Dai vigneti più alti della proprietà giungono le uve per il vino più conosciuto, il Feldmarschall von Fenner, un Müller Thurgau che si impone per la profondità dei suoi aromi, con il frutto esotico attraversato da note di spezie e accenni minerali. In bocca riesce a coniugare potenza e tensione, risultando lungo e succoso. Molto buona anche la Riserva Linticlarus, un blend di merlot e cabernet che dona al naso profumi di frutto maturo e sorso energico e pieno.

● A. A. Cabernet - Merlot Linticlarus Ris. '13	🍷🍷	6
○ A. A. Müller Thurgau Feldmarschall von Fenner '14	🍷🍷	4
○ A. A. Chardonnay Linticlarus Ris. '13	🍷🍷	5
○ A. A. Chardonnay Turmhof '15	🍷🍷	3
○ A. A. Gewürztraminer Castel Turmhof '15	🍷🍷	5
○ A. A. Gewürztraminer Linticlarus V.T. '12	🍷🍷	6
● A. A. Lagrein Linticlarus Ris. '13	🍷🍷	5
○ A. A. Pinot Bianco Anna Turmhof '15	🍷🍷	3
○ A. A. Pinot Grigio Turmhof '15	🍷🍷	3
● A. A. Pinot Nero Linticlarus Ris. '13	🍷🍷	6
○ A. A. Sauvignon Turmhof '15	🍷🍷	4
○ A. A. Müller Thurgau Feldmarschall von Fenner zu Fennberg '13	🍷🍷🍷	5
○ A. A. Müller Thurgau Feldmarschall von Fenner zu Fennberg '12	🍷🍷🍷	5

★★Cantina Tramin

S.da del Vino, 144
39040 Termeno/Tramin [BZ]
Tel. 0471096633
www.cantinatramin.it

VENDITA DIRETTA
VISITA SU PRENOTAZIONE
PRODUZIONE ANNUA 1.500.000 bottiglie
ETTARI VITATI 250,00

La grande struttura cooperativa di Termeno gestisce per mano dei suoi 300 soci circa 250 ettari di vigneti che si distribuiscono quasi completamente nel territorio della Bassa Atesina, fra i villaggi di Termeno, Ora, Egna e Montagna. Grande attenzione al vigneto, con un percorso di rispetto per l'ambiente che ha portato a convertire al regime biologico e biodinamico una parte dei vigneti, lavorando per allargare a tutta la base questa cultura. In cantina Willy Sturz esalta le espressioni dei migliori vigneti in una gamma di vini di grande personalità. Ancora una volta spetta al Gewürztraminer il ruolo di protagonista alla Cantina Tramin, con una batteria di vini dedicati a questo vitigno pressoché imbattibile. Su tutti il Nussbaumer che, grazie al maggior invecchiamento in cantina, ha perso un pizzico della sua esuberanza per donarsi oggi più compassato e profondo, capace di conquistare il palato con deciso e grazia al tempo stesso. Il Terminum invece rimane legato all'esplosività aromatica del vitigno, facendo della misura e dell'armonia il suo punto di forza.

○ A. A. Gewürztraminer Nussbaumer '14	🍷🍷🍷 5
○ A. A. Gewürztraminer Passito Terminum V. T. '12	🍷🍷 7
○ A. A. Pinot Bianco Moriz '15	🍷🍷 2*
○ A. A. Pinot Grigio Unterebnerhof '14	🍷🍷 4
○ A. A. Gewürztraminer Roen V. T. '14	🍷🍷 5
○ A. A. Gewürztraminer Selida '15	🍷🍷 3
● A. A. Lagrein Urban '14	🍷🍷 5
● A. A. Pinot Nero Maglen Ris. '13	🍷🍷 5
○ A. A. Sauvignon Pepi '15	🍷🍷 4
● A. A. Schiava Freisinger '15	🍷🍷 3
○ A. A. Stoan '14	🍷🍷 4
○ A. A. Chardonnay '15	🍷 2
○ A. A. Gewürztraminer Nussbaumer '13	🍷🍷🍷 5
○ A. A. Gewürztraminer Nussbaumer '12	🍷🍷🍷 5
○ A. A. Gewürztraminer Nussbaumer '11	🍷🍷🍷 5

★Tenuta Unterortl Castel Juval

loc. Juval, 1b
39020 Castelbello Ciardes/Kastelbell Tschars [BZ]
Tel. 0473667580
www.unterortl.it

VENDITA DIRETTA
VISITA SU PRENOTAZIONE
PRODUZIONE ANNUA 33.000 bottiglie
ETTARI VITATI 4,00

All'imbocco della Val Senales, guardando il versante occidentale, si individuano una manciata di vigneti perfettamente esposti a sud e aggrappati a un terreno fortemente scosceso. Sono i vigneti di Martin e Gisela Aurich, piantati con densità molto alte e dedicati quasi esclusivamente alle varietà a bacca bianca, riesling su tutte ma anche pinot bianco e müller, con una piccola presenza di uve a bacca rossa che completano il quadro. Altitudini che superano gli 800 metri per una produzione di grande finezza. Il riesling è comunque il vitigno più importante della tenuta, con ben tre etichette dedicate all'affilato bianco. Il Windbichel è il consueto vino di razza che, nonostante la difficile vendemmia 2014, porge al naso intense note di frutto bianco e fiori, con una sottile ma decisa nota minerale che spinge per emergere. In bocca è solido e di grande tensione. Alla sua prima uscita colpisce l'Unterortl che invece sfrutta la felice vendemmia 2015 per esaltare la sua finezza aromatica e il sorso energico e grintoso. Tre Bicchieri.

○ A. A. Val Venosta Riesling Unterortl '15	🍷🍷🍷 4*
○ A. A. Val Venosta Riesling Windbichel '14	🍷🍷 5
○ A. A. Val Venosta Müller Thurgau '15	🍷🍷 3
○ A. A. Val Venosta Pinot Bianco '15	🍷🍷 2*
○ A. A. Val Venosta Riesling Gletscherschliff '15	🍷🍷 4
● A. A. Val Venosta Pinot Nero '14	🍷 5
○ A. A. Val Venosta Pinot Bianco Castel Juval '12	🍷🍷🍷 3*
○ A. A. Val Venosta Riesling '10	🍷🍷🍷 4
○ A. A. Val Venosta Riesling '09	🍷🍷🍷 4
○ A. A. Val Venosta Riesling Castel Juval '11	🍷🍷🍷 4*
○ A. A. Valle Venosta Pinot Bianco Castel Juval '13	🍷🍷🍷 3*
○ A. A. Valle Venosta Riesling '14	🍷🍷🍷 4*

Cantina Produttori Valle Isarco

via Coste, 50
39043 Chiusa/Klausen [BZ]
Tel. 0472847553
www.cantinavalleisarco.it

VENDITA DIRETTA
VISITA SU PRENOTAZIONE
PRODUZIONE ANNUA 750.000 bottiglie
ETTARI VITATI 140,00

La Cantina Produttori della Valle Isarco è la struttura cooperativa più piccola della provincia, con più di 130 soci che lavorano mediamente un ettaro a testa. Vigneti spesso impervi che si dipanano sui due versanti della vallata, con una produzione decisamente impostata sulle varietà a bacca bianca che in questo angolo di Alto Adige esaltano la loro aromaticità. La produzione è naturalmente strutturata su più linee di importanza, con il gioiello del vigneto di Sabiona dedicato solo a sylvaner e kerner. È il Sylvaner Aristos il campione di casa quest'anno, un bianco che al naso lascia emergere lentamente i suoi profumi di pera, affumicati e quasi salmastri, che in bocca rivela una sapidità sbalorditiva che spinge il vino verso un finale lungo che permette di conquistare i Tre Bicchieri. L'ottima annata 2015 ha permesso anche al Pinot Grigio della medesima linea di mettersi in mostra, ricco nei profumi fruttati, colpisce per la solidità e la progressione del sorso.

○ A. A. Valle Isarco Sylvaner Aristos '15	🍷🍷🍷	4*
○ A. A. Valle Isarco Pinot Grigio Aristos '15	🍷🍷	4
○ A. A. Sauvignon Aristos '15	🍷🍷	3
○ A. A. Valle Isarco Gewürztraminer Passito Nectaris '14	🍷🍷	6
○ A. A. Valle Isarco Grüner Veltliner Aristos '15	🍷🍷	4
○ A. A. Valle Isarco Kerner Aristos '15	🍷🍷	4
○ A. A. Valle Isarco Kerner Sabiona '14	🍷🍷	5
○ A. A. Valle Isarco Müller Thurgau Aristos '15	🍷🍷	3
○ A. A. Valle Isarco Sylvaner Sabiona '14	🍷🍷	5
○ A. A. Valle Isarco Gewürztraminer Aristos '15	🍷	4
○ A. A. Valle Isarco Kerner Aristos '05	YYY	3*
○ A. A. Valle Isarco Veltliner Aristos '03	YYY	3*
○ A. A. Valle Isarco Sylvaner Aristos '14	YY	4

Vivaldi - Arunda

via Josef-Schwarz, 18
39010 Meltina/Mölten [BZ]
Tel. 0471668033
www.arundavivaldi.it

VENDITA DIRETTA
VISITA SU PRENOTAZIONE
PRODUZIONE ANNUA 90.000 bottiglie
ETTARI VITATI 12,00

La cantina di Josef Reiterer si trova a Meltina, non molto distante da Terlano ma a un'altitudine di ben 1200 metri. Qui Sepp e la moglie Marianne si dedicano alla produzione di spumanti Metodo Classico dalla fine degli anni Settanta, praticamente veri e propri pionieri della spumantistica atesina. Le basi giungono da zone e viticoltori differenti, che vengono selezionati per esaltare la finezza che ogni uva raggiunge nel suo territorio d'elezione. Chardonnay a Terlano, pinot nero a Salorno e naturalmente pinot bianco ad Appiano. Il Blanc de Blancs è uno Chardonnay in purezza che prima della presa di spuma affina in barrique. Al naso dona profumi di frutta gialla matura impreziosita dalle sfumature di rovere appena accennate. In bocca è ricco e sapido, dotato di un sorso lungo e raffinato. La Cuvée Marianna invece è un blend di chardonnay con un saldo di pinot nero che si fa apprezzare per l'ampiezza dei profumi e la generosità della beva.

○ A. A. Spumante Blanc de Blancs Arunda Extra Brut	🍷🍷	5
⊙ A. A. Spumante Brut Rosé Arunda	🍷🍷	5
○ A. A. Spumante Extra Brut Cuvée Marianna Arunda	🍷🍷	5
○ A. A. Spumante Extra Brut Arunda	🍷	5
○ A. A. Spumante Extra Brut Arunda Ris. '10	🍷	5
○ A. A. Spumante Arunda Ris. '08	YY	5
○ A. A. Spumante Arunda Ris. '07	YY	5
○ A. A. Spumante Extra Brut Arunda Ris. '09	YY	5
○ A. A. Spumante Extra Brut Ris. '08	YY	5

★★Elena Walch

via A. Hofer, 1
39040 Termeno/Tramin [BZ]
Tel. 0471860172
www.elenawalch.com

VENDITA DIRETTA
VISITA SU PRENOTAZIONE
RISTORAZIONE
PRODUZIONE ANNUA 500.000 bottiglie
ETTARI VITATI 33,00

Entrando nel giardino dell'azienda di Elena Walch si ha la sensazione che nulla sia cambiato, ma sotto il prato e il piazzale è stata rifatta e ampliata la vecchia cantina. Dopo aver investito moltissimo sulla valorizzazione dei vigneti, il processo ha interessato la cantina e dalla vendemmia 2015 le lavorazioni avvengono con un rispetto per l'uva ancor più spinto. Grande il patrimonio viticolo, con i gioielli della vigna di Kastelaz che si estende per 5 ettari e quella di Castel Ringberg per una ventina. Batteria inappuntabile quella proposta dall'azienda di via Hofer, con ben tre vini presenti nelle nostre finali. Il Gewürztraminer Vigna Kastelaz si presenta con tutta l'esuberanza del vitigno, intensamente profumato di agrumi e frutti esotici che ritroviamo in un palato ricco, sapido e di grande persistenza. Più scontroso nell'espressione aromatica il Lagrein Vigna Castel Ringberg, mentre in bocca riesce a coniugare potenza e agilità. Il Beyond the Clouds offre profumi stratificati e una beva sapida e raffinata.

Vino	Bicchieri	Prezzo
○ A. A. Bianco Beyond the Clouds '14	🍷🍷 (rossi)	6
○ A. A. Gewürztraminer V. Kastelaz '15	🍷🍷 (rossi)	5
● A. A. Lagrein V. Castel Ringberg Ris. '12	🍷🍷 (rossi)	5
● A. A. Cabernet Sauvignon V. Castel Ringberg '13	🍷🍷	8
○ A. A. Chardonnay V. Castel Ringberg '13	🍷🍷	7
● A. A. Merlot V. Kastelaz Ris. '13	🍷🍷	6
○ A. A. Pinot Bianco Kristallberg '15	🍷🍷	4
○ A. A. Pinot Grigio V. Castel Ringberg '15	🍷🍷	4
● A. A. Pinot Nero Ludwig '13	🍷🍷	5
○ A. A. Sauvignon V. Castel Ringberg '15	🍷🍷	4
● Kermesse '12	🍷🍷	6
○ A. A. Gewürztraminer Kastelaz '13	🍷🍷🍷	5
○ A. A. Gewürztraminer Kastelaz '12	🍷🍷🍷	5
○ A. A. Gewürztraminer Kastelaz '11	🍷🍷🍷	5
● A. A. Lagrein Castel Ringberg Ris. '11	🍷🍷🍷	5

Tenuta Waldgries

loc. Santa Giustina, 2
39100 Bolzano/Bozen
Tel. 0471323603
www.waldgries.it

VENDITA DIRETTA
VISITA SU PRENOTAZIONE
PRODUZIONE ANNUA 65.000 bottiglie
ETTARI VITATI 8,20

L'azienda di Christian Plattner ha una storia antica, come testimonia l'abitazione e la presenza di oggetti che ricordano una viticoltura d'altri tempi. I vigneti, poco meno di una decina di ettari, si distribuiscono su tre territori differenti, ognuno dei quali destinato alle uve che meglio si esaltano in quei siti. Attorno alla cantina i vigneti dedicati alla schiava, soleggiati e mai troppo alti, ad Appiano invece si sfiorano i 600 metri per la produzione dei bianchi ed infine nei pressi di Ora il lagrein gode del suolo alluvionale e argilloso. Tanti i vini convincenti in casa Plattner, con una sensibilità impareggiabile nel gestire l'irruente esuberanza del lagrein. Il Mirell è frutto di vigneti molto vecchi che forniscono uve lavorate poi con lentezza e attenzione in cantina, per un risultato che ha nella finezza e nella misura della potenza i suoi tratti distintivi. Il Roblinus de Waldgries è invece figlio del vigneto Kirschleiten e rivela profondità e concentrazione. Ottimo infine il Santa Maddalena Classico, un vino sapido, scattante e di raffinata beva.

Vino	Bicchieri	Prezzo
● A. A. Lagrein Mirell Ris. '13	🍷🍷 (rossi)	6
● A. A. Lagrein Roblinus de Waldgries Ris. '13	🍷🍷 (rossi)	8
● A. A. Santa Maddalena Cl. '15	🍷🍷 (rossi)	3*
● A. A. Lagrein Ris. '13	🍷🍷	5
● A. A. Moscato Rosa Passito '13	🍷🍷	5
○ A. A. Pinot Bianco Isos '15	🍷🍷	4
● A. A. Santa Maddalena Cl. Antheos '15	🍷🍷	5
○ A. A. Sauvignon Myra '15	🍷🍷	4
● A. A. Lagrein Mirell '09	🍷🍷🍷	6
● A. A. Lagrein Scuro Mirell '08	🍷🍷🍷	6
● A. A. Lagrein Scuro Mirell '07	🍷🍷🍷	6
● A. A. Lagrein Scuro Mirell '01	🍷🍷🍷	6
● A. A. Santa Maddalena Cl. Antheos '13	🍷🍷🍷	4*
● A. A. Santa Maddalena Cl. Antheos '12	🍷🍷🍷	4*
● A. A. Santa Maddalena Cl. Antheos '11	🍷🍷🍷	4*

Josef Weger

LOC. CORNAIANO
VIA CASA DEL GESÙ, 17
39050 APPIANO/EPPAN [BZ]
TEL. 0471662416
www.wegerhof.it

VENDITA DIRETTA
VISITA SU PRENOTAZIONE
OSPITALITÀ E RISTORAZIONE
PRODUZIONE ANNUA 80.000 bottiglie
ETTARI VITATI 8,00

L'azienda di Cornaiano ha una storia complessa che parte agli inizi del 1800, che in anni lontani ha visto sviluppare anche una intensa attività di commercio nei paesi a nord, al punto da aprire una seconda sede in Tirolo. Oggi a capo dell'azienda c'è Johannes Weger e gestisce vigneti per otto ettari che forniscono le uve per una produzione affidabile di buon livello. La linea Classica è destinata ai vini che esaltano l'espressione varietale, mentre Maso delle Rose è dedicata ai vini che provengono dalle più belle esposizioni. Proprio da quest'ultima linea giungono i vini più interessanti, a partire dal Merlot, un rosso che gioca con l'espressione fruttata e vegetale del vitigno, alternando le note più calde e mature a quelle più fresche e balsamiche. In bocca il profilo insegue l'eleganza e l'armonia, risultando agile e raffinato. L'omonimo Pinot Nero invece esprime frutti di bosco che lasciano spazio a striature affumicate e di spezie, mentre in bocca rivela sorso pieno e di buona tessitura tannica.

● A. A. Merlot Maso delle Rose '13	🍷🍷 5
● A. A. Lagrein Stoa '14	🍷🍷 3
○ A. A. Pinot Bianco Maso delle Rose '15	🍷🍷 4
○ A. A. Pinot Grigio Ried '15	🍷🍷 3
● A. A. Pinot Nero Maso delle Rose '15	🍷🍷 5
○ A. A. Sauvignon Maso delle Rose '15	🍷🍷 4
○ A. A. Gewürztraminer Maso delle Rose '15	🍷 3
○ A. A. Müller Thurgau Pursgla '14	🍷🍷 3
○ A. A. Chardonnay Leite '14	🍷🍷 3
● A. A. Lagrein Stoa '13	🍷🍷 3
○ A. A. Pinot Bianco '13	🍷🍷 3
○ A. A. Pinot Bianco Lithos '14	🍷🍷 3
○ A. A. Pinot Bianco Maso delle Rose '13	🍷🍷 4
● A. A. Pinot Nero Johann '13	🍷🍷 3
○ A. A. Sauvignon Maso delle Rose '13	🍷🍷 4

Peter Zemmer

S.DA DEL VINO, 24
39040 CORTINA SULLA STRADA DEL VINO/KURTINIG [BZ]
TEL. 0471817143
www.peterzemmer.com

VENDITA DIRETTA
VISITA SU PRENOTAZIONE
PRODUZIONE ANNUA 500.000 bottiglie
ETTARI VITATI 65,00

L'azienda della famiglia Zemmer, ora gestita da Peter, ha sede all'estremità meridionale della provincia, a Cortina sulla Strada del Vino, l'unico paese della zona che si sviluppa nel centro della valle e non spostato verso le pendici dei monti che la circondano. Le vigne, fra quelle di proprietà e quelle dei viticoltori che conferiscono le uve in azienda, si sviluppano per molti ettari e Peter gestisce la produzione suddividendola fra vini di espressione varietale e selezioni che invece esaltano le caratteristiche dei vigneti di provenienza. Convincente l'assaggio dello Chardonnay Selection R, un bianco frutto dei vigneti che si distendono sulla piana attorno a Cortina, affinato in barrique, che mette in mostra un profilo aromatico floreale con il rovere appena avvertibile sullo sfondo. In bocca è ricco ma dotato di tensione e agilità. L'omonimo Lagrein invece è giocato sulla ricchezza fruttata degli aromi e su un corpo possente e caldo. Segnaliamo infine l'ottima riuscita dei vini più semplici, freschi negli aromi e di ottima piacevolezza.

○ A. A. Chardonnay Selection R Ris. '14	🍷🍷 4
● A. A. Lagrein Selection R Ris. '14	🍷🍷 3*
○ A. A. Gewürztraminer Selection R '15	🍷🍷 4
○ A. A. Pinot Bianco Punggl '15	🍷🍷 3
○ A. A. Pinot Grigio Selection R Ris. '14	🍷🍷 3
○ A. A. Sauvignon Peter Zemmer '15	🍷🍷 3
○ Cortinie Bianco '15	🍷🍷 3
● Cortinie Rosso '14	🍷🍷 3
○ A. A. Chardonnay Peter Zemmer '15	🍷 3
○ A. A. Müller Thurgau Gfrill '15	🍷 3
○ A. A. Pinot Grigio Peter Zemmer '15	🍷 2
● A. A. Pinot Nero Rollhütt '15	🍷 4
○ A. A. Chardonnay Selection R '13	🍷🍷 4
● A. A. Lagrein Selection R '13	🍷🍷 3*
○ Cortinie Bianco '14	🍷🍷 3

Befehlhof

via Vezzano, 14
39028 Silandro/Schlanders [BZ]
Tel. 0473742197

Situata in Val Venosta, l'azienda di Oswald Schuster si estende in un fazzoletto di terra dove vengono coltivate le classiche varietà di questa zona. Buona la prova del Pinot Nero e del Riesling, il primo è varietale e di buona struttura, il secondo più complesso e minerale, tagliente al palato.

○ A. A. Spumante Sällent Brut	🍷🍷 3
● Pinot Nero '13	🍷🍷 2*
○ Riesling '14	🍷🍷 3
○ Jera '15	🍷 3

Bergmannhof

loc. San Paolo
Riva di Sotto, 46
39050 Appiano/Eppan [BZ]
Tel. 0471637082
www.bergmannhof.it

Sono poco meno di tre ettari quelli condotti dall'azienda di San Michele Appiano, situati a circa 270 metri di altitudine su una sorta di altopiano, Huberfeld. Convincente la prova del Lagrein Der Bergmann Riserva '13, che unisce alla potenza tipica del vitigno armonia e eleganza.

● A. A. Lagrein Der Bergmann Ris. '13	🍷🍷 4
○ A. A. Chardonnay '15	🍷 2
○ A. A. Chardonnay Der Bergmann Ris. '14	🍷 4
● A. A. Merlot '15	🍷 2

Bessererhof - Otmar Mair

loc. Novale di Presule, 10
39050 Fiè allo Sciliar/Völs am Schlern [BZ]
Tel. 0471601011
www.bessererhof.it

Bessererhof si trova nella Valle Isarco, pochi ettari coltivati nel massimo rispetto dell'ambiente e delle persone che vi lavorano. Fra i vini proposti quest'anno buono lo Chardonnay Riserva '13, profumato di frutto giallo, con screziature minerale e affumicata, dal sorso energico e croccante.

○ A. A. Chardonnay Ris. '13	🍷🍷 3
○ A. A. Gewürztraminer '15	🍷🍷 4
○ A. A. Valle Isarco Kerner '15	🍷🍷 4
○ A. A. Pinot Bianco '15	🍷 3

Brunnenhof Kurt Rottensteiner

loc. Mazzon
via degli Alpini, 5
39044 Egna/Neumarkt [BZ]
Tel. 0471820687
www.brunnenhof-mazzon.it

Kurt Rottensteiner gestisce l'azienda di famiglia a Mazzon, nel cuore della zona più rinomata per la produzione del pinot nero. Molto buona la versione del 2013, profumata di piccoli frutti di bosco e spezie, dotata di un palato di buona ricchezza e tensione. Molto valido anche Eva '15.

● A. A. Pinot Nero Ris. '13	🍷🍷 5
○ Eva '15	🍷🍷 4
○ A. A. Gewürztraminer '15	🍷 4
● A. A. Lagrein V. V. '14	🍷 3

Tenuta Donà

fraz. Riva di Sotto
39057 Appiano/Eppan [BZ]
Tel. 0473221866
www.weingut-dona.com

L'azienda della famiglia Donà si trova fra San Paolo e Andriano, in posizione quasi decentrata. Vigneti esposti a est che esaltano la fragranza dello Chardonnay, dai profumi intensi e dalla piacevolissima croccantezza del sorso. Interessante anche il Sauvignon, giocato sull'armonia del sorso.

● A. A. Lagrein '14	🍷🍷 4
○ A. A. Sauvignon '15	🍷🍷 3
○ A. A. Terlano Chardonnay '15	🍷🍷 3
● A. A. Schiava Cl. '15	🍷 2

Himmelreichhof

loc. Ciardef
via Convento, 15a
39020 Castelbello Ciardes/Kastelbell Tschars [BZ]
Tel. 0473624417
www.himmelreich-hof.info/it.html

La famiglia Fliri suddivide la sua attività fra la coltivazione della vite e della frutta. Sempre più importante è però l'attività viticola con risultati di ottimo livello, come si intuisce dall'assaggio del Riesling '15: note di fiori e agrumi, mentre in bocca rivela corpo solido e grande spinta acida.

● A.A. Val Venosta Pinot Nero '14	🍷🍷 5
○ A.A. Val Venosta Riesling Geieregg '15	🍷🍷 4
○ A.A. Val Venosta Pinot Bianco '15	🍷 4

Larcherhof - Spögler

via Rencio, 82
39100 Bolzano/Bozen
Tel. 0471365034
larcherhof@yahoo.de

La famiglia Spögler gestisce cinque ettari nella zona del Santa Maddalena nel massimo rispetto per l'ambiente. Ottima la prova proprio del Santa Maddalena, dai profumi di spezie e piccoli frutti neri, dotato di un sorso sapido e appagante. Ricco di frutto il Merlot, di piacevole e sana rusticità.

- ● A. A. Merlot '14 — ŸŸ 3
- ● A. A. Santa Maddalena Cl. '15 — ŸŸ 2*
- ● A. A. Lagrein '15 — Ÿ 3
- ○ A. A. Pinot Grigio '15 — Ÿ 3

Marinushof - Heinrich Pohl

loc. Maragno
s.da Vecchia, 9b
39020 Castelbello Ciardes/Kastelbell Tschars [BZ]
Tel. 0473624717
www.marinushof.it

Una bella tenuta della Val Venosta, condotta con attenzione e competenza dalla famiglia Pohl. L'ottima vendemmia 2015 ha consentito al Pinot Grigio di esprimere intense note di frutto maturo al naso, mentre in bocca è pieno e teso, e chiude su una sottile nota aromatica.

- ● A. A. Val Venosta Pinot Nero '14 — ŸŸ 5
- ○ A. A. Valle Venosta Riesling '15 — ŸŸ 4
- ○ A.A. Val Venosta Pinot Grigio '15 — ŸŸ 4
- ● Zweigelt '15 — Ÿ 5

Lorenz Martini

loc. Cornaiano/Girlan
via Pranzol, 2d
39057 Appiano/Eppan [BZ]
Tel. 0471664136
www.lorenz-martini.it

L'azienda produce uno splendido spumante a base pinot bianco, chardonnay e pinot nero, frutto di vigneti di alta collina di Cornaiano. Quando l'annata è eccezionale ne viene prodotta una Riserva denominata Gold, di grande fascino e complessità, dal sorso pieno, sapido e grintoso.

- ○ A. A. Spumante Brut Comitissa Gold Gran Riserva '06 — ŸŸ 5
- ○ A. A. Spumante Brut Comitissa Ris. '11 — ŸŸ 5

Messnerhof Bernhard Pichler

loc. San Pietro, 7
39100 Bolzano/Bozen
Tel. 0471977162
www.messnerhof.net

Le colline che contornano Bolzano sono disseminate di piccole aziende. Fra queste si distingue Messnerhof, una piccola realtà che merita grande attenzione. Ricco tanto negli aromi quanto al palato il Gewürztraminer '15, mentre il Lagrein Riserva '13 si muove su note fresche al naso e sorso pieno e polposo.

- ○ A. A. Gewürztraminer '15 — ŸŸ 3
- ● A. A. Lagrein Ris. '13 — ŸŸ 4
- ● Belleus '13 — ŸŸ 4
- ○ A. A. Terlano Sauvignon '15 — Ÿ 3

Pardellerhof Montin

via Terzo di Mezzo, 15
39020 Marlengo/Marling [BZ]
Tel. 0473492575
www.pardellerhof.it

Erwin Eccli conduce l'azienda di famiglia che si sviluppa su due territori distinti: la piana di Salorno e le colline di Marlengo, poco fuori Merano. Ottima la prova del Moscato Giallo Passito '13, dai suadenti profumi di agrumi canditi e miele, dal sorso leggero e dalla dolcezza misurata.

- ● A. A. Lagrein '14 — ŸŸ 4
- ○ A. A. Moscato Giallo Passito '13 — ŸŸ 5
- ○ A. A. Pinot Grigio '15 — Ÿ 3

Tenuta Pfitscher

via Dolomiti, 17
39040 Montagna/Montan [BZ]
Tel. 04711681317
www.pfitscher.it

La famiglia Pfitscher opera a Montagna, appena sopra la rocca di Castelfeder, dove ha realizzato la bellissima cantina certificata Casa Clima Wine. Ampia la gamma proposta, con una nostra predilezione per il Sauvignon Saxum '15, dai profumi verdi e sulfurei e dal palato solido e grintoso.

- ○ A. A. Gewürztraminer Stoass '15 — ŸŸ 4
- ● A. A. Merlot Kotznloater '14 — ŸŸ 4
- ○ A. A. Sauvignon Saxum '15 — ŸŸ 4
- ● A. A. Pinot Nero Matan Ris. '13 — Ÿ 6

Thomas Pichler

via delle Vigne, 4
39052 Caldaro/Kaltern [BZ]
Tel. 0471963094
www.thomas-pichler.it

Thomas Pichler coltiva un fazzoletto di terra a Caldaro, per una produzione suddivisa in un'ampia gamma di etichette. Buona la prova del Lagrein '14, una Riserva che profuma di frutto nero e pepe, al palato lascia emergere un'intensa nota minerale, per poi concludere caldo e avvolgente.

- ● A. A. Lagrein Sond Ris. '14 — 🍷🍷 5
- ● Furioso '14 — 🍷🍷 8
- ○ A. A. Chardonnay Untermazzon '14 — 🍷 4
- ○ A. A. Pinot Bianco Im Feld '15 — 🍷 3

Schloss Englar

loc. Pigeno, 42
39057 Appiano/Eppan [BZ]
Tel. 0471662628
www.weingut-englar.com

Nel variegato territorio disseminato di aziende viticole spicca la presenza di Schloss Englar, dedita alla produzione di soli tre vini, Chardonnay, Riesling e Pinot Bianco. Il primo, proposto con un anno di affinamento, si presenta maturo negli aromi, dotato di un sorso solido e di grande tensione.

- ○ A. A. Chardonnay '14 — 🍷🍷 4
- ○ A. A. Pinot Bianco '15 — 🍷🍷 3
- ○ A. A. Riesling '15 — 🍷🍷 4

Tenuta Seeperle

loc. San Giuseppe al Lago, 28
39052 Caldaro/Kaltern [BZ]
Tel. 0471 960158
www.seeperle.it

La famiglia Rainer divide le sue attenzioni tra la gestione dell'albergo in riva al Lago di Caldaro e la produzione di vino. Il Gewürztraminer Scharf '15 offre al naso intense note di agrumi canditi e fiori, per un palato pieno e di bella rotondità. Il Sauvignon Echt Geil '15 è fresco e scattante.

- ○ A. A. Gewürztraminer Scharf '15 — 🍷🍷 4
- ○ A. A. Pinot Bianco Seitensprung Ris. '14 — 🍷🍷 5
- ○ A. A. Sauvignon Echt Geil '15 — 🍷🍷 4

St. Quirinus - Robert Sinn

via Pianizza di Sopra, 4b
39052 Caldaro/Kaltern [BZ]
Tel. 329 8085003
www.st-quirinus.it

L'azienda di Robert Sinn si trova a Pianizza di Sopra, immersa nei vigneti e a due passi da Caldaro. Gestita in conduzione biologica propone un ottimo Pinot Nero '13 dalla veste giustamente scarica, intensi profumi di frutti selvatici e spezie mentre in bocca esprime sapidità e bell'allungo.

- ● A. A. Pinot Nero Ris. '13 — 🍷🍷 3
- ○ A. A. Sauvignon '15 — 🍷 3

Thurnhof - Andreas Berger

loc. Aslago
via Castel Flavon, 7
39100 Bolzano/Bozen
Tel. 0471288460
www.thurnhof.com

Posta sulla collina di Virgolo, a due passi dal centro storico di Bolzano, Thurnhof è una delle realtà più interessanti di questo territorio. Il Cabernet Sauvignon Weinegg Riserva '13 colpisce per la nitida ricchezza dei suoi aromi, con un frutto dolce e polposo perfettamente espresso nel solido palato.

- ● A. A. Cabernet Sauvignon Weinegg Ris. '13 — 🍷🍷 (red) 5
- ● A. A. Lagrein Ris. '13 — 🍷🍷 4
- ○ Passaurum Passito '13 — 🍷🍷 4
- ○ A. A. Sauvignon 800 '15 — 🍷 3

Thomas Unterhofer

loc. Pianizza di Sopra, 5
39052 Caldaro/Kaltern [BZ]
Tel. 0471669133
www.weingut-unterhofer.com

La famiglia Unterhofer gestisce questa bella realtà nella zona di Caldaro, prima da produttrice di uva e, da una decina di anni, di vino. Ottima la prova del Reitl Weiss '15, un blend di chardonnay e sauvignon, elegante nell'espressione floreale e di frutto bianco, teso e armonioso in bocca.

- ○ A. A. Sauvignon '15 — 🍷🍷 2*
- ● A. A. Schiava Campenn '15 — 🍷🍷 2*
- ○ Reitl Weiss '15 — 🍷🍷 3
- ○ A. A. Kerner '14 — 🍷 3

Untermoserhof Georg Ramoser

via Santa Maddalena, 36
39100 Bolzano/Bozen
Tel. 0471975481
untermoserhof@rolmail.net

Quattro ettari di vigneto sulla collina di Santa Maddalena sono un patrimonio di assoluto valore della famiglia Ramoser. Profondità aromatica per il Merlot Riserva '13, che coinvolge il palato con un sorso cremoso e di pregevole armonia. Decisamente affumicato al naso il Lagrein Riserva '13.

- ● A. A. Lagrein Ris. '13 — 🍷🍷 5
- ● A. A. Merlot Ris. '13 — 🍷🍷 5

Von Blumen

via Nazionale, 9/1
39040 Salorno/Salurn [BZ]
Tel. 0457230110
www.vonblumenwine.com

Sempre più convincenti i vini di questa giovane e dinamica azienda di Salorno. Colpisce nel segno fin dal debutto il Pinot Bianco Flowers Selection '14, affinato in rovere: intense note di frutto bianco e spezie che si esaltano in un sorso che conquista per decisione e grinta.

- ○ A. A. Pinot Bianco Flowers Selection '14 — 🍷🍷 3*
- ○ A. A. Gewürztraminer '15 — 🍷🍷 3
- ○ A. A. Pinot Bianco '15 — 🍷🍷 3
- ● A. A. Pinot Nero '14 — 🍷🍷 3

Waldner Tenuta Eichenstein

39020 Marlengo/Marling [BZ]
Tel. 0473 222020
www.eichenstein.it

Esordio in Guida per la splendida tenuta di Sepp Waldner che può contare su 4 ettari vitati a Montefranco di Merano. Convincente il Riesling '15, intenso nei suoi toni di camomilla e caffè tostato, dal timbro roccioso e vitale. Sottile e cremoso il Sauvignon '15, profuma di anice, melone ed ortica.

- ○ Riesling '15 — 🍷🍷 3
- ○ Sauvignon '15 — 🍷🍷 3
- ○ Gloria Dei '15 — 🍷 3

Wassererhof

loc. Novale di Fiè, 21
39050 Fiè allo Sciliar/Völs am Schlern [BZ]
Tel. 0471724114
www.wassererhof.com

Christoph Mock è l'anima di Wassererhof, una realtà giovanissima che vanta però già una produzione di ottimo livello. Sugli scudi il Pinot Bianco '15, dai raffinati profumi di frutto a polpa bianca e fiori, che si distende con grazia e tensione, sorretto da una sapida e grintosa acidità.

- ○ A. A. Pinot Bianco '15 — 🍷🍷 3
- ● A. A. Santa Maddalena Cl. Mumelterhof '15 — 🍷🍷 3
- ○ A. A. Sauvignon '15 — 🍷🍷 3

Weinberghof Christian Bellutti

In der Au, 4a
39040 Termeno/Tramin [BZ]
Tel. 0471863224
www.weinberg-hof.com

Christian Bellutti conduce la piccola azienda di famiglia a Termeno, con pochi ettari di vigneto che si distendono su splendide esposizioni. Ottima la prova del Gewürztraminer '15, interpretato cercando un profilo gustativo snello e sostenuto da una sapida spinta acida.

- ○ A. A. Gewürztraminer Plon '15 — 🍷🍷 3
- ○ A. A. Pinot Grigio Drau '15 — 🍷🍷 3
- ○ A. A. Lago di Caldaro Cl. Scelto Eichholz '15 — 🍷 3

Abraham Weingut

via Maderneto, 29
39057 Appiano/Eppan [BZ]
Tel. 0471664192
www.weingutabraham.it

Martin e Marlies Abraham sono alla guida di una delle più giovani e promettenti realtà del territorio atesino. Le vigne si estendono per pochi ettari in zone di alto pregio e danno vita a una gamma di prodotti tra i quali eccelle la Schiava Upupa Rot '13, armonica e di spiccata sapidità.

- ○ Pinot Bianco In der Lamm '14 — 🍷🍷 3
- ● Pinot Nero '13 — 🍷🍷 3
- ● Upupa Rot '13 — 🍷🍷 3
- ○ Pinot Bianco Abrahamart '13 — 🍷 3

VENETO

Archiviata la complicata vendemmia 2014 il Veneto si presenta in grande spolvero, con una produzione che occupa un po' tutte le province della regione e che in ognuna di esse rivela vitigni, tradizioni e tipologie in grado di soddisfare i più esigenti appassionati. Numeri importanti, con due fenomeni che dominano il palcoscenico un po' in tutto il mondo. Da una parte la leggerezza e la fragranza del Prosecco, lo spumante italiano che ormai è presente in ogni angolo del pianeta forte di una produzione che dalle colline di Conegliano e Valdobbiadene ha conquistato gran parte delle province vicine. Un vino che quest'anno porta a casa il premio Bollicine dell'Anno, che va al Valdobbiadene Extra Dry Giustino B. '15 di Ruggeri & C. Dall'altra la pienezza, la potenza e la capacità evolutiva che possiede l'Amarone, un vino moderno ottenuto con tecniche antiche, capace di fungere da traino per tutto il comparto veronese. Nel mezzo un caleidoscopio di zone e vitigni, ora leggeri e fragranti, ora profondi e di spessore, suoli argillosi che lasciano spazio a quelli vulcanici, grandi aziende e piccole realtà, un continuo cambiare che permette agli appassionati di conoscere e apprezzare tutta la varietà che questa regione possiede. Tante le novità quest'anno, a testimonianza di un fermento che coinvolge anche zone meno note e produttori che inseguono un'idea di vino di alta qualità, spesso limitando al massimo l'impatto della loro attività, consapevoli del ruolo di custodi dell'ambiente. A Bardolino sboccia il Vigna Morlongo di Villabella mentre a Soave spetta alla famiglia Dal Cero il ruolo di new entry, con un Soave che dimostra come la passione e la competenza paghino anche in presenza di vendemmie difficili. In un territorio vivace come la Valpolicella sono Marco Mosconi a Illasi e i cugini Sterza a Casterna a colpire con i loro Valpolicella Superiore e Amarone, mentre nella pianura trevigiana stupisce il lavoro che i fratelli Cescon hanno saputo compiere con un vitigno di grandi potenzialità ma ancora poco sfruttate come il Manzoni bianco, indicando come anche un territorio a torto considerato minore possa dare grandi risultati. Per il resto è la consueta messe di premi conquistata dalla Valpolicella, con ben 18 Tre Bicchieri, seguita dal Soave, che ne conquista 7. Allo zoccolo duro di queste due denominazioni seguono riconoscimenti che si distribuiscono un po' in tutte le principali denominazioni regionali, da Custoza al Montello, da Valdobbiadene ai Colli Euganei, senza dimenticare la Lugana e la Valdadige, dove i fratelli Fugatti ogni anno producono uno dei migliori vini dolci del Paese.

A Mi Manera

FRAZ. LISON
VIA CADUTI PER LA PATRIA, 29
30026 PORTOGRUARO [VE]
TEL. 336592660
www.vinicolamimanera.com

VENDITA DIRETTA
VISITA SU PRENOTAZIONE
PRODUZIONE ANNUA 42.000 bottiglie
ETTARI VITATI 7,00

Antonio Bigai, per tutti Toni, è un eclettico produttore che per anni ha lavorato nella tenuta di casa, uno dei capisaldi del territorio di Lison, fino al debutto di questa realtà condotta in prima persona. Una manciata di ettari nel cuore della denominazione che si trasformano in una batteria di vini di carattere, che cercano di esprimere il valore di questo territorio. Soprattutto vini bianchi, Chardonnay, Malvasia e Tai, anche se non mancano i rossi classici di queste zone, Merlot e Cabernet. La Malvasia è forse il vino che meglio rappresenta il pensiero di Toni, un bianco leggermente velato che tradisce la mancata filtrazione. Al naso si colgono note di fiori secchi, frutto bianco e macchia, mentre in bocca il vino colpisce per l'armonia, il lungo finale con sapidità e pienezza. Sul medesimo rigo il Tai '15, meno variegato nei profumi ma ugualmente solido e appagante al sorso. Fra i rossi abbiamo apprezzato la sana rusticità dell'A Mi Manera, un taglio bordolese con una piccola presenza di franconia e refosco dalla beva succosa e spigliata.

● A Mi Manera Rosso 🍷🍷 3
○ Malvasia '15 🍷🍷 3
○ Tai '15 🍷🍷 3
○ A Mi Manera Bianco 🍷 3
○ Chardonnay '15 🍷 3
● Pinot Nero '15 🍷 5
○ Lison-Pramaggiore Lison Cl. '09 🍸🍸 2*
○ Malvasia d'Istria '12 🍸🍸 2*
○ Tai '10 🍸🍸 3

Stefano Accordini

FRAZ. CAVALO
LOC. CAMPAROL, 10
37022 FUMANE [VR]
TEL. 0457760138
www.accordinistefano.it

VENDITA DIRETTA
VISITA SU PRENOTAZIONE
PRODUZIONE ANNUA 120.000 bottiglie
ETTARI VITATI 13,00

Originariamente la cantina e i vigneti della famiglia Accordini si sviluppavano per una manciata di ettari nel fondovalle di Pedemonte. Oggi la cantina si trova affacciata nell'alta parte della Valpolicellla, quasi un belvedere sulla denominazione. Le vigne sono diventate molto più estese e quasi tutte ormai in questa zona, dove la luminosità e la costante ventilazione consentono alle uve di maturare conservando freschezza aromatica e integrità del frutto. Il tutto viene trasformato in vini dal palato solido e consistente. Proposto solo dopo un lungo affinamento, l'Amarone Vigneto Il Fornetto '10 ha messo in mostra un corredo aromatico profondo e sfaccettato, con il frutto rosso dolce e carnoso in primo piano che lascia trasparire note di erbe aromatiche e spezie, con il rovere perfettamente integrato. In bocca ha corpo solido e potente, tenuto a bada da una fitta trama tannica. Più immediato ed esuberante l'Amarone Acinatico '12, dotato di un sorso energico e succoso.

● Amarone della Valpolicella Cl. Vign. Il Fornetto '10 🍷🍷 8
● Amarone della Valpolicella Cl. Acinatico '12 🍷🍷 7
● Recioto della Valpolicella Cl. Acinatico '13 🍷🍷 5
● Valpolicella Cl. '15 🍷🍷 2*
● Valpolicella Cl. Sup. Ripasso '14 🍷🍷 3
● Recioto della Valpolicella Cl. Acinatico '04 🍸🍸🍸 6
● Recioto della Valpolicella Cl. Acinatico '00 🍸🍸🍸 8
● Amarone della Valpolicella Cl. Acinatico '11 🍸🍸 7
● Recioto della Valpolicella Cl. Acinatico '12 🍸🍸 5
● Valpolicella Cl. Sup. Ripasso Acinatico '13 🍸🍸 3

Adami

fraz. Colbertaldo
via Rovede, 27
31020 Vidor [TV]
Tel. 0423982110
www.adamispumanti.it

VENDITA DIRETTA
VISITA SU PRENOTAZIONE
PRODUZIONE ANNUA 700.000 bottiglie
ETTARI VITATI 12,00

Con il mondo del Prosecco sempre più volto a una produzione fin troppo attenta ai volumi, Franco e Armando Adami hanno scelto di rimanere fedeli al territorio d'elezione, Valdobbiadene. Se negli scorsi anni avevano investito nell'ampliamento del vigneto Giardino con l'acquisizione di porzioni di vigne confinanti, oggi le attenzioni sono rivolte alle Torri di Credazzo, una località di alta collina con vigneti scoscesi e impervi che garantiscono croccantezza e tensione al frutto. In cantina le lavorazioni sono indirizzate alla salvaguardia di tale freschezza senza mai rinunciare alla piena espressione fruttata dei vini. Il Col Credas '15 tradisce fin dal nome il territorio di provenienza, rimarcato da un'espressione aromatica fresca e che non si abbandona al frutto, ci sono le note floreali e le più fresche sfumature vegetali. In bocca è solido, grintoso e di affascinante chiusura. Diametralmente opposto lo stile del Giardino '15, uno spumante che ai profumi intensi di frutta matura e fiori fa seguire una bocca dall'impatto morbido e dalla chiusura piacevolmente asciutta.

○ Valdobbiadene Rive di Colbertaldo Dry Vign. Giardino '15	🍷🍷 3*
○ Valdobbiadene Rive di Farra di Soligo Brut Col Credas '15	🍷🍷 3*
○ Cartizze	🍷🍷 5
○ Valdobbiadene Brut Bosco di Gica	🍷🍷 3
○ Valdobbiadene Extra Dry Dei Casel	🍷🍷 3
○ Treviso Brut Garbel	🍷 2
○ Valdobbiadene Rive di Farra di Soligo Brut Col Credas '13	🍷🍷🍷 3*
○ Valdobbiadene Rive di Farra di Soligo Brut Col Credas '12	🍷🍷🍷 3*
○ Valdobbiadene Rive di Colbertaldo Dry Vign. Giardino '14	🍷🍷 3*

Ida Agnoletti

loc. Selva del Montello
via Saccardo, 55
31040 Volpago del Montello [TV]
Tel. 0423621555
www.agnoletti.it

VENDITA DIRETTA
VISITA SU PRENOTAZIONE
PRODUZIONE ANNUA 50.000 bottiglie
ETTARI VITATI 7,00

Ida Agnoletti è una produttrice che alterna grande curiosità a un forte legame con il territorio e le tradizioni. Dai vigneti che si sviluppano per meno di dieci ettari lungo le pendici meridionali del Montello ricava uve di ottime qualità che interpreta ora rispettando il modello bordolese, ora inseguendo letture originali, dedicate al Manzoni bianco o alla glera. Il risultato è una produzione contenuta nei numeri ma ricca di spunti e qualità. Mancano le etichette più ricercate di casa Agnoletti quest'anno, rimaste a riposare in cantina ancora un po'. Il Merlot, a dispetto della complicata vendemmia 2014, offre al naso una nota di frutto dolce e maturo, che si allarga lentamente lasciando trasparire le sfumature speziate e di erbe aromatiche. In bocca rivela una beva scattante e di grande piacevolezza, risultando un calice perfetto per tutte le occasioni. Più chiuso al naso il Cabernet Sauvignon, dotato però di buona tensione e lunghezza.

● Montello e Colli Asolani Merlot '14	🍷🍷 2*
○ Asolo Prosecco Il Tranquillo '15	🍷 2
○ Asolo Prosecco Selva n. 55	🍷 2
○ Manzoni 6.0.13 '14	🍷 2
● Montello e Colli Asolani Cabernet Sauvignon '14	🍷 2
○ PSL Always Frizzante	🍷 2
○ Manzoni Bianco Follia '13	🍷🍷 2*
○ Manzoni Bianco Follia '12	🍷🍷 2*
● Montello e Colli Asolani Merlot '13	🍷🍷 2*
● Montello e Colli Asolani Merlot La Ida '13	🍷🍷 2*
● Seneca '12	🍷🍷 3
● Vita Life is Red '13	🍷🍷 3
● Vita Life is Red '11	🍷🍷 3

★★★Allegrini

via Giare, 5
37022 Fumane [VR]
Tel. 0456832019
www.allegrini.it

VENDITA DIRETTA
VISITA SU PRENOTAZIONE
OSPITALITÀ E RISTORAZIONE
PRODUZIONE ANNUA 1.000.000 bottiglie
ETTARI VITATI 120,00
AZIENDA SOSTENIBILE

Non ha bisogno di presentazione l'azienda di Marilisa, Silvia e Franco Allegrini, uno dei punti di riferimento non solo per la Valpolicella ma per tutti gli appassionati di vino del mondo. Nonostante le divagazioni fuori dai confini regionali, il cuore pulsante dell'azienda rimane in Valpolicella, dove i vigneti sono stati nel corso degli anni convertiti a una produzione sempre migliore e sempre più protesa al rispetto dell'ambiente. Più di cento ettari di vigneto di collina e alta collina forniscono le uve per una gamma che ha nel rispetto del frutto e della sua integrità un fondamento imprescindibile. Ancora una volta è l'Amarone il campione di casa Allegrini, un 2012 che racchiude il senso di una tradizione con l'attualità del vino, intensamente profumato di frutto maturo e spezie, impreziosito da sfumature di erbe fini che introducono un sorso energico e di grande eleganza. Potenza e freschezza procedono in sintonia, fino a un lungo e succoso finale. Il Recioto Giovanni Allegrini '13 è il consueto vino ammaliante e armonioso, mentre La Poja '12 sfodera una prestazione di rara precisione e finezza.

Vino		
● Amarone della Valpolicella Cl. '12	🍷🍷🍷	8
● La Poja '12	🍷🍷	8
● Recioto della Valpolicella Giovanni Allegrini '13	🍷🍷	7
● La Grola '13	🍷🍷	5
● Palazzo della Torre '13	🍷🍷	4
○ Soave '15	🍷🍷	3
● Valpolicella Cl. '15	🍷🍷	3
● Amarone della Valpolicella Cl. '11	🍷🍷🍷	8
● Amarone della Valpolicella Cl. '10	🍷🍷🍷	8
● Amarone della Valpolicella Cl. '09	🍷🍷🍷	8
● Amarone della Valpolicella Cl. '08	🍷🍷🍷	8
● Amarone della Valpolicella Cl. '07	🍷🍷🍷	8
● Amarone della Valpolicella Cl. '06	🍷🍷🍷	8
● Amarone della Valpolicella Cl. '05	🍷🍷🍷	7
● Amarone della Valpolicella Cl. '04	🍷🍷🍷	7

Andreola

via Cavre,19
31010 Farra di Soligo [TV]
Tel. 0438989379
www.andreola.eu

VENDITA DIRETTA
VISITA SU PRENOTAZIONE
PRODUZIONE ANNUA 900.000 bottiglie
ETTARI VITATI 70,00
AZIENDA SOSTENIBILE

Non si ferma l'attività di Stefano Pola, che sta facendo dell'azienda di famiglia una moderna realtà volta a una gamma che ha nel Prosecco le sue fondamenta, capace di incrementare velocemente la produzione fino ai livelli attuali. Nella nuova cantina di via Cavre si sono moltiplicate le etichette, con uno stile che ha nell'intensità aromatica e la prontezza della beva i suoi tratti distintivi. Molti gli ettari di vigneto seguiti, cui si aggiungono quelli dei tanti viticoltori che conferiscono le uve in azienda. Dalle più belle esposizioni di Col San Martino giunge il Brut 26° Primo, uno spumante che al naso offre note di frutto bianco maturo, seguite da un'intensa e fresca nota agrumata e di fiori. In bocca colpisce per sapidità, cremosità e bella tensione. Più intenso nell'espressione del frutto il Dry 6° Senso che invece al palato rivela rotondità e morbidezza, per un sorso appagante e di grande piacevolezza.

○ Valdobbiadene Brut Vign. Dirupo	🍷🍷	3
○ Valdobbiadene Dry 6° Senso	🍷🍷	3
○ Valdobbiadene Rive di Col San Martino Brut 26° Primo	🍷🍷	3
○ Valdobbiadene Dry '15	🍷	2
○ Valdobbiadene Extra Dry Dirupo	🍷	2
○ Valdobbiadene Prosecco Frizzante Casilir '15	🍷	4
○ Valdobbiadene Prosecco Tranquillo Romit '15	🍷	2
○ Valdobbiadene Rive Di Refrontolo Brut Col Del Forno	🍷	3
○ Valdobbiadene Rive di Soligo Mas de Fer '15	🍷	3
○ Cartizze '14	🍷🍷	5
○ Cartizze '13	🍷🍷	4

Antolini

via Prognol, 22
37020 Marano di Valpolicella [VR]
Tel. 0457755351
www.antolinivini.it

VENDITA DIRETTA
VISITA SU PRENOTAZIONE
OSPITALITÀ
PRODUZIONE ANNUA 60.000 bottiglie
ETTARI VITATI 9,00
AZIENDA SOSTENIBILE

Pier Paolo e Stefano Antolini hanno saputo nel volgere di pochi anni dare un profilo importante all'azienda di famiglia, non tanto nelle quantità quanto invece nella valorizzazione del ruolo del viticoltore, rispettoso dell'ambiente e custode di un territorio delicato e da preservare. A tale rigore fa eco un'attività in cantina volta invece a esaltare la tradizione, limitando al massimo le divagazioni che allontanano dalla Valpolicella. Uno stile che si può definire classico mantenendo però al centro dell'obiettivo l'espressione del frutto. Gli Amarone provengono da zone molto diverse tra loro e offrono un profilo originale dello storico rosso veronese. Il Ca' Coato '12 proviene da vigneti della valle di Negrar, è caloroso fin dai profumi, per un sorso avvolgente e morbido. Il Moròpio '12 invece proviene dalla vallata di Marano e si fa apprezzare per l'integrità dei profumi di frutto e fiori, mentre in bocca è potente e di grande armonia. Interessante il Ripasso '14 che coniuga il calore dell'appassimento con la tensione del sorso.

● Amarone della Valpolicella Cl. Moròpio '12	🍷🍷 8
● Valpolicella Cl. Sup. Ripasso '14	🍷🍷 5
● Amarone della Valpolicella Cl. Ca' Coato '12	🍷🍷 8
● Corvina '13	🍷🍷 4
● Recioto della Valpolicella Cl. '13	🍷🍷 6
● Valpolicella Cl. '14	🍷 3
● Amarone della Valpolicella Cl. Ca' Coato '11	🍷🍷 6
● Amarone della Valpolicella Cl. Moròpio '11	🍷🍷 6
● Recioto della Valpolicella Cl. '11	🍷🍷 5
● Theobroma '11	🍷🍷 4
● Valpolicella Cl. Sup. Ripasso '13	🍷🍷 4

Albino Armani

via Ceradello, 401
37020 Dolcè [VR]
Tel. 0457290033
www.albinoarmani.com

VENDITA DIRETTA
VISITA SU PRENOTAZIONE
PRODUZIONE ANNUA 900.000 bottiglie
ETTARI VITATI 220,00
AZIENDA SOSTENIBILE

La grande azienda di Dolcè nel corso degli ultimi decenni ha ampliato in modo significativo le aree viticole, dapprima la Vallagarina in Trentino per poi al argarsi velocemente in direzione orientale nelle Grave del Friuli e la provincia trevigiana e meridionale in direzione della vicina Valpolicella. Oggi le vigne si estendono per molti ettari e in ognuna di queste la produzione è dedicata alle storiche tipologie e uve dei rispettivi territori. I risultati più convincenti quest'anno giungono però dall'azienda storica del veronese, con un Foja Tonda '12 di grande espressività. Si tratta del vitigno casetta che dà vita a un rosso dai fini profumi di frutto selvatico e pepe, con una preziosa inserzione di erbe officinali che dona freschezza e leggerezza. In bocca è solido e nervoso, dotato di un sorso sapido e di bella lunghezza. Ottima la prova del Pinot Grigio Colle Ara, profumato di pera e fiori freschi e dona al palato pienezza e armonia.

● Amarone della Valpolicella Cuslanus '10	🍷🍷 6
● Valdadige Foja Tonda Casetta Terra dei Forti '12	🍷🍷 3
○ Valdadige Terra dei Forti Pinot Grigio Colle Ara '15	🍷🍷 2*
○ Sauvignon Campo Napoleone '15	🍷 2
● Valpolicella Cl. Sup. Ripasso '13	🍷 3
● Amarone della Valpolicella '08	🍷🍷 5
● Amarone della Valpolicella Cl. Cuslanus '09	🍷🍷 6
○ Trentino Chardonnay Capitel '14	🍷🍷 2*
○ Trento Brut '10	🍷🍷 4
○ Valdadige Pinot Grigio Corvara '14	🍷🍷 2*
○ Valdadige Terra dei Forti Pinot Grigio Colle Ara '14	🍷🍷 2*

Balestri Valda

via Monti, 44
37038 Soave [VR]
Tel. 0457675393
www.vinibalestrivalda.com

VENDITA DIRETTA
VISITA SU PRENOTAZIONE
PRODUZIONE ANNUA 65.000 bottiglie
ETTARI VITATI 13,00
AZIENDA SOSTENIBILE

L'azienda della famiglia Rizzotto non vanta una storia particolarmente lunga ma Guido, il fondatore, ha dedicato tutta la sua vita all'enologia. Con il passare del tempo ha maturato la volontà di dedicarsi a una realtà tutta sua, da condividere con la moglie Milena e i figli Laura e Luca. Oggi sono loro, con la preziosa presenza di papà che non fa mancare il suo sostegno, a condurre questa bella realtà che si sviluppa sulle colline che sembrano proteggere l'abitato di Soave e che costituiscono il cuore del Soave Classico. Il Soave Sengialta '14 proviene da suoli neri, basaltici, affina in botte grande e, dopo un anno, viene presentato. Al naso si colgono note di frutto bianco e fiori, con una curiosa sfumatura esotica sullo sfondo. In bocca è di medio corpo, dotato di un sorso sapido che sa donare ricchezza senza perdere eleganza e tensione. Il Lunalonga invece sembra soffrire maggiormente la difficoltà della vendemmia 2014, risultando asciutto e longilineo.

○ Soave Cl. Vign. Sengialta '14	🍷🍷 2*
○ Soave Cl. '15	🍷 2
○ Soave Cl. Lunalonga '14	🍷 3
○ Soave Cl. '12	🍷🍷 2*
○ Soave Cl. '11	🍷🍷 2*
○ Soave Cl. Lunalonga '12	🍷🍷 3*
○ Soave Cl. Lunalonga '11	🍷🍷 3
○ Soave Cl. Sengialta '11	🍷🍷 2*
○ Soave Cl. Sengialta '10	🍷🍷 2*
○ Soave Cl. Vign. Sengialta '13	🍷🍷 2*
○ Soave Cl. Vign. Sengialta '12	🍷🍷 2*

Barollo

via Rio Serva, 4b
35123 Preganziol [TV]
Tel. 0422633014
www.barollo.com

VENDITA DIRETTA
VISITA SU PRENOTAZIONE
PRODUZIONE ANNUA 57.000 bottiglie
ETTARI VITATI 45,00

Marco e Nicola Barollo sono giovani imprenditori che hanno saputo tradurre la passione per il vino in un'azienda florida e che ben rappresenta la vocazione viticola del loro territorio. Le vigne, estese per più di quaranta ettari, si sviluppano nelle campagne a sud di Treviso, testimonianza di un rapporto con la viticoltura che questo territorio rischiava di perdere. Lo stile dei vini di casa Barollo, articolati in una gamma ampia ed equilibrata, rivolge grande attenzione alla piena espressività dei vitigni, donando ricchezza senza mai rinunciare alla bevibilità. Anche quest'anno spetta al Frank! il ruolo da protagonista, un rosso a base cabernet franc che non ha mai giocato le carte della potenza quanto piuttosto dell'eleganza e della raffinatezza del sorso. Al naso, complice anche la complicata vendemmia 2014, il vino rivela un animo inquieto, con il frutto attraversato da note di erbe aromatiche e spezie, mentre in bocca colpisce per la tensione e l'armonia che riesce a offrire.

● Frank! '14	🍷🍷 4
○ Manzoni Bianco '15	🍷🍷 3
○ Piave Chardonnay '14	🍷🍷 4
○ Sauvignon '15	🍷🍷 3
○ Piave Chardonnay Frater '15	🍷 2
● Piave Merlot Frater '15	🍷 2
○ Pinot Bianco '15	🍷 3
○ Prosecco di Treviso Extra Dry '15	🍷 2
○ Alfredo Barollo Brut M. Cl. Ris. '10	🍷🍷 4
● Frank! '13	🍷🍷 4
● Frank! '12	🍷🍷 4
○ Piave Chardonnay '13	🍷🍷 4
○ Pinot Bianco '14	🍷🍷 3
○ Sauvignon '13	🍷🍷 3

★Lorenzo Begali

via Cengia, 10
37020 San Pietro in Cariano [VR]
Tel. 0457725148
www.begaliwine.it

VENDITA DIRETTA
VISITA SU PRENOTAZIONE
PRODUZIONE ANNUA 90.000 bottiglie
ETTARI VITATI 12,00

Con grande oculatezza e attenzione, l'azienda di Lorenzo Begali ha saputo allargare i vigneti, dapprima attorno alla cantina di Cengia, successivamente lungo le pendici della collina di Castelrotto e infine sulla Masua, splendida posizione nella vallata di Negrar. Una dozzina di ettari complessivi per una produzione dedicata quasi esclusivamente ai vini della tradizione, interpretati con grande rigore e rinunciando alla rotondità che ha un po' colonizzato la denominazione. Proprio lungo questo sentiero stilistico si muove l'Amarone Monte Ca' Bianca '11, dai profumi che si manifestano poco a poco, prima la ciliegia e la prugna, poi le note di erbe officinali, infine le spezie. Quadro aromatico che ritroviamo perfettamente espresso in un palato solido e grintoso, sostenuto da una fitta trama tannica che esalta la freschezza acida che queste uve e questo territorio portano in dote, fino a un lungo finale. Più immediato e solare l'Amarone Classico '12, ugualmente profondo al naso ma dotato di una beva più semplice e fresca.

Vino	Bicchieri	Punteggio
● Amarone della Valpolicella Cl. Monte Ca' Bianca '11	🍷🍷🍷	8
● Amarone della Valpolicella Cl. '12	🍷🍷	6
● Tigiolo '12	🍷🍷	5
● Valpolicella Cl. Sup. Ripasso La Cengia '14	🍷🍷	3
● Valpolicella Cl. '15	🍷	2
● Amarone della Valpolicella Cl. Vign. Monte Ca' Bianca '09	🍸🍸🍸	8
● Amarone della Valpolicella Cl. Vign. Monte Ca' Bianca '08	🍸🍸🍸	8
● Amarone della Valpolicella Cl. Vign. Monte Ca' Bianca '07	🍸🍸🍸	8
● Amarone della Valpolicella Cl. Vign. Monte Ca' Bianca '06	🍸🍸🍸	8
● Amarone della Valpolicella Cl. Vign. Monte Ca' Bianca '05	🍸🍸🍸	8

★Cav. G. B. Bertani

via Asiago,1
37023 Grezzana [VR]
Tel. 0458658444
www.bertani.net

VENDITA DIRETTA
VISITA SU PRENOTAZIONE
PRODUZIONE ANNUA 2.100.000 bottiglie
ETTARI VITATI 200,00
AZIENDA SOSTENIBILE

La forza di un'azienda come Angelini sta nel sapersi rinnovare negli uomini e nelle strutture senza rinunciare a uno stile che il mondo riconosce per classicità e capacità di interpretare la tradizione. Duecento ettari di vigneti, disseminati soprattutto nella Valpolicella, sono un patrimonio che ogni anno la Bertani sa far fruttare con perizia e attenzione, con una produzione che offre sempre delicatezza e armonia. L'Amarone Classico '08 sfodera una prestazione di rara precisione, tratteggiata da profumi che al frutto rosso surmaturo intrecciano le erbe aromatiche e il pepe, con una tenue e ancora poco espressa mineralità. Al palato mette in mostra un'eleganza e una delicatezza che solo il lungo affinamento può portare, facendo risaltare più la sapidità che la dolcezza, più l'eleganza che la potenza, fino a un lungo e succoso finale. Convincente anche la versione più fresca e figlia della Valpantena, giocata sulla freschezza aromatica e la spigliatezza della beva.

Vino	Bicchieri	Punteggio
● Amarone della Valpolicella Cl. '08	🍷🍷🍷	8
● Amarone della Valpolicella Valpantena '13	🍷🍷	6
● Secco Bertani Vintage Edition '13	🍷🍷	4
○ Soave Giovan Battista Bertani '14	🍷🍷	3
○ Soave Sereole '15	🍷	3
● Valpolicella '15	🍷	3
● Amarone della Valpolicella Cl. '07	🍸🍸🍸	8
● Amarone della Valpolicella Cl. '06	🍸🍸🍸	8
● Amarone della Valpolicella Cl. '05	🍸🍸🍸	8
● Amarone della Valpolicella Cl. '04	🍸🍸🍸	8
● Amarone della Valpolicella Cl. '03	🍸🍸🍸	8
● Amarone della Valpolicella Cl. '01	🍸🍸🍸	8
● Amarone della Valpolicella Cl. '00	🍸🍸🍸	8
● Amarone della Valpolicella Cl. '99	🍸🍸🍸	8
● Valpolicella Cl. Sup. Vign. Ognisanti '06	🍸🍸🍸	4*

BiancaVigna

loc. Ogliano
via Monte Nero, 8
31015 Conegliano [TV]
Tel. 0438788403
www.biancavigna.it

VENDITA DIRETTA
VISITA SU PRENOTAZIONE
OSPITALITÀ
PRODUZIONE ANNUA 600.000 bottiglie
ETTARI VITATI 30,20
AZIENDA SOSTENIBILE

Finalmente la nuova cantina di Ogliano è operativa, perfettamente inserita in un tessuto delicato come quello delle colline che circondano Conegliano e dei piccoli paesi che si dipanano in direzione Valdobbiadene. Qui Elena ed Enrico Moschetta conducono l'azienda di famiglia dedicata pressoché totalmente alla produzione delle bollicine trevigiane, forti di un vigneto che ormai si estende per una trentina di ettari e della collaborazione di numerosi viticoltori della zona. Se Elena è l'immagine dell'azienda, il ruolo di Enrico è più nascosto, ma in cantina fa valere la sua esperienza. La ricerca di ricchezza e tensione, limitando al massimo le dolcezze che il Prosecco spesso possiede, è lo stile di casa, perfettamente espresso nel Rive di Soligo, un Brut dal residuo zuccherino davvero contenuto che si fa apprezzare per la nitidezza dei suoi aromi e la consistenza del sorso. Convincenti anche le versione Brut ed Extra Dry che rivelano inaspettate doti di sapidità.

Vino	Bicchieri	Prezzo
○ Conegliano Valdobbiadene Brut Rive di Soligo '15	🍷🍷 (rossi)	3
○ Conegliano Valdobbiadene Brut '15	▼▼	3
○ Conegliano Valdobbiadene Extra Dry '15	▼▼	3
○ Prosecco Brut	▼▼	2*
○ Prosecco Extra Dry	▼▼	2*
○ Prosecco Frizzante	▼	2
⊙ Spumante Rosé Cuvée 1931	▼	2
○ Conegliano Valdobbiadene Brut '14	▽▽	3
○ Conegliano Valdobbiadene Brut '13	▽▽	3
○ Conegliano Valdobbiadene Brut Rive di Soligo '14	▽▽	3
○ Conegliano Valdobbiadene Extra Dry '14	▽▽	3

Bisol

fraz. Santo Stefano
via Follo, 33
31049 Valdobbiadene [TV]
Tel. 0423900138
www.bisol.it

VENDITA DIRETTA
VISITA SU PRENOTAZIONE
PRODUZIONE ANNUA 1.800.000 bottiglie
ETTARI VITATI 126,00

In un territorio profondamente dinamico come quello del Prosecco, l'azienda della famiglia Bisol riesce a far convivere al suo interno due aspetti apparentemente antitetici. Da un lato un fortissimo legame con la tradizione e le terre che circondano Valdobbiadene, dall'altro un'apertura al mondo del Prosecco che non trascura l'importanza dei vigneti di pianura, per una superficie vitata ormai fra le più estese della denominazione e una produzione affidabile e di assoluto valore. Dalle migliori vigne giungono anche i migliori prodotti, come testimonia l'assaggio del Brut Garnei, un Valdobbiadene '14 dal residuo zuccherino bassissimo che esprime al naso, in virtù anche del maggior affinamento, un profilo nitido di frutto bianco e di fiori che ritroviamo in un palato solido, di grande armonia e sapidità. Il Cartizze '15 invece esprime tutta la solarità del territorio e della glera, in un turbinio di frutti esotici e note di confetto che anticipano un sorso succoso e appagante.

Vino	Bicchieri	Prezzo
○ Valdobbiadene Brut Private Garnei '14	🍷🍷 (rossi)	3*
○ Brut M. Cl. '04	▼▼	4
○ Cartizze '15	▼▼	5
○ Cartizze Brut Private '13	▼▼	5
○ Valdobbiadene Extra Dry Vign. del Fol '15	▼▼	4
○ Prosecco Brut Belstar	▼	3
○ Valdobbiadene Brut Jeio	▼	2
○ Valdobbiadene Brut NoSo2	▼	2
○ Cartizze '14	▽▽	5
○ Cuvée del Fondatore Eliseo Bisol Brut M. Cl '04	▽▽	5
○ Valdobbiadene Brut Garnei '13	▽▽	3
○ Valdobbiadene Extra Dry Molera '14	▽▽	3
○ Valdobbiadene Extra Dry Vign. del Fol '14	▽▽	4

Bolla

fraz. Pedemonte
via A. Bolla, 3
37029 San Pietro in Cariano [VR]
Tel. 0456836555
www.bolla.it

VENDITA DIRETTA
VISITA SU PRENOTAZIONE
PRODUZIONE ANNUA 11.000.000 bottiglie
ETTARI VITATI 188,00

Se in passato Bolla è stato sinonimo di vino italiano nel mondo, oggi si pone come una delle case storiche in forte rilancio. Circa 200 ettari disseminati lungo le denominazioni veronesi forniscono le uve per le etichette più prestigiose, cui vanno aggiunte quelle dei numerosi viticoltori che conferiscono la loro produzione in azienda. La regia di Cristian Scrinzi ha dato lustro a una gamma che sempre più risponde a canoni di classicità in un territorio fra i più ricercati d'Italia. Se dai rossi della Valpolicella sono giunte più volte prove di grande spessore, colpisce l'ottima prova del Soave Tufaie '15, un bianco che affina in rovere che colpisce per la nitidezza degli aromi fruttati che trovano nel legno un mezzo di emancipazione, per un palato solido, ricco e di buona tensione. Il campione di casa rimane però il Ripasso Le Poiane '14. Profuma di frutto surmaturo e spezie, in bocca può contare su un'intensa spinta sapida che dona pienezza ed eleganza al sorso.

● Valpolicella Cl. Sup. Ripasso Le Poiane '14	🍷🍷🍷 4
○ Soave Cl. Sup. Tufaie '15	🍷🍷 3
● Amarone della Valpolicella Cl. Le Origini '09	YY 7
● Amarone della Valpolicella Cl. Le Origini Ris. '10	YY 6
● Amarone della Valpolicella Cl. Rhetico '10	YY 6
● Creso '12	YY 4
● Creso '11	YY 4
○ Custoza La Real Casa '14	YY 2*
○ Soave Cl. Sup. Tufaie '13	YY 3
● Valpolicella Cl. Sup. Colforte '13	YY 3
● Valpolicella Cl. Sup. Ripasso '12	YY 2*
● Valpolicella Cl. Sup. Ripasso Le Poiane '13	YY 4
● Valpolicella Cl. Sup. Ripasso Le Poiane '12	YY 4

Borgo Stajnbech

via Belfiore, 109
30020 Pramaggiore [VE]
Tel. 0421799929
www.borgostajnbech.com

VENDITA DIRETTA
VISITA SU PRENOTAZIONE
PRODUZIONE ANNUA 90.000 bottiglie
ETTARI VITATI 15,00

La famiglia Valent è fra le più attive nel comprensorio di Lison-Pramaggiore, la denominazione che si affaccia al bacino Adriatico. Qui la terra gode della vicinanza del mare che mitiga e governa le temperature, mentre il suolo possiede importanti percentuali di argilla che si rivelano ideali per tai e refosco, le uve che più delle altre caratterizzano questo territorio. La produzione, proveniente dai quindici ettari di vigneto, è dedicata in massima parte a vini da monovitigno, interpretati con tensione e grande attenzione alla bevibilità. Ottima la prova del 150, un Lison Classico '14 che mette in mostra l'animo più delicato e floreale del vitigno, impreziosito dalla presenza di note di uva spina e mandorla. In bocca la pienezza è ben contrastata dalla sapida spinta acida, per un finale asciutto e lungo. Convincente anche il Rosso Stajnbech '13, un blend di refosco e cabernet sauvignon che a profumi immediati di frutto fresco fa seguire invece un sorso di buona profondità e raffinatezza, risultando asciutto e armonioso.

○ Bianco Stajnbech '13	🍷🍷 3
○ Lison Cl. 150 '14	🍷🍷 3
● Refosco P. R. '14	🍷🍷 2*
● Rosso Stajnbech '13	🍷🍷 3
○ Sauvignon Bosco della Donna '15	🍷🍷 3
● Merlot Ywain '14	🍷 2
○ Pinot Grigio '15	🍷 2
● Pinot Nero '14	🍷 2
● Lison – Pramaggiore Refosco P.R. '12	YY 2*
○ Lison-Pramaggiore Cl. 150 '13	YY 3
● Lison-Pramaggiore Merlot '12	YY 2*
● Lison-Pramaggiore Refosco P.R. '13	YY 2*
● Malbech '12	YY 2*
● Stajnbech Rosso '11	YY 3

Borgoluce

LOC. MUSILE, 2
31058 SUSEGANA [TV]
TEL. 0438435287
www.borgoluce.it

VENDITA DIRETTA
VISITA SU PRENOTAZIONE
OSPITALITÀ E RISTORAZIONE
PRODUZIONE ANNUA 250.000 bottiglie
ETTARI VITATI 70,00

La giovane azienda di Susegana affonda le sue radici molto in profondità. Nasce infatti dalla collaborazione fra le famiglie Collalto e Giustinian, storiche presenze del territorio, che hanno dato vita a una realtà che spazia all'interno del mondo agricolo, con un'importante presenza viticola che si affianca all'attività zootecnica e di trasformazione. La produzione è dedicata in massima parte al Prosecco, interpretato con una particolare attenzione all'espressività del frutto e all'armonia del sorso. Solo ottime uve permettono la produzione di un grande Brut, poiché lo scarso apporto di zuccheri mette a nudo la delicatezza del vitigno. Operazione perfettamente riuscita con la versione Brut di Borgoluce, uno spumante dai tratti leggeri ma incisivi, capace di dare soddisfazione con decisione e sapidità. Ancora meglio l'etichetta proveniente dalle migliori vigne di Collalto, che mette in luce un frutto che gode della maturità solare della vendemmia 2015, dotato di armonia e potenza.

○ Valdobbiadene Brut	▼▼ 3
○ Valdobbiadene Rive di Collalto Brut '15	▼▼ 2*
○ Valdobbiadene Extra Dry	▼ 3
○ Valdobbiadene Prosecco Frizzante Gaiante	▼ 3
○ Prosecco di Valdobbiadene Extra Dry '09	▽▽ 3
○ Prosecco di Valdobbiadene Extra Dry '08	▽▽ 2*
○ Valdobbiadene Rive di Collalto Brut '14	▽▽ 2*
○ Valdobbiadene Rive di Collalto Brut '13	▽▽ 2*
○ Valdobbiadene Rive di Collalto Extra Dry '14	▽▽ 2*
○ Valdobbiadene Rive di Collalto Extra Dry '13	▽▽ 2*
○ Valdobbiadene Rive di Collalto Extra Dry '12	▽▽ 2*
○ Valdobbiadene Rive di Collalto Extra Dry '11	▽▽ 2*

Borin Vini & Vigne

FRAZ. MONTICELLI
VIA DEI COLLI, 5
35043 MONSELICE [PD]
TEL. 042974384
www.viniborin.it

VENDITA DIRETTA
VISITA SU PRENOTAZIONE
PRODUZIONE ANNUA 105.000 bottiglie
ETTARI VITATI 28,00

Sono più di cinquant'anni che la famiglia Borin si dedica alla produzione dei vini dei Colli Euganei, forte di un vigneto che si estende in vari appezzamenti per una trentina di ettari. Accanto a Gianni e alla moglie Teresa, sempre più importante è l'opera dei figli Francesco e Paolo, il primo abile gestore della parte produttiva, il secondo capace di leggere le tendenze del mercato e di immaginare gli sviluppi da intraprendere. La produzione, ampia e affidabile, è dedicata in massima parte a vini ottenuti da un singolo vitigno. Il Cabernet Sauvignon Mons Silicis è una Riserva che dopo un lungo affinamento in cantina già presenta un quadro aromatico profondo e stratificato, con il frutto in primo piano che lentamente fa emergere le note di grafite ed erbe aromatiche, lasciando al rovere solamente un ruolo di contorno. In bocca non gioca le sue carte sulla potenza quanto piuttosto sull'armonia, risultando sapido e molto lungo. Convincente anche la prova del Manzoni Bianco Corte Borin '15, un vino dal profilo energico e scattante.

Vino	
● Colli Euganei Cabernet Sauvignon Mons Silicis Ris. '12	▼▼▼ 4
○ Colli Euganei Fior d'Arancio '15	▼▼ 2*
○ Colli Euganei Fior d'Arancio Fiore di Gaia '15	▼▼ 2*
○ Colli Euganei Manzoni Bianco Corte Borin '15	▼▼ 3
● Colli Euganei Merlot Rocca Chiara Ris. '12	▼▼ 4
○ Sauvignon Blanc '15	▼▼ 4
● Colli Euganei Cabernet Sauvignon V. Costa '14	▼ 3
○ Colli Euganei Chardonnay V. Bianca '14	▼ 3
○ Colli Euganei Pinot Bianco Monte Archino '15	▼ 2
○ Colli Euganei Serprino '15	▼ 2
● Syrah Coldivalle '13	▼ 3

Bortolomiol

via Garibaldi, 142
31049 Valdobbiadene [TV]
Tel. 04239749
www.bortolomiol.com

VENDITA DIRETTA
VISITA SU PRENOTAZIONE
RISTORAZIONE
PRODUZIONE ANNUA 1.800.000 bottiglie
ETTARI VITATI 5,00
AZIENDA SOSTENIBILE

La Bortolomiol è una delle realtà che hanno fatto la storia del Prosecco. Fondata da Giuliano nel secolo scorso, l'azienda ha saputo crescere in armonia con l'ambiente e con le esigenze di un tessuto agricolo delicato e custode di un territorio dalla bellezza incomparabile. Oggi le figlie di Giuliano la conducono, disponendo di pochi ettari di proprietà ma potendo vantare una strettissima collaborazione con numerosi viticoltori del comprensorio, che garantiscono le uve per una produzione che ormai sfiora i due milioni di bottiglie. Grande attenzione ai Brut che hanno nel Prior il vertice qualitativo. Al naso si colgono le note di mela e pera che introducono un sorso energico e che richiede poco aiuto dagli zuccheri. Asciutto e sapido il finale. Il Motus Vitae, dedicato al fondatore, viene immesso nel mercato dopo un lungo affinamento e oggi presenta un quadro aromatico complesso, con la mela Golden matura che abbraccia i fiori secchi, per un sorso armonioso e delicato.

○ Valdobbiadene Rive di San Pietro di Barbozza Brut Nature Grande Cuvée del Fondatore Motus Vitae '13	🍷🍷🍷 (rossi) 4*
○ Valdobbiadene Brut Prior '15	🍷🍷 (rossi) 3*
○ Cartizze	🍷🍷 5
○ Valdobbiadene Brut Ius Naturae '15	🍷🍷 3
○ Valdobbiadene Dry Maior '15	🍷🍷 3
○ Valdobbiadene Extra Dry Senior '15	🍷🍷 3
⊙ Filanda Rosé Brut '15	🍷 3
○ Riserva del Governatore Extra Brut '14	🍷 3
○ Valdobbiadene Demi Sec Suavis	🍷 3
○ Valdobbiadene Extra Dry Banda Rossa	🍷 3
○ Valdobbiadene Brut Prior '14	🍷🍷🍷 (vuoti) 3*
○ Valdobbiadene Extra Dry Banda Rossa '14	🍷🍷 (vuoti) 3

Carlo Boscaini

via Sengia, 15
37015 Sant'Ambrogio di Valpolicella [VR]
Tel. 0457731412
www.boscainicarlo.it

VENDITA DIRETTA
VISITA SU PRENOTAZIONE
OSPITALITÀ
PRODUZIONE ANNUA 60.000 bottiglie
ETTARI VITATI 14,00

L'azienda dei fratelli Boscaini si trova a Sant'Ambrogio di Valpolicella, circa 14 ettari di vigneto che si distribuiscono sulle colline che contornano la cantina di via Sengia. L'altitudine è di poco superiore ai 200 metri e la produzione è dedicata interamente ai vini della Valpolicella, interpretati cercando di far coesistere la tradizione con la ricchezza, l'eleganza con la personalità, per un totale di circa 60mila bottiglie annue. Dal vigneto Zane giunge il Ripasso '13, che ha maggiormente convinto le nostre commissioni. Al naso si coglie l'intreccio fra il frutto rosso surmaturo e le erbe aromatiche, con una fresca nota di rosmarino al naso. In bocca è di medio corpo, con tannini levigati e buona spinta sapida. Convincente anche l'Amarone San Giorgio '12, dal profilo maturo e profondo, sorso di grande pienezza e morbidezza, governato da una fresca inserzione acida.

Vino	Valutazione
● Amarone della Valpolicella Cl. San Giorgio '12	🍷🍷 6
● Recioto della Valpolicella Cl. La Sengia '14	🍷🍷 4
● Valpolicella Cl. Sup. La Preosa '14	🍷🍷 3
● Valpolicella Cl. Sup. Ripasso Zane '13	🍷🍷 4
● Valpolicella Cl. Ca' Bussin '15	🍷 2
● Amarone della Valpolicella Cl. San Giorgio '11	🍷🍷 (vuoti) 5
● Amarone della Valpolicella Cl. San Giorgio '10	🍷🍷 (vuoti) 5
● Amarone della Valpolicella Cl. San Giorgio '09	🍷🍷 (vuoti) 5
● Valpolicella Cl. Ca' Bussin '12	🍷🍷 (vuoti) 2*
● Valpolicella Cl. Sup. La Preosa '12	🍷🍷 (vuoti) 3
● Valpolicella Cl. Sup. La Preosa '11	🍷🍷 (vuoti) 3
● Valpolicella Cl. Sup. Ripasso Zane '11	🍷🍷 (vuoti) 4
● Valpolicella Cl. Sup. Ripasso Zane '09	🍷🍷 (vuoti) 3

Bosco del Merlo

via Postumia, 12
30020 Annone Veneto [VE]
Tel. 0422768167
www.boscodelmerlo.it

VENDITA DIRETTA
VISITA SU PRENOTAZIONE
PRODUZIONE ANNUA 240.000 bottiglie
ETTARI VITATI 84,00
AZIENDA SOSTENIBILE

Fondata da Valentino alla metà del secolo precedente, l'azienda dei fratelli Paladin può vantare una presenza nel territorio di Lison-Pramaggiore che ormai dura da oltre mezzo secolo. Bosco del Merlo rappresenta la punta di diamante della famiglia, un'azienda agricola che si estende per molti ettari, quasi un centinaio, che fornisce le uve per tutte le etichette più ambiziose. La produzione offre uno stile in cui alla riconoscibilità del vitigno si accompagna una bevibilità raffinata e mai appariscente. Il Vineargenti è un blend di merlot e refosco dal peduncolo rosso che si fa apprezzare per la profondità dei suoi aromi, con il frutto rosso che compare poco per volta lasciando spazio alle note speziate e di fiori. In bocca ha buona solidità e pienezza, senza perdere agilità e finezza. Convincente anche il Campo Camino Riserva '13, un Merlot che invece gioca le sue carte su un frutto fresco e succoso che si staglia nitido al naso, mentre in bocca è di grande bevibilità.

- ● Lison-Pramaggiore Rosso Vineargenti Ris. '13 — 🍷🍷 6
- ● Lison-Pramaggiore Merlot Campo Camino Ris. '13 — 🍷🍷 4
- ● Lison-Pramaggiore Refosco P. R. Roggio dei Roveri Ris. '13 — 🍷🍷 5
- ○ Lison-Pramaggiore Sauvignon Turranio '15 — 🍷🍷 4
- ● Malbech Gli Aceri Paladin '13 — 🍷🍷 6
- ○ Venezia Pinot Grigio Tudajo '15 — 🍷🍷 3
- ○ Prosecco Brut — 🍷 4
- ○ Prosecco Extra Dry — 🍷 5
- ○ Venezia Chardonnay Nicopeja '15 — 🍷 3
- ● Lison-Pramaggiore Merlot Campo Camino '11 — 🍷🍷 4
- ● Lison-Pramaggiore Refosco P.R. Roggio dei Roveri '12 — 🍷🍷 5

★Brigaldara

fraz. San Floriano
via Brigaldara, 20
37029 San Pietro in Cariano [VR]
Tel. 0457701055
www.brigaldara.it

VENDITA DIRETTA
VISITA SU PRENOTAZIONE
PRODUZIONE ANNUA 300.000 bottiglie
ETTARI VITATI 50,00

L'azienda della famiglia Cesari è attiva da quasi quarant'anni nella Valpolicella e in questi decenni ha provveduto ad allargare il suo vigneto passo dopo passo, giungendo oggi a gestire una cinquantina di ettari, sia all'interno della zona classica che in quella orientale. La cantina invece si trova nella casa colonica adiacente la villa, perfettamente inserita nell'architettura originale, e si sviluppa su due piani, che permettono di tenere separate le lavorazioni di vinificazione da quelle di affinamento. La presenza di tre Amarone potrebbe far storcere il naso ma all'assaggio si capisce il senso di queste scelte: vigneti, interpretazioni e affinamenti che esaltano le differenze fra i vini. Ricchezza, maturità e profondità nella Riserva '09, potenza e dinamismo nel Case Vecie '11 che giunge dai vigneti orientali, infine la solarità e la delicatezza del sorso nel caso del Classico '12. Segnaliamo l'ottima riuscita del Valpolicella Superiore Case Vecie '14, alla sua prima uscita, un rosso di carattere e pienezza.

- ● Amarone della Valpolicella Case Vecie '11 — 🍷🍷 6
- ● Amarone della Valpolicella Ris. '09 — 🍷🍷 8
- ● Valpolicella Sup. Case Vecie '14 — 🍷🍷 3*
- ● Amarone della Valpolicella Cl. '12 — 🍷🍷 6
- ○ Soave '15 — 🍷🍷 3
- ● Valpolicella '15 — 🍷 3
- ● Valpolicella Cl. Sup. Ripasso Il Vegro '14 — 🍷 4
- ● Amarone della Valpolicella Case Vecie '07 — 🍷🍷🍷 7
- ● Amarone della Valpolicella Cl. '10 — 🍷🍷🍷 7
- ● Amarone della Valpolicella Cl. '06 — 🍷🍷🍷 6
- ● Amarone della Valpolicella Cl. '05 — 🍷🍷🍷 6
- ● Amarone della Valpolicella Ris. '07 — 🍷🍷🍷 8

Sorelle Bronca

FRAZ. COLBERTALDO
VIA MARTIRI, 20
31020 VIDOR [TV]
TEL. 0423987201
www.sorellebronca.com

VENDITA DIRETTA
VISITA SU PRENOTAZIONE
OSPITALITÀ
PRODUZIONE ANNUA 350.000 bottiglie
ETTARI VITATI 24,00

Ersiliana e Antonella, con la collaborazione rispettivamente della figlia Elisa e del marito Piero, costituiscono il quartetto affiatato che conduce l'azienda di Colbertaldo, che oggi si estende per una ventina di ettari in varie zone della denominazione, dai vigneti più scoscesi come quelli di Colbertaldo e Rolle, a quello di Farrò, posto in collina ma su un terreno poco pendente. Su tutti i vigneti però la coltivazione è in conduzione biologica, per una produzione che al classico Prosecco affianca una piccola batteria di vini fermi di ottimo livello. Piero ha saputo interpretare con grande attenzione la vendemmia 2015, proponendo una batteria di spumanti di assoluto valore, capitanati ancora una volta dal Particella 68, un Prosecco Brut che sfrutta la nitidezza fruttata del mosto per trasformarsi in bollicina dal carattere asciutto, solido e raffinato. Il Ser Bele è invece un taglio bordolese dal carattere solare e avvolgente, dominato da un frutto rosso maturo e polposo. Segnaliamo infine l'estrema piacevolezza del vino più semplice di casa, Difetto Perfetto.

○ Valdobbiadene Brut Particella 68 '15	🍷🍷🍷 (rossi) 4*
● Colli di Conegliano Rosso Ser Bele '13	🍷🍷 (rossi) 5
○ Colli di Conegliano Bianco Delico '15	🍷🍷 3
○ Valdobbiadene Brut	🍷🍷 3
○ Valdobbiadene Extra Dry	🍷🍷 3
○ Valdobbiadene Prosecco Frizzante Difetto Perfetto	🍷 3
● Colli di Conegliano Rosso Ser Bele '09	🍷🍷🍷 (vuoti) 5
● Colli di Conegliano Rosso Ser Bele '05	🍷🍷🍷 (vuoti) 5
○ Valdobbiadene Brut Particella 68 '13	🍷🍷🍷 (vuoti) 4*
○ Colli di Conegliano Bianco Delico '12	🍷🍷 (vuoti) 3
● Colli di Conegliano Rosso Ser Bele '12	🍷🍷 (vuoti) 5
● Colli di Conegliano Rosso Ser Bele '11	🍷🍷 (vuoti) 5
○ Valdobbiadene Brut Particella 68 '14	🍷🍷 (vuoti) 4
○ Valdobbiadene Brut Particella 68 '12	🍷🍷 (vuoti) 4

Luigi Brunelli

VIA CARIANO, 10
37029 SAN PIETRO IN CARIANO [VR]
TEL. 0457701118
www.brunelliwine.com

VENDITA DIRETTA
VISITA SU PRENOTAZIONE
OSPITALITÀ
PRODUZIONE ANNUA 120.000 bottiglie
ETTARI VITATI 14,00

Giungendo in Valpolicella dall'autostrada, sulla destra si scorge la cantina dell'azienda Brunelli, perfettamente inserita in un territorio viticolo a ridosso della collina di San Pietro In Cariano. Luigi, con la moglie Luciana e il figlio Alberto, conducono una realtà che ha vigne per una quindicina di ettari, dedicate in massima parte alle uve della Valpolicella, cui fanno da complemento una manciata di uve a bacca bianca. Per i vini più semplici grande attenzione a integrità del frutto e bevibilità, per gli Amarone invece la potenza è un fattore imprescindibile in casa Brunelli. Manca solo l'acuto quest'anno, perché la produzione dimostra qualità invidiabile su tutte le tipologie. Il Campo Inferi '11 è un Amarone che dopo anni di potenza e concentrazione ha sfoderato una prestazione di grande fattura conquistando un pizzico di tensione e leggerezza in più, che hanno portato in dote grande e appagante bevibilità. Ottima la prova anche del Valpolicella Praesel '13, un Superiore dal profilo complesso e raffinato.

● Amarone della Valpolicella Cl. Campo Inferi Ris. '11	🍷🍷 (rossi) 8
● Amarone della Valpolicella Cl. '12	🍷🍷 8
● Amarone della Valpolicella Cl. Campo del Titari Ris. '11	🍷🍷 8
● Recioto della Valpolicella Cl. '14	🍷🍷 5
● Valpolicella Cl. Sup. Campo Praesel '13	🍷🍷 3
● Valpolicella Cl. Sup. Ripasso Pa' Riondo '14	🍷🍷 4
● Valpolicella Cl. '15	🍷 2
● Amarone della Valpolicella Cl. Campo del Titari '97	🍷🍷🍷 (vuoti) 8
● Amarone della Valpolicella Cl. Campo del Titari '96	🍷🍷🍷 (vuoti) 8
● Amarone della Valpolicella Cl. '11	🍷🍷 (vuoti) 8

ioni

FRAZ. CORRUBBIO
VIA CAMPAGNOLE, 55
37029 SAN PIETRO IN CARIANO [VR]
TEL. 0456760681
www.buglioni.it

VENDITA DIRETTA
VISITA SU PRENOTAZIONE
OSPITALITÀ
PRODUZIONE ANNUA 170.000 bottiglie
ETTARI VITATI 48,00

Negli ultimi anni Mariano Buglioni ha impresso un cambio di marcia all'azienda di famiglia, non tanto nella gestione dei numerosi vigneti di proprietà, quanto nelle lavorazioni di cantina. Qui l'enologo Diego Bertoni sovrintende tutte le attività, a partire dalla scelta delle migliori partite di uve, visto che la produzione viticola oggi è ben superiore alle necessità di casa. Il nuovo corso intrapreso è volto a un profilo più elegante e meno morbido che in passato, con risultati che si fanno sempre più convincenti. Alla sua prima uscita colpisce l'Amarone Il Lussurioso '11, una Riserva che sfodera profumi profondi e complessi nei quali il frutto appare in primo piano per lasciare gradualmente spazio a note di erbe officinali e spezie. Al palato rivela corpo solido ma anche un'ottima tensione gustativa, che dona leggerezza e agilità al sorso. Convincente anche la prova de Il Bugiardo '13, un Ripasso dall'impatto ricco e potente che trova sviluppo in una solida impalcatura tannica.

● Amarone della Valpolicella Cl. Il Lussurioso Ris. '11	7
● Valpolicella Cl. Sup. L'Imperfetto '13	5
● Valpolicella Cl. Sup. Ripasso Il Bugiardo '13	5
● Amarone della Valpolicella Cl. L'Amarone '10	6
● Amarone della Valpolicella Cl. L'Amarone '04	6
● Valpolicella Cl. Sup. Il Ruffiano '13	3
● Valpolicella Cl. Sup. Ripasso Il Bugiardo '12	4

Ca' La Bionda

FRAZ. VALGATARA
VIA BIONDA, 4
37020 MARANO DI VALPOLICELLA [VR]
TEL. 0456801198
www.calabionda.it

VENDITA DIRETTA
VISITA SU PRENOTAZIONE
PRODUZIONE ANNUA 150.000 bottiglie
ETTARI VITATI 29,00
VITICOLTURA Biologico Certificato

Posta alla metà della vallata di Marano, l'azienda dei fratelli Castellani è una delle realtà più interessanti della denominazione. Con la preziosa collaborazione del padre Pietro gestiscono una trentina di ettari di vigneto tutti in posizione collinare, coltivati seguendo i dettami dell'agricoltura biologica e limitando al massimo l'intervento umano. In cantina non solo appassimento, ma la ricerca continua di uno stile che ben interpreti la fragrante leggerezza delle uve tradizionali. Da anni il Valpolicella Superiore Campo Casal Vegri è uno dei più interessanti della denominazione, un rosso che anche quest'anno ha colpito per la nitidezza dei suoi aromi, con il frutto attraversato da note floreali e di erbe fini. In bocca cambia marcia, mettendo in luce agilità e tensione unite a un corpo di buona pienezza. L'Amarone Ravazzol '12 invece esprime un calore del frutto più manifesto, mentre al palato mantiene un profilo che gestisce la ricchezza con grande personalità e lunghezza.

● Amarone della Valpolicella Cl. Vign. di Ravazzol '12	8
● Valpolicella Cl. Sup. Campo Casal Vegri '14	5
● Amarone della Valpolicella Cl. '12	6
● Recioto della Valpolicella Cl. Vign. Le Tordare '12	6
● Valpolicella Cl. '15	2*
● Valpolicella Cl. Sup. Ripasso Malavoglia '13	4
● Amarone della Valpolicella Cl. Vign. di Ravazzol '11	8
● Amarone della Valpolicella Cl. Vign. di Ravazzol '07	6
● Valpolicella Cl. Sup. Campo Casal Vegri '11	5

Ca' Lustra

loc. Faedo
via San Pietro, 50
35030 Cinto Euganeo [PD]
Tel. 042994128
www.calustra.it

VENDITA DIRETTA
VISITA SU PRENOTAZIONE
PRODUZIONE ANNUA 170.000 bottiglie
ETTARI VITATI 25,50
VITICOLTURA Biologico Certificato
AZIENDA SOSTENIBILE

I Colli Euganei costituiscono una delle zone viticole più interessanti della regione e forse d'Italia. Un piccolo e complesso sistema di colli di origine vulcanica posto nel mezzo della Pianura Padana, che gode di calore e ventilazioni continue. All'interno del Parco Regionale si sviluppa anche la denominazione, che ha nella figura di Franco Zanovello uno dei punti di riferimento. Accanto a lui sempre più presente il figlio Marco, per un'azienda dinamica e molto attenta all'impatto sull'ambiente. Il calore di questa zona consente alle uve di cabernet sauvignon di maturare con regolarità, dando ai vini ricchezza di frutto e concentrazione che troviamo perfettamente espresse nel Girapoggio, un rosso proposto dopo un lungo affinamento in cantina che offre note di grafite e spezie, mentre in bocca il tannino è perfettamente fuso con la trama del vino, per un risultato di grande equilibrio e piacevolezza. Originale l'espressione aromatica del Moscato Secco 'A Cengia '14, sapido e teso in bocca.

● Colli Euganei Cabernet Girapoggio '09	▼▼ 3*
○ Colli Euganei Fior d'Arancio Spumante '15	▼▼ 3
● Marzemino Belvedere '13	▼▼ 2*
○ Moscato Secco 'A Cengia '14	▼▼ 3
● Nero Musqué '14	▼▼ 4
○ Colli Euganei Manzoni Bianco Pedevenda '14	▼ 3
○ Colli Euganei Serprino '15	▼ 2
● Marzemino Passito '12	▼ 2
● Colli Euganei Cabernet Girapoggio '05	▽▽▽ 3
○ Colli Euganei Fior d'Arancio Passito '07	▽▽▽ 4
● Colli Euganei Merlot Sassonero Villa Alessi '05	▽▽▽ 3
● Colli Euganei Cabernet '12	▽▽ 2*

Ca' Orologio

via Ca' Orologio, 7a
35030 Baone [PD]
Tel. 042950099
www.caorologio.com

VENDITA DIRETTA
VISITA SU PRENOTAZIONE
OSPITALITÀ
PRODUZIONE ANNUA 24.000 bottiglie
ETTARI VITATI 12,00
VITICOLTURA Biologico Certificato

All'interno della barchessa annessa alla villa Ca' Orologio del sedicesimo secolo si trova la cantina di Mariagioia Rosellini, caparbia produttrice che ha saputo trasformare la sua passione per il mondo agricolo in una delle realtà più interessanti dei Colli Euganei. Una dozzina di ettari coltivati in agricoltura biologica costituiscono la base su cui l'azienda fonda le sue radici. Produzione contenuta perché nessuna forzatura avviene in campagna, per una gamma di vini piccola ma di assoluto valore. Il Calaóne è il taglio bordolese a prevalenza merlot che costituisce il vino più prodotto in azienda. Al naso si colgono nette le sensazioni di frutto rosso dolce e maturo, rinfrescate da una sottile presenza di erbe officinali, mentre in bocca rivela corpo pieno e succoso che si allunga in un finale asciutto e levigato. Nelle ottime annate, come la 2013, le uve di carmenere vengono lavorate a parte e, arricchite di uno spruzzo di cabernet franc, vanno a comporre il ricco e polposo Relógio.

● Colli Euganei Rosso Calaóne '13	▼▼ 4
● Relógio '13	▼▼ 5
○ Salaróla '15	▼▼ 3
● Colli Euganei Rosso Duemilaquattordici '14	▼ 4
● Colli Euganei Rosso Calaóne '05	▽▽▽ 3*
● Relógio '09	▽▽▽ 4*
● Relógio '07	▽▽▽ 4
● Relógio '06	▽▽▽ 4
● Relógio '04	▽▽▽ 4*
● Colli Euganei Rosso Calaóne '12	▽▽ 4
● Colli Euganei Rosso Calaóne '11	▽▽ 4
● Relógio '11	▽▽ 5
○ Salaróla '14	▽▽ 3
○ Salaróla '13	▽▽ 3

★Ca' Rugate

VIA PERGOLA, 36
37030 MONTECCHIA DI CROSARA [VR]
TEL. 0456176328
www.carugate.it

VENDITA DIRETTA
VISITA SU PRENOTAZIONE
OSPITALITÀ
PRODUZIONE ANNUA 600.000 bottiglie
ETTARI VITATI 72,00
AZIENDA SOSTENIBILE

L'azienda di Michele Tessari è una delle più dinamiche del fitto tessuto agricolo del soavese, forte di un vigneto che si dipana lungo le colline di questa denominazione e della vicina Valpolicella. La crescita qualitativa impressa dal giovane produttore è passata attraverso l'acquisizione di nuovi vigneti, tanto che oggi l'azienda dispone di circa quaranta ettari per il Soave, una trentina per la Valpolicella e un fazzoletto di un paio di ettari per il Durello. Vini che coniugano grande carattere a una qualità indiscutibile. Ancora una volta la batteria di vini proposti è stata una delle più convincenti, con una nota di merito in particolar modo per Amarone Punta Tolotti '12 e Soave Monte Alto '14. Il primo, anno dopo anno, si manifesta sempre più preciso e raffinato al naso, mentre in bocca riesce a gestire l'esuberanza della tipologia con garbo e tensione. Il secondo, a dispetto di una vendemmia complicata come la 2014, ha invece giocato le carte della complessità aromatica e dell'eleganza di beva, per un risultato da incorniciare.

● Amarone della Valpolicella Punta Tolotti '12	🍷🍷🍷	7
○ Lessini Durello Pas Dosé M. Cl. Amedeo '11	🍷🍷	5
○ Recioto di Soave La Perlara '13	🍷🍷	5
○ Soave Cl. Monte Alto '14	🍷🍷	3*
○ Soave Cl. Monte Fiorentine '15	🍷🍷	3*
● Valpolicella Sup. Campo Lavei '14	🍷🍷	4
● Recioto della Valpolicella L'Eremita '12	🍷🍷	5
○ Soave Cl. San Michele '15	🍷🍷	2*
● Valpolicella Rio Albo '15	🍷🍷	2*
○ Soave Cl. Monte Alto '13	🍷🍷🍷	3*
○ Soave Cl. Monte Alto '11	🍷🍷🍷	3*
○ Soave Cl. Monte Alto '10	🍷🍷🍷	3*
○ Soave Cl. Monte Alto '09	🍷🍷🍷	3*
○ Soave Cl. Monte Fiorentine '13	🍷🍷🍷	3*
○ Studio '10	🍷🍷🍷	4*

Giuseppe Campagnola

FRAZ. VALGATARA
VIA AGNELLA, 9
37020 MARANO DI VALPOLICELLA [VR]
TEL. 0457703900
www.campagnola.com

VENDITA DIRETTA
VISITA SU PRENOTAZIONE
PRODUZIONE ANNUA 5.000.000 bottiglie
ETTARI VITATI 155,00

Giuseppe Campagnola conduce l'azienda di famiglia riuscendo nel difficile compito di far coesistere l'animo del viticoltore del territorio con quello dell'imprenditore che deve per forza far "girare" l'azienda. I vigneti condotti si sviluppano per più di centocinquanta ettari, ma la maggior parte delle uve necessarie alla produzione giunge da una fitta rete di viticoltori che conferiscono in via Agnella. Lo stile insegue la ricchezza del frutto senza perdere di vista la tensione del sorso. Emblematico l'assaggio dell'Amarone più fresco, il Vallata di Marano '13, che pur nell'espressione surmatura e calda della tipologia riesce a trovare l'agilità e la tensione per risultare fresco e di beva spigliata. Di tutt'altro profilo il Caterina Zardini '11, una Riserva profonda e complessa al naso, dal palato ricco e ben governato da acidità e tannino, per un sorso di grande progressione e lunghezza.

● Amarone della Valpolicella Cl. Caterina Zardini Ris. '11	🍷🍷	6
● Amarone della Valpolicella Cl. Vign. Vallata di Marano '13	🍷🍷	5
● Recioto della Valpolicella Cl. Casotto del Merlo '13	🍷🍷	5
● Valpolicella Cl. Sup. Caterina Zardini '14	🍷🍷	3
● Valpolicella Cl. Sup. Ripasso '14	🍷🍷	3
⊙ Bardolino Cl. Chiaretto Roccolo del Lago '15	🍷	2
● Bardolino Cl. Roccolo del Lago '15	🍷	2
○ Pinot Grigio Arnaces '15	🍷	2
○ Prosecco Brut Arnaces	🍷	3
○ Soave Cl. Monte Foscarino Le Bine '15	🍷	2
● Valpolicella Cl. Le Bine '15	🍷	2
● Valpolicella Cl. Sup. Caterina Zardini '05	🍷🍷🍷	3*

I Campi

LOC. ALLODOLA
FRAZ. CELLORE D'ILLASI
VIA DELLE PEZZOLE, 3
37032 ILLASI [VR]
TEL. 0456175915
www.icampi.it

VENDITA DIRETTA
VISITA SU PRENOTAZIONE
PRODUZIONE ANNUA 80.000 bottiglie
ETTARI VITATI 12,00

Flavio Prà, forte di esperienze maturate in diverse aziende del veronese, ha saputo dare vita a un'azienda piccola nei volumi ma di alta qualità, impegnata sia sul fronte del Soave che in quello della Valpolicella. Una dozzina di ettari di collina e alta collina dedicati interamente alle uve della tradizione, per una produzione che vive di due letture differenti. Fragranza e tensione per i bianchi, integrità del frutto e ricchezza per i rossi, sempre cercando il punto di equilibrio tra queste due anime. L'ottima vendemmia 2015 ha permesso al Soave Campo Vulcano di esprimersi su livelli assoluti, intenso nei suoi profumi di frutto bianco e fiori, con una sottile e appena avvertibile nota vegetale che dona una sferzata di freschezza. In bocca rivela un corpo sinuoso, dove l'acidità e ancor più la sapidità riescono a donare leggerezza al sorso. Molto buono anche il Campo Ciotoli '14, un Ripasso in cui il frutto è protagonista assoluto, che si esalta in un palato succoso e di bella pienezza.

○ Soave Cl. Campo Vulcano '15	🍷🍷🍷 3*
● Valpolicella Sup. Ripasso Campo Ciotoli '14	🍷🍷 3*
● Amarone della Valpolicella Campi Lunghi '13	🍷🍷 6
○ Soave Campo Base '15	🍷🍷 2*
● Valpolicella Campo Base '14	🍷 3
○ Soave Cl. Campo Vulcano '13	🍷🍷🍷 3*
○ Soave Cl. Campo Vulcano '12	🍷🍷🍷 3*
○ Soave Cl. Campo Vulcano '11	🍷🍷🍷 5
○ Soave Cl. Campo Vulcano '10	🍷🍷🍷 3*
○ Soave Cl. Campo Vulcano '09	🍷🍷🍷 3*
○ Soave Cl. Campo Vulcano '08	🍷🍷🍷 3*
● Valpolicella Sup. Ripasso Campo Ciotoli '13	🍷🍷🍷 3*
○ Soave Cl. Campo Vulcano '14	🍷🍷 3*

Canevel Spumanti

LOC. SACCOL
VIA ROCCAT E FERRARI, 17
31049 VALDOBBIADENE [TV]
TEL. 0423975940
www.canevel.it

VISITA SU PRENOTAZIONE
PRODUZIONE ANNUA 700.000 bottiglie
ETTARI VITATI 12,00

Canevel è uno dei marchi storici del Prosecco, nato grazie alll'intuizione di Mario Caramel e Roberto De Lucchi alla fine degli anni Settanta. Oggi, a quasi quarant'anni da quell'intuizione, accanto a Roberto ci sono la moglie di Mario, Tatiana, e il figlio Carlo, a inseguire quel sogno di produrre un Prosecco di eccellenza, che esalti tutte le caratteristiche della glera. Oggi le vigne si estendono per una dozzina di ettari e sono coltivate in regime biologico, per una produzione cui concorrono anche numerosi viticoltori della zona. Non conosce punti deboli quest'anno la produzione di Canevel, capitanata da un'ottima versione di Valdobbiadene Brut. Il calore dell'annata ha conferito al vino un quadro aromatico con il frutto bianco al centro dell'obiettivo, mentre in bocca la pienezza è ben contrastata dall'acidità e dalla spiccata sapidità tipica del vitigno. Molto buona anche la versione Extra Dry, ancor più intensa nell'espressione di frutto e dotata di un sorso succoso e appagante.

○ Cartizze '15	🍷🍷 5
○ Valdobbiadene Brut '15	🍷🍷 4
○ Valdobbiadene Dosaggio Zero Vign. del Faè '15	🍷🍷 4
○ Valdobbiadene Extra Dry '15	🍷🍷 4
○ Valdobbiadene Extra Dry Il Millesimato '15	🍷🍷 5
○ Cartizze '14	🍷🍷 5
○ Valdobbiadene Brut '14	🍷🍷 4
○ Valdobbiadene Dosaggio Zero Vign. del Faè '14	🍷🍷 4
○ Valdobbiadene Dosaggio Zero Vign. del Faè '13	🍷🍷 4
○ Valdobbiadene Extra Dry Il Millesimato '14	🍷🍷 5
○ Valdobbiadene Extra Dry Mill. '13	🍷🍷 5

Cantina del Castello

CORTE PITTORA, 5
37038 SOAVE [VR]
TEL. 0457680093
www.cantinacastello.it

VENDITA DIRETTA
VISITA SU PRENOTAZIONE
PRODUZIONE ANNUA 130.000 bottiglie
ETTARI VITATI 13,00

Nel corso degli ultimi vent'anni Arturo non ha inseguito manie di grandezza, non ha rincorso vigneti in tutta la denominazione per aumentare vertiginosamente la produzione. Si è però dedicato alle splendide vigne di proprietà, provvedendo a risistemare gli impianti e in qualche caso a espiantarli e rimodellarli secondo un criterio volto alla valorizzazione dei frutti. In cantina invece la filosofia è rimasta fedele a uno stile in cui leggerezza e fragranza sono punti cardine. Complice l'ottima vendemmia 2015, i vini hanno messo in mostra un'avvolgente ricchezza, come si coglie immediatamente avvicinando al naso il Soave Pressoni, un calice che profuma intensamente di susina bianca e fiori, che si distende in un sorso sapido e di grande piacevolezza. Maggior complessità nel Carniga che, grazie anche alla lunga sosta in cantina, oggi si presenta complesso e articolato al naso, mentre in bocca è ricco e di buona lunghezza, dimostrando una volta di più il grande potenziale evolutivo dei bianchi di Soave.

○ Soave Cl. Carniga '13	🍷🍷 3*
○ Soave Cl. Pressoni '15	🍷🍷 3*
○ Soave Cl. Castello '15	🍷🍷 2*
○ Recioto di Soave Cl. Cortepittora '13	🍷 5
○ Soave Cl. Sup. Monte Pressoni '01	🍷🍷🍷 3
○ Recioto di Soave Cl. Ardens '08	🍷🍷 5
○ Soave Cl. Carniga '11	🍷🍷 3*
○ Soave Cl. Carniga '10	🍷🍷 3
○ Soave Cl. Carniga '08	🍷🍷 3
○ Soave Cl. Castello '12	🍷🍷 2*
○ Soave Cl. Castello '09	🍷🍷 2
○ Soave Cl. Pressoni '14	🍷🍷 3
○ Soave Cl. Pressoni '13	🍷🍷 3

La Cappuccina

FRAZ. COSTALUNGA
VIA SAN BRIZIO, 125
37032 MONTEFORTE D'ALPONE [VR]
TEL. 0456175036
www.lacappuccina.it

VENDITA DIRETTA
VISITA SU PRENOTAZIONE
RISTORAZIONE
PRODUZIONE ANNUA 300.000 bottiglie
ETTARI VITATI 42,00
VITICOLTURA Biologico Certificato

Sisto, Pietro ed Elena Tessari conducono l'azienda di famiglia a Costalunga, sul versante orientale della denominazione soavese. Le vigne, tutte coltivate a spalliera, sono condotte in regime biologico da oltre trent'anni e si sviluppano per quaranta ettari, facendo de La Cappuccina una delle aziende storiche di questo territorio. In cantina la produzione è dedicata in gran parte al Soave, interpretato rispettando caratteristiche quali la fragranza e la bevibilità. Accanto a esso una piccola ma significativa produzione di vini rossi. Era da qualche anno che il San Brizio non sfoderava una prestazione così convincente. Frutto del vigneto che si distende fra la villa del XVI secolo e la nuova cantina, affina in rovere per circa un anno e oggi, a dispetto della complicata vendemmia 2014, offre intense note di frutto bianco e fiori, con le nuance del rovere perfettamente integrate. In bocca rivela pienezza e tensione, risultando lungo e sapido. Molto buono anche il Recioto Arzimo '13, un passito dal carattere esotico e agrumato.

○ Soave San Brizio '14	🍷🍷 3*
○ Basaltik Sauvignon '15	🍷🍷 2*
● Campo Buri '11	🍷🍷 4
○ Recioto di Soave Arzimo '13	🍷🍷 5
○ Soave '15	🍷🍷 2*
○ Soave Cl. Monte Stelle '14	🍷🍷 3
○ Villa Buri Brut M. Cl. '10	🍷🍷 4
● Madégo '15	🍷 2
○ Soave Fontégo '15	🍷 2
● Campo Buri '10	🍷🍷 4
○ Recioto di Soave Arzimo '12	🍷🍷 5
○ Recioto di Soave Arzimo '11	🍷🍷 4
○ Soave '14	🍷🍷 2*
○ Soave Fontégo '14	🍷🍷 2*
○ Soave Fontégo '13	🍷🍷 2*
○ Soave Monte Stelle '13	🍷🍷 3

Le Carline

via Carline, 24
30020 Pramaggiore [VE]
Tel. 0421799741
www.lecarline.com

VENDITA DIRETTA
VISITA SU PRENOTAZIONE
PRODUZIONE ANNUA 400.000 bottiglie
ETTARI VITATI 18,00
VITICOLTURA Biologico Certificato

L'azienda della famiglia Piccinin debutta alla fine degli anni Ottanta, presentandosi come una delle rare realtà dell'epoca già molto attenta al mondo biologico. Oggi accanto a Daniele e la moglie Diana si fa sempre più importante la presenza dei figli. I vigneti si estendono per una ventina di ettari nel cuore di un'isola biologica di circa 400 ettari, un unicum in Italia davvero difficile da trovare. La produzione, ormai giunta a superare le 400mila bottiglie annue, è suddivisa in diverse linee, o forse bisognerebbe chiamarli progetti, quindi vini a certificazione vegana, senza solfiti aggiunti e, naturalmente, biologici. Grande sensibilità per il Verduzzo, declinato nel Dogale, un Passito che profuma di dattero e noce, dotato di un sorso in cui coesistono dolcezza e sapidità, avvolgenza e tensione, per un finale lungo e asciutto. Interessante anche il Metodo Classico Diana, un Brut a prevalenza chardonnay dal profilo snello e piacevolmente succoso.

○ Diana Brut M. Cl. '15	🍷🍷 4
○ Dogale Passito	🍷🍷 3
● Lison-Pramaggiore Cabernet '15	🍷 2
○ Spumante Brut	🍷 2
○ Venezia Pinot Grigio '15	🍷 2
● Carline Rosso '12	🍷🍷 3
● Carline Rosso '11	🍷🍷 3
● Carline Rosso '10	🍷🍷 3
● Carline Rosso '07	🍷🍷 4
● Carline Rosso '07	🍷🍷 4
○ Lison Cl. '12	🍷🍷 2*
○ Lison-Pramaggiore Lison '09	🍷🍷 2*
○ Lison-Pramaggiore Pinot Grigio '09	🍷🍷 2*
○ Lison-Pramaggiore Pinot Grigio '08	🍷🍷 2*
● Lison-Pramaggiore Refosco P.R. senza solfiti aggiunti '13	🍷🍷 2*

Carpenè Malvolti

via Antonio Carpenè, 1
31015 Conegliano [TV]
Tel. 0438364611
www.carpene-malvolti.com

VISITA SU PRENOTAZIONE
PRODUZIONE ANNUA 5.300.000 bottiglie
ETTARI VITATI 26,00

Se il Prosecco è il fenomeno che tutto il mondo conosce oggi, una parte del merito va attribuita alle aziende che hanno iniziato il percorso tanti anni fa, e fra queste certamente Carpenè Malvolti costituisce uno dei punti di riferimento. Le vigne condotte in prima persona sono davvero poche, ma la forza di questa realtà risiede in un tessuto di aziende agricole che conferiscono le uve da generazioni e che garantiscono uno standard qualitativo di ottimo livello. La produzione è dedicata pressoché totalmente al Prosecco. Ottima la prova della versione Extra Dry che sfrutta l'ottima annata per un percorso aromatico in cui il frutto è protagonista, lasciando alle caratteristiche note floreali un ruolo da comprimarie. In bocca la piacevolezza è basata sul delicato equilibrio tra dolcezza e acidità, che trovano armonia nella spinta salina tipica della glera. Di poco inferiore la versione Brut, ugualmente giocata sul frutto al naso ma più nervosa e affilata in bocca.

○ Conegliano Valdobbiadene Extra Dry 1868	🍷🍷 3
○ Cartizze	🍷 5
○ Conegliano Valdobbiadene Brut 1868	🍷 3
○ Conegliano Valdobbiadene Dry 1868 '14	🍷 5

Casa Cecchin

via Agugliana, 11
36075 Montebello Vicentino [VI]
Tel. 0444649610
www.casacecchin.it

VENDITA DIRETTA
VISITA SU PRENOTAZIONE
PRODUZIONE ANNUA 30.000 bottiglie
ETTARI VITATI 7,00

Renato Cecchin all'inizio degli anni Settanta ha dato vita all'azienda che conosciamo oggi, dedicandosi fin dagli inizi solo ai due vitigni storici della zona, durella e garganega. Oggi i vigneti sono ancora una manciata, appena sette, distribuiti in località Agugliana, dove sorge la cantina, su suoli fortemente influenzati dall'origine vulcanica a un'altitudine di circa 250 metri. Solo bianchi quindi, declinati sia in versione ferma che spumante, ricorrendo sempre e solo al Metodo Classico. Ottima la prova del Nostrum '12, un Durello che rimane per circa tre anni a contatto con i lieviti, che presenta profumi nitidi che rimandano a un frutto bianco e ai fiori, con una sottile nota minerale che attende di poter emergere definitivamente. In bocca la tipica acidità diventa sale, donando tensione e grinta ma anche pienezza al sorso. Buona anche la prova del San Nicolò '15, da garganega, dal sorso energico, che si allunga con decisione in bocca.

○ Gambellara San Nicolò '15	🍷🍷 2*
○ Lessini Durello Extra Brut Nostrum M. Cl. '12	🍷🍷 4
○ Lessini Durello Pietralava '14	🍷🍷 2*
○ Lessini Durello Il Durello '15	🍷 2
○ Lessini Durello Extra Brut Nostrum M. Cl '10	🍷🍷 4
○ Lessini Durello Il Durello '14	🍷🍷 2*
○ Lessini Durello Il Durello '13	🍷🍷 2*
○ Lessini Durello Non Dosato M. Cl. Ris. '09	🍷🍷 5
○ Lessini Durello Pietralava '12	🍷🍷 2*
○ Lessini Durello San Nicolò '14	🍷🍷 2*

Casa Roma

via Ormelle, 19
31020 San Polo di Piave [TV]
Tel. 0422855339
www.casaroma.com

VENDITA DIRETTA
VISITA SU PRENOTAZIONE
PRODUZIONE ANNUA 200.000 bottiglie
ETTARI VITATI 15,00

Il territorio del Piave è disseminato di aziende che storicamente si dedicavano alla produzione di vini freschi e che oggi in gran parte sono state travolte dal fenomeno Prosecco. A San Polo di Piave Gigi Peruzzetto ha saputo tenere in equilibrio la sua realtà, dedicandosi certamente a vini semplici e di pronta beva, ma rimanendo fortemente legato al vitigno simbolo di questo territorio, il raboso. Una produzione quindi a due velocità, immediatezza e freschezza nei primi vini, profondità e classe per il secondo. Tra le particolarità di questo territorio rimane una sparuta coltivazione della marzemina bianca, un vitigno un tempo molto diffuso nelle pianure del Piave e oggi pressoché introvabile. Gigi ne ricava un bianco dai profumi di frutto giallo e olive in salamoia, mentre in bocca rivela corpo snello e beva grintosa e sapida. Esuberante, gustoso e di grande piacevolezza il Pro Fondo Rosso, da uve raboso a rifermentazione in bottiglia, dai profumi intensi e beva immediata e succosa.

○ Mazemina Bianca '15	🍷🍷 2*
● Pro Fondo Rosso Frizzante	🍷🍷 2*
○ San Dordi '15	🍷🍷 3
● Piave Carmenère '15	🍷 2
○ Piave Manzoni Bianco '15	🍷 2
● Raboso Sestier '15	🍷 2
● Venezia Cabernet Sauvignon '15	🍷 2
○ Venezia Chardonnay '15	🍷 2
● Venezia Merlot '15	🍷 2
○ Venezia Pinot Grigio '15	🍷 2
⊙ Nesio Brut M. Cl. '10	🍷🍷 5
● Piave Malanotte '09	🍷🍷 6
● Piave Raboso '10	🍷🍷 4
● Piave Raboso '09	🍷🍷 4
● Raboso Passito Callarghe '09	🍷🍷 5

Case Paolin

via Madonna Mercede, 53
31040 Volpago del Montello [TV]
Tel. 0423871433
www.casepaolin.it

VENDITA DIRETTA
VISITA SU PRENOTAZIONE
PRODUZIONE ANNUA 75.000 bottiglie
ETTARI VITATI 12,00
VITICOLTURA Biologico Certificato
AZIENDA SOSTENIBILE

I fratelli Pozzobon conducono l'azienda di famiglia a Volpago del Montello, alle pendici dell'omonimo rilievo che si adagia racchiuso tra la pianura a sud e il corso del Piave a nord. Le vigne si estendono per una dozzina di ettari sia lungo i versanti del Montello sia nella pianura antistante, per una produzione che accanto alle classiche varietà bordolesi a bacca rossa, presenti da oltre un secolo, vede come vitigni più interessanti la glera e l'incrocio Manzoni bianco. Il campione di casa, il San Carlo, è un taglio bordolese a prevalenza cabernet sauvignon proveniente dai vigneti di Volpago del Montello. Si presenta con una bella colorazione rubino intensa che introduce aromi di grande maturità di frutto e spezie, mentre in bocca ha corpo solido e ben sostenuto da una fitta trama di tannini. Molto interessante il Costa degli Angeli '14, un Manzoni Bianco agrumato che offre un sorso di grande sapidità e succo.

○ Asolo Brut	🍷🍷 2*
○ Manzoni Bianco Costa degli Angeli '14	🍷🍷 3
● Montello e Colli Asolani Rosso San Carlo '12	🍷🍷 4
○ Prosecco di Treviso Extra Dry	🍷🍷 2*
● Rosso del Milio '13	🍷🍷 3
○ Asolo Frizzante Col Fondo	🍷 3
● Cabernet '15	🍷 2
○ Soér Passito	🍷 4
○ Manzoni Bianco Costa degli Angeli '13	🍷🍷 (bianchi) 3
● Montello e Colli Asolani Rosso del Milio '11	🍷🍷 (bianchi) 3
● Montello e Colli Asolani Sup. San Carlo '11	🍷🍷 (bianchi) 4
● Rosso del Milio '12	🍷🍷 (bianchi) 3

Michele Castellani

fraz. Valgatara
via Granda, 1
37020 Marano di Valpolicella [VR]
Tel. 0457701253
www.castellanimichele.it

VENDITA DIRETTA
VISITA SU PRENOTAZIONE
PRODUZIONE ANNUA 300.000 bottiglie
ETTARI VITATI 50,00

Posta a Valgatara, all'imbocco della vallata di Marano, l'azienda di Sergio Castellani è una delle più interessanti di questa vallata, forte di un vigneto che si estende per una cinquantina di ettari e una produzione di circa 300mila bottiglie annue. Tanta superficie vitata consente a Sergio di tenere per casa solo le migliori partite di uve, interpretate inseguendo uno stile in cui la concentrazione e la potenza sono un tratto imprescindibile. L'Amarone Cinquestelle '12 presenta un naso dominato da un'intensa nota di frutto rosso surmaturo, impreziosita da spezie e inchiostro di china, lasciando il rovere quasi nascosto sullo sfondo. In bocca rivela pienamente la mano di Sergio: è un vino ricco, compatto, di grande progressione, che trova sviluppo nella corroborante acidità e nella serrata trama tannica. Diametralmente opposto il Recioto Monte Fasenara '13, esplosivo nell'espressione di frutto e dotato di un sorso immediato e gioioso.

Vino	Valutazione
● Amarone della Valpolicella Cl. Cinquestelle Collezione Ca' del Pipa '12	🍷🍷 (rossi) 7
● Recioto della Valpolicella Cl. Monte Fasenara I Castei '13	🍷🍷 (rossi) 5
● Amarone della Valpolicella Cl. Campo Casalin I Castei '12	🍷🍷 6
● Valpolicella Cl. Campo del Biotto I Castei '15	🍷 2
● Valpolicella Cl. Sup. Ripasso Costamaran I Castei '14	🍷 3
● Valpolicella Cl. Sup. Ripasso Costamaran I Castei '13	🍷🍷 (bianchi) 3

★Cavalchina

loc. Cavalchina
fraz. Custoza
via Sommacampagna, 7
37066 Sommacampagna [VR]
Tel. 045516002
www.cavalchina.com

VENDITA DIRETTA
VISITA SU PRENOTAZIONE
PRODUZIONE ANNUA 445.000 bottiglie
ETTARI VITATI 50,00

Franco e Luciano Piona hanno saputo dare impulso all'azienda di famiglia, partendo dalle storiche denominazioni di Bardolino e Custoza e allargando gli interessi verso ovest e il Mincio per vini in cui il protagonista è il vitigno, e verso est e la Valpolicella, dove invece la protagonista è la tradizione. Stili quindi differenti a seconda delle zone di provenienza, ricchezza e frutto a ovest, fragranza ed eleganza a Custoza, potenza e generosità in Valpolicella, per una produzione ampia e affidabile. Ancora una volta è però il Custoza Amedeo il campione di casa Piona, un bianco che ha saputo ritagliarsi un ruolo da protagonista nel panorama dei bianchi italiani. Profumi intensi e raffinati di frutto bianco e fiori, con una preziosa nota agrumata sullo sfondo. In bocca riesce a donare ricchezza senza perdere in tensione e sapidità. Fra i rossi abbiamo apprezzato la capacità di unire profondità e leggerezza del Bardolino Santa Lucia '14, così come la pienezza calorosa dell'Amarone Torre d'Orti '12.

○ Custoza Sup. Amedeo '14	🍷🍷🍷 3*
● Amarone della Valpolicella Torre d'Orti '12	🍷🍷 6
● Bardolino '15	🍷🍷 2*
⊙ Bardolino Chiaretto '15	🍷🍷 2*
● Bardolino Sup. S. Lucia '14	🍷🍷 3
● Garda Cabernet Sauvignon Falcone La Prendina '13	🍷🍷 4
○ Garda Riesling Paroni La Prendina '15	🍷🍷 2*
⊙ La Rosa Passito '15	🍷🍷 3
○ Sauvignon Valbruna La Prendina '14	🍷🍷 2*
● Garda Merlot Faial Prendina '13	🍷 5
○ Garda Pinot Bianco Prendina '15	🍷 3
○ Pinot Grigio Prendina '15	🍷 2
● Valpolicella Sup. Morari Torre d'Orti '13	🍷 4
● Valpolicella Sup. Ripasso Torre d'Orti '13	🍷 3

Cavazza

c.da Selva, 22
36054 Montebello Vicentino [VI]
Tel. 0444649166
www.cavazzawine.com

VENDITA DIRETTA
VISITA SU PRENOTAZIONE
OSPITALITÀ
PRODUZIONE ANNUA 860.000 bottiglie
ETTARI VITATI 150,00
AZIENDA SOSTENIBILE

La famiglia Cavazza è attiva da moltissimi anni nel territorio di Gambellara e nei vicini Colli Berici. Una produzione che ormai si avvicina al milione di bottiglie annue provenienti da vigneti che si estendono per 150 ettari. L'animo è quindi diviso a metà, da un lato la leggerezza e la fragranza del territorio di Gambellara, dedicato in massima parte allo storico bianco, dall'altro la ricchezza e la solarità dei Berici, per una produzione che ha nelle varietà bordolesi un punto di riferimento. Proprio dai Colli Berici giungono quest'anno i vini più convincenti, a partire da una calorosa versione di Merlot Cicogna. Al naso si colgono profumi di frutto rosso maturo e spezie con una intensa nota di polvere di caffè e cacao che ne addolciscono ulteriormente l'espressione. Il palato è ricco e potente, per un finale caloroso e piacevolmente accompagnato da tannini fini e levigati. Fra i bianchi segnaliamo l'ottima prova del Bocara, un Gambellara scattante e succoso.

● Colli Berici Merlot Cicogna '13	🍷🍷 5
○ Gambellara Cl. Bocara '15	🍷🍷 2*
○ Chardonnay Corì '15	🍷 3
● Colli Berici Cabernet Cicogna '12	🍷🍷 4
● Colli Berici Cabernet Cicogna '11	🍷🍷 4
● Colli Berici Merlot Cicogna '12	🍷🍷 4
● Colli Berici Merlot Cicogna '11	🍷🍷 4
● Colli Berici Tai Rosso Corallo '13	🍷🍷 3
○ Gambellara Cl. Creari '12	🍷🍷 3
○ Gambellara Cl. Creari '10	🍷🍷 3
○ Gambellara Cl. La Bocara '12	🍷🍷 2*
○ Recioto di Gambellara Cl. Capitel S. Libera '10	🍷🍷 4

Giorgio Cecchetto

fraz. Tezze di Piave
via Piave, 67
31028 Vazzola [TV]
Tel. 043828598
www.rabosopiave.com

VENDITA DIRETTA
VISITA SU PRENOTAZIONE
PRODUZIONE ANNUA 200.000 bottiglie
ETTARI VITATI 73,00
AZIENDA SOSTENIBILE

Il fenomeno Prosecco è partito dalle colline di Conegliano e Vadobbiadene, per approdare ed estendersi a macchia d'olio lungo la provincia trevigiana. Giorgio Cecchetto, pur non disdegnando la produzione delle fragranti bollicine, ha però preferito rimanere fortemente legati al raboso, declinato in tutte le tipologie previste, dalla versione parzialmente appassita per il Malanotte, all'interpretazione più nervosa e fresca del Metodo Classico. Frutto della vendemmia 2012 il Piave Raboso è il vino più convincente quest'anno: profuma di frutto selvatico e spezie, rinfrescati da un'intensa nota di erbe aromatiche che ritroviamo perfettamente espresse in un sorso che unisce solidità alla tipica incisività acida del vitigno. Ottima la prova anche del Manzoni Bianco, che sfrutta la buona vendemmia 2015 per unire pienezza e agilità, risultando succoso e di grande piacevolezza.

○ Manzoni Bianco '15	🍷🍷 2*
● Piave Raboso '12	🍷🍷 3
● Cabernet Sauvignon '15	🍷 2
● Carmenere '15	🍷 2
● Merlot Sante Rosso '13	🍷 3
● Malanotte Gelsaia '11	🍷🍷 5
● Merlot Sante Rosso '11	🍷🍷 3
● Merlot Sante Rosso '10	🍷🍷 3
● Piave Raboso '11	🍷🍷 3
● Raboso Passito RP	🍷🍷 4
⊙ Rosa Bruna Cuvée 21 Brut M.Cl. '11	🍷🍷 3
⊙ Rosa Bruna Cuvée 21 Brut M.Cl. '10	🍷🍷 3
● Sante Rosso '12	🍷🍷 3

Gerardo Cesari

loc. Sorsei, 3
37010 Cavaion Veronese [VR]
Tel. 0456260928
www.cesariverona.it

VENDITA DIRETTA
VISITA SU PRENOTAZIONE
PRODUZIONE ANNUA 1.600.000 bottiglie
ETTARI VITATI 109,00
AZIENDA SOSTENIBILE

Un centinaio di ettari per una produzione superiore al milione e mezzo di bottiglie, costituiscono i numeri dell'azienda Cesari. Ciò che non si legge in questi numeri è la passione per i vini della Valpolicella e delle vicine denominazioni, la cura e la competenza con cui vengono prodotti e affinati lungamente nelle cantine di Cavaion e San Pietro. L'ampia gamma di Amarone prodotta viene suddivisa in base alla provenienza delle uve e viene immessa nel mercato con grande lentezza. Figlio di un progetto volto alla commercializzazione delle grandi annate di casa, abbiamo assaggiato per la prima volta l'Amarone Bosan 2000. A distanza di sedici anni il vino rivela un'inaspettata vitalità in cui il frutto trova spazio insieme alle spezie e alle erbe profumate, mentre in bocca ha raggiunto un'invidiabile armonia. Dieci anni di meno per Il Bosco: il vino rivela la medesima classe e tensione, per un sorso raffinato che coniuga potenza e armonia.

● Amarone della Valpolicella Bosan '00	🍷🍷 7
● Amarone della Valpolicella Cl. '12	🍷🍷 6
● Amarone della Valpolicella Cl. Il Bosco '10	🍷🍷 7
○ Lugana Cento Filari '15	🍷 3
● Valpolicella Sup. Ripasso Mara '14	🍷 3
● Amarone della Valpolicella Bosan '06	🍷🍷 8
● Amarone della Valpolicella Bosan '05	🍷🍷 8
● Amarone della Valpolicella Cl. Il Bosco '09	🍷🍷 7
● Amarone della Valpolicella Cl. Il Bosco '08	🍷🍷 7
○ Lugana Cento Filari '14	🍷🍷 3
○ Lugana Cento Filari '13	🍷🍷 3
● Valpolicella Sup. Ripasso Bosan '11	🍷🍷 5

Italo Cescon

fraz. Roncadelle
p.zza dei Caduti, 3
31024 Ormelle [TV]
Tel. 0422851033
www.cesconitalo.it

VENDITA DIRETTA
VISITA SU PRENOTAZIONE
PRODUZIONE ANNUA 800.000 bottiglie
ETTARI VITATI 115,00
VITICOLTURA Biologico Certificato
AZIENDA SOSTENIBILE

Gloria, Graziella e Domenico Cescon hanno saputo rinnovare profondamente l'azienda di famiglia senza perdere di vista le loro origini. Oggi i vigneti si sono estesi fino a superare i cento ettari, per una produzione che viene ottenuta anche grazie all'opera di numerosi viticoltori della zona. Se queste uve costituiscono l'ossatura per i vini più semplici, i vigneti di proprietà costituiscono invece la base per le etichette di maggior pregio, dedicate a vini fragranti e di grande personalità. Da anni aspettavamo la definitiva consacrazione dell'azienda e finalmente è giunta, complice un lavoro di valorizzazione del Manzoni Bianco che non ha eguali. Il Madre '14 esalta un'espressione aromatica in cui le note agrumate ed esotiche trovano valorizzazione nella discreta opera del rovere, mentre in bocca il vino si distende con classe e decisione, risultando lungo e molto persistente. In crescita anche il Chieto '13, un taglio di cabernet sauvignon e merlot che ha in armonia ed eleganza i tratti distintivi.

Vino	Bicchieri	
○ Madre '14	🍷🍷🍷	4*
● Chieto '13	🍷🍷	4
○ Manzoni Bianco Svejo '15	🍷🍷	3
○ Sauvignon Mejo '15	🍷🍷	3
● Amaranto 72 '12	🍷🍷	5
● Amaranto 72 '11	🍷🍷	5
● Chieto '12	🍷🍷	4
● Chieto '11	🍷🍷	3
● Chieto '10	🍷🍷	3
○ Manzoni Bianco Non Filtrato '13	🍷🍷	5
○ Manzoni Bianco Non Filtrato '12	🍷🍷	3
○ Manzoni Bianco Non Filtrato '11	🍷🍷	3
○ Manzoni Bianco Svejo '14	🍷🍷	3
○ Manzoni Bianco Svejo '11	🍷🍷	2*

Coffele

via Roma, 5
37038 Soave [VR]
Tel. 0457680007
www.coffele.it

VENDITA DIRETTA
VISITA SU PRENOTAZIONE
PRODUZIONE ANNUA 120.000 bottiglie
ETTARI VITATI 25,00
VITICOLTURA Biologico Certificato

L'azienda della famiglia Coffele si sviluppa a Castelcerino, uno dei punti di maggior altitudine della denominazione soavese. Due dozzine di ettari dedicate pressoché unicamente alla garganega e in forma minimale al trebbiano di Soave, per una produzione che sfrutta l'altitudine per uno stile fresco e raffinato. Negli ultimi anni è stata affiancata anche una piccola proprietà a Cazzano di Tramigna dedicata alla produzione dei rossi classici della Valpolicella. L'ottima vendemmia 2015 ha consentito al Soave Ca' Visco di esprimersi con una nota fruttata particolarmente intensa, con il frutto esotico intrecciato alle note agrumate e di pesca bianca. In bocca la buona solidità del sorso è corroborata da una sapida spinta acida, che dona lunghezza e agilità. Come sempre uno dei migliori Recioto è Le Sponde '14, giocato sulle note di albicocca secca e nocciola, dotato di un palato dalla dolcezza armoniosa e avvolgente.

Vino	Bicchieri	
○ Recioto di Soave Cl. Le Sponde '14	🍷🍷	5
○ Soave Cl. Ca' Visco '15	🍷🍷	3*
○ Soave Cl. Alzari '14	🍷🍷	3
○ Soave Cl. Castel Cerino '15	🍷🍷	3
○ Recioto di Soave Cl. Le Sponde '09	🍷🍷🍷	5
○ Soave Cl. Ca' Visco '14	🍷🍷🍷	3*
○ Soave Cl. Ca' Visco '05	🍷🍷🍷	3*
○ Soave Cl. Ca' Visco '04	🍷🍷🍷	2
○ Soave Cl. Ca' Visco '03	🍷🍷🍷	2
○ Recioto di Soave Cl. Le Sponde '13	🍷🍷	5
○ Soave Cl. Alzari '13	🍷🍷	3
○ Soave Cl. Alzari '12	🍷🍷	3
○ Soave Cl. Ca' Visco '13	🍷🍷	3*

Col Vetoraz

fraz. Santo Stefano
s.da delle Tresiese, 1
31040 Valdobbiadene [TV]
Tel. 0423975291
www.colvetoraz.it

VENDITA DIRETTA
VISITA SU PRENOTAZIONE
PRODUZIONE ANNUA 800.000 bottiglie
ETTARI VITATI 12,00

Il Col Vetoraz emerge ripido e affascinante quasi a dominare le vigne del Cartizze, a un tiro di schioppo dal centro di Valdobbiadene. Sulla sommità trova posto la cantina di tre soci, Loris Dall'Acqua, Francesco Miotto e Paolo De Bortoli, una delle più interessanti dell'intero comprensorio. La forza, oltre che nel lavoro dell'uomo, risiede nella qualità dei vigneti, parte di proprietà e parte di viticoltori che conferiscono le uve in azienda, per una produzione che destina all'imbottigliamento solo le migliori partite di uva. Dalle migliori esposizioni, calde e soleggiate, giungono le uve per il Brut Zero, un Prosecco che rinunciando all'aiuto degli zuccheri basa la sua qualità unicamente sulle uve, frutti perfetti che devono garantire espressività aromatica e morbidezza del sorso. Operazione perfettamente riuscita con la vendemmia 2015, il vino presenta profumi che spaziano dal frutto bianco ai fiori, senza dimenticare una nervosa nota vegetale. In bocca è asciutto e grintoso, per un lungo e raffinato finale.

○ Valdobbiadene Brut Zero '15	🍷🍷🍷 3*
○ Cartizze	🍷🍷 4
○ Valdobbiadene Brut	🍷🍷 3
○ Valdobbiadene Dry Mill. '15	🍷🍷 3
○ Valdobbiadene Extra Dry	🍷🍷 3
○ Valdobbiadene Tranquillo Tresiese '15	🍷 3
○ Cartizze '14	🍷🍷 4
○ Valdobbiadene Brut Zero '14	🍷🍷 3
○ Valdobbiadene Dry '13	🍷🍷 3
○ Valdobbiadene Dry '12	🍷🍷 3*
○ Valdobbiadene Dry Mill. '14	🍷🍷 3
○ Valdobbiadene Dry Mill. '11	🍷🍷 3

Vignaioli Contrà Soarda

s.da Soarda, 26
36061 Bassano del Grappa [VI]
Tel. 0424505562
www.contrasoarda.it

VENDITA DIRETTA
VISITA SU PRENOTAZIONE
RISTORAZIONE
PRODUZIONE ANNUA 80.000 bottiglie
ETTARI VITATI 20,00
VITICOLTURA Biologico Certificato
AZIENDA SOSTENIBILE

L'azienda della famiglia Gottardi si trova letteralmente immersa nelle colline, a due passi dalla pianura Padana e altri due dalla vicina Valsugana che convoglia arie fresche che carezzano le uve esaltando l'escursione termica durante il periodo estivo. Una ventina di ettari suddivisi tra varietà internazionali e autoctone, seguiti con un occhio di riguardo per la sostenibilità, che forniscono le uve per una produzione ampia e che spazia dai vini più freschi a quelli lungamente affinati in cantina. Il Torcolato Sarson '13 presenta profumi che ricordano l'albicocca appassita, le nocciole e le mandorle caramellate, con una sottile nota di erbe officinali che dona freschezza. In bocca la dolcezza non è mai esagerata e il vino trova equilibrio e armonia più sulla nota sapida che su quella acida. Interessante il Terre di Lava '11, un Merlot dal frutto dolce e maturo che trova completamento in un palato di buona ricchezza e tensione, con un finale asciutto e lungo.

● Breganze Rosso Terre di Lava Ris. '11	🍷🍷 4
○ Breganze Torcolato Sarson '13	🍷🍷 5
● Pinot Nero Vigna Corejo '13	🍷🍷 7
● 121 b.C. Carmenere '13	🍷 5
○ 121 b.C. Vespaiolo '14	🍷 5
● Breganze Rosso Serafino Musso '07	🍷 4
○ Breganze Vespaiolo Soarda '15	🍷 3
○ Breganze Vespaiolo Vignasilan '13	🍷 4
● Marzemino Nero Gaggion '13	🍷 3
● Oliva Musso '11	🍷 4
● Breganze Pinot Nero Vignacorejo '12	🍷🍷 7
○ Breganze Torcolato Sarson Ris. '12	🍷🍷 5
● Musso Serafino '10	🍷🍷 3

Corte Adami

via Circonvallazione Aldo Moro, 32
37038 Soave [VR]
Tel. 0457680423
www.corteadami.it

VENDITA DIRETTA
VISITA SU PRENOTAZIONE
PRODUZIONE ANNUA 100.000 bottiglie
ETTARI VITATI 38,00
AZIENDA SOSTENIBILE

Nata solo pochi anni fa l'azienda della famiglia Adami in realtà vanta una storia consolidata nel territorio soavese, dapprima come produttrice di uva e da una dozzina di anni anche come imbottigliatrice. Il grande patrimonio viticolo, quasi quaranta ettari, è ancora oggi sfruttato solo parzialmente per la produzione di casa, mentre tutta la produzione in eccesso viene conferita nella struttura cooperativa. Risultati convincenti sia da Saove che dalla vicina Valpolicella, con un ottimo Soave Vigna della Corte '14. Al naso si colgono le note di frutto giallo maturo e fiori, che trovano sviluppo in un sorso dalla grande spinta acida. Il Decennale '13 invece, complice la migliore vendemmia e un affinamento prolungato in cantina, si dona complesso e di grande armonia in bocca. Fra i rossi abbiamo apprezzato il Valpolicella Superiore '13, che profuma di ciliegia ed erbe aromatiche, mentre al palato mette in mostra un corpo di buona pienezza dotato però di agilità e tensione.

● Amarone della Valpolicella '12	🍷🍷 6
○ Soave Il Decennale '13	🍷🍷 6
○ Soave V. della Corte '14	🍷🍷 3
● Valpolicella Sup. '13	🍷🍷 3
○ Recioto di Soave '13	🍷 4
○ Soave '15	🍷 2
○ Soave Cl. Cimalta '15	🍷 2
● Valpolicella Sup. Ripasso '13	🍷 3
● Amarone della Valpolicella '11	🍷🍷 6
○ Soave Il Decennale '13	🍷🍷 2*
○ Soave V. della Corte '13	🍷🍷 3
○ Soave V. della Corte '12	🍷🍷 3
○ Soave V. della Corte '11	🍷🍷 3

Corte Gardoni

loc. Gardoni, 5
37067 Valeggio sul Mincio [VR]
Tel. 0457950382
www.cortegardoni.it

VENDITA DIRETTA
VISITA SU PRENOTAZIONE
PRODUZIONE ANNUA 200.000 bottiglie
ETTARI VITATI 25,00

La zona meridionale del Lago di Garda offre spunti interessanti per la produzione di uve da Bardolino che, lungo le colline di origine morenica che fanno da anfiteatro al lago, si esaltano in un'espressione fresca e al tempo stesso solida, che trasmettono al rosso gardesano. La famiglia Piccoli è fra le più apprezzate di questa zona, con una produzione che vede anche un'importantissima presenza di Custoza, per uno stile che ha nella finezza e nella tensione i tratti distintivi. Proprio il Mael '15 è campione di casa, un Custoza che esplora la natura più fresca e aromatica della tipologia, senza per questo rinunciare a ricchezza e pienezza del sorso. Frutto di un accorto blend fra le principali uve della denominazione, si esprime con intense note fiorite e di agrumi, mentre in bocca si distende con carattere e grinta per un lungo e affilato finale. Il Fenili '11 è un Passito di uve in massima parte garganega che si fa apprezzare per il mirabile equilibrio tra dolcezza, acidità e sapidità.

○ Custoza Mael '15	🍷🍷🍷 3*
⊙ Bardolino Chiaretto '15	🍷🍷 2*
● Bardolino Le Fontane '15	🍷🍷 2*
● Becco Rosso '14	🍷🍷 3
○ Custoza '15	🍷🍷 2*
○ Fenili Passito '11	🍷🍷 5
● Rosso di Corte '13	🍷🍷 4
● Bardolino Le Fontane '14	🍷🍷 2*
● Bardolino Sup. Pradicà '13	🍷🍷 3*
● Bardolino Sup. Pradicà '12	🍷🍷 3*
● Bardolino Sup. Pradicà '11	🍷🍷 3*
● Becco Rosso '13	🍷🍷 3
○ Custoza '13	🍷🍷 2*
○ Custoza Mael '14	🍷🍷 3*
○ Fenili Passito '09	🍷🍷 5
● Rosso di Corte '11	🍷🍷 4

Corte Mainente

V.LE DELLA VITTORIA, 45
37038 SOAVE [VR]
TEL. 0457680303
www.cantinamainente.com

VENDITA DIRETTA
VISITA SU PRENOTAZIONE
PRODUZIONE ANNUA 7.700 bottiglie
ETTARI VITATI 12,00
AZIENDA SOSTENIBILE

Il territorio di Soave è intriso di viticoltura in ogni piega, ogni poche centinaia di metri le proprietà cambiano, grandi aziende si alternano a realtà più piccole o a semplici viticoltori che conferiscono le uve alle cooperative o ad altri imbottigliatori. La famiglia Mainente è presente in questo territorio da moltissimi anni, ma è nell'ultimo decennio che ha cambiato passo, dedicandosi a una produzione che ha nella garganega il suo pilastro centrale. Una dozzina di ettari suddivisi tra la zona a denominazione e quella Classica forniscono le uve per una produzione che ha come punta di diamante il Tovo al Pigno, un Soave di grande armonia e piacevolezza. Ancora più convincente la prova del Nettroir che si avvale di un lungo affinamento in cantina. Al naso si colgono le note di frutto giallo maturo con una sfumatura di pietra focaia che si fa spazio con delicatezza. In bocca la pienezza del sorso è ben contrastata dalla sapida e grintosa spinta acida che ne allunga la beva.

○ Recioto di Soave Luna Nova '14	3
○ Soave Cl. Tovo al Pigno '15	2*
○ Soave Netroir '14	2*
○ Soave Cengelle '15	2

Corte Moschina

VIA MOSCHINA, 1
37030 RONCÀ [VR]
TEL. 0457460788
www.cortemoschina.it

VENDITA DIRETTA
VISITA SU PRENOTAZIONE
PRODUZIONE ANNUA 75.000 bottiglie
ETTARI VITATI 28,00
AZIENDA SOSTENIBILE

Corte Moschina è una delle realtà più interessanti della zona orientale della denominazione soavese. Patrizia Niero con il marito Silvano e i figli Alessandro e Giacomo hanno imposto un importante cambio di passo all'azienda di famiglia, sfruttando i numerosi vigneti di proprietà per dare vita a una gamma ancora contenuta nelle quantità ma di ottimo livello. Bianchi che esplorano le varie espressioni della garganega e bollicine che invece si distendono attorno alla tipica tensione della durella. Il Soave Evaos '15 è un bianco ottenuto interamente da garganega, affinato in acciaio e che esplora l'animo più vibrante e autentico della tipologia. Solo le migliori vigne, quelle che affondano le radici nel suolo fortemente basaltico di Roncà, concorrono alla base di questo Soave, che in cantina viene lavorato per preservarne al meglio l'espressione varietale, rinunciando a morbidezze e ricercando un sorso energico di spiccata sapidità. Più ricco e solare I Tarai '14, figlio di una vendemmia ritardata e un parziale affinamento in rovere.

○ Soave Evaos '15	3*
○ Lessini Durello Brut M. Cl. Ris. '09	5
○ Raise '13	5
○ Soave I Tarai '14	3
○ Soave Roncathe '15	2*
● Durello Frizzante Sui lieviti Puro Caso	5
○ Lessini Durello Brut M. Cl. '11	2
○ Lessini Durello Extra Brut M. Cl. '10	4
○ Raise '12	5
○ Recioto di Soave Incanto '11	4
○ Recioto di Soave Incanto '10	4
○ Soave Evaos '14	2*
○ Soave Evaos '13	2*
○ Soave I Tarai '13	3
○ Soave I Tarai '12	3*
○ Soave Roncathe '14	2*

Corte Rugolin

fraz. Valgatara
via Rugolin, 1
37020 Marano di Valpolicella [VR]
Tel. 0457702153
www.corterugolin.it

VENDITA DIRETTA
VISITA SU PRENOTAZIONE
PRODUZIONE ANNUA 80.000 bottiglie
ETTARI VITATI 12,00
AZIENDA SOSTENIBILE

Corte Rugolin ha rinnovato completamente la veste delle sue bottiglie ma il vero rinnovamento risiede al loro interno. Elena e Federico nel corso degli anni hanno saputo sviluppare un proprio modo di interpretare la Valpolicella e i suoi vini, fatto di integrità del frutto e tensione gustativa. Oggi dai 12 ettari coltivati si ricavano meno di 100mila bottiglie dedicate esclusivamente ai rossi della tradizione, eccetto una sporadica e affascinante presenza di un passito da uve a bacca bianca. Spetta all'Amarone Crosara de le Strie '11 il compito di apripista in casa Coati, un rosso che profuma intensamente di frutto selvatico e spezie, con una curiosa nota di caffè in polvere che emerge per pochi istanti. In bocca fa coesistere la pienezza del sorso con tensione e grinta fino a un lungo finale. Il San Giorgio '14 vuole invece essere un nuovo modo di interpretare il Valpolicella Superiore, non basato sulla potenza quanto sulla profondità aromatica e la dinamica scattante del palato.

- ● Amarone della Valpolicella Cl. Crosara de le Strie '11 — 🍷🍷 7
- ● Valpolicella Cl. Sup. San Giorgio '14 — 🍷🍷 5
- ● Valpolicella Cl. Sup. Ripasso '13 — 🍷🍷 5
- ● Valpolicella Cl. '15 — 🍷 3
- ● Amarone della Valpolicella Cl. Crosara de le Strie '10 — 🍷🍷 6
- ● Amarone della Valpolicella Cl. Monte Danieli '10 — 🍷🍷 7
- ● Recioto della Valpolicella Cl. '13 — 🍷🍷 5
- ● Valpolicella Cl. '14 — 🍷🍷 2*
- ● Valpolicella Cl. Sup. Ripasso '12 — 🍷🍷 4
- ● Valpolicella Cl. Sup. Ripasso '11 — 🍷🍷 4
- ● Valpolicella Cl. Sup. San Giorgio '13 — 🍷🍷 5

★Corte Sant'Alda

loc. Fioi
via Capovilla, 28
37030 Mezzane di Sotto [VR]
Tel. 0458880006
www.cortesantalda.it

VENDITA DIRETTA
VISITA SU PRENOTAZIONE
OSPITALITÀ
PRODUZIONE ANNUA 90.000 bottiglie
ETTARI VITATI 19,00
VITICOLTURA Biodinamico Certificato

Marinella Camerani è stata tra le prime a rifuggire un mondo contadino dominato dalla chimica per inseguire un rapporto con il vino fatto di rispetto per l'ambiente, per le tradizioni e per i tempi necessari alla produzione. Oggi, affiancata dai familiari e da un bel gruppo di giovani collaboratori, conduce una ventina di ettari per una produzione dai numeri contenuti ma di alto profilo qualitativo. Vini ricchi ma non compressi, maturi ma non opulenti, per un sorso che non perde mai la sua tensione. Fantastico il Valpolicella Mithas '12, un Superiore che offre un profilo che si stacca nettamente da quello dell'Amarone per donare profondità aromatica, fatta di erbe fini e frutto dolce, spezie e un accenno minerale che attende di compiersi. In bocca è solido, non offre morbidezze quanto rigore e finezza. L'omonimo Amarone '10, anch'esso prodotto solo nelle migliori vendemmie, presenta aromi che intrecciano al frutto surmaturo note di pepe e fiori macerati, mentre in bocca conquista per armonia e lunghezza.

- ● Valpolicella Sup. Mithas '12 — 🍷🍷🍷 8
- ● Amarone della Valpolicella Mithas '10 — 🍷🍷 8
- ⊙ Agathe '15 — 🍷🍷 4
- ● Recioto della Valpolicella '13 — 🍷🍷 6
- ○ Soave '15 — 🍷🍷 3
- ● Valpolicella Ca' Fiui '15 — 🍷🍷 3
- ● Valpolicella Sup. Ripasso Campi Magri '13 — 🍷🍷 4
- ● Valpolicella Adalia '15 — 🍷 3
- ● Amarone della Valpolicella '10 — 🍷🍷🍷 8
- ● Amarone della Valpolicella '06 — 🍷🍷🍷 7
- ● Amarone della Valpolicella '00 — 🍷🍷🍷 7
- ● Amarone della Valpolicella '98 — 🍷🍷🍷 7
- ● Amarone della Valpolicella '90 — 🍷🍷🍷 7
- ● Amarone della Valpolicella Mithas '95 — 🍷🍷🍷 7
- ● Valpolicella Sup. '03 — 🍷🍷🍷 3*
- ● Valpolicella Sup. Mithas '04 — 🍷🍷🍷 6

Dal Cero
Tenuta di Corte Giacobbe

via Moschina, 11
37030 Roncà [VR]
Tel. 0457460110
www.vinidalcero.com

VENDITA DIRETTA
VISITA SU PRENOTAZIONE
PRODUZIONE ANNUA 300.000 bottiglie
ETTARI VITATI 40,00

La famiglia Dal Cero riesce nel difficile compito di far coesistere un animo contadino, rispettoso dei tempi della natura, delle tradizioni e delle storiche tipologie, con un animo imprenditoriale che prevede velocità nel prendere decisioni e un occhio sempre attento al mercato. Nel volgere di pochi anni gli ettari vitati sono aumentati di molto e oggi è partito un rapporto di rete che favorirà anche la produzione dei rossi della Valpolicella, che andranno ad affiancarsi ai Soave e gli spumanti. Il Runcata è un Soave che affina parzialmente in botte e che si mette in luce per la ricchezza di frutto che emerge dietro a una presenza di rovere ancora un po' in evidenza. In bocca però il vino cambia marcia, distendendosi con grazia e determinazione, sorretto da una vibrante spinta acida e sapida che dona lunghezza e agilità al sorso. Convincente l'assaggio della Cuvée Augusto, uno spumante a base chardonnay e durella di grande armonia e grinta.

Vino	Bicchieri	Prezzo
○ Soave Sup. Vign. Runcata '14	TTT	2*
● Amarone della Valpolicella '11	TT	7
○ Brut M. Cl.	TT	3
○ Dosaggio Zero M. Cl. Cuvée Augusto	TT	5
○ Soave '15	TT	2*
● Valpolicella Sup. Ripasso '14	TT	5
○ Pinot Grigio '15	T	2
○ Pinot Grigio Ramato '15	T	2
○ Dosaggio Zero M. Cl. Cuvée Augusto '10	YY	5
○ Dosaggio Zero M. Cl. Cuvée Augusto '09	YY	2*
○ Soave '14	YY	2*
○ Soave Corte Giacobbe '11	YY	2*
○ Soave Runcata '10	YY	2*
○ Soave Sup. Runcata '12	YY	2*
○ Soave Sup. Runcata '11	YY	2*
○ Soave Sup. Vign. Runcata '13	YY	2*

Dal Maso

c.da Selva, 62
36054 Montebello Vicentino [VI]
Tel. 0444649104
www.dalmasovini.com

VENDITA DIRETTA
VISITA SU PRENOTAZIONE
OSPITALITÀ E RISTORAZIONE
PRODUZIONE ANNUA 450.000 bottiglie
ETTARI VITATI 30,00
AZIENDA SOSTENIBILE

La zona del Gambellara ha nella famiglia Dal Maso uno dei punti di riferimento, un'azienda che pur avendo ampliato i suoi interessi ai vicini Colli Berici non ha mai smesso di credere nel bianco di questo territorio. Nicola, con le sorelle Anna e Silvia, conduce una realtà che ha vigneti nelle due denominazioni per una trentina di ettari, per una produzione complessiva che non giunge a mezzo milione di bottiglie. Freschezza e fragranza a Gambellara, solarità e pienezza nei Berici. Il Montemitorio è un Tai Rosso che si esprime abbandonando la leggerezza estrema delle vinificazioni più diffuse in zona senza per questo ricercare concentrazioni esasperate. Ne risulta un ottimo rosso che presenta aromi intensi di frutto selvatico e spezie, che in bocca conquista per il suo incedere croccante e di grande sapidità, dato anche dall'affinamento in cemento e acciaio. Di tutt'altro profilo il Vin Santo di Gambellara '04, di grandissima concentrazione, profondo negli aromi e opulento in bocca.

Vino	Bicchieri	Prezzo
● Colli Berici Tai Rosso Montemitorio '14	TT	2*
○ Gambellara Cl. Vin Santo '04	TT	8
● Colli Berici Rosso Terra dei Rovi '13	TT	5
○ Gambellara Cl. Ca' Fischele '15	TT	2*
○ Gambellara Riva del Molino '15	TT	3
○ Recioto di Gambellara Riva dei Perari '13	TT	5
● Colli Berici Tai Rosso '15	T	2
○ Lessini Durello Brut	T	2
● Montebelvedere '14	T	3
○ Gambellara Cl. Riva del Molino '07	YYY	2*
● Colli Berici Tai Rosso Colpizzarda '13	YY	4
● Colli Berici Tai Rosso Colpizzarda '12	YY	2*
● Montebelvedere '13	YY	3
● Terra dei Rovi Rosso '13	YY	5

De Stefani

via Cadorna, 92
30020 Fossalta di Piave [VE]
Tel. 042167502
www.de-stefani.it

VENDITA DIRETTA
VISITA SU PRENOTAZIONE
PRODUZIONE ANNUA 300.000 bottiglie
ETTARI VITATI 50,00
AZIENDA SOSTENIBILE

Alessandro De Stefani, ancora validamente affiancato dal padre Tiziano, anno dopo anno prosegue nella trasformazione dell'azienda di famiglia. Se nel piazzale di via Cadorna la nuova cantina fa bella mostra di sé, in campagna si è proceduto in direzione di un'eliminazione graduale dei prodotti chimici, mentre nella tenuta di Refrontolo ci sono progetti per una profonda risistemazione viticola che vedrà al centro dell'obbiettivo il marzemino. Ricchezza e tensione sono il tratto distintivo di tutta la produzione. Ottima la prova dell'Olmera, un originale blend di sauvignon e tai che ha perso un po' della ricchezza morbida degli anni passati per donare maggior integrità aromatica e un palato asciutto e di grande tensione. Il risultato è in un vino raffinato e maturo al naso, mentre in bocca esprime ricchezza senza aiuto di zuccheri. Lo Stefen 1624 è invece un vino di grande espressione fruttata, maturo e potente in bocca, capace di conquistare con la sua avvolgenza. Segnaliamo infine l'ottima prova del Pinot Grigio '15, semplice ma tutt'altro che banale.

● Cabernet Sauvignon '14	🍷🍷 3
● Colli di Conegliano Rosso Stefen 1624 '11	🍷🍷 8
● Kreda Refosco '13	🍷🍷 5
○ Olmera '15	🍷🍷 5
● Piave Raboso Vign. Terre Nobili '11	🍷🍷 4
○ Valdobbiadene Brut Mill. '15	🍷🍷 2*
○ Valdobbiadene Brut Nature '15	🍷🍷 2*
○ Venezia Pinot Grigio '15	🍷🍷 3
○ Piave Chardonnay Vitalys '15	🍷 2
○ Prosecco di Treviso Zero Mill. '15	🍷 4
○ Venis '15	🍷 3
● Kreda Refosco '12	🍸🍸 5
● Plavis '13	🍸🍸 4
● Soler '13	🍸🍸 4
● Stefen 1624 '09	🍸🍸 8

Conte Emo Capodilista La Montecchia

via Montecchia, 16
35030 Selvazzano Dentro [PD]
Tel. 049637294
www.lamontecchia.it

VENDITA DIRETTA
VISITA SU PRENOTAZIONE
OSPITALITÀ
PRODUZIONE ANNUA 144.000 bottiglie
ETTARI VITATI 30,00
AZIENDA SOSTENIBILE

I Colli Euganei costituiscono un complesso di monti di origine vulcanica che improvvisamente si ergono dalla Pianura Padana, isolati, e che fanno coesistere un clima quasi mediterraneo con un suolo di forte matrice minerale. Giordano Emo Capodilista conduce l'azienda di famiglia che si sviluppa tanto nella zona settentrionale dei colli, dove le varietà a bacca bianca e il merlot trovano il loro territorio d'elezione, quanto in quella all'estremo sud, dove il re incontrastato è il cabernet sauvignon. Due vini sopra gli altri quest'anno, l'Ireneo '13 e il Cuore di Donna Daria. Il primo è il Cabernet Sauvignon che proviene dai vigneti sul monte Castello che offre al naso intense note di frutto rosso maturo e spezie, con una preziosa presenza di erbe aromatiche e grafite. In bocca è potente e rigoroso, dotato di grande allungo. Il secondo invece è un originale blend di dieci annate di Fior d'Arancio Passito, complesso e articolato nei profumi, che alternano le note di frutta secca a quelle di agrumi, mentre in bocca offre un profilo opulento ma ben contrastato dalla sapidità.

● Colli Euganei Cabernet Sauvignon Ireneo '13	🍷🍷🍷 4
○ Cuore di Donna Daria	🍷🍷🍷 8
● Colli Euganei Merlot '14	🍷🍷 5
● Godimondo Cabernet Franc '15	🍷🍷 2*
● Progetto Recupero Carmere '13	🍷🍷 3
● Ca' Emo '14	🍷 2
○ Colli Euganei Fior d'Arancio Spumante	🍷 2
○ Colli Euganei Pinot Bianco '15	🍷 2
○ Piùchebello '15	🍷 2
● Colli Euganei Cabernet Sauvignon Ireneo '12	🍸🍸🍸 4*
○ Colli Euganei Fior d'Arancio Passito Donna Daria '06	🍸🍸🍸 5

Farina

loc. Pedemonte
via Bolla, 11
37029 San Pietro in Cariano [VR]
Tel. 0457701349
www.farinawines.com

VENDITA DIRETTA
VISITA SU PRENOTAZIONE
PRODUZIONE ANNUA 800.000 bottiglie
ETTARI VITATI 45,00

Pur vantando una storia lunga più di un secolo, è con l'ingresso in azienda di Claudio, Elena e Fabio che l'azienda di Pedemonte ha acquisito l'immagine che oggi gli riconosciamo. Le vigne di proprietà si estendono per una decina di ettari ma molti altri vigneti sono condotti da viticoltori della zona che, seguiti nelle scelte e nella gestione tecnica, conferiscono le uve in azienda. La produzione è imperniata sui rossi della Valpolicella, ma non mancano etichette dedicate ai classici veronesi. Il Montecorna è un Ripasso '14 di buona profondità aromatica, con il frutto surmaturo e dolce che lascia gradualmente spazio alle note di pepe e timo. In bocca la corrispondenza è notevole e il vino si distende con grazia e decisione. Molto buono anche l'Amarone Classico '13, che a dispetto della velocità di commercializzazione si presenta già di buona armonia olfattiva, mentre in bocca riesce a donare la ricchezza della tipologia coniugata a una pronta e scattante beva.

Vino	Valutazione	Prezzo
● Amarone della Valpolicella Cl. '13	🍷🍷	5
● Valpolicella Cl. Sup. '14	🍷🍷	2*
● Valpolicella Cl. Sup. Ripasso Montecorna '14	🍷🍷	3
● Valpolicella Cl. '15	🍷	2
● Valpolicella Cl. Sup. Ripasso '14	🍷	2
● Amarone della Valpolicella Cl. '12	🍷🍷 (vuoti)	5
● Amarone della Valpolicella Cl. Montefante Ris. '10	🍷🍷 (vuoti)	8
● Amarone della Valpolicella Cl. Montefante Ris. '09	🍷🍷 (vuoti)	8
● Valpolicella Cl. Sup. Ripasso Montecorna '13	🍷🍷 (vuoti)	3
● Valpolicella Cl. Sup. Ripasso Montecorna '12	🍷🍷 (vuoti)	3
● Valpolicella Cl. Sup. Ripasso Remo Farina '13	🍷🍷 (vuoti)	2*

Fattori

fraz. Terrossa
via Olmo, 6
37030 Roncà [VR]
Tel. 0457460041
www.fattoriwines.com

VENDITA DIRETTA
VISITA SU PRENOTAZIONE
PRODUZIONE ANNUA 280.000 bottiglie
ETTARI VITATI 72,00
AZIENDA SOSTENIBILE

L'azienda di Roncà, da sempre apprezzata per la qualità delle sue produzioni, oggi si sta ponendo come punto di riferimento soprattutto per la produzione di Soave, grazie a un vigneto che si estende per molti ettari nelle colline della denominazione, e un'attività di cantina volta alla valorizzazione dei frutti che questo territorio sa donare. Accanto ai bianchi si stanno facendo conoscere anche i rossi della Valpolicella, prodotti nella nuova e funzionale cantina posta sulla sommità del Col de la Bastia. Buona la prova del Soave Danieli '15, prodotto con uve in parte surmature che conferiscono al naso intense note di frutto giallo ed esotico, mentre in bocca il sorso si allarga senza perdere tensione e grinta. Molto buono anche il Recioto Motto Piane '14, intensamente profumato di frutta secca e agrumi canditi che ritroviamo in un palato di grande dolcezza che trova appoggio in un'importante spalla acida e soprattutto sapida. Interessante la produzione di Metodo Classico provenienti dalla Lessinia.

Vino	Valutazione	Prezzo
● Amarone della Valpolicella '11	🍷🍷	8
○ Lessini Durello Non Dosato M.Cl. '10	🍷🍷	6
○ Recioto di Soave Motto Piane '14	🍷🍷	5
○ Roncha '15	🍷🍷	3
○ Soave Danieli '15	🍷🍷	2*
○ Lessini Durello Brut M. Cl. '10	🍷	6
○ Lessini Durello Brut M. Cl. Roncà	🍷	4
○ Lessini Durello Brut Roncà di Roncà	🍷	3
○ Soave Cl. Runcaris '15	🍷	2
● Valpolicella Col de la Bastia '15	🍷	3
● Valpolicella Ripasso Col de la Bastia '14	🍷	5
○ Soave Cl. Danieli '14	🍷🍷 (vuoti)	2*
○ Soave Cl. Runcaris '14	🍷🍷 (vuoti)	2*
○ Soave Motto Piane '13	🍷🍷 (vuoti)	3

Filippi

loc. Castelcerino
via Libertà, 55
37038 Soave [VR]
Tel. 0457675005
www.cantinafilippi.it

VENDITA DIRETTA
VISITA SU PRENOTAZIONE
PRODUZIONE ANNUA 60.000 bottiglie
ETTARI VITATI 20,00
VITICOLTURA Biologico Certificato

La zona di Castelcerino rappresenta una delle migliori del comprensorio del Soave, anche se parte dei vigneti non rientra nella zona classica. Vigneti di collina, spesso piantati molti anni fa, che per ben 20 ettari sono di proprietà di Filippo Filippi, che li coltiva con passione seguendo i dettami dell'agricoltura biologica. In cantina c'è grande rispetto della materia prima e i vini sono prodotti limitando al massimo l'intervento dell'uomo, per un risultato in cui il carattere è sempre molto forte. Monteseroni è una Garganega proveniente da vigneti fra i più elevati della denominazione, su suoli che vedono il basalto lasciare spazio velocemente al calcare. I profumi incuriosiscono per la presenza di macchia mediterranea e susina bianca, mentre in bocca ciò che colpisce è una sapidità profonda e grintosa. Due le versioni di Soave Castelcerino, il 2015 è fresco e scattante mentre il 2014, affinato a lungo in cantina, esprime profumi iodati e di fiori secchi per un sorso piacevolmente rustico e di sostanza.

○ Monteseroni '14	2 bicchieri neri 2*
○ Soave Colli Scaligeri Castelcerino '15	2 bicchieri neri 3
○ Soave Colli Scaligeri Castelcerino 18 mesi sui lieviti '14	2 bicchieri neri 4
○ Castelcerino '14	1 bicchiere nero 2
○ Soave Colli Scaligeri V. della Brà '14	1 bicchiere nero 2
○ Soave Colli Scaligeri V. della Brà 18 mesi sui lieviti '13	1 bicchiere nero 3
○ Soave Castelcerino '13	2 bicchieri bianchi 2*
○ Soave Colli Scaligeri Monteseroni '13	2 bicchieri bianchi 2*
○ Soave Colli Scaligeri Monteseroni '06	2 bicchieri bianchi 2

Il Filò delle Vigne

via Terralba, 14
35030 Baone [PD]
Tel. 042956243
www.ilfilodellevigne.it

VENDITA DIRETTA
VISITA SU PRENOTAZIONE
PRODUZIONE ANNUA 50.000 bottiglie
ETTARI VITATI 20,00

Se dal punto di vista viticolo ed enologico l'azienda di Baone prosegue su un percorso ben delineato e che già da anni dà ottimi risultati, segnaliamo cambiamenti nella proprietà, che ha visto Carlo Giordani prendere completamente in mano le redini dell'azienda. Vigneti che si estendono per una ventina di ettari lungo i versanti meridionali della denominazione padovana, su alcune delle più belle esposizioni che questi colli sanno offrire, per una produzione che ha nella solidità del palato un tratto imprescindibile. Il Borgo delle Casette '12 ha naso inizialmente restio a concedere i suoi profumi. Dopo qualche istante il frutto risulta prorompente, circondato da note di grafite e spezie dolci che ritroviamo in un palato di grande forza e pienezza, governato da una fitta e raffinata trama tannica. Il Merlot Casa del Merlo '12 invece si presenta più aperto e disponibile, dominato dal frutto rosso e con note di sottobosco che si esaltano in un sorso succoso e di buona lunghezza.

● Colli Euganei Cabernet Borgo delle Casette Ris. '12	3 bicchieri rossi 5
● Colli Euganei Merlot Casa del Merlo '12	2 bicchieri rossi 4
● Colli Euganei Cabernet V. Cecilia di Baone Ris. '13	2 bicchieri neri 4
○ Il Calto delle Fate '11	2 bicchieri neri 4
○ Terralba di Baone '14	2 bicchieri neri 3
● Colli Euganei Cabernet Borgo delle Casette Ris. '10	3 bicchieri bianchi 5
● Colli Euganei Cabernet Borgo delle Casette Ris. '06	3 bicchieri bianchi 5
● Colli Euganei Cabernet Borgo delle Casette Ris. '11	2 bicchieri bianchi 5
● Colli Euganei Cabernet Borgo delle Casette Ris. '09	2 bicchieri bianchi 5
● Io di Baone '11	2 bicchieri bianchi 3*

Silvano Follador

LOC. FOLLO
FRAZ. SANTO STEFANO
VIA CALLONGA, 11
31040 VALDOBBIADENE [TV]
TEL. 0423900295
www.silvanofollador.it

VENDITA DIRETTA
VISITA SU PRENOTAZIONE
PRODUZIONE ANNUA 20.000 bottiglie
ETTARI VITATI 3,50

Non scopriamo certo oggi l'originalità del percorso di Alberta e Silvano Follador, però certe scelte rappresentano in modo inequivocabile la volontà di far emergere il valore di un territorio a dispetto degli enormi interessi che lo stanno coinvolgendo. Prima la scelta di produrre solo vini asciutti e a bassissimo residuo zuccherino, poi la presa di spuma secondo il Metodo Classico, oggi la rinuncia a un'etichetta ricercata come quella del Cartizze per concentrare l'attenzione in un vino che sia la summa di quanto il territorio storico, unito a un approccio sempre più rispettoso dell'ambiente, possono offrire. Ecco quindi un Prosecco di grande profondità aromatica, nel quale le note fermentative sono pressoché cancellate dai profumi di frutto bianco e fiori, con una mineralità che timidamente fa capolino dal fondo. In bocca si distende con grazia e decisione, esaltato dalla croccante sapidità che dona pienezza, sapore e ne allunga il sorso.

○ Valdobbiadene Brut Nature '15	YY (rossi) 4
○ Cartizze Brut '08	YYY 4
○ Cartizze Brut Nature '13	YY 4
○ Cartizze Brut Nature '11	YY 4
○ Cartizze Nature '12	YY 4
○ Valdobbiadene Brut Nature '14	YY 4
○ Valdobbiadene Brut Nature '13	YY 4
○ Valdobbiadene Brut Nature '12	YY 3*
○ Valdobbiadene Brut Nature '11	YY 3*
○ Valdobbiadene Sup. Brut Dosaggio Zero M. Cl. '12	YY 3

Le Fraghe

LOC. COLOMBARA, 3
37010 CAVAION VERONESE [VR]
TEL. 0457236832
www.fraghe.it

VENDITA DIRETTA
VISITA SU PRENOTAZIONE
OSPITALITÀ
PRODUZIONE ANNUA 120.000 bottiglie
ETTARI VITATI 28,00
VITICOLTURA Biologico Certificato

L'azienda di Matilde Poggi, una trentina di ettari quasi al confine tra le province di Verona e Trento, da sempre ha nel suo cuore il Bardolino, il rosso gardesano che Matilde interpreta ricercando il connubio tra eleganza, leggerezza e carattere. In questo percorso la scelta di impegnarsi in un'agricoltura biologica evidenzia una volta di più la volontà di non tradire un territorio e le sue tradizioni. Produzione quindi incentrata quasi esclusivamente sul Bardolino, declinato nelle varie tipologie, cui si aggiunge una limitata produzione di bianco. L'ottima vendemmia 2015 consegna al calice un Bardolino ancora chiuso al naso, dove lentamente emergono le note di un frutto selvatico maturo e polposo, che gradualmente lascia emergere il pepe e la viola. In bocca colpisce per l'eccezionale pienezza dovuta al calore dell'annata, ma è una pienezza raffinata, sapida e distesa, emblema di un Bardolino che non rinuncia all'agilità e alla tensione. Ottimo il Ròdon '15, un Chiaretto salino e di croccante bevibilità.

● Bardolino '15	YY (rossi) 2*
⊙ Bardolino Chiaretto Ròdon '15	YY (rossi) 2*
○ Garganega Camporengo '15	YY (neri) 2*
● Bardolino Cl. Brol Grande '12	YYY 3*
● Bardolino Cl. Brol Grande '11	YYY 3*
● Bardolino '14	YY 2*
● Bardolino '13	YY 2*
● Bardolino '12	YY 2*
⊙ Bardolino Chiaretto Ròdon '14	YY 2*
⊙ Bardolino Chiaretto Ròdon '13	YY 2*
● Bardolino Cl. Brol Grande '13	YY 3*
○ Garganega Camporengo '14	YY 2*
○ Garganega Camporengo '13	YY 2*
○ Garganega Camporengo '12	YY 2*
○ Garganega Camporengo '11	YY 2*
● Quaiare '12	YY 4
● Quaiare '11	YY 4

umanelli

VIA SQUA…
37029 SAN PIETRO IN CARIANO [VR]
TEL. 0457704875
www.squarano.com

VENDITA DIRETTA
VISITA SU PRENOTAZIONE
RISTORAZIONE
PRODUZIONE ANNUA 50.000 bottiglie
ETTARI VITATI 23,00

L'azienda Marchesi Fumanelli si trova in posizione privilegiata, nel cuore della Valpolicella Classica, una piccola altura dominata dalla villa padronale circondata dai vigneti che, assieme alle parcelle più distanti, compongono un parco che supera i venti ettari. Questi forniscono le uve per tutta la produzione che, essendo contenuta nei numeri, si avvale solo delle migliori partite, dedicate in massima parte alle storiche tipologie della denominazione. Ottima la prova dell'Amarone Octavius, una Riserva frutto della vendemmia 2010 che debutta chiuso al naso, con il frutto che si fa spazio lentamente per poi esplodere contornato da note di fiori macerati e spezie. Al palato il vino è ricco, pieno e polposo ma mai opulento e promette un futuro radioso e complesso. Buona anche la prova del Valpolicella Squarano '14, un rosso dai profumi complessi e già evoluti cui fa eco un sorso energico e molto aderente alla tipologia. Giocato sulla pienezza e l'esuberanza del frutto l'Amarone Classico '11.

- ● Amarone della Valpolicella Cl. Octavius Ris. '10 — YY 8
- ● Amarone della Valpolicella Cl. '11 — YY 5
- ● Valpolicella Cl. Sup. Squarano '14 — YY 3
- ● Amarone della Valpolicella Cl. '07 — YY 5
- ● Amarone della Valpolicella Cl. '06 — YY 5
- ● Amarone della Valpolicella Cl. Pralongo '03 — YY
- ● Valpolicella Cl. '08 — YY 2*
- ● Valpolicella Cl. Sup. '11 — YY 3
- ● Valpolicella Cl. Sup. '09 — YY 3
- ● Valpolicella Cl. Sup. Squarano '10 — YY 3
- ● Valpolicella Cl. Sup. Squarano '06 — YY 3

★Gini

VIA MATTEOTTI, 42
37032 MONTEFORTE D'ALPONE [VR]
TEL. 0457611908
www.ginivini.com

VENDITA DIRETTA
VISITA SU PRENOTAZIONE
PRODUZIONE ANNUA 200.000 bottiglie
ETTARI VITATI 58,00
VITICOLTURA Biologico Certificato

La zona del Soave ha nell'azienda di Claudio e Sandro Gini un punto di riferimento importantissimo, una realtà non solo attiva da decenni, ma anche fedele interprete del bianco soavese e capace di dimostrare il grande potenziale evolutivo di questi vini attingendo dalla bellissima cantina di via Matteotti. Il grande valore di questa realtà però risiede nei vigneti che si estendono per più di cinquanta ettari, in gran parte vigne vecchie nella zona classica e in misura minore a Campiano. Il Salvarenza '13 fornisce una prestazione da incorniciare, profuma di frutto bianco maturo, spezie e fiori secchi, con la presenza del rovere appena avvertibile sullo sfondo. In bocca l'anno di affinamento in più trascorso in cantina regala al vino una più completa armonia, risultando solido e di grande lunghezza. Buona la prova del Recioto Col Foscarin '11, un passito profumato di agrumi caditi e spezie che dona al palato dolcezza e sapidità. Segnaliamo infine l'ottima riuscita del Soave Classico '15.

- ○ Soave Cl. Contrada Salvarenza V. V. '13 — YY 5
- ○ Recioto di Soave Cl. Col Foscarin '11 — YY 4
- ○ Soave Cl. '15 — YY 3
- ○ Soave Cl. Contrada Salvarenza V. V. '09 — YYY 5
- ○ Soave Cl. Contrada Salvarenza V. V. '08 — YYY 5
- ○ Soave Cl. Contrada Salvarenza V. V. '07 — YYY 5
- ○ Soave Cl. La Froscà '11 — YYY 4*
- ○ Soave Cl. La Froscà '06 — YYY 4*
- ○ Soave Cl. La Froscà '05 — YYY 4*
- ○ Soave Cl. Sup. Contrada Salvarenza V. V. '00 — YYY 5

Giusti Wine

via del Volante, 4
31040 Nervesa della Battaglia [TV]
Tel. 0422720198
www.giustiwine.com

VENDITA DIRETTA
VISITA SU PRENOTAZIONE
OSPITALITÀ
PRODUZIONE ANNUA 200.000 bottiglie
ETTARI VITATI 75,00
AZIENDA SOSTENIBILE

La famiglia Giusti, capitanata da Ermenegildo, ha portato nuovo fermento nella zona del Montello, dove nel volgere di pochi anni è diventata una delle aziende più interessanti della denominazione. Le vigne si estendono per molti ettari in due direzioni, la pianura, dedicata ai vini più semplici, e le pendici del Montello, dove si sfrutta la grande vocazione di questi suoli per una produzione che ha il Prosecco al centro dell'obbiettivo ma che non trascura le varietà bordolesi. Sempre più convincenti i vini presentati dall'azienda di via del Volante, con un Umberto I che sfiora le nostre finali. Al naso si colgono intense le note di frutto dolce e maturo che troviamo corrisposte in un sorso denso e avvolgente, sostenuto da una fitta trama di tannini. Dalla Valpolicella Classica invece giunge un Amarone '12 di buona profondità aromatica, dove alle note di ciliegia fanno eco le spezie e le erbe officinali. Palato potente e di grande lunghezza. Segnaliamo infine l'ottima riuscita dell'Asolo Brut.

● Amarone della Valpolicella Cl. '12	🍷🍷 8
● Antonio '14	🍷🍷 5
○ Asolo Brut	🍷🍷 2
○ Chardonnay Dei Carni '15	🍷🍷 3
● Umberto I '11	🍷🍷 8
● Valpolicella Ripasso Sup. '13	🍷🍷 5
○ Cuvée Extra Brut	🍷 5
● Montello e Colli Asolani Recantina Augusto '14	🍷 5
○ Pinot Grigio Longheri '15	🍷 3
● Amarone della Valpolicella Cl. '11	YY 8
○ Pinot Grigio Longheri '14	YY 2*
● Umberto I '09	YY 8
● Umberto I '08	YY 2*

Gregoletto

fraz. Premaor
via San Martino, 83
31050 Miane [TV]
Tel. 0438970463
www.gregoletto.com

VENDITA DIRETTA
VISITA SU PRENOTAZIONE
PRODUZIONE ANNUA 200.000 bottiglie
ETTARI VITATI 18,00

L'azienda di Luigi Gregoletto ha saputo governare il fenomeno Prosecco senza stravolgere i suoi ritmi e le sue produzioni, mantenendo l'attenzione sulle storiche etichette di casa. I vigneti si estendono per una ventina di ettari immersi fra le colline, tra Valdobbiadene e Conegliano, in posizione quasi defilata, dedicati in parte alla glera in parte alle varietà bordolesi, i classici bianchi del Veneto, nonché le storiche uve di questo territorio ormai abbandonate da tutti ma ancora ben presenti in via San Martino. L'ottima vendemmia 2015 ha permesso a Luigi di produrre una delle migliori versioni di sempre del Prosecco Tranquillo, un bianco che rifugge gli aromi fermentativi e la dolcezza da zuccheri aggiunti per rivelare poco a poco il suo tenue corredo aromatico di fiori e frutto bianco, mentre in bocca è sapido, snello e di trascinante beva. Il Colli di Conegliano Rosso '11 invece è un vino di stoffa, interpretato senza cercare potenza e morbidezza, che si esalta nell'armonia del sorso.

Vino	
● Colli di Conegliano Rosso '11	🍷🍷 (rossi) 5
○ Conegliano Valdobbiadene Prosecco Tranquillo '15	🍷🍷 (rossi) 2*
● Cabernet '14	🍷🍷 3
● Merlot '14	🍷🍷 3
○ P. di Treviso Frizzante sui Lieviti '15	🍷🍷 4
○ Conegliano Valdobbiadene Extra Dry	🍷 3
● Cabernet '12	YY 3
○ Chardonnay Zhopai '14	YY 3
○ Chardonnay Zhopai '13	YY 3
○ Conegliano Valdobbiadene Prosecco Tranquillo '14	YY 2*
○ Manzoni Bianco '14	YY 3
● Merlot '13	YY 3

Guerrieri Rizzardi

s.da Campazzi, 2
37011 Bardolino [VR]
Tel. 0457210028
www.guerrieri-rizzardi.it

VENDITA DIRETTA
VISITA SU PRENOTAZIONE
PRODUZIONE ANNUA 700.000 bottiglie
ETTARI VITATI 100,00
AZIENDA SOSTENIBILE

Giuseppe e Agostino Rizzardi hanno saputo dare nuova spinta alla storica azienda di famiglia, operativa in tutte le principali denominazioni del veronese. Un centinaio di ettari di proprietà che forniscono le uve che vengono lavorate nella nuova cantina di Bardolino per una produzione che ha nell'eleganza e nella tensione i suoi tratti distintivi. La vecchia sede invece è stata ristrutturata e ripensata per dare vita a un punto di aggregazione che ruota attorno al vino e alla gastronomia. Tre rossi da incorniciare in casa Rizzardi, a partire da un ottimo Amarone Calcarole '11. I suoi profumi spaziano dal frutto appassito alle erbe fini, dalle spezie ai fiori macerati, per poi liberarsi in un sorso dove pienezza e tensione convivono con raffinatezza. Il Bardolino Tacchetto '15 è uno dei più interessanti della denominazione, profuma di frutto selvatico e pepe, mentre in bocca è sapido, scattante e succoso. Infine il Pojega è un Ripasso '14 giocato su eleganza e armonia di beva.

Vino	Bicchieri	
● Amarone della Valpolicella Cl. Calcarole '11	🍷🍷🍷	8
● Bardolino Cl. Tacchetto '15	🍷🍷	2*
● Valpolicella Cl. Sup. Ripasso Pojega '14	🍷🍷	3*
⊙ Bardolino Chiaretto Cl. '15	▼▼	2*
● Bardolino Cl. '15	▼▼	2*
● Clos Roareti '12	▼▼	5
○ Soave Cl. Ferra '14	▼▼	3
○ Soave Cl. '15	▼	2
○ Soave Cl. Costeggiola '15	▼	2
● Valpolicella Cl. '15	▼	2
● Amarone della Valpolicella Cl. Calcarole '09	▽▽▽	8
● Amarone della Valpolicella Cl. Villa Rizzardi '08	▽▽▽	7
● Valpolicella Cl. Sup. Ripasso Pojega '13	▽▽▽	3*

Inama

loc. Biacche, 50
37047 San Bonifacio [VR]
Tel. 0456104343
www.inamaaziendaagricola.it

VENDITA DIRETTA
VISITA SU PRENOTAZIONE
PRODUZIONE ANNUA 450.000 bottiglie
ETTARI VITATI 62,00
VITICOLTURA Biologico Certificato

Sempre più le attenzioni della famiglia Inama si stanno suddividendo in parti uguali tra il comprensorio soavese e quello dei vicini Colli Berici. Se nel primo le vigne e le attività sono ormai consolidate da anni, il territorio berico è invece in continua evoluzione. La sede di Lonigo è stata splendidamente ristrutturata diventando un punto di presentazione e comunicazione dell'azienda, immersa in un ambiente integro e di grande fascino. Lo stile di casa riesce a tenere in equilibrio la ricchezza con la tensione. Proprio dai Colli Berici giunge il vino più convincente, il Bradisismo. Lo storico rosso di casa Inama è un blend di cabernet sauvignon e carmenere dai profumi intensamente fruttati, con le spezie e le erbe aromatiche che contornano la prugna. In bocca colpisce per la straordinaria sapidità che, unita ad acidità e tannino, dona leggerezza e tensione al vino. Da Soave invece giunge una fresca versione di Foscarino '14, complesso nell'espressione aromatica e dotato di un sorso succoso e molto lungo.

Vino	Bicchieri	
● Bradisismo '12	🍷🍷	5
○ Soave Cl. Vign. di Foscarino '14	🍷🍷	4
● Carmenere Più '13	▼▼	3
○ Soave Cl. Vin Soave '15	▼▼	3
● Bradisismo '08	▽▽▽	5
● Colli Berici Carmenère Oratorio di San Lorenzo Ris. '09	▽▽▽	6
○ Soave Cl. Vign. di Foscarino '08	▽▽▽	4
○ Soave Cl. Vign. Du Lot '05	▽▽▽	2*
○ Soave Cl. Vign. Du Lot '01	▽▽▽	4
● Bradisismo '11	▽▽	5
● Colli Berici Carmenère Oratorio di San Lorenzo Ris. '11	▽▽	6
○ Soave Cl. Vign. di Foscarino '13	▽▽	4

La Giuva

via Trezzolano, 20c
37141 Verona
Tel. 3421117089
www.lagiuva.com

VENDITA DIRETTA
VISITA SU PRENOTAZIONE
PRODUZIONE ANNUA 20.000 bottiglie
ETTARI VITATI 9,50
VITICOLTURA Biologico Certificato

Giulia e Valentina, il cui acronimo costituisce il nome dell'azienda, sono le giovani figlie di Alberto Malesani e, assieme a papà, hanno dato vita a questa bella realtà dell'alta val Squarano. Siamo nella Valpolicella orientale, in una zona poco conosciuta ma di indubbie potenzialità, e la famiglia Malesani ha aquisito i vigneti e il terreno dove è stata realizzata una moderna cantina, perfettamente integrata nel panorama della Valpolicella. Solo quattro i vini prodotti, tutti fedelmente legati alla tradizione, interpretata con nitidezza e attualità. Fra questi segnaliamo l'ottima prova de Il Rientro '13, un Valpolicella Superiore che si avvale di un parziale appassimento delle uve per donare suggestioni che alternano il frutto rosso maturo alle più fresche spezie ed erbe aromatiche. In bocca ha buona ricchezza e soprattutto una sapida e grintosa spinta acida. Convincente anche Il Valpo, un Valpolicella d'annata di grande piacevolezza e tensione.

Vino	Valutazione
● Amarone della Valpolicella '12	🍷🍷 7
● Valpolicella Il Valpo '15	🍷🍷 3
● Valpolicella Sup. Il Rientro '13	🍷🍷 5
● Recioto della Valpolicella '14	🍷 6
● Recioto della Valpolicella '13	🍷🍷 3
● Recioto della Valpolicella '12	🍷🍷 3
● Valpolicella '13	🍷🍷 2*
● Valpolicella Sup. Il Rientro '12	🍷🍷 3
● Valpolicella Sup. Il Rientro '11	🍷🍷 3

Le Colture

loc. Santo Stefano
via Follo, 5
31049 Valdobbiadene [TV]
Tel. 0423900192
www.lecolture.it

VENDITA DIRETTA
VISITA SU PRENOTAZIONE
OSPITALITÀ
PRODUZIONE ANNUA 750.000 bottiglie
ETTARI VITATI 43,00

L'azienda dei fratelli Ruggeri è una di quelle che può vantare una grande superficie vitata di proprietà, estesa per oltre trenta ettari in vari appezzamenti che fanno riferimento alla denominazione di Conegliano e Valdobbiadene, cui si aggiunge una tenuta nei pressi di Nervesa della Battaglia che ricade invece nella vicina zona del Montello. La produzione è dedicata quasi esclusivamente al Prosecco, interpretato con grande rispetto per l'espressione fruttata e la sapidità del palato. Vendemmia da incorniciare per i fratelli Ruggeri, con una batteria di vini dalla qualità invidiabile. In cima alle nostre preferenze il Brut Fagher: profuma di fiori di tiglio e pera, delicato quanto nitido e invitante, dal basso residuo zuccherino che permette al sorso di distendersi con raffinatezza e sapidità fino a un lungo e asciutto finale. Particolarmente convincenti anche il Pianer e il Cartizze, due Prosecco che invece giocano con un frutto e una morbidezza più manifesti.

○ Cartizze	🍷🍷 3
○ Valdobbiadene Brut Fagher	🍷🍷 3
○ Valdobbiadene Dry Cruner	🍷🍷 3
○ Valdobbiadene Extra Dry Pianer	🍷🍷 3
⊙ Brut Rosé	🍷 2
○ Valdobbiadene Sup. Rive di Santo Stefano Brut Gerardo '14	🍷🍷 3
○ Valdobbiadene Sup. Rive di Santo Stefano Brut Gerardo '13	🍷🍷 3

Conte Loredan Gasparini

fraz. Venegazzù
via Martignago, 23
31040 Volpago del Montello [TV]
Tel. 0423870024
www.loredangasparini.it

VENDITA DIRETTA
OSPITALITÀ
PRODUZIONE ANNUA 400.000 bottiglie
ETTARI VITATI 62,00

La storia dei rossi veneti passa attraverso la cantina di Venegazzù, oggi condotta con competenza e puntualità da Lorenzo Palla. L'azienda si sviluppa lungo le pendici meridionali del Montello, suddivisa principalmente su due siti, quello attorno alla cantina, che fornisce le uve per i rossi, e quella di Giavera, dedicata in massima parte alla produzione di glera. Le varietà bordolesi vengono interpretate dando vita a una gamma di prodotti che hanno nella ricchezza e nella tensione i cardini fondamentali. Il Capo di Stato '11 sfodera una prestazione da incorniciare. Complice anche il lungo affinamento in cantina, oggi il vino presenta aromi che spaziano dal frutto rosso alle spezie, relegando al rovere il giusto ruolo da comparsa. In bocca il vino riesce a offrire potenza e vigore senza risultare pesante, sostenuto e quasi accompagnato da acidità e tannino. Molto buono anche il fratello minore Venegazzù della Casa '11, simile per interpretazione ma più snello all'assaggio.

● Montello e Colli Asolani Venegazzù Sup. Capo di Stato '11	🍷🍷 6
● Falconera Merlot '12	🍷🍷 3
● Montello e Colli Asolani Venegazzù della Casa '11	🍷🍷 4
● Malbec '15	🍷 3
○ Asolo Extra Brut V. Monti '13	🍷🍷 3
○ Asolo Extra Brut V. Monti '12	🍷🍷 3
○ Asolo Extra Dry Cuvée Indigene '13	🍷🍷 3
○ Asolo Extra Dry Cuvée Indigene '12	🍷🍷 3
● Falconera Merlot '11	🍷🍷 3
● Montello e Colli Asolani Cabernet Sauvignon '13	🍷🍷 3
● Montello e Colli Asolani Cabernet Sauvignon '12	🍷🍷 2*
● Montello e Colli Asolani Venegazzù Sup. Capo di Stato '09	🍷🍷 5

★Maculan

via Castelletto, 3
36042 Breganze [VI]
Tel. 0445873733
www.maculan.net

VENDITA DIRETTA
VISITA SU PRENOTAZIONE
PRODUZIONE ANNUA 650.000 bottiglie
ETTARI VITATI 50,00

Se oggi il vino Veneto gode di grande reputazione in tutti i mercati, il merito va riconosciuto ai pionieri della qualità di questa regione, tra cui un posto di primo piano spetta a Fausto Maculan. Oggi l'azienda di Breganze vede in prima fila le figlie Angela e Maria Vittoria che, con medesimo piglio e caparbietà, diffondono il verbo di un vino veneto che sa confrontarsi con i grandi vini del mondo. Rossi dal carattere deciso e vini dolci di grande raffinatezza costituiscono il vertice qualitativo di casa. Acininobili è figlio di vespaiola colpita da muffa nobile e solo nelle annate migliori viene proposto. Eccone una versione di grande raffinatezza, profumata di frutto esotico e fiori, sullo sfondo note di agrumi canditi che virano verso la liquirizia e la macchia. In bocca la dolcezza è misurata, mai prevaricante, si distende con eleganza e tensione. Il Palazzotto '13 gioca le carte di un frutto intenso e croccante, che trova sviluppo in un sorso succoso e di ottima fattura.

○ Acininobili '11	🍷🍷 8
● Breganze Cabernet Sauvignon Palazzotto '13	🍷🍷 4
● Breganze Pinot Nero '13	🍷🍷 3
● Brentino '14	🍷🍷 3
● Crosara '13	🍷🍷 8
● Fratta '13	🍷🍷 8
● Speaia '13	🍷🍷 3
○ Tre Volti Brut M. Cl.	🍷🍷 5
○ Bidibi '15	🍷 2
○ Breganze Vespaiolo '15	🍷 2
● Cabernet '14	🍷 2
○ Chardonnay Ferrata '15	🍷 4
⊙ Costadolio '15	🍷 2
○ Dindarello '15	🍷 4
○ Pino & Toi '15	🍷 2

Manara

FRAZ. SAN FLORIANO
VIA DON CESARE BIASI, 53
37029 SAN PIETRO IN CARIANO [VR]
TEL. 0457701086
www.manaravini.it

VENDITA DIRETTA
VISITA SU PRENOTAZIONE
PRODUZIONE ANNUA 130.000 bottiglie
ETTARI VITATI 11,00
AZIENDA SOSTENIBILE

L'azienda ha sede a San Floriano, una cantina ampliata da pochi anni che confina con l'abitazione, quasi a rimarcare il carattere di azienda familiare che è. Lorenzo, Fabio e Giovanni conducono questa realtà fondata dal padre Guido, fedeli ai vini della tradizione che interpretano con attenzione e senza ricercare sovrastrutture o scorciatoie commerciali. La forza risiede in un vigneto che si distribuisce per poco più di una decina di ettari che fornisce le uve necessarie a tutta la produzione. Il Ripasso Le Morete è un rosso fortemente legato alla tradizione, chiaramente percepibile negli aromi maturi e caldi di frutto appassito, fiori macerati e spezie. In bocca il calore dell'alcol ammorbidisce il sorso, facendone esaltare la sapidità. Fra i due Amarone prodotti la nostra preferenza va al Postera '10, il più ambizioso. Se al naso il vino appare ancora in fase giovanile, in bocca mette in mostra invece una buona ricchezza e un sostegno tannico quasi austero.

● Amarone della Valpolicella Cl. Postera '10	🍷🍷 6
● Recioto della Valpolicella Cl. El Rocolo '12	🍷🍷 5
● Valpolicella Cl. Sup. Ripasso Le Morete '13	🍷🍷 3
● Valpolicella Cl. Sup. Vecio Belo '14	🍷🍷 2*
● Amarone della Valpolicella Cl. Corte Manara '11	🍷 5
● Valpolicella Cl. '15	🍷 2
● Amarone della Valpolicella Cl. '00	🍷🍷🍷 5
● Amarone della Valpolicella Cl. Corte Manara '10	🍷🍷 5
● Amarone della Valpolicella Cl. Postera '09	🍷🍷 6
● Recioto della Valpolicella Cl. El Rocolo '11	🍷🍷 5
● Valpolicella Cl. Sup. Le Morete Ripasso '12	🍷🍷 3

Marcato

VIA PRANDI, 10
37030 RONCÀ [VR]
TEL. 0457460070
www.marcatovini.it

VENDITA DIRETTA
VISITA SU PRENOTAZIONE
PRODUZIONE ANNUA 450.000 bottiglie
ETTARI VITATI 55,00

Nel volgere di una manciata di anni l'azienda di Roncà ha cambiato decisamente passo, la gamma è stata ristretta e ogni vino ha trovato la giusta collocazione tanto in termini di qualità che di prezzo. Merito di Gianni Tessari, che ha saputo gestire il passaggio di proprietà senza stravolgere la produzione ma al tempo stesso rinnovandone l'espressione stilistica. Oggi Soave e Durello spumante costituiscono le fondamenta su cui l'azienda sta fondando la sua solidità, con uno stile attuale e di grande piacevolezza. Sugli scudi anche quest'anno il Soave Pigno, che profuma di frutto fresco e fiori, con il rovere ancora avvertibile a nascondere le più fini note agrumate. In bocca la fresca acidità figlia della vendemmia 2014 conferisce al vino tensione e un'inaspettata lunghezza. Sempre più convincenti anche i Metodo Classico, con l'A.R. che, presentato dopo una lunga sosta in cantina, si mette in luce per la complessità degli aromi e la capacità di gestire la ricchezza con tensione e grinta.

○ Soave Cl. Pigno Gianni Tessari '14	🍷🍷 3*
● Colli Berici Cabernet Pian Alto Gianni Tessari '12	🍷🍷 5
○ Lessini Durello Extra Brut A. R. M. Cl. '06	🍷🍷 6
○ Lessini Durello Extra Brut 60mesi M. Cl. '08	🍷🍷 5
○ Soave Cl. Monte Tenda Gianni Tessari '15	🍷🍷 3
○ Chardonnay Gianni Tessari '15	🍷 2
● Due Gianni Tessari '13	🍷 2
○ Lessini Durello Brut 36mesi M. Cl.	🍷 3
○ Soave Cl. Pigno Gianni Tessari '13	🍷🍷🍷 3*
○ Lessini Durello Brut 60 Mesi '08	🍷🍷 5
○ Lessini Durello Brut 60 Mesi '07	🍷🍷 5
○ Soave Cl. Monte Tenda Gianni Tessari '14	🍷🍷 3
○ Soave Cl. Pigno Gianni Tessari '12	🍷🍷 3*

Marion

fraz. Marcellise
via Borgo Marcellise, 2
37036 San Martino Buon Albergo [VR]
Tel. 0458740021
www.marionvini.it

VISITA SU PRENOTAZIONE
PRODUZIONE ANNUA 40.000 bottiglie
ETTARI VITATI 14,00

Posta nella zona orientale della Valpolicella, a ridosso di quella classica, l'azienda di Stefano Campedelli e della moglie Nicoletta è un punto di riferimento per gli appassionati della Valpolicella e dei suoi vini. Poco più di una decina di ettari per una produzione di grande solidità e armonia, cha ha nella Valpolicella Superiore e nell'Amarone i due campioni di casa. Al loro fianco un paio di rossi prodotti con il medesimo stile ricavati però da teroldego e cabernet sauvignon. Difficile scegliere se sia più buono il Valpolicella Superiore o l'Amarone. Il primo esprime una maturità di frutto perfetta, ciliegia e frutti selvatici appaiono croccanti e succosi, con un'interessante nota di pepe sullo sfondo che dona freschezza. Palato solido e beva interminabile. Il secondo invece è giocato su una maturità spinta del frutto, la presenza speziata e di erbe fini si fa più presente e il vino conquista per avvolgenza e sapidità, governando con precisione l'esuberanza alcolica.

Vino	Bicchieri	Prezzo
● Amarone della Valpolicella '11	2 (rossi)	7
● Valpolicella Sup. '12	2 (rossi)	4
● Cabernet Sauvignon '12	2 (neri)	4
● Calto '10	2 (neri)	4
● Valpolicella Borgomarcellise '14	2 (neri)	3
● Amarone della Valpolicella '10	3	7
● Amarone della Valpolicella '06	3	7
● Amarone della Valpolicella '03	3	7
● Amarone della Valpolicella '01	3	7
● Valpolicella Sup. '10	3	4*
● Valpolicella Sup. '09	3	4*
● Valpolicella Sup. '06	3	4
● Valpolicella Sup. '05	3	4
● Amarone della Valpolicella '09	2	7
● Amarone della Valpolicella '08	2	7
● Calto '09	2	4
● Valpolicella Sup. '11	2	4

Masari

loc. Maglio di Sopra
via Bevilacqua, 2a
36078 Valdagno [VI]
Tel. 0445410780
www.masari.it

VENDITA DIRETTA
VISITA SU PRENOTAZIONE
PRODUZIONE ANNUA 30.000 bottiglie
ETTARI VITATI 4,00

Massimo Dal Lago e Arianna Tessari in pochi anni hanno saputo trasformare la piccola azienda di Valdagno in una realtà fra le più interessanti della regione. La possibilità di operare in un territorio pressoché vergine ha consentito di ampliare la superficie vitata solo nelle zone a maggior vocazione, mantenendo equilibrio tra i vigneti, i prati e le macchie di bosco, come si può ammirare nella nuova tenuta di Cornedo, dove solo una parte della proprietà verrà destinata alla viticoltura. Nelle annate migliori Massimo priva il Masari di una parte di merlot per farne un vino unico, che esce solo dopo lunghissimo affinamento in cantina e che scopriamo oggi a distanza di otto anni. Il Monte Pulgo '09 si presenta vivace alla vista, con profumi che appaiono ancora giovanissimi e giocati sull'alternanza fra frutto rosso e spezie. In bocca l'eleganza e la lunghezza sono pregevoli, per un finale setoso e raffinato. Più nervoso e scattante il Masari '13, ampio e profondo negli aromi, in bocca convince per la sua armonia.

Vino	Bicchieri	Prezzo
● Masari '13	2 (rossi)	5
● Monte Pulgo '09	2 (rossi)	8
○ AgnoBianco '14	2 (neri)	2*
○ Leon Durello Dosaggio Zero M. Cl.	2 (neri)	4
● Vicenza Rosso San Martino '14	2 (neri)	3
○ AgnoBianco '13	2	2*
○ AgnoBianco '12	2	2*
○ Antico Pasquale Passito Bianco '07	2	8
○ Antico Pasquale Passito Bianco '06	2	8
○ Doro Passito Bianco '11	2	5
○ Leon Durello Dosaggio Zero M. Cl.	2	4
● Masari '12	2	5
● Masari '11	2	5
● Vicenza Rosso San Martino '12	2	3
● Vicenza Rosso San Martino '11	2	3*
● Vicenza Rosso San Martino '10	2	3*

★Masi

FRAZ. GARGAGNAGO
VIA MONTELEONE, 26
37015 SANT'AMBROGIO DI VALPOLICELLA [VR]
TEL. 0456832511
www.masi.it

VENDITA DIRETTA
VISITA SU PRENOTAZIONE
OSPITALITÀ
PRODUZIONE ANNUA 4.300.000 bottiglie
ETTARI VITATI 670,00
AZIENDA SOSTENIBILE

In Valpolicella l'azienda della famiglia Boscaini è una delle presenze storiche e maggiormente sviluppate. Sandro Boscaini nel corso dei decenni ha saputo trasformarla in una realtà che mantenendo un forte legame con questo territorio ha sempre rivolto il suo sguardo al mondo intero. La produzione è sicuramente importante, frutto della collaborazione con tanti viticoltori della zona che forniscono le uve che vanno ad aggiungersi a quelle prodotte direttamente in azienda. Ben tre Amarone proposti quest'anno, capitanati da una versione da incorniciare di Vaio Armaron. Al naso si colgono intense le note di frutto rosso appassito, di cioccolato e confettura di ciliegie, che ritroviamo nitide in un palato che ha nella ricchezza e nella potenza i suoi punti di forza. Il finale è asciutto e perfettamente governato dai tannini. Più complesso e stratificato il Mazzano '09 che, complice il maggior affinamento in cantina, rivela un sorso disteso sostenuto da un tannino carezzevole e piacevolmente ruvido.

Vino	Bicchieri	Punteggio
● Amarone della Valpolicella Cl. Vaio Armaron Serègo Alighieri '11	🍷🍷🍷	8
● Amarone della Valpolicella Cl. Mazzano '09	🍷🍷	8
● Amarone della Valpolicella Cl. Costasera Ris. '11	🍷🍷	8
● Osar '09	🍷🍷	7
● Recioto della Valpolicella Cl. Casal dei Ronchi Serego Alighieri '12	🍷	7
● Amarone della Valpolicella Cl. Campolongo di Torbe '09	YYY	8
● Amarone della Valpolicella Cl. Campolongo di Torbe '07	YYY	8
● Amarone della Valpolicella Cl. Costasera Ris. '09	YYY	8
● Amarone della Valpolicella Cl. Mazzano '06	YYY	8

Masottina

LOC. CASTELLO ROGANZUOLO
VIA BRADOLINI, 54
31020 SAN FIOR [TV]
TEL. 0438400775
www.masottina.it

VENDITA DIRETTA
VISITA SU PRENOTAZIONE
PRODUZIONE ANNUA 1.000.000 bottiglie
ETTARI VITATI 230,00
AZIENDA SOSTENIBILE

L'azienda della famiglia Dal Bianco nasce nell'immediato dopoguerra ma è con l'ingresso in cantina di Adriano, Valerio e Renzo che compie il salto di qualità. Oggi l'ultima generazione ha portato linfa all'attività e Filippo, Federico e Edoardo contribuiscono a mantenere alto lo standard qualitativo dell'azienda di famiglia. Gli ettari nel frattempo sono diventati ben più di duecento, parte di proprietà e parte in conduzione, principalmente nell'area collinare di Conegliano Valdobbiadene e in misura minore nella pianura trevigiana dove nascono alcuni dei vini fermi. Dalle più belle vigne di Ogliano, la collina più orientale della denominazione storica, provengono le uve per un Extra Dry di grande intensità fruttata, tipica di questa zona, che in bocca coinvolge per sapidità e perfetta fusione con le bollicine. Fra i vini fermi abbiamo apprezzato il Merlot proveniente dai vigneti di Gorgo al Monticano. Profuma di frutto rosso e spezie, con una fresca presenza balsamica. In bocca è teso, elegante e di grande bevibilità.

Vino	Bicchieri	Punteggio
○ Conegliano Valdobbiadene Extra Dry	🍷🍷	6
○ Conegliano Valdobbiadene Rive di Ogliano Extra Dry '15	🍷🍷	7
● Piave Merlot Ai Palazzi Ris. '10	🍷🍷	6
○ Colli di Conegliano Bianco Rizzardo '13	🍷	8
● Colli di Conegliano Rosso Vign. Montesco '09	🍷	8
○ Conegliano Valdobbiadene Rive di Ogliano Brut Contrada Granda '15	🍷	7
○ Conegliano Valdobbiadene Rive di Ogliano Brut Contrada Granda '13	YY	7
○ Conegliano Valdobbiadene Rive di Ogliano Extra Dry '14	YY	7
○ Conegliano Valdobbiadene Rive di Ogliano Extra Dry '12	YY	5
● Piave Cabernet Sauvignon Vign. ai Palazzi Ris. '09	YY	4

Roberto Mazzi

loc. San Peretto
via Crosetta, 8
37024 Negrar [VR]
Tel. 0457502072
www.robertomazzi.it

VENDITA DIRETTA
VISITA SU PRENOTAZIONE
OSPITALITÀ E RISTORAZIONE
PRODUZIONE ANNUA 45.000 bottiglie
ETTARI VITATI 8,00

Nonostante il grandissimo successo di cui ha goduto la Valpolicella negli ultimi decenni, Antonio e Stefano Mazzi hanno preferito non ampliare a dismisura i vigneti e la cantina rimanendo legati a un'idea di azienda familiare, nella quale tutte le operazioni sono fatte o perlomeno seguite in prima persona. Meno di dieci ettari di vigneti di collina su alcune delle più belle esposizioni della vallata di Negrar, come Villa e Calcarole, che forniscono le uve per una produzione dedicata totalmente ai vini classici. Se da Amarone e Poiega ci si aspetta sempre il botto, colpisce invece la puntualità con cui i fratelli di Negrar interpretano il Sanperetto, un Valpolicella Superiore che esprime tutta la finezza e la profondità che le uve storiche possono donare. Pepe, frutto selvatico, erbe fini si fondono in un sorso sapido, teso e di scattante bevibilità. Poiega invece offre maggior spessore e maturità, per poi esplodere nel Punta di Villa, un Amarone complesso, articolato e che non ricerca potenza fine a sé stessa ma funzionale alla struttura e alla tradizione.

● Amarone della Valpolicella Cl. Punta di Villa '11	🍷🍷🍷 7
● Valpolicella Cl. Sup. Sanperetto '14	🍷🍷🍷 3*
● Valpolicella Cl. Sup. Vign. Poiega '13	🍷🍷🍷 4
● Amarone della Valpolicella Cl. Vign. Castel '12	🍷🍷 7
● Valpolicella Cl. '15	🍷🍷 2*
● Valpolicella Cl. Sup. Sanperetto '11	🍷🍷🍷 3*
● Amarone della Valpolicella Cl. Punta di Villa '10	🍷🍷 7
● Amarone della Valpolicella Cl. Punta di Villa '09	🍷🍷 7
● Amarone della Valpolicella Cl. Vign. Castel '10	🍷🍷 7
● Valpolicella Cl. '14	🍷🍷 2*
● Valpolicella Cl. Sup. Sanperetto '13	🍷🍷 3
● Valpolicella Cl. Sup. Vign. Poiega '12	🍷🍷 4

Menegotti

loc. Acquaroli, 7
37069 Villafranca di Verona [VR]
Tel. 0457902611
www.menegotticantina.com

VENDITA DIRETTA
VISITA SU PRENOTAZIONE
OSPITALITÀ
PRODUZIONE ANNUA 250.000 bottiglie
ETTARI VITATI 30,00
AZIENDA SOSTENIBILE

Immersa nella zona del Custoza, la realtà della famiglia Menegotti vanta una grande tradizione spumantistica, sviluppata nel corso di decenni e che oggi fa dell'azienda di Villafranca un punto di riferimento per tutti gli appassionati. Nata nell'immediato dopoguerra e sviluppata a partire dagli anni Ottanta, oggi può contare su una trentina di ettari di vigneto che forniscono le uve per una produzione affidabile e fedele interprete delle tipologie gardesane. Antonio e Andrea producono un ottimo Custoza Elianto, che profuma di frutto giallo e fiori, con una sottile vena minerale che attende ancora di potersi esprimere pienamente. In bocca tiene fede alla tipica fragranza e leggerezza, senza rinunciare però alla pienezza del sorso. Fra gli spumanti abbiamo apprezzato il Brut '12, ottenuto da uve chardonnay con l'aggiunta della corvina vinificata in bianco, che apporta sapidità e tensione acida, per un risultato succoso e di grande armonia. Buona anche la prova della versione Extra Dry.

○ Brut M. Cl. '12	🍷🍷 4
○ Custoza '15	🍷🍷 2*
○ Custoza Sup. Elianto '14	🍷🍷 3
○ Extra Dry M. Cl.	🍷🍷 3
● Bardolino '15	🍷 2
⊙ Bardolino Chiaretto '15	🍷 2
○ Biancospino	🍷 2
⊙ Biancospino Rosé	🍷 2
● Geodoro '12	🍷 5
● Le Bugne '14	🍷 2
○ Lugana '15	🍷 2
● Mezzacosta '13	🍷 3
○ Bianco di Custoza Sup. Elianto '12	🍷🍷 2*
○ Brut M. Cl. '09	🍷🍷 3
○ Custoza Sup. Elianto '13	🍷🍷 2*
● Mezzacosta '12	🍷🍷 2*

Merotto

loc. Col San Martino
via Scandolera, 21
31010 Farra di Soligo [TV]
Tel. 0438989000
www.merotto.it

VENDITA DIRETTA
VISITA SU PRENOTAZIONE
PRODUZIONE ANNUA 550.000 bottiglie
ETTARI VITATI 21,00

Graziano Merotto ha fondato l'azienda all'inizio degli anni Settanta e da allora è stata una continua trasformazione, inseguendo un sogno in cui il Prosecco è sempre stato al centro. Oggi è una delle realtà più apprezzate del comprensorio, forte di una vigna che si estende per più di venti ettari cui si aggiungono le preziosissime collaborazioni con viticoltori vicini, che forniscono le uve per completare la produzione di casa. Accanto agli storici prodotti sono sempre più importanti i vini ottenuti dalle più belle esposizioni di proprietà, il Graziano Merotto e il nuovo Castel. Debutto con il botto per il nuovo Prosecco di casa Merotto. Nel momento in cui tutte le aziende si stanno interessando ai Prosecco molto secchi, Graziano rilancia tornando al classico Extra Dry. Il Castel è uno spumante di rara precisione, intensamente profumato di fiori di glicine e pera che conquista per la sapidità del sorso e la perfetta fusione con le bollicine. Il Graziano Merotto invece offre un quadro più agrumato e fresco, in bocca stupisce per come possa essere cremoso rimanendo perfettamente asciutto.

○ Valdobbiadene Brut Rive di Col San Martino Cuvée del Fondatore Graziano Merotto '15	🍷🍷🍷 4*
○ Valdobbiadene Extra Dry Castèl '15	🍷🍷 3*
○ Le Fare Extra Brut	🍷🍷 2*
○ Valdobbiadene Brut Bareta	🍷🍷 3
○ Valdobbiadene Dry Rive di Col San Martino La Primavera di Barbara '15	🍷🍷 3
○ Valdobbiadene Extra Dry Colbelo	🍷🍷 3
○ Cartizze	🍷 5
⊙ Grani Rosa di Nero Brut	🍷 3
○ Prosecco di Treviso Dry Colmolina Mill. '15	🍷 3
○ Valdobbiadene Brut Rive di Col San Martino Cuvée del Fondatore Graziano Merotto '14	🍷🍷🍷 4*

Monte dall'Ora

loc. Castelrotto
via Monte dall'Ora, 5
37029 San Pietro in Cariano [VR]
Tel. 0457704462
www.montedallora.com

VENDITA DIRETTA
VISITA SU PRENOTAZIONE
PRODUZIONE ANNUA 35.000 bottiglie
ETTARI VITATI 6,00
VITICOLTURA Biologico Certificato

Carlo Venturini e la moglie Alessandra conducono la piccola azienda di Castelrotto con una ferma convinzione, quella di produrre vini di ottima qualità senza dover violentare l'ambiente. Scelte che partono da lontano e che guardano al futuro, rispettose non solo del mondo che li circonda ma anche delle tradizioni e dell'eredità che lasceranno ai loro figli. Appena sei ettari di vigneti per una produzione incentrata sui classici della Valpolicella, interpretati con ricchezza e grande attenzione alla bevibilità. Il Camporenzo è un Valpolicella frutto di un vigneto da cui non si prelevano uve per l'Amarone, vendemmiato tardivamente e che dona al vino una luminosa maturità del frutto, impreziosito dalla presenza di fiori secchi ed erbe officinali. In bocca è pieno ma non potente, sostenuto da una sapida e vibrante acidità. Più calda e avvolgente l'espressione aromatica del Ripasso Saustò '12, pieno e polposo offre una gestione mirabile della materia, giocando comunque sulla rotondità e la delicatezza del palato.

Vino	Valutazione
● Valpolicella Cl. Sup. Camporenzo '13	🍷🍷🍷 4*
● Valpolicella Cl. Sup. Ripasso Saustò '12	🍷🍷 5
● Amarone della Valpolicella Cl. Stropa '08	🍷🍷 8
● Valpolicella Cl. Saseti '15	🍷🍷 2*
● Valpolicella Cl. Sup. Camporenzo '11	🍷🍷🍷 4*
● Valpolicella Cl. Sup. Camporenzo '10	🍷🍷🍷 4*
● Valpolicella Cl. Sup. Ripasso Saustò '07	🍷🍷🍷 5
● Amarone della Valpolicella Cl. '09	🍷🍷 6
● Amarone della Valpolicella Cl. Stropa '07	🍷🍷 8
● Recioto della Valpolicella Cl. Sant' Ulderico '09	🍷🍷 6
● Valpolicella Cl. Sup. Camporenzo '12	🍷🍷 4
● Valpolicella Cl. Sup. Ripasso Saustò '11	🍷🍷 5

Monte del Frà

s.da per Custoza, 35
37066 Sommacampagna [VR]
Tel. 045510490
www.montedelfra.it

VENDITA DIRETTA
VISITA SU PRENOTAZIONE
PRODUZIONE ANNUA 1.000.000 bottiglie
ETTARI VITATI 197,00

La grande azienda di Custoza ha in Marica e Massimo Bonomo gli autori del profondo rinnovamento che ha caratterizzato gli ultimi anni. Marica in prima linea sul mercato, Massimo a governare un processo produttivo che ha visto un grande incremento oltre che nella qualità anche nei numeri. Accanto a loro Eligio e Claudio non fanno mancare saggezza e competenza, mentre Silvia, Dino e un affiatato team di collaboratori permettono una produzione sempre più convincente. Il Ca' del Magro è uno dei bianchi più interessanti non solo della regione, ma dell'intera penisola. Nel volgere di un decennio è diventato un punto di riferimento per chi apprezza ricchezza aromatica e un sorso che sa essere ricco, sapido e scattante al tempo stesso. Fra i vini della Valpolicella, a testimonianza di un impegno sempre più importante, abbiamo apprezzato lo Scarnocchio, un Amarone impostato sulla raffinatezza e l'austerità, che non cerca potenza ma eleganza e tensione gustativa.

○ Custoza Sup. Ca' del Magro '14	🍷🍷🍷 3*
● Amarone della Valpolicella Cl. Scarnocchio Lena di Mezzo '11	🍷🍷 7
● Amarone della Valpolicella Cl. Lena di Mezzo '12	🍷🍷 6
● Bardolino '15	🍷🍷 2*
⊙ Bardolino Chiaretto '15	🍷🍷 2*
○ Custoza '15	🍷🍷 2*
● Valpolicella Cl. Sup. Lena di Mezzo '14	🍷🍷 3
● Valpolicella Cl. Sup. Ripasso Lena di Mezzo '14	🍷🍷 3
● Valpolicella Cl. Lena di Mezzo '15	🍷 3
○ Custoza Sup. Ca' del Magro '13	🍷🍷🍷 3*
○ Custoza Sup. Ca' del Magro '12	🍷🍷🍷 2*
○ Custoza Sup. Ca' del Magro '11	🍷🍷🍷 2*
○ Custoza Sup. Ca' del Magro '10	🍷🍷🍷 2*
○ Custoza Sup. Ca' del Magro '09	🍷🍷🍷 2*

Monte Faustino

via Bure Alto
37029 San Pietro in Cariano [VR]
Tel. 0457701651
www.fornaser.com

VENDITA DIRETTA
VISITA SU PRENOTAZIONE
PRODUZIONE ANNUA 70.000 bottiglie
ETTARI VITATI 6,00

In Valpolicella il grande successo degli ultimi decenni ha portato grandi trasformazioni in molte aziende, che non sempre hanno saputo reggere l'urto di un mercato così aggressivo ed esigente. L'azienda della famiglia Fornaser invece è cresciuta passo dopo passo, incrementando la qualità dei vini proposti e migliorando la gestione dei vigneti, senza aumentare i numeri a dismisura. Una manciata di ettari dedicati a una produzione di impostazione tradizionale, raffinata e mai troppo potente. L'Amarone Classico, figlio della calda vendemmia 2011, offre al naso intense note di frutto rosso surmaturo, con i fiori macerati e le spezie a dare un pizzico di imprevedibilità. In bocca la pienezza del sorso si regge sulla spinta alcolica che cerca nell'acidità il giusto contrasto per un finale lungo e asciutto. Il Ripasso La Traversagna '12 invece è di impostazione più integra e croccante, con il rovere che svolge ancora un ruolo importante. All'assaggio rivela una buona spinta sapida.

Vino	Valutazione
● Amarone della Valpolicella Cl. '11	🍷🍷 7
● Recioto della Valpolicella Cl. '12	🍷🍷 5
● Valpolicella Cl. '15	🍷🍷 2*
● Valpolicella Cl. Sup. Ripasso La Traversagna '12	🍷🍷 4
● Amarone della Valpolicella Cl. Maestro Fornaser Ris. '09	🍷 8
● Flò '11	🍷 3
● Amarone della Valpolicella Cl. '10	🍷🍷 7
● Amarone della Valpolicella Cl. '09	🍷🍷 7
● Amarone della Valpolicella Cl. Maestro Fornaser Ris. '08	🍷🍷 8
● Amarone della Valpolicella Cl. Maestro Fornaser Ris. '07	🍷🍷 8
● Pelara '11	🍷🍷 3*
● Valpolicella Cl. Sup. La Traversagna '11	🍷🍷 4

Monte Tondo

loc. Monte Tondo
via San Lorenzo, 89
37038 Soave [VR]
Tel. 0457680347
www.montetondo.it

VENDITA DIRETTA
VISITA SU PRENOTAZIONE
OSPITALITÀ
PRODUZIONE ANNUA 200.000 bottiglie
ETTARI VITATI 32,00

Sono molti anni che la famiglia Magnabosco è attiva sul territorio di Soave, con una produzione affidabile cui è stata affiancata nel corso dell'ultimo decennio anche una serie di vini provenienti dai vigneti della vicina Valpolicella. Le vigne, dislocate su molteplici appezzamenti, oggi ammontano a più di trenta ettari, che forniscono le uve necessarie a tutta la produzione. Gino Magnabosco, fondatore dell'azienda, è ancora saldamente in sella, coadiuvato dalla preziosa collaborazione di tutta la famiglia. Il Foscarin Slavinus è un Soave frutto di una vendemmia ritardata dei vigneti più ripidi del monte Foscarino che fermenta in botte grande per poi proseguire l'affinamento in acciaio. Il risultato è un bianco dai profumi intensi di frutto giallo maturo, fiori secchi e note di pietra focaia. In bocca la pienezza del sorso è ben contrastata dalla sapida spinta acida. Molto buono anche il Casette Foscarin '14, giocato su una dolcezza del frutto più marcata e un palato più caldo e avvolgente.

Vino	Bicchieri	Prezzo
○ Soave Cl. Sup. Foscarin Slavinus '14	🍷🍷 (rossi)	4
● Amarone della Valpolicella '12	🍷🍷	6
○ Soave Cl. '15	🍷🍷	2*
○ Soave Cl. Casette Foscarin '14	🍷🍷	3
○ Soave Spumante Brut '15	🍷	2
● Valpolicella Sup. San Pietro '14	🍷	2
○ Soave Cl. Monte Tondo '06	♀♀♀	2*
○ Soave Cl. '14	♀♀	2*
○ Soave Cl. Casette Foscarin '14	♀♀	3
○ Soave Cl. Casette Foscarin '13	♀♀	3*
○ Soave Cl. Monte Tondo '13	♀♀	2*
○ Soave Cl. Sup. Foscarin Slavinus '14	♀♀	4
○ Soave Cl. Sup. Foscarin Slavinus '13	♀♀	4
○ Soave Cl. Sup. Foscarin Slavinus '12	♀♀	4

Monte Zovo

loc. Zovo, 23a
37013 Caprino Veronese [VR]
Tel. 0457281301
www.montezovo.com

VENDITA DIRETTA
VISITA SU PRENOTAZIONE
OSPITALITÀ E RISTORAZIONE
PRODUZIONE ANNUA 1.000.000 bottiglie
ETTARI VITATI 100,00

L'azienda della famiglia Cottini nasce ufficialmente nel 2000, anche se il rapporto tra questa famiglia e la produzione viticola vanta quasi un secolo di storia. Prima produttori di uve, poi di vino all'ingrosso, nel 2000 finalmente nasce il progetto Monte Zovo, oggi una delle realtà che può vantare un estesissimo parco vigneti. Anima e cuore propulsivo è Diego, oggi sempre più coadiuvato dall'opera dei figli Mattia, che si dedica all'aspetto commerciale, e Michele che invece come papà si dedica ai vigneti e soprattutto alla cantina. L'Amarone '12 si presenta alla vista di un bel rubino brillante per poi liberare al naso intense note di ciliegia matura, pepe e fiori macerati. In bocca esprime subito la sua ricchezza, è denso e polposo, capace di conquistare il palato con decisione e al tempo stesso austerità. Convincente anche il Ripasso '14, ancora molto giovanile nell'espressione aromatica e dalla beva che punta più sull'agilità che sulla potenza.

Vino	Bicchieri	Prezzo
● Amarone della Valpolicella '12	🍷🍷	6
○ Sauvignon '15	🍷🍷	4
● Valpolicella Sup. Ripasso '14	🍷🍷	4
● Ca' Linverno '12	🍷	4
○ Ca' Linverno Bianco '15	🍷	4
○ Lugana Le Civaie '15	🍷	3
● Amarone della Valpolicella '11	♀♀	6
● Amarone della Valpolicella '07	♀♀	7
● Amarone della Valpolicella '06	♀♀	6
● Amarone della Valpolicella Ris. '09	♀♀	8
● Amarone della Valpolicella Ris. '08	♀♀	8
● Recioto della Valpolicella '10	♀♀	5
● Valpolicella Sup. Ripasso '12	♀♀	4
● Valpolicella Sup. Ripasso '11	♀♀	4
● Valpolicella Sup. Ripasso '08	♀♀	3

Cantina Sociale di Monteforte d'Alpone

via XX Settembre, 24
37032 Monteforte d'Alpone [VR]
Tel. 0457610110
www.cantinadimonteforte.it

VENDITA DIRETTA
VISITA SU PRENOTAZIONE
PRODUZIONE ANNUA 2.000.000 bottiglie
ETTARI VITATI

Il territorio di Soave è caratterizzato da un'estrema parcellizzazione delle proprietà, con diverse migliaia di coltivatori che possiedono un ettaro o poco più di vigna. Oltre seicento di questi contadini sono soci della Cantina Sociale di Monteforte e Gaetano Tobin valorizza le uve dei soci con una produzione di ottimo livello, incentrata sui bianchi della denominazione anche se non mancano divagazioni in direzione della Valpolicella. Anche quest'anno il Soave Castellaro '14 è uno dei migliori della denominazione, ottenuto da sole uve garganega vendemmiate a perfetta maturazione che affina in rovere per circa un anno. Al naso si colgono le intense note di frutto che abbracciano i fiori secchi e le spezie, mentre in bocca colpisce per come sappia donarsi ricco e potente senza rinunciare a tensione e agilità. Convincente anche il Soave Clivus '15, un vino fresco negli aromi e di beva scattante.

Vino	
○ Soave Cl. Sup. Vign. di Castellaro '14	🍷🍷 2*
○ Soave Cl. Clivus '15	🍷🍷 1*
● Valpolicella Ripasso '14	🍷🍷 2*
○ Lessini Durello Brut M. Cl.	🍷 3
○ Recioto di Soave Cl. Sigillo '13	🍷 3
○ Soave Cl. Il Vicario '15	🍷 2
● Amarone della Valpolicella Re Teodorico '11	🍷🍷 5
○ Soave Cl. Clivus '14	🍷🍷 1*
○ Soave Cl. Clivus '13	🍷🍷 1*
○ Soave Cl. Il Vicario '13	🍷🍷 2*
○ Soave Cl. Sup. Vign. di Castellaro '13	🍷🍷 2*
○ Soave Cl. Sup. Vign. di Castellaro '12	🍷🍷 2*
○ Soave Cl. Sup. Vign. di Castellaro '10	🍷🍷 2*
● Valpolicella Ripasso '13	🍷🍷 2*
● Valpolicella Ripasso '11	🍷🍷 2*

Montegrande

via Torre, 2
35030 Rovolon [PD]
Tel. 0495226276
www.vinimontegrande.it

VENDITA DIRETTA
VISITA SU PRENOTAZIONE
PRODUZIONE ANNUA 250.000 bottiglie
ETTARI VITATI 30,00

Il territorio euganeo è uno dei più vocati del Veneto alla viticoltura, un complesso sistema isolato di colline di origine vulcanica ammassate l'una all'altra, che offrono un suolo ricco di sostanze minerali con un clima particolarmente soleggiato e asciutto. L'azienda della famiglia Cristofanon nel corso dell'ultimo decennio ha rivisto la sua produzione e oggi dai vigneti che si estendono per una trentina di ettari si ricavano le uve per una gamma di vini affidabili e di buona espressione varietale. Mancano quest'anno i vini più ambiziosi, Sereo e Vigna delle Roche, ma la buona vendemmia 2015 ha permesso al Colli Euganei Rosso di mettere in mostra un bel corredo aromatico nel quale, accanto alla note di frutto rosso maturo, compaiono intense sfumature di erbe aromatiche e pepe. In bocca il vino non vuole stupire per ricchezza e potenza ma coinvolgere in un sorso che ha nella spigliatezza di beva il tratto distintivo. Solare, maturo e avvolgente il Fior d'Arancio Passito '13.

Vino	
○ Colli Euganei Fior d'Arancio Passito '13	🍷🍷 3
● Colli Euganei Rosso '15	🍷🍷 2*
○ Castearo '15	🍷 2
○ Colli Euganei Bianco Erto '15	🍷 2
● Colli Euganei Cabernet '15	🍷 2
○ Colli Euganei Fior d'Arancio Spumante '15	🍷 2
● Colli Euganei Merlot '15	🍷 2
○ Colli Euganei Pinot Bianco '15	🍷 2
○ Colli Euganei Seprino Extra Dry	🍷 2
● Colli Euganei Cabernet Sereo '12	🍷🍷 3
● Colli Euganei Cabernet Sereo '11	🍷🍷 3
○ Colli Euganei Fior d'Arancio Passito '12	🍷🍷 3
○ Colli Euganei Fior d'Arancio Passito '11	🍷🍷 3

Monteversa

via Monte Versa, 1024
35030 Vò [PD]
Tel. 0499941092
www.monteversa.it

VENDITA DIRETTA
VISITA SU PRENOTAZIONE
PRODUZIONE ANNUA 23.000 bottiglie
ETTARI VITATI 17,00
VITICOLTURA Biologico Certificato

L'azienda Monteversa ha solo pochi anni di vita ma il colle su cui hanno sede la cantina e i vigneti da molto più tempo è fra i più ambiti della denominazione. Permeato di scaglia bianca e rossa offre versanti che si affacciano verso sud, ovest e nord, permettendo alla famiglia Voltazza di dedicare a ogni vitigno la condizione di allevamento ideale. L'altitudine non è rilevante, poco più di un centinaio di metri, ma la ricchezza del suolo consente alle uve di maturare con carattere e regolarità. Grande la prova del Rosso Animaversa '13, un taglio bordolese dal naso inizialmente ritroso ma che, dopo una leggera ossigenazione, lascia emergere il frutto, contornato da note di sottobosco, viola ed erbe officinali. In bocca cambia passo: si distende con eleganza e il corpo, pieno e polposo, è sorretto da una spiccata sapidità e da tannini levigati e dolci. Esplosivo il Versacinto '15, un rosso generoso e di grande espressione fruttata, dalla beva immediata e appagante.

● Colli Euganei Rosso Animaversa '13	🍷🍷🍷 4
● Colli Euganei Rosso Versacinto '15	🍷🍷 3
○ Versavò '15	🍷🍷 2*
○ Colli Euganei Manzoni Bianco Animaversa '14	🍷 3
○ Primaversa Frizzante '15	🍷 3
○ Saver Frizzante '14	🍷 3
○ Colli Euganei Bianco Animaversa '12	🍷🍷 3
○ Colli Euganei Bianco Versavò '13	🍷🍷 2*
○ Colli Euganei Bianco Versavò '11	🍷🍷 2*
● Colli Euganei Cabernet Animaversa '12	🍷🍷 4
● Colli Euganei Rosso Animaversa '11	🍷🍷 4
● Colli Euganei Rosso Animaversa '10	🍷🍷 4
● Colli Euganei Rosso Versacinto '13	🍷🍷 3
● Colli Euganei Rosso Versacinto '12	🍷🍷 2*
● Colli Euganei Rosso Versacinto '11	🍷🍷 2*
○ Versavò '14	🍷🍷 2*

Le Morette - Valerio Zenato

fraz. San Benedetto di Lugana
v.le Indipendenza, 19d
37019 Peschiera del Garda [VR]
Tel. 0457552724
www.lemorette.it

VENDITA DIRETTA
VISITA SU PRENOTAZIONE
PRODUZIONE ANNUA 350.000 bottiglie
ETTARI VITATI 32,00
AZIENDA SOSTENIBILE

L'azienda della famiglia Zenato si trova nel cuore della Lugana, a due passi dal laghetto del Frassino che, con le sue sponde argillose, evidenzia perfettamente la condizione in cui questo vitigno dà i risultati più interessanti. Una parte della proprietà è dedicata all'attività vivaistica, iniziata molti anni fa e ancora molto apprezzata, mentre la maggior parte dei vigneti è dedicata alla produzione di uva, che Paolo e Fabio traducono in una gamma affidabile e saldamente legata al territorio e alle sue tradizioni. Il Lugana Riserva rappresenta la massima espressione della tipologia in casa Zenato. Frutto di sola turbiana proveniente da vigneti piantati su terreni a forte presenza di argilla, innestati su materiale con più di un secolo di vita, fermenta spontaneamente in cantina dove affina almeno due anni fra acciaio e vetro, e solo una piccola parte del vino sosta in barrique. Profumi profondi e stratificati, dove il frutto giallo maturo si lascia attraversare dalla camomilla e la pietra focaia, per un sorso energico e di succosa bevibilità.

○ Accordo Passito Bianco '12	🍷🍷 4
● Bardolino Cl. '15	🍷🍷 2*
○ Lugana Mandolara '15	🍷🍷 3
○ Lugana Ris. '12	🍷🍷 5
● Perseo '12	🍷🍷 5
⊙ Bardolino Chiaretto Cl. '15	🍷 2
● Serai '14	🍷 2
○ Lugana Benedictus '14	🍷🍷 3
○ Lugana Benedictus '11	🍷🍷 3
○ Lugana Benedictus '07	🍷🍷 3
○ Lugana Mandolara '14	🍷🍷 2*
○ Lugana Mandolara '13	🍷🍷 2*
○ Lugana Ris. '11	🍷🍷 3
○ Lugana Vigna La Mandolara '08	🍷🍷 2*

Marco Mosconi

via Paradiso, 5
37031 Illasi [VR]
Tel. 0456529109
www.marcomosconi.it

VENDITA DIRETTA
VISITA SU PRENOTAZIONE
PRODUZIONE ANNUA 25.000 bottiglie
ETTARI VITATI 10,00

Marco Mosconi è giunto alla viticoltura quasi per caso. Pur avendo in dote un vigneto di buona estensione la famiglia non aveva mai dedicato grandi attenzioni all'attività agricola, e quando Marco ha manifestato il desiderio di occuparsene è stato quasi guardato di sottecchi. A distanza di una decina di anni l'azienda è una delle realtà più interessanti del territorio, fedele interprete dei vini della tradizione reinterpretati con uno stile che racchiude in sé ricchezza, potenza e tensione. Ben due vini in finale, un fragrante Valpolicella Superiore e un solido Amarone, entrambi 2012. Il primo presenta profumi nitidi di frutto selvatico ed erbe aromatiche, immediato e croccante, in bocca rivela buona pienezza e una stimolante acidità che ne allunga il sorso. Il secondo rifugge dall'idea più diffusa di vino morbido e abboccato per offrirne un'interpretazione rigorosa, fatta di frutto surmaturo e spezie che si esaltano in un palato potente ma asciutto e di grande progressione.

● Valpolicella Sup. '12	5
● Amarone della Valpolicella '12	8
○ Soave Corte Paradiso '15	2*
● Valpolicella Montecurto '15	3
● Amarone della Valpolicella '11	8
● Amarone della Valpolicella '09	8
● Amarone della Valpolicella '08	8
● Recioto della Valpolicella '11	6
● Recioto della Valpolicella '07	6
○ Recioto di Soave '13	5
○ Soave Corte Paradiso '14	2*
○ Soave Rosetta '13	3
○ Soave Sup. Corte Paradiso '13	2*
● Turan Cabernet Sauvignon '11	3
● Valpolicella Montecurto '14	3
● Valpolicella Sup. '11	5
● Valpolicella Sup. '10	5

Mosole

loc. Corbolone
via Annone Veneto, 60
30029 Santo Stino di Livenza [VE]
Tel. 0421310404
www.mosole.com

VENDITA DIRETTA
VISITA SU PRENOTAZIONE
PRODUZIONE ANNUA 230.000 bottiglie
ETTARI VITATI 30,00

In un territorio sicuramente vocato alla viticoltura, ma che troppo spesso è rimasto prigioniero di un'idea di vino semplice e beverino, fa eccezione l'azienda di Lucio Mosole. A Corbolone Lucio conduce un vigneto che si estende per trenta ettari, dominato dalla presenza delle varietà bordolesi, in cui la ricerca di un frutto maturo e solido è stato il pensiero che ha contraddistinto i lavori dell'ultimo decennio. In cantina la collaborazione con Gianni Menotti ha portato la produzione a un livello qualitativo di assoluto valore. Il Merlot Ad Nonam '13 è uno dei rossi più convincenti della regione. Rispetto alle versioni degli ultimi anni ha rinunciato a un pizzico di opulenza per donarsi più raffinato nei profumi di frutto e fiori, solido in bocca, dove la fresca acidità ne ingentilisce e allunga la beva, perfettamente sostenuto da tannini levigati e setosi. L'omonimo Passito '14 invece è una vera e propria esplosione di suggestioni agrumate e speziate, con un'albicocca matura e dolce che trova nell'importante sapidità la giusta spalla.

○ Ad Nonam Passito '14	4
● Lison-Pramaggiore Merlot Ad Nonam '13	5
○ Hora Prima '14	4
○ Lison Eleo '15	3
● Lison Pramaggiore Cabernet Hora Sexta '13	4
○ Venezia Pinot Grigio '15	2*
● Lison-Pramaggiore Cabernet Franc '15	2
● Lison-Pramaggiore Merlot '15	2
● Lison-Pramaggiore Refosco P. R. '15	2
○ Sauvignon '15	2
○ Tai '15	2
○ Venezia Chardonnay '15	2
○ Ad Nonam Passito '13	4
● Lison-Pramaggiore Cabernet Hora Sexta '12	3*

Il Mottolo

loc. Le Contarine
via Comezzara, 13
35030 Baone [PD]
Tel. 3479456155
www.ilmottolo.it

VENDITA DIRETTA
VISITA SU PRENOTAZIONE
PRODUZIONE ANNUA 27.000 bottiglie
ETTARI VITATI 7,00

Sergio Fortin è giunto alla viticoltura da una decina di anni, prima come semplice passione poi, via via che che i frutti si facevano notare, con sempre maggior convinzione. Oggi Il Mottolo è una bella realtà che si sviluppa nella parte meridionale dei Colli Euganei, con una produzione che trae la sua forza in vigne perfettamente seguite che garantiscono la maturazione ottimale dei grappoli. In cantina l'opera è volta alla ricerca dell'armonia e dell'eleganza, vero tratto distintivo che identifica anche i vini più semplici. Emblematico l'assaggio del Comezzara '14, un Merlot che si dona immediato e intensamente fruttato, dalla beva succosa e al tempo stesso ricca. Il campione di casa rimane però il Serro, un taglio bordolese a prevalenza merlot dai profumi profondi e stratificati, dotato di un sorso solido, asciutto e molto elegante, sostenuto da tannini levigati e sapida acidità. Più ricco e concentrato il Vignànima '13, un Carmenere pieno e polposo che esalta il frutto nero e le spezie.

Vino	Valutazione
● Colli Euganei Rosso Serro '13	🍷🍷 4
● Vingnànima '13	🍷🍷 3*
● Comezzara Merlot '14	🍷🍷 2*
○ Le Contarine '15	🍷🍷 2*
● V. Marè Cabernet '14	🍷 2
● Colli Euganei Rosso Serro '11	🍷🍷🍷 3*
● Colli Euganei Rosso Serro '10	🍷🍷🍷 3*
● Colli Euganei Rosso Serro '09	🍷🍷🍷 3*
● Colli Euganei Cabernet V. Marè '13	🍷🍷 2*
● Colli Euganei Cabernet V. Marè '12	🍷🍷 2*
○ Colli Euganei Fior d'Arancio Passito V. del Pozzo '10	🍷🍷 3*
● Colli Euganei Merlot Comezzara '13	🍷🍷 2*
● Colli Euganei Rosso Serro '12	🍷🍷 3*
● Vingnànima '12	🍷🍷 3*
● Vingnànima '11	🍷🍷 3*
● Vingnànima '10	🍷🍷 3*

Musella

loc. Ferrazze
via Ferrazzette, 2
37036 San Martino Buon Albergo [VR]
Tel. 045973385
www.musella.it

VENDITA DIRETTA
VISITA SU PRENOTAZIONE
OSPITALITÀ
PRODUZIONE ANNUA 260.000 bottiglie
ETTARI VITATI 50,00
VITICOLTURA Biodinamico Certificato

Musella è una sorta di piccolo paradiso a due passi da Verona. Un'antica proprietà cinta da mura che nel corso degli ultimi decenni ha avuto nell'azienda della famiglia Pasqua il suo apice enologico, capace di seguire con passione secondo i dettami dell'agricoltura biodinamica le vigne che si dipanano fra i boschi ed i corsi d'acqua per molti ettari. Altitudini ed esposizioni differenti collocate all'interno di un ambiente salubre e perfettamente integro, per una produzione contenuta nei numeri ma di assoluto valore ed identità. Manca solo l'acuto quest'anno in casa Musella, perché la batteria di vini proposta non conosce punti deboli. Il Valpolicella Superiore, a dispetto della complicata vendemmia 2014, si presenta intensamente profumato di frutti selvatici e fiori, mentre in bocca esprime rigore e una vena di piacevole rusticità. Fra i tre Amarone presentati la nostra predilezione va al 2011, un vino che debutta con i profumi di fiori macerati e spezie, per lasciare spazio al frutto solo successivamente. In bocca è pieno e con un bel tannino vibrante.

● Amarone della Valpolicella '11	🍷🍷 6
● Valpolicella Sup. '14	🍷🍷 3*
● Amarone della Valpolicella Ris. '10	🍷🍷 6
● Amarone della Valpolicella Senza Titolo '08	🍷🍷 8
○ Drago Bianco '15	🍷🍷 3
● Recioto della Valpolicella '12	🍷🍷 5
⊙ Drago Rosé '15	🍷 3
● Amarone della Valpolicella Ris. '07	🍷🍷🍷 6
● Valpolicella Sup. '13	🍷🍷🍷 3*
● Valpolicella Sup. '12	🍷🍷🍷 2*
● Amarone della Valpolicella '10	🍷🍷 6
● Amarone della Valpolicella '09	🍷🍷 6
● Amarone della Valpolicella Ris. '09	🍷🍷 6
● Valpolicella Sup. Ripasso '12	🍷🍷 4
● Valpolicella Sup. Ripasso '11	🍷🍷 4

ardello

Novembre, 56
37032 Monteforte d'Alpone [VR]
Tel. 0457612116
www.nardellovini.it

VENDITA DIRETTA
VISITA SU PRENOTAZIONE
PRODUZIONE ANNUA 50.000 bottiglie
ETTARI VITATI 16,00

Federica e Daniele Nardello passo dopo passo fanno crescere l'azienda di famiglia, una realtà che si sviluppa lungo il versante meridionale dei colli che costituiscono la zona classica del Soave. Una quindicina di ettari dedicati in massima parte alla garganega, con piccole presenze di trebbiano e chardonnay, che sono ampiamente superiori alle necessità di casa, per una produzione che è ottenuta solo dalle migliori parcelle di proprietà. Il Soave Monte Zoppega giunge dall'omonimo monte ed è un bianco che si avvale di un parziale affinamento in rovere. Al naso si colgono le note di frutto giallo maturo, impreziosite dalla presenza di fiori di camomilla e fieno, in bocca rivela un sorso pieno e avvolgente, sostenuto da una sapida acidità. Il Vigna Turbian invece si avvale di un'importante presenza di trebbiano di Soave per esaltare l'animo più snello e profumato della tipologia, risultando lungo e scattante.

○ Soave Cl. Monte Zoppega '14	🍷🍷	3*
○ Recioto di Soave Suavissimus '11	🍷🍷	4
○ Soave Cl. Meridies '15	🍷🍷	2*
○ Soave Cl. V. Turbian '15	🍷🍷	2*
○ Aetas Brut	🍷	2
○ Blanc De Fè '15	🍷	2
○ Blanc De Fè '14	🍷🍷	2*
○ Soave Cl. Meridies '14	🍷🍷	2*
○ Soave Cl. Meridies '13	🍷🍷	2*
○ Soave Cl. Meridies '12	🍷🍷	2*
○ Soave Cl. Monte Zoppega '13	🍷🍷	3*
○ Soave Cl. Monte Zoppega '12	🍷🍷	3
○ Soave Cl. V. Turbian '14	🍷🍷	2*
○ Soave Cl. V. Turbian '13	🍷🍷	2*
○ Soave Cl. V. Turbian '12	🍷🍷	2*

Angelo Nicolis e Figli

via Villa Girardi, 29
37029 San Pietro in Cariano [VR]
Tel. 0457701261
www.vininicolis.com

VENDITA DIRETTA
VISITA SU PRENOTAZIONE
PRODUZIONE ANNUA 220.000 bottiglie
ETTARI VITATI 42,00

L'azienda dei fratelli Nicolis ha saputo sfruttare il grande successo che ha interessato la Valpolicella per dotarsi di un parco vigneti di grande valore e adeguare la cantina alle esigenze di una produzione aumentata nei numeri tanto quanto nella qualità. Oggi Beppe e Giancarlo conducono vigneti per oltre quaranta ettari, disseminati in varie zone della denominazione, per una produzione dallo stile solido e che fa riferimento unicamente alle uve della tradizione. Amarone prodotto solo nelle annate migliori, l'Ambrosan proviene dall'omonimo vigneto di San Pietro in Cariano, affina lungamente in cantina in botte grande e in parte in tonneau e offre profumi maturi e caldi, dove il frutto trova appoggio nelle note di spezie e cacao amaro. All'assaggio mette in mostra un corpo possente, governato con maestria da tannino e acidità. Molto buono anche l'Amarone Classico '10, impostato su un profilo più fresco e disponibile.

● Amarone della Valpolicella Cl. Ambrosan '08	🍷🍷	7
● Amarone della Valpolicella Cl. '10	🍷🍷	6
● Recioto della Valpolicella Cl. '11	🍷🍷	5
● Valpolicella Cl. Sup. Ripasso Seccal '13	🍷🍷	3
● Valpolicella Cl. '15	🍷	2
● Amarone della Valpolicella Cl. Ambrosan '06	🍷🍷🍷	7
● Amarone della Valpolicella Cl. Ambrosan '98	🍷🍷🍷	7
● Amarone della Valpolicella Cl. Ambrosan '93	🍷🍷🍷	6
● Amarone della Valpolicella Cl. '09	🍷🍷	6
● Amarone della Valpolicella Cl. Ambrosan '07	🍷🍷	7
● Valpolicella Cl. Sup. Ripasso Seccal '12	🍷🍷	3
● Valpolicella Cl. Sup. Ripasso Seccal '08	🍷🍷	3

Nino Franco

via Garibaldi, 147
31049 Valdobbiadene [TV]
Tel. 0423972051
www.ninofranco.it

VENDITA DIRETTA
VISITA SU PRENOTAZIONE
OSPITALITÀ E RISTORAZIONE
PRODUZIONE ANNUA 1.000.000 bottiglie
ETTARI VITATI 3,50

Il successo che ha travolto il mondo del Prosecco ha fatto si che più di qualche azienda storica abbia preferito abbandonare le colline di Valdobbiadene per inseguire facili successi commerciali in pianura. Primo Franco invece è rimasto fedele al suo territorio, al punto da acquisire un nuovo vigneto nel cuore della cittadina, una sorta di piccolo clos che rende inconfondibile la produzione di via Garibaldi. Circa un milione di bottiglie annue con uno stile ricco e capace di sfidare la prova del tempo. Il Grave di Stecca è il consueto spumante di razza, testimone di come anche con il metodo Charmat si possano produrre bollicine di alto profilo. Ottenuto unicamente da uve glera coltivate praticamente in paese, affina lungamente in cantina per donarsi oggi complesso al naso, dove le più semplici suggestioni fruttate incontrano i fiori secchi e la macchia mediterranea. In bocca è asciutto, sapido e di raffinata beva. Più immediato e fragrante il Riva di San Floriano, un Valdobbiadene Brut di grande solidità gustativa.

○ Brut Grave di Stecca '12	🍷🍷 5
○ Valdobbiadene Brut V. della Riva di S. Floriano '15	🍷🍷 3*
○ Cartizze '15	▼▼ 5
○ Valdobbiadene Brut	▼▼ 3
○ Valdobbiadene Dry Primo Franco '15	▼▼ 3
⊙ Faive Rosé Brut	▼ 3
○ Brut Grave di Stecca '11	▽▽▽ 5
○ Brut Grave di Stecca '09	▽▽▽ 5
○ Valdobbiadene Brut Grave di Stecca '08	▽▽▽ 5
○ Valdobbiadene Brut V. della Riva di S. Floriano '11	▽▽▽ 3*
○ Valdobbiadene Brut V. della Riva di S. Floriano '14	▽▽ 3*
○ Valdobbiadene Brut V. della Riva di S. Floriano '13	▽▽ 3
○ Valdobbiadene Dry Primo Franco '14	▽▽ 3*

Novaia

via Novaia, 1
37020 Marano di Valpolicella [VR]
Tel. 0457755129
www.novaia.it

VENDITA DIRETTA
VISITA SU PRENOTAZIONE
PRODUZIONE ANNUA 45.000 bottiglie
ETTARI VITATI 7,00
VITICOLTURA Biologico Certificato
AZIENDA SOSTENIBILE

Risalendo la vallata di Marano rapidamente l'insediamento artigianale del fondovalle lascia posto ai vigneti, distesi tanto sul versante occidentale che su quello orientale, un continuo susseguirsi di pergole che si alternano a più rari impianti a filari e a qualche piccola macchia di bosco. Giampaolo e Marcello Vaona conducono qui l'azienda di famiglia, meno di dieci ettari in conduzione biologica che forniscono le uve per una produzione dedicata interamente ai vini della tradizione. Se nel corso degli anni abbiamo sempre segnalato la qualità dei vini più tradizionali, quest'anno è invece l'Amarone Le Balze '11 a convincere maggiormente. Al naso intense note di frutto surmaturo ed erbe officinali, al palato rivela corpo potente ma ben governato dall'acidità. Di tutt'altro stile il Ripasso '13, complesso nell'espressione aromatica in cui le note di ciliegia sono attraversate da fiori secchi e liquirizia, mentre in bocca è sapido e di buona lunghezza.

● Amarone della Valpolicella Cl. Le Balze '11	🍷🍷 8
● Recioto della Valpolicella Cl. Le Novaje '14	▼▼ 4
● Valpolicella Cl. Sup. Ripasso '13	▼▼ 3
● Valpolicella Cl. '15	▼ 2
● Valpolicella Cl. Sup. I Cantoni '13	▼ 4
● Amarone della Valpolicella Cl. Corte Vaona '11	▽▽ 5
● Recioto della Valpolicella Cl. Le Novaje '13	▽▽ 4
● Recioto della Valpolicella Cl. Le Novaje '12	▽▽ 4
● Valpolicella Cl. '13	▽▽ 2*
● Valpolicella Cl. Sup. I Cantoni '12	▽▽ 4
● Valpolicella Cl. Sup. Ripasso '12	▽▽ 3

Ottella

FRAZ. SAN BENEDETTO DI LUGANA
LOC. OTTELLA
37019 PESCHIERA DEL GARDA [VR]
TEL. 0457551950
www.ottella.it

VENDITA DIRETTA
VISITA SU PRENOTAZIONE
PRODUZIONE ANNUA 350.000 bottiglie
ETTARI VITATI 40,00

L'azienda Ottella si trova in posizione defilata rispetto alle sponde del lago di Garda, affacciata su quelle del meno noto e infinitamente più piccolo laghetto del Frassino. Questa però è la culla del Lugana, una zona in cui l'argilla fa sentire tutta la sua potenza, tradotta con maestria da Francesco e Michele Montresor in una gamma di bianchi dal profilo raffinato. Accanto a essi un paio di rossi ottenuti dai vigneti di Ponti sul Mincio, dedicati interamente alle varietà a bacca rossa. Il Lugana Molceo è una Riserva che non cerca il successo tramite la potenza quanto attraverso la profondità aromatica, la sapidità del sorso e l'eleganza. Operazione perfettamente riuscita anche quest'anno, compensando la fredda vendemmia 2014 con una spinta acida più sostenuta del solito, che rende il vino particolarmente fresco e scattante. Più solare, maturo ed avvolgente invece Le Creete, un bianco dal profilo suadente e dal sorso energico e di grande piacevolezza.

Vino	Bicchieri	Prezzo
○ Lugana Molceo Ris. '14	🍷🍷🍷	4
● Campo Sireso '13	🍷🍷	4
○ Lugana '15	🍷🍷	2*
○ Lugana Le Creete '15	🍷🍷	3
⊙ Roses Roses '15	🍷🍷	2*
● Valpolicella Ripasso Ripa della Volta '13	🍷🍷	4
○ Vignenuove '15	🍷🍷	2*
● Amarone della Valpolicella Ripa della Volta '13	🍷	6
● Gemei Rosso '15	🍷	2
○ Lugana Molceo Ris. '13	🍷🍷🍷	4*
○ Lugana Molceo Ris. '12	🍷🍷🍷	4*
○ Lugana Sup. Molceo '11	🍷🍷🍷	4*
○ Lugana Sup. Molceo '10	🍷🍷🍷	4*
○ Lugana Sup. Molceo '09	🍷🍷🍷	4
○ Lugana Sup. Molceo '08	🍷🍷🍷	4
○ Lugana Sup. Molceo '07	🍷🍷🍷	4

Pasqua - Cecilia Beretta

LOC. SAN FELICE EXTRA
VIA BELVEDERE, 135
37131 VERONA
TEL. 0458432111
www.pasqua.it

VENDITA DIRETTA
VISITA SU PRENOTAZIONE
PRODUZIONE ANNUA 13.000.000 bottiglie
ETTARI VITATI 300,00

Sono quasi novant'anni che la famiglia Pasqua si occupa di vino e il legame con la Valpolicella e le sue tradizioni non è mai venuto meno. Nel corso dei decenni molte cose sono cambiate, accanto allo storico marchio si è imposta Cecilia Beretta, l'azienda agricola di famiglia che consente di sperimentare e gestire tutta la filiera produttiva. Più di un centinaio di ettari per una produzione completata dalle uve prodotte da tanti conferitori della zona. L'Amarone Famiglia Pasqua '12 brilla per la profondità degli aromi, dove il frutto rosso surmaturo viene attraversato da note di fiori macerati e spezie, e per l'eleganza del palato, con acidità e tannini che donano leggerezza al sontuoso corpo. L'Amarone Terre di Cariano Riserva '11 invece si presenta articolato al naso, mentre in bocca mette in luce una dinamica gustativa grintosa e quasi austera. La fresca vendemmia 2014 ha invece consentito al Ripasso Famiglia Pasqua di muoversi asciutto e con scattante agilità.

Vino	Bicchieri	Prezzo
● Amarone della Valpolicella Cl. Terre di Cariano Cecilia Beretta Ris. '11	🍷🍷	8
● Amarone della Valpolicella Famiglia Pasqua '12	🍷🍷	6
● Amarone della Valpolicella Cl. Villa Borghetti Pasqua '13	🍷🍷	6
● Valpolicella Sup. Ripasso Famiglia Pasqua '14	🍷🍷	4
○ Passimento Bianco '15	🍷	3
● Passimento Rosso '13	🍷	3
● Amarone della Valpolicella Cl. Terre di Cariano '04	🍷🍷🍷	8
● Amarone della Valpolicella Cl. Terre di Cariano Cecilia Beretta Ris. '10	🍷🍷	8
● Amarone della Valpolicella Famiglia Pasqua '06	🍷🍷	6

★★Leonildo Pieropan

via Camuzzoni, 3
37038 Soave [VR]
Tel. 0456190171
www.pieropan.it

VENDITA DIRETTA
VISITA SU PRENOTAZIONE
PRODUZIONE ANNUA 380.000 bottiglie
ETTARI VITATI 62,00
VITICOLTURA Biologico Certificato

Andrea e Dario Pieropan svolgono un ruolo sempre più centrale nell'azienda di famiglia, dal vigneto alla cantina, dal mercato italiano a quello estero. Ciò che non è mai cambiato è il rapporto con la terra di Soave e, da più di dieci anni, anche con quella della Valpolicella, fatta di attenzioni e sensibilità che Nino e Teresita hanno saputo infondere nei figli. Oggi le vigne sono fra le più estese del comprensorio, per una produzione contenuta nel numero di etichette ma di assoluto valore nella qualità. Un appassionato che volesse conoscere il Soave non potrebbe prescindere dall'assaggio del Calvarino e La Rocca, due vini che racchiudono in sé l'essenza della denominazione. Florealità e freschezza nel primo, capace di conquistare per la tensione e la lunghezza del palato, profondità aromatica nel secondo, frutto dell'intreccio fra il frutto e il rovere, fra le spezie e gli accenni minerali, per poi conquistare il palato con una pienezza avvolgente e al tempo stesso vibrante, che non stanca mai.

Vino	Bicchieri	
○ Soave Cl. La Rocca '14	🍷🍷🍷 (rossi)	5
○ Soave Cl. Calvarino '14	🍷🍷 (rossi)	4
○ Soave Cl. '15	🍷🍷	3
● Valpolicella Sup. Ruberpan V. Garzon '13	🍷🍷	4
○ Soave Cl. Calvarino '13	♡♡♡	4*
○ Soave Cl. Calvarino '09	♡♡♡	4*
○ Soave Cl. Calvarino '08	♡♡♡	4
○ Soave Cl. Calvarino '07	♡♡♡	4
○ Soave Cl. Calvarino '06	♡♡♡	4
○ Soave Cl. Calvarino '05	♡♡♡	3
○ Soave Cl. Calvarino '04	♡♡♡	3
○ Soave Cl. Calvarino '03	♡♡♡	3
○ Soave Cl. Calvarino '02	♡♡♡	3
○ Soave Cl. La Rocca '12	♡♡♡	5
○ Soave Cl. La Rocca '11	♡♡♡	5
○ Soave Cl. La Rocca '10	♡♡♡	5
○ Soave Cl. La Rocca '02	♡♡♡	5

Albino Piona

fraz. Custoza
via Bellavista, 48
37060 Sommacampagna [VR]
Tel. 045516055
www.albinopiona.it

VENDITA DIRETTA
VISITA SU PRENOTAZIONE
PRODUZIONE ANNUA 350.000 bottiglie
ETTARI VITATI 77,00

Nel panorama gardesano un posto di rilievo spetta alla famiglia Piona. In passato è stato Albino a fare dell'azienda un punto di riferimento per vini dalla beva semplice e spigliata. Oggi tocca ai figli il compito di esaltare la propensione qualitativa delle colline a sud del lago di Garda. Le vigne sono estese per oltre settanta ettari e forniscono uva in quantità ben superiore alle necessità di casa, cosicché solo le partite migliori vengono destinate alla produzione di casa, dedicata in massima parte a Bardolino e Custoza. A rimarcare la capacità evolutiva del Custoza, ecco due versioni proposte solo dopo lungo affinamento. Il Campo del Selese '13 è un Superiore che si avvale di un parziale affinamento in rovere, al naso si colgono le note di zafferano e fiori secchi, impreziosite dalla presenza di pietra focaia. In bocca è maturo, caldo e dotato di una spiccata sapidità. Il Custoza SP '13 invece offre un profilo più affilato e nervoso, caratterizzato da un'acidità incisiva che ne esalta le doti di freschezza.

Vino	Bicchieri	
○ Custoza SP '13	🍷🍷 (rossi)	2*
○ Custoza Sup. Campo del Selese '13	🍷🍷 (rossi)	2*
● Bardolino '15	🍷🍷	2*
⊙ Bardolino Chiaretto '15	🍷🍷	2*
○ Custoza '15	🍷🍷	2*
○ Gran Cuvée Pas Dosé M. Cl.	🍷🍷	4
⊙ Estro di Piona Rosé Brut	🍷	4
○ Verde Piona Frizzante	🍷	2
● Bardolino '14	♡♡	2*
● Bardolino '13	♡♡	2*
● Bardolino SP '12	♡♡	2*
● Campo Massimo Corvina Veronese '12	♡♡	2*
● Campo Massimo Corvina Veronese '11	♡♡	2*
○ Custoza '14	♡♡	2*
○ Custoza '13	♡♡	2*

Piovene Porto Godi

FRAZ. TOARA
VIA VILLA, 14
36020 VILLAGA [VI]
TEL. 0444885142
www.piovene.com

VENDITA DIRETTA
VISITA SU PRENOTAZIONE
PRODUZIONE ANNUA 100.000 bottiglie
ETTARI VITATI 36,00

In un territorio di grandissima vocazione come il comprensorio Berico, quella della famiglia Piovene Porto Godi è una delle poche che ha intrapreso una strada virtuosa che mira alla qualità del vino, forte di un vigneto che può contare su più di trenta ettari nella zona meridionale della denominazione. Vitigno principe del territorio è il tai rosso, ma non mancano le varietà bordolesi e la più tradizionale garganega. Lo stile ricerca freschezza nei bianchi e solidità fruttata nei rossi. Anche quest'anno il Cabernet proveniente dal vigneto Pozzare è uno dei rossi più interessanti della regione in virtù di profumi intensamente fruttati che lasciano lentamente emergere le note di spezie ed erbe aromatiche. Al palato la solidità del sorso è figlia della fusione tra la ricchezza solare del frutto e la trama tannica levigata e di bella croccantezza. Il Tai Rosso Thovara '13 invece offre profumi più complessi e maturi, mentre in bocca rivela corpo pieno e buona finezza.

Vino	Bicchieri	
● Colli Berici Cabernet Vign. Pozzare '13	ŸŸ	4
● Colli Berici Tai Rosso Thovara '13	ŸŸ	5
● Colli Berici Merlot Fra i Broli '13	ŸŸ	4
○ Colli Berici Pinot Bianco Polveriera '15	ŸŸ	4
● Colli Berici Tai Rosso Vign. Riveselle '15	ŸŸ	2*
○ Thovara Passito '13	ŸŸ	5
○ Colli Berici Sauvignon Vign. Fostine '15	Ÿ	2
● Colli Berici Cabernet Vign. Pozzare '12	ŸŸŸ	4*
● Colli Berici Cabernet Vign. Pozzare '07	ŸŸŸ	3
● Colli Berici Merlot Fra i Broli '12	ŸŸ	4
● Colli Berici Merlot Fra i Broli '11	ŸŸ	4
● Colli Berici Tai Rosso Thovara '12	ŸŸ	5
● Colli Berici Tai Rosso Thovara '11	ŸŸ	5

★Graziano Prà

VIA DELLA FONTANA, 31
37032 MONTEFORTE D'ALPONE [VR]
TEL. 0457612125
www.vinipra.it

VENDITA DIRETTA
VISITA SU PRENOTAZIONE
OSPITALITÀ
PRODUZIONE ANNUA 300.000 bottiglie
ETTARI VITATI 35,00
VITICOLTURA Biologico Certificato
AZIENDA SOSTENIBILE

Nel corso dell'ultimo decennio Graziano Prà ha allargato la sua azienda alla vicina Valpolicella, mantenendo uno stile da "bianchista". Le vigne si sviluppano in vari appezzamenti della zona classica del Soave, mentre in Valpolicella la proprietà si sviluppa in un corpo unico nell'alta vallata di Mezzane su un suolo ricco di pietrisco e scisti. Qui fin dal primo anno di attività è stata scelta una conduzione biologica del vigneto, per una produzione fragrante e raffinata. Vino prodotto solo nelle annate migliori, il Colle Sant'Antonio viene proposto solo dopo un lungo affinamento in cantina. Avvicinato al naso sprigiona profumi di agrumi, fiori secchi e pietra focaia, che ritroviamo ben corrisposti in un palato cui il tempo ha portato eleganza e complessità. Colpisce nel segno anche l'Amarone '10, solido e di grande tensione, mentre lo Staforte '14 è il consueto Soave di razza, articolato nell'espressione aromatica e di succosa bevibilità, dal finale lungo e affascinante. Tre Bicchieri.

Vino	Bicchieri	
○ Soave Cl. Staforte '14	ŸŸŸ	4*
● Amarone della Valpolicella '10	ŸŸ	6
○ Soave Cl. Colle S. Antonio '12	ŸŸ	4
○ Soave Cl. Monte Grande '15	ŸŸ	4
○ Soave Otto '15	ŸŸ	2*
● Valpolicella Sup. Ripasso Morandina '14	ŸŸ	4
● Valpolicella Morandina '15	Ÿ	2
○ Soave Cl. Monte Grande '11	ŸŸŸ	4*
○ Soave Cl. Monte Grande '08	ŸŸŸ	4
○ Soave Cl. Monte Grande '06	ŸŸŸ	4
○ Soave Cl. Monte Grande '05	ŸŸŸ	3
○ Soave Cl. Monte Grande '04	ŸŸŸ	3
○ Soave Cl. Monte Grande '03	ŸŸŸ	2*
○ Soave Cl. Staforte '13	ŸŸŸ	4*
○ Soave Cl. Staforte '11	ŸŸŸ	4*
○ Soave Cl. Staforte '08	ŸŸŸ	4
○ Soave Cl. Staforte '06	ŸŸŸ	4*

★Giuseppe Quintarelli

via Cerè, 1
37024 Negrar [VR]
Tel. 0457500016
giuseppe.quintarelli@tin.it

VENDITA DIRETTA
VISITA SU PRENOTAZIONE
PRODUZIONE ANNUA 60.000 bottiglie
ETTARI VITATI 10,00

Nel panorama della Valpolicella non esiste un'azienda che abbia un potere evocativo come quella della famiglia Quintarelli, forte di una storia ben radicata in questo territorio e una schiera di fan disseminata in tutto il mondo. In realtà l'azienda è una piccola realtà a carattere familiare, con vigne che si distribuiscono nella zona classica per una decina di ettari e una produzione molto contenuta. Produzione rarefatta nel tempo e che esprime un legame intenso con la tradizione. Abbiamo dovuto aspettare quasi dieci anni per assaggiare l'Amarone '07, un vino che presenta tutta la complessità che questa tipologia può offrire dopo un lungo affinamento, la confettura di ciliegie abbraccia voluttuosamente le note speziate e di caffè, mentre in bocca si allarga con delicatezza ma inarrestabile. Ancor più tempo per il Recioto '04 che dona al naso note di fichi secchi e nocciola caramellata, che si esaltano in un sorso raffinato dalla dolcezza misurata.

- Amarone della Valpolicella Cl. '07 — 8
- Recioto della Valpolicella Cl. '04 — 8
- Amarone della Valpolicella Cl. '06 — 8
- Amarone della Valpolicella Cl. '03 — 8
- Amarone della Valpolicella Cl. '98 — 8
- Amarone della Valpolicella Cl. '97 — 8
- Amarone della Valpolicella Cl. Sup. Monte Cà Paletta '00 — 8
- Amarone della Valpolicella Cl. Sup. Monte Cà Paletta '93 — 8
- Recioto della Valpolicella Cl. '01 — 8
- Recioto della Valpolicella Cl. '95 — 5
- Recioto della Valpolicella Cl. Monte Ca' Paletta '97 — 8
- Rosso del Bepi '96 — 8
- Valpolicella Cl. Sup. '99 — 7

Le Ragose

fraz. Arbizzano
via Le Ragose, 1
37024 Negrar [VR]
Tel. 0457513241
www.leragose.com

VENDITA DIRETTA
VISITA SU PRENOTAZIONE
PRODUZIONE ANNUA 120.000 bottiglie
ETTARI VITATI 18,00

L'azienda dei fratelli Galli è stata la prima a portare all'attenzione del mondo l'alta collina. Quando in Valpolicella le vigne si estendevano soprattutto nei fondovalle e nelle prime pendici loro già esprimevano vini di assoluto valore prodotti da vigneti posti quasi a 400 metri di altitudine. Oggi sono molte le realtà che si spingono anche più in alto, ma il timbro raffinato e teso dei vini di casa Galli rimane molto difficile da confondere. Proprio dalle vigne più alte giunge l'Amarone Caloetto '07, un rosso che si presenta con una bella veste rubino intensa e matura. Al naso sprigiona note che accanto alla ciliegia dolce e carnosa offre note di fiori macerati ed erbe officinali, annunciando una complessità che ritroviamo all'assaggio, dove il vino si distende con grazia e riesce a gestire con tensione il notevole corpo. Affascinante il Rhagos '07, un rosso dalla dolcezza pronunciata che, complice il lungo affinamento, è complesso e setoso al palato.

- Amarone della Valpolicella Cl. Caloetto '07 — 7
- Recioto della Valpolicella Cl. '13 — 5
- Rhagos Ammandorlato '07 — 8
- Valpolicella Cl. '15 — 2*
- Valpolicella Cl. Sup. Ripasso Le Sassine '12 — 3
- Amarone della Valpolicella Cl. Caloetto '06 — 7
- Amarone della Valpolicella Cl. Marta Galli '05 — 8
- Amarone della Valpolicella Cl. Marta Galli '07 — 7

F.lli Recchia

LOC. JAGO
VIA CA' BERTOLDI, 30
37024 NEGRAR [VR]
TEL. 0457500584
www.recchiavini.it

VENDITA DIRETTA
VISITA SU PRENOTAZIONE
PRODUZIONE ANNUA 250.000 bottiglie
ETTARI VITATI 100,00

Pur vantando una grande tradizione viticola in Valpolicella, la famiglia Recchia è da pochi anni che si è imposta come produttrice di vino a marchio proprio, conquistando velocemente un ruolo importante. Molto estesi i vigneti, soprattutto nella zona collinare di Negar, che forniscono le uve per una produzione che rapidamente è aumentata. Oggi i vini sono divisi in due linee, la Masua di Jago per i vini più tradizionali e una linea dedicata all'esaltazione del binomio vino vigneto. L'Amarone Ca' Bertoldi '10 offre profumi che ricordano un frutto dolce molto maturo, con una presenza delicatamente balsamica e di spezie che dona leggerezza. In bocca conquista poco per volta, risultando teso e dotato di un bell'allungo. Il Valpolicella Superiore Masua di Jago '14 invece si muove su sentieri aromatici più semplici ma ugualmente interessanti, così come in bocca predilige la bevibilità e l'aderenza alla tipologia piuttosto che la potenza e il calore.

- ● Amarone della Valpolicella Cl. Ca' Bertoldi '10 — YY 5
- ● Recioto della Valpolicella Cl. Masua di Jago '14 — YY 4
- ● Valpolicella Cl. Sup. Masua di Jago '14 — YY 2*
- ● Korvilot '13 — Y 5
- ● Valpolicella Cl. Sup. Masua di Jago '15 — Y 2
- ● Valpolicella Cl. Sup. Ripasso Le Muraie '14 — Y 3
- ● Valpolicella Cl. Sup. Ripasso Masua di Jago '14 — Y 2
- ● Valpolicella Cl. Sup. Ripasso Le Muraie '13 — YY 3
- ● Valpolicella Cl. Sup. Ripasso Masua di Jago '13 — YY 2*

Roccolo Grassi

VIA SAN GIOVANNI DI DIO, 19
37030 MEZZANE DI SOTTO [VR]
TEL. 0458880089
www.roccolograssi.it

VISITA SU PRENOTAZIONE
PRODUZIONE ANNUA 49.000 bottiglie
ETTARI VITATI 14,00
AZIENDA SOSTENIBILE

Se la Valpolicella orientale è conosciuta e apprezzata da una ventina d'anni, lo si deve ad aziende come quella di Marco e Francesca Sartori che, raccogliendo un'eredità di semplicità e immediatezza, hanno trasformato l'azienda senza concedere nulla alle mode e alle esigenze più commerciali, proponendo un'idea di Valpolicella solida e importante. Vigne coltivate con grande attenzione e rispetto per l'ambiente forniscono uve che vengono interpretate in una gamma ristretta di vini di grande fascino. Tanta attenzione viene riposta anche per l'unico bianco di casa, un Soave tra i più interessanti della denominazione, interpretato ancora una volta senza fronzoli, nessuna scorciatoia aromatica e nessuna dolcezza. Un bianco di razza e consistenza affinato in rovere. Il campione di casa però rimane il Valpolicella Superiore '13, un rosso che se al naso è ancora poco espressivo, in bocca cambia passo, rivelando grande pienezza e una magistrale gestione della materia, fino a un lungo e affascinante finale.

- ● Valpolicella Sup. '13 — YYY 5
- ○ Soave Sup. La Broia '14 — YY 3*
- ● Amarone della Valpolicella Roccolo Grassi '07 — YYY 8
- ● Amarone della Valpolicella Roccolo Grassi '00 — YYY 7
- ● Amarone della Valpolicella Roccolo Grassi '99 — YYY 7
- ● Valpolicella Sup. '11 — YYY 5
- ● Valpolicella Sup. Roccolo Grassi '09 — YYY 5
- ● Valpolicella Sup. Roccolo Grassi '07 — YYY 5
- ● Valpolicella Sup. Roccolo Grassi '04 — YYY 5
- ● Amarone della Valpolicella '11 — YY 8
- ● Amarone della Valpolicella '09 — YY 8
- ● Recioto della Valpolicella Roccolo Grassi '09 — YY 5
- ● Valpolicella Sup. '12 — YY 5

Roeno

via Mama, 5
37020 Brentino Belluno [VR]
Tel. 0457230110
www.cantinaroeno.com

VENDITA DIRETTA
VISITA SU PRENOTAZIONE
OSPITALITÀ E RISTORAZIONE
PRODUZIONE ANNUA 340.000 bottiglie
ETTARI VITATI 60,00
AZIENDA SOSTENIBILE

La Valdadige, terra di confine e passaggio tra nord e sud, negli ultimi decenni è stata interessata da una viticoltura intensiva ma poco qualificante. I fratelli Fugatti costituiscono un elemento di rottura, forti di vigne che si estendono per molti ettari e una produzione che con caparbietà vuole rappresentare il valore di questo territorio. Le uve coltivate sono tanto quelle trentine quanto le veronesi, con la preziosa presenza dell'enantio, il rosso che rappresenta questa terra. Non è certo una novità, ma ogni anno l'assaggio del Cristina lascia a bocca aperta. La perfetta fusione tra i vitigni utilizzati, pinot grigio, chardonnay, gewürztraminer e sauvignon, si traduce in una trottola di aromi, dove agli agrumi fanno eco le spezie, alla camomilla i frutti esotici, per concludere in un sorso di grande piacevolezza, dolce e sapido al tempo stesso. Il Riesling Collezione di Famiglia '11 è un bianco di rara finezza e profondità, dotato di un profilo mitteleuropeo capace di conquistare tutti gli appassionati del vitigno.

○ Venezia Cristina V. T. '13	🍷🍷🍷 5
○ Riesling Renano Collezione di Famiglia '11	🍷🍷 6
○ Praecipuus Riesling Renano '14	▼▼ 4
● Roeno '12	▼▼ 4
○ Valdadige Pinot Grigio Tera Alta '15	▼▼ 2*
● Valdadige Terra dei Forti Enantio '12	▼▼ 4
● Valdadige Terra dei Forti Enantio Ris. '10	▼▼ 8
● La Rua Marzemino '15	▼ 2
○ Cristina V. T. '12	▽▽▽ 5
○ Cristina V. T. '11	▽▽▽ 5
○ Cristina V. T. '08	▽▽▽ 5
○ Cristina V. T. '10	▽▽ 5
○ Riesling Renano Collezione di Famiglia '14	▽▽ 5

Rubinelli Vajol

fraz. San Floriano
via Paladon, 31
37029 San Pietro in Cariano [VR]
Tel. 0456839277
www.rubinellivajol.it

VENDITA DIRETTA
VISITA SU PRENOTAZIONE
OSPITALITÀ
PRODUZIONE ANNUA 50.000 bottiglie
ETTARI VITATI 10,00

Non tragga in inganno la giovane età di questa azienda, la famiglia Rubinelli ha profonde radici che affondano in Valpolicella, la qualità che può offrire non deriva dalla storia ma dalla posizione dei vigneti e la sensibilità nel trasformare le uve. Una sorta di anfiteatro esposto a sud che si sviluppa tra i 150 e i 200 metri di altitudine, con la cantina e l'abitazione al centro. I vini inseguono uno stile rispettoso delle tradizioni, che mette in luce il profilo più delicato della tipologia. Mancando l'Amarone, rimasto a riposare in cantina ancora un po', la nostra attenzione si è concentrata su un'ottima versione di Valpolicella Superiore '12. La veste ha un bel colore rubino, il naso si esalta sulle note di ciliegia e frutti selvatici, per poi virare su più fresche suggestioni di pepe e timo. In bocca mantiene come sempre una bella tensione acida, risultando lungo e succoso. Più esplosivo al naso il Recioto '12, capace di conquistare per la mirabile armonia che si sviluppa tra dolcezza e sapidità.

● Recioto della Valpolicella Cl. '12	▼▼ 6
● Valpolicella Cl. Sup. '12	▼▼ 4
● Valpolicella Cl. '15	▼ 2
● Valpolicella Cl. Sup. Ripasso '13	▼ 5
● Amarone della Valpolicella Cl. '11	▽▽ 7
● Amarone della Valpolicella Cl. '10	▽▽ 6
● Amarone della Valpolicella Cl. '07	▽▽ 6
● Recioto della Valpolicella Cl. '11	▽▽ 6
● Valpolicella Cl. '13	▽▽ 2*
● Valpolicella Cl. Sup. '11	▽▽ 4
● Valpolicella Cl. Sup. '10	▽▽ 4
● Valpolicella Cl. Sup. Ripasso '12	▽▽ 5
● Valpolicella Cl. Sup. Ripasso '11	▽▽ 4

Ruggeri & C.

loc. Valdobbiadene
fraz. Zecchei
via Prà Fontana, 4
31049 Valdobbiadene [TV]
Tel. 04239092
www.ruggeri.it

VENDITA DIRETTA
VISITA SU PRENOTAZIONE
PRODUZIONE ANNUA 1.000.000 bottiglie
ETTARI VITATI 17,00
AZIENDA SOSTENIBILE

Paolo Bisol nel corso dei decenni ha saputo dare una struttura all'azienda di famiglia tale per cui ognuna delle numerose partite di uva che giungono in cantina viene lavorata non solo nel miglior modo possibile ma viene immediatamente destinata alla tipologia più indicata. Numeri importanti figli di un rapporto strettissimo con numerosi viticoltori della zona, soprattutto Valdobbiadene, anche se non mancano uve che giungono dal coneglianese, per una produzione affidabile e impreziosita da più di una perla. Il Giustino B., nato quasi per gioco ormai 21 anni fa, è un punto di riferimento imprescindibile per conoscere e apprezzare il Prosecco, tanto da meritare il premio di Bollicine dell'Anno. L'ottima vendemmia gli ha conferito intense note di frutto con una presenza floreale, vero timbro di fabbrica di questo vino, a donare freschezza e delicatezza. In bocca è il consueto spumante di eleganza e sapidità. Il Vecchie Viti invece è più scontroso e nascosto al naso, per donarsi solido e asciutto al palato. Segnaliamo infine la grande affidabilità di tutta la produzione.

○ Valdobbiadene Extra Dry Giustino B. '15	🍷🍷🍷	4*
○ Valdobbiadene Brut V. V. '15	🍷🍷	5
○ Cartizze	🍷🍷	5
○ L'Extra Brut '15	🍷🍷	3
○ Valdobbiadene Brut Quartese	🍷🍷	3
○ Valdobbiadene Dry S. Stefano	🍷🍷	3
○ Valdobbiadene Extra Dry Altevigne	🍷🍷	4
○ Valdobbiadene Extra Dry Giall'Oro	🍷🍷	3
○ Valdobbiadene Brut V. V. '14	🍷🍷🍷	4*
○ Valdobbiadene Brut Vecchie Viti '13	🍷🍷🍷	4*
○ Valdobbiadene Extra Dry Giustino B. '12	🍷🍷🍷	3*
○ Valdobbiadene Extra Dry Giustino B. '11	🍷🍷🍷	3*
○ Valdobbiadene Extra Dry Giustino B. '10	🍷🍷🍷	3
○ Valdobbiadene Extra Dry Giustino B. '09	🍷🍷🍷	3
○ Valdobbiadene Extra Dry Giustino B. '14	🍷🍷	4
○ Valdobbiadene Extra Dry Giustino B. '13	🍷🍷	4

Le Salette

via Pio Brugnoli, 11c
37022 Fumane [VR]
Tel. 0457701027
www.lesalette.it

VENDITA DIRETTA
VISITA SU PRENOTAZIONE
PRODUZIONE ANNUA 130.000 bottiglie
ETTARI VITATI 20,00

Quando, all'inizio degli anni Ottanta, la Valpolicella e i suoi vini sono balzati agli onori della cronaca, Le Salette era già uno dei marchi più apprezzati. Merito di Franco Scamperle che, passo dopo passo, ha saputo trasformare l'azienda di famiglia in una realtà non molto grande ma capace di interpretare al meglio i vini della tradizione. Oggi può contare su un buon parco vigneti, suddivisi in vari appezzamenti, per un totale di una ventina di ettari, necessari a una produzione dedicata in massima parte alle storiche tipologie. L'Amarone Pergole Vece è la punta di diamante della produzione, un rosso che reinterpreta la tradizione con fragranza e integrità del frutto, con la ciliegia che vede attorno a sé la presenza dei fiori macerati e delle spezie. All'assaggio colpisce per la ricchezza del sorso, che guadagna in tensione e agilità istante dopo istante. Convincente anche La Marega '12, un Amarone pensato per essere subito disponibile e di più facile approccio.

● Amarone della Valpolicella Cl. Pergole Vece '12	🍷🍷	8
● Amarone della Valpolicella Cl. La Marega '12	🍷🍷	6
● Recioto della Valpolicella Cl. Pergole Vece '13	🍷🍷	6
● Valpolicella Cl. Sup. Ripasso I Progni '14	🍷🍷	3
● Ca' Carnocchio '13	🍷	4
● Valpolicella Cl. '15	🍷	2
● Amarone della Valpolicella Cl. Pergole Vece '05	🍷🍷🍷	8
● Amarone della Valpolicella Cl. Pergole Vece '11	🍷🍷	8
● Amarone della Valpolicella Cl. Pergole Vece '10	🍷🍷	8
● Recioto della Valpolicella Cl. Pergole Vece '12	🍷🍷	6

Tenute SalvaTerra

LOC. CENGIA
VIA CENGIA, 8
37029 SAN PIETRO IN CARIANO [VR]
TEL. 0456859025
www.tenutesalvaterra.it

VENDITA DIRETTA
VISITA SU PRENOTAZIONE
PRODUZIONE ANNUA 80.000 bottiglie
ETTARI VITATI 16,00

I fratelli Furia, fra i più grandi produttori di uva della Valpolicella, hanno messo insieme le forze e con un gruppo di investitori hanno fondato SalvaTerra, una realtà che può contare su vigneti disseminati in varie parti della denominazione. Cantina e uffici si trovano all'interno della splendida sede di Cengia, Villa Giona, contornata da un vigneto cinto da mura. Per i rossi della Valpolicella la produzione può contare anche sulle tenute di Prun, Mezzane, Montorio e Cazzano di Tramigna. Proprio dalla tenuta di Prun giunge il vino più convincente, una Riserva '07 di Amarone dai profumi profondi e stratificati, dove il frutto surmaturo trova la compagnia delle erbe aromatiche e delle note minerali. Bocca impostata nella ricerca dell'armonia e della tensione, rinunciando alla potenza esasperata che impressiona ma priva di beva i vini. Buona anche la prova dell'Amarone '09, giocato su un frutto dolce e avvolgente che ritroviamo espresso anche al palato.

● Amarone della Valpolicella Cl. '09	🍷🍷 8
● Amarone della Valpolicella Cl. Cave di Prun Ris. '07	🍷🍷 8
● Valpolicella Cl. Sup. Ripasso '13	🍷🍷 5
● Lazzarone '11	🍷 5
○ Pinot Grigio '15	🍷 5
○ Prosecco Extra Dry	🍷 4
● Valpolicella Cl. '14	🍷 3
● Amarone della Valpolicella Cl. '08	🍷🍷 8
● Amarone della Valpolicella Cl. Cave di Prun Ris. '04	🍷🍷 8
● Valpolicella Cl. Sup. Ripasso '12	🍷🍷 5

Marco Sambin

LOC. VALNOGAREDO
VIA FATTORELLE, 20A
35030 CINTO EUGANEO [PD]
TEL. 3456812050
www.vinimarcus.com

VENDITA DIRETTA
VISITA SU PRENOTAZIONE
RISTORAZIONE
PRODUZIONE ANNUA 10.000 bottiglie
ETTARI VITATI 3,00
VITICOLTURA Biologico Certificato
AZIENDA SOSTENIBILE

Professore prestato all'agricoltura, Marco Sambin ha saputo dare vita a questa piccola realtà. Collocata sul versante occidentale del Parco Regionale dei Colli Euganei, l'azienda ha vigneti per una manciata di ettari, adagiati su un suolo che alterna l'argilla alla scaglia bianca, perfettamente baciati dal sole. La conduzione è biologica e strizza l'occhio alla biodinamica, con produzioni molto contenute e che esaltano la maturità del frutto. Poche bottiglie di produzione suddivise tra Marcus e Alter, che sono i vini più rappresentativi, e una serie di etichette più sperimentali. Il Marcus, anche con la vendemmia 2013, si presenta intensamente profumato di frutto rosso dolce e maturo, con una sottile nota speziata sullo sfondo. All'assaggio il vino rivela immediatamente il calore dei vigneti su cui è prodotto: è morbido, pieno e avvolgente, sostenuto da una fitta trama tannica. Più fresco nell'espressione aromatica e più agile al palato l'Alter '14, che sfrutta anche la vendemmia meno calda per acquisire agilità e leggerezza.

● Alter '14	🍷🍷 4
● Francisca XI Passito	🍷🍷 5
● Marcus '13	🍷🍷 5
○ Martha Frizzante '14	🍷🍷 4
● Le Femminelle '15	🍷 3
○ Martha.due '15	🍷 3
● Alter '13	🍷🍷 4
● Marcus '12	🍷🍷 5
● Marcus '11	🍷🍷 5
● Marcus '10	🍷🍷 5
● Marcus '09	🍷🍷 4
● Marcus '08	🍷🍷 4
○ Martha.due '14	🍷🍷 3
● Micael '11	🍷🍷 5

San Rustico

FRAZ. VALGATARA DI VALPOLICELLA
VIA POZZO, 2
37020 MARANO DI VALPOLICELLA [VR]
TEL. 0457703348
www.sanrustico.it

VENDITA DIRETTA
VISITA SU PRENOTAZIONE
PRODUZIONE ANNUA 250.000 bottiglie
ETTARI VITATI 22,00

Risalendo la vallata di Marano di Valpolicella, a partire dall'abitato di San Floriano, lentamente gli insediamenti artigianali lasciano uno spazio sempre più importante alla viticoltura, vero motore di questa zona. La strada comincia a salire e insinuarsi sempre più nel cuore delle colline. Qui ha sede l'azienda dei fratelli Campagnola, contadini che hanno saputo farsi imprenditori, custodi di più di venti ettari di vigneto, che forniscono le uve per una produzione di chiara impostazione tradizionale. La più bella vigna di proprietà, quella denominata Gaso, ha fornito le uve per un Amarone '10 di grande espressività aromatica, dove il frutto appare surmaturo e accompagnato da note di fiori macerati e pepe, mentre in bocca la potenza è ben gestita e contrastata da una serrata trama di tannini. Dalla stessa vigna giunge anche un nervoso Ripasso '12, mentre l'Amarone '11 è giocato su un frutto rosso maturo e maggiormente disponibile, che si esalta in un sorso succoso e piacevolmente rustico.

● Amarone della Valpolicella Cl. Gaso '10	TTT 8
● Amarone della Valpolicella Cl. '11	TT 6
● Valpolicella Cl. Sup. '14	TT 2*
● Valpolicella Cl. Sup. Ripasso Gaso '12	TT 4
● Valpolicella Cl. '15	T 2
● Amarone della Valpolicella Cl. '10	YY 6
● Amarone della Valpolicella Cl. '09	YY 6
● Amarone della Valpolicella Cl. Gaso '09	YY 8
● Amarone della Valpolicella Cl. Gaso '08	YY 7
● Amarone della Valpolicella Cl. Gaso '07	YY 6
● Amarone della Valpolicella Cl. Gaso '06	YY 6
● Recioto della Valpolicella Cl. Gaso '13	YY 5
● Valpolicella Cl. Sup. '12	YY 2*
● Valpolicella Cl. Sup. Ripasso Gaso '11	YY 4
● Valpolicella Cl. Sup. Ripasso Gaso '10	YY 3

La Sansonina

LOC. SANSONINA
37019 PESCHIERA DEL GARDA [VR]
TEL. 0457551905
www.sansonina.it

VENDITA DIRETTA
PRODUZIONE ANNUA 21.000 bottiglie
ETTARI VITATI 12,00

Sansonina nasce per volontà di Carla Prospero una ventina di anni fa, in un territorio, quello del lago di Garda, che cominciava ad imporsi come zona ad alta vocazione per la produzione di bianchi ricchi e di grandissima piacevolezza. Contrariamente a quanto facevano i colleghi, Carla decide invece di puntare tutto sul merlot, un vitigno che sulle argille che contornano il bacino benacense può dare ottimi risultati. Oggi gli ettari hanno abbondantemente superato la decina e anche le etichette sono aumentate, dapprima un Lugana cui si è aggiunto Evaluna, un Cabernet. Al suo debutto colpisce proprio questo rosso, frutto di un blend fra cabernet suvignon e franc che al naso alterna note di frutto dolce e maturo con note di erbe aromatiche fini e penetranti. In bocca la pienezza del palato è perfettamente controllata da una fitta e levigata trama di tannini. Il Lugana Vigna del Moraro Verde è frutto di una fermentazione spontanea e mette in luce l'animo più rustico della tipologia con consistenza e grinta.

● Garda Evaluna '14	TT 4
○ Lugana V. del Morano Verde '14	TT 3
○ Lugana Sansonina '13	YY 3
○ Lugana Sansonina '12	YY 3
○ Lugana Sansonina '11	YY 3
○ Lugana Sansonina '10	YY 6
○ Lugana Sansonina '09	YY 3*
○ Lugana Sansonina '08	YY 3
● Sansonina '13	YY 6
● Sansonina '12	YY 6
● Sansonina '10	YY 6
● Sansonina '09	YY 6
● Sansonina '07	YY 6

Tenuta Sant'Anna

FRAZ. LONCON
VIA MONSIGNOR P. L. ZOVATTO, 71
30020 ANNONE VENETO [VE]
TEL. 0422864511
www.tenutasantanna.it

VENDITA DIRETTA
VISITA SU PRENOTAZIONE
PRODUZIONE ANNUA 2.800.000 bottiglie
ETTARI VITATI 140,00
AZIENDA SOSTENIBILE

La Pianura Padana, partendo da Venezia in direzione orientale, presenta una vasta area destinata alla viticoltura. Siamo nel cuore della denominazione di Lison Pramaggiore, una lunga lingua di terra argillosa che costeggia il mare Adriatico. Qui ha sede l'azienda del gruppo Genagricola, una realtà che può contare su vigneti che si estendono per ben più di un centinaio di ettari, destinati a una produzione che cerca la massima espressione dei vitigni. Dalle vicine colline che costituiscono la zona storica del Prosecco giunge un fragrante Valdobbiadene Extra Dry, uno spumante dalla nitida espressione fruttata di mela e pera, che in bocca conquista per la pregevole armonia tra dolcezza, acidità e bollicine. Percorso stilistico simile per il Cartizze, dotato però di una maggior espressione di frutto anche in virtù di un residuo zuccherino più marcato. Fra i vini fermi della pianura abbiamo apprezzato la fragranza dello Chardonnay '15.

○ Cartizze	🍷🍷 5
○ Valdobbiadene Extra Dry	🍷🍷 3
○ Brut di Pinot	🍷 2
○ Chardonnay Frizzante	🍷 2
○ Cuvée Blanche Extra Dry	🍷 2
⊙ Cuvée Rosé Brut	🍷 2
○ Lison-Pramaggiore Chardonnay Goccia '15	🍷 2
○ Lison-Pramaggiore Cl. Goccia '15	🍷 2
○ Lison-Pramaggiore Savignon Goccia '15	🍷 2
○ Moscato Spumante Dolce	🍷 2
○ Prosecco Brut	🍷 3
○ Prosecco Brut Mill. '15	🍷 3
○ Prosecco Extra Dry	🍷 3
○ Prosecco Frizzante	🍷 2
○ Traminer Goccia '15	🍷 2
○ Venezia Pinot Grigio Goccia '15	🍷 2

★Tenuta Sant'Antonio

LOC. SAN ZENO
VIA CERIANI, 23
37030 COLOGNOLA AI COLLI [VR]
TEL. 0457650383
www.tenutasantantonio.it

VENDITA DIRETTA
VISITA SU PRENOTAZIONE
PRODUZIONE ANNUA 700.000 bottiglie
ETTARI VITATI 100,00

L'azienda dei fratelli Castagnedi è uno dei punti di riferimento per gli amanti della Valpolicella, una realtà che Armando, Tiziano, Paolo e Massimo hanno saputo far emergere nel volgere di una ventina di ettari, cominciando con poche bottiglie e giungendo oggi a una produzione che gli consente di essere presenti in tutto il mondo. Tante le vigne di proprietà, soprattutto in Valpolicella, ma non si tralascia il vicino comprensorio di Soave per una produzione solida e di grandissima affidabilità. Il Campo dei Gigli è il campione di casa, un Amarone che anche con la vendemmia 2012 si pone come uno dei più interessanti della denominazione. Compatto alla veste si presenta al naso intensamente profumato di frutto rosso dolce e maturo, spezie e note di timo, in un turbinio che si distende in un sorso di grande concentrazione e al tempo stesso agilità, per un finale asciutto e lungo. La Bandina '12 è invece un Valpolicella di grande integrità e tensione.

● Amarone della Valpolicella Campo dei Gigli '12	🍷🍷🍷 8
● Valpolicella Sup. La Bandina '12	🍷🍷 5
● Amarone della Valpolicella Sel. Antonio Castagnedi '13	🍷🍷 6
○ Soave Monte Ceriani '14	🍷🍷 3
○ Soave V. V. '14	🍷🍷 3
● Valpolicella Sup. Ripasso Monti Garbi '14	🍷🍷 3
● Amarone della Valpolicella Campo dei Gigli '11	🍷🍷🍷 8
● Amarone della Valpolicella Campo dei Gigli '10	🍷🍷🍷 8
● Amarone della Valpolicella Campo dei Gigli '08	🍷🍷🍷 8
● Amarone della Valpolicella Campo dei Gigli '07	🍷🍷🍷 8
● Amarone della Valpolicella Campo dei Gigli '06	🍷🍷🍷 8

Santa Margherita

via Ita Marzotto, 8
30025 Fossalta di Portogruaro [VE]
Tel. 0421246111
www.santamargherita.com

VENDITA DIRETTA
VISITA SU PRENOTAZIONE
PRODUZIONE ANNUA 13.500.000 bottiglie
ETTARI VITATI 50,00

La grande azienda che fa capo alla famiglia Marzotto nell'ultimo decennio ha saputo imporre un cambio di passo significativo a tutta la produzione. Ogni tassello è stato messo a punto, prima i vigneti di proprietà, oggi estesi per una cinquantina di ettari, poi la nuova cantina, e oggi tutta l'area della storica sede di Fossalta di Portogruaro. Ancora più spinta l'attività relativa al mondo delle bollicine, con un interesse per il mondo del Prosecco volto a valorizzarne la massima espressione. Proprio dal territorio valdobbiadenese giungono i risultati più interessanti, con un Rive di Refrontolo '15 di nitida espressione di pera e fiori di glicine che conquista per la solidità del sorso. Ottimo il Luna dei Feldi '15, frutto di un blend aromatico che proviene dalle belle vigne dell'Alto Adige. Al naso si colgono le note di agrumi e liquirizia, impreziosite da una fresca spinta floreale. Ricchezza, sapidità e tensione caratterizzano un sorso di grande piacevolezza.

○ A. A. Bianco Luna dei Feldi '15	TT 3
○ A. A. Pinot Grigio Impronta del Fondatore '15	TT 2*
○ Cartizze	TT 4
○ Valdobbiadene Extra Dry 52	TT 2*
○ Valdobbiadene Rive di Refrontolo Brut 52 '15	TT 3
● Lison-Pramaggiore Malbech Impronta del Fondatore '14	T 2
● Lison-Pramaggiore Refosco P.R. Impronta del Fondatore '14	T 2
○ Lison-Pramaggiore Verduzzo Passito Dulcedo '11	T 3
○ Valdadige Pinot Grigio '15	T 2
○ Valdobbiadene Brut	T 2
● Venezia Cabernet Franc Impronta del Fondatore '14	T 2

Santa Sofia

fraz. Pedemonte di Valpolicella
via Ca' Dedé, 61
37029 San Pietro in Cariano [VR]
Tel. 0457701074
www.santasofia.com

VENDITA DIRETTA
VISITA SU PRENOTAZIONE
PRODUZIONE ANNUA 550.000 bottiglie
ETTARI VITATI 38,00

Luciano Begnoni, dopo tanti anni di attività, ha imposto una sterzata all'azienda di famiglia. L'acquisizione di una grande proprietà in Valpantena permetterà finalmente a Santa Sofia di disporre di un grande quantitativo di uve prodotte in prima persona. Quasi quaranta ettari vitati, sono il primo passo dal punto di vista viticolo, mentre in cantina la rivoluzione è già cominciata da qualche tempo, per una produzione che, senza perdere il legame con il passato, appare più fresca e convincente. Testimone di questo cambio di passo l'Amarone '11, che presenta profumi che rimandano a un frutto rosso maturo e ancora croccante, che si esalta in un palato di grande solidità dove non c'è spazio per mollezze zuccherine, per un finale di tensione e grinta. Buona la prova del Valpolicella Classico, proposto con un anno di affinamento che, a dispetto della complicata vendemmia 2014, risulta fragrante e di appagante beva.

● Amarone della Valpolicella Cl. '11	TT 7
● Valpolicella Cl. '14	TT 2*
● Valpolicella Sup. Ripasso '13	TT 4
● Amarone della Valpolicella Cl. '09	YY 7
● Amarone della Valpolicella Cl. '08	YY 6
● Amarone della Valpolicella Cl. '07	YY 6
● Amarone della Valpolicella Cl. '06	YY 6
● Amarone della Valpolicella Cl. Gioé '07	YY 7
○ Lugana '12	YY 2*
● Valpolicella Cl. Sup. Montegradella '11	YY 4
● Valpolicella Cl. Sup. Montegradella '08	YY 4
● Valpolicella Sup. Ripasso '12	YY 4
● Valpolicella Sup. Ripasso '10	YY 4

Santi

via Ungheria, 33
37031 Illasi [VR]
Tel. 0456269600
www.carlosanti.it

VENDITA DIRETTA
VISITA SU PRENOTAZIONE
PRODUZIONE ANNUA 1.400.000 bottiglie
ETTARI VITATI 50,00

Importanti novità in casa Santi, l'azienda che fa capo al Gruppo Italiano Vini. L'arrivo in cabina di regia di Cristian Ridolfi, apprezzato enologo già grande conoscitore del territorio e delle sue tradizioni, mette in luce chiaramente la volontà di far tornare questa azienda al ruolo che le compete. La cantina ha sede a Illasi, nella Valpolicella orientale, ma lavora uve sia della zona classica sia di quella allargata, con uno stile di grande rigore e classicità. Mancando il campione di casa, l'Amarone Proemio, la nostra attenzione è stata catalizzata dal Solane '14, un Ripasso che si fa sempre apprezzare per la nitidezza del suo frutto, piacevolmente impreziosito da note di fresca vegetalità e spezie. In bocca non ricerca potenza e opulenza quanto agilità e tensione, per un risultato tutto da bere. L'Amarone Classico '11 invece mostra un frutto più dolce e disponibile, per un sorso succoso e di buona ricchezza.

Vino	Valutazione
● Amarone della Valpolicella Cl. '11	🍷🍷 6
● Bardolino Cl. Ca' Bordenis '15	🍷🍷 2*
● Valpolicella Cl. Sup. Ripasso Solane '14	🍷🍷 4
○ Lugana Melibeo '15	🍷 3
● Amarone della Valpolicella Proemio '05	🍷🍷🍷 6
● Amarone della Valpolicella Proemio '03	🍷🍷🍷 6
● Amarone della Valpolicella Proemio '00	🍷🍷🍷 5
● Valpolicella Cl. Sup. Ripasso Solane '09	🍷🍷🍷 3*
● Amarone della Valpolicella Cl. '10	🍷🍷 6
● Amarone della Valpolicella Cl. '09	🍷🍷 6
● Amarone della Valpolicella Cl. Proemio '10	🍷🍷 7
● Bardolino Cl. Ca' Bordenis '14	🍷🍷 2*
○ Lugana Melibeo '14	🍷🍷 2*
● Valpolicella Cl. Le Caleselle '13	🍷🍷 2*
● Valpolicella Cl. Sup. Ripasso Solane '13	🍷🍷 4
● Valpolicella Cl. Sup. Ripasso Solane '12	🍷🍷 4

Casa Vinicola Sartori

fraz. Santa Maria
via Casette, 4
37024 Negrar [VR]
Tel. 0456028011
www.sartorinet.com

VISITA SU PRENOTAZIONE
PRODUZIONE ANNUA 15.600.000 bottiglie
ETTARI VITATI 120,00

In seno alla Valpolicella ci sono aziende di tutte le dimensioni, dal piccolo contadino che ha cominciato a imbottigliare la sua produzione alle grandi cantine sociali, senza dimenticare realtà che possiedono vigneti e si avvalgono anche di collaborazioni con produttori di uve. A quest'ultima tipologia appartiene l'azienda di Santa Maria di Negrar, forte di un vigneto esteso per più di un centinaio di ettari che concorre alla produzione di diversi milioni di bottiglie annue. Batteria ristretta quella presentata dall'azienda della famiglia Sartori, capitanata da un'ottima versione di Amarone Corte Brà '09. Al naso si colgono le note di frutto rosso surmaturo, arricchite dalla presenza di fiori macerati e sottobosco, mentre in bocca si distende rivelando una buona pienezza ma anche tensione e una fresca spinta acida. Il Regolo '13 è un Ripasso dai profumi freschi e giovanili che sviluppa un sorso di piacevole beva. Dalla tenuta in Valpolicella orientale giunge l'Amarone I Saltari '09, ricco e complesso.

Vino	Valutazione
● Amarone della Valpolicella Cl. Corte Brà '09	🍷🍷 7
● Amarone della Valpolicella I Saltari '09	🍷🍷 8
● Valpolicella Sup. Ripasso Regolo '13	🍷🍷 4
○ Lugana La Musina '15	🍷 4
○ Marani '14	🍷 3
● Recioto della Valpolicella Cl. Rerum '13	🍷 6
○ Recioto di Soave Vernus '14	🍷 4
○ Soave Cl. Sella '15	🍷 2
● Amarone della Valpolicella Cl. Reius '10	🍷🍷 7
● Amarone della Valpolicella Cl. Reius '09	🍷🍷 7
● Valpolicella Cl. Sup. Montegradella '12	🍷🍷 3
● Valpolicella Cl. Sup. Vign. di Montegradella '11	🍷🍷 3
● Valpolicella Sup. I Saltari '11	🍷🍷 4
● Valpolicella Sup. Ripasso Regolo '12	🍷🍷 3

Secondo Marco

V.LE CAMPOLONGO, 9
37022 FUMANE [VR]
TEL. 0456800954
www.secondomarco.it

VISITA SU PRENOTAZIONE
PRODUZIONE ANNUA 50.000 bottiglie
ETTARI VITATI 15,00

Una decina di anni fa Marco Speri ha lasciato l'azienda di famiglia per fondare Secondo Marco, una bellissima realtà che opera nel cuore della Valpolicella Classica. Una quindicina di ettari di vigneto forniscono le uve per una produzione in costante aumento, testimone della capacità di interpretare il territorio e le sue tradizioni consegnando al mercato un vino di alta qualità. Lo stile, anche giocando con l'appassimento, è comunque teso a far risaltare la tensione e la finezza delle uve storiche. Mentre l'Amarone è rimasto un anno in più a riposare in cantina, il Ripasso '13 ha invece sfoderato una prestazione di livello assoluto. La veste non troppo carica indica un'interpretazione fedele alla tradizione, fedeltà rimarcata da profumi in cui il frutto rosso appare centrale ma non ingombrante. La ciliegia lascia gradualmente spazio alle spezie e alle erbe aromatiche, mentre in bocca è solido e irrigidito da una ficcante spinta acida che lo accompagna nel lungo finale.

● Valpolicella Cl. Sup. Ripasso '13	🍷🍷 5
● Valpolicella Cl. '14	🍷🍷 3
● Amarone della Valpolicella Cl. '10	🍷🍷 7
● Amarone della Valpolicella Cl. '09	🍷🍷 7
● Amarone della Valpolicella Cl. '08	🍷🍷 7
● Amarone della Valpolicella Cl. '07	🍷🍷 7
● Recioto della Valpolicella Cl. '12	🍷🍷 6
● Recioto della Valpolicella Cl. '11	🍷🍷 6
● Recioto della Valpolicella Cl. '10	🍷🍷 6
● Recioto della Valpolicella Cl. '10	🍷🍷 6
● Valpolicella Cl. '13	🍷🍷 3
● Valpolicella Cl. '12	🍷🍷 2*
● Valpolicella Cl. '11	🍷🍷 3
● Valpolicella Cl. Sup. Ripasso '12	🍷🍷 5
● Valpolicella Cl. Sup. Ripasso '11	🍷🍷 4
● Valpolicella Cl. Sup. Ripasso '10	🍷🍷 4
● Valpolicella Cl. Sup. Ripasso '09	🍷🍷 4

★Serafini & Vidotto

VIA LUIGI CARRER, 8
31040 NERVESA DELLA BATTAGLIA [TV]
TEL. 0422773281
www.serafinividotto.it

VENDITA DIRETTA
VISITA SU PRENOTAZIONE
PRODUZIONE ANNUA 250.000 bottiglie
ETTARI VITATI 23,00
AZIENDA SOSTENIBILE

Il Montello è una piccola altura racchiusa tra la Pianura Padana a sud e il corso del Piave a nord, che a sua volta separa dalle Prealpi Trevigiane. Qui Francesco Serafini e Antonello Vidotto hanno dato vita a una delle più importanti aziende del Veneto, interprete fedele e originale al tempo stesso del taglio bordolese. I suoli, ricchi di ferretto, permettono alle uve di giungere a maturità mantenendo una buona spina dorsale acida, che si traduce in vini dal profilo elegante, affilato e mai sovradimensionati. Il Rosso dell'Abazia '13 è il consueto vino di razza, un taglio bordolese a prevalenza cabernet sauvignon che si avvale di tutta la competenza e la passione di Francesco e Antonello. Al naso si apre lentamente, dapprima il frutto, croccante e succoso, per poi lasciare spazio alle note di sottobosco, di viola e timo. In bocca la pienezza del sorso non è mai esasperata e l'equilibrio si regge su una sapida e ficcante acidità. Convincenti il Phigaia '13, più fresco e agile, e Il Bianco '15, armonioso e di grande piacevolezza.

● Montello e Colli Asolani Il Rosso dell'Abazia '13	🍷🍷🍷 6
○ Il Bianco '15	🍷🍷 3
○ Montello e Colli Asolani Manzoni Bianco '15	🍷🍷 2*
● Montello e Colli Asolani Phigaia '13	🍷🍷 4
● Montello e Colli Asolani Recantina '15	🍷🍷 3
● Pinot Nero '13	🍷🍷 6
● Pinot Nero Giovane '14	🍷🍷 6
⊙ Bollicine Rosé Brut	🍷 3
○ P. di Treviso Extra Dry Bollicine di Prosecco	🍷 2
● Montello e Colli Asolani Il Rosso dell'Abazia '12	🍷🍷🍷 5
● Montello e Colli Asolani Il Rosso dell'Abazia '11	🍷🍷🍷 6
● Montello e Colli Asolani Il Rosso dell'Abazia '10	🍷🍷🍷 5

★Viticoltori Speri

LOC. PEDEMONTE
VIA FONTANA, 14
37029 SAN PIETRO IN CARIANO [VR]
TEL. 0457701154
www.speri.com

VENDITA DIRETTA
VISITA SU PRENOTAZIONE
PRODUZIONE ANNUA 350.000 bottiglie
ETTARI VITATI 60,00
VITICOLTURA Biologico Certificato
AZIENDA SOSTENIBILE

La famiglia Speri è una delle presenze storiche della Valpolicella, tra le aziende che da tempo distribuisce nel mondo i vini di questo territorio e al tempo stesso contribuisce a mantenerne le tradizioni. Una sessantina di ettari condotti in regime biologico con alcuni appezzamenti di assoluto pregio, come il celeberrimo Monte Sant'Urbano, un colle che fa da spartiacque tra le vallate di Fumane e Marano e fornisce le uve per i vini più ambiziosi. Sempre fra i più interessanti della denominazione i vini della famiglia Speri, con una versione di alto profilo per l'Amarone Sant'Urbano '12. Gli aromi sono dominati da un frutto rosso integro e polposo che lascia trasparire le note di pepe e di fiori macerati. In bocca la pienezza del sorso è governata da una buona spinta acida e da tannini vibranti. L'omonimo Valpolicella Superiore '14 è solido e teso, mentre il Recioto La Roggia '13 è più intenso nelle note di frutto e dotato di un sorso avvolgente e trascinante.

● Amarone della Valpolicella Cl. Vign. Monte Sant'Urbano '12	🍷🍷🍷 7
● Recioto della Valpolicella La Roggia '13	🍷🍷 6
● Valpolicella Cl. Sup. Sant'Urbano '13	🍷🍷 4
● Valpolicella Cl. '15	🍷 3
● Amarone della Valpolicella Cl. Vign. Monte Sant'Urbano '09	🍷🍷🍷 7
● Amarone della Valpolicella Cl. Vign. Monte Sant'Urbano '08	🍷🍷🍷 7
● Amarone della Valpolicella Cl. Vign. Monte Sant'Urbano '07	🍷🍷🍷 7
● Amarone della Valpolicella Cl. Vign. Monte Sant'Urbano '06	🍷🍷🍷 7
● Amarone della Valpolicella Cl. Vign. Monte Sant'Urbano '04	🍷🍷🍷 7
● Amarone della Valpolicella Cl. Vign. Sant'Urbano '11	🍷🍷🍷 7

I Stefanini

VIA CROSARA, 21
37032 MONTEFORTE D'ALPONE [VR]
TEL. 0456175249
www.istefanini.it

VENDITA DIRETTA
VISITA SU PRENOTAZIONE
PRODUZIONE ANNUA 100.000 bottiglie
ETTARI VITATI 17,00

Nata appena una quindicina di anni fa, l'azienda di Francesco Tessari è diventata rapidamente un punto di riferimento per gli appassionati dei Soave ricchi e potenti. Merito di un ottimo parco vigneti che si sviluppa per quasi una ventina di ettari in parte nella zona pianeggiante della denominazione e in parte nella zona collinare che domina la cantina. Vigneti condotti con la tradizionale pergola veronese, interamente dedicati alla garganega. Il cuore della produzione è incentrato in sole tre etichette, tutte di Soave, contraddistinte da una buona ricchezza e maturità. In cima alle nostre preferenze il Soave Monte de Toni '15, un bianco dalle intense note di frutto giallo maturo e polposo, impreziosite dalla presenza dei fiori secchi e da un accenno minerale. In bocca la pienezza del sorso è governata da una sapida e grintosa spinta acida che lo porta a un soffio dal massimo riconoscimento. Il Superiore Monte di Fice '15 invece alterna una fase olfattiva più complessa a un sorso ugualmente solido e scattante.

○ Soave Cl. Monte de Toni '15	🍷🍷 2*
○ Soave Cl. Sup. Monte di Fice '15	🍷🍷 3
○ Soave Il Selese '15	🍷 1*
○ Soave Cl. Monte de Toni '12	🍷🍷🍷 2*
○ Soave Cl. Sup. Monte di Fice '07	🍷🍷🍷 2*
○ Soave Cl. Monte de Toni '14	🍷🍷 2*
○ Soave Cl. Monte de Toni '13	🍷🍷 2*
○ Soave Cl. Monte de Toni '11	🍷🍷 2*
○ Soave Cl. Monte de Toni '08	🍷🍷 2*
○ Soave Cl. Monte di Fice '14	🍷🍷 3
○ Soave Cl. Monte di Fice '10	🍷🍷 2*
○ Soave Cl. Sup. Monte di Fice '13	🍷🍷 3*
○ Soave Cl. Sup. Monte di Fice '12	🍷🍷 3*
○ Soave Il Selese '14	🍷🍷 1*
○ Soave Il Selese '12	🍷🍷 1*
○ Soave Il Selese '11	🍷🍷 1*
○ Soave Il Selese '10	🍷🍷 1*

David Sterza

via Casterna, 37
37022 Fumane [VR]
Tel. 0457704201
www.davidsterza.it

VENDITA DIRETTA
VISITA SU PRENOTAZIONE
PRODUZIONE ANNUA 30.000 bottiglie
ETTARI VITATI 4,50

David Sterza e Paolo Mascanzoni gestiscono la piccola azienda di famiglia a Casterna, borgo di Fumane nascosto fra le pieghe delle colline della Valpolicella. Qui coltivano una manciata di ettari di vigneti collinari che forniscono le uve per una batteria di vini dedicati interamente alle varietà storiche. In cantina il lavoro è volto al rispetto e alla reinterpretazione delle tradizioni, attraverso uno stile che offre ricchezza e struttura, dovute all'appassimento, senza rinunciare a integrità e tensione. L'Amarone, figlio della vendemmia 2012, presenta una veste rubino intenso e compatto che preannuncia profumi intensamente fruttati, di frutti di bosco e menta, fiori macerati e spezie, in un turbinio in continuo cambiamento. In bocca colpisce la compattezza del sorso, asciutto, potente e al tempo stesso di grande bevibilità. Simile il percorso aromatico del Ripasso '14, dotato naturalmente di una maggior leggerezza del palato, mentre segnaliamo l'ottima riuscita del Valpolicella '15.

● Amarone della Valpolicella Cl. '12	🍷🍷🍷 6
● Recioto della Valpolicella Cl. '14	🍷🍷 5
● Valpolicella Cl. Sup. Ripasso '14	🍷🍷 3
● Valpolicella Cl. '15	🍷 2
● Amarone della Valpolicella Cl. '11	🍷🍷 6
● Amarone della Valpolicella Cl. '10	🍷🍷 6
● Amarone della Valpolicella Cl. '09	🍷🍷 6
● Amarone della Valpolicella Cl. '08	🍷🍷 6
● Recioto della Valpolicella Cl. '13	🍷🍷 5
● Recioto della Valpolicella Cl. '12	🍷🍷 5
● Valpolicella Cl. '14	🍷🍷 2*
● Valpolicella Cl. '13	🍷🍷 2*
● Valpolicella Cl. '12	🍷🍷 2*
● Valpolicella Cl. Sup. Ripasso '13	🍷🍷 3*
● Valpolicella Cl. Sup. Ripasso '12	🍷🍷 3
● Valpolicella Cl. Sup. Ripasso '11	🍷🍷 3
● Valpolicella Cl. Sup. Ripasso '10	🍷🍷 3

★Suavia

fraz. Fittà di Soave
via Centro, 14
37038 Soave [VR]
Tel. 0457675089
www.suavia.it

VENDITA DIRETTA
VISITA SU PRENOTAZIONE
PRODUZIONE ANNUA 100.000 bottiglie
ETTARI VITATI 12,00

Nel corso dell'ultimo ventennio Suavia ha saputo diventare un punto di riferimento fondamentale per gli amanti del bianco veronese. Meri, Valentina e Alessandra conducono l'azienda di collina nell'entroterra soavese, dove trovano dimora solo le uve storiche, coltivate nel rispetto dell'ambiente e apportando miglioramenti viticoli che non stravolgono le tradizioni. In cantina invece si spinge per far emergere il carattere grintoso e al tempo stesso raffinato delle uve. Il clima decisamente fresco dell'annata 2014 ha conferito al Soave Monte Carbonare una spinta aromatica intensa e con le note floreali in primo piano. Lentamente emerge il frutto a polpa bianca e anche una sottile sfumatura di agrumi. All'assaggio il vino si distende con tensione e grinta, esaltando le note più fresche e concludendo con un lungo e sapido finale. Massifitti '13, da uve trebbiano, si presenta invece più complesso al naso mentre in bocca è asciutto e di grande armonia.

Vino	
○ Soave Cl. Monte Carbonare '14	🍷🍷🍷 3*
○ Massifitti '13	🍷🍷 3*
○ Le Rive '12	🍷🍷 4
○ Soave Cl. '15	🍷🍷 2*
○ Opera Semplice Dosaggio Zero M. Cl.	🍷 4
○ Soave Cl. Le Rive '02	🍷🍷🍷 4
○ Soave Cl. Monte Carbonare '12	🍷🍷🍷 3*
○ Soave Cl. Monte Carbonare '11	🍷🍷🍷 3*
○ Soave Cl. Monte Carbonare '10	🍷🍷🍷 3*
○ Soave Cl. Monte Carbonare '09	🍷🍷🍷 3*
○ Soave Cl. Monte Carbonare '08	🍷🍷🍷 3*
○ Soave Cl. Monte Carbonare '07	🍷🍷🍷 3*
○ Soave Cl. Monte Carbonare '06	🍷🍷🍷 3*
○ Soave Cl. Monte Carbonare '05	🍷🍷🍷 3*
○ Soave Cl. Monte Carbonare '04	🍷🍷🍷 3
○ Soave Cl. Monte Carbonare '02	🍷🍷🍷 3
○ Soave Cl. Sup. Le Rive '00	🍷🍷🍷 4

Sutto

Loc. Campo di Pietra
via Arzeri, 34/1
31040 Salgareda [TV]
Tel. 0422744063
www.sutto.it

VENDITA DIRETTA
VISITA SU PRENOTAZIONE
OSPITALITÀ E RISTORAZIONE
PRODUZIONE ANNUA 153.000 bottiglie
ETTARI VITATI 75,00

Stefano e Luigi Sutto sono due instancabili imprenditori, capaci di affiancare l'attività agricola a quella commerciale in altri settori. L'azienda di famiglia di Salgareda negli ultimi anni si è ampliata moltissimo, permettendo ai due fratelli di destinare solo le migliori partite di uva alla linea di casa, e destinando la cospicua produzione rimanente ad altri imbottigliatori. A fianco dei vini della pianura veneta grande attenzione viene riposta nel Prosecco, soprattutto quello che giunge dalla storiche colline di Valdobbiadene. La crescita qualitativa degli ultimi anni si conferma anche quest'anno, con un'ottima versione di Campo Sella. Ottenuto dal più bel vigneto di merlot è il vino di punta di casa e profuma intensamente di frutto dolce e maturo, mentre al palato rivela buona pienezza e una raffinata trama tannica che ne sostiene il lungo finale. Fra i bianchi abbiamo apprezzato la nitidezza aromatica dello Chardonnay '15, mentre segnaliamo l'affidabilità dei vini più semplici, fragranti al naso e di piacevolissima beva.

● Campo Sella '13	2 bicchieri rossi 5
● Cabernet '15	2 bicchieri neri 2*
○ Chardonnay '15	2 bicchieri neri 2*
● Dogma Rosso '14	2 bicchieri neri 4
● Merlot '15	2 bicchieri neri 2*
○ Ultimo Passito '14	2 bicchieri neri 4
○ Valdobbiadene Extra Dry Batiso	2 bicchieri neri 3
○ Bianco di Sutto '15	1 bicchiere nero 2
○ Pinot Grigio '15	1 bicchiere nero 2
○ Prosecco Brut Batiso	1 bicchiere nero 2
○ Prosecco Extra Dry Batiso	1 bicchiere nero 2
● Cabernet '14	2 bicchieri bianchi 2*
● Campo Sella '12	2 bicchieri bianchi 5
○ Chardonnay '14	2 bicchieri bianchi 2*
● Dogma Rosso '12	2 bicchieri bianchi 4
○ Pinot Grigio '14	2 bicchieri bianchi 2*

T.E.S.S.A.R.I.

Loc. Brognoligo
via Fontana Nuova, 86
37032 Monteforte d'Alpone [VR]
Tel. 0456176041
www.cantinatessari.com

VENDITA DIRETTA
VISITA SU PRENOTAZIONE
PRODUZIONE ANNUA 40.000 bottiglie
ETTARI VITATI 17,00

L'azienda della famiglia Tessari, uno dei cognomi più diffusi nel mondo del vino Montefortiano, si sviluppa nel cuore della zona classica, a Brognoligo, dove conducono poco meno di una ventina di ettari dedicati alla garganega. La produzione è ancora contenuta nei numeri, fatto che consente a Cornelia, Antonio e Germano di lavorare solo le migliori partite di vino e dirottare la restante produzione ad altri colleghi. In zona Costalta ci sono le migliori vigne, con filari lunghi quasi quattrocento metri che danno il nome al Soave Bine Longhe, una raccolta tardiva di garganega che affina a lungo in acciaio nella cantina di via Fontana Nuova. La vendemmia 2013 ci consegna una splendida e luminosa versione di questo bianco, profumato di frutto giallo maturo e fiori secchi, con una presenza di pietra focaia che si fa via via più marcata. In bocca la ricchezza del frutto è contrastata da una sapida e grintosa punta acida. Più fresco, fruttato e immediato il Grisela '15, un bianco di grande piacevolezza e armonia.

○ Soave Cl. Bine Longhe '13	2 bicchieri rossi 3*
○ Recioto di Soave Tre Colli '13	2 bicchieri neri 5
○ Soave Cl. Grisela '15	2 bicchieri neri 2*
○ Garganega Brut	1 bicchiere nero 3
○ Soave Cl. Grisela '14	2 bicchieri bianchi 2*
○ Soave Cl. Grisela '13	2 bicchieri bianchi 2*
○ Soave Cl. Grisela '12	2 bicchieri bianchi 2*
○ Soave Cl. Grisela '11	2 bicchieri bianchi 2*
○ Soave Cl. Grisela '08	2 bicchieri bianchi 2*
○ Soave Cl. Grisela '07	2 bicchieri bianchi 2*
○ Soave Cl. Le Bine Longhe '10	2 bicchieri bianchi 5*
○ Soave Cl. Le Bine Longhe di Costalta '12	2 bicchieri bianchi 3
○ Soave Cl. Le Bine Longhe di Costalta '11	2 bicchieri bianchi 3

Tamellini

fraz. Costeggiola
via Tamellini, 4
37038 Soave [VR]
Tel. 0457675328
piofrancesco.tamellini@tin.it

VENDITA DIRETTA
VISITA SU PRENOTAZIONE
PRODUZIONE ANNUA 250.000 bottiglie
ETTARI VITATI 27,00

L'azienda dei fratelli Tamellini è cresciuta fino a sfiorare i trenta ettari di vigneto, dedicati in maniera assoluta alla garganega, regina di questa terra. Nel corso degli anni Gaetano e Pio Francesco hanno affiancato il Guyot alla tradizionale pergola, ma non hanno minimamente stravolto il profilo dei vini di Soave, interpretati coniugando la freschezza e la delicatezza al carattere e alla profondità. Nella cantina di Costeggiola, posta all'estremità occidentale della zona Classica, trova posto solo l'acciaio. Produzione davvero contenuta sulle etichette che però esprimono perfettamente il valore di un territorio e delle sue vigne. Le Bine de Costiola è un Soave Classico di razza, profuma di agrumi e frutto a polpa bianca e, a dispetto della fredda vendemmia 2014, si dona oggi succoso, pieno e di scattante armonia, risultando uno dei più convincenti della denominazione. Il Soave '15 invece gioca un'espressione più immediata e polposa del frutto, che si traduce al palato in un vino appagante e gioioso.

Vino	Bicchieri	Prezzo
○ Soave Cl. Le Bine de Costiola '14	🍷🍷🍷	3*
○ Soave '15	🍷🍷	2*
○ Soave Cl. Le Bine '04	🍷🍷🍷	3*
○ Soave Cl. Le Bine de Costiola '13	🍷🍷🍷	3*
○ Soave Cl. Le Bine de Costiola '11	🍷🍷🍷	3*
○ Soave Cl. Le Bine de Costiola '06	🍷🍷🍷	3*
○ Soave Cl. Le Bine de Costiola '05	🍷🍷🍷	3*
○ Soave '14	🍷🍷	2*
○ Soave '11	🍷🍷	2*
○ Soave Cl. '13	🍷🍷	2*
○ Soave Cl. '12	🍷🍷	2*
○ Soave Cl. Le Bine de Costiola '12	🍷🍷	3*
○ Soave Cl. Le Bine de Costiola '10	🍷🍷	3*
○ Soave Cl. Le Bine de Costiola '09	🍷🍷	3*
○ Soave Cl. Le Bine de Costiola '08	🍷🍷	3*

F.lli Tedeschi

fraz. Pedemonte
via G. Verdi, 4
37029 San Pietro in Cariano [VR]
Tel. 0457701487
www.tedeschiwines.com

VENDITA DIRETTA
VISITA SU PRENOTAZIONE
PRODUZIONE ANNUA 500.000 bottiglie
ETTARI VITATI 46,00
AZIENDA SOSTENIBILE

Il baricentro viticolo dell'azienda di Pedemonte si è spostato verso oriente, e sempre maggiori attenzioni si guadagna Maternigo, una splendida tenuta tra i comuni di Tregnago e Mezzane, una cinquantina di ettari di vigneto, due di oliveto e ben una cinquantina di bosco, che isolano le vigne dalle altre proprietà e permettono una viticoltura di assoluto rispetto per l'ambiente. In cantina invece i pensieri rimangono focalizzati sui vini della tradizione, interpretati con stile ricco e austero. Emblema di ricchezza e austerità è l'Amarone La Fabriseria, che viene prodotto solo nelle grandi annate e che con la vendemmia 2011 sfodera una prestazione da ricordare. Se al naso gli aromi appaiono ancora irruenti e bisognosi di affinamento, in bocca fa vedere subito di che pasta è fatto. Potenza, ricchezza e decisione in un sorso in cui alcol e tannino trovano un mirabile equilibrio. Molto buono anche il Valpolicella Maternigo '13, compatto tanto nei profumi quanto al palato.

Vino	Bicchieri	Prezzo
● Amarone della Valpolicella Cl. La Fabriseria Ris. '11	🍷🍷🍷	8
● Amarone della Valpolicella Cl. Capitel Monte Olmi Ris. '10	🍷🍷	8
● Valpolicella Sup. Maternigo '13	🍷🍷	4
● Amarone della Valpolicella Cl. '12	🍷🍷	6
● Recioto della Valpolicella Cl. Capitel Fontana '11	🍷🍷	6
● Valpolicella Cl. Lucchine '15	🍷🍷	2*
● Valpolicella Cl. Sup. La Fabriseria '12	🍷🍷	5
● Valpolicella Sup. Capitel Nicolò '14	🍷🍷	3
● Valpolicella Sup. Ripasso Capitel San Rocco '14	🍷🍷	4
● Amarone della Valpolicella Cl. Capitel Monte Olmi '07	🍷🍷🍷	8
● Amarone della Valpolicella Cl. Capitel Monte Olmi '95	🍷🍷🍷	8
● Valpolicella Sup. Maternigo '11	🍷🍷🍷	4*

Le Tende

via Tende, 35
37017 Lazise [VR]
Tel. 0457590748
www.letende.it

VENDITA DIRETTA
VISITA SU PRENOTAZIONE
PRODUZIONE ANNUA 100.000 bottiglie
ETTARI VITATI 12,50
VITICOLTURA Biologico Certificato

Il processo di rinnovamento che sta coinvolgendo il territorio del Bardolino ha in aziende come quella delle famiglie Fortuna e Lucillini un punto di riferimento. Mauro Fortuna conduce una decina di ettari condotti in regime biologico dedicati in gran parte alle uve della tradizione gardesana, anche se non mancano vitigni internazionali, per una produzione che esalta la freschezza e la sapidità che sono il tratto distintivo tanto dei rossi quanto dei bianchi di questo territorio. Ottima la prova del Corvina '15, che esprime perfettamente l'idea di vino di Mauro e al tempo stesso la propensione di questo territorio. Profuma intensamente di frutto selvatico, sottobosco e pepe, mentre in bocca si distende con leggerezza e sapidità, per un sorso succoso e appagante. Il Custoza invece sfrutta l'ottima vendemmia 2015 per esprimere profumi maturi di frutto bianco, che si traducono in un palato generoso e di spiccata agilità. Buona la prova del Bardolino Superiore '14, speziato al naso e di beva armoniosa.

● Bardolino Cl. Sup. '14	TT	3
● Cicisbeo '13	TT	4
● Corvina '15	TT	3
○ Custoza '15	TT	2*
⊙ Bardolino Chiaretto Brut Voluttà	T	3
⊙ Bardolino Chiaretto Cl. '15	T	2
● Bardolino Cl. '15	T	2
○ Lucillini '15	T	3
● Bardolino Cl. '14	YY	2*
● Bardolino Cl. '13	YY	2*
● Bardolino Cl. Sup. '12	YY	2*
● Bardolino Cl. Sup. '11	YY	2*
● Bardolino Cl. Sup. '10	YY	2*
○ Bianco di Custoza Lucillini '12	YY	2*
● Cicisbeo '12	YY	3
○ Custoza '14	YY	2*

Viticoltori Tommasi

loc. Pedemonte
via Ronchetto, 2
37020 San Pietro in Cariano [VR]
Tel. 0457701266
www.tommasiwine.it

VENDITA DIRETTA
VISITA SU PRENOTAZIONE
PRODUZIONE ANNUA 1.000.000 bottiglie
ETTARI VITATI 162,00

Prima ancora che essere un'azienda Tommasi è una famiglia, profondamente inserita nel territorio della Valpolicella e impegnata nella sua valorizzazione in più campi. La viticoltura oggi è il più rilevante e l'azienda può contare su un vigneto di oltre centosessanta ettari che spazia dalla Valpolicella Classica alle sponde del lago di Garda. In cantina spetta a Giancarlo il compito di trasformare le uve in vini che rispettano le tradizioni offrendo un profilo attuale e di grande raffinatezza. Esce dopo sette lunghi anni di affinamento l'Amarone Ca' Florian Riserva e l'attesa è stata ampiamente ripagata dall'assaggio di un vino di grande spessore. Al naso sprigiona aromi di frutto rosso surmaturo e dolce, attraversati da screziature speziate e minerali che si traducono in un palato denso, potente e al tempo stesso agile. Convincente anche l'Amarone '12, più fresco nell'espressione aromatica e caratterizzato da un sorso succoso e raffinato.

● Amarone della Valpolicella Cl. Ca' Florian Ris. '09	TT	7
● Amarone della Valpolicella Cl. '12	TT	7
● Valpolicella Cl. Sup. Rafael '14	TT	4
● Valpolicella Cl. Sup. Ripasso '14	TT	4
● Recioto della Valpolicella Cl. Fiorato '13	T	4
● Amarone della Valpolicella Cl. '10	YY	7
● Amarone della Valpolicella Cl. Ca' Florian Ris. '08	YY	7
○ Lugana Il Sestante '14	YY	2*
○ Lugana Le Fornaci '14	YY	2*
○ Lugana Vign. San Martino Il Sestante '13	YY	2*
● Valpolicella Cl. Sup. Rafael '13	YY	4
● Valpolicella Cl. Sup. Rafael '12	YY	3
● Valpolicella Cl. Sup. Ripasso '13	YY	4
● Valpolicella Cl. Sup. Ripasso '12	YY	4

Trabucchi d'Illasi

Loc. Monte Tenda
37031 Illasi [VR]
Tel. 0457833233
www.trabucchidillasi.it

VENDITA DIRETTA
VISITA SU PRENOTAZIONE
PRODUZIONE ANNUA 120.000 bottiglie
ETTARI VITATI 25,00
VITICOLTURA Biologico Certificato

Giuseppe Trabucchi e la moglie Raffaella hanno saputo portare all'attenzione del mondo la Valpolicella orientale, forti di un vigneto molto esteso e di una produzione affidabile e perfetta interprete della tradizione. Biologici da tempi non sospetti, hanno sempre creduto in una viticoltura poco invasiva, mentre in cantina la scelta è stata di permettere ai vini di affinare con lentezza, uscendo sul mercato solo quando pronti. Lo stile è ricco e di grande intensità gustativa. L'Amarone '08, proposto solo dopo un lungo affinamento, presenta al naso profumi stratificati e molto lenti nel concedersi. Dapprima il frutto rosso dolce e carnoso che poi sembra quasi farsi da parte per lasciar emergere le note più fini e complesse, dove le erbe aromatiche si alternano a quelle speziate. In bocca mette in mostra un sorso pieno ed energico che si allunga perfettamente, sorretto dalla spina dorsale acida e da una trama di tannini ben levigati.

● Amarone della Valpolicella Alberto Trabucchi Ris. '08	🍷🍷 8
● Recioto della Valpolicella '07	🍷🍷 7
● Valpolicella Sup. Terre di S. Colombano '09	🍷🍷 3
● Valpolicella Un Anno '15	🍷🍷 2*
● Valpolicella Sup. La Gardellina '13	🍷 4
● Amarone della Valpolicella '06	♈♈♈ 8
● Amarone della Valpolicella '04	♈♈♈ 8
● Recioto della Valpolicella Cereolo '05	♈♈♈ 8
● Valpolicella Sup. Terre di S. Colombano '03	♈♈♈ 4*
● Valpolicella Sup. La Gardellina '12	♈♈ 4
● Valpolicella Sup. Terre del Cereolo '08	♈♈ 5
● Valpolicella Sup. Terre di S. Colombano '08	♈♈ 3

Spumanti Valdo

via Foro Boario, 20
31049 Valdobbiadene [TV]
Tel. 04239090
www.valdo.com

VENDITA DIRETTA
VISITA SU PRENOTAZIONE
PRODUZIONE ANNUA 9.000.000 bottiglie
ETTARI VITATI 155,00

La grande casa spumantistica che fa capo alla famiglia Bolla è una delle realtà più importanti del territorio Valdobbiadenese. Nata quasi un secolo fa è ancora gestita dalla famiglia che, per mano di Pierluigi, comunica attraverso i suoi vini il territorio collinare della denominazione storica, con una produzione affidabile e ottenuta per merito di una fitta rete di aziende agricole che conferiscono le uve in via Foro Boario. La Cuvée 1926 è un Prosecco Extra Dry che gioca con l'intensa espressività del frutto bianco, con la mela e la pera che si alternano su un fondo floreale molto fresco. In bocca la pregevole armonia è raggiunta grazie all'equilibrio che dolcezza, acidità e bollicine trovano in un sorso succoso e appagante. Originale la Cuvée del Fondatore, ottenuta con una piccola percentuale di vino che affina in barrique prima della presa di spuma. Complesso e solare nell'espressione aromatica, in bocca è sapido e perfettamente sostenuto dalle bollicine.

Vino	
○ Valdobbiadene Brut Cuvée del Fondatore '14	🍷🍷 3
○ Valdobbiadene Extra Dry Cuvée 1926	🍷🍷 2
○ Cartizze Cuvée Viviana	🍷 5
○ Numero 10 Brut M. Cl. '11	🍷 4
○ Valdo 90 Brut M. Cl. '11	🍷 3
○ Valdobbiadene Brut Cuvée di Boj	🍷 2
○ Numero 10 Brut M. Cl. '10	♈♈ 4
○ Valdobbiadene Cuvée del Fondatore '13	♈♈ 3

Cantina Valpantena Verona

loc. Quinto
via Colonia Orfani di Guerra, 5b
37142 Verona
Tel. 045550032
www.cantinavalpantena.it

VENDITA DIRETTA
VISITA SU PRENOTAZIONE
PRODUZIONE ANNUA 8.000.000 bottiglie
ETTARI VITATI 750,00

La Valpantena è l'unica sottozona prevista dalla denominazione Valpolicella, testimone dell'importanza che questa vallata ha ricoperto anche in tempi lontani. La struttura cooperativa guidata da Luca Degani governa attraverso il lavoro dei soci più di settecento ettari, che forniscono le uve destinate a una produzione che spazia dai vini di questo territorio a interpretazioni più leggere e fragranti ottenute con le medesime uve. Il Recioto Tesauro '12 è un vino che esprime un'intensa nota di frutto rosso dolce e carnoso, invitante. La ciliegia appare nitida e contornata da note di pepe e fiori macerati che ritroviamo perfettamente riconoscibili in un palato denso e caratterizzato da una dolcezza prorompente e al tempo stesso integrata, con un'acidità che dona tensione e leggerezza. Buona la prova dell'Amarone Torre del Falasco '12, giovanile nell'espressione aromatica e di beva spigliata. Dalla Valpantena giunge il Ritocco '14, un Valpolicella di buon equilibrio.

● Amarone della Valpolicella Torre del Falasco '12	🍷🍷 6
● Recioto della Valpolicella Tesauro '12	🍷🍷 5
● Valpolicella Valpantena Ritocco '14	🍷🍷 3
● Amarone della Valpolicella '13	🍷 5
○ Chardonnay Baroncino '15	🍷 2
● Corvina Torre del Falasco '15	🍷 1*
○ Garganega Torre del Falasco '15	🍷 1*
○ Lugana Torre del Falasco '15	🍷 2
● Valpolicella Sup. Ripasso Torre del Falasco '14	🍷 3
● Valpolicella Sup. Torre del Falasco '14	🍷 2
● Amarone della Valpolicella '12	♀♀ 5
● Valpolicella Sup. Ripasso Torre del Falasco '13	♀♀ 3
● Valpolicella Valpantena Ritocco '13	♀♀ 3

Cantina Valpolicella Negrar

via Ca' Salgari, 2
37024 Negrar [VR]
Tel. 0456014300
www.cantinanegrar.it

VENDITA DIRETTA
VISITA SU PRENOTAZIONE
RISTORAZIONE
PRODUZIONE ANNUA 7.000.000 bottiglie
ETTARI VITATI 700,00

La Cantina di Negrar è una grande struttura cooperativa che può contare sul lavoro di circa duecento soci che operano su vigneti disseminati in tutta la Valpolicella e che concorrono a una produzione di sette milioni di bottiglie. Il lavoro di Daniele Accordini e dei suoi collaboratori in questi anni è stato rivolto alla valorizzazione delle più belle esposizioni, con il coinvolgimento dei soci più virtuosi e dedicando le migliori etichette a queste vigne. Davvero ampia la gamma di Amarone proposta, con la selezione Espressioni in cima alle nostre preferenze. Il Villa '09, frutto di un vigneto della vallata di Negrar, esprime profumi dominati da un frutto rosso carnoso e potente che trova sviluppo in un palato di grande densità e forza. La trama tannica conferisce rigore e il vino si allunga per chiudere con tensione e calore. Il Recioto Vigneti di Moron '12 è esplosivo nell'espressione di frutto e dotato di un sorso avvolgente e succoso.

● Amarone della Valpolicella Cl. Villa Domini Veneti '09	🍷🍷 (rossi) 5
● Recioto della Valpolicella Cl. Vign. di Moron Domini Veneti '12	🍷🍷 (rossi) 4
● Amarone della Valpolicella Cl. Castelrotto Domini Veneti '10	🍷🍷 7
● Amarone della Valpolicella Cl. Mater Domini Veneti Ris. '10	🍷🍷 8
● Amarone della Valpolicella Cl. Mazzurega Domini Veneti '10	🍷🍷 5
● Amarone della Valpolicella Cl. Monte Domini Veneti '10	🍷🍷 6
● Amarone della Valpolicella Cl. S. Rocco Domini Veneti '10	🍷🍷 8
● Amarone della Valpolicella Cl. Vign. di Jago '10	🍷🍷 7
● Valpolicella Cl. Sup. Ripasso La Casetta Domini Veneti '13	🍷🍷 4

Odino Vaona

loc. Valgatara
via Paverno, 41
37020 Marano di Valpolicella [VR]
Tel. 0457703710
www.vaona.it

VENDITA DIRETTA
VISITA SU PRENOTAZIONE
PRODUZIONE ANNUA 70.000 bottiglie
ETTARI VITATI 10,00
AZIENDA SOSTENIBILE

La vallata di Marano è forse la meno nota dell'intera Valpolicella Classica, una stretta valle che si insinua verso nord e rapidamente raggiunge e supera i 300 metri di altitudine. Alberto Vaona in questa valle gestisce i dieci ettari di vigneto dell'azienda di famiglia, immersi in una natura che non ha visto lo sviluppo di grandi centri abitativi. Pergola e Guyot si alternano nei vigneti, per una produzione che riesce a tenere insieme ricchezza e bevibilità. L'Amarone Pegrandi si presenta alla vista con una veste non particolarmente carica, al naso sprigiona intense note di frutto surmaturo e fiori macerati che, lentamente, lasciano emergere il pepe e un accenno minerale che attende di trovare forza. In bocca il vino non stordisce per potenza e concentrazione, conquista il palato poco per volta mettendo in luce una buona spinta sapida ed un finale lungo e asciutto. Buona la prova dell'omonimo Ripasso, complesso al naso e di buona armonia al palato.

- Amarone della Valpolicella Cl. Pegrandi '12 — 6
- Valpolicella Cl. '15 — 2*
- Valpolicella Sup. Ripasso Pegrandi '14 — 3
- Amarone della Valpolicella Cl. Pegrandi '09 — 5
- Amarone della Valpolicella Cl. Pegrandi '08 — 5
- Amarone della Valpolicella Cl. Paverno '12 — 5
- Amarone della Valpolicella Cl. Paverno '11 — 5
- Amarone della Valpolicella Cl. Pegrandi '11 — 5
- Amarone della Valpolicella Cl. Pegrandi '10 — 5

Massimino Venturini

fraz. San Floriano
via Semonte, 20
37029 San Pietro in Cariano [VR]
Tel. 0457701331
www.viniventurini.com

VENDITA DIRETTA
VISITA SU PRENOTAZIONE
PRODUZIONE ANNUA 100.000 bottiglie
ETTARI VITATI 12,00

Daniele, Mirco e Giuseppina hanno raccolto l'eredità del padre Massimino e con immutata passione conducono l'azienda di famiglia. Accanto a loro si comincia a notare la quarta generazione, quella dei loro figli e nipoti, che compiono i primi passi in campagna e nei mercati del mondo. Ciò che non è mai cambiato è il rispetto per le tradizioni, nella gestione dei vigneti che rimangono legati alla storica pergola, per la lentezza con cui i vini vengono posti in vendita, e per uno stile che cerca armonia tra ricchezza e complessità. Manca solo l'acuto in casa Venturini quest'anno, per il resto segnaliamo una batteria di vini di assoluto valore, interpreti puntuali e precisi delle classiche tipologie. L'Amarone Campomasua '10 presenta profumi di ciliegia appassita che si fondono con i fiori macerati e le erbe officinali. In bocca la pienezza del sorso è perfettamente contrastata da una ficcante spinta acida. L'Amarone Classico '11 esprime un simile quadro aromatico mentre in bocca è giocato su una maggiore ricchezza.

- Amarone della Valpolicella Cl. '11 — 5
- Amarone della Valpolicella Cl. Campomasua '10 — 6
- Massimino '10 — 4
- Recioto della Valpolicella Cl. Le Brugnine '12 — 5
- Valpolicella Cl. Sup. Ripasso Semonte Alto '12 — 3
- Valpolicella Cl. '15 — 2
- Amarone della Valpolicella Cl. Campomasua '07 — 6
- Amarone della Valpolicella Cl. Campomasua '05 — 6
- Recioto della Valpolicella Cl. Le Brugnine '97 — 5
- Valpolicella Cl. '13 — 2*
- Valpolicella Cl. Sup. '12 — 2*

Agostino Vicentini

fraz. San Zeno
via C. Battisti, 62c
37030 Colognola ai Colli [VR]
Tel. 0457650539
www.vinivicentini.com

VENDITA DIRETTA
VISITA SU PRENOTAZIONE
PRODUZIONE ANNUA 100.000 bottiglie
ETTARI VITATI 20,00

Agostino Vicentini nel corso degli ultimi vent'anni ha gradualmente abbandonato la frutticoltura, a eccezione delle ciliegie, dedicandosi anima e corpo alla produzione di vino, attività che ha visto accanto a lui l'insostituibile opera della moglie Teresa e oggi anche quella dei figli Manuele e Francesca. Se il cuore dell'attività è profondamente legato al territorio soavese, con risultati di indubbio valore, anche in Valpolicella si comincia a fare sul serio, con una produzione sempre più nitida e incisiva. Proprio dalla Valpolicella giunge uno dei vini più interessanti della denominazione, il Palazzo di Campiano '12, un Superiore ottenuto interamente da uve fresche che trasmette la finezza e la profondità delle uve storiche. Il campione di casa rimane però Il Casale '15, un Soave Superiore che conquista per la profondità degli aromi, dove il frutto si fonde con accenni vegetali che esaltano l'animo più grintoso della garganega. Bocca solida, sorso energico e trascinante per un risultato da incorniciare.

○ Soave Sup. Il Casale '15	🍷🍷🍷 3*
● Valpolicella Sup. Palazzo di Campiano '12	🍷🍷 5
○ Soave Vign. Terre Lunghe '15	🍷🍷 2*
● Valpolicella Sup. Idea Bacco '12	🍷🍷 5
● Valpolicella Sup. '13	🍷 3
○ Soave Sup. Il Casale '14	🍷🍷🍷 3*
○ Soave Sup. Il Casale '13	🍷🍷🍷 3*
○ Soave Sup. Il Casale '12	🍷🍷🍷 3*
○ Soave Sup. Il Casale '09	🍷🍷🍷 3*
○ Soave Sup. Il Casale '08	🍷🍷🍷 3*
○ Soave Sup. Il Casale '07	🍷🍷🍷 3*
○ Soave Vign. Terre Lunghe '14	🍷🍷 2*
○ Soave Vign. Terre Lunghe '13	🍷🍷 2*
○ Soave Vign. Terre Lunghe '11	🍷🍷 2*
● Valpolicella Sup. '12	🍷🍷 3
● Valpolicella Sup. Idea Bacco '11	🍷🍷 5
● Valpolicella Vign. Boccascalucce '14	🍷🍷 2*

Vigna Roda

loc. Cortelà
via Monte Versa, 1569
35030 Vò [PD]
Tel. 0499940228
www.vignaroda.com

VENDITA DIRETTA
VISITA SU PRENOTAZIONE
PRODUZIONE ANNUA 52.000 bottiglie
ETTARI VITATI 17,00

Posta sul versante centro occidentale del Parco Regionale dei Colli Euganei, l'azienda di Gianni Strazzacappa si sta ricavando un ruolo sempre più importante nel panorama dei vini padovani. Lentamente i vigneti hanno quasi raggiunto i venti ettari e sono dedicati principalmente alle varietà bordolesi, con una piccola parte destinata alle varietà a bacca bianca e alla glera. In cantina il percorso enologico è volto alla ricerca di vini dal carattere fresco e scattante. Il vino più ambizioso di casa è lo Scarlatto '13, un bordolese a prevalenza merlot che offre al naso aromi dominati da un frutto rosso giovanile e ancora croccante, contornato da una bella sensazione di sottobosco e viola. In bocca rivela buona ricchezza e una grintosa spinta acida. Petali d'Ambra '11 invece gioca con una maturità del frutto esplosiva, con note di spezie, agrumi canditi e fichi secchi che tradiscono la natura del vitigno. Bocca piena, con dolcezza suadente che trova contrasto nella fresca acidità.

● Colli Euganei Cabernet Espero '15	🍷🍷 2*
○ Colli Euganei Fior d'Arancio Passito Petali d'Ambra '11	🍷🍷 4
○ Colli Euganei Fior d'Arancio Spumante	🍷🍷 2*
● Colli Euganei Rosso Scarlatto '13	🍷🍷 3
○ Colli Euganei Bianco '15	🍷 2
● Colli Euganei Rosso Probus '15	🍷 2
● Colli Euganei Cabernet Espero '14	🍷🍷 2*
● Colli Euganei Cabernet Espero '13	🍷🍷 2*
● Colli Euganei Cabernet Espero '12	🍷🍷 2*
○ Colli Euganei Fior d'Arancio Spumante '14	🍷🍷 2*
● Colli Euganei Rosso '13	🍷🍷 2*
● Colli Euganei Rosso '12	🍷🍷 2*
● Colli Euganei Rosso Scarlatto '12	🍷🍷 3*
● Colli Euganei Rosso Scarlatto '11	🍷🍷 3

Vignale di Cecilia

LOC. FORNACI
VIA CROCI, 14
35030 BAONE [PD]
TEL. 042951420
www.vignaledicecilia.it

VISITA SU PRENOTAZIONE
PRODUZIONE ANNUA 20.000 bottiglie
ETTARI VITATI 8,00
VITICOLTURA Biologico Certificato

Paolo Brunello ha saputo fare di una passione la sua attività principale, prendendo in gestione la piccola azienda di famiglia da oltre un decennio. Oggi i vigneti hanno raggiunto un'estensione che sfiora i dieci ettari, coltivati secondo i dettami dell'agricoltura biologica. Merlot e cabernet sono le varietà più coltivate, quelle che con regolarità donano frutti concentrati e perfettamente maturi. Interessante la produzione di bianchi in un territorio a chiara tradizione rossa, con uno stile personale e di grande carattere. Vista la complicata vendemmia 2014 Paolo ha deciso di non produrre il vino più importante di casa, il Passacaglia, cosicché il Covolo '14 ha potuto avvalersi anche delle uve destinate a esso. Il risultato è un rosso di intensa espressione di frutto ed erbe fini, con una curiosa nota di fungo fresco sullo sfondo. In bocca il sorso è solido ma mantiene un profilo agile e snello. Buona la prima per il Poldo, un bianco dal carattere irrequieto e piacevolmente rustico, dotato di un sorso che conclude su una rinfrescante nota di pompelmo.

● Colli Euganei Rosso Covolo '14	▼▼	3
○ Poldo	▼▼	3
○ Cocài '13	▼	3
○ Val di Spin Frizzante	▼	2
○ Benavides '11	▽▽	2*
○ Cocài '12	▽▽	3
○ Cocài '11	▽▽	3
○ Cocài '10	▽▽	3
● Colli Euganei Rosso Covolo '13	▽▽	3
● Colli Euganei Rosso Covolo '10	▽▽	3
● Colli Euganei Rosso Passacaglia '12	▽▽	4
● Colli Euganei Rosso Passacaglia '11	▽▽	4
● Colli Euganei Rosso Passacaglia '09	▽▽	4
● Colli Euganei Rosso Passacaglia '08	▽▽	4
● El Moro '08	▽▽	3*

★Vignalta

VIA SCALETTE, 23
35032 ARQUÀ PETRARCA [PD]
TEL. 0429777305
www.vignalta.it

VENDITA DIRETTA
VISITA SU PRENOTAZIONE
PRODUZIONE ANNUA 220.000 bottiglie
ETTARI VITATI 35,00

Lucio Gomiero è stato il primo a credere fermamente nel valore dei Colli Euganei, fondando Vignalta e ponendosi fin dall'inizio l'obiettivo di una produzione di alto profilo. Oggi, a distanza di quasi quarant'anni, le vigne sono giunte a fiorare i quaranta ettari, e nella cantina di Arquà si sta procedendo con il progetto di ampliamento dei locali, per permettere lavorazioni ottimali e con tempistica adeguata. La produzione ha il suo cuore nei rossi a base bordolese, ma non mancano preziosi spunti anche tra i bianchi. Grande affidabilità su tutta la linea, con una batteria capitanata da Gemola e Alpianae. Il primo è il consueto bordolese a prevalenza merlot che esprime tutto il calore della vendemmia 2011. Fruttato, dolce e carnoso al naso, in bocca sprigiona una pienezza ben governata da acidità e fitta trama tannica. Il secondo invece è un Fior d'Arancio Passito '13 che esplora l'animo più solare e avvolgente dei colli, agrumato e speziato al naso, in bocca conquista per il delicato equilibrio raggiunto tra dolcezza e acidità.

○ Colli Euganei Fior d'Arancio Passito Alpianae '13	▼▼ (rossi)	5
● Colli Euganei Rosso Gemola '11	▼▼ (rossi)	6
○ Colli Euganei Manzoni Bianco Agno Casto '15	▼▼	3
○ Colli Euganei Moscato Secco Sirio '15	▼▼	3
○ Colli Euganei Pinot Bianco '15	▼▼	3
● Colli Euganei Rosso Ris. '11	▼▼	3
● Marrano '09	▼▼	5
● Pinot Nero '14	▼▼	5
○ Colli Euganei Fior d'Arancio Passito Alpianae '12	▽▽▽	5
● Colli Euganei Rosso Gemola '09	▽▽▽	5
● Colli Euganei Rosso Gemola '08	▽▽▽	5
● Colli Euganei Rosso Gemola '07	▽▽▽	5
● Colli Euganei Rosso Gemola '04	▽▽▽	6

Le Vigne di San Pietro

via San Pietro, 23
37066 Sommacampagna [VR]
Tel. 045510016
www.levignedisanpietro.it

VENDITA DIRETTA
VISITA SU PRENOTAZIONE
PRODUZIONE ANNUA 70.000 bottiglie
ETTARI VITATI 10,00

Architetto prestato alla viticoltura, Carlo Nerozzi ha sempre cercato di esprimere la sua visione della natura nei vini di casa. L'azienda si trova sulla sommità del colle San Pietro, a pochi chilometri dal lago di Garda, una decina di ettari di vigneti in cui trovano dimora le uve della tradizione gardesana, con la presenza contenuta nell'estensione ma importante nella qualità di cabernet sauvignon e merlot. Vini dal carattere raffinato, dotati di grande tensione ed eleganza gustativa. Ben tre vini conquistano le nostre finali, emblema del valore delle denominazioni gardesane. Il Custoza Sanpietro '13 presenta intense note di frutto bianco e pietra focaia mentre in bocca si distende con decisione verso un lungo finale. Il Bardolino '15, sempre uno dei più convincenti, porge aromi di frutto selvatico e pepe che ritroviamo in un palato che sa essere ricco e leggero al tempo stesso. Ottima la prova del CorDeRosa '15, un Chiaretto che unisce fragranza e leggerezza alla personalità.

● Bardolino '15	🍷🍷 2*
⊙ Bardolino Chiaretto CorDeRosa '15	🍷🍷 2*
○ Custoza Sup. Sanpietro '13	🍷🍷 3*
● Bardolino Sup. '13	🍷🍷 3
○ Custoza '15	🍷🍷 2*
● Refolà '11	🍷🍷 6
● Bardolino '14	YYY 2*
● Bardolino '11	YYY 2*
● Refolà Cabernet Sauvignon '04	YYY 6
○ Sud '95	YYY 6
● Bardolino '15	YY 2*
● Bardolino '13	YY 2*
● Bardolino '12	YY 2*
○ Custoza '14	YY 2*
○ Custoza '13	YY 2*

Vigneto Due Santi

v.le Asiago, 174
36061 Bassano del Grappa [VI]
Tel. 0424502074
www.vignetoduesanti.it

VENDITA DIRETTA
VISITA SU PRENOTAZIONE
PRODUZIONE ANNUA 100.000 bottiglie
ETTARI VITATI 18,00
AZIENDA SOSTENIBILE

Stefano e Adriano Zonta conducono l'azienda di famiglia a Bassano, con i vigneti che si sviluppano adagiati sul primo ordine di colline, lambiti dalle fresche correnti che giungono dalla vicina Valsugana. Anno dopo anno la superficie vitata si è allargata fino a una ventina di ettari, mentre la produzione è rimasta abbastanza costante, frutto di una selezione sempre più severa tanto nella scelta delle partite di uva quanto delle singole botti. Soprattutto rossi dallo stile nitido, succoso e ricco. Dalle vigne più vecchie e meglio esposte giungono le uve per il Cabernet Due Santi '13, un vino che offre al naso profumi che ricordano il frutto rosso maturo, mirtillo e prugna, con un'importante venatura di menta e timo che dona freschezza e fragranza. Solido il palato, sostenuto da una trama tannica di grande raffinatezza e dolcezza che accompagna il sorso. Fra i bianchi abbiamo apprezzato il Rivana '15, un blend a prevalenza tai dalla beva succosa e appagante.

● Breganze Cabernet Due Santi '13	🍷🍷 4
○ Breganze Bianco Rivana '15	🍷🍷 2*
● Breganze Merlot '13	🍷🍷 2*
○ Campo di Fiori '15	🍷🍷 2*
○ Breganze Sauvignon '15	🍷 3
○ Breganze Torcolato '12	🍷 5
○ Prosecco Extra Dry	🍷 2
● Breganze Cabernet Vign. Due Santi '12	YYY 4*
● Breganze Cabernet Vign. Due Santi '08	YYY 4*
● Breganze Cabernet Vign. Due Santi '07	YYY 4
● Breganze Cabernet Vign. Due Santi '05	YYY 4
● Breganze Cabernet Vign. Due Santi '04	YYY 4
● Breganze Cabernet Vign. Due Santi '03	YYY 4*
● Breganze Cabernet Vign. Due Santi '00	YYY 4
● Breganze Cabernet Vign. Due Santi '11	YY 4
● Breganze Rosso Cavallare '12	YY 4

Villa Sandi

via Erizzo, 112
31035 Crocetta del Montello [TV]
Tel. 0423665033
www.villasandi.it

VENDITA DIRETTA
VISITA SU PRENOTAZIONE
OSPITALITÀ E RISTORAZIONE
PRODUZIONE ANNUA 5.000.000 bottiglie
ETTARI VITATI 530,00
AZIENDA SOSTENIBILE

Quella della famiglia Moretti Polegato è una delle realtà più importanti del comprensorio valdobbiadenese. La proprietà si dipana in una serie lunghissima di vigneti, in parte di proprietà, in parte di viticoltori che conferiscono le uve in azienda, per una produzione che ha nel Prosecco il fulcro produttivo. Accanto a esso vini fermi che giungono dalle vigne del Montello, bianchi e rossi che esaltano l'espressione varietale dei singoli vitigni. Il Grand Cru di Valdobbiadene, Cartizze, ha nel vino di Villa Sandi uno dei punti di riferimento per tutti gli appassionati delle bollicine trevigiane. Prodotto nella versione Brut esprime profumi nitidi dominati da un frutto bianco croccante e succoso che trova nall'appoggio delle note floreali il giusto completamento. Asciutto e sapido riesce a donare la classica leggerezza del Prosecco unita a doti di tensione e grinta. Convincente la prova del Serenissima Brut, dalla beva spigliata e gioiosa.

○ Cartizze Brut V. La Rivetta	🍷🍷🍷 6
● Còrpore '13	🍷🍷 5
○ Opere Trevigiane M. Cl. Ris. '13	🍷🍷 5
○ Serenissima Opere Trevigiane Brut	🍷🍷 5
○ Valdobbiadene Dry Cuvée Oris	🍷🍷 3
○ Valdobbiadene Extra Dry	🍷🍷 3
○ Marinali Manzoni Bianco '15	🍷 3
● Marinali Raboso '12	🍷 3
○ Prosecco di Treviso Il Fresco Brut	🍷 2
○ Cartizze Brut V. La Rivetta '11	ΥΥΥ 4*
○ Cartizze Brut V. La Rivetta '10	ΥΥΥ 4
○ Cartizze Brut V. La Rivetta '09	ΥΥΥ 4
● Còrpore '12	ΥΥ 5

Villa Spinosa

loc. Jago
via Jago dall'Ora, 16
37024 Negrar [VR]
Tel. 0457500093
www.villaspinosa.it

VENDITA DIRETTA
VISITA SU PRENOTAZIONE
OSPITALITÀ
PRODUZIONE ANNUA 45.000 bottiglie
ETTARI VITATI 20,00
AZIENDA SOSTENIBILE

Enrico Cascella ha lentamente trasformato l'azienda di famiglia. Accanto alla dimora del Settecento oggi si trova la nuova cantina, perfettamente integrata nel territorio e nell'architettura del luogo, mentre nei locali storici annessi alla villa si trovano il punto vendita e la sala degustazione. In campagna il lavoro di reimpianto dei vigneti ha portato gradualmente al rinnovamento di tutti i vigneti, estesi per una ventina di ettari, che oggi costituiscono il più grande bene dell'azienda. Proposto solo dopo un lungo affinamento in cantina, l'Amarone frutto della vendemmia 2008 oggi si pone al naso con grande compostezza e profondità, con il frutto macerato che trova freschezza nella spinta di erbe officinali e pepe. In bocca ha trovato quiete e si dona largo, sapido e avvolgente senza per questo risultare pesante. Giocato sulla leggerezza del sorso e la fragranza aromatica il Valpolicella Figari '12, un Superiore che esplora l'animo più raffinato della denominazione.

● Amarone della Valpolicella Cl. '08	🍷🍷🍷 7
● Recioto della Valpolicella Cl. Francesca Finato Spinosa '11	🍷🍷 5
● Valpolicella Cl. '14	🍷🍷 2*
● Valpolicella Cl. Sup. Figari '12	🍷🍷 3
● Valpolicella Cl. Sup. Ripasso Jago '11	ΥΥΥ 3*
● Amarone della Valpolicella Cl. Anteprima '08	ΥΥ 6
● Recioto della Valpolicella Cl. Francesca Finato Spinosa '08	ΥΥ 5
● Valpolicella Cl. '13	ΥΥ 2*
● Valpolicella Cl. '12	ΥΥ 2*
● Valpolicella Cl. Sup. Figari '11	ΥΥ 3
● Valpolicella Cl. Sup. Ripasso Jago '10	ΥΥ 3

Vigneti Villabella

fraz. Calmasino di Bardolino
loc. Canova, 2
37011 Bardolino [VR]
Tel. 0457236448
www.vignetivillabella.com

VENDITA DIRETTA
VISITA SU PRENOTAZIONE
OSPITALITÀ
PRODUZIONE ANNUA 500.000 bottiglie
ETTARI VITATI 220,00

Nel corso degli anni l'azienda delle famiglie Cristoforetti e Delibori ha saputo ritagliarsi un ruolo da leader nel comprensorio gardesano. Più di duecento ettari di vigneto disseminati nel territorio, con la preziosa tenuta che circonda Villa Cordevigo, un'oasi di vigneti condotti nel massimo rispetto per l'ambiente, che forniscono le uve per i vini più prestigiosi. Lo stile ha sempre ricalcato un profilo sottile e raffinato e oggi i vini sanno conquistare anche per profondità e classe. Strepitoso il Bardolino Vigna Morlongo '14, che riesce a esaltare le migliori caratteristiche della rossa tipologia gardesana. La veste è giustamente scarica, i profumi fini e intensi, dominati dal connubio tra i frutti selvatici e il pepe, con una preziosa sfumatura di erbe fini sullo sfondo. In bocca sono sapidità e acidità a reggere un sorso snello e di grande piacevolezza. Il Chiaretto '15 invece gioca le carte di fragranza intensa e floreale, mentre in bocca è asciutto, agile e appagante.

● Bardolino Cl. V. Morlongo '14	▼▼▼ (rossi)	2*
⊙ Bardolino Chiaretto Cl. '15	▼▼ (rossi)	2*
⊙ Bardolino Chiaretto Cl. Villa Cordevigo '15	▼▼	2*
○ Lugana Ca' del Lago '15	▼▼	3
● Montemazzano '12	▼▼	3
● Valpolicella Cl. Sup. Ripasso '14	▼▼	3
⊙ Bardolino Chiaretto Brut	▼	2
○ Custoza '15	▼	2
● Oseleta '08	▼	5
● Valpolicella Cl. I Roccoli '15	▼	2
● Amarone della Valpolicella Cl. Fracastoro Ris. '08	▽▽	6
● Bardolino Cl. V. Morlongo '13	▽▽	2*
● Bardolino Cl. V. Morlongo Anniversario '13	▽▽	2*
● Valpolicella Cl. Sup. Ripasso '13	▽▽	3

★Viviani

via Mazzano, 8
37020 Negrar [VR]
Tel. 0457500286
www.cantinaviviani.com

VENDITA DIRETTA
VISITA SU PRENOTAZIONE
PRODUZIONE ANNUA 80.000 bottiglie
ETTARI VITATI 10,00
AZIENDA SOSTENIBILE

Claudio Viviani ha saputo gestire il successo travolgente che ha interessato la Valpolicella dando una fisionomia di alto profilo alla sua azienda. Non cercate marmo sui pavimenti o piscine in giardino, questa è una realtà che ha mantenuto il carattere agricolo e che concentra tutti gli sforzi in una produzione di altissimo livello, fedele al territorio e alle sue tradizioni. Solo vini a denominazione, interpretati con la nitidezza dell'espressione aromatica e grande eleganza al palato. Nel quadro di alta qualità proposto da Claudio emerge l'Amarone Casa dei Bepi '11, che riesce a coniugare la fedele appartenenza alla storia della Valpolicella con attualità e fragranza. Se al naso colpiscono i tradizionali aromi di frutto surmaturo e spezie, in bocca sembra cercare un percorso nuovo, fatto di grinta, tensione e agilità, per un risultato da incorniciare. Ottimo anche il Valpolicella Campo Morar '13, un vino compatto e grintoso che conquista con la sapida armonia gustativa.

Vino		
● Amarone della Valpolicella Cl. Casa dei Bepi '11	▼▼▼ (rossi)	8
● Valpolicella Cl. Sup. Campo Morar '13	▼▼ (rossi)	5
● Valpolicella Cl. '15	▼▼	2*
● Amarone della Valpolicella Cl. Casa dei Bepi '10	▽▽▽	8
● Amarone della Valpolicella Cl. Casa dei Bepi '09	▽▽▽	8
● Amarone della Valpolicella Cl. Casa dei Bepi '05	▽▽▽	8
● Amarone della Valpolicella Cl. Casa dei Bepi '04	▽▽▽	8
● Amarone della Valpolicella Cl. Casa dei Bepi '01	▽▽▽	8
● Amarone della Valpolicella Cl. Casa dei Bepi '00	▽▽▽	8
● Valpolicella Cl. Sup. Campo Morar '09	▽▽▽	5
● Valpolicella Cl. Sup. Campo Morar '05	▽▽▽	5

Pietro Zanoni

FRAZ. QUINZANO
VIA ARE ZOVO, 16D
37125 VERONA
TEL. 0458343977
www.pietrozanoni.it

VENDITA DIRETTA
VISITA SU PRENOTAZIONE
PRODUZIONE ANNUA 20.000 bottiglie
ETTARI VITATI 6,50

L'azienda di Pietro Zanoni si trova in posizione defilata, al limitare della Valpolicella, quasi affacciata sulla città scaligera. Qui le vigne ricoprono un'estensione di una manciata di ettari, per una produzione basata interamente sulle storiche tipologie della denominazione, interpretate riuscendo a far coesistere nel bicchiere tradizione e ricchezza del frutto. Vini solidi e articolati, figli di una produzione contenuta nei numeri e di ottimo livello qualitativo. Difficile scegliere quale sia il vino migliore di casa Zanoni perché tutti hanno saputo guadagnarsi la considerazione delle nostre commissioni in virtù della loro qualità e l'aderenza alle rispettive tipologie. L'Amarone Zovo '11 profuma di frutto nero e spezie, è ricco, caloroso e potente. Il Valpolicella Superiore '14 invece esprime un frutto più integro e croccante, mentre in bocca riesce a donarsi concentrato ma asciutto e di grande lunghezza, per un risultato che dona al palato una grande piacevolezza.

● Amarone della Valpolicella Zovo '11	▼▼ 7
● Recioto della Valpolicella '11	▼▼ 5
● Valpolicella Sup. '14	▼▼ 2*
● Valpolicella Sup. Ripasso '13	▼▼ 4
● Amarone della Valpolicella Zovo '10	▽▽ 6
● Amarone della Valpolicella Zovo '09	▽▽ 6
● Amarone della Valpolicella Zovo '07	▽▽ 6
● Amarone della Valpolicella Zovo '04	▽▽ 6
● Recioto della Valpolicella '09	▽▽ 4
● Valpolicella Sup. '13	▽▽ 2*
● Valpolicella Sup. '08	▽▽ 4
● Valpolicella Sup. Campo Denari '11	▽▽ 4
● Valpolicella Sup. Campo Denari '10	▽▽ 4

Pietro Zardini

VIA DON P. FANTONI, 3
37029 SAN PIETRO IN CARIANO [VR]
TEL. 0456800989
www.pietrozardini.it

VENDITA DIRETTA
VISITA SU PRENOTAZIONE
PRODUZIONE ANNUA 20.000 bottiglie
ETTARI VITATI 7,00

La grande esperienza maturata in anni di collaborazione con importanti aziende della Valpolicella, unita alla sensibilità e alla conoscenza del territorio, hanno permesso a Pietro Zardini di far decollare velocemente la sua azienda. Oggi, nella nuova e funzionale cantina di San Pietro in Cariano, viene concretizzata l'attività di campagna in una batteria di vini di forte impronta territoriale, espressione della solarità della Valpolicella e delle sue tradizioni. Si ferma a un soffio dal massimo riconoscimento l'Amarone Leone Zardini, una Riserva '09 di chiara impostazione tradizionale che colpisce per la profondità dei suoi aromi, dove il frutto macerato lascia intravedere i fiori secchi e le erbe aromatiche, le spezie e gli accenni minerali, per un sorso pieno che ha finalmente trovato armonia e delicatezza. L'Amarone '11 invece è giocato su un frutto ricco, succoso e di immediata piacevolezza. Ancor più fresco e giocato sul frutto il Ripasso Austero '12.

● Amarone della Valpolicella Leone Zardini Ris. '09	▼▼ (rossi) 6
● Amarone della Valpolicella '11	▼▼ 6
● Valpolicella Sup. Ripasso Austero '12	▼▼ 4
○ Lugana '15	▼ 2
● Rosignol	▼ 4
⊙ Rosignol Rosato Brut	▼ 3
● Amarone della Valpolicella '10	▽▽ 6
● Amarone della Valpolicella '05	▽▽ 6
● Amarone della Valpolicella '04	▽▽ 6
● Amarone della Valpolicella Cl. '07	▽▽ 6
● Amarone della Valpolicella Cl. '03	▽▽ 6
● Amarone della Valpolicella Cl. Leone Zardini Ris. '08	▽▽ 6
● Valpolicella Sup. Ripasso Austero '11	▽▽ 4
● Valpolicella Sup. Ripasso Austero '07	▽▽ 4

★Zenato

fraz. San Benedetto di Lugana
via San Benedetto, 8
37019 Peschiera del Garda [VR]
Tel. 0457550300
www.zenato.it

VENDITA DIRETTA
VISITA SU PRENOTAZIONE
PRODUZIONE ANNUA 2.000.000 bottiglie
ETTARI VITATI 75,00

Nel panorama della Valpolicella un posto di rilievo spetta all'azienda fondata da Sergio Zenato, oggi condotta con passione dai figli Nadia e Alberto. Le vigne, una volta piuttosto contenute nell'estensione, oggi possono contare su oltre settanta ettari di proprietà, distribuite tra la Valpolicella e il territorio del Lugana, dove l'azienda ha mosso i primi passi. La produzione è incentrata su vini dal duplice passo, fragranza e armonia per i bianchi, potenza e frutto per i rossi. Potenza che troviamo perfettamente espressa nell'Amarone Sergio Zenato, una Riserva '10 dedicata al fondatore, che offre al naso un frutto rosso dolce e polposo, solare, arricchito da un'intensa nota di spezie dolci. In bocca è caldo, avvolgente e morbido, rinvigorito nel finale da una sferzata tannica. Sul fronte dei Lugana abbiamo apprezzato l'omonima Riserva '13, matura negli aromi di frutto giallo e dotata di un sorso cremoso ben sostenuto da un'energica sapidità.

● Amarone della Valpolicella Cl. Sergio Zenato Ris. '10	🍷🍷🍷 8
○ Lugana Sergio Zenato Ris. '13	🍷🍷 5
● Amarone della Valpolicella Cl. '11	🍷🍷 6
● Cresasso '10	🍷🍷 5
○ Lugana Brut M. Cl.	🍷🍷 4
○ Lugana Massoni Santa Cristina '13	🍷🍷 3
● Amarone della Valpolicella Cl. '05	🍷🍷🍷 6
● Amarone della Valpolicella Cl. Sergio Zenato '05	🍷🍷🍷 6
● Amarone della Valpolicella Cl. Sergio Zenato '03	🍷🍷🍷 6
● Amarone della Valpolicella Cl. Sergio Zenato '00	🍷🍷🍷
● Amarone della Valpolicella Cl. Sergio Zenato Ris. '09	🍷🍷🍷 8
○ Lugana Sergio Zenato '08	🍷🍷🍷 4

Zeni 1870

via Costabella, 9
37011 Bardolino [VR]
Tel. 0457210022
www.zeni.it

VENDITA DIRETTA
VISITA SU PRENOTAZIONE
PRODUZIONE ANNUA 1.000.000 bottiglie
ETTARI VITATI 25,00

L'azienda della famiglia Zeni è un punto di riferimento per tutti gli appassionati dei vini che caratterizzano la sponda veneta del Lago di Garda. Un'attività cominciata tanti anni or sono e sviluppata soprattutto sotto l'impulso di Nino e dei figli, Fausto, Elena e Federica, che oggi conducono l'azienda. Le vigne di proprietà non sono particolarmente estese ma il legame con numerosi viticoltori della zona gardesana e della vicina Valpolicella consente una produzione affidabile nei numeri e nella qualità. Dalla Valpolicella giungono le etichette più interessanti, a partire dall'Amarone Barrique '11, che profuma di ciliegia sotto spirito e spezie, con una fresca sfumatura vegetale che dona leggerezza agli aromi. In bocca la pienezza del sorso è sottolineata dalla presenza di una trama tannica solida che accompagna la ricchezza del frutto. Segnaliamo la buona prova del Bardolino Chiaretto '15, un rosato dai profumi raffinati che sa donare al palato sapidità e piacevolezza.

● Amarone della Valpolicella Cl. Barrique '11	🍷🍷 7
● Amarone della Valpolicella Cl. '13	🍷🍷 6
● Amarone della Valpolicella Cl. Vigne Alte '12	🍷🍷 6
⊙ Bardolino Chiaretto Cl. Vigne Alte '15	🍷🍷 2*
○ Lugana Marogne '15	🍷🍷 3
● Valpolicella Sup. Vigne Alte '14	🍷🍷 2*
⊙ Bardolino Chiaretto Brut	🍷 2
● Bardolino Cl. Sup. '14	🍷 3
● Bardolino Cl. Vigne Alte '15	🍷 2
● Costalago Rosso '14	🍷 3
○ Lugana Vigne Alte '15	🍷 2
⊙ Rosato Marogne '15	🍷 2
● Valpolicella Sup. Ripasso Marogne '14	🍷 3

Zonin 1821

via Borgolecco, 9
36053 Gambellara [VI]
Tel. 0444640111
www.zonin.it

VENDITA DIRETTA
VISITA SU PRENOTAZIONE
PRODUZIONE ANNUA 38.000.000 bottiglie
ETTARI VITATI 2000,00

La grande casa di Gambellara è attiva da quasi un secolo e oggi può contare su un vigneto che si estende per moltissimi ettari, che arrivano a spingersi oltre l'Atlantico fino alla Virginia. In Italia il cuore rimane legato ovviante alla denominazione vicentina, ma non mancano gli interessi per i vini più in voga della regione, Prosecco e Amarone. Numeri importanti per una produzione che ha nella freschezza del sorso e la riconoscibilità del vitigno il tratto distintivo. Proprio dalla tenuta il Giangio, adagiata sulle colline che circondano Gambellara, giunge il vino più interessante, un Recioto di Gambellara '11 dai profumi maturi e suadenti, con un'intrigante nota di botrite sullo sfondo. In bocca la dolcezza è delicata e il vino trova equilibrio più sulla sapidità che sull'acidità. Fra i rossi abbiamo apprezzato l'espressione matura e al tempo stesso fresca dell'Amarone '13, un rosso che non cerca di stupire per concentrazione o dolcezza ma si distende con tensione e agilità.

Vino	Bicchieri	Prezzo
● Amarone della Valpolicella '13	🍷🍷	6
○ Recioto di Gambellara Il Giangio '11	🍷🍷	5
● Berengario '11	🍷	4
○ Prosecco Brut	🍷	2
○ Recioto di Gambellara Spumante	🍷	3
● Valpolicella Sup. Ripasso '14	🍷	3
● Amarone della Valpolicella '12	🍷🍷 (bianchi)	5
● Amarone della Valpolicella '11	🍷🍷 (bianchi)	6
● Amarone della Valpolicella '10	🍷🍷 (bianchi)	6
● Amarone della Valpolicella '09	🍷🍷 (bianchi)	6
○ Gambellara Cl. Podere Il Giangio '13	🍷🍷 (bianchi)	2*
● Valpolicella Sup. Ripasso '13	🍷🍷 (bianchi)	3
● Valpolicella Sup. Ripasso '12	🍷🍷 (bianchi)	3
● Valpolicella Sup. Ripasso '11	🍷🍷 (bianchi)	3

Zymè

loc. San Floriano
via Ca' del Pipa, 1
37029 San Pietro in Cariano [VR]
Tel. 0457701108
www.zyme.it

VENDITA DIRETTA
VISITA SU PRENOTAZIONE
PRODUZIONE ANNUA 80.000 bottiglie
ETTARI VITATI 30,00
AZIENDA SOSTENIBILE

L'azienda di Celestino Gaspari è nata poco per volta, prima le consulenze, poi la vinificazione ospitata presso altre cantine, infine la costruzione di una nuova e bellissima cantina a San Pietro in Cariano. I vigneti si estendono per una trentina di ettari in varie zone della provincia e forniscono le uve per una produzione che ha al centro dell'obiettivo le storiche tipologie della Valpolicella anche se è numerosa anche l'offerta di vini di fantasia, frutto della voglia di sperimentare di Celestino. L'Amarone La Mattonara Riserva '04 esce solo dopo un lunghissimo affinamento in cantina, superiore ai dieci anni, per donarsi oggi con un'inaspettata quanto intrigante freschezza, con il frutto ancora carnoso che trova nelle erbe aromatiche la spinta in più. In bocca il corpo è possente e il vino si distende con decisione e lunghezza grazie a una vibrante spinta acida. Dopo tanta ricchezza e complessità ecco invece la fragranza e la leggerezza del Valpolicella Reverie '15, un rosso che esalta le doti di finezza delle uve storiche.

Vino	Bicchieri	Prezzo
● Amarone della Valpolicella Cl. La Mattonara Ris. '04	🍷🍷 (rossi)	8
● 60 20 20 '11	🍷🍷	5
○ Il Bianco From Black to White '15	🍷🍷	3
● Kairos '11	🍷🍷	7
● Valpolicella Cl. Sup. '12	🍷🍷	5
● Valpolicella Reverie '15	🍷🍷	2*
● Amarone della Valpolicella Cl. '06	🍷🍷🍷 (bianchi)	8
● Amarone della Valpolicella Cl. La Mattonara Ris. '03	🍷🍷🍷 (bianchi)	8
● Amarone della Valpolicella Cl. La Mattonara Ris. '01	🍷🍷🍷 (bianchi)	8
● Amarone della Valpolicella Cl. '08	🍷🍷 (bianchi)	8
● Valpolicella Cl. Sup. '11	🍷🍷 (bianchi)	5
● Valpolicella Cl. Sup. '10	🍷🍷 (bianchi)	5

Ai Galli

via Loredan, 28
30020 Pramaggiore [VE]
Tel. 0421799314
www.aigalli.it

Il territorio costiero della provincia veneziana è disseminato di vigneti che affondano le radici su un suolo fortemente argilloso. Ai Galli sfrutta questo connubio per la produzione di un Passito dal profilo armonioso, in cui la dolcezza è perfettamente sorretta dalla sapidità.

○ Lison Cl. '15	🍷🍷 2*
○ Lison-Pramaggiore Verduzzo Passito '11	🍷🍷 3
● Lison-Pramaggiore Cabernet Franc '14	🍷 2
● Lison-Pramaggiore Refosco P. R. '14	🍷 2

Astoria Vini

via Crevada, 12
31020 Refrontolo [TV]
Tel. 04236699
www.astoria.it

L'azienda di Refrontolo è fra le più note e apprezzate del territorio Coneglianese. In cima alle nostre preferenze questo fragrante Extra Dry, un Prosecco dai profumi di frutto esotico e fiori che dona al palato armonia e una perfetta fusione con le bollicine.

○ Valdobbiadene Extra Dry '15	🍷🍷 4
○ Cartizze Arzanà	🍷 5
○ Valdobbiadene Brut Rive di Refrontolo Casa di Vittorino	🍷 4

Le Battistelle

loc. Brognoligo
via Sambuco, 110
37030 Monteforte d'Alpone [VR]
Tel. 0456175621
www.lebattistelle.it

In poco più di una dozzina di anni Le Battistelle ha saputo ricavarsi un ruolo importante nel territorio Soavese. Il Roccolo del Durlo proviene dalle più belle vigne di proprietà, affina lugamente in acciaio per donarsi oggi intenso nell'espressione aromatica e armonioso in bocca.

○ Soave Cl. Battistelle '14	🍷🍷 3
○ Soave Cl. Roccolo del Durlo '14	🍷🍷 3
○ Soave Cl. Montesei '15	🍷 2

Beato Bartolomeo

via Roma, 100
36042 Breganze [VI]
Tel. 0445873112
www.cantinabreganze.it

La grande struttura cooperativa di Breganze è dedita alla produzione di vini che rappresentano bene il territorio di Breganze. Sugli scudi il Merlot Bosco Grande '13, proveniente dalla più bella tenuta della cantina, rivela buona pienezza e tensione.

● Breganze Merlot Sup. Bosco Grande '13	🍷🍷 3
● Breganze Cabernet Kilò Ris. '13	🍷 4
● Breganze Cabernet Sup. Bosco Grande '13	🍷 3
● Breganze Cabernet Sup. Savardo '14	🍷 2

Bellussi Spumanti

via Erizzo, 215
31049 Valdobbiadene [TV]
Tel. 0423983411
www.bellussi.com

Specializzata nella produzione di spumanti a base glera, Bellussi propone con la linea Balcanto i vini più ambiziosi di casa. Ottimo l'Extra Dry, un Prosecco che dona profumi di pera e fiori di tiglio, che ritroviamo in un palato di bella rotondità e nervo. Più solare e avvolgente il Cartizze.

○ Cartizze Dry Belcanto	🍷🍷 4
○ Valdobbiadene Extra Dry Belcanto	🍷🍷 3
○ Valdobbiadene Brut Belcanto	🍷 3
○ Valdobbiadene Dry	🍷 3

Bonotto delle Tezze

fraz. Tezze di Piave
via Duca d'Aosta, 16
31028 Vazzola [TV]
Tel. 0438488323
www.bonottodelletezze.it

Antonio Bonotto è uno degli interpreti più interessanti del Raboso, l'irrequieto vitigno che caratterizza la storia viticola del Piave. Ottimo il Malanotte '12, un rosso ottenuto con un parziale appassimento delle uve, dai profumi intensi di frutto dolce e un sorso pieno, potente e vigoroso.

● Piave Malanotte '12	🍷🍷 6
○ Manzoni Bianco Novalis '15	🍷 2
● Piave Raboso Potestà '12	🍷 3
○ Venezia Pinot Grigio Montesanto '15	🍷 2

F.lli Bortolin

FRAZ. SANTO STEFANO
VIA MENEGAZZI, 5
31049 VALDOBBIADENE [TV]
TEL. 0423900135
www.bortolin.com

La famiglia Bortolin ha contribuito in modo fondamentale all'affermazione del Prosecco nel mondo. Oggi ne propone una versione Extra Dry di grande finezza, profumato di confetto e fiori di glicine, in bocca fonde mirabilmente la dolcezza con l'acidità e le bollicine. Più avvolgente la versione Dry.

- ○ Valdobbiadene Dry — 🍷🍷 2*
- ○ Valdobbiadene Extra Dry — 🍷🍷 2*
- ○ Cartizze — 🍷 4
- ○ Valdobbiadene Extra Dry Ru' Mill. '15 — 🍷 3

Ca' Bianca

LOC. FONTANAFREDDA
VIA CINTO, 5
35030 CINTO EUGANEO [PD]
TEL. 042994288

Stefano Turetta conduce l'azienda di famiglia a Cinto Euganeo, nel cuore del Parco Regionale. Buona la prova del Cabernet Ritocchino 42 '13, che profuma intensamente di prugna e spezie, caratterizzato da un sorso piacevolmente nervoso e rinfrescato da un finale di erbe aromatiche.

- ● Colli Euganei Cabernet Ritocchino 42 '13 — 🍷🍷 3
- ○ Colli Euganei Chardonnay Passo di Santa Lucia '15 — 🍷 3
- ○ Colli Euganei Serprino '15 — 🍷 3

Ca' Corner

VIA CA CORNER SUD, 55
30020 MEOLO [VE]
TEL. 042161191
www.vinicacorner.com

In un territorio che stenta a far emergere il suo potenziale viticolo, ecco che l'azienda della famiglia Gasparini propone un'ottima gamma di vini. Sugli scudi il Manzoni Bianco, tanto nella versione Passito Erika, suadente e raffinato, quanto nella versione secca, sapida e di buona tensione.

- ○ Erika Passito '11 — 🍷🍷 3
- ○ Manzoni Bianco '15 — 🍷🍷 2*
- ● Petalo Rosso '10 — 🍷 2
- ● Piave Merlot '14 — 🍷 2

Ca' Ferri

VIA CA' FERRI, 43
35020 CASALSERUGO [PD]
TEL. 049655518
www.vinicaferri.com

L'azienda Ca' Ferri suddivide la sua attività viticola fra i Colli Euganei e la pianura attorno a Casalserugo. Da questa zona giungono sia il Merlot che il Cabernet Ser Ugo. Il primo esprime grande maturità del frutto, sorso energico e di grande piacevolezza. Il secondo è più nervoso e scattante.

- ● Corti Benedettine del Padovano Merlot Ser Ugo '15 — 🍷🍷 2*
- ● Corti Benedettine del Padovano Cabernet Ser Ugo '15 — 🍷 2

Castello di Roncade

VIA ROMA, 141
31056 RONCADE [TV]
TEL. 0422708736
www.castellodironcade.com

L'azienda ha sede dentro al bellissimo Castello di Roncade e da quasi un secolo è dedita alla produzione di vini. Il più importante di casa, il Villa Giustinian, è un taglio bordolese che insegue più l'eleganza che la potenza, dotato di un palato asciutto e di tannini levigati.

- ● Piave Raboso dell'Arnasa '12 — 🍷🍷 2*
- ● Villa Giustinian '12 — 🍷🍷 3
- ● Piave Merlot dell'Armata '13 — 🍷 2
- ○ Venezia Chardonnay dell'Arnasa '14 — 🍷 2

Tenuta Chiccheri

LOC. CHICCHERI, 1
37039 TREGNAGO [VR]
TEL. 0458774333
www.tenutachiccheri.it

La Tenuta Chiccheri, di proprietà della famiglia Ruffo, si trova nella zona orientale della Valpolicella. Qui produce questo ricco Amarone, profumato di ciliegia, prugna e pepe, che in bocca rivela corpo pieno e asciutto, sostenuto da acidità e tannino che ne allungano il sorso.

- ● Amarone della Valpolicella Cl. Campo delle Strie '11 — 🍷🍷 8
- ● Valpolicella Sup. '11 — 🍷🍷 5
- ○ Montprè Cuvée del Fondatore Brut '10 — 🍷 4

Conte Collalto

via XXIV Maggio, 1
31058 Susegana [TV]
Tel. 0438435811
www.cantine-collalto.it

Una delle più belle tenute della Marca Trevigiana è quella del Conte Collalto, centinaia di ettari collinari a due passi da Conegliano. Fra le numerose etichette proposte segnaliamo questo fragrante Extra Dry, intenso nei profumi di frutto bianco e fiori e dalla beva armoniosa.

○ Conegliano Valdobbiadene Extra Dry	🍷🍷 3
● Incrocio Manzoni 2.15 '12	🍷 2
○ Manzoni Bianco '15	🍷 2
○ Rosabianco '15	🍷 2

Corte Figaretto

fraz. Poiano
via Clocego, 48a
37142 Verona
Tel. 0458700753
www.cortefigaretto.it

Corte Figaretto è una bella realtà che si sviluppa nella Valpantena, una lunga vallata che gode di ventilazione continua e un suolo fortemente ghiaioso. L'Amarone Graal è il vino più importante, un rosso dai profumi maturi e avvolgenti, che rivela pienezza e un caloroso finale.

● Amarone della Valpolicella Graal '12	🍷🍷 6
● Amarone della Valpolicella Valpantena Brolo del Figaretto '12	🍷 5
● Valpolicella Valpantena '15	🍷 3

Paolo Cottini

loc. Castelrotto di San Pietro in Cariano
via Belvedere, 29
37029 Verona
Tel. 0456837293
www.paolocottini.it

Paolo Cottini ha trasformato la passione per il vino in una bella realtà che si dedica alla produzione dei rossi della Valpolicella. Buona la prova dell'Amarone, intensamente profumato di ciliegia e frutti selvatici, dotato di un palato in cui ricchezza e rigore coesistono con armonia.

● Amarone della Valpolicella Cl. '12	🍷🍷 3
● PaCo '13	🍷🍷 2*
● Valpolicella Cl. '15	🍷 3
● Valpolicella Cl. Sup. Ripasso '12	🍷 3

Cantina di Custoza

loc. Custoza
via Staffalo,1
37066 Sommacampagna [VR]
Tel. 045516200
www.cantinadicustoza.it

La cooperativa di Custoza è una delle realtà più importanti del comprensorio viticolo che si estende a sud del lago di Garda. La linea più ambiziosa, Custodia, ci fornisce questo interessante Custoza Le Noci '14, che affina in botte di rovere. Maturo e profondo negli aromi, è pieno e sapido.

○ Custoza Sup. Le Noci Custodia '14	🍷🍷 2*
○ Custoza Val dei Molini '15	🍷 2

Dal Din

via Montegrappa, 29
31020 Vidor [TV]
Tel. 0423987295
www.daldin.it

L'azienda della famiglia Dal Din si sviluppa nella zona di Vidor, a due passi dal corso del fiume Piave. Il Vidoro è un Valdobbiadene che offre al naso intense suggestioni di agrumi e frutto bianco, in bocca riesce a coniugare perfettamente la dolcezza del frutto con l'acidità.

○ Valdobbiadene Dry Vidoro '15	🍷🍷 2*
○ Valdobbiadene Brut	🍷 2
○ Valdobbiadene Extra Dry	🍷 2

Fasoli

fraz. San Zeno
via C. Battisti, 47
37030 Colognola ai Colli [VR]
Tel. 0457650741
www.fasoligino.com

L'azienda della famiglia Fasoli si trova a Colognola ai Colli, interessata sia dalla denominazione di Soave che della vicina Valpolicella. L'Amarone Alteo è un rosso di grande impatto, maturo al naso e potente in bocca. Il Soave Borgoletto invece esprime la fragranza e l'agilità della tipologia.

● Amarone della Valpolicella Alteo '10	🍷🍷 8
● Merlot Calle '13	🍷 6
○ Soave Borgoletto '15	🍷 2
○ Pieve Vecchia '12	🍷 4

Fongaro

via Motto Piane, 12
37030 Roncà [VR]
Tel. 0457460240
www.fongarospumanti.it

L'azienda della famiglia Fongaro è stata fra le prime a credere e investire nel Metodo Classico della Lessinia. La Riserva presenta un perlage fine e persistente, che anticipa profumi di fiori secchi e lievito che si esaltano in un palato sorretto dalla tipica acidità del vitigno.

- ○ Lessini Durello Brut Ris. '09 — 🍷🍷 4
- ○ Lessini Pas Dosé Ris. '08 — 🍷 5

Gamba Gnirega

via Gnirega, 19
37020 Marano di Valpolicella [VR]
Tel. 0456801714
www.vini-gamba.it

Pur vantando un rapporto con la viticoltura e la Valpolicella molto lungo, la famiglia Gamba ha avviato la produzione da pochi anni. L'Amarone Campedel '12 presenta profumi profondi di frutto e spezie, che si sviluppano in un palato solido e grintoso. Più complessa e articolata la versione Riserva.

- ● Amarone della Valpolicella Cl. Campedel '12 — 🍷🍷 8
- ● Amarone della Valpolicella Cl. Campedel Ris. '10 — 🍷🍷 8

Gorgo

fraz. Custoza
loc. Gorgo
37066 Sommacampagna [VR]
Tel. 045516063
www.cantinagorgo.com

Sempre più convincenti i vini prodotti dalla famiglia Bricolo, a partire da questo fragrante e complesso Custoza Summa. Al naso si coglie il frutto giallo maturo che lascia trasparire una mineralità di pietra focaia che si esalta in un sorso pieno, ricco e di straordinaria sapidità.

- ○ Custoza Sup. Summa '15 — 🍷🍷 2*
- ○ Custoza San Michelin '15 — 🍷🍷 2*
- ● Bardolino '15 — 🍷 2
- ○ Custoza '15 — 🍷 2

Io Mazzucato

via San Gaetano, 21
36042 Breganze [VI]
Tel. 0445308348
www.iomazzucato.it

L'azienda della famiglia Mazzucato si trova nella denominazione di Breganze, ai piedi dell'Altopiano di Asiago. Qui produce un Cabernet che offre al naso un frutto maturo ma non invadente, contornato da una fresca nota di fiori ed erbe aromatiche. Il palato è teso e raffinato.

- ● Breganze Cabernet '12 — 🍷🍷 2*
- ○ Breganze Pinot Grigio '15 — 🍷 2
- ● Roccolo '12 — 🍷 2

Lenotti

via Santa Cristina, 1
37011 Bardolino [VR]
Tel. 0457210484
www.lenotti.com

La grande azienda di Bardolino ha una produzione ampia e affidabile che interessa le principali denominazioni veronesi. Dalla Valpolicella giunge un Amarone '11 di grande freschezza aromatica, con il frutto croccante e succoso che ritroviamo in un palato dal profilo agile e teso.

- ● Amarone della Valpolicella Cl. '11 — 🍷🍷 6
- ● Amarone della Valpolicella Cl. Di Carlo '10 — 🍷🍷 8
- ⊙ Bardolino Chiaretto Cl. '15 — 🍷 3
- ○ Lugana Decus '15 — 🍷 3

Le Mandolare

loc. Brognoligo
via Sambuco, 180
37032 Monteforte d'Alpone [VR]
Tel. 0456175083
www.cantinalemandolare.com

Ottima prova da parte del Soave Monte Sella, un vino frutto di una vendemmia ritardata e di un parziale appassimento delle uve. Al naso la maturità del frutto è contornata da note di fiori secchi e spezie. In bocca la pienezza del sorso è perfettamente contrastata da una sapida spinta acida.

- ○ Soave Cl. Il Roccolo '15 — 🍷🍷 2*
- ○ Soave Cl. Monte Sella '13 — 🍷🍷 3
- ○ Recioto di Soave Le Schiavette '14 — 🍷 5
- ○ Soave Cl. Corte Menini '15 — 🍷 2

Firmino Miotti

via Brogliati Contro, 53
36042 Breganze [VI]
Tel. 0445873006
www.firminomiotti.it

Franca Miotti ha preso in mano le redini dell'azienda di famiglia e, accanto ad una interessante serie di vini frizzanti, propone questo Breganze Rosso, un Merlot di bella espressione fruttata, dolce e matura, che al palato esalta con un sorso pieno e attraversato da una fresca spinta acida.

● Breganze Rosso '13	🍷🍷 3
● Gruajo	🍷 3
○ Le Colombare '15	🍷 2
○ Pedevendo Frizzante	🍷 2

Ornella Molon Traverso

fraz. Campo di Pietra
via Risorgimento, 40
31040 Salgareda [TV]
Tel. 0422804807
www.ornellamolon.it

Ornella Molon e Giancarlo Traverso sono fra i pionieri della denominazione Piave. Il Rosso di Villa è un Merlot di grande profondità olfattiva, con il frutto contornato da note di spezie e fiori secchi. In bocca la pienezza del sorso è governata da tannini levigati e da una vitale spinta acida.

● Piave Merlot Rosso di Villa '11	🍷🍷 5
○ Traminer '15	🍷 3
○ Treviso Prosecco Brut	🍷 3
● Vite Rossa '12	🍷 4

Monte Santoccio

loc. Santoccio, 6
37022 Fumane [VR]
Tel. 3496461223
www.montesantoccio.it

La piccola realtà di Nicola Ferrari è interprete fedele dei vini della Valpolicella. Il Ripasso presenta una veste non troppo compatta per poi liberare aromi di frutto surmaturo e fiori macerati, che ritroviamo amplificati in un palato solido e ben sorretto dall'acidità.

● Valpolicella Cl. Sup. '14	🍷🍷 2*
● Valpolicella Cl. Sup. Ripasso '13	🍷🍷 4

Walter Nardin

loc. Roncadelle
via Fontane, 5
31024 Ormelle [TV]
Tel. 0422851622
www.vinwalternardin.it

Walter Nardin è un produttore volitivo che opera nella pianura trevigiana, con una produzione suddivisa in due linee. La Zerbaia è quella più ambiziosa e a essa fa riferimento il Refosco '13. Al naso si colgono le note di frutto selvatico e fiori, in bocca è asciutto e dotato di una vitale agilità.

● Refosco P. R. La Zerbaia '13	🍷🍷 3
● Rosso della Ghiaia La Zerbaia '12	🍷🍷 4
● Piave Raboso La Zerbaia '11	🍷 3
● Venezia Cabernet Franc '15	🍷 2

Orto di Venezia

loc. Isola di Sant'Erasmo
via delle Motte, 1
30141 Venezia
Tel. 0415237410
www.ortodivenezia.com

Immersa nella laguna veneziana, l'isola di Sant'Erasmo vede la preziosa presenza dell'azienda di Michel Toulouse, dedita alla produzione di un unico vino. Orto è un bianco lungamente affinato che presenta aromi complessi e una bella dinamica gustativa, larga, sapida e di grande fascino.

○ Orto '12	🍷🍷 5

Pegoraro

via Calbin, 24
36024 Mossano [VI]
Tel. 0444886461
www.cantinapegoraro.it

L'azienda Pegoraro è fra le più interessanti interpreti del tai rosso, vitigno che caratterizza proprio le colline a sud di Vicenza. La versione 2015 esalta la solarità dell'annata con profumi intensi di piccoli frutti e pepe, chiudendo al palato con una bella sfumatura di rosa.

● Colli Berici Tai Rosso '15	🍷🍷 2*
○ Colli Berici Tai '15	🍷 2

Tenuta Polvaro

via Polvaro, 35
30020 Annone Veneto [VE]
Tel. 0421281023
www.tenutapolvaro.it

Il Polvaro Oro è un originale blend di chardonnay, pinot grigio e traminer che viene prodotto nella zona della pianura veneziana. Al naso dona intense sfumature di agrumi e frutta esotica, in bocca la sapidità conferisce tensione e pienezza. Il Pinot Grigio invece è giocato sull'immediatezza.

○ Polvaro Oro '14	🍷🍷 2*
○ Prosecco Extra Dry	🍷 2
● Venezia Cabernet Sauvignon '14	🍷 2
○ Venezia Pinot Grigio '15	🍷 2

Progettidivini

loc. Soligo
via I Settembre, 20
31010 Farra di Soligo [TV]
Tel. 0438983151
www.progettidivini.it

Progettidivini è una bella realtà spumantistica che fa capo alla famiglia Masiero. Il loro Extra Dry 3 è un millesimato di buona ampiezza aromatica che dona al palato armonia e delicatezza. Il Cartizze 8 invece è più dolce e maturo fin dai profumi, dalle bollicine cremose.

○ Cartizze 8	🍷🍷 4
○ Valdobbiadene Extra Dry 3 '15	🍷🍷 3
○ Valdobbiadene Brut 2	🍷 3
○ Valdobbiadene Extra Dry 1	🍷 3

Punto Zero

Galleria Ezzellino, 5
35139 Padova
Tel. 0457701108
www.puntozerowine.it

Pur producendo solo vini a indicazione tipica, Punto Zero è una realtà profondamente legata al territorio Berico. Dimezzo è un taglio bordolese che ne esprime il calore e la solarità, tratteggiato al palato da una fitta trama tannica. Giocato più sulla ricchezza e la potenza il Merlot Punto.

● Dimezzo '12	🍷🍷 5
● Punto '12	🍷🍷 8
○ Trasparenza '15	🍷 3
● Virgola '13	🍷 8

Quota 101

via Malterreno, 12
35038 Torreglia [PD]
Tel. 0425410922
www.quota101.com

Nata da pochi anni l'azienda delle famiglia Gardina ha intrapreso un percorso virtuoso che sta dando i primi frutti. Il Gelso è un Passito che sfrutta l'aromaticità del Fior d'Arancio per esaltare la solarità del luogo, sottolineata da una dolcezza misurata che accompagna il vino a un lungo finale.

○ Colli Euganei Fior d'Arancio Passito Il Gelso '13	🍷🍷 5
○ Colli Euganei Fior d'Arancio Secco '15	🍷 3
○ Colli Euganei Fior d'Arancio Spumante	🍷 2

Ettore Righetti

via San Martino, 8
37024 Negrar [VR]
Tel. 0457500062

Collocata in posizione incantevole, l'azienda della famiglia Righetti può contare su un grande parco vigneti perfettamente esposto. L'Amarone presenta profumi intensi di ciliegia e pepe, per liberarsi in un sorso energico e di grande grinta. Maturo, avvolgente e suadente il Recioto.

● Amarone della Valpolicella Cl. '12	🍷🍷 6
● Recioto della Valpolicella Cl. '13	🍷🍷 5
● Valpolicella Cl. '14	🍷 3
● Valpolicella Cl. Sup. '13	🍷 4

Ronca

via Val di Sona, 7
37066 Sommacampagna [VR]
Tel. 0458961641
www.cantinaronca.it

Massimo Ronca ha fondato l'azienda appena dieci anni fa, oggi una delle realtà emergenti del territorio gardesano. Grande attenzione soprattutto al Custoza, interpretato esaltandone la vena aromatica e donando pienezza e sapidità al sorso. Ottima riuscita anche del Bardolino.

● Bardolino '15	🍷🍷 2*
● Corvina '15	🍷🍷 2*
○ Custoza '15	🍷🍷 2*
⊙ Bardolino Chiaretto Brut	🍷 3

San Nazario

loc. Cortelà
via Monte Versa, 1519
35030 Vò [PD]
Tel. 0499940194
www.vinisannazario.it

San Nazario si trova a Cortelà di Vò, sul versante occidentale dei Colli Euganei. Messalino è un Passito di Fior d'Arancio che, complice il lungo affinamento in cantina, oggi esprime profumi complessi. Un sorso che alla dolcezza prorompente risponde con un finale amarognolo.

○ Colli Euganei Fior d'Arancio Passito Messalino '11	🍷🍷 4
○ Colli Euganei Bianco Dulcamara '15	🍷 2
● Colli Euganei Rosso Brolo delle Femmine '12	🍷 2

Santa Eurosia

fraz. San Pietro di Barbozza
via della Cima, 8
31040 Valdobbiadene [TV]
Tel. 0423973236
www.santaeurosia.it

Giuseppe Geronazzo opera da molti anni nella zona di Valdobbiadene, con una produzione affidabile e di buona espressività. Convincente il Brut, il cavallo di battaglia di casa, intensamente profumato di pera e fiori, dona al palato un sorso energico, asciutto e di grande piacevolezza.

○ Valdobbiadene Brut	🍷🍷 2*
○ Cartizze	🍷 4
○ Conegliano Valdobbiadene Dry Mill. '15	🍷 4
○ Conegliano Valdobbiadene Extra Dry	🍷 2

Spagnol - Col del Sas

via Scandolera, 51
31020 Vidor [TV]
Tel. 0423987177
www.coldelsas.it

Nel variegato panorama di Valdobbiadene, Spagnol è una realtà importante, forte di un vigneto che si estende per più di trenta ettari e una storia ormai trentennale. Il Rive di Solighetto è un Brut asciutto e di grande tensione. L'Extra Dry Col del Sas è più solare, disponibile e avvolgente.

○ Valdobbiadene Extra Dry Col del Sas '15	🍷🍷 2*
○ Valdobbiadene Rive di Solighetto Brut Col del Sas '14	🍷🍷 3
○ Valdobbiadene Brut Col del Sas '15	🍷 2

Tanoré

fraz. San Pietro di Barbozza
via Mont di Cartizze, 3
31040 Valdobbiadene [TV]
Tel. 0423975770
www.tanore.it

Collocata in posizione incantevole, affacciata praticamente sul Cartizze, l'azienda della famiglia Ruggeri produce questo Brut dai profumi intensi di mela, pera e fiori di tiglio, caratterizzato da un sorso energico, succoso e di ottima sapidità. Il Cartizze invece mette in mostra l'animo più caldo e seducente.

○ Cartizze	🍷🍷 4
○ Valdobbiadene Brut	🍷🍷 3
○ Valdobbiadene Dry Il Tanorè '15	🍷 3
○ Valdobbiadene Extra Dry	🍷 2

Giovanna Tantini

fraz. Oliosi
loc. I Mischi
37014 Castelnuovo del Garda [VR]
Tel. 3488717577
www.giovannatantini.it

Giovanna Tantini è una produttrice volitiva e fortemente legata al Bardolino. Presentato a un anno dalla vendemmia ne mette in luce un profilo sommesso, che lascia emergere più le spezie che il frutto, dotato di un sorso sapido e raffinato. Il Chiaretto invece è immediato e di grande piacevolezza.

● Bardolino '14	🍷🍷 2*
⊙ Bardolino Chiaretto '15	🍷🍷 2*
○ Custoza '15	🍷 2
● Greta '10	🍷 5

Terre di Leone

loc. Porta
37020 Marano di Valpolicella [VR]
Tel. 0456895040
www.terredileone.it

Nell'alta vallata di Marano si trova l'azienda di Federico Pellizzari e della moglie Chiara. L'Amarone '09 offre intense note di piccoli frutti surmaturi e spezie che emergono in un palato avvolgente e sapido. L'Amarone Il Re Pazzo invece gioca con un frutto più nitido e succoso.

● Amarone della Valpolicella Cl. '09	🍷🍷 8
● Amarone della Valpolicella Re Pazzo '12	🍷🍷 8
● Valpolicella Cl. Re Pazzo '14	🍷 3
● Valpolicella Sup. Ripasso Re Pazzo '13	🍷 5

Terre di San Venanzio Fortunato

via Capitello Ferrari, 1
31049 Valdobbiadene [TV]
Tel. 0423974083
www.terredisanvenanzio.it

Terre di San Venanzio Fortunato è una bella realtà del territorio valdobbiadenese, con la cantina realizzata ai piedi delle colline. Il Dry millesimato mette in luce profumi di frutta bianca e fiori, confetto, per poi liberarsi in un sorso avvolgente e cremoso. Il Cartizze è maturo, sapido e succoso.

- ○ Cartizze 🍷🍷 4
- ○ Valdobbiadene Dry '15 🍷🍷 3
- ○ Valdobbiadene Brut 🍷 2
- ○ Valdobbiadene Brut Demi Long '14 🍷 4

Tezza

fraz. Poiano di Valpantena
via Stradella Maioli, 4
37142 Verona
Tel. 045550267
www.tezzawines.it

La famiglia Tezza opera nella Valpantena, la vallata a est della zona classica. La linea Brolo delle Giare è la punta di diamante di casa e viene proposta solo dopo un lungo affinamento. L'Amarone Riserva è profondo, complesso e di grande carattere, il Ripasso stratificato al naso e setoso in bocca.

- ● Amarone della Valpolicella Valpantena Brolo delle Giare Ris. '06 🍷🍷 7
- ● Valpolicella Valpantena Sup. Ripasso Brolo delle Giare '11 🍷🍷 4

Villa Canestrari

via Dante Broglio, 2
37030 Colognola ai Colli [VR]
Tel. 0457650074
www.villacanestrari.com

Ampia la gamma proposta dall'azienda di Colognola ai Colli, con un'ottima versione di Valpolicella Superiore. La vendemmia 2013 ha portato in dote un corredo aromatico raffinato di ciliegia e spezie, mentre in bocca la pienezza è contrastata da acidità e una levigata trama di tannini.

- ● Amarone della Valpolicella 1888 Ris. '09 🍷🍷 8
- ● Valpolicella Sup. '13 🍷🍷 5
- ○ Soave Sup. Ris. '13 🍷 3
- ● Valpolicella Sup. Ripasso I Lasi '14 🍷 3

Villa Medici

via Campagnol, 11
37066 Sommacampagna [VR]
Tel. 045515147
www.cantinavillamedici.it

Villa Medici è una delle aziende più rappresentative del territorio che lambisce la sponda meridionale del lago di Garda. Ottimo il Custoza Superiore, un bianco che profuma di frutto bianco, fiori e offre un accenno minerale che attende di emergere. Solido il palato, dove si distende con continuità.

- ⊙ Bardolino Chiaretto '15 🍷🍷 2*
- ○ Custoza Passito La Valle del Re '09 🍷🍷 4
- ○ Custoza Sup. '14 🍷🍷 2*
- ○ Custoza '15 🍷 2

Villa Minelli

via Postioma, 66
31020 Villorba [TV]
Tel. 0422912355
www.villaminelli.it

Si potrebbe definire un'azienda diffusa, poiché è costituita dai vigneti di pertinenza di tre ville venete, ubicate a Ponzano e Villorba. Il Merlot proviene da un ettaro di vigna molto vecchia e dona al naso suggestioni di frutto maturo e spezie, mentre in bocca è pieno e sorretto da tannini dolci.

- ● Merlot '13 🍷🍷 4
- ○ Villa Persico Passito '11 🍷🍷 3
- ○ Malvasia '15 🍷 3
- ● Rosso Villa Minelli '14 🍷 3

Zardetto

via Martiri delle Foibe, 18
31015 Conegliano [TV]
Tel. 0438394969
www.zardettoprosecco.com

Fabio Zardetto è uno dei protagonisti del mondo del Prosecco, con una produzione consistente nei numeri e nella qualità. Il Treventi è un Brut proveniente dai più bei vigneti di Ogliano, profuma di frutto bianco e fiori e dona al palato la carezzevole cremosità delle bollicine.

- ○ Conegliano Valdobbiadene Brut Rive di Ogliano Treventi '15 🍷🍷 3
- ○ Conegliano Valdobbiadene Dry Fòndego 🍷🍷 2*

FRIULI VENEZIA GIULIA

L'andamento climatico del 2015, seppur caratterizzato da elevate punte di calore, lasciava presagire una buona vendemmia, con uve perfettamente mature e sane. La soddisfazione si leggeva sul volto di ogni produttore e il risultato finale è andato oltre le attese: è stata una grande vendemmia. Probabilmente l'entusiasmo generale derivava dal ricordo delle problematiche che avevano caratterizzato l'annata precedente. Con un'uva così era quasi impossibile sbagliare, e i nostri assaggi l'hanno verificato. La competizione nelle degustazioni finali è stata davvero agguerrita, e alla fine abbiamo assegnato ben 26 Tre Bicchieri. Quest'anno l'ha fatta da padrone il Friulano, vitigno autoctono di riferimento, ma ci piace citare per primi i vini di pianura e in particolare il Pinot Bianco '15 di Le Monde (che si conferma per il quarto anno consecutivo) e la new entry di Lenardo con lo Chardonnay '15. Ben sei Friulano hanno ottenuto il massimo riconoscimento, tutti dell'ultima annata, quattro prodotti sul Collio da Doro Princic, Fiegl, Russiz Superiore e Schiopetto, e due sui Colli Orientali, da Angoris e Le Vigne di Zamò (che lo ha chiamato provocatoriamente No Name). La Malvasia '15 è rappresentata sul Collio da Ronco dei Tassi (una riconferma) e sul Carso da un'altra new entry: Castelvecchio, con la Malvasia Dileo. Poi c'è la splendida Malvasia '13 di Skerk, sempre sul Carso, leggermente macerata e non filtrata. Tre Bicchieri anche per il Sauvignon '15 di Tiare sul Collio, per il Sauvignon Liende '15 di La Viarte e il Sauvignon Zuc di Volpe di Volpe Pasini sui Colli Orientali. Il Collio Bianco '15 raccoglie allori con il Broy di Collavini e con il Solarco di Livon. Sui Colli Orientali Tre Bicchieri anche per Illivio '14 di Livio Felluga, La Linda '14 di La Tunella, Pinot Bianco '15 di Zorzettig e Pinot Grigio '15 di Torre Rosazza. Ennesimo riconoscimento per Jermann, vera bandiera dell'enologia friulana moderna con il Pinot Grigio '15, e seconda affermazione per il Desiderium '13 di Eddi Luisa. Tra i bianchi macerati spicca la Ribolla Gialla '08 di Josko Gravner, il caposcuola riconosciuto, a seguire la Ribolla Gialla '12 di Damijan Podversic e la Ribolla Gialla di Oslavia Riserva '12 di Primosic. Dulcis in fundo uno spettacolare Tal Luc di Lis Neris, cuvée di passito nata da una selezione speciale di uve vendemmiate nel 2006 e nel 2008, si aggiudica il premio di Dolce dell'Anno.

Tenuta di Angoris

Loc. Angoris, 7
34071 Cormòns [GO]
Tel. 048160923
www.angoris.it

VENDITA DIRETTA
VISITA SU PRENOTAZIONE
RISTORAZIONE
PRODUZIONE ANNUA 650.000 bottiglie
ETTARI VITATI 110,00
AZIENDA SOSTENIBILE

Nel 1648 l'imperatore d'Austria Ferdinando III donò i 630 ettari della Tenuta di Angoris a Locatello Locatelli quale ricompensa per meriti acquisiti in battaglia nella guerra dei Trent'anni. Ebbe poi diversi proprietari ma il destino volle che, per un curioso caso di omonimia, nel 1968 venisse acquisita da un altro Locatelli, Luciano. Dei 110 ettari vitati molti sono attigui alla villa padronale situata a Cormòns, nella denominazione Friuli Isonzo, mentre altri sono distribuiti sulle colline circostanti. Attualmente la gestione è affidata alla figlia Marta che, avvalendosi della preziosa collaborazione dell'enologo aziendale Alessandro Dal Zovo, ha pilotato l'azienda ai vertici dell'eccellenza regionale. Da una soddisfazione all'altra. Nella scorsa edizione elogiammo l'azienda per la conquista dei primi Tre Bicchieri ed ecco subito arrivare i secondi. Questa volta per merito del Friulano '15, fragrante al naso e armonioso in bocca. Ma anche lo Chardonnay Spìule '14 ha rischiato di ripetersi, confermandosi grande vino.

○ FCO Friulano '15	🍷🍷🍷 3*
○ FCO Chardonnay Spìule '14	🍷🍷 4
○ 1648 Brut '12	🍷🍷 5
○ Collio Bianco '14	🍷🍷 3
● FCO Merlot Ravost '13	🍷🍷 4
● FCO Pignolo '10	🍷🍷 5
○ FCO Ribolla Gialla '15	🍷🍷 3
● FCO Schioppettino '14	🍷 3
○ FCO Chardonnay Spìule '13	🍷🍷🍷 4*
⊙ 1648 Brut Rosé '11	🍷🍷 6
○ Collio Bianco '13	🍷🍷 3
○ FCO Picolit '10	🍷🍷 6
● FCO Schioppettino '12	🍷🍷 3

Antonutti

fraz. Colloredo di Prato
via D'Antoni, 21
33037 Pasian di Prato [UD]
Tel. 0432662001
www.antonuttivini.it

VENDITA DIRETTA
VISITA SU PRENOTAZIONE
PRODUZIONE ANNUA 780.000 bottiglie
ETTARI VITATI 51,00
AZIENDA SOSTENIBILE

Ormai da tempo gestita con innate capacità imprenditoriali da Adriana Antonutti, questa bella realtà del panorama vitivinicolo regionale rappresenta la potenzialità delle Grave del Friuli per la produzione di vini di grande schiettezza, immediatezza e bevibilità. Questi terreni, che si estendono su una vasta pianura aspra, magra e sassosa, notoriamente ideali per la coltura della vite, nell'ormai lontano 1921 ispirarono nonno Ignazio. Adriana prosegue oggi la tradizione familiare coadiuvata dal marito Lino e dai rispettivi figli Caterina e Nicola. I vigneti adiacenti alla cantina storica sono situati a Colloredo di Prato, mentre altre pregiatissime uve provengono da Barbeano, nel comune di Spilimbergo. Il Brut Metodo Classico Ant '11 conferma gli ottimi apprezzamenti attribuiti alla precedente annata. I bianchi dell'ultima vendemmia si sono distinti per correttezza, linearità e facilità di beva, mentre i rossi del 2014 hanno raggiunto uno standard di gradevolezza importante, soprattutto se rapportato al prezzo.

○ Brut M. Cl. Ant '11	🍷🍷 5
● Friuli Grave Cabernet Sauvignon '14	🍷🍷 2*
● Friuli Grave Merlot '14	🍷🍷 2*
● Friuli Grave Refosco P. R. '14	🍷🍷 2*
○ Friuli Grave Friulano '15	🍷 2
○ Friuli Grave Pinot Grigio '15	🍷 2
○ Friuli Grave Pinot Grigio Ramato '15	🍷 2
● Friuli Grave Pinot Nero '15	🍷 2
○ Friuli Grave Sauvignon '15	🍷 2
○ Friuli Grave Traminer Aromatico '15	🍷 2
○ Brut M. Cl. Ant '10	🍷🍷 5
● Friuli Grave Cabernet Sauvignon '13	🍷🍷 2*
○ Friuli Grave Chardonnay '13	🍷🍷 2*
○ Friuli Grave Friulano '13	🍷🍷 2*
○ Friuli Grave Sauvignon '14	🍷🍷 2*
○ Friuli Grave Sauvignon '13	🍷🍷 2*
○ Lindul '13	🍷🍷 6

Aquila del Torre

FRAZ. SAVORGNANO DEL TORRE
VIA ATTIMIS, 25
33040 POVOLETTO [UD]
TEL. 0432666428
www.aquiladeltorre.it

VENDITA DIRETTA
VISITA SU PRENOTAZIONE
OSPITALITÀ
PRODUZIONE ANNUA 50.000 bottiglie
ETTARI VITATI 18,00
VITICOLTURA Biologico Certificato

L'azienda Aquila del Torre, fondata all'inizio del secolo scorso, trae il nome dal torrente Torre che la sfiora e dalla curiosa disposizione dei vigneti che, guardati da Udine, tracciano il profilo alare di un'aquila. È stata acquistata nel 1996 dalla famiglia Ciani ed è ora affidata alle esperienze enologiche di Michele che con ormai collaudata maestria provvede alla vinificazione separata delle preziose uve provenienti da 16 parcelle ben contraddistinte. I vigneti si estendono sulle scoscese colline settentrionali della denominazione Friuli Colli Orientali. Assieme alla cantina sono immersi in un panorama di rara bellezza, solcato da corsi d'acqua e circondato da lussureggianti boschi spontanei. Sugli ottimi apprezzamenti ottenuti da tutta la gamma spunta la performance del Refosco SolSiRe '12 che si presenta di colore cupo, delizia l'olfatto con note di caffè e cioccolato fondente e all'assaggio è potente e succoso. Nota di merito anche per At Friulano '15, molto fruttato, morbido e leggermente aromatico.

● FCO SolSiRe '12	🍷🍷 5
○ FCO At Friulano '15	🍷🍷 3
● FCO At Refosco P. R. '13	🍷🍷 3
○ FCO At Riesling '13	🍷🍷 3
○ FCO At Sauvignon Blanc '15	🍷🍷 3
○ COF At Friulano '13	🍷🍷 3
○ COF At Picolit '12	🍷🍷 6
● COF At Refosco P. R. '11	🍷🍷 3
○ COF At Riesling '12	🍷🍷 3
○ COF At Sauvignon Blanc '13	🍷🍷 3
○ COF Friulano Ronc di Miez '12	🍷🍷 5
○ COF Picolit '10	🍷🍷 6
○ COF Sauvignon Vit dai Maz '12	🍷🍷 5
○ FCO At Friulano '14	🍷🍷 3
● FCO At Refosco P. R. '12	🍷🍷 3
○ Oasi '12	🍷🍷 6
○ Oasi '11	🍷🍷 6

Bastianich

LOC. GAGLIANO
VIA DARNAZZACCO, 44/2
33043 CIVIDALE DEL FRIULI [UD]
TEL. 0432700943
www.bastianich.com

VENDITA DIRETTA
VISITA SU PRENOTAZIONE
OSPITALITÀ E RISTORAZIONE
PRODUZIONE ANNUA 270.000 bottiglie
ETTARI VITATI 35,00

Joe Bastianich, titolare con la madre Lidia di una serie di celebri ristoranti negli Usa, nel 1997 si tuffa nella realtà regionale fondando un'azienda vitivinicola. Un ritorno alle origini, una bella sfida per un appassionato di vini dal grande palato. Acquista dapprima alcuni vigneti nei comprensori di Buttrio e Premariacco e poi una cantina a Gagliano, nei pressi di Cividale del Friuli, attuale sede aziendale. Affidandosi a uno staff di provata esperienza raggiunge subito importanti traguardi distinguendosi come ambasciatore delle eccellenze regionali sul territorio nazionale ma soprattutto oltreoceano. Quest'anno è approdato in finale il Plus '13, prodotto con le uve di tocai friulano provenienti da un unico vigneto di oltre 60 anni. Si è distinto per opulenza, sia al naso sia in bocca, con evidenti note di agrumi canditi, soprattutto arancia e mandarino; avvolge il palato lasciandolo intriso di aromi indelebili.

○ Plus '13	🍷🍷 6
● Calabrone '12	🍷🍷 8
○ FCO Friulano '15	🍷🍷 3
○ FCO Pinot Grigio '15	🍷🍷 3
○ FCO Sauvignon '15	🍷🍷 3
○ Vespa Bianco '14	🍷🍷 5
● Vespa Rosso '13	🍷🍷 5
○ FCO Ribolla Gialla '15	🍷 3
○ COF Tocai Friulano Plus '02	🍷🍷🍷 3*
○ Vespa Bianco '04	🍷🍷🍷 4
○ Vespa Bianco '03	🍷🍷🍷 4
○ Vespa Bianco '01	🍷🍷🍷 4
○ Vespa Bianco '00	🍷🍷🍷 3
○ Vespa Bianco '99	🍷🍷🍷 3*
○ Vespa Bianco '13	🍷🍷 5
○ Vespa Bianco '12	🍷🍷 5

Tenuta Beltrame

FRAZ. PRIVANO
LOC. ANTONINI, 4
33050 BAGNARIA ARSA [UD]
TEL. 0432923670
www.beltramewine.com

VENDITA DIRETTA
VISITA SU PRENOTAZIONE
PRODUZIONE ANNUA 80.000 bottiglie
ETTARI VITATI 25,00

L'antica tenuta che fu dei conti Antonini, che comprendeva quaranta ettari di terreno di cui venticinque a vigneto, nel 1991 fu acquisita dalla famiglia Beltrame e affidata all'allora giovanissimo Cristian. Con intraprendenza ed entusiasmo provvede da subito alla riconversione e al reimpianto dei vigneti privilegiando le varietà autoctone del territorio. Le antiche cantine e la casa padronale risalente al 1400, sottoposte a un'imponente opera di ristrutturazione e restauro, formano un complesso aziendale di raffinata bellezza e funzionalità. Viti ormai mature sfruttano le potenzialità del sottosuolo, prevalentemente argilloso, regalando frutti succosi e ricchi di aromi. Gli unanimi apprezzamenti ottenuti dai vini, sia bianchi sia rossi, dimostrano l'ormai raggiunta e affermata validità qualitativa dell'intera gamma. Il Merlot Riserva '13 si è distinto per la complessità del profumo ma soprattutto per la volubilità dei tannini che alternano note dolci a piacevoli sensazioni amarognole.

● Friuli Aquileia Cabernet Franc '14	TT 3
● Friuli Aquileia Cabernet Sauvignon '14	TT 3
○ Friuli Aquileia Chardonnay Pribus '13	TT 3
● Friuli Aquileia Merlot Ris. '13	TT 4
● Friuli Aquileia Refosco P.R. '14	TT 3
○ Pinot Grigio '15	TT 3
● Rebus '12	TT 3
● Friuli Aquileia Cabernet Sauvignon Ris. '13	T 4
○ Friuli Aquileia Chardonnay '15	T 3
○ Friuli Aquileia Friulano '15	T 3
● Friuli Aquileia Merlot '14	T 3
○ Friuli Aquileia Sauvignon '15	T 3
● Pinot Nero '13	T 3
● Tazzelenghe '11	T 4
● Friuli Aquileia Cabernet Franc '13	YY 2*
● Friuli Aquileia Refosco P. R. '13	YY 2*

Borgo delle Oche

VIA BORGO ALPI, 5
33098 VALVASONE ARZENE [PN]
TEL. 0434840640
www.borgodelleoche.it

VENDITA DIRETTA
VISITA SU PRENOTAZIONE
OSPITALITÀ
PRODUZIONE ANNUA 35.000 bottiglie
ETTARI VITATI 7,00
AZIENDA SOSTENIBILE

L'azienda Borgo delle Oche prende il nome dal caratteristico borgo in cui è situata, nel centro medievale di Valvasone. È stata fondata nel 2004 dalla proprietaria Luisa Menini, laureata in tecnologie alimentari, e da Nicola Pittini, agronomo ed enologo, suo compagno nella vita e nel lavoro. Luisa ama la vita all'aperto e si dedica alla cura dei vigneti con passione e precisione maniacale. Uve perfette permettono a Nicola di esprimere al massimo la potenzialità del territorio. Assieme, con invidiabile costanza, propongono vini di alto valore qualitativo dimostrando che anche in pianura, limitando le rese per ettaro, dalle uve si possono ottenere risultati di assoluta eccellenza. Il Refosco dal Peduncolo Rosso '13 è meritatamente approdato alle selezioni finali per la raffinatezza delle note olfattive seguite dall'immediatezza dell'assaggio, perfettamente corrispondente e altrettanto gradevole. Nota di merito anche per il Lupi Terrae '14, complesso e fragrante al naso, cremoso e magistralmente equilibrato in bocca.

● Refosco P. R. '13	TT 2*
○ Lupi Terrae '14	TT 3
● Merlot '13	TT 2*
● Rosso Svual '11	TT 3
○ Terra & Cielo Brut '12	TT 3
○ Traminer Aromatico '15	TT 2*
○ Pinot Grigio '15	T 2
○ Sauvignon '15	T 2
○ Lupi Terrae '13	YY 3
● Merlot '12	YY 2*
● Merlot '11	YY 2*
● Refosco P. R. '12	YY 2*
● Rosso Svual '10	YY 3
○ Terra & Cielo Brut '11	YY 3
○ Traminer Aromatico '13	YY 2*
○ Traminer Aromatico Alba '13	YY 5

★Borgo San Daniele

via San Daniele, 28
34071 Cormòns [GO]
Tel. 048160552
www.borgosandaniele.it

VENDITA DIRETTA
VISITA SU PRENOTAZIONE
OSPITALITÀ
PRODUZIONE ANNUA 57.000 bottiglie
ETTARI VITATI 19,00
AZIENDA SOSTENIBILE

Pochi ettari di vigna ereditati da nonno Antonio nel 1990 indussero gli allora giovanissimi fratelli Mauro e Alessandra a cambiar vita dedicandosi esclusivamente alla cura di quei preziosi filari. Una scelta coraggiosa che si rivelò subito vincente. La sensibilità e le innate capacità di Mauro in pochissimo tempo proiettarono l'azienda ai vertici dell'eccellenza regionale. Le poche etichette che compongono la filiera produttiva, curate nei minimi particolari, esprimono appieno le potenzialità del territorio. Gli uvaggi portano il nome Arbis, che significa erbe, a ricordare che nei vigneti vengono lasciate crescere erbe spontanee per mitigare la vigoria della vite e gli effetti negativi della monocoltura. La Malvasia '14, annata notoriamente sfortunata dal punto di vista climatico, è una vera opera d'arte. Non solo si è conquistata le finali ma ha mancato per un nonnulla il massimo riconoscimento. Straordinario anche Arbis Blanc '14, magico blend da sauvignon, chardonnay, friulano e pinot bianco.

○ Arbis Blanc '14	🍷🍷 (rossi) 5
○ Friuli Isonzo Malvasia '14	🍷🍷 (rossi) 4
● Arbis Ròs '11	🍷🍷 5
○ Friuli Isonzo Pinot Grigio '14	🍷🍷 4
○ Arbis Blanc '10	🍷🍷🍷 4*
○ Arbis Blanc '09	🍷🍷🍷 4
○ Arbis Blanc '05	🍷🍷🍷 4
○ Friuli Isonzo Friulano '08	🍷🍷🍷 4*
○ Friuli Isonzo Friulano '07	🍷🍷🍷 4*
○ Friuli Isonzo Pinot Grigio '04	🍷🍷🍷 4
○ Friuli Isonzo Tocai Friulano '03	🍷🍷🍷 3
● Gortmarin '03	🍷🍷🍷 5

Borgo Savaian

via Savaian, 36
34071 Cormòns [GO]
Tel. 048160725
stefanobastiani@libero.it

VENDITA DIRETTA
VISITA SU PRENOTAZIONE
PRODUZIONE ANNUA 100.000 bottiglie
ETTARI VITATI 18,00

È storia antica ma sempre attuale quella delle famiglie di contadini dedite alla vitivinicoltura che a ogni cambio generazionale si arricchiscono di nuova linfa, fresca energia ed entusiasmo. Stefano e Rosanna Bastiani nel 2001 raccolsero il testimone dalle mani del padre Mario iniziando un nuovo percorso, mettendo a frutto gli studi enologici a supporto delle esperienze maturate sul campo, di vendemmia in vendemmia, nella conduzione familiare dell'azienda. Stefano sta dimostrando di saper valorizzare le straordinarie potenzialità del Collio goriziano ma sa trarre il massimo anche dalle uve provenienti dai vigneti che si estendono nelle distese pianeggianti della denominazione Friuli Isonzo. Un'estate assolata ha impresso al Friulano '15 del Collio note di fiori di campo e di frumento che deliziano l'olfatto e che si ripercuotono nel finale di bocca. Ottimi anche il Collio Pinot Grigio '15, fruttato e fragrante, e il Friuli Isonzo Cabernet Franc '14, sempre all'altezza della fama conquistata.

○ Collio Friulano '15	🍷🍷 (rossi) 3*
○ Collio Pinot Grigio '15	🍷🍷 3
○ Collio Sauvignon '15	🍷🍷 3
● Friuli Isonzo Cabernet Franc '14	🍷🍷 3
● Collio Merlot '14	🍷 3
○ Collio Ribolla Gialla '15	🍷 3
○ Friuli Isonzo Malvasia '15	🍷 3
○ Collio Friulano '13	🍷🍷 3
● Collio Merlot Tolrem '09	🍷🍷 3
○ Collio Pinot Bianco '12	🍷🍷 3
○ Collio Ribolla Gialla '14	🍷🍷 3
○ Collio Ribolla Gialla '13	🍷🍷 3
○ Collio Sauvignon '12	🍷🍷 3
● Friuli Isonzo Cabernet Franc '13	🍷🍷 3
● Friuli Isonzo Cabernet Franc '12	🍷🍷 3*
○ Friuli Isonzo Malvasia '14	🍷🍷 3
○ Friuli Isonzo Malvasia '12	🍷🍷 3

Cav. Emiro Bortolusso

via Oltregorgo, 10
33050 Carlino [UD]
Tel. 043167596
www.bortolusso.it

VENDITA DIRETTA
VISITA SU PRENOTAZIONE
OSPITALITÀ
PRODUZIONE ANNUA 120.000 bottiglie
ETTARI VITATI 40,00

L'azienda ora condotta da Sergio e Clara Bortolusso ha sede a Carlino, nel comprensorio della denominazione Friuli Annia, un lembo di terra di grande suggestione naturalistica. I vigneti si estendono nelle vaste spianate della pianura friulana spesso circondati da boschi cedui e affacciati al vicino mare Adriatico. Il clima mite garantisce una perfetta maturazione delle uve mentre il benefico influsso delle brezze marine contribuisce a fissare gli aromi varietali. Ormai da anni la produzione si è assestata su un numero di bottiglie di tutto rispetto per un'azienda a conduzione familiare. La costanza qualitativa e i prezzi adeguati sono fattori che permettono una continua e progressiva espansione. Il Pinot Grigio '15 profuma di fieno fiorito e mela Golden, in bocca è perfettamente equilibrato e gustoso. Il Friulano '15 ricorda la fragranza della frutta a pasta bianca non ancora del tutto matura mentre lo Chardonnay '15 al naso regala note iodate e rievoca erbe aromatiche, in bocca è fresco e sapido.

○ Chardonnay '15	▼▼	2*
○ Friuli Annia Friulano '15	▼▼	2*
○ Malvasia '15	▼▼	2*
○ Pinot Grigio '15	▼▼	2*
○ Sauvignon '15	▼▼	2*
○ Traminer Aromatico '15	▼▼	2*
○ Chardonnay '13	▽▽	2*
○ Friulano '13	▽▽	2*
○ Friuli Annia Friulano '14	▽▽	2*
○ Friuli Annia Malvasia '12	▽▽	2*
○ Malvasia '14	▽▽	2*
○ Pinot Grigio '14	▽▽	2*
○ Sauvignon '14	▽▽	2*
○ Sauvignon '13	▽▽	2*
○ Traminer Aromatico '14	▽▽	2*
○ Traminer Aromatico '13	▽▽	2*
○ Verduzzo Friulano '14	▽▽	3

Branko

loc. Zegla, 20
34071 Cormòns [GO]
Tel. 0481639826
www.brankowines.com

VENDITA DIRETTA
VISITA SU PRENOTAZIONE
PRODUZIONE ANNUA 45.000 bottiglie
ETTARI VITATI 9,00

A Igor Erzetic va attribuito il merito di essere riuscito a trasformare una piccola azienda a conduzione familiare in una perla dell'enologia regionale. Suo padre, Branko, nel 1950 formalizzò la fondazione dell'azienda ma le radici si perdono nel tempo poiché nel Collio storico l'intimo legame tra la terra e l'uomo esiste da sempre. Le dimensioni ridotte dell'azienda e il numero limitato di etichette consentono a Igor di dedicare le migliori attenzioni alla cura dei vigneti e alla trasformazione delle uve. I suoi vini ne rispecchiano la personalità. Sono di una pulizia e di una correttezza esemplare, rispettosi delle peculiarità varietali e splendidi ambasciatori del territorio. Anche quest'anno il Pinot Grigio '15 si è dimostrato all'altezza della fama ormai consolidata ed è meritatamente approdato alle nostre selezioni finali accompagnato da un sorprendente Sauvignon della stessa annata. Conquista l'olfatto con note di sambuco e di pera. In bocca è gustoso e chiude con sbuffi di frutta tropicale.

○ Collio Pinot Grigio '15	▼▼	4
○ Collio Sauvignon '15	▼▼	4
○ Capo Branko '15	▼▼	4
○ Collio Chardonnay '15	▼▼	4
○ Collio Friulano '15	▼▼	4
● Red Branko '13	▼▼	4
○ Collio Pinot Grigio '14	▽▽▽	4*
○ Collio Pinot Grigio '08	▽▽▽	3*
○ Collio Pinot Grigio '07	▽▽▽	3
○ Collio Pinot Grigio '06	▽▽▽	3
○ Collio Pinot Grigio '05	▽▽▽	3
○ Capo Branko '14	▽▽	4
○ Collio Chardonnay '14	▽▽	4
○ Collio Chardonnay '13	▽▽	4
○ Collio Pinot Grigio '12	▽▽	4
○ Collio Sauvignon '14	▽▽	4
● Red Branko '12	▽▽	4

Livio e Claudio Buiatti

VIA LIPPE, 25
33042 BUTTRIO [UD]
TEL. 0432674317
www.buiattivini.it

VENDITA DIRETTA
VISITA SU PRENOTAZIONE
PRODUZIONE ANNUA 35.000 bottiglie
ETTARI VITATI 8,00

La famiglia Buiatti vanta oltre un secolo di esperienza nella coltivazione della vite sulle colline di Buttrio, le più vicine al mare e meglio esposte ai caldi raggi del sole. Claudio Buiatti, che ora gestisce l'azienda assieme alla moglie Viviana, ha ereditato dal padre Livio i preziosi vigneti e ha saputo coniugare le esperienze del passato con la esigenze del presente. Ha provveduto a un progressivo ammodernamento, infittendo gli impianti e limitando la produzione con potature drastiche. Interventi essenziali che hanno sortito gli effetti desiderati conferendo a tutta la gamma un livello qualitativo di pregio assoluto valorizzato da punte di vera eccellenza a prezzi decisamente adeguati. Il Friulano '15 risente delle condizioni favorevoli dell'annata e si presenta con un intenso profumo di fiori di campo, timo secco e miele di acacia, in bocca è fragrante e gustoso. Il Momon Ros Riserva '12 si distingue invece per struttura e personalità, lasciando intriso il palato con ricordi di marasche e liquirizia.

○ FCO Friulano '15	🍷🍷 3
○ FCO Malvasia '15	🍷🍷 3
● FCO Momon Ros Ris. '12	🍷🍷 4
○ FCO Sauvignon '15	🍷🍷 3
● FCO Cabernet Franc '14	🍷 3
● FCO Refosco P. R. '14	🍷 3
○ FCO Verduzzo Friulano Momon d'Aur '15	🍷 3
● COF Cabernet Franc '12	🍷🍷 3
● COF Merlot '12	🍷🍷 3
● COF Momon Ros Ris. '10	🍷🍷 4
○ COF Pinot Grigio '13	🍷🍷 3
○ COF Sauvignon '13	🍷🍷 3
○ COF Verduzzo Friulano Momon d'Aur '12	🍷🍷 4
○ FCO Friulano '14	🍷🍷 3
○ FCO Malvasia '14	🍷🍷 3
● FCO Merlot '13	🍷🍷 3
○ FCO Pinot Grigio '14	🍷🍷 3

La Buse dal Lôf

VIA RONCHI, 90
33040 PREPOTTO [UD]
TEL. 0432701523
www.labusedallof.com

VENDITA DIRETTA
VISITA SU PRENOTAZIONE
PRODUZIONE ANNUA 100.000 bottiglie
ETTARI VITATI 25,00

Molti si chiedono da cosa derivi il curioso nome attribuito a questa bella azienda di Prepotto. Come in altri casi la scelta ricade sulla denominazione topografica che contraddistingue la zona in cui sorge. Sulle antiche carte spesso queste zone vengono menzionate con espressioni derivanti dal linguaggio locale e La Buse dal Lôf in lingua friulana significa La Tana del Lupo. Era il 1972 quando Giuseppe Pavan prese questa decisione fondando l'azienda che poi traghettò al figlio Michele che, con passione e innate capacità, nel tempo è riuscito a valorizzare. I vigneti si estendono per 25 ettari, che da queste parti non sono pochi, nel comprensorio della denominazione Friuli Colli Orientali. Di anno in anno i risultati sono sempre più lusinghieri e l'intera gamma si è stabilizzata su un livello qualitativo di tutto rispetto, magari senza grandi picchi ma con una costanza esemplare. Il Pinot Bianco In Bocca al Lupo '15, che già dal nome è di buon auspicio, quest'anno è l'alfiere aziendale.

● FCO Cabernet Franc '14	🍷🍷 3
○ FCO Chardonnay '15	🍷🍷 3
○ FCO Friulano '15	🍷🍷 3
○ FCO Pinot Bianco In Bocca al Lupo '15	🍷🍷 3
○ FCO Ribolla Gialla '15	🍷🍷 3
○ FCO Sauvignon '15	🍷🍷 3
● FCO Schioppettino di Prepotto '12	🍷🍷 4
○ FCO Pinot Grigio '15	🍷 3
○ COF Pinot Bianco In Bocca al Lupo '13	🍷🍷 3
● COF Refosco P. R. '11	🍷🍷 3
● COF Schioppettino di Prepotto '11	🍷🍷 4
○ FCO Friulano '14	🍷🍷 3
○ FCO Sauvignon '14	🍷🍷 3

Valentino Butussi

via Prà di Corte, 1
33040 Corno di Rosazzo [UD]
Tel. 0432759194
www.butussi.it

VENDITA DIRETTA
VISITA SU PRENOTAZIONE
OSPITALITÀ
PRODUZIONE ANNUA 120.000 bottiglie
ETTARI VITATI 18,00
VITICOLTURA Biologico Certificato
AZIENDA SOSTENIBILE

Tobia, Filippo, Mattia ed Erika rappresentano la nuova generazione impegnata nella gestione aziendale ma la figura del padre Angelo è emblematica, a capo di un gruppo familiare coeso e sincronizzato nella suddivisione dei compiti dove tutti sono pronti a scambiarsi i ruoli in caso di necessità. Va dato merito al nonno Valentino, che all'inizio del secolo scorso fondò l'azienda, di aver trasmesso il principio del mantenimento dei valori propri della cultura contadina. Ed è lo spirito di gruppo il valore aggiunto che ha permesso a questo marchio di distinguersi nell'affollato panorama friulano, consentendo di gestire un vasto numero di etichette a prezzi onesti e competitivi. Sia i vini bianchi di annata sia i rossi, i dolci passiti e gli spumanti hanno ottenuto unanimi consensi a dimostrazione della validità qualitativa dell'intera gamma. Il Merlot '13 emana aromi di spezie dolci e gode di ottima bevibilità. Il Friulano '15 si è distinto per schiettezza, fragranza e sapidità.

● FCO Cabernet Sauvignon '13	🍷🍷 3
○ FCO Friulano '15	🍷🍷 2*
● FCO Merlot '13	🍷🍷 3
○ FCO Picolit '10	🍷🍷 6
● FCO Pignolo '11	🍷🍷 5
○ FCO Sauvignon '15	🍷🍷 2*
○ Ribolla Gialla Brut	🍷🍷 5
○ FCO Chardonnay '15	🍷 2
○ FCO Pinot Grigio '15	🍷 2
○ FCO Ribolla Gialla '15	🍷 2
○ FCO Verduzzo Friulano '12	🍷 2
○ COF Friulano '13	🍷🍷 2*
● FCO Cabernet Franc '13	🍷🍷 3
● FCO Cabernet Sauvignon '12	🍷🍷 3
○ FCO Chardonnay '14	🍷🍷 2*
● FCO Refosco P. R. '12	🍷🍷 3*
○ FCO Ribolla Gialla '14	🍷🍷 2*

Maurizio Buzzinelli

loc. Pradis, 20
34071 Cormòns [GO]
Tel. 048160902
www.buzzinelli.it

VENDITA DIRETTA
VISITA SU PRENOTAZIONE
OSPITALITÀ
PRODUZIONE ANNUA 120.000 bottiglie
ETTARI VITATI 35,00

Le bellezze naturali, oltre a esigenze di sopravvivenza, nel 1937 attrassero Luigi che decise di insediarsi con tutta la famiglia sui colli di Pradis, nelle vicinanze di Cormòns. Dolci declivi naturali disposti ad anfiteatro, baciati dal sole ed esposti alle brezze marine del vicino mare Adriatico, lo indussero a passare progressivamente da un'agricoltura promiscua alla coltura intensiva della vite. Ora, in terza generazione, è compito di Maurizio curare quei preziosi vigneti. Segue personalmente l'intera filiera produttiva ottenendo risultati lusinghieri sia dalle uve bianche coltivate sul Collio che dai vitigni a bacca rossa che sfruttano le caratteristiche della denominazione Friuli Isonzo. Come da consuetudine in degustazione sono stati presentati solo i vini bianchi del Collio dell'ultima annata e i punteggi ottenuti sono la conferma della costanza qualitativa cui siamo ormai abituati. La Malvasia '15 e lo Chardonnay '15 hanno una marcia in più ma gli altri seguono a una sola incollatura.

○ Collio Chardonnay '15	🍷🍷 3
○ Collio Friulano '15	🍷🍷 3
○ Collio Malvasia '15	🍷🍷 2*
○ Collio Ribolla Gialla '15	🍷🍷 3
○ Collio Sauvignon '15	🍷🍷 3
○ Collio Chardonnay '14	🍷🍷 3
○ Collio Chardonnay '12	🍷🍷 3
○ Collio Friulano '14	🍷🍷 3
○ Collio Friulano '13	🍷🍷 3
○ Collio Friulano '12	🍷🍷 3*
○ Collio Malvasia '13	🍷🍷 2*
○ Collio Pinot Grigio '13	🍷🍷 3*
○ Collio Pinot Grigio '12	🍷🍷 3
○ Collio Ribolla Gialla '14	🍷🍷 3
○ Collio Ribolla Gialla '13	🍷🍷 3
○ Collio Sauvignon '14	🍷🍷 3*
○ Collio Sauvignon '13	🍷🍷 2*

Ca' Bolani

via Ca' Bolani, 2
33052 Cervignano del Friuli [UD]
Tel. 043132670
www.cabolani.it

VENDITA DIRETTA
VISITA SU PRENOTAZIONE
PRODUZIONE ANNUA 2.700.000 bottiglie
ETTARI VITATI 550,00

La tenuta Ca' Bolani fu di proprietà dell'omonima famiglia, il cui massimo esponente fu il conte Domenico Bolani, nella prima metà del '500 procuratore del Friuli per la Repubblica di Venezia, fino al 1970, quando venne acquistata dal gruppo veneto Zonin. Con i suoi 550 ettari vitati rappresenta la più importante estensione a vigna non solo della regione ma di tutto il Nord Italia. L'elevato numero delle bottiglie prodotte, insolito nel panorama vitivinicolo regionale, non è comunque a discapito della qualità che, rapportata ai prezzi, è il punto di forza della Ca' Bolani, che può contare su un ormai collaudato staff aziendale diretto con esperienza e capacità dall'enologo Marco Rabino. Lo standard qualitativo si è ormai da tempo stabilizzato su valori di tutto rispetto. Il marchio Ca' Bolani è una garanzia e contribuisce alla valorizzazione dell'intero comparto della denominazione Friuli Aquileia. Su tutti spicca un ottimo Merlot Superiore '14, che profuma di amarene mature e gratifica il palato.

● Friuli Aquileia Cabernet Franc Sup. '14	🍷🍷 3
● Friuli Aquileia Merlot Sup. '14	🍷🍷 3
○ Friuli Aquileia Pinot Bianco Opimio '14	🍷🍷 4
● Friuli Aquileia Refosco P. R. '14	🍷🍷 3
○ Friuli Aquileia Friulano Sup. '15	🍷 3
○ Friuli Aquileia Pinot Bianco Sup. '15	🍷 3
○ Friuli Aquileia Pinot Grigio Sup. '15	🍷 3
○ Friuli Aquileia Sauvignon Sup. '15	🍷 3
○ Friuli Aquileia Traminer Aromatico Sup. '15	🍷 3
○ Prosecco Brut	🍷 3
○ Friuli Aquileia Pinot Bianco '09	🍸🍸🍸 2*
○ Friuli Aquileia Pinot Grigio Sup. '13	🍸🍸 3
● Friuli Aquileia Refosco P. R. Sup. '13	🍸🍸 3
○ Friuli Aquileia Sauvignon Aquilis '14	🍸🍸 2*
○ Friuli Aquileia Traminer Aromatico Sup. '14	🍸🍸 3

Ca' Tullio

via Beligna, 41
33051 Aquileia [UD]
Tel. 0431919700
www.catullio.it

VENDITA DIRETTA
VISITA SU PRENOTAZIONE
PRODUZIONE ANNUA 200.000 bottiglie
ETTARI VITATI 100,00

L'azienda Ca' Tullio ha sede ad Aquileia in un grande edificio di inizio secolo scorso, adibito all'essiccazione del tabacco, che nel 1994 venne acquistato da Paolo Calligaris. Con una sapiente ristrutturazione fu trasformato in un'azienda vitivinicola moderna e funzionale senza per nulla ledere le strutture di grande pregio architettonico. Le pratiche enologiche sono affidate all'enologo aziendale Francesco Visintin. La maggior parte delle uve viene prodotta sulle colline di Manzano, nel comprensorio Friuli Colli Orientali, mentre alcuni vigneti si estendono nel circondario della cantina dove, sui terreni sabbiosi della località Viola, è ancora possibile coltivare il traminer su piede franco. Nella scorsa edizione registrammo una netta prevalenza della linea Sdricca di Manzano rispetto alla Ca' Tullio. Quest'anno c'è stata la rivincita soprattutto per merito dei vini bianchi della vendemmia 2015. Tendenzialmente molto floreali e agrumati al naso, in bocca eccellono per bevibilità e linearità.

● FCO Pignolo '12	🍷🍷 3
○ FCO Ribolla Gialla '15	🍷🍷 3
○ FCO Sauvignon '15	🍷🍷 3
● FCO Schioppettino '13	🍷🍷 3
○ Friuli Aquileia Pinot Grigio '15	🍷🍷 2*
○ Friuli Aquileia Traminer Viola '15	🍷🍷 2*
● FCO Cabernet Franc '15	🍷 2
○ FCO Friulano Sdricca di Manzano 15	🍷 3
● FCO Merlot '15	🍷 3
○ Friuli Aquileia Chardonnay '15	🍷 2
○ Prosecco Extra Dry '15	🍷 2
● Cabernet Franc '13	🍸🍸 2*
○ FCO Ribolla Gialla Sdricca di Manzano '14	🍸🍸 3
○ FCO Sauvignon Sdricca di Manzano '14	🍸🍸 3
○ Friuli Aquileia Chardonnay '13	🍸🍸 2*
● Merlot '13	🍸🍸 2*

Cadibon

via Casali Gallo, 1
33040 Corno di Rosazzo [UD]
Tel. 0432759316
www.cadibon.com

VENDITA DIRETTA
VISITA SU PRENOTAZIONE
RISTORAZIONE
PRODUZIONE ANNUA 55.000 bottiglie
ETTARI VITATI 14,00
VITICOLTURA Biologico Certificato

Questa fiorente azienda di Corno di Rosazzo, fondata nel 1977 da Gianni Bon, è ora gestita dai giovanissimi Luca e Francesca che, oltre ad aver apportato una sferzata di innovazione ed energia, hanno intrapreso la strada del biologico e biodinamico. Dalla coraggiosa scelta di optare per fermentazioni naturali ha tratto vantaggio l'immediatezza dei vini che, pur derivanti da elaborazioni articolate, si distinguono per freschezza e facilità di beva. I vigneti curati da Luca si estendono in tre diverse denominazioni: Friuli Colli Orientali, Friuli Grave e Collio. Cadibon è anche un esplicito invito a visitare l'azienda, un'espressione dialettale locale che significa "Qui nell'azienda dei Bon". L'importante crescita qualitativa registrata negli ultimi anni ha suscitato l'interesse dei migliori palati. La fragranza e la schiettezza del Friulano Bontaj '15 lo confermano capofila, ma non gli è da meno il Ronco del Nonno '15, composto da sauvignon, friulano, chardonnay e verduzzo, lineare, teso e armonico.

○ Collio Sauvignon '15	🍷🍷 3
● FCO Cabernet Franc '15	🍷🍷 3
○ FCO Friulano Bontaj '15	🍷🍷 3
○ FCO Pinot Grigio '15	🍷🍷 3
● FCO Refosco P. R. '14	🍷🍷 3
○ FCO Ribolla Gialla '15	🍷🍷 3
● FCO Schioppettino '14	🍷🍷 3
○ Ronco del Nonno '15	🍷🍷 3
○ Collio Chardonnay '15	🍷 3
○ Moscato '15	🍷 3
○ Collio Sauvignon '14	🍸🍸 3
○ Collio Sauvignon '13	🍸🍸 3
○ FCO Friulano Bontaj '14	🍸🍸 3
● FCO Refosco P. R. '13	🍸🍸 3
● FCO Schioppettino '13	🍸🍸 3
○ Ronco del Nonno '14	🍸🍸 3
○ Ronco del Nonno '13	🍸🍸 3

Fernanda Cappello

s.da di Sequals, 15
33090 Sequals [PN]
Tel. 042793291
www.fernandacappello.it

VENDITA DIRETTA
VISITA SU PRENOTAZIONE
RISTORAZIONE
PRODUZIONE ANNUA 100.000 bottiglie
ETTARI VITATI 126,00
AZIENDA SOSTENIBILE

Fernanda Cappello nel 1988 si è messa al timone dell'azienda acquistata da suo padre alla fine degli anni Sessanta. Con indiscusse capacità imprenditoriali ha avviato un processo di ammodernamento riuscendo a valorizzarla e a inserirla fra le perle dell'enologia regionale. Dei 135 ettari che compongono la tenuta ben 126 sono vitati e la collocano fra le più grandi estensioni del Friuli occidentale. Qui i terreni sono aridi, magri, sassosi, notoriamente ideali per la coltura della vite, composti da sedimenti alluvionali calcareo dolomitici solcati dal corso dei fiumi Cellina e Meduna. La preziosa consulenza enologica di Fabio Coser ha contribuito al salto qualitativo dell'intera gamma dei vini. Il Cabernet Sauvignon '14 regala suggestioni di tabacco biondo, rabarbaro e confettura di prugne, mentre in bocca morbidezza e vivacità tannica si compensano in ottimo equilibrio. Lo Chardonnay Perla dei Sassi '14 profuma di biancospino, con sottili note fresche di menta piperita che si ritrovano anche al palato.

● Friuli Grave Cabernet Sauvignon '14	🍷🍷 2*
○ Friuli Grave Chardonnay Perla dei Sassi '14	🍷🍷 3
○ Friuli Grave Chardonnay '15	🍷 2
○ Friuli Grave Friulano '15	🍷 2
○ Friuli Grave Pinot Grigio '15	🍷 2
○ Friuli Grave Sauvignon '15	🍷 2
○ Friuli Grave Traminer Aromatico '15	🍷 2
○ Prosecco Extra Dry	🍷 2
● Friuli Grave Cabernet Franc '13	🍸🍸 2*
○ Friuli Grave Chardonnay '14	🍸🍸 2*
○ Friuli Grave Friulano '14	🍸🍸 2*
○ Friuli Grave Friulano '13	🍸🍸 2*
○ Friuli Grave Pinot Grigio '13	🍸🍸 2*
○ Friuli Grave Sauvignon '14	🍸🍸 2*
○ Friuli Grave Sauvignon '13	🍸🍸 2*

Carlo di Pradis

Loc. Pradis, 22b
34071 Cormòns [GO]
Tel. 048162272
www.carlodipradis.it

VENDITA DIRETTA
VISITA SU PRENOTAZIONE
PRODUZIONE ANNUA 70.000 bottiglie
ETTARI VITATI 15,00

Con invidiabile sinergia ormai da tempo i fratelli Boris e David Buzzinelli si occupano della gestione aziendale ereditata dal padre Carlo con il classico passaggio generazionale che caratterizza la conduzione prettamente familiare delle piccole realtà che pullulano sulle colline di Pradis, una fiorente località del Collio goriziano che gode di una splendida esposizione affacciata alla pianura friulana e lambita dalle brezze del non lontano mare Adriatico. Circa la metà dei vigneti circondano la cantina mentre i rimanenti si estendono nella denominazione Friuli Isonzo. Da entrambe le zone Boris e David sanno trarre il meglio della qualità privilegiando la piacevolezza e la struttura. La freschezza e la fragranza sono il comune denominatore che caratterizza l'intera gamma dei vini e in particolare il Friulano '15. Ottimo anche il Pinot Grigio '15, che profuma di fieno fiorito e frumento, mentre entrambi i Sauvignon '15 sono particolarmente agrumati e legati al varietale.

○ Collio Friulano '15	TT 3
○ Collio Pinot Grigio '15	TT 3
○ Collio Sauvignon '15	TT 3
○ Friuli Isonzo Sauvignon '15	TT 2*
○ Collio Ribolla Gialla '15	T 3
○ Friuli Isonzo Chardonnay '15	T 3
○ Collio Friulano '14	YY 3*
○ Collio Friulano '13	YY 3
○ Collio Friulano '12	YY 3
○ Collio Pinot Grigio '13	YY 3
○ Collio Pinot Grigio '12	YY 3
○ Collio Sauvignon '14	YY 3
○ Collio Sauvignon '12	YY 3*
○ Friuli Isonzo Chardonnay '13	YY 3
○ Friuli Isonzo Chardonnay '12	YY 3
○ Friuli Isonzo Sauvignon '14	YY 2*
○ Friuli Isonzo Sauvignon '12	YY 2*

Il Carpino

Loc. Sovenza, 14a
34070 San Floriano del Collio [GO]
Tel. 0481884097
www.ilcarpino.com

VENDITA DIRETTA
VISITA SU PRENOTAZIONE
PRODUZIONE ANNUA 70.000 bottiglie
ETTARI VITATI 16,00

Sebbene di origini contadine Anna e Franco Sosol esercitavano attività lavorative diverse ma per scelta di vita nel 1987 decisero di unire le proprie forze e di calarsi nel mondo rurale. Fondarono l'azienda creando il marchio Il Carpino e tuttora sono al comando di questa splendida realtà del panorama vitivinicolo regionale. La cantina ha sede a San Floriano del Collio, in località Sovenza, a poca distanza dal confine con la Slovenia. Qui le tradizioni sono molto sentite ed è sempre viva la tendenza del ritorno all'antico. La moderna tecnologia viene riservata alla vinificazione delle uve provenienti dai vigneti più giovani, mentre i migliori prodotti sono frutto di lente macerazioni con tecniche ancestrali. Ben tre vini sono approdati alle nostre finali, tutti ottenuti con uve a bacca bianca vendemmiate nel 2012. I colori appaiono intensi, marcati, vivaci. Sono vini che conquistano l'olfatto con intriganti note di miele, mandorle e frutta tropicale, mentre in bocca si susseguono aromi e sapori inusuali di rara eleganza.

○ Collio Ribolla Gialla V. Runc '12	TT 5
○ Exordium '12	TT 5
○ Malvasia '12	TT 5
○ Collio Ribolla Gialla '15	TT 4
○ Friuli Isonzo Bianco Runc '15	TT 3
○ Vis Uvae '12	TT 5
○ Collio Bianco V. Runc '10	YYY 2*
○ Collio Malvasia V. Runc '11	YYY 3*
○ Malvasia '11	YYY 5
○ Collio Malvasia V. Runc '14	YY 3*
○ Collio Sauvignon V. Runc '13	YY 2*
○ Exordium '11	YY 5
○ Friuli Isonzo Bianco Runc '13	YY 3
○ Friuli Isonzo Friulano V. Runc '13	YY 3
○ Vis Uvae '11	YY 5

Castello di Buttrio

via del Pozzo, 5
33042 Buttrio [UD]
Tel. 0432673015
www.castellodibuttrio.it

VENDITA DIRETTA
VISITA SU PRENOTAZIONE
OSPITALITÀ E RISTORAZIONE
PRODUZIONE ANNUA 60.000 bottiglie
ETTARI VITATI 25,00

L'azienda Castello di Buttrio si estende sui dolci pendii della denominazione Friuli Colli Orientali. Sono le prime colline, quelle affacciate al mare, che sovrastano l'estesa pianura friulana. Lo sguardo si perde all'infinito e non è certo casuale se un tempo vi costruirono un castello. Alessandra Felluga con una paziente opera di recupero ha riportato allo sfarzo del passato quelle antiche mura riuscendo a convertirle in una cantina all'avanguardia pur rispettando gli aspetti architettonici. I vini col marchio Castello di Buttrio si sono imposti all'attenzione dei migliori palati confortati da un sensibile miglioramento qualitativo, merito della mano esperta dell'enologo Hartmann Donà. Ottimo esordio per il Sauvignon Ettaro Riserva '13, che ha ottenuto unanimi consensi per l'eleganza e la raffinatezza dei profumi, sia floreali che fruttati, impreziositi da un sottofondo di erbe officinali e di alloro. L'assaggio è ricco, gustoso, caratterizzato da intriganti sfumature aromatiche e da note mentolate.

Vino	Bicchieri	Prezzo
○ FCO Bianco Mon Blanc '14	🍷🍷	3
○ FCO Friulano '15	🍷🍷	4
● FCO Merlot '12	🍷🍷	4
● FCO Rosso Mon Rouge '13	🍷🍷	3
○ FCO Sauvignon Ettaro Ris. '13	🍷🍷	6
● FCO Refosco P. R. '14	🍷	4
○ FCO Ribolla Gialla '15	🍷	4
○ COF Friulano '13	🍷🍷 (bianchi)	3
○ COF Bianco Mon Blanc '13	🍷🍷 (bianchi)	3
○ COF Sauvignon '13	🍷🍷 (bianchi)	3
○ FCO Friulano '14	🍷🍷 (bianchi)	3
● FCO Pignolo '10	🍷🍷 (bianchi)	5
○ FCO Sauvignon '14	🍷🍷 (bianchi)	3
○ FCO Torre Butria Ris. '11	🍷🍷 (bianchi)	5
○ FCO Verduzzo Friulano Mille e una Botte '12	🍷🍷 (bianchi)	5

Castello di Spessa

via Spessa, 1
34070 Capriva del Friuli [GO]
Tel. 048160445
www.castellodispessa.it

VENDITA DIRETTA
VISITA SU PRENOTAZIONE
OSPITALITÀ E RISTORAZIONE
PRODUZIONE ANNUA 300.000 bottiglie
ETTARI VITATI 83,00

Adagiato su una dolce collina e immerso nel verde di un magnifico giardino all'italiana il Castello di Spessa, risalente al lontano 1200, si erge elegante nel cuore del Collio goriziano. Gode di una storia quasi millenaria, densa di avvenimenti e personaggi, e la raffinatezza dell'edificio esercita un sottile fascino anche sul visitatore più distratto. Nel 1987 l'attuale proprietario, Loretto Pali, creò l'azienda vitivinicola riconvertendo i vigneti limitrofi e avviando nel contempo un progetto di valorizzazione delle strutture del castello. Raggiunse subito traguardi di eccellenza affidandosi ai migliori consulenti. L'ormai collaudato staff di cantina si avvale ora dei consigli dell'esperto Enrico Paternoster. Anche quest'anno abbiamo avuto l'ennesima dimostrazione della validità di tutta la gamma, ma il capofila di una lunga serie di vini superbi per eleganza, fragranza e piacevolezza è sempre il Pinot Bianco '15, che è meritatamente approdato alle finali accompagnato da un altrettanto ottimo Sauvignon Segrè '15.

Vino	Bicchieri	Prezzo
○ Collio Pinot Bianco '15	🍷🍷 (rossi)	3*
○ Collio Sauvignon Segrè '15	🍷🍷 (rossi)	5
○ Collio Friulano '15	🍷🍷	3
● Collio Merlot V. Rosaris '13	🍷🍷	5
○ Collio Pinot Grigio '15	🍷🍷	3
● Collio Pinot Nero Casanova '12	🍷🍷	5
○ Collio Sauvignon '15	🍷🍷	3
● Friuli Isonzo Cabernet Franc '14	🍷🍷	3
● Friuli Isonzo Cabernet Sauvignon '14	🍷🍷	3
○ Ribolla Gialla Brut Pertè '15	🍷🍷	4
○ Collio Pinot Bianco '14	🍷🍷🍷 (bianchi)	3*
○ Collio Pinot Bianco '13	🍷🍷🍷 (bianchi)	3*
○ Collio Pinot Bianco '11	🍷🍷🍷 (bianchi)	3*
○ Collio Pinot Bianco '06	🍷🍷🍷 (bianchi)	3*
○ Collio Sauvignon Segrè '03	🍷🍷🍷 (bianchi)	5
○ Collio Tocai Friulano '05	🍷🍷🍷 (bianchi)	3*

Castello Sant'Anna

Loc. Spessa
via Sant'Anna, 9
33043 Cividale del Friuli [UD]
Tel. 0432716289
centasantanna@libero.it

VENDITA DIRETTA
VISITA SU PRENOTAZIONE
PRODUZIONE ANNUA 25.000 bottiglie
ETTARI VITATI 7,00
VITICOLTURA Biologico Certificato

Andrea Giaiotti, in terza generazione, si occupa della gestione di Castello Sant'Anna, a Spessa di Cividale, un'azienda nata nel 1966 per volontà del nonno Giuseppe che, per scelta di vita, abbandonò l'attività industriale per un ritorno alle origini, rituffandosi nel mondo contadino. Un tempo dimora estiva di nobili famiglie cividalesi il castello è circondato da vigneti. Andrea con una paziente opera di recupero ha provveduto alla riorganizzazione delle vecchie vigne per poi costruire una nuova cantina interrata che garantisce umidità naturale e temperatura costante. È un'azienda a misura d'uomo, che permette di svolgere sia le mansioni agronomiche che le operazioni di cantina. Nelle precedenti edizioni elogiammo principalmente i vini rossi mentre quest'anno i nostri maggiori consensi sono stati attribuiti ai vini bianchi dell'ultima annata. In particolare il Pinot Grigio '15 è approdato meritatamente alle finali per la gradevolezza del profumo e per l'ottima bevibilità, fragrante e gustoso.

○ FCO Pinot Grigio '15	🍷🍷 3*
● FCO Cabernet Franc '13	🍷🍷 4
○ FCO Friulano '15	🍷🍷 3
● FCO Merlot '12	🍷🍷 4
○ FCO Ribolla Gialla '15	🍷🍷 3
○ FCO Sauvignon '15	🍷🍷 3
○ COF Friulano '12	🍷🍷 3
● COF Merlot '11	🍷🍷 4
○ COF Pinot Grigio '12	🍷🍷 3*
○ COF Pinot Grigio '11	🍷🍷 3*
○ COF Ribolla Gialla '12	🍷🍷 3*
● FCO Cabernet Franc '12	🍷🍷 4
○ FCO Friulano '13	🍷🍷 3
○ FCO Pinot Grigio '13	🍷🍷 3
● FCO Refosco P. R. '11	🍷🍷 4
○ FCO Sauvignon '13	🍷🍷 3
● FCO Schioppettino '11	🍷🍷 5

Castelvecchio

via Castelnuovo, 2
34078 Sagrado [GO]
Tel. 048199742
www.castelvecchio.com

VENDITA DIRETTA
VISITA SU PRENOTAZIONE
OSPITALITÀ E RISTORAZIONE
PRODUZIONE ANNUA 180.000 bottiglie
ETTARI VITATI 35,00
AZIENDA SOSTENIBILE

L'azienda Castelvecchio, di proprietà della famiglia Terraneo, è situata nella parte più settentrionale del Carso, in provincia di Gorizia. La posizione sopraelevata permette una visione a 360° su tutto il territorio regionale, dal mare ai monti. I terreni, prevalentemente rocciosi, sono ricchi di ferro e di calcare. Le ricche suggestioni paesaggistiche della zona si fondono con le nobili e antiche origini di questi luoghi, testimoniate ancor oggi dalla villa rinascimentale e dal suggestivo parco punteggiato da cipressi e da querce secolari. In un microclima ideale uve perfette vengono affidate alle cure dell'esperto enologo Saverio Di Giacomo, supportato dai preziosi consigli di Gianni Menotti. Nella scorsa edizione affermammo che avere un vino in finale è sempre una bella soddisfazione ma quest'anno la Malvasia Dileo '15 ha fatto di più, ha conquistato i primi Tre Bicchieri aziendali. È un vino solare. All'olfatto è fragrante, agrumato e iodato, in bocca è cremoso, energico, progressivo e duraturo.

○ Carso Malvasia Dileo '15	🍷🍷🍷 4*
● Carso Cabernet Franc '13	🍷🍷 3
● Carso Cabernet Sauvignon '13	🍷🍷 3
● Carso Refosco P. R. '12	🍷🍷 3
○ Carso Traminer Aromatico '15	🍷🍷 3
○ Carso Vitovska '15	🍷🍷 3
⊙ Terrano Brut Rosé	🍷🍷 4
○ Carso Malvasia '15	🍷 3
○ Carso Pinot Grigio '15	🍷 3
○ Carso Sauvignon '15	🍷 3
● Carso Terrano '15	🍷 3
● Carso Cabernet Franc '12	🍷🍷 3
● Carso Cabernet Sauvignon '12	🍷🍷 3
○ Carso Malvasia '14	🍷🍷 3
○ Carso Traminer Aromatico '14	🍷🍷 3

★Eugenio Collavini

loc. Gramogliano
via della Ribolla Gialla, 2
33040 Corno di Rosazzo [UD]
Tel. 0432753222
www.collavini.it

VENDITA DIRETTA
VISITA SU PRENOTAZIONE
RISTORAZIONE
PRODUZIONE ANNUA 1.200.000 bottiglie
ETTARI VITATI 140,00
AZIENDA SOSTENIBILE

Quella fondata da Eugenio Collavini nel 1896 si annovera tra le aziende storiche regionali. Ha sede a Corno di Rosazzo nella villa che fu dei conti Zucco di Cuccanea, un insediamento fortificato che risale al XVI secolo. Oggi è gestita da Manlio Collavini che, a partire dagli anni Settanta del secolo scorso, ha provveduto a un progressivo potenziamento portandola a un'estensione di tutto rispetto senza mai recedere sulla qualità dei vini. Un fidato agronomo aziendale controlla le operazioni di campagna sia nei vigneti di proprietà sia in quelli dei vignaioli conferitori. I figli Luigi e Giovanni ormai da molti anni collaborano attivamente all'attività aziendale e garantiscono il passaggio generazionale. Ennesima affermazione per il Collio Bianco Broy '15, che ha legato il suo nome ai Tre Bicchieri, che di anno in anno conquista con una costanza invidiabile. In un'annata felice è particolarmente fragrante richiama profumi agrumati di cedro e lime e con variegate note aromatiche invita all'assaggio.

○ Collio Bianco Broy '15	🍷🍷🍷 5
● FCO Pignolo '07	🍷🍷 6
○ Collio Pinot Grigio '15	🍷🍷 3
○ Collio Sauvignon Blanc Fumât '15	🍷🍷 3
○ FCO Ribolla Gialla Turian '15	🍷🍷 4
○ Collio Bianco Broy '14	🍷🍷🍷 5
○ Collio Bianco Broy '13	🍷🍷🍷 5
○ Collio Bianco Broy '11	🍷🍷🍷 4*
○ Collio Bianco Broy '10	🍷🍷🍷 4
○ Collio Bianco Broy '09	🍷🍷🍷 4*
○ Collio Bianco Broy '08	🍷🍷🍷 4*
○ Collio Bianco Broy '07	🍷🍷🍷 4
○ Collio Bianco Broy '06	🍷🍷🍷 4
○ Collio Bianco Broy '04	🍷🍷🍷 4*
○ Collio Bianco Broy '03	🍷🍷🍷 4

Colle Duga

loc. Zegla, 10
34071 Cormòns [GO]
Tel. 048161177
www.colleduga.com

VENDITA DIRETTA
VISITA SU PRENOTAZIONE
PRODUZIONE ANNUA 50.000 bottiglie
ETTARI VITATI 9,00

Colle Duga è il nome che Damijan Princic ha voluto dare alla sua azienda traendolo dalle mappe toponomastiche in cui il colle su cui si estendono i suoi vigneti viene identificato col nome Duga. Su questo colle la famiglia Princic si dedica da generazioni alla coltivazione della vite e all'arte dell'enologia. Dal 1991 è toccato a Damijan assumersi la responsabilità della conduzione aziendale. In vigna è ancora coadiuvato dal padre Luciano mentre la famiglia si completa con la moglie Monica e con i figli Karin e Patrik che, pur se giovanissimi, quando serve partecipano con entusiasmo all'attività aziendale. I vini, sempre di grande personalità, rispecchiano la filosofia contadina, semplice e sincera. Ormai da molti anni almeno un paio di vini Colle Duga sono presenti alle nostre selezioni finali e anche quest'anno sia il Collio Bianco '15 sia il Friulano '15 si sono meritati questo privilegio. Entrambi molto fruttati, con qualche sbuffo tropicale, ma soprattutto equilibrati, ricchi di sapore e appaganti al palato.

○ Collio Bianco '15	🍷🍷 4
○ Collio Friulano '15	🍷🍷 3*
○ Collio Chardonnay '15	🍷🍷 3
○ Collio Pinot Grigio '15	🍷🍷 3
○ Collio Sauvignon '15	🍷🍷 3
○ Collio Bianco '11	🍷🍷🍷 4*
○ Collio Bianco '08	🍷🍷🍷 3*
○ Collio Bianco '07	🍷🍷🍷 3
○ Collio Friulano '09	🍷🍷🍷 3*
○ Collio Tocai Friulano '06	🍷🍷🍷 3*
○ Collio Tocai Friulano '05	🍷🍷🍷 3*
○ Collio Bianco '14	🍷🍷 4
○ Collio Chardonnay '15	🍷🍷 3
○ Collio Chardonnay '14	🍷🍷 3*
○ Collio Chardonnay '13	🍷🍷 3*
○ Collio Friulano '14	🍷🍷 3

Colmello di Grotta

loc. Grotta
via Gorizia, 133
34072 Farra d'Isonzo [GO]
Tel. 0481888445
www.colmello.it

VENDITA DIRETTA
VISITA SU PRENOTAZIONE
PRODUZIONE ANNUA 75.000 bottiglie
ETTARI VITATI 15,00

Francesca Bortolotto gestisce questa bella azienda ereditata dalla madre Luciana Bennati che nel 1965 si adoperò nel recupero di un fatiscente borgo abbandonato trasformandolo in un'efficiente e attrezzata realtà produttiva. I vigneti di proprietà si estendono sia in pianura sia in collina su terreni e con condizioni pedoclimatiche completamente diverse. Affidandosi alla competenza enologica di Fabio Coser i vini rispecchiano appieno le potenzialità territoriali. Quelli prodotti nella denominazione Friuli Isonzo si caratterizzano per linearità, ricchezza di aromi e buona bevibilità, mentre quelli derivanti dalle uve del Collio manifestano una marcata complessità olfattiva e una struttura poderosa. All'ottima prestazione di tutti i vini di annata, soprattutto di quelli del Collio, si è aggiunta la performance del Rondon Rosso '13, blend di uve merlot e cabernet sauvignon. All'olfatto è complesso, ricorda amarene macerate, viole, spezie scure e cacao in polvere, al palato è ricco, avvolgente e succoso.

○ Collio Bianco Sanfilip '15	🍷🍷 3
○ Collio Chardonnay '15	🍷🍷 3
○ Collio Friulano '15	🍷🍷 3
○ Collio Pinot Grigio '15	🍷🍷 3
○ Collio Sauvignon '15	🍷🍷 3
○ Friuli Isonzo Chardonnay '15	🍷🍷 3
● Rondon '13	🍷🍷 5
○ Collio Ribolla Gialla '15	🍷 3
○ Friuli Isonzo Pinot Grigio '15	🍷 3
○ Friuli Isonzo Sauvignon '15	🍷 3
○ Collio Chardonnay '13	YY 3*
○ Collio Pinot Grigio '14	YY 3
○ Collio Pinot Grigio '13	YY 3
● Friuli Isonzo Cabernet Franc '14	YY 3
○ Friuli Isonzo Chardonnay '14	YY 2*
● Friuli Isonzo Merlot '12	YY 3
○ Friuli Isonzo Pinot Grigio '14	YY 2*

Gianpaolo Colutta

via Orsaria, 32a
33044 Manzano [UD]
Tel. 0432510654
www.coluttagianpaolo.com

VENDITA DIRETTA
VISITA SU PRENOTAZIONE
PRODUZIONE ANNUA 150.000 bottiglie
ETTARI VITATI 30,00

I Colutta sono una famiglia nobiliare che nel comprensorio di Manzano vanta un'esperienza agricola documentata di oltre un millennio. Potendo contare su trenta ettari di vigneto in proprietà sulle colline di Buttrio, Manzano e Premariacco, Gianpaolo Colutta nel 1999 decise di creare una propria azienda da gestire assieme alla figlia Elisabetta. Amore per la terra e rispetto per le tradizioni lo indussero a valorizzare il territorio reimpiantando alcuni vigneti con cloni di antiche varietà autoctone quasi dismesse. Una scelta coraggiosa, decisamente controcorrente, che non tardò però a dare i frutti desiderati, permettendo all'azienda di distinguersi nel fitto contesto vitivinicolo regionale. Anche quest'anno tutti i vini che abbiamo degustato hanno ottenuto punteggi lusinghieri a conferma dell'ottimo livello qualitativo, ormai consolidato nel tempo. Il Friulano '15 si è distinto per freschezza e fragranza, mentre il Pinot Grigio '15 profuma di sambuco e melagrana ed è molto gustoso.

○ FCO Chardonnay '15	🍷🍷 3
○ FCO Friulano '15	🍷🍷 3
○ FCO Pinot Grigio '15	🍷🍷 3
● FCO Rosso Frassinolo '12	🍷🍷 5
○ FCO Verduzzo Friulano '14	🍷🍷 4
● FCO Schioppettino '15	🍷 5
○ COF Bianco Prarion '13	YY 4
○ COF Bianco Prarion '12	YY 4
○ COF Friulano '13	YY 3
● COF Merlot '09	YY 3
● COF Schioppettino '12	YY 5
● COF Tazzelenghe '07	YY 6
○ FCO Chardonnay '14	YY 3
○ FCO Pinot Grigio '14	YY 3
● FCO Refosco P. R. '11	YY 3
○ FCO Verduzzo Friulano '14	YY 4

Giorgio Colutta

via Orsaria, 32
33044 Manzano [UD]
Tel. 0432740315
www.colutta.it

VENDITA DIRETTA
VISITA SU PRENOTAZIONE
OSPITALITÀ
PRODUZIONE ANNUA 140.000 bottiglie
ETTARI VITATI 21,00

I vigneti di Giorgio Colutta si estendono nel prestigioso Parco della Vite e del Vino, all'estremo sud dell'anfiteatro naturale formato dai dolci declivi della denominazione Friuli Colli Orientali, affacciati al mare Adriatico e protetti dalle Alpi Giulie. L'azienda di Giorgio, denominata anche Bandut dal toponimo di un antico fondo della proprietà, ha sede a Manzano in una vecchia villa padronale del 1700. L'azienda, dove tradizione e innovazione formano un perfetto connubio, ha sempre offerto vini di esemplare correttezza e linearità. La linea tradizionale si è arricchita con intriganti spumanti e nelle migliori annate è affiancata da alcune selezioni di considerevole livello qualitativo. Un ottimo Friulano '15, snello e fragrante, caratterizzato da note di frutta matura, anche gialla, impreziosite da nuance di crema e di miele di tiglio. La Ribolla Gialla '15 profuma di agrumi, in bocca è fresca e simmetrica. Il Pignolo '10 è complesso, ricco e strutturato, sorretto da un tannino potente.

○ FCO Friulano '15	TT 3
● FCO Pignolo '10	TT 7
○ FCO Pinot Grigio '15	TT 3
○ FCO Ribolla Gialla '15	TT 4
○ FCO Sauvignon '15	TT 3
● FCO Schioppettino '12	TT 5
○ FCO Chardonnay '15	T 3
○ Prosecco Brut	T 2
○ COF Pinot Grigio '13	YY 3
● COF Refosco P. R. '12	YY 3
○ COF Sauvignon '13	YY 3
● COF Schioppettino '11	YY 5
○ FCO Friulano '14	YY 3
○ FCO Pinot Grigio '14	YY 3
● FCO Refosco P. R. '13	YY 3
○ FCO Ribolla Gialla '14	YY 4

Paolino Comelli

Case Colloredo, 8
33040 Faedis [UD]
Tel. 0432711226
www.comelli.it

VENDITA DIRETTA
VISITA SU PRENOTAZIONE
OSPITALITÀ E RISTORAZIONE
PRODUZIONE ANNUA 60.000 bottiglie
ETTARI VITATI 12,50
AZIENDA SOSTENIBILE

Pierluigi Comelli e la moglie Daniela hanno portato a termine lo splendido recupero di un vecchio borgo abbandonato tra le colline di Colloredo di Soffumbergo, compreso nella denominazione Friuli Colli Orientali. Il merito maggiore va attribuito a Paolino che, nel primo dopoguerra, con invidiabile lungimiranza, decise di trasformarlo in azienda agricola. Ora quei casolari rurali decadenti sono alloggi agrituristici di raro fascino, dotati di ogni comfort, arredati con gusto in stile tipico friulano. In cantina lo staff aziendale, supportato dalla consulenza di Emilio Del Medico, garantisce una costanza qualitativa che mantiene l'azienda nel novero delle migliori realtà regionali. Molti vini hanno sfiorato l'eccellenza ma i migliori apprezzamenti vanno alla Malvasia '14, che si è aggiudicata l'accesso alle selezioni finali per l'intrigante profumo di crema al limone e salvia, soprattutto per bevibilità e finale di bocca. Ottimo anche il Friulano '15, per franchezza e tipicità.

○ FCO Malvasia '14	TT (rosso) 3*
○ FCO Friulano '15	TT 3
○ FCO Pinot Grigio Amplius '15	TT 3
○ Soffumbergo Bianco '13	TT 4
● Soffumbergo Rosso '13	TT 4
● FCO Pignolo '10	T 5
○ FCO Sauvignon '15	T 3
○ COF Sauvignon '13	YY 3*
● Esprimo Red '13	YY 2*
○ Esprimo White '13	YY 2*
○ Esprimo White '12	YY 2*
○ FCO Malvasia Locum Nostrum '13	YY 3
○ FCO Picolit Eos '12	YY 6
○ FCO Pinot Grigio Amplius '14	YY 3
○ Soffumbergo Bianco '12	YY 4
● Soffumbergo Rosso '11	YY 4

Dario Coos

via Ramandolo, 5
33045 Nimis [UD]
Tel. 0432790320
www.dariocoos.it

VENDITA DIRETTA
VISITA SU PRENOTAZIONE
PRODUZIONE ANNUA 65.000 bottiglie
ETTARI VITATI 10,00

Coos è sinonimo di Ramandolo. I Coos producono vino sui ripidi pendii dell'estremo nord della denominazione Friuli Colli Orientali fin dall'inizio dell'Ottocento e Dario, nel 1986, fondò l'azienda che ancora porta il suo nome anche se è stata rilevata, ed ora è gestita, da un piccolo nucleo di appassionati soci. Il verduzzo giallo, coltivato sulle colline di Ramandolo, è una varietà che produce grappoli piccoli con la buccia spessa e resistente e quindi ideale per l'appassimento. La produzione si è arricchita con una variegata gamma di vini, prevalentemente autoctoni, ambasciatori del territorio. Le pratiche di cantina sono affidate a un'efficiente équipe che si avvale della consulenza di Andrea Pittana. Quest'anno sono stati presentati in degustazione parecchi vini, sia i classici dolci passiti che si producono in loco, sia i bianchi e anche i rossi. I punteggi parlano chiaro, sono ottimi, e su tutti spicca il Friulano '15 per il raffinato profumo di fiori e frutta con il tocco di mentuccia che chiude l'assaggio.

○ FCO Friulano '15	▼▼ 3*
○ Chardonnay '15	▼▼ 4
○ FCO Picolit '13	▼▼ 6
○ Malvasia '15	▼▼ 3
○ Pinot Grigio '15	▼▼ 3
○ Ramandolo V.T. '14	▼▼ 4
● Refosco P.R. '13	▼▼ 4
○ Sauvignon '15	▼▼ 3
○ Ramandolo Il Longhino '13	▼ 4
○ Ribolla Gialla '15	▼ 3
● Schioppettino '14	▼ 4
○ FCO Picolit '12	▽▽ 6
○ Ramandolo V.T. '12	▽▽ 4
● Refosco P.R. '12	▽▽ 4
○ Sauvignon '14	▽▽ 3

Cantina Produttori Cormòns

via Vino della Pace, 31
34071 Cormòns [GO]
Tel. 048162471
www.cormons.com

VENDITA DIRETTA
VISITA SU PRENOTAZIONE
OSPITALITÀ E RISTORAZIONE
PRODUZIONE ANNUA 2.250.000 bottiglie
ETTARI VITATI 471,00
AZIENDA SOSTENIBILE

Nel 1968 alcuni viticoltori cormonesi, non potendolo fare singolarmente, decisero di unire le proprie forze con l'intento di valorizzare le potenzialità del territorio. Fondarono così la Cantina Produttori di Cormòns, che oggi può contare su oltre duecento soci conferitori dislocati nelle denominazioni regionali più vocate alla vitivinicoltura. Assoggettati a un minuzioso codice di comportamento vengono monitorati da oltre trent'anni dall'esperto agronomo aziendale Gianni Rover. Il responsabile della produzione è Rodolfo Rizzi, cui è stato affidato l'incarico di direttore generale. A lui competono le scelte di salvaguardia di un marchio che da sempre ha saputo coniugare qualità con grandi numeri. Abbiamo voluto premiare il Vino della Pace '87 che probabilmente ci è stato presentato a dimostrazione di come i vini bianchi da queste parti possano reggere per una trentina d'anni. Il colore è bruno e ricorda il marsala, profuma di uva sultanina e fichi sotto spirito ma in bocca è ancora incredibilmente fresco e fragrante.

○ Vino della Pace '87	▼▼ 5
○ Collio Bianco Collio & Collio '15	▼▼ 3
○ Collio Friuliano '15	▼▼ 3
○ Friuli Isonzo Malvasia '15	▼▼ 2*
○ Collio Pinot Bianco '15	▼ 3
○ Collio Pinot Grigio '15	▼ 3
○ Friuli Isonzo Chardonnay '15	▼ 2
○ Collio Bianco Collio & Collio '14	▽▽ 3
○ Collio Friuliano '13	▽▽ 3
○ Collio Pinot Bianco '14	▽▽ 3
○ Collio Pinot Bianco '13	▽▽ 3
○ Collio Pinot Grigio '13	▽▽ 3
○ Collio Pinot Grigio '11	▽▽ 3
○ Friuli Isonzo Malvasia Istriana '12	▽▽ 3
○ Vino della Pace '09	▽▽ 5
○ Vino della Pace '08	▽▽ 5

Crastin

Loc. Ruttars, 33
34070 Dolegna del Collio [GO]
Tel. 0481630310
www.vinicrastin.it

VENDITA DIRETTA
VISITA SU PRENOTAZIONE
PRODUZIONE ANNUA 35.000 bottiglie
ETTARI VITATI 6,00

Sergio Collarig è il classico esempio di artigiano del vino. Si dedica in prima persona alla cura dei propri vigneti rifacendosi ai metodi tradizionali tramandati dall'esperienza contadina ben integrati con le più moderne innovazioni tecnologiche. Intuendo le potenzialità dei due ettari e mezzo piantati a vigneto che nel 1980 ereditò dal padre Olivo, provvide ad affiancarne di nuovi. Nel 1990 iniziò a imbottigliare in proprio, proponendo i vini ai frequentatori del podere agrituristico che nel frattempo ebbe modo di aprire assieme alla sorella Vilma sulle splendide colline di Ruttars, nel Collio goriziano. Negli attuali sei ettari vitati è netta la prevalenza dei vitigni a bacca bianca. E come lo scorso anno il Friulano '15 ha ottenuto il punteggio più alto ed è approdato alle nostre selezioni finali a conferma dell'altissimo livello qualitativo ottenuto con questo vitigno. Profuma di cedro, mela e salvia, con sfumature di crema pasticcera, in bocca è avvolgente e gradevolmente persistente.

Vino	Bicchieri	Prezzo
○ Collio Friulano '15	🍷🍷	3*
● Collio Cabernet Franc '14	🍷🍷	3
● Collio Merlot '13	🍷🍷	4
○ Collio Pinot Grigio '15	🍷🍷	3
○ Collio Ribolla Gialla '15	🍷🍷	3
○ Collio Sauvignon '15	🍷🍷	3
● Collio Cabernet Franc '13	♀♀	3
○ Collio Friulano '14	♀♀	2*
○ Collio Friulano '13	♀♀	2*
● Collio Merlot '12	♀♀	2*
○ Collio Pinot Grigio '14	♀♀	3
○ Collio Pinot Grigio '13	♀♀	3
○ Collio Ribolla Gialla '14	♀♀	2*
○ Collio Ribolla Gialla '13	♀♀	2*
○ Collio Sauvignon '14	♀♀	3
○ Collio Sauvignon '13	♀♀	3

di Lenardo

fraz. Ontagnano
p.zza Battisti, 1
33050 Gonars [UD]
Tel. 0432928633
www.dilenardo.it

VENDITA DIRETTA
VISITA SU PRENOTAZIONE
PRODUZIONE ANNUA 750.000 bottiglie
ETTARI VITATI 55,00
AZIENDA SOSTENIBILE

Pur non potendosi avvalere degli enormi benefici della vitivinicoltura di collina, Massimo di Lenardo è riuscito a collocare la sua azienda tra le più accreditate del panorama regionale. I vini sono la prova di come la viticoltura di pianura, se condotta in modo intelligente e imprenditoriale, possa coniugare i grandi numeri alla qualità. Sono spesso caratterizzati da sfumature che li rendono particolarmente invitanti, contraddistinti da semplicità e linearità esemplari. L'ottanta percento della produzione varca il confine nazionale, veri ambasciatori nel mondo, soprattutto oltreoceano, delle potenzialità regionali. L'offerta aziendale copre tutte le tipologie di produzione e offre una vasta scelta di prodotti a prezzi più che adeguati. Ottima la prestazione di gruppo, con particolare nota di merito allo Chardonnay '15, di grande vigore e mineralità.

Vino	Bicchieri	Prezzo
○ Chardonnay '15	🍷🍷🍷	2*
● Cabernet '15	🍷🍷	2*
● Merlot '15	🍷🍷	2*
● Merlot Just Me '13	🍷🍷	4
○ Pinot Grigio '15	🍷🍷	2*
○ Pinot Grigio Ramato Gossip '15	🍷🍷	2*
○ Chardonnay Father's Eyes '15	🍷	3
○ Friulano Toh! '15	🍷	2
○ Pass the Cookies '15	🍷	3
○ Ribolla Gialla Comemivuoi '15	🍷	2
● Ronco Nolè Rosso '14	🍷	2
○ Sarà Brut	🍷	3
○ Sauvignon '15	🍷	2
○ Chardonnay '14	♀♀	2*
○ Friulano Toh! '14	♀♀	2*
○ Pinot Grigio '14	♀♀	2*

★★Dorigo

S.DA PROV.LE 79
33040 PREMARIACCO [UD]
TEL. 0432634161
www.dorigowines.com

VENDITA DIRETTA
VISITA SU PRENOTAZIONE
PRODUZIONE ANNUA 120.000 bottiglie
ETTARI VITATI 20,00
AZIENDA SOSTENIBILE

A seguito del passaggio generazionale Alessio Dorigo alcuni anni fa iniziò una riorganizzazione aziendale che ora si è consolidata con l'acquisizione definitiva di una nuova sede, moderna e attrezzata, che spicca per la forma architettonica all'avanguardia sulla strada statale che collega Udine con Cividale del Friuli. Appassionato, curioso e innovatore, Alessio onora il marchio Dorigo creato dal padre Girolamo cinquant'anni fa. Mezzo secolo di storia fitto di sperimentazioni e cambiamenti che hanno scritto una pagina importante del mondo enologico regionale. Dalla particolare attenzione dedicata alla spumantizzazione metodo classico derivano prodotti che sono il fiore all'occhiello dell'azienda. Probabilmente è la prima volta che una Ribolla Gialla non macerata approda alle nostre finali. Onore al merito a un'azienda che per prima ha creduto nelle potenzialità di questo vitigno. Ottimo esordio anche per il Rosso Dorigo che, sorretto da una potente struttura, regala succose note di appassimento.

○ FCO Ribolla Gialla '15	🍷🍷 3*
○ Blanc de Blancs Pas Dosé	🍷🍷 5
○ Blanc de Noir Dosage Zéro	🍷🍷 5
○ Dorigo Brut Cuvée	🍷🍷 4
● Dorigo Rosso	🍷🍷 4
○ FCO Chardonnay Ronc di Juri '14	🍷🍷 5
○ FCO Friulano '15	🍷🍷 3
● FCO Merlot '14	🍷🍷 3
○ FCO Picolit '14	🍷🍷 6
○ FCO Sauvignon '15	🍷🍷 3
● COF Pignolo di Buttrio '03	🍷🍷🍷 8
● COF Pignolo di Buttrio '02	🍷🍷🍷 8
● COF Rosso Montsclapade '06	🍷🍷🍷 6
● COF Rosso Montsclapade '04	🍷🍷🍷 6
● COF Rosso Montsclapade '01	🍷🍷🍷 6

Draga

LOC. SCEDINA, 8
34070 SAN FLORIANO DEL COLLIO [GO]
TEL. 0481884182
www.draga.it

VENDITA DIRETTA
VISITA SU PRENOTAZIONE
PRODUZIONE ANNUA 40.000 bottiglie
ETTARI VITATI 14,00
AZIENDA SOSTENIBILE

Da tre generazioni la famiglia Miklus cura con grande amore e passione i vigneti di proprietà a San Floriano del Collio. Attualmente l'azienda è gestita da Milan Miklus coadiuvato dalla moglie Anna e dai figli Denis e Mitja. Nel 1982 Milan provvide al rinnovo dei vigneti suddivisi in due appezzamenti, Draga e Breg, e dieci anni dopo iniziò a imbottigliare i suoi vini. La linea identificata con il marchio Draga propone vini di grande finezza e bevibilità mentre la linea Miklus è composta da vini frutto di una vinificazione legata all'antica tradizione locale, che prevede lunghe macerazioni sulle bucce, anche per i bianchi, con intense estrazioni aromatiche derivanti da tecniche ancestrali. Il fascino dei vini targati Miklus inizia dal colore intenso e sfavillante per poi regalare all'olfatto intriganti suggestioni. Il Pinot Grigio Miklus '11 su tutti. Profuma di croccante alle mandorle, frutta candita, tè nero e caramello, in bocca è sorprendentemente snello, lineare, sapido e ricco di note aromatiche.

○ Collio Pinot Grigio Miklus '11	🍷🍷 4
○ Collio Friulano '15	🍷🍷 3
○ Collio Malvasia Miklus '13	🍷🍷 4
○ Collio Ribolla Gialla Miklus Natural Art '09	🍷🍷 5
○ Collio Sauvignon '15	🍷🍷 3
○ Collio Malvasia Miklus '10	🍷🍷🍷 7
○ Collio Friulano '14	🍷🍷 3
○ Collio Pinot Grigio '14	🍷🍷 3
● Collio Rosso Miklus Negro di Collina '12	🍷🍷 4
○ Collio Sauvignon '14	🍷🍷 3
○ Collio Sauvignon '13	🍷🍷 3
○ Miklus Pas Dosé M. Cl. '12	🍷🍷 5
○ Ribolla Gialla Miklus '09	🍷🍷 5

Drius

VIA FILANDA, 100
34071 CORMÒNS [GO]
TEL. 048160998
www.drius.it

VENDITA DIRETTA
VISITA SU PRENOTAZIONE
PRODUZIONE ANNUA 50.000 bottiglie
ETTARI VITATI 15,00
AZIENDA SOSTENIBILE

Nei quasi due secoli di storia la famiglia Drius, dedita a un'agricoltura promiscua e all'allevamento bovino, ha dato esempio di coesione e amore per la terra nel comprensorio di Cormòns, a cavallo tra la denominazione Friuli Isonzo e Collio. Ormai molti anni or sono Mauro Drius, supportato dalla moglie Nadia, dette una svolta all'attività aziendale convertendola al settore vitivinicolo. Orgoglioso contadino, artigiano del vino, Mauro è un vignaiolo puntiglioso capace di esaltare le potenzialità territoriali che esprime con vini di invidiabile schiettezza e personalità. Ha già coinvolto in azienda il giovanissimo figlio Denis affidandogli la responsabilità delle pratiche enologiche. Quest'anno in finale è approdato il Bianco Vignis di Siris '13 della denominazione Friuli Isonzo. Prodotto con uve di tocai friulano, sauvignon e pinot bianco in bella amalgama, provenienti dallo stesso appezzamento, al naso è raffinato e complesso, in bocca è perfettamente simmetrico, equilibrato, morbido e suadente.

Vino	Bicchieri	Prezzo
○ Friuli Isonzo Bianco Vignis di Siris '13	🍷🍷 (rossi)	3*
○ Collio Friulano '15	🍷🍷	3
● Friuli Isonzo Cabernet Sauvignon '13	🍷🍷	4
○ Friuli Isonzo Malvasia '15	🍷🍷	3
● Friuli Isonzo Merlot '13	🍷🍷	4
○ Friuli Isonzo Pinot Bianco '15	🍷🍷	3
○ Friuli Isonzo Pinot Grigio '15	🍷🍷	3
○ Friuli Isonzo Friulano '15	🍷	3
○ Collio Tocai Friulano '05	🍷🍷🍷	3*
○ Collio Tocai Friulano '02	🍷🍷🍷	2*
○ Friuli Isonzo Bianco Vignis di Siris '02	🍷🍷🍷	3*
○ Friuli Isonzo Friulano '07	🍷🍷🍷	3
○ Friuli Isonzo Malvasia '08	🍷🍷🍷	3*
○ Friuli Isonzo Pinot Bianco '09	🍷🍷🍷	3*
○ Friuli Isonzo Pinot Bianco '00	🍷🍷🍷	3*
○ Collio Friulano '14	🍷🍷	3*

★Le Due Terre

VIA ROMA, 68B
33040 PREPOTTO [UD]
TEL. 0432713189
fortesilvana@libero.it

VENDITA DIRETTA
VISITA SU PRENOTAZIONE
PRODUZIONE ANNUA 18.000 bottiglie
ETTARI VITATI 5,00

Flavio Basilicata e Silvana Forte sono i titolari di un'azienda minuscola che ormai da oltre trent'anni gestiscono con invidiabile sinergia, praticando una viticoltura biologica. Pochi ettari di vigneto che permettono alla coppia di curare meticolosamente ogni fase produttiva. Ormai da anni i vini de Le Due Terre sono annoverati tra i migliori del territorio regionale e nazionale. Gli uvaggi aziendali, denominati Sacrisassi, sono composti esclusivamente da vitigni autoctoni. Il Sacrisassi Rosso è un mix di schiopettino e refosco dal peduncolo rosso in parti uguali, mente nel Sacrisassi Bianco prevale il friulano con un'abbondante aggiunta di ribolla gialla. Completano la gamma il Merlot e il Pinot Nero. Produrre solo quattro vini e trovarsene tre in finale la dice lunga sulle capacità di Flavio nell'interpretare un'annata anomala come la 2014. Rimane un po' di rammarico nel veder interrotta la performance esaltante del Rosso Sacrisassi che per ben sette anni consecutivi si era aggiudicato il massimo riconoscimento.

Vino	Bicchieri	Prezzo
○ FCO Bianco Sacrisassi '14	🍷🍷 (rossi)	5
● FCO Merlot '14	🍷🍷 (rossi)	5
● FCO Rosso Sacrisassi '14	🍷🍷 (rossi)	5
● FCO Pinot Nero '14	🍷🍷	5
○ COF Bianco Sacrisassi '05	🍷🍷🍷	5
● COF Merlot '03	🍷🍷🍷	5
● COF Merlot '02	🍷🍷🍷	5
● COF Merlot '00	🍷🍷🍷	5
● COF Rosso Sacrisassi '12	🍷🍷🍷	5
● COF Rosso Sacrisassi '11	🍷🍷🍷	5
● COF Rosso Sacrisassi '10	🍷🍷🍷	5
● COF Rosso Sacrisassi '09	🍷🍷🍷	5
● COF Rosso Sacrisassi '08	🍷🍷🍷	5
● COF Rosso Sacrisassi '07	🍷🍷🍷	5
● FCO Rosso Sacrisassi '13	🍷🍷🍷	5

Ermacora

FRAZ. IPPLIS
VIA SOLZAREDO, 9
33040 PREMARIACCO [UD]
TEL. 0432716250
www.ermacora.it

VENDITA DIRETTA
VISITA SU PRENOTAZIONE
PRODUZIONE ANNUA 180.000 bottiglie
ETTARI VITATI 47,00
AZIENDA SOSTENIBILE

Ermacora nel mondo vitivinicolo è un marchio sinonimo di qualità assoluta. Una garanzia che si è assodata nel tempo da quando, nel 1922, i fratelli Antonio e Giuseppe Ermacora iniziarono a produrre vino sulle colline di Ipplis, creando i presupposti per la nascita di vini di gran pregio. Dettero vita a una conduzione familiare che si è tramandata nel tempo e ora altri due fratelli, Dario e Luciano, gestiscono con successo un'azienda all'avanguardia. "Fare poco per ottenere il meglio, anche attraverso un uso discreto delle più innovative tecnologie". Questa parole, dettate da una filosofia spicciola, riassumono la volontà di rispettare i tempi dettati dalla natura, evitando forzature ed eccessi. Il Friulano '15 ha bissato l'exploit della scorsa stagione e si riconferma capofila di una gamma di vini di pregevole livello. È un vino solare che profuma di fiori essiccati, miele chiaro e timo, eccelle per equilibrio gustativo. Ottimo anche il Pinot Grigio '15, succoso e suadente, con finale fragrante di lime e pompelmo.

○ FCO Friulano '15	🍷🍷 3*
○ FCO Picolit '13	🍷🍷 6
● FCO Pignolo '10	🍷🍷 5
○ FCO Pinot Bianco '15	🍷🍷 3
○ FCO Pinot Grigio '15	🍷🍷 3
○ FCO Ribolla Gialla '15	🍷🍷 3
○ FCO Sauvignon '15	🍷🍷 3
● FCO Merlot '14	🍷 3
● FCO Rîul '12	🍷 4
● COF Pignolo '00	🍸🍸🍸 5
○ FCO Friulano '14	🍸🍸 3*
○ FCO Picolit '12	🍸🍸 6
○ FCO Pinot Bianco '14	🍸🍸 3
○ FCO Pinot Grigio '14	🍸🍸 3
○ FCO Ribolla Gialla '14	🍸🍸 3
○ FCO Sauvignon '14	🍸🍸 3
● FCO Schioppettino '13	🍸🍸 3

Fantinel

FRAZ. TAURIANO
VIA TESIS, 8
33097 SPILIMBERGO [PN]
TEL. 0427591511
www.fantinel.com

VENDITA DIRETTA
VISITA SU PRENOTAZIONE
RISTORAZIONE
PRODUZIONE ANNUA 4.500.000 bottiglie
ETTARI VITATI 300,00
AZIENDA SOSTENIBILE

L'azienda gestita dalla famiglia Fantinel offre una vasta collezione di vini in grado di soddisfare le esigenze di mercato appagando il palato di qualsiasi tipo di consumatore. Possono contare su una rete distributiva che li vede presenti in oltre novanta Paesi nel mondo e sono quindi ambasciatori delle peculiarità regionali. Il biglietto da visita sono i vini del Collio della tenuta Sant'Elena, di struttura e personalità, ma i grandi numeri derivano dalla freschezza e dalla facilità di beva dei vini di pianura dove anche l'offerta spumantistica gioca un ruolo importante. L'immensa sede aziendale di Tauriano di Spilimbergo, immersa nei vigneti, è un tipico esempio di arte, cultura e funzionalità. Anche quest'anno i migliori apprezzamenti riguardano il Collio Bianco Frontiere Sant'Helena '14, composto da friulano, pinot bianco e chardonnay. Regala percezioni di stampo esotico di frutto della passione e mango, seguite da note di babà, frumento e tè, in bocca è morbido, succoso, avvolgente, fresco e sapido.

● Cabernet Sauvignon Sant'Helena '12	🍷🍷 3
○ Collio Bianco Frontiere Sant'Helena '14	🍷🍷 4
○ Collio Pinot Grigio Sant'Helena '15	🍷🍷 3
● Collio Rosso Venko Sant'Helena '10	🍷🍷 4
○ Collio Sauvignon Sant'Helena '15	🍷🍷 3
⊙ Brut Rosé One & Only	🍷 3
○ Prosecco Brut One & Only '14	🍷 3
○ Prosecco Brut The Indipendent '15	🍷 3
● Refosco P. R. Sant'Helena '11	🍷 3
○ Ribolla Gialla Brut	🍷 3
○ Ribolla Gialla Sant'Helena '15	🍷 3
○ Collio Pinot Grigio Sant'Helena '14	🍸🍸 3
● Collio Rosso Venko Sant'Helena '08	🍸🍸 3
○ Collio Sauvignon Sant'Helena '14	🍸🍸 3
● Refosco P. R. Sant'Helena '10	🍸🍸 3
○ Ribolla Gialla Sant'Helena '14	🍸🍸 3

★★Livio Felluga

FRAZ. BRAZZANO
VIA RISORGIMENTO, 1
34071 CORMÒNS [GO]
TEL. 048160203
www.liviofelluga.it

VISITA SU PRENOTAZIONE
PRODUZIONE ANNUA 800.000 bottiglie
ETTARI VITATI 160,00
AZIENDA SOSTENIBILE

All'inizio della seconda metà del secolo scorso Livio Felluga, il patriarca della vitienologia regionale, ormai ultracentenario, assieme a uno sparuto manipolo di intraprendenti vignaioli, fu il promotore di un'iniziativa impensabile a quei tempi in Italia: produrre grandi vini bianchi. Fondò l'azienda a Brazzano di Cormòns e con felice intuizione acquistò i primi vigneti a Rosazzo. La storica etichetta da lui stesso ideata nel 1956, presente e riconosciuta in tutto il mondo, riporta la mappatura delle proprie colline. Oggi l'azienda, gestita dai suoi quattro figli, vanta un'importante estensione collinare e comprende anche l'Abbazia di Rosazzo che racchiude la storia e la cultura enoica del Friuli. Con ben tre vini in finale le possibilità di ottenere il massimo riconoscimento erano molte. Il Bianco Illivio '14 ha conquistato i Tre Bicchieri bissando il successo di alcuni anni or sono. È meno opulento dei suoi compagni di cordata, ma forse è stato premiato proprio per questo, per la semplicità e la fragranza.

Vino	Bicchieri	
○ FCO Bianco Illivio '14	3 (rossi)	5
● FCO Rosazzo Sossó '12	2 (rossi)	7
○ Rosazzo Terre Alte '14	2 (rossi)	7
○ FCO Chardonnay '15	2 (neri)	4
○ FCO Friulano '15	2 (neri)	4
○ FCO Picolit '11	2 (neri)	8
● FCO Refosco P. R. '12	2 (neri)	5
○ Rosazzo Abbazia di Rosazzo '13	2 (neri)	7
○ COF Bianco Illivio '10	3 (bianchi)	5
○ COF Rosazzo Bianco Terre Alte '09	3 (bianchi)	7
○ COF Rosazzo Bianco Terre Alte '08	3 (bianchi)	7
○ COF Rosazzo Bianco Terre Alte '07	3 (bianchi)	7
○ COF Rosazzo Bianco Terre Alte '06	3 (bianchi)	6
○ COF Rosazzo Bianco Terre Alte '04	3 (bianchi)	6
○ Rosazzo Terre Alte '12	3 (bianchi)	7
○ Rosazzo Terre Alte '11	3 (bianchi)	7

Marco Felluga

VIA GORIZIA, 121
34072 GRADISCA D'ISONZO [GO]
TEL. 048199164
www.marcofelluga.it

VENDITA DIRETTA
VISITA SU PRENOTAZIONE
RISTORAZIONE
PRODUZIONE ANNUA 600.000 bottiglie
ETTARI VITATI 100,00
AZIENDA SOSTENIBILE

Roberto Felluga gestisce l'azienda fondata nel 1956 dal padre Marco, ora quasi novantenne, che è considerato un pioniere ma anche un grande innovatore. In tempi non sospetti, intuendone le potenzialità, fece sì che i vini del Collio acquisissero una fama internazionale. Roberto, con altrettante capacità imprenditoriali, lungimiranza e caparbietà, da qualche anno ha avviato un coraggioso progetto che tende a valorizzare la longevità dei vini bianchi, selezionando alcune riserve che escono sul mercato parecchi anni dopo la vendemmia. Sono vini più maturi che tendono a educare il consumatore ad apprezzare le caratteristiche organolettiche del lungo affinamento in bottiglia. È il quarto anno consecutivo che ci ritroviamo in finale il Pinot Grigio Mongris Riserva '13, segno evidente che le sue caratteristiche vengono unanimemente apprezzate ed anche se non gli è stato attribuito il massimo riconoscimento si annovera tra i vini regionali di maggior interesse qualitativo.

Vino	Bicchieri	
○ Collio Pinot Grigio Mongris Ris. '13	2 (rossi)	5
○ Collio Chardonnay '15	2 (neri)	5
○ Collio Friulano '15	2 (neri)	3
○ Collio Sauvignon '15	2 (neri)	3
○ Collio Pinot Grigio '15	1 (nero)	5
○ Collio Ribolla Gialla '15	1 (nero)	3
○ Collio Bianco Molamatta '13	2 (bianchi)	5
○ Collio Friulano '14	2 (bianchi)	3
● Collio Merlot '12	2 (bianchi)	3
○ Collio Pinot Grigio '14	2 (bianchi)	5
○ Collio Pinot Grigio Mongris Ris. '12	2 (bianchi)	5
○ Collio Pinot Grigio Mongris Ris. '11	2 (bianchi)	6
○ Collio Ribolla Gialla '14	2 (bianchi)	3
○ Collio Sauvignon '13	2 (bianchi)	5

Fiegl

FRAZ. OSLAVIA
LOC. LENZUOLO BIANCO, 1
34170 GORIZIA
TEL. 0481547103
www.fieglvini.com

VENDITA DIRETTA
VISITA SU PRENOTAZIONE
PRODUZIONE ANNUA 150.000 bottiglie
ETTARI VITATI 30,00
AZIENDA SOSTENIBILE

La località Lenzuolo Bianco, sul Collio goriziano, ospita parecchie aziende prestigiose del panorama vitivinicolo regionale. È terra di confine, martoriata da eventi bellici, che ha forgiato generazioni di contadini orgogliosi della loro terra e dei loro vigneti. Qui vive e opera da oltre due secoli la famiglia Fiegl, proveniente dalla vicina Austria. Gli attuali proprietari sono tre fratelli, Alessio, Giuseppe e Rinaldo ma la gestione aziendale è ormai affidata all'energia e all'entusiasmo della nuova generazione formata da Martin, Robert e Matej. Il loro impegno, supportato da importanti investimenti mirati sia in vigna che in cantina, ha sortito un elevato miglioramento qualitativo. Prestazione straordinaria per l'intera gamma dei vini di cui ben tre si sono meritati un posto nelle nostre finali e il Friulano '15 ha conquistato i Tre Bicchieri. Profumo suadente di fiori d'acacia, mela Golden e mandorla fresca, che poi si esalta all'assaggio e nel finale di bocca.

Vino	Bicchieri	Prezzo
○ Collio Friulano '15	🍷🍷🍷	3*
○ Collio Ribolla Gialla Oslavia '14	🍷🍷	5
● Collio Rosso Leopold Cuvée Rouge '09	🍷🍷	5
○ Collio Bianco Cuvée Blanc '14	▼▼	4
○ Collio Malvasia '15	▼▼	3
● Collio Merlot Leopold '10	▼▼	5
○ Collio Sauvignon '15	▼▼	3
⊙ Fiegl Rosé	▼▼	4
○ Collio Pinot Grigio '15	▼	3
○ Collio Ribolla Gialla '15	▼	3
○ Collio Pinot Grigio '04	▽▽▽	2*
○ Collio Bianco Cuvée Blanc '13	▽▽	4
○ Collio Chardonnay '14	▽▽	3
○ Collio Friulano '14	▽▽	3
○ Collio Sauvignon '14	▽▽	3

Gigante

VIA ROCCA BERNARDA, 3
33040 CORNO DI ROSAZZO [UD]
TEL. 0432755835
www.adrianogigante.it

VENDITA DIRETTA
VISITA SU PRENOTAZIONE
OSPITALITÀ
PRODUZIONE ANNUA 100.000 bottiglie
ETTARI VITATI 25,00

La Rocca Bernarda ospita molte aziende di spicco nel panorama vitivinicolo regionale. Sul versante che guarda verso Corno di Rosazzo, quella di Adriano Gigante è una realtà ormai consolidata sul territorio che rende onore alle peculiarità della denominazione Friuli Colli Orientali. Sono ormai note le potenzialità del vigneto denominato Storico, piantumato a tocai friulano, che dette origine all'azienda e che ancora rappresenta il fiore all'occhiello di questa splendida realtà. Ultimati i lavori di costruzione della nuova cantina Adriano ora può operare nella trasformazione delle proprie uve in spazi adeguati, dotati della tecnologia più avanzata, coniugando tradizione con altissima qualità. E anche quest'anno ben due vini si sono conquistati le finali, entrambi prodotti con vitigni autoctoni, uno bianco e l'altro rosso, a conferma dell'eccellente livello qualitativo dell'intera gamma. Il Friulano Vigneto Storico '15 è una vecchia conoscenza mentre il Refosco dal Peduncolo Rosso Riserva '13 è una gradita novità.

Vino	Bicchieri	Prezzo
○ FCO Friulano Vign. Storico '15	🍷🍷	4
● FCO Refosco P. R. Ris. '13	🍷🍷	3*
○ FCO Friulano '15	▼▼	3
○ FCO Pinot Grigio '15	▼▼	3
○ FCO Ribolla Gialla '15	▼▼	3
○ FCO Sauvignon '15	▼▼	3
○ FCO Verduzzo Friulano '11	▼▼	3
○ Friuli Isonzo Malvasia '15	▼▼	3
● FCO Cabernet Franc '14	▼	3
⊙ Prima Nera Brut Rosé	▼	3
○ Ribolla Gialla Brut	▼	3
○ COF Tocai Friulano Vign. Storico '06	▽▽▽	4
○ COF Tocai Friulano Vign. Storico '05	▽▽▽	4
○ COF Tocai Friulano Vign. Storico '03	▽▽▽	4
○ FCO Picolit '08	▽▽▽	6

Gori

via G.B. Gori, 14
33045 Nimis [UD]
Tel. 0432878475
www.goriagricola.it

VISITA SU PRENOTAZIONE
PRODUZIONE ANNUA 45.000 bottiglie
ETTARI VITATI 18,00

La cantina di Gianpiero Gori, a Nimis, nel settentrione della denominazione Friuli Colli Orientali, appena nata già fa parlare di sé sia per i vini sia per la splendida realizzazione architettonica. Sulla cima di un colle che domina il paese sottostante la villa padronale è stata integrata con i locali della cantina interrata. Il lato nord dell'edificio ricorda un bastione materializzato in pietra e acciaio, mentre il lato sud ottimizza il panorama verso la valle. Con un ambizioso progetto di valorizzazione è stato introdotto in azienda il pinot nero e la cura dei vigneti è stata affidata alle collaudate capacità agronomiche di Giovanni Bigot mentre Natale Favretto sovrintende in cantina. Il Refosco dal Peduncolo Rosso Redelbosco '13 si è riconfermato in vetta alle nostre valutazioni e, bissando il successo della scorsa edizione, è entrato a far parte della schiera dei vini finalisti. Si è distinto per la complessità del profumo, fruttato e speziato, ma soprattutto per la struttura e l'equilibrio.

● Refosco P. R. Redelbosco '13	🍷🍷 3*
● FCO Merlot Toni Vasùt '14	🍷🍷 3
○ FCO Sauvignon Busseben '14	🍷🍷 3
● Rosso Meni Vasùt '13	🍷🍷 3
○ FCO Chardonnay Giugiù '14	🍷 3
● Pinot Nero Nemas I '14	🍷 4
○ Chardonnay Giugiù '13	🍷🍷 4
● Merlot Toni Vasùt '13	🍷🍷 4
● Refosco P. R. Redelbosco '12	🍷🍷 4
● Rosso Meni Vasùt '12	🍷🍷 4

Gradis'ciutta

loc. Giasbana, 10
34070 San Floriano del Collio [GO]
Tel. 0481390237
www.gradisciutta.eu

VENDITA DIRETTA
VISITA SU PRENOTAZIONE
PRODUZIONE ANNUA 100.000 bottiglie
ETTARI VITATI 20,00

I Princic producevano vino a Kosana, nella vicina Slovenia, fin dal 1780. Il tramonto asburgico, la Grande Guerra e la mezzadria portarono il bisnonno Filip a stabilirsi in località Giasbana, nei dintorni di San Floriano del Collio. Robert Princic, attuale proprietario, è praticamente nato in vigna ma la fondazione è datata 1997 quando entrò a pieno titolo in azienda ad affiancare l'opera del padre Isidoro. Alcuni vigneti adiacenti alla sede aziendale ospitano viti piantumate da oltre ottant'anni, un patrimonio unico salvaguardato con diligenza e professionalità. I restanti vigneti, dislocati in diverse località e a differenti altitudini, offrono terreni idonei a ogni singola varietà. Quasi ogni anno ci ritroviamo almeno un paio di vini di Robert Princic in finale. Quest'anno è toccato al Friulano '15 e al Collio Bianco Bratinis '14. Entrambi si sono distinti per freschezza, fragranza e linearità sia al naso sia al palato e si sono piazzati a un nonnulla dal massimo riconoscimento.

○ Collio Bianco Bratinis '14	🍷🍷 3*
○ Collio Friulano '15	🍷🍷 3*
○ Collio Bianco Ris. '09	🍷🍷 3
○ Collio Chardonnay '15	🍷🍷 3
○ Collio Malvasia '15	🍷🍷 3
○ Collio Pinot Grigio '15	🍷🍷 3
○ Collio Ribolla Gialla '15	🍷🍷 3
○ Collio Sauvignon '15	🍷🍷 3
○ Collio Bianco Bratinis '13	🍷🍷 3*
○ Collio Bianco Bratinis '12	🍷🍷 3*
○ Collio Chardonnay '14	🍷🍷 3
○ Collio Malvasia '13	🍷🍷 3
○ Collio Pinot Grigio '14	🍷🍷 3
○ Collio Pinot Grigio '13	🍷🍷 3
○ Collio Ribolla Gialla '14	🍷🍷 3
○ Collio Sauvignon '14	🍷🍷 3

★★Gravner

FRAZ. OSLAVIA
LOC. LENZUOLO BIANCO, 9
34070 GORIZIA
TEL. 048130882
www.gravner.it

VENDITA DIRETTA
VISITA SU PRENOTAZIONE
PRODUZIONE ANNUA 30.000 bottiglie
ETTARI VITATI 18,00

Josko Gravner è un grande viticoltore, un uomo tosto, di poche parole, per cui sono i vini a parlare. Ama ricordare gli inizi, quando sperimentò tutte le tecnologie più moderne, ma ora nella sua cantina non ci sono più tini in acciaio e neanche barrique. Si scorgono solo i bocchettoni delle anfore interrate, provenienti dal Caucaso, dove le uve, anche quelle bianche, vengono poste a macerare per oltre sei mesi. I vini riposano poi in grandi botti di legno per molti anni, almeno sette per la Ribolla Gialla, oltre dieci per i rossi. Sono possenti, strutturati, ricchi di tutto, anche di colore, soprattutto i bianchi che assumono tonalità ambrate, ma sono genuini, intriganti, emozionanti e dotati di grande bevibilità. Solo due vini ma... che vini! C'è davvero l'imbarazzo della scelta tra due monumenti dell'enologia regionale. La scelta è ricaduta sulla Ribolla Gialla '08, che profuma di crema catalana, croccante alle mandorle, timo ed eucalipto, in bocca è estremamente secca ma serica e succosa.

○ Ribolla Gialla '08	🍷🍷🍷 5
○ Bianco Breg '08	🍷🍷 7
○ Breg '00	🥂🥂🥂 8
○ Breg Anfora '06	🥂🥂🥂 7
○ Breg Anfora '03	🥂🥂🥂 7
○ Breg Anfora '02	🥂🥂🥂 7
○ Chardonnay '87	🥂🥂🥂 7
○ Chardonnay '83	🥂🥂🥂 7
○ Ribolla Anfora '05	🥂🥂🥂 7
○ Ribolla Anfora '04	🥂🥂🥂 7
○ Ribolla Anfora '02	🥂🥂🥂 7
○ Ribolla Anfora '01	🥂🥂🥂 7
○ Ribolla Gialla '07	🥂🥂🥂 5
● Rosso Gravner '04	🥂🥂🥂 7

Iole Grillo

VIA ALBANA, 60
33040 PREPOTTO [UD]
TEL. 0432713201
www.vinigrillo.it

VENDITA DIRETTA
VISITA SU PRENOTAZIONE
OSPITALITÀ
PRODUZIONE ANNUA 40.000 bottiglie
ETTARI VITATI 9,00

Anna Muzzolini, giovane ed energica imprenditrice e donna del vino, coadiuvata dal marito Andrea, gestisce l'azienda fondata dal padre Sergio negli anni Settanta del secolo scorso, che volle dedicare alla moglie Iole Grillo. Ha sede ad Albana di Prepotto, in un'antica dimora settecentesca sapientemente ristrutturata. I vigneti si estendono nella splendida vallata percorsa dal fiume Judrio, battuta sistematicamente da venti relativamente freschi che mantengono le uve asciutte e creano un microclima favorevole alla loro completa maturazione. Anna ama seguire personalmente tutte le varie fasi del ciclo produttivo, potendo contare sulle ormai collaudate capacità enologiche di Giuseppe Tosoratti. Lo Schioppettino di Prepotto '13, che è il vino più rappresentativo sia per l'azienda sia per l'intero comparto, ha attirato su di se i migliori consensi ma anche gli altri vini, sia i rossi sia i bianchi d'annata, hanno ottenuto valutazioni più che lusinghiere, a conferma dell'ottimo livello qualitativo dell'intera gamma.

○ FCO Friulano '15	🍷🍷 3
● FCO Merlot Ris. '12	🍷🍷 3
● FCO Refosco P. R. '12	🍷🍷 3
○ FCO Sauvignon '15	🍷🍷 3
● FCO Schioppettino di Prepotto '13	🍷🍷 3
○ FCO Ribolla Gialla '15	🍷 3
○ COF Il Sauvignon '12	🥂🥂 4
● COF Merlot Ris. '09	🥂🥂 3
● COF Refosco P. R. '11	🥂🥂 3
● COF Rosso Guardafuoco '11	🥂🥂 3
○ COF Sauvignon '13	🥂🥂 3
○ COF Sauvignon '12	🥂🥂 3
● COF Schioppettino di Prepotto '11	🥂🥂 3
● FCO Merlot Ris. '11	🥂🥂 3
● Rosso Duedonne	🥂🥂 3

Jacùss

fraz. Montina
v.le Kennedy, 35a
33040 Torreano [UD]
Tel. 0432715147
www.jacuss.it

VENDITA DIRETTA
VISITA SU PRENOTAZIONE
PRODUZIONE ANNUA 50.000 bottiglie
ETTARI VITATI 11,00

I fratelli Sandro e Andrea Iacuzzi nel 1990 decisero di trasformare la propria azienda dedita a una coltura mista in una specializzata nel settore vitivinicolo chiamandola Jacùss, l'espressione in lingua locale del loro cognome. Come si conviene a una piccola azienda a gestione familiare assieme provvedono sia alla cura agronomica dei vigneti che alle pratiche di cantina. Sono ormai tra i pochi che producono ancora il Tazzelenghe, un vitigno autoctono di antica tradizione contadina, ricco di sapore ma caratterizzato da tannini taglienti. I vigneti di proprietà si estendono sulle colline della piccola frazione di Montina, a Torreano di Cividale, nel comprensorio della denominazione Friuli Colli Orientali. Anche quest'anno i vini rossi hanno tratto giovamento del periodo di affinamento cui sono stati sottoposti e hanno ottenuto qualche punto in più rispetto ai bianchi d'annata. In particolare il Merlot '12 è ancora molto fruttato ma presenta una bella amalgama di spezie ed erbe aromatiche che avvolge il palato.

● FCO Cabernet Sauvignon '12	🍷🍷	3
○ FCO Friulano '15	🍷🍷	3
● FCO Merlot '12	🍷🍷	3
○ FCO Picolit '10	🍷🍷	6
○ FCO Sauvignon '15	🍷🍷	3
● FCO Schioppettino Fucs e Flamis '14	🍷🍷	3
○ FCO Verduzzo Friulano '11	🍷🍷	3
○ FCO Pinot Bianco '15	🍷	3
● FCO Tazzelenghe '11	🍷	3
○ COF Picolit '09	🍷🍷	6
○ COF Verduzzo Friulano '09	🍷🍷	3
● FCO Merlot '11	🍷🍷	3
○ FCO Pinot Bianco '14	🍷🍷	3
● FCO Refosco P. R. '12	🍷🍷	3
● FCO Schioppettino Fucs e Flamis '13	🍷🍷	3
● FCO Tazzelenghe '10	🍷🍷	3

★★Jermann

fraz. Ruttars
loc. Trussio, 11
34072 Dolegna del Collio [GO]
Tel. 0481888080
www.jermann.it

VENDITA DIRETTA
VISITA SU PRENOTAZIONE
PRODUZIONE ANNUA 900.000 bottiglie
ETTARI VITATI 160,00

Già negli anni Settanta del secolo scorso l'allora giovanissimo Silvio Jermann assunse le redini aziendali e con formidabile escalation collocò i suoi vini ai vertici mondiali dell'eccellenza. La nuova splendida cantina di Ruttars, dove l'innovazione tecnologica è sapientemente integrata con la tradizione architettonica in un'atmosfera magica, è circondata da oltre 20 ettari di vigneto ed è stata progettata esclusivamente per la vinificazione del Capo Martino, del Vignatruss, del W... Dreams... ... ... e del Vintage Tunina, vino che più di ogni altro ha decretato il successo del marchio Jermann. Tutti gli altri vini vengono prodotti nelle cantine della sede storica di Villanova di Farra. Non fa certo notizia la qualità del Vintage Tunina '14, complesso e intrigante come sempre. La bella novità è invece rappresentata dalla splendida performance del Pinot Grigio '15, che anche nelle finali ha conquistato i palati per la fragranza e la coinvolgente sapidità marina, tanto da conquistare i Tre Bicchieri.

○ Pinot Grigio '15	🍷🍷🍷	4
○ Capo Martino '14	🍷🍷	7
○ Vintage Tunina '14	🍷🍷	7
○ W... Dreams... ... ... '14	🍷🍷	8
○ Chardonnay '15	🍷🍷	4
● Pignolo Pignacolusse '09	🍷🍷	5
○ Ribolla Gialla Vinnae '15	🍷🍷	4
○ Sauvignon '15	🍷🍷	4
○ Capo Martino '10	🍷🍷🍷	8
○ Vintage Tunina '13	🍷🍷🍷	6
○ Vintage Tunina '12	🍷🍷🍷	6
○ Vintage Tunina '11	🍷🍷🍷	6
○ Vintage Tunina '08	🍷🍷🍷	7
○ W... Dreams... ... ... '12	🍷🍷🍷	8
○ W... Dreams... ... ... '09	🍷🍷🍷	6

Kante

fraz. San Pelagio
loc. Prepotto, 1a
34011 Duino Aurisina [TS]
Tel. 040200255
www.kante.it

PRODUZIONE ANNUA 45.000 bottiglie
ETTARI VITATI 13,00

Edi Kante ha legato il suo nome al Carso triestino. Qui viene praticata una viticoltura definita eroica. I terreni sono prevalentemente rocciosi e quindi servono energia e volontà per creare vigneti esposti al sole, beneficiati dall'influsso del mare e ventilati dalla bora. Nella sua splendida cantina interamente scavata nella roccia, che potremmo definire un monumento all'enologia, ordinate file di botti e barrique disposte a semicerchio seguono la geometria ellittica delle affascinanti pareti frastagliate e luccicanti, dove nel silenzio della profondità carsica i vini continuano a respirare l'aria salmastra proveniente da misteriose insenature sotterranee che garantiscono temperatura e umidità costante. Tre vini in finale non hanno bisogno di commenti. La Malvasia e la Vitovska sono sempre stati il fiore all'occhiello di Edi e del comprensorio del Carso ma la vera perla è lo Chardonnay La Bora di Kante '08, un vino che col profumo descrive un territorio: iodio, roccia e macchia mediterranea.

○ Chardonnay La Bora di Kante '08	ΨΨ 4
○ Malvasia '13	ΨΨ 4
○ Vitovska '13	ΨΨ 4
○ Chardonnay '13	ΨΨ 4
○ Sauvignon '13	ΨΨ 5
○ Vitovska Sel. '07	ΨΨ 5
○ Carso Malvasia '07	ΨΨΨ 5
○ Carso Malvasia '06	ΨΨΨ 5
○ Carso Malvasia '05	ΨΨΨ 5
○ Carso Malvasia '98	ΨΨΨ 5
○ Carso Sauvignon '92	ΨΨΨ 5
○ Carso Sauvignon '91	ΨΨΨ 5
○ Chardonnay '94	ΨΨΨ 5
○ Chardonnay '90	ΨΨΨ 5
○ Malvasia '12	ΨΨΨ 4*
○ Vitovska '11	ΨΨ 4

★Edi Keber

loc. Zegla, 17
34071 Cormòns [GO]
Tel. 048161184
www.edikeber.it

VENDITA DIRETTA
VISITA SU PRENOTAZIONE
OSPITALITÀ
PRODUZIONE ANNUA 50.000 bottiglie
ETTARI VITATI 12,00

Il marchio Edi Keber è ormai da tempo sinonimo di Collio. Si produce un solo vino, identificato col solo nome della denominazione, frutto di una ricerca accurata e approfondita, risultato di anni e anni di sperimentazioni, in cui tutte le attenzioni sono volte alla sua riuscita, dalla preparazione delle uve alla vinificazione. Non è che un ritorno alle origini, quando per vino del Collio si intendeva vino bianco di qualità superiore, frutto dell'unione di vitigni autoctoni regionali: tocai friulano, malvasia istriana e ribolla gialla. Edi Keber e suo figlio Kristian hanno fatto una scelta vincente. Un solo vino. Eppure non siamo costretti a scrivere sempre le stesse cose visto che il vino presenta ogni anno sfumature diverse. Così il Collio '15 risulta molto complesso e raffinato al naso, con aromi ben amalgamati, di fiore e genziana, l'equilibrio gustativo è impeccabile.

○ Collio '15	ΨΨ 3*
○ Collio Bianco '10	ΨΨΨ 3*
○ Collio Bianco '09	ΨΨΨ 3
○ Collio Bianco '08	ΨΨΨ 3*
○ Collio Bianco '04	ΨΨΨ 3*
○ Collio Bianco '02	ΨΨΨ 3
○ Collio Tocai Friulano '07	ΨΨΨ 3
○ Collio Tocai Friulano '06	ΨΨΨ 3
○ Collio Tocai Friulano '05	ΨΨΨ 3
○ Collio Tocai Friulano '03	ΨΨΨ 3*
○ Collio Tocai Friulano '01	ΨΨΨ 3
○ Collio Tocai Friulano '99	ΨΨΨ 3*
○ Collio Tocai Friulano '97	ΨΨΨ 3*
○ Collio Tocai Friulano '95	ΨΨΨ 3*
○ Collio '14	ΨΨ 3*
○ Collio '13	ΨΨ 3*

Alessio Komjanc

loc. Giasbana, 35
34070 San Floriano del Collio [GO]
Tel. 0481391228
www.komjancalessio.com

VENDITA DIRETTA
VISITA SU PRENOTAZIONE
PRODUZIONE ANNUA 70.000 bottiglie
ETTARI VITATI 24,00
AZIENDA SOSTENIBILE

La storia della famiglia Komjanc a San Floriano del Collio si perde nella notte dei tempi - si sa che i bisnonni di Alessio producevano vino già alla fine dell'Ottocento -. Dalla sede aziendale, situata sulle pendici della collina, si gode di una vista panoramica spettacolare sulla vallata sottostante contornata dalle Prealpi e dalle Alpi Orientali. La prima etichetta con il marchio Alessio Komjanc risale al 1973 ma la vera svolta aziendale si ha nel 2000, quando tutti i quattro figli maschi - Beniamin, Roberto, Patrik e Ivani - si insediarono definitivamente in azienda, suddividendosi i compiti e riuscendo a ottimizzare l'intera filiera produttiva. Sarà merito di un'annata particolarmente felice ma tutti i vini, da sempre monovarietali, sono stati apprezzati per l'alto livello qualitativo, soprattutto se rapportato al prezzo. La Malvasia Istriana '15, in particolare, dimostra energia e carattere sia al naso sia in bocca, con vividi sussulti balsamici.

○ Malvasia Istriana '15	🍷🍷 3*
○ Collio Chardonnay '15	🍷🍷 2*
○ Collio Friulano '15	🍷🍷 2*
○ Collio Sauvignon '15	🍷🍷 2*
○ Collio Pinot Grigio '15	🍷 2
○ Collio Ribolla Gialla '15	🍷 2
○ Collio Chardonnay '13	🍷🍷 2*
○ Collio Friulano '14	🍷🍷 2*
○ Collio Friulano '13	🍷🍷 2*
○ Collio Sauvignon '13	🍷🍷 2*
○ Malvasia Istriana '14	🍷🍷 2*

Anita Vogric Kurtin

loc. Novali, 9
34071 Cormòns [GO]
Tel. 048160685
www.winekurtin.it

VENDITA DIRETTA
VISITA SU PRENOTAZIONE
PRODUZIONE ANNUA 60.000 bottiglie
ETTARI VITATI 10,00

La famiglia Kurtin nel 1906 si stabilì in località Novali, nei pressi di Cormòns, e resasi conto delle potenzialità di quel territorio per la produzione di vini, specialmente bianchi, iniziò a piantare le viti in quell'anfiteatro naturale che dal Collio s'affaccia alla Slovenia. In terza generazione Albino Kurtin formalizzò la fondazione aziendale, iniziò a imbottigliare i suoi vini e un percorso mirato a raggiungere un compromesso tra le tradizioni territoriali del luogo e le richieste del mercato dettate dal gusto internazionale. La sua recente prematura scomparsa ha traghettato di forza le responsabilità gestionali al giovanissimo figlio Alessio, che ha subito dimostrato di essere all'altezza del compito. I vini che abbiamo potuto degustare quest'anno sono tutti bianchi di ottima fattura che rispecchiano le caratteristiche dell'annata: spiccata fragranza e bevibilità snella e rinfrescante. Il Friulano '15 è particolarmente solare e delizia naso e bocca con note di timo secco, mandorla e miele.

○ Collio Chardonnay '15	🍷🍷 3
○ Collio Friulano '15	🍷🍷 3
○ Opera Prima Bianco '15	🍷🍷 3
○ Collio Sauvignon '15	🍷 3
○ Collio Chardonnay '13	🍷🍷 3
○ Collio Friulano '12	🍷🍷 3
○ Collio Friulano '11	🍷🍷 3
○ Collio Malvasia '11	🍷🍷 3
○ Collio Malvasia '10	🍷🍷 3
○ Collio Ribolla Gialla '10	🍷🍷 3
○ Collio Sauvignon '14	🍷🍷 3
○ Collio Sauvignon '12	🍷🍷 3
○ Collio Sauvignon '11	🍷🍷 3
○ Opera Prima Bianco '14	🍷🍷 3
○ Opera Prima Bianco '13	🍷🍷 4
○ Opera Prima Bianco '12	🍷🍷 3

Le Monde

loc. Le Monde
via Garibaldi, 2
33080 Prata di Pordenone [PN]
Tel. 0434622087
www.lemondewine.com

VENDITA DIRETTA
VISITA SU PRENOTAZIONE
PRODUZIONE ANNUA 250.000 bottiglie
ETTARI VITATI 50,00
AZIENDA SOSTENIBILE

Alex Maccan, giovane imprenditore, nel 2008 rilevò questa fiorente azienda sulla destra del Tagliamento riuscendo in pochi anni ad annoverarla tra le migliori realtà del mondo vitivinicolo regionale. I vigneti si estendono tra le sponde dei fiumi Livenza e Meduna, nel comprensorio della denominazione Friuli Grave, dove la particolare conformità del terreno, ricco di argilla e calcare, conferisce una caratteristica unica a Le Monde, che viene quindi considerata come sottozona a vocazione privilegiata per la coltura della vite. L'elevata qualità produttiva è frutto della scelta, rara da queste parti, di ottenere rese bassissime per ettaro, potendo contare su viti la cui età media supera i trent'anni. Il Pinot Bianco '15 ha riconquistato i nostri Tre Bicchieri. È encomiabile la costanza di questa azienda che con questo vino riesce sempre a centrare l'obiettivo. Ma è sorprendente anche la prestazione di tutta la gamma, indipendentemente dalla tipologia, con valutazioni che, rapportate al prezzo, sono di valore assoluto.

○ Friuli Grave Pinot Bianco '15	🍷🍷🍷 2*
● Friuli Grave Cabernet Sauvignon '14	🍷🍷 2*
○ Friuli Grave Chardonnay '15	🍷🍷 2*
○ Friuli Grave Friulano '15	🍷🍷 2*
● Friuli Grave Merlot '14	🍷🍷 2*
○ Friuli Grave Pinot Grigio '15	🍷🍷 2*
● Friuli Grave Refosco P. R. '14	🍷🍷 2*
● Friuli Grave Refosco P. R. Inaco Ris. '11	🍷🍷 4
○ Pratum '13	🍷🍷 4
○ Friuli Grave Sauvignon '15	🍷 2
○ Ribolla Gialla '15	🍷 3
○ Ribolla Gialla Brut	🍷 3
○ Friuli Grave Pinot Bianco '14	YYY 2*
○ Friuli Grave Pinot Bianco '13	YYY 2*
○ Friuli Grave Pinot Bianco '12	YYY 2*
○ Friuli Grave Pinot Bianco '01	YYY 2

★Lis Neris

via Gavinana, 5
34070 San Lorenzo Isontino [GO]
Tel. 048180105
www.lisneris.it

VENDITA DIRETTA
VISITA SU PRENOTAZIONE
OSPITALITÀ
PRODUZIONE ANNUA 400.000 bottiglie
ETTARI VITATI 70,00
AZIENDA SOSTENIBILE

Alvaro Pecorari, che nel 1981 assunse la gestione di Lis Neris, riuscì a trasformare una piccola azienda contadina da agricola a vitivinicola che, a piccoli passi ma con costanza e concretezza, ha assunto proporzioni di tutto rispetto, e oggi rappresenta una delle più importanti realtà dello stivale. I vigneti sono adagiati su un altopiano di ghiaie profonde fra il confine sloveno e la riva destra del fiume Isonzo, e formano quattro distinti siti: Gris, Picol, Jurosa e Neris. Alvaro ha saputo valorizzare le peculiarità di ogni singolo territorio riuscendo ad affermarsi con uno stile del tutto personale, giovandosi delle forti escursioni termiche che aiutano la lenta maturazione delle uve, rendendole più solide e meglio bilanciate. Con quattro vini in finale si è aggiudicato i Tre Bicchieri e il premio di Dolce dell'Anno il dolcissimo Tal Lùc Cuvée Speciale, prodotto con uve passite di verduzzo friulano con una minima percentuale di riesling, nato dalla convinzione che per i vini dolci la cuvée di più annate possa offrire soluzioni dal potenziale superiore.

○ Tal Lùc Cuvée Speciale	🍷🍷🍷 8
○ Confini '13	🍷🍷 5
○ Friuli Isonzo Pinot Grigio Gris '14	🍷🍷 4
○ Lis '13	🍷🍷 5
○ Friuli Isonzo Chardonnay Jurosa '14	🍷🍷 4
○ Friuli Isonzo Sauvignon Picòl '14	🍷🍷 4
● Lis Neris '10	🍷🍷 6
○ Fiore di Campo '06	YYY 3
○ Friuli Isonzo Pinot Grigio Gris '13	YYY 4*
○ Friuli Isonzo Pinot Grigio Gris '12	YYY 4*
○ Friuli Isonzo Pinot Grigio Gris '11	YYY 4*
○ Friuli Isonzo Pinot Grigio Gris '10	YYY 4*
○ Friuli Isonzo Pinot Grigio Gris '09	YYY 4*
○ Lis '03	YYY 5
○ Pinot Grigio Gris '08	YYY 4*
○ Pinot Grigio Gris '04	YYY 4*
○ Sauvignon Picòl '06	YYY 3*

★Livon

fraz. Dolegnano
via Montarezza, 33
33048 San Giovanni al Natisone [UD]
Tel. 0432757173
www.livon.it

VENDITA DIRETTA
VISITA SU PRENOTAZIONE
OSPITALITÀ
PRODUZIONE ANNUA 850.000 bottiglie
ETTARI VITATI 180,00

Avendo superato il mezzo secolo di attività l'azienda Livon, ora gestita da Valneo e Tonino, si annovera tra i marchi storici che hanno contribuito, e contribuiscono, a mantenere la piccolissima realtà regionale ai vertici delle eccellenze in Italia e nel mondo. Il prossimo cambio generazionale è garantito dai rispettivi figli Matteo e Francesca, ormai già da tempo operativi in azienda. Al famoso marchio con la donna alata che contraddistingue la casa madre si sono aggiunti: RoncAlto sul Collio goriziano, Villa Chiopris nella pianura friulana, Borgo Salcetino in Toscana e Colsanto in Umbria. Tutte le realtà produttive sono affidate alla collaudata esperienza dell'enologo aziendale Rinaldo Stocco. Assieme al consueto Braide Alte '14 in finale si è affacciato per la prima volta il Collio Bianco Solarco e si è aggiudicato i nostri Tre Bicchieri. È composto da friulano e ribolla gialla, i vitigni autoctoni più rappresentativi. È fragrante, profuma di lime e frutta croccante, in bocca è energico e pimpante.

Vino	Bicchieri	Prezzo
○ Collio Bianco Solarco '15	🍷🍷🍷 (rossi)	3*
○ Braide Alte '14	🍷🍷 (rossi)	5
○ Collio Malvasia Soluna '15	🍷🍷	3
● Collio Merlot Tiare Mate '13	🍷🍷	5
○ Collio Pinot Grigio Braide Grande '15	🍷🍷	3
○ Collio Ribolla Gialla Roncalto '15	🍷🍷	3
○ Collio Sauvignon Valbuins '15	🍷🍷	3
● FCO Pignolo Eldoro '12	🍷🍷	5
● FCO Refosco P. R. Riul '13	🍷🍷	3
● TiareBlù '13	🍷🍷	5
○ Braide Alte '13	🍷🍷🍷 (bianchi)	5
○ Braide Alte '11	🍷🍷🍷 (bianchi)	5
○ Braide Alte '09	🍷🍷🍷 (bianchi)	5
○ Braide Alte '07	🍷🍷🍷 (bianchi)	5
○ Collio Braide Alte '08	🍷🍷🍷 (bianchi)	3
○ Collio Friulano Manditocai '12	🍷🍷🍷 (bianchi)	5
○ Collio Friulano Manditocai '10	🍷🍷🍷 (bianchi)	5

Tenuta Luisa

fraz. Corona
via Campo Sportivo, 13
34070 Mariano del Friuli [GO]
Tel. 048169680
www.tenutaluisa.com

VENDITA DIRETTA
VISITA SU PRENOTAZIONE
OSPITALITÀ
PRODUZIONE ANNUA 350.000 bottiglie
ETTARI VITATI 100,00
AZIENDA SOSTENIBILE

Eddi Luisa è una persona emblematica nel panorama vitivinicolo regionale. Ama ripetere che dall'età di 13 anni lavora da sole a sole, senza mai guardare l'orologio e sfoggia con orgoglio le proprie origini contadine. Per molti anni si è dedicato all'allevamento bovino per poi consacrarsi quasi esclusivamente alla cura dei vigneti e a piccoli passi, ma con ammirabile costanza, è riuscito a ingrandire l'azienda dotandola di una splendida cantina immersa nel verde dei vigneti. Confortato dalla moglie Nella è ancora al vertice di un gruppo familiare affiatato e coeso ma ormai da tempo ha affidato la gestione aziendale ai figli: Michele si occupa della vinificazione e Davide della conduzione agronomica. Due vini della linea I Ferretti si sono conquistati l'accesso alle finali e il Desiderium '13 ha ottenuto il massimo riconoscimento. Sapiente mix di chardonnay, friulano e sauvignon, conquista l'olfatto con marcate note di frutta, anche esotica, e regala al palato sublimi sfumature aromatiche.

Vino	Bicchieri	Prezzo
○ Desiderium I Ferretti '13	🍷🍷🍷 (rossi)	4*
○ Friuli Isonzo Friulano I Ferretti '13	🍷🍷 (rossi)	3*
● Friuli Isonzo Cabernet Franc '14	🍷🍷	3
● Friuli Isonzo Merlot '14	🍷🍷	3
● Friuli Isonzo Refosco P. R. I Ferretti '11	🍷🍷	4
○ Friuli Isonzo Sauvignon '15	🍷🍷	3
○ Ribolla Gialla '15	🍷🍷	3
○ Friuli Isonzo Chardonnay '15	🍷	3
○ Traminer Aromatico '15	🍷	3
○ Desiderium Sel. I Ferretti '09	🍷🍷🍷 (bianchi)	4*
○ Chardonnay I Ferretti '07	🍷🍷 (bianchi)	4
● Friuli Isonzo Cabernet I Ferretti '07	🍷🍷 (bianchi)	4
● Friuli Isonzo Cabernet Sauvignon I Ferretti '11	🍷🍷 (bianchi)	4
○ Friuli Isonzo Friulano I Ferretti '12	🍷🍷 (bianchi)	3*
○ Friuli Isonzo Pinot Bianco '06	🍷🍷 (bianchi)	2*
● Friuli Isonzo Refosco P. R. '08	🍷🍷 (bianchi)	3*

Magnàs

loc. Boatina
via Corona, 47
34071 Cormòns [GO]
Tel. 048160991
www.magnas.it

VENDITA DIRETTA
VISITA SU PRENOTAZIONE
OSPITALITÀ E RISTORAZIONE
PRODUZIONE ANNUA 25.000 bottiglie
ETTARI VITATI 10,00

Magnàs è un'azienda artigiana di piccole dimensioni oggi condotta da Andrea Visintin ma fondata dal padre Luciano che, nei primi anni Settanta, decise di dare un'impronta personale a una realtà aziendale del tutto nuova, facendo tesoro dell'esperienza centenaria di una famiglia da sempre legata all'agricoltura. Magnàs è il soprannome che da molte generazioni viene attribuito a questo ramo della famiglia Visintin e testimonia lealtà, orgoglio, dignità e spirito di sacrificio. Il limitato numero di ettari vitati consente ad Andrea di dedicare massima cura e attenzione a ogni singolo vitigno. Le bottiglie prodotte non sono molte e poche sono le etichette ma la qualità è elevata e i prezzi adeguatissimi. L'ottima valutazione ottenuta dall'intera gamma dei vini è impreziosita dalla performance del Pinot Grigio '15. Regala al naso suadenti note di fiori essiccati e sentori fruttati di pera e pesca bianca, il tutto sotto un sottile velo di vaniglia e miele d'acacia. In bocca è corrispondente, morbido ed equilibrato.

○ Pinot Grigio '15	🍷🍷 3*
○ Collio Bianco '15	🍷🍷 3
○ Friuli Isonzo Friulano '15	🍷🍷 3
○ Malvasia '15	🍷🍷 3
● Merlot '13	🍷🍷 3
○ Sauvignon '14	🍷🍷 3
○ Collio Bianco '13	🥂🥂 3*
○ Collio Bianco '12	🥂🥂 3
○ Friuli Isonzo Chardonnay '13	🥂🥂 3
○ Friuli Isonzo Friulano '14	🥂🥂 3
○ Friuli Isonzo Friulano '13	🥂🥂 3
○ Friuli Isonzo Sauvignon '13	🥂🥂 3
○ Friuli Isonzo Sauvignon '12	🥂🥂 3
○ Malvasia '14	🥂🥂 3
○ Malvasia '13	🥂🥂 3
○ Pinot Grigio '14	🥂🥂 3

Valerio Marinig

via Brolo, 41
33040 Prepotto [UD]
Tel. 0432713012
www.marinig.it

VENDITA DIRETTA
VISITA SU PRENOTAZIONE
PRODUZIONE ANNUA 25.000 bottiglie
ETTARI VITATI 9,00

Come spesso accade nelle classiche aziende friulane a gestione familiare, dove le dimensioni e i carichi di lavoro sono a misura d'uomo, c'è un factotum che si occupa della conduzione. Questo ruolo ora è affidato a Valerio Marinig che si avvale delle esperienze ataviche che di generazione in generazione i suoi avi si sono tramandati. Il padre Sergio collabora ancora attivamente, soprattutto in campagna, la moglie Michela e la mamma Marisa completano il gruppo familiare. I nove ettari di vigneto si estendono sul territorio collinare del comune di Prepotto, patria dello schioppettino, dove la particolare conformazione morfologica e climatica ha da sempre creato i presupposti per una viticoltura di qualità. È sempre il Refosco dal Peduncolo Rosso '14, che nella scorsa edizione si conquistò l'accesso alle selezioni finali, a guidare la graduatoria dei vini. I bianchi d'annata si confermano di ottima fragranza e linearità, mentre i rossi godono di buona struttura, con tannini ancora un po' taglienti ma in promettente evoluzione.

● FCO Biel Cûr Rosso '13	🍷🍷 4
○ FCO Friulano '15	🍷🍷 2*
● FCO Refosco P. R. '14	🍷🍷 3
○ FCO Sauvignon '15	🍷🍷 3
● FCO Schioppettino di Prepotto '12	🍷🍷 4
○ FCO Pinot Bianco '15	🍷 2
○ FCO Verduzzo Friulano '15	🍷 3
● Biel Cûr Rosso '11	🥂🥂 4
○ COF Friulano '13	🥂🥂 2*
○ COF Picolit '12	🥂🥂 6
● COF Pignolo '09	🥂🥂 4
○ COF Pinot Bianco '13	🥂🥂 2*
○ COF Sauvignon '13	🥂🥂 3
● COF Schioppettino di Prepotto '10	🥂🥂 4
○ FCO Pinot Bianco '14	🥂🥂 2*
● FCO Schioppettino di Prepotto '11	🥂🥂 4

Masùt da Rive

via Manzoni, 82
34070 Mariano del Friuli [GO]
Tel. 048169200
www.masutdarive.com

VENDITA DIRETTA
VISITA SU PRENOTAZIONE
PRODUZIONE ANNUA 80.000 bottiglie
ETTARI VITATI 22,00
AZIENDA SOSTENIBILE

Masùt da Rive sta scrivendo pagine importanti per il rilancio in regione del pinot nero, un vitigno che negli ultimi anni molti hanno smesso di coltivare. Va dato merito a Silvano Gallo di averci sempre creduto e di aver trasmesso altrettanta passione e convinzione ai figli Fabrizio e Marco. Anni e anni di ricerche e sperimentazioni hanno svelato il segreto che la valorizzazione di questo vitigno è legata a particolari accorgimenti in vinificazione, spesso utilizzando i raspi, e i risultati non si sono fatti attendere. In continua crescita Masùt da Rive propone vini sempre più intriganti e convincenti, con marcate espressioni territoriali che esaltano le potenzialità della denominazione Friuli Isonzo. Per poter riassaggiare il Pinot Nero Maurus, che nelle due precedenti edizioni ci ritrovammo in finale, dovremo aspettare visto che viene prodotto sono nelle migliori annate. Intanto ci godiamo il Cabernet Sauvignon '14, dal profumo raffinato, delicata speziatura e gusto pulito.

● Friuli Isonzo Cabernet Sauvignon '14	⚫⚫ 3
● Friuli Isonzo Pinot Nero '14	⚫⚫ 5
● Friuli Isonzo Rosso Semidis '13	⚫⚫ 5
○ Friuli Isonzo Sauvignon '15	⚫⚫ 3
○ Pinot Grigio '15	⚫⚫ 3
○ Friuli Isonzo Chardonnay '15	⚫ 3
● Friuli Isonzo Merlot '14	⚫ 4
○ Ribolla Gialla '15	⚫ 3
○ Friuli Isonzo Tocai Friulano '04	○○○ 3*
● Friuli Isonzo Cabernet Sauvignon '12	○○ 4
○ Friuli Isonzo Chardonnay Rive Alte '14	○○ 3
○ Friuli Isonzo Chardonnay Rive Alte '13	○○ 3
● Friuli Isonzo Pinot Nero '13	○○ 4
● Friuli Isonzo Refosco P. R. '12	○○ 3
○ Friuli Isonzo Sauvignon Rive Alte '14	○○ 3
○ Friuli Isonzo Sauvignon Rive Alte '13	○○ 3

Davino Meroi

via Stretta, 7b
33042 Buttrio [UD]
Tel. 0432673369
www.meroidavino.com

VENDITA DIRETTA
VISITA SU PRENOTAZIONE
RISTORAZIONE
PRODUZIONE ANNUA 45.000 bottiglie
ETTARI VITATI 19,00
AZIENDA SOSTENIBILE

Paolo Meroi è molto conosciuto in zona anche in veste di affermato ristoratore ma il meglio del suo repertorio è la gestione dell'azienda fondata dal padre Davino, da cui ha ereditato le esperienze maturate nei vigneti forgiati dal nonno Domenico, sui dolci pendii di Buttrio. Viti di oltre trent'anni, rese bassissime e selezioni meticolose sono il presupposto per ottenere uve sane, ricche, concentrate, che permettono di imprimere ai vini uno stile personale, frutto della sapiente vinificazione in legno. Ora può contare anche sul supporto del figlio Damiano, cui ha affidato l'onere della commercializzazione, mentre in vigna e in cantina si avvale sempre della preziosa collaborazione di Mirko Degan. Siamo ormai abituati a trovare in finale almeno un paio di vini e quest'anno è toccato al Verduzzo Friulano '13 e al Merlot Ros di Buri '13. Il primo è dolcissimo e profuma di agrumi canditi, amaretti e vaniglia, mentre il Merlot al naso è complesso, in bocca gustoso, grasso, pastoso e avvolgente.

● FCO Merlot Ros di Buri '13	🔴🔴 5
○ FCO Verduzzo Friulano '13	🔴🔴 5
○ FCO Chardonnay '14	⚫⚫ 5
○ FCO Sauvignon '14	⚫⚫ 4
○ COF Friulano '11	○○○ 5
○ COF Friulano '10	○○○ 5
○ COF Verduzzo Friulano '08	○○○ 5
○ COF Chardonnay '12	○○ 5
○ COF Friulano '13	○○ 5
● COF Merlot Ros di Buri '12	○○ 5
● COF Merlot V. Dominin '11	○○ 8
○ COF Sauvignon '12	○○ 4
○ FCO Malvasia Zitelle Durì '13	○○ 6
● FCO Merlot V. Dominin '12	○○ 8
○ FCO Picolit '13	○○ 6
○ FCO Sauvignon '13	○○ 4
○ FCO Verduzzo Friulano '12	○○ 5

Muzic

Loc. Bivio, 4
34070 San Floriano del Collio [GO]
Tel. 0481884201
www.cantinamuzic.it

VENDITA DIRETTA
VISITA SU PRENOTAZIONE
PRODUZIONE ANNUA 90.000 bottiglie
ETTARI VITATI 21,00
AZIENDA SOSTENIBILE

I giovanissimi Elija e Fabijan Muzic sono ormai pronti a raccogliere il testimone dal padre Giovanni, in luogo meglio conosciuto come Ivan, vero artigiano del vino e amante dei lavori all'aria aperta. A sua volta Ivan ereditò l'azienda dai suoi genitori che nel 1963 ebbero l'occasione di acquistare i primi cinque ettari di vigneto che già lavoravano da mezzadri sugli assolati pendii di San Floriano del Collio. Elija e Fabijan si sono diligentemente suddivisi i compiti e operano ormai da tempo in perfetta sinergia. La supervisione costante di mamma Orieta è il valore aggiunto al gruppo familiare, che fa della coesione l'arma vincente, protagonisti nel fitto repertorio di aziende modello regionali. L'intera gamma dei vini si conferma di assoluto valore qualitativo. Non ci stupisce l'ennesimo exploit del Friulano Vigna Valeris '15, ormai una costante nelle nostre finali, mentre una bella novità è la Malvasia '15, che profuma di pesca gialla e nespola, dalla bocca cremosa, fragrante e saporita.

○ Collio Friulano V. Valeris '15	3*
○ Collio Malvasia '15	3*
○ Collio Bianco '15	3
○ Collio Chardonnay '15	3
● Collio Merlot '14	3
○ Collio Pinot Grigio '15	3
○ Collio Ribolla Gialla '15	3
○ Collio Sauvignon V. Pàjze '15	3
○ Collio Bianco '13	3
● Collio Cabernet Sauvignon '12	3
○ Collio Chardonnay '13	3
○ Collio Malvasia '13	3
○ Collio Pinot Grigio '13	3
○ Collio Ribolla Gialla '13	3
○ Collio Sauvignon V. Pàjze '14	3
○ Collio Sauvignon V. Pàjze '12	3

Paraschos

Loc. Bucuie, 13a
34070 San Floriano del Collio [GO]
Tel. 0481884154
www.paraschos.it

VENDITA DIRETTA
VISITA SU PRENOTAZIONE
PRODUZIONE ANNUA 14.000 bottiglie
ETTARI VITATI 6,00

La vistosa Pi greca che contraddistingue le etichette di Evangelos Paraschos non lascia adito a dubbi sulla sua origine. Stabilitosi nel 1979 a San Floriano del Collio assimilò da subito con entusiasmo le tradizioni vinicole locali associandole a quelle della valle del Vipacco, nella vicina Slovenia. Alla coltura biodinamica segue la vinificazione che prevede lunghe macerazioni con le bucce, anche delle uve bianche, in tini aperti di rovere di Slavonia o in anfore di terracotta, senza il controllo della temperatura, affidandosi ai lieviti indigeni. I vini vengono imbottigliati dopo almeno due anni senza essere filtrati, chiarificati o stabilizzati e non viene mai aggiunta anidride solforosa. Anche quest'anno abbiamo potuto assaggiare solo un paio di vini e i lusinghieri apprezzamenti sono perfettamente in linea con quelli delle precedenti edizioni. In particolare si è distinto il Pinot Grigio Not '13, vino solare che profuma di fiori di campo appassiti e di frutta candita, secco e gustoso al palato.

○ Pinot Grigio Not '13	5
○ Ponka '11	5
○ Amphoreus Bianco '09	5
○ Amphoreus Malvasia '10	6
○ Chardonnay '09	3
○ Chardonnay '08	3
○ Kaj '11	5
○ Kaj '09	5
○ Malvasia Amphoreus '11	6
● Merlot '10	3*
● Merlot '09	4
○ Pinot Grigio Not '11	5
○ Ponka '10	5
○ Ponka '09	5
● Ros di Lune '09	3
● Skala '07	5

Alessandro Pascolo

loc. Ruttars, 1
34070 Dolegna del Collio [GO]
Tel. 048161144
www.vinipascolo.com

VENDITA DIRETTA
VISITA SU PRENOTAZIONE
PRODUZIONE ANNUA 25.000 bottiglie
ETTARI VITATI 7,00
AZIENDA SOSTENIBILE

Azienda di recentissima costituzione fondata nel 2006 da Alessandro Pascolo che, al termine degli studi enologici e agronomici, ha dato seguito e ha messo a frutto la felice intuizione del nonno Angelo che negli anni Settanta decise di investire in campagna ed ebbe l'occasione di acquisire un casolare circondato dai vigneti sugli assolati declivi del colle di Ruttàrs, perla del comprensorio di Dolegna del Collio. Sette ettari di vigna che godono di un'esposizione ideale, con anche viti vecchie, che ora Alessandro gestisce in prima persona interpretando magistralmente il territorio, dimostrando di avere la vigna nel cuore e il cuore nella vigna, un amore che nei suoi vini si converte in emozioni. Tutti i vini hanno ottenuto unanimi giudizi lusinghieri, per la piacevolezza della beva ma soprattutto per la corrispondenza con le caratteristiche varietali di ogni singolo vitigno. In particolare la Malvasia '15 è stata riesaminata nelle nostre finali ed elogiata per la complessità al naso e per la persistenza all'assaggio.

○ Collio Malvasia '15	🍷🍷 3*
○ Collio Bianco Agnul '14	🍷🍷 4
○ Collio Friulano '15	🍷🍷 3
● Collio Merlot Sel. '13	🍷🍷 5
○ Collio Sauvignon '15	🍷🍷 3
○ Collio Pinot Bianco '15	🍷 3
○ Collio Bianco Agnul '13	🍷🍷 4
○ Collio Malvasia '13	🍷🍷 3
● Collio Merlot Sel. '12	🍷🍷 5
● Pascal '11	🍷🍷 3
○ Riesling Briach '07	🍷🍷 4

Pierpaolo Pecorari

via Tommaseo, 56
34070 San Lorenzo Isontino [GO]
Tel. 0481808775
www.pierpaolopecorari.it

VENDITA DIRETTA
VISITA SU PRENOTAZIONE
PRODUZIONE ANNUA 150.000 bottiglie
ETTARI VITATI 30,00

Vignaioli per tradizione, i Pecorari hanno scritto parecchie pagine di storia nel mondo vitivinicolo regionale. Nel 1970 Pierpaolo Pecorari, allora giovanissimo, fondò un'azienda in proprio e iniziò un percorso che in breve tempo lo portò alla ribalta della cronaca come produttore dei vini più significativi della denominazione Friuli Isonzo. La sua è sempre stata una filosofia volta all'obiettivo di mettere in bottiglia la grande caratterialità che solo questo luogo è in grado di offrire. Per questo tutti i suoi vini sono rigorosamente monovitigno e, sfruttando le peculiarità territoriali, presentano una spiccata mineralità e una corrispondenza varietale ben delineata. I vini bianchi elaborati in legno presentano note eleganti di crema chantilly, agrumi canditi e vaniglia, in bocca sono morbidi e fragranti. I migliori apprezzamenti premiano la Malvasia '15 per la complessità e la gradevolezza del profumo ma soprattutto per la dinamicità e la freschezza dell'assaggio.

○ Malvasia '15	🍷🍷 3*
● Merlot '14	🍷🍷 3
○ Pinot Grigio Olivers '14	🍷🍷 5
● Refosco P. R. Tao '12	🍷🍷 5
○ Sauvignon Kolaus '14	🍷🍷 5
○ Friuli Isonzo Friulano '15	🍷 3
○ Chardonnay Soris '11	🍷🍷 5
○ Friuli Isonzo Friulano '11	🍷🍷 3*
● Merlot Baolar '11	🍷🍷 4
○ Pinot Grigio Olivers '12	🍷🍷 5
○ Pinot Grigio Olivers '11	🍷🍷 5
● Refosco P. R. '12	🍷🍷 3
○ Sauvignon Blanc '10	🍷🍷 3
○ Sauvignon Blanc Altis '11	🍷🍷 4
○ Sauvignon Kolaus '12	🍷🍷 5
○ Sauvignon Kolaus '11	🍷🍷 5*

SOSTENIBILITÀ?
LA SOLUZIONE C'È:
I VITIGNI RESISTENTI
ALLA PERONOSPORA
ED OIDIO!
STUDIOFABBRO.COM 07-2016
FLEURTAI
SORELI
SAUVIGNON KRETOS
SAUVIGNON NEPIS
SAUVIGNON RYTOS
CABERNET EIDOS
CABERNET VOLOS
MERLOT KHORUS
MERLOT KHANTUS
JULIUS
VCR®
VIVAI COOPERATIVI RAUSCEDO
L'innovazione in viticoltura
LI TROVI SOLO AI
VIVAI COOPERATIVI
RAUSCEDO
RAUSCEDO (PN) ITALIA TEL. +39.0427.948811 www.vivairauscedo.com

VUOI?
ADESSO PUOI!
Wineemotion si fa in 2!
Da oggi il dispenser lo puoi
comprare o noleggiare.
WINEEMOTION
wine dispensing system
info@wineemotion.com | info@wineemotionrental.com

Mangiare bene
ad ogni costo
IN CITTÀ O IN PROVINCIA,
AL RISTORANTE O IN TRATTORIA,
CON LE GUIDE DEL GAMBERO ROSSO
NON SBAGLI MAI NELLE TUE SCELTE
Gambero Rosso
2017
30 ANNI DI SUCCESSI
Ristoranti d'Italia
2268 indirizzi per mangiare e bere
250 novità
premi speciali:
novità dell'anno
bistrot dell'anno
ristoratore dell'anno
pastry chef dell'anno
miglior servizio di sala
Ristoranti d'Italia 2017 del Gambero Rosso
Ristoranti d'Italia
Vicini a te
www.gamberorosso.it
GAMBERO ROSSO
In edicola e libreria,
eBook o app per smartphone e tablet

Perusini

loc. Gramogliano
via del Torrione, 13
33040 Corno di Rosazzo [UD]
Tel. 0432759151
www.perusini.com

VENDITA DIRETTA
VISITA SU PRENOTAZIONE
OSPITALITÀ E RISTORAZIONE
PRODUZIONE ANNUA 90.000 bottiglie
ETTARI VITATI 15,00
VITICOLTURA Biologico Certificato
AZIENDA SOSTENIBILE

Teresa Perusini è l'attuale proprietaria di questa storica azienda friulana fondata alla fine dell'Ottocento dal nonno, Giacomo Perusini. Amante dell'arte, del bello e del buono, Teresa ha saputo valorizzare l'opera dei suoi avi dimostrandosi abile vignaiola, capace di interpretare il territorio e di traghettare il suo entusiasmo alla nuova generazione formata da Carlo, Tommaso e Michele, già da tempo operativi in azienda. L'apporto di giovani energie ha coinciso con un sostanziale balzo in avanti e l'intera linea produttiva ne ha risentito. Sia i vini bianchi che quelli rossi si sono stabilizzati su livelli di altissimo valore qualitativo e il Picolit si conferma fiore all'occhiello aziendale. Freschezza, mineralità e fragranza sono le caratteristiche principali di tutti i vini bianchi dell'ultima annata ma si è particolarmente distinto il Pinot Grigio '15, che impreziosisce con sbuffi esotici le note agrumate di scorza di cedro e mandarino. Ottima la struttura dei vini rossi, vivacizzata da sentori fruttati e balsamici.

○ FCO Pinot Grigio '15	🍷🍷 3*
● FCO Cabernet Franc '13	🍷🍷 3
● FCO Merlot '13	🍷🍷 3
○ FCO Picolit '13	🍷🍷 8
● FCO Refosco P.R. '13	🍷🍷 3
● FCO Rosso del Postiglione '13	🍷🍷 3
○ FCO Sauvignon '15	🍷🍷 3
○ FCO Chardonnay '15	🍷 3
○ FCO Ribolla Gialla '15	🍷 3
● COF Merlot '12	🍷🍷 3
○ COF Picolit '12	🍷🍷 8
● COF Refosco P.R. '12	🍷🍷 3
● COF Rosso del Postiglione '12	🍷🍷 3
○ FCO Pinot Grigio '14	🍷🍷 3
○ FCO Ribolla Gialla '14	🍷🍷 3
○ FCO Sauvignon '14	🍷🍷 3

Petrucco

via Morpurgo, 12
33042 Buttrio [UD]
Tel. 0432674387
www.vinipetrucco.it

VENDITA DIRETTA
VISITA SU PRENOTAZIONE
PRODUZIONE ANNUA 80.000 bottiglie
ETTARI VITATI 25,00

Azienda nata dall'amore di una coppia per la propria terra: Lina e Paolo Petrucco. Nel 1981 ebbero occasione di stabilirsi sui soleggiati declivi di Buttrio, dove inizia lo splendido anfiteatro naturale del Friuli formato da colline esposte alle brezze marine, e decisero di fondare un'azienda vitivinicola. Si affidarono alle capacità enologiche e agronomiche di Flavio Cabas che ancor oggi gestisce l'intera filiera con pluriennale esperienza. A lui sono affidate le cure dei preziosi vigneti storici piantati prima della Grande Guerra da Italo Balbo, marito della contessa Emanuela Florio, dove maturano le uve destinate a produrre i vini della Riserva Ronco del Balbo, fiore all'occhiello dell'azienda. Da sempre i Petrucco hanno prodotto solo vini monovarietali ma quest'anno per la prima volta usciranno sul mercato con il Bianco Cabas Ronco del Balbo '15, che è composto da chardonnay, sauvignon, friulano e malvasia, che da subito ha conquistato i nostri palati e ha ottenuto ottimi apprezzamenti.

○ FCO Bianco Cabas Ronco del Balbo '15	🍷🍷 4
○ FCO Malvasia '15	🍷🍷 3
● FCO Merlot Ronco del Balbo '13	🍷🍷 4
● FCO Pignolo Ronco del Balbo '11	🍷🍷 5
○ FCO Pinot Bianco '15	🍷🍷 3
○ FCO Pinot Grigio '15	🍷🍷 3
● FCO Refosco P. R. Ronco del Balbo '13	🍷🍷 4
○ FCO Sauvignon '15	🍷🍷 3
○ FCO Friulano '15	🍷 3
● COF Merlot Ronco del Balbo '12	🍷🍷 4
● COF Merlot Ronco del Balbo '11	🍷🍷 3*
● COF Refosco P. R. Ronco del Balbo '12	🍷🍷 4
○ FCO Chardonnay '14	🍷🍷 3
○ FCO Friulano '14	🍷🍷 3
○ FCO Pinot Bianco '14	🍷🍷 3*
○ FCO Pinot Grigio '14	🍷🍷 3

Petrussa

via Albana, 49
33040 Prepotto [UD]
Tel. 0432713192
www.petrussa.it

VENDITA DIRETTA
VISITA SU PRENOTAZIONE
OSPITALITÀ
PRODUZIONE ANNUA 40.000 bottiglie
ETTARI VITATI 10,00

Fu un ritorno alle origini, il forte richiamo della terra, che nel 1986 convinse i fratelli Gianni e Paolo Petrussa a subentrare ai loro genitori nella gestione dell'azienda di famiglia. Si posero da subito l'obiettivo di evidenziare le caratteristiche del proprio comprensorio di produzione, Albana di Prepotto, uno stretto lembo di terra considerata la culla della ribolla nera, vitigno autoctono transfrontaliero da cui si produce lo Schioppettino. I vigneti si suddividono in piccoli appezzamenti dislocati nel settentrione della denominazione Friuli Colli Orientali, a ridosso delle Prealpi Giulie, in una vallata riparata dai forti venti dell'Est, che gode di un microclima mite, unico e inimitabile. Decisamente un'annata felice per tutta la gamma, che presenta un andamento omogeneo di valore. I vini bianchi dell'ultima vendemmia marcano con decisione le caratteristiche varietali e sono di beva piacevole, mentre i rossi si giovano delle sfumature aromatiche dovute al lento affinamento.

○ FCO Friulano '15	ΨΨ	3
● FCO Merlot Rosso Petrussa '13	ΨΨ	5
○ FCO Pinot Bianco '15	ΨΨ	3
○ FCO Ribolla Gialla '15	ΨΨ	3
○ FCO Sauvignon '15	ΨΨ	3
● FCO Schioppettino di Prepotto '13	ΨΨ	5
○ Pensiero '13	ΨΨ	5
○ FCO Chardonnay S. Elena '14	Ψ	4
● COF Cabernet '12	YY	3
○ COF Chardonnay S. Elena '13	YY	4
● COF Rosso Petrussa '12	YY	5
○ COF Sauvignon '13	YY	3
○ FCO Friulano '14	YY	3
○ FCO Pinot Bianco '14	YY	3
○ Pensiero '12	YY	5
○ Pensiero '11	YY	5

Roberto Picéch

loc. Pradis, 11
34071 Cormòns [GO]
Tel. 048160347
www.picech.com

VENDITA DIRETTA
VISITA SU PRENOTAZIONE
OSPITALITÀ
PRODUZIONE ANNUA 30.000 bottiglie
ETTARI VITATI 7,00
AZIENDA SOSTENIBILE

Quella di Roberto Picéch è una cantina modello del Collio goriziano, un'icona del panorama vitivinicolo regionale. Svetta in cima a un colle in località Pradis, nei pressi di Cormòns, circondata dai preziosi vigneti ereditati dal padre Egidio, personaggio emblematico che veniva chiamato il ribèl. Tutti lo ricordano per la forte personalità, la tenacia e la determinazione, ma anche per la generosità e la disponibilità nel dispensare aiuto e consigli. Doti che ora vengono riconosciute anche a Roberto, che non ha mai ceduto alla tentazione di seguire le mode e le richieste specifiche del mercato. I suoi vini sono l'espressione del suo carattere, puri e genuini, decisi e non sempre di facile lettura. Nel Collio Rosso '14 spicca la grinta e l'energia del cabernet franc con note erbacee di scorza di vimini e di radice di liquirizia mentre il merlot e il cabernet sauvignon, che completano l'uvaggio, regalano piacevoli suggestioni di marasche macerate e di tabacco biondo sia all'olfatto che nel finale di bocca.

● Collio Rosso '14	ΨΨ (rossi)	3*
○ Collio Friulano '15	ΨΨ	3
○ Collio Malvasia '15	ΨΨ	3
○ Collio Pinot Bianco '15	ΨΨ	3
○ Collio Bianco Athena '05	YYY	7
○ Collio Bianco Jelka '11	YYY	4
○ Collio Bianco Jelka '99	YYY	7
○ Collio Pinot Bianco '13	YYY	3*
○ Collio Bianco Athena Magnum '12	YY	7
○ Collio Bianco Athena Magnum '11	YY	7
○ Collio Bianco Jelka '13	YY	4
○ Collio Bianco Jelka '12	YY	4
○ Collio Malvasia '14	YY	3*
○ Collio Pinot Bianco '14	YY	3
● Collio Rosso '13	YY	3
● Collio Rosso '12	YY	3
● Collio Rosso Ruben Ris. '12	YY	6

Vigneti Pittaro

via Udine, 67
33033 Codroipo [UD]
Tel. 0432904726
www.vignetipittaro.com

VENDITA DIRETTA
VISITA SU PRENOTAZIONE
OSPITALITÀ
PRODUZIONE ANNUA 400.000 bottiglie
ETTARI VITATI 90,00
AZIENDA SOSTENIBILE

Piero Pittaro discende da un'antica famiglia di vignaioli che opera da oltre 450 anni nel comparto vitivinicolo regionale. La maggior parte dei vigneti fa da contorno alla splendida cantina di Codroipo, raro esempio di simbiosi tra architettura e praticità, nell'immensa distesa sassosa che caratterizza la denominazione Friuli Grave, mentre altri si estendono sulle colline più settentrionali del Friuli Colli Orientali nella zona di Ramandolo. Territori diversi e quindi vini diversi, che ampliano l'offerta coprendo ogni esigenza del mercato. La gamma si completa con un'importante serie di spumanti Metodo Classico frutto della collaudata esperienza del direttore di cantina Stefano Trinco. Il Pittaro Brut Etichetta Oro '09 ha sempre una marcia in più e ormai da molti anni si distingue per fragranza e sapidità nel comparto regionale delle bollicine. Guida una serie di vini di diversa tipologia, tutti di pregevole fattura, rispettosi delle caratteristiche varietali e ambasciatori del territorio.

○ Pittaro Brut Et. Oro '09	🍷🍷 5
○ FCO Friulano Ronco Vieri '15	🍷🍷 3
○ FCO Picolit Ronco Vieri '13	🍷🍷 6
● Friuli Grave Cabernet '13	🍷🍷 3
○ Friuli Grave Chardonnay Mousquè '15	🍷🍷 3
● Friuli Grave Rosso Agresto '11	🍷🍷 4
○ Pittaro Brut Et. Argento	🍷🍷 4
⊙ Pittaro Brut Pink	🍷🍷 5
○ Ramandolo Ronco Vieri '14	🍷🍷 3
○ Ribolla Gialla Brut	🍷🍷 3
○ Friuli Grave Sauvignon Blanc '15	🍷 3
○ Manzoni Bianco '15	🍷 3
● Friuli Grave Rosso Agresto '08	🍷🍷 4
○ Pittaro Brut Et. Oro '08	🍷🍷 5
○ Pittaro Brut Et. Oro '07	🍷🍷 5

Denis Pizzulin

via Brolo, 43
33040 Prepotto [UD]
Tel. 0432713425
www.pizzulin.com

VENDITA DIRETTA
VISITA SU PRENOTAZIONE
PRODUZIONE ANNUA 30.000 bottiglie
ETTARI VITATI 11,00

Pochi ettari vitati e poche etichette ma tanta passione e innate capacità enologiche. Sono questi i requisiti che hanno permesso a Denis Pizzulin di stabilizzarsi tra le aziende di riferimento del comprensorio di Prepotto. Una stretta vallata protetta dai venti, confinante con la Slovenia e con il Collio, che pullula di piccole aziende a carattere familiare che mettono a frutto le esperienze degli avi. È la patria della ribolla nera, l'uva utilizzata per produrre lo Schioppettino, vino di riferimento anche per la cantina di Denis che ha comunque dimostrato di porre attenzione a tutta la gamma. I vini denominati Rarisolchi, sia il bianco sia il rosso, sono gli uvaggi della casa vinificati in legno. Ottima annata per i vini bianchi, tutti molto profumati, fragranti, agrumati, lineari e di beva piacevole. Ma i migliori apprezzamenti se li è aggiudicati il Merlot Scaglia Rossa Riserva '13, per l'ottima struttura e la cremosità dell'assaggio, caratterizzato da sentori di amarene macerate, spezie chiare e liquirizia.

● FCO Merlot Scaglia Rossa Ris. '13	🍷🍷 4
○ FCO Friulano '15	🍷🍷 3
● FCO Pignolo '11	🍷🍷 6
○ FCO Pinot Grigio '15	🍷🍷 3
○ FCO Sauvignon '15	🍷🍷 3
● FCO Pinot Nero '13	🍷 4
● COF Merlot '13	🍷🍷 3
● COF Merlot '12	🍷🍷 3
○ COF Pinot Bianco '13	🍷🍷 3
● COF Refosco P. R. '12	🍷🍷 4
● COF Refosco P. R. Ris. '09	🍷🍷 4
● COF Rosso Rarisolchi Ris. '09	🍷🍷 4
○ COF Sauvignon '13	🍷🍷 3
● COF Schioppettino di Prepotto '12	🍷🍷 3
● COF Schioppettino di Prepotto '11	🍷🍷 3
● COF Schioppettino di Prepotto '10	🍷🍷 3

Renata Pizzulin

via Celso Macor, 1
34070 Moraro [GO]
Tel. 0432713027
www.renatapizzulin.it

VENDITA DIRETTA
VISITA SU PRENOTAZIONE
PRODUZIONE ANNUA 10.000 bottiglie
ETTARI VITATI 3,00
AZIENDA SOSTENIBILE

È un'azienda minuscola di recentissima costituzione che è salita subito alla ribalta per la fragranza e l'immediatezza dei vini che propone. È di proprietà di Alberto Pelos e Renata Pizzulin, una giovane coppia che ha dimostrato di avere le idee molto chiare impostando i vigneti, che si estendono sui terreni argillosi e ferrosi della riva destra dell'Isonzo, piantumandoli con il vitigno che meglio corrispondeva alle caratteristiche pedoclimatiche di ogni singolo appezzamento. Per distinguerli li hanno identificati con il toponimo assegnatogli dalle antiche mappe catastali e così sono nati: Teolis, Melaris, Paladis, Murellis e Clagnis. L'avvio è esaltante, ora spetta ad Alberto confermare le aspettative. Perchè possano esprimersi al meglio i vini vengono sottoposti a un lungo affinamento in bottiglia ed escono sul mercato almeno due anni dopo la vendemmia. Quindi quest'anno abbiamo degustato quelli del 2014 considerata annata non felicissima ma che non ha influito sugli apprezzamenti all'intera gamma.

○ Friuli Isonzo Bianco Teolis '14	🍷🍷 4
○ Friuli Isonzo Chardonnay Paladis '14	🍷🍷 4
● Refosco P. R. Murellis '13	🍷🍷 4
○ Friuli Isonzo Malvasia Melaris '14	🍷 3
○ Friuli Isonzo Bianco Teolis '13	♀♀ 3
○ Friuli Isonzo Bianco Teolis '12	♀♀ 3
○ Friuli Isonzo Chardonnay Paladis '13	♀♀ 3
○ Friuli Isonzo Chardonnay Paladis '12	♀♀ 3
○ Friuli Isonzo Malvasia Melaris '13	♀♀ 3
○ Friuli Isonzo Malvasia Melaris '12	♀♀ 3
● Friuli Isonzo Refosco P. R. Murellis '12	♀♀ 3
● Murellis '12	♀♀ 3

Damijan Podversic

via Brigata Pavia, 61
34170 Gorizia
Tel. 048178217
www.damijanpodversic.com

VENDITA DIRETTA
VISITA SU PRENOTAZIONE
PRODUZIONE ANNUA 24.000 bottiglie
ETTARI VITATI 10,00
VITICOLTURA Biologico Certificato
AZIENDA SOSTENIBILE

È chiamato Monte Calvario uno dei colli più alti del comprensorio del Collio. Da qui lo sguardo domina lo splendido andamento ondulato delle colline circostanti, si estende sull'immensa spianata pianeggiante e si intravede il mare. È un panorama mozzafiato che Damijan Podversic ha la fortuna di poter godere ogni giorno, curando i suoi vigneti con una minuziosità maniacale. È un uomo genuino, orgoglioso del suo mestiere di contadino, forte dell'amore per la terra e per le ataviche pratiche di cantina. Il suo metodo di vinificazione prevede lunghe macerazioni sulle bucce, anche per i bianchi, e nessun intervento che possa alterare il naturale processo di trasformazione. Basta uno sguardo alla griglia sottostante per capire quanta eccellenza c'è nei vini di Damijan e quest'anno, con quattro vini in finale, l'ha spuntata la Ribolla Gialla '12 conquistando i Tre Bicchieri. Profuma di zenzero, cera d'api, incenso, uva sultanina e fichi sotto spirito, in bocca è gustosa, sapida e quasi piccante.

○ Ribolla Gialla '12	🍷🍷🍷 8
○ Kaplja '12	🍷🍷 6
○ Malvasia '12	🍷🍷 8
● Rosso Prelit '12	🍷🍷 6
○ Nekaj '12	🍷🍷 6
○ Kaplja '08	♀♀♀ 6
○ Malvasia '10	♀♀♀ 6
○ Malvasia '09	♀♀♀ 6
○ Kaplja '11	♀♀ 6
○ Kaplja '10	♀♀ 6
○ Kaplja '09	♀♀ 6
○ Kaplja '07	♀♀ 6
○ Nekaj '11	♀♀ 6
○ Ribolla Giall '10	♀♀ 6
○ Ribolla Gialla '11	♀♀ 6
○ Ribolla Gialla '09	♀♀ 6
○ Ribolla Gialla '07	♀♀ 5

Isidoro Polencic

LOC. PLESSIVA, 12
34071 CORMÒNS [GO]
TEL. 048160655
www.polencic.com

VENDITA DIRETTA
VISITA SU PRENOTAZIONE
OSPITALITÀ
PRODUZIONE ANNUA 120.000 bottiglie
ETTARI VITATI 28,00

I ricordi dell'insediamento della famiglia Polencic sul Collio si perdono nel tempo. Gente caparbia, dedita all'agricoltura e, naturalmente, alla coltivazione della vite. Isidoro Polencic, gran maestro di vigna e di cantina, nel 1968 fondò l'azienda che poi condusse per molti anni portandola a una dimensione di tutto rispetto per una gestione prettamente familiare. La continuità è ora affidata ai suoi tre figli, Elisabetta, Michele e Alex, che hanno dimostrato da subito una disinvoltura davvero fuori dal comune, soprattutto se rapportata alla giovane età. Il fiore all'occhiello dell'azienda è il Fisc, ottenuto da un vigneto per il cui reimpianto furono utilizzate barbatelle ricavate da piante ultracentenarie di tocai friulano. Davvero superba la performance dell'intera gamma dei vini presentati, tutti bianchi del Collio dell'ultima annata, ambasciatori di un territorio universalmente riconosciuto. I descrittori riportano alle peculiarità di ogni singolo vitigno, con sfumature aromatiche di raro pregio.

○ Collio Chardonnay '15	▼▼ 3
○ Collio Friulano '15	▼▼ 3
○ Collio Pinot Bianco '15	▼▼ 3
○ Collio Pinot Grigio '15	▼▼ 3
○ Collio Ribolla Gialla '15	▼▼ 3
○ Collio Sauvignon '15	▼▼ 3
○ Collio Friulano Fisc '07	▽▽▽ 3*
○ Collio Pinot Bianco '07	▽▽▽ 3
○ Collio Pinot Grigio '98	▽▽▽ 3*
○ Collio Tocai Friulano '04	▽▽▽ 3*
○ Collio Chardonnay '14	▽▽ 3
○ Collio Friulano '14	▽▽ 3
○ Collio Friulano Fisc '13	▽▽ 4
○ Collio Pinot Bianco '13	▽▽ 3
○ Collio Pinot Grigio '14	▽▽ 3
○ Oblin Blanc '12	▽▽ 4

Primosic

FRAZ. OSLAVIA
LOC. MADONNINA DI OSLAVIA, 3
34070 GORIZIA
TEL. 0481535153
www.primosic.com

VENDITA DIRETTA
VISITA SU PRENOTAZIONE
PRODUZIONE ANNUA 210.000 bottiglie
ETTARI VITATI 30,00

I giovani fratelli Marko e Boris Primosic gestiscono l'azienda fondata nel 1956 dal padre Silvestro nel comprensorio di Oslavia, località che ospita un considerevole numero di aziende a conduzione familiare che hanno scritto e scrivono la storia del Collio. È noto come da queste parti sia molto diffuso l'utilizzo di tecniche ancestrali nella vinificazione, derivanti da antiche tradizioni transfrontaliere, che prevedono lunghe macerazioni sulle bucce anche per i bianchi e soprattutto per la Ribolla Gialla. Ma naturalmente vengono utilizzate anche le moderne tecnologie e questo permette di arricchire la gamma, presentando al panorama internazionale le diverse interpretazioni del territorio. L'ottima performance aziendale, impreziosita dalla partecipazione alla finale del Bianco Klin '11, ha visto salire sul podio la Ribolla Gialla di Oslavia Riserva '12, che si è imposta su tutti, bissando il successo dello scorso anno e riconquistando i Tre Bicchieri. Una bella conferma per il Collio, per Oslavia e per i Primosic.

○ Collio Ribolla Gialla di Oslavia Ris. '12	▼▼▼ 5
○ Collio Bianco Klin '11	▼▼ 5
○ Collio Chardonnay Gmajne '13	▼▼ 5
● Collio Merlot Murno '12	▼▼ 4
○ Collio Pinot Grigio Murno '15	▼▼ 4
○ Collio Pinot Grigio Ris. '12	▼▼ 4
○ Collio Sauvignon '15	▼▼ 3
○ Collio Sauvignon Gmajne '15	▼▼ 5
○ Ribolla Gialla '15	▼ 3
○ Collio Chardonnay Gmajne '11	▽▽▽ 4*
○ Collio Ribolla Gialla di Oslavia Ris. '11	▽▽▽ 5
○ Collio Bianco Klin Ris. '10	▽▽ 5
○ Collio Friulano Belvedere '14	▽▽ 3
● Collio Merlot Murno '11	▽▽ 3
○ Collio Sauvignon Gmajne '14	▽▽ 4

★Doro Princic

loc. Pradis, 5
34071 Cormòns [GO]
Tel. 048160723
doroprincic@virgilio.it

VENDITA DIRETTA
VISITA SU PRENOTAZIONE
PRODUZIONE ANNUA 60.000 bottiglie
ETTARI VITATI 10,00

L'azienda fondata da Doro Princic nel 1950 è un fiore all'occhiello del Collio. È diventata un marchio che garantisce qualità assoluta, un orgoglio per tutta la regione, e il merito è di Alessandro, uomo di vigna, classico artigiano del vino, personaggio imponente sia per l'aspetto fisico che per il carattere. Un sorriso sornione traspare sotto i baffoni di stile austro-ungarico e insieme alla moglie Mariagrazia forma una coppia di gande simpatia. Convinto sostenitore del monovitigno riesce a trarre il meglio da ogni varietà senza manipolazioni o eccessi, rispettando i tempi dettati dalla natura. Pur essendo meritatamente approdata alle finali la Malvasia '15 non è riuscita a confermare il predominio che l'aveva vista protagonista per sette anni consecutivi. Il testimone è stato raccolto da uno splendido Friulano '15 che ha una marcia in più e si aggiudica i nostri Tre Bicchieri.

Vino	Bicchieri	
○ Collio Friulano '15	🍷🍷🍷 (rossi)	5
○ Collio Malvasia '15	🍷🍷 (rossi)	5
● Collio Merlot '12	🍷🍷	5
○ Collio Pinot Bianco '15	🍷🍷	5
○ Collio Pinot Grigio '15	🍷🍷	5
○ Collio Sauvignon '15	🍷🍷	5
○ Collio Ribolla Gialla '15	🍷	5
○ Collio Malvasia '14	🍷🍷🍷 (vuoti)	5
○ Collio Malvasia '13	🍷🍷🍷 (vuoti)	5
○ Collio Malvasia '12	🍷🍷🍷 (vuoti)	5
○ Collio Malvasia '11	🍷🍷🍷 (vuoti)	5
○ Collio Malvasia '10	🍷🍷🍷 (vuoti)	4
○ Collio Malvasia '09	🍷🍷🍷 (vuoti)	4*
○ Collio Malvasia '08	🍷🍷🍷 (vuoti)	4
○ Collio Pinot Bianco '07	🍷🍷🍷 (vuoti)	3
○ Collio Pinot Bianco '05	🍷🍷🍷 (vuoti)	3
○ Collio Tocai Friulano '06	🍷🍷🍷 (vuoti)	3*

Puiatti - Bertani Domains

loc. Zuccole, 4
34076 Romans d'Isonzo [GO]
Tel. 04810C9608
www.puiatti.com

VENDITA DIRETTA
VISITA SU PRENOTAZIONE
PRODUZIONE ANNUA 400.000 bottiglie
ETTARI VITATI 50,00
AZIENDA SOSTENIBILE

Nel ricordare la svolta qualitativa impressa alla vitivinicoltura regionale negli anni Sessanta del secolo scorso non si può non citare il grande Vittorio Puiatti. Riuscì a imprimere ai suoi vini uno stile inconfondibile, fondato sul rispetto delle caratteristiche varietali di ogni singolo vitigno, senza farsi influenzare dalle mode di quei tempi che prevedevano uno smodato uso del legno, cogliendo, ed a volte anticipando, i cambiamenti delle richieste di mercato. Uno stile condiviso e, se possibile, migliorato dalla nuova proprietà, il gruppo Tenimenti Angelini, che ha affidato alle capacità enologiche di Giuriato Andrea il compito di coniugare i vecchi insegnamenti del maestro con le esigenze attuali. Freschezza e basso tenore della gradazione alcolica sono le caratteristiche principali dei vini bianchi d'annata ma la Ribolla Gialla Archetipi '14 ha una marcia in più. È frutto di una particolare tecnica di vinificazione, che prevede l'infusione nel vino base di una ben calibrata quantità di acini interi.

Vino	Bicchieri	
○ Friuli Isonzo Friulano Vuj '15	🍷🍷	3
○ Ribolla Gialla Archetipi '14	🍷🍷	5
○ Ribolla Gialla Extra Brut M. Cl.	🍷🍷	4
○ Sauvignon Fun '15	🍷🍷	3
○ Pinot Grigio Sal '15	🍷	3
○ Traminer Aromatico Cur '15	🍷	2
● Collio Pinot Nero Ruttars '08	🍷🍷 (vuoti)	3
○ Friuli Isonzo Friulano Vuj '14	🍷🍷 (vuoti)	3
○ Friuli Isonzo Ribolla Gialla Archetipi '12	🍷🍷 (vuoti)	3
○ Friuli Isonzo Ribolla Gialla Lus '13	🍷🍷 (vuoti)	4
○ Oltre il Metodo Extra Brut '06	🍷🍷 (vuoti)	5
○ Ribolla Gialla Archetipi '13	🍷🍷 (vuoti)	5
○ Ribolla Gialla Lus '14	🍷🍷 (vuoti)	3

★Dario Raccaro

FRAZ. ROLAT
VIA SAN GIOVANNI, 87
34071 CORMÒNS [GO]
TEL. 048161425
az.agr.raccaro@alice.it

VENDITA DIRETTA
VISITA SU PRENOTAZIONE
PRODUZIONE ANNUA 30.000 bottiglie
ETTARI VITATI 6,00

La cantina di Dario Raccaro è il classico esempio di come pur con pochi ettari vitati e ancor meno etichette si possa essere protagonisti. La storia dei Raccaro nel Collio ha inizio nel 1928 a opera di Giuseppe Raccaro che decide di abbandonare le aride e ingrate terre della valle del Natisone per stabilirsi in un vecchio casolare ai piedi del monte Quarin, il colle che sovrasta Cormòns. Non ci è voluto molto per capire che i terreni circostanti erano ideali per produrre uve di altissima qualità. Negli anni Ottanta Dario decise di riversare tutte le energie nella produzione vitivinicola, riuscendo ad aggiungere ai terreni di proprietà l'affitto di una vecchia vigna piantata a tocai friulano, la Vigna del Rolat. Quest'anno i vini testati sono solo due e non ci sorprende che entrambi abbiano ottenuto ottime valutazioni. Come al solito in finale ci siamo ritrovati il Friulano Rolat '15 che si conferma testa di serie aziendale e se la gioca con le migliori espressioni regionali del vitigno principe di questo territorio.

○ Collio Friulano Rolat '15	🍷🍷	4
○ Collio Malvasia '15	🍷🍷	5
○ Collio Bianco '03	🍷🍷🍷	3
○ Collio Bianco '02	🍷🍷🍷	3
○ Collio Friulano V. del Rolat '09	🍷🍷🍷	4
○ Collio Friulano V. del Rolat '08	🍷🍷🍷	4
○ Collio Friulano V. del Rolat '07	🍷🍷🍷	4
○ Collio Malvasia '12	🍷🍷🍷	5
○ Collio Malvasia '11	🍷🍷🍷	4*
○ Collio Tocai Friulano '05	🍷🍷🍷	4
○ Collio Tocai Friulano '04	🍷🍷🍷	3
○ Collio Tocai Friulano '01	🍷🍷🍷	3*
○ Collio Tocai Friulano '00	🍷🍷🍷	3*
○ Collio Tocai Friulano V. del Rolat '06	🍷🍷🍷	4
○ Collio Friulano V. del Rolat '14	🍷🍷	4
○ Collio Friulano V. del Rolat '13	🍷🍷	4

La Rajade

LOC. PETRUS, 2
34070 DOLEGNA DEL COLLIO [GO]
TEL. 0481639273
www.larajade.it

VENDITA DIRETTA
VISITA SU PRENOTAZIONE
PRODUZIONE ANNUA 50.000 bottiglie
ETTARI VITATI 6,50

La Rajade è un'azienda di recente costituzione, nata dall'acquisizione di un podere con cantina e vigneti già da tempo operativo. È situata nella parte più settentrionale del Collio, nella vallata del fiume Judrio, lungo il confine sloveno. I vigneti scendono a valle da ronco Petrus seguendo il profilo morfologico delle colline che per naturale conformazione consentono un'ottima esposizione ai raggi del sole. Fattore questo che ha ispirato il proprietario, Sergio Campeotto, nella scelta del nome. La Rajade nel linguaggio locale significa appunto raggio di sole. Sia la cura dei vigneti che le pratiche di cantina sono affidate all'esperienza del factotum aziendale Diego Zanin. Per il secondo anno consecutivo è il Cabernet Sauvignon Riserva '13 ad aggiudicarsi la palma del migliore e a riconquistarsi l'accesso alle selezioni finali. All'olfatto regala suggestioni di marasche mature, cioccolato fondente e chiodi di garofano, in bocca è suadente, con tannini vivaci ma magistralmente levigati.

● Collio Cabernet Sauvignon Ris. '13	🍷🍷	4
○ Collio Friulano '15	🍷🍷	3
● Collio Merlot Ris. '13	🍷🍷	4
○ Collio Pinot Grigio '15	🍷🍷	3
○ Collio Ribolla Glalla '15	🍷🍷	3
○ Collio Sauvignon '15	🍷🍷	3
○ Collio Caprizi Ris. '13	🍷	4
○ Collio Bianco '14	🍷🍷	3
○ Collio Bianco '13	🍷🍷	3
● Collio Cabernet Sauvignon Ris. '11	🍷🍷	4
● Collio Merlot Ris. '12	🍷🍷	4
○ Collio Pinot Grigio '14	🍷🍷	3
○ Collio Pinot Grigio '13	🍷🍷	3
○ Collio Ribolla Gialla '14	🍷🍷	3
○ Collio Ribolla Gialla '13	🍷🍷	3
○ Collio Sauvignon '14	🍷🍷	3

Rocca Bernarda

FRAZ. IPPLIS
VIA ROCCA BERNARDA, 27
33040 PREMARIACCO [UD]
TEL. 0432716914
www.sagrivit.it

VENDITA DIRETTA
VISITA SU PRENOTAZIONE
PRODUZIONE ANNUA 100.000 bottiglie
ETTARI VITATI 38,50

L'azienda Rocca Bernarda svetta sull'omonimo colle e ha sede in un antico maniero caratterizzato da quattro suggestive torri cilindriche angolari. Sono mura della metà del Cinquecento utilizzate nei secoli come dimora estiva delle famiglie nobili del cividalese. Pagine e pagine di storia sono state scritte tra queste mura e proprio qui, alla fine dell'Ottocento, rinacque il Picolit del conte Asquini, portato in loco dagli allora proprietari conti Perusini. Nel 1977 i Perusini devolsero la proprietà al Sovrano Militare Ordine di Malta e dal 2006 l'azienda è gestita dalla Società Agricola Vitivinicola Italiana. Gli splendidi anfiteatri terrazzati che circondano la rocca completano un paesaggio dal fascino inimitabile.
Quest'anno abbiamo potuto assaggiare solo pochi vini e soprattutto non ci è stato presentato il Picolit che nel recente passato è sempre stato il vino bandiera di questa storica azienda. Il Refosco dal Peduncolo Rosso '14 e il Sauvignon '15 sono comunque di ottima fattura e ben rappresentano le potenzialità aziendali.

● FCO Refosco P. R. '14	TT	3
○ FCO Sauvignon '15	TT	3
○ Novecento 1113-2013 '15	T	3
● COF Merlot Centis '99	YYY	7
○ COF Picolit '03	YYY	7
○ COF Picolit '98	YYY	7
○ COF Picolit '97	YYY	7
○ COF Chardonnay '13	YY	3
○ COF Friulano '13	YY	3
○ COF Friulano '12	YY	3
● COF Merlot Centis '09	YY	4
● COF Pignolo Novecento 1113-2013 '08	YY	5
○ COF Pinot Grigio '13	YY	3
● COF Refosco P. R. '13	YY	3
○ COF Sauvignon '13	YY	3
○ Novecento 1113-2013 '13	YY	3

Paolo Rodaro

LOC. SPESSA
VIA CORMONS, 60
33043 CIVIDALE DEL FRIULI [UD]
TEL. 0432716066
www.rodaropaolo.it

VENDITA DIRETTA
VISITA SU PRENOTAZIONE
PRODUZIONE ANNUA 200.000 bottiglie
ETTARI VITATI 50,00
AZIENDA SOSTENIBILE

I Rodaro già nel 1846 producevano vino. In sesta generazione Paolo Rodaro, che porta lo stesso nome del fondatore, ha provveduto al consolidamento aziendale proseguendo sul percorso tracciato dal padre Luigi e dallo zio Edo che, a cavallo degli anni Sessanta e Settanta del secolo scorso, seppero trasformare una piccola realtà agricola in una tra le più importanti e apprezzate aziende vitivinicole regionali. La linea Romain, nata con l'acquisizione della prestigiosa tenuta Conte Romano, offre una gamma di vini rossi di notevole struttura, prodotti con uve surmaturate in cassetta, mentre i vini della linea base si sono alleggeriti. Grande spazio e importanza sono ora destinati alla produzione di spumanti Metodo Classico. La fragranza dei vini bianchi d'annata si evidenzia soprattutto nel Friulano '15 e nella Malvasia '15 che marcano molto bene le caratteristiche varietali del vitigno. Ottimi anche il Metodo Classico Rosé Pas Dosé '12 e particolarmente il Rosso Romain di Romain '09, potente, grasso e avvolgente.

● FCO Rosso Romain di Romain '09	TT	6
○ FCO Friulano '15	TT	3
○ FCO Malvasia '15	TT	2*
● FCO Schioppettino Romain '11	TT	5
⊙ Rosé Pas Dosé M.Cl. '12	TT	5
○ FCO Pinot Grigio '15	T	3
○ FCO Ribolla Gialla '15	T	3
● COF Refosco P. R. Romain '03	YYY	6
○ Ronc '00	YYY	3
● COF Merlot Romain '09	YY	5
● COF Schioppettino Romain '08	YY	4

Ronc di Vico

Fraz. Bellazoia
via Centrale, 5
33040 Povoletto [UD]
Tel. 3208822002
roncdivicobellazoia@libero.it

VENDITA DIRETTA
VISITA SU PRENOTAZIONE
PRODUZIONE ANNUA 12.000 bottiglie
ETTARI VITATI 7,00

Ronc di Vico è un'azienda di recentissima costituzione balzata agli onori della cronaca per merito delle scelte azzeccate di Gianni del Fabbro che nel 2004 ereditò pochi ettari di vecchie vigne sparsi sulla parte più settentrionale della denominazione Friuli Colli Orientali, zona soggetta a forti escursioni termiche, ideale per la concentrazione degli aromi. Ben consigliato da un qualificato viticoltore amico iniziò la riconversione dei vigneti coadiuvato dal giovanissimo figlio Lodovico che, cresciuto tra quei filari, oggi è in grado di gestire autonomamente sia la conduzione agronomica sia le pratiche di cantina. Gli ettari sono pochi, come pure le etichette, ma la passione è tanta e la qualità è eccellente. Un bel Refosco dal Peduncolo Rosso '13 si impone sugli altri vini e si aggiudica l'ingresso alle finali per la particolare piacevolezza all'assaggio. Il profumo si delinea su note fumé di tostatura, impreziosite da sfumature speziate e balsamiche, mentre in bocca delizia il palato con note morbide e tannini smussati.

● FCO Refosco P. R. '13	6
○ FCO Il Friulano '15	4
○ FCO Sauvignon '15	4
● FCO Vicorosso '13	4
○ COF Il Friulano '09	4
○ COF Il Friulano '08	4*
○ COF Il Friulano '12	4
○ COF Picolit '11	7
● COF Refosco P. R. '11	6
○ COF Sauvignon '12	4
● COF Titut Ros '11	6
● COF Titut Ros '09	5
● COF Vicorosso '11	4
● COF Vicorosso '10	4
● FCO Titut Ros '12	6
● FCO Vicorosso '12	4

Ronc Soreli

Loc. Novacuzzo, 46
33040 Prepotto [UD]
Tel. 0432713005
www.roncsoreli.com

VENDITA DIRETTA
PRODUZIONE ANNUA 100.000 bottiglie
ETTARI VITATI 42,00

L'azienda da sempre operativa nell'antico Borgo di Novacuzzo, nelle vicinanze di Prepotto, nel 2008 fu rilevata da Flavio Schiratti che, dotato di innate capacità imprenditoriali, si prefissò da subito traguardi importanti e avviò un processo di riconversione mirato al potenziamento della linea produttiva. Avvalendosi di autorevoli consulenze sia agronomiche sia enologiche la crescita qualitativa non si è fatta attendere. Ronc Soreli nel linguaggio locale identifica un colle baciato dal sole e sottolinea la costante esposizione dei vigneti all'irraggiamento solare favorito dalla particolare conformazione delle colline che scendono gradualmente a valle lambendo il parco naturale del Bosco Romagno. Il Friulano Vigna delle Robinie '15 si è ritagliato un posto fisso nelle nostre finali, una costante che dimostra la particolare vocazione di questo territorio per il vitigno regionale di riferimento. Profuma di mela Golden, fieno fiorito, miele e timo secco, in bocca intercala morbidezza a piacevoli note fresche e saporite.

○ FCO Friulano V. delle Robinie '15	3*
○ FCO Picolit '10	5
○ FCO Pinot Grigio Ramato '15	3
● FCO Schioppettino di Prepotto '10	5
○ FCO Sauvignon V. dei Peschi '15	3
○ COF Friulano V. delle Robinie '12	3
○ COF Pinot Grigio V. dei Melograni '12	3
● COF Ribolla Nera V. delle Marasche '11	3
● COF RossoRe '11	5
● COF Schioppettino di Prepotto Ris. '09	5
● COF Schioppettino V. delle Marasche '11	3
○ FCo Friulano V. delle Robinie '13	3*
○ FCO Pinot Grigio V. dei Melograni '13	3
○ FCO Ribolla Gialla V. dei Nespoli '13	3
○ FCO Sauvignon V. dei Peschi '13	3
○ Friulano Otto Lustri '11	5

La Roncaia

FRAZ. CERGNEU
VIA VERDI, 26
33045 NIMIS [UD]
TEL. 0432790280
www.laroncaia.it

VENDITA DIRETTA
VISITA SU PRENOTAZIONE
PRODUZIONE ANNUA 50.000 bottiglie
ETTARI VITATI 22,00

Il gruppo Fantinel, viticoltori da tre generazioni, nel 1998 decise di acquisire un'azienda a Cergneu con l'obiettivo di dare continuità a un'attività avviata da oltre un trentennio che già lavorava su vigneti di concezione moderna a fitti sesti d'impianto. Cergneu è una piccola frazione di Nimis, all'estremo nord della denominazione Friuli Colli Orientali, zona resa famosa dal Ramandolo che qui viene prodotto assieme al Picolit. Questa invidiabile coppia di vini dolci va ad aggiungersi alla già ricca offerta dei Fantinel, che notoriamente vantano possedimenti sia sul Collio che nella distesa delle Grave, proponendosi così al mercato internazionale con una gamma completa delle peculiarità regionali. Avendo potuto assaggiare solo due vini non abbiamo il campionario della disponibilità aziendale ma i punteggi ottenuti parlano chiaro. In particolare il Bianco Eclisse '14, da sauvignon cui è stata aggiunta una piccola parte di picolit, ha nuovamente sfiorato il massimo riconoscimento.

Vino	Bicchieri	
○ Bianco Eclisse '14	▼▼ (rossi)	4
● FCO Refosco P.R. '12	▼▼	5
○ Eclisse '12	YYY	4*
○ COF Bianco Eclisse '13	YY	4
● COF Cabernet Sauvignon '09	YY	3
○ COF Friulano '12	YY	4
○ COF Friulano '11	YY	4
● COF Merlot '11	YY	4
● COF Merlot '10	YY	4
● COF Merlot '09	YY	3
○ COF Picolit '10	YY	5
● COF Refosco P.R. '11	YY	5
○ FCO Friulano '13	YY	4
● FCO Merlot '12	YY	5
○ FCO Picolit '11	YY	5
○ Ramandolo '11	YY	5

Il Roncal

FRAZ. COLLE MONTEBELLO
VIA FORNALIS, 148
33043 CIVIDALE DEL FRIULI [UD]
TEL. 0432730138
www.ilroncal.it

VENDITA DIRETTA
VISITA SU PRENOTAZIONE
OSPITALITÀ E RISTORAZIONE
PRODUZIONE ANNUA 130.000 bottiglie
ETTARI VITATI 20,00

Il Roncal è una fiorente azienda gestita al femminile. Martina Moreale oltre a esserne la proprietaria è anche il factotum nell'intera filiera produttiva. Con coraggio e determinazione in breve tempo ha portato a termine il progetto avviato dal marito Roberto Zorzettig, scomparso prematuramente nel 2006, ultimando i lavori di costruzione della nuova cantina che assieme alla villa padronale svetta sul colle di Montebello, nel cuore della denominazione Friuli Colli Orientali. Dall'alto del colle si gode un panorama stupendo che si perde all'orizzonte, ricco di vegetazione e di boschi, che fanno da contorno alle forme geometriche dei vigneti che seguono l'andamento ondulato delle colline. Ottima performance per l'uvaggio Bianco Ploe di Stelis '14, composto da chardonnay, sauvignon e riesling pressoché in parti uguali. All'olfatto è complesso e articolato, con fragranti note fruttate, anche esotiche, e intriganti sfumature floreali, mentre in bocca la morbidezza è sferzata da una vivace componente acida.

Vino	Bicchieri	
○ FCO Bianco Ploe di Stelis '14	▼▼	4
● FCO Merlot '13	▼▼	3
● FCO Pignolo '10	▼▼	5
○ FCO Ribolla Gialla '15	▼▼	3
○ FCO Friulano '15	▼	3
○ COF Bianco Ploe di Stelis '12	YY	4
● COF Cabernet Franc '10	YY	4
● COF Pignolo '08	YY	5
● COF Refosco P.R. '11	YY	4
● COF Refosco P.R. '10	YY	4
● COF Rosso Civon '09	YY	4
● COF Schioppettino '10	YY	4
○ FCO Bianco Ploe di Stelis '13	YY	4
● FCO Pignolo '09	YY	5
○ FCO Ribolla Gialla '14	YY	3
● FCO Schioppettino '12	YY	4

Il Roncat - Giovanni Dri

LOC. RAMANDOLO
VIA PESCIA, 7
33045 NIMIS [UD]
TEL. 0432790260
www.drironcat.com

VENDITA DIRETTA
VISITA SU PRENOTAZIONE
PRODUZIONE ANNUA 40.000 bottiglie
ETTARI VITATI 10,00

Si può discutere sul fatto che Giovanni Dri sia sinonimo di Ramandolo o che Ramandolo sia sinonimo di Giovanni Dri. Sta di fatto che le fortune di questo vino e di questo territorio coincidono con il periodo in cui Giovanni iniziò a farlo conoscere in tutto il mondo. Deriva dal verduzzo giallo, una varietà locale poco produttiva e a rischio di estinzione, che Giovanni riuscì a valorizzare con la tenacia di chi è nato tra le rocce, sugli scoscesi pendii del monte Bernadia, all'estremo settentrione della denominazione Friuli Colli Orientali. Con materiali antichi ha costruito una cantina ampia e funzionale, perfettamente inserita nell'ambiente, affidata all'ormai collaudata competenza enologica della figlia Stefania. Anche quest'anno ci è stato proposto il Ramandolo in tre versioni diverse e gli apprezzamenti pressoché unanimi confermano l'elevato livello qualitativo per questo vino dolce ambasciatore del territorio. Ottimo anche il Picolit e tutti i vini rossi, particolarmente speziati e balsamici.

● FCO Merlot '12	🍷🍷 3
● FCO Refosco P.R. '12	🍷🍷 3
● FCO Schioppettino Monte dei Carpin '12	🍷🍷 4
○ Picolit Il Roncat '12	🍷🍷 7
○ Ramandolo Il Roncat '11	🍷🍷 5
○ Ramandolo Uve Decembrine '11	🍷🍷 5
● FCO Cabernet '12	🍷 3
○ FCO Sauvignon '15	🍷 4
○ Ramandolo '12	🍷 4
● COF Cabernet '11	YY 3
● COF Merlot '11	YY 3
○ COF Picolit '10	YY 7
● COF Refosco P. R. '10	YY 3
● COF Refosco P.R. '11	YY 3
○ Picolit Il Roncat '11	YY 7
○ Ramandolo Uve Decembrine '10	YY 5

Ronchi di Manzano

VIA ORSARIA, 42
33044 MANZANO [UD]
TEL. 0432740718
www.ronchidimanzano.com

VENDITA DIRETTA
VISITA SU PRENOTAZIONE
PRODUZIONE ANNUA 200.000 bottiglie
ETTARI VITATI 60,00

Splendida azienda che vanta una gestione tutta rosa formata da Roberta Borghese e dalle giovani figlie Lisa e Nicole. I Ronchi di Manzano sono ricchi di storia: qui i conti Trento producevano i vini da destinare ai nobili dell'impero austroungarico. Nel 1984 la famiglia Borghese ne acquisì la proprietà affidandola all'allora giovanissima Roberta che, dimostrando capacità imprenditoriale, seppe portarla subito alla ribalta. Amante del bello e del buono ha imposto il suo innato stile curando ogni dettaglio con un'impronta di femminilità che si traduce nei vini in raffinatezza ed eleganza. Se cerchiamo un valore aggiunto lo troviamo negli incantevoli vigneti di Rosazzo. Tutti i vini sono di una correttezza e di una linearità esemplare anche se solo il Bianco Ellégri '15, che ha riscosso notevoli apprezzamenti, è approdato alle finali. È un magico mix di friulano e chardonnay con un tocco di sauvignon che sprigiona fragranti suggestioni leggermente aromatiche.

○ FCO Bianco Ellégri '15	🍷🍷 3*
● FCO Cabernet Franc '13	🍷🍷 3
● FCO Cabernet Sauvignon '13	🍷🍷 3
○ FCO Chardonnay '15	🍷🍷 3
○ FCO Friulano '15	🍷🍷 3
● FCO Merlot '13	🍷🍷 3
○ FCO Pinot Grigio '15	🍷🍷 3
○ FCO Sauvignon '15	🍷🍷 3
○ FCO Verduzzo Friulano '15	🍷🍷 2*
○ FCO Pinot Grigio Ramato '15	🍷 3
○ FCO Ribolla Gialla di Rosazzo '15	🍷 3
○ COF Ellegri '13	YYY 3*
○ COF Friulano '10	YYY 3
○ COF Friulano '09	YYY 3*
○ COF Rosazzo Bianco Ellégri '11	YYY 3*
○ Rosazzo Bianco '13	YYY 3*
○ FCO Bianco Ellégri '14	YY 3*

Ronchi San Giuseppe

via Strada di Spessa, 8
33043 Cividale del Friuli [UD]
Tel. 0432716172
www.ronchisangiuseppe.com

VENDITA DIRETTA
VISITA SU PRENOTAZIONE
PRODUZIONE ANNUA 400.000 bottiglie
ETTARI VITATI 70,00
AZIENDA SOSTENIBILE

La famiglia Zorzettig, a Spessa di Cividale del Friuli, è stata foriera di abili viticoltori che nel tempo, suddividendosi in diverse realtà familiari, dettero vita ad altrettante aziende vitivinicole. Nella casa madre è rimasto Franco che con il figlio Fulvio tuttora gestisce l'azienda denominata Ronchi San Giuseppe. Gli va riconosciuto il merito, in tempi non sospetti, di aver sempre dedicato particolare attenzione alla coltura dei vitigni autoctoni, poco conosciuti e destinati al consumo locale, elevandone la qualità. L'energia e lo spirito innovativo di Fulvio hanno impresso all'azienda un'importante accelerazione che la mantiene al passo con i tempi e con le continue richieste del mercato. E anche quest'anno non mancano gli elogi per l'intera gamma dei vini che dimostra di essersi attestata su uno standard qualitativo di tutto rispetto a prezzi più che adeguati. Sia i vini bianchi d'annata sia i rossi, e anche il Verduzzo, sono schietti, scorrevoli e rispettosi delle peculiarità del vitigno.

○ FCO Friulano '15	🍷🍷 2*
● FCO Refosco P. R. '14	🍷🍷 2*
○ FCO Ribolla Gialla '15	🍷🍷 2*
○ FCO Sauvignon '15	🍷🍷 2*
● FCO Schioppettino '14	🍷 2
○ FCO Verduzzo Friulano '14	🍷 2
○ COF Friulano '13	🍷🍷 2*
○ COF Pinot Grigio '13	🍷🍷 2*
○ COF Pinot Grigio '12	🍷🍷 2*
○ COF Sauvignon '13	🍷🍷 2*
● COF Schioppettino '12	🍷🍷 2*
○ FCO Friulano '14	🍷🍷 2*
○ FCO Pinot Grigio '14	🍷🍷 2*
● FCO Refosco P. R. '13	🍷🍷 2*
○ FCO Sauvignon '14	🍷🍷 2*
● FCO Schioppettino '13	🍷🍷 2*

Ronco Blanchis

via Blanchis, 70
34070 Mossa [GO]
Tel. 048180519
www.roncoblanchis.it

VISITA SU PRENOTAZIONE
PRODUZIONE ANNUA 60.000 bottiglie
ETTARI VITATI 14,00
AZIENDA SOSTENIBILE

La collina di Blanchis, una delle più alte del Collio Goriziano, gode di una stupenda esposizione e il particolare microclima che la caratterizza l'ha resa famosa per la produzione di vini di grande qualità. L'attuale proprietario è Giancarlo Palla assieme ai figli Alberto e Lorenzo. Il nome Blanchis suggerisce la predisposizione di questo colle per la coltura delle uve a bacca bianca e infatti i vini prodotti sono tutti bianchi. Sono solo quattro i monovitigno mentre le migliori uve, quelle dei vigneti più vecchi, partecipano alla composizione di un solo vino, il Collio, la massima espressione del territorio. Ormai da tempo i Palla si sono affidati alla consulenza di Gianni Menotti e i risultati parlano chiaro. Anche quest'anno prestazione esemplare e doppio successo. Il Collio '15, il vino più rappresentativo del territorio, mix di friulano e chardonnay in parti uguali, si è dimostrato all'altezza delle migliori annate ed è approdato alle finali in compagnia dell'altro uvaggio, il Collio Blanc de Blanchis '15.

Vino	
○ Collio '15	🍷🍷 5
○ Collio Blanc de Blanchis '15	🍷🍷 3*
○ Collio Friulano '15	🍷🍷 4
○ Collio Sauvignon '15	🍷🍷 4
○ Collio Pinot Grigio '15	🍷 4
○ Collio '13	🍷🍷🍷 3*
○ Collio '12	🍷🍷🍷 3*
○ Collio Blanc de Blanchis '14	🍷🍷 3
○ Collio Friulano '14	🍷🍷 3*
○ Collio Friulano '13	🍷🍷 3
○ Collio Friulano Blanchis '11	🍷🍷 3
○ Collio Pinot Grigio '14	🍷🍷 3
○ Collio Pinot Grigio '13	🍷🍷 3
○ Collio Pinot Grigio '12	🍷🍷 3
○ Collio Sauvignon '13	🍷🍷 3
○ Collio Sauvignon '11	🍷🍷 3

★Ronco dei Tassi

loc. Montona, 19
34071 Cormòns [GO]
Tel. 048160155
www.roncodeitassi.it

VENDITA DIRETTA
VISITA SU PRENOTAZIONE
PRODUZIONE ANNUA 110.000 bottiglie
ETTARI VITATI 18,00

Ronco dei Tassi è una delle più belle realtà del mondo vitivinicolo regionale. Fondata nel 1989 da Fabio Coser, grande enologo ed esperto conoscitore delle peculiarità e delle potenzialità del Collio, si è subito collocata nel già affollato numero delle fiorenti aziende del comprensorio di Cormòns, conquistando ambiti riconoscimenti ma soprattutto mantenendosi costantemente nelle posizioni di testa. I figli Matteo ed Enrico, che rappresentano la prossima generazione, sono ormai da tempo parte integrante dell'azienda e, come in tutte le gestioni familiari, si occupano un po' di tutto. Ambizione ed esigenze di mercato hanno spronato Fabio a creare un'altra realtà produttiva: Vigna del Lauro. Nella scorsa edizione manifestammo la curiosità di poter assaggiare il Fosarin '14 che non ha di certo deluso le aspettative. Suggestioni di cedro, menta e ginepro deliziano l'olfatto e all'assaggio è morbido e saporito. Ma i Tre Bicchieri se li è nuovamente aggiudicati la Malvasia '15, confermandosi perla aziendale.

○ Collio Malvasia '15	🍷🍷🍷	3*
○ Collio Bianco Fosarin '14	🍷🍷	3*
○ Collio Friulano '15	🍷🍷	3
○ Collio Pinot Grigio '15	🍷🍷	3
● Collio Rosso Cjarandon Ris. '12	🍷🍷	5
○ Collio Sauvignon '15	🍷🍷	3
○ Collio Ribolla Gialla '15	🍷	3
○ Collio Bianco Fosarin '10	🍸🍸🍸	3
○ Collio Bianco Fosarin '09	🍸🍸🍸	3*
○ Collio Bianco Fosarin '08	🍸🍸🍸	3*
○ Collio Bianco Fosarin '07	🍸🍸🍸	3
○ Collio Bianco Fosarin '06	🍸🍸🍸	3
○ Collio Malvasia '14	🍸🍸🍸	3*
○ Collio Malvasia '13	🍸🍸🍸	3*
○ Collio Malvasia '12	🍸🍸🍸	3*
○ Collio Malvasia '11	🍸🍸🍸	3*
○ Collio Sauvignon '05	🍸🍸🍸	3*

Ronco delle Betulle

loc. Rosazzo
via Abate Colonna, 24
33044 Manzano [UD]
Tel. 0432740547
www.roncodellebetulle.it

VENDITA DIRETTA
VISITA SU PRENOTAZIONE
PRODUZIONE ANNUA 60.000 bottiglie
ETTARI VITATI 12,00
AZIENDA SOSTENIBILE

Ivana Adami, donna caparbia e intraprendente, ha creato il marchio Ronco delle Betulle legando il suo nome all'azienda che gestisce ormai da un quarto di secolo. Fu nonno Giovanbattista che, in tempi non sospetti, ebbe la felice intuizione di puntare sulle peculiarità delle colline di Rosazzo, da sempre riconosciute come zona di salvaguardia dei vitigni autoctoni regionali. Con provata bravura e meticolosità tipicamente femminile segue in prima persona la vinificazione delle uve con l'intento di mantenere forte la tipicità del vino rispettandone il carattere originale. Da qualche anno il figlio Simone la affianca in tutto ed è ormai pronto a raccogliere il testimone in terza generazione. Già nelle scorse edizioni evidenziammo l'alternanza del capofila nella degustazione dei vini a dimostrazione dell'attenzione che viene posta su tutta la linea produttiva. Quest'anno i migliori apprezzamenti sono ricaduti sul Pignolo Rosazzo '09, vino tosto, cupo all'olfatto, vivido e potente al palato.

Vino		
● FCO Rosazzo Pignolo '09	🍷🍷	6
● FCO Cabernet Franc '13	🍷🍷	3
○ FCO Friulano '15	🍷🍷	3
● FCO Merlot '13	🍷🍷	3
○ FCO Ribolla Gialla '15	🍷🍷	3
● FCO Rosazzo Rosso Narciso '11	🍷🍷	5
○ FCO Sauvignon '15	🍷🍷	3
○ FCO Pinot Grigio '15	🍷	3
● Franconia '12	🍷	3
○ FCO Bianco Vanessa '13	🍸🍸	3
● FCO Cabernet Franc '11	🍸🍸	3*
○ FCO Friulano '14	🍸🍸	3
● FCO Merlot '12	🍸🍸	3
● FCO Refosco P. R. '12	🍸🍸	3
● Franconia '11	🍸🍸	3
○ Rosazzo Bianco '12	🍸🍸	4

Ronco Severo

via Ronchi, 93
33040 Prepotto [UD]
Tel. 04337133440
www.roncosevero.it

VENDITA DIRETTA
VISITA SU PRENOTAZIONE
PRODUZIONE ANNUA 22.000 bottiglie
ETTARI VITATI 8,00
VITICOLTURA Biologico Certificato

Stefano Novello gestisce l'azienda fondata dal padre Severo. I pochi ettari a disposizione gli consentono di curare le sue uve in prima persona, con grande passione e meticolosità, affidandosi alla filosofia della coltura biologica e biodinamica. Anche nelle operazioni di cantina applica pratiche enologiche ancestrali. La gran parte dei suoi mosti, anche quelli bianchi, rimane a contatto con le bucce per alcune settimane, a volte per qualche mese. Ciò gli permette di non dover aggiungere prodotti chimici o conservanti. È una vinificazione naturale, che prevede l'uso dei soli lieviti indigeni. Tutti i vini di Stefano hanno riscosso unanimi apprezzamenti, sono ricchi, succosi, destinati a palati esigenti e preparati. La Ribolla Gialla '14 profuma di scorza d'arancia candita, fiori secchi e propoli ed è molto sapida. Il Merlot Artiûl Riserva '13, complesso al naso, in bocca è morbido e vellutato pur con tannino ardente.

Vino	Bicchieri	
● FCO Merlot Artiûl Ris. '13	🍷🍷	5
○ Ribolla Gialla '14	🍷🍷	4
○ FCO Friulano Severo Bianco '08	YY	4
● FCO Refosco P.R. '13	YY	5
● FCO Schioppettino di Prepotto '13	YY	4
○ Pinot Grigio '14	YY	4
○ Severo Bianco '14	YY	4
○ Severo Bianco '12	YYY	4*
○ COF Friulano Ris. '12	YY	4
● COF Merlot Artiûl Ris. '11	YY	5
○ COF Pinot Grigio '12	YY	4
● FCO Merlot Artiûl Ris. '12	YY	5
● FCO Schioppettino di Prepotto '12	YY	4
○ Pinot Grigio '13	YY	4
○ Ribolla Gialla '13	YY	4
○ Severo Bianco '13	YY	4

Roncùs

via Mazzini, 26
34076 Capriva del Friuli [GO]
Tel. 0481809349
www.roncus.it

VENDITA DIRETTA
VISITA SU PRENOTAZIONE
OSPITALITÀ
PRODUZIONE ANNUA 40.000 bottiglie
ETTARI VITATI 10,00

Marco Perco è un artigiano del vino, un vignaiolo puntiglioso ed esperto, rispettoso dei tempi dettati dalla natura. Imprime ai suoi vini un'impronta del tutto personale con pratiche di cantina, inusuali da queste parti, che prevedono una lunga permanenza dei mosti sui lieviti, rigorosamente autoctoni, ispirate piuttosto allo stile alsaziano. Ciò consente una maggior concentrazione degli aromi e contribuisce ad aumentare la serbevolezza. I vini necessitano poi di un maggior periodo di affinamento e vengono commercializzati almeno un anno e mezzo dopo la vendemmia. La gran parte dei vigneti, composti da tanti piccoli appezzamenti sparsi sui ronchi di Capriva del Friuli, vanta oltre cinquant'anni di età. Il Collio Bianco Vecchie Vigne '12, composto da soli vitigni autoctoni - malvasia istriana, tocai friulano e ribolla gialla - è il vino che da sempre raccoglie i migliori allori. Offre un bouquet di fiori essiccati, frutto della passione, miele di tarassaco ed erbe aromatiche, in bocca è cremoso, morbido e salmastro.

Vino	Bicchieri	
○ Collio Bianco V. V. '12	🍷🍷	5
○ Collio Bianco '14	YY	3
○ Collio Friulano '15	YY	4
○ Pinot Bianco '14	YY	4
○ Ribolla Gialla '15	YY	3
○ Collio Bianco V. V. '08	YYY	5
○ Roncùs Bianco V. V. '01	YYY	5
○ Collio Bianco '12	YY	3
○ Collio Bianco V. V. '10	YY	5
○ Collio Friulano '13	YY	4
○ Collio Friulano '12	YY	4
● Merlot '12	YY	3
○ Pinot Bianco '13	YY	4
○ Ribolla Gialla '14	YY	3
● Val di Miez '12	YY	5
● Val di Miez '09	YY	5

★Russiz Superiore

via Russiz, 7
34070 Capriva del Friuli [GO]
Tel. 048180328
www.marcofelluga.it

VENDITA DIRETTA
VISITA SU PRENOTAZIONE
OSPITALITÀ
PRODUZIONE ANNUA 180.000 bottiglie
ETTARI VITATI 50,00
AZIENDA SOSTENIBILE

Uomo lungimirante e innovatore per eccellenza Marco Felluga intuì le potenzialità dei vigneti che circondavano l'antico borgo di Russiz Superiore, risalente al XIII secolo, riuscì ad acquisirne la proprietà e si stabilì tra quelle storiche mura. Roberto Felluga, figlio d'arte, gestisce ormai da molti anni la tenuta che vanta cinquanta ettari di vigneto che si estendono sui pendii del Collio goriziano, nel comune di Capriva del Friuli, dove la vite ha trovato il suo paradiso terrestre. Roberto ha saputo dare continuità all'azienda raggiungendo traguardi sempre più importanti. Ha anche avviato un progetto che si prefigge di sensibilizzare il consumatore ai vini bianchi da invecchiamento. Il Friulano '15 si conferma capofila e riconquista i Tre Bicchieri. Quest'anno nelle finali gli ha fatto da spalla il Col Disôre '13, composto da un intrigante blend di uve bianche del territorio, che profuma di agrumi, pesca gialla e sciroppo di fiori di sambuco, in bocca è morbido, sapido e fragrante.

Vino	Bicchieri	Prezzo
○ Collio Friulano '15	▼▼▼ (rossi)	4*
○ Collio Bianco Col Disôre '13	▼▼ (rossi)	5
● Collio Cabernet Franc '13	▼▼	4
○ Collio Pinot Bianco '15	▼▼	4
○ Collio Pinot Grigio '15	▼▼	4
● Collio Rosso Ris. degli Orzoni '10	▼▼	5
○ Collio Sauvignon '15	▼▼	4
○ Collio Bianco Russiz Disôre '01	▽▽▽	5
○ Collio Bianco Russiz Disôre '00	▽▽▽	4
○ Collio Friulano '14	▽▽▽	4*
○ Collio Pinot Bianco '07	▽▽▽	4
○ Collio Pinot Grigio '11	▽▽▽	4*
○ Collio Sauvignon '05	▽▽▽	3
○ Collio Sauvignon '04	▽▽▽	5
○ Collio Sauvignon '98	▽▽▽	4*
○ Collio Tocai Friulano '99	▽▽▽	3*

Sant'Elena

via Gasparini, 1
34072 Gradisca d'Isonzo [GO]
Tel. 048192388
www.sant-elena.com

VENDITA DIRETTA
VISITA SU PRENOTAZIONE
PRODUZIONE ANNUA 130.000 bottiglie
ETTARI VITATI 30,00

Si deve a Dominic Nocerino, noto importatore di vini italiani oltreoceano, il rilancio di questa storica azienda la cui fondazione risale al 1893. Solo verso la metà degli anni Sessanta del secolo scorso, resosi conto delle potenzialità del territorio, i terreni agricoli furono convertiti in vigneto e nel 1997 Dominic acquisì la proprietà con l'obiettivo dichiarato di esaltare al massimo le caratteristiche peculiari della denominazione Friuli Isonzo. Qui il suolo è formato da uno strato superficiale di terra rossa di origine alluvionale, ricca di ferro, che poggia sopra terreni ciottolosi e argillosi che conferiscono alle uve note minerali che nei vini si traducono in struttura e ricchezza aromatica. Nella scorsa edizione evidenziammo il fatto di aver potuto degustare solo vini rossi mentre quest'anno ci sono stati presentati solo i vini bianchi d'annata e l'uvaggio Mil Rosis '13, composto perlopiù da chardonnay con l'aggiunta di un'importante impronta aromatica di traminer e riesling.

Vino	Bicchieri	Prezzo
○ Friuli Isonzo Friulano Rive Alte '15	▼▼	3
○ Friuli Isonzo Pinot Grigio Rive Alte '15	▼▼	3
○ Friuli Isonzo Chardonnay Rive Alte '15	▼	3
○ Friuli Isonzo Sauvignon Rive Alte '15	▼	4
○ Friuli Isonzo Traminer Aromatico '15	▼	4
○ Mil Rosis '13	▼	5
● Cabernet Franc '11	▽▽	3
● Friuli Isonzo Pignolo Quantum '11	▽▽	7
○ Friuli Isonzo Pinot Grigio Rive Alte '13	▽▽	3
○ Friuli Isonzo Sauvignon Blanc Rive Alte '13	▽▽	4
● Merlot '11	▽▽	4
● Merlot '10	▽▽	4
● Merlot '09	▽▽	3
● Merlot Ròs di Rôl '10	▽▽	5
● Tato '10	▽▽	5
● Tato '09	▽▽	5

Marco Sara

fraz. Savorgnano del Torre
via dei Monti, 3a
33040 Povoletto [UD]
Tel. 0432666066
www.marcosara.com

VENDITA DIRETTA
VISITA SU PRENOTAZIONE
PRODUZIONE ANNUA 20.000 bottiglie
ETTARI VITATI 8,00
VITICOLTURA Biologico Certificato

L'ancora giovane Marco Sara conduce già da diversi anni la piccola azienda di famiglia che da sempre ha seguito il percorso della viticoltura naturale. I vigneti si estendono nella zona collinare di Povoletto, storicamente composta da tante piccole realtà produttive. Frammentarietà che determina una diversa dislocazione per ogni singolo vigneto, con esposizioni e microclimi diversi, che consentono a ogni vitigno di esprimersi al meglio. Nel Riu Falcon, che accoglie le viti più vecchie, temperature fresche e terreni argillosi sono ottimi per le uve a bacca bianca con eventuale formazione di botrytis cinerea mentre la zona più alta di Roncus gode di forti escursioni termiche atte a fissare gli aromi. Il Picolit '14, fiore all'occhiello di tutto il territorio collinare della provincia di Udine, ha ricevuto univoci apprezzamenti e, come nell'edizione precedente, è approdato alle finali. All'olfatto regala suggestioni di croccante alle mandorle, caramella d'orzo, datteri e miele, in bocca è dolce e suadente.

○ FCO Picolit '14	5
○ FCO Friulano '14	3
○ FCO Verduzzo '14	3
● FCO Cabernet Franc Frank '14	3
● COF Cabernet Franc Frank '13	3
○ COF Erba Alta '13	4
○ COF Picolit '13	5
● COF Refosco P. R. El Re '13	3
● COF Schioppettino '13	3
● COF Schioppettino '12	3*
○ FCO Friulano '13	2*

Sara & Sara

loc. Savorgnano del Torre
via dei Monti, 5
33040 Povoletto [UD]
Tel. 04323859042
www.saraesara.com

VENDITA DIRETTA
VISITA SU PRENOTAZIONE
PRODUZIONE ANNUA 25.000 bottiglie
ETTARI VITATI 7,50

Sara & Sara è un'azienda minuscola, autentico gioiello del panorama vitivinicolo regionale. Il giovanissimo Alessandro Sara, coadiuvato dal fratello Manuele, si è ormai affermato fra gli artigiani che si avvalgono di tecniche ancestrali per produrre vini moderni di grande impatto e gradevolezza. Siamo nel comprensorio di Savorgnano del Torre, un piccolo centro rurale situato all'estremo occidente della denominazione Friuli Colli Orientali. Qui i vigneti si estendono su colline scoscese attraversate da corsi d'acqua e sferzate dai venti freddi del nord. Con il loro andamento irregolare creano un microclima particolare che spesso favorisce sui grappoli la formazione naturale della botrytis cinerea. Anche quest'anno Alessandro ci ha presentato solo vini dolci che sono il punto di forza aziendale e di tutto il comparto circostante. Sia il Verduzzo Friulano Crei '13 sia il Picolit '11 regalano al naso un cocktail di frutta tropicale, fichi caramellati, cedro candito e zafferano, e deliziano il palato con avvolgente dolcezza.

○ FCO Verduzzo Friulano Crei '13	5
○ FCO Picolit '11	6
○ COF Friulano '12	3
○ COF Friulano '10	3
○ COF Picolit '10	5
○ COF Picolit '09	5
○ COF Picolit '07	5
○ COF Picolit '06	5
● COF Refosco P. R. '10	3
● COF Rosso Il Rio Falcone '08	3
○ COF Verduzzo Friulano Crei '11	5
○ COF Verduzzo Friulano Crei '09	5
○ COF Verduzzo Friulano Crei '08	5
○ FCO Verduzzo Friulano Crei '12	5
● Il Rio Falcone	3
○ Sauvignon '12	2*

★★Schiopetto

via Palazzo Arcivescovile, 1
34070 Capriva del Friuli [GO]
Tel. 048180332
www.schiopetto.it

VENDITA DIRETTA
VISITA SU PRENOTAZIONE
PRODUZIONE ANNUA 190.000 bottiglie
ETTARI VITATI 30,00
AZIENDA SOSTENIBILE

1965-2015. Esattamente 50 anni fa Mario Schiopetto metteva in bottiglia per la prima volta il Tocai Friulano in purezza. Oggi, più che mai, il Friulano (non più Tocai) è il portabandiera di questa blasonatissima cantina del Collio goriziano. Il testimone di Mario è passato da tre anni saldamente nelle mani della famiglia Rotolo e in particolare ai giovani Francesco e Alessandro. Con passione e umiltà, uniti all'ardore giovanile e coadiuvati dalla sapiente mano di Lorenzo Landi, hanno fatto sì che Schiopetto oggi brilli più che mai. Grande la vendemmia 2015 e grande la prestazione del Friulano '15, che ha emulato quelli delle due precedenti edizioni, riconquistando i Tre Bicchieri. Delizia l'olfatto con note di fieno fiorito, pompelmo e frutta esotica, e solletica il palato con sferzate di freschezza e morbidezza ben fuse.

○ Collio Friulano '15	🍷🍷🍷	4*
○ Collio Pinot Bianco '15	🍷🍷	4
○ Collio Sauvignon '15	🍷🍷	4
○ Blanc des Rosis '15	🍷🍷	4
○ Collio Malvasia '15	🍷🍷	4
○ Collio Pinot Grigio '15	🍷🍷	4
● Poderi dei Blumeri '13	🍷🍷	5
● Rivarossa '13	🍷🍷	4
○ Blanc des Rosis '07	🍷🍷🍷	4
○ Blanc des Rosis '06	🍷🍷🍷	4
○ Collio Friulano '14	🍷🍷🍷	4*
○ Collio Friulano '13	🍷🍷🍷	4*
○ Mario Schiopetto Bianco '08	🍷🍷🍷	5
○ Mario Schiopetto Bianco '07	🍷🍷🍷	5
○ Mario Schiopetto Bianco '03	🍷🍷🍷	5
○ Mario Schiopetto Bianco '02	🍷🍷🍷	5

La Sclusa

loc. Spessa
via Strada di Sant'Anna, 7/2
33043 Cividale del Friuli [UD]
Tel. 0432716259
www.lasclusa.it

VENDITA DIRETTA
VISITA SU PRENOTAZIONE
OSPITALITÀ
PRODUZIONE ANNUA 160.000 bottiglie
ETTARI VITATI 30,00

Il tronco dell'albero genealogico della famiglia Zorzettig porta il nome di Giobatta, capostipite di una generazione di viticoltori che dal 1963 opera a Spessa, località a sud di Cividale del Friuli che da sempre è sinonimo di vigne e di vino. Ogni ramo si è poi creato una propria identità e su uno dei più grossi spicca il nome di Gino che ha condotto la sua azienda per oltre quarant'anni per poi traghettarla ai figli Germano, Maurizio e Luciano. Da sempre la filosofia aziendale, basata sulla compattezza della conduzione familiare, si ispira alla tradizione contadina fatta di gente che cura la terra per poi ottenere il meglio dalla terra stessa, assecondando i ritmi della natura ed evitando eccessi o forzature. Il Friulano '15 si è fatto apprezzare per la corrispondenza con le peculiarità varietali sia al naso sia all'assaggio. Lo Chardonnay '15 dispensa profumi fruttati di melone bianco, pesca noce e prugna gialla, mentre la Ribolla Gialla '15 eccelle per freschezza, fragranza e linearità.

○ FCO Chardonnay '15	🍷🍷	3
○ FCO Friulano '15	🍷🍷	3
○ FCO Picolit '12	🍷🍷	7
○ FCO Ribolla Gialla '15	🍷🍷	3
○ FCO Sauvignon '15	🍷🍷	3
○ FCO Pinot Grigio '15	🍷	3
○ COF Chardonnay '12	🍷🍷	3
● COF Merlot '12	🍷🍷	3
○ COF Picolit '10	🍷🍷	6
○ COF Ribolla Gialla '13	🍷🍷	3
○ COF Ribolla Gialla '12	🍷🍷	3
○ FCO Chardonnay '14	🍷🍷	3
○ FCO Friulano '14	🍷🍷	3
○ FCO Picolit '11	🍷🍷	6
○ FCO Pinot Grigio '14	🍷🍷	2*
○ FCO Ribolla Gialla '14	🍷🍷	3

Roberto Scubla

fraz. Ipplis
via Rocca Bernarda, 22
33040 Premariacco [UD]
Tel. 0432716258
www.scubla.com

VENDITA DIRETTA
VISITA SU PRENOTAZIONE
PRODUZIONE ANNUA 60.000 bottiglie
ETTARI VITATI 12,00

Un maestoso gelso ultrasecolare fa bella mostra di sé nel cortile antistante l'azienda. Sembra fare la guardia alle vecchie mura del casolare che sovrasta uno dei primi colli della Rocca Bernarda dove Roberto Scubla decise di insediarsi dando vita a una realtà produttiva che in breve tempo si rivelò una vera perla dell'enologia regionale. La particolare conformazione delle colline circostanti facilita l'ingresso della bora che, oltre a garantire una ventilazione costante nei vigneti, consente l'appassimento naturale delle uve di verduzzo disposte su graticci all'aperto sotto una tettoia. Per le scelte di cantina si avvale della collaborazione di Gianni Menotti che più che un consulente è un amico di vecchia data. In finale ritroviamo sia vecchie conoscenze, il Verduzzo Friulano Cràtis '13 e il Bianco Pomèdes, due vini che ci hanno abituati a questi exploit, sia una bella novità, rappresentata dal Friulano '15 che, in un'annata felice, esprime al meglio le potenzialità di questo vitigno autoctono, orgoglio regionale.

Vino	Bicchieri	
○ FCO Bianco Pomèdes '14	ΥΥ	5
○ FCO Friulano '15	ΥΥ	3*
○ FCO Verduzzo Friulano Cràtis '13	ΥΥ	5
● FCO Cabernet Franc '14	ΥΥ	3
● FCO Cabernet Sauvignon '14	ΥΥ	3
● FCO Merlot '14	ΥΥ	3
○ FCO Pinot Bianco '15	ΥΥ	3
● FCO Rosso Scuro '13	ΥΥ	4
○ FCO Sauvignon '15	ΥΥ	3
○ RS Brut M. Cl.	ΥΥ	7
○ COF Bianco Pomèdes '04	ΥΥΥ	4
○ COF Bianco Pomèdes '99	ΥΥΥ	4*
○ COF Verduzzo Friulano Cràtis '09	ΥΥΥ	5
○ COF Verduzzo Friulano Cràtis '06	ΥΥΥ	5
○ COF Verduzzo Friulano Cràtis '04	ΥΥΥ	5
○ COF Verduzzo Friulano Graticcio '99	ΥΥΥ	5

Renzo Sgubin

via Faet, 15/1
34071 Cormons [GO]
Tel. 0481630297
www.renzosgubin.it

VENDITA DIRETTA
VISITA SU PRENOTAZIONE
PRODUZIONE ANNUA 28.000 bottiglie
ETTARI VITATI 12,00
AZIENDA SOSTENIBILE

Renzo Sgubin si annovera fra i migliori artigiani del vino regionali. Orgoglioso contadino, uomo di vigna, legato da un profondo amore per la terra ereditato dai suoi avi, possiede una dozzina di ettari vitati che si estendono in località Pradis, nei pressi di Cormòns, alcuni sui pendii del Collio goriziano mentre altri fanno parte del comprensorio della denominazione Friuli Isonzo. Il primo imbottigliamento risale al 2003 e con encomiabile progressione, bruciando le tappe, si è stabilito su un livello qualitativo di tutto rispetto con punte di vera eccellenza. Le ridotte dimensioni aziendali permettono di svolgere in prima persona tutte le operazioni della filiera produttiva. Ottima performance per l'uvaggio bianco 3,4,3 '15, composto prevalentemente da friulano, chardonnay e malvasia istriana, con un tocco di aromaticità che lo rende ancor più intrigante sia all'olfatto sia all'assaggio. Il Merlot '13, prodotto con uve del Collio, è opulento, fruttato, strutturato e promettente.

Vino	Bicchieri	
○ 3, 4, 3 '15	ΥΥ	3
● Collio Merlot '13	ΥΥ	3
○ Friuli Isonzo Chardonnay '15	ΥΥ	3
○ Friuli Isonzo Malvasia '15	ΥΥ	3
○ Friuli Isonzo Pinot Grigio '15	ΥΥ	3
● Plagnis '11	ΥΥ	3
○ Friuli Isonzo Friulano '15	Υ	3
○ Friuli Isonzo Sauvignon '15	Υ	3
● Collio Merlot '12	ΥΥ	3
● Collio Merlot '11	ΥΥ	3
○ Friuli Isonzo Chardonnay '14	ΥΥ	3
○ Friuli Isonzo Chardonnay '13	ΥΥ	3
○ Friuli Isonzo Friulano '14	ΥΥ	3
○ Friuli Isonzo Friulano '13	ΥΥ	3
○ Friuli Isonzo Malvasia '14	ΥΥ	3
● Plagnis '09	ΥΥ	3

Simon di Brazzan

FRAZ. BRAZZANO
VIA SAN ROCCO, 17
34070 CORMÒNS [GO]
TEL. 048161182
www.simondibrazzan.com

VENDITA DIRETTA
VISITA SU PRENOTAZIONE
PRODUZIONE ANNUA 70.000 bottiglie
ETTARI VITATI 13,00
VITICOLTURA Biologico Certificato

Simon di Brazzan è una bella azienda di Cormòns, di proprietà di Enrico Veliscig che, alla veneranda età di 98 anni, ancora aiuta in vigna il nipote Daniele Drius, cui ha affidato la gestione da oltre un ventennio. Daniele nel vigneto ha da subito abbandonato l'uso di trattamenti chimici introducendo il solo utilizzo di pratiche naturali e ormai da qualche anno è un accanito sostenitore della viticoltura biodinamica. Sull'apparato fogliare vengono spruzzati decotti di equiseto e ortica, e il terreno viene trattato con il sovescio, mix di erbe seminate a file alterne che a fine maggio, dopo la fioritura, viene tagliato e interrato. Naturalmente anche in vinificazione adotta atavici metodi. L'azienda, molto conosciuta in zona, non ci aveva mai proposto i vini per l'assaggio. Finalmente quest'anno Daniele si è deciso a farlo e il risultato è semplicemente straordinario. Tutti i vini ci hanno entusiasmato e alcuni hanno raggiunto le finali. Chi ben comincia...

○ Blanc di Simon '15	🍷🍷 3*
○ Ri.nè Blanc '14	🍷🍷 3*
○ Blanc di Simon Tradizion '10	🍷🍷 5
● Cabernet Franc '14	🍷🍷 3
○ Malvasia '15	🍷🍷 3
● Merlot '13	🍷🍷 4
○ Pinot Grigio '15	🍷🍷 3
○ Pinot Grigio Tradizion '14	🍷🍷 5
○ Sauvignon '15	🍷🍷 3
○ Blanc di Simon '06	🍷🍷 3
○ Blanc di Simon '04	🍷🍷 2*
○ Friuli Isonzo Sauvignon '03	🍷🍷 3*
○ Pinot Grigio '05	🍷🍷 3*

Sirch

VIA FORNALIS, 277/1
33043 CIVIDALE DEL FRIULI [UD]
TEL. 0432709835
www.sirchwine.com

VENDITA DIRETTA
VISITA SU PRENOTAZIONE
PRODUZIONE ANNUA 150.000 bottiglie
ETTARI VITATI 25,00

È ormai noto il legame tra Sirch e i Feudi di San Gregorio, la grande azienda campana che vanta una rete di mercato internazionale di primaria rilevanza e si occupa della distribuzione dell'intera linea dei vini prodotti in Friuli da Luca Sirch. Una linea di vini che rappresenta il campionario completo dell'offerta del mondo vitivinicolo regionale, prodotti con una filosofia spicciola, senza forzature ed eccessi, volta a esaltare le caratteristiche peculiari di ogni varietà. Luca dispone di 25 ettari vitati, tutti in collina, suddivisi in piccoli appezzamenti con sottosuoli e microclimi diversi. Condizione che nell'impostazione dei vigneti consentì di trovare la giusta collocazione per ogni singolo vitigno. Ci è stata offerta l'opportunità di assaggiare un gran numero di vini e la griglia sottostante evidenzia la costanza qualitativa raggiunta. Il Bianco Cladrecis '14 si è ritagliato un posto nelle nostre finali - era un po' che non succedeva -, un meritato riconoscimento di buon auspicio per il futuro.

○ FCO Bianco Cladrecis '14	🍷🍷 3*
● FCO Cabernet '14	🍷🍷 3
○ FCO Chardonnay '15	🍷🍷 3
○ FCO Friulano '15	🍷🍷 3
● FCO Merlot '14	🍷🍷 3
○ FCO Pinot Grigio '15	🍷🍷 3
○ FCO Ribolla Gialla '15	🍷🍷 3
● FCO Rosso Cladrecis '13	🍷🍷 3
○ FCO Sauvignon '15	🍷🍷 3
● FCO Schioppettino '14	🍷🍷 3
● FCO Refosco P.R. '14	🍷 3
○ COF Friulano '07	🍷🍷🍷 2*
○ FCO Bianco Cladrecis '13	🍷🍷 3
○ FCO Chardonnay '14	🍷🍷 3
○ FCO Ribolla Gialla '14	🍷🍷 3
○ FCO Sauvignon '14	🍷🍷 3

Skerk

FRAZ. SAN PELAGIO
LOC. PREPOTTO, 20
34011 DUINO AURISINA [TS]
TEL. 040200156
www.skerk.com

VENDITA DIRETTA
VISITA SU PRENOTAZIONE
RISTORAZIONE
PRODUZIONE ANNUA 22.000 bottiglie
ETTARI VITATI 7,00
VITICOLTURA Biologico Certificato

Sandi Skerk è un vero artigiano del vino, uno dei migliori interpreti della viticoltura del Carso. Per la produzione si basa sulle tradizioni locali che prevedono la macerazione delle bucce nel mosto per alcune settimane, poi semplici travasi nei primi giorni di luna calante, nessuna chiarifica e soprattutto nessuna filtrazione. Tecniche ancestrali che imprimono carattere e personalità a vini ricchi si sapore e di sfumature aromatiche di rara eleganza. Nella splendida cantina scavata nella dura roccia, vero capolavoro dell'ingegno umano, misteriosi spifferi provenienti da insenature irraggiungibili garantiscono fresca temperatura e umidità costante per tutto l'anno. Dopo quattro anni si è interrotta la splendida striscia al vertice dell'Ograde, che pur ha raggiunto le finali, e la Malvasia '13 si è ripresa lo scettro riconquistando i Tre Bicchieri. Delizia il naso con folate di iodio e suggestioni di zucchero filato, per poi avvolgere il palato con note salmastre di macchia mediterranea.

Vino	Bicchieri	
○ Malvasia '13	3 bicchieri rossi	5
○ Ograde '13	2 bicchieri rossi	5
○ Vitovska '13	2 bicchieri neri	5
● Terrano '13	1 bicchiere nero	5
○ Carso Malvasia '08	3 bicchieri	4
○ Ograde '12	3 bicchieri	5
○ Ograde '11	3 bicchieri	5
○ Ograde '10	3 bicchieri	4
○ Ograde '09	3 bicchieri	4*
○ Malvasia '12	2 bicchieri	5
○ Malvasia '11	2 bicchieri	5
● Terrano '12	2 bicchieri	5
● Terrano '11	2 bicchieri	5
● Terrano Ris. '06	2 bicchieri	5
● Terrano Sel. '11	2 bicchieri	5
○ Vitovska '12	2 bicchieri	5
○ Vitovska '11	2 bicchieri	5

Skerlj

VIA SALES, 44
34010 SGONICO [TS]
TEL. 040229253
www.agriturismoskerlj.com

VENDITA DIRETTA
VISITA SU PRENOTAZIONE
OSPITALITÀ E RISTORAZIONE
PRODUZIONE ANNUA 5.000 bottiglie
ETTARI VITATI 2,00
VITICOLTURA Biologico Certificato

Le aziende vitivinicole comprese nell'impervio territorio roccioso del Carso, salvo qualche rara eccezione, sono davvero minuscole ma di grande interesse per l'originalità e la fragranza dei vini che producono. Matej e Kristina Skerlj possono contare sui soli due ettari di vigneto ereditati dai nonni ma proprio le ridotte dimensioni permettono di curare le proprie viti con meticolosità certosina e di vinificare le uve adottando le antiche tecniche locali. Inutile dire che quasi tutte le lavorazioni vengono eseguite a mano. Sul Carso la tradizione prevede la coltivazione di soli vitigni autoctoni che nel tempo si sono adattati a sopportare la siccità estiva e le folate impetuose del vento di bora. Malvasia e vitovska sono i vitigni a bacca bianca più rappresentativi. Da alcuni anni abbiamo notato come curiosamente quelli di Matej si alternino con regolarità nelle nostre finali. Quest'anno tocca alla Malvasia '13, che ammortizza con la morbidezza le note iodate e salmastre di macchia mediterranea.

Vino	Bicchieri	
○ Malvasia '13	2 bicchieri rossi	5
○ Vitovska '13	2 bicchieri neri	5
● Terrano '13	1 bicchiere nero	5
○ Malvasia '12	2 bicchieri	5
○ Malvasia '11	2 bicchieri	5
○ Malvasia '10	2 bicchieri	5
○ Malvasia '07	2 bicchieri	4
○ Malvasia '06	2 bicchieri	4
● Terrano '12	2 bicchieri	5
● Terrano '07	2 bicchieri	4
○ Vitovska '12	2 bicchieri	5
○ Vitovska '11	2 bicchieri	5
○ Vitovska '10	2 bicchieri	5
○ Vitovska '08	2 bicchieri	4
○ Vitovska '07	2 bicchieri	4
○ Vitovska '06	2 bicchieri	4

Edi Skok

LOC. GIASBANA, 15
34070 SAN FLORIANO DEL COLLIO [GO]
TEL. 3408034045
www.skok.it

VENDITA DIRETTA
VISITA SU PRENOTAZIONE
PRODUZIONE ANNUA 38.000 bottiglie
ETTARI VITATI 11,00

Edi e Orietta Skok gestiscono ormai da tempo questa bella realtà del mondo vitivinicolo regionale che ha sede a San Floriano del Collio, in località Giasbana, in un contesto ambientale unanimemente riconosciuto come ideale per la produzione di vini, soprattutto da vitigni a bacca bianca, che gode di esposizioni ottimali e di variegati microclimi adattabili a ogni singola varietà. Pur mantenendosi ancorato alle tradizioni locali, profondamente legate alle origini contadine della sua famiglia, Edi è stato sempre molto aperto all'innovazione, rinunciando da tempo alle lunghe macerazioni e adottando tecniche più moderne per ottenere vini più fragranti nel rispetto delle peculiarità varietali. Con invidiabile costanza tutti i vini hanno ottenuto punteggi di elevato valore qualitativo. Un raffinato Friulano Zabura '15 emana profumo di fiori e frutta fragrante, anche tropicale, delizia il palato con note morbide e salmastre e chiude con una leggera nota aromatica di mandorla amara e mentuccia.

○ Collio Friulano Zabura '15	♥♥	3
● Collio Merlot Villa Jasbinae '11	♥♥	3
○ Collio Pinot Grigio '15	♥♥	3
○ Collio Sauvignon '15	♥♥	3
○ Collio Bianco Pe Ar '13	♡♡	3
○ Collio Bianco Pe Ar '12	♡♡	3
○ Collio Bianco Pe Ar '11	♡♡	3
○ Collio Chardonnay '14	♡♡	2*
○ Collio Chardonnay '13	♡♡	2*
○ Collio Chardonnay '12	♡♡	2*
○ Collio Friulano Zabura '14	♡♡	3
● Collio Merlot '13	♡♡	3
○ Collio Pinot Grigio '14	♡♡	3
○ Collio Pinot Grigio '13	♡♡	3
○ Collio Pinot Grigio '12	♡♡	3
○ Collio Sauvignon '13	♡♡	3

Leonardo Specogna

VIA ROCCA BERNARDA, 4
33040 CORNO DI ROSAZZO [UD]
TEL. 0432755840
www.specogna.it

VENDITA DIRETTA
VISITA SU PRENOTAZIONE
PRODUZIONE ANNUA 120.000 bottiglie
ETTARI VITATI 18,00
VITICOLTURA Biologico Certificato

L'azienda fondata da Leonardo Specogna oltre cinquant'anni fa è in continua e costante evoluzione. L'intraprendenza e le capacità enologiche dei giovanissimi Michele e Cristian, che ora la gestiscono, l'hanno proiettata ai vertici delle eccellenze regionali ed è unanimemente riconosciuta come ambasciatrice delle peculiarità territoriali della denominazione Friuli Colli Orientali. Non solo l'azienda di famiglia si è arricchita di nuovi vigneti sulla Rocca Bernarda ma Michele e Cristian stanno dando continuità a un progetto che li vede protagonisti nella sottozona di Ramandolo dove alcuni anni fa fondarono l'azienda Toblâr. Una scommessa coraggiosa che ha dato origine a una realtà di notevole successo. La lunga carellata di vini ci ha permesso di testare quasi tutto il repertorio aziendale e la valenza dei punteggi ottenuti testimonia l'alto livello qualitativo sull'intera gamma. Inoltre ben due vini si sono aggiudicati la finale. Identità '13 è composto da soli vitigni autoctoni: friulano, malvasia e ribolla gialla.

○ FCO Identità '13	♥♥	6
● FCO Oltre '11	♥♥	6
○ FCO Chardonnay '14	♥♥	3
○ FCO Friulano '15	♥♥	3
○ FCO Picolit '12	♥♥	6
● FCO Pignolo '11	♥♥	6
● FCO Refosco P. R. '14	♥♥	3
○ FCO Ribolla Gialla '15	♥♥	3
○ FCO Sauvignon '15	♥♥	3
○ Sauvignon Duality '13	♥♥	6
● FCO Merlot '14	♥	4
○ FCO Pinot Grigio '15	♥	3
● COF Merlot '13	♡♡	4
● COF Oltre '11	♡♡	6
● COF Pignolo '10	♡♡	6
● COF Refosco P. R. '13	♡♡	3

Tenuta Stella

LOC. SCRIÒ
VIA SDENCINA, 1
34070 DOLEGNA DEL COLLIO [GO]
TEL. 0499318135
www.tenutastellacollio.it

VENDITA DIRETTA
VISITA SU PRENOTAZIONE
PRODUZIONE ANNUA 32.000 bottiglie
ETTARI VITATI 7,00
VITICOLTURA Biologico Certificato
AZIENDA SOSTENIBILE

Pur essendosi affacciata da poco nel panorama vitivinicolo regionale la Tenuta Stella si è subito fatta apprezzare per l'elevato valore qualitativo della proposta dei suoi vini, esclusivamente bianchi, prodotti da solo vitigni autoctoni. Può contare su circa dodici ettari vitati nella parte più alta del Collio, nel comprensorio di Dolegna in località Scriò, dove la forte pendenza delle colline garantisce un'esposizione ideale ai raggi del sole ma impone che la maggior parte degli interventi venga necessariamente eseguita a mano. I terreni sono costituiti da marne e arenarie di origine oceanica, note con il nome di ponca, portate in superficie in epoca remota dal sollevamento dei fondali dell'Adriatico. Tutti i vini hanno ottenuto ottimi punteggi confermando gli apprezzamenti delle edizioni precedenti. Ai classici vini fermi del Collio si aggiungono due spumanti Metodo Classico di ottima fattura. Il Cuvée Tanni Brut coniuga in maniera esemplare fragranza, morbidezza, sapidità e serbevolezza.

○ Collio Friulano Scriò '14	TT 3
○ Collio Malvasia '14	TT 4
○ Collio Ribolla Gialla '14	TT 4
○ Cuvée Tanni Brut	TT 5
○ Ribolla Gialla Brut	TT 4
○ Collio Bianco '12	YY 3
○ Collio Friulano Scriò '13	YY 3
○ Collio Friulano Scriò '12	YY 3*
○ Collio Malvasia '13	YY 4
○ Collio Malvasia '12	YY 4
○ Collio Ribolla Gialla '13	YY 4
○ Collio Ribolla Gialla '12	YY 4

Subida di Monte

LOC. SUBIDA
VIA SUBIDA, 6
34071 CORMÒNS [GO]
TEL. 048161011
www.subidadimonte.it

VENDITA DIRETTA
VISITA SU PRENOTAZIONE
OSPITALITÀ
PRODUZIONE ANNUA 45.000 bottiglie
ETTARI VITATI 9,00

Subida di Monte è un'azienda a conduzione familiare gestita da Cristian e Andrea Antonutti. È stata fondata nel 1972 dal padre, Luigi Antonutti, uno dei pionieri regionali della vitivinicoltura di qualità, che riuscì a coronare il sogno di poter vivere a tempo pieno da viticoltore. È una cantina di concezione moderna, con ampi spazi sia per la lavorazione sia per l'accoglienza, situata in posizione strategica sul Collio goriziano, circondata dai vigneti e immersa in un contesto di natura incontaminata ricca di boschi e di vegetazione spontanea. Cristian e Andrea hanno sposato con entusiasmo la filosofia aziendale volta a produrre vini salubri, integri, fragranti e rispettosi delle caratteristiche varietali. Un'ottima Malvasia '15 sprigiona sentori di agrumi canditi, pesca bianca, mela annurca e foglie di alloro in bella amalgama, in bocca è saporita e durevole. Il Cabernet Franc '14 ricorda le ciliegie sotto spirito e l'erba bagnata, con leggere note di tostatura sia al naso che nel finale di bocca.

● Collio Cabernet Franc '14	TT 3
○ Collio Friulano '15	TT 3
○ Collio Malvasia '15	TT 3
○ Collio Sauvignon '15	TT 3
○ Collio Pinot Grigio '15	T 3
● Collio Cabernet Franc '12	YY 3
○ Collio Friulano '14	YY 3
○ Collio Friulano '13	YY 3
○ Collio Friulano '12	YY 3
○ Collio Malvasia '14	YY 3
● Collio Merlot '13	YY 3
● Collio Merlot '11	YY 3
○ Collio Pinot Grigio '13	YY 3
● Collio Rosso Poncaia '12	YY 4
○ Collio Sauvignon '14	YY 3
○ Collio Sauvignon '13	YY 3

Matijaz Terčič

loc. Bucuie, 4a
34070 San Floriano del Collio [GO]
Tel. 0481884920
www.tercic.com

VENDITA DIRETTA
VISITA SU PRENOTAZIONE
PRODUZIONE ANNUA 30.000 bottiglie
ETTARI VITATI 9,50

L'azienda fondata e condotta da Matijaz Terčič si annovera tra le più interessanti e qualificate dell'universo enologico di San Floriano del Collio. Paesaggisticamente questa zona è considerata una delle più affascinanti di tutta la fascia pedemontana del Friuli orientale. Sui ripidi pendii i filari disegnano ordinate geometrie intervallate da lunghe file di ciliegi che accompagnano lo sguardo fino alla splendida vallata sottostante. Qui da molte generazioni la famiglia Terčič si dedica alla viticoltura e alla trasformazione dell'uva in vino ma è per merito di Matijaz che si è giunti all'eccellenza. I suoi vini marcano uno stile personale inconfondibile, basato su schiettezza, immediatezza e bevibilità. L'ottimo Merlot Seme '11 è accompagnato da una schiera di vini bianchi di pregevole fattura su cui spicca il Vino degli Orti '13, composto da friulano e malvasia in parti uguali, che profuma di zagara, pesca gialla, albicocca e tè verde, in bocca è perfettamente equilibrato, cremoso e ricco di sfumature aromatiche.

Vino		
○ Vino degli Orti '13	▼▼	3*
○ Collio Bianco Planta '12	▼▼	4
● Collio Merlot Seme '11	▼▼	5
○ Collio Pinot Grigio Dar '12	▼▼	4
○ Collio Sauvignon '14	▼▼	3
○ Friuli Isonzo Friulano '14	▼▼	3
○ Collio Pinot Grigio '07	▽▽▽	3*
○ Collio Bianco Planta '11	▽▽	4
○ Collio Chardonnay '12	▽▽	3*
○ Collio Chardonnay '11	▽▽	3
● Collio Merlot '10	▽▽	4
○ Collio Pinot Grigio '13	▽▽	3
○ Collio Pinot Grigio '12	▽▽	3*
○ Collio Sauvignon '13	▽▽	3
○ Collio Sauvignon '12	▽▽	3
○ Vino degli Orti '12	▽▽	3

Tiare - Roberto Snidarcig

fraz. Vencò
loc. Sant'Elena, 3a
34070 Dolegna del Collio [GO]
Tel. 048162491
www.tiaredoc.com

VENDITA DIRETTA
VISITA SU PRENOTAZIONE
RISTORAZIONE
PRODUZIONE ANNUA 90.000 bottiglie
ETTARI VITATI 10,00
AZIENDA SOSTENIBILE

L'attaccamento di Roberto Snidarcig alla terra che coltiva ha suggerito il nome da attribuire alla sua azienda: Tiare in friulano significa terra. A piccoli passi, iniziando con un solo ettaro di vigneto sulle pendici del monte Quarin, l'alto colle che protegge la cittadina di Cormòns dai venti freddi che da est sferzano la valle del Vipacco, è riuscito a far lievitare la sua azienda sia in numeri che in qualità traghettandola in breve tempo tra le più blasonate del panorama vitivinicolo regionale. Ora la sede aziendale è a Dolegna del Collio, in una nuova cantina spaziosa e funzionale dove, confortato dalla preziosa collaborazione della moglie Sandra, continua imperterrito nel suo progetto di potenziamento. La fragranza e gli effluvi aromatici sprigionati dal Sauvignon '15 sono esaltanti e ottengono il massimo riconoscimento, conquistando i Tre Bicchieri. Per gli amanti di questo vitigno è questo un vino riferimento, grazie all'equilibrio, all'eleganza, a una particolare sensazione di roccia che sa dare. I Tre Bicchieri Non Dati vanno anche all'eccellente 2014.

Vino		
○ Collio Sauvignon '15	▼▼▼	5
○ Collio Chardonnay '15	▼▼	3
○ Collio Friulano '15	▼▼	4
○ Collio Malvasia '15	▼▼	3
○ Collio Ribolla Gialla '15	▼▼	4
○ Il Tiare '15	▼▼	3
● Schioppettino '14	▼▼	3
○ Collio Pinot Grigio '15	▼	4
○ Collio Sauvignon '14	▽▽▽	5
○ Collio Sauvignon '13	▽▽▽	3*
○ Collio Friulano '14	▽▽	4
○ Collio Malvasia '14	▽▽	3*
○ Collio Malvasia '13	▽▽	3
○ Collio Pinot Grigio '13	▽▽	3
● Collio Pinot Nero '14	▽▽	2*
○ Collio Ribolla Gialla '14	▽▽	4
○ Collio Ribolla Gialla '13	▽▽	3*

★Franco Toros

LOC. NOVALI, 12
34071 CORMÒNS [GO]
TEL. 048161327
www.vinitoros.com

VENDITA DIRETTA
VISITA SU PRENOTAZIONE
PRODUZIONE ANNUA 60.000 bottiglie
ETTARI VITATI 11,00

Franco Toros è un grande vignaiolo, un artigiano del vino, un vero artista. Uomo schivo che si muove in silenzio tra i filari e che evita i clamori, discende da una famiglia di esperti vignaioli che all'inizio del secolo scorso si stabilì in località Novali, nei pressi di Cormòns. Già allora nel comprensorio del Collio veniva prodotto un vino bianco di così marcata personalità da richiamare intenditori fin dall'Austria o dal vicino Veneto. Franco cesella i suoi vini affidandosi a quel sapere antico che si stratifica nel tempo in ogni gruppo familiare e che viene trasmesso da generazione in generazione. I suoi vini sono per tutti un punto di riferimento, un esempio da imitare, un orgoglio regionale. Probabilmente farà notizia il fatto che quest'anno Franco Toros non si è aggiudicato il massimo riconoscimento. I vini sono comunque tutti splendidi, frutto di un'annata felice, soprattutto il Friulano '15, fresco e morbido, e il Pinot Bianco '15, profumato e sapido, che hanno partecipato meritatamente alle nostre finali.

Vino	Bicchieri	
○ Collio Friulano '15	2 (rossi)	4
○ Collio Pinot Bianco '15	2 (rossi)	4
○ Collio Chardonnay '15	2 (neri)	4
○ Collio Pinot Grigio '15	2 (neri)	4
○ Collio Sauvignon '15	2 (neri)	4
○ Collio Friulano '12	3 (bianchi)	4*
○ Collio Friulano '11	3 (bianchi)	4*
○ Collio Friulano '10	3 (bianchi)	4
○ Collio Friulano '09	3 (bianchi)	4*
○ Collio Friulano '08	3 (bianchi)	4*
○ Collio Pinot Bianco '14	3 (bianchi)	4*
○ Collio Pinot Bianco '13	3 (bianchi)	4*
○ Collio Pinot Bianco '08	3 (bianchi)	4*
○ Collio Pinot Bianco '07	3 (bianchi)	4
○ Collio Pinot Bianco '05	3 (bianchi)	4
○ Collio Tocai Friulano '06	3 (bianchi)	4
○ Collio Tocai Friulano '04	3 (bianchi)	4

Torre Rosazza

FRAZ. OLEIS
LOC. POGGIOBELLO, 12
33044 MANZANO [UD]
TEL. 0422864511
www.torrerosazza.com

VENDITA DIRETTA
VISITA SU PRENOTAZIONE
PRODUZIONE ANNUA 200.000 bottiglie
ETTARI VITATI 90,00
AZIENDA SOSTENIBILE

Torre Rosazza è il fiore all'occhiello de Le Tenute di Genagricola, un gruppo societario che vanta possedimenti in varie regioni dello stivale ma che in Friuli ha trovato modo di espandersi creando anche il marchio Poggiobello, Borgo Magredo e Tenuta Sant'Anna. L'azienda in loco è gestita da Enrico Raddi, che funge da direttore amministrativo, e ha sede nel settecentesco Palazzo De Marchi, che spicca sulla sommità di un colle nel comune di Manzano. È circondata da due splendidi anfiteatri naturali terrazzati che per esposizione e microclima sono un vero gioiello nel comparto dei Colli Orientali. Sono la culla di vitigni autoctoni quali il pignolo e la ribolla gialla, orgoglio del Friuli enologico. I due Pinot a bacca bianca si alternano ai vertici dell'eccellenza. Quest'anno ha prevalso il Pinot Grigio '15, che si è ripreso lo scettro riconquistando i Tre Bicchieri. È approdato alle finali in compagnia di un ottimo Friulano '15, molto fruttato e impreziosito da note balsamiche.

Vino	Bicchieri	
○ FCO Pinot Grigio '15	3 (rossi)	3*
○ FCO Friulano '15	2 (rossi)	3*
○ Blanc di Neri Brut	2 (neri)	5
○ FCO Picolit '12	2 (neri)	5
○ FCO Pinot Bianco '15	2 (neri)	3
● FCO Refosco P. R. '14	2 (neri)	3
○ FCO Ribolla Gialla '15	2 (neri)	3
○ FCO Sauvignon '15	2 (neri)	3
● FCO Pinot Nero Ronco del Palazzo '09	1 (nero)	3
○ FCO Verduzzo Friulano '13	1 (nero)	3
○ COF Pinot Grigio '13	3 (bianchi)	3*
○ COF Pinot Grigio '12	3 (bianchi)	3*
○ FCO Pinot Bianco '14	3 (bianchi)	3*
● COF Cabernet Sauvignon '13	2 (bianchi)	3
● COF Refosco P. R. '13	2 (bianchi)	3
○ FCO Sauvignon '14	2 (bianchi)	3

La Tunella

FRAZ. IPPLIS
VIA DEL COLLIO, 14
33040 PREMARIACCO [UD]
TEL. 0432716030
www.latunella.it

VENDITA DIRETTA
VISITA SU PRENOTAZIONE
PRODUZIONE ANNUA 390.000 bottiglie
ETTARI VITATI 70,00
AZIENDA SOSTENIBILE

La Tunella è unanimemente riconosciuta a livello internazionale tra le aziende friulane di maggior prestigio. Quest'anno ricorrono i 30 anni da quando Livio Zorzettig si staccò dalla casa madre e si insediò a Ipplis creando un'azienda in proprio. Ora è gestita dai due fratelli Massimo e Marco che insieme alla madre Gabriella hanno saputo mettere a frutto le esperienze accumulate da tre generazioni di viticoltori. Le pratiche enologiche sono affidate a Luigino Zamparo che opera in una spaziosa cantina che dispone di tecnologie avanzate e di pregevoli soluzioni architettoniche. Suo il compito di trasformare le uve in vini di qualità che esaltino il territorio preservando la tipicità di ogni singolo vitigno. Anche quest'anno ben due vini sono approdati alle finali e LaLinda '14 si è aggiudicata i Tre Bicchieri. É uno splendido blend di vitigni autoctoni: friulano, malvasia istriana e ribolla gialla. All'olfatto ricorda limone candito, pesca bianca, incenso e spezie dolci, in bocca è morbido, nitido e salmastro.

Vino	Bicchieri	
○ FCO Bianco LaLinda '14	🍷🍷🍷	4*
○ FCO BiancoSesto '14	🍷🍷	4
○ FCO Friulano Col Livius '14	🍷🍷	4
○ FCO Pinot Grigio '15	🍷🍷	3
○ FCO Ribolla Gialla Col de Bliss '14	🍷🍷	4
○ FCO Ribolla Gialla Rjgialla '15	🍷🍷	3
● FCO Rosso L'Arcione '11	🍷🍷	5
○ FCO Sauvignon Col Matiss '14	🍷🍷	4
● FCO Schioppettino '12	🍷🍷	4
○ Noans '14	🍷🍷	5
○ COF BiancoSesto '11	YYY	4*
○ COF BiancoSesto '07	YYY	3
○ COF BiancoSesto '06	YYY	3*
○ Noans '12	YYY	5
○ COF BiancoSesto '13	YY	4
○ COF Friulano Col Livius '13	YY	4
● COF Schioppettino '11	YY	4

Valchiarò

FRAZ. TOGLIANO
VIA DEI LAGHI, 4C
33040 TORREANO [UD]
TEL. 0432715502
www.valchiaro.it

VENDITA DIRETTA
VISITA SU PRENOTAZIONE
PRODUZIONE ANNUA 45.000 bottiglie
ETTARI VITATI 14,00
AZIENDA SOSTENIBILE

Una bella storia quella della Valchiarò, di passione e amicizia. Era il 1991 quando sei piccoli produttori, impegnati in aree professionali diverse, decisero di creare un sodalizio, conferendo ognuno le proprie uve in un'unica realtà, e fondarono l'azienda a Torreano di Cividale. Un esempio di collaborazione che ebbe inizio venticinque anni fa ma che ancora oggi si giova di questa unione di forze basata sulla stima reciproca, l'affiatamento e lo spirito di gruppo. Tappe importanti hanno suggellato il loro percorso, tra cui la costruzione di una cantina ampia e moderna, inaugurata nel 2006, dove le scelte enologiche sono affidate alla collaudata competenza di Gianni Menotti. I vini bianchi si giovano dell'annata felice ed esprimono al meglio le caratteristiche varietali di ogni singolo vitigno con ottima fragranza ma soprattutto con abbondanza di peculiarità e sfumature aromatiche. In particolare il Friulano Nexus '15 coniuga note morbide con un'importante salinità marina.

Vino	Bicchieri	
○ FCO Friulano '15	🍷🍷	3
○ FCO Friulano Nexus '15	🍷🍷	3
○ FCO Picolit '11	🍷🍷	6
○ FCO Pinot Grigio '15	🍷🍷	3
● FCO Refosco P. R. Ris. '12	🍷🍷	3
○ FCO Sauvignon '15	🍷🍷	3
○ FCO Verduzzo Friulano '12	🍷🍷	4
● FCO Cabernet '12	🍷	3
● COF Cabernet '11	YY	3
● COF Merlot Ris. '11	YY	3
○ COF Picolit '10	YY	6
○ COF Verduzzo Friulano '11	YY	4
○ COF Verduzzo Friulano '10	YY	4
○ FCO Friulano '14	YY	3
○ FCO Pinot Grigio '14	YY	3
○ FCO Sauvignon '14	YY	3

Valpanera

via Trieste, 5a
33059 Villa Vicentina [UD]
Tel. 0431970395
www.valpanera.it

VENDITA DIRETTA
VISITA SU PRENOTAZIONE
PRODUZIONE ANNUA 450.000 bottiglie
ETTARI VITATI 55,00

Valpanera è un'azienda ormai affermata ed è una delle più rappresentative quale espressione delle potenzialità della denominazione Friuli Aquileia. Nata per volontà di Giampietro Dal Vecchio e ora gestita insieme al figlio Giovanni, si è assunta il compito di valorizzare il refosco dal peduncolo rosso, il vitigno autoctono a bacca rossa più rappresentativo della regione. Una scelta coraggiosa quella di puntare principalmente su questo vitigno, dettata da studi e ricerche che documentano la vocazione millenaria dei terreni del circondario dove i fondi sono argillosi, la ventilazione è costante per merito della bora e la maturazione delle uve è garantita dalle tiepide brezze del vicino mare Adriatico. Quest'anno non ci è stata presentata la versione Riserva che generalmente riscuote i migliori consensi ma le altre due versioni si sono dimostrate comunque di grande prestigio. Il Refosco dal Peduncolo Rosso Superiore '13 è molto speziato, ricorda pepe nero e chiodi di garofano, in bocca è ricco di sapore e avvolgente.

● Friuli Aquileia Refosco P. R. '14	🍷🍷 2*
● Friuli Aquileia Refosco P. R. Sup. '13	🍷🍷 3
● Friuli Aquileia Rosso Alma '11	🍷🍷 5
○ Friuli Aquileia Verduzzo Friulano '13	🍷🍷 4
○ Friuli Aquileia Sauvignon '15	🍷 3
● Le Tre Uve '15	🍷 2
● Friuli Aquileia Refosco P. R. '13	🍷🍷 2*
● Friuli Aquileia Refosco P. R. '12	🍷🍷 2*
● Friuli Aquileia Refosco P. R. Ris. '11	🍷🍷 5
● Friuli Aquileia Refosco P. R. Ris. '08	🍷🍷 5
● Friuli Aquileia Refosco P. R. Ris. '07	🍷🍷 5
● Friuli Aquileia Refosco P. R. Sup. '12	🍷🍷 3
● Friuli Aquileia Refosco P. R. Sup. '10	🍷🍷 3
● Friuli Aquileia Rosso Alma '08	🍷🍷 5
● Rosso di Valpanera '12	🍷🍷 2*
● Rosso di Valpanera '10	🍷🍷 2*

★Venica & Venica

loc. Cerò, 8
34070 Dolegna del Collio [GO]
Tel. 048161264
www.venica.it

VENDITA DIRETTA
VISITA SU PRENOTAZIONE
OSPITALITÀ
PRODUZIONE ANNUA 280.000 bottiglie
ETTARI VITATI 39,00

Gianni & Giorgio sono i Venica che hanno saputo trasformare una piccola realtà agricola in una grande azienda modello, moderna, dinamica, organizzata, conosciuta e apprezzata in tutto il mondo. Con lo spirito di coesione proprio delle famiglie contadine, dimostrando indiscusse capacità sia artigianali sia imprenditoriali, hanno proiettato l'azienda ai vertici dell'eccellenza regionale. Ornella e Giampaolo sono i più conosciuti perchè si occupano delle pubbliche relazioni ma tutto lo staff aziendale partecipa al successo del marchio Venica & Venica che è garanzia di assoluta qualità, con un'offerta di prodotti a tutto tondo che esalta le già conosciute peculiarità del Collio goriziano. Con tre vini in finale resta il cruccio per non aver centrato l'obiettivo ma è l'ennesima conferma delle potenzialità aziendali che sfoderano un Sauvignon Ronco delle Mele '15, un Friulano Ronco delle Cime '15 e un Pinot Bianco Tàlis '15 ai vertici dell'eccellenza, orgoglio del Collio e di tutto il territorio regionale.

○ Collio Friulano Ronco delle Cime '15	🍷🍷 4
○ Collio Pinot Bianco Tàlis '15	🍷🍷 4
○ Collio Sauvignon Ronco delle Mele '15	🍷🍷 6
○ Collio Malvasia Pètris '15	🍷🍷 4
○ Collio Pinot Grigio Jesera '15	🍷🍷 4
● Collio Refosco P. R. Bottaz '12	🍷🍷 5
○ Collio Sauvignon Ronco del Cerò '15	🍷🍷 5
○ Collio Traminer Aromatico '15	🍷🍷 4
○ Collio Sauvignon Ronco delle Mele '13	🍷🍷🍷 6
○ Collio Sauvignon Ronco delle Mele '12	🍷🍷🍷 6
○ Collio Sauvignon Ronco delle Mele '11	🍷🍷🍷 6
○ Collio Sauvignon Ronco delle Mele '10	🍷🍷🍷 5
○ Collio Sauvignon Ronco delle Mele '09	🍷🍷🍷 5
○ Collio Sauvignon Ronco delle Mele '08	🍷🍷🍷 5
○ Collio Sauvignon Ronco delle Mele '07	🍷🍷🍷 5
○ Collio Tocai Friulano Ronco delle Cime '06	🍷🍷🍷 4

La Viarte

via Novacuzzo, 51
33040 Prepotto [UD]
Tel. 0432759458
www.laviarte.it

VENDITA DIRETTA
VISITA SU PRENOTAZIONE
OSPITALITÀ
PRODUZIONE ANNUA 100.000 bottiglie
ETTARI VITATI 27,00
AZIENDA SOSTENIBILE

Il nome aziendale La Viarte, che nel linguaggio locale indica la primavera, fu scelto dalla famiglia Ceschin all'inizio di un percorso che in quarant'anni ha permesso di scrivere molte delle migliori pagine dei vini regionali. L'attuale proprietario Alberto Piovan si è assunto l'onere di valorizzare ulteriormente le peculiarità del territorio potendo contare su vigneti ormai maturi e, senza per nulla intaccare l'impostazione aziendale, si è imposto il traguardo di concretizzare valori potenzialmente presenti ma ancora inespressi, con rese bassissime e una qualità decisamente lievitata. Da ottimo imprenditore quale ha già dimostrato di essere, si sta avvalendo della preziosa collaborazione di Gianni Menotti. L'ottima performance di tutta la gamma è la dimostrazione che la strada intrapresa è quella giusta e le soddisfazioni non si sono fatte attendere. Il Sauvignon Liende '15 è forse andato oltre le aspettative e si è aggiudicato i Tre Bicchieri. Eccelle per tipicità e fragranza, conquista il palato e lascia un lungo ricordo.

○ FCO Sauvignon Liende '15	YYY	5
○ FCO Friulano Liende '15	YY	5
○ Arteus '15	YY	3
○ COF Sauvignon '15	YY	3
○ FCO Friulano '15	YY	3
● FCO Merlot '12	YY	4
○ FCO Ribolla Gialla '15	YY	3
⊙ La Viarte Rosé Brut	YY	4
● COF Merlot '11	yy	4
○ COF Pinot Grigio '13	yy	3
○ COF Sauvignon '13	yy	3*
○ COF Sauvignon Liende '13	yy	5
● COF Tazzelenghe '09	yy	5
○ FCO Chardonnay '14	yy	3
○ FCO Friulano '14	yy	3
○ FCO Pinot Bianco '14	yy	3

Vidussi

via Spessa, 18
34071 Capriva del Friuli [GO]
Tel. 048180072
www.vinimontresor.it

VENDITA DIRETTA
VISITA SU PRENOTAZIONE
PRODUZIONE ANNUA 500.000 bottiglie
ETTARI VITATI 30,00

Già dall'anno 2000 l'azienda Vidussi, di proprietà dell'omonima famiglia è gestita in affitto dal gruppo Montresor di Verona. Ha sede a Capriva del Friuli, nel cuore del Collio, e la maggior parte dei vigneti si estende in quel comprensorio mentre altri appezzamenti fanno parte delle denominazioni Friuli Isonzo e Friuli Colli Orientali. Le potenzialità territoriali impongono che la maggioranza delle uve coltivate sia a bacca bianca e la scelta privilegia l'impiego di vitigni autoctoni con particolare attenzione alla ribolla gialla da sempre presente in azienda. La variegata gamma dei vini copre ogni esigenza di mercato con prezzi decisamente onesti soprattutto se rapportati alla qualità dell'offerta. Di anno in anno non facciamo che rimarcare l'ottimo livello di gradimento gustativo raggiunto ormai da tempo e mantenuto con invidiabile costanza. Sono vini schietti, lineari, senza fronzoli ne sbavature, che godono di una bevibilità semplice ma al tempo stesso articolata, gustosa e saporita.

○ Collio Chardonnay '15	YY	2*
○ Collio Friulano '15	YY	3
○ Collio Malvasia '15	YY	2*
○ Collio Pinot Grigio '15	YY	2*
○ Collio Sauvignon '15	YY	2*
○ Collio Traminer Aromatico '15	YY	2*
○ Collio Ribolla Gialla '15	Y	2
● Ribolla Nera o Schioppettino '15	Y	3
○ Collio Chardonnay '14	yy	2*
○ Collio Friulano '14	yy	3
○ Collio Malvasia '14	yy	2*
○ Collio Pinot Bianco '14	yy	3
○ Collio Pinot Grigio '14	yy	2*
○ Collio Ribolla Gialla '14	yy	2*
○ Collio Traminer Aromatico '14	yy	2*
● Ribolla Nera o Schioppettino '14	yy	3

★★Vie di Romans

LOC. VIE DI ROMANS, 1
34070 MARIANO DEL FRIULI [GO]
TEL. 048169600
www.viediromans.it

VENDITA DIRETTA
VISITA SU PRENOTAZIONE
PRODUZIONE ANNUA 250.000 bottiglie
ETTARI VITATI 55,00
AZIENDA SOSTENIBILE

Vie di Romans è un marchio prestigioso, un'azienda modello, un vero gioiello nel panorama vitivinicolo regionale. Gianfranco Gallo è l'autore di questo splendido capolavoro, frutto delle eccezionali doti che contraddistinguono uno stile produttivo composto da rigorose scelte viticole unite a un'attenta interpretazione enologica. I vini, soprattutto i bianchi, mostrano una forte espressione territoriale sorretta da un'imponente struttura. I vigneti sono tutti compresi nella denominazione Friuli Isonzo, a pochi chilometri dal golfo di Trieste, dove il clima continentale si fonde con quello mediterraneo. I terreni sono pianeggianti ma il microclima è ideale e i sottosuoli sono ricchi di minerali. Avere quattro vini in finale, come capita con invidiabile regolarità anche se quasi mai con gli stessi vini, e non ottenere il massimo riconoscimento può sembrare una beffa. Invece è la conferma dell'altissimo livello qualitativo che contraddistingue tutta la proposta aziendale, sia in acciaio sia in legno.

○ Dut'un '13	🍷🍷 6
○ Friuli Isonzo Bianco Flors di Uis '14	🍷🍷 4
○ Friuli Isonzo Chardonnay Ciampagnis Vieris '14	🍷🍷 4
○ Friuli Isonzo Sauvignon Piere '14	🍷🍷 5
○ Friuli Isonzo Chardonnay Vie di Romans '14	🍷🍷 5
○ Friuli Isonzo Friulano Dolée '14	🍷🍷 5
○ Friuli Isonzo Malvasia Dis Cumieris '14	🍷🍷 5
○ Friuli Isonzo Pinot Grigio Dessimis '14	🍷🍷 6
○ Friuli Isonzo Sauvignon Vieris '14	🍷🍷 5
○ Friuli Isonzo Bianco Flors di Uis '09	🍷🍷🍷 4*
○ Friuli Isonzo Chardonnay Ciampagnis Vieris '13	🍷🍷🍷 4*
○ Friuli Isonzo Friulano Dolée '12	🍷🍷🍷 5
○ Friuli Isonzo Friulano Dolée '11	🍷🍷🍷 4*
○ Friuli Isonzo Sauvignon Piere '10	🍷🍷🍷 4*

Vigna del Lauro

LOC. MONTONA, 19
34071 CORMÒNS [GO]
TEL. 0481629549
www.vignadellauro.it

VENDITA DIRETTA
VISITA SU PRENOTAZIONE
PRODUZIONE ANNUA 60.000 bottiglie
ETTARI VITATI 10,00

L'azienda Vigna del Lauro gestita a livello familiare da Fabio Coser, già proprietario di Ronco dei Tassi, da sua moglie Daniela e dai figli Matteo ed Enrico, nacque nel 1994 da un progetto di collaborazione con l'importatore tedesco di vini italiani Eberhard Spangenberg che rese necessario differenziare la produzione per soddisfare le esigenze di un'importante fascia di mercato d'oltralpe. La filosofia aziendale, basata sul concetto che la cura e il rispetto nella produzione della materia prima sono elementi imprescindibili per esaltare le caratteristiche varietali, e il territorio di provenienza, hanno portato a vini integri, lineari, semplici e di piacevole bevibilità, a un prezzo decisamente contenuto. Anche quest'anno i vini del Collio hanno una marcia in più ma sono decisamente interessanti anche quelli di pianura. Il Merlot '14 profuma di ciliegie e gode di una piacevole speziatura che si esalta all'assaggio. Il Traminer Aromatico '15 ricorda lo sciroppo di sambuco, la mela cotogna e la pesca bianca.

○ Collio Friulano '15	🍷🍷 3
○ Collio Pinot Grigio '15	🍷🍷 3
○ Collio Ribolla Gialla '15	🍷🍷 3
○ Collio Sauvignon '15	🍷🍷 3
● Friuli Isonzo Merlot '14	🍷🍷 2*
○ Friuli Isonzo Traminer Aromatico '15	🍷🍷 2*
○ Friuli Isonzo Friulano '15	🍷 2
○ Friuli Isonzo Sauvignon '15	🍷 2
○ Collio Sauvignon '99	🍷🍷🍷 2*
○ Collio Friulano '14	🍷🍷 3
○ Collio Pinot Grigio '14	🍷🍷 3
○ Collio Ribolla Gialla '14	🍷🍷 3
○ Collio Sauvignon '14	🍷🍷 3
○ Collio Sauvignon '13	🍷🍷 3
● Friuli Isonzo Cabernet Franc '13	🍷🍷 2*
● Friuli Isonzo Merlot '12	🍷🍷 2*

Vigna Petrussa

via Albana, 47
33040 Prepotto [UD]
Tel. 0432713021
www.vignapetrussa.it

VENDITA DIRETTA
VISITA SU PRENOTAZIONE
PRODUZIONE ANNUA 30.000 bottiglie
ETTARI VITATI 6,50

Hilde Petrussa nel 1995 decise di occuparsi della tenuta di famiglia che, fiorente nei primi anni Novecento, era caduta in abbandono. Si trovò a dover riconvertire i vigneti e cercò di privilegiare le varietà autoctone scegliendo la forma di allevamento a Guyot, aumentò il numero di ceppi per ettaro, e provvide all'inerbimento di tutta la superficie vitata. Naturalmente dedicò le maggiori attenzioni alla ribolla nera, vitigno da cui si ricava lo Schioppettino, un vino che sembra abbia avuto origine in questa vallata e dove comunque è sempre esistito. Insieme a un folto gruppo formato da altri vignaioli locali si è battuta per anni per il riconoscimento della sottozona Schioppettino di Prepotto. Hilde generalmente propone vini maturi, già ben affinati, con profumi evoluti e ben amalgamati, ma quest'anno la bella novità è un sorprendente Friulano '15, che ha raccolto unanimi consensi per l'intensità, la complessità e la gradevolezza del profumo ma soprattutto per la grinta e l'avvolgenza al palato.

○ FCO Friulano '15	▼▼ 3*
○ FCO Picolit '12	▼▼ 5
● FCO Schioppettino di Prepotto '12	▼▼ 4
○ Richenza '13	▼▼ 4
● FCO Refosco P. R. '13	▼ 4
● COF Cabernet Franc '12	▽▽ 3
● COF Cabernet Franc '10	▽▽ 3
○ COF Friulano '13	▽▽ 3
○ COF Friulano '12	▽▽ 3
○ COF Picolit '11	▽▽ 5
○ COF Sauvignon '12	▽▽ 3
● COF Schioppettino di Prepotto '11	▽▽ 4
● COF Schioppettino di Prepotto '10	▽▽ 4
○ FCO Sauvignon '14	▽▽ 3
○ Richenza '12	▽▽ 4
○ Richenza '11	▽▽ 4

Vigna Traverso

via Ronchi, 73
33040 Prepotto [UD]
Tel. 0422804807
www.vignatraverso.it

VENDITA DIRETTA
VISITA SU PRENOTAZIONE
RISTORAZIONE
PRODUZIONE ANNUA 100.000 bottiglie
ETTARI VITATI 22,00
AZIENDA SOSTENIBILE

L'azienda Vigna Traverso, un tempo identificata come Ronco di Castagneto, da quasi vent'anni è di proprietà della famiglia Molon Traverso, titolare della famosa azienda che ha sede nel vicino Veneto. Ormai da tempo è gestita da Stefano Traverso che, sebbene molto giovane, vanta numerose esperienze nel settore e si occupa sia della conduzione enologica che di quella agronomica rivolgendo particolare attenzione al recupero di vecchi vigneti impiantati con vitigni autoctoni. Da alcuni anni opera nella nuova cantina di Prepotto, dotata delle tecnologie più moderne ma che si avvale anche della reintroduzione delle vasche in cemento, classico esempio di rispetto per la tradizione. Ottima la performance dei vini bianchi d'annata ma la maggior evoluzione ha premiato il Bianco Sottocastello '13 e il Refosco dal Peduncolo Rosso '12, che sono approdati alle selezioni finali. Il primo profuma di crema pasticcera e fiori appassiti, il secondo di spezie e tabacco, entrambi sono ricchi in bocca e balsamici nel finale.

○ FCO Bianco Sottocastello '13	▼▼ 4
● FCO Refosco P. R. '12	▼▼ 3*
○ FCO Friulano '15	▼▼ 3
○ FCO Ribolla Gialla '15	▼▼ 3
○ FCO Sauvignon '15	▼▼ 3
● FCO Troj '12	▼▼ 3
○ FCO Pinot Grigio '15	▼ 3
● FCO Schioppettino di Prepotto '12	▼ 4
○ COF Bianco Sottocastello '12	▽▽ 4
○ COF Bianco Sottocastello '11	▽▽ 4
● COF Merlot '11	▽▽ 3
● COF Rosso Troj '11	▽▽ 3
○ COF Sauvignon '13	▽▽ 3
● COF Schioppettino di Prepotto '11	▽▽ 4
○ FCO Friulano '14	▽▽ 3
○ FCO Sauvignon '14	▽▽ 3

Vigne del Malina

FRAZ. ORZANO
VIA PASINI VIANELLI, 9
33047 REMANZACCO [UD]
TEL. 0432649258
www.vignedelmalina.com

VENDITA DIRETTA
VISITA SU PRENOTAZIONE
PRODUZIONE ANNUA 45.000 bottiglie
ETTARI VITATI 10,00

Nella prima metà del secolo scorso molti giovani intraprendenti friulani, fra i quali Alberto Bacchetti, per cercare fortuna e dare una svolta alla propria vita scelsero la "piccola Venezia", il Venezuela. Ottenuto un discreto successo e spronata dal forte richiamo della terra nel 1967 la famiglia Bacchetti acquistò una tenuta a Orzano con al centro una preziosa villa dell'800, Villa Pasini Vianelli. Nel 2007 Roberto Bacchetti e Maria Luisa Trevisan decisero di avviare l'attività vitivinicola con il dichiarato intento di ottenere il massimo della qualità, commercializzando i propri vini solo al completo raggiungimento delle migliori caratteristiche organolettiche derivanti da un lungo affinamento. Dovremo aspettare l'anno prossimo per poter degustare i vini della vendemmia 2013. Nel frattempo ci sono stati presentati due bianchi ottenuti previa macerazione delle uve e quindi ancor più datati. Entrambi splendidi ma soprattutto il Sauvignon Aur '09, complesso e profondo al naso, fragrante al palato.

○ Sauvignon Aur '09	TT 5
○ Pinot Grigio Ram '09	TT 4
● Cabernet Franc '11	YY 3
● Cabernet Franc '09	YY 3
○ Chardonnay '12	YY 3
○ Friuli Grave Chardonnay '07	YY 4
● Friuli Grave Refosco P.R. '07	YY 4
○ Friuli Grave Sauvignon '09	YY 3
○ Friuli Grave Sauvignon '08	YY 2*
○ Pinot Grigio '12	YY 3
○ Pinot Grigio '11	YY 3
○ Pinot Grigio '10	YY 3
● Refosco P.R. '09	YY 4
○ Sauvignon '12	YY 3
○ Sauvignon '11	YY 3

★Le Vigne di Zamò

LOC. ROSAZZO
VIA ABATE CORRADO, 4
33044 MANZANO [UD]
TEL. 0432759693
www.levignedizamo.com

VENDITA DIRETTA
VISITA SU PRENOTAZIONE
PRODUZIONE ANNUA 280.000 bottiglie
ETTARI VITATI 67,00
AZIENDA SOSTENIBILE

La fama di questo prestigioso marchio è legata al nome di Tullio Zamò, mitico fondatore, esempio di concretezza e imprenditorialità. Il percorso di Tullio iniziò con la fondazione di Vigne dal Leon sulla collina della Rocca Bernarda. Alcuni anni dopo creò Abbazia di Rosazzo e nel 1996 insieme ai figli Pierluigi e Silvano fondò Le Vigne di Zamò. Ora l'azienda è entrata a far parte del gruppo Farinetti, operazione che ha prodotto un significativo consolidamento aziendale e ha incrementato la visibilità sui mercati internazionali. La sede aziendale spicca sul colle affacciato alla famosa Badia mentre la modernissima cantina è ben mimetizzata nell'ambiente, completamente interrata. Il livello qualitativo dell'intera gamma è sempre stato altissimo ma da qualche anno mancava il massimo riconoscimento. Ci ha pensato il Friulano No Name '15 a riportare l'azienda nell'Olimpo delle eccellenze regionali conquistando i Tre Bicchieri proprio con il vitigno autoctono più rappresentativo.

○ FCO Friulano No Name '15	TTT 5
○ FCO Bianco Ronco delle Acacie '13	TT 5
● FCO Merlot V. Cinquant'Anni '12	TT 6
○ FCO Ribolla Gialla '15	TT 3
○ FCO Sauvignon '15	TT 3
○ FCO Pinot Grigio '15	T 3
○ COF Friulano V. Cinquant'Anni '09	YYY 5
○ COF Friulano V. Cinquant'Anni '08	YYY 5
● COF Merlot V. Cinquant'Anni '09	YYY 5
● COF Merlot V. Cinquant'Anni '06	YYY 5
● COF Merlot V. Cinquant'Anni '99	YYY 5
○ COF Rosazzo Bianco Ronco delle Acacie '01	YYY 4
● COF Rosazzo Pignolo '01	YYY 6
○ COF Tocai Friulano V. Cinquant'Anni '06	YYY 5

Villa de Puppi

VIA ROMA, 5
33040 MOIMACCO [UD]
TEL. 0432722461
www.depuppi.it

VENDITA DIRETTA
VISITA SU PRENOTAZIONE
PRODUZIONE ANNUA 70.000 bottiglie
ETTARI VITATI 25,00
AZIENDA SOSTENIBILE

Caterina e Valfredo de Puppi, che oggi gestiscono l'azienda, rappresentano l'ultima generazione della nobile famiglia che da tempi immemorabili si dedica alla coltivazione dei terreni di proprietà che circondano la splendida villa padronale. Il merito dell'attuale affermazione nel mondo vitivinicolo regionale va attribuito alla lungimiranza del conte Luigi de Puppi che, intuendone le potenzialità, alla fine del secolo scorso provvide alla riorganizzazione di vecchi vigneti per poi traghettarli alla cura dei suoi giovani figli. Il successo aziendale si è poi concretizzato con l'acquisizione di una decina di ettari vitati sui colli di Rosazzo e con l'assorbimento del prezioso marchio Rosa Bosco. I vini della linea base che ci sono stati presentati non sono dell'ultima annata, segno evidente che si è scelto di ritardare l'imbottigliamento per favorire l'affinamento. È vino da finale il Sauvignon Blanc di Rosa Bosco '13, che profuma di crema al limone ed erbe officinali essiccate, ricco e gustoso al palato.

Vino	
○ Sauvignon Blanc di Rosa Bosco '13	YY 5
○ Chardonnay '14	YY 3
● Merlot Il Boscorosso di Rosa Bosco '11	YY 6
○ Pinot Grigio '14	YY 3
○ Ribolla Gialla di Rosa Bosco '14	YY 4
○ Taj Blanc '14	YY 3
○ Sauvignon '14	Y 3
● Cabernet '12	YY 2*
● Merlot Il Boscorosso di Rosa Bosco '10	YY 4
● Refosco P. R. '12	YY 3
● Refosco P.R. Cate '10	YY 5
○ Ribolla Gialla di Rosa Bosco '13	YY 4
○ Ribolla Gialla di Rosa Bosco '11	YY 4
○ Sauvignon '13	YY 2*
○ Sauvignon Blanc di Rosa Bosco '12	YY 4
○ Taj Blanc '13	YY 2*

★★Villa Russiz

VIA RUSSIZ, 4/6
34070 CAPRIVA DEL FRIULI [GO]
TEL. 048180047
www.villarussiz.it

VENDITA DIRETTA
VISITA SU PRENOTAZIONE
PRODUZIONE ANNUA 220.000 bottiglie
ETTARI VITATI 45,00
AZIENDA SOSTENIBILE

Fra i marchi storici del mondo vitivinicolo regionale spicca quello di Villa Russiz, fondata nel 1869 dal conte francese Teodoro de La Tour, che scelse Capriva del Collio per trasferirsi con la moglie austriaca Elvine Ritter. Gli vengono tuttora riconosciute doti di abile vignaiolo in quanto, intuendo la predisposizione di quei luoghi per la coltivazione della vite, importò barbatelle dal suo paese di origine e le impiantò sulle colline del circondario. Ben presto quei vitigni si adattarono alla perfezione e, vista la qualità dei vini che ne derivavano, si diffusero a macchia d'olio su tutto il territorio. Villa Russiz, oltre alla cantina, ospita un istituto benefico che si occupa di bambini disagiati. Con due vini di tale fattura pensavamo che in finale arrivasse il massimo riconoscimento. Rimane il rimpianto per averlo solo sfiorato ma ciò nulla toglie al valore della Malvasia '15 e dello Chardonnay Gräfin de La Tour '12, diversi per tipologia ma entrambi raffinati sia all'olfatto che al palato.

○ Collio Chardonnay Gräfin de La Tour '12	YY 7
○ Collio Malvasia '15	YY 4
○ Collio Friulano '15	YY 4
○ Collio Pinot Bianco '15	YY 4
○ Collio Pinot Grigio '15	YY 4
○ Collio Sauvignon de La Tour '15	YY 6
● Collio Merlot '13	Y 4
● Collio Merlot Gräf de La Tour '02	YYY 6
○ Collio Pinot Bianco '07	YYY 3
○ Collio Sauvignon de La Tour '08	YYY 5
○ Collio Sauvignon de La Tour '05	YYY 5
○ Collio Tocai Friulano '04	YYY 3

Tenuta Villanova

LOC. VILLANOVA
VIA CONTESSA BERETTA, 29
34072 FARRA D'ISONZO [GO]
TEL. 0481889311
www.tenutavillanova.com

VENDITA DIRETTA
VISITA SU PRENOTAZIONE
PRODUZIONE ANNUA 600.000 bottiglie
ETTARI VITATI 105,00

Oltre cinque secoli di storia sono racchiusi tra le cinte della Tenuta Villanova. La sua fondazione risale al 1499 e naturalmente nel tempo si succedettero diversi proprietari. Nel 1932 fu acquisita dall'imprenditore Arnaldo Bennati ed è tuttora gestita dalla moglie Giuseppina Grossi, coadiuvata dal nipote Alberto, che funge da direttore generale. Tra le note storiche si legge che nel 1869 Alberto Levi, l'allora proprietario, ospitò Louis Pasteur che, in Friuli per i suoi studi, ebbe modo di scoprire che i vini di Villanova non erano inferiori a quelli della sua terra natale, la Francia. L'azienda può contare su uno staff aziendale giovane e coeso, supportato dall'esperienza di tecnici di altissimo livello. Gli ottimi apprezzamenti confermano la costanza qualitativa di tutto il repertorio vini su cui spicca la presenza in finale del Friulano Ronco Cucco '15, che si è distinto per la complessità e l'eleganza del profumo, con risvolti fruttati e balsamici, che al palato regalano gradevoli sfumature sapide e aromatiche.

○ Collio Friulano Ronco Cucco '15	🍷🍷 4
○ Collio Pinot Grigio Ronco Cucco '15	🍷🍷 3
○ Collio Ribolla Gialla Ronco Cucco '15	🍷🍷 3
○ Collio Sauvignon Ronco Cucco '15	🍷🍷 4
● Fraja '10	🍷🍷 5
● Friuli Isonzo Refosco P. R. '13	🍷🍷 2*
○ Friuli Isonzo Chardonnay '15	🍷 2
○ Friuli Isonzo Sauvignon '15	🍷 2
○ Collio Picolit Ronco Cucco '10	🍷🍷 5
○ Collio Pinot Grigio Ronco Cucco '14	🍷🍷 3
○ Collio Pinot Grigio Ronco Cucco '13	🍷🍷 3
○ Collio Ribolla Gialla Ronco Cucco '14	🍷🍷 3
○ Friuli Isonzo Malvasia '13	🍷🍷 2*
○ Friuli Isonzo Pinot Grigio '13	🍷🍷 2*
● Friuli Isonzo Refosco P. R. '12	🍷🍷 2*
○ Friuli Isonzo Sauvignon '14	🍷🍷 2*

Andrea Visintini

VIA GRAMOGLIANO, 27
33040 CORNO DI ROSAZZO [UD]
TEL. 0432755813
www.vinivisintini.com

VENDITA DIRETTA
VISITA SU PRENOTAZIONE
PRODUZIONE ANNUA 110.000 bottiglie
ETTARI VITATI 28,00
VITICOLTURA Biologico Certificato
AZIENDA SOSTENIBILE

Oliviero Visintini, insieme alle sorelle Cinzia e Palmira, gestisce ormai da tempo l'azienda di famiglia ereditata dal padre Andrea. È una delle realtà più floride del comprensorio di Corno di Rosazzo, vero fiore all'occhiello della denominazione Friuli Colli Orientali. Il complesso aziendale sorge sulle rovine dell'antico Castello feudale di Gramogliano, più volte distrutto e ricostruito, e una splendida torre di avvistamento circolare risalente al 1560, perfettamente conservata, testimonia le antiche origini. Oliviero si basa da sempre su una filosofia aziendale molto spicciola che prevede interventi molto limitati in vigna allo scopo di mantenere inalterati gli aromi di ogni singolo vitigno. L'adeguatezza del prezzo è la caratteristica principale di tutta la gamma dei vini che, rapportata ai punteggi ottenuti, esalta la convenienza dell'offerta. Ai vini bianchi d'annata, tutti di ottima fattura, si affianca il Pignolo '09, ampio e complesso al naso, potente al palato, con vividi tannini ancora non domi.

○ FCO Friulano '15	🍷🍷 2*
● FCO Pignolo '09	🍷🍷 4
○ FCO Pinot Bianco '15	🍷🍷 2*
○ FCO Sauvignon '15	🍷🍷 2*
○ Malvasia '15	🍷🍷 2*
○ FCO Pinot Grigio '15	🍷 2
○ FCO Ribolla Gialla '15	🍷 2
○ COF Bianco '13	🍷🍷 2*
● COF Merlot '12	🍷🍷 2*
○ COF Pinot Bianco '13	🍷🍷 2*
○ COF Pinot Grigio '13	🍷🍷 2*
○ COF Ribolla Gialla '13	🍷🍷 2*
○ COF Sauvignon '13	🍷🍷 2*
○ FCO Bianco '14	🍷🍷 2*
○ FCO Sauvignon '14	🍷🍷 2*
○ Malvasia '14	🍷🍷 2*

Vitas 1907

LOC. STRASSOLDO
VIA SAN MARCO, 5
33052 CERVIGNANO DEL FRIULI [UD]
TEL. 043193083
www.vitas.it

VENDITA DIRETTA
VISITA SU PRENOTAZIONE
OSPITALITÀ
PRODUZIONE ANNUA 130.000 bottiglie
ETTARI VITATI 15,00
AZIENDA SOSTENIBILE

Una storica dimora settecentesca immersa in un parco secolare, cui si accede percorrendo un lungo viale delimitato da magnolie e fiancheggiato da vigneti, ospita Villa Vitas, una bella azienda che si estende sui terreni argillosi e sabbiosi, ricchi di detriti minerali, compresi nella denominazione Friuli Aquileia. Roberto Vitas, che rappresenta la quarta generazione di appassionati viticoltori, nel 1993 raccolse il testimone e con l'entusiasmo e l'energia della giovane età provvide alla riorganizzazione dell'intera superficie vitata introducendo sistemi di allevamento ad alta densità di ceppi per ettaro. La bassa produzione e l'effetto benefico del vicino mare garantiscono una perfetta maturazione delle uve. Ennesima bella performance di tutti i vini, sia bianchi sia rossi, ma in particolare ci è piaciuto l'uvaggio Marlet '14, composto da chardonnay, sauvignon e malvasia istriana, che conquista olfatto e palato con intriganti suggestioni di agrumi canditi, ananas, miele millefiori, vaniglia e mentuccia.

● Friuli Aquileia Cabernet Franc '14	🍷🍷 2*
● Friuli Aquileia Refosco P. R. '14	🍷🍷 2*
○ Marlet '14	🍷🍷 3
● Vign. Romano '11	🍷🍷 3
○ Friuli Aquileia Friulano '15	🍷 2
○ Friuli Aquileia Sauvignon '15	🍷 2
○ Traminer Aromatico '15	🍷 2
● Friuli Aquileia Cabernet Franc '12	🍸🍸 2*
● Friuli Aquileia Refosco dal P. R. '12	🍸🍸 3
● Friuli Aquileia Refosco P. R. '13	🍸🍸 2*
○ Friuli Aquileia Sauvignon '14	🍸🍸 2*
○ Marlet '13	🍸🍸 3
○ Marlet '12	🍸🍸 4
○ Traminer Aromatico '14	🍸🍸 2*
● Vign. Romano '10	🍸🍸 3
● Vign. Romano '09	🍸🍸 3

★Volpe Pasini

FRAZ. TOGLIANO
VIA CIVIDALE, 16
33040 TORREANO [UD]
TEL. 0432715151
www.volpepasini.it

VENDITA DIRETTA
VISITA SU PRENOTAZIONE
OSPITALITÀ
PRODUZIONE ANNUA 400.000 bottiglie
ETTARI VITATI 52,00
AZIENDA SOSTENIBILE

Non è sufficiente un'intera giornata per visitare completamente questa splendida realtà dei Colli Orientali del Friuli. La bellezza di Villa Volpe Pasini, con il parco secolare che racchiude anche un piccolo vigneto di ribolla gialla, è struggente. Accoglie anche le modernissime cantine di cui il responsabile è l'esperto enologo John Turato. I vigneti sono splendidi giardini ma il patrimonio più grande è sicuramente quello umano, che ha sempre puntato all'eccellenza qualitativa, figlia però di una sostenibilità ambientale sempre più ricercata. Francesco e Alessandro Rotolo, insieme a Lorenzo Landi, hanno regalato grandi vini dalla magnifica vendemmia 2015, tra cui il Sauvignon Zuc di Volpe '15, che si aggiudica per le settima volta consecutiva i Tre Bicchieri. Come ogni anno nelle finali non è solo. Lo accompagnano il Pinot Bianco '15 e il Pinot Grigio '15 della linea Zuc di Volpe, e un sorprendente Friulano '15 della linea Volpe Pasini.

○ FCO Sauvignon Zuc di Volpe '15	🍷🍷🍷 5
○ FCO Friulano Volpe Pasini '15	🍷🍷 3*
○ FCO Pinot Bianco Zuc di Volpe '15	🍷🍷 5
● FCO Cabernet Volpe Pasini '13	🍷🍷 3
● FCO Merlot Togliano Volpe Pasini '13	🍷🍷 3
○ FCO Pinot Grigio Grivò Volpe Pasini '15	🍷🍷 3
○ FCO Pinot Grigio Zuc di Volpe '15	🍷🍷 4
● FCO Refosco P. R. Zuc di Volpe '13	🍷🍷 5
○ FCO Ribolla Gialla Zuc di Volpe '15	🍷🍷 4
○ COF Pinot Bianco Zuc di Volpe '12	🍸🍸🍸 4*
○ COF Pinot Bianco Zuc di Volpe '10	🍸🍸🍸 4
○ COF Sauvignon Zuc di Volpe '13	🍸🍸🍸 4*
○ COF Sauvignon Zuc di Volpe '12	🍸🍸🍸 4*
○ COF Sauvignon Zuc di Volpe '11	🍸🍸🍸 4*
○ COF Sauvignon Zuc di Volpe '10	🍸🍸🍸 3*
○ FCO Sauvignon Zuc di Volpe '14	🍸🍸🍸 5

Francesco Vosca

FRAZ. BRAZZANO
VIA SOTTOMONTE, 19
34071 CORMÒNS [GO]
TEL. 048162135
www.voscavini.it

VENDITA DIRETTA
VISITA SU PRENOTAZIONE
PRODUZIONE ANNUA 50.000 bottiglie
ETTARI VITATI 8,50

Quella di Francesco Vosca è una delle classiche aziende familiari di orgogliose origini contadine che negli ultimi decenni del secolo scorso decisero di abbandonare progressivamente la coltivazione promiscua e l'allevamento del bestiame per dedicarsi esclusivamente alla cura dei vigneti. Un passo importante, non privo di incognite, fatto di consapevolezze: le potenzialità del territorio ma anche le difficoltà del lavoro in campagna dovute alla particolare conformazione dei terreni, non adatti alla lavorazione meccanizzata. La moglie Anita aiuta nel lavoro in vigna mentre il figlio Gabriele si occupa della vinificazione. Ottimi punteggi su tutta la gamma anche se i vini del Collio sembrano avere una marcia in più, soprattutto per fragranza e struttura. Come ogni anno la Malvasia '15 prevale su tutti per le gradevoli note aromatiche che la contraddistinguono e per la salinità marina che accompagna l'assaggio.

○ Collio Friulano '15	▼▼	3
○ Collio Malvasia '15	▼▼	3
○ Collio Ribolla Gialla '15	▼▼	3
○ Friuli Isonzo Chardonnay '15	▼▼	3
○ Friuli Isonzo Pinot Grigio '15	▼▼	3
○ Friuli Isonzo Sauvignon '15	▼	3
○ Collio Friulano '14	▽▽	3
○ Collio Friulano '13	▽▽	3
○ Collio Malvasia '14	▽▽	3
○ Collio Malvasia '13	▽▽	3
● Collio Merlot '11	▽▽	4
○ Collio Ribolla Gialla '14	▽▽	3
○ Collio Ribolla Gialla '13	▽▽	3
○ Friuli Isonzo Pinot Grigio '14	▽▽	3
○ Friuli Isonzo Pinot Grigio '13	▽▽	3
○ Friuli Isonzo Sauvignon '14	▽▽	3

Zidarich

LOC. PREPOTTO, 23
34011 DUINO AURISINA [TS]
TEL. 040201223
www.zidarich.it

VENDITA DIRETTA
VISITA SU PRENOTAZIONE
PRODUZIONE ANNUA 28.000 bottiglie
ETTARI VITATI 8,00

Beniamino Zidarich, con poca terra ma forte spirito e invidiabile determinazione, nel 1988 fondò l'azienda sul Carso triestino, a Prepotto in comune di Duino Aurisina. Immersa tra i vigneti e contornata dalla tipica vegetazione carsica, gode di una straordinaria esposizione sul golfo di Trieste. Il clima, moderatamente continentale sull'altipiano, è caratterizzato dall'influsso del mare e dal freddo vento di bora che spesso soffia con violenza limitando la scelta dei vitigni coltivabili, ma la vitovska e il terrano non mancano mai. La cantina è un vero monumento all'enologia. Nei suoi cunicoli rubati alla dura roccia le botti in legno preservano i vini alle fresche temperatore del sottosuolo. Dei quattro vini presentati ben due si sono meritati l'accesso alle selezioni finali. La Malvasia '13 profuma di frutta candita, cumino, tè verde e pesca sciroppata, mentre il Prulke '13, composto da sauvignon, malvasia istriana e vitovska, al naso è complesso e in bocca gode dei richiami minerali della roccia carsica.

○ Malvasia '13	▼▼ (rossi)	5
○ Prulke '13	▼▼ (rossi)	5
● Terrano '13	▼▼	5
○ Vitovska '13	▼▼	5
○ Carso Malvasia '09	▽▽▽	5
○ Carso Malvasia '06	▽▽▽	5
○ Carso Vitovska V. Collezione '09	▽▽▽	8
○ Prulke '10	▽▽▽	5
○ Prulke '08	▽▽▽	5
● Carso Terrano '11	▽▽	5
○ Prulke '12	▽▽	5
● Ruje '10	▽▽	7
● Ruje '07	▽▽	5
● Terrano '12	▽▽	5
○ Vitovska '11	▽▽	5
○ Vitovska Kamen '13	▽▽	7

Zorzettig

fraz. Spessa
s.da Sant'Anna, 37
33043 Cividale del Friuli [UD]
Tel. 0432716156
www.zorzettigvini.it

VENDITA DIRETTA
VISITA SU PRENOTAZIONE
OSPITALITÀ E RISTORAZIONE
PRODUZIONE ANNUA 800.000 bottiglie
ETTARI VITATI 110,00
AZIENDA SOSTENIBILE

Annalisa Zorzettig è una produttrice innovativa e dinamica, un vulcano di idee, il classico esempio di imprenditorialità femminile di successo. Suo fratello Alessandro preferisce invece occuparsi della conduzione agronomica. Assieme gestiscono l'azienda fondata dal padre, il Cavalier Giuseppe Zorzettig, che nel 1986 ebbe l'occasione di acquisire un antico casale, vi si stabilì con la famiglia, e in breve tempo lo trasformò in un'azienda vitivinicola moderna e funzionale. Nella continua espansione aziendale non si è mai perso di vista il rapporto tra la qualità e i prezzi e l'eccellenza è stata raggiunta selezionando le uve destinate alla linea Myò, affidata alla competenza enologica di Fabio Coser. Quella che nella scorsa edizione segnalammo come bella sorpresa quest'anno si è dimostrata una splendida realtà. Il Pinot Bianco Myò '15 ha riconquistato i Tre Bicchieri confermandosi il migliore di tutta la linea. In finale anche un ottimo Friulano Myò '15, che si è distinto per la marcata tipicità.

Vino	Bicchieri	
○ FCO Pinot Bianco Myò '15	🍷🍷🍷	4*
○ FCO Friulano Myò '15	🍷🍷	4
○ FCO Malvasia Myò '15	🍷🍷	4
● FCO Pignolo Myò '12	🍷🍷	6
○ FCO Ribolla Gialla '15	🍷🍷	3
○ FCO Sauvignon Myò '15	🍷🍷	4
● FCO Schioppettino Myò '13	🍷🍷	5
○ Ribolla Giall Brut Optimum '15	🍷🍷	3
○ FCO Chardonnay '15	🍷	3
○ FCO Friulano '15	🍷	3
○ FCO Pinot Grigio '15	🍷	3
○ FCO Pinot Bianco Myò '14	🍷🍷🍷	4*
○ COF Friulano Myò '13	🍷🍷	4
● COF Pignolo Myò '11	🍷🍷	6
● COF Refosco P.R. Myò '12	🍷🍷	4
● COF Schioppettino Myò '12	🍷🍷	5
○ FCO Friulano Myò '14	🍷🍷	4

Zuani

loc. Giasbana, 12
34070 San Floriano del Collio [GO]
Tel. 0481391432
www.zuanivini.it

VENDITA DIRETTA
VISITA SU PRENOTAZIONE
OSPITALITÀ
PRODUZIONE ANNUA 75.000 bottiglie
ETTARI VITATI 15,00

Zuani è l'espressione della sua filosofia accumulata attraverso anni di esperienza tra vigneti e cantina da Patrizia Felluga, supportata dalla conoscenza acquisita grazie a competenti capacità imprenditoriali. Figlia d'arte Patrizia è riuscita a trasmettere a sua volta ai figli Antonio e Caterina l'amore per la terra e la viticoltura. A coronamento di un ambizioso progetto Zuani si propone al mercato con un solo vino, il Collio Bianco, prodotto con le uve provenienti dai 15 ettari di vigneto acquisiti appositamente in località Giasbana sugli splendidi pendii di San Floriano del Collio. Una piccola parte delle uve è destinata a Zuani Riserva, affinato il legno, mentre Zuani Vigne viene prodotto in acciaio. Normalmente quando un vino è buono non è molto importante sapere con che uve è stato prodotto, in etichetta non è obbligatorio scriverlo. Per i curiosi friulano e chardonnay concorrono per la metà mentre altre varietà completano l'uvaggio. Zuani Vigne '15 è una delizia, fragrante, elettrico e progressivo.

Vino	Bicchieri	
○ Collio Bianco Zuani Vigne '15	🍷🍷	4
○ Collio Bianco Zuani Ris. '13	🍷🍷	5
○ Collio Bianco Zuani Vigne '10	🍷🍷🍷	3
○ Collio Bianco Zuani Vigne '07	🍷🍷🍷	3
○ Collio Bianco Zuani '08	🍷🍷	5
○ Collio Bianco Zuani '07	🍷🍷	5
○ Collio Bianco Zuani Ris. '12	🍷🍷	5
○ Collio Bianco Zuani Ris. '11	🍷🍷	5
○ Collio Bianco Zuani Ris. '10	🍷🍷	5
○ Collio Bianco Zuani Ris. '09	🍷🍷	5
○ Collio Bianco Zuani Vigne '14	🍷🍷	4
○ Collio Bianco Zuani Vigne '13	🍷🍷	4
○ Collio Bianco Zuani Vigne '12	🍷🍷	3*
○ Collio Bianco Zuani Vigne '11	🍷🍷	3
○ Collio Bianco Zuani Vigne '09	🍷🍷	3
○ Collio Bianco Zuani Vigne '08	🍷🍷	3*

Anzelin

via Plessiva, 4
34071 Cormòns [GO]
Tel. 0481639821
www.anzelin.it

Già da qualche anno monitoriamo i vini di Gianluca Anzelin e abbiamo notato che si concentra solo su poche etichette, lo fa con maestria, e non ci stupisce quindi se ritroviamo qualche suo vino in finale. Quest'anno è toccato a uno splendido Pinot Bianco '15, succoso e soddisfacente.

- ○ Collio Pinot Bianco '15 — 3*
- ○ Collio Pinot Grigio '15 — 3
- ○ Collio Sauvignon '15 — 3
- ○ Collio Friulano '15 — 3

Maurizio Arzenton

fraz. Spessa
via Cormons, 221
33043 Cividale del Friuli [UD]
Tel. 0432716139
www.arzentonvini.it

L'azienda fondata nel 1968 da Mario Arzenton è oggi gestita dal figlio Maurizio. I vigneti di proprietà si estendono su splendide colline nel comprensorio del Bosco Romagno e vantano quasi mezzo secolo di età. Fedele alla tradizione in cantina usa ancora le vasche in cemento.

- ○ FCO Friulano '15 — 2*
- ○ FCO Pinot Grigio '15 — 2*
- ○ FCO Sauvignon '15 — 3
- ○ FCO Chardonnay '15 — 2

Attems

fraz. Capriva del Friuli
via Aquileia, 30
34070 Gorizia
Tel. 0481806098
www.attems.it

Il marchio Attems ha legato il suo nome alla pionieristica nel mondo vitivinicolo regionale degli anni Sessanta del secolo scorso e nel 2000 è entrato a far parte della Marchesi dÈ Frescobaldi, che con questa bella azienda del Collio ha dato maggior lustro alla sua già invidiabile fama.

- ○ Chardonnay '15 — 3
- ○ Collio Friulano '15 — 3
- ○ Collio Sauvignon Blanc Cicinis '14 — 5
- ○ Pinot Grigio '15 — 3

La Bellanotte

s.da della Bellanotte, 3
34072 Farra d'Isonzo [GO]
Tel. 0481888020
www.labellanotte.it

La proprietaria è Giuliana Guadagni che ha affidato al figlio Paolo Benassi il compito di gestire questa bella azienda di Farra a cavallo tra le denominazioni Collio e Friuli Isonzo. La fondazione è datata 1987 ma l'azienda in realtà vanta tre secoli di storia con vicissitudini e successi.

- ○ Bianco Armonico '14 — 2*
- ○ Collio Pinot Grigio '15 — 3
- ○ Friuli Isonzo Bianco Luna de Ronchi '15 — 3
- ○ Vento dell'Est — 8

Tenuta di Blasig

via Roma, 63
34077 Ronchi dei Legionari [GO]
Tel. 0481475480
www.tenutadiblasig.it

La Tenuta di Blasic, di proprietà di Elisabetta Bortolotto Sarcinelli, è sempre stata una delle più rappresentative della denominazione Friuli Isonzo. Era da un po' che non ci venivano proposti i vini ma quest'anno abbiamo potuto testare quasi l'intera gamma con risultati più che lusinghieri.

- ● Friuli Isonzo Merlot '13 — 3
- ○ Friuli Isonzo Pinot Grigio '15 — 3
- ● Friuli Isonzo Refosco P. R. '14 — 3
- ● Friuli Isonzo Refosco P. R. Affreschi '13 — 3

Blason

loc. Bruma
via Roma, 32
34072 Gradisca d'Isonzo [GO]
Tel. 048192414
www.blasonwines.com

Di anno in anno i vini di Giovanni Blason sono sempre più convincenti. Il livello qualitativo raggiunto premia la sua intraprendenza e la filosofia di produzione sempre rivolta al rispetto del territorio. Sia i vini bianchi sia i rossi sono di una correttezza esemplare, semplici e genuini.

- ● Cabernet Sauvignon '15 — 3
- ○ Friuli Isonzo Friulano '15 — 2*
- ○ Ribolla Gialla '15 — 2*

Blazic

Loc. Zegla, 16
34071 Cormòns [GO]
Tel. 048161720
www.blazic.it

La famiglia Blazic ha sempre prodotto vino sulle colline del comprensorio di Cormòns, in località Zegla. Dal 1968 il vino viene imbottigliato con la denominazione Collio e quest'anno Franco Blagic ha presentato un Friulano '15 davvero superbo, complesso al naso e gustoso in bocca.

○ Collio Friulano '15	🍷🍷 3*
○ Collio Malvasia '15	🍷🍷 3
○ Collio Pinot Grigio '15	🍷 3
○ Collio Ribolla Gialla '15	🍷 3

Tenuta Borgo Conventi

S.da della Colombara, 13
24070 Farra d'Isonzo [GO]
Tel. 0481888004
www.borgoconventi.it

Borgo Conventi, a cavallo tra le denominazioni Collio e Friuli Isonzo, vanta un'esperienza vitivinicola secolare, anche se la fondazione venne ufficializzata nel 1975. Diventa subito azienda regionale di riferimento e nel 2001 entra a far parte del gruppo toscano della Ruffino.

○ Collio Friulano '15	🍷🍷 3
○ Collio Ribolla Gialla '15	🍷🍷 3
○ Collio Sauvignon '15	🍷🍷 3
○ Friuli Isonzo Chardonnay '15	🍷🍷 2*

Borgo Judrio - Cornium

via Aquileia, 79
33040 Corno di Rosazzo [UD]
Tel. 0432755896
www.viniborgojudrio.it

Ariedo Gigante, attivissimo uomo del vino, non finirà mai di stupirci. In tempi recenti aveva creato insieme al fratello Alberto una bella realtà, Borgo Judrio. Ora ne ha creata un'altra a titolo personale, Cornium, dandole il nome dell'antico toponimo di Corno di Rosazzo.

○ FCO Friulano '15	🍷🍷 2*
○ FCO Sauvignon '15	🍷🍷 2*
● FCO Merlot '15	🍷 2
○ FCO Ribolla Gialla '15	🍷 2

Borgo Magredo

loc. Tauriano
via Basaldella, 5
33090 Spilimbergo [PN]
Tel. 0422864511
www.borgomagredo.it

Fondata nel 1973 Borgo Magredo fa parte di Le Tenute di Genagricola. È un'azienda di vaste proporzioni che può contare su 90 ettari vitati, che si estendono sui terreni pianeggianti e sassosi del Friuli Occidentale. Il packaging è innovativo e curioso. Il rapporto qualità prezzo invitante.

● Friuli Grave Cabernet Sauvignon '15	🍷 2
○ Friuli Grave Pinot Grigio '15	🍷 2
● Friuli Grave Refosco P. R. '15	🍷 2
○ Friuli Grave Sauvignon '15	🍷 2

Ca' Ronesca

fraz. Lonzano
via Casali Zorutti, 2
34070 Dolegna del Collio [GO]
Tel. 048160034
www.caronesca.it

L'azienda Ca' Ronesca, di proprietà di Davide e Alcide Setten, è una bella realtà che gode di potenzialità ancora inespresse. Ha sede nei Casali Zorutti ed estende gran parte dei suoi vigneti nella parte più alta del Collio, in località Lonzano, a ridosso dell'ex confine italo sloveno.

○ Collio Bianco Marnà '12	🍷🍷 4
○ Collio Friulano '15	🍷🍷 3
○ Collio Pinot Grigio '15	🍷🍷 3
○ Collio Sauvignon '15	🍷 3

Cantarutti

via Ronchi, 9
33048 San Giovanni al Natisone [UD]
Tel. 0432756317
www.cantaruttialfieri.it

Azienda creata alla fine degli anni Sessanta da Alfieri Cantarutti e oggi gestita dalla figlia Antonella che si occupa dell'aspetto commerciale e amministrativo mentre il marito Fabrizio sovrintende a tutte le fasi della produzione. L'offerta è variegata e copre ogni singola esigenza del consumatore.

○ FCO Bianco Canto '14	🍷🍷 2*
○ FCO Pinot Grigio '15	🍷🍷 2*
○ FCO Sauvignon '15	🍷🍷 3
⊙ Prologo Brut Rosé '06	🍷🍷 4

I Clivi

LOC. GRAMOGLIANO 20
33040 CORNO DI ROSAZZO [UD]
TEL. 3287269979
www.clivi.it

È un ottimo ingresso in Guida per questa bella azienda. Ferdinando Zanusso, coadiuvato nella gestione dal figlio Mario, ama ricordare come l'acquisto di una casa in collina con annessa una vigna a Brazzano di Cormons lo abbia trasformato da bevitore dilettante a produttore a tempo pieno.

- ○ FCO Bianco Clivi Galea '14 — 🍷🍷 4
- ○ Collio Friulano Clivi Brazan '14 — 🍷🍷 4
- ○ Collio Malvasia 80 Anni '15 — 🍷🍷 4
- ○ FCO Friulano San Pietro '15 — 🍷🍷 3

Colli di Poianis

VIA POIANIS, 34A
33040 PREPOTTO [UD]
TEL. 0432713185
www.collidipoianis.it

Colli di Poianis è una delle più belle realtà del comprensorio della denominazione Friuli Colli Orientali fondata nel 1991 da Gabriele Marinig. Prende il nome dal ritmico volteggiare delle poiane che nidificano nei boschi di querce e castagni che sovrastano e circondano i vigneti.

- ○ FCO Friulano '15 — 🍷🍷 3
- ○ FCO Malvasia '15 — 🍷🍷 3
- ○ FCO Pinot Grigio '15 — 🍷🍷 3
- ● FCO Schioppettino di Prepotto '13 — 🍷🍷 5

Tenuta Conte Romano

VIA DELLE PRIMULE, 12
33044 MANZANO [UD]
TEL. 0432755339

Meritatissimo ingresso in Guida per questa bella nuova realtà del panorama vitivinicolo regionale. È un esordio che fa ben sperare per il giovanissimo Augusto Romano che, fresco di studi, si è assunto la piena responsabilità della gestione dei vigneti di famiglia e della vinificazione.

- ○ FCO Friulano '15 — 🍷🍷 3
- ○ FCO Malvasia '15 — 🍷🍷 3
- ○ FCO Sauvignon '15 — 🍷🍷 3

Viticoltori Friulani La Delizia

VIA UDINE, 24
33072 CASARSA DELLA DELIZIA [PN]
TEL. 0434869564
www.ladelizia.com

È in assoluto la più grande realtà vitivinicola regionale, che può contare su migliaia di ettari vitati, che si estendono su tutta la pianura friulana fino alla zona del Prosecco. Tecnici aziendali specializzati monitorano quotidianamente i vigneti di proprietà dei soci conferitori.

- ● Friuli Grave Merlot Sass Ter' '15 — 🍷🍷 2*
- ○ Friuli Grave Pinot Grigio Sass Ter' '15 — 🍷🍷 2*
- ○ Jadèr Cuvée Brut — 🍷🍷 2*
- ○ Ribolla Gialla Brut — 🍷🍷 2*

Le Due Torri

LOC. VICINALE DEL JUDRIO
VIA SAN MARTINO, 19
33040 CORNO DI ROSAZZO [UD]
TEL. 0432759150
www.le2torri.com

Antonino Volpe gestisce con ottimi risultati l'azienda di famiglia da anni presente nel settore vitivinicolo. La cantina è ubicata a Corno di Rosazzo mentre gli otto ettari di vigneto ad alta densità d'impianto si estendono nella denominazione Friuli Grave in prossimità del Parco del Torre.

- ● Cabernet Sauvignon '13 — 🍷🍷 2*
- ○ Friuli Grave Friulano '15 — 🍷🍷 2*
- ○ Ribolla Gialla '15 — 🍷🍷 2*
- ○ Friuli Grave Sauvignon '15 — 🍷 2

Le Favole

LOC. TERRA ROSSA
VIA DIETRO CASTELLO, 7
33077 CANEVA [PN]
TEL. 0434735604
www.lefavole-wines.com

Le Favole è il nome scelto da Evio e Angelo Cadorin quando nel 2005 fondarono l'azienda. Un nome suggestivo, suggerito dal toponimo della località che ospita la maggior parte dei vigneti, nel comprensorio della denominazione Friuli Annia, affacciati al mare Adriatico.

- ○ Friuli Annia Pinot Grigio '15 — 🍷🍷 2*
- ○ Friuli Annia Traminer Aromatico '15 — 🍷🍷 2*
- ○ Giallo di Roccia Brut — 🍷🍷 4
- ○ Friuli Annia Friulano '15 — 🍷 2

Fedele Giacomo

loc. Gramogliano, 5
33040 Corno di Rosazzo [UD]
Tel. 3406078929
fedele.giacomo@alice.it

In quarta generazione Giacomo Fedele si occupa del mestiere di famiglia, che è di produrre vino, nella tenuta di Gramogliano, a Corno di Rosazzo. I vigneti hanno come confine naturale l'antico Bosco Romagno e il torrente Corno, che in magica simbiosi creano un microclima unico.

● FCO Cabernet Franc '14	🍷🍷 2*
● FCO Refosco P.R. '13	🍷🍷 2*
○ FCO Sauvignon '14	🍷🍷 2*
○ Ribolla Gialla '14	🍷 2

I Feudi di Romans

fraz. Pieris
via Cà del Bosco, 16
34075 San Canzian d'Isonzo [GO]
Tel. 048176445
www.ifeudidiromans.it

Fondata nei primi anni Cinquanta da Severino Lorenzon è oggi gestita da Enzo con i figli Davide e Nicola. È un'azienda che fa grandi numeri, può già contare su 160 ettari di vigneto specializzato ed è in continua espansione, senza mai perdere di vista il livello qualitativo ormai consolidato.

● Friuli Isonzo Cabernet Franc '14	🍷🍷 3
○ Friuli Isonzo Friulano '15	🍷🍷 3
● Friuli Isonzo Refosco P.R. '14	🍷🍷 3
○ Malvasia Istriana '15	🍷 2

Foffani

fraz. Clauiano
p.zza Giulia, 13
33050 Trivignano Udinese [UD]
Tel. 0432999584
www.foffani.com

Giovanni ed Elisabetta Foffani sono attenti cultori del patrimonio storico e artistico che li circonda. La loro azienda è al centro di Clauiano, considerato uno dei borghi medievali più belli d'Italia. Hanno l'arte nel sangue e cercano di esplicarla attraverso la purezza dei loro vini.

○ Friuli Aquileia Friulano TerVinum '15	🍷🍷 3
● Friuli Aquileia Refosco P. R. TerVinum '12	🍷🍷 3
○ Friuli Sauvignon '15	🍷 2
○ Merlot Bianco '15	🍷 3

Fossa Mala

via Bassi, 81
33080 Fiume Veneto [PN]
Tel. 0434957997
www.fossamala.it

Fossa Mala è una creazione della famiglia Roncadin che nel 2003 decise di investire in viticoltura sfruttando le potenzialità dei terreni grassi e argillosi del fiume Veneto, ben diversi da quelli a scheletro povero caratteristici della pianura friulana, pur compresi nella stessa denominazione.

○ Friuli Grave Friulano '15	🍷🍷 2*
● Friuli Grave Merlot '13	🍷🍷 2*
○ Friuli Grave Traminer Aromatico '15	🍷🍷 2*
○ Friuli Grave Chardonnay '15	🍷 2

Albano Guerra

loc. Montina
v.le Kennedy, 39a
33040 Torreano [UD]
Tel. 0432715479
www.guerraalbano.it

Fondata nel 1931 da Albano Guerra è gestita dal 1997 da Dario. Abbiamo sempre apprezzato i suoi vini ma negli ultimi anni abbiamo riscontrato un progressivo miglioramento qualitativo che colloca l'azienda tra le migliori realtà della zona, contribuendo alla valorizzazione del territorio.

○ FCO Friulano '15	🍷🍷 2*
○ FCO Malvasia '15	🍷🍷 2*
● FCO Merlot '11	🍷🍷 2*
○ FCO Sauvignon '15	🍷🍷 2*

Humar

loc. Valerisce, 20
34070 San Floriano del Collio [GO]
Tel. 0481884197
www.humar.it

L'azienda sorta intorno al 1900 a opera di Antonio Humar da agricola è stata trasformata in vitivinicola negli anni Cinquanta e dal 1960 imbottiglia esclusivamente vini di propria produzione. Come in tutte le realtà a carattere familiare i segreti della vinificazione si trasmettono di padre in figlio.

○ Collio Friulano '15	🍷🍷 3
○ Collio Pinot Grigio '15	🍷🍷 3
○ Collio Ribolla Gialla '15	🍷🍷 3
○ Collio Sauvignon '15	🍷 2

Isola Augusta

Casali Isola Augusta, 4
33056 Palazzolo dello Stella [UD]
Tel. 043158046
www.isolaugusta.com

Isola Augusta, poco distante dalle spiagge di Lignano e di Bibione, è affacciata all'Adriatico e quindi gode delle benefiche brezze del mare. Offre ai visitatori un'ampia selezione di vini con oltre 20 differenti tipologie: bianchi, rossi, dolci, Prosecco e spumanti.

- ○ Chardì Extra Brut 3
- ○ Friuli Latisana Chardonnay '15 2
- ○ Friuli Latisana Sauvignon '15 2
- ○ Prosecco Brut '15 3

Job

fraz. Coia
via Coia di Levante, 26
33017 Tarcento [UD]
Tel. 0432783226
job.agricoltura@gmail.com

Damiano Job coltiva con passione antica la vecchia vigna di famiglia sulla collina di Coia, la più alta del circondario con i suoi 450 metri di quota. La produzione è minima, in Francia li chiamerebbero "vins de garage", e gode del valore aggiunto dei veri vini di territorio.

- ● FCO Refosco P. R. '09 3
- ○ Ramandolo '09 3
- ○ Ramandolo '06 3

Rado Kocjancic

fraz. Dolina
via Dolina, 528
34018 San Dorligo della Valle [TS]
Tel. 3483063298
www.radokocjancic.eu

La famiglia Kocjancic produce vino e olio extravergine di oliva da più di quattro generazioni ed è specializzata nella produzione di varietà autoctone locali, fondendo la tecnologia con la tradizione secolare. Rado può contare su 5 ettari di vigneto, che da queste parti non sono pochi.

- ○ Carso Malvasia '15 2*
- ○ Vitovska '15 3

Modeano

via Casali Modeano, 1
33056 Palazzolo dello Stella [UD]
Tel. 043158244
www.modeano.it

Gabriele Vialetto e la moglie Emanuela gestiscono questa bella realtà del mondo vitivinicolo regionale che estende i suoi vigneti nel cuore della Riviera Friulana. Vigneti curati come giardini che si giovano di terreni ricchi e profondi, del clima mite e delle benefiche brezze del vicino mare.

- ● Friuli Latisana Cabernet Sauvignon '13 2*
- ● Friuli Latisana Refosco P. R. '13 2*
- ○ Friuli Latisana Chardonnay '15 2
- ○ Pinot Grigio '15 2

Mulino delle Tolle

fraz. Sevegliano
via Mulino delle Tolle, 15
33050 Bagnaria Arsa [UD]
Tel. 0432924723
www.mulinodelletolle.it

L'azienda Mulino delle Tolle ha iniziato l'imbottigliamento soltanto nel 1988 pur producendo vino da molte generazioni. Giorgio Bertossi, enologo aziendale, e suo cugino Eliseo, con una splendida opera di ristrutturazione, hanno riportato agli antichi splendori le antiche mura aziendali.

- ○ Friuli Aquileia Chardonnay '15 3
- ○ Friuli Aquileia Malvasia '15 3
- ● Friuli Aquileia Rosso Sabellius '13 3

Obiz

b.go Gortani, 2
33052 Cervignano del Friuli [UD]
Tel. 043131900
www.obiz.it

Obiz è una delle più belle realtà della denominazione Friuli Aquileia, terra dove anche gli antichi romani coltivavano la vite. Dal 1997 è di proprietà di Yunmani Bergamasco, giovane viticoltore che segue con dovizia un protocollo di lotta integrata per ridurre al minimo l'impatto ambientale.

- ● Friuli Aquileia Cabernet Franc Cromazio '15 2*
- ● Friuli Aquileia Refosco P.R. Teodoro '14 2*
- ○ Friuli Aquileia Friulano Tampia '15 2

Parovel

loc. Caresana, 81
34018 San Dorligo della Valle [TS]
Tel. 040227050
www.parovel.com

L'entusiasmo che manifestammo nella scorsa edizione per l'ingresso in Guida per questa perla del Carso triestino si è ripetuto quest'anno. Rinnoviamo i complimenti ai fratelli Elena ed Euro Parovel per come gestiscono e valorizzano le potenzialità di un territorio notoriamente ostico.

○ Matos Nonet '12	🍷🍷 6
○ Carso Malvasia Poje '14	🍷🍷 5
○ Carso Vitovska Onavè '13	🍷🍷 5
● Terrano Hodì '14	🍷🍷 4

Norina Pez

via Zorutti, 4
34070 Dolegna del Collio [GO]
Tel. 0481639951
www.norinapez.it

Stefano Bernardis continua la tradizione quasi secolare della sua famiglia da sempre dedita alla vitivinicoltura. L'azienda, nata ufficialmente all'inizio degli anni Ottanta, è intestata alla madre Norina. Stefano segue con dedizione l'intero ciclo produttivo vinificando esclusivamente uve proprie.

○ Collio Friulano '15	🍷🍷 2*
● Collio Merlot '13	🍷🍷 2*
● Schioppettino '13	🍷🍷 3
○ Collio Sauvignon '15	🍷 2

Pighin

fraz. Risano
v.le Grado, 11/1
33050 Pavia di Udine [UD]
Tel. 0432675444
www.pighin.com

Azienda storica di grandi dimensioni, che ha sempre tenuto alta la bandiera del territorio regionale grazie a una rete commerciale ramificata in tutto il mondo. Dal 2004 è gestita da Fernando Pighin e dalla sua famiglia. I vigneti si estendono sia nelle Grave del Friuli sia nel Collio.

○ Collio Malvasia '15	🍷🍷 3
○ Collio Pinot Grigio '15	🍷🍷 5
○ Friuli Grave Risano '15	🍷🍷 4
○ Collio Friulano '15	🍷 5

Tenuta Pinni

via Sant'Osvaldo, 3
33098 San Martino al Tagliamento [PN]
Tel. 0434899464
www.tenutapinni.com

Profonde radici legano la Tenuta Pinni al territorio del Friuli Occidentale. Nelle antiche cantine della villa veneta padronale, risalenti al 1687, si è sempre prodotto vino che già negli anni Trenta e Quaranta veniva etichettato. Dopo un periodo di oblio nel 1998 la rinascita, e la crescita è costante.

○ Pinot Grigio '15	🍷🍷 2*
○ Sauvignon '15	🍷🍷 2*
○ Traminer Aromatico '15	🍷🍷 2*
○ Friuli Grave Friulano '15	🍷 2

Pitars

via Tonello, 10
33098 San Martino al Tagliamento [PN]
Tel. 043488078
www.pitars.it

L'azienda Pitars deriva il suo nome da una dinastia di vignaioli che dal 1510 opera nell'estesa pianura friulana. Potendo contare su 120 ettari di vigneto offre una vasta gamma di prodotti che può soddisfare ogni esigenza, con grande attenzione riservata al campo spumantistico.

● Friuli Grave Cabernet Franc '14	🍷🍷 2*
● Friuli Grave Merlot '14	🍷🍷 2*
○ Friuli Grave Pinot Grigio '15	🍷🍷 2*
○ Malvasia '15	🍷🍷 2*

La Ponca

loc. Scriò, 3
34070 Dolegna del Collio [GO]
Tel. 048162396
www.laponca.it

La Ponca, di proprietà di Paolo Mason e Luigi Schiochet, è una fiorente realtà di Dolegna del Collio che estende i suoi 16 ettari di vigneti in località Scriò. Prende il nome dalla conformazione del terreno di queste colline composto da marne e arenarie di origine eocenica.

○ Collio Friulano '15	🍷🍷 3
○ Collio Malvasia '15	🍷🍷 3
○ Collio Sauvignon '15	🍷🍷 3
● Schioppettino '13	🍷🍷 3

Flavio Pontoni

via Peruzzi, 8
33042 Buttrio [UD]
Tel. 0432674352
www.pontoni.it

L'azienda di famiglia condotta da Flavio Pontoni vede gli albori all'inizio del secolo scorso, quando il capostipite Luigi Pontoni inizia a coltivare a mezzadria i vigneti del castello di Morpurgo. Non è mai venuta meno alla dimensione domestica ma i progressi qualitativi sono lievitati.

○ FCO Chardonnay '15	🍷🍷 2*
○ FCO Malvasia '15	🍷🍷 2*
○ FCO Pinot Grigio '15	🍷🍷 2*
● FCO Cabernet Franc '15	🍷 2

Pradio

fraz. Felettis
via Udine, 17
33050 Bicinicco [UD]
Tel. 0432990123
www.pradio.it

I fratelli Luca e Pierpaolo Cielo, eredi di una tradizione contadina che si rinnova ormai da quattro generazioni, si sono assunti l'impegno di valorizzare al massimo le potenzialità del territorio e, giovandosi della consulenza di Gianni Menotti, stanno tagliando traguardi importanti.

○ Friuli Grave Friulano Gaiare '15	🍷🍷 2*
○ Friuli Grave Pinot Grigio Priara '15	🍷🍷 2*
● Friuli Grave Refosco P. R. Tuaro '14	🍷🍷 2*
○ Friuli Grave Sauvignon Sobaja '15	🍷🍷 2*

Reguta

via Bassi, 16
33050 Pocenia [UD]
Tel. 0432779157
www.giuseppeeluigivini.it

Giuseppe e Luigi Anselmi, che in terza generazione gestiscono la cantina di famiglia fondata a Pocenia nel 1928, hanno acquisito vigneti nel cuore del Collio e hanno creato il marchio La Reguta. Le uve qui raccolte vengono vinificate in loco, nella cantina di Dolegna del Collio.

● Altropasso '14	🍷🍷 3
● Collio Cabernet Sauvignon '15	🍷🍷 3
○ Collio Friulano '15	🍷🍷 3
○ Collio Chardonnay '15	🍷 3

Ronco dei Pini

via Ronchi, 93
33040 Prepotto [UD]
Tel. 0432713239
www.roncodeipini.it

Ronco dei Pini è il nome che scelse Vito Novello quando rilevò l'azienda che fu dei conti Rieppi di Prepotto. Successivamente l'azienda si è espansa acquisendo alcuni vigneti anche sul Collio goriziano, in località Zegla, e ora è gestita con maestria da Giuseppe e Claudio Novello.

○ Biglia '15	🍷🍷 3
○ FCO Pinot Grigio '15	🍷🍷 3
○ FCO Sauvignon '15	🍷🍷 5
● FCO Schiopettino di Prepotto '12	🍷🍷 5

Ronco Margherita

loc. Pinzano al Tagliamento
via XX Settembre, 106
33094 Pinzano al Tagliamento [PN]
Tel. 0432950845
www.roncomargherita.it

Alessandro Bellio e la sua compagna Margherita hanno ridato vita a un'azienda storica sui Colli Orientali del Friuli e nel 2015, coronando un sogno, hanno trasferito la sede a Pinzano al Tagliamento, nell'antica tenuta appartenuta a Ruggero Forti, padre della viticultura friulana moderna.

○ FCO Chardonnay '15	🍷🍷 3
○ FCO Friulano '15	🍷🍷 3
○ FCO Picolit '13	🍷🍷 5
○ FCO Ribolla Gialla '15	🍷🍷 3

Ronco Scagnet

loc. Cime di Dolegna, 7
34070 Dolegna del Collio [GO]
Tel. 0481639870
www.roncoscagnet.it

L'azienda Ronco Scagnet è gestita da Valter Cozzarolo. È la prima volta che ci vengono proposti i vini di questa splendida realtà di Dolegna del Collio e, visti gli apprezzamenti conseguiti, l'ingresso in Guida è d'obbligo. Non possiamo che rallegrarci di questa novità. Alla prossima!

○ Collio Pinot Grigio '15	🍷🍷 2*
○ Collio Ribolla Gialla '15	🍷🍷 2*
○ Collio Sauvignon '15	🍷🍷 2*
○ Raggio di Sole '15	🍷🍷 2*

Russolo

via San Rocco, 58a
33080 San Quirino [PN]
Tel. 0434919577
www.russolo.it

Fondata nel 1974 dalla famiglia Russolo è diventata una delle aziende di riferimento della destra Tagliamento. È un vero fiore all'occhiello per la vitivinicoltura regionale a dimostrazione che operando con entusiasmo e capacità anche in pianura si possono ottenere risultati di gran prestigio.

● Borgo di Peuma '12	🍷🍷 5
○ Doi Raps '15	🍷🍷 3
● Refosco P. R. '13	🍷🍷 3
○ Sauvignon Ronco Calaj '15	🍷🍷 3

San Simone

loc. Rondover
via Prata, 30
33080 Porcia [PN]
Tel. 0434578633
www.sansimone.it

San Simone è considerata una giovane realtà perchè giovani sono i fratelli Chiara, Anna e Antonio Brisotto che, in quarta generazione, gestiscono l'azienda di famiglia datata 1915. É un'azienda di vaste dimensioni che offre al mercato un ampio assortimento di vini, anche spumanti.

● Friuli Grave Cabernet Sauvignon Nexus '11	🍷🍷 3
○ Friuli Grave Friulano Case Sugan '15	🍷🍷 2*
○ Friuli Grave Sauvignon '15	🍷🍷 2*

Scarbolo

fraz. Lauzacco
v.le Grado, 4
33050 Pavia di Udine [UD]
Tel. 0432675612
www.scarbolo.com

I vini di Valter Scarbolo sono particolarmente apprezzati dal mercato americano che assorbe quasi tutta la sua produzione. Cura personalmente 30 ettari di vigneto specializzato, che si estendono sulla riva destra del torrente Torre, e produce annualmente circa 150mila bottiglie.

○ Bianco My Time '13	🍷🍷 4
● Friuli Grave Merlot '14	🍷🍷 3
○ Pinot Grigio Ramato XL '13	🍷🍷 4
● Refosco dal P. R. '12	🍷🍷 4

Scolaris

via Boschetto, 4
34070 San Lorenzo Isontino [GO]
Tel. 0481809920
www.scolaris.it

L'esperienza di tre generazioni ha contribuito a fare della Scolaris Vini una delle più feconde produttrici di vino della zona. Marco Scolaris ha saputo fondere la tradizione familiare con le nuove tecnologie e con un'attenzione continua a ogni dettaglio sia in vigna sia in cantina.

○ Collio Friulano '15	🍷🍷 3
○ Collio Malvasia '14	🍷🍷 3
○ Collio Sauvignon '15	🍷 3

F.lli Stanig

via Albana, 44
33040 Prepotto [UD]
Tel. 0432713234
www.stanig.it

Federico e Francesco Stanig gestiscono con energia l'azienda fondata dal nonno Giuseppe nel 1920 ad Albana di Prepotto, zona da sempre rinomata per i vini rossi e soprattutto culla dello Schioppettino. E proprio uno splendido Schioppettino di Prepotto '13 è approdato alle finali.

● FCO Schioppettino di Prepotto '13	🍷🍷 3*
○ FCO Friulano '15	🍷🍷 3
● FCO Rosso del Gelso '11	🍷 4
○ FCO Sauvignon '15	🍷 3

Stocco

via Casali Stocco, 12
33050 Bicinicco [UD]
Tel. 0432934906
www.vinistocco.it

La famiglia Stocco, oggi rappresentata in quarta generazione dai fratelli Andrea, Daniela e Paola, da oltre un secolo, con costante impegno, ha creato un legame indissolubile con la peculiarità del territorio della vasta pianura friulana, con le sue ghiaie e la sua terra rossa.

● Cabernet Franc '14	🍷🍷 2*
○ Pinot Grigio '15	🍷🍷 2*
○ Pinot Grigio Ramato '15	🍷🍷 2*
○ Ribolla Gialla '15	🍷 2

Tarlao

via San Zili, 41
33051 Aquileia [UD]
Tel. 043191417
www.tarlao.eu

Nonno Igino all'inizio, poi Sabino e ora il giovanissimo Francesco Tarlao. Tre generazioni legate a un'unica passione: il vino. La passione, dice Francesco, è solida come le pietre romane di cui è fatta la nostra casa. Una passione, diciamo noi, che emerge assaggiando i vini.

○ Friuli Aquileia Malvasia '15	🍷🍷 3
○ Friuli Aquileia Pinot Bianco Poc ma Bon '15	🍷🍷 3
● Friuli Aquileia Refosco P. R. Mosaic Ros '12	🍷🍷 3

Terre del Faet

v.le Roma, 82
34071 Cormòns [GO]
Tel. 3470103325
www.terredelfaet.it

Andrea Drius gestisce questa piccola realtà a conduzione familiare nel cuore del Collio, in località Faet e Pradis, tra le più prestigiose del comprensorio di Cormòns. Tutte le vigne hanno oltre mezzo secolo di età e ora l'azienda si sta orientando verso la viticoltura biologica.

○ Collio Friulano '15	🍷🍷 3
○ Collio Friulano Sel. '14	🍷🍷 3

Terre di Ger

fraz. Frattina
s.da della Meduna, 17
33076 Pravisdomini [PN]
Tel. 0434644452
www.terrediger.it

Terre di Ger, di proprietà dalla famiglia Spinazzè, è un'azienda di medie dimensioni che estende i suoi vigneti per quasi ottanta ettari tra i fiumi Lemene e Livenza, nella denominazione Friuli Grave. Il livello qualitativo è di tutto rispetto e spesso qualche vino raggiunge le finali.

○ Limine '13	🍷🍷 3*
○ Brut M. Cl.	🍷🍷 4
○ Friuli Grave Chardonnay '15	🍷🍷 2*
○ Sauvignon Blanc '15	🍷 3

Vicentini Orgnani

loc. Valeriano
via Sottoplovia, 4a
33094 Pinzano al Tagliamento [PN]
Tel. 0432950107
www.vicentiniorgnani.it

Alessandro Vicentini Orgnani da oltre vent'anni ha creato un marchio sinonimo di qualità e passione. In quarta generazione coltiva i vigneti di famiglia tra le dolci colline di Valeriano, altopiano a 200 metri di altitudine affacciato sulle grave sassose del fiume Tagliamento.

● Cabernet Sauvignon '12	🍷🍷 2*
● Merlot '12	🍷🍷 3
○ Pinot Grigio '14	🍷🍷 2*
● Cabernet Franc '12	🍷 2

Villa Parens

via Dante, 69
34072 Farra d'Isonzo [GO]
Tel. 0481888198
www.villaparens.com

È la nuovissima azienda fondata nel 2013 da Giovanni Puiatti che, lasciato lo storico marchio di famiglia, con rinnovato entusiasmo ha intrapreso un nuovo percorso. Fedele alla dottrina del mitico Vittorio in vinificazione è vietato l'uso del legno e il fiore all'occhiello è la spumantistica.

○ Blanc de Blancs Extra Brut	🍷🍷 5
⊙ Rosé de Noirs Dosage Zero '13	🍷🍷 5
● Pinot Nero '15	🍷 3
○ Ribolla Gialla '15	🍷 3

Zaglia

loc. Frassinutti
via Crescenzia, 10
33050 Precenicco [UD]
Tel. 0431510320
www.zaglia.com

L'azienda di Giorgio Zaglia si estende nella denominazione Friuli Latisana su 30 ettari vitati tra i fiumi Stella e Tagliamento a poca distanza dal mare Adriatico. L'ambiente è caratterizzato da terreni argillosi, ricchi di sali minerali, in un microclima favorevole alla coltivazione della vite.

● Friuli Latisana Cabernet Franc V. degli Amanti Ris. '10	🍷🍷 2*
○ Friuli Latisana Pinot Grigio '15	🍷🍷 2*
● Friuli Latisana Refosco P. R. '14	🍷🍷 2*

EMILIA ROMAGNA

La varietà del viaggio sulla via Emilia, che da 2200 anni collega Rimini a Piacenza attraversando tutti i territori regionali del vino, è straordinaria e per molti aspetti ancora poco conosciuta. Partendo da nord il primo territorio è quello dei Colli Piacentini, un sistema articolato di valli e terroir che potrebbe esprimere molto in termini di qualità e identità. Purtroppo la strada della territorialità non è ancora stata intrapresa e tutta l'area "galleggia" su vini corretti ma senza grande personalità. Proseguendo si raggiunge il mondo del Lambrusco, un territorio in cui abbondano entusiasmo ed energie, soprattutto a Modena che ne è di fatto la capitale. Una realtà formata da artigiani, cooperative e grandi aziende private, in pratica tutta la filiera. È un gioco dei ruoli che sta alzando la qualità dei vini ma soprattutto costruendo una narrazione sempre più chiara e leggibile dall'esterno. Il processo è positivo e sta di fatto allargando la forbice tra chi sceglie di lavorare con vini di forte identità e qualità e chi produce vini omologati da dolcezza e morbidezza. Dal punto di vista qualitativo la tipologia più centrata è quella del Sorbara, anche sui Metodo Classico. I Colli Bolognesi hanno raccolto la sfida della nuova denominazione Pignoletto e stanno facendo squadra, creando i presupposti per esprimere finalmente un territorio che ha un potenziale incredibile di mineralità e freschezza. L'ultima tappa del viaggio è la Romagna, 150 chilometri di valli e diversità, un patrimonio ben descritto dalle sottozone codificate nella denominazione Romagna Sangiovese in questi anni. La Romagna sta vivendo un momento di passaggio che ne sta ridisegnando i confini qualitativi. Le aziende storiche faticano a interpretare in modo moderno il Sangiovese, con vini territoriali e freschi, insistendo su un'idea di Riserva troppo ricca e alcolica, spesso appesantita da lunghi affinamenti in legno piccolo. Una lettura più centrata sembra averlo il Superiore che esprime freschezza, qualità e longevità. Un'ultima riflessione riguarda l'albana, vitigno bianco dal grande potenziale e dall'originalissima identità. I romagnoli stanno cercando di esaltarne la ricchezza (con surmaturazioni e piccoli tagli di albana passito) invece che di sfruttarne l'acidità. È un'idea stilistica che trova un parziale consenso sul territorio, ma che impedisce a questi vini di conquistare ruolo, reputazione e mercati fuori regione, anche internazionali. I Tre Bicchieri a I Croppi '15 di Celli, uno dei pochi produttori che vinifica cercando freschezza e bevibilità, hanno quindi anche il significato di indicare una strada per questo vitigno.

Agrintesa

via G. Galilei, 15
48018 Faenza [RA]
Tel. 059952511
www.agrintesa.it

PRODUZIONE ANNUA 350.000 bottiglie
ETTARI VITATI 44,00

Il progetto di vini di qualità della cooperativa Agrintesa può contare su un piccolo gruppo di soci tutti nel territorio di Modigliana. La cantina di vinificazione, nella valle del Marzeno, a due passi dal paese di Modigliana, ha dunque l'opportunità di lavorare le uve straordinarie dei territori più alti della Romagna. La responsabile Elisa Muccinelli ha dato spazio e fiducia al giovane e bravo enologo Nicola Zoli e i risultati sono già sorprendenti. Un modo nuovo di pensare i vini, con una grande attenzione ai temi territoriali di quella che sta emergendo come una delle menzioni più interessanti della Romagna. Il Sangiovese '15 ha carattere e grazia, un naso austero e verticale e una bocca salata e tesa. È perfettamente nello stile vibrante ed elegante di questo territorio. Il Superiore '15 è materico e asciutto, con un nitidissimo frutto che richiama la melagrana. Un vino composto e sobrio, sapido e tagliente. L'Albana '15 ha acidità sferzante, che regala ritmo e lunghezza.

● Romagna Sangiovese Poderi delle Rose '15	2 bicchieri rossi 2*
○ Albana di Romagna Secco Poderi delle Rose '15	2 bicchieri 2*
● Romagna Sangiovese Sup. Poderi delle Rose '15	2 bicchieri 2*
○ Albana di Romagna Secco I Calanchi Loveria '12	2 bicchieri vuoti 2*
○ Albana di Romagna Secco I Calanchi Spighea '14	2 bicchieri vuoti 2*
○ Albana di Romagna Secco Poderi delle Rose '15	2 bicchieri vuoti 2*
● Romagna Sangiovese Poderi delle Rose '15	2 bicchieri vuoti 2*
● Romagna Sangiovese Sup. Poderi delle Rose '15	2 bicchieri vuoti 2*

Ancarani

via San Biagio Antico, 14
48018 Faenza [RA]
Tel. 0546642162
www.viniancarani.it

VENDITA DIRETTA
VISITA SU PRENOTAZIONE
RISTORAZIONE
PRODUZIONE ANNUA 30.000 bottiglie
ETTARI VITATI 14,00

Claudio Ancarani, oggi affiancato in azienda dalla moglie Rita Babini, ha le vigne a ridosso della Torre di Oriolo, un piccolo territorio che si sta affermando come luogo di elezione dell'albana e del raro autoctono rosso centesimino. La produzione è molto classica e tradizionale, alleggerita via via da un'eccessiva ricchezza, e lo stile aziendale è oggi più fresco ed elegante. Il vino più importante è sempre l'Albana Santa Lusa, che lega potenza, acidità e i tipici tannini che caratterizzano in modo originale questo vitigno a bacca bianca. Il 2014 ha un naso materico e ricco, appena caldo, e una bocca tesa e vibrante che trova nell'acidità profondità e sfaccettature minerali. Il Sangiovese Oriolo '15 è fresco e pepato, espressivo nel frutto e agile. Uvappesa '12 svolge l'aromaticità del vitigno sui temi più freschi – rosa, scorza di arancia, fiore di geranio – e trova un buon equilibrio complessivo.

○ Romagna Albana Secco Santa Lusa '14	2 bicchieri 3
● Sangiovese di Romagna Oriolo '15	2 bicchieri 2*
● Sâvignon Rosso Centesimino '15	2 bicchieri 3
○ Signore '15	2 bicchieri 2*
● Uvappesa Centesimino '12	2 bicchieri 4
○ Albana di Romagna Santa Lusa '11	2 bicchieri vuoti 3
○ Albana di Romagna Santa Lusa '10	2 bicchieri vuoti 3
○ Romagna Albana Secco Santa Lusa '13	2 bicchieri vuoti 3
● Sangiovese di Romagna Oriolo '12	2 bicchieri vuoti 2*
● Sangiovese di Romagna Oriolo '11	2 bicchieri vuoti 2
● Sangiovese di Romagna Sup. Biagio Antico '11	2 bicchieri vuoti 2*
● Sâvignon Rosso '10	2 bicchieri vuoti 3
● Sâvignon Rosso Centesimino '12	2 bicchieri vuoti 3
● Uvappesa '11	2 bicchieri vuoti 4
● Uvappesa '10	2 bicchieri vuoti 4
● Uvappesa '09	2 bicchieri vuoti 4

Balìa di Zola

via Casale, 11
47015 Modigliana [FC]
Tel. 0546940577
www.baliadizola.com

VENDITA DIRETTA
VISITA SU PRENOTAZIONE
PRODUZIONE ANNUA 30.000 bottiglie
ETTARI VITATI 5,00

I terreni della valle dell'Acerreta, nel territorio di Modigliana, firmano i vini dall'eleganza unica, tipica di questa sottozona, ma anche con una trama tannica serrata e fitta che garantisce longevità e complessità. Veruska Eluci e il marito Claudio Fiore sono arrivati in Romagna dalla Toscana nel 1999 e hanno creduto in questo territorio tanto da investire, nel 2003, in una piccola azienda tutta loro. Le vigne piantate in quegli anni sono oggi nel pieno della maturità produttiva e la gamma aziendale, complessivamente affidabile, ne testimonia le qualità. Balitore '15, da sangiovese con saldo di cabernet sauvignon, è un vino salato e pieno di energia, con un frutto che richiama la melagrana come nelle caratteristiche del territorio di Modigliana. In bocca è teso e complesso, con le note agrumate a chiudere una bocca piena di ritmo e freschezza. Redinoce '13 è un vino nitido che combina un frutto algido e note erbacee e pepate elegantissime. In bocca è serrato e pieno, agile e saporito.

● Romagna Sangiovese Sup. Balitore '15	🍷🍷 2*
● Sangiovese di Romagna Sup. Redinoce Ris. '13	🍷🍷 4
● Sangiovese di Romagna Redinoce Ris. '09	🍷🍷🍷 4*
● Sangiovese di Romagna Redinoce Ris. '08	🍷🍷🍷 4*
● Romagna Sangiovese Modigliana Redinoce Ris. '12	🍷🍷 4
● Romagna Sangiovese Sup. Balitore '14	🍷🍷 2*
● Sangiovese di Romagna Balitore '10	🍷🍷 2*
● Sangiovese di Romagna Balitore '09	🍷🍷 2
● Sangiovese di Romagna Balitore '08	🍷🍷 2
● Sangiovese di Romagna Redinoce Ris. '11	🍷🍷 4
● Sangiovese di Romagna Redinoce Ris. '10	🍷🍷 4

Le Barbaterre

loc. Bergonzano
via Cavour, 2a
42020 Quattro Castella [RE]
Tel. 0522247573
www.barbaterre.it

VENDITA DIRETTA
VISITA SU PRENOTAZIONE
OSPITALITÀ E RISTORAZIONE
PRODUZIONE ANNUA 20.000 bottiglie
ETTARI VITATI 8,00
VITICOLTURA Biologico Certificato
AZIENDA SOSTENIBILE

Una piccola grande esperienza dell'Emilia artigiana, un'azienda simbolo della nuova stagione del vino che anima le colline modenesi e reggiane. Piccole produzioni tutte rigorosamente consacrate alla rifermentazione in bottiglia, spesso senza sboccatura. Erika Tagliavini coltiva 8 ettari di vigne sui suoli sciolti di limo, argille e marne, in alto a 350 metri, a due passi dalla val d'Enza, sulle prime colline che salgono da Quattro Castella, nel cuore delle famose Terre Matildiche che Matilde di Canossa difese con un sistema di castelli: Pianello, Rossena, Canossa, Sarzano, Carpineti. Lambrusco '15 è elegante, terroso e agrumato, trascinante e secco in bocca. Blanc de Noirs '15, da uve pinot nero, è minerale e delicatamente speziato, algido e verticale, salato e floreale sul finale. Sauvignon '15 è vibrante e teso, si esprime sul classico repertorio di agrumi e mineralità.

○ Blanc de Noirs Brut M. Cl. '10	🍷🍷 6
● Lambrusco Rifermentato in Bottiglia '15	🍷🍷 3*
⊙ Besmein Capoleg Marzemino Frizzante Rosé Rifermantato in Bottiglia '15	🍷🍷 2*
○ Sauvignon Frizzante Rifermentato in Bottiglia '15	🍷🍷 3
⊙ Besmein Capoleg Marzemino Frizzante Rosé '12	🍷🍷 2*
⊙ Besmein Capoleg Marzemino Frizzante Rosé '11	🍷🍷 2*
○ CSC Pinot Nero Spumante L'Orlando Bianco '11	🍷🍷 5
● Lambrusco dell'Emilia '13	🍷🍷 2*
● Lambrusco dell'Emilia '12	🍷🍷 2*
○ Sauvignon Brut M. Cl. '11	🍷🍷 3
○ Sauvignon Frizzante '13	🍷🍷 3

Francesco Bellei

FRAZ. CRISTO DI SORBARA
VIA NAZIONALE, 132
41030 BOMPORTO [MO]
TEL. 059902009
www.francescobellei.it

VENDITA DIRETTA
VISITA SU PRENOTAZIONE
PRODUZIONE ANNUA 70.000 bottiglie
ETTARI VITATI 5,00

Alla storica tradizione sul Metodo Classico di questa realtà modenese si aggiungono oggi l'esperienza e il talento di Sandro Cavicchioli che dal 2003 ne firma le vinificazioni. I vini di Francesco Bellei sono ogni anno più a fuoco, raffinati nella complessità e originali quando incrociano sorbara e pignoletto, gli autoctoni di questo territorio, vinificati con delle fermentazioni ancestrali di grande personalità. Il progetto di Sandro Cavicchioli prevede di creare, a due passi dal Cristo di Sorbara, una piccola maison visitabile che possa aiutare a comunicare il potenziale culturale e di vocazione di questo incredibile territorio. Il Modena Rifermentazione Ancestrale '15, da sorbara in purezza, è una giostra di profumi e invenzioni. Spazia dalle note speziate di chiodi di garofano e macis ai richiami delicati di scorza di arance amare e mandarino. In bocca è salato, affilato e teso, nervoso ed elegantissimo. Il Rosé '12 è verticale e sapido, algido e ricco di sfumature, agrumato e floreale.

⊙ Cuvée Brut Rosé M.Cl. '12	🍷🍷 5
● Lambrusco di Modena Rifermentazione Ancestrale '15	🍷🍷 3*
○ Cuvée Brut M.Cl.	🍷🍷 5
● Modena Pignoletto Rifermentazione Ancestrale '15	🍷🍷 3
⊙ Cuvée Brut Rosé M.Cl. '11	🍷🍷 5
● Lambrusco di Modena Rifermentazione Ancestrale '14	🍷🍷 3*
● Lambrusco di Modena Rifermentazione Ancestrale '13	🍷🍷 2*
● Lambrusco di Modena Rifermentazione Ancestrale '12	🍷🍷 2*
● Modena Pignoletto Rifermentazione Ancestrale '14	🍷🍷 3
● Modena Pignoletto Rifermentazione Ancestrale '13	🍷🍷 2*

Braschi

VIA ROMA, 37
47025 MERCATO SARACENO [FC]
TEL. 054791061
www.cantinabraschi.com

VENDITA DIRETTA
VISITA SU PRENOTAZIONE
PRODUZIONE ANNUA 125.000 bottiglie
ETTARI VITATI 34,50

Tante idee, energie fresche e molto entusiasmo. Così la storica tenuta romagnola della valle del Savio fondata nel 1949 è stata rivitalizzata da Vincenzo Vernocchi, enologo, e da Davide Moky Castagnoli, responsabile commerciale, a partire dal 2011. La gamma aziendale è oggi pienamente a fuoco e affianca ai vini base vere e proprie selezioni territoriali di diversi vitigni. Un progetto di vini classici e tradizionali, ben fatti e chiaramente riconoscibili per i diversi terroir, da Bertinoro alla valle del Savio. Monte Sasso '14 è un Sangiovese vinificato in botte grande a partire dalle uve di un vero e proprio cru nella Valle del Savio. Elegante, sfaccettato, raffinato nei richiami a macis e mandarino, teso e sottile in bocca, vibrante fin sul lungo finale. Campo Mamante '14 è un'Albana dalla doppia anima, quella ficcante e tagliente legata all'annata e un'altra più ricca e candita che richiama l'incredibile capacità del vitigno di produrre uva ricca di zuccheri e polifenoli.

○ Albana di Romagna Secco Campo Mamante '14	🍷🍷 3
● Sangiovese di Romagna San Vicinio Monte Sasso '14	🍷🍷 3
● Sangiovese di Romagna San Vicinio Monte Sasso '12	🍷🍷🍷 3*
○ Albana di Romagna '12	🍷🍷 2*
● Romagna Sangiovese Bertinoro Il Costone Ris. '12	🍷🍷 4
● Romagna Sangiovese San Vicinio Monte Sasso '13	🍷🍷 3*
● Sangiovese di Romagna Sup. Il Costone '12	🍷🍷 3
● Sangiovese di Romagna Sup. Il Costone '11	🍷🍷 3
● Sangiovese di Romagna Sup. Il Gelso '13	🍷🍷 3

Cantina della Volta

via per Modena, 82
41030 Bomporto [MO]
Tel. 0597473312
www.cantinadellavolta.com

VENDITA DIRETTA
VISITA SU PRENOTAZIONE
PRODUZIONE ANNUA 120.000 bottiglie
ETTARI VITATI 14,00

Christian Bellei firma vini sempre più precisi e raffinati, e al suo talento si aggiunge una sicurezza che si traduce in una stagione felice e piena di grazia, con una gamma aziendale impressionante per affidabilità e qualità complessiva. Si lavora sul sorbara e si lavora sulle alte colline modenesi dove sono stati messi a dimora 8 nuovi ettari di pinot nero e chardonnay sui terreni scuri di Riccò di Serramazzoni, una piccola enclave produttiva che ha dimostrato negli anni vocazione e affidabilità nella produzione delle basi per il Metodo Classico. Il Rosé '12 è sottile e delicato, ricco di energia e ritmo. Il naso è pieno di dettagli, la bocca è trascinante e agrumata, verticale e sapida. Si chiude su fiori e frutta bianca. Il Rimosso '15 è contadino nel modo più raffinato possibile, salato e tagliente, con i richiami delicati ai frutti di bosco e ai fiori. C'è la matericità delle fecce ma anche una grandissima eleganza.

⊙ Lambrusco di Modena Brut Rosé M. Cl. '12	🍷🍷🍷 5
● Lambrusco di Sorbara Secco Rimosso '15	🍷🍷 3*
● Lambrusco di Modena Brut M. Cl. Trentasei '12	🍷🍷 4
● Lambrusco di Sorbara Rimosso '13	🍷🍷🍷 3*
● Lambrusco di Sorbara Rimosso '12	🍷🍷🍷 3*
○ Il Mattaglio Brut M. Cl '11	🍷🍷 5
○ La Base Chardonnay Fermo '13	🍷🍷 3
● Lambrusco di Modena Brut M. Cl. Trentasei '10	🍷🍷 4
⊙ Lambrusco di Modena Brut Rosé M. Cl. '11	🍷🍷 5
● Lambrusco di Sorbara Rimosso '10	🍷🍷 3*
● Lambrusco di Sorbara Secco Rimosso '14	🍷🍷 3*

Cantina Sociale di Carpi e Sorbara

via Cavata
41012 Carpi [MO]
Tel. 059 643071
www.cantinadicarpiesorbara.it

ETTARI VITATI 2300,00

Se la filiera modenese è così ricca, per ettari vitati e capacità di lettura territoriale, è perché dai primi anni del '900 Gino Friedman, un grande pioniere della cooperazione, ha promosso un movimento di cantine cooperative che hanno sempre conservato e tutelato la cultura della vigna e del vino. Oggi queste cantine, che hanno di fatto in mano la filiera, cominciano a imbottigliare il proprio vino e sia per la qualità della produzione, sia per la possibilità di scegliere tra tante diverse partite di basi, lo fanno con risultati sempre più convincenti. Oggi questa cantina, figlia della fusione di due cantine, Carpi (fondata nel 1903) e Sorbara (fondata nel 1923), lavora le uve di 2300 ettari di vigne suddivisi su 1600 soci. Omaggio a Gino Friedmann Fermentazione in Bottiglia '15 è austero e salato, affilato e agrumato, con la scorza di mandarino in evidenza. Omaggio a Gino Friedmann '15 indugia sulle note floreali e di frutti bianchi, poi è nitido, minerale e tagliente.

● Lambrusco di Sorbara Secco Omaggio a Gino Friedmann '15	🍷🍷 3*
● Lambrusco di Sorbara Secco Omaggio a Gino Friedmann FB '15	🍷🍷 3*
● Lambrusco di Sorbara Amabile Emma '15	🍷🍷 2*
● Lambrusco di Sorbara Secco Villa Badia '15	🍷 2
● Lambrusco di Sorbara Secco Omaggio a Gino Friedmann '13	🍷🍷🍷 3*
● Lambrusco di Sorbara Secco Omaggio a Gino Friedmann FB '14	🍷🍷🍷 3*
● Lambrusco di Sorbara Amabile Emma '14	🍷🍷 2*
● Lambrusco di Sorbara Secco Le Bolle '14	🍷🍷 2*
● Lambrusco di Sorbara Secco Omaggio a Gino Friedmann '14	🍷🍷 3*
● Lambrusco Salamino di S. Croce Secco Novecento03 '14	🍷🍷 2*

Cavicchioli

via Canaletto, 52
41030 San Prospero [MO]
Tel. 059812412
www.cavicchioli.it

VENDITA DIRETTA
VISITA SU PRENOTAZIONE
PRODUZIONE ANNUA 10.000.000 bottiglie
ETTARI VITATI 90,00

L'ampliamento dello stabilimento e il notevole investimento nelle attrezzature di produzione testimoniano bene quale sia la voglia di futuro di questa azienda che ha trovato nel connubio tra i fratelli Sandro e Claudio Cavicchioli e il Gruppo Italiano Vini una bella occasione di crescita. E i vini infatti sono lì a testimoniare un momento felice e ambizioni qualitative sempre più alte. Sono sempre ai vertici della denominazione i cru aziendali di Sorbara e sono sempre più affidabili e convincenti le classiche produzioni aziendali dei marchi più popolari come quelle della linea Tre Medaglie. Vigna del Cristo '15 è verticale e floreale, con sensazioni di tè alle rose a firmare il naso. Poi gli agrumi, mandarino in testa, e le raffinate speziature. La bocca è affilata e grintosa, delicata nell'esprimersi, ma piena di forza. Il Rosé del Cristo '12 è un paesaggio vista mare. Complesso, delicatissimo, con i richiami a erbe e fiori bianchi e la chiusura che rimanda alla nocciola e al macis.

● Lambrusco di Sorbara V. del Cristo '15	🍷🍷🍷 2*
⊙ Lambrusco di Sorbara Brut Rosé del Cristo M. Cl. '12	🍷🍷 4
⊙ Lambrusco di Modena Rosé Extra Dry 1928 '15	🍷🍷 2*
● Lambrusco di Sorbara Tre Medaglie '15	🍷🍷 2*
● Lambrusco di Sorbara V. del Cristo '14	🍷🍷🍷 2*
● Lambrusco di Sorbara V. del Cristo '13	🍷🍷🍷 2*
● Lambrusco di Sorbara V. del Cristo '12	🍷🍷🍷 2*
● Lambrusco di Sorbara V. del Cristo '11	🍷🍷🍷 2*
● Lambrusco di Modena 1928 '14	🍷🍷 2*
● Lambrusco di Sorbara Secco Marchio Storico '13	🍷🍷 2*
● Lambrusco di Sorbara Tre Medaglie '14	🍷🍷 2*
● Lambrusco Grasparossa di Castelvetro Amabile Tre Medaglie '13	🍷🍷 2*

Caviro

via Convertite, 12
48018 Faenza [RA]
Tel. 0546629111
www.caviro.it

VENDITA DIRETTA
PRODUZIONE ANNUA 25.000.000 bottiglie
ETTARI VITATI 31,00

Caviro è una realtà cooperativa che associa 32 cantine sociali (da 8 diverse regioni) che complessivamente vinificano le uve di 12mila viticoltori gestendo di fatto una filiera certificata unica per profondità, dimensione e presidio. Accanto a vini popolari e affidabili come il Tavernello, che è prodotto con il contributo di vini che arrivano da tutta Italia, c'è la produzione riferibile alla Romagna, che resta la patria di questo colosso. E sono proprio le radici territoriali a esprimere le cose più interessanti. Romio Albana '15 è un vino che ha carattere e qualità. Al naso ha il tipico richiamo al frutto delicato e fresco, bocca asciutta e vibrante. Il Pignoletto Frizzante Romio '15 si apre con un interessante repertorio di erbe – salvia, artemisia, pimpinella –, in bocca è fresco e pieno. Il Trebbiano Terre Forti '15 viaggia su una bellissima acidità ed è sapido e profumato.

Vino	Valutazione
○ Pignoletto Frizzante Romio '15	🍷🍷 2*
○ Romagna Albana Secco Romio '15	🍷🍷 2*
○ Romagna Trebbiano Terre Forti '15	🍷🍷 1*
● Romagna Sangiovese Sup. Romio '14	🍷 3
○ Romagna Albana Secco Romio '14	🍷🍷 2*
● Romagna Sangiovese Sup. Terragens Ris. '12	🍷🍷 4
● Sangiovese di Romagna Brumale '13	🍷🍷 2*
● Sangiovese di Romagna Brumale '12	🍷🍷 2*
● Sangiovese di Romagna Terre Forti '13	🍷🍷 2*
● Sangiovese di Romagna Terre Forti '12	🍷🍷 2*

Celli

V.LE CARDUCCI, 5
47032 BERTINORO [FC]
TEL. 0543445183
www.celli-vini.com

VENDITA DIRETTA
VISITA SU PRENOTAZIONE
PRODUZIONE ANNUA 280.000 bottiglie
ETTARI VITATI 30,00

L'azienda festeggia i 50 anni di attività e diventa un simbolo di continuità e storicità in un territorio dove ancora negli anni Novanta si potevano contare le aziende sulle dita di una mano. I 30 ettari di vigna, parte di proprietà e parte condotti direttamente, sono tutti nel territorio di Bertinoro sui tipici suoli calcarei ricchi di spungone. Le famiglie Sirri e Casadei portano avanti con orgoglio l'idea di una produzione vicina ai temi territoriali e accessibile a tutti, affidabile negli anni e sempre più interessanti nelle bottiglie più semplici. I Croppi '15 è un riferimento di stile, un vino sapido e asciutto che non tradisce la tradizione più rustica dell'Albana ma anzi la nobilita e la porta dentro la modernità. Asciutta, tesa, agrumata, ha bocca ricca che poi scappa agilissima inseguendo un'acidità salata e tagliente. Il Sangiovese Le Grillaie '15 ha un frutto evidente e una nota pepata a movimentarne l'espressione. In bocca è appena asciutto, ma agile e fresco.

○ Romagna Albana Secco I Croppi '15	🍷🍷🍷 2*
○ Romagna Albana Dolce Le Querce '15	🍷🍷 2*
● Romagna Sangiovese Sup. Le Grillaie '15	🍷🍷 2*
○ Romagna Pagadebit Campi di Fratta '15	🍷 2
○ Albana di Romagna Dolce Le Querce '12	♀♀ 2*
○ Albana di Romagna Passito Solara '11	♀♀ 4
○ Albana di Romagna Passito Solara '08	♀♀ 3
○ Albana di Romagna Secco I Croppi '13	♀♀ 2*
○ Albana di Romagna Secco I Croppi '12	♀♀ 2*
○ Albana di Romagna Secco I Croppi '10	♀♀ 2*
● Bron & Rusèval Sangiovese '11	♀♀ 3
○ RomagnaAlbana Dolce Le Querce '14	♀♀ 2*
○ Romagna Albana Secco I Croppi '14	♀♀ 2*
○ Romagna Pagadebit Campi di Fratta '14	♀♀ 2*
● Romagna Sangiovese Sup. Le Grillaie '14	♀♀ 2*
● Sangiovese di Romagna Sup. Le Grillaie '12	♀♀ 2*

Umberto Cesari

LOC. CASTEL SAN PIETRO TERME
VIA STANZANO, 1120
40024 CASTEL SAN PIETRO TERME [BO]
TEL. 0516947811
www.umbertocesari.it

VENDITA DIRETTA
VISITA SU PRENOTAZIONE
PRODUZIONE ANNUA 3.500.000 bottiglie
ETTARI VITATI 350,00

Umberto Cesari ha festeggiato nel 2014 le 50 vendemmie. Una lunga stagione di successi che consacra l'azienda come la firma della Romagna per molti mercati esteri, testimone prezioso del suo territorio. A guidare l'azienda c'è oggi Gianmaria che ha ereditato dal padre lo spirito imprenditoriale e la capacità di visione e che cerca oggi, guardando al futuro, di alzare ulteriormente le ambizioni della sua produzione, con vini alla ricerca di un maggiore carattere territoriale, risposta alla richiesta di mercati ormai maturi nella conoscenza del vino. Liano '13 ha un naso speziato e un frutto maturo e ricco, nitidissimo fin nei dettagli. In bocca è fitto di tannini ma è agile grazie alla freschezza. La Riserva '13 è il vino più classico e tradizionale dell'azienda ed è affinato due anni in botte grande di rovere di Slavonia. È un vino austero, serrato ed elegante.

● Liano Rosso '13	🍷🍷 4
● Romagna Sangiovese Sup. Ris. '13	🍷🍷 3
○ Liano Bianco '14	🍷 4
● Moma Rosso '14	🍷 2
● Yemula Rosso '13	🍷 4
● Liano '12	♀♀ 4
● Liano '09	♀♀ 5
● Romagna Sangiovese Sup. Ris. '12	♀♀ 3
● Sangiovese di Romagna Laurento Ris. '10	♀♀ 3
● Sangiovese di Romagna Laurento Ris. '09	♀♀ 3

Cleto Chiarli Tenute Agricole

VIA BELVEDERE, 8
41014 CASTELVETRO DI MODENA [MO]
TEL. 0593163311
www.chiarli.it

VENDITA DIRETTA
VISITA SU PRENOTAZIONE
PRODUZIONE ANNUA 900.000 bottiglie
ETTARI VITATI 100,00

Senza l'intuizione di Cleto Chiarli, oste visionario attivo alla Pomposa nel centro di Modena, la storia del Lambrusco non sarebbe stata la stessa. A partire dalla metà dell'800 questo straordinario personaggio ha venduto bottiglie di qualità di quello che fino a lì era stato semplicemente un vino contadino, prodotto e consumato nelle case senza l'idea imprenditoriale che ne ha fatto uno dei vini più importanti d'Italia. In sintonia con lo spirito di quella grande esperienza la Chiarli 1860. Anselmo e Mauro Chiarli hanno fondato questa azienda agricola che vinifica solo le uve dei vigneti di proprietà: un salto di qualità che regala al territorio nuove ambizioni e la lettura moderna di un mondo che nel frattempo ha cambiato tutto. Fondatore '15 è finissimo e trova l'energia di un corpo sottile e salato, agrumato e floreale. Sic et Simpliciter '15, da una selezione di vecchi cloni, è l'archetipo di quello che dovrebbe essere il Grasparossa: elegante e firmato da acidità e tannini.

● Lambrusco di Sorbara del Fondatore '15	🍷🍷🍷 3*
● Lambrusco di Sorbara Vecchia Modena Premium '15	🍷🍷 2*
● Lambrusco Grasparossa di Castelvetro Vign. Cialdini '15	🍷🍷 2*
● Lambrusco Grasparossa di Castelvetro Vign. Cialdini Sic et Simpliciter '15	🍷🍷 2*
⊙ Rosé Brut '15	🍷🍷 2*
○ Modena Modén Blanc Brut '15	🍷 2
● Lambrusco di Sorbara del Fondatore '14	🍷🍷🍷 3*
● Lambrusco di Sorbara del Fondatore '12	🍷🍷🍷 3*
● Lambrusco di Sorbara del Fondatore '11	🍷🍷🍷 2*
● Lambrusco di Sorbara del Fondatore '09	🍷🍷🍷 2*
● Lambrusco di Sorbara Vecchia Modena Premium '13	🍷🍷🍷 2*
● Lambrusco di Sorbara Vecchia Modena Premium '10	🍷🍷🍷 2*

Condé

LOC. FIUMANA DI PREDAPPIO
VIA LUCCHINA, 27
47016 PREDAPPIO [FC]
TEL. 0543940860
www.conde.it

VENDITA DIRETTA
VISITA SU PRENOTAZIONE
OSPITALITÀ E RISTORAZIONE
PRODUZIONE ANNUA 150.000 bottiglie
ETTARI VITATI 77,00
AZIENDA SOSTENIBILE

Da una parte la capacità di visione di Francesco Condello e le sue energie, dall'altra la caparbietà e l'impegno della figlia Chiara che ha preso in mano le redini agronomiche e tecniche dell'azienda. Chiara ha in pochi anni rivoluzionato la filosofia aziendale avvicinandosi a un'agricoltura di pieno rispetto della terra e portando in cantina, insieme all'enologo toscano Federico Staderini, una ricerca stilistica raffinata ed esigente. L'azienda entra così in una nuova stagione, anche grazie alla nuova cantina inaugurata con la vendemmia 2014. Predappio Riserva '12, ottenuto da una selezione di uve fatta nelle vigne più alte, è un vino classico e pieno, con una bocca che si distende sulla freschezza. Il Superiore '12 è un Sangiovese austero ed elegante, con naso complesso che si esprime su un frutto discretissimo e su toni agrumati e di erbe. In bocca ha bella freschezza e generale delicatezza.

● Romagna Sangiovese Predappio Ris. '12	🍷🍷 6
● Romagna Sangiovese Sup. '12	🍷🍷 3
● Massera Merlot '12	🍷🍷 3
● Romagna Sangiovese Predappio '12	🍷🍷 3
● Romagna Sangiovese Predappio Ris. '11	🍷🍷 2*
● Sangiovese di Romagna '09	🍷🍷 2
● Sangiovese di Romagna Capsula Nera '10	🍷🍷 2*
● Sangiovese di Romagna Sup. '11	🍷🍷 2*
● Sangiovese di Romagna Sup. '09	🍷🍷 2*
● Sangiovese di Romagna Sup. Condè Capsula Blu Ris. '09	🍷🍷 5
● Sangiovese di Romagna Sup. Condè Capsula Rossa '10	🍷🍷 3
● Sangiovese di Romagna Sup. Ris. '10	🍷🍷 2*
● Sangiovese di Romagna Sup. Ris. '08	🍷🍷 2*

Leone Conti

loc. Santa Lucia
via Pozzo, 1
48018 Faenza [RA]
Tel. 0546642149
www.leoneconti.it

VENDITA DIRETTA
VISITA SU PRENOTAZIONE
PRODUZIONE ANNUA 80.000 bottiglie
ETTARI VITATI 17,00

Leone Conti, oggi affiancato dal nipote Francesco, è stato uno dei primi a credere nelle potenzialità dell'albana e la sua produzione lo ha da sempre testimoniato. Se oggi, soprattutto nelle versioni secche, è stato riscoperto ed è apprezzato molto del merito è di Leone Conti e del suo Progetto 1, un vino simbolo della rinascita dell'Albana. Una certa sensibilità per i vitigni autoctoni minori caratterizza da sempre il suo lavoro, come dimostra l'attuale attenzione a centesimino e uva ruggine. In questa edizione della Guida mancano all'appello diversi vini importanti, ma c'è quello che è il vino di riferimento, l'Albana Progetto 1. Il 2015 è figlio dell'annata, caldo e materico, aperto e ricco. In bocca trova energia e la firma del vitigno, un finale asciutto che richiama i valori più tradizionali di questo straordinario autoctono bianco.

Vino	Valutazione
○ Romagna Albana Secco La mia Albana Progetto 1 '15	🍷🍷 3
● Romagna Sangiovese Sup. Never Walk Alone '15	🍷 2
○ Romagna Trebbiano Duit '15	🍷 2
○ Albana di Romagna Passito Nontiscordardime '07	ŸŸŸ 6
○ Albana di Romagna Secco Progetto 1 '13	ŸŸ 3
○ Albana di Romagna Secco Progetto 1 '12	ŸŸ 3
⊙ Impressioni di Settembre '14	ŸŸ 2*
○ Romagna Albana Secco La mia Albana Progetto 1 '14	ŸŸ 3
● Romagna Sangiovese Sup. Le Betulle '12	ŸŸ 3
● Sangiovese di Romagna Sup. Never Walk Alone '13	ŸŸ 2*
● Sangiovese di Romagna Sup. Never Walk Alone '12	ŸŸ 2*

Costa Archi

loc. Serra
via Rinfosco, 1690
48014 Castel Bolognese [RA]
Tel. 3384818346
costaarchi.wordpress.com

VENDITA DIRETTA
VISITA SU PRENOTAZIONE
PRODUZIONE ANNUA 15.000 bottiglie
ETTARI VITATI 13,00

Gabriele Succi è un vignaiolo appassionato che in pochi anni, grazie anche a un lavoro di confronto serrato ed esigente, ha portato questa azienda ai vertici della denominazione. Il suo carattere militante e fiero ha permesso alla piccola sottozona della Serra di trovare un formidabile narratore che sta portando fuori dalla Romagna un messaggio credibile di qualità e stile. I 13 ettari si trovano suddivisi in due corpi distinti, nelle prime colline di Castel Bolognese: il podere Beneficio a circa 80 metri di altitudine e il podere Monte Brullo più in alto, a circa 160 metri. Il Sangiovese Monte Brullo Riserva '12 è fitto di tannini maturi e materia, salato e asciutto, sempre in equilibrio grazie a un'acidità tagliente. Sul finale trova il frutto e un'anima agrumata che lo trascina lontano. GS '13 chiede aria per smarcarsi da un legno invadente, ma poi si esprime su una bocca tesa e una ricchezza piena di sfumature e sorprese. Assiolo '14 ha frutto austero e bocca delicata ma piena di carattere.

Vino	Valutazione
● GS Sangiovese '13	🍷🍷 5
● Romagna Sangiovese Serra Monte Brullo Ris. '12	🍷🍷 2*
● Romagna Sangiovese Sup. Assiolo '14	🍷🍷 2*
● Romagna Sangiovese Sup. Assiolo '13	ŸŸŸ 4*
● Colli di Faenza Prima Luce '09	ŸŸ 2*
● GS Sangiovese '12	ŸŸ 5
● GS Sangiovese '11	ŸŸ 3*
● Sangiovese di Romagna Sup. Assiolo '12	ŸŸ 2*
● Sangiovese di Romagna Sup. Assiolo '11	ŸŸ 2*
● Sangiovese di Romagna Sup. Assiolo '10	ŸŸ 2*
● Sangiovese di Romagna Sup. Monte Brullo Ris. '10	ŸŸ 2*
● Sangiovese di Romagna Sup. Monte Brullo Ris. '09	ŸŸ 2*

Denavolo

loc. Gattavera
fraz. Denavolo
29020 Travo [PC]
Tel. 3356480766
denavolo@gmail.com

VENDITA DIRETTA
PRODUZIONE ANNUA 15.000 bottiglie
ETTARI VITATI 3,00
AZIENDA SOSTENIBILE

Giulio Armani e il figlio Jacopo producono vini bianchi a partire da qualche ettaro di vigna piantato sui terreni poveri e sciolti dell'alta val Trebbia. Da una parte la tradizione dello storico patrimonio di uve bianche del territorio – ortrugo, malvasia di Candia aromatica, trebbiano romagnolo, marsanne – e dall'altra le vinificazioni con le lunghe macerazioni nelle quali Giulio è maestro indiscusso. Il risultato sono vini complessi, sfaccettati e cangianti al naso, freschissimi in bocca, asciutti e vibranti. Al naso spiazzano per complessità e per un repertorio di richiami materici – erbe, miele, frutta secca, iodio – e minerali, in bocca hanno ritmo e freschezza, che assicurano grande bevibilità. Denavolo non presenta vini nell'edizione 2017 perché non è stato prodotto il Dinavolo 2014 per via dell'annata sfavorevole e perché ha concesso un ulteriore tempo di affinamento in vasca a Dinavolino '15.

○ Catavela '14	🍷🍷 2*
○ Catavela '13	🍷🍷 2*
○ Catavela '12	🍷🍷 2*
○ Catavela '11	🍷🍷 2*
○ Dinavolino '14	🍷🍷 5
○ Dinavolino '12	🍷🍷 5
○ Dinavolino '10	🍷🍷 2*
○ Dinavolino '09	🍷🍷 2*
○ Dinavolo '10	🍷🍷 4
○ Dinavolo '09	🍷🍷 4
○ Dinavolo '08	🍷🍷 4
○ Dinavolo '07	🍷🍷 4
○ Dinavolo '06	🍷🍷 5
○ Dinavolo '05	🍷🍷 5

Donelli

via Carlo Sigonio, 54
41100 Modena
Tel. 0522908715
www.donellivini.it

VENDITA DIRETTA
PRODUZIONE ANNUA 30.000.000 bottiglie
ETTARI VITATI 120,00

Antonio Giacobazzi, affiancato oggi in azienda da tre dei quattro figli, ha una grande conoscenza dei territori del Lambrusco e l'esperienza gli permette di operare una selezione affidabile di uve e vini. Questo consente un buon livello complessivo dei 30 milioni di bottiglie che l'azienda esporta nel mondo. Con le uve dei 120 ettari di proprietà viene invece prodotta la linea Sergio Scaglietti, lo storico carrozziere della Ferrari che ne ha disegnato la bottiglia. Questa dedica testimonia il rapporto della famiglia con il marchio Ferrari e con il mondo della Formula 1. La famiglia Giacobazzi, nel 2015, è anche ritornata in possesso del marchio di famiglia. Il Reggiano Sergio Scaglietti '15 è un vino elegante, freschissimo, con i richiami all'arancia sanguinella in bocca e un finale minerale e pieno. Il Sorbara Sergio Scaglietti '15 è profumato e delicatamente balsamico, verticale e sapido in bocca.

● Lambrusco di Sorbara Brut Sergio Scaglietti '15	🍷🍷 2*
● Reggiano Lambrusco Brut Sergio Scaglietti '15	🍷🍷 2*
● Lambrusco di Sorbara Secco Sergio Scaglietti '14	🍷🍷 2*
● Lambrusco di Sorbara Secco Sergio Scaglietti '13	🍷🍷 2*
● Lambrusco di Sorbara Secco Sergio Scaglietti '12	🍷🍷 2*
● Lambrusco Reggiano Secco Sergio Scaglietti '13	🍷🍷 2*
● Lambrusco Reggiano Secco Sergio Scaglietti '12	🍷🍷 2*
● Reggiano Lambrusco Secco Sergio Scaglietti '14	🍷🍷 2*

Drei Donà Tenuta La Palazza

loc. Massa di Vecchiazzano
via del Tesoro, 23
47121 Forlì
Tel. 0543769371
www.dreidona.it

VENDITA DIRETTA
VISITA SU PRENOTAZIONE
PRODUZIONE ANNUA 130.000 bottiglie
ETTARI VITATI 27,00
AZIENDA SOSTENIBILE

Nei primi anni Ottanta Claudio Drei Donà si dedicò a un progetto di qualità nelle tenute forlivesi della famiglia fondando di fatto una delle primissime aziende prestigiose della Romagna, ai tempi ancora legata a produzioni di sfuso di basso prezzo, e la sfida di Drei Donà fu in qualche modo rivoluzionaria e pionieristica. L'idea era di portare il nome della Romagna nel mondo e ancora oggi gli sforzi di Enrico Drei Donà, che la conduce, sono in gran parte rivolti al mercato internazionale. Questo fa di Drei Donà un marchio che oltre ad essere forte in Romagna è conosciuto nel mondo. Già da qualche anno questa storica realtà produce strizzando l'occhio a uno stile che ama ricchezza e legno in evidenza. Riserva Palazza '13 è austero e agrumato, speziato nelle sfaccettature, in bocca è asciutto ma fresco e ritmato. Magnificat '12 ha frutto e sapore, tannini serrati e maturi e un carattere che combina ricchezza e tensione.

● Magnificat Cabernet Sauvignon '12	🍷🍷 5
● Notturno Sangiovese '14	🍷🍷 3
● Romagna Sangiovese Sup. Palazza Ris. '13	🍷🍷 5
● Romagna Sangiovese Sup. Pruno Ris. '13	🍷🍷 5
○ Il Tornese '15	🍷 3
● Sangiovese di Romagna Sup. Pruno Ris. '08	🍷🍷🍷 5
● Sangiovese di Romagna Sup. Pruno Ris. '07	🍷🍷🍷 5
● Sangiovese di Romagna Sup. Pruno Ris. '06	🍷🍷🍷 5
● Sangiovese di Romagna Sup. Pruno Ris. '01	🍷🍷🍷 4*

Emilia Wine

via 11 Settembre 2001, 3
42019 Scandiano [RE]
Tel. 0522989107
www.emiliawine.eu

PRODUZIONE ANNUA 300.000 bottiglie
ETTARI VITATI 1900,00

Emilia Wine nasce nel 2014 dalla fusione di tre cooperative del territorio reggiano: Arceto Correggio e Prato. Tutti assieme i soci di questa nuova realtà lavorano le uve di circa 1900 ettari di vigne per un totale di 350mila quintali di vino. Una grande comunità, ma soprattutto una filiera straordinaria composta da un mosaico di vigne, una mappa ricca di dettagli di questa terra di Lambrusco. La voglia di futuro del presidente Davide Frascari e la solidità tecnica dell'enologo Luca Tognoli regalano al territorio un protagonista di grande livello. Niveo '15, da uve salamino in gran parte, è agile e teso, agrumato già al naso. In bocca riporta alla scorza di arancia amara, con una rusticità che regala carattere e sfumature. Il finale è minerale e asciutto. Rossospino '15 è un vino contadino e popolare, rustico nel senso più bello del termine, vivo e vibrante. Sul finale di bocca trova l'arancia e tannini maturi. Rosaspino '15 è elegante e complesso, cangiante al naso e agilissimo in bocca.

⊙ Colli di Scandiano e di Canossa Lambrusco Rosaspino Cantina di Arceto '15	🍷🍷 2*
● Colli di Scandiano e di Canossa Lambrusco Rossospino Cantina di Arceto '15	🍷🍷 2*
● Reggiano Lambrusco Secco Niveo Cantina di Arceto '15	🍷🍷 2*
● Colli di Scandiano e di Canossa Grasparossa Cardinale Pighini Cantina di Arceto '15	🍷 1*
● Migliolungo Lambrusco '15	🍷 2
● Colli di Scandiano e di Canossa Grasparossa Cardinale Pighini Cantina di Arceto '14	🍷🍷 1*
● Colli di Scandiano e di Canossa Lambrusco Rossospino Cantina di Arceto '14	🍷🍷 2*

Stefano Ferrucci

via Casolana, 3045/2
48014 Castel Bolognese [RA]
Tel. 0546651068
www.stefanoferrucci.it

VENDITA DIRETTA
VISITA SU PRENOTAZIONE
PRODUZIONE ANNUA 95.000 bottiglie
ETTARI VITATI 16,00

L'azienda Ferrucci vanta una solida tradizione familiare oggi portata avanti dalle giovani sorelle Ilaria e Serena. Le vigne sono tutte nella sottozona della Serra e i Sangiovese hanno la firma sapida delle argille calcaree di queste colline e tannini incisivi. Il vino più importante dell'azienda è il Domus Caia, ottenuto da uve leggermente appassite che fu inventato negli anni Ottanta da Stefano Ferrucci, ancora oggi uno dei vini più prestigiosi e apprezzati della Romagna. A Ilaria Ferrucci va riconosciuto il merito di avere negli anni interpretato questo vino con sempre maggiore eleganza e finezza, senza tuttavia snaturarne le caratteristiche fondamentali date dall'appassimento. Domus Caia '13 ha la complessità figlia dell'appassimento delle uve e sacrifica le note più fresche e austere del sangiovese a un corredo di profumi balsamico e variegato: frutta secca, macchia mediterranea, spezie, scorza di arancio. In bocca è teso e serrato, con tannini maturi e mai asciutti.

● Romagna Sangiovese Auriga '15	🍷🍷 2*
● Romagna Sangiovese Sup. Domus Caia Ris. '13	🍷🍷 5
● Romagna Sangiovese Sup. Centurione '15	🍷 2
○ Romagna Trebbiano Mattinale '15	🍷 1*
○ Albana di Romagna Passito Domus Aurea '12	🍷🍷 5
○ Romagna Albana Passito Domus Aurea '13	🍷🍷 5
● Romagna Sangiovese Sup. Centurione '14	🍷🍷 2*
● Romagna Sangiovese Sup. Domus Caia Ris. '12	🍷🍷 5
● Sangiovese di Romagna Auriga '11	🍷🍷 2*
● Sangiovese di Romagna Sup. Centurione '11	🍷🍷 2*
● Sangiovese di Romagna Sup. Domus Caia Ris. '11	🍷🍷 5

Fiorini

loc. Ganaceto
via Nazionale per Carpi, 1534
41010 Modena
Tel. 059386028
www.fiorini1919.com

VENDITA DIRETTA
VISITA SU PRENOTAZIONE
PRODUZIONE ANNUA 100.000 bottiglie
ETTARI VITATI 9,00

Fiorini, attiva dal 1919, è una storica firma modenese del Lambrusco nata nel territorio di Sorbara che è ancora oggi interpretato magistralmente. L'azienda, condotta da Alberto Fiorini e dalla sorella Cristina, si divide su diversi corpi aziendali: il vigneto di grasparossa a Riccò a 450 metri, quello a Savignano sul Panaro (Torre dei Nanni) e quello storico di sorbara tra Secchia e Villanova, dove vi sono 9 ettari di vigne su terreni sciolti di sabbie e limo.
Vignadelpadre '15 è un Sorbara Rifermentato in Bottiglia salmastro e originale, speziato e delicato nei profumi, teso e salato in bocca. Sul finale arrivano la pietra focaia e la scorza di pompelmo.
Corte degli Attimi '15 ha un'anima contadina che lo asciuga e lo accompagna su un finale di rose e mandarino. Terre al Sole '15, un vero e proprio cru rifermentato in bottiglia e poi sboccato, è teso e sapido, con la sanguinella a marcare una bocca terrosa e minerale. Becco Rosso '15 è chiuso e netto, elegante, con i richiami alle erbe e alla scorza di mandarino.

● Lambrusco di Sorbara Brut Corte degli Attimi '15	🍷🍷 2*
● Lambrusco di Sorbara Vignadelpadre Rifermentato in Bottiglia '15	🍷🍷 2*
● Lambrusco Grasparossa di Castelvetro Becco Rosso '15	🍷🍷 3
● Lambrusco Grasparossa di Castelvetro Terre al Sole '15	🍷🍷 2*
● Lambrusco di Sorbara Corte degli Attimi '14	🍷🍷 2*
● Lambrusco di Sorbara Corte degli Attimi '13	🍷🍷 2*
● Lambrusco di Sorbara Corte degli Attimi '12	🍷🍷 2*
● Lambrusco Grasparossa di Castelvetro Terre al Sole '14	🍷🍷 2*
● Lambrusco Grasparossa di Castelvetro Terre al Sole '13	🍷🍷 2*

Paolo Francesconi

LOC. SARNA
VIA TULIERO, 154
48018 FAENZA [RA]
TEL. 054643213
www.francesconipaolo.it

VENDITA DIRETTA
VISITA SU PRENOTAZIONE
RISTORAZIONE
PRODUZIONE ANNUA 20.000 bottiglie
ETTARI VITATI 8,00
VITICOLTURA Biologico Certificato

Paolo Francesconi è quello che si può definire a pieno titolo un artigiano che controlla ogni passaggio del suo lavoro, dalla gestione della vigna, ormai da anni in regime biodinamico, a quella della cantina. È un bravo interprete dei suoli di argille rosse evolute della prima quinta collinare faentina che regalano al sangiovese un frutto squillante e trame tanniche serrate. Interessante anche il lavoro sull'albana che viene vinificata in bianco e anche con lunghe macerazioni sulle bucce. Il Sangiovese Limbecca '14 ha uno stile impeccabile, territoriale e classico. Ha un frutto austero, qualche nota terrosa che si dirada con l'aria e una bocca sapida che scatta su una bellissima acidità. Un vino chiuso, che chiede aria e tempo, ma regala poi complessità. Le Iadi '12 ha un frutto che richiama la melagrana, poi è asciutto e fresco, con un finale vibrante che apre alla scorza di mandarino. Vite in Fiore '15 è piena di energia. In bocca non finisce mai, salata e asciutta.

Vino	Bicchieri	Prezzo
● Romagna Sangiovese Sup. Limbecca '14	🍷🍷🍷	3*
● Romagna Sangiovese Sup. Le Iadi Ris. '12	🍷🍷	5
○ Arcaica '15	🍷🍷	3
● Vite in Fiore '15	🍷🍷	3
○ Luna Nuova '15	🍷	2
● Sangiovese di Romagna Sup. Limbecca '11	🍷🍷🍷	3*
● Sangiovese di Romagna Sup. Limbecca '10	🍷🍷🍷	3*
○ Arcaica '14	🍷🍷	3
○ Arcaica '13	🍷🍷	3*
○ Arcaica '12	🍷🍷	3
● Romagna Sangiovese Sup. Limbecca '13	🍷🍷	3
● Sangiovese di Romagna Sup. Limbecca '12	🍷🍷	3*

Maria Galassi

LOC. PADERNO DI CESENA
VIA CASETTE, 688
47023 CESENA [FC]
TEL. 054721177
www.galassimaria.it

VENDITA DIRETTA
VISITA SU PRENOTAZIONE
PRODUZIONE ANNUA 18.000 bottiglie
ETTARI VITATI 18,00
VITICOLTURA Biologico Certificato

L'azienda di Galassi Maria è tra la Valle del Savio e Bertinoro in una posizione che è però pienamente bertinorese nelle caratteristiche dei suoli con tanto calcare attivo e la presenza dello spungone, il tipico tufo marino. Dai quasi 20 ettari di vigne dell'azienda, coltivati in biologico da oltre vent'anni, vengono selezionate le migliori partite di uve che vengono vinificate in acciaio o in botte grande, coerentemente con uno stile elegante che esalta la mineralità ed esprime con grazia gli abbondanti tannini del sangiovese bertinorese. Paternus '14 è elegante e sapido, leggero nella progressione di bocca, saporito e teso. Il naso indugia su toni agrumati e floreali, la bocca trova il richiamo all'arancia sanguinella ma senza appesantirsi mai. Smembar '14 si schiude pian piano ed esprime un frutto agrumato e leggero. In bocca è salato e costruito su una leggerezza che diventa grazia. Il natoRe '12 è pieno e fitto, appena asciutto, ma comunque ritmato dalla freschezza.

Vino	Bicchieri	Prezzo
● Romagna Sangiovese Sup. Smembar '14	🍷🍷	5
● Romagna Sangiovese Bertinoro natoRe Ris. '12	🍷🍷	2*
● Romagna Sangiovese Sup. Paternus '14	🍷🍷	2*
● Sangiovese di Romagna Sup. natoRe '10	🍷🍷🍷	2*
● Romagna Sangiovese Sup. natoRe '13	🍷🍷	2*
● Romagna Sangiovese Sup. Paternus '13	🍷🍷	2*
● Sangiovese di Romagna Sup. natoRe Ris. '11	🍷🍷	2*
● Sangiovese di Romagna Sup. Paternus '11	🍷🍷	2*
● Sangiovese di Romagna Sup. Paternus '10	🍷🍷	2*
● Sangiovese di Romagna Sup. Smembar '13	🍷🍷	5

Gallegati

via Lugo, 182
48018 Faenza [RA]
Tel. 0546621149
www.aziendaagricolagallegati.it

VENDITA DIRETTA
VISITA SU PRENOTAZIONE
OSPITALITÀ
PRODUZIONE ANNUA 15.000 bottiglie
ETTARI VITATI 6,00

I fratelli Cesare e Antonio Gallegati sono produttori artigiani di vini dalla grande classicità, fuori da tutte le mode, in linea con la scelta fatta alcuni anni fa di produrre vini di territorio coerenti con l'annata e con l'espressione materica e fitta delle argille purissime che sono tra Faenza e Brisighella. Il racconto di questa esperienza è una cura meticolosa della vigna, condotta in prima persona, e di vinificazioni che cercano ogni anno di leggere le uve nel modo più diretto e rispettoso possibile. Regina di Cuori '12 è un mondo incantato che viaggia sulla doppia trama di polifenoli e acidità. Al naso fichi secchi, albicocca, mentastro, artemisia, tè nero, polvere di caffè, e poi in bocca agrumi canditi e pompelmo. Un vino contadino e nobile insieme. Corallo Nero '13 è un Sangiovese delle argille, serrato e materico. Un frutto carnoso e austero, poi una bocca animata dall'acidità, con il richiamo all'arancia sanguinella che arriva sul finale.

- ○ Romagna Albana Passito Regina di Cuori Ris. '12 — 🍷🍷🍷 4*
- ● Romagna Sangiovese Brisighella Corallo Nero Ris. '13 — 🍷🍷 4
- ○ Romagna Albana Secco Corallo Giallo '15 — ▼▼ 4
- ● Romagna Sangiovese Brisighella Corallo Nero Ris. '12 — ▼▼ 4
- ● Romagna Sangiovese Brisighella Corallo Rosso '14 — ▼▼ 2*
- ○ Albana di Romagna Passito Regina di Cuori Ris. '10 — ▽▽▽ 4*
- ○ Albana di Romagna Passito Regina di Cuori Ris. '09 — ▽▽▽ 4*
- ● Sangiovese di Romagna Sup. Corallo Nero Ris. '06 — ▽▽▽ 3
- ● Sangiovese di Romagna Sup. Corallo Nero Ris. '10 — ▽▽ 4

Gruppo Cevico

via Fiumazzo, 72
48022 Lugo [RA]
Tel. 0545284711
www.gruppocevico.com

VENDITA DIRETTA
VISITA SU PRENOTAZIONE
PRODUZIONE ANNUA 20.000.000 bottiglie
ETTARI VITATI 6700,00

L'attaccamento al territorio e l'impegno nella promozione della Romagna, portato avanti con impegno e determinazione dalla presidente Ruenza Santandrea, fanno di questa grande cooperativa un attore fondamentale nel processo di affermazione della Romagna del vino. La comunità dei 4500 viticoltori associati è uno strumento di lavoro dalla forza incredibile che permette oggi a Cevico di investire su progetti di qualità che possono scegliere le uve tra i 6700 ettari di vigne a disposizione, realizzando una lettura territoriale che anni fa era impensabile e che invece consegna oggi vini popolari e dalla forte identità. I principali marchi sono Terre Cevico, Vigneti Galassi, Sancrispino, Ronco, Romandiola, Bernardi. Vigneti Galassi è un esempio di cosa voglia dire coniugare quantità e qualità proponendo vini affidabili, buoni, territoriali e alla portata di tutti. Il Superiore '15 è un vino pastoso e fruttato, aperto, con una bocca che scatta su una freschezza trascinante. Un vino popolare.

- ○ Albana di Romagna Secco Romandiola '15 — ▼▼ 3
- ○ Colli di Imola Pignoletto Frizzante Romandiola '15 — ▼▼ 2*
- ● Romagna Sangiovese Sup. Vign. Galassi '15 — ▼▼ 2*
- ● Bosco Eliceo Merlot Terre Cevico '14 — ▽▽ 1*
- ● Romagna Sangiovese Sup. Romandiola Novilunio '14 — ▽▽ 2*
- ● Romagna Sangiovese Sup. Terre Cevico '14 — ▽▽ 2*
- ● Romagna Sangiovese Sup. Vign. Galassi '14 — ▽▽ 2*
- ● Romagna Sangiovese Terre Cevico '14 — ▽▽ 2*

Lusenti

loc. Casa Piccioni, 57
29010 Ziano Piacentino [PC]
Tel. 0523868479
www.lusentivini.it

VENDITA DIRETTA
VISITA SU PRENOTAZIONE
PRODUZIONE ANNUA 100.000 bottiglie
ETTARI VITATI 17,00
VITICOLTURA Biologico Certificato

Ludovica Lusenti coltiva 17 ettari di vigna nella parte alta della Val Tidone, a ridosso del confine regionale, a circa 300 metri di altitudine in un territorio che ha un buon potenziale di freschezza ed eleganza. Da qualche anno Ludovica si è avvicinata al mondo del vino naturale come testimoniano bene i due prodotti ottenuti con la tecnica della rifermentazione in bottiglia senza sboccatura, la Malvasia Frizzante Emiliana e il Gutturnio Frizzante Tournesol, sempre affidabili e interessanti. Emiliana '15 è complessa e cangiante, raffinata nei dettagli, con un naso che si muove tra il mandarino, le erbe – origano, salvia, artemisia, elicriso – e le note balsamiche che richiamano delicatamente l'alloro. In bocca è minerale e ritmata, salata e floreale sulla chiusura. Il Piriolo '11 è un vino di grande complessità: fichi, albicocca, scorza di limone candita, origano. In bocca ha una bella acidità che lo tende e lo porta a un finale con richiami salati di olive nere e capperi.

○ C. P. Malvasia Frizzante Emiliana '15	ΨΨ 2*
○ C. P. Malvasia Passito Il Piriolo '11	ΨΨ 5
○ C. P. Ortrugo Ciano '14	ΨΨ 2*
⊙ Pinot Nero Rosé Nature M. Cl. '11	ΨΨ 3
● C. P. Gutturnio Frizzante '10	ΨΨ 2*
● C. P. Gutturnio Frizzante Tournesol '11	ΨΨ 2*
● C. P. Gutturnio Frizzante Tournesol '10	ΨΨ 2*
○ C. P. Malvasia Frizzante Emiliana '12	ΨΨ 2*
○ C. P. Malvasia Frizzante Emiliana '11	ΨΨ 2*
○ C. P. Malvasia Passito Il Piriolo '10	ΨΨ 5
⊙ C. P. Pinot Nero Rosé Frizzante Fiocco di Rose '13	ΨΨ 4
● Gutturnio Frizzante Tournesol '12	ΨΨ 2*

Giovanna Madonia

loc. Villa Madonia
via de' Cappuccini, 130
47032 Bertinoro [FC]
Tel. 0543444361
www.giovannamadonia.it

VENDITA DIRETTA
VISITA SU PRENOTAZIONE
RISTORAZIONE
PRODUZIONE ANNUA 60.000 bottiglie
ETTARI VITATI 13,00

Il lavoro di Giovanna Madonia, già a partire dagli anni Novanta, ha cercato una precisa lettura del carattere di Monte Maggio, la zona fredda di Bertinoro, con suoli ricchi di calcare attivo caratteristici di questa sottozona e maturazioni più lente, per vini che chiedono tempo per arrivare a esprimersi compiutamente. I vini hanno stile materico e ricco, con tannini fitti e maturi, ritmati dalla buona acidità del sangiovese. Sono vini artigiani, sempre perfetti interpreti dell'annata. Ombroso '12 ha carattere e un naso che chiede aria per viaggiare dai toni terrosi e animali fino a un frutto che richiama la melagrana. In bocca è verticale e sapido, fitto ma agile. Sul finale arriva una nota agrumata appena accennata. Fermavento '13 è appena segnato dall'alcol ma trova in bocca agilità e ritmo. Barlume '13 si esprime su un frutto austero e netto, in bocca trova un buon equilibrio complessivo.

● Colli Romanga Centrale Barlume Ris. '13	ΨΨ 4
○ Romagna Albana Secco Neblina '15	ΨΨ 2*
● Romagna Sangiovese Bertinoro Ombroso Ris. '12	ΨΨ 5
● Romagna Sangiovese Sup. Fermavento '13	ΨΨ 3
○ Romagna Albana Secco Neblina '14	ΨΨΨ 2*
● Sangiovese di Romagna Sup. Ombroso Ris. '06	ΨΨΨ 5
● Sangiovese di Romagna Sup. Ombroso Ris. '01	ΨΨΨ 5
● Colli Romanga Centrale Barlume Ris. '11	ΨΨ 4
● Romagna Sangiovese Bertinoro Ombroso Ris. '11	ΨΨ 5
● Sangiovese di Romagna Sup. Fermavento '10	ΨΨ 3
● Tenentino '12	ΨΨ 2*

Ermete Medici & Figli

Loc. Gaida
via Newton, 13a
42040 Reggio Emilia
Tel. 0522942135
www.medici.it

VENDITA DIRETTA
VISITA SU PRENOTAZIONE
PRODUZIONE ANNUA 800.000 bottiglie
ETTARI VITATI 75,00
AZIENDA SOSTENIBILE

Alberto Medici viaggia da 30 anni in giro per il mondo promuovendo un'idea di Lambrusco legata alla qualità. È stato un pioniere di una certa idea di territorio e l'incredibile reputazione dei suoi vini è figlia di un lavoro che è stato all'inizio davvero pionieristico. Con l'ingresso del gruppo Cevico, che affianca nella proprietà la famiglia Medici, questa realtà si trova nelle condizioni ideali per sviluppare ulteriormente questa filosofia e guardare al futuro con grande ottimismo. Medici produce anche un ottimo Aceto Balsamico Tradizionale di Reggio Emilia e ha una tenuta agricola attrezzata per l'ospitalità, addirittura con un piccolo museo del Lambrusco. Concerto '15 è nitido e cremoso, con il classico frutto espressivo ed elegante e una bocca vibrante. Uno stile che negli anni ha asciugato le dolcezze per guadagnare in finezza. Unique '13, teso e profondo, ha un naso cangiante che alterna i profumi terziari – nocciola, artemisia – e quelli minerali e salati.

- ● Reggiano Lambrusco Concerto '15 🍷🍷🍷 2*
- ⊙ Brut Rosé M. Cl. Unique '13 🍷🍷 3*
- ● C. P. Bonarda Castelli del Duca Ottavio '13 ▼▼ 3
- ○ C. P. Malvasia Castelli del Duca Isabella '15 ▼▼ 3
- ○ C. P. Sauvignon Castelli del Duca Vittoria '15 ▼▼ 3
- ● Colli di Scandiano e di Canossa Grasparossa Bocciolo '15 ▼▼ 2*
- ● Reggiano Lambrusco Assolo '15 ▼ 2
- ● Reggiano Lambrusco I Quercioli '15 ▼ 1*
- ● Reggiano Lambrusco Concerto '14 ▽▽▽ 2*
- ● Reggiano Lambrusco Concerto '13 ▽▽▽ 2*
- ● Reggiano Lambrusco Concerto '12 ▽▽▽ 2*
- ● Reggiano Lambrusco Concerto '11 ▽▽▽ 2*
- ● Reggiano Lambrusco Concerto '10 ▽▽▽ 2*

Monte delle Vigne

Loc. Ozzano Taro
via Monticello, 13
43046 Collecchio [PR]
Tel. 0521309704
www.montedellevigne.it

VENDITA DIRETTA
VISITA SU PRENOTAZIONE
OSPITALITÀ
PRODUZIONE ANNUA 350.000 bottiglie
ETTARI VITATI 60,00

Andrea Ferrari e Paolo Pizzarotti hanno messo al centro del loro progetto i 60 ettari di vigne, tutti gestiti in regime di agricoltura biologica, sui terreni collinari sopra Parma caratterizzati da argille calcaree. La parte agronomica è seguita da Federico Curtaz e le uve vengono trasformate nella nuova e moderna cantina seguendo le indicazioni di un consulente esterno, l'enologo Attilio Pagli. In questi anni alla produzione di vini fermi è stata affiancata anche una produzione di vini frizzanti, soprattutto di Lambrusco ottenuto da uve Maestri. È nelle produzioni più semplici e legate alla tradizione territoriale che l'azienda esprime la maggior qualità. È il caso di MDV, rosso a base di barbera e bonarda, che richiama la tradizione delle colline parmensi e piacentine, dove si chiama Gutturnio. Il 2014, vinificato in acciaio, ha frutto e dettagli, in bocca si distende sulla bellissima acidità della barbera. Un vino elegante e vibrante.

- ● Colli di Parma Rosso MDV '14 🍷🍷🍷 2*
- ○ Colli di Parma Malvasia Frizzante '15 ▼▼ 2*
- ● Colli di Parma Lambrusco I Calanchi '15 ▼ 5
- ○ Colli di Parma Malvasia Poem '15 ▼ 2
- ● Lambrusco Emilia '15 ▼ 2
- ● Argille Malvasia '08 ▽▽ 5
- ○ Callas Malvasia '12 ▽▽ 2*
- ○ Callas Malvasia '11 ▽▽ 4
- ○ Colli di Parma Malvasia Frizzante '14 ▽▽ 2*
- ○ Colli di Parma Malvasia Poem '14 ▽▽ 2*
- ● Colli di Parma Malvasia Poem '12 ▽▽ 2*
- ● Colli di Parma Malvasia Poem '11 ▽▽ 2*
- ○ Colli di Parma Sauvignon '13 ▽▽ 2*
- ● Lambrusco Emilia '14 ▽▽ 2*
- ○ Malvasia Frizzante Dolce '12 ▽▽ 2*
- ⊙ Rubina Brut Rosé '13 ▽▽ 4

Fattoria Monticino Rosso

via Montecatone, 7
40026 Imola [BO]
Tel. 054240577
www.fattoriadelmonticinorosso.it

VENDITA DIRETTA
VISITA SU PRENOTAZIONE
PRODUZIONE ANNUA 70.000 bottiglie
ETTARI VITATI 18,00

Il legame della famiglia Zeoli con la terra è straordinario e il dinamismo testimonia la fiducia che hanno nel loro territorio. Ogni anno si investe e si progetta per alzare il livello della produzione e aumentare la reputazione aziendale. Con loro c'è da sempre Giancarlo Soverchia, enologo dalla straordinaria umanità, vero e proprio motore della loro curiosità e dei loro sogni. In questi anni sono diventati un riferimento per la produzione di vini bianchi e in particolare di Albana, di cui si producono addirittura piccole serie speciali, poche bottiglie figlie di maturazioni pazienti e tecniche speciali. Codronchio è un vino originale, ottenuto da uve albana botritizzate vinificate per ottenere un vino secco. Il 2014 è complesso e sfaccettato, salato e asciutto, con le erbe – salvia, origano fresco, artemisia – a chiudere il finale. S'15 è un Sangiovese Superiore semplice e fruttato, appena appesantito da tannini asciutti, sapido e movimentato dall'acidità.

○ Romagna Albana Passito '11	▼▼ 4
○ Romagna Albana Secco Codronchio '14	▼▼ 3
● Romagna Sangiovese Sup. S '15	▼▼ 2*
○ Colli d'Imola Pignoletto P '15	▼ 2
○ Romagna Albana Secco A '15	▼ 2
● Romagna Sangiovese Sup. Le Morine '12	▼ 3
○ Albana di Romagna Secco Codronchio '08	▽▽▽ 3*
○ Albana di Romagna Secco A '13	▽▽ 2*
○ Albana di Romagna Secco Codronchio '12	▽▽ 3
○ Colli d'Imola Pignoletto P '14	▽▽ 2*
○ Romagna Albana Secco A '14	▽▽ 2*
○ Romagna Albana Secco Codronchio '13	▽▽ 3
● Romagna Sangiovese Sup. Le Morine '11	▽▽ 3
● Romagna Sangiovese Sup. S '14	▽▽ 2*

Fattoria Moretto

via Tiberia, 13b
41014 Castelvetro di Modena [MO]
Tel. 059790183
www.fattoriamoretto.it

VENDITA DIRETTA
VISITA SU PRENOTAZIONE
PRODUZIONE ANNUA 65.000 bottiglie
ETTARI VITATI 10,00
VITICOLTURA Biologico Certificato
AZIENDA SOSTENIBILE

L'esperienza di Fausto e Fabio Altariva, vignaioli e artigiani che lavorano sulle colline modenesi nel cuore della zona del lambrusco grasparossa, è stata in questi anni custode dell'identità più autentica e territoriale di questo vitigno, preziosa per la capacità di portarne l'anima più contadina e rustica nella modernità. I loro vini hanno infatti una trama tannica di carattere e personalità, bocche asciutte e un fruttato austero e sobrio. Le loro vigne sono a 200 metri di altitudine tutte esposte a sud e sud est su terreni argillosi, in una situazione microclimatica ideale per la conduzione biologica. Sono stati i primi a vinificare il grasparossa vigna per vigna, seguendo un'idea di lettura dei suoli rara nel mondo del Lambrusco. Ci sono come sempre i due cru Canova e Monovitigno ai vertici qualitativi della produzione. Monovitigno '15 ha un naso originale di fiori rossi e lavanda, poi una bocca agrumata e materica. Il finale è minerale e trova finalmente il frutto.

● Lambrusco Grasparossa di Castelvetro Secco Monovitigno '15	▼▼ 3*
● Lambrusco Grasparossa di Castelvetro Secco Canova '15	▼▼ 3
● Lambrusco Grasparossa di Castelvetro Secco Tasso '15	▼ 2
● Lambrusco Grasparossa di Castelvetro Secco Canova '14	▽▽ 3*
● Lambrusco Grasparossa di Castelvetro Secco Canova '13	▽▽ 3*
● Lambrusco Grasparossa di Castelvetro Secco Monovitigno '14	▽▽ 3
● Lambrusco Grasparossa di Castelvetro Secco Monovitigno '13	▽▽ 3
● Lambrusco Grasparossa di Castelvetro Secco Tasso '13	▽▽ 2*

Poderi Morini

loc. Oriolo dei Fichi
via Gesuita
48018 Faenza [RA]
Tel. 0546634257
www.poderimorini.com

PRODUZIONE ANNUA 100.000 bottiglie
ETTARI VITATI 26,00
AZIENDA SOSTENIBILE

Alessandro Morini è un artigiano faentino che vinifica le uve dei suoi 26 ettari di vigne tutte in località Oriolo dei Fichi, un piccolo territorio della prima quinta collinare che vanta un tessuto straordinario di piccoli produttori. Questo gruppo, e Alessandro con loro, ha lavorato molto sui vecchi vitigni minori rilanciando l'antico vitigno aromatico rosso centesimino e qualche altro autoctono minore. La zona è molto interessante anche per l'albana che qui trova sapidità ed espressioni materiche. L'Albana Sette Note '15 ha un naso che richiama le erbe – salvia, artemisia, pimpinella – e una bocca ricca e aperta. Sul finale emerge anche l'anima fruttata, con la susina bianca come protagonista. Il Sangiovese Morale '15 è semplice e classico, pepato e secco. Savignone '15 ha le note vegetali tipiche del Centesimino in evidenza e ne esprime con una certa austerità il carattere aromatico. Al naso si avvicendano rosa, petunia, pepe bianco, mandarino e una delicata sensazione di chiodi di garofano.

○ Romagna Albana Secco Sette Note '15	🍷🍷 2*
● Romagna Sangiovese Sup. Morale '15	🍷🍷 3
● Savignone Centesimo '15	🍷🍷 2*
○ Morale DOC '15	🍷 2
● Sangiovese di Romagna Sup. Morale '14	🍷🍷 3
● Sangiovese di Romagna Sup. Morale '10	🍷🍷 3
● Sangiovese di Romagna Sup. Nonno Rico Ris. '10	🍷🍷 2*
● Sangiovese di Romagna Sup. Nonno Rico Ris. '09	🍷🍷 2*
● Sangiovese di Romagna Sup. Torre di Oriolo '11	🍷🍷 3
● Sangiovese di Romagna Sup. Torre di Oriolo '10	🍷🍷 3
● Savignone '11	🍷🍷 2*
● Savignone Centesimo '13	🍷🍷 2*
● Traicolli '10	🍷🍷 2*

Fattoria Nicolucci

loc. Predappio Alta
via Umberto Primo, 21
47016 Predappio [FC]
Tel. 0543922361
www.vini-nicolucci.it

VENDITA DIRETTA
VISITA SU PRENOTAZIONE
PRODUZIONE ANNUA 70.000 bottiglie
ETTARI VITATI 10,00
AZIENDA SOSTENIBILE

Alessandro Nicolucci, erede di una tradizione familiare che è giunta con lui alla quinta generazione, è un patrimonio prezioso per tutta la Romagna e raccoglie oggi i frutti di una coerenza stilistica che ha portato avanti con caparbietà negli anni. I suoi Sangiovese sono classici, invecchiati in cemento e botte grande, longevi, perfetti interpreti di un terroir raro che alterna argille e vene sulfuree che emergono qua e là. Il territorio di Predappio Alta, da non confondere con Predappio, vanta storiche vigne ad alberello e un clone ad acino ellittico che ne è l'originale firma. Vigna del Generale '13 è un Sangiovese dall'infinita grazia, elegante e classico, con un frutto austero e mille dettagli. È terroso e sulfureo, sottile e salato, agile e serrato. Grafite, erbe, scorza di mandarino e un repertorio che sembra non finire più. Tre Rocche '15 è espressivo e teso, asciutto e saporito, territoriale e complesso nei richiami minerali tipici del territorio di Predappio Alta.

● Romagna Sangiovese Sup. V. del Generale Ris. '13	🍷🍷🍷 5
● Romagna Sangiovese Sup. Tre Rocche '15	🍷🍷 3*
● Romagna Sangiovese Sup. V. del Generale Ris. '12	🍷🍷🍷 5
● Sangiovese di Romagna Predappio di Predappio V. del Generale '11	🍷🍷🍷 5
● Sangiovese di Romagna Sup. V. del Generale Ris. '10	🍷🍷🍷 5
● Sangiovese di Romagna Sup. V. del Generale Ris. '08	🍷🍷🍷 5
● Sangiovese di Romagna V. del Generale Ris. '09	🍷🍷🍷 5
● Sangiovese di Romagna V. del Generale Ris. '05	🍷🍷🍷 4

Enio Ottaviani

LOC. SANT'ANDREA IN CASALE
VIA PIAN DI VAGLIA, 17
47832 SAN CLEMENTE [RN]
TEL. 0541952608
www.eniottaviani.it

VENDITA DIRETTA
VISITA SU PRENOTAZIONE
PRODUZIONE ANNUA 130.000 bottiglie
ETTARI VITATI 12,00

La cantina che Davide e Massimo Lorenzi conducono insieme ai cugini Marco e Milena ha trasformato la storica attività commerciale del nonno Enio Ottaviani arricchendola del valore di un progetto agricolo. I 12 ettari di vigne si trovano nel sud della Romagna, sulle colline alle spalle di Cattolica, ai piedi della valle del Conca. L'attaccamento territoriale di Massimo e il meticoloso lavoro di Davide in cantina hanno permesso all'azienda un importante salto qualitativo, utile a tutto il territorio riminese. La famiglia possiede anche una straordinaria capacità di accogliere i visitatori e di testimoniare i valori più autentici del carattere e dell'ospitalità romagnoli. Caciara '15 è disteso e fruttato, con una bocca tesa e sapida. È un vino affinato nelle vasche di cemento che Davide ha recentemente rimesso a nuovo. Il Merlot '13 è speziato e fresco, con un frutto freschissimo che richiama il ribes e la mora. In bocca ha un bell'equilibrio e una suadenza che arriva da tannini maturi di grande qualità.

○ Clemente Primo '15	🍷🍷 2*
● Merlot '13	🍷🍷 2*
● Romagna Sangiovese Caciara '15	🍷🍷 3
● Romagna Sangiovese Sup. Sole Rosso Ris. '13	🍷🍷 4
● Romagna Sangiovese Primalba '15	🍷 2
○ Clemente Primo '14	ΥΥ 2*
● Romagna Sangiovese Primalba '14	ΥΥ 2*
● Romagna Sangiovese Sup. Caciara '14	ΥΥ 2*
● Romagna Sangiovese Sup. Primalba '13	ΥΥ 2*
● Romagna Sangiovese Sup. Sole Rosso Ris. '11	ΥΥ 3

Gianfranco Paltrinieri

FRAZ. SORBARA
VIA CRISTO, 49
41030 BOMPORTO [MO]
TEL. 059902047
www.cantinapaltrinieri.it

VENDITA DIRETTA
VISITA SU PRENOTAZIONE
PRODUZIONE ANNUA 90.000 bottiglie
ETTARI VITATI 15,00

Paltrinieri è la firma del Lambrusco artigianale, la testimonianza di come questo vino stia superando l'idea di marchio per entrare in un racconto più territoriale, portato da Alberto addirittura fino all'idea estrema di cru. I suoli sciolti di questa lingua di terra compresa tra il Secchia e il Panaro sono il grande terroir del sorbara e i 15 ettari di proprietà sono nel cuore di questa denominazione. I vini di Paltrinieri, contadini nello spirito e raffinatissimi nel linguaggio, sono affilati e taglienti, delicati e pieni di energia. Radice Lambrusco di Modena (con tappo a corona) '15 è scarno ed essenziale, purissimo. C'è l'anima elegante del sorbara e una riserva spaventosa di forza ed energia. In bocca ha l'acidità salata che caratterizza questo vitigno e un ritmo pazzesco che trascina con se un circo di profumi e trovate, dai fiori ai richiami marini. La descrizione vale anche per la versione tappo a sughero, ottenuta a partire da una base comune.

● Lambrusco di Sorbara Radice '15	🍷🍷 (rossi) 2*
● Radice Tappo a Corona '15	🍷🍷 (rossi) 2*
● Lambrusco di Sorbara Leclisse '15	🍷🍷 2*
● Lambrusco di Sorbara Sant'Agata '15	🍷🍷 2*
● Brut Grosso M. Cl. '13	🍷🍷 2*
● Lambrusco di Sorbara Leclisse '10	ΥΥΥ 3*
● Lambrusco di Modena Greto '13	ΥΥ 2*
● Lambrusco di Modena M. Cl. Grosso '12	ΥΥ 2*
● Lambrusco di Modena M. Cl. Grosso '11	ΥΥ 2*
● Lambrusco di Sorbara La Piria '13	ΥΥ 2*
● Lambrusco di Sorbara La Piria '12	ΥΥ 2*
● Lambrusco di Sorbara Leclisse '14	ΥΥ 2*
● Lambrusco di Sorbara Leclisse '13	ΥΥ 2*
● Lambrusco di Sorbara Leclisse '12	ΥΥ 2*
● Lambrusco di Sorbara Radice '14	ΥΥ 2*

Fattoria Paradiso

LOC. CAPOCOLLE
VIA PALMEGGIANA, 285
47032 BERTINORO [FC]
TEL. 0543445044
www.fattoriaparadiso.com

VENDITA DIRETTA
VISITA SU PRENOTAZIONE
PRODUZIONE ANNUA 500.000 bottiglie
ETTARI VITATI 100,00

La storia del vino di Romagna è stata una storia contadina fino a quando alcune esperienze importanti, a partire dagli anni Settanta, ne hanno cambiato il corso. Una di queste esperienze è quella della Fattoria Paradiso, il luogo dove per la prima volta si pensò a una versione Riserva del Sangiovese di Romagna e dove Veronelli incitò Mario Pezzi a cominciare a ragionare, in modo rivoluzionario per il territorio, sull'idea di cru. Graziella Pezzi ha portato avanti nel tempo questa tradizione familiare e con il recente coinvolgimento del figlio Jacopo l'azienda ha ritrovato energie e una produzione complessivamente affidabile e interessante. Vigna del Molino '15 ha frutto, complessità e una bocca elegante e carnosa. Il finale è sapido e chiude su una delicatissima scorza di arancio. Vigna delle Lepri '13 ha una bocca fresca e tesa con tannini fitti e maturi. Il Barbarossa '13, da uve rosse aromatiche autoctone, è pepato e vegetale, fresco e asciutto. Mito '13, taglio bordolese, è classico e pieno.

○ Albana V.T. '15	🍷🍷 2*
● Barbarossa Il Dosso '13	🍷🍷 4
● Mito '13	🍷🍷 6
● Romagna Sangiovese Sup. V. Del Molino Maestri di Vigna '15	🍷🍷 2*
● Romagna Sangiovese Sup. V. delle Lepri Ris. '13	🍷🍷 3
○ Romagna Albana Secco '15	🍷 2
● Romagna Sangiovese Sup. Petit Paradiso '15	🍷 3
● Mito '10	🍷🍷 6
● Sangiovese di Romagna Cuvée Rina Pezzi Ris. '11	🍷🍷 3
● Sangiovese di Romagna Cuvée Rina Pezzi Ris. '10	🍷🍷 3
● Sangiovese di Romagna Sup. V. delle Lepri Ris. '12	🍷🍷 3

Tenuta Pertinello

S.DA ARPINETO PERTINELLO, 2
47010 GALEATA [FC]
TEL. 0543983156
www.tenutapertinello.it

VENDITA DIRETTA
VISITA SU PRENOTAZIONE
PRODUZIONE ANNUA 70.000 bottiglie
ETTARI VITATI 14,00
VITICOLTURA Biologico Certificato

Le vigne, piantate su suoli sciolti di marne e arenarie, sono tra le più alte della Romagna e segnano in qualche modo un confine tra l'Appennino, i cui boschi arrivano fino in Toscana, e le colline argillose che delimitano la via Emilia. L'azienda di Moreno Mancini, nato quassù, ha così rivitalizzato la storica cultura della valle del Bidente, legata a una viticoltura di qualità caratterizzata da impianti ad alberello e produzioni interamente gestite a mano. Pertinello sfrutta il potenziale di eleganza di questo territorio con una produzione di grande finezza. Pertinello '13 ha un frutto austero e speziato e una bocca che si distende inseguendo i temi territoriali del sangiovese allevato in alto: tensione, finezza e tannini eleganti. Il Bosco '15 è espressivo e disteso, sapido e fruttato. In bocca corre leggero verso un finale in cui si trova un tocco agrumato.

● Colli Romagna Centrale Sangiovese Pertinello '13	🍷🍷 3*
● Colli Romagna Centrale Sangiovese Il Bosco '15	🍷🍷 2*
● Colli Romagna Centrale Sangiovese Il Sasso Ris. '11	🍷🍷 5
● Colli Romagna Centrale Sangiovese Pertinello '08	🍷🍷🍷 3
● Colli Romagna Centrale Sangiovese Il Bosco '14	🍷🍷 2*
● Colli Romagna Centrale Sangiovese Il Sasso Ris. '10	🍷🍷 5
● Colli Romagna Centrale Sangiovese Il Sasso Ris. '09	🍷🍷 5
● Colli Romagna Centrale Sangiovese Pertinello '12	🍷🍷 3
● Colli Romagna Centrale Sangiovese Pertinello '11	🍷🍷 3

Dal viola al
Numero Verde
Servizio Clienti
800-733525
Surgital S.p.A. - Lavezzola (Ra) - Emilia Romagna

profondo viola:
I Mammoli
di patata viola.
www.smeraldiniemenazzi.it
SURGITAL
DIVINE CREAZIONI
La pasta senza uguali.
aly - +39 0545 80328 - www.surgital.com - surgital@surgital.it

GRANDI FORMAGGI ITALIANI
PER GRANDI VINI ITALIANI
INDUSTRIE ALIMENTARI S.P.A. - REGGIO EMILIA
CASTELLI
DAL 1892
SPECIALITA' ALIMENTARI
Castelli,
lo specialista dei
formaggi DOP e
tipici italiani
www.castelligroup.com

Poderi dal Nespoli

LOC. NESPOLI
VILLA ROSSI, 50
47012 CIVITELLA DI ROMAGNA [FC]
TEL. 0543989911
www.poderidalnespoli.com

VENDITA DIRETTA
VISITA SU PRENOTAZIONE
PRODUZIONE ANNUA 900.000 bottiglie
ETTARI VITATI 30,00

È la valle del Bidente la casa di questa realtà che ha fatto della sua esperienza territoriale il punto di partenza di un progetto che coniuga, in una magica alchimia, lo spirito imprenditoriale della famiglia Martini e le radici della famiglia Ravaioli. Dal 1929 Poderi dal Nespoli è simbolo e orgoglio del suo territorio e la capacità di leggere queste colline che si arrampicano in Appennino e tradurle in vini di qualità si tramanda nelle generazioni. E se la gente di quest'angolo di Romagna si riconosce in questi vini è perché ne riconosce una comunanza di valori e la capacità di rappresentarli. In casa e in giro per il mondo. Il Nespoli '13 ha un frutto in evidenza e una nitidezza fuori dal comune. In bocca è fitto e serrato, suadente nell'espressione e con tannini maturi. Prugneto '15, un grande classico, è cremoso e aperto, floreale e fruttato, un vino di grande morbidezza. Borgo dei Guidi '13 ha uno stile internazionale, speziato e ricco, elegante nello sviluppo di bocca.

Vino	
● Borgo dei Guidi '13	TT 5
○ Romagna Albana Campodora '15	TT 4
● Romagna Sangiovese Sup. Il Nespoli Ris. '13	TT 4
● Romagna Sangiovese Sup. Il Prugneto '15	TT 2*
● Sangiovese di Romagna Sup. Il Nespoli Ris. '07	YYY 4*
● Sangiovese di Romagna Sup. Il Nespoli Ris. '06	YYY 4*
● Borgo dei Guidi '12	YY 5
● Sangiovese di Romagna Sup. Il Nespoli Ris. '11	YY 4
● Sangiovese di Romagna Sup. Il Prugneto '14	YY 2*
● Sangiovese di Romagna Sup. Il Prugneto '13	YY 2*

Il Pratello

VIA MORANA, 14
47015 MODIGLIANA [FC]
TEL. 0546942038
www.ilpratello.net

VENDITA DIRETTA
VISITA SU PRENOTAZIONE
PRODUZIONE ANNUA 20.000 bottiglie
ETTARI VITATI 5,50
VITICOLTURA Biologico Certificato

Modigliana è un territorio in grado di produrre vini salati e verticali, longevi come in nessun altro luogo della Romagna. L'originalità di suoli sciolti e poveri caratterizzati da marne e arenarie, l'altitudine che favorisce maturazioni lente che arrivano normalmente a ottobre e un ambiente di grande qualità dove dominano i boschi, fanno di questa area un unicum a livello regionale. A queste qualità Emilio Placci aggiunge talento e sensibilità rare e la caparbietà che gli consente di produrre senza compromessi. Il risultato sono vini che reggono il tempo e consegnano negli anni una complessità straordinaria. Badia '11 è in grado di sfidare il tempo, un piccolo capolavoro come solo gli artigiani di straordinaria sensibilità possono realizzare. Al naso chiede aria e concede pian piano il bosco, la terra, un frutto appena accennato, le spezie. In bocca è fitto, austero, con un sapore che sbuca all'improvviso e si prende il finale, sapido e tagliente.

● Badia Raustignolo '11	TT 5
● Morana '12	TT 2*
● Colli di Faenza Sangiovese Mantignano V. V. Ris. '04	YYY 3*
● Mantignano V. V. '08	YYY 3*
● Badia Raustignolo '08	YY 5
● Castagnara '11	YY 4
● Colli di Faenza Rosso Calenzone '04	YY 3
○ Le Campore '13	YY 2*
○ Le Campore '10	YY 2*
○ Le Campore '08	YY 2*
○ Le Campore '06	YY 2
● Mantignano V. V. '09	YY 3
● Mantignano Vecchie Vigne '07	YY 2*
● Sangiovese di Romagna Morana '10	YY 2*
● Sangiovese di Romagna Morana '09	YY 2*
● Sangiovese di Romagna Morana '08	YY 2

Quarticello

via Matilde di Canossa, 1a
42027 Montecchio Emilia [RE]
Tel. 0522866220
www.quarticello.it

PRODUZIONE ANNUA 25.000 bottiglie
ETTARI VITATI 5,00

Roberto Maestri conduce dal 2001 questa azienda collinare sulla sponda reggiana del torrente Enza dove ottiene risultati in forte crescita qualitativa. È uno dei pochi artigiani del mondo del Lambrusco, un vignaiolo che cura personalmente i suoi 5 ettari di vigne e tutte le vinificazioni, molto attento alla naturalità dei processi di cantina, con rifermentazioni naturali in bottiglia come nella tradizione emiliana. Il risultato sono vini affidabili, molto classici e nitidi, territoriali e austeri. La Malvasia Despina '15 si apre nel bicchiere rivelando una complessità che spazia dai temi minerali – pietra focaia, iodio, richiami salmastri – a quelli balsamici di salvia ed eucalipto. In bocca si allarga e si distende sull'acidità. Bella la chiusura salata. Il Lambrusco Ferrando '15 apre sulle note terrose, poi scorza di arancio, rosa, tensione della bocca, delicatissime spezie. La bocca è secca, vitale, elegante. La Malvasia Passita Stradora '15 è un mondo: polvere di caffè, fichi secchi, elicriso, artemisia, albicocca.

○ Despina Rifermentato in Bottiglia '15	2*
⊙ Ferrando Rifermentato in Bottiglia '15	2*
○ Stradora '15	3
○ Despina '14	2*
○ Despina '13	2*
○ Despina '12	2*
⊙ Ferrando '14	2*
⊙ Ferrando '13	2*
⊙ Ferrando '11	2*
⊙ Ferrando '11	2*
○ Stradora '13	3*

Quinto Passo

loc. Sozzigalli di Soliera
via Canale, 267
410109 Modena
Tel. 0593163311
www.quintopasso.it

VENDITA DIRETTA
PRODUZIONE ANNUA 40.000 bottiglie
ETTARI VITATI 12,00

L'esperienza sul Metodo Classico del territorio modenese e la disponibilità di un vitigno straordinario come il sorbara – acidità, sale, grazia ed eleganza – sta stimolando i produttori più bravi e illuminati a investire in progetti importanti. È il caso della famiglia Chiarli che ha dedicato al Metodo Classico un'azienda specializzata e che sta ristrutturando un vecchio caseificio a Sozzigalli per farne il centro di questa produzione. Una scelta forte che sottolinea la serietà e la motivazione che spinge la famiglia in questa sfida. Il Rosé '13, da uve sorbara in purezza, è tagliente e puro, con un naso floreale e agrumato, delicatissimo. In bocca ha forza trascinante e finale algido e nitido. Si chiude con la sapidità che è la firma del vitigno. Il Pas Dosé '13, da uve chardonnay con un saldo di sorbara, è teso, elegante e sfaccettato. Bella la chiusura asciutta, che propone delicatamente le erbe, anche quelle balsamiche come salvia e artemisia.

⊙ Modena Rosé Brut M. Cl. '13	4
○ Pas Dosé '13	5
○ Cuvée Paradiso Brut '13	4
⊙ Modena Rosé Brut M. Cl. '12	4

Noelia Ricci

fraz. Fiumana
via Pandolfa, 35
47016 Predappio [FC]
Tel. 0543940073
info@noeliaricci.it

VISITA SU PRENOTAZIONE
OSPITALITÀ
PRODUZIONE ANNUA 200.000 bottiglie
ETTARI VITATI 9,00
AZIENDA SOSTENIBILE

Marco Cirese ha rivoluzionato la storica azienda di famiglia, la Tenuta Pandolfa, con uno staff straordinario e pieno di energia: Francesco Bordini a dirigere il lavoro di vigna e cantina e Francesco Guazzugli Marini a seguire la parte commerciale. Il cambiamento è stato così forte e dirompente che si è pensato a un nome nuovo che sottolineasse la diversità di questo progetto. Vengono quindi vinificate sotto questo marchio le uve selezionate all'interno della produzione Pandolfa e figlie dello storico patrimonio di vigne della famiglia. Godenza '14 è un vino di grande finezza, sottile e complesso, con note terrose e speziate a impreziosire un frutto garbato. In bocca è agile e fresco, delicatamente agrumato, verticale e nitido. Il Sangiovese '15, chiamato da tutti "la vespa" per via del grande imenottero raffigurato sull'etichetta, è sapido e aperto, semplice nel senso più nobile del termine.

● Romagna Sangiovese Sup. Godenza '14	🍷🍷🍷 3*
○ Bro '15	🍷🍷 3
● Romagna Sangiovese Sup. Il Sangiovese '15	🍷🍷 2*
● Romagna Sangiovese Sup. Il Sangiovese '14	🍷🍷🍷 2*
○ Bro '14	🍷🍷 3
● Romagna Sangiovese Sup. '13	🍷🍷 2*
● Romagna Sangiovese Sup. Godenza '13	🍷🍷 2*

Cantine Riunite & Civ

via G. Brodolini, 24
42040 Campegine [RE]
Tel. 0522905711
www.riuniteciv.it

VENDITA DIRETTA
PRODUZIONE ANNUA 130.000.000 bottiglie
ETTARI VITATI 3500,00
AZIENDA SOSTENIBILE

Una grande cooperativa che associa 2600 viticoltori e vinifica le uve di 3500 ettari di vigne. Questi straordinari dati uniti al fatturato del Gruppo Italiano Vini fanno di questa realtà il primo produttore di vino italiano. L'anima di questa realtà però, nonostante le dimensioni, è ben radicata nei valori contadini e di solidarietà testimoniati dal presidente Corrado Casoli. In questi anni la produzione di Lambrusco è sempre più convincente e Vanni Lusetti firma vini sempre più territoriali e autentici. Altissima qualità media per la produzione 2015. Il Lambrusco FB '15 è elegante e leggero, sottile e pieno di energia. Fiori bianchi, macis, susina e poi gli agrumi che invadono la bocca. Il Reggiano Albinea Canali '15 ha rusticità misurata, con un frutto austero e trama tannica serrata. Foglie Rosse '15 è carnoso e fitto, viola mammola al naso e bocca agile e piena. Il Pignoletto Righi '15 è floreale e tagliente, con le erbe che chiudono la bocca.

● Lambrusco Emilia FB Metodo Ancestrale Albinea Canali '15	🍷🍷 2*
● Colli di Scandiano e di Canossa Lambrusco Grasparossa Frizzante Codarossa '15	🍷🍷 2*
● L'Oscuro Gaetano Righi '15	🍷🍷 2*
● Lambrusco di Modena Vecchio Ducato '15	🍷🍷 2*
● Lambrusco di Sorbara Secco Gaetano Righi '15	🍷🍷 2*
● Lambrusco Salamino di S. Croce Secco Gaetano Righi '15	🍷🍷 2*
○ Pignoletto Spumante Gaetano Righi '15	🍷🍷 2*
● Reggiano Lambrusco Albinea Canali '15	🍷🍷 2*
● Reggiano Lambrusco Foglie Rosse Albinea Canali '15	🍷🍷 2*
● Lambrusco Grasparossa di Castelvetro Secco Gaetano Righi '15	🍷 2

Cantine Romagnoli

LOC. VILLÒ
VIA GENOVA, 20
29020 VIGOLZONE [PC]
TEL. 0523870904
www.cantineromagnoli.it

VENDITA DIRETTA
VISITA SU PRENOTAZIONE
PRODUZIONE ANNUA 300.000 bottiglie
ETTARI VITATI 45,00
AZIENDA SOSTENIBILE

Storica azienda piacentina presa in mano recentemente dalla famiglia Perini. A curare la produzione c'è l'enologa Luciana Biondo che ha portato qui una ventata di energia e ha affrontato la sfida con grande impegno. Siamo in uno dei territori più vocati del piacentino, in quella Val Nure storicamente indicata come culla della viticoltura piacentina e non a caso piena di aziende storiche molto note. Cantine Romagnoli possiede 45 ettari di vigneto su terreni di origine molto antica classificabili come argille rosse per via della presenza di sedimenti ferrosi che conferiscono al suolo la colorazione rossa. Colto Vitato del Cicotto '15, da uve barbera in purezza, è austero e fresco, con un frutto carnoso e nitido. In bocca si tende, limpido e agrumato. La bocca prende spessore e trova un richiamo elegante a sanguinella e mandarino. Un vino territoriale. Colto Vitato della Bellaria '15 è pieno e sapido, teso e agile.

● Colto Vitato del Cicotto '15	🍷🍷 2*
● Gutturnio Sup. Colto Vitato della Bellaria '15	🍷🍷 3
○ C. P. Ortrugo Frizzante Sasso Nero del Nure '15	🍷 2
● Caravaggio '14	🍷 5
● Gutturnio Frizzante Sasso Nero del Nure '15	🍷 3
● Caravaggio '12	🍷🍷 5
● Colto Vitato del Cicotto '14	🍷🍷 2*
○ Sasso Nero del Nure Bianco '14	🍷🍷 2*
○ Sasso Nero del Nure Malvasia '14	🍷🍷 2*

I Sabbioni

LOC. SABBIONI
VIA DEI SABBIONI, 22
47121 FORLÌ
TEL. 0543755711
www.isabbioni.it

VENDITA DIRETTA
PRODUZIONE ANNUA 46.000 bottiglie
ETTARI VITATI 7,00

L'azienda è nelle prime colline poste fra le città di Forlì e Faenza nella sottozona Oriolo. Qui c è una originale lente di sabbie gialle molasse che affiorano in più punti e che caratterizzano i suoli. È un terroir originale, in grado di moderare la vigoria di alcuni vitigni e di assicurare una certa sapidità ai vini. Qui, negli anni Ottanta, è stato rinvenuto un reperto di grande valore naturalistico, il cranio di un Mammuthus meridionalis oggi conservato nel Museo Civico di Scienze Naturali di Faenza. È un reperto straordinario, figlio di questo unicum geologico. Bonadea '15 è una perfetta interpretazione di questo territorio: fresco, con un fruttato che richiama i frutti di bosco, sapido e vibrante in bocca. Un vino di grande immediatezza, sottile e pieno di energia, stilisticamente ineccepibile. Sisto '14, ottenuto dalle vigne piantate su terreni di sabbie pure, ha una bocca interessante, animata da una bella acidità, ma purtroppo è appena asciugato dal tannino.

● Romagna Sangiovese Rubrarosa Oriolo Sisto '14	🍷🍷 2*
● Romagna Sangiovese Sup. Rubrarosa Bonadea '15	🍷🍷 2*
● Romagna Sangiovese Sup. Rubrarosa Bonadea '14	🍷🍷 2*
● Romagna Sangiovese Sup. Rubrarosa Elaide Ris. '13	🍷🍷 4

San Biagio Vecchio

via Salita di Oriolo, 13
48018 Faenza [RA]
Tel. 3393523168
www.cantinasanbiagiovecchio.com

VENDITA DIRETTA
VISITA SU PRENOTAZIONE
PRODUZIONE ANNUA 8.000 bottiglie
ETTARI VITATI 5,50

Andrea Balducci ha ereditato la straordinaria esperienza di Don Antonio Baldassari, parroco di San Biagio, ma soprattutto grande specialista di Albana dolci rustiche e meravigliose. Partendo da quell'esperienza Andrea e la moglie Lucia Ziniti hanno continuato a lavorare riuscendo a esprimere su un vino secco la difficile identità di questo vitigno bianco fatta di acidità, tanta potenza, tannini. Sabbiagialla deve il nome alle sabbie di origine pleistocenica che caratterizzano i terreni delle vigne, piantate 30 anni fa a seguito di una lunga selezione massale fatta sui vecchi cloni presenti in quest'area. Il 2015, frutto come di consueto di più passaggi di vendemmia, si apre su una preziosa riduzione che si dirada e sparisce in fretta, ma che garantirà al vino longevità e sfumature. La bocca è salata e sfaccettata, con le erbe a chiudere il sorso. Alloro, elicriso, pompelmo, poi anche zafferano e miele, sono tanti i dettagli che si alternano in questo bicchiere.

Vino	
○ Sabbiagialla '15	🍷🍷 2*
○ MammaMia! '15	🍷 2
○ Ambrosia Albana Passito '07	🍷🍷 3
● Centesimino Passito '12	🍷🍷 4
○ Quintessenza Albana Passito '12	🍷🍷 3
○ Sabbiagialla '14	🍷🍷 2*
○ Sabbiagialla '13	🍷🍷 2*
○ Sabbiagialla '12	🍷🍷 2*
○ Sabbiagialla '11	🍷🍷 3
● Sangiovese di Romagna Sup. Barbatello '12	🍷🍷 3
● Sangiovese di Romagna Sup. Serraglio '10	🍷🍷 3
● Sangiovese di Romagna Sup. Serraglio '09	🍷🍷 2*

Vigne di San Lorenzo

via Campiume, 6
48013 Brisighella [RA]
Tel. 3391137070
www.vignedisanlorenzo.it

VENDITA DIRETTA
VISITA SU PRENOTAZIONE
OSPITALITÀ E RISTORAZIONE
PRODUZIONE ANNUA 10.000 bottiglie
ETTARI VITATI 3,00
VITICOLTURA Biologico Certificato

Nella Valle del Lamone, pochi chilometri a nord di Brisighella sulla strada che da Faenza porta a Firenze, si trova il borgo di Campiume, un luogo di straordinaria bellezza che Filippo Manetti ha ristrutturato per ricavarne una piccola cantina e cinque camere per gli ospiti. Vignaiolo e intellettuale, conduce da anni una ricerca sullo stile, che ha messo a fuoco nel tempo un linguaggio artigianale. I vini sono buoni testimoni dell'annata e hanno una rara longevità. Campiume '12 è un Sangiovese sfaccettato, animale e terroso, che nel bicchiere cambia e trova i temi di un frutto di estrema sobrietà. In bocca entra salato e vibrante, con una trama tannica serrata e una delicatissima melagrana. Un vino austero, che si esprimerà negli anni. Oudeis '11, Sangiovese in purezza affinato in botte grande, protegge le sfumature con una piccola riduzione e trova in bocca una grande eleganza. La complessità – bosco, mineralità terrosa, tocco animale – ritorna protagonista sul finale.

● Campiume '12	🍷🍷 4
● Oudeis '11	🍷🍷 5
● Campiume '11	🍷🍷 4
● Campiume '09	🍷🍷 4
● Campiume '08	🍷🍷 4
● San Lorenzo '11	🍷🍷 4
● San Lorenzo '09	🍷🍷 4
● San Lorenzo '08	🍷🍷 4
● San Lorenzo '07	🍷🍷 4
● Sangiovese Campaglione '11	🍷🍷 2*
● Sangiovese di Romagna Sup. Campiume Ris. '07	🍷🍷 4
● Sangiovese di Romagna Sup. Campiume Ris. '06	🍷🍷 4

★San Patrignano

via San Patrignano, 53
47853 Coriano [RN]
Tel. 0541362111
www.spaziosanpa.com

VISITA SU PRENOTAZIONE
RISTORAZIONE
PRODUZIONE ANNUA 500.000 bottiglie
ETTARI VITATI 110,00
VITICOLTURA Biologico Certificato

Il patrimonio di 110 ettari di vigne piantate negli anni Novanta è oggi prezioso per l'intera zona di Rimini, che vede in questa produzione un riferimento di qualità assoluto. Riccardo Cotarella e lo staff messo a disposizione dalla comunità hanno poi alzato ancora l'ambizione della sfida, puntando a una lettura stilistica che dia sempre più spazio al dato territoriale. Siamo sulle prime colline di Rimini, dove un clima mitigato dalla vicinanza del mare segna i vini con un frutto espressivo e tannini suadenti anche sul sangiovese, in genere scontroso e austero. In particolare i vitigni bordolesi trovano qui un clima ideale e il paragone con Bolgheri è tutt'altro che azzardato. Il Cabernet Sauvignon Montepirolo '12 è un vino di grande finezza, agile e teso, speziato e con un frutto di grande sobrietà. Un buon esempio di equilibrio tra ricchezza ed eleganza, la dimostrazione che il territorio riminese ha una speciale vocazione per i vitigni bordolesi. Avi '12 ha maturità, sapidità e tannini fitti.

● Colli di Rimini Cabernet Sauvignon Montepirolo '12	🍷🍷🍷 4*
○ Aulente Bianco '15	🍷🍷 2*
● Romagna Sangiovese Sup. Ris. Avi '12	🍷🍷 4
● Aulente Rosso '15	🍷 2
● Colli di Rimini Cabernet Montepirolo '06	🍷🍷🍷 5
● Colli di Rimini Cabernet Montepirolo '04	🍷🍷🍷 5
● Colli di Rimini Rosso Noi '04	🍷🍷🍷 4
● Romagna Sangiovese Sup. Avi Ris. '11	🍷🍷🍷 5
● Sangiovese di Romagna Sup. Avi Ris. '08	🍷🍷🍷 5
● Sangiovese di Romagna Sup. Avi Ris. '07	🍷🍷🍷 5
● Sangiovese di Romagna Sup. Avi Ris. '06	🍷🍷🍷 5
● Sangiovese di Romagna Sup. Avi Ris. '05	🍷🍷🍷 5
● Sangiovese di Romagna Sup. Ora '12	🍷🍷🍷 3*
● Sangiovese di Romagna Sup. Ora '11	🍷🍷🍷 3*

San Valentino

fraz. San Martino in Venti
via Tomasetta, 13
47900 Rimini
Tel. 0541752231
www.vinisanvalentino.com

VENDITA DIRETTA
VISITA SU PRENOTAZIONE
OSPITALITÀ
PRODUZIONE ANNUA 120.000 bottiglie
ETTARI VITATI 20,00
VITICOLTURA Biodinamico Certificato

San Valentino è una storica azienda delle colline riminesi, con vigne che guardano il mare e beneficiano di curve termiche smussate dall'Adriatico e di una ventilazione estiva regolare. A Roberto Mascarin non è mancato in questi anni il coraggio di fare scelte radicali e di stravolgere la conduzione agronomica portando l'azienda tutta in biodinamica, coadiuvato dall'agronomo francese Michel Barbaud. L'obiettivo è produrre vini che abbiano i valori del vino artigianale ma si esprimano con una precisione formale assoluta. Vivian '14, da uve sangiovese, montepulciano e syrah, ha carattere, è asciutto e sfaccettato. Ha un naso variegato – bosco, terra, frutto, erbe e una delicata speziatura – e una bocca elegante e piena. Contesse Muschetti '00 è in pratica un Vin Santo ed esprime i sentori tipici della tipologia: polvere di caffè, frutta secca, fichi, mallo di noce, datteri, elicriso, artemisia. Luna Nuova '14, da cabernet franc in purezza, è vegetale e pepato.

● Vivian '14	🍷🍷 3*
○ Colli di Rimini Rebola Passito Contesse Muschetti 15 Anni '00	🍷🍷 8
○ Colli di Rimini Rebola Scabi Bianco '15	🍷🍷 2*
○ Due Bianco '15	🍷🍷 3
● Luna Nuova '14	🍷🍷 5
● Sangiovese di Romagna Sup. Scabi '14	🍷 2
● Sangiovese di Romagna Sup. Terra di Covignano Ris. '05	🍷🍷🍷 5
● Sangiovese di Romagna Sup. Terra di Covignano Ris. '03	🍷🍷🍷 4
● Sangiovese di Romagna Sup. Terra di Covignano Ris. '02	🍷🍷🍷 4
● Sangiovese di Romagna Sup. Terra di Covignano Ris. '01	🍷🍷🍷 4

Cantina Sociale Santa Croce

s.s. 468 di Correggio, 35
41012 Carpi [MO]
Tel. 059664007
www.cantinasantacroce.it

VENDITA DIRETTA
VISITA SU PRENOTAZIONE
PRODUZIONE ANNUA 400.000 bottiglie
ETTARI VITATI 500,00

Fondata nel 1907, questa storica realtà è a Santa Croce, a ridosso di Carpi, nel cuore del territorio che dà il nome all'omonimo lambrusco salamino. La cantina lavora le uve di 250 soci per un totale di più di 500 ettari di vigne, in pianura, a valle di Modena (qualche socio però è in provincia di Reggio Emilia), appena a nord dell'area di terreni sciolti ideali per il sorbara (Limidi e Sozzigalli, a sinistra Secchia), su suoli più argillosi e ricchi, ideali per il salamino, che trova qui una straordinaria eleganza. Se avete voglia di comprendere l'identità più pura di questo vitigno di pianura assaggiate i vini firmati qui da Maurizio Boni che ha sostituito il bravo Villiam Friggeri scomparso prematuramente. Il Linea '15 è fruttato e cremoso, sapido e fresco, con il frutto che resta austero fino alla fine e trova in bocca i temi di un tannino elegante, come sempre molto tipico e territoriale. Tradizione '15 è pieno e serrato, con il richiamo a ciliegia e more in evidenza.

Vino	Valutazione
● Lambrusco Salamino di S. Croce Secco Linea '15	🍷🍷 1*
● Lambrusco Salamino di S. Croce Tradizione '15	🍷🍷 1*
● Lambrusco Salamino di S. Croce Amabile Linea '15	🍷 1*
⊙ 100 Vendemmie Rosé Brut '14	🍷🍷 2*
● Lambrusco Grasparossa di Castelvetro Secco '14	🍷🍷 2*
● Lambrusco Salamino di S. Croce Enoteca '13	🍷🍷 1*
● Lambrusco Salamino di S. Croce Tradizione '14	🍷🍷 1*
● Lambrusco Salamino di S. Croce Tradizione '13	🍷🍷 1*

Tenuta Santini

fraz. Passano
via Campo, 33
47853 Coriano [RN]
Tel. 0541656527
www.tenutasantini.com

VENDITA DIRETTA
VISITA SU PRENOTAZIONE
PRODUZIONE ANNUA 40.000 bottiglie
ETTARI VITATI 22,00

Siamo a due passi da Coriano, sulle prime colline che salgono alle spalle di Rimini e Riccione, tra San Marino e la Val Marecchia. Sono colline molto dolci e aperte, abbastanza uniformi nei suoli di argille calcaree, con curve termiche influenzate dal mare che, soprattutto in estate, ammortizza i picchi di temperature e garantisce un giro d'aria sotto forma di brezze. Il risultato sono Sangiovese fruttati di una certa grazia, mai aggressivi nella parte tannica, immediati e pronti. Più interessanti sono i risultati dei vitigni bordolesi che qui trovano la possibilità di dare vini profondi, complessi ed eleganti, mai banali nell'espressione. Non a caso si parla di questo territorio come di una Bolgheri dell'Adriatico. Battarreo '14, da uve cabernet sauvignon e merlot, è un vino elegante e nitido, raffinato nelle speziature, con un frutto austero e pieno. In bocca è sapido e teso, lunghissimo. Beato Enrico '15 si esprime su un fruttato suadente e caldo, in bocca ha una buona freschezza.

● Battarreo '14	🍷🍷🍷 3*
● Romagna Sangiovese Sup. Beato Enrico '15	🍷🍷 2*
● Romagna Sangiovese Sup. Cornelianum Ris. '13	🍷🍷 4
● Battarreo '09	🍷🍷 3
● Sangiovese di Romagna Sup. Beato Enrico '11	🍷🍷 2*
● Sangiovese di Romagna Sup. Cornelianum Ris. '12	🍷🍷 4
● Sangiovese di Romagna Sup. Cornelianum Ris. '10	🍷🍷 4
● Sangiovese di Romagna Sup. Cornelianum Ris. '09	🍷🍷 4
● Sangiovese di Romagna Sup. Cornelianum Ris. '08	🍷🍷 4

Cantina Sociale Settecani

via Modena, 184
41014 Castelvetro di Modena [MO]
Tel. 059702505
www.cantinasettecani.it

VENDITA DIRETTA
PRODUZIONE ANNUA 1.000.000 bottiglie
ETTARI VITATI 530,00

Fondata nel 1923, questa piccola cantina cooperativa vinifica le uve di 180 soci per un totale di circa 300 ettari di vigne. Siamo nell'antico Borgo di Castelvetro, nel bellissimo territorio collinare modenese, e soprattutto siamo nel cuore dell'area di produzione del lambrusco grasparossa. Solo una piccola parte della produzione viene imbottigliata e i vini proposti dalla cantina sono classici e territoriali, con una gamma complessivamente affidabile negli anni e di buona qualità, imbattibile nel rapporto qualità prezzo. Il Grasparossa Secco '15 è un vino classico e fruttato, popolare e adatto alla tavola di tutti i giorni. In bocca è cremoso e pieno, agrumato e terroso sul finale. Vini del Re '15 è minerale e complesso, con una bocca che avvicenda l'arancia sanguinella e il sale, le erbe e la freschezza delle note salate. Un vino dall'anima contadina. Divino '15 è austero e composto, con richiami a mora, ribes e tè nero.

● Lambrusco Grasparossa di Castelvetro Secco '15	🍷🍷 1*
● Lambrusco Grasparossa di Castelvetro Secco Divino '15	🍷🍷 1*
● Lambrusco Grasparossa di Castelvetro Secco Vini del Re '15	🍷🍷 1*
● Lambrusco Grasparossa di Castelvetro Amabile '14	🍷🍷 1*
● Lambrusco Grasparossa di Castelvetro Amabile '13	🍷🍷 1*
● Lambrusco Grasparossa di Castelvetro Secco '14	🍷🍷 1*
● Lambrusco Grasparossa di Castelvetro Secco '13	🍷🍷 1*
● Lambrusco Grasparossa di Castelvetro Secco '12	🍷🍷 1*

La Stoppa

loc. Ancarano
29029 Rivergaro [PC]
Tel. 0523958159
www.lastoppa.it

VENDITA DIRETTA
VISITA SU PRENOTAZIONE
RISTORAZIONE
PRODUZIONE ANNUA 160.000 bottiglie
ETTARI VITATI 32,00
VITICOLTURA Biologico Certificato

Elena Pantaleoni ha scritto una pagina memorabile di questa storia che parte, già rivoluzionaria, nei primi anni del '900 con l'avvocato genovese Ageno e continua con la famiglia Pantaleoni dal 1973 in avanti. La maturità stilistica e produttiva, la coerenza e la stabilità dei principi, fanno de La Stoppa un simbolo del vino naturale italiano, un'esperienza che ha formato decine di vignaioli attraverso un confronto militante, accogliente e sempre aperto al dialogo. Elena, insieme a Giulio Armani, produce, su queste argille rosse povere e straordinarie, vini dall'incredibile profondità, sfaccettati e puri, austeri e dall'incredibile longevità. Trebbiolo Fermo '14, da uve barbera e bonarda, prende aria e dirada le chiusure per esprimere un frutto nitidissimo e le note terrose e minerali. In bocca è teso e sapido, tagliente e agrumato. Ageno '10, bianco macerato, è complesso – frutta secca, artemisia, elicriso, eucalipto – e si distende in bocca alleggerendosi e correndo sulla freschezza.

● Trebbiolo Rosso Fermo '14	🍷🍷 2*
○ Ageno '10	🍷🍷 4
● Trebbiolo Rosso Frizzante '14	🍷🍷 2*
● C. P. Cabernet Sauvignon Stoppa '96	🍷🍷🍷 5
○ C. P. Malvasia Passito V. del Volta '06	🍷🍷🍷 5
○ C. P. Malvasia Passito V. del Volta '04	🍷🍷🍷 5
○ C. P. Malvasia Passito V. del Volta '03	🍷🍷🍷 4
○ C. P. Malvasia Passito V. del Volta '97	🍷🍷🍷 4*
● Macchiona '06	🍷🍷🍷 4*
● Macchiona '05	🍷🍷🍷 4
○ Vigna del Volta '08	🍷🍷🍷 5
○ Ageno '11	🍷🍷 4
● Barbera della Stoppa '10	🍷🍷 4
● Barbera della Stoppa '09	🍷🍷 4
● Macchiona '09	🍷🍷 4
● Trebbiolo '13	🍷🍷 2*

Tenuta Saiano

FRAZ. MONTEBELLO
VIA CASONE, 30
47824 TORRIANA [RN]
TEL. 3667862921
www.tenutasaiano.it

VENDITA DIRETTA
VISITA SU PRENOTAZIONE
OSPITALITÀ E RISTORAZIONE
PRODUZIONE ANNUA 15.000 bottiglie
ETTARI VITATI 11,00
VITICOLTURA Biologico Certificato

Fondata nel 2003 dall'imprenditore Manlio Maggioli, Saiano vinifica le uve di 10 ettari di vigne di proprietà piantate sui terreni delle marne gessose che circondano Torriana, a 400 metri di altitudine sulle colline riminesi. I gessi garantiscono ai vini una certa eleganza e una bocca salata che caratterizza un po' tutta la produzione. La tenuta fornisce i vini alla famosa trattoria La Sangiovesa di Santarcangelo di Romagna, sempre di proprietà dei Maggioli, e le basi per una produzione artigianale di Vermouth di altissimo livello qualitativo. Saiano '15, taglio di cabernte sauvignon, merlot e sangiovese, ha una bocca travolgente, piena di forza ed energia. È agile, speziato, fragrante nel frutto. Un vino che combina con grande eleganza le note vegetali del cabernet e il frutto del merlot, con il sangiovese a dare eleganza e tensione alla bocca. Gianciotto '15 è fruttato e floreale e viaggia su una freschezza che ne esalta l'anima sottile e delicata.

- ● Romagna Sangiovese Sup. Gianciotto '15 — ŸŸ 2*
- ● Saiano Rosso '15 — ŸŸ 2*
- ● Romagna Sangiovese Sup. Gianciotto '14 — ŸŸ 2*
- ● Romagna Sangiovese Sup. Gianciotto '13 — ŸŸ 2*
- ● Saiano Rosso '14 — ŸŸ 2*
- ● Saiano Rosso '13 — ŸŸ 2*

Torre San Martino

VIA SAN MARTINO IN MONTE
47015 MODIGLIANA [FC]
TEL. 3351891992
www.torre1922.it

VENDITA DIRETTA
VISITA SU PRENOTAZIONE
PRODUZIONE ANNUA 38.000 bottiglie
ETTARI VITATI 7,50

Le vigne di Torre San Martino sono a Modigliana, a 350 metri di altitudine, su terreni di arenarie che regalano ai vini eleganza e longevità. In particolare siamo a due passi dalla valle dell'Acerreta, una delle tre valli che da Modigliana salgono in Appennino. Delle tre questa è quella con i terreni più ricchi di argille e pur nel quadro di una spiccata identità territoriale – bocche salate, tannini eleganti e acidità taglienti – qui i vini sono più materici e serrati, fitti pur nella finezza complessiva. L'azienda possiede anche la vigna più vecchia della Romagna, datata 1922. Si tratta di una vigna ad alberello pazientemente recuperata da Francesco Bordini, agronomo ed enologo dell'azienda. Il Sangiovese Vigna 1922 '13 è minerale e balsamico, con la grafite figlia di una nota verde elegantissima. In bocca ha un'acidità salata che lo tende e una trama tannica fitta e compatta. Gemme '15 esprime con nitidezza un frutto austero che richiama la melagrana e sviluppa delicatissimi temi agrumati.

- ● Romagna Sangiovese Modigliana Sup. V. 1922 Ris. '13 — ŸŸŸ 6
- ● Romagna Sangiovese Modigliana Sup. Gemme '15 — ŸŸ 3*
- ● Colli di Faenza V. Claudia Ris. '13 — ŸŸ 3
- ○ V. della Signora '15 — ŸŸ 5
- ● Romagna Sangiovese Sup. Gemme '14 — ŸŸŸ 3*
- ● Sangiovese di Romagna V. 1922 Ris. '11 — ŸŸŸ 6
- ○ Colli di Faenza Torre '12 — ŸŸ 2*
- ● Colli di Faenza V. Claudia Ris. '12 — ŸŸ 3
- ● Romagna Sangiovese Sup. V. 1922 Ris. '12 — ŸŸ 6
- ● Sangiovese di Romagna V. 1922 '08 — ŸŸ 6

Venturini Baldini

fraz. Roncolo
via Turati, 42
42020 Quattro Castella [RE]
Tel. 0522249011
www.venturinibaldini.it

VENDITA DIRETTA
VISITA SU PRENOTAZIONE
RISTORAZIONE
PRODUZIONE ANNUA 300.000 bottiglie
ETTARI VITATI 35,00
VITICOLTURA Biologico Certificato

Venturini Baldini nasce nel 1975 ma ha radici ben più remote, raccolta attorno a una villa padronale che risale al 1670. Siamo sulle prime colline reggiane e i 35 ettari di vigne, da 20 anni coltivate in biologico, sono circondati da 150 ettari di boschi e prati. Questa proprietà è entrata recentemente a far parte di un importante progetto del vino italiano che fa capo al fondo Iverna. Giuseppe Prestia che lo guida ha lavorato sodo insieme a Lorenzo Tersi e a Monica Franceschetti per portare questo storico marchio nel portafoglio del gruppo credendo fin da subito nelle potenzialità del territorio e del Lambrusco di qualità. Denny Bini, storico cantiniere dell'azienda, ha messo la sua esperienza al servizio di Carlo Ferrini, qui alla seconda vendemmia, e il risultato è una batteria di vini davvero interessante. Manodori '15 è un vino elegante, di grande finezza, fresco e agrumato, con un frutto appena accennato.

● Reggiano Lambrusco Secco Marchese Manodori '15	3*
○ Colli di Scandiano e di Canossa Malvasia Frizzante Secco Graniers '15	2*
⊙ Reggiano Lambrusco Rosato Spumante Secco Cadelvento '15	3
● Reggiano Lambrusco Secco Spumante Rubino del Cerro '15	3
● Reggiano Lambrusco Rosso Spumante Brut Quaranta '15	3
⊙ Reggiano Lambrusco Rosato Secco '14	2*
● Reggiano Lambrusco Secco '14	2*
● Rubino del Cerro Mater Spumante '14	2*

Francesco Vezzelli

fraz. San Matteo
via Canaletto Nord, 878a
41122 Modena
Tel. 059318695
aavezzelli@gmail.com

VENDITA DIRETTA
VISITA SU PRENOTAZIONE
PRODUZIONE ANNUA 120.000 bottiglie
ETTARI VITATI 15,00

Una presenza storica del territorio modenese, attiva dal 1958 e ormai alla terza generazione impegnata in cantina. La cantina di vinificazione è nella frazione modenese di San Matteo e le vigne si trovano a Sozzigalli, su terreni golenali, cioè su terreni compresi tra la prima linea di argine del fiume e l'argine maestro, in questo caso il Secchia. I terreni golenali, molto sciolti e poveri, sono un terroir straordinario per il lambrusco sorbara perché ne esaltano le caratteristiche floreali e di mineralità. I Grasparossa sono prodotti con uve comprate a Levizzano Rangone e vinificate in proprio. Il Selezione '15 è tagliente e minerale, si apre con l'aria ed esprime un fruttato delicato e austero. In bocca è sapido e sul finale arrivano i fiori – rosa, viola mammola, biancospino – e la pietra focaia. Un vino contadino ma raffinato nelle sfumature, vibrante e teso, scarno e puro.

● Lambrusco di Sorbara Il Selezione '15	2*
● Lambrusco di Sorbara Secco Soldino '15	2*
⊙ Lambrusco di Sorbara Spumante Brut MoRosa Rosé '15	2*
● Lambrusco Grasparossa di Castelvetro Secco Rive dei Ciliegi '15	2
● Lambrusco di Sorbara Il Selezione '14	2*
⊙ Lambrusco di Sorbara Rosé MoRosa '14	2*
● Lambrusco Grasparossa di Castelvetro Rive dei Ciliegi '14	2*

Villa di Corlo

loc. Baggiovara
s.da Cavezzo, 200
41126 Modena
Tel. 059510736
www.villadicorlo.com

VENDITA DIRETTA
VISITA SU PRENOTAZIONE
PRODUZIONE ANNUA 85.000 bottiglie
ETTARI VITATI 26,50

Maria Antonietta Munari rappresenta bene lo spirito modenese, quel carattere operoso e ottimista che ha fatto di questa terra un luogo di racconti straordinari. La sede aziendale si trova attorno a una vecchia villa padronale a monte della via Emilia, sui suoli amati dal grasparossa che infatti produce i vini più importanti. Nella villa è anche sistemata l'acetaia, una delle più belle e vecchie di Modena, che regala un Aceto Balsamico Tradizionale di qualità assoluta. Il Corleto '15 è un vino di qualità che si esprime su uno stile fruttato e suadente, lontano dalle versioni agili e di grande beva di qualche anno fa. È una precisa scelta della proprietà, ma l'impressione è che la qualità delle uve di questa piccola azienda potrebbe coltivare ben altre ambizioni. Il Grasparossa '15, convincente ma un po' maturo nel frutto, si distende in bocca sulla freschezza. Peccato i tannini appena asciutti.

● Lambrusco Grasparossa di Castelvetro Corleto '15	🍷🍷 2*
⊙ Lambrusco Grasparossa di Castelvetro Rosato Spumante Brut '15	🍷 2
● Lambrusco Grasparossa di Castelvetro Secco '15	🍷 2
○ Pignoletto Extra Dry '15	🍷 2
● Lambrusco di Sorbara Primevo '14	🍷🍷 2*
● Lambrusco di Sorbara Primevo '13	🍷🍷 2*
● Lambrusco Grasparossa di Castelvetro Amabile '13	🍷🍷 2*
● Lambrusco Grasparossa di Castelvetro Corleto '13	🍷🍷 2*

Villa Liverzano

fraz. Rontana
via Valloni, 47
48013 Brisighella [RA]
Tel. 054680461
www.liverzano.it

VENDITA DIRETTA
VISITA SU PRENOTAZIONE
OSPITALITÀ
PRODUZIONE ANNUA 15.000 bottiglie
ETTARI VITATI 3,20
VITICOLTURA Biologico Certificato

Marco Montanari alleva le sue vigne su un terroir unico, sui suoli originali dove emergono abbondanti i gessi di Brisighella. È una possibilità di eleganza estrema, interpretata sempre sul registro espressivo e fruttato che ne decreta un grande successo nella sua natia Svizzera. La sua è una sfida continua con l'austerità del territorio più alto di Brisighella, la dimostrazione che il vino è anche un prodotto culturale che si nutre della storia di ogni produttore. A firmare i vini è l'agronomo e wine maker Francesco Bordini. Don '13, da cabernet franc e carmenere, è un vino dall'identità chiara e dal grande carattere. Ad aprire il bicchiere un grande frutto, speziato e complesso, che richiama la melagrana e poi le tante sfaccettature tutte sul registro della freschezza. In bocca è netto e fitto, asciutto e agrumato, sapido e profondo. Rebello '12, da sangiovese e merlot, ha tannini che sembrano seta e un frutto algido e nitido.

● Don '13	🍷🍷🍷 6
● Rebello '12	🍷🍷🍷 5
● Donna Merlot '11	🍷🍷 7
● Don '11	🍷🍷 6
● Don '10	🍷🍷 6
● Don '09	🍷🍷 6
● Don '08	🍷🍷 6
● Donna '09	🍷🍷 7
● Rebello '11	🍷🍷 5
● Rebello '10	🍷🍷 5
● Rebello '08	🍷🍷 5
● Rebello '07	🍷🍷 5
● Trecento '12	🍷🍷 4
● Trecento '11	🍷🍷 4
● Trecento '10	🍷🍷 4

Villa Papiano

via Ibola, 24
47015 Modigliana [FC]
Tel. 0546941790
www.villapapiano.it

VENDITA DIRETTA
VISITA SU PRENOTAZIONE
PRODUZIONE ANNUA 50.000 bottiglie
ETTARI VITATI 10,00

Francesco Bordini è ormai un professionista maturo capace di interpretare magistralmente i temi territoriali di Modigliana. Riesce infatti a esprimere perfettamente il carattere verticale e sapido di questi suoli marnoarenacei senza rinunciare al patrimonio di sfaccettature che la valle dell'Ibola, sul versante sud del monte Chioda, a un'altitudine di 500 metri, regala alle uve di sangiovese. I vini che ne risultano sono austeri e rarefatti nell'impianto tannico, imbattibili per longevità. Quelle di Villa Papiano sono tra le vigne più alte della regione e contendono lo spazio a boschi e pascoli, perfettamente inserite in un ambiente naturale di incredibile integrità. I Probi '13, da sangiovese in purezza affinato in botte grande, è un vino di grande eleganza, composto e profondo, austero e serrato. Al naso è pieno di dettagli e sfumature, in bocca è salato e verticale. I tannini sono rarefatti e duri, adatti a sfidare il tempo. Le Papesse '15 è sapido e fruttato, algido e fiero.

● Romagna Sangiovese Modigliana I Probi di Papiano Ris. '13	▼▼▼ 3*
● Romagna Sangiovese Sup. Le Papesse di Papiano '15	▼▼ 2*
○ Terra! '15	▽▽ 3
○ Tregenda Albana Passita V. T. '13	▽▽ 3
● Romagna Sangiovese I Probi di Papiano Ris. '12	◇◇◇ 3*
● Sangiovese di Romagna I Probi di Papiano Ris. '11	◇◇◇ 3*
● Sangiovese di Romagna I Probi di Papiano Ris. '10	◇◇◇ 3*

Villa Venti

loc. Villaventi di Roncofreddo
via Doccia, 1442
47020 Forlì
Tel. 0541949532
www.villaventi.it

VENDITA DIRETTA
VISITA SU PRENOTAZIONE
OSPITALITÀ
PRODUZIONE ANNUA 27.500 bottiglie
ETTARI VITATI 7,00
VITICOLTURA Biologico Certificato

Le vigne di Villa Venti sono ormai nel pieno della loro maturità produttiva e anche l'esperienza di Mauro Giardini e Davide Castellucci, che fanno una meticolosa lettura di ogni più piccola diversità di suolo, ha ormai una certa profondità. Questi elementi fanno di Villa Venti un riferimento territoriale in grado di uscire anno dopo anno con vini sempre più artigiani e classici, buoni al di là della retorica che spesso accompagna le produzioni biologiche e naturali. Andateli a trovare, sono vignaioli autentici e capaci di raccontare il loro lavoro e il loro territorio. Primo Segno è il Sangiovese che per primo ha sfidato le convenzioni della Romagna del vino: un Superiore con le ambizioni di una Riserva, l'idea che la qualità in questo territorio possa passare per vini freschi, austeri e sottili, non affinati in legno. Il 2013 è elegante, con tannini maturi, sempre agile e teso. Le delicatissime speziature si aggiungono a un frutto garbato e ai richiami agrumati al mandarino.

● Sangiovese di Romagna Sup. Primo Segno '13	▼▼ 3*
○ Colli della Romagna Centrale Felis Leo '10	▽▽ 3
● Sangiovese di Romagna Longiano Primo Segno '11	◇◇◇ 3*
● Sangiovese di Romagna Sup. Primo Segno '09	◇◇◇ 3*
● Sangiovese di Romagna Sup. Primo Segno '08	◇◇◇ 3*
● Romagna Sangiovese Longiano Ris. '12	◇◇ 4
● Sangiovese di Romagna Longiano Ris. '11	◇◇ 4

★Fattoria Zerbina

FRAZ. MARZENO
VIA VICCHIO, 11
48018 FAENZA [RA]
TEL. 054640022
www.zerbina.com

VENDITA DIRETTA
VISITA SU PRENOTAZIONE
PRODUZIONE ANNUA 220.000 bottiglie
ETTARI VITATI 33,00

L'estremo rigore nella conduzione della vigna e piante ormai mature (coltivate in gran parte ad alberello) garantiscono a Cristina Geminiani e ai suoi soci uve di qualità eccezionale. In cantina c'è poi l'esperienza di 30 vendemmie e una mano classica e rispettosa del carattere delle argille rosse evolute tipiche della piccola sottozona di Marzeno. L'affidabilità complessiva dei Sangiovese è straordinaria, ma lo è anche il lavoro sull'Albana, storicamente legato ai vini dolci, ma oggi interessante anche sulla versione secca. Pietramora '12 è nel più classico stile Zerbina: ricco e materico, potente e aperto. La bocca trova il ritmo di una bella acidità e sul finale apre ai sentori agrumati della scorza di arancia. Un vino alcolico, con tannini fitti e il marchio delle argille rosse ben impresso. Torre di Ceparano '12 è asciutto, ma la freschezza gli regala agilità. L'Albana Ceparano '15 ha un naso di erbe, con timidi richiami a note torbate e di anice, in bocca è agrumato e tagliente.

Vino	Valutazione	Prezzo
○ Albana di Romagna Passito Arrocco '13	🍷🍷	5
○ Albana di Romagna Secco Ceparano '15	🍷🍷	2*
● Romagna Sangiovese Sup. Pietramora Ris. '12	🍷🍷	5
● Sangiovese di Romagna Sup. Torre di Ceparano Ris. '12	🍷🍷	3
○ Tergeno Albana Secco V. T. '14	🍷🍷	3
● Romagna Sangiovese Sup. Ceregio '15	🍷	2
○ Romagna Trebbiano Ceregio Bianco '15	🍷	2
○ Albana di Romagna Passito AR Ris. '06	🍷🍷🍷	8
● Marzieno '08	🍷🍷🍷	4*
● Sangiovese di Romagna Sup. Pietramora Ris. '08	🍷🍷🍷	6

Zucchi

LOC. SAN LORENZO
VIA VIAZZA, 64
41030 SAN PROSPERO [MO]
TEL. 059908934
www.vinizucchi.it

VENDITA DIRETTA
VISITA SU PRENOTAZIONE
PRODUZIONE ANNUA 130.000 bottiglie
ETTARI VITATI 10,00

Una storia di lunga tradizione che da più di 60 anni vinifica le uve di proprietà imbottigliando una piccola e preziosa produzione di Sorbara. L'imbottigliamento è cominciato con Bruno Zucchi passando poi nelle mani del figlio Davide e della moglie Maura. Con l'arrivo della figlia più piccola, Silvia, all'esperienza di Davide, personaggio molto amato e stimato nel suo territorio, si è aggiunta una grande energia e una voglia di guardare al futuro con ambizione e rigore assoluto nei confronti della qualità. Sono arrivate così idee nuove (ma si potrebbe anche dire antiche!) come la raccolta completamente manuale e una vinificazione che punta a vini secchi il più possibile. Rito '15 è algido e scarno, delicato nei richiami a fiori ed erbe, appena fruttato. In bocca scappa, l'acidità gli regala ritmo e tensione. Sul finale arrivano la scorza di limone e il mandarino e poi la chiusura salata che è la firma del Sorbara. Il Metodo Classico '13 è complesso e profondo.

Vino	Valutazione	Prezzo
● Lambrusco di Sorbara Secco Rito '15	🍷🍷🍷 (rossi)	2*
● Lambrusco di Sorbara Dosaggio Zero M. Cl. '13	🍷🍷 (rossi)	2*
● Lambrusco di Sorbara Secco '15	🍷🍷	2*
● Lambrusco di Sorbara Secco Rifermentazione in Bottiglia '14	🍷🍷	2*
● Lambrusco di Sorbara Rito '14	🍷🍷🍷	2*
● Lambrusco di Sorbara Secco '14	🍷🍷	2*
● Lambrusco di Sorbara Secco '13	🍷🍷	2*
● Lambrusco di Sorbara Secco Rito '13	🍷🍷	2*
● Modena Lambrusco Marascone '14	🍷🍷	2*

Ariola Vigne e Vini

loc. Calicella di Pilastro
fraz. Pilastro
s.da della Buca, 5a
43010 Langhirano [PR]
Tel. 0521637678
www.viniariola.it

Ariola, attiva fina dal 1956, è una delle realtà storiche di Parma. 70 gli ettari di vigna, tutti tra i 250 e i 300 metri, su suoli di argille calcaree con diverse esposizioni nelle colline attorno a Langhirano, accanto al torrente Arola che segna i confini delle vigne.

- ○ Forte Rigoni Nature Malvasia Brut '15 — 🍷🍷 3
- ● Marcello Dry '15 — 🍷🍷 3
- ● Marcello Nature Brut '15 — 🍷🍷 3

Raffaella Alessandra Bissoni

loc. Casticciano
via Colecchio, 280
47032 Bertinoro [FC]
Tel. 0543460382
www.vinibissoni.com

Raffaella Bissoni è una vignaiola in senso stretto e cura i suoi 5 ettari di vigne (a 150 metri sui suoli calcarei tipici di Bertinoro) in modo esemplare. Romagna Albana Passito '11 è un vino dalla grande identità, con la volatile a spingere un mondo di profumi dolci e salati.

- ○ Albana di Romagna Passito '11 — 🍷🍷 5
- ● Sangiovese di Romagna Sup. Girapoggio '14 — 🍷 3

Ca' di Sopra

loc. Marzeno
via Feligara, 15
48013 Brisighella [RA]
Tel. 3284927073
www.cadisopra.com

Camillo e Giacomo Montanari vinificano una selezione delle uve prodotte nei loro 28 ettari di vigne tutti sul versante destro della valle del Marzeno, sulla strada che da Faenza porta a Modigliana. Le vigne sono su suoli argilloso calcarei a circa 250 metri di altitudine.

- ○ Romagna Albana Secco '15 — 🍷🍷 3
- ● Romagna Sangiovese Sup. Crepe '15 — 🍷🍷 2*

Calonga

loc. Castiglione
via Castel Leone, 8
47100 Forlì
Tel. 0543753044
www.calonga.it

Qualche ettaro di vigne gestite da Maurizio Baravelli e dai figli su un terroir raro di sabbie molasse che affiorano nei campi fino a diventare protagoniste dei suoli. Michelangiolo '12 è ricco e pieno, speziato e suadente, con l'acidità a reggere il ritmo di una bocca complessa.

- ● Ordelaffo '15 — 🍷🍷 2*
- ● Romagna Sangiovese Sup. Michelangiolo Ris. '12 — 🍷🍷 4

Tenuta Carbognano

via Carbognano, 3
47855 Gemmano [RN]
Tel. 0541984507
www.tenutacarbognano.it

Siamo nella valle del Conca su terreni calcarei, argille grigie e anche gessi. Un terroir diverso da quello delle vicine colline riminesi che gode degli sbalzi termici figli dell'alternanza tra le correnti provenienti dal mare e i venti della montagna della Carpegna.

- ● Ali '13 — 🍷🍷 3

Carra di Casatico

loc. Casatico
s.da La Nave, 10b
43013 Langhirano [PR]
Tel. 0521863510
www.carradicasatico.com

L'azienda è sulle colline di Parma a due passi del castello di Torrechiara e si estende su 27 ettari di terreni tutti coltivati a vigneto delle varietà autoctone emiliane. Bonfiglio Carra è un piccolo artigiano che propone vini interessanti soprattutto sui prodotti più semplici.

- ○ Colli di Parma Malvasia Frizzante '15 — 🍷🍷 2*
- ● Torcularia Lambrusco Emilia '15 — 🍷 2

Castelluccio

loc. Poggiolo di Sotto
via Tramonto, 15
47015 Modigliana [FC]
Tel. 0546942486
www.ronchidicastelluccio.it

Vittorio Fiore ha Castelluccio nel cuore e la sua presenza, oggi che la famiglia controlla l'azienda, è la firma di uno stile che se da una parte ha virato verso un gusto più internazionale e meno duro, dall'altra mantiene la produzione costantemente su buoni livelli qualitativi.

○ Ronco del Re '09	ŸŸ 5
● Sangiovese di Romagna Le More '15	ŸŸ 2*

La Collina

via Paglia, 19
48013 Brisighella [RA]
Tel. 054683110
www.lacollina-vinicola.com

Proprietà svizzera e cuore italiano per i 6 ettari ad alberello de La Collina, ma soprattutto un terroir con una vocazione che ha pochi paragoni sul territorio. Cupola '13 è un vino di carattere, tagliente e fitto di tannini maturi, sfaccettato e terroso, fruttato sul finale.

● Cupola '13	ŸŸ 4
● Sangiovita '13	ŸŸ 3

Divinalux

via Caduti di Crivellari, 50
48025 Riolo Terme [RA]
Tel. 3314948859
www.divinaluxwinery.com

Lea Katseli e Federico Devoto hanno acquistato l'azienda nel 2013 e vinificano con buoni risultati le uve dei 7 ettari di vigne della proprietà. Siamo nella valle del Senio, nel Parco Regionale della Vena del Gesso Romagnola a circa 300 metri su suoli sciolti di gessi e sabbie.

○ Hilla Trebbiano '14	ŸŸ 6
○ Romagna Albana Secco Dar '14	ŸŸ 6

Cantina Sociale Formigine Pedemontana

via Radici in piano, 228
41043 Formigine [MO]
Tel. 059558122
www.lambruscodoc.it

Piccola cantina cooperativa fondata nel 1920 che vanta oggi 300 soci conferitori e vinifica le uve di 500 ettari di vigne. Il Pignoletto '15 è salato e agrumato, con il classico richiamo alle erbe, salvia e artemisia in testa, e ha bocca tesa e vibrante.

⊙ Modena Lambrusco For.Mo.Sa. Brut Rosé '15	ŸŸ 2*
○ Pignoletto For.Mo.Sa. Brut '15	ŸŸ 2*

Gavioli

via Provinciale Ovest
41015 Nonantola [MO]
Tel. 059545462
www.gaviolivini.com

Azienda agricola della famiglia Giacobazzi specializzata nella produzione di sorbara, vinificato a partire dai 50 ettari di vigne. Il Metodo Classico '12 è marino e complesso, teso e vibrante. Sul finale i temi complessi di nocciola e delicatissime spezie.

● Lambrusco di Sorbara Secco '15	ŸŸ 2*
● Lambrusco Emilia M. Cl. Brut '12	ŸŸ 4
● Modena Lambrusco Rifermentazione Ancestrale '14	Ÿ 3

Isola

fraz. Mongiorgio
via G. Bernardi, 3
40050 Monte San Pietro [BO]
Tel. 0516768428
isola1898@interfree.it

La famiglia Franceschini è una storica firma del territorio dei Colli Bolognesi e propone con continuità Pignoletto e Barbera di qualità. Picrì '15 è tagliente e agrumato, sapido e nitido. Fiori bianchi e... un cielo blu. Vecchie Vigne '13 è pieno, austero e affilato.

○ C. B. Pignoletto Cl. V. V. '13	ŸŸ 3
○ C. B. Pignoletto Picrì Brut '15	ŸŸ 2*

Lini 910

fraz. Canolo
via Vecchia Canolo, 7
42015 Correggio [RE]
Tel. 0522690162
www.lini910.it

Più di 100 anni di storia e un racconto che attraversa 4 generazioni. Oggi i cugini Alicia e Alberto affiancano i genitori, i fratelli Fabio e Massimo Lini consulenti enologici con il pallino del Metodo Classico. I Lini selezionano le basi sul territorio con grande esperienza.

- ● In Correggio Lambrusco Scuro '15 ŸŸ 2*

Alberto Lusignani

loc. Vigoleno
via Case Orsi, 9
29010 Vernasca [PC]
Tel. 0523895178
lusignani@agonet.it

Vigoleno è un borgo fortificato di rara bellezza dove c'è un'antica tradizione di Vin Santo ottenuto da rare uve autoctone: melara e santa maria principalmente. Lusignani è l'esperienza principale di questa tradizione che viene portata avanti perlopiù in ambito familiare.

- ○ C. P. Vin Santo di Vigoleno '06 ŸŸ 8
- ● Barbera Frizzante '15 ŸŸ 1*

Manaresi

loc. Bella Vista
via Bertoloni , 14
40069 Zola Predosa [BO]
Tel. 051751491
www.manaresi.net

Una piccola cantina e 11 ettari in collina a Zola Predosa dai quali si gode di una bella vista su Bologna: è il progetto di Donatella Agostoni e del marito Fabio Bottonelli. Il Pignoletto Frizzante '15 profuma di erbe e fiori bianchi ed è fresco ed elegante.

- ○ C.B. Pignoletto Frizzante '15 ŸŸ 2*
- ○ C.B. Pignoletto Cl. '15 Ÿ 2

Tenuta Masselina

loc. Serrà
via Pozze, 1030
48014 Castel Bolognese [RA]
Tel. 0545651004
www.masselina.it

16 ettari di vigne sulle argille della Serra, nelle prime colline faentine, per il progetto di Cevico fortemente voluto da Ruenza Santandrea e oggi seguito dagli agronomi ed enologi interni in collaborazione con l'Istituto Tecnico Agrario Statale Scarabelli di Imola.

- ○ Romagna Albana Secco '14 ŸŸ 2*
- ● Romagna Sangiovese Sup. 138 '15 ŸŸ 2*

Mattarelli

via Marconi, 35
44049 Vigarano Mainarda [FE]
Tel. 053243123
www.mattarelli-vini.it

I terreni sabbiosi a ridosso del mare di Bosco Eliceo sono uno dei territori del vino più interessanti e affascinanti di tutta la regione e rappresentano un terroir unico e difficile che regala vini scarni e duri come la Fortana, di cui Emanuele Mattarelli è un grande interprete.

- ○ Bosco Eliceo Bianco Frizzante '15 ŸŸ 3
- ● Bosco Eliceo Fortana Frizzante '15 ŸŸ 3

Cantina Puianello e Coviolo

fraz. Puianello
via C. Marx, 19a
42020 Quattro Castella [RE]
Tel. 0522889120
www.cantinapuianello.it

Piccola e storica realtà cooperativa che ha puntato forte sulla produzione in bottiglia e sui vitigni minori come i lambrusco barghi e montericco e il bianco spergola, in questo caso anche grazie ad alcuni nuovi soci acquisiti a Scandiano, territorio d'elezione del vitigno.

- ⊙ Ancestrale Lambrusco Emilia Rosé Frizzante Secco '14 ŸŸ 2*
- ● Reggiano Lambrusco Barghi L'Incontro '15 ŸŸ 2*

Rocca Le Caminate

s.da Meldola Rocca delle Caminate 15a
47014 Meldola [FC]
Tel. 0543493482
www.roccalecaminate.it

6 ettari di vigne nella valle del Rabbi a circa 300 metri e una piccola cantina di vinificazione. È il progetto della famiglia Fabbri che dal 2000 è impegnata a produrre vini dalla buona qualità complessiva. Sbargoleto '13 austero e terroso, si distende in bocca sulla freschezza.

● Romagna Sangiovese Predappio Sbargoleto '13	🍷🍷 3
● Romagna Sangiovese Predappio Bramabene '13	🍷 2

Le Rocche Malatestiane

via Emilia, 104
47900 Rimini
Tel. 0541743079
www.lerocchemalatestiane.it

500 viticoltori dei Colli Riminesi e un progetto di vinificazione per suoli di provenienza: I Diavoli dalle argille ocra di San Clemente e Gemmano, I Tre Miracoli dalle sabbie sciolte con presenza di gessi di Verucchio e Torriana e il Sigismondo dalle argille grigie di Coriano.

● Romagna Sangiovese Sup. Tre Miracoli '15	🍷🍷 2*
● Romagna Sangiovese Sup. I Diavoli '15	🍷🍷 2*
● Romagna Sangiovese Sup. Sigismondo '15	🍷🍷 2*

Fondo San Giuseppe

via Tura
48013 Brisighella [RA]
Tel. 3284333271
www.fondosangiuseppe.it

Stefano Bariani e Mariagrazia Rizzati coltivano 4 ettari di vigne nella valle del Lamone, in alto, su terreni sciolti e poveri. Fiorile '15 si distende su una bellissima acidità. Ca Bianca '15 ha un frutto carnoso e nitido e trova carattere nella progressione di bocca.

● Ca' Bianca Sangiovese '15	🍷🍷 3
○ Fiorile Albana '15	🍷🍷 3

Tenuta Santa Lucia

via Giardino, 1400
47025 Mercato Saraceno [FC]
Tel. 054790441
www.santaluciavinery.it

L'azienda di Paride Benedetti e della moglie Assunta Cecere possiede 17 ettari di vigne: 15 a Mercato Saraceno nell'alta Valle del Savio (sottozona San Vicinio) e i restanti 3 a Roversano, sulle prime colline cesenati. L'azienda punta molto sui vitigni autoctoni, anche minori.

○ Albana di Romagna Secco Alba Rara '15	🍷🍷 2*
● Sangiovese di Romagna Sup. Taibo '15	🍷 2

Santodeno

via Villa Rossi, 50
47012 Civitella di Romagna [FC]
Tel. 3356556747
fabio.ravaioli@santodeno.it

Fabio Ravaioli e Alfeo Martini selezionano le migliori uve di sangiovese dei loro 70 ettari di vigne di proprietà e presso alcuni viticultori di fiducia nella valle del Bidente e del Rabbi per produrre un vino speziato e fruttato, rotondo in bocca, fitto e fresco, con tannini maturi e serrati.

● Romagna Sangiovese Sup. '15	🍷🍷 2*

Il Teatro

via Monte Trebbio, 17
47015 Modigliana [FC]
Tel. 3351358688
ilteatrodivino@icloud.com

Luca Monduzzi e Stefania Montanari vinificano le uve delle vigne di proprietà di Modigliana e Brisighella con risultati molto interessanti. Sono vini territoriali ed eleganti, di grande classicità e freschezza. Un progetto in fortissima crescita qualitativa.

● Romagna Sangiovese Modigliana Violano '15	🍷🍷 4
● Romagna Sangiovese Sup. Atto II '15	🍷🍷 3

Terraquilia

via Caldana
41052 Guiglia [MO]
Tel. 059931023
www.terraquilia.it

Terraquilia si trova nelle alte colline di Modena, nel territorio del comune di Guiglia, sui tipici terreni di arenaria e argille esposti alle brezze di montagna e a forti escursioni termiche. Tra i tanti vini prodotti segnaliamo le rifermentazioni in bottiglia senza sboccatura.

- ● Falcorubens '15 — 2*
- ○ Terrebianche '15 — 2*

Terre della Pieve

fraz. Diegaro
via Emilia Ponente, 2412
47023 Cesena [FC]
Tel. 0547611535
www.terredellapieve.com

Sergio Lucchi è un piccolo artigiano che coltiva 5 ettari di vigne nel territorio di Bertinoro, a due passi dalla Pieve di Polenta che è richiamata nel nome aziendale. Siamo a 300 metri su suoli ricchi di calcare attivo come è tipico di quest'angolo di Romagna.

- ● Sangiovese di Romagna Sup. Nobis Ris. '12 — 3

Azienda Agricola Trerè

loc. Monticoralli
via Casale, 19
48018 Faenza [RA]
Tel. 054647034
www.trere.com

Morena Trerè, affiancata oggi dal figlio Massimiliano Fabbri, conduce questa azienda imbottigliando vino fin dagli anni Sessanta. 35 ettari sulle argille dei primi Colli Faentini e una produzione sempre affidabile e di buon livello complessivo.

- ● Sangiovese di Romagna Sup. Sperone '15 — 2*
- ○ Albana di Romagna Arlùs '15 — 2

Vallona

loc. Fagnano
40050 Castello di Serravalle [BO]
Tel. 0516703333
www.fattorievallona.it

Maurizio Vallona è uno storico vignaiolo dei Colli Bolognesi, un interprete di vini precisi e affidabili che ha scelto uno stile morbido. Fa eccezione Amestesso, affinato a lungo in cemento sulle sue fecce. Il 2011 è complesso – artemisia, salvia e anice – e fresco.

- ○ C. B. Pignoletto Cl. Amestesso '11 — 4
- ○ Pignoletto Frizzante '15 — 2

Marta Valpiani

loc. Castrocaro Terme
via Bagnolo, 156/158
47011 Forlì
Tel. 0543769598
www.vinimartavalpiani.it

Elisa Mazzavillani è una delle nuove protagoniste del vino romagnolo e la sua produzione è anno dopo anno sempre più territoriale e interessante. I suoi 10 ettari di vigne sono sulle argille salate che sovrastano Castrocaro Terme, a circa 300 metri di altitudine.

- ○ Bianco '15 — 2*
- ● Romagna Sangiovese Sup. '14 — 2*

Podere Vecciano

via Vecciano, 23
47852 Coriano [RN]
Tel. 0541658388
www.poderevecciano.it

Podere Vecciano è un'azienda a conduzione familiare che si trova nei Colli Riminesi, nel comune di Coriano, a circa 10 chilometri dal mare e che possiede 16 ettari di vigne gestite con impegno e puntualità. Vignalmonte '13 è saporito e scorre su una bella freschezza.

- ⊙ Ramante Rosé Brut '15 — 2*
- ● Romagna Sangiovese Sup. Vignalmonte '13 — 3

TOSCANA

È ancora la Toscana la regione più premiata dalla Guida dei Vini quest'anno e, dato ancor più rilevante, è anche la regione con il maggior numero di aziende che ottengono per la prima volta i Tre Bicchieri, ben 10, decisamente sopra il 10 percento del totale regionale, che quest'anno si attesta a 80. Non è un caso che per il secondo anno di fila il Premio alla Cantina Emergente sia toscano, quest'anno in zona Chianti Classico, a Istine, bellissima realtà guidata da Angela Fronti. Senza contare che sempre nel medesimo comprensorio anche Cigliano raggiunge la meta, insieme a Torre a Cona, nei Colli Fiorentini. A questi si aggiungono i 16 Tre Bicchieri ad altri Chianti Classico e gli 8 igt sempre dal medesimo areale. Niente male per una zona che a torto (e quanto!) viene considerata sonnacchiosa, ostaggio delle storiche realtà, incapace di rigenerarsi. Speriamo che se ne convincano presto i produttori stessi, che trovino così il modo di valorizzare – anche dal punto di visto economico visto il prezzo ancora troppo basso delle uve a denominazione – il patrimonio di cui dispongono. A Montalcino i premi sono 14, di cui uno, quello di Uccelliera, va al Rosso. Le Riserve '10 battono - di poco - i Brunello '11 7 a 6. Qui val la pena sottolineare come la 2011 sia nei fatti un'annata molto valida, che rischia ingiustamente di venir adombrata da una 2010 tanto enfatizzata. Anche a Montalcino due realtà neotrebicchierate, Tenuta di Sesta e Giodo, la piccola realtà dell'enologo Carlo Ferrini. Con l'annata 2013 tornano a brillare intensamente i Bolgheri, 11 i vini premiati che arrivano dall'areale. Grande equilibrio, tensione e struttura, tannini perfettamente maturi, e, ci scommettiamo, anche capacità di invecchiamento. Qualcosa si muove anche qui visto che entra in Guida con i Tre Bicchieri Fabio Motta e il suo Le Gonnare '13. La denominazione del Nobile di Montepulciano conferma la sensazione avuta già lo scorso anno, con vini sempre più a fuoco, soprattutto nella componente tannica, che i particolari terreni della zona tenderebbero di loro natura a rendere ostica. Anche qui una new entry, Tenuta di Gracciano della Seta. La Maremma - Morellino e Montecucco - non sta certo ferma a guardare e continua a essere vincente quando lo stile è sottrattivo più che muscolare, che quando il territorio e il clima sono generosi l'uomo deve imparare ad alleggerire la mano, non certo ad appesantirla. Qui tra le aziende premiate per la prima volta Antonio Camillo e il suo Maremma Toscana Ciliegiolo Vigna Vallerana Alta '14, una lettura elegante e raffinata del delicato vitigno. Eleganza, raffinatezza e delicatezza anche per il Pinot Nero '13 Podere della Civettaja, dall'Appennino Toscano con ribelle ostinazione.

Acquabona

loc. Acquabona
57037 Portoferraio [LI]
Tel. 0565933013
www.acquabonaelba.it

VENDITA DIRETTA
VISITA SU PRENOTAZIONE
PRODUZIONE ANNUA 90.000 bottiglie
ETTARI VITATI 18,00

Agli inizi del 1700 intorno a una fonte d'acqua dolce, tra Portoferraio e Porto Azzurro, sorge il primo nucleo di Acquabona. Insieme alla coltivazione di cereali e di foraggio per l'allevamento bovino, ci sono un po' di vigne che col passar del tempo diventano preponderanti nell'economia della struttura, fino a far nascere poco meno di sessant'anni fa l'azienda vitivinicola. Tre amici agronomi, nel 1987, decidono di rilevare l'azienda con l'intento di rilanciare l'Aleatico Passito dell'Elba e l'Ansonica, e costituire così una realtà vinicola moderna ed efficiente. Un appuntamento quasi classico quello con la finale per l'Aleatico Passito che, nella versione 2011, manifesta un naso appena animale e poi sentori di frutta matura. Bocca densa e succosa, elegante e piena, con bella grinta sul finale di ottima lunghezza. Legato al floreale il bouquet dell'Elba Ansonica '15, con note di mandorla, corpo solido ma fresco e gradevole. Intrigante nella sua semplicità l'Elba Bianco '15 , dai sentori agrumati di lime, succoso in bocca, invitante e fresco.

● Elba Aleatico Passito '11	TT 3* (rossi)
○ Elba Ansonica '15	TT 3
○ Elba Bianco '15	TT 2*
● Voltraio '12	TT 4
⊙ Elba Rosato '15	T 2
● Elba Rosso '14	T 2
● Elba Rosso Camillo Bianchi Ris. '15	T 4
○ Elba Vermentino '15	T 3
● Benvenuto '13	YY 2*
● Benvenuto '11	YY 2*
○ Elba Ansonica '13	YY 3
○ Elba Bianco '13	YY 2*
○ Elba Vermentino '14	YY 3
● Voltraio '10	YY 4

Agricoltori del Chianti Geografico

loc. Mulinaccio, 10
53013 Gaiole in Chianti [SI]
Tel. 0577749489
www.chiantigeografico.it

VENDITA DIRETTA
VISITA SU PRENOTAZIONE
OSPITALITÀ
PRODUZIONE ANNUA 1.100.000 bottiglie
ETTARI VITATI 270,00

L'azienda ha una storia recente ma densa di avvenimenti: nasce come cooperativa nel 1961, grazie a 17 viticoltori che decidono di unire le proprie forze per ribadire con forza la loro appartenenza a un territorio storico. Nel corso degli anni sono aumentati i conferitori e, in tempi recenti, l'ingresso della famiglia Piccini, storici produttori del territorio, ha permesso un rilancio con buone prospettive di crescita. Rimane il Chianti Classico il prodotto principale dell'azienda, nelle sue varie sfaccettature. La Riserva Montegiachi '12 si caratterizza per un bouquet ben definito di frutti rossi maturi, con spezie leggere, corpo rilassato, tannini ben integrati e finale piacevole e ampio. Gradevole Contessa di Radda '13, dal naso classico, corpo ben strutturato, senza eccessi, fresco nerbo acido e finale pulito. Gradevole, di ottima beva, invitante e succoso il Chianti Classico '13.

Vino	Valutazione
● Chianti Cl. '13	TT 3
● Chianti Cl. Contessa di Radda '13	TT 3
● Chianti Cl. Montegiachi Ris. '12	TT 4
● Ferraiolo '13	TT 5
● Pulleraia '13	T 3
○ Vernaccia di S. Gimignano '15	T 2
● Chianti Cl. Montegiachi Ris. '09	YYY 4*
● Chianti Cl. Montegiachi Ris. '07	YYY 4
● Chianti Cl. Montegiachi Ris. '05	YYY 4
● Brunello di Montalcino Castello Tricerchi '07	YY 7
● Chianti Cl. Contessa di Radda '11	YY 3
● Chianti Cl. Lucignano '12	YY 3
● Chianti Cl. Molin Lungo '12	YY 3
● Pulleraia '10	YY 5

Altesino

LOC. ALTESINO, 54
53024 MONTALCINO [SI]
TEL. 0577806208
www.altesino.it

VENDITA DIRETTA
VISITA SU PRENOTAZIONE
OSPITALITÀ
PRODUZIONE ANNUA 250.000 bottiglie
ETTARI VITATI 49,00

La storia del marchio Altesino è strettamente legata alla famiglia Consonni, che lo fondò negli anni Settanta, e alla celebre collina di Montosoli, vero e proprio grand cru del versante nord di Montalcino. Nel 2002 fu rilevato da Elisabetta Gnudi Angelini, che l'ha gradualmente trasformato in una realtà da oltre 40 ettari con l'acquisizione di altri corpi viticoli importanti a Castelnuovo dell'Abate e a Pianezzine. La piattaforma ampelografica comprende merlot, cabernet, chardonnay, vermentino, viognier, trebbiano e malvasia, ma è naturalmente il sangiovese a fare la parte del leone, a partire dai tre Brunello di stile moderatamente moderno. Gli ultimi assaggi segnalano una solida batteria guidata dal Brunello '11: un tocco di legno dolce, ma anche agrumi, spezie ed erbe balsamiche, si articola nel sorso con agilità e tensione. La selezione Montosoli pari annata appare in questa fase più cupa e severa, potrebbe comunque trovare in vetro maggiore armonia, come la Riserva '10.

● Brunello di Montalcino '11	🍷🍷 6
● Brunello di Montalcino Montosoli '11	🍷🍷 8
● Brunello di Montalcino Ris. '10	🍷🍷 8
● Toscana Rosso '14	🍷🍷 3
● Rosso di Montalcino '14	🍷 3
● Brunello di Montalcino '10	🍷🍷 6
● Brunello di Montalcino '00	🍷🍷 6
● Brunello di Montalcino Montosoli '10	🍷🍷 8

Amiata

LOC. MONTEGIOVI
58033 CASTEL DEL PIANO [GR]
TEL. 3396902444
www.amiatavini.it

VENDITA DIRETTA
VISITA SU PRENOTAZIONE
PRODUZIONE ANNUA 12.000 bottiglie
ETTARI VITATI 3,00

Torna in Guida, dopo appena un anno di stop, la giovane azienda di Simone Toninelli e Stefania Colombini. Come dichiara esplicitamente il nome, ci troviamo sulle pendici del monte Amiata, antico vulcano spento che, con la sua mole, fa da sfondo ai tre ettari di vigneto, coltivati perlopiù a sangiovese, vitigno protagonista della zona. Proprio a ridosso della denominazione di Montalcino, la denominazione Montecucco ha dimostrato di poter dare ottimi risultati, e i vini di Amiata ne sono la prova concreta. Giunge in finale e manca per un pelo il bersaglio grosso il Cenere '10, da sangiovese, dal carattere terragno, dal naso scuro, contrappuntato da erbe aromatiche, alloro e note minerali. In bocca tornano intriganti note terrose accompagnate da ciliegia e mora mature su una struttura tannica fitta e fine. Non meno interessante il Lavico '11, ricco nel bagaglio aromatico di frutti neri maturi, dal tannino serrato e denso.

● Montecucco Sangiovese Cenere Ris. '10	🍷🍷 5
● Montecucco Sangiovese Lavico '11	🍷🍷 4
● Lapillo '09	🍷🍷 3
● Montecucco Sangiovese Cenere Ris. '09	🍷🍷 5
● Montecucco Sangiovese Cenere Ris. '08	🍷🍷 3
● Montecucco Sangiovese Cenere Ris. '07	🍷🍷 3
● Montecucco Sangiovese Lavico '10	🍷🍷 4
● Montecucco Sangiovese Lavico '09	🍷🍷 3*
● Montecucco Sangiovese Lavico '08	🍷🍷 3*

Ampeleia

FRAZ. ROCCATEDERIGHI
LOC. MELETA
58028 ROCCASTRADA [GR]
TEL. 0564567155
www.ampeleia.it

VENDITA DIRETTA
VISITA SU PRENOTAZIONE
PRODUZIONE ANNUA 135.000 bottiglie
ETTARI VITATI 35,00
VITICOLTURA Biologico Certificato
AZIENDA SOSTENIBILE

Quando trent'anni fa usciva la prima edizione della Guida, tra le aziende toscane trovava spazio anche la Fattoria di Meleta. Sulle ceneri di quell'azienda, nel 2002, tre amici imprenditori costruirono le basi del loro futuro successo vinicolo. Dopo l'uscita di scena di Thomas Widmann, oggi sono rimasti Elisabetta Foradori e Giacomo Pondini a proseguire il progetto Ampeleia: 35 ettari vitati, situati su tre livelli, uno dei quali, Ampeleia di Sopra – 15 ettari a 450-600 metri d'altitudine coltivati principalmente a cabernet franc – condotto in regime biodinamico. Pochi autoctoni nei vigneti, giusto qualche filare di sangiovese, per il resto si tratta di alloctoni, adatti al clima mediterraneo della zona. Il Kepos '14, blend da alicante nero, carignano e alicante bouschet, conquista le finali in virtù di un naso dai tratti erbacei che rimandano alla macchia mediterranea e di una bocca scura dai tannini fitti e dal finale gradevolmente speziato. Molto piacevole il Carignano '15, dal naso nitido di ciliegia e dal sorso disteso e continuo. Fresco e vivace l'Alicante '15, giocato su piccoli frutti rossi ed equilibrata acidità.

● Kepos '14	🍷🍷	4
● Alicante '15	▼▼	5
● Carignano Campo Al Finocchio '15	▼▼	5
● Ampeleia '13	▼	5
● Cabernet Franc '15	▼	5
● Unlitro '15	▼	3
● Ampeleia '12	▽▽	5
● Ampeleia '11	▽▽	5
● Ampeleia '09	▽▽	5
● Kepos '13	▽▽	4
● Kepos '12	▽▽	4
● Kepos '11	▽▽	3*
● Kepos '10	▽▽	3*

★★Marchesi Antinori

P.ZZA DEGLI ANTINORI, 3
50123 FIRENZE
TEL. 05523595
www.antinori.it

VENDITA DIRETTA
VISITA SU PRENOTAZIONE
OSPITALITÀ E RISTORAZIONE
PRODUZIONE ANNUA 2.000.000 bottiglie
ETTARI VITATI 2350,00

Il vino italiano, senza inutili giri di parole, non occuperebbe l'attuale posizione di prestigio senza Antinori. I suoi decisivi indirizzi commerciali e tecnico produttivi sono stati capaci di innescare, a metà anni Ottanta, il rinascimento enologico del Bel Paese, segnalando il ruolo fondamentale di questa azienda che resta d'impronta familiare, nonostante i volumi siano ormai industriali. La produzione, qualitativamente affidabile e tecnicamente ineccepibile, sa rispondere ai diversi segmenti di mercato: dall'assoluta correttezza delle etichette entry level, alla rarefatta esclusività di quelle di punta. Una versione di Tignanello di grande livello la 2013, che ci consegna il re dei supertuscan, da sangiovese, cabernet sauvignon e franc, con tratti aromatici intensi e sfaccettati e bocca succosa e profonda. Il Chianti Classico Marchese Antinori Riserva '13 ha profumi leggermente ferrosi e palato morbido e vivace. Il Chianti Classico Pèppoli '14 è un vino tutto all'insegna della piacevolezza.

● Tignanello '13	🍷🍷🍷	8
● Chianti Cl. Marchese Antinori Ris. '13	🍷🍷	5
● Maremma Botrosecco Le Mortelle '14	🍷🍷	3*
● Chianti Cl. Pèppoli '14	▼▼	3
● Nobile di Montepulciano Santa Pia La Braccesca Ris. '12	▼▼	5
● Solaia '13	▼▼	8
● Cortona Syrah Achelo La Braccesca '14	▼	5
● Maremma Poggio alle Nane Le Mortelle '13	▼	6
○ Maremma Viva Le Mortelle '15	▼	4
● Solaia '07	▽▽▽	8
● Solaia '06	▽▽▽	8
● Tignanello '09	▽▽▽	8
● Tignanello '08	▽▽▽	8

Tenuta Argentiera

loc. I Pianali
fraz. Donoratico
via Aurelia, 412a
57022 Castagneto Carducci [LI]
Tel. 0565773176
www.argentiera.eu

VENDITA DIRETTA
VISITA SU PRENOTAZIONE
PRODUZIONE ANNUA 450.000 bottiglie
ETTARI VITATI 75,00

Tenuta Argentiera, in mano a Corrado e Marcello Fratini, vanta oltre settanta ettari di vigna in alcune delle più vocate sottozone della denominazione e realizza alcuni dei vini più buoni di tutta la zona. I filari poggiano su suoli argillosi e sassosi, perfetti per ottenere grandi risultati dalle classiche varietà di Bolgheri: cabernet sauvignon e franc, merlot, syrah. Il lavoro di cantina completa l'opera e regala dei rossi monumentali per complessità e finezza. Approdo sicuro per gli amanti della tipologia. Il Bolgheri Rosso Superiore '13 ha veste scura e frutto di buonissima concentrazione. Anche l'apporto tostato contribuisce a incanalare il vino in un percorso fatto di complessità ed estrazione, così come di una trama tannica serrata e un po' asciugante. Impostazione stilistica molto simile, seppur nelle ovvie differenze, per il Bolgheri Villa Donoratico '13.

Vino	
● Bolgheri Rosso Sup. '13	🍷🍷 8
● Bolgheri Villa Donoratico '13	🍷🍷 5
● Bolgheri Sup. Lavinia Maria '12	🍷 8
○ Poggio ai Ginepri '15	🍷 3
● Bolgheri Sup. '11	YYY 8
● Bolgheri Sup. Argentiera '10	YYY 7
● Bolgheri Sup. Argentiera '06	YYY 7
● Bolgheri Sup. Argentiera '05	YYY 7
● Bolgheri Sup. Argentiera '04	YYY 7
● Bolgheri Rosso Poggio ai Ginepri '13	YY 3
● Bolgheri Sup. '12	YY 8
● Giorgio Bartholomaus '12	YY 8
● Giorgio Bartholomaus '11	YY 8
● Lavinia Maria '11	YY 8

Artimino

fraz. Artimino
v.le Papa Giovanni XXIII, 1
59015 Carmignano [PO]
Tel. 0558751423
www.artimino.com

VENDITA DIRETTA
VISITA SU PRENOTAZIONE
OSPITALITÀ E RISTORAZIONE
PRODUZIONE ANNUA 420.000 bottiglie
ETTARI VITATI 88,00

Il Borgo di Artimino è dominato dalla bellissima villa medicea, la Ferdinanda, dove a partire dalla fine del '500 i granduchi di Toscana passavano il periodo estivo. Oggi Artimino è una grande azienda (oltre 700 ettari) con più rami d'impresa: hotel, residenze rurali, ristorazione, ricevimenti. Ma sulle colline di Carmignano Artimino coltiva anche 80 ettari di vigneti, dove produce i classici del territorio, dal Vin Ruspo al Vin Santo all'olio extravergine. Fu Caterina de' Medici, nel 1533, a introdurre in zona il cabernet sauvignon, che qui è considerato, a buon diritto, una varietà tradizionale. Ottimi i riscontri dalle nostre degustazioni di quest'anno. Arriva con scioltezza alle nostre finali il Vin Santo Occhio di Pernice '09, dal bel colore ambrato mogano, ricco all'olfatto di note d'uva passa agrume candito noce, nocciola e vaniglia. Al palato è denso, delicatamente dolce, e sfuma elegante e lungo su note di fico secco e finocchietto selvatico. Eccellente il Carmignano '13, a conferma della validità del nuovo corso recentemente intrapreso da Artimino.

● Vin Santo di Carmignano Occhio di Pernice '09	🍷🍷 (rossi) 5
● Carmignano '13	🍷🍷 3
● Carmignano Ris. '12	🍷🍷 4
○ Vin Santo di Carmignano '12	🍷🍷 4
● Barco Reale '15	🍷 2
⊙ Barco Reale Vin Ruspo '15	🍷 2
● Carmignano V. Grumarello Ris. '1	🍷 4
● Carmignano '11	YY 3
● Carmignano '10	YY 3
● Carmignano V. Grumarello Ris. '10	YY 4
● Carmignano V. Grumarello Ris. '09	YY 4
● Carmignano Villa Artimino Ris. '09	YY 2*
○ Vin Santo di Carmignano '10	YY 4

Assolati

FRAZ. MONTENERO
POD. ASSOLATI, 47
58040 CASTEL DEL PIANO [GR]
TEL. 0564954146
www.assolati.it

VENDITA DIRETTA
VISITA SU PRENOTAZIONE
OSPITALITÀ
PRODUZIONE ANNUA 18.000 bottiglie
ETTARI VITATI 5,00

Sulle colline che si frappongono tra il Monte Amiata e la Maremma, Loriano Giannetti ha ereditato dai nonni e dai genitori un terreno di più di 100 ettari ma anche la tenacia e l'abnegazione per rendere quei terreni, aspri e boscosi, adatti alla coltivazione di vigne e olivi. Oggi gli ettari vitati sono cinque e la viticoltura si è trasformata da semplice produzione agricola di sostentamento a produzione di qualità. Inoltre, nel vecchio casolare ristrutturato, Floriano ha dato il via a una florida attività agrituristica che, oltre che su olio e vino, verte sulla cucina e i piatti locali. La batteria presentata quest'anno alle nostre degustazioni è risultata davvero convincente. Spicca la Riserva '13, che raggiunge le finali in virtù di un naso austero, che lascia poche concessioni ad accenni fruttati e balsamici; in bocca si avverte un tannino di buona grana anche se ancora non del tutto integrato, e una spalla acida importante che rende vivo il sorso. Fresco e vibrante il Montecucco Rosso '14, dai bei richiami di arancia amara ed erbe aromatiche.

● Montecucco Sangiovese Ris. '13	**ΥΥ**	4
● Montecucco Rosso '14	ΥΥ	2*
● Montecucco Sangiovese '13	ΥΥ	3
○ Dionysos '15	Υ	2
● Montecucco Rosso '12	♈♈	2*
● Montecucco Rosso '11	♈♈	2*
● Montecucco Rosso '10	♈♈	2*
● Montecucco Rosso '08	♈♈	2*
● Montecucco Sangiovese '09	♈♈	3
● Montecucco Sangiovese Ris. '12	♈♈	3
● Montecucco Sangiovese Ris. '10	♈♈	3
● Montecucco Sangiovese Ris. '09	♈♈	4
● Montecucco Sangiovese Ris. '07	♈♈	4

★Avignonesi

FRAZ. VALIANO DI MONTEPULCIANO
VIA LODOLA, 1
53045 MONTEPULCIANO [SI]
TEL. 0578724304
www.avignonesi.it

VENDITA DIRETTA
VISITA SU PRENOTAZIONE
RISTORAZIONE
PRODUZIONE ANNUA 700.000 bottiglie
ETTARI VITATI 180,00
VITICOLTURA Biologico Certificato

L'azienda di Valiano, che conta anche sui vigneti e sulla cantina della Tenuta Lodola Nuova, è al centro di un progetto enologico ambizioso. Virginie Saverys che ne è l'artefice, ha puntato decisamente sull'ambiente e dopo il regime biologico si sta avvicinando anche la certificazione biodinamica per l'intero parco vigneti. Avignonesi così continua a restare uno dei simboli più importanti dell'enologia poliziana, con vini equilibrati e di bella personalità e con il Vin Santo, tipologia di grande tradizione a Montepulciano, che questa azienda onora sempre con memorabili interpretazioni. Il Nobile '13 possiede un ricco bagaglio olfattivo e una progressione gustativa solida e incisiva. Monumentale, come sempre, il Vin Santo di Montepulciano '01, profumatissimo, denso e cremoso. Centrato il Nobile Grandi Annate '12, dal naso speziato e dalla bocca succosa e piena, con solo un po' di legno in esubero. Estremo, come "da copione", il Vin Santo di Montepulciano Occhio di Pernice '01.

● Nobile di Montepulciano '13	**ΥΥ**	5
○ Vin Santo di Montepulciano '01	**ΥΥ**	8
● Nobile di Montepulciano Grandi Annate '12	ΥΥ	7
● 50 & 50 '11	Υ	8
● Rosso di Montepulciano '14	Υ	3
● Vin Santo di Montepulciano Occhio di Pernice '01	Υ	8
● Nobile di Montepulciano '12	♈♈♈	4*
○ Vin Santo '98	♈♈♈	8
○ Vin Santo '96	♈♈♈	8
○ Vin Santo '95	♈♈♈	8
○ Vin Santo '93	♈♈♈	8
● Vin Santo Occhio di Pernice '97	♈♈♈	8
● Vin Santo Occhio di Pernice '93	♈♈♈	8
○ Vin Santo Occhio di Pernice '90	♈♈♈	8

Badia a Coltibuono

Loc. Badia a Coltibuono
53013 Gaiole in Chianti [SI]
Tel. 0577746110
www.coltibuono.com

VENDITA DIRETTA
VISITA SU PRENOTAZIONE
OSPITALITÀ E RISTORAZIONE
PRODUZIONE ANNUA 240.000 bottiglie
ETTARI VITATI 62,00
VITICOLTURA Biologico Certificato
AZIENDA SOSTENIBILE

Badia a Coltibuono, marchio storico della denominazione Chianti Classico, è un buon esempio della viticoltura italiana più evoluta. Non solo per la certificazione a biologico che l'azienda detiene dal 2000, ma anche per la particolare sensibilità cui è sottoposta l'intera produzione, che privilegia vini stilisticamente compiuti, eleganti, articolati e capaci di vincere anche la sfida del tempo. A curare l'azienda i fratelli Roberto ed Emanuela Stucchi che, nel recente passato, hanno definitivamente intrapreso la strada della qualità costante e dell'eccellenza. Sono di grande fascino gli aromi di terra e fiori che contraddistinguono il Chianti Classico Riserva '12, succoso, quasi leggiadro, dalla progressione gustativa incalzante e profonda, capace di restituire un sorso piacevole ma niente affatto privo di personalità. Certamente influenzato dagli esiti di un'annata complicata il Chianti Classico RS '14, dai profumi puliti e dalla bocca sottile ma riccamente sapida.

● Chianti Cl. Ris. '12	YY 5
● Chianti Cetamura '15	YY 2*
● Chianti Cl. RS '14	YY 2*
● Chianti Cl. '14	Y 3
● Montebello '11	Y 7
● Chianti Cl. '13	YYY 3*
● Chianti Cl. '12	YYY 3*
● Chianti Cl. '06	YYY 3*
● Chianti Cl. Cultus Boni '09	YYY 4*
● Chianti Cl. Ris. '09	YYY 5
● Chianti Cl. Ris. '07	YYY 5
● Chianti Cl. Ris. '04	YYY 5
● Chianti Cl. RS '13	YY 2*

Badia di Morrona

via del Chianti, 6
56030 Terricciola [PI]
Tel. 0587658505
www.badiadimorrona.it

VENDITA DIRETTA
VISITA SU PRENOTAZIONE
OSPITALITÀ E RISTORAZIONE
PRODUZIONE ANNUA 350.000 bottiglie
ETTARI VITATI 110,00

La Badia di Morrona, tra Pisa e Volterra, è un luogo molto bello, di alto valore storico artistico. Le origini risalgono all'anno Mille ed è certo che fu un convento dei Monaci Benedettini. È alla fine degli anni Trenta del '900 che passa in mano alla famiglia Gaslini Alberti. La proprietà è immensa, circa 600 ettari in tutto di cui oltre 100 vitati. I vini hanno stampo moderno e sono tra quelli della zona meglio riusciti. Tra le varietà a bacca nera impiantate primeggia il sangiovese, insieme a cabernet, merlot e syrah. Il Taneto '13 è vino di materia e complessità, certamente bisognoso di affinamento in bottiglia ma già leggibile. Da uve syrah in prevalenza, ha carica tostata evidente ma frutto capace di dirigerla, in un contesto ampio e saporito, strutturato e profondo. Sullo stesso livello qualitativo il N'Antia '13. Esempio di Chianti ben riuscito, I Sodi del Paretaio '15 è rosso di pronta e piacevole beva, succoso su cenni di prugne selvatiche e spezie fini, affatto corto e ben slanciato.

● Taneto '13	YY 3
● Chianti I Sodi del Paretaio '15	YY 2*
○ Felciaio '15	YY 2*
● N'Antia '13	YY 5
○ Vin Santo del Chianti '10	Y 4
○ Felciaio '14	YY 2*
● N'Antia '10	YY 5
● Taneto '12	YY 3
● Taneto '11	YY 3*
● VignAalta '10	YY 5
● VignAalta '09	YY 5
○ Vin Santo del Chianti '09	YY 4

Tenuta La Badiola

LOC. BADIOLA
58043 CASTIGLIONE DELLA PESCAIA [GR]
TEL. 0564944919
www.tenutalabadiola.it

VENDITA DIRETTA
OSPITALITÀ E RISTORAZIONE
PRODUZIONE ANNUA 150.000 bottiglie
ETTARI VITATI 30,00

Prima di essere una delle realtà del gruppo Terra Moretti (che in Toscana possiede già Petra e in Franciacorta Contadi Castaldi e Bellavista), la tenuta era una delle residenze estive della corte di Leopoldo II di Lorena Granduca di Toscana. Vittorio Moretti ne ha fatto invece un'importante azienda vitivinicola della zona, cui ha affiancato un lussuoso relais, L'Andana. Nei trenta ettari vitati si coltivano vermentino e viognier per il bianco, e cabernet, merlot, sangiovese e shiraz per il rosso. Tra i vigneti trova spazio anche l'alicante, impiegato nella produzione del rosato. Tutti i vini hanno come minimo comune denominatore un'impronta mediterranea che li rende espressione del territorio su cui nascono. Come nell'Acquagiusta Rosso '14, che profuma di fragola e ciliegia mature, macchia e ginepro e si muove energico e ritmato grazie ad armonica spalla acida e finale speziato. Altrettanto coerente il Vermentino '15, in cui i fiori bianchi lasciano spazio a sbuffi salmastri che ritornano in bocca su un sorso fragrante e teso.

● Maremma Toscana Acquagiusta Rosso '14	🍷🍷 3
○ Maremma Toscana Vermentino Acquagiusta '15	🍷🍷 3
⊙ Maremma Toscana Rosato Acquagiusta '15	🍷 3
○ Acquadoro '11	🍷🍷 4
● Acquagiusta Rosso '12	🍷🍷 3*
● Acquagiusta Rosso '08	🍷🍷 2*

Fattoria di Bagnolo

VIA IMPRUNETANA PER TAVARNUZZE, 36
50023 IMPRUNETA [FI]
TEL. 0552313403
www.bartolinibaldelli.it

VENDITA DIRETTA
VISITA SU PRENOTAZIONE
PRODUZIONE ANNUA 25.000 bottiglie
ETTARI VITATI 10,00

Le colline che dominano Firenze ospitano già dal 1400 questa tenuta divenuta proprietà della famiglia Bartolini Baldelli intorno al 1800. Oggi è Marco a gestirla, insieme agli altri possedimenti: il Castello di Montozzi a Pergine Valdarno, in provincia di Arezzo e la Fattoria di Scaletta a San Miniato, in provincia di Pisa. Qui nel comune di Impruneta, sui 10 ettari vitati dell'azienda, viene coltivato soprattutto sangiovese, insieme ad altri autoctoni quali colorino, canaiolo, malvasia e trebbiano oltre a due varietà internazionali, il cabernet sauvignon e il merlot. Accanto alla produzione di vino e olio, sempre più importante è l'ampliamento dell'attività agrituristica. Giunge ancora una volta in finale la Riserva, che nell'annata 2013 si presenta con un bouquet armonico e sfaccettato che dalla marasca e dalla ciliegia nera sfuma verso tabacco e accenni balsamici. Raffinata nella struttura tannica, la bocca si articola tra ritorni fruttati e sapidità in sottofondo. Molto piacevole il Chianti '14, più agile e lineare.

● Chianti Colli Fiorentini Ris. '13	🍷🍷 4
● Chianti Colli Fiorentini '14	🍷🍷 2*
● Capro Rosso '13	🍷 5
● Capro Rosso '12	🍷🍷 5
● Capro Rosso '11	🍷🍷 5
● Capro Rosso '10	🍷🍷 5
● Capro Rosso '09	🍷🍷 5
● Chianti Colli Fiorentini '13	🍷🍷 2*
● Chianti Colli Fiorentini Ris. '12	🍷🍷 4
● Chianti Colli Fiorentini Ris. '11	🍷🍷 4
● Chianti Colli Fiorentini Ris. '10	🍷🍷 4
● Chianti Colli Fiorentini Ris. '08	🍷🍷 3
○ Vin Santo del Chianti Ris. '04	🍷🍷 5

I Balzini

Loc. Pastine, 19
50021 Barberino Val d'Elsa [FI]
Tel. 0558075503
www.ibalzini.it

VENDITA DIRETTA
VISITA SU PRENOTAZIONE
PRODUZIONE ANNUA 70.000 bottiglie
ETTARI VITATI 12,00
AZIENDA SOSTENIBILE

Nel 1980 Vincenzo d'Isanto, di professione commercialista, individua ai confini tra le province di Firenze e Siena terreni adatti per impiantare vigneti e produrre vino. Negli anni a seguire anche la moglie Antonella lascia la sua professione di consulente del lavoro per seguire non solo la vigna e la cantina, ma anche tutta la parte organizzativa, attività cui si dedica ora anche la figlia Diana. Ecco quindi un'azienda familiare, il cui nome deriva dalle balze su cui sono impiantati i vigneti, sviluppata attorno all'antica casa colonica, nelle cui proprietà sono coltivati anche oliveti. Il White Label '13, da sangiovese e cabernet sauvignon, ha naso di more e ciliegie, lievi sfumature speziate, toni erbacei accennati. Al gusto risulta scorrevole, di ottima beva, succoso e di buona continuità. Concentrato e caldo il Black Label '13, da cabernet sauvignon e merlot, con cenni speziati ampi, di cannella e ginepro, cenni tostati di caffè, corpo morbido e avvolgente, tannini percettibili, finale lungo.

● I Balzini Black Label '13	🍷🍷 6
● I Balzini Red Label '14	🍷🍷 3
● I Balzini White Label '13	🍷🍷 5
● I Balzini Green Label '15	🍷 3
⊙ I Balzini Pink Label '15	🍷 2
● I Balzini Black Label '12	ΥΥ 6
● I Balzini Black Label '11	ΥΥ 6
● I Balzini Black Label '10	ΥΥ 6
● I Balzini Black Label '09	ΥΥ 6
● I Balzini Green Label '12	ΥΥ 2*
● I Balzini Green Label '11	ΥΥ 2*
● I Balzini Red Label '11	ΥΥ 3
● I Balzini White Label '12	ΥΥ 5
● I Balzini White Label '11	ΥΥ 5

Bandini - Villa Pomona

Loc. Pomona, 39
s.da Chiantigiana
53011 Castellina in Chianti [SI]
Tel. 0577740473
www.fattoriapomona.it

VENDITA DIRETTA
VISITA SU PRENOTAZIONE
OSPITALITÀ
PRODUZIONE ANNUA 16.000 bottiglie
ETTARI VITATI 4,70
VITICOLTURA Biologico Certificato

Villa Pomona è condotta da Monica Raspi ed Enrico Selvi, che hanno trasformato questa piccola realtà in un luogo ormai irrinunciabile per tutti coloro che amano il Chianti Classico, interpretato coerentemente. Le vigne, condotte a biologico, insistono su terreni calcaeo marnosi con presenza di alberese. Senza intervenire in cantina con metodiche invasive, a Villa Pomona si lascia semplicemente esprimere i vini con tutte le loro caratteristiche provenienti da questi terreni. Il risultato sono etichette sempre originali e di assoluta godibilità, con un legame con il territorio d'origine fra i più saldi dell'attuale produzione chiantigiana. Il Chianti Classico Riserva '13 possiede profumi definiti e di grande freschezza, contraddistinti da note di piccoli frutti rossi eleganti e sempre in primo piano. Bocca articolata e non priva di carattere, solo, forse, in debito di un po' di complessità. Coerente con l'annata complicata il Chianti Classico '14, sottile e scorrevole.

● Chianti Cl. Ris. '13	🍷🍷 4
● Chianti Cl. '14	🍷🍷 3
● Chianti Cl. '13	ΥΥΥ 3*
● Chianti Cl. '12	ΥΥΥ 3*
● Chianti Cl. '11	ΥΥ 3
● Chianti Cl. '10	ΥΥ 3
● Chianti Cl. '09	ΥΥ 3
● Chianti Cl. Ris. '12	ΥΥ 4
● Chianti Cl. Ris. '11	ΥΥ 4
● Chianti Cl. Ris. '10	ΥΥ 4
● Chianti Cl. Ris. '09	ΥΥ 4
● Chianti Cl. Ris. '08	ΥΥ 4
● Chianti Cl. Ris. '07	ΥΥ 4

Baracchi

Loc. Cegliolo, 21
52044 Cortona [AR]
Tel. 0575612679
www.baracchiwinery.com

VENDITA DIRETTA
VISITA SU PRENOTAZIONE
OSPITALITÀ E RISTORAZIONE
PRODUZIONE ANNUA 140.000 bottiglie
ETTARI VITATI 32,00
AZIENDA SOSTENIBILE

Riccardo Baracchi ha proseguito in una delle attività di famiglia, la produzione di vino, che è iniziata nel 1860, cinque generazioni fa. Personaggio estroso e ricco di iniziativa, ha creato tra l'altro, adiacente la cantina, un resort di grande fascino con hotel, ristorante e spa, attorno ai quali si sviluppa una parte dei vigneti, articolati in quattro distinte località: San Martino, Gabbiano, la Pietraia e Montanare. Oggi, coadiuvato dal figlio Benedetto, porta avanti un progetto ben chiaro: praticare una viticoltura moderna e attenta al territorio. Arriva in finale il Cortona Syrah Riserva '13, dal bouquet complesso e ricco, dove le spezie si accompagnano ai frutti rossi e neri, con lievi cenni di pelliccia e cuoio. Piacevole l'impatto in bocca, largo, con buona sensazione centrale, dinamico, in ottima progressione positiva sul finale.

● Cortona Syrah Ris. '13	🍷🍷 6
● Cortona Smeriglio Syrah '13	🍷🍷 4
● Pinot Nero '13	🍷🍷 6
⊙ Brut Sangiovese Rosé M. Cl. '14	🍷 5
○ Brut Trebbiano M. Cl. '13	🍷 5
● Ardito '12	🍷🍷 6
● Ardito '11	🍷🍷 6
○ Astore '13	🍷🍷 3
● Cortona Merlot Smeriglio '13	🍷🍷 4
● Cortona Sangiovese Smeriglio '13	🍷🍷 4
● Cortona Smeriglio Sangiovese '12	🍷🍷 4
● Cortona Syrah Smeriglio '13	🍷🍷 4
● O'Lillo '14	🍷🍷 2*
● Pinot Nero '12	🍷🍷 6

Fattoria dei Barbi

Loc. Podernovi, 170
53024 Montalcino [SI]
Tel. 0577841111
www.fattoriadeibarbi.it

VENDITA DIRETTA
VISITA SU PRENOTAZIONE
OSPITALITÀ E RISTORAZIONE
PRODUZIONE ANNUA 600.000 bottiglie
ETTARI VITATI 66,00

Si colloca a Podernovi, toponimo storico del quadrante centro orientale di Montalcino, la cantina-museo di Fattoria dei Barbi, nonché la porzione principale dei circa settanta ettari aziendali consacrati al sangiovese. Cantina tradizionale, nel senso più autentico del termine, guidata con enorme passione da Stefano Cinelli Colombini, erede di una dinastia familiare attiva nel vino dalla fine del '700. Le etichette più celebri sono sicuramente i tre Brunello, leggermente differenziati tra loro nelle scelte di vinificazione e affinamento (perlopiù in rovere di medie e piccole dimensioni), ma accomunati dall'espressività aristocratica e austera. Spartito stilistico che risuona nell'intera batteria testata in questo round di assaggi. Dove spicca un Brunello Riserva '10 aromaticamente variopinto, tra ginepro, incenso, cortecce, reattivo e saporito nel centro bocca, con chiusura appena rigida. Piacevolmente old style il Brunello '11, più vigoroso ed estrattivo il Vigna del Fiore '11.

● Brunello di Montalcino Ris. '10	🍷🍷 7
● Brunello di Montalcino '11	🍷🍷 5
● Brunello di Montalcino V. del Fiore '11	🍷🍷 7
● Rosso di Montalcino '14	🍷🍷 3
● Brunello di Montalcino '10	🍷🍷 5
● Brunello di Montalcino '09	🍷🍷 5
● Brunello di Montalcino '08	🍷🍷 5
● Brunello di Montalcino '07	🍷🍷 5
● Brunello di Montalcino Ris. '08	🍷🍷 7
● Brunello di Montalcino Ris. '07	🍷🍷 7
● Brunello di Montalcino V. del Fiore '10	🍷🍷 7
● Brunello di Montalcino V. del Fiore '08	🍷🍷 7
● Brunello di Montalcino V. del Fiore '07	🍷🍷 7
● Brunello di Montalcino V. del Fiore '06	🍷🍷 7
● Morellino di Scansano '11	🍷🍷 3
● Rosso di Montalcino '12	🍷🍷 3

Baricci

Loc. Colombaio di Montosoli, 13
53024 Montalcino [SI]
Tel. 0577848109
www.baricci.it

VENDITA DIRETTA
VISITA SU PRENOTAZIONE
PRODUZIONE ANNUA 30.000 bottiglie
ETTARI VITATI 5,00

Il 1955 è un anno di incredibile valore simbolico per la storia di Montalcino, per tante ragioni. Tra queste l'acquisizione del podere Colombaio da parte di Nello Baricci, vero e proprio pioniere del Brunello in un periodo molto diverso dai fasti attuali. Già da qualche tempo si gode il meritato riposo ma i vini che portano il suo nome restano estremamente fedeli allo stile luminoso e terragno tipico del sangiovese di Montosoli. Merito dei figli Graziano e Graziella, il genero Piero Buffi, i nipoti Federico e Francesco, tutti impegnati sui cinque ettari di proprietà e su un lavoro di cantina che prevede lunghe macerazioni e affinamenti in rovere di Slavonia da 20 e 40 ettolitri. Arriva dall'acclamata vendemmia 2010 la prima Riserva di Brunello prodotta a casa Baricci in 60 anni di storia. Intitolata al fondatore Nello, ne racconta l'ispirazione modernamente retrò, coi suoi giochi di prugna e fiori secchi, terra mossa e polvere di caffè, fedelmente riproposti da una bocca tesa e mordace.

- Brunello di Montalcino Nello Ris. '10 — 🍷🍷🍷 6
- Brunello di Montalcino '11 — 🍷🍷 6
- Rosso di Montalcino '14 — 🍷🍷 4
- Brunello di Montalcino '10 — 🍷🍷🍷 6
- Brunello di Montalcino '09 — 🍷🍷🍷 5
- Brunello di Montalcino '07 — 🍷🍷🍷 5
- Brunello di Montalcino '83 — 🍷🍷🍷 5
- Brunello di Montalcino '08 — 🍷🍷 5
- Rosso di Montalcino '13 — 🍷🍷 4
- Rosso di Montalcino '11 — 🍷🍷 3*
- Rosso di Montalcino '10 — 🍷🍷 3

★★Barone Ricasoli

Loc. Madonna a Brolio
53013 Gaiole in Chianti [SI]
Tel. 05777301
www.ricasoli.it

VENDITA DIRETTA
VISITA SU PRENOTAZIONE
OSPITALITÀ
PRODUZIONE ANNUA 2.500.000 bottiglie
ETTARI VITATI 235,00
AZIENDA SOSTENIBILE

Il marchio Barone Ricasoli è decisamente un punto fermo del Chianti Classico. L'aziende è una delle più antiche del mondo e fin dal 1141 qui si produce vino. Oggi è diventata anche l'azienda con il patrimonio viticolo di proprietà fra i più estesi della denominazione e Francesco Ricasoli, in circa un ventennio, ha dato una spinta propulsiva all'azienda, trasformandola in una realtà produttiva fra le più interessanti del panorama enoico italiano. Lo stile moderno dei vini ha trovato un equilibrio davvero considerevole e le etichette, oltre a risultare ineccepibili dal punto di vista tecnico, sanno offrire anche carattere, eleganza e legame con il territorio. Il Chianti Classico Gran Selezione Colledilà '13 possiede il passo del grande vino. I profumi sono definiti e giocano sull'incrocio tra frutti rossi, spezie e ricordi terrosi. In bocca è contrastato, vivace e profondo. Molto buono anche il Chianti Classico Rocca Guicciarda Riserva '13, un vino succoso e saporito, dal sorso pieno e appagante.

- Chianti Cl. Gran Sel. Colledilà '13 — 🍷🍷🍷 8
- Chianti Cl. Rocca Guicciarda Ris. '13 — 🍷🍷 5
- Casalferro '13 — 🍷🍷 8
- Chianti Cl. Bettino '13 — 🍷🍷 4
- Chianti Cl. Brolio Ris. '13 — 🍷🍷 6
- Chianti Cl. Gran Sel. Castello di Brolio '13 — 🍷🍷 8
- Chianti Cl. Brolio '14 — 🍷 5
- Casalferro '08 — 🍷🍷🍷 8
- Chianti Cl. Castello di Brolio '07 — 🍷🍷🍷 8
- Chianti Cl. Castello di Brolio '06 — 🍷🍷🍷 8
- Chianti Cl. Castello di Brolio '04 — 🍷🍷🍷 7
- Chianti Cl. Castello di Brolio '03 — 🍷🍷🍷 5
- Chianti Cl. Castello di Brolio '01 — 🍷🍷🍷 6
- Chianti Cl. Colledilà '10 — 🍷🍷🍷 7
- Chianti Cl. Gran Sel. Colledilà '11 — 🍷🍷🍷 8
- Chianti Cl. Rocca Guicciarda Ris. '12 — 🍷🍷🍷 5

Fattoria di Basciano

v.le Duca della Vittoria, 159
50068 Rufina [FI]
Tel. 0558397034
www.renzomasibasciano.it

VENDITA DIRETTA
VISITA SU PRENOTAZIONE
PRODUZIONE ANNUA 200.000 bottiglie
ETTARI VITATI 35,00

La famiglia Masi è al timone della tenuta dal 1925. Fondata da Renzo, oggi è guidata dal figlio Paolo e dalla moglie Anna Rita. I vigneti insistono su suoli ricchi di scheletro, a circa 300 metri d'altitudine su una collina che fa da spartiacque tra la valle dell'Argomenna e le sponde del Sieve. I trentacinque ettari vitati vengono utilizzati per produrre la linea Fattoria di Basciano, mentre il marchio Renzo Masi contrassegna i vini ottenuti da uve acquistate da produttori di fiducia. Oltre alla produzione di vino e olio, la fattoria è il cuore di una florida attività agrituristica. Batteria altalenante quella presentata quest'anno alle nostre degustazioni, complice la sfortunata annata 2014. Spiccano il Chianti Riserva '13, avvolgente e ampio nei profumi di prugna matura e bacca di vaniglia, morbido e caldo in bocca, dove però la speziatura del legno sembra un po' troppo in primo piano; e una bella versione di Vin Santo '09, intenso nelle sensazioni di mandorla e fichi secchi, armonico ed equilibrato al palato.

● Chianti Ris. '13	🍷🍷 2*
○ Vin Santo Chianti Rufina '09	🍷🍷 3
● Chianti Rufina '14	🍷 2
● Chianti Rufina Ris. '13	🍷 3
● I Pini '14	🍷 4
● Il Corto '14	🍷 3
● Chianti Rufina '13	🍷🍷 2*
● Chianti Rufina Ris. '12	🍷🍷 3
● Erta e China '13	🍷🍷 2*
● Erta e China '12	🍷🍷 2*
● I Pini '13	🍷🍷 4
○ Vin Santo Chianti Rufina '08	🍷🍷 3
○ Vin Santo Chianti Rufina Ris. '07	🍷🍷 3

Basile

pod. Monte Mario
58044 Cinigiano [GR]
Tel. 0564993227
www.basilessa.it

VENDITA DIRETTA
VISITA SU PRENOTAZIONE
PRODUZIONE ANNUA 50.000 bottiglie
ETTARI VITATI 8,00
VITICOLTURA Biologico Certificato
AZIENDA SOSTENIBILE

Da Napoli alle colline di Cinigiano, nel cuore del comprensorio del Montecucco. È stato questo il percorso di Giovanbattista Basile che, nel 1999, è partito con la famiglia dalla città partenopea per iniziare a produrre vino nel sud della Toscana. Su campi rimasti incolti per qualche decennio, è stata subito chiara la strada da seguire: una viticultura moderna, basata sul biologico e sul rispetto del territorio. Gli otto ettari di vigneto, che si insinuano nel galestro, su colline che vanno dai 330 ai 380 metri, sono perlopiù esposti a sud ovest e vi trovano spazio sangiovese, merlot e ciliegiolo, con qualche filare di vermentino, viognier e petit manseng per la produzione dell'unico bianco aziendale, l'Artéteca. Più incisiva e accattivante rispetto ad altre annate, la Riserva '12 conquista i nostri Tre Bicchieri. Spezie, frutti rossi e sbuffi balsamici anticipano una bocca saporita e fresca, che si muove tra tannini levigati e accenni minerali. Sorso di grande progressione e finale in crescendo. Bella prestazione anche per il Cartacanta '13, più lineare e di grande tensione.

● Montecucco Sangiovese Ad Agio Ris. '12	🍷🍷🍷 5
● Montecucco Sangiovese Cartacanta '13	🍷🍷 3
○ Artéteca '15	🍷 2
● Maremma Toscana Comandante '13	🍷 3
● Maremma Comandante '12	🍷🍷 3
● Montecucco Ad Agio Ris. '08	🍷🍷 3
● Montecucco Cartacanta '11	🍷🍷 3
● Montecucco Cartacanta '08	🍷🍷 2*
● Montecucco Sangiovese Ad Agio Ris. '11	🍷🍷 5
● Montecucco Sangiovese Ad Agio Ris. '09	🍷🍷 3
● Montecucco Sangiovese Cartacanta '12	🍷🍷 3

Pietro Beconcini

fraz. La Scala
via Montorzo, 13a
56028 San Miniato [PI]
Tel. 0571464785
www.pietrobeconcini.com

VENDITA DIRETTA
VISITA SU PRENOTAZIONE
PRODUZIONE ANNUA 95.000 bottiglie
ETTARI VITATI 12,00

Una vigna di tempranillo esisteva su queste terre, di proprietà dei marchesi Ridolfi, fin dagli inizi del '900. A metà degli anni Cinquanta il nonno di Leonardo compra il podere presso il quale era mezzadro, che arriva in eredità a Leonardo attraverso il padre Pietro, che a suo tempo aveva deciso di dedicarsi completamente alla produzione di vino. Leonardo ed Eva Bellagamba imprimono una svolta nuova alla conduzione dei vigneti, lavorando molto sulla combinazione degli uvaggi: oltre al vitigno iberico ci sono sangiovese, canaiolo, malvasia bianca e nera, colorino. L'IXE '14, da tempranillo con piccola percentuale di sangiovese, si mostra al naso con sentori di alloro e sottobosco, more mature, quindi cenni di liquirizia. In bocca l'impatto è carnoso, sodo, poi si rilassa, con un finale gradevole, di lunga e piacevole soddisfazione. Ottimo anche il Vigna alle Nicchie '12, da tempranillo in purezza, con note tostate, quindi confettura di more, sentori erbacei, dal corpo serrato, tannini ben distribuiti, finale saporito e costante.

● Chianti Ris. '13	🍷🍷 2*
● IXE '14	🍷🍷 3
● Vigna alle Nicchie '12	🍷🍷 6
○ Vin Santo del Chianti Caratello '08	🍷🍷 5
● Maurleo '14	🍷 2
● IXE '13	🍷🍷 3
● Vigna alle Nicchie '11	🍷🍷 6
● Vigna alle Nicchie '09	🍷🍷 6

Podere Le Berne

loc. Cervognano
via Poggio Golo, 7
53040 Montepulciano [SI]
Tel. 0578767328
www.leberne.it

VENDITA DIRETTA
PRODUZIONE ANNUA 25.000 bottiglie
ETTARI VITATI 6,00

Andrea Natalini non si è fatto impressionare più di tanto dai risultati lusinghieri ottenuti nel recente passato e continua a lavorare con il medesimo impegno e la stessa passione fra i filari dei suoi vigneti di Cervognano, uno dei cru più importanti del territorio di Montepulciano. I suoi vini ormai hanno trovato una definizione stilistica molto precisa: non temono il trascorrere del tempo ma, allo stesso tempo, risultano molto bevibili, mostrando di possedere anche un buon grado di tipicità e spiccate doti caratteriali. Profumi delicati di ciliegia e note di tabacco e spezie contraddistinguono il Nobile Riserva '12, dalla bocca succosa e ampia e dal buon equilibrio complessivo. Un po' più nervosa la tessitura gustativa del Nobile '13, comunque slanciata e sapida, che propone il meglio di sé al naso, con aromi fruttati che incrociano cenni floreali di bella freschezza. Profumato e goloso il Rosso di Montepulciano '15, un vino decisamente piacevole e di beva rilassata quanto saporita.

● Nobile di Montepulciano Ris. '12	🍷🍷 5
● Nobile di Montepulciano '13	🍷🍷 3
● Rosso di Montepulciano '15	🍷🍷 2*
● Nobile di Montepulciano '11	🍷🍷🍷 3*
● Nobile di Montepulciano '06	🍷🍷🍷 3
● L'Affronto '11	🍷🍷 2*
● Nobile di Montepulciano '12	🍷🍷 3*
● Nobile di Montepulciano '09	🍷🍷 3
● Nobile di Montepulciano Ris. '11	🍷🍷 5
● Nobile di Montepulciano Ris. '10	🍷🍷 5
● Nobile di Montepulciano Ris. '09	🍷🍷 5
● Nobile di Montepulciano Ris. '08	🍷🍷 5
○ Vin Santo di Montepulciano Ada '07	🍷🍷 5
○ Vin Santo di Montepulciano Ada '06	🍷🍷 5

Tenuta di Bibbiano

via Bibbiano, 76
53011 Castellina in Chianti [SI]
Tel. 0577743065
www.bibbiano.com

VENDITA DIRETTA
VISITA SU PRENOTAZIONE
OSPITALITÀ
PRODUZIONE ANNUA 100.000 bottiglie
ETTARI VITATI 25,00
VITICOLTURA Biologico Certificato
AZIENDA SOSTENIBILE

L'azienda di Castellina in Chianti, sul mercato con le prime bottiglie già nel 1969, ha sostanzialmente mantenuto inalterato il suo stile che rimanda alle espressioni più coerenti della denominazione. I vigneti sono gestiti a regime biologico e in cantina le operazioni enologiche sono ridotte all'osso, puntando tutto sulla qualità della materia prima. Il risultato sono etichette dotate di buon carattere e personalità, che hanno dato prova, con confortante continuità, di chiarezza espressiva e legame con il territorio. Gli affinamenti combinano legni grandi e piccoli. Il Chianti Classico Montornello Riserva '13, dopo qualche iniziale incertezza aromatica, possiede aromi di fiori e terra, in bocca una struttura articolata che si sviluppa continua e con una bella nota sapida sul finale. Qualche riduzione non passeggera attenua i profumi del Chianti Classico '14, un vino snello e semplice che trova nella progressione gustativa ritmata e fresca il suo punto di forza.

● Chianti Cl. '14	YY 3
● Chianti Cl. Montornello Ris. '13	YY 4
● Chianti Cl. '13	YY 3*
● Chianti Cl. '11	YY 3*
● Chianti Cl. '10	YY 3
● Chianti Cl. '07	YY 3*
● Chianti Cl. Montornello '11	YY 3
● Chianti Cl. Montornello '09	YY 3
● Chianti Cl. Montornello '08	YY 3
● Chianti Cl. Montornello '06	YY 2*
● Chianti Cl. Montornello Ris. '12	YY 4
● Chianti Cl. V. del Capannino Gran Sel. '10	YY 5
● Chianti Cl. V. del Capannino Ris. '10	YY 5
● Chianti Cl. V. del Capannino Ris. '06	YY 5

Bindella

fraz. Acquaviva
via delle Tre Berte, 10a
53045 Montepulciano [SI]
Tel. 0578767777
www.bindella.it

VENDITA DIRETTA
VISITA SU PRENOTAZIONE
PRODUZIONE ANNUA 160.000 bottiglie
ETTARI VITATI 36,50

La tenuta Vallocaia, dal toponimo in cui si trova l'azienda, può essere considerata una delle realtà storiche del territorio poliziano, avendo ormai superato le 30 vendemmie. Radici profonde, dunque, ma soprattutto un terroir capace di dare buoni frutti. La proprietà svizzera ha familiarità e dimestichezza con la produzione di vino e le imprese ristorative. Si è dotata di uno staff efficiente e affiatato, capace di risultati crescenti e di un percorso convincente. I vini ne sono la più immediata testimonianza. Semplicemente stupendo il Nobile I Quadri '13. Vino di clamorosa personalità, scaltro e umorale al palato, profondo e allo stesso tempo leggiadro. Ha tratto salino e dolcezza di frutto, nel solco di una tessitura davvero raffinata. Tre Bicchieri di slancio. Una nota merita il Vin Santo Occhio di Pernice Sinfonia '07, struggente nella fisionomia classica.

● Nobile di Montepulciano I Quadri '13	YYY 5
● Vin Santo di Montepulciano Occhio di Pernice Dolce Sinfonia '07	YY 7
● Nobile di Montepulciano '13	YY 4
● Rosso di Montepulciano Fosso Lupaio '14	Y 2
● Nobile di Montepulciano I Quadri '12	YYY 5
● Nobile di Montepulciano '12	YY 4
● Nobile di Montepulciano '11	YY 4
● Nobile di Montepulciano I Quadri '11	YY 5
● Nobile di Montepulciano Vallocaia Ris. '10	YY 5
○ Vin Santo di Montepulciano Dolce Sinfonia '11	YY 5

★Biondi Santi Tenuta Il Greppo

loc. Villa Greppo, 183
53024 Montalcino [SI]
Tel. 0577848087
www.biondisanti.it

VENDITA DIRETTA
VISITA SU PRENOTAZIONE
OSPITALITÀ
PRODUZIONE ANNUA 80.000 bottiglie
ETTARI VITATI 25,00

Negli ultimi mesi sono spesso circolate voci di possibili cambiamenti nell'assetto societario del marchio Biondi Santi, che resta e resterà sempre punto di riferimento imprescindibile per gli innamorati del Brunello di Montalcino sparsi in tutto il globo. Per molti versi è proprio al Greppo che è cominciata la sua epopea di grande rosso da invecchiamento e le mitiche bottiglie di fine '800 ancora integre sono lì a testimoniarlo. Ecco perché vale sistematicamente la pena di attendere con pazienza tutti i rossi aziendali, e in particolare la Riserva, con le sue lunghe maturazioni in botte grande e l'inconfondibile accento nervoso e sferzante. Due versioni magistrali quelle di Brunello del Greppo, annata 2011 e Riserva 2010. Decidere quale preferire non è semplice e in ogni caso si parla di sfumature. Perché se sulla carta i millesimi non potrebbero essere più diversi, immediato il più recente, rigoroso il 2010, nell'interpretazione queste differenze di assottigliano. La spunta la Riserva, saporita, dal tannino vellutato e dall'acidità sferzante. O forse no.

● Brunello di Montalcino Ris. '10	🍷🍷🍷	8
● Brunello di Montalcino '11	🍷🍷	8
● Brunello di Montalcino '10	ΥΥΥ	8
● Brunello di Montalcino '09	ΥΥΥ	8
● Brunello di Montalcino '06	ΥΥΥ	7
● Brunello di Montalcino '04	ΥΥΥ	8
● Brunello di Montalcino '03	ΥΥΥ	8
● Brunello di Montalcino '01	ΥΥΥ	8
● Brunello di Montalcino Ris. '07	ΥΥΥ	8
● Brunello di Montalcino Ris. '06	ΥΥΥ	8
● Brunello di Montalcino Ris. '04	ΥΥΥ	8
● Brunello di Montalcino Ris. '01	ΥΥΥ	8

Borgo Salcetino

loc. Lucarelli
53017 Radda in Chianti [SI]
Tel. 0577733541
www.livon.it

VISITA SU PRENOTAZIONE
PRODUZIONE ANNUA 95.000 bottiglie
ETTARI VITATI 15,00

Livon, famiglia del vino friulana, ha trovato in Toscana, a Borgo Salcetino, una dimensione davvero molto interessante, interpretando al meglio le potenzialità della denominazione. L'azienda, situata nel vocatissimo areale di Radda in Chianti e acquisita a metà anni Novanta, sta dando infatti risultati importanti, grazie a scelte coerenti e senza inutili ridondanze. Lo stile aziendale è fedele ai canoni del Chianti Classico, a partire dall'affinamento in rovere grande, e i vini sono realizzati all'insegna dell'energia gustativa e della piacevolezza. Il Chianti Classico '14 è, senza inutili giri di parole, uno fra i migliori di questa annata. Si tratta, peraltro, di un millesimo complesso, specie nel Chianti Classico, ma la declinazione offerta da Borgo Salcetino ha colto davvero nel segno. I suoi profumi sono ariosi e raffinati, proponendo piccoli frutti rossi, una leggera speziatura e note di sottobosco. In bocca offre un bellissimo bilanciamento e una progressione piacevolmente nervosa.

● Chianti Cl. '14	🍷🍷🍷	3*
● Chianti Cl. '13	ΥΥΥ	3*
● Chianti Cl. '11	ΥΥΥ	3*
● Rossole '12	ΥΥΥ	3*
● Chianti Cl. '10	ΥΥ	3
● Chianti Cl. '09	ΥΥ	3
● Chianti Cl. '08	ΥΥ	3
● Chianti Cl. '07	ΥΥ	3*
● Chianti Cl. Lucarello Ris. '12	ΥΥ	4
● Chianti Cl. Lucarello Ris. '11	ΥΥ	4
● Chianti Cl. Lucarello Ris. '10	ΥΥ	4
● Chianti Cl. Lucarello Ris. '07	ΥΥ	4
● Rossole '08	ΥΥ	3

Il Borro

FRAZ. SAN GIUSTINO VALDARNO
LOC. IL BORRO, 1
52020 LORO CIUFFENNA [AR]
TEL. 055977053
www.ilborro.it

VENDITA DIRETTA
VISITA SU PRENOTAZIONE
OSPITALITÀ E RISTORAZIONE
PRODUZIONE ANNUA 160.000 bottiglie
ETTARI VITATI 45,00

Le prime notizie certe sul Borro risalgono al 1254, quando il castello venne acquistato da un nobile milanese divenuto podestà di Arezzo, il marchese Borro Borri. È con Alessandro dal Borro, personaggio rilevante della politica toscana, che nasce il Borro odierno e la tenuta prende la forma definitiva. Nel 1993, dopo diversi anni di frequentazione, Ferruccio Ferragamo decide di acquistare l'intera tenuta e dopo un forte lavoro di ristrutturazione la prima annata sarà prodotta nel 1999. Appuntamento con la finale rispettato per Il Borro '13, composto da uve merlot e cabernet sauvignon, con aggiunta di petit verdot e syrah, dal bouquet aromatico fine e complesso, dove il pepe e la cannella ingentiliscono una base fruttata di ciliegia. Piacevole l'ingresso in bocca, di buon peso, vellutato, fresco, gradevole, con bel nerbo acido e finale in crescendo gustativo. Piacevole novità il Bolle di Borro '11, da Metodo Classico di uve sangiovese, con naso floreale e corpo vivace.

Vino	Bicchieri	Voto
● Il Borro '13	🍷🍷	7
⊙ Brut Bolle di Borro '11	🍷🍷	8
● Pian di Nova '13	🍷🍷	3
● Polissena '12	🍷	5
● Il Borro '12	🍷🍷	7
● Il Borro '09	🍷🍷	4
● Il Borro '08	🍷🍷	6
● Pian di Nova '09	🍷🍷	3
● Polissena '11	🍷🍷	5
● Vin Santo del Chianti Occhio di Pernice '09	🍷🍷	7
○ Vin Santo del Chianti Occhio di Pernice '08	🍷🍷	5
○ Vin Santo del Chianti Occhio di Pernice '07	🍷🍷	5

★Poderi Boscarelli

LOC. CERVOGNANO
VIA DI MONTENERO, 28
53045 MONTEPULCIANO [SI]
TEL. 0578767277
www.poderiboscarelli.com

VENDITA DIRETTA
VISITA SU PRENOTAZIONE
PRODUZIONE ANNUA 100.000 bottiglie
ETTARI VITATI 14,00

Boscarelli rappresenta forse il punto di riferimento assoluto della produzione del Sangiovese in terra poliziana. L'azienda, di proprietà della famiglia De Ferrari dal 1962, non ha mai perso di vista la centralità del territorio considerando fondamentale la produzione del Nobile, declinato con personalità e carattere. I vini sono marcati da una decisa continuità stilistica oltre che qualitativa, frutto di scelte rigorose nel vigneto come in cantina, e per nulla inclini alle mode enologiche passeggere. Una batteria di vini ineccepibile per l'azienda di Cervognano, ma non è la prima volta, con il Nobile di Montepulciano Il Nocio '12 a raggiungere l'eccellenza assoluta. Si tratta semplicemente di una delle espressioni più coerenti del Sangiovese in Toscana e difficilmente è un vino meno che ottimo. Intrigante anche il Nobile di Montepulciano Sottocasa Riserva '11, profumato e dinamico, e dolce sorpresa il Vin Santo di Montepulciano Familiae '04. Solidamente affidabile il resto della gamma.

Vino	Bicchieri	Voto
● Nobile di Montepulciano Il Nocio '12	🍷🍷🍷	8
● Nobile di Montepulciano Sottocasa Ris. '11	🍷🍷	6
○ Vin Santo di Montepulciano Familiae '04	🍷🍷	7
● Cortona Merlot '12	🍷🍷	4
● Nobile di Montepulciano '13	🍷🍷	5
● De Ferrari '15	🍷	3
● Rosso di Montepulciano Prugnolo '15	🍷	3
● Nobile di Montepulciano Il Nocio '11	🍷🍷🍷	8
● Nobile di Montepulciano Nocio dei Boscarelli '10	🍷🍷🍷	8
● Nobile di Montepulciano Nocio dei Boscarelli '09	🍷🍷🍷	8
● Nobile di Montepulciano Nocio dei Boscarelli '08	🍷🍷🍷	8
● Nobile di Montepulciano Nocio dei Boscarelli '07	🍷🍷🍷	8

★Brancaia

Loc. Poppi, 42
53017 Radda in Chianti [SI]
Tel. 0577742007
www.brancaia.it

VENDITA DIRETTA
VISITA SU PRENOTAZIONE
OSPITALITÀ
PRODUZIONE ANNUA 700.000 bottiglie
ETTARI VITATI 80,00
AZIENDA SOSTENIBILE

Brancaia offre con grande continuità una costanza qualitativa decisamente sopra la media ed etichette dotate di una coerenza stilistica ben definita. I vini possiedono un piglio moderno, con uso prevalente di barrique, declinato però con equilibrio ed eleganza, che permette di trovare anche elementi di freschezza e dinamicità. Un sapiente incrocio che pone le etichette chiantigiane e quelle prodotte nei vigneti di Maremma tra i riferimenti della denominazione e della Toscana enoica. Un vino raffinato il Chianti Classico Riserva '13, dai profumi ariosi e ben leggibili e dal gusto dinamico e fragrante. Buono anche il Chianti Classico '14, sottile ma non inconsistente, trova nella piacevolezza di beva il suo punto di forza. Aromaticamente intrigante Il Blu '12, da uve sangiovese, cabernet sauvignon e merlot, che offre buona materia, solo un po' frenata dal rovere. Balsamico e ben ritmato, anche se il rovere si fa sentire, l'Ilatraia '13, blend maremmano da cabernet sauvignon, franc e petit verdot.

Vino	Bicchieri	
● Chianti Cl. Ris. '13	🍷🍷🍷	5
● Il Blu '12	🍷🍷	7
● Chianti Cl. Brancaia '14	▼▼	4
● Ilatraia '13	▼▼	6
● Brancaia Il Blu '08	▽▽▽	8
● Brancaia Il Blu '07	▽▽▽	7
● Brancaia Il Blu '06	▽▽▽	6
● Brancaia Il Blu '05	▽▽▽	6
● Brancaia Il Blu '04	▽▽▽	6
● Chianti Cl. Brancaia '13	▽▽▽	4*
● Chianti Cl. Ris. '11	▽▽▽	5
● Chianti Cl. Ris. '10	▽▽▽	4*
● Chianti Cl. Ris. '09	▽▽▽	7

Brancatelli

Loc. Riotorto
Casa Rossa, 2
57025 Piombino [LI]
Tel. 056520655
www.brancatelli.eu

VENDITA DIRETTA
VISITA SU PRENOTAZIONE
OSPITALITÀ E RISTORAZIONE
PRODUZIONE ANNUA 75.000 bottiglie
ETTARI VITATI 15,00
VITICOLTURA Biologico Certificato

Giuseppe Brancatelli lascia da giovane la Sicilia e la vigna del padre in provincia di Messina per andare a lavorare in Olanda. La passione per il vino la coltiva nel suo lavoro di ristoratore, che gli dà successo e benessere, ma gli manca la terra, il contatto quotidiano con quelle porzioni di natura da modellare e trasformare. Così decide di mettersi alla ricerca di un'azienda e dopo anni trova quello che gli piace in Val di Cornia, in una proprietà tra i monti e il mare. È qui che dagli anni Novanta risistema i vigneti, ne impianta di nuovi, cura gli olivi e poi inizia a produrre. Buona prova per il Segreto '12, da cabernet sauvignon, dal naso erbaceo e di peperone verde, con frutti di bosco e cuoio a completare. In bocca risulta fluido, gradevole, succoso, dal finale vivace e gustoso, di bella persistenza. Piacevole anche Questo Dedicato A '14, uvaggio paritario da cabernet franc, cabernet sauvignon, petit verdot e syrah, dal bouquet di confettura di ciliegie e cenni di cannella e chiodi di garofano. Caldo e avvolgente, dal finale appetitoso e prolungato.

Vino	Bicchieri	
● Cabernet Sauvignon Segreto '12	▼▼	7
● Questo Dedicato A '14	▼▼	3
○ Ansonica Splendente '15	▼	3
⊙ Loren '15	▼	3
● Valle delle Stelle '14	▼	3
○ Ansonica Splendente '14	▽▽	3
● Cabernet Sauvignon Segreto '11	▽▽	7
● Cabernet Sauvignon Segreto '10	▽▽	7
● Giuseppe Brancatelli '12	▽▽	4
● Giuseppe Brancatelli '11	▽▽	4
● Valle del Sogno '12	▽▽	4
● Valle delle Stelle '13	▽▽	3
● Valle delle Stelle '12	▽▽	3

Brunelli - Le Chiuse di Sotto

loc. Podernovone, 157
53024 Montalcino [SI]
Tel. 0577849337
www.giannibrunelli.it

VENDITA DIRETTA
VISITA SU PRENOTAZIONE
OSPITALITÀ E RISTORAZIONE
PRODUZIONE ANNUA 30.000 bottiglie
ETTARI VITATI 6,50
AZIENDA SOSTENIBILE

Maria Laura Vacca Brunelli porta avanti con straordinaria determinazione il progetto avviato dal compianto marito Gianni, personaggio di primo piano del vino montalcinese. Poco più di sei ettari vitati, distribuiti su due terroir molto diversi per caratteristiche pedoclimatiche: Le Chiuse di Sotto è nel cuore del versante nord est, a ridosso dei Canalicchi, la tenuta di Podernovone si colloca a sud est del borgo. Dal loro connubio espressivo vengono fuori Brunello di profilo contemporaneo, frutto di macerazioni medio lunghe e affinamenti in rovere da 20 e 30 ettolitri: non certo dei centometristi ma rossi rigorosi e mordenti, da attendere con fiducia. Non era facile ripetere l'exploit della scorsa edizione ma è ugualmente un'ottima prova per i Sangiovese targati Gianni Brunelli. Essenze floreali e termali disegnano un Brunello '11 soffice e leggero, quasi un alter ego del più maturo e orizzontale Riserva '10, un po' troppo rallentato in questa fase dalla severa grana tannica.

● Brunello di Montalcino '11	🍷🍷 6
● Brunello di Montalcino Ris. '10	🍷🍷 8
● Rosso di Montalcino '14	🍷 4
● Amor Costante '05	🍷🍷🍷 5
● Brunello di Montalcino '10	🍷🍷🍷 6
● Amor Costante '10	🍷🍷 5
● Brunello di Montalcino '09	🍷🍷 6
● Brunello di Montalcino '08	🍷🍷 6
● Brunello di Montalcino '07	🍷🍷 6
● Brunello di Montalcino '06	🍷🍷 6
● Brunello di Montalcino Ris. '07	🍷🍷 8
● Brunello di Montalcino Ris. '06	🍷🍷 8
● Rosso di Montalcino '13	🍷🍷 4
● Rosso di Montalcino '12	🍷🍷 4

Bruni

fraz. Fonteblanda
loc. La Marta, 6
58010 Orbetello [GR]
Tel. 0564885445
www.aziendabruni.it

VENDITA DIRETTA
VISITA SU PRENOTAZIONE
PRODUZIONE ANNUA 400.000 bottiglie
ETTARI VITATI 36,00

L'azienda agricola Bruni, condotta dai fratelli Marco e Moreno, può contare su vini ineccepibili dal punto di vista della fattura, di piacevole bevibilità e dallo stile deciso, capaci, specialmente in alcune etichette, di evidenziare tratti non secondari di complessità e doti marcate di originalità. I legni di affinamento sono, per adesso, in prevalenza piccoli, ma in azienda sono arrivate anche le botti grandi, a sottolineare la ricerca di un'evoluzione stilistica che pone la cantina di Fonteblanda tra le realtà più dinamiche del panorama enoico della Maremma. Il Maremma Grenache Oltreconfine '14 sfodera il passo del vino elegante e complesso. I profumi sono sfumati, di avvolgente dolcezza e integrità, con i frutti piccoli a evocare cenni borgognoni. In bocca è snello, ritmato e profondo, dal sorso continuo e fresco. Di tutt'altro registro il Morellino di Scansano Laire Riserva '13, dai profumi intensi, caratteriale, nervoso e dalle piacevolissime durezze.

● Maremma Toscana Grenache Oltreconfine '14	🍷🍷 5
● Morellino di Scansano Laire Ris. '13	🍷🍷 4
○ Maremma Toscana Vermentino Perlaia '15	🍷🍷 3
○ Maremma Toscana Vermentino Brut Plinio Cuvée	🍷 3
○ Maremma Toscana Vermentino Plinio '15	🍷 3
● Morellino di Scansano Marteto '15	🍷 2
● Syrah Perlaia '15	🍷 3
● Grenache Oltreconfine '13	🍷🍷🍷 2*
○ Dolce Muffato Perlaia '13	🍷🍷 5
● Morellino di Scansano Laire Ris. '12	🍷🍷 4
● Morellino di Scansano Marteto '13	🍷🍷 2*
● Morellino di Scansano Marteto '12	🍷🍷 2*
● Syrah Perlaia '13	🍷🍷 3

Bulichella

Loc. Bulichella, 131
57028 Suvereto [LI]
Tel. 0565829892
www.bulichella.it

VENDITA DIRETTA
VISITA SU PRENOTAZIONE
OSPITALITÀ E RISTORAZIONE
PRODUZIONE ANNUA 60.000 bottiglie
ETTARI VITATI 17,00
VITICOLTURA Biologico Certificato

L'azienda nasce nel 1983 dall'intenzione di quattro famiglie, provenienti da varie parti d'Italia, di vivere insieme, mettere in comune le proprie esperienze e improntare l'attività agricola al rispetto dell'ambiente. Ne discende quindi fin da subito la scelta biologica, in tempi sicuramente pioneristici per questo tipo di conduzione. Nel 1999 Hideyuki Miyakawa, la moglie Marisa Bassano e i figli (in sintesi una delle quattro famiglie fondatrici), ne diventano proprietari e, continuando la strada intrapresa originariamente, si impegnano nel rinnovo della cantina e nell'ampliamento della superficie vitata. Nuovo stile nei vini dell'azienda, con un'ottima prova del Coldipetrerosse '13, dal naso balsamico e mentolato, supportato da sentori di cannella e chiodi di garofano su base fruttata, con frutti di bosco a completare. In bocca l'ingresso è cremoso, morbido, di buona sostanza, dai tannini gradevoli, con finale succoso e prolungato. Interessante anche l'Hide '13, da syrah in purezza, con sentori animali, di pelliccia e cuoio, ai quali si abbinano toni speziati di pepe. Bocca carnosa, succosa, di buona tenuta.

● Suvereto Cabernet Coldipietrerosse '13	🍷🍷🍷 5
● Suvereto Merlot Maria Shizuko '13	🍷🍷 6
● Suvereto Sangiovese Tuscanio '13	🍷🍷 5
● Syrah Hide '13	🍷🍷 5
● Rubino '14	🍷 2
● Aleatico Sfiziale '13	🍷🍷 4
● Aleatico Sfiziale '12	🍷🍷 4
● Suvereto Cabernet Sauvignon Coldipietrerosse '12	🍷🍷 5
● Suvereto Sangiovese Tuscanio '11	🍷🍷 5
● Syrah Hide '12	🍷🍷 5
● Val di Cornia Merlot Maria Shizuko '10	🍷🍷 6
● Val di Cornia Suvereto Coldipietrerosse '12	🍷🍷 5
● Val di Cornia Suvereto Merlot Maria Shizuko '12	🍷🍷 5
● Val di Cornia Suvereto Tuscanio '12	🍷🍷 5

Tenuta del Buonamico

Loc. Cercatoia
via Provinciale di Montecarlo, 43
55015 Montecarlo [LU]
Tel. 058322038
www.buonamico.it

VENDITA DIRETTA
VISITA SU PRENOTAZIONE
OSPITALITÀ
PRODUZIONE ANNUA 250.000 bottiglie
ETTARI VITATI 43,00

Azienda storica al centro di un profondo rinnovamento, la Tenuta del Buonamico si trova a Cercatoia, nei pressi di Montecarlo. Fondata negli anni Sessanta è oggi in mano alla famiglia Fontana, decisa a lanciare questa realtà a livello internazionale. Il progetto tecnico racconta vini moderni, avulsi da ancoraggi tradizionali sia stilistici che nelle tipologie realizzate. La passione per le bollicine ne è una testimonianza. Bella espressione di bianco moderno per il Montecarlo Bianco '15, realizzato con un assemblaggio composito di ben sei uve diverse, vinificate separatamente: trebbiano, pinot bianco, sauvignon, semillon, roussanne e chardonnay. Ha profumi intensamente fruttati, lievemente aromatici e impattanti. Corpo morbido, levigato, fresco ma non troppo pungente. Il Cercatoja '13 è davvero molto aperto al naso, con note di confettura in evidenza, mentre in bocca risulta piuttosto tannico e frenato nel finale.

○ Montecarlo Bianco '15	🍷🍷 2*
● Cercatoja '13	🍷 5
● Cercatoja Rosso '11	🍷🍷 5
● Cercatoja Rosso '10	🍷🍷 5
● Cercatoja Rosso '09	🍷🍷 5
● Cercatoja Rosso '06	🍷🍷 5
● Il Fortino '12	🍷🍷 6
● Il Fortino Syrah '10	🍷🍷 6
● Montecarlo Rosso '11	🍷🍷 3
○ Vasario '12	🍷🍷 4

Ca' Marcanda

loc. Santa Teresa, 272
57022 Castagneto Carducci [LI]
Tel. 0565763809
info@camarcanda.com

VENDITA DIRETTA
VISITA SU PRENOTAZIONE
PRODUZIONE ANNUA 450.000 bottiglie
ETTARI VITATI 120,00

Procede con coerenza e progressi costanti l'impresa di Angelo Gaja sulla costa toscana. Il paesaggio a Ca' Marcanda è puntellato dagli ulivi, dalle viti e da una splendida cantina, progettata dall'architetto Giovanni Bo, perfettamente integrata e in armonia con il contesto. Le varietà coltivate sono quelle usuali nella zona di Bolgheri e dintorni, merlot e cabernet sauvignon in testa. I vini raccontano con parole diverse il linguaggio e lo stile della casa. Precisi, eleganti, nei casi migliori raffinati. Vini Gaja, insomma. Il Bolgheri Rosso Camarcanda '13 stupisce per intensità, variazioni aromatiche e finezza di fondo. In avvio dominano i piccoli frutti neri ma ben presto sono le erbe aromatiche, una delicatissima trama speziata e uno spiffero balsamico, lieve quanto continuo, a prendere la scena. Bocca complessa, slanciata e coerente. Finale molto lungo e coinvolgente.

● Bolgheri Camarcanda '13	🍷🍷🍷	8
● Bogheri Magari '14	🍷	8
● Promis '14	🍷	1*
● Bolgheri Camarcanda '07	🍷🍷🍷	8
● Bolgheri Camarcanda '01	🍷🍷🍷	8
● Bolgheri Camarcanda '12	🍷🍷	8
● Bolgheri Camarcanda '11	🍷🍷	8
● Bolgheri Camarcanda '10	🍷🍷	8
● Bolgheri Camarcanda '09	🍷🍷	8
● Bolgheri Camarcanda '08	🍷🍷	8

Tenuta Le Calcinaie

loc. Santa Lucia, 36
53037 San Gimignano [SI]
Tel. 0577943007
www.tenutalecalcinaie.it

VENDITA DIRETTA
VISITA SU PRENOTAZIONE
PRODUZIONE ANNUA 60.000 bottiglie
ETTARI VITATI 9,50
VITICOLTURA Biologico Certificato

Simone Santini aveva da sempre nel sangue la passione per il vino, tanto che decide di frequentare l'istituto agrario di Siena, dove si diploma come enotecnico. Nel 1986 decide di intraprendere la carriera di viticoltore, impiantando i primi vigneti e iniziando a vinificare nel 1993. Ben presto decide di convertire l'azienda a coltivazione biologica, un processo che lo porterà poi a certificare anche il processo di vinificazione nel 2001. Successivamente la creazione della nuova cantina lo ha portato a lavorare in maniera sempre più coerente, nel rispetto della natura. Raggiunge le finali la Vernaccia Vigna ai Sassi Riserva '13, grazie a un complesso aromatico variegato, in cui le erbe officinali si combinano a sentori fruttati di mela e albicocca, con lievi nuance agrumate. In bocca si presenta calibrato, dalla struttura articolata, di buon peso, con finale invitante e retrogusto di erbe aromatiche. Piacevole anche la Vernaccia '15, con note fresche al naso, di limone e maggiorana, cenni di susina, corpo bilanciato, dotato di giusto nerbo acido, per un finale convincente.

○ Vernaccia di S. Gimignano V. ai Sassi Ris. '13	🍷🍷	3*
○ Vernaccia di S. Gimignano '15	🍷🍷	2*
● Chianti Colli Senesi Santa Maria Ris. '13	🍷	4
● Chianti Colli Senesi '12	🍷🍷	2*
● Gabriele '07	🍷🍷	4
● Teodoro '07	🍷🍷	4
○ Vernaccia di S. Gimignano '13	🍷🍷	2*
○ Vernaccia di S. Gimignano '12	🍷🍷	2*
○ Vernaccia di S. Gimignano '10	🍷🍷	2*
○ Vernaccia di S. Gimignano Ris. '08	🍷🍷	2*
○ Vernaccia di S. Gimignano V. ai Sassi Ris. '10	🍷🍷	3*
○ Vernaccia di S. Gimignano V. ai Sassi Ris. '09	🍷🍷	3*

Camigliano

loc. Camigliano
via d'Ingresso, 2
53024 Montalcino [SI]
Tel. 0577844068
www.camigliano.it

VENDITA DIRETTA
VISITA SU PRENOTAZIONE
PRODUZIONE ANNUA 350.000 bottiglie
ETTARI VITATI 92,00
AZIENDA SOSTENIBILE

Rilevato dalla famiglia Ghezzi nel 1957, l'antico borgo di Camigliano è uno degli ultimi avamposti di una Montalcino che sul limite occidentale si fa Maremma. Letteralmente avvolto dalla macchia mediterranea, con le Colline Metallifere a presidiare, Gualtiero ha voluto fortemente recuperarlo e animarlo, facendone oggi più che mai il centro operativo dopo l'armoniosa ristrutturazione. Gli ettari di proprietà sono poco meno di un centinaio, in larga parte coltivati a sangiovese, la cui indole calda e possente è regolarmente riconoscibile nei due Brunello di casa, affinati in rovere francese da 25-60 ettolitri. Proprio la coerenza territoriale e millesimale risalta prima di tutto nella versione del 2011: ciliegia sotto spirito, pesca gialla, spezie piccanti, si snoda carnoso e piacevole senza perdere compostezza. Ancora più arioso e respirabile, dopo l'iniziale timidezza aromatica, un Gualto Riserva '10, dal sorso avvolgente e ritmato. Un gradino sotto il Rosso '14 e il Gamal '15.

● Brunello di Montalcino '11	YY 6
● Brunello di Montalcino Gualto Ris. '10	YY 7
○ Gamal '15	Y 2
● Rosso di Montalcino '14	Y 2
● Brunello di Montalcino '10	YY 6
● Brunello di Montalcino '09	YY 6
● Brunello di Montalcino '08	YY 6
● Brunello di Montalcino '08	YY 6
● Brunello di Montalcino '06	YY 6
● Brunello di Montalcino Gualto Ris. '09	YY 7
● Brunello di Montalcino Gualto Ris. '07	YY 7
● Brunello di Montalcino Gualto Ris. '06	YY 7
● Brunello di Montalcino Gualto Ris. '05	YY 7
○ Moscadello di Montalcino L'Aura '10	YY 5
● Rosso di Montalcino '13	YY 3

Antonio Camillo

loc. Pianetti di Montemerano
fraz. Montemerano
58014 Manciano [GR]
Tel. 3391525224
info@antoniocamillo.com

VENDITA DIRETTA
VISITA SU PRENOTAZIONE
PRODUZIONE ANNUA 50.000 bottiglie
ETTARI VITATI 9,00
VITICOLTURA Biologico Certificato

Antonio Camillo possiede un'esperienza enologica e soprattutto viticola della Maremma con pochi eguali. A questo si aggiunge una sensibilità particolare e la capacità di reintrodurre in questo territorio le virtù di un vitigno di antica coltivazione come il ciliegiolo. I vini ottenuti da questa varietà continuano a rappresentare il suo punto di forza e si distinguono per uno stile preciso e ben leggibile, in cui la varietà abbandona la sua rusticità e riconquista, oltre alla piacevolezza, anche tratti non privi di una ritrovata originalità. Il Ciliegiolo Vallerana Alta arriva meritatamente ai Tre Bicchieri. Si tratta dell'espressione di questo vitigno più compiuta, e a doti di bevibilità superiori sa anche aggiungere finezza e complessità da grande vino. La versione 2014 possiede aromi freschi, articolati e di bella eleganza, anticipando una bocca profonda e giocata su chiaro scuri raffinati. Merita una citazione anche il Morellino Cotozzino '15, in crescita.

Vino	
● Maremma Toscana Ciliegiolo V. Vallerana Alta '14	YYY 3*
● Morellino di Scansano Cotozzino '15	YY 3
● Principio '15	YY 2*
○ Vermentino '15	Y 2
● Maremma Toscana Ciliegiolo Principio '14	YY 2*
● Maremma Toscana Ciliegiolo Principio '13	YY 2*
● Maremma Toscana Ciliegiolo Principio '11	YY 2*
● Maremma Toscana Ciliegiolo V. Vallerana Alta '13	YY 3*
● Maremma Toscana Ciliegiolo V. Vallerana Alta '12	YY 3*
● Maremma Toscana Ciliegiolo V. Vallerana Alta '11	YY 3*
● Ciliegiolo Vallerana Alta '10	YY 3*

Canalicchio - Franco Pacenti

loc. Canalicchio di Sopra, 6
53024 Montalcino [SI]
Tel. 0577849277
www.canalicchiofrancopacenti.it

VENDITA DIRETTA
VISITA SU PRENOTAZIONE
RISTORAZIONE
PRODUZIONE ANNUA 40.000 bottiglie
ETTARI VITATI 10,00

È dichiarato già nel marchio, il legame con il celebre toponimo del quadrante nord di Montalcino, scelto da Rosildo Pacenti negli anni Sessanta per l'azienda agricola poi trasformata in realtà imbottigliatrice dal figlio Franco. Insieme alla moglie Carla e ai figli Lisa, Serena e Lorenzo, si prende cura di circa 10 ettari, posizionati intorno ai 300 metri di altitudine su terreni di medio impasto, prevalentemente argillosi. In vigna nient'altro che sangiovese, interpretato con macerazioni medio lunghe e affinamenti in botti di Slavonia medio grandi. Forma classica, sostanza contemporanea, li consigliamo soprattutto a chi non teme gli spigoli giovanili e sa seguirli con pazienza a tavola. Lo stile Franco Pacenti è ben fotografato nel Brunello '11: impatto autunnale, tra tartufo e terriccio, nel bicchiere si rinfresca su toni di frutto chiaro, confermando questo doppio binario di leggerezza e austerità nel sorso ruvido ma incisivo e sapido. Più matura e imbrigliata nella trama la Riserva '10.

- Brunello di Montalcino '11 🍷🍷 5
- Brunello di Montalcino Ris. '10 🍷🍷 7
- Rosso di Montalcino '14 🍷 3
- Brunello di Montalcino '04 🍷🍷🍷 5
- Brunello di Montalcino '10 🍷🍷 5
- Brunello di Montalcino '09 🍷🍷 5
- Brunello di Montalcino '08 🍷🍷 5
- Brunello di Montalcino '07 🍷🍷 5
- Brunello di Montalcino '06 🍷🍷 5
- Brunello di Montalcino '05 🍷🍷 5
- Brunello di Montalcino Ris. '07 🍷🍷 7
- Brunello di Montalcino Ris. '04 🍷🍷 7
- Rosso di Montalcino '13 🍷🍷 3
- Rosso di Montalcino '10 🍷🍷 3

Canalicchio di Sopra

loc. Casaccia, 73
53024 Montalcino [SI]
Tel. 0577848316
www.canalicchiodisopra.com

VENDITA DIRETTA
VISITA SU PRENOTAZIONE
OSPITALITÀ
PRODUZIONE ANNUA 55.000 bottiglie
ETTARI VITATI 15,00

Da lungo tempo ai piani alti dell'hit parade brunellesca, Canalicchio di Sopra vive prima di tutto sul connubio di due famiglie storiche del vino montalcinese. Nel 1962 il ramo Pacenti iniziò a produrre alla tenuta dei Canalicchi, cru del versante nord su cui domina la cantina, cui si aggiunsero negli anni Ottanta le parcelle di Montosoli impiantate dai Ripaccioli. Le separano poche centinaia di metri, eppure danno forma a sangiovese dal carattere quasi speculare, virtuosamente combinato a seconda delle annate nei due Brunello di casa. Affinati in rovere da 20-30 ettolitri, coniugano abitualmente slancio e fittezza materica, rivelandosi estremamente affidabili nell'evoluzione. Ennesimo bis da Tre Bicchieri per i Brunello firmati Canalicchio di Sopra: dopo il premio al 2010 annata, arriva quello per la versione Riserva, paradigmatica nello stile che conosciamo e apprezziamo. Bacche silvestri, terra bagnata, catrame, avanza fiero e compatto, esibendo tutto il suo potenziale di longevità.

- Brunello di Montalcino Ris. '10 🍷🍷🍷 8
- Brunello di Montalcino '11 🍷🍷 6
- Rosso di Montalcino '14 🍷🍷 3
- Brunello di Montalcino '10 🍷🍷🍷 6
- Brunello di Montalcino '07 🍷🍷🍷 6
- Brunello di Montalcino '06 🍷🍷🍷 6
- Brunello di Montalcino '04 🍷🍷🍷 6
- Brunello di Montalcino Ris. '07 🍷🍷🍷 8
- Brunello di Montalcino Ris. '04 🍷🍷🍷 7
- Brunello di Montalcino Ris. '01 🍷🍷🍷 7
- Brunello di Montalcino '05 🍷🍷 5
- Brunello di Montalcino Ris. '06 🍷🍷 8
- Rosso di Montalcino '13 🍷🍷 3
- Rosso di Montalcino '12 🍷🍷 3
- Rosso di Montalcino '11 🍷🍷 3
- Rosso di Montalcino '09 🍷🍷 3

Capanna

Loc. Capanna, 333
53024 Montalcino [SI]
Tel. 0577848298
www.capannamontalcino.com

VENDITA DIRETTA
VISITA SU PRENOTAZIONE
PRODUZIONE ANNUA 70.000 bottiglie
ETTARI VITATI 21,00

Acquisito dalla famiglia Cencioni nel 1957, il podere Capanna si sviluppa nel quadrante settentrionale di Montalcino, su un magnifico poggio prospiciente la collina di Montosoli, intorno ai 300 metri di altitudine su suoli ricchi di galestro. Quasi solo sangiovese nei circa venti ettari vitati, alla base di Brunello stilisticamente connotati nel tocco modernamente retrò, talvolta riottosi in gioventù ma capaci di esprimersi con grande autorevolezza nel tempo. Le mani sono quelle di Patrizio, vignaiolo e interprete attento, legato da sempre a protocolli classici, con maturazioni in rovere da 10 e 30 ettolitri. Tornano i Tre Bicchieri al podere Capanna grazie a una monumentale versione 2010 del Brunello Riserva. Fragolina, ribes rosso, humus, sottofondo marino, avanza estroverso e incisivo grazie soprattutto alla ricca ma mai abrasiva dotazione tannica. Nota di merito anche per il Brunello '11 e il Rosso '14, di simile impostazione espressiva, succosi e progressivi.

Vino	Bicchieri	
● Brunello di Montalcino Ris. '10	🍷🍷🍷 (rossi)	8
● Brunello di Montalcino '11	▼▼	6
● Rosso di Montalcino '14	▼▼	3
● Brunello di Montalcino Ris. '06	▽▽▽	7
● Brunello di Montalcino Ris. '04	▽▽▽	7
● Brunello di Montalcino Ris. '90	▽▽▽	6
● Brunello di Montalcino '10	▽▽	6
● Brunello di Montalcino '09	▽▽	6
● Brunello di Montalcino '08	▽▽	6
● Brunello di Montalcino Ris. '07	▽▽	7
○ Moscadello di Montalcino '14	▽▽	3
○ Moscadello di Montalcino '13	▽▽	3
● Rosso del Cerro '10	▽▽	2*
● Rosso di Montalcino '13	▽▽	3
● Sant'Antimo Rosso '10	▽▽	4

Tenuta di Capezzana

Loc. Seano
via Capezzana, 100
59015 Carmignano [PO]
Tel. 0558706005
www.capezzana.it

VENDITA DIRETTA
VISITA SU PRENOTAZIONE
OSPITALITÀ E RISTORAZIONE
PRODUZIONE ANNUA 450.000 bottiglie
ETTARI VITATI 90,00
VITICOLTURA Biologico Certificato

La tenuta dei conti Contini Bonacossi produce vino di qualità da oltre 1200 anni. Oggi, con i suoi 90 ettari di bellissime vigne, è l'azienda più nota del Carmignano ed è ancora gestita dalla famiglia, che realizza alcune delle migliori etichette del territorio (oltre a uno straordinario extravergine), e a essi va il merito di aver fatto conoscere questa storica denominazione toscana in tutto il mondo. Da visitare la storica cantina di Capezzana e la vicina Villa di Trefiano. Entrambi sono attrezzate per offrire ospitalità. I Tre Bicchieri non possono mancare a uno straordinario Vin Santo Riserva, il 2009, che incanta per intensità espressiva, equilibrio, profondità e complessità. Ma accede alle nostre finali anche un eccellente Carmignano Villa di Capezzana '13, balsamico e ferroso, polposo sapido e dai tannini di grande finezza. La Riserva di Trefiano '12 ha struttura ed eleganza, e il Trebbiano '15 è la migliore espressione di questo vino nella regione. Il resto della gamma si muove su livelli sempre elevatissimi.

Vino	Bicchieri	
○ Vin Santo di Carmignano Ris. '09	🍷🍷🍷 (rossi)	6
● Carmignano Villa di Capezzana '13	🍷🍷 (rossi)	5
● Carmignano Trefiano Ris. '12	▼▼	6
○ Chardonnay '15	▼▼	3
● Ghiaie della Furba '12	▼▼	6
○ Trebbiano '15	▼▼	4
● Barco Reale '14	▼	3
⊙ Barco Reale Vin Ruspo '15	▼	2
● Carmignano Villa di Capezzana '07	▽▽▽	4
● Carmignano Villa di Capezzana '05	▽▽▽	4
● Carmignano Villa di Capezzana '99	▽▽▽	5
● Ghiaie della Furba '01	▽▽▽	5
○ Vin Santo di Carmignano Ris. '08	▽▽▽	6
○ Vin Santo di Carmignano Ris. '07	▽▽▽	6
○ Vin Santo di Carmignano Ris. '05	▽▽▽	5

Cappella Sant'Andrea

Loc. Casale, 26
53037 San Gimignano [SI]
Tel. 0577940456
www.cappellasantandrea.it

VENDITA DIRETTA
VISITA SU PRENOTAZIONE
RISTORAZIONE
PRODUZIONE ANNUA 45.000 bottiglie
ETTARI VITATI 9,00
VITICOLTURA Biologico Certificato
AZIENDA SOSTENIBILE

Un'azienda nata per amore del territorio e della tradizione familiare: questa è la storia di Cappella Sant'Andrea, che vede protagonisti Flavia e Francesco, che si sono trovati quasi per caso a occuparsi di vino. L'azienda condotta dal nonno di Flavia si trova all'improvviso senza condottiero ed ecco la decisione di entrambi di dedicarsi alla viticoltura. Francesco, appassionato d'arte, trasferisce la sua passione tra i filari e nelle etichette ma la scelta fondamentale è quella di adottare fin da subito la coltivazione biologica della vigna. La Vernaccia Prima Luce '13 presenta naso fresco, con frutto ricco, cenni di pompelmo, sensazioni balsamiche, tocchi di resina, sapido, minerale, lungo e persistente. La Vernaccia Casanuova '14 si mostra gradevole al naso, con sentori di erbe aromatiche, abbastanza elegante, con cenni di burro e mela, discreta pienezza in bocca, scorrevole, ricco e sapido sul finale. Piacevole il resto della produzione, con tutti vini dotati di grande bevibilità.

○ Vernaccia di S. Gimignano Casanuova '14	🍷🍷 3
○ Vernaccia di S. Gimignano Prima Luce '13	🍷🍷 5
● Serreto '12	🍷 4
○ Vernaccia di S. Gimignano Rialto '15	🍷 3
○ Vernaccia di S. Gimignano '11	🍷🍷 2*
○ Vernaccia di S. Gimignano '10	🍷🍷 2*
○ Vernaccia di S. Gimignano Rialto '13	🍷🍷 3
○ Vernaccia di S. Gimignano Rialto '12	🍷🍷 3
○ Vernaccia di S. Gimignano Rialto '09	🍷🍷 3

Caprili

Fraz. Tavernelle
Loc. Caprili, 268
53024 Montalcino [SI]
Tel. 0577848566
www.caprili.it

VENDITA DIRETTA
VISITA SU PRENOTAZIONE
OSPITALITÀ
PRODUZIONE ANNUA 75.000 bottiglie
ETTARI VITATI 21,00
AZIENDA SOSTENIBILE

Con quasi quaranta vendemmie alle spalle, l'azienda della famiglia Bartolommei non può certo considerarsi una realtà emergente nell'affollato comprensorio montalcinese. Eppure è in tempi relativamente recenti che Caprili sembra entrata in una nuova dimensione per costanza stilistica e coerenza territoriale. Rigore nordico e calore mediterraneo: i Brunello di casa restituiscono fedelmente i caratteri di una sottozona solare, acclive e ventilata, dove prevalgono suoli sassosi, ricchi di silicio e calcare. Gli ettari di proprietà sono oltre venti, coltivati perlopiù a sangiovese, con vendemmie differenziate tra le varie parcelle e assemblaggi finali dopo lunghe soste in rovere grande. Ci ripetiamo: come continuità e punte Caprili è sicuramente sul podio di Montalcino per quanto riguarda il Brunello Riserva. Ennesima dimostrazione con la versione 2010, dedicata AdAlberto, irresistibile fin dal primo impatto di frutto chiaro, resine, plastilina, ancor più gioioso nel palato scalpitante e saporito.

● Brunello di Montalcino AdAlberto Ris. '10	🍷🍷🍷 8
● Brunello di Montalcino '11	🍷🍷 6
● Rosso di Montalcino '14	🍷🍷 3
● Brunello di Montalcino '10	🍷🍷🍷 6
● Brunello di Montalcino '06	🍷🍷🍷 7
● Brunello di Montalcino Ris. '08	🍷🍷🍷 7
● Brunello di Montalcino Ris. '06	🍷🍷🍷 7
● Brunello di Montalcino Ris. '04	🍷🍷🍷 5
● Brunello di Montalcino '09	🍷🍷 5
● Brunello di Montalcino '08	🍷🍷 5
● Brunello di Montalcino '07	🍷🍷 5
● Brunello di Montalcino '05	🍷🍷 5
● Rosso di Montalcino '13	🍷🍷 3

Fattoria Carpineta Fontalpino

FRAZ. MONTAPERTI
LOC. CARPINETA
53019 CASTELNUOVO BERARDENGA [SI]
TEL. 0577369219
www.carpinetafontalpino.it

VENDITA DIRETTA
VISITA SU PRENOTAZIONE
OSPITALITÀ
PRODUZIONE ANNUA 100.000 bottiglie
ETTARI VITATI 23,00
VITICOLTURA Biologico Certificato

L'azienda con sede a Monteaperti ormai è saldamente tra le migliori della denominazione. I vini prodotti a Carpineta Fontalpino sono generosi, non privi di personalità e di fattura ineccepibile tecnicamente. Il profilo stilistico è d'impronta moderna con uso prevalente di legno piccolo, dosato però con equilibrio, grande estrazione del colore e strutture importanti, ma non mancano acidità e articolazioni tanniche nervose. Un mix che funziona e che regala prodotti costantemente convincenti. Molto buono, come ormai gli capita con solida continuità, il Do ut des '13. Robusto blend a base di cabernet sauvignon, sangiovese e merlot, possiede profumi definiti che incrociano note fruttate rigogliose, spezie e cenni di sottobosco. In bocca è ampio e consistente e il sorso è succoso e non privo di allungo finale. Aromi intensi e sapidità gustativa sono le caratteristiche salienti del Chianti Classico Riserva '13, mentre il Chianti Classico '14 si distingue per una bevibilità fresca e rilassata.

● Do ut des '13	🍷🍷🍷 5
● Chianti Cl. Fontalpino '14	🍷🍷 3
● Chianti Cl. Fontalpino Ris. '13	🍷🍷 5
● Montaperto '14	🍷 3
● Do ut des '12	🍷🍷🍷 5
● Do ut des '11	🍷🍷🍷 5
● Do ut des '10	🍷🍷🍷 5
● Do ut des '09	🍷🍷🍷 5
● Do ut des '07	🍷🍷🍷 5
● Dofana '10	🍷🍷🍷 7
● Dofana '07	🍷🍷🍷 8
● Chianti Cl. Fontalpino '13	🍷🍷 3
● Chianti Cl. Fontalpino '12	🍷🍷 3

Casa alle Vacche

FRAZ. PANCOLE
LOC. LUCIGNANO, 73A
53037 SAN GIMIGNANO [SI]
TEL. 0577955103
www.casaallevacche.it

VENDITA DIRETTA
VISITA SU PRENOTAZIONE
OSPITALITÀ E RISTORAZIONE
PRODUZIONE ANNUA 115.000 bottiglie
ETTARI VITATI 28,00

L'azienda è immersa nella campagna a pochi chilometri dal profilo turrito di San Gimignano. Il nome è stato scelto come preciso riferimento alle origini di un impegno nato molto tempo fa, quando cioè nell'800 l'edificio più antico della proprietà era adibito a stalle per le vacche che venivano utilizzate per il traino dei carri e il lavoro nei campi. Da allora la famiglia Ciappi si dedica con passione alla coltivazione della terra e alla produzione di vino e olio. Da tempo sono state adottate tecniche di agricoltura integrata, a testimonianza di un'attenzione particolare dedicata all'ambiente. La Vernaccia Riserva Crocus '13 presenta naso vegetale e fruttato, con sensazioni di pesca bianca e toni appena mentolati. In bocca si presenta fine, articolata, complessa, di buona grassezza, per un finale lungo e saporito. Interessante anche la Vernaccia I Macchioni '15, dal naso più tradizionale, di mandorla e mela, struttura composta, sapida al punto giusto, con nerbo acido vigoroso e interessante. Ben fatti gli altri vini, caratterizzati da pulizia olfattiva e buona struttura.

Vino	Valutazione
○ Vernaccia di S. Gimignano Crocus Ris. '13	🍷🍷 3
○ Vernaccia di S. Gimignano I Macchioni '15	🍷🍷 2*
⊙ Rosato '15	🍷 2
● Sangiovese '15	🍷 2
○ Vernaccia di S. Gimignano '15	🍷 2
● Aglieno '12	🍷🍷 2*
○ Vernaccia di S. Gimignano '13	🍷🍷 2*
○ Vernaccia di S. Gimignano '11	🍷🍷 2*
○ Vernaccia di S. Gimignano Crocus Ris. '11	🍷🍷 2*
○ Vernaccia di S. Gimignano Crocus Ris. '10	🍷🍷 2*
○ Vernaccia di S. Gimignano I Macchioni '14	🍷🍷 2*
○ Vernaccia di S. Gimignano I Macchioni '11	🍷🍷 2*

Casa Emma

LOC. CORTINE
S.DA PROV.LE DI CASTELLINA IN CHIANTI, 3
50021 BARBERINO VAL D'ELSA [FI]
TEL. 0558072239
www.casaemma.com

VENDITA DIRETTA
VISITA SU PRENOTAZIONE
RISTORAZIONE
PRODUZIONE ANNUA 90.000 bottiglie
ETTARI VITATI 25,00

Casa Emma, di proprietà della famiglia Bucalossi, divide la sua estensione a vigneto tra l'areale di Castellina in Chianti e quello di Barberino Val d'Elsa. Due zone specifiche che riescono a trovare una buona definizione nei prodotti aziendali e talvolta a mixarsi con successo. Lo stile è definito da buona maturità del frutto e strutture articolate. Un'idea di vino declinata però con equilibrio e non priva di personalità. Gli affinamenti sono effettuati in gran parte in legno piccolo. I profumi del Chianti Classico Riserva '13 sono netti e il fruttato dolce, con la ciliegia in primo piano, è ben integrato al rovere. In bocca possiede peso e densità e uno sviluppo di buon ritmo. Il Chianti Classico Gran Selezione '12 gioca più sulla finezza, con un'articolazione più sfaccettata. Aromaticamente si percepisce un'eleganza maggiore, anche se le note tostate a tratti sono ben leggibili. Fresco il Chianti Classico '14. Convincente il Soloìo '12, da merlot in purezza.

● Chianti Cl. Gran Sel. '12	YY	5
● Chianti Cl. Ris. '13	YY	5
● Chianti Cl. '14	YY	3
● Soloìo '12	YY	6
● Chianti Cl. Ris. '95	YYY	4*
● Chianti Cl. Ris. '93	YYY	5
● Soloìo '94	YYY	4*
● Chianti Cl. '13	YY	3
● Chianti Cl. '10	YY	3
● Chianti Cl. Ris. '11	YY	5
● Chianti Cl. Ris. '08	YY	5
● Chianti Cl. Vignalparco '12	YY	3
● Chianti Cl. Vignalparco '11	YY	3

Fattoria Casabianca

FRAZ. CASCIANO DI MURLO
LOC. CASABIANCA
53016 MURLO [SI]
TEL. 0577811033
www.fattoriacasabianca.it

VENDITA DIRETTA
VISITA SU PRENOTAZIONE
OSPITALITÀ E RISTORAZIONE
PRODUZIONE ANNUA 230.000 bottiglie
ETTARI VITATI 70,00
VITICOLTURA Biologico Certificato
AZIENDA SOSTENIBILE

La Fattoria Casabianca si trova nel sud della Provincia di Siena nei pressi di Murlo. Siamo nelle colline più meridionali del Chianti Colli Senesi, dove le condizioni meteo sono già, generalmente, più calde del resto del territorio. L'azienda occupa oltre 650 ettari, di cui 70 coltivati a vigneto. Dal 2015 l'allevamento delle viti ha ricevuto la certificazione biologica. Lo stile dei vini, che affinano sia in barrique sia in botti grandi, privilegia bevibilità e finezza, con una gamma di prodotti pensati prima di tutto per essere consumati. Due Chianti Colli Senesi Riserva '13, decisamente ben fatti. Il primo possiede un profilo olfattivo pulito e una progressione gustativa ritmata e di bella scorrevolezza. Il secondo, Belsedere, ottenuto dalle uve del podere omonimo, è profumato e possiede grinta e allungo finale. Buono anche il 15 Staiori '13, da merlot in purezza, per nulla ammiccante ma in possesso di profumi freschi e delicati, con qualche cenno erbaceo rinfrescante e bocca sapida e reattiva.

● 15 Staiori '13	YY	5
● Chianti Colli Senesi Belsedere Ris. '13	YY	5
● Chianti Colli Senesi Ris. '13	YY	3
● Chianti Colli Senesi '11	YY	2*
● Chianti Colli Senesi Ris. '07	YY	3*
● Loccareto '11	YY	4
● Loccareto '08	YY	3*

Tenuta Casadei

loc. San Rocco
57028 Suvereto [LI]
Tel. 0558300411
www.tenutacasadei.it

VISITA SU PRENOTAZIONE
PRODUZIONE ANNUA 80.000 bottiglie
ETTARI VITATI 17,00
VITICOLTURA Biologico Certificato
AZIENDA SOSTENIBILE

Stefano Casadei ha maturato una grande esperienza nel mondo del vino. Ha iniziato lavorando nell'azienda del padre, specializzata nelle attività di impiantistica, attrezzature e consulenze nel settore vinicolo e oleario. Ha poi dedicato l'impegno suo personale, della moglie Anna Baj Macario e del fratello Andrea in tre tenute diverse: il Castello del Trebbio, sulle colline di Olianas, un'azienda moderna e dinamica in Sardegna e Casa Dei, a Suvereto, acquistata nel 1997 per avviare una produzione in cui ci siano i sentori dei vini della costa toscana. Piacevole il Filare 18, da cabernet franc in purezza, che giunge in finale, grazie a un complesso aromatico vario, dove il peperone verde grigliato si unisce ai frutti di bosco maturi, con note erbacee fresche e intriganti. In bocca si mostra elegante, docile, di buona morbidezza, gustoso e rilassato nel finale. Il Filare 41, da petit verdot in purezza, dispone di buoni profumi intensi, di more e mirtilli, con note di erbe aromatiche di macchia mediterranea, struttura elegante e definita, finale dinamico e pieno.

● Filare 18 '14	TT 6
● Filare 41 '14	TT 6
● Armonia '15	T 3
● Sogno Mediterraneo '14	T 4
● Armonia '10	YY 2*
● Armonia '08	YY 3
● Filare 18 '13	YY 6
● Filare 18 '09	YY 5
● Filare 22 '08	YY 5
● Filare 41 '13	YY 6
● Filare 41 '11	YY 5
● Filare 41 '07	YY 5
● Sogno Mediterraneo '13	YY 4
● Syrah Le Anfore '14	YY 5

Casale dello Sparviero Fattoria Campoperi

loc. Casale, 93
53011 Castellina in Chianti [SI]
Tel. 0577743228
www.casaledellosparviero.it

VENDITA DIRETTA
VISITA SU PRENOTAZIONE
OSPITALITÀ
PRODUZIONE ANNUA 127.000 bottiglie
ETTARI VITATI 88,00

Casale dello Sparviero, 380 ettari complessivi, di cui 90 coltivati a vigneto, si trova nella sottozona di Castellina in Chianti, nella porzione di questa zona più a valle e contraddistinta da un microclima più caldo, che origina vini decisi e generosi. Elementi che si ritrovano con buona coerenza anche nelle etichette di questa realtà produttiva. Gli affinamenti prevedono l'uso prevalente delle barrique ma vengono utilizzate anche botti grandi, un mix convincente che ci consegna prodotti tendenzialmente equilibrati e di fattura tecnica ineccepibile. Il Chianti Classico '13 è un vino fresco e di bella scorrevolezza, dai profumi fruttati definiti. Medesimi tratti fondamentali per il Chianti Classico Riserva '13, che aggiunge una struttura più articolata e aromi di spezie con qualche cenno balsamico. Potente e strutturato il Chianti Classico Gran Selezione Vigna Paronza '12, ampio, succoso e appagante in bocca, quanto dotato di un bagaglio aromatico complesso e non privo di chiaro scuri.

● Chianti Cl. '13	TT 3
● Chianti Cl. Gran Sel. V. Paronza '12	TT 3
● Chianti Cl. Ris. '13	TT 3
● Chianti Cl. Gran Sel. Ada Andrighetti '12	T 3
● Chianti Sup. '14	T 3
● Chianti Cl. '08	YY 3

Fattoria Le Casalte

fraz. Sant'Albino
via del Termine, 2
53045 Montepulciano [SI]
Tel. 0578798246
www.lecasalte.com

VENDITA DIRETTA
VISITA SU PRENOTAZIONE
PRODUZIONE ANNUA 50.000 bottiglie
ETTARI VITATI 13,00

Chiara Barioffi è una vignaiola capace, sensibile e con le idee piuttosto chiare. L'azienda è stata comprata dal padre e lei è arrivata giovanissima a dar man forte, in vigna e in cantina. I terreni di proprietà hanno carattere argilloso, particolarmente spiccato nel cru Quercetonda. Oggi la concuzione agronomica è biologica mentre in cantina la mano non è troppo invasiva. L'affinamento è affidato sia a botti di capacità medio grande che a contenitori più piccoli. I vini sono personali, eleganti, mai alla ricerca di orpelli o eccessi. Fotografia molto a fuoco del Nobile Quercetonda '13. Gli aromi sono coinvolgenti, di spiccata personalità: attaccano su delicati cenni floreali, virano su ribes e fragoline di bosco e sono attraversati da lampi minerali e sassosi. La bocca segue questa scia aromatica e appare sinuosa, poco prevedibile, ben slanciata anche se un po' cruda nel finale. Più speziato e compatto il Nobile '13.

Vino	Bicchieri	Prezzo
● Nobile di Montepulciano Quercetonda '13	ŸŸ (rossi)	5
● Nobile di Montepulciano '13	ŸŸ (neri)	3
● Nobile di Montepulciano '08	ŸŸ	3
● Nobile di Montepulciano Quercetonda '12	ŸŸ	5
● Nobile di Montepulciano Quercetonda '07	ŸŸ	5
● Nobile di Montepulciano Quercetonda '04	ŸŸ	5
● Rosso di Montepulciano '13	ŸŸ	2*
● Rosso di Montepulciano '10	ŸŸ	2*
● Rosso Toscano '08	ŸŸ	2*
○ Vin Santo di Montepulciano '03	ŸŸ	7
○ Vin Santo di Montepulciano '00	ŸŸ	7
○ Vin Santo di Montepulciano '99	ŸŸ	7

★Casanova di Neri

pod. Fiesole
53024 Montalcino [SI]
Tel. 0577834455
www.casanovadineri.com

VISITA SU PRENOTAZIONE
OSPITALITÀ
PRODUZIONE ANNUA 225.000 bottiglie
ETTARI VITATI 63,00

Fondata negli anni Settanta, la cantina guidata da Giacomo, Gianlorenzo e Giovanni Neri è oggi più che mai star internazionale dell'universo Montalcino. Merito senza dubbio di uno stile fortemente connotato sui vini a base sangiovese, per fittezza cromatica, potenza, maturità di frutto. Da mettere in relazione anche con le scelte agronomiche e le caratteristiche delle parcelle di proprietà, distribuite tra l'area nord orientale di Torrenieri, Cava dell'Onice a Castelnuovo dell'Abate e Sesta nel quadrante meridionale. Al Brunello annata si affiancano nelle migliori vendemmie le selezioni Tenuta Nuova e Cerretalto, affinati perlopiù in legno piccolo e nuovo. Questa volta ci solletica soprattutto la polputa esuberanza del Brunello '11: ricchi profumi di ciliegia in confettura, balsami, legna arsa, anticipano uno sviluppo gustativo aperto e risolto, solo un po' scontroso in chiusura. Aromaticamente cupo il Tenuta Nuova pari millesimo, più difficile da leggere in questa fase.

Vino	Bicchieri	Prezzo
● Brunello di Montalcino '11	ŸŸ (rossi)	6
● Brunello di Montalcino Tenuta Nuova '11	ŸŸ (neri)	8
● Rosso di Montalcino '14	ŸŸ (neri)	5
● Brunello di Montalcino '09	ŸŸŸ	6
● Brunello di Montalcino '06	ŸŸŸ	5
● Brunello di Montalcino Cerretalto '07	ŸŸŸ	8
● Brunello di Montalcino Cerretalto '06	ŸŸŸ	8
● Brunello di Montalcino Cerretalto '04	ŸŸŸ	8
● Brunello di Montalcino Cerretalto '01	ŸŸŸ	8
● Brunello di Montalcino Cerretalto '99	ŸŸŸ	8
● Brunello di Montalcino Tenuta Nuova '06	ŸŸŸ	8
● Brunello di Montalcino Tenuta Nuova '05	ŸŸŸ	7
● Brunello di Montalcino Tenuta Nuova '01	ŸŸŸ	6
● Brunello di Montalcino Tenuta Nuova '99	ŸŸŸ	6
● Pietradonice '05	ŸŸŸ	8
● Sant'Antimo Pietradonice '01	ŸŸŸ	8

Castell'in Villa

loc. Castell'in Villa
53019 Castelnuovo Berardenga [SI]
Tel. 0577359074
www.castellinvilla.com

VENDITA DIRETTA
VISITA SU PRENOTAZIONE
PRODUZIONE ANNUA 100.000 bottiglie
ETTARI VITATI 54,00

I vini di Coralia Pignatelli si collocano decisamente ai vertici assoluti della produzione del Chianti Classico, di quella più vera e coerente. Intensi ma sfumati, eleganti ma anche nervosi, esprimono senza compromessi l'anima più nobile e rigorosa della sottozona di Castelnuovo Berardenga. Finissimi, complessi e longevi come pochi, hanno tracciato e ancor tracciano le traiettorie espressive del vino d'autore toscano, esaltando con innata naturalezza le grandi potenzialità del sangiovese. Un valore sicuro della denominazione, e italiano tout court. Un po' compresso il Chianti Classico '12, complice l'annata, con sensazioni di frutto maturo, confettura di fragole, sottobosco, fungo e cenni animali. Bocca avvolgente, leggermente alcolica, dal finale asciugante. Anche la Riserva '10 risente in chiusura di un tannino un po' sopra le righe ma può contare su una sferzante acidità. Toni evoluti sia al naso sia in bocca per il Santacroce '08.

● Chianti Cl. '12	🍷🍷 5
● Chianti Cl. Ris. '10	🍷🍷 6
⊙ La Gazzera '15	🍷 3
● Santacroce '08	🍷 6
● Chianti Cl. '11	🍷🍷🍷 5
● Chianti Cl. '09	🍷🍷🍷 5
● Chianti Cl. '08	🍷🍷🍷 5
● Chianti Cl. Poggio delle Rose Ris. '10	🍷🍷 6

Castellani

fraz. Santa Lucia
via del Popolo, 90e
56025 Pontedera [PI]
Tel. 0587292900
www.castelwine.com

VENDITA DIRETTA
VISITA SU PRENOTAZIONE
PRODUZIONE ANNUA 25.000.000 bottiglie
ETTARI VITATI 150,00

La storia dell'azienda data di oltre cento anni quando alla fine dell'800 Alfredo, il capostipite, inizia a imbottigliare e vendere il proprio vino. L'impulso all'attività viene trasmesso ai figli Duilio e Mario, che trasformano l'attività puramente agricola in un'azienda ben organizzata ed efficiente anche da un punto di vista distributivo ed economico. I vigneti si trovano in diverse tenute della provincia di Pisa, con un possedimento anche in Chianti Classico. Piacevole il Ciliegiolo '14 della Tenuta Santa Lucia, dal naso intenso, con note di lampone e ciliegia, cenni di tabacco e cuoio, corpo carnoso e sapido, per un finale lungo e succoso. Interessante Violetta '12, della Tenuta di Ceppaiano, da sangiovese con saldo di cabernet sauvignon, dai toni fruttati intensi, corpo lineare, con buona vena acida, finale rilassato e gustoso. Accattivante Travalda '11, uvaggio bordolese classico, dove i toni speziati si uniscono a un corpo cremoso e vivo.

● Alle Viole Tenuta di Ceppaiano '13	🍷🍷 3
● Ciliegiolo Tenuta di Santa Lucia '14	🍷🍷 3
● Travalda Tenuta Santa Lucia '11	🍷🍷 3
● Violetta Tenuta di Ceppaiano '12	🍷🍷 3
● Casone Tenuta di Poggio al Casone '13	🍷 3
● La Cattura Tenuta di Poggio al Casone '13	🍷 3
○ Vermentino Tenuta Santa Lucia '15	🍷 3

★Castellare di Castellina

LOC. CASTELLARE
53011 CASTELLINA IN CHIANTI [SI]
TEL. 0577742903
www.castellare.it

VENDITA DIRETTA
VISITA SU PRENOTAZIONE
OSPITALITÀ
PRODUZIONE ANNUA 200.000 bottiglie
ETTARI VITATI 28,00

Castellare di Castellina ha saputo nel tempo costruirsi un ruolo di primo piano nella denominazione del Chianti Classico. Un risultato ormai consolidato, che parte dalla scelta rigorosa e immune da qualsiasi velleitaria moda passeggera di recuperare l'espressività più profonda e legata al territorio delle sue etichette. La cifra stilistica dei prodotti dell'azienda di Castellina in Chianti, infatti, poggia saldamente sulla ricerca dell'equilibrio e dell'eleganza, sottolineata anche dall'attento uso dei legni di affinamento, che consegna vini di bella tensione gustativa e non privi di carattere. I Sodi di S. Niccolò '12 è un vino in possesso di un carattere elegante, bella complessità olfattiva e gusto affilato, in altre parole è, come peraltro gli capita spesso, buonissimo. Non molto da meno il Chianti Classico Il Poggiale Riserva '13, dai profumi di erbe medicinali e terra e dal gusto denso e di bella energia. Molto buono anche il Chianti Classico Riserva '13, succoso, ritmato e saporito.

● I Sodi di S. Niccolò '12	🍷🍷🍷	8
● Chianti Cl. Il Poggiale Ris. '13	🍷🍷	5
● Chianti Cl. Ris. '13	🍷🍷	4
● Chianti Cl. '14	🍷	3
● Chianti Cl. V. Il Poggiale Ris. '01	🍷🍷🍷	5
● I Sodi di S. Niccolò '11	🍷🍷🍷	8
● I Sodi di S. Niccolò '10	🍷🍷🍷	8
● I Sodi di S. Niccolò '09	🍷🍷🍷	8
● I Sodi di S. Niccolò '08	🍷🍷🍷	7
● I Sodi di S. Niccolò '07	🍷🍷🍷	7
● I Sodi di S. Niccolò '06	🍷🍷🍷	7
● I Sodi di S. Niccolò '05	🍷🍷🍷	7
● I Sodi di S. Niccolò '04	🍷🍷🍷	7
● I Sodi di S. Niccolò '03	🍷🍷🍷	7
● I Sodi di S. Niccolò '02	🍷🍷🍷	7
● I Sodi di San Niccolò '01	🍷🍷🍷	7

★Castello Banfi

LOC. SANT'ANGELO SCALO
CASTELLO DI POGGIO ALLE MURA
53024 MONTALCINO [SI]
TEL. 0577840111
www.castellobanfi.com

VENDITA DIRETTA
VISITA SU PRENOTAZIONE
OSPITALITÀ E RISTORAZIONE
PRODUZIONE ANNUA 10.000.000 bottiglie
ETTARI VITATI 850,00
AZIENDA SOSTENIBILE

Nonostante le documentate radici secolari, il territorio di Montalcino e il suo vino simbolo non avrebbero raggiunto probabilmente l'attuale fama mondiale senza il lavoro svolto dalla famiglia Mariani a partire dagli anni Settanta. Innanzitutto con l'acquisizione di Castello Banfi, realtà agricola da oltre 800 ettari vitati guidata oggi da Enrico Viglierchio e Remo Grassi, rinforzatasi ulteriormente con Vigne Regali in Piemonte e la linea Banfi Toscana. Ne deriva una gamma ricca e composita, anche da un punto di vista varietale, trainata come sempre dai rossi classici a base sangiovese, di stampo rotondo e fruttato. È mancato solo l'acuto a una bella prova corale, con diverse cartucce a disposizione sui vari Brunello. Ad esempio l'ottimo Poggio alle Mura '11, preciso e scorrevole, oppure il Poggio all'Oro Riserva '10, più terziario e risolto, ma di convincente definizione tannica. Senza dimenticare il solare Fontanelle Chardonnay '15, senza dubbio tra i migliori bianchi di Montalcino.

● Brunello di Montalcino Poggio alle Mura Ris. '11	🍷🍷	6
● Brunello di Montalcino '11	🍷🍷	6
● Brunello di Montalcino Poggio all'Oro Ris. '10	🍷🍷	8
● Brunello di Montalcino Poggio alle Mura '10	🍷🍷	8
○ Fontanelle Chardonnay '15	🍷🍷	4
● Rosso di Montalcino '14	🍷🍷	2*
● Excelsus '12	🍷	6
● Rosso di Montalcino Poggio alle Mura '14	🍷	4
● Brunello di Montalcino Poggio all'Oro Ris. '04	🍷🍷🍷	8
● Brunello di Montalcino Poggio all'Oro Ris. '85	🍷🍷🍷	8
● Sant'Antimo Mandrielle '04	🍷🍷🍷	3

★Castello d'Albola

Loc. Pian d'Albola, 31
53017 Radda in Chianti [SI]
Tel. 0577738019
www.albola.it

VENDITA DIRETTA
VISITA SU PRENOTAZIONE
PRODUZIONE ANNUA 800.000 bottiglie
ETTARI VITATI 157,00

Nel gigantesco arcipelago aziendale di Zonin, Castello d'Albola - lo abbiamo sottolineato altre volte - è la realtà produttiva più interessante. Non solo per le caratteristiche pedoclimatiche di cui godono i vigneti, siamo nella sottozona di Radda in Chianti, in una delle sue porzioni più vocate, ma anche perché lo staff aziendale sembra proprio aver colto in modo preciso e coerente le potenzialità espressive dei vini di questo luogo. Oltre all'impeccabile esecuzione tecnica, le etichette di Albola sanno sempre evidenziare carattere e personalità, ponendosi nel ristretto novero delle migliori dell'intera denominazione. Un Chianti Classico Gran Selezione, quello in versione 2013, decisamente smagliante. I profumi sono fini e vanno dai piccoli frutti rossi alle note di sottobosco fino a ricordi di pietra focaia. In bocca è fragrante, succoso, pieno di chiaro scuri e dal finale in crescendo. Paradigmatico per la sua tipologia il Chianti Classico '13: pieno, fresco e saporito in bocca, invitante e piacevole al naso.

Vino	Bicchieri	Prezzo
● Chianti Cl. Gran Sel. '13	🍷🍷🍷 (rossi)	5
● Chianti Cl. '13	🍷🍷 (rossi)	3*
● Acciaiolo '13	🍷🍷 (neri)	6
● Chianti Cl. Ris. '12	🍷🍷 (neri)	4
● Acciaiolo '06	🍷🍷🍷 (bianchi)	6
● Acciaiolo '04	🍷🍷🍷 (bianchi)	6
● Acciaiolo '01	🍷🍷🍷 (bianchi)	6
● Chianti Cl. Il Solatio Gran Sel. '11	🍷🍷🍷 (bianchi)	5
● Chianti Cl. Il Solatio Gran Sel. '10	🍷🍷🍷 (bianchi)	5
● Chianti Cl. Le Ellere '08	🍷🍷🍷 (bianchi)	3
● Chianti Cl. Ris. '09	🍷🍷🍷 (bianchi)	4*
● Chianti Cl. Ris. '08	🍷🍷🍷 (bianchi)	4*
● Chianti Cl. Le Ellere '12	🍷🍷 (bianchi)	3*

★★Castello del Terriccio

Loc. Terriccio
via Bagnoli, 16
56040 Castellina Marittima [PI]
Tel. 050699709
www.terriccio.com

VENDITA DIRETTA
VISITA SU PRENOTAZIONE
PRODUZIONE ANNUA 150.000 bottiglie
ETTARI VITATI 60,00

Una storia millenaria quella del castello, nel cuore di una tenuta di grande estensione che occupa più di 1800 ettari tra il mare e le prime colline dell'entroterra. Del tutto preminente la produzione cerealicola, fino a quando Gian Annibale Rossi di Medelana, l'attuale proprietario, non aumenta la superficie dei vigneti, proseguendo nell'attività di modernizzazione dell'azienda, che è spesso presente nelle occasioni in cui si celebra il connubio tra vino e cultura. Oggi nel Castello di Terriccio, oltre ai vigneti, si cura la coltivazione biologica di farro, frumento, foraggio e ulivi. Il Castello del Terriccio '11, uvaggio con prevalenza di syrah e petit verdot, ha bagaglio aromatico fine e complesso, dove si sposano sentori iodati, cenni di erbe officinali, frutti neri come ribes e more. In bocca l'ingresso è fresco, vivace, corpo ben equilibrato, tannini sottili e buon finale prolungato. Tre Bicchieri di slancio. Il Lupicaia '12, da cabernet sauvignon con saldo di petit verdot, ha un intenso profumo di sottobosco, cenni mentolati, corpo equilibrato e succoso.

Vino	Bicchieri	Prezzo
● Castello del Terriccio '11	🍷🍷🍷 (rossi)	8
● Lupicaia '12	🍷🍷 (rossi)	8
● Tassinaia '12	🍷🍷 (neri)	6
● Castello del Terriccio '07	🍷🍷🍷 (bianchi)	8
● Castello del Terriccio '04	🍷🍷🍷 (bianchi)	8
● Castello del Terriccio '03	🍷🍷🍷 (bianchi)	8
● Castello del Terriccio '01	🍷🍷🍷 (bianchi)	8
● Lupicaia '11	🍷🍷🍷 (bianchi)	8
● Lupicaia '10	🍷🍷🍷 (bianchi)	8
● Lupicaia '07	🍷🍷🍷 (bianchi)	8
● Lupicaia '06	🍷🍷🍷 (bianchi)	8
● Lupicaia '05	🍷🍷🍷 (bianchi)	8
● Lupicaia '04	🍷🍷🍷 (bianchi)	8
● Lupicaia '01	🍷🍷🍷 (bianchi)	8

Castello del Trebbio

VIA SANTA BRIGIDA, 9
50065 PONTASSIEVE [FI]
TEL. 0558304900
www.castellodeltrebbio.it

VENDITA DIRETTA
VISITA SU PRENOTAZIONE
PRODUZIONE ANNUA 300.000 bottiglie
ETTARI VITATI 52,00
AZIENDA SOSTENIBILE

Un nucleo che rimanda al 1184, un edificio che fu di proprietà della famiglia de' Pazzi, le cantine storiche ancora visitabili, case coloniche restaurate sparse sui Colli Fiorentini: è questo il patrimonio acquisito dalla famiglia Baj Macario nel 1968, insieme a una tenuta di 380 ettari, 52 dei quali vitati. Insieme all'agriturismo, all'enoturismo, alle coltivazioni particolari come quella dello zafferano è la produzione vitivinicola il fulcro delle attività della famiglia: Stefano Casadei, marito della titolare Anna, segue infatti altre due entità appartenenti ai Baj Macario: Tenute Casa Dei, in Val di Cornia, e Tanuta Olianas, in Sardegna. Si ferma in finale il Lastricato '12, a un soffio dal raggiungere il massimo riconoscimento. Naso fresco e floreale, anche se ancora leggermente imbrigliato nella speziatura del legno. In bocca ha tannini vivaci, sottofondo sapido e ricordi di erbe aromatiche e spezie. Molto piacevole anche il Chianti Superiore '14, scorrevole e snello.

● Chianti Rufina Lastricato Ris. '12	🍷🍷 5
● Chianti Sup. '14	🍷🍷 2*
○ Brut M. Cl. '13	🍷 3
○ Congiura '15	🍷 4
● Chianti Rufina Lastricato Ris. '11	🍷🍷🍷 4*
○ Bianco della Congiura '14	🍷🍷 3
● Cabernet Franc Casa Dei '12	🍷🍷 5
● De' Pazzi '11	🍷🍷 4
● Pazzesco '11	🍷🍷 5
● Petit Verdot Casa Dei '12	🍷🍷 5
● Sangiovese '13	🍷🍷 5
○ Vin Santo del Chianti '07	🍷🍷 4
○ Viognier Casa Dei '13	🍷🍷 4

★★Castello di Ama

LOC. AMA
53013 GAIOLE IN CHIANTI [SI]
TEL. 0577746031
www.castellodiama.com

VENDITA DIRETTA
VISITA SU PRENOTAZIONE
PRODUZIONE ANNUA 300.000 bottiglie
ETTARI VITATI 90,00

Il Castello di Ama occupa saldamente un posto di rilievo nell'affollato panorama produttivo chiantigiano e Lorenza Sebasti e Marco Pallanti propongono vini dallo stile impeccabile e capaci di restituire un raro senso di autenticità, fondendo energia ed eleganza. I vigneti allevati con molta attenzione, e posti mediamente a 500 metri, sono divisi in quattro parcelle: Bellavista, Casuccia, Montebuoni e San Lorenzo. In cantina gli affinamenti sono effettuati in legno piccolo di vario passaggio. Il Chianti Classico San Lorenzo Gran Selezione '13 possiede il passo del grande vino. I suoi profumi sono sfaccettati e di grande freschezza. In bocca lo sviluppo è ampio e succoso e non manca una bella verve acida, vitale e continua. Solido e non privo di carattere L'Apparita '13, da merlot in purezza. Snello e di beva immediata il Chianti Classico Ama '14, dagli aromi un po' velati. Fruttato rigoglioso al naso e un po' di rovere in esubero al gusto per l'Haiku '13, da sangiovese, cabernet franc e merlot.

Vino	Valutazione
● Chianti Cl. Gran Sel. San Lorenzo '13	🍷🍷🍷 6
● L'Apparita '13	🍷🍷 8
● Chianti Cl. Ama '14	🍷 4
● Haiku '13	🍷 6
● Chianti Cl. Ama '11	🍷🍷🍷 4*
● Chianti Cl. Bellavista '01	🍷🍷🍷 8
● Chianti Cl. Bellavista '99	🍷🍷🍷 8
● Chianti Cl. Castello di Ama '05	🍷🍷🍷 5
● Chianti Cl. Castello di Ama '03	🍷🍷🍷 5
● Chianti Cl. Castello di Ama '01	🍷🍷🍷 5
● Chianti Cl. Castello di Ama '00	🍷🍷🍷 5
● Chianti Cl. La Casuccia '04	🍷🍷🍷 8
● Chianti Cl. La Casuccia '01	🍷🍷🍷 8
● L'Apparita '01	🍷🍷🍷 8

Castello di Bolgheri

Loc. Bolgheri
s.da Lauretta, 7
57020 Castagneto Carducci [LI]
Tel. 0565762110
www.castellodibolgheri.eu

VENDITA DIRETTA
VISITA SU PRENOTAZIONE
OSPITALITÀ
PRODUZIONE ANNUA 80.000 bottiglie
ETTARI VITATI 50,00

Azienda di lungo corso e lignaggio, era parte delle immense proprietà dei conti della Gherardesca. Non solo storia, tuttavia, visto che il Castello di Bolgheri è impresa contemporanea, di alto livello qualitativo. Oggi appartiene alla famiglia Zileri dal Verme. Ai loro membri il compito di custodire e valorizzare il cospicuo patrimonio viticolo: circa cinquanta ettari su terreni sabbioso argillosi, ricchi di scheletro e calcare. Compito svolto egregiamente, almeno stando all'eccellente livello dei vini realizzati ogni anno. Molto particolare il Bolgheri Rosso Superiore '13. Onestamente difficile da riconoscere in degustazione bendata, in virtù di un tratto aromatico diverso dal solito, marcatamente agrumato, con note spiccate di pompelmo rosa e caramella all'arancia. Vino di succo e polpa, coerente al palato e completo, certamente di grande bevibilità. Note agrumate e vegetali anche per il Bolgheri Rosso Varvàra '14.

● Bolgheri Rosso Sup. '13	🍷🍷 7
● Bolgheri Varvàra '14	🍷 4
● Bolgheri Sup. Castello di Bolgheri '12	YYY 6
● Bolgheri Sup. Castello di Bolgheri '10	YYY 6
● Bolgheri Sup. Castello di Bolgheri '09	YYY 6
● Bolgheri Sup. Castello di Bolgheri '07	YYY 6
● Bolgheri Rosso Varvàra '10	YY 4
● Bolgheri Rosso Varvàra '09	YY 4
● Bolgheri Rosso Varvàra '08	YY 4
● Bolgheri Sup. Castello di Bolgheri '11	YY 6
● Bolgheri Varvàra '13	YY 4
● Bolgheri Varvàra '12	YY 4

Castello di Bossi

Loc. Bossi in Chianti
53019 Castelnuovo Berardenga [SI]
Tel. 0577359330
www.bacciwines.it

VENDITA DIRETTA
VISITA SU PRENOTAZIONE
OSPITALITÀ
PRODUZIONE ANNUA 700.000 bottiglie
ETTARI VITATI 124,00

Un mosaico aziendale che spazia dal Chianti Classico alla Maremma passando per Montalcino. Uno stile definito, di impostazione moderna, che propone vini strutturati, potenti e sostenuti in modo non secondario dai legni di affinamento, prevalentemente barrique. Sono questi gli elementi salienti della produzione della famiglia Bacci, che ha intrapreso l'attività viticola nel 1980, con una gamma di etichette ben fatte e dalla tendenziale costanza qualitativa, in passato anche capaci di raggiungere l'eccellenza assoluta. Un Sangiovese e Cabernet Sauvignon vecchio stampo, verrebe da dire, il Corbaia '12, dai profumi intensi e dallo sviluppo gustativo in cui il rovere è protagonista, tuttavia lasciando spazio a un sorso succoso. Il Chianti Classico Berardo Riserva '12 ha naso fruttato e bocca possente, un po' asciutta sul finale. Molto affine al suo fratello maggiore Il Mega Tenuta di Renieri '12, anch'esso da sangiovese e cabernet sauvignon. Più rilassato il Morellino di Scansano Tempo Terre di Talamo Riserva '12.

● Brunello di Montalcino Renieri '11	🍷🍷 7
● Chianti Cl. Berardo Ris. '12	🍷🍷 5
● Corbaia '12	🍷🍷 8
● Mega Tenuta di Renieri '12	🍷🍷 6
● Morellino di Scansano Tempo Terra di Talamo Ris. '12	🍷🍷 5
● Brunello di Montalcino Renieri Ris. '10	🍷 7
● Chianti Cl. '13	🍷 4
● Chianti Cl. Tenuta di Renieri '13	🍷 5
● Grido Tenuta di Renieri '13	🍷 6
○ Vermentino Vento Terre di Talamo '15	🍷 5
○ Viogner Vento Teso Terre di Talamo '15	🍷 4
● Corbaia '03	YYY 6

★★★Castello di Fonterutoli

LOC. FONTERUTOLI
VIA OTTONE III DI SASSONIA, 5
53011 CASTELLINA IN CHIANTI [SI]
TEL. 057773571
www.mazzei.it

VENDITA DIRETTA
VISITA SU PRENOTAZIONE
OSPITALITÀ E RISTORAZIONE
PRODUZIONE ANNUA 800.000 bottiglie
ETTARI VITATI 117,00
AZIENDA SOSTENIBILE

La famiglia Mazzei è un pezzo della storia del Chianti Classico e non solo. Lo stile delle etichette prodotte a Fonterutoli è decisamente leggibile ed è sinonimo di sontuosa pienezza estrattiva e morbidezza gustativa, declinate con precisione tecnica ineccepibile e una tensione non secondaria, per garantire eleganza e vivacità. Risultato di una meticolosa attenzione alla maturità della materia prima e ad affinamenti in legno piccolo. Un percorso stilistico che si svolge anche in Maremma, nella Tenuta Belguardo. Il Siepi '13, uvaggio a base di sangiovese e merlot, è un vino raffinato ed elegante, dal naso complesso e intenso e dalla progressione gustativa solida e mordida. A trenta anni dall'ultima annata prodotta, torna il Concerto, versione 2013, blend da sangiovese e cabernet sauvignon, etichetta storica di Fonterutoli prodotta per la prima volta nel 1981, profumato e dal sorso succoso. Vivace e avvolgente il Philip '13, da cabernet sauvignon in purezza, dagli aromi di torrefazione e piccoli frutti rossi.

● Siepi '13	🍷🍷🍷 8
● Chianti Cl. Ser Lapo Ris. '13	🍷🍷 5
● Concerto '13	🍷🍷 8
● Philip '13	🍷🍷 6
● Morellino di Scansano Bronzone Tenuta di Belguardo '13	🍷🍷 4
● Poggio Badiola '14	🍷🍷 3
● Serrata di Belguardo Tenuta di Belguardo '14	🍷🍷 4
● Chianti Cl. Fonterutoli '14	🍷 5
● Mix36 '12	🍷 7
● Tenuta Belguardo '12	🍷 5
● Tirreno Tenuta di Belguardo '14	🍷 4
○ Vermentino Tenuta di Belguardo '15	🍷 4
● Mix36 '11	YYY 8
● Siepi '11	YYY 8

Castello di Gabbiano

FRAZ. MERCATALE VAL DI PESA
VIA GABBIANO, 22
50020 SAN CASCIANO IN VAL DI PESA [FI]
TEL. 055821053
www.castellogabbiano.it

VENDITA DIRETTA
VISITA SU PRENOTAZIONE
OSPITALITÀ E RISTORAZIONE
PRODUZIONE ANNUA 1.000.000 bottiglie
ETTARI VITATI 145,00

Produzione importante in termini di numeri, sia come bottiglie commercializzate sia come ettari vitati, fanno di questa realtà produttiva un pezzo importante della produzione della sottozona chiantigiana di San Casciano Val di Pesa, a ridosso di Firenze. Lo stile delle etichette aziendali è di stampo moderno, ma declinato senza esagerazioni sia in fatto di maturità della materia prima che di apporto del legno, con il taglio piccolo protagonista. Ecco allora una gamma di prodotti di buona fattura, magari un po' in debito di personalità, ma comunque godibili e, in alcuni casi, in armonia con le caratteristiche del territorio in cui nascono. Ben fatto il Chianti Classico Bellezza Gran Selezione '12, dai profumi maturi e nitidi e dallo sviluppo gustativo morbido, succoso e ben bilanciato. Anche il Chianti Classico Riserva '13 è ben eseguito anche se forse il rovere a tratti diventa troppo protagonista. Molto semplice, benché godibile, il Chianti Classico '14, sfumato negli aromi e scorrevole nel sorso.

● Chianti Cl. Gran Sel. Bellezza '12	🍷🍷 5
● Chianti Cl. Ris. '13	🍷🍷 5
● Chianti Cl. '14	🍷 3
● Alleanza '08	YY 5
● Alleanza '05	YY 5
● Bellezza '06	YY 5
● Bellezza '05	YY 5
● Bellezza '04	YY 5
● Chianti Cl. '11	YY 3
● Chianti Cl. Gran Sel. Bellezza '11	YY 5
● Chianti Cl. Ris. '12	YY 5
● Chianti Cl. Ris. '09	YY 5
● Chianti Cl. Ris. '07	YY 5
● Chianti Cl. Ris. '06	YY 4

Castello di Meleto

Loc. Meleto
53013 Gaiole in Chianti [SI]
Tel. 0577749217
www.castellomeleto.it

VENDITA DIRETTA
VISITA SU PRENOTAZIONE
OSPITALITÀ E RISTORAZIONE
PRODUZIONE ANNUA 600.000 bottiglie
ETTARI VITATI 144,00
AZIENDA SOSTENIBILE

Il Castello di Meleto, situato nella sottozona di Gaiole in Chianti, conta su oltre 100 ettari di vigneto e rappresenta, sia per estensione che per vocazione dei luoghi dove sono coltivati i suoi vigneti, un punto di riferimento della denominazione. I vini hanno trovato una cifra stilistica attenta a salvaguardare i caratteri chiantigiani sia in termini di scelta varietale predominante, in favore del sangiovese, sia in termini di affinamento in legno, dove la botte grande sta tornando protagonista. Snello e succoso il Chianti Classico Meleto '13, dallo sviluppo gustativo contrastato e gustoso e dagli aromi pieni e articolati, che alternano cenni speziati a piccoli frutti rossi. Maturo il naso del Chianti Classico Vigna Casi Riserva '13, che al gusto è morbido e ampio.

Vino	Bicchieri	
● Chianti Cl. Meleto '13	🍷🍷 (rossi)	3*
● Chianti Cl. V. Casi Ris. '13	🍷🍷	5
● Chianti Cl. Pieve di Spaltenna Ris. '12	🍷	3
● Chianti Cl. Ris. '03	YYY	4
● Chianti Cl. V. Casi Ris. '11	YYY	5
● Borgaio '11	YY	3
● Chianti Cl. '13	YY	3
● Chianti Cl. '09	YY	3
● Chianti Cl. Gran Sel. '10	YY	6
● Chianti Cl. V. Casi Ris. '12	YY	5
● Fiore '10	YY	5
● Fiore '09	YY	5
○ Vin Santo del Chianti Cl. '08	YY	5

Castello di Monsanto

via Monsanto, 8
50021 Barberino Val d'Elsa [FI]
Tel. 0558059000
www.castellodimonsanto.it

VENDITA DIRETTA
VISITA SU PRENOTAZIONE
PRODUZIONE ANNUA 450.000 bottiglie
ETTARI VITATI 72,00

Il Castello di Monsanto, che ha da poco compiuto mezzo secolo di attività, inizia a produrre vino grazie all'intuito di Fabrizio Bianchi e oggi in azienda lo affianca la figlia Laura. Lo stile dei vini è contraddistinto da eleganza aromatica e trama tannica fine. Sono etichette dotate di grande personalità, non sempre pienamente leggibili alla loro uscita, capaci come poche di sfidare il tempo e da sempre rappresentano un punto di riferimento per chi ama vini d'autore. Nato nel 1974 come una selezione di Sangiovese, tra i primi vini che affrontarono con successo la purezza di questa varietà, oggi ha preso il nome di Sangioveto e la versione 2010 è davvero ben riuscita. I tratti aromatici sono fini e definiti, mentre in bocca il sorso è bilanciato e saporito e il suo sviluppo è articolato e succoso. Fresco e snello, di grande bevibilità il Chianti Classico '14.

Vino	Bicchieri	
● Sangioveto '10	🍷🍷🍷 (rossi)	7
● Chianti Cl. '14	🍷🍷 (rossi)	3*
● Chianti Cl. Il Poggio Ris. '11	🍷🍷	7
● Chianti Cl. Ris. '13	🍷🍷	5
● Chianti Cl. '11	YYY	3*
● Chianti Cl. Cinquantenario Ris. '08	YYY	6
● Chianti Cl. Il Poggio Ris. '10	YYY	8
● Chianti Cl. Il Poggio Ris. '06	YYY	6
● Chianti Cl. Ris. '11	YYY	5
● Chianti Cl. '13	YY	3*
● Chianti Cl. Il Poggio Ris. '09	YY	7
● Chianti Cl. Ris. '12	YY	5
● Nemo '10	YY	6

Castello di Potentino

loc. Potentino, 6
58038 Seggiano [GR]
Tel. 0564950014
www.potentino.com

VENDITA DIRETTA
VISITA SU PRENOTAZIONE
OSPITALITÀ
PRODUZIONE ANNUA 20.000 bottiglie
ETTARI VITATI 4,00

Nel Medioevo i castelli venivano costruiti per difendersi. Invece Charlotte Horton, giornalista e scrittrice inglese, dopo aver recuperato il maniero di Seggiano, ha fatto del suo castello un luogo aperto al territorio, dove l'arte incontra le migliori produzioni enogastronomiche locali. E dove il suo vino riflette il terroir. I quattro ettari di vigneto, dove trovano spazio sangiovese, alicante e pinot nero, si trovano a pochi chilometri dal confine sud del Brunello di Montalcino, in una valle riparata tra i crinali del vicino monte Amiata, vulcano estinto, dove Charlotte realizza vini dai tratti minerali e verticali, che poco o niente concedono a eccessi materici. Ci è particolarmente piaciuto il Balaxus '11. Deriva da uve grenache, fermenta e affina in botti di rovere francese da 50 ettolitri. L'annata dona pienezza senza togliere gusto e vivacità. I profumi sono subito coinvolgenti, ricchi di ciliegie mature, spezie e resine; il palato è carnoso, ampio quanto profondo. Buono il Sangiovese Sacromonte '12, meno vibrante di altre annate il Pinot Nero Piropo '12.

Vino	Bicchieri	
● Balaxus '11	TT (rossi)	4
● Sacromonte '12	TT	3
⊙ Jaspidem '14	T	3
● Piropo '12	T	5
● Balaxus '08	YY	3
● Piropo '11	YY	4
● Piropo '10	YY	4
● Sacromonte '11	YY	3*
● Sacromonte '10	YY	3*

Castello di Radda

loc. il Becco
53017 Radda in Chianti [SI]
Tel. 0577738992
www.castellodiradda.it

VENDITA DIRETTA
VISITA SU PRENOTAZIONE
PRODUZIONE ANNUA 100.000 bottiglie
ETTARI VITATI 33,00

La Agricole Gussalli Beretta, la società che fa capo alla famiglia Beretta, sta lavorando molto bene al Castello di Radda, cogliendo le peculiarità della zona in modo coerente e non forzando mai le operazioni di cantina. La materia prima proviene da vigneti di varia età ed esposizione e gli affinamenti in legno alternano botti grandi e barrique, creando un mix misurato ed efficace. Lo stile aziendale produce etichette eleganti e all'insegna della piacevolezza che riescono anche a evidenziare complessità e carattere. Il Chianti Classico Riserva '13 possiede un bagaglio olfattivo articolato e vivace che anticipa uno sviluppo gustativo succoso, profondo e di bella freschezza. Altrettanto interessante il Chianti Classico Gran Selezione '12, dai profumi un po' velati in questa fase ma dalla bocca ricca, ampia e non priva di piacevole calore. Centrato, specie rispetto alle criticità dell'annata, il Chianti Classico '14, dalla struttura agile e snella e dagli aromi sfumati e definiti.

Vino	Bicchieri	
● Chianti Cl. Ris. '13	TTT (rossi)	5
● Chianti Cl. Gran Sel. '12	TT (rossi)	3*
● Chianti Cl. '14	TT	3
● Chianti Cl. Ris. '12	YYY	5
● Chianti Cl. Ris. '11	YYY	6
● Chianti Cl. Ris. '07	YYY	5
● Chianti Cl. '08	YY	3
● Chianti Cl. Castello di Radda '10	YY	3
● Chianti Cl. Gran Sel. '11	YY	3
● Chianti Cl. Gran Sel. '10	YY	3
● Chianti Cl. Poggio Selvale '10	YY	3
● Guss '11	YY	6
● Guss '09	YY	6

★Castello di Volpaia

Loc. Volpaia
P.zza della Cisterna, 1
53017 Radda in Chianti [SI]
Tel. 0577738066
www.volpaia.com

VENDITA DIRETTA
VISITA SU PRENOTAZIONE
OSPITALITÀ E RISTORAZIONE
PRODUZIONE ANNUA 200.000 bottiglie
ETTARI VITATI 46,00
VITICOLTURA Biologico Certificato
AZIENDA SOSTENIBILE

Alla conduzione dei vigneti in regime biologico, l'azienda di proprietà della famiglia Mascheroni Stianti unisce un'esecuzione enologica solida e inappuntabile. Il risultato sono vini tendenzialmente eleganti, che possiedono un impeccabile tratto stilistico dal piglio moderno, a partire da un affinamento prevalentemente in rovere piccolo, ma non per questo mancando di personalità e carattere. Un equilibrio ormai consolidato che conferma, con rassicurante continuità, la gamma dei prodotti del Castello di Volpaia tra le etichette di riferimento della sottozona di Radda in Chianti. Meraviglioso il Chianti Classico Riserva '13, che evidenzia profumi definiti e solari e uno sviluppo gustativo profondo, succoso e dal bel ritmo. Fruttato rigoglioso al naso e bocca dolce e vivace per il Balifico '12, uvaggio da sangiovese, cabernet sauvignon e merlot. Freschezza aromatica e gusto piacevolmente nervoso per il Chianti Classico '14. Ancora leggermente duro il Chianti Classico Coltassala Riserva '12.

● Chianti Cl. Ris. '13	🍷🍷🍷 5
● Balifico '12	🍷🍷 7
● Chianti Cl. '14	🍷🍷 3
● Chianti Cl. Coltassala Ris. '12	🍷🍷 7
● Chianti Cl. Gran Sel. Il Puro '11	🍷🍷 8
● Chianti Cl. '13	🍷🍷🍷 3*
● Chianti Cl. Coltassala Ris. '04	🍷🍷🍷 6
● Chianti Cl. Coltassala Ris. '01	🍷🍷🍷 6
● Chianti Cl. Il Puro Vign. Casanova Ris. '08	🍷🍷🍷 8
● Chianti Cl. Il Puro Vign. Casanova Ris. '06	🍷🍷🍷 8
● Chianti Cl. Ris. '10	🍷🍷🍷 5
● Chianti Cl. Ris. '08	🍷🍷🍷 5
● Chianti Cl. Ris. '07	🍷🍷🍷 5

Castello Romitorio

Loc. Romitorio, 279
53024 Montalcino [SI]
Tel. 0577847212
www.castelloromitorio.com

VENDITA DIRETTA
VISITA SU PRENOTAZIONE
OSPITALITÀ
PRODUZIONE ANNUA 150.000 bottiglie
ETTARI VITATI 15,00

Suona sempre più forzata l'etichetta di "modernista" per la gamma di Castello Romitorio, soprattutto se consideriamo le uscite degli ultimi anni. Quelli della famiglia Chia sono piuttosto Brunello dal frutto luminoso, capaci di coniugare sostanza e finezza. Traghettando nel bicchiere gli umori del versante occidentale di Montalcino, dove si collocano i circa 15 ettari di proprietà, destinati in buona parte al sangiovese. Le parcelle acquisite nell'areale del Chianti Colli Senesi e del Morellino di Scansano completano il quadro: un progetto agricolo enologico maturo, all'altezza della fama mondiale riconosciuta al suo artista fondatore, esponente di spicco della transavanguardia. Ulteriori conferme arrivano dalla batteria di Brunello, trainata da un 2011 sottrattivo e vitale, perfino più sorprendente del già splendido 2010: gli manca solo un saldo di profondità per il bis. Impostazione calda ed estrattiva più evidente nei pur ottimi Brunello Filo di Seta '11 e Riserva '10.

● Brunello di Montalcino '11	🍷🍷 8
● Brunello di Montalcino Filo di Seta '11	🍷🍷 8
● Brunello di Montalcino Ris. '10	🍷🍷 8
● Brunello di Montalcino '10	🍷🍷🍷 8
● Brunello di Montalcino '05	🍷🍷🍷 8
● Brunello di Montalcino Ris. '97	🍷🍷🍷 8
● Brunello di Montalcino '09	🍷🍷 8
● Brunello di Montalcino '08	🍷🍷 7
● Brunello di Montalcino Filo di Seta '10	🍷🍷 8
● Brunello di Montalcino Ris. '07	🍷🍷 8
● Morellino di Scansano '13	🍷🍷 3
● Morellino di Scansano Ghiaccio Forte '11	🍷🍷 5
● Rosso di Montalcino '12	🍷🍷 5
● Rosso di Montalcino '11	🍷🍷 4
● Rosso di Montalcino '10	🍷🍷 4

Castello Sonnino

via Volterrana Nord, 6a
50025 Montespertoli [FI]
Tel. 0571609198
www.castellosonnino.it

VENDITA DIRETTA
VISITA SU PRENOTAZIONE
OSPITALITÀ
PRODUZIONE ANNUA 250.000 bottiglie
ETTARI VITATI 40,00

Del nucleo più antico del Castello Sonnino, oggi resta la torre duecentesca che domina la vallata circostante. Il maniero diventa proprietà dei De Renzis Sonnino nei primi anni del 1800 ma è dal 1987 che la produzione agricola ha virato con decisione verso alti livelli qualitativi. Il merito va ad Alessandro e Caterina, che oltre a un profondo restauro della proprietà, hanno dato nuova linfa alla produzione vitivinicola, ponendo l'azienda tra le protagonisti del comprensorio del Chianti Montespertoli. Sangiovese e canaiolo sono gli autoctoni principali, ma tra i filari trovano spazio anche alloctoni: merlot, petit verdot, syrah, cabernet sauvignon e malbec. Il Cantinino '10, da sangiovese in purezza, dispone di profumi fruttati di confettura di more e ciliegie, corpo di buon peso, dal bel finale succoso. Fragrante e sapido il Chianti Montespertoli Castello di Sonnino '13. Ammaliante e seducente il Vin Santo '09,

● Cantinino '10	🍷🍷 4
● Chianti Montespertoli Castello di Sonnino '13	🍷🍷 2*
○ Vin Santo del Chianti '09	🍷🍷 5
● Chianti Montespertoli '15	🍷 2
● Leone Rosso '15	🍷 2
● Cantinino '09	🍷🍷 4
● Cantinino '08	🍷🍷 5
● Cantinino '07	🍷🍷 4
● Cantinino '06	🍷🍷 4
● Cantinino '05	🍷🍷 4
● Chianti Montespertoli '13	🍷🍷 2*

Castello Vicchiomaggio

loc. Le Bolle
via Vicchiomaggio, 4
50022 Greve in Chianti [FI]
Tel. 055854079
www.vicchiomaggio.it

VENDITA DIRETTA
VISITA SU PRENOTAZIONE
OSPITALITÀ E RISTORAZIONE
PRODUZIONE ANNUA 300.000 bottiglie
ETTARI VITATI 38,00
AZIENDA SOSTENIBILE

I vini del Castello di Vicchiomaggio hanno saputo conquistarsi un posto non secondario nel panorama produttivo del Chianti Classico. I vigneti, posti nel versante fiorentino della denominazione, a Greve in Chianti, producono una materia prima di qualità che, in cantina, viene lavorata senza inutili forzature. Il risultato è una confortante continuità qualitativa, declinata in una gamma di prodotti affidabili, dall'impronta stilistica moderna ma mai sopra le righe. L'azienda produce anche le etichette Tenuta Vallemaggiore in Maremma. Sorso bilanciato e profumi definiti sono le caratteristiche salienti del Chianti Classico Vigna La Prima Gran Selezione '12, un vino decisamente ben fatto. Profilo gustativo coerente e saporito per il Ripa delle More '13, blend a base di sangiovese, cabernet sauvignon e merlot, dagli aromi a tratti un po' confusi. Solido e austero il Chianti Classico Agostino Petri da Vicchiomaggio Riserva '13. Fresco e morbido il Maremma Colle Alto '13 di Villa Vallemaggiore.

● Chianti Cl. V. La Prima Gran Sel. '12	🍷🍷 7
● Chianti Cl. Agostino Petri da Vicchiomaggio Ris. '13	🍷🍷 5
● Ripa delle More '13	🍷🍷 5
● Chianti Cl. San Jacopo da Vicchiomaggio '14	🍷 3
● Governo Villa Vallemaggiore '15	🍷 3
● Maremma Poggio Re Villa Vallemaggiore '14	🍷 4
● Ripa delle Mandorle '14	🍷 2
○ Vermentino Villa Vallemaggiore '15	🍷 3
● Chianti Cl. Vigna La Prima Gran Sel. '10	🍷🍷🍷 7
● FSM '07	🍷🍷🍷 8
● FSM '04	🍷🍷🍷 5
● Chianti Cl. San Jacopo da Vicchiomaggio '13	🍷🍷 3

Castelvecchio

Loc. San Pancrazio
via Certaldese, 30
50026 San Casciano in Val di Pesa [FI]
Tel. 0558248032
www.castelvecchio.it

VENDITA DIRETTA
VISITA SU PRENOTAZIONE
OSPITALITÀ
PRODUZIONE ANNUA 120.000 bottiglie
ETTARI VITATI 22,00
VITICOLTURA Biologico Certificato
AZIENDA SOSTENIBILE

I documenti notarili medievali testimoniano chiaramente come intorno al 1200 questo casolare appartenesse alla famiglia Cavalcanti. Oggi ne sono proprietari i Rocchi, che ne entrarono in possesso intorno ai primi anni Sessanta: Renzo iniziò a costruire la cantina e a impiantare i primi vigneti; Carlo, insieme ai figli Filippo e Stefania, a metà degli anni Novanta, decise di intraprendere il difficile percorso della vitivinicoltura di qualità, con ottimi risultati. I vigneti sono perfettamente posizionati e mentre sangiovese, cabernet sauvignon, petit verdot godono del sole, su un versante della collina che guarda a sud est, le quote più fresche, quelle a nord ovest sono dedicate a canaiolo nero, merlot e malvasia. Nel Brecciolino '13, il petit verdot, che concorre nell'uvaggio insieme a merlot e sangiovese, fa sentire la sua spinta vegetale, con toni di peperone verde che spiccano su un sottofondo speziato e fruttato. Di buona tensione ed equilibrio, ha un finale che gioca ancora con spezie e richiami di frutti neri. Più austero ed elegante la Riserva Vigna La Quercia della stessa annata.

● Chianti Colli Fiorentini V. La Quercia Ris. '13	🍷🍷 4
● Il Brecciolino '13	🍷🍷 5
● Orme in Rosso '13	🍷 3
● Solo Uno '13	🍷 6
● Il Brecciolino '11	🍷🍷🍷 5
● Chianti Colli Fiorentini Il Castelvecchio '13	🍷🍷 2*
● Il Brecciolino '12	🍷🍷 5
● Numero Otto '13	🍷🍷 3
● Orme in Rosso '11	🍷🍷 3
● Solo Uno '11	🍷🍷 7
○ Vin Santo del Chianti Chiacchierata Notturna '04	🍷🍷 6

Castiglion del Bosco

Loc. Castiglion del Bosco
53024 Montalcino [SI]
Tel. 05771913750
www.castigliondelbosco.com

VENDITA DIRETTA
VISITA SU PRENOTAZIONE
OSPITALITÀ E RISTORAZIONE
PRODUZIONE ANNUA 250.000 bottiglie
ETTARI VITATI 62,00
VITICOLTURA Biologico Certificato

Praticamente impossibile condensare in poche righe la magnificenza del progetto Castiglion del Bosco, così come concepito da Massimo Ferragamo dopo la sua acquisizione nel 2003. Siamo nel quadrante nord ovest di Montalcino, un'oasi praticamente incontaminata immersa nel bosco, che ospita gli oltre 60 ettari coltivati a sangiovese, nonché il lussuoso borgo resort, i due ristoranti, la spa, il golf club privato e tanto altro. Le due tenute principali sono quelle di Capanna e Gauggiole, che danno forma a una batteria ricca e composita in progressiva rimodulazione stilistica, guidata dai tre Brunello. Un percorso di crescita che trova sponda negli ultimi assaggi, partendo da un Campo del Drago '11 croccante e definito nel frutto, ordinato e amplificato nello sviluppo da sensazioni terrose e affumicate. Più stretto, ma di impostazione espressiva simile, con le timbriche di lampone e timo, il Brunello pari annata; là dove la Riserva 1100 '10 svela un'indole più terziaria e asciutta.

● Brunello di Montalcino '11	🍷🍷 6
● Brunello di Montalcino Campo del Drago '11	🍷🍷 8
● Brunello di Montalcino Ris. 1100 '10	🍷🍷 6
● Rosso di Montalcino '14	🍷 3
● Brunello di Montalcino '07	🍷🍷 6
● Brunello di Montalcino Campo del Drago '10	🍷🍷 8
● Brunello di Montalcino Campo del Drago '08	🍷🍷 8
● Brunello di Montalcino Campo del Drago '07	🍷🍷 8
● Brunello di Montalcino Campo del Drago '04	🍷🍷 8
● Brunello di Montalcino Ris. 1100 '10	🍷🍷 6
● Rosso di Montalcino '11	🍷🍷 3

Famiglia Cecchi

LOC. CASINA DEI PONTI, 56
53011 CASTELLINA IN CHIANTI [SI]
TEL. 057754311
www.cecchi.net

VISITA SU PRENOTAZIONE
PRODUZIONE ANNUA 8.000.000 bottiglie
ETTARI VITATI 330,00
AZIENDA SOSTENIBILE

Il marchio Cecchi ha rappresentato e rappresenta una delle realtà più importanti nella denominazione del Chianti Classico non solo in termini quantitativi. Con la recente accelerazione impressa a livello qualitativo alle sue etichette, specie nelle selezioni più rigorose, l'azienda di Castellina in Chianti ha ormai compiuto un salto di qualità irreversibile. Merito di scelte stilistiche rigorose, prima fra tutti quella di privilegiare una sempre più marcata impronta identitaria. L'azienda è proprietaria anche del Castello di Montauto a San Gimignano e della tenuta Val delle Rose in Maremma. Una bella interpretazione quella che offre il Chianti Classico Villa Cerna Riserva '13, sia dell'annnata sia del territorio. I profumi sono definiti e alternano note fruttate a cenni speziati e di sottobosco. In bocca il vino ha uno sviluppo solido, articolato e un sorso profondo e succoso. Anche il Chianti Classico Riserva di Famiglia '13 è molto buono, ma a tratti il rovere è troppo protagonista.

Vino	Bicchieri	
● Chianti Cl. Villa Cerna Ris. '13	🍷🍷🍷	5
● Chianti Cl. Primo Colle Villa Cerna '14	🍷🍷	3
● Chianti Cl. Riserva di Famiglia '13	🍷🍷	5
○ Maremma Vermentino Litorale Val delle Rose '15	🍷🍷	3
● Morellino di Scansano Poggio al Leone Val delle Rose Ris. '13	🍷🍷	4
● Chianti Castello Montauto '14	🍷	2
● Maremma Aurelio '13	🍷	4
● Morellino di Scansano Val delle Rose '15	🍷	3
○ Vernaccia di S. Gimignano Castello di Montauto '15	🍷	3
● Chianti Cl. Villa Cerna Ris. '12	🍷🍷🍷	5
● Chianti Cl. Villa Cerna Ris. '08	🍷🍷🍷	5
● Coevo '11	🍷🍷🍷	8
● Coevo '10	🍷🍷🍷	7

Centolani

LOC. FRIGGIALI
S.DA MAREMMANA
53024 MONTALCINO [SI]
TEL. 0577849454
www.tenutafriggialiepietranera.it

VENDITA DIRETTA
VISITA SU PRENOTAZIONE
OSPITALITÀ
PRODUZIONE ANNUA 260.000 bottiglie
ETTARI VITATI 70,00

I vini della famiglia Peluso Centolani prendono forma da alcune importanti tenute di proprietà, ubicate in zone del frastagliato comprensorio di Montalcino piuttosto diverse per altitudini e microclima. Il podere Friggiali si sviluppa nel settore occidentale, tra i 250 e i 400 metri, in un'area aperta e ventilata che insiste su terreni galestrosi, con poca argilla. La Tenuta Pietranera si trova invece a poca distanza dall'Abbazia di Sant'Antimo, verso sud, a quote sensibilmente inferiori, con suoli più compatti. Variabili territoriali assecondate anche nelle vinificazioni e negli affinamenti dei Sangiovese di punta, condotti perlopiù in rovere di Slavonia da 30 e 50 ettolitri. Come spesso accade, anche questa volta la sfida in famiglia tra i Brunello termina pari e patta. Il Friggiali '11 è al momento un po' frenato dall'impronta boisé, ma convince per l'integrità del frutto; più aperto e risolto il Pietranera pari millesimo, col suo centro bocca avvolgente e il finale reattivo.

Vino	Bicchieri	
● Brunello di Montalcino Pietranera '11	🍷🍷	5
● Brunello di Montalcino Tenuta Friggiali '11	🍷🍷	6
● Brunello di Montalcino Pietranera Ris. '10	🍷🍷	6
● Brunello di Montalcino Poggiotondo '11	🍷	6
● Rosso di Montalcino Pietranera '14	🍷	3
● Brunello di Montalcino Tenuta Friggiali '04	🍷🍷🍷	5
● Brunello di Montalcino Tenuta Friggiali Ris. '99	🍷🍷🍷	7
● Brunello di Montalcino Pietranera '10	🍷🍷	5
● Brunello di Montalcino Pietranera '09	🍷🍷	5
● Brunello di Montalcino Poggiotondo '10	🍷🍷	5
● Brunello di Montalcino Poggiotondo '09	🍷🍷	5
● Brunello di Montalcino Tenuta Friggiali '10	🍷🍷	5

★La Cerbaiola

p.zza Cavour, 19
53024 Montalcino [SI]
Tel. 0577848499
www.aziendasalvioni.com

VISITA SU PRENOTAZIONE
RISTORAZIONE
PRODUZIONE ANNUA 15.000 bottiglie
ETTARI VITATI 4,00

Ha da poco festeggiato le trenta vendemmie ma Giulio Salvioni è universalmente menzionato tra i grandi veterani del vino montalcinese. Coadiuvato dalla moglie Mirella e dai figli David e Alessia, si prende cura di quattro ettari concentrati nel quadrante nordorientale, ai circa 400 metri di Cerbaie Alte. Un vero e proprio cru, interpretato da sempre in chiave tradizionale ma non scolastica, con fermentazioni spontanee e affinamenti in rovere di Slavonia da 20 ettolitri. Brunello di fibra e carattere, talvolta di difficile approccio in fase giovanile, ma capaci di trovare serenità e distensione nel lungo periodo. Non sembra fare eccezione la versione 2011: mora in confettura, spezie piccanti, cenni tostati, ha succo e spalla orizzontale, anche se lo sviluppo gustativo risulta un po' imbrigliato e monolitico. Notevole riuscita per il Rosso '14, ampio e articolato su sensazioni di frutta estiva e macchia mediterranea, solido e gustoso, con qualche spigolo tannico di troppo in chiusura.

● Brunello di Montalcino '11	YY	8
● Rosso di Montalcino '14	YY	8
● Brunello di Montalcino '09	YYY	8
● Brunello di Montalcino '06	YYY	8
● Brunello di Montalcino '04	YYY	8
● Brunello di Montalcino '00	YYY	8
● Brunello di Montalcino '99	YYY	8
● Brunello di Montalcino '97	YYY	8
● Brunello di Montalcino '90	YYY	8
● Brunello di Montalcino '89	YYY	8
● Brunello di Montalcino '88	YYY	8
● Brunello di Montalcino '87	YYY	8
● Brunello di Montalcino '85	YYY	8
● Brunello di Montalcino '10	YY	8
● Brunello di Montalcino '08	YY	8
● Brunello di Montalcino '07	YY	8

Vincenzo Cesani

loc. Pancole, 82d
53037 San Gimignano [SI]
Tel. 0577955084
www.cesani.it

VENDITA DIRETTA
VISITA SU PRENOTAZIONE
OSPITALITÀ
PRODUZIONE ANNUA 100.000 bottiglie
ETTARI VITATI 21,00
VITICOLTURA Biologico Certificato

La famiglia Cesani arriva dalle Marche negli anni Cinquanta: Vincenzo dà inizio al lavoro improntato al raggiungimento di un'alta qualità delle produzioni. E a sessant'anni di distanza questa dedizione al lavoro si traduce in un'agricoltura a conduzione biologica, i cui frutti sono utilizzati tra l'altro anche come principi attivi per una linea cosmetica. L'azienda, ancora a conduzione familiare con il lavoro in primo piano di Maria Luisa e Letizia, l'attuale presidente del Consorzio, si è poi dedicata alla riscoperta di un antico prodotto di San Gimignano: lo zafferano. Giunge alle finali la Vernaccia Sanice Riserva '13 dal bagaglio olfattivo che ricorda le erbe aromatiche, la pesca bianca e la susina, corpo solido, molto ricco, tonico, con sapidità al gusto ben riconoscibile e prolungata. Gradevole nella sua semplicità il Chianti Colli Senesi '15, dai sentori nitidi di ciliegia e prugna al naso, con cenni floreali, di viola, corpo snello, equilibrato, di gradevole bevibilità, grazie a un'acidità bilanciata. Di buona fattura il resto della produzione.

○ Vernaccia di S. Gimignano Sanice Ris. '13	YY	3*
● Chianti Colli Senesi '15	YY	2
● Luenzo '12	YY	4
⊙ Serarosa '15	Y	2
○ Vernaccia di S. Gimignano '15	Y	2
● Luenzo '99	YYY	4
● Luenzo '97	YYY	4*
● Chianti Colli Senesi '13	YY	2*
● Luenzo '11	YY	4
● San Gimignano Rosso Cellori '09	YY	4
● Serisè '12	YY	3
○ Vernaccia di S. Gimignano '13	YY	2*
○ Vernaccia di S. Gimignano '12	YY	2*
○ Vernaccia di S. Gimignano Sanice '11	YY	2*
○ Vernaccia di S. Gimignano Sanice Ris. '12	YY	3*

Giovanni Chiappini

loc. Felciaino
via Bolgherese, 189c
57020 Bolgheri [LI]
Tel. 0565765201
www.giovannichiappini.it

VENDITA DIRETTA
VISITA SU PRENOTAZIONE
PRODUZIONE ANNUA 70.000 bottiglie
ETTARI VITATI 23,00
VITICOLTURA Biologico Certificato
AZIENDA SOSTENIBILE

Si tratta di una piccola cantina a conduzione familiare, capace tuttavia di un notevole successo a livello internazionale. La genesi del progetto racconta di contadini marchigiani trasferitisi a Bolgheri negli anni Cinquanta, decisi ad avviare una piccola impresa agricola che è diventata, nel tempo, qualcosa di molto più importante rispetto alle attese. Le vigne, in conduzione biologica a partire dal 2010, sono divise in parcelle distinte. Spesso la vinificazione delle uve è separata e dà vita a vini distinti, anche a partire dalle diverse varietà allevate. Annata di grazia per i vini di questa cantina. Il Bolgheri Rosso Superiore Guado de' Gemoli è buonissimo: mette in mostra un profilo fruttato dolce e fresco al tempo stesso, ben supportato da venature di cuoio e tabacco. In bocca è molto equilibrato e deciso, vellutato nella trama e lungo nella persistenza. Ricordi erbacei nel piacevole finale.

Vino	Bicchieri	
● Bolgheri Sup. Guado de' Gemoli '13	🍷🍷 (rossi)	8
● Lienà Cabernet Franc '13	🍷🍷	8
○ Bolgheri Le Grottine '15	🍷	3
● Lienà Petit Verdot '13	🍷	8
● Bolgheri Felciaino '13	🍷🍷 (bianchi)	4
● Bolgheri Rosso Felciaino '12	🍷🍷 (bianchi)	3
● Bolgheri Rosso Ferrugini '11	🍷🍷 (bianchi)	3
● Bolgheri Sup. Gaudo de' Gemoli '09	🍷🍷 (bianchi)	6
● Lienà Cabernet Franc '12	🍷🍷 (bianchi)	8
● Lienà Cabernet Franc '11	🍷🍷 (bianchi)	7
● Lienà Cabernet Franc '08	🍷🍷 (bianchi)	7
● Lienà Cabernet Sauvignon '10	🍷🍷 (bianchi)	7
● Lienà Cabernet Sauvignon '08	🍷🍷 (bianchi)	7

Le Chiuse

loc. Pullera, 228
53024 Montalcino [SI]
Tel. 055597052
www.lechiuse.com

VENDITA DIRETTA
VISITA SU PRENOTAZIONE
OSPITALITÀ
PRODUZIONE ANNUA 30.000 bottiglie
ETTARI VITATI 8,00
VITICOLTURA Biologico Certificato

Era il 1986 quando Simonetta Valiani e il marito Nicolò Magnelli iniziarono a produrre il proprio Brunello dal podere Le Chiuse, ereditato alla morte di Fiorella Biondi Santi. Praticamente un corpo unico di otto ettari riservati al sangiovese nel cuore del versante nord di Montalcino, prospiciente alla collina di Montosoli. Storia gloriosa che trova continuità in un lavoro di vigna rigoroso, con protocolli bio adottati in tempi decisamente non sospetti, ma soprattutto in una sensibilità interpretativa classica nel senso migliore del termine. Che passa attraverso le fermentazioni spontanee, le lunghe macerazioni, gli affinamenti in rovere da 20, 30 e 50 ettolitri. Aggiorniamo la lista dei migliori Brunello prodotti a Le Chiuse con la versione 2011. Frutti di bosco, humus, spezie chiare, tiene insieme originalità e concretezza, facilità di beva e contrasti tannici, trovando ulteriore sprint nel finale reattivo. Ottima riuscita anche per il Rosso di Montalcino '14, goloso e affusolato.

Vino	Bicchieri	
● Brunello di Montalcino '11	🍷🍷🍷 (rossi)	7
● Rosso di Montalcino '14	🍷🍷	4
● Brunello di Montalcino '10	🍷🍷🍷 (bianchi)	7
● Brunello di Montalcino '07	🍷🍷🍷 (bianchi)	7
● Brunello di Montalcino Ris. '07	🍷🍷🍷 (bianchi)	8
● Brunello di Montalcino Ris. '09	🍷🍷 (bianchi)	8
● Brunello di Montalcino Ris. '06	🍷🍷 (bianchi)	8
● Rosso di Montalcino '13	🍷🍷 (bianchi)	4
● Rosso di Montalcino '12	🍷🍷 (bianchi)	4
● Rosso di Montalcino '11	🍷🍷 (bianchi)	4
● Rosso di Montalcino '10	🍷🍷 (bianchi)	3

Cigliano

via Cigliano, 17
50026 San Casciano in Val di Pesa [FI]
Tel. 055820033
www.villadelcigliano.it

VENDITA DIRETTA
VISITA SU PRENOTAZIONE
PRODUZIONE ANNUA 40.000 bottiglie
ETTARI VITATI 25,00

Probabilmente è una delle realtà più interessanti del Chianti Classico attuale. I vini sono improntati a una ricerca chiara e coerente del legame con il proprio territorio di produzione, siamo a San Casciano Val di Pesa, nella porzione della denominazione più vicina a Firenze. E i risultati stanno decretando il successo di questa ricerca. I prodotti aziendali parlano di equilibrio ed eleganza e offrono uno stile classico che arriva anche da un mix tradizionale per gli affinamenti tra tini di cemento e legni grandi. Grande energia nel sorso del Chianti Classico '13, un vino fresco, ritmato e non privo di complessità che si pone senz'altro tra i migliori della sua tipologia, aggiungendo un bagaglio aromatico definito e di grande fragranza. Austero e meno definito il Chianti Classico Riserva '12, dai tratti aromatici sfumati e dal gusto pieno ma ancora poco disteso. Note erbacee sia in bocca sia al naso contraddistinguono il Suganella '12, da uve sangiovese, cabernet sauvignon e merlot.

● Chianti Cl. Cigliano '13	🍷🍷🍷 3*
● Chianti Cl. Villa Cigliano Ris. '12	🍷 4
● Suganella '12	🍷 4
● Chianti Cl. '10	🍷🍷 2*
● Chianti Cl. '07	🍷🍷 2*
● Chianti Cl. Cigliano '12	🍷🍷 3*
● Chianti Cl. Cigliano '11	🍷🍷 3
● Chianti Cl. Villa Cigliano Ris. '11	🍷🍷 4
● Chianti Cl. Villa Cigliano Ris. '09	🍷🍷 4
● Suganella '06	🍷🍷 4

Fattoria di Cinciano

loc. Cinciano, 2
53036 Poggibonsi [SI]
Tel. 0577936588
www.cinciano.it

PRODUZIONE ANNUA 70.000 bottiglie
ETTARI VITATI 25,00

L'azienda, di proprietà della famiglia Garré dal 1983, si trova tra Poggibonsi e Barberino Val d'Elsa. I vigneti sono curati impiegando un approccio rispettoso dell'ambiente e in cantina non si cercano inutili forzature. I legni per l'affinamento sono in prevalenza grandi e il loro dosaggio è particolarmente equilibrato. Il risultato è una gamma di etichette molto interessante che coniuga in modo magistrale bevibilità ed eleganza, incrociando anche una buona coerenza con il territorio d'origine e un carattere tendenzialmente riconoscibile. Il Chianti Classico Riserva '13 possiede un bagaglio aromatico fine e articolato, con frutti piccoli in evidenza e cenni speziati a rifinitura, che anticipa una bocca definita e dallo sviluppo ritmato e non privo di chiaro scuri. Più robusto il Chianti Classico Gran Selezione '12, dai profumi pieni e maturi e dalla progressione gustativa un po' meno scorrevole. Molto snello il Chianti Classico '14 che è un vino semplice, tutto all'insegna della bevibilità.

● Chianti Cl. Ris. '13	🍷🍷 3*
● Chianti Cl. Gran Sel. '12	🍷🍷 5
● Chianti Cl. '14	🍷 3
● Chianti Cl. '12	🍷🍷 3
● Chianti Cl. '11	🍷🍷 3
● Chianti Cl. '06	🍷🍷 3
● Chianti Cl. Gran Sel. '11	🍷🍷 5
● Chianti Cl. Ris. '12	🍷🍷 3*
● Chianti Cl. Ris. '11	🍷🍷 3
● Chianti Cl. Ris. '10	🍷🍷 3*
● Chianti Cl. Ris. '06	🍷🍷 4
● Chianti Cl. Ris. '05	🍷🍷 4
● Pietraforte '11	🍷🍷 2*
● Pietraforte '07	🍷🍷 4

Le Cinciole

via Case Sparse, 83
50020 Panzano [FI]
Tel. 055852636
www.lecinciole.it

VENDITA DIRETTA
VISITA SU PRENOTAZIONE
PRODUZIONE ANNUA 45.000 bottiglie
ETTARI VITATI 11,00
VITICOLTURA Biologico Certificato
AZIENDA SOSTENIBILE

Luca e Valeria Orsini conducono questa piccola ma interessante realtà produttiva della sottozona di Panzano. La conduzione dei vigneti è a biologico e l'affinamento dei vini avviene sia in barrique sia in botti grandi. Lo stile aziendale è ormai consolidato e privilegia freschezza, bevibilità ed equilibrio ma anche vini capaci di tenere il tempo e non di rado di mostrare anche carattere e personalità. Una delle migliori versioni quella targata 2012 per il Petresco, da sangiovese in purezza. Si tratta di un vino dai profumi freschi, di piccoli frutti rossi, cenni speziati, note di erba tagliata e ricordi di sottobosco. In bocca possiede ritmo e articolazione, sviluppo profondo e un sorso particolarmente scorrevole e succoso. Il Chianti Classico A Luigi Riserva '12 è aromaticamente interessante, con il fruttato che incrocia cenni sassosi. Al gusto è dinamico e ben bilanciato, peccato che sul finale si indurisca un po'. Bevibilità eccezionalmente fresca per il Chianti Classico '13.

● Petresco '12	TTT	5
● Chianti Cl. '13	TT	3
● Chianti Cl. A Luigi Ris. '12	TT	3
● Cinciorosso '13	TT	3
● Camalaione '04	YYY	7
● Chianti Cl. '12	YYY	3*
● Chianti Cl. Petresco Ris. '01	YYY	5
● Chianti Cl. '11	YY	3
● Chianti Cl. '10	YY	3
● Chianti Cl. Petresco Ris. '08	YY	5
● Chianti Cl. Petresco Ris. '07	YY	5
● Cinciorosso '12	YY	3
● Petresco '10	YY	5
⊙ Rosato '13	YY	2*

Citille di Sopra

fraz. Torrenieri
loc. Citille di Sopra, 46
53024 Montalcino [SI]
Tel. 0577832749
www.citille.com

VENDITA DIRETTA
VISITA SU PRENOTAZIONE
PRODUZIONE ANNUA 35.000 bottiglie
ETTARI VITATI 6,00

È l'omonima località di Torrenieri, settore nordorientale di Montalcino, a battezzare la bella realtà nata negli anni Cinquanta per volontà di Fulvio Innocenti e oggi guidata dal figlio Fabio. Sei ettari vitati, posizionati intorno ai 300 metri di altitudine e caratterizzati da suoli argillosi ricchi di scheletro, con componenti limoferrose e venature tufacee. Una piattaforma territoriale originale, esplorata nei tre Brunello di casa (base, cru Poggio Ronconi e Riserva) con soluzioni di cantina modulate in rapporto al tipo di vendemmia. Dettagli tecnici che assecondano il passo austero e rigoroso di Sangiovese decisamente materici, bisognosi di paziente attesa. Gli ultimi test evidenziano un quadro per molti versi interlocutorio sulle etichette più ambiziose, tra cui merita comunque attenzione un Poggio Ronconi '11 più mediterraneo del solito. In compenso il Rosso '14 appare particolarmente riuscito col suo frutto gioioso, che innerva un sorso piacevole e dinamico.

● Brunello di Montalcino V. Poggio Ronconi '11	TT	5
● Rosso di Montalcino '14	TT	3
● Brunello di Montalcino Ris. '10	T	7
● Brunello di Montalcino '06	YYY	5
● Brunello di Montalcino V. Poggio Ronconi '07	YYY	5
● Brunello di Montalcino '10	YY	5
● Brunello di Montalcino '08	YY	5
● Brunello di Montalcino V. Poggio Ronconi '10	YY	5
● Brunello di Montalcino V. Poggio Ronconi '09	YY	5
● Brunello di Montalcino V. Poggio Ronconi '08	YY	5
● Rosso di Montalcino '12	YY	3

Podere della Civettaja

via di Casina Rossa, 5a
52100 Arezzo
Tel. 3397098418
www.civettaja.it

VENDITA DIRETTA
VISITA SU PRENOTAZIONE
PRODUZIONE ANNUA 7.000 bottiglie
ETTARI VITATI 3,00
VITICOLTURA Biologico Certificato

Il piccolo podere di Vincenzo Tommasi, viticoltore capace e riflessivo prima che produttore di vino sensibile e ispirato, si trova a Romena di Pratovecchio, in pieno Casentino. Appennino dunque, fascia pedemontana che negli ultimi anni si è dimostrata accogliente per una varietà capricciosa come il pinot nero. Nello specifico una valle chiusa e piuttosto fresca, con terreni vitati che svettano a 500 metri d'altezza, su terreni argilloso calcarei. Documenti testimoniano la presenza antica della varietà in loco mentre il progetto Civettaja si nutre di viaggi e approfondimenti borgognoni. Il pinot nero viene vinificato senza inoculo di lieviti selezionati, in vasche di acciaio e cemento, prima di affinare in barrique usate. Il 2010 ci aveva entusiasmato ma il 2013 lo fa ancor di più. Vino delizioso dall'inizio alla fine, in alchemico equilibrio tra note fruttate dolci, sensazioni sapido minerali e verve acida. Lungo e affilato, è destinato a crescere ancora in bottiglia.

● Pinot Nero '13	ΨΨΨ 4*
● Pinot Nero '12	ΨΨ 3
● Pinot Nero '11	ΨΨ 3

★Tenuta Col d'Orcia

via Giuncheti
53020 Montalcino [SI]
Tel. 057780891
www.coldorcia.it

VENDITA DIRETTA
VISITA SU PRENOTAZIONE
PRODUZIONE ANNUA 800.000 bottiglie
ETTARI VITATI 142,00
VITICOLTURA Biologico Certificato
AZIENDA SOSTENIBILE

Rilevata nel 1973 dalla famiglia Marone Cinzano e oggi diretta dal conte Francesco, Col d'Orcia è una tenuta dalla storia secolare che domina le estreme propaggini del quadrante meridionale di Montalcino. Oltre 140 gli ettari vitati, incastrati tra Sant'Angelo in Colle e il fiume Orcia: una zona calda, mitigata dal vicino monte Amiata e legata alla tempra di suoli tendenzialmente sciolti, ricchi di scheletro e calcare. Non solo sangiovese tra le varietà coltivate, ma sono sempre i Brunello a guidare il gruppo, partendo dal cru Poggio al Vento, affinato per quasi quattro anni in rovere di Allier e Slavonia da 25 e 75 ettolitri. Il vino leader non è stato prodotto in versione 2009, ma anche in formazione rimaneggiata la batteria offre buone indicazioni. Aromaticità tonica e brillante, il Brunello '11 si mantiene composto nel sorso nonostante il minus di tensione. Qualche impuntatura tostata più evidente nell'Olmaia '12, in ogni caso coerente nel suo profilo da Cabernet "mediterraneo".

● Brunello di Montalcino '11	ΨΨ 7
● Sant'Antimo Cabernet Olmaia '12	ΨΨ 6
● Rosso di Montalcino '14	Ψ 4
● Sant'Antimo Nearco '12	Ψ 4
● Brunello di Montalcino Poggio al Vento Ris. '06	ΨΨΨ 8
● Brunello di Montalcino Poggio al Vento Ris. '04	ΨΨΨ 8
● Brunello di Montalcino Poggio al Vento Ris. '99	ΨΨΨ 8
● Brunello di Montalcino Poggio al Vento Ris. '97	ΨΨΨ 7
● Brunello di Montalcino Poggio al Vento Ris. '83	ΨΨΨ 7
● Olmaia '01	ΨΨΨ 7
● Olmaia '00	ΨΨΨ 7

Col di Bacche

FRAZ. MONTIANO
S.DA DI CUPI
58010 MAGLIANO IN TOSCANA [GR]
TEL. 0564589538
www.coldibacche.com

VENDITA DIRETTA
VISITA SU PRENOTAZIONE
PRODUZIONE ANNUA 80.000 bottiglie
ETTARI VITATI 13,50

Alberto Carnasciali conduce un'azienda modello, capace di imporsi con decisione nel mondo enologico maremmano, senza inutili clamori. La storia, eppure, è relativamente breve, visto che i primi vigneti sono stati impiantati nel 1998 e i primi vini sono arrivati sugli scaffali nel 2004. Oggi, il posto di rilievo che l'azienda è riuscita a raggiungere è ormai più che solido e, anzi, sta diventando decisamente autorevole. Dietro a questo successo c'è soltanto un lavoro costante e assiduo da autentico artigiano dell'enologia. Molto buono il Morellino di Scansano Rovente Riserva '13, dalla bella nota sanguigna al naso e dalla progressione gustativa di grande energia, grintosa e sapida. Probabilmente il migliore Morellino di Scansano '15, quello dell'azienda di Cupi, che unisce alla piacevole bevibilità, profumi ampi e intensi e una non banale articolazione. Vivace e ben ritmato il Cupinero '13, da merlot e cabernet sauvignon, dai tratti varietali ben leggibili e dal gusto fresco

● Morellino di Scansano '15	🍷🍷 3*
● Morellino di Scansano Rovente Ris. '13	🍷🍷 5
● Cupinero '13	🍷🍷 5
○ Vermentino '15	🍷 2
● Morellino di Scansano Rovente '05	🍷🍷🍷 4
● Cupinero '12	🍷🍷 5
● Cupinero '11	🍷🍷 5
● Maremma Toscana Cupinero '10	🍷🍷 5
● Morellino di Scansano '11	🍷🍷 3
● Morellino di Scansano Rovente Ris. '12	🍷🍷 5
● Morellino di Scansano Rovente Ris. '11	🍷🍷 5
● Morellino di Scansano Rovente Ris. '10	🍷🍷 5

Fattoria Collazzi

LOC. TAVARNUZZE
VIA COLLERAMOLE, 101
50023 IMPRUNETA [FI]
TEL. 0552374902
www.collazzi.it

VENDITA DIRETTA
VISITA SU PRENOTAZIONE
PRODUZIONE ANNUA 80.000 bottiglie
ETTARI VITATI 32,00

La famiglia Marchi diventa proprietaria della tenuta, che si estende per oltre quattrocento ettari alle porte di Firenze, nel 1933, con la bellissima villa che si trova nella sua parte centrale, il cui progetto è attribuito a Michelangelo Buonarroti. Nella tenuta una parte considerevole dei terreni è coperta di olivi mentre il vino ha preso via via a rivestire un'importanza fondamentale soprattutto a partire dagli anni Novanta, da quando si è provveduto a una risistemazione completa dei vigneti e a una conduzione agronomica ed enologica più accurata, affidata alle cure di Lamberto Frescobaldi. Raggiunge la finale il Collazzi '13, da merlot, cabernet sauvignon e cabernet franc: bagaglio aromatico seducente, di frutti di bosco uniti a spezie e note balsamiche, bocca armonica, calda, avvolgente, per un finale saporito e di lunga persistenza. Interessante il Ferro '13, da petit verdot in purezza, con sentori di peperone grigliato, cenni vegetali, avvolgente e dinamico, dal finale rilassato e piacevole.

● Collazzi '13	🍷🍷 6
● Ferro '13	🍷🍷 5
● Libertà '13	🍷🍷 3
○ Otto Muri '15	🍷🍷 3
● Chianti Cl. I Bastioni '11	🍷🍷 3
● Collazzi '11	🍷🍷 6
● Collazzi '10	🍷🍷 6
● Collazzi '09	🍷🍷 6
● Ferro '12	🍷🍷 5
● Libertà '12	🍷🍷 2*
● Libertà '11	🍷🍷 2*
● Libertà '10	🍷🍷 2*
○ Otto Muri '14	🍷🍷 3
○ Otto Muri '12	🍷🍷 3

Brunello di Montalcino

consorziobrunellodimontalcino.it

Legni pregiati vivono di luce
narrando l'anima del vino
LightTales
ITALIAN LUXURY WINE FURNITURE
ARREDAMENTI PEZZETTI
Via Lirone, 4 - 20068 Peschiera Borromeo (MI) | www.lighttales.it | info@lighttales.it

Colle Massari

Loc. Poggi del Sasso
58044 Cinigiano [GR]
Tel. 0564990496
www.collemassari.it

VENDITA DIRETTA
VISITA SU PRENOTAZIONE
OSPITALITÀ
PRODUZIONE ANNUA 500.000 bottiglie
ETTARI VITATI 110,00
VITICOLTURA Biologico Certificato
AZIENDA SOSTENIBILE

Claudio Tipa e la sorella Maria Iris sono stati la scintilla che ha dato l'avvio al successo della denominazione Montecucco. Imprenditore nel settore farmaceutico, acquista nel 1998 il Castello di Colle Massari, una tenuta che oggi conta 1200 ettari, di cui sessanta a uliveto, quattrocento a seminativi e centodieci a vigneto, e che è stata solo il punto di partenza da cui poi espandere la proprietà ad alcune delle più prestigiose zone viticole della toscana, Bolgheri e Montalcino. Qui a Cinigiano, sulle pendici dell'Amiata che guardano verso il Tirreno, il sangiovese, frutto di selezioni massali sviluppate in collaborazione con l'Università di Pisa, domina incontrastato tra i filari. Il Montecucco Rosso Riserva '13 conquista agilmente i Tre Bicchieri, un vino affascinante già al naso con intriganti spezie dolci che vanno ad arricchire i nitidi sentori di ciliegia e frutti rossi. Teso, sapido, dalla trama tannica compatta, vive di un'equilibrata acidità che ne trascina il sorso verso un finale davvero gradevole.

Vino	Bicchieri	Prezzo
● Montecucco Rosso Ris. '13	🍷🍷🍷 (rossi)	3*
● Montecucco Sangiovese Poggio Lombrone Ris. '12	🍷🍷 (rossi)	6
● Montecucco Rigoleto '14	🍷🍷	2*
● Montecucco Sangiovese Rigomoro Ris. '13	🍷🍷	5
⊙ Montecucco Gròttolo '15	🍷	2
○ Montecucco Irisse '15	🍷	3
○ Montecucco Melacce '15	🍷	3
● Montecucco Sangiovese Lombrone Ris. '11	♀♀♀	6
● Montecucco Sangiovese Lombrone Ris. '10	♀♀♀	6
● Montecucco Sangiovese Lombrone Ris. '09	♀♀♀	6
● Montecucco Sangiovese Lombrone Ris. '08	♀♀♀	6

Colle Santa Mustiola

via delle Torri, 86a
53043 Chiusi [SI]
Tel. 057820525
www.poggioaichiari.it

VENDITA DIRETTA
VISITA SU PRENOTAZIONE
PRODUZIONE ANNUA 18.000 bottiglie
ETTARI VITATI 5,00
AZIENDA SOSTENIBILE

Di fatto una delle cantine toscane più interessanti per gli amanti del Sangiovese autentico. Colle Santa Mustiola si trova nella zona di Chiusi, nei pressi del confine con l'Umbria, ed è capace di vini scintillanti, fini, di grande longevità. Merito di Fabio Cenni, produttore sensibile e capace, e di un terroir originale, un tempo fondale marino, dominato da sabbia, ciottoli e argilla. Il lavoro sul sangiovese è eccezionale, a partire dai cloni per finire su una viticoltura di altissimo livello. Incredibile la cantina di origine etrusca. Non è facile leggere il Poggio ai Chiari, vino originale che esce dopo un lungo affinamento in cantina. I toni sono ovviamente più maturi rispetto alla media dei rossi che degustiamo ma il carattere di questa etichetta non si discute. L'annata 2009 ha profumi terrosi, fiori secchi e piccoli frutti di bosco, a disegnare un quadro quasi borgognone, di grande fascino, chiuso da una trama tannica ben presente quanto saporita. Sempre centrato il Vigna Flavia.

Vino	Bicchieri	Prezzo
● Poggio ai Chiari '09	🍷🍷 (rossi)	6
● Vigna Flavia '12	🍷🍷	5
● Poggio ai Chiari '06	♀♀♀	6
● Poggio ai Chiari '08	♀♀	6
● Poggio ai Chiari '05	♀♀	6
● Poggio ai Chiari '04	♀♀	6
● Poggio ai Chiari '03	♀♀	6
● Poggio ai Chiari '02	♀♀	6
● Poggio ai Chiari '01	♀♀	6
● Vigna Flavia '11	♀♀	5
● Vigna Flavia '10	♀♀	5
● Vigna Flavia '09	♀♀	5

Fattoria Colle Verde

fraz. Matraia
loc. Castello
55010 Lucca
Tel. 0583402310
www.colleverde.it

VENDITA DIRETTA
VISITA SU PRENOTAZIONE
PRODUZIONE ANNUA 30.000 bottiglie
ETTARI VITATI 7,00

Una precisa scelta di vita ha portato Piero Tartagni e Francesca Pardini a lasciare la città e trasferirsi in campagna. Non un luogo qualunque, quello scelto, bensì le splendide colline di Matraia, certamente vocate ma ai tempi non del tutto esplorate. L'impianto della vigna e le scelte conseguenti sono state da subito molto chiare e determinate. Oggi la Fattoria Colle Verde è condotta secondo i principi della biodinamica. I vini sono originali e saporiti. Buono il Nero della Spinosa '13, rosso ben estratto da uve syrah. I profumi ricordano la melagrana, con un tenore speziato che dona un tocco di piacevole complessità. Di buon estratto la bocca. Niente male neppure il Brania delle Ghiandaie '13: delicato e abbastanza fine anche se piuttosto tannico da centro bocca in avanti.

● Colline Lucchesi Rosso Brania delle Ghiandaie '13	TT 5
● Nero della Spinosa '13	TT 5
○ Brania del Cancello '13	YY 4
○ Colline Lucchesi Bianco Terre di Matraja '13	YY 2*
● Colline Lucchesi Disinòpia '11	YY 4
● Colline Lucchesi Rosso Brania delle Ghiandaie '12	YY 5
● Colline Lucchesi Rosso Brania delle Ghiandaie '11	YY 5
● Colline Lucchesi Rosso Terre di Matraja '12	YY 2*
● Colline Lucchesi Rosso Terre di Matraja '11	YY 2*
● Nero della Spinosa '11	YY 5

Collelceto

loc. Camigliano
pod. La Pisana
53024 Montalcino [SI]
Tel. 0577816606
www.collelceto.it

VENDITA DIRETTA
VISITA SU PRENOTAZIONE
PRODUZIONE ANNUA 22.000 bottiglie
ETTARI VITATI 6,00

Un canyon affacciato sul fiume Ombrone, nel settore sud occidentale di Montalcino: si presenta così a prima vista il podere Colle degli Elci (meglio conosciuti come lecci), che ospita vigne e cantina della famiglia Palazzesi. Circa sei ettari riservati quasi esclusivamente al sangiovese, che qui si esprime con voce allegra e al tempo stesso robusta, per effetto dei temperati venti tirrenici, i suoli franco argillosi ricchi di scheletro, le altitudini che in pochi punti superano i 200 metri. Uno stile riconoscibile, ricercato nei rossi di Collelceto anche attraverso opzioni tecniche tarate in funzione del millesimo, con maturazioni svolte sia in barrique che in rovere di taglia media. Non raggiunge le vette della scorsa edizione ma è senz'altro una coppia ben assortita quella composta dal Brunello '11 e dalla Riserva Elia '10. Goloso e sfaccettato il primo, ma fin troppo caldo e soffice al palato, più fitto e austero il secondo, con qualche cupezza estrattiva a frenarlo nel finale.

● Brunello di Montalcino '11	TT 5
● Brunello di Montalcino Elia Ris. '10	TT 6
● Rosso di Montalcino '14	T 3
● Brunello di Montalcino '10	YYY 5
● Brunello di Montalcino '06	YYY 5
● Brunello di Montalcino '09	YY 5
● Brunello di Montalcino '08	YY 5
● Brunello di Montalcino '07	YY 5
● Brunello di Montalcino '03	YY 5
● Brunello di Montalcino '01	YY 5
● Rosso di Montalcino '13	YY 3
● Rosso di Montalcino '12	YY 3
● Rosso di Montalcino '10	YY 3*

Tenuta di Collosorbo

fraz. Castelnuovo dell'Abate
loc. Villa a Sesta, 25
53024 Montalcino [SI]
Tel. 0577835534
www.collosorbo.com

VENDITA DIRETTA
VISITA SU PRENOTAZIONE
PRODUZIONE ANNUA 100.000 bottiglie
ETTARI VITATI 27,00

Gradito ritorno nella sezione principale della nostra Guida per l'azienda di Giovanna Ciacci, scaturita nel 1995 dalla divisione ereditaria di Tenuta di Sesta. Con le figlie Laura e Lucia, rispettivamente enologa e agronoma, si prende cura di oltre 25 ettari vitati, concentrati nel quadrante meridionale di Montalcino, alla base di Brunello di ispirazione contemporanea, concepiti senza schemi rigidi per quanto riguarda macerazioni e affinamenti. Ogni parcella è vinificata separatamente, si utilizza rovere francese e di Slavonia da 12 a 54 ettolitri, ma più di ogni minuzia tecnica conta la personalità sfaccettata di rossi terrosi e al tempo stesso leggiadri nelle migliori versioni. È esattamente il profilo che si svela nella Riserva '10. Qualche impuntatura riduttiva, presto dimenticata nella progressione di erbe e radici: una scia boscosa perfino più presente al gusto, di trama severa ma contemporaneamente rigogliosa e iodata. Quando il carattere conta più delle singole componenti.

Vino	Bicchieri	
● Brunello di Montalcino Ris. '10	🍷🍷	8
● Brunello di Montalcino '11	🍷🍷	6
● Brunello di Montalcino '10	🍷🍷	6
● Brunello di Montalcino '07	🍷🍷	6
● Brunello di Montalcino '06	🍷🍷	6
● Brunello di Montalcino '05	🍷🍷	6
● Brunello di Montalcino '03	🍷🍷	6
● Brunello di Montalcino '01	🍷🍷	5
● Brunello di Montalcino Ris. '07	🍷🍷	8
● Brunello di Montalcino Ris. '04	🍷🍷	8
● Rosso di Montalcino '08	🍷🍷	4
● Sant'Antimo '09	🍷🍷	3

Il Colombaio di Santa Chiara

loc. Racciano
via San Donato, 1
53037 San Gimignano [SI]
Tel. 0577942004
www.colombaiosantachiara.it

VENDITA DIRETTA
VISITA SU PRENOTAZIONE
OSPITALITÀ
PRODUZIONE ANNUA 90.000 bottiglie
ETTARI VITATI 12,00
VITICOLTURA Biologico Certificato

Uscendo da San Gimignano in direzione di Volterra si incontrano le terre dell'azienda in cui i tre figli di Mario Logi, Alessio, Stefano e Giampiero, proseguono in un'attività improntata all'idea che il vino lo produca il territorio. Perciò nessun uso di pesticidi e una cura meticolosa del vigneto, seguiti da una attenta selezione durante la raccolta. La tenuta è impreziosita dalla presenza della Pieve di San Donato, una chiesa romanica del XII secolo. Si impone in finale la Vernaccia Albereta Riserva '13, con bagaglio aromatico variegato e complesso dove a mela e pesca si affiancano note fresche di basilico ed altre erbe aromatiche, con piccoli cenni di spezie assortite. Piacevole l'impatto in bocca, di giusta avvolgenza, senza eccessi, vena acida appetitosa, per un finale prolungato e succoso. Ben costruita la Vernaccia Selvabianca '15, dai toni vegetali e corpo lieve, bilanciato, per un finale lungo.

Vino	Bicchieri	
○ Vernaccia di S. Gimignano Albereta Ris. '13	🍷🍷🍷	3*
○ Vernaccia di San Gimignano Selvabianca '15	🍷🍷	3
● Chianti Colli Senesi Campale '14	🍷	3
● Chianti Colli Senesi Il Priore '12	🍷	4
⊙ Cremisi Rosato '15	🍷	3
○ Vernaccia di S. Gimignano Campo della Pieve '14	🍷	4
○ Vernaccia di S. Gimignano Albereta Ris. '12	🍷🍷🍷	5
○ Vernaccia di S. Gimignano Albereta Ris. '11	🍷🍷🍷	4*
○ Vernaccia di S. Gimignano Campo della Pieve '11	🍷🍷🍷	3*

Conte Guicciardini

loc. Poppiano
via Fezzana, 45/49
50025 Montespertoli [FI]
Tel. 05582315
www.conteguicciardini.it

VENDITA DIRETTA
VISITA SU PRENOTAZIONE
PRODUZIONE ANNUA 270.000 bottiglie
ETTARI VITATI 130,00
AZIENDA SOSTENIBILE

Il Castello di Poppiano domina già dal Medioevo la valle del Virginio. Di proprietà della famiglia Guicciardini, da sempre impegnata attivamente nelle attività agricole della zona, oggi l'azienda è guidata da Ferdinando Guicciardini, coadiuvato dal nipote Bernardo. L'intera tenuta conta circa 250 ettari di terreno agricolo, occupati per gran parte - 130 ettari - da vigneto. Ma la famiglia è proprietaria anche di Massi di Mandorlaia, 56 ettari vitati in Maremma, all'interno della denominazione del Morellino e ultimamente ha acquisito un'ulteriore tenuta, Belvedere Campoli, circa dieci ettari nel comprensorio del Chianti Classico. Buona prestazione per la Riserva '13, da sangiovese con un piccolo saldo di merlot e cabernet, dai profumi di spezie dolci e frutti rossi maturi, solido e compatto in bocca. Prova di livello anche per La Historia '13, da merlot in purezza, intenso e avvolgente. Non del tutto convincenti i vini del versante scansanese dove entrambi i Morellino rimangono un po' troppo imbrigliati nel legno di affinamento.

- Chianti Colli Fiorentini Ris. '13 — 🍷🍷 4
- La Historia '13 — 🍷🍷 5
- Chianti Colli Fiorentini Il Cortile '14 — 🍷 2
- Morellino di Scansano I Massi '14 — 🍷 3
- Morellino di Scansano Massi di Mandorlaia Ris. '13 — 🍷 4
- Toscoforte '14 — 🍷 4
- Tricorno '13 — 🍷 6
- Chianti Colli Fiorentini Il Cortile '13 — 🍷🍷 2*
- Chianti Colli Fiorentini Ris. '11 — 🍷🍷 4
- La Historia '12 — 🍷🍷 5
- Syrah '13 — 🍷🍷 3
- Toscoforte '13 — 🍷🍷 3
- Tricorno '12 — 🍷🍷 6

Contucci

via del Teatro, 1
53045 Montepulciano [SI]
Tel. 0578757006
www.contucci.it

VENDITA DIRETTA
VISITA SU PRENOTAZIONE
OSPITALITÀ
PRODUZIONE ANNUA 100.000 bottiglie
ETTARI VITATI 21,00

La tradizione vitivinicola della famiglia Contucci si perde nella notte dei tempi e le sue cantine si trovano nel pieno centro storico della città, costituendo un suggestivo rifugio per le botti grandi, di età molto avanzata, e che rappresentano il metodo di affinamento principale dell'azienda. Da una realtà produttiva come questa, naturale aspettarsi vini decisamente poco inclini alle mode e anzi molto tradizionali, anche a costo, specie nel recente passato, di qualche imperfezione stilistica, che ha un po' indebolito la continuità qualitativa aziendale. Come capita spesso all'azienda che si affaccia sulla Piazza Grande di Montepulciano, almeno un suo vino esce alla grande, proponendo tratti tipici e una non secondaria complessità. È il caso del Nobile di Montepulciano Riserva '12, che possiede un naso articolato tra note floreali, cenni ferrosi e una leggera speziatura. In bocca è succoso, reattivo e di buon ritmo. Un po' più ruvido il Nobile Pietra Rossa '13, che tuttavia ha sapore e freschezza.

- Nobile di Montepulciano Ris. '12 — 🍷🍷🍷 5
- Nobile di Montepulciano Pietra Rossa '13 — 🍷🍷 5
- Nobile di Montepulciano '13 — 🍷 3
- Nobile di Montepulciano Mulinvecchio '13 — 🍷 5
- Nobile di Montepulciano Mulinvecchio '12 — 🍷🍷 5
- Nobile di Montepulciano Pietra Rossa '10 — 🍷🍷 4
- Rosso di Montepulciano '14 — 🍷🍷 2*

Il Conventino

FRAZ. GRACCIANO
VIA DELLA CIARLIANA, 25B
53040 MONTEPULCIANO [SI]
TEL. 0578715371
www.ilconventino.it

VENDITA DIRETTA
VISITA SU PRENOTAZIONE
PRODUZIONE ANNUA 55.000 bottiglie
ETTARI VITATI 12,00
VITICOLTURA Biologico Certificato

Sono vini di buona sostanza quelli realizzati dall'azienda biologica dei fratelli Brini, acquistata nel 2003. Il Nobile d'annata si distingue per la sua agilità di beva, mentre il Nobile Riserva propone una struttura più corposa e articolata. Uno stile aziendale preciso d'impostazione classica, votato alla sobrietà, sfumato ed elegante, che pone questa realtà fra quelle più interessanti uscite a Montepulciano nell'ultimo decennio. Affinamento in prevalenza effettuato in legno grande e coltivazione esclusiva di varietà locali: sangiovese, canaiolo e colorino. Il Nobile di Montepulciano Riserva '12 possiede aromi fragranti, sfumati su note di tabacco, sottobosco e viole. In bocca ha stile e carattere, tannini nervosi, buona profondità e sorso saporito e fresco. Gusto lineare e austero ancora compromesso da una certa rigidità tannica, anche se sapido, per il Nobile di Montepulciano '13, più disteso nei profumi di ciliegia fresca, fiori e lamponi. Piacevole il Rosso di Montepulciano '15.

● Nobile di Montepulciano Ris. '12	YY 5
● Nobile di Montepulciano '13	YY 4
● Rosso di Montepulciano '15	Y 2
● Nobile di Montepulciano '10	YYY 4*
● Nobile di Montepulciano '12	YY 4
● Nobile di Montepulciano '11	YY 4
● Nobile di Montepulciano '09	YY 4
● Nobile di Montepulciano Ris. '11	YY 5
● Nobile di Montepulciano Ris. '10	YY 5
● Nobile di Montepulciano Ris. '09	YY 5
● Nobile di Montepulciano Ris. '08	YY 5
● Rosso di Montepulciano '12	YY 2*

La Corsa

S.DA VICINALE DEL PRATACCIONE, 19
58015 ORBETELLO [GR]
TEL. 0564880007
www.lacorsawine.it

VENDITA DIRETTA
VISITA SU PRENOTAZIONE
PRODUZIONE ANNUA 25.000 bottiglie
ETTARI VITATI 14,00

Sempre più articolato il progetto vitivinicolo dell'azienda maremmana di Marco Bassetti e di sua moglie Stefania Craxi. Partito nel 2005, con l'aiuto degli enologi Vittorio Fiore e Barbara Tamburini, oggi può contare su 14 ettari vitati di proprietà dislocati tra Capalbio e Ansedonia, un tratto particolarmente intatto dal punto di vista boschivo, con terreni rossi ricchi di sabbia, argilla e buona presenza di scheletro. Accanto al sangiovese trovano spazio varietà inusuali per la zona, come teroldego e petit verdot, vitigno che sembra calarsi bene nel microclima caldo, ma temperato, della sottozona, tra le meno piovose nel panorama regionale. Spicca il Barbadonna '14, cru da petit verdot dal profilo complesso e sfaccettato nei suoi toni sottili di pepe appena macinato e sigaro, dal tratto erbaceo ben declinato, succoso senza essere pesante, ben sfumato sul registro sapido. Il Mandrione '14 è un Sangiovese dai profumi floreali e dal palato molto denso, dal tratto affumicato prolungato. Centrato l'Aghiloro '15.

● Aghiloro '15	YY 3
● Barbadonna '14	YY 8
● Mandrione '14	YY 7
⊙ Macchiatonda '15	Y 3
● Petit Verdot '15	Y 4
● Settefinestre '15	Y 3

Villa Le Corti

loc. Le Corti
via San Piero di Sotto, 1
50026 San Casciano in Val di Pesa [FI]
Tel. 055829301
www.principecorsini.com

VENDITA DIRETTA
VISITA SU PRENOTAZIONE
OSPITALITÀ
PRODUZIONE ANNUA 150.000 bottiglie
ETTARI VITATI 50,00
VITICOLTURA Biologico Certificato

Vigneti a conduzione biologica, operazioni di cantina tendenzialmente ridotte, uso di cemento, legno grande e barrique per gli affinamenti, formano la ricetta dell'attuale produzione dell'azienda condotta da Duccio Corsini. I vini hanno un'impronta stilistica che richiama la tradizione chiantigiana, declinata con una fattura ineccepibile e risultano vivaci e di grande bevibilità. In più non mancano di carattere e legame con il territorio d'origine. La famiglia Corsini produce vini anche nella Tenuta Marsiliana, in Maremma. Buon ritmo e grande bevibilità nel Chianti Classico '13, un vino dai profumi floreali e dalla bocca tesa e contrastata. Godibile il Chianti Classico Cortevecchia Riserva '13, aromaticamente pulito e intenso e dal sorso bilanciato, che chiude solo un po' ruvido con qualche cenno di rovere di troppo. Piacevole il maremmano Birillo '13, da cabernet sauvignon e merlot. Più robusto il Marsiliana '12, prodotto sempre in Maremma e ottenuto da un blend da cabernet sauvignon, merlot e petit verdot.

Vino	Valutazione	Prezzo
● Chianti Cl. '13	🍷🍷 (rossi)	3*
● Birillo Tenuta Marsiliana '13	🍷🍷	3
● Chianti Cl. Cortevecchia Ris. '13	🍷🍷	4
● Marsiliana '12	🍷🍷	5
● Chianti Cl. '12	🍷🍷🍷	3*
● Chianti Cl. Cortevecchia Ris. '05	🍷🍷🍷	4
● Chianti Cl. Le Corti '10	🍷🍷🍷	3*
● Birillo Tenuta Marsiliana '11	🍷🍷	5
● Chianti Cl. A-101 Ris. '07	🍷🍷	3
● Chianti Cl. Cortevecchia Ris. '11	🍷🍷	4
● Chianti Cl. Don Tommaso Gran Sel. '11	🍷🍷	5
● Chianti Cl. Don Tommaso Gran Sel. '10	🍷🍷	5
● Chianti Cl. Le Corti '11	🍷🍷	3

Fattoria Corzano e Paterno

loc. Corzano
fraz. San Pancrazio
via San Vito di Sopra
50020 San Casciano in Val di Pesa [FI]
Tel. 0558248179
www.corzanoepaterno.com

VENDITA DIRETTA
VISITA SU PRENOTAZIONE
OSPITALITÀ
PRODUZIONE ANNUA 85.000 bottiglie
ETTARI VITATI 19,00
VITICOLTURA Biologico Certificato

I 19 ettari vitati dell'azienda sorgono su colline ghiaiose a circa 300 metri d'altitudine, poco a sud di Firenze. Nel 1969 l'architetto svizzero Wendelin Gelpke acquistò la proprietà in cui man mano coinvolse tutta la sua famiglia. Oggi sono Aljoscha Goldschmidt e Arianna Gelpke, rispettivamente la nipote e la figlia del fondatore, a occuparsi della conduzione enologica dell'azienda. I vitigni coltivati sono quelli classici della zona: accanto al sangiovese trovano spazio il canaiolo, la malvasia e il trebbiano, ma anche gli internazionali cabernet sauvignon, merlot e chardonnay. Giunge alle finali il Chianti I Tre Borri Riserva '13, dal bouquet aromatico fine, molto pulito, legato alla ciliegia e al ribes, con cenni di erbe aromatiche come alloro e salvia. Il corpo è fluido, scorrevole, buona vena acida, tannini integrati e fine persistenza. Interessante Il Corzano '13, da cabernet sauvignon, merlot e sangiovese, dal naso balsamico e minerale, di struttura piena, tannini percettibili, fini, per un finale dal retrogusto fresco.

Vino	Valutazione	Prezzo
● Chianti I Tre Borri Ris. '13	🍷🍷 (rossi)	5
● Chianti Terre di Corzano '14	🍷🍷	2*
● Il Corzano '13	🍷🍷	5
● Chianti I Tre Borri Ris. '07	🍷🍷🍷	5
● Il Corzano '05	🍷🍷🍷	5
● Chianti I Tre Borri Ris. '12	🍷🍷	5
● Chianti I Tre Borri Ris. '11	🍷🍷	5
● Chianti I Tre Borri Ris. '09	🍷🍷	5
○ Il Corzanello '14	🍷🍷	2*
● Il Corzano '11	🍷🍷	5
● Il Corzano '10	🍷🍷	5
● Il Corzano '09	🍷🍷	5
○ Passito di Corzano '11	🍷🍷	6
○ Passito di Corzano '02	🍷🍷	6

Andrea Costanti

LOC. COLLE AL MATRICHESE
53024 MONTALCINO [SI]
TEL. 0577848195
www.costanti.it

VENDITA DIRETTA
VISITA SU PRENOTAZIONE
PRODUZIONE ANNUA 60.000 bottiglie
ETTARI VITATI 12,00

È una tradizione produttiva secolare quella rivendicata con orgoglio da Andrea Costanti a Colle al Matrichese. Oltre dieci ettari, raccolti sulla direttrice est che collega il borgo di Montalcino a Torrenieri, ad altitudini comprese fra i 300 e i 450 metri. Sono terreni poveri, di natura prevalentemente galestrosa, che danno forma a Brunello costantemente in bilico tra severità tannica ed eleganza agrumata e salmastra. Alle lunghe macerazioni seguono affinamenti misti in rovere grande di Slavonia e in tonneau, ma un'ulteriore sosta in vetro è altamente consigliata per i millesimi più potenti e austeri. Accorgimenti che torneranno probabilmente utili con la Riserva '10: è in una fase piuttosto cupa e asciutta, con nette sensazioni di confettura al naso, ma una prolungata ossigenazione gli dà modo di assestarsi su un binario più placido e armonico. Schema simile nel Brunello '11, più definito nelle classiche nuance di cuoio e spezie, arbusti e radici, ma un po' sabbioso nella trama.

● Brunello di Montalcino Ris. '10	🍷🍷 8
● Brunello di Montalcino '11	🍷🍷 6
● Brunello di Montalcino '06	🍷🍷🍷 6
● Brunello di Montalcino '88	🍷🍷🍷 6
● Brunello di Montalcino '10	🍷🍷 6
● Brunello di Montalcino '09	🍷🍷 6
● Brunello di Montalcino '08	🍷🍷 6
● Brunello di Montalcino '07	🍷🍷 6
● Brunello di Montalcino '99	🍷🍷 6
● Brunello di Montalcino Calbello '00	🍷🍷 6
● Brunello di Montalcino Ris. '07	🍷🍷 8
● Brunello di Montalcino Ris. '06	🍷🍷 8
● Brunello di Montalcino Ris. '01	🍷🍷 8
● Rosso di Montalcino '11	🍷🍷 4

La Cura

LOC. CURA NUOVA, 12
58024 MASSA MARITTIMA [GR]
TEL. 0566918094
www.cantinalacura.it

VENDITA DIRETTA
VISITA SU PRENOTAZIONE
PRODUZIONE ANNUA 30.000 bottiglie
ETTARI VITATI 15,00
AZIENDA SOSTENIBILE

Andrea Corsi acquistò l'azienda nel 1968. In quel tempo, su questi terreni, venivano coltivati solo ortaggi e cereali, ma la passione per il vino costrinse Andrea a piantare i primi due ettari di vigneto. Oggi il figlio Enrico è arrivato a quindici ettari, impiantati perlopiù con vitigni internazionali, e ha creato una cantina nel pieno rispetto della sostenibilità ambientale, che riesce a produrre, attraverso un impianto fotovoltaico, l'energia elettrica necessaria per le proprie attività. Quest'anno spicca nella gamma una buona versione di Merlot, perfettamente in grado di leggere l'annata 2013: bouquet tipico caratterizzato da prugna matura e sbuffi floreali, bocca morbida e distesa, con tannini docili e arrotondati. Gradevole e fresco il Trinus '15, uvaggio da chardonnay, vermentino e malvasia, dai netti richiami di frutti e fiori gialli. Piacevole anche il Cavaliere d'Italia '15, da sangiovese in purezza, gustoso, lineare e croccante.

● Maremma Toscana Merlot '13	🍷🍷 5
● Predicatore '15	🍷🍷 3
○ Trinus '15	🍷🍷 2*
● Maremma Toscana Cavaliere d'Italia '15	🍷 2
● Monteregio di Massa Marittima Rosso Breccerosse '14	🍷 3
● Maremma Merlot La Cura '12	🍷🍷 5
● Maremma Podere di Monte Muro Vedetta '11	🍷🍷 3
● Monteregio di Massa Marittima Rosso Breccerosse '13	🍷🍷 3
● Predicatore '13	🍷🍷 3
○ Trinus '14	🍷🍷 2*
● Vedetta '13	🍷🍷 4

Casale Daviddi

via Nottola, 9
53045 Montepulciano [SI]
Tel. 0578738257
www.casaledaviddi.it

PRODUZIONE ANNUA 100.000 bottiglie
ETTARI VITATI 20,00

La famiglia Daviddi vanta una lunga tradizione agricola che vede gli albori nei primi anni dell'Ottocento. Il territorio di riferimento è Valiano, vera e propria appendice della denominazione, al confine con l'Umbria e il lago Trasimeno. I terreni dove si trovano le vigne sono mediamente argillosi, con buona presenza di sassi (oltre a Valiano, le proprietà sono a Gracciano, Abbadia e Acquaviva). Le uve allevate sono quelle classiche, così come legati a una certa idea di tradizione sono i vini realizzati. Posto in Guida meritato grazie a uno splendido Vino Nobile di Montepulciano '13. Gli assaggi raccontano di profumi gentili, delicati quanto precisi, che ricordano le fragoline selvatiche e il sottobosco. Il palato è suadente, di buona finezza, capace di allungare e rinfrescare, senza perdere di vista il sottofondo sapido. Peccato solo per una trama tannica sopra le righe.

- ● Nobile di Montepulciano '13 🍷🍷 4
- ● Nobile di Montepulciano Ris. '12 🍷 5
- ● Nobile di Montepulciano '12 🍷🍷 4

Maria Caterina Dei

via di Martiena, 35
53045 Montepulciano [SI]
Tel. 0578716878
www.cantinedei.com

VENDITA DIRETTA
VISITA SU PRENOTAZIONE
OSPITALITÀ
PRODUZIONE ANNUA 230.000 bottiglie
ETTARI VITATI 55,00
AZIENDA SOSTENIBILE

Maria Caterina Dei guida, dal 1991, l'azienda di famiglia, nata dall'acquisizione, nel 1964, del vigneto Bossona e, nel 1973, della proprietà di Martiena, oggi sede del centro aziendale. La prima produzione imbottigliata giunge nel 1985 e da qui in poi i vini a marchio Dei conquistano progressivamente un posto non secondario nel panorama della denominazione del Nobile di Montepulciano, grazie a una gamma di prodotti caratterizzati da strutture solide, ma sempre capaci di distendersi con equilibrio e buone doti di bevibilità. Senza inutili giri di parole il Nobile di Montepulciano '13 possiede decisamente il passo del grande vino e, probabilmente, è il migliore nel suo millesimo. I profumi sono nitidi e sfaccettati, incrociano note fruttate, qualche cenno floreale e ricordi di polvere di caffè e spezie. In bocca i tannini sono di grana fine, la progressione è contrastata e succosa e la beva è piacevole e continua. Davvero un bel vino. Di buona qualità complessiva il resto della gamma.

- ● Nobile di Montepulciano '13 🍷🍷🍷 4*
- ● Nobile di Montepulciano Bossona Ris. '11 🍷 6
- ● Nobile di Montepulciano '11 🍷🍷 4
- ● Nobile di Montepulciano '10 🍷🍷 4
- ● Nobile di Montepulciano '09 🍷🍷 4
- ● Nobile di Montepulciano '08 🍷🍷 4
- ● Nobile di Montepulciano Bossona Ris. '10 🍷🍷 6
- ● Nobile di Montepulciano Bossona Ris. '09 🍷🍷 6
- ● Nobile di Montepulciano Bossona Ris. '08 🍷🍷 5
- ● Nobile di Montepulciano Bossona Ris. '07 🍷🍷 5
- ● Rosso di Montepulciano '12 🍷🍷 2*
- ● Rosso di Montepulciano '11 🍷🍷 2*
- ○ Vin Santo di Montepulciano '07 🍷🍷 5

Fabrizio Dionisio

FRAZ. OSSAIA
LOC. IL CASTAGNO
52044 CORTONA [AR]
TEL. 063223541
www.fabriziodionisio.it

VISITA SU PRENOTAZIONE
PRODUZIONE ANNUA 35.000 bottiglie
ETTARI VITATI 15,00
AZIENDA SOSTENIBILE

La voglia di trovare un bel posto nella campagna toscana spinse Sergio Dionisio, padre di Fabrizio, negli anni Settanta, a scegliere un casolare con sette ettari di vigneto e oliveto, sui colli che fronteggiano Cortona. Una ventina di anni dopo l'acquisto di un nuovo appezzamento di terreno dette all'azienda la dimensione attuale e furono poste le basi per l'inizio di un moderna attività di viticoltura. Fabrizio, aiutato nella gestione dell'azienda dalla moglie Alessandra, decise di reimpiantare le vecchie vigne inserendo il syrah, che ben si esprime in questa zona. Il Cortona Syrah Il Castagno '13 presenta ottimo bouquet composito, concentrato, di ribes e lamponi, chiodi di garofano e vaniglia, inserito in un corpo fluido, ben integrato nella componente tannica, dal finale piacevole. Ottimo il Castagnino '15, molto fresco al naso, con note di frutta fresca, corpo vivace, fresco e di ottima beva, per un finale lungo e saporito.

● Cortona Syrah Castagnino '15	🍷🍷 5
● Cortona Syrah Il Castagno '13	🍷🍷 5
⊙ Rosa del Castagno '15	🍷 3
● Cortona Syrah Il Castagno '12	ΨΨΨ 5
● Cortona Syrah Il Castagno '11	ΨΨΨ 5
● Cortona Syrah Il Castagno '10	ΨΨΨ 5
● Cortona Syrah '07	ΨΨ 4
● Cortona Syrah Castagnino '14	ΨΨ 3
● Cortona Syrah Castagnino '09	ΨΨ 3*
● Cortona Syrah Cuculaia '10	ΨΨ 7
● Cortona Syrah Cuculaia '09	ΨΨ 6
● Cortona Syrah Cuculaia '08	ΨΨ 6
● Cortona Syrah Il Castagno '09	ΨΨ 5
● Cortona Syrah Il Castagno '08	ΨΨ 5

Donna Olga

LOC. FRIGGIALI
S.DA MAREMMANA
53024 MONTALCINO [SI]
TEL. 0577849454
www.tenutedonnaolga.it

VENDITA DIRETTA
VISITA SU PRENOTAZIONE
OSPITALITÀ
PRODUZIONE ANNUA 25.000 bottiglie
ETTARI VITATI 11,00

I Sangiovese di Olga Peluso Centolani nascono da due distinte tenute, collocate in una fascia compresa tra i 270 e i 400 metri di altitudine. Sulla direttrice che dalla collina del borgo guarda al mare prevale la matrice vulcanica, mentre nelle parcelle vicine al Castello della Velona (settore sud est) dominano le componenti galestrose e sassose. Il virtuoso mix di microclimi e terreni concorre a Brunello sobriamente innovativi, lavorati per una metà in rovere di Slavonia da 30 e 50 ettolitri e per la restante parte in tonneau. Etichette espressive ancora una volta scompaginate da un Brunello Riserva '10 decisamente classico fin dal primo impatto di frutto chiaro, erbe balsamiche, iodio. Avanza saporito e infiltrante sino alla chiusura dolce e rifinita, cui manca solo un plus di ampiezza e profondità per diventare indimenticabile.

● Brunello di Montalcino Ris. '10	🍷🍷 6
● Brunello di Montalcino '11	🍷🍷 7
● Brunello di Montalcino '09	ΨΨΨ 7
● Brunello di Montalcino '06	ΨΨΨ 7
● Brunello di Montalcino '01	ΨΨΨ 6
● Brunello di Montalcino Collezione Arte '06	ΨΨΨ 7
● Brunello di Montalcino Ris. '01	ΨΨΨ 6
● Brunello di Montalcino '10	ΨΨ 7
● Brunello di Montalcino '08	ΨΨ 7
● Brunello di Montalcino '07	ΨΨ 7
● Brunello di Montalcino Favorito '07	ΨΨ 7
● Brunello di Montalcino Favorito Collezione Arte '09	ΨΨ 7
● Brunello di Montalcino Ris. '07	ΨΨ 6

Donna Olimpia 1898

FRAZ. BOLGHERI
LOC. MIGLIARINI, 142
57020 CASTAGNETO CARDUCCI [LI]
TEL. 0302279601
www.donnaolimpia1898.it

VENDITA DIRETTA
OSPITALITÀ E RISTORAZIONE
PRODUZIONE ANNUA 250.000 bottiglie
ETTARI VITATI 45,00
AZIENDA SOSTENIBILE

L'azienda trae il nome da Olimpia Alliata, signora di Biserno. Oggi è in mano a Guido Folonari, appartenente a una delle famiglie del vino toscano più note e apprezzate. La vigna si distende per 45 ettari, allocando varietà oramai tradizionali per la zona di Bolgheri, non senza qualche spunto meno usuale: cabernet sauvignon, cabernet franc, merlot, syrah e petit verdot per i rossi; vermentino, viognier e petit manseng per i bianchi. Il progetto viticolo, sul piano clonale, è figlio di una collaborazione con il professor Scienza dell'Università di Milano. Annata di grazia per uno scintillante Bolgheri Rosso Superiore Millepassi '13. Vino intenso e coinvolgente dai profumi di frutta matura, erbe macerate e spezie, con richiami tostati ancora in evidenza ma molto fini. Anche la bocca è stupenda, non eccede sul piano alcolico, avvolge in ingresso e traghetta il sorso con disinvoltura e precisione, fino a toccare tannini fini e saporiti. Finale meno riuscito ma vino croccante e godibile, il Bolgheri Rosso '13 non sfigura affatto.

Vino	
● Bolgheri Rosso Sup. Millepassi '13	🍷🍷🍷 6
● Bolgheri Rosso '13	🍷🍷 5
● Tageto '14	🍷 2
● Bolgheri Rosso Sup. Millepassi '11	🍷🍷🍷 8
● Bolgheri Rosso '12	🍷🍷 5
● Bolgheri Rosso '10	🍷🍷 5
● Bolgheri Rosso '09	🍷🍷 5
● Bolgheri Rosso '08	🍷🍷 4
● Bolgheri Rosso Sup. Millepassi '12	🍷🍷 6
● Bolgheri Rosso Sup. Millepassi '09	🍷🍷 8
● Bolgheri Rosso Sup. Millepassi '08	🍷🍷 6
● Tageto '09	🍷🍷 2

Duemani

LOC. ORTACAVOLI
56046 RIPARBELLA [PI]
TEL. 0583975048
www.duemani.eu

PRODUZIONE ANNUA 40.000 bottiglie
ETTARI VITATI 10,00
VITICOLTURA Biodinamico Certificato
AZIENDA SOSTENIBILE

Luca D'Attoma ha realizzato il sogno di molti enologi: un'azienda vinicola tutta sua. Insieme alla moglie Elena Celli ha scelto la provincia di Pisa per trovare un luogo dove ben operare con i vitigni che predilige, come cabernet franc, syrah e merlot. Nel 2000 la ricerca giunge a buon fine sulle colline di Riparbella, affacciate sul mare, "un luogo estremo e scontroso selvaggio, magnetico, un paesaggio incontaminato, emozionante", come lo definiscono Elena e Luca. Inizia così, con il reimpianto dei vigneti, coltivati seguendo le regole della coltura biodinamica, la storia di Duemani. Conquista i Tre Bicchieri il Duemani '13, da cabernet franc in purezza: note fresche balsamiche, cenni di macchia mediterranea, frutti di bosco nitidi e puliti, corpo avvolgente e gustoso, tannini perfettamente integrati, con finale in crescendo. Piacevole anche il Suisassi '13, da syrah: si riconoscono erbe officinali, china, cuoio, frutti rossi vivi e maturi, struttura ampia e articolata, finale serrato e persistente.

● Duemani '13	🍷🍷🍷 8
● Cifra '14	🍷🍷 5
● Suisassi '13	🍷🍷 8
● Altrovino '14	🍷 6
⊙ Si	🍷 5
● Duemani '12	🍷🍷🍷 8
● Duemani '09	🍷🍷🍷 8
● Suisassi '10	🍷🍷🍷 8
● Altrovino '13	🍷🍷 5
● Altrovino '11	🍷🍷 5
● Cifra '11	🍷🍷 4
● Duemani '10	🍷🍷 8
● Suisassi '12	🍷🍷 8
● Suisassi '11	🍷🍷 8
● Suisassi '09	🍷🍷 8

Eucaliptus

via Bolgherese, 275a
57022 Livorno
Tel. 0565763511
www.agriturismoeucaliptus.com

VISITA SU PRENOTAZIONE
OSPITALITÀ E RISTORAZIONE
PRODUZIONE ANNUA 20.000 bottiglie
ETTARI VITATI 5,00

Pasqualino Di Vaira conduce con bravura e costanza questa bella realtà bolgherese, avviata negli anni Sessanta per la vendita del vino sfuso. Molte cose sono cambiate da allora, oggi Eucaliptus è impresa vitivinicola moderna, stabilmente tra le più interessanti della denominazione. Le varietà coltivate sono merlot, cabernet sauvignon, petit verdot, syrah e sangiovese. Non mancano neppure quelle a bacca bianca come vermentino e chardonnay. Vini in forma come al solito e buoni responsi dagli ultimi assaggi. Il Bolgheri Superiore Ville Rustiche '13 ci ha colpito. Ha profumi coinvolgenti e molto netti, intensi e sfaccettati, che spaziano dalle more di rovo ai mirtilli maturi. Bocca di buona dolcezza, più ampia che profonda ma rinfrescata da bei tocchi erbacei e agrumati. Ovviamente più scaltro, succoso e verticale, ma comunque maturo, il Bolgheri Rosso Clarice '14. Semplice il Vermentino Le Pinete.

● Bolgheri Rosso Clarice '14	🍷🍷 3
● Bolgheri Sup. Ville Rustiche '13	🍷🍷 5
○ Bolgheri Le Pinete '15	🍷 3
● Bolgheri Rosso Clarice '13	🍷🍷 3
● Bolgheri Rosso Clarice '12	🍷🍷 3
● Bolgheri Rosso Clarice '11	🍷🍷 3
● Bolgheri Sup. Ville Rustiche '12	🍷🍷 5
● Bolgheri Sup. Ville Rustiche '11	🍷🍷 5
● Bolgheri Sup. Ville Rustiche '10	🍷🍷 5

I Fabbri

loc. Lamole
via Casole, 52
50022 Greve in Chianti [FI]
Tel. 339412622
www.agricolaifabbri.it

VENDITA DIRETTA
VISITA SU PRENOTAZIONE
PRODUZIONE ANNUA 35.000 bottiglie
ETTARI VITATI 11,00
VITICOLTURA Biologico Certificato

È dall'inizio degli anni Duemila che Susanna Grassi ha ripreso a condurre l'azienda di famiglia che era stata per lungo tempo lasciata in affitto. Una realtà produttiva della sottozona di Lamole, che esprime vini dalla cifra stilistica raffinata e sincera. La materia prima arriva da vigneti condotti in biologico, mentre in cantina i vini passano dall'acciaio al cemento e ai tonneau. Etichette di bella personalità quelle de I Fabbri, capaci di condensare freschezza e grande dinamismo gustativo. Decisamente buono il Chianti Classico Terra di Lamole '13, dal naso che incrocia fiori, terra e spezie, e bocca croccante e di bella vivacità, specialmente nella sua articolazione tannica, con finale nervoso e saporito. Godibile il Chianti Classico Olinto '14, dalla beva fresca e rilassata e dai profumi netti e fragranti. Più ruvido il Chianti Classico Riserva '12, aromaticamente sfumato e con un po' di rovere di troppo che penalizza anche il sorso poco scorrevole.

● Chianti Cl. Terra di Lamole '13	🍷🍷 3*
● Chianti Cl. Olinto '14	🍷🍷 4
● Chianti Cl. Ris. '12	🍷 4
● Chianti Cl. '13	🍷🍷 4
● Chianti Cl. '12	🍷🍷 4
● Chianti Cl. '10	🍷🍷 4
● Chianti Cl. Gran Sel. '11	🍷🍷 6
● Chianti Cl. Lamole '11	🍷🍷 2*
● Chianti Cl. Olinto '12	🍷🍷 4
● Chianti Cl. Olinto '10	🍷🍷 4
● Chianti Cl. Olinto '08	🍷🍷 4
● Chianti Cl. Ris. '11	🍷🍷 4
● Chianti Cl. Ris. '10	🍷🍷 4
● Chianti Cl. Terra di Lamole '10	🍷🍷 2*

Tenuta Fanti

FRAZ. CASTELNUOVO DELL'ABATE
PODERE PALAZZO, 14
53020 MONTALCINO [SI]
TEL. 0577835795
www.tenutafanti.it

VENDITA DIRETTA
VISITA SU PRENOTAZIONE
PRODUZIONE ANNUA 200.000 bottiglie
ETTARI VITATI 50,00

Con oltre trecento ettari di proprietà, cinquanta dei quali riservati alle vigne, le tenute della famiglia Fanti vanno a comporre uno dei patrimoni agricoli più significativi del versante sud orientale di Montalcino. Siamo a due passi da Castelnuovo dell'Abate, dove il clima caldo e ventilato, unitamente ai suoli galestrosi, plasma un sangiovese di indole potente. Avviata da Filippo negli anni Settanta e oggi guidata in tandem con la figlia Elisa, è una realtà da sempre attenta agli input interpretativi che animano l'universo Brunello, ma al tempo stesso capace di proporre uno stile coerente, con affinamenti misti in botti di medie dimensioni e barrique. Ci troviamo nuovamente a sottolineare l'ottima prova corale della batteria targata Fanti, partendo dalla coppia di Brunello '11: già piuttosto aperto e risolto il base, più maturità fruttata e presenza tannica nel Vallocchio. Veste aromatica terziaria, ma anche migliore qualità estrattiva nel Vigna Le Macchiarelle Riserva '10.

Vino	Bicchieri	Prezzo
● Brunello di Montalcino '11	🍷🍷	6
● Brunello di Montalcino V. Le Macchiarelle Ris. '10	🍷🍷	6
● Brunello di Montalcino Vallocchio '11	🍷🍷	6
● Rosso di Montalcino '14	🍷	3
● Brunello di Montalcino '07	🍷🍷🍷 (vuoti)	5
● Brunello di Montalcino '00	🍷🍷🍷 (vuoti)	6
● Brunello di Montalcino '97	🍷🍷🍷 (vuoti)	5
● Brunello di Montalcino Ris. '95	🍷🍷🍷 (vuoti)	5
● Brunello di Montalcino '10	🍷🍷 (vuoti)	6
● Brunello di Montalcino '09	🍷🍷 (vuoti)	6
● Brunello di Montalcino V. Le Macchiarelle Ris. '09	🍷🍷 (vuoti)	6
● Brunello di Montalcino Vallocchio '10	🍷🍷 (vuoti)	6

Le Farnete/Cantagallo

VIA VALICARDA, 35
50050 CAPRAIA E LIMITE [FI]
TEL. 0571910078
www.tenutacantagallo.it

VENDITA DIRETTA
VISITA SU PRENOTAZIONE
OSPITALITÀ E RISTORAZIONE
PRODUZIONE ANNUA 180.000 bottiglie
ETTARI VITATI 30,00
AZIENDA SOSTENIBILE

La bella maison della famiglia Pierazzuoli nasce negli anni Settanta e si articola su due corpi aziendali: Le Farnete, nel comprensorio del Carmignano, e la Tenuta Cantagallo nel vicino distretto del Chianti Montalbano, per un totale di oltre 30 ettari di vigne. Enrico Pierazzuoli e la famiglia lavorano con passione tra vigna e cantina, e nella gestione delle attività agrituristiche e ristorative annesse. Era dalla Guida del 2001 che mancavano i Tre Bicchieri ai Pierazzuoli, conquistati con una splendida Riserva '97 di Carmignano. La Riserva '13 riporta il trofeo in azienda, in virtù di un'eleganza e di una pulizia stilistica di livello superiore. Un grande rosso che non è solo fitto e ricco, ma è soprattutto complesso, equilibrato ed elegante. Tutta la gamma dei vini, comunque, si muove su livelli d'eccellenza.

Vino	Bicchieri	Prezzo
● Carmignano Le Farnete Ris. '13	🍷🍷🍷 (rossi)	4*
● Gioveto Tenuta Cantagallo '13	🍷🍷 (rossi)	4
● Carmignano Le Farnete '14	🍷🍷	3
● Chianti Montalbano Tenuta Cantagallo Ris. '13	🍷🍷	3
● Barco Reale Le Farnete '15	🍷	2
● Chianti Montalbano Tenuta Cantagallo '15	🍷	2
● Carmignano Le Farnete Ris. '97	🍷🍷🍷 (vuoti)	6
● Carmignano Le Farnete '13	🍷🍷 (vuoti)	3
● Carmignano Le Farnete Ris. '12	🍷🍷 (vuoti)	4
● Carmignano Le Farnete Ris. '11	🍷🍷 (vuoti)	4
● Chianti Montalbano Ris. '12	🍷🍷 (vuoti)	3
● Gioveto '12	🍷🍷 (vuoti)	4

Fattoi

LOC. SANTA RESTITUTA
POD. CAPANNA, 101
53024 MONTALCINO [SI]
TEL. 0577848613
www.fattoi.it

VENDITA DIRETTA
VISITA SU PRENOTAZIONE
PRODUZIONE ANNUA 50.000 bottiglie
ETTARI VITATI 9,00

Non si può certo parlare di realtà emergente per un'azienda con quasi quaranta vendemmie alle spalle. Né ci si può stupire del valore di vini che nascono da Pieve Santa Restituta, autentico grand cru di Montalcino. Eppure è soprattutto negli ultimi anni che la cantina fondata da Ofelio Fattoi viene raccontata come una delle migliori opzioni dell'universo Brunello. Merito di uno stile originale e caratterizzato, sempre più capace di compensare qualche rusticità riduttiva e tannica con la loro naturalezza espressiva, tutto succo e sapore. Sangiovese rispettati con sensibilità artigianale, al di là delle considerazioni sugli affinamenti, condotti in legno grande di Slavonia. È mancato solo l'acuto a una grande prova d'insieme per i rossi di Fattoi. Gelso, lampone, un tocco confit, il Brunello '11 è arioso e respirabile, ma sconta la tessitura asciutta del millesimo. Una rusticità di fondo che limita anche la Riserva '10, comunque appagante col suo passo vitale e spontaneo.

Vino	Bicchieri	
● Brunello di Montalcino '11	2 (rossi)	5
● Brunello di Montalcino Ris. '10	2 (rossi)	7
● Rosso di Montalcino '14	2 (neri)	3
● Brunello di Montalcino '09	2 (vuoti)	5
● Brunello di Montalcino '07	2 (vuoti)	6
● Brunello di Montalcino '06	2 (vuoti)	6
● Brunello di Montalcino '04	2 (vuoti)	5
● Brunello di Montalcino '03	2 (vuoti)	5
● Brunello di Montalcino Ris. '08	2 (vuoti)	7
● Brunello di Montalcino Ris. '07	2 (vuoti)	7
● Brunello di Montalcino Ris. '06	2 (vuoti)	4
● Brunello di Montalcino Ris. '03	2 (vuoti)	5
● Rosso di Montalcino '13	2 (vuoti)	3
● Rosso di Montalcino '12	2 (vuoti)	3
● Rosso di Montalcino '10	2 (vuoti)	3
● Rosso di Montalcino '05	2 (vuoti)	3

★★Felsina

VIA DEL CHIANTI, 101
53019 CASTELNUOVO BERARDENGA [SI]
TEL. 0577355117
www.felsina.it

VENDITA DIRETTA
VISITA SU PRENOTAZIONE
PRODUZIONE ANNUA 480.000 bottiglie
ETTARI VITATI 94,00
VITICOLTURA Biologico Certificato
AZIENDA SOSTENIBILE

Una progressiva e costante conversione alla biodinamica nell'allevamento dei vigneti, accanto a un cambio deciso nello stile dei vini, caratterizza l'attuale percorso di Felsina, realtà produttiva che ha contribuito non poco al successo del Chianti Classico e alla connotazione più autentica della sottozona di Castelnuovo Berardenga. I vini hanno dunque raggiunto un'espressività più moderna, contraddistinti da colori più carichi, aromi derivati dai legni di affinamento più presenti e una maggiore pienezza estrattiva. Resta un Supertuscan molto piacevole il Maestro Raro '13, da cabernet sauvignon in purezza, che evidenzia profumi pieni e fragranti di viola e ciliegia con il sostegno della speziatura proveniente dal rovere e uno sviluppo gustativo di bella dolcezza, succoso e ritmato. Molto influenzati dai legni di affinamento sia il Chianti Classico Riserva '13 sia il Chianti Classico Rancia Riserva '13. Medesimo elemento che disturba sia gli aromi che il gusto nel Fontalloro '13, da sangiovese in purezza.

Vino	Bicchieri	
● Maestro Raro '13	2 (neri)	6
● Chianti Cl. Berardenga Ris. '13	1 (nero)	5
● Chianti Cl. Rancia Ris. '13	1 (nero)	6
● Fontalloro '13	1 (nero)	7
○ I Sistri '14	1 (nero)	4
● Chianti Cl. Rancia Ris. '07	3 (vuoti)	6
● Chianti Cl. Rancia Ris. '05	3 (vuoti)	5
● Chianti Cl. Rancia Ris. '04	3 (vuoti)	5
● Chianti Cl. Rancia Ris. '03	3 (vuoti)	5
● Fontalloro '10	3 (vuoti)	6
● Fontalloro '07	3 (vuoti)	6
● Fontalloro '06	3 (vuoti)	6
● Fontalloro '05	3 (vuoti)	6
● Maestro Raro '08	3 (vuoti)	6

Le Filigare

loc. Le Filigare
via Sicelle, 35
50020 Barberino Val d'Elsa [FI]
Tel. 0558072796
www.lefiligare.it

VENDITA DIRETTA
VISITA SU PRENOTAZIONE
PRODUZIONE ANNUA 45.000 bottiglie
ETTARI VITATI 10,00

Le Filigare conta su circa dieci ettari di vigneto, dislocati sul versante fiorentino del Chianti Classico, a ridosso con la Provincia di Siena. I terreni sono caratterizzati da argilla mista a un fitto scheletro, componenti tradizionali di questo versate chiantigiano e i vigneti sono allevati a un'altezza intorno ai 350 metri. L'azienda, che in cantina utilizza legno grande e piccolo, ha uno stile tendenzialmente equilibrato che non rincorre inutili forzature enologiche né tanto meno vini palestrati. Il Chianti Classico Lorenzo '13 si scopre come una delle rivelazioni di quest'anno e sfiora il massimo riconoscimento. Si tratta di un vino dai profumi sanguigni e fruttati, rifiniti da toni di liquirizia e sottobosco. In bocca è agile e polposo, dotato di ritmo e chiaro scuri, finale in crescendo sapido e profondo. Non male anche il Chianti Classico '14, sottile e dai profumi sfumati, dal sorso leggero e contrastato. Solido e convincente il Podere Le Rocce '13, da sangiovese e cabernet sauvignon.

● Chianti Cl. Lorenzo '13	🍷🍷	4
● Chianti Cl. '14	🍷🍷	4
● Podere Le Rocce '13	🍷🍷	4
● Chianti Cl. Lorenzo '06	YY	4
● Chianti Cl. Lorenzo '04	YY	4
● Chianti Cl. Maria Vittoria Ris. '05	YY	5
● Chianti Cl. Maria Vittoria Ris. '04	YY	5
● Pietro '01	YY	8
● Podere Le Rocce '01	YY	6

★Tenute Ambrogio e Giovanni Folonari

loc. Passo dei Pecorai
via di Nozzole 12
50022 Greve in Chianti [FI]
Tel. 055859811
www.tenutefolonari.com

VENDITA DIRETTA
VISITA SU PRENOTAZIONE
OSPITALITÀ
PRODUZIONE ANNUA 1.400.000 bottiglie
ETTARI VITATI 200,00

E' una delle famiglie del vino più importanti d'Italia, che vede la Toscana come patria indiscussa dei propri possedimenti, diverse aziende nei terroir più vocati della regione: Nozzole a Greve in Chianti nell'areale del Chianti Classico, La Fuga a Montalcino, Torcalvano a Montepulciano, Campo al Mare a Bolgheri e Vigne a Porrona in Maremma. I vini hanno tendenzialmente taglio moderno, non disdegnano un uso, anche importante, dei legni di affinamento, e ricercano immediatezza e ampiezza di frutto. Tra i vini assaggiati delle diverse realtà ci hanno convinto pienamente quelli de La Fuga, il Brunello '11 e la Riserva Le Due Sorelle '10, avvolgenti ma definiti da una buona acidità. Prova meno centrata per il Chianti Classico '13, che presenta un'eccessiva estrazione tannica e per Cabreo La Pietra '14, in cui il legno la fa troppo da padrone. Affidabile la produzione bolgherese.

● Brunello di Montalcino Tenuta La Fuga '11	🍷🍷	6
● Brunello di Montalcino Le Due Sorelle Tenuta La Fuga Ris. '10	🍷🍷	7
● Cabreo il Borgo '13	🍷🍷	6
● Bolgheri Campo al Mare '14	🍷	3
● Bolgheri Sup. Baia al Vento Campo al Mare '12	🍷	6
○ Cabreo La Pietra '14	🍷	6
● Chianti Cl. '13	🍷	4
● Il Pareto '09	YYY	7
● Il Pareto '07	YYY	7
● Il Pareto '04	YYY	7
● Il Pareto '01	YYY	7

★★Fontodi

FRAZ. PANZANO IN CHIANTI
VIA SAN LEOLINO, 89
50020 GREVE IN CHIANTI [FI]
TEL. 055852005
www.fontodi.com

VENDITA DIRETTA
VISITA SU PRENOTAZIONE
OSPITALITÀ
PRODUZIONE ANNUA 300.000 bottiglie
ETTARI VITATI 80,00
VITICOLTURA Biologico Certificato

Fontodi è marchio di sicura affidabilità. I suoi vini possiedono un'impronta stilistica chiara e ben leggibile. Sono rossi robusti, ricchi, dotati di grande longevità, declinati però sempre con senso della misura. La materia prima, ottenuta da viticoltura biologica, è decisamente di grande livello e rispetta il carattere generoso della sottozona di Panzano in Chianti. Gli affinamenti, prevalentemente ottenuti in barrique, qualche volta, specie nella prima fase evolutiva dei vini, tendono a coprire la loro energia. Il Chianti Classico '13 è di buonissimo livello. Fragrante e definito negli aromi fruttati e floreali, possiede una progressione gustativa vivace, contrastata e di beva decisamente agile. Interessante anche il Pinot Nero Case Via '14, probabilmente favorito dall'annata fresca, ha profumi delicati e puliti e uno sviluppo gustativo continuo e non privo di frutto, con finale forse frenato dal rovere un po' in esubero.

Wine	Glasses	
● Chianti Cl. '13	TT (red)	4
● Pinot Nero Case Via '14	TT	5
● Chianti Cl. Gran Sel. V. del Sorbo '13	T	6
● Chianti Cl. '10	YYY	4*
● Flaccianello della Pieve '12	YYY	8
● Flaccianello della Pieve '09	YYY	8
● Flaccianello della Pieve '08	YYY	8
● Flaccianello della Pieve '07	YYY	6
● Flaccianello della Pieve '05	YYY	6
● Flaccianello della Pieve '03	YYY	6
● Chianti Cl. V. del Sorbo Gran Sel. '11	YY	6
● Flaccianello della Pieve '10	YY	8

Fornacelle

LOC. FORNACELLE, 232A
57022 CASTAGNETO CARDUCCI [LI]
TEL. 0565775575
www.fornacelle.it

VENDITA DIRETTA
VISITA SU PRENOTAZIONE
PRODUZIONE ANNUA 35.000 bottiglie
ETTARI VITATI 15,00

La famiglia Billi Batistoni coltiva direttamente le sue vigne e vinifica i propri vini. Stiamo parlando di una piccola impresa artigianale, capace di percorsi autentici e assai interessanti. Il nome trae origine dalla presenza, in passato, di numerose fornaci, i cui resti sono ancora visibili sotto la cantina. Anche se la famiglia conduce questa realtà da quattro generazioni, è il 1998 l'anno della svolta grazie al deciso rinnovamento viticolo e alle rigorose scelte fatte in cantina. Tutti i vini sono da tenere in considerazione. Ottimo il Bolgheri Superiore Guarda Boschi, cui l'annata 2013 ha conferito intriganti sensazioni iodate e salmastre. La bocca è scattante e non troppo concentrata, sapida, con tannino marcato ma non amaro. L'altro Bolgheri Superiore, il Foglio 38 (stessa annata) ci è sembrato più maturo e fruttato ma egualmente ben fatto.

Wine	Glasses	
● Bolgheri Sup. Foglio 38 '13	TT	6
● Bolgheri Sup. Guarda Boschi '13	TT	6
○ Bolgheri Bianco Zizzolo '15	T	3
● Bolgheri Rosso Zizzolo '14	T	3
○ Bianco Fornacelle '10	YY	2
● Bolgheri Rosso Zizzolo '13	YY	3
● Bolgheri Rosso Zizzolo '12	YY	3
● Bolgheri Rosso Zizzolo '09	YY	6
● Bolgheri Sup. Guarda Boschi '12	YY	6
● Bolgheri Sup. Guarda Boschi '11	YY	6
● Bolgheri Sup. Guarda Boschi '08	YY	6
○ Bolgheri Vermentino Zizzolo '14	YY	3
● Foglio 38 '11	YY	6

Podere Fortuna

via San Giusto a Fortuna, 7
50038 Scarperia e San Piero [FI]
Tel. 0558487214
www.poderefortuna.com

VENDITA DIRETTA
VISITA SU PRENOTAZIONE
OSPITALITÀ
PRODUZIONE ANNUA 25.000 bottiglie
ETTARI VITATI 6,00

Siamo nel Mugello, accanto al castello di Cafaggiolo, eretto dalla famiglia dei Medici ed entrato nelle disponibilità di Lorenzo Il Magnifico: un documento datato 1465 testimonia che già all'epoca era in atto la produzione di vino, e Fortuna era uno dei dodici poderi della tenuta. Quando, alla fine degli anni Novanta, Alessandro Brogi decise di ricominciare l'attività di viticultura, dopo aver studiato terreni e clima scelse di piantare un po' di chardonnay e soprattutto pinot nero, che allora non era certo un vitigno comune per la Toscana. Buono il 1465, selezione da pinot nero, dal naso fresco, tipico, con frutti di bosco che si uniscono a note erbacee accennate, confortati da piccoli cenni mentolati. In bocca l'attacco è di buon peso, gradevole, largo, invitante, non troppo pieno, con finale continuo e persistente. Più immediato e pronto il Coldaia '13, compatto al naso, dal corpo morbido, fresco e in crescendo gustativo sul finale.

Vino	Bicchieri	
● 1465 MCDLXV '11	2 bicchieri rossi	8
● Coldaia '13	2 bicchieri neri	5
● Fortuni '11	2 bicchieri neri	6
● 1465 MCDLXV '10	3 bicchieri bianchi	8
● 1465 MCDLXV '09	2 bicchieri bianchi	8
● 1465 MCDLXV '07	2 bicchieri bianchi	8
● Ardito del Mugello '10	2 bicchieri bianchi	3
● Coldaia '11	2 bicchieri bianchi	5
● Coldaia '09	2 bicchieri bianchi	5
● Fortuni '12	2 bicchieri bianchi	5
● Fortuni '10	2 bicchieri bianchi	6
● Fortuni '09	2 bicchieri bianchi	6
○ Greto alla Macchia '12	2 bicchieri bianchi	5
○ Greto alla Macchia '10	2 bicchieri bianchi	5

La Fralluca

loc. Barbicon, 153
57028 Suvereto [LI]
Tel. 0565829076
www.lafralluca.com

VENDITA DIRETTA
VISITA SU PRENOTAZIONE
PRODUZIONE ANNUA 40.000 bottiglie
ETTARI VITATI 10,00
AZIENDA SOSTENIBILE

Fralluca sta per Francesca e Luca, pisana lei, milanese lui, occupati entrambi nel mondo della moda. Si conoscono alla fine degli anni Novanta a Milano, costruiscono famiglia, con due figli, e sogni: trasferirsi in Toscana e fare vino. Dopo tre anni di ricerche trovano un posto di cui si innamorano, in cima a una collina a Suvereto, con un casale abbandonato e una magnifica vista sui boschi. Comincia da allora la storia dell'azienda agricola e la loro vita da viticoltori, mettono a dimora una decina di anni fa i vigneti e riescono a dare così sostanza al loro progetto. Il Cabernet Franc '13 presenta al naso sentori di foglia di pomodoro, peperone verde grigliato e frutti maturi come mora e lamponi, qualche elemento speziato. In bocca l'impatto è caldo e avvolgente, di buon peso, freschezza dell'acidità bilanciata, finale invitante. Intrigante Bauci '14, da viognier, dove prevalgono le note vegetali e floreali diffuse, sentori fruttati di limone e susina, corpo equilibrato e fine.

Vino	Bicchieri	
○ Bauci '14	2 bicchieri neri	3
● Cabernet Franc '13	2 bicchieri neri	5
○ Filemone '15	1 bicchiere nero	3
● Fillide '13	1 bicchiere nero	3
● Suvereto Ciparisso '13	1 bicchiere nero	5
● Suvereto Sangiovese Ciparisso '12	2 bicchieri bianchi	5
● Cabernet Franc '12	2 bicchieri bianchi	5
● Cabernet Franc '11	2 bicchieri bianchi	6
● Fillide '12	2 bicchieri bianchi	3
● Syrah Pitis '12	2 bicchieri bianchi	5
● Syrah Pitis '10	2 bicchieri bianchi	3
○ Viognier '11	2 bicchieri bianchi	2*
○ Viognier Bauci '13	2 bicchieri bianchi	3
○ Viognier Bauci '12	2 bicchieri bianchi	3

Frank & Serafico

FRAZ. ALBERESE
S.DA SPERGOLAIA
58100 GROSSETO
TEL. 0564418491
www.frankeserafico.com

VENDITA DIRETTA
VISITA SU PRENOTAZIONE
RISTORAZIONE
PRODUZIONE ANNUA 90.000 bottiglie
ETTARI VITATI 25,00

Recente è la storia di questa realtà produttiva originata nel 2010 dall'incontro di Fabrizio Testa e Pierpaolo Pratesi. I vigneti sono sparsi nella provincia di Grosseto, nel parco naturale dell'Alberese, a Campagnatico, Magliano e Capalbio. Lo stile delle varie etichette aziendali privilegia soprattutto immediatezza e godibilità e, probabilmente, ha bisogno ancora di un po' di tempo per sviluppare caratteri più originali. I vini partono da una buona base, formalmente corretti, non indugiano in inutili forzature. Profumi puliti e buona struttura per il Montalzato '13, blend da cabernet sauvignon, merlot e sangiovese, dal sorso ritmato e gustoso. Altrettanto agile la beva del Maremma Sangiovese '12, dagli aromi puliti e delicati. Atipico, ma interessante, il Serafico '13, ottenuto da uve vermentino appassite in pianta, dai profumi intensi e dal gusto leggermente salmastro. Manca invece di un po' di personalità il Frank '14, un vino solo ben fatto. Godibile il resto della gamma.

Vino	
● Maremma Toscana Sangiovese '12	TT 4
● Montalzato '13	TT 2*
○ Serafico '13	TT 4
● Frank '14	T 3
● Maremma Toscana Rosso Redola '15	T 2
● Morellino di Scansano Mr '14	T 2
○ Vermentino VR '15	T 2
● Frank '09	YY 6
● Morellino di Scansano Mr '13	YY 2*
● Morellino di Scansano Mr '12	YY 2*
● Sangiovese '11	YY 4

Frascole

LOC. FRASCOLE, 27A
50062 DICOMANO [FI]
TEL. 0558386340
www.frascole.it

VENDITA DIRETTA
VISITA SU PRENOTAZIONE
OSPITALITÀ
PRODUZIONE ANNUA 65.000 bottiglie
ETTARI VITATI 16,00
VITICOLTURA Biologico Certificato

Dicomano è un piccolo paese sito tra la valle del Mugello e la Valdisieve. Le colline che sovrastano il borgo sono quelle su cui sorgono i vigneti di Frascole, sedici ettari coltivati nel pieno rispetto del territorio e dell'ambiente, che godono della certificazione biologica. Oltre al vigneto l'azienda può contare anche su seminativi e uliveti. Proprietarie della tenuta sono le famiglie Lippi e Santoni che, negli anni, sono riuscite a creare un luogo ameno attraverso il restauro e il recupero di alcune costruzioni di origine medievale. Quest'anno l'azienda ha mandato alle nostre degustazioni un Passito che riporta sull'etichetta l'annata 2002. I vitigni sono i classici trebbiano e malvasia bianca con cui si realizza il Vin Santo e qui danno vita a uno dei vini dolci più affascinanti assaggiati durante le nostre selezioni: leggere note di erbe officinali si fondono a frutti gialli essiccati, mentre la bocca è densa e cremosa, mai stucchevole. Di buona fattura anche il Rufina '14, speziato e di buona progressione.

○ Passito '02	TT 8
● Chianti Rufina '14	TT 2*
● Chianti Rufina Ris. '13	T 3
○ Bianco InAlbis Sulle Bucce'13	YY 2*
○ Bianco InAlbis Sulle Bucce '11	YY 2*
● Chianti Rufina '13	YY 2*
● Chianti Rufina '11	YY 2*
● Chianti Rufina Ris. '12	YY 3*
● Chianti Rufina Ris. '11	YY 3
● Limine '10	YY 2*
● Rosso Limine '09	YY 2*
○ Vin Santo del Chianti Rufina '05	YY 7

★Marchesi de' Frescobaldi

via Santo Spirito, 11
50125 Firenze
Tel. 05527141
www.frescobaldi.it

VENDITA DIRETTA
VISITA SU PRENOTAZIONE
PRODUZIONE ANNUA 7.000.000 bottiglie
ETTARI VITATI 923,00

Frescobaldi è uno dei nomi storici del vino italiano, una famiglia che affonda le sue radici nel 1300, un'azienda che partendo dal nucleo inziale nel territorio della Rufina e del vicino Pomino, ha esteso le sue proprietà in diverse zone della Toscana, da Montalcino alla Maremma, da Scansano ai Colli Fiorentini, e fuori regione con una tenuta in Friuli. Da qualche anno Lamberto Frescobaldi è presidente del gruppo cui ha impresso una notevole svolta, riguardante soprattutto i concetti di ecosostenibilità, in vigna e in cantina. Torna ai Tre Bicchieri uno dei vini più rappresentativi dell'azienda, il Rufina Vecchie Viti Riserva '13. Elegante al naso con sentori di frutti di bosco e accenni di arancia rossa, si sviluppa su una trama tannica composta e armonica, ravvivata da un equilibrato nerbo acido e succosa sapidità. Si ferma in finale, invece, un vino del quadrante ilcinese, il Luce '13, che si presenta con ciliegia e mora, nuance speziate di pepe e cannella. Al gusto risulta succoso e coinvolgente, lungo e di buon peso, con finale prolungato e saporito.

Vino	Bicchieri	
● Chianti Rufina Nipozzano V. V. Ris. '13	▼▼▼ (rossi)	5
● Luce '13	▼▼ (rossi)	8
● Chianti Rufina Nipozzano Ris. '13	▼▼	5
● Lucente '14	▼▼	4
● Morellino di Scansano Pietraregia dell'Ammiraglia Ris. '12	▼▼	5
● Tenuta di Castiglioni '13	▼▼	4
○ Pomino Bianco '15	▼	3
○ Pomino Bianco Benefizio Ris. '14	▼	5
○ Pomino Brut Leonia '12	▼	6
○ Pomino Vin Santo '08	▼	6
● Chianti Rufina Montesodi '01	▽▽▽	6
● Chianti Rufina Montesodi '99	▽▽▽	5
● Chianti Rufina V. V. Ris. '11	▽▽▽	6
● Mormoreto '05	▽▽▽	7
● Mormoreto '01	▽▽▽	7
● Mormoreto '97	▽▽▽	7

Fuligni

via Saloni, 33
53024 Montalcino [SI]
Tel. 0577848710
www.fuligni.it

VENDITA DIRETTA
VISITA SU PRENOTAZIONE
PRODUZIONE ANNUA 52.000 bottiglie
ETTARI VITATI 12,00

Con le sue quote comprese tra i 380 e i 450 metri, la zona dei Cottimelli è una delle più alte del comprensorio montalcinese. È qui, nella fascia nord orientale, che si concentra da quasi un secolo il lavoro della famiglia Fuligni, guidata con grande passione dalla signora Maria Flora e da un affiatato staff. Sono oltre dieci gli ettari vitati, caratterizzati da giaciture ricche di galestro e sasso, alla base di Brunello solidi ed eleganti, maturati in rovere da 30 ettolitri dopo una sosta in tonneau. Rossi talvolta riottosi e per certi versi cupi nei primi anni, da attendere per godere il loro lato più gentile e pacificato. Vanno plausibilmente inquadrati in questa chiave i nostri ultimi assaggi: impressioni controverse che arrivano prima di tutto da un Brunello '11 di profilo etereo, tra frutta secca, sottobosco, cuoio conciato, frenato in questa fase dal tannino asciutto e severo. Limiti che lo accomunano al Rosso Ginestreto '14, più semplice e stretto, ma di buona bevibilità.

Vino	Bicchieri	
● Brunello di Montalcino '11	▼▼	6
● Rosso di Montalcino Ginestreto '14	▼	4
● Brunello di Montalcino '10	▽▽▽	6
● Brunello di Montalcino Ris. '01	▽▽▽	8
● Brunello di Montalcino Ris. '97	▽▽▽	8
● Brunello di Montalcino '09	▽▽	6
● Brunello di Montalcino '08	▽▽	6
● Brunello di Montalcino '07	▽▽	6
● Brunello di Montalcino '06	▽▽	6
● Brunello di Montalcino Ris. '07	▽▽	8
● Brunello di Montalcino Ris. '06	▽▽	8
● Brunello di Montalcino Ris. '04	▽▽	8
● Rosso di Montalcino Ginestreto '13	▽▽	4
● Rosso di Montalcino Ginestreto '10	▽▽	3
● S. J. '12	▽▽	3

★Tenuta di Ghizzano

Fraz. Ghizzano
via della Chiesa, 4
56037 Peccioli [PI]
Tel. 0587630096
www.tenutadighizzano.com

VENDITA DIRETTA
VISITA SU PRENOTAZIONE
OSPITALITÀ
PRODUZIONE ANNUA 80.000 bottiglie
ETTARI VITATI 20,00
VITICOLTURA Biologico Certificato

Ginevra Venerosi Pesciolini, tra le donne del vino italiano più note e capaci, è la proprietaria di questa tenuta sensazionale, in bilico tra antiche tradizioni e spirito innovativo. Sono più di 350 gli ettari di terreno, in un contesto naturale rigoglioso e affascinante. Le vigne poggiano su suoli di origine marina, sabbiosi e argillosi, ricchi di fossili. I metodi agricoli, dapprima incentrati sul biologico, seguono oggi metodi biodinamici. I vini sono materici, di stampo mediterraneo, moderni quanto saporiti. Prestazione semplicemente straordinaria e vini da incorniciare, capaci di raggiungere e sfiorare i Tre Bicchieri. Parliamo di un Nambrot '13 buonissimo, raffinato ed elegante con la sua nuvola di spezie, le venature erbacee e i riverberi balsamici, a racchiudere uno schema bordolese che prosegue in un sorso fragrante, slanciato e di siderale profondità. Grande vino, cui si accosta il Veneroso di pari annata: più compatto ma complesso e in sicuro divenire.

● Terre di Pisa Nambrot '13	🍷🍷🍷	6
● Terre di Pisa Veneroso '13	🍷🍷	5
○ San Germano Passito '13	🍷🍷	5
○ Il Ghizzano Bianco '15	🍷	3
● Il Guizzano Rosso '14	🍷	3
● Nambrot '09	🍷🍷🍷	6
● Nambrot '08	🍷🍷🍷	6
● Nambrot '06	🍷🍷🍷	6
● Nambrot '05	🍷🍷🍷	6
● Nambrot '04	🍷🍷🍷	6
● Nambrot '03	🍷🍷🍷	6
● Terre di Pisa Nambrot '12	🍷🍷🍷	6
● Veneroso '10	🍷🍷🍷	5
● Veneroso '07	🍷🍷🍷	5
● Veneroso '04	🍷🍷🍷	5
● Terre di Pisa Veneroso '12	🍷🍷	5

Marchesi Ginori Lisci

Fraz. Ponteginori
loc. Querceto
56040 Montecatini Val di Cecina [PI]
Tel. 058837443
www.marchesiginorilisci.it

VENDITA DIRETTA
OSPITALITÀ E RISTORAZIONE
PRODUZIONE ANNUA 35.000 bottiglie
ETTARI VITATI 17,00
VITICOLTURA Biologico Certificato

La proprietà si estende in un'area di 2000 ettari nell'entroterra della val di Cecina. Al centro della tenuta si trova il Castello Ginori di Querceto, la cui lunga storia si intreccia con quella della famiglia dei Marchesi Ginori Lisci, nota anche per la manifattura di porcellane. È a partire dagli ultimi anni del '900 che Lionardo Ginori e il nipote Luigi Malenchini iniziano a trasformare l'azienda, procedendo all'impianto di nuovi vigneti e trovando nuovi spazi per costruire una cantina più moderna e funzionale. Il borgo ospita anche appartamenti dedicati all'ospitalità. Piacevole il Macchion del Lupo '13, da cabernet sauvignon, dal naso intrigante, cupo, di erbe aromatiche come salvia e alloro, poi elementi balsamici e fruttato di prugna e more. Bocca sapida, invitante, fresca, dal finale persistente. Buono anche il Castello Ginori, da merlot in purezza, con cenni di confettura di lamponi e fragole, spezie come ginepro e chiodi di garofano, corpo morbido, succoso e solido, per un finale cremoso, ampio, di ottima lunghezza gustativa. Gradevole il resto della produzione.

● Montescudaio Cabernet Macchion del Lupo '13	🍷🍷	3
● Montescudaio Merlot Castello Ginori '12	🍷🍷	2*
⊙ Bacio '15	🍷	2
● Montescudaio Rosso Campordigno '14	🍷	2
○ Virgola '15	🍷	2
● Montescudaio Cabernet Macchion del Lupo '11	🍷🍷	3*
● Montescudaio Cabernet Macchion del Lupo '09	🍷🍷	3
● Montescudaio Merlot '08	🍷🍷	2*
● Montescudaio Merlot Campordigno '12	🍷🍷	2*
● Montescudaio Merlot Castello Ginori '11	🍷🍷	2*
● Montescudaio Merlot Castello Ginori '09	🍷🍷	4
● Montescudaio Rosso Campordigno '10	🍷🍷	2*

Giodo

Loc. Piazzini
53011 Montalcino [SI]
carlo.ferrini27@gmail.com

PRODUZIONE ANNUA 8.000 bottiglie
ETTARI VITATI 2,50
AZIENDA SOSTENIBILE

Enologo consulente tra i più conosciuti e ricercati nell'intera penisola, Carlo Ferrini ha avviato nei primi anni 2000 un proprio progetto personale a Montalcino. Poco più di due ettari nel quadrante sud, sulla direttrice che collega Castelnuovo dell'Abate a Sant'Angelo in Colle, utilizzati per un unico Brunello, esordito con la vendemmia 2009 e un vino fuori denominazione. Al Podere Giodo è bastato pochissimo per insediarsi tra le migliori realtà del comprensorio, grazie all'impronta stilistica già molto riconoscibile. Rossi per molti versi postmoderni, che raccontano prima di tutto la sensibilità sartoriale di un modello agricolo ed enologico haute couture. Ed è subito en plein per la creatura di Carlo Ferrini, che debutta nella sezione principale della nostra Guida e conquista i Tre Bicchieri col Brunello Giodo '11. Gelatina di lamponi, arbusti mediterranei, grafite, si sviluppa avvolgente e gustoso, compensando il leggero minus di nerbo con la fitta spalla sapida.

● Brunello di Montalcino Giodo '11	🍷🍷🍷	8
● Giodo '13	🍷🍷	6

I Giusti & Zanza Vigneti

Loc. Fauglia
via dei Puntoni, 9
56043 Fauglia [PI]
Tel. 058544354
www.igiustiezanza.it

VENDITA DIRETTA
VISITA SU PRENOTAZIONE
OSPITALITÀ
PRODUZIONE ANNUA 100.000 bottiglie
ETTARI VITATI 17,00
VITICOLTURA Biologico Certificato

È tra le colline di Pisa e Livorno, a Fauglia, che Paolo Giusti ha dato vita al suo progetto. Tutto comincia negli anni Novanta e prosegue nel solco di un'idea precisa, tesa alla valorizzazione della zona e di un'identità in simbiosi con la natura (oggi l'azienda segue i dettami della biodinamica). I terreni vitati sono di origine sabbioso argillosa, con buona presenza di ghiaia. I vini, diretta conseguenza di questi percorsi e del terroir d'origine, hanno personalità, carattere e veste giudiziosamente moderna. Annata interlocutoria per i vini del millesimo 2014, Belcore e Perbruno, da syrah in purezza. La struttura esile del vino, dovuta al faticoso andamento climatico che ha caratterizzato il 2014, trova nel legno un supporto sovrastante, che toglie allungo e dolcezza al finale di bocca. Pur mantenendo consistente l'apporto del legno è più centrato il Dulcamara '13, da cabernet in maggioranza.

● Dulcamara '13	🍷🍷	5
● Belcore '14	🍷	3
● Perbruno '14	🍷	4
● Belcore '13	🍷🍷	3
● Belcore '12	🍷🍷	3
● Dulcamara '12	🍷🍷	5
● Dulcamara '11	🍷🍷	5
● Dulcamara '10	🍷🍷	5
● Dulcamara '09	🍷🍷	5
● Dulcamara '08	🍷🍷	5
○ Nemorino Bianco '12	🍷🍷	2*
● Perbruno '13	🍷🍷	4
● Perbruno '12	🍷🍷	4
● Perbruno '10	🍷🍷	4

Tenuta di Gracciano della Seta

FRAZ. GRACCIANO
VIA UMBRIA, 59
53045 MONTEPULCIANO [SI]
TEL. 0578708340
www.graccianodellaseta.com

VENDITA DIRETTA
VISITA SU PRENOTAZIONE
PRODUZIONE ANNUA 100.000 bottiglie
ETTARI VITATI 18,00
AZIENDA SOSTENIBILE

La Tenuta di Gracciano vanta antichi trascorsi ed è, dunque, tra le realtà storiche della zona. Un tempo comprendeva 400 ettari complessivi divisi in 22 poderi, impreziositi da una villa del XIX secolo con giardino all'italiana. Oggi gli ettari sono 70, dei quali quasi 20 di vigna, e la proprietà è in mano a Giorgio della Seta. I suoli collinari sono limoso argillosi, mentre i vini spiccano sempre di più per qualità e stile. Superlativo il Nobile di Montepulciano Riserva '12. Vino che emoziona per il carattere minerale, terragno, di grande complessità e levatura. Ha profilo rilassato e sfumato, con bellissimi profumi di lamponi e frutti di bosco in genere, avvolti da delicate sfumature di cuoio e tabacco biondo. La bocca è coerente e vibrante, ha succo e slancio oltre che solida e saporita spina dorsale tannica. Preciso quanto speziato e piccante il Nobile '13.

● Nobile di Montepulciano Ris. '12	TTT 5
● Nobile di Montepulciano '13	TT 4
● Rosso di Montepulciano '14	T 3
● Nobile di Montepulciano '11	YY 3
● Nobile di Montepulciano '06	YY 5
● Nobile di Montepulciano Ris. '10	YY 5
● Nobile di Montepulciano Ris. '06	YY 5
● Nobile di Montepulciano Ris. '04	YY 5

Bibi Graetz

VIA DI VINCIGLIATA, 19
50014 FIESOLE [FI]
TEL. 055597289
www.bibigraetz.com

VISITA SU PRENOTAZIONE
PRODUZIONE ANNUA 500.000 bottiglie
ETTARI VITATI 10,00

Bibi Graetz è un personaggio particolare, fuori dagli schemi, che ha deciso di fare il vignaiolo dopo aver inizialmente seguito, dipingendo, le orme artistiche del padre, scultore di fama internazionale. Così rivitalizza vecchi vigneti in una zona, quella di Fiesole, scarsamente conosciuta all'attività vitivinicola, valorizza vitigni quasi accantonati e li ripropone in una veste adatta a un pubblico internazionale. Ne è una riprova la scelta di fare un vino come l'Ansonica del Giglio, andando a scegliersi le uve nell'isola e convincendo i contadini a non abbandonare le vigne. Conquista le finali il Testamatta '13, da sangiovese in purezza: naso pulito, semplice, ribes e ciliegia, note fresche, corpo elegante, non troppo potente, buona vena acida, finale saporito e lungo, senza eccessi. Intrigante il Colore '11, uvaggio paritario da sangiovese, canaiolo e colorino, dal bagaglio aromatico intenso, di confettura e sentori terziari, corpo serrato e denso.

● Testamatta '13	TT 8
● Colore '11	TT 8
● Soffocone di Vincigliata '14	TT 5
⊙ Bollamatta	T 3
○ Scopeto '15	T 3
○ Bugia '14	YY 6
○ Bugia '13	YY 6
○ Casamatta Bianco '11	YY 2*
○ Gigliese '11	YY 3
● Grilli del Testamatta '10	YY 5
● It's a Game '10	YY 2*
● Soffocone di Vincigliata '13	YY 5
● Testamatta '12	YY 8
● Testamatta '09	YY 8

★Grattamacco

LOC. LUNGAGNANO
57022 CASTAGNETO CARDUCCI [LI]
TEL. 0565765069
www.collemassari.it

VENDITA DIRETTA
VISITA SU PRENOTAZIONE
PRODUZIONE ANNUA 120.000 bottiglie
ETTARI VITATI 16,00
VITICOLTURA Biologico Certificato
AZIENDA SOSTENIBILE

Grattamacco è uno dei marchi più conosciuti del vino bolgherese. Fondata negli anni Settanta, l'azienda è oggi in mano ai fratelli Tipa (proprietari anche di Colle Massari e Poggio di Sotto) che di recente hanno provveduto all'acquisizione di nuovi ettari. Le vigne sono splendide, allevate con cura e poggiano su terreni di varia natura: da quelli sabbiosi ai calcareo marnosi. I vini realizzati, capaci di indiscutibile personalità, finezza ed eleganza, si posizionano tra i migliori assaggi della denominazione. Il Bolgheri Rosso Superiore Grattamacco '13 è una meraviglia. La splendida annata dona ancor più classe e finezza a un vino che è di per sé buonissimo. Gustoso, con frutto rosso maturo quanto fresco e corredo di spezie al naso; suadente, delicato ma forte nell'ossatura in bocca. Più elegante che materico ed estrattivo, un vino che ci piace particolarmente. Ottimo anche L'Alberello '13. Riuscito ma ovviamente più semplice il Bolgheri Rosso '14.

Vino	Bicchieri	Voto
● Bolgheri Rosso Sup. Grattamacco '13	🍷🍷🍷	8
● Bolgheri Rosso '14	🍷🍷	4
● Bolgheri Sup. L'Alberello '13	🍷🍷	6
● Bolgheri Rosso Sup. Grattamacco '12	🍷🍷🍷	8
● Bolgheri Rosso Sup. Grattamacco '10	🍷🍷🍷	7
● Bolgheri Rosso Sup. Grattamacco '09	🍷🍷🍷	7
● Bolgheri Rosso Sup. Grattamacco '07	🍷🍷🍷	7
● Bolgheri Rosso Sup. Grattamacco '06	🍷🍷🍷	7
● Bolgheri Rosso Sup. Grattamacco '05	🍷🍷🍷	7
● Bolgheri Rosso Sup. Grattamacco '04	🍷🍷🍷	7
● Bolgheri Rosso Sup. Grattamacco '03	🍷🍷🍷	7
● Bolgheri Sup. L'Alberello '11	🍷🍷🍷	6

Guado al Melo

LOC. MURROTTO, 130A
57022 CASTAGNETO CARDUCCI [LI]
TEL. 0565763238
www.guadoalmelo.it

VENDITA DIRETTA
VISITA SU PRENOTAZIONE
PRODUZIONE ANNUA 150.000 bottiglie
ETTARI VITATI 20,00
VITICOLTURA Biologico Certificato
AZIENDA SOSTENIBILE

Eletta nella passata edizione della guida Cantina Emergente dell'Anno, quella di Michele Scienza è tra le realtà bolgheresi in maggior spolvero. Comprende venti ettari di vigna, puntellate da moltissime varietà diverse (mediterranee e caucasiche, sintetizzate nell'etichetta Jassarte) e voglia di sperimentare. In cantina il lavoro è meticoloso, capace di realizzare dei vini impeccabili quanto territoriali. Tra gli altri, non mancano filari di vermentino e sangiovese, oltre ai classici cabernet sauvignon, franc, merlot. Il Bolgheri Superiore Atis '13 è ancora il miglior vino della cantina, queste le considerazioni dopo i nostri assaggi. Rispetto alla versione precedente, che ci aveva stregato, rinuncia a qualcosa in termini di frutto e intensità per spalancare le porte a una timbrica più marcatamente erbacea e balsamica. Bocca comunque molto buona, fine e succosa. Buoni ma un po' semplici Bolgheri Rosso Rute '14 e Jassarte '13.

Vino	Bicchieri	Voto
● Bolgheri Rosso Sup. Atis '13	🍷🍷	6
● Bolgheri Rosso Rute '14	🍷	4
● Jassarte '13	🍷	5
● Bolgheri Rosso Sup. Atis '12	🍷🍷🍷	6
● Bolgheri Rosso Rute '13	🍷🍷	5

Tenuta Guado al Tasso

loc. Bolgheri
s.da Bolgherese km 3,9
57020 Castagneto Carducci [LI]
Tel. 0565749735
www.guadoaltasso.it

VENDITA DIRETTA
PRODUZIONE ANNUA 1.500.000 bottiglie
ETTARI VITATI 300,00

Guado al Tasso è una bella azienda di mille ettari complessivi tra vigne, boschi e macchia mediterranea. Un vero spettacolo naturale in cui la produzione di vino ha, ovviamente, un ruolo da protagonista. Le uve allevate, sui 300 ettari, sono quelle più rappresentative della zona: merlot, cabernet sauvignon, petit verdot, sangiovese tra i rossi. Molto importante il vermentino tra i bianchi. L'azienda appartiene alla costellazione Antinori, casato storico e importantissimo produttore di vino italiano. Sensazioni molto positive dal Bolgheri Rosso Superiore Guado al Tasso '13: pieno, maturo quanto fresco nei profumi di frutta rossa e nera, avvolto da raffinate sensazioni speziate e tostate, ha palato strutturato, carnoso e abbastanza lungo. Più semplice Il Bruciato '14, comunque tra i migliori Bolgheri Rosso dell'annata assaggiati fino a ora.

● Bolgheri Rosso Il Bruciato '14	🍷🍷 5
● Bolgheri Rosso Sup. Guado al Tasso '13	🍷🍷 8
○ Bolgheri Vermentino '15	🍷 3
● Bolgheri Rosso Sup. Guado al Tasso '01	YYY 8
⊙ Bolgheri Rosato Scalabrone '11	YY 3
⊙ Bolgheri Rosato Scalabrone '10	YY 3*
● Bolgheri Rosso Il Bruciato '13	YY 5
● Bolgheri Rosso Il Bruciato '12	YY 4
● Bolgheri Rosso Sup. Guado al Tasso '12	YY 8
● Bolgheri Rosso Sup. Guado al Tasso '10	YY 8
○ Bolgheri Vermentino '14	YY 3
○ Bolgheri Vermentino '13	YY 3
○ Bolgheri Vermentino '12	YY 3
○ Bolgheri Vermentino '11	YY 3

Tenute Guicciardini Strozzi

loc. Cusona, 5
53037 San Gimignano [SI]
Tel. 0577950028
www.guicciardinistrozzi.it

VENDITA DIRETTA
VISITA SU PRENOTAZIONE
PRODUZIONE ANNUA 800.000 bottiglie
ETTARI VITATI 115,00

530 ettari e più di mille anni di storia: così si può forse descrivere la tenuta di Cusona, attraverso il ricordo della Monna Lisa dipinta da Leonardo da Vinci, annoverata tra gli antenati del casato. Fu il padre dell'attuale titolare, Girolamo Strozzi, che nel 1933 effettuò il primo imbottigliamento della Vernaccia in bordolese. Una ventina d'anni fa l'attività vitivinicola si espande nella Maremma toscana, tra Bolgheri, Scansano e Montemassi, e a Pantelleria; e arriva a produrre ben 22 diverse tipologie di vini. Conquista la finale la Vernaccia Riserva '13 in virtù della sua eleganza, a partire dai profumi, che ricordano note di erbe aromatiche, unite a sentori agrumati di cedro. In bocca si presenta di buon impatto, non troppo potente ma equilibrata, fine nella struttura, per un finale semplice e lieve. Piacevole il Sòdole '11, da uve sangiovese, dai toni austeri, con tabacco e cuoio a predominare sul frutto. Al gusto risulta polposo, carnoso, con finale semplice appena tirato. Ben fatte anche le restanti Vernaccia.

○ Vernaccia di S. Gimignano Ris. '13	🍷🍷 (rossi) 3*
● Sòdole '11	🍷🍷 5
○ Arabesque '15	🍷 2
● Chianti Colli Senesi Titolato Strozzi '15	🍷 2
○ Vernaccia di S. Gimignano Cusona 1933 '14	🍷 3
○ Vernaccia di S. Gimignano Titolato Strozzi '15	🍷 2
● Millanni '08	YY 6
● Morellino di Scansano Titolato Strozzi '12	YY 2*
○ Vernaccia di S. Gimignano Cusona 1933 '12	YY 3
○ Vernaccia di S. Gimignano Ris. '12	YY 3
○ Vernaccia di S. Gimignano Titolato Strozzi '12	YY 2*

★★Isole e Olena

Loc. Isole, 1
50021 Barberino Val d'Elsa [FI]
Tel. 0558072763
www.isoleolena.it

VENDITA DIRETTA
VISITA SU PRENOTAZIONE
PRODUZIONE ANNUA 200.000 bottiglie
ETTARI VITATI 56,00

Una continuità stilistica da manuale, che poggia su una piena maturità del frutto e un sapiente incrocio con i legni di affinamento, caratterizza la produzione dell'azienda di Paolo De Marchi, abbondantemente riconosciuta come una delle migliori nel Chianti Classico e che, in tanti anni, non ha conosciuto flessioni di sorta. La fedele traduzione dei caratteri del territorio aggiunge poi un ulteriore elemento di distinzione ai vini di Isole e Olena, che rappresentano un coerente quanto solido paradigma per tutta una denominazione. Versione convincente, fra le migliori probabilmente, quella del Cepparello '13. I profumi sono di grande complessità e incrociano cenni sanguigni, note floreali e ricordi di sottobosco, rifiniti da definite nuance di ciliegia fresca. In bocca è ampio e denso, il sorso succoso e profondo e nel finale emerge una piacevolissima nota salina. Ben fatto e capace di superare le criticità dell'annata il Chianti Classico '14, profumato, gustoso e rilassato.

● Cepparello '13	🍷🍷🍷	8
● Cabernet Sauvignon Collezione De Marchi '12	▼▼	8
● Chianti Cl. '14	▼▼	5
● Cepparello '12	▽▽▽	8
● Cepparello '09	▽▽▽	8
● Cepparello '07	▽▽▽	8
● Cepparello '06	▽▽▽	8
● Cepparello '05	▽▽▽	8
● Cepparello '03	▽▽▽	7
● Cepparello '01	▽▽▽	6
● Cepparello '00	▽▽▽	6
● Cepparello '11	▽▽	8
● Cepparello '08	▽▽	8
● Chianti Cl. '13	▽▽	5

Istine

via Roma, 11
53017 Radda in Chianti [SI]
Tel. 0577733684
www.istine.it

PRODUZIONE ANNUA 20.000 bottiglie
ETTARI VITATI 34,00

Un progetto ambizioso quello di Istine che non per niente si aggiudica il premio di Azienda Emergente. Tre vigneti distinti, per esposizione, altimetria e composizione dei suoli, due nella sottozona di Radda e uno in quella di Gaiole in Chianti, viticoltura biologica e pratiche enologiche essenziali che guardano alla tradizione, a partire dagli affinamenti effettuati in legno grande. A tutto questo si aggiunge il lavoro di Angela Fronti, artefice di questa realtà produttiva, che riesce a proporre sempre vini dalla fisionomia centrata e ben leggibile, soprattutto per finezza e tonicità. Veramente delizioso il Chianti Classico Le Vigne Riserva '13 che si pone tra i migliori della sua tipologia. Non solo riesce a unire nel suo sorso complessità e piacevolezza di beva, ma riesce anche ad esprimersi aromaticamente in modo compiuto, fragrante e articolato. Molto buono anche il Chianti Classico '14, delicato nei profumi quanto snello e reattivo al palato. Buono il Chianti Classico Vigna Cavarchione '14, un po' velato al naso ma dal sorso saporito e continuo.

● Chianti Cl. Le Vigne Ris. '13	🍷🍷🍷	3*
● Chianti Cl. '14	🍷🍷	3*
● Chianti Cl. V. Cavarchione '14	▼▼	3
● Chianti Cl. V. Istine '14	▼▼	3
● Chianti Cl. '13	▽▽	3
● Chianti Cl. '11	▽▽	3
● Chianti Cl. '10	▽▽	3*
● Chianti Cl. Le Vigne Ris. '12	▽▽	3*
● Chianti Cl. V. Casanova '13	▽▽	3*
● Chianti Cl. V. Casanova '12	▽▽	3
● Chianti Cl. V. Istine '13	▽▽	3
● Chianti Cl. V. Istine '12	▽▽	3

Maurizio Lambardi

LOC. CANALICCHIO DI SOTTO, 8
53024 MONTALCINO [SI]
TEL. 0577848476
www.lambardimontalcino.it

VENDITA DIRETTA
VISITA SU PRENOTAZIONE
PRODUZIONE ANNUA 17.000 bottiglie
ETTARI VITATI 6,50

Entrata in possesso della famiglia Lambardi nel 1965, la tenuta Canalicchio di Sotto si colloca nella fascia nord orientale del territorio di Montalcino. Circa sei ettari, perlopiù coltivati a sangiovese, posizionati intorno ai 350 metri di altitudine su terreni tufaceo argillosi, con abbondante scheletro. Oggi al timone c'è Maurizio, che ha continuato e perfino rafforzato un lavoro stilistico impostato su lunghe macerazioni e affinamenti in rovere di Slavonia da 30 a 50 ettolitri. Per rossi tradizionali, ma non retrò, che nelle migliori riuscite trovano un ideale punto di incontro tra agilità strutturale e nerbo, aromaticità nordica e fibra tannica decisamente più sudista. Identikit espressivo senz'altro efficace per inquadrare il Brunello '11: naso a dir poco classico di tabacco, humus, fiori secchi, appare più pronto e aperto di quanto poi dica il sorso. Il tannino morde ancora in questa fase, ma l'integrità del frutto e la fittezza sapida sono quelle delle annate giuste.

Vino	Bicchieri	Prezzo
● Brunello di Montalcino '11	🍷🍷 (rossi)	5
● Rosso di Montalcino '14	🍷	3
● Brunello di Montalcino '10	🍷🍷 (bianchi)	5
● Brunello di Montalcino '09	🍷🍷 (bianchi)	5
● Brunello di Montalcino '08	🍷🍷 (bianchi)	5
● Brunello di Montalcino '07	🍷🍷 (bianchi)	5
● Brunello di Montalcino '06	🍷🍷 (bianchi)	5
● Brunello di Montalcino '05	🍷🍷 (bianchi)	5

Lamole di Lamole

LOC. LAMOLE
50022 GREVE IN CHIANTI [FI]
TEL. 0559331411
www.lamole.com

VENDITA DIRETTA
VISITA SU PRENOTAZIONE
RISTORAZIONE
PRODUZIONE ANNUA 242.000 bottiglie
ETTARI VITATI 57,00
AZIENDA SOSTENIBILE

Villa Vistarenni a Gaiole in Chianti, Sassoregale in Maremma e Lamole di Lamole a Greve, quest'ultimo areale particolarmente vocato del meraviglioso mosaico chiantigiano. Sono questi i luoghi scelti dal gruppo Santa Margherita per produrre le proprie etichette in Toscana. Lo stile dei vini a denominazione Chianti Classico è decisamente centrato: bevibilità, equilibrio ed eleganza lo contraddistinguono. Un risultato che arriva da una viticoltura sostenibile e da un lavoro in cantina meticoloso, che culmina con un attento uso dei legni sia grandi che piccoli. Veramente delizioso il Chianti Classico Etichetta Bianca '13, un vino dai profumi fragranti e ariosi e dalla bocca vivace e contrastata, per un sorso continuo e quasi irresistibile. Buono anche il Chianti Classico Etichetta Blu '13, dall'impostazione stilistica più moderna, che mette in evidenza più le dolcezze che i contrasti. Ben fatto il Chianti Classico Riserva '12, dagli aromi delicati che incrociano spezie e frutto e dal gusto solido e profondo.

Vino	Bicchieri	Prezzo
● Chianti Cl. Lamole di Lamole Et. Bianca '13	🍷🍷🍷 (rossi)	3*
● Chianti Cl. Lamole di Lamole Et. Blu '13	🍷🍷	3
● Chianti Cl. Ris. '12	🍷🍷	3
● Maremma Merlot Sassoregale '14	🍷🍷	3
● Maremma Sangiovese Sassoregale '14	🍷🍷	3
● Chianti Cl. Gran Sel. Vign. di Campolungo '10	🍷🍷🍷 (bianchi)	5
● Chianti Cl. Lamole di Lamole Et. Blu '12	🍷🍷🍷 (bianchi)	3*
● Chianti Cl. Vign. di Campolungo Ris. '09	🍷🍷🍷 (bianchi)	5
● Chianti Cl. Vign. di Campolungo Ris. '08	🍷🍷🍷 (bianchi)	5
● Chianti Cl. Gran Sel. Vign. di Campolungo '11	🍷🍷 (bianchi)	5
● Chianti Cl. Lamole di Lamole Et. Bianca '12	🍷🍷 (bianchi)	3
● Chianti Cl. Lamole di Lamole Et. Blu '11	🍷🍷 (bianchi)	3
● Chianti Cl. Lamole di Lamole Ris. '10	🍷🍷 (bianchi)	4

La Lastra

FRAZ. SANTA LUCIA
VIA R. DE GRADA, 9
53037 SAN GIMIGNANO [SI]
TEL. 0577941781
www.lalastra.it

VENDITA DIRETTA
VISITA SU PRENOTAZIONE
PRODUZIONE ANNUA 58.000 bottiglie
ETTARI VITATI 7,00
AZIENDA SOSTENIBILE

L'ambiente prima del business, le persone prima del brand, la sostanza prima della forma: questi i tratti distintivi della filosofia aziendale de La Lastra, fondata a metà degli anni Novanta del secolo scorso da Nadia Betti e dal marito Renato Spanu, dopo un decennio di studi e di lavoro come consulenti vitivinicoli. Nel progetto vengono subito coinvolti il fratello Christian e gli amici Enrico Paternoster e Valerio Zorzi, con l'obiettivo di produrre vini di qualità, eco-sostenibili, espressione del territorio in cui nascono. Giunge alla finale la Vernaccia Riserva '14, dal bouquet fine ed elegante, in cui si riconoscono sentori di erbe aromatiche come timo e mentuccia, poi sentori di mela, cenni floreali, il tutto inserito in un corpo dotato di un bel timbro, dato da una freschezza nitida, polpa invitante e finale prolungato e non stancante. Il Rovaio '11, uvaggio paritario di sangiovese, cabernet sauvignon e merlot, ha un buon impatto al naso, appena erbaceo ma stimolante, corpo snello e agile, tannini fini, ottima tenuta.

○ Vernaccia di S. Gimignano Ris. '14	🍷🍷 3*
● Rovaio '11	🍷🍷 4
○ Vernaccia di S. Gimignano '15	🍷 2
○ Vernaccia di S. Gimignano Ris. '09	🍷🍷🍷 3*
● Rovaio '09	🍷🍷 4
○ Vernaccia di S. Gimignano '13	🍷🍷 2*
○ Vernaccia di S. Gimignano '12	🍷🍷 2*
○ Vernaccia di S. Gimignano '11	🍷🍷 2*
○ Vernaccia di S. Gimignano '10	🍷🍷 2*
○ Vernaccia di S. Gimignano Ris. '12	🍷🍷 3*
○ Vernaccia di S. Gimignano Ris. '11	🍷🍷 3*
○ Vernaccia di S. Gimignano Ris. '10	🍷🍷 3*

Fattoria Lavacchio

VIA DI MONTEFIESOLE, 55
50065 PONTASSIEVE [FI]
TEL. 0558317472
www.fattorialavacchio.com

VENDITA DIRETTA
VISITA SU PRENOTAZIONE
OSPITALITÀ E RISTORAZIONE
PRODUZIONE ANNUA 120.000 bottiglie
ETTARI VITATI 22,00
VITICOLTURA Biologico Certificato
AZIENDA SOSTENIBILE

Dalla sommità del colle Montefiesole, a 450 metri d'altitudine, si può ammirare il tipico paesaggio toscano fatto di uliveti e vigneti. È qui che sorge Lavacchio, costruita nel 1700 dai Peruzzi e oggi nelle mani di Faye Lottero. L'azienda è stata tra le prime in zona a credere decisamente nell'importanza e nella necessità dell'agricoltura biologica e oggi i 22 ettari vitati, gli uliveti e i cereali sono coltivati nel più totale rispetto per il territorio e l'ambiente. Intorno al nucleo della fattoria gravitano anche altre attività: ristorante, agriturismo, bottega e anche un caratteristico mulino a vento, ristrutturato nel 2011, perfettamente funzionante, utilizzato per macinare i propri grani. Quest'anno, in mancanza della Riserva Ludiè, spetta al Cedro guidare la gamma aziendale: profumi di frutti rossi maturi amalgamati alla speziatura data dal legno anticipano una bocca succosa e consistente. Buona prestazione anche per il Fontegalli '11, da merlot e syrah, dal corpo morbido, tannino vellutato, finale vanigliato.

● Chianti Rufina Cedro '14	🍷🍷 2*
● Fontegalli '11	🍷🍷 4
● Chianti Puro '15	🍷 2
● Chianti Rufina Cedro Ris. '11	🍷 3
○ Oro del Cedro V. T. '14	🍷 5
● Chianti Rufina Cedro '12	🍷🍷 2*
● Chianti Rufina Cedro Ris. '10	🍷🍷 4
● Chianti Rufina Ludié Ris. '10	🍷🍷 5
● Fontegalli '08	🍷🍷 5
○ Oro del Cedro V. T. '12	🍷🍷 5
○ Pachar '13	🍷🍷 4
○ Pachar '12	🍷🍷 4
○ Vin Santo del Chianti Rufina Ris. '09	🍷🍷 5
○ Vin Santo del Chianti Rufina Ris. '08	🍷🍷 5

La Lecciaia

LOC. VALLAFRICO
53024 MONTALCINO [SI]
TEL. 0583928366
www.lecciaia.it

VISITA SU PRENOTAZIONE
PRODUZIONE ANNUA 200.000 bottiglie
ETTARI VITATI 16,00

Rilevata e profondamente ristrutturata nei primi anni Ottanta da Mauro Pacini, la fattoria La Lecciaia si colloca nel segmento orientale di Montalcino. Circa quindici dei settanta ettari di proprietà sono riservati alle vigne, col sangiovese a farla naturalmente da padrone, chiamato a restituire le peculiari condizioni pedoclimatiche, (altitudini intorno ai 450 metri, suoli sabbiosi e argillosi ricchi di scheletro, meteo asciutto e ventilato). Proposti anche in versione Riserva nei millesimi favorevoli, il Brunello annata e il cru Vigna Manapetra maturano perlopiù in grandi botti di rovere, dopo macerazioni di 2-3 settimane a temperatura controllata. Batteria al gran completo con i quattro Brunello firmati La Lecciaia. Il più convincente ci appare il Vigna Manapetra Riserva '10, con le sue pregevoli coloriture agrumate e balsamiche, non supportate a pieno dal sorso ammandorlato. Appena più sottile, ma di profilo simile nei richiami di mandarino, la Riserva pari annata.

● Brunello di Montalcino Ris. '10	🍷🍷 6
● Brunello di Montalcino V. Manapetra Ris. '10	🍷🍷 6
● Brunello di Montalcino '11	🍷 5
● Brunello di Montalcino V. Manapetra '11	🍷 6
● Brunello di Montalcino V. Manapetra '09	ΥΥΥ 6
● Brunello di Montalcino '10	ΥΥ 5
● Brunello di Montalcino Ris. '09	ΥΥ 6
● Brunello di Montalcino Ris. '08	ΥΥ 6
● Brunello di Montalcino V. Manapetra '10	ΥΥ 6
● Brunello di Montalcino V. Manapetra '08	ΥΥ 5
● Brunello di Montalcino V. Manapetra Ris. '08	ΥΥ 6
● Rosso di Montalcino '11	ΥΥ 3

Tenuta Lenzini

FRAZ. GRAGNANO
VIA DELLA CHIESA, 44
55012 CAPANNORI [LU]
TEL. 0583974037
www.tenutalenzini.it

VENDITA DIRETTA
VISITA SU PRENOTAZIONE
OSPITALITÀ
PRODUZIONE ANNUA 60.000 bottiglie
ETTARI VITATI 14,00
VITICOLTURA Biologico Certificato

Gragnano, terra meravigliosa ad alta vocazione olivicola e viticola. Siamo sulle colline lucchesi, è qui che la Tenuta Lenzini coltiva i suoi quattordici ettari di vigna, a partire da merlot, cabernet sauvignon, syrah, alicante bouchet. Varietà delle uve a parte, è la viticoltura ragionata e le pratiche di cantina rispettose della materia prima a garantire risultati incoraggianti. Le radici agricole dell'azienda sono antiche ma l'impresa, nella fisionomia in cui la consociamo oggi, prende il via nel 2007. Complici i millesimi dei vini, l'impressione generale è quest'anno un po' in chiaroscuro. Il Vermignon deriva da uve vermentino e sauvignon, ha profilo aromatico intenso e di buona eleganza, polpa e discreto succo. L'annata incide molto sul Colline Lucchesi Rosso Casa e Chiesa '14, lievemente speziato al naso e molto tannico.

○ Vermignon '15	🍷🍷 3
● Colline Lucchesi Rosso Casa e Chiesa '14	🍷 3
● Poggio de' Paoli '12	🍷 4
● Poggio de' Paoli '07	ΥΥ 4
● Syrah '12	ΥΥ 5
● Syrah '11	ΥΥ 5
● Syrah '07	ΥΥ 4
○ Vermignon '14	ΥΥ 3

Cantine Leonardo da Vinci

via Provinciale Mercatale, 291
50059 Vinci [FI]
Tel. 0571902444
www.cantineleonardo.it

VENDITA DIRETTA
VISITA SU PRENOTAZIONE
OSPITALITÀ E RISTORAZIONE
PRODUZIONE ANNUA 4.500.000 bottiglie
ETTARI VITATI 750,00

I numeri sono sempre un po' freddi ma spesso raccontano meglio di mille parole. Anno 1961, 30 soci, 70 ettari. Oggi i soci sono circa 200 e gli ettari vitati superano i 750. Merito di un gruppo di viticoltori che ha creduto nel proprio territorio e nel vino di qualità, che non si è fermato e ha acquisito nel 1990 la Cantina di Montalcino, nel territorio ilcinese. In poco più di 50 anni quindi la crescita, qualitativa e organizzativa, è stata esponenziale, tanto che nel 2002 l'azienda ha creato un ramo collaterale dedicato alla distribuzione: Delle Vigne. Nel 2012 un'altra svolta: l'azienda entra a far parte della Caviro. Conquista le finali il Chianti Da Vinci Riserva '13, grazie a un bouquet fine e delicato, dove si riconoscono i frutti di bosco, lievi speziature di chiodi di garofano e cannella, cenni balsamici. In bocca buono l'impatto, caldo e armonico, con un finale saporito, persistente e gustoso. Piacevole il Leonardo '14, dai sentori di vaniglia e ginepro, lamponi e fragole, bocca cremosa, docile, morbida e ricca.

Vino	Bicchieri	Prezzo
● Chianti Da Vinci Ris. '13	TT (rossi)	3*
○ Bianco dell'Empolese Vin Santo Da Vinci '09	TT	5
● Brunello di Montalcino Cantina di Montalcino '11	TT	5
● Leonardo '14	TT	2*
● Chianti '15	T	2
● Rosso di Montalcino Cantina di Montalcino '14	T	3
● Chianti Da Vinci Ris. '12	YY	3*
● Chianti Da Vinci Ris. '11	YY	3*
● Chianti Da Vinci Ris. '10	YY	3

Tenuta di Lilliano

loc. Lilliano, 8
53011 Castellina in Chianti [SI]
Tel. 0577743070
www.lilliano.com

VENDITA DIRETTA
VISITA SU PRENOTAZIONE
OSPITALITÀ
PRODUZIONE ANNUA 150.000 bottiglie
ETTARI VITATI 35,00

La Tenuta di Lilliano, proprietà della famiglia Ruspoli da quasi un secolo, trova come primi ispiratori personaggi come Enzo Morganti e Giulio Gambelli, che hanno fatto la storia del Chianti Classico. Oggi la produzione ha recepito elementi di modernità non secondari, pur rispettando pienamente la tradizione chiantigiana. Il risultato è una gamma di vini dallo stile rigoroso, caratterizzati da un fruttato rigoglioso e da un equilibrato apporto dei legni, sia piccoli che grandi che, specie con il passare del tempo, svelano anche carattere e complessità. Tendenzialmente austero il Chianti Classico Riserva '13, un vino elegante e ben fatto che possiede tutti gli elementi tradizionali della tipologia a partire dai profumi di fiori e terra fino ad arrivare a uno sviluppo gustativo saporito e dinamico. Un po' più moderne le caratteristiche del Chianti Classico Gran Selezione '12, con più dolcezza nel sorso e profumi più avvolgenti e intensi. Piacevole ma molto semplice il Chianti Classico '14.

Vino	Bicchieri	Prezzo
● Chianti Cl. Ris. '13	TTT (rossi)	5
● Chianti Cl. Gran Sel. '12	TT (rossi)	5
● Chianti Cl. '14	T	3
● Chianti Cl. '10	YYY	3*
● Chianti Cl. '09	YYY	3
● Chianti Cl. Gran Sel. '11	YYY	5
● Chianti Cl. Gran Sel. Ris. '10	YYY	6
● Chianti Cl. '13	YY	3
● Chianti Cl. '11	YY	3
● Chianti Cl. '08	YY	4
● Chianti Cl. Ris '08	YY	5
● Chianti Cl. Ris. '11	YY	5
● Chianti Cl. Ris. '10	YY	5
● Chianti Cl. Ris. '09	YY	5

Lisini

FRAZ. SANT'ANGELO IN COLLE
POD. CASANOVA
53024 MONTALCINO [SI]
TEL. 0577844040
www.lisini.com

VENDITA DIRETTA
VISITA SU PRENOTAZIONE
PRODUZIONE ANNUA 90.000 bottiglie
ETTARI VITATI 21,00

Attiva a Montalcino dalla fine dell'800, la famiglia Lisini è una delle poche a poter disporre di un archivio in forma di bottiglie che arriva fino agli anni Sessanta e la rende un'azienda storica nel senso più vero del termine. Un'eredità che si fa sentire anche oggi e poggia prima di tutto sui circa venti ettari di vigna, tutti dedicati al sangiovese, che si collocano per la maggior parte nell'area di Sesta, con la significativa eccezione del cru Ugolaia, riconoscibile per i suoli rossi e tufacei. A tenere insieme la compatta gamma è l'idea di Brunello saporiti e austeri, pensati per viaggiare nel tempo, affinati in rovere di Slavonia di medie dimensioni. Termina per molti versi pari e patta la sfida tra i 2010 di casa Lisini. Il Brunello Riserva è giocato tutto in sottrazione, con un'impronta classica di tartufo, fiori secchi e cuoio; l'Ugolaia ha frutto più scuro e una ricca materia maggiormente imbrigliata in questa fase dal vigoroso tannino e dal generoso abbraccio alcolico.

● Brunello di Montalcino Ris. '10	▼▼ 7
● Brunello di Montalcino Ugolaia '10	▼▼ 8
● Brunello di Montalcino '11	▼ 6
● San Biagio '14	▼ 2
● Brunello di Montalcino '90	▽▽▽ 5
● Brunello di Montalcino '88	▽▽▽ 5
● Brunello di Montalcino Ugolaia '06	▽▽▽ 8
● Brunello di Montalcino Ugolaia '04	▽▽▽ 8
● Brunello di Montalcino Ugolaia '01	▽▽▽ 8
● Brunello di Montalcino Ugolaia '00	▽▽▽ 7
● Brunello di Montalcino Ugolaia '91	▽▽▽ 7

Livernano

LOC. LIVERNANO, 67A
53017 RADDA IN CHIANTI [SI]
TEL. 0577738353
www.livernano.it

VENDITA DIRETTA
VISITA SU PRENOTAZIONE
OSPITALITÀ E RISTORAZIONE
PRODUZIONE ANNUA 100.000 bottiglie
ETTARI VITATI 25,00

Livernano si caratterizza per una conduzione dei vigneti estrema, a partire dal sistema di allevamento adottato, quasi esclusivamente ad alberello, fino alla densità di impianto che è di 7000 piante a ettaro, mentre in cantina dominano le barrique, a sottolineare un'impostazione decisamente moderna. Il risultato sono vini materici e pieni, con l'acidità tenuta a bada da una presenza continua di frutto e tostature, che tuttavia non scade mai in declinazioni grossolane. L'azienda possiede anche un'altra cantina, Casalvento, sempre nell'areale di Radda in Chianti. Molto buono il Chianti Classico '13, soprattutto per merito di uno sviluppo gustativo continuo, ritmato e di grande sapidità, sostenuto comunque da profumi definiti e di bella fragranza. Buono anche il Chianti Classico Casalvento '13, gustoso e contrastato, dai profumi di spezie e grafite che forse tendono a mettere in secondo piano i toni fruttati. Solido e dai tannini serrati il Chianti Classico Riserva '13, più austero aromaticamente, ma ampio e succoso in bocca.

● Chianti Cl. '13	▼▼ 3*
● Chianti Cl. Casalvento '13	▼▼ 5
● Chianti Cl. Ris. '13	▼▼ 4
● Chianti Cl. Ris. '04	▽▽▽ 4
● Livernano '05	▽▽▽ 6
● Livernano '03	▽▽▽ 6
● Livernano '99	▽▽▽ 7
● Chianti Cl. '12	▽▽ 3*
● Chianti Cl. '10	▽▽ 3
● Chianti Cl. Gran Selezione '11	▽▽ 7
● Chianti Cl. Ris. '11	▽▽ 4
● Chianti Cl. Ris. '10	▽▽ 4
○ L'Anima '14	▽▽ 3
● Purosangue '10	▽▽ 5

Lunadoro

FRAZ. VALIANO
LOC. TERRAROSSA PAGLIERETO
53040 MONTEPULCIANO [SI]
TEL. 348 2215188
wwww.lunadoro.com

VENDITA DIRETTA
VISITA SU PRENOTAZIONE
OSPITALITÀ
PRODUZIONE ANNUA 60.000 bottiglie
ETTARI VITATI 12,00
VITICOLTURA Biologico Certificato
AZIENDA SOSTENIBILE

L'azienda, recentemente acquisita dal gruppo elvetico Schenk Italian Wineries, si trova nella zona di Valiano e rappresenta una delle realtà produttive più giovani del comprensorio del Nobile di Montepulciano, essendo nata nel 2002. I vini hanno dimostrato uno stile definito e ottime doti qualitative, confermate anche da una continuità decisamente confortante. Merito di una conduzione attenta e precisa sia nel vigneto, sia in cantina, dove le vinificazioni sono lontane da inutili forzature. Il Nobile di Montepulciano Quercione Riserva '12 ha profumi nitidi e di buona complessità che incrociano le speziature del legno e note fruttate di bella freschezza e integrità. In bocca è lineare, ampio e scorrevole, non privo di profondità. Più ritmato e fragrante il Nobile Pagliareto '13, dal gusto saporito ma in debito di un po' di complessità in più. Tutto all'insegna della piacevolezza il Rosso di Montepulciano Prugnanello '14, forse uno dei migliori, dall'attacco dolce e dal sorso godibile.

- Nobile di Montepulciano Quercione Ris. '12 — 🍷🍷 4
- Nobile di Montepulciano Pagliareto '13 — 🍷🍷 3
- Rosso di Montepulciano Prugnanello '14 — 🍷🍷 2*
- Nobile di Montepulciano '11 — 🍷🍷 4
- Nobile di Montepulciano '09 — 🍷🍷 4
- Nobile di Montepulciano '08 — 🍷🍷 3
- Nobile di Montepulciano Pagliareto '12 — 🍷🍷 4
- Nobile di Montepulciano Quercione '11 — 🍷🍷 4
- Nobile di Montepulciano Quercione '10 — 🍷🍷 4
- Nobile di Montepulciano Quercione Ris. '09 — 🍷🍷 5
- Rosso di Montepulciano Primo Senso '11 — 🍷🍷 3

I Luoghi

LOC. CAMPO AL CAPRIOLO, 201
57022 CASTAGNETO CARDUCCI [LI]
TEL. 0565777379
www.iluoghi.it

VENDITA DIRETTA
PRODUZIONE ANNUA 15.000 bottiglie
ETTARI VITATI 3,80
VITICOLTURA Biologico Certificato

Stefano Granata e la moglie Paola hanno messo in piedi una deliziosa piccola cantina con vigneto, decisamente originale nel contesto bolgherese. La coppia gestisce l'impresa in maniera amorevole, intima, occupandosi di tutte le fasi che riguardano la vigna (due parcelle ben distinte), la vinificazione, l'affinamento e la messa in commercio dei vini. Lo stile maison è inconfondibile, incentrato su una cifra elegante e personale, mai eccessivamente opulenta o materica. Impresa familiare e artigianale tra le più riuscite della zona. Un Podere Ritorti '13 a dir poco fantastico si aggiudica i Tre Bicchieri di slancio. Un vino lontano da confezioni o stili omologati, ha profilo terroso, minerale, con bellissimi richiami di cuoio e tabacco. In bocca la tessitura è finissima quanto saporita, mai troppo pettinata ma assolutamente piacevole. Il Campo al Fico '13 è meno nitido, leggermente velato da una sensazione foxy, ma comunque coinvolgente.

- Bolgheri Sup. Podere Ritorti '13 — 🍷🍷🍷 5
- Bolgheri Sup. Campo al Fico '13 — 🍷🍷 7
- Bolgheri Sup. Campo al Fico '10 — 🍷🍷🍷 7
- Bolgheri Sup. Campo al Fico '09 — 🍷🍷🍷 7
- Bolgheri Sup. Campo al Fico '08 — 🍷🍷🍷 7
- Bolgheri Sup. Campo al Fico '07 — 🍷🍷 7
- Bolgheri Sup. Campo al Fico '06 — 🍷🍷 7
- Bolgheri Sup. Podere Ritorti '12 — 🍷🍷 5
- Bolgheri Sup. Podere Ritorti '11 — 🍷🍷 5
- Bolgheri Sup. Podere Ritorti '10 — 🍷🍷 5
- Bolgheri Sup. Podere Ritorti '09 — 🍷🍷 5
- Bolgheri Sup. Podere Ritorti '08 — 🍷🍷 5
- Bolgheri Sup. Podere Ritorti '07 — 🍷🍷 4

★Le Macchiole

loc. Bolgheri
via Bolgherese, 189a
57022 Castagneto Carducci [LI]
Tel. 0565766092
www.lemacchiole.it

VISITA SU PRENOTAZIONE
PRODUZIONE ANNUA 157.000 bottiglie
ETTARI VITATI 27,00

Le Macchiole racconta una delle storie più belle e affascinati del vino bolgherese. Merita, dunque, di essere tra i brand di riferimento del Made in Italy in bottiglia, tra i primi ad aver fatto emergere le potenzialità della zona. La fondazione risale al 1983, mossa dal desiderio di Eugenio Campolmi e Cinzia Merli di tramutare la loro passione in impresa. Oggi Le Macchiole è realtà dinamica, attenta ai cambiamenti in atto nel mondo del vino e vogliosa di interpretarli con piglio e originalità. Come del resto ha sempre fatto. Il vino migliore, tra gli assaggi di quest'anno, è il Paleo '13. Un rosso di grande intensità che l'annata incanala in un sentiero fine e profondo. I profumi richiamano i frutti neri e il sottobosco, con eleganti nuance erbaceo balsamiche. Ancora da digerire qualche nota tostata ma l'affinamento in bottiglia metterà ogni tassello al suo posto. Impressioni più che buone anche dal Paleo Bianco '14.

Vino	Bicchieri	Voto
● Paleo '13	🍷🍷🍷 (rossi)	8
○ Bolgheri Bianco Paleo '14	🍷🍷 (neri)	6
● Messorio '13	🍷🍷 (neri)	8
● Scrio '13	🍷🍷 (neri)	8
● Messorio '07	🍷🍷🍷 (bianchi)	8
● Messorio '06	🍷🍷🍷 (bianchi)	8
● Paleo Rosso '12	🍷🍷🍷 (bianchi)	8
● Paleo Rosso '11	🍷🍷🍷 (bianchi)	8
● Paleo Rosso '10	🍷🍷🍷 (bianchi)	8
● Paleo Rosso '09	🍷🍷🍷 (bianchi)	8
● Paleo Rosso '03	🍷🍷🍷 (bianchi)	8
● Paleo Rosso '01	🍷🍷🍷 (bianchi)	8
● Scrio '08	🍷🍷🍷 (bianchi)	8

Le Macioche

s.da prov.le 55 di Sant'Antimo km 4,850
53024 Montalcino [SI]
Tel. 0577849168
www.lemacioche.it

VENDITA DIRETTA
VISITA SU PRENOTAZIONE
OSPITALITÀ
PRODUZIONE ANNUA 18.000 bottiglie
ETTARI VITATI 3,00

Servirà qualche anno per verificare eventuali cambiamenti produttivi e stilistici a Le Macioche, storica realtà montalcinese recentemente rilevata dagli amici, ora anche soci, Riccardo Caliari, Stefano Brunetto e Massimo Bronzato. Il quartier generale resta il piccolo podere, tre ettari vitati, che si sviluppa sui pendii di Sant'Antimo, nel quadrante sud occidentale, attorno ai 400 metri di altitudine, su suoli di origine marina, ricchi di calcare e galestro. Finora li abbiamo conosciuti come Brunello leggiadri, a volte quasi scarnificati, assecondati nella loro indole anche da scelte di cantina essenziali, con fermentazioni spontanee in tini di legno e prolungati affinamenti in botti da 40 ettolitri. Un unico vino in questa tornata di assaggi, l'ottimo Brunello '11. In pieno stile Le Macioche, si staglia su penetranti sensazioni di agrumi chiari, bacche, spezie essiccate, per poi concedersi al palato affusolato ed efebico, perfino troppo in rapporto alla prepotente armatura tannica.

Vino	Bicchieri	Voto
● Brunello di Montalcino '11	🍷🍷 (neri)	7
● Brunello di Montalcino '10	🍷🍷 (bianchi)	7
● Brunello di Montalcino '09	🍷🍷 (bianchi)	7
● Brunello di Montalcino '08	🍷🍷 (bianchi)	7
● Brunello di Montalcino '07	🍷🍷 (bianchi)	7
● Brunello di Montalcino '06	🍷🍷 (bianchi)	6
● Brunello di Montalcino '04	🍷🍷 (bianchi)	6
● Brunello di Montalcino '00	🍷🍷 (bianchi)	5
● Brunello di Montalcino Ris. '06	🍷🍷 (bianchi)	8
● Brunello di Montalcino Ris. '01	🍷🍷 (bianchi)	6
● Rosso di Montalcino '13	🍷🍷 (bianchi)	4
● Rosso di Montalcino '11	🍷🍷 (bianchi)	4
● Rosso di Montalcino '10	🍷🍷 (bianchi)	4
● Rosso di Montalcino '09	🍷🍷 (bianchi)	4

La Mannella

Loc. La Mannella, 322
53024 Montalcino [SI]
Tel. 0577848268
www.lamannella.it

VISITA SU PRENOTAZIONE
PRODUZIONE ANNUA 35.000 bottiglie
ETTARI VITATI 8,00

Marco Cortonesi è uno dei viticoltori più stimati di Montalcino, non solo per gli ottimi Brunello che produce dal 1990 a La Mannella. Fondata nei primi anni Settanta, l'azienda si sviluppa su circa 8 ettari di vigne, distribuite sia sul versante nord, a ridosso della cantina (terreni argillosi, tra i 200 e i 250 metri di altitudine), sia nel settore sud orientale (galestro e sasso, si sfiora quota 400). Le etichette più importanti prevedono lunghe macerazioni in inox a temperatura controllata e affinamenti variabili in rovere di Slavonia, mentre una percentuale del cru I Poggiarelli matura in barrique. Ci ripetiamo, ma è ancora una volta la solida compattezza di squadra a risaltare più delle singole punte. C'è comunque da divertirsi col Brunello Riserva '10, tutto giocato sulle radici e i coloniali, classico e concreto anche nell'impianto gustativo. Sembra mancare solo un po' di energia e densità al Brunello I Poggiarelli '11, annunciato da sensazioni di frutta sotto spirito e cipria.

● Brunello di Montalcino Ris. '10	🍷🍷 6
● Brunello di Montalcino I Poggiarelli '11	🍷🍷 5
● Rosso di Montalcino '14	🍷🍷 3
● Brunello di Montalcino '11	🍷 5
● Brunello di Montalcino '10	🍷🍷 5
● Brunello di Montalcino '09	🍷🍷 5
● Brunello di Montalcino '08	🍷🍷 5
● Brunello di Montalcino '07	🍷🍷 5
● Brunello di Montalcino Ris. '06	🍷🍷 6
● Brunello di Montalcino I Poggiarelli '10	🍷🍷 5
● Brunello di Montalcino I Poggiarelli '09	🍷🍷 5
● Brunello di Montalcino I Poggiarelli '08	🍷🍷 5
● Brunello di Montalcino I Poggiarelli '07	🍷🍷 5
● Rosso di Montalcino '13	🍷🍷 3

Il Marroneto

Loc. Madonna delle Grazie, 307
53024 Montalcino [SI]
Tel. 0577849382
www.ilmarroneto.com

VENDITA DIRETTA
VISITA SU PRENOTAZIONE
PRODUZIONE ANNUA 30.000 bottiglie
ETTARI VITATI 6,00
AZIENDA SOSTENIBILE

Un antico essiccatoio per castagne affacciato sulla collina di Montosoli, trasformato in cantina da Giuseppe Mori negli anni Settanta. Arriva da qui la menzione Il Marroneto, guidata oggi dal figlio Alessandro e diventata stella di prima grandezza nel distretto montalcinese, grazie soprattutto alla fama mondiale conquistata dal cru Madonna delle Grazie. Merito di uno stile inconfondibile, senza mediazioni, che attendeva solo i tempi giusti per essere compreso a pieno. Lunghi affinamenti in rovere di Slavonia di diverse età e capienze per liberare l'anima più pura e nordica del Brunello, regalando autentiche emozioni a chi sa custodirli con pazienza. Il filotto di grandi versioni continua col Madonna delle Grazie '11: l'annata calda si avverte nei richiami di frutto scuro, ma la progressione di resine, incensi, balsami, suggerisce complessità e ampiezza. Per non parlare della fantastica trama sapido tannica, tanto vigorosa quanto cesellata, che toglie ogni dubbio sulle prospettive temporali.

● Brunello di Montalcino Madonna delle Grazie '11	🍷🍷🍷 8
● Brunello di Montalcino '11	🍷🍷 7
● Brunello di Montalcino Madonna delle Grazie '10	🍷🍷🍷 8
● Brunello di Montalcino Madonna delle Grazie '08	🍷🍷🍷 8
● Brunello di Montalcino '10	🍷🍷 7
● Brunello di Montalcino '09	🍷🍷 7
● Brunello di Montalcino '08	🍷🍷 7
● Brunello di Montalcino Madonna delle Grazie '09	🍷🍷 8
● Rosso di Montalcino Ignaccio '13	🍷🍷 3
● Rosso di Montalcino Ignaccio '11	🍷🍷 3*

Cosimo Maria Masini

via Poggio al Pino, 16
56028 San Miniato [PI]
Tel. 0571465032
www.cosimomariamasini.it

VENDITA DIRETTA
VISITA SU PRENOTAZIONE
PRODUZIONE ANNUA 35.000 bottiglie
ETTARI VITATI 17,00

La famiglia Masini acquista la tenuta nel 2000: imprenditori di altro settore, la scelgono per la sua posizione ideale, un solo corpo di 40 ettari, e perché l'impostazione data da Cosimo Ridolfi, antico proprietario e fondatore della facoltà di agraria a Pisa, era adatta a una viticoltura che potesse seguire i dettami della coltivazione biodinamica. Una scelta che è stata abbracciata e portata avanti con entusiasmo da Cosimo, appassionato titolare. Piacevole il Nicole '15, da sangiovese in purezza, dalle note fresche e gradevoli di frutti di bosco ed erbe aromatiche, corpo fluido, snello, di buona vena acida e finale succoso. Il Cosimo '15 è un vino dove si sommano al sangiovese varietà rare come il sanforte e il buonamico, dalle note di erbe officinali, cenni di frutta fresca, corpo slanciato, vivace e integro.

● Cosimo '15	🍷🍷	5
○ Daphné '15	🍷🍷	4
● Nicole '15	🍷🍷	3
○ Vin Santo del Chianti Fedardo '08	🍷🍷	4
○ Annick '15	🍷	2
⊙ Matilde '15	🍷	2
● Sincero '15	🍷	2
● Nicole '12	🍷🍷	3
● Sincero '13	🍷🍷	2*
○ Vin Santo del Chianti Fedardo '06	🍷🍷	4

Mastrojanni

fraz. Castelnuovo dell'Abate
pod. Loreto San Pio
53024 Montalcino [SI]
Tel. 0577835681
www.mastrojanni.com

VENDITA DIRETTA
VISITA SU PRENOTAZIONE
OSPITALITÀ
PRODUZIONE ANNUA 110.000 bottiglie
ETTARI VITATI 33,00

Ci ripetiamo: in una fase di profondi rivolgimenti per quel che riguarda gli assetti delle aziende storiche di Montalcino, Mastrojanni è probabilmente quella che meglio ha saputo armonizzare la transizione dalla vecchia alla nuova proprietà. Merito del gruppo Illy che, con Andrea Machetti, ha dato continuità a un lavoro agronomico e stilistico focalizzato su autentici grand cru del versante sud orientale di Castelnuovo dell'Abate, come Vigna Loreto (terreni tufacei, botte grande) e Vigna Schiena d'Asino (suoli sabbiosi, rovere da 16 ettolitri). Barra dritta, insomma, su un'interpretazione quasi paradigmatica nella sua classicità, che lascia in secondo piano i dettagli enologici. Altra prestazione da incorniciare, partendo da un Rosso '14 aereo e articolato. La sfida tra i Brunello se l'aggiudica questa volta il Vigna Schiena d'Asino '10: una sinfonia di frutto goloso e spezie che avvolge il palato dalla prima all'ultima goccia. Ma il Vigna Loreto '11 gli è molto vicino per ampiezza e sapore.

● Brunello di Montalcino V. Schiena d'Asino '10	🍷🍷🍷	8
● Brunello di Montalcino V. Loreto '11	🍷🍷	7
● Rosso di Montalcino '14	🍷🍷	3*
● Brunello di Montalcino '11	🍷🍷	5
● Brunello di Montalcino '97	🍷🍷🍷	7
● Brunello di Montalcino '90	🍷🍷🍷	7
● Brunello di Montalcino Ris. '88	🍷🍷🍷	6
● Brunello di Montalcino Schiena d'Asino '08	🍷🍷🍷	8
● Brunello di Montalcino Schiena d'Asino '93	🍷🍷🍷	7
● Brunello di Montalcino Schiena d'Asino '90	🍷🍷🍷	7
● Brunello di Montalcino V. Loreto '10	🍷🍷🍷	7
● Brunello di Montalcino V. Loreto '09	🍷🍷🍷	7

Giorgio Meletti Cavallari

via Casone Ugolino,12
57022 Castagneto Carducci [LI]
Tel. 0565775620
www.giorgiomeletticavallari.it

VENDITA DIRETTA
VISITA SU PRENOTAZIONE
OSPITALITÀ
PRODUZIONE ANNUA 40.000 bottiglie
ETTARI VITATI 10,00

I Meletti Cavallari non sono certo dei novizi del vino bolgherese ma l'impresa di Giorgio, rappresentante della nuova generazione di famiglia, ha dato vita a una realtà nuova. Il parco vitato racconta di due parcelle ben distinte, caratterizzate da suoli ricchi di scheletro e sassi. Piastraia si trova sulla collina di Castagneto mentre Vallone occupa una posizione più bassa. Lo stile ci sembra centrato, capace di vini succosi e slanciati. Le etichette presentate quest'anno hanno alternato alti e bassi. Il vino più centrato ci è parso il Bolgheri Rosso Superiore Impronte '13, di buon tenore fruttato al naso e scorrevole in bocca, ricorda i frutti di bosco e ha piacevoli sfumature speziate. Il Bolgheri Rosso '14 è più scarico e denota i limiti dell'annata.

- ● Bolgheri Sup. Impronte '13 — 🍷🍷 5
- ● Bolgheri Rosso '14 — 🍷 3
- ○ Bolgheri Bianco Borgeri '14 — 🍸🍸 3
- ● Bolgheri Rosso Borgeri '13 — 🍸🍸 3
- ● Bolgheri Rosso Borgeri '12 — 🍸🍸 3
- ● Bolgheri Rosso Borgeri '06 — 🍸🍸 3
- ● Bolgheri Rosso Impronte '04 — 🍸🍸 5
- ● Bolgheri Sup. Impronte '12 — 🍸🍸 5
- ● Bolgheri Sup. Impronte '11 — 🍸🍸 5

Melini

loc. Gaggiano
53036 Poggibonsi [SI]
Tel. 0577993511
www.cantinemelini.it

VENDITA DIRETTA
VISITA SU PRENOTAZIONE
PRODUZIONE ANNUA 3.100.000 bottiglie
ETTARI VITATI 136,00

Melini e Macchiavelli sono le realtà produttive chiantigiane del Gruppo Italiano Vini. La storia del marchio con sede a Poggibonsi è la storia stessa del Chianti Classico, visto che nel 1860, Laborel Melini adottò per primo il fiasco "strapeso", resistente alla pressione del turacciolo applicato a macchina, che contribuì alla diffusione e quindi al successo del Chianti nel mondo. Oggi i vini prodotti dal GIV nella denominazione del Gallo Nero, oltre a una precisione d'esecuzione encomiabile, evidenziano anche buona personalità e, talvolta, raggiungono l'eccellenza assoluta. Il Chianti Classico Terrarossa Gran Selezione '12 è un vino che trova nel bagaglio aromatico il suo punto di forza, con tratti fruttati definiti e cenni speziati, accompagnati da lievi tocchi balsamici. In bocca lo sviluppo è pieno e dal finale di buona lunghezza, che ripropone note fruttate e tostate. Polposo e di grande godibilità il sorso de I Coltri '15, da un uvaggio di sangiovese, cabernet sauvignon e merlot.

- ● Chianti Cl. Gran Sel. Terrarossa '12 — 🍷🍷 5
- ● I Coltri '15 — 🍷🍷 2*
- ○ Vernaccia di S. Gimignano Le Grillaie '15 — 🍷🍷 3
- ● Chianti Cl. '15 — 🍷 4
- ● Chianti Cl. Granaio '14 — 🍷 4
- ● Chianti Governo all'uso Toscano '13 — 🍷 3
- ● Chianti San Lorenzo '15 — 🍷 3
- ● Il Principe Fattoria Machiavelli '14 — 🍷 5
- ● Chianti Cl. La Selvanella Ris. '06 — 🍸🍸🍸 5
- ● Chianti Cl. La Selvanella Ris. '03 — 🍸🍸🍸 4
- ● Chianti Cl. La Selvanella Ris. '01 — 🍸🍸🍸 4
- ● Chianti Cl. La Selvanella Ris. '00 — 🍸🍸🍸 4
- ● Chianti Cl. La Selvanella Ris. '12 — 🍸🍸 5

Semplifica
gli impegni della
tua giornata

Semplifica
gli impegni della
tua giornata

Mocali

LOC. MOCALI
53024 MONTALCINO [SI]
TEL. 0577849485
www.mocali.eu

VENDITA DIRETTA
VISITA SU PRENOTAZIONE
PRODUZIONE ANNUA 120.000 bottiglie
ETTARI VITATI 9,00
VITICOLTURA Biologico Certificato
AZIENDA SOSTENIBILE

Tiziano Ciacci ha fatto sua la lezione di nonno Dino, spesso menzionato tra i soci fondatori del Consorzio Brunello di Montalcino nel secondo dopoguerra. Contribuendo in maniera determinante al prestigio del podere Mocali, realtà viticola da circa 10 ettari, concentrati sulla direttrice sud ovest del comprensorio. Distribuite fra i 350 e i 400 metri, su terreni compatti caratterizzati da alberese e galestro, le parcelle destinate a sangiovese danno forma a rossi multidimensionali, dritti e corposi al contempo. Rispettati nella loro indole con scelte di cantina modulate in rapporto al cru o al millesimo (rovere da 20 e 50 ettolitri sui vini più importanti). Ben quattro i Brunello testati in questa edizione, tutti di ottimo livello. Una leggera preferenza l'accordiamo alla coppia di Riserva '10: il base ha un profilo silvestre e marittimo molto originale, di tessitura appena rustica, là dove il Vigna delle Raunate segnala maggiore forza estrattiva e un'aromaticità più cupa.

● Brunello di Montalcino '11	🍷🍷 5
● Brunello di Montalcino Ris. '10	🍷🍷 7
● Brunello di Montalcino V. delle Raunate '11	🍷🍷 6
● Brunello di Montalcino V. delle Raunate Ris. '10	🍷🍷 8
● Rosso di Montalcino '14	🍷 2
● Brunello di Montalcino V. delle Raunate '08	🍷🍷🍷 6
● Brunello di Montalcino '10	🍷🍷 5
● Brunello di Montalcino '09	🍷🍷 5
● Brunello di Montalcino Ris. '07	🍷🍷 7
● Brunello di Montalcino V. delle Raunate '10	🍷🍷 6
● Brunello di Montalcino V. delle Raunate '09	🍷🍷 6

Mocine

LOC. MOCINE CHIUSURE
53041 ASCIANO [SI]
TEL. 0577707075
www.mocine.it

VENDITA DIRETTA
VISITA SU PRENOTAZIONE
OSPITALITÀ
PRODUZIONE ANNUA 18.000 bottiglie
ETTARI VITATI 4,00
VITICOLTURA Biologico Certificato

Mocine si trova in una zona del senese molto nota turisticamente - quella delle crete senesi - ma meno considerata per la produzione di vini. Questa cooperativa potrebbe rappresentare la prima realtà viticola a infrangere questa regola. L'estensione dell'azienda, che ospita una riserva di caccia, un agriturismo e un'oliveta, è di 800 ettari, di cui per adesso solo 4 a vigneto. Le varietà coltivata in regime biologico sono esclusivamente quelle tradizionali della Toscana e della Provincia di Siena: sangiovese, colorino, foglia tonda, barsaglina e vermentino. I vini possiedono un buon carattere, dimostrandosi schietti e ben realizzati. L'affinamento è affidato al legno piccolo. S'indora '13, da foglia tonda in purezza, alterna profumi floreali e speziati e ha un gusto saporito e dinamico. Fresca e rilassata la beva del Santa Marta '15, blend da sangiovese, colorino e barsaglina. Interessante l'Otto Rintocchi '14, uvaggio da sangiovese, foglia tonda, colorino e barsaglina, solo con un po' di rovere in esubero.

● Otto Rintocchi '14	🍷🍷 4
● S'indora '13	🍷🍷 8
● Santa Marta '15	🍷🍷 3
○ Alba '15	🍷 3
● Mocine '14	🍷 3

Fattoria Montellori

via Pistoiese, 1
50054 Fucecchio [FI]
Tel. 0571260641
www.fattoriamontellori.it

VENDITA DIRETTA
VISITA SU PRENOTAZIONE
OSPITALITÀ E RISTORAZIONE
PRODUZIONE ANNUA 250.000 bottiglie
ETTARI VITATI 50,00
VITICOLTURA Biologico Certificato
AZIENDA SOSTENIBILE

Un'azienda familiare nata nel 1895, quando Giuseppe Nieri, commerciante nel settore del cuoio, acquistò la villa e i terreni che costituiscono la parte storica della tenuta e si dedicò con passione e profitto all'agricoltura. Nel corso di più di cent'anni è cresciuta la superficie vitata e la cantina si è dotata di attrezzature più moderne, dando vita a una produzione degna di nota, in una zona della Toscana meno apprezzata rispetto alle altre, considerate di maggiore tradizione enologica. Con Alessandro, a partire dalla metà degli anni Ottanta, la fattoria assume l'identità attuale. Arriva in finale il Dicatum '13, da sangiovese in purezza: note floreali e speziate di cardamomo, bella cifra stilistica, con un corpo bilanciato, finale avvolgente e succoso. Una conferma lo Spumante Pas Dosé da sole uve chardonnay, dai sentori freschi, lievemente agrumati di lime, cenni di mela e pesca bianca, crosta di pane. Il corpo è ricco e di buona consistenza, buona vena acida e finale lungo e potente.

Vino	Bicchieri	Prezzo
● Dicatum '13	TT	5
○ Bianco dell'Empolese Vin Santo '10	YY	5
○ Montellori Pas Dosé '12	YY	5
● Chianti '14	Y	2
○ Mandorlo '15	Y	2
● Moro '13	Y	3
⊙ Rosato '15	Y	5
○ Bianco dell'Empolese Vin Santo '09	yy	5
○ Bianco dell'Empolese Vin Santo '07	yy	5
○ Montellori Pas Dosé '11	yy	5
● Moro '12	yy	3
● Salamartano '12	yy	6
● Salamartano '11	yy	5

Montenidoli

loc. Montenidoli
53037 San Gimignano [SI]
Tel. 0577941565
www.montenidoli.com

VENDITA DIRETTA
OSPITALITÀ
PRODUZIONE ANNUA 100.000 bottiglie
ETTARI VITATI 24,00
VITICOLTURA Biologico Certificato

Elisabetta Fagiuoli si è trasferita in questa parte di Toscana insieme a Sergio Muratori, suo compagno di vita per 45 anni. Una scelta che non era solo amore per la terra e per i frutti che con rispetto se ne possono trarre ma anche impegno per facilitare l'incontro generazionale fra anziani e giovani in difficoltà, per parlare di educazione, dialogo. In questo clima si innesta una filosofia produttiva che sceglie solo vitigni autoctoni, coltivazione biodinamica, tutela dell'ambiente. E si traduce anche in uno spirito di accoglienza particolare nei confronti degli ospiti dell'agriturismo. Conquista i Tre Bicchieri la Vernaccia Carato '12, di piacevole complessità al naso, dove si riconoscono sentori di mango e pesca, uniti a note lievemente resinose, intriganti, con piccoli cenni speziati. In bocca ha corpo sontuoso, ben amalgamato, dalla nota acida bilanciata, fresco nerbo acido e finale saporito e prolungato. La Vernaccia Tradizionale '14 risulta invitante all'olfatto, con aromi di pesca e albicocca a prevalere, buon corpo solido e gustoso, finale sapido e corretto.

Vino	Bicchieri	Prezzo
○ Vernaccia di S. Gimignano Carato '12	TTT	4*
○ Vernaccia di S. Gimignano Tradizionale '14	TT	2*
○ Il Templare '12	YY	4
● Chianti Colli Senesi Il Garrulo '14	Y	2
● Sono Montenidoli '09	Y	5
○ Vernaccia di S. Gimignano Fiore '14	Y	3
○ Vernaccia di S. Gimignano Carato '11	yyy	4*
○ Vernaccia di S. Gimignano Carato '05	yyy	5
○ Vernaccia di S. Gimignano Carato '02	yyy	5
○ Vernaccia di S. Gimignano Fiore '09	yyy	3
○ Vernaccia di S. Gimignano Tradizionale '12	yyy	2*

Montepeloso

loc. Montepeloso, 82
57028 Suvereto [LI]
Tel. 0565828180
www.montepeloso.it

PRODUZIONE ANNUA 22.000 bottiglie
ETTARI VITATI 7,00
AZIENDA SOSTENIBILE

Un'azienda di piccole dimensioni che viene acquistata alla fine degli anni Novanta da Fabio Chiarelotto, che fino ad allora aveva coltivato i suoi interessi per la storia e le religioni. La passione per il vino lo aveva spinto alla ricerca di zone che potessero spingerlo al grande passo: diventare un produttore. Arriva quindi dalle parti di Suvereto, scova quest'azienda, ne assaggia i vini, si convince delle enormi potenzialità che questa terra poteva avere. Comincia così la sua avventura, che prende sostanza senza clamore, ma con un andamento progressivo e costante che comincia a dare risultati. Torna in finale il Nardo, uvaggio da sangiovese, montepulciano e cabernet sauvignon, che nella versione 2013 offre al naso un bouquet profondo e ampio di frutti neri e cenni mentolati, freschi, con un corpo succoso, ampio, morbido, dal finale prolungato, con retrogusto speziato. Piacevole l'Eneo '13, composto da sangiovese, colorino e merlot: sentori di cuoio e pelliccia, frutti maturi, buona tenuta gustativa.

● Nardo '13	🍷🍷 8
● Eneo '13	🍷🍷 5
● Gabbro '13	🍷🍷 8
● A Qu '14	🍷 5
● Gabbro '02	🍷🍷🍷 8
● Nardo '01	🍷🍷🍷 8
● Nardo '00	🍷🍷🍷 8
● A Quo '13	🍷🍷 5
● Eneo '12	🍷🍷 5
● Gabbro '12	🍷🍷 8
● Gabbro '08	🍷🍷 8
● Gabbro '06	🍷🍷 8
● Nardo '12	🍷🍷 8
● Nardo '08	🍷🍷 8

Monteraponi

loc. Monteraponi
53017 Radda in Chianti [SI]
Tel. 0577738280
www.monteraponi.it

VENDITA DIRETTA
VISITA SU PRENOTAZIONE
OSPITALITÀ
PRODUZIONE ANNUA 50.000 bottiglie
ETTARI VITATI 10,00
VITICOLTURA Biologico Certificato

Dal 2003 Michele Braganti ha saputo costruire, attraverso una viticoltura biologica e un lavoro in cantina di impronta tradizionale, a partire dall'uso esclusivo di legni grandi, una delle eccellenze più affascinanti della denominazione del Chianti Classico. I suoi vini possiedono una cifra stilistica ben leggibile, all'insegna dell'eleganza e della complessità che il sangiovese, soprattutto in luoghi ad alta vocazione, sa regalare con generosità, affiancandosi alle varietà più intriganti del resto del mondo. Benché il Baron'Ugo sia passato ad Igt, abbandonando la denominazione, resta un grande vino. La versione 2012 possiede profumi sfumati di fiori e selvaggina, in bocca mette in evidenza grinta, sapore e profondità. Quasi di pari livello il Chianti Classico Il Campitello Riserva '13, dagli aromi leggermente marcati da un po' di rovere in esubero e da insistenti cenni animali ma anche delicatamente floreali e con qualche ricordo terroso. In bocca è molto sapido e il suo sviluppo è dinamico e continuo.

● Baron'Ugo '12	🍷🍷🍷 8
● Chianti Cl. Il Campitello Ris. '13	🍷🍷 5
● Chianti Cl. '14	🍷 3
● Chianti Cl. Baron'Ugo Ris. '10	🍷🍷🍷 7
● Chianti Cl. Baron'Ugo Ris. '09	🍷🍷🍷 7
● Chianti Cl. Baron'Ugo Ris. '07	🍷🍷🍷 5
● Chianti Cl. '13	🍷🍷 3
● Chianti Cl. '12	🍷🍷 3
● Chianti Cl. '11	🍷🍷 3
● Chianti Cl. Baron'Ugo Ris. '11	🍷🍷 7
● Chianti Cl. Il Campitello Ris. '12	🍷🍷 5
● Chianti Cl. Il Campitello Ris. '11	🍷🍷 5
● Chianti Cl. Il Campitello Ris. '10	🍷🍷 5
● Vin Santo del Chianti Cl. '05	🍷🍷 6

Tenuta Monteti

s.da della Sgrilla, 6
58011 Capalbio [GR]
Tel. 0564896160
www.tenutamonteti.it

VENDITA DIRETTA
VISITA SU PRENOTAZIONE
PRODUZIONE ANNUA 120.000 bottiglie
ETTARI VITATI 28,00
AZIENDA SOSTENIBILE

Il colle Monteti, che dà il nome all'azienda, protegge i ventotto ettari di vigneto dai venti che soffiano dal mare, che non dista più di una quindicina di chilometri. Qui, tra la macchia mediterranea e i boschi della Maremma, nel 1998 Paolo Baratta decise di impiantare vitigni internazionali esclusivamente a bacca rossa: cabernet sauvignon e franc, petit verdot, merlot e alicante bouchet. Con la consulenza enologica di Carlo Ferrini, oggi l'azienda è gestita da Eva Baratta e dal marito Javier Pedrazzini. Le ventotto parcelle in cui è diviso il vigneto sono vinificate separatamente e l'assemblaggio avviene soltanto dopo la prima parte della maturazione. Buona la prestazione del Monteti '12, blend da petit verdot, cabernet franc e cabernet sauvignon, che presenta belle note di erbe officinali e bocca elegante, buona progressione, tannini vivaci, in un sottofondo sapido che rende il sorso lungo e succoso. Buono anche il Caburnio '12, dove insieme al cabernet sauvignon, l'alicante bouchet e il merlot, concorrono a dare un vino più immediato, anche se in questa fase ancora un po' imbrigliato nel legno.

Vino	Bicchieri	
● Monteti '12	🍷🍷 (rossi)	5
● Caburnio '12	🍷🍷	3
⊙ TM Rosé '15	🍷	3
● Caburnio '11	🍷🍷 (vuoti)	3
● Caburnio '06	🍷🍷 (vuoti)	3
● Monteti '11	🍷🍷 (vuoti)	5
● Monteti '07	🍷🍷 (vuoti)	5
● Monteti '05	🍷🍷 (vuoti)	5
● Monteti '04	🍷🍷 (vuoti)	5

Monteverro

s.da Aurelia Capalbio, 11
58011 Capalbio [GR]
Tel. 0564890721
www.monteverro.com

VENDITA DIRETTA
PRODUZIONE ANNUA 120.000 bottiglie
ETTARI VITATI 30,00

Le vigne sono a pochi chilometri da Capalbio ma il linguaggio che si parla in azienda è quello internazionale. Non solo perché tra i filari trovano spazio pochi autoctoni ma anche perché proprietà e staff tecnico provengono da diversi paesi europei. Julia e Georg Weber, tedeschi, sono i titolari che, dopo aver cercato il terroir perfetto per la loro idea di vino, hanno scelto di fermarsi in Maremma. Insieme a Michel Rolland hanno deciso di creare vini adatti a competere sugli scenari internazionali, prodotti che mitigano uno stile decisamente moderno con gli spunti mediterranei conferiti dal territorio. Caratteristiche che si riscontrano in maniera netta nel Monteverro '13, taglio bordolese, in cui amarena e marasca, unite a sentori di erbe aromatiche, anticipano una bocca concentrata e rotonda ma non pesante. Il Tinata '13 non è da meno: qui syrah e grenache giocano la partita delle spezie su un sorso saporito e di bella progressione. Davvero piacevole anche il Terra di Monteverro '13.

Vino	Bicchieri	
○ Chardonnay '13	🍷🍷	8
● Monteverro '13	🍷🍷	8
● Terra di Monteverro '13	🍷🍷	7
● Tinata '13	🍷🍷	8
● Monteverro '12	🍷🍷 (vuoti)	8
● Monteverro '08	🍷🍷 (vuoti)	8
● Terra di Monteverro '12	🍷🍷 (vuoti)	7
● Terra di Monteverro '09	🍷🍷 (vuoti)	5
● Tinata '12	🍷🍷 (vuoti)	8
● Tinata '08	🍷🍷 (vuoti)	8

★Montevertine

loc. Montevertine
53017 Radda in Chianti [SI]
Tel. 0577738009
www.montevertine.it

VISITA SU PRENOTAZIONE
PRODUZIONE ANNUA 85.000 bottiglie
ETTARI VITATI 15,00

L'azienda fu acquistata dalla famiglia Manetti nel 1967 e le sue prime bottiglie arrivarono sul mercato nel 1971, in un momento storico in cui la zona del Chianti Classico non godeva certo dell'attuale prestigio. Da allora, i vini aziendali sono diventati una sorta di paradigma stilistico di tutto un territorio, segnalandosi per una declinazione del sangiovese probabilmente fra le più compiute dell'intera Toscana e per uno stile inconfondibile, fatto di originalità ed equilibrio, che colloca Montevertine ai vertici assoluti dell'enologia nazionale. Non potevano che essere superlativi i vini di un'annata magica come la 2013. Le Pergole Torte affascina già al naso, con il suo riconoscibile gioco di chiaro scuri, tutto all'impronta della freschezza, e una complessità ancora sotto traccia ma già precepibile. La bocca danza tra gli spigoli di acidità e tannini, i fiori e i piccoli frutti. L'eleganza fatta a Sangiovese. Tre Bicchieri indiscutibili.

● Le Pergole Torte '13	🍷🍷🍷	8
● Montevertine '13	🍷🍷	6
● Pian del Ciampolo '14	🍷	4
● Le Pergole Torte '12	🍷🍷🍷	8
● Le Pergole Torte '11	🍷🍷🍷	8
● Le Pergole Torte '10	🍷🍷🍷	8
● Le Pergole Torte '09	🍷🍷🍷	8
● Le Pergole Torte '07	🍷🍷🍷	8
● Le Pergole Torte '04	🍷🍷🍷	8
● Le Pergole Torte '03	🍷🍷🍷	7
● Le Pergole Torte '01	🍷🍷🍷	8
● Montevertine '04	🍷🍷🍷	5
● Montevertine '01	🍷🍷🍷	5

Cantina Vignaioli del Morellino di Scansano

loc. Saragiolo
58054 Scansano [GR]
Tel. 0564507288
www.cantinadelmorellino.it

VENDITA DIRETTA
VISITA SU PRENOTAZIONE
PRODUZIONE ANNUA 2.000.000 bottiglie
ETTARI VITATI 470,00

Nata nel 1972 come risposta alla crisi del settore minerario e condotta con impegno e passione da esperti e semplici contadini della Maremma, la Cantina Cooperativa del Morellino di Scansano è ormai avviata sulla strada delle più moderne cooperative vitivinicole, dimostrando un'acquisita costanza qualitativa, con vini inappuntabili dal punto di vista realizzativo e pienamente in accordo con la propria tipologia. Controlli puntuali sui vigneti dei soci e una lavorazione di cantina che sa coniugare qualità a quantità, garantiscono alla produzione una buona affidabilità, anche se manca ancora il balzo verso l'eccellenza assoluta. Buone sensazioni dal Vignabenefizio '15, un Morellino di Scansano che possiede profumi puliti e progressione gustativa tendenzialmente succosa e godibile. Davvero ben fatti anche i due Roggiano '15, decisamente piacevoli e di grande bevibilità.

● Morellino di Scansano Vignabenefizio '15	🍷🍷	2*
● Morellino di Scansano Roggiano '15	🍷🍷	2*
● Morellino di Scansano Roggiano Bio '15	🍷🍷	2*
○ Vermentino V. Fiorini V.T. '15	🍷🍷	2*
● Maremma Toscana Ciliegiolo Capoccia '15	🍷	2
● Morellino di Scansano Roggiano Ris. '13	🍷	3
● Morellino di Scansano Sicomoro Ris. '12	🍷	3
● Sangiovese Scantianum '15	🍷	1*
○ Vermentino Scantianum '15	🍷	2
● Morellino di Scansano Roggiano '14	🍷🍷	2*
● Morellino di Scansano Roggiano Bio '13	🍷🍷	2*
● Morellino di Scansano Roggiano Ris. '12	🍷🍷	3
● Morellino di Scansano Vignabenefizio '13	🍷🍷	2*

Morisfarms

LOC. CURA NUOVA
FATTORIA POGGETTI
58024 MASSA MARITTIMA [GR]
TEL. 0566919135
www.morisfarms.it

VENDITA DIRETTA
VISITA SU PRENOTAZIONE
OSPITALITÀ
PRODUZIONE ANNUA 300.000 bottiglie
ETTARI VITATI 71,00

Le notizie che affiorano dalla storia più antica dell'azienda raccontano che la famiglia Moris, circa duecento anni fa, partì dalla Spagna per stabilirsi in Maremma. Della storia recente invece sappiamo che, sul finire degli anni Ottanta, fu Adolfo Parentini a imprimere una svolta qualitativa. Oggi è affiancato alla guida dal figlio Giulio e insieme si occupano di gestire i due corpi aziendali, uno a Poggio La Mozza, vicino a Grosseto, di trentatré ettari vitati, e l'altro ai Poggetti, nei pressi di Massa Marittima, con un vigneto di trentasette ettari. Nel 1990 sono iniziati i lavori di reimpianto e oggi è il sangiovese a dominare la produzione. In assenza dell'Avvoltore è il Mandriolo a guidare la pattuglia aziendale. Sangiovese con un piccolo saldo di vitigni internazionali regala un intrigante bouquet che va dalla macchia mediterranea alla ciliegia matura, mentre in bocca tannino docile e traccia sapida trascinano la beva con buona distensione. Caldo e avvolgente il Morellino Riserva '13. Piacevoli e godibili i bianchi aziendali: il Santa Chiara '15, dai toni di frutta bianca e cereale, e il Vermentino, floreale e di grande bevibilità.

● Maremma Toscana Mandriolo '15	🍷🍷 1*
● Morellino di Scansano Ris. '13	🍷🍷 4
⊙ Maremma Toscana Mandriolo Rosato '15	🍷 2
○ Monteregio di Massa Marittima Bianco Santa Chiara '15	🍷 2
● Morellino di Scansano '15	🍷 2
○ Vermentino '15	🍷 2
● Avvoltore '06	🍷🍷🍷 5
● Avvoltore '04	🍷🍷🍷 5
● Avvoltore '01	🍷🍷🍷 5
● Avvoltore '00	🍷🍷🍷 5
● Avvoltore '12	🍷🍷 6
● Avvoltore '11	🍷🍷 6
○ Vermentino '14	🍷🍷 2*

Mormoraia

LOC. SANT'ANDREA, 15
53037 SAN GIMIGNANO [SI]
TEL. 0577940096
www.mormoraia.it

VENDITA DIRETTA
VISITA SU PRENOTAZIONE
OSPITALITÀ
PRODUZIONE ANNUA 230.000 bottiglie
ETTARI VITATI 40,00

L'azienda appartiene alla famiglia Passoni che l'acquista nel 1980, coronando così il sogno di avere un luogo dove vivere in Toscana, terra da loro prediletta. Fu solo nel 1990 che iniziarono i lavori di ristrutturazione dell'antico convento, che prende il nome dal mormorio delle suore durante le preghiere. Da allora molte cose sono cambiate: è stata adottata la coltivazione biologica delle viti e degli olivi, altra coltura di grande interesse per i proprietari, ed è stato aperto un agriturismo con annesso ristorante. Arriva alle finali la Vernaccia Riserva '14, che presenta note balsamiche al naso, con cenni di erbe aromatiche, fruttato di mela e pesca, corpo solido, di giusto peso, armonico, con finale saporito e prolungato. Piacevole anche la Vernaccia Ostrea '15, che gioca le carte di aromi agrumati, con cenni tropicali, corpo vivo, dotato di bello slancio e finale succoso. Gradevole nella sua semplicità il Chianti Colli Senesi '14, dal bagaglio aromatico pulito e convincente, corpo snello e gustoso, di ottima bevibilità.

○ Vernaccia di S. Gimignano Ris. '14	🍷🍷 3*
● Chianti Colli Senesi '14	🍷🍷 2*
○ Vernaccia di S. Gimignano Ostrea '15	🍷🍷 3
○ Vernaccia di S. Gimignano '15	🍷 2
● Chianti Colli Senesi '11	🍷🍷 2*
● Syrah '12	🍷🍷 3
● Syrah '11	🍷🍷 2*
○ Vernaccia di S. Gimignano '14	🍷🍷 2*
○ Vernaccia di S. Gimignano '13	🍷🍷 2*
○ Vernaccia di S. Gimignano '12	🍷🍷 2*
○ Vernaccia di S. Gimignano Ostrea '13	🍷🍷 3
○ Vernaccia di S. Gimignano Ostrea '12	🍷🍷 3*
○ Vernaccia di S. Gimignano Ris. '11	🍷🍷 3*

Fabio Motta

Vigna al Cavaliere, 61
57022 Castagneto Carducci [LI]
Tel. 0565773041
www.mottafabio.it

VENDITA DIRETTA
VISITA SU PRENOTAZIONE
PRODUZIONE ANNUA 23.000 bottiglie
ETTARI VITATI 6,50

Sono passati meno di dieci anni da quando, laurea in agraria ed esperienza in cantina alle spalle, Fabio Motta decide che è arrivato il momento di tentare l'avventura da protagonista. Le vigne per i rossi si trovano ai piedi della collina di Castagneto Carducci, in località Le Pievi, hanno più di venti anni d'età e occupano una superficie di circa 4 ettari. Le uve di vermentino arrivano dalla zona Fornacelle. Cantina piccola e piuttosto giovane ma già capace di distinguersi e realizzare vini importanti. Testimonianza cristallina della bontà del progetto arriva da un superlativo Bolgheri Rosso Superiore Le Gonnare '13. Millesimo fortunato e vino che, dopo un avvio serrato e un po' cupo, si apre e si schiarisce, trovando un frutto brillante e rilassato, suadente e preciso. Bocca di pari livello, di bell'estratto e pregevole texture, chiusa da toni delicatamente speziati. Più semplice e crudo il Bolgheri Rosso Pievi '14.

● Bolgheri Rosso Sup. Le Gonnare '13	🍷🍷🍷	8
○ Bolgheri Bianco Nova '15	🍷	4
● Bolgheri Rosso Pievi '14	🍷	4

Tenute Silvio Nardi

Loc. Casale del Bosco
53024 Montalcino [SI]
Tel. 0577808269
www.tenutenardi.com

VENDITA DIRETTA
VISITA SU PRENOTAZIONE
PRODUZIONE ANNUA 250.000 bottiglie
ETTARI VITATI 80,00

Con cinquanta ettari iscritti a Brunello (su 80 totali) e almeno una trentina di diversi appezzamenti, le tenute rilevate da Silvio Nardi negli anni Cinquanta costituiscono una delle più importanti realtà agricole di Montalcino. Fu uno dei primi "forestieri" a investire nella denominazione toscana, in tempi decisamente diversi dai fasti di oggi, ed Emilia ne continua il lavoro con grande dedizione. I corpi principali sono quelli di Casale del Bosco (quadrante nord occidentale) e Manachiara (versante est), e il sangiovese è assoluto protagonista in una gamma composita, basata su affinamenti misti in botte grande e tonneau per i vini più importanti. Buone conferme arrivano dalla coppia di Brunello: la versione annata 2011 si focalizza su un naso maturo di pera, melone, confettura di lamponi, con tocchi speziati e boisé più evidenti nel rude finale. Qualche impuntatura gallica anche nel Vigneto Poggio Doria Riserva '10, comunque ben riuscito nel suo incedere fitto e austero.

● Brunello di Montalcino '11	🍷🍷	6
● Brunello di Montalcino Vign. Poggio Doria Ris. '10	🍷🍷	8
● Rosso di Montalcino '14	🍷	3
● Brunello di Montalcino Manachiara '99	🍷🍷🍷	7
● Brunello di Montalcino Manachiara '97	🍷🍷🍷	7
● Brunello di Montalcino '10	🍷🍷	5
● Brunello di Montalcino Manachiara '06	🍷🍷	8
● Brunello di Montalcino Manachiara '04	🍷🍷	8
● Brunello di Montalcino Vign. Manachiara '10	🍷🍷	8
● Brunello di Montalcino Vign. Poggio Doria '10	🍷🍷	8
● Rosso di Montalcino '07	🍷🍷	3

Tenute Niccolai - Palagetto

via Monteoliveto, 46
53037 San Gimignano [SI]
Tel. 0577943090
www.tenuteniccolai.it

VENDITA DIRETTA
VISITA SU PRENOTAZIONE
OSPITALITÀ
PRODUZIONE ANNUA 250.000 bottiglie
ETTARI VITATI 44,00

È questo il cuore delle tenute della famiglia Niccolai, che a San Gimignano ha le sue radici. Sabrina continua l'opera iniziata dal padre Luano, industriale innamorato della natura e della campagna, che aveva ereditato a sua volta la passione per la terra dal padre e dal suocero, entrambi cantinieri. Le Tenute Niccolai sono inoltre articolate sul Podere Bellarina di Montalcino e su Pian de' Cerri nel territorio del Montecucco, ma è al Palagetto che si tiene il lavoro più importante, all'interno della cantina moderna e funzionale, dove si produce la maggior parte di vino di tutte le tenute. Ottima prova d'assieme per una produzione ampia e variegata. Giunge in finale la Vernaccia Vent'anni '14, dal bouquet classico di mandorla e cenni di pot pourri floreale, corpo solido, ben articolato, dalle note fresche che equilibrano un corpo avvolgente, per un finale lungo e pieno. Buona la Vernaccia Riserva '14, dalle note di melone bianco e mela, buona struttura succosa, finale sapido.

○ Vernaccia di S. Gimignano Vent'anni '14	TT 3*
○ Sauvignon '15	TT 3
○ Vernaccia di S. Gimignano '15	TT 2*
○ Vernaccia di S. Gimignano Ris. '14	TT 3
○ Vernaccia di S. Gimignano V. Santa Chiara '14	TT 2*
● Chianti Colli Senesi '14	T 2
○ I'Niccolò '15	T 3
○ I'Niccolò '14	YY 3
● San Gimignano Sangiovese Merlot Uno di Quattro '10	YY 6
○ Vernaccia di S. Gimignano Ris. '12	YY 3
○ Vernaccia di S. Gimignano Ris. '10	YY 3*
○ Vernaccia di S. Gimignano V. Santa Chiara '13	YY 2*

Fattoria Nittardi

loc. Nittardi
53011 Castellina in Chianti [SI]
Tel. 0577740269
www.nittardi.com

VENDITA DIRETTA
VISITA SU PRENOTAZIONE
PRODUZIONE ANNUA 94.000 bottiglie
ETTARI VITATI 29,00

L'azienda, situata a Castellina in Chianti, ha una cifra stilistica moderna e ben definita ma, al contempo, dotata di una spiccata personalità e il carattere territoriale dei suoi vini è sempre ben presente. I rossi della Fattoria di Nittardi possiedono un sorso immediatamente piacevole, profumi intensi e una progressione gustativa tonica. Affinamento in legni piccoli, ma il rovere è dosato con equilibrio, contribuendo a un risultato decisamente convincente. La Fattoria Nittardi possiede anche 37 ettari di vigneto in Maremma, dove vengono prodotti vini che risultano spesso fra i migliori della loro tipologia. Frutto e legno in bel equilibrio nel Chianti Classico Riserva '13, dai profumi puliti e ariosi e dallo sviluppo gustativo piacevolmente saporito. Un vino su cui sentiamo di scommettere. Potente e concentrato il Nectar Dei '14, da un uvaggio da cabernet sauvignon, merlot e petit verdot, intenso anche negli aromi. Gustoso e ritmato il Chianti Classico Casanuova di Nittardi '14, che possiede anche un bagaglio olfattivo pulito e fragrante.

● Chianti Cl. Ris. '13	TTT 6
● Chianti Cl. Casanuova di Nittardi '14	TT 4
● Nectar Dei '14	TT 7
● Chianti Cl. Belcanto '14	T 4
● Ad Astra '08	YYY 3
● Chianti Cl. Ris. '11	YYY 6
● Chianti Cl. Ris. '10	YYY 6
● Ad Astra '13	YY 3
● Ad Astra '12	YY 3
● Chianti Cl. Belcanto '13	YY 4
● Chianti Cl. Casanuova di Nittardi '12	YY 4
● Chianti Cl. Casanuova di Nittardi '11	YY 4
● Chianti Cl. Ris. '12	YY 6
● Nectar Dei '12	YY 7
● Nectar Dei '10	YY 7

Orma

via Bolgherese
57022 Castagneto Carducci [LI]
Tel. 0575477857
tenutasetteponti@tenutasetteponti.it

PRODUZIONE ANNUA 30.000 bottiglie
ETTARI VITATI 5,50
AZIENDA SOSTENIBILE

Orma appartiene alle tenute di Antonio Moretti, imprenditore di successo che ha investito con passione nel mondo del vino. La casa madre è Tenuta Sette Ponti, vicino ad Arezzo, ma non manca una bellissima azienda in Sicilia: Feudo Maccari. A oggi una sola etichetta: Orma, che non è formalmente un Bolgheri, nel senso di denominazione, ma nella sostanza è uno dei migliori rossi della zona. Nasce da uve coltivate in appena 5 ettari di vigna, su terreni argillosi ricchi di ciottoli capaci di conferire complessità ed eleganza. Non manca di confermare i Tre Bicchieri il 2013, figlio di un'annata tra le più felici degli ultimi anni nel comprensorio di Bolgheri. Profumi intensi di piccoli frutti, cenni balsamici, macchia mediterranea, una fragrante nota di alloro. La bocca coniuga la struttura di cabernet e merlot con la finezza della mano che interpreta al meglio un territorio luminoso e generoso. L'acidità non abbandona mai il sorso e il tannino è di un'estrazione a dir poco magistrale. Avanti così.

● Orma '13	ΥΥΥ 8
● Orma '12	ΥΥΥ 8
● Orma '11	ΥΥΥ 8
● Orma '10	ΥΥΥ 7
● Orma '09	ΥΥΥ 6
● Orma '08	ΥΥΥ 6
● Orma '07	ΥΥΥ 5
● Orma '06	ΥΥΥ 6
● Orma '05	ΥΥ 6

Fattoria Ormanni

loc. Ormanni, 1
53036 Poggibonsi [SI]
Tel. 0577937212
www.ormanni.it

VENDITA DIRETTA
VISITA SU PRENOTAZIONE
OSPITALITÀ
PRODUZIONE ANNUA 70.000 bottiglie
ETTARI VITATI 68,00

Marchio storico della denominazione, Ormanni è di proprietà della famiglia Brini Batacchi dal 1818. I vigneti, anche ultra quarantennali, sono posti a cavallo delle province di Siena e Firenze. Dal versante fiorentino arrivano le uve per la produzione del Chianti Classico. I terreni di Barberino Val d'Elsa, infatti, sono ricchi di scheletro e posti a un'altitudine maggiore (350 metri sul livello del mare). In cantina le lavorazioni sono all'insegna della tradizione a partire dall'utilizzo di legno grande. Ne risultano vini dallo stile rigoroso, talvolta austeri, ma di grande fascino e carattere. Come nel caso del Chianti Classico Borro del Diavolo Riserva '12, dai profumi di ciliegia matura e terra e dalla progressione gustativa succosa e non priva di piacevoli durezze. Buono anche il Chianti Classico '12, speziato e dotato di un bel contrasto dolce acido. Più potente, e forse un po' meno intrigante, il Chianti Classico Gran Selezione '11. Saporito lo Julius '12, da uve sangiovese, merlot e syrah.

● Chianti Cl. Borro del Diavolo Ris. '12	ΥΥ 4
● Chianti Cl. '12	ΥΥ 3
● Chianti Cl. Gran Sel. '11	ΥΥ 3
● Julius '12	ΥΥ 5
● Chianti Cl. '10	ΥΥ 3*
● Chianti Cl. '08	ΥΥ 3
● Chianti Cl. '04	ΥΥ 2
● Chianti Cl. '03	ΥΥ 3
● Chianti Cl. Borro del Diavolo Ris. '08	ΥΥ 4
● Chianti Cl. Borro del Diavolo Ris. '06	ΥΥ 3
● Chianti Cl. Borro del Diavolo Ris. '01	ΥΥ 3
● Chianti Cl. Borro del Diavolo Ris. '00	ΥΥ 5
● Julius '00	ΥΥ 5

★★Ornellaia

FRAZ. BOLGHERI
LOC. ORNELLAIA, 191
57022 CASTAGNETO CARDUCCI [LI]
TEL. 056571811
www.ornellaia.it

VISITA SU PRENOTAZIONE
PRODUZIONE ANNUA 930.000 bottiglie
ETTARI VITATI 112,00

Ornellaia è una delle stelle più luminose del firmamento vinicolo italiano, capace di brillare con intensità in tutto il mondo. Fondata negli anni Ottanta, ha ottenuto successi incredibili sul fronte della critica e degli appassionati più esigenti. Si tratta di un corpo unico e omonimo, cui va aggiunta la parcella vitata di Bellaria. I vini sono di altissimo livello, capaci di primeggiare a livello internazionale. Oggi è una delle proprietà Frescobaldi, casato toscano di grande lignaggio e prestigio. Bissa i Tre Bicchieri dello scorso anno il Bolgheri Rosso Superiore Ornellaia. La vendemmia 2013 ci consegna un vino ancora piuttosto compresso ma con tantissime carte da giocare, prologo di un futuro sicuramente luminoso. Il profilo, almeno in questa fase, è decisamente scuro, sia nella componente fruttata sia in quella apportata dai legni di affinamento. Vino compatto dunque, capace di unire una grande materia a una rara capacità di distendersi in profondità.

● Bolgheri Sup. Ornellaia '13	🍷🍷🍷	8
● Masseto '13	🍷🍷	8
● Bolgheri Sup. Ornellaia '12	ΥΥΥ	8
● Bolgheri Sup. Ornellaia '10	ΥΥΥ	8
● Bolgheri Sup. Ornellaia '07	ΥΥΥ	8
● Bolgheri Sup. Ornellaia '05	ΥΥΥ	8
● Bolgheri Sup. Ornellaia '04	ΥΥΥ	8
● Bolgheri Sup. Ornellaia '02	ΥΥΥ	8
● Bolgheri Sup. Ornellaia '01	ΥΥΥ	8
● Masseto '11	ΥΥΥ	8
● Masseto '09	ΥΥΥ	8
● Masseto '06	ΥΥΥ	8
● Masseto '04	ΥΥΥ	8

Siro Pacenti

LOC. PELAGRILLI, 1
53024 MONTALCINO [SI]
TEL. 0577848662
www.siropacenti.it

VENDITA DIRETTA
VISITA SU PRENOTAZIONE
PRODUZIONE ANNUA 60.000 bottiglie
ETTARI VITATI 22,00

Risalgono al 1988 i primi imbottigliamenti della Siro Pacenti, azienda nata nel 1971 come costola di una delle più prestigiose dinastie del vino montalcinese. Al timone c'è oggi Giancarlo, tra i primi interpreti autorevoli a sperimentare barrique e tonneau per l'affinamento dei suoi Brunello, che poco hanno a che fare tuttavia con gli stereotipi "modernisti". Tutto ruota attorno alle parcelle di Pelagrilli, posizionate intorno ai 350 metri e caratterizzate da suoli argillolimosi, utilizzate per l'omonimo Brunello e per il PS Riserva. Si sono poi aggiunte le vigne meridionali di Piancornello, zona più calda dominata da terreni ciottolosi, che contribuisce al Vecchie Vigne e al Rosso. Giancarlo Pacenti riesce di nuovo a piazzare in finale tutti i suoi Brunello. Il PS Riserva '10 offre il meglio di sé nell'intreccio di suggestioni floreali e terrose, il Pelagrilli '11 sconta qualche crudezza estrattiva, ma ha sostanza ed energia. Il Vecchie Vigne '11 appare il più completo per armonia e sapore.

● Brunello di Montalcino Pelagrilli '11	🍷🍷	6
● Brunello di Montalcino PS Ris. '10	🍷🍷	8
● Brunello di Montalcino V. V. '11	🍷🍷	8
● Brunello di Montalcino '97	ΥΥΥ	7
● Brunello di Montalcino '96	ΥΥΥ	7
● Brunello di Montalcino '95	ΥΥΥ	7
● Brunello di Montalcino '88	ΥΥΥ	7
● Brunello di Montalcino PS Ris. '07	ΥΥΥ	8
● Brunello di Montalcino V. V. '10	ΥΥΥ	8
● Brunello di Montalcino '09	ΥΥ	8
● Brunello di Montalcino '07	ΥΥ	8
● Brunello di Montalcino '06	ΥΥ	8
● Brunello di Montalcino Pelagrilli '10	ΥΥ	6
● Brunello di Montalcino PS '04	ΥΥ	8
● Brunello di Montalcino PS Ris. '06	ΥΥ	8
● Rosso di Montalcino PS '11	ΥΥ	5

Panizzi

LOC. SANTA MARGHERITA, 34
53037 SAN GIMIGNANO [SI]
TEL. 0577941576
www.panizzi.it

VENDITA DIRETTA
VISITA SU PRENOTAZIONE
OSPITALITÀ
PRODUZIONE ANNUA 210.000 bottiglie
ETTARI VITATI 50,00

Giovanni Panizzi, un lombardo innamorato della Toscana, alla fine degli anni Settanta sceglie San Gimignano per iniziare a fare il viticoltore e dà vita così a un'azienda che nel giro di pochi anni contribuisce moltissimo alla rivalutazione della Vernaccia. Nel 2005 cede a Luano Niccolai la proprietà della tenuta, dove continua però a mettere a disposizione la sua passione e la sua esperienza fino al 2010, anno della sua scomparsa. Oggi Simone Niccolai, al timone dell'azienda, sta guidando un processo di rafforzamento ed espansione di notevole portata. Ottima prova in finale per la Vernaccia Vigna Santa Margherita '14, dal complesso aromatico fine e delicato, legato a note vegetali intriganti di timo e maggiorana, con frutti piacevoli, come melone bianco e pesca, corpo ben strutturato, senza eccessi, ed equilibrato dal finale fresco e armonico. Intrigante il Passito '13, dal naso complesso caratterizzato da note di fichi secchi, albicocche, cenni di nocciola. Avvolgente la bocca, opulenta, ampia, di buona consistenza, dolce, di ottima tenuta.

○ Vernaccia di San Gimignano V. Santa Margherita '14	🍷🍷	3*
○ Passito '13	🍷🍷	4
⊙ Ceraso Rosato '15	🍷	2
● Chianti Colli Senesi Vertunno Ris. '12	🍷	2
● San Gimignano Rosso Folgore '10	🍷	5
○ Vernaccia di S. Gimignano '15	🍷	2
○ Vernaccia di S. Gimignano Ris. '07	🍷🍷🍷	5
○ Vernaccia di S. Gimignano Ris. '05	🍷🍷🍷	5
○ Vernaccia di S. Gimignano Ris. '98	🍷🍷🍷	4*
○ Vernaccia di S. Gimignano '13	🍷🍷	2*
○ Vernaccia di S. Gimignano Ris. '12	🍷🍷	5
○ Vernaccia di S. Gimignano Ris. '11	🍷🍷	5

Parmoleto

LOC. MONTENERO D'ORCIA
POD. PARMOLETONE, 44
58040 CASTEL DEL PIANO [GR]
TEL. 0564954131
www.parmoleto.it

VENDITA DIRETTA
VISITA SU PRENOTAZIONE
OSPITALITÀ E RISTORAZIONE
PRODUZIONE ANNUA 23.000 bottiglie
ETTARI VITATI 6,00

La famiglia Sodi, originaria di Montalcino, è proprietaria di questa porzione della val d'Orcia già dai primi anni del '900. Ma è solo dagli anni Novanta che Duilio Sodi ha deciso di convertire a vigneto sei dei suoi 72 ettari. E così, oltre alla produzione di olio, legumi, farro e zafferano, oltre a un florido allevamento di suini, Parmoleto è divenuta un'azienda vitivinicola, tra le più concrete e territoriali del comprensorio del Montecucco. L'antico podere che domina sulle ondulate colline toscane è anche il centro di un'attività agrituristica. Si parlava di territorialità e concretezza, le stesse caratteristiche che abbiamo ritrovato in una grande versione di Montecucco Sangiovese Riserva, che ha raggiunto le nostre finali piazzandosi tra le migliori etichette della denominazione. Profumi di erbe aromatiche fresche e frutti neri anticipano una bocca integra, distesa, equilibrata tra trama tannica e componente alcolica, ravvivata da buon nerbo acido. Di buon livello anche il Sangiovese '12, dove emerge al naso la macchia mediterranea, dallo sviluppo garbato e lineare.

● Montecucco Sangiovese Ris. '11	🍷🍷	3*
● Montecucco Sangiovese '12	🍷🍷	3
● Montecucco Rosso '13	🍷	2
○ Carabatto '10	🍷🍷	2*
● Montecucco Sangiovese '11	🍷🍷	3
● Montecucco Sangiovese Ris. '10	🍷🍷	3
● Sormonno '08	🍷🍷	4
● Sormonno '05	🍷🍷	4

Tenuta La Parrina

FRAZ. ALBINIA
S.DA DELLA PARRINA
58010 ORBETELLO [GR]
TEL. 0564862636
www.parrina.it

VENDITA DIRETTA
VISITA SU PRENOTAZIONE
OSPITALITÀ E RISTORAZIONE
PRODUZIONE ANNUA 200.000 bottiglie
ETTARI VITATI 60,00
VITICOLTURA Biologico Certificato

La data di nascita dell'azienda riporta al 1830, quando il banchiere fiorentino Michele Giuntini decise di investire su un territorio ancora vergine dal punto di vista agricolo. Oggi alla guida della tenuta c'è Franca Spinola, che nel giro di qualche decennio ha dato nuova vita agli antichi fasti. Il vigneto si estende per 60 ettari, all'interno di una denominazione che porta il nome dell'azienda, Parrina, caso rarissimo in Italia, e che occupa le basse colline del comune di Orbetello. Ma l'azienda non produce solo vino: con un occhio di riguardo alla salvaguardia del territorio e al rispetto della biodiversità, insieme ai vigneti, qui si coltivano ulivi, ortaggi, cereali e frutta e si allevano pecore, capre e mucche. Non risente delle difficoltà dell'annata 2014 il Muraccio, da sangiovese completato da piccolo saldo di cabernet sauvignon e merlot, corredato da uno spettro aromatico giocato su frutti rossi maturi che sfumano su note speziate e terziarie. Piacevole anche il Poggio della Fata '15, da sauvignon e vermentino, succoso e dinamico.

● Parrina Rosso Muraccio '14	🍷🍷	3*
○ Costa dell'Argentario Ansonica '15	🍷🍷	3
○ Poggio della Fata '15	🍷🍷	3
○ Parrina Bianco '15	🍷	2
● Parrina Merlot Radaia '14	🍷	6
● Parrina Sangiovese '15	🍷	2
● Parrina Sangiovese Ris. '13	🍷	5
○ Parrina Vermentino '15	🍷	3
○ Ansonica Costa dell'Argentario '14	🍷🍷	3
○ Parrina Bianco '12	🍷🍷	2*
● Parrina Radaia '13	🍷🍷	6
● Parrina Rosso Muraccio '13	🍷🍷	3
● Parrina Rosso Muraccio '11	🍷🍷	3
● Parrina Sangiovese '10	🍷🍷	4
● Parrina Sangiovese Ris. '12	🍷🍷	5

Petra

LOC. SAN LORENZO ALTO, 131
57028 SUVERETO [LI]
TEL. 0565845308
www.petrawine.it

VENDITA DIRETTA
VISITA SU PRENOTAZIONE
PRODUZIONE ANNUA 350.000 bottiglie
ETTARI VITATI 94,00
AZIENDA SOSTENIBILE

Dalla Franciacorta alla val di Cornia: questo il percorso ideale della passione di Vittorio Moretti per il vino. Dopo i successi con i Franciacorta di Bellavista e Contadi Castaldi, la curiosità imprenditoriale spinge verso la Toscana, fino alla Maremma, con la tenuta Badiola. Ma la tappa decisiva è quella precedente, Petra. È qui che sorge la cantina, ideata e disegnata da Mario Botta: simbolica, al tempo stesso funzionale. Tutto viene seguito, con la stessa intensa passione del padre, da Francesca, impegnata a far nascere vini che raccontino dell'amore per un territorio unico. Ottima prova generale per i vini dell'azienda della famiglia Moretti. Conquista i Tre Bicchieri il Petra '13, da cabernet sauvignon e merlot, con sentori evidenti di peperone verde, mirtilli e ribes, quindi note erbacee mentolate. La bocca è docile, ricca, intrigante, rilassata sul finale invitante. Molto buono il Potenti '13, dai toni minerali e balsamici, corpo agile, succoso, gradevole e persistente.

● Petra Rosso '13	🍷🍷🍷	8
● Potenti '13	🍷🍷	6
● Alto '12	🍷🍷	6
○ Belvento Vermentino '15	🍷🍷	3
○ La Balena '13	🍷🍷	6
● Quercegobbe '13	🍷🍷	6
● Belvento Cabernet Sauvignon '14	🍷	3
● Belvento Sangiovese '14	🍷	3
⊙ Belvento Velarosa '15	🍷	3
○ Belvento Viognier '15	🍷	3
● Hebo '14	🍷	3
● Petra Rosso '12	🍷🍷🍷	8
● Petra Rosso '11	🍷🍷🍷	8
● Petra Rosso '04	🍷🍷🍷	7

★Fattoria Petrolo

fraz. Mercatale Valdarno
via Petrolo, 30
52021 Bucine [AR]
Tel. 0559911322
www.petrolo.it

VISITA SU PRENOTAZIONE
OSPITALITÀ
PRODUZIONE ANNUA 70.000 bottiglie
ETTARI VITATI 27,00

Anche se di insediamenti nella zona c'è traccia già nel periodo etrusco, Petrolo ha origini romane: il nome infatti deriva dal termine petroliarum (villa di campagna con il pretorio). Questo territorio, con una forte presenza di boschi, è da sempre segnato dalla coltivazione di vigne e olivi, e quindi dalla produzione di vini di qualità, come si evince dall'editto del 1716 di Cosimo III Granduca di Toscana che lo indica tra le quattro zone di pregio vitivinicolo: il Chianti, il Carmignano, il Pomino e il Val d'Arno di Sopra, la zona di Petrolo appunto. L'azienda è gestita dalla famiglia Bazzocchi-Sanjust da quattro generazioni, più esattamente dal 1947, da quando cioè il nonno dell'attuale proprietario Luca Sanjust acquistò la tenuta. Appuntamento fisso quello con i Tre Bicchieri per il Galatrona, da merlot in purezza, che nell'annata 2013 conserva l'eleganza dei profumi fruttati con nuance speziate di chiodi di garofano, pepe e vaniglia. In bocca l'attacco è cremoso, caldo, avvolgente, di bella pienezza, con finale potente lungo e piacevole.

● Valdarno di Sopra Galatrona '13	YYY 8
● Valdarno di Sopra Boggina '14	YY 6
● Valdarno di Sopra Bogginanfora '14	YY 7
● Valdarno di Sopra Inarno '15	Y 2
● Valdarno di Sopra Torrione '14	Y 5
● Galatrona '12	YYY 8
● Galatrona '11	YYY 8
● Galatrona '10	YYY 8
● Galatrona '09	YYY 8
● Galatrona '08	YYY 8
● Galatrona '07	YYY 8
● Galatrona '06	YYY 8
● Galatrona '05	YYY 8
● Torrione '11	YYY 5

★Piaggia

loc. Poggetto
via Cegoli, 47
59016 Poggio a Caiano [PO]
Tel. 0558705401
www.piaggia.com

VENDITA DIRETTA
VISITA SU PRENOTAZIONE
PRODUZIONE ANNUA 75.000 bottiglie
ETTARI VITATI 15,00

Il successo continuativo di questa bella tenuta di Carmignano poggia su basi solidissime. La famiglia Vannucci si dedica con passione all'azienda fondata a metà degli anni Settanta da Mauro Vannucci e dalla moglie Rita. Al loro fianco da qualche anno c'è anche la figlia Silvia, che è anche stata presidente del locale Consorzio di Tutela, e segue lo sviluppo commerciale. Oggi Piaggia si estende su 25 ettari, 15 dei quali di curatissimi vigneti e per il restante oliveto. La consulenza tecnica è di Alberto Antonini ed Emiliano Falsini. La Riserva '13 inanella l'ennesimo successo in carriera. È un grande rosso, concentrato e ricco, maturato in legni nuovi di ottima qualità che si muove agilmente nella terra di confine tra lo stile internazionale e gli eleganti rimandi territoriali. Una sinfonia di frutti rossi maturi, sorretta da una fresca vena acida e tannini vellutati accompagna il sorso verso un lunghissimo finale speziato e balsamico. Altrettanto buono il Cabernet Franc Poggio de' Colli '14, ricco di toni di mora e mirtillo, che sfuma su toni di menta, cioccolato e caffè.

● Carmignano Ris. '13	YYY 6
● Poggio de' Colli '14	YY 7
● Carmignano Il Sasso '14	YY 5
● Carmignano Ris. '12	YYY 6
● Carmignano Ris. '11	YYY 6
● Carmignano Ris. '08	YYY 5
● Carmignano Ris. '07	YYY 5
● Carmignano Ris. '99	YYY 5
● Carmignano Ris. '98	YYY 5
● Carmignano Ris. '97	YYY 5
● Carmignano Sasso '07	YYY 4
● Il Sasso '01	YYY 4
● Poggio de' Colli '11	YYY 7
● Poggio de' Colli '10	YYY 6

Piancornello

loc. Piancornello
53024 Montalcino [SI]
Tel. 0577844105
piancornello@libero.it

VENDITA DIRETTA
VISITA SU PRENOTAZIONE
PRODUZIONE ANNUA 50.000 bottiglie
ETTARI VITATI 10,00

Regolarmente citata tra le opzioni più riconoscibili e coerenti del quadrante sud di Montalcino, Piancornello appartiene a Silvana Pieri e Claudio Monaci. Trae linfa da un parco viticolo di circa 10 ettari dislocati su un altipiano che guarda il monte Amiata e il fiume Orcia. Un terroir unico, indissolubilmente legato al microclima mediterraneo e ai suoli sassosi e rocciosi, acclivi e drenanti, da cui si originano sangiovese di tempra avvolgente e solare. Non aspettatevi comunque Brunello facili e risolti, al contrario: la vigorosa dotazione tannica, rafforzata anche dalle maturazioni in barrique e tonneau, consiglia pazienza e attenzione. Mirto, ginepro, pepe, erbe balsamiche, agrumi canditi: il Brunello '11 incarna fin dall'attacco aromatico l'idea di quel che ci aspettiamo da un'area e un millesimo generoso. Manca un plus di energia e profondità, è vero, pienamente compensato però dalla solarità saporosa del sorso. Sembra soffrire maggiormente l'annata complicata il Rosso '14.

Vino	Bicchieri	Prezzo
● Brunello di Montalcino '11	🍷🍷	6
● Rosso di Montalcino '14	🍷	3
● Brunello di Montalcino '10	🍷🍷🍷	6
● Brunello di Montalcino '06	🍷🍷🍷	6
● Brunello di Montalcino '99	🍷🍷🍷	6
● Brunello di Montalcino '09	🍷🍷	6
● Brunello di Montalcino '08	🍷🍷	6
● Brunello di Montalcino '07	🍷🍷	6
● Brunello di Montalcino '04	🍷🍷	6
● Brunello di Montalcino '03	🍷🍷	6
● Brunello di Montalcino Ris. '06	🍷🍷	6
● Brunello di Montalcino Ris. '04	🍷🍷	6
● Rosso di Montalcino '11	🍷🍷	3
● Rosso di Montalcino '08	🍷🍷	3*

Piandaccoli

via di Piandaccoli, 7
50055 Lastra a Signa [FI]
Tel. 0550750005
www.piandaccoli.it

VENDITA DIRETTA
VISITA SU PRENOTAZIONE
OSPITALITÀ
PRODUZIONE ANNUA 90.000 bottiglie
ETTARI VITATI 20,00

La tutela e la valorizzazione dei vitigni autoctoni della Toscana è da anni al centro del progetto aziendale di Piandaccoli, da quando cioè il suo patron, Giampaolo Bruni, decise di dare forza e originalità ai vini prodotti nella tenuta di famiglia. I vitigni salvati dall'abbandono e utilizzati sono la barsaglina - varietà autoctona toscana di cui c'è traccia da fine Ottocento -, il colorino - che prende il nome dall'abbondante colore contenuto nella buccia -, la foglia tonda, il mammolo, il pugnitello - il cui grappolo richiama la forma di un piccolo pugno, e l'immancabile sangiovese. Arriva in finale il Pugnitello del Rinascimento '13, con un bagaglio aromatico fruttato, di ciliegie e more, cenni speziati intriganti, corpo solido e nervoso, con tannini ben distribuiti, teso, dal finale succoso e lungo. Piacevole il Foglia Tonda del Rinascimento '13, dove prevale la sensazione del peperone con sfumature vegetali, sentori di prugna, con una struttura ben definita, soda, di gradevole persistenza.

Vino	Bicchieri	Prezzo
● Pugnitello del Rinascimento '13	🍷🍷 (rossi)	6
● Foglia Tonda del Rinascimento '13	🍷🍷	6
● Maiorem '13	🍷🍷	5
● Chianti Cosmus Ris. '13	🍷	2
● In Primis '13	🍷	3
⊙ Operandi '15	🍷	3
● Chianti Cosmus '11	🍷🍷	2*
● Chianti Cosmus Ris. '12	🍷🍷	2*
● Foglia Tonda del Rinascimento '12	🍷🍷	6
● Maiorem '12	🍷🍷	5
● Maiorem '11	🍷🍷	5
● Maiorem '10	🍷🍷	5

Pietrafitta

Loc. Cortennano, 54
53037 San Gimignano [SI]
Tel. 0577943200
www.pietrafitta.com

VENDITA DIRETTA
VISITA SU PRENOTAZIONE
OSPITALITÀ
PRODUZIONE ANNUA 230.000 bottiglie
ETTARI VITATI 80,00

Una storia che parte da lontano, per quest'azienda che ha iniziato da qualche anno un percorso di rinnovamento a tutto tondo. Risalire infatti al 961 d.C., quando faceva parte del feudo dei Fosci, una proprietà del marchese Ugo Salico. Nel corso dei secoli è passata di mano varie volte ma è dall'avvento dei Savoia che si dette un impulso notevole alla viticoltura e alla olivicoltura, con la costruzione della cantina, a inizio '900, ben progettata tanto che è ancora perfettamente funzionante. Buona prova per la Vernaccia Il Borghetto '15, dalle note concentrate al naso, molto legate al frutto, con cenni di erbe officinali. In bocca si mostra di buona polpa, nerbo acido appetitoso, per un finale saporito e dinamico. Gradevole la Vernaccia La Costa Riserva '12, dalle note minerali prevalenti, unite a cenni di fiori secchi e frutto nitido come pesca. Impatto di buona sostanza, largo, dal finale invitante. Intrigante il Vin Santo '07, dal bouquet classico di datteri e mandorle, bocca sontuosa e cremosa, finale prolungato e piacevole.

Vino	Valutazione
○ San Gimignano Vin Santo '07	▼▼ 5
○ Vernaccia di S. Gimignano Il Borghetto '15	▼▼ 3
○ Vernaccia di S. Gimignano La Costa Ris. '12	▼▼ 4
● Chianti dei Colli Senesi '12	▼ 2
○ Vernaccia di S. Gimignano La Costa Ris. '15	▼ 2
● Chianti Colli Senesi '07	♡♡ 2*
○ S. Gimignano Vin Santo '04	♡♡ 5
○ Vernaccia di S. Gimignano La Costa Ris. '11	♡♡ 4
○ Vernaccia di S. Gimignano La Costa Ris. '08	♡♡ 3
○ Vernaccia di S. Gimignano V. La Costa Ris. '06	♡♡ 3

Pietroso

Loc. Pietroso, 257
53024 Montalcino [SI]
Tel. 0577848573
www.pietroso.it

VENDITA DIRETTA
VISITA SU PRENOTAZIONE
PRODUZIONE ANNUA 30.000 bottiglie
ETTARI VITATI 5,00

Alla piccola e sempre più interessante produzione curata da Gianni Pignattai e famiglia contribuiscono tre corpi viticoli, tutti destinati a sangiovese. Circonda la cantina il podere Pietroso, dove si sfiorano i 500 metri di altitudine e dominano terreni poveri, con rocce e sassi. Si collocano invece sul versante sud, a quota 400 metri nei pressi dell'Abbazia di Sant'Antimo, le parcelle di Colombaiolo che insistono su terreni argillotufacei. Infine Fornello, quadrante nord di Montalcino, 350 metri, dai suoli ricchi di galestro. Ogni vigna è lavorata separatamente e segue uno specifico percorso di maturazione, perlopiù in rovere da 30 ettolitri, prima degli assemblaggi finali. È mancata solo la ciliegina su una torta, preparata con maestria e ingredienti di livello come il Brunello Riserva '10. Classicamente terziario, su amarena, tabacco, mostarda, conferma l'indole essenziale in un palato frenato solo dalla chiusura asciutta. Dolcezza e severità anche nel Brunello '11.

● Brunello di Montalcino Ris. '10	▼▼ 6
● Brunello di Montalcino '11	▼▼ 6
● Rosso di Montalcino '14	▼▼ 4
● Brunello di Montalcino '09	♡♡♡ 6
● Brunello di Montalcino '10	♡♡ 6
● Brunello di Montalcino '08	♡♡ 6
● Brunello di Montalcino '04	♡♡ 5
● Rosso di Montalcino '13	♡♡ 4
● Rosso di Montalcino '12	♡♡ 4
● Rosso di Montalcino '11	♡♡ 3*
● Rosso di Montalcino '07	♡♡ 3

Pieve de' Pitti

loc. Pieve de' Pitti, 7bis
56030 Terricciola [PI]
Tel. 0587635724
www.pievedepitti.it

VENDITA DIRETTA
VISITA SU PRENOTAZIONE
PRODUZIONE ANNUA 60.000 bottiglie
ETTARI VITATI 16,00

198 ettari di boschi, campi coltivati e soprattutto vigneti e oliveti intorno a Terricciola, che si stendono, a raggiera, sulla collina dominata dalla villa e dal Castello di Pava: questa è Pieve de' Pitti, che deve il nome alla famiglia fiorentina dei Pitti, proprietari della fattoria fino alla metà del XVII secolo, e alla pieve di San Giovanni, sorta sulle rovine di un'antica chiesa etrusca e ancora oggi consacrata. Il sangiovese è il vitigno prevalente, ma trovano spazio e attenzione anche vitigni meno usuali per queste zone, quali vermentino, trebbiano e syrah. Piacevole il Syrah '13, dalle note speziate di pepe e liquirizia, cenni di cuoio su una base fruttata di ciliegie e more. Al gusto si dimostra rilassato, ben sostenuto dall'alcol, con un finale persistente e di bella pulizia. Gradevole l'Appunto '12, da sangiovese e merlot, con sentori di ribes e mirtilli, corpo vitale, dai tannini fusi alla componente alcolica, fresco e con piacevole finale appetitoso.

● Appunto '12	🍷🍷 2*
● Moro di Pava '11	🍷🍷 4
● Syrah '13	🍷🍷 2*
○ Aprilante '15	🍷 2
● Chianti Sup. Cerretello '12	🍷 2
○ Aprilante '14	🍷🍷 2*
● Scopaiolo '11	🍷🍷 3

Pieve Santo Stefano

loc. Sardini
55100 Lucca
Tel. 0583394115
www.pievedisantostefano.com

VENDITA DIRETTA
VISITA SU PRENOTAZIONE
OSPITALITÀ
PRODUZIONE ANNUA 45.000 bottiglie
ETTARI VITATI 10,68
AZIENDA SOSTENIBILE

Gli attuali proprietari di questo antico sito, sulle colline che sovrastano Lucca, i coniugi Francesca Bogazzi e Antoine Hiriz, hanno colto molto bene le potenzialità del luogo dove coltivano i loro vigneti, dai suoli franco argillosi ricchi di scheletro. Siamo tra i 200 e i 300 metri e il microclima, contraddistinto da un apporto delle piogge superiore a quello di Lucca, insieme a escursioni termiche accentuate, costituisce un mix decisamente adatto alla produzioni di vini snelli e di grande freschezza. Questa è infatti la cifra stilistica principale delle etichette aziendali che privilegia equilibrio ed eleganza, confermato anche da un uso oculato dei legni di affinamento, sia grandi sia piccoli. Aromi che a tratti "pinotteggiano", sviluppo gustativo sapido e profondo sono le caratteristiche salienti del Colline Lucchesi Ludovico Sardini '13. Polposo e immediatamente godibile il Villa Sardini '15. Sottile e di buon ritmo il Lippo '14, da cabernet franc e merlot.

● Colline Lucchesi Ludovico Sardini '13	🍷🍷 4
● Colline Lucchesi Villa Sardini '15	🍷🍷 2*
● Lippo '14	🍷🍷 4
● Colline Lucchesi Ludovico '08	🍷🍷 2*
● Colline Lucchesi Ludovico Sardini '12	🍷🍷 4
● Colline Lucchesi Ludovico Sardini '11	🍷🍷 2*
● Colline Lucchesi Villa Sardini '13	🍷🍷 2*
● Colline Lucchesi Villa Sardini '12	🍷🍷 2*
● Lippo '11	🍷🍷 3
● Lippo '10	🍷🍷 3
● Ludovico Sardini '12	🍷🍷 3

Podere 414

Loc. Maiano Lavacchio, 10
58051 Magliano in Toscana [GR]
Tel. 0564507818
www.podere414.it

VENDITA DIRETTA
VISITA SU PRENOTAZIONE
PRODUZIONE ANNUA 150.000 bottiglie
ETTARI VITATI 22,00
VITICOLTURA Biologico Certificato

Simone Castelli ha scommesso fin da subito sulla Maremma e ha costruito il suo progetto enologico nel cuore di questa terra a partire dal 1998. Il nome dell'azienda non è altro che il numero attribuito al podere dall'Ente Maremma negli anni Sessanta durante il frazionamento dei latifondi e sottolinea il legame anche storico di questa realtà produttiva con le vicende del territorio. Un legame che si riverbera anche nello stile dei vini: essenziale, non privo di personalità, frutto dell'utilizzo dei soli vitigni di antica coltivazione della zona. Il Morellino di Scansano '14 trova nello sviluppo gustativo il suo punto di forza. Il sorso è agile, scattante, molto fresco e possiede profondità e un finale contraddistinto da una piacevole nota salina. I profumi sono puliti, lievi e ben profilati, con un fruttato rigoglioso in cui spiccano le note di ciliegia fresca. Il Rosato Flower Power '15, ottenuto da salasso di sangiovese, possiede bocca croccante e gustosa e profumi fragranti e continui.

● Morellino di Scansano '14	🍷🍷 3
⊙ Rosato Flower Power '15	🍷🍷 2*
● Aleatico Passito '14	ΥΥ 7
● Aleatico Passito '13	ΥΥ 7
● Morellino di Scansano '13	ΥΥ 3
● Morellino di Scansano '12	ΥΥ 3

Poderi del Paradiso

Loc. Strada, 21a
53037 San Gimignano [SI]
Tel. 0577941500
www.poderidelparadiso.it

VENDITA DIRETTA
VISITA SU PRENOTAZIONE
OSPITALITÀ
PRODUZIONE ANNUA 130.000 bottiglie
ETTARI VITATI 27,00

Ci sono tracce storiche che fanno risalire l'arrivo di tale Puccio di Cetto a San Gimignano intorno all'anno 1000. A poco più di due secoli dopo risalgono invece i documenti che menzionano il Podere Paradiso. I suoi terreni e le sue costruzioni vengono acquisite dalla famiglia Cetti nel 1973 e rappresentano il nucleo originario intorno al quale in questi anni è stata strutturata l'azienda. Sono stati rinnovati i vigneti, accanto ai vitigni più tradizionali, vernaccia e sangiovese, hanno trovato spazio alcuni vitigni internazionali. Piacevole la Vernaccia Biscondola '14, dal bouquet gradevole, dove note speziate si uniscono a sentori fruttati di pesca e albicocca, cenni di erbe aromatiche a completare. In bocca mostra un bel timbro fresco, con sapidità calibrata, buona pienezza e finale intrigante. Buono anche il Silicum '13, uvaggio da sangiovese, merlot e syrah, dalle note fruttate di ciliegia e prugna, balsamico senza eccessi, cenni di pepe e cannella, corpo solido, dai tannini ben inseriti e finale fresco e persistente.

● Silicum '13	🍷🍷 3
○ Vernaccia di S. Gimignano Biscondola '14	🍷🍷 3
● Chianti Colli Senesi '14	🍷 2
● San Gimignano Rosso Bottaccio '13	🍷 3
● A Filippo '02	ΥΥΥ 4
● Saxa Calida '00	ΥΥΥ 5
● Saxa Calida '99	ΥΥΥ 4
● Chianti Colli Senesi Ris. '12	ΥΥ 3
● San Gimignano Sangiovese Bottaccio '11	ΥΥ 4
● San Gimignano Sangiovese Bottaccio '10	ΥΥ 5
○ San Gimignano Vin Santo '07	ΥΥ 5
○ Vernaccia di S. Gimignano '12	ΥΥ 3
○ Vernaccia di S. Gimignano Biscondola '11	ΥΥ 3

Podernuovo a Palazzone

Loc. Le Vigne, 203
53040 San Casciano dei Bagni [SI]
Tel. 057856056
www.podernuovoapalazzone.com

PRODUZIONE ANNUA 130.000 bottiglie
ETTARI VITATI 20,00
AZIENDA SOSTENIBILE

Podernuovo, l'azienda e il progetto enologico di Giovanni Bulgari, figlio di Paolo, gioielliere e presidente della omonima e nota maison, conta su un'estensione a vigneto di circa 20 ettari, coltivati a sangiovese, montepulciano, cabernet sauvignon, franc e merlot, su terreni argillo calcarei misti ad arenarie e fossili. Si tratta di una zona della Toscana attualmente non ricollegabile subito alla produzione viticola ma un tempo di nobile tradizione. Lo stile dei vini è moderno ma senza inutili forzature e, soprattutto, con i legni dosati con buon equilibrio. Profumato e di buona beva il Therra '13, blend da sangiovese, montepulciano, cabernet sauvignon, cabernet franc e merlot. Più complesso ed elegante l'Argirio '13, uvaggio da cabernet sauvignon e cabernet franc, dai profumi nitidi e dal gusto morbido e non privo di profondità. Il Sotirio '11, da sangiovese in purezza, ha profumi un po' evoluti e gusto sapido ma legnoso.

● Argirio '13	🍷🍷	6
● Therra '13	🍷🍷	5
● Sotirio '11	🍷	7

Poggerino

Loc. Poggerino, 6
53017 Radda in Chianti [SI]
Tel. 0577738958
www.poggerino.com

VENDITA DIRETTA
VISITA SU PRENOTAZIONE
OSPITALITÀ
PRODUZIONE ANNUA 60.000 bottiglie
ETTARI VITATI 11,30
VITICOLTURA Biologico Certificato

Sempre più definiti e leggibili i vini prodotti da Poggerino, condotta da Piero e Benedetta Lanza. Situata nell'areale di Radda in Chianti, l'azienda propone etichette affascinanti, caratterizzate da uno stile in cui a una spiccata vena acida si affiancano tannini affilati, che ne segnano la prima fase evolutiva, risultando dotati di carattere ed energia. In vigna ormai il protocollo biodinamico ha sostituito la conduzione biologica, mentre in cantina le botti grandi stanno pian piano rimpiazzando barrique e tonneau. Il Chianti Classico Bugialla Riserva '13 conferma il suo tratto distintivo da grande vino. Aromaticamente è definito e complesso e alterna note di frutti rossi freschi a cenni speziati e floreali rifiniti da ricordi terrosi. In bocca il sorso è lungo e succoso e i tannini sono fitti e ben sostenuti da una acidità vivace, che contrasta anche il rovere a tratti in primo piano per la gioventù del vino. Solido e ben ritmato il fragrante Chianti Classico '13.

● Chianti Cl. Bugialla Ris. '13	🍷🍷🍷	5
● Chianti Cl. '13	🍷🍷	4
● Chianti Cl. Bugialla Ris. '12	🍷🍷🍷	5
● Chianti Cl. Bugialla Ris. '09	🍷🍷🍷	5
● Chianti Cl. Bugialla Ris. '08	🍷🍷🍷	5
● Primamateria '01	🍷🍷🍷	5
● Chianti Cl. '12	🍷🍷	3*
● Chianti Cl. '08	🍷🍷	3
● Chianti Cl. '06	🍷🍷	3*
● Chianti Cl. Bugialla Ris. '10	🍷🍷	5
● Primamateria '10	🍷🍷	5
● Primamateria '07	🍷🍷	5
● Primamateria '06	🍷🍷	5

Poggio al Gello

Loc. Gello
58045 Civitella Paganico [GR]
Tel. 0564906025
www.poggioalgello.it

VENDITA DIRETTA
VISITA SU PRENOTAZIONE
PRODUZIONE ANNUA 20.000 bottiglie
ETTARI VITATI 4,00
VITICOLTURA Biologico Certificato
AZIENDA SOSTENIBILE

L'azienda nasce nel 1998, da un'idea di Alda Chiarini e Giorgio Nelli. Le linee guida, fin dall'inizio, sono ben chiare: pieno rispetto della natura, attenzione scrupolosa in ogni processo produttivo, minimi interventi correttivi sia in vigna sia in cantina, facendo in modo che sia la terra a esprimere la propria inclinazione. I quattro ettari di vigneto, che si avvalgono della certificazione biologica, annoverano tra i filari esclusivamente vitigni autoctoni: accanto al sangiovese trovano spazio alcune cultivar meno conosciute, come il pugnitello o il foglia tonda, antiche varietà recentemente riscoperte in grado di dare buoni risultati in bottiglia. Il Rosso del Gello è un Sangiovese in purezza che parte con toni scuri di radici e humus per aprirsi successivamente a un ventaglio aromatico che rimanda a mora e ciliegia; le stesse sensazioni fruttate ritornano al palato su un sorso polposo e di buona distensione, racchiuso in un tannino compatto. Buono anche il Fosso del Nibbio '12, saporito e piacevole.

● Montecucco Rosso Fosso del Nibbio '12	YY 3
● Montecucco Sangiovese Rosso del Gello '13	YY 3
● Agellus '14	Y 4
● Montecucco Sangiovese Rosso del Gello '11	YY 3*
● Montecucco Sangiovese Rosso del Gello Ris. '11	YY 4

Poggio al Tesoro

Loc. Felciaino
via Bolgherese, 189b
57022 Bolgheri [LI]
Tel. 0565773051
www.poggioaltesoro.it

VENDITA DIRETTA
VISITA SU PRENOTAZIONE
PRODUZIONE ANNUA 330.000 bottiglie
ETTARI VITATI 65,00

La crescita qualitativa e la definizione stilistica degli ultimi anni, sempre piuttosto originale, sta lanciando Poggio al Tesoro tra le realtà più interessanti di Bolgheri. Grande importanza ha ovviamente il parco vigneto: le uve tipiche della denominazione poggiano su terreni eterogenei, in alcuni casi piuttosto pesanti, in altri sabbiosi o ricchi di scheletro. Lo stile della casa, dicevamo, è personale, improntato su toni aromatici e gusti verticali. L'azienda fa parte del gruppo Allegrini, firma celebre del vino italiano con base in Valpolicella. Splendido 2013 per il Bolgheri Rosso Superiore Sondraia, molto complesso e variegato, capace di spaziare da toni fruttato erbacei di ribes e peperone rosso a profumi di tabacco e menta secca. Anche la bocca è solida, calda e rigogliosa sul piano tannico. Ottimo, anche se più erbaceo e imprevedibile, Dedicato a Walter '13 ricorda i peperoncini verdi e ha una leggera sensazione foxy.

● Bolgheri Sup. Sondraia '13	YYY 5
● Bolgheri Sup. Dedicato a Walter '13	YY 7
○ Bolgheri Vermentino Solosole '15	YY 3
● Bolgheri Sup. Sondraia '11	YYY 5
● Bolgheri Sup. Sondraia '10	YYY 5
● Dedicato a Walter '12	YYY 7
● Dedicato a Walter '09	YYY 7
⊙ Bolgheri Rosato Cassiopea '13	YY 2*
● Bolgheri Sup. Sondraia '12	YY 5
○ Bolgheri Vermentino Solosole '13	YY 3
● Dedicato a Walter '11	YY 7
● Dedicato a Walter '10	YY 7
● Mediterra '13	YY 3
● Mediterra '12	YY 3

★Poggio Antico

LOC. POGGIO ANTICO
53024 MONTALCINO [SI]
TEL. 0577848044
www.poggioantico.com

VENDITA DIRETTA
VISITA SU PRENOTAZIONE
RISTORAZIONE
PRODUZIONE ANNUA 120.000 bottiglie
ETTARI VITATI 32,00

Poggio Antico è un nome che evoca indelebili emozioni per i più profondi conoscitori dei vini di Montalcino. Le Riserva firmate negli anni Settanta e Ottanta hanno fatto la storia della denominazione e il presente non è certo da meno, grazie all'appassionato rigore di Paola Gloder e Alberto Montefiori. Eleganti e slanciati, i loro Brunello restituiscono chirurgicamente i caratteri di una zona molto particolare, tra le più alte e ventilate del quadrante sud occidentale, il più esposto alle influenze tirreniche. Uno stile puntellato da una mano decisamente delicata in cantina, ormai tarata su affinamenti in rovere da 37 e 55 ettolitri (le etichette annata e Riserva) e in tonneau (la selezione Altero). Anche stavolta è la Riserva la punta di diamante, aromaticamente variopinta in versione 2010, con le sue suggestioni di ciliegia, cocomero, grafite; un tocco confit è più evidente al palato, contrastato dal tannino per ora fin troppo in rilievo. Ottime indicazioni anche dalla coppia di Brunello '11.

● Brunello di Montalcino Ris. '10	🍷🍷 (rossi)	8
● Brunello di Montalcino '11	🍷🍷	7
● Brunello di Montalcino Altero '11	🍷🍷	8
● Madre '13	🍷	6
● Rosso di Montalcino '14	🍷	5
● Brunello di Montalcino '05	🍷🍷🍷	7
● Brunello di Montalcino '88	🍷🍷🍷	7
● Brunello di Montalcino Altero '09	🍷🍷🍷	7
● Brunello di Montalcino Altero '07	🍷🍷🍷	8
● Brunello di Montalcino Altero '06	🍷🍷🍷	8
● Brunello di Montalcino Altero '04	🍷🍷🍷	8
● Brunello di Montalcino Altero '99	🍷🍷🍷	8
● Brunello di Montalcino Ris. '01	🍷🍷🍷	7

Poggio Argentiera

LOC. ALBERESE
S.DA BANDITELLA, 2
58010 GROSSETO
TEL. 3484952767
www.poggioargentiera.com

VENDITA DIRETTA
VISITA SU PRENOTAZIONE
PRODUZIONE ANNUA 200.000 bottiglie
ETTARI VITATI 22,00
VITICOLTURA Biologico Certificato

Dopo il passaggio dello scorso anno, in affitto ventennale a Tua Rita di Suvereto, dell'azienda fondata da Giampaolo Paglia, il cammino sembra restare quello del passato. Si tratta di una delle realtà produttive più importanti della Maremma enoica e il suo corso si mantiene sui soliti ottimi standard. I vini mostrano una cifra stilistica ancora in divenire, ma poggiano su basi solide, quali una buona materia prima, scelte enologiche lineari e massima attenzione alla piacevolezza, come le tipologie offerte dal portafogli prodotti esigono. Il Morellino di Scansano Capatosta '13 offre aromi ben assestati, caratterizzati da frutti rossi e spezie a rifinitura. In bocca possiede ritmo, lunghezza e continuità. Più immediato il Morellino di Scansano Bellamarsilia '15, polposo e morbido al palato, quanto intensamente profumato al naso. Fresco e di bella bevibilità il pepato e croccante Maremmante '15, da un uvaggio paritario da syrah e alicante.

● Maremmante '15	🍷🍷	2*
● Morellino di Scansano Bellamarsilia '15	🍷🍷	3
● Morellino di Scansano Capatosta '13	🍷🍷	5
● Finisterre '07	🍷🍷🍷	6
● Morellino di Scansano Capatosta '00	🍷🍷🍷	5*
○ Guazza '13	🍷🍷	2*
● Morellino di Scansano Bellamarsilia '13	🍷🍷	3*
● Morellino di Scansano Bellamarsilia '12	🍷🍷	2*
● Morellino di Scansano Bellamarsilia '11	🍷🍷	2*
● Morellino di Scansano Capatosta '12	🍷🍷	5
● Morellino di Scansano Capatosta '11	🍷🍷	5
● Morellino di Scansano Capatosta '10	🍷🍷	5

Poggio Bonelli

VIA DELL'ARBIA, 2
53019 CASTELNUOVO BERARDENGA [SI]
TEL. 057756661
www.poggiobonelli.it

VENDITA DIRETTA
VISITA SU PRENOTAZIONE
OSPITALITÀ
PRODUZIONE ANNUA 125.000 bottiglie
ETTARI VITATI 87,00

Poggio Bonelli e Villa Chigi Saracini sono i marchi della MPS Tenimenti, del gruppo bancario Montepaschi di Siena. La società senese ne ha preso la completa direzione nel 2000 anche se Poggio Bonelli come realtà produttiva esisteva dagli anni Cinquanta, come del resto Villa Chigi Saracini, di proprietà dell'omonima famiglia senese. Lo stile aziendale privilegia vini strutturati e ricchi di frutto, declinati però con buona fedeltà ed equilibrio, nonostante un uso del rovere, in prevalenza piccolo, spesso non marginale. Ben fatto il Poggiassai '13, blend a base di sangiovese e cabernet sauvignon, dai tratti aromatici fruttati rifiniti da note speziate e di vaniglia. In bocca possiede una progressione continua e morbida e un finale lungo, solo un po' asciugato. Succoso e tutto da bere il Chianti Villa Chigi Saracini '15, dai profumi di ciliegia e dal sorso vivace e saporito. Più faticoso lo sviluppo del Chianti Classico '14, un vino sottile dove il sostegno del legno resta troppo presente.

Vino	
● Chianti Villa Chigi Saracini '15	🍷🍷 3
● Poggiassai '13	🍷🍷 6
● Chianti Cl. '14	🍷 3
● Poggiassai '11	🍷🍷🍷 6
● Poggiassai '10	🍷🍷🍷 6
● Poggiassai '08	🍷🍷🍷 5
● Poggiassai '07	🍷🍷🍷 5
● Poggiassai '06	🍷🍷🍷 5
● Tramonto d'Oca '10	🍷🍷🍷 5
● Chianti Cl. '13	🍷🍷 3
● Chianti Villa Chigi Saracini '14	🍷🍷 3
● Chianti Villa Chigi Saracini '13	🍷🍷 3
● Chianti Villa Chigi Saracini '12	🍷🍷 3

Poggio di Sotto

FRAZ. CASTELNUOVO DELL'ABATE
LOC. POGGIO DI SOTTO
53024 MONTALCINO [SI]
TEL. 0577835502
www.collemassari.it

VENDITA DIRETTA
VISITA SU PRENOTAZIONE
OSPITALITÀ
PRODUZIONE ANNUA 35.000 bottiglie
ETTARI VITATI 12,00
VITICOLTURA Biologico Certificato
AZIENDA SOSTENIBILE

Si arricchisce ancora la scuderia di aziende facenti capo alla famiglia Tipa. Che raddoppia la propria presenza a Montalcino con l'acquisizione delle proprietà de La Velona. Senza nulla togliere alle cantine "sorelle" (Collemassari in Maremma e Grattamacco a Bolgheri), la scommessa più affascinante resta quella intrapresa nel 2011 con il subentro a Poggio di Sotto, fondata da Piero Palmucci e riconosciuta come stella di prima grandezza dell'universo Brunello. Il nuovo corso evidenzia sempre più chiaramente la voglia di continuità interpretativa, focalizzata sugli umori delle parcelle di Castelnuovo dell'Abate e gli affinamenti in Slavonia da 30 ettolitri. La migliore dimostrazione possibile arriva dal Brunello '11, prima annata curata in toto dal nuovo staff: impronta aromatica di anguria, radici, erbe officinali, è in pieno "Poggio di Sotto style", come il passo leggero e godurioso del sorso, non sprovvisto di contrappunti. Appena sbrigativo, ma altrettanto coinvolgente, il luminoso Rosso '13.

● Brunello di Montalcino '11	🍷🍷🍷 8
● Rosso di Montalcino '13	🍷🍷 8
● Brunello di Montalcino Ris. '10	🍷🍷 8
● Brunello di Montalcino '10	🍷🍷🍷 8
● Brunello di Montalcino '07	🍷🍷🍷 8
● Brunello di Montalcino '04	🍷🍷🍷 8
● Brunello di Montalcino '99	🍷🍷🍷 8
● Brunello di Montalcino Ris. '07	🍷🍷🍷 8
● Brunello di Montalcino Ris. '99	🍷🍷🍷 8
● Brunello di Montalcino Ris. '95	🍷🍷🍷 8
● Rosso di Montalcino '07	🍷🍷🍷 6

Poggio Rubino

LOC. LA SORGENTE, 62
S.DA PROVINCIALE CASTIGLION DEL BOSCO
53024 MONTALCINO [SI]
TEL. 05771698133
www.poggiorubino.it

VENDITA DIRETTA
VISITA SU PRENOTAZIONE
OSPITALITÀ E RISTORAZIONE
PRODUZIONE ANNUA 32.000 bottiglie
ETTARI VITATI 7,00

Sono interamente coltivati a sangiovese i circa sette ettari vitati appartenenti a Edward Corsi e Alessandra Marzocchi, condotti con protocolli biocompatibili. Le parcelle si distribuiscono in varie zone della denominazione, ma il nucleo centrale è quello di Poggio Rubino, sul versante centro occidentale di Montalcino. È una zona fortemente caratterizzata dalle altitudini che sfiorano i 450 metri e i terreni ricchi di scheletro calcareo, con componenti limose. Premesse pedoclimatiche ideali per Brunello di stile tradizionale ma non retrò, pensati con macerazioni lunghe fino a un mese e affinamenti in rovere da 25 e 30 ettolitri. Mai un colpo a vuoto dalla raccolta batteria targata Poggio Rubino. Le migliori impressioni arrivano da un Brunello '11 duro e appuntito, giocato sulle suggestioni vegetali e balsamiche e il nerbo deciso. Più ombroso sulle prime la Riserva '10, con i suoi richiami di caffè e cortecce, ma brillantemente riscattato dalla solida impalcatura sapida.

● Brunello di Montalcino '11	🍷🍷 6
● Brunello di Montalcino Ris. '10	🍷🍷 7
● Rosso di Montalcino '14	🍷 3
● Brunello di Montalcino '10	🍷🍷 6
● Brunello di Montalcino '09	🍷🍷 6
● Brunello di Montalcino '08	🍷🍷 6
● Brunello di Montalcino '07	🍷🍷 6
● Brunello di Montalcino '06	🍷🍷 6
● Brunello di Montalcino Ris. '07	🍷🍷 7
● Brunello di Montalcino Ris. '06	🍷🍷 6
● Rosso di Montalcino '12	🍷🍷 3

Poggio Trevvalle

FRAZ. ARCILLE
S.DA PROV.LE 24 FRONZINA, KM 0,600
58042 CAMPAGNATICO [GR]
TEL. 0564998142
www.poggiotrevvalle.it

VENDITA DIRETTA
VISITA SU PRENOTAZIONE
PRODUZIONE ANNUA 80.000 bottiglie
ETTARI VITATI 13,35
VITICOLTURA Biologico Certificato
AZIENDA SOSTENIBILE

Poggio Trevvalle nasce fuori dalla Maremma per diventare però un buon esempio dell'artigianato enoico della zona. I fratelli Umberto e Bernardo Valle, infatti, partenopei di origine e con un'esperienza viticola in Puglia, nel 1999 si fermano nel sud della Toscana dando vita a una realtà produttiva da subito biologica, che conta su vigneti coltivati a cavallo delle denominazioni del Montecucco e del Morellino. Una scelta portata avanti con decisione che, insieme a una conduzione in cantina decisamente essenziale, è alla base di vini piacevoli e non privi di carattere. È uno dei migliori Morellino '15, il Passera, un vino dagli aromi solari che incrociano un fruttato rigoglioso a cenni speziati e leggermente terrosi. In bocca è succoso, largo e profondo, con una bella nota piccante sul finale. Molto piacevole anche il Montecucco Rosso '15, giovane e dalla beva fresca e rilassata. Fresco e ritmato il Torello '14, da uve sangiovese, forse un po' troppo sostenuto dai legni di affinamento.

● Morellino di Scansano Passera '15	🍷🍷 2*
● Montecucco Rosso '15	🍷🍷 3
● Morellino di Scansano '15	🍷 3
● Torello '14	🍷 2
● Morellino di Scansano '12	🍷🍷🍷 2*
● Morellino di Scansano '11	🍷🍷 2*
● Morellino di Scansano Larcille Ris. '12	🍷🍷 4
● Morellino di Scansano Pàssera '14	🍷🍷 3
● Morellino di Scansano Pàssera '13	🍷🍷 2*
● Morellino di Scansano Pàssera '12	🍷🍷 2*
● Rafele '08	🍷🍷 2

Tenuta Il Poggione

FRAZ. SANT'ANGELO IN COLLE
LOC. MONTEANO
53024 MONTALCINO [SI]
TEL. 0577844029
www.tenutailpoggione.it

VENDITA DIRETTA
VISITA SU PRENOTAZIONE
OSPITALITÀ
PRODUZIONE ANNUA 600.000 bottiglie
ETTARI VITATI 127,00

È molto più di un sodalizio professionale quello che lega Fabrizio Bindocci alla famiglia Franceschi, proprietaria de Il Poggione da cinque generazioni. Da tanti anni c'è lui al timone di una tra le realtà agricole più significative di Montalcino, con oltre cento ettari di vigne concentrati nella porzione meridionale di Sant'Angelo in Colle. Declinato in versione annata e Vigna Paganelli Riserva, il sangiovese da Brunello è da sempre tenacemente interpretato nel solco della tradizione, con macerazioni intorno ai venti giorni e affinamenti in rovere francese da 30 e 50 ettolitri. Una piccola quota di merlot, vermentino e chardonnay completa lo scacchiere varietale. Il 2010 è uno dei migliori Vigna Paganelli Riserva dell'ultimo decennio col suo frutto integro e polposo, impreziosito dagli apporti speziati e silvestri, solo un po' brusco in chiusura. Ma è l'intera batteria a esprimersi su ottimi livelli, dal generoso Brunello '11 allo scalpitante e conveniente Rosso di Montalcino '14.

Vino	Bicchieri	
● Brunello di Montalcino V. Paganelli Ris. '10	🍷🍷 (rossi)	8
● Brunello di Montalcino '11	🍷🍷	7
● Rosso di Montalcino '14	🍷🍷	4
● Toscana Rosso '13	🍷🍷	3
○ Bianco di Toscana Vermentino Chardonnay '15	🍷	3
● Brunello di Montalcino Ris. '97	ΫΫΫ	7
● Brunello di Montalcino '10	ΫΫ	7
● Brunello di Montalcino '09	ΫΫ	6
● Brunello di Montalcino '08	ΫΫ	6
● Brunello di Montalcino V. Paganelli Ris. '07	ΫΫ	7
● Brunello di Montalcino V. Paganelli Ris. '06	ΫΫ	7
● Rosso di Montalcino '13	ΫΫ	4
● Rosso di Montalcino '12	ΫΫ	3

Poggiotondo

LOC. CERRETO GUIDI
VIA TORRIBINA, 83
50050 CERRETO GUIDI [FI]
TEL. 0571559167
www.poggiotondowines.com

VISITA SU PRENOTAZIONE
OSPITALITÀ
PRODUZIONE ANNUA 300.000 bottiglie
ETTARI VITATI 20,00

Siamo a Cerreto Guidi, nel paesaggio più tipico della campagna toscana, a metà strada tra Firenze e Pisa. Qui, nell'azienda che appartiene alla famiglia da generazioni, l'enologo Alberto Antonini, coadiuvato dalla moglie Alessandra, coltiva i propri vigneti seguendo i principi dell'agricoltura biologica e biodinamica, con l'obiettivo di ottenere vini che siano autentica espressione del territorio. Gli interventi in cantina sono ridotti al minimo per lasciare quanta più naturalezza possibile ai vini. Di ottima fattura il Chianti Riserva Vigna del 1928, dove il naso si delizia in un bouquet floreale di viola, fruttato di ciliegia e mora, piccoli cenni mentolati, dal corpo ben costruito, fresco, vivace, tannini domati dall'alcol, finale costante e rilassato. Più legato a toni animali il bagaglio aromatico del Chianti Vigna delle Conchiglie '13, con gradevoli sensazioni di sottobosco, quindi corpo carnoso, invitante, pieno, dal finale sapido e prolungato.

Vino	Bicchieri	
● Chianti V. del 1928 Ris. '13	🍷🍷	6
● Chianti V. delle Conchiglie '13	🍷🍷	6
○ Vermentino '14	🍷🍷	2*
● Chianti Ris. '13	🍷	5
● Chianti Sup. '14	🍷	2
● Chianti Sup. '10	ΫΫ	2*
● Chianti V. delle Conchiglie '10	ΫΫ	6

Poggioventoso

S.DA DI TERENZANA, 5
56046 RIPARBELLA [PI]
TEL. 3938973677
www.poggioventoso.wine

VENDITA DIRETTA
VISITA SU PRENOTAZIONE
PRODUZIONE ANNUA 25.000 bottiglie
ETTARI VITATI 6,00

Una realtà relativamente nuova, sorta ormai da più di dieci anni a Riparbella, nel pisano. Il luogo è splendido e il progetto vitivinicolo poggia su un contesto pedoclimatico ideale (il nome non è casuale, qui l'influenza dei venti, sia in estate che in inverno, è molto forte), oltre che su una solida conduzione tecnica. Impresa pensata, realizzata e portata avanti con passione da Maricla Affatato e famiglia, con vini in costante crescita qualitativa e stilistica. Profumi fruttati ed erbacei, con cenni di peperone, bocca ampia e succosa, di buon calore e prospettiva per il Fuochi '13, da uve merlot in prevalenza. Aggraziato e scorrevole, di media intensità fruttata, polpa e sapidità, il Poetico '15 deriva da vermentino con saldo di malvasia e petit manseng.

● Fuochi '13	🍷🍷 6
○ Poetico '15	🍷🍷 5
● Fuochi '12	ΥΥ 6

★★Poliziano

FRAZ. MONTEPULCIANO STAZIONE
VIA FONTAGO, 1
53045 MONTEPULCIANO [SI]
TEL. 0578738171
www.carlettipoliziano.com

VENDITA DIRETTA
VISITA SU PRENOTAZIONE
PRODUZIONE ANNUA 650.000 bottiglie
ETTARI VITATI 160,00

Federico Carletti, nello spazio relativamente breve di un trentennio, ha saputo diventare, e rimanere costantemente, un punto di riferimento unanimemente riconosciuto dell'enologia toscana e non solo. I suoi vini, oltre ad aver raggiunto una costanza qualitativa da primato, confermano, anno dopo anno, il loro livello d'eccellenza e, più di recente, hanno dimostrato anche di saper cambiare la propria cifra stilistica, virando con successo dalla potenza e dalla concentrazione, all'eleganza e all'articolazione. Il Nobile di Montepulciano Asinone '13 trova nei profumi il suo punto di forza. Sono raffinati e complessi e vanno da un fruttato rigoglioso fino a cenni ferrosi, passando per lievi sentori di torrefazione. In bocca è energico, con tannini pieni e nervosi e finale sapido e lungo. Bevibilità molto piacevole per il Nobile di Montepulciano '13 e senz'altro centrato il saporito e profumato Morellino di Scansano Lhosa '14. Standard elevato per il resto della gamma.

● Nobile di Montepulciano Asinone '13	🍷🍷🍷 7
● Cortona Merlot In Violas '13	🍷🍷 4
● Mandrone di Lohsa '12	🍷🍷 5
● Morellino di Scansano Lohsa '14	🍷🍷 3
● Nobile di Montepulciano '13	🍷🍷 5
● Rosso di Montepulciano '14	🍷 3
● Le Stanze '03	ΥΥΥ 6
● Nobile di Montepulciano '09	ΥΥΥ 4*
● Nobile di Montepulciano Asinone '12	ΥΥΥ 7
● Nobile di Montepulciano Asinone '11	ΥΥΥ 7
● Nobile di Montepulciano Asinone '07	ΥΥΥ 6
● Nobile di Montepulciano Asinone '06	ΥΥΥ 6
● Nobile di Montepulciano Asinone '05	ΥΥΥ 6
● Nobile di Montepulciano Asinone '04	ΥΥΥ 6
● Nobile di Montepulciano Asinone '03	ΥΥΥ 6
● Nobile di Montepulciano Asinone '01	ΥΥΥ 6

Tenuta Le Potazzine

loc. Le Prata, 262
53024 Montalcino [SI]
Tel. 0577846168
www.lepotazzine.it

VENDITA DIRETTA
VISITA SU PRENOTAZIONE
RISTORAZIONE
PRODUZIONE ANNUA 50.000 bottiglie
ETTARI VITATI 4,70

Piccole potazzine crescono, potremmo dire: le giovani Viola e Sofia Gorelli sono sempre più impegnate nell'azienda di famiglia, battezzata dal vezzeggiativo a loro dedicato da bambine. Il nome toscano delle cinciallegre che compaiono in etichetta e raccontano con incredibile coerenza lo stile spensierato e raggiante dei Sangiovese plasmati da Giuseppe e Gigliola Giannetti. Provenienti dalle tenute di Le Prata (tre ettari e mezzo, quadrante occidentale di Montalcino, rilevanti altitudini che sfiorano quota 500 metri, microclima solare e ventilato, suoli ricchi di ferro) e Torre (poco più di un ettaro, zona sud, tra Sesta e Sant'Angelo in Colle, vini più potenti e austeri). Le ultime uscite si rivelano particolarmente efficaci per inquadrare il carattere della produzione targata Le Potazzine, a cominciare da un Rosso '14 aperto e gioviale, dal sorso agguerrito e scattante. Manca invece solo un plus di densità e allungo al Brunello '11, tutto giocato sulle erbe e gli agrumi.

● Brunello di Montalcino '11	🍷🍷 7
● Rosso di Montalcino '14	🍷🍷 4
● Parus '14	🍷 3
● Brunello di Montalcino '10	🍷🍷🍷 7
● Brunello di Montalcino '08	🍷🍷🍷 7
● Brunello di Montalcino Ris. '06	🍷🍷🍷 8
● Brunello di Montalcino '09	🍷🍷 7
● Brunello di Montalcino '07	🍷🍷 7
● Brunello di Montalcino '04	🍷🍷 7
● Brunello di Montalcino Ris. '04	🍷🍷 7
● Rosso di Montalcino '13	🍷🍷 4
● Rosso di Montalcino '12	🍷🍷 4
● Rosso di Montalcino '10	🍷🍷 4

Fabrizio Pratesi

loc. Seano
fraz. Carmignano
via Rizzelli, 10
59011 Carmignano [PO]
Tel. 0558704108
www.pratesivini.it

VENDITA DIRETTA
VISITA SU PRENOTAZIONE
RISTORAZIONE
PRODUZIONE ANNUA 60.000 bottiglie
ETTARI VITATI 12,00

Fabrizio Pratesi conduce con passione la tenuta di famiglia, fondata da un antenato, Pietro, nel lontano 1875, dividendosi anche nell'impegno istituzionale di presidente del Consorzio dei vini di Carmignano. Le vigne ormai, attraverso acquisizioni e reimpianti - tutti ad alta densità di ceppi per ettaro - si estendono per circa 12 ettari, e la produzione si muove su livelli molto elevati. Lo stile dei vini di Pratesi punta sulla ricchezza estrattiva e sul lungo potenziale d'invecchiamento. La Riserva Il Circo Rosso '13 ha ben figurato nelle nostre degustazioni finali, in virtù d'un carattere ricco e di una struttura potente. Ha un colore rubino cupo, profumi intriganti di frutti neri maturi che sfumano su nuance mentolate e balsamiche e su una nitida nota speziata. In bocca è ricco, alcolico, fitto ma dotato di buon equilibrio e persistenza. Il Carmione '14 è succoso e concentrato, ha tannini levigati e belle note di frutti rossi e neri e macchia mediterranea. Valido il Barco Reale.

● Carmignano Il Circo Rosso Ris. '13	🍷🍷 6
● Carmione '14	🍷🍷 6
● Barco Reale '15	🍷 2
● Carmignano '13	🍷🍷 4
● Carmignano '12	🍷🍷 3
● Carmignano '08	🍷🍷 4
● Carmignano Circo Rosso Ris. '11	🍷🍷 5
● Carmignano Circo Rosso Ris. '10	🍷🍷 4
● Carmignano Circo Rosso Ris. '08	🍷🍷 5
● Carmignano Il Circo Rosso Ris. '12	🍷🍷 6
● Carmione '10	🍷🍷 4
● Carmione '08	🍷🍷 5
● Carmione '07	🍷🍷 5
● Merlot Barche di Bacchereto '12	🍷🍷 3
● Merlot Barche di Barchereto '10	🍷🍷 3

★Fattoria Le Pupille

s.da Piagge del Maiano
58100 Grosseto
Tel. 0564409517
www.fattorialepupille.it

VENDITA DIRETTA
VISITA SU PRENOTAZIONE
OSPITALITÀ
PRODUZIONE ANNUA 450.000 bottiglie
ETTARI VITATI 80,00

Elisabetta Geppetti è a buon diritto protagonista della storia della Maremma enoica e in particolare di quella del territorio del Morellino di Scansano. Le prime vendemmie de Le Pupille risalgono agli inizi degli anni Ottanta ma a dare una decisa sterzata alla produzione della realtà di Istia d'Ombrone è l'uscita sul mercato del Saffredi, ormai trenta anni fa. Oggi l'azienda ha consolidato il suo ruolo di leader, rappresentando una delle realtà produttive più importanti dell'intero panorama enologico italiano. Buone sensazioni dal Morellino di Scansano Riserva '13. Il vino offre profumi ben assestati e tendenzialmente eleganti e una progressione gustativa contrastata e continua, non priva di profondità e lunghezza. Aromi sfaccettati e intensi per il Saffredi '13, blend a base di cabernet sauvignon, merlot e petit verdot, con un legno di affinamento ancora da assorbire completamente. Fresco e rilassato il Pelofino '15, da uve sangiovese, syrah, cabernet sauvignon e franc.

Vino	Bicchieri	Prezzo
● Saffredi '13	🍷🍷🍷	8
● Morellino di Scansano Ris. '13	🍷🍷	6
● Morellino di Scansano '14	🍷	2
● Morellino di Scansano Poggio Valente Ris. '12	🍷	5
● Pelofino '15	🍷	2
● Morellino di Scansano Poggio Valente '04	🍷🍷🍷	5
● Saffredi '05	🍷🍷🍷	8
● Saffredi '04	🍷🍷🍷	8
● Saffredi '03	🍷🍷🍷	8
● Saffredi '02	🍷🍷🍷	7
● Saffredi '01	🍷🍷🍷	7
● Saffredi '00	🍷🍷🍷	7

La Querce

via Imprunetana per Tavarnuzze, 41
50023 Impruneta [FI]
Tel. 0552011380
www.laquerce.com

VENDITA DIRETTA
VISITA SU PRENOTAZIONE
OSPITALITÀ
PRODUZIONE ANNUA 35.000 bottiglie
ETTARI VITATI 8,00

Gino Marchi, all'inizio degli anni Sessanta, spinto dalla passione per il vino, decise di acquistare l'azienda, situata sui colli che circondano Impruneta, pochi chilometri a sud di Firenze. Oggi il figlio Massimo, affiancato dai figli Donatella, Benedetta e Giulio, che si occupano anche dell'ospitalità nella villa storica, guida una tenuta che può contare su 42 ettari, 8 dei quali vitati. I vigneti sono rivolti principalmente a sud e negli ultimi anni hanno goduto di una vasta opera di reimpianto con varietà tradizionali, come sangiovese e colorino, e con merlot. E proprio questi tre vitigni forniscono la materia per il Sorrettole '15, un Chianti che fa della bevibilità e della scorrevolezza la sua arma vincente. Sia il naso sia la bocca si attestano sul registro dei frutti rossi freschi, regalando un sorso succoso ed estremamente godibile. Stesso discorso per il Canaiolo Belrosso '15, gustoso e tutta beva. Un po' sottotono, rispetto a come ci ha abituato La Torretta '14.

Vino	Bicchieri	Prezzo
● Belrosso '15	🍷🍷	2*
● Chianti Sorrettole '15	🍷🍷	2*
● Chianti Colli Fiorentini La Torretta '14	🍷	2
● La Querce '13	🍷	5
● La Querce '11	🍷🍷🍷	5
● Chianti Colli Fiorentini La Torretta '13	🍷🍷	2*
● Chianti Coll Fiorentini La Torretta '12	🍷🍷	2*
● La Querce '12	🍷🍷	5
● La Querce '10	🍷🍷	5
● La Querce '09	🍷🍷	5
● La Querce '08	🍷🍷	5
● M '09	🍷🍷	6
● M '07	🍷🍷	6

Querce Bettina

LOC. LA CASINA DI MOCALI, 275
53024 MONTALCINO [SI]
TEL. 0577848588
www.quercebettina.it

VENDITA DIRETTA
VISITA SU PRENOTAZIONE
PRODUZIONE ANNUA 15.000 bottiglie
ETTARI VITATI 2,50

Varrebbe la pena di consigliare i vini di Querce Bettina anche solo per la meraviglia ambientale e naturalistica dei loro luoghi di origine. Due ettari e mezzo impiantati dai coniugi Moretti alla fine degli anni Novanta in una zona di fatto immacolata, letteralmente mimetizzata tra i boschi nelle estreme propaggini del settore sud occidentale di Montalcino. Le altitudini superano i 400 metri, i terreni sono ricchi di argilla e marne siltose miste a galestro e sasso. Un'area luminosa e ventilata che si riflette in Brunello non riconducibili a dicotomie interpretative, maturati perlopiù in rovere austriaco da 25 ettolitri, di stampo moderatamente sudista. Proprio l'originalità espressiva rende sempre interessanti i Sangiovese di Querce Bettina. Ulteriore testimonianza da un Brunello '11 croccante e succoso fin dal naso di caramelle agli agrumi e piante officinali, placido e goloso anche al palato. Paradossalmente più maturo il corredo aromatico e gustativo del Rosso '13.

● Brunello di Montalcino '11	🍷🍷 7
● Rosso di Montalcino '13	🍷🍷 4
● Brunello di Montalcino '06	☐☐☐ 7
● Brunello di Montalcino '10	☐☐ 7
● Brunello di Montalcino '09	☐☐ 7
● Brunello di Montalcino '08	☐☐ 6
● Brunello di Montalcino '07	☐☐ 7
● Brunello di Montalcino '05	☐☐ 7
● Brunello di Montalcino Ris. '07	☐☐ 8
● Brunello di Montalcino Ris. '06	☐☐ 8

Le Ragnaie

LOC. LE RAGNAIE
53024 MONTALCINO [SI]
TEL. 0577848639
www.leragnaie.com

VENDITA DIRETTA
VISITA SU PRENOTAZIONE
OSPITALITÀ
PRODUZIONE ANNUA 80.000 bottiglie
ETTARI VITATI 15,50
VITICOLTURA Biologico Certificato

È un parco vigne di primissimo livello quello su cui può contare Riccardo Campinoti, interprete tra i più apprezzati del distretto Brunello. La tenuta propriamente detta de Le Ragnaie, che circonda la cantina, si colloca al passo del Lume Spento a quota 600 metri, uno dei punti più alti di Montalcino. Vigna Fornace è invece a Loreto di Castelnuovo dell'Abate, propaggine sud orientale, senza dimenticare le parcelle di Pietroso a ridosso del borgo. Terroir profondamente diversi, che trovano un fil rouge espressivo nella tonicità del frutto e nella silhouette elegante, esplorata con soluzioni di cantina modulabili in funzione del millesimo. Schema stilistico che si ripete nelle ultime brillanti uscite, tra cui svetta il Brunello Vecchie Vigne '11. Nitido, complesso, orientaleggiante, muta continuamente registro aromatico e occupa ogni spazio del sorso con la sua vibrante energia sapida. Ha solo una trama più calda e severa il Fornace pari annata, altrettanto sereno e rilassato nello sviluppo.

● Brunello di Montalcino V. V. '11	🍷🍷🍷 8
● Brunello di Montalcino Fornace '11	🍷🍷 8
● Brunello di Montalcino '11	🍷🍷 7
● Rosso di Montalcino '13	🍷🍷 5
● Chianti Colli Senesi '14	🍷 2
⊙ Rosato '14	🍷 5
● Brunello di Montalcino Fornace '08	☐☐☐ 8
● Brunello di Montalcino V. V. '10	☐☐☐ 8
● Brunello di Montalcino V. V. '07	☐☐☐ 5
○ Bianco '11	☐☐ 4
● Brunello di Montalcino '10	☐☐ 6
● Brunello di Montalcino '09	☐☐ 6
● Brunello di Montalcino V. V. '09	☐☐ 8
● Chianti Colli Senesi '13	☐☐ 2*

Podere La Regola

loc. San Martino
56046 Riparbella [PI]
Tel. 0586698145
www.laregola.com

VENDITA DIRETTA
VISITA SU PRENOTAZIONE
PRODUZIONE ANNUA 90.000 bottiglie
ETTARI VITATI 20,00

La famiglia Nuti acquistò un appezzamento di terra a soli 5 chilometri dal mare agli inizi del 1900, in località La Regola, per produrre olio e vino per consumo familiare. Poco più di vent'anni fa Luca, conseguita la laurea in agraria, decise di trasformare la piccola impresa familiare in un'azienda vinicola strutturata, impiantando altri vigneti e controllando i processi di filiera per ottenere vini sempre più naturali e riconoscibili. Dopo alcuni anni anche Flavio, avvocato, si è affiancato al fratello seguendo la parte amministrativa, il marketing e i rapporti commerciali. Conquista le finali lo Strido '13, da merlot in purezza, dal bouquet ampio in cui si distinguono il caffè e il tostato, poi frutti di bosco e cenni di vaniglia. In bocca è avvolgente, cremoso, dai tannini fusi alla componente alcolica, buona freschezza e finale appetitoso. Ottimo il Vallino '13, da cabernet sauvignon: naso mentolato e balsamico, fresche note fruttate, bocca dinamica e succosa.

Vino	Bicchieri	Prezzo
● Strido '13	🍷🍷 (rossi)	8
● La Regola '13	🍷🍷	6
○ Steccaia Bianco '15	🍷🍷	3
● Vallino '13	🍷🍷	5
● Beloro '13	🍷	6
○ Lauro Bianco '12	🍷	4
○ Le Prode '15	🍷	3
● Ligustro '14	🍷	3
● Montescudaio Rosso Le Prode '14	🍷	2
○ Spumante Brut M. Cl.	🍷	4
● La Regola '12	🍷🍷 (vuoti)	6
○ Sondrete '05	🍷🍷 (vuoti)	6
● Strido '11	🍷🍷 (vuoti)	8
● Syrah '13	🍷🍷 (vuoti)	3
● Vallino '11	🍷🍷 (vuoti)	5

Podere Le Ripi

loc. Le Ripi
53021 Montalcino [SI]
Tel. 0577835641
www.podereleripi.it

VENDITA DIRETTA
VISITA SU PRENOTAZIONE
PRODUZIONE ANNUA 25.000 bottiglie
ETTARI VITATI 12,00
VITICOLTURA Biodinamico Certificato
AZIENDA SOSTENIBILE

Prima ancora di poter prendere confidenza coi suoi vini, gli appassionati di tutto il mondo hanno avuto notizia del visionario progetto di Francesco Illy. Arrivato a Montalcino a fine anni Novanta per creare ex novo a Castelnuovo dell'Abate una realtà viticola da circa 12 ettari (su oltre 50 di estensione totale), condotta in biodinamica. Tra le varie parcelle c'è l'ormai famosissima "vigna bonsai", che prevede un sesto d'impianto da oltre 60mila ceppi per ettaro e contribuisce alla piccola produzione a tema sangiovese. C'è poi la cosiddetta "cantina aurea", quartier generale di un lavoro stilistico in divenire, che già si segnala per golosità di frutto e naturalezza di beva. Debutto immediato nella sezione principale per Podere Le Ripi, grazie all'originale batteria guidata dal Brunello Lupi e Sirene Riserva '10. Semplicemente delizioso nei richiami di mentuccia e buccia d'arancia, si dipana in scioltezza nel sorso progressivo e dissetante, appena contratto in finale dal mordente tannino.

Vino	Bicchieri	Prezzo
● Brunello di Montalcino Lupi e Sirene Ris. '10	🍷🍷 (rossi)	6
● Rosso di Montalcino '11	🍷🍷	5

Rocca delle Macìe

loc. Le Macìe, 45
53011 Castellina in Chianti [SI]
Tel. 05777321
www.roccadellemacie.com

VENDITA DIRETTA
VISITA SU PRENOTAZIONE
OSPITALITÀ E RISTORAZIONE
PRODUZIONE ANNUA 3.700.000 bottiglie
ETTARI VITATI 194,00
AZIENDA SOSTENIBILE

Ormai l'azienda di Sergio Zingarelli, riconfermato presidente del Consorzio del Chianti Classico, rappresenta un punto fermo della denominazione. A partire dalle etichette meno ambiziose, i vini di Rocca delle Macìe sono contraddistinti da un'assoluta pulizia e da un'immediata piacevolezza. Nelle etichette più importanti, evidentemente, la cifra stilistica si fa più complessa ma senza mai cedere a scelte banali o esclusivamente "quantitative" (più legno, più frutto...), privilegiando equilibrio ed eleganza. Affidabile anche la produzione maremmana di Campomaccione e Casamaria. Finezza ed eleganza contraddistinguono il Chianti Classico Riserva di Fizzano Gran Selezione '13, un vino dagli aromi sfaccettati e dall'attacco in bocca dolce e dallo sviluppo teso e saporito. Un po' più influenzato dal rovere il Chianti Classico Sergio Zingarelli Gran Selezione '12, che offre profumi definiti e di bella articolazione. Godibile il Chianti Classico Sergio Zingarelli '14, come la Riserva '13.

• Chianti Cl. Gran Sel. Riserva di Fizzano '13	🍷🍷🍷	6
• Chianti Cl. Gran Sel. Sergio Zingarelli '12	🍷🍷	8
• Chianti Cl. Famiglia Zingarelli '14	▼▼	3
• Chianti Cl. Famiglia Zingarelli Ris. '13	▼▼	4
• Morellino di Scansano Campomaccione '15	▼▼	3
• Roccato '13	▼▼	6
• Chianti Cl. Tenuta S. Alfonso '14	▼	5
• Ser Gioveto '13	▼	6
• Chianti Cl. Famiglia Zingarelli Ris. '09	▽▽▽	3*
• Chianti Cl. Fizzano Ris. '10	▽▽▽	5
• Chianti Cl. Gran Sel. Sergio Zingarelli '11	▽▽▽	8
• Chianti Cl. Famiglia Zingarelli '13	▽▽	3*
• Chianti Cl. Gran Sel. Riserva di Fizzano '12	▽▽	6

Rocca di Castagnoli

loc. Castagnoli
53013 Gaiole in Chianti [SI]
Tel. 0577731004
www.roccadicastagnoli.com

VENDITA DIRETTA
VISITA SU PRENOTAZIONE
OSPITALITÀ E RISTORAZIONE
PRODUZIONE ANNUA 500.000 bottiglie
ETTARI VITATI 132,00
AZIENDA SOSTENIBILE

Un indirizzo stilistico ben definito e coerente, che privilegia l'equilibrio e l'eleganza tipici del Chianti Classico. È questa, probabilmente, la caratteristica fondamentale dei vini di Rocca di Castagnoli, che conta anche sulla Tenuta di Capraia, nella sottozona di Castellina in Chianti e su quella maremmana di Poggio Maestrino. Etichette contraddistinte da una qualità costante e affidabile nel tempo, che mostrano carattere e tensione gustativa senza inutili forzature. Un vino ben fatto il Chianti Classico Poggio ai Frati Riserva '13, dagli aromi definiti e articolati e dalla progressione gustativa succosa e continua. Più immediato il Chianti Classico Rocca di Castagnoli '14, di notevole bevibilità grazie a una bocca saporita e distesa. Profumi caldi per il Chianti Classico Tenuta di Capraia Riserva '13, ben contrastato in bocca e dal finale profondo. Intenso il Buriano '12, da cabernet sauvignon in purezza.

• Chianti Cl. Poggio ai Frati Ris. '13	🍷🍷	4
• Chianti Cl. Rocca di Castagnoli '14	▼▼	3
• Chianti Cl. Tenuta di Capraia Ris. '13	▼▼	5
• Le Pratola '12	▼▼	6
• Buriano '12	▼	6
• Chianti Cl. Tenuta di Capraia '14	▼	4
• Morellino di Scansano Spiaggiole Poggio Maestrino '14	▼	3
• Morellino di Scansano Spiaggiole Poggio Maestrino Ris. '13	▼	3
• Chianti Cl. Capraia Ris. '07	▽▽▽	4
• Chianti Cl. Poggio ai Frati Ris. '08	▽▽▽	4
• Chianti Cl. Poggio ai Frati Ris. '06	▽▽▽	4*
• Chianti Cl. Tenuta di Capraia Ris. '06	▽▽▽	4*

★ Rocca di Frassinello

loc. Giuncarico
58023 Gavorrano [GR]
Tel. 056688400
www.roccadifrassinello.it

VENDITA DIRETTA
VISITA SU PRENOTAZIONE
OSPITALITÀ
PRODUZIONE ANNUA 400.000 bottiglie
ETTARI VITATI 80,00

La scommessa era fare un grande vino in una zona che intorno ai primi anni del 2000 rappresentava ancora un'incognita vitivinicola. Una scommessa che nel corso degli anni si è rivelata vincente e che ha portato questa parte della Maremma, stretta tra le denominazioni di Bolgheri a nord e del Morellino di Scansano a sud, alla ribalta sui mercati di tutto il mondo. Già produttore nel Chianti Classico con Castellare di Castellina e in Sicilia con Feudi del Pisciotto, l'editore Paolo Panerai è il proprietario di quest'azienda che può contare attualmente su ottanta ettari vitati, dove trovano spazio vitigni autoctoni e internazionali che danno vita a vini dalla struttura possente, in cui gli accenni mediterranei non mancano di farsi sentire. Proprio come nel Baffo Nero, da merlot in purezza, che a dispetto di una difficile annata, riesce comunque a conquistare i Tre Bicchieri. Il bouquet si apre su note di prugna matura, in cui fanno capolino sentori calibrati di bacche di ginepro ed erbe aromatiche. La bocca è calda e avvolgente, concentrata e opulenta.

Vino	Bicchieri	
● Maremma Toscana Baffo Nero '14	🍷🍷🍷	8
● Maremma Toscana Le Sughere di Frassinello '14	🍷🍷	4
● Maremma Toscana Ornello '14	🍷🍷	3
● Maremma Toscana Rocca di Frassinello '14	🍷🍷	6
○ Maremma Toscana Vermentino '15	🍷🍷	3
● Maremma Toscana Poggio alla Guardia '14	🍷	3
● Baffo Nero '12	🍷🍷🍷	8
● Baffo Nero '11	🍷🍷🍷	8
● Baffo Nero '10	🍷🍷🍷	8
● Baffo Nero '09	🍷🍷🍷	8
● Le Sughere di Frassinello '10	🍷🍷🍷	4*
● Maremma Toscana Baffo Nero '13	🍷🍷🍷	8
● Rocca di Frassinello '12	🍷🍷🍷	6
● Rocca di Frassinello '11	🍷🍷🍷	6

Rocca di Montegrossi

fraz. Monti in Chianti
53010 Gaiole in Chianti [SI]
Tel. 0577747977
www.roccadimontegrossi.it

VENDITA DIRETTA
VISITA SU PRENOTAZIONE
PRODUZIONE ANNUA 80.000 bottiglie
ETTARI VITATI 18,00
VITICOLTURA Biologico Certificato

Marco Ricasoli Firidolfi ha impostato la sua azienda all'insegna del carattere chiantigiano più coerente e autentico. Una cifra stilistica messa a fuoco già nei primi anni Ottanta e che, con le dovute rivisitazioni tecniche, caratterizza l'attuale produzione dell'azienda di Monti in Chianti. I vini ricercano equilibrio ed eleganza, a partire da un uso oculato dei legni di affinamento sia barrique sia legni grandi. Fra i più riusciti della denominazione, l'ottimo Vin Santo, un vino tradizionale che è "a rischio estinzione". Affascinante il 2007, dai profumi di iodio, frutta secca e dattero che in bocca si sviluppa ampio cremoso e non privo di vivacità acida. Ben fatto il Chianti Classico Vigneto San Marcellino Gran Selezione '12, dai tratti aromatici definiti e caldi e dalla progressione gustativa solida e succosa, solo un po' rallentata da qualche durezza tannica di troppo. Materico e riccamente fruttato il Geremia '12, uvaggio a base di merlot e cabernet sauvignon.

Vino	Bicchieri	
○ Vin Santo del Chianti Cl. '07	🍷🍷	5
● Chianti Cl. Gran Sel. Vign. S. Marcellino '12	🍷🍷	5
● Geremia '12	🍷🍷	6
● Chianti Cl. Vign. S. Marcellino '07	🍷🍷🍷	6
● Chianti Cl. Vign. S. Marcellino Ris. '99	🍷🍷🍷	4
● Chianti Cl. '13	🍷🍷	3
● Chianti Cl. '12	🍷🍷	3
● Chianti Cl. Vign. S. Marcellino '11	🍷🍷	5
● Chianti Cl. Vign. S. Marcellino '10	🍷🍷	5
● Chianti Cl. Vign. S. Marcellino '09	🍷🍷	5
● Chianti Cl. Vign. S. Marcellino '08	🍷🍷	3
○ Vin Santo del Chianti Cl. '06	🍷🍷	5
○ Vin Santo del Chianti Cl. '04	🍷🍷	5

Rocca di Montemassi

LOC. PIAN DEL BICHI
FRAZ. MONTEMASSI
S.DA PROV.LE 91
58036 ROCCASTRADA [GR]
TEL. 0564579700
www.roccadimontemassi.it

VENDITA DIRETTA
VISITA SU PRENOTAZIONE
OSPITALITÀ E RISTORAZIONE
PRODUZIONE ANNUA 200.000 bottiglie
ETTARI VITATI 165,00
AZIENDA SOSTENIBILE

L'azienda fa parte della costellazione delle gruppo Zonin, che qui in Toscana annovera anche Castello d'Albola, nel Chianti Classico e Abbazia Monte Oliveto nei pressi di San Gimignano. La tenuta maremmana, che si estende su 460 ettari, di cui 165 vitati, è stata acquistata nel 1999 ed è situata tra la costa tirrenica e le colline metallifere. Il recupero paesaggistico è avvenuto nel più completo rispetto dei luoghi, con il restauro dei vecchi casolari e la messa a dimora di una vegetazione in grado di conservare la biodiversità e l'identità del paesaggio rurale. I vigneti parlano la lingua del luogo, con accento internazionale. Tra i filari ci sono alloctoni perfettamente acclimatati nel contesto mediterraneo - cabernet sauvignon e franc, merlot, petit verdot e viognier - oltre ai due grandi vitigni tipici della zona, il sangiovese e il vermentino. Ottimo il Sassabruna '14, da sangiovese con piccolo saldo di syrah e merlot, cui manca solo lo scatto finale per raggiungere l'alloro. Frutti neri maturi, cioccolato e bacca di vaniglia anticipano una bocca opulenta e ricca.

Vino	Bicchieri	Prezzo
● Maremma Toscana Sassabruna '14	YY (rossi)	3*
● Maremma Toscana Sangiovese Le Focaie '15	YY	3
○ Maremma Toscana Calasole '15	Y	3
● Maremma Toscana Rocca di Montemassi '14	Y	5
○ Maremma Toscana Viognier Astraio '15	Y	4
● Maremma Toscana Rocca di Montemassi '13	YYY (vuoti)	5
● Rocca di Montemassi '10	YYY (vuoti)	5
● Rocca di Montemassi '09	YYY (vuoti)	5
● Maremma Rocca di Montemassi '12	YY (vuoti)	5
● Monteregio di Massa Marittima Sassabruna '11	YY (vuoti)	3
● Rocca di Montemassi '11	YY (vuoti)	5
● Rocca di Montemassi '08	YY (vuoti)	5

Roccapesta

LOC. MACERETO, 9
50854 SCANSANO [GR]
TEL. 0564599252
www.roccapesta.it

VENDITA DIRETTA
VISITA SU PRENOTAZIONE
PRODUZIONE ANNUA 100.000 bottiglie
ETTARI VITATI 18,50

Un percorso tutto sommato molto veloce quello di Roccapesta. È il 2003, infatti, quando Alberto Tanzini, manager milanese, decide di cambiare vita e dedicarsi alla viticoltura. Oggi questa realtà è saldamente un riferimento del territorio, grazie a scelte chiare e determinate. Utilizzo dei vigneti più vecchi, come quelli quarantennali del vigneto Calestaia, macerazioni lunghe, legno grande e abbondante affinamento in bottiglia, restituiscono vini eleganti, di bella personalità e longevi, solo qualche anno fa addirittura impensabili a Scansano. Una batteria di vini molto buoni quella offerta da Roccapesta, nella quale spicca il Morellino di Scansano Riserva '13, un vino dai profumi affascinanti che miscelano sensazioni terrose a un fruttato fragrante e a cenni di tabacco e fiori. In bocca lo sviluppo è continuo, a tratti piacevolmente nervoso, sapido e dal finale che richiama la ciliegia. Non meno godibile il Morellino di Scansano Ribeo '14, ritmato e sottile al palato, possiede aromi lievi ed eleganti.

Vino	Bicchieri	Prezzo
● Morellino di Scansano Ris. '13	YYY (rossi)	4*
● Morellino di Scansano Ribeo '14	YY (rossi)	3*
● Maremma Toscana Masca '14	YY	2*
● Morellino di Scansano '14	YY	3
● Pugnitello '13	YY	6
● Morellino di Scansano Calestaia Ris. '11	YYY (vuoti)	5
● Morellino di Scansano Calestaia Ris. '10	YYY (vuoti)	5
● Morellino di Scansano Calestaia Ris. '09	YYY (vuoti)	5
● Masca '13	YY (vuoti)	2*
● Masca '12	YY (vuoti)	2*
● Morellino di Scansano '13	YY (vuoti)	3*
● Morellino di Scansano Ribeo '13	YY (vuoti)	3
● Morellino di Scansano Ris. '12	YY (vuoti)	4
● Morellino di Scansano Ris. '11	YY (vuoti)	4
● Pugnitello '12	YY (vuoti)	5

Salcheto

FRAZ. SANT'ALBINO
VIA DI VILLA BIANCA, 15
53045 MONTEPULCIANO [SI]
TEL. 0578799031
www.salcheto.it

VENDITA DIRETTA
VISITA SU PRENOTAZIONE
OSPITALITÀ E RISTORAZIONE
PRODUZIONE ANNUA 300.000 bottiglie
ETTARI VITATI 50,00
VITICOLTURA Biologico Certificato
AZIENDA SOSTENIBILE

L'azienda ha origini datate ma è con l'arrivo di Michele Manelli, nel 1997, che cambia volto. È lui a imprimere la svolta trasformando Salcheto in una delle cantine più avveniristiche al mondo sul fronte della sostenibilità ambientale. Tutta la struttura è un modello di efficienza ambientale e di innovazioni tecnologiche e anche la vigna è gestita con occhio attento all'ambiente. Le parcelle più vecchie, Vigna del Salco e Vigna del Laghetto, concorrono alla produzione del Nobile di Montepulciano Salco. La versione 2012 di questo grande vino ha carattere spiccatamente mediterraneo e solare. I profumi virano subito verso la frutta matura, pur con qualche accenno di sigaro, grafite e liquirizia. La bocca è coerente, strutturata e aperta nei toni fruttati, con riverberi di macchia e tannino gustoso, seppure piuttosto asciugante. Un po' evoluta la Riserva '12, richiami di radici e spezie per il Nobile '13.

- Nobile di Montepulciano Salco '12 🍷🍷 6
- Nobile di Montepulciano '13 🍷🍷 4
- Nobile di Montepulciano Ris. '12 🍷🍷 5
- Nobile di Montepulciano '10 🍷🍷🍷 4*
- Nobile di Montepulciano '97 🍷🍷🍷 3*
- Nobile di Montepulciano Salco '11 🍷🍷🍷 6
- Nobile di Montepulciano Salco '10 🍷🍷🍷 5
- Nobile di Montepulciano Salco Evoluzione '06 🍷🍷🍷 6
- Nobile di Montepulciano Salco Evoluzione '01 🍷🍷🍷 6
- Nobile di Montepulciano '11 🍷🍷 4
- Nobile di Montepulciano Ris. '10 🍷🍷 4
- Rosso di Montepulciano '14 🍷🍷 2*

Leonardo Salustri

FRAZ. POGGI DEL SASSO
LOC. LA CAVA, 7
58044 CINIGIANO [GR]
TEL. 0564990529
www.salustri.it

VENDITA DIRETTA
VISITA SU PRENOTAZIONE
OSPITALITÀ
PRODUZIONE ANNUA 80.000 bottiglie
ETTARI VITATI 25,00
VITICOLTURA Biologico Certificato
AZIENDA SOSTENIBILE

Alla fine dell'800 Secondo Salustri iniziò a mettere a dimora il suo vigneto nel cuore della Maremma, a Poggi del Sasso, sulle prime propaggini dell'Amiata. Oggi quel vigneto sopravvive ancora nell'attenta selezione clonale condotta da Leonardo Salustri, attuale proprietario dell'azienda, che a partire dagli anni Cianquanta ha iniziato a impiantare il suo vigneto, rinnovato del tutto negli anni Novanta, in collaborazione con la Facoltà di Enologia dell'Università di Pisa. Da un vigneto così, perfettamente acclimatato e in simbiosi perfetta col terreno, non possono che nascere vini di grande identità e d'impronta fortemente territoriale. Tanto che sono due i vini che accedono alle nostre finali, il Sangiovese Santa Marta '13 e il Grotte Rosse della stessa annata. Il primo ha un bouquet intrigante con cenni di arancia rossa e ribes, un sorso integro, di grande tensione, con un finale che ritorna sull'arancia amara e un tannino ancora giovane ma di sicuro sviluppo. Il secondo invece è leggermente più opulento, con un naso giocato su frutti neri maturi, avvolgente e rilassato.

- Montecucco Sangiovese Grotte Rosse '13 🍷🍷 6
- Montecucco Sangiovese Santa Marta '13 🍷🍷 4
- Montecucco Sangiovese Terre d'Alviero '13 🍷🍷 8
- Montecucco Grotte Rosse '08 🍷🍷🍷 6
- Montecucco Grotte Rosse '07 🍷🍷🍷 5
- Montecucco Santa Marta '06 🍷🍷🍷 4
- Montecucco Grotte Rosse '11 🍷🍷 6
- Montecucco Grotte Rosse '10 🍷🍷 6
- Montecucco Grotte Rosse '06 🍷🍷 5
- Montecucco Santa Marta '12 🍷🍷 4
- Montecucco Santa Marta '10 🍷🍷 4
- Montecucco Santa Marta '09 🍷🍷 4
- Montecucco Santa Marta '08 🍷🍷 4
- Montecucco Santa Marta '07 🍷🍷 4

Podere San Cristoforo

loc. Bagno
via Forni
58023 Gavorrano [GR]
Tel. 3358212413
www.poderesancristoforo.it

VENDITA DIRETTA
VISITA SU PRENOTAZIONE
OSPITALITÀ
PRODUZIONE ANNUA 50.000 bottiglie
ETTARI VITATI 16,00
VITICOLTURA Biologico Certificato

Lorenzo Zonin, proprietario ed enologo dell'azienda, ha costruito il suo progetto vitivinicolo sulle basi della biodinamica. Poca tecnologia, molto lavoro manuale, attenzione per l'ambiente e per il territorio: sono questi i binari sui cui si muovono la gestione della cantina e soprattutto dei campi, quarantacinque ettari totali di cui sedici a vigneto, due a uliveto, e venti a cereali e girasoli. Il sangiovese occupa la parte maggioritaria, accompagnato da petit verdot, syrah, vermentino e trebbiano, per una gamma che punta soprattutto a esprimere le caratteristiche del terroir da cui nascono. Davvero buono il Carandelle '15, un Sangiovese in purezza, dal naso etereo e sottile, con piacevoli sbuffi floreali e intriganti cenni di pepe rosa. In bocca è vivo ed energico, venato da fine acidità, dai tannini ben levigati. Pulito e nitido l'Amaranto '15, fresco, dal tannino un po' pungente ma scorrevole e lineare. Buona prestazione anche per il Luminoso'15, uvaggio da trebbiano, malvasia e vermentino, sapido e salmastro, vibrante e succoso.

- ● Maremma Toscana Sangiovese Carandelle '15 — 🍷🍷🍷 3*
- ○ Maremma Toscana Luminoso '15 — 🍷🍷 3
- ● Maremma Toscana Sangiovese Amaranto '15 — 🍷🍷 3
- ● Maremma Toscana Podere San Cristoforo '13 — ΥΥΥ 3*
- ● Maremma Toscana Sangiovese Amaranto '14 — ΥΥ 2*
- ● Podere San Cristoforo '12 — ΥΥ 5
- ● San Cristoforo '10 — ΥΥ 5
- ● San Cristoforo '09 — ΥΥ 4

★San Felice

loc. San Felice
53019 Castelnuovo Berardenga [SI]
Tel. 05773991
www.agricolasanfelice.it

VENDITA DIRETTA
VISITA SU PRENOTAZIONE
OSPITALITÀ E RISTORAZIONE
PRODUZIONE ANNUA 900.000 bottiglie
ETTARI VITATI 140,00

San Felice ha una presenza ormai quarantennale nella denominazione del Chianti Classico e i suoi prodotti sono influenzati decisamente dal microclima della sottozona di Castelnuovo Berardenga. I vini sono contraddistinti da strutture robuste e possiedono doti di bevibilità pronunciata, riscontrabili nell'intera gamma delle etichette aziendali. La proprietà, che fa capo al gruppo assicurativo Allianz, conta anche sulla tenuta di Campogiovanni a Montalcino e quella di Perolla in Maremma, formando un mosaico produttivo che comprende alcuni degli areali più importanti della Toscana enoica. Molto buono il Chianti Classico '13, forse uno dei migliori. Il naso è articolato e propone piccoli frutti rossi, cenni terrosi e di sottobosco. In bocca è gustoso e fresco, dal sorso ben bilanciato e continuo. Qualche cenno di evoluzione non diminuisce la buona impostazione complessiva degli aromi del Chianti Classico Il Grigio Gran Selezione '13, dallo sviluppo gustativo pieno e succoso.

- ● Chianti Cl. '13 — 🍷🍷🍷 3*
- ● Brunello di Montalcino Il Quercione Campogiovanni Ris. '10 — 🍷🍷 6
- ● Chianti Cl. Gran Sel. Il Grigio da San Felice '13 — 🍷🍷 5
- ● Chianti Cl. Gran Sel. Poggio Rosso '11 — 🍷 6
- ● Rosso di Montalcino Campogiovanni '14 — 🍷 3
- ● Vigorello '12 — 🍷 6
- ● Chianti Cl. Gran Sel. Il Grigio da San Felice '11 — ΥΥΥ 5
- ● Chianti Cl. Gran Sel. Il Grigio da San Felice '10 — ΥΥΥ 5
- ● Pugnitello '07 — ΥΥΥ 6
- ● Pugnitello '06 — ΥΥΥ 6
- ● Vigorello '10 — ΥΥΥ 6
- ● Vigorello '08 — ΥΥΥ 6

San Ferdinando

LOC. CIGGIANO
VIA DEL GARGAIOLO, 33
52041 CIVITELLA IN VAL DI CHIANA [AR]
TEL. 0575440355
www.sanferdinando.eu

VENDITA DIRETTA
VISITA SU PRENOTAZIONE
OSPITALITÀ
PRODUZIONE ANNUA 30.000 bottiglie
ETTARI VITATI 10,00

Quello di San Ferdinando è un progetto bello e originale, capace di dare lustro a tutto il movimento vitivinicolo della val di Chiana. È stato avviato nel 1998 dalla famiglia Grifoni che, oltre a impiantare la vigna, ha costruito una cantina moderna, inaugurata nel 2009. Tutto si fonda sulla valorizzazione delle varietà autoctone toscane, sangiovese e ciliegiolo in testa, senza dimenticare pugnitello e vermentino (tra le varietà bianche). I metodi di allevamento sono rispettosi della natura, così come le vinificazioni e l'affinamento della naturalezza espressiva dei vini. Il Ciliegiolo '15 è pieno e dissetante, sapido e dolce nella trama fruttata, impreziosito da delicate e seducenti nuance di pepe nero. Schema simile per il Pugnitello '13, ovviamente più maturo ma non meno goloso e facile da bere. Ottimo anche il Chianti Podere Gamba '14, più aperto e meno vibrante del solito il Vermentino '15.

● Chianti Podere Gamba '14	🍷🍷 2*
● Ciliegiolo '15	🍷🍷 2*
● Pugnitello '13	🍷🍷 3
○ Vermentino '15	🍷 3
● Ciliegiolo '12	🍷🍷 2*
● Ciliegiolo '10	🍷🍷 2*
● Sangiovese '10	🍷🍷 3

San Giusto a Rentennano

LOC. SAN GIUSTO A RENTENNANO, 20
53013 GAIOLE IN CHIANTI [SI]
TEL. 0577747121
www.fattoriasangiusto.it

VENDITA DIRETTA
VISITA SU PRENOTAZIONE
PRODUZIONE ANNUA 80.000 bottiglie
ETTARI VITATI 27,00
VITICOLTURA Biologico Certificato
AZIENDA SOSTENIBILE

La tenuta di proprietà della famiglia Martini di Cigala resta saldamente nel novero delle migliori aziende della denominazione, con il Chianti Classico annata difficilmente fuori dal novero dei migliori. Tuttavia, la sua proverbiale cifra stilistica, fatta di vini dotati di grande energia, soprattutto nelle etichette più prestigiose, continua a soffrire di un uso eccessivo dei legni di affinamento. Il risultato, benché l'intera produzione resti espressione rigorosa della sottozona di Monti, è una certa mortificazione di una materia prima potenzialmente di prima categoria. Buona la fattura complessiva del Chianti Classico Le Baròncole Riserva '13, dove olfattivamente il frutto si alterna alla speziatura e il sorso si rivela denso e non privo di grinta. Tendenzialmente centrato e piacevole, nonostante un'annata complicata, il Chianti Classico '14. Più incerto il Percarlo '12, da sangiovese in purezza, dai profumi prevalentemente tostati e dalla progressione gustativa pulita ma un po' affaticata.

● Chianti Cl. Le Baròncole Ris. '13	🍷🍷 5
● Chianti Cl. '14	🍷🍷 4
● Percarlo '12	🍷 8
● Chianti Cl. '10	🍷🍷🍷 4*
● Percarlo '07	🍷🍷🍷 7
● Percarlo '99	🍷🍷🍷 7
● Percarlo '97	🍷🍷🍷 6
● Percarlo '95	🍷🍷🍷 6
● Percarlo '88	🍷🍷🍷 6
● Chianti Cl. '09	🍷🍷 3
● Chianti Cl. Le Baròncole Ris. '11	🍷🍷 5
● Chianti Cl. Le Baròncole Ris. '10	🍷🍷 5
● Chianti Cl. Le Baròncole Ris. '09	🍷🍷 5
● Chianti Cl. Le Baròncole Ris. '07	🍷🍷 5
● Chianti Cl. Le Baròncole Ris. '06	🍷🍷 5
● Percarlo '05	🍷🍷 7

★★Tenuta San Guido

FRAZ. BOLGHERI
LOC. LE CAPANNE, 27
57022 CASTAGNETO CARDUCCI [LI]
TEL. 0565762003
www.sassicaia.com

VISITA SU PRENOTAZIONE
RISTORAZIONE
PRODUZIONE ANNUA 780.000 bottiglie
ETTARI VITATI 90,00

Se oggi Bolgheri vive un favoloso successo internazionale, una bella fetta di merito va attribuita ai marchesi Incisa della Rocchetta. Sono loro ad aver avviato, in tempi non sospetti, il progetto della Tenuta San Guido, lanciando sul mercato uno dei vini italiani più importanti di sempre: il Sassicaia. Le vigne sono divise in varie zone con caratteristiche di suoli ed esposizioni diverse, alcune vicino al mare e altre in collina. Le uve coltivate sono cabernet sauvignon e franc, l'affinamento avviene in barrique di rovere francese. Attenzione perché il Sassicaia '13 è un vino pazzesco. Dobbiamo tornare alla versione 2009, seppur profondamente diversa da questa, quasi opposta diremmo, per trovarne uno tanto convincente. Di più: in prospettiva questo 2013 è senza dubbio superiore e si collocherà tra le grandi annate di sempre. Vino serrato e reattivo, vibrante e suadente, complesso quanto vivo e profondo, di interminabile persistenza. Un capolavoro.

● Bolgheri Sassicaia '13	🍷🍷🍷 8
● Guidalberto '14	🍷🍷 6
● Bolgheri Sassicaia '12	🍷🍷🍷 8
● Bolgheri Sassicaia '11	🍷🍷🍷 8
● Bolgheri Sassicaia '10	🍷🍷🍷 8
● Bolgheri Sassicaia '09	🍷🍷🍷 8
● Bolgheri Sassicaia '08	🍷🍷🍷 8
● Bolgheri Sassicaia '07	🍷🍷🍷 8
● Bolgheri Sassicaia '06	🍷🍷🍷 8
● Bolgheri Sassicaia '05	🍷🍷🍷 8
● Bolgheri Sassicaia '04	🍷🍷🍷 8
● Bolgheri Sassicaia '03	🍷🍷🍷 8
● Guidalberto '08	🍷🍷🍷 6
● Guidalberto '04	🍷🍷🍷 6

San Michele a Torri

VIA SAN MICHELE, 36
50020 SCANDICCI [FI]
TEL. 055769111
www.fattoriasanmichele.it

VENDITA DIRETTA
VISITA SU PRENOTAZIONE
PRODUZIONE ANNUA 200.000 bottiglie
ETTARI VITATI 55,00
VITICOLTURA Biologico Certificato

Paolo Nocentini, imprenditore nel settore dei trasporti, è l'attuale proprietario dell'azienda che, nelle sue mani, è divenuta un esempio virtuoso di un'intelligente attività agricola di stampo tradizionale volta alla promozione della Toscana più vera. La tenuta, infatti, oltre a produrre vino dai suoi 55 ettari di vigneto, parte dei quali anche nel territorio del Gallo Nero, è il centro nevralgico della produzione di tipici prodotti di territorio (ovviamente olio, ma anche salumi di Cinta Senese, carne, uova, verdura, pane, legumi, miele marmellate e farine da grani antichi, tutti prodotti utilizzati direttamente anche nel ristorante di proprietà a Firenze). Entrambe le versioni di Chianti Colli Fiorentini convincono pienamente. La Riserva San Giovanni Novantasette ha grande materia e tannini arrotondati che ammorbidiscono il sorso. Guizzante e vivace la versione 2014, che prevede nel blend anche un piccolo saldo di canaiolo, colorino e merlot: ribes, lamponi e qualche sbuffo floreale al naso, bocca espressiva e piacevole.

● Chianti Colli Fiorentini '14	🍷🍷 2*
● Chianti Colli Fiorentini S. Giovanni Novantasette Ris. '13	🍷🍷 4
● Chianti Cl. '11	🍷🍷 3
● Chianti Colli Fiorentini '13	🍷🍷 2*
● Chianti Colli Fiorentini '10	🍷🍷 2*
● Chianti Colli Fiorentini '09	🍷🍷 2*
● Chianti Colli Fiorentini S. Giovanni Novantasette Ris. '12	🍷🍷 4
○ Chianti Colli Fiorentini Vin Santo '07	🍷🍷 3
● Murtas '11	🍷🍷 5
● Murtas '09	🍷🍷 5
● Murtas '07	🍷🍷 5
○ Vin Santo '08	🍷🍷 6

San Polo

loc. Podernovi, 161
53024 Montalcino [SI]
Tel. 0577835101
www.poggiosanpolo.com

VENDITA DIRETTA
VISITA SU PRENOTAZIONE
PRODUZIONE ANNUA 150.000 bottiglie
ETTARI VITATI 17,00

Il progetto montalcinese della famiglia Allegrini sembra aver trovato ormai una compiuta fisionomia produttiva e stilistica. Tutto ruota attorno ai diciassette ettari del podere di Podernovi, toponimo storico del quadrante est, a ridosso dei 450 metri di altitudine su terreni ricchi di argille e calcio. Vinificati in cemento, con maturazioni combinate in barrique e rovere di Slavonia e Allier intorno ai 30 ettolitri, sono Brunello capaci di coniugare definizione e mobilità. A completare la gamma, insieme al Rosso, ci sono Mezzopane (cuvée a maggioranza sangiovese) e il Rubio (da sangiovese in purezza maturato in botte grande). Senza dubbio la migliore prestazione di sempre per San Polo, che piazza in finale il Brunello Riserva '10. Frutti neri, coloniali, tocchi di cacao, si sviluppa dolce e rotondo in una bocca che si fa più arcigna in chiusura per gli apporti boisé. Ottimamente confezionato anche il Brunello '11, già piuttosto approcciabile coi suoi richiami di ciliegia e caffè.

● Brunello di Montalcino Ris. '10	🍷🍷 7
● Brunello di Montalcino '11	🍷🍷 6
● Rosso di Montalcino '14	🍷 3
● Brunello di Montalcino '10	YY 6
● Brunello di Montalcino '09	YY 6
● Brunello di Montalcino '08	YY 6
● Brunello di Montalcino '07	YY 6
● Brunello di Montalcino '06	YY 6
● Brunello di Montalcino Ris. '06	YY 7
● Brunello di Montalcino Ris. '04	YY 7
● Rosso di Montalcino '13	YY 3
● Rosso di Montalcino '12	YY 3
● Rosso di Montalcino '11	YY 3
● Rubio '10	YY 2*
● Rubio '08	YY 2

Tenuta San Vito

via San Vito, 59
50056 Montelupo Fiorentino [FI]
Tel. 057151411
www.san-vito.com

VENDITA DIRETTA
VISITA SU PRENOTAZIONE
OSPITALITÀ E RISTORAZIONE
PRODUZIONE ANNUA 150.000 bottiglie
ETTARI VITATI 35,00
VITICOLTURA Biologico Certificato

La famiglia Drighi acquistò l'azienda intorno al 1960. Fu Roberto a impiantare i primi vigneti e gli uliveti, dando avvio anche alla costruzione della cantina e del frantoio. Tenuta San Vito può vantarsi di essere stata una delle prime aziende toscane ad aver aderito in maniera convinta alla produzione biologica, con la certificazione raggiunta già nel 1985, fortemente perseguita dalla figlia Laura. Oggi, sulle colline di Montelupo Fiorentino, a pochi chilometri da Firenze, oltre che una cantina, i casolari dell'azienda ospitano una florida attività agrituristica, la cui gestione è stata affidata a Neri Gazulli, nipote di Roberto. Tra i vini aziendali ci hanno piacevolmente colpito il Chianti San Vito '15, da sangiovese in purezza, fresco e concreto, dai bei profumi di frutti rossi, invitante e davvero piacevole. Non male anche il Poggio Alto '13, uvaggio da colorino, canaiolo, ciliegiolo e merlot, che profuma di frutti neri e spezie e ha una bocca tonica, dal bel finale pepato.

● Chianti San Vito '15	🍷🍷 2*
● Poggio Alto '13	🍷🍷 4
● Chianti Colli Fiorentini Darno '13	🍷 2
○ Amantiglio '05	YY 2
● Chianti dei Colli Fiorentini Darno '12	YY 2*
● Chianti dei Colli Fiorentini Darno '06	YY 2*
● Chianti dei Colli Fiorentini Darno '05	YY 2*
● Colle dei Mandorli '11	YY 6
● Colle dei Mandorli '10	YY 6
● Colle dei Mandorli '07	YY 5
● Colle dei Mandorli '06	YY 5
● Colle dei Mandorli '05	YY 5
● Madiere '06	YY 3
● Madiere '05	YY 3
○ Vin Santo del Chianti Malmatico '07	YY 5

Sangervasio

LOC. SAN GERVASIO
VIA DEI CIPRESSI, 13
56036 PALAIA [PI]
TEL. 0587483360
www.sangervasio.com

VENDITA DIRETTA
VISITA SU PRENOTAZIONE
OSPITALITÀ E RISTORAZIONE
PRODUZIONE ANNUA 100.000 bottiglie
ETTARI VITATI 22,00
VITICOLTURA Biologico Certificato

Un borgo del XVI secolo circondato da 400 ettari di terreno: questa è l'azienda di San Gervasio, acquisita nel 1960 dalla famiglia Tommasini. Luca ha compiuto una profonda trasformazione, alla metà degli anni Novanta, optando per la coltivazione delle uve con regime biologico, ristrutturando le antiche cantine, reinnestato le vecchie vigne, acquisito nuovi ettari di terreno, in cui ha costruito vigneti all'avanguardia. Il risultato è un sensibile aumento della qualità dei vini prodotti. Intenso e profondo al naso il Cabernet Sauvignon '11, dai toni balsamici, accompagnati da sensazioni di chiodi di garofano e cannella, corpo ampio e calibrato, vivace, fresco, dal finale prolungato e docile. Convincente I Renai '11, da merlot in purezza, dove il bouquet si compone di frutti di bosco rossi, corpo bilanciato, tannini integrati, succoso, vivace, dal finale ancora potente. Il Vin Santo Recinaio '05 ha bouquet classico, di datteri e fichi secchi, con note di mandorla tostata, corpo cremoso e avvolgente, finale vellutato.

● Cabernet Sauvignon '11	YY 5
○ Colli dell'Etruria Centrale Vin Santo Recinaio '05	YY 5
● I Renai '11	YY 5
● Chianti Sangervasio '15	Y 2
● Terre di Pisa Sangiovese a Sirio '11	Y 4
● I Renai '09	YY 5
● I Renai '03	YY 5
○ Sangervasio Bianco '05	YY 2
● Sangervasio Rosso '09	YY 2*
● Sangervasio Rosso '05	YY 2
● Terre di Pisa Sangervasio '11	YY 4

Podere Sanlorenzo

POD. SANLORENZO, 280
53024 MONTALCINO [SI]
TEL. 3396070930
www.poderesanlorenzo.net

VENDITA DIRETTA
VISITA SU PRENOTAZIONE
PRODUZIONE ANNUA 18.000 bottiglie
ETTARI VITATI 4,50

Il compleanno di Bramante Ferretti è diventata una vera e propria festa di popolo per la Montalcino da bere. A 100 e più anni è lì a consigliare e ispirare il nipote Luciano Ciolfi, che nel 2003 volle convertire Podere Sanlorenzo in una realtà imbottigliatrice, con risultati da subito interessanti. Nient'altro che sangiovese nei circa quattro ettari di proprietà, concentrati sul quadrante sudoccidentale di Montalcino, a circa 500 metri di altitudine, con suoli mediamente argillosi e ricchi di galestro. Punti di partenza per Brunello sobriamente potenti, elastici, vigorosi, assecondati nella loro indole da lunghe macerazioni e affinamenti in rovere di Slavonia da 30 ettolitri. Consigliamo sempre pazienza coi rossi di Sanlorenzo e il Bramante '11 non fa eccezione: il quadro aromatico è già piuttosto definito con le sue nuance terrose e silvestri, mentre il sorso appare ancora un po' ingolfato nella trama fenolica, pur svelando forza e tensione. Assai più compiuto lo squisito Rosso '14.

● Brunello di Montalcino Bramante '11	YY 6
● Rosso di Montalcino '14	YY 3
● Brunello di Montalcino Bramante '07	YYY 6
● Brunello di Montalcino Bramante '07	YYY 8
● Brunello di Montalcino Bramante '10	YY 6
● Brunello di Montalcino Bramante '09	YY 6
● Brunello di Montalcino Bramante '08	YY 6
● Brunello di Montalcino Bramante '04	YY 6
● Rosso di Montalcino '13	YY 3
● Rosso di Montalcino '11	YY 3
● Rosso di Montalcino '10	YY 3

Sant'Agnese

LOC. CAMPO ALLE FAVE, 1
57025 PIOMBINO [LI]
TEL. 0565277069
www.santagnesefarm.it

VENDITA DIRETTA
VISITA SU PRENOTAZIONE
PRODUZIONE ANNUA 25.000 bottiglie
ETTARI VITATI 6,00
AZIENDA SOSTENIBILE

Nel 1994 la famiglia Gigli si aggiudica all'asta un'azienda agricola, appollaiata sulle colline che guardano il mare, realizzando un vecchio sogno. Si trovano così di fronte a terreni abbandonati e edifici da recuperare ma l'entusiasmo e la passione hanno la meglio: iniziano con successo la vita dei produttori di vino di qualità. Oggi i fratelli Gigli si trovano a gestire una realtà vinicola di tutto rispetto, un'azienda familiare piccola ma ben organizzata, dove convivono vitigni che hanno trovato nella zona l'habitat ideale, con altri della tradizione toscana. I Fiori Blu '10, da cabernet sauvigon in purezza, presenta al naso sentori terziari di cuoio e tabacco, quindi note balsamiche e frutto maturo. In bocca è potente, ricco, dai tannini presenti e integrati, con finale succoso e vivo. Interessante anche il Rubido '13, di sole uve merlot, dove al naso esprime la confettura di lamponi e ciliegie, foglie di pomodoro, bocca di buon spessore, calda, armonica.

● I Fiori Blu '10	🍷🍷 6
● Rubido '13	🍷🍷 2*
⊙ A Rose is a Rose '15	🍷 2
○ Kalendamaia '15	🍷 2
● I Fiori Blu '08	YY 6
● Libatio '08	YY 4
● Merlot I Fiori Blu '09	YY 6
● Rubido '12	YY 2*
● Rubido '11	YY 2*
● Spirto '09	YY 5
● Spirto '08	YY 5
● Spirto '06	YY 5
○ Val di Cornia Kalendamaia '11	YY 2*
● Val di Cornia Rubido '09	YY 2*
● Val di Cornia Rubido '08	YY 2*

Santa Lucia

FRAZ. FONTEBLANDA
S.DA STAT.LE AURELIA, 264
58015 ORBETELLO [GR]
TEL. 0564885474
www.azsantalucia.com

VENDITA DIRETTA
VISITA SU PRENOTAZIONE
OSPITALITÀ
PRODUZIONE ANNUA 150.000 bottiglie
ETTARI VITATI 35,00
AZIENDA SOSTENIBILE

L'azienda di Luciano Scotto conta su circa 35 ettari coltivati a vigneto, per un potenziale produttivo di circa 80mila bottiglie e ha un'impostazione nettamente familiare. In passato ha alternato produzioni interessant a prestazioni onorevoli, ma poco più che corrette. Lo stile aziendale propone vini generosi, decisamente mediterranei e, talvolta, questa forte caratterizzazione può portare a qualche incertezza nella maturazione della materia prima o nel dosaggio dei legni. Quest'anno l'azienda sembra aver imboccato la strada giusta non sacrificando il proprio stile ma affinandolo e rendendolo più solido. Pulito nei profumi e decisamente di bella beva il Morellino di Scansano A Luciano '15, dai profumi invitanti e centrati. Altrettanto godibile il Morellino di Scansano Tore del Moro '14, dal sorso rinfrescante e dalla bella nota iodata sul finale. Contrastato e non privo di complessità il Morellino Tore del Moro Riserva '13, dai profumi speziati e fruttati e dalla progressione gustativa robusta e convincente.

● Betto '13	🍷🍷 3
● Maremma Toscana Losco '15	🍷🍷 2*
● Morellino di Scansano A Luciano '15	🍷🍷 2*
● Morellino di Scansano Tore del Moro '14	🍷🍷 2*
● Morellino di Scansano Torre del Moro Ris. '13	🍷🍷 4
○ Maremma Toscana Ansonica '15	🍷 2
○ Maremma Toscana Vermentino Brigante '15	🍷 2
○ Maremma Vermentino Brigante '12	YY 2*
● Morellino di Scansano A Luciano '14	YY 2*
● Morellino di Scansano A Luciano '13	YY 2*
● Morellino di Scansano Tore del Moro '12	YY 2*
● Morellino di Scansano Tore del Moro '11	YY 2*

Podere Sapaio

Loc. Lo Scopaio, 212
57022 Castagneto Carducci [LI]
Tel. 0565765187
www.sapaio.it

VISITA SU PRENOTAZIONE
PRODUZIONE ANNUA 75.000 bottiglie
ETTARI VITATI 25,00

Podere Sapaio è un bel progetto vitivinicolo, fondato nel 1999 da Massimo Piccini. Origini venete, la sua famiglia ha investito nel terroir bolgherese in tempi non sospetti, convinta delle sue potenzialità e della possibilità di dar vita a qualcosa di originale. Così è stato. Oggi i vini Sapaio sono tra i più riconoscibili e interessanti della denominazione. I terreni sono di natura sabbiosa e calcarea, le uve di stampo bordolese sono capaci di vini potenti, resi ancor più intensi dall'affinamento in legno. È un'interpretazione dell'annata che ci convince molto quella del Bolgheri Rosso Superiore '13. Vino in linea con la sua fisionomia di sempre ma più equilibrato e fine, a cominciare dalle note speziate e tostate. In aroma ha frutto maturo e piuttosto scuro, attraversato da rinfrescanti folate vegetali e balsamiche. In bocca è pieno, di buon estratto ma, come dicevamo, capace di non sedersi e scattare in profondità.

Vino	
● Bolgheri Rosso Sup. '13	YYY 7
● Bolgheri Volpolo '14	Y 5
● Bolgheri Rosso Sup. '12	YYY 7
● Bolgheri Rosso Sup. '11	YYY 7
● Bolgheri Sup. Sapaio '10	YYY 6
● Bolgheri Sup. Sapaio '09	YYY 6
● Bolgheri Sup. Sapaio '08	YYY 6
● Bolgheri Sup. Sapaio '07	YYY 6
● Bolgheri Sup. Sapaio '06	YYY 6
● Bolgheri Sup. Sapaio '05	YY 6
● Bolgheri Volpolo '13	YY 5
● Bolgheri Volpolo '12	YY 4
● Bolgheri Volpolo '11	YY 4
● Bolgheri Volpolo '08	YY 4
● Bolgheri Volpolo '07	YY 4

Michele Satta

Loc. Vigna al Cavaliere, 61b
57022 Castagneto Carducci [LI]
Tel. 0565773041
www.michelesatta.com

VENDITA DIRETTA
VISITA SU PRENOTAZIONE
PRODUZIONE ANNUA 150.000 bottiglie
ETTARI VITATI 20,00

Michele Satta è firma conosciuta del vino toscano, oltre che interprete originale del terroir bolgherese. Appassionato di sangiovese, questo produttore non rinuncia a cercare strade per quest'uva nel suo podere, accanto alle varietà bordolesi più piantate in zona. A parte questo, è lo stile di Satta a convincere. L'esperienza non manca, visto che la cantina è stata fondata negli anni Ottanta, così come la sensibilità della mente e della mano che realizza i vini. Una realtà affascinante, insomma, per chi è alla ricerca di vini autentici e percorsi meno usuali. In questo solco va interpretato il Bolgheri Rosso Superiore I Castagni '12, capace di puntare all'equilibrio e a una certa finezza più che a concentrazioni fuori misura. In certi tratti è quasi snello, certamente verticale ma sempre gustoso, fatto che ne allunga il sorso e lo rende assai piacevole. Il Bolgheri Bianco Costa di Giulia '15 ha bei profumi di pesca bianca, mentre in bocca è polposo e fresco.

Vino	
○ Bolgheri Bianco Costa di Giulia '15	YY 4
● Bolgheri Rosso Sup. I Castagni '12	YY 8
● Bolgheri Sup. Piastraia '13	Y 6
● Bolgheri Rosso Piastraia '02	YYY 6
● Bolgheri Rosso Piastraia '01	YYY 6
⊙ Bolgheri Rosato '13	YY 2*
● Bolgheri Rosso '13	YY 3
● Bolgheri Rosso '12	YY 3
● Bolgheri Rosso '11	YY 3
● Bolgheri Rosso Piastraia '12	YY 5
● Bolgheri Rosso Piastraia '11	YY 5
● Bolgheri Rosso Piastraia '10	YY 5
● Syrah '12	YY 5

Savignola Paolina

via Petriolo, 58
50022 Greve in Chianti [FI]
Tel. 0558546036
www.savignolapaolina.it

VENDITA DIRETTA
VISITA SU PRENOTAZIONE
OSPITALITÀ
PRODUZIONE ANNUA 35.000 bottiglie
ETTARI VITATI 6,00

Il nome originario del podere era Savignola e fu acquistato dalla famiglia Fabbri a metà Ottocento. Paolina, negli anni fra le due guerre mondiali, lo ribattezzò aggiungendo il suo nome e cominciando l'attività viticola che la distinse anche come uno fra i personaggi pionieristici più importanti della denominazione. Oggi l'azienda è condotta dalla pronipote Ludovica che ha impresso uno stile definito ai vini aziendali che, vinificati con buona tecnica e affinati in legno piccolo, conservano carattere e piglio dei Chianti Classico prodotti in zona fresca. Il Chianti Classico Riserva '13 è un vino decisamente centrato. Il suo bagaglio aromatico è preciso e intenso e alterna note di fragole e fiori a cenni speziati e terrosi. In bocca è più gustoso che possente e il sorso resta continuo e saporito, fino a un finale di buona sapidità. Buone sensazioni anche dal Chianti Classico '14, sottile ma non inconsistente, è un vino immediatamente fragrante, dalla beva agile e dai profumi semplici e ben definiti.

● Chianti Cl. '14	TT 3
● Chianti Cl. Ris. '13	TT 4
● Chianti Cl. '10	YY 3
● Chianti Cl. '09	YY 3
● Chianti Cl. Ris. '11	YY 4
● Chianti Cl. Ris. '08	YY 4
● Chianti Cl. Ris. '06	YY 4
● Chianti Cl. Ris. '05	YY 4
● Chianti Cl. Ris. '04	YY 4
● Chianti Cl. Ris. '03	YY 3
● Granaio '08	YY 4
● Granaio '07	YY 4
● Granaio '06	YY 4

La Selva

loc. Fonte Blanda
s.da prov.le 81 Osa, 7
58010 Orbetello [GR]
Tel. 0564885669
www.laselva-bio.it

VENDITA DIRETTA
VISITA SU PRENOTAZIONE
OSPITALITÀ
PRODUZIONE ANNUA 200.000 bottiglie
ETTARI VITATI 32,00
VITICOLTURA Biologico Certificato

Viticoltura biologica fin dalla sua nascita, nel 1980, un occhio di riguardo verso i vitigni locali e una sempre più alta attenzione alle pratiche sostenibili in cantina sono i pilastri della produzione vinicola di Karl Egger. A tutto questo si aggiunge una politica dei prezzi particolarmente equilibrata, che fa dell'azienda di Orbetello una delle realtà consolidate del panorama enologico maremmano, capace, specie nel recente passato, di offrire con continuità una gamma di etichette dalla sicura piacevolezza. Saporito, quasi piccante, il Morellino di Scansano Colli dell'Uccellina Riserva '13, dai profumi freschi e intensi, possiede grinta e ritmo nel sorso. Più immediato e aperto, ma altrettanto godibile, il Morellino di Scansano '15, un vino generoso e contrastato. Sottile e nervoso il Maremma Ciliegiolo '13, dal fruttato fine e definito e dal gusto goloso. Succoso e fragrante il Nudo Sangiovese '14, prodotto da Roland Krebser, enologo de La Selva, insieme a Stefano Bambagioni.

● Maremma Toscana Ciliegiolo '13	TT 3
● Morellino di Scansano '15	TT 2*
● Morellino di Scansano Colli dell'Uccellina Ris. '13	TT 3
● Nudo Sangiovese '14	TT 2*
● Maremma Toscana Privo '15	T 2
○ Maremma Toscana Vermentino '15	T 2
● Pugnitello '12	T 5
○ Vermentino Nudo '15	T 3
○ Bianco Toscano '14	YY 2*
● Maremma Toscana Ciliegiolo '12	YY 3
● Prima Causa '11	YY 5
● Pugnitello '11	YY 5

Fattoria Selvapiana

loc. Selvapiana, 43
50068 Rufina [FI]
Tel. 0558369848
www.selvapiana.it

VENDITA DIRETTA
VISITA SU PRENOTAZIONE
PRODUZIONE ANNUA 220.000 bottiglie
ETTARI VITATI 60,00

La fattoria affonda le sue radici nel Medioevo, quando fungeva da baluardo difensivo della città di Firenze, lungo il fiume Sieve. Oggi l'azienda è gestita dai fratelli Silvia e Federico Giuntini Massetti, ultimi eredi di una tradizione che ha portato il Chianti Rufina a differenziarsi dalle altre sottozone, come già aveva percepito Cosimo II de' Medici. Attualmente Selvapiana ha un estensione di 250 ettari, 60 dei quali a vigneto, coltivati sulle prime propaggini dell'Appennino, in una zona che anche durante l'estate gode di clima fresco. Dal 1990 è iniziato un percorso che vede attualmente il vigneto e l'uliveto coltivati secondo il regime della conduzione biologica. Anche quest'anno il Bucerchiale giunge in finale. Il 2013 ha un bell'attacco di bocca sui frutti rossi e neri; si distende con energia e buona progressione, potente e materico. Abbiamo assaggiato anche una buona versione di Chianti Rufina '14, che al naso apre su accenni di ciliegia con lievi screziature erbacee, mentre in bocca è sapido e scorrevole.

● Chianti Rufina Bucerchiale Ris. '13	🍷🍷 5
● Chianti Rufina '14	🍷🍷 2*
● Pomino '12	🍷 2
○ Selvapiana '15	🍷 2
● Chianti Rufina '13	🍷🍷 2*
● Chianti Rufina '12	🍷🍷 2*
● Chianti Rufina '11	🍷🍷 2*
● Chianti Rufina Bucerchiale Ris. '12	🍷🍷 5
● Chianti Rufina Bucerchiale Ris. '11	🍷🍷 5
● Fornace '11	🍷🍷 5
● Fornace '09	🍷🍷 5
● Pomino Villa Petrognano '12	🍷🍷 2*
○ Vin Santo del Chianti Rufina '07	🍷🍷 2*

Sensi

via Cerbaia, 107
51035 Lamporecchio [PT]
Tel. 057382910
www.sensivini.com

VENDITA DIRETTA
VISITA SU PRENOTAZIONE
PRODUZIONE ANNUA 2.000.000 bottiglie
ETTARI VITATI 80,00

Già nel 1895 Pietro Sensi vendeva il suo vino nei mercati rionali. I figli Vittorio e Armido poi fondarono la Fratelli Sensi, che con il carro trainato da cavalli consegnava il vino a domicilio. I figli di Vittorio, Pietro e Giovanni, contribuirono nel dopoguerra a far assumere all'azienda una dimensione nazionale. Con gli attuali titolari, Massimo e Roberta, si ha la consacrazione nel mercato internazionale. Le tenute di famiglia sono la Tenuta del Poggio e la Fattoria di Calappiano. Ancora in finale il Chianti Vinciano Riserva '13, grazie a un bouquet aromatico legato al frutto nitido, ciliegia in primis, poi cenni di sottobosco e qualche nota di tabacco. In bocca l'attacco è sostenuto da un bel nerbo acido, corpo non pesante, tannini fini, per un finale succoso e prolungato. Piacevole il Testardo '14, da sangiovese e cabernet sauvignon, dai buoni profumi speziati, con cenni balsamici, corpo largo, morbido, avvolgente, per un finale lungo e saporito.

● Chianti Vinciano Fattoria di Calappiano Ris. '13	🍷🍷 6
● Bolgheri Sabbiato '14	🍷🍷 5
● Brunello di Montalcino Boscoselvo '11	🍷🍷 7
● Mantello '14	🍷🍷 4
● Morellino di Scansano Pretorio '15	🍷🍷 3
● Testardo '14	🍷🍷 4
● Chianti Campoluce '15	🍷 2
● Chianti Sup. Vagante '15	🍷 3
● Chianti Vinciano '15	🍷 4
● Ninfato '15	🍷 4
● Chianti Dalcampo Ris. '12	🍷🍷 3
● Chianti Vinciano Fattoria di Calappiano Ris. '12	🍷🍷 6
● Lungarno Fattoria di Calappiano '13	🍷🍷 7
● Mantello '13	🍷🍷 4

Serpaia

LOC. FONTEBLANDA
VIA GOLDONI, 15
58100 GROSSETO
TEL. 0461650129
www.serpaiamaremma.it

PRODUZIONE ANNUA 134.500 bottiglie
ETTARI VITATI 30,00

Lo sbarco della trentina Endrizzi a Fonteblanda, nella porzione sud della denominazione del Morellino di Scansano, avviene nel 2000. L'incontro tra due tradizioni enologiche molto diverse riesce però a costruire un mix stilistico solido e ben leggibile. L'interpretazione del sangiovese non è forzata, grazie a una viticoltura attenta e a vinificazioni non esasperate, e il risultato sono etichette di bella piacevolezza gustativa e buona pulizia aromatica. Gli affinamenti in legno, che incrociano botti grandi e barrique, donano alle etichette aziendali equilibrio e finezza. Solidi e ben fatti i vini dell'azienda con sede a Fonteblanda. Il Morellino di Scansano '14 possiede un profilo olfattivo ben leggibile, in cui al fruttato sempre in primo piano fanno da rifinitura cenni speziati e tostati. In bocca è freschissimo, ritmato e sapido. Altrettanto ben eseguito il Serpaiolo '14, da merlot, cabernet sauvignon e sangiovese, dai profumi definiti e freschi e dalla progressione gustativa ampia e contrastata.

● Morellino di Scansano '14	▼▼ 2*
● Serpaiolo '14	▼▼ 2*
● Morellino di Scansano '13	▽▽ 2*
● Morellino di Scansano '12	▽▽ 2*
● Morellino di Scansano Dono Ris. '11	▽▽ 3
● Morellino di Scansano Dono Ris. '08	▽▽ 3

Serraiola

FRAZ. FRASSINE
LOC. SERRAIOLA
58025 MONTEROTONDO MARITTIMO [GR]
TEL. 0566910026
www.serraiola.it

VENDITA DIRETTA
VISITA SU PRENOTAZIONE
PRODUZIONE ANNUA 40.000 bottiglie
ETTARI VITATI 12,00

Al confine tra la provincia di Grosseto e quella di Livorno, Serraiola rappresenta l'ultima propaggine della denominazione Monteregio. La famiglia Lenzi acquista i terreni alla fine degli anni Sessanta e inizia subito a impiantare i primi vigneti. Oggi sul ponte di comando c'è Fiorella, a lei si deve la svolta che ha permesso ai vini di raggiungere affidabilità qualitativa, inserendosi tra le realtà più interessanti del comprensorio. I vigneti, gradualmente reimpiantati con scelte clonali più adeguate e con qualche vitigno internazionale tra i filari, si estendono per circa dodici ettari. Si trovano sangiovese e merlot per le varietà a bacca rossa, e trebbiano, malvasia, vermentino, chardonnay e sauvignon per i bianchi. Il Campo Montecristo '14 è un Merlot in purezza in cui note di lampone e ciliegia matura si fondono a sentori terziari. L'annata fresca ha dotato il vino di maggiore scorrevolezza e bevibilità, sottraendo però un po' della consueta morbidezza. Ritmato e dal sorso progressivo il Lentisco '14, Sangiovese in purezza.

● Campo Montecristo '14	▼▼ 5
● Lentisco '14	▼▼ 3
● Maremma Toscana Sassonero '15	▼ 2
○ Maremma Toscana Violina '15	▼ 3
○ Serrabacio '15	▼ 3
● Shiraz '14	▼ 3
● Campo Montecristo '13	▽▽ 5
● Campo Montecristo '09	▽▽ 5
● Campo Montecristo '08	▽▽ 5
● Campo Montecristo '07	▽▽ 5
● Monteregio di Massa Marittima Lentisco '11	▽▽ 3
● Monteregio Massa Marittima Lentisco '13	▽▽ 3
● Shiraz '13	▽▽ 3
● Shiraz '07	▽▽ 3
○ Vermentino '13	▽▽ 2*

Sesti - Castello di Argiano

FRAZ. SANT'ANGELO IN COLLE
LOC. CASTELLO DI ARGIANO
53024 MONTALCINO [SI]
TEL. 0577843921
www.sestiwine.com

VENDITA DIRETTA
VISITA SU PRENOTAZIONE
PRODUZIONE ANNUA 61.000 bottiglie
ETTARI VITATI 9,00

Conosciuta anche come Castello di Argiano, l'azienda fondata da Giuseppe Sesti, guidata oggi con la figlia Elisa, si sviluppa nel cuore di un antico insediamento etrusco sul confine sud occidentale di Montalcino. Un borgo-castello, che protegge le vigne e ispira una filosofia di lavoro per molti versi ancestrale, legata a protocolli naturali e a tempistiche operative secondo i cicli lunari. Non solo agricoltura, insomma, ma anche storia, geologia, astronomia, che condizionano le scelte di cantina almeno quanto le riflessioni tecniche. Per Brunello di espressione serena, come ci si attende da un'area a forte influenza tirrenica, dominata dai suoli eocenici. Didascalico, in questo senso, il riuscito Brunello '11: spazia dai fiori alle essenze mediterranee, snodandosi soffice e avvolgente, nonostante il leggero minus di nerbo. Appare piuttosto pronto anche il Phenomena Riserva '10, col suo connubio di humus, confettura di fragola, oliva nera, e il sorso più orizzontale e asciutto.

Vino		
● Brunello di Montalcino Phenomena Ris. '10	🍷🍷	8
● Brunello di Montalcino '11	▼▼	6
● Rosso di Montalcino '14	▼▼	4
○ Sauvignon '15	▼▼	3
● Grangiovese '14	▼	2
⊙ Rosato '15	▼	2
● Brunello di Montalcino '06	▽▽▽	6
● Brunello di Montalcino Phenomena Ris. '07	▽▽▽	8
● Brunello di Montalcino Phenomena Ris. '01	▽▽▽	8
● Brunello di Montalcino Ris. '04	▽▽▽	8
● Brunello di Montalcino '10	▽▽	6
● Rosso di Montalcino '13	▽▽	4

Tenuta Sette Ponti

VIA SETTE PONTI, 71
52029 CASTIGLION FIBOCCHI [AR]
TEL. 0575477857
www.tenutasetteponti.it

VENDITA DIRETTA
VISITA SU PRENOTAZIONE
OSPITALITÀ
PRODUZIONE ANNUA 225.000 bottiglie
ETTARI VITATI 55,00
AZIENDA SOSTENIBILE

La famiglia Moretti acquista la tenuta negli anni Cinquanta, da Margherita e Maria Cristina di Savoia. Utilizzata come residenza di campagna, vi viene praticata un'agricoltura convenzionale, con la vigna che rappresenta una delle colture presenti. Con l'avvento di Antonio Moretti, imprenditore del settore della moda, prende corpo una svolta nella conduzione della tenuta, che deve a lui il nome, voluto per rendere omaggio alla via dei Sette Ponti, che collega le sponde del fiume Arno tra Firenze e Arezzo. Ben due i vini che raggiungono la finale: un habitué l'Oreno, da merlot, cabernet sauvignon e petit verdot, che anche nella versione 2013 straconvince per il suo ampio spettro olfattivo, i tannini fini e sottili, il corpo solido e ben amalgamato, e il finale come sempre lunghissimo. Ma i Tre Bicchieri non potevano che andare a un Vigna dell'Impero '13 così, da sangiovese in purezza: fine, intenso, pulito, di straordinaria eleganza, un cavallo di razza purissima.

Vino		
● Valdarno di Sopra V. dell'Impero '13	🍷🍷🍷	8
● Oreno '13	🍷🍷	8
● Crognolo '14	▼▼	5
○ Grisoglia '12	▼▼	5
● Chianti V. di Pallino '15	▼	2
● Chianti V. di Pallino Ris. '13	▼	3
● Oreno '12	▽▽▽	7
● Oreno '11	▽▽▽	7
● Oreno '10	▽▽▽	7
● Oreno '09	▽▽▽	7
● Oreno '05	▽▽▽	7
● Oreno '00	▽▽▽	5

Talenti

FRAZ. SANT'ANGELO IN COLLE
LOC. PIAN DI CONTE
53020 MONTALCINO [SI]
TEL. 0577844064
www.talentimontalcino.it

VENDITA DIRETTA
VISITA SU PRENOTAZIONE
PRODUZIONE ANNUA 100.000 bottiglie
ETTARI VITATI 21,00

Era il 1980 quando Pierluigi Talenti decise di trasferirsi dalla Romagna a Montalcino e di acquistare la proprietà Pian di Conte, affacciata sulla vallata del fiume Orcia a due passi dal borgo di Sant'Angelo in Colle. A vigneto è destinata una ventina di ettari, perlopiù coltivati a sangiovese, suddivisi in vari appezzamenti dislocati tra i 200 e i 400 metri di altitudine, con alternanze di argille, calcari, sabbie marine. Al timone c'è oggi Riccardo, nipote di Piero, che plasma una piccola e caratterizzata gamma, modulata con opzioni differenziate negli affinamenti (rovere di medie dimensioni e tonneau per i Brunello). A casa Talenti si festeggia il Trentennale con la vendemmia 2011, interpretata alla grande nell'omonimo Brunello. Frutto chiaro, radici, erbe officinali, è una complessità sussurrata che attraversa il palato tra rimpalli dolci e salati, prolungandosi per effetto di tannini succosi, estratti con classe. Ottime indicazioni anche dal Pian di Conte Riserva '10 e dal Rosso '14.

- Brunello di Montalcino Trentennale '11 — 🍷🍷🍷 (rossi) 8
- Brunello di Montalcino Pian di Conte Ris. '10 — 🍷🍷 7
- Rosso di Montalcino '14 — 🍷🍷 3
- Brunello di Montalcino '04 — YYY 8
- Brunello di Montalcino '88 — YYY 8
- Brunello di Montalcino Ris. '99 — YYY 6
- Brunello di Montalcino V. del Paretaio Ris. '01 — YYY 6
- Brunello di Montalcino '10 — YY 6
- Brunello di Montalcino '09 — YY 6
- Brunello di Montalcino '08 — YY 6
- Brunello di Montalcino '06 — YY 6

Fattoria della Talosa

VIA TALOSA, 8
53045 MONTEPULCIANO [SI]
TEL. 0578758277
www.talosa.it

VENDITA DIRETTA
VISITA SU PRENOTAZIONE
PRODUZIONE ANNUA 100.000 bottiglie
ETTARI VITATI 35,00

Una visita alla cantina storica Talosa, nei sotterranei di due antichi palazzi del centro di Montepulciano, regala un affresco significativo della rilevanza che ha sempre avuto il vino in questo territorio. L'azienda appartiene ad Angelo Jacorossi fin dai primi anni Settanta. Le vigne occupano alcune parcelle vocate della denominazione, a un'altitudine tra i 350 e i 400 metri. I vini sono ricchi di personalità e dimostrano ottime capacità di invecchiamento, come conferma l'assaggio di alcune riserve storiche. Prestazione in chiaroscuro per i vini assaggiati quest'anno. Di sicuro livello, comunque, il Nobile di Montepulciano '13. Al naso si apre con sicurezza su cenni di ribes e ciliegie rosse; in bocca si distende senza sforzi, ha classe, profondità e chiude fresco, serrato e verticale. Meno convincente il Rosso di Montepulciano '15, piuttosto acidulo e crudo.

- Nobile di Montepulciano '13 — 🍷🍷 4
- Rosso di Montepulciano '15 — 🍷 2
- Nobile di Montepulciano '11 — YY 4
- Nobile di Montepulciano '10 — YY 3
- Nobile di Montepulciano '08 — YY 3
- Nobile di Montepulciano '07 — YY 3
- Nobile di Montepulciano '07 — YY 4
- Nobile di Montepulciano '06 — YY 3
- Nobile di Montepulciano Filai Lunghi '11 — YY 5
- Nobile di Montepulciano Filai Lunghi '07 — YY 5
- Nobile di Montepulciano Ris. '10 — YY 4
- Nobile di Montepulciano Ris. '07 — YY 4

★Tenimenti Luigi d'Alessandro

via Manzano, 15
52042 Cortona [AR]
Tel. 0575618667
www.tenimentidalessandro.it

VENDITA DIRETTA
VISITA SU PRENOTAZIONE
OSPITALITÀ E RISTORAZIONE
PRODUZIONE ANNUA 130.000 bottiglie
ETTARI VITATI 37,00
VITICOLTURA Biologico Certificato

Tenimenti d'Alessandro è sin dal '700 una delle più importanti aziende agricole della val di Chiana. La tenuta è ora gestita dalla famiglia Calabresi, che porta a compimento le innovazioni vitivinicole avviate negli anni Sessanta dalla famiglia d'Alessandro che impiantò i primi vigneti di syrah, il vitigno ora più diffuso sul territorio cortonese. Dalla vendemmia 2013 gli interventi in vigna avvengono secondo principi organici e dal 2016 l'azienda è certificata biologica. Impressiona la costanza qualitativa della produzione. In finale il Migliara '11 dai settori terziari, complessi, e corpo più strutturato, ricco, dal bel finale persistente e saporito. Più diretto e appagante il Bosco '12, in cui i frutti di bosco sono protagonisti al naso e la bocca si distende con rilassatezza e piacevolezza. Valida comunque tutta la gamma, compresi i bianchi tra cui Fontarca, da uve viognier in purezza.

Vino		
● Cortona Syrah Il Bosco '12	🍷🍷🍷	6
● Cortona Syrah Migliara '11	🍷🍷	8
○ Bianco del Borgo '15	▼▼	3
● Cortona Syrah Borgo '14	▼▼	3
● Cortona Syrah V. V. '12	▼▼	5
○ Cortona Vin Santo '04	▼▼	6
○ Fontarca '14	▼▼	5
● Cortona Il Bosco '09	▽▽▽	6
● Cortona Il Bosco '06	▽▽▽	6
● Cortona Il Bosco '04	▽▽▽	5
● Cortona Il Bosco '03	▽▽▽	5
● Cortona Syrah Migliara '08	▽▽▽	8
● Cortona Syrah Migliara '07	▽▽▽	8

Tenuta di Sesta

fraz. Castelnuovo dell'Abate
loc. Sesta
53024 Montalcino [SI]
Tel. 0577835612
www.tenutadisesta.it

VENDITA DIRETTA
VISITA SU PRENOTAZIONE
PRODUZIONE ANNUA 150.000 bottiglie
ETTARI VITATI 30,00

Orgogliosamente esplicitato fin dal nome, il marchio Tenuta di Sesta si lega in maniera indissolubile a una delle località più vocate del versante meridionale di Montalcino. Praticamente a metà strada tra Sant'Angelo in Colle e Castelnuovo dell'Abate, l'azienda fondata da Tiziano Ciacci negli anni Sessanta è oggi condotta da Giovanni e Francesca. Le parcelle di proprietà si collocano intorno ai 350 metri di quota e si caratterizzano per i suoli tendenzialmente magri, ricchi di calcare con inserti tufacei. Punto di partenza ideale per Brunello di tempra longilinea e ariosa, amplificata dal lavoro di cantina essenziale, che prevede lunghe maturazioni in rovere di medie dimensioni. Uno stile originale, esplorato coraggiosamente nella versione Riserva: la 2010 è per molti versi la quadratura del cerchio, col suo passo leggero, quasi primaverile nei richiami di gelsi, mandarino, ginger, fiori di campo. Un "falso magro", come segnala il sorso progressivo e infiltrante, di lunga scia balsamica.

Vino		
● Brunello di Montalcino Ris. '10	🍷🍷🍷	7
● Brunello di Montalcino '11	▼	5
● Brunello di Montalcino '10	▽▽	5
● Brunello di Montalcino '09	▽▽	5
● Brunello di Montalcino '08	▽▽	5
● Brunello di Montalcino '07	▽▽	5
● Brunello di Montalcino '06	▽▽	5
● Brunello di Montalcino '05	▽▽	5
● Brunello di Montalcino Ris. '09	▽▽	7
● Brunello di Montalcino Ris. '07	▽▽	7
● Brunello di Montalcino Ris. '06	▽▽	7
● Poggio d'Arna '11	▽▽	2*
● Poggio d'Arna '10	▽▽	2*
● Rosso di Montalcino '13	▽▽	3
● Rosso di Montalcino '11	▽▽	3
● Rosso di Montalcino '10	▽▽	3*

Tenuta di Trinoro

VIA VAL D'ORCIA, 15
53047 SARTEANO [SI]
TEL. 05782671100578267110
www.tenutaditrinoro.it

VISITA SU PRENOTAZIONE
PRODUZIONE ANNUA 70.000 bottiglie
ETTARI VITATI 20,00

Le prime bottiglie sperimentali di questa realtà produttiva sono del 1995 e Andrea Franchetti, patron dell'azienda, riesce fin da subito a caratterizzare i suoi vini con uno stile preciso e ben leggibile. Grande il debito con l'approccio enologico e viticolo di Bordeaux ma non secondaria anche la personalità dei vini, attraverso vendemmie ritardate il più possibile, fermentazioni in cemento, grandi estrazioni e uso del legno piccolo. Il risultato sono prodotti sempre di grande intensità aromatica e dal sorso energico e appagante. Nel Tenuta di Trinoro '14, uvaggio da cabernet franc, cabernet sauvignon, merlot e petit verdot, il rovere non manca, ma il vino possiede materia e slancio. Tra i tre Cabernet Franc in purezza presentati per la prima volta, il migliore ci è sembrato il Campo di Tenaglia '14, dal profilo aromatico leggermente agrumato e terroso, e dalla progressione gustativa profonda e dal finale speziato.

● Campo di Tenaglia '14	🍷🍷 8
● Tenuta di Trinoro '14	🍷🍷 8
● Campo di Camagi '14	🍷🍷 8
● Campo di Magnacosta '14	🍷🍷 8
● Palazzi '14	🍷🍷 8
● Le Cupole '14	🍷 5
● Tenuta di Trinoro '08	🍷🍷🍷 8
● Tenuta di Trinoro '04	🍷🍷🍷 8
● Tenuta di Trinoro '03	🍷🍷🍷 8
● Magnacosta '13	🍷🍷 8
● Palazzi '13	🍷🍷 8
● Tenuta di Trinoro '13	🍷🍷 8
● Tenuta di Trinoro '12	🍷🍷 8

Tenute del Cerro

FRAZ. ACQUAVIVA
VIA GRAZIANELLA, 5
53045 MONTEPULCIANO [SI]
TEL. 0578767722
www.tenutedelcerro.it

VENDITA DIRETTA
VISITA SU PRENOTAZIONE
OSPITALITÀ E RISTORAZIONE
PRODUZIONE ANNUA 1.700.000 bottiglie
ETTARI VITATI 233,00

Appartenenti al Gruppo Unipol, le Tenute del Cerro mettono insieme alcune realtà significative del vino italiano e quasi 5000 ettari di terreno. Oltre a Montepulciano (Fattoria del Cerro), le proprietà si trovano negli areali del Brunello di Montalcino (La Poderina) e del Montefalco Sagrantino (Còlpetrone), oltre che a Monterufoli dove si coltiva vermentino. La Fattoria del Cerro (94 ettari di vigna) è un fiore all'occhiello: tra le più grandi, belle e vocate aziende del Vino Nobile di Montepulciano. Punta di diamante dei vini assaggiati, il Vino Nobile di Montepulciano Riserva '12 è una meraviglia di intensità e materia. Convince subito grazie a profumi freschi quanto maturi, in bell'altalena tra componenti floreali, fruttate e speziate. La bocca è accogliente in ingresso, carnosa e reattiva, di grande progressione e durata. Vino preciso e vibrante, cui è difficile chiedere di più.

● Nobile di Montepulciano Ris. '12	🍷🍷🍷 4*
● Nobile di Montepulciano '13	🍷🍷 3
○ La Grazianella Brut	🍷 2
● Montefalco Rosso Còlpetrone '13	🍷 3
○ Vermentino '15	🍷 2
○ Vin Santo '12	🍷 5
● Nobile di Montepulciano '11	🍷🍷🍷 3*
● Nobile di Montepulciano '10	🍷🍷🍷 3*
● Nobile di Montepulciano '90	🍷🍷🍷 3*
● Nobile di Montepulciano Ris. '11	🍷🍷🍷 4*
● Nobile di Montepulciano Ris. '06	🍷🍷🍷 4
● Nobile di Montepulciano Vign. Antica Chiusina '00	🍷🍷🍷 6
● Nobile di Montepulciano Vign. Antica Chiusina '99	🍷🍷🍷 6
● Nobile di Montepulciano Vign. Antica Chiusina '98	🍷🍷🍷 6

Terenzi

LOC. MONTEDONICO
58054 SCANSANO [GR]
TEL. 0564599601
www.terenzi.eu

VENDITA DIRETTA
VISITA SU PRENOTAZIONE
OSPITALITÀ E RISTORAZIONE
PRODUZIONE ANNUA 350.000 bottiglie
ETTARI VITATI 60,00

La famiglia Terenzi immette sul mercato le prime etichette nel 2007. Solo qualche anno di assestamento e poi i vini si attestano fra quelli di riferimento della denominazione del Morellino. Scelte senza compromessi, ma anche senza smettere di guardare alla tradizione del territorio, hanno permesso di centrare una cifra stilistica guidata da equilibrio e bevibilità, senza eccessi nel dosaggio del rovere e con estrazioni mai esasperate. E con i prodotti di punta capaci di esprimere personalità e il passo dei grandi vini. Il Morellino di Scansano Madrechiesa Riserva '13 si conferma come il migliore nella sua tipologia. I profumi sono complessi e sfaccettati, fiori, spezie, cenni balsamici e mentolati. In bocca possiede grinta, eleganza e sorso decisamente succoso e profondo. Altrettanto ben riuscito il Morellino di Scansano Purosangue Riserva '13, al suo esordio, dai tratti stilistici affini al Madrechiesa ma con una presenza del rovere più marcata.

● Morellino di Scansano Madrechiesa Ris. '13	🍷🍷🍷 5
● Morellino di Scansano Purosangue Ris. '13	🍷🍷 4
● Maremma Toscana Bramaluce '14	🍷🍷 3
● Morellino di Scansano '15	🍷🍷 3
○ Petit Manseng Passito '13	🍷🍷 5
○ Maremma Toscana Vermentino Balbino '15	🍷 2
● Morellino di Scansano Madrechiesa Ris. '12	🍷🍷🍷 5
● Morellino di Scansano Madrechiesa Ris. '11	🍷🍷🍷 5
● Morellino di Scansano Madrechiesa Ris. '10	🍷🍷🍷 5
● Morellino di Scansano Madrechiesa Ris. '09	🍷🍷🍷 5

Terre del Marchesato

FRAZ. BOLGHERI
LOC. SANT'UBERTO, 164
57022 CASTAGNETO CARDUCCI [LI]
TEL. 0565749752
www.terredelmarchesato.com

VENDITA DIRETTA
VISITA SU PRENOTAZIONE
OSPITALITÀ
PRODUZIONE ANNUA 80.000 bottiglie
ETTARI VITATI 15,00

La comunità di marchigiani che si sono trasferiti a Bolgheri intorno alla metà del secolo scorso è piuttosto numerosa. Tra questi c'è anche Emilio Fuselli, trasferitosi in zona e proprietario di alcune terre che furono dei marchesi Incisa della Rocchetta. Le generazioni di famiglia si sono succedute e il progetto è oggi più vivo che mai, capace di mostrare un volto moderno e di spiccata vocazione vitivinicola. Si ripete ancora una volta ad alti livelli il Marchesale '13, netto nelle note tostate e speziate, ricco di frutti di bosco e bacche di caffè. Vino certamente moderno, concentrato, bisognoso di affinamento in bottiglia ma davvero ben fatto e profondo. Eccellente anche il Nobilis '13, che sauterneggia, richiama al naso il miele e la pesca bianca, ha densità ma anche scorrevole freschezza. Polposo e pieno Aldone '13.

● Marchesale '13	🍷🍷 6
● Aldone '13	🍷🍷 7
○ Nobilis '13	🍷🍷 5
○ Papeo '15	🍷🍷 4
○ Emilio Primo Bianco '15	🍷 3
● Tarabuso '13	🍷 5
● Bolgheri Rosso Emilio I '13	🍷🍷 3
● Bolgheri Rosso Emilio I '12	🍷🍷 3
○ Emilio I '13	🍷🍷 5
● Inedito '13	🍷🍷 2*
● Marchesale '12	🍷🍷 7
○ Nobilis '11	🍷🍷 5
○ Papeo '13	🍷🍷 6
● Tarabuso '12	🍷🍷 6
● Tarabuso '11	🍷🍷 6

Terre Nere

Loc. Castelnuovo dell'Abate
53024 Montalcino [SI]
Tel. 3358107743
www.terreneremontalcino.it

VENDITA DIRETTA
VISITA SU PRENOTAZIONE
OSPITALITÀ
PRODUZIONE ANNUA 50.000 bottiglie
ETTARI VITATI 10,00

Solo per ragioni di spazio non eravamo riusciti finora a raccontare i vini di Terre Nere nella sezione principale della nostra Guida. Una realtà relativamente giovane, avviata da Pasquale Vallone e Piera Campigli negli anni Novanta con i tre ettari (oggi sono 10) rilevati a Castelnuovo dell'Abate. Un'area caratterizzata dai suoli scuri, appunto, declinata in Sangiovese di razza affinati principalmente in rovere di Slavonia da 30 e 50 ettolitri. Sono Brunello deliziosamente old style, spesso capaci di esprimersi con naturalezza fin dai primi assaggi, cresciuti negli ultimi anni anche grazie all'apporto dei figli Francesca e Federico, impegnati ormai a tempo pieno in azienda. Melagrana, buccia di limone, fiori secchi, coloniali: l'impianto aromatico del Brunello Riserva '10 è a dir poco originale, la bocca non è da meno col suo passo leggiadro e progressivo, saporito e preciso, cui manca solo l'estremo guizzo per essere grande. Sulla stessa falsariga incrociamo un goloso Brunello '11.

● Brunello di Montalcino Ris. '10	🍷🍷 6
● Brunello di Montalcino '11	🍷🍷 5
● Rosso di Montalcino '14	🍷 3
● Brunello di Montalcino '10	🍷🍷 5
● Brunello di Montalcino '09	🍷🍷 5

Teruzzi & Puthod

Loc. Casale, 19
53037 San Gimignano [SI]
Tel. 0577940143
www.teruzzieputhod.it

VENDITA DIRETTA
VISITA SU PRENOTAZIONE
PRODUZIONE ANNUA 1.000.000 bottiglie
ETTARI VITATI 94,00

Enrico Teruzzi e Carmen Puthod alla metà degli anni Settanta lasciano Milano e traslocano in quella che, secondo loro, è la zona più adatta in Toscana a dare concretezza alla loro passione per la viticoltura. Eccoli dunque a San Gimignano dove, con grande spirito d'innovazione, l'ottima scelta dei collaboratori e delle strategie, riescono a trovare uno spazio ben identificabile tra i produttori, grazie soprattutto alla qualità dei prodotti. Nel 2013 l'azienda viene acquisita dal gruppo Campari, che attua uno sforzo in termini di nuove acquisizioni e di riammodernamento dei vigneti. Arriva in finale la Vernaccia Riserva '11, dal bagaglio aromatico fine e complesso, dove gli elementi minerali si sommano a quelli fruttati, di albicocca e limone, con cenni vegetali di erbe aromatiche. In bocca ha ottima polpa, gustosa, dotata di nerbo acido, succosa, con un finale intrigante e pieno. Piacevole e saporita anche la Vernaccia '15, dalle note eleganti, di pesca, dal corpo fine e sottile, bella freschezza diffusa. Il Carmen Puthod '14, da sangiovese vinificato in bianco, ha buona sostanza e gradevole persistenza.

○ Vernaccia di S. Gimignano Ris. '11	🍷🍷 4
○ Carmen Puthod '14	🍷🍷 3
○ Vernaccia di S. Gimignano '15	🍷🍷 2*
● Peperino '13	🍷 2
○ Terre di Tufi '14	🍷 4
○ Vernaccia di S. Gimignano Sant'Elena '15	🍷 3
● Peperino '12	🍷🍷 2*
○ Vernaccia di S. Gimignano '14	🍷🍷 2*
○ Vernaccia di S. Gimignano '13	🍷🍷 2*
○ Vernaccia di S. Gimignano '12	🍷🍷 2*
○ Vernaccia di S. Gimignano '11	🍷🍷 2*
○ Vernaccia di S. Gimignano Ris. '10	🍷🍷 4

Tolaini

LOC. VALLENUOVA
S.DA PROV.LE 9 DI PIEVASCIATA, 28
53019 CASTELNUOVO BERARDENGA [SI]
TEL. 0577356972
www.tolaini.it

VENDITA DIRETTA
VISITA SU PRENOTAZIONE
PRODUZIONE ANNUA 300.000 bottiglie
ETTARI VITATI 50,00
AZIENDA SOSTENIBILE

Una cura maniacale del vigneto sul modello bordolese, un lavoro in cantina poco incline a inutili forzature e che si avvale anche di consulenze internazionali, fanno dell'azienda di Pierluigi Tolaini, posta nell'areale collinare fra Pianella e Vagliagli, una delle realtà produttive più significative nate nel recente passato nel Chianti Classico. I vini risultano stilisticamente equilibrati, moderni ma non privi di tensione e decisamente agili nella progressione gustativa. Affinamento prevalente in legni piccoli, che però non risulta mai invasivo, aumentando invece eleganza e finezza. L'Al Passo '12, blend da sangiovese e merlot, è un vino profumato, dallo sviluppo gustativo morbido ma al tempo stesso vivace e non privo di sapidità. Solido il Valdisanti '12, da sangiovese, cabernet sauvignon e franc, dal fruttato rigoglioso e maturo e dalla bocca ampia e avvolgente. Un po' più segnato dal rovere di affinamento il Picconero '11, uvaggio da merlot, cabernet sauvignon e petit verdot.

Vino	Bicchieri (T = pieno, Y = vuoto)	Prezzo
● Al Passo '12	TT (rossi)	4
● Valdisanti '12	TT	5
● Picconero '11	T	8
● Picconero '10	YYY	8
● Picconero '09	YYY	8
● Valdisanti '08	YYY	8
● Al Passo '09	YY	4
● Al Passo '07	YY	4
● Chianti Cl. Gran Sel. '11	YY	5
● Chianti Cl. Montebello Vign. n.7 Ris. '10	YY	6
● Chianti Cl. Ris. '10	YY	5
● Chianti Cl. Ris. '08	YY	5
● Valdisanti '11	YY	5
● Valdisanti '09	YY	8

Fattoria La Torre

VIA PROV.LE DI MONTECARLO, 7
55015 MONTECARLO [LU]
TEL. 058322981
www.fattorialatorre.it

VENDITA DIRETTA
VISITA SU PRENOTAZIONE
OSPITALITÀ E RISTORAZIONE
PRODUZIONE ANNUA 43.500 bottiglie
ETTARI VITATI 6,50

Piccola realtà molto dinamica quella della famiglia Cerri: pochi ettari vitati ma gestiti con la massima cura, ai quali si abbinano un resort e un ristorante. La produzione vinicola in zona è documentata sin dal 1887, in un luogo, quello di Montecarlo, che è stato uno dei primi a utilizzare vitigni provenienti dalla Francia. La scelta aziendale è stata di preservare la struttura dotandola però di attrezzature moderne, come è avvenuto per la costruzione della cantina, ricavata da un edificio già esistente. L'Esse '13, da syrah in purezza, ha bagaglio aromatico in cui si distinguono bene i frutti di bosco, con sfumature speziate e sentori di cuoio e pelle. Struttura solida, caldo, con tannini percettibili ma ben fusi, dal finale non lunghissimo ma di piena soddisfazione. L'Altair '15, uvaggio da vermentino e viognier, conquista il naso per i sentori floreali e fruttati, con mela e pesca bianca in evidenza. Facile l'ingresso in bocca, nervoso, succoso, con finale pulito. Speziato, saporito e dinamico lo Stringaio '14, da syrah con saldo di cabernet sauvignon.

Vino	Bicchieri (T = pieno, Y = vuoto)	Prezzo
○ Altair '15	TT	3
● Esse Syrah '13	TT	5
● Stringaio '14	TT	3
● Albireo '14	T	4
○ Montecarlo Vermentino '15	T	2
● Esse '07	YY	7
● Esse '01	YY	7
○ Montecarlo Bianco '11	YY	2*
● Stringaio '07	YY	3

Torre a Cona

loc. San Donato in Collina
50067 Rignano sull'Arno [FI]
Tel. 055699000
www.torreacona.com

VENDITA DIRETTA
VISITA SU PRENOTAZIONE
OSPITALITÀ
PRODUZIONE ANNUA 75.000 bottiglie
ETTARI VITATI 14,00

Torre a Cona è una tra le più belle ed eleganti tenute toscane, nata sulle vestigia di un antico insediamento medievale e sviluppatasi nel tempo fino all'attuale sistemazione risalente al Settecento. Varie famiglie si sono passate di mano la proprietà fino a quando questa fu acquistata dai conti Rossi di Montelera nel 1937 che ultimamente, con l'ingresso delle nuove generazioni in azienda, hanno potenziato non solo l'attività vitivinicola e olivicola, ma anche il ramo accoglienza e ospitalità. Nei vigneti trovano spazio il sangiovese, protagonista indiscusso da queste parti, accompagnato da merlot, per la produzione di un monovarietale. Per la prima volta un vino dell'azienda supera il traguardo dei Tre Bicchieri: si tratta della Riserva Badia a Corte, che già diverse volte aveva sfiorato il bersaglio. I profumi sono sfaccettati e cangianti tra frutti di bosco neri, erbe aromatiche e sbuffi balsamici; in bocca è succoso e perfettamente calibrato nell'espressione tannica e nel sottofondo gradevolmente sapido.

● Chianti Colli Fiorentini Badia a Corte Ris. '13	🍷🍷🍷 4*
● Chianti Colli Fiorentini '14	🍷🍷 2*
● Merlot '13	🍷🍷 5
● Terre di Cino '13	🍷🍷 3
● Chianti Colli Fiorentini '13	🍷🍷 3
● Chianti Colli Fiorentini Badia a Corte Ris. '12	🍷🍷 4
● Chianti Colli Fiorentini Badia a Corte Ris. '11	🍷🍷 4
● Chianti Colli Fiorentini Badia a Corte Ris. '10	🍷🍷 4
● Merlot '12	🍷🍷 3*
● Merlot '11	🍷🍷 3*
● Terre di Cino '12	🍷🍷 3
● Terre di Cino '11	🍷🍷 3

Le Torri

via San Lorenzo a Vigliano, 31
50021 Barberino Val d'Elsa [FI]
Tel. 0558076161
www.letorri.net

VENDITA DIRETTA
VISITA SU PRENOTAZIONE
OSPITALITÀ E RISTORAZIONE
PRODUZIONE ANNUA 170.000 bottiglie
ETTARI VITATI 28,00
AZIENDA SOSTENIBILE

La Toscana rappresenta da sempre un forte richiamo per quanti hanno passione per il buon vino. Fu così anche per un gruppo di amici, che negli anni Ottanta decisero di acquistare questa striscia di terra che confina a est con il Chianti Classico. Gli ettari di vigneto sono 28 e si estendono su colline che vanno dai 300 ai 350 metri d'altitudine. Tra i filari ovviamente il sangiovese insieme a colorino, canaiolo e trebbiano, in compagnia degli internazionali cabernet sauvignon, merlot, syrah e chardonnay. Oggi al timone c'è Beatrice Mozzi, figlia di uno dei proprietari, grazie alla quale in azienda è sopraggiunta una ventata di novità. Abbiamo gradito la concretezza della Riserva Colli Fiorentini '13, in cui gli intensi profumi di prugna fresca e ciliegia, contrappuntati da spezie dolci e cannella, fanno da apripista a un sorso elegante, rilassato e persistente. Ben fatto anche il Chianti '14, fruttato e floreale al naso, lineare e armonico al palato. Semplice e spigliato il Meridius '14.

● Chianti Colli Fiorentini Ris. '13	🍷🍷 3
● Chianti Colli Fiorentini '14	🍷 2
● Meridius '14	🍷 2
● Chianti Colli Fiorentini '10	🍷🍷 2*
● Chianti Colli Fiorentini Ris. '12	🍷🍷 3*
● Chianti Colli Fiorentini Ris. '11	🍷🍷 3
● Chianti Colli Fiorentini Ris. '10	🍷🍷 3
● Magliano '12	🍷🍷 5
● Magliano '10	🍷🍷 5
● Magliano '09	🍷🍷 5
● Magliano '08	🍷🍷 5
● Meridius '13	🍷🍷 2*
● San Lorenzo '12	🍷🍷 5
● Vigliano '08	🍷🍷 5
● Vigliano '04	🍷🍷 5

Travignoli

via Travignoli, 78
50060 Pelago [FI]
Tel. 0558361098
www.travignoli.com

VENDITA DIRETTA
VISITA SU PRENOTAZIONE
PRODUZIONE ANNUA 250.000 bottiglie
ETTARI VITATI 70,00

Una stele etrusca rinvenuta nei campi della tenuta, raffigurante scene di banchetti e libagioni, dimostra come già dall'antichità la zona fosse dedita alla viticoltura. Quella di Travignoli è una lunga storia, che parte alla fine del '400 e arriva ai giorni nostri: alla guida della tenuta c'è Giovanni Busi, che ricopre anche la carica di presidente del Consorzio del Chianti. I 70 ettari vitati si snodano sulle colline della sottozona Rufina, su territori marnosi, a un'altitudine che oscilla tra i 250 e i 400 metri. Mentre l'esposizione a sud garantisce una perfetta maturazione dei grappoli, gli aliti freschi provenienti dal vicino Appenino concedono il giusto refrigerio, soprattuto durante l'estate. Ancora una buona prestazione per la Riserva Tegolaia '13, che presenta al naso i consueti profumi di confettura, con qualche screziatura erbacea. In bocca ritornano i frutti neri maturi che si amalgamano a un tessuto sapido e a un tannino ben arrotondato. Classico il Vin Santo '10, con noce e dattero che aprono la strada a un palato biscottato, bilanciato da lieve acidità.

Vino	Bicchieri	
● Chianti Rufina Tegolaia Ris. '13	2 (rossi)	3*
○ Vin Santo Chianti Rufina '10	2 (neri)	4
● Calice del Conte '08	2 (bianchi)	5
● Chianti Rufina '12	2 (bianchi)	2*
● Chianti Rufina Ris. '05	2 (bianchi)	3
● Chianti Rufina Tegolaia Ris. '12	2 (bianchi)	3
● Chianti Rufina Tegolaia Ris. '11	2 (bianchi)	3
● Chianti Rufina Tegolaia Ris. '10	2 (bianchi)	3
● Chianti Rufina Tegolaia Ris. '09	2 (bianchi)	3
● Chianti Rufina Tegolaia Ris. '08	2 (bianchi)	3
● Chianti Rufina Tegolaia Ris. '07	2 (bianchi)	3
● Tegolaia '06	2 (bianchi)	4
○ Vin Santo Chianti Rufina '09	2 (bianchi)	4
○ Vin Santo Chianti Rufina '01	2 (bianchi)	4

★Tua Rita

loc. Notri, 81
57028 Suvereto [LI]
Tel. 0565829237
www.tuarita.it

VISITA SU PRENOTAZIONE
PRODUZIONE ANNUA 250.000 bottiglie
ETTARI VITATI 35,00
VITICOLTURA Biologico Certificato

Rita Tua e Virgilio Bisti poco più di trent'anni fa decisero di comprare una casa di campagna in val di Cornia con un po' di terreno intorno, con l'intenzione di avere un bel posto dove andare e ritirarsi dopo la pensione. La valorizzazione della vocazione vitivinicola della zona era ancora piuttosto lontana, ma la passione per il vino era tanta e di strada da allora quindi ne è stata percorsa molta: la superficie vitata è aumentata ed è ora al centro dell'attività di un'azienda agricola ben funzionante, organizzata dalla figlia Simona e del genero Stefano Frascolla. Il Giusto di Notri '13, da cabernet sauvignon, merlot e cabernet franc, ha naso complesso, articolato, dove si distinguono note fresche, di menta e lemongrass, frutti di bosco, lievi sensazioni speziate appena accennate. In bocca risulta fresco, ampio, con tannini fusi, finale saporito e di lunga persistenza. Il Perlato del Bosco '14, da sangiovese e cabernet sauvignon, ha bouquet essenziale e corpo solido e slanciato.

Vino	Bicchieri	
● Giusto di Notri '13	2 (rossi)	8
● Perlato del Bosco Rosso '14	2 (neri)	5
● Rosso dei Notri '15	2 (neri)	4
● Redigaffi '08	3 (bianchi)	8
● Redigaffi '07	3 (bianchi)	8
● Redigaffi '06	3 (bianchi)	8
● Redigaffi '04	3 (bianchi)	8
● Redigaffi '03	3 (bianchi)	8
● Redigaffi '02	3 (bianchi)	8
● Redigaffi '01	3 (bianchi)	8
● Giusto di Notri '11	2 (bianchi)	8
● Giusto di Notri '10	2 (bianchi)	8
● Giusto di Notri '10	2 (bianchi)	8
● Rosso dei Notri '14	2 (bianchi)	4
● Rosso dei Notri '12	2 (bianchi)	3
● Syrah Per Sempre '12	2 (bianchi)	8

Uccelliera

fraz. Castelnuovo dell'Abate
pod. Uccelliera, 45
53020 Montalcino [SI]
Tel. 0577835729
www.uccelliera-montalcino.it

VENDITA DIRETTA
VISITA SU PRENOTAZIONE
PRODUZIONE ANNUA 60.000 bottiglie
ETTARI VITATI 6,00

I Brunello di Uccelliera sono da sempre un riferimento obbligato per chi vuole conoscere a fondo il terroir di Montalcino, e in particolare la sua voce più "sudista", legata al versante che guarda Castelnuovo dell'Abate (suoli argillosabbiosi, altitudini intorno ai 250 metri). Vini inconfondibili, plasmati dall'infaticabile Andrea Cortonesi: interprete laico nel senso migliore del termine, nelle sue scelte di cantina non c'è alcuna ricetta prestabilita ma vinificazioni tarate su ogni parcella e sulle peculiarità di ciascuna vendemmia, con le barrique ad affiancarsi di volta in volta al rovere di Slavonia non tostato. Il massimo riconoscimento al Rosso '14 può sorprendere soltanto chi non ha familiarità con i vini di Uccelliera. Annata scarica ed estrazione più delicata per un Sangiovese scalpitante e sanguigno, di bella nitidezza fruttata e pregevole trama gustativa. Quando la tipica potenza della zona incontra ritmo e controllo, che sembrano un po' mancare invece nel Brunello '11.

● Rosso di Montalcino '14	🍷🍷🍷 4*
● Brunello di Montalcino '11	🍷🍷 6
● Brunello di Montalcino '10	🍷🍷🍷 6
● Brunello di Montalcino '08	🍷🍷🍷 7
● Brunello di Montalcino Ris. '97	🍷🍷🍷 8
● Brunello di Montalcino '09	🍷🍷 6
● Brunello di Montalcino '07	🍷🍷 7
● Brunello di Montalcino '06	🍷🍷 7
● Brunello di Montalcino Ris. '08	🍷🍷 8
● Brunello di Montalcino Ris. '07	🍷🍷 8
● Brunello di Montalcino Ris. '06	🍷🍷 8
● Brunello di Montalcino Ris. '04	🍷🍷 8
● Rapace '08	🍷🍷 5
● Rosso di Montalcino '11	🍷🍷 4
● Rosso di Montalcino '10	🍷🍷 4
● Rosso di Montalcino '09	🍷🍷 4

F.lli Vagnoni

loc. Pancole, 82
53037 San Gimignano [SI]
Tel. 0577955077
www.fratellivagnoni.com

VENDITA DIRETTA
VISITA SU PRENOTAZIONE
OSPITALITÀ
PRODUZIONE ANNUA 120.000 bottiglie
ETTARI VITATI 17,00
VITICOLTURA Biologico Certificato

Da più di sessant'anni l'azienda dei fratelli Vagnoni occupa una bella porzione della collina di Pancole, dove c'è uno dei due vigneti, l'altro è a San Biagio, e la cantina, inaugurata nel 2007 accanto a quella più vecchia, che comprende un'ampia sala di degustazione, un locale per l'appassimento delle uve (per la produzione del Vin Santo), un locale per la vinificazione e affinamento, una barricaia interamente ricoperta in tufo, controllata elettronicamente in temperatura e umidità. Insieme ai vigneti, ci sono l'oliveto, il frutteto, i terreni a seminativi, tutti a conduzione biologica. Arriva in finale La Riserva I Mocali '13, dal bouquet aromatico complesso e invitante, dove gli elementi speziati di vaniglia e cannella si sposano a sentori tropicali di mango e ananas. In bocca si mostra complessa fin dall'ingresso, ampia, consistente, di buona polpa. Il finale è lungo, calibrato e saporito. Semplice ma ben equilibrata la Vernaccia '15, dalle note fresche al naso, con sentori di limone ed erbe aromatiche, corpo snello e bilanciato, finale semplice e rilassato.

○ Vernaccia di S. Gimignano I Mocali Ris. '13	🍷🍷 3*
○ Vernaccia di S. Gimignano '15	🍷🍷 2*
● Chianti Colli Senesi '14	🍷 2
○ Vinbrusco '14	🍷 1*
● Chianti Colli Senesi Capanneto Ris. '11	🍷🍷 3
● San Gimignano Vin Santo Occhio di Pernice '07	🍷🍷 5
● Sodi Lunghi '11	🍷🍷 3
○ Vernaccia di S. Gimignano '13	🍷🍷 2*
○ Vernaccia di S. Gimignano Fontabuccio '13	🍷🍷 2*
○ Vernaccia di S. Gimignano I Mocali Ris. '12	🍷🍷 3
○ Vernaccia di S. Gimignano I Mocali Ris. '11	🍷🍷 3*

Val delle Corti

loc. La Croce, 141
53017 Radda in Chianti [SI]
Tel. 0577738215
www.valdellecorti.it

VENDITA DIRETTA
VISITA SU PRENOTAZIONE
OSPITALITÀ
PRODUZIONE ANNUA 30.000 bottiglie
ETTARI VITATI 6,00
VITICOLTURA Biologico Certificato

Roberto Bianchi, che conduce l'azienda di famiglia dal 1999, ha saputo portarla nel novero delle migliori realtà produttive di Radda, rimanendo ben legato alla tradizione produttiva e all'attenzione ambientale. Le vigne, condotte in regime biologico, stanno progressivamente passando a quello biodinamico e, in cantina, l'affinamento è effettuato prevalentemente in legno grande. Non sono vini immediati quelli di Val delle Corti, ma sanno regalare una rara profondità gustativa e un'autentica territorialità. Qualità non sempre così facili da rintracciare anche in un territorio come quello del Chianti Classico. Uno stupendo Chianti Classico '13 quello realizzato da Roberto Bianchi. Si tratta di un vino dai tratti olfattivi definiti e di grande freschezza e dallo sviluppo gustativo incisivo e sapido, che ne rende il sorso estremamente piacevole. Non da meno il Chianti Classico Riserva '13, dotato di un naso pulito ed elegante e di una bocca articolata e dai tannini croccanti e saporiti.

● Chianti Cl. '13	🍷🍷🍷 4*
● Chianti Cl. Ris. '13	🍷🍷 5
● Chianti Cl. '12	🍷🍷🍷 4*
● Chianti Cl. '11	🍷🍷🍷 3*
● Chianti Cl. '10	🍷🍷🍷 3*
● Chianti Cl. '09	🍷🍷🍷 2*
● Chianti Cl. '06	🍷🍷 2*
● Chianti Cl. '05	🍷🍷 2*
● Chianti Cl. '04	🍷🍷 2*
● Chianti Cl. Ris. '11	🍷🍷 5
● Chianti Cl. Ris. '09	🍷🍷 5
● Chianti Cl. Ris. '07	🍷🍷 4
● Il Campino	🍷🍷 2*

Tenuta Valdipiatta

via della Ciarliana, 25a
53040 Montepulciano [SI]
Tel. 0578757930
www.valdipiatta.it

VENDITA DIRETTA
VISITA SU PRENOTAZIONE
OSPITALITÀ
PRODUZIONE ANNUA 80.000 bottiglie
ETTARI VITATI 23,00

Anno dopo anno i vini dell'azienda condotta da Miriam Caporali hanno acquisito una fisionomia stilistica ben riconoscibile, che trova nell'equilibrio e nell'eleganza i suoi caratteri fondamentali. Il risultato è una gamma di prodotti affidabili dal punto di vista della continuità qualitativa, di bella coerenza e non privi di personalità, che da oltre un ventennio costituiscono uno degli esempi più nitidi delle potenzialità del sangiovese in terra poliziana. Il Nobile Vigna d'Alfiero '13 possiede profumi fruttati dai toni scuri, bella materia e un buon grado di complessità, solo leggermente frenato dal rovere in esubero, che ne rende il finale a tratti crudo. Equilibrio e godibilità sono le caratteristiche più evidenti del Nobile '13, un vino succoso e fragrante, dal tannino nervoso e saporito. Un registro stilistico che ritroviamo, a un grado leggermente inferiore, nel Rosso di Montepulciano '14, vino profumato, snello e scorrevole, tutto all'insegna della bevibilità.

● Nobile di Montepulciano '13	🍷🍷 4
● Nobile di Montepulciano V. d'Alfiero '13	🍷🍷 6
● Rosso di Montepulciano '14	🍷 3
● Nobile di Montepulciano Ris. '90	🍷🍷🍷 5
● Nobile di Montepulciano V. d'Alfiero '99	🍷🍷🍷 5
● Nobile di Montepulciano '12	🍷🍷 4
● Nobile di Montepulciano '11	🍷🍷 4
● Nobile di Montepulciano '10	🍷🍷 4
● Nobile di Montepulciano '09	🍷🍷 4
● Nobile di Montepulciano '08	🍷🍷 4
● Nobile di Montepulciano V. d'Alfiero '12	🍷🍷 6
● Nobile di Montepulciano V. d'Alfiero '10	🍷🍷 6
● Nobile di Montepulciano V. d'Alfiero '08	🍷🍷 6
● Rosso di Montepulciano '10	🍷🍷 3

★Tenuta di Valgiano

via di Valgiano, 7
55015 Lucca
Tel. 0583402271
www.valgiano.it

VENDITA DIRETTA
VISITA SU PRENOTAZIONE
PRODUZIONE ANNUA 70.000 bottiglie
ETTARI VITATI 20,00
VITICOLTURA Biodinamico Certificato

Valgiano è un mondo. Moreno Petrini e Laura di Collobiano hanno disegnato e realizzato un progetto fantastico sotto ogni punto di vista. Il luogo è magico e regala il nome alla tenuta. L'agricoltura biodinamica, di cui Saverio Petrilli è tra i massimi esperti in Italia, asseconda e valorizza le attitudini agricole e viticole della zona. Lo stile dei vini è diretta conseguenza di tutto questo, oltre che della sensibilità di ogni interprete, progetto armonioso e impresa del vino italiano tra le più lucenti. È un Tenuta di Valgiano affascinate quanto imprevedibile quello dell'annata 2013. Più scarico del solito, di bella eleganza, va giudicato in divenire ed è certamente bisognoso di bottiglia. Nel dettaglio ha bellissimi profumi di piccoli frutti neri, freschi e maturi, accenni di melagrana e pepe; bocca austera e succosa, serrata e ancora dura ma di grande fascino. Lungo il finale che viaggia più in sapore che in materia.

Vino	Bicchieri	Prezzo
● Colline Lucchesi Tenuta di Valgiano '13	🍷🍷🍷	8
● Colline Lucchesi Palistorti di Valgiano '13	🍷🍷	5
● Colline Lucchesi Tenuta di Valgiano '12	🍷🍷🍷	6
● Colline Lucchesi Tenuta di Valgiano '11	🍷🍷🍷	6
● Colline Lucchesi Tenuta di Valgiano '10	🍷🍷🍷	6
● Colline Lucchesi Tenuta di Valgiano '09	🍷🍷🍷	6
● Colline Lucchesi Tenuta di Valgiano '08	🍷🍷🍷	6
● Colline Lucchesi Tenuta di Valgiano '07	🍷🍷🍷	6
● Colline Lucchesi Tenuta di Valgiano '06	🍷🍷🍷	6
● Colline Lucchesi Tenuta di Valgiano '05	🍷🍷🍷	6
● Colline Lucchesi Tenuta di Valgiano '04	🍷🍷🍷	6
● Colline Lucchesi Tenuta di Valgiano '03	🍷🍷🍷	6
● Colline Lucchesi Tenuta di Valgiano '01	🍷🍷🍷	8

Varramista

loc. Varramista
via Ricavo
56020 Montopoli in Val d'Arno [PI]
Tel. 057144711
www.varramista.it

VENDITA DIRETTA
VISITA SU PRENOTAZIONE
OSPITALITÀ
PRODUZIONE ANNUA 65.000 bottiglie
ETTARI VITATI 14,20

La storia comincia negli anni Cinquanta quando le famiglie Piaggio e Agnelli scelgono questo luogo per la loro residenza di campagna. È tuttavia grazie a Giovanni Alberto Agnelli che decolla il progetto vitivinicolo, con la graduale trasformazione della tenuta di famiglia in impresa agricola vera e propria. Diverse le varietà coltivate con la predilezione per il sangiovese, varietà toscana classica per i vini rossi, e il syrah, ritenuto dai tecnici ideali nel contesto pedoclimatico in cui sorge l'azienda. Scelta azzeccata, almeno in considerazione di un Syrah '11 ben riuscito, concentrato e di spalla solida, spiccatamente varietale nei profumi pepati e di piccoli frutti neri appena colti. Ottimo anche Frasca '13, da sangiovese, merlot e syrah, dai profumi tostati e speziati figli dell'affinamento in legno, pulito e scorrevole in bocca, aromaticamente coerente e di bel finale.

Vino	Bicchieri	Prezzo
● Frasca '13	🍷🍷	4
● Syrah '11	🍷🍷	6
● Varramista '00	🍷🍷🍷	6
● Chianti Monsonaccio '12	🍷🍷	2*
● Frasca '08	🍷🍷	3
● Frasca Rosso '11	🍷🍷	3
● Ottopioppi '08	🍷🍷	3
● Sterpato '12	🍷🍷	2*
● Sterpato '11	🍷🍷	2*
● Varramista '08	🍷🍷	6
● Varramista '07	🍷🍷	6

I Veroni

via Tifariti, 5
50065 Pontassieve [FI]
Tel. 0558368886
www.iveroni.it

VENDITA DIRETTA
VISITA SU PRENOTAZIONE
OSPITALITÀ
PRODUZIONE ANNUA 110.000 bottiglie
ETTARI VITATI 20,00
VITICOLTURA Biologico Certificato

All'inizio del XII secolo i conti Guidi possedevano un feudo che occupava parte dell'Emilia Romagna e della Toscana e nel territorio tra l'Arno e la Sieve fecero costruire un sistema di torri d'avvistamento per controllare il territorio. Una di queste è stata inglobata nelle varie stratificazioni dell'attuale fattoria, oggi gestita con dedizione da Lorenzo Mariani. Intorno agli anni Novanta l'azienda ha intrapreso una profonda opera di reimpianto, con la quale è aumentata la densità di ceppi per ettaro. Dei 20 vitati 16 sono dedicati al sangiovese, due a vitigni internazionali e i restanti a uve a bacca bianca per la produzione di Vin Santo. La batteria presentata alle nostre degustazioni riesce a spuntare ottimi risultati, riuscendo a raggiungere le finali con uno dei vini proposti. Si tratta della Riserva '13, che presenta naso integro di piccoli frutti neri, bocca energica e pulsante, saporita, intensa e venata da sobria acidità. Molto gradevole anche la versione 2014, fresca e scorrevole.

Vino	Valutazione
● Chianti Rufina Ris. '13	🍷🍷 5
● Chianti Rufina '14	🍷🍷 3
○ Vin Santo del Chianti Rufina '07	🍷🍷 5
● Chianti Rufina '13	🍷🍷 2*
● Chianti Rufina '12	🍷🍷 2*
● Chianti Rufina '11	🍷🍷 2*
● Chianti Rufina Ris. '12	🍷🍷 4
● Chianti Rufina Ris. '11	🍷🍷 4
● Chianti Rufina Ris. '10	🍷🍷 4
● Chianti Rufina Ris. '09	🍷🍷 4
● Chianti Rufina Ris. '08	🍷🍷 4
● Rosso di Toscana '13	🍷🍷 2*
○ Vin Santo del Chianti Rufina '06	🍷🍷 5
○ Vin Santo del Chianti Rufina '05	🍷🍷 5
○ Vin Santo del Chianti Rufina '04	🍷🍷 5

Vignamaggio

via di Petriolo, 5
50022 Greve in Chianti [FI]
Tel. 055854661
www.vignamaggio.com

VENDITA DIRETTA
VISITA SU PRENOTAZIONE
OSPITALITÀ E RISTORAZIONE
PRODUZIONE ANNUA 350.000 bottiglie
ETTARI VITATI 62,50
VITICOLTURA Biologico Certificato

Vignamaggio, che possiede una storia enoica di oltre sei secoli, si trova nella sottozona di Greve in Chianti a una trentina di chilometri da Firenze e da Siena. Dotata di una moderna cantina costruita nel 2010, effettua gli affinamenti delle proprie etichette nella storica struttura quattrocentesca, che offre condizioni ideali per la maturazione dei vini senza l'intervento della tecnologia. Nel 2014 è cominciata la conversione all'agricoltura biologica dell'azienda, in parallelo a un'operazione di recupero di alcune antiche varietà come l'occhiorosso. Decisamente ben fatto il Chianti Classico Terre di Prenzano '14, dalla trama tannica sottile e saporita e dai profumi definiti e di bella freschezza. Di buon livello anche il Cabernet Franc '13, dai tratti olfattivi speziati e piacevolmente erbacei che lo rinfrescano, e dalla progressione gustativa solida e ritmata. Immediatamente godibile Il Morino '15, da un uvaggio di sangiovese e merlot proveniente dai vigneti più giovani dell'azienda.

● Cabernet Franc '13	🍷🍷 8
● Chianti Cl. Terre di Prenzano '14	🍷🍷 3
● Il Morino '15	🍷 2
● Vignamaggio '06	🍷🍷🍷 7
● Vignamaggio '05	🍷🍷🍷 7
● Vignamaggio '04	🍷🍷🍷 6
● Vignamaggio '01	🍷🍷🍷 6
● Vignamaggio '00	🍷🍷🍷 6
● Chianti Cl. Gherardino '13	🍷🍷 3
● Chianti Cl. Gran Sel. Castello di Monna Lisa '10	🍷🍷 5
● Chianti Cl. Terre di Prenzano '13	🍷🍷 3
● Chianti Cl. Terre di Prenzano '12	🍷🍷 3
● Chianti Cl. Terre di Prenzano '11	🍷🍷 3

Villa Calcinaia

FRAZ. GRETI
VIA CITILLE, 84
50022 GREVE IN CHIANTI [FI]
TEL. 055853715
www.villacalcinaia.it

VENDITA DIRETTA
VISITA SU PRENOTAZIONE
OSPITALITÀ
PRODUZIONE ANNUA 90.000 bottiglie
ETTARI VITATI 27,00
VITICOLTURA Biologico Certificato

Un'azienda, Villa Calcinaia, che specie nel recente passato ha compiuto passi importanti sulla strada della qualità. A guidarla Sebastiano Capponi che ha rinforzato il proprio parco vigneto, oggi giunto a 27 ettari e coltivati a biologico, mantenendo però ferma la tradizione varietale. In cantina gli affinamenti avvengono sia in barrique sia in legno grande, con quest'ultimo che sta progressivamente diventando sempre più protagonista. Il risultato sono vini piacevoli, di bella beva, dotati di personalità, legame con il territorio e, non di rado, fini ed equilibrati. Fruttato intenso e cenni terrosi negli aromi del Chianti Classico Gran Selezione Vigna Bastignano '13, dalla progressione gustativa ritmata e non priva di chiaro scuri. Bocca piacevolmente decisa, quasi nervosa, per il Chianti Classico Riserva '13, dai profumi ferrosi e dai ricordi di sottobosco. Trova il suo punto di forza in uno sviluppo particolarmente bilanciato e saporito il Chianti Classico Gran Selezione Vigna Contessa Luisa '13.

● Chianti Cl. Gran Sel. V. Bastignano '13	6
● Chianti Cl. Gran Sel. V. Contessa Luisa '13	6
● Chianti Cl. Villa Calcinaia Ris. '13	5
● Casarsa '13	5
● Chianti Cl. '13	3
● Chianti Cl. '10	3*
● Chianti Cl. '01	3
● Chianti Cl. Ris. '10	3
● Chianti Cl. Ris. '05	5
● Chianti Cl. Ris. '04	5
● Chianti Cl. Ris. '03	5
● Chianti Cl. V. Bastignano Ris. '09	4

Villa Sant'Anna

FRAZ. ABBADIA
VIA DELLA RESISTENZA, 143
53045 MONTEPULCIANO [SI]
TEL. 0578708017
www.villasantanna.it

VENDITA DIRETTA
VISITA SU PRENOTAZIONE
PRODUZIONE ANNUA 80.000 bottiglie
ETTARI VITATI 18,00

Cantina in crescita e meritevole di attenzioni, almeno stando alle nostre annuali degustazioni. La proprietà storica appartiene alla famiglia materna di Simona Ruggeri Fabroni e l'azienda, oggi, ha una conduzione prevalentemente al femminile. Le vigne sono moderne, ad alta densità di ceppi per ettaro. Anche la cantina ha visto rinnovare attrezzature, botti e barrique. I vini, che dicevamo ci paiono sicuri, stilisticamente centrati e in sicura crescita qualitativa, sono affinati nelle cantine storiche sotterranee, a temperatura naturale. Un ottimo Nobile di Montepulciano '13 vale l'ingresso alle nostre degustazioni finali. Vino sfaccettato, di una certa complessità, capace di cambiare aspetto nel bicchiere e mostrare vitalità. I profumi fruttati sono in primo piano, accompagnati da cenni speziati scuri e note quasi ematiche. Sorso tutto sommato leggiadro, fresco, di buona sostanza e succo.

● Nobile di Montepulciano '13	4
● Rosso di Montepulciano '13	2*
● Chianti Colli Senesi '13	2
● Nobile di Montepulciano '10	4
● Nobile di Montepulciano '07	4
● Nobile di Montepulciano '06	4
● Nobile di Montepulciano '02	3
● Nobile di Montepulciano '01	3
● Nobile di Montepulciano Poldo '05	5
● Nobile di Montepulciano Poldo '03	5
● Nobile di Montepulciano Poldo '01	5
○ Vin Santo '99	8
○ Vin Santo di Montepulciano '06	8
○ Vin Santo di Montepulciano '05	8
○ Vin Santo di Montepulciano '04	8

Tenuta Vitereta

via Casanuova, 108/1
52020 Laterina [AR]
Tel. 057589058
www.tenutavitereta.com

VENDITA DIRETTA
VISITA SU PRENOTAZIONE
OSPITALITÀ
PRODUZIONE ANNUA 45.000 bottiglie
ETTARI VITATI 45,00
VITICOLTURA Biologico Certificato

All'inizio degli anni Settanta l'agronomo ed enologo Marcello Bidini acquista la tenuta che col tempo diventa un'azienda agricola moderna ed efficiente, che lui gestisce con l'aiuto delle figlie Francesca e Martina. Certificata biologica dal 2009, è caratterizzata da varie tipologie di colture. Tutto il progetto è caratterizzato quindi da un grande rispetto del territorio e dell'ambiente: nel caso del vino, la scelta è stata di intervenire in maniera poco invasiva nei vari procedimenti. I due Vin Santo sono i fiori all'occhiello per la loro concentrazione e la capacità di stupire con stili diversi: più ricco e vellutato l'Occhio di Pernice '09, più elegante e netto nei sapori il Supremo '05. Il Ripa della Mozza '13, da sangiovese in purezza, si caratterizza per note fruttate, corpo flessuoso e gentile, vena acida gradevole, mentre il Donnaurora '13, per gli aromi macerativi e il corpo sostenuto, sapido e di bella lunghezza gustativa.

○ Donnaurora '13	TT 4
● Ripa della Mozza '13	TT 3
● Vin Santo del Chianti Occhio di Pernice '09	TT 8
○ Vin Santo del Chianti Supremo '05	TT 8
● Chianti Casarossa Ris. '13	T 4
● Ripa della Mozza '11	YY 3
● Ripa della Mozza '10	YY 3
● Vin Santo del Chianti Occhio di Pernice '07	YY 8
● Vin Santo del Chianti Occhio di Pernice '06	YY 8

Fattoria Viticcio

via San Cresci, 12a
50022 Greve in Chianti [FI]
Tel. 055854210
www.fattoriaviticcio.com

VENDITA DIRETTA
VISITA SU PRENOTAZIONE
OSPITALITÀ
PRODUZIONE ANNUA 250.000 bottiglie
ETTARI VITATI 30,00
AZIENDA SOSTENIBILE

Viticcio conta su trenta ettari vitati, concentrati soprattutto nella denominazione del Chianti Classico ma anche con proprietà in Maremma e a Bolgheri. Lo stile enologico dell'azienda privilegia vini materici e un contributo del legno importante, ma una decisa spalla acida garantisce, in alcuni casi, anche una buona dose di personalità. La gamma delle etichette risulta pertanto qualitativamente apprezzabile e non priva di prodotti che stanno insieme ai migliori della tipologia. Il Chianti Classico Riserva '13 possiede un bell'attacco di bocca, è ampio e rotondo, aromaticamente ben delineato e potente, con ritorni speziati e tostati. Articolazione tannica nervosa ma piacevole per il Chianti Classico '14, che trova nell'agilità di beva il suo punto di forza. Ancora in divenire il Chianti Classico Prunaio '13. Il vino è ben fatto, ma manca di cambio di passo sul finale, lasciato al solo sostegno del rovere.

● Chianti Cl. '14	TT 3
● Chianti Cl. Ris. '13	TT 4
● Chianti Cl. Gran Sel. Prunaio '13	T 6
○ Vermentino '15	T 3
● Chianti Cl. '12	YY 3
● Chianti Cl. Gran Sel. Beatrice '11	YY 5
● Chianti Cl. Ris. '12	YY 4
● Chianti Cl. Ris. '11	YY 4
● Monile '11	YY 6
● Prunaio '11	YY 6
● Prunaio '08	YY 6

Abbadia Ardenga

FRAZ. TORRENIERI
VIA ROMANA, 139
53028 MONTALCINO [SI]
TEL. 0577834150
www.abbadiardengapoggio.it

Fabio, Mario e Paolo Ciacci coadiuvano Vittorio Carnesecchi nella direzione di Abbadia Ardenga. Un indirizzo storico di Montalcino che in questa tornata di assaggi ci propone una batteria di Brunello meno brillante del solito ma sempre affidabile, Vigna Piaggia '11 in testa.

● Brunello di Montalcino '11	🍷 5
● Brunello di Montalcino Ris. '09	🍷 6
● Brunello di Montalcino V. Piaggia '11	🍷 5

Acquacalda

LOC. ACQUA CALDA
57033 MARCIANA MARINA [LI]
TEL. 0565998111
www.tenutaacquacalda.com

L'Ansonica '15 ha profumi classici, ben definiti, di mela e pesca, abbinati a sentori floreali di pot pourri. In bocca risulta ampia, morbida, di buona struttura e sapida. L'Elba Bianco '15 conquista il naso con sentori tropicali, poi pesca bianca e note vegetali. Struttura elegante, finale rilassato.

○ Elba Ansonica '15	🍷🍷 2*
○ Elba Bianco '15	🍷🍷 2*
○ Elba Vermentino '15	🍷 2

Agrisole

LOC. LA SERRA
VIA SERRA, 64
56028 SAN MINIATO [PI]
TEL. 0571409825
www.agri-sole.it

Il Mafefa '12, da sangiovese con saldo di malvasia nera e colorino, offre sentori di geranio e poi frutti rossi maturi, ha corpo equilibrato, fresco, dai tannini fitti e finale rilassato. Gradevole il Colorino '14 , dal naso nitido, di frutti di bosco, cenni di tabacco, e struttura solida ed elegante.

● Mafefa '12	🍷🍷 2*
● Colorino '14	🍷 6
● Sangiovese '14	🍷 5

Podere Albiano

LOC. PETROIO
POD. ALBIANO
53020 TREQUANDA [SI]
TEL. 0577665386
www.poderealbiano.it

Piccola azienda nel cuore della val d'Orcia, i cui vini esprimono con attenzione le caratteristiche del territorio. Il migliore è il Tribolo '11, uvaggio da cabernet sauvignon, merlot, petit verdot, dai sentori di china e liquirizia, corpo morbido e rilassato, vena acida di buona evidenza, finale docile.

● Albiano '11	🍷🍷 5
● Orcia Tribolo Ris. '11	🍷🍷 5
● Citto '11	🍷 2
● Orcia Cirie '11	🍷 3

Fattoria Ambra

VIA LOMBARDA, 85
59015 CARMIGNANO [PO]
TEL. 3358282552
www.fattoriaambra.it

Beppe Rigoli dirige Ambra, di proprietà della famiglia dalla metà degli anni Cinquanta. È stato il primo ad introdurre nella zona l'idea dei cru. La Riserva Montalbiolo è tutta giocata sull'eleganza e la finezza dei tannini. Ottimo il Vin Santo.

● Carmignano Montalbiolo Ris. '12	🍷🍷 5
● Carmignano Santa Cristina in Pilli '13	🍷🍷 3
○ Trebbiano '15	🍷🍷 2*
○ Vin Santo di Carmignano '08	🍷🍷 5

Stefano Amerighi

LOC. POGGIOBELLO DI FARNETA
FRAZ. FARNETA
VIA DI POGGIOBELLO
52044 CORTONA [AR]
TEL. 0575648340
www.stefanoamerighi.it

Stefano Amerighi è un campione della viticoltura sostenibile e dell'agricoltura biodinamica. Un unico vitigno, il syrah, che in queste terre riesce a esprimersi al massimo delle sue potenzialità. Un solo vino presentato, il Syrah '13, che raggiunge le finali con i suoi toni speziati e il corpo avvolgente.

● Cortona Syrah '13	🍷🍷 5

Tenuta di Arceno - Arcanum

loc. Arceno
fraz. San Gusmé
53010 Castelnuovo Berardenga [SI]
Tel. 0577359346
www.tenutadiarceno.com

La Tenuta di Arceno, dependance del colosso vitivinicolo a stelle e strisce Kendall-Jackson, ha sede nella parte meridionale del Chianti Classico. Lo stile aziendale ha un'impostazione complessiva fatta di aromi maturi, strutture possenti e un sotegno del legno in primo piano.

● Valadorna '11	🍷🍷 7
● Arcanum '11	🍷 8
● Chianti Cl. '14	🍷 3
● Chianti Cl. Ris. '13	🍷 5

Argiano

fraz. Sant'Angelo in Colle
53024 Montalcino [SI]
Tel. 0577844037
www.argiano.net

Si sta completando la fisiologica fase di transizione che ha interessato Argiano con il passaggio di consegne tra la vecchia e la nuova proprietà brasiliana nel 2013. Ci attendiamo comunque una crescita delle punte in una gamma ben amalgamata tra etichette classiche ed innovative.

● Brunello di Montalcino '11	🍷 7
● Brunello di Montalcino Ris. '10	🍷 8
● Rosso di Montalcino '14	🍷 4
● Solengo '13	🍷 8

Arizzi Wine

loc. Casciano
via Fontazzi, 6
53016 Murlo [SI]
Tel. 05771655845
www.arizziwine.it

Non manca la fantasia nello scegliere i nomi dei vini, ma alle parole seguono i fatti, con una produzione in netta crescita qualitativa. Intrigante il Chianti Colli Senesi Riserva '13, dai profumi puliti di frutti di bosco e lievi cenni vegetali, corpo solido e bilanciato, fresca vena acida, finale lungo.

○ Il Lato Social del Vivere '15	🍷🍷 3
● Chianti Colli Senesi Il Lato Selvaggio del Vivere '15	🍷 3

Arrighi

loc. Pian del Monte, 1
57036 Porto Azzurro [LI]
Tel. 3356641793
www.arrighivigneolivi.it

Il V.I.P. '15 ha naso invitante, appena ruffiano, con sentori di arancia, pesca, miele. Bocca solida e gustosa, potente e piena, decisa. Finale medio. Il Tresse '12, uvaggio paritario da sagrantino, sangiovese e syrah, è fresco e invitante al naso, ha bocca solida e confortante.

● Tresse '12	🍷🍷 5
○ V.I.P. '15	🍷🍷 4
● Elba Aleatico Passito Silosò '15	🍷 5
○ Elba Ansonica Mattanto '15	🍷 3

Fattoria di Bacchereto

loc. Bacchereto
via Fontemorana, 179
59015 Carmignano [PO]
Tel. 0558717191
terreamano@gmail.com

Rossella Bencini Tesi lavora in regime biodinamico gli 8 ettari di vigne della grande tenuta di famiglia che si estende per oltre 160 ettari tra Carmignano e il Montalbano. Il Carmignano '12 è concentrato e ricco di note di frutti neri, il bianco Sassocarlo '14, macerato sulle bucce, è sapido e scattante.

● Carmignano '12	🍷🍷 5
○ Sassocarlo '14	🍷🍷 4

Le Badelle

fraz. Acquaviva
pod. Badelle
53045 Montepulciano [SI]
Tel. 0577679156
www.lebadelle.it

Due Nobile di Montepulciano in assaggio. Preferiamo la semplice versione 2013 al Rubeo di pari annata. Il primo è un bel vino, fresco, floreale, succoso, con qualche increspatura finale di leggera immaturità che non ne compromette il sorso.

● Nobile di Montepulciano '13	🍷🍷 4
● Nobile di Montepulciano Rubeo '13	🍷 5

Alfonso Baldetti

LOC. PIETRAIA, 71A
52044 CORTONA [AR]
TEL. 057567077
www.baldetti.com

Prosegue costante la crescita qualitativa dell'azienda, che trova nel Syrah il vino migliore. Il Crano '12 presenta al naso sentori lievemente affumicati, cenni di pelliccia e cuoio, poi fruttato nitido di ciliegia e lievi sensazione di pepe. Bocca tesa, dai tannini ben inseriti, finale lungo e intrigante.

● Cortona Sangiovese Marius '12	ΨΨ 4
● Cortona Syrah Crano '12	ΨΨ 4
○ Chagré '14	Ψ 2
⊙ Piet Rosé '15	Ψ 3

Erik Banti

LOC. FOSSO DEI MOLINI
58054 SCANSANO [GR]
TEL. 0564508006
www.erikbanti.com

I profumi del Morellino '15 sono puliti e contraddistinti da un fruttato rigoglio. Al palato ha buona progressione e bella piacevolezza. Buono anche il Morellino Ciabatta '13, dagli aromi sfumati e dal gusto sapido e contrastato. Godibile Il Vermentino '15.

● Morellino di Scansano '15	ΨΨ 2*
● Morellino di Scansano Ciabatta '13	ΨΨ 4
○ Il Vermentino '15	Ψ 2
● Morellino di Scansano Carato '13	Ψ 3

Cantine Bellini

VIA PIAVE, 1
50068 RUFINA [FI]
TEL. 0558396025
www.bellinicantine.it

Fu Carlo Bellini, negli anni Cinquanta, a dare una svolta moderna all'azienda, nata alla fine dell'800, espandendo le vendite all'Italia e all'estero. Buona prova della Riserva '13, scuro e terroso, affascinante nei suoi ricordi di radici e humus. Più aperto e floreale il Chianti '15, piacevole e succoso.

● Chianti Rufina Ris. '13	ΨΨ 2*
● Chianti '15	Ψ 1*
● Le Lodole '12	Ψ 2

Podere Bellosguardo

LOC. SANTA MARIA POPPIENA
52015 PRATOVECCHIO STIA [AR]
bellosguardo.miraglia@virgilio.it

Entra in Guida con auterevolezza questa piccola azienda situata sulle colline dell'alta valle del Casentino, in provincia di Arezzo. Il Syrah '13 offre intense note pepate che si esaltano su un sottofondo umido e terroso e una bocca solida e compatta, dal finale vibrante.

● Syrah '13	ΨΨ 5
● Pied Franc '13	ΨΨ 8
○ Il Passito	Ψ 5
● Syrah '14	Ψ 5

Le Bertille

VIA DELLE COLOMBELLE, 7
53045 MONTEPULCIANO [SI]
TEL. 0578758330
www.lebertille.com

Acquistata dalla famiglia Roberti come residenza di campagna, è diventata nel tempo un'azienda agricola vera e propria. Il progetto è in forte evoluzione e la conduzione tecnica sempre più sicura. Nobile '12 di buon livello, Riserva '11 meno centrata.

● Nobile di Montepulciano '12	ΨΨ 3
● Nobile di Montepulciano Ris. '11	Ψ 5

Buccelletti Winery

VIA SANTA CRISTINA, 16
52043 CASTIGLION FIORENTINO [AR]
TEL. 0575650179
www.famigliabuccelletti.it

Piccola realtà molto dinamica, in un territorio che confina con l'Umbria, dai vini ben caratterizzati. Interessante il Merigge '11, da merlot in purezza: naso intrigante, dal bouquet fruttato, con ribes e lamponi a distinguersi, insieme a qualche nota speziata; bocca soda, gustosa e saporita.

● Merigge '11	ΨΨ 3
● Poventa '11	ΨΨ 3
⊙ Albestre '15	Ψ 2
○ Paggino '15	Ψ 2

Caccia al Piano 1868

LOC. BOLGHERI
VIA BOLGHERESE, 279
57022 CASTAGNETO CARDUCCI [LI]
TEL. 0565763394
www.berlucchi.it

Fa un figurone il Levia Gravia '13. Ci è sembrato un vino compatto e definito, preciso e levigato, capace di esprimere un bouquet di fiori freschi, more e mirtilli. Bocca coerente, già leggibile e matura, rotonda e di bel tannino.

● Bolgheri Sup. Levia Gravia '13	🍷🍷 7
● Bolgheri Ruit Hora '14	🍷 4

Cacciagrande

FRAZ. TIRLI
LOC. AMPIO
58040 CASTIGLIONE DELLA PESCAIA [GR]
TEL. 0564944168
www.cacciagrande.com

Syrah e petit verdot insieme a sangiovese completano il blend del Cortigliano che, nell'annata 2015, esprime un profilo olfattivo dai tratti mediterranei e speziati e una bocca che sa di frutti neri maturi, con un tannino ancora molto giovane non perfettamente integrato nella struttura.

● Cortigliano '15	🍷🍷 3
○ Maremma Toscana Vermentino '15	🍷🍷 3
● Castiglione '14	🍷 4
● Maremma Toscana Rosso Cacciagrande '15	🍷 2

Caiarossa

LOC. SERRA ALL'OLIO, 59
56046 RIPARBELLA [PI]
TEL. 0586699016
www.caiarossa.com

Ottima prova per il Caiarossa '12, uvaggio di ben 7 vitigni - i classici bordolesi con aggiunta di alicante, sangiovese e syrah. Ha naso di grande impatto, mentolato e balsamico, con cenni di mirtillo ed erbe aromatiche, spezie. Corpo ricco, sapido, di buona polpa.

● Caiarossa '12	🍷🍷 6
● Aria di Caiarossa '12	🍷🍷 5
● Pergolaia '12	🍷🍷 3
○ Oro di Caiarossa '09	🍷 6

Calafata

P.ZZALE ARRIGONI, 2
55100 LUCCA
TEL. 0583 430939
info@calafata.it

Cooperativa agricola sociale che unisce all'amore per la terra e i suoi frutti l'idea di inclusione lavorativa e crescita relazionale di persone in condizioni di marginalità e svantaggio. I vini presentati sono molto buoni e stilisticamente centrati.

○ Levato di Gronda '15	🍷🍷 4
● Levato di Majulina '13	🍷🍷 4

Campo alla Sughera

LOC. CACCIA AL PIANO, 280
57020 BOLGHERI [LI]
TEL. 0565766936
www.campoallasughera.com

Annata positiva per i vini di questa bella cantina, certamente tra le papabili a spiccare il volo nel prossimo futuro. Ci è piaciuto l'Arnione '13. L'impostazione è la solita, fatta di densità e intensità, tuttavia l'annata ci pare aver dato maggiore equilibrio e slancio.

● Bolgheri Rosso Adeo '14	🍷🍷 4
● Bolgheri Sup. Arnione '13	🍷🍷 6
○ Arioso '15	🍷 5
○ Bolgheri Achenio '15	🍷 5

Camporignano

FRAZ. MONTEGUIDI
53031 CASOLE D'ELSA [SI]
TEL. 0577963915
www.camporignano.com

In un territorio ancora nuovo per la viticoltura, ecco un buon esempio di lavoro che porta frutti. Piacevole il Cerronero '13, uvaggio da merlot e cabernet, dai toni balsamici e speziati, corpo solido, elegante, pieno e morbido, per un finale di lunga persistenza.

● Cerronero '13	🍷🍷 5
● Terre di Casole Mattaione '13	🍷🍷 3
● Camporignano '15	🍷 2
⊙ Rosa Rosa '15	🍷 3

Candialle

via Chiantigiana, km 34,00
50020 Panzano [FI]
Tel. 055852201
www.candialle.com

Ben fatto il Mimas '14, da sangiovese in purezza pulito aromaticamente e gustoso al palato. Intrigante La Misse '14, da sangiovese, canaiolo e malvasia nera, dai profumi di fiori e terra e dal gusto sapido. Complessivamente più rigido il Ciclope '13, da merlot, sangiovese e petit verdot.

● La Misse '14 ŸŸ 3
● Mimas '14 ŸŸ 4
● Ciclope '13 Ÿ 4

Podere Il Carnasciale

loc. Il Carnasciale
52020 Mercatale Valdarno [AR]
Tel. 0559911142
www.caberlot.eu

Raro trovare al mondo vini che si distinguono subito al primo impatto e questo succede con il Caberlot che anche nel 2013 si dimostra ammaliante al naso, floreale, speziato, di ampio spettro, dal corpo flessuoso, pieno, bel nerbo acido, per una continuità gustativa di tutto rispetto.

● Caberlot '13 ŸŸ 8

Carusvini

loc. Mercatale val di Pesa
via Perseto, 20
50026 San Casciano in Val di Pesa [FI]
Tel. 0558218296
www.carusvini.it

Esordio in Guida per la giovane realtà di Guido Carissimo. Il progetto, di chiara impronta sostenibile, conta 13 ettari vitati tra San Casciano e Mercatale in Val di Pesa. Succoso e ben articolato il Chianti Classico Gaudio '12, estrattivo e potente il Tespero '12, da uve syrah.

● Chianti Cl. Gaudio '12 ŸŸ 5
● Tespero '12 ŸŸ 4
● Chianti Cl. Baldero '12 Ÿ 3
● Robeo '12 Ÿ 4

Fattoria Casa di Terra

fraz. Bolgheri
loc. Le Ferruggini, 162a
57022 Castagneto Carducci [LI]
Tel. 0565749810
www.fattoriacasaditerra.com

Bella mano sul Vermentino. Ripete le ottime impressioni della passata vendemmia e si conferma azzeccato anche il 2015: ha naso agrumato con bei ricordi di cedro, palato polposo e fresco, molto giovanile e godibile.

● Bolgheri Rosso Mosaico '13 ŸŸ 5
○ Bolgheri Vermentino '15 ŸŸ 3
● Bolgheri Rosso Sup. Maronea '12 Ÿ 6
● Lenaia '15 Ÿ 2

Casa Lucii

loc. Santa Maria a Villacastelli
53037 San Gimignano [SI]
Tel. 0577950199
www.casalucii.it

Una storia aziendale che nasce nel 1948, grazie al fondatore Serafino Lucci, e che oggi viene portata avanti con entusiasmo e passione dai suoi discendenti. Buona la Vernaccia Mareterra Riserva '13, dal bagaglio aromatico fruttato intenso, di mela matura, bocca morbida e delicata.

○ Vernaccia di S. Gimignano Mareterra Ris. '13 ŸŸ 6
● Chianti Colli Senesi Senarum '13 Ÿ 5
○ Vernaccia di S. Gimignano '15 Ÿ 4

Casavyc

loc. Poggioferro
pod. Camporomano, 43
58054 Scansano [GR]
Tel. 3356880673
www.casavyc.it

Piccola realtà, nata nel 2003 dalla passione di Viviana e Claudio, che si caratterizza per vini non consueti, dove a prevalere è sempre il territorio. Interessante il Piano Piano Poco Poco '15, da sauvignon in purezza, dai sentori agrumati di lime, cenni vegetali freschi, corpo sodo e pieno.

○ Brut M. Cl. A Riveder Le Stelle ŸŸ 3
○ Piano Piano Poco Poco '15 ŸŸ 6
⊙ Vedorosa '15 Ÿ 3

Castelfalfi

LOC. CASTELFALFI
50050 MONTAIONE [FI]
TEL. 0571891400
www.castelfalfi.it

Nel gigantesco complesso residenziale della tenuta di Castelfalfi, c'è posto anche per la produzione viticola biologica: il Poggio alla Fame '13, da sangiovese in purezza, ha sapidità e dinamica, il Poggionero '13, blend da merlot e alicante, sorso gustoso e immediato.

- Poggio alla Fame '13 — 🍷🍷 5
- Poggionero '13 — 🍷 3

Castello di Querceto

LOC. QUERCETO
VIA A. FRANÇOIS, 2
50022 GREVE IN CHIANTI [FI]
TEL. 05585921
www.castellodiquerceto.it

Buone le sensazioni del Chianti Classico Riserva '13, profumato e di buona energia e articolazione. Più contratto il Chianti Classico Il Picchio Gran Selezione '13, dai profumi a tratti incerti e dalla progressione gustativa ancora sostenuta da troppo rovere.

- Chianti Cl. Ris. '13 — 🍷🍷 4
- Chianti Cl. Gran Sel. Il Picchio '13 — 🍷 5

Castello Tricerchi

LOC. ALTESI
S.DA PROV.LE 45 DEL BRUNELLO KM 1,700
53024 MONTALCINO [SI]
TEL. 0577806081
www.castellotricerchi.com

Famiglia storica dell'oligarchia senese, i Tricerchi trasformarono già nel '400 il Castello Altesi nel cuore produttivo delle proprie tenute a Montalcino. Il presente parla di una realtà dinamica, che sta scalando posizioni grazie a rossi ariosi e slanciati come il Brunello '11.

- Brunello di Montalcino '11 — 🍷🍷 6
- Rosso di Montalcino '14 — 🍷 4

Castelsina

FRAZ. SINALUNGA
LOC. OSTERIA, 54A
53011 SINALUNGA [SI]
TEL. 0577663595
www.castelsina.it

Castelsina seleziona uve da alcune cooperative toscane, scelte tra 400 ettari di vigne tra Siena, Grosseto e Arezzo. Segnaliamo un Chianti '12 di buon frutto e trama tannica, un Orcia '15 di bella concentrazione e profondità, una buona Riserva '11 di Chianti.

- Chianti '15 — 🍷🍷 2*
- Chianti Ris. '11 — 🍷🍷 2*
- Orcia '15 — 🍷🍷 3

Castelvecchi

LOC. CASTELVECCHI
53017 RADDA IN CHIANTI [SI]
TEL. 0577735612
www.chianticastelvecchi.it

Una discreta interpretazione di un'annata difficile il Chianti Classico Capotondo '14, dai profumi lievi e sfumati e dal gusto sapido e dinamico. Più velati gli aromi del Chianti Classico Lodolaio Riserva '12, dalla bocca scorrevole ma anche segnata da un po' di rovere in esubero.

- Chianti Cl. Capotondo '14 — 🍷🍷 5
- Chianti Cl. Lodolaio Ris. '12 — 🍷 6

Castelvecchio

LOC. SEANO
VIA DELLE MANNELLE, 19
59011 CARMIGNANO [PO]
TEL. 0558705451
www.castelvecchio.net

Castelvecchio propone una curata gamma di Carmignano dai 40 ettari di vigne di proprietà. Il Carmignano '12 è un rosso concentrato dal colore rubino cupo. Al palato è polposo, percorso da note vegetali che ne rendono la beva piacevole e appagante.

- Carmignano '12 — 🍷🍷 3*

I Cavallini

LOC. CAVALLINI
58014 MANCIANO [GR]
TEL. 0564609008
www.icavallini.it

Esordio molto positivo per questa azienda dell'entroterra maremmano. Saporito e molto profumato l'Alicante '14. Interessante il Maremma Merlot Pause '14, dai profumi terrosi e fruttati e dal gusto di bella sapidità. Naso maturo per il Morellino di Scansano '15, dal gusto piacevole.

- ● Alicante '14 — 3
- ● Maremmma Merlot Pause '14 — 5
- ○ Maremma Toscana Vermentino Diaccio '15 — 3
- ● Morellino di Scansano '15 — 3

Ceralti

VIA DEI CERALTI, 77
57022 CASTAGNETO CARDUCCI [LI]
TEL. 0565763989
www.ceralti.com

L'azienda appartiene alla famiglia Rutili che possiede vigne sui colli tra Castagneto Carducci e Bolgheri. Buono il Bolgheri Rosso Superiore Sonoro '13, maturo e intenso quanto equilibrato e profondo, in bella armonia tra amarene e spezie dolci.

- ● Bolgheri Sup. Sonoro '13 — 7
- ○ Bolgheri Vermentino '15 — 3
- ○ Lillarae '15 — 4

Il Cerchio

VIA VALMARINA, 24
58011 CAPALBIO [GR]
TEL. 0564898856
www.ilcerchiobio.it

Il Tinto '13, a base di alicante, ha buoni profumi di resina, floreali, di ciliegia, la bocca è calda, soda, grintosa, con finale pulito e prolungato. Piacevole l'Ansonica '15, dai sentori di mela e agrumi, cenni vegetali, corpo morbido, di buon nerbo acido, vivace, con finale sapido e lungo.

- ● Maremma Toscana Alicante Tinto '13 — 4
- ○ Ansonica Costa dell'Argentario '15 — 2
- ○ Ansonica Passito l'Altro '15 — 3
- ● Maremma Toscana Valmarina '14 — 3

La Cerreta

VIA CAMPAGNA SUD, 143
57020 SASSETTA [LI]
TEL. 0565794352
www.lacerreta.it

Piccola produzione interessante, concentrata sui rossi, dove svetta il Sangiovese '13, dal naso salmastro e minerale, con cenni erbacei e frutto nitido di ciliegia e ribes. In bocca si mostra snello, lieve, succoso, con nerbo acido bilanciato e bel finale progressivo.

- ● Sangiovese '13 — 3
- ○ Matis '13 — 3
- ● Rio de' Messi '11 — 3
- ● Solatio della Cerreta '13 — 3

La Ciarliana

FRAZ. GRACCIANO
VIA CIARLIANA, 31
53040 MONTEPULCIANO [SI]
TEL. 0578758423
www.laciarliana.it

Nobile di Montepulciano '13 davvero buono, a partire da un naso fresco e maturo, capace di richiamare le amarene e il ribes, le fragole e i lamponi. Bocca golosa, ampia e accogliente. Rosso '14 dal profumo di susina.

- ● Nobile di Montepulciano '13 — 4
- ● Rosso di Montepulciano '14 — 3

Donatella Cinelli Colombini

LOC. CASATO,17
53024 MONTALCINO [SI]
TEL. 0577662108
www.cinellicolombini.it

In un comprensorio altamente competitivo come quello di Montalcino, può capitare che aziende di fama planetaria debbano accomodarsi tra le schede piccole. È il caso della cantina tutta al femminile guidata da Donatella Cinelli Colombini, e dei suoi vini polposi.

- ● Brunello di Montalcino Ris. '10 — 8
- ● Rosso di Montalcino '14 — 3

La Cipriana

LOC. CAMPASTRELLO, 176B
57022 CASTAGNETO CARDUCCI [LI]
TEL. 0565775568
www.lacipriana.com

Il Bolgheri Rosso Superiore San Martino conferma che in azienda i vini della vendemmia 2013 sono particolarmente riusciti. Ha naso elegante e speziato, ricamato su pregevoli frutti rossi, bocca setosa e lungo sapore. Grande vino.

- ● Bolgheri Rosso Sup. San Martino '13 — 🍷🍷 6
- ● Bolgheri Rosso Scopaio '14 — 🍷🍷 4
- ○ Bolgheri Vermentino Paguro '15 — 🍷 2

Colle di Bordocheo

LOC. SEGROMIGNO IN MONTE
VIA DI PIAGGIORI BASSO, 123
55012 CAPANNORI [LU]
TEL. 0583929821
www.colledibordocheo.com

Bellissima realtà delle Colline Lucchesi, condotta dalla famiglia Chelini fin dagli anni Cinquanta. Le varietà allevate sono locali e internazionali, i vini di buon equilibrio e affidabilità. Ottimo il Bianco dell'Oca '15, agrumato sia al naso sia in bocca.

- ○ Bianco dell'Oca '15 — 🍷🍷 3
- ● Colline Lucchesi Rosso Picchio Rosso '13 — 🍷🍷 3
- ○ Quinto Vendemmia Tardiva — 🍷 5

Collemattoni

FRAZ. SANT'ANGELO IN COLLE
LOC. COLLEMATTONI, 100
53024 MONTALCINO [SI]
TEL. 0577844127
www.collemattoni.it

Si distribuiscono su quattro siti storici del versante meridionale di Montalcino i sette ettari di vigna appartenenti alla famiglia Bucci. Consacrati a Sangiovese dichiaratamente fitti e maturi, capaci di innescare una bella souplesse di beva come nel dritto e deciso Rosso '14.

- ● Rosso di Montalcino '14 — 🍷🍷 4
- ● Brunello di Montalcino V. Fontelontano Ris. '10 — 🍷 8

Le Colline di Sopra

VIA DELLE COLLINE, 17
56040 MONTESCUDAIO [PI]
TEL. 0586650377
www.collinedisopra.com

Produzione piccola ma curata per quest'azienda della zona del Montescudaio. Risulta molto interessante il Tredici '15, ottenute da uve moscato, dal naso invitante di litchi e lamponi, sentori di rosa, corpo snello e saporito.

- ○ Tredici '15 — 🍷🍷 3
- ● Eola '15 — 🍷 3
- ● Montescudaio Sangiovese Sopra '13 — 🍷 6

Colline San Biagio

LOC. BACCHERETO
VIA SAN BIAGIO 6/8
59015 CARMIGNANO [PO]
TEL. 0558717143
www.collinesanbiagio.it

L'azienda di proprietà di Luigi Pocaterra è nelle disponibilità della famiglia fin dal XIX secolo e si distingue per una produzione limitata ma di alta qualità. Accede alle finali il Sancti Blasii '10, rosso di carattere, polposo, dotato di un elegante corredo tannico.

- ● Carmignano Sancti Blasii '10 — 🍷🍷 4
- ● Sangiovese Donna Mingarda '12 — 🍷🍷 4
- ⊙ Balè Rosato '15 — 🍷 3

Colognole

LOC. COLOGNOLE
VIA DEL PALAGIO, 15
50065 PONTASSIEVE [FI]
TEL. 0558319870
www.colognole.it

Annata interlocutoria per l'azienda della famiglia Spalletti che presenta un buon Chianti Sinopie '15 che profuma di piccoli frutti rossi freschi, con accenni minerali e di erbe aromatiche a completare il quadro olfattivo. In bocca è fresco e scorrevole, dal tannino integrato.

- ● Chianti Sinopie '15 — 🍷🍷 2*
- ● Chianti Rufina '13 — 🍷 3
- ○ Sinopie '15 — 🍷 2

Corte dei Venti

LOC. PIANCORNELLO, 35
53024 MONTALCINO [SI]
TEL. 3473653718
www.lacortedeiventi.it

C'è sempre modo di scompaginare gerarchie granitiche, perfino in un territorio costantemente sotto i riflettori mediatici come quello di Montalcino. Lo spiega bene l'exploit di Corte dei Venti, piccola realtà del quadrante sud est condotta da Clara Monaci e Maurizio Machetti.

- ● Brunello di Montalcino '11 — 🍷🍷 8
- ● Brunello di Montalcino Donna Elena Ris. '10 — 🍷🍷 8
- ● Sant'Antimo Poggio dei Lecci '14 — 🍷🍷 3

Cupelli Spumanti

V.LE MARCONI, 203
56028 SAN MINIATO [PI]
TEL. 057143801
www.cupellivini.com

Giunge in finale il Metodo Classico L'Erede Limited Edition, dai sentori maturi, di mela e pesca, con cenni di crosta di pane, piacevoli sensazioni floreali di pot pourri, ginepro. Piacevole in bocca, corpo ben distribuito, fresca vena acida, stimolante, con finale di ottima pulizia.

- ○ L'Erede Limited Edition — 🍷🍷 4
- ○ L'Erede — 🍷 4
- ⊙ L'Erede Rosé — 🍷 5

Dal Cero Tenuta Montecchiesi

LOC. MONTECCHIO DI CORTONA
CASE SPARSE, 403
52044 CORTONA [AR]
TEL. 0575618503
www.vinidalcero.com

Lo scorso anno avevamo erroneamente scritto annata 2012 per il Cortona Syrah Klanis che è stato presentato quest'anno e giunge in finale con bel naso di erbe aromatiche, liquirizia, ribes. In bocca l'impatto è sodo, gustoso, ricco, pieno, di buona tenuta, per un finale succoso e prolungato.

- ● Cortona Syrah Klanis '12 — 🍷🍷 5
- ● Sangiovese '14 — 🍷🍷 2*
- ○ Vermentino Chardonnay Montecchiesi '15 — 🍷 2

Dalle Nostre Mani

VIA DEI CIPRESSI, 14
50124 FUCECCHIO [FI]
TEL. 3395734846
www.dallenostremani.com

Intrigante al naso il Pugnitello '13, dalle note fresche balsamiche di eucaliptolo, poi cenni di more e ciliegie mature. In bocca l'attacco è deciso, vigoroso, poi si rilassa, con tannini che si allargano su un finale succoso e ben modulato. Ben fatto anche il Foglia Tonda '13.

- ● Foglia Punta Riserva di Botte '13 — 🍷🍷 4
- ● Foglia Tonda Riserva di Botte '13 — 🍷🍷 4
- ● Arialdo '14 — 🍷 2
- ● Foglia Punta '13 — 🍷 3

Diadema

VIA IMPRUNETANA PER TAVARNUZZE, 19
50023 IMPRUNETA [FI]
TEL. 0552311330
www.diadema-wine.com

L'azienda di Alberto Giannotti continua regolare la produzione di qualità. Interessante il Diadema '14, uvaggio da sangiovese, cabernet sauvignon, merlot e syrah, dalle note speziate di vaniglia, sentori balsamici e mentolati su frutti rossi, corpo morbido ma vivace e fresco.

- ● D'Amare Rosso '14 — 🍷🍷 5
- ● Diadema '14 — 🍷🍷 8
- ● D'Ado '14 — 🍷 2
- ○ D'Amare Bianco '15 — 🍷 3

Dianella

VIA DIANELLA, 48
50059 VINCI [FI]
TEL. 0571508166
www.dianella.wine

Un'azienda storica, appartenuta allo scrittore Renato Fucini, cui sono dedicati alcuni dei nomi scelti per i vini. Piacevole Il Matto delle Giuncaie '13, da sangiovese in purezza, dall'ottimo bouquet fruttato, pulito, con cenni di spezie e note di erbe aromatiche, corpo succoso e caldo, regolare.

- ○ Dolci Ricordi V.T. — 🍷🍷 5
- ● Il Matto delle Giuncaie '13 — 🍷🍷 2*
- ⊙ All'Aria Aperta '15 — 🍷 2
- ● Le Veglie di Neri '15 — 🍷 3

Dievole

FRAZ. VAGLIAGLI
VIA DIEVOLE, 6
53010 CASTELNUOVO BERARDENGA [SI]
TEL. 0577322613
www.dievole.it

Il Chianti Classico Riserva '13, evidenzia profumi di buona chiarezza e una bocca che si sviluppa tendenzialmente rilassata e succosa fino a un finale saporito. Corretto il Chianti Classico '14, un vino essenziale e ben fatto, di discreta beva e dagli aromi immediati.

● Chianti Cl. Ris. '13	🍷🍷 5
● Chianti Cl. '14	🍷 4

Donne Fittipaldi

LOC. BOLGHERI
VIA BOLGHERESE, 198
57022 CASTAGNETO CARDUCCI [LI]
TEL. 0565762175
www.donnefittipaldi.it

I vini Fittipaldi alternano buone impressioni a tratti difficili da decifrare, almeno al momento dei nostri assaggi. Ci ha convinto il Bolgheri Rosso Superiore Superior '13: ha note tostate in primo piano ma la grana è ottima e il frutto generoso saprà certamente mitigarle.

● Bolgheri Rosso Sup. Superior '13	🍷🍷 6

Podere Fedespina

LOC. BOSCO ARPIOLA, 1
54026 MULAZZO [MS]
TEL. 0187439610
www.poderefedespina.it

Un'azienda della Lunigiana che lavora con attenzione e passione in territori non facili da coltivare. Lo Spinorosso '13, da ciliegiolo e merlot, ha buon impatto olfattivo, di frutti rossi e sentori floreali, corpo caldo e dinamico, buon nerbo acido e finale gustoso.

● Ca' '12	🍷🍷 5
● Spinorosso '13	🍷🍷 4

Fattoria di Fiano

LOC. FIANO
VIA FIRENZE, 11
50050 CERTALDO [FI]
TEL. 0571669048
www.ugobing.it

Da circa trent'anni Ugo Bing si occupa della sua azienda nell'antico borgo di Fiano, concentrandosi soprattutto sulla parte agronomica. Sempre più spazio alle varietà autoctone come il sangiovese che, insieme a una piccola componente di merlot e syrah, compongono l'uvaggio della Riserva '13.

● Chianti Colli Fiorentini Ris. '13	🍷🍷 2*
● Chianti Colli Fiorentini '14	🍷 2

Ficomontanino

LOC. FICOMONTANINO
53043 CHIUSI [SI]
TEL. 065561283
www.agricolaficomontanino.it

Ben centrati gli aromi del Chianti Colli Senesi Terre del Fico '15, un vino fragrante, che trova nella bevibilità immediata il suo punto di forza. Di buona sostanza il Lucumone del Fico '12, blend da cabernet sauvignon, cabernet franc, merlot e petit verdot.

● Chianti Colli Senesi Terre del Fico '15	🍷🍷 2*
● Lucumone del Fico '12	🍷 5

Il Fitto

FRAZ. CIGNANO
LOC. CHIANACCE, 126
52042 CORTONA [AR]
TEL. 0575648988
www.podereilfitto.com

Un'azienda nata negli anni Settanta, per la parte vinicola, che dal 2000 ha iniziato a lavorare in maniera moderna e razionale. Il Cortona Syrah Il Fitto '14 ha naso balsamico e floreale, con cenni speziati, e bocca viva, nervosa, piena, dal finale invitante e continuo.

● Cortona Sangiovese Il Fitto '14	🍷🍷 2*
● Cortona Syrah Il Fitto '14	🍷🍷 3

Poderi Fontemorsi

via delle Colline
56040 Montescudaio [PI]
Tel. 3356843438
www.fontemorsi.it

In finale lo Spazzavento '12, uvaggio da sangiovese e merlot, dal bagaglio aromatico che si fonda su confettura di mirtilli e ribes, cenni speziati di vaniglia e ginepro, corpo bilanciato, cremoso, di bella e gradevole avvolgenza, per un finale ampio, lungo e prolungato.

- ● Montescudaio Rosso Spazzavento '12 — 2 bicchieri (rossi) 2*
- ● Volterrano '12 — 2 bicchieri 4
- ● Guadipiani '12 — 1 bicchiere 4
- ○ Tresassi '15 — 1 bicchiere 2

Le Fonti

fraz. Panzano in Chianti
loc. Le Fonti
50022 Greve in Chianti [FI]
Tel. 055852194
www.fattorialefonti.it

Di buona godibilità il Chianti Classico '13, dai profumi lievi, freschi e puliti e dal gusto piacevolmente tannico e sapido. Più contratto il Chianti Classico Riserva '12. Il Fontissimo '12, blend da sangiovese, merlot e cabernet sauvignon, ha buona stoffa ma anche rovere in esubero.

- ● Chianti Cl. '13 — 2 bicchieri 3
- ● Chianti Cl. Ris. '12 — 1 bicchiere 4
- ● Fontissimo '12 — 1 bicchiere 5

La Fornace

pod. Fornace, 154a
53024 Montalcino [SI]
Tel. 0577848465
www.agricola-lafornace.it

Non è la prima volta che veniamo sedotti dalla dolcezza mediterranea pennellata dalle migliori interpretazioni di Fabio Giannetti, alias La Fornace. Né è una novità coglierla nelle sue etichette d'entrata, come il Rosso '14: godurioso ed espressivo, oltre che di salda struttura.

- ● Rosso di Montalcino '14 — 2 bicchieri 4

Fattoria di Fubbiano

loc. San Gennaro
via di Tofori Fubbiano
55010 Capannori [LU]
Tel. 0583978011
www.fattoriadifubbiano.it

Sulle Colline Lucchesi Fubbiano è un luogo incontaminato e di rara bellezza paesaggistica, storicamente vocato per la coltivazione della vite e dell'olivo. Buono il Vermentino '15: salmastro, originale, con un gustoso tratto agrumato e finale ammandorlato.

- ○ Colline Lucchesi Vermentino '15 — 2 bicchieri 2*
- ● Schiller '15 — 1 bicchiere 3

Gattavecchi

loc. Santa Maria
via di Collazzi, 74
53045 Montepulciano [SI]
Tel. 0578757110
www.gattavecchi.it

Dalla cantina esce un Nobile '13 centrato, dominato da profumi di piccoli frutti neri, di buon sorso, coerente con tratti di radici e cacao, e un Nobile Riserva dei Padri Serviti '12 di taglio moderno, su note di ribes e ciliegia.

- ● Nobile di Montepulciano '13 — 2 bicchieri 4
- ● Nobile di Montepulciano Riserva dei Padri Serviti '12 — 1 bicchiere 5

Gentili

via del Tamburino, 120
53040 Cetona [SI]
Tel. 0578244038
www.gentiliwine.com

Piccola realtà che opera da più di cinquant'anni in un luogo non troppo conosciuto per la produzione vinicola. Le Favorite '13, uvaggio da merlot, cabernet franc e sangiovese, ha un bagaglio aromatico fresco, con note balsamiche, corpo morbido, di buon equilibrio, e vena acida invitante.

- ● Le Favorite '13 — 2 bicchieri 5
- ● Matero '15 — 2 bicchieri 1*
- ○ Chardonnay '15 — 1 bicchiere 2
- ○ Costa del Sole '15 — 1 bicchiere 1*

La Gerla

loc. Canalicchio
pod. Colombaio, 5
53024 Montalcino [SI]
Tel. 0577848599
www.lagerla.it

Colombaio, Canalicchio, Castelnuovo dell'Abate: è un patrimonio viticolo di primissimo piano quello a disposizione della famiglia Rossi e di Alberto Passeri a La Gerla. E non è un caso che vi prendano forma Sangiovese raffinati come il succoso Rosso '14, denso di effluvi termali.

● Rosso di Montalcino '14	ŸŸ 3
● Brunello di Montalcino '11	Ÿ 6

Giomi Zannoni

via Aurelia Nord, 63
57029 Campiglia Marittima [LI]
Tel. 0565846416
www.giomi-zannoni.com

Buona impressione per il Solemare '15, da sangiovese in purezza, dal naso pulito e gustoso di ciliegia e cenni vegetali freschi, buona struttura dinamica e vivace, finale in progressione positiva. L'Aldò 917 '15, da cabernet sauvignon in purezza, ha sentori evidenti di macchia mediterranea.

● Aldò 917 '15	ŸŸ 5
● Val di Cornia Sangiovese Solemare '15	ŸŸ 2*
○ Val di Cornia Bianco Corniola '15	Ÿ 3
○ Vermentino Ninà 910 '15	Ÿ 3

Marchesi Gondi Tenuta Bossi

loc. Bossi
via dello Stracchino, 32
50065 Pontassieve [FI]
Tel. 0558317830
www.tenutabossi.com

Donatella Gondi e il fratello Bernardo, con i figli Gerardo e Lapo, sono gli ultimi eredi di questa proprietà che appartiene alla famiglia dalla fine del 1500. Sangiovese e colorino concorrono alla creazione della Riserva Pian dei Sorbi, con richiami intensi a frutti neri maturi.

● Chianti Rufina Pian dei Sorbi Ris. '12	ŸŸ 3
● Chianti Rufina San Giuliano '13	Ÿ 2

Greppone Mazzi Tenimenti Ruffino

loc. Greppone
53024 Montalcino [SI]
Tel. 0556499717
www.ruffino.it

Fanno capo ai Tenimenti Ruffino i circa tredici ettari dislocati sul versante ovest di Montalcino, utilizzati per i Brunello targati Greppone Mazzi. Il Brunello di Montalcino '11 ha sorprendente naturalezza espressiva e facilità di beva.

● Brunello di Montalcino '11	ŸŸ 7

Fattoria di Grignano

via di Grignano, 22
50065 Pontassieve [FI]
Tel. 0558398490
www.fattoriadigrignano.com

L'azienda sorge a est di Firenze, alla confluenza tra Sieve e Arno, sulle prime propaggini dell'Appennino. Con il Gualtieri rimasto in cantina ad affinare, a fare gli onori di casa troviamo il Chianti Rufina '13, che profuma di mora matura e ha bocca tesa ed energica grazie a una bilanciata vena sapida.

● Chianti Rufina '13	ŸŸ 2*
● Salicaria '10	Ÿ 5

Fattoria Il Lago

fraz. Campagna, 23
50062 Dicomano [FI]
Tel. 055838047
www.fattoriaillago.com

La famiglia Spagnoli è proprietaria dell'azienda da oltre cinquant'anni. Oltre al recupero degli autoctoni, la proprietà ha deciso di investire nei vitigni internazionali quali syrah e pinot nero e proprio quest'ultimo, nella versione 2012, ci è piaciuto per la bocca polposa e succosa.

● Pinot Nero '12	ŸŸ 5
● Chianti Rufina '13	Ÿ 2

Tenuta La Macchia

loc. Casagiustri, 3
56040 Montescudaio [PI]
tel. 3381258469
www.tenutalamacchia.com

Piccola azienda formata da tre giovani tecnici dotati di grande passione. Ottimo lo Scutum '14, uvaggio da cabernet sauvignon, merlot e petit verdot, dal naso fresco e delicato, balsamico, con frutti neri, gustoso e persistente. Ben fatto e di ottima beva l'Aura '15, da sauvignon in purezza.

- ○ Aura '15 — 🍷🍷 3
- ● Scutum '14 — 🍷🍷 3
- ⊙ Materia '15 — 🍷 4

Leuta

via Pietraia, 21
52044 Cortona [AR]
tel. 3385033560
www.leuta.it

Piacevole il Solitario '12, dalle note fruttate di mirtillo, rosmarino e menta, buona struttura, con tannini fini e gradevole finale in crescendo. Curioso e invitante il 2,618, da cabernet franc, offre note vegetali, con peperone verde e cenni balsamici, corpo solido e definito, finale invitante e continuo.

- ● Cortona Cabernet Franc 2,618 '13 — 🍷🍷 5
- ● Cortona Sangiovese Solitario '12 — 🍷🍷 6
- ● Cortona Merlot 1.618 '11 — 🍷 5
- ● Cortona Syrah 0,618 '13 — 🍷 5

Lornano

loc. Lornano, 11
53035 Monteriggioni [SI]
tel. 0577309059
www.lornano.it

Possiede una bella tensione gustativa il Chianti Classico Gran Selezione '12, vivacità acida e volume, mentre i profumi sono definiti e intensi. Più contratto e scontroso il Chianti Classico Riserva '12, dai profumi un po' legnosi e dal gusto sul finale molto asciutto.

- ● Chianti Cl. Gran Sel. '12 — 🍷🍷 6
- ● Chianti Cl. Ris. '12 — 🍷 3

La Magia

loc. La Magia
53024 Montalcino [SI]
tel. 0577835667
www.fattorialamagia.it

Altoatesino di origini, montalcinese purosangue, Fabian Schwarz è il responsabile tecnico de La Magia, podere da circa 15 ettari a due passi dall'Abbazia di Sant'Antimo. La sua sensibilità interpretativa, moderna con giudizio, si avverte nel Brunello '11 e nella Riserva '10.

- ● Brunello di Montalcino '11 — 🍷🍷 6
- ● Brunello di Montalcino Ris. '10 — 🍷🍷 8
- ● Rosso di Montalcino '14 — 🍷 3

Fattoria di Magliano

loc. Sterpeti, 10
58051 Magliano in Toscana [GR]
tel. 0564593040
www.fattoriadimagliano.it

Il Morellino di Scansano Heba '15 possiede profumi ampi e bocca succosa e profonda. Il Perenzo '13, da syrah in purezza, non manca di cenni balsamici all'olfatto, ma resta un po' rigido in bocca, benché sia gustoso. Più ruvido il Poggio Bestiale '13, blend da internazionali.

- ● Morellino di Scansano Heba '15 — 🍷🍷 3
- ● Perenzo '13 — 🍷 6
- ● Poggio Bestiale '13 — 🍷 5

Malenchini

loc. Grassina
via Lilliano e Meoli, 82
50015 Bagno a Ripoli [FI]
tel. 055642602
www.malenchini.it

L'antica villa medicea di Lilliano ospita l'azienda della famiglia Malenchini, condotta da Marina e dalla figlia Diletta. Bene il Chianti Colli Fiorentini '14, che si apre su note di ciliegia e fragola e scorre piacevole e succoso in bocca.

- ● Chianti Colli Fiorentini '14 — 🍷🍷 2*
- ● Chianti Colli Fiorentini '15 — 🍷 2

Fattoria Mantellassi

loc. Banditaccia, 26
58051 Magliano in Toscana [GR]
Tel. 0564592037
www.fattoriamantellassi.it

Buoni i profumi del Morellino di Scansano Mentore '15, che offrono frutti rossi e spezie con qualche cenno di vaniglia. In bocca ha una discreta progressione e freschezza complessiva, solo sul finale il sorso si irrigidisce un po'. Floreale e fresco il Maremma Vermentino Scalandrino '15.

● Morellino di Scansano Mentore '15	🍷🍷 2*
○ Maremma Toscana Scalandrino '15	🍷 2

Máté

loc. Santa Restituta
53024 Montalcino [SI]
Tel. 0577847215
www.matewine.com

La piccola cantina fondata da Candace e Franc Maté sembra a un passo dal definitivo salto tra i grandi di Montalcino. D'altronde Santa Restituta, la zona che ospita i sei ettari, è un vero grand cru che ci aiuta a inquadrare la stoffa energica e saporosa dell'intera batteria.

● Brunello di Montalcino '11	🍷🍷 6
● Brunello di Montalcino Ris. '10	🍷🍷 7
● Rosso di Montalcino '14	🍷🍷 3

Le Miccine

loc. Le Miccine
s.da stat.le Traversa Chiantigiana, 44
53013 Gaiole in Chianti [SI]
Tel. 0577749526
www.lemiccine.com

Bella freschezza di fondo nel Chianti Classico Riserva '13, che possiede profumi fini e dettagliati e una progressione gustativa leggiadra e ben ritmata. Molto sottile, forse troppo, ancorché godibilissimo, il Chianti Classico '14, dal sorso croccante.

● Chianti Cl. Ris. '13	🍷🍷 5
● Chianti Cl. '14	🍷 4

Mola

loc. Gelsarello, 2
57031 Porto Azzurro [LI]
Tel. 0565958151
www.tenutepavoletti.it

Piccola azienda dinamica che ha sperimentato con successo la produzione di spumante. Il migliore è come sempre l'Elba Aleatico Passito. Il 2012 presenta note fruttate mature, spezie, chiodi di garofano in prevalenza, dolce e suadente in bocca.

● Elba Aleatico Passito '12	🍷🍷 4
○ Cuvée Brut A '14	🍷 3
○ Elba Ansonica '15	🍷 3
○ Elba Vermentino '15	🍷 2

Il Molinaccio

via Antica Chiusina, 12
53045 Montepulciano [SI]
Tel. 0578758660
www.ilmolinaccio.com

L'azienda si trova in aperta campagna, in uno splendido lembo della denominazione del Nobile di Montepulciano. La residenza è molto bella e funge anche da agriturismo. Il progetto vitivinicolo è in fase evolutiva. Ottimo il Nobile '12, promettente il 2013.

● Nobile di Montepulciano '13	🍷🍷 4
● Nobile di Montepulciano '12	🍷🍷 4

Podere Monastero

loc. Monastero
53011 Castellina in Chianti [SI]
Tel. 0577740436
www.poderemonastero.com

Di proprietà di Alessandro Cellai, che lo cura quasi fosse un giardino personale. La Pineta '14, da pinot nero in purezza, si distingue per l'eleganza dei profumi e una cifra stilistica ben definita e regolare. Gustoso e piacevole il Campanaio '14, uvaggio paritario da cabernet sauvignon e merlot.

● La Pineta '14	🍷🍷 6
● Campanaio '14	🍷🍷 6

Montemercurio

via di Totona, 25a
53045 Montepulciano [SI]
Tel. 0578716610
www.montemercurio.com

A nostro avviso Montemercurio è uno dei progetti più interessanti della denominazione. Peccato che i vini escano così in ritardo rispetto alla media, fatto che li penalizza un po' nella lettura. Ottimo il Rosso Petaso '12, croccante e fine.

- ● Rosso di Montepulciano Petaso '12 — 🍷🍷 3

Montepepe

via Sforza, 76
54038 Montignoso [MS]
Tel. 0585831042
www.montepepe.com

Favoloso relais e progetto vitivinicolo da tenere sott'occhio. Montepepe si trova alle pendici collinari di Montignoso, a due passi dal mare della Versilia, nella zona dei Colli del Candia. I vigneti sono su terrazze di muretti a secco e i bianchi molto originali.

- ○ Montepepe Bianco '14 — 🍷🍷 4
- ○ Montepepe Bianco Vintage '11 — 🍷 5

Fattoria Montereggi

via Bosconi, 44
50014 Fiesole [FI]
Tel. 055540005
www.fattoriamontereggi.it

Primo ingresso in Guida per questa azienda fiesolana di proprietà della famiglia Cavalloni. Davvero buona la prova della Riserva '10, ancora vitale e nitida nel naso fruttato e nella bocca tesa, compatta e solida. Molto piacevole anche il Chianti '14, più fresco, goloso e invitante.

- ● Chianti Ris. '10 — 🍷🍷 3*
- ● Chianti '14 — 🍷🍷 2*

Monterinaldi

loc. Lucarelli
53017 Radda in Chianti [SI]
Tel. 0577733533
www.monterinaldi.it

Fresco e scattante il Chianti Classico Campopazzo '13, dai profumi definiti e fragranti. Più complesso il Chianti Classico Riserva '13, che al naso possiede un buona articolazione tra frutta rossa, fiori e terra e in bocca una struttura affilata che dona al sorso scorrevolezza e lunghezza.

- ● Chianti Cl. Campopazzo '13 — 🍷🍷 3
- ● Chianti Cl. Ris. '13 — 🍷🍷 4

Monterotondo

loc. Monterotondo, 12
53013 Gaiole in Chianti [SI]
Tel. 0577 749089
www.agriturismomonterotondo.net

Un bel frutto fragrante contraddistingue il naso del Chianti Classico Vaggiolata '12, dalla progressione gustativa dinamica e gustosa. Qualche cenno di evoluzione nei profumi del Chianti Classico Riserva '11, che trova il suo punto di forza in un bocca morbida e succosa.

- ● Chianti Cl. Vaggiolata '12 — 🍷🍷 3*
- ● Chianti Cl. Ris. '11 — 🍷 4

Podere Morazzano

s.da Morazzano 5
56040 Montescudaio [PI]
Tel. 0445529693
www.poderemorazzano.it

Buona prova dell'azienda con vini dotati tutti di buona personalità. Prevale il Rerosso '11, con note pulite e nette al naso di ciliegia e prugna, corpo bilanciato e agile, vena acida, tannini fini e sottili, per un finale asciutto positivo. Intrigante e gustoso anche Eriva '11, da merlot in purezza.

- ● Eriva '11 — 🍷🍷 5
- ● Montescudaio Rerosso '11 — 🍷🍷 4
- ● Ribuio '12 — 🍷 2

Giacomo Mori

FRAZ. PALAZZONE
P.ZZA SANDRO PERTINI, 8
53040 SAN CASCIANO DEI BAGNI [SI]
TEL. 0578227005
www.giacomomori.it

Il Chianti Castelrotto Riserva '13 è aromaticamente ben definito, con il frutto rosso in primo piano, e possiede una buona progressione, sapida e non priva di carattere. Piacevole e semplice il Chianti '14, pulito nei profumi e dalla bocca snella e scorrevole.

- ● **Chianti Castelrotto Ris. '13** 🍷🍷 3
- ● **Chianti '14** 🍷 2

Mario Motta

LOC. BANDITELLA ALBERESE
58100 GROSSETO
TEL. 0564405105
www.mottavini.com

Buon esordio per i vini di Alberto Motta. Il Morellino di Scansano Riserva '13 è decisamente succoso, dal sorso ritmato e dal naso definito. Il Ciliegiolo '15 possiede aromi fruttati di bella pulizia e una progressione gustativa contrastata. Austero nei profumi il Morellino di Scansano '15.

- ● **Ciliegiolo '15** 🍷🍷 3
- ● **Morellino di Scansano Ris. '13** 🍷🍷 5
- ● **Morellino di Scansano '15** 🍷 3

Nottola

FRAZ. GRACCIANO
LOC. BIVIO DI NOTTOLA, 9A
53045 MONTEPULCIANO [SI]
TEL. 0578707060
www.cantinanottola.it

Il Nobile di Montepulciano '14 possiede una buona articolazione al palato, dove il tannino è ricco e nervoso. I profumi sono centrarti con un buon fruttato che ben si amalgama alle note tostate. Il Rosso di Montepulciano '14 possiede una beva scorrevole e piacevole.

- ● **Nobile di Montepulciano '13** 🍷🍷 4
- ● **Rosso di Montepulciano '14** 🍷 2

Cantina Olivi Le Buche

VIA CASELFAVA, 25
53047 SARTEANO [SI]
TEL. 0578274066
www.lebuche.com

Buona prova per il I Puri '11, da syrah in purezza, dai profumi fruttati intensi, cenni animali e di pepe. Al gusto risulta sodo, carnoso, dai tannini fini, di buon peso, dal finale ampio. Le Buche '12 offre aromi intensi di confettura e struttura rilassata.

- ● **I Puri Syrah '11** 🍷🍷 8
- ● **Orcia Le Buche '12** 🍷🍷 5
- ● **Chianti Sup. Olivi '13** 🍷 3
- ● **Orcia Coreno '15** 🍷 3

Oliviera

S.DA PROV.LE 102 DI VAGLIAGLI, 36
53019 CASTELNUOVO BERARDENGA [SI]
TEL. 3498950188
www.oliviera.it

Davvero delizioso il Chianti Classico Riserva '12 prodotto da Sandro Bandini. I profumi sono decisamente a fuoco con note floreali che incrociano cenni di pietra focaia. In bocca è vivace e contrastato, di bella acidità e dal sorso profondo. Godibile il Chianti Classico '14.

- ● **Chianti Cl. Ris. '12** 🍷🍷 4
- ● **Chianti Cl. '14** 🍷 3

Ottomani

VIA DI PANCOLE, 119
50027 GREVE IN CHIANTI [FI]
TEL. 3407105484
www.ottomanivino.com

Primo ingresso in Guida per questa giovane azienda che ha appena compiuto i primi dieci anni di attività, frutto del lavoro di quattro giovani enologi. Il vino che più ci ha convinto è il Chianti Colli Fiorentini '14, da sangiovese e canaiolo, dai tratti spontanei e veraci.

- ● **Chianti Colli Fiorentini '14** 🍷🍷 2*
- ● **Sangiovese '13** 🍷🍷 4
- ● **Canaiolo '12** 🍷 5

Fattoria Il Palagio

FRAZ. CASTEL SAN GIMIGNANO
LOC. IL PALAGIO
53030 COLLE DI VAL D'ELSA [SI]
TEL. 0577953004
www.ilpalagio.it

Fattoria storica del territorio, particolarmente attenta alla produzione di vini bianchi da vitigni internazionali. Bene il Chioppaia '15, dal naso fruttato, di susina e pesca bianca, cenni di timo, con un corpo agile, ben distribuito, fresca vena acida e finale saporito e prolungato.

○ Chardonnay Chioppaia '15	🍷🍷 3
○ Sauvignon Melaia '15	🍷 3
○ Vernaccia di San Gimignano Le Ginestrelle '15	🍷 3

Il Palagione

VIA PER CASTEL SAN GIMIGNANO, 36
53037 SAN GIMIGNANO [SI]
TEL. 0577953134
www.ilpalagione.com

La produzione generale si assesta su buoni livelli, all'apice la Vernaccia Ori Riserva '14, dal bagaglio aromatico complesso, in cui si riconoscono sentori di mango e profumo di lime, uniti a un corpo piacevole, largo, di buona polpa, per un finale saporito.

○ Vernaccia di S. Gimignano Ori Ris. '14	🍷🍷 3
● Chianti Colli Senesi Caelum '14	🍷 2
● Chianti Colli Senesi Drago Ris. '13	🍷 3
⊙ Sunrosé '15	🍷 2

La Palazzetta

FRAZ. CASTELNUOVO DELL'ABATE
VIA PODERE LA PALAZZETTA, 1P
53024 MONTALCINO [SI]
TEL. 0577835531
palazzettafanti@gmail.com

Conosciuta anche come Agricola Flavio Fanti, che l'ha avviata nel 1988, La Palazzetta si sviluppa su una decina di ettari nel segmento sud orientale di Montalcino, a Castelnuovo dell'Abate. Area solare e ventilata, che fa sentire la sua voce in rossi polposi come il Brunello '11.

● Brunello di Montalcino '11	🍷🍷 5

Palazzo

LOC. PALAZZO, 144
53024 MONTALCINO [SI]
TEL. 0577849226
www.aziendapalazzo.it

Rilevata dalla famiglia Loia nel 1983, Palazzo si estende su poco più di quattro ettari nella zona sud est di Montalcino. È una referenza di sicuro affidamento, incentrata su rossi golosi ed equilibrati, accessibili fin da giovani, come il Brunello Riserva '10.

● Brunello di Montalcino Ris. '10	🍷🍷 7
● Brunello di Montalcino '11	🍷 6
● Rosso di Montalcino '14	🍷 3

Tenuta Il Palazzo

LOC. ANTRIA
52100 AREZZO
TEL. 0575 361338
www.tenutailpalazzo.it

Annata interlocutoria per l'azienda della famiglia Banelli che nella campagna aretina produce vini dal taglio moderno ma senza eccessi estrattivi o maturazioni prolungate. Abbiamo assaggiato una bella versione di Syrah '12, che profuma di more e pepe, mentre in bocca si distende rilassato.

● Syrah '12	🍷🍷 3
○ Vin Santo del Chianti Ris. '07	🍷🍷 4
● Chianti Il Palazzo '14	🍷 3
● Chianti Il Palazzo Ris. '11	🍷 3

Palazzo Vecchio

FRAZ. VALIANO
VIA TERRAROSSA, 5
53040 MONTEPULCIANO [SI]
TEL. 0578724170
www.vinonobile.it

Degustazione in chiaroscuro, quest'anno, per i vini Palazzo Vecchio. Fa comunque un figurone il Nobile di Montepulciano Maestro '13. Ha un profilo giudiziosamente moderno, con una grana tostata convincente e centrata. Vino fine, fruttato, intenso e floreale.

● Nobile di Montepulciano Maestro '13	🍷🍷 4

Fattoria Pancole

loc. Pancole
53037 San Gimignano [SI]
Tel. 0577955078
www.fattoriadipancole.it

Sono i rossi a prevalere in questa piccola azienda a conduzione biologica. Il migliore è risultato il Terraisassi '12, uvaggio di cabernet sauvignon, merlot e sangiovese, dalle note fresche al naso, balsamiche e mentolate, di susina, corpo calibrato e polposo, per un finale appetitoso e saporito.

- ● Terraisassi '12 ŸŸ 5
- ● Chianti dei Colli Senesi '15 Ÿ 2
- ● Dogato '12 Ÿ 4
- ○ Vernaccia di S. Gimignano '15 Ÿ 2

Perazzeta

loc. Montenero d'Orcia
via dell'Aia, 14
58040 Castel del Piano [GR]
Tel. 0564954158
www.perazzeta.it

Di proprietà della famiglia Bocci, l'azienda ha sede a Montenero ed è stata ricavata nel cuore di una struttura del XV secolo. Bella prestazione per l'Alfeno '14, blend da sangiovese, ciliegiolo e cabernet sauvignon, che presenta un naso dal frutto molto maturo ma stupisce in bocca per freschezza.

- ● Montecucco Rosso Alfeno '14 ŸŸ 2*
- ⊙ Sara Rosé '15 Ÿ 2

Fattoria di Petroio

fraz. Quercegrossa
via di Mocenni, 7
53019 Castelnuovo Berardenga [SI]
Tel. 0577328045
www.fattoriapetroio.it

Una versione capace di affrontare le criticità di un'annata complicata, la 2014, del Poggio al Mandorlo, da sangiovese in purezza. I profumi sono molto fini e puliti e mettono in primo piano note di rosa e spezie. In bocca è dinamico e non privo di qualche piacevole durezza.

- ● Poggio al Mandorlo '14 ŸŸ 5

Pian delle Querci

via Giacomo Leopardi, 10
53024 Montalcino [SI]
Tel. 0577834174
www.piandellequerci.it

Vittorio Pinti e famiglia sono trasversalmente considerati come i custodi della tradizione più ancestrale nella zona di Torrenieri, propaggine nordorientale di Montalcino. Uno stile di Brunello quasi sussurrato, solo in apparenza scarno, che ritma la Riserva '10 e l'annata 2011.

- ● Brunello di Montalcino '11 ŸŸ 5
- ● Brunello di Montalcino Ris. '10 ŸŸ 5
- ● Rosso di Montalcino '14 Ÿ 3

La Piana

via Regina Margherita, 4
57032 Capraia Isola [LI]
Tel. 3920592988
www.lapianacapraia.it

L'unica realtà di un territorio particolare come l'isola di Capraia accresce ogni anno la sua valenza con nuovi prodotti e una qualità in costante miglioramento. L'elemento di punta rimane il Cristino '15, Aleatico di grande impatto aromatico, dal corpo cremoso e finale avvincente e continuo.

- ● Cristino '15 ŸŸ 5
- ○ Palmazio '15 ŸŸ 3
- ⊙ Asfoledo Rosé '15 Ÿ 3
- ⊙ Rosa della Piana '15 Ÿ 3

Piandibugnano

loc. Pian di Bugnano
58038 Seggiano [GR]
Tel. 0564950773
www.piandibugnano.com

Un enologo, un venditore e un ristoratore si unirono agli inizi del 2000 per iniziare a produrre vino. E così una storia di amicizia si è trasformata in un'azienda vitivinicola, sulle colline di Seggiano. Interessante L'Erpico '13, un po' rustico ma di buono spessore e bella consistenza.

- ● Montecucco Sangiovese L'Erpico '13 ŸŸ 5
- ● Nanerone Aleatico Passito '14 Ÿ 5

Pianirossi

loc. Porrona
pod. Santa Genoveffa, 1
58044 Cinigiano [GR]
Tel. 0564990573
www.pianirossi.it

Ci ha piacevolmente colpito il Montecucco Sidus '14, blend da sangiovese e montepulciano. Il profilo olfattivo sfaccettato va a pescare tra dolcezze di frutto rosso e cacao, e toni più scuri di grafite e cuoio. In bocca è venato da piacevole sapidità che conferisce grinta ed energia.

- ● Montecucco Sidus '14 — YY 2*
- ● Pianirossi '13 — Y 6
- ● Solus '13 — Y 3

Fattoria Piccaratico

loc. Spicchio
via Piccaratico, 9
50059 Vinci [FI]
Tel. 0571509143
www.fattoriapiccaratico.it

Appartiene alla famiglia Rossini, proprietaria sin dal XIX secolo, ma è negli anni Settanta che si trasforma in azienda agricola moderna. Il Rosso del Rinserrato '13, da sangiovese e cabernet franc e sauvignon, dispone di sentori di liquirizia e rosmarino su base fruttata, corpo sodo e ben strutturato.

- ○ Bianco dell'Empolese Vin Santo Semiramis '07 — YY 5
- ● Rosso del Rinserrato '13 — YY 3
- ● Chianti Colle dei Fossili '15 — Y 2

Agostina Pieri

fraz. Sant'Angelo Scalo
loc. Piancornello
53024 Montalcino [SI]
Tel. 0577844163
www.pieriagostina.it

Sono circa dieci ettari concentrati sul limite meridionale di Montalcino, tra Piancornello e Sant'Angelo Scalo, a fare da pentagramma viticolo per l'originale proposta firmata Agostina Pieri. Che schiera nuovamente un bel tandem complementare come il Brunello '11 e il Rosso '14.

- ● Brunello di Montalcino '11 — YY 6
- ● Rosso di Montalcino '14 — YY 3

La Pierotta

loc. La Pierotta, 19
58020 Scarlino [GR]
Tel. 056637218
www.@lapierotta.it

Tra i vini di quest'azienda dell'Alta Maremma si sono distinti il Montereggio Selvaneta '14, da sangiovese con piccolo saldo di merlot e cabernet sauvignon, dai buoni profumi di piccoli frutti neri, compatto e avvolgente. Bene anche lo Scarilius '13, da sangiovese in purezza.

- ● Monteregio di Massa Marittima Rosso Selvaneta '14 — YY 2*
- ● Monteregio di Massa Marittima Scarilius '13 — Y 3

Pieve Santa Restituta

loc. Chiesa di Santa Restituta
53024 Montalcino [SI]
Tel. 0577848610
info@pievesantarestituta.com

L'avventura montalcinese della famiglia Gaja si lega a doppio filo con la storia di un'area fra le più vocate della fascia centrale. Lo stile è quello polposo e potente cui ci ha abituato il "re" di Barbaresco, che si esprime al suo meglio nel Brunello Sugarille '11.

- ● Brunello di Montalcino Sugarille '11 — YY 8
- ● Brunello di Montalcino Rennina '11 — Y 8

Pinino

loc. Pinino, 327
53024 Montalcino [SI]
Tel. 0577849381
www.pinino.com

Guidata sinergicamente dalle famiglie Gamon ed Hernandez, Pinino è una piccola tenuta prospiciente alla collina di Montosoli, nel quadrante nord di Montalcino. I suoi Brunello sono spesso capaci di coniugare rotondità e nerbo, il 2011 e il Pinone Riserva '10 non fanno eccezione.

- ● Brunello di Montalcino '11 — YY 7
- ● Brunello di Montalcino Pinone Ris. '10 — YY 8
- ● Rosso di Montalcino Pinino '14 — Y 3

Cantina Cooperativa di Pitigliano

via Nicola Ciacci, 974
58017 Pitigliano [GR]
Tel. 0564616133
www.cantinadipitigliano.it

È folta la batteria di prodotti presentanta dalla Cantina Cooperativa di Pitigliano. I vini hanno generalmente destato una buona impressione e i loro prezzi sono ben calibrati. Cosa non da poco di questi tempi. Una particolare segnalazione merita il Maremma Ciliegiolo '15, croccante e fresco.

● Maremma Toscana Ciliegiolo '15	🍷🍷 2*
● Sovana Sup. Vignamurata Sangiovese '15	🍷🍷 2*
○ Bianco di Pitigliano Sup. Ildebrando '15	🍷 2

Podere dell'Anselmo

loc. Anselmo
via Panfi, 12
50025 Montespertoli [FI]
Tel. 0571671951
www.forconi.net

Buona prova per il Terre di Bracciatica '14, sangiovese e cabernet sauvignon, dal naso intenso, deciso di frutti rossi, corpo di buon peso, bel finale saporito. Interessante anche il Pax 12, uvaggio di sangiovese, colorino, cabernet franc e sauvignon, dai toni freschi e balsamici, e struttura morbida.

● Pax '12	🍷🍷 6
● Terre di Bracciatica '14	🍷🍷 2*
● Chianti Montespertoli '13	🍷 2
● Chianti Montespertoli Ingannamatti Ris. '12	🍷 3

Poggio al Tufo

loc. Poggio Cavalluccio
58017 Pitigliano [GR]
Tel. 0457701266
www.tommasiwine.it

Nel 1997 i Tommasi, famosi viticoltori veneti, decisero di investire in Maremma, tra Pitigliano e Scansano. Tra i vini della gamma abbiamo trovato interessante il Cabernet Sauvignon, dalle belle note di radici e rabarbaro, di buona impostazione tannica, con una piacevole sapidità di fondo.

● Cabernet Sauvignon '14	🍷🍷 2*
● Alicante '13	🍷 3
● Rompicollo '14	🍷 2

Poggio Nicchiaia

via San Martino, 7
56037 Peccioli [PI]
Tel. 0587697139

Imponente tenuta che si estende per centinaia di ettari nella zona di Peppoli, in collina, a circa quaranta chilometri a sud di Pisa. Tra i vini abbiamo preferito il Mania '13: succoso e slanciato, profuma di lamponi appena raccolti e ha retrogusto di prugne.

● Mania '13	🍷🍷 3
● Chianti Filetto '14	🍷 2
○ Fiore del Borgo '15	🍷 2

Tenuta Poggio Rosso

fraz. Populonia
loc. Poggio Rosso, 1
57025 Piombino [LI]
Tel. 056529553
www.tenutapoggiorosso.it

Piacevole il Velthune '13, da cabernet sauvignon in purezza, con note speziate evidenti, di vaniglia, chiodi di garofano, cannella, che si distinguono su una base fruttata di mirtilli e ribes. In bocca risulta ampio, gustoso, dai tannini integrati, con bel finale prolungato.

● Velthune '13	🍷🍷 6
○ Feronia '15	🍷 4
○ Losna '14	🍷 6
○ Phylika '15	🍷 3

Fattoria Pogni

loc. Marcialla
via Pogni di Sopra, 159
50052 Certaldo [FI]
Tel. 3331334379
www.fattoriapogni.it

Una realtà ben radicata nel territorio, con accoglienza agrituristica. Il Nappolaio '12, da sangiovese in purezza, ha un naso molto lineare, di frutti assortiti, piccoli cenni vegetali, corpo fluido e scorrevole, di buona pienezza, dal finale pulito e di buona persistenza.

● Nappolaio '12	🍷🍷 3
● Terrasole '12	🍷🍷 4
● Chianti Poggio ai Falchi Ris. '11	🍷 3
● Gorgogli '12	🍷 4

Pometti

LOC. LA SELVA, 16
53020 TREQUANDA [SI]
TEL. 057747833
www.pometti.it

Speziato e di bella freschezza il Tinotre '13, da cabernet franc, che evidenzia anche uno sviluppo contrastato e dal bel finale fruttato. Più contratto il Tarchun Us '12, da cabernet sauvignon, sangiovese e petit verdot, dalla progressione gustativa un po' affaticata.

● Tinotre '13	🍷🍷 4
● Tarchun Us '12	🍷 3

Il Ponte

S.DA CARIGE ALTA, 15
58010 CAPALBIO [GR]
TEL. 068547928
www.agricolailponte.it

Il Balto '12, uvaggio da cabernet sauvignon e merlot, offre sensazioni tostate di caffè, poi cenni di cuoio, more e ciliegie. In bocca è morbido, largo, dai tannini fini e integrati, con giusta vena acida per un finale appagante. Piacevole 'Ansonica '15: sensazioni di frutta tropicale si sposano con quelle di rosa.

● Maremma Toscana Balto '12	🍷🍷 4
● Capalbio Rosso T-Lex '14	🍷 4
○ Costa dell'Argentario Ansonica T-Lex '15	🍷 4

Provveditore

LOC. SALAIOLO, 174
58054 SCANSANO [GR]
TEL. 3487018670
www.provveditore.net

Tra i vini dell'azienda di Alessandro Bargagli emerge il Morellino di Scansano '14, profumato, teso e gustoso. Più materico il Morellino di Scansano Irio '15, dai profumi marcati. Lieve e scorrevole il Maremma Sauvignon Il Bargaglino '15.

● Morellino di Scansano '14	🍷🍷 3
○ Maremma Toscana Sauvignon Il Bargaglino '15	🍷 3
● Morellino di Scansano Irio '15	🍷 2

La Rasina

LOC. RASINA, 132
53024 MONTALCINO [SI]
TEL. 0577848536
www.larasina.it

Meriterebbe in pieno il posto tra i "titolari" di Montalcino la bella azienda della famiglia Mantengoli. Perché i Brunello targati La Rasina sono garanzia di precisione tecnica e piacevolezza fruttata, come conferma Il Divasco Riserva '10 con i suoi toni di ciliegia e cannella.

● Brunello di Montalcino '11	🍷🍷 6
● Brunello di Montalcino Il Divasco Ris. '10	🍷🍷 8

Riecine

LOC. RIECINE
53013 GAIOLE IN CHIANTI [SI]
TEL. 0577749098
www.riecine.com

Il Riecine di Riecine '12, da sangiovese in purezza, possiede un profilo olfattivo delicato con note di lampone in primo piano. La progressione gustativa è dinamica, fresca e saporita. La Gioia '12, ancora un Sangiovese in purezza, è meno rilassato nel sorso e i profumi sono meno definiti.

● Riecine di Riecine '12	🍷🍷 5
● La Gioia '12	🍷 6

Rigoli

LOC. CAFAGGIO
VIA DEGLI ULIVI 8
57021 CAMPIGLIA MARITTIMA [LI]
TEL. 0565843079
www.rigolivini.com

Buona prova per il N'Etrusco '15, uvaggio da sangiovese, cabernet e merlot, dalle note fresche di frutti rossi e cenni mentolati, corpo ricco, succoso, energico, dal finale piacevole. Interessante lo Stradivino '15, dal corpo rilassato, sapido, con nota acida equilibrata e finale succoso.

● N'Etrusco '15	🍷🍷 1*
○ Stradivino '15	🍷🍷 1*
● Assiolo '11	🍷 1*

Tenute delle Ripalte

LOC. RIPALTE
57031 CAPOLIVERI [LI]
TEL. 056594211
www.tenutadelleripalte.it

L'Aleatico '12 conquista le finali grazie ai sentori intensi di mirtilli e ribes, uniti alla prugna, rinfrescati da note mentolate, cenni di macchia mediterranea, corpo solido, fluido, dolce e prolungato al gusto. Interessante l'Alicante '14, solido, di buona vena acida finale.

● Elba Aleatico Passito Alea Ludendo '12	🍷🍷 6
● Alicante '14	🍷🍷 3
⊙ Rosato delle Ripalte '15	🍷 3
○ Vermentino '15	🍷 3

Sada

S.DA PROV.LE DEI 3 COMUNI
56040 CASALE MARITTIMO [PI]
TEL. 0586650180
www.agricolasada.com

Piacevole l'Integolo '13, da cabernet sauvignon e montepulciano, dal bouquet fresco, pulito, con sentori netti fruttati e note di erbe aromatiche variegate e cenni speziati. In bocca è caldo, ampio, armonico di buon peso e lunga persistenza. Il Bolgheri Superiore '13 è ricco e gustoso.

● Bolgheri Sup. '13	🍷🍷 6
● Integolo '13	🍷🍷 6
○ Vermentino '15	🍷 3

San Benedetto

LOC. SAN BENEDETTO, 4A
53037 SAN GIMIGNANO [SI]
TEL. 3386958705
www.agrisanbenedetto.com

Una crescita regolare e costante per un'azienda che dimostra come il lavoro impostato a suo tempo dia buoni frutti. Ne è la riprova la Vernaccia Riserva '13, dal bagaglio aromatico ampio e variegato, con note di vaniglia unite a quelle di frutta tropicale e cenni minerali. Bocca sapida, di buona tenuta.

○ Vernaccia di San Gimignano Ris. '13	🍷🍷 2*
● Chianti '14	🍷 2
○ Vermentino '15	🍷 2
○ Vernaccia di San Gimignano '15	🍷 2

Fattoria San Felo

LOC. PAGLIATELLI
58051 MAGLIANO IN TOSCANA [GR]
TEL. 05641836727
www.fattoriasanfelo.it

Fra i vini di Federico Vanni emergono il Morellino Lampo '13, ben fatto e di bella articolazione, e lo Chardonnay '15, dai profumi varietali e dal gusto morbido e reattivo. Fresco e beverino l'altro bianco aziendale Le Stoppie '15 da uve vermentino.

○ Chardonnay '15	🍷🍷 3
● Morellino di Scansano Lampo '13	🍷🍷 3
○ Le Stoppie '15	🍷 2

Fattoria Sardi

FRAZ. MONTE SAN QUIRICO
VIA DELLA MAULINA, 747
55100 LUCCA
TEL. 0583341230
www.fattoriasardi.com

Annata interlocutoria per i vini di questa bella azienda. Il Colline Lucchesi Rosso Sebastiano '13 ha un bel frutto scuro al naso ma il tannino è piuttosto asciugante. Il Rosé ha colore e profumi invitanti, media lunghezza e discreto sapore.

● Colline Lucchesi Rosso Sebastiano '13	🍷🍷 5
⊙ Fattoria Sardi Rosé '15	🍷 3

Vasco Sassetti

LOC. CASTELNUOVO DELL'ABATE
VIA BASSOMONDO, 7
53024 MONTALCINO [SI]
TEL. 0577835619
lanzini.massimo@tiscali.it

A Massimo Lanzini l'onore e l'onere di raccogliere l'eredità di Vasco Sassetti, tra i viticoltori più amati di Castelnuovo dell'Abate. Una cantina-osteria che punta da sempre su Sangiovese gioviali e concreti, molto gastronomici, come il Rosso di Montalcino '14 e il Brunello '11.

● Brunello di Montalcino '11	🍷🍷 6
● Rosso di Montalcino '14	🍷🍷 4
● Brunello di Montalcino Ris. '10	🍷 7

SassodiSole

FRAZ. TORRENIERI
LOC. SASSODISOLE, 85
53024 MONTALCINO [SI]
TEL. 0577834303
www.sassodisole.it

Non ripete la fantastica prova della scorsa edizione, ma l'azienda guidata da Roberto Terzuoli a Torrenieri si conferma tra le realtà emergenti di Montalcino. Merito di vini luminosi e gaudenti come il Brunello '11 e la Riserva '10, frenati solo da una certa severità estrattiva.

- ● Brunello di Montalcino '11 — 🍷🍷 5
- ● Brunello di Montalcino Ris. '10 — 🍷🍷 8

Il Sassolo

VIA CITERNA, 5
59015 CARMIGNANO [PO]
TEL. 0558706488
www.ilsassolo.it

Dal 1975 sulle colline del Montalbano Antonio Mannelli coltiva con passione le vigne della sua azienda e propone le classiche etichette del Carmignano. La versione 2013 c'è piaciuta per la sua ricchezza di frutto rosso e nero, l'eleganza e la pulizia. Vino territoriale.

- ● Carmignano '13 — 🍷🍷 3
- ⊙ Barco Reale Vin Ruspo '15 — 🍷 2

Sassotondo

LOC. PIAN DI CONATI, 52
58010 SOVANA [GR]
TEL. 0564614218
www.sassotondo.it

Il Maremma Ciliegiolo San Lorenzo '13 possiede profumi di prugna e ciliegia matura. In bocca ha materia ma il sorso resta un po' affaticato dal rovere in eccesso. Piacevole il Sovana Superiore Ombra Blu '14, dolce e scorrevole. Semplice ma godibile il Tufo Rosso '15.

- ● Maremma Toscana Ciliegiolo San Lorenzo '13 — 🍷🍷 6
- ● Sovana Rosso Sup. Ombra Blu '14 — 🍷 3
- ● Tufo Rosso '15 — 🍷 2

Sedime

POD. SEDIME, 63
53026 PIENZA [SI]
TEL. 0578748436
www.capitoni.eu

L'Orcia Sangiovese Troccolone '15 è un vino, lavorato in anfora, dotato di buona personalità e possiede aromi invitanti e una bocca sapida, dal bel contrasto dolce acido. Riuscito anche l'Orcia Capitoni Riserva '12, aromaticamente ben centrato e dal gusto morbido e saporito.

- ● Orcia Rosso Capitoni Ris. '12 — 🍷🍷 4
- ● Orcia Sangiovese Troccolone '15 — 🍷🍷 3

Fulvio Luigi Serni

LOC. LE LAME, 237
57022 CASTAGNETO CARDUCCI [LI]
TEL. 0565763585
www.sernifulvioluigi.it

Il miglior vino assaggiato è il Bolgheri Rosso Tegoleto '14. Supera le difficoltà del millesimo con una prova convincente fatta di profumi rigogliosi e sorso vellutato, mai troppo crespo e crudo. Finale di buona ampiezza, pur in una dimensione non certo monumentale.

- ● Bolgheri Rosso Tegoleto '14 — 🍷🍷 3
- ○ Bolgheri Bianco Le Lame '15 — 🍷 2
- ⊙ Bolgheri Rosato Arcanto '15 — 🍷 2
- ● Bolgheri Rosso Acciderba '13 — 🍷 4

Solaria - Cencioni Patrizia

POD. CAPANNA, 102
53024 MONTALCINO [SI]
TEL. 0577849426
www.solariacencioni.com

Originariamente conosciuta col nome Cencioni e Pallari, l'Agricola Solaria si colloca nel cuore nobile del versante settentrionale di Montalcino, tra il Podere Capanna e Montosoli. Dove nascono Brunello di tempra arcigna e terrosa, fedelmente raccontata dalla Riserva 123 '10.

- ● Brunello di Montalcino 123 Ris. '10 — 🍷🍷 8
- ● Brunello di Montalcino '11 — 🍷 6
- ● Rosso di Montalcino '14 — 🍷 3

Borgo La Stella

loc. Vagliagli
b.go La Stella, 60
53017 Radda in Chianti [SI]
Tel. 0577740699
www.borgolastella.com

Si conferma lo stile di questa realtà chiantigiana che punta su eleganza e bevibilità. Sottile il Chianti Classico '14, dalla bocca fresca e dagli aromi definiti, anche se un po' segnati dal rovere. Profumi fini e gusto contrastato per il Cronos '14, da sangiovese, merlot e cabernet sauvignon.

- Cronos '14 🍷🍷 5
- Chianti Cl. '14 🍷 3

Tenuta di Sticciano

via di Sticciano, 207
50052 Certaldo [FI]
Tel. 0571669191
www.tenutadisticciano.it

L'azienda ha sede in una fattoria nei pressi di Certaldo le cui prime notizie risalgono al XVII secolo. Di buona realizzazione la Riserva Villa di Sticciano '12, floreale e fruttata al naso, compatta nella struttura tannica, equilibrata e armonica. Scorrevole e godibile anche il Maggiano '14.

- Chianti Villa di Sticciano Ris. '12 🍷🍷 3
- Chianti Maggiano '14 🍷 2

Stomennano

loc. Stomennano
53035 Monteriggioni [SI]
Tel. 0577304033
www.stomennano.it

Il Chianti Classico '14 possiede un fruttato rigoglioso che domina i suoi aromi, ma si percepiscono anche note di sottobosco e spezie. Il suo punto di forza sta comunque nella progressione gustativa, dove c'è energia e una tendenziale eleganza. Una buona esecuzione di un'annata complicata.

- Chianti Cl. '14 🍷🍷 5

Suveraia

loc. Campetroso, 26
58025 Monterotondo Marittimo [GR]
Tel. 3356211060
www.suveraia.it

Buona prova per l'azienda tutta al femminile, dove si procede con grande impegno a migliorare costantemente la qualità. Interessante il Bacucco '12: frutti rossi maturi, cenni speziati e corpo ampio e avvolgente. Più diretto e gustoso il Rosso di Campetroso '15, di ottima beva.

- Monteregio di Massa Marittima Bacucco di Suveraia '12 🍷🍷 5
- Monteregio di Massa Marittima Rosso di Campetroso '15 🍷🍷 3

Tassi

v.le P. Strozzi, 1/3
53024 Montalcino [SI]
Tel. 0577848025
www.tassimontalcino.com

Fabio Tassi non si accontenta certo del ruolo di riconosciuto leader ricettivo e commerciale di Montalcino. E lo dimostra ogni anno di più con la produzione ricavata dai vigneti del quadrante sud ovest, che danno vita a Brunello setosi e speziati come l'ottimo Franci Riserva '10.

- Brunello di Montalcino '11 🍷🍷 7
- Brunello di Montalcino Franci Ris. '10 🍷🍷 8
- Brunello di Montalcino Franci '11 🍷 8

Tenuta degli Dei

via San Leolino, 56
50022 Greve in Chianti [FI]
Tel. 055852593
www.deglidei.it

Tendenzialmente succoso e fresco il Chianti Classico '14, che possiede anche un naso gradevole e fragrante. Gelsi neri e tocco tostato un po' accentuato per i profumi de Le Redini '14, uvaggio da merlot e alicante, che risulta comunque saporito al palato.

- Chianti Cl. '14 🍷🍷 3
- Le Redini '14 🍷 4

Tenuta La Chiusa

LOC. MAGAZZINI, 93
57037 PORTOFERRAIO [LI]
TEL. 0565933046
lachiusa@elbalink.it

Conquista la finale l'Elba Aleatico Passito '14, grazie a un bagaglio aromatico vivo, dove le note fruttate di ciliegie e lamponi si uniscono a quelle speziate di cannella e chiodi di garofano, dal finale dolce senza essere stucchevole. Gradevole l'Elba Bianco '15, dal finale sapido.

● Elba Aleatico Passito '14	ŸŸ 6
○ Elba Bianco '15	Ÿ 2
○ Elba Vermentino '15	Ÿ 2

Terre dell'Etruria Il Poderone

LOC. PODERONE
58051 MAGLIANO IN TOSCANA [GR]
TEL. 0564593011
www.terretruria.it

Piccoli frutti rossi in primo piano per il Briglia Ciliegiolo '14, che in bocca è fine e di buona articolazione. Profumi fruttati nitidi e freschi per il Morellino di Scansano '15, che in bocca è scorrevole anche se il tannino resta molto nervoso. Fresco e lineare il Vermentino Marmato '15.

● Briglia Ciliegiolo '14	ŸŸ 2*
● Morellino di Scansano Giogo '15	Ÿ 2
○ Vermentino Marmato '15	Ÿ 2

Tenuta Tre Rose

FRAZ. VALIANO
VIA DELLA STELLA, 3
53040 MONTEPULCIANO [SI]
TEL. 0577804101
www.tenutatrerose.it

Tenuta poliziana del Gruppo Angelini, Tre Rose è progetto in divenire su tutti i fronti, compreso quello squisitamente tecnico. Confortante la prova del Rosso di Montepulciano '15, stilisticamente centrato e gustoso. Alterna sensazioni evolute a tratti freschi il Simposio '11.

● Nobile di Montepulciano Simposio '11	ŸŸ 6
● Rosso di Montepulciano Salterio '15	ŸŸ 3

Tenuta di Trecciano

S.DA PROV.LE 52 DELLA MONTAGNOLA, 16
53018 SOVICILLE [SI]
TEL. 0577314357
www.trecciano.it

Il Chianti Colli Senesi '15 possiede tratti aromatici puliti e una progressione gustativa tesa e gustosa. Convincente I Campacci '14, da sangiovese e merlot, che trova nel contrasto gustativo il suo punto di forza. Ben fatto il Suavis Locus Ille '14, da uve syrah.

● Chianti Colli Senesi '15	ŸŸ 2*
● I Campacci '14	ŸŸ 4
● Suavis Locus Ille '14	Ÿ 4

Tringali - Casanuova

LOC. CASA AL PIANO, 68
57022 CASTAGNETO CARDUCCI [LI]
TEL. 0565774101
www.tringalipro.it

Il Bolgheri Rosso Casa al Piano '14 reagisce bene all'annata complicata. Ha profumi maturi, già definiti e compiuti, di bella alternanza tra cenni floreali, note fruttate e nuance speziate. La bocca segue questa scia aromatica, si distende come deve e regala sapore ad ogni sorso.

● Bolgheri Casa al Piano '14	ŸŸ 3
● Bolgheri Sup. Renzo '13	Ÿ 6

Tuttisanti

LOC. FIORENTINA
57025 PIOMBINO [LI]
TEL. 056535226

Pochi vini contrassegnati da uno stile semplice ma efficace. Buono il Merlot '15, dalle note fruttate, con sentori speziati, bocca calda e armonica, per un finale prolungato. Intrigante il Vermentino '15, note di albicocca e pesca, di erbe aromatiche, corpo avvolgente e sapido.

● Val di Cornia Merlot '15	ŸŸ 2*
○ Val di Cornia Vermentino '15	ŸŸ 2*
○ Val di Cornia Bianco '15	Ÿ 2
⊙ Val di Cornia Rosato '15	Ÿ 2

Fattoria Uccelliera

via Pontita, 26
56043 Fauglia [PI]
Tel. 050662747
www.uccelliera.com

Buona prova per il Ginepraia '15, uvaggio da sangiovese con saldo di merlot e petit verdot, dal naso invitante e dalla bocca rilassata, dai tannini fini e integrati, fresco, con finale lungo e persistente. Il Poggio alla Pietra '14, da sangiovese con aggiunta di alicante e cabernet, ha buona persistenza.

● Ginepraia '15	🍷🍷 2*
○ Ficaia '15	🍷 2
○ Lupinaio '15	🍷 3
● Poggio alla Pietra '14	🍷 4

Urlari

loc. Urlari
56046 Riparbella [PI]
Tel. 335215031
www.urlari.com

Interessante il Pervale '13, uvaggio di sangiovese, cabernet sauvignon e franc, merlot, alicante, dal naso complesso, dove al caffè e al tostato si abbinano note di tabacco e cuoio, cenni di frutto maturo, tutto inserito in un corpo ben articolato, dai tannini fini e integrati.

● Pervale '13	🍷🍷 3
● L'Urlo '13	🍷 5
● Ritasso '13	🍷 5

Usiglian Del Vescovo

via Usigliano, 26
56036 Palaia [PI]
Tel. 0587622138
www.usigliandelvescovo.it

Antica residenza di pregio, oggi azienda agricola con forte impronta vitivinicola e moderna cantina, completata nel 2004. I suoli sono di origine pliocenica. I vini di crescente interesse e definizione.

● Il Barbiglione '13	🍷🍷 5
○ Il Ginestraio '15	🍷 5
● Il Grullaio '15	🍷 3

Val di Suga

loc. Val di Cava
53024 Montalcino [SI]
Tel. 0577804101
www.valdisuga.it

Appare per molti versi in una fase di transizione stilistica la proposta targata Val di Suga, marchio montalcinese della costellazione Tenimenti Angelini. Troviamo Brunello più maturi e affaticati del consueto, con la parziale eccezione di un Poggio al Granchio '10 di bel carattere radicoso.

● Brunello di Montalcino Poggio al Granchio '10	🍷🍷 8
● Brunello di Montalcino V. Spuntali '10	🍷 8
● Brunello di Montalcino Val di Suga '11	🍷 6

Val di Toro

loc. Poggio La Mozza
s.da delle Campore, 18
58100 Grosseto
Tel. 0564409600
www.valditoro.it

Buona energia dal sorso del Morellino di Scansano Reviresco '14, un vino snello e dinamico, che trova anche olfattivamente una dimensione piacevole e ben centrata. Polposo e ampio il Maremma Vermentino Auramaris '15, dai profumi floreali, solo un po' frenato da qualche nota calda in esubero.

● Morellino di Scansano Reviresco '14	🍷🍷 3
○ Maremma Toscana Auramaris '15	🍷 2

Valdonica

fraz. Sassofortino
loc. Casalone dell'Ebreo
58036 Roccastrada [GR]
Tel. 0564567251
www.valdonica.com

Molto interessante il Ciliegiolo '12, dal naso ampio e fruttato, con toni di pelliccia e tabacco su confettura di ciliegie. Il corpo è solido, deciso, carnoso, per un finale lungo e appetitoso. Elegante il Sangiovese Riserva '12, dai profumi fruttati e struttura equilibrata, dai tannini fini.

● Maremma Toscana Ciliegiolo '12	🍷🍷 6
● Monteregio di Massa Marittima Sangiovese Ris. '12	🍷🍷 4
● Monteregio Saragio '12	🍷 5

Valentini

Loc. Valpiana
Pod. Fiordaliso, 69
58024 Massa Marittima [GR]
Tel. 0566918058
www.agricolavalentini.it

Da cinque generazioni la famiglia Valentini custodisce i terreni di proprietà nel cuore della denominazione Monteregio, sulle dolci colline del comune di Massa Marittima. Buona prestazione del 2014, che profuma di fiori e piccoli frutti rossi, sapido e fresco.

- ● Monteregio di Massa Marittima '14 — 🍷🍷 2*

Vecchia Cantina di Montepulciano

via Provinciale, 7
53045 Montepulciano [SI]
Tel. 0578716092
www.vecchiacantina.com

La Vecchia Cantina sfoggia un Vin Santo '10 davvero molto interessante che si esprime con una bocca piacevole e sfumata mentre i profumi sono estremamente classici, a ricordare il tabacco da pipa e la frutta secca. Il Rosso '14 è fresco e godibile.

- ○ Vin Santo di Montepulciano '10 — 🍷🍷 6
- ● Nobile di Montepulciano Briareo Ris. '11 — 🍷 5
- ● Rosso di Montepulciano '14 — 🍷 2

Ventolaio

Loc. Ventolaio, 51
53024 Montalcino [SI]
Tel. 0577835779

Già il nome dice tutto sulle particolari condizioni pedoclimatiche che abbracciano la piccola tenuta della famiglia Fanti, sul limite sud di Montalcino. Una zona assolata e continuamente spazzata dalle correnti, ideale per Brunello dal fascino anarchico come il Brunello Riserva '10.

- ● Brunello di Montalcino Ris. '10 — 🍷🍷 8
- ● Brunello di Montalcino '11 — 🍷 6
- ● Rosso di Montalcino '13 — 🍷 3

Verbena

Loc. Verbena, 100
53024 Montalcino [SI]
Tel. 0577846035
www.aziendaverbena.it

Non si può parlare tecnicamente di novità per un'azienda dalla storia trentennale, guidata oggi da Luca Nannetti. Ma il cambio di passo nelle ultime vendemmie è evidente: basta assaggiare un Brunello '11 d'indole selvaggia, ricco di fibra e sapore, tra i migliori dell'annata.

- ● Brunello di Montalcino '11 — 🍷🍷 5
- ● Brunello di Montalcino Ris. '10 — 🍷 7
- ● Rosso di Montalcino '14 — 🍷 3

Villa Corliano

Loc. Brucianesi
via di Corliano, 4
50058 Lastra a Signa [FI]
Tel. 0558734542
www.villacorliano.com

Piccola realtà alle porte di Firenze. Buono il Ghirigoro '12, uvaggio da sangiovese, foglia tonda e cabernet sauvignon, dai toni maturi di ribes e ciliegia, con note vegetali e speziate. In bocca è caldo, di buon peso, elegante nella struttura, per un finale lungo e saporito.

- ● Ghirigoro '12 — 🍷🍷 3
- ○ Vin Santo Dedicato '06 — 🍷🍷 5
- ○ Italobianco Trebbiano Viognier '15 — 🍷 2
- ● Italorosso Sangiovese Syrah '14 — 🍷 2

Tenuta Vitanza

fraz. Torrenieri
pod. Belvedere, 145
52024 Montalcino [SI]
Tel. 0577832382
www.tenutavitanza.it

Ricaviamo impressioni altalenanti sui Sangiovese plasmati da Rosalba Vitanza e Guido Andretta nei quattro siti di proprietà, dislocati su vari versanti di Montalcino. Sempre affascinanti per espressività, appaiono stavolta un po' in debito di forza motrice e dolcezza di trama.

- ● Brunello di Montalcino '11 — 🍷 5
- ● Rosso di Montalcino '14 — 🍷 3

MARCHE

In questa edizione della Guida la regione tinge ancor più di bianco la propria lista delle eccellenze. Su 20 Tre Bicchieri ben 14 vanno al Verdicchio, declinato tra la sponda jesina e quella matelicese, e 3 all'Offida Pecorino. Ma i numeri, pur eloquenti, non riescono a spiegare la grande vivacità e l'innalzamento del livello qualitativo che si vive nei distretti citati. Il primo effetto è un continuo rinnovamento dei premiati: ogni azienda deve ogni anno dimostrare di meritare l'encomio e nessuno può pensare di vivere sugli allori. In alto i calici dunque per chi come Bucci, Casalfarneto, Tenuta Spinelli, Velenosi, Tenuta di Tavignano – che con il Verdicchio dei Castelli di Jesi Cl. Sup. Misco '15 si aggiudica anche il premio di Bianco dell'Anno –, Sparapani-Frati Bianchi, Belisario e Collestefano riesce a confermarsi rispetto all'edizione 2016, vincendo il confronto con agguerriti colleghi. Tornano al Tre Bicchieri, chi dopo una sola edizione senza premio e chi dopo qualche anno, Pievalta, Poderi Mattioli, Marotti Campi, Montecappone, Bisci e La Monacesca. E c'è chi debutta, senza distinzione di dimensione: da una parte il taglio artigiano di alto profilo di Sabbionare, dall'altra Tenuta Cocci Grifoni, uno dei nomi più noti in regione, giunta finalmente all'agognato riconoscimento con un vino magnifico dedicato a Guido Cocci Grifoni, l'artefice del salvataggio del pecorino e suo primo diffusore sulla direttrice collinare posta tra Marche e Abruzzo. Segna il passo il comparto rosso: se il Conero torna a incidere il suo nome nel palmares grazie al portentoso Campo San Giorgio '11 di Umani Ronchi, importanti distretti viticoli come Piceno e Maceratese perdono posizioni. Annate climaticamente difficili per il montepulciano, il sangiovese e per le uve a bacca nera in genere di certo non hanno giovato ma occorre non abbassare la guardia sotto il profilo della maturità fenolica, dell'appropriato uso del legno, diffidare dalle eccessive concentrazioni di frutto ed estratti. Appaiono quindi come gemme di brillante modernità il vino di un navigato vigneron come Marco Casolanetti con il suo Kupra '13 e quello di un esordiente d'incredibile passione come Emanuele Dianetti che ha sorpreso tutti con il suo Offida Rosso Vignagiulia '13. Ma non ci si fermi solo ai premiati. Nelle schede brevi, profondamente rinnovate nei nomi presenti in quest'edizione, si annida tanto talento e con molta probabilità abbiamo sotto gli occhi qualche stella degli anni a venire. Aguzzate il naso e il palato. Mettetevi alla ricerca. Noi siamo certi che non rimarrete delusi.

Aurora

loc. Santa Maria in Carro
c.da Ciafone, 98
63073 Offida [AP]
Tel. 0736810007
www.viniaurora.it

VENDITA DIRETTA
VISITA SU PRENOTAZIONE
OSPITALITÀ
PRODUZIONE ANNUA 53.300 bottiglie
ETTARI VITATI 9,50
VITICOLTURA Biologico Certificato

Se la parola integralismo reca con sé la sua quota di significato negativo, da Aurora assume tutt'altro significato. L'integralismo dei soci di questa piccola cooperativa sociale si traduce con attaccamento maniacale ai bei vigneti di Contrada Ciafone, con il bando di ogni chimica di sintesi e coadiuvanti enologici (lieviti selezionati inclusi), con una coerenza etica che non ha mai ceduto alle mode o alle esigenze del mercato. Da quest'integralismo nascono vini energici e spontanei, ispirati dalla più profonda tradizione picena. L'Offida Rosso Barricadiero '13 è il miglior esempio: materico, spontaneo, ha un'energia trabordante che fa dimenticare qualche ruvidità di fondo, traducendola in carattere senza pari. Il Pecorino Fiobbo '14 ha note di anice, erbe aromatiche e mela; il sorso è succoso, dal vibrante nerbo acido e finale profondo. Bella prova anche per il Rosso Piceno '15, autenticamente tradizionale nei suoi sentori vinosi e fruttati, con una bocca semplice ma non certo banale.

Vino	
○ Offida Pecorino Fiobbo '14	🍷🍷 3*
● Offida Rosso Barricadiero '13	🍷🍷 4
● Rosso Piceno '15	🍷🍷 2*
● Rosso Piceno Sup. '13	🍷🍷 2*
⊙ Rosato '14	🍷 2
● Barricadiero '10	🍷🍷🍷 4*
● Barricadiero '09	🍷🍷🍷 4
● Barricadiero '06	🍷🍷🍷 4
● Barricadiero '04	🍷🍷🍷 3
● Barricadiero '03	🍷🍷🍷 3*
● Barricadiero '02	🍷🍷🍷 3
● Barricadiero '01	🍷🍷🍷 3*
● Offida Rosso Barricadiero '11	🍷🍷🍷 4*
○ Offida Pecorino Fiobbo '11	🍷🍷 2*
○ Offida Pecorino Fiobbo '10	🍷🍷 2*
○ Offida Pecorino Fiobbo '09	🍷🍷 2*

Belisario

via Aristide Merloni, 12
62024 Matelica [MC]
Tel. 0737787247
www.belisario.it

VENDITA DIRETTA
VISITA SU PRENOTAZIONE
PRODUZIONE ANNUA 1.000.000 bottiglie
ETTARI VITATI 300,00

Non sempre cooperativa è sinonimo di virtù nel mondo del vino ma laddove funziona funge da volano per tutto il territorio. È questo il caso della Belisario che da 45 anni svolge la propria opera di motore della denominazione Verdicchio di Matelica, proteggendo i piccoli vignaioli dalla tentazione dell'espianto, valorizzando la denominazione con una serie di etichette in grado di esaltarne la poliedricità, diffondendone la qualità al giusto prezzo. Il proprio pool di esperti, capitanati da Roberto Potentini, segue direttamente i vigneti dei soci e ne vinifica le uve nella grande e attrezzata cantina. Vigneti B. '15 ha una beva sublime, tonicità, allungo sapido da primato. Ammalia al naso con ricordi di biancospino, mandorla e sassi. Uno spettacolare Matelica d'annata. Cambrugiano '13 fa emergere una nota di rovere tra frutta estiva e ginestra, in bocca ha una misura avvolgente, ricca di sapore. Decisamente affidabili le altre proposte, con giusta evidenza del tipico Del Cerro '15.

○ Verdicchio di Matelica Vign. B. '15	🍷🍷🍷 3*
○ Verdicchio di Matelica Cambrugiano Ris. '13	🍷🍷 3*
○ Verdicchio di Matelica Del Cerro '15	🍷🍷 2*
○ Verdicchio di Matelica L'Anfora '15	🍷🍷 2*
○ Verdicchio di Matelica Terre di Valbona '15	🍷🍷 2*
○ Verdicchio di Matelica Meridia '13	🍷 3
○ Verdicchio di Matelica Cambrugiano Ris. '12	🍷🍷🍷 3*
○ Verdicchio di Matelica Cambrugiano Ris. '08	🍷🍷🍷 3*
○ Verdicchio di Matelica Cambrugiano Ris. '06	🍷🍷🍷 3*
○ Verdicchio di Matelica Cambrugiano Ris. '02	🍷🍷🍷 3*
○ Verdicchio di Matelica Meridia '10	🍷🍷🍷 3*
○ Verdicchio di Matelica Meridia '07	🍷🍷🍷 3*

Bisci

via Fogliano, 120
62024 Matelica [MC]
Tel. 0737787490
www.bisci.it

VENDITA DIRETTA
VISITA SU PRENOTAZIONE
PRODUZIONE ANNUA 120.000 bottiglie
ETTARI VITATI 20,00
VITICOLTURA Biologico Certificato

Oggi le redini dell'azienda sono nelle mani di Mauro Bisci, figlio e nipote di Giuseppe e Pierino, che insieme fondarono l'azienda nel 1980. Forte sostenitore del Verdicchio, Mauro ha promosso la diminuzione della quota di uve rosse, oramai relegate a poco più di due ettari divisi tra sangiovese e merlot, a vantaggio della bacca bianca. La splendida posizione dei vigneti, posti proprio alle propaggini del Monte San Vicino, permette di avere mosti ricchi di acidità ed estratti che poi si trasformano in vini di acclarata longevità. Dalla cantina originaria si sono mantenute le vasche in cemento, usate per l'affinamento dei Matelica. Torna al Tre Bicchieri il Vigneto Fogliano '13, con una versione raffinata che apre con un naso intimamente matelicese nei rimandi di anice, agrumi e mandorla; in bocca l'incedere è elegante, coeso, con un finale dai primi cenni minerali dal fascino magnetico. Il Matelica '15 ha ampi profumi di marca floreale e un palato segnato da una bevibilità sostenuta.

○ Verdicchio di Matelica Vign. Fogliano '13	🍷🍷🍷	3*
○ Verdicchio di Matelica '15	🍷🍷	3
○ Verdicchio di Matelica Vign. Fogliano '10	🍷🍷🍷	3*
○ Verdicchio di Matelica Vign. Fogliano '08	🍷🍷🍷	3*
○ Verdicchio di Matelica '14	🍷🍷	2*
○ Verdicchio di Matelica '13	🍷🍷	3
○ Verdicchio di Matelica '12	🍷🍷	2*
○ Verdicchio di Matelica '11	🍷🍷	3
○ Verdicchio di Matelica '10	🍷🍷	2*
○ Verdicchio di Matelica Senex '09	🍷🍷	4
○ Verdicchio di Matelica Vign. Fogliano '11	🍷🍷	3*
○ Verdicchio di Matelica Vign. Fogliano '07	🍷🍷	3*

Boccadigabbia

loc. Fontespina
c.da Castelletta, 56
62012 Civitanova Marche [MC]
Tel. 073370728
www.boccadigabbia.com

VENDITA DIRETTA
VISITA SU PRENOTAZIONE
PRODUZIONE ANNUA 100.000 bottiglie
ETTARI VITATI 25,00

Con rinnovato impegno Elvio Alessandri ha ripreso in mano la sua Boccadigabbia chiudendo un'epoca incerta dopo i gloriosi anni vissuti sul finire del secolo scorso. Seguendo il suo fiuto si è affidato all'opera di Emiliano Falsini, enologo toscano cui tocca, dalla vendemmia 2014, il compito di ridare personalità e coesione a una gamma che sfrutta principalmente vitigni internazionali come cabernet, merlot e chardonnay. Elvio non vuole perdersi la partita degli autoctoni. Nella tenuta maceratese di Villamagna alleva con cura vigneti di montepulciano, sangiovese e ribona. Bella prova del redivivo Akronte '12, da cabernet sauvignon: venato di cenni balsamici, frutti neri e un'idea di peperone verde che inquadra il varietale, ha un ingresso di dirompente potenza al palato, sostenuto da un'architettura strutturale molto solida. Poco lontano il Pix '12, Merlot elegantemente fruttato e di setosa trama tannica. Le Grane '15 è apertamente agrumato. Saltapicchio '12 si mostra fitto e caldo al palato.

● Akronte '12	🍷🍷	8
● Pix '12	🍷🍷	6
○ Colli Maceratesi Ribona Le Grane '15	🍷🍷	3
● Rosso Piceno '13	🍷🍷	3
● Saltapicchio '12	🍷🍷	4
○ La Castelletta '15	🍷	3
● Akronte '98	🍷🍷🍷	7
● Akronte '97	🍷🍷🍷	7
● Akronte '95	🍷🍷🍷	7
● Akronte '94	🍷🍷🍷	7
● Akronte '93	🍷🍷🍷	7
● Akronte Cabernet '92	🍷🍷🍷	7
● Akronte '10	🍷🍷	8
● Akronte '08	🍷🍷	7
● Pix '10	🍷🍷	6
● Pix '09	🍷🍷	6

Borgo Paglianetto

LOC. PAGLIANO, 393
62024 MATELICA [MC]
TEL. 073785465
www.borgopaglianetto.it

VENDITA DIRETTA
VISITA SU PRENOTAZIONE
PRODUZIONE ANNUA 60.000 bottiglie
ETTARI VITATI 25,00
VITICOLTURA Biologico Certificato

Se la qualità media del Verdicchio di Matelica gode generalmente di un alto profilo qualitativo il merito è anche di Borgo Paglianetto. Il lavoro svolto negli anni dallo staff capitanato dall'enologo Aroldo Bellelli crea vini che anche nelle versioni base riescono a esser ben tipicizzati, figli legittimi di un territorio con caratteristiche univoche. I vigneti di contrada Pagliano, un corpo unico ben esposto, danno uve vinificate tutte in acciaio: sarà il grado di maturazione dei grappoli e la successiva sosta in cantina a determinare il carattere delle diverse etichette. Quest'anno ci ha particolarmente colpito il Petrara '15, dal naso raffinato di acacia, sassi e lime, ritrovati in un palato ben modulato, dal finale aperto e salino. Poco lontano si piazza un Terravignata '15, dal palato agile, attraversato da un'invitante freschezza agrumata. Jera '12 ha una bella timbrica floreale e una bocca consistente, saporita, in cui la morbidezza delle componenti gioca un ruolo importante.

○ Verdicchio di Matelica Petrara '15	🍷🍷 2*
○ Verdicchio di Matelica Jera Ris. '12	🍷🍷 4
○ Verdicchio di Matelica Terravignata '15	🍷🍷 2*
○ Verdicchio di Matelica Jera Ris. '10	🍷🍷🍷 4*
○ Verdicchio di Matelica Vertis '09	🍷🍷🍷 3*
○ Verdicchio di Matelica Aja Lunga '05	🍷🍷 2*
○ Verdicchio di Matelica Jera Ris. '11	🍷🍷 4
○ Verdicchio di Matelica Jera Ris. '09	🍷🍷 4
○ Verdicchio di Matelica Petrara '09	🍷🍷 2*
○ Verdicchio di Matelica Terravignata '11	🍷🍷 2*
○ Verdicchio di Matelica Vertis '13	🍷🍷 3*
○ Verdicchio di Matelica Vertis '12	🍷🍷 3*
○ Verdicchio di Matelica Vertis '10	🍷🍷 3*
○ Verdicchio di Matelica Vertis '08	🍷🍷 3*

★Bucci

FRAZ. PONGELLI
VIA CONA, 30
60010 OSTRA VETERE [AN]
TEL. 071964179
www.villabucci.com

VENDITA DIRETTA
VISITA SU PRENOTAZIONE
PRODUZIONE ANNUA 120.000 bottiglie
ETTARI VITATI 31,00
VITICOLTURA Biologico Certificato

Se la sobrietà continua a esser una virtù apprezzata nel vino lo si deve anche al garbato signore che risponde al nome di Ampelio Bucci. I suoi vini caratterizzati da una cifra elegante e da una fibra longeva sono ottenuti da otto appezzamenti di età variabile sparsi tra gli areali di Serra de' Conti, Montecarotto e Barbara. Le più vecchie sfiorano il mezzo secolo di età. Tutte le partite sono vinificate separatamente e le migliori continuano l'affinamento in legni di grande volume. Dal serrato confronto tra lo stesso Ampelio e Giorgio Grai, storico consulente, nasce l'assemblaggio che darà vita alle bottiglie griffate Villa Bucci. Neanche la brutta annata 2014 riesce a intaccare il carattere del Villa Bucci. Anzi, la sua leggendaria grazia accresce con precise sensazioni di anice, erbette, camomilla; in bocca è leggiadro, compostissimo. Non sottovalutate la bontà del Classico: il 2014 è maturo e coeso; il 2015 ha un passo disinvolto, una beva sfaccettata e un finale di brillante tenuta.

○ Castelli di Jesi Verdicchio Cl. Villa Bucci Ris. '14	🍷🍷🍷 6
○ Verdicchio dei Castelli di Jesi Cl. Sup. '15	🍷🍷 3*
○ Verdicchio dei Castelli di Jesi Cl. Sup. '14	🍷🍷 3*
● Rosso Piceno Villa Bucci '13	🍷🍷 5
○ Castelli di Jesi Verdicchio Cl. Villa Bucci Ris. '13	🍷🍷🍷 6
○ Castelli di Jesi Verdicchio Cl. Villa Bucci Ris. '12	🍷🍷🍷 6
○ Castelli di Jesi Verdicchio Cl. Villa Bucci Ris. '10	🍷🍷🍷 6
○ Verdicchio dei Castelli di Jesi Cl. Villa Bucci Ris. '09	🍷🍷🍷 6
○ Verdicchio dei Castelli di Jesi Cl. Villa Bucci Ris. '07	🍷🍷🍷 6
○ Verdicchio dei Castelli di Jesi Cl. Villa Bucci Ris. '06	🍷🍷🍷 6

Le Caniette

c.da Canali, 23
63065 Ripatransone [AP]
Tel. 07359200
www.lecaniette.it

VENDITA DIRETTA
VISITA SU PRENOTAZIONE
PRODUZIONE ANNUA 60.000 bottiglie
ETTARI VITATI 16,00
VITICOLTURA Biologico Certificato

È un duro e metodico lavoro che ha portato l'azienda dei fratelli Vagnoni a esser un punto fermo nell'attuale panorama piceno. L'esperienza, il viaggio, la conoscenza li hanno portati a governare le esuberanze del vitigno montepulciano, spina dorsale della produzione in rosso. Hanno inoltre permesso riuscite sperimentazioni con l'uva pecorino, proposta in una versione senza filtrazioni (Veronica) o maturata in legno piccolo. Su tutto vige uno stile di raffinata modernità, applicato senza recidere i legami con la tradizione locale. Un ricordo di menta e intensi tratteggi agrumati segna il naso dell'Iosonogaia '14; il sorso è slanciato, succoso, armonico. Il Veronica '15 è meno impegnativo ma freschissimo nello sviluppo gustativo. Gran prova del Cinabro '12, da uve bordò: naso turbinoso di cioccolato bianco, garrigue e spezie orientali si ritrovano in una bocca intensa, raffinata, con un tannino ricamato. Morellone '11 è un po' evoluto e boisé ma in bocca offre una setosa fibra tannica.

● Cinabro '12	YY 8
○ Offida Pecorino Iosonogaia non sono Lucrezia '14	YY 4
● Piceno Sup. Morellone '11	YY 4
○ Offida Pecorino Veronica '15	YY 3
● Piceno Nero di Vite '09	YY 6
● Piceno Rosso Bello '14	YY 2*
○ Lucrezia '15	Y 2
○ Offida Pecorino Iosonogaia non sono Lucrezia '10	YYY 4
● Piceno Morellone '10	YYY 4*
● Piceno Morellone '08	YYY 4*
● Cinabro '11	YY 8
○ Offida Pecorino Iosonogaia non sono Lucrezia '13	YY 4
○ Offida Pecorino Iosonogaia non sono Lucrezia '12	YY 4

Carminucci

via San Leonardo, 39
63013 Grottammare [AP]
Tel. 0735735869
www.carminucci.com

VENDITA DIRETTA
PRODUZIONE ANNUA 200.000 bottiglie
ETTARI VITATI 52,00
VITICOLTURA Biologico Certificato

La grande cantina dei Carminucci è posta all'imbocco della Valtesino, a pochi chilometri dall'Adriatico. Lì si lavorano le uve che arrivano dagli svariati ettari di proprietà, i migliori dei quali posti nel distretto offidano, da qualche anno gestiti in bio. Piero Carminucci è fautore di uno stile che predilige immediatezza e bevibilità, esaltate dalla ricerca di una piacevolezza fruttata mai leziosa o forzata. La gamma si appoggia alle tipiche cultivar del Piceno, con acciaio a esaltare la freschezza di pecorino e passerina, legni di piccola e media dimensione per montepulciano e sangiovese. Da qualche anno è il Belato a dominare la griglia grazie a un'interpretazione saporita e intensa; la versione 2015 brilla per un palato dove acidità e morbidezza si fondono in una profonda percezione agrumata. Stesse sensazioni, con minor articolazione, per Casta '15. Affidabile come sempre il Piceno Superiore Naumakos '13, con netti ricordi di amarena e spezie dolci in un palato fresco e vivo.

○ Offida Pecorino Belato '15	YY 2*
○ Offida Passerina Casta '15	YY 2*
● Rosso Piceno Sup. Naumakos '13	YY 2*
○ Falerio Grotte sul Mare '15	Y 1*
○ Falerio Naumakos '14	Y 2
⊙ Rosato Grotte sul Mare '15	Y 2
● Rosso Piceno Grotte sul Mare '15	Y 1*
○ Falerio Naumachos '14	YY 2*
○ Falerio Naumachos '13	YY 2*
○ Offida Pecorino Belato '14	YY 2*
○ Offida Pecorino Belato '13	YY 2*
○ Offida Pecorino Belato '12	YY 2*
● Paccaosso '09	YY 7
● Rosso Piceno Sup. Naumachos '12	YY 2*
● Rosso Piceno Sup. Naumachos '11	YY 2*
● Rosso Piceno Sup. Naumachos '10	YY 2*

CasalFarneto

via Farneto, 12
60030 Serra de' Conti [AN]
Tel. 0731889001
www.casalfarneto.it

VENDITA DIRETTA
VISITA SU PRENOTAZIONE
PRODUZIONE ANNUA 580.000 bottiglie
ETTARI VITATI 32,00

Una volta rilevata CasalFarneto la famiglia Togni e il direttore Danilo Solustri non si son dati scadenze né imposti traguardi da raggiungere per tappe forzate. La vocazione dei colli di Serra de' Conti imponeva una rigorosa parcellizzazione al fine di individuare i caratteri di ogni appezzamento, seguendo attentamente le curve di maturazione delle uve verdicchio. L'epoca di raccolta, sia essa anticipata, ideale o tardiva, unita a tecniche moderne di vinificazione, forgia oggi il carattere univoco delle diverse etichette, tutte caratterizzate da un'energia sussurrata. Giova al Crisio '13 la maggior sosta in vetro: il naso accattivante di zenzero, agrumi e sfumature fumé si ritrova in un palato di mirabile equilibrio e articolazione, dal finale profondo. Grancasale '14 ha un soffio balsamico al naso, la bocca è reattiva, ben modulata, chiude su note di erbe aromatiche, mandorla e aghi di pino. Raffinato il Passito Ikòn '12, con la sua souplesse vellutata al ricordo di pesca sciroppata e timo.

○ Castelli di Jesi Verdicchio Cl. Crisio Ris. '13	🍷🍷🍷 3*
○ Verdicchio dei Castelli di Jesi Cl. Sup. Grancasale '14	🍷🍷 3*
○ Cimaio '13	🍷🍷 4
○ Verdicchio dei Castelli di Jesi Cl. Sup. Fontevecchia '15	🍷🍷 2*
○ Verdicchio dei Castelli di Jesi Passito Ikòn '12	🍷🍷 5
● Merago '12	🍷 3
○ Castelli di Jesi Verdicchio Cl. Crisio Ris. '12	🍷🍷🍷 3*
○ Castelli di Jesi Verdicchio Cl. Crisio Ris. '11	🍷🍷🍷 3*
○ Verdicchio dei Castelli di Jesi Cl. Crisio Ris. '10	🍷🍷🍷 3*
○ Verdicchio dei Castelli di Jesi Cl. Sup. Grancasale '13	🍷🍷🍷 3*

Maria Pia Castelli

c.da Sant'Isidoro, 22
63813 Monte Urano [FM]
Tel. 0734841774
www.mariapiacastelli.it

VENDITA DIRETTA
VISITA SU PRENOTAZIONE
PRODUZIONE ANNUA 25.000 bottiglie
ETTARI VITATI 8,00

In tutta la media vallata del fiume Tenna è ancora forte la presenza di microappezzamenti di vigna usati perlopiù per autoconsumo. Enrico Bartoletti e sua moglie Maria Pia Castelli decidono agli inizi del nuovo secolo di dare un taglio professionale alla passione di famiglia: impiantano nuovi vigneti avendo cura di scegliere solo cultivar locali, costruiscono una cantina moderna e attrezzata, si avvalgono della consulenza di Marco Casolanetti. Intento chiaro: fare poche bottiglie ma d'elevata quanto originale personalità. Infatti i loro sono vini complessi, a tratti anche ostici, da aspettare con pazienza nel bicchiere. Erasmo Castelli '12 è un arcigno Montepulciano dai tratti ferrosi ed ematici, con estese note salmastre e di capperi; in bocca ha una tempra di trascinante energia. Stella Flora '14 è un mix di pecorino, passerina, trebbiano e malvasia maturato in legno piccolo: albicocca secca, erbe aromatiche e nocciola si avvertono in una bocca tattile, di prorompente sapidità.

● Erasmo Castelli '12	🍷🍷 5
○ Stella Flora '14	🍷🍷 5
● Erasmo Castelli '06	🍷🍷🍷 5
● Erasmo Castelli '11	🍷🍷 5
● Erasmo Castelli '10	🍷🍷 5
● Erasmo Castelli '09	🍷🍷 5
● Erasmo Castelli '07	🍷🍷 5
● Orano '11	🍷🍷 4
● Orano '10	🍷🍷 3
⊙ Sant'Isidoro '13	🍷🍷 2*
○ Stella Flora '12	🍷🍷 5
○ Stella Flora '11	🍷🍷 5
○ Stella Flora '10	🍷🍷 5
○ Stella Flora '09	🍷🍷 5
○ Stella Flora '08	🍷🍷 5
○ Stella Flora '07	🍷🍷 5

Cherri d'Acquaviva

via Roma, 40
63075 Acquaviva Picena [AP]
Tel. 0735764416
www.vinicherri.it

VENDITA DIRETTA
VISITA SU PRENOTAZIONE
PRODUZIONE ANNUA 160.000 bottiglie
ETTARI VITATI 33,00

I vigneti di Acquaviva Picena si distendono verso l'entroterra piceno, protetti dall'impatto diretto con la salsedine dell'Adriatico dal colle sormontato dalla scenografica rocca cittadina. È in questo paesaggio che i vigneti di Paolo Cherri attingono forza e luminosità da riproporre filtrati attraverso l'energia data dalle uve di montepulciano e sangiovese tra le bacche rosse, mentre pecorino, passerina e trebbiano sono usati per comporre i diversi bianchi. Su tutti uno stile moderno e pulito, fruttato, non privo di tratti eleganti. Ne è riprova Altissimo '15, un Pecorino in cui le note agrumate e quelle di erbe di campo vengono finemente impastate e diffuse con continuità al palato. Freschezza e abile contrasto tra sapidità e frutto sono i descrittori della riuscita Offida Passerina Radiosa '15. Più semplice ma sempre gustoso e beverino il Passerina '15, conveniente vino base. Tra i rossi brilla il Piceno Superiore '14, agile, ben dimensionato nella struttura, con un bel finale di ciliegia.

Vino	
○ Offida Passerina Radiosa '15	TT 3
○ Offida Pecorino Altissimo '15	TT 3
○ Passerina '15	TT 2*
● Rosso Piceno Sup. '14	TT 2*
⊙ Ancella '15	T 2
○ Falerio Pecorino '15	T 2
● Offida Rosso Tumbulus '12	T 4
○ Pecorino Brut	T 3
● Rosso Piceno '15	T 2
○ Offida Pecorino Altissimo '14	YY 3
○ Offida Pecorino Altissimo '13	YY 3*
● Rosso Piceno '14	YY 2*
● Rosso Piceno '13	YY 2*
● Rosso Piceno Sup. '13	YY 2*
● Rosso Piceno Sup. '12	YY 2*

Ciù Ciù

loc. Santa Maria in Carro
c.da Ciafone, 106
63035 Offida [AP]
Tel. 0736810001
www.ciuciuvini.it

VENDITA DIRETTA
VISITA SU PRENOTAZIONE
OSPITALITÀ E RISTORAZIONE
PRODUZIONE ANNUA 800.000 bottiglie
ETTARI VITATI 180,00
VITICOLTURA Biologico Certificato

I fratelli Walter e Massimiliano Bartolomei dirigono una delle aziende più intraprendenti del Piceno. Ciù Ciù si è distinta negli ultimi anni per le acquisizioni di terreni in zone vocate tra Offida e Acquaviva Picena, avendo cura di porre le uve rosse in esposizione soleggiata e le bianche sui declivi più freschi, gestendo tutto in bio. L'ampia e ben attrezzata cantina permette di gestire il crescente numero di bottiglie prodotte contraddistinte da lavorazioni accurate, profumi spiccati e netta impronta fruttata. Oppidum '12, da montepulciano, è il miglior biglietto da visita: le note spiccate di amarena sono ingentilite da venature floreali e speziate; la bocca potente esalta la carnosità del frutto senza ricorrere a concentrazioni eccessive. Esperanto '10 è ancora integro e ha una trama tannica rilassata. Tra i bianchi spicca Oris '15: netti richiami di mela Golden valorizzano una beva scorrevole, piacevolmente sapida. Merlettaie '15 sa di olive verdi e fiori, in una bocca compatta.

● Oppidum '12	TT 4
○ Falerio Oris '15	TT 2*
○ Offida Pecorino Merlettaie '15	TT 2*
● Offida Rosso Esperanto '10	TT 5
● Rosso Piceno Sup. Gotico '13	TT 2*
○ Altamarea Brut	T 2
○ Evoé '15	T 2
● Rosso Piceno Bacchus '15	T 2
○ Falerio Oris '13	YY 2*
○ Offida Pecorino Le Merlettaie '14	YY 2*
○ Offida Pecorino Le Merlettaie '13	YY 2*
○ Offida Pecorino Le Merlettaie '12	YY 2*
● Offida Rosso Esperanto '09	YY 5
● Oppidum '08	YY 4
● Rosso Piceno Sup. Gotico '12	YY 2*
● Rosso Piceno Sup. Gotico '11	YY 2*

Tenuta Cocci Grifoni

LOC. SAN SAVINO
C.DA MESSIERI, 12
63038 RIPATRANSONE [AP]
TEL. 073590143
www.tenutacoccigrifoni.it

VENDITA DIRETTA
VISITA SU PRENOTAZIONE
OSPITALITÀ
PRODUZIONE ANNUA 380.000 bottiglie
ETTARI VITATI 50,00
AZIENDA SOSTENIBILE

Custodi della terra. Uno slogan semplice ed efficace che qualifica il lavoro della famiglia Cocci Grifoni, proprietaria di vigne tra Ripatransone e Offida dal 1933. Ma custodia non vuol dire immobilismo. Negli ultimi anni le sorelle Marilena e Paola hanno profondamente ristrutturato la cantina, acquisito nuovi vigneti, convertito la casa paterna ad ameno luogo di villeggiatura. I vini hanno un afflato classico, specie i rossi, lungamente affinati in grandi botti di rovere di Slavonia. Qui è rinato il pecorino, salvato da una probabile estinzione proprio da loro padre Guido. La prima annata del Guido Cocci Grifoni, Pecorino ottenuto dal vigneto impiantato nel 1987, porta a casa il Tre Bicchieri. Si tratta di un bianco moderno e raffinato che mostra tutta la potenzialità del vitigno: freschissimo al naso tra erbette e anice, offre un palato complesso, costellato di contrappunti salini e grazia. Il Grifone '10 è una gemma preziosa: integro, minerale, ha energia compassata e palato espansivo.

○ Offida Pecorino Guido Cocci Grifoni '13	🍷🍷🍷 4*
● Offida Rosso Il Grifone '10	🍷🍷 5
○ Falerio Pecorino Le Torri '15	▼▼ 2*
● Rosso Piceno '15	▼▼ 2*
○ Adamantea '15	▼ 2
○ Passerina Brut Gaudio Magno '15	▼ 3
○ Offida Pecorino Colle Vecchio '14	▽▽ 3
○ Offida Pecorino Colle Vecchio '13	▽▽ 3
○ Offida Pecorino Podere Colle Vecchio '12	▽▽ 3
○ Offida Pecorino Podere Colle Vecchio '10	▽▽ 3*
● Rosso Piceno Sup. Le Torri '11	▽▽ 2*
● Rosso Piceno Sup. Le Torri '10	▽▽ 3
● Rosso Piceno Sup. Le Torri '08	▽▽ 3
● Rosso Piceno Sup. Tenute Messieri '10	▽▽ 4
● Rosso Piceno Sup. V. Messieri '10	▽▽ 4
● Rosso Piceno Sup. V. Messieri '07	▽▽ 4

Col di Corte

VIA SAN PIETRO, 19A
60036 MONTECAROTTO [AN]
TEL. 073189435
www.coldicorte.it

VENDITA DIRETTA
VISITA SU PRENOTAZIONE
PRODUZIONE ANNUA 40.000 bottiglie
ETTARI VITATI 11,50
VITICOLTURA Biologico Certificato
AZIENDA SOSTENIBILE

Comincia a prender forma il progetto di Giacomo Rossi, Carlo Giudice e Paolo Marcellini, soci dal 2011 in Col di Corte. La convinta adesione ai principi del bio e la dimensione artigianale che rifugge ogni scorciatoia necessitano di tempi lunghi per plasmare uno stile. In questa chiave sono ora al vaglio alcuni esperimenti come l'approccio biodinamico in vigna e l'uso della fermentazione spontanea, provata al momento sul solo Vigneto di Tobia. Se il Verdicchio è al centro della produzione bianchista, tra i filari non mancano uve rosse tipiche della zona come il montepulciano. Molto buono il Sant'Ansovino Riserva '14, maturato per dodici mesi in piccoli legni, dotato di un'avvincente orma agrumata e bocca rilassata, voluminosa, molto saporita. Convincente anche il Classico Superiore '15, con sfumature di anice e mandorla in un palato di bella naturalezza espressiva. Il Verdicchio Vigneto di Tobia '15 è risultato meno convincente degli altri, con il profilo aromatico velato da note pungenti e di mela al forno.

Vino	
○ Castelli di Jesi Verdicchio Cl. Sant'Ansovino Ris. '14	🍷🍷 5
○ Verdicchio dei Castelli di Jesi Cl. Sup. '15	▼▼ 3
○ Verdicchio dei Castelli di Jesi Cl. Vign. di Tobia '15	▼ 3
○ Castelli di Jesi Verdicchio Cl. Ris. '12	▽▽ 3*
○ Verdicchio dei Castelli di Jesi Cl. '05	▽▽ 1*
○ Verdicchio dei Castelli di Jesi Cl. Anno I '14	▽▽ 2*
○ Verdicchio dei Castelli di Jesi Cl. Sup. Anno Zero '12	▽▽ 3
○ Verdicchio dei Castelli di Jesi Cl. Vign. di Tobia '06	▽▽ 2*
○ Verdicchio dei Castelli di Jesi Cl. Vign. di Tobia '04	▽▽ 2*

Collestefano

LOC. COLLE STEFANO, 3
62022 CASTELRAIMONDO [MC]
TEL. 0737640439
www.collestefano.com

VENDITA DIRETTA
VISITA SU PRENOTAZIONE
OSPITALITÀ
PRODUZIONE ANNUA 110.000 bottiglie
ETTARI VITATI 17,50
VITICOLTURA Biologico Certificato

Vigne come giardini, espressione invero un po' abusata. Eppure, a sentire Fabio Marchionni, è l'unica via. Solo seguendo i ritmi e le prerogative delle piante, assecondandone i capricci climatici, non usando pesticidi e diserbanti, si stabilisce quell'intimità profonda con il territorio. Intimità che poi si tramuta in originalità irreplicabile. Fabio non diraspa, usa pressature soffici, lieviti selezionati e temperature controllate, vinificazione in acciaio inox. Gli altri ingredienti sono il verdicchio, la luce e la terra di Rustano. Fabio ha imparato a gestire anche le annate calde, suo tallone d'Achille. Grazie a più passaggi in vendemmia è riuscito a conservare il tipico patrimonio acido delle sue uve senza sacrificare una struttura più consistente. Ne scaturisce un Matelica '15 dalla beva deliziosa e avvincente, spinta dal solito naso chiaro di sassi e agrumi. Intanto, sotto il fronte delle bollicine, è sempre più buono e preciso l'Extra Brut '13.

○ Verdicchio di Matelica Collestefano '15	🍷🍷🍷 2*
○ Verdicchio di Matelica Extra Brut M. Cl. '13	🍷🍷 3*
○ Verdicchio di Matelica Collestefano '14	🍷🍷🍷 2*
○ Verdicchio di Matelica Collestefano '13	🍷🍷🍷 2*
○ Verdicchio di Matelica Collestefano '12	🍷🍷🍷 2*
○ Verdicchio di Matelica Collestefano '10	🍷🍷🍷 2*
○ Verdicchio di Matelica Collestefano '07	🍷🍷🍷 2*
○ Verdicchio di Matelica Collestefano '06	🍷🍷🍷 2*

Cantina dei Colli Ripani

C.DA TOSCIANO, 28
63065 RIPATRANSONE [AP]
TEL. 07359505
www.colliripani.it

VENDITA DIRETTA
VISITA SU PRENOTAZIONE
PRODUZIONE ANNUA 1.300.000 bottiglie
ETTARI VITATI 700,00
VITICOLTURA Biologico Certificato

Colli Ripani è un'importante cantina sociale che dal 1969 coordina e gestisce il lavoro di tanti piccoli vignaioli sparsi tra Ripatransone e Offida. Una cooperativa dal forte valore sociale che salva dall'espianto e integra il reddito agricolo di tante famiglie. Questo suo ruolo si riverbera anche sul consumatore finale che può acquistare vini moderni ma d'ascendenza tradizionale a prezzi decisamente onesti. L'enorme cantina di contrada Tosciano custodisce i legni di grandi dimensioni e le poche barrique usate per i pazienti affinamenti dei diversi Rosso Piceno, mentre tutti i bianchi sono invariabilmente affinati in acciaio. Il Castellano '13 offre un vivido frutto marascato venato di rimandi speziati e leggeri tratti affumicati; in bocca gode di buon equilibrio e tannini smussati. Simile, ma ancor più agile e scorrevole, il Piceno Superiore Settantase77e '12. Tra i bianchi ha buon gioco il Rugaro Gold '15, con note di crema al limone e palato polposo. Il Falerio Pecorino Bio '15 è soffice e agrumato.

○ Falerio Pecorino Bio '15	🍷🍷 2*
○ Offida Pecorino Rugaro Gold '15	🍷🍷 2*
● Rosso Piceno Sup. Castellano '13	🍷🍷 2*
● Rosso Piceno Sup. Settantase77e '12	🍷🍷 2*
○ Falerio Pecorino 9 '15	🍷 2
○ Offida Passerina Ninfa Ripana Gold '15	🍷 2
● Rosso Piceno Bio '15	🍷 2
● Rosso Piceno Rupe Nero Gold '15	🍷 2
○ Falerio Brezzolino '13	🍷🍷 1*
○ Falerio Pecorino Rugaro '14	🍷🍷 2*
○ Falerio Pecorino Rugaro '13	🍷🍷 2*
● Khorakhanè '09	🍷🍷 5
○ Offida Passerina Passito Anima Mundi '08	🍷🍷 4
○ Offida Pecorino Rugaro Gold '14	🍷🍷 2*
○ Offida Pecorino Rugaro Gold '13	🍷🍷 2*

Colonnara

via Mandriole, 6
60034 Cupramontana [AN]
Tel. 0731780273
www.colonnara.it

VENDITA DIRETTA
VISITA SU PRENOTAZIONE
PRODUZIONE ANNUA 1.000.000 bottiglie
ETTARI VITATI 120,00

Se Cupramontana può ben dirsi "Capitale del Verdicchio" è anche per opera della Colonnara, una cooperativa che dal 1959 funge da collettore dei raccolti dei tanti soci e ne rende vini fortemente radicati nel patrimonio enologico locale. Le uve dei versanti più alti e più freschi sono destinate al mondo delle bollicine: Colonnara trae da queste uve ricche di acidità ed estratti la sua solida fama spumantistica. Chi ha visitato i locali sotterranei della cantina avrà notato la gran quantità di bottiglie di Verdicchio Metodo Classico poste a riposare in attesa della sboccatura.
L'Ubaldo Rosi '09 conferma la fama di miglior Metodo Classico regionale: un naso finissimo di mandorla, echi balsamici e d'anice precedono una bocca con salda struttura e carbonica puntiforme al servizio di un sorso cremoso. Per chi vuole una flûte meno impegnativa senza rinunciare alla complessità c'è il Luigi Ghislieri. Cuprese '15 si offre un po' reticente al naso e nervoso al palato, ma lo attende una sicura crescita negli anni a venire.

○ Verdicchio dei Castelli di Jesi Brut M. Cl. Ubaldo Rosi Ris. '09	🍷🍷🍷	5
● Tornamagno '12	🍷🍷	3
○ Verdicchio dei Castelli di Jesi Brut M. Cl. Luigi Ghislieri	🍷🍷	4
○ Verdicchio dei Castelli di Jesi Cl. Lyricus '15	🍷🍷	2*
○ Verdicchio dei Castelli di Jesi Cl. Sup. Cuprese '15	🍷🍷	2*
○ Verdicchio dei Castelli di Jesi M. Cl. Brut Ubaldo Rosi Ris. '06	YYY	5
○ Verdicchio dei Castelli di Jesi Brut M. Cl. Ubaldo Rosi '07	YY	5
○ Verdicchio dei Castelli di Jesi Brut M. Cl. Ubaldo Rosi Ris. '08	YY	5
○ Verdicchio dei Castelli di Jesi Cl. Sup. Cuprese '12	YY	2*

Il Conte Villa Prandone

c.da Colle Navicchio, 28
63033 Monteprandone [AP]
Tel. 073562593
www.ilcontevini.it

VENDITA DIRETTA
VISITA SU PRENOTAZIONE
PRODUZIONE ANNUA 200.000 bottiglie
ETTARI VITATI 50,00

Emmanuel De Angelis è il volto dell'azienda, che porta i propri vini nelle enoteche di tutto il mondo. Dietro di lui c'è una famiglia unita, formata da più fratelli, cognati e genitori che agiscono ben coordinati ognuno nel proprio ruolo. È così che gestiscono i tanti ettari dove sono messi a dimora vitigni tradizionali piceni e qualche filare di cultivar internazionali. Uve ben mature, anche per i bianchi, che danno vita a vini dallo stile piuttosto estrattivo e generoso, risultando figli legittimi di un territorio caldo e pieno di luce come la vallata del Tronto. L'esempio più fulgido è il LuKont '13, da montepulciano in purezza, materico, fittissimo nella trama, dalle polpose sensazioni di amarena matura. Potenza e corposità sono le caratteristiche anche del fruttato Zipolo '13. Buona riuscita per il Donello '15, un Sangiovese floreale, semplice negli intenti ma gustoso nella beva. Tra i bianchi primeggia la morbida avvolgenza del Navicchio '15, dal naso di erbe e agrumi.

● Donello '15	🍷🍷	2*
○ Emmanuel Maria Extra Dry	🍷🍷	3
● LuKont '13	🍷🍷	6
○ Offida Pecorino Navicchio '15	🍷🍷	3
● Zipolo '13	🍷🍷	5
○ Falerio Aurato '15	🍷	2
○ L'Estro del Mastro '13	🍷	4
○ Offida Passerina Cavaceppo '15	🍷	2
● Rosso Piceno Conte Rosso '15	🍷	2
● Rosso Piceno Sup. Marinus '14	🍷	3
● Donello '14	YY	2*
● LuKont '12	YY	6
● LuKont '11	YY	6
○ Offida Pecorino Navicchio '14	YY	3
● Zipolo '12	YY	5
● Zipolo '11	YY	5

Conti di Buscareto

fraz. Pianello
via San Gregorio, 66
60010 Ostra [AN]
Tel. 0717988020
www.contidibuscareto.com

VENDITA DIRETTA
VISITA SU PRENOTAZIONE
PRODUZIONE ANNUA 250.000 bottiglie
ETTARI VITATI 70,00

La proprietà dei soci Enrico Giacomelli e Claudio Gabellini si snoda su più siti produttivi. Il verdicchio viene allevato a Ripalta di Arcevia, territorio di stampo montano, in un vigneto a corpo unico. La lacrima nera proviene perlopiù dal vocato cru di Sant'Amico a Morro d'Alba e una piccola quota dalle vigne che circondano la cantina a Pianello di Ostra. Montepulciano, sangiovese e vitigni internazionali crescono nei vigneti di Monte San Vito e Camerata Picena. La cantina è ampia, ben equipaggiata. I bianchi fermentano e si elevano in acciaio mentre i rossi fermentano e sostano in tini di rovere. Ammazzaconte '13 è un'ottima scelta: tratteggi di mandorla si alternano a ricordi di buccia di arancia, al palato ha un attacco fresco di marca agrumata e finale sostenuto. Affascinante anche il Compagnia della Rosa '13, dai tipici profumi di matrice floreale integrati da note speziate; bocca saporita, tannica e caratteriale. Centrato e piacevolmente beverino il Brut Rosé, da uve lacrima.

○ Verdicchio dei Castelli di Jesi Ammazzaconte '13	🍷🍷 3*
⊙ Brut Rosé	🍷🍷 3
● Lacrima di Morro d'Alba Sup. Compagnia della Rosa '13	🍷🍷 4
○ Brut Bianco	🍷 3
● Lacrima di Morro d'Alba '15	🍷 2
● Rosso Piceno '15	🍷 2
○ Verdicchio dei Castelli di Jesi '15	🍷 2
● Bisaccione '09	🍷🍷 4
○ Castelli di Jesi Verdicchio Ammazzaconte Ris. '10	🍷🍷 3
● Lacrima di Morro d'Alba Passito '11	🍷🍷 3*
● Lacrima di Morro d'Alba Passito '10	🍷🍷 3*
● Lacrima di Morro d'Alba Sup. Compagnia della Rosa '08	🍷🍷 4

Fattoria Coroncino

c.da Coroncino, 7
60039 Staffolo [AN]
Tel. 0731779494
www.coroncino.it

VENDITA DIRETTA
VISITA SU PRENOTAZIONE
PRODUZIONE ANNUA 45.000 bottiglie
ETTARI VITATI 9,50

Lucio Canestrari è tra le firme più apprezzate del mondo del Verdicchio. Merito della sua caparbia volontà di non farsi attrarre dai grandi numeri, dalla mera commercializzazione. Si è dato un motto, replicato sull'etichetta di ogni bottiglia: "ndo arivo metto n'segno". Vuol rimarcare che fa quel che può non uscendo mai da una dimensione familiare e artigiana. Il suo stile è noto: maturazioni tiratissime che danno vini potenti e alcolici, saporitissimi. Verdicchio talvolta eccessivi, sicuramente dotati di affascinante eccentricità e coerenza stilistica. Neanche un'annata fresca e piovosa come la 2014 riesce a smussare la forza del Gaiospino, intensissimo nei profumi tra frutta gialla e mandorla seguiti da una bocca glicerica, voluminosa, di notevole energia. Stracacio '14 fa avvertire la maturazione in legno piccolo con note tostate integrate da tratti floreali e agrumati; al palato è avvolgente e ricco di contrappunti sapidi. Il Coroncino '14 è possente, morbido e tropicaleggiante.

○ Verdicchio dei Castelli di Jesi Cl. Sup. Gaiospino '14	🍷🍷 4
○ Verdicchio dei Castelli di Jesi Cl. Sup. Stracacio '14	🍷🍷 5
○ Verdicchio dei Castelli di Jesi Cl. Sup. Il Bacco '15	🍷 2
○ Verdicchio dei Castelli di Jesi Cl. Sup. Il Coroncino '14	🍷 2
○ Verdicchio dei Castelli di Jesi Cl. Sup. Gaiospino '03	🍷🍷🍷 4
○ Verdicchio dei Castelli di Jesi Cl. Sup. Gaiospino '13	🍷🍷 4
○ Verdicchio dei Castelli di Jesi Cl. Sup. Gaiospino Fumé '12	🍷🍷 5
○ Verdicchio dei Castelli di Jesi Cl. Sup. Il Coroncino '13	🍷🍷 2*

Tenuta De Angelis

via San Francesco, 10
63030 Castel di Lama [AP]
Tel. 073687429
www.tenutadeangelis.it

VENDITA DIRETTA
VISITA SU PRENOTAZIONE
PRODUZIONE ANNUA 500.000 bottiglie
ETTARI VITATI 50,00

Il calendario segnava 1958 e il boom economico era di là da venire quando la famiglia De Angelis iniziò a produrre e commercializzare vino. La vera svolta qualitativa è avvenuta a cominciare dai primi anni Novanta quando si decise di affiancare una linea di vini imbottigliati alla gran massa di sfuso prodotta. Un percorso che da allora non ha mai deviato dalla valorizzazione delle denominazioni locali, dal favorevole rapporto tra qualità e prezzo, dall'affidabilità di uno stile che evidenzia espressività fruttata e spalla robusta, specie sui rossi a base di montepulciano e sangiovese. Proprio i Rosso Piceno sono i protagonisti dei nostri assaggi: il Superiore Oro '12 lega tratti scuri e sensazioni di caffè con un fondo di liquirizia; in bocca ha complessità e coesione gustativa. Il Superiore '14 offre precise note varietali nelle sensazioni di marasche e olive nere, traslate in un sorso pieno e carnoso. Valido il Quiete '15, un Pecorino non filtrato dal registro decisamente fruttato e saporito.

○ Offida Pecorino Quiete '15	TT 2*
● Rosso Piceno '15	TT 1*
● Rosso Piceno Sup. '14	TT 2*
● Rosso Piceno Sup. Oro '12	TT 3
○ Offida Passerina '15	T 2
○ Offida Pecorino '15	T 2
● Anghelos '12	YY 3
● Anghelos '11	YY 3
○ Offida Passerina '12	YY 2*
○ Offida Pecorino '14	YY 2*
○ Offida Pecorino '13	YY 2*
○ Offida Pecorino '12	YY 2*
● Rosso Piceno Sup. '13	YY 2*
● Rosso Piceno Sup. '12	YY 2*
● Rosso Piceno Sup. '11	YY 2*
● Rosso Piceno Sup. '10	YY 2*
● Rosso Piceno Sup. Oro '11	YY 3

Fattoria Dezi

c.da Fontemaggio, 14
63839 Servigliano [FM]
Tel. 0734710090
fattoriadezi@hotmail.com

VENDITA DIRETTA
VISITA SU PRENOTAZIONE
OSPITALITÀ
PRODUZIONE ANNUA 45.000 bottiglie
ETTARI VITATI 15,00

Fattoria Dezi è stata la prima azienda di qualità della valle del Tenna. Merito dei fratelli Davide e Stefano che, migliorando il lavoro dei genitori, nei primi anni Novanta hanno dato forte impulso qualitativo. I vigneti, posti in contrada Fontemaggio, godono di declivi assolati, affaccio aperto sulla valle dell'Ete. Grazie alle potature corte e alla posizione piuttosto interna e di buona altimetria non influiscono più di tanto nella maturazione delle uve, sempre piuttosto accentuata. I rossi, ottenuti da uve montepulciano e sangiovese, sono tannici in gioventù e di generosa presenza alcolica. Governati in legni di piccolo e medio volume, garantiscono una lenta evoluzione in bottiglia. I bianchi, affinati in cemento, preferiscono una misura larga e saporita alla profondità. Solo '14 è un vino dal carattere scuro, minerale, che profuma di fiori recisi e spezie orientali; in bocca ha passo deciso e un finale di liquirizia. Dezio '14 sa di amarena, è polposo e tannico nel finale.

● Solo '14	TT 6 (rossi)
● Dezio '14	TT 3
○ Falerio Pecorino Servigliano P. '14	T 3
○ Solagne '14	T 3
● Regina del Bosco '06	YYY 6
● Regina del Bosco '05	YYY 6
● Regina del Bosco '03	YYY 6
● Solo Sangiovese '05	YYY 6
● Solo Sangiovese '01	YYY 5
● Solo Sangiovese '00	YYY 6
● Dezio '13	YY 3
● Dezio '12	YY 3
○ Falerio Pecorino P. '11	YY 3
● Regina del Bosco '11	YY 6
● Regina del Bosco '10	YY 6
● Regina del Bosco '09	YY 6
● Solo '12	YY 6

Emanuele Dianetti

c.da Vallerosa, 25
63063 Carassai [AP]
Tel. 3383928439
www.dianettivini.it

VENDITA DIRETTA
VISITA SU PRENOTAZIONE
PRODUZIONE ANNUA 6.600 bottiglie
ETTARI VITATI 2,00

Emanuele Dianetti lavora in banca. Essere vignaiolo non è per lui un semplice hobby: è sacrificio, passione, l'attaccamento ai valori familiari con cui è cresciuto. Per portare avanti un'attività che necessita di tante ore di lavoro ed energie ha il pieno sostegno di Michele Quagliarini e quello della madre Giulia, insostituibile nei lavori in vigna dove custodisce pochi ettari impiantati perlopiù con vitigni tradizionali piceni. Un sano tratto artigianale pervade tutta la produzione, dalla raccolta a mano alla minuta architettura della cantina, dove alloggiano i fusti di acciaio per i bianchi e i legni di piccolo volume, di più passaggi, per i rossi. Emanuele predilige integrità fruttata e nerbo acido. Entrambi gli elementi sono sintetizzati nell'Offida Rosso Vignagiulia '13, reso elegante e piacevolmente succoso da un'estrazione tannica di precisione assoluta. L'Offida Pecorino Vignagiulia '15 profuma di agrumi e conchiglie, mentre al palato rivela una notevole corrente salina.

● Offida Rosso Vignagiulia '13	🍷🍷🍷 5
○ Offida Pecorino Vignagiulia '15	🍷🍷 3*
○ Offida Pecorino Vignagiulia '14	ŸŸ 3*
○ Offida Pecorino Vignagiulia '13	ŸŸ 3
● Offida Rosso Vignagiulia '12	ŸŸ 4
● Offida Rosso Vignagiulia '11	ŸŸ 4

Fazi Battaglia

via Roma, 117
60031 Castelplanio [AN]
Tel. 073181591
www.fazibattaglia.it

VENDITA DIRETTA
VISITA SU PRENOTAZIONE
PRODUZIONE ANNUA 450.000 bottiglie
ETTARI VITATI 130,00

Dopo l'acquisizione realizzata lo scorso anno da parte della Bertani Domains, nell'azienda di Castelplanio si è avviata una profonda opera di ristrutturazione che ha interessato ogni aspetto. Tutte le azioni hanno un unico scopo: la valorizzazione del Verdicchio e di un marchio che storicamente ha un ruolo di primo piano. I tanti ettari a disposizione, alcuni in cru d'invidiabile vocazione, permettono di ricavare etichette perfettamente differenziate tra loro, in grado di esprimere la versatilità del vitigno dei Castelli di Jesi. San Sisto '14, maturato in barrique per un anno, ha una cifra elegante e sottile, fatta di nette percezioni di mandorla tostata e anice stellato; la bocca è dritta, filante, appena trattenuta nel finale. Massaccio '14, affinato in cemento sulle fecce fini per 6 mesi, svela una struttura più imponente e una ricchezza sapida ben gestita. Arkezia '13 è delicato, ricorda la pera matura e ha una dolcezza equilibrata che dona una seducente persistenza aromatica.

○ Castelli di Jesi Verdicchio Cl. San Sisto Ris. '14	🍷🍷🍷 4
○ Arkezia '13	🍷🍷 5
○ Verdicchio dei Castelli di Jesi Cl. Sup. Massaccio '14	🍷🍷 3
○ Verdicchio dei Castelli di Jesi Cl. Le Moie '15	🍷 2
○ Verdicchio dei Castelli di Jesi Cl. Titulus '15	🍷 2
○ Castelli di Jesi Verdicchio Cl. San Sisto Ris. '10	ŸŸŸ 4*
○ Verdicchio dei Castelli di Jesi Cl. San Sisto Ris. '09	ŸŸŸ 4*
○ Verdicchio dei Castelli di Jesi Cl. San Sisto Ris. '07	ŸŸŸ 4
○ Verdicchio dei Castelli di Jesi Cl. San Sisto Ris. '05	ŸŸŸ 4

Andrea Felici

via Sant'Isidoro, 28
62021 Apiro [MC]
Tel. 0733611431
www.andreafelici.it

VENDITA DIRETTA
VISITA SU PRENOTAZIONE
PRODUZIONE ANNUA 53.000 bottiglie
ETTARI VITATI 9,00
VITICOLTURA Biologico Certificato

Il ragazzo che era appena rientrato nella sua Apiro dopo aver viaggiato, deciso a immergersi in quel mondo vicino e sconosciuto, ossia l'arte di fare vino, ha lasciato il posto a un vignaiolo concreto, con in testa un progetto preciso e una visione nitida. Leo Felici è oggi uno dei cardini della denominazione con i suoi vini tesi, affilati e salini, sintesi di un terroir che sa darsi forza con la sua esplicita matrice appenninica. Acciaio e cemento curano l'affinamento del Verdicchio, unica varietà contemplata anche nel nuovo impianto appena messo a dimora accanto al vecchio vigneto denominato Cantico della Figura. Leo ha deciso di prolungare l'affinamento del Cantico Riserva '13 quindi non lo trovate nella griglia sottostante. Ne parleremo l'anno prossimo. Una bella versione di Andrea Felici ne attenua la mancanza: l'annata 2015 esalta sensazioni di mandorla, acacia e disegna un'irresistibile pennellata agrumata; al palato c'è nerbo, reattività e una progressione sostenuta.

○ Verdicchio dei Castelli di Jesi Cl. Sup. Andrea Felici '15	🍷🍷 3*
○ Castelli di Jesi Verdicchio Cl. Il Cantico della Figura Ris. '12	YYY 4*
○ Castelli di Jesi Verdicchio Cl. Il Cantico della Figura Ris. '11	YYY 4*
○ Castelli di Jesi Verdicchio Cl. Il Cantico della Figura Ris. '10	YYY 4*
○ Verdicchio dei Castelli di Jesi Cl. Il Cantico della Figura Ris. '09	YYY 4*
○ Verdicchio dei Castelli di Jesi Cl. Sup. Andrea Felici '14	YY 3*
○ Verdicchio dei Castelli di Jesi Cl. Sup. Andrea Felici '13	YY 2*
○ Verdicchio dei Castelli di Jesi Cl. Sup. Andrea Felici '12	YY 2*

Fiorano

c.da Fiorano, 19
63067 Cossignano [AP]
Tel. 073598446
www.agrifiorano.it

VENDITA DIRETTA
VISITA SU PRENOTAZIONE
OSPITALITÀ
PRODUZIONE ANNUA 30.000 bottiglie
ETTARI VITATI 6,00
VITICOLTURA Biologico Certificato

Per innamorarsi del luogo basta affacciarsi dalla terrazza dell'agriturismo e ammirare l'anfiteatro di vigne e ulivi, specie al calar del sole in una calda giornata d'estate. Non vi sarà difficile captare quello che le piante conoscono da tempo, ossia la luce particolare che si posa su Contrada Fiorano. Paolo Beretta e Paola Massi hanno avuto il coraggio e l'intuito di investire nel territorio, scegliere il bio, approntare una cantina di perfetta efficienza. Ricavano vini espressivi, cesellati negli aromi, giustamente influenzati dal valore dell'annata come ogni vino che promette di esser frutto esclusivo della vigna e non di altro. Proprio per questo il Donna Orgilla '15, annata torrida, si porge meno agrumato e salino del solito ma dotato di buona compostezza. Giulia Erminia '14, Pecorino maturato in piccoli legni nuovi, profuma di burro fresco, limone ed erbe aromatiche, ha un palato saporito, teso e cremoso all'unisono. Amarena e buon equilibrio segnano il Terre di Giobbe '13.

○ Giulia Erminia '14	🍷🍷 2*
● Fiorano Sangiovese '15	🍷🍷 2*
○ Offida Pecorino Donna Orgilla '15	🍷🍷 3
● Rosso Piceno Sup. Terre di Giobbe '13	🍷🍷 3
⊙ Rosato '15	🍷 2
○ Offida Pecorino Donna Orgilla '14	YYY 3*
● Fiorano '14	YY 2*
○ Offida Pecorino Donna Orgilla '13	YY 3*
○ Offida Pecorino Donna Orgilla '12	YY 3
○ Offida Pecorino Donna Orgilla '11	YY 3
● Rosso Piceno Sup. Terre di Giobbe '12	YY 3
● Rosso Piceno Sup. Terre di Giobbe '11	YY 3
● Rosso Piceno Sup. Terre di Giobbe '10	YY 3
● Sangiovese '11	YY 2*

Cantine Fontezoppa

c.da San Domenico, 38
62012 Civitanova Marche [MC]
Tel. 0733790504
www.cantinefontezoppa.it

VENDITA DIRETTA
VISITA SU PRENOTAZIONE
OSPITALITÀ E RISTORAZIONE
PRODUZIONE ANNUA 290.000 bottiglie
ETTARI VITATI 38,00

Fontezoppa offre una gamma di etichette piuttosto articolata. La si può comprendere sapendo che le uve derivano da tre siti produttivi ben diversi in cui furono impiantati una gran quantità di vitigni diversi per verificare ogni singola vocazione. Con l'eccezione di Matelica, ove regna il verdicchio. Dopo quasi vent'anni di lavoro si può affermare che i risultati migliori sono stati forniti dal ribona e dal cabernet sauvignon coltivati a Civitanova oltre alla vernaccia nera di Serrapetrona. Qui, in un clima dagli accenti appenninici, si alleva anche il pinot nero, che dona vini dal fascino peculiare. Il Morò '13 offre un naso di piccoli frutti uniti al tipico sentore di pepe nero della vernaccia; al palato mostra passo saldo e finale tenace su note terragne. Nel Pinot Nero San Marone '12 un naso sottile ed elegante precede una bocca matura, distesa, con echi affumicati. Carapetto '12 è un Cabernet Sauvignon dal naso di menta, legno di cedro e more, bocca fitta, un po' alcolica.

● Serrapetrona Morò '13	▼▼ (rossi) 5
● Carapetto '12	▼▼ 5
● San Marone '12	▼▼ 5
⊙ M. Cl. Extra Brut Rosé	▼ 5
○ Colli Maceratesi Ribona '12	▼ 3
⊙ Frapiccì '15	▼ 2
○ Verdicchio di Matelica Vardì '15	▼ 3
● Carapetto '11	▽▽ 5
● Dedicato a Piero '09	▽▽ 5
● I Terreni di San Severino Cascià Passito '07	▽▽ 4
● Serrapetrona Carpignano '09	▽▽ 2*
● Serrapetrona Falcotto '12	▽▽ 4
● Serrapetrona Falcotto '09	▽▽ 4
● Serrapetrona Morò '09	▽▽ 5

★Gioacchino Garofoli

via Carlo Marx, 123
60022 Castelfidardo [AN]
Tel. 0717820162
www.garofolivini.it

VENDITA DIRETTA
VISITA SU PRENOTAZIONE
PRODUZIONE ANNUA 2.000.000 bottiglie
ETTARI VITATI 42,00

La storia che attraversa oltre un secolo unita a uno stile consolidato nel tempo, modellato in quattro decenni dalla stessa mano, rendono Garofoli un'apprezzata griffe marchigiana. Nella rinnovata cantina di Castelfidardo, dotata degli spazi e della tecnologia per lavorare con serenità, nascono Verdicchio di indubbio carattere, dall'afflato classico, autentiche punte di diamante dell'enologia regionale. Questi non distolgano l'attenzione dalla lunga vocazione spumantista o dallo stile potente e levigato dei Montepulciano del Conero, capaci d'inusitata longevità. Il Podium '14 è la miglior scelta: naso di agrumi, acacia, pietra pirica e un accenno di zafferano, ha bocca dal portamento elegante, scandita nei dettagli ma senza la profondità delle migliori versioni. Serra Fiorese '12 tradisce nelle dolci note olfattive la maturazione in barrique; la bocca è reattiva, piena di sapore e dal finale soffice. Agontano '12 è scuro e ferroso ma sfoggia personalità e fascino austero.

○ Verdicchio dei Castelli di Jesi Cl. Sup. Podium '14	▼▼ (rossi) 4
● Camerlano '11	▼▼ 4
○ Castelli di Jesi Verdicchio Cl. Serra Fiorese Ris. '12	▼▼ 4
● Conero Grosso Agontano Ris. '12	▼▼ 5
● Rosso Conero Piancarda '13	▼▼ 3
● Rosso Piceno Colle Ambro '13	▼▼ 2*
○ Verdicchio dei Castelli di Jesi Brut M. Cl. Ris. '09	▼▼ 4
⊙ Kòmaros '15	▼ 2
○ Verdicchio dei Castelli di Jesi Brut M. Cl. Delìs '12	▼ 4
○ Verdicchio dei Castelli di Jesi Cl. Sup. Macrina '15	▼ 2
○ Verdicchio dei Castelli di Jesi Cl. Sup. Podium '13	▽▽▽ 4*

Marco Gatti

via Lagua e San Martino, 2
60043 Cerreto d'Esi [AN]
Tel. 0732677012
www.gattiagri.it

VENDITA DIRETTA
VISITA SU PRENOTAZIONE
PRODUZIONE ANNUA 10.000 bottiglie
ETTARI VITATI 7,00

Marco Gatti è un vignaiolo e vivaista di talento. Gestisce in prima persona pochi ettari, tra affitto e proprietà, posti nel versante cerretano della denominazione Verdicchio di Matelica, quello posto più a nord. Piccoli appezzamenti vinificati separatamente da cui estrarre lo spirito migliore del terroir. Il più vocato è il cru Quadrelle di Cerreto d'Esi da cui si ricavano le selezioni migliori. In cantina si usa solamente l'acciaio. I vini esprimono senza mediazioni un profilo pieno e saporito, segno dell'attenzione alla piena maturazioni delle uve. Nonostante l'assenza dell'importante Millo Riserva, non prodotto nel 2014, i vini si sono tutti ben distinti. Predilezione per il Villa Marilla '15, profumato di biancospino e frutta bianca, con un palato contrastato e reattivo, di notevole succosità. Casale Venza '15 ha buona consistenza, palato equilibrato che sfuma su tipici ricordi di mandorla fresca. Aristo '15 è il piccolo di casa: beva spensierata al ricordo di buccia di cedro.

- ○ Verdicchio di Matelica Aristo '15 — 🍷🍷 2*
- ○ Verdicchio di Matelica Casale Venza '15 — 🍷🍷 2*
- ○ Verdicchio di Matelica Villa Marilla '15 — 🍷🍷 2*
- ○ Verdicchio di Matelica '14 — 🍷🍷 2*
- ○ Verdicchio di Matelica '13 — 🍷🍷 2*
- ○ Verdicchio di Matelica Millo Ris. '13 — 🍷🍷 3*
- ○ Verdicchio di Matelica Millo Ris. '12 — 🍷🍷 3
- ○ Verdicchio di Matelica Villa Marilla '14 — 🍷🍷 2*
- ○ Verdicchio di Matelica Villa Marilla '13 — 🍷🍷 2*

Luciano Landi

via Gavigliano, 16
60030 Belvedere Ostrense [AN]
Tel. 073162353
www.aziendalandi.it

VENDITA DIRETTA
VISITA SU PRENOTAZIONE
OSPITALITÀ
PRODUZIONE ANNUA 80.000 bottiglie
ETTARI VITATI 20,00

Belvedere Ostrense è uno dei sei comuni a nord del fiume Esino che rientrano nel ristretto territorio del Lacrima. Qui la denominazione trova in Luciano Landi uno degli interpreti più costanti, fautore di uno stile piuttosto ricco, realizzato mediante una piena maturazione delle uve raggiunta con potature corte e terreni di argilla e calcare. Per questo Luciano supera i limiti agronomici di una varietà piuttosto capricciosa anche nelle annate difficili. Oltre all'immancabile verdicchio, tra i filari trovano spazio, seppur in misura minore, montepulciano e vitigni internazionali. Il Lacrima Superiore Gavigliano '14 profuma di amarena e solletica il naso con una leggera pungenza; al palato ha una dinamica fresca e vitale, con un bel finale che richiama la scorza d'arancia. Il Lacrima '15 ha tratti di fiori e frutti rossi canditi risolti in una bocca consistente. Da non trascurare il Verdicchio Classico '15: succoso, gustoso, di gran beva. Il Nobilnero '10 è un Montepulciano potente e balsamico.

- ● Lacrima di Morro d'Alba Sup. Gavigliano '14 — 🍷🍷 3
- ● Nobilnero '10 — 🍷🍷 6
- ○ Verdicchio dei Castelli di Jesi Cl. '15 — 🍷🍷 2*
- ● Kore '10 — 🍷 3
- ● Lacrima di Morro d'Alba '15 — 🍷 2
- ● Ragosto '13 — 🍷 2
- ● Goliardo '10 — 🍷🍷 4
- ● Lacrima di Morro d'Alba '14 — 🍷🍷 2*
- ● Lacrima di Morro d'Alba Sup. Gavigliano '13 — 🍷🍷 3
- ● Lacrima di Morro d'Alba Sup. Gavigliano '11 — 🍷🍷 3
- ● Ragosto '11 — 🍷🍷 2*
- ● Ragosto '10 — 🍷🍷 2*
- ⊙ Syla '13 — 🍷🍷 2*

Conte Leopardi Dittajuti

via Marina II, 24
60026 Numana [AN]
Tel. 0717390116
www.conteleopardi.it

VENDITA DIRETTA
VISITA SU PRENOTAZIONE
PRODUZIONE ANNUA 350.000 bottiglie
ETTARI VITATI 49,00

Buona parte dei vigneti aziendali ricadono nel Parco Naturale del Conero, un promontorio calcareo che si affaccia sull'Adriatico. La particolare composizione dei terreni, la vicinanza del mare che funge da volano termico e la costante ventilazione rendono il Conero il sito più a nord in cui le uve montepulciano maturano con regolarità. Piervittorio Leopardi le vinifica con un tocco contemporaneo, smussandone l'indole rustica e l'esuberanza alcolica, diversificando l'opera su più etichette. I due Conero Riserva '13 sono entrambi lungamente maturati in barrique: il Pigmento ha note di marasca leggermente venate da sensazioni vegetali e una bella bocca compatta. L'Artemano è più complesso, ha un bel frutto scuro e bocca che ben dipana forza e carattere. Non sorprende la buona prova del Villa Marina '14, che offre note di cuoio e marasca in una bocca asciutta, saporita, con cenni minerali. Tra i vini giovani il Fructus '15 offre un bel palato fresco e agile, in cui esibisce una succosa trama fruttata.

● Conero Artemano Ris. '13	🍷🍷 5
● Conero Pigmento Ris. '13	🍷🍷 5
● Lacrima di Morro d'Alba '14	🍷🍷 2*
● Rosso Conero Fructus '15	🍷🍷 2*
● Rosso Conero Villa Marina '14	🍷🍷 3
○ Bassamarea '15	🍷 2
○ Calcare '15	🍷 3
● Rose del Coppo '15	🍷 2
● Rosso Conero Antichi Poderi del Conte '13	🍷 2
● Rosso Conero Casirano '14	🍷 4
○ Verdicchio dei Castelli di Jesi Cl. Castelverde '15	🍷 2
● Conero Pigmento Ris. '12	🍷🍷 5
● Rosso Conero Casirano '13	🍷🍷 4
● Rosso Conero Villa Marina '13	🍷🍷 3

Roberto Lucarelli

loc. Ripalta
via Piana, 20
61030 Cartoceto [PU]
Tel. 0721893019
www.laripe.com

VENDITA DIRETTA
VISITA SU PRENOTAZIONE
PRODUZIONE ANNUA 200.000 bottiglie
ETTARI VITATI 32,00

Roberto Lucarelli è uno dei vignaioli più talentuosi del pesarese. Lavoratore instancabile, ha creato una tenuta gioiello tra i suoi vigneti nella verde Cartoceto, territorio dove l'ulivo segna il panorama strappando la scena ai filari. Bianchello e sangiovese sono le specialità della casa, affiancate dalla non timida presenza di varietà internazionali. Lo stile è contemporaneo, attento a mantenere freschezza, bevibilità, aromi tersi e una piacevolezza di fondo che non cade nella banalità o nell'eccessiva semplicità. Anzi, proprio il Rocho '15, lavorato tra acciaio e tonneau, è il Bianchello più complesso ed elegante della sua annata, con naso di frutta bianca e sassi di fiume seguito da una bocca di raffinato equilibrio. Ben fatto anche il Bianchello La Ripe '15, tutto frutta estiva, grinta e agilità. Sul lato rosso predilezione al Goccione '12: speziato, giustamente evoluto in un ricordo di chiodi di garofano e rabarbaro, sorso saporito, diffuso, dalla trama tannica risolta.

○ Bianchello del Metauro La Ripe '15	🍷🍷 2*
○ Bianchello del Metauro Sup. Rocho '15	🍷🍷 2*
○ Collemare '15	🍷🍷 2*
● Colli Pesaresi Sangiovese Goccione '12	🍷🍷 3
○ Verdicchio dei Castelli di Jesi Cl. Villa Piana '15	🍷🍷 2*
● Colli Pesaresi Sangiovese La Ripe '15	🍷 2
⊙ Rosato '15	🍷 2
○ Bianchello del Metauro La Ripe '12	🍷🍷 2*
○ Bianchello del Metauro Rocho '11	🍷🍷 2*
○ Bianchello del Metauro Sup. Rocho '12	🍷🍷 2*
○ Chardonnay '12	🍷🍷 2*
● Colli Pesaresi Sangiovese Goccione '11	🍷🍷 3
● Colli Pesaresi Sangiovese Insieme Ris. '11	🍷🍷 4
● Colli Pesaresi Sangiovese La Ripe '12	🍷🍷 2*

La Marca di San Michele

VIA TORRE, 13
60034 CUPRAMONTANA [AN]
TEL. 0731781183
www.lamarcadisanmichele.com

VENDITA DIRETTA
VISITA SU PRENOTAZIONE
OSPITALITÀ
PRODUZIONE ANNUA 25.000 bottiglie
ETTARI VITATI 6,00
VITICOLTURA Biologico Certificato

Alessandro e Beatrice Bonci e Daniela Quaresima hanno fondato nel 2007 la loro azienda. Sostenitori convinti di un approccio etico al mondo agricolo, hanno sin da subito intrapreso la strada di una stretta fedeltà ai principi bio, tradotta con tanto lavoro in vigna e poche, essenziali, pratiche enologiche in cantina. In questo modo le uve che crescono nel cru San Michele sono libere di esprimere con precisione il timbro del territorio e la valenza del millesimo. I vini che producono sono irrequieti ma liberi da schemi, hanno energia e un tratto autentico di notevole fascino. Il Passolento '14, maturato 9 mesi in legno grande e poi affinato tra acciaio e bottiglia, apre su note vegetali di fieno e sedano per poi girare su nitidi ricordi di mandorla tostata; la bocca è succosa, composta, con un finale in crescendo di complessità. Il Capovolto '15 sa di fiori ed erbe amare; al palato è sottile, salino, con una lunga scia ammandorlata, tatuaggio indelebile dei Verdicchio più tipici.

○ Castelli di Jesi Verdicchio Cl. Passolento Ris. '14	▼▼ 4
○ Verdicchio dei Castelli di Jesi Cl. Sup. Capovolto '15	▼▼ 3
○ Verdicchio dei Castelli di Jesi Cl. Sup. Capovolto '13	▽▽▽ 3*
○ Verdicchio dei Castelli di Jesi Cl. Sup. Capovolto '10	▽▽▽ 3*
○ Capovolto '12	▽▽ 3
○ Verdicchio dei Castelli di Jesi Cl. Il Pigro Ris. '08	▽▽ 5
○ Verdicchio dei Castelli di Jesi Cl. Sup. Capovolto '14	▽▽ 3
○ Verdicchio dei Castelli di Jesi Cl.Sup. Capovolto '09	▽▽ 2*

Maurizio Marchetti

FRAZ. PINOCCHIO
VIA DI PONTELUNGO, 166
60131 ANCONA
TEL. 071897386
www.marchettiwines.it

VENDITA DIRETTA
VISITA SU PRENOTAZIONE
PRODUZIONE ANNUA 60.000 bottiglie
ETTARI VITATI 20,00

Un pezzo di storia del Conero passa dalla tenuta di Maurizio Marchetti. È stato suo padre Mario a sviluppare la produzione e il commercio di vino a partire dagli anni Sessanta, sebbene l'azienda possa vantare un racconto secolare. Maurizio ha continuato l'opera paterna sulla via della qualità. In questo è stato agevolato dall'incontro con Lorenzo Landi: insieme hanno rinnovato i vigneti nell'assolato versante di Candia riservando le migliori esposizioni al montepulciano, accorciato le potature mettendo al centro dell'attenzione la maturità fenolica delle uve, dato una veste moderna alla produzione senza alterarne i tratti tradizionali. Il Villa Bonomi '13, maturato 15 mesi in barrique, offre nette sensazioni di marasca, un velo di polvere di caffè e tratteggi affumicati; l'ingresso al palato svela una trama levigata e frutto integro. Decisamente fruttato anche il cadetto Castro di San Silvestro '15, appena in debito di agilità. Il Verdicchio '15 è immediato e davvero gustoso.

● Conero Villa Bonomi Cento Vendemmie Mario Marchetti Ris. '13	▼▼▼ 5
○ Verdicchio dei Castelli di Jesi Cl. '15	▼▼ 2*
● Rosso Conero Castro di San Silvestro '15	▼ 2
○ Verdicchio dei Castelli di Jesi Cl. Sup. Tenuta del Cavaliere '15	▼ 3
● Rosso Conero Villa Bonomi Ris. '02	▽▽▽ 4
● Conero Villa Bonomi Ris. '12	▽▽ 5
● Conero Villa Bonomi Ris. '11	▽▽ 5
● Conero Villa Bonomi Ris. '10	▽▽ 4
○ Verdicchio dei Castelli di Jesi Cl. Sup. Tenuta del Cavaliere '14	▽▽ 3
○ Verdicchio dei Castelli di Jesi Cl. Sup. Tenuta del Cavaliere '13	▽▽ 3

Marotti Campi

via Sant'Amico, 14
60030 Morro d'Alba [AN]
Tel. 0731618027
www.marotticampi.it

VENDITA DIRETTA
VISITA SU PRENOTAZIONE
OSPITALITÀ
PRODUZIONE ANNUA 220.000 bottiglie
ETTARI VITATI 68,00

A leggere i numeri dell'azienda sembra ci si trovi al cospetto di una realtà poco più che artigianale. In realtà Marotti Campi è un vero colosso all'interno della piccola ma significativa denominazione Lacrima. Negli anni i vini di Lorenzo hanno dato prova di grande affidabilità. Il merito va a una pianificazione che impone vigneti ben gestiti, vinificazioni accurate, opportuna diversificazione tra le etichette proposte. Il Verdicchio non gioca un ruolo secondario nell'articolata gamma offerta al pubblico. Infatti è proprio il Salmariano '13 a riportare a Morro d'Alba il Tre Bicchieri: naso intensissimo di crema al limone ed erbe aromatiche, ha un attacco perentorio, d'inarrestabile progressione e un finale in cui si riverberano a lungo le percezioni aromatiche. L'Orgiolo '14, suo alter ego rosso, non è da meno: elegantemente speziato, ha un'ottima presa al palato per poi lasciarlo con una vivida traccia d'amarena. Donderè '12 è pepato e ha un bel palato energico.

○ Castelli di Jesi Verdicchio Cl. Salmariano Ris. '13	🍷🍷🍷 3*
● Lacrima di Morro d'Alba Sup. Orgiolo '14	🍷🍷 3*
⊙ Brut Rosé	🍷🍷 3
● Donderè '12	🍷🍷 3
● Lacrima di Morro d'Alba Rùbico '15	🍷🍷 2*
○ Verdicchio dei Castelli di Jesi Cl. Sup. Luzano '15	🍷🍷 2*
● Xyris	🍷🍷 2
○ Verdicchio dei Castelli di Jesi Cl. Albiano '15	🍷 1*
○ Verdicchio dei Castelli di Jesi Cl. Salmariano Ris. '08	🍷🍷🍷 3*
○ Verdicchio dei Castelli di Jesi Cl. Salmariano Ris. '07	🍷🍷🍷 2*

Poderi Mattioli

via Farneto, 17a
60030 Serra de' Conti [AN]
Tel. 0731878676
www.poderimattioli.it

VENDITA DIRETTA
VISITA SU PRENOTAZIONE
PRODUZIONE ANNUA 18.000 bottiglie
ETTARI VITATI 6,50
VITICOLTURA Biologico Certificato

Le grandi foto con scene di vita di campagna degli anni Sessanta sembrano stridere con l'architettura della moderna cantina, realizzata appena 3 anni fa. Invece sono la sintesi più efficace per spiegare la filosofia aziendale: un riuscito amalgama di sapienze tramandate e conoscenze aggiornate. Giordano Mattioli si occupa dei vigneti, divisi in tre cru ognuno con caratteristiche diverse. Suo fratello Giacomo è impegnato nel condurre la fermentazione e l'affinamento dei vini. Dal vigneto Mogliette, il più vecchio con i suoi 45 anni, si ottengono le uve per il Lauro, la Riserva di famiglia. La versione 2013 offre un profilo chiaro che volge in un leggiadro impasto di agrumi, mandorla e una netta impronta di anice, vero marcatore del territorio; la bocca è vivida, sottile ed energica, mossa da un passo delicato che nel finale si tramuta in una tenace scia salina. Riuscita anche la prima versione del Dosaggio Zero, un rigoroso Metodo Classico da verdicchio e 15% chardonnay, di bella verve sapida.

○ Castelli di Jesi Verdicchio Cl. Lauro Ris. '13	🍷🍷🍷 3*
○ M. Cl. Dosaggio Zero '11	🍷🍷 5
○ Verdicchio dei Castelli di Jesi Cl. Sup. Ylice '12	🍷🍷🍷 2*
○ Verdicchio dei Castelli di Jesi Cl. Sup. Lauro '10	🍷🍷 3*
○ Verdicchio dei Castelli di Jesi Cl. Sup. Ylice '14	🍷🍷 3
○ Verdicchio dei Castelli di Jesi Cl. Sup. Ylice '13	🍷🍷 3
○ Verdicchio dei Castelli di Jesi Cl. Sup. Ylice '11	🍷🍷 2*

Valter Mattoni

via Pescolla, 1
63030 Castorano [AP]
Tel. 073687329
www.valtermattoni.it

VENDITA DIRETTA
VISITA SU PRENOTAZIONE
PRODUZIONE ANNUA 6.000 bottiglie
ETTARI VITATI 3,50

A dispetto dei piccoli numeri produttivi Valter Mattoni produce dei vini di grande diffusione tra gli appassionati. Pochi filari di trebbiano, montepulciano e bordò da cui ricavare vini di perfetta aderenza territoriale, ossequiosi della tradizione, ottenuti mediante teorie naturali applicate senza dogmatismi di sorta. Vini che ruggiscono nel bicchiere, lenti nell'espressione ma dotati di un sorso sincero e impetuoso. Nella piccola cantina, terminata in epoca recente, domina il legno piccolo: lo si usa per i rossi e in parte anche per il Trebbien, unico bianco prodotto. Bella prestazione di tutti i vini. Il Rossobordò '13, da uve bordò, un clone di grenache, è vino di rara delicatezza, pieno di sfumature che riportano all'amarena, alla lavanda e alla liquirizia. All'opposto Arshura '14 ha naso intensissimo di marasca e fuliggine e bocca minerale, scura, carnosa. Un inno al Montepulciano più vero e generoso. Trebbien '14 ha note di mela e un profilo piacevolmente rustico e pimpante.

● Arshura '14	YY	5
● Rossobordò '13	YY	8
○ Trebbien '14	YY	3
● Arshura '11	YYY	3*
● Arshura '13	YY	5
● Arshura '12	YY	5
● Arshura '10	YY	3*
● Arshura '09	YY	3
● Arshura '08	YY	3
● Rosso Bordò '10	YY	8
● Rossobordò '12	YY	8
● Rossobordò '11	YY	8
○ Trebbien '13	YY	3
○ Trebbien '12	YY	2*

Federico Mencaroni

via Olmigrandi, 72
60013 Corinaldo [AN]
Tel. 0717975625
www.mencaroni.eu

VISITA SU PRENOTAZIONE
PRODUZIONE ANNUA 30.000 bottiglie
ETTARI VITATI 7,50

Corinaldo è il comune più a nord della denominazione Castelli di Jesi. Il territorio è caratterizzato da dolci colline intensamente vitate, altimetrie moderate, l'Adriatico sullo sfondo. Federico Mencaroni, quarta generazione di vignaioli, dopo gli studi e le esperienze di lavoro in giro per l'Italia decide di portare avanti l'attività dello zio Nevio. Idee chiare, il supporto di uno staff giovane e tanto coraggio: solo così si spiegano le decine di migliaia di champagnotte oggi accatastate nella cantina interrata. Lì si concentra il senso principale della sua opera: bollicine da uve verdicchio. Il Contatto '11 resta 40 mesi sui lieviti, ha un intenso naso floreale e palato brillante, ben armonizzato tra acidità, fibra sapida e dolcezza apportata dalla liqueur d'expedition. Apollonia '11, 50 mesi sur lie, ha maggior nerbo e tensione ma minor coesione, svelando qualche impuntatura vegetale. Buone notizia anche dai fermi: Isola '13 è un Verdicchio dal nerbo vivido, asciutto e salino.

○ Verdicchio dei Castelli di Jesi M. Cl. Brut Contatto '11	YY	4
○ Verdicchio dei Castelli di Jesi Isola '13	YY	3
○ Verdicchio dei Castelli di Jesi M. Cl. Brut Nature Apollonia '11	YY	5
○ Verdicchio dei Castelli di Jesi Isola '11	YY	3
○ Verdicchio dei Castelli di Jesi Isola '10	YY	2*
○ Verdicchio dei Castelli di Jesi M. Cl. Brut Apollonia '09	YY	5
○ Verdicchio dei Castelli di Jesi M. Cl. Brut Contatto '10	YY	4
○ Verdicchio dei Castelli di Jesi M. Cl. Brut Nature Apollonia '10	YY	5

★La Monacesca

c.da Monacesca
62024 Matelica [MC]
Tel. 0733672641
www.monacesca.it

VENDITA DIRETTA
VISITA SU PRENOTAZIONE
PRODUZIONE ANNUA 180.000 bottiglie
ETTARI VITATI 30,00

Aldo Cifola guida con polso fermo l'azienda che ha saputo portare ai vertici della produzione bianchista italiana. Le sue interpretazioni del Verdicchio, piene e saporite, tutte invariabilmente declinate senza uso del legno, hanno fatto scuola sul territorio e aperto a uno stile ben riconoscibile. Da quest'anno un terzo Verdicchio di Matelica torna in listino dopo tanti anni di assenza: si tratta di una sintesi tra la beva spigliata del Matelica base e la complessa ricchezza del Mirum, punta di diamante della gamma aziendale. L'annata fredda dona insospettabili doti di agilità al Mirum '14 e nulla toglie a un centro bocca contrastato, trainato da una bella verve minerale sino a un finale intessuto con mille sfumature. Il Terra di Mezzo '12 ha sfumature di botrite e ginestra supportate da una bocca matura, piena e stratificata. Il Verdicchio '14 offre acidità agrumata e sorso succoso. Ecclesia '15 è uno Chardonnay di sorprendente originalità, più largo che profondo, di grande piacevolezza.

○ Verdicchio di Matelica Mirum Ris. '14	🍷🍷🍷 5
○ Ecclesia '15	🍷🍷 3
○ Verdicchio di Matelica '14	🍷🍷 3
○ Verdicchio di Matelica Terra di Mezzo '12	🍷🍷 4
○ Verdicchio di Matelica Mirum Ris. '12	🍷🍷🍷 5
○ Verdicchio di Matelica Mirum Ris. '11	🍷🍷🍷 5
○ Verdicchio di Matelica Mirum Ris. '10	🍷🍷🍷 4*
○ Verdicchio di Matelica Mirum Ris. '09	🍷🍷🍷 4
○ Verdicchio di Matelica Mirum Ris. '08	🍷🍷🍷 4
○ Verdicchio di Matelica Mirum Ris. '07	🍷🍷🍷 4*
○ Verdicchio di Matelica Mirum Ris. '06	🍷🍷🍷 4
○ Verdicchio di Matelica Mirum Ris. '04	🍷🍷🍷 4
○ Verdicchio di Matelica Mirum Ris. '02	🍷🍷🍷 3

Monte Schiavo

fraz. Monteschiavo
via Vivaio
60030 Maiolati Spontini [AN]
Tel. 0731700385
www.monteschiavo.it

VENDITA DIRETTA
VISITA SU PRENOTAZIONE
PRODUZIONE ANNUA 950.000 bottiglie
ETTARI VITATI 103,00
AZIENDA SOSTENIBILE

Con ben 103 ettari a disposizione la Monteschiavo della famiglia Pieralisi si trova a esser tra i maggior produttori privati delle Marche. L'impegno agronomico si spende su più appezzamenti in mezzo ai quali spicca il vigneto di Tassanare, posto tra Arcevia e Rosora. Nell'ampia cantina, la cui guida tecnica è in capo a Carlo Ferrini, si opera con la volontà di offrire una moderna interpretazione delle classiche denominazioni jesine. Ovviamente è il Verdicchio a fare la parte del leone ma anche il comparto rosso rende un'idea non banale di denominazioni come Lacrima e Rosso Piceno. Le Giuncare '13 offre un'ampia palette aromatica che va dalla frutta matura (ananas, pesca) a più dolci impronte di spezie, mandorla tostata e burro di cacao; in bocca ha misura equilibrata tra struttura e allungo, con un finale saporito e ostinato. Pieralisi for Friends '13 ha un naso in cui s'intrecciano amarena, note affumicate e chiodi di garofano; in bocca rivela originalità e apprezzabile tessitura tannica.

○ Castelli di Jesi Verdicchio Cl. Le Giuncare Ris. '13	🍷🍷 3*
● Esino Rosso Pieralisi for Friends '13	🍷🍷 5
● Lacrima di Morro d'Alba Marzaiola '15	🍷 2
● Rosso Piceno Sassaiolo '13	🍷 2
○ Verdicchio dei Castelli di Jesi Cl. Coste del Molino '15	🍷 2
○ Verdicchio dei Castelli di Jesi Cl. Sup. Pallio di S. Floriano '15	🍷 3
○ Verdicchio dei Castelli di Jesi Cl. Sup. Pallio di S. Floriano '11	🍷🍷🍷 2*
○ Verdicchio dei Castelli di Jesi Cl. Sup. Pallio di S. Floriano '10	🍷🍷🍷 2*
○ Verdicchio dei Castelli di Jesi Cl. Sup. Pallio di S. Floriano '09	🍷🍷🍷 2*

Montecappone

via Colle Olivo, 2
60035 Jesi [AN]
Tel. 0731205761
www.montecappone.com

VENDITA DIRETTA
VISITA SU PRENOTAZIONE
PRODUZIONE ANNUA 150.000 bottiglie
ETTARI VITATI 70,00

Gianluca Mirizzi è molto soddisfatto del nuovo terreno di 6 ettari appena acquistato tra Cupramontana e Monteroberto, dall'esposizione e giacitura fresche. Lo ritiene ideale per la sua idea di vino tesa a preservare nerbo acido e profumi agrumati nei bianchi, integrità di frutto nei rossi a base di montepulciano. Nell'ampia cantina di Jesi sono ospitate le autoclavi per i due Charmat da verdicchio e sauvignon, le vasche in acciaio e cemento per i bianchi tutti vinificati con l'ausilio del freddo in riduzione, le barrique per i rossi più ambiziosi. Utopia '13 sfrutta a dovere il millesimo quasi perfetto e impone la sua vena agrumata gentilmente innervata da ricordi di erbe di campo; in bocca è elegante senza rinunciare a un tenace grip sapido nel finale. Tre Bicchieri. Federico II '15 sfodera un bel naso di anice e fiori per poi impattare al palato con un'energia piuttosto efficace. Tra i rossi ha buon gioco il Rosso Piceno Utopia '13, caratterizzato da una chiara impronta fruttata.

○ Castelli di Jesi Verdicchio Cl. Utopia Ris. '13	🍷🍷🍷 4*
○ La Breccia '15	🍷🍷 3
● Rosso Piceno Utopia '13	🍷🍷 5
○ Verdicchio dei Castelli di Jesi Cl. '15	🍷🍷 2*
○ Verdicchio dei Castelli di Jesi Cl. Sup. Federico II a.D. 1194 '15	🍷🍷 3
⊙ Pergolesi a. D. 1710 '15	🍷 2
● Rosso Piceno '15	🍷 2
○ Sauvignon Extra Dry '15	🍷 3
○ Tabano '15	🍷 3
○ Verdicchio dei Castelli di Jesi Cl. Utopia Ris. '08	🍷🍷🍷 4
○ Verdicchio dei Castelli di Jesi Cl. Utopia Ris. '07	🍷🍷🍷 4*
○ Castelli di Jesi Verdicchio Cl. Utopia Ris. '12	🍷🍷 4

Alessandro Moroder

via Montacuto, 121
60029 Ancona
Tel. 071898232
www.moroder-vini.it

VENDITA DIRETTA
VISITA SU PRENOTAZIONE
PRODUZIONE ANNUA 130.000 bottiglie
ETTARI VITATI 18,00
VITICOLTURA Biologico Certificato
AZIENDA SOSTENIBILE

Padre nobile delle denominazioni che recano il nome Conero in etichetta, Alessandro Moroder ha lavorato duramente negli ultimi anni, riconvertendo al bio tutti i vigneti e dando una fisionomia ancor più territoriale ai propri vini. Affiancato nel lavoro tra vigna e cantina da suo figlio Marco e recentemente anche dal talento enologico di Marco Gozzi, offre una gamma affidabile, di respiro classico, con rossi maturati adeguatamente in legni di dimensione variabile e bianchi semplici, affinati in acciaio e votati a una beva semplice. Nelle scelte domina ancora il Dorico, arrivato alla versione 2011: naso evoluto con nuance di cuoio, liquirizia e spezie, ha una bocca matura e tornita grazie alla trama tannica già risolta. Di taglio diverso il Conero Moroder Riserva '12, di forte impronta fruttata, espressa con bocca robusta, dai tannini avvertiti e abbondanti. Il Rosso Conero Aiòn '14 sconta la brutta annata, mostra qualche affioramento vegetale, riscattato da una bocca asciutta, fresca e dinamica.

● Conero Dorico Ris. '11	🍷🍷 5
● Conero Moroder Ris. '12	🍷🍷 5
● Rosso Conero Aiòn '14	🍷🍷 2*
○ Candiano '15	🍷 2
○ Malvasia '15	🍷 2
⊙ Rosa di Moroder '15	🍷 2
● Rosso Conero '13	🍷 2
● Conero Dorico Ris. '05	🍷🍷🍷 5
● Conero Dorico Ris. '09	🍷🍷 5
● Conero Dorico Ris. '08	🍷🍷 5
● Conero Dorico Ris. '07	🍷🍷 5
● Conero Moroder Ris. '11	🍷🍷 5
● Rosso Conero Aiòn '13	🍷🍷 2*
● Rosso Conero Moroder '12	🍷🍷 2*
● Rosso Conero Moroder '08	🍷🍷 2*

Muròla

c.da Villamagna, 9
62010 Urbisaglia [MC]
Tel. 0733506843
www.murola.it

VENDITA DIRETTA
VISITA SU PRENOTAZIONE
PRODUZIONE ANNUA 700.000 bottiglie
ETTARI VITATI 60,00

Risale al 2004 la decisione della famiglia Mosiewicz di impiegare parte dei propri ingenti possedimenti terrieri, posti in uno dei tratti più belli della campagna maceratese, dando il via al progetto Murola. Oggi si avvalgono di una cantina all'avanguardia e di vigne in un'altimetria compresa tra 250 e 300 metri allevate su terreni a forte componente argillosa. Per i bianchi si predilige l'affinamento in acciaio mentre i rossi più ambiziosi contano su maturazioni adeguate e affinamenti in barrique. Decisamente interessante l'uso del ribona per ricavare un Metodo Classico affinato 36 mesi sui lieviti. Il Teodoro '13 si conferma la miglior etichetta: la marasca, integrata da note speziate, riporta con precisione alle uve montepulciano da cui nasce; in bocca è morbido, avvolgente, dalla trama tannica smussata. Jurek Metodo Classico è un'ottima bollicina: fruttata, salina, saporita. Il Sangiovese Agello '14 è floreale, lieve, ha sapore e buona tenuta aromatica anche se svela una precoce maturità.

Vino	Bicchieri	Prezzo
● Teodoro '13	🍷🍷 (rossi)	3*
● Agello '14	🍷🍷	2*
○ Colli Maceratesi Ribona Agar '15	🍷🍷	2*
○ Jurek M.Cl. Brut	🍷🍷	4
⊙ Millerose '15	🍷🍷	2*
○ Verdicchio di Matelica Vitige '15	🍷🍷	3
○ Baccius '15	🍷	2
○ Gremone '15	🍷	2
⊙ Jole Brut '14	🍷	3
○ Varà Brut Passerina '15	🍷	2
● Teodoro '12	🍷🍷🍷 (vuoti)	3*
● Camà '12	🍷🍷 (vuoti)	2*
● Camà '11	🍷🍷 (vuoti)	3*
● Camà '10	🍷🍷 (vuoti)	4
● Sangiovese '14	🍷🍷 (vuoti)	2*
● Teodoro '11	🍷🍷 (vuoti)	3

★Oasi degli Angeli

c.da Sant'Egidio, 50
63012 Cupra Marittima [AP]
Tel. 0735778569
www.kurni.it

VENDITA DIRETTA
VISITA SU PRENOTAZIONE
PRODUZIONE ANNUA 5.000 bottiglie
ETTARI VITATI 16,00

Venti anni fa, nel 1996, Marco Casolanetti ed Eleonora Rossi raccoglievano le prime uve di montepulciano per il Permatilde, una sorta di prototipo mai più replicato del Kurni. L'anno successivo si diede ufficialmente il via al progetto che rese al mondo del vino italiano un cult della tipologia, capace di attirare il favore di tanti ma anche qualche detrattore che segnala l'eccessiva esuberanza e concentrazione. Al di là di tutto oggi il Kurni gode di una fama planetaria e viene considerato un classico nel suo stile. Il lavoro di ricerca di Marco non si è fermato e ha portato alla riscoperta del bordò, clone di grenache replicato da una vite centenaria, impiegato per l'altro rosso: il Kupra. Kupra '13 ha naso mutevole e raffinatissimo: mirto, erbette, fruttini, un velo d'incenso, cioccolato bianco, legna arsa; la bocca è delicata in ingresso per poi spiccare il volo con una maestosa progressione gustativa. Kurni '14 ha toni di prugna e marasca nel consueto palato estrattivo e deflagrante.

Vino	Bicchieri	Prezzo
● Kupra '13	🍷🍷🍷 (rossi)	8
● Kurni '14	🍷🍷 (rossi)	8
● Kupra '12	🍷🍷🍷 (vuoti)	8
● Kupra '10	🍷🍷🍷 (vuoti)	8
● Kurni '10	🍷🍷🍷 (vuoti)	8
● Kurni '09	🍷🍷🍷 (vuoti)	8
● Kurni '08	🍷🍷🍷 (vuoti)	8
● Kurni '07	🍷🍷🍷 (vuoti)	8
● Kurni '04	🍷🍷🍷 (vuoti)	8
● Kurni '03	🍷🍷🍷 (vuoti)	8
● Kurni '02	🍷🍷🍷 (vuoti)	8
● Kurni '01	🍷🍷🍷 (vuoti)	8
● Kurni '00	🍷🍷🍷 (vuoti)	8
● Kurni '98	🍷🍷🍷 (vuoti)	8
● Kurni '97	🍷🍷🍷 (vuoti)	8

Pantaleone

via Colonnata Alta, 118
63100 Ascoli Piceno
Tel. 3478757476
www.pantaleonewine.com

VISITA SU PRENOTAZIONE
PRODUZIONE ANNUA 60.000 bottiglie
ETTARI VITATI 13,00
VITICOLTURA Biologico Certificato

Boschetti, calanchi, ginestre. L'azienda delle sorelle Francesca e Federica Pantaloni si trova a pochi minuti da Ascoli Piceno eppure sembra lontana da ogni agglomerato urbano. La mole dell'incombente monte Ascensione regola i ritmi del clima e segna anche la singolare freschezza dei vini, realizzati partendo da varietà autoctone. Il legame con i vitigni della tradizione (montepulciano, pecorino e passerina) è testimoniato dall'impegno nel progetto di riscoperta e rivalutazione dell'uva bordò, clone locale di grenache. Onirocep '15 dipana la consueta freschezza aromatica espressa con note di buccia di pompelmo, mela verde e salvia; in bocca è saporito e grintoso grazie a una vibrante acidità che genera un finale slanciato, d'attraente scorrevolezza. Chicca '15, da passerina, è ampia, profilata, deliziosamente agrumata. Unico rosso il Ribalta '12, da uve bordò: ha naso dall'affascinante timbrica mediterranea, corpo possente appoggiato a tannini saporiti e levigati, lunga dinamica gustativa.

○ Falerio Pecorino Onirocep '15	▼▼ 2*
● Ribalta '12	▼▼ 8
○ Chicca '15	▼ 2
● Atto I '10	▽▽ 2*
● Atto I '09	▽▽ 2*
● Boccascena '12	▽▽ 3
○ Chicca '13	▽▽ 2*
○ Falerio Pecorino Onirocep '14	▽▽ 2*
○ Falerio Pecorino Onirocep '13	▽▽ 2*
● La Ribalta '10	▽▽ 8
○ Onirocep '11	▽▽ 2*
○ Onirocep '10	▽▽ 3
● Sipario '09	▽▽ 2*
● Sipario '06	▽▽ 2*

Pievalta

via Monteschiavo, 18
60030 Maiolati Spontini [AN]
Tel. 0731705199
www.baronepizzini.it

VENDITA DIRETTA
VISITA SU PRENOTAZIONE
PRODUZIONE ANNUA 110.000 bottiglie
ETTARI VITATI 26,50
VITICOLTURA Biodinamico Certificato

Nella controetichetta del Verdicchio che reca il nome aziendale e che con le sue 90mila bottiglie è il cuore produttivo compare da quest'anno il volto di Alessandro Fenino e di Silvano Brescianini, rispettivamente responsabile della cantina e direttore di Barone Pizzini, proprietaria franciacortina di Pievalta. Un messaggio di identità, trasparenza, responsabilità. Valori importanti che s'innestano sullo spirito biodinamico che anima la produzione, tutta volta a rendere vini autenticamente fedeli allo spirito del territorio e dei vitigni più tipici dei Castelli di Jesi. Difficile dimenticare il San Paolo Riserva '13: un naso a più registri - agrumi gialli, basilico, fiori, mandorla dolce, un soffio d'anice - prelude a un palato pirotecnico dove acidità, struttura e mineralità sono perfettamente fuse in un sorso dalla sapidità prorompente, profondissimo. Un capolavoro. Dominè '15 ha naso dolce di agrumi canditi e una sottile punzecchiatura da volatile che dà vibrante energia a un palato salino.

○ Castelli di Jesi Verdicchio Cl. San Paolo Ris. '13	▼▼▼ 3*
○ Perlugo Zero M. Cl.	▼▼ 3
○ Verdicchio dei Castelli di Jesi Cl. Sup. Dominè '15	▼▼ 2*
○ Verdicchio dei Castelli di Jesi Cl. Sup. Pievalta '15	▼▼ 2*
● Rosso Pievalta '14	▼ 2
○ Castelli di Jesi Verdicchio Cl. San Paolo Ris. '10	▽▽▽ 3*
○ Verdicchio dei Castelli di Jesi Cl. Sup. Pievalta '09	▽▽▽ 2*
○ Castelli di Jesi Verdicchio Cl. San Paolo Ris. '12	▽▽ 3*
○ Verdicchio dei Castelli di Jesi Cl. San Paolo Ris. '09	▽▽ 3*
○ Verdicchio dei Castelli di Jesi Passito Curina '11	▽▽ 3*

Podere sul Lago

Loc. Borgiano
via Castello, 20
62020 Serrapetrona [MC]
Tel. 3333017380
www.poderesullago.it

VENDITA DIRETTA
VISITA SU PRENOTAZIONE
PRODUZIONE ANNUA 10.000 bottiglie
ETTARI VITATI 4,00
AZIENDA SOSTENIBILE

L'affaccio sul lago di Caccamo ha tratti da cartolina. Del resto siamo in una zona con caratteristiche pedemontane dove la vigna confina con il bosco e gli sbalzi climatici si fanno sentire. È il regno della vernaccia nera. Sandrino Quadraroli non la spumantizza come vuole la tradizione locale ma ne ricava due Serrapetrona, rossi fermi. L'altra passione personale è il merlot che ne Il Ruggero è vinificato in purezza mentre nel Cercis forma un blend paritario sempre con la vernaccia. Nonostante le difficoltà, l'annata 2014 è stata ben gestita: Lacus (maturato in barrique) ha gradevole naso di pepe nero e cenni di alloro e incenso; in bocca è salino, con nerbo acido in evidenza. Il Torcular (affinato in acciaio) ha ricordi di ciliegie e un sottofondo vegetale che non disturba una saporita speziatura. Il Ruggero ha un taglio decisamente più fruttato, con tannini morbidi e sensazioni avvolgenti. Zio Sergio, da vernaccia appassita, è speziatissimo e ben calibrato nel residuo zuccherino.

Vino	Bicchieri	
● Il Ruggero '14	●●	5
● Serrapetrona Lacus '14	●●	5
● Serrapetrona Torcular '14	●●	2*
● Zio Sergio '14	●●	5
● Cercis '14	●	3
● Cercis '13	○○	3
● Il Ruggero '13	○○	5
● Serrapetrona Torcular '13	○○	2*

Il Pollenza

c.da Casone, 4
62029 Tolentino [MC]
Tel. 0733961989
www.ilpollenza.it

VENDITA DIRETTA
VISITA SU PRENOTAZIONE
PRODUZIONE ANNUA 300.000 bottiglie
ETTARI VITATI 80,00
AZIENDA SOSTENIBILE

Il conte Brachetti Peretti ha lasciato il timone dell'azienda petrolifera da lui fondata e dedica buona parte del suo tempo alla sua tenuta viticola incastonata tra i territori di Pollenza e Tolentino. Le ville, di cui una adibita a cantina, sontuosamente restaurate, l'alta professionalità del team tecnico, il senso di ordine e bellezza che si respirano, rimandano invariabilmente alla cultura degli château di Bordeaux. Anche il patrimonio ampelografico riflette questa impostazione. Negli ultimi tempi ribona e montepulciano trovano timidi spazi nel domino delle cultivar internazionali. Il Pollenza '13 ha una bocca di temperamento, scura, possente nella trama tannica; peccato sia imbrigliato in qualche vegetalità di troppo. Appare più riuscito il Cosmino '13, Cabernet dove il contrappunto tra le note verdi e balsamiche e quelle di frutto rosso e spezie apporta vivacità gustativa. Magnifico il Pius IX Mastai '14, un Sauvignon Passito: pesca, basilico e camomilla danno un insieme delicato, succoso e lunghissimo.

Vino	Bicchieri	
● Cosmino '13	●● (rosso)	5
○ Pius IX Mastai '14	●● (rosso)	6
○ Colli Maceratesi Ribona Angera '15	●●	3
● Il Pollenza '13	●●	8
○ Brianello '15	●	3
● Porpora '13	●	3
● Il Pollenza '12	○○○	8
● Il Pollenza '11	○○○	7
● Il Pollenza '10	○○○	7
● Il Pollenza '09	○○○	7
● Il Pollenza '07	○○○	7
● Cosmino '12	○○	5
● Cosmino '11	○○	5
● Cosmino '09	○○	5
○ Pius IX '13	○○	6
○ Pius IX '10	○○	6

Alberto Quacquarini

via Colli, 1
62020 Serrapetrona [MC]
Tel. 0733908180
www.quacquarini.it

VENDITA DIRETTA
PRODUZIONE ANNUA 140.000 bottiglie
ETTARI VITATI 25,00

Alberto Quacquarini è considerato il padre putativo dalla Vernaccia di Serrapetrona, particolare spumante rosso da uve vernaccia, ottenuto mediante un articolato metodo di rifermentazioni innescate anche da mosto di uve appassite. Dal 1958 ha iniziato a replicare l'antica usanza contadina di appendere le uve in fruttaio per ottenere un mosto ricco di zuccheri e aromi. Oggi la sua opera è portata avanti da Mauro e Luca Quacquarini, strenui difensori della tradizione ma attenti alle moderne prassi enologiche. Nell'ampia e rinnovata cantina, oltre al fruttaio e alle autoclavi, trovano spazio i piccoli legni e i fusti di acciaio per i rossi fermi. Il Serrapetrona '14, vino giovane della casa, esprime con particolare intensità gli accenti pepati del vitigno in una bocca leggiadra, bevibile e saporita. Petronio, da uve vernaccia 100% appassite, ha netti ricordi di uva passa, pepe nero e amarena sotto spirito. Ben fatte le due Vernaccia, con particolare predilezione per la versione dolce.

● Serrapetrona '14	🍷🍷 2*
● Colli della Serra '12	🍷🍷 2*
● Petronio '10	🍷🍷 5
● Vernaccia di Serrapetrona Dolce	🍷🍷 2
● Vernaccia di Serrapetrona Secco	🍷🍷 3
○ Verdicchio di Matelica '15	🍷 2
● Petronio '02	🍷🍷 5
● Petronio '01	🍷🍷 5
● Serrapetrona '10	🍷🍷 2*
● Serrapetrona '08	🍷🍷 2

Sabbionare

via Sabbionare, 10
60036 Montecarotto [AN]
Tel. 0731889004
www.sabbionare.it

VENDITA DIRETTA
VISITA SU PRENOTAZIONE
PRODUZIONE ANNUA 35.000 bottiglie
ETTARI VITATI 15,00

Contrada Sabbionare deve il suo nome all'ampia presenza di sabbia nel terreno. A metà anni Novanta i coniugi Donatella Paoloni e Sauro Paolucci decisero di dare una svolta alla loro attività dal taglio amatoriale costruendo la cantina nei pressi del loro vigneto. Seguiti nella loro opera da veri specialisti dell'uva di Jesi come l'agronomo Pierluigi Donna e l'enologo Sergio Paolucci, negli anni hanno ampliato la produzione mediante la gestione di altri vigneti, quasi tutti posti a Montecarotto. I loro Verdicchio sono sempre ben caratterizzati, ricchi di sapore, sapidissimi. Vini d'annata affinati in acciaio, buoni sin da subito ma capaci d'invecchiare bene. Il Sabbionare '15 ha il passo dei migliori: impasta con precisione le timbriche varietali, come mandorla e fiori d'acacia, con la freschezza degli agrumi e un accenno di pesca bianca; in bocca è teso, continuo, salino. Un Tre Bicchieri d'imperio. Come sempre affidabile il secondo vino, El Filetto '15, scorrevole, fragrante, piuttosto tipico.

○ Verdicchio dei Castelli di Jesi Cl. Sup. Sabbionare '15	🍷🍷🍷 2*
○ Verdicchio dei Castelli di Jesi Cl. El Filetto '15	🍷🍷 1*
○ Verdicchio dei Castelli di Jesi Cl. I Pratelli '11	🍷🍷 1*
○ Verdicchio dei Castelli di Jesi Cl. I Pratelli '10	🍷🍷 1*
○ Verdicchio dei Castelli di Jesi Cl. Sup. Sabbionare '13	🍷🍷 2*
○ Verdicchio dei Castelli di Jesi Cl. Sup. Sabbionare '12	🍷🍷 2*
○ Verdicchio dei Castelli di Jesi Cl. Sup. Sabbionare '10	🍷🍷 2*
○ Verdicchio dei Castelli di Jesi Cl. Sup. Sabbionare '09	🍷🍷 2*

Saladini Pilastri

via Saladini, 5
63078 Spinetoli [AP]
Tel. 0736899534
www.saladinipilastri.it

VENDITA DIRETTA
VISITA SU PRENOTAZIONE
PRODUZIONE ANNUA 1.000.000 bottiglie
ETTARI VITATI 150,00
VITICOLTURA Biologico Certificato
AZIENDA SOSTENIBILE

La fondazione dell'azienda vitivinicola risale al 1986 ma la tenuta dei Saladini Pilastri vanta una storia plurisecolare. I vasti possedimenti familiari coprono un ampio areale tra i comuni di Spinetoli e Monteprandone. Da diversi anni l'azienda opera in regime di agricoltura bio, agevolata dalle ottime esposizione e dal clima asciutto del luogo. In cantina si asseconda la generosità del montepulciano e la tempra del sangiovese per creare vini di notevole estensione fruttata, compatti nella struttura, che dipanano lentamente nel tempo la loro energia. In cantina si eseguono vinificazioni di moderna impostazione e affinamenti in legni di rovere di diversa capienza: i piccoli volumi sono dedicati ai rossi più ambiziosi. Montetinello '14 ha rimandi di frutti rossi e legna arsa, in bocca ha energia e fibra. Vigna Monteprandone '14 ha ricordi di marasca, prugna e una bocca fitta, tannica, da aspettare con fiducia. Tra i bianchi segnaliamo un floreale Passerina '15, d'apprezzabile lena.

Vino	Bicchieri
● Rosso Piceno Sup. Montetinello '14	🍷🍷 3
● Rosso Piceno Sup. V. Monteprandone '14	🍷🍷 5
○ Falerio Palazzi '15	🍷 3
○ Offida Passerina '15	🍷 3
○ Offida Pecorino '15	🍷 3
● Pregio del Conte '14	🍷 5
● Rosso Piceno '15	🍷 3
● Rosso Piceno Sup. V. Monteprandone '00	YYY 3
○ Offida Pecorino '14	YY 3
○ Offida Pecorino '10	YY 2*
● Pregio del Conte Rosso '10	YY 4
● Rosso Piceno Sup. Montetinello '13	YY 3
● Rosso Piceno Sup. V. Monteprandone '13	YY 5
● Rosso Piceno Sup. V. Monteprandone '10	YY 4
● Rosso Piceno Sup. V. Montetinello '10	YY 2*
● Rosso Piceno V. Piediprato '11	YY 3

San Giovanni

c.da Ciafone, 41
63035 Offida [AP]
Tel. 0736889032
www.vinisangiovanni.it

VISITA SU PRENOTAZIONE
PRODUZIONE ANNUA 180.000 bottiglie
ETTARI VITATI 35,00
VITICOLTURA Biologico Certificato

Fondata nel 1990 dalla famiglia Di Lorenzo, San Giovanni ha subito una profonda ristrutturazione negli ultimi anni. Un cambiamento profondo che ha investito la proprietà e la cantina. Immutati invece i vigneti, posti a dimora in contrada Ciafone, storicamente e universalmente riconosciuta come una delle zone più vocate del Piceno. Totalmente gestita in bio oramai da qualche anno, San Giovanni offre una gamma totalmente modellata con cultivar tradizionali. I vini hanno stile dichiaratamente moderno, in particolare quelli della linea Gyo. Torna a brillare la stella del Kiara con l'annata 2015: l'impasto di erbe e agrumi forgia un naso raffinato mentre il sorso è teso, accattivante, vitale. Si pone tra i migliori assaggi di quest'anno. I vini della linea Gyo si sono tutti distinti per nasi fruttati e bocche di grande piacevolezza, votate a una beva scorrevole ma di buona articolazione. Zeii '12 invece è un rosso d'impatto: naso di amarena e caffè, bocca polposa dai tannini fitti.

Vino	Bicchieri
○ Offida Pecorino Kiara '15	🍷🍷 (rossi) 3*
○ Falerio Pecorino Gyo '15	🍷🍷 2*
● Offida Rosso Zeii '12	🍷🍷 3
○ Passerina Gyo '14	🍷🍷 2*
● Rosso Piceno Sup. Gyo '14	🍷🍷 2*
○ Marta '15	🍷 2
○ Marta Passerina Brut	🍷 3
○ Offida Pecorino Zagros '13	🍷 4
○ Falerio Pecorino Gyo '14	YY 2*
○ Offida Pecorino Kiara '13	YY 3
○ Offida Pecorino Kiara '12	YY 3
○ Offida Pecorino Kiara '11	YY 3
○ Offida Pecorino Kiara '10	YY 2*
● Rosso Piceno Sup. Leo Guelfus '11	YY 3
● Rosso Piceno Sup. Leo Guelfus '07	YY 2*
○ Zagros '11	YY 3

Poderi San Lazzaro

fraz. Borgo Miriam
c.da San Lazzaro, 88
63073 Offida [AP]
Tel. 0736889189
www.poderisanlazzaro.it

VENDITA DIRETTA
VISITA SU PRENOTAZIONE
PRODUZIONE ANNUA 50.000 bottiglie
ETTARI VITATI 7,50
VITICOLTURA Biologico Certificato

Il concetto di artigianale, con i suoi confini sfumati, rischia di esser abusato quando riferito a produzioni viticole. Noi siamo certi di usarlo nel suo significato più autentico quando pensiamo al lavoro di Paolo Capriotti. Egli segue tutto in prima persona, avvalendosi principalmente della sua famiglia per i lavori agricoli. In cantina si confronta con le idee di Marco Casolanetti per creare vini pieni di personalità, magari un po' ruvidi in gioventù ma capaci di esprimere nel tempo la generosa trama del territorio piceno. Sugli scudi il comparto rosso. Il Podere 72 '13 si muove tra sentori accattivanti di fragole, ciliegie e più complessi tratti di legna arsa. Bocca di bella materia, polposa, dal tannino presente ma non aggressivo. Il Bordò '12, affinato in tonneau, ha naturalezza espressiva e un tatto felpato, avvolgente, dalla progressione decisa e speziata. Polesio '15 è un Sangiovese floreale dalla beva spigliata. Il Pistillo '15 è vegetale e saporito ma anche un po' statico.

- ● Bordò '12 — 🍷🍷 7
- ● Piceno Sup. Podere 72 '13 — 🍷🍷 2*
- ● Polesio '15 — 🍷🍷 2*
- ○ Offida Passerina Passina '15 — 🍷 2
- ○ Offida Pecorino Pistillo '15 — 🍷 2
- ● Offida Rosso Grifola '11 — 🍷🍷🍷 4*
- ● Bordò '11 — 🍷🍷 7
- ● Grifola '10 — 🍷🍷 4
- ● Offida Rosso Grifola '12 — 🍷🍷 4
- ● Piceno Sup. Podere 72 '12 — 🍷🍷 2*
- ● Piceno Sup. Podere 72 '11 — 🍷🍷 2*
- ● Polesio '14 — 🍷🍷 2*
- ● Polesio '13 — 🍷🍷 2*
- ● Polesio '11 — 🍷🍷 2*
- ● Rosso Piceno Sup. Podere 72 '10 — 🍷🍷 2*
- ● Rosso Piceno Sup. Podere 72 '09 — 🍷🍷 2*

San Savino - Poderi Capecci

loc. San Savino
via Santa Maria in Carro, 13
63065 Ripatransone [AP]
Tel. 073590107
www.sansavino.com

VENDITA DIRETTA
VISITA SU PRENOTAZIONE
PRODUZIONE ANNUA 120.000 bottiglie
ETTARI VITATI 22,00
VITICOLTURA Biologico Certificato

Simone Capecci esprime con maestria la figura di un vignaiolo che riesce a condensare in sé l'esperienza di una famiglia da sempre impegnata nel mondo del vino e i tratti moderni di chi sa trarre il meglio della tradizione per reinterpretarla con un taglio contemporaneo. I vigneti di Acquaviva e i freschi versanti di Santa Maria in Carro danno uve che una volta in cantina vengono trattate con diverse modalità produttive: pecorino e passerina sono lavorate in ambiente riduttivo con uso di criomacerazione e tini in acciaio; pazienti fermentazioni e piccoli legni accolgono i rossi di maggiore levatura. Simone ci ha presentato tre ottimi vini: Ciprea '15 sa di erbe, anice, pesca bianca in una bocca salina e tonica, di gran beva. Fedus '14 è un atipico Sangiovese di corpo pieno, sorso vigoroso e arrotondato, olfatto stratificato ricco di sensazioni fruttate. Quinta Regio '12 è modulato su sensazioni di marasca matura e rovere dolce; palato dal frutto voluttuoso, concentrato, decisamente integro.

- ○ Offida Pecorino Ciprea '15 — 🍷🍷🍷 3*
- ● Offida Rosso Quinta Regio '12 — 🍷🍷 5
- ● Fedus '14 — 🍷🍷 4
- ● Rosso Piceno Sup. Picus '14 — 🍷🍷 2*
- ○ Tufilla '15 — 🍷 2
- ● Fedus Sangiovese '06 — 🍷🍷🍷 4
- ○ Offida Pecorino Ciprea '10 — 🍷🍷🍷 3*
- ○ Offida Pecorino Ciprea '09 — 🍷🍷🍷 3*
- ○ Offida Pecorino Ciprea '08 — 🍷🍷🍷 3*
- ● Quinta Regio '01 — 🍷🍷🍷 5
- ● Quinta Regio '00 — 🍷🍷🍷 5
- ○ Offida Pecorino Ciprea '14 — 🍷🍷 3*
- ● Quinta Regio '10 — 🍷🍷 5
- ● Quinta Regio '08 — 🍷🍷 5
- ● Rosso Piceno Sup. Picus '13 — 🍷🍷 2*

Santa Barbara

B.GO MAZZINI, 35
60010 BARBARA [AN]
TEL. 0719674249
www.vinisantabarbara.it

VENDITA DIRETTA
VISITA SU PRENOTAZIONE
PRODUZIONE ANNUA 650.000 bottiglie
ETTARI VITATI 40,00

Stefano Antonucci, detto Mossi, riempie con la sua travolgente personalità ogni cronaca riservata alla sua Santa Barbara. Uno dei meriti principali, spesso sottaciuto, è quello di aver costruito nel tempo un team coeso con Pierluigi Lorenzetti e i giovani Daniele e Roberto Rotatori, elementi centrali del comparto tecnico produttivo. Idee nuove, stile sempre aggiornato e confronto serrato portano l'azienda esprimere compiutamente nei propri vini piacevolezza di beva e profumi tersi. Le migliori etichette riescono a esprimere un'insospettabile tenuta nel tempo, discorso valido per i Verdicchio in particolare. Le Vaglie '15 è tra i migliori Verdicchio d'annata: spigliato, succoso al palato, dal finale sapidissimo. Sulla stessa linea, appena meno profondo, il Pignocco '15. Il Superiore Stefano Antonucci '14 ha profumi di frutta tropicale, agrumi canditi e corpo morbido. Davvero riuscito il Mossone '13, Merlot di sorprendente stoffa, dall'ampio spettro olfattivo, tannini dolci e finale incalzante.

● Mossone '13	🍷🍷 8
○ Verdicchio dei Castelli di Jesi Cl. Le Vaglie '15	🍷🍷 3*
○ Animale Celeste '15	🍷🍷 3
● Mossi Passito '14	🍷🍷 5
● Pathos '14	🍷🍷 6
○ Stefano Antonucci Brut M. Cl.	🍷🍷 5
● Stefano Antonucci Rosso '14	🍷🍷 4
○ Verdicchio dei Castelli di Jesi Back to Basic '14	🍷🍷 5
○ Verdicchio dei Castelli di Jesi Cl. Pignocco '15	🍷🍷 2*
○ Verdicchio dei Castelli di Jesi Cl. Sup. Stefano Antonucci '14	🍷🍷 4
● Rosso Piceno Il Maschio da Monte '14	🍷 5
○ Verdicchio dei Castelli di Jesi Stefano Antonucci '15	🍷 2

Sartarelli

VIA COSTE DEL MOLINO, 24
60030 POGGIO SAN MARCELLO [AN]
TEL. 073189732
www.sartarelli.it

VENDITA DIRETTA
VISITA SU PRENOTAZIONE
PRODUZIONE ANNUA 280.000 bottiglie
ETTARI VITATI 55,00

Anche i verdicchisti più incalliti hanno qualche filare di altre varietà in vigna. Da Sartarelli no. Lì da sempre vige la dedizione più completa all'uva di Jesi. Patrizio Chiacchierini e Donatella Sartarelli sono proprietari di alcuni dei vigneti più belli della riva sinistra dell'Esino e ne ricavano vini dal timbro decisamente classico. L'ampia cantina si affaccia su uno scenografico e scosceso tappeto di vigneti, uno dei panorami più belli di tutta la regione. All'interno trovano spazio solo contenitori in acciaio per l'affinamento di tutte le etichette. Il Classico '15 lo è di nome e di fatto: sensazioni di frutta secca e mela matura si ritrovano in un palato che ha nella pienezza di sapore il miglior pregio. Il Balciana '14, da uve vendemmiate tardivamente, profuma di pesca gialla, miele e timo: in bocca è cremoso, piuttosto glicerico, con un finale molto intenso e lievemente zuccherino. Meno preciso del solito il Tralivio '14: la pessima annata fa perdere un po' di complessità.

○ Verdicchio dei Castelli di Jesi Cl. '15	🍷🍷 2*
○ Verdicchio dei Castelli di Jesi Cl. Sup. Balciana '14	🍷🍷 5
○ Brut	🍷 3
○ Verdicchio dei Castelli di Jesi Cl. Sup. Tralivio '14	🍷 3
○ Verdicchio dei Castelli di Jesi Passito '14	🍷 5
○ Verdicchio dei Castelli di Jesi Cl. Sup. Balciana '09	🍷🍷🍷 5
○ Verdicchio dei Castelli di Jesi Cl. Sup. Balciana '04	🍷🍷🍷 5
○ Verdicchio dei Castelli di Jesi Cl. Sup. Contrada Balciana '98	🍷🍷🍷 5
○ Verdicchio dei Castelli di Jesi Cl. Sup. Contrada Balciana '97	🍷🍷🍷 5

Sparapani - Frati Bianchi

via Barchio, 12
60034 Cupramontana [AN]
Tel. 0731781216
www.fratibianchi.it

VENDITA DIRETTA
VISITA SU PRENOTAZIONE
RISTORAZIONE
PRODUZIONE ANNUA 40.000 bottiglie
ETTARI VITATI 14,00

A guardare i risultati si può dire che il passaggio dal vecchio e angusto stabile alla nuova, moderna cantina abbia liberato tutto il talento dei fratelli Sparapani. In realtà, pur giovani, sono da molti anni dei bravi artigiani cresciuti da loro padre Settimio tra i filari. Grazie alla tanta esperienza accumulata e alla specializzazione in Verdicchio, producono etichette che oggi come non mai rendono pienamente idea della fibra robusta e della tempra sapida garantite dal terroir di Cupramontana. Ad eccezione della Riserva Donna Cloe, maturata per 16 mesi in rovere di medie dimensioni, in cantina si utilizza solo acciaio. Il Priore '14 supera di slancio tutte le difficoltà vendemmiali offrendosi elegante nelle sensazioni di fiori e mandorla, rese più affascinanti da sfumature minerali e salmastre. In bocca ha una dinamica travolgente e un finale crepitante. Donna Cloe Riserva '12 è complesso e reattivo, mentre Salerna '15 è un ottimo Verdicchio d'annata: agrumato, salino, di beva rinfrescante.

○ Verdicchio dei Castelli di Jesi Cl. Sup. Il Priore '14	TTT 2*
○ Castelli di Jesi Verdicchio Cl. Donna Cloe Ris. '12	TT 5
○ Verdicchio dei Castelli di Jesi Cl. Salerna '15	TT 2*
○ Verdicchio dei Castelli di Jesi Cl. Sup. Il Priore '13	TTT 2*
○ Verdicchio dei Castelli di Jesi Cl. Sup. Il Priore '12	TTT 2*
○ Verdicchio dei Castelli di Jesi Cl. Sup. Il Priore '06	TTT 2*

Tenuta Spinelli

via Lago, 2
63032 Castignano [AP]
Tel. 0736821489
www.tenutaspinelli.it

VENDITA DIRETTA
VISITA SU PRENOTAZIONE
OSPITALITÀ
PRODUZIONE ANNUA 30.000 bottiglie
ETTARI VITATI 7,00

Uno degli aspetti più belli della viticoltura è il grado di attaccamento espresso da chi la conduce. Simone Spinelli, nonostante la fatica di condurre tutto in prima persona, è sempre più innamorato del suo lavoro. Una passione cieca che l'ha portato a piantare vigne in altura, strappando alle rocce dell'Ascensione porzioni di terreno coltivabile. Gli ottimi risultati hanno accelerato nuove sfide: i progetti in divenire sul pinot nero e il perfezionamento del Metodo Classico da uve pecorino. La cantina è piccola ma c'è tutto quello che serve per lavorare serenamente. Ennesimo Tre Bicchieri per il talentuoso Simone: Artemisia '15 aggira tutte le insidie dell'annata caldissima e offre profumi sfaccettati e cristallini; al palato ha attacco perentorio, flette su ricordi di frutta estiva e si slancia nel finale con il suo nerbo vibrante. Eden '15 è una Passerina in purezza dal naso accattivante e palato in bilico tra freschezza agrumata e sensualità zuccherina, d'apprezzabile tenuta aromatica.

○ Offida Pecorino Artemisia '15	TTT 2*
○ Eden '15	TT 2*
○ Offida Pecorino Artemisia '14	TTT 2*
○ Offida Pecorino Artemisia '13	TTT 2*
○ Offida Pecorino Artemisia '12	TTT 2*
○ Eden '13	TT 2*
○ Eden '11	TT 2*
○ Méroe Pecorino M. Cl. '09	TT 3
○ Offida Pecorino Artemisia '11	TT 2*

Tenuta di Tavignano

loc. Tavignano
62011 Cingoli [MC]
Tel. 0733617303
www.tenutaditavignano.it

VENDITA DIRETTA
VISITA SU PRENOTAZIONE
PRODUZIONE ANNUA 100.000 bottiglie
ETTARI VITATI 30,00
AZIENDA SOSTENIBILE

Ondine de la Feld è la nipote di Stefano Aymerich, ossia del fondatore della bella tenuta posta sul crinale a cavallo tra la valle del Musone e quella dell'Esino. Giunta in azienda negli ultimi anni, ha apportato una ventata di freschezza realizzando un restyling grafico, sostenendo la realizzazione di nuovi prodotti come il Pestifero, un frizzante rifermentato in bottiglia senza sboccatura, dando maggior visibilità e presenza sui mercati evoluti. In questo è agevolata dalla fama crescente dei Verdicchio, esempi calzanti di forza, tempra e sapidità impressa senza mediazioni dal vitigno. Tre Bicchieri e il premio per il Bianco dell'Anno per uno straordinario Misco Superiore '15: olfatto finissimo, di grande aderenza varietale, coerente e profondo, offre una trama gustativa senza una sbavatura. Portentoso il Misco Riserva '14, con il suo naso di erbette, mandorla e scorza d'arancia fuse in un palato di fibra solida, dal finale armonioso e sensuale. Vigna Verde '15 profuma di limone e ha un palato in sintonia, garbato e godibile.

○ Verdicchio dei Castelli di Jesi Cl. Sup. Misco '15	🍷🍷🍷 3*
○ Castelli di Jesi Verdicchio Cl. Misco Ris. '14	🍷🍷 4
● Rosso Piceno Cervidoni '14	🍷🍷 2*
○ Verdicchio dei Castelli di Jesi Cl. Sup. Villa Torre '15	🍷🍷 2*
○ Verdicchio dei Castelli di Jesi Cl. V. Verde '15	🍷🍷 2*
⊙ Buonasera Signorina '15	🍷 3
○ Il Pestifero Pas Dosé '15	🍷 2
○ Passerina '15	🍷 2
○ Verdicchio dei Castelli di Jesi Cl. Sup. Misco '14	🍷🍷🍷 3*
○ Verdicchio dei Castelli di Jesi Cl. Sup. Misco '13	🍷🍷🍷 3*

Terre Cortesi Moncaro

via Pianole, 7a
63036 Montecarotto [AN]
Tel. 073189245
www.moncaro.com

VENDITA DIRETTA
VISITA SU PRENOTAZIONE
RISTORAZIONE
PRODUZIONE ANNUA 7.500.000 bottiglie
ETTARI VITATI 1200,00

Pur essendo un'enorme cooperativa, almeno per una regione dove dominano i piccoli volumi, alla Moncaro non hanno mai derogato alla volontà di proporre vini dall'alto profilo qualitativo. La gran mole di vigneti offre un'abbondante capacità di scelta delle uve migliori, quasi sempre cultivar autoctone, che vengono vinificate separatamente nelle tre cantine sparse tra i Castelli di Jesi, il Conero e Acquaviva Picena. I migliori raccolti si tramutano in vini che rileggono in chiave moderna uno stile consolidato, fatto di profumi intensamente fruttati e attraente bevibilità. Colpo di reni dello spirito bianchista della Moncaro che piazza in cima alla griglia due vini emblema dei rispettivi territori: il Vigna Novali '13 ha naso cangiante tra vena balsamica e timbriche di anice e mandorle riverberati in un palato di bella avvolgenza, espansivo, morbido. Ofithe '15 sfodera un'irresistibile fluidità al ricordo di erbe e scorza di limone. Pregevole anche il Fondiglie '15, dal sorso gustoso.

○ Castelli di Jesi Verdicchio Cl. V. Novali Ris. '13	🍷🍷 3*
○ Offida Pecorino Ofithe '15	🍷🍷 3*
● Conero Vign. del Parco Ris. '11	🍷🍷 4
● Piceno Sup. Roccaviva '13	🍷🍷 2*
● Rosso Conero Le Silve '15	🍷🍷 3
○ Verdicchio dei Castelli di Jesi Cl. Sup. Fondiglie '15	🍷🍷 3
● Conero Cimerio Ris. '13	🍷 3
● Conero Montescuro Ris. '13	🍷 3
○ Verdicchio dei Castelli di Jesi Cl. Le Vele '15	🍷 3
○ Verdicchio dei Castelli di Jesi Cl. Sup. Verde Ca' Ruptae '15	🍷 3
○ Castelli di Jesi Verdicchio Cl. V. Novali Ris. '10	🍷🍷🍷 3*
● Rosso Piceno Sup. Roccaviva '12	🍷🍷🍷 2*

★Umani Ronchi

via Adriatica, 12
60027 Osimo [AN]
Tel. 0717108019
www.umanironchi.com

VENDITA DIRETTA
VISITA SU PRENOTAZIONE
PRODUZIONE ANNUA 3.000.000 bottiglie
ETTARI VITATI 230,00
VITICOLTURA Biologico Certificato
AZIENDA SOSTENIBILE

Sebbene i numeri parlino di una tra le più importanti realtà marchigiane in termini di ettari vitati e di bottiglie prodotte, Umani Ronchi resta fondamentalmente una maison familiare. Michele Bernetti guida da diversi anni l'azienda intrapresa da suo padre Massimo e suo zio Stefano, sviluppando nuovi progetti qualitativi. Tra essi vi è la conversione al biologico di buona parte dei vigneti, sparsi tra i Castelli di Jesi, il Conero e l'Abruzzo: il Casal di Serra è il primo vino aziendale a fregiarsi della certificazione bio. Il Campo San Giorgio Riserva '11 ridisegna nuovi concetti di eleganza e mineralità che si possono raggiungere con il Montepulciano del Conero. Un portento di raffinata espressività. Il suo cadetto Cùmaro '12 ha una brillante orma fruttata e spalla solida intrecciata con tannini di levigata consistenza. Plenio '13 offre grazia e dinamismo, ampi tratti varietali e una straordinaria energia motrice al sorso. Il Maximo '13, un Sauvignon botritizzato, è suadente, vellutato, lunghissimo.

● Conero Campo San Giorgio Ris. '11	🍷🍷🍷 7
● Conero Cùmaro Ris. '12	🍷🍷 4
○ Maximo '13	🍷🍷 4
○ Verdicchio dei Castelli di Jesi Cl. Sup. V. V. '14	🍷🍷 4
○ Castelli di Jesi Verdicchio Cl. Ris. Plenio '13	🍷🍷 4
○ La Hoz M. Cl. Brut Nature '10	🍷🍷 5
● Montepulciano d'Abruzzo Jorio '14	🍷🍷 3
● Pelago '12	🍷🍷 5
● Rosso Conero San Lorenzo '14	🍷🍷 3
● Rosso Conero Serrano '15	🍷🍷 2*
○ Vellodoro '15	🍷🍷 2*
○ Verdicchio dei Castelli di Jesi Cl. Sup. Casal di Serra '15	🍷🍷 3
○ Verdicchio dei Castelli di Jesi Cl. Villa Bianchi '15	🍷🍷 2*

Vallerosa Bonci

via Torre, 15
60034 Cupramontana [AN]
Tel. 0731789129
www.vallerosa-bonci.com

VENDITA DIRETTA
VISITA SU PRENOTAZIONE
PRODUZIONE ANNUA 250.000 bottiglie
ETTARI VITATI 26,00

Peppe Bonci è un'enciclopedia vivente del Verdicchio. Sa praticamente tutto di esso avendo accumulato sulle proprie spalle un'infinità di vendemmie, ospitato nelle sue vigne la più completa ricerca clonale mai effettuata (realizzata dall'Università di Milano), sperimentato ogni tipo di vinificazione. Dai diversi appezzamenti di proprietà, variabili per altimetria ed esposizione ma tutti ricadenti nel comune di Cupramontana, ricava uve di tempra e maturità differenti, per dar vita a vini ben caratterizzati tra loro. La miglior scelta rimane il San Michele, ottenuto da cru omonimo esposto a sud: la fresca annata 2014 ne ha alleggerito il tratto alcolico e strutturale senza intaccarne la consueta sapidità e la succosità del sorso. Decisamente valido anche il Manciano '15, con tersa percezione agrumata al naso e palato scorrevole, venato di scie saline. Affidabile come sempre il Brut, uno Charmat di ottima intelaiatura, dai sentori di mandorla e crosta di pane, immediato nell'approccio.

○ Verdicchio dei Castelli di Jesi Cl. Manciano '15	🍷🍷 2*
○ Verdicchio dei Castelli di Jesi Cl. Sup. S. Michele '14	🍷🍷 3
○ Verdicchio dei Castelli di Jesi Brut	🍷 2
○ Verdicchio dei Castelli di Jesi Cl. Viatorre '15	🍷 2
○ Verdicchio dei Castelli di Jesi Cl. Pietrone Ris. '04	🍷🍷🍷 3
○ Verdicchio dei Castelli di Jesi Cl. Sup. S. Michele '10	🍷🍷🍷 3*
○ Verdicchio dei Castelli di Jesi Cl. Sup. S. Michele '06	🍷🍷🍷 3
○ Verdicchio dei Castelli di Jesi Cl. Sup. S. Michele '00	🍷🍷🍷 3*

★Velenosi

LOC. MONTICELLI
VIA DEI BIANCOSPINI, 11
63100 ASCOLI PICENO
TEL. 0736341218
www.velenosivini.com

VENDITA DIRETTA
VISITA SU PRENOTAZIONE
PRODUZIONE ANNUA 2.500.000 bottiglie
ETTARI VITATI 192,00

Tutti i treni han bisogno di locomotive, anche i più piccoli. E nel panorama regionale sono poche le aziende che trainano il made in Marche sugli scaffali di tutto il mondo. Tra queste un ruolo centrale spetta a Velenosi che ogni anno riesce ad allargare la sua presenza sullo scacchiere globale. I vini del Piceno sono il fulcro su cui fa affidamento l'ampia gamma di etichette ma non si rinuncia ad avere in listino le migliori denominazioni marchigiane realizzate grazie a fidati conferitori o consolidati rapporti di partnership. Dalle bollicine ai bianchi da uve autoctone sino ai possenti rossi, sono tanti i punti di forza di quest'azienda dall'encomiabile affidabilità produttiva. Rêve '14 ha olfatto molto intenso, rimanda con precisione alla buccia di pompelmo candita innervata da un fresco corredo di erbe aromatiche; la bocca è sinuosa, dal sorso pieno e prolungato. Roggio del Filare '13 ha profumi fruttati e sottile vena vegetale più evidente nel morbido palato, di polposa consistenza.

○ Offida Pecorino Rêve '14	🍷🍷🍷	5
● Rosso Piceno Sup. Roggio del Filare '13	🍷🍷	7
○ Falerio Pecorino Villa Angela '15	🍷🍷	4
● Lacrima di Morro d'Alba Querciantica '15	🍷🍷	4
○ Offida Pecorino Villa Angela '15	🍷🍷	4
○ Passerina Brut	🍷🍷	3
○ Passerina Villa Angela '15	🍷🍷	4
● Rosso Piceno Sup. Brecciarolo '14	🍷🍷	4
● Rosso Piceno Sup. Brecciarolo Gold '14	🍷🍷	5
○ Verdicchio dei Castelli di Jesi Cl. Querciantica '15	🍷🍷	4
○ Chardonnay Villa Angela '15	🍷	4
● Offida Rosso Ludi '13	🍷	7
● Rosso Piceno Sup. Roggio del Filare '12	🍷🍷🍷	7
● Rosso Piceno Sup. Roggio del Filare '11	🍷🍷🍷	7
● Rosso Piceno Sup. Roggio del Filare '10	🍷🍷🍷	5

Roberto Venturi

VIA CASE NUOVE, 1A
60010 CASTELLEONE DI SUASA [AN]
TEL. 3381855566
www.viniventuri.it

VENDITA DIRETTA
VISITA SU PRENOTAZIONE
PRODUZIONE ANNUA 60.000 bottiglie
ETTARI VITATI 8,00

Roberto Venturi non si è fatto intimorire dalla crisi economica mondiale, non ha ascoltato la secolare prudenza marchigiana e ha tirato dritto: ha realizzato il sogno di costruire una nuova cantina. Una struttura edificata senza manie di grandezza, fatta a misura della sua realtà artigiana eppur moderna nell'architettura e negli spazi. Dal terrazzo sul tetto si gode di uno spettacolare panorama e si tengono d'occhio tutte le vigne a eccezione di quella posta a Montecarotto. L'acciaio è il materiale che domina nelle fasi di lavorazione. Qudì '14, naso di erbe di campo e mandorla, è dotato di buoni muscoli ma anche di un saldo scheletro sapido. Decisamente valido anche il cadetto San Martino '15, tra ricordi di anice e una bella bocca succosa. Desiderio '15, ottenuto da moscato in purezza, ha un'esplosione di rimandi agrumati e speziati al naso, che segnano un palato leggiadro, davvero gustoso. Balsamino '15, da uve aleatico, è semplice e senza fronzoli nella sua verve aromatica.

○ Desiderio '15	🍷🍷	2*
○ Verdicchio dei Castelli di Jesi Cl. Sup. Qudì '14	🍷🍷	2*
○ Verdicchio dei Castelli di Jesi San Martino '15	🍷🍷	2*
● Balsamino '15	🍷	2
○ Verdicchio dei Castelli di Jesi Cl. Sup. Qudì '13	🍷🍷🍷	2*
○ Desiderio '14	🍷🍷	2*
○ Desiderio '13	🍷🍷	2*
○ Verdicchio dei Castelli di Jesi Cl. Sup. Qudì '12	🍷🍷	2*

Vicari

via Pozzo Buono, 3
60030 Morro d'Alba [AN]
Tel. 073163164
www.vicarivini.it

VENDITA DIRETTA
VISITA SU PRENOTAZIONE
PRODUZIONE ANNUA 110.000 bottiglie
ETTARI VITATI 22,00

Nazzareno Vicari è una delle figure storiche del Lacrima e il suo lavoro sulla denominazione è oggi egregiamente valorizzato dai propri figli. Insieme creano un bel team coeso, con la giovane Valentina impegnata tra fiere, presentazioni e punto vendita, mentre Vico si è ritagliato il ruolo d'infaticabile motore tra vigna e cantina. I propri Lacrima sfruttano diversi stadi di maturazioni e diverse metodologie produttive (tra cui macerazione carbonica o l'appassimento) per dar vita a vini dallo stile intensamente fruttato, in grado di esprimere vitale personalità. Essenza '15 è portentoso sotto il profilo dell'intensità aromatica con i rimandi di visciole e chiodi di garofano; la cremosità del sorso frena un po' la fruibilità ma ammalia i sensi. L'Insolito '14 è un tipico Verdicchio di Morro d'Alba: potente, efficace e deciso nel porgere la sua esuberante energia fruttata. Amaranto è un Passito viscoso e zuccherino, mirabile concentrazione dell'indole più floreale e fruttata del Lacrima.

● Lacrima di Morro d'Alba Dasempre del Pozzo Buono '15	2*
● Lacrima di Morro d'Alba Essenza del Pozzo Buono '15	3
● Lacrima di Morro d'Alba Passito Amaranto del Pozzo Buono '12	4
○ Verdicchio dei Castelli di Jesi Cl. del Pozzo Buono '15	2*
○ Verdicchio dei Castelli di Jesi Cl. Sup. Insolito del Pozzo Buono '14	3
● Lacrima di Morro d'Alba Sup. del Pozzo Buono '14	3
● Lacrima di Morro d'Alba Dasempre del Pozzo Buono '13	2*
● Lacrima di Morro d'Alba Sup. del Pozzo Buono '13	3

Vignamato

via Battinebbia, 4
60038 San Paolo di Jesi [AN]
Tel. 0731779197
www.vignamato.com

VENDITA DIRETTA
VISITA SU PRENOTAZIONE
PRODUZIONE ANNUA 100.000 bottiglie
ETTARI VITATI 27,00

Andrea Ceci è cresciuto tra le vigne di verdicchio e non ha fatto fatica a prender in mano l'azienda cresciuta sotto l'opera di suo padre Maurizio e sua madre Serenella. Il suo carattere deciso, seppur ancora acerbo per via della giovane età, si è trovato a meraviglia con l'esperienza e la pacatezza di Pierluigi Lorenzetti, enologo fortemente voluto dal nuovo corso. Insieme hanno lavorato per aggiungere quote di nerbo, eleganza e sapidità a una cifra aziendale caratterizzata negli anni da Verdicchio robusti e saporiti. L'ampia espressione fruttata del Versiano '15 trova il contrappunto al palato di una nervosa sferzata acida che dona sapidità, allungo del passo e finale incisivo. Pesca bianca e sottili rigature di anice disegnano la portata aromatica del Valle della Lame '15, Verdicchio tutto agilità e scorrevolezza. Encomio per l'Antares '11, tra i migliori passiti regionali: avvolgente, fruttatissimo - pesca sciroppata, mandorla tostata, melone-, cremoso nel sorso eppur fresco e pimpante.

○ Verdicchio dei Castelli di Jesi Cl. Sup. Versiano '15	3*
○ Verdicchio dei Castelli di Jesi Passito Antares '11	4
● Campalliano '13	3
○ Castelli di Jesi Verdicchio Cl. Ambrosia Ris. '12	3
○ Verdicchio dei Castelli di Jesi Cl. Sup. Eos '15	2*
○ Verdicchio dei Castelli di Jesi Cl. Valle delle Lame '15	2*
○ Versus '15	2
○ Verdicchio dei Castelli di Jesi Cl. Sup. Eos '14	2*
○ Verdicchio dei Castelli di Jesi Cl. Valle delle Lame '14	2*

Maria Letizia Allevi

via P. C. Orazi, 58
63081 Castorano [AP]
Tel. 073687646
www.vinimida.it

La continuità non è il forte della piccola cantina di Roberto Corradetti e sua moglie Maria Letizia ma quando capita l'annata giusta è una festa per il palato. Cercate entrambi i Mida: molto saporiti, architettura imponente, generosi nel volume alcolico. Tradizione senza filtri.

- ○ Offida Pecorino Mida '15 — 🍷🍷 3
- ● Offida Rosso Mida '13 — 🍷🍷 4

Ca' Liptra

via San Michele, 21
60034 Cupramontana [AN]
Tel. 3491321442
www.caliptra.it

Non vi fate scoraggiare dalla rara reperibilità dei Verdicchio di Ca' Liptra e cercateli: hanno carattere, mobilità, fibra autentica. Magari lasciate loro qualche minuto nel bicchiere per liberare al meglio la loro vitalità olfattiva fatta di mandorle, cereali, timo e mela matura.

- ○ Castelli di Jesi Verdicchio Cl. S. M. 21 Ris. '14 — 🍷🍷 4
- ○ Verdicchio dei Castelli di Jesi Cl. Sup. Kypra '15 — 🍷🍷 3

La Calcinara

fraz. Candia
via Calcinara, 102a
60131 Ancona
Tel. 3285552643
www.lacalcinara.it

I fratelli Berluti devono ancora trovare un passo regolare ma il talento non manca e l'esperienza è in divenire. Per adesso ci godiamo il fragrante e gustoso Mun '15 e il Terra Calcinara '13, la cui screziatura vegetale del frutto al naso è compensata da una bocca caratteriale.

- ● Conero Terra Calcinara Ris. '13 — 🍷🍷 3
- ⊙ Mun '15 — 🍷🍷 2*
- ● Rosso Conero Il Cacciatore di Sogni '14 — 🍷 2

Cantine di Castignano

c.da San Venanzo, 31
63072 Castignano [AP]
Tel. 0736822216
www.cantinedicastignano.com

La coop di Castignano raccoglie il lavoro dei vignaioli delle zone più interne del Piceno e ne rende vini morbidi e immediati. Gramelot '14 un uvaggio di tipiche uve bianche dai ricordi di foglia di limone e albicocca in un palato soffice. Templaria '14 è fruttato e sapido.

- ○ Gramelot '14 — 🍷🍷 2*
- ● Templaria '14 — 🍷🍷 2*
- ○ Falerio Pecorino Destriero '15 — 🍷 1*

Cavalieri

via Raffaello, 1
62024 Matelica [MC]
Tel. 073784859
www.cantinacavalieri.it

Gabriele Benedetti, pur giovane, è uno strenuo difensore della più autentica tradizione matelicese. Nella cantina costruita da suo padre Eugenio produce Verdicchio affinati in cemento innervati di sapidità e nerbo, con precisi rimandi aromatici di frutta secca e ginestra.

- ○ Verdicchio di Matelica Gegè '14 — 🍷🍷 3
- ● Sangiovese '13 — 🍷 3
- ○ Verdicchio di Matelica '15 — 🍷 2

Giacomo Centanni

c.da Aso, 159
63062 Montefiore dell'Aso [AP]
Tel. 0734938530
www.vinicentanni.it

Lo stile aziendale approntato da Giacomo Centanni prevede vini di una certa ricchezza gustativa, opulenti ed estrattivi. Ciò va a discapito del carattere, sin troppo mansueto. L'Offida Pecorino '15 è la solita bomba agrumata, d'avvolgente intensità, un po' monolitico.

- ● Monte Floris '14 — 🍷🍷 2*
- ○ Offida Pecorino '15 — 🍷🍷 2*
- ○ Offida Passerina '15 — 🍷 2

Cantina Cològnola Tenuta Musone

loc. Colognola, 22a bis
62011 Cingoli [MC]
Tel. 0733616438
www.tenutamusone.it

Piccolo passaggio a vuoto per i vini della famiglia Darini. Via Condotto '15 è intimamente varietale, ha note di anice e pesca replicate in un sorso asciutto e amarognolo. Ghiffa '14 è elegante al naso ma poco articolato e sfuggente al palato.

- ○ Verdicchio dei Castelli di Jesi Cl. Sup. Via Condotto '15 🍷🍷 2*
- ○ Verdicchio dei Castelli di Jesi Cl. Sup. Ghiffa '14 🍷 3

Colpaola

loc. Colpaola
fraz. Braccano
62024 Matelica [MC]
Tel. 0737768300
www.cantinacolpaola.it

Una nuova stella brilla sotto al cielo di Matelica: Colpaola. Vigneti a 650 metri di quota, vinificazioni accurate per esaltare la bianca mineralità e il nerbo indotti dal territorio. Il biglietto da visita è un 2015 acuminato e sapidissimo, che profuma di biancospino, pera e mandorla fresca.

- ○ Verdicchio di Matelica '15 🍷🍷 2*
- ○ Verdicchio di Matelica '14 🍷🍷 2*

Conti degli Azzoni

via Don Minzoni, 26
62010 Montefano [MC]
Tel. 0733850219
www.degliazzoni.it

Una buona costanza segna la produzione della casa di Montefano anche se non guasterebbe qualche acuto qualitativo in più. Per adesso ci godiamo un buon Passatempo '13, da montepulciano in purezza, di materica consistenza, concentrato, dotato di finale appagante.

- ● Passatempo '13 🍷🍷 5
- ● Rosso Piceno '13 🍷🍷 2*
- ○ Colli Maceratesi Ribona '15 🍷 2

Domodimonti

via Menocchia 195
63010 Montefiore dell'Aso [AP]
Tel. 0734930010
www.domodimonti.com

La cantina è completamente interrata e domina un bel tappeto vitato lungo la Val Menocchia. Tra i filari trovano spazio vitigni autoctoni e internazionali. Il Messia '12, da merlot e montepulciano, ha misura speziata e tempra bordolese. LiCoste '15 è succoso e caratteriale.

- ● Il Messia '12 🍷🍷 5
- ○ Offida Pecorino LiCoste '15 🍷🍷 3
- ● Passione e Visione '12 🍷 8

Filodivino

via Serra, 46
60030 San Marcello [AN]
Tel. 0731026139
www.filodivino.it

Una bella sorpresa questa giovane azienda di San Marcello, prossima alla certificazione bio. Il convincente Dino '14 ha timbro mediterraneo, solare, e palato ben contrastato tra carica glicerica e amarognolo varietale. Filotto '14 è ampio e chiude con un ricordo di frutta matura.

- ○ Castelli di Jesi Verdicchio Cl. Dino Ris. '14 🍷🍷 4
- ○ Verdicchio dei Castelli di Jesi Filotto '14 🍷🍷 3
- ● Lacrima di Morro d'Alba Diana '14 🍷 3

Fiorini

via Giardino Campioli, 5
61040 Barchi [PU]
Tel. 072197151
www.fioriniwines.it

La storica azienda di Barchi, pur mantenendo i piedi ben saldi nella tradizione, ha intrapreso un deciso passo verso la modernità. Andy '14 è un Bianchello di nuova concezione dal profilo fruttatissimo, corpo intenso e sorso tattile. Più semplice e sobrio il Campioli '15.

- ○ Bianchello del Metauro Sup. Andy '14 🍷🍷 2*
- ○ Bianchello del Metauro Sup. Tenuta Campioli '15 🍷🍷 2*
- ● Colli Pesaresi Rosso Bartis '13 🍷🍷 3

Luca Guerrieri

via San Filippo, 24
61030 Piagge [PU]
Tel. 0721890152
www.aziendaguerrieri.it

L'azienda è posta sui primi colli della valle del Metauro e coltiva vitigni autoctoni e varietà internazionali uniti nel Lisippo '15, bianco di beva slanciata e naso di pompelmo. Convincono anche i tratti complessi del Guerriero Bianco '14, da bianchello, sposati a un bel palato dinamico.

- ● Colli Pesaresi Sangiovese Galileo Ris. '13 ŸŸ 3
- ○ Guerriero Bianco '14 ŸŸ 2*
- ○ Lisippo '15 ŸŸ 2*

Esther Hauser

c.da Coroncino, 1a
60039 Staffolo [AN]
Tel. 0731770203
www.estherhauser.it

Esther Hauser è la "regina del rosso nel regno del bianco", visto che alleva montepulciano (e qualche filare di cabernet) nelle terre del Verdicchio. Con ottimi risultati, almeno a sentire Il Cupo '13: fibra tannica senza smagliature, bocca muscolare, esteso grip fruttato e speziato.

- ● Il Cupo '13 ŸŸ 5
- ● Il Ceppo '13 Ÿ 4

La Valle del Sole

via San Lazzaro, 46
63035 Offida [AP]
Tel. 0736889658
valledelsoleoffida@gmail.com

Alessia e Arianna Di Nicolò producono vini di fattura artigianale dotati un soffio di originalità. Il Pecorino '15 ha estreme doti di struttura, alcol e sapore fusi in un fatato equilibrio. Il Piceno Superiore '14 ricorda i fiori secchi e la ciliegia in un palato aggraziato.

- ○ Offida Pecorino '15 ŸŸ 2*
- ● Rosso Piceno Sup. '14 ŸŸ 2*
- ○ Offida Passerina '15 Ÿ 2

Laila Libenzi

via San Filippo sul Cesano, 27
61040 Mondavio [PU]
Tel. 0721979353
www.lailalibenzi.it

Torna a marciare con passo regolare l'azienda di Andrea e Chiara Refe dopo i profondi cambiamenti degli ultimi anni. Casalta '14 ha un taglio decisamente floreale e una bocca composta, dalla vena salina. Torrile è un Montepulciano dal delizioso naso di amarena e tannini morbidi.

- ● Torrile '14 ŸŸ 2*
- ○ Verdicchio dei Castelli di Jesi Casalta '14 ŸŸ 2*
- ● Rosso Conero Zizzero '14 Ÿ 2

Stefano Mancinelli

via Roma, 62
60030 Morro d'Alba [AN]
Tel. 073163021
www.mancinellivini.it

Inconsueta prestazione dei vini di Stefano Mancinelli, padre putativo della denominazione di Morro d'Alba, che si spiega solo con la pessima annata 2014. Terre dei Goti '11, vino secco da uve lacrima appassite, è concentrato, piuttosto alcolico, profumatissimo.

- ● Terre dei Goti '11 ŸŸ 5
- ● Lacrima di Morro d'Alba '14 Ÿ 2
- ● Lacrima di Morro d'Alba Sensazioni di Frutto '15 Ÿ 2

Mancini

fraz. Moie
60030 Maiolati Spontini [AN]
Tel. 0731702975
www.manciniwines.it

L'azienda di Massimo ed Emanuela Mancini non ha mai smesso una sana dimensione familiare. Seguita da uno specialista come Sergio Paolucci, ha fama di buon verdicchista, confermata dal Villa Talliano '15: chiari profumi fruttati, palato ricco e cremoso. Semplice e fluido Santa Lucia '15.

- ○ Verdicchio Castelli di Jesi Cl. S. Lucia '15 ŸŸ 2*
- ○ Verdicchio Castelli di Jesi Cl. Sup. Villa Talliano '15 ŸŸ 3

Filippo Maraviglia

LOC. PIANNÉ, 593
62024 MATELICA [MC]
TEL. 0737786340
www.vinimaraviglia.com

Filippo Maraviglia è l'artefice di questa cantina ben inserita nel tessuto matelicese. Alarico '15 è tra i migliori Matelica d'annata grazie alla sua bocca saporita, dal sorso goloso. Onorio '15 ha un profilo speziato di pepe nero e una bocca asciutta, grintosa, un po' tannica.

● Colli Maceratesi Rosso Onorio '15	ΨΨ 2*
○ Verdicchio di Matelica Alarico '15	ΨΨ 2*
○ Verdicchio di Matelica Grappoli d'Oro Ris. '14	Ψ 3

Clara Marcelli

VIA FONTE VECCHIA, 8
63030 CASTORANO [AP]
TEL. 073687289
www.claramarcelli.it

Esordio in grande stile per l'ennesimo rosso della casa: Ruggine è un magnifico vino da uve bordò dal naso di china, lavanda, cenni ferrosi e minerali scuri; la bocca ha una gran progressione e copiosa massa tannica. K'un '13 (Montepulciano) ha indole generosa, appena rustica.

● Ruggine '11	ΨΨ 8
● K'un '13	ΨΨ 3
○ Offida Pecorino Irata '14	Ψ 3

Maurizio Marconi

VIA MELANO, 25
60030 SAN MARCELLO [AN]
TEL. 0731267223
www.marconivini.it

Maurizio Marconi produce vini di taglio moderno, profumati, morbidi, d'immediata piacevolezza. Così l'Istinto '15, dall'accattivante naso di rosmarino e bergamotto, oppure l'intenso Lilith '14, taglio di Verdicchio e Pecorino dal ricordo di pesca e tratteggi affumicati.

○ Lilith '14	ΨΨ 3
● Rosso Piceno '15	ΨΨ 2*
○ Verdicchio dei Castelli di Jesi Cl. Sup. Istinto '15	ΨΨ 2*

Enzo Mecella

VIA DANTE, 112
60044 FABRIANO [AN]
TEL. 073221680
www.enzomecella.com

Enzo Mecella è un riconosciuto maestro della vallata camertina con i suoi vini rigorosi e territoriali. Pagliano '15 è un Matelica dalla mineralità chiara tra rimandi di pera e anice. Braccano '12, da ciliegiolo e poco merlot, ha affascinanti cenni terziari di rabarbaro e arancia.

● Braccano '12	ΨΨ 4
○ Verdicchio di Matelica Pagliano '15	ΨΨ 2*

Claudio Morelli

V.LE ROMAGNA, 47B
61032 FANO [PU]
TEL. 0721823352
www.claudiomorelli.it

Sebbene s'impegni anche con uve rosse, Claudio Morelli è noto per i suoi precisi e coerenti Bianchello. A noi piace in particolar modo il Borgo Torre '15: uva spina, pera, un'idea di pesca gialla si rincorrono in un palato gustoso, pieno, appagante. Più salino il San Cesareo '15.

○ Bianchello del Metauro Borgo Torre '15	ΨΨ 2*
○ Bianchello del Metauro S. Cesareo '15	ΨΨ 2*
○ Bianchello del Metauro La Vigna delle Terrazze '15	Ψ 2

Cantina Offida

VIA DELLA REPUBBLICA, 70
63073 OFFIDA [AP]
TEL. 073680104
www.cantinaoffida.com

Nell'ampia cantina alle porte di Offida si vinificano le uve di 300 ettari appartenenti a fidati conferitori. Vini sbarazzini, dal frutto fresco, ben profumati e convenienti. Il migliore è l'Offida Pecorino '15: alla brillante intensità agrumata segue un palato vivo e rinfrescante.

○ Offida Passerina '15	ΨΨ 2*
○ Offida Pecorino '15	ΨΨ 2*
● Offida Rosso Serpente Aureo '10	Ψ 4

La Pila

via Michelangelo, 2
63833 Montegiorgio [FM]
Tel. 0734277801
www.vinilapila.it

Sempre più convincenti e dettagliati i vini della piccola cantina di Montegiorgio. Furnace '13 è un Montepulciano che offre frutto tonico e suadente speziatura in un palato polposo, godibile. Refolo '15, da malvasia, intreccia ricordi di pompelmo, facilità di beva e intensità aromatica.

- ● Cinabrum '15 — 🍷🍷 2*
- ● Furnace '13 — 🍷🍷 3
- ○ Refolo '15 — 🍷🍷 2*
- ○ Emmar '15 — 🍷 3

Rocca di Castiglioni

via Castiglioni, 50
63072 Castignano [AP]
Tel. 0736821876
www.rocca-di-castiglioni.it

Il giovane Valentino Fioravanti mostra il suo talento offrendo un accattivante Valeo Si Vales '15, Pecorino che amalgama sensazioni di pesca e melone a più fresche sferzate agrumate, per poi riproporle in un palato succoso, dalla beva magnetica. Fragrante il Console Castino '15.

- ○ Offida Pecorino Valeo Si Vales '15 — 🍷🍷 (rossi) 3*
- ● Rosso Piceno Console Castino '15 — 🍷🍷 2*
- ○ Offida Passerina Alba Plena '15 — 🍷 2

San Filippo

loc. Borgo Miriam
c.da Ciafone, 17a
63035 Offida [AP]
Tel. 0736889828
www.vinisanfilippo.it

I fratelli Stracci propongono vini robusti che prendono le mosse da Contrada Ciafone, grand cru piceno. Davvero interessante l'Offida Pecorino '15, con note di pompelmo in bocca ficcante, dalla lunga scia salina. Katharsis '14 è piacevolmente rustico nei sodi e saporiti tannini.

- ○ Offida Pecorino '15 — 🍷🍷 2*
- ● Rosso Piceno Sup. Katharsis '14 — 🍷🍷 2*
- ● Offida Rosso Lupo del Ciafone '13 — 🍷 3

Tenuta San Marcello

via Melano, 30
60030 San Marcello [AN]
Tel. 0731831008
www.tenutasanmarcello.net

Massimo Palmieri realizza Lacrima di notevole aderenza varietale e originali Verdicchio. Negli assaggi prevale la bontà dei primi: Bastaro '15 ammalia per il frutto rosso e percezioni di chiodi di garofano; Melano '15 è concentrata, ricchissima di profumi e sensazioni speziate.

- ● Lacrima di Morro d'Alba Bastaro '15 — 🍷🍷 2*
- ● Lacrima di Morro d'Alba Sup. Melano '15 — 🍷🍷 3
- ○ Verdicchio dei Castelli di Jesi Cl. Buca della Marcona '15 — 🍷 2

San Michele a Ripa

c.da San Michele, 24
63065 Ripatransone [AP]
Tel. 3356833088
www.sanmichelearipa.it

Sono vini sempre più a fuoco quelli presentati da Marco Alfonzi. Particolarmente incisivo il Falchetti '15, retto da un solido scheletro sapido e un finale lunghissimo di arancia amara. Periplo '14 è un blend di note affumicate e peperone seguite da un palato tannico e tenace.

- ○ Offida Pecorino Falchetti '15 — 🍷🍷 (rossi) 3
- ● Periplo '14 — 🍷🍷 3
- ○ Offida Passerina Brancuna '15 — 🍷 2

Fattoria Serra San Martino

via San Martino, 1
60030 Serra de' Conti [AN]
Tel. 0731878025
www.serrasanmartino.com

Piccole tirature per i possenti rossi dei coniugi Weydemann, tedeschi di Amburgo innamorati delle Marche. Il Roccuccio '13 ha palato succoso, ben sostenuto dall'acidità e dal frutto; imponente, scuro e catramoso il Lysipp '12, Montepulciano dal palato fittissimo e stratificato.

- ● Lysipp '12 — 🍷🍷 (rossi) 5
- ● Il Paonazzo '13 — 🍷🍷 5
- ● Roccuccio '13 — 🍷🍷 3
- ● Costa dei Zoppi '12 — 🍷 4

La Staffa

via Castellaretta, 19
60039 Staffolo [AN]
Tel. 0731779810
www.vinilastaffa.it

Riccardo Baldi ha presentato un buon La Staffa '15, vino di forza e densità sapida dotato di un buon ritmo. Il Mai Sentito è un frizzante sur lie dalle note di sidro, mandorle e sorso piacevolmente tattile e beverino. Al Rincrocca è stato concesso un più lungo affinamento.

- ○ Verdicchio dei Castelli di Jesi Cl. Sup. La Staffa '15 — 🍷🍷 3
- ○ Mai Sentito — 🍷 2

Fattoria Le Terrazze

via Musone, 4
60026 Numana [AN]
Tel. 0717390352
www.fattorialeterrazze.it

La famosa azienda di Numana segna il passo, zavorrata da annate non ideali per i propri Conero. Ha buon gioco il Donna Giulia '13, un Metodo Classico Rosé dal naso di fragoline e sorso salino. Il Rosso Conero '14 ha un profilo aromatico fresco e una bocca asciutta, agile, sin troppo semplice.

- ⊙ Donna Giulia Brut Rosé M. Cl. '13 — 🍷🍷 4
- ● Conero Sassi Neri Ris. '12 — 🍷 5
- ● Rosso Conero '14 — 🍷 2

Fulvia Tombolini

c.da Cavalline, 2
60039 Staffolo [AN]
Tel. 0731770330
www.fulviatombolini.it

Esordio in Guida per Fulvia Tombolini, erede di un'azienda fondata nel 1921 e rilanciata sul mercato negli ultimi anni. Il Riserva '13 è tipicamente staffolano nell'esprimere notevole struttura, forza alcolica, sapore e finale ammandorlato. Il Classico Superiore '15 è intenso e sinuoso.

- ○ Castelli di Jesi Verdicchio Cl. Fulvia Tombolini Ris. '13 — 🍷🍷 3
- ○ Verdicchio dei Castelli di Jesi Cl. Sup. Fulvia Tombolini '15 — 🍷🍷 3

Tenuta dell'Ugolino

via Copparoni, 32
60031 Castelplanio [AN]
Tel. 07310731 812569
www.tenutaugolino.it

L'acquisto de Le Piaole '15 vi darà soddisfazioni: l'agrume del naso è appena candito, la bocca è succosa, larga, davvero piacevole, senza ruffianerie di sorta. Dolce Cate '09 è un affascinante Passito in stile Vin Santo: bocca densa e stratificata con percezioni di frutta secca.

- ○ Verdicchio dei Castelli di Jesi Cl. Le Piaole '15 — 🍷🍷 2*
- ○ Verdicchio dei Castelli di Jesi Passito Dolce Cate '09 — 🍷🍷 5

Le Vigne di Clementina Fabi

c.da Franile, 3
63069 Montedinove [AP]
Tel. 338 7463441
www.levignediclementinafabi.it

In un territorio dove i colli danno già un'idea montana, Loretta Di Maulo e suo marito Gianluca producono vini tersi, pieni di nerbo, reattivi. Molto convincente l'Offida Pecorino '15: naso di erbe, anice verde e buccia d'arancia, ha una bocca dritta, venata di gran sapidità.

- ○ Offida Pecorino '15 — 🍷🍷 2*
- ● Dal Tino '13 — 🍷🍷 2*
- ○ Offida Passerina '15 — 🍷 2

Zaccagnini

via Salmagina, 9/10
60039 Staffolo [AN]
Tel. 0731779892
www.zaccagnini.it

In crescita qualitativa l'offerta di Rosella Zaccagnini. La nostra attenzione ricade sul Viterosa '15, un tocco di anice e ginestra, a seguire una bocca di fluida eppur gustosa e persistente. Terratufo '15 è fruttato, morbido, decisamente gradevole.

- ○ Verdicchio dei Castelli di Jesi Cl. Sup. Terratufo '15 — 🍷🍷 3
- ○ Verdicchio dei Castelli di Jesi Cl. Sup. Viterosa '15 — 🍷🍷 3

UMBRIA

L'Umbria del vino vanta importanti radici storiche, ben precise e documentate, che ne attestano la rilevanza. Nonostante sia una piccola regione è facile rintracciare al suo interno aree distinte, diverse sottozone e territori enologicamente eterogenei, sul piano di suoli, clima e varietà coltivate. Più di recente, il successo del vino umbro è passato in gran parte per i rossi, allineandosi a un trend nazionale e internazionale che sta rapidamente cambiando, facendo riemergere una terra molto vocata anche per i bianchi. Non a caso la sua area storicamente più famosa è Orvieto e non a caso proprio questa zona, negli ultimi anni, offre segnali incoraggianti e una ritrovata vitalità. L'annata 2015, asciutta e solare, capace di assecondare il profilo mediterraneo dei vini, ha regalato una media molto alta e alimentato il trend. Una lettura approfondita della Guida ne dà testimonianza, così come quella dei vertici. In zona i Tre Bicchieri non si fermano all'eccellente Cervaro della Sala '14, giocato su un'estrema finezza di fondo, ma toccano grandissime versioni Campo del Guardiano '14 Palazzone e Orvieto Classico Superiore Il Bianco '15 Decugnano dei Barbi. Poco distante, a Todi, i Grechetto dimostrano grande dinamismo. Molti i vini degni di nota anche se a primeggiare è il Superiore Fiorfiore '14 della brillante cantina Roccafiore, capace di livelli mai toccati in precedenza e premiata per la Vitivinicoltura Sostenibile per l'impegno dimostrato fin dalla sua nascita. Mettiamoci che molti Trebbiano Spoletino hanno fatto bellissime figure e il quadro è completo. E i vini rossi? Anche qui le novità non mancano, a cominciare dai deliziosi Ciliegiolo di Narni, varietà e vino caparbiamente riportati in auge dai produttori dalla zona. Le etichette da segnalare sono diverse ma la migliore, almeno secondo il nostro giudizio, è il Brecciaro '14 di Leonardo Bussoletti. Nel segno della finezza e dell'eleganza anche il Torgiano Rosso Riserva Rubesco Vigna Monticchio '11 dei Lungarotti, bottiglia mitica della regione, capace oggi come ieri di un fascino straordinario. Concludiamo, infine, con i rossi più strutturati. Un percorso che passa per forza di cose per una terra generosa e giustamente celebrata come Montefalco. Meno del solito i premiati, complice anche l'incidenza di un millesimo, il 2012, che ci pare aver dato vini più faticosi, tannici e monolitici di altri. Nonostante questo la spuntano tre Sagrantino: il deciso quanto brillante Collepiano di Marco Caprai, l'originale e saporito cru Campo alla Cerqua di Giampaolo Tabarrini e (novità) quello di un produttore dallo stile seducente e raffinato, Pardi, finalmente sul gradino più alto del nostro podio.

Adanti

via Belvedere, 2
06031 Bevagna [PG]
Tel. 0742360295
www.cantineadanti.com

VENDITA DIRETTA
VISITA SU PRENOTAZIONE
PRODUZIONE ANNUA 160.000 bottiglie
ETTARI VITATI 30,00
AZIENDA SOSTENIBILE

L'austera tradizione, il rigore classico, la forza di idee tradizionali che fanno presa nel presente. Adanti è tutto questo e dalla villa padronale che ospita la cantina, circondata da vigneti, escono vini che sono diretta emanazione di queste linee guida. Le vinificazioni sono innescate con soli lieviti indigeni, le estrazioni molto misurate e i legni di affinamento usati con grande attenzione. I rossi della casa vanno aspettati ma sono capaci di regalare emozioni dopo lunghi anni di affinamento in bottiglia. Così sarà anche per il Montefalco Sagrantino '10, davvero meraviglioso nei profumi, giustamente austero e mai ammiccante. Anche il sorso, solido e asciutto, è da fuoriclasse, non fosse per un tannino davvero duro e frenante. Tra i migliori della denominazione il Passito '08.

Vino	Bicchieri	
● Montefalco Sagrantino '10	🍷🍷🍷	5
○ Montefalco Bianco '15	▼▼	2*
● Montefalco Sagrantino Passito '08	▼▼	6
○ Colli Martani Grechetto '15	▼	2
● Montefalco Sagrantino Arquata '08	▽▽▽	6
● Montefalco Sagrantino Arquata '06	▽▽▽	5
● Montefalco Sagrantino Arquata '05	▽▽▽	5
○ Colli Martani Grechetto '12	▽▽	2*
○ Montefalco Bianco '14	▽▽	2*
● Montefalco Rosso '11	▽▽	2*
● Montefalco Rosso '10	▽▽	2*
● Montefalco Rosso Ris. '10	▽▽	4
● Montefalco Rosso Ris. '09	▽▽	3*
● Montefalco Sagrantino '09	▽▽	5
● Montefalco Sagrantino Arquata '07	▽▽	5
● Montefalco Sagrantino Il Domenico '08	▽▽	6
● Montefalco Sagrantino Il Domenico '07	▽▽	6

Antonelli - San Marco

loc. San Marco, 60
06036 Montefalco [PG]
Tel. 0742379158
www.antonellisanmarco.it

VENDITA DIRETTA
VISITA SU PRENOTAZIONE
OSPITALITÀ
PRODUZIONE ANNUA 350.000 bottiglie
ETTARI VITATI 50,00
VITICOLTURA Biologico Certificato
AZIENDA SOSTENIBILE

Azienda storica del territorio di Montefalco, si trova nella celeberrima sottozona di San Marco, nota da sempre per la sua vocazione agricola. Si estende per 170 ettari, in un corpo unico, di cui ben 50 impiantati a vigneto. I metodi biologici, la sensibilità nelle pratiche di cantina, che prediligono estrazioni misurate, l'uso sapiente dei legni, di medie e grandi dimensioni, rendono i vini Antonelli personali e riconoscibili. Ogni bottiglia di questa azienda è fedele a una precisa idea stilistica e al terroir di riferimento. Sul podio un ottimo Sagrantino '11. Vino convincente nell'intelaiatura aromatica, ha naso fine con bei richiami di frutti di bosco e spezie, giusto con qualche nota tostata ancora da digerire. La bocca parte bene, armoniosa e slanciata, e chiude con una fase tannica un po' asciugante. La media degli altri vini è al solito molto alta.

Vino	Bicchieri	
● Montefalco Sagrantino '11	🍷🍷🍷	5
● Baiocco '15	▼▼	2*
● Montefalco Rosso '13	▼▼	3
● Montefalco Sagrantino Chiusa di Pannone '09	▼▼	6
○ Spoleto Trebbiano Spoletino Trebium '15	▼▼	3
○ Colli Martani Grechetto '15	▼	2
● Montefalco Sagrantino '09	▽▽▽	5
● Montefalco Sagrantino '08	▽▽▽	5
● Montefalco Sagrantino Chiusa di Pannone '04	▽▽▽	6
○ Spoleto Trebbiano Spoletino Trebium '14	▽▽▽	3*
● Montefalco Rosso '12	▽▽	3
● Montefalco Rosso '11	▽▽	3
● Montefalco Sagrantino '10	▽▽	5

Barberani

LOC. CERRETO
05023 BASCHI [TR]
TEL. 0763341820
www.barberani.it

VENDITA DIRETTA
VISITA SU PRENOTAZIONE
OSPITALITÀ
PRODUZIONE ANNUA 350.000 bottiglie
ETTARI VITATI 55,00
VITICOLTURA Biologico Certificato
AZIENDA SOSTENIBILE

Storia e territorio incontrano la vivacità e il piglio delle nuove generazioni. Questo è Barberani, oggi, realtà affermata e dinamica al tempo stesso, capace di un nuovo corso entusiasmante quanto solido e strutturato. Radici e futuro, vini classici e progetti innovativi si fondono a meraviglia. Merito di un'attenzione crescente alla vigna, a partire da un'agricoltura pulita che ha ottenuto la certificazione biologica, e di una mano sempre più sicura nelle vinificazioni e nell'affinamento dei vini. Al top dei nostri assaggi, ancora una volta un delizioso Orvieto Classico Superiore Luigi e Giovanna. La versione 2013 è piuttosto convincente: ha profilo di frutta dolce bilanciata da scatti agrumati e minerali, peso specifico e freschezza, rotondità e tratto verticale. Un vino completo, con qualche accenno terziario. Buonissimo il Castagnolo '15, sopra la media tutti gli altri vini.

Vino		
○ Orvieto Cl. Sup. Luigi e Giovanna '13	🍷🍷🍷	5
● Aleatico Passito '09	🍷🍷	6
○ Grechetto '15	🍷🍷	3
○ Moscato Passito Villa Monticelli '13	🍷🍷	6
○ Orvieto Cl. Sup. Castagnolo '15	🍷🍷	3
○ Orvieto Cl. Sup. Muffa Nobile Calcaia '13	🍷🍷	7
● Lago di Corbara Rosso Villa Monticelli '04	YYY	4
○ Orvieto Cl. Sup. Luigi e Giovanna Villa Monticelli '11	YYY	5
○ Orvieto Cl. Sup. Muffa Nobile Calcaia '10	YYY	5
○ Orvieto Cl. Sup. Castagnolo '13	YY	3*
○ Orvieto Cl. Sup. Luigi e Giovanna Villa Monticelli '12	YY	5
○ Orvieto Cl. Sup. Muffa Nobile Calcaia '12	YY	5

Tenuta Bellafonte

LOC. TORRE DEL COLLE
VIA COLLE NOTTOLO, 2
06031 BEVAGNA [PG]
TEL. 0742710019
www.tenutabellafonte.it

VENDITA DIRETTA
VISITA SU PRENOTAZIONE
OSPITALITÀ
PRODUZIONE ANNUA 15.000 bottiglie
ETTARI VITATI 9,00
AZIENDA SOSTENIBILE

Tra i progetti umbri più recenti, quello di Tenuta Bellafonte si distingue per qualità e originalità. Merito di Peter Heilbron, manager di lungo corso che ha deciso di investire in un territorio magnifico, nei pressi di Bevagna, e realizzare finalmente la sua impresa vitivinicola. Lo ha fatto con capacità e idee chiare, a partire da uno stile non improvvisato, elegante, capace di distinguersi da subito dal paniere enoico della zona. Terroir, vinificazioni poco invasive e affinamenti misurati regalano vini di grande personalità e naturalezza espressiva. Chiaro che in questo schema le annate sono decisive e qualche alto e basso ci può stare. E così il Sagrantino '12, molto buono, succoso e fragrante al palato, capace di bei cambi di passo, appare lievemente offuscato da una lieve sensazione foxy. Un accenno aromatico che incide anche in un tannino meno elegante del solito, anche se pur sempre superiore alla media. In crescita e davvero ricco di fascino il Trebbiano Spoletino Arnèto '14.

○ Arnèto '14	🍷🍷	5
● Montefalco Sagrantino Collenottolo '12	🍷🍷	6
● Montefalco Sagrantino '09	YYY	6
● Montefalco Sagrantino Collenottolo '11	YYY	6
● Montefalco Sagrantino Collenottolo '10	YYY	6
● Montefalco Sagrantino '08	YY	5

Bocale

loc. Madonna della Stella
via Fratta Alzatura
06036 Montefalco [PG]
Tel. 0742399233
www.bocale.it

VENDITA DIRETTA
VISITA SU PRENOTAZIONE
PRODUZIONE ANNUA 25.000 bottiglie
ETTARI VITATI 4,20

Si tratta di una piccola realtà ma il suo stile è sempre più puntuale e definito, capace di raccontare in maniera originale i vini tipici del territorio di Montefalco. Dopo le prime annate interlocutorie, i vini della famiglia Valentini stanno trovando una cifra stilistica convincente. I rossi mostrano una giusta estrazione e grande equilibrio nell'uso dei legni di affinamento, specie da quando sono arrivate le botti grandi. Anche il nuovo bianco Trebbiano Spoletino sembra subito partito col piede giusto. Cominciamo comunque da due splendidi vini rossi. Il Sagrantino '13 è delizioso, fresco seppur di buona concentrazione, sapido e ricco di frutta. Solo il finale, ancora un po' troppo tannico, ne frena la lunghezza. Sistemato questo piccolo tassello potrebbe posizionarsi ai vertici assoluti della denominazione. Succoso e tutto da bere il Montefalco Rosso '14.

● Montefalco Sagrantino '13	**TT** 5
● Montefalco Rosso '14	TT 3
○ Trebbiano Spoletino '15	TT 3
● Montefalco Rosso '13	YY 3
● Montefalco Rosso '12	YY 2*
● Montefalco Rosso '09	YY 4
● Montefalco Rosso '08	YY 4
● Montefalco Sagrantino '12	YY 5
● Montefalco Sagrantino '11	YY 5
● Montefalco Sagrantino '10	YY 5
● Montefalco Sagrantino '09	YY 5
● Montefalco Sagrantino '07	YY 5
● Montefalco Sagrantino '06	YY 5
● Montefalco Sagrantino Passito '09	YY 5

Briziarelli

via Colle Allodole, 10
06031 Bevagna [PG]
Tel. 07587461
www.cantinebriziarelli.it

VENDITA DIRETTA
VISITA SU PRENOTAZIONE
OSPITALITÀ E RISTORAZIONE
PRODUZIONE ANNUA 70.000 bottiglie
ETTARI VITATI 18,50

L'impresa si deve a una famiglia di imprenditori di successo, molto nota nel settore del laterizio. Una delle proprietà agricole acquisite negli anni, in una splendida posizione tra i comuni di Bevagna e Montefalco, ha fatto scoccare la scintilla. Oggi che anche la costruzione della cantina è terminata, possiamo dire che questo progetto si proietta tra quelli più significativi e importanti della zona. I vini seguono la crescita complessiva di questo percorso e sono di anno in anno più interessanti. Conferma le buone impressioni dell'annata precedente il Sagrantino Vitruvio. Il 2010 è compiuto e complesso, nel segno di uno stile che non ricerca estrazioni eccessive né esuberanze tostate. Ottimo UnoNoveZeroSei '11. Ha trama speziata e sorso avvolgente, con un lieve richiamo di goudron.

● Montefalco Rosso '12	TT 2*
● Montefalco Rosso Mattone '12	TT 4
● Montefalco Sagrantino Vitruvio '10	TT 6
● UnoNoveZeroSei '11	TT 5
● Montefalco Rosso '11	YY 2*
● Montefalco Rosso '10	YY 2*
● Montefalco Rosso Mattone '11	YY 3
● Montefalco Sagrantino Vitruvio '09	YY 4

Leonardo Bussoletti

loc. Miriano
s.da delle Pretare, 62
05035 Narni [TR]
Tel. 0744715687
www.leonardobussoletti.it

VISITA SU PRENOTAZIONE
PRODUZIONE ANNUA 20.000 bottiglie
ETTARI VITATI 7,00
VITICOLTURA Biologico Certificato

Leonardo Bussoletti è uno dei vignaioli più brillanti e promettenti della regione. Da anni nel mondo del vino, ha avviato la sua impresa di recente, balzando subito alle cronache e incuriosendo stampa e appassionati con i suoi vini. La cantina e le vigne si trovano nei pressi di Narni. Il ciliegiolo locale è la varietà del cuore del produttore, che vanta un significativo patrimonio di vecchie viti. Le vinificazioni sono premurose e l'affinamento in legno sempre più centrato. Il livello dei vini è davvero altro, tanto nei rossi quanto nei bianchi, anch'essi sotto il segno del territorio. Il Brecciaro '14, in versione di grazia, è il primo Ciliegiolo di Narni della storia a centrare i Tre Bicchieri. Rosso delizioso, brillante nei profumi di ciliegia di maggio, lampone e pepe nero, delicato e leggiadro quanto denso di sapore. Ha sorso sciolto, raffinato, goloso. Splendido anche il Grechetto Colle Ozio '14, che ricorda i fiori di campo e ha bocca terragna.

Vino	Bicchieri	Prezzo
● Brecciaro '14	3 rossi	3*
○ Colle Ozio Grechetto '14	2 rossi	3*
● 05035 Rosso '15	2 neri	2*
○ Colle Murello '15	2 neri	3
● Vigna Vecchia '13	2 neri	7
○ 05035 Bianco '15	1 nero	2
○ Colle Ozio Grechetto '12	3 vuoti	3*
● 05035 Narni Rosso '14	2 vuoti	2*
● Brecciaro '13	2 vuoti	3*
● Brecciaro '12	2 vuoti	3
● Brecciaro '11	2 vuoti	3
● Brecciaro '10	2 vuoti	3
● Ciliegiolo di Narni V. V. '11	2 vuoti	7
● Ciliegiolo di Narni V. V. '10	2 vuoti	7
● Ciliegiolo di Narni Vigna Vecchia '12	2 vuoti	7
○ Colle Ozio '12	2 vuoti	3

★★Arnaldo Caprai

loc. Torre
06036 Montefalco [PG]
Tel. 0742378802
www.arnaldocaprai.it

VENDITA DIRETTA
VISITA SU PRENOTAZIONE
PRODUZIONE ANNUA 800.000 bottiglie
ETTARI VITATI 136,00
AZIENDA SOSTENIBILE

Caprai ha avuto un ruolo decisivo nello sviluppo del comparto vinicolo di Montefalco e umbro in generale, non solo nella valorizzazione del Sagrantino. L'azienda nasce negli anni Settanta e nei primi Novanta spicca definitivamente il volo, acquisendo una clamorosa notorietà internazionale. Oggi il progetto della famiglia Caprai sembra entrato in una fase nuova. I capisaldi sono gli stessi di sempre ma la supervisione tecnico stilistica dei vini è passata a un consulente celeberrimo come Michel Rolland. Il nuovo corso è solo agli inizi, vedremo nel tempo quale fisionomia avrà. Grande versione per il Sagrantino Collepiano '12, ai vertici assoluti dei nostri assaggi. Rosso giocato su finezza e profondità, pur nel solco stilistico dell'azienda, ha gusto, sapore e profondità da vendere. Le note tostate sono presenti quanto raffinate e fanno evolvere gli aromi fino a bellissime nuance di cuoio e legni di cedro. Ci ha stupiti positivamente anche il Vigna del Lago di pari annata, dalle note ammalianti di grafite.

Vino	Bicchieri	Prezzo
● Montefalco Sagrantino Collepiano '12	3 rossi	7
● Montefalco Sagrantino 25 Anni '12	2 rossi	8
○ Chardonnay '15	2 neri	5
○ Colli Martani Grechetto Grecante '15	2 neri	4
○ Montefalco Bianco '15	2 neri	3
● Montefalco Rosso '14	2 neri	4
● Montefalco Rosso V. Flaminia Maremmana '14	2 neri	4
● Montefalco Sagrantino V. del Lago '12	2 neri	8
● Montefalco Sagrantino 25 Anni '10	3 vuoti	8
● Montefalco Sagrantino 25 Anni '09	3 vuoti	8
● Montefalco Sagrantino 25 Anni '08	3 vuoti	8
● Montefalco Sagrantino 25 Anni '07	3 vuoti	8
● Montefalco Sagrantino 25 Anni '06	3 vuoti	8
● Montefalco Sagrantino Collepiano '11	3 vuoti	7
● Montefalco Sagrantino Collepiano '08	3 vuoti	6

La Carraia

LOC. TORDIMONTE, 56
05018 ORVIETO [TR]
TEL. 0763304013
www.lacarraia.it

VENDITA DIRETTA
VISITA SU PRENOTAZIONE
PRODUZIONE ANNUA 580.000 bottiglie
ETTARI VITATI 119,00

La collaudata squadra Gialletti - Cotarella continua a sfornare ottimi vini. Lo fa con la caparbietà del vignaiolo e la competenza tecnica di un grande winemaker, mix che negli anni ha dimostrato la sua affidabilità, nel solco di una costanza rara e di un'altrettanto caparbia continuità. A La Carraia si producono un bel numero di etichette, figlie di diverse varietà e assemblaggi. I vini sono rigorosi, puliti, di bella personalità. Il riferimento, non solo tra i bianchi, è l'Orvieto Classico Superiore Poggio Calvelli. La 2015 è versione molto buona, anche se bisognosa di bottiglia e con un profilo in divenire. Belli i profumi di erbe officinali e lavanda, goloso il frutto giallo che dà peso specifico a un sorso sempre brillante e profondo. Buono, tostato e scuro, di bella estrazione e materia il Tizzonero '14. Succoso il Sangiovese '15.

○ Orvieto Cl. Sup. Poggio Calvelli '15	🍷🍷 2*
● Sangiovese '15	🍷🍷 2*
● Tizzonero '14	🍷🍷 3
○ Le Basque '15	🍷 3
○ Vermentino Porticina '15	🍷 2
● Fobiano '03	🍷🍷🍷 4
● Fobiano '99	🍷🍷🍷 4*
● Fobiano '98	🍷🍷🍷 4*
● Fobiano '12	🍷🍷 5
● Fobiano '11	🍷🍷 5
● Fobiano '10	🍷🍷 4
○ Orvieto Cl. Poggio Calvelli '10	🍷🍷 2*
○ Orvieto Cl. Sup. Poggio Calvelli '14	🍷🍷 2*
○ Orvieto Cl. Sup. Poggio Calvelli '13	🍷🍷 2*
● Tizzonero '12	🍷🍷 3

Tenuta Castelbuono

LOC. BEVAGNA
VOC. CASTELLACCIO, 9
06031 PERUGIA
TEL. 0742361670
www.tenutacastelbuono.it

PRODUZIONE ANNUA 123.000 bottiglie
ETTARI VITATI 32,00

Castelbuono, dal toponimo in cui sorge l'impresa, è una splendida realtà appartenente alle Tenute Lunelli, di cui fanno parte anche Margon, in Trentino, e Podernovo, in Toscana. La cantina, vera e propria opera d'arte firmata dal maestro Arnaldo Pomodoro, sorge nei pressi di Bevagna. In questo comune e in quello di Montefalco si trovano anche le vigne di proprietà. Il progetto tecnico è in via di definizione: non mancano novità che riserveranno certamente delle sorprese nel prossimo futuro. Seguiremo con attenzione il corso degli eventi. Per il momento ci godiamo due vini comunque buonissimi, entrambi Sagrantino dell'annata 2012. Il secco è lieve e sfumato, almeno in considerazione della tipologia. Ha profumi di visciole, fiori e macchia mediterranea mentre in bocca è profondo, verticale, solo un po' frenato nel finale da un tannino incisivo. Il Passito ricorda le susine mature e ha grande equilibrio. Delizioso.

● Montefalco Sagrantino Carapace '12	🍷🍷 5
● Montefalco Sagrantino Passito '12	🍷🍷 5
● Montefalco Rosso '10	🍷🍷 3
● Montefalco Rosso '09	🍷🍷 3
● Montefalco Rosso '07	🍷🍷 3*
● Montefalco Rosso Lampante Ris. '10	🍷🍷 5
● Montefalco Rosso Ris. '09	🍷🍷 5
● Montefalco Rosso Ris. '08	🍷🍷 5
● Montefalco Rosso Ziggurat '11	🍷🍷 3
● Montefalco Sagrantino '10	🍷🍷 5
● Montefalco Sagrantino '08	🍷🍷 5
● Montefalco Sagrantino '07	🍷🍷 5
● Montefalco Sagrantino Carapace '09	🍷🍷 5

★★Castello della Sala

LOC. SALA
05016 FICULLE [TR]
TEL. 076386127
www.antinori.it

VENDITA DIRETTA
VISITA SU PRENOTAZIONE
PRODUZIONE ANNUA 760.000 bottiglie
ETTARI VITATI 140,00

Quando i Marchesi Antinori si misero a cercare un territorio adatto alla produzione di grandi vini bianchi, da affiancare alle storiche produzioni rosse realizzate in Toscana, la scelta cadde sicura in Umbria, a due passi da Orvieto. La tenuta si estende su una superficie di 500 ettari, 140 dei quali di vigna, tra i 200 e 450 metri d'altezza. I terreni sono di matrice argillosa, ricchi di fossili. Il Cervaro della Sala, da chardonnay e saldo di grechetto, fermentato e affinato in barrique, è uno dei vini bianchi italiani più famosi e premiati. La vendemmia 2014 ci regala una sua interpretazione magistrale, diremmo raffinata e leggiadra. Certo le note tostate, dovute alla permanenza in legno, sono ancora presenti ma la cosa è del tutto normale in questa fase. Soprattutto perché sotto c'è un frutto meraviglioso, ancorato a sensazioni agrumate e rocciose. Sorso agile, pur nel solco di una certa pienezza ed estrazione.

○ Cervaro della Sala '14	🍷🍷🍷 6
○ Bramito del Cervo '15	🍷🍷 3
○ Conte della Vipera '15	🍷🍷 5
○ Muffato della Sala '11	🍷🍷 6
○ Orvieto Cl. Sup. San Giovanni della Sala '15	🍷🍷 3
● Pinot Nero '14	🍷 6
○ Cervaro della Sala '13	🍷🍷🍷 6
○ Cervaro della Sala '12	🍷🍷🍷 6
○ Cervaro della Sala '11	🍷🍷🍷 6
○ Cervaro della Sala '10	🍷🍷🍷 6
○ Cervaro della Sala '09	🍷🍷🍷 6
○ Cervaro della Sala '08	🍷🍷🍷 6
○ Cervaro della Sala '07	🍷🍷🍷 6
○ Cervaro della Sala '06	🍷🍷🍷 6
○ Cervaro della Sala '05	🍷🍷🍷 6

Cantina Castello Monte Vibiano Vecchio

LOC. MONTE VIBIANO VECCHIO DI MERCATELLO
VOC. PALOMBARO, 22
06072 MARSCIANO [PG]
TEL. 0758783386
www.montevibiano.it

VENDITA DIRETTA
VISITA SU PRENOTAZIONE
PRODUZIONE ANNUA 300.000 bottiglie
ETTARI VITATI 35,00
AZIENDA SOSTENIBILE

La proprietà della famiglia Fasola Bologna, condotta dal visionario Lorenzo, si trova in uno scorcio stupendo sui colli perugini. Il progetto è avveniristico sul fronte della sostenibilità e si basa su un percorso vitivinicolo solido. La cantina è stata realizzata nel 2002. Le visite aziendali sono ben accette e prevedono un giro tra i filari a bordo di jeep elettriche. I vini, soprattutto negli ultimi anni, hanno raggiunto livelli significativi in termini di qualità, stile (moderno), precisione e costanza. Torna il Colli Perugini Rosso L'Andrea, nella versione 2012. Portabandiera della casa, ha profumi complessi, intensi e articolati che spaziano dalla frutta matura (ciliegia nera, more, ribes) alle spezie. La bocca è carnosa e avvolgente, piuttosto morbida fin quando non incrocia un tannino deciso e arcigno. Buono il bianco Maria Camilla '15, sorprendente il Villa Monte Vibiano Rosso di pari annata.

● Colli Perugini Rosso L'Andrea '12	🍷🍷 5
○ Maria Camilla '15	🍷🍷 3
● Villa Monte Vibiano Rosso '15	🍷🍷 1*
○ Villa Monte Vibiano Bianco '15	🍷 2
● Colli Perugini Rosso L'Andrea '08	🍷🍷🍷 5
● Colli Perugini Rosso L'Andrea '10	🍷🍷 5
● Colli Perugini Rosso L'Andrea '09	🍷🍷 5
● Colli Perugini Rosso Monvì '12	🍷🍷 2*
● Colli Perugini Rosso Monvì '10	🍷🍷 2*
● Colli Perugini Rosso Monvì '09	🍷🍷 2*
○ Maria Camilla '14	🍷🍷 3
○ Maria Camilla '13	🍷🍷 3
○ Villa Monte Vibiano Bianco '14	🍷🍷 2*

Cantina Cenci

FRAZ. SAN BIAGIO DELLA VALLE
VOC. ANTICELLO, 1
06072 MARSCIANO [PG]
TEL. 3805198980
www.cantinacenci.it

VENDITA DIRETTA
VISITA SU PRENOTAZIONE
PRODUZIONE ANNUA 20.000 bottiglie
ETTARI VITATI 5,00
AZIENDA SOSTENIBILE

Giovanni Cenci è un distillato di energia. Uno in perenne movimento, fisico e mentale, alieno da ogni compromesso e molto sicuro delle sue idee. È anche molto competente e sul piano vitivinicolo sta costruendo pian piano la sua esperienza, forte delle solide basi agronomiche ed enologiche. La vigna si trova in uno splendido spaccato naturale e paesaggistico a San Biagio, tra Perugia e Marsciano, dove un tempo insistevano insediamenti rurali dei monaci Olivetani. I vini prodotti possono essere definiti "di territorio". Hanno potenza e acidità e seguono fedelmente l'andamento delle annate. Ancora una volta buonissimo il Sangiovese Piantata. La vendemmia 2014 regala un rosso delicato, dal colore luminoso quanto scarico, incentrato su profumi floreali e tocchi speziati. La bocca è elegante, lunga e succosa, con acidità e tannino ben bilanciati. Il Grechetto Anticello '15 è più ricco e potente dell'annata precedente ma non perde beva ed equilibrio. Vino da piatti solidi, da tenere in cantina e aspettare senza timore.

Vino	Valutazione
○ Alago Stellato '15	TT 2*
○ Anticello '15	TT 2*
○ Gioile '15	TT 2*
● Piantata '14	TT 4
● Ascheria '14	T 4
● Sanbiagio '14	T 3
○ Alago '12	YY 3
○ Anticello '14	YY 2*
○ Anticello '12	YY 2*
○ Gioile '14	YY 2*
● Piantata '13	YY 4
● Piantata '12	YY 2*

Fattoria Colleallodole

VIA COLLEALLODOLE, 3
06031 BEVAGNA [PG]
TEL. 0742361897
www.fattoriacolleallodole.it

VENDITA DIRETTA
VISITA SU PRENOTAZIONE
PRODUZIONE ANNUA 70.000 bottiglie
ETTARI VITATI 20,00

La famiglia Antano rappresenta un pezzo significativo della storia del Sagrantino e dei vini tipici della zona. Sono state alcune bottiglie della casa a far conoscere il volto migliore del grande rosso montefalchese, tanto che lo stesso Veronelli ne rimase ammaliato. Oggi, più che mai, i vini che escono dalla Fattoria Colleallodole sono deliziosi, di impronta autenticamente artigianale, alieni a ogni compromesso e dallo stile inconfondibile. La nuova cantina, più spaziosa e organizzata, contribuirà certamente alla loro crescita ulteriore. Versione di Colleallodole in chiaroscuro, quella della vendemmia 2013. È un vino intrigante e buonissimo, dai profumi di more mature, sottobosco e accenni tostati, setoso e allo stesso tempo rigoglioso al palato, frenato tuttavia da una trama tannica imponente e dai riverberi amaricanti. Morbido e maturo, nel segno di una certa complessità, il Montefalco Rosso Riserva '13.

● Montefalco Sagrantino Colleallodole '13	TTT (red) 8
● Montefalco Rosso Ris. '13	TT 5
● Montefalco Sagrantino '13	TT 6
● Montefalco Rosso '14	T 3
● Montefalco Rosso Ris. '08	YYY 5
● Montefalco Sagrantino '12	YYY 6
● Montefalco Sagrantino Colleallodole '10	YYY 8
● Montefalco Sagrantino Colleallodole '09	YYY 8
● Montefalco Sagrantino Colleallodole '06	YYY 6
● Montefalco Sagrantino Colleallodole '05	YYY 6
● Montefalco Rosso Ris. '11	YY 5
● Montefalco Sagrantino '10	YY 5
● Montefalco Sagrantino '09	YY 5
● Montefalco Sagrantino '08	YY 8
● Montefalco Sagrantino Colleallodole '12	YY 8
● Montefalco Sagrantino Colleallodole '11	YY 8
● Montefalco Sagrantino Passito '07	YY 8

Fattoria Colsanto

LOC. MONTARONE
06031 BEVAGNA [PG]
TEL. 0742360412
www.livon.it

VENDITA DIRETTA
VISITA SU PRENOTAZIONE
OSPITALITÀ
PRODUZIONE ANNUA 50.000 bottiglie
ETTARI VITATI 15,00

La cantina, adagiata su un piccolo colle circondato da vigne, si raggiunge attraverso un viale puntellato dai cipressi. Scenario molto bello, dunque, per la dependance umbra della famiglia Livon. Siamo nei pressi di Bevagna, in piena zona Sagrantino, ed è qui che vengono allevate le uve e prodotti i vini tipici della zona. Dopo il rodaggio iniziale, i vini Colsanto sono oggi assai centrati per qualità e stile. L'affinamento dei rossi è fatto esclusivamente in botti classiche di grandi dimensioni. Sagrantino ancora una volta sugli scudi. Il 2012 del grande rosso montefalchese ha profumi rilassati e suadenti, capaci di spaziare dai piccoli frutti rossi e neri alle note terrose e minerali. Intenso e grintoso, ha bocca materica ma di buona beva, chiusa da un finale secco e ancora rigido sul piano tannico. Di stile simile al Sagrantino, anche se ovviamente su coordinate aromatiche e gustative diverse, il Montefalco Rosso gioca la carta dell'immediatezza, mostrando reattività e buon nerbo.

● Montefalco Rosso '13	TT 3
● Montefalco Sagrantino '12	TT 5
● Montefalco Rosso '10	YY 3
● Montefalco Rosso '09	YY 3*
● Montefalco Sagrantino '11	YY 5
● Montefalco Sagrantino '10	YY 5
● Montefalco Sagrantino '09	YY 5
● Montefalco Sagrantino '08	YY 5
● Montefalco Sagrantino '07	YY 5
● Montefalco Sagrantino '03	YY 5
● Ruris Rosso '13	YY 2*
● Ruris Rosso '12	YY 2*

Decugnano dei Barbi

LOC. FOSSATELLO, 50
05018 ORVIETO [TR]
TEL. 0763308255
www.decugnano.it

VENDITA DIRETTA
VISITA SU PRENOTAZIONE
PRODUZIONE ANNUA 130.000 bottiglie
ETTARI VITATI 32,00

È certamente tra le cantine umbre che vale la pena di visitare. Si trova in un luogo magnifico, di alto valore storico e paesaggistico. I terreni su cui poggiano le viti sono di origine marina, tanto che non è difficile trovarci conchiglie e fossili, ideali per la coltivazione delle uve bianche. Imperdibile, poi, la grotta tufacea di origine etrusca, in cui vengono ancora oggi affinate alcune bottiglie, in particolare quelle del Metodo Classico della casa. Insomma, un progetto bellissimo, realizzato con amore, sapienza e tempo dalla famiglia Barbi. L'Orvieto Classico Superiore Il Bianco '15 è nettamente tra i vini più buoni della regione. L'annata ha dato maturità, sapore e compiutezza ma non ha tolto nulla sul piano della freschezza. Anzi, diremmo che è un vino quasi nordico, tanto è vibrante, verticale e appuntito, meraviglioso nell'apporto aromatico agrumato e di mela verde. Un piccolo capolavoro insomma.

Vino	
○ Orvieto Cl. Sup. Il Bianco '15	(red) TTT 4*
○ Decugnano Dosaggio Zero '10	TT 4
● Il Rosso '14	TT 3
○ Orvieto Cl. Pourriture Noble '14	TT 5
○ Orvieto Cl. Villa Barbi Bianco '15	TT 3
● Villa Barbi Rosso '14	T 3
● "IL" Rosso '98	YYY 5
○ Orvieto Cl. Sup. "IL" '11	YYY 3*
○ Orvieto Cl. Sup. Il Bianco '12	YYY 3*
○ Orvieto Cl. Sup. Il Bianco '10	YYY 3
○ Orvieto Cl. Sup. Il Bianco '09	YYY 4
● Il Rosso '13	YY 3
● Il Rosso '12	YY 4
○ Orvieto Cl. Sup. Il Bianco '14	YY 3*
○ Orvieto Cl. Sup. Il Bianco '13	YY 3*
○ Orvieto Cl. Sup. Pourriture Noble '13	YY 5
● Villa Barbi Rosso '13	YY 2*

Di Filippo

voc. Conversino, 153
06033 Cannara [PG]
Tel. 0742731242
www.vinidifilippo.com

VENDITA DIRETTA
VISITA SU PRENOTAZIONE
PRODUZIONE ANNUA 227.000 bottiglie
ETTARI VITATI 35,00
VITICOLTURA Biologico Certificato
AZIENDA SOSTENIBILE

Di Filippo è azienda con un buon numero di vendemmie sulle spalle e insiste in un territorio di confine fra aree enologicamente distinte. Tutte le vigne, allevate con diverse varietà, tra cui i baluardi tradizionali della zona, sono condotte con i dettami dell'agricoltura biologica, da tempi non sospetti. I vini della casa comprendono molteplici linee ed etichette. Il livello è cresciuto molto negli ultimi anni e lo stile centrato, di ottima aderenza territoriale. Il Colli Martani Grechetto '15 ci è piaciuto particolarmente e dimostra, ancora una volta, l'attitudine di questo produttore con la varietà umbra più coltivata. Vino dai profumi bucciosi quanto freschi e agrumati, palato solido e durata superiore alla media, nel solco delle caratteristiche materiche dell'uva. Tra i rossi, molto buono il Sagrantino '12, intenso ma fresco e fragrante, dalle note di ciliegia e sottobosco.

○ Colli Martani Grechetto '15	🍷🍷 2*
○ Colli Martani Grechetto Sassi d'Arenaria '14	🍷🍷 3
● Colli Martani Sangiovese Properzio Ris. '13	🍷🍷 3
● Colli Martani Vernaccia di Cannara '15	🍷🍷 5
● Montefalco Sagrantino '12	🍷🍷 5
● Sangiovese '15	🍷 3
○ Colli Martani Grechetto Planiarche '14	🍷🍷 2*
● Colli Martani Sangiovese Properzio '11	🍷🍷 3
● Colli Martani Vernaccia di Cannara '14	🍷🍷 4
● Montefalco Rosso '13	🍷🍷 2*
● Montefalco Rosso Sallustio '12	🍷🍷 3
● Montefalco Sagrantino '11	🍷🍷 5
● Montefalco Sagrantino '10	🍷🍷 5
● Terre di S. Nicola Rosso '11	🍷🍷 3

Duca della Corgna

via Roma, 236
06061 Castiglione del Lago [PG]
Tel. 0759652493
www.ducadellacorgna.it

VENDITA DIRETTA
VISITA SU PRENOTAZIONE
PRODUZIONE ANNUA 280.000 bottiglie
ETTARI VITATI 55,00

Le terre collinari intorno al lago Trasimeno, praticamente sul confine con la Toscana, sono storicamente vocate per l'agricoltura e la coltivazione della vite. Un patrimonio che non sempre è stato sfruttato al meglio sul piano vinicolo, anche per via di un paniere ampelografico non sempre riconducibile al territorio. La cantina Duca della Corgna, vertice qualitativo di una storica cooperativa della zona, ha il merito di aver sempre creduto nel Trasimeno gamay, varietà simile alla grenache, che potrebbe rappresentare un punto di riferimento per l'enologia lacustre. Torna ad alti livelli il Corniolo '13: fine, profondo, con un elegante tocco tostato che dona complessità senza togliere nerbo. Succoso e campione del rapporto qualità prezzo il Baccio del Rosso '15, ottimo il Trasimeno Gamay Divina Villa Etichetta Bianca '15. Media alta per tutti gli altri vini.

● C. del Trasimeno Rosso Corniolo Ris. '13	🍷🍷 4
○ Ascanio '15	🍷🍷 2*
● C. del Trasimeno Baccio del Rosso '15	🍷🍷 2*
● C. del Trasimeno Gamay Divina Villa Et. Bianca '15	🍷🍷 2*
○ C. del Trasimeno Baccio del Bianco '15	🍷 2
○ C. del Trasimeno Grechetto Nuricante '15	🍷 2
○ C. del Trasimeno Baccio del Bianco '13	🍷🍷 2*
● C. del Trasimeno Baccio del Rosso '14	🍷🍷 2*
● C. del Trasimeno Baccio del Rosso '13	🍷🍷 2*
● C. del Trasimeno Gamay Divina Villa Et. Bianca '14	🍷🍷 2*
● C. del Trasimeno Gamay Divina Villa Et. Bianca '13	🍷🍷 2*
● C. del Trasimeno Gamay Divina Villa Ris. '12	🍷🍷 3

Podere Fontesecca

voc. Fontesecca, 30
06062 Città della Pieve [PG]
Tel. 3496180516
www.fontesecca.it

VENDITA DIRETTA
VISITA SU PRENOTAZIONE
OSPITALITÀ
PRODUZIONE ANNUA 10.000 bottiglie
ETTARI VITATI 3,00
VITICOLTURA Biologico Certificato

A due passi dal centro di Città della Pieve, splendida località umbra al confine con la Toscana e il Lazio, Paolo Bolla ha dato vita a un piccolo gioiello. Fontesecca vanta pochi ettari, coltivati con varietà tradizionali della zona (grechetto, trebbiano, malvasia tra i bianchi, sangiovese, ciliegiolo, canaiolo tra le varietà a bacca nera), ed è certamente una piccola cantina. La sua notorietà, specie tra un certo tipo di appassionati, è però rilevante. Qui si producono vini autentici, gastronomici, figli di un'agricoltura pulita e di mani sensibili. Certo vini non per tutti, che richiedono attenzione e pazienza. Dopo qualche riduzione iniziale, però, si ritrovano nei bicchieri bianchi e rossi dissetanti e di grande personalità. Ci convince come non mai e si piazza tra i più buoni Sangiovese umbri il Pino '13; si confermano splendidi il Ciliegiolo '14 ed Elso '15.

● Ciliegiolo '14	🍷🍷 3*
● Pino Sangiovese '13	🍷🍷 3*
○ Elso '15	🍷🍷 2*
○ Bianco Fontesecca '09	🍷🍷 3
⊙ Canaiolo '14	🍷🍷 3
⊙ Canaiolo '13	🍷🍷 3
⊙ Canaiolo '12	🍷🍷 3
⊙ Canaiolo '10	🍷🍷 3
● Ciliegiolo '13	🍷🍷 3
● Ciliegiolo '12	🍷🍷 3
● Ciliegiolo '11	🍷🍷 3
● Ciliegiolo '10	🍷🍷 3*
○ Elso '13	🍷🍷 2*
○ Elso '12	🍷🍷 2*
● Pino Sangiovese '09	🍷🍷 3*
● Pino Sangiovese '08	🍷🍷 4

Cantina La Spina

fraz. Spina
via Emilio Alessandrini, 1
06055 Marsciano [PG]
Tel. 0758738120
www.cantinalaspina.it

VENDITA DIRETTA
VISITA SU PRENOTAZIONE
PRODUZIONE ANNUA 16.000 bottiglie
ETTARI VITATI 2,20
AZIENDA SOSTENIBILE

Tra le piccole cantine del perugino, La Spina ha la capacità di unire, mietere consensi e fare proseliti. Personaggio d'altri tempi, vignaiolo premuroso e vinificatore riflessivo, Moreno Peccia ha disegnato il suo progetto a sua immagine. Le vigne sorgono nei pressi di un piccolo borgo, tra i colli che dal capoluogo portano a Marsciano: qui ci sono varietà dettate dalla tradizione, più che dalle mode o da troppi calcoli. I vini sono gustosi, piacevoli, mai troppo ingombranti sul piano delle estrazioni. Bianchi in decisa crescita di consensi. È comunque il Rosso Spina '14, vero emblema della cantina, a primeggiare. Vino intenso e avvolgente quanto fragrante, affusolato e facile da bere. La rivelazione dell'anno è il Merlato '15, ricco di profumi di frutti rossi e neri, goloso e solido in bocca.

○ Filare Maiore '15	🍷🍷 2*
● Merlato '15	🍷🍷 2*
● Rosso Spina '14	🍷🍷 3
○ Eburneo '15	🍷 2
● Polimante della Spina '14	🍷 4
○ Eburneo '14	🍷🍷 2*
○ Eburneo '13	🍷🍷 2*
○ Filare Maiore '14	🍷🍷 2*
● Polimante della Spina '11	🍷🍷 3
● Polimante della Spina '10	🍷🍷 3
● Rosso Spina '13	🍷🍷 3
● Rosso Spina '12	🍷🍷 3
● Rosso Spina '11	🍷🍷 3
● Rosso Spina '10	🍷🍷 3
● Rosso Spina '09	🍷🍷 3
○ V. Maiore '13	🍷🍷 2*
○ V. Maiore '12	🍷🍷 2*

★Lungarotti

v.le G. Lungarotti, 2
06089 Torgiano [PG]
Tel. 075988661
www.lungarotti.it

VENDITA DIRETTA
VISITA SU PRENOTAZIONE
OSPITALITÀ E RISTORAZIONE
PRODUZIONE ANNUA 2.400.000 bottiglie
ETTARI VITATI 250,00
VITICOLTURA Biologico Certificato
AZIENDA SOSTENIBILE

"Lungarotti ha disegnato l'Umbria nella mappa enologica mondiale". Sono ancora le parole che pronunciò un noto critico inglese del passato a descrivere, meglio di tutte, cosa rappresenta questa casa vinicola per il movimento enologico regionale. Dopo gli albori, negli anni Sessanta, e l'inarrestabile crescita dei decenni successivi, la famiglia ha dovuto fare i conti con un rinnovamento complessivo dell'azienda alla fine del secolo scorso. Oggi possiamo dire che le cose hanno ritrovato il loro equilibrio, a cominciare dalla cifra stilistica dei vini più significativi. A partire dalle ultime vendemmie degli anni 2000, il Vigna Monticchio ha conosciuto un'evoluzione che guarda al passato con occhio moderno. Parte del vino viene di nuovo affinato in botte grande mentre con l'annata 2009 l'unica uva impiegata è il sangiovese, ritenuto ormai pronto per giocare da solista. La versione 2011 è stupenda, più ricca di quella precedente ma di impareggiabile valore. Il Rubesco '13 è una vera delizia!

● Torgiano Rosso Rubesco V. Monticchio Ris. '11	🍷🍷🍷 6
● Torgiano Rosso Rubesco '13	🍷🍷 3*
● Montefalco Rosso '13	🍷🍷 3
● Montefalco Sagrantino '11	🍷🍷 5
○ Torgiano Bianco Torre di Giano '15	🍷🍷 2*
○ Torgiano Bianco Torre di Giano V. il Pino Ris. '08	🍷🍷🍷 3*
● Torgiano Rosso Rubesco V. Monticchio Ris. '07	🍷🍷🍷 6
● Torgiano Rosso V. Monticchio Ris. '10	🍷🍷🍷 6
● Torgiano Rosso V. Monticchio Ris. '09	🍷🍷🍷 6
● Torgiano Rosso V. Monticchio Ris. '08	🍷🍷🍷 6
● Torgiano Rosso V. Monticchio Ris. '06	🍷🍷🍷 5
● Torgiano Rosso V. Monticchio Ris. '05	🍷🍷🍷 5*
● Torgiano Rosso V. Monticchio Ris. '04	🍷🍷🍷 5

La Madeleine

s.da Montini, 38
05035 Narni [TR]
Tel. 3453208914
www.cantinalamadeleine.it

VISITA SU PRENOTAZIONE
PRODUZIONE ANNUA 40.000 bottiglie
ETTARI VITATI 6,50

La Madeleine. Linda e Massimo D'Alema hanno scelto di conservare il nome della vecchia impresa agraria, acquistata nel 2008 e oggi di proprietà dei figli Giulia e Francesco. A parte questo, tutto è cambiato da allora. Gli ettari complessivi sono quindici, 6,5 dei quali vitati, tra i bellissimi colli di Narni e Otricoli. Molti i lavori realizzati, insomma, capaci di cambiare il volto della tenuta e trasformarla in una moderna realtà vitivinicola. Le uve allevate sono varie, a cominciare da quelle internazionali. Sfide '14 ci è piaciuto molto. Da cabernet franc in purezza, intenso e setoso, di bella trama e succo. Anche i profumi sono definiti, incentrati su un corredo di piccoli frutti scuri, venature erbacee e note tostate. Ottimo anche il Pinot Nero '14: fine e slanciato, molto coerente e gustoso.

● Sfide '14	🍷🍷 3*
● Pinot Nero '14	🍷🍷 6
● NarnOt '13	🍷 6
⊙ Nerosé	🍷 5
● NarnOt '11	🍷🍷 6
● Sfide '13	🍷🍷 3*

Madrevite

LOC. VAIANO
VIA CIMBANO, 36
06061 CASTIGLIONE DEL LAGO [PG]
TEL. 0759527220
www.madrevite.com

VENDITA DIRETTA
VISITA SU PRENOTAZIONE
RISTORAZIONE
PRODUZIONE ANNUA 45.000 bottiglie
ETTARI VITATI 10,00

Una piccola cantina che dà voce alla vitivinicoltura del Trasimeno in maniera originale, rispettosa del territorio e della storia del luogo. Madrevite nasce nel 2001, dalla ristrutturazione dell'azienda di famiglia dei Chiucchiurlotto e sorge su quello che fu l'antico Podere Mastronuccio, indicato già in un documento del 1651 come fattoria agricola. Venti ettari in tutto (10 di vigna), in un corpo unico, su cui vengono coltivate diverse varietà, alcune locali e altre di stampo internazionale. Brillante, fine, intenso, materico e sapido, salmastro e slanciato. Il Reminore '15 è uno splendido esempio di Trebbiano Spoletino coltivato fuori dalla zona classica. Molto buono anche il Glanio '14, da sangiovese, Trasimeno gamay e quota di merlot. Ha bell'impatto aromatico, dominato da frutti di bosco freschi e maturi, una nota tostata comunque elegante e un sorso succoso e lungo.

○ Il Reminore '15	🍷🍷🍷	3*
● Capofoco '12	🍷🍷	4
● Glanio '14	🍷🍷	3
⊙ La Bisbetica Rosé '15	🍷	3
● Colli del Trasimeno Glanio '12	ΥΥ	3
● Colli del Trasimeno Glanio '11	ΥΥ	3
● Colli del Trasimeno Glanio '10	ΥΥ	3*
○ Il Reminore '14	ΥΥ	3
○ Il Reminore '13	ΥΥ	3
○ La Bisbetica Rosé '13	ΥΥ	3
○ Re Minore '12	ΥΥ	2*
○ Re Minore '11	ΥΥ	2*

Moretti Omero

LOC. SAN SABINO, 20
06030 GIANO DELL'UMBRIA [PG]
TEL. 074290426
www.morettiomero.it

VENDITA DIRETTA
VISITA SU PRENOTAZIONE
OSPITALITÀ E RISTORAZIONE
PRODUZIONE ANNUA 75.000 bottiglie
ETTARI VITATI 13,00
VITICOLTURA Biologico Certificato
AZIENDA SOSTENIBILE

Artigiano, contadino, olivicoltore e vignaiolo premuroso. Omero Moretti, assistito oramai da tutta la famiglia, è uomo d'altri tempi, tutto proiettato verso il suo lavoro e il contatto diretto con la terra. Le vigne e la cantina sono in una splendida zona, nei pressi di Giano dell'Umbria e dei monti Martani. La conduzione agronomia è biologica certificata da tanti anni, figlia di convinzioni profonde. I vini seguono questo percorso, sono autentici e personali e non si curano troppo della perfezione tecnica. Grande interpretazione dell'annata per il Sagrantino '12. Ha naso intrigante, terroso, con richiami di humus e radici, su note centrali fruttate mature. Bocca di bella materia e grinta, sorso agile e saporito, in riferimento alla varietà, tannino ancora un po' rigido ma preciso. Evolverà positivamente in bottiglia. Stupendo il Passito Argo '12, anch'esso da uve sagrantino.

● Argo Passito '12	🍷🍷	5
○ Montefalco Bianco '15	🍷🍷	3
● Montefalco Sagrantino '12	🍷🍷	5
○ Grechetto '15	🍷	2
○ Grechetto '14	ΥΥ	2*
○ Grechetto '12	ΥΥ	2*
○ Grechetto dell'Umbria '10	ΥΥ	2
● Montefalco Rosso '10	ΥΥ	3
● Montefalco Rosso '09	ΥΥ	5
● Montefalco Sagrantino '11	ΥΥ	5
● Montefalco Sagrantino '09	ΥΥ	5
● Montefalco Sagrantino '08	ΥΥ	5
○ Nessuno '14	ΥΥ	2*
○ Nessuno '13	ΥΥ	2*
○ Nessuno '12	ΥΥ	2*

La Palazzola

loc. Vascigliano
05039 Stroncone [TR]
Tel. 0744609091
www.lapalazzola.it

PRODUZIONE ANNUA 150.000 bottiglie
ETTARI VITATI 28,00

Stefano Grilli è uno degli interpreti più originali del vino umbro. Dalla sua cantina di Vascigliano, a due passi da Terni, escono creazioni sempre nuove fatte di sperimentazione, inventiva, competenza e lungimiranza. Ecco allora che, tra le etichette della casa, spiccano gli spumanti Metodo Ancestrale, prodotti da tempi non sospetti, gli straordinari vin santi e i "dolci" in generale, affiancati da bianchi e rossi di sicuro fascino. In un'era dove l'omologazione è sempre dietro l'angolo, la forza personale dei vini de La Palazzola è un approdo consolatorio. Chi si aspettava, per esempio, un Verdello così? Varietà tradizionale rispolverata con classe, matura in orci di terracotta ed è capace di note salmastre, terragne, di erbe officinali, elicriso e finocchietto selvatico. Sorso sapido e slanciato. Buonissimo e personale, come al solito, il Riesling Brut Metodo Ancestrale.

Vino	Bicchieri	Stelle/Prezzo
○ Riesling Brut Metodo Ancestrale '12	🍷🍷 (rossi)	3*
○ Verdello '14	🍷🍷 (rossi)	3*
○ Amelia Vin Santo '12	🍷🍷	4
● Amelia Vin Santo Occhio di Pernice '12	🍷🍷	5
○ Gran Cuvée Brut '13	🍷🍷	4
○ Brut '11	🍷	4
● Syrah '13	🍷	3
● Merlot '97	🍷🍷🍷 (vuoti)	4*
○ Amelia Vin Santo '11	🍷🍷 (vuoti)	4
○ Riesling Brut Metodo Ancestrale '11	🍷🍷 (vuoti)	3
○ Riesling Brut Metodo Ancestrale '10	🍷🍷 (vuoti)	3*
● Rubino '09	🍷🍷 (vuoti)	5
● Syrah '11	🍷🍷 (vuoti)	3

Palazzone

loc. Rocca Ripesena, 68
05019 Orvieto [TR]
Tel. 0763344921
www.palazzone.com

VENDITA DIRETTA
VISITA SU PRENOTAZIONE
OSPITALITÀ E RISTORAZIONE
PRODUZIONE ANNUA 130.000 bottiglie
ETTARI VITATI 24,00

Giovanni Dubini è un vignaiolo straordinario che unisce un'innata sensibilità a un'esperienza ormai significativa. È certamente un punto di riferimento per il vino umbro, specie quello bianchista, e le sue bottiglie lo dimostrano di anno in anno. La cantina di trova in una splendida collina abbracciata dai vigneti, tra la Rocca Ripesena e il Romitorio, a due passi da Orvieto. Le vinificazioni sono rispettose delle uve, delle terre in cui maturano e di una certa idea di tradizione contemporanea. I vini Palazzone sono una meraviglia e un vanto per tutta la zona. Annata di grazie per tutte le etichette presentate e versione monumentale per il Campo del Guardiano '14. Profumi magnetici di cotogna, erbe e bacche mediterranee, fiori e rocce. Bocca tridimensionale e vibrante, sapida e profonda, in altalena tra cenni gialli maturi e sensazioni verdeggianti e fresche. E poi sassi, terra ed erbette officinali sul finale. Buonissimo.

Vino	Bicchieri	Stelle/Prezzo
○ Orvieto Cl. Sup. Campo del Guardiano '14	🍷🍷🍷 (rossi)	3*
● Armaleo '13	🍷🍷 (rossi)	5
○ Orvieto Cl. Sup. Muffa Nobile '15	🍷🍷	5
○ Orvieto Cl. Sup. Terre Vineate '15	🍷🍷	2*
○ Viognier '15	🍷🍷	3
● Armaleo '00	🍷🍷🍷 (vuoti)	5
● Armaleo '98	🍷🍷🍷 (vuoti)	5
● Armaleo '97	🍷🍷🍷 (vuoti)	5
● Armaleo '95	🍷🍷🍷 (vuoti)	5
○ Orvieto Cl. Sup. Campo del Guardiano '11	🍷🍷🍷 (vuoti)	2*
○ Orvieto Cl. Sup. Campo del Guardiano '09	🍷🍷🍷 (vuoti)	3
○ Orvieto Cl. Sup. Campo del Guardiano '07	🍷🍷🍷 (vuoti)	3
○ Orvieto Cl. Sup. Terre Vineate '11	🍷🍷🍷 (vuoti)	2*

F.lli Pardi

via G. Pascoli, 7/9
06036 Montefalco [PG]
Tel. 0742379023
www.cantinapardi.it

VENDITA DIRETTA
VISITA SU PRENOTAZIONE
PRODUZIONE ANNUA 56.000 bottiglie
ETTARI VITATI 11,00

La famiglia Pardi vanta trascorsi imprenditoriali importanti a Montefalco. Il vino è un fatto antico e recente al tempo stesso. I Pardi lo producevano, con ottimi risultati, in tempi non sospetti ma è da qualche vendemmia che l'impresa ha assunto i caratteri che conosciamo oggi. Le vigne occupano diverse sottozone della denominazione, con caratteri anche piuttosto diversi tra di loro. I vini hanno uno stile riconoscibile e impeccabile, fatto di finezza, bevibilità e sfaccettature aromatiche. Uno scintillante Sagrantino '12 si piazza in cima ai nostri assaggi dell'annata a Montefalco. Vino croccante che ammalia per i profumi di ciliegie, more e frutta rossa, equilibrato nell'estrazione, la tessitura lunga e setosa, il finale agrumato. Buonissimo e pienamente convincente. Ottimi anche il Montefalco Rosso '14 e il Trebbiano Spoletino '15.

● Montefalco Sagrantino '12	5
○ Colli Martani Grechetto '15	2*
● Montefalco Rosso '14	2*
● Montefalco Sagrantino Sacrantino '11	6
○ Spoleto Trebbiano Spoletino '15	2*
○ Colli Martani Grechetto '13	2*
○ Colli Martani Grechetto '12	2*
● Montefalco Rosso '12	3
● Montefalco Rosso '11	2*
● Montefalco Sagrantino '11	5
● Montefalco Sagrantino '10	5
● Montefalco Sagrantino Sacrantino '10	6
● Montefalco Sagrantino Sacrantino '08	6
○ Spoleto Trebbiano Spoletino '14	2*
○ Spoleto Trebbiano Spoletino '13	2*

Cantina Peppucci

loc. Sant'Antimo
fraz. Petroro, 4
06059 Todi [PG]
Tel. 0758947439
www.cantinapeppucci.com

VENDITA DIRETTA
VISITA SU PRENOTAZIONE
OSPITALITÀ
PRODUZIONE ANNUA 70.000 bottiglie
ETTARI VITATI 12,50

La Cantina Peppucci è tra le realtà emergenti della regione. Ha un parco vigneto bello e vocato nel territorio di Todi, giusto al confine con la denominazione del Sagrantino, e un percorso stilistico e qualitativo sempre più convincente. I vini bianchi stanno raggiungendo livelli davvero pregevoli e una personalità inimmaginabile fino a qualche anno fa. I rossi sono di taglio moderno, calibrati e aderenti alle varietà impiegate, capaci di evolvere positivamente in bottiglia. C'è una nuova versione di Grechetto in casa Peppucci e alla sua prima uscita fa subito un figurone. Ancora qualcosa da sistemare nell'apporto dato dai legni di affinamento ma per il resto le premesse sono ottime. Note di vaniglia, crosta di pane e grande sapidità nel sorso. Solidità e lunghezza, profumi in buona armonia e gusto pieno. Superba la prova del Petroro 4 tra i rossi.

○ Todi Grechetto Sup. I Rovi '14	3*
● Todi Rosso Petroro 4 '15	2*
● Altro Io '12	5
○ Todi Grechetto Montorsolo '15	2*
● Altro Io '11	5
● Altro Io '10	5
○ Colli Martani Grechetto di Todi Montorsolo '10	2
● Giovanni '10	4
● Giovanni '09	4
● Petroro 4 '11	2*
○ Todi Grechetto Montorsolo '14	2*
○ Todi Grechetto Montorsolo '13	2*
○ Todi Petroro 4 '12	2*
● Todi Rosso Petroro 4 '14	2*
● Todi Rosso Petroro 4 '13	2*

Perticaia

loc. Casale
06036 Montefalco [PG]
Tel. 0742379014
www.perticaia.it

VENDITA DIRETTA
VISITA SU PRENOTAZIONE
PRODUZIONE ANNUA 120.000 bottiglie
ETTARI VITATI 15,50
AZIENDA SOSTENIBILE

Perticaia è diventato, in poco tempo, uno dei marchi più reputati dell'Umbria del vino. Merito di un terroir vocato, a Casale di Montefalco, e di una conduzione tecnica di alto profilo. La notizia è che la proprietà è passata di mano, dal fondatore Guido Guardigli a una famiglia di origini umbre ma con diverse attività in Lussemburgo. Da quanto sappiamo la continuità del progetto non è in discussione: niente cambierà, di fatto, se non il tentativo di fare ancora meglio, con lo stesso Guardigli al timone in questa fase di transizione. Per quanto ci riguarda seguiremo con attenzione il nuovo corso. Buonissimo e dal futuro in bottiglia luminoso il Trebbiano Spoletino'15. Bianco di finezza e freschezza, ricamato da sensazioni di cedro, foglia di limone e lieve alloro. Crescerà ancora. Al solito tra i migliori, il Montefalco Sagrantino '12 è rigoglioso e slanciato, appena penalizzato da un tannino ancora ingombrante e un po' rigido. Da comprare in quantità, l'Umbria Rosso '15 è una delizia.

● Montefalco Sagrantino '12	TT	5
○ Spoleto Trebbiano Spoletino '15	TT	2*
● Montefalco Rosso '13	T	3
● Umbria Rosso '15	T	2
● Montefalco Sagrantino '11	YYY	5
● Montefalco Sagrantino '10	YYY	5
● Montefalco Sagrantino '09	YYY	5
● Montefalco Sagrantino '07	YYY	5
● Montefalco Sagrantino '06	YYY	5
● Montefalco Sagrantino '05	YYY	5
● Montefalco Sagrantino '04	YYY	5
● Montefalco Rosso '11	YY	3
● Montefalco Rosso Ris. '11	YY	4
● Montefalco Rosso Ris. '09	YY	4
● Montefalco Rosso Ris. '08	YY	4
● Montefalco Sagrantino '08	YY	5

Pucciarella

loc. Villa di Magione
via Case Sparse, 39
06063 Magione [PG]
Tel. 0758409147
www.pucciarella.it

VENDITA DIRETTA
VISITA SU PRENOTAZIONE
OSPITALITÀ
PRODUZIONE ANNUA 250.000 bottiglie
ETTARI VITATI 58,50
AZIENDA SOSTENIBILE

Quello firmato Pucciarella è un grande progetto, a partire dai numeri. L'azienda si estende per quasi 300 ettari tra i comuni di Magione e Corciano, in direzione Lago Trasimeno. I boschi, i campi di seminativo e gli oliveti dividono lo spazio con la vite. Gli impianti sono a circa 300 metri di quota, in buona parte iscritti alla denominazione del territorio. I suoli sono tendenzialmente sciolti, ricchi di scheletro e pietre. I vini sono affidabili, con ottime punte qualitative ed etichette dall'invidiabile rapporto qualità prezzo. Molto fine, caratterizzato da un bel ventaglio di frutti rossi, delicate spezie dolci e un tocco di alchermes il rosso Empireo. La bocca non è da meno: solida, equilibrata, di bell'estratto. Versione super anche per il Colli del Trasimeno Vin Santo '13 dai profumi ammandorlati, saporito e complesso al palato. Pulito e fresco l'Agnolo '15.

● Empireo '13	TT	3*
○ Arsiccio '15	TT	3
● Colli del Trasimeno Sant'Anna di Pucciarella '13	TT	3
○ Colli del Trasimeno Vin Santo '13	TT	4
○ Agnolo '15	T	2
○ Arsiccio '13	YY	3
○ Arsiccio '11	YY	3
● C. del Trasimeno Rosso Berlingero '13	YY	2*
● C. del Trasimeno Rosso Sant'Anna Ris. '10	YY	2*
● C. del Trasimeno Rosso Sant'Anna Ris. '09	YY	2*
○ C. del Trasimeno Vin Santo '10	YY	3*
○ C. del Trasimeno Vin Santo '09	YY	3
○ C. del Trasimeno Vin Santo '08	YY	3

Raina

LOC. TURRI
VIA CASE SPARSE, 42
06036 MONTEFALCO [PG]
TEL. 0742621356
www.raina.it

VENDITA DIRETTA
VISITA SU PRENOTAZIONE
RISTORAZIONE
PRODUZIONE ANNUA 60.000 bottiglie
ETTARI VITATI 10,00
VITICOLTURA Biologico Certificato
AZIENDA SOSTENIBILE

Francesco Mariani, giovane e brillante vigneron montefalchese, si sta ritagliando un ruolo significativo nel panorama regionale. Lo sta facendo grazie a un percorso sempre più personale e a vini estremamente seducenti, ad alto coefficiente di originalità. Le vigne si trovano a Turri di Montefalco e sono allevate in regime biologico, con virata sempre più convinta verso la biodinamica. I vini hanno sapore e tratto artigianale, estrazioni misurate e digeribilità. Centrati i rossi tipici della zona, stile in via di definizione per i bianchi. Se c'è una strada da seguire, consigliamo comunque di insistere su quella del Trebbiano Spoletino '15. Vino umorale, difficile da ingabbiare in schemi precostituiti, fascinoso anche se con tratti stravaganti. Ha profumi bucciosi e cerealicoli, di tè verde e limoni secchi. La bocca è vibrante, saporita, fresca, brillante. Splendido il Rosso della Gobba '14.

○ Spoleto Trebbiano Spoletino '15	🍷🍷 3*
⊙ La Peschiera di Pacino '15	🍷🍷 2*
● Montefalco Rosso '13	🍷🍷 3
● Rosso della Gobba '14	🍷🍷 2*
○ Grechetto '15	🍷 2
● Montefalco Rosso '12	YY 2*
● Montefalco Rosso '11	YY 2*
● Montefalco Rosso '10	YY 3
● Montefalco Sagrantino '08	YY 5
● Montefalco Sagrantino Campo di Raina '10	YY 4
● Montefalco Sagrantino Le Pretelle '10	YY 5
● Rosso della Gobba '13	YY 2*
● Rosso della Gobba '12	YY 2*
○ Spoleto Trebbiano Spoletino '14	YY 3
○ Trebbiano Spoletino '12	YY 2*

Roccafiore

FRAZ. CHIOANO
VOC. COLLINA, 110A
06059 TODI [PG]
TEL. 0758942416
www.roccafiorewines.com

VENDITA DIRETTA
VISITA SU PRENOTAZIONE
OSPITALITÀ E RISTORAZIONE
PRODUZIONE ANNUA 120.000 bottiglie
ETTARI VITATI 15,00
AZIENDA SOSTENIBILE

Roccafiore è un progetto bello, ragionato, di respiro contemporaneo di forte impostazione sostenibile, tanto da meritare il premio per la Vitivinicoltura Sostenibile. Intanto il territorio, fatto dai curvilinei colli di Todi, mostra un volto splendente, tra i più suggestivi che si possano incontrare in Umbria. Le vigne sono ricamate qui e condotte con pratiche poco invasive. Le varietà locali hanno un ruolo da protagonista. Anche in cantina le tecniche sono usate con giudizio. I vini ci paiono in crescita decisa quanto costante, nel livello complessivo non meno che nello stile. Ne è prova un fantastico Fiorfiore '14, Grechetto fermentato in maniera naturale e affinato in grandi botti di rovere. Complice l'annata, un bianco scintillante, profumato, capace di giocare con autorevolezza tra sensazioni morbide, sapide e slanci acidi. Ottimo, finalmente, anche il Prova d'Autore '13. Incoraggianti tutti i rossi, nel solco di uno stile sempre più chiaro.

Vino	Valutazione
○ Todi Grechetto Sup. Fiorfiore '14	🍷🍷🍷 3*
● Prova d'Autore '13	🍷🍷 5
● Il Roccafiore '14	🍷🍷 3
○ Todi Bianco Fiordaliso '15	🍷🍷 2*
● Todi Rosso Melograno '14	🍷🍷 2*
○ Collina d'Oro Passito '15	🍷 5
○ Fiordaliso '12	YY 2*
● Prova d'Autore '12	YY 4
○ Todi Bianco Fiordaliso '13	YY 2*
○ Todi Grechetto Sup. Fiorfiore '13	YY 3*
○ Todi Grechetto Sup. Fiorfiore '12	YY 3*
○ Todi Grechetto Sup. Fiorfiore '11	YY 3*
● Todi Rosso Melograno '12	YY 2*
● Todi Rosso Melograno '11	YY 2*
● Todi Sangiovese Rosso '10	YY 2*
● Todi Sangiovese Sup. Il Roccafiore '12	YY 3
● Todi Sangiovese Sup. Il Roccafiore '11	YY 3*

Romanelli

LOC. COLLE SAN CLEMENTE, 129A
06036 MONTEFALCO [PG]
TEL. 0742371245
www.romanelli.se

VENDITA DIRETTA
VISITA SU PRENOTAZIONE
PRODUZIONE ANNUA 40.000 bottiglie
ETTARI VITATI 7,50

I vini Romanelli hanno scalato posizioni su posizioni, raggiungendo i vertici dell'affollato panorama montefalchese. A nostro avviso escono da questa cantina alcune delle migliori bottiglie della zona, figlie di un progetto meticoloso in vigna ed estremamente centrato in cantina. Parlare di qualità non è sufficiente, qui è il tratto stilistico a impressionare: i vini si distinguono per grazia, estrazioni misurate, equilibrio ed espressività aromatica. Le vigne poggiano su terreni argillo limosi e svettano a 350 metri d'altezza. Al solito escono da questa cantina alcuni dei Sagrantino più originali, anche se quest'anno abbiamo trovato una certa variabilità tra le bottiglie assaggiate. Splendido comunque il Medeo '11, rilassato ed elegante, terroso, quasi rugginoso e decadente in certi tratti ma capace di una spina dorsale forte e dritta. Ottimo anche il Sagrantino '12, forse un po' più tannico e asciugante del solito.

Vino	Bicchieri	Prezzo
● Montefalco Sagrantino '12	TT (rossi)	5
● Montefalco Sagrantino Medeo '11	TT (rossi)	8
○ Colli Martani Grechetto '15	TT	2*
● Montefalco Rosso '12	T	3
● Montefalco Sagrantino '11	YYY	5
● Montefalco Sagrantino '10	YYY	5
○ Colli Martani Grechetto '13	YY	2*
○ Colli Martani Grechetto '12	YY	2*
○ Colli Martani Grechetto '11	YY	2*
○ Colli Martani Grechetto '08	YY	2
● Montefalco Rosso '11	YY	3
● Montefalco Rosso '10	YY	2*
● Montefalco Rosso '09	YY	2*
● Montefalco Rosso '08	YY	3
● Montefalco Rosso '07	YY	3
● Montefalco Rosso Ris. '09	YY	3
● Montefalco Sagrantino Passito '08	YY	5

Scacciadiavoli

LOC. CANTINONE, 31
06036 MONTEFALCO [PG]
TEL. 0742371210
www.scacciadiavoli.it

VENDITA DIRETTA
VISITA SU PRENOTAZIONE
PRODUZIONE ANNUA 200.000 bottiglie
ETTARI VITATI 32,00
AZIENDA SOSTENIBILE

Scacciadiavoli racconta una storia antica, testimoniata da una cantina bellissima che merita una visita, raro esempio di archeologia industriale della zona. La famiglia Pambuffetti, che detiene la proprietà dell'azienda, non si è però cullata sugli allori: nei primi anni Duemila ha avviato una decisa opera di ammodernamento, tanto in vigna quanto nei metodi di vinificazione e affinamento. Oggi i vini Scacciadiavoli hanno tratto moderno, puntualità esecutiva, costanza e affidabilità. Un riferimento sicuro per la zona di Montefalco. Il Montefalco Sagrantino '11 ha profumi maturi, di prugna e bacche di vaniglia. In bocca è potente ma di buono slancio, leggermente frenato da una trama tannica decisa e coriacea. Buono e pimpante il Montefalco Rosso '13, riuscito il profumato Montefalco Bianco '14, appena sotto il Sagrantino Passito '10.

Vino	Bicchieri	Prezzo
● Montefalco Sagrantino '11	TT (rossi)	5
○ Montefalco Bianco '14	TT	3
● Montefalco Rosso '13	TT	3
● Montefalco Sagrantino Passito '10	T	5
● Montefalco Sagrantino '10	YYY	5
○ Montefalco Bianco '13	YY	3
● Montefalco Rosso '12	YY	3
● Montefalco Rosso '11	YY	3
● Montefalco Rosso '10	YY	3
● Montefalco Rosso '09	YY	3*
● Montefalco Rosso '08	YY	3
● Montefalco Sagrantino '09	YY	5
● Montefalco Sagrantino '08	YY	5
● Montefalco Sagrantino '07	YY	5
● Montefalco Sagrantino Passito '07	YY	5

Sportoletti

via Lombardia, 1
06038 Spello [PG]
Tel. 0742651461
www.sportoletti.com

VENDITA DIRETTA
VISITA SU PRENOTAZIONE
PRODUZIONE ANNUA 230.000 bottiglie
ETTARI VITATI 30,00

Ora che le nuove generazioni di famiglia sono entrate in pianta stabile nel progetto, la bella cantina Sportoletti può guardare con ottimismo al futuro. Del resto l'azienda ha radici agricole solide ma anche indubbie capacità di innovazione, come ha dimostrato nel passato più recente. Le vigne si trovano sui colli di Spello, in posizione vocata. Qui sono state impiantate varietà locali e uve internazionali, che vanno spesso a comporre i vini di punta. Lo stile è giudiziosamente moderno, tanto per i vini bianchi quanto per i rossi, capace di sorprendere e appagare al tempo stesso. Ben due vini approdano alle finali, a indicare il livello altissimo delle etichette presentate ai nostri assaggi. Oltre al solito Villa Fidelia Rosso, rigoglioso nei toni fruttati e tostati, tocca punte davvero alte l'Assisi Rosso '15, second vin cui va stretto il ruolo di comprimario. Considerando il prezzo, vino da comprare in quantità.

● Assisi Rosso '15	🍷🍷 2*
● Villa Fidelia Rosso '14	🍷🍷 4
○ Villa Fidelia Bianco '14	🍷🍷 3
○ Assisi Grechetto '15	🍷 1*
● Villa Fidelia Rosso '98	🍷🍷🍷 4*
○ Assisi Grechetto '13	🍷🍷 1*
● Assisi Rosso '14	🍷🍷 2*
● Assisi Rosso '13	🍷🍷 2*
○ Villa Fidelia Bianco '13	🍷🍷 3
○ Villa Fidelia Bianco '12	🍷🍷 3
○ Villa Fidelia Bianco '11	🍷🍷 3
● Villa Fidelia Rosso '13	🍷🍷 4
● Villa Fidelia Rosso '12	🍷🍷 4
● Villa Fidelia Rosso '11	🍷🍷 4
● Villa Fidelia Rosso '10	🍷🍷 4
● Villa Fidelia Rosso '08	🍷🍷 5
● Villa Fidelia Rosso '07	🍷🍷 5

Giampaolo Tabarrini

fraz. Turrita
06036 Montefalco [PG]
Tel. 0742379351
www.tabarrini.com

VENDITA DIRETTA
VISITA SU PRENOTAZIONE
PRODUZIONE ANNUA 70.000 bottiglie
ETTARI VITATI 18,00
AZIENDA SOSTENIBILE

Gianpaolo Tabarrini è un vero personaggio. Imprevedibile, in moto perenne, alla continua ricerca di qualsiasi cosa possa regalare originalità e miglioramenti alla sua impresa. Un carattere inquieto, nel senso migliore del termine, che ha portato la sua creatura a crescere di anno in anno, posizionando il marchio tra quelli più reputati della zona. Le vigne sono gestite con competenza e i vini, sia rossi che bianchi, hanno una precisa fisionomia. Le etichette più importanti sono figlie di cru selezionati, vinificati separatamente. I Sagrantino 2012, figli di un millesimo non facile, faticano a trovare una piena distensione. Arriva comunque a bersaglio, soprattutto in virtù delle sue potenzialità, il Campo alla Cerqua. Un rosso dal profilo aromatico seducente, speziato e resinoso, intenso sui toni fruttati. Caldo e molto incisivo nella trama tannica ma di sicuro avvenire. Più delicato e fresco del solito Adarmando '14. Da provare il Piantagrero, figlio di una varietà locale in via di recupero.

● Montefalco Sagrantino Campo alla Cerqua '12	🍷🍷🍷 6
○ Adarmando '14	🍷🍷 4
● Montefalco Rosso Boccatone '13	🍷🍷 3
● Montefalco Sagrantino Colle alle Macchie '12	🍷🍷 6
● Montefalco Sagrantino Colle Grimaldesco '12	🍷🍷 5
● Piantagrero '13	🍷🍷 4
● Montefalco Sagrantino Campo alla Cerqua '11	🍷🍷🍷 6
● Montefalco Sagrantino Campo alla Cerqua '10	🍷🍷🍷 6
● Montefalco Sagrantino Campo alla Cerqua '08	🍷🍷🍷 6
● Montefalco Sagrantino Colle alle Macchie '09	🍷🍷🍷 6

Terre de la Custodia

LOC. PALOMBARA
06035 GUALDO CATTANEO [PG]
TEL. 0742929586
www.terredelacustodia.it

VENDITA DIRETTA
VISITA SU PRENOTAZIONE
PRODUZIONE ANNUA 1.000.000 bottiglie
ETTARI VITATI 160,00
AZIENDA SOSTENIBILE

La famiglia Farchioni, che detiene il brand Terre de la Custodia, è tra le più importanti in Umbria sul piano della capacità imprenditoriale. Oltre al vino produce olio, farine e birra artigianale, mietendo successi straordinari in ogni campo. La cantina di vinificazione e affinamento è davvero molto bella, le uve provengono sia dalle vigne di Gualdo Cattaneo che da quelle di Todi, vocate per le varietà a bacca bianca. I vini sono impeccabili, moderni, dal taglio preciso e di buona espressività. Buono e affusolato il Montefalco Riserva '13, davvero godibile per trama e succo, ha profumi delicati di lamponi e fragoline di bosco. A un'incollatura il Sagrantino '11, sfumato, gradevole nell'impostazione fruttata di ciliegie e more di rovo, anche se piuttosto tannico nel fine bocca. Convincente per pienezza e intensità aromatica, ben levigato e maturo il Grechetto Plentis '14.

● Montefalco Rosso Ris. '13	TT 5
○ Colli Martani Grechetto Plentis '14	TT 3
● Montefalco Sagrantino '11	TT 6
○ Sublimis Gladius Brut M. Cl. '10	TT 4
● Montefalco Sagrantino Exubera '06	T 8
● Colli Martani Collezione '12	YY 2*
○ Colli Martani Grechetto '14	YY 2*
○ Colli Martani Grechetto '13	YY 2*
○ Colli Martani Grechetto '11	YY 2*
○ Colli Martani Grechetto Plentis '12	YY 3
○ Colli Martani Grechetto Plentis '11	YY 3
● Montefalco Rosso '12	YY 4
● Montefalco Rosso '10	YY 4
● Montefalco Sagrantino '10	YY 6
● Montefalco Sagrantino '09	YY 6
● Montefalco Sagrantino Passito Melanto '11	YY 5

Terre Margaritelli

FRAZ. CHIUSACCIA
LOC. MIRALDUOLO
06089 TORGIANO [PG]
TEL. 0757824668
www.terremargaritelli.com

VENDITA DIRETTA
VISITA SU PRENOTAZIONE
PRODUZIONE ANNUA 120.000 bottiglie
ETTARI VITATI 52,00
VITICOLTURA Biologico Certificato

Nata negli anni Cinquanta come impresa agricola familiare, l'azienda trova impulso imprenditoriale nei primi anni 2000. Oggi conta di 60 ettari certificati bio, di cui oltre 50 di vigneto in un corpo unico. Siamo a Miralduolo, colle del comune di Torgiano, da sempre vocato per la coltivazione della vite e la produzione di vino. Diverse le varietà allevate, tra cui i classici sangiovese e canaiolo per i rossi, grechetto e trebbiano per i bianchi. I vini hanno stampo moderno e ci paiono in crescita. Approda alle finali con autorevolezza il Torgiano Rosso Riserva Freccia degli Scacchi '13. Un rosso ampio e complesso, di bella articolazione fruttata, contornato da un ricco ventaglio di spezie indiane. Bocca profonda, lunga, di pregevole tessitura e buon tenore acido, anche se nel solco di un certo calore. Ottimo anche il Torgiano Bianco Costellato '15, dolce nelle note fruttate e saporito.

● Torgiano Rosso Freccia degli Scacchi Ris. '13	TT 5
○ Greco di Renabianca '15	TT 3
● Roccascossa '15	TT 2*
○ Torgiano Bianco Costellato '15	TT 2*
○ Pietramala '15	T 2
● Malot '11	YY 3
● Roccascossa '11	YY 2*
● Roccascossa '10	YY 2*
○ Torgiano Bianco Costellato '14	YY 2*
○ Torgiano Costellato '13	YY 2*
● Torgiano Freccia degli Scacchi '10	YY 5
● Torgiano Freccia degli Scacchi '09	YY 5
● Torgiano Mirantico '08	YY 2*
● Torgiano Mirantico '07	YY 2*
● Torgiano Rosso Freccia degli Scacchi Ris. '10	YY 5

Todini

fraz. Rosceto
via Collina, 29
06059 Todi [PG]
Tel. 075887122
www.cantinafrancotodini.com

VENDITA DIRETTA
VISITA SU PRENOTAZIONE
OSPITALITÀ E RISTORAZIONE
PRODUZIONE ANNUA 300.000 bottiglie
ETTARI VITATI 20,00

Importante realtà imprenditoriale con progetto vitivinicolo avviato da anni. Questo è solo il biglietto da visita dei Todini, che non serve a evocare la bellezza del luogo e la complessità dell'impresa. I terreni si estendono per 120 ettari, venti dei quali dimorati a vigneto, puntellati da una bellissima cantina e un delizioso relais. Le uve coltivate sono sia di origine locale sia di stampo internazionale. I vini hanno profilo moderno e una certa puntualità esecutiva. Grande prova media di tutte le etichette, con squilli decisi da parte di alcuni vini di punta. Ai vertici si piazzano il Nero della Cervara '13 e il Todi Sangiovese '14. Il primo, rispetto al passato, ci pare molto più delicato e fragrante, affatto ingabbiato dalle note di affinamento in legno. Al contrario è fresco, elegante, ricamato da cenni di macchia mediterranea e spezie, goloso e originale in bocca. Il secondo è coloniale, terroso, ed è ricco di sapore.

● Nero della Cervara '13	🍷🍷 5
● Todi Sangiovese '14	🍷🍷 4
○ Marte Bianco '15	🍷🍷 2*
● Marte Rosso '15	🍷🍷 2*
● Merlot '14	🍷🍷 2*
○ Todi Grechetto '15	🍷🍷 2*
○ Todi Grechetto Sup. Bianco del Cavaliere '14	🍷🍷 3
○ Chardonnay '15	🍷 2
● Colli Martani Sangiovese Rubro '11	🍷🍷 4
○ Grechetto di Todi Bianco del Cavaliere Sup. '11	🍷🍷 3
○ Grechetto Riesling '12	🍷🍷 2*
● Marte '14	🍷🍷 2*
● Merlot '13	🍷🍷 2*
● Relais Rosso '13	🍷🍷 3
● Relais Rosso '12	🍷🍷 2*

Tudernum

loc. Pian di Porto, 146
06059 Todi [PG]
Tel. 0758989403
www.tudernum.it

VENDITA DIRETTA
VISITA SU PRENOTAZIONE
OSPITALITÀ E RISTORAZIONE
PRODUZIONE ANNUA 2.000.000 bottiglie
ETTARI VITATI 240,00

Cantina cooperativa diretta con piglio, capacità manageriali e spirito d'innovazione. Così la Tudernum è passata, negli ultimi dieci anni, da una produzione tutto sommato trascurabile a modello di riferimento. I vini sono inappuntabili, spesso addirittura eccellenti, capaci di guardare la concorrenza a testa alta e di scalare posizioni sui mercati internazionali. Meritevole l'opera di valorizzazione delle varietà locali, grechetto, sangiovese e sagrantino in testa. Prezzi appetitosi. Buonissimo il Rojano '13, capace di coniugare una materia generosa a una progressione non comune. Profumi di cuoio, frutti rossi e lieve tabacco, sorso serrato e vibrante, ancora giovane ma di sicuro avvenire. Note di tabacco e terra bagnata per un Sagrantino '11 fascinoso, rilassato, di bella trama. Il Todi Rosso '15 è un gioiello.

● Montefalco Sagrantino Fidenzio '11	🍷🍷 4
● Todi Rosso Sup. Rojano '13	🍷🍷 3*
○ Todi Grechetto '15	🍷🍷 2*
● Todi Rosso '15	🍷🍷 2*
○ Todi Bianco '15	🍷 2
● Montefalco Rosso '09	🍷🍷 3
● Montefalco Sagrantino Fidenzio '10	🍷🍷 4
● Montefalco Sagrantino Fidenzio '09	🍷🍷 4
● Montefalco Sagrantino Fidenzio '08	🍷🍷 5
○ Todi Grechetto '14	🍷🍷 2*
○ Todi Grechetto '12	🍷🍷 2*
○ Todi Grechetto Sup. Colle Nobile '13	🍷🍷 2*
○ Todi Grechetto Sup. Colle Nobile '12	🍷🍷 2*
● Todi Rosso '14	🍷🍷 2*
● Todi Rosso Sup. Rojano '12	🍷🍷 3
● Todi Rosso Sup. Rojano '11	🍷🍷 3*
● Todi Sangiovese '12	🍷🍷 2*

Tenuta Le Velette

FRAZ. CANALE DI ORVIETO
LOC. LE VELETTE, 23
05019 ORVIETO [TR]
TEL. 076329090
www.levelette.it

VENDITA DIRETTA
VISITA SU PRENOTAZIONE
PRODUZIONE ANNUA 320.000 bottiglie
ETTARI VITATI 119,00

Una delle più belle tenute dell'orvietano, sul versante vulcanico della denominazione, a est della rupe. È qui che la famiglia Bottai ha costruito la sua impresa, in tempi non sospetti e con risultati eccellenti. Oltre 100 gli ettari di vigna, molte le varietà allevate, tra quelle a bacca bianca e le uve nere. Efficiente la cantina, suggestive le grotte storiche per l'affinamento dei vini. Stile impeccabile, di grande riconoscibilità, a cavallo tra territorio e modernità. Ancora un vino bianco in cima alle nostre preferenze. L'Orvieto Classico Berganorio '15 ci ha colpito per grinta e materia. I profumi sono fini, complessi, dominati da un frutto suadente che sposa le erbe di campo. Il palato ha tratto sassoso, l'acidità è capace di spingere il sorso in profondità appagando senza annoiare. Tra i rossi è il Calanco '12 a primeggiare: mentolato con sensazioni di alloro e frutta nera al naso, succoso anche se piuttosto tannico in bocca.

○ Orvieto Cl. Berganorio '15	🍷🍷	2*
● Calanco '12	🍷🍷	4
○ Orvieto Cl. Sup. Lunato '15	🍷🍷	2*
● Rosso Orvietano Rosso di Spicca '14	🍷	2
● Calanco '03	🍷🍷🍷	4
● Calanco '95	🍷🍷🍷	4*
● Gaudio '03	🍷🍷🍷	4
● Accordo '10	🍷🍷	2*
● Calanco '08	🍷🍷	4
● Gaudio '10	🍷🍷	4
● Gaudio '08	🍷🍷	4
○ Orvieto Cl. Berganorio '14	🍷🍷	2*
○ Orvieto Cl. Berganorio '13	🍷🍷	2*
○ Orvieto Cl. Sup. Lunato '14	🍷🍷	2*
● Rosso Orvietano Rosso di Spicca '13	🍷🍷	2*
○ Sole Uve '13	🍷🍷	3

Villa Mongalli

VIA DELLA CIMA, 52
06031 BEVAGNA [PG]
TEL. 0742360703
www.villamongalli.com

VENDITA DIRETTA
OSPITALITÀ
PRODUZIONE ANNUA 70.000 bottiglie
ETTARI VITATI 15,00

La famiglia Menghini è sempre più coinvolta nella sua attività vitivinicola. Le vigne sono splendide e in alcune delle parcelle più vocate del territorio di Montefalco; la cantina è ben organizzata, tanto nella sala vinificazione quanto nei luoghi deputati all'affinamento. Lo stile è libero da orpelli, territoriale, capace di esaltare le caratteristiche delle varietà allevate, in larga parte quelle tradizionali e autoctone della zona. Le vinificazioni partono dai soli lieviti indigeni e l'affinamento mediamente lungo, prima dell'uscita sul mercato. Una leggera velatura foxy, peraltro affatto spiacevole a nostro avviso, non offusca la riuscita del Sagrantino Pozzo del Curato '12. Un rosso dallo sviluppo naturale e coinvolgente, saporito e succoso, dai ricordi di frutti di bosco rossi e neri e bel finale. Maturo e pieno, dunque figlio dell'annata 2015, ma sempre brillante, il Trebbiano Spoletino Calicanto.

● Montefalco Sagrantino Pozzo del Curato '12	🍷🍷	7
● Montefalco Rosso Le Grazie '14	🍷🍷	5
○ Trebbiano Spoletino Calicanto '15	🍷🍷	5
● Montefalco Sagrantino Colcimino '08	🍷🍷🍷	3*
● Montefalco Sagrantino Della Cima '10	🍷🍷🍷	8
● Montefalco Sagrantino Della Cima '06	🍷🍷🍷	6
● Montefalco Sagrantino Pozzo del Curato '09	🍷🍷🍷	6
○ Calicanto Trebbiano Spoletino '13	🍷🍷	5
● Montefalco Rosso Le Grazie '12	🍷🍷	5
● Montefalco Rosso Le Grazie '11	🍷🍷	5
● Montefalco Sagrantino Colcimino '12	🍷🍷	8
● Montefalco Sagrantino Colcimino '11	🍷🍷	8
● Montefalco Sagrantino Colcimino '10	🍷🍷	3*
● Montefalco Sagrantino Della Cima '08	🍷🍷	3*
○ Trebbiano Spoletino Calicanto '14	🍷🍷	5

Argillae

voc. Pomarro, 45
05010 Allerona [TR]
Tel. 0763624604
www.argillae.eu

Realtà in divenire, Argillae si trova in un contesto territoriale assai interessante, sostenuto da un progetto che farà salire le quotazione di questa cantina. Ottimo come sempre l'Orvieto, abbiamo apprezzato molto anche Sinuoso, gustoso anche se piuttosto tannico.

○ Orvieto '15	🍷🍷 2*
● Sinuoso '15	🍷🍷 2*
○ Grechetto '15	🍷 2
○ Orvieto Sup. Panata '15	🍷 2

Berioli

loc. Case Sparse, 21
06063 Magione [PG]
Tel. 3355498173
www.cantinaberioli.it

Piccola cantina del Trasimeno, condotta con passione dalla famiglia Berioli che le dà il nome. Ci sono piaciuti i vini bianchi 2015, freschi e succosi. Il Merlot Spiridione meriterebbe minori dosi tostate.

○ Grechetto Vercanto '15	🍷🍷 3
○ Toppo Bianco '15	🍷🍷 3
● Colli del Trasimeno Spiridione '11	🍷 3

Bigi

loc. Ponte Giulio
05018 Orvieto [TR]
Tel. 0763315888
www.cantinebigi.it

Appartenente al Gruppo Italiano Vini, Bigi è realtà storica dell'orvietano. Buone le interpretazioni delle denominazioni classiche e dei bianchi in genere, a partire dal mitico Torricella. Vino fresco e scattante, non manca di nerbo e sapore.

Vino	
○ Orvieto Cl. Secco '15	🍷🍷 2*
○ Orvieto Cl. Torricella '15	🍷🍷 3
○ Grechetto Strozzavolpe '15	🍷 3
● Vipra Rossa '15	🍷 2

Carini

loc. Canneto
fraz. Colle Umberto
s.da del Tegolaro, 3
06133 Perugia
Tel. 0756059495
www.agrariacarini.it

Manca il pezzo da novanta, ovvero il Tegolaro, ma la batteria di questa deliziosa cantina ha ben impressionato. I bianchi sono tutti molto buoni, pur nelle differenti impostazioni. Anche Òscano, da sangiovese e gamay, è centrato e godibile.

○ C. del Trasimeno Rile '15	🍷🍷 2*
○ Lumìa V. T.	🍷🍷 4
● Òscano '15	🍷🍷 2*
○ Poggio Canneto '14	🍷🍷 3

Castello di Corbara

loc. Corbara, 7
05018 Orvieto [TR]
Tel. 0763304035
www.castellodicorbara.it

Una realtà paesaggisticamente straordinaria, conosciuta soprattutto per la produzione di vini rossi strutturati ma capace, invece, di stupirci per bianchi davvero apprezzabili. Il migliore è l'Orvieto Classico Superiore '15. Ha sapore e lunghezza, nerbo acido e struttura.

○ Orvieto Cl. Sup. '15	🍷🍷 2*
○ Orzalume '15	🍷🍷 3
● Sangiovese Merlot '15	🍷🍷 2*
● Lago di Corbara '14	🍷 3

Castello di Magione

v.le Cavalieri di Malta, 31
06063 Magione [PG]
Tel. 0755057319
www.sagrivit.it

La cantina dei Cavalieri di Malta sfoggia una batteria di vini di tutto rispetto. Buoni come al solito i bianchi, a cominciare dal Grechetto Monterone e dallo Chardonnay '15, profumato di frutto a pasta giallo e anice. Convincente il Nerocavalieri '13, croccante il rosato Belfiore '15

⊙ Belfiore '15	🍷🍷 2*
○ C. del Trasimeno Grechetto Monterone '15	🍷🍷 2*
○ Chardonnay '15	🍷🍷 3
● Nerocavalieri '13	🍷🍷 4

Chiorri

loc. Sant'Enea
via Todi, 100
06132 Perugia
Tel. 075607141
www.chiorri.it

La svolta è in corso da qualche vendemmia e tutto lascia pensare che gli sviluppi saranno decisamente positivi per questa piccola e bella cantina dei Colli Perugini. I vini sono in crescita continua. Qualitativa, stilistica e di immagine.

○ Grechetto '15	ΨΨ 2*
● Sangiovese '15	ΨΨ 2*
⊙ Colli Perugini Rosato '15	Ψ 2

Le Cimate

fraz. Casale
loc. Cecapecore, 41
06036 Montefalco [PG]
Tel. 0742290136
www.lecimate.it

Cantina giovane e in netta crescita. È condotta con piglio dai giovani Paolo e Francesca Bartoloni, nel solco di una tradizione familiare interpretata con chiavi moderne e freschezza imprenditoriale. In cima alle nostre preferenze il Sagrantino '12 e il sempre più convincente Trebbiano Spoletino '15.

● Montefalco Sagrantino '12	ΨΨ 5
○ Trebbiano Spoletino '15	ΨΨ 3

Cantina Colle Ciocco

via Pietrauta
06036 Montefalco [PG]
Tel. 0742379859
www.colleciocco.it

La cantina prende il nome dal colle in cui sorge, alle porte di Montefalco. Fondata nel 1935 da Settimio Spacchetti è oggi guidata dai figli Lamberto ed Eliseo. Ventidue gli ettari, di cui la metà circa dimorati a vigneto. Vini molto convincenti.

● Montefalco Rosso '12	ΨΨ 3
● Montefalco Sagrantino '10	ΨΨ 5
○ Spoleto Trebbiano Spoletino Tempestivo '15	ΨΨ 3

Coste del Faena

voc. Cherabò
06054 Fratta Todina [PG]
Tel. 0758745043
www.costedelfaena.com

Impressioni molto positive da questa nuova realtà di 70 ettari (14 di vigna) tra i comuni di Montecastello di Vibio e Fratta Todina. Terreni collinari, suoli sabbioso argillosi e vini di taglio moderno, precisi e godibili. Spiccano l'agrumato Grechetto e il Merlot, ricco di frutta rossa e spezie.

● Merlot '15	ΨΨ 3
○ Todi Grechetto '15	ΨΨ 4

Custodi

loc. Canale
v.le Venere
05018 Orvieto [TR]
Tel. 076329053
www.cantinacustodi.com

Località Canale, zona orvietana nota per la produzione di vino. È qui che nasce e si sviluppa il progetto Custodi, oggi portato avanti da tutta la famiglia. Torna a splendere l'Orvieto Classico Belloro. L'annata 2015 regala grinta, sapori agrumati, buono spessore e gusto solare.

○ Orvieto Cl. Belloro '15	ΨΨ 2*
○ Orvieto Cl. Sup. Pertusa V. T. '15	ΨΨ 5
● Piancoleto '15	Ψ 2

Fattoria Giro di Vento

loc. Schifanoia
s.da Collespino, 39
05035 Narni [TR]
Tel. 3356136353
www.fattoriagirodivento.it

Maurizio Mazzocchi e famiglia gestiscono con amore e sapienza un piccolo podere sui colli di Narni. Non poteva mancare dunque il ciliegiolo tra le varietà allevate. Lo Spiffero deriva da quest'uva locale: leggiadro, succoso quanto lieve, è godibile senza sforzo.

● Ciliegiolo di Narni Spiffero '15	ΨΨ 2*
○ Raggio '15	Ψ 2

Roberto Lepri

S.DA SAN VETTURINO, 16
06126 PERUGIA
TEL. 3388156147
www.robertolepri.com

La cantina di Roberto Lepri si trova a due passi da Perugia. Vignaiolo premuroso e determinato, ha scelto la strada del biologico (certificato dal 2015), del rispetto delle uve e del territorio. I vini raccontano tutto questo in maniera fedele e meritano di essere conosciuti.

● Gamay Perugino '14	2*
○ Gocce di Stelle '15	2*
● Fiore d'Alba '10	3
● Luce di Gemma '11	2

Morami

FRAZ. PANICAROLA
VOC. MORAMI
06060 CASTIGLIONE DEL LAGO [PG]
TEL. 0759589107
www.morami.it

Sabrina Morami è vignaiola ricca di energia, importante tassello per lo sviluppo della zona del Trasimeno. Quest'anno ci sono piaciuti Pratolungo, da grechetto e viognier, dai profumi erbacei intriganti, e Cardissa, da chardonnay, che matura per alcuni mesi in rovere francese.

○ Cardissa '14	5
○ Pratolungo '15	3

Cantine Neri

LOC. BARDANO, 28
05018 ORVIETO [TR]
TEL. 0763316196
www.neri-vini.it

Ingresso in Guida con squilli di tromba per questo bel progetto orvietano. La famiglia Neri ha vigne a Bardano e utilizza parte delle uve raccolte per la vinificazione e l'imbottigliamento dei vini a marchio proprio. Straordinario il Ca' Viti '15, ma è la media della batteria a impressionare.

○ Orvieto Cl. Sup. Ca' Viti '15	2*
○ Bianco dei Neri Chardonnay '15	2*
○ Bianco dei Neri Grechetto '14	3
○ Poggio Forno '13	5

Cantina Ninni

FRAZ. TERRAIA
06049 SPOLETO [PG]
TEL. 3355450523
www.cantinaninnispoleto.com

Senza dubbio tra le novità più positive della regione. La cantina di Gianluca Piernera è un piccolo gioiello, le attenzioni alla viticoltura e al vino naturale encomiabili. I risultati non potevano tardare e il futuro sarà ancor più luminoso. Vini originali, intriganti, fuori dagli schemi senza eccessi.

● Diavolacciu '13	3
○ Spoleto Trebbiano Spoletino Poggio del Vescovo '15	2*
○ Misluli Bianco '15	2

Domenico Pennacchi

FRAZ. MARCELLANO
VIA SANT'ANGELO, 10
06035 GUALDO CATTANEO [PG]
TEL. 0742920069
pennacchidomenico@tiscalinet.it

Domenico Pennacchi conduce questa piccola cantina in maniera tradizionale, a Marcellano di Gualdo Cattaneo. Le vigne raggiungono i 400 metri d'altezza su terreni ricchi di lignite. Ottimi riscontri dal Montefalco Rosso Riserva '12.

● Colli di Fontivecchie Rosso '12	2*
● Montefalco Rosso Ris. '12	4
○ Colli di Fontivecchie Grechetto '15	2

La Plani Arche

VOC. CONVERSINO, 160A
06033 CANNARA [PG]
TEL. 3356389537
www.planiarche.it

Cantina in mano a Roberto Di Filippo che la gestisce secondo i principi della biodinamica. Molti vini convincenti, tutti classici e stilisticamente chiari. La Vernaccia di Cannara merita l'assaggio.

● Colli Martani Vernaccia di Cannara '15	5
● Montefalco Sagrantino Brown Label '11	4
○ Spoleto Trebbiano Spoletino '15	2*

Pomario

LOC. POMARIO
06066 PIEGARO [PG]
TEL. 064818418
www.pomario.it

Cresce senza indugi ed è destinata a spiccare il volo questa deliziosa cantina, appollaiata in un contesto naturale da sogno. Sariano '13 è buonissimo: sfumato negli aromi di frutta rossa, lieve nel sorso ma ricco di sapore. Uno stile che ci piace!

○ Arale '15	🍷🍷 4
● Sariano '13	🍷🍷 3
⊙ Rondirose '15	🍷 3

Sandonna

LOC. SELVE
05024 GIOVE [TR]
TEL. 0744992274
www.cantinasandonna.it

Per noi Sandonna è realtà da seguire, tra quelle con maggiore potenzialità nel comprensorio amerino narnese. Il Ciliegiolo '15 è delizioso, croccante e mediterraneo; Jovio '13 più materico e con sfumature di liquirizia ma altrettanto buono.

● Ciliegiolo di Narni '15	🍷🍷 2*
● Jovio '13	🍷🍷 2*
● Selve di Giove '13	🍷 4

Cantina Santo Iolo

S.DA MONTINI, 36
05035 NARNI [TR]
TEL. 0744796754
www.santoiolo.it

Santo Iolo è la boutique winery della famiglia Ducoli. Si tratta di un bel casale perfettamente ristrutturato circondato dai vigneti dell'azienda, sulle colline di Narni. Irene Ducoli, enologa, propone un corposo Santoiolo '12, da uve cabernet, merlot e syrah, e un fragrante Vermentino Pratalia '15.

○ Pratalia '15	🍷🍷 3
● Santoiolo '12	🍷🍷 4
● Rossoiolo '13	🍷 3

Sasso dei Lupi

VIA CARLO FAINA, 18
06055 MARSCIANO [PG]
TEL. 0758749523
www.sassodeilupi.it

La storica cantina cooperativa di Marsciano ha fatto passi da gigante negli ultimi anni. I vini sono sempre più centrati e non mancano progetti di una certa originalità. L'Intruso ha profumi di melagrana e ciliegie, mentre il sorso è polposo e molto appagante. Un rosso davvero centrato e tutto da bere.

● L'Intruso '15	🍷🍷 1*
○ Luno '14	🍷 5
○ Montali '15	🍷 2

Tenuta di Titignano

LOC. CIVITELLA DEL LAGO
VOC. SALVIANO, 44
05020 BASCHI [TR]
TEL. 0744950459
info@titignano.it

È prodotto in questa azienda dalle potenzialità eccezionali uno degli Orvieto Classico Superiore migliori della denominazione. Il 2015 ha colore paglierino brillante, naso minerale, sassoso, sale e sapore che danzano con l'acidità al palato e finale muschiato. Una meraviglia.

○ Orvieto Cl. Sup. Salviano '15	🍷🍷 2*
● Lago di Corbara Rosso Solideo '13	🍷 2

Zanchi

VIA ORTANA, 122
05022 AMELIA [TR]
TEL. 0744970011
www.cantinezanchi.it

La cantina Zanchi è tra le realtà artigianali più interessanti della regione, imperdibile per chi cerca personalità e vini alieni da ogni omologazione. Due Amelia sugli scudi quest'anno, a dimostrazione di come le perle arrivino dai rossi come dai bianchi, a seconda delle annate.

● Amelia Rosso Armané '13	🍷🍷 2*
● Amelia Rosso Sciurio Ris. '09	🍷🍷 4
○ Vignavecchia '12	🍷🍷 5
● Amelia Ciliegiolo Carmìno '15	🍷 2

LAZIO

Dopo un paio d'anni in cui avevamo riscontrato un miglioramento e una crescita qualitativa generale della produzione della regione, quest'anno ci vediamo costretti a tornare a considerazioni meno positive. Questo a causa sicuramente di un paio di annate poco favorevoli che hanno coinvolto molti dei vini degustati, ma anche per quella che ci sembra una fragilità complessiva del comparto. Sono infatti davvero in pochi ad accettare l'idea che l'unica strada percorribile dal Lazio vitivinicolo per tornare al livello che gli compete è quella della ricerca della qualità, anche a costo di ridurre drasticamente le rese in certe annate o addirittura di rinunciare a produrle. Insomma, la sequenza di 2014 – con le abbondanti piogge e le grandinate che si sono abbattute in zone fondamentali per l'enologia della regione, come nelle terre del cesanese – e del caldissimo 2015 – partito sotto ottimi auspici ma che alla fine ha prodotto vini bianchi molto spesso pesanti, senza la freschezza e la giusta acidità in grado di dare lunghezza e piacevolezza – non ha certo aiutato i produttori del Lazio, ma ci sembra anche che la difficoltà di dare una continuità qualitativa alla produzione sia generale, a parte le solite poche eccezioni. Una criticità che si è evidenziata soprattutto nella zona dei Castelli Romani e nella denominazione Frascati, ma che ha lasciato il segno anche in altre zone, come il Viterbese o la provincia di Latina, dove non possiamo non constatare come i vini bianchi del 2014, che pure da molti non erano stati considerati all'altezza degli anni precedenti, stiano dando più soddisfazioni degli omologhi del 2015. Non a caso sono solo tre i vini bianchi premiati con i Tre Bicchieri, e questo in una regione bianchista per il 70% della produzione complessiva. E a proposito dei Tre Bicchieri, vanno segnalate due novità, una assoluta e una relativa. La prima riguarda l'Habemus '14 dell'azienda San Giovenale di Emanuele Pangrazi, un vino che ha letteralmente inventato un territorio e creato una nuova referenza sulla carta dei vini del Lazio. La seconda è un graditissimo ritorno, che era già stato realizzato con la versione in bianco: il Fiorano Rosso di Alessandrojacopo Boncompagni Ludovisi. La versione 2011 farà tornare in mente i vecchi Fiorano dello zio Alberico, a chi quei vini ha bevuto e amato. Per quanto riguarda gli altri vini premiati, andiamo dai classici, come il Poggio della Costa di Sergio Mottura o il Montiano della Falesco, a quelli che lo stanno diventando, come il Frascati Superiore Epos Riserva di Poggio Le Volpi, il Cesanese del Piglio Superiore Hernicus di Antonello Coletti Conti, fino alla conferma della qualità dell'intuizione di Antonio Santarelli di Casale del Giglio di scegliere i terreni sabbiosi di Anzio per realizzare un Bellone in purezza come l'Antium.

Antiche Cantine Migliaccio

VIA PIZZICATO
04027 PONZA [LT]
TEL. 3392822252
lucianasabino@libero.it

VENDITA DIRETTA
VISITA SU PRENOTAZIONE
PRODUZIONE ANNUA 10.000 bottiglie
ETTARI VITATI 2,50

Tradizioni antiche e moderne tecniche enologiche. Questo il mix che ha consentito a Emanuele Vittorio e alla moglie Luciana Sabino di fondare nel 2000 l'azienda agricola Antiche Cantine Migliaccio, sulle orme di un antenato che già nel 1734 iniziò a produrre vino a Punta Fieno, sull'isola di Ponza. Le vigne guardano il mare, sono situate su terreno tufaceo sabbioso e vedono la presenza di vitigni autoctoni, coltivati in parte a piede franco: biancolella, forastera, guarnaccia, aglianico e piedirosso. Il Fieno di Ponza Bianco '15 è un classico blend da biancolella (80%) e forastera, agrumato e grintoso, nitido e scorrevole, che porta con sé tutta la sapidità dell'isola. Profuma di frutta bianca la Biancolella di Ponza '15, dal palato minerale, sapido e di buona tenuta. Piacevole infine il Fieno di Ponza Rosso '14, che parla di frutti rossi e neri, con note di macchia di rovo, una sfumatura vegetale e un tannino appena accennato e salmastro.

○ Fieno di Ponza Bianco '15	▼▼ (rosso)	4
○ Biancolella di Ponza '15	▼▼	5
● Fieno di Ponza Rosso '14	▼	4
○ Biancolella di Ponza '14	▽▽	5
○ Biancolella di Ponza '13	▽▽	5
○ Biancolella di Ponza '12	▽▽	5
○ Fieno di Ponza Bianco '14	▽▽	4
● Fieno di Ponza Rosso '13	▽▽	4

Marco Carpineti

S.DA PROV.LE VELLETRI-ANZIO, 3
04010 CORI [LT]
TEL. 069679860
www.marcocarpineti.com

VENDITA DIRETTA
VISITA SU PRENOTAZIONE
PRODUZIONE ANNUA 300.000 bottiglie
ETTARI VITATI 52,00
VITICOLTURA Biologico Certificato

La vocazione naturale e biologica di Marco Carpineti è testimoniata dal recente ritorno (e non certo per moda!) ai cavalli nelle vigne, situate su terreni di origine vulcanica ricchi di scheletro tufaceo e calcareo, ma senza per questo disdegnare gli aiuti della moderna e funzionale cantina. Il risultato è una gamma di buon livello in tutta la sua fascia, come prova il Capolemole Bianco '15, finalista dall'ottimo rapporto qualità prezzo, equilibrato ed elegante nella sua sapidità. Rispetto alla versione 2013, il Moro '14 è più strutturato e chiuso, ma i continui progressi, assaggio dopo assaggio, sembrano indicare una lusinghiera evoluzione. All'ormai consolidato, per stile e qualità, Kius Brut '13 si affianca ora il Kius Rosato '12, con note esuberanti e mature da calibrare meglio. In assenza del Dithyrambus, tra i rossi base nota di merito al Tufaliccio '15, come sempre di piacevole beva, mentre è corretto il Capolemole Rosso '13.

○ Capolemole Bianco '15	▼▼ (rosso)	2*
○ Moro '14	▼▼ (rosso)	3*
○ Kius Brut '13	▼▼	3
● Tufaliccio '15	▼▼	2*
● Capolemole Rosso '13	▼	3
⊙ Kius Extra Brut Rosato '12	▼	5
○ Capolemole Bianco '14	▽▽	2*
○ Capolemole Bianco '13	▽▽	2*
● Capolemole Rosso '12	▽▽	3*
● Dithyrambus '10	▽▽	5
○ Kius Brut '12	▽▽	3
○ Moro '13	▽▽	3*
○ Moro '12	▽▽	3*
⊙ Os Rosae '13	▽▽	2*
● Tufaliccio '13	▽▽	2*

Casale del Giglio

loc. Le Ferriere
s.da Cisterna-Nettuno km 13
04100 Latina
Tel. 0692902530
www.casaledelgiglio.it

VENDITA DIRETTA
VISITA SU PRENOTAZIONE
PRODUZIONE ANNUA 1.276.600 bottiglie
ETTARI VITATI 164,00
AZIENDA SOSTENIBILE

I progetti sui vitigni autoctoni (biancolella a Ponza, con vigneti e un'antica cantina in loco, e bellone ad Anzio, con vigneti storici anche su piede franco) di Antonio Santarelli e Paolo Tiefenthaler sembrano destinati a nuovi e interessanti sviluppi. Nell'attesa, parlano già gli attuali risultati, con l'Antium '15 che si conferma meritato Tre Bicchieri, ricco com'è, a ogni assaggio, di nuove ed eleganti sfaccettature, mentre più semplice è sembrato il Faro della Guardia '15. Torna alle finali il Mater Matuta '13 (il 2012 non era stato prodotto), sempre di bell'equilibrio tra frutto e legno, e ci arriva per la prima volta il Tempranijo '14, quasi un ripasso in stile Valpolicella, dove le note mature sono bilanciate da una giusta tannicità. Il resto della vastissima gamma si conferma di buon livello, con citazioni particolari per l'Albiola '15, uno dei migliori Rosato della regione, e il Petit Manseng '15, al suo top storico, grazie all'ampiezza e alla lunghezza delle note gusto olfattive.

○ Antium Bellone '15	🍷🍷🍷	4*
● Mater Matuta '13	🍷🍷	7
● Tempranijo '14	🍷🍷	5
⊙ Albiola Rosato '15	🍷🍷	3
○ Antinoo '14	🍷🍷	5
○ Biancolella Faro della Guardia '15	🍷🍷	5
● Madreselva '13	🍷🍷	5
○ Petit Manseng '15	🍷🍷	4
○ Chardonnay '15	🍷	3
○ Satrico '15	🍷	3
● Shiraz '14	🍷	4
○ Viognier '15	🍷	3
○ Antium Bellone '14	YYY	4*
○ Biancolella Faro della Guardia '13	YYY	5

Castel de Paolis

via Val de Paolis
00046 Grottaferrata [RM]
Tel. 069413648
www.casteldepaolis.com

VENDITA DIRETTA
VISITA SU PRENOTAZIONE
RISTORAZIONE
PRODUZIONE ANNUA 80.000 bottiglie
ETTARI VITATI 11,00

L'azienda nasce a metà degli anni Ottanta su impulso di Giulio Santarelli, da sempre impegnato in politica e nell'agricoltura. Insieme alla moglie Adriana riporta agli antichi fasti il Castel de Paolis, fortezza medievale che sorgeva sulle rovine di una villa romana. L'azienda ristruttura le vigne circostanti, e si dedica alla riscoperta dei vitigni autoctoni ma anche alla sperimentazione di varietà internazionali sotto la guida del professor Attilio Scienza e dell'Università di Milano. Oggi l'azienda è in conversione biologica. Fabrizio Santarelli e l'enologo Fabrizio Bono elaborano una bella serie di etichette dagli 11 ettari di vigne aziendali. Ci è molto piaciuto il Donna Adriana '15, blend di viognier e malvasia del Lazio. Ha struttura e carattere, naso delicato di pesca e fiori gialli, e al palato è ricco, fresco e delicatamente aromatico. Ricco di struttura e alcolicità il Frascati '15, sapido ed equilibrato. Molto piacevole il Campo Vecchio Rosso '14, dai sentori di pepe e frutti neri, lungo e succoso.

● Campo Vecchio Rosso '14	🍷🍷	3
○ Donna Adriana '15	🍷🍷	4
○ Frascati Sup. '15	🍷🍷	3
○ Frascati Campo Vecchio '15	🍷	2
● I Quattro Mori '12	🍷	5
● Rosathea '15	🍷	4
● Campo Vecchio Rosso '12	YY	3
○ Frascati Campo Vecchio '14	YY	2*
○ Frascati Sup. '12	YY	3
● I Quattro Mori '11	YY	5
○ Muffa Nobile '11	YY	5

Cincinnato

via Cori-Cisterna, km 2
04010 Cori [LT]
Tel. 069679380
www.cincinnato.it

VENDITA DIRETTA
VISITA SU PRENOTAZIONE
OSPITALITÀ E RISTORAZIONE
PRODUZIONE ANNUA 600.000 bottiglie
ETTARI VITATI 400,00
AZIENDA SOSTENIBILE

Sulle colline di Cori le vigne, si sa, hanno il loro habitat naturale fin dall'Antica Roma (e il nome di questa cantina cooperativa sta a dimostrarlo), ma il lavoro dell'uomo non è meno importante. Lo sanno bene Nazareno Milita e Carlo Morettini, che curano una rigorosa gestione dei vigneti da parte dei conferitori e la moderna cantina, con risultati ormai ben consolidati da circa un ventennio. La produzione ruota intorno ai due grandi vitigni autoctoni, nero buono e bellone, che quest'anno arrivano alle finali nelle loro versioni più importanti: l'Ercole Nero Buono '13, ampio e insieme equilibrato, e il Pozzodorico Bellone '14, incisivo e minerale nella sua sapidità. Vitigni che trovano poi buone interpretazioni anche nel Cori Rosso Raverosse '13 e nel Cori Bianco Illirio '15, mentre il greco giallo (chiamato anche moro in zona) è alla base del Pantaleo '15, dalla bocca piacevolmente rustica e ammandorlata. Corretti gli altri vini, anche se ne ricordiamo annate senz'altro migliori.

● Ercole Nero Buono '13	🍷🍷 3*
○ Pozzodorico Bellone '14	🍷🍷 2*
○ Cori Bianco Illirio '15	🍷🍷 2*
● Cori Rosso Raverosse '13	🍷🍷 2*
○ Pantaleo '15	🍷🍷 2*
● Arcatura '14	🍷 2
○ Castore '15	🍷 2
● Arcatura '13	🍷🍷 2*
○ Castore '14	🍷🍷 2*
○ Cori Bianco Illirio '13	🍷🍷 2*
● Ercole Nero Buono '12	🍷🍷 3
● Ercole Nero Buono '11	🍷🍷 3
○ Pantaleo '14	🍷🍷 2*
○ Pozzodorico Bellone '12	🍷🍷 2*

Damiano Ciolli

via del Corso
00035 Olevano Romano [RM]
Tel. 069563334
www.damianociolli.it

VENDITA DIRETTA
VISITA SU PRENOTAZIONE
PRODUZIONE ANNUA 25.000 bottiglie
ETTARI VITATI 5,00
AZIENDA SOSTENIBILE

L'azienda di Damiano Ciolli nasce nel 2001, ma la sua famiglia è presente sul territorio e si occupa di viticoltura da quattro generazioni. La piccola produzione è dedicata completamente al cesanese e alla denominazione Olevano Romano. I vigneti di proprietà sono situati a un'altitudine di circa 450 metri su terra rossa vulcanica e vanno dai 15 ai 35 anni di età, con l'eccezione di un ettaro messo a dimora dal nonno di Damiano nel 1953, da cui nasce il cru Cirsium. Il solo vitigno coltivato è il cesanese di Affile. Un'edizione in tono leggermente minore per i prodotti di Damiano Ciolli. Il Cesanese di Olevano Romano Cirsium Riserva '12 al naso ha note di frutti neri e macchia mediterranea, con sentori di legno dolce, mentre il palato è di buona materia, ma dai tannini un po' ruvidi. Il Cesanese di Olevano Romano Superiore Silene '14 è invece più leggero, quasi esile, come l'annata 2014 impone, ma di buon frutto fresco, sapido e piacevole.

● Cesanese di Olevano Romano Cirsium Ris. '12	🍷🍷 5
● Cesanese di Olevano Romano Sup. Silene '14	🍷🍷 3
● Cesanese di Olevano Cirsium '08	🍷🍷 5
● Cesanese di Olevano Romano Cirsium '11	🍷🍷 5
● Cesanese di Olevano Romano Sup. Cirsium '09	🍷🍷 5
● Cesanese di Olevano Romano Sup. Cirsium Ris. '10	🍷🍷 5
● Cesanese di Olevano Romano Sup. Silene '13	🍷🍷 3
● Cesanese di Olevano Romano Sup. Silene '12	🍷🍷 3
● Cesanese di Olevano Romano Sup. Silene '10	🍷🍷 3
● Cesanese di Olevano Silene '11	🍷🍷 2*

Antonello Coletti Conti

via Vittorio Emanuele, 116
03012 Anagni [FR]
Tel. 0775728610
www.colettićonti.it

VENDITA DIRETTA
VISITA SU PRENOTAZIONE
PRODUZIONE ANNUA 20.000 bottiglie
ETTARI VITATI 20,00

La piccola proprietà di Antonello Coletti Conti è proprio nel cuore della denominazione Cesanese del Piglio e non sorprende certo che questo storico vitigno sia il protagonista della produzione. Tuttavia Antonello, spirito curioso e indagatore, non disdegna altre strade, dai bordolesi all'incrocio Manzoni (per non parlare del recente impianto della tradizionale passerina), e quest'anno, per la prima volta, ha potuto presentare la gamma completa, contento dei risultati ottenuti. Giudizio che condividiamo, con i due Cesanese entrambi in finale e il fratellino minore, l'Hernicus '14, a farsi preferire per ampiezza, complessità e un sorprendente (e già raggiunto) equilibrio. Equilibrio che arriverà anche per il Romanico '14, dove però il ricchissimo frutto ha bisogno di aprirsi per riassorbire il legno. Di impostazione internazionale il Cabernet Franc Cosmato '14, mentre, tra i due bianchi, l'incrocio Manzoni dell'Arcadia '15 propone un'eleganza che il tempo potrà solo valorizzare.

● Cesanese del Piglio Sup. Hernicus '14	🍷🍷🍷 3*
● Cesanese del Piglio Sup. Romanico '14	🍷🍷 5
○ Arcadia '15	🍷🍷 3
● Cosmato '14	🍷🍷 5
○ Passerina del Frusinate Hernicus '15	🍷 3
● Cesanese del Piglio Romanico '11	🍷🍷🍷 5
● Cesanese del Piglio Romanico '07	🍷🍷🍷 5
● Cesanese del Piglio Sup. Hernicus '12	🍷🍷🍷 3*
● Cesanese del Piglio Hernicus '11	🍷🍷 3*
● Cesanese del Piglio Romanico '12	🍷🍷 5
● Cesanese del Piglio Romanico '10	🍷🍷 5
● Cesanese del Piglio Sup. Hernicus '13	🍷🍷 3
● Cesanese del Piglio Sup. Romanico '13	🍷🍷 5
● Cosmato '12	🍷🍷 5

Paolo e Noemia D'Amico

loc. Palombaro
fraz. Vaiano
01024 Castiglione in Teverina [VT]
Tel. 0761948034
www.paoloenoemiadamico.it

VENDITA DIRETTA
VISITA SU PRENOTAZIONE
RISTORAZIONE
PRODUZIONE ANNUA 150.000 bottiglie
ETTARI VITATI 30,00
AZIENDA SOSTENIBILE

Percorsi e storie differenti che trovano nel vino un destino comune: Paolo rappresenta la terza generazione di armatori, cresciuti però in mezzo alle vigne, mentre Noemia, di origini portoghesi, ha ereditato dai nonni l'amore per il vino. Nel cuore della Tuscia hanno trovato terreno fertile per la comune passione: qui, tra i calanchi dell'alta valle del Tevere, si sviluppano i vigneti aziendali, dove sono impiantate soprattutto varietà internazionali. Con un Calanchi di Vaiano '15 meno brillante del solito, quest'anno le etichette che ci hanno convinto maggiormente sono lo Chardonnay Falesia '14, dai sentori di frutta gialla con sfumature di fiori bianchi e una buona spinta al palato, e il Notturno dei Calanchi '13, Pinot Nero croccante e succoso, dalle classiche note di frutti di bosco, speziato e piacevole. Di buona fattura anche l'Orvieto Noe dei Calanchi '15, dai toni agrumati e di frutta tropicale, e il blend da semillon (70%) e sauvignon Terre di Ala '15, scorrevole e giustamente aromatico.

○ Falesia '14	🍷🍷 5
● Notturno dei Calanchi '13	🍷🍷 5
○ Calanchi di Vaiano '15	🍷 3
○ Orvieto Noe dei Calanchi '15	🍷 2
○ Terre di Ala '15	🍷 3
● Villa Tirrena '12	🍷 3
● Atlante '12	🍷🍷 5
○ Calanchi di Vaiano '12	🍷🍷 3
○ Falesia '11	🍷🍷 4
● Notturno dei Calanchi '12	🍷🍷 5
● Notturno dei Calanchi '11	🍷🍷 5
○ Seiano Bianco '11	🍷🍷 2*
● Seiano Rosso '11	🍷🍷 2*
○ Terre di Ala '13	🍷🍷 3

★★Falesco

Loc. San Pietro
05020 Montecchio [TR]
Tel. 07449556
www.falesco.it

VENDITA DIRETTA
VISITA SU PRENOTAZIONE
OSPITALITÀ
PRODUZIONE ANNUA 4.100.000 bottiglie
ETTARI VITATI 370,00

Quella di Falesco è una storia di famiglia, iniziata nel 1979 con Renzo e Riccardo Cotarella, che prosegue oggi con le nuove generazioni, che continuano a unire scienza e passione per il vino. Sui terreni vulcanici nella zona compresa tra Montefiascone e il lago di Bolsena si trovano i vigneti storici dell'azienda, in cui troviamo sia varietà internazionali sia autoctone. Nella parte umbra, sulle colline a sud di Orvieto, invece merlot, cabernet, sangiovese, verdicchio e vermentino, oltre a qualche varietà sperimentale. Si conferma il Montiano: la versione 2014 di questo Merlot in purezza presenta sentori di frutti neri, liquirizia e legno dolce al naso, mentre al palato è grintoso e lungo. Il Trentanni '14, blend paritario da merlot e sangiovese, è morbido e succoso, con note di more e spezie, mentre l'Est! Est!! Est!!! di Montefiascone Poggio dei Gelsi '15 ha toni di salvia e frutta bianca. Di buon livello comunque tutta la batteria, a dimostrazione della costanza di rendimento aziendale.

● Montiano '14	🍷🍷🍷 6
● Trentanni '14	🍷🍷 4
● Appunto '15	🍷🍷 1*
○ Est! Est!! Est!!! di Montefiascone Accenno '15	🍷🍷 2
○ Est! Est!! Est!!! di Montefiascone Poggio dei Gelsi '15	🍷🍷 2*
○ Falesco Brut M. Cl. '11	🍷🍷 4
○ Ferentano '14	🍷🍷 4
● Messidoro '15	🍷🍷 1*
○ Soente '15	🍷🍷 3
○ Tellus Oro '15	🍷🍷 2*
● Tellus Syrah '15	🍷 3
● Vitiano Rosso '15	🍷 2
○ Vitiano Vermentino '15	🍷 3
● Montiano '13	🍷🍷🍷 6
● Montiano '12	🍷🍷🍷 6

Fontana Candida

via Fontana Candida, 11
00040 Monte Porzio Catone [RM]
Tel. 069401881
www.fontanacandida.it

VENDITA DIRETTA
VISITA SU PRENOTAZIONE
RISTORAZIONE
PRODUZIONE ANNUA 3.700.000 bottiglie
ETTARI VITATI 97,00

Tra i marchi più noti del Gruppo Italiano Vini, Fontana Candida è anche una delle realtà più produttive dei Castelli Romani. Sita nel cuore del comprensorio del Frascati, lavora ogni anno circa 50mila quintali d'uva conferiti da oltre 190 agricoltori e provenienti da terreni vulcanici, ricchi di potassio, fosforo, calcio, magnesio, ferro e microelementi. Centrata soprattutto sulla produzione di vini bianchi, le principali etichette aziendali fanno leva su vitigni autoctoni. Ben riuscita tutta la linea dei Frascati, in particolare il Superiore Luna Mater Riserva '15: frutta tropicale matura e una buona struttura, con in sottofondo note di legno e spezie. Il Superiore Terre dei Grifi '15, dalle note di erbe aromatiche e agrumi, è ben sostenuto dall'acidità, il Superiore Vigneto Santa Teresa '15 invece porta con sé frutta bianca e limone, con una leggera punta vegetale. Gli agrumi dolci, accompagnati da sentori di salvia, li ritroviamo nel Roma Malvasia Puntinata '15.

○ Frascati Sup. Luna Mater Ris. '15	🍷🍷 3*
○ Frascati Sup. Terre dei Grifi '15	🍷🍷 2*
○ Frascati Sup. Vign. Santa Teresa '15	🍷🍷 2*
○ Roma Malvasia Puntinata '15	🍷🍷 3
○ Frascati Secco '15	🍷 2
○ Sesto 21 Passito '12	🍷 4
● Sesto 21 Syrah '13	🍷 4
○ Frascati Secco '14	🍷🍷 2*
○ Frascati Sup. Luna Mater Ris. '14	🍷🍷 4
○ Frascati Sup. Terre dei Grifi '14	🍷🍷 2*
○ Frascati Sup. Vign. Santa Teresa '14	🍷🍷 2*
○ Frascati Sup. Vign. Santa Teresa '13	🍷🍷 2*
● Siroe '14	🍷🍷 3

★Sergio Mottura

loc. Poggio della Costa, 1
01020 Civitella d'Agliano [VT]
Tel. 0761914533
www.motturasergio.it

VENDITA DIRETTA
VISITA SU PRENOTAZIONE
OSPITALITÀ E RISTORAZIONE
PRODUZIONE ANNUA 97.000 bottiglie
ETTARI VITATI 37,00
VITICOLTURA Biologico Certificato

Sergio Mottura è con tutta probabilità il miglior interprete del grechetto, di cui è portavoce e simbolo sin dai primi anni Sessanta. La tipicità territoriale, insieme alla qualità e al rispetto per l'ambiente, è una caratteristica dell'azienda, che trova nell'istrice in etichetta un simbolo di qualità e autenticità. 37 gli ettari vitati in regime biologico tra i calanchi argillosi di Civitella d'Agliano e la valle del Tevere, dove dominano i vitigni autoctoni (grechetto, procanico, verdello, drupeggio) tra ricerca ed esperienza. Il Grechetto Poggio della Costa '15 bissa il successo dei Tre Bicchieri: note di agrumi, zafferano e fiori gialli al naso, mentre al palato una buona sapidità sorregge una materia elegante e grintosa. Torna in splendida forma il Latour a Civitella '14, ampio e complesso, con toni di spezie e agrumi dolci, mentre si conferma a un ottimo livello l'Orvieto Tragugnano '15, sapido e speziato. Ben realizzato infine il Civitella Rosato '15, delicato e piacevole.

○ Poggio della Costa '15	🍷🍷🍷 3*
○ Grechetto Latour a Civitella '14	🍷🍷 5
○ Orvieto Tragugnano '15	🍷🍷 3*
⊙ Civitella Rosato '15	🍷🍷 3
● Civitella Rosso '14	🍷 3
○ Orvieto Secco '15	🍷 3
○ Grechetto Latour a Civitella '11	🍷🍷🍷 4*
○ Grechetto Latour a Civitella '06	🍷🍷🍷 4*
○ Grechetto Poggio della Costa '14	🍷🍷🍷 3*
○ Grechetto Poggio della Costa '10	🍷🍷🍷 3*
○ Grechetto Poggio della Costa '09	🍷🍷🍷 3*
○ Grechetto Poggio della Costa '08	🍷🍷🍷 3*
○ Poggio della Costa '12	🍷🍷🍷 3*
○ Poggio della Costa '11	🍷🍷🍷 3*

Omina Romana

via Fontana Parata, 75
00049 Velletri [RM]
Tel. 0696430193
www.ominaromana.com

VENDITA DIRETTA
VISITA SU PRENOTAZIONE
PRODUZIONE ANNUA 130.000 bottiglie
ETTARI VITATI 80,00

Nel 2004 il tedesco Anton Borner ha investito in una tenuta da 80 ettari a Velletri, nei Colli Albani, per produrre vini di qualità con un taglio prettamente internazionale. Le caratteristiche della zona (colline su terreni vulcanici e una costante brezza marina) sono "buoni presagi", come rivela il nome stesso dell'azienda, per una produzione di alto livello. La scelta dell'enologo Claudio Gori e dell'agronoma Paula Pacheco è stata di puntare principalmente sui rossi: sono ben dodici le tipologie lavorate, tra autoctone e internazionali. Quest'anno al top della gamma c'è il Cabernet Franc Linea Ars Magna '13, lungo e di grande fittezza, con note di frutti neri, legno dolce e terra bagnata. Convince anche l'Hermes Diactoros '13, uvaggio bordolese fresco e succoso, di buon frutto, speziato e con tannini ben gestiti. Di buona fattura il Merlot '13, dal frutto integro, fitto e compatto, con note di tabacco e cacao, mentre è piacevole e fresco il Bellone Brut '14.

● Cabernet Franc Linea Ars Magna '13	🍷🍷 8
○ Bellone Brut '14	🍷🍷 4
● Hermes Diactoros '13	🍷🍷 4
● Merlot '13	🍷🍷 7
● Cabernet Sauvignon '11	🍷🍷 7
● Diana Nemorensis I '12	🍷🍷 6
● Merlot '12	🍷🍷 7

Principe Pallavicini

VIA ROMA, 121
00030 COLONNA [RM]
TEL. 069438816
www.vinipallavicini.com

VENDITA DIRETTA
VISITA SU PRENOTAZIONE
RISTORAZIONE
PRODUZIONE ANNUA 600.000 bottiglie
ETTARI VITATI 65,00

Principe Pallavicini è uno dei pilastri della storia enologica della regione. Un percorso iniziato con principi, cardinali e papi e che oggi prosegue con Maria Camilla, impegnata nella valorizzazione della denominazione Frascati. La maggior parte dei vigneti si trova ai Castelli Romani, dove le uve a bacca bianca beneficiano dei suoli vulcanici. L'azienda si divide tra la tenuta storica di Colonna, dove hanno sede le cantine e gli uffici, e quella di Cerveteri, dai terreni calcarei ricchi di scheletro, dove maturano sangiovese, merlot e syrah. Di buon livello il Cesanese Amarasco '14: fruttato al naso, si esprime al palato con note di frutti neri croccanti, per un finale saporito e di buona beva. Ben realizzato, anche se ci è sembrato non ai livelli degli anni passati, il Frascati Superiore Poggio Verde '15, ricco di materia, austero, da cui emerge una buona vena vegetale. Interessante anche il Roma Malvasia Puntinata '15, che profuma di salvia e rosa, piacevole e fresco.

○ Frascati Sup. Poggio Verde '15	🍷🍷 2*
● Amarasco '14	🍷🍷 3
○ Roma Malvasia Puntinata '15	🍷🍷 2*
● Soleggio '14	🍷 3
○ Stillato '14	🍷 3
● Syrah '14	🍷 2
○ Frascati Sup. Poggio Verde '13	🍷🍷🍷 2*
● Amarasco '11	🍷🍷 3
● Casa Romana '12	🍷🍷 5
○ Frascati '13	🍷🍷 2*
○ Frascati Sup. Poggio Verde '14	🍷🍷 2*
○ Frascati Sup. Poggio Verde '12	🍷🍷 2*
○ Stillato '13	🍷🍷 3*
○ Stillato '12	🍷🍷 3

Tenuta La Pazzaglia

S.DA DI BAGNOREGIO, 4
01024 CASTIGLIONE IN TEVERINA [VT]
TEL. 0761947114
www.tenutalapazzaglia.it

VENDITA DIRETTA
VISITA SU PRENOTAZIONE
OSPITALITÀ
PRODUZIONE ANNUA 56.000 bottiglie
ETTARI VITATI 12,00

Nozze d'argento con il mondo del vino per la famiglia Verdecchia, che nel 1991 ha fondato Tenuta La Pazzaglia nella valle dei Calanchi, per un percorso fatto di tradizione e innovazione, di studio, modifiche e miglioramenti. È Pierfrancesco, figlio di Randolfo e Agnese, a occuparsi del lavoro in vigna, mentre sua sorella Maria Teresa si dedica alla vinificazione delle uve. Trovano spazio nell'azienda varietà sia autoctone, in particolare il grechetto, sia internazionali. Raggiunge le finali il Grechetto Poggio Triale '14, dai profumi di fiori bianchi e albicocca al naso, mentre al palato si esprime con buona materia, eleganza e sapidità. Conferma il suo buon livello anche il Grechetto 109, con una versione 2015 grintosa, con sentori di frutta bianca fresca, gelsomino e agrumi. Il Corno '15, blend da grechetto, chardonnay e pinot bianco, ha note di frutta gialla e fiori d'arancio, è saporito e profondo. Di buon frutto infine l'Orvieto Vignamia '15, dai toni di agrumi verdi.

○ Poggio Triale '14	🍷🍷 3*
○ Grechetto 109 '15	🍷🍷 3
○ Il Corno '15	🍷🍷 2*
○ Orvieto Vignamia '15	🍷 2
○ Grechetto 109 '14	🍷🍷 3
○ Grechetto 109 '13	🍷🍷 3*
○ Il Corno '14	🍷🍷 2*
○ Il Corno '12	🍷🍷 2*
○ Orvieto '12	🍷🍷 2*
○ Orvieto '11	🍷🍷 2*
○ Poggio Triale '12	🍷🍷 3
⊙ Rosé Marie '14	🍷🍷 2*

Pietra Pinta

via Le Pastine km 20,200
04010 Cori [LT]
Tel. 069678001
www.pietrapinta.com

VENDITA DIRETTA
VISITA SU PRENOTAZIONE
OSPITALITÀ E RISTORAZIONE
PRODUZIONE ANNUA 300.000 bottiglie
ETTARI VITATI 33,00
VITICOLTURA Biologico Certificato
AZIENDA SOSTENIBILE

La famiglia Ferretti è da molti anni intelligente interprete delle qualità e della bellezza del territorio corense, che valorizza con le sue produzioni di vino e olio e, da ormai un decennio, con un ospitale agriturismo. Segnaliamo con piacere il ritorno ad alti livelli del vino che, più di vent'anni fa, lanciò l'azienda fuori dai confini locali: il Colle Amato, qui in una versione 2012 corposa e insieme equilibrata, in cui spiccano note di frutti neri e liquirizia. Gli fanno corona due bianchi più "nuovi", frutto delle recenti attenzioni ai vitigni internazionali: lo Chardonnay '15, dalla bella e non usuale sapidità, e il Viognier '15, dove convivono note agrumate e di frutti gialli. Un percorso parallelo riproposto anche dagli altri vini, per i quali confermiamo una leggera preferenza ai bianchi, ad esempio per la gradevole aromaticità sia della Malvasia Puntinata '15 che del Sauvignon '15.

○ Chardonnay '15	🍷🍷 2*
● Colle Amato '12	🍷🍷 4
○ Viognier '15	🍷🍷 2*
○ Costa Vecchia Bianco '15	🍷 2
● Costa Vecchia Rosso '15	🍷 2
○ Malvasia Puntinata '15	🍷 2
○ Sauvignon '15	🍷 2
● Shiraz '14	🍷 2
○ Chardonnay '13	🍷🍷 2*
● Colle Amato '10	🍷🍷 4
○ Costa Vecchia Bianco '14	🍷🍷 2*
● Costa Vecchia Rosso '13	🍷🍷 2*
○ Malvasia Puntinata '14	🍷🍷 2*
● Nero Buono '13	🍷🍷 2*
○ Sauvignon '14	🍷🍷 2*

Poggio Le Volpi

via Colle Pisano, 27
00040 Monte Porzio Catone [RM]
Tel. 069426980
www.poggiolevolpi.it

VENDITA DIRETTA
VISITA SU PRENOTAZIONE
RISTORAZIONE
PRODUZIONE ANNUA 300.000 bottiglie
ETTARI VITATI 70,00

Negli anni Novanta Felice Mergè era un giovane enologo che decise di portare avanti la tradizione di famiglia, facendo leva su ciò che negl anni ha fatto forte l'azienda: passione, tradizione, ricerca e sperimentazione. Il risultato è una selezione di vini moderni di grande personalità, ma grande merito è anche del terreno, di natura argillosa vulcanica a 400 metri di altitudine alle pendici di Monte Porzio Catone, dove vengono coltivate principalmente varietà locali. Tre Bicchieri per il Frascati Superiore Epos Riserva '15: alle note di agrumi dolci con sfumature vegetali al naso fa seguito un palato avvolgente, allo stesso tempo fresco e di buona materia. Tipico il Frascati Cannel ino '11, dai profumi di nespola e fiori, in equilibrio tra dolcezza e acidità. Piacevole il Nero Buono di Cori Baccarossa '14, nel quale nonostante le note di legno emergono sentori fruttati. Ottimo infine il Donnaluce '15, blend da malvasia puntinata, greco e chardonnay, dalle note di frutta bianca e resina.

○ Frascati Sup. Epos Ris. '15	🍷🍷🍷 3*
● Baccarossa '14	🍷🍷 5
○ Donnaluce '15	🍷🍷 4
○ Frascati Cannellino '11	🍷🍷 4
● Baccarossa '13	🍷🍷🍷 4*
● Baccarossa '11	🍷🍷🍷 4*
○ Frascati Sup. Epos '13	🍷🍷🍷 2*
○ Frascati Sup. Epos '11	🍷🍷🍷 2*
○ Frascati Sup. Epos '10	🍷🍷🍷 2*
○ Frascati Sup. Epos '09	🍷🍷🍷 2*
● Baccarossa '12	🍷🍷 4
○ Donnaluce '13	🍷🍷 3
○ Donnaluce '12	🍷🍷 3
○ Frascati Sup. Epos '14	🍷🍷 2*

San Giovenale

LOC. LA MACCHIA
01010 BLERA [VT]
TEL. 066877877
www.sangiovenale.it

VENDITA DIRETTA
VISITA SU PRENOTAZIONE
OSPITALITÀ E RISTORAZIONE
PRODUZIONE ANNUA 7.000 bottiglie
ETTARI VITATI 10,00
VITICOLTURA Biologico Certificato
AZIENDA SOSTENIBILE

Azienda biologica con attenzione alla salvaguardia del territorio, San Giovenale vanta una cantina completamente sostenibile, con tetti giardino, pareti e coperture ventilate e controllo geotermico della temperatura. Scelte altrettanto significative in vigna, dove sono stati piantati grenache, syrah, carignano e cabernet franc: dal blend rodaniano delle prime tre uve nasce l'Habemus Etichetta Bianca, mentre l'Habemus Cabernet Etichetta Rossa è un Franc in purezza. Se fin dall'esordio quattro anni fa l'Habemus si era segnalato come uno tra i migliori vini rossi della regione, con la versione 2014 conquista i Tre Bicchieri. Ai profumi di spezie, tapenade e frutti neri maturi fa seguito un palato in cui la grande fittezza tipica di questo vino è accompagnata da tannini eleganti ed è equilibrata da una freschezza inattesa, per un vino di grande complessità e carattere. L'Habemus Cabernet '13 Etichetta Rossa è invece esemplare per grinta, corpo e piacevolezza di beva.

● Habemus '14	🍷🍷🍷 7
● Habemus Cabernet '13	🍷🍷 8
● Habemus '13	ΥΥ 7
● Habemus '12	ΥΥ 7
● Habemus '11	ΥΥ 7
● Habemus '10	ΥΥ 4

Sant'Andrea

LOC. BORGO VODICE
VIA RENIBBIO, 1720
04019 TERRACINA [LT]
TEL. 0773755028
www.cantinasantandrea.it

VENDITA DIRETTA
VISITA SU PRENOTAZIONE
PRODUZIONE ANNUA 1.000.000 bottiglie
ETTARI VITATI 85,00

I bei vigneti di proprietà (più alcuni in affitto) sono nelle zone più vocate delle denominazioni Circeo e, soprattutto, Moscato di Terracina che, sotto la spinta di Andrea e Gabriele Pandolfo, ha assunto visibilità nazionale. Qui l'Oppidum (non esaltante nella versione 2015) è da qualche anno affiancato dall'Hum. In particolare ci sembra buona la scelta di dargli un più lungo affinamento e il risultato, per l'Hum '13, è un corredo aromatico ricco di sentori mediterranei e di buona concentrazione. Gli fanno corona il Circeo Bianco Dune '14, di cui continua a piacerci il coraggio della malvasia (più trebbiano) passata in legno, carico e insieme elegante, e il Sogno '11, da merlot e cesanese, dalla buona corrispondenza gusto olfattiva. Una menzione particolare merita poi la linea Riflessi, di buon livello medio e a prezzi competitivi: buono soprattutto il Circeo Bianco '15, ma interessanti sia il Circeo Rosato '15, da merlot, sia l'Extra Dry, una bollicina appena abboccata da trebbiano e malvasia.

○ Circeo Bianco Dune '14	🍷🍷 2*
○ Circeo Bianco Riflessi '15	🍷🍷 2*
○ Moscato di Terracina Hum '13	🍷🍷 5
● Sogno '11	🍷🍷 3
⊙ Circeo Rosato Riflessi '15	🍷 2
● Circeo Rosso Incontro al Circeo '12	🍷 2
○ Moscato di Terracina Amabile Templum '15	🍷 2
○ Moscato di Terracina Secco Oppidum '15	🍷 2
○ Riflessi Extra Dry	🍷 2
⊙ Circeo Rosato Riflessi '14	ΥΥ 2*
● Circeo Rosso Riflessi '14	ΥΥ 2*
○ Moscato di Terracina Passito Capitolium '13	ΥΥ 4

Tenuta di Fiorano

via di Fioranello, 19/31
00134 Roma
Tel. 0679340093
www.tenutadifiorano.it

VENDITA DIRETTA
VISITA SU PRENOTAZIONE
RISTORAZIONE
PRODUZIONE ANNUA 18.000 bottiglie
ETTARI VITATI 6,00

Un piccolo paradiso a pochi chilometri da Roma che il tempo non ha intaccato. Il fascino è rimasto lo stesso così come la predisposizione a fare buoni vini: una storia affascinante quella della Tenuta di Fiorano, gestita da Alessandrojacopo Boncompagni Ludovisi dalla fine degli anni Novanta, quando lo zio Alberico gli cedette i diritti di reimpianto. Le uve a bacca rossa piantate nei cinque ettari a disposizione sono rimaste le stesse, cabernet sauvignon e merlot, mentre malvasia e semillon sono state sostituite da grechetto e viognier. Splendida la versione 2011 del Fiorano Rosso: ai profumi di macchia mediterranea, funghi porcini e frutti neri dolci fa seguito un palato di grande struttura, allo stesso tempo importante ed elegante. Il Fiorano Bianco '14 ha grande complessità sia al naso sia al palato, con le sue note floreali e di zafferano, di frutta bianca e di spezie. Ben realizzati anche il Fioranello Rosso '14, dai toni di frutti neri e china, e il Fioranello Bianco '15, fresco e agrumato.

● Fiorano Rosso '11	🍷🍷🍷 7
○ Fiorano Bianco '14	🍷🍷 5
○ Fioranello Bianco '15	▼▼ 3
● Fioranello Rosso '14	▼▼ 4
○ Fiorano Bianco '13	▽▽▽ 5
○ Fiorano Bianco '12	▽▽▽ 4*
○ Fiorano Bianco '10	▽▽▽ 5
○ Fioranello Bianco '14	▽▽ 3
● Fioranello Rosso '13	▽▽ 4
○ Fiorano Bianco '11	▽▽ 4
● Fiorano Rosso '10	▽▽ 7
● Fiorano Rosso '09	▽▽ 7
● Fiorano Rosso '07	▽▽ 4

Giovanni Terenzi

via Forese, 13
03010 Serrone [FR]
Tel. 0775594286
www.viniterenzi.com

VENDITA DIRETTA
VISITA SU PRENOTAZIONE
PRODUZIONE ANNUA 150.000 bottiglie
ETTARI VITATI 12,00

Da oltre cinquant'anni in casa Terenzi sono ovviamente i Cesanese a dominare, con vigneti di alta qualità sia nella denominazione del Piglio che nella limitrofa denominazione di Olevano Romano, situati su terreni vulcanici e calcarei. È perciò una sorpresa che l'esito migliore lo raggiunga il Quercia Rossa '12, da uve sangiovese, dotato di un frutto ricco e leggibile, con note terziarie e tannini ben equilibrati. Tra i Cesanese, dopo le belle versioni delle annate 2011 e 2012, conferma la sua leadership il Vajoscuro '13, che non a caso è il vino più ambizioso dell'azienda: qui il lungo affinamento offre sentori speziati, di china e rabarbaro, e una bocca di buona rotondità. Meno ampi e strutturati, ma forse proprio per questo di più facile beva, sia il Velobra '14 sia il Colle Forma '13. Note ammandorlate per un'insolita versione della Passerina Villa Santa '15, che tuttavia ci è sembrata più convincente e varietale in altre recenti annate.

● Cesanese del Piglio Sup. Vajoscuro Ris. '13	▼▼ 4
● Quercia Rossa '12	▼▼ 3
● Cesanese del Piglio Sup. Colle Forma '13	▼ 4
● Cesanese del Piglio Velobra '14	▼ 2
○ Passerina Villa Santa '15	▼ 2
● Cesanese del Piglio Sup. Colle Forma '11	▽▽ 4
● Cesanese del Piglio Sup. Vajoscuro Ris. '12	▽▽ 4
● Cesanese del Piglio Sup. Vajoscuro Ris. '11	▽▽ 4
● Cesanese del Piglio Vajoscuro '10	▽▽ 5
● Cesanese del Piglio Velobra '13	▽▽ 2*
● Cesanese del Piglio Velobra '12	▽▽ 2*
● Cesanese del Piglio Velobra '11	▽▽ 2*
● Cesanese di Olevano Romano Colle S. Quirico '13	▽▽ 2*

Trappolini

via del Rivellino, 65
01024 Castiglione in Teverina [VT]
Tel. 0761948381
www.trappolini.com

VENDITA DIRETTA
VISITA SU PRENOTAZIONE
PRODUZIONE ANNUA 150.000 bottiglie
ETTARI VITATI 30,00

Roberto e Paolo raccolgono il testimone del padre Mario (che nei primi anni Sessanta avviava l'azienda vendendo vino sfuso delle proprie terre al confine tra il Lazio e l'Umbria) rinnovando e migliorando la proposta. Una produzione basata quasi del tutto sui vitigni autoctoni, dall'aleatico al sangiovese, dal violone al procanico al grechetto, che sfruttano al meglio il tipico mix di terreni vulcanico argillosi. Da notare l'attenzione, inconsueta in queste zone, dedicata alle uve a bacca rossa. Tra i bianchi bene il Grechetto '15: frutta gialla e zafferano al naso, al palato si impreziosisce con note di mandorla, risultando ricco e armonico. Convince anche l'Est! Est!! Est!!! di Montefiascone '15, piacevole anche se un po' rustico, dai profumi di mela Golden e limone. Tra i rossi spicca il Paterno '14, dai toni di violetta e piccoli frutti rossi, coerente e fresco al palato, con note di pepe e spezie. Gustoso e varietale nelle sue note di peperone rosso e tabacco il Cabernet Franc '14.

○ Grechetto '15	🍷🍷 2*
● Cabernet Franc '14	🍷🍷 3
○ Est! Est!! Est!!! di Montefiascone '15	🍷🍷 2*
● Paterno '14	🍷🍷 4
○ Brecceto '15	🍷 3
● Canaiolo Nero '14	🍷 2
● Cenereto '15	🍷 2
● Idea '15	🍷 4
○ Orvieto '15	🍷 2
○ Sartei '15	🍷 2
○ Grechetto '14	YYY 2*
● Cabernet Franc '13	YY 3
● Paterno '13	YY 4
● Paterno '12	YY 4

Valle Vermiglia

via A. Gramsci, 7
00197 Roma
Tel. 3487221073
www.vallevermiglia.it

VENDITA DIRETTA
PRODUZIONE ANNUA 30.000 bottiglie
ETTARI VITATI 8,00
AZIENDA SOSTENIBILE

Il progetto di Mario Masini nasce nel 2000, con l'impianto di vitigni autoctoni sulle pendici del Monte Tuscolo, per la produzione di un vino elegante e territoriale: il suolo scelto è un terreno vulcanico a 600 metri d'altitudine che circonda il complesso claustrale dell'Eremo Camaldolese di Monte Corona (dove secondo le rigide regole dell'ordine le donne non hanno accesso). Malvasia di Candia e del Lazio, trebbiano giallo e toscano, bombino bianco, raccolte rigorosamente a mano, sono le uve dell'unica etichetta prodotta. Quelle che di solito sono le carte vincenti dell'azienda – l'elevata altitudine, i vigneti circondati dai boschi, la zona che è forse la più fresca di tutta la denominazione – nel caso della difficile annata 2014 si sono rivelati più un problema che altro. Così il Frascati Superiore Eremo Tuscolano è sempre un vino di ottimo livello, di notevole freschezza e piacevolezza, ricco di frutto, ma manca di quella profondità che aveva contraddistinto la versione 2013.

○ Frascati Sup. Eremo Tuscolano '14	🍷🍷 3*
○ Frascati Sup. Eremo Tuscolano '13	YYY 3*
○ Frascati Sup. Eremo Tuscolano '12	YY 3*

Casale Cento Corvi

via Aurelia km 45,500
00052 Cerveteri [RM]
Tel. 069903902
www.casalecentocorvi.it

Il Giacchè Rosso è realizzato con un omonimo antico vitigno locale. La versione 2012 ci ha davvero convinto: al naso emergono note di frutta nera e legno dolce, mentre il palato è fresco e dal frutto croccante, senza quelle note dolci che lo hanno spesso appesantito, lungo e scorrevole.

● Giacchè Rosso '12	🍷🍷 6
● La Nostra Scelta '13	🍷 5

Casale della Ioria

loc. La Gloria
s.da prov.le 118 Anagni-Paliano
03012 Anagni [FR]
Tel. 077556031
www.casaledellaioria.com

Annata interlocutoria per l'azienda di Paolo Perinelli, con il solo Torre del Piano '13 a rappresentare la denominazione Cesanese del Piglio, discreto nei suoi toni di ciliegia e macchia di rovo ma non particolarmente brillante. Sempre corretta e di facile beva la Passerina Colle Bianco '15.

● Cesanese del Piglio Sup. Torre del Piano Ris. '13	🍷🍷 4
○ Passerina Colle Bianco '15	🍷 2

Cominium

via Ritinto
03041 Alvito [FR]
Tel. 0776510683
www.cantinacominium.it

Ancora una volta il Maturano '15 si esprime a buoni livelli, valorizzando freschezza e mineralità di questo raro vitigno autoctono. I rossi declinano in vari modi le differenti sfaccettature della denominazione Atina. La nostra preferenza va al buon equilibrio tra frutto e legno del Satur '13.

● Atina Cabernet Satur '13	🍷🍷 3
○ Maturano '15	🍷🍷 2*
● Atina Cabernet Ris. '13	🍷 5
● Colle Alto '15	🍷 2

Cordeschi

loc. Acquapendente
via Cassia km 137,400
00121 Acquapendente [VT]
Tel. 3356953547
www.cantinacordeschi.it

Sempre di buon livello i prodotti di questa piccola azienda. Il Saino '13, da sangiovese con un piccolo saldo di montepulciano e cabernet sauvignon, ha note di liquirizia e tabacco e un palato dai toni di frutti neri, mentre l'Ost '14, Sangiovese in purezza, è fresco e piacevole.

● Ost '14	🍷🍷 3
● Saino '13	🍷🍷 3
○ Palea '15	🍷 2
⊙ Siele '15	🍷 2

Corte dei Papi

loc. Colletonno
03012 Anagni [FR]
Tel. 0775769271
www.cortedeipapi.it

Anche quest'anno il miglior Cesanese aziendale è il Colle Ticchio '15, piacevole e ricco di frutto. Più ambizioso il San Magno '14, ma con un legno importante e perciò non ancora del tutto riassorbito. I due bianchi si propongono entrambi con una freschezza quasi eccessiva.

● Cesanese del Piglio Colle Ticchio '15	🍷🍷 2*
● Cesanese del Piglio San Magno '14	🍷 4
○ Colle Sape '15	🍷 2
○ Passerina '15	🍷 2

Agricola Emme

via Maggiore, 126
03010 Piglio [FR]
Tel. 0775769859
www.agricolaemme.com

Cesanese e passerina trovano qui interpretazioni sempre convincenti, con la Passerina Casal Cervino '15 fresca e agrumata e il Cesanese del Piglio Superiore Casal Cervino Riserva '12 dalle belle note speziate e terziarie. Dal buon rapporto qualità prezzo la linea Hyperius.

● Cesanese del Piglio Sup. Casal Cervino Ris. '12	🍷🍷 4
○ Passerina Casal Cervino '15	🍷🍷 2*
● Cesanese del Piglio Hyperius '15	🍷 2

Federici

via Santa Apollaria Vecchia, 30
00039 Zagarolo [RM]
Tel. 0695461022
www.vinifederici.com

La storica azienda di Zagarolo sbarca nelle terre del Cesanese con risultati interessanti: immediato e ricco di frutto il Cesanese del Piglio Sapiens '15, più strutturato il Cesanese del Piglio Nunc '13. Di facile beva il Cesanese Wwwine, gradevole Le Coste '15, da malvasia e greco.

- ● Cesanese del Piglio Sapiens '15 — 🍷🍷 4
- ● Cesanese del Piglio Sup. Nunc '13 — 🍷🍷 5
- ○ Le Coste '15 — 🍷 2
- ● Wwwine '15 — 🍷 3

La Ferriera

via Ferriera, 723
03042 Atina [FR]
Tel. 0776691226
www.laferriera.it

In terra di cabernet (omogenea la gamma presentata, con una preferenza per l'Atina '12 rispetto all'Atina Riserva '12), è una piacevole sorpresa il Real Magona Brut '12, un Metodo Classico cui i 30 mesi sui lieviti danno un elegante perlage e i giusti richiami di crosta di pane.

- ● Atina Cabernet Real Magona '12 — 🍷🍷 3
- ○ Real Magona Brut '12 — 🍷🍷 4
- ● Atina Cabernet Real Magona Ris. '12 — 🍷 5
- ● Ferrato '13 — 🍷 2

Formiconi

loc. Farinella
00021 Affile [RM]
Tel. 3470934541
www.cantinaformiconi.it

Da sessant'anni la famiglia Formiconi fa vino nel cuore di Affile. I due Cesanese di Affile prodotti nascono da uve in lieve surmaturazione, col Capozzano Riserva '14 che evidenzia tannini fini e freschezza di frutto, mentre il Cisinianum '14 si mostra un po' più cupo e con toni terrosi.

- ● Cesanese di Affile Capozzano Ris. '14 — 🍷🍷 4
- ● Cesanese di Affile Cisinianum '14 — 🍷🍷 3

Alberto Giacobbe

c.da San Giovenale
03018 Paliano [FR]
Tel. 0775579198
www.vinigiacobbe.it

Bella quest'anno la performance del Cesanese del Piglio Superiore Lepanto Riserva '13, che ha saputo equilibrare la ricchezza del frutto con l'uso di legni importanti. Per le Passerina, la Duchessa '15 è fresca e immediata e si fa preferire alla Maddalena '14, un po' meno grintosa.

- ● Cesanese del Piglio Sup. Lepanto Ris. '13 — 🍷🍷 4
- ○ Passerina Duchessa '15 — 🍷 2
- ○ Passerina Maddalena '14 — 🍷 2

Donato Giangirolami

b.go Montello
fraz. Le Ferriere
via del Cavaliere, 1414
04100 Latina
Tel. 3358394890
www.donatogiangirolami.it

La migliore batteria di sempre per questa azienda biologica dell'agro pontino, guidata dal Propizio '15, un Grechetto elegante, minerale e persistente. Interessanti anche il Sauvignon Regius '15, e l'Apricor Passito '13, Malvasia Puntinata in buon equilibrio tra note dolci e fresche.

- ○ Propizio '15 — 🍷🍷 (rossi) 2*
- ○ Apricor Passito '13 — 🍷🍷 4
- ○ Regius '15 — 🍷🍷 2*
- ● Pancarpo '13 — 🍷 3

Gotto d'Oro

loc. Frattocchie
via del Divino Amore, 115
00040 Marino [RM]
Tel. 0693022211
www.gottodoro.it

La linea Mitreo è quella sperimentale di questa grande cantina cooperativa. Il Mithra '14, blend da sangiovese, merlot e syrah, ha toni di tabacco e ciliegia al naso, mentre il palato è ricco di frutto. Ben realizzati gli altri Mitreo, in particolare lo scorrevole Merlot Korex '14.

- ● Mitreo Mithra '14 — 🍷🍷 2*
- ● Mitreo Korex '14 — 🍷 2
- ○ Mitreo Sol '15 — 🍷 2
- ○ Mitreo Taurus '14 — 🍷 2

Podere Grecchi

s.da Sammartinese, 8
01100 Viterbo
Tel. 0761305671
www.poderegrecchi.com

Quest'anno spicca il Merlot Poggio Ferrone '15, dai sentori di frutti rossi di bosco con sfumature di tabacco, nitido, piacevole e lungo. Tra i vari vini bianchi di qualità presentati ci è piaciuto soprattutto il Rossetto Il Fedele '15, equilibrato e dalle note di frutta bianca.

● CEV Merlot Poggio Ferrone '15	2*
○ CEV Rossetto Il Fedele '15	2*
○ San Silvestro '15	2
○ Sauvignon '15	2

Antica Cantina Leonardi

via del Pino, 12
01027 Montefiascone [VT]
Tel. 0761826028
www.cantinaleonardi.it

Ben riuscito il Roscetto Luce di Lago '15, in cui insieme a note di spezie e zafferano emerge un buon frutto fresco, in un palato di medio corpo e con un finale leggermente tannico tipico del vitigno. Equilibrato e piacevole invece il blend bordolese Don Carlo '13.

● Don Carlo '13	2*
○ Luce di Lago '15	2*
○ Est! Est!! Est!!! di Montefiascone Poggio del Cardinale '15	2

Casale Marchese

via di Vermicino, 68
00044 Frascati [RM]
Tel. 069408932
www.casalemarchese.it

Alessandro e Ferdinando rappresentano la settima generazione della famiglia Carletti. Bene il Frascati Superiore '15, che profuma di mandarini e frutta bianca, piacevole ma un po' più semplice e meno profondo di altre versioni. Di buon livello anche il Clemens '14.

○ Clemens '14	3
○ Frascati Sup. '15	2*
○ Cannellino di Frascati '14	3

Antonella Pacchiarotti

via Roma, 14
01024 Grotte di Castro [VT]
Tel. 0763796852
www.vinipacchiarotti.it

Solo vini da uve aleatico per l'azienda di Antonella Pacchiarotti, e tutti di ottimo livello. Il Cavarosso '15 presenta sentori di ciliegia nera e mora, con un palato di buona materia e lunghezza, grintoso e sul frutto. Le versioni in bianco sono aromatiche e agrumate, sapide e fresche.

● Cavarosso '15	3
○ Matée '15	3
○ Ramatico '11	3

Tenuta Ronci di Nepi

via Ronci 2072
01036 Nepi [VT]
Tel. 0761555125
www.roncidinepi.it

Nonostante la grande attenzione per i vitigni internazionali, quest'anno il vino più interessante ci è sembrato il Grechetto '15, dai profumi di zafferano e fiori gialli, mentre il palato è più giocato sul frutto, con un finale fresco e piacevole. Ben realizzati gli altri vini proposti.

○ Grechetto '15	2*
○ Manti '14	4
○ Oro di Nè '15	2
● Veste Porpora '14	2

Le Rose

via Ponte Tre Armi, 25
00045 Genzano di Roma [RM]
Tel. 0693709671
www.aziendaagricolalerose.com

Questa azienda biologica ha proposto vini di buona fattura. Il più interessante ci è sembrato La Faiola '15, singolare blend di verdicchio (60%), bombino bianco (20%) e grechetto, fresco e minerale. Corretti il Tre Armi '15 e l'Artemisia '15.

○ La Faiola '15	5
○ Artemisia '15	4
○ Tre Armi '15	3

Tenuta Sant'Isidoro

loc. Portaccia
01016 Tarquinia [VT]
Tel. 0766869716
www.santisidoro.net

Intenso con note di china e frutto al naso il Montepulciano Soremidio '12, mentre il palato è tannico, strutturato e abbastanza lungo. Corretti gli altri vini, come il Forca di Palma '15, Chardonnay fruttato ma un po' troppo morbido, o il Pinot Bianco Soraluisa '15, semplice e fresco.

● Soremidio '12	🍷🍷 4
○ Forca di Palma '15	🍷 2
○ Soraluisa '15	🍷 3
● Terzolo '15	🍷 2

Stefanoni

loc. Zepponami
via Stefanoni, 48
01027 Montefiascone [VT]
Tel. 0761825651
www.cantinastefanoni.it

Torna ai vertici della denominazione l'Est! Est!! Est!!! di Montefiascone Classico Foltone. La versione 2015 presenta sentori di frutta e fiori bianchi e un palato di medio corpo, piacevole, con un finale agrumato e ammandorlato. Ben realizzati gli altri vini presentati.

○ Est! Est!! Est!!! di Montefiascone Cl. Foltone '15	🍷🍷 2*
○ Brut M. Cl. '13	🍷 3
● Fanum '13	🍷 3

Terra delle Ginestre

s.da st.le 630 Ausonia, 59
04020 Spigno Saturnia [LT]
Tel. 3495617153
www.terradelleginestre.it

L'affinamento in botti di castagno dà al bellone del Lentisco '14 un'intrigante rusticità e personalità, mentre note di spezie e di pepe segnano Il Generale '14, dalle autoctone uva vipera e abbuoto. In assenza dell'Invito, l'uva moscato trova una corretta espressione nel Letizia '15.

● Il Generale '14	🍷🍷 3
○ Lentisco '14	🍷🍷 3
○ Letizia '15	🍷 2

Villa Caviciana

loc. Tojena Caviciana
01025 Grotte di Castro [VT]
Tel. 0763798212
www.villacaviciana.com

Villa Caviciana ci ha proposto un'ottima batteria ma, un po' a sorpresa, soprattutto con due Aleatico. Il Rosato Tadzio '15 ha note di frutti di bosco e rosa, è elegante e lungo. Il Maddalena '11 ha toni di amarena in confettura e spezie dolci, equilibrato e ben sostenuto dall'acidità.

○ Lorenzo Brut	🍷🍷 3
● Maddalena '11	🍷🍷 5
⊙ Tadzio '15	🍷🍷 2*
● Faustina '13	🍷 6

Villa Gianna

b.go San Donato
s.da Maremmana
04010 Sabaudia [LT]
Tel. 0773250034
www.villagianna.it

Una gamma di buon livello ancora una volta guidata dai vini bianchi: l'aromatico Moscato di Terracina '15 e il complesso e strutturato Innato '15 (blend da malvasia, trebbiano e chardonnay). Di piacevole beva il Merlot Rudestro '14, così come il Vigne del Borgo Sauvignon '15.

○ Circeo Bianco Innato '15	🍷🍷 2*
○ Moscato di Terracina Secco '15	🍷🍷 2*
● Rudestro '14	🍷 2
○ Vigne del Borgo Sauvignon '15	🍷 2

Cantine Volpetti

via Nettunense, 21
00040 Ariccia [RM]
Tel. 069342000
www.cantinevolpetti.it

Torna in Guida quest'azienda castellana, grazie a una gamma di ottimo livello. Ricca nei suoi toni di mandorla e cera d'api, con sfumature di basilico, la Malvasia del Lazio Vendemmia Tardiva, mentre è piacevole e succoso, speziato e con note di frutti neri lo Shiraz Le Piantate '14.

○ Malvasia del Lazio V.T.	🍷🍷 3
● Shiraz Le Piantate '14	🍷🍷 2*
● Cesanese Le Piantate '14	🍷 2
○ Frascati Sup. Le Piantate '14	🍷 2

ABRUZZO

Il comparto vitivinicolo abruzzese non è mai stato tanto in salute. Perlomeno a giudicare dal livello medio della produzione, in continua ascesa, e sempre più competitivo per rapporto qualità prezzo. Non ci vengono in mente tanti distretti europei dove è possibile bere così bene spendendo così poco, ne è un esempio perfetto il Pecorino '15 di Tiberio che si aggiudica il premio miglior Rapporto Qualità Prezzo. Ma può essere un'arma a doppio taglio: proprio la straordinaria convenienza delle gamme "entry level" rischia talvolta di togliere appeal ai progetti più ambiziosi. E rappresentano vere e proprie eccezioni i vini abruzzesi che rivaleggiano nel segmento premium con le etichette mito dei più blasonati terroir mondiali. Se a questo aggiungiamo la quota a dir poco consistente di sfusi imbottigliati fuori regione, diventa più chiaro perché l'Abruzzo fatichi ancora a trovare una dimensione pienamente riconosciuta presso il pubblico specializzato. Ma come detto lo scenario è decisamente incoraggiante per il dinamismo che si evidenzia a ogni tornata di assaggi. Si allarga progressivamente la rosa di opzioni caratterizzate e affidabili, diventa di anno in anno più difficile scegliere i "titolari" della nostra Guida e quelli che restano fuori solo per motivi di spazio. Nel primo gruppo di merito convivono armonicamente marchi storici e nomi emergenti, piccole imprese artigiane e aziende di grandi dimensioni, per non parlare della fitta rete di cooperative ben strutturate per affrontare le sfide dei mercati. In tutte le zone, inoltre, si infoltisce il gruppo di realtà "verdi", che puntano su protocolli biocompatibili in vigna e soluzioni "modernamente antiche" in cantina: fermentazioni spontanee, vinificazioni "sottrattive", affinamenti modulari, con le anfore e il cemento ad affiancare le botti di legno e l'acciaio. Non deve allora ingannare la sensibile riduzione del numero di Tre Bicchieri, in buona parte legata ai limiti delle vendemmie protagoniste negli ultimi test. Come la fredda e umida 2014, complicata per i rossi più rappresentativi, o la speculare 2015, non certo la migliore possibile per i principali bianchi e rosati quanto a profondità sapida e nerbo. Come sempre tocca al Montepulciano il ruolo di "azionista di maggioranza" dell'eccellenza regionale, con le sue molteplici declinazioni territoriali e stilistiche, tipologia Cerasuolo inclusa. Ma ci conquistano anche le più autorevoli interpretazioni di Pecorino e Trebbiano, capaci di restituire quello speciale connubio di Adriatico e Appennino che rende così originale il paesaggio abruzzese.

Agriverde

Loc. Caldari
via Stortini, 32a
66026 Ortona [CH]
Tel. 0859032101
www.agriverde.it

VENDITA DIRETTA
VISITA SU PRENOTAZIONE
RISTORAZIONE
PRODUZIONE ANNUA 900.000 bottiglie
ETTARI VITATI 65,00
VITICOLTURA Biologico Certificato
AZIENDA SOSTENIBILE

Si distribuiscono tra Caldari, Ortona, Rogatti, Frisa e Crecchio, sulle Colline Teatine, i circa 65 ettari di vigna appartenenti alla famiglia de Carlo, impegnata nella produzione enoica da quasi due secoli e tra le prime realtà italiane a puntare su protocolli biocompatibili. Un vero e proprio polo verde, con le strutture della cantina, del relais e della spa perfettamente integrate nel paesaggio, e una gamma completa di tipologie, declinata con sensibilità contemporanea. La fama di Agriverde è legata soprattutto ai rossi da montepulciano, ma è ormai superfluo distinguere tra base ed etichette di punta anche su Cerasuolo, Pecorino, Trebbiano, e tanto altro ancora. E c'è solo l'imbarazzo della scelta in una batteria da urlo. Brilla in particolare il Montepulciano Solàrea '12, con la sua impronta terziaria, il frutto leggermente confit, che trova sostegno in un palato coerentemente orizzontale e affumicato. Il Pecorino Eikos '15 non è da meno col suo tocco muschiato e fiorito.

● Montepulciano d'Abruzzo Solàrea '12	🍷🍷 4
○ Eikos Pecorino '15	🍷🍷 3
● Montepulciano d'Abruzzo Eikos '14	🍷🍷 3
● Montepulciano d'Abruzzo Natum Biovegan '15	🍷🍷 2*
○ Riseis Pecorino '15	🍷🍷 3
○ Trebbiano d'Abruzzo Piane di Maggio '15	🍷🍷 2*
○ Abruzzo Cococciola Riseis '15	🍷 2
⊙ Cerasuolo d'Abruzzo Natum Biovegan '15	🍷 2
⊙ Cerasuolo d'Abruzzo Solàrea '15	🍷 3
● Montepulciano d'Abruzzo Piane di Maggio '15	🍷 2
● Montepulciano d'Abruzzo Riseis '14	🍷 3
○ Natum Pecorino Biovegan '15	🍷 2
○ Riseis Passerina '15	🍷 3
● Montepulciano d'Abruzzo Plateo '04	🍸🍸🍸 6

Barone Cornacchia

c.da Torri, 20
64010 Torano Nuovo [TE]
Tel. 0861887412
www.baronecornacchia.it

VENDITA DIRETTA
VISITA SU PRENOTAZIONE
OSPITALITÀ
PRODUZIONE ANNUA 300.000 bottiglie
ETTARI VITATI 42,00
VITICOLTURA Biologico Certificato

Risalgono al sedicesimo secolo le radici nobiliari che permisero alla famiglia Cornacchia di acquisire un vasto feudo agricolo intorno alla Fortezza di Civitella, sulle Colline Teramane. Di quella proprietà restano circa 40 ettari, buona parte dei quali concentrati in un unico spettacolare corpo che sente l'influenza climatica dell'Adriatico e del Gran Sasso. Al timone ci sono oggi Filippo e Caterina, che hanno fortemente voluto la certificazione biologica dell'intera produzione. Dove spiccano solitamente le selezioni di Montepulciano, ma trovano sempre più solidità e coerenza stilistica anche i bianchi da pecorino, trebbiano, passerina, per non parlare dei Cerasuolo. Gli ultimi assaggi evidenziano una volta di più la grande forza di squadra. Si ritaglia attenzione la Controguerra Passerina Villa Torri '15: profilo delicatamente macerativo, avanza progressiva e ariosa grazie al vigoroso scheletro salino. E si conferma un Montepulciano avvolgente e compito il Poggio Varano '13.

⊙ Cerasuolo d'Abruzzo Sup. '15	🍷🍷 2*
○ Controguerra Passerina Villa Torri '15	🍷🍷 2*
○ Controguerra Pecorino Villa Torri '15	🍷🍷 2*
● Montepulciano d'Abruzzo Colline Teramane Vizzarro '12	🍷🍷 5
● Montepulciano d'Abruzzo Poggio Varano Antico Feudo '13	🍷🍷 3
○ Trebbiano d'Abruzzo Sup. Bio '15	🍷🍷 2*
● Montepulciano d'Abruzzo Bio '14	🍷 2
● Montepulciano d'Abruzzo '13	🍸🍸 2*
● Montepulciano d'Abruzzo Colline Teramane Vizzarro '11	🍸🍸 5
● Montepulciano d'Abruzzo Poggio Varano '12	🍸🍸 3
● Montepulciano d'Abruzzo V. Le Coste '12	🍸🍸 3*

Tenute Barone di Valforte

c.da Piomba, 11
64029 Silvi Marina [TE]
Tel. 0859353432
www.baronedivalforte.it

VENDITA DIRETTA
VISITA SU PRENOTAZIONE
PRODUZIONE ANNUA 280.000 bottiglie
ETTARI VITATI 50,00

Proprietaria del Feudo Baronale di Valforte fin dal '300, la famiglia Sorricchio si prende cura di una cinquantina di ettari vitati sulle Colline Teramane, sparsi tra i comuni di Atri, Multignano, Casoli e Silvi Marina, sede della cantina. Pecorino, trebbiano, passerina, montepulciano (con qualche deviazione sulle varietà internazionali), l'ampia e diversificata tavolozza ampelografica trova nella compatta gamma una sintesi interpretativa convincente, per molti versi non riconducibile a schemi tecnici prefissati. Il punto forte si conferma comunque nei rossi giovani, di beva agile e scattante senza rinunciare a una certa complessità. Il Montepulciano Colle Sale '14 è infatti accogliente ed espressivo nei suoi toni di liquirizia e caramello, sorretti da un sorso tutt'altro che languido. Schema perfino perfezionato nel Montepulciano '15, vino deliziosamente semplice e allo stesso tempo importante per i profondi richiami di inchiostro e grafite, soprattutto per la fitta grana tannica.

- ● Montepulciano d'Abruzzo '15 — 🍷🍷 2*
- ● Montepulciano d'Abruzzo Colle Sale '14 — 🍷🍷 4
- ○ Pecorino '15 — 🍷 2
- ○ Trebbiano d'Abruzzo Villa Chiara '15 — 🍷 2
- ● Montepulciano d'Abruzzo '13 — 🍷🍷 2*
- ⊙ Montepulciano d'Abruzzo Cerasuolo Valforte Rosé '14 — 🍷🍷 2*
- ● Montepulciano d'Abruzzo C olline Teramane Colle Sale '13 — 🍷🍷 3*
- ● Montepulciano d'Abruzzo Colline Teramane Colle Sale '10 — 🍷🍷 3*
- ○ Passerina '14 — 🍷🍷 2*
- ○ Pecorino '14 — 🍷🍷 2*
- ○ Trebbiano d'Abruzzo Villa Chiara '14 — 🍷🍷 2*

Nestore Bosco

c.da Casali, 147
65010 Nocciano [PE]
Tel. 085847345
www.nestorebosco.com

VENDITA DIRETTA
VISITA SU PRENOTAZIONE
PRODUZIONE ANNUA 600.000 bottiglie
ETTARI VITATI 75,00

È un vero e proprio testamento spirituale quello lasciato dal Cavaliere Bosco al figlio Giovanni, e poi ai nipoti Nestore (impegnato nella produzione) e Stefania (responsabile della parte amministrativa). Una storia ultracentenaria che poggia su un patrimonio di vigne importante, circa 75 ettari dislocati sui Colli Pescaresi, tra la tenuta di Nocciano, che circonda la splendida cantina sotterranea, e quella più recentemente acquisita in valle Subequana, a ridosso della Maiella. Ne deriva una proposta multiforme incentrata sulle principali tipologie abruzzesi, dai Montepulciano ai Trebbiano, passando per Pecorino e Passerina, dove convivono interpretazioni classiche e letture più moderne. Splendida prova offerta dall'intera batteria targata Cavalier Bosco. Sono i Montepulciano '13 a guidare il gruppo: il classico R svela un'indole quasi nebbiolesca nella progressione di erbe e bacche, il Nestore Bosco è più cupo e terroso aromaticamente, ma anche più ampio e vigoroso nel centro bocca.

- ● Montepulciano d'Abruzzo Nestore Bosco '13 — 🍷🍷 4
- ● Montepulciano d'Abruzzo R '13 — 🍷🍷 3*
- ⊙ Cerasuolo d'Abruzzo Donna Bosco Fosé '15 — 🍷🍷 2*
- ⊙ Cerasuolo d'Abruzzo Sup. '15 — 🍷🍷 3
- ● Montepulciano d'Abruzzo Donna Bosco '14 — 🍷🍷 3
- ● Montepulciano d'Abruzzo Pan Ris. '12 — 🍷🍷 4
- ● Montepulciano d'Abruzzo Don Bosco Ris. '12 — 🍷 4
- ○ Passerina '15 — 🍷 2
- ○ Pecorino '15 — 🍷 3
- ○ Pecorino Donna Bosco '15 — 🍷 2
- ○ Trebbiano d'Abruzzo Sup. '15 — 🍷 3
- ● Montepulciano d'Abruzzo '12 — 🍷🍷 2*
- ● Montepulciano d'Abruzzo 110 Ris. '10 — 🍷🍷 6

Castorani

C.da Oratorio
via Castorani, 5
65020 Alanno [PE]
Tel. 3466355635
www.castorani.it

VENDITA DIRETTA
VISITA SU PRENOTAZIONE
PRODUZIONE ANNUA 1.000.000 bottiglie
ETTARI VITATI 72,00
VITICOLTURA Biologico Certificato

Fu il celebre chirurgo Raffaele Castorani a battezzare sul finire del '700 lo storico podere di Alanno, tra la costa adriatica e la Maiella Pescarese, oggi appartenente all'ex pilota di Formula Uno Jarno Trulli, con un gruppo di soci. Che in poco più di un quindicennio l'hanno trasformata in azienda moderna, capace di coniugare elevati standard qualitativi con volumi importanti, derivanti da oltre 70 ettari certificati biologici. Praticamente impossibile elencare tutte le etichette di una gamma completa di vini abruzzesi, articolata in varie linee modulate per fascia di prezzo e stile enologico, costantemente alla ricerca dell'intensità fruttata e della piacevolezza di beva. La griglia che segue dice tutto sulla maiuscola prestazione offerta da Castorani. Dove svetta il Montepulciano Amorino '12: arancia sanguinella e ciliegia sotto spirito a disegnare un corredo nervoso e al contempo solare, confermato dal sorso caldo e rigoglioso. Gli è molto vicino per resa espressiva il Cadetto '14.

Vino	Valutazione	Prezzo
● Montepulciano d'Abruzzo Amorino '12	🍷🍷🍷	3*
● Montepulciano d'Abruzzo Cadetto '14	🍷🍷	2*
○ Abruzzo Pecorino Sup. Amorino '15	🍷🍷	3
⊙ Cerasuolo d'Abruzzo Cadetto '15	🍷🍷	2*
● Montepulciano d'Abruzzo Coste delle Plaie '13	🍷🍷	3
● Montepulciano d'Abruzzo Le Paranze '14	🍷🍷	2*
● Montepulciano d'Abruzzo Podere Castorani Ris. '12	🍷🍷	5
○ Trebbiano d'Abruzzo Cadetto '15	🍷🍷	2*
○ Trebbiano d'Abruzzo Coste delle Plaie '15	🍷🍷	3
○ Trebbiano d'Abruzzo Majolica '15	🍷🍷	1*
○ Trebbiano d'Abruzzo Podere Castorani '13	🍷🍷	3
⊙ Cerasuolo d'Abruzzo Majolica '15	🍷	1*
⊙ Cerasuolo d'Abruzzo Sup. Podere Castorani '15	🍷	3
● Montepulciano d'Abruzzo Jarno '13	🍷	2

★Luigi Cataldi Madonna

loc. Piano
67025 Ofena [AQ]
Tel. 0862954252
www.cataldimadonna.com

VENDITA DIRETTA
VISITA SU PRENOTAZIONE
PRODUZIONE ANNUA 240.000 bottiglie
ETTARI VITATI 31,00
AZIENDA SOSTENIBILE

Lo chiamano "il Forno d'Abruzzo", l'altopiano di Ofena che fa da cornice all'avventura produttiva della famiglia Cataldi Madonna nell'Aquilano. Cuore del Parco Nazionale del Gran Sasso, un'area per molti versi unica dal punto di vista pedoclimatico con le sue vertiginose escursioni termiche dovute alla vicinanza del Calderone, l'unico ghiacciaio degli Appennini. Ci aspettiamo e troviamo, dunque, vini potenti e materici, ma al tempo stesso tesi e nervosi, che offrono spesso il loro meglio nel lungo invecchiamento. E risulta sempre più difficile delineare una gerarchia tra le selezioni di Montepulciano, Cerasuolo e Pecorino, che brillano regolarmente anche coi rispettivi base. Il Pecorino Frontone '13 è solo la punta dello splendido iceberg che si nasconde in una proposta senza il minimo punto debole, come quella targata Cataldi Madonna. Erbe balsamiche, agrumi, iodio, è un bianco tridimensionale per struttura, tensione e sapore: l'irradiante finale di arancia amara promette lunga vita.

Vino	Valutazione	Prezzo
○ Pecorino Frontone '13	🍷🍷🍷	5
⊙ Cerasuolo d'Abruzzo Piè delle Vigne '14	🍷🍷	3*
⊙ Cataldino '15	🍷🍷	2*
⊙ Cerasuolo d'Abruzzo '15	🍷🍷	2*
○ Pecorino Giulia '15	🍷🍷	2*
○ Trebbiano d'Abruzzo '15	🍷🍷	2*
● Montepulciano d'Abruzzo Malandrino '14	🍷	3
● Montepulciano d'Abruzzo Malandrino '13	🍷🍷🍷	3*
● Montepulciano d'Abruzzo Malandrino '12	🍷🍷🍷	3*
● Montepulciano d'Abruzzo Tonì '07	🍷🍷🍷	5
○ Pecorino '11	🍷🍷🍷	5
○ Pecorino '10	🍷🍷🍷	5
○ Pecorino '09	🍷🍷🍷	5
○ Pecorino '08	🍷🍷🍷	5

Centorame

via delle Fornaci, 15
64030 Atri [TE]
Tel. 0858709115
www.centorame.it

VENDITA DIRETTA
VISITA SU PRENOTAZIONE
PRODUZIONE ANNUA 100.000 bottiglie
ETTARI VITATI 12,00
AZIENDA SOSTENIBILE

Guidata da Lamberto Vannucci, nasce ufficialmente nel 1987 e si sviluppa su una decina di ettari vitati a Casoli d'Atri, nella suggestiva area dei calanchi tra le Colline Teramane, a due passi dal mare, intorno ai 180 metri di altitudine. I primi imbottigliamenti risalgono al 2002, ma sono bastate poche vendemmie a Centorame per proporsi ai piani alti della produzione abruzzese, grazie a una gamma estremamente versatile a base montepulciano, trebbiano, pecorino, passerina, differenziata nelle linee San Michele, Scuderie Ducali, Castellum Vetus. Una squadra riconoscibile per l'espressività luminosa e rilassata, non ascrivibile a scuole tecniche schematiche. Proprio l'eclettismo della proposta ci entusiasma anche negli ultimi test, a partire da un Trebbiano San Michele '15 aromaticamente originale, ancor più mediterraneo nel sorso saporoso e officinale. Non meno affascinante il Montepulciano San Michele '14, con la sua configurazione un po' old style (idrocarburo, sottobosco, bacca di caffè).

○ Trebbiano d'Abruzzo San Michele '15	🍷🍷 2*
○ Abruzzo Passerina San Michele '15	🍷🍷 2*
⊙ Cerasuolo d'Abruzzo San Michele '15	🍷🍷 2*
● Montepulciano d'Abruzzo San Michele '14	🍷🍷 2*
● Montepulciano d'Abruzzo Scuderie Ducali '14	🍷🍷 2*
● Montepulciano d'Abruzzo Colline Teramane Castellum Vetus '13	🍷 4
● Montepulciano d'Abruzzo Liberamente '15	🍷 2
○ Scuderie Ducali '15	🍷 2
○ Trebbiano d'Abruzzo Castellum Vetus '14	🍷 3
○ Tuapina Pecorino '15	🍷 2
● Montepulciano d'Abruzzo San Michele '11	♀♀ 2*
● Montepulciano d'Abruzzo San Michele '10	♀♀ 2*
● Montepulciano d'Abruzzo San Michele '09	♀♀ 2*

Cirelli

loc. Treciminiere
via Colle San Giovanni, 1
64032 Atri [TE]
Tel. 0858700106
www.agricolacirelli.com

VENDITA DIRETTA
VISITA SU PRENOTAZIONE
OSPITALITÀ E RISTORAZIONE
PRODUZIONE ANNUA 26.000 bottiglie
ETTARI VITATI 5,00
VITICOLTURA Biologico Certificato

Il vino è solo uno dei tanti prodotti di eccellenza proposti dal marchio Cirelli, azienda certificata biologica situata sui calanchi di Atri, cuore delle Colline Teramane affacciate sull'Adriatico. Una piccola realtà da cinque ettari, cresciuta esponenzialmente nelle ultime vendemmie tanto sul livello medio della gamma quanto sulla personalità dei vini più ambiziosi. Di particolare interesse le selezioni Amphora di Montepulciano, Cerasuolo e Trebbiano, dal profilo un po' anarchico e bizzoso in gioventù, ma sempre più affidabili nel medio invecchiamento. Là dove la linea La Collina Biologica, col tappo a vite, gioca tutto sulla spensieratezza di beva. Segnali di ulteriore crescita immediatamente visibili nella sfilza di buoni vini, con la ciliegina della finale per il Cerasuolo Amphora '15. Mandarino, fiori di campo, nespola, ha il passo brioso e slanciato dei migliori rosati mediterranei: varrà la pena attendere che si assesti l'esuberanza bucciosa per goderlo a pieno.

⊙ Cerasuolo d'Abruzzo Amphora '15	🍷🍷 5
⊙ Cerasuolo d'Abruzzo La Collina Biologica '15	🍷🍷 2*
● Montepulciano d'Abruzzo La Collina Biologica '15	🍷🍷 2*
○ Trebbiano d'Abruzzo '15	🍷🍷 2*
● Montepulciano d'Abruzzo Amphora '15	🍷 5
○ Trebbiano d'Abruzzo La Collina Biologica '15	🍷 2
● Montepulciano d'Abruzzo '14	♀♀ 2*
● Montepulciano d'Abruzzo Amphora '14	♀♀ 5
⊙ Montepulciano d'Abruzzo Cerasuolo '14	♀♀ 2*
⊙ Montepulciano d'Abruzzo Cerasuolo Amphora '14	♀♀ 5
○ Trebbiano d'Abruzzo Amphora '14	♀♀ 5
○ Trebbiano d'Abruzzo Amphora '13	♀♀ 5

Codice Citra

C.DA CUCULLO
66026 ORTONA [CH]
TEL. 0859031342
www.citra.it

VENDITA DIRETTA
VISITA SU PRENOTAZIONE
PRODUZIONE ANNUA 18.000.000 bottiglie
ETTARI VITATI 6000,00

Quarantatre vendemmie, seimila ettari curati da oltre tremila soci, una produzione annua che sfiora i venti milioni di bottiglie: bastano poche cifre a chiarire il ruolo occupato da Codice Citra nello scacchiere abruzzese. Una vera e propria cooperativa di cooperative, che riunisce infatti ben nove cantine sociali della provincia di Chieti in una gamma dominata dalle tipologie tradizionali, Montepulciano, Trebbiano, Pecorino e Passerina in testa. Dato il gran numero di etichette, non è facile compendiare l'impronta stilistica in un unico cappello, ma gli esiti sono interessanti sia sui vini di pronta beva, sia sulle selezioni chiamate a viaggiare nel tempo. Sono i Montepulciano a trainare questa volta l'ottima batteria, ciascuno col suo profilo millesimale. Il Ferzo '14 compensa con la souplesse di beva l'impianto austero e fenolico dell'annata. Il Caroso '10 aggiunge complessità agrumata e speziata, e rigore verticale. Mediterraneo il Pecorino Superiore Ferzo '15, tra susina e pesca gialla.

○ Abruzzo Pecorino Sup. Ferzo '15	🍷🍷 2*
● Montepulciano d'Abruzzo Caroso '10	🍷🍷 4
● Montepulciano d'Abruzzo Ferzo '14	🍷🍷 3
○ Abruzzo Cococciola Sup. Ferzo '15	🍷 3
⊙ Cerasuolo d'Abruzzo Palio '15	🍷 2
● Montepulciano d'Abruzzo Laus Vitae Ris. '09	🍷 5
○ Pecorino Palio '15	🍷 2
○ Aer '14	🍷🍷 3
○ La Volpe all'Uva Pecorino '12	🍷🍷 3*
● Montepulciano d'Abruzzo Aulicus '12	🍷🍷 3*
⊙ Montepulciano d'Abruzzo Cerasuolo Palio '14	🍷🍷 2*
○ Pecorino Palio '14	🍷🍷 2*
○ Trebbiano d'Abruzzo Palio '14	🍷🍷 2*

Collefrisio

LOC. PIANE DI MAGGIO
66030 FRISA [CH]
TEL. 0859039074
www.collefrisio.it

VENDITA DIRETTA
VISITA SU PRENOTAZIONE
PRODUZIONE ANNUA 500.000 bottiglie
ETTARI VITATI 50,00
VITICOLTURA Biologico Certificato
AZIENDA SOSTENIBILE

C'è un richiamo esplicito ai luoghi di origine, le Colline Teatine di Frisa, nel progetto scaturito dalla partnership tra Amedeo De Luca e Antonio Patricelli. Una realtà relativamente giovane, che può contare oggi su una cinquantina di ettari vitati (circa due terzi dei quali di proprietà), condotti in biologico e distribuiti su tre macro blocchi piuttosto diversi per microclima e altitudini. Montepulciano e trebbiano arrivano prevalentemente da Valle del Moro e Tenuta Morracine, mentre aumentano le quote riservate al pecorino e altri vitigni a bacca bianca nella Tenuta Giuliano Teatino. Per una gamma solida e compatta, d'impronta neoclassica nell'espressività accattivante e gustosa. È il preciso identikit del Montepulciano '14, tra le migliori opzioni proposte da Collefrisio: macchia, resina, oliva nera, è rosso mediterraneo fino al midollo col suo abbraccio gustoso e rinfrescante. Appena più introverso e spigoloso il Montepulciano Vignaquadra '12, dotato di fibra fenolica e calore.

○ Falanghina Vignaquadra '15	🍷🍷 2*
● Montepulciano d'Abruzzo '14	🍷🍷 2*
● Montepulciano d'Abruzzo Vignaquadra '12	🍷🍷 3
○ Trebbiano d'Abruzzo Filarè '15	🍷🍷 2*
○ Collefrisio di Collefrisio Bianco '12	🍷 5
● Montepulciano d'Abruzzo Collefrisio di Collefrisio '09	🍷 5
● Montepulciano d'Abruzzo Morrecine '14	🍷 2
● Montepulciano d'Abruzzo '11	🍷🍷 2*
⊙ Montepulciano d'Abruzzo Cerasuolo '14	🍷🍷 2*
● Montepulciano d'Abruzzo Morrecine '13	🍷🍷 2*
● Montepulciano d'Abruzzo Morrecine '12	🍷🍷 2*
○ Passerina Vignaquadra '14	🍷🍷 2*
○ Pecorino Vignaquadra '14	🍷🍷 2*
○ Trebbiano d'Abruzzo Filarè '14	🍷🍷 2*

Contesta

loc. Caparrone
s.da delle Vigne, 28
65010 Collecorvino [PE]
Tel. 0858205078
www.contesa.it

VENDITA DIRETTA
VISITA SU PRENOTAZIONE
RISTORAZIONE
PRODUZIONE ANNUA 260.000 bottiglie
ETTARI VITATI 40,00
AZIENDA SOSTENIBILE

Sorge sul sito longobardo di Collecorvino, nel Pescarese la bella azienda creata nel 2000 da Rocco Pasetti, ispirata nel nome da una celebre contesa terriera che coinvolse il bisnonno Antonio in epoca post-unitaria. Gli ettari di vigna sono 40 e si distribuiscono perlopiù attorno alla cantina, su un ampio poggio affacciato in direzione Adriatico a 250 metri di altitudine. Condizioni ideali per vini scalpitanti e nervosi, in grado di crescere ancora quanto a naturalezza espressiva e agilità di beva. Sono prodotti con le varietà tradizionali della regione (montepulciano, trebbiano, pecorino, passerina) e organizzati nelle linee Contesa, Antica Persia e Vigna Corvino. Ottime indicazioni arrivano sia dai bianchi sia dai rossi firmati Contesa. Tipicamente floreale e linfatico, il Trebbiano S'ha fatte da Sole '15 condivide col Montepulciano Vigna Corvino il medesimo tocco spontaneo e corroborante del sorso. Trama più rustica e riduttiva, ma anche tanta anima, nel Montepulciano '14.

● Montepulciano d'Abruzzo '14	🍷🍷 3
● Montepulciano d'Abruzzo V. Corvino '15	🍷🍷 2*
○ Trebbiano d'Abruzzo S'ha fatte da Sole '15	🍷🍷 3
○ Abruzzo Passerina V. Corvino '15	🍷 2
○ Abruzzo Pecorino '15	🍷 3
⊙ Cerasuolo d'Abruzzo '15	🍷 3
● Montepulciano d'Abruzzo Ris. '11	🍷 4
● Montepulciano d'Abruzzo Ris. '08	🍷🍷🍷 3*
● Montepulciano d'Abruzzo Ris. '10	🍷🍷 4
● Montepulciano d'Abruzzo Ris. '09	🍷🍷 4
○ Passerina Vigna Corvino '14	🍷🍷 2*
○ Pecorino '14	🍷🍷 3
○ Pecorino '13	🍷🍷 3
○ Trebbiano d'Abruzzo '13	🍷🍷 2*

De Angelis Corvi

c.da Pignotto
64010 Controguerra [TE]
Tel. 086189475
www.deangeliscorvi.it

VENDITA DIRETTA
VISITA SU PRENOTAZIONE
PRODUZIONE ANNUA 40.000 bottiglie
ETTARI VITATI 8,00
VITICOLTURA Biologico Certificato

Quella fondata nel 2002 da Corrado De Angelis Corvi è una piccola azienda vitivinicola e olearia che si sviluppa a Controguerra, quasi al confine tra le Colline Teramane e la Val Vibrata. Otto ettari vitati a conduzione biologica certificata, coltivati per stragrande parte a montepulciano, con trebbiano, malvasia e passerina a spartirsi le restanti quote. Ne viene fuori una gamma d'impronta tradizionale, ma non certo passatista, sempre più sorprendente vendemmia dopo vendemmia per regolarità di prestazione e per l'equilibrio espressivo che unisce le etichette d'entrata come i Fonte Raviliano e le selezioni più importanti come l'Elévito. Tendenza non certo smentita dall'ultimo round di assaggi, dove spicca il Trebbiano Fonte Raviliano '15. Se il quadro aromatico è ancora un po' in via di definizione, la bocca toglie ogni dubbio sul suo carattere adriatico per lo stimolante contrasto tra la matura polpa fruttata e la prorompente scia salina. Molto bene anche la coppia di Montepulciano.

● Montepulciano d'Abruzzo Colline Teramane Elévito '11	🍷🍷 5
● Montepulciano d'Abruzzo Fonte Raviliano '13	🍷🍷 3
○ Trebbiano d'Abruzzo Fonte Raviliano '15	🍷🍷 2*
⊙ Cerasuolo d'Abruzzo Sup. '15	🍷 2
⊙ Montepulciano d'Abruzzo Cerasuolo Sup. '14	🍷🍷 2*
● Montepulciano d'Abruzzo Colline Teramane Elévito Ris. '10	🍷🍷 5
● Montepulciano d'Abruzzo Fonte Raviliano '12	🍷🍷 3
○ Trebbiano d'Abruzzo Sup. Fonte Raviliano '14	🍷🍷 2*
○ Trebbiano d'Abruzzo Sup. Fonte Raviliano '13	🍷🍷 2*

Nicoletta De Fermo

C.DA CORDANO
65014 LORETO APRUTINO [PE]
TEL. 0858289136
www.defermo.it

VENDITA DIRETTA
VISITA SU PRENOTAZIONE
PRODUZIONE ANNUA 26.000 bottiglie
ETTARI VITATI 17,00
VITICOLTURA Biodinamico Certificato
AZIENDA SOSTENIBILE

Loreto Aprutino si consolida sempre più come una delle capitali del vino abruzzese, e il merito va riconosciuto anche a una serie di realtà artigiane emergenti, capaci di insediarsi ai piani alti dopo poche vendemmie. È esattamente il caso dell'azienda guidata da Nicoletta De Fermo col marito Stefano Papetti Ceroni. Poco più di 15 ettari, solo una parte dei quali utilizzati per la propria produzione, riservati principalmente a pecorino, chardonnay, montepulciano. Varietà protagoniste in una piccola gamma fortemente connotata sul piano stilistico dalle fermentazioni spontanee, le pazienti maturazioni in acciaio e cemento, il sorso elettrico e gastronomico. Sfuma di un soffio il massimo riconoscimento il Cerasuolo Superiore Le Cince, che si conferma comunque tra i migliori della regione in versione 2015. Il tocco "sponty" è più insistente del solito, ma l'attesa è premiata dalla vitale combinazione di erbe mediche e buccia d'arancia, e soprattutto da uno sprint energico e dissetante.

⊙ Cerasuolo d'Abruzzo Sup. Le Cince '15	🍷🍷 4
○ Abruzzo Pecorino Sup. Don Carlino '15	🍷🍷 4
○ Launegild Chardonnay '14	🍷🍷 5
● Montepulciano d'Abruzzo Concrete '15	🍷🍷 4
⊙ Montepulciano d'Abruzzo Cerasuolo Le Cince '14	🍷🍷🍷 4*
● Montepulciano d'Abruzzo Prologo '12	🍷🍷🍷 5
○ Don Carlino '13	🍷🍷 4
○ Don Carlino Pecorino '14	🍷🍷 4
○ Launegild '13	🍷🍷 5
● Montepulciano d'Abruzzo Prologo '13	🍷🍷 5
● Montepulciano d'Abruzzo Prologo '11	🍷🍷 5
○ Piè Tancredi '11	🍷🍷 4

Eredi Legonziano

C.DA NASUTI, 169
66034 LANCIANO [CH]
TEL. 087245210
www.eredilegonziano.it

VENDITA DIRETTA
VISITA SU PRENOTAZIONE
PRODUZIONE ANNUA 200.000 bottiglie
ETTARI VITATI 500,00

100% Abruzzo: non a caso è lo slogan che accompagna tutta la comunicazione commerciale di Eredi Legonziano. Parliamo infatti di una cantina sociale con quasi mezzo secolo di storia, che si posiziona sulle pendici di Lanciano, comune del Basso Chietino di radicata tradizione produttiva. Proprio il dialogo tra Adriatico e Maiella si fa sentire nel profilo stilistico di una gamma incentrata soprattutto su Montepulciano, Cerasuolo, Pecorino, declinato anche in versioni Spumante, particolarmente convincenti. Non manca qualche parcella coltivata a passerina e cococciola, ma sono soprattutto i classici della linea Anxanum a raccontare l'indole concreta e asciutta delle migliori riuscite. Paradigmatica, in tal senso, la versione 2014 del Montepulciano Anxanum: fiori secchi, erbe spontanee, radici, la fitta trama tannica promette interessanti prospettive temporali. Ma la gemma di Eredi Legonziano è ancora una volta il Metodo Classico 36 Mesi, tonico e cremoso senza scimmiottamenti di sorta.

○ Abruzzo Brut M. Cl. 36 Mesi	🍷🍷 4
○ Anxanum Pecorino '15	🍷🍷 2*
⊙ Cerasuolo d'Abruzzo Anxanum '15	🍷🍷 2*
● Montepulciano d'Abruzzo Anxanum '14	🍷🍷 2*
○ Abruzzo M. Cl. Carmine Festa '10	🍷 3
● Montepulciano d'Abruzzo Diocleziano '10	🍷🍷 2*
○ Pecorino Anxanum '13	🍷🍷 2*
○ Pecorino Methys '13	🍷🍷 2*

Tenuta I Fauri

s.da Corta, 9
66100 Chieti
Tel. 0871332627
www.tenutaifauri.it

VENDITA DIRETTA
VISITA SU PRENOTAZIONE
PRODUZIONE ANNUA 150.000 bottiglie
ETTARI VITATI 35,00

La cantina condotta da Domenico e Valentina Di Camillo è senza dubbio tra le realtà più in forma del competitivo distretto abruzzese, con particolare riferimento alle Colline Teatine, quasi sospese tra il litorale adriatico e le rocce della Maiella. Poco più di trenta ettari consacrati alle principali cultivar della regione, con soluzioni stilistiche modulari adottate per le varie linee, dai Baldovino ai Santa Cecilia, passando per il Pecorino, il Montepulciano Ottobre Rosso, gli Spumanti e i frizzanti. Vinificazioni essenziali, fermentazioni spontanee, affinamenti in acciaio e cemento: si bada più alla sostanza che alla forma, in una proposta molto adatta alla tavola. Fil rouge che emerge chiaramente in una proposta completa su tutti i fronti, illuminata al meglio dai Baldovino a base montepulciano. Il 2015 si libera rapidamente da qualche timidezza riduttiva e regala una dolce e succulenta progressione, non priva di contrasti. Schema simile nel Cerasuolo, indomito e scalpitante.

Vino	Bicchieri	Prezzo
⊙ Cerasuolo d'Abruzzo Baldovino '15	🍷🍷 (rossi)	2*
● Montepulciano d'Abruzzo Baldovino '15	🍷🍷 (rossi)	2*
○ Abruzzo Pecorino '15	🍷🍷	2*
● Montepulciano d'Abruzzo Ottobre Rosso '15	🍷🍷	2*
○ Trebbiano d'Abruzzo Baldovino '15	🍷🍷	2*
○ Passerina '15	🍷	2
○ Spumante Brut	🍷	2
○ Abruzzo Pecorino '14	☐☐☐	2*
○ Abruzzo Pecorino '13	☐☐☐	2*
● Montepulciano d'Abruzzo Baldovino '14	☐☐	2*
● Montepulciano d'Abruzzo Ottobre Rosso '14	☐☐	2*
○ Passerina '14	☐☐	2*
○ Trebbiano d'Abruzzo Baldovino '14	☐☐	2*

Feudo Antico

via Perruna, 35
66010 Tollo [CH]
Tel. 0871969128
www.feudoantico.it

VENDITA DIRETTA
VISITA SU PRENOTAZIONE
PRODUZIONE ANNUA 60.000 bottiglie
ETTARI VITATI 20,00

Poche aziende hanno puntato sulle potenzialità della nuova denominazione Tullum con la stessa convinzione mostrata da Feudo Antico. Una giovane realtà cooperativa nata nel 2008, che copre una ventina di ettari con le proprietà di cinquanta soci, sparse in località vocate come Pedine, Colle Secco, San Pietro, Colle dei Campli, senza dimenticare le sperimentazioni sul pecorino d'altura a Castel di Sangro, in collaborazione con la Tenuta Casadonna dello chef tristellato Niko Romito. Solo il fiore all'occhiello di una gamma già estremamente affidabile sui Montepulciano, Cerasuolo e Pecorino base, disponibili anche in versione Bio, affinati in acciaio e cemento per privilegiare la snellezza gustativa. La vocazione bianchista di Feudo Antico si svela a partire dal Tullum Pecorino Biologico '15, estroverso e piacevole. E ancor di più nel Pecorino Casadonna '14, trascinante fin dal primo impatto con i suoi richiami agrumati e fluviali, chirurgicamente restituiti dalla scia infiltrante del sorso.

Vino	Bicchieri	Prezzo
○ Pecorino Casadonna '14	🍷🍷 (rossi)	3*
○ Tullum Pecorino Biologico '15	🍷🍷	3
● Montepulciano d'Abruzzo '13	🍷	3
⊙ Rosato Bio '15	🍷	2
○ Tullum Pecorino '15	🍷	3
● Tullum Rosso Ris. '12	🍷	5
⊙ Rosato '14	☐☐	2*
⊙ Rosato Terre di Chieti '13	☐☐	2*
○ Tullum Bianco '13	☐☐	3
○ Tullum Bianco '11	☐☐	3
○ Tullum Brut	☐☐	5
○ Tullum Passerina '14	☐☐	3
○ Tullum Pecorino '14	☐☐	3*
○ Tullum Pecorino '12	☐☐	3*
● Tullum Rosso '11	☐☐	3

Gentile

via del Giardino, 7
67025 Ofena [AQ]
Tel. 0862956618
www.gentilevini.it

VENDITA DIRETTA
VISITA SU PRENOTAZIONE
PRODUZIONE ANNUA 90.000 bottiglie
ETTARI VITATI 12,00

Non ha ancora compiuto quarant'anni, eppure Riccardo Gentile è già a tutti gli effetti uno dei veterani dell'artigianato enoico abruzzese. È anche grazie a lui se gli appassionati hanno scoperto le meraviglie di Ofena, piccolo borgo incastrato tra il massiccio del Gran Sasso e i caldi altopiani che guardano il mare. La particolare termoregolazione e le decise escursioni termiche donano un'impronta inconfondibile alla piccola gamma ricavata dagli oltre dieci ettari. Che ruota attorno alla souplesse di beva delle quattro etichette Pié della Grotta (Montepulciano, Cerasuolo, Trebbiano, Pecorino), con le selezioni parcellari 417 e Vecchie Vigne a giocare con un plus di materia e complessità. Match pari, potremmo dire, tra le migliori linee firmate Gentile. I Pié della Grotta schierano un Montepulciano '14 succoso e piccante, e un Pecorino '15 nitido e varietalmente riconoscibile. Ma il Particella 417 '15 non è da meno, con la sua indole "selvaggia", dal palato progressivo e dissetante.

● Montepulciano d'Abruzzo Pié della Grotta '14	🍷🍷 5
○ Particella 417 Pecorino '15	🍷🍷 3
○ Pecorino Pié della Grotta '15	🍷🍷 2*
⊙ Cerasuolo d'Abruzzo Pié della Grotta '15	🍷 3
● Montepulciano d'Abruzzo V. V. '12	🍷 4
○ Trebbiano d'Abruzzo Pié della Grotta '15	🍷 1*
⊙ Montepulciano d'Abruzzo Cerasuolo Pié della Grotta '14	ΥΥ 3
⊙ Montepulciano d'Abruzzo Cerasuolo Pié della Grotta '13	ΥΥ 3
● Montepulciano d'Abruzzo Pié della Grotta '13	ΥΥ 2*
○ Pecorino Pié della Grotta '14	ΥΥ 2*
○ Pecorino Pié della Grotta '13	ΥΥ 2*
○ Trebbiano d'Abruzzo Pié della Grotta '14	ΥΥ 1*
○ Trebbiano d'Abruzzo Pié della Grotta '13	ΥΥ 1*

★Dino Illuminati

c.da San Biagio, 18
64010 Controguerra [TE]
Tel. 0861808008
www.illuminativini.it

VENDITA DIRETTA
VISITA SU PRENOTAZIONE
PRODUZIONE ANNUA 1.150.000 bottiglie
ETTARI VITATI 130,00

Non serve neanche, ormai, ricordare il lavoro svolto dal Cavaliere Dino Illuminati come autentico ambasciatore del vino abruzzese nel mondo. L'azienda nasce infatti alla fine dell'800, un'epoca completamente diversa per la viticoltura teramana, che ha trovato via via un'identità produttiva anche grazie alle scelte della cantina di Controguerra. Che vede oggi impegnati a tempo pieno i figli Lorenzo, Stefano e Anna e ha raggiunto gli oltre cento ettari di proprietà, con la maggior parte delle vigne collocate intorno ai 300 metri di altitudine. Ne deriva una gamma completa di tipologie tradizionali, guidata come sempre dalle potenti e austere Riserva di Montepulciano, Zanna e Pieluni. Solita sbalorditiva batteria presentata dai fratelli Illuminati, dove spiccano di nuovo i rossi da montepulciano. Mora, cacao, brace, il Riparosso '15 è molto più che un semplice vino d'entrata; stile sobriamente moderno che ritroviamo potenziato al massimo nello Zanna Riserva '11, coi suoi aromi di pepe e caffè.

● Montepulciano d'Abruzzo Colline Teramane Zanna Ris. '11	🍷🍷🍷 5
● Montepulciano d'Abruzzo Riparosso '15	🍷🍷 2*
○ Controguerra Bianco Costalupo '15	🍷🍷 2*
○ Controguerra Bianco Pligia '15	🍷🍷 2*
● Controguerra Rosso Lumen Ris. '11	🍷🍷 5
⊙ Cerasuolo d'Abruzzo Campirosa '15	🍷 2
⊙ Cerasuolo d'Abruzzo Sitara '15	🍷 2
○ Controguerra Passerina '15	🍷 2
○ Controguerra Pecorino '15	🍷 2
● Montepulciano d'Abruzzo Ilico '14	🍷 2
● Montepulciano d'Abruzzo Spiano '15	🍷 2
● Montepulciano d'Abruzzo Colline Teramane Pieluni Ris. '10	ΥΥΥ 6
● Montepulciano d'Abruzzo Colline Teramane Zanna Ris. '10	ΥΥΥ 5

★★Masciarelli

via Gamberale, 1
66010 San Martino sulla Marrucina [CH]
Tel. 087185241
www.masciarelli.it

VENDITA DIRETTA
VISITA SU PRENOTAZIONE
OSPITALITÀ
PRODUZIONE ANNUA 2.500.000 bottiglie
ETTARI VITATI 300,00
AZIENDA SOSTENIBILE

Chiunque abbia seguito il percorso del vino abruzzese nell'ultimo trentennio sa bene l'importanza del lavoro di Gianni Masciarelli. Un autentico leader "emotivo" ancor prima che produttivo, che ha saputo coltivare le sue ambizioni internazionali partendo da un patrimonio di vigne semplicemente spettacolare, con trecento ettari vitati distribuiti nelle quattro province. E uno stile dichiaratamente moderno, raccolto e progressivamente rimodulato dai suoi eredi nelle cinque linee con cui sono proposti i monovarietali locali e alloctoni (Classica, Gianni Masciarelli, Marina Cvetic, Castello di Semivicoli, Villa Gemma), per un totale di quasi venti etichette. Una rimodulazione interpretativa che si coglie in maniera evidente soprattutto nel Cerasuolo Villa Gemma '15: decisamente marittimo nei ricordi di resina e macchia, ha un orizzonte più sapido che dritto, e dà l'idea di poter crescere ancora in bottiglia. Ricco ma un po' cupo e asciutto il Montepulciano Villa Gemma '11.

⊙ Cerasuolo d'Abruzzo Villa Gemma '15	🍷🍷🍷 3*
● Montepulciano d'Abruzzo Villa Gemma '11	🍷🍷 7
○ Abruzzo Pecorino Castello di Semivicoli '15	🍷🍷 3
● Castello di Semivicoli Rosso '14	🍷🍷 3
● Montepulciano d'Abruzzo Colline Teramane Iskra '11	🍷🍷 5
● Montepulciano d'Abruzzo Gianni Masciarelli '14	🍷🍷 2*
● Montepulciano d'Abruzzo Marina Cvetic San Martino '14	🍷🍷 4
○ Trebbiano d'Abruzzo Gianni Masciarelli '15	🍷🍷 2*
⊙ Cerasuolo d'Abruzzo Gianni Masciarelli '15	🍷 2
● Marina Cvetic Merlot '13	🍷 5
● Marina Cvetic Syrah '14	🍷 5

Camillo Montori

loc. Piane Tronto, 80
64010 Controguerra [TE]
Tel. 0861809900
www.montorivini.it

VENDITA DIRETTA
VISITA SU PRENOTAZIONE
OSPITALITÀ E RISTORAZIONE
PRODUZIONE ANNUA 600.000 bottiglie
ETTARI VITATI 50,00

In un'epoca che rende sempre più sfumate le dicotomie tecniche, quella della famiglia Montori si configura come una delle poche aziende davvero tradizionali. Fondata sul finire dell'800, si sviluppa su una cinquantina di ettari tra le colline di Controguerra, nel Teramano, riservati principalmente a montepulciano e trebbiano, con quote simili coltivate a pecorino, passerina, chardonnay, sauvignon, sangiovese, merlot e cabernet. Sono comunque le tipologie più classiche a guidare le linee di punta (Casa Montori e Poderi di Fonte Cupa), in un'ampia batteria regolarmente caratterizzata da una certa discrezione espressiva, come a preferire la progressione all'intensità. Schema stilistico confermato in pieno negli ultimi test, che portano all'attenzione prima di tutto la grazia dolcemente floreale del Cerasuolo Fonte Cupa '15. Ma la coppia di Montepulciano non è da meno: più slanciato e disponibile il Casa Montori '11, migliore tessitura senza cedere in vitalità nel Fonte Cupa Riserva '08.

⊙ Cerasuolo d'Abruzzo Fonte Cupa '15	🍷🍷 2*
● Montepulciano d'Abruzzo Colline Teramane Casa Montori '11	🍷🍷 2*
● Montepulciano d'Abruzzo Colline Teramane Fonte Cupa Ris. '08	🍷🍷 5
○ Controguerra Passerina Fonte Cupa '15	🍷 2
○ Pecorino Fonte Cupa '15	🍷 3
○ Trebbiano d'Abruzzo Fonte Cupa '15	🍷 2
⊙ Montepulciano d'Abruzzo Cerasuolo Fonte Cupa '14	🍷🍷 2*
● Montepulciano d'Abruzzo Colline Teramane Casa Montori '10	🍷🍷 2*
● Montepulciano d'Abruzzo Fonte Cupa '11	🍷🍷 2*
○ Pecorino Fonte Cupa '14	🍷🍷 3

Fattoria Nicodemi

c.da Veniglio
64024 Notaresco [TE]
Tel. 085895493
www.nicodemi.com

VENDITA DIRETTA
VISITA SU PRENOTAZIONE
PRODUZIONE ANNUA 250.000 bottiglie
ETTARI VITATI 30,00

Elena e Alessandro Nicodemi rappresentano la seconda generazione all'opera in quella che è a tutti gli effetti una delle realtà veterane del vino teramano, fondata da Bruno nel 1970. Tutto ruota attorno al podere di circa trenta ettari che abbraccia la cantina di contrada Veniglio a Notaresco, praticamente un corpo unico in cui montepulciano e trebbiano si spartiscono le migliori esposizioni. Terroir mediterraneo nonostante la protezione del Gran Sasso, dà forma a vini che si rivelano in un crescendo di forza e stoffa fruttata nella linea Le Murate e Notàri, col Neromoro Riserva a rivendicare le sue ambizioni di rosso ricco e austero, da invecchiamento. Sempre standard elevati per la gamma dei fratelli Nicodemi. A dir poco sfaccettato nei suoi effluvi speziati e balsamici quasi orientaleggianti, il Montepulciano Notàri '14 è frenato solo da qualche impuntatura gallica. Per il Neromoro Riserva '12 vale un po' il discorso inverso: impianto aromatico più maturo, bocca più armonica e risolta.

● Montepulciano d'Abruzzo Colline Teramane Neromoro Ris. '12	🍷🍷 5
● Montepulciano d'Abruzzo Colline Teramane Notàri '14	🍷🍷 4
○ Trebbiano d'Abruzzo Le Murate '15	🍷🍷 2*
⊙ Cerasuolo d'Abruzzo Le Murate '15	🍷 2
● Montepulciano d'Abruzzo Colline Teramane Le Murate '14	🍷 3
○ Trebbiano d'Abruzzo Sup. Notàri '14	🍷 3
● Montepulciano d'Abruzzo Colline Teramane Neromoro Ris. '09	🍷🍷🍷 5
● Montepulciano d'Abruzzo Colline Teramane Neromoro Ris. '03	🍷🍷🍷 5

Orlandi Contucci Ponno

loc. Piana degli Ulivi, 1
64026 Roseto degli Abruzzi [TE]
Tel. 0858944049
www.orlandicontucci.com

VENDITA DIRETTA
VISITA SU PRENOTAZIONE
PRODUZIONE ANNUA 180.000 bottiglie
ETTARI VITATI 31,00

Può un'azienda che ha alle spalle oltre mezzo secolo di storia essere considerata una realtà emergente? Sì, se siamo nel dinamico distretto teramano, che spinge cantine di consolidata tradizione a rinnovarsi continuamente nella proposta e nello stile. È il percorso evidenziato dalla Orlandi Contucci Ponno, specialmente dopo l'acquisizione del 2007 da parte della famiglia Gussalli Beretta. Per un'articolata batteria da varietà autoctone e internazionali, che sta ritrovando sempre più smalto col suo tocco allegro e scattante, tanto sulle etichette d'entrata quanto sui cru e le Riserva selezionate da quasi trenta ettari nella zona di Roseto, a pochi passi dal mare. E sono almeno due le bocche di fuoco schierate in questa tornata di assaggi. Frutto nero, cacao, legna arsa, il Colline Teramane Riserva '12 è un Montepulciano vigoroso e compatto, non sprovvisto di delicatezza estrattiva. Con cui compete ad armi pari per brillantezza agrumata e dinamismo gustativo il Cerasuolo Vermiglio '15.

⊙ Cerasuolo d'Abruzzo Vermiglio '15	🍷🍷 2*
● Montepulciano d'Abruzzo Colline Teramane Ris. '12	🍷🍷 5
● Montepulciano d'Abruzzo Colline Teramane La Regia Specula '13	🍷🍷 3
● Montepulciano d'Abruzzo Rubiolo '15	🍷🍷 2*
○ Trebbiano d'Abruzzo Sup. Colle della Corte Gusalli Beretta '15	🍷🍷 2*
● Liburnio '12	🍷 5
○ Sauvignon Ghiaiolo '15	🍷 3
● Colle Funaro '11	🍷🍷 3
● Montepulciano d'Abruzzo Colline Teramane Podere La Regia Specula '12	🍷🍷 3
● Montepulciano d'Abruzzo Colline Teramane Ris. '11	🍷🍷 5

Pasetti

c.da Pretaro
via San Paolo, 21
66023 Francavilla al Mare [CH]
Tel. 08561875
www.pasettivini.it

VENDITA DIRETTA
VISITA SU PRENOTAZIONE
OSPITALITÀ E RISTORAZIONE
PRODUZIONE ANNUA 600.000 bottiglie
ETTARI VITATI 70,00

È più che mai un formidabile intreccio di mare e montagna a caratterizzare l'impianto produttivo del marchio Pasetti, oggi guidato da Mimmo e Laura. Lo stabilimento storico è a Francavilla al Mare, sulla costa adriatica, ma il grosso delle vigne si distribuisce nel Pescarese e nell'Aquilano interni (Pescosansonesco alle pendici della Maiella e Capestrano verso il Gran Sasso). E la gamma, organizzata su cinque linee (tra cui quella ricavata dalla celebre Tenuta Testarossa), riflette questa doppia anima interpretativa polposa e al tempo stesso slanciata, esplorata con protocolli di cantina innovativi, ma con molte virgolette. Auspichiamo un ulteriore salto di qualità nella già ottima batteria targata Pasetti. Trascinata soprattutto dalla sinergica coppia di Pecorino: il 2015 si esprime a briglie sciolte, compensando con la spontaneità di beva qualche bizza aromatica, là dove il Colle Civetta '14 sa conquistare col suo ritmo agrumato e salino, quasi teutonico per dirittura e nerbo.

○ Abruzzo Pecorino '15	🍷🍷 2*
○ Abruzzo Pecorino Colle Civetta '14	🍷🍷 3
○ Abruzzo Passito Gesmino '14	🍷 4
○ Passerina Testarossa '15	🍷 2
⊙ Testarossa Rosato '15	🍷 2
○ Abruzzo Pecorino '14	🍷🍷 2*
○ Abruzzo Pecorino Colle Civetta '13	🍷🍷 3
● Montepulciano d'Abruzzo '12	🍷🍷 2*
● Montepulciano d'Abruzzo Testarossa '11	🍷🍷 4
● Montepulciano d'Abruzzo Testarossa '10	🍷🍷 4
○ Passerina Testarossa '13	🍷🍷 2*
⊙ Testarossa Rosato '14	🍷🍷 2*
○ Trebbiano d'Abruzzo Zarachè '14	🍷🍷 2*
○ Trebbiano d'Abruzzo Zarachè '13	🍷🍷 2*

Emidio Pepe

via Chiesi, 10
64010 Torano Nuovo [TE]
Tel. 0861856493
www.emidiopepe.com

VENDITA DIRETTA
VISITA SU PRENOTAZIONE
OSPITALITÀ E RISTORAZIONE
PRODUZIONE ANNUA 80.000 bottiglie
ETTARI VITATI 15,00
VITICOLTURA Biodinamico Certificato
AZIENDA SOSTENIBILE

Emidio Pepe è universalmente riconosciuto come uno dei numi tutelari dell'artigianato enoico abruzzese. Fu lui negli anni Sessanta a trasformare in realtà imbottigliatrice l'azienda agricola avviata nel 1899 a Torano Nuovo, sul limite settentrionale della regione: quindici ettari vitati, condotti in regime biologico e biodinamico, occupati dalle varietà tipiche del Teramano, montepulciano e trebbiano in testa. Nell'ultima fase il timone è gradualmente passato alle figlie Sofia e Daniela, ma poco o nulla è cambiato nell'impronta orgogliosamente tradizionale della piccola gamma, enfatizzata dalle fermentazioni spontanee e dalle lunghe maturazioni in cemento e bottiglia. Sempre inconfondibili i vini della famiglia Pepe: il Trebbiano '14 è fortemente marcato dalle suggestioni di sidro, miele, fiori appassiti, e gioca tutto sulla grinta sapida. Bergamotto, resine, camino spento, il Montepulciano '13 è altrettanto riuscito, ma frenato dall'abbraccio alcolico in un palato buccioso e austero.

● Montepulciano d'Abruzzo '13	🍷🍷 6
○ Trebbiano d'Abruzzo '14	🍷🍷 5
⊙ Cerasuolo d'Abruzzo '15	🍷🍷 5
○ Pecorino '14	🍷🍷 6
● Montepulciano d'Abruzzo '98	🍷🍷🍷 8
● Montepulciano d'Abruzzo '12	🍷🍷 6
● Montepulciano d'Abruzzo '11	🍷🍷 6
● Montepulciano d'Abruzzo '10	🍷🍷 6
● Montepulciano d'Abruzzo '09	🍷🍷 5
⊙ Montepulciano d'Abruzzo Cerasuolo '14	🍷🍷 5
⊙ Montepulciano d'Abruzzo Cerasuolo '13	🍷🍷 5
⊙ Montepulciano d'Abruzzo Cerasuolo '12	🍷🍷 5
○ Trebbiano d'Abruzzo '13	🍷🍷 5
○ Trebbiano d'Abruzzo '12	🍷🍷 5
○ Trebbiano d'Abruzzo '11	🍷🍷 5

La Quercia

C.DA COLLE CROCE
64020 MORRO D'ORO [TE]
TEL. 0858959110
www.vinilaquercia.it

VENDITA DIRETTA
VISITA SU PRENOTAZIONE
PRODUZIONE ANNUA 200.000 bottiglie
ETTARI VITATI 21,00

È una bella storia di amicizia quella che si racconta nell'avventura de La Quercia, rilevata nei primi anni 2000 da quattro colleghi già impegnati precedentemente come consulenti nell'azienda teramana: Elisabetta Di Berardino, Antonio Lamona, Luca Moretti e Fabio Pedicone. Una ventina di ettari, tra proprietà e fitti, concentrati principalmente tra i comuni di Morro d'Oro, Bisenti e Cermignano, e occupati da un'ampia serie di varietà, locali e internazionali (chardonnay, pinot nero). Utilizzate per diverse linee, dai Classici ai Primamadre, dai Peladi ai Santapupa, con i Mastrobono a fare da riserva, con gli affinamenti in rovere e le uscite posticipate. Prestazione da incorniciare per la piccola batteria de La Quercia. Il Montepulciano Primamadre si mostra energico e vitale dopo la partenza terziaria ed ematica: coniuga fascino e sostanza. E sono molto più che comprimari il Montepulciano La Quercia '13 (agile e scorrevole) e il Montonico Santapupa '15 (delicato e sapido).

● Montepulciano d'Abruzzo Primamadre '12	🍷🍷 2*
○ Abruzzo Montonico Sup. Santapupa '15	🍷🍷 2*
○ Abruzzo Passerina Sup. Santapupa '15	🍷🍷 2*
● Montepulciano d'Abruzzo La Quercia '13	🍷🍷 2*
● Montepulciano d'Abruzzo '11	🍷🍷 2*
⊙ Montepulciano d'Abruzzo Cerasuolo Peladi '13	🍷🍷 1*
● Montepulciano d'Abruzzo Colline Teramane Mastrobono Ris. '07	🍷🍷 5
● Montepulciano d'Abruzzo Colline Teramane Primamadre '08	🍷🍷 3
● Montepulciano d'Abruzzo Colline Teramane Primamadre '07	🍷🍷 3
● Montepulciano d'Abruzzo Primamadre '10	🍷🍷 2*

San Lorenzo Vini

C.DA PLAVIGNANO, 2
64035 CASTILENTI [TE]
TEL. 0861999325
www.sanlorenzovini.com

VENDITA DIRETTA
VISITA SU PRENOTAZIONE
PRODUZIONE ANNUA 800.000 bottiglie
ETTARI VITATI 150,00

Nata nel 1890, San Lorenzo è per molti versi la più "bordolese" tra le aziende abruzzesi, con i suoi circa 150 ettari di vigna concentrati nei pressi della cantina di Castilenti, sul confine tra le province di Teramo e Pescara. In posizione baricentrica, equidistante dall'Adriatico e dal Gran Sasso, è zona storicamente vocata a una viticoltura ambiziosa per qualità e volumi. Un'identità che si legge con chiarezza nella ricca gamma, dove convivono tipologie tradizionali ed etichette innovative, vini accessibili e immediati accanto a selezioni e Riserva (soprattutto di Montepulciano) giocati su un'espressività più autunnale e austera, con protocolli tecnici variabili. Magistrale prova d'orchestra per la batteria di San Lorenzo, con un degno primo violino come il Montepulciano Sirio '14. Impronta dolcemente moderna di amarena sotto spirito, cioccolato, cenere, si sviluppa con maggior rigore nel sorso incisivo e gustoso, di bella tessitura tannica. Ottimi anche il Bio e l'Antàres '14.

● Montepulciano d'Abruzzo Sirio '14	🍷🍷 1*
○ Chardonnay Chioma di Berenice '15	🍷🍷 2*
● Montepulciano d'Abruzzo Bio Raccolto a Mano '14	🍷🍷 3
● Montepulciano d'Abruzzo Colline Teramane Antàres '14	🍷🍷 3
○ Abruzzo Pecorino Il Pecorino '15	🍷 2
⊙ Cerasuolo d'Abruzzo Sirio '15	🍷 1*
○ La Passerina '15	🍷 2
● Montepulciano d'Abruzzo Casabianca '14	🍷 2
● Montepulciano d'Abruzzo Colline Teramane Escol Ris. '11	🍷 5
● Montepulciano d'Abruzzo Colline Teramane Oinos '12	🍷 4
⊙ Rosato '15	🍷 2
○ Trebbiano d'Abruzzo Casabianca '15	🍷 2
○ Trebbiano d'Abruzzo Sirio '15	🍷 1*

Tenuta Terraviva

via del Lago, 19
64081 Tortoreto [TE]
Tel. 0861786056
www.tenutaterraviva.it

VENDITA DIRETTA
VISITA SU PRENOTAZIONE
PRODUZIONE ANNUA 65.000 bottiglie
ETTARI VITATI 18,00
VITICOLTURA Biologico Certificato

È una sorta di seconda giovinezza quella che sta vivendo la Tenuta Terraviva nelle ultime vendemmie. Un cambio di marcia innestato a partire da un profondo ripensamento della filosofia agricola, con la riconversione in biologico dei circa 20 ettari di proprietà sulle colline di Tortoreto, nel Teramano. Ma anche una rimodulazione delle scelte di cantina, con l'adozione delle fermentazioni spontanee e uno stile riconoscibile che non rinuncia a qualche spigolatura "jazz", puntando tutto sulla mobilità di beva. Azzardato, oltre che inutile in questo senso, stilare una gerarchia predefinita tra i Montepulciano, i Cerasuolo, i Trebbiano, i Pecorino d'entrata, e le selezioni più potenti. Un percorso suggellato dalla fantastica prestazione d'insieme, con almeno tre punte. L'Ekwo '15 è un Pecorino selvaggio e spontaneo, simile per personalità espressiva al Cerasuolo pari annata. Terriccio, arance tarocco, pepe verde, al carattere si accompagna sostanza e definizione nel Montepulciano Luì '13.

● Montepulciano d'Abruzzo Luì '13	3*
○ Abruzzo Pecorino Ekwo '15	3*
⊙ Cerasuolo d'Abruzzo Giusi '15	2*
● Montepulciano d'Abruzzo Terraviva '13	2*
○ Trebbiano d'Abruzzo '15	2*
○ Trebbiano d'Abruzzo Mario's 42 '15	3
○ Trebbiano d'Abruzzo Terraviva '15	2*
○ Abruzzo Passerina '15	2
● Montepulciano d'Abruzzo Colline Teramane Polyphemos '10	6
● Solorosso '14	3
○ Abruzzo Pecorino Ekwo '14	3
● Montepulciano d'Abruzzo '13	2*
○ Trebbiano d'Abruzzo '14	2*
○ Trebbiano d'Abruzzo Mario's 41 '13	3

Tiberio

c.da La Vota
65020 Cugnoli [PE]
Tel. 0858576744
www.tiberio.it

VENDITA DIRETTA
VISITA SU PRENOTAZIONE
PRODUZIONE ANNUA 90.000 bottiglie
ETTARI VITATI 30,00

È bastato poco più di un decennio all'Agricola Tiberio per inserirsi a pieno titolo nell'olimpo produttivo abruzzese. Tutto inizia con Riccardo, che rileva una vecchia vigna di trebbiano a Cugnoli, sulle Colline Pescaresi in direzione Maiella, intorno ai 350 metri di altitudine. E prosegue negli anni 2000 con l'acquisizione di altre parcelle coltivate a montepulciano, aglianico, pecorino, moscato di Castiglione, per un totale di circa 30 ettari. I figli Cristiana e Antonio hanno successivamente preso le redini, allestendo una batteria solida e con diverse punte, sia su bianchi minerali e scattanti, sia su rossi di elegante tessitura, ad alto tasso di versatilità gastronomica. Senza dubbio tra i migliori bianchi del centro sud nati dalla solare vendemmia 2015, il Pecorino di Tiberio conquista fin dal primo impatto: luminoso e sfaccettato, spazia dalla buccia di limone alla menta, dal pane appena sfornato alla battigia. Un profilo tridimensionale confermato dal sorso pieno e ritmato, a un prezzo così vantaggioso da aggiudicarsi il premio di miglior Rapporto Qualità Prezzo.

○ Pecorino '15	3*
● Montepulciano d'Abruzzo '14	2*
○ Trebbiano d'Abruzzo '15	2*
⊙ Cerasuolo d'Abruzzo '15	2
● Montepulciano d'Abruzzo '13	2*
○ Pecorino '13	3*
○ Pecorino '12	3*
○ Pecorino '11	3*
○ Pecorino '10	3
⊙ Montepulciano d'Abruzzo Cerasuolo '14	2*
○ Pecorino '14	3*
○ Pecorino FS '14	3*
○ Trebbiano d'Abruzzo '14	2*
○ Trebbiano d'Abruzzo '13	2*

Cantina Tollo

via Garibaldi, 68
66010 Tollo [CH]
Tel. 087196251
www.cantinatollo.it

VENDITA DIRETTA
PRODUZIONE ANNUA 13.000.000 bottiglie
ETTARI VITATI 3200,00

Non è solo una delle più celebri cantine abruzzesi, ma tra le più importanti realtà cooperative d'Europa, con i suoi 822 soci conferitori, gli oltre 3000 ettari vitati e circa 13 milioni di bottiglie annue. Una maestosa portaerei, che è riuscita nel miracolo di abbinare la moderna visione imprenditoriale con una gamma razionale, articolata su varie linee complementari e stilisticamente connotate. Scegliendo Tollo, insomma, si ha la certezza di poter pescare dei Montepulciano, Cerasuolo, Trebbiano, Pecorino, Passerina, Cococciola straordinariamente convenienti, ma anche interpretazioni più complesse e prospettiche, da custodire in cantina con fiducia. Semplicemente impressionante il livello e la costanza della proposta di Cantina Tollo. Con una coppia di Montepulciano perfettamente speculare a trascinare il gruppo: il Biologico '15 è godurioso, ma anche complesso nei ricordi di arancia, radici, erbe amare; il Mo Riserva '12 dà voce a timbriche salmastre in una bocca più fitta e severa.

● Montepulciano d'Abruzzo Mo Ris. '12	🍷🍷🍷 2*
● Montepulciano d'Abruzzo Biologico '15	🍷🍷 2*
● Montepulciano d'Abruzzo Cagiòlo Ris. '12	ΨΨ 5
● Montepulciano d'Abruzzo Colle Secco Rubì '13	ΨΨ 2*
● Montepulciano d'Abruzzo Heliko '15	ΨΨ 3
○ Trebbiano d'Abruzzo Biovegano '15	ΨΨ 2*
⊙ Cerasuolo d'Abruzzo Hedòs '15	Ψ 3
○ Pecorino '15	Ψ 3
○ Trebbiano d'Abruzzo Aldiano '15	Ψ 2
● Montepulciano d'Abruzzo Cagiòlo Ris. '09	ΨΨΨ 4*
● Montepulciano d'Abruzzo Mo Ris. '11	ΨΨΨ 2*
○ Trebbiano d'Abruzzo C'Incanta '11	ΨΨΨ 4*
○ Trebbiano d'Abruzzo C'Incanta '10	ΨΨΨ 4*

Torre dei Beati

c.da Poggioragone, 56
65014 Loreto Aprutino [PE]
Tel. 0854916069
www.torredeibeati.it

VENDITA DIRETTA
VISITA SU PRENOTAZIONE
PRODUZIONE ANNUA 100.000 bottiglie
ETTARI VITATI 20,00
VITICOLTURA Biologico Certificato
AZIENDA SOSTENIBILE

Un prezioso affresco del '400 custodito nella chiesa di Santa Maria in Piano, a Loreto Aprutino: arriva da qui il nome scelto nel 1999 per il progetto produttivo di Torre dei Beati, oggi coordinato da Adriana Galasso e Fausto Albanese. Una ventina di ettari, tra proprietà e fitti, abbarbicati sulle Colline Pescaresi tra i 250 e i 300 metri, in un'area che risente dei forti sbalzi termici dovuti al vicino Gran Sasso. Coltivati in biologico fin dall'inizio, i vitigni sono quelli tipici della regione (montepulciano, trebbiano, pecorino), interpretati con sensibilità artigiana in una batteria suggestiva e variopinta, come suggerito coerentemente già dalle originali etichette. Al di là delle singole valutazioni, la gamma di Torre dei Beati si conferma una delle più originali e costanti della regione. Le migliori indicazioni arrivano dal Trebbiano Bianchi Grilli per la Testa '14: albicocca, propoli, frutta secca, trova sostegno nella ricca spalla glicerica, con leggera decelerazione finale.

○ Trebbiano d'Abruzzo Bianchi Grilli per la Testa '14	🍷🍷🍷 4
○ Abruzzo Pecorino Giochemo con i Fiori '15	ΨΨ 3
○ Abruzzo Pecorino Bianchi Grilli per la Testa '14	ΨΨ 4
⊙ Cerasuolo d'Abruzzo Rosa-ae '15	ΨΨ 2*
● Montepulciano d'Abruzzo '07	ΨΨΨ 2*
● Montepulciano d'Abruzzo Cocciapazza '11	ΨΨΨ 4*
● Montepulciano d'Abruzzo Cocciapazza '10	ΨΨΨ 4*
● Montepulciano d'Abruzzo Cocciapazza '09	ΨΨΨ 4*
● Montepulciano d'Abruzzo Cocciapazza '08	ΨΨΨ 4
● Montepulciano d'Abruzzo Cocciapazza '07	ΨΨΨ 4

Tenuta Ulisse

via San Polo, 40
66014 Crecchio [CH]
Tel. 0871407733
www.tenutaulisse.it

VENDITA DIRETTA
VISITA SU PRENOTAZIONE
PRODUZIONE ANNUA 550.000 bottiglie
ETTARI VITATI 75,00

Decisero fin da subito di fare le cose in grande, i fratelli Antonio e Luigi Ulisse, quando nel 2006 avviarono il proprio progetto dalla tenuta rilevata a San Polo di Crecchio, sulle Colline Teatine. Gli ettari controllati sono oggi circa 75, buona parte dei quali in conversione biologica, e si distribuiscono lungo una fascia di passaggio tra Adriatico e Maiella. Teatro ideale per Montepulciano, Cerasuolo, Pecorino, Trebbiano, Passerina, Cococciola di personalità multiforme, enfatizzata nelle varie linee anche attraverso le fermentazioni spontanee a bassa temperatura. Con esiti sempre più convincenti tanto sui bianchi quanto sui rossi, sulle etichette d'entrata e le selezioni più ambiziose. Una doppia direttrice esplorata con autorevolezza nelle ultime uscite. Da una parte il Pecorino '15, spumeggiante nei richiami terpenici e linfatici, con una tonica scia citrina nel sorso; dall'altra il Montepulciano Nativae pari millesimo: intenso e sfumato, il passo è quello del vino importante.

○ Abruzzo Pecorino Nativae '15	🍷🍷	4
● Montepulciano d'Abruzzo Nativae '15	🍷🍷	4
○ Pecorino '15	🍷🍷	3*
○ Cococciola '15	🍷🍷	3
⊙ Cerasuolo d'Abruzzo '15	🍷	3
⊙ Merlot Rosé '15	🍷	3
● Montepulciano d'Abruzzo '15	🍷	4
● Montepulciano d'Abruzzo Amaranta '14	🍷	4
○ Passerina '15	🍷	3
○ Trebbiano d'Abruzzo '15	🍷	3
○ Trebbiano d'Abruzzo Nativae '15	🍷	4
○ Abruzzo Pecorino Nativae '13	🍷🍷🍷	4*
● Montepulciano d'Abruzzo Nativae '14	🍷🍷🍷	4*
● Montepulciano d'Abruzzo Nativae '12	🍷🍷🍷	4*

La Valentina

via Torretta, 52
65010 Spoltore [PE]
Tel. 0854478158
www.lavalentina.it

VENDITA DIRETTA
VISITA SU PRENOTAZIONE
PRODUZIONE ANNUA 350.000 bottiglie
ETTARI VITATI 40,00
VITICOLTURA Biologico Certificato
AZIENDA SOSTENIBILE

Avviata nel 1990, e acquisita qualche anno dopo da Sabatino, Roberto e Andrea Di Properzio, La Valentina è una delle realtà più conosciute tra quelle che hanno animato l'era moderna del vino abruzzese. Da sempre attenta ai dettami dell'agricoltura biocompatibile, si sviluppa oggi su circa 40 ettari e almeno cinque blocchi viticoli tra le Colline Pescaresi: Spoltore e Cavaticchi a ridosso della costa, Scafa, San Valentino e Penne verso l'interno, ad altitudini sensibilmente più elevate. Montepulciano, Cerasuolo e Trebbiano dominano la proposta Classica, improntata su vini estroversi e profumati, e la linea Terroir, dove spiccano regolarmente gli Spelt per potenza ed energia. Gerarchie interne pienamente rispettate con gli ultimi assaggi: nespola, nocciola fresca, suggestioni linfatiche, il Trebbiano Superiore Spelt '15 esprime fedelmente il suo carattere mediterraneo. Non è da meno il Montepulciano Spelt Riserva '12: ciliegia nera, fuliggine, grafite, coniuga densità fruttata e slancio sapido.

● Montepulciano d'Abruzzo Spelt Ris. '12	🍷🍷	4
○ Trebbiano d'Abruzzo Sup. Spelt '15	🍷🍷	3*
⊙ Cerasuolo d'Abruzzo Spelt '15	🍷🍷	3
● Montepulciano d'Abruzzo '14	🍷🍷	2*
● Montepulciano d'Abruzzo Bellovedere '12	🍷🍷	6
● Montepulciano d'Abruzzo Binomio Ris. '12	🍷🍷	5
○ Ahuà Fiano '15	🍷	3
⊙ Cerasuolo d'Abruzzo '15	🍷	2
○ Pecorino '15	🍷	2
● Montepulciano d'Abruzzo Bellovedere '05	🍷🍷🍷	6
● Montepulciano d'Abruzzo Spelt '08	🍷🍷🍷	3*
● Montepulciano d'Abruzzo Spelt '07	🍷🍷🍷	3
● Montepulciano d'Abruzzo Spelt '05	🍷🍷🍷	3
● Montepulciano d'Abruzzo Spelt Ris. '11	🍷🍷🍷	4*
● Montepulciano d'Abruzzo Spelt Ris. '10	🍷🍷🍷	3*

★★★Valentini

via del Baio, 2
65014 Loreto Aprutino [PE]
Tel. 0858291138

PRODUZIONE ANNUA 30.000 bottiglie
ETTARI VITATI 60,00

Francesco Paolo Valentini è solo l'ultimo carismatico erede di una famiglia che ha fatto grande il vino artigiano abruzzese, e non solo. Radici agricole che risalgono alla prima metà del '600 e ispirano oggi più che mai un lavoro basato poco sul protocollo e molto sul pensiero filosofico, in una prospettiva "localmente mondiale" testimoniata dalle riflessioni sul riscaldamento globale e la vitalità dei suoli. Ecco perché la casa-cantina a Loreto Aprutino è diventata meta di pellegrinaggio per i tanti appassionati che amano l'immortale timbro dei suoi Montepulciano, Cerasuolo e Trebbiano, almeno quanto sono conquistati dalla risolutezza nel rifiuto di ogni schema precostituito. Mancava dalla vendemmia 2006 ma valeva la pena attendere per ritrovare il mitico Montepulciano di Valentini. La versione 2012 appare già memorabile coi suoi inconfondibili timbri terrosi ed ematici che lasciano rapidamente spazio a un sorso monumentale per potenza fruttata, velluto tannico, energia rinfrescante.

● Montepulciano d'Abruzzo '12	🍷🍷🍷	8
● Montepulciano d'Abruzzo '06	ΨΨΨ	8
● Montepulciano d'Abruzzo '02	ΨΨΨ	8
● Montepulciano d'Abruzzo '01	ΨΨΨ	8
⊙ Montepulciano d'Abruzzo Cerasuolo '09	ΨΨΨ	6
⊙ Montepulciano d'Abruzzo Cerasuolo '08	ΨΨΨ	6
⊙ Montepulciano d'Abruzzo Cerasuolo '06	ΨΨΨ	6
○ Trebbiano d'Abruzzo '12	ΨΨΨ	6
○ Trebbiano d'Abruzzo '11	ΨΨΨ	6
○ Trebbiano d'Abruzzo '10	ΨΨΨ	6
○ Trebbiano d'Abruzzo '09	ΨΨΨ	6
○ Trebbiano d'Abruzzo '08	ΨΨΨ	6
○ Trebbiano d'Abruzzo '07	ΨΨΨ	6
○ Trebbiano d'Abruzzo '05	ΨΨΨ	6
○ Trebbiano d'Abruzzo '04	ΨΨΨ	6
○ Trebbiano d'Abruzzo '02	ΨΨΨ	6

★Valle Reale

loc. San Calisto
65026 Popoli [PE]
Tel. 0859871039
www.vallereale.it

VENDITA DIRETTA
VISITA SU PRENOTAZIONE
PRODUZIONE ANNUA 250.000 bottiglie
ETTARI VITATI 49,00
VITICOLTURA Biologico Certificato
AZIENDA SOSTENIBILE

Basta una visita a Valle Reale per rendersi conto al primo sguardo quanto pesino la montagna e l'Appennino nell'economia agricola abruzzese. Un imprinting territoriale incarnato fin dagli esordi del 1998 nel progetto produttivo della famiglia Pizzolo, definitivamente svoltato negli anni 2007 con le nuove acquisizioni, i protocolli bio, le fermentazioni spontanee, le vinificazioni parcellari. Oggi il patrimonio viticolo dispone di circa 50 ettari sul confine tra le province di Pescara e L'Aquila, tra Popoli all'inizio della Val Peligna e Capestrano affacciata sulla piana di Ofena: veri e propri anfiteatri naturali che ritmano Trebbiano, Montepulciano e Cerasuolo saporosi e leggiadri. Questa volta emerge soprattutto la vocazione bianchista, grazie alla favolosa batteria di Trebbiano. È una sfida a colpi di fiori e agrumi, nerbo minerale e sapore, quella che si consuma sui 2014 tra Vigneto di Popoli (deliziosamente estivo) e Vigna del Convento di Capestrano (più fitto e profondo).

○ Trebbiano d'Abruzzo V. del Convento di Capestrano '14	🍷🍷🍷	5
○ Trebbiano d'Abruzzo Vign. di Popoli '14	🍷🍷	5
○ Trebbiano d'Abruzzo '15	🍷🍷	2*
⊙ Cerasuolo d'Abruzzo '15	🍷	2
● Montepulciano d'Abruzzo '15	🍷	2
● Montepulciano d'Abruzzo '06	ΨΨΨ	3*
● Montepulciano d'Abruzzo San Calisto '08	ΨΨΨ	5
● Montepulciano d'Abruzzo San Calisto '07	ΨΨΨ	5
● Montepulciano d'Abruzzo San Calisto '06	ΨΨΨ	5
● Montepulciano d'Abruzzo San Calisto '05	ΨΨΨ	5
○ Trebbiano d'Abruzzo V. di Capestrano '13	ΨΨΨ	5
○ Trebbiano d'Abruzzo V. di Capestrano '12	ΨΨΨ	5
○ Trebbiano d'Abruzzo V. di Capestrano '11	ΨΨΨ	5
○ Trebbiano d'Abruzzo V. di Capestrano '10	ΨΨΨ	5
○ Trebbiano d'Abruzzo V. di Capestrano '08	ΨΨΨ	4

★Villa Medoro

c.da Medoro
64030 Atri [TE]
Tel. 0858708142
www.villamedoro.it

VENDITA DIRETTA
VISITA SU PRENOTAZIONE
OSPITALITÀ
PRODUZIONE ANNUA 300.000 bottiglie
ETTARI VITATI 100,00

Reputata località di Atri, sulle Colline Teramane, Medoro battezza la bella azienda della famiglia Morricone, debuttata ufficialmente nel 1997 dopo un ventennio di sperimentazioni varie. Per poi spiccare il volo come realtà emergente nello statico distretto abruzzese di allora, grazie a una solida gamma cresciuta con le acquisizioni di Tenuta Fontanelle e Fonte Corvo, per un totale che sfiora i cento ettari. Approccio moderno dichiarato e confermato anche nelle scelte di cantina, per uno stile goloso e avvolgente, progressivamente rimodulato nelle ultime vendemmie, che caratterizza sia i monovarietali della linea Villa Medoro, sia le selezioni di Montepulciano a uscita ritardata. Anche in questa tornata di assaggi si fa apprezzare una rosa affidabile su tutti i fronti, a partire da un Montepulciano '14 turgido e sanguigno, con originali tocchi floreali e salmastri, che potrà distendere ulteriormente la bocca austera e impegnativa. Più scuro e severo, ma dotato di linfa l'Adrano '13.

● Montepulciano d'Abruzzo '14	🍷🍷🍷 2*
● Montepulciano d'Abruzzo Colline Teramane Adrano '13	🍷🍷 4
● Montepulciano d'Abruzzo Rosso del Duca '14	🍷🍷 3*
○ Pecorino '15	🍷🍷 2*
○ Trebbiano d'Abruzzo '15	🍷🍷 2*
⊙ Cerasuolo d'Abruzzo '15	🍷 2
○ Montonico '15	🍷 2
○ Passerina '15	🍷 2
○ Trebbiano d'Abruzzo Chimera '15	🍷 2
● Montepulciano d'Abruzzo Colline Teramane Adrano '12	🍷🍷🍷 4*
● Montepulciano d'Abruzzo Colline Teramane Adrano '10	🍷🍷🍷 4*
● Montepulciano d'Abruzzo Rosso del Duca '12	🍷🍷🍷 3*

Ciccio Zaccagnini

c.da Pozzo
65020 Bolognano [PE]
Tel. 0858880195
www.cantinazaccagnini.it

VENDITA DIRETTA
VISITA SU PRENOTAZIONE
PRODUZIONE ANNUA 1.500.000 bottiglie
ETTARI VITATI 300,00

Cosa sarebbe il vino abruzzese nel mondo senza il lavoro sui mercati portato avanti per decenni dal marchio Zaccagnini? Un'azienda familiare, che oggi può contare su un patrimonio di circa 300 ettari attorno Bolognano, sulle Colline Pescaresi, là dove la Maiella sembra tuffarsi nell'Adriatico. E firma una delle proposte più ricche e convenienti della regione, con varie opzioni stilistiche sui Pecorino, i Trebbiano, i Montepulciano, i Cerasuolo, senza dimenticare i celebri Vini del Tralcetto o le sperimentazioni sugli Spumanti e i senza solfiti aggiunti. La moderna cantina ospita inoltre prestigiose mostre artistiche, ed è da tempo luogo d'incontro non solo per gli appassionati di vino. La gamma dei Montepulciano è impressionante e lo è anche la qualità di ognuno di loro. Se il San Clemente Riserva '13, cavallo di razza, rimane non completamente compreso per la sua giovane età (ma siamo certi che pochi mesi basteranno per renderlo godibilissimo come sempre), convince pienamente il Chronicon '13, dai bei sentori di frutta matura, balsamico, strutturato e tannico. Imperdibile il Pecorino Cuvée dell'Abate.

● Montepulciano d'Abruzzo Chronicon '13	🍷🍷🍷 3
○ Abruzzo Pecorino La Cuvée dell'Abate '15	🍷🍷 2*
● Montepulciano d'Abruzzo S. Clemente Ris. '13	🍷🍷 5
○ Abruzzo Pecorino Yamada '15	🍷🍷 3
⊙ Cerasuolo d'Abruzzo Myosotis '15	🍷🍷 3
○ Abruzzo Bianco San Clemente '14	🍷 4
● Capsico Rosso '09	🍷 4
○ Ispira Passerina '15	🍷 3
● Montepulciano d'Abruzzo Cuvée dell'Abate '14	🍷 2
● Montepulciano d'Abruzzo Il Vino dal Tralcetto '14	🍷 2
● Montepulciano d'Abruzzo No So2 '15	🍷 2
● Montepulciano d'Abruzzo S. Clemente Ris. '12	🍷🍷🍷 5

Angelucci

c.da Vicenne, 7
65020 Castiglione a Casauria [PE]
Tel. 0857998193
www.angeluccivini.it

Situata a ridosso delle suggestive "gole di tre Monti", l'azienda della famiglia Angelucci si sviluppa su circa 30 ettari nella zona di Castiglione a Casauria, nel Pescarese. Ed è una buona prestazione di squadra che si palesa a partire dall'originale Travertine Moscatello '15.

○ Leonate Pecorino '15	🍷3
○ Moscatello Passito '11	🍷4
○ Travertine Moscatello '15	🍷3
○ Trebbiano d'Abruzzo Leonate '15	🍷2

Bove

via Roma, 216
67051 Avezzano [AQ]
Tel. 086333133
info@cantinebove.it

Storica realtà avezzanese, cuore pulsante della produzione aquilana, Bove trae linfa da una sessantina di ettari riservati alle tipiche varietà abruzzesi. Le migliori impressioni le ricaviamo in questa edizione dal Montepulciano Indio '13, di stampo ricco e maturo.

● Montepulciano d'Abruzzo Indio '13	🍷🍷2*
● Montepulciano d'Abruzzo Poggio d'Albe '14	🍷2
○ Trebbiano d'Abruzzo Poggio d'Albe '15	🍷2

Cerulli Spinozzi

s.s. 150 del Vomano km 17,600
64020 Canzano [TE]
Tel. 086157193
www.cerullispinozzi.it

Con oltre cinquanta ettari vitati di proprietà, Cerulli Spinozzi è una delle realtà agricole più importanti del Teramano interno, ai piedi del Gran Sasso a Canzano. Nella compatta batteria di tipologie abruzzesi, spicca questa volta il croccante e buccioso Cortalto Pecorino '15.

○ Cortalto Pecorino '15	🍷🍷2*
○ Trebbiano d'Abruzzo '15	🍷2

Col del Mondo

c.da Campotino, 35c
65010 Collecorvino [PE]
Tel. 0858207831
www.coldelmondo.com

Si colloca a Collecorvino, nell'entroterra di Pescara, la bella azienda fondata nei 2001 da Francesco Polastri con Antonio e Vincenzo Mazzocchetti. Poco più di dieci ettari per una gamma eclettica, guidata negli ultimi assaggi dal carnoso e avvolgente Montepulciano Sunnae '15.

● Montepulciano d'Abruzzo Sunnae '15	🍷🍷2*
○ Abruzzo Bianco Sunnae '15	🍷2
○ Kerrias Pecorino '15	🍷2

Antonio Costantini

s.da Migliori, 20
65013 Città Sant'Angelo [PE]
Tel. 0859699169
www.costantinivini.it

Festeggia i vent'anni di attività l'azienda guidata dalla famiglia Costantini a Città Sant'Angelo, nel Pescarese. E lo fa con una prestazione a dir poco convincente, in particolare per il Montepulciano Febe '15, quasi scarnificato in apparenza ma teso e dinamico nello sviluppo.

● Montepulciano d'Abruzzo Febe '15	🍷🍷2*
○ Abruzzo Pecorino '15	🍷3
○ Trebbiano d'Abruzzo '15	🍷2
○ Trebbiano d'Abruzzo Febe '15	🍷2

Coste di Brenta

c.da Camicie, 50
66034 Lanciano [CH]
Tel. 0872895280
www.costedibrenta.it

La cantina lancianese si riprende il proprio posto in Guida con una delle sue migliori prove di sempre, illuminata dalla coppia di Pecorino '15. Il base si dipana in leggerezza, evocando la frutta estiva e le erbe officinali, la selezione Elisio si esprime con maggior vigore.

○ Abruzzo Pecorino '15	🍷🍷2*
○ Abruzzo Pecorino Elisio '15	🍷🍷2*
● Montepulciano d'Abruzzo '14	🍷2
○ Trebbiano d'Abruzzo Elisio '15	🍷2

Faraone

s.s. 80, 290
64021 Giulianova [TE]
Tel. 0858071804
www.faraonevini.it

È solo per esigenze di turnover che troviamo nella seconda parte della selezione abruzzese i vini di Faraone, nome storico della viticoltura teramana. L'etichetta più in forma in questa tornata di assaggi ci appare il Cerasuolo '15, con le sue classiche suggestioni di ciliegia.

⊙ Cerasuolo d'Abruzzo Le Vigne di Faraone '15	🍷🍷 2*
○ Colle Pietro Passerina '15	🍷 2

Fontefico

via Difenza, 38
66054 Vasto [CH]
Tel. 3284113619
www.fontefico.it

Tra le new entry più interessanti, quella di Gabriella De Luca è una cantina artigiana che si sviluppa su circa 15 ettari nei dintorni di Vasto. Lo stile originale della gamma è ben sintetizzato in un Montepulciano Fontefico '13 goloso, ricco di umori resinosi e silvestri.

● Montepulciano d'Abruzzo Fontefico '13	🍷🍷 3
⊙ Cerasuolo d'Abruzzo Sup. '15	🍷 3
● Montepulciano d'Abruzzo Colline Teramane Titinge Ris. '12	🍷 5

Cantina Frentana

via Perazza, 32
66020 Rocca San Giovanni [CH]
Tel. 087260152
www.cantinafrentana.it

Una delle più rilevanti cooperative della provincia di Chieti, con i suoi 400 soci e una produzione vicina al milione di bottiglie. Nella solida e conveniente batteria spicca questa volta un Pecorino Costa del Mulino '15 di respiro solare, tutto sulla frutta gialla e la macchia.

○ Abruzzo Pecorino Costa del Mulino '15	🍷🍷 1*
● Montepulciano d'Abruzzo Panarda Ris. '13	🍷 2
● Montepulciano d'Abruzzo Torre Vinaria '14	🍷 2

Lepore

c.da Civita, 29
64010 Colonnella [TE]
Tel. 086170860
www.vinilepore.it

Ritorno in Guida in grande stile per la Viticola Lepore, dinamica realtà delle Colline Pescaresi. Brillano soprattutto i Montepulciano: il 2014 è sereno e disteso coi suoi toni di liquirizia e balsami, il Colline Teramane Re '12 vi aggiunge forza fenolica e nerbo agrumato.

● Montepulciano d'Abruzzo '14	🍷🍷 2*
● Montepulciano d'Abruzzo Colline Teramane Re '12	🍷🍷 3

Marchesi De' Cordano

c.da Cordano, 43
65014 Loreto Aprutino [PE]
Tel. 0858289526
www.cordano.it

Ci sono sempre frecce tipiche e convenienti nella faretra di Marchesi De' Cordano, autorevole esponente del comprensorio pescarese. Provare per credere la Brilla Cococciola '15, col suo profilo nitido e gradevolmente acidulo, oppure lo schietto e piccante Montepulciano Aida '13.

○ Brilla Cococciola '15	🍷🍷 3
● Montepulciano d'Abruzzo Aida '13	🍷🍷 2*
● Santagiusta '11	🍷 4
○ Trebbiano d'Abruzzo Aida '15	🍷 2

Cantine Mucci

c.da Vallone di Nanni, 65
66020 Torino di Sangro [CH]
Tel. 0873913366
www.cantinemucci.com

La Val di Sangro è zona storicamente vocata per il vino abruzzese, come ben segnala l'affidabile batteria targata Mucci. In particolare col Valentino Mucci Pecorino '15, decisamente "montano" nel connubio di fiori, erbe e agrumi, e per un sorso di brillante vitalità salina.

○ Pecorino Valentino '15	🍷🍷 2*
⊙ Cerasuolo d'Abruzzo Valentino '15	🍷 2
● Montepulciano d'Abruzzo Valentino '15	🍷 2
○ Trebbiano d'Abruzzo '15	🍷 2

Tommaso Olivastri

C.DA QUERCIA DEL CORVO, 37
66038 SAN VITO CHIETINO [CH]
TEL. 087261543
www.viniolivastri.com

Un vero e proprio exploit per la piccola realtà artigiana di San Vito Chietino, battezzata da Tommaso Olivastri. Che piazza il suo Montepulciano La Grondaia tra i migliori in assoluto della solare annata 2012: frutti di bosco, fuliggine, fiori, ha un passo tonico e scattante.

- ● Montepulciano d'Abruzzo La Grondaia '12 — 🍷🍷 2*
- ⊙ Cerasuolo d'Abruzzo Marcantonio '15 — 🍷 2
- ○ Coccocciola L'Ariosa '15 — 🍷 2

Pietrantonj

VIA SAN SEBASTIANO, 38
67030 VITTORITO [AQ]
TEL. 0864727102
www.vinipietrantonj.it

Dici Pietrantonj ed evochi la storia stessa del vino aquilano, esplorata in quasi due secoli dalla cantina di Vittorito. Necessità di rotazione la spostano nella seconda parte, ma la gamma è quella coerentemente tradizionale di sempre, guidata dal Cerasuolo Superiore Cerano '15.

- ⊙ Cerasuolo d'Abruzzo Arboreo '15 — 🍷 2
- ⊙ Cerasuolo d'Abruzzo Sup. Cerano '15 — 🍷 3

San Giacomo

C.DA NOVELLA, 51
66020 ROCCA SAN GIOVANNI [CH]
TEL. 0872620504
www.cantinasangiacomo.it

Solo per ragioni di spazio non trovate tra i "titolari" dell'eccellenza abruzzese la bella cooperativa teatina di Rocca San Giovanni. Lo avrebbe meritato, considerando la notevole performance sui vini da Montepulciano e Pecorino (selezione Classica e linea Casino Murri).

- ● Montepulciano d'Abruzzo '13 — 🍷🍷 1*
- ● Montepulciano d'Abruzzo Casino Murri '14 — 🍷🍷 2*
- ○ Pecorino '14 — 🍷🍷 1*
- ○ Pecorino Casino Murri '15 — 🍷🍷 2*

Strappelli

VIA TORRI, 16
64010 TORANO NUOVO [TE]
TEL. 0861887402
www.cantinastrappelli.it

È un piacere rincontrare dopo un solo anno di assenza i vini di Guido Strappelli e famiglia, stimati viticoltori dell'area teramana. Le migliori indicazioni arrivano dal Trebbiano '15, didascalico nel profilo varietale di mela e cereali, e dal goloso Cerasuolo Superiore Colle Trà '15.

- ⊙ Cerasuolo d'Abruzzo Sup. Colle Trà Sup. '15 — 🍷🍷 2*
- ○ Trebbiano d'Abruzzo '15 — 🍷🍷 2*
- ● Montepulciano d'Abruzzo '14 — 🍷 2

Valle Martello

C.DA VALLE MARTELLO, 10
66010 VILLAMAGNA [CH]
TEL. 0871300330
www.vallemartello.it

Una prova maiuscola per la batteria firmata dai fratelli Masci alias Valle Martello, cantina di radicata tradizione a Villamagna, nel Teatino. Con almeno tre punte: i Brado Cococciola e Pecorino '15, delicatamente terpenici, e un Montepulciano Prima Terra '10 d'impronta confit.

- ○ Cococciola Brado '15 — 🍷🍷 3
- ● Montepulciano d'Abruzzo Prima Terra '10 — 🍷🍷 4
- ○ Pecorino Brado '15 — 🍷🍷 3
- ○ Cococciola Brut — 🍷 3

Valori

VIA TORQUATO AL SALINELLO, 8
64027 SANT'OMERO [TE]
TEL. 087185241
www..vinivalori.it

Si posizionano sulle colline teramane di Sant'Omero e Controguerra, tra i 160 e i 300 metri, i 26 ettari curati da Luigi Valori. Un marchio di sicuro affidamento, come conferma il Montepulciano Vigna Sant'Angelo '11, godurioso e rilassato, ma anche il vivace e fibroso Pecorino '15.

- ○ Abruzzo Pecorino '15 — 🍷🍷 2*
- ● Montepulciano d'Abruzzo Colline Teramane V. Sant'Angelo '11 — 🍷🍷 4
- ● Montepulciano d'Abruzzo '15 — 🍷 2

MOLISE

Quando parliamo di viticoltura eroica, non abbiamo in mente soltanto le proibitive condizioni pedoclimatiche che caratterizzano alcuni dei più suggestivi terroir montani e costieri. Nella definizione entra a pieno titolo l'epopea di agricoltori e produttori che con coraggio e determinazione portano avanti il loro lavoro in zone per molti versi invisibili sulle mappe del vino mondiale. Non si può che partire da qui, per l'annuale ricognizione sulle migliori bottiglie e cantine del Molise: è una sparuta rappresentanza, e proprio per questo va incoraggiata e sostenuta, a prescindere dai dettagli tecnici o valutativi. Ne siamo convinti, prima o poi emergerà a pieno il valore aggiunto del suo essere territorio di confine e frontiera. Crocevia di popoli e culture, ponte naturale tra basso Abruzzo e Frusinate interno, Sannio e Daunia, Adriatico e Appennino. Non a caso influenzato da un variegato puzzle geologico e altimetrico, nonché da un vasto campionario di tradizioni produttive e ampelografiche, ostiche da tenere insieme in un racconto organico. Molteplicità che troppo spesso finisce malauguratamente per sfociare in confusione o, peggio, viene neutralizzata da un modello enologico in buona parte sorpassato, anacronistico e in ultima analisi ingenuo. Al netto delle difficoltà commerciali e di posizionamento, i più ambiziosi vignaioli della regione potrebbero e dovrebbero osare di più per far emergere la personalità peculiare dei loro rossi da montepulciano, aglianico e soprattutto tintilia. Senza trascurare le doti di fragranza e freschezza dei più riusciti bianchi a base falanghina, greco, trebbiano, malvasia, con qualche concessione "internazionale" a sauvignon e chardonnay. Speranze di ulteriore crescita ben riposte, crediamo, nel percorso segnalato da realtà decisamente in forma come Borgo di Colloredo, Claudio Cipressi, e Tenimenti Grieco, titolari inamovibili della nostra selezione molisana. Alle finali nazionali approdano tre etichette ed è un risultato da non sottovalutare alla luce del numero risicato di assaggi. Così come è da sottolineare la brillante prova dell'unico Tre Bicchieri assegnato, il Molise Tintilia '13 della Di Majo Norante, storica cantina di Campomarino nonché leader indiscussa della vitienologia regionale.

Borgo di Colloredo

LOC. NUOVA CLITERNIA
VIA COLLOREDO, 15
86042 CAMPOMARINO [CB]
TEL. 087557453
www.borgodicolloredo.com

VENDITA DIRETTA
VISITA SU PRENOTAZIONE
OSPITALITÀ E RISTORAZIONE
PRODUZIONE ANNUA 200.000 bottiglie
ETTARI VITATI 70,00
AZIENDA SOSTENIBILE

Cronache locali narrano di un antico casale poco fuori Campomarino, sulla piana del fiume Saccione. Colloredo, appunto, che battezza una delle più importanti aziende molisane, avviata nel 1960 da Silvio Di Giulio e oggi guidata dai fratelli Enrico e Pasquale. Sono circa settanta ettari di vigna distribuiti su varie tenute, occupate da varietà tradizionali (montepulciano, tintilia, aglianico, greco, trebbiano, malvasia, falanghina) e alloctone (garganega, chardonnay, syrah), che trovano spazio nelle linee dei Biferno Gironia, dei Nobili Vitigni e dei Classici. Vale la pena di testarli con calma nella splendida Masseria di San Martino in Pensilis, cuore del Tratturo Magno L'Aquila-Foggia. È da considerarsi una buona performance per Borgo di Colloredo. Che conferma il suo feeling con le tipologie teoricamente più semplici come il delicato e succoso Gironia Rosato '15, o i convenienti bianchi. E nondimeno su etichette dotate di maggiore forza e maturità fruttata, come l'Aglianico '13.

● Aglianico '13	▼▼ 3
⊙ Biferno Rosato Gironia '15	▼▼ 2*
○ Biferno Bianco Gironia '15	▼ 3
○ Greco '15	▼ 2
○ Molise Falanghina '15	▼ 2
● Aglianico '10	▽▽▽ 3*
○ Biferno Bianco Gironia '14	▽▽ 3
○ Biferno Bianco Gironia '13	▽▽ 2*
○ Biferno Bianco Gironia '12	▽▽ 2*
● Biferno Rosso Gironia Ris. '08	▽▽ 4
● Molise Montepulciano '10	▽▽ 2*
● Molise Rosso '12	▽▽ 2*

Claudio Cipressi

C.DA MONTAGNA, 11B
86030 SAN FELICE DEL MOLISE [CB]
TEL. 3351244859
www.claudiocipressi.it

VENDITA DIRETTA
VISITA SU PRENOTAZIONE
OSPITALITÀ
PRODUZIONE ANNUA 40.000 bottiglie
ETTARI VITATI 15,00
VITICOLTURA Biologico Certificato
AZIENDA SOSTENIBILE

Idee chiare e tanta passione nel progetto produttivo di Claudio Cipressi, vignaiolo in quel di San Felice del Molise, nella zona più aspra e interna della provincia di Campobasso. Condotta in biologico certificato fin dalle prime vendemmie, l'azienda si sviluppa su una quindicina di ettari coltivati per larga parte a tintilia, cultivar locale assoluta protagonista della compatta batteria, con un base, due selezioni (66 e Macchiarossa), un rosato (Collequinto) e un blend a maggioranza montepulciano (Macchianera). Completano il quadro la Falanghina Voira e il Trebbiano Le Scoste, che condividono il medesimo profilo essenziale e garbato. Sono proprio le etichette a base tintilia a guidare ancora una volta il gruppo. Si può scegliere tra la terziaria vitalità del Settevigne '13 o l'autunnale sinfonia di radici e sottobosco del 66 '11, passando per la simile intelaiatura del Macchiarossa '12, ancor più connotato dalle erbe amare e dalle suggestioni ematiche. Un gradino sotto i bianchi 2015.

● Molise Tintilia 66 '11	▼▼ 7
● Molise Tintilia Macchiarossa '12	▼▼ 4
● Molise Tintilia Settevigne '13	▼▼ 4
⊙ Molise Rosato Collequinto '15	▼ 3
● Molise Rosso Macchianera '11	▼ 5
○ Molise Trebbiano Le Scoste '15	▼ 4
○ Voira Falanghina '15	▼ 4
○ Falanghina '12	▽▽ 2*
○ Falanghina Voira '13	▽▽ 3
● Molise Rosso Mekan '11	▽▽ 3*
● Molise Rosso Rumen '09	▽▽ 2*
● Molise Tintilia Macchiarossa '11	▽▽ 4
● Molise Tintilia Macchiarossa '10	▽▽ 4
● Molise Tintilia Settevigne '14	▽▽ 4
○ Molise Trebbiano Le Scoste '13	▽▽ 3

★Di Majo Norante

FRAZ. NUOVA CLITERNIA
VIA COLLE SAVINO, 6
86042 CAMPOMARINO [CB]
TEL. 087557208
www.dimajonorante.com

VENDITA DIRETTA
VISITA SU PRENOTAZIONE
PRODUZIONE ANNUA 800.000 bottiglie
ETTARI VITATI 125,00
VITICOLTURA Biologico Certificato

Il borgo di Campomarino si colloca al centro di uno speciale crocevia territoriale e culturale, che unisce idealmente basso Abruzzo, Daunia e Sannio. Un'identità multiforme che ritroviamo da sempre nella proposta targata Di Majo Norante, senza dubbio l'azienda molisana più conosciuta al mondo, oggi guidata da Alessio. Oltre centoventi ettari coltivati con protocolli biocompatibili, riservati a una folta rappresentanza di vitigni tipici dell'Appennino Meridionale, e non solo: montepulciano, aglianico, tintilia, sangiovese tra quelli a bacca rossa, trebbiano, malvasia, moscato, falanghina e greco a bacca bianca. Ben tenuti insieme in una gamma di stile moderatamente moderno. Un'idea espressiva ben rappresentata dalla coppia di finalisti. Composta di ciliegie, china, caffè, la Tintilia '13 si sostiene principalmente sulla robusta impalcatura tannica. Aromaticamente più sfaccettato l'Aglianico Biorganic '14, dal sorso vigoroso e vitale, innervato di freschezza nel lungo finale.

● Molise Tintilia '13	🍷🍷🍷 3*
● Molise Aglianico Biorganic '14	🍷🍷 3*
● Molì Rosso '15	🍷🍷 2*
○ Molise Falanghina Biorganic '15	🍷🍷 2*
● Sangiovese '15	🍷🍷 2*
○ Molì Bianco '15	🍷 2
○ Molise Falanghina '15	🍷 2
○ Molise Greco '15	🍷 2
● Molise Aglianico Biorganic '11	YYY 2*
● Molise Aglianico Contado Ris. '10	YYY 3*
● Molise Aglianico Contado Ris. '09	YYY 3*
● Molise Aglianico Contado Ris. '07	YYY 2*
● Molise Don Luigi Ris. '08	YYY 5
● Molise Rosso Don Luigi Ris. '12	YYY 5
● Molise Rosso Don Luigi Ris. '11	YYY 5

Tenimenti Grieco

C.DA DIFENSOLA
86045 PORTOCANNONE [CB]
TEL. 0875590032
www.tenimentigrieco.it

VENDITA DIRETTA
VISITA SU PRENOTAZIONE
PRODUZIONE ANNUA 700.000 bottiglie
ETTARI VITATI 85,00

Hanno letteralmente bruciato le tappe, i Tenimenti Grieco, consolidandosi tra i "titolari" del vino molisano dopo pochissime vendemmie. Siamo a Portocannone, nell'area a più alta densità vitata della regione, dove i quattro soci sono riusciti a mettere insieme quasi un centinaio di ettari e un'agguerrita batteria di vini articolata in sei linee (Anima Osca, i Maré, gli spumanti Chapeau, i Costali, i Molisani, i Passo alle Tremiti). Sono realizzati col contributo di un'ampia rosa ampelografica (falanghina, sauvignon, chardonnay, pinot bianco, tintilia, montepulciano, cabernet sauvignon, syrah) e con un'impostazione di cantina alla costante ricerca di frutto, sapore, bevibilità. Gli ultimi test segnalano un ulteriore passo in avanti per le ambizioni di Tenimenti Grieco. Il livello medio della gamma è elevato, e il Tintilia 200 Metri '15 è degna punta di diamante: carnoso e piacevole senza banalizzazioni, armonizza i prepotenti apporti di frutto scuro con le sfumature affumicate e speziate.

● Molise Tintilia 200 Metri '15	🍷🍷 2*
● Biferno Bosco delle Guardie '14	🍷🍷 3
⊙ Molise Rosato Passo alle Tremiti '15	🍷🍷 3
● Triassi '13	🍷🍷 5
● Lenda '14	🍷 5
○ Molise Falanghina Passo alle Tremiti '15	🍷 3
● Molise Rosso Passo alle Tremiti '14	🍷 3
○ Passo alle Tremiti Sauvignon '15	🍷 3
● Cabernet Sauvignon '09	YY 2
○ Falanghina '08	YY 2
● Molise Monterosso '13	YY 2*
⊙ Molise Rosato Passo alle Tremiti '14	YY 2*
● Molise Rosso Podere di Sot '08	YY 2*
● Molise Tintilia '14	YY 2*
● Molise Tintilia Cupaia '13	YY 3

Cantine Catabbo

C.DA PETRIERA
86046 SAN MARTINO IN PENSILIS [CB]
TEL. 0875604945
www.catabbo.it

Era il 1990 quando Vincenzo Catabbo decise di dedicarsi anima e corpo alla viticoltura, ampliando poi il progetto nel 2004 con la costruzione della propria cantina a San Martino in Pensilis. I suoi vini sono sempre più centrati, specialmente la linea Petriera e le Tintilia.

● Molise Tintilia S '13	4
● Petriera Merlot '15	2
⊙ Petriera Rosé '15	2
● Petriera Rosso '15	1*

Angelo D'Uva

C.DA MONTE ALTINO, 23A
86035 LARINO [CB]
TEL. 0874822320
www.cantineduva.com

Senza dubbio una delle realtà molisane maggiormente cresciute negli ultimi anni, quella avviata dalla famiglia D'Uva a Larino, cuore del Sannio Molisano. È la gamma nel suo insieme a convincere, con una nota di merito per la Keres Falanghina '15, di espressività molto classica.

○ Biferno Bianco Kantharos '15	2
○ Keres Falanghina '15	2
● Molise Rosso Ricupo '13	2

Cantine Salvatore

C.DA VIGNE
86049 URURI [CB]
TEL. 0874830656
www.cantinesalvatore.it

Ubicata a Ururi, l'azienda della famiglia Salvatore è da considerarsi come il "quinto titolare" della nostra selezione molisana. Quindici ettari declinati in una proposta versatile, che brilla negli ultimi assaggi con i due L'IndoVINO, Falanghina '15 e Rosso '14 (da montepulciano).

○ L'IndoVINO Falanghina '15	2*
● L'IndoVINO Rosso '14	2*
○ Molise Falanghina Nysias '15	3
● Molise Rosso Biberius '12	2

Terresacre

C.DA MONTEBELLO
86036 MONTENERO DI BISACCIA [CB]
TEL. 0875960191
www.terresacre.net

Per certi versi la più "abruzzese" delle cantine molisane, non solo per la particolare collocazione geografica nel nord della regione, a Montenero di Bisaccia. Perché è soprattutto il passo vigoroso e asciutto dei suoi vini, a caratterizzare fortemente la gamma firmata Terresacre.

○ Molise Falanghina '15	3
● Molise Tintilia '13	5
○ Molise Trebbiano Orovite '15	2

CAMPANIA

Bellezza e imprevedibilità. Sono le due carte del vino campano. In primo luogo, il vigneto regionale ci conduce su alcuni tra i siti più spettacolari dello stivale: la Costiera, le isole, le pendici di vulcani spenti, i monti picentini, parchi naturali a strapiombo sul mare come il Cilento. Su un territorio così frastagliato s'innesta un patrimonio ampelografico impareggiabile rilanciato da un numero di cantine di piccole e medie dimensioni in continuo aumento. Trent'anni fa le cantine recensite nella prima edizione della Guida erano 8, quest'anno sono 106. La Campania del vino è difficile da contestualizzare, anche per la mancanza di un lavoro promozionale organico, ma è forse la regione che più di altre riserva il gusto della scoperta, dove più c'è da capire, raccontare e valorizzare. E' fonte di vini autentici, espressivi, dall'imprevedibile evoluzione aromatica, saporiti, d'indole squisitamente mediterranea. In una parola, gastronomici. Il tutto a prezzi molto competitivi. Tirando le somme, le degustazioni di quest'anno confermano uno scarto evidente: il livello dei bianchi è elevatissimo, con punte di eccellenza di livello internazionale, decisamente meno convincente la qualità media dei rossi per via di una gestione dei legni non sempre felice. Partiamo dalle novità, ben quattro aziende centrano per la prima volta il massimo riconoscimento. Raffaele Moccia, l'artigiano dei Campi Flegrei, porta il Piedirosso nel circuito dei Tre Bicchieri; Ettore Sammarco, alla soglia degli 80 anni, piazza il colpo grosso con un vino che racconta una vigna terrazzata con vista da urlo su Ravello e 'o mare; Maura Sarno vede premiata la sua tenacia con un Fiano di Avellino luminoso e ben ritmato; infine Mario Basco, alias Cacciagalli, si propone tra i più ispirati vignaioli regionali, con un vino contemporaneo, figlio di una viticoltura sana e tecniche di vinificazione ragionate e mai invasive: il suo Zagreo è tra i più goduriosi bianchi macerati d'Italia. In totale sono 22 Tre Bicchieri. La vendemmia 2015 sorride al Fiano di Avellino, ben 6 Tre Bicchieri, meno al Greco di Tufo, con alcuni campioni già molto pronti e meno taglienti del solito. Annata di luce e grande definizione per i vini della Costiera Amalfitana, con tanti vini piazzati in finale; buone notizie anche dal casertano e dal Sannio, distretto tra i più vitali e dal rapporto qualità prezzo più che attraente sul terreno dei bianchi. Nota a margine per il Taurasi, denominazione in chiaroscuro, di certo non supportata da millesimi poco felici, ma che evidenzia spesso scelte di cantina poco comprensibili. A mettere il carico sul profilo autentico e tutt'altro che lineare del panorama regionale, i nostri punteggi premiano di frequente i vini base, ribaltando le gerarchie aziendali.

Agnanum

via Vicinale Abbandonata agli Astroni, 3
80125 Napoli
Tel. 3385315272
www.agnanum.it

VENDITA DIRETTA
VISITA SU PRENOTAZIONE
PRODUZIONE ANNUA 25.000 bottiglie
ETTARI VITATI 7,50

È Raffaele Moccia il caparbio vignaiolo protagonista di questa virtuosa realtà con vigne terrazzate sulle ripide colline del Parco Naturale degli Astroni. Dagli oltre sette ettari vitati, equamente divisi tra falanghina e piedirosso, ricava una batteria di vini dal taglio squisitamente artigianale che riflettono fedelmente i terreni di sabbia nera vulcanica e il clima mediterraneo e solare dei Campi Flegrei. Le rese sono minime, le viti a piede franco, i numeri produttivi confidenziali. Traguardo storico per il Piedirosso '15, che porta per la prima volta la varietà nel circuito dei Tre Bicchieri. Incantevole il suo profilo immediato di erbe officinali e fiori, profuma di timo e rosmarino, ha un sorso di grande energia motrice articolato su un registro sapido profondo, dal frutto carnoso e finale sfumato. Più balsamico e scuro su note pepate e di radice il Piedirosso Vigna delle Volpi '14; deliziosa la Falanghina Vigna del Pino '15, nei suoi toni luminosi di fiori di campo e camomilla, dal finale fumé interminabile.

Vino	Bicchieri	
● Campi Flegrei Piedirosso '15	3 rossi	4*
○ Campi Flegrei Falanghina V. del Pino '15	2 rossi	3*
● Campi Flegrei Piedirosso V. delle Volpi '14	2 rossi	4
○ Campi Flegrei Falanghina V. del Pino '14	2 neri	3
○ Campi Flegrei Falanghina '15	1 nero	3
● Campi Flegrei Piedirosso '13	2 bianchi	3*
● Campi Flegrei Piedirosso V. delle Volpi '12	2 bianchi	5

Alois

loc. Audelino
via Ragazzano
81040 Pontelatone [CE]
Tel. 0823876710
www.vinialois.it

VENDITA DIRETTA
VISITA SU PRENOTAZIONE
PRODUZIONE ANNUA 220.000 bottiglie
ETTARI VITATI 30,00
AZIENDA SOSTENIBILE

Dalla produzione di sete preziose all'ombra delle sontuosa Reggia di Caserta all'avventura vitivinicola: è il percorso storico della famiglia Alois. I fratelli Massimo e Michele hanno dato slancio a una tra le realtà più interessanti del panorama regionale con l'intento di valorizzare le varietà autoctone del casertano, vinificate secondo la filosofia del monovitigno. La produzione spazia dal pallagrello bianco, di cui viene proposto anche un ottimo cru, il Caiatì, poi pallagrello nero e casavecchia. Il marchio Donna Paolina contraddistingue i vini irpini, con il classico tris sulla ruota di Avellino: Fiano, Greco e Taurasi. In una batteria di alto livello la spunta il Caiatì '14. Il colore, insolitamente carico, è il preludio a un vino autentico ed espressivo, dai toni di pesca gialla, scorza di limone e grano; la bocca è cremosa, ricca ma ben sostenuta, per un finale lungo e mentolato. Scalpitante il Trebulanum '12, teso e croccante il Settimo '14, elegante nell'estrazione e dalla bella spina acida, saporito e ben articolato il Fiano di Avellino Donna Paolina '15.

Vino	Bicchieri	
○ Caiatì '14	3 rossi	3*
○ Caulino '15	2 neri	2*
● Cunto '13	2 neri	4
○ Falanghina Donna Paolina '15	2 neri	3
○ Fiano di Avellino Donna Paolina '15	2 neri	3
○ Greco di Tufo Donna Paolina '15	2 neri	3
● Settimo '14	2 neri	2*
● Taurasi Donna Paolina '11	2 neri	5
● Trebulanum '12	2 neri	5
● Campole '14	1 nero	3
○ Pallagrello Bianco Caiatì Morrone '13	3 bianchi	2*
● Trebulanum '10	3 bianchi	5
○ Caulino '14	2 bianchi	2*
● Cunto '12	2 bianchi	4
● Settimo '13	2 bianchi	2*

Cantine Astroni

via Sartania, 48
80126 Napoli
Tel. 0815884182
www.cantineastroni.com

VENDITA DIRETTA
VISITA SU PRENOTAZIONE
RISTORAZIONE
PRODUZIONE ANNUA 330.000 bottiglie
ETTARI VITATI 25,00
VITICOLTURA Biologico Certificato
AZIENDA SOSTENIBILE

L'azienda si trova sulle pendici esterne del cratere degli Astroni, tra Napoli e Pozzuoli, parte integrante della splendida zona dei Campi Flegrei, dove storicamente si coltivano piedirosso a falanghina. Astroni è tra le realtà più strutturate del comprensorio grazie a un parco vigneti costituito da 13 ettari di proprietà e altri 12 lavorati tramite una rete di storici soci conferitori. È Gerardo Vernazzaro a guidare i lavori, supportato dalla moglie Emanuela Russo e dal cugino Vincenzo. La gamma propone un quadro d'insieme ispirato da una serie di vini profilati e autentici. Approda in finale il Piedirosso Colle Rotondella '15 che, sotto un profilo tutto giocato sul frutto rosso maturo e suadente, rivela un sorso profondo e balsamico, con un fondo di spezie scure e un finale molto fresco e tonico su sensazioni agrumate. Di buona profondità gustativa la Falanghina Colle Imperatrice '15; leggero tocco macerativo e profumi di matrice minerale individuano la Falanghina Vigna Astroni '14, dal sorso piacevalmente amaricante.

Vino	Valutazione
● Campi Flegrei Piedirosso Colle Rotondella '15	🍷🍷 3*
○ Campi Flegrei Falanghina Colle Imperatrice '15	🍷🍷 2*
○ Campi Flegrei Falanghina V. Astroni '14	🍷 3
○ Strione '11	🍷 4
○ Campi Flegrei Falanghina Colle Imperatrice '14	🍷🍷 2*
○ Campi Flegrei Falanghina Colle Imperatrice '12	🍷🍷 2*
○ Campi Flegrei Falanghina V. Astroni '13	🍷🍷 3
● Campi Flegrei Piedirosso Colle Rotondella '12	🍷🍷 2*
○ Strione '10	🍷🍷 4

Bambinuto

via Cerro
83030 Santa Paolina [AV]
Tel. 0825964634
www.cantinabambinuto.com

VISITA SU PRENOTAZIONE
PRODUZIONE ANNUA 25.000 bottiglie
ETTARI VITATI 6,00

La cantina Bambinuto, come tante piccole realtà irpine, nasce dalla volontà di vinificare in proprio le uve conferite per anni ad aziende più strutturate. Siamo nel comune di Santa Paolina, territorio d'elezione per il Greco di Tufo, qui le piante affondano su suoli argillosi e calcarei con alto tasso di calcio e potassio. Marilena Aufiero, coadiuvata dall'enologo Antonio Pesce, propone due Greco lavorati in acciaio: un base e il Picoli, dall'omonimo vigneto, che presenta una maggiore maturazione delle uve e un plus di struttura. Per la prima volta Marilena piazza un vino in finale: si tratta del Greco di Tufo '14, elegante e complesso, combina profumi iodati e gessosi a sensazioni fini di erbe aromatiche. È un vino tonico e leggiadro, dal finale salino. Sullo stesso piano il Picoli '13, assaggiato quest'anno per la prima volta, con una luminosità aromatica da riesling. Più carico il Picoli '15, dai profumi di ginestra e albicocca, fitto e cremoso. Espressiva la Falanghina Insania '15.

Vino	Valutazione
○ Greco di Tufo '14	🍷🍷 2*
○ Greco di Tufo Picoli '15	🍷🍷 4
○ Greco di Tufo Picoli '13	🍷🍷 4
○ Irpinia Falanghina Insania '15	🍷🍷 2*
○ Greco di Tufo '13	🍷🍷 2*
○ Greco di Tufo '12	🍷🍷 3
○ Greco di Tufo Picoli '11	🍷🍷 4
○ Greco di Tufo Picoli '10	🍷🍷 4
● Taurasi '07	🍷🍷 5

I Cacciagalli

loc. Caianello
fraz. Aorivola
via Teano, 3
81059 Teano [CE]
Tel. 0823875216
www.icacciagalli.it

VENDITA DIRETTA
VISITA SU PRENOTAZIONE
OSPITALITÀ
PRODUZIONE ANNUA 20.000 bottiglie
ETTARI VITATI 9,00
VITICOLTURA Biologico Certificato

La microcantina di Mario Basco e Diana Iaccannone è tra le stelle emergenti del vino campano. Siamo ad Aorivola, nell'Alto Casertano, a pochi chilometri dal vulcano spento di Roccamonfina. La filosofia è biodinamica e in cantina si utilizzano legni grandi e anfore di terracotta con chiusura inox. I vini mostrano già una maturità stilistica encomiabile, coniugano intensità, energia vitale, naturalezza espressiva. Sono vini di spontanea bevibilità, di stile contemporaneo. La novità è il Mille, da piedirosso con saldo di aglianico, lavorato in cemento: un omaggio all'incontro di Teano tra Garibaldi e Vittorio Emanuele II del 1860. Lo Zagreo '15 è tra i migliori bianchi macerati della Penisola. Profuma di grano, pesca matura e tè verde, con bocca resinosa e saporita, fragrante, con punte sapide e amare che trovano equilibrio in un finale vivace che invita naturalmente il sorso successivo. Uguale tasso di bevibilità per il Mille '15, tutto ritmo e tensione, dai toni scuri di olive nere e grafite; la bocca è reattiva, dal tannino ruspante e acidità stuzzicante.

Vino	Bicchieri	
○ Zagreo '15	🍷🍷🍷	4*
○ Zagreo '14	🍷🍷	4
● Mille '15	🍷🍷	3
○ Aorivola '15	🍷	3
○ Aorivola '13	🍷🍷	4
● Lucno '13	🍷🍷	4
● Masseria Cacciagalli '11	🍷🍷	4
● Phos '13	🍷🍷	4
● Sphaeranera '13	🍷🍷	4
○ Zagreo '13	🍷🍷	4

Antonio Caggiano

c.da Sala
83030 Taurasi [AV]
Tel. 082774723
www.cantinecaggiano.it

VENDITA DIRETTA
VISITA SU PRENOTAZIONE
RISTORAZIONE
PRODUZIONE ANNUA 155.000 bottiglie
ETTARI VITATI 25,00

La fotografia, il viaggio e il vino. Sono le tre passioni di Antonio Caggiano. Ha girato il mondo in lungo e largo alla ricerca dello scatto giusto, per poi pensare e realizzare una delle più belle cantine della regione, ricavando spettacolari nicchie dove riposano le sue bottiglie, assieme a reperti vitivinicoli d'epoca: un vero e proprio museo. Oggi il timone è sempre più nelle mani del figlio Giuseppe, forte di alcune tra le vigne con le migliori esposizioni del comprensorio di Taurasi. Il Vigna Macchia dei Goti è stato un vino che ha fatto scuola, uno dei primi cru della denominazione a maturare esclusivamente in barrique. La versione 2012 del Vigna Macchia dei Goti offre un naso maturo di piccoli frutti neri e arancia sanguinella, di esuberante struttura e calibrata estrazione tannica: è succoso, denso, con spezie scure e un finale sapido e ben sfumato. Si conferma tra i migliori vini dolci campani il Mel, blend da fiano e greco, profuma di zafferano e agrumi canditi; la bocca è densa e agile, mai eccessivo nella componente zuccherina. Polposo e dal tocco delicatamente resinoso il Béchar '15.

Vino	Bicchieri	
● Taurasi V. Macchia dei Goti '12	🍷🍷	5
○ Fiano di Avellino Béchar '15	🍷🍷	3
○ Greco di Tufo Devon '15	🍷🍷	3
○ Mel	🍷🍷	5
● Irpinia Aglianico Taurì '14	🍷	2
● Irpinia Campi Taurasini Salae Domini '14	🍷	5
○ Fiano di Avellino Béchar '13	🍷🍷🍷	3*
● Taurasi V. Macchia dei Goti '08	🍷🍷🍷	5
● Taurasi V. Macchia dei Goti '04	🍷🍷🍷	5
○ Fiano di Avellino Béchar '14	🍷🍷	3*
● Irpinia Aglianico Taurì '13	🍷🍷	2*
● Taurasi V. Macchia dei Goti '11	🍷🍷	5
● Taurasi V. Macchia dei Goti '10	🍷🍷	5

Cantina del Taburno

via Sala, 16
82030 Foglianise [BN]
Tel. 0824871338
www.cantinadeltaburno.it

VENDITA DIRETTA
VISITA SU PRENOTAZIONE
PRODUZIONE ANNUA 1.000.000 bottiglie
ETTARI VITATI 600,00

La Cantina del Taburno è di proprietà del Consorzio Agrario Provinciale di Benevento che dal 1901 svolge un ruolo di prim'ordine nello sviluppo della viticoltura sannita. La cooperativa riunisce 300 soci per una superficie vitata complessiva di 600 ettari, collocati sulle pendici del Monte Taburno su terreni collinari prevalentemente argillosi. La produzione accoglie tutte le principali denominazioni sannite, comandano Falanghina, Piedirosso, Aglianico, Sciascinoso, Coda di Volpe, Greco e Fiano. Bianchi immediati e piacevoli, rossi estrattivi e polposi, non mancano passiti e spumanti ottenuti attraverso il metodo Martinotti. In attesa delle nuove annate del Bue Apis e del Delius segnaliamo una Falanghina del Sannio Taburno immediata e piacevole. La versione 2015 propone profumi fragranti di anice e mandorla; al sorso riscontra un profilo aromatico misurato, sapido, dall'andamento lineare e scorrevole. Convincente anche il Cesco dell'Eremo '15, che profuma di mela verde e ha corpo succoso e acidità ben integrata alla struttura.

○ Falanghina del Sannio Taburno '15	🍷🍷 2*
○ Cesco dell'Eremo '15	🍷🍷 2*
○ Coda di Volpe Amineo '15	🍷 2
○ Greco '15	🍷 2
● Sannio Aglianico Fidelis '13	🍷 2
● Aglianico del Taburno Bue Apis '04	🍷🍷🍷 8
● Aglianico del Taburno Delius '09	🍷🍷🍷 4*
● Bue Apis '00	🍷🍷🍷 6
○ Bue Apis '99	🍷🍷🍷 6
● Aglianico del Taburno Bue Apis '11	🍷🍷 8
○ Cesco dell'Eremo '13	🍷🍷 2*
○ Coda di Volpe Amineo '14	🍷🍷 2*
○ Fiano '14	🍷🍷 2*
○ Greco '14	🍷🍷 2*
● Sannio Aglianico Fidelis '11	🍷🍷 2*

Cautiero

c.da Arbusti
82030 Frasso Telesino [BN]
Tel. 3387640641
www.cautiero.it

VENDITA DIRETTA
OSPITALITÀ
PRODUZIONE ANNUA 18.000 bottiglie
ETTARI VITATI 4,00
VITICOLTURA Biologico Certificato

Compie 15 anni di attività la boutique di Fulvio Cautiero e Imma Cropano. Nel 2002 lasciano le relative professioni per dedicarsi al vino e a quei terreni abbandonati nel Parco Regionale del Taburno in provincia di Benevento. Le uve provengono dai quattro ettari di proprietà, coltivati in biologico e allevati a spalliera, che affondano su terreni ricchi di argilla e scheletro. Grande protagonista la Falanghina, costantemente una delle migliori della tipologia, che ci introduce alla cifra stilistica di casa Cautiero: pulizia, fragranza e tensione. Caratteristiche che finiscono per esaltare una beva molto pura. La Falanghina di Cautiero si conferma tra le migliori della denominazione: ha un passo maturo e solare, con toni che rimandano alla camomilla e il sambuco; il sorso è insieme ricco e agile, sapido e saporito. Molto buono anche l'Erba Bianca '15, dal tratto spontaneo che ricorda le erbe macerate e il grano. Al sorso è slanciato, possente ma ritmico, con un finale di tè verde molto invitante. Meno centrati i rossi.

○ Erba Bianca '15	🍷🍷 2*
○ Falanghina del Sannio Fois '15	🍷🍷 2*
● Sannio Aglianico Fois '13	🍷🍷 2*
○ Sannio Greco Trois '15	🍷🍷 2*
● Piedirosso '15	🍷 2
● Sannio Aglianico Donna Candida '11	🍷 4
○ Falanghina del Sannio Fois '13	🍷🍷🍷 2*
○ Erba Bianca '14	🍷🍷 2*
○ Falanghina del Sannio Fois '14	🍷🍷 2*
● Piedirosso '13	🍷🍷 2*
● Sannio Aglianico Fois '12	🍷🍷 2*
○ Sannio Greco Trois '14	🍷🍷 2*
○ Sannio Greco Trois '13	🍷🍷 2*

Tenuta Cavalier Pepe

via Santa Vara
83050 Sant'Angelo all'Esca [AV]
Tel. 082773766
www.tenutapepe.it

VENDITA DIRETTA
VISITA SU PRENOTAZIONE
OSPITALITÀ E RISTORAZIONE
PRODUZIONE ANNUA 300.000 bottiglie
ETTARI VITATI 50,00
AZIENDA SOSTENIBILE

Fu il Presidente della Repubblica Oscar Luigi Scalfaro a nominare Cavaliere Angelo Pepe per il suo prezioso lavoro di promozione della cultura gastronomica in Belgio dove ha aperto 6 rinomati ristoranti. La figlia Milena, dopo le esperienze in Olanda e la specializzazione in Francia, si è occupata in pieno dell'attività enologica avviata dal padre a Sant'Angelo all'Esca, ampliando un portfolio di vigneti che oggi ammontano a 50 ettari. La produzione abbraccia tutte le denominazioni del comprensorio irpino, denotando un livello medio costante sull'intera batteria, con alcune punte che in più tornate hanno sfiorato l'eccellenza. Il Fiano di Avellino Refiano '15 ha profumi nitidi e solari, è insieme fragrante e maturo, dal palato agile e snello su sensazioni di erbe aromatiche. Il finale è pulito e lineare. Carattere mediterraneo per il Taurasi Opera Mia '11, intenso nei toni di mirto e macchia mediterranea, con toni già terziari, e bocca allo stesso tempo succosa, calda ma saporita, rinvigorita da una scia sapida che allunga un vino ricco e opulento.

○ Fiano di Avellino Refiano '15	ŸŸ 3
○ Greco di Tufo Nestor '15	ŸŸ 3
● Taurasi Opera Mia '11	ŸŸ 5
○ Fiano di Avellino Brancato '14	Ÿ 4
● Irpinia Aglianico Terra del Varo '12	Ÿ 2
● Irpinia Rosso Sanserino '13	Ÿ 2
○ Fiano di Avellino Refiano '14	ŸŸ 3
○ Fiano di Avellino Refiano '13	ŸŸ 3
● Irpinia Aglianico Terra del Varo '11	ŸŸ 2*
● Taurasi La Loggia del Cavaliere Ris. '09	ŸŸ 6
● Taurasi La Loggia del Cavaliere Ris. '08	ŸŸ 6
● Taurasi La Loggia del Cavaliere Ris. '07	ŸŸ 6
● Taurasi Opera Mia '10	ŸŸ 5
● Taurasi Opera Mia '09	ŸŸ 5

Cenatiempo Vini d'Ischia

via Baldassarre Cossa, 84
80077 Ischia [NA]
Tel. 081981107
www.vinicenatiempo.it

VENDITA DIRETTA
VISITA SU PRENOTAZIONE
PRODUZIONE ANNUA 70.000 bottiglie
ETTARI VITATI 4,00

Dopo tre tornate di assaggi convincenti, Cenatiempo si accomoda nella parte sinistra del tabellone regionale: quello delle schede grandi, per intenderci. Fondata nell'immediato dopoguerra, nel 1945, da Francesco Cenatiempo, pioniere della moderna viticoltura ischitana, è diretta oggi dal figlio Pasquale. Si lavorano sole le uve dei quattro ettari vitati di proprietà, dove si utilizzano solo rame e zolfo, l'inerbimento spontaneo è perenne. La produzione ruota attorno alle principali varietà dell'isola, quindi biancolella, forastera, piedirosso, accanto a una manciata di filari coltivati a guarnaccia. I vini sembrano combinare sempre meglio ricchezze aromatiche e strutture via via più agili e definite, soprattutto sui bianchi. Esemplare l'Ischia Biancolella '15, vino di carattere e sostanza, fresco e invitante nel timbro agrumato, si sviluppa teso e avvolgente, ha grazia e precisione. Appena più maturo, ma molto cremoso e ben articolato, l'Ischia Forastera '15, tra le migliori assaggiate.

○ Ischia Biancolella '15	ŸŸ 3*
○ Ischia Biancolella Kalimera '14	ŸŸ 4
○ Ischia Forastera '15	ŸŸ 4
○ Ischia Bianco Lefkos '15	Ÿ 4
● Ischia Per' 'e Palummo '15	Ÿ 3
○ Ischia Biancolella Kalimera '13	ŸŸ 4
● Ischia Per' 'e Palummo '14	ŸŸ 3

Colli di Lapio

VIA ARIANIELLO, 47
83030 LAPIO [AV]
TEL. 0825982184
www.collidilapio.it

VENDITA DIRETTA
VISITA SU PRENOTAZIONE
PRODUZIONE ANNUA 6.000 bottiglie
ETTARI VITATI 8,00

Lapio è la culla del Fiano di Avellino. Sui terreni ricchi di marne argillose e dalla forte presenza calcarea, che si estendono tra i 400 e 600 metri di quota, il Fiano riesce a regalare alcuni tra i bianchi più affascinanti d'Italia. Da qui arrivano vini sinuosi e affilati, sapidi, di grande eleganza e precisione aromatica. Vini che spiccano per un profilo nordico, la traccia delicatamente fumé e quell'acidità sferzante che ne assicura il potenziale d'invecchiamento. Al comando dell'azienda Clelia Romano, per tutti la Signora del Fiano, supportata da Angelo Pizzi e i figli Carmela e Federico. Il Fiano di Avellino timbra nuovamente il cartellino dei Tre Bicchieri. Il 2015 è un vino più pronto rispetto alle ultime vendemmie ma altrettanto complesso e sfaccettato. Il naso gioca su toni di prato fiorito, di fieno, di pesca; l'attacco è delizioso, fragrante e teso, appena più ricco sul finale, con punte più mature e morbide che non fanno perdere slancio e incisività. Meno centrati gli altri due vini.

○ Fiano di Avellino '15	🍷🍷🍷 4*
○ Greco di Tufo Alexandros '15	🍷 3
● Irpinia Campi Taurasini Donna Chiara '14	🍷 3
○ Fiano di Avellino '14	🍷🍷🍷 4*
○ Fiano di Avellino '13	🍷🍷🍷 4*
○ Fiano di Avellino '10	🍷🍷🍷 4
○ Fiano di Avellino '09	🍷🍷🍷 4
○ Fiano di Avellino '08	🍷🍷🍷 4*
○ Fiano di Avellino '07	🍷🍷🍷 4
○ Fiano di Avellino '05	🍷🍷🍷 4
○ Fiano di Avellino '04	🍷🍷🍷 4
○ Greco di Tufo Alèxandros '14	🍷🍷 3
○ Greco di Tufo Alèxandros '13	🍷🍷 3
● Taurasi V. Andrea '11	🍷🍷 5

Michele Contrada

C.DA TAVERNA, 31
83040 CANDIDA [AV]
TEL. 0825988434
www.vinicontrada.it

VENDITA DIRETTA
VISITA SU PRENOTAZIONE
PRODUZIONE ANNUA 60.000 bottiglie
ETTARI VITATI 10,00

La Campania è puntellata da tanti artigiani e piccole realtà che vivacizzano un panorama enologico estremamente dinamico, ricco di sorprese da scoprire. La piccola cantina di Gerardo Contrada, tenace vignaiolo irpino, si è stagliata negli assaggi delle nostre ultime tornate per la Guida, spuntando punteggi molto alti sia tra la linea base sia tra i cru che traghettano in bottiglia le vigne storiche. Il Fiano di Avellino, in particolare, sintetizza al meglio le caratteristiche del territorio di Candida, con un timbro minerale e una ricchezza aromatica peculiare. Greco di Tufo e Coda di Volpe completano la pattuglia dei bianchi, tutti lavorati solo in acciaio. Vivido e ben messo a fuoco l'impianto fruttato del Fiano di Avellino '15, che vira tra sensazioni di pesca ed erbe aromatiche, per un palato suadente e armonico, di beva appagante e ben articolata. Centrato il Taurasi '11, naso di olive neri e capperi, in bocca gira bene su un profilo rustico e maturo. Piglio di frutta esotica e mandorla tostata per la Falanghina del Sannio '15.

○ Fiano di Avellino '15	🍷🍷 3*
● Taurasi '11	🍷🍷 5
○ Falanghina del Sannio '15	🍷 2
○ Fiano di Avellino Selvecorte '12	🍷🍷🍷 3*
○ Fiano di Avellino '12	🍷🍷 3*
○ Fiano di Avellino Selvecorte '13	🍷🍷 3*
○ Fiano di Avellino Selvecorte '11	🍷🍷 3*
○ Greco di Tufo '12	🍷🍷 3
○ Greco di Tufo Gaudioso '13	🍷🍷 2*
○ Greco di Tufo Gaudioso '12	🍷🍷 3
● Taurasi Hirpus '08	🍷🍷 5

Contrade di Taurasi

via Municipio, 41
83030 Taurasi [AV]
Tel. 082774483
www.cantinelonardo.it

VENDITA DIRETTA
VISITA SU PRENOTAZIONE
PRODUZIONE ANNUA 18.000 bottiglie
ETTARI VITATI 5,00
VITICOLTURA Biologico Certificato

Alessandro Lonardo, con il supporto tecnico di Vincenzo Mercurio, è alla guida di una virtuosa boutique del vino irpino, avviata ufficialmente nel 1998. I numeri sono quelli di una realtà artigianale: si lavorano solo le uve dei cinque ettari di proprietà, solo lieviti autoctoni, la conduzione è biologica. L'unico bianco propoposto è il Grecomusc', espressione della varietà autoctona rovello. Poi un Taurasi, un Taurasi Riserva e due cru sempre nel comune di Taurasi, Coste e Vigne d'Alto, con piante che superano anche gli 80 anni di età. Lo stile della casa evidenzia vini molto puri nell'espressione aromatica, con estrazioni pacate e profili sinuosi ed eleganti. È il Taurasi Coste '11 a piazzare la stoccata. Sentori iniziali di cuoio, pepe e arancia sanguinella sono il preludio a un vino di notevolissima presenza minerale, ricco di spunti, dal finale lungo su sfumature di tabacco biondo e radici. Roccioso, saporito e austero il Vigne d'Alto '11; teso e scattante il Taurasi '11, solo un filo asciugato dal tannino sul finale. Promettente l'esordio del Grecomusc' Burlesque.

● Taurasi Coste '11	🍷🍷🍷 8
● Taurasi '11	🍷🍷 6
○ Grecomusc' '14	🍷🍷 5
○ Grecomusc' Burlesque '14	🍷🍷 5
● Taurasi Vigne d'Alto '11	🍷🍷 8
○ Grecomusc' '12	🍷🍷🍷 4*
○ Grecomusc' '10	🍷🍷🍷 4*
● Taurasi '10	🍷🍷🍷 6
● Taurasi '04	🍷🍷🍷 6
● Taurasi Coste '08	🍷🍷🍷 7
○ Grecomusc' '13	🍷🍷 4
● Irpinia Aglianico '12	🍷🍷 3
● Taurasi '08	🍷🍷 5
● Taurasi Coste '09	🍷🍷 7
● Taurasi Vigne d'Alto '09	🍷🍷 5
● Taurasi Vigne d'Alto '08	🍷🍷 7

Marisa Cuomo

via G. B. Lama, 16/18
84010 Furore [SA]
Tel. 089830348
www.marisacuomo.com

VENDITA DIRETTA
VISITA SU PRENOTAZIONE
RISTORAZIONE
PRODUZIONE ANNUA 109.000 bottiglie
ETTARI VITATI 18,00

Una legge mai scritta sostiene che i grandi vini si possono produrre solo in paesaggi di particolare bellezza. Come se esistesse uno scambio tra l'anima del luogo e i suoi frutti. Applichiamo la suddetta norma ai vini di Marisa Cuomo, Andrea Ferraioli e dei figli Raffaele e Dora. Furore, sulla Costa d'Amalfi - sito patrimonio Unesco - offre scorci da togliere il fiato: scogliere a picco sul mare e terrazze che accolgono vecchie vigne dove convivono varietà autoctone come fenile, pepella, tintore. Da qui arrivano bianchi forieri di un bagaglio aromatico solare e marino semplicemente non replicabile. La nostra preferenza quest'anno va al Furore Bianco '15, irresistibile bianco di classe e definizione. Il naso riporta senza margini d'errore al luogo produttivo: profuma di limoni maturi appena colti, è fresco, invitante, teso e scattante, dal finale in netto crescendo di toni fruttati e mentolati. Ampio e articolato il Fiorduva'15, che sconta solo una dolcezza aromatica appena più marcata del solito. Da tenere sempre a portata di mano, possibilmente in fresco, il Costa d'Amalfi Rosato '15.

○ Costa d'Amalfi Furore Bianco '15	🍷🍷🍷 4*
○ Costa d'Amalfi Furore Bianco Fiorduva '15	🍷🍷 7
○ Costa d'Amalfi Ravello Bianco '15	🍷🍷 3
⊙ Costa d'Amalfi Rosato '15	🍷🍷 4
● Costa d'Amalfi Furore Rosso '15	🍷 3
● Costa d'Amalfi Ravello Rosso Ris. '13	🍷 5
○ Costa d'Amalfi Fiorduva '08	🍷🍷🍷 6
○ Costa d'Amalfi Fiorduva '07	🍷🍷🍷 6
○ Costa d'Amalfi Fiorduva '06	🍷🍷🍷 6
○ Costa d'Amalfi Fiorduva '05	🍷🍷🍷 6
○ Costa d'Amalfi Furore Bianco '10	🍷🍷🍷 4
○ Costa d'Amalfi Furore Bianco Fiorduva '14	🍷🍷🍷 7
○ Costa d'Amalfi Furore Bianco Fiorduva '10	🍷🍷🍷 6

D'Ambra Vini d'Ischia

FRAZ. PANZA
VIA MARIO D'AMBRA, 16
80077 FORIO [NA]
TEL. 081907210
www.dambravini.com

VENDITA DIRETTA
VISITA SU PRENOTAZIONE
PRODUZIONE ANNUA 450.000 bottiglie
ETTARI VITATI 14,00

Festeggia 50 anni la denominazione Ischia, la prima campana e tra le prime a livello nazionale. La famiglia d'Ambra rappresenta la memoria storica della viticoltura isolana, che un tempo poteva contare su numeri di produzione molto più alti di quelli attuali. Ufficialmente fondata nel 1888, Casa D'Ambra può disporre di un parco vigneti su diversi lati dell'isola, compresa la celebre Tenuta Frassitelli dove le pendenze sono tali da rendere necessario l'utilizzo di un trenino per la vendemmia. I terreni vitati che guardano il mare, alle falde del vulcano spento Epomeo, si esprimono con le cadenze rilassate del Biancolella, protagonista in una gamma ricca e ben segmentata. Il tempo ci dirà se siamo stati fin troppo accorti nella valutazione del Biancolella Tenuta Frassitelli '15, bianco fine e aromatico nella sua nota mentolata e fumé, sottile e saporito, con un finale appena troppo lineare per aspirare ad altri traguardi. Intriganti le sfumature erbacee e la vena balsamica del Rosso Dedicato a Mario d'Ambra '13, così come le note terrose e di caffè che escono dal bicchiere de La Vigna dei Mille Anni '13.

○ Ischia Biancolella '15	▼▼ 3
○ Ischia Biancolella Tenutta Frassitelli '15	▼▼ 4
● Ischia Per'e Palummo La Vigna dei Mille Anni '13	▼▼ 5
● Ischia Rosso Dedicato a Mario D'Ambra '13	▼▼ 4
○ Gocce D'Ambra	▼ 5
○ Ischia Bianco '15	▼ 2
○ Ischia Forastera '15	▼ 3
○ Ischia Biancolella Tenuta Frassitelli '12	▽▽▽ 3*
○ Ischia Biancolella Tenuta Frassitelli '14	▽▽ 3*
○ Ischia Biancolella Tenuta Frassitelli '13	▽▽ 3*
○ Ischia Forastera Euposia '14	▽▽ 3
○ Ischia Forastera Euposia '13	▽▽ 3
● Ischia Rosso Dedicato a Mario D'Ambra '11	▽▽ 4

Di Meo

C.DA COCCOVONI, 1
83050 SALZA IRPINA [AV]
TEL. 0825981419
www.dimeo.it

VENDITA DIRETTA
VISITA SU PRENOTAZIONE
RISTORAZIONE
PRODUZIONE ANNUA 450.000 bottiglie
ETTARI VITATI 30,00
AZIENDA SOSTENIBILE

Non è semplice orientarsi tra i vini di Generoso e Roberto di Meo, capaci ogni anno di sorprenderci con annate messe in commercio dopo lunghissimi affinamenti in bottiglia e tante nuove selezioni. La produzione spazia tra i bianchi classici del territorio, quindi Fiano di Avellino e Greco di Tufo, Falanghina e Aglianico. Tra le vigne di proprietà spiccano le parcelle a Montemarano, oltre i 600 metri di quota: arriva da qui un Taurasi particolarmente energico ma allo stesso tempo reattivo, bisognoso di un adeguato riposo in bottiglia per smussare le asperità e trovare il giusto equilibrio. Buona prestazione d'insieme per la batteria di casa Di Meo. Il Fiano F '15 parte lento nei profumi di macchia e di scorza d'arancia ma finisce in un crescendo di sapore e sfumature delicatamente fumé. Da elogi la tenuta nel tempo del Greco G '07, dal colore ancora brillante, ha un passo muschiato, di mandorla tostata e un finale salato e puntellato. Differenti nel registro aromatico, ma entrambi potenti e di lunga gittata, i due Taurasi proposti.

○ Fiano di Avellino F '15	▼▼ 3*
○ Greco di Tufo G '07	▼▼ 3
● Taurasi Sel. Hamilton Ris. '08	▼▼ 7
● Taurasi V. Olmo Ris. '10	▼▼ 5
○ Coda di Volpe C '15	▼ 2
○ Falanghina '15	▼ 2
○ Greco di Tufo G '15	▼ 3
● Taurasi Ris. '06	▽▽▽ 5
○ Falanghina '14	▽▽ 2*
○ Fiano di Avellino Alessandra '10	▽▽ 3
○ Fiano di Avellino Colle dei Cerri '10	▽▽ 4
○ Fiano di Avellino F '12	▽▽ 3
○ Fiano di Avellino F Sel. Alessandra '11	▽▽ 3
● Taurasi V. Olmo Ris. '08	▽▽ 5

Di Prisco

c.da Rotole, 27
83040 Fontanarosa [AV]
Tel. 0825475738
www.cantinadiprisco.it

VENDITA DIRETTA
VISITA SU PRENOTAZIONE
PRODUZIONE ANNUA 100.000 bottiglie
ETTARI VITATI 10,00

Pasqualino Di Prisco ha tutti i caratteri del vigneron irpino: di poche parole, instancabile lavoratore, legatissimo alla sua terra d'origine. Ed è tra i pochi produttori regionali capaci di produrre bianchi e rossi di eguale caratura qualitativa a prezzi correttissimi. La cantina si trova a Fontanarosa, una zona celebre per la fortissima presenza di calcare e per le escursioni termiche feroci. I bianchi denotano un registro salino molto marcato, mentre i rossi si mettono in evidenza per un carattere sinuoso ed elegante, meno materico e concentrato rispetto alla media. Il primo impatto olfattivo con il Greco di Tufo Pietra Rosa '13 conduce su toni di idrocarburo, salvia e pepe bianco, mentre la bocca è rocciosa, muschiata, con una nota lattica e fumé di buona profondità gustativa. Il finale è lungo e incisivo. In crescita nel bicchiere anche il Greco di Tufo '15, dai profumi cristallini e fragranti di agrume e ginestra; il palato è ben modulato, non lunghissimo ma dal ritmo rilassato e finale ben risolto.

○ Greco di Tufo '15	🍷🍷 3
○ Greco di Tufo Pietra Rosa '13	🍷🍷 3
● Irpinia Campi Taurasini '12	🍷 3
○ Greco di Tufo '11	🍷🍷🍷 2*
● Taurasi '06	🍷🍷🍷 5
● Taurasi '05	🍷🍷🍷 5*
○ Fiano di Avellino '12	🍷🍷 2*
○ Greco di Tufo '13	🍷🍷 3*
○ Greco di Tufo '12	🍷🍷 2*
○ Greco di Tufo Pietra Rosa '12	🍷🍷 3*
○ Greco di Tufo Pietra Rosa '11	🍷🍷 3*
○ Greco di Tufo Pietra Rosa '10	🍷🍷 3*
○ Irpinia Fiano Rotole '14	🍷🍷 3
● Taurasi '10	🍷🍷 5
● Taurasi '07	🍷🍷 5

Donnachiara

loc. Pietracupa
via Stazione
83030 Montefalcione [AV]
Tel. 0825977135
www.donnachiara.com

VENDITA DIRETTA
VISITA SU PRENOTAZIONE
RISTORAZIONE
PRODUZIONE ANNUA 200.000 bottiglie
ETTARI VITATI 27,00

Donnachiara è una solida realtà del competitivo comprensorio avellinese. Nel giro di soli 10 anni, l'azienda è stata fondata nel 2005, è riuscita a ritagliarsi uno spazio importante grazie al lavoro serio e determinato di Italia Petitto. Gli ettari di proprietà sono 24, ai quali vanno aggiunti I tre in fitto, per una produzione variegata che copre le principali denominazioni irpine, declinate in uno stile pacatamente moderno. I bianchi sono lavorati in acciaio, con lunghe permanenze sur lie, i Taurasi sono affinati perlopiù in legno piccolo. Molto buono il Greco di Tufo '15, elegante nei suoi toni di anice e alloro, dalla bocca sapida, nitida, ben sfumata sul finale morbido e cremoso su toni di bergamotto. Conferme dalla Coda di Volpe: la versione 2015 profuma di salvia e alloro, è avvolgente, succosa, ricca di sensazioni fruttate e slanciata al palato. Dolce di frutto, ma ben calibrate, la Falanghina '15, ancora marcato dal legno il piano aromatico del Taurasi di Umberto '12.

○ Falanghina '15	🍷🍷 2*
○ Greco di Tufo '15	🍷🍷 3
○ Irpinia Coda di Volpe '15	🍷🍷 3
● Aglianico '14	🍷 2
○ Fiano di Avellino '15	🍷 3
● Irpinia Aglianico '13	🍷 3
● Taurasi di Umberto '12	🍷 5
○ Falanghina '14	🍷🍷 2*
○ Falanghina del Beneventano '13	🍷🍷 2*
○ Fiano di Avellino '13	🍷🍷 3
○ Fiano di Avellino '12	🍷🍷 3
○ Greco di Tufo '14	🍷🍷 2*
○ Greco di Tufo '12	🍷🍷 3
● Irpinia Coda di Volpe '14	🍷🍷 2*

I Favati

P.zza Di Donato
83020 Cesinali [AV]
Tel. 0825666898
www.cantineifavati.it

VENDITA DIRETTA
VISITA SU PRENOTAZIONE
PRODUZIONE ANNUA 80.000 bottiglie
ETTARI VITATI 10,00

Solida e ben curata la gamma messa a punto da Rossanna Petrozziello e dai fratelli Piersabino e Giancarlo Favati. Fiore all'occhiello il Fiano di Avellino, le uve sono quelle del vigneto Pietramora, zona di Atripalda, mentre il Greco di Tufo è espressione delle vigne di Montefusco. Entrambi sono lavorati in acciaio e solo nelle migliori vendemmie dalle stesse parcelle sono tirate altre due Etichette Bianche, due selezioni di valore assoluto, giudizio confermato dal recente riassaggio di vecchie annate. Più materico ed estrattivo lo stile dei rossi. È il Fiano di Avellino Pietramara a strappare il punteggio più alto tra i vini proposti, confermandosi vino di razza. Intriga in particolare il suo tratto affumicato, tra note di frutta secca e un fondo di grafite, accompagnate da un frutto bianco pimpante, perfettamente maturo. È un bianco vitale e mordente, il finale è deciso, ampio ed energico. Potente ed estrattivo il Taurasi Terzo Tratto Etichetta Bianca Riserva '10, ricco di succo e note tostate di caffè pregiato.

○ Fiano di Avellino Pietramara '15	🍷🍷🍷	3*
● Taurasi Terzo Tratto Et. Bianca Ris. '10	🍷🍷	7
○ Greco di Tufo Terrantica '15	🍷	2
● Irpinia Campi Taurasini Cretarossa '12	🍷	3
● Taurasi Terzo Tratto '10	🍷	5
○ Fiano di Avellino Pietramara '13	🍷🍷🍷	3*
○ Fiano di Avellino Pietramara '12	🍷🍷🍷	3*
○ Fiano di Avellino Pietramara '14	🍷🍷	3*
○ Fiano di Avellino Pietramara Et. Bianca '13	🍷🍷	5
○ Greco di Tufo Terrantica '14	🍷🍷	2*
● Taurasi Terzo Tratto '09	🍷🍷	5
● Taurasi Terzo Tratto Et. Bianca '08	🍷🍷	7

Benito Ferrara

Fraz. San Paolo, 14a
83010 Tufo [AV]
Tel. 0825998194
www.benitoferrara.it

VENDITA DIRETTA
VISITA SU PRENOTAZIONE
PRODUZIONE ANNUA 55.000 bottiglie
ETTARI VITATI 13,00

Il Vigna Cicogna è stato uno dei primi cru di Greco di Tufo: la 1996 è stata la prima annata prodotta. In bottiglia finisce la voce di un singolo vigneto di due ettari all'interno della frazione di San Paolo di Tufo, a 500 metri di quota: esposizione sud e terreni ricchi di argilla e zolfo. Porta le firme di Gabriella e Sergio Ferrara, è un vino che sa concentrare sapore e densità gustativa senza perdere ritmo e slancio. La produzione si articola anche di due rossi a base aglianico, proveniente dalla vigna Quattro Confini e di un Fiano e un Greco che da quest'anno cambiano nome ed etichetta. Il Vigna Cicogna '15 esce dal profilo marcato negli ultimi anni. L'annata calda riporta un vino dal frutto più maturo e morbido. L'attacco è quasi dolce, contrastato da un tono fumé elegante e una materia ricca ma trainata da tanta energia salina, per un finale appena sulfureo di lunghezza ragguardevole. Più snello il profilo del Greco di Tufo Terre d'Uva '15, profuma di anice, melone ed erbe di campo: non manca di spalla acida e allungo.

○ Greco di Tufo V. Cicogna '15	🍷🍷🍷	4*
○ Fiano d'Avellino Sequenzha '15	🍷🍷	4
○ Greco di Tufo Terra d'Uva '15	🍷🍷	4
● Taurasi V. Quattro Confini '12	🍷	6
○ Greco di Tufo V. Cicogna '14	🍷🍷🍷	4*
○ Greco di Tufo V. Cicogna '13	🍷🍷🍷	5
○ Greco di Tufo V. Cicogna '12	🍷🍷🍷	4*
○ Greco di Tufo V. Cicogna '10	🍷🍷🍷	4
○ Greco di Tufo V. Cicogna '09	🍷🍷🍷	4
○ Fiano di Avellino '13	🍷🍷	4
○ Fiano di Avellino '12	🍷🍷	4
○ Greco di Tufo '13	🍷🍷	4
○ Greco di Tufo '12	🍷🍷	3*
○ Greco di Tufo V. Cicogna '11	🍷🍷	4
● Taurasi V. Quattro Confini '10	🍷🍷	6

★★Feudi di San Gregorio

loc. Cerza Grossa
83050 Sorbo Serpico [AV]
Tel. 0825986683
www.feudi.it

VENDITA DIRETTA
VISITA SU PRENOTAZIONE
RISTORAZIONE
PRODUZIONE ANNUA 3.500.000 bottiglie
ETTARI VITATI 250,00
VITICOLTURA Biologico Certificato

Festeggia 30 anni Feudi di San Gregorio: la realtà di Sorbo Serpico è stata la grande protagonista dell'enologia moderna campana. Sotto la guida del presidente Antonio Capaldo, con il prezioso contributo di Pierpaolo Sirch sul piano agronomico, l'azienda ha saputo rimodulare la sua identità stilistica, sempre più vicina al territorio, sempre più attenta a valorizzare l'enorme patrimonio vitivinicolo a disposizione. I rossi sono divenuti col tempo più vitali e meno estrattivi, mentre tra le selezioni dei bianchi offrono interpretazioni di sicuro valore. L'ultimo progetto si chiama Feudi Studi, una linea a tiratura limitata pensata per alzare ulteriormente l'asticella. Mostra una compattezza d'insieme mirabile il Fiano d'Avellino Pietracalda '15, dai profumi di frutta gialla ben messi a fuoco e dallo sviluppo aromatico fine, articolato e preciso. Solida coerenza stilistica anche per il Greco di Tufo Cutizzi '15, tutto giocato su un registro bianco di fiori e agrumi. Nota a parte per il nuovo Dubl Esse Dosaggio Zero, da uve greco, la migliore bollicina campana mai assaggiata per fragranza, spinta, perlage e finale fresco e ampio.

○ Dubl Esse	🍷🍷 5
○ Fiano di Avellino Pietracalda '15	🍷🍷 4
○ Dubl + Brut '13	▼▼ 5
○ Greco di Tufo Cutizzi '15	▼▼ 4
● Irpinia Aglianico Serpico '12	▼▼ 7
○ Irpinia Fiano Passito Privilegio '14	▼▼ 6
● Taurasi '12	▼▼ 5
○ Dubl Brut	▼ 4
⊙ Dubl Brut Rosé	▼ 5
○ Falanghina del Sannio Serrocielo '15	▼ 3
● Taurasi Piano di Montevergine Ris. '11	▼ 6
○ Fiano di Avellino Pietracalda '09	▽▽▽ 3
○ Greco di Tufo Cutizzi '12	▽▽▽ 3*
○ Greco di Tufo Cutizzi '10	▽▽▽ 3
○ Greco di Tufo Cutizzi '07	▽▽▽ 3*
● Taurasi Piano di Montevergine Ris. '07	▽▽▽ 6

Fontanavecchia

via Fontanavecchia, 7
82030 Torrecuso [BN]
Tel. 0824876275
www.fontanavecchia.info

VENDITA DIRETTA
VISITA SU PRENOTAZIONE
OSPITALITÀ E RISTORAZIONE
PRODUZIONE ANNUA 160.000 bottiglie
ETTARI VITATI 18,00

Fontanavecchia è una delle aziende più solide e costanti della viticoltura sannita, un punto di riferimento del beneventano. Libero Rillo, che oltre a guidare l'azienda è anche presidente del Consorzio dei vini del Sannio, ha saputo dare un contributo importante per il rilancio della zona, riuscendo a costruire un clima costruttivo tra i produttori della zona. La cantina si trova alle falde del Monte Taburno e può contare su 14 ettari vitati di proprietà, più alcuni appezzamenti in fitto. La gamma è estremamente variegata: a bianchi dalla beva fresca e reattiva si affiancano rossi più strutturati, affinati perlopiù in barrique. La Falanghina del Sannio '15 ha una progressione gustativa ben modulata, dal profilo maturo e il passo sicuro. Dosa una ricchezza fruttata e piglio acido, il finale è lungo, fresco e continuo. Esemplare il Sannio Rosso '15, rosso d'annata lavorato solo in acciaio, che fa della fragranza del frutto rosso maturo e succulento le doti migliori, rilanciate da sensazioni balsamiche che stuzzicano la beva.

○ Falanghina del Sannio Taburno '15	🍷🍷🍷 2*
● Aglianico del Taburno '11	▼▼ 3
● Aglianico del Taburno V. Cataratte '09	▼▼ 5
● Sannio Rosso '15	▼▼ 2*
○ Sannio Fiano '15	▼ 2
○ Sannio Greco '15	▼ 2
● Sannio Piedirosso '15	▼ 2
○ Falanghina del Sannio Taburno '14	▽▽▽ 2*
○ Falanghina del Sannio Taburno '13	▽▽▽ 2*
○ Falanghina del Sannio Taburno '12	▽▽▽ 2*
● Aglianico del Taburno '09	▽▽ 3
● Aglianico del Taburno V. Cataratte Ris. '08	▽▽ 4
○ Sannio Fiano '13	▽▽ 2*
● Sannio Piedirosso '12	▽▽ 2*

Fonzone

loc. Scorzagalline
83052 Paternopoli [AV]
Tel. 08271730100
www.fonzone.it

VENDITA DIRETTA
VISITA SU PRENOTAZIONE
PRODUZIONE ANNUA 57.000 bottiglie
ETTARI VITATI 22,00
AZIENDA SOSTENIBILE

L'avventura vitivinicola di Lorenzo Fonzone Caccese, chirurgo di professione, comincia nel 2005 a Paternopoli, area celebre per il Taurasi. Le uve dei 20 ettari di proprietà sono lavorate in una cantina modernissima, ipogea, perfettamente integrata con il territorio e i vigneti circostanti. Tra i filari non si usano diserbanti, l'inerbimento è perenne, si semina con essenze erbacee per custodire la biodiversità di suoli e piante. Greco di Tufo, Fiano di Avellino e Falanghina sono lavorati solo in acciaio e spiccano per fragranza e tensione gustativa; legno nuovo per il Taurarsi Riserva Scozagalline, brevi passaggi per l'Irpinia Campi Taurasini e il Fiano Sequoia. Gli assaggi di quest'anno confermano la bontà del lavoro di casa Fonzone. Il Greco di Tufo '14 è insieme fresco e sfaccettato, molto invitate al naso nei suoi tipici toni di mandorla, anice ed erbe di campo; il palato è avvolgente e cremoso, di sicura dinamica gustativa. Molto buono anche il Fiano di Avellino '14, che nel suo profilo sinuoso intreccia toni di alloro e frutta secca; al palato ha poco peso ma tanto sapore.

Vino	Bicchieri	Prezzo
○ Greco di Tufo '14	▼▼ (rossi)	3*
○ Fiano di Avellino '14	▼▼	3
● Taurasi Scorzagalline Ris. '10	▼▼	5
○ Greco di Tufo '13	▽▽▽	3*
● Aglianico '12	▽▽	3
○ Fiano di Avellino '13	▽▽	3*
○ Fiano di Avellino '12	▽▽	3
○ Greco di Tufo '12	▽▽	2*
● Irpinia Campi Taurasini '10	▽▽	3
○ Irpinia Fiano Sequoia '13	▽▽	5

La Fortezza

loc. Tora II, 20
82030 Torrecuso [BN]
Tel. 0824886155
www.lafortezzasrl.it

VENDITA DIRETTA
VISITA SU PRENOTAZIONE
PRODUZIONE ANNUA 300.000 bottiglie
ETTARI VITATI 50,00

Nel complesso sono 50 gli ettari lavorati da questa dinamica realtà di Torrecuso, in provincia di Benevento. Di questi, 30 sono quelli di proprietà, dislocati in vari distretti del Sannio, nello specifico sul versante est del Parco Regionale del Taburno Camposauro. La gamma produttiva è ampia, suddivisa tra la linea Classica e la linea Noi beviamo con la testa: protagonisti Aglianico, Falanghina, Greco e Fiano. Panoramica e molto attrezzata la cantina, che ospita anche un ristorante e accoglienti sale con imponenti arcate di pietra. Batteria in crescita, un vino raggiunge le nostre finali. È la Falanghina del Sannio Taburno '15, immediata e senza fronzoli, profuma di agrumi ed erba appena tagliata, dal sorso scorrevole, lineare e sostenuto. Molto centrato il Sannio Fiano '15, vino compatto e luminoso nei profumi, dal giusto piglio acido e dal finale delicato e affumicato. Tra le migliori nella sua tipologia la Falanghina Brut Maleventum, ottenute tramite metodo charmat lungo.

Vino	Bicchieri	Prezzo
○ Falanghina del Sannio Taburno '15	▼▼ (rossi)	2*
● Aglianico del Taburno '12	▼▼	3
○ Falanghina Brut Maleventum	▼▼	3
○ Sannio Fiano '15	▼▼	2*
○ Sannio Greco '15	▼▼	2*
○ Fiano Noi beviamo con la testa '15	▼	2
● Sannio Aglianico Ris. '09	▼	4
● Aglianico del Taburno Ris. '07	▽▽	4
● Aglianico Noi Beviamo con la Testa '11	▽▽	3
○ Beneventano Falanghina '14	▽▽	2*
○ Falanghina del Sannio Taburno '14	▽▽	2*
○ Falanghina del Sannio Taburno '13	▽▽	2*
○ Sannio Fiano '13	▽▽	2*

La Guardiense

C.DA SANTA LUCIA, 104/106
82034 GUARDIA SANFRAMONDI [BN]
TEL. 0824864034
www.laguardiense.it

VENDITA DIRETTA
VISITA SU PRENOTAZIONE
RISTORAZIONE
PRODUZIONE ANNUA 3.700.000 bottiglie
ETTARI VITATI 1900,00

La Guardiense è una moderna realtà cooperativa forte di 1000 soci che lavorano in totale quasi 2000 ettari di vigne su tutto il territorio sunnita. Il compito di dirigere una struttura così articolata spetta a Domizio Pigna, che ha dimostrato di sapere ben indirizzare il percorso di crescita, con una produzione che negli ultimi anni sembra davvero aver trovato un equilibrio e una stabilità produttiva su standard di sicuro affidamento, a partire dalle selezioni più ambiziose. La gamma non può che essere ampia e stratificata, con una linea base proposta a prezzi onestissimi e incursioni anche nel mondo delle bollicine e dei vini dolci. La Falanghina del Sannio Janare '15 è un vino morbido, giocato su toni di agrume e frutta esotica, dal palato ricco e polposo. Il finale è lineare e disteso. Convincente il Sannio Guardia Sanframondi Janare Riserva '13, scuro nelle sue sensazioni fruttate, evidenza un'estrazione tannica sopra la media; la bocca è cremosa, ricca, densa, con un taglio moderno di spezie senza perdere in scorrevolezza e slancio.

○ Falanghina del Sannio Janare '15	🍷🍷🍷 2*
● Sannio Guardia Sanframondi Janare Ris. '13	🍷🍷 2*
● Sannio Aglianico Janare '15	🍷 2
● Sannio Aglianico Lucchero Janare '14	🍷 3
○ Sannio Fiano Janare '15	🍷 2
○ Sannio Greco Janare '15	🍷 2
○ Falanghina del Sannio Janare '14	🍷🍷🍷 2*
○ Falanghina del Sannio Janare '13	🍷🍷🍷 2*
○ Falanghina del Sannio Calvese '13	🍷🍷 2*
○ Sannio Fiano Colle di Tilio '13	🍷🍷 3
○ Sannio Fiano Janare '14	🍷🍷 2*
● Sannio Piedirosso Janare '12	🍷🍷 2*

Lunarossa

VIA V. FORTUNATO
P.I.P. LOTTO 10
84095 GIFFONI VALLE PIANA [SA]
TEL. 0898021016
www.viniepassione.it

VENDITA DIRETTA
VISITA SU PRENOTAZIONE
PRODUZIONE ANNUA 50.000 bottiglie
ETTARI VITATI 4,50

Nella passata edizione avevamo segnalato i passi avanti di questa giovane realtà a ridosso dei Monti Picentini, gruppo montuoso dell'Appenino campano con vista sul golfo di Salerno. La cantina di Mario Mazzitelli, titolare e agronomo, è in prima fila nei progetti di valorizzazione di vecchi appezzamenti vitati, in un comprensorio ancora poco esplorato, con una spiccata sensibilità ambientale e sociale. I vini denotano uno stile solare e autentico, con estrazioni misurate: vini al contempo maturi ma anche freschi e molto bevibili. Vini che sentono la brezza marina e le escursioni termiche feroci dell'Appenino. La batteria di quest'anno è capitanata dal Costacielo Rosso '15, vino godibilissimo nelle sue note croccanti di piccoli frutti rossi e bocca fragrante e balsamica, dal finale teso e limpido. Bene anche il Camporeale Bianco, che profuma di grano e fiori bianchi, progressivo al palato, con un frutto giallo succulento. Tratti organici e fumé nel Camporeale Rosso '15, fitto ma dal sorso piacevole e scorrevole.

○ Camporeale Bianco '15	🍷🍷 2*
● Camporeale Rosso '15	🍷🍷 2*
● Costacielo Rosso '15	🍷🍷 3
⊙ Costacielo Rosato '15	🍷 3
○ Quartara '13	🍷 5
● Rossomarea '11	🍷 4
● Borgomastro '09	🍷🍷 6
● Borgomastro '08	🍷🍷 6
● Borgomastro '07	🍷🍷 6
○ Camporeale '14	🍷🍷 2*
○ Costacielo Bianco '13	🍷🍷 3*
● Marea Rosso '09	🍷🍷 3
● Rossomarea '08	🍷🍷 4

Masseria Felicia

FRAZ. CARANO
LOC. SAN TERENZANO
81037 SESSA AURUNCA [CE]
TEL. 0823935095
www.masseriafelicia.it

VENDITA DIRETTA
VISITA SU PRENOTAZIONE
PRODUZIONE ANNUA 25.000 bottiglie
ETTARI VITATI 5,00

Maria Felicia Brini e il padre Alessandro sono al comando di questa realtà tra le più interessanti del distretto vulcanico del Massico. La cantina si trova sul versante nord ovest dell'Ager falernus, zona celebre per la produzione di vini pregiata già in epoca romana, come testimoniano numerose documentazioni. Si lavorano solo uve di proprietà e solo varietà autoctone: 5 gli ettari di vigneto a disposizione, che affondando su terreni sciolti, ricchi di ceneri vulcaniche. In bottiglia arrivano vini esuberanti nell'espressione aromatica, ottimi compagni della tavola. Toni di ribes e mirto caratterizzano il Falerno del Massico Rosso Etichetta Bronzo Riserva '12, impreziosito da toni di grafite e alloro. È un rosso polposo e solare che al palato riesce a trovare buon ritmo gustativo nonostante la struttura importante. Notevole e in crescita il soffio vulcanico che emerge dal bicchiere del Falerno del Massico Bianco Anthologia '15, dalla bocca piena e saporita nei rimandi di melone e fiori gialli.

○ Falerno del Massico Anthologia '15	🍷🍷 3
● Falerno del Massico Rosso Et. Bronzo Ris. '12	🍷🍷 5
● Falerno del Massico Rosso Et. Bronzo '10	🍷🍷🍷 5
○ Falerno del Massico Bianco Anthologia '13	🍷🍷 3
○ Falerno del Massico Bianco Anthologia '12	🍷🍷 3
● Falerno del Massico Rosso '12	🍷🍷 2*
● Falerno del Massico Rosso '11	🍷🍷 2*
● Falerno del Massico Rosso Ariapetrina '11	🍷🍷 3*
● Falerno del Massico Rosso Ariapetrina '10	🍷🍷 3
● Falerno del Massico Rosso Et. Bronzo '11	🍷🍷 5
● Falerno del Massico Rosso Et. Bronzo '11	🍷🍷 5

★Mastroberardino

VIA MANFREDI, 75/81
83042 ATRIPALDA [AV]
TEL. 0825614111
www.mastroberardino.com

VENDITA DIRETTA
VISITA SU PRENOTAZIONE
OSPITALITÀ E RISTORAZIONE
PRODUZIONE ANNUA 2.000.000 bottiglie
ETTARI VITATI 300,00
AZIENDA SOSTENIBILE

La storia dei Mastroberardino è la storia del vino campano: Antonio e Walter sono stati tra gli attori principali della moderna viticoltura irpina. Oggi sono 300 gli ettari a disposizione, un patrimonio che spazia in tutte le migliori sottozone dell'Irpinia. Sotto la direzione di Piero Mastroberardino la cantina lavora a pieno ritmo nella promozione delle varietà autoctone in tutto il mondo, forte di una gamma estremamente diversificata e uno storico di vecchi millesimi semplicemente inimitabile. Batteria ristretta ma di livello qualitativo medio elevato. Il Taurasi Radici '12 offre un buon frutto maturo scuro e carnoso, accompagnato da classiche note di olive nere e scorza d'arancia; la bocca è voluminosa ma ancora frenata da note tostate dominanti che finiscono per asciugarlo. Ben articolato l'impianto gustativo del Fiano di Avellino Radici '15, dai toni di polline e grano, sorso vitale, ampio e dal finale preciso. Solido il resto della gamma.

○ Fiano di Avellino Radici '15	🍷🍷 3*
● Taurasi Radici '12	🍷🍷 5
○ Greco di Tufo Novaserra '15	🍷🍷 3
● Taurasi Naturalis Historia '09	🍷🍷 6
● Taurasi Radici Ris. '09	🍷🍷 5
○ Fiano di Avellino '87	🍷🍷🍷 2
○ Greco di Tufo Novaserra '07	🍷🍷🍷 3*
○ Greco di Tufo Novaserra '06	🍷🍷🍷 3*
● Taurasi Naturalis Historia '04	🍷🍷🍷 6
● Taurasi Radici '08	🍷🍷🍷 5
● Taurasi Radici '07	🍷🍷🍷 5
● Taurasi Radici '06	🍷🍷🍷 5
● Taurasi Radici '05	🍷🍷🍷 5
● Taurasi Radici Ris. '04	🍷🍷🍷 5
● Taurasi Radici Ris. '01	🍷🍷🍷 5

Salvatore Molettieri

C.DA MUSANNI, 19B
83040 MONTEMARANO [AV]
TEL. 082763722
www.salvatoremolettieri.com

VENDITA DIRETTA
VISITA SU PRENOTAZIONE
PRODUZIONE ANNUA 65.000 bottiglie
ETTARI VITATI 13,00

Trentatré anni di fatiche e sacrifici per il rigoroso vignaiolo Salvatore Molettieri. I suoi vini riflettono molto bene i caratteri dei terreni dell'area di Montemarano e Castelfranci. I vigneti si trovano oltre i 600 metri di quota in una zona circondata da montagne, si vendemmia anche a fine Novembre quando il meteo promette neve. Le rese in vigna sono risibili, mentre in cantina Salvatore combina legni grandi e piccoli: vini potenti, densi, ricchi ma allo stesso tempo austeri, dall'imponente energia acida e tannica. Vini ribelli, che solo il tempo riesce a domare in bottiglia. Il Vigna Cinque Querce '10 ricalca lo stile tradizionale della casa, giocato su potenza ed energia, dall'impianto tannico particolarmente fitto ma di buona grana, dalla presa energica, sapida e continua fino al lungo finale di menta e scorza d'arancia. Sulla falsa riga, appena più ricco nel frutto ma appena più lieve nell'estrazione, il Taurasi Renonno '11. Molto avanti sul piano aromatico la bottiglia testata del Taurasi Riserva Vigna Cinque Riserva '09.

○ Greco di Tufo '14	🍷🍷	3
● Taurasi Renonno '11	🍷🍷	5
● Taurasi V. Cinque Querce '10	🍷🍷	6
○ Fiano di Avellino Apianum '14	🍷	3
● Irpinia Aglianico Cinque Querce '12	🍷	3
● Irpinia Aglianico O'Calice Rosso '13	🍷	3
● Irpinia Rosso Ischia Piana '12	🍷	3
● Taurasi V. Cinque Querce Ris. '09	🍷	7
● Taurasi Renonno '08	🍷🍷🍷	5
● Taurasi V. Cinque Querce '05	🍷🍷🍷	6
● Taurasi V. Cinque Querce '04	🍷🍷🍷	6
● Taurasi V. Cinque Querce '01	🍷🍷🍷	5
● Taurasi V. Cinque Querce Ris. '05	🍷🍷🍷	7
● Taurasi V. Cinque Querce Ris. '04	🍷🍷🍷	7
● Taurasi V. Cinque Querce Ris. '01	🍷🍷🍷	7

Montesole

LOC. SERRA DI MONTEFUSCO
VIA SERRA
83030 MONTEFUSCO [AV]
TEL. 0825963972
www.montesole.it

VISITA SU PRENOTAZIONE
PRODUZIONE ANNUA 1.200.000 bottiglie
ETTARI VITATI 120,00

L'azienda si trova al confine tra l'Irpinia e il Sannio: Montesole è il marchio ispirato al nome originario della cittadina di Montefusco che sorge a 700 metri di quota. Fondata nel 1995, l'azienda non ha vigne di proprietà ma può contare su accordi di fitto a lungo termine e acquisti mirati, avvalendosi di una cantina tecnicamente all'avanguardia. L'offera produttiva è ben strutturata e sa spaziare tra le principali varietà irpine e sannite con punte che sfiorano l'eccellenza. Si prende la scena il Fiano di Avellino Vigna Acquaviva '15. Ha profumi soffusi e intensi di fiori ed erbe: salvia, basilico, glicine e pesca gialla succosa. È un vino longilineo, agile e infiltrante nella crescita di sapore, dal passo muschiato. Il finale è fine ed elegante. Inizialmente cupo e terroso nei suoi toni di radice, il Taurasi '09 denota un sorso grintoso ed energico, dal frutto integro. Evoluto il registro stilistico del Taurasi Vigna Vinieri '09.

○ Fiano di Avellino V. Acquaviva '15	🍷🍷 (rossi)	4
● Taurasi '09	🍷🍷	4
○ Falanghina del Sannio V. Zampino '15	🍷	3
○ Greco di Tufo V. Breccia '15	🍷	4
● Taurasi V. Vinieri '09	🍷	6
○ Falanghina del Sannio V. Zampino '14	🍷🍷	3*
○ Fiano di Avellino '14	🍷🍷	3
○ Fiano di Avellino '13	🍷🍷	3
○ Fiano di Avellino V. Acquaviva '14	🍷🍷	4
○ Fiano di Avellino V. Acquaviva '13	🍷🍷	4
○ Greco di Tufo V. Breccia '13	🍷🍷	4
○ Grilae Brut	🍷🍷	3
● Sairus '08	🍷🍷	3
● Taurasi V. Vinieri '08	🍷🍷	6

★★Montevetrano

Loc. Nido
via Montevetrano, 3
84099 San Cipriano Picentino [SA]
Tel. 089882285
www.montevetrano.it

VENDITA DIRETTA
VISITA SU PRENOTAZIONE
OSPITALITÀ
PRODUZIONE ANNUA 25.000 bottiglie
ETTARI VITATI 5,00

Silvia Imparato, che abbina la passione per la fotografia a quella del vino, è una donna ambiziosa, lungimirante. Fin dall'inizio della sua attività vitivinicola ha voluto alzare l'asticella, pensando a un vino che non solo potesse rappresentare il meglio del suo territorio, ma che potesse competere con i migliori vini del mondo in un mercato senza barriere. E c'è riuscita. Il Montevetrano, blend di aglianico, cabernet e merlot, è uno dei grandi rossi del panorama nazionale, la prima annata prodotta è del 1991. Da quest'anno, segnaliamo l'uscita del primo vino bianco aziendale: il Core Bianco, blend da fiano e greco. Tre Bicchieri al Montevetrano '14, vino di stoffa e sostanza. Elegante nel suo profilo olfattivo di macchia, di timo, propone un frutto rosso croccante e sfumature di melagrana; al palato mette in mostra una trama sapida e soffusa, fresca, di buona spinta e affondo. Il finale è lungo e preciso, con ricordi di tè nero. Piacevolissimo il Core '14, immediato nei suoi toni di frutta nera e dalla vena balsamica rinfrescante.

Vino	Bicchieri	
● Montevetrano '14	🍷🍷🍷	7
● Core '14	🍷🍷	3
● Montevetrano '12	🍷🍷🍷	7
● Montevetrano '11	🍷🍷🍷	7
● Montevetrano '10	🍷🍷🍷	7
● Montevetrano '09	🍷🍷🍷	7
● Montevetrano '08	🍷🍷🍷	7
● Montevetrano '07	🍷🍷🍷	7
● Montevetrano '06	🍷🍷🍷	7
● Montevetrano '05	🍷🍷🍷	7
● Montevetrano '04	🍷🍷🍷	7
● Montevetrano '03	🍷🍷🍷	7
● Montevetrano '02	🍷🍷🍷	7
● Montevetrano '01	🍷🍷🍷	7
● Montevetrano '00	🍷🍷🍷	6

Mustilli

via Caudina, 10
82019 Sant'Agata de' Goti [BN]
Tel. 0823718142
www.mustilli.com

VENDITA DIRETTA
VISITA SU PRENOTAZIONE
OSPITALITÀ E RISTORAZIONE
PRODUZIONE ANNUA 150.000 bottiglie
ETTARI VITATI 21,00

Alla famiglia Mustilli va riconosciuto l'importante lavoro di riscoperta e valorizzazione della falanghina. È stata tra le prime a credere nella varietà, imbottigliandone una versione in purezza già nel 1979, dopo un'accurata ricerca sui biotipi che meglio rispondevano ai terreni argillosi e calcarei di Sant'Agata de' Goti, la più piccola tra le sottozone sannite. Al timone ci sono le sorelle Paola e Annachiara che lavorano 21 ettari di vigneto, curando una gamma di vini solida e affidabile. Da non perdere le suggestive cantine scavate nel tufo nei sotterranei del Palazzo Rainone dove è anche possibile soggiornare in camere settecentesche. Tutta da bere la Falanghina del Sannio Sant'Agata dei Goti '15, solare e vibrante nei suoi toni di pera e cedro. Il sapore è molto vivo, continuo, dal finale guizzante e leggermente affumicato. Solida anche l'impostazione del Greco '15, con un'ossatura ben modulata tra ricchezza aromatica e freschezza acida. Dal colore scarico e dai profumi intensi e crescenti il Piedirosso '15, mordace e sfrontato nei suoi toni di pomodori secchi e pepe.

Vino	Bicchieri	
○ Falanghina del Sannio Sant'Agata dei Goti '15	🍷🍷	3*
● Sannio Piedirosso '15	🍷🍷	3
○ Sannio Sant'Agata dei Goti Greco '15	🍷🍷	3
● Sannio Aglianico '14	🍷	3
● Sannio S'Agata dei Goti Aglianico Cesco di Nece '13	🍷	3
○ Falanghina del Sannio Sant'Agata dei Goti '14	🍷🍷	2*
○ Falanghina del Sannio Sant'Agata dei Goti '13	🍷🍷	2*
● Sannio Aglianico '12	🍷🍷	4
● Sannio Piedirosso '13	🍷🍷	2*
○ Sannio Sant'Agata dei Goti Greco '14	🍷🍷	2*

Nanni Copè

via Tufo, 3
81041 Vitulazio [CE]
Tel. 330879815
www.nannicope.it

VENDITA DIRETTA
VISITA SU PRENOTAZIONE
PRODUZIONE ANNUA 7.500 bottiglie
ETTARI VITATI 3,50
AZIENDA SOSTENIBILE

Manager, scrittore di vino, produttore. È la parabola di Giovanni Ascione che nel 2007 acquista due ettari e mezzo di vigna nel casertano, a Monticelli di Castel Campagnano, sulle Colline Caitine. Nel garage di casa nasce il Sabbie di Sopra il Bosco, l'unico vino prodotto: da pallagrello nero con piccole quote di aglianico e casavecchia. Già dalla prima annata - la 2008 - Giovanni, per tutti Nanni, dimostra di saper interpretare al meglio i suoli arenari di Caiazzo, con una stile contemporaneo, capace di mettere in rilievo fragranza, energia sapida e spigolo acido: ne esce fuori una straordinaria bevibilità. Con la vendemmia 2014 Giovanni dimostra di saper leggere e interpretare con sagacia l'annata. Il Sabbie di Sopra il Bosco '14 si propone subito intenso e reattivo nei toni affumicati, di grafite e pepe nero; la bocca è già pronta e godibile, molto ben sfumata, sapida, distesa, con un allungo gustativo dirompente, senza cedimenti e diluzioni. È già pimpante e tonico, ricco di verve. Tra i rossi più interessanti assaggiati in questo millesimo.

● Sabbie di Sopra il Bosco '14	🍷🍷🍷	5
● Sabbie di Sopra il Bosco '12	🍷🍷🍷	5
● Sabbie di Sopra il Bosco '11	🍷🍷🍷	5
● Sabbie di Sopra il Bosco '10	🍷🍷🍷	5
● Sabbie di Sopra il Bosco '09	🍷🍷🍷	5
● Sabbie di Sopra il Bosco '13	🍷🍷	5
● Sabbie di Sopra il Bosco '08	🍷🍷	5

Perillo

c.da Valle, 19
83040 Castelfranci [AV]
Tel. 082772252
cantinaperillo@libero.it

VENDITA DIRETTA
VISITA SU PRENOTAZIONE
PRODUZIONE ANNUA 20.000 bottiglie
ETTARI VITATI 5,00

Difficilmente troverete Michele Perillo in giro a promuovere i suoi vini in Italia o nel mondo: il suo posto è la vigna. Poche parole e tanto lavoro nelle sue parcelle attorno alla casa cantina di Castelfranci e nelle vigne a Montemarano, a quasi 700 metri di quota. I terreni sono ricchi di argilla e silice, alcuni appezzamenti sono addirittura degli anni Trenta, il resto lo fanno rese minime e una vinificazione del tutto tradizionale. I suoi Taurasi sono ogni anno al vertice della tipologia: rossi potenti ma mai pesanti, d'incredibile slancio gustativo, sembrano avere una marcia in più. Quella marcia in più che solo pochi grandi vini al mondo sanno imprimere. Non manca certo di carattere il Taurasi Riserva '07. Vino potente ed energico, con un'impronta sapida gustosa e un fondo di cenere distintivo. Rispetto al pari annata valutato l'anno scorso denota un profilo appena più cupo, con toni di inchiostro e una spaziatura appena più evidente. La bocca è comunque un portento di forza e rilanci: dinamica, puntellata da un tannino mordace e da un finale lungo lungo.

● Taurasi Ris. '07	🍷🍷	6
● Taurasi '07	🍷🍷🍷	6
● Taurasi '05	🍷🍷🍷	4
● Taurasi Ris. '06	🍷🍷🍷	6
○ Irpinia Coda di Volpe '12	🍷🍷	3
● Taurasi '06	🍷🍷	4
● Taurasi '04	🍷🍷	4*
● Taurasi '03	🍷🍷	5
● Taurasi Ris. '05	🍷🍷	5
● Taurasi Ris. '04	🍷🍷	5
● Taurasi Ris. '01	🍷🍷	5

Ciro Picariello

VIA MARRONI, 18A
83010 SUMMONTE [AV]
TEL. 082533848
www.ciropicariello.it

VENDITA DIRETTA
VISITA SU PRENOTAZIONE
PRODUZIONE ANNUA 50.000 bottiglie
ETTARI VITATI 15,00
AZIENDA SOSTENIBILE

Negli ultimi anni il Fiano d'Avellino si è imposto con forza come denominazione al vertice a livello nazionale: per numero di riconoscimenti, per qualità media, per capacità d'invecchiamento. Il merito di questa nuova considerazione è da ascrivere anche al lavoro di nuovi protagonisti, vignaioli come Ciro Picariello e Rita Guerriero. Dalle vigne, equamente suddivise tra Montefredane e Summonte, hanno saputo produrre vini di grande fascino, sottili aromaticamente ma di sferzante grinta acida, grazie a malolattiche parzialmente svolte. Dalla vendemmia 2012 viene imbottigliata separatamente una parcella di Summonte: il Fiano Ciro 906 ha un tocco torbato e affumicato di classe. Straordinario equilibrio e innato senso della misura. Parliamo del Fiano di Avellino '14, senza dubbio tra i migliori della tipologia. Un vino che sembra svilupparsi in punta di piedi, con profumi nitidi e un peso specifico sottile ma incalzante, verticale nella spina acida ma allo stesso avvolgente nel sapore. Il finale, poi, è luminoso e freschissimo.

Vino	Bicchieri	Prezzo
○ Fiano di Avellino '14	🍷🍷🍷	4*
○ Brut Contadino	▼▼	4
○ Fiano di Avellino Ciro 906 '13	▼▼	4
○ Fiano di Avellino '10	▽▽▽	3*
○ Fiano di Avellino '08	▽▽▽	3*
○ Fiano di Avellino '13	▽▽	4
○ Fiano di Avellino '11	▽▽	3*
○ Fiano di Avellino '09	▽▽	3
○ Fiano di Avellino '07	▽▽	3*
○ Fiano di Avellino '06	▽▽	3*
○ Fiano di Avellino '05	▽▽	3*
○ Fiano di Avellino Ciro 906 '12	▽▽	4

La Pietra di Tommasone

VIA PROV.LE FANGO, 98
80076 LACCO AMENO [NA]
TEL. 0813330330
www.tommasonevini.it

VENDITA DIRETTA
VISITA SU PRENOTAZIONE
PRODUZIONE ANNUA 100.000 bottiglie
ETTARI VITATI 11,00

Si riconferma anche quest'anno tra le schede grandi la cantina ischitiana di Antonio Monti e della figlia Lucia, enologa della cantina e responsabile della gestione aziendale. Dopo la morte del padre Tommaso, per tutti "Tommasone", Antonio lascia l'isola nel 1980 per trasferirsi in Germania dove incontra la sua futura moglie e apre un ristorante di cucina italiana. Dieci anni più tardi, rientra a Lacco Ameno e rimette in sesto l'attività vinicola del padre. Ristruttura la cantina e rimpianta nuovi ettari di terreno che oggi segue con tutta la sua famiglia. Batterie a due velocità: pimpanti i bianchi, sottotono i rossi. Spiccano le due versioni di Biancolella proposte. La Vigna dei Preti '15 è un vino leggiadro, elegante, profuma di ginestra e melone, dallo sviluppo sussurrato, quasi in punta di piedi. Il finale è lungo e salato. Profilo fumé e ricordi di spezie orientali per l'Ischia Biancolella '15, mentre l'Epomeo Bianco '15, pur non dotato di spalla acida pronunciata, propone un finale iodato che stuzzica l'appetito.

Vino	Bicchieri	Prezzo
○ Epomeo Bianco '15	▼▼	3
○ Ischia Biancolella '15	▼▼	2*
○ Ischia Biancolella V. dei Preti '15	▼▼	4
○ Pithecusa Bianco '15	▼▼	3
● Pithecusa Rosso '13	▼	3
⊙ Rosamonti '15	▼	2
○ Epomeo Bianco '13	▽▽	3
● Epomeo Rosso '11	▽▽	3
○ Ischia Biancolella '14	▽▽	2*
○ Ischia Biancolella '12	▽▽	2*
● Ischia Per' 'e Palummo '13	▽▽	3
● Pignanera '07	▽▽	6
○ Terradei '13	▽▽	3

★Pietracupa

C.DA VADIAPERTI, 17
83030 MONTEFREDANE [AV]
TEL. 0825607418
pietracupa@email.it

VENDITA DIRETTA
VISITA SU PRENOTAZIONE
PRODUZIONE ANNUA 50.000 bottiglie
ETTARI VITATI 7,50

Dalla collina di Montefredane arrivano grandi vini e personaggi folli e geniali come Sabino Loffredo. Ha saputo imprimere un cambio di passo alla cantina fondata nel 1990 dal padre Peppino, diventando una certezza per i grandi bianchi d'Irpinia, Fiano di Avellino e Greco di Tufo. I suoi sono vini lucenti, dal profilo acido tenace, che sentono tantissimo gli umori dell'annata. Vini che invecchiano con una particolare grazia. Nota a parte per il suo Taurasi, prodotto dal 2000, rosso di grande personalità, dal timbro finemente balsamico. Elettrizzante il sorso del Greco di Tufo '15, dai profumi cristallini di pompelmo e roccia e dallo sviluppo gustativo già molto ben delineato. Ha una trama sapida e un finale interminabile di menta e agrume. Più indietro, come di consueto, il Fiano di Avellino'15, imbrigliato nei profumi ma dal sorso profondissimo e stratificato. Regalerà grandi soddisfazioni con un adeguato riposo in bottiglia. Succoso ed etereo il Taurasi '11, tra i più centrati dell'annata.

○ Greco di Tufo '15	🍷🍷🍷	3*
○ Fiano di Avellino '15	🍷🍷	3*
● Taurasi '11	🍷🍷	5
○ Cupo '10	🍷🍷🍷	5
○ Cupo '08	🍷🍷🍷	5
○ Cupo '05	🍷🍷🍷	5
○ Cupo '03	🍷🍷🍷	3*
○ Fiano di Avellino '13	🍷🍷🍷	3*
○ Fiano di Avellino '12	🍷🍷🍷	3*
○ Greco di Tufo '14	🍷🍷🍷	3*
○ Greco di Tufo '10	🍷🍷🍷	3*
○ Greco di Tufo '09	🍷🍷🍷	3*
○ Greco di Tufo '08	🍷🍷🍷	3*
○ Greco di Tufo '07	🍷🍷🍷	3*
○ Greco di Tufo '06	🍷🍷🍷	3*
● Taurasi '10	🍷🍷🍷	5

Quintodecimo

VIA SAN LEONARDO, 27
83036 MIRABELLA ECLANO [AV]
TEL. 0825449321
www.quintodecimo.it

VENDITA DIRETTA
VISITA SU PRENOTAZIONE
OSPITALITÀ
PRODUZIONE ANNUA 60.000 bottiglie
ETTARI VITATI 18,00
AZIENDA SOSTENIBILE

I vini del professore del vino campano Luigi Moio mantengono una coerenza stilistica e una riconoscibilità ben marcata. L'azienda prende il nome da Quintum decimum, toponimo della cittadina sannita a 15 miglia dall'antico ducato di Benevento. Dopo gli anni d'insegnamento alla facoltà di Scienze Agrarie, nel 2001 Luigi avvia il nuovo progetto imprenditoriale insieme alla moglie Laura di Marzo. Oggi sono 18 gli ettari di proprietà, dislocati in alcuni tra i più pregiati cru delle rispettive denominazioni: i suoi sono vini di struttura, di peso, di sapore, pensati per durare ed evolvere nel tempo. Approda facilmente in finale il Fiano di Avellino Exultet '14, più agile rispetto ad altre annate ma altrettanto ricco di complessità e sfumature. Profuma di anice, melone e frutta secca, è succoso e slanciato, con tocco appena resinoso sul finale. Sempre originale il profilo balsamico del Taurasi Vigna Grande Cerzito: il 2011 ha un respiro che ricorda l'aromaticità intensa del pepe di Sichuan, al sorso è materico, levigato, dal finale di cacao amaro.

○ Fiano di Avellino Exultet '14	🍷🍷	6
○ Greco di Tufo Giallo D'Arles '14	🍷🍷	6
○ Irpinia Falanghina Via Del Campo '14	🍷🍷	5
● Taurasi V. Grande Cerzito Ris. '11	🍷🍷	8
● Irpinia Aglianico Terra d'Eclano '13	🍷	6
○ Fiano di Avellino Exultet '09	🍷🍷🍷	6
○ Fiano di Avellino Exultet '13	🍷🍷	6
○ Fiano di Avellino Exultet '12	🍷🍷	6
○ Fiano di Avellino Exultet '11	🍷🍷	6
○ Greco di Tufo Giallo d'Arles '13	🍷🍷	6
○ Greco di Tufo Giallo d'Arles '12	🍷🍷	6
● Irpinia Aglianico Terra d'Eclano '11	🍷🍷	6
● Taurasi V. Grande Cerzito Ris. '09	🍷🍷	8
● Taurasi V. Quintodecimo Ris. '10	🍷🍷	8
● Taurasi V. Quintodecimo Ris. '07	🍷🍷	8

Fattoria La Rivolta

C.DA RIVOLTA
82030 TORRECUSO [BN]
TEL. 0824872921
www.fattorialarivolta.com

VENDITA DIRETTA
VISITA SU PRENOTAZIONE
OSPITALITÀ
PRODUZIONE ANNUA 180.000 bottiglie
ETTARI VITATI 29,00
VITICOLTURA Biologico Certificato

Tra i più grandi sostenitori del potenziale vitivinicolo del Sannio troviamo Paolo Cotroneo, farmacista di professione, al timone di una tra le più note e costanti aziende sannite. Negli anni ha saputo puntellare un'ampia gamma tarata sui principali vitigni campani, vinificati in purezza e proposti a prezzi correttissimi. Tutto è incominciato in contrada Rivolta nel 1997, nel cuore di Torrecuso, nei pressi del Monte Taburno. Dalla cantina escono bianchi che spiccano per freschezza e definizione aromatica, più strutturata ed estrattiva la cifra dei rossi. Trova posto in finale l'Aglianico del Taburno '13. Profuma di frutti rossi, erbe officinali e cenere. Al sorso è austero, di buon piglio acido, dal finale agrumato. Fine e polposo il Sannio Fiano '15, vitale nel finale di mandarino ed erbe aromatiche. Migliorabile l'impostazione stilistica del Terra di Rivolta Riserva '13, imbrigliato da note tostate e tannini ancora asciuganti. Inusuale il colore dell'Aglianico Rosato '15, quasi un rosso: mostra un impianto fruttato succoso e godibile.

Vino	Valutazione
● Aglianico del Taburno '13	🍷🍷 3*
○ Sannio Taburno Fiano '15	🍷🍷 3
⊙ Aglianico del Taburno Rosato Le Mongolfiere a San Bruno '15	🍷 3
● Aglianico del Taburno Terra di Rivolta Ris. '13	🍷 5
○ Falanghina del Sannio Taburno '15	🍷 2
○ Sannio Taburno Greco '15	🍷 3
● Sannio Taburno Piedirosso '15	🍷 3
● Aglianico del Taburno '10	🍷🍷🍷 3*
● Aglianico del Taburno Terra di Rivolta Ris. '08	🍷🍷🍷 5
● Aglianico del Taburno Terra di Rivolta Ris. '12	🍷🍷 5
○ Sannio Taburno Greco '14	🍷🍷 3

Rocca del Principe

VIA ARIANIELLO, 9
83030 LAPIO [AV]
TEL. 08251728013
www.roccadelprincipe.it

VENDITA DIRETTA
VISITA SU PRENOTAZIONE
PRODUZIONE ANNUA 30.000 bottiglie
ETTARI VITATI 6,50

Lapio è il comune d'elezione per il Fiano di Avellino, quello con la più alta percentuale di ettari vitati. Qui, nel 2004, Ercole Zarrella, la moglie Aurelia Fabrizio e il fratello Antonio, dopo anni di conferimento delle uve, decidono di vinificare e imbottigliare in proprio. Le vigne respirano sulla collina di Arianello, la parte più alta del comune: clima più rigido, vendemmia tardiva, terreni vulcanici con una forte presenza di pomice. Il Fiano d'Avellino di casa Zarella ha un bagaglio aromatico unico: è insieme fresco e di piena struttura, dal passo affumicato, lento ad aprirsi ma d'inarrestabile progressione gustativa. Nuovo millesimo ed ennesimo Tre Bicchieri per il Fiano di Avellino di casa Zarrella. Il 2014 inizia in sordina su toni di anice, un profilo delicatamente erbaceo, di salvia, e note di pesca gialla. Pochi istanti e cresce prepotentemente nel bicchiere, rivelando un registro di matrice minerale e fumé, sentori di lime e fieno, con una leggerissima ma gustosa punta tannica che dona una certa tridimensionalità al sorso. Chiude lungo, su sensazioni quasi piccanti.

○ Fiano di Avellino '14	🍷🍷🍷 3*
○ Fiano di Avellino '13	🍷🍷🍷 3*
○ Fiano di Avellino '12	🍷🍷🍷 3*
○ Fiano di Avellino '10	🍷🍷🍷 3*
○ Fiano di Avellino '08	🍷🍷🍷 2*
○ Fiano di Avellino '07	🍷🍷🍷 2*
○ Fiano di Avellino '11	🍷🍷 3*
○ Fiano di Avellino '09	🍷🍷 3*
● Irpinia Aglianico '11	🍷🍷 3*
● Taurasi Master Domini '07	🍷🍷 5
● Taurasi Mater Domini '09	🍷🍷 5
● Taurasi Mater Domini '08	🍷🍷 5
● Taurasi Ris. '10	🍷🍷 5

Ettore Sammarco

via Civita, 9
84010 Ravello [SA]
Tel. 089872774
www.ettoresammarco.it

VENDITA DIRETTA
VISITA SU PRENOTAZIONE
PRODUZIONE ANNUA 66.000 bottiglie
ETTARI VITATI 13,00

La sottozona Ravello, splendido borgo medievale a picco sul mare nel cuore della Costiera Amalfitana, entra per la prima volta nel circuito dei Tre Bicchieri. E non poteva che essere Ettore Sammarco a completare l'opera, un autentico pioniere: nel 1962 fondò la cantina e ancora oggi, sulla soglia degli 80 anni, continua a occuparsi delle sue vigne terrazzate, insieme ai figli Bartolo, Maria Rosaria e Antonella. È la Vigna Grotta Piana, sospesa a 500 metri di quota sulle pendici del Monte Brusara, raggiungibile solo a piedi, a centrare il traguardo. Blend di ginestrella, falanghina e biancolella, sosta per un paio di mesi in barrique a contatto con le fecce fini. La versione 2015 è armoniosa e raffinata, profumata di mandorla, anice ed erbe secche; saporita, viva e continua, con note tosate appena accennate e lungo finale di camomilla e agrume giallo. Ma è tutta la batteria a mettersi in mostra, con una prova d'insieme da incorniciare, che sfrutta al meglio le caratteristiche dell'annata 2015.

○ Costa d'Amalfi Ravello Bianco V. Grotta Piana '15	▼▼▼ 4*
○ Costa d'Amalfi Ravello Bianco Selva delle Monache '15	▼▼ 3
⊙ Costa d'Amalfi Ravello Rosato Selva delle Monache '15	▼▼ 3
● Costa d'Amalfi Ravello Rosso Selva delle Monache '15	▼▼ 3
● Costa d'Amalfi Ravello Rosso Selva delle Monache Ris. '12	▼▼ 5
⊙ Costa d'Amalfi Rosato Terre Saracene '15	▼▼ 3
● Costa d'Amalfi Terre Sarecene Rosso '14	▼ 3
● Costa d'Amalfi Ravello Rosso Selva delle Monache Ris. '10	▽▽ 4

Tenuta San Francesco

fraz. Corsano
via Sofilciano, 18
84010 Tramonti [SA]
Tel. 089876748
www.vinitenutasanfrancesco.com

VENDITA DIRETTA
VISITA SU PRENOTAZIONE
OSPITALITÀ
PRODUZIONE ANNUA 40.000 bottiglie
ETTARI VITATI 10,00

Tenuta San Francesco è il racconto di tre famiglie (Bove, D'Avino e Giordano) - amici prima che soci - che decidono di unirsi per dare vita a quella che oggi possiamo annoverare tra le più solide realtà della Costa d'Amalfi, più precisamente della sottozona Tramonti. Si tratta di un'areale intatto dal punto di vista agricolo e dall'eccezionale patrimonio ampelografico come testimoniano la presenza di vigne secolari a piede franco e terrazzamenti antichi. Un'esperienza da non perdere. La gamma produttiva regala vini saporiti, d'indole sapida, ben modulata sulle varietà autoctone: falanghina, biancolella, ginestra, tintore, piedirosso e aglianico. Affascinante nei suoi toni terrosi e affumicati È Iss '12, rosso da uve tintore coltivate su ceppi ultrasecolari prefillossera. Più avvolgente che teso, profuma di ribes e pomodori secchi; al sorso è morbido ma anche reattivo, ha carattere e personalità. Il Costa d'Amalfi Per Eva '14 offre un profilo classico, tipico nel suo timbro di toni delicatamente lattici, di erbe secche e pesca; palato succoso, agile e di lungo sapore.

○ Costa d'Amalfi Bianco Per Eva '14	▼▼ 4
○ Costa d'Amalfi Tramonti Bianco '15	▼▼ 2*
● Costa d'Amalfi Tramonti Rosso Quattrospine Ris. '12	▼▼ 5
● È Iss '12	▼▼ 5
⊙ Costa d'Amalfi Tramonti Rosato '15	▼ 2
○ Costa d'Amalfi Bianco Per Eva '13	▽▽▽ 4*
○ Costa d'Amalfi Tramonti Bianco '14	▽▽ 2*
⊙ Costa d'Amalfi Tramonti Rosato '14	▽▽ 2*
● Costa d'Amalfi Tramonti Rosso '12	▽▽ 3
● Costa d'Amalfi Tramonti Rosso Quattrospine Ris. '11	▽▽ 5
● Costa d'Amalfi Tramonti Rosso Quattrospine Ris. '10	▽▽ 5
● È Iss '11	▽▽ 5

San Giovanni

c.da Tresino
84048 Castellabate [SA]
Tel. 0974965136
www.agricolasangiovanni.it

VENDITA DIRETTA
VISITA SU PRENOTAZIONE
OSPITALITÀ
PRODUZIONE ANNUA 20.000 bottiglie
ETTARI VITATI 4,00

Punta Tresino è uno degli scenari naturali più fascinosi della costiera salernitana all'interno del Parco Naturale del Cilento. Mario e Ida Corrado, rispettivamente architetto e avvocato, hanno lasciato la natia Salerno per trasferirsi con i loro 3 figli in questo angolo di paradiso. Hanno scelto di vivere in sinergia con l'ambiente tra casali e cantina da loro stessi ristrutturati. Quattro gli ettari vitati a disposizione, nei quali insistono fiano, aglianico e piedirosso. I vini palesano un'indole squisitamente mediterranea e marina. Le nostre degustazioni invertono la gerarchia aziendale. È Il Paestum '15 a centrare facilmente i Tre Bicchieri. È un Fiano trascinante nella sua impronta solare, molto puro nel frutto, profuma di pesca gialla e ginestra; al palato è saporito e avvolgente, dall'affondo salino interminabile. Da non perdere. Sfaccettato il Tresinus '15, dal carattere affumicato e finale appena resinoso. Delizioso e pepato il Ficonera '14, da uve piedirosso.

Vino	Bicchieri	
○ Paestum '15	🍷🍷🍷	2*
○ Fiano Tresinus '15	▼▼	3
● Ficonera '14	▼▼	5
● Maroccia '12	▼	5
○ Fiano Tresinus '12	▽▽▽	3*
● Castellabate '11	▽▽	3
○ Fiano Tresinus '14	▽▽	3
○ Fiano Tresinus '13	▽▽	3*
○ Fiano Tresinus '11	▽▽	3
● Ficonera '11	▽▽	5
● Maroccia '07	▽▽	5
○ Paestum Bianco '14	▽▽	2*

San Salvatore

via Dionisio
84050 Giungano [SA]
Tel. 08281990900
www.sansalvatore1988.it

VENDITA DIRETTA
OSPITALITÀ E RISTORAZIONE
PRODUZIONE ANNUA 160.000 bottiglie
ETTARI VITATI 23,00
VITICOLTURA Biodinamico Certificato
AZIENDA SOSTENIBILE

San Salvatore è un'azienda agricola tradizionale nell'impostazione e moderna nell'offerta. Siamo nello splendido Parco del Cilento, un'area compresa tra Stio e i templi greci di Paestum e Giungano. Nella tenuta di Giuseppe Pagano si produce vino, olio, ottime mozzarelle di bufala. Il regime di coltivazione è quello biodinamico, l'impianto fotovoltaico riduce al minimo i consumi di energie: tutto si riutilizza, a partire dai concimi organici. Dai 23 ettari di proprietà si ricava una produzione curata nel profilo tecnico e dalla forte identità territoriale. Tornata di assaggi molto positiva, numerosi i vini che strappano punteggi elevati. La spunta il Trentenare '15, un Fiano dal bel carattere iodato, profuma di mandorla e cedro, sottile ed energico nel finale di erbe aromatiche. Margini di miglioramento, dopo un riposo in bottiglia, per il Pian di Stio '15, fragrante nei toni di mela verde e agrume. Buoni anche il Palinuro e il Cecerale; mediterraneo l'Aglianico Omaggio a Gillo Dorfles '13.

Vino	Bicchieri	
○ Trentenare '15	🍷🍷🍷	3*
○ Pian di Stio '15	🍷🍷	4
● Aglianico Omaggio a Gillo Dorfles '13	▼▼	6
○ Calpazio '15	▼▼	3
○ Cecerale Senza Solfiti Aggiunti '15	▼▼	3
○ Palinuro '15	▼▼	2*
● Vetere '15	▼▼	3
● Aglianico Corleto '14	▼	2
⊙ Joi Brut Rosé '13	▼	5
● Jungano '14	▼	3
○ Pian di Stio '14	▽▽▽	4*
○ Pian di Stio '13	▽▽▽	4*
○ Pian di Stio '12	▽▽▽	3*
● Aglianico Corleto '13	▽▽	2*
○ Calpazio '14	▽▽	3
○ Falanghina '14	▽▽	3

Sanpaolo di Claudio Quarta Vignaiolo

C.DA SAN PAOLO
VIA AUFIERI, 25
83010 TORRIONI [AV]
TEL. 0832704398
www.claudioquarta.it

VENDITA DIRETTA
VISITA SU PRENOTAZIONE
OSPITALITÀ
PRODUZIONE ANNUA 115.000 bottiglie
ETTARI VITATI 22,00

È una passione per il vino a tutto tondo quella di Claudio Quarta e della figlia Alessandra. Dopo l'esperienza americana, hanno sviluppato un progetto ben articolato per valorizzare la viticoltura del Sud Italia; tre gli assi portanti: ricerca, sostenibilità e biodiversità. Altrettante le cantine: due in Puglia, Moros e Tenute Emèra, e una in Irpinia, la Sanpaolo, con sede a Torrioni. La produzione vanta punte d'eccellenza e spazia sulle varietà autoctone regionali: la falanghina è prodotta dai vigneti di Pietralcina nel beneventano, le uve greco arrivano dai conferitari di Montefusco e Tufo, mentre Aglianico e Taurasi sono figli del sito di Paternopoli. Imbrigliato dal legno nei primi istanti, il Taurasi Riserva '10 rivela un buon succo di piccoli frutti di bosco, ben sostenuto dall'acidità e da sbuffi di pepe nero e scorza d'arancia. Il Greco di Tufo Selezione Claudio Quarta '15 sente l'annata calda, proponendosi su toni di miele di millefiori e mandorla. Il sapore è denso, dallo sviluppo largo e avvolgente. Ben modulata anche quest'anno la Falanghina.

● Taurasi Ris. '10	🍷🍷 5
○ Falanghina '15	🍷🍷 2*
○ Fiano di Avellino '15	🍷🍷 2*
○ Greco di Tufo Claudio Quarta '15	🍷🍷 6
○ Greco di Tufo '15	🍷 2
● Irpinia Aglianico '14	🍷 2
○ Greco di Tufo Claudio Quarta '13	🍷🍷🍷 6
○ Greco di Tufo Claudio Quarta '12	🍷🍷🍷 6
○ Falanghina '13	🍷🍷 2*
○ Fiano di Avellino '13	🍷🍷 2*
○ Greco di Tufo '13	🍷🍷 2*
○ Greco di Tufo '12	🍷🍷 2*
● Taurasi Ris. '09	🍷🍷 5
● Taurasi Ris. '08	🍷🍷 5

Tenuta Sarno 1860

C.DA SERRONI, 4B
83100 AVELLINO
TEL. 082526161
www.tenutasarno1860.it

PRODUZIONE ANNUA 15.000 bottiglie
ETTARI VITATI 6,00

È un impegno a 360° quello di Maura Sarno. Il suo Fiano di Avellino riflette fedelmente le caratteristiche di Candida, borgo storico irpino a quasi 600 metri di quota. Qui i terreni sono prevalentemente argillosi e con forte presenza calcarea, le escursioni termiche feroci. Con il supporto di Vincenzo Mercurio, vengono alla luce vini espressivi ed esuberanti sul piano aromatico, ricchi di sfumature e dettagli. Il Fiano è lavorato in acciaio a temperature controllata e sosta per almeno sei mesi sulle fecce fini. Da quest'anno, segnaliamo l'uscita della prima bollicina, un Metodo Charmat lungo, elaborato dall'unico corpo di vigneti aziendale tutto dedicato al fiano. Con la vendemmia 2015 scocca il primo Tre Bicchieri. E' immediato nei suoi toni luminosi di ginestra, anice e camomilla; al sorso è avvolgente, sinuoso, con un ritmo gustativo continuo, sapido e rilassato. Il finale è ampio e sfaccettato, chiude su una lunga sensazione di erbe di campo. Decisamente agrumato, fresco e vibrante il Sarno 1860 Pas Dosé '15.

○ Fiano di Avellino '15	🍷🍷🍷 4*
○ Sarno 1860 Pas Dosé '15	🍷🍷 4
○ Fiano di Avellino '14	🍷🍷 3*
○ Fiano di Avellino '13	🍷🍷 3*
○ Fiano di Avellino '12	🍷🍷 3*
○ Fiano di Avellino '11	🍷🍷 3
○ Fiano di Avellino '10	🍷🍷 3*

La Sibilla

FRAZ. BAIA
VIA OTTAVIANO AUGUSTO, 19
80070 BACOLI [NA]
TEL. 0818688778
www.sibillavini.com

VENDITA DIRETTA
VISITA SU PRENOTAZIONE
PRODUZIONE ANNUA 70.000 bottiglie
ETTARI VITATI 9,50

I vini de La Sibilla riflettono fedelmente la natura dei terreni dei Campi Flegrei: la loro origine vulcanica, la tessitura di ceneri e lapilli, il clima mite e temperato, l'influenza del Golfo di Napoli. Vincenzo di Meo, che può contare anche su un prezioso patrimonio di vigne a piede franco, si è distinto per uno stile nitido e polposo, capace di svariare su diverse tipologie con risultati ottimi. Nella produzione, che punta con forza su Falanghina e Piedirosso, spicca la selezione di Falanghina Cruna deLago che affina in acciaio per oltre sei mesi sur lies, ed è proposta a più di un anno dalla vendemmia. Non possiamo fare a meno di riprendere l'abusato termine minerale per descrivere il registro della Falanghina Cruna deLago '14, unica nei suoi toni d'idrocarburi e mela matura. Il sapore è pieno, avvolgente, vivo, con finale energico di frutta secca e agrumi. Più semplice ma centrata la Falanghina '15, fresca e delicatamente affumicata. Mediterraneo nei toni di pomodori secchi e origano il Piedirosso '15.

○ Campi Flegrei Falanghina '15	ΨΨ 2*
○ Campi Flegrei Falanghina Cruna deLago '14	ΨΨ 4
● Campi Flegrei Piedirosso '15	ΨΨ 3
● Campi Flegrei V. Madre '13	Ψ 4
○ Campi Flegrei Falanghina '13	ΨΨΨ 2*
○ Campi Flegrei Falanghina '14	ΨΨ 3
○ Campi Flegrei Falanghina Cruna deLago '13	ΨΨ 4
○ Campi Flegrei Falanghina Cruna deLago '12	ΨΨ 4
● Campi Flegrei Piedirosso '14	ΨΨ 4
● Campi Flegrei Piedirosso '13	ΨΨ 3*
● Campi Flegrei Piedirosso V. Madre '12	ΨΨ 4

Luigi Tecce

C.DA TRINITÀ, 6
83052 PATERNOPOLI [AV]
TEL. 3492957565
ltecce@libero.it

VISITA SU PRENOTAZIONE
PRODUZIONE ANNUA 10.000 bottiglie
ETTARI VITATI 5,00

L'imprevedibilità è un fattore chiave per comprendere i vini di Luigi Tecce. Bisogna arrampicarsi e salire in quota per andare a trovarlo tra le vigne di Paternopoli, dove i terreni di natura argillosa aumentano le quote di calcare e sabbia. I vini non sono mai chiarificati né filtrati, i livelli di solforosa raramente superano i 40 milligrammi per litro, mentre il processo di vinificazione e affinamento cambia in basa all'andamento vendemmiale: anfore, tini aperti di castagno, tonneau e lunga permanenza sulle fecce fini. Indiscutibile il lavoro scrupoloso in vigna, con rese di produzione bassissime e soli due vini prodotti: un Taurasi e un Irpinia Campi Taurasini. Convince il Taurasi Poliphemo '12. Combina profumi di piccoli frutti maturi, di visciola, e sensazioni di fuliggine e scorza d'arancia; al palato risulta fragrante, sapido, di buona forza matrice e dal finale caldo e lungo. Intenso e selvaggio nei suoi toni di cuoio e pomodori secchi il Satyricon '13, dalla presa tannica tenace e dal finale di carattere.

● Taurasi Poliphemo '12	ΨΨ 6
● Irpinia Campi Taurasini Satyricon '13	ΨΨ 4
● Taurasi Poliphemo '08	ΨΨΨ 6
● Taurasi Poliphemo '07	ΨΨΨ 6
● Irpinia Campi Taurasini Satyricon '12	ΨΨ 5
● Irpinia Campi Taurasini Satyricon '10	ΨΨ 5
● Irpinia Campi Taurasini Satyricon '09	ΨΨ 4
● Taurasi Poliphemo '11	ΨΨ 6
● Taurasi Poliphemo '10	ΨΨ 6
● Taurasi Poliphemo '09	ΨΨ 7
● Taurasi Poliphemo '06	ΨΨ 6
● Taurasi Poliphemo '05	ΨΨ 6

Terre del Principe

loc. Squille
s.da 325 SS Giovanni e Paolo, 30
81010 Castel Campagnano [CE]
Tel. 0823867126
www.terredelprincipe.com

VENDITA DIRETTA
VISITA SU PRENOTAZIONE
PRODUZIONE ANNUA 50.000 bottiglie
ETTARI VITATI 11,00
VITICOLTURA Biologico Certificato
AZIENDA SOSTENIBILE

L'aspetto saliente dei terreni compresi tra i massicci montuosi del Taburno e del Matese è la presenza delle cosiddette arenarie di Caiazzo, risalenti alla fine del Miocene (dai 5 ai 7 milioni di anni fa), che arricchiscono e caratterizzano la composizione dei suoli. Peppe Mancini e Manuela Piancastelli hanno puntato con forza su questi terreni, sulle colline di Squille, valorizzando al meglio gli 11 ettari di proprietà coltivati a pallagrello bianco, pallagrello nero e casavecchia. I vini condensano ricchezza aromatica e strutture importanti, con utilizzo di legni piccoli, nuovi e di secondo passaggio, e lunghi affinamenti in bottiglia. Approda in finale Le Sèrole '14, un Pallagrello Bianco di notevole espansione aromatica, tutto agrumi e tè verde, con un taglio appena sulfureo e un'acidità notevole e ben integrata nella struttura, al contempo piena e agile. Fitto, cupo, di buona concentrazione e persistenza l'Ambruco '13, mentre il Centomoggia offre un profilo classico che ruota su toni di pepe e liquirizia.

○ Le Sèrole '14	🍷🍷	5
● Ambruco '13	🍷🍷	5
● Centomoggia '13	🍷🍷	5
● Piancastelli '13	🍷🍷	6
● Ambruco '06	ΥΥΥ	5
● Ambruco Pallagrello Nero '10	ΥΥΥ	5
● Centomoggia '11	ΥΥΥ	5
● Centomoggia '08	ΥΥΥ	5
● Centomoggia '07	ΥΥΥ	5
○ Le Sèrole Pallagrello Bianco '13	ΥΥΥ	5
● Ambruco '12	ΥΥ	5
● Castello delle Femmine '13	ΥΥ	3
● Castello delle Femmine '12	ΥΥ	3
○ Le Sèrole '12	ΥΥ	5
○ Pallagrello Bianco Fontanavigna '14	ΥΥ	3
● Sasso di Riccardo '14	ΥΥ	5

Terre Stregate

loc. Santa Lucia
via Municipio, 105
82034 Guardia Sanframondi [BN]
Tel. 0824817857
www.terrestregate.it

VENDITA DIRETTA
VISITA SU PRENOTAZIONE
PRODUZIONE ANNUA 100.000 bottiglie
ETTARI VITATI 22,00
AZIENDA SOSTENIBILE

Filomena e Carlo Iacobucci sono riusciti a imprimere un deciso cambio di passo a questa cantina sannita, già premiata per il Miglior Rapporto Qualità Prezzo nella scorsa edizione della Guida. Un lavoro equamente suddiviso tra attento lavoro in vigna e in cantina, di recente costruzione, e un continuo impegno nella promozione di questo territorio funestato l'anno scorso da un'imponente alluvione. Le rese dell'ultima annata sono state ridotte ma l'altitudine e le forti escursioni termiche hanno consegnato uve sane e perfettamente mature che ritroviamo in una batteria ampia dove la Falanghina fa la voce grossa con quattro etichette che portano in bottiglia diversi profili e sfaccettature. Tre Bicchieri alla Falanghina del Sannio Svelato '15. Profumi di frutta secca e miele lasciano presto il campo a sensazioni più fresche e fragranti. La bocca è ricca e densa, rinvigorita da una sfumatura balsamica, per un finale lungo di menta, anice e richiami sapidi. Accattivante la Falanghina Trama '15, nei suoi toni di grano e caffè.

○ Falanghina del Sannio Svelato '15	🍷🍷🍷	2*
○ Falanghina Trama '15	🍷🍷	2*
● Sannio Aglianico Manent '14	🍷🍷	2*
○ Falanghina Caracara '14	🍷	6
○ Sannio Fiano Genius Loci '15	🍷	2
○ Sannio Greco Aurora '15	🍷	2
○ Falanghina del Sannio Svelato '14	ΥΥΥ	2*
○ Falanghina del Sannio Svelato '13	ΥΥΥ	2*
○ Falanghina del Sannio Svelato Sur Lies '13	ΥΥ	3*
● Sannio Aglianico Manent '13	ΥΥ	2*
○ Sannio Fiano Genius Loci '14	ΥΥ	2*
○ Sannio Fiano Genius Loci '13	ΥΥ	2*

Terredora Di Paolo

via Serra
83030 Montefusco [AV]
Tel. 0825968215
www.terredora.com

VENDITA DIRETTA
VISITA SU PRENOTAZIONE
OSPITALITÀ
PRODUZIONE ANNUA 1.000.000 bottiglie
ETTARI VITATI 200,00

Terredora Di Paolo è una tra le realtà più strutturate del comprensorio irpino, con un patrimonio di 200 ettari vitati, compresi alcuni tra i vigneti con la migliore esposizione e vocazione storica produttiva. L'azienda nasce nel 1994 quando Antonio e Walter Mastroberardino, eredi di una secolare tradizione enologica, decidono d'intraprendere due diversi percorsi imprenditoriali. L'azienda fondata da Walter, e oggi guidata dai figli Daniela e Paolo, propone una batteria di vini molto ampia, ripartita su tre linee: classici, cru e grandi riserve. In attesa dell'uscita delle nuove annate di Taurasi, vi segnaliamo due bianchi. Molto centrato il Fiano di Avellino Terredora Di Paolo '15, già pronto ed espressivo. È al contempo ricco di frutto ma di buona spinta acida, con un finale ben delineato e disteso. A due fasi il Greco di Tufo Loggia della Serra '15, resinoso nei profumi ma più fresco e grintoso al sorso. L'allungo finale su toni di camomilla e nocciola lascia l'impronta.

○ Fiano di Avellino Terredora Di Paolo '15	ŸŸ 3
○ Greco di Tufo Loggia della Serra '15	ŸŸ 3
● Irpinia Aglianico Il Principio '10	Ÿ 4
⊙ Irpinia Rosato Rosaenovae '15	Ÿ 3
● Taurasi Fatica Contadina '08	ŸŸŸ 5
● Aglianico '11	ŸŸ 2*
○ Falanghina '14	ŸŸ 4
○ Fiano di Avellino Campore '12	ŸŸ 5
○ Fiano di Avellino Campore '11	ŸŸ 5
○ Greco di Tufo Loggia della Serra '13	ŸŸ 3*
○ Irpinia Falanghina '14	ŸŸ 4
○ Lacryma Christi del Vesuvio Bianco '14	ŸŸ 4
○ Lacryma Christi del Vesuvio Rosso '13	ŸŸ 3
● Taurasi Fatica Contadina '09	ŸŸ 5
● Taurasi Pago dei Fusi '08	ŸŸ 5

Torre a Oriente

loc. Mercuri I, 19
82030 Torrecuso [BN]
Tel. 0824874376
www.torreaoriente.eu

VENDITA DIRETTA
VISITA SU PRENOTAZIONE
OSPITALITÀ E RISTORAZIONE
PRODUZIONE ANNUA 40.000 bottiglie
ETTARI VITATI 10,00
AZIENDA SOSTENIBILE

L'azienda di Torrecuso è una delle cantine emergenti della regione, grazie al lavoro di Patrizia Iannella e Giorgio Gentilcore che hanno unito i loro percorsi di vita per produrre vino, conserve e olio: da non perdere l'eccellente produzione ottenuta dalla cultivar ortice. La superficie vitata conta 10 ettari vitati condotti in biologico e una gamma che vede protagoniste ben tre versioni di Falanghina: fiore all'occhiello la selezione Biancuzita, figlia di rese rigorose e una raccolta mediamente tardiva, proposta sul mercato a diversi anni dalla vendemmia. È nuovamente la Falanghina Biancuzita ad aprire le porte dei Tre Bicchieri. La 2014 è senza dubbio tra le migliori della sua tipologia: è un bianco completo, ben strutturato tra ricchezza aromatica, verve acida e registro minerale. Il finale è ampio e fresco, su sensazioni di tè verde e basilico. Di beva lineare e gradevole l'Aglianico Janico '11 e la Falanghina del Sannio Siriana '15.

○ Falanghina del Sannio Biancuzita '14	ŸŸŸ 3*
○ Falanghina del Sannio Taburno Siriana '15	Ÿ 2
○ Sannio Aglianico Janico '11	Ÿ 2
○ Falanghina del Sannio Biancuzita '12	ŸŸŸ 3*
● Aglianico del Taburno U' Barone '08	ŸŸ 3
○ Falanghina del Sannio Biancuzita '11	ŸŸ 2*
○ Falanghina del Sannio Biancuzita '10	ŸŸ 2*
○ Falanghina del Sannio Taburno Siriana '14	ŸŸ 2*
● Janico '10	ŸŸ 2*
● Sannio Aglianico Janico '10	ŸŸ 2*

Traerte

c.da Vadiaperti
83030 Montefredane [AV]
Tel. 0825607270
info@traerte.it

VENDITA DIRETTA
VISITA SU PRENOTAZIONE
PRODUZIONE ANNUA 81.000 bottiglie
ETTARI VITATI 6,00

Tra gli artisti genio e sregolatezza della collina di Montefredane, una posizione di primo piano spetta a Raffaele Troisi, che ha ereditato la cantina dal padre Antonio, tra i primi conferitori a mettersi in proprio per vinificare e imbottigliare. Dopo alcune vicissitudini economiche, è stato creato nel 2011 il marchio Traerte che raccoglie il patrimonio viticolo di Vadiaperti. Raffaele produce ottime Coda di Volpe, la selezione Torama è costantemente al vertice, come alcuni tra i più originali Fiano di Avellino e Greco di Tufo. Sono vini che si aprono lentamente nel bicchiere, scolpiti dal sale e da vibranti quote acide. Da finale il Fiano di Avellino Aipierti '15. Offre un profilo torbato molto intrigante, con sensazioni di polline ed erbe di montagna che ritroviamo in un sorso molto lungo e ritmato, puntellato da una nota appena tannica che dà grinta e spessore. Splendida l'evoluzione dei profumi nel bicchiere della Coda di Volpe Torama '15, dirompente per intensità e marca salina, polposa e guizzante: la migliore in regione.

○ Fiano di Avellino Aipierti '15	▼▼	5
○ Irpinia Coda di Volpe Torama '15	▼▼	5
○ Greco di Tufo Tornante '15	▼▼	5
○ Irpinia Coda di Volpe '15	▼▼	2*
○ Fiano di Avellino '15	▼	3
○ Fuori Limite Le Vecchie Vigne '15	▼	5
○ Greco di Tufo '15	▼	3
○ Fiano di Avellino Aipierti '14	▽▽	5
○ Fiano di Avellino Aipierti '13	▽▽	5
○ Fiano di Avellino Aipierti '12	▽▽	5
○ Greco di Tufo Tornante '14	▽▽	5
○ Greco di Tufo Tornante '13	▽▽	5
○ Greco di Tufo Tornante '12	▽▽	5
○ Irpinia Coda di Volpe Torama '14	▽▽	5
○ Irpinia Coda di Volpe Torama '13	▽▽	5

Antica Masseria Venditti

via Sannitica, 120/122
82037 Castelvenere [BN]
Tel. 0824940306
www.venditti.it

VENDITA DIRETTA
VISITA SU PRENOTAZIONE
RISTORAZIONE
PRODUZIONE ANNUA 61.000 bottiglie
ETTARI VITATI 11,00
VITICOLTURA Biologico Certificato
AZIENDA SOSTENIBILE

Quando nel 1988 scrivevamo la prima edizione della Guida, tra la manciata di produttori citati dalla Campania, solo 8 le aziende valutate, Nicola Venditti c'era. Ancora oggi lavora con passione e con rispetto per la natura le sue vigne che da 7 ettari sono passati a 11. L'azienda, nata nel 1595, si presenta oggi con una batteria di vini dal taglio artigianale, figli di una viticoltura rispettosa dell'ambiente. Nella sua cantina, modernamente attrezzata, nascono vini elaborati senza solfiti che vedono protagonista il vitigno autoctono storico di Castelvenere, barbetta o barbera, da non confondere con la varietà piemontese. Profumi dolci e inebrianti di rosa e mirtillo rendono del tutto peculiare la Sannio Barbetta Assenza '15, polposa e dalla vena aromatica intensa ma mai eccessiva. Più integro, su toni di viola e melagrana, la Sannio Barbetta Barbera '13. Tannini levigati e ficcanti per il Sannio Rosso Bosco Caldaia Riserva '11, blend da aglianico, montepulciano e piedirosso.

● Sannio Barbetta Assenza '15	▼▼	4
● Sannio Barbetta Barbera '13	▼▼	3
● Sannio Rosso Bosco Caldaia Ris. '11	▼▼	5
○ Falanghina del Sannio Assenza '15	▼	4
○ Falanghina del Sannio Vàndari '15	▼	3
● Sannio Rosso Sup. '14	▼	2
○ Falanghina del Sannio Vàndari '13	▽▽	3
● Sannio Aglianico Marraioli '09	▽▽	4
● Sannio Aglianico Marraioli '08	▽▽	3
● Sannio Aglianico Marraioli '07	▽▽	3
● Sannio Barbera Barbetta '09	▽▽	3
● Sannio Rosso '10	▽▽	2*
● Solopaca Rosso Bosco Caldaia '07	▽▽	4

Vestini Campagnano

via Costa dell'Aia, 9
81044 Conca della Campania [CE]
Tel. 0823679087
www.vestinicampagnano.it

VENDITA DIRETTA
VISITA SU PRENOTAZIONE
PRODUZIONE ANNUA 80.000 bottiglie
ETTARI VITATI 7,00
VITICOLTURA Biologico Certificato

L'azienda dell'avvocato Alberto Barletta è stata protagonista negli anni Novanta della riscoperta dei vitigni autoctoni del casertano come il pallagrello, bianco e nero, o il casavecchia. La cantina ha sede a Caiazzo e può contare su una gamma variegata in crescita su tutta la linea, in particolare sui vini d'annata, declinati con mano sicura e ben definita. La nuova cifra stilistica mette insieme tipicità e bevibilità e fa ben sperare per le prossime vendemmie. Il Pallagrello Bianco '15 è un vino delizioso per immediatezza e succulenza di frutto bianco: è fragrante, cremoso, maturo, dal finale dinamico e continuo. Tutto quello che si può chiedere a un vino d'annata. Molto buono anche il Galluccio Rosso Concarosso '15, dalla beva fine e distesa, limpido nella sua vena fruttata e dal finale ben sfumato; più pieno e maturo su toni di geranio il Kajanero '15, blend da casavecchia e pallagrello con saldo di aglianico. Tempra acida e note di lime per l'Asprinio '15, il Vinho Verde del Sud Italia.

○ Pallagrello Bianco '15	TT (rossi)	3*
● Axilio '13	TT	3
● Galluccio Rosso Concarosso '15	TT	2*
● Kajanero '15	TT	2*
○ Pallagrello Bianco Le Ortole '15	TT	4
○ Asprinio '15	T	2
● Connubio '11	T	7
● Pallagrello Nero '13	T	5
⊙ Vado Ceraso '15	T	3
● Casavecchia '11	YY	5
● Connubio '08	YY	7
○ Le Ortole '12	YY	4
○ Pallagrello Bianco '13	YY	3
● Pallagrello Nero '12	YY	5

Villa Diamante

via Toppole, 16
83030 Montefredane [AV]
Tel. 0825670014
villadiamante1996@gmail.com

VENDITA DIRETTA
VISITA SU PRENOTAZIONE
PRODUZIONE ANNUA 10.000 bottiglie
ETTARI VITATI 4,50

Diamante Renna porta avanti con caparbietà e passione il lavoro intrapreso da Antoine Gaita, vignaiolo straordinario che ha saputo fornire una visione nuova per il Fiano di Avellino, sfruttando a pieno le caratteristiche della collina di Montefredane. Due i Fiano prodotti, bottiglie che sanno sfidare il tempo e colpire dritti al cuore degli appassionati. La Vigna della Congregazione insiste su terreni ricchi di argilla e pietre di Montefredane, mentre il Clos d'Haut esprime una parcella della parte più alta di Summonte, con maggiori sostrati sulfurei, un tocco affumicato ancora più intenso e sfaccettato. Uscita anticipata per i due Fiano seguiti oggi dall'enologo Vincenzo Mercurio. Il Clos d'Haut '15 conferma un registro unico, con un tratto iniziale birroso e anarchico che lascia spazio a un crescendo di sfumature torbate e saline per un finale incalzante. Canovaccio più misurato, e finanche più elegante, per la Vigna della Congregazione '15, vino solare nel frutto e nella struttura, dal finale sinuoso e articolato. Davvero lunghissimo.

Vino		
○ Fiano di Avellino V. della Congregazione '15	TTT (rossi)	5
○ Fiano di Avellino Clos d'Haut '15	TT (rossi)	5
○ Fiano di Avellino Clos d'Haut '13	YYY	5
○ Fiano di Avellino V. della Congregazione '10	YYY	5
○ Fiano di Avellino V. della Congregazione '08	YYY	4
○ Fiano di Avellino Vigna della Congregazione '06	YYY	4
○ Fiano di Avellino Vigna della Congregazione '04	YYY	4
○ Fiano di Avellino V. della Congregazione '13	YY	5
○ Fiano di Avellino V. della Congregazione '11	YY	5

★Villa Matilde

S.DA ST.LE DOMITIANA, 18
81030 CELLOLE [CE]
TEL. 0823932088
www.villamatilde.it

VENDITA DIRETTA
VISITA SU PRENOTAZIONE
OSPITALITÀ E RISTORAZIONE
PRODUZIONE ANNUA 700.000 bottiglie
ETTARI VITATI 130,00
AZIENDA SOSTENIBILE

Dietro la produzione di Villa Matilde c'è l'innata curiosità dell'avvocato Francesco Avallone per la storia del vino, i racconti e gli aneddoti della letteratura latina, a partire da Plinio, Marziale e Ovidio. È grazie a lui, e al suo lavoro di ricerca in collaborazione con l'Università di Napoli Federico II, se oggi siamo qui a parlare di una denominazione con radici millenarie come quella del Falerno del Massico. Il progetto è oggi sostenuto dai figli Maria Ida e Salvatore, alla guida di una realtà che ha allargato il parco vigneti anche nel Sannio (Tenuta Rocca dei Leoni) e in Irpinia (Tenute di Altavilla), per una batteria completa e variegata. Il Greco di Tufo '15 è un bianco cremoso e avvolgente, tipico nei suoi toni di mandorla tostata e dal finale succoso, ritmico e appagante. Barocco e intrigante il Falerno del Massico Bianco Vigna Caracci '12, dal colore dorato, offre note di frutta secca e resina; cambia passo al sorso, è muschiato e sapido, bilancia materia densa e allungo.

Vino	Bicchieri	
○ Greco di Tufo Tenute di Altavilla '15	🍷🍷 (rossi)	3*
● Aglianico Rocca dei Leoni '13	🍷🍷	2*
○ Falerno del Massico Bianco V. Caracci '12	🍷🍷	4
● Falerno del Massico Rosso '12	🍷🍷	3
○ Falanghina Rocca dei Leoni '15	🍷	2
● Falerno del Massico Rosso V. Camarato Ris. '11	🍷	7
○ Fiano di Avellino Tenute di Altavilla '15	🍷	3
● Taurasi Tenute di Altavilla '15	🍷	5
⊙ Terre Cerase '15	🍷	2
○ Falerno del Massico Bianco V. Caracci '08	🍷🍷🍷	3
● Falerno del Massico Camarato '05	🍷🍷🍷	6
● Falerno del Massico Camarato '04	🍷🍷🍷	5

Villa Raiano

LOC. SAN MICHELE DI SERINO
VIA BOSCO SATRANO, 1
83020 SERINO [AV]
TEL. 0825595663
www.villaraiano.com

VENDITA DIRETTA
VISITA SU PRENOTAZIONE
PRODUZIONE ANNUA 300.000 bottiglie
ETTARI VITATI 22,00
VITICOLTURA Biologico Certificato

Procede a vele spiegate il progetto enologico di Villa Raiano. La cantina domina tutta la valle del fiume Sabato, i 22 ettari di proprietà sono condotti in regime biologico e ricadono all'interno delle tre denominazioni irpine: il fiano è coltivato nei comuni di Montefredane, San Michele di Serino e Lapio; le uve greco provengono da Montefusco; l'aglianico arriva da Castelfranci, a 600 metri di quota. La consulenza enologica è affidata all'enologo irpino Fortunato Sebastiano, con una batteria ben segmentata in due capitoli: Linea Classica e Linea Vigne. Sono vini di perfetta aderenza territoriale, notevole precisione stilistica e finezza espressiva. È senza dubbio uno dei migliori Greco assaggiati quest'anno per compattezza e precisione stilistica. Parliamo del Greco di Tufo Contrada Marotta '14, vino di grana elegante, fragrante nei toni di erba tagliata e pietra focaia, profondo e complesso, dal ritmo sapido e muschiato di classe. Da finale anche il Fiano di Avellino Alimata '14, polposo nei toni di nocciola, spezie e tè nero.

Vino	Bicchieri	
○ Fiano di Avellino Alimata '14	🍷🍷 (rossi)	4
○ Greco di Tufo Contrada Marotta '14	🍷🍷 (rossi)	4
○ Fiano di Avellino '15	🍷🍷	3
○ Greco di Tufo '15	🍷🍷	3
○ Falanghina '15	🍷	3
● Irpinia Campi Taurasini '12	🍷	3
○ Fiano di Avellino 22 '13	🍷🍷🍷	4*
○ Fiano di Avellino Alimata '10	🍷🍷🍷	4
● Taurasi Raiano '07	🍷🍷	5
○ Fiano di Avellino '12	🍷🍷	3
○ Fiano di Avellino 22 '12	🍷🍷	4
○ Greco di Tufo '12	🍷🍷	3
● Taurasi '10	🍷🍷	5
● Taurasi '09	🍷🍷	5
● Taurasi Raiano '08	🍷🍷	5

Abbazia di Crapolla

LOC. AVIGLIANO
VIA SAN FILIPPO, 2
80069 VICO EQUENSE [NA]
TEL. 3383517280
www.abbaziadicrapolla.it

Originalissimo il profilo del Sireo '14, ottenuto dalle vigne di falanghina e fiano coltivate sulle piane di sabbia e lapilli che circondano il granaio dell'abbazia. Offre un intreccio unico di erbe aromatiche e spezie, il finale è luminoso e prolungato. Fragrante e centrato il Noir '12.

○ Sireo Bianco '14	🍷🍷 5
● Noir '12	🍷🍷 5

Aia dei Colombi

C.DA SAPENZIE
82034 GUARDIA SANFRAMONDI [BN]
TEL. 0824817139
www.aiadeicolombi.it

La cantina dei fratelli Pascale sa interpretare al meglio la Falanghina di Guardia San Framondi. La 2015 profuma di grano e campi assolati; la Vignasuprema '14 ha un registro più ricco, profuma di mela e nocciola, grassa ma ben trainata dall'acidità e da una vena salata saporita.

○ Falanghina del Sannio Guardia Sanframondi '15	🍷🍷 2*
○ Falanghina del Sannio Guardia Sanframondi Vignasuprema '14	🍷🍷 2*

Albamarina

C.SO CARLO PISACANE, 28
84051 CENTOLA [SA]
TEL. 3495066001
www.fattorialbamarina.com

Le vigne sono ancora molto giovani ma il progetto della famiglia Notaroberto è ben avviato. Il Fiano Primula '15 ha un profilo affumicato elegante e misurato, dosa materia e freschezza acida, con rilanci agrumati e un finale di fiori gialli. Più maturo, ricco e armonico il Fiano Valmezzana '15.

○ Primula '15	🍷🍷 3
○ Cilento Fiano Valmezzana '15	🍷 3

Amarano

C.DA TORRE, 32
83040 MONTEMARANO [AV]
TEL. 082763351
www.amarano.it

Rientra in Guida con una batteria brillante l'azienda della famiglia Storti. Il Taurasi Principe Lagonessa '12 offre un profilo ben definito di frutto ed erbe officinali, dal palato profondo. Il Fiano di Avellino Dulcinea '15 è puro e cristallino nei profumi, teso e cremoso al palato, con un finale di classe.

○ Fiano di Avellino Dulcinea '15	🍷🍷 3*
○ Irpinia Coda di Volpe Lucinda '15	🍷🍷 3
● Taurasi Principe Lagonessa '12	🍷🍷 5
● Irpinia Campi Taurasini Malambruno '12	🍷 3

Antico Castello

C.DA POPPANO, 11BIS
83050 SAN MANGO SUL CALORE [AV]
TEL. 3408062830
www.anticocastello.com

Il Taurasi della famiglia Romano è tra i più interessanti e meglio definiti nella tipologia. La versione 2012 propone un frutto integro e compatto, si sviluppa su toni di olive nere e arancia sanguinella, dall'acidità croccante e sviluppo verticale. Chiude lungo con ritorni fruttati e sensazioni balsamiche.

● Taurasi '12	🍷🍷 4
○ Irpinia Greco '15	🍷 2

Giuseppe Apicella

FRAZ. CAPITIGNANO
VIA CASTELLO SANTA MARIA, 1
84010 TRAMONTI [SA]
TEL. 089876075
www.giuseppeapicella.it

Prestazione esaltante su tutta la linea. Il Costa d'Amalfi Tramonti Bianco Colle Santa Marina '15 profuma di frutti di mare e rosmarino, dal timbro muschiato e saporito. Luminoso e croccante nei toni di agrumi gialli il Tramonti Bianco '15; profumi eterei e sottili, di melagrana e pepe, per il Piedirosso '15.

○ Costa d'Amalfi Tramonti Bianco '15	🍷🍷 3
○ Costa d'Amalfi Tramonti Bianco Colle Santa Marina '15	🍷🍷 2*
● Piedirosso '15	🍷🍷 2*

Cantine Barone

via Giardino, 2
84070 Rutino [SA]
Tel. 0974830463
www.cantinebarone.it

Nuova prestazione solida per la cantina di Rutino, tra le firme più costanti del Cilento. Puro e succosissimo il Primula Rosa '15, tra i più felici rosati della regione, tonico nei suoi ricordi di melagrana e piccole fragoline di bosco. Mediterraneo e dall'andamento rilassato il Marsia Bianco '15.

○ Marsia Bianco '15	🍷🍷 1*
⊙ Primula Rosa '15	🍷🍷 2*
○ Cilento Fiano Una Mattina '15	🍷 2
○ Cilento Fiano Vignolella '15	🍷 3

Bellaria

fraz. Area PIP
loc. Carrani
83030 Montefalcione [AV]
Tel. 0825973467
www.agricolabellaria.it

In attesa di poter assaggiare la nuova uscita di Taurasi, l'azienda propone un Aglianico '13 di buona progressione gustativa, caratterizzato da note di pepe e paprika, dal sorso piacevolmente secco e rustico. Maturo e glicerico il Fiano di Avellino '15.

● Aglianico '13	🍷🍷 3
○ Fiano di Avellino '15	🍷 3
○ Greco di Tufo Oltre '15	🍷 4

Boccella

via Sant'Eustachio
83040 Castelfranci [AV]
Tel. 082772574
www.boccellavini.it

In crescita i Taurasi proposti dalla famiglia Boccella, tra i migliori della denominazione. Il Sant'Eustachio '11, potente nella sua traccia fumé, si offre sapido e terroso, di buona spinta e profondità gustativa. Buono anche il Taurasi '11, più affusolato nella struttura, dal finale lungo e sfaccettato.

● Taurasi Sant'Eustachio '11	🍷🍷 5
● Taurasi '11	🍷🍷 5
○ Casefatte '15	🍷 2

Borgodangelo

c.da Bosco della Selva
s.da prov.le 52 km 10
83050 Sant'Angelo all'Esca [AV]
Tel. 082773027
www.borgodangelo.it

Conferma di avere una mano felice sul Rosato la cantina di Pasquale Iannuzzo e Antonio Lo Priore. Il colore, come di consueto molto carico, annuncia un vino ricco di polpa e succo, profuma di more e sfumature floreali. Piccolo ma ben fatto il Fiano di Avellino '15, dal sorso lineare e continuo.

⊙ Irpinia Rosato '15	🍷🍷 2*
○ Fiano di Avellino '15	🍷 2
● Taurasi Ris. '10	🍷 4

Cantina dei Monaci

fraz. Santa Lucia, 206
83030 Santa Paolina [AV]
Tel. 0825964350
www.cantinadeimonaci.it

È un gradito ritorno in Guida quello di Angelo Carpenito e Maria Coppola con la loro cantina irpina di Santa Paolina. È il Greco di Tufo Decimo Sesto '14 a strappare il punteggio più alto. Ha un carattere ricco e maturo, con sfumature di agrumi e foglie di tè, dal tipico finale di mandorla amara.

○ Greco di Tufo Decimo Sesto '14	🍷🍷 3
● Taurasi '08	🍷🍷 5
○ Fiano di Avellino '15	🍷 3
○ Greco di Tufo '15	🍷 3

Cantina del Barone

via Nocelleto, 21
83020 Cesinali [AV]
Tel. 0825666751
www.cantinadelbarone.it

Il Fiano Particella 928 di Luigi Sarno è un vino che fa sempre discutere. La versione 2014 è sicuramente una delle più felici, tanto da approdare agilmente in finale. Ha un timbro affumicato unico, profuma di fieno e camomilla, dalla bocca rustica e salata, multidimensionale, dal lunghissimo sapore.

○ Particella 928 '14	🍷🍷 3*

Cantina Riccio

c.da Campore
83040 Chiusano di San Domenico [AV]
Tel. 0825985631
www.cantinariccio.it

Conferma la vocazione per il Fiano questa piccola realtà irpina di Chiusano San Domenico. Il Fiano di Avellino I Vini di Janus '15 è delizioso nei suoi toni fumé ed erbe spontanee. Ha un sorso ben calibrato, di buona spinta, teso e vitale, dal finale lungo e pimpante su toni di anice.

○ Fiano di Avellino I Vini di Janus '15	ŸŸ 3
○ Greco di Tufo I Vini di Janus '15	Ÿ 2
● Irpinia Aglianico I Vini di Janus '15	Ÿ 2
● Taurasi Appia Antica '12	Ÿ 2

Cantine dell'Angelo

via Santa Lucia, 32
83010 Tufo [AV]
Tel. 3384512965
www.cantinedellangelo.com

Prendere o lasciare. I Greco di Tufo di Angelo Muto sono tra le interpretazioni più originali e caratteriali, difficili da decifrare, soprattutto appena immessi sul mercato. Il Torrefavale '14 ha un respiro sulfureo intenso, tratti cerealicoli e un palato lunghissimo di sale e spezie.

○ Greco di Tufo '14	ŸŸ 3
○ Greco di Tufo Torrefavale '14	ŸŸ 3

Capolino Perlingieri

via Marraioli, 58
82037 Castelvenere [BN]
Tel. 0824971541
www.capolinoperlingieri.com

Quest'anno nella batteria di Alexia Capolino Perlingieri segnaliamo, accanto alla solita Falanghina del Sannio Preta, morbida e ricca di frutto, il Sannio Fiano Nembo '15, intrigante e sfaccettato. Profuma di mela ed erbe aromatiche, dallo sviluppo lineare, ritmico e progressivo.

○ Sannio Fiano Nembo '15	ŸŸ 3
○ Falanghina del Sannio Preta '15	Ÿ 2
● Sannio Aglianico Talento '11	Ÿ 4
○ Sannio Greco Vento '15	Ÿ 3

Casebianche

c.da Case Bianche, 8
84076 Torchiara [SA]
Tel. 0974843244
www.casebianche.eu

Ritorna il piacere di bere con il Dosaggio Zero La Matta '15 di Pasquale Mitrano. Un Fiano rifermentato in bottiglia contagioso per piacevolezza. Profuma di pesca e fieno, insieme a toni fragranti di pane appena sfornato e lime. Ha piglio gioioso, una spina acida rigenerante e un tratto rustico unico.

○ La Matta Dosaggio Zero '15	ŸŸ 3*
⊙ Il Fric '15	ŸŸ 3
○ Cilento Fiano Cumalè '15	Ÿ 3

Tenute Casoli

via Roma, 28
83040 Candida [AV]
Tel. 3402958099
www.tenutecasoli.it

Esordio in Guida per questa giovane realtà irpina che può contare su 13 ettari vitati collocati tra i comuni di Candida, Montefusco, Santa Paolina e Tufo. È il Fiano di Avellino '14 a sorprenderci in positivo: profuma di ortica e basilico, ha polpa e notevole freschezza acida, dal finale lungo e infiltrante.

○ Fiano di Avellino Kryos '14	ŸŸ 3
○ Greco di Tufo Cupavaticale '14	Ÿ 5
● Taurasi Armonia '11	Ÿ 6

Colle di San Domenico

s.da st.le Ofantina km 7,500
83040 Chiusano di San Domenico [AV]
Tel. 0825985423
www.cantinecolledisandomenico.it

La cantina di Chiusano di San Domenico, nell'avellinese, propone una gamma di vini capace di spaziare tra le principali denominazioni irpine e non solo. Centratissima la Falanghina del Sannio '15, tra le migliori degli ultimi anni, fresca, scorrevole e persistente.

○ Falanghina del Sannio '15	ŸŸ 2*
○ Fiano di Avellino '15	Ÿ 3
○ Greco di Tufo '15	Ÿ 3
● Irpinia Campi Taurasini Principe '13	Ÿ 3

Colli di Castelfranci

c.da Braudiano
83040 Castelfranci [AV]
Tel. 082772392
www.collidicastelfranci.com

Croccante e luminoso il Greco di Tufo Grotte '15, profuma di limoni ed erba appena tagliata. Al sorso è ben articolato, armonico, modulato su una saporita vena sapida. Centrato il Taurasi Alta Valle Riserva '09 nei suoi toni morbidi di piccoli frutti di bosco e sorso succoso, ricco e mentolato.

- ○ Greco di Tufo Grotte '15 — 🍷🍷 2*
- ● Taurasi Alta Valle Ris. '09 — 🍷🍷 7
- ○ Fiano di Avellino Pendino '15 — 🍷 2
- ○ Irpinia Fiano Paladino '14 — 🍷 4

Contrada Salandra

fraz. Coste di Cuma
via Tre Piccioni, 40
80078 Pozzuoli [NA]
Tel. 0815265258
www.dolciqualita.com

Nuova prestazione più che brillante per la micro cantina di Giuseppe Fortunato, tra i produttori più ispirati dei Campi Flegrei. Il Piedirosso '13 non va lontano dal massimo riconoscimento: elegante e sinuoso nei suoi toni di pepe appena macinato e macchia. Buonissima anche la Falanghina '14.

- ● Campi Flegrei Piedirosso '13 — 🍷🍷 3*
- ○ Campi Flegrei Falanghina '14 — 🍷🍷 2*

Cuomo - I Vini del Cavaliere

via Feudo La Pila, 16
84047 Capaccio [SA]
Tel. 0828725376
www.vinicuomo.com

Batteria ristretta ma di buon livello qualitativo per la cantina di Capaccio Paestum. Nello specifico, abbiamo apprezzato il Cilento Fiano Heraion '15. Propone un'indole marina nei suoi toni iodati, profuma di limone e ginestra; al sorso è pieno e fragrante, lineare e ben disteso.

- ○ Cilento Fiano Heraion '15 — 🍷🍷 3
- ● Cilento Aglianico Granatum '14 — 🍷 3

D'Antiche Terre

c.da Lo Piano
s.da st.le 7 bis
83030 Manocalzati [AV]
Tel. 0825675358
www.danticheterre.it

Guidata da Gaetano Ciccarella, la cantina di Manocalzati è tra i nomi storici della viticoltura irpina, forte di ben 40 ettari vitati di proprietà. In attesa della nuova uscita del Taurasi Il Vicario, segnaliamo il Coriliano '14, Aglianico dai toni polposi di ciliegia matura e pepe, brioso nello sviluppo.

- ● Coriliano '14 — 🍷🍷 2*
- ○ Fiano di Avellino '15 — 🍷 3
- ○ Sannio Fiano '15 — 🍷 2
- ● Taurasi '09 — 🍷 5

Viticoltori De Conciliis

loc. Querce, 1
84060 Prignano Cilento [SA]
Tel. 0974831090
www.viticoltorideconciliis.it

In quest'edizione della Guida abbiamo apprezzato il Bacioilcielo Rosso '15, blend da aglianico e barbera con saldo di primitivo. Ha sentori di macchia e piccoli frutti neri; al sorso è fresco, piacevolo, goloso, dal tannino incisivo e ficcante. Rustico e saporito l'Aglianico Donnaluna '14.

- ● Bacioilcielo Rosso '15 — 🍷🍷 2*
- ● Aglianico Donnaluna '14 — 🍷 3
- ○ Bacioilcielo Bianco '15 — 🍷 2

Di Marzo

via Gaetano Di Marzo, 2
83010 Tufo [AV]
Tel. 0825998022
www.cantinedimarzo.it

In attesa della nuova annata del Greco di Tufo Scipionis, la storica cantina di Tufo piazza una batteria solida e centrata. Spicca il Greco di Tufo '15 dai toni di biancospino e grano; al sorso è saporito, fresco nel suo finale ammandorlato. In crescita il Greco di Tufo Brut Anni Venti.

- ○ Greco di Tufo '15 — 🍷🍷 2*
- ○ Greco di Tufo Brut M. Cl. Anni Venti — 🍷🍷 4
- ○ Greco di Tufo Franciscus '15 — 🍷 3

Farro

Loc. Fusaro
via Virgilio, 16/24
80070 Bacoli [NA]
Tel. 0818545555
www.cantinefarro.it

Compie 90 anni la cantina diretta da Michele Farro, tra le più costanti del distretto dei Campi Flegrei. Affascinanti i toni di spezie ed erbe officinali della Falanghina Le Cigliate '14, di buona profondità gustativa e dalla chiusura ampia e lunga. Sorso sottile ma continuo per la Falanghina '15.

- ○ Campi Flegrei Falanghina Le Cigliate '14 — 🍷🍷 3
- ○ Campi Flegrei Falanghina '15 — 🍷 2
- ● Campi Flegrei Piedirosso '15 — 🍷 2

Cantine Federiciane Monteleone

fraz. San Rocco
via Antica Consolare Campana, 34
80016 Marano di Napoli [NA]
Tel. 0815764153
www.federiciane.it

Un plauso a questa cantina partenopea capace di valorizzare e dare continuità a due vini di grande tradizione come il Lettere e il Gragnano della Penisola Sorrentina. Le versioni proposte sono senza dubbio tra le migliori assaggiate: profumate, succose, fragranti, di godibilissima beva.

- ● Penisola Sorrentina Gragnano '15 — 🍷🍷 2*
- ● Penisola Sorrentina Lettere '15 — 🍷🍷 2*
- ● Campi Flegrei Piedirosso '15 — 🍷 2

Filadoro

c.da Cerreto, 19
83030 Lapio [AV]
Tel. 0825982536
www.filadoro.it

Da monitorare con attenzione questa piccola realtà, fondata nel 2008 dai coniugi Lepore Filadoro, forte di 6 ettari vitati nelle terre di Lapio. Il Fiano di Avellino '14 strappa punteggi alti: coniuga profumi tipici di noci ed erbe officinali a un palato ricco e progressivo, dal lungo finale agrumato.

- ○ Fiano di Avellino '14 — 🍷🍷 3
- ○ Frizzy '15 — 🍷 2

★Galardi

fraz. San Carlo
s.da prov.le Sessa-Mignano
81037 Sessa Aurunca [CE]
Tel. 0823144003
www.terradilavoro.com

Annata interlocutoria per il Terra di Lavoro. La versione 2014 propone un profilo olfattivo aperto e maturo, su toni di confettura di more e mirtillo, sullo sfondo sensazioni di olive nere e grafite. La bocca è morbida, ricca di succo ma senza la spinta necessaria per un vino di tale struttura.

- ● Terra di Lavoro '14 — 🍷🍷 7

Raffaele Guastaferro

via Gramsci
83030 Taurasi [AV]
Tel. 082539244
www.guastaferro.it

Una piccola realtà che contribuisce a tenere alto il nome della denominazione Taurasi. Raffaele Guastaferro dirige l'azienda dal 2000 e alleva le viti del suo vino di punta in località Piano dell'Angelo. Il Primum Riserva '07 si articola tra sentori di eucalipto, mirtillo e un profilo ematico.

- ● Taurasi Primum Ris. '07 — 🍷🍷 4
- ● Irpinia Aglianico Memini '12 — 🍷🍷 2*
- ○ Greco di Tufo Cardinale '15 — 🍷 3

Vitivinicola Il Bosco

via San Tommaso, 34
Castelvenere [BN]
Tel. 0824940483

Fa il suo ingresso in Guida la cantina di anna Bosco a Castelvenere, il paese più visitato della Campania. Da anni si batte per valorizzare a pieno la barbera del Sannio e le ultime uscite ci sembrano quanto mai felici. In particolare l'Armonico '15 offe una polpa fruttata croccante e golosa.

- ● Armonico '15 — 🍷🍷 2*
- ● Oro Rosso '15 — 🍷🍷 2*
- ○ Griego's '15 — 🍷 2

Manimurci

S.DA ST.LE 164 KM 83,200
83052 PATERNOPOLI [AV]
TEL. 3938257033
www.peppebuiowinery.it

Segnaliamo due vini nella batteria dell'affidabile cantina irpina. L'Irpinia Campi Taurasini Rossocupo '14 profuma di viola e ciliegie mature, moderno nell'estrazione ma di deciso nerbo acido, dal finale denso e succoso. Molto ben definita la Falanghina del Sannio Falange '15.

○ Falanghina del Sannio Falange '15	ŸŸ 2*
● Irpinia Campi Taurasini Rossocupo '14	ŸŸ 3
○ Greco di Tufo Zagreo '15	Ÿ 2
● Taurasi Poema '11	Ÿ 5

Salvatore Martusciello

VIA SPINELLI, 4
80010 QUARTO [NA]
TEL. 0818766123
www.salvatoremartusciello.it

Dopo l'esperienza in Grotta del Sole, Salvatore Martusciello riprende il suo costante lavoro di valorizzazione delle denominazioni del Vesuvio. In questa tornata abbiamo apprezzato il Piedirosso Settevulcani '15, ruspante nei suoi toni di lampone e grafite.

● Campi Flegrei Piedirosso Settevulcani '15	ŸŸ 3
● Penisola Sorrentina Lettere Ottouve '15	ŸŸ 3
○ Campi Flegrei Falanghina Settevulcani '15	Ÿ 3
● Penisola Sorrentina Gragnano Ottouve '15	Ÿ 3

Lorenzo Nifo Sarrapochiello

VIA PIANA, 62
82030 PONTE [BN]
TEL. 0824876450
www.nifo.eu

Sempre intrigante la batteria di vini proposta da Lorenzo Nifo Sarrapochiello. Quest'anno segnaliamo il Sannio Fiano '15, peculiare nei suoi toni di erbe selvatiche e una scia di agrume e tè verde che ben accompagna il sorso. Fragrante e scorrevole la Falanghina del Sannio Taburno '15.

○ Sannio Fiano '15	ŸŸ 2*
○ Falanghina del Sannio Taburno '15	Ÿ 2
○ Sannio Taburno Greco '15	Ÿ 2

Raffaele Palma

LOC. SAN VITO
VIA ARSENALE, 8
84010 MAIORI [SA]
TEL. 3357601858
www.raffaelepalma.it

Si conferma il Puntacroce il vino portabandiera di questa virtuosa realtà di Maiori nella Costiera Amalfitana. La versione 2015 ha una trama solare e matura: profuma di agrumi canditi, di rose e melagrana. Al sorso è avvolgente, più glicerico rispetto ad altre annate.

○ Costa d'Amalfi Bianco Puntacroce '15	ŸŸ 6
● Costa d'Amalfi Rosso Montecorvo '13	Ÿ 6

Petilia

LOC. CAMPO FIORITO
C.DA PINCERA
83011 ALTAVILLA IRPINA [AV]
TEL. 0825991696
www.aziendaagricolapetilia.it

Dopo sette anni di assenza rientra in Guida la cantina irpina di Bruno e Teresa Petilia. Pimpante il Fiano di Avellino '15, luminoso nei profumi e dal lungo sapore finale. Sulla stessa lunghezza d'onda il Greco di Tufo 4 20 '15: profuma di pesca e ginestra, dal finale minerale profondo.

○ Fiano di Avellino '15	ŸŸ 3
○ Greco di Tufo 4 20 '15	ŸŸ 4
○ Irpinia Falanghina Hirpos '15	Ÿ 3

Porto di Mola

VIA RISIERA
81050 GALLUCCIO [CE]
TEL. 0823925801
www.portodimola.it

Può contare su un patrimonio di 50 ettari vitati la cantina di Galluccio guidata da Antimo Esposito. Saporito nel suo timbro fumé, di cenere e grafite, il Collelepre '15, un Fiano succoso e saporito, dal passo sapido e finale di frutta secca. Solare nei suoi toni di grano e cedro il Montecamino '15.

○ Collelepre '15	ŸŸ 2*
○ Montecamino '15	Ÿ 2
● Peppì '13	Ÿ 2

Quadrigato

C.DA TAVERNA VECCHIA
82034 GUARDIA SANFRAMONDI [BN]
TEL. 0824864296
www.quadrigato.com

La cantina di Guardia Sanframondi fa il suo esordio in Guida grazie al Sannio Greco '15, un bianco fine dal punto di vista aromatico e dallo sviluppo intenso ed energico. Offre toni piacevolmente agrumati e un sottofondo ammandorlato costante. Ben calibrata anche la Falanghina del Sannio '15

- ○ Falanghina del Sannio '15 — 2 bicchieri 2
- ○ Sannio Greco '15 — 2 bicchieri 2
- ○ Sannio Fiano '15 — 1 bicchiere 2

Andrea Reale

LOC. BORGO DI GETE
VIA CARDAMONE, 75
84010 TRAMONTI [SA]
TEL. 089856144
www.aziendaagricolareale.it

I vini della famiglia Reale confermano di saper interpretare in maniera peculiare la Costiera Amalfitana, nello specifico la sottozona Tramonti. Spiccano il Getis '15, Rosato da uve piedorosso con saldo di tintore, sfumato e complesso, e l'Aliseo '15, articolato su intensi toni affumicati.

- ○ Costa d'Amalfi Tramonti Bianco Aliseo '15 — 2 bicchieri 4
- ⊙ Costa d'Amalfi Tramonti Rosato Getis '15 — 2 bicchieri 4
- ● Borgo di Gete '12 — 1 bicchiere 6

Regina Viarum

LOC. FALCIANO DEL MASSICO
VIA VELLARIA
81030 FALCIANO DEL MASSICO [CE]
TEL. 0823931299
www.reginaviarum.it

La piccola cantina di Falciano del Massico, fondata nel 2005, è tra quelle che meglio hanno saputo interpretare negli ultimi anni i rossi potenti della zona, coniugando intensità, ricchezza aromatica e facilità di beva. Le caratteristiche del Falerno del Massico Primitivo Zero5 '13, maturo e reattivo.

- ● Falerno del Massico Zero5 '13 — 2 bicchieri 3
- ● Falerno del Massico Barone '11 — 1 bicchiere 5

Sclavia

VIA CASE SPARSE
81040 LIBERI [CE]
TEL. 3356654770
www.sclavia.com

Sclavia è tra le più piacevoli sorprese degli assaggi regionali. Al suo esordio in Guida la cantina casertana di Andrea Granito riesce subito a raggiungere le nostre finali. Il Calù '15 è un Pallagrello Bianco fine e intenso dal lungo finale gustativo. Il Granito '12 è tra le migliori Casavecchia testati.

- ○ Calù '15 — 2 bicchieri rossi 3*
- ● Granito '12 — 2 bicchieri 3
- ● Liberi '12 — 2 bicchieri 5
- ● Pallagrello Nero Montecardillo '13 — 1 bicchiere 3

Tenuta Scuotto

C.DA CAMPOMARINO, 2/3
83030 LAPIO [AV]
TEL. 08251851965
www.tenutascuotto.it

Diamo il benvenuto in Guida alla cantina di Lapio diretta da Eduardo Scuotto. Peculiare lo stile sui bianchi, ricchi di estratti e sfaccettati. Moto buono il Taurasi '12, vino potente nei suoi toni di sottobosco e piccoli frutti neri; al palato trova ritmo e guizzo, dalla vena balsamica aggraziata.

- ● Taurasi '12 — 2 bicchieri 5
- ○ Greco di Tufo '15 — 1 bicchiere 3
- ○ Oi Nì '13 — 1 bicchiere 5

Setaro

LOC. PARCO NAZIONALE DEL VESUVIO
VIA BOSCO DEL MONACO, 34
80040 TRECASE [NA]
TEL. 0818628956
www.casasetaro.it

Quest'anno è il Caprettone Brut '12 in cima alle nostre preferenze nella pattuglia di Casa Setaro. È un Metodo Classico ottenuto dalla varietà autoctona del Parco Nazionale del Vesuvio. Sorprende per freschezza e intensità, dai toni agrumati e delicatamente fumé. Il perlage è cremoso, il finale pimpante.

- ○ Caprettone Brut '12 — 2 bicchieri 4
- ○ Falanghina Campanelle '15 — 1 bicchiere 2
- ○ Vesuvio Lacryma Christi Bianco Munazei '15 — 1 bicchiere 2

Sorrentino

VIA RIO, 26
80042 BOSCOTRECASE [NA]
TEL. 0818584963
www.sorrentinovini.com

Sorrentino si conferma ancora una volta tra le aziende più affidabili del Vesuvio, capace di elaborare una gamma di sicura identità territoriale e piacevolezza di beva. Quest'anno spicca il Lacryma Christi Rosato Vigna Lapillo '15, profumato di scorza d'arancia e cenere.

○ Vesuvio Lacryma Christi Bianco V. Lapillo '15	ỸỸ 3
⊙ Vesuvio Lacryma Christi Rosato V. Lapillo '15	ỸỸ 3

Telaro

LOC. CALABRITTO
VIA CINQUE PIETRE, 2
81045 GALLUCCIO [CE]
TEL. 0823925841
www.vinitelaro.it

Quest'anno invertiamo le nostre preferenze nella batteria della cantina di Galluccio. In evidenza il Calivierno '13, da aglianico con saldo di piedirosso, potente e generoso, ben sostenuto dalla spina acida. Ben articolato il Galluccio Bianco Ripa Bianca '15, dall'impronta fruttata succosa.

● Calivierno '13	ỸỸ 3
○ Galluccio Bianco Ripa Bianca '15	ỸỸ 2*
○ Fiano '15	Ỹ 2
● Galluccio Rosso Ara Mundi Ris. '13	Ỹ 3

Torre Varano

LOC. TORREVONO, 2
82030 TORRECUSO [BN]
TEL. 0824876372
www.torrevarano.it

La cantina sannita di Nicola D'Occhio si fa apprezzare per un'oculata gestione del legno sui rossi, tratto non proprio comune dalle parti di Benevento. L'Aglianico del Taburno 36+6 '09 si offre fitto e polposo, nitido nei suoi toni di macchia e frutto rosso.

● Aglianico del Taburno 36+6 '09	ỸỸ 5
● Aglianico '14	Ỹ 3
● Aglianico del Taburno '12	Ỹ 3
○ Falanghina del Sannio Taburno '15	Ỹ 2

Il Verro

LOC. ACQUAVALLE, LAUTONI
81040 FORMICOLA [CE]
TEL. 3456416200
www.ilverro.it

Batteria molto solida per la cantina di Formicola. In particolare segnaliamo il Verginiano '15, un Pallagrello Bianco dal timbro vulcanico e agrumato, teso, saporito e molto lungo. Altrettanto succoso e ben articolato il Pallagrello Nero '15. Originale nei suoi toni affumicati e selvatici Sheep '15.

○ Pallagrello Bianco Verginiano '15	ỸỸ 2*
● Pallagrello Nero '15	ỸỸ 3
● Casavecchia Lautonis '15	Ỹ 2
○ Sheep '15	Ỹ 2

Vigne Guadagno

VIA TAGLIAMENTO, 237
83100 AVELLINO
TEL. 08251686379
www.vigneguadagno.it

Colleziona un'altra prestazione convincente la cantina di Giuseppe e Pasquale Guadagno. Batteria solida su tutta la linea, Vigne Guadagno è tra le poche aziende irpine a cimentarsi con risultati buoni tanto sul Fiano di Avellino, quanto su Greco di Tufo e Taurasi.

○ Fiano di Avellino Contrada Sant'Aniello '13	ỸỸ 4
○ Greco di Tufo '15	ỸỸ 3
● Taurasi '10	ỸỸ 5

Vinosia

C.DA NOCELLETO
83052 PATERNOPOLI [AV]
TEL. 082771754
www.vinosia.com

La cantina di Paternopoli fa della sua ampia gamma di Taurasi il fiore all'occhiello. Noi, per quest'anno, invertiamo la gerarchia aziendale, segnalando due bianchi ben eseguiti e già espressivi e godibili. In particolare il Greco di Tufo l'Ariella '15 nitido e succoso.

○ Fiano di Avellino Le Grade '15	ỸỸ 3
○ Greco di Tufo L'Ariella '15	ỸỸ 3
● Taurasi Marziacanale '09	Ỹ 5
● Taurasi Santandrea '12	Ỹ 4

BASILICATA

La Basilicata del vino è un giacimento prezioso finora sfruttato solo in parte. La maggior parte dei consumatori è familiare con la più importante denominazione regionale, l'Aglianico del Vulture, che recentemente ha ottenuto, per la tipologia Superiore e Superiore Riserva, la denominazione d'origine controllata e garantita. Ed è proprio l'Aglianico che nasce dai contrafforti del Vulture fino a Venosa che vengono le etichette più rappresentative della regione. Quest'anno sono ben quattro i vini premiati, tre di questi, quelli di Terre degli Svevi, Cantine del Notaio e Titolo sono degli habitué dei Tre Bicchieri, mentre l'ottimo Gricos '14 di Grifalco di Lucania debutta felicemente nel club dei vini premiati. Il dato importante emerso dalle degustazioni è che nelle nostre finali erano ben 18 i vini lucani. Tutti Aglianico del Vulture, con l'unica stimolante novità del Vulcano 800 di Terre dei Re, un elegante Pinot Nero che nasce in alta quota e che ci dà la percezione delle potenzialità di questo straordinario terroir. L'epopea dei vini etnei forse sta contagiando anche la tranquilla Basilicata? Vedremo nascere nuove aziende e affermarsi nomi della tradizione sul mercato internazionale nei prossimi anni? Sinceramente ce lo auguriamo, perché gli ingredienti per una storia di successo qui ci sono tutti. Mentre chiudiamo quest'edizione della Guida la notizia che un marchio storico come Paternoster sia stato acquisito da un gruppo importante come la veneta Tommasi Viticoltori – che si affianca alle acquisizioni recenti della Feudi di San Gregorio (Basilisco) e del gruppo Farnese (Vigneti del Vulture), per non parlare di una realtà ormai consolidata come Terre degli Svevi del GIV – non fa che avvalorare quest'ipotesi. Uva, territorio e clima sono tra i più felici del meridione per una produzione di vini di classe, e il successo del brand Paternoster (che inanella ben due vini alle nostre finali) è emblematico di queste potenzialità. Ma La Basilicata del vino non si limita al comprensorio del Vulture. Ci sono denominazioni che stanno lavorando per emergere. Grottino di Roccanova, Terre dell'Alta Valdagri e soprattutto la denominazione Matera danno incoraggianti segnali di attività. Soprattutto quest'ultima, che si declina in varie tipologie, tra le quali Moro e Primitivo sembrano le più promettenti, siamo sicuri che in un immediato futuro potrà affiancare il Vulture nell'esprimere in modo più articolato il grande potenziale qualitativo dell'enologia lucana.

Basilisco

LOC. BARILE
VIA DELLE CANTINE, 20/22
85022 BARILE [PZ]
TEL. 0972771033
www.basiliscovini.it

VENDITA DIRETTA
VISITA SU PRENOTAZIONE
OSPITALITÀ
PRODUZIONE ANNUA 55.000 bottiglie
ETTARI VITATI 27,00
VITICOLTURA Biologico Certificato
AZIENDA SOSTENIBILE

Con l'arrivo di Viviana Malafarina, appassionata e competente, al timone dell'azienda lucana del gruppo Feudi di San Gregorio, è iniziata una nuova fase per la Basilisco, uno dei marchi più affermati del panorama del Vulture. Con la nuova cantina in centro a Barile e ben 27 ettari di vigneti dislocati in cru storici del territorio come Macarico e Gelosia ci sono tutti gli ingredienti per una storia di successo. E non mancano vecchie vigne – alcune addirittura a piede franco – che vengono accudite e sono alla base di selezioni particolari. I vini maturano nelle storiche grotte di tufo dello Shesh, tipiche di Barile. Sfiora il nostro massimo riconoscimento, quest'anno, il Basilisco '12. È un rosso di struttura, potenza e carattere, ricco di frutto, sapido e austero ad un tempo, che esprime belle note boisé, ciliegia e mora nel finale, ha tannini levigati e grande equilibrio. La selezione di Aglianico del Vulture Storico Prefillosera '12 si offre complesso e ricco di polpa, ma risulta un po' compresso dai legni di maturazione. Interessante il bianco Sophia da fiano, malvasia bianca e traminer.

● Aglianico del Vulture Basilisco '12	🍷🍷 6
● Aglianico del Vulture Storico Prefillossera '12	▼▼ 5
○ Sophia '15	▼ 3
● Aglianico del Vulture Basilisco '09	▽▽▽ 5
● Aglianico del Vulture Basilisco '08	▽▽▽ 5
● Aglianico del Vulture Basilisco '07	▽▽▽ 5
● Aglianico del Vulture Basilisco '06	▽▽▽ 5
● Aglianico del Vulture Basilisco '04	▽▽▽ 5
● Aglianico del Vulture Basilisco '01	▽▽▽ 5
● Aglianico del Vulture Basilisco '11	▽▽ 6
● Aglianico del Vulture Teodosio '13	▽▽ 3*
● Aglianico del Vulture Teodosio '12	▽▽ 3

Cantine del Notaio

VIA ROMA, 159
85028 RIONERO IN VULTURE [PZ]
TEL. 0972723689
www.cantinedelnotaio.com

VENDITA DIRETTA
VISITA SU PRENOTAZIONE
RISTORAZIONE
PRODUZIONE ANNUA 250.000 bottiglie
ETTARI VITATI 30,00
VITICOLTURA Biologico Certificato

Gerardo Giuratrabocchetti lavora con passione le uve di ben 30 ettari vitati distribuiti nelle aree più vocate di cinque comuni del comprensorio del Vulture, dove il protagonista è l'aglianico. Vinificati nella nuova cantina di Rionero, i vini maturano poi nelle storiche grotte di tufo del Seicento costruite dai frati Francescani. La gamma aziendale, con nomi ispirati alla professione notarile, quella di suo padre, è di alto livello ma anche molto vasta, e copre tutte le tipologie di vino. Accanto a questi troviamo anche i vini della linea Macarico, dal taglio curato e dai prezzi convenienti. È sempre Il Repertorio, quest'anno con l'annata 2014, la star delle nostre degustazioni. È una versione elegante e distesa di Aglianico del Vulture che rifugge da strutture troppo imponenti e da concentrazioni eccessive in favore di eleganza e bevibilità, con un coinvolgente finale di frutti rossi e neri, tannini dolci e note boisé ben integrate. Concentrato e opulento, come sempre, La Firma '13, eleganti e distesi i vini della linea Macarico.

● Aglianico del Vulture Il Repertorio '14	🍷🍷🍷 4*
● Aglianico del Vulture La Firma '13	🍷🍷 6
● Aglianico del Vulture Macarì '14	▼▼ 2*
● Aglianico del Vulture Macarico '13	▼▼ 3
○ La Parcella '15	▼▼ 7
○ La Postilla	▼▼ 3
○ Il Preliminare '15	▼ 3
○ Macarico Xjnestra '15	▼ 2
● Aglianico del Vulture Il Repertorio '13	▽▽▽ 4*
● Aglianico del Vulture Il Repertorio '12	▽▽▽ 4*
● Aglianico del Vulture La Firma '10	▽▽▽ 6
● Aglianico del Vulture La Firma '00	▽▽▽ 5
● Aglianico del Vulture Il Sigillo '11	▽▽ 6
● Aglianico del Vulture La Firma '12	▽▽ 6

Casa Vinicola D'Angelo

via Padre Pio, 8
85028 Rionero in Vulture [PZ]
Tel. 0972721517
www.dangelowine.it

VENDITA DIRETTA
VISITA SU PRENOTAZIONE
PRODUZIONE ANNUA 300.000 bottiglie
ETTARI VITATI 35,00

Situata nell'area classica di produzione dell'Aglianico del Vulture, tra Rionero, Barile e Rapolla, la D'Angelo è un marchio storico del territorio. Oggi la cantina è guidata da Rocco ed Erminia, figli del fondatore Lucio, da cui hanno ereditato l'entusiasmo per il vino, la caparbietà e la cura nel produrre vini che raccontano il terroir. Oltre ai 35 ettari di proprietà i D'Angelo dispongono di due cantine, una per le vinificazioni e l'altra dedicata alle maturazioni in botti e barrique. Nella ricca gamma aziendale quest'anno abbiamo apprezzato due riuscite versioni di Aglianico '14, la D'Angelo e quella targata Tenuta del Portale. Giocata sul frutto e sulle erbe aromatiche la prima, più profonda, fumé ed intrigante la seconda. Non ci hanno convinto le due versioni di Riserva '11, la Caselle e la Tenuta del Portale, e ci riserviamo di valutarle nella prossima edizione. Valide le altre etichette.

● Aglianico del Vulture Tenuta del Portale '14	🍷🍷 4
● Aglianico del Vulture '14	🍷🍷 3
● Aglianico del Vulture Le Vigne a Capanno Tenuta del Portale '13	🍷🍷 3
● Aglianico del Vulture Tecum '13	🍷 3
● Serra delle Querce '14	🍷 3
● Aglianico del Vulture V. Caselle Ris. '01	🍷🍷🍷 3*
● Aglianico del Vulture '13	🍷🍷 3
● Aglianico del Vulture Le Vigne a Capanno Tenuta del Portale '12	🍷🍷 3
● Aglianico del Vulture Tenuta del Portale Ris. '10	🍷🍷 4
● Canneto '12	🍷🍷 4
○ Villa dei Pini '14	🍷🍷 2*

Eubea

s.da prov.le 8
85020 Ripacandida [PZ]
Tel. 3284312789
www.agricolaeubea.com

VENDITA DIRETTA
VISITA SU PRENOTAZIONE
PRODUZIONE ANNUA 50.000 bottiglie
ETTARI VITATI 16,00
VITICOLTURA Biologico Certificato

Eugenia Sasso conduce con passione questa bella azienda, forte di 16 ettari di vigne, di età variante tra 40 e i 60 anni, dislocati tra Barile e Ripacandida, scelti tra quelli meglio esposti e impiantati su esposizioni collinari su terreni drenanti di tufi e rocce vulcaniche. Accanto a lei il padre, il professor Francesco Sasso, da oltre cinquant'anni figura di spicco della scena enologica lucana. L'azienda ha sede in un antico casale di Ripacandida perfettamente ristrutturato ma in cui si respira la storia di questo territorio da sempre vocato alla viticoltura. Eugenia Sasso rientra in Guida con un'ottima performance. Il Covo dei Briganti '13 si è distinto nelle nostre degustazioni finali per il suo carattere ricco, concentrato ed elegante, per le note di mora e mirtillo che esprime tanto al naso quanto al palato, per la freschezza delle note balsamiche appena frenate da toni boisé che il tempo siamo sicuri potrà smussare. Il Ròinos della stessa annata fa del frutto e della piacevolezza le sue carte vincenti.

● Aglianico del Vulture Covo dei Briganti '13	🍷🍷 3*
● Aglianico del Vulture Ròinos '13	🍷🍷 5
⊙ La Vie en Rose M. Cl. '12	🍷🍷 2*
● Le More '15	🍷 2
⊙ Le Rose '15	🍷 2
● Aglianico del Vulture Ròinos '01	🍷🍷🍷 8
● Aglianico del Vulture Covo dei Briganti '12	🍷🍷 3
● Aglianico del Vulture Eubearosso '09	🍷🍷 2*
● Aglianico del Vulture Covo dei Briganti '09	🍷🍷 3
● Aglianico del Vulture Ròinos '12	🍷🍷 5
● Aglianico del Vulture Roinos '09	🍷🍷 5

★Elena Fucci

c.da Solagna del Titolo
85022 Barile [PZ]
Tel. 3204879945
www.elenafuccivini.com

VENDITA DIRETTA
VISITA SU PRENOTAZIONE
PRODUZIONE ANNUA 25.000 bottiglie
ETTARI VITATI 6,70
AZIENDA SOSTENIBILE

In contrada Solagna del Titolo, a Barile, nasce l'unico e grande vino dell'azienda Fucci, l'Aglianico del Vulture Titolo. Dal 2000 Salvatore Fucci, sua figlia Elena, enologo e titolare, e tutto il resto della famiglia lavorano le loro vigne con passione e competenza per realizzare questo vino dal profilo aristocratico, fresco ed elegante. Completata la nuova cantina a impatto zero, progettata secondo i principi della bio-architettura, la giovane Elena, oggi affiancata dal marito Andrea, continua ad interpretare il terroir con sensibilità e tecnica. L'annata 2014 ci regala ancora un Titolo di eccellente livello, concentrato, ricco ed equilibrato anche se ancora indietro, a livello evolutivo, all'epoca delle nostre degustazioni. Ne abbiamo apprezzato l'elegante concentrazione, la ricchezza di frutto e la trama levigata della sua tannicità, il suo carattere mediterraneo, la persistenza aromatica. Il tempo non potrà che migliorarlo.

● Aglianico del Vulture Titolo '14	🍷🍷🍷 6
● Aglianico del Vulture Titolo '13	▽▽▽ 6
● Aglianico del Vulture Titolo '12	▽▽▽ 5
● Aglianico del Vulture Titolo '11	▽▽▽ 5
● Aglianico del Vulture Titolo '10	▽▽▽ 5
● Aglianico del Vulture Titolo '09	▽▽▽ 5
● Aglianico del Vulture Titolo '08	▽▽▽ 6
● Aglianico del Vulture Titolo '07	▽▽▽ 6
● Aglianico del Vulture Titolo '06	▽▽▽ 5
● Aglianico del Vulture Titolo '05	▽▽▽ 5
● Aglianico del Vulture Titolo '02	▽▽▽ 5
● Aglianico del Vulture Titolo '04	▽▽ 5
● Aglianico del Vulture Titolo '03	▽▽ 5
● Aglianico del Vulture Titolo '01	▽▽ 5
● Aglianico del Vulture Titolo '00	▽▽ 4

Grifalco della Lucania

loc. Pian di Camera
85029 Venosa [PZ]
Tel. 097231002
grifalcodellalucania@email.it

VENDITA DIRETTA
VISITA SU PRENOTAZIONE
PRODUZIONE ANNUA 65.000 bottiglie
ETTARI VITATI 15,00
VITICOLTURA Biologico Certificato
AZIENDA SOSTENIBILE

Dal sangiovese all'aglianico. In questi due vitigni si può riassumere la storia di Fabrizio e Cecilia Piccin, che dalla Toscana, terra d'origine della coppia, decidono di approdare a Venosa per creare un'azienda vinicola dedicata all'Aglianico del Vulture. Forti delle loro esperienze enologiche maturate in Toscana, a Montepulciano, i coniugi Piccin danno vita a questa realtà nel 2003, acquistando belle vigne tra Ginestra, Maschito, Rapolla e Venosa. Oggi la strada intrapresa è quella di una conduzione biologica certificata e dell'imbottigliamento di etichette di notevole livello qualitativo con l'Aglianico proposto in varie - e sempre riuscite - versioni. Il Gricos '14 è un rosso di grande fascino e seduzione, che ha incantato la nostra commissione. Ha ricchezza e concentrazione di frutto, una fitta trama tannica che non manca di finezza ed eleganza, è sorretto da una vena acida che gli dona freschezza gustativa ed equilibrio, e chiude lungo ed elegante su note boisé, speziate e suggestioni di erbe aromatiche. Tre Bicchieri meritatissimi.

● Aglianico del Vulture Gricos '14	🍷🍷🍷 3*
● Aglianico del Vulture Damaschito '12	▼▼ 4
● Aglianico del Vulture Grifalco '14	▼▼ 4
⊙ Frà '15	▼ 3
● Aglianico del Vulture Bosco del Falco '07	▽▽ 4
● Aglianico del Vulture Daginestra '11	▽▽ 5
● Aglianico del Vulture Damaschito '08	▽▽ 4
● Aglianico del Vulture Gricos '13	▽▽ 3*
● Aglianico del Vulture Gricos '12	▽▽ 2*
● Aglianico del Vulture Gricos '11	▽▽ 2*
● Aglianico del Vulture Grifalco '13	▽▽ 4
● Aglianico del Vulture Grifalco '12	▽▽ 3*
● Aglianico del Vulture Grifalco '11	▽▽ 3
● Aglianico del Vulture Grifalco '10	▽▽ 3

Martino

via La Vista, 2a
85028 Rionero in Vulture [PZ]
Tel. 0972721422
www.martinovini.com

VENDITA DIRETTA
VISITA SU PRENOTAZIONE
PRODUZIONE ANNUA 250.000 bottiglie
ETTARI VITATI 50,00

La storia dei Martino comincia a fine Ottocento a Rionero in Vulture quando la famiglia commercializzava uve, mosti e vini in tutta Italia. L'imbottigliamento con il proprio marchio inizia con Donato Martino, papà di Armando, l'attuale titolare, che ormai è affiancato dalla giovane Carolin, Presidente del Consorzio dell'Aglianico del Vulture. Oggi questa realtà consolidata nel patrimonio vitivinicolo regionale si avvale di una cantina moderna e tecnologica e di un ampio spazio ipogeo ricavato da grotte naturali scavate nel tufo, funzionale per il lungo affinamento dei vini. Abbiamo molto apprezzato la ricchezza e la fragranza dell'Aglianico del Vulture '13. Ha un bel colore rubino cupo e profumi eleganti di frutti rossi e neri ben maturi. Al palato si apre morbido e ricco, sostenuto da un'adeguata vena acida che ce lo consegna persistente e serbevole. Leggermente al di sotto delle nostre aspettative le interpretazioni dell'annata 2011, in generale di un taglio un po' troppo evoluto rispetto all'età e all'ottima 2010 che l'ha preceduta.

- ● Aglianico del Vulture '13 — 2*
- ● Aglianico del Vulture Bel Poggio '11 — 2
- ● Aglianico del Vulture Oraziano '11 — 5
- ● Aglianico del Vulture Pretoriano '11 — 5
- ○ Greco I Sassi '15 — 2
- ● Aglianico del Vulture '12 — 2*
- ● Aglianico del Vulture '11 — 2*
- ● Aglianico del Vulture Bel Poggio '10 — 2*
- ● Aglianico del Vulture Bel Poggio '09 — 2*
- ● Aglianico del Vulture Oraziano '10 — 5
- ● Aglianico del Vulture Oraziano '09 — 5
- ● Aglianico del Vulture Pretoriano '10 — 5
- ● Aglianico del Vulture Pretoriano '09 — 5

Paternoster

c.da Valle del Titolo
85022 Barile [PZ]
Tel. 0972770224
www.paternostervini.it

VENDITA DIRETTA
VISITA SU PRENOTAZIONE
PRODUZIONE ANNUA 150.000 bottiglie
ETTARI VITATI 20,00
VITICOLTURA Biologico Certificato

Fondata nel 1925 da Anselmo Paternoster, è uno dei marchi storici del Vulture, tra le prime aziende nel meridione d'Italia a imbottigliare i propri vini creando un brand identitario. Il suo patrimonio di vigne ammonta a 20 ettari, cui si aggiungono quelle acquistate in gran parte da due aree di Barile, Valle del Titolo e Macarico, ma anche da altri cru di pregio come Gelosia, Pian di Carro, Maschito. Recentemente è stata costruita una nuova moderna cantina. Oggi al timone di quest'azienda familiare, giunta alla quarta generazione, troviamo Vito Paternoster, assistito dal nipote Fabio Mecca, enologo. L'Aglianico del Vulture Don Anselmo '12 si presenta di ottima concentrazione, ricco al naso di note di frutti rossi e neri maturi con sfumature di spezie e di pepe ben evidenti; al palato è ben disteso, polposo e armonico, e manca solo nell'allungo finale. Più contratto e ruvido, in questa fase, il Rotondo '12, che ha bisogno ancora di vetro per trovare una sua compiuta armonia. Teso e balsamico il Giuv '13, ottimo come sempre il Synthesi '13.

- ● Aglianico del Vulture Don Anselmo '12 — 6
- ● Aglianico del Vulture Rotondo '12 — 5
- ● Aglianico del Vulture Giuv '13 — 2*
- ● Aglianico del Vulture Synthesi '13 — 3
- ● Barigliòtt '15 — 2
- ○ Biancorte '15 — 3
- ● L'Antico Spumante — 3
- ⊙ Ros Retablì '15 — 3
- ● Aglianico del Vulture Don Anselmo '09 — 6
- ● Aglianico del Vulture Don Anselmo '94 — 6
- ● Aglianico del Vulture Don Anselmo Ris. '05 — 6
- ● Aglianico del Vulture Rotondo '11 — 5

Re Manfredi Cantina Terre degli Svevi

LOC. PIAN DI CAMERA
85029 VENOSA [PZ]
TEL. 097231263
www.cantineremanfredi.it

VENDITA DIRETTA
VISITA SU PRENOTAZIONE
RISTORAZIONE
PRODUZIONE ANNUA 240.000 bottiglie
ETTARI VITATI 120,00

L'azienda ha sede a Venosa e vanta ben 120 ettari vitati, dove l'aglianico gioca un ruolo da protagonista. Nel 1988 il Gruppo Italiano Vini acquista Terre degli Svevi, e la dedica a Re Manfredi, figlio di Federico II di Svevia, un tempo proprietario di queste terre. Oltre all'aglianico, alla base del Re Manfredi e di altre selezioni di Aglianico del Vulture, l'azienda coltiva uve bianche come traminer e müller thurgau con cui realizza il Manfredi Bianco. Paolo Montrone e la sua équipe ci propongono anche quest'anno un eccellente Aglianico del Vulture. È il Re Manfredi '13, in una delle migliori versioni di sempre. Ha un bel colore rubino cupo, naso elegante e complesso che ai toni di frutto somma fresche note balsamiche e speziate e chiude su eleganti coloriture di legno nuovo. In bocca è ampio, piacevole e disteso, ma anche solido, profondo, e chiude lungo su note di erbe officinali. Morbido, concentrato, ricco di frutto il Serpara '11, fresco e scorrevole il Manfredi Bianco, gradevolmente aromatico.

● Aglianico del Vulture Re Manfredi '13	🍷🍷🍷 6
● Aglianico del Vulture Serpara '11	🍷🍷 5
○ Re Manfredi Bianco '15	🍷🍷 4
● Aglianico del Vulture Re Manfredi '11	🍷🍷🍷 4*
● Aglianico del Vulture Re Manfredi '10	🍷🍷🍷 4*
● Aglianico del Vulture Re Manfredi '05	🍷🍷🍷 4
● Aglianico del Vulture Re Manfredi '99	🍷🍷🍷 4*
● Aglianico del Vulture Serpara '10	🍷🍷🍷 5
● Aglianico del Vulture Vign. Serpara '03	🍷🍷🍷 4*
● Aglianico del Vulture '09	🍷🍷 3
● Aglianico del Vulture Re Manfredi '09	🍷🍷 4
● Aglianico del Vulture Serpara '08	🍷🍷 5
● Aglianico del Vulture Taglio del Tralcio '12	🍷🍷 4
● Aglianico del Vulture Taglio del Tralcio '11	🍷🍷 4

Taverna

C.DA TAVERNA, 15
75020 NOVA SIRI [MT]
TEL. 0835877083
www.aataverna.com

VENDITA DIRETTA
VISITA SU PRENOTAZIONE
OSPITALITÀ E RISTORAZIONE
PRODUZIONE ANNUA 50.000 bottiglie
ETTARI VITATI 19,00

La storia aziendale di Taverna comincia nel 1950 grazie a Pasquale Lunati che dopo aver acquistato una vigna nel territorio di Nova Siri avvia una collaborazione con l'Istituto di Enologia di Conegliano per dedicarsi alla produzione di vini da vitigni autoctoni. Oggi l'attuale proprietario, anch'egli Pasquale come il nonno, preserva la tradizione enologica lucana producendo vini a base di aglianico, greco e primitivo nelle due provincie. La superficie aziendale conta ben 280 ettari, di cui solo una piccola parte, quella più vocata, è dedicata alla viticoltura. Taverna è tra le migliori aziende della regione, e ce lo conferma con un'eccellente versione di Matera Moro, la selezione I Sassi '14. È un rosso polposo e ricco, morbido e strutturato com'è nelle corde di questa denominazione. Il Lagarino di Dioniso '14 è un robusto e fruttato taglio bordolese, e valido è anche l'Aglianico Il Lucano '13.

● Il Lagarino di Dioniso '14	🍷🍷 4
● Il Lucano '13	🍷🍷 4
● Matera Moro I Sassi '14	🍷🍷 3
○ Greco San Basile '15	🍷 2
⊙ Primitivo Rosato Maddalena '15	🍷 2
● Aglianico del Vulture Loukania '12	🍷🍷 4
● Aglianico del Vulture Loukania '10	🍷🍷 4
○ Dry Muscat	🍷🍷 2*
● Matera Moro I Sassi '13	🍷🍷 3
● Matera Moro I Sassi '12	🍷🍷 3
○ Matera San Basile '12	🍷🍷 3
● Primitivo '12	🍷🍷 3*
● Syrah '13	🍷🍷 3
● Syrah '12	🍷🍷 3

Terra dei Re

via Monticchio km 2,700
85028 Rionero in Vulture [PZ]
Tel. 0972725116
www.terradeire.com

VENDITA DIRETTA
VISITA SU PRENOTAZIONE
OSPITALITÀ E RISTORAZIONE
PRODUZIONE ANNUA 70.000 bottiglie
ETTARI VITATI 31,00
AZIENDA SOSTENIBILE

Terra dei Re nasce pochi anni fa ma eredita un'antica consuetudine della famiglia Leone alla viticoltura, cui si è associata la famiglia Rabasco. Dotata di una modernissima cantina in parte interrata, dispone di trentuno ettari di vigneto con un'età media di oltre quarant'anni, ubicati tra Barile, Rapolla, Melfi e Rionero in Vulture in contrade fortemente vocate per la produzione di Aglianico del Vulture: Piano di Carro, Colignelli, Calata delle Brecce e Querce di Annibale. Paride Leone è un appassionato sperimentatore, come testimonia la vigna di pinot nero che ha impiantato a quota 800 metri sul massiccio del Monte Vulture. In un territorio da sempre dedicato all'aglianico spicca quest'anno un Pinot Nero, il Vulcano 800 '15. In alta quota questo difficile vitigno si esprime elegante e varietale nei suoi toni di piccoli frutti rossi che troviamo nel bouquet che vira poi su toni di erbe mediterranee con una delicata sfumatura di legno nuovo. Una bocca elegante, fresca e tonica ne fa presagire un sicuro sviluppo nel tempo. Di buon livello i due Aglianico '13, il Vultur e il Nocte.

● Vulcano 800 '15	🍷🍷 4
● Aglianico del Vulture Nocte '13	🍷🍷 4
● Aglianico del Vulture Vultur '13	🍷🍷 2*
○ Claris Bianco '15	🍷 2
● Claris Rosso '13	🍷 2
● Aglianico del Vulture Divinus '05	🍷🍷 4
● Aglianico del Vulture Divinus '04	🍷🍷 4
● Aglianico del Vulture Divinus '03	🍷🍷 4
● Aglianico del Vulture Divinus '01	🍷🍷 4
● Aglianico del Vulture Nocte '10	🍷🍷 4
● Aglianico del Vulture Nocte '04	🍷🍷 5
● Aglianico del Vulture Vultur '06	🍷🍷 2*
● Aglianico del Vulture Vultur '01	🍷🍷 2
● Pacus '06	🍷🍷 3*
● Pacus '05	🍷🍷 3*

Cantina di Venosa

loc. Vignali
via Appia
85029 Venosa [PZ]
Tel. 097236702
www.cantinadivenosa.it

VENDITA DIRETTA
VISITA SU PRENOTAZIONE
PRODUZIONE ANNUA 800.000 bottiglie
ETTARI VITATI 800,00
AZIENDA SOSTENIBILE

La cantina è tra le più note aziende vinicole del Sud. Situata a Venosa, conta oggi ben 400 soci e 800 ettari vitati dislocati tra i comuni di Venosa, Ripacandida, Ginestra e Maschito. La selezione delle migliori uve di aglianico e l'attenzione per le tecniche di cantina assicurano notevoli risultati per la produzione di rossi di eccellente livello, come il Carato Venusio, il vino più rappresentativo della cantina. Ma tutta la sua produzione - bianchi compresi - è su standard davvero elevati. Il Carato Venusio è l'etichetta di punta di questa importante struttura cooperativa, e anche con l'annata 2012 si conferma vino di grande eleganza e struttura. È uno dei migliori Aglianico del Vulture degustati quest'anno, in virtù di profumi complessi di frutti rossi e neri ben maturi, stemperati da note di macchia mediterranea e da eleganti sfumature di legno nuovo. Al palato è strutturato e pieno, ricco di toni di ciliegia, prugna e mora matura, ha tannini eleganti e una lunga chiusura all'insegna del frutto. Si attesta ad un passo dal nostro massimo riconoscimento, ma è un traguardo sempre più vicino...

● Aglianico del Vulture Carato Venusio '12	🍷🍷 6
● Aglianico del Vulture Balì '13	🍷🍷 2*
○ Terre di Orazio Dry Muscat '15	🍷🍷 2*
● Aglianico del Vulture Bali'Aggio '13	🍷 2
⊙ Terre di Orazio Rosé '15	🍷 3
● Aglianico del Vulture Carato Venusio '11	🍷🍷 6
● Aglianico del Vulture Gesualdo da Venosa '11	🍷🍷 5
● Aglianico del Vulture Terre di Orazio '13	🍷🍷 4
● Aglianico del Vulture Terre di Orazio '12	🍷🍷 3*
● Aglianico del Vulture Vignali '13	🍷🍷 2*
● Aglianico del Vulture Vignali '12	🍷🍷 2*
○ D'Avalos di Gesualdo '12	🍷🍷 3
○ Dry Muscat Terre di Orazio '13	🍷🍷 2*
○ Dry Muscat Terre di Orazio '12	🍷🍷 2*

Alovini

S.DA PROV.LE 123 BIS KM 7,350
85013 GENZANO DI LUCANIA [PZ]
TEL. 0971776372
www.alovini.it

Oronzo Alò, enologo di origine pugliese, anni fa si è trasferito in Basilicata dove collabora con numerose aziende, oltre ad aver costituito la propria cantina. È tra i più attenti interpreti dell'Aglianico del Vulture, come l'assaggio del suo Alvolo '12 vi potrà confermare.

● Aglianico del Vulture Alvolo '12	YY 4
● Aglianico del Vulture Armand '12	YY 3
● Cabànico '12	Y 3
○ Greco Le Ralle '15	Y 2

Bisceglia

C.DA FINOCCHIARO
85024 LAVELLO [PZ]
TEL. 0972877033
www.vinibisceglia.it

L'azienda fondata da Mario Bisceglia nel 2001 ha sede nella moderna cantina di Lavello, e propone una bella serie di vini lucani dai 45 ettari di vigne di pertinenza, oltre a proporre una ricca gamma di etichette da vitigni autoctoni del meridione.

● Aglianico del Vulture Gudarrà Ris. '08	YY 5
● Aglianico del Vulture Terra di Vulcano '14	YY 2*
○ Bosco delle Rose Chardonnay '15	Y 4
⊙ Bosco delle Rose Merlot Rosato '15	Y 3

Carbone

VIA NITTI, 48
85025 MELFI [PZ]
TEL. 3482338900
www.carbonevini.it

Luca e Sara Carbone realizzano un'elegante gamma di vini del territorio nella loro bella cantina sui contrafforti del Vulture, e 18 ettari di vigneti di proprietà. Vi segnaliamo, quest'anno, un'ottima versione di Aglianico, lo Stupor Mundi '13.

● Aglianico del Vulture Stupor Mundi '13	YY 5

Cantine Cerrolongo

C.DA CERROLONGO, 1
75020 NOVA SIRI [MT]
TEL. 0835536174
www.cerrolongo.it

La famiglia Battifarano da secoli possiede una grande tenuta nel Metapontino, dove produce anche vino. Vincenzo e suo figlio Francesco Paolo dai loro 25 ettari di vigne ricavano una gamma completa di vini della denominazione Matera. Sapido e speziato il Primitivo Akratos '14.

● Matera Primitivo Akratos '14	YY 2*
○ Matera Greco Le Paglie '15	Y 2
⊙ Matera Rosato Akratos '15	Y 2

Cifarelli

C.DA SAN VITO
75010 MONTESCAGLIOSO [MT]
TEL. 0835208436
www.cantinecifarelli.it

La famiglia Cifarelli vanta una bella azienda nella piana metapontina, a Montescaglioso, dove realizza una curata gamma di vini del territorio. Vi segnaliamo La Regola '11, corposo blend da primitivo e aglianico, e lo speziato Matera Primitivo di San Vito.

● La Regola '11	Y 4
● Matera Primitivo di San Vito '11	Y 3
● Rosso di San Vito '11	Y 2

Consorzio Viticoltori Associati del Vulture

S.S. 93
85022 BARILE [PZ]
TEL. 0972770386
www.coviv.it

Rocco Grimolizzi, enologo, guida con passione e competenza uno dei marchi storici della cooperazione lucana, e propone una curata gamma di Aglianico del Vulture e vini del territorio. Segnaliamo quest'anno un Vetusto '09 dal carattere balsamico e profondo.

● Aglianico del Vulture Vetusto '09	YY 7
● Aglianico del Vulture '11	Y 3

Donato D'Angelo di Filomena Ruppi

VIA PADRE PIO, 10
85028 RIONERO IN VULTURE [PZ]
TEL. 0972724602
www.agrida.it

Donato D'Angelo e sua moglie Filomena conducono con passione la loro azienda, forte di 20 ettari di vigneti in gran parte dedicati all'aglianico. Vi segnaliamo, quest'anno, il Donato D'Angelo '13. Un grande rosso del territorio giocato sulla finezza dei dettagli e sull'eleganza.

- ● Aglianico del Vulture Donato D'Angelo '13 — 🍷🍷 3*

Cantine Di Palma Strapellum

C.DA SCAVONE
85028 RIONERO IN VULTURE [PZ]
TEL. 3286629077
www.cantinedipalmasrl.com

Le Cantine di Palma si sono arricchite di una nuova linea di vini dal taglio più fresco e accessibile, tutti realizzati nella moderna struttura di Rionero, sempre da vigneti di proprietà e da selezionati conferitori. Ottimo Il Nibbio Grigio '11, strutturato e profondo.

- ● Aglianico del Vulture Il Nibbio Grigio '11 — 🍷🍷 4
- ⊙ Strapellum Kline Rosato '15 — 🍷 1*
- ⊙ Strapellum Kline Rosato Vivace '15 — 🍷 2

Eleano

FRAZ. PIAN DELL'ALTARE
S.DA PROV.LE 8
85028 RIPACANDIDA [PZ]
TEL. 0972722273
www.eleano.it

Alfredo Cordisco e Francesca Grieco a Ripacandida coltivano oltre sette ettari di vigne con eccellenti risultati. L'Eleano '13 si aggiudica le nostre finali con autorevolezza, e altrettanto buoni sono il Dioniso '13 e il dolce Ambra Moscato '13.

- ● Aglianico del Vulture Eleano '13 — 🍷🍷 5
- ● Aglianico del Vulture Dioniso '13 — 🍷🍷 3
- ○ Ambra Moscato V.T. '13 — 🍷🍷 4

Michele Laluce

VIA ROMA, 21
85020 GINESTRA [PZ]
TEL. 0972646145
www.vinilaluce.com

Michele Laluce con la figlia Maddalena, enologo, realizzano vini dal taglio territoriale e artigiano nelle loro belle vigne di sette ettari coltivate in regime biologico, nel comune di Ginestra. Quest'anno vi segnaliamo lo Zimberno '12, un Aglianico di carattere, ricco di frutto e di profondità.

- ● Aglianico del Vulture Zimberno '12 — 🍷🍷 3
- ○ Morbino Bianco '15 — 🍷 3

Tenuta Marino

C.DA PIANO DELLE ROSE
85035 NOEPOLI [PZ]
TEL. 0835815978
www.tenutamarino.it

Francesco Marino, da sempre impegnato in agricoltura nella sua bella tenuta nel parco del Pollino, a 500 metri di quota, da qualche anno ha affiancato una curata produzione di vino. Produzione ispirata dal rinvenimento nelle sue terre di una vite secolare di aglianico che ha provveduto a propagare.

- ● Terra Aspra '15 — 🍷🍷 3
- ● Matera Primitivo '09 — 🍷 2

Vigne Mastrodomenico

VIA NAZIONALE PER RAPOLLA, 87
85022 BARILE [PZ]
TEL. 0972770108
www.vignemastrodomenico.com

Giuseppe ed Emanuela rappresentano la quinta generazione impegnata in vigna, dove affiancano il padre Donato. Dalle loro vigne di Barile vengono elaborati vini di livello. Anche quest'anno il loro Aglianico Likos '13, dai toni di mora e prugna matura e dai morbidi tannini, è tra i migliori.

- ● Aglianico del Vulture Likos '13 — 🍷🍷 3*

Musto Carmelitano

via Pietro Nenni, 23
85020 Maschito [PZ]
Tel. 097233312
www.mustocarmelitano.it

Elisabetta Musto Carmelitano coltiva con passione – e con metodi naturali - i suoi 14 ettari di belle vigne a Maschito. Si tratta di tre cru diversi, che vengono vinificati separatamente. Quest'anno spicca il Serra del Prete '13, sapido ed equilibrato, dal bel carattere mediterraneo.

- ● Aglianico del Vulture Maschitano Rosso '14 — 🍷🍷 3
- ● Aglianico del Vulture Serra del Prete '13 — 🍷🍷 4
- ⊙ Maschitano Rosato '15 — 🍷 3

Tenuta Parco dei Monaci

c.da Parco dei Monaci
75100 Matera
Tel. 0835259546
www.tenutaparcodeimonaci.it

Rosa Padula e suo marito Matteo Trabocca coltivano con passione i loro 5 ettari di vigneto, parte di una più ampia tenuta, gestita con criteri di sostenibilità, nei pressi di Matera. Con la collaborazione dell'enologo Vincenzo Mercurio realizzano etichette di sicuro interesse.

- ● Matera Moro Spaccasassi '13 — 🍷🍷 6
- ● Matera Primitivo Monacello '14 — 🍷🍷 5

Francesco Radino

via Rione Vetera, 84
75100 Matera
Tel. 3385882673
www.radino.it

Francesco Radino dieci anni fa decise di affiancare la viticoltura all'olivicoltura, che da sempre è attività di famiglia. La sua produzione è limitata, ma di livello assai curato, e proviene dalle vigne sul Vulture allevate in regime biologico.

- ● Aglianico del Vulture Colignelli '13 — 🍷🍷 4
- ● Aglianico del Vulture Arcidiaconata '13 — 🍷🍷 4
- ● Aglianico del Vulture Kataos '12 — 🍷 4

San Martino

c.da San Martino
85023 Forenza [PZ]
Tel. 097231002
lorenzo.sanmartino@email.it

San Martino, con i suoi quattro ettari di vigne è l'azienda dell'enologo Lorenzo Piccin. Le uve sono coltivate in regime biologico nella contrada San Martino di Forenza. Da piante di oltre trent'anni nasce la selezione Arberesko, vino di grande integrità e dai tannini vellutati.

- ● Aglianico del Vulture Arberesko '14 — 🍷🍷 4
- ● Aglianico del Vulture Siir '14 — 🍷🍷 3

I Talenti - Padri Trinitari

p.zza Don Bosco, 3
85029 Venosa [PZ]
Tel. 097234221
www.trinitarivenosa.it

I Padri Trinitari a Venosa e Bernalda assistono le persone diversamente abili nel loro cammino verso l'autonomia e il mondo del lavoro, agricolo o artigianale, in due bellissime strutture. Dai 5 ettari di vigne annesse agli istituti nascono vini di ottimo livello, curati da Oronzo Alò.

- ○ Greco Muse '15 — 🍷🍷 3
- ● Matera Moro Teorema '13 — 🍷🍷 3

Vigneti del Vulture

c.da Pipoli
85011 Acerenza [PZ]
Tel. 0971749363
www.vignetidelvulture.it

Il Gruppo Fantini-Farnese produce vino in numerose regioni del Centro e del Sud. Ad Acerenza troviamo una delle sue cantine più importanti, dove vengono vinificate uve delle vigne di proprietà e di conferitori selezionati. E l'Aglianico è il protagonista indiscusso.

- ● Aglianico del Vulture Pipoli Zero '14 — 🍷🍷 2*
- ● Aglianico del Vulture Pipoli '13 — 🍷🍷 2*
- ○ Pipoli Greco Fiano '15 — 🍷 2
- ⊙ Pipoli Rosato '15 — 🍷 2

PUGLIA

La Puglia è una regione così estesa e complessa che è difficile valutarla come se fosse un'unica realtà produttiva, ma quest'anno più che delle numerose variabili geografiche ci sembra sia importante parlare di quelle climatiche. Da diversi anni infatti affermiamo come ci sia una crescita costante del livello qualitativo del comparto vitivinicolo pugliese, sia per quanto riguarda i vini di punta che per la produzione di vino quotidiano, ma quest'anno anche le migliori intenzioni si sono dovute arrendere di fronte all'andamento climatico delle ultime due annate. Due annate che, per motivi opposti, sono state particolarmente difficili e che sono diventate una sorta di "tempesta perfetta" nelle nostre degustazioni. In effetti la maggior parte dei vini rossi giovani che abbiamo assaggiato quest'anno appartenevano all'annata 2014, che più o meno dovunque in Puglia è stata fredda, piovosa e con episodi di grandine. Il risultato, quasi inevitabile, sono stati vini che nella maggior parte dei casi hanno mostrato note verdi, una certa fragilità e una mancanza di struttura piuttosto anomale per i prodotti di questa regione. Le eccezioni sono state davvero poche, se si considera che sui 36 vini che hanno raggiunto le nostre finali solo 9 erano della vendemmia 2014. La quasi totalità dei vini bianchi assaggiati invece proveniva dall'annata 2015. Annata molto calda, che ha penalizzato praticamente ovunque la freschezza e l'acidità, già abitualmente punto dolente della produzione bianchista pugliese, con il risultato di una serie di vini magari di buona ricchezza di frutto ma poco piacevoli o con un finale appesantito. Discorso simile per i vini rosati. Tutto questo non ha ci ha impedito di constatare come continui a crescere il successo dei vini realizzati con uve primitivo, in particolare quelli a denominazione di origine come Gioia del Colle o Manduria. A questo proposito va detto che si sta sfatando anche un vero e proprio "mito", quello per cui i vini a base primitivo non sarebbero in grado di migliorare con gli anni, tanto che quest'anno una delle "new entry" dei nostri Tre Bicchieri è un Gioia del Colle Primitivo del 2010, il Senatore dell'azienda Coppi. Le altre novità dei Tre Bicchieri sono sempre dei Primitivo: uno dalla stessa zona, ed è il Gioia del Colle Riserva '13 della cantina Tre Pini, l'altro da Manduria, il Primitivo di Manduria Passo del Cardinale '14 di Paolo Leo. Per il resto grandi conferme, da aziende storiche come Leone de Castris, Torrevento o Felline, a cantine che sono ormai delle certezze per quanto riguarda la qualità dei vini prodotti, come Due Palme, Rubino, Polvanera o Chiaromonte che, con il Gioia del Colle Primitivo Muro Sant'Angelo Contrada Barbatto '14, si aggiudica anche il premio di Rosso dell'Anno, a realtà più recenti frutto di imprenditori appassionati, come Vespa o Carvinea.

Cantina Albea

via Due Macelli, 8
70011 Alberobello [BA]
Tel. 0804323548
www.albeavini.com

VENDITA DIRETTA
VISITA SU PRENOTAZIONE
PRODUZIONE ANNUA 380.000 bottiglie
ETTARI VITATI 40,00

Albea, nata intorno ai primi del '900, è una delle più antiche cantine del territorio di Alberobello. La sua struttura è interamente in pietra, con le vasche destinate a contenere il vino interrate nella roccia, come lo erano le cisterne per l'acqua dei trulli, e vede la presenza di un museo del vino. I vini sono di stile moderno, prodotti principalmente con uve autoctone, tra le quali spiccano nero di Troia, primitivo, negroamaro, susumaniello, verdeca e bianco d'Alessano. Il Primitivo Petranera '14 ha profumi intensi, in cui spiccano note di frutti neri con sfumature speziate e di cioccolato, mentre il palato è di buon frutto, abbastanza fresco e piacevole. Meno brillante ma sempre di buona fattura il Lui '14, Nero di Troia dai sentori di frutta rossa fresca, liquirizia e capperi, ma dal palato ancora poco espressivo, marcato dal legno, spigoloso e contratto. Il Negroamaro Raro '14 e il Locorotondo Il Selva '15 completano la proposta aziendale.

Vino	Bicchieri	
● Lui '14	🍷🍷 (rossi)	5
● Petranera '14	🍷🍷	3
○ Locorotondo Il Selva '15	🍷	2
● Raro '14	🍷	3
● Lui '06	YYY	5
● Lui '05	YYY	5
● Lui '13	YY	5
● Lui '12	YY	5
● Lui '11	YY	5
● Lui '10	YY	5
● Petranera '13	YY	3
● Raro '13	YY	3
● Riservato '10	YY	3*

Cantele

s.da prov.le Salice Salentino-San Donaci km 35,600
73010 Guagnano [LE]
Tel. 0832705010
www.cantele.it

VENDITA DIRETTA
VISITA SU PRENOTAZIONE
PRODUZIONE ANNUA 16.000.000 bottiglie
ETTARI VITATI 200,00

I cugini Gianni, Paolo, Umberto e Luisa gestiscono con passione e competenza l'azienda Cantele, realtà di famiglia fondata nel 1979, che negli anni si è affermata come una delle cantine più interessanti della regione. Nei 50 ettari di proprietà - cui se ne affiancano 150 in conduzione - si coltivano uve autoctone e internazionali, che danno vita a una gamma di etichette abbastanza ampia, vini dallo stile moderno e dall'ineccepibile realizzazione tecnica, che coniugano tipicità e bevibilità, quantità e qualità. La Cantele ci ha presentato una buona batteria di vini, a cominciare dall'Amativo '14, blend di primitivo (60%) e negroamaro, fresco, scorrevole e di bella piacevolezza. Il Fiano Alticelli '15 è di buona pienezza, con sentori di frutta bianca e sfumature di agrumi ed erbe aromatiche. Il Teresa Manara Negroamaro '14, dai toni affumicati e di resina, è di buon frutto, il rosato da uve negroamaro Rohesia '15 è fresco e sapido, il Salice Salentino Rosso Riserva '13 infine è nitido ma un po' semplice.

Vino	Bicchieri	
● Amativo '14	🍷🍷 (rossi)	4
○ Alticelli Fiano '15	🍷🍷	2*
⊙ Rohesia '15	🍷🍷	3
● Salice Salentino Rosso Ris. '13	🍷🍷	2*
● Teresa Manara Negroamaro '14	🍷🍷	3
⊙ Negroamaro Rosato '15	🍷	2
○ Teresa Manara Chardonnay '15	🍷	3
● Amativo '07	YYY	4*
● Amativo '03	YYY	3*
● Salice Salentino Rosso Ris. '09	YYY	2*
● Amativo '13	YY	4
● Amativo '12	YY	4
⊙ Negroamaro Rosato '14	YY	2*
● Primitivo '13	YY	2*
● Salice Salentino Rosso Ris. '12	YY	2*

Cantine San Marzano

via Regina Margherita, 149
74020 San Marzano di San Giuseppe [TA]
Tel. 0999574181
www.cantinesanmarzano.com

VISITA SU PRENOTAZIONE
PRODUZIONE ANNUA 8.500.000 bottiglie
ETTARI VITATI 1500,00
AZIENDA SOSTENIBILE

I 1500 ettari vitati di cui oggi dispone questa cantina cooperativa, nata nel 1962 dalla partecipazione di 19 vignaioli, sono coltivati da circa 1200 soci. I vigneti sono situati soprattutto nei comuni di San Marzano, Sava e Francavilla Fontana, su terreni prevalentemente calcarei in cui predominano le terre rosse. Molte le uve coltivate, da alcune varietà internazionali a quelle tradizionali del Salento, in particolare negroamaro e primitivo, con diversi impianti di vecchie vigne ad alberello. Come sempre di notevole impatto il Primitivo di Manduria Sessantanni. La versione 2013 presenta sentori di frutti neri e incenso, mentre il palato, lungo e fruttato, evidenzia toni spiccatamente dolci. Di tutt'altro stile il Talò Malvasia Nera '15, piacevole, scorrevole e di buona sapidità. Da segnalare anche il Primitivo di Manduria 62 Anniversario Riserva '13, con note speziate e di macchia mediterranea, e il F Negroamaro '13, ricco di frutto e dai toni dolci piuttosto accentuati.

● Malvasia Nera Talò '15	🍷🍷 3*
● Primitivo di Manduria Sessantanni '13	🍷🍷 5
● Collezione Cinquanta +1	🍷🍷 5
● Negroamaro F '13	🍷🍷 5
● Negroamaro Talò '15	🍷🍷 3
● Primitivo di Manduria Anniversario 62 Ris. '13	🍷🍷 5
● Primitivo di Manduria Talò '14	🍷🍷 3
● Il Pumo Negroamaro '15	🍷 2
● Il Pumo Primitivo '15	🍷 2
● Primitivo di Manduria Talò '13	🍷🍷🍷 3*
● Collezione Cinquanta	🍷🍷 5
● Il Pumo Primitivo '14	🍷🍷 2*
● Primitivo di Manduria Anniversario 62 Ris. '12	🍷🍷 5
● Salice Salentino Rosso Talò '12	🍷🍷 3

Carvinea

loc. Pezza d'Arena
via per Serranova
72012 Carovigno [BR]
Tel. 0805862345
www.carvinea.com

VENDITA DIRETTA
VISITA SU PRENOTAZIONE
OSPITALITÀ E RISTORAZIONE
PRODUZIONE ANNUA 35.000 bottiglie
ETTARI VITATI 12,00
VITICOLTURA Biologico Certificato

L'azienda di Beppe di Maria è situata a due passi dall'importante oasi naturalistica di Torre Guaceto, in una masseria cinquecentesca, Pezza d'Arena. Le vigne circondano la cantina e sono impiantate principalmente con uve a bacca rossa, dal montepulciano all'aglianico, dal petit verdot al primitivo, da negroamaro all'ottavianello, cui va aggiunta un'uva a bacca bianca, il fiano. Danno vita a una gamma di 11 vini, tutti tecnicamente ben realizzati e di notevole costanza qualitativa. Dopo aver puntato negli anni passati su uve non propriamente tipiche del territorio, la "nuova frontiera" di Beppe di Maria è la valorizzazione dei vitigni autoctoni, come dimostra l'attenzione e la cura dedicate all'ottavianello. Il Negramaro '14 è speziato con sfumature vegetali, ha piacevoli note di frutti neri e una buona lunghezza. Ben realizzati, nonostante la difficile annata, anche l'Otto '14 e il Primitivo '14, fruttati e saporiti.

● Negroamaro '14	🍷🍷🍷 5
● Otto '14	🍷🍷 4
● Primitivo '14	🍷🍷 5
⊙ Brut Rosé M. Cl. '11	🍷 5
○ Lucerna '15	🍷 2
⊙ Merula Rosa '15	🍷 2
● Frauma '08	🍷🍷🍷 4
● Merula '11	🍷🍷🍷 3*
● Negroamaro '13	🍷🍷🍷 5
● Negroamaro '11	🍷🍷🍷 3*
● Sierma '09	🍷🍷🍷 5
● Frauma '11	🍷🍷 5
● Primitivo '13	🍷🍷 5
● Sierma '12	🍷🍷 5
● Sierma '11	🍷🍷 5

Castello Monaci

VIA CASE SPARSE
73015 SALICE SALENTINO [LE]
TEL. 0831665700
www.castellomonaci.it

VENDITA DIRETTA
VISITA SU PRENOTAZIONE
RISTORAZIONE
PRODUZIONE ANNUA 2.000.000 bottiglie
ETTARI VITATI 150,00

La Castello Monaci è una tenuta del Gruppo Italiano Vini. Il castello – che risale a un insediamento di antichi monaci francesi della prima metà del XVI secolo – e la cantina sono circondati da circa 3000 piante di ulivi e 150 ettari di vigne, situati su un suolo caratterizzato da due strati, un primo strato argilloso di circa 1 metro con un'ampia fascia di tufo sottostante, che funge da risorsa idrica nei periodi particolarmente siccitosi, piantati principalmente con vitigni autoctoni salentini. Il Salice Salentino Rosso Aiace Riserva '13 è risultato tra i migliori della denominazione. Ai profumi di frutti neri e spezie fa seguito un palato di notevole complessità, sostenuto da una bella acidità che gli dona la giusta freschezza. Ben realizzati anche il Negroamaro Maru '15, dai toni di frutti neri freschi, piacevole e scorrevole, e il Petraluce '15, da verdeca in purezza, in cui spiccano sentori di frutta a polpa gialla con sfumature vegetali, mentre il palato è di buona materia e spessore.

Vino	Valutazione
● Salice Salentino Aiace Ris. '13	🍷🍷 3*
● Maru '15	🍷🍷 2*
○ Petraluce '15	🍷🍷 2*
○ Acante '15	🍷 2
○ Charà '15	🍷 3
● Pilùna '15	🍷 2
● Salice Salentino Rosso Liante '15	🍷 2
● Artas '07	ΥΥΥ 5
● Artas '06	ΥΥΥ 4
● Artas '05	ΥΥΥ 4*
● Artas '04	ΥΥΥ 3*
● Artas '13	ΥΥ 5
● Maru '14	ΥΥ 2*
● Pilùna '14	ΥΥ 2*

Chiaromonte

VICO MURO SANT'ANGELO, 6
70021 ACQUAVIVA DELLE FONTI [BA]
TEL. 0803050432
www.tenutechiaromonte.com

VENDITA DIRETTA
VISITA SU PRENOTAZIONE
PRODUZIONE ANNUA 100.000 bottiglie
ETTARI VITATI 27,00
VITICOLTURA Biologico Certificato

La storia delle Tenute Chiaromonte risale al 1826, ma è con Nicola, che ha preso in mano l'azienda famigliare nel 1998, che questa cantina ha saputo fare il cambio di passo che l'ha portata ai vertici dell'enologia pugliese. La maggior parte dei vigneti aziendali è composta da impianti ad alberello, con vigne che vanno da 60 a più di 100 anni di età, ed è situata a oltre 300 metri, su terreni calcarei molto ricchi di minerali, con un sottile strato superiore di terre rosse e argillose. Il Gioia del Colle Primitivo Muro Sant'Angelo Contrada Barbatto '13, Tre Bicchieri e premio di Rosso dell'Anno, si conferma un riferimento per chi vuole realizzare un Primitivo che non sia solo fitto e ricco di frutto, ma anche di grande eleganza e bevibilità. E così ai toni di frutti neri con sfumature speziate del naso risponde un palato in cui l'alta gradazione alcolica viene equilibrata dalla freschezza acida e dalla sapidità. Maggiore complessità, ma un po' meno di grinta e di spinta, invece nella Riserva '11. Piacevole e sul frutto l'Elè '14.

Vino	Valutazione
● Gioia del Colle Primitivo Muro Sant'Angelo Contrada Barbatto '13	🍷🍷🍷 5
● Gioia del Colle Primitivo Ris. '11	🍷🍷 8
● Elè '14	🍷🍷 3
○ Kimìa '15	🍷 3
○ Kimìa Moscato '15	🍷 3
⊙ Kimìa Rosato '15	🍷 3
● Gioia del Colle Primitivo Muro Sant'Angelo Contrada Barbatto '12	ΥΥΥ 5
● Gioia del Colle Primitivo Muro Sant'Angelo Contrada Barbatto '11	ΥΥΥ 5
● Gioia del Colle Primitivo Muro Sant'Angelo Contrada Barbatto '10	ΥΥΥ 7
● Gioia del Colle Primitivo Muro Sant'Angelo Contrada Barbatto '09	ΥΥΥ 5

Coppi

s.da prov.le Turi - Gioia del Colle
70010 Turi [BA]
Tel. 0808915049
www.vinicoppi.it

VENDITA DIRETTA
VISITA SU PRENOTAZIONE
PRODUZIONE ANNUA 1.000.000 bottiglie
ETTARI VITATI 100,00

L'azienda della famiglia Coppi nasce nel 1976, quando Antonio Coppi rileva una cantina attiva fin dal 1882 e nella quale lavorava da una decina d'anni. Oggi sono i figli Lisia, Miriam e Doni a portare avanti e a far crescere qualitativamente questa realtà. Nei 100 ettari vitati, di cui il 50% ad alberello, sono coltivati i vitigni della tradizione, come primitivo, negroamaro, malvasia nera, malvasia bianca e falanghina. Dopo un periodo in cui avevamo avuto varie perplessità riguardo ai vini di questa azienda, fin dall'anno scorso ci erano sembrati notevolmente migliorati, ma non ci aspettavamo di assegnargli così presto un Tre Bicchieri, come è accaduto con il Gioia del Colle Primitivo Senatore '10. Naso intenso e complesso, con note di frutti di bosco, tabacco e cioccolato, ha un palato di bella struttura ma anche di adeguata freschezza acida, con un finale lungo e avvolgente. Ben realizzati anche i Primitivo Don Antonio '13, dai toni di macchia mediterranea, e Siniscalco '14, fresco e succoso.

● Gioia del Colle Primitivo Senatore '10	**🍷🍷🍷** 3*
● Primitivo Don Antonio '13	🍷🍷 3
● Primitivo Siniscalco '14	🍷🍷 3
⊙ Coré '15	🍷 3
● Gioia del Colle Primitivo Vanitoso Ris. '09	🍷 5
● Negroamaro Pellirosso '15	🍷 3
● Gioia del Colle Primitivo Senatore '08	🍸🍸 3
● Gioia del Colle Primitivo Siniscalco '06	🍸🍸 2*
○ Malvasia Bianca '08	🍸🍸 1*
● Negroamaro Pellirosso '12	🍸🍸 2*
● Primitivo '08	🍸🍸 1*

★Cantine Due Palme

via San Marco, 130
72020 Cellino San Marco [BR]
Tel. 0831617865
www.cantineduepalme.it

VENDITA DIRETTA
VISITA SU PRENOTAZIONE
OSPITALITÀ E RISTORAZIONE
PRODUZIONE ANNUA 10.000.000 bottiglie
ETTARI VITATI 2500,00
VITICOLTURA Biologico Certificato
AZIENDA SOSTENIBILE

La Cantine Due Palme è un'azienda cooperativa costituita nel 1989 da Angelo Maci nel cuore del Salento e che da allora ha saputo diventare una delle più importanti realtà vitivinicole di tutta la Puglia. Gli oltre 1000 soci conferitori coltivano circa 2500 ettari vitati situati in un triangolo di terra che abbraccia le province di Brindisi, Taranto e Lecce. Sono venticinque le etichette prodotte, per vini moderni, ben realizzati tecnicamente, di notevole ricchezza di frutto e concentrazione. Si conferma ai vertici della tipologia il Salice Salentino Rosso Selvarossa Riserva, che nella versione 2013 conquista per la decima volta consecutiva i Tre Bicchieri. Al naso emergono sentori di tabacco, frutti neri e spezie orientali, mentre il palato è fitto, ricco di frutto e di buona materia e lunghezza. Interessanti il 1943 del Presidente '13, blend di primitivo e aglianico sapido e fruttato ma ancora un po' troppo coperto dal legno, e il Susumaniello Serre '15, fresco ed equilibrato.

● Salice Salentino Rosso Selvarossa Ris. '13	**🍷🍷🍷** 4*
● 1943 del Presidente '13	**🍷🍷** 6
● Serre '15	🍷🍷 3
○ Anthea '15	🍷 2
⊙ Corerosa '15	🍷 3
○ Due Palme Brut M. Cl. '13	🍷 4
● Primitivo di Manduria Ettamiano Ris. '13	🍷 3
● Primitivo di Manduria San Gaetano '15	🍷 2
● Salice Salentino Rosso Selvarossa Ris. '12	🍸🍸🍸 4*
● Salice Salentino Rosso Selvarossa Ris. '11	🍸🍸🍸 4*
● Salice Salentino Rosso Selvarossa Ris. '10	🍸🍸🍸 4*

Tenute Eméra di Claudio Quarta Vignaiolo

c.da Porvica
74123 Lizzano [TA]
Tel. 0832704398
www.claudioquarta.it

VENDITA DIRETTA
VISITA SU PRENOTAZIONE
OSPITALITÀ
PRODUZIONE ANNUA 550.000 bottiglie
ETTARI VITATI 50,00
AZIENDA SOSTENIBILE

Tenute Eméra fa parte del Gruppo Magistravini di Claudio Quarta, oggi affiancato nella gestione dalla figlia Alessandra. I vigneti, che vedono la presenza sia di varietà autoctone sia internazionali, sono situati principalmente in un corpo unico a ridosso della costa jonica, su terreni calcareo tufacei permeabili, arricchiti da uno strato di detriti e di rocce calcareo argillose. Da 5 anni l'azienda conta anche su un ettaro a Guagnano, impiantato a negroamaro e malvasia nera, da cui proviene il Salice Salentino. Buona prova complessiva per i vini di Eméra, soprattutto tenendo conto della difficile annata 2014. Accanto al Salice Salentino Rosso Moros Riserva '13, dai sentori speziati con note di tabacco, e dal palato ricco di frutti neri, troviamo infatti il Lizzano Superiore '14, fresco, succoso e piacevole, il Primitivo di Manduria Oro di Eméra '14, di maggiore struttura e pienezza, e il Sud del Sud '14, un Negroamaro di buona fittezza, con note fruttate e di erbe aromatiche.

● Lizzano Negroamaro Sup. '14	🍷🍷 2*
● Primitivo di Manduria Oro di Eméra '14	🍷🍷 5
● Salice Salentino Rosso Moros Ris. '13	🍷🍷 4
● Sud del Sud '14	🍷🍷 3
○ Amure '15	🍷 2
○ Anima di Chardonnay '15	🍷 2
● Primitivo di Manduria Anima di Primitivo '14	🍷 3
⊙ Rose '15	🍷 2
● Lizzano Negroamaro Sup. Anima di Negroamaro '13	🍷🍷 2*
● Lizzano Negroamaro Sup. Anima di Negroamaro '12	🍷🍷 2*
● Primitivo di Manduria Anima di Primitivo '12	🍷🍷 2*
● Salice Salentino Rosso '11	🍷🍷 2*
● Salice Salentino Rosso Moros Ris. '12	🍷🍷 4

Felline

via Santo Stasi Primo, 42b
74024 Manduria [TA]
Tel. 0999711660
www.agricolafelline.it

VENDITA DIRETTA
VISITA SU PRENOTAZIONE
PRODUZIONE ANNUA 1.000.000 bottiglie
ETTARI VITATI 120,00
VITICOLTURA Biologico Certificato
AZIENDA SOSTENIBILE

È dal 1994 che Gregory Perrucci è uno dei protagonisti del rilancio delle tradizioni viticole del territorio salentino, da un lato attraverso il recupero e la salvaguardia dei vitigni autoctoni e delle vigne ad alberello e dall'altro attraverso la realizzazione di vini d'impianto moderno, ricchi di frutto e di grande precisione e nitidezza aromatica. In assenza dei vini più importanti, che Gregory ha deciso di non produrre nell'annata 2014, è il Primitivo di Manduria '15 a conquistare i Tre Bicchieri, grazie alla sua capacità di esprimere al meglio le qualità che ci aspettiamo di trovare in un Primitivo di Manduria d'annata: ha profumi fruttati con note di violetta, un palato nitido, dinamico, di grande piacevolezza e dal lungo finale. Insomma, è un vero vino "gourmand". Speziato e di notevole materia, ma poco grintoso, il Primitivo di Manduria Cuvée Anniversario Riserva '10, mentre è piacevole e tutto da bere l'Alberello '15, blend paritario di negroamaro e primitivo.

● Primitivo di Manduria '15	🍷🍷🍷 3*
● Primitivo di Manduria Cuvée Anniversario Ris. '10	🍷🍷 3*
● Alberello '15	🍷🍷 2*
● Nero di Troia '15	🍷🍷 2*
● Pietraluna Torre Guaceto '15	🍷🍷 2*
● Sum Torre Guaceto '15	🍷🍷 4
○ Verdeca '15	🍷🍷 2*
● Anarkos '15	🍷 2
⊙ Cicala Rosé '15	🍷 2
● Primitivo di Manduria Segnavento '15	🍷 2
● Primitivo di Manduria Archidamo '09	🍷🍷🍷 2*
● Vigna del Feudo '97	🍷🍷🍷 4*
● Alberello '11	🍷🍷 2*
● Primitivo di Manduria Archidamo '12	🍷🍷 2*
● Vigna del Feudo '09	🍷🍷 4

Gianfranco Fino

via Piave, 12
74028 Sava [TA]
Tel. 0997773970
www.gianfrancofino.it

VISITA SU PRENOTAZIONE
PRODUZIONE ANNUA 20.000 bottiglie
ETTARI VITATI 20,00
AZIENDA SOSTENIBILE

L'azienda di Gianfranco e Simona Fino nasce nel 2004 con l'acquisto di un vigneto di meno di un ettaro e mezzo nella zona di Manduria, per realizzare vini da vecchie vigne di primitivo. Oggi sono dodici gli appezzamenti, tutti situati fra Manduria e Sava, su terre rosse e calcaree, con vigne ad alberello che vanno fino ai 90 anni di età. Al Primitivo di Manduria Es col tempo sono state affiancate altre tre etichette: lo Jo, che nasce da un vigneto di un ettaro di negroamaro, un vino dolce e uno spumante Metodo Classico. Anche quest'anno in degustazione ci è stato presentato solo il Primitivo di Manduria Es '14. I profumi sono dominati dai sentori di confettura di frutti neri e di fichi secchi, mentre il palato, nonostante una buona sapidità, è meno brillante e meno strutturato rispetto ad altre versioni. Un Es da apprezzare per la sua autenticità e il suo rispecchiare il difficile millesimo.

● Primitivo di Manduria Es '14	🍷🍷 7
● Primitivo di Manduria Es '12	YYY 7
● Primitivo di Manduria Es '11	YYY 7
● Primitivo di Manduria Es '10	YYY 6
● Primitivo di Manduria Es '09	YYY 6
● Primitivo di Manduria Es '08	YYY 6
● Primitivo di Manduria Es '07	YYY 6
● Primitivo di Manduria Es '06	YYY 5
● Jo '08	YY 6
● Jo '07	YY 6
● Jo '06	YY 5
● Primitivo di Manduria Dolce Naturale Es + Sole '12	YY 7
● Primitivo di Manduria Es '13	YY 7
● Primitivo di Manduria Es '05	YY 5

Vito Donato Giuliani

via Gioia Canale, 18
070010 Turi [BA]
Tel. 0808915335
www.vitivinicolagiuliani.com

PRODUZIONE ANNUA 100.000 bottiglie
ETTARI VITATI 40,00

Bella conferma da parte di questa cantina, anche quest'anno in Guida nella sezione principale. Fondata nel 1940, l'azienda della famiglia Giuliani può contare su circa 40 ettari vitati situati nella Murgia Barese, tra Turi e Gioia del Colle, una zona particolarmente vocata per la produzione di primitivo. È proprio questa l'uva più coltivata sui suoli carsici tipici di questo territorio, che vedono la presenza di un sottile strato di terre rosse sopra un importante complesso roccioso, ricco di sali minerali. Anche quest'anno i Gioia del Colle Primitivo della Giuliani sono tra i più riusciti. Il Gioia del Colle Primitivo Baronaggio Riserva '13 al naso ha sentori di frutti rossi e pietra focaia, con un palato che presenta note minerali, è complesso e di notevole profondità, ma anche fresco e grintoso. Il Gioia del Colle Primitivo Lavarossa '13 ha invece note terrose e di spezie, è ricco di frutto ma meno complesso, con un finale sapido che gli dà sostegno e lunghezza.

● Gioia del Colle Baronaggio Ris. '13	🍷🍷 5
● Gioia del Colle Primitivo Lavarossa '13	▼▼ 3
● Gioia del Colle Baronaggio Ris. '12	YY 5
● Gioia del Colle Primitivo Lavarossa '12	YY 3*

Cantine Paolo Leo

via Tuturano, 21
72025 San Donaci [BR]
Tel. 0831635073
www.paololeo.it

VENDITA DIRETTA
VISITA SU PRENOTAZIONE
OSPITALITÀ
PRODUZIONE ANNUA 1.300.000 bottiglie
ETTARI VITATI 35,00
VITICOLTURA Biologico Certificato
AZIENDA SOSTENIBILE

Alla quarta generazione di vignaioli, Paolo Leo ha dato una svolta all'attività aziendale, costruendo nel 1989 una nuova cantina e imbottigliando vini che valorizzassero i vitigni autoctoni salentini, dal primitivo al negroamaro alla malvasia, sia nera che bianca. I vigneti di proprietà si trovano su terreni tufacei e calcarei nel territorio del comune di San Donaci e sono composti per la maggior parte da impianti ad alberello che superano i quarant'anni. Arriva il Tre Bicchieri per l'azienda di Paolo Leo. Il Primitivo di Manduria Passo del Cardinale '14 presenta profumi di china, prugna, tabacco e sfumature di tapenade di olive nere, mentre il palato è severo, fitto e compatto. Ben realizzato il Primitivo Fiore di Vigna '14, dai sentori floreali, con note di frutti neri e legno dolce, mentre il palato è fresco, equilibrato e di buona piacevolezza. Un po' sottotono invece è risultato il Negroamaro Orfeo '14, semplice e segnato da toni di frutta poco matura.

● Primitivo di Manduria Passo del Cardinale '14	🍷🍷🍷 3*
● Fiore di Vigna '14	🍷🍷 5
○ 350 Alture Minutolo '15	🍷 3
○ Cala luna '15	🍷 3
● Orfeo '14	🍷 4
● Fiore di Vigna '13	🍷🍷 4
● Fiore di Vigna '12	🍷🍷 4
● Fiore di Vigna '10	🍷🍷 4
● Negramante '13	🍷🍷 3
● Orfeo '13	🍷🍷 4
● Orfeo '11	🍷🍷 4
● Taccorosso '13	🍷🍷 3*

★Leone de Castris

via Senatore de Castris, 26
73015 Salice Salentino [LE]
Tel. 0832731112
www.leonedecastris.com

VISITA SU PRENOTAZIONE
PRODUZIONE ANNUA 2.500.000 bottiglie
ETTARI VITATI 250,00
AZIENDA SOSTENIBILE

Fondata nel 1665 dal conte di Lemos, la Leone de Castris inizia a imbottigliare i suoi vini nel 1925, nel 1943 crea il Five Roses, il primo rosato imbottigliato d'Italia, ed è la protagonista principale della nascita della denominazione Salice Salentino nei primi anni Settanta. Oggi propone una vasta gamma di etichette, sia da uve autoctone sia internazionali, coltivate in svariate tenute situate tra Salice Salentino, Campi e Guagnano, per vini caratterizzati da uno stile moderno e di facile approccio. Il Salice Salentino Rosso 50° Vendemmia '14 è schietto, dal frutto nero croccante e di bella freschezza, mentre il Salice Salentino Rosso Per Lui Riserva '14 presenta note più mature, ma è comunque equilibrato, sapido e di buona tensione. Ben realizzati anche il Per Lui Primitivo '14, piacevole e fruttato, il Five Roses 72° Anniversario '15, floreale e con sentori di fragoline di bosco, l'Aleatico Aleikos '15, rosato fresco e sul frutto, e il Salice Salentino Rosso Riserva '14, di buona materia per l'annata.

● Salice Salentino Rosso 50° Vendemmia '14	🍷🍷🍷 3*
⊙ Aleikos '15	🍷🍷 2*
⊙ Five Roses 72° Anniversario '15	🍷🍷 3
● Per Lui Primitivo '14	🍷🍷 6
● Salice Salentino Rosso Per Lui Ris. '14	🍷🍷 6
● Salice Salentino Rosso Ris. '14	🍷🍷 3
● Elo Veni '15	🍷 2
⊙ Five Roses '15	🍷 2
● Per Lui Susumaniello '14	🍷 6
● Primitivo di Manduria Villa Santera '15	🍷 3
⊙ Salice Salentino Brut Five Roses M. Cl. '13	🍷 4
● Salice Salentino Rosso Per Lui Ris. '13	🍷🍷🍷 6

Masseria Li Veli

s.da prov.le Cellino-Campi, km 1
72020 Cellino San Marco [BR]
Tel. 0831618259
www.liveli.it

VENDITA DIRETTA
VISITA SU PRENOTAZIONE
PRODUZIONE ANNUA 350.000 bottiglie
ETTARI VITATI 33,00
VITICOLTURA Biologico Certificato

La Masseria Li Veli è stata acquistata e ristrutturata nel 1999 dalla famiglia Falvo, che si è trasferita in Puglia dopo aver passato quarant'anni nel mondo del vino toscano. I vigneti aziendali vedono la presenza quasi esclusiva di vitigni autoctoni. Le uve rosse sono situate principalmente nell'agro di Cellino San Marco, per l'85% alberelli che seguono l'antico sesto d'impianto a settonce (un esagono regolare a sei vertici con una pianta al centro), mentre le uve bianche sono nella Valle d'Itria. Buona prestazione complessiva per l'azienda della famiglia Falvo. Il Salice Salentino Rosso Pezzo Morgana Riserva '14 presenta sentori di frutti neri con sfumature speziate e un palato nitido e di buona lunghezza, mentre il MLV '13, da uve negroamaro (60%) e cabernet sauvignon, nonostante la ricchezza di frutto risulta coperto da un uso del legno forse un po' troppo disinvolto. Ben realizzati l'Aleatico Passito '09, dai toni di fichi secchi e cioccolato, e il Susumaniello '15, fresco e immediato.

● Aleatico Passito '09	🍷🍷 6
● MLV '13	🍷🍷 5
● Salice Salentino Rosso Pezzo Morgana Ris. '14	🍷🍷 4
● Susumaniello Askos '15	🍷🍷 3
● Malvasia Nera Askos '15	🍷 3
⊙ Rosato '15	🍷 2
○ Verdeca Askos '15	🍷 3
● Masseria Li Veli '10	🍷🍷🍷 5
○ Fiano '14	🍷🍷 2*
● MLV '12	🍷🍷 5
● Susumaniello Askos '14	🍷🍷 3

Morella

via per Uggiano, 147
74024 Manduria [TA]
Tel. 0999791482
www.morellavini.com

VENDITA DIRETTA
VISITA SU PRENOTAZIONE
PRODUZIONE ANNUA 26.000 bottiglie
ETTARI VITATI 20,00
VITICOLTURA Biodinamico Certificato

L'azienda di Lisa Gilbee e Gaetano Morella costituisce da qualche anno una delle più interessanti realtà produttive della zona di Manduria. Il vitigno di riferimento è evidentemente il primitivo, cui si affiancano negroamaro e fiano. Vecchie vigne ad alberello su terra rossa, che vanno fino ai 100 anni di età, rese per pianta particolarmente basse, e un lavoro in cantina il meno interventista possibile sono la chiave per comprendere i loro prodotti. Quest'anno i vini proposti ci hanno lasciato qualche perplessità. I due vini di punta, i Primitivo Old Vines '13 e La Signora '13, hanno entrambi evidenziato una discreta ricchezza di frutto, con note di spezie e macchia mediterranea, ma per gli standard cui siamo stati abituati da quest'azienda anche un'evoluzione piuttosto evidente, poca grinta e poca nitidezza. Corretti, ma anche questi meno brillanti di quanto mostrato in altre occasioni, sia il Mezzanotte '15, blend a dominante primitivo, sia il Fiano Mezzogiorno '15.

● Old Vines Primitivo '13	🍷🍷 6
● Primitivo La Signora '13	🍷🍷 6
● Mezzanotte '15	🍷 3
○ Mezzogiorno '15	🍷 3
● Primitivo La Signora '10	🍷🍷🍷 6
● Primitivo La Signora '07	🍷🍷🍷 5
● Primitivo Old Vines '09	🍷🍷🍷 5
● Primitivo Old Vines '08	🍷🍷🍷 5
● Primitivo Old Vines '07	🍷🍷🍷 5
● Negroamaro Primitivo Terre Rosse '12	🍷🍷 4
● Primitivo La Signora '11	🍷🍷 6
● Primitivo Malbek '11	🍷🍷 4
● Primitivo Old Vines '11	🍷🍷 6

Palamà

via A. Diaz, 6
73020 Cutrofiano [LE]
Tel. 0836542865
www.vinicolapalama.com

VENDITA DIRETTA
VISITA SU PRENOTAZIONE
OSPITALITÀ E RISTORAZIONE
PRODUZIONE ANNUA 200.000 bottiglie
ETTARI VITATI 15,00

Cosimo Palamà, oggi affiancato da tutta la famiglia, guida da più di un quarto di secolo l'azienda fondata dal padre Arcangelo nel 1936. I vini prodotti sono ottenuti esclusivamente da vitigni autoctoni pugliesi, dal negroamaro al primitivo, dalla malvasia nera all'aleatico, dalla malvasia bianca alla verdeca, coltivati fra Cutrofiano e Matino su terreni di medio impasto, tendenzialmente calcareo. La gamma aziendale è piuttosto ampia e propone vini ben realizzati tecnicamente e d'impianto tradizionale. Meno brillante che in altre occasioni ma sempre di buona fattura la selezione che ci ha proposto la famiglia Palamà. Spicca il Metiusco Rosato '15, che si conferma tra i migliori nella sua tipologia, floreale, fresco e sapido, con note di piccoli frutti rossi, da bere in modo spensierato. Il 75 Vendemmie '15, Negroamaro da vecchie vigne ad alberello, è di buona struttura ma con una nota dolce un po' eccessiva, mentre sono piacevoli e di facile beva sia il Metiusco Rosso '15 che il Metiusco Bianco '15.

● 75 Vendemmie '15	🍷🍷 4
⊙ Metiusco Rosato '15	🍷🍷 2*
○ Metiusco Bianco '15	🍷 2
● Metiusco Rosso '15	🍷 2
● 75 Vendemmie '11	🍷🍷🍷 4*
● 75 Vendemmie '13	🍷🍷 4
● Albarossa Primitivo '13	🍷🍷 2*
● Mavro '13	🍷🍷 3*
● Mavro '12	🍷🍷 3*
● Mavro '11	🍷🍷 3
⊙ Metiusco Rosato '13	🍷🍷 2*
● Patrunale '12	🍷🍷 5
● Salice Salentino Rosso Albarossa '13	🍷🍷 1*

Plantamura

via V. Bodini, 9a
70023 Gioia del Colle [BA]
Tel. 3474711027
www.viniplantamura.it

VENDITA DIRETTA
VISITA SU PRENOTAZIONE
PRODUZIONE ANNUA 45.000 bottiglie
ETTARI VITATI 8,00
VITICOLTURA Biologico Certificato
AZIENDA SOSTENIBILE

Mariangela Plantamura e suo marito Vincenzo guidano con passione e competenza questa piccola azienda, cui, in pochi anni, hanno saputo dare una forte identità territoriale grazie a una produzione di vini ricchi di carattere e tutti a denominazione Gioia del Colle Primitivo. I vigneti aziendali si trovano nel comune di Gioia del Colle, su terreni calcarei e argillosi a circa 350 metri di altitudine, e vedono la presenza sia d'impianti a spalliera che di vecchie vigne ad alberello. I vini della Plantamura – pur senza conquistare il massimo riconoscimento – si confermano di ottimo livello. Contrariamente agli anni scorsi è il Gioia del Colle Primitivo Riserva a convincerci maggiormente. La versione 2013 presenta sentori di frutti rossi e macchia mediterranea al naso, mentre al palato è fitto, fresco e di grande spinta. Meno grintosi il Gioia del Colle Primitivo Etichetta Rossa Parco Largo '15, di buon frutto, e il Gioia del Colle Primitivo Etichetta Nera Contrada San Pietro '15, dalle note di gelso ed erbe aromatiche.

● Gioia del Colle Primitivo Ris. '13	🍷🍷 3*
● Gioia del Colle Primitivo Et. Nera Contrada San Pietro '15	🍷🍷 3
● Gioia del Colle Primitivo Et. Rossa Parco Largo '15	🍷🍷 3
● Gioia del Colle Primitivo Et. Nera Contrada San Pietro '13	🍷🍷🍷 3*
● Gioia del Colle Primitivo Et. Nera Contrada San Pietro '12	🍷🍷🍷 3*
● Gioia del Colle Primitivo Et. Rossa '11	🍷🍷🍷 4*
● Gioia del Colle Primitivo Et. Rossa Parco Largo '13	🍷🍷 3*
● Gioia del Colle Primitivo Ris. '12	🍷🍷 3
● Gioia del Colle Primitivo Ris. '10	🍷🍷 5

Polvanera

s.da Vicinale Lamie Marchesana, 601
70023 Gioia del Colle [BA]
Tel. 080758900
www.cantinepolvanera.it

VENDITA DIRETTA
RISTORAZIONE
PRODUZIONE ANNUA 300.000 bottiglie
ETTARI VITATI 90,00
VITICOLTURA Biologico Certificato

La Polvanera di Filippo Cassano in poco più di 10 anni ha saputo portare in primo piano il territorio di Gioia del Colle e il suo primitivo. I vigneti aziendali sorgono fra Acquaviva e Gioia del Colle, a più di 300 metri di altitudine, su terreni di tipo carsico, in cui un sottile strato di terra si appoggia direttamente sulla roccia viva, e vedono la presenza sia di vigneti relativamente giovani, tra i 10 e i 15 anni, con sesto d'impianto a Guyot o a cordone speronato, che di vigne ad alberello che raggiungono i 60 anni di età. Il Gioia del Colle Primitivo 17 conquista i Tre Bicchieri anche con la versione 2013: al naso si presentano profumi di frutti neri, china e macchia mediterranea, mentre il palato è ricco, pieno e di grande struttura, profondo e succoso. Di ottimo livello anche il Gioia del Colle Primitivo 16 '13, dai toni speziati con sfumature fruttate, lungo, di notevole grinta e tensione acida, mentre è piacevole e disteso il Gioia del Colle Primitivo 14 Vigneto Marchesana '13.

Vino	Bicchieri	Prezzo
● Gioia del Colle Primitivo 17 '13	🍷🍷🍷 (rossi)	5
● Gioia del Colle Primitivo 16 '13	🍷🍷 (rossi)	5
● Gioia del Colle Primitivo 14 Vign. Marchesana '13	🍷🍷	3
○ Minutolo '15	🍷	3
⊙ Rosato '15	🍷	2
● Gioia del Colle Primitivo 17 '10	🍷🍷🍷 (vuoti)	5
● Gioia del Colle Primitivo 17 '09	🍷🍷🍷 (vuoti)	5
● Gioia del Colle Primitivo 17 '08	🍷🍷🍷 (vuoti)	4*
● Gioia del Colle Primitivo 17 Vign. Montevella '12	🍷🍷🍷 (vuoti)	6
● Gioia del Colle Primitivo 17 Vign. Montevella '11	🍷🍷🍷 (vuoti)	6

Rivera

c.da Rivera
s.da prov.le 231 km 60,500
76123 Andria [BT]
Tel. 0883569510
www.rivera.it

VENDITA DIRETTA
VISITA SU PRENOTAZIONE
PRODUZIONE ANNUA 1.200.000 bottiglie
ETTARI VITATI 75,00
AZIENDA SOSTENIBILE

Risale alla fine degli anni Quaranta la creazione da parte della famiglia De Corato della Rivera, nell'omonima tenuta presso Castel del Monte. Oggi l'azienda conta su differenti vigneti all'interno della denominazione, situati su terreni che vanno dal calcareo tufaceo al calcareo roccioso, e su alcuni fornitori di fiducia per quanto riguarda i vini provenienti da altre zone. La gamma di vini proposti infatti è molto ampia – più di venti etichette – e spazia da Castel del Monte al Salento alla Valle d'Itria. È il Castel del Monte Aglianico Cappellaccio Riserva '10 ad averci maggiormente convinto: al naso evidenzia sentori di frutti rossi e pepe, con sfumature di radici, ha un palato equilibrato, di buona tenuta, lunghezza e sapidità, con un tannino elegante e ben integrato. Il Castel del Monte Nero di Troia Violante '14 è piacevole e con toni di frutti rossi di bosco, il Castel del Monte Rosé '15 è fresco e floreale, mentre ha note di miele e scorza d'arancia candite il Moscato di Trani Dolce Piani di Tufara '15.

Vino	Bicchieri	Prezzo
● Castel del Monte Aglianico Cappellaccio Ris. '10	🍷🍷 (rossi)	2*
● Castel del Monte Nero di Troia Violante '14	🍷🍷	2*
⊙ Castel del Monte Rosé '15	🍷🍷	2*
○ Moscato di Trani Piani di Tufara '15	🍷🍷	2*
○ Castel del Monte Chardonnay Preludio n° 1 '15	🍷	2
○ Castel del Monte Fedora '15	🍷	2
● Castel del Monte Nero di Troia Puer Apuliae '04	🍷🍷🍷 (vuoti)	6
● Castel del Monte Nero di Troia Puer Apuliae '03	🍷🍷🍷 (vuoti)	6
○ Moscato di Trani Piani di Tufara '14	🍷🍷 (vuoti)	2*
● Triusco '13	🍷🍷 (vuoti)	3

Tenute Rubino

via E. Fermi, 50
72100 Brindisi
Tel. 0831571955
www.tenuterubino.com

VENDITA DIRETTA
VISITA SU PRENOTAZIONE
PRODUZIONE ANNUA 1.200.000 bottiglie
ETTARI VITATI 200,00

Tenute Rubino è un progetto nato alla metà degli anni Ottanta da un'idea di Tommaso Rubino. Nel giro di pochi anni l'azienda è diventata una delle più importanti e apprezzate realtà vinicole pugliesi, articolata in quattro tenute dislocate dalla dorsale adriatica all'entroterra brindisino: Jaddico, Marmorelle, Uggìo e Punta Aquila. La gamma di etichette prodotta è ampia e vede protagonisti i vitigni autoctoni. I vini sono caratterizzati da una notevole precisione tecnica e una forte identità territoriale. Il susumaniello è un vitigno su cui la famiglia Rubino ha puntato in tempi non sospetti, realizzando un vigneto tutto dedicato a questa uva fin dai primi anni 2000. In assenza del pluripremiato Torre Testa è proprio il Susumaniello Oltremé '15 a giocare il ruolo da protagonista: ricco di frutto, in particolare mora e di ciliegia nera, è concentrato, lungo e pieno. Il Brindisi Rosso Jaddico Riserva '13 è fresco e speziato, di buona grinta e lunghezza, piacevole lo Chardonnay Marmorelle Bianco '15.

● Oltremé Susumaniello '15	🍷🍷🍷 4*
● Brindisi Rosso Jaddico Ris. '13	🍷🍷 6
○ Marmorelle Bianco '15	🍷🍷 3
○ Giancòla '15	🍷 5
● Marmorelle Rosso '14	🍷 3
● Miraglio '14	🍷 4
● Punta Aquila '14	🍷 4
⊙ Saturnino '15	🍷 4
⊙ Torre Testa Rosé '15	🍷 5
● Torre Testa '13	🍸🍸🍸 6
● Torre Testa '12	🍸🍸🍸 6
● Torre Testa '11	🍸🍸🍸 6
● Torre Testa '11	🍸🍸🍸 6
● Torre Testa '02	🍸🍸🍸 5
● Torre Testa '01	🍸🍸🍸 5
● Visellio '10	🍸🍸🍸 4*

Schola Sarmenti

via Generale Cantore, 37
73048 Nardò [LE]
Tel. 0833567247
www.scholasarmenti.it

VENDITA DIRETTA
VISITA SU PRENOTAZIONE
PRODUZIONE ANNUA 240.000 bottiglie
ETTARI VITATI 41,00
VITICOLTURA Biologico Certificato

Con l'85% di vigne ad alberello, che raggiungono anche gli ottant'anni di vita, l'azienda vinicola di Luigi Carlo Marra e Benedetto Lorusso è diventata una sorta di presidio a tutela del territorio salentino e in particolare della denominazione Nardò, zona che negli ultimi decenni ha visto diminuire vertiginosamente la sua superficie vitata. Nei vigneti aziendali prevalgono nettamente i vitigni autoctoni: primitivo, negroamaro, malvasia nera. I vini sono caratterizzati da ricchezza di frutto e bevibilità. L'annata 2014 ha penalizzato non poco i vini proposti da Schola Sarmenti. Ben realizzati il Nardò Rosso Roccamora '14, che presenta al naso i tipici sentori di frutti neri, mentre il palato è un po' rustico ma di buona materia e spessore, e il Nauna '14, blend di negroamaro (60%) e primitivo, dai toni di china, inchiostro e prugna matura, con un palato disteso e piuttosto piacevole. Ci ha convinto meno il Diciotto '14, dalle note di frutta secca, troppo alcolico e poco equilibrato.

● Nardò Rosso Roccamora '14	🍷🍷 2*
● Nauna '14	🍷🍷 5
● Cubardi '13	🍷 4
● Diciotto '14	🍷 8
○ Fiano '15	🍷 3
● Nardò Rosso Nerìo Ris. '13	🍷 3
● Cubardi '11	🍸🍸 3
● Cubardi '10	🍸🍸 3
● Diciotto '13	🍸🍸 8
● Diciotto '12	🍸🍸 7
● Nardò Nerìo Ris. '10	🍸🍸 3
● Nardò Nerìo Ris. '09	🍸🍸 3
● Nardò Rosso Roccamora '13	🍸🍸 2*

Cantine Soloperto

s.s. 7
74024 Manduria [TA]
Tel. 0999794286
www.soloperto.it

VENDITA DIRETTA
VISITA SU PRENOTAZIONE
PRODUZIONE ANNUA 1.500.000 bottiglie
ETTARI VITATI 50,00

Fondata nel 1967, l'azienda vinicola della famiglia Soloperto è una solida realtà della denominazione Primitivo di Manduria. Fra i vigneti di proprietà circa la metà sono ad alberello, situati sul classico terreno salentino fatto sia di terre rosse sia di terre brune, con vecchie vigne che in contrada Bagnolo raggiungono anche i cento anni di età. Ampia la gamma di etichette proposta, tutte di buona fattura, che spaziano dalla facile beva a vini di maggiore struttura e complessità. In assenza di alcune importanti etichette, ci sono piaciute soprattutto le versioni d'annata. Il Vecchio Ceppo Primitivo '15 mette in evidenza tutti i pregi di questa tipologia: di grande piacevolezza, ha sentori di mirto e frutti rossi, mentre il palato è sapido, fresco e piacevole, con un lungo finale in cui spiccano note di macchia mediterranea. Si esprime sulla stessa lunghezza d'onda il Primitivo di Manduria '15, dai toni di prugna matura, scorrevole e sul frutto.

- ● Vecchio Ceppo Primitivo '15 — 🍷🍷 2*
- ● Primitivo di Manduria '15 — 🍷🍷 1*
- ● Primitivo di Manduria Dolce Naturale Nektare '14 — 🍷 3
- ● Primitivo di Manduria Rubinum Et. Blu '14 — 🍷 2
- ● Primitivo di Manduria Centofuochi Tenuta Bagnolo '12 — YY 4
- ● Primitivo di Manduria Mono '11 — YY 3
- ● Primitivo di Manduria Patriarca '13 — YY 4
- ● Primitivo di Manduria Rubinum 17 Et. Rossa '13 — YY 2*
- ● Primitivo di Manduria Rubinum Et. Rossa '14 — YY 2*
- ⊙ Rosato Salento '13 — YY 2*

★Tormaresca

loc. Tofano
c.da Torre d'Isola
76013 Minervino Murge [BT]
Tel. 0883692631
www.tormaresca.it

VENDITA DIRETTA
VISITA SU PRENOTAZIONE
OSPITALITÀ
PRODUZIONE ANNUA 3.000.000 bottiglie
ETTARI VITATI 380,00
VITICOLTURA Biologico Certificato
AZIENDA SOSTENIBILE

Gli Antinori hanno creato questa azienda vinicola nel 1998. Composta da due tenute (la Bocca di Lupo a Minervino Murge, all'interno della denominazione Castel del Monte, e la Masseria Maime a San Pietro Vernotico, nell'Alto Salento), Tormaresca si concentra soprattutto sui vitigni autoctoni, dal nero di Troia all'aglianico, dal negroamaro al primitivo, per vini di stampo moderno, di grande godibilità e buon equilibrio. Completano l'ampia gamma i vitigni internazionali, come chardonnay e cabernet sauvignon. Il Negroamaro Masseria Maime '13 si presenta al naso con sentori di frutta nera fresca e spezie, mentre il palato è nitido, ricco di frutto e scorrevole. Di buona fattura nonostante la difficile annata il Castel del Monte Chardonnay Pietrabianca '14, non di grande struttura ma piacevole e con toni di frutta a polpa bianca, il Castel del Monte Rosso Trentangeli '14, fitto, balsamico, ma dai tannini ancora spigolosi, e il Primitivo Torcicoda '14, un po' semplice ma fruttato e di piacevole beva.

- ● Masseria Maime '13 — 🍷🍷 5
- ○ Castel del Monte Chardonnay Pietrabianca '14 — 🍷🍷 4
- ● Castel del Monte Rosso Trentangeli '14 — 🍷🍷 3
- ● Torcicoda '14 — 🍷🍷 4
- ⊙ Calafuria '15 — 🍷 3
- ● Fichimori '15 — 🍷 2
- ○ Roycello '15 — 🍷 3
- ● Castel del Monte Rosso Trentangeli '11 — YYY 3*
- ● Masseria Maime '12 — YYY 5
- ● Masseria Maime '08 — YYY 5
- ● Masseria Maime '07 — YYY 4
- ● Torcicoda '11 — YYY 4*
- ● Torcicoda '10 — YYY 3*
- ● Torcicoda '09 — YYY 3

★Torrevento

LOC. CASTEL DEL MONTE
S.DA PROV.LE 234 KM 10,600
70033 CORATO [BA]
TEL. 0808980923
www.torrevento.it

VENDITA DIRETTA
OSPITALITÀ E RISTORAZIONE
PRODUZIONE ANNUA 2.500.000 bottiglie
ETTARI VITATI 450,00
AZIENDA SOSTENIBILE

L'azienda vinicola di Francesco Liantonio dispone di 450 ettari vitati all'interno della denominazione Castel del Monte, nel Parco Rurale della Murgia. Il rispetto dell'ambiente e il tema della sostenibilità sono da sempre uno dei principi aziendali. Sono soprattutto le uve autoctone - e in particolare il nero di Troia - a dare vita all'ampia gamma di vini della Torrevento. Grazie a un lavoro di cantina rispettoso e non invasivo, i vini ottenuti sono caratterizzati da freschezza, finezza e ricchezza di frutto. La Torrevento si conferma come l'azienda faro della denominazione Castel del Monte. Il Castel del Monte Nero di Troia Ottagono Riserva '14 ha profumi speziati e di frutti rossi, con sfumature di cioccolato, è di buon frutto, equilibrato e di bella lunghezza. Il Castel del Monte Vigna Pedale Riserva '13 al naso è giocato più su note di frutti neri di bosco con sfumature floreali, mentre il palato è equilibrato, piuttosto fresco e di buona beva.

● Castel del Monte Nero di Troia Ottagono Ris. '14	▼▼▼ 5
● Castel del Monte Rosso V. Pedale Ris. '13	▼▼ 3*
⊙ Castel del Monte Rosato Primaronda '15	▼▼ 2*
● Infinitum '15	▼▼ 2*
● Passione Reale Appassimento '15	▼▼ 2*
○ Bacca Rara '15	▼ 3
● Castel del Monte Rosso Bolonero '14	▼ 2
● Torre del Falco '14	▼ 2
● Castel del Monte Rosso Bolonero '12	▽▽▽ 2*
● Castel del Monte Rosso V. Pedale Ris. '12	▽▽▽ 3*
● Castel del Monte Rosso V. Pedale Ris. '10	▽▽▽ 3*
● Castel del Monte Rosso V. Pedale Ris. '09	▽▽▽ 3*

Cantine Tre Pini

VIA VECCHIA PER ALTAMURA
S.DA. PROV.LE 79 KM 16
70020 CASSANO DELLE MURGE [BA]
TEL. 080764911
www.agriturismotrepini.com

VENDITA DIRETTA
VISITA SU PRENOTAZIONE
OSPITALITÀ E RISTORAZIONE
PRODUZIONE ANNUA 30.000 bottiglie
ETTARI VITATI 7,00
VITICOLTURA Biologico Certificato

Situata sulla strada vecchia verso Altamura, a poca distanza da Cassano Murge, all'interno del parco nazionale dell'Alta Murgia, l'azienda Tre Pini della famiglia Plantamura si compone di circa 30 ettari di proprietà, 7 dei quali sono vitati. I vigneti vedono la presenza di due soli vitigni, primitivo e malvasia bianca, e sono situati a un'altitudine che va dai 400 (dove si trova la malvasia bianca) ai 450 metri (per il primitivo) sul tipico terreno carsico mediamente roccioso delle Murge. La Tre Pini conquista per la prima volta i Tre Bicchieri con il Gioia del Colle Primitivo Riserva '13, dai profumi fruttati seguiti da note di sottobosco, resina e cacao, e dal palato complesso, fitto, con un finale lungo e senza cedimenti. Ben realizzati anche il Gioia del Colle Primitivo Piscina delle Monache '13, dai profumi di frutti rossi ed erbe aromatiche, mentre il palato è equilibrato, fine e saporito. Il Primitivo Trullo di Carnevale '14 è giocato tutto sulla freschezza del frutto e la piacevolezza.

● Gioia del Colle Primitivo Ris. '13	▼▼▼ 4*
● Gioia del Colle Primitivo Piscina delle Monache '13	▼▼ 3
● Trullo di Carnevale '14	▼▼ 2*
○ Pinus Brut M. Cl.	▼ 3
● Gioia del Colle Primitivo '11	▽▽ 4
● Gioia del Colle Primitivo Piscina delle Monache '12	▽▽ 3*
● Gioia del Colle Primitivo Ris. '12	▽▽ 4

Agricole Vallone

via XXV Luglio, 7
73100 Lecce
Tel. 0832308041
www.agricolevallone.it

VISITA SU PRENOTAZIONE
PRODUZIONE ANNUA 424.000 bottiglie
ETTARI VITATI 161,00
VITICOLTURA Biologico Certificato
AZIENDA SOSTENIBILE

Novità per l'azienda della famiglia Vallone, una delle protagoniste storiche del panorama pugliese. Le redini sono passate alla nuova generazione, costituita da Francesco Vallone, e sono stati realizzati nuovi impianti a nord di Brindisi che vanno ad aumentare un patrimonio viticolo già molto importante. I vigneti sono suddivisi in tre tenute: la Flaminio, all'interno della denominazione Brindisi, la Iore, nella denominazione Salice Salentino, e la Castelserranova, nell'agro di Carovigno, a due passi dal mare Adriatico. Il Graticciaia, storico Negroamaro che costituisce la bandiera aziendale, nella versione 2012 presenta sentori di frutti neri maturi e fiori secchi, con sfumature di china, mentre il palato è molto alcolico ma ricco di frutto e disteso, con un finale in cui emergono toni di fichi secchi. Il Brindisi Rosso Vigna Flaminio Riserva '12 ai sentori di prugna e spezie fa seguire un palato di buona tenuta, dalle note di scorza d'arancia e more di gelso, mentre il Susumaniello '15 è più semplice e immediato.

● Graticciaia '12	🍷🍷🍷 7
● Brindisi Rosso V. Flaminio Ris. '12	🍷🍷 3
● Susumaniello '15	🍷 2
● Graticciaia '03	🍷🍷🍷 6
● Graticciaia '01	🍷🍷🍷 6
⊙ Brindisi Rosato V. Flaminio '13	🍷🍷 2*
⊙ Brindisi Rosato V. Flaminio '11	🍷🍷 2*
● Brindisi Rosso V. Flaminio '10	🍷🍷 2*
● Brindisi Rosso V. Flaminio Ris. '09	🍷🍷 3
● Brindisi Rosso V. Flaminio Ris. '06	🍷🍷 2
● Graticciaia '10	🍷🍷 7
○ Passo delle Viscarde '07	🍷🍷 4
○ Salento Corte Valesio '12	🍷🍷 2*
● Vigna Castello '11	🍷🍷 5

Varvaglione

c.da Santa Lucia
74020 Leporano [TA]
Tel. 0995315370
www.varvaglione.com

VENDITA DIRETTA
VISITA SU PRENOTAZIONE
OSPITALITÀ
PRODUZIONE ANNUA 3.000.000 bottiglie
ETTARI VITATI 155,00
AZIENDA SOSTENIBILE

Sono ormai quattro le generazioni della famiglia Varvaglione che si dedicano o si sono dedicate all'azienda vitivinicola dalla sua fondazione nel 1921, visto che a Cosimo e Maria Teresa si sono affiancati recentemente i figli Angelo e Marzia. Ai 20 ettari vitati di proprietà se ne aggiungono 135 coltivati da conferitori fidati, per una produzione centrata principalmente sui vitigni autoctoni e che propone vini dall'impianto classico, che abbinano tipicità e precisione esecutiva. Bella prova d'insieme dei vini aziendali, in particolare di quelli d'annata della linea 12 e mezzo. Il Primitivo '15 presenta profumi di ciliegia nera e susina, è succoso e piacevole, il Negroamaro '15 vira più verso note di spezie e cioccolato, è leggermente dolce ma tipico e di buona lunghezza, mentre la Malvasia '15 è fresca nei suoi sentori di salvia e pesca. Meno brillante il Primitivo di Manduria Papale Linea Oro '14, piuttosto semplice, che risente del problematico millesimo.

○ 12 e mezzo Malvasia '15	🍷🍷 2*
● 12 e mezzo Negroamaro '15	🍷🍷 2*
● 12 e mezzo Primitivo '15	🍷🍷 2*
● Primitivo di Manduria Papale Linea Oro '14	🍷 5
○ 12 e mezzo Malvasia '14	🍷🍷 2*
● Passione '13	🍷🍷 2*
● Primitivo di Manduria Gocce '12	🍷🍷 2*
● Primitivo di Manduria Moi '12	🍷🍷 2*
● Primitivo di Manduria Papale Linea Oro '13	🍷🍷 5
● Primitivo di Manduria Papale Linea Oro '12	🍷🍷 5
● Tatu '14	🍷🍷 2*

Vecchia Torre

VIA MARCHE, 1
73045 LEVERANO [LE]
TEL. 0832925053
www.cantinavecchiatorre.it

VENDITA DIRETTA
VISITA SU PRENOTAZIONE
PRODUZIONE ANNUA 3.000.000 bottiglie
ETTARI VITATI 1800,00

Questa cantina sociale resta una realtà di riferimento per tutto il territorio della zona di Leverano. Sono più di 1300 i soci viticoltori che gli conferiscono le loro uve, per una superficie vitata complessiva di quasi 2000 ettari, su molti dei quali sono ancora presenti degli impianti ad alberello pugliese. I vitigni più rappresentati sono quelli autoctoni a bacca rossa, dal negroamaro al primitivo alla malvasia nera di Lecce, per una produzione dall'impostazione moderna, che presta grande attenzione al rapporto qualità prezzo. Di buona materia il Negroamaro '14, con note terrose, di frutti neri e di china calissaia al naso, dal palato lungo e sapido. Ben realizzato anche il 50° Anniversario '13, blend paritario di negroamaro e syrah, dall'impostazione molto moderna, con sentori di cioccolato, caffè e sottobosco al naso, mentre il palato è morbido, di buona polpa e ricco di frutto. Piacevole e tutto giocato sul frutto infine il Leverano Rosato '15.

● 50° Anniversario '13	🍷🍷 3
⊙ Leverano Rosato '15	🍷🍷 2*
● Negroamaro '14	🍷🍷 2*
● Arneide '13	🍷 3
● Leverano Rosso '14	🍷 2
● Leverano Rosso Ris. '11	🍷 2
⊙ Negroamaro Rosato '15	🍷 2
● Salice Salentino Rosso '14	🍷 2
● 50° Anniversario '12	🍷🍷 3*
● Arneide '11	🍷🍷 3
⊙ Leverano Rosato '14	🍷🍷 2*
● Leverano Rosso '13	🍷🍷 2*
● Primitivo '13	🍷🍷 2*
● Salice Salentino Rosso '13	🍷🍷 2*
○ Vermentino '14	🍷🍷 2*

Vespa Vignaioli per Passione

C.DA RENI
VIA MANDURIA - AVETRANA KM 3
74024 MANDURIA [TA]
TEL. 0637514609
www.vespavignaioli.it

PRODUZIONE ANNUA 150.000 bottiglie
ETTARI VITATI 20,00
AZIENDA SOSTENIBILE

Bruno Vespa, insieme ai figli Alessandro e Federico, ha acquisito una masseria non distante da Manduria, insieme a una ventina di ettari vitati situati su terreni argillosi e argilloso sabbiosi, per produrre il proprio vino con la consulenza dell'enologo Riccardo Cotarella. Il vitigno di riferimento per l'azienda è ovviamente il primitivo, ma non mancano altre uve, dal fiano al negroamaro, dall'aleatico al montepulciano. La vendemmia 2014 non ha pesato troppo sul Primitivo di Manduria Raccontami, che ha evidenziato toni alcolici piuttosto spiccati e note di confettura di frutti neri e spezie dolci. Il palato è ricco e fitto, con un finale di buona scorrevolezza. Il Primitivo Il Rosso dei Vespa '15 propone invece profumi di frutta fresca e cacao, mentre il palato è avvolgente e levigato.

● Primitivo di Manduria Raccontami '14	🍷🍷🍷 5
● Il Rosso dei Vespa '15	🍷🍷 3
⊙ Brut Rosé M. Cl. Noi Tre '12	🍷 5
⊙ Flarò Il Rosa dei Vespa '15	🍷 2
○ Il Bianco dei Vespa '15	🍷 2
● Il Bruno dei Vespa '15	🍷 2*
● Primitivo di Manduria Raccontami '13	🍷🍷🍷 5
⊙ Brut Rosé M. Cl. Noi Tre '11	🍷🍷 5
● Il Bruno dei Vespa '14	🍷🍷 2*
● Il Bruno dei Vespa '13	🍷🍷 2*
● Primitivo di Manduria Raccontami '12	🍷🍷 5

Tenuta Viglione

s.da prov.le 140 km 4,100
70029 Santeramo in Colle [BA]
Tel. 0802123661
www.tenutaviglione.it

VENDITA DIRETTA
VISITA SU PRENOTAZIONE
OSPITALITÀ E RISTORAZIONE
PRODUZIONE ANNUA 400.000 bottiglie
ETTARI VITATI 60,00
VITICOLTURA Biologico Certificato

Ai confini tra le province di Bari e Taranto, lungo l'asse viario dell'antica Via Appia, sorge l'azienda vinicola di Giovanni Zullo, uno dei fiori all'occhiello della denominazione Gioia del Colle. Nei 40 ettari di proprietà, oltre al primitivo, sono coltivati anche aleatico, merlot, falanghina, trebbiano e malvasia, su terreni carsici ricchi di minerali, situati a circa 450 metri di altitudine nella Murgia Barese. I vini prodotti interpretano al meglio le caratteristiche del territorio. Il Gioia del Colle Primitivo Marpione Riserva è anche nella versione 2012 uno dei migliori vini della denominazione. Ai profumi di frutti neri, caffè e macchia mediterranea fa seguito un palato di buona materia, teso e grintoso, cui manca solo un poco di complessità per riconfermare il massimo riconoscimento ottenuto nelle ultime due edizioni. Ben realizzato anche il Gioia del Colle Primitivo '13, con sentori fruttati seguiti da sfumature vegetali al naso, e un palato succoso, fresco e piacevole.

● Gioia del Colle Primitivo Marpione Ris. '12	TT 3*
● Gioia del Colle Primitivo '13	TT 2*
○ Fiano '15	T 2
● Nisia '15	T 2
● Gioia del Colle Primitivo Marpione Ris. '11	YYY 3*
● Gioia del Colle Primitivo Marpione Ris. '10	YYY 3*
● Gioia del Colle Primitivo '12	YY 2*
● Gioia del Colle Primitivo '10	YY 2*
● Johe '13	YY 2*
● Johe '12	YY 2*
● Nisia '14	YY 2*

★Conti Zecca

via Cesarea
73045 Leverano [LE]
Tel. 0832925613
www.contizecca.it

VENDITA DIRETTA
VISITA SU PRENOTAZIONE
PRODUZIONE ANNUA 2.800.000 bottiglie
ETTARI VITATI 320,00
AZIENDA SOSTENIBILE

Da cinque secoli la famiglia dei conti Zecca abita e coltiva le terre di Leverano, nel cuore del Salento. Oggi le tenute aziendali sono quattro, tre situate proprio a Leverano – Saraceno, Donna Marzia e Santo Stefano – e una a Salice Salentino – Cantalupi – e da ognuna viene prodotta una gamma di etichette, cui vanno aggiunti i vini di punta della linea Selezioni. Stile moderno, costanza qualitativa e grande attenzione al rapporto qualità prezzo sono le principali caratteristiche dei prodotti proposti. In assenza del suo vino di punta, il Nero, si sono messi in luce i vini della tenuta Cantalupi, in particolare il Salice Salentino Rosso Cantalupi Riserva '13, di bella fattura, dai toni di frutti rossi freschi e di piacevole beva. Ben realizzato anche il Primitivo Cantalupi '15, succoso e fruttato, con lievi sentori speziati, e il Primitivo Rodinò '14, dai sentori di china con sfumature di frutti neri, di buon spessore e freschezza.

● Salice Salentino Cantalupi Ris. '13	TT 3*
● Cantalupi Primitivo '15	TT 2*
● Rodinò '14	TT 2*
● Rodinò '14	TT 7
○ Malvasia Bianca '15	T 3
● Negroamaro '13	T 3
○ Sole '15	T 2
⊙ Venus '15	T 3
● Nero '09	YYY 5
● Nero '08	YYY 5
● Nero '07	YYY 5
● Nero '06	YYY 5
● Nero '03	YYY 5
● Nero '02	YYY 5
● Nero '01	YYY 5

A Mano

via San Giovanni, 41
70015 Noci [BA]
Tel. 0803434872
www.amanowine.it

Molto ben riuscito l'Imprint '14, Primitivo da uve appassite, che al naso evidenzia sentori di frutti rossi e macchia mediterranea, mentre il palato è fresco, succoso, piacevole e di sorprendente sapidità. Ben realizzato anche il Primitivo '15, un po' più semplice ma di bel frutto.

● Imprint '14	🍷🍷 2*
● Primitivo '15	🍷🍷 2*
○ A Mano Bianco '15	🍷 2
● Negroamaro '15	🍷 2

Masseria Altemura

s.da prov.le 69 Mesagne
72028 Torre Santa Susanna [BR]
Tel. 0831740485
www.masseriaaltemura.it

Nonostante la difficile annata il Negroamaro '14 propone profumi intensi di frutti neri e un palato di medio corpo, piacevole e pulito, mentre il Sasseo '14, da primitivo in purezza, è paradossalmente più cupo, con note di cioccolato e tostatura a coprire un po' il frutto.

● Negroamaro '14	🍷🍷 3
● Sasseo '14	🍷🍷 4
● Pietravia '13	🍷 5
⊙ Rosato '15	🍷 3

Amastuola

via Appia km 632,200
74016 Massafra [TA]
Tel. 0998805668
www.amastuola.it

Ottimo l'Aglianico '13 proposto da quest'azienda biologica certificata, che si esprime con sentori di radici e spezie, seguite da sfumature balsamiche, mentre il palato è certo tannico, ma di buona grinta, sapido e lungo. Ben realizzati gli altri vini proposti.

● Aglianico '13	🍷🍷 3
● Centosassi '12	🍷 5
⊙ Ondarosa '15	🍷 2
● Primitivo '14	🍷 3

Apollonio

via San Pietro in Lama, 7
73047 Monteroni di Lecce [LE]
Tel. 0832327182
www.apolloniovini.it

Davvero piacevole l'Elfo Negroamaro '15, dai profumi di ciliegia e tapenade di olive nere, e dal palato scorrevole e immediato. Ben realizzati anche il Terragnolo Negroamaro '11, dai toni di spezie e cioccolato, e l'Elfo Susumaniello '15, pepato e dalle note di frutti neri freschi.

● Elfo Negroamaro '15	🍷🍷 2*
○ Elfo Bianco d'Alessano '15	🍷 2
● Elfo Susumaniello '15	🍷 2
● Terragnolo Negroamaro '11	🍷 5

Bonsegna

via A. Volta, 17
73048 Nardò [LE]
Tel. 0833561483
www.vinibonsegna.it

Questa storica azienda torna a rappresentare la denominazione di origine Nardò. Ci è piaciuto in particolare il Nardò Rosso Danze della Contessa '14, dai sentori di frutti rossi e macchia mediterranea, mentre il palato è di buona sapidità, quasi salmastro, lungo e piacevole.

● Nardò Rosso Danze della Contessa '14	🍷🍷 2*
● Baia di Uluzzo Primitivo '13	🍷 2
● Nardò Rosso Barricato V. della Contessa '13	🍷 3

I Buongiorno

c.so Vittorio Emanuele II, 71
72012 Carovigno [BR]
Tel. 0831996286
www.giasottolarco.it

Buona conferma per i vini della famiglia Buongiorno, anche in un'annata difficile come la 2014. Il Primitivo presenta sentori di frutti di bosco e china e ha un palato ricco di frutto, mentre il Negroamaro è di buona materia e piacevole nei suoi toni di frutti neri freschi.

● Negramaro '14	🍷🍷 2*
● Primitivo '14	🍷🍷 3
⊙ Rosalento '15	🍷 2

Francesco Cannito

C.DA PARCO BIZZARRO
70025 GRUMO APPULA [BA]
TEL. 080623529
www.agricolacannito.it

Azienda biologica certificata, la Cannito è tra le protagoniste della crescita della zona di Gioia del Colle. Il Gioia del Colle Primitivo Drùmon S '12 è fresco, fruttato e di buona struttura, mentre il Gioia del Colle Primitivo Drùmon '12 gioca più su note balsamiche e speziate.

- ● Gioia del Colle Primitivo Drùmon '12 — 🍷🍷 5
- ● Gioia del Colle Primitivo Drùmon S '12 — 🍷🍷 6
- ⊙ Gioia del Colle Rosato Drùmon Rosé '15 — 🍷 5
- ● Gioia del Colle Rosso Cannito '12 — 🍷 3

Cantolio Manduria

VIA PER LECCE KM 2,5
74024 MANDURIA [TA]
TEL. 0999796045
www.cantolio.it

Un Negroamaro di notevole grinta il Vero '15, dai toni balsamici e di macchia mediterranea al naso, confermati in un palato in cui emerge anche un buon frutto nero. Leggermente più cupo ma succoso, con note di prugna, mora di gelso e terra bagnata il Primitivo di Manduria 14,0 '13.

- ● Primitivo di Manduria 14,0 '13 — 🍷🍷 3
- ● Vero '15 — 🍷🍷 2*
- ⊙ L'Opis '14 — 🍷 2
- ● Primitivo di Manduria Urceus '15 — 🍷 2

Cantine Cardone

LOC. LOCOROTONDO
VIA MARTIRI DELLA LIBERTÀ, 32
70010 LOCOROTONDO [BA]
TEL. 0804312561
www.cardonevini.com

Il Carmerum '15 è un piacevole Primitivo da dessert, dai sentori di frutti neri maturi e un palato dolce, con note di marasca e ribes sotto spirito, ma equilibrato e di buona freschezza. Ben realizzati gli altri vini proposti, dalla Verdeca al Negroamaro Dione al Primitivo Primaio.

- ● Carmerum '15 — 🍷🍷 3
- ● Dione '15 — 🍷 2
- ● Primitivo di Manduria Primaio '15 — 🍷 3
- ○ Verdeca '15 — 🍷 2

Giancarlo Ceci

C.DA SANT'AGOSTINO
76123 ANDRIA [BT]
TEL. 0883565220
www.agrinatura.net

Quest'anno è il Moscato di Trani Dolce Rosalia '15 ad averci particolarmente convinto: sentori di miele e salvia al naso, evidenzia un palato di buona materia, equilibrato, giustamente dolce e dal finale piacevole e ben sostenuto dall'acidità. Corretti i due Castel del Monte '15.

- ○ Moscato di Trani Dolce Rosalia '15 — 🍷🍷 3
- ○ Castel del Monte Chardonnay Pozzo Sorgente '15 — 🍷 2
- ● Castel del Monte Rosso Almagia '15 — 🍷 2

Tenuta Coppadoro

S.DA PROV.LE 35 SAN SEVERO - LESINA KM 5,850
71016 SAN SEVERO [FG]
TEL. 0882223174
www.tenutacoppadoro.it

Ben realizzato il Nero di Troia Stibadium '13, dai profumi balsamici con sfumature di ciliegia nera e dal palato compatto, di notevole struttura e ricchezza alcolica, in cui spiccano note di frutti neri a nocciolo. Ben realizzati gli altri vini presentati.

- ● Stibadium '13 — 🍷🍷 5
- ○ Diomede '15 — 🍷 2
- ○ Fujente Brut — 🍷 3
- ○ Ratino '15 — 🍷 2

D'Alfonso del Sordo

C.DA SANT'ANTONINO
71016 SAN SEVERO [FG]
TEL. 0882221444
www.dalfonsodelsordo.it

Fresco, piacevole, con toni di frutti rossi e sfumature floreali il Dammirose '15, un rosato da uve montepulciano (70%) e nero di Troia lungo ed equilibrato. Di buona spinta, grintoso e con note di china ed erbe aromatiche invece il San Severo Rosso Posta Arignano '15.

- ⊙ Dammirose '15 — 🍷🍷 2*
- ● San Severo Rosso Posta Arignano '15 — 🍷🍷 2*
- ● Guado San Leo '13 — 🍷 4
- ⊙ San Severo Rosato Posta Arignano '15 — 🍷 2

De Falco

via Milano, 25
73051 Novoli [LE]
Tel. 0832711597
www.cantinedefalco.it

Ricco di frutto, ben realizzato e piacevole nonostante una componente alcolica un po' sopra le righe il Salice Salentino Rosso Falco Nero Riserva '13, mentre evidenzia note di erbe aromatiche e di frutti rossi lo Squinzano Rosso Serre di Sant'Elia '14, scorrevole e di buona lunghezza.

● Salice Salentino Rosso Falco Nero Ris. '13	🍷🍷 3
● Squinzano Rosso Serre di Sant'Elia '14	🍷🍷 2*
● Negroamaro '15	🍷 1*
⊙ Rosato '15	🍷 2

Feudi di Guagnano

via Cellino, 3
73010 Guagnano [LE]
Tel. 0832705422
www.feudiguagnano.com

Davvero piacevole e ben realizzato il Vegamaro '15, un Negroamaro in purezza certificato vegano, dai sentori di frutti neri freschi con toni leggermente terrosi e dal palato sapido, immediato e succoso, con un finale piuttosto lungo. Corretti gli altri vini proposti.

● Vegamaro '15	🍷🍷 3
● Le Camarde '14	🍷 2
● Nero di Velluto '12	🍷 4
⊙ Rosarò '15	🍷 2

Feudi Salentini

fraz. Leporano
via Amendola, 36
74020 Taranto
Tel. 0995315370
www.feudisalentini.com

Bella conferma per la Feudi Salentini. Di ottimo livello i due Primitivo di Manduria proposti, il Gocce '14, dai toni di frutti neri maturi, un po' dolce ma ben realizzato e tipico, e il Sassirossi '15, più su toni di frutto fresco. Piacevole e pulito l'Uno/Due/Cinque Primitivo '15.

● Primitivo di Manduria Gocce '14	🍷🍷 5
● Primitivo di Manduria Sassirossi '15	🍷🍷 3
● Uno/Due/Cinque Primitivo '15	🍷🍷 2*
● Uno/Due/Cinque Negroamaro '15	🍷 2

Feudo di Santa Croce

c.da Civitella
74021 Carosino [TA]
Tel. 0995924445
www.tinazzi.it

L'azienda pugliese della famiglia Tinazzi ci ha proposto un paio di Primitivo di Manduria davvero interessanti. Il LXXIV '14 ha sentori di frutti neri e spezie, con un palato ben realizzato, sapido ed equilibrato, mentre il Byzantium '14 è più semplice ma piacevole e di buona lunghezza.

● Primitivo di Manduria Byzantium '14	🍷🍷 2*
● Primitivo di Manduria LXXIV '14	🍷🍷 2*
● Malnera '14	🍷 2

Duca Carlo Guarini

l.go Frisari, 1
73020 Scorrano [LE]
Tel. 0836460288
www.ducacarloguarini.it

Sempre di buon livello i vini di questa storica cantina salentina. Il Nativo '14 è un Negroamaro di buona freschezza, balsamico, con profumi di frutti neri e spezie, mentre il Boemondo '12 è un Primitivo di stampo tradizionale, tipico e disteso, con note di frutti neri a nocciolo.

● Boemondo '12	🍷🍷 5
● Nativo '14	🍷🍷 3
● Piutri '13	🍷 2
● Rarum '14	🍷 5

Cantine Imperatore

via Marconi, 36
70010 Adelfia [BA]
Tel. 0804594041
www.cantineimperatore.com

Ben realizzati i Gioia del Colle Primitivo '14, sia il Sonya, profumatissimo, con note di spezie orientali al naso, e un palato giocato più sul frutto, di buona tenuta e grinta, sia Il Sogno, sapido e fruttato insieme, con un finale in cui emergono toni di macchia mediterranea e spezie.

● Gioia del Colle Primitivo Il Sogno '14	🍷🍷 5
● Gioia del Colle Primitivo Sonya '14	🍷🍷 2*
⊙ Schietto '15	🍷 2
● VIII Decumano '14	🍷 5

Masca del Tacco

via Tripoli, 5/7
72020 Erchie [BR]
Tel. 0831759786
www.mascadeltacco.it

Di buona struttura e ricchezza alcolica il Primitivo di Manduria Li Filitti Riserva '12, dai toni di ribes e prugna, con sfumature di pepe e tabacco, e dal finale fresco e succoso. Ben realizzati il grintoso Fiano L'Uetta '15 e il fruttato Salice Salentino Lu Ceppu Riserva '11.

- ● Primitivo di Manduria Li Filitti Ris. '12 — 🍷🍷 4
- ○ L'Uetta '15 — 🍷 3
- ● Salice Salentino Lu Ceppu Ris. '11 — 🍷 4

Menhir

via Scarciglia, 18
73027 Minervino di Lecce [LE]
Tel. 0836818199
www.cantinemenhir.com

Bella serie di vini quella proposta dalla Menhir Salento. Spiccano il Fine '12, Negroamaro dai profumi di ciliegia rossa con sfumature di macchia mediterranea e un palato coerente ed equilibrato, e il Primitivo di Manduria '13, tutto sul frutto, di buona freschezza e ben eseguito.

- ● Fine '12 — 🍷🍷 4
- ● Primitivo di Manduria '13 — 🍷🍷 2*
- ○ Pass-0 '15 — 🍷 3
- ● Quota 29 '13 — 🍷 2

Mottura Vini del Salento

p.zza Melica, 4
73058 Tuglie [LE]
Tel. 0833596601
www.motturavini.it

Il Villa Mottura Negroamaro '15 ha toni terrosi, con note di spezie e frutti rossi, mentre il palato è fresco e piacevole, sapido e con un buon finale. Di ottimo livello anche Le Pitre Primitivo '14, fruttato con sfumature balsamiche e di buona materia nonostante l'annata.

- ● Negroamaro Villa Mottura '15 — 🍷🍷 3
- ● Primitivo Le Pitre '14 — 🍷🍷 6
- ● Negroamaro Le Pitre '14 — 🍷 5
- ● Primitivo di Manduria Villa Mottura '14 — 🍷 3

Tenuta Patruno Perniola

via vic.le Marzagaglia, 2603
70023 Gioia del Colle [BA]
Tel. 3383940830
www.tenutapatrunoperniola.it

Entra in Guida questa piccola azienda protagonista della denominazione Gioia del Colle. Il Gioia del Colle Primitivo 1821 Riserva '11 è sapido, fresco e grintoso, con le tipiche note di frutti neri. Ben realizzato anche il Gioia del Colle Marzagaglia '11, di buona materia e freschezza.

- ● Gioia del Colle Primitivo 1821 Ris. '11 — 🍷🍷 5
- ● Gioia del Colle Primitivo Marzagaglia '11 — 🍷🍷 4

Giovanni Petrelli

via Villa Convento, 33
73041 Carmiano [LE]
Tel. 0832603051
www.cantinapetrelli.com

Anche quest'anno è il Don Pepè il vino più interessante dell'azienda. Blend di negroamaro (85%), malvasia nera (10%) e montepulciano, la versione 2013 ha profumi di frutti neri e macchia mediterranea e un palato fresco, piacevole e pulito, di buona lunghezza.

- ● Don Pepè '13 — 🍷🍷 4
- ⊙ Cavarletta '15 — 🍷 2
- ● Tenuta Scozzi 10000 '15 — 🍷 2

Pietraventosa

c.da Parco Largo
s.da vic.le Latta Latta
70023 Gioia del Colle [BA]
Tel. 3355730274
www.pietraventosa.it

Meno brillante del solito la selezione che Pietraventosa ci ha proposto quest'anno. Il migliore ci è sembrato il Gioia del Colle Primitivo Allegoria '13, dai sentori di mora di gelso, inchiostro e ciliegia nera, e dal palato leggermente velato ma di buona lunghezza e sapidità.

- ● Gioia del Colle Primitivo Allegoria '13 — 🍷🍷 3
- ⊙ EstRosa '15 — 🍷 3
- ● Ossimoro '12 — 🍷 3
- ● Volere Volare '13 — 🍷 2

Pietregiovani

C.DA RENZO
S.DA VIC.LE PRIMOCIELO
70010 ACQUAVIVA DELLE FONTI [BA]
TEL. 34926992453492699245
www.pietregiovani.com

Bella novità quest'azienda nata nel 2009. Il Primitivo '13 ci ha piacevolmente impressionato per l'ampiezza aromatica dei profumi, con note di ciliegia, menta, macchia mediterranea e mirto, e per il palato succoso, di buona tenuta e grinta, sapido e fresco.

● Primitivo '13	🍷🍷 4
⊙ Negroamaro Rosato '15	🍷 3

Pirro Varone

VIA SENATORE LACAITA, 90
74024 MANDURIA [TA]
TEL. 3397429098
www.pirrovarrone.eu

Bella batteria di Primitivo di Manduria quella presentata quest'anno. Il 2012 ha profumi di frutti neri e un palato scorrevole e di buona nitidezza. Il Dolce Naturale Tocy '12 è equilibrato con toni di confettura di more, mentre la Riserva '11 è ricca di frutto e di grande pienezza.

● Primitivo di Manduria '12	🍷🍷 3
● Primitivo di Manduria Naturale Tocy '12	🍷🍷 6
● Primitivo di Manduria Ris. '11	🍷🍷 4
● Primitivo di Manduria Casa Vecchia '13	🍷 4

Podere 29

C.SO NUNZIO RICCO, 61
76016 MARGHERITA DI SAVOIA [BT]
TEL. 3471917291
www.podere29.it

Torna in Guida Podere 29 grazie a uno splendido Gelso d'Oro '14, un Nero di Troia in cui i sentori di legno, che si esprimono con note speziate e balsamiche, sono accompagnati da toni fruttati, per un palato morbido e avvolgente, forse non molto tipico ma davvero ben realizzato.

● Gelso d'Oro '14	🍷🍷 5
● Avia Pervia '15	🍷 2
● Gelso Nero '15	🍷 2
⊙ Gelso Rosa '15	🍷 2

Produttori Vini Manduria

VIA FABIO MASSIMO, 19
74024 MANDURIA [TA]
TEL. 0999735332
www.cpvini.com

L'Amoroso è risultato tra i migliori Primitivo '15, con toni leggermente aromatici e note di frutti rossi, mentre il palato è sapido, piacevole e di grande nitidezza. Ben realizzato anche il Primitivo di Manduria Sonetto Riserva '12, balsamico, speziato e di buon frutto.

● Amoroso '15	🍷🍷 2*
● Primitivo di Manduria Sonetto Ris. '12	🍷🍷 6
● Primitivo di Manduria Dolce Naturale Madrigale '13	🍷 3

Rasciatano

FRAZ. RASCIATANO
S.DA ST.LE 93, KM 13
76121 BARLETTA
TEL. 0883510999
www.rasciatano.com

Si conferma ad alto livello il Tenute Nero di Troia. La versione 2015 raggiunge infatti le finali grazie a profumi di frutti rossi, seguiti da sentori erbacei e balsamici, e a un palato di bella grinta e spinta acida, piacevolmente fresco nelle sue note di frutti di bosco.

● Tenute Nero di Troia '15	🍷🍷 3*
○ Rasciatano Malvasia Bianca '15	🍷 3

Risveglio Agricolo

C.DA TORRE MOZZA
72100 BRINDISI
TEL. 0831519948
www.cantinerisveglio.it

Ottimi i due Negroamaro di questa piccola cantina cooperativa. Il 72100 Selezione Speciale '13 ha profumi di frutti rossi leggermente speziati e un palato piacevole, di buona tenuta, con un finale in cui spiccano note di china, mentre il 72100 '14 ha toni di tapenade e frutti neri.

● 72100 Sel. Speciale '13	🍷🍷 3*
● 72100 '14	🍷🍷 2*

Rosa del Golfo

via Garibaldi, 18
73011 Alezio [LE]
Tel. 0833281045
www.rosadelgolfo.com

Piacevole il Bolina '15, da verdeca con un piccolo saldo di chardonnay (10%), in cui emergono toni di frutta a polpa bianca, di buona lunghezza, scorrevole e fresco. Ben realizzati anche il Bolina Brut Metodo Classico, floreale e di facile beva, e il Portulano '13, semplice e schietto.

- ○ Bolina '15 — 🍷🍷 2*
- ○ Brut M. Cl. Bolina — 🍷 4
- ● Portulano '13 — 🍷 2

Cantina Sociale Sampietrana

via Mare, 38
72027 San Pietro Vernotico [BR]
Tel. 0831671120
www.cantinasampietrana.com

Entra in Guida questa storica cantina cooperativa grazie al Settebraccia '13, un blend di susumaniello e negroamaro dai profumi di mora di gelso e ribes, mentre il palato è scorrevole, equilibrato, di buon frutto e sapidità. Interessante anche la Malvasia Nera Sessantenario '13.

- ● Settebraccia '13 — 🍷🍷 3
- ● Salice Salentino V. delle Monache Ris. '12 — 🍷 4
- ● Sessantenario '13 — 🍷 3

Cantina San Donaci

via Mesagne, 62
72025 San Donaci [BR]
Tel. 0831681085
www.cantinasandonaci.eu

Di questa cooperativa salentina ci sono piaciuti soprattutto il Posta Vecchia '14, blend di negroamaro, cabernet sauvignon e syrah ricco di profumi (tabacco, spezie e frutti neri), fitto e piuttosto fresco, e l'Anticaia Negroamaro '14, dai toni di erbe aromatiche e di buona pienezza.

- ● Anticaia Negroamaro '14 — 🍷🍷 2*
- ● Posta Vecchia '14 — 🍷🍷 2*
- ⊙ Salice Salentino Rosato Anticaia '15 — 🍷 2
- ● Salice Salentino Rosso Anticaia Ris. '12 — 🍷 2

L'Antica Cantina di San Severo

v.le San Bernardino, 94
71016 San Severo [FG]
Tel. 0882221125
www.anticacantina.it

L'Antica Cantina è l'alfiere della denominazione San Severo. Il San Severo Rosso Castrum '15 presenta sentori speziati con note di frutti neri al naso, mentre il palato è di buon frutto ma un po' dolce. Piacevole, di buona freschezza e sapidità il San Severo Rosato Castrum '15.

- ⊙ San Severo Castrum Rosato '15 — 🍷🍷 2*
- ● San Severo Castrum Rosso '15 — 🍷🍷 2*
- ● Capitolo Rosso '15 — 🍷 2
- ○ San Severo Castrum Bianco '15 — 🍷 2

Conte Spagnoletti Zeuli

loc. c.da San Domenico
fraz. Montegrosso
s.da prov.le 231 km 60,000
70031 Andria [BT]
Tel. 0883569511
www.contespagnolettizeuli.it

Sempre di ottimo livello i Castel del Monte della Conte Spagnoletti Zeuli. Il Bombino Nero Colombaio '15 è uno dei migliori rosati pugliesi dell'annata, con toni di zenzero e di frutti rossi freschi, mentre il Rosso La Pozzacchera '15 è scorrevole, e di buona nitidezza aromatica.

- ⊙ Castel del Monte Bombino Nero Colombaio '15 — 🍷🍷 3
- ● Castel del Monte Rosso La Pozzacchera '15 — 🍷🍷 3

Spelonga

via Menola
71047 Stornara [FG]
Tel. 0885431048
www.cantinespelonga.com

Davvero convincenti le differenti espressioni di Nero di Troia proposte: il Marilina Rosé '15 ha profumi floreali con sfumature di frutti rossi e un palato fruttato, di medio corpo, piacevole e fresco, mentre il Samà '15 ha toni di frutti di bosco rossi, è scorrevole e di facile beva.

- ⊙ Marilina Rosé '15 — 🍷🍷 2*
- ● Samà Rosso '15 — 🍷🍷 2*
- ● Nero di Troia '15 — 🍷 3
- ● Primitivo '14 — 🍷 3

Tagaro

c.da Montetessa, 63
70010 Locorotondo [BA]
Tel. 0802042313
www.tagaro.it

Entra in Guida quest'azienda della Valle d'Itria. Il Pignataro Nero di Troia '14 ha profumi di frutti neri maturi e spezie, mentre il palato è lungo con toni balsamici. Sullo stesso livello il Primitivo Cinquenoci '14, dai sentori di erbe aromatiche, piacevole, sapido e succoso.

- ● Cinquenoci '14 — 🍷🍷 3
- ● Nero di Troia Pignataro '14 — 🍷🍷 2*
- ● Primitivo Pignataro '15 — 🍷 2
- ○ Verdazzo '15 — 🍷 3

Cosimo Taurino

s.da st.le 365 km 1,400
73010 Guagnano [LE]
Tel. 0832706490
www.taurinovini.it

Anche quest'anno il vino più convincente di questa storica azienda è il Notarpanaro. La versione 2011 evidenzia un palato fitto e scorrevole insieme, con note di fiori secchi, disteso e composto, con un finale abbastanza succoso in cui spiccano note di resine nobili e fichi secchi.

- ● Notarpanaro '11 — 🍷🍷 3
- ⊙ Scaloti '15 — 🍷 2

Cantine Teanum

via Croce Santa, 48
71010 San Severo [FG]
Tel. 0882336332
www.teanum.it

Particolarmente convincente l'Òtre Aglianico '13, che presenta note di radici e frutti rossi e un palato succoso e fresco, mentre l'Aglianico Gran Tiati Gold Vintage '12 ha più struttura, ma tannini un po' ruvidi. Di buon equilibrio l'Òtre Primitivo '14, dai toni di mora e sottobosco.

- ● Gran Tiati Gold Vintage '12 — 🍷🍷 5
- ● Òtre Aglianico '13 — 🍷🍷 3
- ● Òtre Primitivo '14 — 🍷🍷 3
- ○ Alta Falanghina '15 — 🍷 2

Torre Quarto

c.da Quarto, 5
71042 Cerignola [FG]
Tel. 0885418453
www.torrequarto.it

Ben realizzato il Negroamaro Sangue Blu '14, dai profumi balsamici e speziati, mentre il palato ha materia e struttura importanti, è di buon frutto, lungo e nitido. Corrette le altre etichette presentate, in particolare il Tavoliere Rosato Intrigo '15, di bella freschezza.

- ● Sangue Blu '14 — 🍷🍷 2*
- ○ Capriccio '15 — 🍷 2
- ● Primitivo di Manduria Regale '15 — 🍷 2
- ⊙ Tavoliere Rosato Intrigo '15 — 🍷 2

Vigneti Reale

via E. Reale, 55
73100 Lecce
Tel. 0832248433
www.vignetireale.it

Il Salice Salentino Santa Croce Riserva '13 è d'impostazione moderna ma senza eccesso di legno, equilibrato e piacevole nei suoi toni di frutti rossi freschi. Di bella fattura anche il Malvasia Rosato '15, da malvasia nera, lungo, fresco e sapido, con note di arancia sanguinella e ribes.

- ⊙ Malvasia Rosato '15 — 🍷🍷 2*
- ● Salice Salentino Santa Croce Ris. '13 — 🍷🍷 4
- ○ Blasi '15 — 🍷 2
- ● Rudiae '14 — 🍷 3

Vinicola Mediterranea

via Maternità e Infanzia, 22
72027 San Pietro Vernotico [BR]
Tel. 0831676323
www.vinicolamediterranea.it

Blend di negroamaro (60%) e primitivo, il Don Vito Prestige '15 è di grande piacevolezza, nelle sue note di frutta rossa fresca, grintoso e dinamico. Ci è piaciuto anche il Salice Salentino Rosso Il Barone '14, che nonostante l'annata è di bell'equilibrio e facile beva.

- ● Don Vito Prestige '15 — 🍷🍷 2*
- ● Salice Salentino Rosso Il Barone '14 — 🍷🍷 2*
- ● Primonobile '14 — 🍷 3

CALABRIA

Non è facile riassumere quello che è successo in un anno in una regione enologicamente così complessa e varia come la Calabria. Sicuramente dal punto di vista qualitativo si continua a crescere anche se, come testimonia l'istantanea annuale delle nostre degustazioni, i vini premiati non aumentano. Il gap tra le aziende leader e le altre continua a diminuire e anche abbastanza velocemente. Si è passati, infatti, dall'immobilismo di venti anni fa a un fermento che in pochi anni ha fatto crescere esponenzialmente il numero delle cantine che operano in Calabria e che ha portato anche le aziende storiche a mettersi al passo con i tempi, rivedendo strategie produttive e commerciali. Così in quest'ultimo decennio molte cantine hanno incrementato la loro dotazione di vigneti, costruito nuove e moderne cantine, hanno ripreso a fare ricerca sui vitigni autoctoni e a lavorare sul territorio, e iniziato collaborazioni con enologi di fama mondiale. Allo stesso tempo è molto cresciuta l'attenzione nei confronti dell'ambiente e della sostenibilità, tanto che le aziende in regime di agricoltura biologica o biodinamica non si contano più sulle dita di una mano. E se le grandi aziende, soprattutto quelle del cirotano, si distinguono per la qualità dei loro vini, accanto a loro sta venendo fuori una nouvelle vague di giovani vignaioli che privilegiando l'approccio completamente naturale con la vite e il vino hanno già raggiunto dei risultati molto incoraggianti per il futuro. Da segnalare infine che qualcosa si sta muovendo anche nella provincia di Reggio Calabria, dove un paio di nuove aziende hanno inviato i loro vini alle nostre selezioni. Anche a Saracena stanno venendo fuori altri bravi produttori: a noi è molto piaciuto il Moscato Passito '14 delle Cantine Diana. Infine lo spazio tiranno ci ha impedito anche quest'anno di segnalare diverse cantine meritevoli di una scheda, come Chimento, Criserà, Malena, La Pizzuta del Principe, Le Moire, Masseria Falvo, Scala e Zito.

Sergio Arcuri

via Roma Vico Primo
88811 Cirò Marina [KR]
Tel. 3280250255
www.sergioarcuri.it

VENDITA DIRETTA
VISITA SU PRENOTAZIONE
PRODUZIONE ANNUA 15.000 bottiglie
ETTARI VITATI 3,68
VITICOLTURA Biologico Certificato

La famiglia Arcuri ha radici solidamente affondate nella storia enologica di Cirò sin dal 1880, quando il bisnonno Beppe fondò l'attuale cantina. Più di un secolo dopo è toccato a Sergio il compito di portare avanti la consolidata tradizione familiare e alla luce delle nostre degustazioni possimo dire che lo ha fatto nel migliore dei modi. Sin dal suo esordio in azienda ogni prodotto chimico è stato bandito da vigna e cantina, non si usano lieviti selezionati per le fermentazioni - che sono spontanee - e senza alcun controllo della temperatura. I quattro ettari di vigneto ad alberello sono divisi in due ambiti produttivi, La Piciara impiantato nel 1948 praticamente in riva al mare, l'altro a Piana di Franze, un pianoro collinare che gode dei benefici influssi del vicino mar Jonio. Tradizione e territorio si fondono nel Cirò Riserva '11 in buon equilibrio tra tannini e frutto, acidità e struttura, che ne garantiranno un lungo futuro. Austero e varietale anche il Cirò Aris '13.

● Cirò Rosso Cl. Sup. Aris '13	🍷🍷 4
● Cirò Rosso Cl. Sup. Ris. '11	🍷🍷 6
● Cirò Rosso Cl. Sup. Aris '12	🍷🍷 4

Roberto Ceraudo

loc. Marina di Strongoli
c.da Dattilo
88815 Crotone
Tel. 0962865613
www.dattilo.it

VENDITA DIRETTA
VISITA SU PRENOTAZIONE
OSPITALITÀ E RISTORAZIONE
PRODUZIONE ANNUA 70.000 bottiglie
ETTARI VITATI 20,00
VITICOLTURA Biologico Certificato

La bella tenuta di Dattilo rappresenta per Roberto Ceraudo il sogno realizzato di una intera vita dedicata con passione e competenza all'agricoltura. Attento da sempre alla biodiversità e all'ecosistema, è stato tra i primi, ormai più di vent'anni fa, a convertirsi all'agricoltura biologica prima e, da qualche anno, alla biodinamica. Negli ultimi tempi, grazie anche al fondamentale apporto dei figli Giuseppe, Susy e Caterina, Dattilo è divenuta una realtà ben più articolata, fatta anche di un rinomato ristorante e di un bell'agriturismo. Quelli di Dattilo sono vini schietti e intriganti, capaci di emozionare, che interpretano vitigni e territorio in modo esemplare. Il Pecorello Grisara '15 affascina per la gentilezza del profilo olfattivo fatto di fiori e frutti bianchi, erbe mediterranee e toni iodati, armonico e sensuale, sapido e ricco di frutto il bicchiere. Intrigante il Petraro '12, da gaglioppo e cabernet sauvignon, cremoso di polpa di frutto, fitto, tannico ed elegante.

○ Grisara '15	🍷🍷🍷 4*
● Petraro '12	🍷🍷 5
● Dattilo '13	🍷🍷 4
● Doro Bè '10	🍷🍷 3
⊙ Grayasusi Et. Argento '15	🍷🍷 5
⊙ Grayasusi Et. Rame '15	🍷🍷 3
○ Imyr '15	🍷🍷 5
○ Petelia '15	🍷🍷 3
● Nanà '14	🍷 3
○ Grisara '14	🍷🍷🍷 3*
○ Grisara '13	🍷🍷🍷 3*
○ Grisara '12	🍷🍷🍷 3*
⊙ Grayasusi Et. Argento '14	🍷🍷 4
⊙ Grayasusi Et. Rame '14	🍷🍷 3
○ Petelia '14	🍷🍷 3

iGreco

Loc. Salice
c.da Guardapiedi
87062 Cariati [CS]
Tel. 0983969441
www.igreco.it

VENDITA DIRETTA
VISITA SU PRENOTAZIONE
OSPITALITÀ E RISTORAZIONE
PRODUZIONE ANNUA 250.000 bottiglie
ETTARI VITATI 80,00
AZIENDA SOSTENIBILE

Tutti professionisti affermati in altri settori, i sette fratelli Greco hanno comunque continuato, ampliandola, l'attività messa su dal padre Tommaso nel 1963, tanto che adesso la loro bella azienda si estende per oltre mille ettari, in gran parte a uliveto, in ben sette comuni differenti del crotonese. La cantina e il centro direzionale della casa vinicola, invece, sono rimasti nella sede storica della maison, a Cariati. Dagli ottanta ettari di vigneto, sparsi nelle zone più vocate del comprensorio cirotano, nascono vini e spumanti precisi, versatili e di piacevolissima beva. Tre Bicchieri al Calabrese Nero Masino '14, profumato di piccoli frutti rossi maturi, note balsamiche e floreali, approccio morbido in bocca dove il frutto integro è ben sostenuto dai tannini. Bene anche il Gaglioppo Catà '14, prodotto nei vigneti di Cirò, che si scopre al naso con profumi netti di ciliegia e mora e una leggera nota fumé, mentre in bocca è fresco e dotato di un persistente finale.

Vino	Bicchieri	
● Masino '14	🍷🍷🍷	5
● Catà '14	🍷🍷	3
○ Filù '15	🍷	3
⊙ Savù '15	🍷	3
● Masino '12	🍷🍷🍷	5
● Masino '11	🍷🍷🍷	5
● Masino '10	🍷🍷🍷	5
● Catà '13	🍷🍷	3
● Catà '11	🍷🍷	2*
○ Filù '13	🍷🍷	2*
⊙ Gaglioppo Gran Cuvée Rosé '11	🍷🍷	4
○ Greco Bianco Gran Cuvée '10	🍷🍷	4
● Masino '13	🍷🍷	5

Ippolito 1845

via Tirone, 118
88811 Cirò Marina [KR]
Tel. 096231106
www.ippolito1845.it

VENDITA DIRETTA
VISITA SU PRENOTAZIONE
PRODUZIONE ANNUA 1.000.000 bottiglie
ETTARI VITATI 100,00

Gli Ippolito sono una storica famiglia di produttori di Cirò Marina, tanto che la loro cantina, come si usava, si trova all'interno del perimetro urbano. Viticultori da generazioni, Gianluca e Vincenzo vantano una storia vitivinicola le cui origini si perdono nel tempo, molto prima ancora della fondazione, nel 1845, di quella che è sicuramente una delle cantine più antiche del meridione d'Italia. Come testimoniano anche le nostre degustazioni, il percorso intrapreso per valorizzare i vitigni autoctoni del territorio, quali il gaglioppo, il greco e il pecorello, sta dando ottimi risultati. Conquista le nostre finali il Gaglioppo 160 Anni '13, le cui uve vengono, in parte, lasciate ad appassire sui graticci sino a novembre. Sorprende per freschezza il Cirò Riserva Ripe del Falco '06, austero e complesso. Bene anche il Pecorello '15, piacevolmente erbaceo e dal sorso sapido e fruttato.

Vino	Bicchieri	
● 160 Anni '13	🍷🍷	5
○ Cirò Bianco Res Dei '15	🍷🍷	2*
● Cirò Rosso Cl. Sup. Ripe del Falco Ris. '06	🍷🍷	5
● I Mori '14	🍷🍷	2*
○ Pecorello '15	🍷🍷	2*
● Calabrise '15	🍷	2
⊙ Cirò Rosato Mabilia '15	🍷	2
● Cirò Rosso Cl. Sup. Colli del Mancuso Ris. '13	🍷	3
● Cirò Rosso Cl. Sup. Liber Pater '14	🍷	2
● 160 Anni '12	🍷🍷	5
● Cirò Rosso Cl. Sup. Colli del Mancuso Ris. '12	🍷🍷	3*

Cantine Lento

VIA DEL PROGRESSO, 1
88040 AMATO [CZ]
TEL. 096828028
www.cantinelento.it

VENDITA DIRETTA
VISITA SU PRENOTAZIONE
PRODUZIONE ANNUA 500.000 bottiglie
ETTARI VITATI 70,00

La famiglia Lento conta su tre distinti ambiti produttivi tutti nel lametino. Nell'ultimo decennio alle originarie tenute di Caracciolo dove vengono coltivate esclusivamente uve autoctone a bacca nera e alla tenuta Romeo dove invece si coltiva il greco bianco si è aggiunta la grande tenuta di Amato, un'ottantina di ettari in territorio collinare, dove è stata costruita la grande e modernissima cantina. Constatiamo con piacere che dopo un paio di anni di assestamento e un cambio di direzione tecnica i vini di questa cantina, tra le più antiche delle regione, stanno tornando ai livelli qualitativi cui ci avevano abituati negli anni passati. Dalle nostre selezioni regionali esce bene Federico II '12 un Cabernet Sauvignon denso, maturo, ricco di frutto al naso ma dotato anche di una fresca vena sapida e di un bel nerbo acido che ne vivacizza la godibile beva. Ben fatto anche il Magliocco '12: mediterraneo, elegante al naso, dalla beva vitale, fresca, succosa e persistente.

● Federico II '12	🍷🍷 4
○ Lamezia Greco '15	🍷🍷 3
● Magliocco '12	🍷🍷 5
○ Amatus Bianco '15	🍷 2
● Amatus Rosso '14	🍷 2
○ Contessa Emburga '15	🍷 3
○ Lamezia Bianco Dragone '15	🍷 2
● Lamezia Rosso Dragone '14	🍷 3
● Lamezia Rosso Salvatore Lento Ris. '12	🍷 4
● Federico II '11	🍷🍷 4
● Federico II '10	🍷🍷 4
● Federico II '09	🍷🍷 5
○ Lamezia Greco '13	🍷🍷 3
● Magliocco '11	🍷🍷 5

★Librandi

LOC. SAN GENNARO
S.S. JONICA 106
88811 CIRÒ MARINA [KR]
TEL. 096231518
www.librandi.it

VENDITA DIRETTA
VISITA SU PRENOTAZIONE
PRODUZIONE ANNUA 2.200.000 bottiglie
ETTARI VITATI 232,00

Questa storica cantina può contare su oltre 230 ettari vitati sparsi in tre grandi tenute: Duca San Felice, a Cirò Marina, Critone, a Strongoli, e Rosaneti, a Rocca di Neto. Sin dal 1993 i Librandi, in collaborazione con diverse università italiane, hanno avviato un'importante ricerca sui vitigni autoctoni quali arvino, magliocco, pecorello e mantonico, che adesso si è allargata sino a 25 varietà differenti sulle oltre 200 selezionate in giro per la Calabria. Per evitare che andassero perse, nel 2003 tutte le varietà recuperate sono state messe a dimora in un vigneto al centro della tenuta di Rosaneti, caratterizzata da una singolare forma a spirale. Tre Bicchieri meritatissimi all'elegante Gravello '14 la migliore versione sinora assaggiata di questo blend da gaglioppo e cabernet. Finali anche per il Cirò Duca Sanfelice '14, dai toni decisamente mediterranei e per l'Efeso '15, un Mantonico dai sentori minerali e di frutta gialla al naso, fresco, sapido e persistente al palato.

● Gravello '14	🍷🍷🍷 5
● Cirò Rosso Cl. Duca Sanfelice '14	🍷🍷 3*
○ Efeso '15	🍷🍷 4
● Cirò Rosso Cl. '15	🍷🍷 2*
○ Critone '15	🍷🍷 2*
○ Le Passule '14	🍷🍷 5
● Magno Megonio '14	🍷🍷 4
⊙ Terre Lontane '15	🍷🍷 2*
○ Cirò Bianco '15	🍷 2
⊙ Cirò Rosato '15	🍷 2
● Melissa Rosso Asylia '15	🍷 2
● Cirò Rosso Cl. Sup. Duca Sanfelice Ris. '11	🍷🍷🍷 3*
● Gravello '10	🍷🍷🍷 5
● Gravello '09	🍷🍷🍷 5
● Magno Megonio '13	🍷🍷🍷 4*
● Magno Megonio '12	🍷🍷🍷 4*

G.B. Odoardi

c.da Campodorato, 35
88047 Nocera Terinese [CZ]
Tel. 098429961
www.cantineodoardi.it

VENDITA DIRETTA
PRODUZIONE ANNUA 120.000 bottiglie
ETTARI VITATI 80,00

Passione e competenza non mancano certo a Barbara e Gregorio Odoardi nel gestire la loro bella azienda agricola di Nocera Terinese, una realtà di circa trecento ettari, di cui una ottantina vitati, divisa in due diversi ambiti produttivi. I vigneti, tutti ad alta densità, circa undicimila piante per ettaro, si inerpicano dal livello del mare sino a oltre 600 metri d'altitudine fruendo dei benefici influssi del vicino mar Tirreno. Grazie al sempre più meticoloso lavoro in vigna e a un ancor più misurato uso del legno in cantina, senza perdere in personalità, i vini hanno decisamente guadagnato in definizione e territorialità. Vola in finale il GB Rosso '13, che per errore appariva nella Guida dello scorso anno. Blend di gaglioppo, magliocco, nerello cappuccio e greco nero, in percentuali variabili a seconda delle annate, è un vino estrattivo, ricco di polifenoli, che non perde in eleganza ed equilibrio.

● GB Rosso '13	TT (rossi) 5
● Savuto '14	TT 2*
○ Scavigna Bianco '15	T 2
⊙ Scavigna Rosato '15	T 2
● Scavigna V. Garrone '04	YYY 5
● Scavigna V. Garrone '03	YYY 5
● Scavigna V. Garrone '99	YYY 5
○ Odoardi GB '14	YY 5
○ Odoardi GB '13	YY 4
● Odoardi GB '11	YY 6
● Savuto '13	YY 2*
○ Terra Damia '14	YY 2*
● Terra Damia '12	YY 3

Fattoria San Francesco

loc. Quattromani
88813 Cirò [KR]
Tel. 096232228
www.fattoriasanfrancesco.it

VENDITA DIRETTA
VISITA SU PRENOTAZIONE
PRODUZIONE ANNUA 224.000 bottiglie
ETTARI VITATI 40,00

Prestazione davvero maiuscola quest'anno quella dei vini di questa storica cantina cirotana fondata nella seconda metà del '700 da Benedetto Siciliani. Dopo un paio di anni di transizione e un cambio di proprietà, finalmente è tornata agli ottimi risultati cui ci aveva abituati nel decennio scorso. La Fattoria San Francesco, che adesso appartiene alla famiglia Iuzzolini, affermati imprenditori vitivinicoli cirotani, può contare su circa quaranta ettari di vigneto sparsi nelle zone più vocate del comprensorio cirotano, che si spingono in alcuni casi sino ai 350 metri d'altitudine. Seppure è mancato il campione capace dell'assolo vincente, l'intera gamma dei vini degustati quest'anno colpisce per precisione di esecuzione, stile moderno ma attento a non cedere terreno sulla territorialità e la coerenza organolettica al vitigno d'origine. Buono anche il Gaglioppo Ronco dei Quattroventi '13: fitto, polposo e dotato di un elegante profilo olfattivo.

⊙ Cirò Rosato '15	TT 2*
● Cirò Rosso Cl. Sup. '14	TT 2*
● Ronco dei Quattroventi '13	TT 3
○ Cirò Bianco '15	T 2
⊙ Donna Rosa '15	T 3
○ Settemari '15	T 3
● Vignacorta '14	T 3
○ Cirò Bianco '14	YY 2*
⊙ Cirò Rosato '13	YY 2*
⊙ Cirò Rosato San Francesco '12	YY 2*
● Cirò Rosso Cl. Ronco dei Quattroventi '08	YY 5
● Cirò Rosso Cl. Sup. Duca dell'Argillone Ris. '10	YY 4
● Donna Rosa '13	YY 3

Santa Venere

Loc. Tenuta Volta grande
s.da prov.le 04 km 10,00
88813 Cirò [KR]
Tel. 096238519
www.santavenere.com

VENDITA DIRETTA
VISITA SU PRENOTAZIONE
PRODUZIONE ANNUA 125.000 bottiglie
ETTARI VITATI 25,00
VITICOLTURA Biologico Certificato

Santa Venere è un'azienda agricola a tutto tondo, attrezzata per un'autentica ospitalità rurale dove, oltre al vino, si produce olio e si allevano bovini di razza. Interamente condotta in regime di agricoltura biologica, da un paio di anni è iniziato un percorso di convinto approccio alla biodinamica, così come sta andando avanti, e bene, il progetto di produrre un Metodo Classico sur lies e senza solfiti aggiunti. Oltre che alla valorizzazione dei vitigni tipici del cirotano, gaglioppo e greco, gli Scala hanno anche recuperato e rimesso in produzione altre varietà autoctone locali come guardavalle e marsigliana nera. Ben fatto il Cirò Rosso '15, fruttato intenso al naso, ricco di sfumature speziate e balsamiche, dal bicchiere fresco, tonico, ricco di tannini inseriti in un frutto integro e polposo. Profumi eleganti che spaziano dalla zagara al gelsomino sino alla susina e alla pesca bianca per il Guardavalle Vescovado '15, fresco di acidità e morbido di frutto al palato.

○ Cirò Bianco '15	♀♀ 2*
⊙ Cirò Rosato '15	♀♀ 2*
● Cirò Rosso Cl. '15	♀♀ 2*
○ Vescovado '15	♀♀ 3
● Vurgadà '14	♀♀ 4
⊙ Scassabarile '15	♀ 3
● Speziale '15	♀ 3
● Cirò Cl. Sup. Federico Scala Ris. '12	♀♀ 5
● Cirò Rosso Cl. '13	♀♀ 2*
● Cirò Rosso Cl. Sup. Federico Scala Ris. '11	♀♀ 5
⊙ Rosé Brut SP 1 '11	♀♀ 4
● Speziale '14	♀♀ 3
● Speziale '13	♀♀ 3
○ Vescovado '14	♀♀ 3
● Vurgadà '12	♀♀ 3
● Vurgadà '11	♀♀ 3

Serracavallo

c.da Serracavallo
87043 Bisignano [CS]
Tel. 098421144
www.viniserracavallo.it

VENDITA DIRETTA
VISITA SU PRENOTAZIONE
RISTORAZIONE
PRODUZIONE ANNUA 80.000 bottiglie
ETTARI VITATI 32,00
VITICOLTURA Biologico Certificato

Demetrio Stancati si divide instancabile tra la sua bella tenuta di Bisignano e la presidenza del neonato Consorzio Terre di Cosenza. La cantina e parte dei vigneti si trovano a 600 metri d'altitudine, ma gli impianti, sfruttando i terrazzamenti, si spingono molto più in alto. In una zona che storicamente non aveva vitigni di riferimento bisogna dar atto a Demetrio di aver avuto sin da subito il coraggio, coinvolgendo tutti i suoi colleghi, di puntare su vitigni autoctoni come il magliocco e il mantonico. Per quanto riguarda la produzione la filosofia aziendale è sempre stata quella di privilegiare la qualità alla quantità. Approda alle nostre finali nazionali il Magliocco Vigna Savuco '12, in virtù di un ampio spettro olfattivo fatto di fresche nuance balsamiche, spezie e frutti rossi, mentre il sorso pieno e profondo è ricco di frutto e tannini. Di facile e pronta beva, ma non privo di complessità ed eleganza, il Besidiae '15, da uve pecorello.

● Vigna Savuco '12	🍷🍷 6
○ Besidiae '15	♀♀ 2*
● Terre di Cosenza Sette Chiese '15	♀♀ 2*
⊙ Terre di Cosenza Don Filì '15	♀ 3
⊙ Terre di Cosenza Filì '15	♀ 2
● Terre di Cosenza Quattro Lustri '15	♀ 3
● Terre di Cosenza Terraccia '13	♀ 3
○ Alta Quota '09	♀♀ 5
⊙ Filì '14	♀♀ 2*
● Terraccia '12	♀♀ 3
● Terraccia '11	♀♀ 3
● Vigna Savuco '11	♀♀ 6
● Vigna Savuco '10	♀♀ 6
● Vigna Savuco '09	♀♀ 6

Statti

c.da Lenti
88046 Lamezia Terme [CZ]
Tel. 0968456138
www.statti.com

VENDITA DIRETTA
VISITA SU PRENOTAZIONE
RISTORAZIONE
PRODUZIONE ANNUA 300.000 bottiglie
ETTARI VITATI 100,00

Antonio e Alberto Statti, spinti dalla passione per il vino, nell'ultimo decennio hanno rivoluzionato la tenuta di famiglia investendo notevolmente sui vigneti, che ormai assommano a quasi cento ettari, e in una nuova e modernissima cantina dotata della tecnologia e degli spazi per produrre anche spumanti Metodo Classico. Attenti all'ambiente e alle energie alternative, si sono resi indipendenti dal punto di vista energetico grazie a un moderno impianto a biomassa che utilizza gli scarti di lavorazione dell'azienda agricola per produrre energia. Ampia e affidabile la gamma dei vini proposti, che adesso annovera anche due eleganti spumanti Metodo Classico. Bene il Gaglioppo Batasarro '13, che vola in finale grazie alla nitidezza del frutto, marasca e ribes nero, che torna puntuale al palato all'interno di un'elegante cornice tannica. Apprezzabile anche l'Arvino '13, blend di gaglioppo e cabernet, dai profumi balsamici, mentre il sorso è segnato dalla dolcezza del frutto.

Vino	
● Batasarro '13	🍷🍷 4
● Arvino '13	🍷🍷 2*
● Gaglioppo '15	🍷🍷 2*
● I Gelsi Rosso '15	🍷🍷 2*
○ Mantonico '14	🍷🍷 3
○ Greco '15	🍷 2
○ I Gelsi Bianco '15	🍷 2
⊙ I Gelsi Rosato '15	🍷 2
● Arvino '12	🍷🍷 2*
● Batasarro '12	🍷🍷 4
● Gaglioppo '14	🍷🍷 2*
○ Greco '14	🍷🍷 2*
○ Greco '13	🍷🍷 2*
● I Gelsi Rosso '13	🍷🍷 1*
○ Mantonico '14	🍷🍷 3

Luigi Viola

via Roma, 18
87010 Saracena [CS]
Tel. 0981349099
www.cantineviola.it

VENDITA DIRETTA
VISITA SU PRENOTAZIONE
PRODUZIONE ANNUA 15.000 bottiglie
ETTARI VITATI 3,00
VITICOLTURA Biologico Certificato

A pensarci adesso, quella iniziata da Luigi Viola ormai quasi vent'anni fa poteva diventare l'ennesima battaglia contro i mulini a vento. All'epoca, questo tenace maestro elementare si era messo in testa di far tornare ai fasti di un tempo un vino di cui ormai si era persa la memoria: il Moscato di Saracena, un passito da moscatello, guarnaccia e malvasia dal complicato metodo di lavorazione. Invece Luigi, coinvolgendo tutta la famiglia, non solo ha ripreso a produrre, e con ottimi risultati, il suo Moscato di Saracena, ma è riuscito a mettere in moto un circolo virtuoso per cui, oggi, nel minuscolo borgo montano, assommano a una decina i produttori di questo nobile vino. Complesso, fitto, elegante al naso, che profuma di erbe aromatiche fresche, frutta esotica candita, balsami e spezie orientali. Persistente e succoso in bocca, appena un filo sottotono il nerbo acido lungo il finale.

Vino	
○ Moscato Passito '15	🍷🍷 6
○ Biancomargherita '14	🍷 3
● Rossoviola '13	🍷 3
○ Moscato Passito '14	🍷🍷🍷 6
○ Moscato Passito '13	🍷🍷🍷 6
○ Moscato Passito '12	🍷🍷🍷 6
○ Moscato Passito '11	🍷🍷🍷 6
○ Moscato Passito '10	🍷🍷🍷 6
○ Moscato Passito '09	🍷🍷🍷 6
○ Moscato Passito '08	🍷🍷🍷 6
○ Moscato Passito '07	🍷🍷🍷 6

Cataldo Calabretta

via Mandorleto, 47
88811 Cirò Marina [KR]
Tel. 3471866941
www.cataldocalabretta.it

Cataldo Calabretta ha sempre pensato che l'uomo debba essere responsabile dell'ambiene dove vive e lavora, per questo sin dall'inizio ha optato per l'agricoltura biologica e bandito la chimica dalla cantina. Piacevolissimo il Cirò Bianco '15, erbaceo e marino al naso, sapida e persistente la beva.

○ Ansonica '15	3
○ Cirò Bianco '15	3
⊙ Cirò Rosato '15	3
● Cirò Rosso Cl. Sup. Ris. '13	2

Caparra & Siciliani

bivio s.s. 106
88811 Cirò Marina [KR]
Tel. 0962373319
www.caparraesiciliani.com

Vini affidabili e collaudati nel tempo quelli di questa storica cantina cirotana che può contare su 180 ettari di vigna nel comprensorio della denominazione Cirò. In evidenza il Volvito '13, profumato di agrumi e frutti rossi, ampio, vitale e in buon equilibrio gustativo tra tannini, struttura e frutto.

● Cirò Rosso Cl. Sup. Volvito Ris. '13	2*
● Cirò Cl. Sup. Solagi '14	2
○ Curiale '15	2
⊙ Insidia '15	2

Capoano

c.da Ceramidio
88072 Cirò Marina [KR]
Tel. 096235801
www.capoano.it

Buona prestazione quella dei vini di questa bella cantina di Cirò Marina, interamente coltivata in stretto regime biologico. Minerale e ricco di frutto al naso il Cirò Rosso '14, dalla struttura solida e ben bilanciata. Ben calibrato il Cirò Rosso Don Raffaele '13, dai freschi sentori balsamici.

● Cirò Rosso Cl. Sup. '14	2*
● Cirò Rosso Cl. Sup. Don Raffaele Ris. '13	5
○ Aeternum '13	4
⊙ Cirò Rosato '15	2

Wines Colacino

via Colle Manco
87054 Rogliano [CS]
Tel. 09841900252
www.colacino.it

I Colacino sono da sempre impegnati nella salvaguardia e valorizzazione dei vitigni autoctoni calabresi quali arvino, magliocco, greco e pecorello. Profumi di spezie e fiori per il Magliocco '13, ben giocato tra frutto e sapidità. Piacevole il Savuto Si '15, dalla beva fresca e scorrevole.

● Savuto Si '15	2*
● Terre di Cosenza Magliocco '13	3
● Savuto Sup. Britto '13	4
● Savuto V. Colle Barabba '15	3

Tenuta del Conte

via Tirone, 131
88811 Cirò Marina [KR]
Tel. 096236239
www.tenutadelconte.it

La cantina dei Parrilla possiede a Cirò Marina 15 ettari di vigneto, impiantato tra il 1960 e il 1965, tutti rientranti nella zona del Cirò Classico. In evidenza il Cirò Rosso Dagò '13, bella espressione territoriale di Gaglioppo, tannico, vibrante e dotato di un bell'allungo armonioso.

● Cirò Rosso Cl. Dagò '13	2*
○ Cirò Bianco '15	2
⊙ Cirò Rosato '15	2
● Cirò Rosso Cl. Dalla Terra Ris. '11	2

Cote di Franze

loc. Piana di Franze
88811 Cirò Marina [KR]
Tel. 3926911606
www.cotedifranze.it

Cote di Franze è il nome del pianoro collinare dove si trovano la cantina e i nove ettari di vigneto biologico dei fratelli Francesco e Vincenzo Scilanga. Tipico e territoriale il Cirò Riserva '12, intenso e ricco di frutto. Nitido ed elegante il Cirò Rosato '15, dalla beva fresca e scorrevole.

⊙ Cirò Rosato '15	2*
● Cirò Rosso Cl. Sup. Ris. '12	3
○ Cirò Bianco '15	2

Cantina Enotria

loc. San Gennaro
s.s. Jonica, 106
88811 Cirò Marina [KR]
Tel. 0962371181
www.cantinaenotria.com

Enotria, una realtà di tipo cooperativistico, può contare su 170 ettari di vigneto. Corretti e territoriali i vini si caratterizzano per il buon rapporto prezzo qualità. Fresco e succoso, ma non privo di complessità, il Cirò Bianco '15, che profuma di fiori e frutta bianca.

- ○ Cirò Bianco '15 — 🍷🍷 2*
- ⊙ Cirò Rosato '15 — 🍷 2
- ● Cirò Rosso Cl. Sup. Piana delle Fate Ris. '13 — 🍷 5

Tenute Ferrocinto

c.da Ferrocinto
87012 Castrovillari [CS]
Tel. 0981415122
www.cantinecampoverde.it

Ferrocinto è il fiore all'occhiello dell'Agricola Campoverde, una delle più importati aziende agroalimentari calabresi. In piena evoluzione il Magliocco 24 Riserva '13, chiuso al naso mentre in bocca è pieno, succoso e di buona bevibilità nonostante tannini ancora giovani e nervosi.

- ● Terre di Cosenza Pollino Magliocco 24 Ris. '13 — 🍷🍷 4
- ○ Terre di Cosenza Pollino Bianco '15 — 🍷 3
- ● Terre di Cosenza Pollino Rosso '14 — 🍷 3

Feudo dei Sanseverino

via Vittorio Emanuele, 108/110
87010 Saracena [CS]
Tel. 098121461
www.feudodeisanseverino.it

La cantina dei fratelli Bisconte si trova tra gli stretti vicoli del borgo medievale di Saracena. Straordinario il Moscato Passito Mastro Terenzio '13, elegante al naso, che sa di frutta esotica, gelsomino spagnolo e miele di acacia, mentre il palato è nitido, fresco, tonico e di rara persistenza.

- ○ Moscato Passito Mastro Terenzio '13 — 🍷🍷 5
- ● Lacrima Nera Ris. '09 — 🍷 3

Tenuta Iuzzolini

loc. Frassà
88811 Cirò Marina [KR]
Tel. 0962373893
www.tenutaiuzzolini.it

Prestazione maiuscola quest'anno per la Tenuta Iuzzolini, tutti i vini degustati si sono rivelati attuali, ben fatti e di piacevole beva. Siamo certi che questa giovane e dinamica azienda cirotana nel breve periodo riuscirà a tirare fuori anche il vino capace dell'assolo.

- ● Artino '14 — 🍷🍷 3
- ⊙ Lumare '15 — 🍷🍷 3
- ○ Prima Fila '15 — 🍷🍷 3
- ● Principe Spinelli '15 — 🍷 3

Poderi Marini

loc. Sant'Agata
87069 San Demetrio Corone [CS]
Tel. 0984947224
www.poderimarini.it

Siamo sicuri che la cantina dei fratelli Marini, come ha dimostrato in passato, abbia potenzialità e mezzi per fare molto di più di quello che è venuto fuori dalle nostre degustazioni di quest'anno. Bene al solito il Collimarini '15 fresco, agrumato e ben bilanciato tra dolcezza e acidità.

- ● Basileus '14 — 🍷🍷 5
- ○ Collimarini Passito '15 — 🍷🍷 4
- ● Elaphe '14 — 🍷 4
- ● Koronè Rosso '14 — 🍷 2

Nesci

via Marina, 1
89038 Palizzi [RC]
Tel. 3209785653
www.aziendanesci.it

Buon esordio per questa cantina di Palizzi, nell'estremo lembo al sud della Calabria proteso sul mar Jonio. Il Merlot Chapeaux '15 regala al naso toni affumicati, cioccolattosi e fruttati, in bocca è fresco, nitido e in buon equilibrio tra frutto e tannini, finale non lunghissimo ma piacevole.

- ● Chapeaux '15 — 🍷🍷 2*
- ● Esperanto '15 — 🍷 2
- ● Toto Corde '15 — 🍷 2

Tenute Pacelli

fraz. Pauciuri
c.da Rose
87010 Malvito [CS]
Tel. 0984501486
www.tenutepacelli.it

La tenuta calabrese della blasonata famiglia partenopea dei Pacelli può contare su 10 ettari di vigneto biologico dominato dal bellissimo casino di caccia costruito nel '700 dal loro antenato barone La Costa. Profumi intensi e maturi per il Tèmeso '12, da magliocco e calabrese, persistente e speziato.

● Tèmeso '12	🍷🍷 3
○ Barone Bianco '10	🍷 2
○ Zoe Brut	🍷 4

Senatore Vini

loc. San Lorenzo
88811 Cirò Marina [KR]
Tel. 096232350
www.senatorevini.com

Il cuore pulsante dell'azienda dei fratelli Senatore è la modernissima cantina di contrada San Lorenzo, mentre i 30 ettari di vigneto sono distribuiti in quattro diversi ambiti del comprensorio cirotano. Buono il Cirò Riserva Arcano '09: varietale, maturo nei profumi, fresco e vitale in bocca.

● Cirò Rosso Cl. Arcano Ris. '09	🍷🍷 4
○ Alikia '15	🍷 3
○ Ciro Bianco Alalei '15	🍷 3
⊙ Cirò Rosato Puntalice '15	🍷 3

Spadafora Wines 1915

zona ind. Piano Lago, 18
87050 Mangone [CS]
Tel. 0984969080
www.cantinespadafora.it

Una realtà dinamica e ben inserita nel territorio quella di Ippolito Spadafora, capace di presentare una buona batteria di vini con punte di eccellenza. Beva fresca e piacevole per il Peperosso '15, azzeccato blend di magliocco e merlot. Floreale al naso il Fiego Bianco '15, tonico e sapido in bocca.

○ Terre di Cosenza Fiego Bianco '15	🍷🍷 2*
● Terre di Cosenza Peperosso '15	🍷🍷 2*
● Nerello '13	🍷 3
● Terre di Cosenza Telesio '13	🍷 4

Terre del Gufo - Muzzillo

c.da Albo San Martino, 22a
87100 Cosenza
Tel. 0984780364
www.terredelgufo.it

La piccola cantina della famiglia Muzzillo anche quest'anno ha presentato alle nostre selezioni regionali una batteria di vini affidabili e ben fatti. Buona prova per il Timpamara '14, un Syrah balsamico e fruttato al naso, polputo e fitto in bocca, ben sorretto da tannini e acidità.

● Kaulos '15	🍷🍷 3
● Terre di Cosenza Portapiana '14	🍷🍷 4
● Timpamara '14	🍷🍷 5
⊙ Terre di Cosenza Chiaroscuro '15	🍷 2

Tenuta Terre Nobili

loc. Carigliaito
87046 Montalto Uffugo [CS]
Tel. 0984934005
www.tenutaterrenobili.it

Lidia Matera, agronoma e vignaiola, segue personalmente i suoi 15 ettari di vigneto biologico nel cosentino. L'Alarico '14, blend di nerello cappuccio e mascalese, è dotato di una buona complessità olfattiva fatta di frutti rossi e balsamicità, succoso il sorso vivacizzato da una fresca vena acida.

● Alarico '14	🍷🍷 3
● Cariglio '15	🍷🍷 2*
● Ipazia '15	🍷 6
● Teodora '12	🍷 5

Tramontana

loc. Gallico Marina
via Casa Savoia, 156
89139 Reggio Calabria
Tel. 0965370067
www.vinitramontana.it

Sempre di buona fattura i vini di questa cantina attiva nel reggino ormai da ben cinque generazioni. Buono il Palizzi '14, uvaggio di nerello calabrese e merlot dal naso ampio e sfaccettato di frutti di bosco, agrumi scuri e spezie, l'approccio al palato è pieno, polputo e di buona lunghezza.

● Costa Viola '14	🍷🍷 2*
● Palizzi '14	🍷🍷 2*
○ 5 Generazioni '15	🍷 2
● Vorea '15	🍷 2

SICILIA

Sono 21 i Tre Bicchieri siciliani, il massimo storico, ad avvalorare, ancora una volta, la crescita qualitativa dell'enologia isolana. Una realtà regionale assai vivace e dinamica, quindi, che si muove velocemente lungo alcune direttrici: al centro l'asse portante dei territori, quelle macroaree con ben definite peculiarità e caratteristiche. L'esempio più illuminante è quello dell'Etna, un areale che non cessa di far parlare di sé. E' una zona unica, dalla straordinaria vocazione, dove ogni anno nascono nuove aziende e vedono la luce nuove etichette, nuovi cru. All'Etna vanno ben 6 Tre Bicchieri, di cui due sono debuttanti: l'elegante Alta Mora '14 di Cusumano e il raffinato Buonora '15 di Tasca d'Almerita. Altra denominazione emergente è il comprensorio di Faro, nel messinese, che vede la riconferma dei due Tre Bicchieri dell'anno scorso, e l'emergere, nel generale auspicato allargamento della base produttiva (Faro è una piccola denominazione che era sul punto di sparire) dell'eccellente Faro '14 di Bonavita, a un passo dal massimo alloro. Il Sud Est, l'area che conta al suo interno anche il vasto territorio del Cerasuolo di Vittoria, rafforza il suo già notevole peso specifico portando a sei il numero dei vini premiati, con due sorprendenti Nero d'Avola, il Sosta Tre Santi '10 di Nicosia e il tradizionale Saro '13 di Rudinì, le new entry di quest'anno. La Sicilia occidentale non sfigura certo con i suoi sette Tre Bicchieri, tra i quali debuttano l'elegante Shymer '13 di Baglio di Pianetto, dell'entroterra palermitano - areale in forte crescita qualitativa - e l'affascinante Favinia La Muciara '15 di Firriato, un perfetto mariage di catarratto, grillo e zibibbo della recente tenuta di Favignana, magnifica isola dell'Arcipelago delle Egadi in cui dopo oltre un secolo è ritornata finalmente la vite. Tutto va a comporre un ritratto dell'enologia siciliana di grande suggestione. Si tratta d'una regione sempre più centrale nel panorama produttivo italiano, dove i nomi classici si confermano e consolidano le posizioni conquistate con vini sempre più centrati, meno concentrati e più eleganti, quasi sempre ottenuti dalle mille uve della tradizione. Ma in Sicilia c'è, fortunatamente, ancora moltissimo spazio per la (ri)scoperta di terroir eccellenti e per nuove aziende che sappiano leggere il territorio e le sue autentiche vocazioni.

Abbazia Santa Anastasia

C.da Santa Anastasia
90013 Castelbuono [PA]
Tel. 0921671959
www.abbaziasantanastasia.com

VENDITA DIRETTA
VISITA SU PRENOTAZIONE
OSPITALITÀ E RISTORAZIONE
PRODUZIONE ANNUA 250.000 bottiglie
ETTARI VITATI 65,00
VITICOLTURA Biodinamico Certificato
AZIENDA SOSTENIBILE

Alle pendici del Parco delle Madonie, una splendida realtà di oltre 300 ettari, di cui 65 vitati, distesa su alte colline battute dal vento impetuoso che sale dal vicino mare. Al centro una pregevole Abbazia del XII secolo rimessa a nuovo, che ha visto nei secoli operare assiduamente i monaci Teatini e Benedettini, dediti alla cultura e alle attività agricole. L'ingegnere Franco Lena nel 1982 ne ha acquisito la proprietà, curandone con lungimiranza e passione il rilancio, nel segno della viticultura di qualità legata al biologico certificato e al biodinamico, con risultati di assoluto rilievo. Finale per il Litra '12, da cabernet sauvignon in purezza, che mostra ancora una volta le caratteristiche che l'hanno reso famoso: colore rubino intenso, raffinate sfumature di ciliegia e susina nera, note eleganti di salvia, timo e mallo di noce, bocca ampia e sfaccettata, ragguardevole persistenza. Sugli scudi anche il complesso e morbido Montenero '13 (da nero d'Avola, merlot e cabernet sauvignon).

● Litra '12	🍷🍷 6
● Montenero '13	▼▼ 4
● Passomaggio '13	▼▼ 3
○ Q 1000 M. Cl. '13	▼▼ 5
○ Grillo '15	▼ 2
● Nero d'Avola '15	▼ 2
○ Sinestesìa '15	▼ 3
● Cannemasche '13	▽▽ 2*
● Litra '10	▽▽ 6
● Montenero '13	▽▽ 4
● Montenero '12	▽▽ 4
● Montenero '11	▽▽ 4
● Passomaggio '12	▽▽ 3
● Sens(i)nverso Cabernet Sauvignon '12	▽▽ 4
● Sens(i)nverso Nero d'Avola '12	▽▽ 4
● Sens(i)nverso Syrah '12	▽▽ 4

Alessandro di Camporeale

C.da Mandranova
90043 Camporeale [PA]
Tel. 092437038
www.alessandrodicamporeale.it

VENDITA DIRETTA
VISITA SU PRENOTAZIONE
PRODUZIONE ANNUA 180.000 bottiglie
ETTARI VITATI 35,00
VITICOLTURA Biologico Certificato

Gli Alessandro producono vino a Camporeale da quattro generazioni, un family business di marcato stampo artigianale, assai apprezzato dai mercati. Condotto dai fratelli Natale, Nino e Rosolino e dai figli, che a vario titolo si occupano dei 35 ettari di vigneti in biologico, della conduzione enologica, della promozione enoturistica e del marketing in 15 paesi. La spiccata passione per la viticoltura li ha coinvolti in una nuova avventura: a breve saranno produttivi cinque ettari di vigneti sull'Etna, a Piano Filici, a Castiglione di Sicilia. Dal 2015 l'azienda si avvale della consulenza di Carlo Ferrini. Torna in finale il Syrah Kaid '14 e si fa valere con la sua balsamica e fruttata profondità in una bocca di persistente finezza. A un passo dalle finali anche l'intenso ed elegante Kaid Vendemmia Tardiva '15, armonicamente dolce e persistente, e il Kaid Sauvignon '15, fresco e definito nelle sue nuance tropicali. Parimenti riusciti i due monovarietali Vigna di Mandranova '15, a base di grillo e catarratto.

● Sicilia Syrah Kaid '14	🍷🍷 3*
● Kaid V. T. '15	▼▼ 5
○ Sicilia Catarratto Benedè '15	▼▼ 2*
○ Sicilia Catarratto V. di Mandranova '15	▼▼ 4
○ Sicilia Grillo V. di Mandranova '15	▼▼ 3
● Sicilia Nero d'Avola DonnaTà '15	▼▼ 2*
○ Sicilia Sauvignon Kaid '15	▼▼ 3
● DonnaTà '13	▽▽ 2*
● Kaid '13	▽▽ 3*
● Kaid Syrah '12	▽▽ 3*
● Kaid V. T. '14	▽▽ 5
● Sicilia DonnaTà '14	▽▽ 2*
○ Sicilia Grillo V. di Mandranova '14	▽▽ 3
○ Sicilia Kaid Sauvignon Blanc '14	▽▽ 3

Assuli

via Archi 9
91100 Trapani
Tel. 0923546706
www.assuli.it

VENDITA DIRETTA
PRODUZIONE ANNUA 100.000 bottiglie
ETTARI VITATI 100,00

Il 2016 è stato un anno di cambiamenti: un nuovo assetto aziendale ha visto l'uscita di Claudia Alliata di Villafranca e il passaggio al timone di Roberto Caruso; di conseguenza la ragione sociale è mutata da Alliata in Assuli. Ma la sostanza cambia poco: stessa cantina a Mazara e medesimi vigneti, un centinaio di ettari in quattro appezzamenti in territorio di Marsala, da sempre di proprietà della famiglia Caruso. Immutata l'attenzione per la qualità dal vigneto alla cantina, garantita dalla guida tecnica di Lorenzo Landi; la gamma produttiva vedrà una maggiore attenzione ai vitigni autoctoni in purezza. La piena continuità è felicemente confermata dai Tre Bicchieri al Nero d'Avola Lorlando '15: è intenso e profondo, ricco di materia e nitido nelle note varietali; in bocca è generoso, solido e molto persistente. Ad accompagnarlo in finale il Syrah Ruggiero '15, dal frutto fragrante, verde e balsamico. Finezza di aromi floreali ed erbacei e deliziosa freschezza di polpa per il Grillo Fiordiligi '15.

● Lorlando '15	🍷🍷🍷	2*
● Ruggiero '15	🍷🍷	2*
○ Carinda '15	▼▼	2*
○ Fiordiligi '15	▼▼	2*
● Besi '13	▼	5
● Lorlando '14	▽▽▽	2*
● Baltasàr '12	▽▽	5
○ Grillo '13	▽▽	2*
● Kaspàr '12	▽▽	4
● Kaspàr '11	▽▽	4
● Lorlando '13	▽▽	2*
● Melkior '12	▽▽	4
○ Mommo '13	▽▽	3
● Ruggiero '14	▽▽	2*
● Ruggiero '13	▽▽	2*
○ Taya '14	▽▽	4

Baglio del Cristo di Campobello

c.da Favarotta
s.da st.le 123 km 19,200
92023 Campobello di Licata [AG]
Tel. 0922 877709
www.cristodicampobello.it

VENDITA DIRETTA
VISITA SU PRENOTAZIONE
PRODUZIONE ANNUA 300.000 bottiglie
ETTARI VITATI 30,00

Competenti e appassionati agricoltori da generazioni, i componenti della famiglia Bonetta sono riusciti da tempo a inserire la bella azienda di proprietà fra quelle di riferimento della moderna enologia siciliana. Il loro merito è stato indubbiamente quello di collocarsi saggiamente nel solco della tradizione vitivinicola locale ma con una visione attuale e lungimirante di ciò che richiede il mercato. Di rilievo lo storico baglio sede della cantina, al centro di una vasta tenuta collocata a un'altitudine di oltre 350 metri, accarezzata dai venti salmastri provenienti dalla vicina costa. Dall'accattivante colore porpora intenso e con squisite sfumature di marasca, chiodi di garofano, bacche di mirto e di ginepro, l'Adènzia Rosso '14 (da nero d'Avola e syrah), assai piacevole e di forte personalità, sfiora di poco il massimo riconoscimento. Quasi sullo stesso livello il territoriale Nero d'Avola Lu Patri '14 e il fresco Lalùci '15, un Grillo affascinante che profuma di menta e susina bianca.

● Sicilia Rosso Adènzia '14	🍷🍷	3*
○ C'D'C' Cristo di Campobello Bianco '15	▼▼	2*
⊙ C'D'C' Cristo di Campobello Rosato '15	▼▼	2*
○ Sicilia Bianco Adènzia '15	▼▼	3
○ Sicilia Grillo Lalùci '15	▼▼	3
○ Sicilia Laudàri '14	▼▼	4
● Sicilia Nero d'Avola Lu Patri '14	▼▼	5
● Sicilia Syrah Lusirà '14	▼▼	5
● Lu Patri '09	▽▽▽	5
○ Sicilia Chardonnay Laudàri '13	▽▽	4
○ Sicilia Grillo Lalùci '14	▽▽	3
● Sicilia Nero d'Avola Lu Patri '13	▽▽	5
● Sicilia Syrah Lusirà '13	▽▽	5

Baglio di Pianetto

loc. Pianetto
via Francia
90030 Santa Cristina Gela [PA]
Tel. 0918570002
www.bagliodipianetto.com

VENDITA DIRETTA
VISITA SU PRENOTAZIONE
OSPITALITÀ E RISTORAZIONE
PRODUZIONE ANNUA 550.000 bottiglie
ETTARI VITATI 104,00
AZIENDA SOSTENIBILE

Compie vent'anni il sogno realizzato da Paolo Marzotto in Sicilia, terra per la quale ha sempre nutrito profonda affezione sin dagli anni Cinquanta, quando ne percorreva le strade come pilota. Le tenute Pianetto e Baroni con le relative cantine si trovano ai due estremi dell'Isola, Santa Cristina Gela a nord, dove il conte ha trasformato l'antico eponimo baglio in elegante struttura d'accoglienza, e Pachino a sud, nella Val di Noto, culla del nero d'Avola. Il 2016 segna il ritorno di Renato De Bartoli, già enologo nei primi anni di vita dell'azienda, cui ora spetta il ruolo di Amministratore Delegato. Tre Bicchieri per lo Shymer '13, blend da syrah di Noto e merlot di Santa Cristina Gela: intenso e definito nel bouquet ricco di note balsamiche e speziate, ha una bocca di elegante piacevolezza e un finale di lunga persistenza. Il Moscato di Noto Ra'is '12, nella versione più concentrata Essenza, sprigiona finissime note di sottobosco e frutta disidratata, è dolcemente armonico e fresco al palato.

● Shymer '13	🍷🍷🍷 2*
● Carduni '12	🍷🍷 5
○ Moscato di Noto Ra'is Essenza '12	🍷🍷 5
● Salici '12	🍷🍷 4
● Sicilia Ramione '14	🍷🍷 4
● Agnus Ris. '11	🍷 7
● Sicilia Cembali '13	🍷 5
○ Sicilia Ficiligno '15	🍷 3
○ Sicilia Ginolfo '13	🍷 4
○ Sicilia Timeo '15	🍷 3
● Ramione '04	🍷🍷🍷 3*
● Sicilia Rosso Ramione '13	🍷🍷🍷 3*
○ Sicilia Bianco Ficiligno '14	🍷🍷 4
● Sicilia Nero d'Avola Cembali '12	🍷🍷 6

Tenuta Bastonaca

c.da Bastonaca
97019 Vittoria [RG]
Tel. 0932686480
www.tenutabastonaca.it

VENDITA DIRETTA
OSPITALITÀ
PRODUZIONE ANNUA 40.000 bottiglie
ETTARI VITATI 10,00
AZIENDA SOSTENIBILE

Sull'onda di preziose e antiche tradizioni familiari nel settore vitivinicolo, Giovanni Calcaterra e Silvana Raniolo, coppia giovane e affiatata, hanno dato vita a un'azienda di circa 10 ettari (in atto vitati 8), situata in contrada Bastonaca, nel cuore del Cerasuolo di Vittoria, nel segno della qualità e del rigoroso rispetto per l'ambiente, in avanzato stato di conversione all'agricoltura biologica. Le viti sono tutte ad alberello e non è prevista alcuna irrigazione, per favorire la concentrazione di profumi e sapori. Un antico palmento del Settecento, ben ristrutturato, è sede della maison. Dal colore intenso con bordi violacei, il Cerasuolo di Vittoria '14 è un gran bel vino, che colpisce per i toni maturi di spezie e frutti neri e le delicate nuance balsamiche; tonico, elegante, lungo, risulta di piacevolissima beva. Sullo stesso livello qualitativo il fresco e fragrante Frappato, il fruttato e intrigante Nero d'Avola e il marino e sapido Grillo, tutti espressione dell'annata 2015.

● Cerasuolo di Vittoria '14	🍷🍷 3
● Frappato '15	🍷🍷 3
○ Grillo '15	🍷🍷 3
● Nero d'Avola '15	🍷🍷 3

★Benanti

via G. Garibaldi, 475
95029 Viagrande [CT]
Tel. 0957893399
www.vinicolabenanti.it

VENDITA DIRETTA
VISITA SU PRENOTAZIONE
PRODUZIONE ANNUA 120.000 bottiglie
ETTARI VITATI 45,00

Dovendo girare un documentario sulla rinascita della vitivinicultura etnea non avremmo dubbi sul titolo: Giuseppe Benanti, il Cavaliere e la Storia. Che sarebbe il dovuto omaggio a colui che per primo, per tanto tempo in solitudine, ha provato a individuare un modello di riferimento, trovandolo nella tradizione e nella storia del comprensorio attorno al vulcano, vale a dire in vini da vitigni autoctoni che fossero fedeli espressioni del terroir, senza infingimenti e belletti. Oggi la prestigiosa maison beneficia pure dell'apporto entusiasta dei suoi figli, Antonio e Salvino. Ottima prova per il Pietramarina '12, da uve carricante, complesso, intenso e ricco, caratterizzato da nuance eleganti che evocano il quarzo, la pietra focaia, il glicine e la mandorla fresca; in bocca è fresco e sapido, appagante e persistente, molto piacevole. Notevoli tutte le altre etichette, dal polputo e vivace Serra della Contessa '12 al fine Nerello Cappuccio '13, vino sapido e succoso.

○ Etna Bianco '14	TT	3
○ Etna Bianco Sup. Pietramarina '12	TT	5
● Etna Rosso '14	TT	4
● Etna Rosso Nerello Mascalese '13	TT	5
● Etna Rosso Rovittello '12	TT	5
● Etna Rosso Serra della Contessa '12	TT	7
● Nerello Cappuccio '13	TT	5
○ Etna Bianco Sup. Pietramarina '04	YYY	6
○ Etna Bianco Sup. Pietramarina '02	YYY	5
○ Etna Bianco Sup. Pietramarina '01	YYY	5
○ Etna Bianco Sup. Pietramarina '00	YYY	5
● Etna Rosso Serra della Contessa '04	YYY	7
● Etna Rosso Serra della Contessa '03	YYY	7
● Il Drappo '04	YYY	5

Bonavita

loc. Faro Superiore
c.da Corso
98158 Messina
Tel. 3471754683
www.bonavitafaro.com

VISITA SU PRENOTAZIONE
PRODUZIONE ANNUA 10.000 bottiglie
ETTARI VITATI 2,50

Giovanni Scarfone da bambino zompettava appresso al nonno nella piccola vigna dietro la casa, a Faro Superiore, dove con la famiglia trascorreva le vacanze estive. Pertanto, al momento di scegliere cosa fare nella vita, Giovanni non ha avuto dubbi: scuola agraria, laurea in agronomia e un paio di esperienze in giro per l'Italia prima di iniziare sul serio a fare il vignaiolo. La vigna del nonno é sempre lì, con i suoi ceppi di almeno settant'anni, che con l'altro piccolo spezzone a Curcuraci porta a 2,5 gli ettari vitati che Scarfone cura personalmente, dalla zappatura, alla potatura e infine alla vendemmia. Lo stesso vale per i lavori in cantina, ricavata nel garage della casa avita, dove solo lui, che è magrissimo, riesce a muoversi agevolmente. Il suo Faro '14, autentico vin de garage, affascina per l'eleganza da nobile di campagna che lo contraddistingue: pesca, melagrana e mineralità al naso, per un sorso fresco, denso ma scorrevole, e un bellissimo finale intenso e persistente.

● Faro '14	TT (rossi)	5
⊙ Rosato '15	TT	2*
● Faro '13	YY	5
● Faro '12	YY	5
● Faro '11	YY	5
● Faro '10	YY	5
● Faro '09	YY	5
● Faro '08	YY	5
● Faro '07	YY	5
● Faro '06	YY	5
⊙ Rosato '14	YY	2*
⊙ Rosato '13	YY	2*
⊙ Rosato '12	YY	2*
⊙ Rosato '09	YY	2*

Le Casematte

LOC. FARO SUPERIORE
C.DA CORSO
98163 MESSINA
TEL. 0906409427
www.lecasematte.it

VENDITA DIRETTA
PRODUZIONE ANNUA 30.000 bottiglie
ETTARI VITATI 11,00
VITICOLTURA Biologico Certificato
AZIENDA SOSTENIBILE

Una realtà particolare, situata in un luogo magico, sulle alte colline perennemente accarezzate dal vento che dominano lo Stretto di Messina. È la realizzazione del sogno di una vita del commercialista Gianfranco Sabbatino e del calciatore Andrea Barzagli, che nel 2008 hanno dato vita con entusiasmo a questa casa vinicola che deve il suo nome a tre casematte (fortini per le sentinelle) delle due guerre mondiali. Fra le migliori espressioni della rinascita della denominazione Faro, l'azienda ha taglio artigianale, molto apprezzato dalla critica enologica e dai consumatori più esigenti. Tre Bicchieri per una straordinaria versione, la 2014, del Faro (da nero d'Avola, nocera, nerello mascalese e cappuccio), che ha conquistato la commissione con le sue note affascinanti di frutti neri, spezie ed erbe della macchia mediterranea, vino profondo e di somma eleganza dai tannini setosi, persistente, teso, di beva esemplare. Di gran pregio il raffinato Rosato Rosematte Nerello Mascalese '15.

Vino	Bicchieri
● Faro '14	🍷🍷🍷 5
○ Peloro Bianco '15	🍷🍷 3
● Peloro Rosso '14	🍷🍷 2*
⊙ Rosematte Nerello Mascalese '15	🍷🍷 3
● Faro '13	🍷🍷🍷 5
● Faro Quattroenne '12	🍷🍷 5
● Faro Quattroenne '11	🍷🍷 5
● Figliodiennenne '11	🍷🍷 2*
● Figliodiennenne '10	🍷🍷 2*
○ Peloro Bianco '14	🍷🍷 3
● Peloro Rosso '13	🍷🍷 2*
⊙ Rosematte '14	🍷🍷 3
⊙ Rosematte '13	🍷🍷 3

Frank Cornelissen

FRAZ. SOLICCHIATA
VIA NAZIONALE, 297
95012 CASTIGLIONE DI SICILIA [CT]
TEL. 0942986315
www.frankcornelissen.it

VENDITA DIRETTA
VISITA SU PRENOTAZIONE
PRODUZIONE ANNUA 70.000 bottiglie
ETTARI VITATI 18,00
VITICOLTURA Biologico Certificato

Magma è il nome del primo vino prodotto da Frank Cornelissen, folgorato dall'idea di poter racchiudere in una bottiglia l'energia del vulcano e la complessità del nerello. Per lui, perdutamente innamorato della violenta bellezza dell'Etna, è stato naturale iniziare a produrre vino dagli antichi vigneti sparsi tra i metafisici e aridi paesaggi lunari scolpiti dalle colate laviche. Vini molto intriganti quelli di Frank, frutto di una personalissima e originale interpretazione del Nerello, che in questi ultimi anni, senza perdere l'iniziale spontaneità, hanno molto guadagnato in pulizia e definizione. Finale per il Nerello Mascalese Magma '14, intenso, profondo, rustico ma affascinante al naso, che sa di sale affumicato, pesca matura ed erbe aromatiche, denso in bocca, profondo, ricco di frutto, dotato di tannini rotondi che amplificano la piacevolezza della beva. Melagrana e frutti gialli connotano il Munjebel Rosso Monte Colla '14, complesso, persistente e assai fruttato al palato.

Vino	Bicchieri
● Magma Dodicesima Edizione '14	🍷🍷 8
● Munjebel Rosso Le Vigne Alte '14	🍷🍷 7
● Munjebel Rosso Monte Colla '14	🍷🍷 7
● Munjebel Rosso PA - Vign. Porcaria '14	🍷🍷 7
● Contadino 10 '12	🍷🍷 4
○ Munjebel Bianco '14	🍷🍷 5
○ Munjebel Bianco '13	🍷🍷 5
● Munjebel Rosso '14	🍷🍷 6
● Munjebel Rosso '13	🍷🍷 6
● Munjebel Rosso Chiusa Spagnola '13	🍷🍷 7
● Munjebel Rosso Le Vigne Alte '13	🍷🍷 7
● Munjebel Rosso Monte Colla '13	🍷🍷 7
⊙ Susucaru '13	🍷🍷 4
● Vino del Contadino '14	🍷🍷 4

Cottanera

LOC. IANNAZZO
S.DA PROV.LE 89
95030 CASTIGLIONE DI SICILIA [CT]
TEL. 0942963601
www.cottanera.it

VENDITA DIRETTA
VISITA SU PRENOTAZIONE
PRODUZIONE ANNUA 300.000 bottiglie
ETTARI VITATI 65,00

La voglia dei giovanissimi fratelli Cambria di continuare con egual passione e dedizione il lavoro iniziato ormai vent'anni fa dal padre Gugliemo continua a dare ottimi risultati, fatti di vini sempre più ricchi di personalità, eleganti e territoriali. Grazie anche agli oltre sessanta ettari di vigneto, per estensione una rarità da queste parti, curati come un giardino e ormai quasi per intero impiantati con vitigni autoctoni quali nerello mascalese, nerello cappuccio e carricante, che si estendono su cinque differenti contrade sul versante nord dell'Etna, nei dintorni di Passopisciaro. In gran forma tutta la batteria degli Etna: lo Zottorinoto '12 conquista di slancio i Tre Bicchieri grazie al naso complesso di frutti rossi, viole, sottobosco e spezie, in pendant con un sorso fresco ed elegante ben sostenuto da tannini fitti e avvolgenti. Sul podio anche l'Etna Diciassettesalme '14, suadente e armonico, e l'Etna Bianco '15, ricco di corpo e ben sostenuto dall'acidità.

Vino	Bicchieri	
● Etna Rosso Zottorinoto Ris. '12	3 (rossi)	8
○ Etna Bianco '15	2 (rossi)	3*
● Etna Rosso Diciassettesalme '14	2 (rossi)	3*
● Etna Rosso Barbazzale '15	2 (neri)	2*
○ Etna Bianco Calderara '14	2 (neri)	5
● Etna Rosso '13	2 (neri)	5
● Sicilia L'Ardenza '12	2 (neri)	4
● Sicilia Sole di Sesta '13	2 (neri)	4
● Sicilia Fatagione '13	1 (nero)	3
○ Etna Bianco '11	3 (bianchi)	3*
● Etna Rosso '11	3 (bianchi)	5
● Etna Rosso '07	3 (bianchi)	5
● Etna Rosso '06	3 (bianchi)	5
● Etna Rosso '05	3 (bianchi)	5
● Etna Rosso Zottorinoto Ris. '11	3 (bianchi)	8
● Sole di Sesta '00	3 (bianchi)	5

★Cusumano

C.DA SAN CARLO
S.DA ST. LE 113 KM 307
90047 PARTINICO [PA]
TEL. 0918908713
www.cusumano.it

VENDITA DIRETTA
VISITA SU PRENOTAZIONE
PRODUZIONE ANNUA 2.500.000 bottiglie
ETTARI VITATI 520,00
AZIENDA SOSTENIBILE

La casa vinicola di Alberto e Diego Cusumano, sorta all'inizio degli anni Duemila sull'onda di una tradizione familiare, è riuscita ad affermarsi da subito su tutti i principali mercati internazionali, diventando autentica icona dell'enologia siciliana nel mondo. Merito di etichette impeccabili, moderne, eleganti e di bella e intrigante beva, puntuale e compiuta espressione delle cultivar, autoctone e non, e dei diversi terroir di riferimento. La raffinata cantina di Partinico, sede aziendale, con i suoi spazi dal design innovativo, incarna perfettamente la visione del mondo della maison. Tre Bicchieri di slancio all'Alta Mora Bianco '14, vino di classe eccelsa, caratterizzato da sfumature eleganti di fiori, zeste di agrumi, pesca bianca, pietra focaia, riproposti al palato, dove ritornano sommandosi a una raffinata e rinfrescante vena acida. Praticamente eguale lo standard dell'Alta Mora Rosso '14, assai fine, minerale, speziato, dai tannini gentili e vivaci, molto persistente. Standard come sempre altissimi per Noà e Sàgana.

Vino	Bicchieri	
○ Etna Bianco Alta Mora '14	3 (rossi)	3*
● Etna Rosso Alta Mora '14	2 (rossi)	4
● Sicilia Sàgana '14	2 (rossi)	4
○ Angimbé Tenuta Ficuzza '15	2 (neri)	3
● Benuara Tenuta Presti e Pegni '15	2 (neri)	3
○ Brut M. Cl. 700 '13	2 (neri)	4
● Sicilia Noà '14	2 (neri)	4
○ Sicilia Shamaris '15	2 (neri)	3
○ Moscato dello Zucco '10	3 (bianchi)	5
● Noà '10	3 (bianchi)	4*
● Sàgana '12	3 (bianchi)	4*
● Sàgana '11	3 (bianchi)	4*
● Sàgana '09	3 (bianchi)	4
● Sàgana '08	3 (bianchi)	4
● Sàgana '07	3 (bianchi)	4
● Sicilia Noà '13	3 (bianchi)	4*

Di Giovanna

c.da San Giacomo
92017 Sambuca di Sicilia [AG]
Tel. 09251955675
www.di-giovanna.com

VENDITA DIRETTA
VISITA SU PRENOTAZIONE
PRODUZIONE ANNUA 250.000 bottiglie
ETTARI VITATI 50,00
VITICOLTURA Biologico Certificato

Una bella realtà risalente alla seconda parte dell'Ottocento, che ha visto come protagonisti in tempi più recenti Aurelio e Barbara Di Giovanna (lei tedesca). Adesso sono alla guida dell'azienda i figli Gunther e Klaus, felice mix di vivace spirito siciliano e temperamento teutonico. Le tenute di proprietà, distribuite fra i territori di Sambuca di Sicilia e Contessa Entellina, allocate ad altitudini che vanno dai 400 agli 800 metri, beneficiano di importanti e positive escursioni termiche. La conduzione, anche per sensibilità personale, avviene secondo i dettami dell'agricoltura biologica. Notevole la batteria delle etichette presentata quest'anno. Sugli scudi il delizioso Grillo '15, dai delicati toni verdolini, che regala sfumature di glicine, mandorla verde e susina bianca, esaltate da note salmastre e minerali, di bella e accattivante beva. Fresco e piacevole anche il Gerbino Rosato di Nerello Mascalese '15, vino di pregio, elegante e sapido che sa di piccoli frutti rossi.

Vino	
⊙ Gerbino Rosato Nerello Mascalese '15	▼▼ 2*
● Gerbino Rosso '14	▼▼ 2*
○ Grillo '15	▼▼ 3
● Helios Rosso '14	▼▼ 5
● Nero d'Avola '14	▼▼ 3
○ Helios Bianco '15	▼ 3
○ Viognier '15	▼ 3
○ Grillo '14	▽▽ 2*
○ Grillo '12	▽▽ 2*
○ Helios '12	▽▽ 3*
○ Helios Bianco '14	▽▽ 3
○ Helios Bianco '13	▽▽ 3
● Helios Rosso '12	▽▽ 3

★Donnafugata

via Sebastiano Lipari, 18
91025 Marsala [TP]
Tel. 0923724200
www.donnafugata.it

VENDITA DIRETTA
VISITA SU PRENOTAZIONE
PRODUZIONE ANNUA 2.200.000 bottiglie
ETTARI VITATI 338,00
AZIENDA SOSTENIBILE

Lo scorso 10 maggio ci ha improvvisamente lasciato Giacomo Rallo, imprenditore di grande lungimiranza e gentiluomo d'altri tempi, acuto nella visione come franco e generoso nel carattere. La prestigiosa azienda nasce nel 1983, negli anni seguenti sorgono le cantine di Contessa Entellina e Pantelleria, mentre quelle ottocentesche di Marsala fanno da centro operativo, meta di visite e sede di una magnifica barricaia sotterranea da 2000 metri quadri, ultimata nel 2008. L'opera di Giacomo è continuata dalla moglie Gabriella e dai figli José e Antonio, recentemente eletto presidente nazionale dell'Unione Italiana Vino. Con l'annata 2014 il Ben Ryé ci regala un altro Tre Bicchieri memorabile: ampiezza, intensità, incomparabile, eleganza nel bouquet e una bocca sontuosa, carezzevole quanto dinamica e lunghissima. In finale anche le altre due creature predilette da Giacomo, il Milleunanotte '11, profondo e balsamico, pieno e fine nel ritorno del frutto, e il Tancredi '12, maturo e di carattere, concentrato e persistente.

○ Passito di Pantelleria Ben Ryé '14	▼▼▼ 7
● Contessa Entellina Milleunanotte '11	▼▼ 7
● Tancredi '12	▼▼ 5
○ Contessa Entellina Chardonnay La Fuga '15	▼▼ 3
○ Contessa Entellina Chiarandà '13	▼▼ 5
● Sicilia Angheli '13	▼▼ 4
○ Sicilia Bianco V. di Gabri '14	▼▼ 3
○ Sicilia Brut Donnafugata '12	▼▼ 5
○ Sicilia Lighea '15	▼▼ 3
● Sicilia Sherazade '15	▼▼ 3
○ Sicilia Sursur '15	▼ 3
○ Passito di Pantelleria Ben Ryé '12	▽▽▽ 7
● Tancredi '11	▽▽▽ 5

Duca di Salaparuta

via Nazionale, s.da st.le 113
90014 Casteldaccia [PA]
Tel. 091945201
www.duca.it

VISITA SU PRENOTAZIONE
PRODUZIONE ANNUA 9.000.000 bottiglie
ETTARI VITATI 155,00
AZIENDA SOSTENIBILE

Nata nel 1824 per volontà di Giuseppe Alliata di Villafranca, ha accompagnato per quasi due secoli l'evoluzione della produzione vinicola siciliana, dagli esordi pionieristici alla lunga gestione regionale, fino all'acquisto da parte del gruppo ILLVA di Saronno all'alba del terzo millennio, in congiunzione con un'altra realtà storica, la Florio di Marsala. I due celebri brand aziendali identificano con Corvo i prodotti più accessibili e innovativi e con Duca di Salaparuta i vini icona, le etichette legate al territorio e alle tre tenute di proprietà: Vajasindi, Suor Marchesa e Risignolo. Buona prova dall'Inzolia Bianca di Valguarnera '14, piacevole e fresca, con il legno, come di solito, ben in evidenza; sorprende il blend autoctono Irmàna Floris '15, tenuemente aromatico, con belle note di gelsomino e frutti bianchi, fresco e netto in bocca. Tra i rossi molto bene i due Vajasindi, il Làvico '13 a base di nerello mascalese, e il Pinot Nero Nawàri '14, così come il Calanìca Frappato Syrah '14.

Vino	Bicchieri	
○ Bianca di Valguarnera '14	🍷🍷	6
● Calanìca Frappato Syrah '14	🍷🍷	3
○ Colomba Platino Risignolo '15	🍷🍷	4
● Duca Enrico '12	🍷🍷	8
○ Irmàna Floris Corvo '15	🍷🍷	3
● Làvico Vajasindi '13	🍷🍷	3
● Nawàri Vajasindi '14	🍷🍷	6
● Triskelè '13	🍷🍷	5
● Duca Enrico '03	🍷🍷🍷 (vuoti)	6
● Duca Enrico '01	🍷🍷🍷 (vuoti)	6
● Duca Enrico '92	🍷🍷🍷 (vuoti)	6
● Duca Enrico '90	🍷🍷🍷 (vuoti)	6
● Duca Enrico '88	🍷🍷🍷 (vuoti)	6
● Duca Enrico '86	🍷🍷🍷 (vuoti)	6
● Duca Enrico '85	🍷🍷🍷 (vuoti)	6
● Duca Enrico '84	🍷🍷🍷 (vuoti)	6

Tenuta di Fessina

c.da Rovittello
via Nazionale, 22 s.da st.le 120
95012 Castiglione di Sicilia [CT]
Tel. 0942395300
www.tenutadifessina.com

VENDITA DIRETTA
VISITA SU PRENOTAZIONE
PRODUZIONE ANNUA 70.000 bottiglie
ETTARI VITATI 15,00
AZIENDA SOSTENIBILE

È una vera storia d'amore quella fra la produttrice toscana Silvia Maestrelli e l'Etna, una scintilla scoccata in occasione di viaggi fatti in passato e concretatasi nel 2007 con l'acquisizione di alcuni piccoli appezzamenti di viti molte vecchie con al centro un palmento del Settecento. Silvia, abbagliata dalla bellezza sfrontata dei luoghi e dalle opportunità nel campo vitivinicolo, ha bruciato tutte le tappe, producendo vini di riconosciuta grande eleganza e carattere e collocando da subito la sua azienda fra le massime espressioni della new wave del comprensorio etneo. Manca di un soffio il massimo riconoscimento A' Puddara '14, un Carricante dagli spiccati profumi di cedro, mela, ginestra e pepe bianco, caratterizzato da un palato freschissimo e sapido dove emergono distinti toni minerali, vino elegante, complesso, di bellissima e appagante beva. Raffinato e cristallino l'Erse Bianco '15, dal frutto sapido e sottile, che sa di lavanda, pompelmo, mandorla fresca ed elicriso.

Vino	Bicchieri	
○ Etna Bianco A' Puddara '14	🍷🍷 (rossi)	5
○ Etna Bianco Erse '15	🍷🍷	4
● Etna Rosso Erse '15	🍷🍷	4
● Laeneo Nerello Cappuccio '14	🍷🍷	3
⊙ Etna Rosato '15	🍷	3
○ Etna Bianco A' Puddara '13	🍷🍷🍷 (vuoti)	5
○ Etna Bianco A' Puddara '12	🍷🍷🍷 (vuoti)	5
○ Etna Bianco A' Puddara '11	🍷🍷🍷 (vuoti)	5
○ Etna Bianco A' Puddara '10	🍷🍷🍷 (vuoti)	5
○ Etna Bianco A' Puddara '09	🍷🍷🍷 (vuoti)	5
● Etna Rosso Musmeci '07	🍷🍷🍷 (vuoti)	6
● Ero '13	🍷🍷 (vuoti)	3
● Etna Rosso Il Musmeci Ris. '11	🍷🍷 (vuoti)	6
● Laeneo '13	🍷🍷 (vuoti)	3

Feudi del Pisciotto

C.DA PISCIOTTO
93015 NISCEMI [CL]
TEL. 09331930280
www.castellare.it

VENDITA DIRETTA
VISITA SU PRENOTAZIONE
OSPITALITÀ
PRODUZIONE ANNUA 200.000 bottiglie
ETTARI VITATI 45,00

Mancava solo il ristorante, appena inaugurato, perché l'immane lavoro di restauro e conversione in wine resort dell'antico Baglio del Pisciotto, iniziato da Paolo Panerai appena un lustro addietro, potesse dirsi finalmente finito. Mentre il vigneto, curato come un giardino da Alessandro Cellai, attentissimo a non farlo mai andare in stress con potature o diradamenti troppo radicali, maturando concede ai vini quella profondità che solo il tempo riesce a donare. Così, adesso, i vini, grazie al lavoro su estrazioni e legni, hanno ulteriormente guadagnato in eleganza e territorialità. Tre Bicchieri al Cerasuolo di Vittoria Giambattista Valli Paris '12: vino austero dai toni fruttati e balsamici, è elegante e succoso in bocca, e rimanda a mirtilli e prugne; l'approccio è tonico e avvolgente e sviluppa un lungo e persistente finale speziato. Intenso e complesso il Cabernet Sauvignon Missoni '14, dal fine e polputo fruttato, vivace, scattante, soave nel tannino.

● Cerasuolo di Vittoria Giambattista Valli Paris '12	🍷🍷🍷	6
● Cabernet Sauvignon Missoni '14	🍷🍷	4
○ Passito Gianfranco Ferrè '14	🍷🍷	5
● Baglio del Sole Nero d'Avola '14	🍷🍷	2*
○ Chardonnay Alberta Ferretti '14	🍷🍷	4
● Frappato Carolina Marengo Kisa '14	🍷🍷	4
● L'Eterno '14	🍷🍷	7
● Nero d'Avola Versace '14	🍷🍷	4
○ Tirsat Gurra di Mare '14	🍷🍷	4
● Baglio del Sole Merlot Syrah '14	🍷	2
● Cerasuolo di Vittoria Giambattista Valli Paris '11	🍷🍷🍷	6
● Cerasuolo di Vittoria Giambattista Valli Paris '09	🍷🍷🍷	6
● Frappato Carolina Marengo '11	🍷🍷🍷	4*
● Nero d'Avola Versace '12	🍷🍷🍷	4*

Feudo Arancio

C.DA PORTELLA MISILBESI
92017 SAMBUCA DI SICILIA [AG]
TEL. 0925579000
www.feudoarancio.it

VENDITA DIRETTA
VISITA SU PRENOTAZIONE
PRODUZIONE ANNUA 800.000 bottiglie
ETTARI VITATI 690,00

Si tratta di una delle due aziende siciliane di Mezzacorona, il colosso internazionale con sede in Trentino i cui albori risalgono al 1904. Qui ci troviamo in un bellissimo contesto naturale e paesaggistico, nei pressi del lago Arancio, e la tenuta, ben distribuita fra le ventilate colline, è pari a 240 ettari; quella situata ad Acate ne conta invece oltre 450, anche questi in un contesto assai vocato per la vitivinicoltura di qualità. L'impostazione agricola è chiara, saggia e attuale: rapportarsi all'ambiente secondo una logica di custodia, rispetto e bassissimo impatto, come da tradizione. In evidenza Barone d'Albius '14, originale blend di grillo, inzolia, zibibbo, chardonnay e viognier, che affascina con le sue delicate sfumature di albicocca, mandorla verde, erbe della macchia mediterranea e mandarino; in bocca è tonico, vivace, molto fresco e piacevole. Bene anche il gemello dell'annata 2012 (da nero d'Avola, syrah, cabernet sauvignon, pinot nero e merlot), rosso ampio e di carattere.

○ Barone d'Albius '14	🍷🍷	5
● Barone d'Albius '12	🍷🍷	5
○ Dalila '14	🍷🍷	4
○ Hekate Passito '13	🍷🍷	5
○ Sicilia Grillo '15	🍷🍷	2*
● Cantodoro '13	🍷	3
○ Inzolia '15	🍷	3
● Sicilia Nero d'Avola '15	🍷	3
● Sicilia Syrah '14	🍷	4
● Barone d'Albius '11	🍷🍷	5
● Cantadoro '12	🍷🍷	4
○ Dalila '13	🍷🍷	4
○ Dalila '12	🍷🍷	3
○ Hekate Passito '12	🍷🍷	5
○ Sicilia Grillo '14	🍷🍷	2*

Feudo Maccari

c.da Maccari
s.da prov.le Pachino-Noto km 13,500
96017 Noto [SR]
Tel. 0931596894
www.feudomaccari.it

VENDITA DIRETTA
VISITA SU PRENOTAZIONE
PRODUZIONE ANNUA 167.000 bottiglie
ETTARI VITATI 50,00
AZIENDA SOSTENIBILE

Lo sviscerato amore per questa terra, la certezza di trarne un grande vino e una buona dose di tenacia: sono le leve che hanno spinto Antonio Moretti, toscano e proprietario della Tenuta Sette Ponti, a imbarcarsi nel 2000 nell'avventura di produrre vino nello splendido lembo di Sicilia situato tra Noto e Pachino, di fronte alla Riserva di Vendicari. "Un territorio lo rispetti - sostiene Antonio - custodendone con cura le tradizioni, specialmente se sono millenarie e ricche di fascino." Per questo a Feudo Maccari tutti i vigneti sono ad alberello e quasi per intero a nero d'Avola e grillo. Tre Bicchieri al Nero d'Avola Saia '14, dall'elegante bagaglio aromatico, dove il frutto si manifesta nitido e fragrante, more e ciliegia in particolare, accompagnato da freschi toni balsamici e marini; in bocca è tonico, vibrante, lungo e appagante il finale. Notevole anche il Mahâris '14, Syrah dall'erbaceo mediterraneo, speziato e balsamico al naso, di bella struttura e beva prolungata il sorso.

● Saia '14	🍷🍷🍷 4*
○ Family&Friends '15	🍷🍷 5
● Sicilia Syrah Mahâris '14	🍷🍷 5
○ Grillo '15	🍷🍷 2*
● Nero d'Avola '15	🍷🍷 2*
○ Sultana '13	🍷 5
● Saia '13	🍷🍷🍷 4*
● Saia '12	🍷🍷🍷 4*
● Saia '11	🍷🍷🍷 4*
● Saia '10	🍷🍷🍷 4*
● Saia '08	🍷🍷🍷 4*
● Saia '07	🍷🍷🍷 4*
● Saia '06	🍷🍷🍷 4
○ Grillo '14	🍷🍷 2*
● Nero d'Avola '13	🍷🍷 2*

Feudo Montoni

c.da Montoni Vecchi
90144 Cammarata [AG]
Tel. 091513106
www.feudomontoni.it

VENDITA DIRETTA
VISITA SU PRENOTAZIONE
PRODUZIONE ANNUA 205.000 bottiglie
ETTARI VITATI 30,00
VITICOLTURA Biologico Certificato
AZIENDA SOSTENIBILE

Una storia cominciata nel 1469 fra le verdi colline di Cammarata, nel cuore della Sicilia, con l'edificazione di un baglio di straordinaria bellezza, ancora oggi sede pulsante della bella azienda di Fabio Sireci, 80 ettari a ulivi, grano e viti situati a un'altitudine fra i 500 e i 700 metri. I Sireci l'acquisirono alla fine dell'Ottocento, sedotti dal singolare fascino dei luoghi e dalle particolari escursioni termiche. Fabio l'ha ben valorizzata, facendone punto di riferimento per coloro che amano i vini di carattere, nel segno della naturalità e della visione artigiana del prodotto. Sugli scudi il Nero d'Avola Vrucara '12, dall'ammaliante colore rubino intenso e profondo, che si esprime con sentori nitidi di susina nera, cappero, bacche di ginepro, attraversati da piacevoli toni iodati; in bocca è tonico, di bella personalità, assai persistente, elegante e vivace. Nuance agrumate, arancia e mandarino in prevalenza, per il sapido Grillo Vigna della Timpa '15, di bellissima beva.

● Nero d'Avola Vrucara '12	🍷🍷 5
○ Sicilia Grillo V. della Timpa '15	🍷🍷 3
○ Sicilia Inzolia dei Fornelli '15	🍷🍷 3
● Sicilia Nero d'Avola V. Lagnusa '14	🍷🍷 4
○ Sicilia Catarratto V. del Masso '15	🍷 2
⊙ Sicilia Nerello Mascalese Rose di Adele '15	🍷 2
○ Catarratto '11	🍷🍷 2*
● Nero d'Avola Vrucara '10	🍷🍷 5
● Nero d'Avola Vrucara '09	🍷🍷 5
○ Sicilia Catarratto V. del Masso '13	🍷🍷 3
○ Sicilia Grillo V. della Timpa '14	🍷🍷 3
○ Sicilia Grillo V. della Timpa '13	🍷🍷 3
● Sicilia Nero d'Avola V. Lagnusa '13	🍷🍷 4
● Sicilia Perricone V. del Core '14	🍷🍷 3

Feudo Principi di Butera

c.da Deliella
93011 Butera [CL]
Tel. 0934347726
www.feudobutera.it

VENDITA DIRETTA
VISITA SU PRENOTAZIONE
PRODUZIONE ANNUA 900.000 bottiglie
ETTARI VITATI 180,00
AZIENDA SOSTENIBILE

Vent'anni fa il gruppo Zonin iniziò la sua avventura in Sicilia riportando allo splendore di un tempo il feudo, 350 ettari tra le province di Caltanissetta e Agrigento, a pochi chilometri dal Golfo di Gela. Nel 2002 venne inaugurata la grande e moderna cantina a pochi metri dall'antico baglio restaurato. I 180 ettari di vigneti collinari richiedono un costante impegno per contenere la vitalità che clima, terreni calcarei e vicinanza al mare conferiscono alle piante; i frutti di questo paziente e delicato lavoro in vigna sono la materia prima di vini dallo spiccato carattere mediterraneo. Il Deliella '14 torna in finale e manca di un soffio il massimo riconoscimento: Nero d'Avola in purezza, seduce con l'intensità e la profondità di un naso ricco di sfumature; in bocca è imponente senza risultare greve, ha una bella dinamica e una lunga persistenza. Va in finale anche Symposio '14, sapiente incontro tra cabernet sauvignon, merlot e petit verdot: elegante, balsamico e lungo.

Vino	Bicchieri	Prezzo
● Sicilia Nero d'Avola Deliella '14	🍷🍷 (rossi)	6
● Symposio '14	🍷🍷 (rossi)	5
○ Sicilia Chardonnay '15	🍷🍷	3
● Sicilia Merlot '14	🍷🍷	3
● Sicilia Nero d'Avola '14	🍷🍷	2*
● Sicilia Syrah '14	🍷🍷	3
● Sicilia Cabernet Sauvignon '14	🍷	3
○ Sicilia Insolia Serò '15	🍷	3
● Cabernet Sauvignon '00	🍷🍷🍷 (vuoti)	5
● Deliella '12	🍷🍷🍷 (vuoti)	6
● Deliella '05	🍷🍷🍷 (vuoti)	6
● Deliella '02	🍷🍷🍷 (vuoti)	7
● Deliella '00	🍷🍷🍷 (vuoti)	6
● Sicilia Deliella '13	🍷🍷🍷 (vuoti)	6

★Firriato

via Trapani, 4
91027 Paceco [TP]
Tel. 0923882755
www.firriato.it

VENDITA DIRETTA
VISITA SU PRENOTAZIONE
PRODUZIONE ANNUA 6.000.000 bottiglie
ETTARI VITATI 320,00
VITICOLTURA Biologico Certificato

Custodi di territori, definizione che ben si addice alla famiglia Di Gaetano: da Favignana all'Etna passando per l'Agro di Trapani, dove tutto è cominciato, Firriato ha saputo interpretare le singole eccellenze delle varie zone di produzione con grande rispetto, che si concretizza anche nel ricorso all'agricoltura biologica e alla sostenibilità ambientale in ogni fase della filiera. Ad affiancare Salvatore e Vinzia nella conduzione ci sono la figlia Irene e il genero Federico Lombardo di Monte Iato. Grande successo per le splendide strutture di ospitalità: Baglio Soria, Cavanera e Calamoni. Primi Tre Bicchieri per il Favinia La Muciara '14, fascinoso blend di grillo, catarratto e zibibbo, che hanno trovato in Favignana un terroir e un clima in grado di donare intensità, mineralità, eleganza e un frutto di straordinaria consistenza. Ad accompagnarlo alle finali il Nero d'Avola Harmonium '14, complesso e strutturato, e l'Etna Rosso Rovo delle Coturnie '14, finissimo e persistente.

Vino	Bicchieri	Prezzo
○ Favinia La Muciara '14	🍷🍷🍷 (rossi)	5
● Etna Rosso Cavanera Rovo delle Coturnie '14	🍷🍷 (rossi)	5
● Harmonium '14	🍷🍷 (rossi)	5
○ Etna Bianco Cavanera Ripa di Scorciavacca '14	🍷🍷	5
● Favinia Le Sciabiche '12	🍷🍷	5
○ Favinia Passulè '12	🍷🍷	6
○ L'Ecrù '14	🍷🍷	5
○ Quater Bianco '15	🍷🍷	4
● Quater Rosso '14	🍷🍷	5
● Ribeca '14	🍷🍷	5
● Santagostino Rosso Baglio Sorìa '14	🍷🍷	4
● Harmonium '13	🍷🍷🍷 (vuoti)	5
● Ribeca '10	🍷🍷🍷 (vuoti)	5
● Santagostino Rosso Baglio Sorìa '12	🍷🍷🍷 (vuoti)	4*

Cantine Florio

via Vincenzo Florio, 1
91025 Marsala [TP]
Tel. 0923781111
www.duca.it/cantineflorio

VENDITA DIRETTA
VISITA SU PRENOTAZIONE
PRODUZIONE ANNUA 3.500.000 bottiglie

Florio, da 184 anni un nome legato al Marsala e alla storia della Sicilia, ricordo di un'età di splendore e prosperità che questa azienda porta ancora avanti nell'ambito del gruppo ILLVA al fianco di Duca di Salaparuta. Le splendide volte a sesto acuto dove riposano le riserve centenarie delle cantine storiche si integrano in una struttura di accoglienza di grande bellezza, con una terrazza affacciata sul mare che funge da prestigiosa vetrina per i prodotti del gruppo, di cui Florio rappresenta la parte più "solare", i Marsala e i vini dolci e liquorosi dai territori tradizionalmente vocati. Il Vergine Terre Arse '04 approda alle finali forte di un bouquet intenso e complesso di notevole pulizia e finezza; in bocca è tonico, con un pieno ritorno e una bella persistenza. Il Targa 1840 Superiore Riserva Semisecco '05 non eguaglia l'annata precedente per eleganza, ma ne mantiene la personalità e la verve. Conferma la sua piacevolezza Morsi di Luce '13, da zibibbo, liquoroso e barricato.

○ Marsala Vergine Terre Arse '04	🍷🍷 4
○ Ambar Moscato Liquoroso	🍷🍷 3
○ Marsala Sup. Semisecco Ambra Donna Franca Ris.	🍷🍷 6
○ Marsala Sup. Semisecco Targa 1840 Ris. '05	🍷🍷 4
○ Morsi di Luce '13	🍷🍷 5
○ Passito di Pantelleria '14	🍷🍷 6
○ Marsala Sup. Vecchio Florio Secco '12	🍷 3
○ Oxydia	🍷 3
○ Pantelleria Passito Liquoroso Zighidì '13	🍷 4
○ Marsala Sup. Semisecco Targa 1840 Ris. '04	🍷🍷🍷 4*
○ Marsala Sup. Vecchio Florio '11	🍷🍷 2*
○ Marsala Vergine Baglio Florio '02	🍷🍷 5
○ Morsi di Luce '12	🍷🍷 4
○ Passito di Pantelleria '12	🍷🍷 6

Graci

loc. Passopisciaro
c.da Feudo di Mezzo
95012 Castiglione di Sicilia [CT]
Tel. 3487016773
www.graci.eu

VENDITA DIRETTA
VISITA SU PRENOTAZIONE
PRODUZIONE ANNUA 65.000 bottiglie
ETTARI VITATI 18,00
VITICOLTURA Biologico Certificato

Alberto Graci, nonostante la giovane età, può considerarsi tra i pionieri della nouvelle vague dell'Etna, tanto da essere diventato in pochi anni uno dei punti di riferimento dell'intero comprensorio vulcanico. Le sue vigne sono adesso sparse su sei diverse contrade, che dai 650 si spingono sino a oltre 1000 metri d'altitudine. Nei vini si ricercano eleganza e territorialità: per questo in vigna sono stati adottati i metodi dell'agricoltura biologica, le pratiche di cantina sono ridotte al minimo indispensabile e per l'affinamento si utilizzano solo vasche in cemento e legni grandi. Davvero notevole l'Etna Rosso Feudo di Mezzo '14, intenso, nitido, minerale, balsamico ma anche ricco di note di frutti rossi e tè alla rosa; tonico, lungo, si apre bene per poi fare spazio a tannini setosi e a un bella chiusura. In finale pure l'Etna Rosso Arcurìa '14, fine e articolato, segnato da un bel frutto maturo e toni minerali e balsamici, di beva intensa, profonda e ben strutturata.

● Etna Rosso Arcurìa '14	🍷🍷 6
● Etna Rosso Feudo di Mezzo '14	🍷🍷 6
○ Etna Bianco '15	🍷🍷 3
○ Etna Bianco Arcuria '14	🍷🍷 6
⊙ Etna Rosato '15	🍷🍷 3
● Etna Rosso '14	🍷🍷 3
○ Etna Bianco '10	🍷🍷🍷 4*
○ Etna Bianco Arcuria '11	🍷🍷🍷 5
○ Etna Bianco Quota 600 '10	🍷🍷🍷 5
● Etna Rosso Arcurìa '13	🍷🍷🍷 6
● Etna Rosso Arcurìa '12	🍷🍷🍷 6
○ Etna Bianco '14	🍷🍷 3*
○ Etna Bianco Arcuria '12	🍷🍷 6
⊙ Etna Rosato '14	🍷🍷 3

Gulfi

C.DA PATRIA
97012 CHIARAMONTE GULFI [RG]
TEL. 0932921654
www.gulfi.it

VENDITA DIRETTA
VISITA SU PRENOTAZIONE
OSPITALITÀ E RISTORAZIONE
PRODUZIONE ANNUA 280.000 bottiglie
ETTARI VITATI 70,00
VITICOLTURA Biologico Certificato

L'amore ritrovato di Vito Catania per la sua terra e le sue tradizioni, lasciate per fare fortuna in Francia e nel Nord Italia, si è cristallizzato in questa prestigiosa maison e nell'impostazione che si è data sin dal 1996. Che ha significato mettere al centro i vitigni autoctoni e le innumerevoli sfumature apportate dai diversi terroir, da Pachino all'Etna, l'adozione delle pratiche dell'agricoltura biologica, l'impostazione ad alberello del vigneto, la non irrigazione, la raccolta manuale. I lusinghieri risultati conseguiti e la forte personalità dei vini ne hanno fatto un'azienda "cult". Fra i vini presentati quest'anno ci è piaciuto il Nero d'Avola Neromàccarj '11, della tenuta di Pachino, dal colore rubino intenso, che regala sfumature che evocano la ciliegia nera, la viola, la liquirizia e la china; in bocca è carnoso, balsamico, e chiude con un finale armonioso e persistente. Sugli scudi anche il Pinò '12, da pinot nero dell'Etna, decisamente piacevole, solido e ben maturo.

● Neromàccarj '11	ΨΨ 6
● Pinò '12	ΨΨ 8
⊙ Rosà '15	ΨΨ 3
● Nerobaronj '11	Ψ 5
● Nerobufaleffj '11	Ψ 6
● Nerosanlorè '11	Ψ 6
● Nerobufaleffj '07	ΨΨΨ 5
● Neromàccarj '08	ΨΨΨ 6
● Neromàccarj '07	ΨΨΨ 5
● Neromàccarj '04	ΨΨΨ 5
● Nerosanlorè '05	ΨΨΨ 5
● Nerobufaleffj '09	ΨΨ 6
● Neromàccarj '10	ΨΨ 6
○ Sicilia Carjcanti '12	ΨΨ 5
○ Valcanzjria '13	ΨΨ 3

Hauner

LOC. SANTA MARIA
VIA G.GRILLO, 61
98123 MESSINA
TEL. 0906413029
www.hauner.it

VENDITA DIRETTA
VISITA SU PRENOTAZIONE
PRODUZIONE ANNUA 80.000 bottiglie
ETTARI VITATI 18,00

Salina, l'antica Didyme, isola di bellezza aspra e intensa, con i suoi coni vulcanici gemelli alle cui pendici si pratica un'agricoltura faticosa ma capace di dispensare delizie: tra tutte la Malvasia delle Lipari, leggendario vino dolce che a metà del secolo scorso ha rischiato di finire nell'oblio. La sua sopravvivenza deve molto al lavoro amorevole di Carlo Hauner, un artista bresciano qui arrivato nei primi anni Sessanta come turista e ben presto divenuto figlio adottivo di Salina, custode e promotore della sua tradizionale viticoltura. La sua opera è ora continuata dall'erede Carlo Junior. Finali per il Passito Riserva Carlo Hauner: l'annata 2013 si distingue per l'ampio, complesso bouquet di albicocche secche, carrube e agrumi canditi, con eleganti sfumature di sottobosco ed erbe amare; in bocca è intenso, dolce, armonico e lungo nel finale persistente. Fruttato elegantemente maturo per Hierà '14, blend da calabrese, alicante e nocera; ben riuscito anche il piacevole Salina Rosso '14.

○ Malvasia delle Lipari Passito Carlo Hauner Ris. '13	ΨΨ 8
● Hierà '14	ΨΨ 3
○ Malvasia delle Lipari Passito '14	ΨΨ 5
● Salina Rosso '14	ΨΨ 2*
○ Iancura '15	Ψ 2
○ Malvasia delle Lipari '14	Ψ 5
○ Salina Bianco '15	Ψ 2
○ Salina Bianco Carlo Hauner '14	Ψ 2
○ Malvasia delle Lipari Ris. '11	ΨΨΨ 8
○ Malvasia delle Lipari Ris. '10	ΨΨΨ 8
● Hierà '13	ΨΨ 3
○ Malvasia delle Lipari Passito '13	ΨΨ 6
○ Malvasia delle Lipari Passito Carlo Hauner '12	ΨΨ 6

Morgante

c.da Racalmare
92020 Grotte [AG]
Tel. 0922945579
www.morgantevini.it

VENDITA DIRETTA
VISITA SU PRENOTAZIONE
PRODUZIONE ANNUA 310.000 bottiglie
ETTARI VITATI 52,00

Nell'affascinante territorio di Grotte, non lontano dal mare e dalla Valle dei Templi, là dove un tempo ferveva il duro lavoro delle miniere di zolfo, una bella azienda agricola di sano stampo familiare legata alla tradizione. Qui il nero d'Avola è da sempre protagonista e i Morgante ne hanno esaltato la grandezza, il carattere talvolta difficile, la straordinaria personalità. L'amore per la terra e l'orgoglio dei vignaioli autentici hanno regalato agli appassionati dell'uva a bacca rossa più importante di Sicilia etichette indimenticabili per nitidezza, profondità, eleganza e aderenza al terroir. In gran forma, e finalista, il Nero d'Avola Don Antonio '14, intenso, profondo e di forte personalità: il quadro aromatico regala note di spezie, humus, prugna matura, bacche di mirto, in bocca è elegante e morbido, corredato da tannini vivaci eppur carezzevoli. Fresco e balsamico il vino cadetto della bella casa vinicola, il Nero d'Avola '14, dal frutto croccante e ben definito, levigato nei tannini.

● Sicilia Nero d'Avola Don Antonio '14	🍷🍷 6
○ Bianco di Morgante '15	🍷🍷 3
● Sicilia Nero d'Avola '14	🍷🍷 2*
● Don Antonio '07	🍷🍷🍷 4
● Don Antonio '06	🍷🍷🍷 4
● Don Antonio '03	🍷🍷🍷 4
● Don Antonio '02	🍷🍷🍷 4
● Don Antonio '01	🍷🍷🍷 4
● Don Antonio '00	🍷🍷🍷 5
● Don Antonio '99	🍷🍷🍷 5
● Don Antonio '98	🍷🍷🍷 5
○ Bianco di Morgante '14	🍷🍷 2*
● Sicilia Nero d'Avola '13	🍷🍷 2*
● Sicilia Nero d'Avola '12	🍷🍷 2*
● Sicilia Nero d'Avola Don Antonio '13	🍷🍷 5

Cantine Nicosia

via Luigi Capuana, 65
95039 Trecastagni [CT]
Tel. 0957806767
www.cantinenicosia.it

VENDITA DIRETTA
VISITA SU PRENOTAZIONE
RISTORAZIONE
PRODUZIONE ANNUA 1.800.000 bottiglie
ETTARI VITATI 240,00
VITICOLTURA Biologico Certificato
AZIENDA SOSTENIBILE

I Nicosia producono vino sull'Etna da 119 anni: il cuore aziendale è a Trecastagni, ai piedi del Monte Gorna, intorno al quale si arrampicano le terrazze dei vigneti, a quote che toccano i 700 metri. Qui si trova anche la cantina di vinificazione e una piacevole struttura di ricezione enoturistica, con un ben curato museo agricolo. Ma ci sono vigneti di proprietà anche in territorio ibleo, in contrada Bonincontro, nell'area della denominazione Cerasuolo di Vittoria. In totale la superficie vitata arriva a 240 ettari; la vasta gamma produttiva include, oltre ai vini biologici, etichette vegan certificate. Massimo alloro per il Sosta Tre Santi '10, da nero d'Avola e un 15% di syrah provenienti dal cru di Vittoria: intenso, complesso e intrigante al naso, svela una materia di eccelsa qualità ed eleganza, con una piena corrispondenza e un finale lungo, netto e appagante. Sfiora le finali l'inedito e sorprendente Contrada Monte Gorna '12, Etna Bianco dai maturi profumi agrumati, fresco e finemente minerale.

● Nero d'Avola Sosta Tre Santi '10	🍷🍷🍷 5
○ Etna Bianco Contrada Monte Gorna '12	🍷🍷 6
○ Etna Bianco Fondo Filara '15	🍷🍷 4
● Etna Rosso Fondo Filara '13	🍷🍷 4
● Sicilia Nerello Mascalese Fondo Filara '14	🍷🍷 3
● Cerasuolo di Vittoria Cl. Fondo Filara '13	🍷 4
○ Etna Brut Sosta Tre Santi Collezione di Famiglia '13	🍷 5
● Sicilia Frappato Fondo Filara '15	🍷 3
● Cerasuolo di Vittoria Cl. Fondo Filara '12	🍷🍷 4
● Etna Rosso Fondo Filara '12	🍷🍷 4
● Nerello Mascalese Sosta Tre Santi '10	🍷🍷 5
● Nero d'Avola Sosta Tre Santi '09	🍷🍷 5
● Sicilia Frappato '14	🍷🍷 3
● Sicilia Nerello Mascalese Fondo Filara '13	🍷🍷 3

Occhipinti

S.DA PROV.LE 68 VITTORIA-PEDALINO KM 3,3
97019 VITTORIA [RG]
TEL. 09321865519
www.agricolaocchipinti.it

VENDITA DIRETTA
VISITA SU PRENOTAZIONE
PRODUZIONE ANNUA 130.000 bottiglie
ETTARI VITATI 22,00
VITICOLTURA Biologico Certificato
AZIENDA SOSTENIBILE

Ultimata finalmente la nuova cantina e completato il trasloco dalla vecchia, si chiude per Arianna un periodo di transizione che, per forza di cose, l'ha molto impegnata in attività diverse da quella che le è da sempre più congeniale: fare la vignaiola a tempo pieno. Adesso, nella moderna e più ampia struttura, sarà più facile lavorare a quell'ideale di vino che ha sempre ricercato. Che è frutto delle nozze tra la generosa terra di Vittoria e il carattere di frappato e nero d'Avola, nella loro diversità, vitigni da sempre coltivati tra i muretti a secco tipici di questa parte di Sicilia. Tre Bicchieri per il blend da nero d'Avola e frappato SP 68 Rosso '15, squisito nei profumi di frutti rossi ed erbe aromatiche, con la beva segnata da una fresca vena acida elegante e particolarmente piacevole e persistente. In evidenza anche Il Frappato '14, assai vivace, dolce di frutto e lungo, che sviluppa al naso nuance di macchia mediterranea, frutta rossa matura e fiori di campo.

Vino	Bicchieri	Prezzo
● SP 68 Rosso '15	YYY	3*
● Il Frappato '14	YY	6
● Siccagno '13	YY	6
○ SP 68 Bianco '15	Y	3
● Il Frappato '12	YYY	5
● Il Frappato '11	YYY	5
● Il Frappato '13	YY	6
● Il Frappato '10	YY	4
● Siccagno '12	YY	6
● Siccagno '11	YY	5
○ SP 68 Bianco '14	YY	3
○ SP 68 Bianco '13	YY	4
○ SP 68 Bianco '12	YY	4
● SP 68 Rosso '14	YY	3
● SP 68 Rosso '13	YY	3
● SP 68 Rosso '12	YY	3

★Palari

LOC. SANTO STEFANO BRIGA
C.DA BARNA
98137 MESSINA
TEL. 090630194
www.palari.it

PRODUZIONE ANNUA 50.000 bottiglie
ETTARI VITATI 7,00

Bella storia di uomini e terroir quella di Salvatore Geraci: architetto, restauratore e raffinato gourmet, risponde all'appello di Gino Veronelli e "restaura" letteralmente il vino dei suoi avi, quel Faro dalla storia millenaria che sul finire degli anni Ottanta stava per scomparire. Con il fratello Giampiero riprende i 7 ettari di antichi alberelli su colline dalle pendenze mozzafiato, battute dai venti bizzosi dello Stretto di Messina. Nel 1990 la cantina, ricavata nella villa settecentesca di famiglia, accoglie la prima annata di Faro Palari, destinato a divenire ben presto un "cult" mondiale. Un anno di riposo in cantina ha certo giovato al Faro '12, che perpetua una serie di Tre Bicchieri con pochi eguali; ha un bouquet di note terziarie dalla fascinosa complessità: confettura di frutti rossi e pesche, spezie dolci, tabacco, cuoio e incenso. In bocca si apre con elegante autorevolezza, morbido e consistente, lunghissimo. Maturità, intensità e bella stoffa per il Rosso del Soprano '14.

Vino	Bicchieri	Prezzo
● Faro Palari '12	YYY	6
● Rosso del Soprano '14	YY	4
● Faro Palari '11	YYY	6
● Faro Palari '09	YYY	6
● Faro Palari '08	YYY	6
● Faro Palari '07	YYY	6
● Faro Palari '06	YYY	6
● Faro Palari '05	YYY	6*
● Faro Palari '04	YYY	7
● Faro Palari '03	YYY	6
● Faro Palari '02	YYY	6
● Faro Palari '01	YYY	6
● Rosso del Soprano '11	YYY	4*
● Rosso del Soprano '10	YYY	4*
● Rosso del Soprano '07	YYY	4

Carlo Pellegrino

via del Fante, 39
91025 Marsala [TP]
Tel. 0923719911
www.carlopellegrino.it

VENDITA DIRETTA
VISITA SU PRENOTAZIONE
PRODUZIONE ANNUA 6.900.000 bottiglie
ETTARI VITATI 150,00
AZIENDA SOSTENIBILE

Un affascinante pezzo di storia siciliana, non solo vitivinicola, quello che dal 1880 segna il tempo di questa prestigiosa azienda fondata da Paolo Pellegrino. Che ci racconta di un successo di mercato italiano e internazionale sempre in crescita, legato all'inizio alla tradizione del Marsala e poi allargatosi progressivamente alle altre tipologie di vini, nel solco della qualità. Oggi la casa vinicola, guidata con sagacia da Pietro Alagna e Benedetto Renda, Presidente e Amministratore Delegato, ha messo in campo la freschezza di idee della sesta generazione delle famiglie che la compongono. Tre Bicchieri al Tripudium Rosso '13, blend di uve siciliane e internazionali, che ci ha conquistati con l'intensità delle sue note di frutti rossi, pepe nero, petali di rosa e bacche di ginepro, vino caldo, profondo, elegante, dai soavi e sontuosi tannini, estremamente piacevole. Eccellente pure la versione 2014 del Passito Nes, dalle fini nuance di fichi e datteri, dolce eppur fresco e scattante.

● Tripudium Rosso Duca di Castelmonte '13	5
○ Passito di Pantelleria Nes Duca di Castelmonte '14	5
○ Gibelè Duca di Castelmonte '15	2*
○ Marsala Sup. Oro Dolce Ris.	3
○ Marsala Sup. Ambra Semisecco Ris. '85	4*
○ Marsala Vergine Ris. '81	6
○ Passito di Pantelleria Nes '09	5
● Tripudium Rosso Duca di Castelmonte '09	4*
○ Gibelè Duca di Castelmonte '14	2*
○ Marsala Vergine Ris. '00	6
○ Passito di Pantelleria Nes '12	5

Pietradolce

fraz. Solicchiata
c.da Rampante
95012 Castiglione di Sicilia [CT]
Tel. 3484037792
www.pietradolce.it

PRODUZIONE ANNUA 28.000 bottiglie
ETTARI VITATI 13,00

La bellissima cantina ipogea, dai muri in pietra lavica e tetto coperto da un metro di terra ed essenze della macchia mediterranea scelte accuratamente sui Monti Nebrodi e sull'Etna, completa al momento il progetto di Mario e Michele Faro. Ispirato idealmente dai nonni, agricoltori su quelle terre, che fecero conoscere ai due fratelli, da ragazzi, i vini della "muntagna". L'azienda, uno dei must della moderna enologia siciliana, è assai cara ai wine lover di tutto il mondo per lo spiccato taglio artigianale e la raffinata eleganza dei vini. Tre Bicchieri meritatissimi per il Vigna Barbagalli '13 (da nerello mascalese), vino superbo, dai toni raffinati di viola, frutta rossa matura, spezie, timo e salvia; in bocca conferma la sua forte personalità con tannini serici e scattanti, la lunga persistenza, la straordinaria piacevolezza di beva. Di alto livello pure Archineri '14, intenso, ammaliante, di ammirevole equilibrio e caratura.

● Etna Rosso V. Barbagalli '13	8
● Etna Rosso Archineri '14	6
○ Etna Bianco Archineri '15	6
○ Etna Bianco Pietradolce '15	4
⊙ Etna Rosato Pietradolce '15	3
● Etna Rosso Contrada Rampante '14	6
● Etna Rosso Archineri '10	5
● Etna Rosso Archineri '08	3*
● Etna Rosso Archineri '07	3*
● Etna Rosso V. Barbagalli '12	8
● Etna Rosso V. Barbagalli '11	8
● Etna Rosso V. Barbagalli '10	8
○ Etna Bianco Pietradolce '14	4

★★Planeta

C.DA DISPENSA
92013 MENFI [AG]
TEL. 091327965
www.planeta.it

VISITA SU PRENOTAZIONE
OSPITALITÀ E RISTORAZIONE
PRODUZIONE ANNUA 2.300.000 bottiglie
ETTARI VITATI 390,00
AZIENDA SOSTENIBILE

Un viaggio lungo 32 anni e cinque territori per una famiglia il cui forte legame con la terra dura da secoli. Nel 1985 vengono piantati i primi vigneti intorno alla tenuta dell'Ulmo sul lago Arancio, dove nasce dieci anni dopo la prima cantina; poi un crescendo che coinvolge terroir distanti accomunati da un'eccelsa vocazione: Menfi, Vittoria, Noto, l'Etna e infine Capo Milazzo. Ogni singolarità viene rispettata ed esaltata all'interno di una visione che abbraccia la cultura materiale e le sue tradizioni, l'ospitalità, l'arte, la comunicazione, l'impegno sociale, la sostenibilità ambientale. Con l'annata 2014 il Classico Dorilli completa il tris di Tre Bicchieri consecutivi: ha una felicità espressiva ammirevole, con un fruttato di estrema piacevolezza e sfumature erbacee e minerali; in bocca è dinamico, verde, levigato, persistente. Lo accompagnano in finale un Passito di Noto '14, di spettacolare consistenza e armonia, e il Cabernet Burdese '11, complesso, maturo e lungo.

● Cerasuolo di Vittoria Cl. Dorilli '14	▼▼▼ 3*
● Burdese '11	▼▼ 4
○ Passito di Noto '14	▼▼ 5
● Cerasuolo di Vittoria '14	▼▼ 3
○ Menfi Chardonnay '14	▼▼ 5
○ Menfi Fiano Cometa '15	▼▼ 5
○ Noto Moscato Bianco '15	▼▼ 3
● Noto Santa Cecilia '13	▼▼ 5
○ Sicilia Carricante Eruzione 1614 '15	▼▼ 4
● Sicilia Merlot Sito dell'Ulmo '13	▼▼ 5
● Sicilia Nerello Mascalese Eruzione 1614 '14	▼▼ 4
● Vittoria Frappato '15	▼▼ 3
● Cerasuolo di Vittoria Cl. Dorilli '13	▽▽▽ 3*
● Cerasuolo di Vittoria Cl. Dorilli '12	▽▽▽ 3*
● Noto Santa Cecilia '10	▽▽▽ 5

Poggio di Bortolone

FRAZ. ROCCAZZO
VIA BORTOLONE, 19
97010 CHIARAMONTE GULFI [RG]
TEL. 0932921161
www.poggiodibortolone.it

VENDITA DIRETTA
VISITA SU PRENOTAZIONE
OSPITALITÀ E RISTORAZIONE
PRODUZIONE ANNUA 80.000 bottiglie
ETTARI VITATI 15,00
AZIENDA SOSTENIBILE

Furono gli avi diretti dell'attuale proprietario, Pierluigi Cosenza, ad acquisire sul finire del diciottesimo secolo il feudo poi denominato Poggio di Bortolone, dal nome dialettale della collinetta che lo domina. La moderna azienda agricola è invece molto più recente, risale infatti al 1982, quando Ignazio, padre di Pierluigi, imbottigliò il primo Cerasuolo, vino destinato nel tempo a diventarne l'emblema. Sin dall'esordio i vini di questa casa vinicola si sono distinti per la coerenza stilistica che, in chiave tradizionale, esalta assai bene, nel contempo, territorio e vitigno d'origine. Austero, elegante, Il Para Para '12 regala al naso spezie, balsamicità e un frutto che torna prepotentemente al palato, contenuto a stento da un bel nerbo acido e tannini fitti e fini. Complice l'annata, il Poggio di Bortolone '13 è più caldo e maturo del solito, senza comunque perdere in finezza: il frutto svolta verso la confettura ma la beva rimane fresca, tonica, sapida e di lunga persistenza.

● Cerasuolo di Vittoria Cl. Poggio di Bortolone '13	▼▼ 3*
● Cerasuolo di Vittoria Il Para Para '12	▼▼ 4
● Addamanera '14	▼▼ 2*
● Cerasuolo di Vittoria Cl. Contessa Costanza '13	▼▼ 3
● Petit Verdò '14	▼▼ 3
● Sicilia Rosso Pigi '14	▼▼ 5
● Vittoria Frappato '15	▼▼ 2*
⊙ Rosato '15	▼ 2
● Cerasuolo di Vittoria V. Para Para '05	▽▽▽ 4
● Cerasuolo di Vittoria V. Para Para '02	▽▽▽ 4
● Addamanera '13	▽▽ 2*
● Cerasuolo di Vittoria Cl. Para Para '11	▽▽ 4
● Sicilia Rosso Pigi '13	▽▽ 5
● Vittoria Frappato '14	▽▽ 2*

Rallo

via Vincenzo Florio, 2
91025 Marsala [TP]
Tel. 0923721633
www.cantinerallo.it

VENDITA DIRETTA
VISITA SU PRENOTAZIONE
PRODUZIONE ANNUA 420.000 bottiglie
ETTARI VITATI 110,00
VITICOLTURA Biologico Certificato

La bella realtà di Andrea Vesco si articola tra il baglio ottocentesco, dove un tempo si produceva Marsala, adesso trasformato in una modernissima cantina, e i tre ambiti produttivi, che vanno dai vicini vigneti di Piane Liquide, nei pressi dello Stagnone, a quelli di Patti Piccolo, nell'agro di Alcamo e, infine, alla tenuta di Pantelleria, a strapiombo sul Lago di Venere. Oltre 100 ettari di vigna che Andrea, da sempre attento alle istanze ecologiste, coltiva in regime biologico certificato. Eleganti e ben fatti, i vini di questa maison si distinguono anche per un ottimo rapporto qualità prezzo. Le degustazioni descrivono una cantina in crescita, dinamica, attenta al mercato e alle variegate esigenze dei consumatori. Tre Bicchieri meritati al Catarratto Beleda '15, dal naso ampio ed elegante che sa di agrumi, gelsomino e frutta a polpa bianca, sapido, dal sorso di prorompente freschezza e lunga persistenza. Squisito, e finalista, lo Zibibbo Al Qasar '15, dalle raffinate nuance di menta.

○ Alcamo Beleda '15	🍷🍷🍷 4*
○ Al Qasar Zibibbo '15	🍷🍷 3*
○ Passito di Pantelleria Bugeber '11	🍷🍷 5
○ Sicilia Bianco Maggiore '15	🍷🍷 3
○ Sicilia Evrò '15	🍷🍷 3
● Sicilia Il Principe '15	🍷🍷 2*
● Sicilia La Clarissa '12	🍷🍷 2*
○ Sicilia Carta d'Oro '15	🍷 2
● Sicilia Lacuba '14	🍷 3
○ Alcamo Beleda '13	🍷🍷🍷 2*
○ Bianco Maggiore '12	🍷🍷🍷 3*
○ Sicilia Bianco Maggiore '14	🍷🍷🍷 3*
○ Al Qasar Zibibbo '14	🍷🍷 3
○ Alcamo Beleda '14	🍷🍷 2*
○ Bianco Maggiore '13	🍷🍷 3*
● Siocilia Il Manto '13	🍷🍷 3

Tenute Rapitalà

c.da Rapitalà
90043 Camporeale [PA]
Tel. 092437233
www.rapitala.it

VENDITA DIRETTA
VISITA SU PRENOTAZIONE
PRODUZIONE ANNUA 2.800.000 bottiglie
ETTARI VITATI 175,00

Rapitalà deriva da Rabidh-Allah, che in arabo sta per "fiume di Allah", a indicare il ruscello che ancor oggi scorre all'interno della bella realtà siciliana del Gruppo Italiano Vini, diretta da Laurent Bernard de la Gatinais. La tenuta si trova tra Camporeale e Alcamo e conta su 175 ettari di vigneti in terreni collinari ben esposti e caratterizzati da suoli generosi, dove si alternano sabbia e argilla. Oggi l'importante casa vinicola, a quasi cinquant'anni dalla fondazione, offre una vasta e articolata gamma di vini ben fatti e affidabili, che hanno nella grande piacevolezza di beva il loro punto di forza. Ragguardevole prestazione per i vini di questa storica cantina. Il Syrah Solinero '13 profuma di erbe aromatiche, capperi sotto sale e frutti neri, è solido e potente senza perdere in eleganza. Equilibrato, morbido, ben distribuito, l'Hugonis '14, elegante blend da nero d'Avola e cabernet sauvignon. Fiori ed erbe mediterranee a profusione per il Grillo '15, dalla piacevolissima beva.

● Solinero '13	🍷🍷 5
○ Conte Hugues Bernard de la Gatinais Grand Cru '14	🍷🍷 4
● Hugonis '14	🍷🍷 5
● Sicilia Alto Nero d'Avola '14	🍷🍷 3
○ Sicilia Grillo '15	🍷🍷 2*
○ Alcamo Bianco V. Casalj '15	🍷 3
○ Bouquet '15	🍷 3
● Sicilia Nuhar '14	🍷 3
○ Conte Hugues Bernard de la Gatinais Grand Cru '10	🍷🍷🍷 4*
● Hugonis '01	🍷🍷🍷 6
● Solinero '03	🍷🍷🍷 5
● Solinero '00	🍷🍷🍷 5

Riofavara

LOC. VAL DI NOTO
FRAZ. FAVARA
S.DA PROV.LE 49 ISPICA-PACHINO
97014 ISPICA [RG]
TEL. 0932705130
www.riofavara.it

VENDITA DIRETTA
VISITA SU PRENOTAZIONE
OSPITALITÀ
PRODUZIONE ANNUA 70.000 bottiglie
ETTARI VITATI 16,00
VITICOLTURA Biologico Certificato
AZIENDA SOSTENIBILE

Massimo e Marianta Padova sono da annoverare sicuramente tra i migliori interpreti della tradizione vitivinicola ispicese. I loro vigneti, nel massimo rispetto per la biodiversità, sono coltivati in stretto regime di agricoltura biologica; in cantina, a coerenza, le pratiche enologiche sono ridotte al minimo, con fermentazioni attivate solo da lieviti autoctoni. Sin dal primo imbottigliamento i rossi di questa azienda si sono fatti apprezzare per la loro marcata territorialità, ben sposata alle caratteristiche varietali del nero d'Avola. Le nostre annuali degustazioni hanno evidenziato l'ottima qualità dei vini di questa cantina: sfiora ancora una volta il massimo riconoscimento lo Sciavè '13, Nero d'Avola elegante e ben equilibrato. Bene anche il Nero d'Avola Spaccaforno '13, meno complesso ma altrettanto fine e territoriale. Buona prestazione pure per il Moscato Mizzica '15, fresco, ampio e ben profilato sia al naso che nel bicchiere.

● Eloro Nero d'Avola Sciavè '13	TT 5
● Eloro Nero d'Avola Spaccaforno '13	TT 4
○ Marzaiolo '15	TT 3
○ Moscato di Noto Mizzica '15	TT 3
● San Basilio '14	T 3
● Eloro Nero d'Avola Sciavè '12	YY 5
● Eloro Nero d'Avola Spaccaforno '12	YY 3
○ Marzaiolo '14	YY 3
○ Marzaiolo '13	YY 2*
○ Marzaiolo '12	YY 2*
○ Moscato di Noto Notissimo '12	YY 3
● S. Basilio '13	YY 2*
● San Basilio '12	YY 3
● San Basilio '11	YY 3

Feudo Rudinì

C.DA CAMPOREALE
96018 PACHINO [SR]
TEL. 0931595333
www.vinirudini.it

VISITA SU PRENOTAZIONE
PRODUZIONE ANNUA 300.000 bottiglie
ETTARI VITATI 24,00

Una lunga tradizione familiare è alla base di questa azienda, condotta da Saro Di Pietro e dal figlio Giuseppe. Il territorio di riferimento è l'estrema punta sud della Sicilia, Pachino e i suoi bianchi suoli calcarei, culla del nero d'Avola. Qui nell'Ottocento il barone Rudinì possedeva oltre 2000 ettari di vigneti ed esportava ogni anno 50mila ettolitri di vino ottenuto da questo vitigno attraverso il vicino porto di Marzamemi. Particolare cura viene prestata dai Di Pietro alla viticoltura tradizionale, innanzitutto preservando l'alberello, la forma più antica di allevamento del nero d'Avola. Strepitoso ritorno in Guida con i Tre Bicchieri all'Eloro Pachino Saro '13, selezione di nero d'Avola dai vigneti più antichi: è intenso e nitido nel fruttato di melagrana, con belle note minerali iodate ed erbacee di cappero; la polpa è morbida e consistente nella tessitura, lunghissimo il finale balsamico. Fine naso di melone e frutti tropicali per il dolce e fresco Moscato di Noto Baroque '15.

● Eloro Pachino Saro '13	TTT 3*
○ Moscato di Noto Baroque '15	TT 3
● Nero d'Avola Le Origini '15	TT 2*
○ Passito di Noto Scaramazzo '15	TT 4
● Eloro Pachino '05	YY 2
● Eloro Pachino Saro '06	YY 4

Girolamo Russo

loc. Passopisciaro
via Regina Margherita, 78
95012 Castiglione di Sicilia [CT]
Tel. 3283840247
www.girolamorusso.it

VENDITA DIRETTA
VISITA SU PRENOTAZIONE
PRODUZIONE ANNUA 65.000 bottiglie
ETTARI VITATI 15,00
VITICOLTURA Biologico Certificato

Pianista e letterato per formazione, vignaiolo per vocazione e discendenza, Giuseppe Russo coltiva i vigneti di famiglia alle pendici dell'Etna, tra Passopisciaro e Randazzo, a San Lorenzo, Feudo e Feudo di Mezzo. L'agricoltura praticata asseconda le tradizioni secolari della viticoltura locale: le piante sono in buona parte alberelli che raggiungono i 100 anni di età e necessitano di interventi esclusivamente manuali, ogni aiuto dai prodotti chimici di sintesi è bandito; in cantina l'eccelsa materia prima viene trasformata con la stessa amorevole cura e rispetto. Tre Bicchieri per il cru San Lorenzo '14: il naso esprime eleganza e personalità eccezionali, lasciando intravedere un'ulteriore evoluzione; in bocca il frutto ritorna in tutta la sua pienezza, con una coda di lunga persistenza. In finale anche il Feudo '14, lievemente più austero nei toni di confettura e spezie, ricco di carattere e stoffa. Finissimo nel fruttato, fresco e polputo l'Etna Rosato '15.

Vino	Bicchieri	
● Etna Rosso San Lorenzo '14	🍷🍷🍷 (rossi)	6
● Etna Rosso Feudo '14	🍷🍷 (rossi)	6
○ Etna Bianco Nerina '15	🍷🍷	5
⊙ Etna Rosato '15	🍷🍷	4
● Etna Rosso 'A Rina '14	🍷🍷	5
● Etna Rosso Feudo di Mezzo '14	🍷🍷	6
● Etna Rosso 'A Rina '12	🍷🍷🍷 (vuoti)	3*
● Etna Rosso Feudo '11	🍷🍷🍷 (vuoti)	5
● Etna Rosso Feudo '10	🍷🍷🍷 (vuoti)	5
● Etna Rosso Feudo '07	🍷🍷🍷 (vuoti)	5
● Etna Rosso San Lorenzo '13	🍷🍷🍷 (vuoti)	5
● Etna Rosso San Lorenzo '09	🍷🍷🍷 (vuoti)	5
● Etna Rosso Feudo '13	🍷🍷 (vuoti)	5
● Etna Rosso Feudo '12	🍷🍷 (vuoti)	5

Emanuele Scammacca del Murgo

via Zafferana, 13
95010 Santa Venerina [CT]
Tel. 095950520
www.murgo.it

VENDITA DIRETTA
VISITA SU PRENOTAZIONE
OSPITALITÀ E RISTORAZIONE
PRODUZIONE ANNUA 230.000 bottiglie
ETTARI VITATI 35,00

La bella storia di un territorio particolare e di un'affiatata famiglia, attiva sin dal 1860, che ha visto nel 1981 il compianto ambasciatore Emanuele Scammacca del Murgo imprimere, con straordinaria lungimiranza, nuova linfa alle proprietà avite, trasformate in poco tempo in moderne realtà produttive. Sono tre le tenute di riferimento, dove si producono vini che rispecchiano e interpretano appieno i differenti terroir e le diverse caratteristiche delle cultivar presenti, in buona parte autoctone, anche se non mancano varietà internazionali, alcune storicamente presenti sull'Etna dall'Ottocento. Di gran pregio il Nerello Mascalese Tenuta San Michele '14, dall'intrigante colore violaceo intenso, che si esprime con eleganti sfumature di viola, pesca tabacchiera, piccoli frutti rossi di bosco, fine e armonico al palato, dotato di tannini gentili. Bella prestazione anche per il Murgo Extra Brut '09, un Metodo Classico da nerello mascalese profondo, floreale, agrumato, piacevolmente cremoso.

Vino	Bicchieri	
○ Etna Bianco '15	🍷🍷	2*
● Etna Rosso Tenuta San Michele '14	🍷🍷	2*
⊙ Murgo Brut Rosé '12	🍷🍷	4
○ Murgo Extra Brut '09	🍷🍷	5
○ Murgo Brut '12	🍷	3
○ Arbiato '13	🍷🍷 (vuoti)	4
○ Etna Bianco '14	🍷🍷 (vuoti)	2*
○ Etna Bianco Tenuta San Michele '12	🍷🍷 (vuoti)	2*
⊙ Etna Rosato '13	🍷🍷 (vuoti)	2*
● Etna Rosso '12	🍷🍷 (vuoti)	2*
● Etna Rosso Tenuta San Michele '12	🍷🍷 (vuoti)	2*
○ Murgo Brut '10	🍷🍷 (vuoti)	3
○ Murgo Extra Brut '07	🍷🍷 (vuoti)	5
○ Murgo Extra Brut '08	🍷🍷 (vuoti)	5
● Tenuta San Michele Pinot Nero '12	🍷🍷 (vuoti)	3

Settesoli

S.DA ST.LE 115
92013 MENFI [AG]
TEL. 092577111
www.cantinesettesoli.it

VENDITA DIRETTA
VISITA SU PRENOTAZIONE
PRODUZIONE ANNUA 20.000.000 bottiglie
ETTARI VITATI 6000,00

I vigneti di Settesoli si trovano a Menfi, sulla costa sud occidentale della Sicilia, un territorio incontaminato e per le sue condizioni climatiche ideali da sempre vocato alla viticultura di qualità. I vini della linea Mandrarossa nascono dalle selezioni dei migliori vigneti, dopo anni di ricerche sulle caratteristiche dei suoli e di come questi interagiscano con le diverse varietà. Un lavoro enorme che dà ottimi risultati, che parlano di vini di taglio moderno e grande bevibilità, intimamente legati al territorio e al vitigno d'origine. Conquista i Tre Bicchieri il Nero d'Avola Mandrarossa Cartagho '14, ricco di sfaccettature che vanno dai fiori di violetta, al sale marino sino alla ciliegia nera, lungo al palato, dove sfoggia tannini levigati e frutto succoso. Piacevolissimo il Seligo Rosso '15, blend da nero d'Avola e syrah dalle nuance speziate, balsamiche e di pesca matura, fresco e persistente.

- ● Sicilia Mandrarossa Cartagho '14 — 🍷🍷🍷 3*
- ○ Sicilia Mandrarossa Urra di Mare '15 — 🍷🍷 2*
- ● Sicilia Seligo Rosso '15 — 🍷🍷 2*
- ● Mandrarossa Bonera '15 — 🍷🍷 3
- ● Mandrarossa Cavadiserpe '15 — 🍷🍷 3
- ● Mandrarossa Timperosse '15 — 🍷🍷 3
- ○ Mandrarossa Zibibbo '15 — 🍷🍷 2*
- ● Mandrarossa Frappato '15 — 🍷 2
- ● Cartagho Mandrarossa '09 — 🍷🍷🍷 3*
- ● Cartagho Mandrarossa '08 — 🍷🍷🍷 3*
- ● Cartagho Mandrarossa '06 — 🍷🍷🍷 3
- ● Timperosse Mandrarossa '14 — 🍷🍷🍷 3*
- ○ Santannella Mandrarossa '14 — 🍷🍷 3
- ○ Sicilia Urra di Mare Mandrarossa '14 — 🍷🍷 2*

★★Tasca d'Almerita

C.DA REGALEALI
90129 SCLAFANI BAGNI [PA]
TEL. 0916459711
www.tascadalmerita.it

VENDITA DIRETTA
VISITA SU PRENOTAZIONE
OSPITALITÀ E RISTORAZIONE
PRODUZIONE ANNUA 3.253.000 bottiglie
ETTARI VITATI 388,00

In due secoli questa casata ha rivestito un ruolo fondamentale nel processo evolutivo della cultura del vino siciliano di qualità: a dare all'azienda la fisionomia moderna fu il conte Giuseppe, la cui opera è ora continuata dal figlio Lucio e dai nipoti Alberto e Giuseppe. Lo spirito pionieristico dei Tasca li ha condotti a misurarsi con territori diversi dall'originario Feudo di Regaleali, splendida e sconfinata tenuta nel cuore della Sicilia: Salina con Capofaro, l'Etna con Tascante, Mozia con la Tenuta Whitaker e la Valle dello Jato con la gestione dell'azienda dei cugini Sallier de la Tour. Trionfa il bianco dell'Etna Tascante Buonora '15, Carricante dal magnifico profilo aromatico di fiori d'agrumi e gelsomino, che ritorna splendidamente definito in una polpa di superba consistenza, freschezza e lunghezza. Finali anche per il Rosso del Conte '12: al naso si apre con eleganza, è intenso e articolato, in bocca il frutto ha un bel carattere mediterraneo e pregevoli richiami balsamici.

- ○ Sicilia Carricante Tascante Buonora '15 — 🍷🍷🍷 3*
- ● Contea di Sclafani Rosso del Conte '12 — 🍷🍷 6
- ● Contea di Sclafani Cabernet Sauvignon '13 — 🍷🍷 5
- ○ Malvasia Tenuta Capofaro '15 — 🍷🍷 5
- ○ Sicilia Grillo Whitaker '15 — 🍷🍷 3
- ● Sicilia Nero d'Avola Lamùri '14 — 🍷🍷 3
- ● Sicilia Perricone Guarnaccio '14 — 🍷🍷 3
- ● Sicilia Rosso Cygnus '13 — 🍷🍷 4
- ● Cabernet Sauvignon '08 — 🍷🍷🍷 5
- ● Contea di Sclafani Cabernet Sauvignon '10 — 🍷🍷🍷 5
- ● Contea di Sclafani Riserva del Conte '10 — 🍷🍷🍷 7
- ● Contea di Sclafani Rosso del Conte '10 — 🍷🍷🍷 6
- ● Contea di Sclafani Rosso del Conte '07 — 🍷🍷🍷 6
- ● Cygnus '10 — 🍷🍷🍷 4*

★Tenuta delle Terre Nere

C.DA CALDERARA
95036 RANDAZZO [CT]
TEL. 095924002
www.tenutaterrenere.com

VENDITA DIRETTA
VISITA SU PRENOTAZIONE
PRODUZIONE ANNUA 200.000 bottiglie
ETTARI VITATI 30,00
VITICOLTURA Biologico Certificato

È stato bravo Marco de Grazia a capire sin dal suo arrivo sull'Etna le grandi potenzialità di questo magico territorio, dove i suoli, anche all'interno di una stessa vigna, cambiano a seconda della composizione delle colate laviche da cui sono stati ricoperti nei secoli, così come il microclima, a seconda del versante, dell'altitudine e dell'esposizione. Pertanto, sin dalla prima vendemmia, ha cominciato a vinificare e imbottigliare vigna per vigna, battendosi nel contempo per il riconoscimento, poi arrivato, nel disciplinare della denominazione Etna, della menzione della contrada d'origine in etichetta. Eleganza e territorialità accomunano l'intera produzione di Marco, ma è incredibile come ogni vino abbia sfaccettature aromatiche e olfattive differenti. Tre Bicchieri al vino archetipo dell'azienda, quel Prephilloxera La Vigna di Don Peppino '14 monumentale quanto le piante centenarie da cui nasce: intenso, elegantissimo, cristallina esplosione di frutto, sapidità e freschezza. Châpeau!

● Etna Rosso Prephylloxera La V. di Don Peppino '14	🍷🍷🍷	8
○ Etna Bianco Calderara Sottana Cuvée delle Vigne Niche '14	🍷🍷	6
● Etna Rosso Guardiola '14	🍷🍷	6
○ Etna Bianco '15	🍷🍷	4
○ Etna Bianco Santo Spirito Cuvée delle Vigne Niche '14	🍷🍷	6
⊙ Etna Rosato '15	🍷🍷	4
● Etna Rosso '14	🍷🍷	4
● Etna Rosso Calderara Sottana '14	🍷🍷	6
● Etna Rosso Feudo di Mezzo Quadro delle Rose '14	🍷🍷	6
● Etna Rosso Santo Spirito '14	🍷🍷	6
● Etna Rosso Calderara Sottana '13	🍷🍷🍷	6
● Etna Rosso Santo Spirito '12	🍷🍷🍷	6
● Etna Rosso Santo Spirito '11	🍷🍷🍷	6

Terrazze dell'Etna

C.DA BOCCA D'ORZO
95036 RANDAZZO [CT]
TEL. 0916236343
www.terrazzedelletna.it

VENDITA DIRETTA
VISITA SU PRENOTAZIONE
PRODUZIONE ANNUA 120.000 bottiglie
ETTARI VITATI 38,00

La bella tenuta condotta dall'ingegnere Nino Bevilacqua e dalla figlia Alessia conta su 38 ettari di vigneto in contrada Bocca d'Orzo, nel comune di Randazzo, all'interno del Parco Naturale dell'Etna, in un contesto rurale di rara incontaminata bellezza. Poco distante, in contrada Arena, si trova invece la modernissima e funzionale cantina di vinificazione e affinamento. La casa vinicola, che proprio quest'anno festeggia l'ottava vendemmia, sin dall'inizio si è caratterizzata per l'austera eleganza dei suoi vini e per l'estrema finezza e bevibilità dei suo spumanti da Metodo Classico. Lasciati ad affinare in cantina ancora per qualche mese i top line Cirneco e Cratere, non hanno deluso gli altri vini, a cominciare dall'Etna Rosso Carusu '14, dai delicati toni floreali e speziati, fresco, ben equilibrato ed elegante in bocca. Piacevole anche il Ciuri '15, da nerello mascalese vinificato in bianco, dai profumi iodati, di fiori gialli e agrumi, fresco, sapido e scorrevole al palato.

○ Ciuri '15	🍷🍷	3
○ Cuvée Brut '13	🍷🍷	5
● Etna Rosso Carusu '14	🍷🍷	4
⊙ Rosé Brut '13	🍷🍷	5
● Etna Rosso Cirneco '09	🍷🍷🍷	6
● Etna Rosso Cirneco '08	🍷🍷🍷	5
○ Ciuri '14	🍷🍷	3
● Cratere '11	🍷🍷	4
○ Cuvée Brut '12	🍷🍷	5
● Etna Rosso Carusu '12	🍷🍷	4
● Etna Rosso Cirneco '12	🍷🍷	6
● Etna Rosso Cirneco '11	🍷🍷	6
⊙ Rosé Brut '12	🍷🍷	5
⊙ Rosé Brut '11	🍷🍷	5

Valle Dell'Acate

c.da Bidini
97011 Acate [RG]
Tel. 0932874166
www.valledellacate.com

VENDITA DIRETTA
VISITA SU PRENOTAZIONE
PRODUZIONE ANNUA 400.000 bottiglie
ETTARI VITATI 100,00
AZIENDA SOSTENIBILE

Risalente all'Ottocento, è una bella realtà di proprietà delle famiglie Jacono e Ferreri, che ne hanno fatto, con somma dedizione e impegno, un punto di riferimento qualitativo dell'enologia siciliana. Oggi è felicemente in campo l'ultima generazione, rappresentata da Gaetana Jacono, brillante personaggio-immagine della casa vinicola, e Francesco Ferreri, autorevole presidente di Assovini. La splendida azienda, collocata nell'immensa vallata ai piedi della città di Acate e solcata dal fiume Dirillo, riesce a coniugare mirabilmente la storia e la tradizione vitivinicola dell'area con la modernità. Guadagna la nostra finalissima il Frappato '15, dai toni violacei e brillanti, segnato da nuance eleganti e nitide che ricordano la fragola, i lamponi e i petali di rosa; in bocca è molto fine e scattante, e ripropone pienamente i descrittori già segnalati al naso, di bevibilità e piacevolezza senza pari. Di bella struttura il Nero d'Avola Il Moro '13, dal fruttato maturo, austero e di carattere.

● Vittoria Frappato '15	3*
● Cerasuolo di Vittoria Cl. '13	4
● Sicilia Il Moro '13	3
● Sicilia Rusciano '13	4
○ Sicilia Bidis '14	4
○ Sicilia Zagra '15	3
● Cerasuolo di Vittoria Cl. '12	3*
● Cerasuolo di Vittoria Cl. '11	3
○ Sicilia Bidis '13	4
● Sicilia Il Moro '12	3
● Vittoria Il Frappato '14	3
● Vittoria Il Frappato '13	2*
○ Vittoria Inzolia '13	2*

Zisola

c.da Zisola
96017 Noto [SR]
Tel. 057773571
www.mazzei.it

VENDITA DIRETTA
VISITA SU PRENOTAZIONE
PRODUZIONE ANNUA 120.000 bottiglie
ETTARI VITATI 21,00
AZIENDA SOSTENIBILE

Filippo Mazzei è stato tra i primi a capire le grandi potenzialità vitivinicole di quella porzione di territorio che da Pachino si spinge sin sotto Noto lambendo la riserva di Vendicari. Così, appena è capitata l'occasione, non ha esitato a comprare la tenuta di Zisola, con al centro l'antico baglio fortificato, che gode di una vista straordinaria sulla cittadina barocca, distante poco più di un chilometro. Nel solco della tradizione locale anche la scelta di utilizzare soprattutto il nero d'Avola come vitigno di riferimento e l'allevamento ad alberello per tutti i 21 ettari vitati di proprietà. Accede alla nostra ambita finale il Nero d'Avola Zisola '14, vino di notevole pregio, dai profumi varietali di ferro, viola, capperi salati ed erbe mediterranee, croccante, ben distribuito, dolcemente tannico e di godibilissima beva. Frutto succoso per il Doppiozeta '13, sempre da scelte uve nero d'Avola, ancora in piena evoluzione. Di livello alto le altre etichette presentate.

● Noto Zisola '14	4
● Effe Emme '13	6
● Noto Zisola Doppiozeta '13	6
○ Sicilia Azisa '15	3
● Doppiozeta '10	6
● Doppiozeta '07	6
● Effe Emme '12	7
● Noto Doppiozeta '11	6
● Noto Zisola Doppiozeta '12	7
● Sicilia Zisola '13	4
○ Sicilia Zisola Azisa '14	4
● Zisola '12	5
● Zisola '10	5
● Zisola '08	4
● Zisola Nero d'Avola '11	5

Alagna

via Salemi, 752
91025 Marsala [TP]
Tel. 0923981022
www.alagnavini.com

Un'importante realtà familiare, quella degli Alagna, sorta nella prima metà del Novecento, che può contare su ben 50 ettari di proprietà. Molto buono il Marsala Superiore S. O. M., dal bouquet ossidativo nitido e accattivante. Non è da meno il fine Garibaldi Dolce, che sa di fichi secchi e cuoio.

○ Marsala Sup. Dolce Garibaldi	🍷🍷 3
○ Marsala Sup. Secco S.O.M.	🍷🍷 3
○ Marsala Vergine Baglio Baiata	🍷 5
○ Zibibbo Liquoroso	🍷 3

Ampelon

c.da Calderara
95036 Randazzo [CT]
Tel. 3203298657
www.viniampelon.it

Valter e Barbara Gazzotti, innamorati dell'Etna sin dal 2009, hanno oggi una bella azienda di oltre 6 ettari nei territori di Randazzo e Castiglione di Sicilia. I risultati sono assolutamente incoraggianti: ottimi sia l'elegante e intenso Ampelon '14 sia il raffinato e maturo Passo alle Sciare '12.

○ Etna Bianco Ampelon '14	🍷🍷 3
● Etna Rosso Passo alle Sciare '12	🍷🍷 3

Antichi Vinai 1877

loc. Passopisciaro
via Castiglione, 49
95030 Castiglione di Sicilia [CT]
Tel. 0942983232
www.antichivinai.it

I Gangemi producono e commerciano vini dell'Etna da oltre un secolo: molto piacevole il fruttato de Il Mascalese '15, rotondo e fresco in bocca; più austero l'Etna Rosso Petralava '12, etereo, maturo e fine nei toni ferrosi e tostati. Distinte note balsamiche e speziate per il Nero d'Avola d'A '13.

● d'A '13	🍷🍷 4
● Etna Rosso Petralava '12	🍷🍷 5
● Il Mascalese '15	🍷🍷 4
○ Etna Bianco Petralava '15	🍷 5

Augustali

fraz. Bosco Falconeria
s.da st.le 113 Alcamo-Partinico km 318,700
90047 Partinico [PA]
Tel. 3396132334
www.augustali.com

La fattoria didattica di Finella Ammoscato e Vincenzo Bambina si trova a Bosco Falconeria (tra Alcamo e Partinico) e comprende un ben esposto vigneto intitolato a Federico II. Assai piacevoli e ben fatti i due blend Terza Nota '15, rispettivamente da catarratto e vermentino e da nero d'Avola e merlot.

○ Terza Nota Bianco '15	🍷🍷 4
● Terza Nota Rosso '15	🍷🍷 4
○ Contrasto del Bianco Vermentino '13	🍷 5
● Contrasto del Rosso Nero d'Avola '12	🍷 5

Avide - Vigneti & Cantine

c.da Mastrella, 346
97013 Comiso [RG]
Tel. 0932967456
www.avide.it

Visibile il cambio di passo che la nuova generazione ha impresso a questa storica azienda: eccellente il Cerasuolo di Vittoria Classico Barocco '11 (da nero d'Avola e frappato), profondo e intenso, avvolgente e dai fitti e morbidi tannini. Di pregio pure la fresca e floreale Inzolia Maria Stella '15.

● Cerasuolo di Vittoria Cl. Barocco '11	🍷🍷 6
○ Maria Stella Inzolia '15	🍷🍷 4
○ Nutaru Brut M. Cl.	🍷🍷 5
● Cerasuolo di Vittoria Cl. Etichetta Nera '14	🍷 3

Baglio Oro

c.da Perino, 235
91025 Marsala [TP]
Tel. 0923967744
www.bagliooro.it

Entra in Guida la cantina delle famiglie Cottone e Laudicina, che conducono con dedizione oltre 100 ettari, da sole uve autoctone, nell'agro marsalese. Ragguardevole il Syrah Donsar '14, vino solido, elegante e ben articolato, dalle nitide note di tabacco, ciliegia e spezie.

● Donsar '14	🍷🍷 2*
○ Aralto '15	🍷 2
○ Kiggiari '15	🍷 2
○ Zafarà '15	🍷 2

Biscaris

via Maresciallo Giudice, 52
97011 Acate [RG]
Tel. 0932990762
www.biscaris.it

I vini targati Biscaris sono rigorosamente naturali e organici: niente chimica, vendemmia manuale, pigiatura delle uve nell'antico palmento con i piedi, persino l'imbottigliamento viene eseguito manualmente. Territoriale e balsamico il Nero d'Avola Cavalieri '15, sapido e ricco di frutto.

● Cerasuolo di Vittoria Pricipuzzu '15	🍷🍷 3
● Nero d'Avola Cavalieri '15	🍷🍷 2*
● Frappato Barunieddu '15	🍷 2
○ U' Duca '15	🍷 2

Calcagno

fraz. Passopisciaro
via Regina Margherita, 153
95012 Castiglione di Sicilia [CT]
Tel. 3387772780
www.vinicalcagno.it

Franco e Gianni Calcagno coltivano con passione e competenza la tenuta di Passopisciaro, ereditata dai nonni, costituita da vigne vecchie di ottanta e più anni, allevate ad alberello. Davvero buono, e finalissima, per l'Etna Rosso Arcuria '13, vino di grande finezza, territoriale, austero.

● Etna Rosso Arcuria '13	🍷🍷 4
● Etna Rosso Feudo di Mezzo '13	🍷🍷 4
⊙ Etna Rosato Arcuria '15	🍷 3
○ Ginestra '15	🍷 3

Paolo Calì

c.da Salmé
via del Frappato, 100
97019 Vittoria [RG]
Tel. 0932510082
www.vinicali.it

I vigneti da tre secoli di proprietà della famiglia Calì sono coltivati in biologico e poggiano su colline sabbiose che donano ai vini una personalità spiccata: belle note iodate e di macchia mediterranea per il Rosato Osa! '15, sottile e netto nei profumi fruttati il fresco Frappato Mandragola '15.

⊙ Osa! Frappato Rosato '15	🍷🍷 4
● Vittoria Frappato Mandragola '15	🍷🍷 3
● Cerasuolo di Vittoria Cl. Manene '14	🍷 4
● Jazz '15	🍷 3

Cantina Viticoltori Associati Canicattì

c.da Aquilata
92024 Canicattì [AG]
Tel. 0922829371
www.cvacanicatti.it

Come sempre affidabili e caratterizzati da un buon rapporto qualità prezzo i vini di questa bella realtà di tipo cooperativistico. Intenso e fruttato al naso, polputo e vitale il Diodoros '13, da nero d'Avola con un tocco di nerello mascalese e cappuccio coltivati all'interno della Valle dei Templi.

○ Aquilae Catarratto '15	🍷🍷 2*
● Diodoros '13	🍷🍷 4
● Aquilae Nero d'Avola '14	🍷 2
● Sicilia Centouno '13	🍷 2

Caravaglio

loc. Malfa Salina
via Nazionale, 33
98050 Malfa [ME]
Tel. 3398115953
caravagliovini@virgilio.it

Nino Caravaglio è uno dei migliori interpreti della Malvasia delle Lipari. Ammirevole, inoltre, che passiti, secchi o affinati in anfora, i suoi vini esprimano sempre il timbro autentico del terroir eoliano. Fitta, armonica e persistente la Malvasia Passito '14, di sicuro un archetipo della tipologia.

○ Infatata '15	🍷🍷 3
○ Malvasia delle Lipari Passito '14	🍷🍷 5
○ Occhio di Terra '15	🍷🍷 3
● Nero du Munti '15	🍷 4

Caruso & Minini

via Salemi, 3
91025 Marsala [TP]
Tel. 0923982356
www.carusoeminini.it

Intrigante e ricco il bouquet del Delia Nivolelli Cutaja '13, da nero d'Avola in purezza, dalle mature note balsamiche e speziate, solido e lungo nel finale. Fragrante e nitido il frutto del Nero d'Avola Naturalmente Bio '15, assai piacevole, di carattere e vivace. Bene pure il resto della produzione.

● Delia Nivolelli Nero d'Avola Cutaja Ris. '13	🍷🍷 3
● Sicilia Nero d'Avola Naturalmente Bio '15	🍷🍷 3
● Delia Nivolelli Syrah Ris. '10	🍷 5
○ Sicilia Grillo Timpune '15	🍷 3

Centopassi

via Porta Palermo, 132
90048 San Giuseppe Jato [PA]
Tel. 0918577655
www.centopassisicilia.it

La cantina che riunisce due cooperative sociali dell'Alto Belice nella gestione di vigneti confiscati alla mafia restituisce un'immagine un po' meno nitida rispetto agli anni precedenti: primeggia il Syrah Marne di Saladino '14, piacevole e definito nei profumi varietali, fine e succoso nel frutto.

- ● Sicilia Rosso Centopassi '15 — 🍷🍷 2*
- ● Syrah Marne di Saladino '14 — 🍷🍷 4
- ○ Sicilia Bianco Centopassi '15 — 🍷 2
- ○ Tendoni di Trebbiano '14 — 🍷 4

Ceuso

c.da Vivignato
91013 Calatafimi [TP]
Tel. 092422836
www.ceuso.it

L'azienda dei fratelli Melia torna in Guida con una notevole prova: il blend da cabernet sauvignon e merlot Fastaia '14 è rotondo, maturo, dal fruttato ben definito, lungo e piacevole nel finale. Belle note di pesca, erbe aromatiche e un frutto sapido e consistente per il Grillo Scurati '15.

- ● Ceuso '13 — 🍷🍷 5
- ● Fastaia '14 — 🍷🍷 3
- ○ Scurati Grillo '15 — 🍷🍷 2*
- ● Scurati Nero d'Avola '15 — 🍷 2

Cantine Colosi

loc. Pace del Mela
fraz. Giammoro
Diramazione Viaria C
98042 Messina
Tel. 0909385549
www.cantinecolosi.it

La cantina di Piero Colosi festeggia i 30 anni di attività sfiorando le finali con il suo Passito '11, da alberelli di moscato bianco della Sicilia Occidentale: bel naso aromatico di fichi e uvetta e notevole armonia in bocca. Buono anche il Cariddi Rosato, da nero d'Avola e nerello dell'agrigentino.

- ⊙ Cariddi Rosato '15 — 🍷🍷 2*
- ○ Passito '11 — 🍷🍷 4
- ● Cariddi Rosso '14 — 🍷 3
- ○ Malvasia Delle Lipari Passito '10 — 🍷 5

Terra Costantino

via Garibaldi, 417
95029 Viagrande [CT]
Tel. 095434288
www.terracostantino.it

Fabio Costantino, in sintonia con il suo enologo Luca D'Attoma, ha deciso di ritardare di un anno l'uscita dei cru aziendali, consapevole che un ulteriore anno di affinamento donerà loro maggior profondità e complessità. Sfiora le finali il de Aetna '14, austero, fitto e di rara eleganza.

- ● Etna Rosso de Aetna '14 — 🍷🍷 3
- ⊙ Etna Rosato de Aetna '15 — 🍷 3

Tenuta Coste Ghirlanda

loc. Piana di Ghirlanda
91017 Pantelleria [TP]
Tel. 3388244649
www.costeghirlanda.it

Segnali di continuità da questa giovane azienda al femminile: finali per lo Zibibbo Silenzio '14, dal bouquet di rosa, lavanda ed erbe aromatiche, su un intrigante sottofondo minerale, fresco, sapido e persistente. L'altro Zibibbo, Jardinu '14, ha delicati profumi floreali e bella tensione acida.

- ○ Silenzio '14 — 🍷🍷 6
- ○ Jardinu Zibibbo '14 — 🍷🍷 6

Curatolo Arini

loc. Baglio Curatolo Arini
via Vito Curatolo Arini, 5
91025 Marsala [TP]
Tel. 0923989400
www.curatoloarini.com

Eccellente performance per la storica azienda che da oltre 140 anni produce vini a Marsala: su tutti spicca il Syrah '14 della linea Paccamora, intenso nel fruttato di gelsi neri e ciliegie, balsamico e rotondo in bocca. Molto ben riuscito anche il Grillo Coralto '14, floreale, fresco e sapido.

- ○ Coralto Grillo '14 — 🍷🍷 3
- ● Paccamora Syrah '14 — 🍷🍷 2*
- ○ Zibibbo '15 — 🍷🍷 6
- ● Nero d'Avola '12 — 🍷 6

Curto

s.da st.le 115 Ispica-Rosolini km 358
97014 Ispica [RG]
Tel. 0932950161
www.curto.it

Azienda familiare con 350 anni di storia, gestita con competenza e passione da Francesca Curto, che cura personalmente i vini dal vigneto al mercato. Molto buoni il Passito Dulce Netum '14, elegante nell'armonia tra dolcezza e tonicità, e il Syrah Krio '12, con belle note di spezie e cioccolato.

● Krio Syrah '12	🍷🍷 4
○ Moscato Passito Dulce Netum '14	🍷🍷 6
● Eloro Nero d'Avola Fontanelle '11	🍷 4
○ Poiano Inzolia '15	🍷 2

Di Legami

via Marzabotto, 7
91014 Castellammare del Golfo [TP]
Tel. 3381749679
www.cantinedilegami.it

I vigneti si trovano nel trapanese, tra le contrade Berlingheri e Zafaràna. Da quest'ultima provengono i migliori vini provati quest'anno: l'Inzolia '15, fine, definita e piacevole, e il Nero d'Avola '14, ben maturo e ricco di frutto. Interessante anche il Metodo Classico '13, a base di grillo.

○ Zafaràna Inzolia '15	🍷🍷 3
● Zafaràna Nero d'Avola '14	🍷🍷 3
○ Berlinghieri Chardonnay '15	🍷 2
○ Grillo Brut M. Cl. '13	🍷 3

Gaspare Di Prima

loc. Sambuca di Sicilia
via G. Guasto, 27
92017 Sambuca di Sicilia [AG]
Tel. 0925941201
www.diprimavini.it

L'azienda dei Di Prima può contare su 40 ettari di vigneto sulle colline di Sambuca di Sicilia. Sfiora le nostre finali il Villamaura Syrah '11, speziato, balsamico e ricco di frutto. Bene pure il Gibilmoro Nero d'Avola '13 e il Grillo del Lago '15, vini nitidi, varietali e di piacevolissima beva.

○ Sicilia Grillo del Lago '15	🍷🍷 2*
● Sicilia Nero D'Avola Gibilmoro '13	🍷🍷 3
● Villamaura Syrah '11	🍷🍷 6
● Sicilia Pepita Rosso '14	🍷 2

Feudo Disisa

fraz. Grisì
c.da Disisa
90046 Monreale [PA]
Tel. 0919127109
www.vinidisisa.it

Maiuscola prestazione per i vini di questa bella cantina: su tutti lo Chardonnay Daliah '15, caratterizzato da eleganti sfumature di fiori di acacia, frutti tropicali e da una bocca tonica e scattante. Ottimi anche il balsamico e sfaccettato Syrah Adhara '14 e il profumato e sapido Grillo '15.

● Adhara '14	🍷🍷 2*
○ Sicilia Chardonnay Daliah '15	🍷🍷 3
○ Sicilia Grillo '15	🍷🍷 3
● Nero d'Avola '14	🍷 2

Cantine Ermes

c.da Salinella
91029 Santa Ninfa [TP]
Tel. 092467153
www.cantineermes.it

Si conferma la qualità dei vini di questa importante realtà cooperativa della Valle del Belìce. Intenso e dal nitido fruttato, il Marchese Montefusco Sangiovese '15 è vino di piacevolissima bevibilità. Non è da meno lo speziato Vento di Mare Bio Nero d'Avola Cabernet '15.

● Marchese Montefusco Sangiovese '15	🍷🍷 1*
● Vento di Mare Nero d'Avola Cabernet '15	🍷🍷 2*
● Vento di Mare Nerello Mascalese '15	🍷 2
● Vento di Mare Nero d'Avola '15	🍷 2

Cantina Sociale Europa

loc. bivio Triglia Scaletta
s.da st.le 115, km 42,400
91020 Petrosino [TP]
Tel. 0923961866
info@cantinaeuropa.it

Nel 2016 si è fusa con Produttori Vinicoli Riuniti e ha lanciato il brand Sibiliana. Piacevoli le note aromatiche del fresco Eughenès Grillo Zibibbo '15, bel naso varietale di capperi e alloro per il Nero d'Avola Capofeto '15, sapido e piacevolmente beverino il Grillo Eughenès '15.

● Capofeto Nero d'Avola '15	🍷🍷 1*
○ Eughenès Grillo Zibibbo '15	🍷🍷 2*
○ Sicilia Grillo Eughenès '15	🍷🍷 2*
○ Capofeto Grillo '15	🍷 1*

Fazio Wines

FRAZ. FULGATORE
VIA CAPITAN RIZZO, 39
91010 ERICE [TP]
TEL. 0923811700
www.faziowines.com

Buona performance per i vini di questa conosciuta casa vinicola. In evidenza il floreale e agrumato Grillo Aegades '15, fresco, sapido e polputo, assai persistente al palato. Notevoli anche l'intenso e balsamico Nero d'Avola Torre dei Venti '14 e il maturo e ben sfaccettato Syrah Luce d'Oriente '14.

○ Erice Grillo Aegades '15	🍷🍷 3
● Erice Nero d'Avola Torre dei Venti '14	🍷🍷 4
● Erice Syrah Luce d' Oriente '14	🍷🍷 3
● Sicilia Nero d'Avola Gàbal '14	🍷 4

Ferreri

C.DA SALINELLA
91029 SANTA NINFA [TP]
TEL. 092461871
www.ferrerivini.it

Piena conferma per lo Zibibbo '15, con definite note di lavanda e zagara, fresco, sapido e piacevolmente tonico nel finale. Bouquet mediterraneo elegante e una bella verve in bocca per il Cabernet Sauvignon Karren '12. Ben fatti la gentile, floreale Inzolia '15 e l'erbaceo, sapido Catarratto '15.

● Cabernet Sauvignon Karren '12	🍷🍷 5
○ Zibibbo '15	🍷🍷 3
○ Catarratto '15	🍷 3
○ Inzolia '15	🍷 3

Feudo di Santa Tresa

S.DA COM.LE MARANGIO, 35
97019 VITTORIA [RG]
TEL. 09321846555
www.santatresa.it

Grande rentrée in Guida per l'azienda di Stefano e Marina Girelli e Massimo Maggio: sfiora le finali il Cerasuolo di Vittoria Classico '13, intenso e netto nelle note di mora e mirtillo, con una stoffa di morbida eleganza. Non meno riuscito il più semplice Frappato '15, dal frutto vivo e croccante.

● Avulisi '13	🍷🍷 3
● Cerasuolo di Vittoria Cl. '13	🍷🍷 2*
● Frappato '15	🍷🍷 2*
○ Il Grillo di Santa Teresa Brut	🍷 4

Cantine Fina

C.DA BAUSA
91025 MARSALA [TP]
TEL. 0923733070
www.cantinefina.it

Anche quest'anno i vini della cantina Fina si sono rivelati di buon livello qualitativo e caratterizzati da una beva sincera e gradevole. Piacevolissimo il Perricone '15, balsamico, fresco e scorrevole. Floreale il Traminer Kikè '15, dal sorso vivido e fruttato, sapido e marino il Sauvignon Blanc '15.

○ Kikè '15	🍷🍷 3
● Perricone '15	🍷🍷 3
○ Sauvignon Blanc '15	🍷🍷 3
○ Kebrilla '15	🍷 2

Fischetti

C.DA MOSCAMENTO
FRAZ. ROVITTELLO
VIA NAZIONALE N. 2
95012 CASTIGLIONE DI SICILIA [CT]
TEL. 3341272527
www.fischettiwine.it

Conferma per i vini di questa azienda. Granato scarico, toni di pesca, spezie dolci e liquirizia per il Muscamento '13, che ripropone al palato i descrittori citati, integrandoli con una piacevole nota minerale di fondo. Buono pure l'omonimo Bianco '15, erbaceo e agrumato, fresco e sapido.

○ Etna Bianco Muscamento '15	🍷🍷 4
● Etna Rosso Muscamento '13	🍷🍷 4

Tenuta Gatti

C.DA CUPRANI
98064 LIBRIZZI [ME]
TEL. 0941368173
www.tenutagatti.com

In bella evidenza il Nocera Sicè '14, dal colore rubino brillante: al naso si esprime con nuance di frutti rossi maturi e spezie nere, in bocca è profondo, ben articolato, con tannini fitti e di carattere. Conferma pure per il Curpanè '12 (da nocera e nerello mascalese): ampio, teso, di bella beva.

● Mamertino Rosso Curpanè '12	🍷🍷 3
● Nocera Sicè '14	🍷🍷 4
● Franco '11	🍷 3

Geraci

via Corsica,18
90146 Palermo
Tel. 0916154146
www.tarucco.com

I vigneti di questa cantina si trovano al centro di una sorta di anfiteatro naturale sulle colline di Contessa Entellina, a 450 metri. Fiori e frutta gialla al naso per il Tarucco Chardonnay '15, sapido, appagante e persistente. Varietale e di piacevole beva il Tarucco Grillo '15.

- ○ Tarucco Chardonnay '15 — 🍷🍷 3
- ○ Tarucco Grillo '15 — 🍷🍷 2*
- ● Tarucco Merlot '14 — 🍷 3
- ● Tarucco Nero d'Avola '14 — 🍷 3

Tenuta Gorghi Tondi

c.da San Nicola
91026 Mazara del Vallo [TP]
Tel. 0923719741
www.gorghitondi.com

Lodevole continuità da questa azienda all'interno di una riserva naturale: il Grillo Kheirè '15 ha naso articolato di pompelmo, menta, timo, e polpa fresca e croccante; piacevolmente aromatico lo Zibibbo Rajah '15, con nette note di lavanda; maturo, intenso e serico il Nero d'Avola Sorante '13.

- ○ Rajah '15 — 🍷🍷 4
- ○ Sicilia Grillo Kheirè '15 — 🍷🍷 4
- ● Sicilia Nero d'Avola Sorante '13 — 🍷🍷 4
- ⊙ Palmarés Rosé Extra Dry — 🍷 3

Hibiscus

c.da Tramontana
90010 Ustica [PA]
Tel. 0918449543
www.agriturismohibiscus.com

Coltivare la vite a Ustica, uno scoglio vulcanico di soli 8 chilometri quadrati a quasi 70 chilometri da Palermo, è un'impresa quasi eroica. A maggior ragione se lo si fa con ottimi risultati, come in questo caso. Elegante e persistente lo Zhabib '15.

- ○ Grotta dell'Oro '15 — 🍷🍷 2*
- ○ Zhabib Passito '15 — 🍷🍷 4
- ○ L'Isola Bianco '15 — 🍷 2
- ● L'Isola Rosso '15 — 🍷 2

Judeka

c.da San Mauro Sotto
s.da prov.le 39/11
95041 Caltagirone [CT]
Tel. 09331895310
www.judeka.com

L'azienda guidata da Valentina Nicodemo ha come territorio di riferimento la parte calatina della denominazione Cerasuolo di Vittoria. Intenso e generoso nel fruttato il blend da insolia, chardonnay e zibibbo Blandine '15, polputo e persistente. Frutto rotondo per il Vittoria Frappato '14.

- ○ Blandine '15 — 🍷🍷 3
- ● Vittoria Frappato '14 — 🍷🍷 2*
- ● Cerasuolo di Vittoria '14 — 🍷 3

Tenuta Enza La Fauci

c.da Mezzana-Spartà
98163 Messina
Tel. 3476854318
www.tenutaenzalafauci.com

Vignaiola energica e appassionata Enza La Fauci: splendido il Faro Oblì '13, che sfiora le finali con un naso complesso, fine e profondo e un pieno ritorno del fruttato e del balsamico in bocca. Belle note di salvia, lavanda e pesca per il fresco, sapido e polputo blend autoctono Case Bianche '15.

- ○ Case Bianche '15 — 🍷🍷 4
- ● Faro Oblì '13 — 🍷🍷 5

Tenuta La Favola

via Principe di Piemonte, 39
96017 Noto [SR]
Tel. 0931839216
www.tenutalafavola.it

Un bel fruttato intenso di mora e ciliegia connota il Synà '14 (da nero d'Avola e syrah), vino di pregio, teso, di notevole personalità, molto piacevole alla beva. Gli è pari il beverino Fravolato '15, intrigante Frappato dalle delicate nuance di frutti rossi e viola. Bene il resto della produzione.

- ● Fravolato '15 — 🍷🍷 2*
- ● Synà '14 — 🍷🍷 2*
- ● Eloro Pachino Nero d'Avola La Favola '14 — 🍷 3
- ○ Grillo Catarratto '15 — 🍷 2

Maggiovini

via Filippo Bonetti, 35
97019 Vittoria [RG]
Tel. 0932984771
www.maggiovini.it

La storica azienda vittoriese anche quest'anno ha presentato alle nostre selezioni una batteria di vini ben fatti e territoriali. Piacevolissima beva per il Frappato Vigna di Pettineo '15, dai toni floreali e fruttati; erbe aromatiche e frutta gialla a profusione per il Grillo Vigna di Pettineo '15.

- ● Sicilia Nero d'Avola V. di Pettineo '14 🍷🍷 3
- ● Vittoria Frappato V. di Pettineo '15 🍷🍷 3
- ○ Vittoria Grillo V. di Pettineo '15 🍷🍷 3

Marabino

c.da Buonivini
s.da prov.le Rosolini-Pachino km 8,5
97017 Noto [SR]
Tel. 3355284101
www.marabino.it

I trenta ettari vitati, in gran parte ad alberello, della cantina di Pierpaolo Messina si trovano tra Noto e Pachino, in contrada Buonivini, e sono coltivati con i metodi della biodinamica. In bell'evidenza il Nero d'Avola Archimede '13, varietale e iodato al naso e dal frutto austero e carnoso.

- ● Eloro Pachino Archimede Ris. '13 🍷🍷 5
- ○ Moscato di Noto Muscatedda '15 🍷🍷 3
- ● Noto Nero d'Avola '14 🍷🍷 2*
- ⊙ Eloro Nero d'Avola Rosato Rosa Nera '15 🍷 3

Masseria del Feudo

c.da Grottarossa
93100 Caltanissetta
Tel. 0934569719
www.masseriadelfeudo.it

La bella tenuta della famiglia Curcurullo nell'agro nisseno è interamente condotta in regime di agricoltura biologica. Piacevolissimo Il Giglio Syrah '15, dai profumi di piccola frutta rossa e spezie, pepe e cannella su tutti, fresco, ricco di polpa e assai persistente al palato. Di pregio il resto.

- ● Sicilia Il Giglio Syrah '15 🍷🍷 2*
- ● Sicilia Rosso delle Rose '14 🍷🍷 3
- ○ Sicilia Il Giglio Inzolia '15 🍷 2
- ● Sicilia Il Giglio Nero d'Avola '15 🍷 2

Miceli

c.da Piana Scunchipani, 190
92019 Sciacca [AG]
Tel. 092580188
www.miceli.uno

Affascinante il Passito di Pantelleria Nun '13, da uve moscato d'Alessandria, che sfoggia un suadente colore ambrato che introduce nuance intense di fichi secchi, albicocca, buccia d'arancia e cedro candito; in bocca è ricco e vivace, deciso e armonico, assai elegante. Bene le altre etichette.

- ○ Passito di Pantelleria Nun '13 🍷🍷 5
- ○ Baaria Grillo '15 🍷 2
- ○ Pantelleria Bianco Yrnm '14 🍷 4
- ○ Shahr Adonay '13 🍷 4

Cantina Modica di San Giovanni

c.da Bufalefi
96017 Noto [SR]
Tel. 09311805181
www.vinidinoto.it

I Modica di San Giovanni, viticultori da sette generazioni a Noto, producono da sempre vini sinceri e molto territoriali. In evidenza il Moscato di Noto Dolcenoto '15, che sa di erbe aromatiche e frutti tropicali; il sorso è dolce ma senza eccessi, freschissimo e dotato di un lungo finale agrumato.

- ● Dolcenero '12 🍷🍷 5
- ○ Moscato di Noto Dolcenoto '15 🍷🍷 3
- ○ Lupara '15 🍷 2
- ⊙ Mamma Draja '15 🍷 2

Cantine Mothia

via Giovanni Falcone, 22
91025 Marsala [TP]
Tel. 0923737295
www.cantine-mothia.com

Una realtà sorta nei primi anni dell'Ottocento, condotta con impegno e competenza dalla famiglia Bonomo. Rimasti ad affinare in cantina i cru aziendali, ci è molto piaciuto il Nero d'Avola Mosaikon '15, fine, elegante, varietale, dal frutto maturo, ben strutturato, di beva appagante.

- ● Mosaikon '15 🍷🍷 2*

Tenute Orestiadi

v.le Santa Ninfa
91024 Gibellina [TP]
Tel. 092469124
www.tenuteorestiadi.it

Sempre molto affidabili i vini di questa cantina che ha sede e vigneti a Gibellina, nella Valle del Belìce. In particolare ci è piaciuto il Perricone '14, dai profumi di frutti rossi e macchia mediterranea. Di gran pregio anche il Ludovico '11 (da nero d'Avola e cabernet suvignon), elegante e vitale.

● Ludovico '11	🍷🍷 5
● Molino a Vento Nero d'Avola '15	🍷🍷 2*
● Perricone '14	🍷🍷 3
● Molino a Vento Syrah '15	🍷 1*

Ottoventi

c.da Torrebianca - Fico
91019 Valderice [TP]
Tel. 0923 1877151
www.cantinaottoventi.it

Ritorna in Guida ma ci saremmo invero aspettati di più da questa bella cantina ericina che negli anni passati ha ottenuto risultati sicuramente più performanti di questo. Molto buono il Grillo '15, fresco, elegante e ampio al naso, con il sorso ben bilanciato tra sapidità acida e frutto polposo.

○ Grillo '15	🍷🍷 4
○ Ottoventi Bianco '15	🍷 3
● Ottoventi Nero '14	🍷 3
○ Zibibbo '15	🍷 4

Tenute dei Paladini

via Palestro, 23
91025 Marsala [TP]
Tel. 3463513366
www.tenutedeipaladini.com

Cresce questa piccola azienda di felice impronta familiare, che riconferma al vertice l'apprezzato Palatium Grillo '15, dai notevoli sentori di frutta bianca ed erbe della macchia mediterranea. Sullo stesso livello il fine ed equilibrato Palatium Nero d'Avola '15, morbido e carezzevole in bocca.

○ Grillo Palatium '15	🍷🍷 3
● Nero d'Avola Palatium '15	🍷🍷 3
○ Catarratto-Chardonnay Palatium '15	🍷 3
● San Giorgio '15	🍷 3

Cantine Paolini

c.da Gurgo 168a
91025 Marsala [TP]
Tel. 0923967042
www.cantinapaolini.com

Ancora una buona performance da questa cooperativa della Sicilia Occidentale: piacevolmente verde e fruttato il beverino Nero d'Avola Lance '14, vivo e fresco nella polpa il nuovo Nero d'Avola '15, altrettanto buono lo Zibibbo '15, l'altra novità da agricoltura biologica.

● Lance Nero d'Avola '14	🍷🍷 2*
● Nero d'Avola '15	🍷🍷 2*
○ Zibibbo '15	🍷🍷 2*
○ Sicilia Grillo Gurgò '15	🍷 2

Cantine Pepi

v.le del Lavoro, 7
95040 Mazzarrone [CT]
Tel. 093328001
wwww.cantinepepi.it

L'azienda di Rosa Pepi e della figlia Erika si trova a Mazzarrone, ai confini del territorio del Cerasuolo di Vittoria: belle note verdi e minerali in un fruttato fresco per il beverino Agate '15, un Frappato come Tra Cielo e Terra '15, originale e affascinante vino dolce da uve appassite in pianta.

● Agate Frappato '15	🍷🍷 2*
● Tra Cielo e Terra Frappato Passito '15	🍷🍷 5
● Cerasuolo di Vittoria Eore '14	🍷 3
● Ex Nero d'Avola '14	🍷 2

Pietracava

via Luigi Sturzo, 16
93011 Butera [CL]
Tel. 3392410117
www.pietracavawines.it

Valori della tradizione e naturalità esaltati da un uso sapiente della tecnologia, questa è la filosofia che Mimmo e Mariella Ortoleva seguono per la loro azienda di Butera: bel fruttato di nespole e susine per l'Inzolia Millelune '15, agrumato e ricco di polpa il Grillo Pioggia di Luce '15.

○ Millelune Inzolia '15	🍷🍷 2*
○ Pioggia di Luce '15	🍷🍷 3
● Manaar '14	🍷 4
● Neofos '15	🍷 3

Quignones

via Vittorio Emanuele, 62
92027 Licata [AG]
Tel. 0922773744
www.quignones.it

Alfredo Quignones conduce con passione la tenuta di famiglia nell'agro di Licata, 100 ettari di cui 30 coltivati a vite. Il suo stile è improntato a una rusticità non priva di eleganza, che ritroviamo nel maturo blend a base di nero d'Avola Castel San Giacomo '13, come nel beverino Rosato Fimmina '15.

- ● Castel San Giacomo Rosso '13 — 🍷🍷 2*
- ○ Castel San Giacomo Bianco '15 — 🍷 2
- ⊙ Fimmina Rosato di Nero d'Avola '15 — 🍷 2
- ● Lagasìa Cabernet Sauvignon '10 — 🍷 2

Cantine Russo

loc. Crasà
fraz. Solicchiata
via Corvo
95014 Castiglione di Sicilia [CT]
Tel. 0942986271
www.cantinerusso.eu

Una storia di oltre mezzo secolo per questa cantina etnea con tenute pure nell'agrigentino e a Riesi. Eccellente, a un passo dalla finale, il Rampante Contrada Crasà '15, dai toni di fiori bianchi, mandorla e agrumi, di bella e verticale acidità, minerale e sapido. Bene pure il resto delle etichette.

- ● Etna Luce di Lava '13 — 🍷🍷 3
- ○ Etna Rampante Contrada Crasà '15 — 🍷🍷 3
- ● Etna Rosso Rampante '10 — 🍷 4
- ⊙ Mon Pit Brut Rosé — 🍷 6

Sallier de la Tour

c.da Pernice
90144 Monreale [PA]
Tel. 0916459711
www.tascadalmerita.it

Morbido, profondo, tonico, La Monaca '13, da syrah in purezza, si conferma vino di pregio, dagli eleganti sentori di more, spezie dolci e dall'avvincente nota balsamica. Non è da meno il Nero d'Avola '14, dalle intense nuance di humus e prugna, di piacevolissima beva.

- ● Monreale La Monaca '13 — 🍷🍷 5
- ● Sicilia Nero d'Avola '14 — 🍷🍷 2*
- ○ Sicilia Grillo '15 — 🍷 2
- ○ Sicilia Inzolia '15 — 🍷 2

Scilio

v.le delle Provincie, 52
95014 Giarre [CT]
Tel. 095932822
www.scilio.com

Scilio si trova in Valle Galfina, sul versante nord orientale dell'Etna, quello di Linguaglossa. Di pregio, territoriale, l'Etna Rosso Valle Galfina '14 è minerale e sanguigno al naso, fresco, balsamico e di piacevole beva. Elegante, sapido e persistente l'Etna Bianco Valle Galfina '15.

- ○ Etna Bianco Valle Galfina '15 — 🍷🍷 3
- ● Etna Rosso Valle Galfina '14 — 🍷🍷 3

Solidea

c.da Kaddiuggia
91017 Pantelleria [TP]
Tel. 0923913016
www.solideavini.it

Continuità e affidabilità nel tempo per la bella azienda familiare di Giacomo e Solidea D'Ancona: di gran pregio il Passito di Pantelleria '15, dalle tonalità ambrate, che si concede con nuance eleganti e tipiche di datteri, fichi secchi, buccia di arancia candita, tonico e di beva molto piacevole.

- ○ Moscato di Pantelleria '15 — 🍷🍷 4
- ○ Passito di Pantelleria '15 — 🍷🍷 5
- ○ Ilios '15 — 🍷 3

Terre di Giurfo

via Palestro, 536
97019 Vittoria [RG]
Tel. 0957221551
www.terredigiurfo.it

Piacevoli e affidabili i vini di questa cantina ragusana che possiede anche un'antica vigna sull'Etna. Varietale il Nero d'Avola Kudyah '14, dai profumi intensi di frutti di bosco ed erbe mediterranee. Elegante, fresco, piacevole l'Etna Rosso Nardalici '13, dalle fini nuance di pesca e fiori di campo.

- ● Etna Rosso Nardalici '13 — 🍷🍷 3
- ● Sicilia Nero d'Avola Kudyah '14 — 🍷🍷 2*
- ● Vittoria Frappato Belsito '15 — 🍷🍷 2*
- ● Sicilia Nero d'Avola Kuntàri '14 — 🍷 3

Todaro

C.DA FEOTTO
90048 SAN GIUSEPPE JATO [PA]
TEL. 3461056393
www.todarowinery.com

È il Nero d'Avola Shadir '14 il vino che ci è piaciuto di più fra quelli presentati dalla famiglia Todaro, che ci ha convinti per il frutto maturo, l'invidiabile armonia e la piacevole persistenza. Apprezzabile il resto della produzione, a cominciare dal Virgo '14 (da cabernet sauvignon e merlot).

● Shadir '14	🍷🍷 2*
○ Lybra '15	🍷 2
○ Nihal '15	🍷 2
● Virgo '14	🍷 2

Girolamo Tola & C.

VIA GIACOMO MATEOTTI, 2
90047 PARTINICO [PA]
TEL. 0918781591
www.vinitola.it

Conferma tutte le sue doti il Nero d'Avola '15, vino dagli intensi sentori di gelsi, more, spezie e viola, scattante, carezzevole nei tannini, persistente e assai piacevole. Sullo stesso livello il Nero d'Avola Black Label '13, ben strutturato, dal tratto aristocratico, molto armonico. Bene il resto.

● Nero d'Avola '15	🍷🍷 3
● Nero d'Avola Black Label '13	🍷🍷 3
○ Chardonnay Insolia '15	🍷 2
○ Grillo '15	🍷 3

Cantine Trapani

LOC. BOVARELLA
VIA MONACI, 41
91018 SALEMI [TP]
TEL. 092469938
www.trapanivini.it

I Trapani coltivano la vite da oltre 85 anni e vinificano in proprio dal 2003. Molto ben fatto il Goccia Nero d'Avola '15, piacevole ed elegante nei toni fumée; belle note d'agrumi e lavanda per il fresco e polposo Grillo Vento del Sud '15; giovane, verde e intenso il Syrah '15 della stessa linea.

● Goccia Nero d'Avola '15	🍷🍷 2*
○ Vento del Sud Grillo '15	🍷🍷 1*
● Vento del Sud Syrah '15	🍷🍷 2*
○ Quiete Catarratto Grillo '15	🍷 2

Vaccaro

C.DA COMUNE
91020 SALAPARUTA [TP]
TEL. 092475151
www.vinivaccaro.it

Positive conferme da questa azienda biologica del Belice: il Nero d'Avola Luna '15 si distingue per un bel fruttato, fini note verdi e rotondità al palato. Toni più maturi ed eleganza "old style" per il blend Zoe '14; freschezza e piacevolezza di beva per il Rosato '15

○ Luna Grillo '15	🍷🍷 1*
● Luna Nero d'Avola '15	🍷🍷 4
● Salaparuta Rosso Zoe '14	🍷🍷 4
⊙ Rosato di Nero d'Avola '15	🍷 2

Le Vigne di Eli

C.DA CALDERARA
95036 RANDAZZO [CT]
TEL. 095924002
www.tenutaterrenere.com

I vini de Le Vigne di Eli nascono dalla volontà di Marco De Grazia e della figlia Elena, cui sono dedicati e che ne ha delineato le etichette, di finanziare l'Ospedale Pediatrico Meyer di Firenze. Sono vini più che ottimi e acquistandoli si contribuirà pure a una lodevole iniziativa benefica.

○ Etna Bianco Moganazzi Voltasciara '14	🍷🍷 6
● Etna Rosso Moganazzi Voltasciara '14	🍷🍷 6
● Etna Rosso Pignatuni '14	🍷🍷 6
● Etna Rosso San Lorenzo '14	🍷🍷 6

Vivera

C.DA MARTINELLA
S.DA PROV.LE 59 IV
95015 LINGUAGLOSSA [CT]
TEL. 095643837
www.vivera.it

Vivera opera su tre diversi ambiti produttivi: nel palermitano, a Corleone, nel ragusano, a Chiaramonte Gulfi, e sull'Etna, dove c'è anche la moderna cantina. Piacevole e territoriale l'Etna Rosso Martinella '11, minerale e fruttato al naso, nervoso e ben distribuito e persistente in bocca.

○ A'mami '13	🍷🍷 3
○ Altrove '15	🍷🍷 2*
● Etna Rosso Martinella '11	🍷🍷 4
● Terra dei Sogni '13	🍷 2

SARDEGNA

Se si osservano i vini premiati, ma anche la moltitudine delle etichette che conquistano le finali o i due bicchieri, si arriva facilmente a dedurre che la strada intrapresa diversi anni fa è a buon punto. Parliamo di un percorso basato esclusivamente sui grandi vitigni della tradizione, coltivati però solo nelle zone in cui vale veramente la pena operare, al fine di produrre vini di alta qualità che possano ben figurare nei mercati globali. È così che, nonostante le varie denominazioni regionali non valorizzino i territori più piccoli e circoscritti, gli assaggi di quest'anno ci portano verso aree che oramai da tempo dimostrano essere particolarmente vocate. A tutto questo si aggiunge una buona annata 2015 - per quanto più calda, meno equilibrata e quindi non ai livelli della precedente - capace di offrire alcune grandissime etichette e tantissim vini piacevoli, sebbene da consumare nel breve periodo. Tra i bianchi, fa piacere riscontrare ottime perfomance non solo della nota Gallura, ma anche di altre zone come il Campidano o il nord ovest dell'Isola. Sui rossi netta affermazione del Cannonau di Sardegna nelle zone ad alta vocazione (dall'Ogliastra alla Barbagia, passando per il sud), risultati soddisfacenti arrivano dal Sulcis col Carignano e belle sorprese da altri autoctoni purtroppo non disciplinati da denominazioni, come nieddera o barbera sarda. Riguardo ai premi non mancano sia conferme sia novità. Alcuni vini sono una vera e propria garanzia anno dopo anno. Tra questi senza dubbio il Cannonau di Sardegna Dule di Gabbas o il Capichera dell'omonima azienda di Arzachena, così come il Vermentino di Gallura Sciala di Surrau, lo Stellato di Pala (buonissimo Vermentino di Sardegna), i Carignano del Sulcis di Mesa e Giba e il D53, grande esempio di Cannonau ogliastrino. Ottimo risultato inoltre per il Barrile di Contini (ottenuto da uve nieddera) e per il Cuvée 161 di Sella & Mosca (frutto dell'uva torbato), entrambi ambasciatori della biodiversità ampelografica. Rappresentano invece delle vere novità ben tre vini: il Senes '12 di Argiolas, alla sua prima annata, è un Cannonau che affascina per tipicità ed eleganza; il Falconaro '11 è ottenuto da un blend da uve tradizionali e fa si che la Cantina di Dolianova conquisti per la prima volta l'ambito premio; grandioso, infine, il Latinia '10 di Santadi, che dimostra quanto sia grande il potenziale sardo nel produrre vini dolci da uve passite.

★★Argiolas

via Roma, 28/30
09040 Serdiana [CA]
Tel. 070740606
www.argiolas.it

VENDITA DIRETTA
VISITA SU PRENOTAZIONE
PRODUZIONE ANNUA 2.200.000 bottiglie
ETTARI VITATI 230,00
AZIENDA SOSTENIBILE

Continua ricerca, ampliamento e consolidamento della gamma, lavoro costante nell'export in diversi stati dei cinque continenti. Sono queste le caratteristiche principali di Argiolas, azienda storica di cui si è detto e scritto tanto. Il merito va tutto a una grande famiglia del vino capitanata ancora dai fratelli Franco e Peppetto (sempre in prima linea) nonostante siano i figli Valentina, Francesca e Antonio a occuparsi oramai della gestione aziendale a 360 gradi. La produzione è arrivata ormai a superare i due milioni di bottiglie, ma non sembrano esserci cedimenti dal punto di vista qualitativo. L'ultimo nato in casa Argiolas è una Riserva di Cannonau di Sardegna '12. Senes, dal nome che evoca la provata longevità dei sardi, è un grande rosso mediterraneo, dal naso che profuma di rosa e macchia. Bocca fresca e balsamica, tannino morbido e molto profondo. Una bellissima scoperta, Tre Bicchieri. Sempre valido il Turriga, per quanto non alla sua massima espressione. Di alto livello tutto il resto della gamma.

● Cannonau di Sardegna Senes Ris. '12	🍷🍷🍷 5
● Turriga '12	🍷🍷 8
○ Angialis '13	TT 6
● Antonio Argiolas 100 '12	TT 6
● Cannonau di Sardegna Costera '14	TT 3
○ Cerdeña '12	TT 7
● Is Solinas '13	TT 4
● Korem '13	TT 5
● Monica di Sardegna Sup. Is Selis '14	TT 3
● Monica di Sardegna Perdera '14	T 3
○ Nasco di Cagliari Is Selis '15	T 3
○ Nuragus di Cagliari S'Elegas '15	T 2
⊙ Serralori '15	T 2
○ Vermentino di Sardegna Costamolino '15	T 3
○ Vermentino di Sardegna Is Argiolas '15	T 3
○ Vermentino di Sardegna Merì '15	T 3

Capichera

s.s. Arzachena-Sant'Antonio, km 4
07021 Arzachena [OT]
Tel. 078980612
www.capichera.it

VENDITA DIRETTA
VISITA SU PRENOTAZIONE
PRODUZIONE ANNUA 250.000 bottiglie
ETTARI VITATI 50,00
AZIENDA SOSTENIBILE

Il nome Capichera è noto in Italia e nel mondo e non stupisce se pensiamo che i fratelli Ragnedda sono stati tra i primi nell'Isola a imbottigliare e a esportare in tante nazioni grandi bianchi a base vermentino. Questo ha decisamente contribuito a far conoscere la Sardegna e la Gallura vinicola, area in cui operano. La produzione si attesta intorno alle 250mila bottiglie e racchiude una gamma di altissimo livello, non solo tra i bianchi. Eleganza, carattere, territorialità ma soprattutto longevità sono le caratteristiche dei bianchi e dei rossi a firma Capichera. Anche quest'anno il livello dei vini presentati da Capichera è altissimo. Il Vermentino di Gallura Vign'angena è la versione più giovane dei grandi Gallura aziendali, e offre freschezza e piacevolezza di beva pur con grande complessità. Ai vertici assoluti il Capichera '14: dai profumi di erbe aromatiche, agrumi e anice è fresco e sapido, profondo e dal finale ammandorlato. Grande vino anche il Vendemmia Tardiva.

○ Capichera '14	🍷🍷🍷 6
○ Vermentino di Gallura Vign'angena '15	🍷🍷 5
○ Capichera V.T. '14	TT 8
● Lianti '14	T 4
⊙ Tambè '15	T 4
○ Capichera '13	YYY 6
○ Capichera '12	YYY 6
○ Capichera '11	YYY 6
○ Capichera '10	YYY 5
○ Capichera V.T. '00	YYY 6
○ Vermentino di Gallura Vign'angena '10	YYY 5
○ Vermentino di Gallura Vign'angena '09	YYY 5

Carpante

VIA GARIBALDI, 151
07049 USINI [SS]
TEL. 079380614
www.carpante.it

VENDITA DIRETTA
VISITA SU PRENOTAZIONE
PRODUZIONE ANNUA 30.000 bottiglie
ETTARI VITATI 8,00

Carpante ha sede a Usini, un piccolo paese del Nord Ovest dell'Isola, considerato centro nevrelgico per la viticoltura di qualità. Le vigne aziendali si trovano a circa 250 metri sul livello del mare, su terreni argillosi e calcarei, ideali per la produzione di bianchi a base vermentino e di rossi a base cagnulari. Nutrita la gamma di etichette, nonostante ettari e relative bottiglie prodotte non siano tantissime: alle diverse versioni di cagnulari e vermentino si affiancano interessanti cannonau e carignano. Ottima la gamma presentata quest'anno da Carpante, che sembra attraversare un momento particolarmente positivo. Arriva alle finali il Lizzos '12, selezione di uve cagnulari. Dai profumi di spezie e tabacco, mostra un frutto maturo ma definito. La bocca è austera, il tannino è morbido ed elegante e il finale particolarmente sapido e profondo. Tra i bianchi segnaliamo il Vermentino di Sardegna Longhera '15, che incarna in pieno il territorio di Usini da cui proviene.

Vino	Bicchieri	Prezzo
● Lizzos '12	🍷🍷 (rossi)	4
● Cagnulari '14	🍷🍷	3
● Carpante '12	🍷🍷	4
● Disizzu '14	🍷🍷	4
○ Vermentino di Sardegna Longhera '15	🍷🍷	2*
● Cannonau di Sardegna '14	🍷	3
○ Vermentino di Sardegna Frinas '15	🍷	4
● Carpante '11	🍷🍷 (vuoti)	4
● Carpante '10	🍷🍷 (vuoti)	4
● Carpante '09	🍷🍷 (vuoti)	4
● Disizzu '12	🍷🍷 (vuoti)	4
○ Vermentino di Sardegna Frinas '12	🍷🍷 (vuoti)	4
○ Vermentino di Sardegna Frinas '10	🍷🍷 (vuoti)	4
○ Vermentino di Sardegna Longhera '13	🍷🍷 (vuoti)	2*

Giovanni Maria Cherchi

LOC. SA PALA E SA CHESSA
07049 USINI [SS]
TEL. 079380273
www.vinicolacherchi.it

VENDITA DIRETTA
VISITA SU PRENOTAZIONE
PRODUZIONE ANNUA 170.000 bottiglie
ETTARI VITATI 30,00

Cherchi è un'azienda storica che opera nel Logudoro, fondata da una grande famiglia di vignaioli negli anni Settanta. Il loro merito è stato quello di valorizzare il comprensorio di Usini, con vini autentici, vera espressione dei suoli e del microclima che li origina. Sempre tra i migliori della categoria i Vermentino di Sardegna prodotti, capaci anche di resistere agli anni. Ottimi anche i rossi, capitanati dal Cagnulari, dall'omonima varietà autoctona. Ma la ricerca non si ferma ed ecco da alcuni anni un Metodo Classico da uve vermentino sempre più fine grazie ad affinamenti sui lieviti molto lunghi. La storica cantina di Usini presenta anche quest'anno una gamma convincente. Molto buono il Vermentino di Sardegna Tuvaoes '15, dalle note di salvia e agrume e dalla bocca sapida. Succoso e fresco il Cannonau di Sardegna '14, come anche il Cagnulari '14, da apprezzare specie per le note di spezie, frutti rossi e sottobosco e per la bocca fitta e profonda. Sempre valido il Luzzana '14, fortunato blend di cagnulari e cannonau.

Vino	Bicchieri	Prezzo
● Cagnulari '14	🍷🍷	3
● Cagnulari Billia '15	🍷🍷	3
● Cannonau di Sardegna '14	🍷🍷	3
● Luzzana '14	🍷🍷	4
○ Vermentino di Sardegna Tuvaoes '15	🍷🍷	3
○ Tokaterra	🍷	3
○ Vermentino di Sardegna Billia '15	🍷	2
○ Vermentino di Sardegna Tuvaoes '88	🍷🍷🍷 (vuoti)	4*
● Cagnulari '13	🍷🍷 (vuoti)	3
● Cagnulari '12	🍷🍷 (vuoti)	3
● Cagnulari Billia '12	🍷🍷 (vuoti)	3
● Cannonau di Sardegna '13	🍷🍷 (vuoti)	3
○ Vermentino di Sardegna Tuvaoes '14	🍷🍷 (vuoti)	3

Chessa

via San Giorgio
07049 Usini [SS]
Tel. 3283747069
www.cantinechessa.it

VENDITA DIRETTA
VISITA SU PRENOTAZIONE
PRODUZIONE ANNUA 43.000 bottiglie
ETTARI VITATI 15,00

È una donna, Giovanna, la titolare dell'azienda che porta il suo nome e che negli ultimi anni si è distinta tra le cantine più interessanti dell'Isola. Il merito va tutto a una corretta interpretazione del territorio di Usini, capace di offrire vini autentici e di carattere. A partire dal Cagnulari, vino che Giovanna ha saputo rendere sempre più elegante ed equilibrato, grazie a un meticoloso lavoro in vigna, nonostante il vitigno non sia facilissimo da lavorare. Sempre centrati e pulitissimi gli altri vini, a partire dal Vermentino fino ad arrivare al Moscato da uve stramature. È sempre il Cagnulari il vino che più convince dei nostri assaggi. L'annata 2014 offre un rosso elegante e fine. Dai profumi di mirto e spezie dolci, offre anche tocchi balsamici e mentolati. La bocca è fitta, dal tannino puntuto, ma mai asciugante, e dal finale sapido. Ottimo anche il Mattariga, piacevole e profumato Vermentino di Sardegna '15.

Vino	Bicchieri
● Cagnulari '14	🍷🍷 3
○ Vermentino di Sardegna Mattariga '15	🍷🍷 3
● Lugherra '13	🍷 5
● Cagnulari '13	🍷🍷 3
● Cagnulari '12	🍷🍷 3
● Cagnulari '11	🍷🍷 3
● Cagnulari '10	🍷🍷 3*
○ Kentàles	🍷🍷 5
● Lugherra '12	🍷🍷 5
● Lugherra '10	🍷🍷 5
● Lugherra '09	🍷🍷 5
○ Vermentino di Sardegna Mattariga '14	🍷🍷 3
○ Vermentino di Sardegna Mattariga '13	🍷🍷 3
○ Vermentino di Sardegna Mattariga '12	🍷🍷 3
○ Vermentino di Sardegna Mattariga '10	🍷🍷 3

Attilio Contini

via Genova, 48/50
09072 Cabras [OR]
Tel. 0783290806
www.vinicontini.it

VENDITA DIRETTA
VISITA SU PRENOTAZIONE
PRODUZIONE ANNUA 800.000 bottiglie
ETTARI VITATI 70,00
VITICOLTURA Biologico Certificato
AZIENDA SOSTENIBILE

Contini è una delle più grandi aziende sarde private sia per numero di bottiglie prodotte sia per qualità e prestigio oramai raggiunti. Ha contribuito a valorizzare un intero territorio puntando da sempre sui vitigni tradizionali, il rosso nieddera e il bianco vernaccia di Oristano. Su quest'ultimo la ricerca è stata tanta e il patrimonio di vecchie riserve in possesso della cantina è incredibile. A fronte di ciò si produce una gamma di vini molto vasta che parte da Vermentino e Cannonau di Sardegna per arrivare a spumanti ancora una volta frutto di nieddera e vernaccia. Ottima performance da parte dell'azienda oristanese. Il Barrile '13 è una selezione di nieddera (varietà autoctona in cui l'azienda ha sempre creduto) che offre una naso incredibile per complessità e finezza. Spezie, frutto rosso maturo, tocchi floreali e di macchia anticipano un palato fitto e morbido, fresco e sapido. Per noi è Tre Bicchieri. Di assoluto fascino l'ultima versione di Vernaccia di Oristano, una Riserva del 1991 che dopo 25 anni non sembra abbia paura di invecchiare.

Vino	Bicchieri
● Barrile '13	🍷🍷🍷 7
○ Vernaccia di Oristano Ris. '91	🍷🍷 7
● Cannonau di Sardegna Sartiglia '10	🍷🍷 3
● I Giganti Rosso '13	🍷🍷 5
● Nieddera Rosso '15	🍷🍷 3
○ Pontis	🍷🍷 5
○ Vermentino di Gallura Elibaria '15	🍷🍷 3
○ Vernaccia di Oristano Componidori '05	🍷🍷 3
● Cannonau di Sardegna Tonaghe '15	🍷 2
○ I Giganti Bianco '13	🍷 5
○ Karmis '15	🍷 3
⊙ Nieddera Rosato '15	🍷 2
○ Vermentino di Sardegna Pariglia '15	🍷 2
○ Vermentino di Sardegna Tyrsos '15	🍷 2
○ Vernaccia di Oristano Flor '05	🍷 3
● Barrile '11	🍷🍷🍷 6

Ferruccio Deiana

loc. Su Leunaxi
via Gialeto, 7
09040 Settimo San Pietro [CA]
Tel. 070749117
www.ferrucciodeiana.it

VENDITA DIRETTA
VISITA SU PRENOTAZIONE
PRODUZIONE ANNUA 520.000 bottiglie
ETTARI VITATI 94,00

Ferruccio Deiana è un bravo viticoltore ed enologo ed è stato capace di realizzare un'azienda importante sia per numero di bottiglie sia per il patrimonio vitato di proprietà a disposizione. Le vigne si trovano principalmente in due corpi, uno vicino alla cantina – Su Leunaxiu – l'altro a Sibiola, nel comune di Serdiana, zona da sempre vocata alla viticoltura. Si punta sui vitigni tradizionali, vinificati in purezza in molte etichette, tranne che per alcuni prodotti di punta dove si preferisce un blend tra uve diverse. Il Cannonau di Sardegna Sileno Riserva '13 approda alle finali Tre Bicchieri. È un vino che riesce a unire complessità e beva, il naso è molto pulito e rappresenta bene le fragranze della varietà autoctona nel sud dell'Isola. Molto buono anche l'Ajana, blend di uve tradizionali, mentre tra i bianchi segnaliamo l'Arvali '15, agile e fresco Vermentino di Sardegna.

● Cannonau di Sardegna Sileno Ris. '13	🍷🍷 4
● Ajana '13	🍷🍷 6
● Cannonau di Sardegna Sileno '14	🍷🍷 3
○ Oirad '14	🍷🍷 5
○ Vermentino di Sardegna Arvali '15	🍷🍷 3
⊙ Bellarosa '15	🍷 2
● Monica di Sardegna Karel '14	🍷 2
○ Pluminus '14	🍷 6
○ Vermentino di Sardegna Donnikalia '15	🍷 2
● Ajana '02	🍷🍷🍷 6
● Cannonau di Sardegna Sileno Ris. '10	🍷🍷🍷 3*
● Ajana '12	🍷🍷 6
● Cannonau di Sardegna Sileno '13	🍷🍷 3
● Cannonau di Sardegna Sileno Ris. '12	🍷🍷 4
○ Vermentino di Sardegna Arvali '14	🍷🍷 3
○ Vermentino di Sardegna Donnikalia '14	🍷🍷 2*

Cantine di Dolianova

loc. Sant'Esu
s.s. 387 km 17,150
09041 Dolianova [CA]
Tel. 070744101
www.cantinedidolianova.it

VENDITA DIRETTA
VISITA SU PRENOTAZIONE
PRODUZIONE ANNUA 4.000.000 bottiglie
ETTARI VITATI 1200,00

Dolianova è una delle cantine cooperative più grandi dell'Isola ed è un riferimento per i tanti vignaioli del Parteolla, area in cui opera. Negli ultimi anni la qualità media è salita molto e si è passati da vini corretti, ma fin troppo semplici, a prodotti complessi, autentici e confrontabili con le grandi etichette isolane. Vastissima la gamma che annovera vini fermi, spumanti e dolci, contraddistinti da un ottimo rapporto qualità prezzo e ottenuti esclusivamente da varietà tradizionali. La crescita qualitativa riscontrata negli ultimi anni dalla cooperativa di Dolianova è dimostrata da una gamma capitanata dal Falconaro '11: complesso, dalle note di macchia, prugna e resine nobili, svela un sorso fresco e balsamico, lungo e sapido. Frutto di blend tra cannonau, montepulciano e carignano rappresenta molto bene un ricco rosso mediterraneo. Tre Bicchieri strameritati. Ottimi anche il Blasio e il Terresicci, quest'ultimo ottenuto da barbera sarda.

● Falconaro '11	🍷🍷🍷 3*
● Cannonau di Sardegna Blasio Ris. '11	🍷🍷 3
● Terresicci '11	🍷🍷 5
● Cannonau di Sardegna Anzenas San Pantaleo '14	🍷 2
○ Caralis Brut	🍷 2
○ Malvasia Scaleri Demi Sec	🍷 3
● Monica di Sardegna Arenada '14	🍷 2
○ Nuragus di Cagliari Perlas San Pantaleo '15	🍷 1*
⊙ Sibiola Rosé '15	🍷 2
○ Vermentino di Sardegna Naeli '15	🍷 2
○ Vermentino di Sardegna Prendas San Pantaleo '15	🍷 2
● Cannonau di Sardegna Blasio Ris. '10	🍷🍷 3*
● Falconaro '10	🍷🍷 3

Cantina Dorgali

via Piemonte, 11
08022 Dorgali [NU]
Tel. 078496143
www.cantinadorgali.com

VENDITA DIRETTA
VISITA SU PRENOTAZIONE
PRODUZIONE ANNUA 1.500.000 bottiglie
ETTARI VITATI 600,00
AZIENDA SOSTENIBILE

La Cantina di Dorgali è il riferimento cooperativo della provincia di Nuoro che si estende verso la costa tirrenica e comprende l'area vitivinicola ogliastrina. Qui regna il vitigno cannonau e il patrimonio vitato è ricco di vecchi vigneti, allevati ad alberello, che producono naturalmente poca uva ma di alta qualità. Negli ultimi anni la cantina ha saputo sfruttare a dovere questa ricchezza, con una politica che parte dalle singole vigne dei conferitori, grazie ai quali si producono tra i migliori Cannonau di Sardegna di tutta l'Isola. Freschezza, eleganza e profondità sono le caratteristiche principali dei vini di Dorgali. Sono i Cannonau di Sardegna i vini che più convincono all'interno della gamma firmata Dorgali. Il D53 '13 profuma di rosa e mora, la bocca è fresca, scorrevole, molto elegante e profonda. Tre Bicchieri. Molto buona anche la Riserva '13 Vinìola. Corretti gli altri vini.

● Cannonau di Sardegna Cl. D53 '13	🍷🍷🍷	4*
● Cannonau di Sardegna Vinìola Ris. '13	🍷🍷	4
● Norìolo '13	🍷🍷	4
⊙ Cannonau di Sardegna Rosato Filieri '15	🍷	2
○ Vermentino di Sardegna Calaluna '15	🍷	2
○ Vermentino di Sardegna Filine '15	🍷	2
● Cannonau di Sardegna Cl. D53 '12	◌◌◌	4*
● Cannonau di Sardegna Vinìola Ris. '10	◌◌◌	4*
● Cannonau di Sardegna Vinìola Ris. '07	◌◌◌	3*
● Cannonau di Sardegna Vinìola Ris. '06	◌◌◌	3*
● Hortos '08	◌◌◌	6
● Cannonau di Sardegna Vinìola Ris. '12	◌◌	4
● Cannonau di Sardegna Vinìola Ris. '11	◌◌	4

Giuseppe Gabbas

via Trieste, 59
08100 Nuoro
Tel. 078433745
www.gabbas.it

VENDITA DIRETTA
VISITA SU PRENOTAZIONE
PRODUZIONE ANNUA 70.000 bottiglie
ETTARI VITATI 20,00

Giuseppe Gabbas è un bravo, bravissimo viticoltore che già da tempo viene preso ad esempio per la meticolosità in vigna e per la bontà e il carattere dei suoi vini. Siamo a pochi chilometri da Oliena, dove si lavorano le uve provenienti da circa 20 ettari di vigna, impiantati principalmente a cannonau, da cui si ottengono ben quattro etichette, diverse per vigna e vinificazione. Completa la gamma il Vermentino di Sardegna Manzanile. Tutti i vini si contraddistinguono per eleganza e bevibilità, carattere e appartenenza al territorio. Ai vertici anche quest'anno il Dule '13, Cannonau di Sardegna Classico che spicca per una complessità che si coniuga sempre con eleganza e grande beva. Profuma di mirto e erbe officinali, spezie e frutti di bosco. La bocca è fresca, sapida, dal tannino carezzevole, molto lunga e pulita. Tre Bicchieri. Ottimo anche l'Arbòre '13, delizioso il Lillové '15.

● Cannonau di Sardegna Cl. Dule '13	🍷🍷🍷	4*
● Cannonau di Sardegna Cl. Arbòre '13	🍷🍷	4
● Cannonau di Sardegna Lillové '15	🍷🍷	2*
○ Vermentino di Sardegna Manzanile '15	🍷	3
● Cannonau di Sardegna Cl. Dule '12	◌◌◌	4*
● Cannonau di Sardegna Cl. Dule '11	◌◌◌	4*
● Cannonau di Sardegna Dule Ris. '10	◌◌◌	4*
● Cannonau di Sardegna Dule Ris. '09	◌◌◌	3*
● Cannonau di Sardegna Dule Ris. '08	◌◌◌	3*
● Cannonau di Sardegna Dule Ris. '07	◌◌◌	3*
● Cannonau di Sardegna Dule Ris. '06	◌◌◌	3*
● Cannonau di Sardegna Dule Ris. '05	◌◌◌	3*
● Cannonau di Sardegna Cl. Arbòre '12	◌◌	4
● Cannonau di Sardegna Cl. Arbòre '11	◌◌	4

Cantina Gallura

via Val di Cossu, 9
07029 Tempio Pausania
Tel. 079631241
www.cantinagallura.com

VENDITA DIRETTA
VISITA SU PRENOTAZIONE
PRODUZIONE ANNUA 1.300.000 bottiglie
ETTARI VITATI 350,00

Punto di riferimento di tutto il nord est isolano, la Cantina di Gallura è la cooperativa di Tempio diretta dal bravo enologo Dino Addis. Il Vermentino di Gallura la fa da padrone in una gamma di vini numerosa e di qualità. La severa selezione delle uve e la vinificazione per singola vigna hanno permesso di avere una produzione eccellente, sempre contraddistinta da prezzi onestissimi, specie sui prodotti più semplici, che si rivelano però mai banali. Oltre al Vermentino (anche in versione dolce e spumante) si produce il Moscato di Tempio Spumante e alcuni interessanti rossi, sempre da uve tradizionali. Anche quest'anno convincente la gamma dei vini presentati. I migliori ci sono parsi i Vermentino, capitanati dal Canayli Vendemmia Tardiva. La versione 2015 profuma di frutto a pasta gialla, erbe aromatiche, ginestra e zagara, mentre al palato è agile e sapido. Ottima anche la versione Superiore del Canayli, sempre delizioso il Piras. Corretti gli altri vini.

○ Vermentino di Gallura Canayli V. T. '15	YY 4
○ Vermentino di Gallura Piras '15	YY 2*
○ Vermentino di Gallura Sup. Canayli '15	YY 2*
⊙ Campos '15	Y 2
● Cannonau di Sardegna Templum '14	Y 2
● Karana '15	Y 2
○ Moscato di Tempio Pausania	Y 2
○ Vermentino di Gallura Gemellae '15	Y 2
○ Vermentino di Gallura Mavriana '15	Y 2
○ Vermentino di Gallura Canayli V. T. '14	YYY 4*
○ Vermentino di Gallura Sup. Genesi '10	YYY 5
○ Vermentino di Gallura Sup. Genesi '08	YYY 5
○ Vermentino di Gallura Piras '14	YY 2*
○ Vermentino di Gallura Sup. Canayli '14	YY 2*

Cantina Giba

via Principe di Piemonte, 16
09010 Giba [CI]
Tel. 07816897[illegible]8
www.cantinagiba.it

VENDITA DIRETTA
PRODUZIONE ANNUA 100.000 bottiglie
ETTARI VITATI 15,00

Giba, piccolo paesino del sud ovest dell'Isola, è anche il nome di una cantina specializzata nella produzione di Carignano del Sulcis ottenuto da vecchie vigne allevate ad alberello. Già conosciuta come 6Mura – nome ora della linea più importante dei vini – è una realtà artigiana capace di regalare vini autentici e affascinanti, mai scontati o banali, veri figli del territorio sulcitano. Oltre al Carignano, prodotto in due versioni più la novità del rosato, l'azienda vinifica anche due Vermentino di Sardegna, ottenuti sempre da vigne di proprietà. Il Carignano del Sulcis 6Mura '11, quello ottenuto da vecchie vigne a piede franco, conquista per i suoi profumi di arbusti di macchia, mirto e piccoli frutti rossi, mentre la bocca è morbida e cremosa, ma sempre resa vitale da un tannino preciso e da una sapidità da manuale. Lungo e profondo, il sorso è sempre fresco e vitale. Tre Bicchieri. Il Vermentino di Sardegna 6Mura '15 è un vino marino e iodato.

Vino	
● Carignano del Sulcis 6Mura '11	YYY 5
⊙ Carignano del Sulcis Giba Rosato '15	YY 2*
○ Vermentino di Sardegna 6Mura '15	YY 4
○ Vermentino di Sardegna Giba '15	Y 2
● Carignano del Sulcis 6Mura '10	YYY 5
● Carignano del Sulcis 6Mura '09	YYY 5
● Carignano del Sulcis 6Mura '11	YY 5
● Carignano del Sulcis Giba '13	YY 2*
● Carignano del Sulcis Giba '12	YY 2*
● Carignano del Sulcis Giba '11	YY 2*
○ Vermentino di Sardegna '14	YY 4
○ Vermentino di Sardegna '12	YY 4
○ Vermentino di Sardegna Giba '13	YY 2*

Antichi Poderi Jerzu

via Umberto I, 1
08044 Jerzu [OG]
Tel. 078270028
www.jerzuantichipoderi.it

VENDITA DIRETTA
VISITA SU PRENOTAZIONE
PRODUZIONE ANNUA 1.500.000 bottiglie
ETTARI VITATI 750,00

Antichi Poderi di Jerzu è la cooperativa ogliastrina specializzata nella produzione di Cannonau, che in quest'area si fregia della sottozona Jerzu. Parliamo di una realtà molto grande, forte di 750 ettari, per una produzione di oltre un milione e mezzo di bottiglie. La svolta qualitativa risale a diversi anni fa quando, a seguito della zonazione fatta, si è iniziato a imbottigliare vini seguendo terreni, età ed esposizione delle vigne. Il risultato è lusinghiero e i Cannonau di Jerzu sono sempre più tipici, territoriali e autentici. Completano la gamma alcuni bianchi e un Monica di Sardegna sempre corretto. Sono senza dubbio i Cannonau di Sardegna a spiccare all'interno della gamma. A partire dalle Riserva, capitanate dallo Josto Miglior '13, dalle note di sottobosco e dal palato balsamico e fresco. Non è da meno il Chuerra '13, meno fitto e dal tannino più morbido. Sempre una garanzia Il Bantu '15, Cannonau d'annata succoso e beverino. Tutti ben fatti gli altri vini.

● Cannonau di Sardegna Bantu '15	🍷🍷 2*
● Cannonau di Sardegna Chuerra Ris. '13	🍷🍷 5
● Cannonau di Sardegna Josto Miglior Ris. '13	🍷🍷 5
● Cannonau di Sardegna Marghìa '14	🍷🍷 4
● Akratos '12	🍷 5
⊙ Cannonau di Sardegna Isara '15	🍷 2
○ Vermentino di Sardegna Lucean Le Stelle '15	🍷 3
○ Vermentino di Sardegna Telavè '15	🍷 2
● Cannonau di Sardegna Josto Miglior Ris. '09	🍷🍷🍷 4*
● Cannonau di Sardegna Josto Miglior Ris. '05	🍷🍷🍷 4
● Radames '01	🍷🍷🍷 5
● Cannonau di Sardegna Josto Miglior Ris. '12	🍷🍷 5

Alberto Loi

s.s. 125 km 124,1
08040 Cardedu [OG]
Tel. 070240866
www.albertoloi.it

VENDITA DIRETTA
VISITA SU PRENOTAZIONE
OSPITALITÀ
PRODUZIONE ANNUA 250.000 bottiglie
ETTARI VITATI 53,00

Loi è una storica e importante famiglia del vino che ha sede a Cardedu. A loro si devono i primi imbottigliamenti di qualità del Cannonau di Sardegna con la conseguente valorizzazione del grande vino sardo che qui si produce secondo la sottozona Jerzu. Dopo decenni l'azienda è rimasta ancorata alla tradizione vinicola artigiana, come dimostrano l'utilizzo di botti grandi mai nuove e una selezione di uve che passa attraverso vecchi vigneti impiantati ad alberello. Tanti i Cannonau prodotti, tra Riserva e Selezione. Non manca un pizzico di innovazione in un bianco ottenuto sempre da uve cannonau e in alcuni blend dove la varietà incontra altri vitigni della tradizione. Anche quest'anno i vini di Loi dimostrano di essere prodotti autentici, fuori dalle mode, e particolari interpreti del terroir di Jerzu. Un bell'esempio lo abbiamo dall'Alberto Loi Riserva. L'annata 2012 offre note di rosa passita, lievi sentori di resine e corteccia e un finale di frutto rosso maturo. In bocca è caldo, dal tannino morbido e dal finale profondo. Sempre una garanzia anche gli altri Cannonau di Sardegna.

● Cannonau di Sardegna Jerzu Alberto Loi Ris. '12	🍷🍷 3
● Cannonau di Sardegna Jerzu Sa Mola '14	🍷🍷 2*
● Tuvara '13	🍷🍷 5
● Cannonau di Sardegna Jerzu Cardedo Ris. '13	🍷 3
● Monica di Sardegna Nibaru '15	🍷 2
○ Vermentino di Sardegna Theria '15	🍷 2
● Cannonau di Sardegna Jerzu Alberto Loi Ris. '11	🍷🍷 3
● Cannonau di Sardegna Jerzu Cardedo Ris. '12	🍷🍷 3
○ Leila '12	🍷🍷 4
● Tuvara '11	🍷🍷 5

Masone Mannu

loc. Su Canale
s.s. 199 km 48
07020 Monti [SS]
Tel. 078947140
www.masonemannu.com

VENDITA DIRETTA
VISITA SU PRENOTAZIONE
PRODUZIONE ANNUA 100.000 bottiglie
ETTARI VITATI 19,00

Masone Mannu è una delle più belle e importanti realtà galluresi. Azienda tutto sommato giovane ma capace fin dalle prime vendemmie di mostrare il percorso qualitativo intrapreso. Tutto si basa sul lavoro in vigna e su una vinificazione semplice, volta a esaltare il particolare suolo gallurese. Il risultato parla di finezza, pulizia aromatica e una buona longevità, a partire dai bianchi Vermentino (ben tre le versioni prodotte) fino ad arrivare a rossi e rosati altrettanto validi, ottenuti da cannonau, syrah, carignano e bovale. Il Costarenas '15, Vermentino di Gallura Superiore, approda alle finali nazionali forte di una complessità aromatica tutta giocata su note di erbette e agrumi. Sapido e fresco in bocca mostra ottima beva. Più semplice, ma centratissimo, l'altro Gallura, il Petrizza '15. Una bella sorpresa arriva dal Cannonau di Sardegna, vino elegante e suadente. Sempre valido Entu '13, rosso importante frutto di uve tradizionali.

Vino	Bicchieri	Prezzo
○ Vermentino di Gallura Sup. Costarenas '15	TT (rosso)	3*
● Cannonau di Sardegna Zòjosu '14	TT	3
● Entu '13	TT	5
○ Vermentino di Gallura Petrizza '15	TT	3
○ Vermentino di Gallura Sup. Roccaìa '14	T	5
⊙ Zeluiu '15	T	3
● Cannonau di Sardegna Zòjosu '13	YY	3
● Entu '12	YY	5
● Mannu '11	YY	8
○ Vermentino di Gallura Petrizza '14	YY	3
○ Vermentino di Gallura Petrizza '13	YY	3
○ Vermentino di Gallura Sup. Costarenas '14	YY	3*
● Zùrria '14	YY	3

Meloni Vini

via Gallus, 79
09047 Selargius [CA]
Tel. 070852822
www.melonivini.com

VENDITA DIRETTA
VISITA SU PRENOTAZIONE
PRODUZIONE ANNUA 1.000.000 bottiglie
ETTARI VITATI 200,00
VITICOLTURA Biologico Certificato
AZIENDA SOSTENIBILE

Duecento ettari di vigneto nel sud Sardegna interamente coltivati secondo i dettami del biologico, da tempi non sospetti. Questa è la realtà della famiglia Meloni, un'azienda che, dopo aver attraversato anni sottotono, ha ripreso alla grande nella produzione di vini eleganti e freschi, di ottima e appagante beva. La gamma è molto vasta, si punta ai vitigni tradizionali e alle denominazioni regionali. Ampio risalto è dato anche alle varietà aromatiche, capitanate da Nasco e Girò di Cagliari, come anche allo spumante metodo charmat, prodotto già da diversi decenni. Tra le tante etichette assaggiate quest'anno spiccano i vini dolci della linea Donna Jolanda. Il Girò di Cagliari '12 (unica azienda a produrlo) è un rosso aromatico dalle note di prugna, miele di castagno e ciliegia sotto spirito. La bocca è dolce, ma ben contrastata da freschezza e da una lieve vena tannica. Il Moscato di Sardegna '12 gioca tutto sulla dolcezza, non è mai stucchevole e la sapidità nel finale lo contraddistingue.

Vino	Bicchieri	Prezzo
● Cannonau di Sardegna Le Ghiaie Ris. '12	TT	4
● Cannonau di Sardegna Le Sabbie '13	TT	3
● Cannonau di Sardegna Terreforru '12	TT	2*
● Girò di Cagliari Donna Jolanda '12	TT	3
○ Moscato di Sardegna Donna Jolanda '12	TT	2*
○ Vermentino di Sardegna Le Sabbie '15	TT	3
○ Frius Brut	T	2
● Monica di Sardegna Jaccia '13	T	2
○ Nue Bianco	T	2
● Nue Rosso	T	2
○ Vermentino di Sardegna Salike '15	T	2
● Cannonau di Sardegna Le Ghiaie Ris. '09	YY	4
○ Malvasia di Cagliari Donna Jolanda '11	YY	3
○ Moscato di Cagliari Donna Jolanda '09	YY	3
○ Vermentino di Sardegna Le Sabbie '14	YY	3

Mesa

Loc. Su Baroni
09010 Sant'Anna Arresi [CA]
Tel. 0781965057
www.cantinamesa.it

VENDITA DIRETTA
VISITA SU PRENOTAZIONE
PRODUZIONE ANNUA 750.000 bottiglie
ETTARI VITATI 70,00

Mesa è una delle poche cantine private del Sulcis, nata diversi anni fa per volere del pubblicitario Gavino Sanna. Dopo i primi anni di rodaggio l'azienda si è ormai attestata su livelli qualitativi molto alti su tutta la gamma, a partire dalle linee più semplici e quotidiane. Il punto di forza è ovviamente il Carignano del Sulcis, prodotto in tante tipologie, tra cui spiccano un'ottima versione frutto di appassimento e diverse selezioni da vecchie vigne a piede franco. Ottimo anche il resto della gamma, composta da alcuni vini ottenuti da uve tradizionali acquistate nelle zone più vocate dell'Isola. L'annata 2013 conferma i Tre Bicchieri al Buio Buio, la Riserva di Carignano del Sulcis ottenuta dalle vigne storiche di proprietà. Il naso è scandito da note di macchia, mirto e prugna, il palato è fitto, dal tannino morbido e dal finale sapido. Buonissimo anche l'Opale, un Vermentino di Sardegna iodato, fresco ed elegante. Sempre centrati gli altri Carignano a partire dall'importante Riserva Gavino '13.

Vino		
● Carignano del Sulcis Buio Buio Ris. '13	🍷🍷🍷 (rossi)	5
○ Vermentino di Sardegna Opale '14	🍷🍷 (rossi)	4
● Carignano del Sulcis Buio '15	🍷🍷	3
● Carignano del Sulcis Gavino Ris. '13	🍷🍷	5
⊙ Carignano del Sulcis Rosa Grande '15	🍷	3
● Malombra '12	🍷	6
○ Vermentino di Sardegna Giunco '15	🍷	3
● Buio Buio '10	🍷🍷🍷 (vuoti)	4*
● Carignano del Sulcis Buio Buio Ris. '12	🍷🍷🍷 (vuoti)	5
● Brace Cagnulari '14	🍷🍷 (vuoti)	4
● Brama Syrah '14	🍷🍷 (vuoti)	4
● Carignano del Sulcis Gavino Ris. '11	🍷🍷 (vuoti)	5
○ Opale Dopo '12	🍷🍷 (vuoti)	5
○ Orodoro '13	🍷🍷 (vuoti)	5
○ Vermentino di Sardegna Giunco '13	🍷🍷 (vuoti)	3

Cantina di Mogoro Il Nuraghe

s.s. 131 km 62
09095 Mogoro [OR]
Tel. 0783990285
www.cantinadimogoro.it

VENDITA DIRETTA
VISITA SU PRENOTAZIONE
PRODUZIONE ANNUA 850.000 bottiglie
ETTARI VITATI 480,00

La Cantina di Mogoro è una cooperativa del Campidano che tiene alta la qualità del vino sardo prodotto dalle cantine sociali. Opera in un territorio altamente vocato sia per il semidano (uva autoctona che proprio a Mogoro si fregia della denominazione) sia per il bovale sardo, altra varietà difficile ma capace di regalare belle soddisfazione se prodotta in alcuni comprensori. La gamma è capitanata dal Puisteris, un Semidano di Mogoro che dimostra di invecchiare molto bene e non a caso esce sul mercato dopo ben tre anni di affinamento col suo carattere fresco e vibrante. È proprio il Puisteris il vino che convince di più ai nostri assaggi. La versione 2013 approda alle finali forte di una complessità aromatica giocata tutta su note di agrume candito, erbe di campo e albicocca. Il palato è secco, vitale e dinamico. Tra i rossi buonissimi i vini da uve bovale, a partire dal Cavaliere Sardo, un Terralba Riserva '13. Ultima nota va al Mora Bianca '15, un bianco particolare ottenuto dalla rara uva monica bianca.

○ Semidano di Mogoro Sup. Puistèris '13	🍷🍷 (rossi)	4
○ Mora Bianca '15	🍷🍷	1*
● Sardegna Terralba '13	🍷🍷	3
● Sardegna Terralba Bovale Cavaliere Sardo Ris. '13	🍷🍷	3
● Sardegna Terralba Bovale Tiernu '14	🍷🍷	3
○ Anastasia Brut	🍷	3
⊙ Brut Rosato	🍷	2
● Cannonau di Sardegna Nero Sardo '14	🍷	2
● Monica di Sardegna San Bernardino '14	🍷	2
○ Moscato di Sardegna Capodolce '14	🍷	3
○ Moscato Spumante	🍷	2
○ Nuragus di Cagliari Ajò '15	🍷	2
○ Sardegna Semidano Mogoro Anastasia '15	🍷	2
○ Vermentino di Sardegna Don Giovanni '15	🍷	2

Giovanni Montisci

via Asiago, 7b
08024 Mamoiada [NU]
Tel. 0784569021
www.barrosu.it

VENDITA DIRETTA
VISITA SU PRENOTAZIONE
PRODUZIONE ANNUA 6.000 bottiglie
ETTARI VITATI 2,00

Giovanni Montisci è un vero artigiano del vino, appassionato del lavoro in vigna, e le sue piccole produzioni rispecchiano in pieno la cultura viticola di Mamoiada. Parliamo di vecchi impianti ad alberello, posizionati ad altitudini importanti, che producono naturalmente pochi grappoli per ettaro. I vini ottenuti sono concentrati, dalle alte gradazioni, ma sempre dotati di freschezza balsamica che ravviva la beva e li rende scorrevoli e vibranti. Due i Cannonau prodotti: il Barrosu e la Riserva Franzisca, da un'unica vigna di ottant'anni di età. Completano la gamma un Rosato (sempre da uve cannonau) e un Moscato prodotto solo nelle migliori annate. Un unico vino presentato quest'anno da Giovanni Montisci. È la sua selezione migliore delle uve cannonau, provenienti da una piccola e vecchia vigna che dà il nome al vino. Il Cannonau di Sardegna Barrosu '13 Riserva Franzisca è uno dei migliori assaggiati negli ultimi anni. Complesso e fitto è sempre equilibrato da freschezza magistrale che rende la beva agile e snella. Poche migliaia di bottiglie prodotte ma un grande esempio tra i rossi dell'Isola.

● Cannonau di Sardegna Barrosu Franzisca Ris. '13	YY	6
● Cannonau di Sardegna Barrosu Franzisca Ris. '11	YYY	6
● Cannonau di Sardegna Barrosu '09	YY	6
● Cannonau di Sardegna Barrosu '08	YY	5
● Cannonau di Sardegna Barrosu Ris. '11	YY	6
● Cannonau di Sardegna Barrosu Ris. '10	YY	6
● Cannonau di Sardegna Barrosu Ris. '09	YY	6
● Cannonau di Sardegna Franzisca Ris. '12	YY	6
● Cannonau di Sardegna Franzisca Ris. '10	YY	6
● Cannonau di Sardegna Rosato '12	YY	3

Mura

loc. Azzanidò, 1
07020 Loiri Porto San Paolo [OT]
Tel. 078941070
www.vinimura.it

VENDITA DIRETTA
VISITA SU PRENOTAZIONE
RISTORAZIONE
PRODUZIONE ANNUA 50.000 bottiglie
ETTARI VITATI 12,00

Una piccola azienda, circa 12 ettari, gestita a dovere dai fratelli Salvatore e Marianna, che si dividono tra parte commerciale e produzione enologica. Ci troviamo in piena Gallura e i vini dimostrano quell'autenticità legata al territorio. Facilità di beva, pulizia aromatica ed eleganza sono i tratti che caratterizzano una gamma composta sia dai Vermentino di Gallura sia da alcuni rossi ben fatti e corretti. Da rimarcare anche la capacità di invecchiamento dei bianchi. Il Sienda '15 è senza dubbio il migliore della gamma presentata. Dai profumi di erbette, elicriso e agrumi dimostra fin dal naso di esser un gran Vermentino di Gallura. Delizioso anche il Cheremi '15 e il Sienda Il Decennio '13, volutamente fatto uscire a tre anni dalla vendemmia. Beva succosa e godibile per il Cortes '14, Cannonau di Sardegna profumato e sapido.

○ Vermentino di Gallura Sienda '15	YY	4
● Cannonau di Sardegna Cortes '14	YY	3
○ Vermentino di Gallura Cheremi '15	YY	3
○ Vermentino di Gallura Sup. Sienda Il Decennio '13	YY	3
● Baja '13	Y	5
○ Vermentino di Sardegna Prisma '15	Y	2
○ Vermentino di Gallura Sup. Sienda '13	YYY	3*
● Cannonau di Sardegna Cortes '14	YY	3
○ Vermentino di Gallura Cheremi '14	YY	3
○ Vermentino di Gallura Cheremi '13	YY	3
○ Vermentino di Gallura Cheremi '12	YY	3
○ Vermentino di Gallura Sup. Sienda '14	YY	3*
○ Vermentino di Gallura Sup. Sienda '12	YY	3*
○ Vermentino di Sardegna Prisma '13	YY	2*

Pala

via Verdi, 7
09040 Serdiana [CA]
Tel. 070740284
www.pala.it

VENDITA DIRETTA
VISITA SU PRENOTAZIONE
PRODUZIONE ANNUA 490.000 bottiglie
ETTARI VITATI 98,00

Pala è una grande famiglia del vino, capitanata da Mario che, con la moglie e i tre figli, gestisce una delle cantine più convincenti della Sardegna. A loro si aggiunge Fabio Angius, storico e instancabile direttore commerciale che porta i vini e il marchio Pala nei cinque continenti. Tutto si basa su un grande patrimonio vitato, fatto di vecchie vigne, suoli particolarmente vocati (l'azienda possiede anche alcuni impianti a piede franco su sabbia nell'oristanese) e un lavoro in cantina sopraffino, volto a ottenere vini eleganti, profondi e longevi. Anche quest'anno il Vermentino di Sardegna Stellato dimostra di essere un grande bianco isolano. Figlio dell'annata 2015 profuma di fiori bianchi, erbe aromatiche e limone candito, in bocca è sapido, fresco agile e vitale. Tre Bicchieri. Molto buono anche il Cannonau di Sardegna Riserva e l'Entemari, bianco Igt ottenuto da uve tradizionali. Tutti corretti e dall'ottimo rapporto qualità prezzo gli altri vini.

○ Vermentino di Sardegna Stellato '15	🍷🍷🍷 4*
● Cannonau di Sardegna Ris. '14	🍷🍷 3*
○ Entemari '14	🍷🍷 5
● Cannonau di Sardegna I Fiori '15	🍷🍷 3
● Siray '13	🍷🍷 3
○ Stellato Nature '15	🍷🍷 6
● Thesys '14	🍷🍷 3
⊙ Chiaro di Stelle '15	🍷 3
● Monica di Sardegna I Fiori '15	🍷 3
○ Nuragus di Cagliari I Fiori '15	🍷 2
○ Silenzi Bianco '15	🍷 2
⊙ Silenzi Rosato '15	🍷 2
● Silenzi Rosso '15	🍷 2
○ Vermentino di Sardegna I Fiori '15	🍷 3
● Cannonau di Sardegna Ris. '12	ΥΥΥ 3*
● Cannonau di Sardegna Ris. '11	ΥΥΥ 3*
○ Vermentino di Sardegna Stellato '14	ΥΥΥ 3*

Cantina Pedres

zona ind. settore 7
07026 Olbia
Tel. 0789595075
www.cantinapedres.it

VENDITA DIRETTA
VISITA SU PRENOTAZIONE
PRODUZIONE ANNUA 290.000 bottiglie
ETTARI VITATI 40,00

Quaranta ettari di vigna per una produzione che arriva a 300mila bottiglie circa. Sono i numeri dell'azienda Pedres, condotta e diretta da Antonella Mancini, giovane erede di una famiglia che in Gallura produce vino da secoli. Con lei il marito, enologo, che si occupa della produzione. Il Vermentino di Gallura è il punto di forza e qui è proposto in una versione molto elegante, fine, vibrante e freschissima. Buoni anche gli altri vini, soprattutto quando seguono la direzione della scorrevolezza e delle bevibilità: è solo così che emerge tutto il suolo granitico della Gallura. Il Thilibas '15 è un Vermentino di Gallura dalla beva agile e vitale, garantita da freschezza acida, buona sapidità e rafforzato da una complessità aromatica tutta giocata su toni di mandorla e agrume. Molto buono anche il Brino, altro Vermentino, più semplice ma mai banale. Tra i rossi molto buoni sia il Sulitài '14 sia il Cerasio '15, due Cannonau di Sardegna fragranti, succosi e dai profumi di piccoli frutti di bosco.

● Cannonau di Sardegna Cerasio '15	🍷🍷 4
● Cannonau di Sardegna Sulitài '14	🍷🍷 3
○ Vermentino di Gallura Brino '15	🍷🍷 3
○ Vermentino di Gallura Sup. Thilibas '15	🍷🍷 4
○ Moscato di Sardegna Spumante	🍷 3
○ Vermentino di Gallura Sup. Thilibas '10	ΥΥΥ 3*
○ Vermentino di Gallura Sup. Thilibas '09	ΥΥΥ 3*
● Cannonau di Sardegna Cerasio '13	ΥΥ 4
● Cannonau di Sardegna Sulitài '13	ΥΥ 3
● Cannonau di Sardegna Sulitài '10	ΥΥ 3
○ Moscato di Sardegna	ΥΥ 3
○ Vermentino di Gallura Brino '13	ΥΥ 3
○ Vermentino di Gallura Sup. Thilibas '14	ΥΥ 4
○ Vermentino di Sardegna Colline '13	ΥΥ 2*

Agricola Punica

via Cagliari, 78
09010 Santadi [CI]
Tel. 0781941012
www.agripunica.it

VISITA SU PRENOTAZIONE
PRODUZIONE ANNUA 300.000 bottiglie
ETTARI VITATI 70,00

Agricola Punica è una bella realtà sulcitana nata nei primi anni duemila, per volere della Cantina di Santadi e del suo presidente Antonello Pilloni, di Sebastiano Rosa della Tenuta San Guido e del compianto enologo Giacomo Tachis. Tre i vini prodotti, due rossi e un bianco, tutti frutto di blend di diverse uve. I rossi (un primo vino, il Barrua e un secondo dalle vigne più giovani) vedono il felice connubio tra varietà internazionali e l'importante vitigno sulcitano, il carignano; il bianco è ottenuto da sauvignon e vermentino. Tutti molto buoni i vini presentati quest'anno. A partire dal Barrua, un vero fuoriclasse, che nell'annata 2013 regala profumi di frutto rosso maturo, rosa passita e resine nobili. In bocca è fresco, morbido e avvolgente come un grande rosso del Sud dev'essere. Il Montessu '14 colma la sua semplicità grazie a una beva agile e snella, mentre il Samas '15 è un bianco fresco, sapido e iodato.

● Barrua '13	TT	6
● Montessu '14	TT	4
○ Samas '15	T	3
● Barrua '12	YYY	6
● Barrua '10	YYY	6
● Barrua '07	YYY	6
● Barrua '05	YYY	5
● Barrua '11	YY	6
● Barrua '09	YY	6
● Barrua '08	YY	6
● Montessu '13	YY	4
● Montessu '12	YY	4
● Montessu '11	YY	4
● Montessu '10	YY	4
● Montessu '09	YY	4

Santa Maria La Palma

fraz. Santa Maria La Palma
07041 Alghero [SS]
Tel. 079999008
www.santamarialapalma.it

VENDITA DIRETTA
VISITA SU PRENOTAZIONE
PRODUZIONE ANNUA 4.000.000 bottiglie
ETTARI VITATI 650,00

Santa Maria La Palma è una delle grandi cooperative sarde, opera in zona Alghero e negli ultimi anni ha saputo imprimere un'importante svolta qualitativa ai vini, seguendo l'esempio di altre cantine sociali che in Sardegna lavorano da sempre molto bene. La produzione si divide tra vitigni autoctoni e varietà internazionali, presenti da tanti anni nel nord ovest dell'Isola. La gamma è vasta e copre tutte le tipologie, a partire da spumanti charmat (allo studio anche un Metodo Classico) fino ad arrivare a vini fermi e dolci. La qualità si vede anche sulle etichette più semplici e l'Aragosta, un Vermentino di Sardegna delizioso tirato in un milione e mezzo di bottiglie, sta lì a dimostrarlo. Convincente tutta la gamma presentata quest'anno dalla cooperativa algherese. L'Alghero Sauvignon Estìu '14 è un bianco dai profumi complessi, ma mai stucchevoli, regala sensazioni di erbette, scorza di limone e fiori bianchi. La bocca è sapida e fresca. Il Vermentino di Sardegna I Papiri '15 è iodato e dalle sensazioni di frutto giallo maturo. Sempre buono il Cagnulari. Piacevolissimi gli ultimi due nati, i frizzanti Palmì e Cantavigna.

● Alghero Cagnulari '15	TT	3
○ Alghero Chardonnay Triulas '14	TT	3
● Alghero Rosso Cabirol '14	TT	2*
○ Alghero Sauvignon Estìu '14	TT	4
● Cannonau di Sardegna Ris. '14	TT	3
○ Vermentino di Sardegna I Papiri '15	TT	3
⊙ Alghero Rosato Frizzante Cantavigna '15	T	2
● Cannonau di Sardegna Valmell '15	T	2
○ Vermentino di Sardegna Extra Dry Akenta '15	T	3
○ Vermentino di Sardegna Palmì '15	T	3
● Cannonau di Sardegna Le Bombarde '14	YY	2*
● Cannonau di Sardegna Le Bombarde '13	YY	2*
● Cannonau di Sardegna Valmell '14	YY	2*
○ Vermentino di Sardegna Aragosta '14	YY	2*
○ Vermentino di Sardegna I Papiri '14	YY	3

★Cantina di Santadi

via Cagliari, 78
09010 Santadi [CI]
Tel. 0781950127
www.cantinadisantadi.it

VENDITA DIRETTA
VISITA SU PRENOTAZIONE
PRODUZIONE ANNUA 1.740.000 bottiglie
ETTARI VITATI 606,00

Se c'è una cantina che ha dato un impulso forte alla vitivinicoltura di qualità in Sardegna questa è Santadi. Il dato è ancora più significativo se pensiamo che la realtà sulcitana è una cooperativa. I prestigiosi riconoscimenti e l'alta qualità raggiunta sono il frutto di una politica attuata dalla seconda metà degli anni Settanta dall'allora - e attuale - presidente Antonello Pilloni. Selezioni dei migliori vigneti (alcuni dei quali molto vecchi, su sabbia e a piede franco), precise linee guida date ai conferitori e la continua ricerca in cantina sono state le chiavi del successo di Santadi. Ma il lavoro non si ferma e le sperimentazioni continuano: da alcuni anni le prove su anfore di terracotta non sono altro che una conferma della politica attuata. Sempre convincenti i vini presentati da Santadi. Ai vertici quest'anno il Latinia '10, vino da uve stramature che sorprende per un naso complesso giocato su note di albicocca matura, frutta secca, resine nobili e spezie dolci. La bocca è dolce, ma ben sorretta da una vena sapida che dona vitalità e beva. Il Terre Brune '12 è fitto e austero.

○ Latinia '10	🍷🍷🍷 5
● Carignano del Sulcis Sup. Terre Brune '12	🍷🍷 7
● Cannonau di Sardegna Noras '13	🍷🍷 4
● Carignano del Sulcis Grotta Rossa '14	🍷🍷 2*
● Carignano del Sulcis Rocca Rubia Ris. '13	🍷🍷 4
○ Vermentino di Sardegna Villa Solais '15	🍷🍷 2*
○ Brut Solais M. Cl.	🍷 5
⊙ Carignano del Sulcis Rosato Tre Torri '15	🍷 2
● Festa Noria	🍷 6
● Monica di Sardegna Antigua '15	🍷 2
○ Nuragus di Cagliari Pedraia '15	🍷 2
○ Vermentino di Sardegna Cala Silente '15	🍷 3
● Carignano del Sulcis Sup. Terre Brune '11	🍷🍷🍷 7

Sardus Pater

via Rinascita, 46
09017 Sant'Antioco [CI]
Tel. 0781800274
www.cantinesarduspater.com

VENDITA DIRETTA
VISITA SU PRENOTAZIONE
PRODUZIONE ANNUA 600.000 bottiglie
ETTARI VITATI 295,00

L'isola di Sant'Antioco, unita alla Sardegna da un istmo di terra artificiale, ha una sua cooperativa, nata negli anni Cinquanta, forte di un patrimonio di vigneti inestimabile: la maggior parte alberelli a piede franco, su sabbia, alcuni dei quali raggiungono i novant'anni di età. Il vino principe è il Carignano del Sulcis, prodotto in diverse versioni, da quelle più fresche e d'annata, alle Riserva, passando per il Superiore (tipologia che prevede l'utilizzo di sole uve provenienti da piante franche di piede), fino ad arrivare all'Amentos, un passito contemplato dalla denominazione. Completano la gamma altre etichette ottenute sempre da uve tradizionali, compreso un Metodo Classico. Ai vertici quest'anno la versione di Carignano del Sulcis Is Arenas, una Riserva 2012 dalle note di macchia e frutto rosso maturo, dalla bocca morbida, scorrevole, balsamica e dal finale sapido. L'Arruga è fitto, complesso, austero, anche se ancora un po' frenato dal legno. Corretti gli altri vini.

● Carignano del Sulcis Is Arenas Ris. '12	🍷🍷 4
● Carignano del Sulcis Nur '14	🍷🍷 3
● Carignano del Sulcis Sup. Arruga '10	🍷🍷 6
● Carignano del Sulcis Is Solus '15	🍷 2
⊙ Carignano del Sulcis Rosato Horus '15	🍷 2
○ Vermentino di Sardegna Lugore '15	🍷 3
○ Vermentino di Sardegna Terre Fenicie '15	🍷 2
● Carignano del Sulcis Arenas Ris. '05	🍷🍷🍷 3*
● Carignano del Sulcis Is Arenas Ris. '09	🍷🍷🍷 4*
● Carignano del Sulcis Is Arenas Ris. '08	🍷🍷🍷 4*
● Carignano del Sulcis Is Arenas Ris. '07	🍷🍷🍷 3*
● Carignano del Sulcis Is Arenas Ris. '06	🍷🍷🍷 3*
● Carignano del Sulcis Sup. Arruga '09	🍷🍷🍷 6
● Carignano del Sulcis Sup. Arruga '07	🍷🍷🍷 5

Giuseppe Sedilesu

via Vittorio Emanuele II, 64
08024 Mamoiada [NU]
Tel. 078456791
www.giuseppesedilesu.com

VENDITA DIRETTA
VISITA SU PRENOTAZIONE
PRODUZIONE ANNUA 120.000 bottiglie
ETTARI VITATI 17,00

Sedilesu rappresenta una grande famiglia del vino giunta alla terza generazione. A loro si deve la rinascita della viticoltura in Mamoiada, un paese e un intero comprensorio vocato al vino dove la maestria e l'esperienza di tanti vignaioli non manca. Qui regna il cannonau, vitigno che, più di tanti altri, riesce a esprimere il territorio che lo origina. Terreni molto poveri, altitudini importanti e vecchi vigneti ad alberello regalano vini strutturati, molto complessi, ma caratterizzati da un'acidità balsamica che regala sempre bevibilità e freschezza. Assenti le selezioni di Cannonau (sia per annate non all'altezza, sia per prolungati affinamenti in bottiglia) quest'anno gli assaggi si sono concentrati su poche etichette. Il Mamuthone '14 è un grande rosso mediterraneo, dai profumi di frutto maturo, mai scomposti, e dalle note floreali di rosa. La bocca è soave e leggiadra e il calore dell'alcol è ben equilibrato da freschezza e sapidità.

● Cannonau di Sardegna Mamuthone '14	🍷🍷	3*
○ Perda Pintà '14	🍷🍷	5
● Cannonau di Sardegna Erèssia '15	🍷	3
○ Granazza '15	🍷	5
● Popassa	🍷	6
● Cannonau di Sardegna Mamuthone '12	🍸🍸🍸	3*
● Cannonau di Sardegna Mamuthone '11	🍸🍸🍸	3*
● Cannonau di Sardegna Mamuthone '08	🍸🍸🍸	3*
○ Perda Pintà '09	🍸🍸🍸	4
○ Perda Pintà '07	🍸🍸🍸	5
● Cannonau di Sardegna Giuseppe Sedilesu Ris. '10	🍸🍸	3*
● Cannonau di Sardegna Gràssia Ris. '11	🍸🍸	3
● Cannonau di Sardegna Sartiu '12	🍸🍸	3
○ Perda Pintà '13	🍸🍸	5

★★Tenute Sella & Mosca

loc. I Piani
07041 Alghero [SS]
Tel. 079997700
www.sellaemosca.com

VENDITA DIRETTA
VISITA SU PRENOTAZIONE
PRODUZIONE ANNUA 6.700.000 bottiglie
ETTARI VITATI 541,00

Forte di una produzione di quasi 7 milioni di bottiglie e di un'area vitata di più di 500 ettari (il più grande vigneto a corpo unico di tutta Europa) Sella & Mosca è tra le aziende storiche più importanti d'Italia. Da diversi anni di proprietà di Campari, di recente è stata oggetto di rivalorizzazione da parte del gruppo, attraverso politiche che vogliono tenerla sempre più ancorata all'economia vinicola della Sardegna. La gamma prodotta è vastissima e va dai vini frutto di varietà internazionali (da sempre coltivate in quest'area) a etichette ottenute da vitigni autoctoni come il torbato, di cui sono unici produttori. Tre vini in finale rappresentano già un gran risultato, reso ancor più soddisfacente da un ottimo Terre Bianche Cuvée 161. La selezione di Torbato convince per eleganza e finezza, complessità aromatica e profondità sapida. Tre Bicchieri. Sempre buono il Marchese di Villamarina '11, per quanto non ai suoi vertici qualitativi. Molto territoriale il Vermentino di Gallura Monteoro '15.

○ Alghero Torbato Terre Bianche Cuvée 161 '15	🍷🍷🍷	4*
● Alghero Rosso Marchese di Villamarina '11	🍷🍷	6
○ Vermentino di Gallura Sup. Monteoro '15	🍷🍷	3*
● Alghero Anghelu Ruju Ris. '05	🍷🍷	6
○ Alghero Bianco Le Arenarie '15	🍷🍷	3
● Cannonau di Sardegna Dimonios Ris. '12	🍷🍷	3
● Carignano del Sulcis Terre Rare Ris. '12	🍷🍷	3
○ Alghero Bianco Parallelo 41 '15	🍷	4
⊙ Alghero Oleandro '15	🍷	3
○ Alghero Torbato Terre Bianche '15	🍷	3
● Monica di Sardegna Acino M '14	🍷	3
○ Vermentino di Sardegna Cala Reale '15	🍷	3
● Alghero Marchese di Villamarina '09	🍸🍸🍸	6
○ Vermentino di Gallura Sup. Monteoro '14	🍸🍸🍸	3*

Siddùra

loc. Siddura
07020 Luogosanto [OT]
Tel. 0796513027
www.siddura.com

VENDITA DIRETTA
VISITA SU PRENOTAZIONE
OSPITALITÀ E RISTORAZIONE
PRODUZIONE ANNUA 250.000 bottiglie
ETTARI VITATI 37,00
AZIENDA SOSTENIBILE

Giovane azienda di Luogosanto fondata con investimenti importanti e con altrettante ambizioni qualitative. Ci troviamo in piena Gallura, in una zona bellissima, dove si alternano vigne, rocce granitiche e macchia mediterranea. Un attento lavoro nei vigneti e sperimentazioni all'avanguardia sono le peculiarità di una realtà che punta sia sui tipici Vermentino di Gallura, sia su rossi ottenuti da uve che provengono da altre zone dell'Isola. Si ricerca finezza ed eleganza, piacevolezza di beva, ma anche una complessità che sia specchio del terroir gallurese in cui ci si trova. Ottimo livello per le etichette presentate quest'anno. Il Vermentino di Gallura Spèra '15 profuma di nespola, salvia e agrume, mentre in bocca si avverte chiara la sapidità tipica del suolo gallurese. Molto buono anche il Cannonau di Sardegna Fòla '14, dalla beva leggiadra e dai profumi puliti. Meno convincente il Bèru '14, Vermentino di Gallura affinato in legno.

Vino	Bicchieri	Prezzo
● Cannonau di Sardegna Fòla '14	🍷🍷	5
○ Vermentino di Gallura Spèra '15	🍷🍷	3
○ Vermentino di Gallura Sup. Bèru '14	🍷	6
○ Vermentino di Gallura Sup. Maìa '14	🍷🍷🍷	4*
● Bàcco Cagnulari '14	🍷🍷	5
● Bàcco Cagnulari '13	🍷🍷	5
● Cannonau di Sardegna Fòla '13	🍷🍷	5
● Cannonau di Sardegna Fòla '12	🍷🍷	5
● Èrema '14	🍷🍷	3
● Èrema '13	🍷🍷	3
● Èrema '12	🍷🍷	4
● Tìros '12	🍷🍷	6
○ Vermentino di Gallura Spèra '12	🍷🍷	3
○ Vermentino di Gallura Sup. Maìa '13	🍷🍷	5
○ Vermentino di Gallura Sup. Maìa '12	🍷🍷	5

Tenute Soletta

loc. Signor'Anna
07040 Codrongianos [SS]
Tel. 079435067
www.tenutesoletta.it

VENDITA DIRETTA
VISITA SU PRENOTAZIONE
PRODUZIONE ANNUA 100.000 bottiglie
ETTARI VITATI 15,00
VITICOLTURA Biologico Certificato

Umberto Soletta dirige con passione e bravura l'azienda di famiglia, una realtà del nord ovest dell'Isola, collocata in un'area del logudorese particolarmente vocata per la produzione viticola. Struttura, complessità e concentrazione sono le caratteristiche principali dei vini prodotti, specie dei rossi Cannonau, che hanno l'ambizione di durare nel tempo. Convincono anche i bianchi, ottenuti principalmente da uve vermentino, con l'aggiunta – in alcuni casi – di varietà internazionali. Chiude la gamma un passito da uve moscato sempre tra i migliori della categoria. La Riserva '11 Corona Majore è il vino più centrato. È un Cannonau di Sardegna che profuma di incenso, mirto e prugna matura, in bocca è fitto, sapido e dal tannino presente ma molto morbido. Convince anche il Keramos '10, un Igt sempre a base di uve cannoanu. Tra i bianchi segnaliamo il Chimera, un Vermentino di Sardegna sapido, fresco e di buon frutto.

Vino	Bicchieri	Prezzo
● Cannonau di Sardegna Corona Majore Ris. '11	🍷🍷	3
● Keramos '10	🍷🍷	5
○ Vermentino di Sardegna Chimera '15	🍷🍷	4
○ Kianos '14	🍷	4
⊙ Prius '15	🍷	3
● Cannonau di Sardegna Keramos Ris. '07	🍷🍷🍷	5
● Cannonau di Sardegna Keramos Ris. '04	🍷🍷🍷	4
● Cannonau di Sardegna Corona Majore '12	🍷🍷	4
● Cannonau di Sardegna Corona Majore '11	🍷🍷	4
● Cannonau di Sardegna Keramos Ris. '11	🍷🍷	5
○ Vermentino di Sardegna Chimera '14	🍷🍷	4
○ Vermentino di Sardegna Chimera '13	🍷🍷	4

Su Entu

S.DA PROV.LE KM 1,800
09025 SANLURI [CA]
TEL. 07093571200
www.cantinesuentu.com

VENDITA DIRETTA
VISITA SU PRENOTAZIONE
PRODUZIONE ANNUA 30.000 bottiglie
ETTARI VITATI 32,00

La Marmilla un tempo era culla del grano e della vite e fa piacere che cantine come Su Entu siano nate qui, proprio per cercare di ridare lustro e prestigio a un territorio unico per l'agricoltura. A volere ciò Salvatore Pilloni, imprenditore isolano con interessi in altri settori, ma da sempre appassionato di vigne e vino. A qualche anno dalla prima vendemmia i risultati iniziano ad arrivare, grazie alle viti che crescono e all'esperienza nel lavoro in cantina, affidata al bravo consulente Piero Cella. Per ora si punta su vermentino e cannonau, ma anche su moscato e bovale, varietà storicamente presenti in questo comprensorio. Il Mediterraneo '14 è un vino che vuole incarnare in pieno la rinascita dei rossi della Marmilla. Ottenuto da diverse uve tradizionali, profuma di mirto, piccoli frutti rossi, resine nobili e sottobosco. In bocca è molto sapido, dalla freschezza sottile e da tannino morbido e maturo. Centrato anche il Bovale '14, per quanto leggermente contratto da sensazioni legnose e tannino. Divertente e piacevole l'Aromatico '15, vino secco da uve locali aromatiche.

● Mediterraneo '14	YY 3*
○ Aromatico '15	YY 3
● Bovale '14	YY 3
○ Passito '14	YY 5
● Cannonau di Sardegna '14	Y 3
○ Vermentino di Sardegna '15	Y 3
○ Vermentino di Sardegna + '13	Y 4
○ Aromatico '13	YY 3
● Bovale '13	YY 3*
● Cannonau di Sardegna '13	YY 3
● Cannonau di Sardegna '12	YY 3
● Cannonau di Sardegna '11	YY 3
○ Passito '13	YY 5
○ Vermentino di Sardegna '13	YY 3

Vigne Surrau

S.DA PROV.LE ARZACHENA - PORTO CERVO
07021 ARZACHENA [OT]
TEL. 078982933
www.vignesurrau.it

VENDITA DIRETTA
VISITA SU PRENOTAZIONE
PRODUZIONE ANNUA 300.000 bottiglie
ETTARI VITATI 50,00
AZIENDA SOSTENIBILE

Una delle più belle novità degli ultimi anni, Vigne Surrau è diventata in poco tempo un riferimento per la produzione vinicola gallurese. Nata con l'intento di fare grandi rossi frutto del particolare terroir granitico, è oramai una garanzia su tutta la gamma. A partire dai Vermentino di Gallura, freschi, eleganti e dotati di una sapidità da manuale (senza dimenticare la buona capacità d'invecchiamento), fino ad arrivare ai rossi, ai dolci e agli spumanti Metodo Classico, ottenuti da vermentino e cannonau ed elaborati interamente nella loro cantina. Bellissima, infine, la struttura ricettiva, aperta tutto l'anno, in cui si organizzano mostre, convegni e incontri culturali. Lo Sciala '15 prosegue il suo percorso che lo ha visto eccellere negli ultimi anni. È un Vermentino di Gallura molto tipico per le note iodate, di agrume e fiori bianchi. In bocca la sua struttura è ben equilibrata da vena acida e buona sapidità e il finale è profondo, pulito e freschissimo. Anche quest'anno meritatissimi Tre Bicchieri. Buonissimo anche il Sincaru Riserva '13, a testimoniare la validità del terroir granitico anche per i rossi.

Vino	Valutazione
○ Vermentino di Gallura Sup. Sciala '15	YYY 5
● Cannonau di Sardegna Sincaru Ris. '13	YY 5
● Barriu '13	YY 5
● Cannonau di Sardegna Sincaru '14	YY 5
● Sole Ruju '14	YY 5
● Surrau '13	YY 4
○ Vermentino di Gallura Branu '15	YY 3
○ Vermentino di Gallura Spumante '12	YY 5
⊙ Brut Rosé '12	Y 5
○ Sole di Surrau '14	Y 5
● Surrau '09	YYY 4*
○ Vermentino di Gallura Sup. Sciala '14	YYY 5
○ Vermentino di Gallura Sup. Sciala '13	YYY 5
○ Vermentino di Gallura Sup. Sciala '12	YYY 5

Angelo Angioi

loc. Coloras
09079 Tresnuraghes [OR]
Tel. 3409357227
saltodicoloras@gmail.com

Si vede tutta l'esperienza del bravo enologo Angelo Angioi nel produrre la Malvasia di Bosa, un piccolo gioiello del suo territorio. Ai vertici la Riserva 2010, dalle note di frutta secca, spezie dolci e albicocca candita. Bocca sapida, dal leggerissimo tocco dolce e dalla freschezza magistrale.

○ Malvasia di Bosa Salto di Coloras Ris. '10	🍷🍷 5
○ Malvasia di Bosa Dolce Salto di Coloras '14	🍷🍷 4

Cantina Arvisionadu

loc. Luzanas
07010 Benetutti [SS]
Tel. 079796947
www.cantina-arvisionadu.it

Buon esordio in Guida per questa piccola realtà che prende il nome da uno storico vitigno autoctono del nord Sardegna. Il G'Oceano '15, ottenuto dal solo utilizzo di arvisionadu, profuma di nespola e fiori di campo, in bocca è sapido, leggermente buccioso, molto fresco.

○ G'Oceano Arvisionadu '15	🍷🍷 5
● Burghera '14	🍷 3

Tenuta Asinara

loc. Marritza
Golfo dell'Asinara
07037 Sorso [SS]
Tel. 0793402017
www.tenutaasinara.com

È già da qualche anno che la Tenuta Asinara ci propone vini convincenti, molto puliti e dal sicuro fascino. Sono i rossi a sorprendere di più. L'Hassan '13 è un taglio bordolese profumato e profondo, il Cannonau di Sardegna Indolente '14 regala sentori di rosa e un sorso leggiadro.

● Cannonau di Sardegna Indolente '14	🍷🍷 2*
● Hassan '13	🍷🍷 3
● Herculis '13	🍷 4
○ Vermentino di Sardegna Indolente '15	🍷 2

Poderi Atha Ruja

loc. Pradonos
08022 Dorgali [NU]
Tel. 347 8693936
www.atharuja.com

Anno particolare per la cantina Atha Ruja che presenta millesimi di qualche anno fa per le selezioni più importanti. Fa eccezione il Vigna Sorella '14, Cannonau di Sardegna che si rivela il più centrato. Dai profumi di spezie e piccoli frutti, regala un sorso scorrevole e una buona freschezza gustativa.

● Cannonau di Sardegna V. Sorella '14	🍷🍷 3
● Cannonau di Sardegna '12	🍷 3
● Muristellu '11	🍷 5
● Tuluj '10	🍷 5

Audarya

s.da Statale 466 km 10,100
09040 Serdiana [CA]
Tel. 070740437
www.audarya.it

Cantina giovanissima, al secondo anno di produzione, ma fin da subito convincente grazie alle etichette presentate. Novità di quest'anno il Nuracada '14, un Bovale in purezza fitto, dal naso complesso, molto sapido e dalla freschezza balsamica. Ottimi anche Vermentino e il dolce Bisai.

○ Bisai '15	🍷🍷 4
● Bovale Nuracada '14	🍷🍷 4
○ Vermentino di Sardegna '15	🍷🍷 2*
● Monica di Sardegna '15	🍷 2

Cantina di Calasetta

via Roma, 134
09011 Calasetta [CI]
Tel. 078188413
www.cantinadicalasetta.it

Piccola cantina cooperativa sulcitana specializzata nella produzione di Carignano del Sulcis. Convincenti sia il Piede Franco, vino freschissimo e profumato vinificato col solo uso dell'acciaio. Complessa e profonda la Riserva Aina, dai profumi speziati e dal palato sapido e avvolgente.

● Carignano del Sulcis Aina Ris. '13	🍷🍷 4
● Carignano del Sulcis Piede Franco '14	🍷🍷 2*
● Carignano del Sulcis Maccòri '14	🍷 2
○ Vermentino di Sardegna Cala di Seta '15	🍷 2

Cantina delle Vigne Piero Mancini

LOC. CALA SACCAIA
VIA MADAGASCAR, 17
07026 OLBIA
TEL. 078950717
www.pieromancini.it

Storica cantina gallurese che può contare su un centinaio di ettari, da cui si ottiene una gamma di vini molto ampia proposta a prezzi onesti. Convincenti quest'anno i due Gallura Superiore, il Cucaione e il Mancini Primo, entrambi 2015. Più semplice e beverino il primo, complesso e sapido il secondo.

- ○ Vermentino di Gallura Sup. Cucaione '15 — 🍷🍷 2*
- ○ Vermentino di Gallura Sup. Mancini Primo '15 — 🍷🍷 4

Cantina Castiadas

LOC. OLIA SPECIOSA
09040 CASTIADAS [CA]
TEL. 0709949004
www.cantinacastiadas.com

È da qualche anno che la Cantina di Castiadas regala vini molto ben fatti, dagli aromi puliti e fedeli alla tipicità del territorio in cui opera, la sottozona del Cannonau di Sardegna Capo Ferrato. A prova di ciò il Rei '14, rosso dai profumi di rosa e eucalipto, fresco, mentolato e lungo al palato.

- ● Cannonau di Sardegna Capo Ferrato Rei '14 — 🍷🍷 2*
- ● Cannonau di Sardegna Capo Ferrato Ris. '12 — 🍷🍷 4

Consorzio San Michele

LOC. SAN MICHELE
07022 BERCHIDDA [OT]
TEL. 078923865
www.consorziosanmichele.com

Diversi soci, solo 10 ettari, un consorzio con l'obiettivo di produrre Vermentino di Gallura tipici e territoriali. A pochi anni dalla nascita la strada sembra quella giusta: meritano di sicuro l'assaggio Invidia Gallurese e soprattutto il Superiore Superbia Gallurese, vino di rara complessità.

- ○ Vermentino di Gallura Invidia Gallurese '15 — 🍷🍷 3
- ○ Vermentino di Gallura Sup. Superbia Gallurese '15 — 🍷🍷 4

Vigne Deriu

LOC. SIGNORANNA
07040 CODRONGIANOS [SS]
TEL. 079435101
www.vignederiu.it

Una famiglia dedita alla produzione di vino, che anno dopo anno convince con le sue etichette, sempre valide. Ottimo il Vermentino di Sardegna '15, dai profumi di frutto bianco e fiori, sapido e dalla buona freschezza. Scorrevole e succoso il Cannonau di Sardegna '14.

- ● Cannonau di Sardegna '14 — 🍷🍷 3
- ○ Vermentino di Sardegna '15 — 🍷🍷 3
- ○ Moscato di Sardegna Passito Oroere '14 — 🍷 5
- ● Tiu Filippu '12 — 🍷 5

Fradiles

LOC. CRECCHERÌ
08030 ATZARA [NU]
TEL. 3331761683
www.fradiles.it

Bella realtà del Mandrolisai che può vantare bellissime vigne vecchie, allevate ad alberello, dove convivono i tre vitigni della denominazione: cannonau, muristellu e monica. Buonissimi e di gran beva i due giovani Azzara e Fradiles '14. Più complesso e austero Istentu '12, prodotto solo in magnum.

- ● Mandrolisai Azzarra '14 — 🍷🍷 2*
- ● Mandrolisai Fradiles '14 — 🍷🍷 3
- ● Mandrolisai Sup. Istentu '12 — 🍷🍷 8
- ● Mandrolisai Sup. Antiogu '12 — 🍷 5

Cantina Giogantinu

VIA MILANO, 30
07022 BERCHIDDA [OT]
TEL. 079704163
www.giogantinu.it

Importante realtà cooperativa con sede a Berchidda, in Gallura. I vini prodotti convincono, sono molto diffusi anche in grande distribuzione e i prezzi non mancano di onestà. Una bella conferma arriva dal Giogantinu, un Vermentino di Gallura Superiore '15 sapido e fresco.

- ○ Vermentino di Gallura Sup. Aldia '15 — 🍷🍷 2*
- ○ Vermentino di Gallura Sup. Giogantinu '15 — 🍷🍷 2*
- ○ Vermentino di Gallura Sup. Vigne Storiche del Giogantinu '15 — 🍷🍷 4

Jankara

via Regina Elena, 55
07030 Sant'Antonio di Gallura [OT]
Tel. 399 4381296
www.vinijankara.com

Solo due vini prodotti per la realtà gallurese che sembra aver trovato nel bianco la strada giusta. Il Vermentino di Gallura Superiore '15 è un vino complesso e di buona struttura, dai profumi di frutta gialla ed erbette aromatiche. La bocca è sapida, morbida e dotata di buona freschezza.

- ○ Vermentino di Gallura Sup. '15 — 🍷🍷 4
- ● Jankara '14 — 🍷 2

Tenuta l'Ariosa

loc. Predda Niedda Sud
s.da 15
07100 Sassari
Tel. 079261905
www.lariosa.it

Un bianco e un rosso quest'anno ai vertici dei nostri assaggi. Il Vermentino di Sardegna Galatea '15 profuma di susina e fiori bianchi, il sorso è fresco e dalla buona sapidità finale. Buona beva per il Sass'Antico '14 un Cagnulari dalle note di tabacco e sottobosco.

- ● Sass'Antico Cagnulari '15 — 🍷🍷 4
- ○ Vermentino di Sardegna Galatea '15 — 🍷🍷 3
- ● Cannonau di Sardegna Assolo '14 — 🍷 3
- ○ Vermentino di Sardegna Arenu '15 — 🍷 3

Andrea Ledda

via Musio, 13
07043 Bonnanaro [SS]
Tel. 079845060
www.vitivinicolaledda.com

In attesa di assaggiare i vini della Gallura, frutto di un'importante acquisizione di vigne storiche nel comune di Arzachena, vi segnaliamo le etichette provenienti dai vigneti nel Logudoro. Ottimo il Vermentino di Sardegna Acero '15, come anche il Cannonau di Sardegna Mogano '13.

- ● Cannonau di Sardegna Mogano '13 — 🍷🍷 4
- ○ Vermentino di Sardegna Acero '15 — 🍷🍷 3

Li Duni

loc. Li Parisi
07030 Badesi [OT]
Tel. 0799144480
www.cantinaliduni.com

Li Duni è una realtà situata nell'estrema costa nord della Sardegna, e può vantare un patrimonio di vigneti impiantati a due passi dal mare, su terreni sabbiosi. Ottimo il Nalboni '14, blend di uve tradizionali, dalla beva cremosa e dai profumi di frutta in confettura e rosa passita.

- ● Nalboni '14 — 🍷🍷 2*
- ○ Vermentino di Gallura Sup. Renabianca '15 — 🍷🍷 3

Cantina Sociale del Mandrolisai

c.so IV Novembre, 20
08038 Sorgono [NU]
Tel. 078460113
www.cantinadelmandrolisai.com

Piccola realtà cooperativa che opera in uno dei territori del vino più belli e affascinanti in Sardegna, ricco di vecchie vigne impiantate ad alberello. Da qualche anno i vini sono notevolmente migliorati come conferma il Mandrolisai Superiore Vecchie Viti '13, rosso intenso dai profumi di macchia.

- ● Mandrolisai Kent'Annos '12 — 🍷🍷 4
- ● Mandrolisai Sup. V. V. '13 — 🍷🍷 2*
- ● Mandrolisai '14 — 🍷 2
- ● Mandrolisai Sup. '13 — 🍷 2

Tenute Massidda

loc. Giuanni Porcu
09040 Donori [CA]
Tel. 3478088683
www.cantinemassidda.com

Buona progressione e profumi accattivanti per il Cannonau di Sardegna Arenargiu '13: il naso regala note di macchia, resine e sottobosco, la bocca è cremosa, delineata da freschezza, sapidità. Corretti gli altri vini, soprattutto il Monica di Sardegna Bainosa '13.

- ● Cannonau di Sardegna Arenargiu '13 — 🍷🍷 3
- ● Monica di Sardegna Bainosa '13 — 🍷 3
- ○ Vermentino di Sardegna Cannisonis '15 — 🍷 4

Abele Melis

via Santa Suina, 3
09098 Terralba [OR]
Tel. 0783851090
melis.vini@tiscali.it

Piccola realtà che opera nel Terralbese, zona vocata alla viticoltura e alla coltivazione del vitigno autoctono bovale. Il migliore della gamma presentata è parso il Dominariu '14, rosso dalle note ematiche e terrose, di grafite e sottobosco. La bocca è scorrevole, nonostante corpo e struttura non manchino.

- ● Terralba Bovale Dominariu '14 ΨΨ 3
- ● Cannonau di Sardegna Horreum '14 Ψ 3
- ○ Vermentino di Sardegna Iocalia '15 Ψ 2

Mora&Memo

via Verdi 9
09040 Serdiana [CA]
Tel. 3311972266
www.moraememo.it

Mora&Memo è un marchio della famiglia Pala di Serdiana, produce quattro etichette ottenute da vigne di proprietà. Moderni e di stampo internazionale sono quattro i vini della gamma: Il migliore ci è parso il Vermentino di Sardegna Tino '15, sapido, fresco, balsamico e dal finale ammandorlato.

- ● Cannonau di Sardegna Nau '15 ΨΨ 4
- ○ Vermentino di Sardegna Tino '15 ΨΨ 4
- ● Nau&Co '15 Ψ 4
- ○ Tino Sur Lie '15 Ψ 4

Murales

loc. Piliezzu, 1
07026 Olbia
Tel. 078953174
www.vinimurales.com

Murales è un'interessanta realtà artigiana che opera in piena Gallura a due passi da Arzachena. Nella struttura presenti anche una locanda con camere e un ristorante tipico. Affascinanti e particolari i vini prodotti. Su tutti il Miradas '15, sapido e profumato Vermentino di Gallura.

- ○ Vermentino di Gallura Miradas '15 ΨΨ 4
- ● Cannonau di Sardegna Arcanos '13 Ψ 3
- ● Nativo '14 Ψ 3
- ○ Vermentino di Sardegna Tuttiventi '15 Ψ 3

Olianas

loc. Porruddu
08030 Gergei [CA]
Tel. 0558300411
www.olianas.it

Piccola, ma importante azienda di Gergei che ha ridato vita alla viticoltura in una zona molto vocata. Produzione artigiana e un disciplinare interno chiamato Biointegrale sono alla base di una produzione di ottimo livello, con vini tipici, genuini e dai forti richiami territoriali.

- ● Cannonau di Sardegna '15 ΨΨ 3
- ⊙ Cannonau di Sardegna Rosato '15 ΨΨ 3
- ○ Vermentino di Sardegna '15 Ψ 3

Cantina Cooperativa di Oliena

via Nuoro, 112
08025 Oliena [NU]
Tel. 0784287509
www.cantinasocialeoliena.it

Piccola realtà cooperativa che opera ad Oliena, in piena zona di Cannonau Nepente. Ottimo risultato quest'anno, grazie al Nepente di Oliena '14, vino di buona beva contraddistinto da note di prugna e ciliegia sotto spirito. Convince anche il Lanaitto '14, Igt sempre a base di uve cannonau.

- ● Cannonau di Sardegna Nepente '14 ΨΨ 2*
- ● Lanaitto '14 ΨΨ 2*
- ● Cannonau di Sardegna Cl. '11 Ψ 2
- ● Cannonau di Sardegna Corrasi Ris. '10 Ψ 4

Cantine di Orgosolo

via Ilole
08027 Orgosolo [NU]
Tel. 0784403096
www.cantinediorgosolo.it

Un unico marchio territoriale che racchiude ben 19 famiglie del vino a Orgosolo. I vini prodotti esprimono bene le tipicità delle vigne da cui nascono. A confermare ciò due Cannonau di Sardegna. L'Urùlu '14 è fitto e complesso, maturo e profondo. Più semplice e dinamico il Neale '14.

- ● Cannonau di Sardegna Neale '14 ΨΨ 3
- ● Cannonau di Sardegna Urùlu '14 ΨΨ 4
- ● Cannonau di Sardegna Luna Vona '15 Ψ 4

Orro

via G. Verdi
09070 Tramatza [OR]
Tel. 3477526617
www.famigliaorro.it

Davide Orro dirige con passione questa bella azienda agricola di famiglia, specializzata sulle produzioni locali. Vernaccia per i bianchi e nieddera per i rossi sono le uniche varietà coltivate. Convincenti soprattutto i bianchi, a partire dalla tradizionale e buonissima Vernaccia di Oristano '09.

○ Crannatza '12	🍷🍷 4
○ Passemtzia '13	🍷🍷 5
○ Vernaccia di Oristano '09	🍷🍷 5
⊙ Zenti Arrubia '15	🍷 2

Paulis Cantina di Monserrato

via Giulio Cesare, 2
09042 Monserrato [CA]
Tel. 070652641
enologo@cantinepaulis.it

Esordio in Guida per Paulis, marchio della storica cantina di Monserrato con cui si identificano le etichette più importanti. Molto buono il Vermentino di Sardegna Evento '15, dalle note di susina e agrume. Dolce, ma anche sapido e fresco l'Àilis, Nasco di Cagliari da uve stramature.

○ Nasco di Cagliari Àilis '14	🍷🍷 4
○ Vermentino di Sardegna Evento '15	🍷🍷 2*
● Cannonau di Sardegna Noah '13	🍷 3

Pusole

loc. Perda 'e Cuba
08040 Lotzorai [OG]
Tel. 3334047219
roberto.pusole@gmail.com

Il bravo vignaiolo Roberto Pusole presenta anche quest'anno una gamma di tutto rispetto. Il Cannonau di Sardegna '15 rigioca la partita delle finali, forte di un naso ricco e di una bocca di grande beva e sapidità. Maturità e corpo per Il Rosé '15. Iodato e marino il Vermentino di Sardegna '15.

● Cannonau di Sardegna '15	🍷🍷 3*
⊙ Il Rosé di Pusole '15	🍷 3
○ Vermentino di Sardegna '15	🍷 5

Quartomoro di Sardegna

via Dino Poli, 33
09092 Arborea [OR]
Tel. 3467643522
www.quartomoro.it

Quartomoro di Sardegna è il progetto del bravo enologo consulente Piero Cella e di sua moglie Luciana Baso. L'obiettivo è quello di recuperare vigne storiche in tante zone dell'Isola. Ottimo quest'anno il Quartomoro Brut, Metodo Classico di sicuro fascino per le note di elicriso e pietra focaia.

○ Quartomoro Brut M. Cl.	🍷🍷 4
○ Vermentino di Sardegna Memorie di Vite '13	🍷 4
○ Vermentino di Sardegna Orriu '15	🍷 3

Rigàtteri

loc. Santa Maria La Palma
reg. Flumelongu, 56
07041 Alghero [SS]
Tel. 3408636375
www.rigatteri.com

Dieci ettari vitati nella zona di Alghero per l'azienda Rigatteri nata una decina d'anni fa. Produzione tipica tra cannonau, vermentino e cagnulari. Convince il Mirau '14, Cannonau di Sardegna fresco e godibile, dalle note floreali e fruttate, dalla bocca sapida e fresca. Corretti gli altri vini.

● Cannonau di Sardegna Mirau '14	🍷🍷 3
● Alghero Cagnulari '14	🍷 3
○ Vermentino di Sardegna Ardella '14	🍷 3
○ Vermentino di Sardegna Yiòs '15	🍷 2

Cantina Tani

loc. Conca Sa Raighina, 2
07020 Monti [SS]
Tel. 3386432055
www.cantinatani.it

Meritato ingresso in Guida per la realtà che opera nel comune di Monti, in piena Gallura. Freschi e fragranti i due Vermentino presentati, a partire dal Taerra '15, Gallura Superiore dalle note di erbette e agrume, sapido e iodato e dal finale pulito e vibrante. Ben fatto il Meoru '15.

○ Vermentino di Gallura Sup. Taerra '15	🍷🍷 3
○ Vermentino di Gallura Meoru '15	🍷 3

Cantina Trexenta

v.le Piemonte, 40
09040 Senorbì [CA]
Tel. 0709808863
www.cantinatrexenta.it

Importante cooperativa che deve il nome al territorio in cui opera. Tantissimi i vini prodotti, buona qualità generale, manca solo l'acuto sulle etichette più importanti. Emergono i rossi, specie i Cannonau di Sardegna prodotti secondo provenienza ed età delle vigne.

- ● Cannonau di Sardegna Bingias '14 — 🍷🍷 2*
- ● Cannonau di Sardegna Corte Auda '14 — 🍷🍷 2*
- ● Cannonau di Sardegna Tanca su Conti Ris. '11 — 🍷🍷 4

U Tabarka Tanca Gioia

loc. Gioia
09014 Carloforte [CI]
Tel. 3356359329
www.u-tabarka.com

Nonostante i nomi in carlofortino non siano semplici da pronunciare, i vini di Tanca Gioia sembrano anno dopo anno mostrare una qualità sempre maggiore. Il Carignano del Sulcis Roussou '14 è fitto e robusto, mentre il Bovale Ciù Roussou è vino dal tannino puntuto ma mai asciugante.

- ● Bovale Ciù Roussou '15 — 🍷🍷 3
- ● Carignano del Sulcis U-Tabarka Roussou '14 — 🍷🍷 3
- ⊙ Flamingo — 🍷 2

Cantina del Vermentino

via San Paolo, 2
07020 Monti [SS]
Tel. 078944012
www.vermentinomonti.it

Anche quest'anno convincenti i vini della Cantina del Vermentino, cooperativa storica con sede a Monti. Al vertici il Vermentino di Gallura Funtanaliras Oro '15, iodato e dai sentori di zagara e elicriso. Più semplice, ma vibrante e di grande beva il S'Eleme Oro, altro Gallura '15 da tenere sott'occhio.

- ○ Vermentino di Gallura Funtanaliras Oro '15 — 🍷🍷 3
- ○ Vermentino di Gallura S'Eleme Oro '15 — 🍷🍷 2*
- ● Cannonau di Sardegna Kiri '15 — 🍷 2

Cantina Sociale della Vernaccia

loc. Rimedio
via Oristano, 6a
09170 Oristano
Tel. 078333383
www.vinovernaccia.com

È da qualche anno che seguiamo con interesse il percorso intrapreso dalla Cantina della Vernaccia, cooperativa che offre una gamma convincente non solo se parliamo del vitigno che le dona il nome. Ottimo ad esempio il Nieddera Montiprama '13, rosso tipico e profondo.

- ● Nieddera Montiprama '13 — 🍷🍷 1*
- ○ Vernaccia di Oristano Jughissa '07 — 🍷🍷 3
- ● Cannonau di Sardegna Corash Ris. '13 — 🍷 3
- ○ Vermentino di Sardegna Benas '15 — 🍷 1*

Vigne Rada

reg. Guardia Grande, 12
07041 Alghero [SS]
Tel. 3274259136
wwww.vignerada.com

Ottimo esordio in Guida per l'azienda Rada di Alghero. A sorprendere positivamente sono i rossi, a partire dall'Arsenale '14, un Alghero Cagnulari fresco, fitto e profondo. Ottimo anche il Cannonau di Sardegna Riviera '14, dai profumi di rosa e corteccia e dalla bocca vibrante.

- ● Alghero Cagnulari Arsenale '14 — 🍷🍷 6
- ● Cannonau di Sardegna Riviera '14 — 🍷🍷 5
- ○ Vermentino di Sardegna Stria '15 — 🍷 5

Vigneti Zanatta

via Spirito Santo
07026 Olbia
Tel. 3486679492
www.vignetizanatta.it

Azienda sardo-veneta con vigneti di proprietà a Valdobbiadene e in Gallura. Le etichette sarde convincono, specie il Vermentino di Gallura Renadoro '15, bianco dai profumi di mandorla, susina e elicriso, e dalla bocca fresca e sapida. Piacevole e cremoso il Cannonau di Sardegna Salana '14.

- ○ Vermentino di Gallura Renadoro '15 — 🍷🍷 3
- ● Cannonau di Sardegna Salana '14 — 🍷 2

INDICE

alfabetico dei produttori

regionale dei produttori

ALFABETICO DEI PRODUTTORI

REGIONALE DEI PRODUTTORI